Bundes-Immissionsschutzgesetz

dtv

Schnellübersicht

Bundes-Immissionsschutzgesetz

mit Durchführungsverordnungen,
Emissionshandelsrecht,
TA Luft und TA Lärm

Textausgabe mit Sachverzeichnis
und einer Einführung von
Prof. Dr. Hans D. Jarass

16., neu bearbeitete Auflage
Stand 1. März 2020

dtv

Redaktioneller Hnweis:

Paragraphenüberschriften in eckigen Klammern sind nichtamtlich. Sie sind ebenso wie alle übrigen nichtamtlichen Bestandteile urheber- und wettbewerbsrechtlich geschützt.
Die Angaben zum Stand der Sammlung auf dem Titelblatt beziehen sich auf das Ausgabedatum der maßgeblichen Gesetz-, Verordnungs- und Amtsblätter.
Für Hinweise, Anregungen und Kritik ist der Verlag stets dankbar.
Richten Sie diese bitte an den Verlag C. H. Beck, Lektorat Amtliche Texte, Postfach 40 03 40, 80703 München. – E-Mail: amtliche.texte@beck.de

www.dtv.de

www.beck.de

Sonderausgabe
dtv Verlagsgesellschaft mbH & Co. KG,
Tumblingerstraße 21, 80337 München

Gesamtherstellung: Druckerei C. H. Beck, Nördlingen
(Adresse der Druckerei: Wilhelmstraße 9, 80801 München)
Umschlagtypographie auf der Grundlage
der Gestaltung von Celestino Piatti

CO_2 neutral
chbeck.de/nachhaltig

ISBN 978-3-423-53037-8 (dtv)
ISBN 978-3-406-75337-4 (C. H. Beck)

9 783406 753374

Inhaltsverzeichnis

Abkürzungsverzeichnis

Abs.	Absatz
a.n.g.	andernorts nicht genannt
Anh.	Anhang
Anl.	Anlage
aufgeh.	aufgehoben
BEHG	Brennstoffemissionshandelsgesetz
Bek.	Bekanntmachung
ber.	berichtigt
BGBl. I/II/III	Bundesgesetzblatt Teil I/Teil II/Teil III
BImSchG	Bundes-Immissionsschutzgesetz
BImSchV	Verordnung zur Durchführung des Bundes-Immissionsschutzgesetzes
Biokraft-NachV	Biokraftstoff-Nachhaltigkeitsverordnung
BR-Drs.	Bundesrats-Drucksache
BT-Drs.	Bundestags-Drucksache
ChemG	Chemikaliengesetz
DEV	Datenerhebungsverordnung
EG	Europäische Gemeinschaft(en)
EHV	Emissionshandelsverordnung
EMAS	Eco-Management and Audit Scheme
EMASPrivilegV	EMAS-Privilegierungs-Verordnung
Entsch.	Entscheidung
EU	Europäische Union
EVertr.	Einigungsvertrag
EWG	Europäische Wirtschaftsgemeinschaft
FNA	Fundstellennachweis A
G	Gesetz
GBl.	Gesetzblatt
geänd.	geändert
GG	Grundgesetz
GMBl	Gemeinsames Ministerialblatt
GVBl.	Gesetz- und Verordnungsblatt

Abkürzungsverzeichnis

idF	in der Fassung
iSd	im Sinne des/der
iSv	im Sinne von
iVm	in Verbindung mit
KNV-V	KWK-Kosten-Nutzen-Vergleich-Verordnung
KrWG	Kreislaufwirtschaftsgesetz
mWv	mit Wirkung vom
Nr.	Nummer
RL	Richtlinie
Rn.	Randnummer
S.	Seite
Sachgeb.	Sachgebiet
StVG	Straßenverkehrsgesetz
TA	Technische Anleitung
TEHG	Treibhausgas-Emissionshandelsgesetz
UERV	Upstream-Emissionsminderungs-Verordnung
V/VO	Verordnung
VwV	Verwaltungsvorschrift
VwVfG	Verwaltungsverfahrensgesetz
WHG	Wasserhaushaltsgesetz
ZuV	Zuteilungsverordnung

Einführung in das Immissionsschutzrecht

von Prof. Dr. Hans. D. Jarass, LL. M., Münster/Bochum

Übersicht

1. Zielsetzung und Grundlagenregelungen des BImSchG

Das Bundes-Immissionsschutzgesetz bildet nicht nur das wohl bedeutendste Fachgesetz auf dem Gebiet des Umweltschutzes, sondern auch einen zentralen Baustein des Wirtschaftsverwaltungsrechts. Auf der einen Seite sucht es die durch Immissionen bedingten Probleme zu bewältigen: Es geht um den Schutz vor Luftverunreinigungen, vor Lärm, vor Erschütterungen, vor Licht, vor Wärme, vor (nichtionisierenden) Strahlen und vor ähnlichen Erscheinungen. Insoweit ist das Gesetz, seinem Namen entsprechend, *Immissionsschutzrecht* und damit *Umweltrecht*. Dem Bereich des Umweltrechts sind weiter die jüngst immer bedeutsamer gewordenen Aussagen des Gesetzes zum Störfallschutz und die Vorgaben zur Abfallvermeidung und -entsorgung zuzurechnen.

Auf der anderen Seite hat das Bundes-Immissionsschutzgesetz die früher in der Gewerbeordnung enthaltenen Vorschriften für (besonders) gefährliche Anlagen, wie sie insb. in der Industrie zum Einsatz kommen, übernommen und damit eine mehr als 150 Jahre alte, auf die preußische Gewerbeordnung zurückgehende Tradition weiterentwickelt. Diese Regelungen betreffen nur bestimmte Anlagen, die als (immissionsschutzrechtlich) „genehmigungsbedürftige Anlagen" bezeichnet werden. Der Anwendungsbereich der Regelungen ist also in diesem Bereich deutlich beschränkter. Was dagegen die Schutzwirkung angeht, so geht sie weit über den Immissionsschutz hinaus: Die Regelungen enthalten Vorgaben zum Schutz vor den Gefahren beliebiger Einwirkungen. Insoweit bildet das Bundes-Immissionsschutzgesetz einen Teil des *Sicherheitsrechts* und des *Wirtschaftsverwaltungsrechts.*

Das Gesetz enthält im Ersten Teil eine Reihe von Vorschriften grundlegender Art. Dazu rechnet zunächst die Festlegung des soeben angesprochenen Gesetzeszwecks in § 1. Zudem werden in § 1 die beiden zentralen Grundsätze des Gesetzes, das Schutzprinzip und das Vorsorgeprinzip angesprochen. § 2 regelt dann den Geltungsbereich und schließt die Anwendung des Bundes-Immissionsschutzgesetzes in bestimmten Bereichen mit gewissen Einschränkungen aus: bei Flugplätzen sowie bei Anlagen, Geräten und radioaktiven Stoffen, die dem Atomgesetz unterliegen. § 3 enthält eine Reihe von *Begriffsbestimmungen*: „Schädliche Umwelteinwirkungen", „Immissionen", „Emissionen", „Luftverunreinigungen", „Anlagen" und „Stand der Technik". Hinzu kommen verschiedene für Störfälle bzw. schwere Unfälle bedeutsame Begriffe, vor allem der des „Betriebsbereichs". Zudem finden sich Definitionen einiger mit den „besten verfügbaren Techniken" und den „BVT-Schlussfolgerungen" zusammenhängenden Begriffe. Schließlich wird deutlich gemacht, was unter Industrieemissions-Anlagen zu verstehen ist.

2. Errichtung und Betrieb von Anlagen

a) Genehmigungsbedürftige Anlagen

aa) Erfasste Anlagen und Arten. Die in der Praxis mit Abstand wichtigsten Vorschriften des Gesetzes befassen sich mit der Errichtung und dem Betrieb von (immissionsschutzrechtlich) genehmigungsbedürftigen Anlagen. Sie finden sich im Ersten Abschnitt des Zweiten Teils des Bundes-Immissionsschutzgesetzes, aber auch im Siebten und Achten Teil des Gesetzes.

Welche Anlagen vom Recht der genehmigungsbedürftigen Anlagen erfasst werden, wird durch die *Verordnung über genehmigungsbedürftige Anlagen* (4. BImSchV; in dieser Textsammlung Nr. **2.4**) festgelegt. Der Anwendungsbereich ist weit gesteckt. Erfasst werden Anlagen der Wärmeerzeugung, des Bergbaus und der Energie, Anlagen aus den Bereichen Steine und Erden, Glas, Keramik sowie Baustoffe, Anlagen aus den Bereichen Stahl, Eisen und sonstige Metalle einschließlich der Verarbeitung, Anlagen für chemische Erzeugnisse, Arzneimittel sowie der Mineralölraffination und der Weiterverarbeitung, Anlagen der Oberflächenbehandlung mit organischen Stoffen, der Herstellung bahnenförmiger Materialien aus Kunststoffen und der sonstigen Verarbeitung von Harzen und Kunststoffen, Anlagen aus dem Bereich Holz und Zellstoff, Anlagen für Nahrungs-, Genuss- und Futtermittel sowie für landwirtschaftliche Erzeugnisse, Anlagen zur Verwertung und Beseitigung von Abfällen und sonstigen Stoffen, Anlagen der Lagerung sowie der Be- und Entladung von Stoffen und Gemischen sowie verschiedene andere Anlagen. Dieser Überblick lässt verständlich werden, warum das im Bundes-Immissionsschutzgesetz vorgesehene Genehmigungsverfahren als „Industriezulassungsverfahren" bezeichnet wird. Allerdings hat das im Bundes-Immissionsschutzgesetz enthaltene Recht der genehmigungsbedürftigen Anlagen weit über die Industrie hinaus Bedeutung. Verpflichtet werden insb. auch die Landwirtschaft sowie öffentliche Einrichtungen.

Innerhalb der genehmigungsbedürftigen Anlagen kann man zwei Bereiche unterscheiden, die in materiellrechtlicher wie in verfahrensrechtlicher Hinsicht unterschiedlich behandelt werden: Den rechtstechnischen Regelfall bilden die Anlagen, die im *förmlichen Verfahren* zu genehmigen sind (unten 2.a. dd.). Solche Anlagen werden im Anhang 1 der 4. BImSchV mit dem Buchstaben G gekennzeichnet. Die Alternative bilden die Anlagen des *vereinfachten Verfahrens* gem. § 19, die im Anhang 1 zur 4. BImSchV mit dem Buchsaben V gekennzeichnet sind. Zudem gibt es im Bereich der förmlich zu genehmigenden Anlagen zwei Sonderbereiche, für die noch strengere Anforderungen gelten: die *Industrieemissions-Anlagen*, die in Anhang 1 der 4. BImSchV zusätzlich mit dem Buchstaben E gekennzeichnet sind, und die Anlagen, die einer *Umweltverträglichkeitsprüfung* bedürfen. Schließlich bilden Anlagen, die ein Betriebsbereich oder Bestandteil eines Betriebsbereichs sind und die als *Störfallanlagen* bezeichnet werden können (Jarass, BImSchG, Kommentar, 12. Aufl. 2017, § 3 Rn. 95), einen weiteren Sonderbereich der genehmigungsbedürftigen Anlagen. Begrifflich ist dabei zu beachten, dass auch nicht genehmigungsbedürftige Anlagen Störfallanlagen sein können (unten 2.b. cc.).

bb) Grundpflichten und deren Konkretisierung. Das Recht der genehmigungsbedürftigen Anlagen enthält zunächst in § 5 sog. *Grundpflichten,* d.h. die sachlichen Anforderungen an den Anlagenbetreiber. Diese Anforderungen liefern nicht nur den Maßstab für die Genehmigungserteilung oder für nachträgliche Maßnahmen, sondern binden den Anlagenbetreiber unmittelbar (dazu Jarass, BImSchG, Kommentar, 12. Aufl. 2017, § 5 Rn. 1f.). Im Einzelnen sind zunächst schädliche Umwelteinwirkungen sowie sonstige Gefährdungen zu vermeiden (Schutzpflicht). Weiter ist Vorsorge gegen schädliche Umwelteinwirkungen sowie sonstige Einwirkungen geboten (Vorsorgepflicht). Darüber hinaus sind Abfälle zu vermeiden und zu verwerten, gegebenenfalls als Abfälle ordnungsgemäß zu beseitigen (Abfallpflichten). Endlich ist Energie sparsam und effizient zu verwenden (Energieverwendungspflicht). Hinzu kommen für die Zeit nach Betriebseinstellung die Nachsorgepflichten und (für Industrieemissions-Anlagen) die Rückführungs- bzw. Wiederherstellungspflicht. Zur Konkretisierung der Grundpflichten des § 5 enthält § 7 BImSchG eine Ermächtigung zum Erlass von Rechtsverordnungen. Dabei sind Sonderregelungen für Industrieemissions-Anlagen, für bestehende Anlagen sowie für Kompensationsfälle vorgesehen.

Die Anforderungen an genehmigungsbedürftige Anlagen werden zunächst in der *Verordnung über Großfeuerungs- und Gasturbinenanlagen* (13. BImSchV; in dieser Textsammlung Nr. **2.13**) konkretisiert. Sie legt für große Verbrennungsanlagen sowie für Gasturbinenanlagen Emissionsgrenzwerte fest und konkretisiert die Vorsorgepflicht. Für Abfallverbrennungsanlagen sowie für Anlagen, in denen Abfälle mitverbrannt werden, finden sich Vorgaben in der *Verordnung über die Verbrennung und die Mitverbrennung von Abfällen* (in dieser Textsammlung Nr. **2.17**). Die *Verordnung über Anlagen zur biologischen Behandlung von Abfällen*

(30. BImSchV; in dieser Textsammlung Nr. **2.30**) enthält Vorgaben zum Schutz und zur Vorsorge gegen Abgase derartiger Anlagen. Weitere Verordnungen gelten für genehmigungsbedürftige wie nicht genehmigungsbedürftige Anlagen (unten 2.c). Generelle Vorgaben für genehmigungsbedürftige Anlagen finden sich zudem in der Technischen Anleitung zur Reinhaltung der Luft und in der Technischen Anleitung zum Schutz gegen Lärm (zu den beiden Regelwerken unten 6.).

cc) Genehmigung, Anzeigepflichten. Eine weitere Gruppe von Regelungen befasst sich mit der immissionsschutzrechtlichen Genehmigung sowie mit verschiedenen Anzeigepflichten: § 4 schreibt vor, in welchen Fällen eine Genehmigung für die (erstmalige) Errichtung und den Betrieb der Anlage erforderlich ist und ermächtigt dazu, den Kreis der Anlagen durch Rechtsverordnung festzulegen. Weiter bestimmt § 16, dass wesentliche Änderungen einer solchen Anlage ebenfalls einer Genehmigung bedürfen, sofern die Voraussetzungen der Nr. 1 des § 6 Abs. 1 betroffen sein können. Darüber hinaus ist für die wesentliche Änderung einer störfallrelevanten Anlage gem. § 16a auch in anderen Fällen eine Genehmigung notwendig. Des Weiteren muss gem. § 15 Abs. 1 jede Änderung, die Auswirkungen auf die Schutzgüter des § 1 aufweist oder störfallrelevant ist, angezeigt werden. § 8a ermöglicht eine vorläufige Anlagenerrichtung auch ohne Genehmigung, wobei allerdings der Anlagenbetreiber das volle Rechtswidrigkeitsrisiko zu tragen hat. Bei Anlagen, die zu dem Zeitpunkt, in dem sie genehmigungspflichtig wurden, bereits errichtet waren, tritt an die Stelle der Genehmigung gem. § 67 Abs. 2 eine Anzeige. Vergleichbares gilt gem. § 67a Abs. 1 für Anlagen in den neuen Bundesländern. Schließlich ist nach der Regelung des § 15 Abs. 3 die Absicht der Betriebseinstellung anzeigepflichtig.

Die Genehmigungsvoraussetzungen finden sich in § 6: Danach setzt die Erteilung der Genehmigung nicht nur die Einhaltung der immissionsschutz-rechtlichen Vorschriften voraus. Auch alle anderen Vorgaben des öffentlichen Rechts für die Errichtung und den Betrieb der Anlage müssen beachtet werden (näher Jarass, BImSchG, Kommentar, 12. Aufl. 2017, § 6 Rn. 23 ff.). Welche Nebenbestimmungen unter welchen Voraussetzungen zulässig sind, wird in § 12 geregelt. Dort finden sich auch Sonderregelungen zu den BVT-Schlussfolgerungen und zum Abfallbereich.

dd) Genehmigungsverfahren und Wirkungen. Ein weiterer Teil des Rechts der genehmigungsbedürftigen Anlagen enthält Regelungen zum *Genehmigungsverfahren.* Das Verfahren ist (für die förmlich zu genehmigenden Anlagen) in den Grundzügen in § 10 geregelt; Näheres findet sich dann in der *Verordnung über das Genehmigungsverfahren* (9. BImSchV; in dieser Textsammlung Nr. **2.9**). Die früher bei förmlichen Verfahren bedeutsame materielle Präklusion, also der Ausschluss von Klagen, sofern die entsprechenden Einwendungen im Genehmigungsverfahren nicht geltend gemacht wurden, ist entfallen (Jarass, BImSchG, Kommentar, 12. Aufl. 2017, § 10 Rn. 94 f). Bei Anlagen des vereinfachten Verfahrens kommen gem. § 19 Abs. 2 die meisten Verfahrensvorgaben nicht zum Tragen; insb. ist keine Öffentlichkeitsbeteiligung notwendig. Anderes gilt allerdings gem. § 19 Abs. 4 bei Störfallanlagen. Bei allen Verfahrensarten ermöglichen die §§ 8, 9 eine Stufung des Verfahrens in Form von Vorbescheiden und Teilgenehmigungen.

Zu den *Wirkungen* der Genehmigung enthält § 13 eine weitreichende Konzentrationswirkung: Sonstige Zulassungen sind für das Vorhaben grundsätzlich nicht erforderlich. Der Ausschluss bestimmter Ansprüche des Privatrechts folgt aus § 14. Das Erlöschen der Genehmigung ist in § 18 geregelt.

ee) Nachträgliche Maßnahmen. Schließlich enthält das Recht der genehmigungsbedürftigen Anlagen Regelungen über *nachträgliche Maßnahmen*. Zu nennen sind zunächst die Vorgaben für nachträgliche Anordnungen in § 17, die auch Sonderregelungen zu den Industrieemissions-Anlagen sowie zum Abfallbereich enthalten. Hinzu treten die Regelungen zur Betriebsuntersagung u. Ä. in § 20 und zum Widerruf der Genehmigung in § 21. Nicht geregelt ist die Rücknahme der Genehmigung; sie richtet sich nach § 48 VwVfG. Die in diesen Regelungen vorgesehenen Grenzen für nachträgliche Maßnahmen konstituieren den Bestandsschutz, der genehmigungsbedürftigen Anlagen zukommt.

b) Nicht genehmigungsbedürftige Anlagen

aa) Anwendungsbereich und Grundpflichten. Erheblich knappere Regelungen enthält das Bundes-Immissionsschutzgesetz für die nicht genehmigungsbedürftigen Anlagen, also für alle Anlagen, die nicht in der 4. Bundes-Immissionsschutzverordnung aufgeführt sind. Angesichts des weiten Anlagenbegriffs in § 3 Abs. 5 BImSchG, der neben Betriebsstätten und anderen ortsfesten Einrichtungen auch Maschinen, Geräte und sonstige ortsveränderliche technische Einrichtungen sowie bestimmte Grundstücke umfasst, ist der Geltungsbereich des Rechts der nicht genehmigungsbedürftigen Anlagen außerordentlich weit gespannt. Er reicht von Rasenmähern und Radiogeräten über Kirchenglocken und Kinderspielplätze (in § 22 Abs. 1a ausdrücklich angesprochen) bis hin zu Handwerksbetrieben und chemischen Reinigungsanlagen, um nur einige Beispiele zu nennen.

Für die nicht genehmigungsbedürftigen Anlagen legt zunächst § 22 Abs. 1 S. 1 als allgemeine Grundpflicht die sachlichen Anforderungen fest, beschränkt auf den Bereich der Gefahrenabwehr (näher zur Beschränkung auf ein „Mindestmaß" gem. § 22 Jarass, BImSchG, Kommentar, 12. Aufl. 2017, § 22 Rn. 38 f). Spezielle Regelungen für die jeweilige Anlagenart erlauben dann die Rechtsverordnungsermächtigungen des § 23 und des § 22 Abs. 1 S. 2, die (über § 22 Abs. 1 S. 1 hinausgehend) auch der Vorsorge dienen. Die Anforderungen des § 22 wie der auf das Bundes-Immissionsschutzgesetz gestützten Rechtsverordnungen können durch Anordnungen nach § 24 durchgesetzt werden. Dazu kommt die Möglichkeit, den Betrieb der Anlagen bei bestimmten Rechtsverstößen gem. § 25 zu untersagen. Generelle Vorgaben für Lärm finden sich in der Technischen Anleitung zum Schutz gegen Lärm und in der Technische Anleitung zur Reinhaltung der Luft (zu den beiden Regelwerken unten 6.).

bb) Regelungen für bestimmte Arten nicht genehmigungsbedürftiger Anlagen. Eine Konkretisierung der Anforderungen vor allem für Heizungsanlagen im gewerblichen wie im nicht gewerblichen, insb. im häuslichen Bereich enthält die *Verordnung über kleine und mittlere Feuerungsanlagen* (1. BImSchV; in dieser Textsammlung Nr. **2.1**). Damit sollen Luftverunreinigungen reduziert und gleichzeitig eine rationellere Energieverwendung gefördert werden. Anlagen zur Bearbeitung und Verarbeitung von Holz erfasst die *Verordnung zur Auswurfbegrenzung von Holzstaub* (7. BImSchV; in dieser Textsammlung Nr. **2.7**). Wichtige Vorgaben zur Errichtung, zur Beschaffenheit und zum Betrieb von Sportanlagen enthält die *Sportanlagenlärmschutzverordnung* (18. BImSchV; in dieser Textsammlung Nr. **2.18**). Die *Verordnung zur Begrenzung der*

Kohlenwasserstoffemissionen bei der Betankung von Kraftfahrzeugen (21. BImSchV; in dieser Textsammlung Nr. **2.21**) verlangt, Tankstellen so zu errichten und zu betreiben, dass die beim Betanken mit Ottokraftstoffen entstehenden Kraftstoffdämpfe nach dem Stand der Technik mittels eines Gasrückführsystems erfasst werden. Die *Verordnung über elektromagnetische Felder* (26. BImSchV; in dieser Textsammlung Nr. **2.26**) verlangt bei Hochfrequenzanlagen (ortsfesten Sendefunkanlagen) sowie bei Niederfrequenzanlagen (Freileitungen und Erdkabel, Bahnstromfern- und Bahnstromoberleitungen, Elektroumspannanlagen) bestimmte Grenzen bei den elektromagnetischen Feldern zu beachten. Die *Verordnung über Anlagen zur Feuerbestattung* (27. BImSchV; in dieser Textsammlung Nr. **2.27**) legt für Krematorien Emissionsgrenzwerte, Ableitbedingungen und Überwachungspflichten fest. Schließlich enthält die *Verordnung über Verdunstungskühlanlagen, Kühltürme und Nassabscheider* (42. BImSchV; in dieser Textsammlung Nr. **2.42**) Schutzmaßnahmen gegen Legionellen.

Für den Lärmbereich ergeben sich wichtige Anforderungen aus der *Geräte- und Maschinenlärmschutzverordnung* (32. BImSchV; in dieser Textsammlung Nr. **2.32**). Auf § 7 stützt sich auch die *Verordnung über den Vergleich von Kosten und Nutzen der Kraftwärmekopplung* (in dieser Textsammlung Nr. **3.3**). Weitere Konkretisierungen enthalten die Rechtsverordnungen und Verwaltungsvorschriften, die für genehmigungsbedürftige wie für nicht genehmigungsbedürftige Anlagen gelten (unten 2.c.).

cc) Sonderregelungen für Störfallanlagen. Die Errichtung wie die wesentliche Änderung von nicht genehmigungsbedürftigen Störfallanlagen bedürfen gem. § 23b einer Genehmigung (begrifflich etwas überraschend). Die Genehmigung wird in einem förmlichen Verfahren erteilt, das von dem des § 10 leicht abweicht. Im Übrigen gelten für diese Anlagen die Vorgaben für nicht genehmigungsbedürftige Anlagen. Dem Genehmigungsverfahren ist, § 15 vergleichbar, das Anzeigeverfahren des § 23a vorgeschaltet. Hinzu tritt die Untersagung gem. § 25a.

c) Übergreifende Anforderungen in Rechtsverordnungen

Eine Reihe von Verordnungen gelten für genehmigungsbedürftige wie für nicht genehmigungsbedürftige Anlagen. Die Verordnungen wurden auf § 7, auf § 23, auf § 37, auf § 48a Abs. 1 und auf § 48a Abs. 3 gestützt. Hier ist zunächst die *Störfall-Verordnung* (12. BImSchV; in dieser Textsammlung Nr. **2.12**) zu nennen. Sie sorgt dafür, dass bei bestimmten, störfallträchtigen Anlagen die notwendigen Vorkehrungen getroffen werden, um Störfälle zu verhindern bzw. ihre Auswirkungen so gering wie möglich zu halten. Für chemische Reinigungsanlagen und andere Einrichtungen befindet sich eine Konkretisierung in der *Verordnung zur Emissionsbegrenzung von leichtflüchtigen halogenierten organischen Verbindungen* (2. BImSchV; in dieser Textsammlung Nr. **2.2**). Ergänzend dazu enthält die *Verordnung zur Begrenzung der Emissionen flüchtiger organischer Verbindungen bei der Verwendung organischer Lösemittel in bestimmten Anlagen* (31. BImSchV; in dieser Textsammlung Nr. **2.31**) Anforderungen für Lösemittelanlagen. Anlagen zur Umfüllung und Lagerung von Ottokraftstoffen erfahren eine nähere Regelung in der *Verordnung zur Begrenzung der Emissionen flüchtiger organischer Verbindungen beim Umfüllen und Lagern von Ottokraftstoffen* (20. BImSchV; in dieser Textsammlung Nr. **2.20**). Die *Verordnung zur Begrenzung von Emissionen aus der Titandioxid-Industrie* (25. BImSchV; in dieser Textsammlung Nr. **2.25**) legt Grenzwerte für Anlagen nach dem Sulfat-Verfahren und dem Chlorid-Verfahren fest. Schließlich ist die *Verordnung über mittelgroße Feuerungs-, Gasturbinen- und Verbrennungsmotoraanlagen* (44. BImSchV; in dieser Textsammlung Nr. **2.44**) zu nennen, die für genehmigungsbedürftige wie nicht genehmigungsbedürftige Anlagen unterhalb der Großfeuerungsanlagen gilt.

d) Betreibereigene Überwachung

Die Vorschriften des Bundes-Immissionsschutzgesetzes zur betreibereigenen Überwachung betreffen vor allem genehmigungsbedürftige, aber auch nicht genehmigungsbedürftige Anlagen (zur behördlichen Überwachung unten 6.). Zunächst ist der Betreiber genehmigungsbedürftiger Anlagen verpflichtet, Emissionserklärungen abzugeben (§ 27); eine Konkretisierung dieser Pflicht findet sich in der *Verordnung über Emissionserklärungen* (11. BImSchV; in dieser Textsammlung Nr. **2.11**). Weiter kann die Behörde nach §§ 26, 28–29a verlangen, dass der Anlagenbetreiber Emissionen und Immissionen durch unabhängige Dritte ermitteln und sicherheitstechnische Prüfungen vornehmen lässt. Dazu regelt die *Bekanntgabeverordnung* (41. BImSchV; in dieser Textsammlung Nr. **2.41**) die Voraussetzungen für die Bekanntgabe von Stellen und Sachverständigen i. S. d. § 29b. Dazu kommen in § 31 Auskunftspflichten des Betreibers, v. a. zu den Industrieemissions-Anlagen.

Weiter sind die Regelungen zum Immissionsschutzbeauftragten in den §§ 53–58 zu nennen. Dort geht es um dessen Bestellung, um seine Aufgaben, um die Pflichten des Betreibers dem Immissionsschutzbeauftragten gegenüber und um den Schutz des Immissionsschutzbeauftragten vor Benachteiligungen. Vergleichbare Regelungen finden sich in den §§ 58a–58d für den Störfallbeauftragten. Für beide Beauftragte werden bestimmte Vorgaben in der *Verordnung über Immissionsschutz- und Störfallbeauftragte* (5. BImSchV; in dieser Textsammlung Nr. **2.5**) näher ausgeformt. Zusätzliche Pflichten zur Betriebsorganisation finden sich in § 51b (Sicherstellung der Zustellungsmöglichkeit) und in § 52a (Mitteilungspflichten zur Betriebsorganisation). Erleichterungen für auditierte Unternehmensstandorte ermöglicht § 58 e. Darauf gestützt erging die *EMAS-Privilegierungs-Verordnung* (in dieser Textsammlung Nr. **3.1**).

3. Herstellen, Inverkehrbringen und Einführen von Erzeugnissen und Stoffen

a) Allgemeine Regelungen

Ein weiterer Teil des Bundes-Immissionsschutzgesetzes ist übergreifend dem produktbezogenen Immissionsschutz gewidmet. Während der anlagenbezogene Immissionsschutz die Errichtung und den Betrieb von Anlagen *am endgültigen Standort* regelt, setzen diese Vorschriften bereits beim Herstellen, beim Inverkehrbringen oder beim Einführen von Anlagen und Anlagenteilen (§§ 32 f.) an, aber auch von Erzeugnissen und Stoffen (§ 35). Erfasst werden zudem Treib- und Brennstoffe (§ 34). Speziell der Umsetzung EU-rechtlicher Vorgaben zum produktbezogenen Immissionsschutz dient die Regelung des § 37. Alle Vorschriften dieses Bereichs enthalten ausschließlich Ermächtigungen zum Erlass von Rechtsverordnungen, legen also nicht selbst Anforderungen für das Herstellen, Inverkehrbringen oder Einführen fest.

§ 34 liefert die Grundlage für die *Verordnung über die Beschaffenheit und die Auszeichnung der Qualitäten von Kraftstoffen* (10. BImSchV; in dieser Textsammlung Nr. **2.10**). Auf § 37 stützt sich die *Geräte- und Maschinenlärmschutzverordnung* (32. BImSchV; in dieser Textsammlung Nr. **2.32**), die (neben Vorgaben zum Betrieb) Anforderungen zur Beschaffenheit und Kennzeichnung von Geräten und Maschinen enthält. Auf § 37 wurde weiter die *Verordnung über Emissionsgrenzwerte für Verbrennungsmotoren* (28. BImSchV; in dieser Textsammlung Nr. **2.28**) gestützt. Ergänzt wird sie durch die *Gebührenverordnung für Maßnahmen bei Typprüfungen von Verbrennungsmotoren* (29. BImSchV; in dieser Textsammlung Nr. **2.29**).

b) Sonderregelungen zur Treibhausgasminderung bei Kraftstoffen

Ein eigener Teilbereich des produktbezogenen Immissionsschutzes betrifft Kraftstoffe. Diese Regelungen verfolgen insb. das Ziel, die kraftstoffbedingten Treibhausgase zu reduzieren, indem die Kraftstoffe zu einem gewissen Teil aus Biokraftstoffen bestehen müssen. Die Quotenpflichten sind in § 37a geregelt, unter Beachtung der Begriffsfestlegungen in § 37b. In den §§ 37c – 37g finden sich Vorgaben zur Durchführung und Durchsetzung. Ergänzende Regelungen enthalten die *Verordnung zur Durchführung der Regelungen der Biokraftstoffquote* (36. BImSchV; in dieser Textsammlung Nr. **2.36**), weiter die *Verordnung zur Anrechnung von strombasierten Kraftstoffen* und mitverarbeiteten biogenen Ölen auf die Treibhausgasquote (37. BImSchV; in dieser Textsammlung Nr. **2.37**). Schließlich ist die *Biokraftstoff-Nachhaltigkeitsverordnung* (in dieser Textsammlung Nr. **3.2**) zu nennen, sowie die *Upstream-Emissionsminderungs-Verordnung* (in dieser Textsammlung Nr. **3.4**).

4. Fahrzeuge und Verkehrswege

a) Beschaffenheit und Betrieb von Fahrzeugen

Im Bereich des verkehrsbezogenen Immissionsschutzes enthält das Bundes-Immissionsschutzgesetz Regelungen zunächst für die Beschaffenheit und den Betrieb von Kraftfahrzeugen, von Schienenfahrzeugen, von Luftfahrzeugen und von Wasserfahrzeugen, die allerdings sehr knapp ausfallen. Die anlagenbezogenen Regelungen des Gesetzes gelten nicht für die verkehrsbezogenen Emissionen dieser Fahrzeuge, da § 3 Abs. 5 Nr. 2 für eine entsprechende Einschränkung des Anlagenbegriffs sorgt. Grundpflichten zur Beschaffenheit wie zum Betrieb von Fahrzeugen finden sich in § 38 Abs. 1. Die Pflichten können durch Rechtsverordnungen nach § 38 Abs. 2 konkretisiert werden. Eine weitere Rechtsverordnungsermächtigung findet sich für die Erfüllung insb. von Beschlüssen der Europäischen Union in § 39. Von den Ermächtigungen wurde bei zahlreichen Änderungen der Straßenverkehrszulassungsordnung Gebrauch gemacht. Beschränkungen des Straßenverkehrs werden durch die Regelung des § 40 ermöglicht, insb. zur Durchsetzung von Luftreinhalteplänen (dazu unten 6.). Ergänzt wird die Vorschrift durch die *Verordnung zur Kennzeichnung der Kraftfahrzeuge mit geringem Beitrag zur Schadstoffbelastung* (35. BImSchV; in dieser Textsammlung Nr. **2.35**).

b) Errichtung und Änderung von Verkehrswegen

Für den Bau sowie die wesentliche Änderung von Straßen- und Schienenwegen enthält § 41 Anforderungen an den aktiven Lärmschutz durch geeignete Maßnahmen am Verkehrsweg (dazu Jarass, BImSchG, Kommentar, 12. Aufl. 2017, § 41 Rn. 33ff.). § 42 verpflichtet dazu, unter bestimmten Voraussetzungen die Kosten für passive Schutzmaßnahmen an den betroffenen baulichen Anlagen zu ersetzen. Schließlich ermächtigt § 43, durch Rechtsverordnung die Anforderungen des § 41 zu präzisieren und die Voraussetzungen des § 42 festzulegen. Die Vorschriften beschränken sich auf den Lärmschutz, was angesichts der durch den Verkehr verursachten Luftverunreinigungen erstaunlich ist.

Zur Konkretisierung des § 41 ist die *Verkehrslärmschutzverordnung* ergangen (16. BImSchV; in dieser Textsammlung Nr. **2.16**). Zudem hat die Verordnung Bedeutung im Bereich des § 42. Die *Verkehrswege-Schallschutzmaßnahmenverordnung* (24. BImSchV; in dieser Textsammlung Nr. **2.24**) legt zur Bestimmung der Höhe der Entschädigung nach § 42 Art und Umfang der notwendigen Schallschutzmaßnahmen für schutzbedürftige Räume fest.

5. Planungs- bzw. gebietsbezogener Immissionsschutz

Das Immissionsschutzrecht setzt traditionell an den Quellen der Immissionen an, also an Anlagen sowie an Fahrzeugen und Verkehrswegen. Hier liegt der Schwerpunkt des Immissionsschutzrechts. Hinzu treten in zunehmendem Maß Regelungen, die planerischen Charakter haben und nicht bestimmte Quellen behandeln, sondern unmittelbar an der Umweltqualität ansetzen.

Diese Regelungen betreffen zunächst die *Luftverunreinigungen*. Die materiellen Vorgaben werden in der auf § 48a gestützten *Verordnung über Luftqualitätsstandards und Emissionshöchstmengen* (39. BImSchV; in dieser Textsammlung Nr. **2.39**) festgelegt. Die Verordnung enthält Immissionsgrenzwerte, Alarmschwellen und Zielwerte sowie die zugehörigen Mess- und Beurteilungsverfahren. Grenzwerte und Alarmschwellen haben grundsätzlich bindenden Charakter, der allerdings wegen der quellenunabhängigen Natur der Werte gewisse Relativierungen erfährt (dazu Jarass, BImSchG, Kommentar, 12. Aufl. 2017, § 45 Rn. 16ff.). Die Durchsetzung dieser Vorgaben erfolgt, wie von § 45 vorgeschrieben, mit Hilfe aller dazu geeigneten Instrumente im Bundes-Immissionsschutzgesetz wie in anderen Gesetzen. Zur Vorbereitung der Durchsetzungsmaßnahmen sind gemäß § 47 Luftreinhaltepläne und Aktionspläne zu erlassen. Ergänzend ist die Überwachung der Luftqualität sowie der Erlass von Emissionskatastern geregelt (§§ 44, 46). Zudem ist die Öffentlichkeit gem. § 46a über die Luftqualität zu unterrichten. Des Weiteren kann man dem planungsbezogenen Immissionsschutz die *Verordnung über nationale Verpflichtungen zur Reduktion der Emissionen bestimmter Luftschadstoffe (43.BImSchV*; in dieser Textsammlung Nr. **2.43**) zuordnen, die nationale Reduktionsverpflichtungen für die erfassten Luftschadstoffe festlegt.

Im Bereich des *Lärmschutzes* enthalten § 47a –§ 47f planungs- bzw. qualitätsbezogene Regelungen. Zu erwähnen sind vor allem die Lärmkarten gemäß § 47c und die Lärmaktionspläne gemäß § 47d. Vorgaben zu den Lärmkarten finden sich in der *Verordnung über die Lärmkartierung* (34. BImSchV; in dieser Textsammlung Nr. **2.34**).

Dem planungs- bzw. gebietsbezogenen Immissionsschutz kann man schließlich die Regelung des § 50 zur „*Planung*“ zurechnen, obgleich sie sich in einer

Reihe von Punkten von den sonstigen Regelungen dieses Bereichs unterscheidet. Sie betrifft vor allem die wechselseitige Zuordnung von Bodennutzungen in planerischen Entscheidungen im Hinblick auf die Vermeidung schädlicher Immissionen. Zudem fördert sie die Erhaltung einer guten Luftqualität. Schließlich dient die Regelung dem Störfallschutz. Die Vorschrift des § 50 betrifft Planungen und Planfeststellungen und damit Maßnahmen, die weithin nicht im Bundes-Immissionsschutzgesetz geregelt sind.

6. Übergreifende Vorschriften mit ergänzendem Charakter

Schließlich enthält das Bundes-Immissionsschutzgesetz in den beiden letzten Teilen unter den Überschriften „Gemeinsame Vorschriften" und „Schlussvorschriften" übergreifende Regelungen mit eher ergänzendem Charakter. Zunächst ermächtigt § 48 zum Erlass von *Verwaltungsvorschriften.* Davon wurde im Hinblick auf Luftverunreinigungen mit dem Erlass der *Technischen Anleitung zur Reinhaltung der Luft* (TA Luft; in dieser Textsammlung Nr. **5.1**) Gebrauch gemacht, und im Hinblick auf den Lärm mit dem Erlass der *Technischen Anleitung zum Schutz gegen Lärm* (TA Lärm; in dieser Textsammlung Nr. **5.2**). Die beiden Verwaltungsvorschriften treffen umfangreiche Vorgaben für genehmigungsbedürftige, aber auch für nicht genehmigungsbedürftige Anlagen. Weiterhin enthält § 48a eine Ermächtigung zu Erlass bestimmter Rechtsverordnungen zur Umsetzung EU-rechtlicher Vorgaben.

Die *behördliche* Überwachung ist in § 52 geregelt (zur betreibereigenen Überwachung oben 2.d.). Im Einzelnen finden sich hier Pflichten des Anlagenbetreibers wie der Eigentümer benachbarter Grundstücke, behördliche Überwachungsmaßnahmen zu dulden. Weiter finden sich Vorgaben zur Beteiligung des Bundestags (§ 48b), zur Anhörung beteiligter Kreise (§ 51) und zur Kommission für Anlagensicherheit (§ 51a). § 59 ermöglicht, die Zuständigkeiten im Militärbereich abweichend zu regeln. Davon wurde mit der *Verordnung über Anlagen der Landesverteidigung* (14. BImSchV; in dieser Textsammlung Nr. **2.14**) Gebrauch gemacht. Materielle Ausnahmeregelungen im Militärbereich ermöglicht § 60. Der Durchsetzung vieler Vorschriften des Immissionsrechts dient die Regelung der Ordnungswidrigkeiten in § 62. Schließlich enthält § 73 eine allgemeine Regelung zum Abweichen der Länder von Verfahrensvorschriften des Gesetzes und der darauf gestützten Rechtsverordnungen.

7. Sonstiges Immissionsschutzrecht

a) Emissionshandelsrecht und sonstiges deutsches Recht

Das Bundesimmissionsschutzrecht findet sich weitgehend im Bundes-Immissionsschutzgesetz und in den zahlreichen, auf dieses Gesetz gestützten Rechtsverordnungen. Einzelne Materien sind aber in anderen Gesetzen geregelt. Zum Emissionshandelsrecht ist v. a. das *Treibhausgas-Emissionshandelsgesetz* (in dieser Textsammlung Nr. **4.1**) zu nennen. Es macht die Emission von bestimmten Treibhausgasen (Kohlendioxid) von einer Berechtigung abhängig. Weiter werden in dem Gesetz Grundfragen der Zuteilung der Berechtigungen sowie deren Handel geregelt. Nähere Vorgaben für die Zuteilung von Berechtigungen finden sich in der *Zuteilungsverordnung 2020* (in dieser Textsammlung Nr. **4.3**). Hinzu treten die *Emissionshandelsverordnung 2020* (in dieser Textsammlung Nr. **4.5**) und für die Zeit ab 2021 die *Emissionshandelsverordnung 2030* (in dieser

Textsammlung Nr. **4.6**) sowie die *Datenerhebungsverordnung 2020* (in dieser Textsammlung Nr. **4.4**). Für den vom EU-Recht nicht geregelten Bereich des Treibhausgas-Emissionshandels enthält das *Brennstoffemissionshandelsgesetz* ein Emissionshandelssystem für bestimmte Felder (in dieser Textsammlung Nr. **4.2**).

Weitere Immissionsschutzregelungen außerhalb des Bundes-Immissionsschutzgesetzes finden sich im Gesetz zum Schutz vor nichtionisierender Strahlung bei der Anwendung am Menschen, im Atomgesetz, im Strahlenschutzgesetz und im Benzinbleigesetz. Letzteres ist bereits vor dem Bundes-Immissionsschutzgesetz erlassen worden und würde heute als Rechtsverordnung nach § 34 BImSchG ergehen. Schließlich sind das Gesetz zum Schutz gegen Fluglärm und das Gesetz zum Verbot von lauten Güterwagen zu nennen. Dem Schutz vor Immissionen dienende Regelungen finden sich auch in vielen Gesetzen, die überwiegend eine andere Zielsetzung verfolgen. Das gilt insb. für das Straßenverkehrsrecht, das Eisenbahnrecht, das Luftverkehrsrecht sowie das Schifffahrtsrecht. Geringe praktische Bedeutung hat das Landesimmissionsschutzrecht, nicht zuletzt deshalb, weil der Bund von seinen Regelungskompetenzen im Bereich des Immissionsschutzes in großem Umfang Gebrauch gemacht hat.

b) EU-Recht

Hohes Gewicht kommt dem Immissionsschutzrecht der Europäischen Union zu, muss ihm doch im Konfliktsfall der Vorrang vor nationalem Recht eingeräumt werden. Allerdings stellt sich die Vorrangfrage nur in den Fällen, in denen das EU-Recht innerstaatlich unmittelbar gilt bzw. wirksam ist. Bei Verordnungen ist diese Voraussetzung generell gegeben, bei Richtlinien nur dann, wenn und soweit die Voraussetzungen der unmittelbaren Wirkung vorliegen. Unabhängig davon ist das Gebot der EU-rechtskonformen Auslegung zu beachten. Auf einen Abdruck des umfangreichen EU-rechtlichen Immissionsschutzrechts musste hier aus Raumgründen verzichtet werden; eine Übersicht findet sich in Jarass, BImSchG, Kommentar, 12. Aufl. 2017, Einl. 54–62. Das Immissionsschutzrecht der Europäischen Union enthält Regelungen für ortsfeste Anlagen, für bewegliche Anlagen, für Fahrzeuge, für Stoffe sowie für den gebietsbezogenen bzw. planerischen Immissionsschutz. Große Bedeutung besitzt insb. die Richtlinie 2010/75/EU über Industrieemissionen.

1. Gesetz zum Schutz vor schädlichen Umwelteinwirkungen durch Luftverunreinigungen, Geräusche, Erschütterungen und ähnliche Vorgänge (Bundes-Immissionsschutzgesetz – BImSchG)[1)]

In der Fassung der Bekanntmachung vom 17. Mai 2013[2)]
(BGBl. I S. 1274)

FNA 2129-8

zuletzt geänd. durch Art. 1 13. ÄndG v. 8.4.2019 (BGBl. I S. 432)

[1)] **Amtl. Anm.:** Dieses Gesetz dient der Umsetzung folgender Richtlinien:
- Richtlinie 96/82/EG des Rates vom 9. Dezember 1996 zur Beherrschung der Gefahren bei schweren Unfällen mit gefährlichen Stoffen (ABl. L 345 vom 31.12.2003, S. 97), die zuletzt durch die Richtlinie 2012/18/EU (ABl. L 197 vom 24.7.2012, S. 1) geändert worden ist;
- Richtlinie 97/68/EG des Europäischen Parlaments und des Rates vom 16. Dezember 1997 zur Angleichung der Rechtsvorschriften der Mitgliedstaaten über Maßnahmen zur Bekämpfung der Emission von gasförmigen Schadstoffen und luftverunreinigenden Partikeln aus Verbrennungsmotoren für mobile Maschinen und Geräte (ABl. L 59 vom 27.2.1998, S. 1), die zuletzt durch die Richtlinie 2012/46/EU (ABl. L 353 vom 21.12.2012, S. 80) geändert worden ist;
- Richtlinie 98/70/EG des Europäischen Parlaments und des Rates vom 13. Oktober 1998 über die Qualität von Otto- und Dieselkraftstoffen und zur Änderung der Richtlinie 93/12/EWG des Rates (ABl. L 350 vom 28.12.1998, S. 58), die zuletzt durch die Richtlinie 2009/30/EG (ABl. L 140 vom 5.6.2009, S. 88) geändert worden ist;
- Richtlinie 1999/32/EG des Rates vom 26. April 1999 über eine Verringerung des Schwefelgehalts bestimmter flüssiger Kraft- oder Brennstoffe und zur Änderung der Richtlinie 93/12/EWG (ABl. L 121 vom 11.5.1999, S. 13), die zuletzt durch die Richtlinie 2009/30/EG (ABl. L 140 vom 5.6.2009, S. 88) geändert worden ist;
- Richtlinie 2000/25/EG des Europäischen Parlaments und des Rates vom 22. Mai 2000 über Maßnahmen zur Bekämpfung der Emission gasförmiger Schadstoffe und luftverunreinigender Partikel aus Motoren, die für den Antrieb von land- und forstwirtschaftlichen Zugmaschinen bestimmt sind, und zur Änderung der Richtlinie 74/150/EWG des Rates (ABl. L 173 vom 12.7.2000, S. 1), die zuletzt durch die Richtlinie 2011/87/EU (ABl. L 301 vom 18.11.2011, S. 1) geändert worden ist;
- Richtlinie 2002/49/EG des Europäischen Parlaments und des Rates vom 25. Juni 2002 über die Bewertung und Bekämpfung von Umgebungslärm (ABl. L 189 vom 18.7.2002, S. 12);
- Richtlinie 2003/35/EG des Europäischen Parlaments und des Rates vom 26. Mai 2003 über die Beteiligung der Öffentlichkeit bei der Ausarbeitung bestimmter umweltbezogener Pläne und Programme und zur Änderung der Richtlinien 85/337/EWG und 96/61/EG des Rates in Bezug auf die Öffentlichkeitsbeteiligung und den Zugang zu Gerichten (ABl. L 156 vom 25.6.2003, S. 17), die zuletzt durch die Richtlinie 2011/92/EU (ABl. L 26 vom 28.1.2012, S. 1) geändert worden ist;
- Richtlinie 2008/50/EG des Europäischen Parlaments und des Rates vom 21. Mai 2008 über Luftqualität und saubere Luft für Europa (ABl. L 152 vom 11.6.2008, S. 1);
- Richtlinie 2008/98/EG des Europäischen Parlaments und des Rates vom 19. November 2008 über Abfälle und zur Aufhebung bestimmter Richtlinien (ABl. L 312 vom 22.11.2008, S. 3, L 127 vom 26.5.2009, S. 24);
- Richtlinie 2009/28/EG des Europäischen Parlaments und des Rates vom 23. April 2009 zur Förderung der Nutzung von Energie aus erneuerbaren Quellen und zur Änderung und anschließenden Aufhebung der Richtlinien 2001/77/EG und 2003/30/EG (ABl. L 140 vom 5.6.2009, S. 16);
- Richtlinie 2010/75/EU des Europäischen Parlaments und des Rates vom 24. November 2010 über Industrieemissionen (integrierte Vermeidung und Verminderung der Umweltverschmutzung) (Neufassung) (ABl. L 334 vom 17.12.2010, S. 17).

[2)] Neubekanntmachung des BImSchG idF der Bek. v. 26.9.2002 (BGBl. I S. 3830) in der ab 2.5. 2013 geltenden Fassung.

Inhaltsübersicht

Erster Teil. Allgemeine Vorschriften

§ 1 Zweck des Gesetzes. (1) Zweck dieses Gesetzes ist es, Menschen, Tiere und Pflanzen, den Boden, das Wasser, die Atmosphäre sowie Kultur- und sonstige Sachgüter vor schädlichen Umwelteinwirkungen zu schützen und dem Entstehen schädlicher Umwelteinwirkungen vorzubeugen.

(2) Soweit es sich um genehmigungsbedürftige Anlagen handelt, dient dieses Gesetz auch

- der integrierten Vermeidung und Verminderung schädlicher Umwelteinwirkungen durch Emissionen in Luft, Wasser und Boden unter Einbeziehung der Abfallwirtschaft, um ein hohes Schutzniveau für die Umwelt insgesamt zu erreichen, sowie
- dem Schutz und der Vorsorge gegen Gefahren, erhebliche Nachteile und erhebliche Belästigungen, die auf andere Weise herbeigeführt werden.

§ 2 Geltungsbereich. (1) Die Vorschriften dieses Gesetzes gelten für

1. die Errichtung und den Betrieb von Anlagen,
2. das Herstellen, Inverkehrbringen und Einführen von Anlagen, Brennstoffen und Treibstoffen, Stoffen und Erzeugnissen aus Stoffen nach Maßgabe der §§ 32 bis 37,
3. die Beschaffenheit, die Ausrüstung, den Betrieb und die Prüfung von Kraftfahrzeugen und ihren Anhängern und von Schienen-, Luft- und Wasserfahrzeugen sowie von Schwimmkörpern und schwimmenden Anlagen nach Maßgabe der §§ 38 bis 40 und
4. den Bau öffentlicher Straßen sowie von Eisenbahnen, Magnetschwebebahnen und Straßenbahnen nach Maßgabe der §§ 41 bis 43.

(2) [1] Die Vorschriften dieses Gesetzes gelten nicht für Flugplätze, soweit nicht die sich aus diesem Gesetz ergebenden Anforderungen für Betriebsbereiche oder der Sechste Teil betroffen sind, und für Anlagen, Geräte, Vorrichtungen sowie Kernbrennstoffe und sonstige radioaktive Stoffe, die den Vorschriften des Atomgesetzes oder einer hiernach erlassenen Rechtsverordnung unterliegen, soweit es sich um den Schutz vor den Gefahren der Kernenergie und der schädlichen Wirkung ionisierender Strahlen handelt. [2] Sie gelten ferner nicht,

soweit sich aus wasserrechtlichen Vorschriften des Bundes und der Länder zum Schutz der Gewässer oder aus Vorschriften des Düngemittel- und Pflanzenschutzrechts etwas anderes ergibt.

(3) Die Vorschriften dieses Gesetzes über Abfälle gelten nicht für

1. Luftverunreinigungen,
2. Böden am Ursprungsort (Böden in situ) einschließlich nicht ausgehobener, kontaminierter Böden und Bauwerke, die dauerhaft mit dem Boden verbunden sind,
3. nicht kontaminiertes Bodenmaterial und andere natürlich vorkommende Materialien, die bei Bauarbeiten ausgehoben wurden, sofern sichergestellt ist, dass die Materialien in ihrem natürlichen Zustand an dem Ort, an dem sie ausgehoben wurden, für Bauzwecke verwendet werden.

§ 3 Begriffsbestimmungen. (1) Schädliche Umwelteinwirkungen im Sinne dieses Gesetzes sind Immissionen, die nach Art, Ausmaß oder Dauer geeignet sind, Gefahren, erhebliche Nachteile oder erhebliche Belästigungen für die Allgemeinheit oder die Nachbarschaft herbeizuführen.

(2) Immissionen im Sinne dieses Gesetzes sind auf Menschen, Tiere und Pflanzen, den Boden, das Wasser, die Atmosphäre sowie Kultur- und sonstige Sachgüter einwirkende Luftverunreinigungen, Geräusche, Erschütterungen, Licht, Wärme, Strahlen und ähnliche Umwelteinwirkungen.

(3) Emissionen im Sinne dieses Gesetzes sind die von einer Anlage ausgehenden Luftverunreinigungen, Geräusche, Erschütterungen, Licht, Wärme, Strahlen und ähnliche Erscheinungen.

(4) Luftverunreinigungen im Sinne dieses Gesetzes sind Veränderungen der natürlichen Zusammensetzung der Luft, insbesondere durch Rauch, Ruß, Staub, Gase, Aerosole, Dämpfe oder Geruchsstoffe.

(5) Anlagen im Sinne dieses Gesetzes sind

1. Betriebsstätten und sonstige ortsfeste Einrichtungen,
2. Maschinen, Geräte und sonstige ortsveränderliche technische Einrichtungen sowie Fahrzeuge, soweit sie nicht der Vorschrift des § 38 unterliegen, und
3. Grundstücke, auf denen Stoffe gelagert oder abgelagert oder Arbeiten durchgeführt werden, die Emissionen verursachen können, ausgenommen öffentliche Verkehrswege.

(5a) Ein Betriebsbereich ist der gesamte unter der Aufsicht eines Betreibers stehende Bereich, in dem gefährliche Stoffe im Sinne des Artikels 3 Nummer 10 der Richtlinie 2012/18/EU des Europäischen Parlaments und des Rates vom 4. Juli 2012 zur Beherrschung der Gefahren schwerer Unfälle mit gefährlichen Stoffen, zur Änderung und anschließenden Aufhebung der Richtlinie 96/82/EG des Rates (ABl. L 197 vom 24.7.2012, S. 1) in einer oder mehreren Anlagen einschließlich gemeinsamer oder verbundener Infrastrukturen oder Tätigkeiten auch bei Lagerung im Sinne des Artikels 3 Nummer 16 der Richtlinie in den in Artikel 3 Nummer 2 oder Nummer 3 der Richtlinie bezeichneten Mengen tatsächlich vorhanden oder vorgesehen sind oder vorhanden sein werden, soweit vernünftigerweise vorhersehbar ist, dass die genannten gefährlichen Stoffe bei außer Kontrolle geratenen Prozessen anfallen; ausgenommen sind die in Artikel 2 Absatz 2 der Richtlinie 2012/18/EU angeführten Einrichtungen, Gefahren und Tätigkeiten, es sei denn, es handelt sich um eine in Artikel 2 Absatz 2 Unterabsatz 2 der Richtlinie 2012/18/EU genannte Einrichtung, Gefahr oder Tätigkeit.

(5b) [1] Eine störfallrelevante Errichtung und ein Betrieb oder eine störfallrelevante Änderung einer Anlage oder eines Betriebsbereichs ist eine Errichtung und ein Betrieb einer Anlage, die Betriebsbereich oder Bestandteil eines Betriebsbereichs ist, oder eine Änderung einer Anlage oder eines Betriebsbereichs einschließlich der Änderung eines Lagers, eines Verfahrens oder der Art oder physikalischen Form oder der Mengen der gefährlichen Stoffe im Sinne des Artikels 3 Nummer 10 der Richtlinie 2012/18/EU, aus der sich erhebliche Auswirkungen auf die Gefahren schwerer Unfälle ergeben können. [2] Eine störfallrelevante Änderung einer Anlage oder eines Betriebsbereichs liegt zudem vor, wenn eine Änderung dazu führen könnte, dass ein Betriebsbereich der unteren Klasse zu einem Betriebsbereich der oberen Klasse wird oder umgekehrt.

(5c) [1] Der angemessene Sicherheitsabstand im Sinne dieses Gesetzes ist der Abstand zwischen einem Betriebsbereich oder einer Anlage, die Betriebsbereich oder Bestandteil eines Betriebsbereichs ist, und einem benachbarten Schutzobjekt, der zur gebotenen Begrenzung der Auswirkungen auf das benachbarte Schutzobjekt, welche durch schwere Unfälle im Sinne des Artikels 3 Nummer 13 der Richtlinie 2012/18/EU hervorgerufen werden können, beiträgt. [2] Der angemessene Sicherheitsabstand ist anhand störfallspezifischer Faktoren zu ermitteln.

(5d) Benachbarte Schutzobjekte im Sinne dieses Gesetzes sind ausschließlich oder überwiegend dem Wohnen dienende Gebiete, öffentlich genutzte Gebäude und Gebiete, Freizeitgebiete, wichtige Verkehrswege und unter dem Gesichtspunkt des Naturschutzes besonders wertvolle oder besonders empfindliche Gebiete.

(6) [1] Stand der Technik im Sinne dieses Gesetzes ist der Entwicklungsstand fortschrittlicher Verfahren, Einrichtungen oder Betriebsweisen, der die praktische Eignung einer Maßnahme zur Begrenzung von Emissionen in Luft, Wasser und Boden, zur Gewährleistung der Anlagensicherheit, zur Gewährleistung einer umweltverträglichen Abfallentsorgung oder sonst zur Vermeidung oder Verminderung von Auswirkungen auf die Umwelt zur Erreichung eines allgemein hohen Schutzniveaus für die Umwelt insgesamt gesichert erscheinen lässt. [2] Bei der Bestimmung des Standes der Technik sind insbesondere die in der Anlage aufgeführten Kriterien zu berücksichtigen.

(6a) BVT-Merkblatt im Sinne dieses Gesetzes ist ein Dokument, das auf Grund des Informationsaustausches nach Artikel 13 der Richtlinie 2010/75/EU des Europäischen Parlaments und des Rates vom 24. November 2010 über Industrieemissionen (integrierte Vermeidung und Verminderung der Umweltverschmutzung) (Neufassung) (ABl. L 334 vom 17.12.2010, S. 17) für bestimmte Tätigkeiten erstellt wird und insbesondere die angewandten Techniken, die derzeitigen Emissions- und Verbrauchswerte, alle Zukunftstechniken sowie die Techniken beschreibt, die für die Festlegung der besten verfügbaren Techniken sowie der BVT-Schlussfolgerungen berücksichtigt wurden.

(6b) BVT-Schlussfolgerungen im Sinne dieses Gesetzes sind ein nach Artikel 13 Absatz 5 der Richtlinie 2010/75/EU von der Europäischen Kommission erlassenes Dokument, das die Teile eines BVT-Merkblatts mit den Schlussfolgerungen in Bezug auf Folgendes enthält:

1. die besten verfügbaren Techniken, ihre Beschreibung und Informationen zur Bewertung ihrer Anwendbarkeit,
2. die mit den besten verfügbaren Techniken assoziierten Emissionswerte,
3. die zu den Nummern 1 und 2 gehörigen Überwachungsmaßnahmen,
4. die zu den Nummern 1 und 2 gehörigen Verbrauchswerte sowie
5. die gegebenenfalls einschlägigen Standortsanierungsmaßnahmen.

(6c) Emissionsbandbreiten im Sinne dieses Gesetzes sind die mit den besten verfügbaren Techniken assoziierten Emissionswerte.

(6d) Die mit den besten verfügbaren Techniken assoziierten Emissionswerte im Sinne dieses Gesetzes sind der Bereich von Emissionswerten, die unter normalen Betriebsbedingungen unter Verwendung einer besten verfügbaren Technik oder einer Kombination von besten verfügbaren Techniken entsprechend der Beschreibung in den BVT-Schlussfolgerungen erzielt werden, ausgedrückt als Mittelwert für einen vorgegebenen Zeitraum unter spezifischen Referenzbedingungen.

(6e) Zukunftstechniken im Sinne dieses Gesetzes sind neue Techniken für Anlagen nach der Industrieemissions-Richtlinie, die bei gewerblicher Nutzung entweder ein höheres allgemeines Umweltschutzniveau oder zumindest das gleiche Umweltschutzniveau und größere Kostenersparnisse bieten könnten als der bestehende Stand der Technik.

(7) Dem Herstellen im Sinne dieses Gesetzes steht das Verarbeiten, Bearbeiten oder sonstiges Behandeln, dem Einführen im Sinne dieses Gesetzes das sonstige Verbringen in den Geltungsbereich dieses Gesetzes gleich.

(8) Anlagen nach der Industrieemissions-Richtlinie im Sinne dieses Gesetzes sind die in der Rechtsverordnung nach § 4 Absatz 1 Satz 4 gekennzeichneten Anlagen.

(9) Gefährliche Stoffe im Sinne dieses Gesetzes sind Stoffe oder Gemische gemäß Artikel 3 der Verordnung (EG) Nr. 1272/2008 des Europäischen Parlaments und des Rates vom 16. Dezember 2008 über die Einstufung, Kennzeichnung und Verpackung von Stoffen und Gemischen, zur Änderung und Aufhebung der Richtlinien 67/548/EWG und 1999/45/EG und zur Änderung der Verordnung (EG) Nr. 1907/2006 (ABl. L 353 vom 31.12.2008, S. 1), die zuletzt durch die Verordnung (EG) Nr. 286/2011 (ABl. L 83 vom 30.3. 2011, S. 1) geändert worden ist.

(10) Relevante gefährliche Stoffe im Sinne dieses Gesetzes sind gefährliche Stoffe, die in erheblichem Umfang in der Anlage verwendet, erzeugt oder freigesetzt werden und die ihrer Art nach eine Verschmutzung des Bodens oder des Grundwassers auf dem Anlagengrundstück verursachen können.

Zweiter Teil. Errichtung und Betrieb von Anlagen

Erster Abschnitt. Genehmigungsbedürftige Anlagen

§ 4 Genehmigung. (1) [1] Die Errichtung und der Betrieb von Anlagen, die auf Grund ihrer Beschaffenheit oder ihres Betriebs in besonderem Maße geeignet sind, schädliche Umwelteinwirkungen hervorzurufen oder in anderer

Weise die Allgemeinheit oder die Nachbarschaft zu gefährden, erheblich zu benachteiligen oder erheblich zu belästigen, sowie von ortsfesten Abfallentsorgungsanlagen zur Lagerung oder Behandlung von Abfällen bedürfen einer Genehmigung. [2] Mit Ausnahme von Abfallentsorgungsanlagen bedürfen Anlagen, die nicht gewerblichen Zwecken dienen und nicht im Rahmen wirtschaftlicher Unternehmungen Verwendung finden, der Genehmigung nur, wenn sie in besonderem Maße geeignet sind, schädliche Umwelteinwirkungen durch Luftverunreinigungen oder Geräusche hervorzurufen. [3] Die Bundesregierung bestimmt nach Anhörung der beteiligten Kreise (§ 51) durch Rechtsverordnung[1)] mit Zustimmung des Bundesrates die Anlagen, die einer Genehmigung bedürfen (genehmigungsbedürftige Anlagen); in der Rechtsverordnung kann auch vorgesehen werden, dass eine Genehmigung nicht erforderlich ist, wenn eine Anlage insgesamt oder in ihren in der Rechtsverordnung bezeichneten wesentlichen Teilen der Bauart nach zugelassen ist und in Übereinstimmung mit der Bauartzulassung errichtet und betrieben wird. [4] Anlagen nach Artikel 10 in Verbindung mit Anhang I der Richtlinie 2010/75/EU sind in der Rechtsverordnung nach Satz 3 zu kennzeichnen.

(2) [1] Anlagen des Bergwesens oder Teile dieser Anlagen bedürfen der Genehmigung nach Absatz 1 nur, soweit sie über Tage errichtet und betrieben werden. [2] Keiner Genehmigung nach Absatz 1 bedürfen Tagebaue und die zum Betrieb eines Tagebaus erforderlichen sowie die zur Wetterführung unerlässlichen Anlagen.

§ 5 Pflichten der Betreiber genehmigungsbedürftiger Anlagen.

(1) Genehmigungsbedürftige Anlagen sind so zu errichten und zu betreiben, dass zur Gewährleistung eines hohen Schutzniveaus für die Umwelt insgesamt

1. schädliche Umwelteinwirkungen und sonstige Gefahren, erhebliche Nachteile und erhebliche Belästigungen für die Allgemeinheit und die Nachbarschaft nicht hervorgerufen werden können;
2. Vorsorge gegen schädliche Umwelteinwirkungen und sonstige Gefahren, erhebliche Nachteile und erhebliche Belästigungen getroffen wird, insbesondere durch die dem Stand der Technik entsprechenden Maßnahmen;
3. Abfälle vermieden, nicht zu vermeidende Abfälle verwertet und nicht zu verwertende Abfälle ohne Beeinträchtigung des Wohls der Allgemeinheit beseitigt werden; Abfälle sind nicht zu vermeiden, soweit die Vermeidung technisch nicht möglich oder nicht zumutbar ist; die Vermeidung ist unzulässig, soweit sie zu nachteiligeren Umweltauswirkungen führt als die Verwertung; die Verwertung und Beseitigung von Abfällen erfolgt nach den Vorschriften des Kreislaufwirtschaftsgesetzes und den sonstigen für die Abfälle geltenden Vorschriften;
4. Energie sparsam und effizient verwendet wird.

(2) [1] Soweit genehmigungsbedürftige Anlagen dem Anwendungsbereich des Treibhausgas-Emissionshandelsgesetzes[2)] unterliegen, sind Anforderungen zur Begrenzung von Emissionen von Treibhausgasen nur zulässig, um zur Erfüllung

---

[1)] Siehe die VO über genehmigungsbedürftige Anlagen – 4. BImSchV (Nr. **2.4**), die GefahrstoffVO v. 26.11.2010 (BGBl. I S. 1643, 1644), zuletzt geänd. durch G v. 29.3.2017 (BGBl. I S. 626) und die KWK-Kosten-Nutzen-Vergleich-VO (Nr. **3.3**).

[2)] Nr. **4.1**.

der Pflichten nach Absatz 1 Nummer 1 sicherzustellen, dass im Einwirkungsbereich der Anlage keine schädlichen Umwelteinwirkungen entstehen; dies gilt nur für Treibhausgase, die für die betreffende Tätigkeit nach Anhang 1 des Treibhausgas-Emissionshandelsgesetzes umfasst sind. [2] Bei diesen Anlagen dürfen zur Erfüllung der Pflicht zur effizienten Verwendung von Energie in Bezug auf die Emissionen von Kohlendioxid, die auf Verbrennungs- oder anderen Prozessen der Anlage beruhen, keine Anforderungen gestellt werden, die über die Pflichten hinausgehen, welche das Treibhausgas-Emissionshandelsgesetz begründet.

(3) Genehmigungsbedürftige Anlagen sind so zu errichten, zu betreiben und stillzulegen, dass auch nach einer Betriebseinstellung

1. von der Anlage oder dem Anlagengrundstück keine schädlichen Umwelteinwirkungen und sonstige Gefahren, erhebliche Nachteile und erhebliche Belästigungen für die Allgemeinheit und die Nachbarschaft hervorgerufen werden können,
2. vorhandene Abfälle ordnungsgemäß und schadlos verwertet oder ohne Beeinträchtigung des Wohls der Allgemeinheit beseitigt werden und
3. die Wiederherstellung eines ordnungsgemäßen Zustandes des Anlagengrundstücks gewährleistet ist.

(4) [1] Wurden nach dem 7. Januar 2013 auf Grund des Betriebs einer Anlage nach der Industrieemissions-Richtlinie erhebliche Bodenverschmutzungen oder erhebliche Grundwasserverschmutzungen durch relevante gefährliche Stoffe im Vergleich zu dem im Bericht über den Ausgangszustand angegebenen Zustand verursacht, so ist der Betreiber nach Einstellung des Betriebs der Anlage verpflichtet, soweit dies verhältnismäßig ist, Maßnahmen zur Beseitigung dieser Verschmutzung zu ergreifen, um das Anlagengrundstück in jenen Ausgangszustand zurückzuführen. [2] Die zuständige Behörde hat der Öffentlichkeit relevante Informationen zu diesen vom Betreiber getroffenen Maßnahmen zugänglich zu machen, und zwar auch über das Internet. [3] Soweit Informationen Geschäfts- oder Betriebsgeheimnisse enthalten, gilt § 10 Absatz 2 entsprechend.

§ 6 Genehmigungsvoraussetzungen. (1) Die Genehmigung ist zu erteilen, wenn

1. sichergestellt ist, dass die sich aus § 5 und einer auf Grund des § 7 erlassenen Rechtsverordnung ergebenden Pflichten erfüllt werden, und
2. andere öffentlich-rechtliche Vorschriften und Belange des Arbeitsschutzes der Errichtung und dem Betrieb der Anlage nicht entgegenstehen.

(2) Bei Anlagen, die unterschiedlichen Betriebsweisen dienen oder in denen unterschiedliche Stoffe eingesetzt werden (Mehrzweck- oder Vielstoffanlagen), ist die Genehmigung auf Antrag auf die unterschiedlichen Betriebsweisen und Stoffe zu erstrecken, wenn die Voraussetzungen nach Absatz 1 für alle erfassten Betriebsweisen und Stoffe erfüllt sind.

(3) Eine beantragte Änderungsgenehmigung darf auch dann nicht versagt werden, wenn zwar nach ihrer Durchführung nicht alle Immissionswerte einer Verwaltungsvorschrift nach § 48 oder einer Rechtsverordnung nach § 48a eingehalten werden, wenn aber

1. der Immissionsbeitrag der Anlage unter Beachtung des § 17 Absatz 3a Satz 3 durch das Vorhaben deutlich und über das durch nachträgliche Anordnungen nach § 17 Absatz 1 durchsetzbare Maß reduziert wird,
2. weitere Maßnahmen zur Luftreinhaltung, insbesondere Maßnahmen, die über den Stand der Technik bei neu zu errichtenden Anlagen hinausgehen, durchgeführt werden,
3. der Antragsteller darüber hinaus einen Immissionsmanagementplan zur Verringerung seines Verursacheranteils vorlegt, um eine spätere Einhaltung der Anforderungen nach § 5 Absatz 1 Nummer 1 zu erreichen, und
4. die konkreten Umstände einen Widerruf der Genehmigung nicht erfordern.

§ 7 Rechtsverordnungen über Anforderungen an genehmigungsbedürftige Anlagen. (1) [1] Die Bundesregierung wird ermächtigt, nach Anhörung der beteiligten Kreise (§ 51) durch Rechtsverordnung[1)] mit Zustimmung des Bundesrates vorzuschreiben, dass die Errichtung, die Beschaffenheit, der Betrieb, der Zustand nach Betriebseinstellung und die betreibereigene Überwachung genehmigungsbedürftiger Anlagen zur Erfüllung der sich aus § 5 ergebenden Pflichten bestimmten Anforderungen genügen müssen, insbesondere, dass

1. die Anlagen bestimmten technischen Anforderungen entsprechen müssen,
2. die von Anlagen ausgehenden Emissionen bestimmte Grenzwerte nicht überschreiten dürfen oder Anlagen äquivalenten Parametern oder äquivalenten technischen Maßnahmen entsprechen müssen[2)],

2a. der Einsatz von Energie bestimmten Anforderungen entsprechen muss,

3. die Betreiber von Anlagen Messungen von Emissionen und Immissionen nach in der Rechtsverordnung näher zu bestimmenden Verfahren vorzunehmen haben oder vornehmen lassen müssen und
4. die Betreiber von Anlagen bestimmte sicherheitstechnische Prüfungen sowie bestimmte Prüfungen von sicherheitstechnischen Unterlagen nach in der Rechtsverordnung näher zu bestimmenden Verfahren
   a) während der Errichtung oder sonst vor der Inbetriebnahme der Anlage,

---

[1)] Siehe die VO über genehmigungsbedürftige Anlagen – 4. BImSchV (Nr. **2.4**), die Störfall-VO – 12. BImSchV (Nr. **2.12**), die VO über Großfeuerungs-, Gasturbinen- und Verbrennungsmotoranlagen – 13. BImSchV (Nr. **2.13**), die VO über die Verbrennung und die Mitverbrennung von Abfällen – 17. BImSchV (Nr. **2.17**), die VO zur Begrenzung der Emissionen flüchtiger organischer Verbindungen beim Umfüllen und Lagern von Ottokraftstoffen – 20. BImSchV (Nr. **2.20**), die VO über Anlagen zur biologischen Behandlung von Abfällen – 30. BImSchV (Nr. **2.30**), die VO zur Begrenzung der Emissionen flüchtiger organischer Verbindungen bei der Verwendung organischer Lösemittel in bestimmten Anlagen – 31. BImSchV (Nr. **2.31**), die AltholzVO v. 15.8.2002 (BGBl. I S. 3302), zuletzt geänd. durch G v. 29.3.2017 (BGBl. I S. 626), die VO über mittelgroße Feuerungs-, Gasturbinen- und Verbrennungsmotoranlagen – 44. BImSchV (Nr. **2.44**), die AltölVO idF der Bek. v. 16.4.2002 (BGBl. I S. 1368), zuletzt geänd. durch G v. 24.2.2012 (BGBl. I S. 212), die DeponieVO v. 27.4.2009 (BGBl. I S. 900), zuletzt geänd. durch VO v. 27.9.2017 (BGBl. I S. 3465), die VO über die Entsorgung gebrauchter halogenierter Lösemittel v. 23.10.1989 (BGBl. I S. 1918), geänd. durch VO v. 20.10.2006 (BGBl. I S. 2298), die GefahrstoffVO v. 26.11.2010 (BGBl. I S. 1643, 1644), zuletzt geänd. durch G v. 29.3.2017 (BGBl. I S. 626) und die KWK-Kosten-Nutzen-Vergleich-VO (Nr. **3.3**).

[2)] § 7 Abs. 1 Nr. 2 gem. G v. 8.4.2013 (BGBl. I S. 734); in der Neubekanntmachung fehlt: „oder Anlagen äquivalenten Parametern oder äquivalenten technischen Maßnahmen entsprechen müssen".

b) nach deren Inbetriebnahme oder einer Änderung im Sinne des § 15 oder des § 16,
c) in regelmäßigen Abständen oder
d) bei oder nach einer Betriebseinstellung

durch einen Sachverständigen nach § 29a vornehmen lassen müssen, soweit solche Prüfungen nicht in Rechtsverordnungen nach § 34 des Produktsicherheitsgesetzes vorgeschrieben sind, und

5. die Rückführung in den Ausgangszustand nach § 5 Absatz 4 bestimmten Anforderungen entsprechen muss, insbesondere in Bezug auf den Ausgangszustandsbericht und die Feststellung der Erheblichkeit von Boden- und Grundwasserverschmutzungen.

[2]Bei der Festlegung der Anforderungen nach Satz 1[1)] sind insbesondere mögliche Verlagerungen von nachteiligen Auswirkungen von einem Schutzgut auf ein anderes zu berücksichtigen; ein hohes Schutzniveau für die Umwelt insgesamt ist zu gewährleisten.

(1a) [1]Nach jeder Veröffentlichung einer BVT-Schlussfolgerung ist unverzüglich zu gewährleisten, dass für Anlagen nach der Industrieemissions-Richtlinie bei der Festlegung von Emissionsgrenzwerten nach Absatz 1 Satz 1 Nummer 2 die Emissionen unter normalen Betriebsbedingungen die in den BVT-Schlussfolgerungen genannten Emissionsbandbreiten nicht überschreiten. [2]Im Hinblick auf bestehende Anlagen ist

1. innerhalb eines Jahres nach Veröffentlichung von BVT-Schlussfolgerungen zur Haupttätigkeit eine Überprüfung und gegebenenfalls Anpassung der Rechtsverordnung vorzunehmen und
2. innerhalb von vier Jahren nach Veröffentlichung von BVT-Schlussfolgerungen zur Haupttätigkeit sicherzustellen, dass die betreffenden Anlagen die Emissionsgrenzwerte der Rechtsverordnung einhalten.

(1b) [1]Abweichend von Absatz 1a

1. können in der Rechtsverordnung weniger strenge Emissionsgrenzwerte und Fristen festgelegt werden, wenn
   a) wegen technischer Merkmale der betroffenen Anlagenart die Anwendung der in den BVT-Schlussfolgerungen genannten Emissionsbandbreiten unverhältnismäßig wäre und dies begründet wird oder
   b) in Anlagen Zukunftstechniken für einen Gesamtzeitraum von höchstens neun Monaten erprobt oder angewendet werden sollen, sofern nach dem festgelegten Zeitraum die Anwendung der betreffenden Technik beendet wird oder in der Anlage mindestens die mit den besten verfügbaren Techniken assoziierten Emissionsbandbreiten erreicht werden, oder
2. kann in der Rechtsverordnung bestimmt werden, dass die zuständige Behörde weniger strenge Emissionsbegrenzungen und Fristen festlegen kann, wenn

---

1) § 7 Abs. 1 Satz 2 gem. G v. 8.4.2013 (BGBl. I S. 734); in der Neubekanntmachung fehlt: „nach Satz 1".

a) wegen technischer Merkmale der betroffenen Anlagen die Anwendung der in den BVT-Schlussfolgerungen genannten Emissionsbandbreiten unverhältnismäßig wäre oder
b) in Anlagen Zukunftstechniken für einen Gesamtzeitraum von höchstens neun Monaten erprobt oder angewendet werden sollen, sofern nach dem festgelegten Zeitraum die Anwendung der betreffenden Technik beendet wird oder in der Anlage mindestens die mit den besten verfügbaren Techniken assoziierten Emissionsbandbreiten erreicht werden.

[2] Absatz 1 Satz 2 bleibt unberührt. [3] Emissionsgrenzwerte und Emissionsbegrenzungen nach Satz 1 dürfen die in den Anhängen der Richtlinie 2010/75/EU festgelegten Emissionsgrenzwerte nicht überschreiten und keine schädlichen Umwelteinwirkungen hervorrufen.

(2) [1] In der Rechtsverordnung kann bestimmt werden, inwieweit die nach Absatz 1 zur Vorsorge gegen schädliche Umwelteinwirkungen festgelegten Anforderungen nach Ablauf bestimmter Übergangsfristen erfüllt werden müssen, soweit zum Zeitpunkt des Inkrafttretens der Rechtsverordnung in einem Vorbescheid oder einer Genehmigung geringere Anforderungen gestellt worden sind. [2] Bei der Bestimmung der Dauer der Übergangsfristen und der einzuhaltenden Anforderungen sind insbesondere Art, Menge und Gefährlichkeit der von den Anlagen ausgehenden Emissionen sowie die Nutzungsdauer und technische Besonderheiten der Anlagen zu berücksichtigen. [3] Die Sätze 1 und 2 gelten entsprechend für Anlagen, die nach § 67 Absatz 2 oder § 67a Absatz 1 anzuzeigen sind oder vor Inkrafttreten dieses Gesetzes nach § 16 Absatz 4 der Gewerbeordnung anzuzeigen waren.

(3) [1] Soweit die Rechtsverordnung Anforderungen nach § 5 Absatz 1 Nummer 2 festgelegt hat, kann in ihr bestimmt werden, dass bei in Absatz 2 genannten Anlagen von den auf Grund der Absätze 1 und 2 festgelegten Anforderungen zur Vorsorge gegen schädliche Umwelteinwirkungen abgewichen werden darf. [2] Dies gilt nur, wenn durch technische Maßnahmen an Anlagen des Betreibers oder Dritter insgesamt eine weitergehende Minderung von Emissionen derselben oder in ihrer Wirkung auf die Umwelt vergleichbaren Stoffen erreicht wird als bei Beachtung der auf Grund der Absätze 1 und 2 festgelegten Anforderungen und hierdurch der in § 1 genannte Zweck gefördert wird. [3] In der Rechtsverordnung kann weiterhin bestimmt werden, inwieweit zur Erfüllung von zwischenstaatlichen Vereinbarungen mit Nachbarstaaten der Bundesrepublik Deutschland Satz 2 auch für die Durchführung technischer Maßnahmen an Anlagen gilt, die in den Nachbarstaaten gelegen sind.

(4) [1] Zur Erfüllung von bindenden Rechtsakten der Europäischen Gemeinschaften oder der Europäischen Union kann die Bundesregierung zu dem in § 1 genannten Zweck mit Zustimmung des Bundesrates durch Rechtsverordnung[1)] Anforderungen an die Errichtung, die Beschaffenheit und den Betrieb, die Betriebseinstellung und betreibereigene Überwachung genehmigungs-

---

[1)] Siehe die VO über genehmigungsbedürftige Anlagen – 4. BImSchV (Nr. **2.4**), die StörfallVO – 12. BImSchV (Nr. **2.12**), die VO über die Verbrennung und die Mitverbrennung von Abfällen – 17. BImSchV (Nr. **2.17**), die VO über mittelgroße Feuerungs-, Gasturbinen- und Verbrennungsmotoranlagen – 44. BImSchV (Nr. **2.44**), die DeponieVO v. 27.4.2009 (BGBl. I S. 900), zuletzt geänd. durch VO v. 27.9.2017 (BGBl. I S. 3465) und die GefahrstoffVO v. 26.11.2010 (BGBl. I S. 1643, 1644), zuletzt geänd. durch G v. 29.3.2017 (BGBl. I S. 626).

bedürftiger Anlagen vorschreiben. [2]Für genehmigungsbedürftige Anlagen, die vom Anwendungsbereich der Richtlinie 1999/31/EG des Rates vom 26. April 1999 über Abfalldeponien (ABl. EG Nr. L 182 S. 1) erfasst werden, kann die Bundesregierung durch Rechtsverordnung mit Zustimmung des Bundesrates dieselben Anforderungen festlegen wie für Deponien im Sinne des § 3 Absatz 27 des Kreislaufwirtschaftsgesetzes, insbesondere Anforderungen an die Erbringung einer Sicherheitsleistung, an die Stilllegung und die Sach- und Fachkunde des Betreibers.

(5) Wegen der Anforderungen nach Absatz 1 Nr. 1 bis 4, auch in Verbindung mit Absatz 4, kann auf jedermann zugängliche Bekanntmachungen sachverständiger Stellen verwiesen werden; hierbei ist

1. in der Rechtsverordnung das Datum der Bekanntmachung anzugeben und die Bezugsquelle genau zu bezeichnen,
2. die Bekanntmachung bei dem Deutschen Patentamt archivmäßig gesichert niederzulegen und in der Rechtsverordnung darauf hinzuweisen.

§ 8[1)] Teilgenehmigung. (1) Auf Antrag soll eine Genehmigung für die Errichtung einer Anlage oder eines Teils einer Anlage oder für die Errichtung und den Betrieb eines Teils einer Anlage erteilt werden, wenn

1. ein berechtigtes Interesse an der Erteilung einer Teilgenehmigung besteht,
2. die Genehmigungsvoraussetzungen für den beantragten Gegenstand der Teilgenehmigung vorliegen und
3. eine vorläufige Beurteilung ergibt, dass der Errichtung und dem Betrieb der gesamten Anlage keine von vornherein unüberwindlichen Hindernisse im Hinblick auf die Genehmigungsvoraussetzungen entgegenstehen.

(2) Die Bindungswirkung der vorläufigen Gesamtbeurteilung entfällt, wenn eine Änderung der Sach- oder Rechtslage oder Einzelprüfungen im Rahmen späterer Teilgenehmigungen zu einer von der vorläufigen Gesamtbeurteilung abweichenden Beurteilung führen.

§ 8a Zulassung vorzeitigen Beginns. (1) In einem Verfahren zur Erteilung einer Genehmigung soll die Genehmigungsbehörde auf Antrag vorläufig zulassen, dass bereits vor Erteilung der Genehmigung mit der Errichtung einschließlich der Maßnahmen, die zur Prüfung der Betriebstüchtigkeit der Anlage erforderlich sind, begonnen wird, wenn

1. mit einer Entscheidung zugunsten des Antragstellers gerechnet werden kann,
2. ein öffentliches Interesse oder ein berechtigtes Interesse des Antragstellers an dem vorzeitigen Beginn besteht und
3. der Antragsteller sich verpflichtet, alle bis zur Entscheidung durch die Errichtung der Anlage verursachten Schäden zu ersetzen und, wenn das Vorhaben nicht genehmigt wird, den früheren Zustand wiederherzustellen.

(2) [1]Die Zulassung kann jederzeit widerrufen werden. [2]Sie kann mit Auflagen verbunden oder unter dem Vorbehalt nachträglicher Auflagen erteilt werden. [3]Die zuständige Behörde kann die Leistung einer Sicherheit verlangen,

---

[1)] Die Absatzzählung wurde durch Neubek. v. 17.5.2013 (BGBl. I S. 1274) eingeführt.

soweit dies erforderlich ist, um die Erfüllung der Pflichten des Antragstellers zu sichern.

(3) In einem Verfahren zur Erteilung einer Genehmigung nach § 16 Absatz 1 kann die Genehmigungsbehörde unter den in Absatz 1 genannten Voraussetzungen auch den Betrieb der Anlage vorläufig zulassen, wenn die Änderung der Erfüllung einer sich aus diesem Gesetz oder einer auf Grund dieses Gesetzes erlassenen Rechtsverordnung ergebenden Pflicht dient.

§ 9 Vorbescheid. (1) Auf Antrag soll durch Vorbescheid über einzelne Genehmigungsvoraussetzungen sowie über den Standort der Anlage entschieden werden, sofern die Auswirkungen der geplanten Anlage ausreichend beurteilt werden können und ein berechtigtes Interesse an der Erteilung eines Vorbescheides besteht.

(2) Der Vorbescheid wird unwirksam, wenn der Antragsteller nicht innerhalb von zwei Jahren nach Eintritt der Unanfechtbarkeit die Genehmigung beantragt; die Frist kann auf Antrag bis auf vier Jahre verlängert werden.

(3) Die Vorschriften der §§ 6 und 21 gelten sinngemäß.

§ 10 Genehmigungsverfahren. (1) [1] Das Genehmigungsverfahren setzt einen schriftlichen oder elektronischen Antrag voraus. [2] Dem Antrag sind die zur Prüfung nach § 6 erforderlichen Zeichnungen, Erläuterungen und sonstigen Unterlagen beizufügen. [3] Reichen die Unterlagen für die Prüfung nicht aus, so hat sie der Antragsteller auf Verlangen der zuständigen Behörde innerhalb einer angemessenen Frist zu ergänzen. [4] Erfolgt die Antragstellung elektronisch, kann die zuständige Behörde Mehrfertigungen sowie die Übermittlung der dem Antrag beizufügenden Unterlagen auch in schriftlicher Form verlangen.

(1a) [1] Der Antragsteller, der beabsichtigt, eine Anlage nach der Industrieemissions-Richtlinie zu betreiben, in der relevante gefährliche Stoffe verwendet, erzeugt oder freigesetzt werden, hat mit den Unterlagen nach Absatz 1 einen Bericht über den Ausgangszustand vorzulegen, wenn und soweit eine Verschmutzung des Bodens oder des Grundwassers auf dem Anlagengrundstück durch die relevanten gefährlichen Stoffe möglich ist. [2] Die Möglichkeit einer Verschmutzung des Bodens oder des Grundwassers besteht nicht, wenn auf Grund der tatsächlichen Umstände ein Eintrag ausgeschlossen werden kann.

(2) [1] Soweit Unterlagen Geschäfts- oder Betriebsgeheimnisse enthalten, sind die Unterlagen zu kennzeichnen und getrennt vorzulegen. [2] Ihr Inhalt muss, soweit es ohne Preisgabe des Geheimnisses geschehen kann, so ausführlich dargestellt sein, dass es Dritten möglich ist, zu beurteilen, ob und in welchem Umfang sie von den Auswirkungen der Anlage betroffen werden können.

(3) [1] Sind die Unterlagen des Antragstellers vollständig, so hat die zuständige Behörde das Vorhaben in ihrem amtlichen Veröffentlichungsblatt und außerdem entweder im Internet oder in örtlichen Tageszeitungen, die im Bereich des Standortes der Anlage verbreitet sind, öffentlich bekannt zu machen. [2] Der Antrag und die vom Antragsteller vorgelegten Unterlagen, mit Ausnahme der Unterlagen nach Absatz 2 Satz 1, sowie die entscheidungserheblichen Berichte und Empfehlungen, die der Behörde im Zeitpunkt der Bekanntmachung vorliegen, sind nach der Bekanntmachung einen Monat zur Einsicht auszulegen. [3] Weitere Informationen, die für die Entscheidung über die Zulässigkeit des Vorhabens von Bedeutung sein können und die der zuständigen Behörde erst

nach Beginn der Auslegung vorliegen, sind der Öffentlichkeit nach den Bestimmungen über den Zugang zu Umweltinformationen zugänglich zu machen. [4] Bis zwei Wochen nach Ablauf der Auslegungsfrist kann die Öffentlichkeit gegenüber der zuständigen Behörde schriftlich oder elektronisch Einwendungen erheben; bei Anlagen nach der Industrieemissions-Richtlinie gilt eine Frist von einem Monat. [5] Mit Ablauf der Einwendungsfrist sind für das Genehmigungsverfahren alle Einwendungen ausgeschlossen, die nicht auf besonderen privatrechtlichen Titeln beruhen. [6] Einwendungen, die auf besonderen privatrechtlichen Titeln beruhen, sind auf den Rechtsweg vor den ordentlichen Gerichten zu verweisen.

(3a) Nach dem Umwelt-Rechtsbehelfsgesetz anerkannte Vereinigungen sollen die zuständige Behörde in einer dem Umweltschutz dienenden Weise unterstützen.

(4) In der Bekanntmachung nach Absatz 3 Satz 1 ist

1. darauf hinzuweisen, wo und wann der Antrag auf Erteilung der Genehmigung und die Unterlagen zur Einsicht ausgelegt sind;
2. dazu aufzufordern, etwaige Einwendungen bei einer in der Bekanntmachung zu bezeichnenden Stelle innerhalb der Einwendungsfrist vorzubringen; dabei ist auf die Rechtsfolgen nach Absatz 3 Satz 5 hinzuweisen;
3. ein Erörterungstermin zu bestimmen und darauf hinzuweisen, dass er auf Grund einer Ermessensentscheidung der Genehmigungsbehörde nach Absatz 6 durchgeführt wird und dass dann die formgerecht erhobenen Einwendungen auch bei Ausbleiben des Antragstellers oder von Personen, die Einwendungen erhoben haben, erörtert werden;
4. darauf hinzuweisen, dass die Zustellung der Entscheidung über die Einwendungen durch öffentliche Bekanntmachung ersetzt werden kann.

(5) [1] Die für die Erteilung der Genehmigung zuständige Behörde (Genehmigungsbehörde) holt die Stellungnahmen der Behörden ein, deren Aufgabenbereich durch das Vorhaben berührt wird. [2] Soweit für das Vorhaben selbst oder für weitere damit unmittelbar in einem räumlichen oder betrieblichen Zusammenhang stehende Vorhaben, die Auswirkungen auf die Umwelt haben können und die für die Genehmigung Bedeutung haben, eine Zulassung nach anderen Gesetzen vorgeschrieben ist, hat die Genehmigungsbehörde eine vollständige Koordinierung der Zulassungsverfahren sowie der Inhalts- und Nebenbestimmungen sicherzustellen.

(6) Nach Ablauf der Einwendungsfrist kann die Genehmigungsbehörde die rechtzeitig gegen das Vorhaben erhobenen Einwendungen mit dem Antragsteller und denjenigen, die Einwendungen erhoben haben, erörtern.

(6a) [1] Über den Genehmigungsantrag ist nach Eingang des Antrags und der nach Absatz 1 Satz 2 einzureichenden Unterlagen innerhalb einer Frist von sieben Monaten, in vereinfachten Verfahren innerhalb einer Frist von drei Monaten, zu entscheiden. [2] Die zuständige Behörde kann die Frist um jeweils drei Monate verlängern, wenn dies wegen der Schwierigkeit der Prüfung oder aus Gründen, die dem Antragsteller zuzurechnen sind, erforderlich ist. [3] Die Fristverlängerung soll gegenüber dem Antragsteller begründet werden.

(7) [1] Der Genehmigungsbescheid ist schriftlich zu erlassen, schriftlich zu begründen und dem Antragsteller und den Personen, die Einwendungen erhoben haben, zuzustellen. [2] Er ist, soweit die Zustellung nicht nach Absatz 8

erfolgt, öffentlich bekannt zu machen. [3]Die öffentliche Bekanntmachung erfolgt nach Maßgabe des Absatzes 8.

(8) [1]Die Zustellung des Genehmigungsbescheids an die Personen, die Einwendungen erhoben haben, kann durch öffentliche Bekanntmachung ersetzt werden. [2]Die öffentliche Bekanntmachung wird dadurch bewirkt, dass der verfügende Teil des Bescheides und die Rechtsbehelfsbelehrung in entsprechender Anwendung des Absatzes 3 Satz 1 bekannt gemacht werden; auf Auflagen ist hinzuweisen. [3]In diesem Fall ist eine Ausfertigung des gesamten Bescheides vom Tage nach der Bekanntmachung an zwei Wochen zur Einsicht auszulegen. [4]In der öffentlichen Bekanntmachung ist anzugeben, wo und wann der Bescheid und seine Begründung eingesehen und nach Satz 6 angefordert werden können. [5]Mit dem Ende der Auslegungsfrist gilt der Bescheid auch gegenüber Dritten, die keine Einwendung erhoben haben, als zugestellt; darauf ist in der Bekanntmachung hinzuweisen. [6]Nach der öffentlichen Bekanntmachung können der Bescheid und seine Begründung bis zum Ablauf der Widerspruchsfrist von den Personen, die Einwendungen erhoben haben, schriftlich oder elektronisch angefordert werden.

(8a) [1]Unbeschadet der Absätze 7 und 8 sind bei Anlagen nach der Industrieemissions-Richtlinie folgende Unterlagen im Internet öffentlich bekannt zu machen:

1. der Genehmigungsbescheid mit Ausnahme in Bezug genommener Antragsunterlagen und des Berichts über den Ausgangszustand sowie
2. die Bezeichnung des für die betreffende Anlage maßgeblichen BVT-Merkblatts.

[2]Soweit der Genehmigungsbescheid Geschäfts- oder Betriebsgeheimnisse enthält, sind die entsprechenden Stellen unkenntlich zu machen. [3]Absatz 8 Satz 3, 5 und 6 gilt entsprechend.

(9) Die Absätze 1 bis 8 gelten entsprechend für die Erteilung eines Vorbescheides.

(10) [1]Die Bundesregierung wird ermächtigt, durch Rechtsverordnung[1)] mit Zustimmung des Bundesrates das Genehmigungsverfahren zu regeln; in der Rechtsverordnung kann auch das Verfahren bei Erteilung einer Genehmigung im vereinfachten Verfahren (§ 19) sowie bei der Erteilung eines Vorbescheides (§ 9), einer Teilgenehmigung (§ 8) und einer Zulassung vorzeitigen Beginns (§ 8a) geregelt werden. [2]In der Verordnung ist auch näher zu bestimmen, welchen Anforderungen das Genehmigungsverfahren für Anlagen genügen muss, für die nach dem Gesetz über die Umweltverträglichkeitsprüfung eine Umweltverträglichkeitsprüfung durchzuführen ist.

(11) Das Bundesministerium der Verteidigung wird ermächtigt, im Einvernehmen mit dem Bundesministerium für Umwelt, Naturschutz, Bau und Reaktorsicherheit durch Rechtsverordnung[2)] mit Zustimmung des Bundesrates das Genehmigungsverfahren für Anlagen, die der Landesverteidigung dienen, abweichend von den Absätzen 1 bis 9 zu regeln.

---

1) Siehe die VO über das Genehmigungsverfahren – 9. BImSchV (Nr. **2.9**).
2) Siehe die VO über Anlagen der Landesverteidigung – 14. BImSchV (Nr. **2.14**).

§ 11 Einwendungen Dritter bei Teilgenehmigung und Vorbescheid.

Ist eine Teilgenehmigung oder ein Vorbescheid erteilt worden, können nach Eintritt ihrer Unanfechtbarkeit im weiteren Verfahren zur Genehmigung der Errichtung und des Betriebs der Anlage Einwendungen nicht mehr auf Grund von Tatsachen erhoben werden, die im vorhergehenden Verfahren fristgerecht vorgebracht worden sind oder nach den ausgelegten Unterlagen hätten vorgebracht werden können.

§ 12 Nebenbestimmungen zur Genehmigung. (1) [1]Die Genehmigung kann unter Bedingungen erteilt und mit Auflagen verbunden werden, soweit dies erforderlich ist, um die Erfüllung der in § 6 genannten Genehmigungsvoraussetzungen sicherzustellen. [2]Zur Sicherstellung der Anforderungen nach § 5 Absatz 3 soll bei Abfallentsorgungsanlagen im Sinne des § 4 Absatz 1 Satz 1 auch eine Sicherheitsleistung auferlegt werden.

(1a) Für den Fall, dass eine Verwaltungsvorschrift nach § 48 für die jeweilige Anlagenart keine Anforderungen vorsieht, ist bei der Festlegung von Emissionsbegrenzungen für Anlagen nach der Industrieemissions-Richtlinie in der Genehmigung sicherzustellen, dass die Emissionen unter normalen Betriebsbedingungen die in den BVT-Schlussfolgerungen genannten Emissionsbandbreiten nicht überschreiten.

(1b) [1]Abweichend von Absatz 1a kann die zuständige Behörde weniger strenge Emissionsbegrenzungen festlegen, wenn

1. eine Bewertung ergibt, dass wegen technischer Merkmale der Anlage die Anwendung der in den BVT-Schlussfolgerungen genannten Emissionsbandbreiten unverhältnismäßig wäre, oder
2. in Anlagen Zukunftstechniken für einen Gesamtzeitraum von höchstens neun Monaten erprobt oder angewendet werden sollen, sofern nach dem festgelegten Zeitraum die Anwendung der betreffenden Technik beendet wird oder in der Anlage mindestens die mit den besten verfügbaren Techniken assoziierten Emissionsbandbreiten erreicht werden.

[2]Bei der Festlegung der Emissionsbegrenzungen nach Satz 1 sind insbesondere mögliche Verlagerungen von nachteiligen Auswirkungen von einem Schutzgut auf ein anderes zu berücksichtigen; ein hohes Schutzniveau für die Umwelt insgesamt ist zu gewährleisten. [3]Emissionsbegrenzungen nach Satz 1 dürfen die in den Anhängen der Richtlinie 2010/75/EU festgelegten Emissionsgrenzwerte nicht überschreiten und keine schädlichen Umwelteinwirkungen hervorrufen.

(2) [1]Die Genehmigung kann auf Antrag für einen bestimmten Zeitraum erteilt werden. [2]Sie kann mit einem Vorbehalt des Widerrufs erteilt werden, wenn die genehmigungsbedürftige Anlage lediglich Erprobungszwecken dienen soll.

(2a) [1]Die Genehmigung kann mit Einverständnis des Antragstellers mit dem Vorbehalt nachträglicher Auflagen erteilt werden, soweit hierdurch hinreichend bestimmte, in der Genehmigung bereits allgemein festgelegte Anforderungen an die Errichtung oder den Betrieb der Anlage in einem Zeitpunkt nach Erteilung der Genehmigung näher festgelegt werden sollen. [2]Dies gilt unter den Voraussetzungen des Satzes 1 auch für den Fall, dass eine beteiligte Behörde sich nicht rechtzeitig äußert.

(2b) Im Falle des § 6 Absatz 2 soll der Antragsteller durch eine Auflage verpflichtet werden, der zuständigen Behörde unverzüglich die erstmalige Herstellung oder Verwendung eines anderen Stoffes innerhalb der genehmigten Betriebsweise mitzuteilen.

(2c) [1] Der Betreiber kann durch Auflage verpflichtet werden, den Wechsel eines im Genehmigungsverfahren dargelegten Entsorgungswegs von Abfällen der zuständigen Behörde anzuzeigen. [2] Das gilt ebenso für in Abfallbehandlungsanlagen erzeugte Abfälle. [3] Bei Abfallbehandlungsanlagen können außerdem Anforderungen an die Qualität und das Schadstoffpotential der angenommenen Abfälle sowie der die Anlage verlassenden Abfälle gestellt werden.

(3) Die Teilgenehmigung kann für einen bestimmten Zeitraum oder mit dem Vorbehalt erteilt werden, dass sie bis zur Entscheidung über die Genehmigung widerrufen oder mit Auflagen verbunden werden kann.

§ 13 Genehmigung und andere behördliche Entscheidungen. Die Genehmigung schließt andere die Anlage betreffende behördliche Entscheidungen ein, insbesondere öffentlich-rechtliche Genehmigungen, Zulassungen, Verleihungen, Erlaubnisse und Bewilligungen mit Ausnahme von Planfeststellungen, Zulassungen bergrechtlicher Betriebspläne, behördlichen Entscheidungen auf Grund atomrechtlicher Vorschriften und wasserrechtlichen Erlaubnissen und Bewilligungen nach § 8 in Verbindung mit § 10 des Wasserhaushaltsgesetzes.

§ 14 Ausschluss von privatrechtlichen Abwehransprüchen. [1] Auf Grund privatrechtlicher, nicht auf besonderen Titeln beruhender Ansprüche zur Abwehr benachteiligender Einwirkungen von einem Grundstück auf ein benachbartes Grundstück kann nicht die Einstellung des Betriebs einer Anlage verlangt werden, deren Genehmigung unanfechtbar ist; es können nur Vorkehrungen verlangt werden, die die benachteiligenden Wirkungen ausschließen. [2] Soweit solche Vorkehrungen nach dem Stand der Technik nicht durchführbar oder wirtschaftlich nicht vertretbar sind, kann lediglich Schadensersatz verlangt werden.

§ 14a Vereinfachte Klageerhebung. Der Antragsteller kann eine verwaltungsgerichtliche Klage erheben, wenn über seinen Widerspruch nach Ablauf von drei Monaten seit der Einlegung nicht entschieden ist, es sei denn, dass wegen besonderer Umstände des Falles eine kürzere Frist geboten ist.

§ 15 Änderung genehmigungsbedürftiger Anlagen. (1) [1] Die Änderung der Lage, der Beschaffenheit oder des Betriebs einer genehmigungsbedürftigen Anlage ist, sofern eine Genehmigung nicht beantragt wird, der zuständigen Behörde mindestens einen Monat, bevor mit der Änderung begonnen werden soll, schriftlich oder elektronisch anzuzeigen, wenn sich die Änderung auf in § 1 genannte Schutzgüter auswirken kann. [2] Der Anzeige sind Unterlagen im Sinne des § 10 Absatz 1 Satz 2 beizufügen, soweit diese für die Prüfung erforderlich sein können, ob das Vorhaben genehmigungsbedürftig ist. [3] Die zuständige Behörde hat dem Träger des Vorhabens den Eingang der Anzeige und der beigefügten Unterlagen unverzüglich schriftlich oder elektronisch zu bestätigen; sie kann bei einer elektronischen Anzeige Mehrausfertigungen sowie die Übermittlung der Unterlagen, die der Anzeige beizufügen sind, auch in schriftlicher Form verlangen. [4] Sie teilt dem Träger des Vorhabens nach

Eingang der Anzeige unverzüglich mit, welche zusätzlichen Unterlagen sie zur Beurteilung der Voraussetzungen des § 16 Absatz 1 und des § 16a benötigt. [5]Die Sätze 1 bis 4 gelten entsprechend für eine Anlage, die nach § 67 Absatz 2 oder § 67a Absatz 1 anzuzeigen ist oder vor Inkrafttreten dieses Gesetzes nach § 16 Absatz 4 der Gewerbeordnung anzuzeigen war.

(2) [1]Die zuständige Behörde hat unverzüglich, spätestens innerhalb eines Monats nach Eingang der Anzeige und der nach Absatz 1 Satz 2 erforderlichen Unterlagen, zu prüfen, ob die Änderung einer Genehmigung bedarf. [2]Der Träger des Vorhabens darf die Änderung vornehmen, sobald die zuständige Behörde ihm mitteilt, dass die Änderung keiner Genehmigung bedarf, oder sich innerhalb der in Satz 1 bestimmten Frist nicht geäußert hat. [3]Absatz 1 Satz 3 gilt für nachgereichte Unterlagen entsprechend.

(2a) [1]Bei einer störfallrelevanten Änderung einer genehmigungsbedürftigen Anlage, die Betriebsbereich oder Bestandteil eines Betriebsbereichs ist, hat die zuständige Behörde unverzüglich, spätestens innerhalb von zwei Monaten nach Eingang der Anzeige und der nach Absatz 1 Satz 2 erforderlichen Unterlagen zu prüfen, ob diese Änderung einer Genehmigung bedarf. [2]Soweit es zur Ermittlung des angemessenen Sicherheitsabstands erforderlich ist, kann die zuständige Behörde ein Gutachten zu den Auswirkungen verlangen, die bei schweren Unfällen durch die Anlage hervorgerufen werden können. [3]Der Träger des Vorhabens darf die störfallrelevante Änderung vornehmen, sobald ihm die zuständige Behörde mitteilt, dass sie keiner Genehmigung bedarf.

(3) [1]Beabsichtigt der Betreiber, den Betrieb einer genehmigungsbedürftigen Anlage einzustellen, so hat er dies unter Angabe des Zeitpunktes der Einstellung der zuständigen Behörde unverzüglich anzuzeigen. [2]Der Anzeige sind Unterlagen über die vom Betreiber vorgesehenen Maßnahmen zur Erfüllung der sich aus § 5 Absatz 3 und 4 ergebenden Pflichten beizufügen. [3]Die Sätze 1 und 2 gelten für die in Absatz 1 Satz 5 bezeichneten Anlagen entsprechend.

(4) In der Rechtsverordnung nach § 10 Absatz 10 können die näheren Einzelheiten für das Verfahren nach den Absätzen 1 bis 3 geregelt werden.

§ 16 Wesentliche Änderung genehmigungsbedürftiger Anlagen.

(1) [1]Die Änderung der Lage, der Beschaffenheit oder des Betriebs einer genehmigungsbedürftigen Anlage bedarf der Genehmigung, wenn durch die Änderung nachteilige Auswirkungen hervorgerufen werden können und diese für die Prüfung nach § 6 Absatz 1 Nummer 1 erheblich sein können (wesentliche Änderung); eine Genehmigung ist stets erforderlich, wenn die Änderung oder Erweiterung des Betriebs einer genehmigungsbedürftigen Anlage für sich genommen die Leistungsgrenzen oder Anlagengrößen des Anhangs zur Verordnung über genehmigungsbedürftige Anlagen[1)] erreichen. [2]Eine Genehmigung ist nicht erforderlich, wenn durch die Änderung hervorgerufene nachteilige Auswirkungen offensichtlich gering sind und die Erfüllung der sich aus § 6 Absatz 1 Nummer 1 ergebenden Anforderungen sichergestellt ist.

(2) [1]Die zuständige Behörde soll von der öffentlichen Bekanntmachung des Vorhabens sowie der Auslegung des Antrags und der Unterlagen absehen, wenn der Träger des Vorhabens dies beantragt und erhebliche nachteilige Auswirkungen auf in § 1 genannte Schutzgüter nicht zu besorgen sind. [2]Dies ist ins-

---

[1)] Nr. **2.4**.

besondere dann der Fall, wenn erkennbar ist, dass die Auswirkungen durch die getroffenen oder vom Träger des Vorhabens vorgesehenen Maßnahmen ausgeschlossen werden oder die Nachteile im Verhältnis zu den jeweils vergleichbaren Vorteilen gering sind. [3]Betrifft die wesentliche Änderung eine in einem vereinfachten Verfahren zu genehmigende Anlage, ist auch die wesentliche Änderung im vereinfachten Verfahren zu genehmigen. [4]§ 19 Absatz 3 gilt entsprechend.

(3) [1]Über den Genehmigungsantrag ist innerhalb einer Frist von sechs Monaten, im Falle des Absatzes 2 in drei Monaten zu entscheiden. [2]Im Übrigen gilt § 10 Absatz 6a Satz 2 und 3 entsprechend.

(4) [1]Für nach § 15 Absatz 1 anzeigebedürftige Änderungen kann der Träger des Vorhabens eine Genehmigung beantragen. [2]Diese ist im vereinfachten Verfahren zu erteilen; Absatz 3 und § 19 Absatz 3 gelten entsprechend.

(5) Einer Genehmigung bedarf es nicht, wenn eine genehmigte Anlage oder Teile einer genehmigten Anlage im Rahmen der erteilten Genehmigung ersetzt oder ausgetauscht werden sollen.

§ 16a Störfallrelevante Änderung genehmigungsbedürftiger Anlagen.
[1]Die störfallrelevante Änderung einer genehmigungsbedürftigen Anlage, die Betriebsbereich oder Bestandteil eines Betriebsbereichs ist, bedarf der Genehmigung, wenn durch die störfallrelevante Änderung der angemessene Sicherheitsabstand zu benachbarten Schutzobjekten erstmalig unterschritten wird, der bereits unterschrittene Sicherheitsabstand räumlich noch weiter unterschritten wird oder eine erhebliche Gefahrenerhöhung ausgelöst wird und die Änderung nicht bereits durch § 16 Absatz 1 Satz 1 erfasst ist. [2]Einer Genehmigung bedarf es nicht, soweit dem Gebot, den angemessenen Sicherheitsabstand zu wahren, bereits auf Ebene einer raumbedeutsamen Planung oder Maßnahme durch verbindliche Vorgaben Rechnung getragen worden ist.

§ 17 Nachträgliche Anordnungen. (1) [1]Zur Erfüllung der sich aus diesem Gesetz und der auf Grund dieses Gesetzes erlassenen Rechtsverordnungen ergebenden Pflichten können nach Erteilung der Genehmigung sowie nach einer nach § 15 Absatz 1 angezeigten Änderung Anordnungen getroffen werden. [2]Wird nach Erteilung der Genehmigung sowie nach einer nach § 15 Absatz 1 angezeigten Änderung festgestellt, dass die Allgemeinheit oder die Nachbarschaft nicht ausreichend vor schädlichen Umwelteinwirkungen oder sonstigen Gefahren, erheblichen Nachteilen oder erheblichen Belästigungen geschützt ist, soll die zuständige Behörde nachträgliche Anordnungen treffen.

(1a) [1]Bei Anlagen nach der Industrieemissions-Richtlinie ist vor dem Erlass einer nachträglichen Anordnung nach Absatz 1 Satz 2, durch welche Emissionsbegrenzungen neu festgelegt werden sollen, der Entwurf der Anordnung öffentlich bekannt zu machen. [2]§ 10 Absatz 3 und 4 Nummer 1 und 2 gilt für die Bekanntmachung entsprechend. [3]Einwendungsbefugt sind Personen, deren Belange durch die nachträgliche Anordnung berührt werden, sowie Vereinigungen, welche die Anforderungen von § 3 Absatz 1 oder § 2 Absatz 2 des Umwelt-Rechtsbehelfsgesetzes erfüllen. [4]Für die Entscheidung über den Erlass der nachträglichen Anordnung gilt § 10 Absatz 7 bis 8a entsprechend.

(1b) Absatz 1a gilt für den Erlass einer nachträglichen Anordnung entsprechend, bei der von der Behörde auf Grundlage einer Verordnung nach § 7

Absatz 1b oder einer Verwaltungsvorschrift nach § 48 Absatz 1b weniger strenge Emissionsbegrenzungen festgelegt werden sollen.

(2) [1]Die zuständige Behörde darf eine nachträgliche Anordnung nicht treffen, wenn sie unverhältnismäßig ist, vor allem wenn der mit der Erfüllung der Anordnung verbundene Aufwand außer Verhältnis zu dem mit der Anordnung angestrebten Erfolg steht; dabei sind insbesondere Art, Menge und Gefährlichkeit der von der Anlage ausgehenden Emissionen und der von ihr verursachten Immissionen sowie die Nutzungsdauer und technische Besonderheiten der Anlage zu berücksichtigen. [2]Darf eine nachträgliche Anordnung wegen Unverhältnismäßigkeit nicht getroffen werden, soll die zuständige Behörde die Genehmigung unter den Voraussetzungen des § 21 Absatz 1 Nummer 3 bis 5 ganz oder teilweise widerrufen; § 21 Absatz 3 bis 6 sind anzuwenden.

(2a) § 12 Absatz 1a gilt für Anlagen nach der Industrieemissions-Richtlinie entsprechend.

(2b) [1]Abweichend von Absatz 2a kann die zuständige Behörde weniger strenge Emissionsbegrenzungen festlegen, wenn

1. wegen technischer Merkmale der Anlage die Anwendung der in den BVT-Schlussfolgerungen genannten Emissionsbandbreiten unverhältnismäßig wäre und die Behörde dies begründet oder
2. in Anlagen Zukunftstechniken für einen Gesamtzeitraum von höchstens neun Monaten erprobt oder angewendet werden sollen, sofern nach dem festgelegten Zeitraum die Anwendung der betreffenden Technik beendet wird oder in der Anlage mindestens die mit den besten verfügbaren Techniken assoziierten Emissionsbandbreiten erreicht werden.

[2]§ 12 Absatz 1b Satz 2 und 3 gilt entsprechend. [3]Absatz 1a gilt entsprechend.

(3) Soweit durch Rechtsverordnung die Anforderungen nach § 5 Absatz 1 Nummer 2 abschließend festgelegt sind, dürfen durch nachträgliche Anordnungen weitergehende Anforderungen zur Vorsorge gegen schädliche Umwelteinwirkungen nicht gestellt werden.

(3a) [1]Die zuständige Behörde soll von nachträglichen Anordnungen absehen, soweit in einem vom Betreiber vorgelegten Plan technische Maßnahmen an dessen Anlagen oder an Anlagen Dritter vorgesehen sind, die zu einer weitergehenden Verringerung der Emissionsfrachten führen als die Summe der Minderungen, die durch den Erlass nachträglicher Anordnungen zur Erfüllung der sich aus diesem Gesetz oder den auf Grund dieses Gesetzes erlassenen Rechtsverordnungen ergebenden Pflichten bei den beteiligten Anlagen erreichbar wäre und hierdurch der in § 1 genannte Zweck gefördert wird. [2]Dies gilt nicht, soweit der Betreiber bereits zur Emissionsminderung auf Grund einer nachträglichen Anordnung nach Absatz 1 oder einer Auflage nach § 12 Absatz 1 verpflichtet ist oder eine nachträgliche Anordnung nach Absatz 1 Satz 2 getroffen werden soll. [3]Der Ausgleich ist nur zwischen denselben oder in der Wirkung auf die Umwelt vergleichbaren Stoffen zulässig. [4]Die Sätze 1 bis 3 gelten auch für nicht betriebsbereite Anlagen, für die die Genehmigung zur Errichtung und zum Betrieb erteilt ist oder für die in einem Vorbescheid oder einer Teilgenehmigung Anforderungen nach § 5 Absatz 1 Nummer 2 festgelegt sind. [5]Die Durchführung der Maßnahmen des Plans ist durch Anordnung sicherzustellen.

(4) [1] Ist es zur Erfüllung der Anordnung erforderlich, die Lage, die Beschaffenheit oder den Betrieb der Anlage wesentlich zu ändern und ist in der Anordnung nicht abschließend bestimmt, in welcher Weise sie zu erfüllen ist, so bedarf die Änderung der Genehmigung nach § 16. [2] Ist zur Erfüllung der Anordnung die störfallrelevante Änderung einer Anlage erforderlich, die Betriebsbereich oder Bestandteil eines Betriebsbereichs ist, und wird durch diese Änderung der angemessene Sicherheitsabstand erstmalig unterschritten, wird der bereits unterschrittene Sicherheitsabstand räumlich noch weiter unterschritten oder wird eine erhebliche Gefahrenerhöhung ausgelöst, so bedarf die Änderung einer Genehmigung nach § 16 oder § 16a, wenn in der Anordnung nicht abschließend bestimmt ist, in welcher Weise sie zu erfüllen ist.

(4a) [1] Zur Erfüllung der Pflichten nach § 5 Absatz 3 soll bei Abfallentsorgungsanlagen im Sinne des § 4 Absatz 1 Satz 1 auch eine Sicherheitsleistung angeordnet werden. [2] Nach der Einstellung des gesamten Betriebs können Anordnungen zur Erfüllung der sich aus § 5 Absatz 3 ergebenden Pflichten nur noch während eines Zeitraums von einem Jahr getroffen werden.

(4b) Anforderungen im Sinne des § 12 Absatz 2c können auch nachträglich angeordnet werden.

(5) Die Absätze 1 bis 4b gelten entsprechend für Anlagen, die nach § 67 Absatz 2 anzuzeigen sind oder vor Inkrafttreten dieses Gesetzes nach § 16 Absatz 4 der Gewerbeordnung anzuzeigen waren.

§ 18 Erlöschen der Genehmigung. (1) Die Genehmigung erlischt, wenn
1. innerhalb einer von der Genehmigungsbehörde gesetzten angemessenen Frist nicht mit der Errichtung oder dem Betrieb der Anlage begonnen oder
2. eine Anlage während eines Zeitraums von mehr als drei Jahren nicht mehr betrieben

worden ist.

(2) Die Genehmigung erlischt ferner, soweit das Genehmigungserfordernis aufgehoben wird.

(3) Die Genehmigungsbehörde kann auf Antrag die Fristen nach Absatz 1 aus wichtigem Grunde verlängern, wenn hierdurch der Zweck des Gesetzes nicht gefährdet wird.

§ 19 Vereinfachtes Verfahren. (1) [1] Durch Rechtsverordnung[1)] nach § 4 Absatz 1 Satz 3 kann vorgeschrieben werden, dass die Genehmigung von Anlagen bestimmter Art oder bestimmten Umfangs in einem vereinfachten Verfahren erteilt wird, sofern dies nach Art, Ausmaß und Dauer der von diesen Anlagen hervorgerufenen schädlichen Umwelteinwirkungen und sonstigen Gefahren, erheblichen Nachteilen und erheblichen Belästigungen mit dem Schutz der Allgemeinheit und der Nachbarschaft vereinbar ist. [2] Satz 1 gilt für Abfallentsorgungsanlagen entsprechend.

(2) In dem vereinfachten Verfahren sind § 10 Absatz 2, 3, 3a, 4, 6, 7 Satz 2 und 3, Absatz 8 und 9 sowie die §§ 11 und 14 nicht anzuwenden.

(3) Die Genehmigung ist auf Antrag des Trägers des Vorhabens abweichend von den Absätzen 1 und 2 nicht in einem vereinfachten Verfahren zu erteilen.

[1)] Siehe die VO über genehmigungsbedürftige Anlagen – 4. BImSchV (Nr. **2.4**).

(4) [1]Die Genehmigung einer Anlage, die Betriebsbereich oder Bestandteil eines Betriebsbereichs ist, kann nicht im vereinfachten Verfahren erteilt werden, wenn durch deren störfallrelevante Errichtung und Betrieb der angemessene Sicherheitsabstand zu benachbarten Schutzobjekten unterschritten wird oder durch deren störfallrelevante Änderung der angemessene Sicherheitsabstand zu benachbarten Schutzobjekten erstmalig unterschritten wird, der bereits unterschrittene Sicherheitsabstand räumlich noch weiter unterschritten wird oder eine erhebliche Gefahrenerhöhung ausgelöst wird. [2]In diesen Fällen ist das Verfahren nach § 10 mit Ausnahme von Absatz 4 Nummer 3 und Absatz 6 anzuwenden. [3]§ 10 Absatz 3 Satz 4 ist mit der Maßgabe anzuwenden, dass nur die Personen Einwendungen erheben können, deren Belange berührt sind oder Vereinigungen, welche die Anforderungen des § 3 Absatz 1 oder des § 2 Absatz 2 des Umwelt-Rechtsbehelfsgesetzes erfüllen. [4]Bei störfallrelevanten Änderungen ist § 16 Absatz 3 entsprechend anzuwenden. [5]Die Sätze 1 bis 4 gelten nicht, soweit dem Gebot, den angemessenen Sicherheitsabstand zu wahren, bereits auf Ebene einer raumbedeutsamen Planung oder Maßnahme durch verbindliche Vorgaben Rechnung getragen worden ist.

§ 20 Untersagung, Stilllegung und Beseitigung. (1) [1]Kommt der Betreiber einer genehmigungsbedürftigen Anlage einer Auflage, einer vollziehbaren nachträglichen Anordnung oder einer abschließend bestimmten Pflicht aus einer Rechtsverordnung nach § 7 nicht nach und betreffen die Auflage, die Anordnung oder die Pflicht die Beschaffenheit oder den Betrieb der Anlage, so kann die zuständige Behörde den Betrieb ganz oder teilweise bis zur Erfüllung der Auflage, der Anordnung oder der Pflichten aus der Rechtsverordnung nach § 7 untersagen. [2]Die zuständige Behörde hat den Betrieb ganz oder teilweise nach Satz 1 zu untersagen, wenn ein Verstoß gegen die Auflage, Anordnung oder Pflicht eine unmittelbare Gefährdung der menschlichen Gesundheit verursacht oder eine unmittelbare erhebliche Gefährdung der Umwelt darstellt.

(1a) [1]Die zuständige Behörde hat die Inbetriebnahme oder Weiterführung einer genehmigungsbedürftigen Anlage, die Betriebsbereich oder Bestandteil eines Betriebsbereichs ist und gewerblichen Zwecken dient oder im Rahmen wirtschaftlicher Unternehmungen Verwendung findet, ganz oder teilweise zu untersagen, solange und soweit die von dem Betreiber getroffenen Maßnahmen zur Verhütung schwerer Unfälle im Sinne des Artikels 3 Nummer 13 der Richtlinie 2012/18/EU oder zur Begrenzung der Auswirkungen derartiger Unfälle eindeutig unzureichend sind. [2]Bei der Entscheidung über eine Untersagung berücksichtigt die zuständige Behörde auch schwerwiegende Unterlassungen in Bezug auf erforderliche Folgemaßnahmen, die in einem Überwachungsbericht nach § 16 Absatz 2 Nummer 1 der Störfall-Verordnung[1)] festgelegt worden sind. [3]Die zuständige Behörde kann die Inbetriebnahme oder Weiterführung einer Anlage im Sinne des Satzes 1 ganz oder teilweise untersagen, wenn der Betreiber die in einer zur Umsetzung der Richtlinie 2012/18/EU erlassenen Rechtsverordnung[2)] vorgeschriebenen Mitteilungen, Berichte oder sonstigen Informationen nicht fristgerecht übermittelt.

(2) [1]Die zuständige Behörde soll anordnen, dass eine Anlage, die ohne die erforderliche Genehmigung errichtet, betrieben oder wesentlich geändert wird,

---

1) Nr. **2.12**.
2) Siehe die Störfall-VO – 12. BImSchV (Nr. **2.12**).

stillzulegen oder zu beseitigen ist. [2]Sie hat die Beseitigung anzuordnen, wenn die Allgemeinheit oder die Nachbarschaft nicht auf andere Weise ausreichend geschützt werden kann.

(3) [1]Die zuständige Behörde kann den weiteren Betrieb einer genehmigungsbedürftigen Anlage durch den Betreiber oder einen mit der Leitung des Betriebs Beauftragten untersagen, wenn Tatsachen vorliegen, welche die Unzuverlässigkeit dieser Personen in Bezug auf die Einhaltung von Rechtsvorschriften zum Schutz vor schädlichen Umwelteinwirkungen dartun, und die Untersagung zum Wohl der Allgemeinheit geboten ist. [2]Dem Betreiber der Anlage kann auf Antrag die Erlaubnis erteilt werden, die Anlage durch eine Person betreiben zu lassen, die die Gewähr für den ordnungsgemäßen Betrieb der Anlage bietet. [3]Die Erlaubnis kann mit Auflagen verbunden werden.

§ 21 Widerruf der Genehmigung. (1) Eine nach diesem Gesetz erteilte rechtmäßige Genehmigung darf, auch nachdem sie unanfechtbar geworden ist, ganz oder teilweise mit Wirkung für die Zukunft nur widerrufen werden,

1. wenn der Widerruf gemäß § 12 Absatz 2 Satz 2 oder Absatz 3 vorbehalten ist;
2. wenn mit der Genehmigung eine Auflage verbunden ist und der Begünstigte diese nicht oder nicht innerhalb einer ihm gesetzten Frist erfüllt hat;
3. wenn die Genehmigungsbehörde auf Grund nachträglich eingetretener Tatsachen berechtigt wäre, die Genehmigung nicht zu erteilen, und wenn ohne den Widerruf das öffentliche Interesse gefährdet würde;
4. wenn die Genehmigungsbehörde auf Grund einer geänderten Rechtsvorschrift berechtigt wäre, die Genehmigung nicht zu erteilen, soweit der Betreiber von der Genehmigung noch keinen Gebrauch gemacht hat, und wenn ohne den Widerruf das öffentliche Interesse gefährdet würde;
5. um schwere Nachteile für das Gemeinwohl zu verhüten oder zu beseitigen.

(2) Erhält die Genehmigungsbehörde von Tatsachen Kenntnis, welche den Widerruf einer Genehmigung rechtfertigen, so ist der Widerruf nur innerhalb eines Jahres seit dem Zeitpunkt der Kenntnisnahme zulässig.

(3) Die widerrufene Genehmigung wird mit dem Wirksamwerden des Widerrufs unwirksam, wenn die Genehmigungsbehörde keinen späteren Zeitpunkt bestimmt.

(4) [1]Wird die Genehmigung in den Fällen des Absatzes 1 Nummer 3 bis 5 widerrufen, so hat die Genehmigungsbehörde den Betroffenen auf Antrag für den Vermögensnachteil zu entschädigen, den dieser dadurch erleidet, dass er auf den Bestand der Genehmigung vertraut hat, soweit sein Vertrauen schutzwürdig ist. [2]Der Vermögensnachteil ist jedoch nicht über den Betrag des Interesses hinaus zu ersetzen, das der Betroffene an dem Bestand der Genehmigung hat. [3]Der auszugleichende Vermögensnachteil wird durch die Genehmigungsbehörde festgesetzt. [4]Der Anspruch kann nur innerhalb eines Jahres geltend gemacht werden; die Frist beginnt, sobald die Genehmigungsbehörde den Betroffenen auf sie hingewiesen hat.

(5) Die Länder können die in Absatz 4 Satz 1 getroffene Bestimmung des Entschädigungspflichtigen abweichend regeln.

(6) Für Streitigkeiten über die Entschädigung ist der ordentliche Rechtsweg gegeben.

(7) Die Absätze 1 bis 6 gelten nicht, wenn eine Genehmigung, die von einem Dritten angefochten worden ist, während des Vorverfahrens oder während des verwaltungsgerichtlichen Verfahrens aufgehoben wird, soweit dadurch dem Widerspruch oder der Klage abgeholfen wird.

Zweiter Abschnitt. Nicht genehmigungsbedürftige Anlagen

§ 22 Pflichten der Betreiber nicht genehmigungsbedürftiger Anlagen.

(1) [1] Nicht genehmigungsbedürftige Anlagen sind so zu errichten und zu betreiben, dass

1. schädliche Umwelteinwirkungen verhindert werden, die nach dem Stand der Technik vermeidbar sind,
2. nach dem Stand der Technik unvermeidbare schädliche Umwelteinwirkungen auf ein Mindestmaß beschränkt werden und
3. die beim Betrieb der Anlagen entstehenden Abfälle ordnungsgemäß beseitigt werden können.

[2] Die Bundesregierung wird ermächtigt, nach Anhörung der beteiligten Kreise (§ 51) durch Rechtsverordnung mit Zustimmung des Bundesrates auf Grund der Art oder Menge aller oder einzelner anfallender Abfälle die Anlagen zu bestimmen, für die die Anforderungen des § 5 Absatz 1 Nummer 3 entsprechend gelten. [3] Für Anlagen, die nicht gewerblichen Zwecken dienen und nicht im Rahmen wirtschaftlicher Unternehmungen Verwendung finden, gilt die Verpflichtung des Satzes 1 nur, soweit sie auf die Verhinderung oder Beschränkung von schädlichen Umwelteinwirkungen durch Luftverunreinigungen, Geräusche oder von Funkanlagen ausgehende nichtionisierende Strahlen gerichtet ist.

(1a) [1] Geräuscheinwirkungen, die von Kindertageseinrichtungen, Kinderspielplätzen und ähnlichen Einrichtungen wie beispielsweise Ballspielplätzen durch Kinder hervorgerufen werden, sind im Regelfall keine schädliche Umwelteinwirkung. [2] Bei der Beurteilung der Geräuscheinwirkungen dürfen Immissionsgrenz- und -richtwerte nicht herangezogen werden.

(2) Weitergehende öffentlich-rechtliche Vorschriften bleiben unberührt.

§ 23 Anforderungen an die Errichtung, die Beschaffenheit und den Betrieb nicht genehmigungsbedürftiger Anlagen. (1) [1] Die Bundesregierung wird ermächtigt, nach Anhörung der beteiligten Kreise (§ 51) durch Rechtsverordnung[1)] mit Zustimmung des Bundesrates vorzuschreiben, dass die

---

[1)] Siehe die VO über über kleine und mittlere Feuerungsanlagen – 1. BImSchV (Nr. **2.1**), die VO zur zur Emissionsbegrenzung von leichtflüchtigen halogenierten organischen Verbindungen – 2. BImSchV (Nr. **2.2**), die VO zur Auswurfbegrenzung von Holzstaub – 7. BImSchV (Nr. **2.7**), die VO über die Beschaffenheit und die Auszeichnung der Qualitäten von Kraft- und Brennstoffen – 10. BImSchV (Nr. **2.10**), die StörfallVO – 12. BImSchV (Nr. **2.12**), die SportanlagenlärmschutzVO – 18. BImSchV (Nr. **2.18**), die VO zur Begrenzung der Emissionen flüchtiger organischer Verbindungen beim Umfüllen und Lagern von Ottokraftstoffen – 20. BImSchV (Nr. **2.20**), die VO zur Begrenzung der Kohlenwasserstoffemissionen bei der Betankung von Kraftfahrzeugen – 21. BImSchV (Nr. **2.21**), die VO über elektromagnetische Felder – 26. BImSchV (Nr. **2.26**), die

(Fortsetzung der Anm. nächste Seite)

Errichtung, die Beschaffenheit und der Betrieb nicht genehmigungsbedürftiger Anlagen bestimmten Anforderungen zum Schutz der Allgemeinheit und der Nachbarschaft vor schädlichen Umwelteinwirkungen und, soweit diese Anlagen gewerblichen Zwecken dienen oder im Rahmen wirtschaftlicher Unternehmungen Verwendung finden und Betriebsbereiche oder Bestandteile von Betriebsbereichen sind, vor sonstigen Gefahren zur Verhütung schwerer Unfälle im Sinne des Artikels 3 Nummer 13 der Richtlinie 2012/18/EU und zur Begrenzung der Auswirkungen derartiger Unfälle für Mensch und Umwelt sowie zur Vorsorge gegen schädliche Umwelteinwirkungen genügen müssen, insbesondere dass

1. die Anlagen bestimmten technischen Anforderungen entsprechen müssen,
2. die von Anlagen ausgehenden Emissionen bestimmte Grenzwerte nicht überschreiten dürfen,
3. die Betreiber von Anlagen Messungen von Emissionen und Immissionen nach in der Rechtsverordnung näher zu bestimmenden Verfahren vorzunehmen haben oder von einer in der Rechtsverordnung zu bestimmenden Stelle vornehmen lassen müssen,
4. die Betreiber bestimmter Anlagen der zuständigen Behörde unverzüglich die Inbetriebnahme oder eine Änderung einer Anlage, die für die Erfüllung von in der Rechtsverordnung vorgeschriebenen Pflichten von Bedeutung sein kann, anzuzeigen haben,

4a. die Betreiber von Anlagen, die Betriebsbereiche oder Bestandteile von Betriebsbereichen sind, innerhalb einer angemessenen Frist vor Errichtung, vor Inbetriebnahme oder vor einer Änderung dieser Anlagen, die für die Erfüllung von in der Rechtsverordnung vorgeschriebenen Pflichten von Bedeutung sein kann, dies der zuständigen Behörde anzuzeigen haben und

5. bestimmte Anlagen nur betrieben werden dürfen, nachdem die Bescheinigung eines von der nach Landesrecht zuständigen Behörde bekannt gegebenen Sachverständigen vorgelegt worden ist, dass die Anlage den Anforderungen der Rechtsverordnung oder einer Bauartzulassung nach § 33 entspricht.

[2] In der Rechtsverordnung nach Satz 1 können auch die Anforderungen bestimmt werden, denen Sachverständige hinsichtlich ihrer Fachkunde, Zuverlässigkeit und gerätetechnischen Ausstattung genügen müssen. [3] Wegen der Anforderungen nach Satz 1 Nummer 1 bis 3 gilt § 7 Absatz 5 entsprechend.

(1a) [1] Für bestimmte nicht genehmigungsbedürftige Anlagen kann durch Rechtsverordnung nach Absatz 1 vorgeschrieben werden, dass auf Antrag des Trägers des Vorhabens ein Verfahren zur Erteilung einer Genehmigung nach

---

(Fortsetzung der Anm. von voriger Seite:)
VO über Anlagen zur Feuerbestattung – 27. BImSchV (Nr. **2.27**), die VO zur Begrenzung der Emissionen flüchtiger organischer Verbindungen bei der Verwendung organischer Lösemittel in bestimmten Anlagen – 31. BImSchV (Nr. **2.31**), die Geräte- und MaschinenlärmschutzVO – 32. BImSchV (Nr. **2.32**), die VO über mittelgroße Feuerungs-, Gasturbinen- und Verbrennungsmotoranlagen – 44. BImSchV (Nr. **2.44**), die AltölVO idF der Bek. v. 16.4.2002 (BGBl. I S. 1368), zuletzt geänd. durch G v. 24.2.2012 (BGBl. I S. 212), die GefahrstoffVO v. 26.11.2010 (BGBl. I S. 1643, 1644), zuletzt geänd. durch G v. 29.3.2017 (BGBl. I S. 626) und die KWK-Kosten-Nutzen-Vergleich-VO (Nr. **3.3**) sowie die VO über Verdunstungskühlanlagen, Kühltürme und Nassabscheider – 42. BImSchV (Nr. **2.42**).

§ 4 Absatz 1 Satz 1 in Verbindung mit § 6 durchzuführen ist. [2]Im Falle eines Antrags nach Satz 1 sind für die betroffene Anlage an Stelle der für nicht genehmigungsbedürftige Anlagen geltenden Vorschriften die Vorschriften über genehmigungsbedürftige Anlagen anzuwenden. [3]Für das Verfahren gilt § 19 Absatz 2 und 3 entsprechend.

(2) [1]Soweit die Bundesregierung von der Ermächtigung keinen Gebrauch macht, sind die Landesregierungen ermächtigt, durch Rechtsverordnung Vorschriften im Sinne des Absatzes 1 zu erlassen. [2]Die Landesregierungen können die Ermächtigung auf eine oder mehrere oberste Landesbehörden übertragen.

§ 23a Anzeigeverfahren für nicht genehmigungsbedürftige Anlagen, die Betriebsbereich oder Bestandteil eines Betriebsbereichs sind.

(1) [1]Die störfallrelevante Errichtung und der Betrieb oder die störfallrelevante Änderung einer nicht genehmigungsbedürftigen Anlage, die Betriebsbereich oder Bestandteil eines Betriebsbereichs ist, ist der zuständigen Behörde vor ihrer Durchführung schriftlich oder elektronisch anzuzeigen, sofern eine Genehmigung nach Absatz 3 in Verbindung mit § 23b nicht beantragt wird. [2]Der Anzeige sind alle Unterlagen beizufügen, die für die Feststellung nach Absatz 2 erforderlich sein können; die zuständige Behörde kann bei einer elektronischen Anzeige Mehrausfertigungen sowie die Übermittlung der der Anzeige beizufügenden Unterlagen auch in schriftlicher Form verlangen. [3]Soweit es zur Ermittlung des angemessenen Sicherheitsabstands erforderlich ist, kann die zuständige Behörde ein Gutachten zu den Auswirkungen verlangen, die bei schweren Unfällen durch die Anlage hervorgerufen werden können. [4]Die zuständige Behörde hat dem Träger des Vorhabens den Eingang der Anzeige und der beigefügten Unterlagen unverzüglich schriftlich oder elektronisch zu bestätigen. [5]Sie teilt dem Träger des Vorhabens nach Eingang der Anzeige unverzüglich mit, welche zusätzlichen Unterlagen sie für die Feststellung nach Absatz 2 benötigt.

(2) [1]Die zuständige Behörde hat festzustellen, ob durch die störfallrelevante Errichtung und den Betrieb oder die störfallrelevante Änderung der Anlage der angemessene Sicherheitsabstand zu benachbarten Schutzobjekten erstmalig unterschritten wird, räumlich noch weiter unterschritten wird oder eine erhebliche Gefahrenerhöhung ausgelöst wird. [2]Diese Feststellung ist dem Träger des Vorhabens spätestens zwei Monate nach Eingang der Anzeige und der erforderlichen Unterlagen bekannt zu geben und der Öffentlichkeit nach den Bestimmungen des Bundes und der Länder über den Zugang zu Umweltinformationen zugänglich zu machen. [3]Wird kein Genehmigungsverfahren nach § 23b durchgeführt, macht die zuständige Behörde dies in ihrem amtlichen Veröffentlichungsblatt und entweder im Internet oder in örtlichen Tageszeitungen, die im Bereich des Standortes des Betriebsbereichs verbreitet sind, öffentlich bekannt. [4]Der Träger des Vorhabens darf die Errichtung und den Betrieb oder die Änderung vornehmen, sobald die zuständige Behörde ihm mitteilt, dass sein Vorhaben keiner Genehmigung bedarf.

(3) Auf Antrag des Trägers des Vorhabens führt die zuständige Behörde das Genehmigungsverfahren nach § 23b auch ohne die Feststellung nach Absatz 2 Satz 1 durch.

§ 23b Störfallrechtliches Genehmigungsverfahren. (1) [1]Ergibt die Feststellung nach § 23a Absatz 2 Satz 1, dass der angemessene Sicherheitsabstand erstmalig unterschritten wird, räumlich noch weiter unterschritten wird oder eine erhebliche Gefahrenerhöhung ausgelöst wird, bedarf die störfallrelevante Errichtung und der Betrieb oder die störfallrelevante Änderung einer nicht genehmigungsbedürftigen Anlage, die Betriebsbereich oder Bestandteil eines Betriebsbereichs ist, einer störfallrechtlichen Genehmigung. [2]Dies gilt nicht, soweit dem Gebot, den angemessenen Sicherheitsabstand zu wahren, bereits auf Ebene einer raumbedeutsamen Planung oder Maßnahme durch verbindliche Vorgaben Rechnung getragen worden ist. [3]Die Genehmigung setzt einen schriftlichen oder elektronischen Antrag voraus. [4]§ 10 Absatz 1 Satz 4 und Absatz 2 gilt entsprechend. [5]Die Genehmigung ist zu erteilen, wenn sichergestellt ist, dass die Anforderungen des § 22 und der auf Grundlage des § 23 erlassenen Rechtsverordnungen eingehalten werden und andere öffentlich-rechtliche Vorschriften und Belange des Arbeitsschutzes nicht entgegenstehen. [6]Die Genehmigung kann unter Bedingungen erteilt und mit Auflagen verbunden werden, soweit dies erforderlich ist, um die Erfüllung der Genehmigungsvoraussetzungen sicherzustellen. [7]Die Genehmigung schließt andere die Anlage betreffende behördliche Entscheidungen ein mit Ausnahme von Planfeststellungen, Zulassungen bergrechtlicher Betriebspläne, behördlichen Entscheidungen auf Grund atomrechtlicher Vorschriften und wasserrechtlichen Erlaubnissen und Bewilligungen nach § 8 in Verbindung mit § 10 des Wasserhaushaltsgesetzes. [8]Die §§ 8, 8a, 9 und 18 gelten entsprechend.

(2) [1]Im Genehmigungsverfahren ist die Öffentlichkeit zu beteiligen. [2]Dazu macht die zuständige Behörde das Vorhaben öffentlich bekannt und legt den Antrag, die vom Antragsteller vorgelegten Unterlagen mit Ausnahme der Unterlagen nach Absatz 1 Satz 4 sowie die entscheidungserheblichen Berichte und Empfehlungen, die der Behörde im Zeitpunkt der Bekanntmachung vorliegen, einen Monat zur Einsicht aus. [3]Personen, deren Belange durch das Vorhaben berührt werden sowie Vereinigungen, welche die Anforderungen von § 3 Absatz 1 oder § 2 Absatz 2 des Umwelt-Rechtsbehelfsgesetzes erfüllen, können innerhalb der in § 10 Absatz 3 Satz 4 erster Halbsatz genannten Frist gegenüber der zuständigen Behörde schriftlich oder elektronisch Einwendungen erheben. [4]§ 10 Absatz 3 Satz 5 und Absatz 3a gilt entsprechend. [5]Einwendungen, die auf besonderen privatrechtlichen Titeln beruhen, sind auf den Rechtsweg vor den ordentlichen Gerichten zu verweisen.

(3) [1]Die Genehmigungsbehörde holt die Stellungnahmen der Behörden ein, deren Aufgabenbereich durch das Vorhaben berührt wird. [2]Soweit für das Vorhaben selbst oder für weitere damit unmittelbar in Zusammenhang stehende Vorhaben, die Auswirkungen auf die Umwelt haben können und die für die Genehmigung Bedeutung haben, eine Zulassung nach anderen Gesetzen vorgeschrieben ist, hat die Genehmigungsbehörde eine vollständige Koordinierung der Zulassungsverfahren sowie der Inhalts- und Nebenbestimmungen sicherzustellen.

(4) [1]Über den Antrag auf störfallrelevante Errichtung und Betrieb einer Anlage hat die zuständige Behörde innerhalb einer Frist von sieben Monaten nach Eingang des Antrags und der erforderlichen Unterlagen zu entscheiden. [2]Über den Antrag auf störfallrelevante Änderung einer Anlage ist innerhalb einer Frist von sechs Monaten nach Eingang des Antrags und der erforderlichen Unterlagen zu entscheiden. [3]Die zuständige Behörde kann die jeweilige Frist

um drei Monate verlängern, wenn dies wegen der Schwierigkeit der Prüfung oder aus Gründen, die dem Antragsteller zuzurechnen sind, erforderlich ist. [4] Die Fristverlängerung soll gegenüber dem Antragsteller begründet werden. [5] § 10 Absatz 7 Satz 1 gilt entsprechend.

(5) Die Bundesregierung wird ermächtigt, durch Rechtsverordnung mit Zustimmung des Bundesrates weitere Einzelheiten des Verfahrens nach den Absätzen 1 bis 4 zu regeln, insbesondere

1. Form und Inhalt des Antrags,
2. Verfahren und Inhalt der Bekanntmachung und Auslegung des Vorhabens durch die zuständige Behörde sowie
3. Inhalt und Bekanntmachung des Genehmigungsbescheids.

§ 23c Betriebsplanzulassung nach dem Bundesberggesetz. [1] Die §§ 23a und 23b Absatz 1, 3 und 4 gelten nicht für die störfallrelevante Errichtung und den Betrieb oder die störfallrelevante Änderung einer nicht genehmigungsbedürftigen Anlage, die Betriebsbereich oder Bestandteil eines Betriebsbereichs ist, wenn für die Errichtung und den Betrieb oder die Änderung eine Betriebsplanzulassung nach dem Bundesberggesetz erforderlich ist. [2] § 23b Absatz 2 ist für die in Satz 1 genannten Vorhaben unter den in § 57d des Bundesberggesetzes genannten Bedingungen entsprechend anzuwenden. [3] Die Regelungen, die auf Grundlage des § 23b Absatz 5 durch Rechtsverordnung getroffen werden, gelten für die in Satz 1 genannten Vorhaben, soweit § 57d des Bundesberggesetzes dies anordnet.

§ 24 Anordnungen im Einzelfall. [1] Die zuständige Behörde kann im Einzelfall die zur Durchführung des § 22 und der auf dieses Gesetz gestützten Rechtsverordnungen erforderlichen Anordnungen treffen. [2] Kann das Ziel der Anordnung auch durch eine Maßnahme zum Zwecke des Arbeitsschutzes erreicht werden, soll diese angeordnet werden.

§ 25 Untersagung. (1) Kommt der Betreiber einer Anlage einer vollziehbaren behördlichen Anordnung nach § 24 Satz 1 nicht nach, so kann die zuständige Behörde den Betrieb der Anlage ganz oder teilweise bis zur Erfüllung der Anordnung untersagen.

(1a) [1] Die zuständige Behörde hat die Inbetriebnahme oder Weiterführung einer nicht genehmigungsbedürftigen Anlage, die Betriebsbereich oder Bestandteil eines Betriebsbereichs ist und gewerblichen Zwecken dient oder im Rahmen wirtschaftlicher Unternehmungen Verwendung findet, ganz oder teilweise zu untersagen, solange und soweit die von dem Betreiber getroffenen Maßnahmen zur Verhütung schwerer Unfälle im Sinne des Artikels 3 Nummer 13 der Richtlinie 2012/18/EU oder zur Begrenzung der Auswirkungen derartiger Unfälle eindeutig unzureichend sind. [2] Bei der Entscheidung über eine Untersagung berücksichtigt die zuständige Behörde auch schwerwiegende Unterlassungen in Bezug auf erforderliche Folgemaßnahmen, die in einem Überwachungsbericht nach § 16 Absatz 2 Nummer 1 der Störfall-Verordnung[1)] festgelegt worden sind. [3] Die zuständige Behörde kann die Inbetriebnahme

[1)] Nr. **2.12.**

oder die Weiterführung einer Anlage im Sinne des Satzes 1 außerdem ganz oder teilweise untersagen, wenn der Betreiber

1. die in einer zur Umsetzung der Richtlinie 2012/18/EU erlassenen Rechtsverordnung vorgeschriebenen Mitteilungen, Berichte oder sonstige Informationen nicht fristgerecht übermittelt oder
2. eine nach § 23a erforderliche Anzeige nicht macht oder die Anlage ohne die nach § 23b erforderliche Genehmigung störfallrelevant errichtet, betreibt oder störfallrelevant ändert.

(2) Wenn die von einer Anlage hervorgerufenen schädlichen Umwelteinwirkungen das Leben oder die Gesundheit von Menschen oder bedeutende Sachwerte gefährden, soll die zuständige Behörde die Errichtung oder den Betrieb der Anlage ganz oder teilweise untersagen, soweit die Allgemeinheit oder die Nachbarschaft nicht auf andere Weise ausreichend geschützt werden kann.

§ 25a Stilllegung und Beseitigung nicht genehmigungsbedürftiger Anlagen, die Betriebsbereich oder Bestandteil eines Betriebsbereichs sind. [1] Die zuständige Behörde kann anordnen, dass eine Anlage, die Betriebsbereich oder Bestandteil eines Betriebsbereichs ist und ohne die erforderliche Genehmigung nach § 23b störfallrelevant errichtet oder geändert wird, ganz oder teilweise stillzulegen oder zu beseitigen ist. [2] Sie soll die Beseitigung anordnen, wenn die Allgemeinheit oder die Nachbarschaft nicht auf andere Weise ausreichend geschützt werden kann.

Dritter Abschnitt. Ermittlung von Emissionen und Immissionen, sicherheitstechnische Prüfungen

§ 26 Messungen aus besonderem Anlass. [1] Die zuständige Behörde kann anordnen, dass der Betreiber einer genehmigungsbedürftigen Anlage oder, soweit § 22 Anwendung findet, einer nicht genehmigungsbedürftigen Anlage Art und Ausmaß der von der Anlage ausgehenden Emissionen sowie die Immissionen im Einwirkungsbereich der Anlage durch eine der von der zuständigen Behörde eines Landes bekannt gegebenen Stellen ermitteln lässt, wenn zu befürchten ist, dass durch die Anlage schädliche Umwelteinwirkungen hervorgerufen werden. [2] Die zuständige Behörde ist befugt, Einzelheiten über Art und Umfang der Ermittlungen sowie über die Vorlage des Ermittlungsergebnisses vorzuschreiben.

§ 27 Emissionserklärung. (1) [1] Der Betreiber einer genehmigungsbedürftigen Anlage ist verpflichtet, der zuständigen Behörde innerhalb einer von ihr zu setzenden Frist oder zu dem in der Rechtsverordnung nach Absatz 4 festgesetzten Zeitpunkt Angaben zu machen über Art, Menge, räumliche und zeitliche Verteilung der Luftverunreinigungen, die von der Anlage in einem bestimmten Zeitraum ausgegangen sind, sowie über die Austrittsbedingungen (Emissionserklärung); er hat die Emissionserklärung nach Maßgabe der Rechtsverordnung nach Absatz 4 entsprechend dem neuesten Stand zu ergänzen. [2] § 52 Absatz 5 gilt sinngemäß. [3] Satz 1 gilt nicht für Betreiber von Anlagen, von denen nur in geringem Umfang Luftverunreinigungen ausgehen können.

(2) [1] Auf die nach Absatz 1 erlangten Kenntnisse und Unterlagen sind die §§ 93, 97, 105 Absatz 1, § 111 Absatz 5 in Verbindung mit § 105 Absatz 1 sowie § 116 Absatz 1 der Abgabenordnung nicht anzuwenden. [2] Dies gilt nicht,

soweit die Finanzbehörden die Kenntnisse für die Durchführung eines Verfahrens wegen einer Steuerstraftat sowie eines damit zusammenhängenden Besteuerungsverfahrens benötigen, an deren Verfolgung ein zwingendes öffentliches Interesse besteht, oder soweit es sich um vorsätzlich falsche Angaben des Auskunftspflichtigen oder der für ihn tätigen Personen handelt.

(3) [1] Der Inhalt der Emissionserklärung ist Dritten auf Antrag bekannt zu geben. [2] Einzelangaben der Emissionserklärung dürfen nicht veröffentlicht oder Dritten bekannt gegeben werden, wenn aus diesen Rückschlüsse auf Betriebs- oder Geschäftsgeheimnisse gezogen werden können. [3] Bei Abgabe der Emissionserklärung hat der Betreiber der zuständigen Behörde mitzuteilen und zu begründen, welche Einzelangaben der Emissionserklärung Rückschlüsse auf Betriebs- oder Geschäftsgeheimnisse erlauben.

(4) [1] Die Bundesregierung wird ermächtigt, durch Rechtsverordnung[1)] mit Zustimmung des Bundesrates Inhalt, Umfang, Form und Zeitpunkt der Abgabe der Emissionserklärung, das bei der Ermittlung der Emissionen einzuhaltende Verfahren und den Zeitraum, innerhalb dessen die Emissionserklärung zu ergänzen ist, zu regeln. [2] In der Rechtsverordnung wird auch bestimmt, welche Betreiber genehmigungsbedürftiger Anlagen nach Absatz 1 Satz 3 von der Pflicht zur Abgabe einer Emissionserklärung befreit sind. [3] Darüber hinaus kann zur Erfüllung der Pflichten aus bindenden Rechtsakten der Europäischen Gemeinschaften oder der Europäischen Union in der Rechtsverordnung vorgeschrieben werden, dass die zuständigen Behörden über die nach Landesrecht zuständige Behörde dem Bundesministerium für Umwelt, Naturschutz, Bau und Reaktorsicherheit zu einem festgelegten Zeitpunkt Emissionsdaten zur Verfügung stellen, die den Emissionserklärungen zu entnehmen sind.

§ 28 Erstmalige und wiederkehrende Messungen bei genehmigungsbedürftigen Anlagen. [1] Die zuständige Behörde kann bei genehmigungsbedürftigen Anlagen

1. nach der Inbetriebnahme oder einer Änderung im Sinne des § 15 oder des § 16 und sodann
2. nach Ablauf eines Zeitraums von jeweils drei Jahren

Anordnungen nach § 26 auch ohne die dort genannten Voraussetzungen treffen. [2] Hält die Behörde wegen Art, Menge und Gefährlichkeit der von der Anlage ausgehenden Emissionen Ermittlungen auch während des in Nummer 2 genannten Zeitraums für erforderlich, so soll sie auf Antrag des Betreibers zulassen, dass diese Ermittlungen durch den Immissionsschutzbeauftragten durchgeführt werden, wenn dieser hierfür die erforderliche Fachkunde, Zuverlässigkeit und gerätetechnische Ausstattung besitzt.

§ 29 Kontinuierliche Messungen. (1) [1] Die zuständige Behörde kann bei genehmigungsbedürftigen Anlagen anordnen, dass statt durch Einzelmessungen nach § 26 oder § 28 oder neben solchen Messungen bestimmte Emissionen oder Immissionen unter Verwendung aufzeichnender Messgeräte fortlaufend ermittelt werden. [2] Bei Anlagen mit erheblichen Emissionsmassenströmen luft-

---

[1)] Siehe die VO über Emissionserklärungen und Emissionsberichte – 11. BImSchV (Nr. **2.11**), und die GefahrstoffVO v. 26.11.2010 (BGBl. I S. 1643, 1644), zuletzt geänd. durch G v. 29.3.2017 (BGBl. I S. 626).

verunreinigender Stoffe sollen unter Berücksichtigung von Art und Gefährlichkeit dieser Stoffe Anordnungen nach Satz 1 getroffen werden, soweit eine Überschreitung der in Rechtsvorschriften, Auflagen oder Anordnungen festgelegten Emissionsbegrenzungen nach der Art der Anlage nicht ausgeschlossen werden kann.

(2) Die zuständige Behörde kann bei nicht genehmigungsbedürftigen Anlagen, soweit § 22 anzuwenden ist, anordnen, dass statt durch Einzelmessungen nach § 26 oder neben solchen Messungen bestimmte Emissionen oder Immissionen unter Verwendung aufzeichnender Messgeräte fortlaufend ermittelt werden, wenn dies zur Feststellung erforderlich ist, ob durch die Anlage schädliche Umwelteinwirkungen hervorgerufen werden.

§ 29a Anordnung sicherheitstechnischer Prüfungen. (1) [1] Die zuständige Behörde kann anordnen, dass der Betreiber einer genehmigungsbedürftigen Anlage oder einer Anlage innerhalb eines Betriebsbereichs nach § 3 Absatz 5a einen der von der zuständigen Behörde eines Landes bekannt gegebenen Sachverständigen mit der Durchführung bestimmter sicherheitstechnischer Prüfungen sowie Prüfungen von sicherheitstechnischen Unterlagen beauftragt. [2] In der Anordnung kann die Durchführung der Prüfungen durch den Störfallbeauftragten (§ 58a), eine zugelassene Überwachungsstelle nach § 37 Absatz 1 des Produktsicherheitsgesetzes oder einen in einer für Anlagen nach § 2 Nummer 30 des Produktsicherheitsgesetzes erlassenen Rechtsverordnung genannten Sachverständigen gestattet werden, wenn diese die Anforderungen nach § 29b Absatz 2 Satz 2 und 3 erfüllen; das Gleiche gilt für einen nach § 36 Absatz 1 der Gewerbeordnung bestellten Sachverständigen oder für Sachverständige, die im Rahmen von § 13a der Gewerbeordnung ihre gewerbliche Tätigkeit nur vorübergehend und gelegentlich im Inland ausüben wollen, soweit eine besondere Sachkunde im Bereich sicherheitstechnischer Prüfungen nachgewiesen wird. [3] Die zuständige Behörde ist befugt, Einzelheiten über Art und Umfang der sicherheitstechnischen Prüfungen sowie über die Vorlage des Prüfungsergebnisses vorzuschreiben.

(2) [1] Prüfungen können angeordnet werden

1. für einen Zeitpunkt während der Errichtung oder sonst vor der Inbetriebnahme der Anlage,
2. für einen Zeitpunkt nach deren Inbetriebnahme,
3. in regelmäßigen Abständen,
4. im Falle einer Betriebseinstellung oder
5. wenn Anhaltspunkte dafür bestehen, dass bestimmte sicherheitstechnische Anforderungen nicht erfüllt werden.

[2] Satz 1 gilt entsprechend bei einer Änderung im Sinne des § 15 oder des § 16.

(3) Der Betreiber hat die Ergebnisse der sicherheitstechnischen Prüfungen der zuständigen Behörde spätestens einen Monat nach Durchführung der Prüfungen vorzulegen; er hat diese Ergebnisse unverzüglich vorzulegen, sofern dies zur Abwehr gegenwärtiger Gefahren erforderlich ist.

§ 29b Bekanntgabe von Stellen und Sachverständigen. (1) Die Bekanntgabe von Stellen im Sinne von § 26, von Stellen im Sinne einer auf Grund dieses Gesetzes erlassenen Rechtsverordnung oder von Sachverständigen im

Sinne von § 29a durch die zuständige Behörde eines Landes berechtigt die bekannt gegebenen Stellen und Sachverständigen, die in der Bekanntgabe festgelegten Ermittlungen oder Prüfungen auf Antrag eines Anlagenbetreibers durchzuführen.

(2) [1] Die Bekanntgabe setzt einen Antrag bei der zuständigen Behörde des Landes voraus. [2] Sie ist zu erteilen, wenn der Antragsteller oder die Antragstellerin über die erforderliche Fachkunde, Unabhängigkeit, Zuverlässigkeit und gerätetechnische Ausstattung verfügt sowie die für die Aufgabenerfüllung erforderlichen organisatorischen Anforderungen erfüllt. [3] Sachverständige im Sinne von § 29a müssen über eine Haftpflichtversicherung verfügen.

(3) [1] Die Bundesregierung wird ermächtigt, nach Anhörung der beteiligten Kreise (§ 51) durch Rechtsverordnung[1)] mit Zustimmung des Bundesrates Anforderungen an die Bekanntgabe von Stellen und Sachverständigen sowie an bekannt gegebene Stellen und Sachverständige zu regeln. [2] In der Rechtsverordnung nach Satz 1 können insbesondere

1. Anforderungen an die Gleichwertigkeit nicht inländischer Anerkennungen und Nachweise bestimmt werden,
2. Anforderungen an das Verfahren der Bekanntgabe und ihrer Aufhebung bestimmt werden,
3. Anforderungen an den Inhalt der Bekanntgabe bestimmt werden, insbesondere, dass sie mit Nebenbestimmungen versehen und für das gesamte Bundesgebiet erteilt werden kann,
4. Anforderungen an die Organisationsform der bekannt zu gebenden Stellen bestimmt werden,
5. Anforderungen an die Struktur bestimmt werden, die die Sachverständigen der Erfüllung ihrer Aufgaben zugrunde legen,
6. Anforderungen an die Fachkunde, Zuverlässigkeit, Unabhängigkeit und gerätetechnische Ausstattung der bekannt zu gebenden Stellen und Sachverständigen bestimmt werden,
7. Pflichten der bekannt gegebenen Stellen und Sachverständigen festgelegt werden.

§ 30 Kosten der Messungen und sicherheitstechnischen Prüfungen.

[1] Die Kosten für die Ermittlungen der Emissionen und Immissionen sowie für die sicherheitstechnischen Prüfungen trägt der Betreiber der Anlage. [2] Bei nicht genehmigungsbedürftigen Anlagen trägt der Betreiber die Kosten für Ermittlungen nach § 26 oder § 29 Absatz 2 nur, wenn die Ermittlungen ergeben, dass

1. Auflagen oder Anordnungen nach den Vorschriften dieses Gesetzes oder der auf dieses Gesetz gestützten Rechtsverordnungen nicht erfüllt worden sind oder
2. Anordnungen oder Auflagen nach den Vorschriften dieses Gesetzes oder der auf dieses Gesetz gestützten Rechtsverordnungen geboten sind.

[1)] Siehe die BekanntgabeVO – 41. BImSchV (Nr. **2.41**).

§ 31 Auskunftspflichten des Betreibers. (1) [1]Der Betreiber einer Anlage nach der Industrieemissions-Richtlinie hat nach Maßgabe der Nebenbestimmungen der Genehmigung oder auf Grund von Rechtsverordnungen der zuständigen Behörde jährlich Folgendes vorzulegen:

1. eine Zusammenfassung der Ergebnisse der Emissionsüberwachung,
2. sonstige Daten, die erforderlich sind, um die Einhaltung der Genehmigungsanforderungen gemäß § 6 Absatz 1 Nummer 1 zu überprüfen.

[2]Die Pflicht nach Satz 1 besteht nicht, soweit die erforderlichen Angaben der zuständigen Behörde bereits auf Grund anderer Vorschriften vorzulegen sind. [3]Wird in einer Rechtsverordnung nach § 7 ein Emissionsgrenzwert nach § 7 Absatz 1a, in einer Verwaltungsvorschrift nach § 48 ein Emissionswert nach § 48 Absatz 1a oder in einer Genehmigung nach § 12 Absatz 1 oder einer nachträglichen Anordnung nach § 17 Absatz 2a eine Emissionsbegrenzung nach § 12 Absatz 1a oder § 17 Absatz 2a oberhalb der in den BVT-Schlussfolgerungen genannten Emissionsbandbreiten bestimmt, so hat die Zusammenfassung nach Satz 1 Nummer 1 einen Vergleich mit den in den BVT-Schlussfolgerungen genannten Emissionsbandbreiten zu ermöglichen.

(2) [1]Der Betreiber einer Anlage nach der Industrieemissions-Richtlinie kann von der zuständigen Behörde verpflichtet werden, diejenigen Daten zu übermitteln, deren Übermittlung nach einem Durchführungsrechtsakt nach Artikel 72 Absatz 2 der Richtlinie 2010/75/EU vorgeschrieben ist und die zur Erfüllung der Berichtspflicht nach § 61 Absatz 1 erforderlich sind, soweit solche Daten nicht bereits auf Grund anderer Vorschriften bei der zuständigen Behörde vorhanden sind. [2]§ 3 Absatz 1 Satz 2 und § 5 Absatz 2 bis 6 des Gesetzes zur Ausführung des Protokolls über Schadstofffreisetzungs- und -verbringungsregister vom 21. Mai 2003 sowie zur Durchführung der Verordnung (EG) Nr. 166/2006 vom 6. Juni 2007 (BGBl. I S. 1002) gelten entsprechend.

(2a) [1]Der Betreiber von Anlagen, die Betriebsbereich oder Bestandteil eines Betriebsbereichs sind, kann von der zuständigen Behörde verpflichtet werden, diejenigen Daten zu übermitteln, deren Übermittlung nach einem Durchführungsrechtsakt nach Artikel 21 Absatz 5 der Richtlinie 2012/18/EU vorgeschrieben ist und die zur Erfüllung der Berichtspflicht nach § 61 Absatz 2 erforderlich sind, soweit solche Daten nicht bereits auf Grund anderer Vorschriften bei der zuständigen Behörde vorhanden sind. [2]Absatz 2 Satz 2 gilt entsprechend.

(3) Wird bei einer Anlage nach der Industrieemissions-Richtlinie festgestellt, dass Anforderungen gemäß § 6 Absatz 1 Nummer 1 nicht eingehalten werden, hat der Betreiber dies der zuständigen Behörde unverzüglich mitzuteilen.

(4) Der Betreiber einer Anlage nach der Industrieemissions-Richtlinie hat bei allen Ereignissen mit schädlichen Umwelteinwirkungen die zuständige Behörde unverzüglich zu unterrichten, soweit er hierzu nicht bereits nach § 4 des Umweltschadensgesetzes oder nach § 19 der Störfall-Verordnung[1)] verpflichtet ist.

(5) [1]Der Betreiber der Anlage hat das Ergebnis der auf Grund einer Anordnung nach § 26, § 28 oder § 29 getroffenen Ermittlungen der zuständigen Behörde auf Verlangen mitzuteilen und die Aufzeichnungen der Messgeräte

---

[1)] Nr. **2.12**.

nach § 29 fünf Jahre lang aufzubewahren. [2]Die zuständige Behörde kann die Art der Übermittlung der Messergebnisse vorschreiben. [3]Die Ergebnisse der Überwachung der Emissionen, die bei der Behörde vorliegen, sind für die Öffentlichkeit nach den Bestimmungen des Umweltinformationsgesetzes mit Ausnahme des § 12 zugänglich; für Landesbehörden gelten die landesrechtlichen Vorschriften.

Dritter Teil. Beschaffenheit von Anlagen, Stoffen, Erzeugnissen, Brennstoffen, Treibstoffen und Schmierstoffen; Treibhausgasminderung bei Kraftstoffen

Erster Abschnitt. Beschaffenheit von Anlagen, Stoffen, Erzeugnissen, Brennstoffen, Treibstoffen und Schmierstoffen

§ 32 Beschaffenheit von Anlagen. (1) [1]Die Bundesregierung wird ermächtigt, nach Anhörung der beteiligten Kreise (§ 51) durch Rechtsverordnung[1)] mit Zustimmung des Bundesrates vorzuschreiben, dass serienmäßig hergestellte Teile von Betriebsstätten und sonstigen ortsfesten Einrichtungen sowie die in § 3 Absatz 5 Nummer 2 bezeichneten Anlagen und hierfür serienmäßig hergestellte Teile gewerbsmäßig oder im Rahmen wirtschaftlicher Unternehmungen nur in den Verkehr gebracht oder eingeführt werden dürfen, wenn sie bestimmten Anforderungen zum Schutz vor schädlichen Umwelteinwirkungen durch Luftverunreinigungen, Geräusche, Erschütterungen oder nichtionisierende Strahlen genügen. [2]In den Rechtsverordnungen nach Satz 1 kann insbesondere vorgeschrieben werden, dass

1. die Emissionen der Anlagen oder der serienmäßig hergestellten Teile bestimmte Werte nicht überschreiten dürfen,
2. die Anlagen oder die serienmäßig hergestellten Teile bestimmten technischen Anforderungen zur Begrenzung der Emissionen entsprechen müssen.

[3]Emissionswerte nach Satz 2 Nr. 1 können unter Berücksichtigung der technischen Entwicklung auch für einen Zeitpunkt nach Inkrafttreten der Rechtsverordnung festgesetzt werden. [4]Wegen der Anforderungen nach den Sätzen 1 bis 3 gilt § 7 Absatz 5 entsprechend.

(2) In einer Rechtsverordnung kann ferner vorgeschrieben werden, dass die Anlagen oder die serienmäßig hergestellten Teile gewerbsmäßig oder im Rahmen wirtschaftlicher Unternehmungen nur in den Verkehr gebracht oder eingeführt werden dürfen, wenn sie mit Angaben über die Höhe ihrer Emissionen gekennzeichnet sind.

§ 33 Bauartzulassung. (1) Die Bundesregierung wird ermächtigt, zum Schutz vor schädlichen Umwelteinwirkungen sowie zur Vorsorge gegen schädliche Umwelteinwirkungen nach Anhörung der beteiligten Kreise (§ 51) durch Rechtsverordnung[2)] mit Zustimmung des Bundesrates

---

[1)] Siehe die Geräte- und MaschinenlärmschutzVO – 32. BImSchV (Nr. **2.32**).

[2)] Siehe die VO über Emissionsgrenzwerte für Verbrennungsmotoren – 28. BImSchV (Nr. **2.28**), und die GebührenO für Maßnahmen bei Typprüfungen von Verbrennungsmotoren – 29. BImSchV (Nr. **2.29**).

1. zu bestimmen, dass in § 3 Absatz 5 Nummer 1 oder 2 bezeichnete Anlagen oder bestimmte Teile von solchen Anlagen nach einer Bauartprüfung allgemein zugelassen und dass mit der Bauartzulassung Auflagen zur Errichtung und zum Betrieb verbunden werden können;
2. vorzuschreiben, dass bestimmte serienmäßig hergestellte Anlagen oder bestimmte hierfür serienmäßig hergestellte Teile gewerbsmäßig oder im Rahmen wirtschaftlicher Unternehmungen nur in Verkehr gebracht werden dürfen, wenn die Bauart der Anlage oder des Teils allgemein zugelassen ist und die Anlage oder der Teil dem zugelassenen Muster entspricht;
3. das Verfahren der Bauartzulassung zu regeln;
4. zu bestimmen, welche Gebühren und Auslagen für die Bauartzulassung zu entrichten sind; die Gebühren werden nur zur Deckung des mit den Prüfungen verbundenen Personal- und Sachaufwandes erhoben, zu dem insbesondere der Aufwand für die Sachverständigen, die Prüfeinrichtungen und -stoffe sowie für die Entwicklung geeigneter Prüfverfahren und für den Erfahrungsaustausch gehört; es kann bestimmt werden, dass eine Gebühr auch für eine Prüfung erhoben werden kann, die nicht begonnen oder nicht zu Ende geführt worden ist, wenn die Gründe hierfür von demjenigen zu vertreten sind, der die Prüfung veranlasst hat; die Höhe der Gebührensätze richtet sich nach der Zahl der Stunden, die ein Sachverständiger durchschnittlich für die verschiedenen Prüfungen der bestimmten Anlagenart benötigt; in der Rechtsverordnung können die Kostenbefreiung, die Kostengläubigerschaft, die Kostenschuldnerschaft, der Umfang der zu erstattenden Auslagen und die Kostenerhebung abweichend von den Vorschriften des Verwaltungskostengesetzes vom 23. Juni 1970 (BGBl. I S. 821) geregelt werden.

(2) Die Zulassung der Bauart darf nur von der Erfüllung der in § 32 Absatz 1 und 2 genannten oder in anderen Rechtsvorschriften festgelegten Anforderungen sowie von einem Nachweis der Höhe der Emissionen der Anlage oder des Teils abhängig gemacht werden.

§ 34 Beschaffenheit von Brennstoffen, Treibstoffen und Schmierstoffen. (1) [1] Die Bundesregierung wird ermächtigt, nach Anhörung der beteiligten Kreise (§ 51) durch Rechtsverordnung[1)] mit Zustimmung des Bundesrates vorzuschreiben, dass Brennstoffe, Treibstoffe, Schmierstoffe oder Zusätze zu diesen Stoffen gewerbsmäßig oder im Rahmen wirtschaftlicher Unternehmungen nur hergestellt, in den Verkehr gebracht oder eingeführt werden dürfen, wenn sie bestimmten Anforderungen zum Schutz vor schädlichen Umwelteinwirkungen durch Luftverunreinigungen genügen. [2] In den Rechtsverordnungen nach Satz 1 kann insbesondere bestimmt werden, dass

1. natürliche Bestandteile oder Zusätze von Brennstoffen, Treibstoffen oder Schmierstoffen nach Satz 1, die bei bestimmungsgemäßer Verwendung der Brennstoffe, Treibstoffe, Schmierstoffe oder Zusätze Luftverunreinigungen hervorrufen oder die Bekämpfung von Luftverunreinigungen behindern,

[1)] Siehe die VO über die Beschaffenheit und die Auszeichnung der Qualitäten von Kraft- und Brennstoffen – 10. BImSchV (Nr. **2.10**) und die AltölVO idF der Bek. v. 16.4.2002 (BGBl. I S. 1368), zuletzt geänd. durch G v. 24.2.2012 (BGBl. I S. 212).

nicht zugesetzt werden oder einen bestimmten Höchstgehalt nicht überschreiten dürfen,

1a. Zusätze zu Brennstoffen, Treibstoffen oder Schmierstoffen bestimmte Stoffe, die Luftverunreinigungen hervorrufen oder die Bekämpfung von Luftverunreinigungen behindern, nicht oder nur in besonderer Zusammensetzung enthalten dürfen,

2. Brennstoffe, Treibstoffe oder Schmierstoffe nach Satz 1 bestimmte Zusätze enthalten müssen, durch die das Entstehen von Luftverunreinigungen begrenzt wird,

3. Brennstoffe, Treibstoffe, Schmierstoffe oder Zusätze nach Satz 1 einer bestimmten Behandlung, durch die das Entstehen von Luftverunreinigungen begrenzt wird, unterworfen werden müssen,

4. derjenige, der gewerbsmäßig oder im Rahmen wirtschaftlicher Unternehmungen flüssige Brennstoffe, Treibstoffe, Schmierstoffe oder Zusätze zu diesen Stoffen herstellt, einführt oder sonst in den Geltungsbereich dieses Gesetzes verbringt, der zuständigen Bundesoberbehörde
   a) Zusätze zu flüssigen Brennstoffen, Treibstoffen oder Schmierstoffen, die in ihrer chemischen Zusammensetzung andere Elemente als Kohlenstoff, Wasserstoff und Sauerstoff enthalten, anzuzeigen hat und
   b) näher zu bestimmende Angaben über die Art und die eingesetzte Menge sowie die möglichen schädlichen Umwelteinwirkungen der Zusätze und deren Verbrennungsprodukte zu machen hat.

[3] Anforderungen nach Satz 2 können unter Berücksichtigung der technischen Entwicklung auch für einen Zeitpunkt nach Inkrafttreten der Rechtsverordnungen festgesetzt werden. [4] Wegen der Anforderungen nach den Sätzen 1 bis 3 gilt § 7 Absatz 5 entsprechend.

(2) Die Bundesregierung wird ermächtigt, durch Rechtsverordnung[1)] mit Zustimmung des Bundesrates vorzuschreiben,

1. dass bei der Einfuhr von Brennstoffen, Treibstoffen, Schmierstoffen oder Zusätzen, für die Anforderungen nach Absatz 1 Satz 1 festgesetzt worden sind, eine schriftliche Erklärung des Herstellers über die Beschaffenheit der Brennstoffe, Treibstoffe, Schmierstoffe oder Zusätze den Zolldienststellen vorzulegen, bis zum ersten Bestimmungsort der Sendung mitzuführen und bis zum Abgang der Sendung vom ersten Bestimmungsort dort verfügbar zu halten ist,
2. dass der Einführer diese Erklärung zu seinen Geschäftspapieren zu nehmen hat,
3. welche Angaben über die Beschaffenheit der Brennstoffe, Treibstoffe, Schmierstoffe oder Zusätze die schriftliche Erklärung enthalten muss,
4. dass Brennstoffe, Treibstoffe, Schmierstoffe oder Zusätze nach Absatz 1 Satz 1, die in den Geltungsbereich dieses Gesetzes, ausgenommen in Zollausschlüsse, verbracht werden, bei der Verbringung von dem Einführer den zuständigen Behörden des Bestimmungsortes zu melden sind,

---

[1)] Siehe die VO über die Beschaffenheit und die Auszeichnung der Qualitäten von Kraft- und Brennstoffen – 10. BImSchV (Nr. **2.10**).

5. dass bei der Lagerung von Brennstoffen, Treibstoffen, Schmierstoffen oder Zusätzen nach Absatz 1 Satz 1 Tankbelegbücher zu führen sind, aus denen sich die Lieferer der Brennstoffe, Treibstoffe, Schmierstoffe oder Zusätze nach Absatz 1 Satz 1 ergeben,
6. dass derjenige, der gewerbsmäßig oder im Rahmen wirtschaftlicher Unternehmungen an den Verbraucher Stoffe oder Zusätze nach Absatz 1 Satz 1 veräußert, diese deutlich sichtbar und leicht lesbar mit Angaben über bestimmte Eigenschaften kenntlich zu machen hat und
7. dass derjenige, der Stoffe oder Zusätze nach Absatz 1 Satz 1 gewerbsmäßig oder im Rahmen wirtschaftlicher Unternehmungen in den Verkehr bringt, den nach Nummer 6 Auszeichnungspflichtigen über bestimmte Eigenschaften zu unterrichten hat.

(3) [1] Die Bundesregierung wird ermächtigt, nach Anhörung der beteiligten Kreise (§ 51) durch Rechtsverordnung[1)] mit Zustimmung des Bundesrates vorzuschreiben, dass, wer gewerbsmäßig oder im Rahmen wirtschaftlicher Unternehmungen Treibstoffe in den Verkehr bringt, zur Vermeidung von Schäden an Fahrzeugen verpflichtet werden kann, auch Treibstoffe mit bestimmten Eigenschaften, insbesondere mit nicht zu überschreitenden Höchstgehalten an Sauerstoff und Biokraftstoff, in den Verkehr zu bringen. [2] In der Rechtsverordnung nach Satz 1 kann darüber hinaus die Unterrichtung der Verbraucher über biogene Anteile der Treibstoffe und den geeigneten Einsatz der verschiedenen Treibstoffmischungen geregelt werden; für die Regelung der Pflicht zur Unterrichtung gilt Absatz 2 Nummer 6 und 7 entsprechend.

(4) Die Bundesregierung wird ermächtigt, nach Anhörung der beteiligten Kreise (§ 51) durch Rechtsverordnung ohne Zustimmung des Bundesrates zu regeln, dass Unternehmen, die Treibstoffe in Verkehr bringen, jährlich folgende Daten der in der Rechtsverordnung zu bestimmenden Bundesbehörde vorzulegen haben:

a) die Gesamtmenge der jeweiligen Art von geliefertem Treibstoff unter Angabe des Erwerbsortes und des Ursprungs des Treibstoffs und
b) die Lebenszyklustreibhausgasemissionen pro Energieeinheit.

§ 35 Beschaffenheit von Stoffen und Erzeugnissen. (1) [1] Die Bundesregierung wird ermächtigt, nach Anhörung der beteiligten Kreise (§ 51) durch Rechtsverordnung[2)] mit Zustimmung des Bundesrates vorzuschreiben, dass bestimmte Stoffe oder Erzeugnisse aus Stoffen, die geeignet sind, bei ihrer bestimmungsgemäßen Verwendung oder bei der Verbrennung zum Zwecke der Beseitigung oder der Rückgewinnung einzelner Bestandteile schädliche Umwelteinwirkungen durch Luftverunreinigungen hervorzurufen, gewerbsmäßig oder im Rahmen wirtschaftlicher Unternehmungen nur hergestellt, eingeführt oder sonst in den Verkehr gebracht werden dürfen, wenn sie zum Schutz vor schädlichen Umwelteinwirkungen durch Luftverunreinigungen bestimmten Anforderungen an ihre Zusammensetzung und das Verfahren zu ihrer

---

[1)] Siehe die VO über die Beschaffenheit und die Auszeichnung der Qualitäten von Kraft- und Brennstoffen – 10. BImSchV (Nr. **2.10**).

[2)] Siehe die AltölVO idF der Bek. v. 16.4.2002 (BGBl. I S. 1368), zuletzt geänd. durch G v. 24.2. 2012 (BGBl. I S. 212).

Herstellung genügen. [2] Die Ermächtigung des Satzes 1 erstreckt sich nicht auf Anlagen, Brennstoffe, Treibstoffe und Fahrzeuge.

(2) [1] Anforderungen nach Absatz 1 Satz 1 können unter Berücksichtigung der technischen Entwicklung auch für einen Zeitpunkt nach Inkrafttreten der Rechtsverordnung festgesetzt werden. [2] Wegen der Anforderungen nach Absatz 1 und Absatz 2 Satz 1 gilt § 7 Absatz 5 entsprechend.

(3) Soweit dies mit dem Schutz der Allgemeinheit vor schädlichen Umwelteinwirkungen durch Luftverunreinigungen vereinbar ist, kann in der Rechtsverordnung nach Absatz 1 an Stelle der Anforderungen über die Zusammensetzung und das Herstellungsverfahren vorgeschrieben werden, dass die Stoffe und Erzeugnisse deutlich sichtbar und leicht lesbar mit dem Hinweis zu kennzeichnen sind, dass bei ihrer bestimmungsgemäßen Verwendung oder bei ihrer Verbrennung schädliche Umwelteinwirkungen entstehen können oder dass bei einer bestimmten Verwendungsart schädliche Umwelteinwirkungen vermieden werden können.

§ 36 Ausfuhr. In den Rechtsverordnungen nach den §§ 32 bis 35 kann vorgeschrieben werden, dass die Vorschriften über das Herstellen, Einführen und das Inverkehrbringen nicht gelten für Anlagen, Stoffe, Erzeugnisse, Brennstoffe und Treibstoffe, die zur Lieferung in Gebiete außerhalb des Geltungsbereichs dieses Gesetzes bestimmt sind.

§ 37 Erfüllung von zwischenstaatlichen Vereinbarungen und Rechtsakten der Europäischen Gemeinschaften oder der Europäischen Union. [1] Zur Erfüllung von Verpflichtungen aus zwischenstaatlichen Vereinbarungen oder von bindenden Rechtsakten der Europäischen Gemeinschaften oder der Europäischen Union kann die Bundesregierung zu dem in § 1 genannten Zweck durch Rechtsverordnung[1)] mit Zustimmung des Bundesrates bestimmen, dass Anlagen, Stoffe, Erzeugnisse, Brennstoffe oder Treibstoffe gewerbsmäßig oder im Rahmen wirtschaftlicher Unternehmungen nur in den Verkehr gebracht werden dürfen, wenn sie nach Maßgabe der §§ 32 bis 35 bestimmte Anforderungen erfüllen. [2] In einer Rechtsverordnung nach Satz 1, die der Erfüllung bindender Rechtsakte der Europäischen Gemeinschaften oder der Europäischen Union über Maßnahmen zur Bekämpfung der Emission von gasförmigen Schadstoffen und luftverunreinigenden Partikeln aus Verbrennungsmotoren für mobile Maschinen und Geräte dient, kann das Kraftfahrt-Bundesamt als Genehmigungsbehörde bestimmt und insoweit der Fachaufsicht des Bundesministeriums für Umwelt, Naturschutz, Bau und Reaktorsicherheit unterstellt werden.

Zweiter Abschnitt. Treibhausgasminderung bei Kraftstoffen

§ 37a Mindestanteil von Biokraftstoffen an der Gesamtmenge des in Verkehr gebrachten Kraftstoffs; Treibhausgasminderung. (1) [1] Wer gewerbsmäßig oder im Rahmen wirtschaftlicher Unternehmungen nach § 2

[1)] Siehe die VO über die Beschaffenheit und die Auszeichnung der Qualitäten von Kraft- und Brennstoffen – 10. BImSchV (Nr. **2.10**), die VO über Emissionsgrenzwerte für Verbrennungsmotoren – 28. BImSchV (Nr. **2.28**), die Geräte- und MaschinenlärmschutzVO – 32. BImSchV (Nr. **2.32**) und die AltölVO idF der Bek. v. 16.4.2002 (BGBl. I S. 1368), zuletzt geänd. durch G v. 24.2.2012 (BGBl. I S. 212).

Absatz 1 Nummer 1 und 4 des Energiesteuergesetzes zu versteuernde Otto- oder Dieselkraftstoffe in Verkehr bringt, hat sicherzustellen, dass für die gesamte im Lauf eines Kalenderjahres (Verpflichtungsjahr) von ihm in Verkehr gebrachte Menge Kraftstoffs die Vorgaben der Absätze 3 und 4 eingehalten werden. [2] Kraftstoff gilt mit dem Entstehen der Energiesteuer nach § 8 Absatz 1, § 9 Absatz 1, § 9a Absatz 4, § 15 Absatz 1 oder Absatz 2, auch jeweils in Verbindung mit § 15 Absatz 4, § 19b Absatz 1, § 22 Absatz 1 oder § 23 Absatz 1 oder Absatz 2, § 38 Absatz 1, § 42 Absatz 1 oder § 43 Absatz 1 des Energiesteuergesetzes als in Verkehr gebracht. [3] Die Abgabe von fossilem Otto- und fossilem Dieselkraftstoff an die Bundeswehr zu Zwecken der Verteidigung oder der Erfüllung zwischenstaatlicher Verpflichtungen gilt nicht als Inverkehrbringen im Sinne der Sätze 1 und 2. [4] Dies gilt auch für den Erwerb von fossilem Otto- und fossilem Dieselkraftstoff durch die Bundeswehr zu einem in Satz 3 genannten Zweck. [5] Der Bundeswehr gleichgestellt sind auf Grund völkerrechtlicher Verträge in der Bundesrepublik Deutschland befindliche Truppen sowie Einrichtungen, die die Bundeswehr oder diese Truppen zur Erfüllung ihrer jeweiligen Aufgaben einsetzt oder einsetzen. [6] Die Abgabe von Kraftstoff im Eigentum des Erdölbevorratungsverbandes auf Grund einer Freigabe nach § 12 Absatz 1 des Erdölbevorratungsgesetzes durch den Erdölbevorratungsverband, Mitglieder des Erdölbevorratungsverbandes oder Dritte sowie nachfolgende Abgaben gelten nicht als Inverkehrbringen im Sinne der Sätze 1 und 2. [7] Dies gilt auch für die Abgabe von Kraftstoff in den in Satz 6 genannten Fällen im Rahmen von Delegationen nach § 7 Absatz 1 des Erdölbevorratungsgesetzes durch Mitglieder des Erdölbevorratungsverbandes oder Dritte sowie für nachfolgende Abgaben. [8] Die Abgabe von Ausgleichsmengen an unterversorgte Unternehmen zum Versorgungsausgleich im Sinne von § 1 Absatz 1 der Mineralölausgleichs-Verordnung vom 13. Dezember 1985 (BGBl. I S. 2267), die zuletzt durch Artikel 5 Absatz 3 des Gesetzes vom 26. Juni 2013 (BGBl. I S. 1738) geändert worden ist, in der jeweils geltenden Fassung gilt nicht als Inverkehrbringen im Sinne der Sätze 1 und 2. [9] Ein Inverkehrbringen im Sinne der Sätze 1 und 2 liegt ebenfalls nicht vor, wenn der Erdölbevorratungsverband Kraftstoff aus seinem Eigentum abgibt und dieser Abgabe keine Rücklieferung am Abgabeort gegenübersteht oder er dafür Mineralölprodukte erwirbt, die nicht unter die Vorschrift des Satzes 1 fallen. [10] Satz 9 gilt auch für die nachfolgenden Abgaben des Kraftstoffs.

(2) [1] Verpflichteter nach Absatz 1 Satz 1 und 2 ist der jeweilige Steuerschuldner im Sinne des Energiesteuergesetzes. [2] Abweichend von Satz 1 ist in den Fällen des § 7 Absatz 4 Satz 1 des Energiesteuergesetzes der Dritte (Einlagerer) Verpflichteter. [3] In den Fällen des § 22 Absatz 1 des Energiesteuergesetzes gilt allein derjenige als Verpflichteter im Sinne von Satz 1, der eine der dort jeweils genannten Handlungen zuerst vornimmt.

(3) [1] Verpflichtete nach Absatz 1 Satz 1 und 2 in Verbindung mit Absatz 2 (Verpflichtete), die Dieselkraftstoff in Verkehr bringen, haben bis zum 31. Dezember 2014 einen Anteil Dieselkraftstoff ersetzenden Biokraftstoffs von mindestens 4,4 Prozent sicherzustellen. [2] Verpflichtete, die Ottokraftstoff in Verkehr bringen, haben einen Anteil Ottokraftstoff ersetzenden Biokraftstoffs von mindestens 1,2 Prozent für das Jahr 2007, von mindestens 2 Prozent für das Jahr 2008 und von mindestens 2,8 Prozent jeweils für die Jahre 2009 bis 2014 sicherzustellen. [3] Unbeschadet der Sätze 1 und 2 beträgt der Mindestanteil von Biokraftstoff an der Gesamtmenge Otto- und Dieselkraftstoffs, die von Ver-

pflichteten in Verkehr gebracht wird, im Jahr 2009 5,25 Prozent und in den Jahren 2010 bis 2014 jeweils 6,25 Prozent. [4]Satz 3 gilt entsprechend für Verpflichtete, die ausschließlich Ottokraftstoff oder ausschließlich Dieselkraftstoff in Verkehr bringen. [5]Die Mindestanteile von Biokraftstoff beziehen sich in den Fällen der Sätze 1, 2 und 4 jeweils auf den Energiegehalt der Menge fossilen Otto- oder fossilen Dieselkraftstoffs zuzüglich des Biokraftstoffanteils, in den Fällen des Satzes 3 auf den Energiegehalt der Menge fossilen Otto- und fossilen Dieselkraftstoffs zuzüglich des Biokraftstoffanteils. [6]Die Gesamtmengen nach Satz 5 sind um die Mengen zu berichtigen, für die eine Steuerentlastung nach § 46 Absatz 1 Satz 1 Nummer 1 oder Nummer 3 oder nach § 47 Absatz 1 Nummer 1, 2 oder Nummer 6 des Energiesteuergesetzes gewährt wurde oder wird.

(4) [1]Verpflichtete haben ab dem Jahr 2015 sicherzustellen, dass die Treibhausgasemissionen der von ihnen in Verkehr gebrachten fossilen Otto- und fossilen Dieselkraftstoffe zuzüglich der Treibhausgasemissionen der von ihnen in Verkehr gebrachten Biokraftstoffe um einen festgelegten Prozentsatz gegenüber dem Referenzwert nach Satz 3 gemindert werden. [2]Die Höhe des in Satz 1 genannten Prozentsatzes beträgt

1. ab dem Jahr 2015 3,5 Prozent,
2. ab dem Jahr 2017 4 Prozent und
3. ab dem Jahr 2020 6 Prozent.

[3]Der Referenzwert, gegenüber dem die Treibhausgasminderung zu erfolgen hat, berechnet sich durch Multiplikation des Basiswertes mit der vom Verpflichteten in Verkehr gebrachten energetischen Menge fossilen Otto- und fossilen Dieselkraftstoffs zuzüglich der vom Verpflichteten in Verkehr gebrachten energetischen Menge Biokraftstoffs. [4]Der Basiswert beträgt 83,8 Kilogramm Kohlenstoffdioxid-Äquivalent pro Gigajoule. [5]Die Treibhausgasemissionen von fossilen Otto- und fossilen Dieselkraftstoffen berechnen sich durch Multiplikation des Basiswertes mit der vom Verpflichteten in Verkehr gebrachten energetischen Menge fossilen Otto- und fossilen Dieselkraftstoffs. [6]Die Treibhausgasemissionen von Biokraftstoffen berechnen sich durch Multiplikation der in den anerkannten Nachweisen nach § 14 der Biokraftstoff-Nachhaltigkeitsverordnung[1)] vom 30. September 2009 (BGBl. I S. 3182), die zuletzt durch Artikel 2 der Verordnung vom 26. November 2012 (BGBl. I S. 2363) geändert worden ist, in der jeweils geltenden Fassung ausgewiesenen Treibhausgasemissionen in Kilogramm Kohlenstoffdioxid-Äquivalent pro Gigajoule mit der vom Verpflichteten in Verkehr gebrachten energetischen Menge Biokraftstoffs. [7]Biokraftstoffe werden wie fossile Otto- oder fossile Dieselkraftstoffe behandelt, sofern

1. für die Biokraftstoffe anerkannte Nachweise nach § 14 der Biokraftstoff-Nachhaltigkeitsverordnung nicht vorgelegt werden,
2. für die Biokraftstoffe anerkannte Nachweise nach § 14 der Biokraftstoff-Nachhaltigkeitsverordnung vorgelegt werden, die keine Treibhausgasemissionen ausweisen,
3. für die Biokraftstoffe anerkannte Nachweise nach § 14 der Biokraftstoff-Nachhaltigkeitsverordnung vorgelegt werden, die unwirksam im Sinne der

---

[1)] Nr. **3.2**.

Biokraftstoff-Nachhaltigkeitsverordnung sind und nicht anerkannt werden dürfen,

4. die Biokraftstoffe nach § 37b Absatz 8 Satz 1 von der Anrechenbarkeit ausgeschlossen sind oder
5. die Europäische Kommission nach Artikel 18 Absatz 8 der Richtlinie 2009/28/EG des Europäischen Parlaments und des Rates vom 23. April 2009 zur Förderung der Nutzung von Energie aus erneuerbaren Quellen und zur Änderung und anschließenden Aufhebung der Richtlinien 2001/77/EG und 2003/30/EG (ABl. L 140 vom 5.6.2009, S. 16), die zuletzt durch die Richtlinie 2013/18/EU (ABl. L 158 vom 10.6.2013, S. 230) geändert worden ist, oder nach Artikel 7c Absatz 8 der Richtlinie 98/70/EG des Europäischen Parlaments und des Rates vom 13. Oktober 1998 über die Qualität von Otto- und Dieselkraftstoffen und zur Änderung der Richtlinie 93/12/EWG des Rates (ABl. L 350 vom 28.12.1998, S. 58), die zuletzt durch die delegierte Richtlinie 2014/77/EU (ABl. L 170 vom 11.6.2014, S. 62) geändert worden ist, entschieden hat, dass die Bundesrepublik Deutschland den Biokraftstoff für die in Artikel 17 Absatz 1 Buchstabe a, b und c der Richtlinie 2009/28/EG oder für die in Artikel 7a der Richtlinie 98/70/EG genannten Zwecke nicht berücksichtigen darf.

[8] Satz 7 erster Halbsatz gilt entsprechend für die in § 37b Absatz 2 bis 6 genannten Energieerzeugnisse, wenn diese keine Biokraftstoffe im Sinne dieses Gesetzes sind. [9] Bei der Berechnung des Referenzwertes nach den Sätzen 3 und 4 sowie der Treibhausgasemissionen nach den Sätzen 5 und 6 sind Kraftstoffmengen, für die dem Verpflichteten eine Steuerentlastung nach § 46 Absatz 1 Satz 1 Nummer 1 oder Nummer 3 oder nach § 47 Absatz 1 Nummer 1, 2 oder Nummer 6 des Energiesteuergesetzes gewährt wurde oder wird, nicht zu berücksichtigen. [10] In den Fällen des Absatzes 5 Satz 1 Nummer 2 und 3 gilt Satz 9 unabhängig von der Person des Entlastungsberechtigten.

(5) [1] Die Verpflichtungen nach Absatz 1 Satz 1 und 2 in Verbindung mit den Absätzen 3 und 4 können von Verpflichteten

1. durch Inverkehrbringen von Biokraftstoff, der fossilem Otto- oder fossilem Dieselkraftstoff, welcher nach § 2 Absatz 1 Nummer 1 und 4 des Energiesteuergesetzes zu versteuern ist, beigemischt wurde,
2. durch Inverkehrbringen reinen Biokraftstoffs, der nach § 2 Absatz 1 Nummer 1 und 4 des Energiesteuergesetzes zu versteuern ist, und
3. in den Fällen des Absatzes 3 Satz 2 und 3 sowie des Absatzes 4 durch Inverkehrbringen von
   a) Biokraftstoff nach § 37b Absatz 6, der fossilem Erdgaskraftstoff, welcher nach § 2 Absatz 1 Nummer 7 oder Absatz 2 Nummer 1 des Energiesteuergesetzes zu versteuern ist, zugemischt wurde, und
   b) reinem Biokraftstoff nach § 37b Absatz 6, der nach § 2 Absatz 1 Nummer 7 oder Absatz 2 Nummer 1 des Energiesteuergesetzes zu versteuern ist,

erfüllt werden. [2] Elektrischer Strom zur Verwendung in Straßenfahrzeugen kann zur Erfüllung von Verpflichtungen nach Absatz 1 Satz 1 und 2 in Verbindung mit den Absätzen 3 und 4 eingesetzt werden, sofern eine Rechtsverordnung der Bundesregierung nach § 37d Absatz 2 Satz 1 Nummer 11 dies zulässt und gegenüber der zuständigen Stelle nachgewiesen wird, dass der Strom ordnungsgemäß gemessen und überwacht wurde. [3] Andere Kraftstoffe und

Upstream-Emissionsminderungen können zur Erfüllung der Verpflichtungen nach Absatz 1 Satz 1 und 2 in Verbindung mit Absatz 4 angerechnet werden, sofern eine Rechtsverordnung der Bundesregierung nach § 37d Absatz 2 Satz 1 Nummer 13 dies zulässt.

(6) [1]Die Erfüllung von Verpflichtungen nach Absatz 1 Satz 1 und 2 in Verbindung mit den Absätzen 3 und 4 kann durch Vertrag, der der Schriftform bedarf, auf einen Dritten, der nicht selbst Verpflichteter ist, übertragen werden. [2]Im Fall des Absatzes 1 Satz 1 und 2 in Verbindung mit Absatz 3 muss der Vertrag mengenmäßige Angaben zum Umfang der vom Dritten gegenüber dem Verpflichteten eingegangenen Verpflichtung sowie Angaben dazu enthalten, für welche Biokraftstoffe die Übertragung gilt. [3]Im Fall des Absatzes 1 Satz 1 und 2 in Verbindung mit Absatz 4 muss der Vertrag außerdem Angaben zu den Treibhausgasemissionen der Biokraftstoffe in Kilogramm Kohlenstoffdioxid-Äquivalent enthalten. [4]Der Dritte kann Verträge nach Satz 1 ausschließlich durch Biokraftstoffe erfüllen, die er im Verpflichtungsjahr in Verkehr bringt oder gebracht hat. [5]Abweichend von Satz 4 kann der Dritte ab dem Verpflichtungsjahr 2016 Verträge nach Satz 3 auch durch Biokraftstoffe erfüllen, die er bereits im Vorjahr des Verpflichtungsjahres in Verkehr gebracht hat, wenn die Biokraftstoffe nicht bereits Gegenstand eines Vertrages nach Satz 1 waren und der Dritte im Vorjahr des Verpflichtungsjahres nicht selbst Verpflichteter gewesen ist. [6]Absatz 1 Satz 2 und Absatz 5 Satz 1 gelten entsprechend. [7]Bei Vorliegen der Voraussetzungen nach den Sätzen 1 bis 6 ist der Verpflichtete so zu behandeln, als hätte er die vom Dritten in Verkehr gebrachten Biokraftstoffe im Verpflichtungsjahr selbst in Verkehr gebracht. [8]Absatz 3 Satz 6 und Absatz 4 Satz 3 bis 10 gelten entsprechend. [9]Die vom Dritten zur Erfüllung einer nach Satz 1 übertragenen Verpflichtung eingesetzten Biokraftstoffe können nicht zur Erfüllung der Verpflichtung eines weiteren Verpflichteten eingesetzt werden.

(7) [1]Die Erfüllung von Verpflichtungen nach Absatz 1 Satz 1 und 2 in Verbindung mit den Absätzen 3 und 4 kann durch Vertrag, der der Schriftform bedarf, auf einen Dritten, der selbst Verpflichteter ist, übertragen werden. [2]Absatz 6 Satz 2 gilt entsprechend. [3]Im Fall des Absatzes 1 Satz 1 und 2 in Verbindung mit Absatz 4 muss der Vertrag Angaben zum Umfang der vom Dritten im Verpflichtungsjahr sicherzustellenden Treibhausgasminderungsmenge in Kilogramm Kohlenstoffdioxid-Äquivalent enthalten. [4]Der Dritte kann Verträge nach den Sätzen 2 und 3 ausschließlich durch Biokraftstoffe erfüllen, die er im Verpflichtungsjahr in Verkehr bringt oder gebracht hat. [5]Absatz 1 Satz 2 und Absatz 5 Satz 1 gelten entsprechend. [6]Bei Vorliegen der Voraussetzungen nach den Sätzen 1 bis 5 werden

1. im Fall des Absatzes 1 Satz 1 und 2 in Verbindung mit Absatz 3 die vom Dritten in Verkehr gebrachten Biokraftstoffe ausschließlich bei der Ermittlung der Mindestanteile von Biokraftstoff nach Absatz 3 Satz 5 und
2. im Fall des Absatzes 1 Satz 1 und 2 in Verbindung mit Absatz 4 die vom Dritten erreichte Treibhausgasminderungsmenge ausschließlich bei der Berechnung der Treibhausgasemissionen nach Absatz 4 Satz 5 und 6

zugunsten des Verpflichteten berücksichtigt. [7]Im Fall des Satzes 6 Nummer 2 berechnet sich die Treibhausgasminderungsmenge in entsprechender Anwendung des Absatzes 4 Satz 3 bis 10. [8]Die vom Dritten zur Erfüllung einer nach Satz 1 übertragenen Verpflichtung eingesetzten Biokraftstoff- oder Treibhausgasminderungsmengen können nicht zur Erfüllung der eigenen Verpflichtung des Dritten oder der Verpflichtung eines weiteren Verpflichteten eingesetzt werden.

(8) [1] Biokraftstoff- oder Treibhausgasminderungsmengen, die den nach den Absätzen 3 und 4 vorgeschriebenen Mindestanteil oder Prozentsatz für ein bestimmtes Verpflichtungsjahr übersteigen und für die keine Steuerentlastung nach § 50 Absatz 1 Satz 1 Nummer 1, 2 und 4 des Energiesteuergesetzes beantragt wurde, werden auf Antrag des Verpflichteten auf den Mindestanteil oder Prozentsatz des Folgejahres angerechnet. [2] Bei Biokraftstoffmengen, die den nach Absatz 3 vorgeschriebenen Mindestanteil im Verpflichtungsjahr 2014 übersteigen und deren Anrechnung auf das Verpflichtungsjahr 2015 vom Verpflichteten beantragt wird, ist die anrechenbare Treibhausgasminderungsmenge auf der Grundlage eines Durchschnittswertes von 43,58 Kilogramm Kohlendioxid-Äquivalent pro Gigajoule zu ermitteln.

§ 37b Begriffsbestimmungen und Anrechenbarkeit von Biokraftstoffen. (1) [1] Biokraftstoffe sind unbeschadet der Absätze 2 bis 6 Energieerzeugnisse ausschließlich aus Biomasse im Sinne der Biomasseverordnung vom 21. Juni 2001 (BGBl. I S. 1234), die zuletzt durch Artikel 12 des Gesetzes vom 21. Juli 2014 (BGBl. I S. 1066) geändert worden ist, in der jeweils geltenden Fassung. [2] Energieerzeugnisse, die anteilig aus Biomasse hergestellt werden, gelten in Höhe dieses Anteils als Biokraftstoff.

(2) [1] Fettsäuremethylester (Biodiesel) sind abweichend von Absatz 1 nur dann Biokraftstoffe, wenn sie aus biogenen Ölen oder Fetten gewonnen werden, die selbst Biomasse im Sinne der Biomasseverordnung sind, und wenn ihre Eigenschaften mindestens den Anforderungen für Biodiesel nach § 5 der Verordnung über die Beschaffenheit und die Auszeichnung der Qualitäten von Kraft- und Brennstoffen[1)] vom 8. Dezember 2010 (BGBl. I S. 1849), die durch Artikel 8 Absatz 1 der Verordnung vom 2. Mai 2013 (BGBl. I S. 1021) geändert worden ist, in der jeweils geltenden Fassung entsprechen. [2] Biodiesel ist unter diesen Voraussetzungen in vollem Umfang als Biokraftstoff zu behandeln.

(3) [1] Bioethanol ist abweichend von Absatz 1 nur dann Biokraftstoff, wenn es sich um Ethylalkohol ex Unterposition 2207 10 00 der Kombinierten Nomenklatur im Sinne des § 1a Satz 1 Nummer 2 des Energiesteuergesetzes handelt. [2] Im Fall von Bioethanol, das fossilem Ottokraftstoff beigemischt wird, müssen die Eigenschaften des Bioethanols außerdem mindestens den Anforderungen der DIN EN 15376, Ausgabe März 2008 oder Ausgabe November 2009 oder Ausgabe April 2011, entsprechen. [3] Im Fall von Bioethanol, das im Ethanolkraftstoff (E85) enthalten ist, müssen die Eigenschaften des Ethanolkraftstoffs (E85) außerdem mindestens den Anforderungen für Ethanolkraftstoff (E85) nach § 6 der Verordnung über die Beschaffenheit und die Auszeichnung der Qualitäten von Kraft- und Brennstoffen entsprechen. [4] Für Energieerzeugnisse, die anteilig aus Bioethanol hergestellt werden, gelten für den Bioethanolanteil die Sätze 1 und 2 entsprechend.

(4) Pflanzenöl ist abweichend von Absatz 1 nur dann Biokraftstoff, wenn seine Eigenschaften mindestens den Anforderungen für Pflanzenölkraftstoff nach § 9 der Verordnung über die Beschaffenheit und die Auszeichnung der Qualitäten von Kraft- und Brennstoffen entsprechen.

---

1) Nr. **2.10**.

(5) [1] Hydrierte biogene Öle sind abweichend von Absatz 1 nur dann Biokraftstoffe, wenn sie aus biogenen Ölen oder Fetten gewonnen werden, die selbst Biomasse im Sinne der Biomasseverordnung sind, und wenn die Hydrierung nicht in einem raffinerietechnischen Verfahren gemeinsam mit mineralölstämmigen Ölen erfolgt ist. [2] Hydrierte biogene Öle sind unter diesen Voraussetzungen in vollem Umfang als Biokraftstoff zu behandeln.

(6) Biomethan ist abweichend von Absatz 1 nur dann Biokraftstoff, wenn es den Anforderungen für Erdgas nach § 8 der Verordnung über die Beschaffenheit und die Auszeichnung der Qualitäten von Kraft- und Brennstoffen entspricht.

(7) [1] Für die Kraftstoffe nach den Absätzen 1 bis 6 gilt § 11 der Verordnung über die Beschaffenheit und die Auszeichnung der Qualitäten von Kraft- und Brennstoffen entsprechend. [2] Die in Satz 1 sowie den Absätzen 2 bis 4 und 6 genannten oder in Bezug genommenen Normen sind im Beuth Verlag GmbH, Berlin, erschienen und bei der Deutschen Nationalbibliothek archivmäßig gesichert niedergelegt.

(8) [1] Nicht auf die Erfüllung von Verpflichtungen nach § 37a Absatz 1 Satz 1 und 2 in Verbindung mit § 37a Absatz 3 und 4 angerechnet werden können

1. biogene Öle, die in einem raffinerietechnischen Verfahren gemeinsam mit mineralölstämmigen Ölen hydriert wurden,
2. der Biokraftstoffanteil von Energieerzeugnissen mit einem Bioethanolanteil von weniger als 70 Volumenprozent, denen Bioethanol enthaltende Waren der Unterposition 3824 90 99 der Kombinierten Nomenklatur zugesetzt wurden,
3. Biokraftstoffe, die vollständig oder teilweise aus tierischen Ölen oder Fetten hergestellt wurden, und
4. Biokraftstoffe, für die eine Steuerentlastung nach § 50 Absatz 1 Satz 1 Nummer 1, 2 oder 4 des Energiesteuergesetzes gewährt wurde oder wird.

[2] Im Fall des § 37a Absatz 1 Satz 1 und 2 in Verbindung mit § 37a Absatz 3 werden Biokraftstoffe, für die eine Steuerentlastung nach § 46 Absatz 1 Satz 1 Nummer 1 oder Nummer 3 oder nach § 47 Absatz 1 Nummer 1, 2 oder Nummer 6 des Energiesteuergesetzes gewährt wurde oder wird, nicht auf die Erfüllung der Verpflichtungen angerechnet.

(9) Das Bundesministerium für Umwelt, Naturschutz, Bau und Reaktorsicherheit gibt den Energiegehalt der verschiedenen Kraftstoffe sowie Änderungen ihres Energiegehaltes im Bundesanzeiger bekannt.

§ 37c Mitteilungs- und Abgabepflichten. (1) [1] Verpflichtete haben der zuständigen Stelle jeweils bis zum 15. April des auf das Verpflichtungsjahr folgenden Jahres die im Verpflichtungsjahr von ihnen in Verkehr gebrachte Menge fossilen Otto- und fossilen Dieselkraftstoffs, die im Verpflichtungsjahr von ihnen in Verkehr gebrachte Menge Biokraftstoffs, bezogen auf die verschiedenen jeweils betroffenen Biokraftstoffe, und für die Verpflichtungsjahre ab dem Kalenderjahr 2015 außerdem die Treibhausgasemissionen in Kilogramm Kohlenstoffdioxid-Äquivalent der jeweiligen Mengen schriftlich mitzuteilen. [2] In der Mitteilung sind darüber hinaus die Firma des Verpflichteten, der Ort der für das Inverkehrbringen verantwortlichen Niederlassung oder der Sitz des Unternehmens, die jeweils zugehörige Anschrift sowie der Name und die Anschrift des Vertretungsberechtigten anzugeben. [3] Soweit die Erfüllung von Verpflichtungen nach § 37a Absatz 6 Satz 1 oder nach § 37a Absatz 7 Satz 1 vertraglich auf Dritte übertragen wurde, haben Verpflichtete der zuständigen Stelle zusätzlich die Angaben nach § 37a Absatz 6 Satz 2 oder Satz 3 oder § 37a Absatz 7 Satz 2 oder Satz 3 schriftlich mitzuteilen und eine Kopie des Vertrags mit dem Dritten vorzulegen. [4] Im Fall des § 37a Absatz 6 hat der Dritte der zuständigen Stelle die auf Grund seiner vertraglichen Verpflichtung von ihm im Verpflichtungsjahr in Verkehr gebrachte Menge Biokraftstoffs, bezogen auf die verschiedenen jeweils betroffenen Biokraftstoffe, und für die Verpflichtungsjahre ab dem Kalenderjahr 2015 außerdem die Treibhausgasemissionen in Kilogramm Kohlenstoffdioxid-Äquivalent der jeweiligen Mengen schriftlich mitzuteilen. [5] Im Fall des § 37a Absatz 6 Satz 5 gilt dies entsprechend für die im Vorjahr des Verpflichtungsjahres vom Dritten in Verkehr gebrachten Biokraftstoffe. [6] Im Fall des § 37a Absatz 7 hat der Dritte der zuständigen Stelle die auf Grund seiner vertraglichen Verpflichtung von ihm im Verpflichtungsjahr in Verkehr gebrachte Menge Biokraftstoffs, bezogen auf die verschiedenen jeweils betroffenen Biokraftstoffe, und für die Verpflichtungsjahre ab dem Kalenderjahr 2015 die auf Grund seiner vertraglichen Verpflichtung im Verpflichtungsjahr sichergestellte Treibhausgasminderungsmenge in Kilogramm Kohlenstoffdioxid-Äquivalent schriftlich mitzuteilen. [7] Die zuständige Stelle erteilt jedem Verpflichteten eine Registriernummer und führt ein elektronisches Register, das für alle Verpflichteten die nach den Sätzen 1 bis 6 erforderlichen Angaben enthält.

(2) [1] Soweit Verpflichtete einer Verpflichtung nach § 37a Absatz 1 Satz 1 und 2 in Verbindung mit § 37a Absatz 3 und 4 nicht nachkommen, setzt die zuständige Stelle in den Fällen des § 37a Absatz 3 für die nach dem Energiegehalt berechnete Fehlmenge Biokraftstoffs oder in den Fällen des § 37a Absatz 4 für die Fehlmenge der zu mindernden Treibhausgasemissionen eine Abgabe fest. [2] Die Abgabenschuld des Verpflichteten entsteht am 15. April des auf das Verpflichtungsjahr folgenden Kalenderjahres. [3] In den Fällen des § 37a Absatz 3 Satz 1 oder Satz 3, auch in Verbindung mit § 37a Absatz 3 Satz 4, beträgt die Höhe der Abgabe 19 Euro pro Gigajoule. [4] In den Fällen des § 37a Absatz 3 Satz 2 beträgt die Höhe der Abgabe 43 Euro pro Gigajoule. [5] In den Fällen des § 37a Absatz 3 Satz 3, auch in Verbindung mit § 37a Absatz 3 Satz 4, wird die Abgabe nicht für die Fehlmengen Biokraftstoffs festgesetzt, für die bereits nach Satz 3 oder Satz 4 eine Abgabe festzusetzen ist. [6] In den Fällen des § 37a Absatz 4 wird die Abgabe nach der Fehlmenge der zu mindernden Treibhausgasemissionen berechnet und beträgt 0,47 Euro pro Kilogramm Kohlenstoffdioxid-Äquivalent. [7] Soweit im Falle des § 37a Absatz 6 Satz 1 oder des § 37a Absatz 7 Satz 1 der Dritte seine vertragliche Verpflichtung nicht erfüllt, setzt die zuständige Stelle die Abgabe gegen den Verpflichteten fest.

(3) [1] Soweit der Verpflichtete der zuständigen Stelle die nach Absatz 1 Satz 1 und 3 erforderlichen Angaben nicht oder nicht ordnungsgemäß mitgeteilt hat, schätzt die zuständige Stelle die vom Verpflichteten im Verpflichtungsjahr in Verkehr gebrachten Mengen fossilen Otto- und fossilen Dieselkraftstoffs und Biokraftstoffs sowie ab dem Jahr 2015 auch die Treibhausgasminderung. [2] Die Schätzung ist unwiderlegliche Basis für die Verpflichtung nach § 37a Absatz 1 Satz 1 und 2 in Verbindung mit § 37a Absatz 3 und 4. [3] Die Schätzung unterbleibt, soweit der Verpflichtete im Rahmen der Anhörung zum Festsetzungsbescheid nach Absatz 2 Satz 1 in Verbindung mit Absatz 2 Satz 3, 4 oder

Satz 6 die Mitteilung nachholt. [4] Soweit ein Dritter die nach Absatz 1 Satz 4 bis 6 erforderlichen Angaben nicht ordnungsgemäß mitgeteilt hat, geht die zuständige Stelle davon aus, dass der Dritte die von ihm eingegangene Verpflichtung nicht erfüllt hat. [5] Satz 4 gilt nicht, soweit der Dritte im Rahmen der Anhörung zum Festsetzungsbescheid gegen den Verpflichteten nach Absatz 2 Satz 7 diese Mitteilung nachholt.

(4) In den Fällen des § 37a Absatz 2 Satz 2 hat der Steuerlagerinhaber seinem zuständigen Hauptzollamt mit der monatlichen Energiesteueranmeldung die für jeden Verpflichteten in Verkehr gebrachte Menge fossilen Otto- und fossilen Dieselkraftstoffs zuzüglich des Biokraftstoffanteils schriftlich mitzuteilen.

(5) [1] Hinsichtlich der Absätze 1 bis 4 finden die für die Verbrauchsteuern geltenden Vorschriften der Abgabenordnung entsprechende Anwendung. [2] Die Mitteilungen nach Absatz 1 und Absatz 4 gelten als Steueranmeldungen im Sinne der Abgabenordnung. [3] § 170 Absatz 2 Satz 1 Nummer 1 der Abgabenordnung findet Anwendung. [4] In den Fällen des Absatzes 2 ist der Verpflichtete vor der Festsetzung der Abgabe anzuhören.

§ 37d Zuständige Stelle, Rechtsverordnungen. (1) [1] Innerhalb der Bundesverwaltung werden eine oder mehrere Stellen errichtet, denen die Aufgaben übertragen werden, die Erfüllung der Verpflichtungen nach § 37a zu überwachen, die in § 37c geregelten Aufgaben zu erfüllen und die Berichte nach § 37f zu überprüfen. [2] Die Bundesregierung wird ermächtigt, die jeweils zuständige Stelle durch Rechtsverordnung[1)] ohne Zustimmung des Bundesrates zu bestimmen.

(2) [1] Die Bundesregierung wird ermächtigt, nach Anhörung der beteiligten Kreise (§ 51) durch Rechtsverordnung[2)] ohne Zustimmung des Bundesrates

1. unter Berücksichtigung der technischen Entwicklung
   a) auch in Abweichung von § 37b Absatz 1 bis 6 Energieerzeugnisse als Biokraftstoffe zu bestimmen,
   b) in Abweichung von § 37b Absatz 1 bis 6 festzulegen, dass bestimmte Energieerzeugnisse nicht oder nicht mehr in vollem Umfang als Biokraftstoffe gelten,
   c) die Anrechenbarkeit von biogenen Ölen im Sinne von § 37b Absatz 8 Satz 1 Nummer 1 auf die Erfüllung von Verpflichtungen nach § 37a Absatz 1 Satz 1 und 2 in Verbindung mit § 37a Absatz 3 und 4 abweichend von § 37b Absatz 8 Satz 1 Nummer 1 zu regeln, soweit landwirtschaftliche Rohstoffe, Abfälle oder Reststoffe, die bei der Herstellung von biogenen Ölen verwendet werden sollen, nachhaltig erzeugt worden sind,

---

1) Siehe die VO zur Anrechnung von strombasierten Kraftstoffen und mitverarbeiteten biogenen Ölen auf die Treibhausgasquote – 37. BImSchV (Nr. **2.37**).

2) Siehe die VO zur Durchführung der Regelungen der Biokraftstoffquote – 36. BImSchV (Nr. **2.36**), die VO zur Anrechnung von strombasierten Kraftstoffen und mitverarbeiteten biogenen Ölen auf die Treibhausgasquote – 37. BImSchV (Nr. **2.37**), die VO zur Festlegung weiterer Bestimmungen zur Treibhausgasminderung bei Kraftstoffen – 38. BImSchV (Nr. **2.38**), die Upstream-Emissionsminderungs-VO (Nr. **3.4**) und die Biokraftstoff-NachhaltigkeitsVO (Nr. **3.2**).

d) die Anrechenbarkeit von Biomethan auf die Erfüllung von Verpflichtungen nach § 37a Absatz 1 Satz 1 und 2 in Verbindung mit § 37a Absatz 3 und 4 zu konkretisieren,
e) die Anrechenbarkeit von Biomethan, das in das Erdgasnetz eingespeist wird, auf die Erfüllung von Verpflichtungen nach § 37a Absatz 1 Satz 1 und 2 in Verbindung mit § 37a Absatz 3 und 4 näher zu regeln,
f) zu bestimmen, wie im Falle der Einspeisung von Biomethan in das Erdgasnetz der Nachweis über die Treibhausgasemissionen zu führen ist, sowie
g) das Nachweisverfahren für die Anrechenbarkeit von Biomethan insgesamt näher zu regeln,

2. zu bestimmen, dass der mengenmäßige Anteil eines bestimmten Biokraftstoffs nach Nummer 1 oder § 37b Absatz 1 bis 7 am Gesamtkraftstoffabsatz im Rahmen der Erfüllung von Verpflichtungen nach § 37a Absatz 1 Satz 1 und 2 in Verbindung mit § 37a Absatz 3 nach Maßgabe einer Multiplikation der tatsächlich in Verkehr gebrachten Menge des jeweiligen Biokraftstoffs mit einem bestimmten Rechenfaktor zu berechnen ist, der unter Berücksichtigung der Treibhausgasbilanz des jeweiligen Biokraftstoffs festzulegen ist,
3. vorzuschreiben, dass Biokraftstoffe nur dann auf die Erfüllung von Verpflichtungen nach § 37a Absatz 1 Satz 1 und 2 in Verbindung mit § 37a Absatz 3 und 4 angerechnet werden, wenn bei der Erzeugung der eingesetzten Biomasse nachweislich bestimmte ökologische und soziale Anforderungen an eine nachhaltige Produktion der Biomasse sowie zum Schutz natürlicher Lebensräume erfüllt werden und wenn der Biokraftstoff eine bestimmte Treibhausgasminderung aufweist,
4. die Anforderungen im Sinne der Nummer 3 festzulegen,
5. die Höhe der Abgabe nach § 37c Absatz 2 Satz 3, 4 oder Satz 6 zu ändern, um im Fall von Änderungen des Preisniveaus für Kraftstoffe eine vergleichbare wirtschaftliche Belastung aller Verpflichteten sicherzustellen,
6. den Basiswert abweichend von § 37a Absatz 4 Satz 4 zu bestimmen,
7. die Anrechenbarkeit bestimmter Biokraftstoffe auf die Verpflichtungen nach § 37a Absatz 1 Satz 1 und 2 in Verbindung mit § 37a Absatz 3 und 4 zu begrenzen, sofern die Richtlinie 2009/28/EG eine Begrenzung der Anrechenbarkeit dieser Biokraftstoffe auf das Ziel von Artikel 3 Absatz 4 der Richtlinie 2009/28/EG vorsieht, sowie das Nachweisverfahren zu regeln,
8. einen Mindestanteil bestimmter Biokraftstoffe oder anderer erneuerbarer Kraftstoffe zur Erfüllung der Verpflichtungen nach § 37a Absatz 1 Satz 1 und 2 in Verbindung mit § 37a Absatz 3 oder 4 festzulegen sowie das Nachweisverfahren zu regeln,
9. das Berechnungsverfahren für die Treibhausgasemissionen von fossilen Otto- und fossilen Dieselkraftstoffen abweichend von § 37a Absatz 4 Satz 5 festzulegen und das Nachweisverfahren zu regeln,
10. das Berechnungsverfahren für die Treibhausgasemissionen von Biokraftstoffen abweichend von § 37a Absatz 4 Satz 6 festzulegen und das Nachweisverfahren zu regeln,

11. die Anrechenbarkeit von elektrischem Strom zur Verwendung in Straßenfahrzeugen gemäß § 37a Absatz 5 Satz 2 zu regeln und dabei insbesondere
    a) das Berechnungsverfahren für die Treibhausgasemissionen der eingesetzten Mengen elektrischen Stroms festzulegen und
    b) das Nachweisverfahren zu regeln,
12. unter Berücksichtigung der technischen Entwicklung den Anwendungsbereich in § 37a Absatz 1 Satz 1 auf weitere Kraftstoffe auszudehnen und dabei insbesondere
    a) das Berechnungsverfahren für die Treibhausgasemissionen dieser Kraftstoffe festzulegen und
    b) das Nachweisverfahren zu regeln,
13. unter Berücksichtigung der technischen Entwicklung die Vorgaben nach § 37a Absatz 5 Satz 1 um weitere Maßnahmen zur Treibhausgasminderung, die zur Erfüllung von Verpflichtungen nach § 37a Absatz 1 Satz 1 und 2 in Verbindung mit § 37a Absatz 3 und 4 eingesetzt werden können, zu ergänzen und dabei insbesondere
    a) das Berechnungsverfahren für die Treibhausgasemissionen dieser Maßnahmen festzulegen und
    b) das Nachweisverfahren sowie die Übertragbarkeit der Nachweise zu regeln,
14. die Berichtspflicht nach § 37f Absatz 1 insbesondere zu Art, Form und Inhalt des Berichts näher auszugestalten sowie die zur Sicherstellung einer ordnungsgemäßen Berichterstattung erforderlichen Anordnungen der zuständigen Stelle zu regeln,
15. ein Nachweisverfahren festzulegen für die Voraussetzungen
    a) nach § 37a Absatz 4 Satz 7 Nummer 5,
    b) nach § 37b Absatz 1 bis 7, gegebenenfalls in Verbindung mit der Verordnung nach Nummer 1 Buchstabe a oder Buchstabe b,
    c) nach § 37b Absatz 8 Satz 1,
    d) der Verordnung nach Nummer 1 Buchstabe c und
    e) der Verordnung nach den Nummern 2 bis 4,
16. Ausnahmen von den Vorgaben nach § 37b Absatz 8 Satz 1 Nummer 3 festzulegen, sofern dies dem Sinn und Zweck der Regelung nicht entgegensteht,
17. von § 37c Absatz 1 und 3 bis 5 abweichende Verfahrensregelungen zu treffen,
18. Ausnahmen von der in § 37a Absatz 6 Satz 5 und Absatz 8 Satz 1 vorgesehenen Möglichkeit der Anrechnung von Übererfüllungen auf den Mindestanteil des Folgejahres festzulegen, sofern dies zur Einhaltung von Zielvorgaben aus bindenden Rechtsakten der Europäischen Gemeinschaften oder der Europäischen Union erforderlich ist.

[2] In Rechtsverordnungen nach Satz 1 kann die Zuständigkeit zur Durchführung einer in einer Rechtsverordnung nach Absatz 1 Satz 2 bestimmten Stelle übertragen werden. [3] Rechtsverordnungen nach Satz 1 Nummer 1 Buchstabe c bedürfen der Zustimmung des Deutschen Bundestages. [4] Rechtsverordnungen

nach Satz 1 Nummer 13 bedürfen der Zustimmung des Deutschen Bundestages, sofern Regelungen zu strombasierten Kraftstoffen getroffen werden. [5] Hat sich der Deutsche Bundestag nach Ablauf von vier Sitzungswochen seit Eingang der Rechtsverordnung nach Satz 3 oder 4 nicht mit ihr befasst, gilt die Zustimmung zu der unveränderten Rechtsverordnung als erteilt.

(3) Die Bundesregierung wird ermächtigt, durch Rechtsverordnung[1)] ohne Zustimmung des Bundesrates nähere Bestimmungen zur Durchführung der §§ 37a bis 37c sowie der auf Absatz 2 beruhenden Rechtsverordnungen zu erlassen und darin insbesondere

1. das Verfahren zur Sicherung und Überwachung der Erfüllung der Quotenverpflichtung in den Fällen des § 37a Absatz 6 und 7 und hinsichtlich der für die Ermittlung der Mindestanteile an Biokraftstoff oder der Treibhausgasminderung benötigten Daten näher zu regeln,
2. zur Sicherung und Überwachung der Erfüllung der Quotenverpflichtung abweichende Bestimmungen zu § 37a Absatz 4 Satz 9 und 10 sowie zu § 37a Absatz 6 und 7 zu erlassen,
3. die erforderlichen Nachweise und die Überwachung der Einhaltung der Anforderungen an Biokraftstoffe sowie die hierfür erforderlichen Probenahmen näher zu regeln,
4. zu bestimmen, dass das Entstehen von Verpflichtungen nach § 37a Absatz 1 Satz 1 und 2 in Verbindung mit § 37a Absatz 3 und 4 an das Inverkehrbringen einer bestimmten Mindestmenge an Kraftstoff geknüpft wird.

§ 37e Gebühren und Auslagen; Verordnungsermächtigung. (1) Für Amtshandlungen, die auf Rechtsverordnungen beruhen

1. die auf der Grundlage des § 37d Absatz 2 Satz 1 Nummer 3 und 4 erlassen worden sind oder
2. die auf der Grundlage des § 37d Absatz 2 Satz 1 Nummer 13 erlassen worden sind,

werden zur Deckelung des Verwaltungsaufwands Gebühren und Auslagen erhoben.

(2) [1] Das Bundesministerium für Ernährung und Landwirtschaft wird ermächtigt, im Einvernehmen mit dem Bundesministerium für Umwelt, Naturschutz, Bau und Reaktorsicherheit und dem Bundesministerium der Finanzen durch Rechtsverordnung ohne Zustimmung des Bundesrates die gebührenpflichtigen Tatbestände und Gebührensätze für Amtshandlungen im Sinne von Absatz 1 Nummer 1 zu bestimmen und dabei feste Sätze, auch in Form von Zeitgebühren oder Rahmensätzen, vorzusehen. [2] In der Rechtsverordnung kann die Erstattung von Auslagen abweichend vom Verwaltungskostengesetz in der bis zum 14. August 2013 geltenden Fassung oder von § 12 Absatz 1 des Bundesgebührengesetzes vom 7. August 2013 (BGBl. I S. 3154), das zuletzt durch Artikel 3 des Gesetzes vom 31. März 2016 (BGBl. I S. 518) geändert worden ist, geregelt werden.

[1)] Siehe die VO zur Durchführung der Regelungen der Biokraftstoffquote – 36. BImSchV (Nr. **2.36**), die VO zur Anrechnung von strombasierten Kraftstoffen und mitverarbeiteten biogenen Ölen auf die Treibhausgasquote – 37. BImSchV (Nr. **2.37**) und die Biokraftstoff-NachhaltigkeitsVO (Nr. **3.2**).

(3) [1]Das Bundesministerium für Umwelt, Naturschutz, Bau und Reaktorsicherheit wird ermächtigt, durch Rechtsverordnung[1)] ohne Zustimmung des Bundesrates die gebührenpflichtigen Tatbestände und Gebührensätze für Amtshandlungen im Sinne von Absatz 1 Nummer 2 zu bestimmen und dabei feste Sätze, auch in Form von Zeitgebühren oder Rahmensätzen, vorzusehen. [2]In der Rechtsverordnung kann die Erstattung von Auslagen auch abweichend von § 12 Absatz 1 des Bundesgebührengesetzes geregelt werden.

§ 37f Berichte über Kraftstoffe und Energieerzeugnisse. (1) [1]Verpflichtete haben der zuständigen Stelle jährlich bis zum 31. März einen Bericht über die im vorangegangenen Verpflichtungsjahr in Verkehr gebrachten Kraftstoffe und Energieerzeugnisse vorzulegen, sofern eine Rechtsverordnung nach § 37d Absatz 2 Satz 1 Nummer 14 dies vorsieht. [2]Der Bericht enthält zumindest folgende Angaben:

1. die Gesamtmenge jedes Typs von in Verkehr gebrachten Kraftstoffen und Energieerzeugnissen unter Angabe des Erwerbsortes und des Ursprungs und
2. die Treibhausgasemissionen pro Energieeinheit.

(2) [1]Die zuständige Stelle überprüft die Berichte. [2]Der Verpflichtete hat der zuständigen Stelle auf Verlangen die Auskünfte zu erteilen und die Unterlagen vorzulegen, die zur Überprüfung der Berichte erforderlich sind.

§ 37g Bericht der Bundesregierung. Nachdem der Bericht nach Artikel 22 der Richtlinie 2009/28/EG der Europäischen Kommission vorgelegt wurde, übermittelt die Bundesregierung den Bericht nach § 64 der Biokraftstoff-Nachhaltigkeitsverordnung[2)] dem Deutschen Bundestag und dem Bundesrat.

Vierter Teil. Beschaffenheit und Betrieb von Fahrzeugen, Bau und Änderung von Straßen und Schienenwegen

§ 38 Beschaffenheit und Betrieb von Fahrzeugen. (1) [1]Kraftfahrzeuge und ihre Anhänger, Schienen-, Luft- und Wasserfahrzeuge sowie Schwimmkörper und schwimmende Anlagen müssen so beschaffen sein, dass ihre durch die Teilnahme am Verkehr verursachten Emissionen bei bestimmungsgemäßem Betrieb die zum Schutz vor schädlichen Umwelteinwirkungen einzuhaltenden Grenzwerte nicht überschreiten. [2]Sie müssen so betrieben werden, dass vermeidbare Emissionen verhindert und unvermeidbare Emissionen auf ein Mindestmaß beschränkt bleiben.

(2) [1]Das Bundesministerium für Verkehr und digitale Infrastruktur und das Bundesministerium für Umwelt, Naturschutz, Bau und Reaktorsicherheit bestimmen nach Anhörung der beteiligten Kreise (§ 51) durch Rechtsverordnung[3)] mit Zustimmung des Bundesrates die zum Schutz vor schädlichen Umwelteinwirkungen notwendigen Anforderungen an die Beschaffenheit, die Ausrüstung, den Betrieb und die Prüfung der in Absatz 1 Satz 1 genannten Fahrzeuge und Anlagen, auch soweit diese den verkehrsrechtlichen Vorschrif-

---

[1)] Siehe die Upstream-Emissionsminderungs-VO (Nr. **3.4**).

[2)] Nr. **3.2**.

[3)] Siehe die VO über die Beschaffenheit und die Auszeichnung der Qualitäten von Kraft- und Brennstoffen – 10. BImSchV (Nr. **2.10**).

ten des Bundes unterliegen. [2]Dabei können Emissionsgrenzwerte unter Berücksichtigung der technischen Entwicklung auch für einen Zeitpunkt nach Inkrafttreten der Rechtsverordnung festgesetzt werden.

(3) Wegen der Anforderungen nach Absatz 2 gilt § 7 Absatz 5 entsprechend.

§ 39 Erfüllung von zwischenstaatlichen Vereinbarungen und Rechtsakten der Europäischen Gemeinschaften oder der Europäischen Union. [1]Zur Erfüllung von Verpflichtungen aus zwischenstaatlichen Vereinbarungen oder von bindenden Rechtsakten der Europäischen Gemeinschaften oder der Europäischen Union können zu dem in § 1 genannten Zweck das Bundesministerium für Verkehr und digitale Infrastruktur und das Bundesministerium für Umwelt, Naturschutz, Bau und Reaktorsicherheit durch Rechtsverordnung mit Zustimmung des Bundesrates bestimmen, dass die in § 38 genannten Fahrzeuge bestimmten Anforderungen an Beschaffenheit, Ausrüstung, Prüfung und Betrieb genügen müssen. [2]Wegen der Anforderungen nach Satz 1 gilt § 7 Absatz 5 entsprechend.

§ 40 Verkehrsbeschränkungen. (1) [1]Die zuständige Straßenverkehrsbehörde beschränkt oder verbietet den Kraftfahrzeugverkehr nach Maßgabe der straßenverkehrsrechtlichen Vorschriften, soweit ein Luftreinhalteplan oder ein Plan für kurzfristig zu ergreifende Maßnahmen nach § 47 Absatz 1 oder 2 dies vorsehen. [2]Die Straßenverkehrsbehörde kann im Einvernehmen mit der für den Immissionsschutz zuständigen Behörde Ausnahmen von Verboten oder Beschränkungen des Kraftfahrzeugverkehrs zulassen, wenn unaufschiebbare und überwiegende Gründe des Wohls der Allgemeinheit dies erfordern.

(2) [1]Die zuständige Straßenverkehrsbehörde kann den Kraftfahrzeugverkehr nach Maßgabe der straßenverkehrsrechtlichen Vorschriften auf bestimmten Straßen oder in bestimmten Gebieten verbieten oder beschränken, wenn der Kraftfahrzeugverkehr zur Überschreitung von in Rechtsverordnungen nach § 48a Absatz 1a festgelegten Immissionswerten beiträgt und soweit die für den Immissionsschutz zuständige Behörde dies im Hinblick auf die örtlichen Verhältnisse für geboten hält, um schädliche Umwelteinwirkungen durch Luftverunreinigungen zu vermindern oder deren Entstehen zu vermeiden. [2]Hierbei sind die Verkehrsbedürfnisse und die städtebaulichen Belange zu berücksichtigen. [3]§ 47 Absatz 6 Satz 1 bleibt unberührt.

(3) [1]Die Bundesregierung wird ermächtigt, nach Anhörung der beteiligten Kreise (§ 51) durch Rechtsverordnung[1)] mit Zustimmung des Bundesrates zu regeln, dass Kraftfahrzeuge mit geringem Beitrag zur Schadstoffbelastung von Verkehrsverboten ganz oder teilweise ausgenommen sind oder ausgenommen werden können, sowie die hierfür maßgebenden Kriterien und die amtliche Kennzeichnung der Kraftfahrzeuge festzulegen. [2]Die Verordnung kann auch regeln, dass bestimmte Fahrten oder Personen ausgenommen sind oder ausgenommen werden können, wenn das Wohl der Allgemeinheit oder unaufschiebbare und überwiegende Interessen des Einzelnen dies erfordern.

[1)] Siehe die VO zur Kennzeichnung der Kraftfahrzeuge mit geringem Beitrag zur Schadstoffbelastung – 35. BImSchV (Nr. **2.35**).

§ 41 Straßen und Schienenwege. (1) Bei dem Bau oder der wesentlichen Änderung öffentlicher Straßen sowie von Eisenbahnen, Magnetschwebebahnen und Straßenbahnen ist unbeschadet des § 50 sicherzustellen, dass durch diese keine schädlichen Umwelteinwirkungen durch Verkehrsgeräusche hervorgerufen werden können, die nach dem Stand der Technik vermeidbar sind.

(2) Absatz 1 gilt nicht, soweit die Kosten der Schutzmaßnahme außer Verhältnis zu dem angestrebten Schutzzweck stehen würden.

§ 42 Entschädigung für Schallschutzmaßnahmen. (1) [1] Werden im Falle des § 41 die in der Rechtsverordnung nach § 43 Absatz 1 Satz 1 Nummer 1 festgelegten Immissionsgrenzwerte überschritten, hat der Eigentümer einer betroffenen baulichen Anlage gegen den Träger der Baulast einen Anspruch auf angemessene Entschädigung in Geld, es sei denn, dass die Beeinträchtigung wegen der besonderen Benutzung der Anlage zumutbar ist. [2] Dies gilt auch bei baulichen Anlagen, die bei Auslegung der Pläne im Planfeststellungsverfahren oder bei Auslegung des Entwurfs der Bauleitpläne mit ausgewiesener Wegeplanung bauaufsichtlich genehmigt waren.

(2) [1] Die Entschädigung ist zu leisten für Schallschutzmaßnahmen an den baulichen Anlagen in Höhe der erbrachten notwendigen Aufwendungen, soweit sich diese im Rahmen der Rechtsverordnung nach § 43 Absatz 1 Satz 1 Nummer 3 halten. [2] Vorschriften, die weitergehende Entschädigungen gewähren, bleiben unberührt.

(3) [1] Kommt zwischen dem Träger der Baulast und dem Betroffenen keine Einigung über die Entschädigung zustande, setzt die nach Landesrecht zuständige Behörde auf Antrag eines der Beteiligten die Entschädigung durch schriftlichen Bescheid fest. [2] Im Übrigen gelten für das Verfahren die Enteignungsgesetze der Länder entsprechend.

§ 43 Rechtsverordnung der Bundesregierung. (1) [1] Die Bundesregierung wird ermächtigt, nach Anhörung der beteiligten Kreise (§ 51) durch Rechtsverordnung[1)] mit Zustimmung des Bundesrates die zur Durchführung des § 41 und des § 42 Absatz 1 und 2 erforderlichen Vorschriften zu erlassen, insbesondere über

1. bestimmte Grenzwerte, die zum Schutz der Nachbarschaft vor schädlichen Umwelteinwirkungen durch Geräusche nicht überschritten werden dürfen, sowie über das Verfahren zur Ermittlung der Emissionen oder Immissionen,
2. bestimmte technische Anforderungen an den Bau von Straßen, Eisenbahnen, Magnetschwebebahnen und Straßenbahnen zur Vermeidung von schädlichen Umwelteinwirkungen durch Geräusche und
3. Art und Umfang der zum Schutz vor schädlichen Umwelteinwirkungen durch Geräusche notwendigen Schallschutzmaßnahmen an baulichen Anlagen.

[2] Der in den Rechtsverordnungen auf Grund des Satzes 1 zur Berücksichtigung der Besonderheiten des Schienenverkehrs vorgesehene Abschlag von 5 Dezibel (A) ist ab dem 1. Januar 2015 und für Schienenbahnen, die ausschließlich der

---

[1)] Siehe die VerkehrslärmschutzVO – 16. BImSchV (Nr. **2.16**), die Verkehrswege-SchallschutzmaßnahmenVO – 24. BImSchV (Nr. **2.24**) und die Magnetschwebebahn-Bau- und BetriebsO v. 23.9.1997 (BGBl. I S. 2329). Siehe auch das SchienenlärmschutzG v. 20.7.2017 (BGBl. I S. 2804).

Verordnung über den Bau und Betrieb der Straßenbahnen vom 11. Dezember 1987 (BGBl. I S. 2648) unterliegen, ab dem 1. Januar 2019 nicht mehr anzuwenden, soweit zu diesem Zeitpunkt für den jeweiligen Abschnitt eines Vorhabens das Planfeststellungsverfahren noch nicht eröffnet ist und die Auslegung des Plans noch nicht öffentlich bekannt gemacht wurde. [3]Von der Anwendung des in Satz 2 genannten Abschlags kann bereits vor dem 1. Januar 2015 abgesehen werden, wenn die damit verbundenen Mehrkosten vom Vorhabenträger oder dem Bund getragen werden.

(2) Wegen der Anforderungen nach Absatz 1 gilt § 7 Absatz 5 entsprechend.

Fünfter Teil. Überwachung und Verbesserung der Luftqualität, Luftreinhalteplanung

§ 44 Überwachung der Luftqualität. (1) Zur Überwachung der Luftqualität führen die zuständigen Behörden regelmäßige Untersuchungen nach den Anforderungen der Rechtsverordnungen nach § 48a Absatz 1 oder 1a durch.

(2) Die Landesregierungen oder die von ihnen bestimmten Stellen werden ermächtigt, durch Rechtsverordnungen Untersuchungsgebiete festzulegen, in denen Art und Umfang bestimmter nicht von Absatz 1 erfasster Luftverunreinigungen in der Atmosphäre, die schädliche Umwelteinwirkungen hervorrufen können, in einem bestimmten Zeitraum oder fortlaufend festzustellen sowie die für die Entstehung der Luftverunreinigungen und ihrer Ausbreitung bedeutsamen Umstände zu untersuchen sind.

§ 45 Verbesserung der Luftqualität. (1) [1]Die zuständigen Behörden ergreifen die erforderlichen Maßnahmen, um die Einhaltung der durch eine Rechtsverordnung nach § 48a festgelegten Immissionswerte sicherzustellen. [2]Hierzu gehören insbesondere Pläne nach § 47.

(2) Die Maßnahmen nach Absatz 1

a) müssen einem integrierten Ansatz zum Schutz von Luft, Wasser und Boden Rechnung tragen;

b) dürfen nicht gegen die Vorschriften zum Schutz von Gesundheit und Sicherheit der Arbeitnehmer am Arbeitsplatz verstoßen;

c) dürfen keine erheblichen Beeinträchtigungen der Umwelt in anderen Mitgliedstaaten verursachen.

§ 46 Emissionskataster. Soweit es zur Erfüllung von bindenden Rechtsakten der Europäischen Gemeinschaften oder der Europäischen Union erforderlich ist, stellen die zuständigen Behörden Emissionskataster auf.

§ 46a Unterrichtung der Öffentlichkeit. [1]Die Öffentlichkeit ist nach Maßgabe der Rechtsverordnungen nach § 48a Absatz 1 über die Luftqualität zu informieren. [2]Überschreitungen von in Rechtsverordnungen nach § 48a Absatz 1 festgelegten Informations- oder Alarmschwellen sind der Öffentlichkeit von der zuständigen Behörde unverzüglich durch Rundfunk, Fernsehen, Presse oder auf andere Weise bekannt zu geben.

§ 47 Luftreinhaltepläne, Pläne für kurzfristig zu ergreifende Maßnahmen, Landesverordnungen. (1) [1] Werden die durch eine Rechtsverordnung nach § 48a Absatz 1 festgelegten Immissionsgrenzwerte einschließlich festgelegter Toleranzmargen überschritten, hat die zuständige Behörde einen Luftreinhalteplan aufzustellen, welcher die erforderlichen Maßnahmen zur dauerhaften Verminderung von Luftverunreinigungen festlegt und den Anforderungen der Rechtsverordnung entspricht. [2] Satz 1 gilt entsprechend, soweit eine Rechtsverordnung nach § 48a Absatz 1 zur Einhaltung von Zielwerten die Aufstellung eines Luftreinhalteplans regelt. [3] Die Maßnahmen eines Luftreinhalteplans müssen geeignet sein, den Zeitraum einer Überschreitung von bereits einzuhaltenden Immissionsgrenzwerten so kurz wie möglich zu halten.

(2) [1] Besteht die Gefahr, dass die durch eine Rechtsverordnung nach § 48a Absatz 1 festgelegten Alarmschwellen überschritten werden, hat die zuständige Behörde einen Plan für kurzfristig zu ergreifende Maßnahmen aufzustellen, soweit die Rechtsverordnung dies vorsieht. [2] Besteht die Gefahr, dass durch eine Rechtsverordnung nach § 48a Absatz 1 festgelegte Immissionsgrenzwerte oder Zielwerte überschritten werden, kann die zuständige Behörde einen Plan für kurzfristig zu ergreifende Maßnahmen aufstellen, soweit die Rechtsverordnung dies vorsieht. [3] Die im Plan festgelegten Maßnahmen müssen geeignet sein, die Gefahr der Überschreitung der Werte zu verringern oder den Zeitraum, während dessen die Werte überschritten werden, zu verkürzen. [4] Ein Plan für kurzfristig zu ergreifende Maßnahmen kann Teil eines Luftreinhalteplans nach Absatz 1 sein.

(3) [1] Liegen Anhaltspunkte dafür vor, dass die durch eine Rechtsverordnung nach § 48a Absatz 1a festgelegten Immissionswerte nicht eingehalten werden, oder sind in einem Untersuchungsgebiet im Sinne des § 44 Absatz 2 sonstige schädliche Umwelteinwirkungen zu erwarten, kann die zuständige Behörde einen Luftreinhalteplan aufstellen. [2] Bei der Aufstellung dieser Pläne sind die Ziele der Raumordnung zu beachten; die Grundsätze und sonstigen Erfordernisse der Raumordnung sind zu berücksichtigen.

(4) [1] Die Maßnahmen sind entsprechend des Verursacheranteils unter Beachtung des Grundsatzes der Verhältnismäßigkeit gegen alle Emittenten zu richten, die zum Überschreiten der Immissionswerte oder in einem Untersuchungsgebiet im Sinne des § 44 Absatz 2 zu sonstigen schädlichen Umwelteinwirkungen beitragen. [2] Werden in Plänen nach Absatz 1 oder 2 Maßnahmen im Straßenverkehr erforderlich, sind diese im Einvernehmen mit den zuständigen Straßenbau- und Straßenverkehrsbehörden festzulegen. [3] Werden Immissionswerte hinsichtlich mehrerer Schadstoffe überschritten, ist ein alle Schadstoffe erfassender Plan aufzustellen. [4] Werden Immissionswerte durch Emissionen überschritten, die außerhalb des Plangebiets verursacht werden, hat in den Fällen der Absätze 1 und 2 auch die dort zuständige Behörde einen Plan aufzustellen.

(4a) [1] Verbote des Kraftfahrzeugverkehrs für Kraftfahrzeuge mit Selbstzündungsmotor kommen wegen der Überschreitung des Immissionsgrenzwertes für Stickstoffdioxid in der Regel nur in Gebieten in Betracht, in denen der Wert von 50 Mikrogramm Stickstoffdioxid pro Kubikmeter Luft im Jahresmittel überschritten worden ist. [2] Folgende Kraftfahrzeuge sind von Verkehrsverboten ausgenommen:

1. Kraftfahrzeuge der Schadstoffklasse Euro 6,

2. Kraftfahrzeuge der Schadstoffklassen Euro 4 und Euro 5, sofern diese im praktischen Fahrbetrieb in entsprechender Anwendung des Artikels 2 Nummer 41 in Verbindung mit Anhang IIIa der Verordnung (EG) Nr. 692/2008 der Kommission vom 18. Juli 2008 zur Durchführung und Änderung der Verordnung (EG) Nr. 715/2007 des Europäischen Parlaments und des Rates über die Typgenehmigung von Kraftfahrzeugen hinsichtlich der Emissionen von leichten Personenkraftwagen und Nutzfahrzeugen (Euro 5 und Euro 6) und über den Zugang zu Reparatur- und Wartungsinformationen für Fahrzeuge (ABl. L 199 vom 28.7.2008, S. 1), die zuletzt durch die Verordnung (EU) 2017/1221 (ABl. L 174 vom 7.7.2017, S. 3) geändert worden ist, weniger als 270 Milligramm Stickstoffoxide pro Kilometer ausstoßen,
3. Kraftomnibusse mit einer Allgemeinen Betriebserlaubnis für ein Stickstoffoxid-Minderungssystem mit erhöhter Minderungsleistung, sofern die Nachrüstung finanziell aus einem öffentlichen Titel des Bundes gefördert worden ist, oder die die technischen Anforderungen erfüllen, die für diese Förderung erforderlich gewesen wären,
4. schwere Kommunalfahrzeuge mit einer Allgemeinen Betriebserlaubnis für ein Stickstoffoxid-Minderungssystem mit erhöhter Minderungsleistung, sofern die Nachrüstung finanziell aus einem öffentlichen Titel des Bundes gefördert worden ist, oder die die technischen Anforderungen erfüllen, die für diese Förderung erforderlich gewesen wären, sowie Fahrzeuge der privaten Entsorgungswirtschaft von mehr als 3,5 Tonnen mit einer Allgemeinen Betriebserlaubnis für ein Stickstoffoxid-Minderungssystem mit erhöhter Minderungsleistung, die die technischen Anforderungen erfüllen, die für diese Förderung erforderlich gewesen wären,
5. Handwerker- und Lieferfahrzeuge zwischen 2,8 und 7,5 Tonnen mit einer Allgemeinen Betriebserlaubnis für ein Stickstoffoxid-Minderungssystem mit erhöhter Minderungsleistung, sofern die Nachrüstung finanziell aus einem öffentlichen Titel des Bundes gefördert worden ist, oder die die technischen Anforderungen erfüllen, die für diese Förderung erforderlich gewesen wären,
6. Kraftfahrzeuge der Schadstoffklasse Euro VI und
7. Kraftfahrzeuge im Sinne von Anhang 3 Nummer 5, 6 und 7 der Verordnung zur Kennzeichnung der Kraftfahrzeuge mit geringem Beitrag zur Schadstoffbelastung[1)] vom 10. Oktober 2006 (BGBl. I S. 2218), die zuletzt durch Artikel 85 der Verordnung vom 31. August 2015 (BGBl. I S. 1474) geändert worden ist.

[3] Im Einzelfall kann der Luftreinhalteplan im Fall des Satzes 2 Nummer 6 auch für diese Kraftfahrzeuge ein Verbot des Kraftfahrzeugverkehrs vorsehen, wenn die schnellstmögliche Einhaltung des Immissionsgrenzwertes für Stickstoffdioxid anderenfalls nicht sichergestellt werden kann. [4] Weitere Ausnahmen von Verboten des Kraftfahrzeugverkehrs, insbesondere nach § 40 Absatz 1 Satz 2, können durch die zuständigen Behörden zugelassen werden. [5] Die Vorschriften zu ergänzenden technischen Regelungen, insbesondere zu Nachrüstmaßnahmen bei Kraftfahrzeugen, im Straßenverkehrsgesetz und in der Straßenverkehrs-Zulassungs-Ordnung bleiben unberührt.

[1)] Nr. **2.35**.

(5) [1] Die nach den Absätzen 1 bis 4 aufzustellenden Pläne müssen den Anforderungen des § 45 Absatz 2 entsprechen. [2] Die Öffentlichkeit ist bei der Aufstellung von Plänen nach den Absätzen 1 und 3 zu beteiligen. [3] Die Pläne müssen für die Öffentlichkeit zugänglich sein.

(5a) [1] Bei der Aufstellung oder Änderung von Luftreinhalteplänen nach Absatz 1 ist die Öffentlichkeit durch die zuständige Behörde zu beteiligen. [2] Die Aufstellung oder Änderung eines Luftreinhalteplanes sowie Informationen über das Beteiligungsverfahren sind in einem amtlichen Veröffentlichungsblatt und auf andere geeignete Weise öffentlich bekannt zu machen. [3] Der Entwurf des neuen oder geänderten Luftreinhalteplanes ist einen Monat zur Einsicht auszulegen; bis zwei Wochen nach Ablauf der Auslegungsfrist kann gegenüber der zuständigen Behörde schriftlich oder elektronisch Stellung genommen werden; der Zeitpunkt des Fristablaufs ist bei der Bekanntmachung nach Satz 2 mitzuteilen. [4] Fristgemäß eingegangene Stellungnahmen werden von der zuständigen Behörde bei der Entscheidung über die Annahme des Plans angemessen berücksichtigt. [5] Der aufgestellte Plan ist von der zuständigen Behörde in einem amtlichen Veröffentlichungsblatt und auf andere geeignete Weise öffentlich bekannt zu machen. [6] In der öffentlichen Bekanntmachung sind das überplante Gebiet und eine Übersicht über die wesentlichen Maßnahmen darzustellen. [7] Eine Ausfertigung des Plans, einschließlich einer Darstellung des Ablaufs des Beteiligungsverfahrens und der Gründe und Erwägungen, auf denen die getroffene Entscheidung beruht, wird zwei Wochen zur Einsicht ausgelegt. [8] Dieser Absatz findet keine Anwendung, wenn es sich bei dem Luftreinhalteplan nach Absatz 1 um einen Plan handelt, für den nach dem Gesetz über die Umweltverträglichkeitsprüfung eine Strategische Umweltprüfung durchzuführen ist.

(5b) Werden nach Absatz 2 Pläne für kurzfristig zu ergreifende Maßnahmen aufgestellt, macht die zuständige Behörde der Öffentlichkeit sowohl die Ergebnisse ihrer Untersuchungen zur Durchführbarkeit und zum Inhalt solcher Pläne als auch Informationen über die Durchführung dieser Pläne zugänglich.

(6) [1] Die Maßnahmen, die Pläne nach den Absätzen 1 bis 4 festlegen, sind durch Anordnungen oder sonstige Entscheidungen der zuständigen Träger öffentlicher Verwaltung nach diesem Gesetz oder nach anderen Rechtsvorschriften durchzusetzen. [2] Sind in den Plänen planungsrechtliche Festlegungen vorgesehen, haben die zuständigen Planungsträger dies bei ihren Planungen zu berücksichtigen.

(7) [1] Die Landesregierungen oder die von ihnen bestimmten Stellen werden ermächtigt, bei der Gefahr, dass Immissionsgrenzwerte überschritten werden, die eine Rechtsverordnung nach § 48a Absatz 1 festlegt, durch Rechtsverordnung vorzuschreiben, dass in näher zu bestimmenden Gebieten bestimmte

1. ortsveränderliche Anlagen nicht betrieben werden dürfen,
2. ortsfeste Anlagen nicht errichtet werden dürfen,
3. ortsveränderliche oder ortsfeste Anlagen nur zu bestimmten Zeiten betrieben werden dürfen oder erhöhten betriebstechnischen Anforderungen genügen müssen,
4. Brennstoffe in Anlagen nicht oder nur beschränkt verwendet werden dürfen,

soweit die Anlagen oder Brennstoffe geeignet sind, zur Überschreitung der Immissionswerte beizutragen. [2] Absatz 4 Satz 1 und § 49 Absatz 3 gelten entsprechend.

Sechster Teil. Lärmminderungsplanung

§ 47a Anwendungsbereich des Sechsten Teils. [1] Dieser Teil des Gesetzes gilt für den Umgebungslärm, dem Menschen insbesondere in bebauten Gebieten, in öffentlichen Parks oder anderen ruhigen Gebieten eines Ballungsraums, in ruhigen Gebieten auf dem Land, in der Umgebung von Schulgebäuden, Krankenhäusern und anderen lärmempfindlichen Gebäuden und Gebieten ausgesetzt sind. [2] Er gilt nicht für Lärm, der von der davon betroffenen Person selbst oder durch Tätigkeiten innerhalb von Wohnungen verursacht wird, für Nachbarschaftslärm, Lärm am Arbeitsplatz, in Verkehrsmitteln oder Lärm, der auf militärische Tätigkeiten in militärischen Gebieten zurückzuführen ist.

§ 47b Begriffsbestimmungen. Im Sinne dieses Gesetzes bezeichnen die Begriffe

1. „Umgebungslärm" belästigende oder gesundheitsschädliche Geräusche im Freien, die durch Aktivitäten von Menschen verursacht werden, einschließlich des Lärms, der von Verkehrsmitteln, Straßenverkehr, Eisenbahnverkehr, Flugverkehr sowie Geländen für industrielle Tätigkeiten ausgeht;
2. „Ballungsraum" ein Gebiet mit einer Einwohnerzahl von über 100 000 und einer Bevölkerungsdichte von mehr als 1 000 Einwohnern pro Quadratkilometer;
3. „Hauptverkehrsstraße" eine Bundesfernstraße, Landesstraße oder auch sonstige grenzüberschreitende Straße, jeweils mit einem Verkehrsaufkommen von über drei Millionen Kraftfahrzeugen pro Jahr;
4. „Haupteisenbahnstrecke" ein Schienenweg von Eisenbahnen nach dem Allgemeinen Eisenbahngesetz mit einem Verkehrsaufkommen von über 30 000 Zügen pro Jahr;
5. „Großflughafen" ein Verkehrsflughafen mit einem Verkehrsaufkommen von über 50 000 Bewegungen pro Jahr, wobei mit „Bewegung" der Start oder die Landung bezeichnet wird, hiervon sind ausschließlich der Ausbildung dienende Bewegungen mit Leichtflugzeugen ausgenommen.

§ 47c Lärmkarten. (1) [1] Die zuständigen Behörden arbeiten bis zum 30. Juni 2007 bezogen auf das vorangegangene Kalenderjahr Lärmkarten für Ballungsräume mit mehr als 250 000 Einwohnern sowie für Hauptverkehrsstraßen mit einem Verkehrsaufkommen von über sechs Millionen Kraftfahrzeugen pro Jahr, Haupteisenbahnstrecken mit einem Verkehrsaufkommen von über 60 000 Zügen pro Jahr und Großflughäfen aus. [2] Gleiches gilt bis zum 30. Juni 2012 und danach alle fünf Jahre für sämtliche Ballungsräume sowie für sämtliche Hauptverkehrsstraßen und Haupteisenbahnstrecken.

(2) Die Lärmkarten haben den Mindestanforderungen des Anhangs IV der Richtlinie 2002/49/EG des Europäischen Parlaments und des Rates vom 25. Juni 2002 über die Bewertung und Bekämpfung von Umgebungslärm (ABl. EG Nr. L 189 S. 12) zu entsprechen und die nach Anhang VI der Richtlinie 2002/49/EG an die Kommission zu übermittelnden Daten zu enthalten.

(2a) Öffentliche Eisenbahninfrastrukturunternehmen sind verpflichtet, den für die Ausarbeitung von Lärmkarten zuständigen Behörden folgende für die

Erarbeitung von Lärmkarten erforderlichen Daten unentgeltlich zur Verfügung zu stellen:

1. Daten zur Eisenbahninfrastruktur und
2. Daten zum Verkehr der Eisenbahnen auf den Schienenwegen.

(3) Die zuständigen Behörden arbeiten bei der Ausarbeitung von Lärmkarten für Grenzgebiete mit den zuständigen Behörden anderer Mitgliedstaaten der Europäischen Union zusammen.

(4) Die Lärmkarten werden mindestens alle fünf Jahre nach dem Zeitpunkt ihrer Erstellung überprüft und bei Bedarf überarbeitet.

(5) [1] Die zuständigen Behörden teilen dem Bundesministerium für Umwelt, Naturschutz, Bau und Reaktorsicherheit oder einer von ihm benannten Stelle zum 30. Juni 2005 und danach alle fünf Jahre die Ballungsräume mit mehr als 250 000 Einwohnern, die Hauptverkehrsstraßen mit einem Verkehrsaufkommen von über sechs Millionen Kraftfahrzeugen pro Jahr, die Haupteisenbahnstrecken mit einem Verkehrsaufkommen von über 60 000 Zügen pro Jahr und die Großflughäfen mit. [2] Gleiches gilt zum 31. Dezember 2008 für sämtliche Ballungsräume sowie sämtliche Hauptverkehrsstraßen und Haupteisenbahnstrecken.

(6) Die zuständigen Behörden teilen Informationen aus den Lärmkarten, die in der Rechtsverordnung nach § 47f bezeichnet werden, dem Bundesministerium für Umwelt, Naturschutz, Bau und Reaktorsicherheit oder einer von ihm benannten Stelle mit.

§ 47d Lärmaktionspläne. (1) [1] Die zuständigen Behörden stellen bis zum 18. Juli 2008 Lärmaktionspläne auf, mit denen Lärmprobleme und Lärmauswirkungen geregelt werden für

1. Orte in der Nähe der Hauptverkehrsstraßen mit einem Verkehrsaufkommen von über sechs Millionen Kraftfahrzeugen pro Jahr, der Haupteisenbahnstrecken mit einem Verkehrsaufkommen von über 60 000 Zügen pro Jahr und der Großflughäfen,
2. Ballungsräume mit mehr als 250 000 Einwohnern.

[2] Gleiches gilt bis zum 18. Juli 2013 für sämtliche Ballungsräume sowie für sämtliche Hauptverkehrsstraßen und Haupteisenbahnstrecken. [3] Die Festlegung von Maßnahmen in den Plänen ist in das Ermessen der zuständigen Behörden gestellt, sollte aber auch unter Berücksichtigung der Belastung durch mehrere Lärmquellen insbesondere auf die Prioritäten eingehen, die sich gegebenenfalls aus der Überschreitung relevanter Grenzwerte oder aufgrund anderer Kriterien ergeben, und insbesondere für die wichtigsten Bereiche gelten, wie sie in den Lärmkarten ausgewiesen werden.

(2) [1] Die Lärmaktionspläne haben den Mindestanforderungen des Anhangs V der Richtlinie 2002/49/EG zu entsprechen und die nach Anhang VI der Richtlinie 2002/49/EG an die Kommission zu übermittelnden Daten zu enthalten. [2] Ziel dieser Pläne soll es auch sein, ruhige Gebiete gegen eine Zunahme des Lärms zu schützen.

(2a) Öffentliche Eisenbahninfrastrukturunternehmen sind verpflichtet, an der Aufstellung von Lärmaktionsplänen für Orte in der Nähe der Haupteisenbahnstrecken und für Ballungsräume mit Eisenbahnverkehr mitzuwirken.

(3) [1] Die Öffentlichkeit wird zu Vorschlägen für Lärmaktionspläne gehört. [2] Sie erhält rechtzeitig und effektiv die Möglichkeit, an der Ausarbeitung und der Überprüfung der Lärmaktionspläne mitzuwirken. [3] Die Ergebnisse der Mitwirkung sind zu berücksichtigen. [4] Die Öffentlichkeit ist über die getroffenen Entscheidungen zu unterrichten. [5] Es sind angemessene Fristen mit einer ausreichenden Zeitspanne für jede Phase der Beteiligung vorzusehen.

(4) § 47c Absatz 3 gilt entsprechend.

(5) Die Lärmaktionspläne werden bei bedeutsamen Entwicklungen für die Lärmsituation, ansonsten jedoch alle fünf Jahre nach dem Zeitpunkt ihrer Aufstellung überprüft und erforderlichenfalls überarbeitet.

(6) § 47 Absatz 3 Satz 2 und Absatz 6 gilt entsprechend.

(7) Die zuständigen Behörden teilen Informationen aus den Lärmaktionsplänen, die in der Rechtsverordnung nach § 47f bezeichnet werden, dem Bundesministerium für Umwelt, Naturschutz, Bau und Reaktorsicherheit oder einer von ihm benannten Stelle mit.

§ 47e Zuständige Behörden. (1) Zuständige Behörden für die Aufgaben dieses Teils des Gesetzes sind die Gemeinden oder die nach Landesrecht zuständigen Behörden, soweit nicht nachstehend Abweichendes geregelt ist.

(2) Die obersten Landesbehörden oder die von ihnen benannten Stellen sind zuständig für die Mitteilungen nach § 47c Absatz 5 und 6 sowie nach § 47d Absatz 7.

(3) Das Eisenbahn-Bundesamt ist zuständig für die Ausarbeitung der Lärmkarten für Schienenwege von Eisenbahnen des Bundes nach § 47c sowie insoweit für die Mitteilung der Haupteisenbahnstrecken nach § 47c Absatz 5, für die Mitteilung der Informationen nach § 47c Absatz 6 und für die Information der Öffentlichkeit über Lärmkarten nach § 47f Absatz 1 Satz 1 Nummer 3.

(4) [1] Abweichend von Absatz 1 ist ab dem 1. Januar 2015 das Eisenbahn-Bundesamt zuständig für die Aufstellung eines bundesweiten Lärmaktionsplanes für die Haupteisenbahnstrecken des Bundes mit Maßnahmen in Bundeshoheit. [2] Bei Lärmaktionsplänen für Ballungsräume wirkt das Eisenbahn-Bundesamt an der Lärmaktionsplanung mit.

§ 47f Rechtsverordnungen. (1) [1] Die Bundesregierung wird ermächtigt, nach Anhörung der beteiligten Kreise (§ 51) durch Rechtsverordnung[1)] mit Zustimmung des Bundesrates weitere Regelungen zur Umsetzung der Richtlinie 2002/49/EG in deutsches Recht zu erlassen, insbesondere

1. zur Definition von Lärmindizes und zu ihrer Anwendung,
2. zu den Berechnungsmethoden für Lärmindizes und zur Bewertung gesundheitsschädlicher Auswirkungen,
3. zur Information der Öffentlichkeit über zuständige Behörden sowie Lärmkarten und Lärmaktionspläne,
4. zu Kriterien für die Festlegung von Maßnahmen in Lärmaktionsplänen.

[2] Passt die Kommission gemäß Artikel 12 der Richtlinie 2002/49/EG deren Anhang I Abschnitt 3, Anhang II und Anhang III nach dem Verfahren des

---

[1)] Siehe die VO über die Lärmkartierung – 34. BImSchV (Nr. **2.34**).

Artikels 13 Absatz 2 der Richtlinie 2002/49/EG an den wissenschaftlichen und technischen Fortschritt an, gilt Satz 1 auch insoweit.

(2) Die Bundesregierung wird ermächtigt, nach Anhörung der beteiligten Kreise (§ 51) durch Rechtsverordnung mit Zustimmung des Bundesrates weitere Regelungen zu erlassen

1. zum Format und Inhalt von Lärmkarten und Lärmaktionsplänen,
2. zur Datenerhebung und Datenübermittlung.

Siebenter Teil. Gemeinsame Vorschriften

§ 48 Verwaltungsvorschriften. (1) [1]Die Bundesregierung erlässt nach Anhörung der beteiligten Kreise (§ 51) mit Zustimmung des Bundesrates zur Durchführung dieses Gesetzes und der auf Grund dieses Gesetzes erlassenen Rechtsverordnungen des Bundes allgemeine Verwaltungsvorschriften[1)], insbesondere über

1. Immissionswerte, die zu dem in § 1 genannten Zweck nicht überschritten werden dürfen,
2. Emissionswerte, deren Überschreiten nach dem Stand der Technik vermeidbar ist,
3. das Verfahren zur Ermittlung der Emissionen und Immissionen,
4. die von der zuständigen Behörde zu treffenden Maßnahmen bei Anlagen, für die Regelungen in einer Rechtsverordnung nach § 7 Absatz 2 oder 3 vorgesehen werden können, unter Berücksichtigung insbesondere der dort genannten Voraussetzungen,
5. äquivalente Parameter oder äquivalente technische Maßnahmen zu Emissionswerten,
6. angemessene Sicherheitsabstände gemäß § 3 Absatz 5c.

[2]Bei der Festlegung der Anforderungen sind insbesondere mögliche Verlagerungen von nachteiligen Auswirkungen von einem Schutzgut auf ein anderes zu berücksichtigen; ein hohes Schutzniveau für die Umwelt insgesamt ist zu gewährleisten.

(1a) [1]Nach jeder Veröffentlichung einer BVT-Schlussfolgerung ist unverzüglich zu gewährleisten, dass für Anlagen nach der Industrieemissions-Richtlinie bei der Festlegung von Emissionswerten nach Absatz 1 Satz 1 Nummer 2 die Emissionen unter normalen Betriebsbedingungen die in den BVT-Schlussfolgerungen genannten Emissionsbandbreiten nicht überschreiten. [2]Im Hinblick auf bestehende Anlagen ist innerhalb eines Jahres nach Veröffentlichung von BVT-Schlussfolgerungen zur Haupttätigkeit eine Überprüfung und gegebenenfalls Anpassung der Verwaltungsvorschrift vorzunehmen.

(1b) [1]Abweichend von Absatz 1a

[1)] Siehe hierzu ua:
- Technische Anleitung zur Reinhaltung der Luft – TA Luft (Nr. **5.1**);
- Technische Anleitung zum Schutz gegen Lärm – TA Lärm (Nr. **5.2**);
- AVwV zur Umsetzung des Beschl. der Kommission über BVT-Schlussfolgerungen – CAK-VwV v. 1.12.2014 (GMBl S. 1603).

1. können in der Verwaltungsvorschrift weniger strenge Emissionswerte festgelegt werden, wenn
   a) wegen technischer Merkmale der betroffenen Anlagenart die Anwendung der in den BVT-Schlussfolgerungen genannten Emissionsbandbreiten unverhältnismäßig wäre und dies begründet wird oder
   b) in Anlagen Zukunftstechniken für einen Gesamtzeitraum von höchstens neun Monaten erprobt oder angewendet werden sollen, sofern nach dem festgelegten Zeitraum die Anwendung der betreffenden Technik beendet wird oder in der Anlage mindestens die mit den besten verfügbaren Techniken assoziierten Emissionsbandbreiten erreicht werden, oder
2. kann in der Verwaltungsvorschrift bestimmt werden, dass die zuständige Behörde weniger strenge Emissionsbegrenzungen festlegen kann, wenn
   a) wegen technischer Merkmale der betroffenen Anlagen die Anwendung der in den BVT-Schlussfolgerungen genannten Emissionsbandbreiten unverhältnismäßig wäre oder
   b) in Anlagen Zukunftstechniken für einen Gesamtzeitraum von höchstens neun Monaten erprobt oder angewendet werden sollen, sofern nach dem festgelegten Zeitraum die Anwendung der betreffenden Technik beendet wird oder in der Anlage mindestens die mit den besten verfügbaren Techniken assoziierten Emissionsbandbreiten erreicht werden.

[2] Absatz 1 Satz 2 bleibt unberührt. [3] Emissionswerte und Emissionsbegrenzungen nach Satz 1 dürfen die in den Anhängen der Richtlinie 2010/75/EU festgelegten Emissionsgrenzwerte nicht überschreiten.

(2) *(aufgehoben)*

§ 48a Rechtsverordnungen über Emissionswerte und Immissionswerte. (1) [1] Zur Erfüllung von bindenden Rechtsakten der Europäischen Gemeinschaften oder der Europäischen Union kann die Bundesregierung zu dem in § 1 genannten Zweck mit Zustimmung des Bundesrates Rechtsverordnungen[1)] über die Festsetzung von Immissions- und Emissionswerten einschließlich der Verfahren zur Ermittlung sowie Maßnahmen zur Einhaltung dieser Werte und zur Überwachung und Messung erlassen. [2] In den Rechtsverordnungen kann auch geregelt werden, wie die Bevölkerung zu unterrichten ist.

(1a) [1] Über die Erfüllung von bindenden Rechtsakten der Europäischen Gemeinschaften oder der Europäischen Union hinaus kann die Bundesregierung zu dem in § 1 genannten Zweck mit Zustimmung des Bundesrates Rechtsverordnungen über die Festlegung von Immissionswerten für weitere Schadstoffe einschließlich der Verfahren zur Ermittlung sowie Maßnahmen zur Einhaltung dieser Werte und zur Überwachung und Messung erlassen. [2] In den Rechtsverordnungen kann auch geregelt werden, wie die Bevölkerung zu unterrichten ist.

[1)] Siehe die StörfallVO – 12. BImSchV (Nr. **2.12**), die VO über Großfeuerungs-, Gasturbinen- und Verbrennungsmotoranlagen – 13. BImSchV (Nr. **2.13**), die VO zur Begrenzung von Emissionen aus der Titandioxid-Industrie – 25. BImSchV (Nr. **2.25**), die VO über Emissionsgrenzwerte für Verbrennungsmotoren – 28. BImSchV (Nr. **2.28**), die VO über Luftqualitätsstandards und Emissionshöchstmengen – 39. BImSchV (Nr. **2.39**), die VO über nationale Verpflichtungen zur Reduktion der Emissionen bestimmter Luftschadstoffe – 43. BImSchV (Nr. **2.43**) und die VO über mittelgroße Feuerungs-, Gasturbinen- und Verbrennungsmotoranlagen – 44. BImSchV (Nr. **2.44**).

(2) Die in Rechtsverordnungen nach Absatz 1 festgelegten Maßnahmen sind durch Anordnungen oder sonstige Entscheidungen der zuständigen Träger öffentlicher Verwaltung nach diesem Gesetz oder nach anderen Rechtsvorschriften durchzusetzen; soweit planungsrechtliche Festlegungen vorgesehen sind, haben die zuständigen Planungsträger zu befinden, ob und inwieweit Planungen in Betracht zu ziehen sind.

(3) Zur Erfüllung von bindenden Rechtsakten der Europäischen Gemeinschaften oder der Europäischen Union kann die Bundesregierung zu dem in § 1 genannten Zweck mit Zustimmung des Bundesrates in Rechtsverordnungen[1)] von Behörden zu erfüllende Pflichten begründen und ihnen Befugnisse zur Erhebung, Verarbeitung und Nutzung personenbezogener Daten einräumen, soweit diese für die Beurteilung und Kontrolle der in den Beschlüssen gestellten Anforderungen erforderlich sind.

§ 48b Beteiligung des Bundestages beim Erlass von Rechtsverordnungen. [1] Rechtsverordnungen nach § 7 Absatz 1 Satz 1 Nummer 2, § 23 Absatz 1 Satz 1 Nummer 2, § 43 Absatz 1 Satz 1 Nummer 1, § 48a Absatz 1 und § 48a Absatz 1a dieses Gesetzes sind dem Bundestag zuzuleiten. [2] Die Zuleitung erfolgt vor der Zuleitung an den Bundesrat. [3] Die Rechtsverordnungen können durch Beschluss des Bundestages geändert oder abgelehnt werden. [4] Der Beschluss des Bundestages wird der Bundesregierung zugeleitet. [5] Hat sich der Bundestag nach Ablauf von vier Sitzungswochen seit Eingang der Rechtsverordnung nicht mit ihr befasst, wird die unveränderte Rechtsverordnung dem Bundesrat zugeleitet. [6] Die Sätze 1 bis 5 gelten nicht bei Rechtsverordnungen nach § 7 Absatz 1 Satz 1 Nummer 2 für den Fall, dass wegen der Fortentwicklung des Standes der Technik die Umsetzung von BVT-Schlussfolgerungen nach § 7 Absatz 1a erforderlich ist.

§ 49 Schutz bestimmter Gebiete. (1) Die Landesregierungen werden ermächtigt, durch Rechtsverordnung vorzuschreiben, dass in näher zu bestimmenden Gebieten, die eines besonderen Schutzes vor schädlichen Umwelteinwirkungen durch Luftverunreinigungen oder Geräusche bedürfen, bestimmte

1. ortsveränderliche Anlagen nicht betrieben werden dürfen,
2. ortsfeste Anlagen nicht errichtet werden dürfen,
3. ortsveränderliche oder ortsfeste Anlagen nur zu bestimmten Zeiten betrieben werden dürfen oder erhöhten betriebstechnischen Anforderungen genügen müssen oder
4. Brennstoffe in Anlagen nicht oder nur beschränkt verwendet werden dürfen,

soweit die Anlagen oder Brennstoffe geeignet sind, schädliche Umwelteinwirkungen durch Luftverunreinigungen oder Geräusche hervorzurufen, die mit dem besonderen Schutzbedürfnis dieser Gebiete nicht vereinbar sind, und die Luftverunreinigungen und Geräusche durch Auflagen nicht verhindert werden können.

[1)] Siehe die VO über Großfeuerungs-, Gasturbinen- und Verbrennungsmotoranlagen – 13. BImSchV (Nr. **2.13**), die VO über Emissionsgrenzwerte für Verbrennungsmotoren – 28. BImSchV (Nr. **2.28**), die VO über Luftqualitätsstandards und Emissionshöchstmengen – 39. BImSchV (Nr. **2.39**) und die GefahrstoffVO v. 26.11.2010 (BGBl. I S. 1643, 1644), zuletzt geänd. durch G v. 29.3.2017 (BGBl. I S. 626).

(2) [1]Die Landesregierungen werden ermächtigt, durch Rechtsverordnung Gebiete festzusetzen, in denen während austauscharmer Wetterlagen ein starkes Anwachsen schädlicher Umwelteinwirkungen durch Luftverunreinigungen zu befürchten ist. [2]In der Rechtsverordnung kann vorgeschrieben werden, dass in diesen Gebieten

1. ortsveränderliche oder ortsfeste Anlagen nur zu bestimmten Zeiten betrieben oder
2. Brennstoffe, die in besonderem Maße Luftverunreinigungen hervorrufen, in Anlagen nicht oder nur beschränkt verwendet

werden dürfen, sobald die austauscharme Wetterlage von der zuständigen Behörde bekannt gegeben wird.

(3) Landesrechtliche Ermächtigungen für die Gemeinden und Gemeindeverbände zum Erlass von ortsrechtlichen Vorschriften, die Regelungen zum Schutz der Bevölkerung vor schädlichen Umwelteinwirkungen durch Luftverunreinigungen oder Geräusche zum Gegenstand haben, bleiben unberührt.

§ 50 Planung. [1]Bei raumbedeutsamen Planungen und Maßnahmen sind die für eine bestimmte Nutzung vorgesehenen Flächen einander so zuzuordnen, dass schädliche Umwelteinwirkungen und von schweren Unfällen im Sinne des Artikels 3 Nummer 13 der Richtlinie 2012/18/EU in Betriebsbereichen hervorgerufene Auswirkungen auf die ausschließlich oder überwiegend dem Wohnen dienenden Gebiete sowie auf sonstige schutzbedürftige Gebiete, insbesondere öffentlich genutzte Gebiete, wichtige Verkehrswege, Freizeitgebiete und unter dem Gesichtspunkt des Naturschutzes besonders wertvolle oder besonders empfindliche Gebiete und öffentlich genutzte Gebäude, so weit wie möglich vermieden werden. [2]Bei raumbedeutsamen Planungen und Maßnahmen in Gebieten, in denen die in Rechtsverordnungen nach § 48a Absatz 1 festgelegten Immissionsgrenzwerte und Zielwerte nicht überschritten werden, ist bei der Abwägung der betroffenen Belange die Erhaltung der bestmöglichen Luftqualität als Belang zu berücksichtigen.

§ 51 Anhörung beteiligter Kreise. Soweit Ermächtigungen zum Erlass von Rechtsverordnungen und allgemeinen Verwaltungsvorschriften die Anhörung der beteiligten Kreise vorschreiben, ist ein jeweils auszuwählender Kreis von Vertretern der Wissenschaft, der Betroffenen, der beteiligten Wirtschaft, des beteiligten Verkehrswesens und der für den Immissionsschutz zuständigen obersten Landesbehörden zu hören.

§ 51a Kommission für Anlagensicherheit. (1) Beim Bundesministerium für Umwelt, Naturschutz, Bau und Reaktorsicherheit wird zur Beratung der Bundesregierung oder des zuständigen Bundesministeriums eine Kommission für Anlagensicherheit[1)] gebildet.

(2) [1]Die Kommission für Anlagensicherheit soll gutachtlich in regelmäßigen Zeitabständen sowie aus besonderem Anlass Möglichkeiten zur Verbesserung der Anlagensicherheit aufzeigen. [2]Sie schlägt darüber hinaus dem Stand der Sicherheitstechnik entsprechende Regeln (sicherheitstechnische Regeln) unter Berücksichtigung der für andere Schutzziele vorhandenen Regeln vor. [3]Nach

[1)] Siehe hierzu die GO KAS idF der Bek. v. 26.2.2015 (BAnz AT 16.04.2015 B3).

Anhörung der für die Anlagensicherheit zuständigen obersten Landesbehörden kann das Bundesministerium für Umwelt, Naturschutz, Bau und Reaktorsicherheit diese Regeln im Bundesanzeiger veröffentlichen. [4]Die Kommission für Anlagensicherheit überprüft innerhalb angemessener Zeitabstände, spätestens nach jeweils fünf Jahren, ob die veröffentlichten sicherheitstechnischen Regeln weiterhin dem Stand der Sicherheitstechnik entsprechen.

(3) In die Kommission für Anlagensicherheit sind im Einvernehmen mit dem Bundesministerium für Arbeit und Soziales neben Vertreterinnen oder Vertretern der beteiligten Bundesbehörden sowie der für den Immissions- und Arbeitsschutz zuständigen Landesbehörden insbesondere Vertreterinnen oder Vertreter der Wissenschaft, der Umweltverbände, der Gewerkschaften, der Sachverständigen nach § 29a und der zugelassenen Überwachungsstellen nach § 37 Absatz 5 des Produktsicherheitsgesetzes, der Berufsgenossenschaften, der beteiligten Wirtschaft sowie Vertreterinnen oder Vertreter der nach § 24 der Betriebssicherheitsverordnung und § 21 der Gefahrstoffverordnung eingesetzten Ausschüsse zu berufen.

(4) [1]Die Kommission für Anlagensicherheit wählt aus ihrer Mitte eine Vorsitzende oder einen Vorsitzenden und gibt sich eine Geschäftsordnung. [2]Die Wahl der oder des Vorsitzenden und die Geschäftsordnung bedürfen der im Einvernehmen mit dem Bundesministerium für Arbeit und Soziales zu erteilenden Zustimmung des Bundesministeriums für Umwelt, Naturschutz, Bau und Reaktorsicherheit.

§ 51b Sicherstellung der Zustellungsmöglichkeit. [1]Der Betreiber einer genehmigungsbedürftigen Anlage hat sicherzustellen, dass für ihn bestimmte Schriftstücke im Geltungsbereich dieses Gesetzes zugestellt werden können. [2]Kann die Zustellung nur dadurch sichergestellt werden, dass ein Bevollmächtigter bestellt wird, so hat der Betreiber den Bevollmächtigten der zuständigen Behörde zu benennen.

§ 52 Überwachung. (1) [1]Die zuständigen Behörden haben die Durchführung dieses Gesetzes und der auf dieses Gesetz gestützten Rechtsverordnungen zu überwachen. [2]Sie können die dafür erforderlichen Maßnahmen treffen und bei der Durchführung dieser Maßnahmen Beauftragte einsetzen. [3]Sie haben Genehmigungen im Sinne des § 4 regelmäßig zu überprüfen und soweit erforderlich durch nachträgliche Anordnungen nach § 17 auf den neuesten Stand zu bringen. [4]Eine Überprüfung im Sinne von Satz 2 wird in jedem Fall vorgenommen, wenn

1. Anhaltspunkte dafür bestehen, dass der Schutz der Nachbarschaft und der Allgemeinheit nicht ausreichend ist und deshalb die in der Genehmigung festgelegten Begrenzungen der Emissionen überprüft oder neu festgesetzt werden müssen,
2. wesentliche Veränderungen des Standes der Technik eine erhebliche Verminderung der Emissionen ermöglichen,
3. eine Verbesserung der Betriebssicherheit erforderlich ist, insbesondere durch die Anwendung anderer Techniken, oder
4. neue umweltrechtliche Vorschriften dies fordern.

[5]Bei Anlagen nach der Industrieemissions-Richtlinie ist innerhalb von vier Jahren nach der Veröffentlichung von BVT-Schlussfolgerungen zur Haupttätigkeit

1. eine Überprüfung und gegebenenfalls Aktualisierung der Genehmigung im Sinne von Satz 3 vorzunehmen und
2. sicherzustellen, dass die betreffende Anlage die Genehmigungsanforderungen nach § 6 Absatz 1 Nummer 1 und der Nebenbestimmungen nach § 12 einhält.

[6]Satz 5 gilt auch für Genehmigungen, die nach Veröffentlichung von BVT-Schlussfolgerungen auf der Grundlage der bislang geltenden Rechts- und Verwaltungsvorschriften erteilt worden sind. [7]Wird festgestellt, dass eine Einhaltung der nachträglichen Anordnung nach § 17 oder der Genehmigung innerhalb der in Satz 5 bestimmten Frist wegen technischer Merkmale der betroffenen Anlage unverhältnismäßig wäre, kann die zuständige Behörde einen längeren Zeitraum festlegen. [8]Als Teil jeder Überprüfung der Genehmigung hat die zuständige Behörde die Festlegung weniger strenger Emissionsbegrenzungen nach § 7 Absatz 1b Satz 1 Nummer 2 Buchstabe a, § 12 Absatz 1b Satz 1 Nummer 1, § 17 Absatz 2b Satz 1 Nummer 1 und § 48 Absatz 1b Satz 1 Nummer 2 Buchstabe a erneut zu bewerten.

(1a) Im Falle des § 31 Absatz 1 Satz 3 hat die zuständige Behörde mindestens jährlich die Ergebnisse der Emissionsüberwachung zu bewerten, um sicherzustellen, dass die Emissionen unter normalen Betriebsbedingungen die in den BVT-Schlussfolgerungen festgelegten Emissionsbandbreiten nicht überschreiten.

(1b) [1]Zur Durchführung von Absatz 1 Satz 1 stellen die zuständigen Behörden zur regelmäßigen Überwachung von Anlagen nach der Industrieemissions-Richtlinie in ihrem Zuständigkeitsbereich Überwachungspläne und Überwachungsprogramme gemäß § 52a auf. [2]Zur Überwachung nach Satz 1 gehören insbesondere Vor-Ort-Besichtigungen, Überwachung der Emissionen und Überprüfung interner Berichte und Folgedokumente, Überprüfung der Eigenkontrolle, Prüfung der angewandten Techniken und der Eignung des Umweltmanagements der Anlage zur Sicherstellung der Anforderungen nach § 6 Absatz 1 Nummer 1.

(2) [1]Eigentümer und Betreiber von Anlagen sowie Eigentümer und Besitzer von Grundstücken, auf denen Anlagen betrieben werden, sind verpflichtet, den Angehörigen der zuständigen Behörde und deren Beauftragten den Zutritt zu den Grundstücken und zur Verhütung dringender Gefahren für die öffentliche Sicherheit oder Ordnung auch zu Wohnräumen und die Vornahme von Prüfungen einschließlich der Ermittlung von Emissionen und Immissionen zu gestatten sowie die Auskünfte zu erteilen und die Unterlagen vorzulegen, die zur Erfüllung ihrer Aufgaben erforderlich sind. [2]Das Grundrecht der Unverletzlichkeit der Wohnung (Artikel 13 des Grundgesetzes) wird insoweit eingeschränkt. [3]Betreiber von Anlagen, für die ein Immissionsschutzbeauftragter oder ein Störfallbeauftragter bestellt ist, haben diesen auf Verlangen der zuständigen Behörde zu Überwachungsmaßnahmen nach Satz 1 hinzuzuziehen. [4]Im Rahmen der Pflichten nach Satz 1 haben die Eigentümer und Betreiber der Anlagen Arbeitskräfte sowie Hilfsmittel, insbesondere Treibstoffe und Antriebsaggregate, bereitzustellen.

(3) [1]Absatz 2 gilt entsprechend für Eigentümer und Besitzer von Anlagen, Stoffen, Erzeugnissen, Brennstoffen, Treibstoffen und Schmierstoffen, soweit diese den §§ 37a bis 37c oder der Regelung der nach den §§ 32 bis 35, 37 oder 37d erlassenen Rechtsverordnung unterliegen. [2]Die Eigentümer und Besitzer haben den Angehörigen der zuständigen Behörde und deren Beauftragten die Entnahme von Stichproben zu gestatten, soweit dies zur Erfüllung ihrer Aufgaben erforderlich ist.

(4) [1]Kosten, die durch Prüfungen im Rahmen des Genehmigungsverfahrens entstehen, trägt der Antragsteller. [2]Kosten, die bei der Entnahme von Stichproben nach Absatz 3 und deren Untersuchung entstehen, trägt der Auskunftspflichtige. [3]Kosten, die durch sonstige Überwachungsmaßnahmen nach Absatz 2 oder 3 entstehen, trägt der Auskunftspflichtige, es sei denn, die Maßnahme betrifft die Ermittlung von Emissionen und Immissionen oder die Überwachung einer nicht genehmigungsbedürftigen Anlage außerhalb des Überwachungssystems nach der Zwölften Verordnung zur Durchführung des Bundes-Immissionsschutzgesetzes[1)]; in diesen Fällen sind die Kosten dem Auskunftspflichtigen nur aufzuerlegen, wenn die Ermittlungen ergeben, dass

1. Auflagen oder Anordnungen nach den Vorschriften dieses Gesetzes oder der auf dieses Gesetz gestützten Rechtsverordnungen nicht erfüllt worden oder
2. Auflagen oder Anordnungen nach den Vorschriften dieses Gesetzes oder der auf dieses Gesetz gestützten Rechtsverordnungen geboten

sind.

(5) Der zur Auskunft Verpflichtete kann die Auskunft auf solche Fragen verweigern, deren Beantwortung ihn selbst oder einen der in § 383 Absatz 1 Nummer 1 bis 3 der Zivilprozessordnung bezeichneten Angehörigen der Gefahr strafgerichtlicher Verfolgung oder eines Verfahrens nach dem Gesetz über Ordnungswidrigkeiten aussetzen würde.

(6) [1]Soweit zur Durchführung dieses Gesetzes oder der auf dieses Gesetz gestützten Rechtsverordnungen Immissionen zu ermitteln sind, haben auch die Eigentümer und Besitzer von Grundstücken, auf denen Anlagen nicht betrieben werden, den Angehörigen der zuständigen Behörde und deren Beauftragten den Zutritt zu den Grundstücken und zur Verhütung dringender Gefahren für die öffentliche Sicherheit oder Ordnung auch zu Wohnräumen und die Vornahme der Prüfungen zu gestatten. [2]Das Grundrecht der Unverletzlichkeit der Wohnung (Artikel 13 des Grundgesetzes) wird insoweit eingeschränkt. [3]Bei Ausübung der Befugnisse nach Satz 1 ist auf die berechtigten Belange der Eigentümer und Besitzer Rücksicht zu nehmen; für entstandene Schäden hat das Land, im Falle des § 59 Absatz 1 der Bund, Ersatz zu leisten. [4]Waren die Schäden unvermeidbare Folgen der Überwachungsmaßnahmen und haben die Überwachungsmaßnahmen zu Anordnungen der zuständigen Behörde gegen den Betreiber einer Anlage geführt, so hat dieser die Ersatzleistung dem Land oder dem Bund zu erstatten.

(7) [1]Auf die nach den Absätzen 2, 3 und 6 erlangten Kenntnisse und Unterlagen sind die §§ 93, 97, 105 Absatz 1, § 111 Absatz 5 in Verbindung mit § 105 Absatz 1 sowie § 116 Absatz 1 der Abgabenordnung nicht anzuwenden. [2]Dies gilt nicht, soweit die Finanzbehörden die Kenntnisse für die Durchführung eines Verfahrens wegen einer Steuerstraftat sowie eines damit zusammenhän-

[1)] Nr. **2.12**.

genden Besteuerungsverfahrens benötigen, an deren Verfolgung ein zwingendes öffentliches Interesse besteht, oder soweit es sich um vorsätzlich falsche Angaben des Auskunftspflichtigen oder der für ihn tätigen Personen handelt.

§ 52a Überwachungspläne, Überwachungsprogramme für Anlagen nach der Industrieemissions-Richtlinie. (1) [1] Überwachungspläne haben Folgendes zu enthalten:

1. den räumlichen Geltungsbereich des Plans,
2. eine allgemeine Bewertung der wichtigen Umweltprobleme im Geltungsbereich des Plans,
3. ein Verzeichnis der in den Geltungsbereich des Plans fallenden Anlagen,
4. Verfahren für die Aufstellung von Programmen für die regelmäßige Überwachung,
5. Verfahren für die Überwachung aus besonderem Anlass sowie
6. soweit erforderlich, Bestimmungen für die Zusammenarbeit zwischen verschiedenen Überwachungsbehörden.

[2] Die Überwachungspläne sind von den zuständigen Behörden regelmäßig zu überprüfen und, soweit erforderlich, zu aktualisieren.

(2) [1] Auf der Grundlage der Überwachungspläne erstellen oder aktualisieren die zuständigen Behörden regelmäßig Überwachungsprogramme, in denen auch die Zeiträume angegeben sind, in denen Vor-Ort-Besichtigungen stattfinden müssen. [2] In welchem zeitlichen Abstand Anlagen vor Ort besichtigt werden müssen, richtet sich nach einer systematischen Beurteilung der mit der Anlage verbundenen Umweltrisiken insbesondere anhand der folgenden Kriterien:

1. mögliche und tatsächliche Auswirkungen der betreffenden Anlage auf die menschliche Gesundheit und auf die Umwelt unter Berücksichtigung der Emissionswerte und -typen, der Empfindlichkeit der örtlichen Umgebung und des von der Anlage ausgehenden Unfallrisikos,
2. bisherige Einhaltung der Genehmigungsanforderungen nach § 6 Absatz 1 Nummer 1 und der Nebenbestimmungen nach § 12,
3. Eintragung eines Unternehmens in ein Verzeichnis gemäß den Artikeln 13 bis 15 der Verordnung (EG) Nummer 1221/2009 des Europäischen Parlaments und des Rates vom 25. November 2009 über die freiwillige Teilnahme von Organisationen an einem Gemeinschaftssystem für Umweltmanagement und Umweltbetriebsprüfung und zur Aufhebung der Verordnung (EG) Nr. 761/2001, sowie der Beschlüsse der Kommission 2001/681/EG und 2006/193/EG (ABl. L 342 vom 22.12.2009, S. 1).

(3) [1] Der Abstand zwischen zwei Vor-Ort-Besichtigungen darf die folgenden Zeiträume nicht überschreiten:

1. ein Jahr bei Anlagen, die der höchsten Risikostufe unterfallen, sowie
2. drei Jahre bei Anlagen, die der niedrigsten Risikostufe unterfallen.

[2] Wurde bei einer Überwachung festgestellt, dass der Betreiber einer Anlage in schwerwiegender Weise gegen die Genehmigung verstößt, hat die zuständige Behörde innerhalb von sechs Monaten nach der Feststellung des Verstoßes eine zusätzliche Vor-Ort-Besichtigung durchzuführen.

(4) Die zuständigen Behörden führen unbeschadet des Absatzes 2 bei Beschwerden wegen ernsthafter Umweltbeeinträchtigungen, bei Ereignissen mit erheblichen Umweltauswirkungen und bei Verstößen gegen die Vorschriften dieses Gesetzes oder der auf Grund dieses Gesetzes erlassenen Rechtsverordnungen eine Überwachung durch.

(5) [1]Nach jeder Vor-Ort-Besichtigung einer Anlage erstellt die zuständige Behörde einen Bericht mit den relevanten Feststellungen über die Einhaltung der Genehmigungsanforderungen nach § 6 Absatz 1 Nummer 1 und der Nebenbestimmungen nach § 12 sowie mit Schlussfolgerungen, ob weitere Maßnahmen notwendig sind. [2]Der Bericht ist dem Betreiber innerhalb von zwei Monaten nach der Vor-Ort-Besichtigung durch die zuständige Behörde zu übermitteln. [3]Der Bericht ist der Öffentlichkeit nach den Vorschriften über den Zugang zu Umweltinformationen innerhalb von vier Monaten nach der Vor-Ort-Besichtigung zugänglich zu machen.

§ 52b Mitteilungspflichten zur Betriebsorganisation. (1) [1]Besteht bei Kapitalgesellschaften das vertretungsberechtigte Organ aus mehreren Mitgliedern oder sind bei Personengesellschaften mehrere vertretungsberechtigte Gesellschafter vorhanden, so ist der zuständigen Behörde anzuzeigen, wer von ihnen nach den Bestimmungen über die Geschäftsführungsbefugnis für die Gesellschaft die Pflichten des Betreibers der genehmigungsbedürftigen Anlage wahrnimmt, die ihm nach diesem Gesetz und nach den auf Grund dieses Gesetzes erlassenen Rechtsverordnungen und allgemeinen Verwaltungsvorschriften obliegen. [2]Die Gesamtverantwortung aller Organmitglieder oder Gesellschafter bleibt hiervon unberührt.

(2) Der Betreiber der genehmigungsbedürftigen Anlage oder im Rahmen ihrer Geschäftsführungsbefugnis die nach Absatz 1 Satz 1 anzuzeigende Person hat der zuständigen Behörde mitzuteilen, auf welche Weise sichergestellt ist, dass die dem Schutz vor schädlichen Umwelteinwirkungen und vor sonstigen Gefahren, erheblichen Nachteilen und erheblichen Belästigungen dienenden Vorschriften und Anordnungen beim Betrieb beachtet werden.

§ 53 Bestellung eines Betriebsbeauftragten für Immissionsschutz.

(1) [1]Betreiber genehmigungsbedürftiger Anlagen haben einen oder mehrere Betriebsbeauftragte für Immissionsschutz (Immissionsschutzbeauftragte) zu bestellen, sofern dies im Hinblick auf die Art oder die Größe der Anlagen wegen der

1. von den Anlagen ausgehenden Emissionen,
2. technischen Probleme der Emissionsbegrenzung oder
3. Eignung der Erzeugnisse, bei bestimmungsgemäßer Verwendung schädliche Umwelteinwirkungen durch Luftverunreinigungen, Geräusche oder Erschütterungen hervorzurufen,

erforderlich ist. [2]Das Bundesministerium für Umwelt, Naturschutz, Bau und Reaktorsicherheit bestimmt nach Anhörung der beteiligten Kreise (§ 51) durch Rechtsverordnung[1)] mit Zustimmung des Bundesrates die genehmigungsbedürftigen Anlagen, deren Betreiber Immissionsschutzbeauftragte zu bestellen haben.

[1)] Siehe die VO über Immissionsschutz- und Störfallbeauftragte – 5. BImSchV (Nr. **2.5**).

(2) Die zuständige Behörde kann anordnen, dass Betreiber genehmigungsbedürftiger Anlagen, für die die Bestellung eines Immissionsschutzbeauftragten nicht durch Rechtsverordnung vorgeschrieben ist, sowie Betreiber nicht genehmigungsbedürftiger Anlagen einen oder mehrere Immissionsschutzbeauftragte zu bestellen haben, soweit sich im Einzelfall die Notwendigkeit der Bestellung aus den in Absatz 1 Satz 1 genannten Gesichtspunkten ergibt.

§ 54 Aufgaben. (1) [1]Der Immissionsschutzbeauftragte berät den Betreiber und die Betriebsangehörigen in Angelegenheiten, die für den Immissionsschutz bedeutsam sein können. [2]Er ist berechtigt und verpflichtet,

1. auf die Entwicklung und Einführung
   a) umweltfreundlicher Verfahren, einschließlich Verfahren zur Vermeidung oder ordnungsgemäßen und schadlosen Verwertung der beim Betrieb entstehenden Abfälle oder deren Beseitigung als Abfall sowie zur Nutzung von entstehender Wärme,
   b) umweltfreundlicher Erzeugnisse, einschließlich Verfahren zur Wiedergewinnung und Wiederverwendung,

   hinzuwirken,
2. bei der Entwicklung und Einführung umweltfreundlicher Verfahren und Erzeugnisse mitzuwirken, insbesondere durch Begutachtung der Verfahren und Erzeugnisse unter dem Gesichtspunkt der Umweltfreundlichkeit,
3. soweit dies nicht Aufgabe des Störfallbeauftragten nach § 58b Absatz 1 Satz 2 Nummer 3 ist, die Einhaltung der Vorschriften dieses Gesetzes und der auf Grund dieses Gesetzes erlassenen Rechtsverordnungen und die Erfüllung erteilter Bedingungen und Auflagen zu überwachen, insbesondere durch Kontrolle der Betriebsstätte in regelmäßigen Abständen, Messungen von Emissionen und Immissionen, Mitteilung festgestellter Mängel und Vorschläge über Maßnahmen zur Beseitigung dieser Mängel,
4. die Betriebsangehörigen über die von der Anlage verursachten schädlichen Umwelteinwirkungen aufzuklären sowie über die Einrichtungen und Maßnahmen zu ihrer Verhinderung unter Berücksichtigung der sich aus diesem Gesetz oder Rechtsverordnungen auf Grund dieses Gesetzes ergebenden Pflichten.

(2) Der Immissionsschutzbeauftragte erstattet dem Betreiber jährlich einen Bericht über die nach Absatz 1 Satz 2 Nr. 1 bis 4 getroffenen und beabsichtigten Maßnahmen.

§ 55 Pflichten des Betreibers. (1) [1]Der Betreiber hat den Immissionsschutzbeauftragten schriftlich zu bestellen und die ihm obliegenden Aufgaben genau zu bezeichnen. [2]Der Betreiber hat die Bestellung des Immissionsschutzbeauftragten und die Bezeichnung seiner Aufgaben sowie Veränderungen in seinem Aufgabenbereich und dessen Abberufung der zuständigen Behörde unverzüglich anzuzeigen. [3]Dem Immissionsschutzbeauftragten ist eine Abschrift der Anzeige auszuhändigen.

(1a) [1]Der Betreiber hat den Betriebs- oder Personalrat vor der Bestellung des Immissionsschutzbeauftragten unter Bezeichnung der ihm obliegenden Aufgaben zu unterrichten. [2]Entsprechendes gilt bei Veränderungen im Aufgabenbereich des Immissionsschutzbeauftragten und bei dessen Abberufung.

(2) [1] Der Betreiber darf zum Immissionsschutzbeauftragten nur bestellen, wer die zur Erfüllung seiner Aufgaben erforderliche Fachkunde und Zuverlässigkeit besitzt. [2] Werden der zuständigen Behörde Tatsachen bekannt, aus denen sich ergibt, dass der Immissionsschutzbeauftragte nicht die zur Erfüllung seiner Aufgaben erforderliche Fachkunde oder Zuverlässigkeit besitzt, kann sie verlangen, dass der Betreiber einen anderen Immissionsschutzbeauftragten bestellt. [3] Das Bundesministerium für Umwelt, Naturschutz, Bau und Reaktorsicherheit wird ermächtigt, nach Anhörung der beteiligten Kreise (§ 51) durch Rechtsverordnung[1)] mit Zustimmung des Bundesrates vorzuschreiben, welche Anforderungen an die Fachkunde und Zuverlässigkeit des Immissionsschutzbeauftragten zu stellen sind.

(3) [1] Werden mehrere Immissionsschutzbeauftragte bestellt, so hat der Betreiber für die erforderliche Koordinierung in der Wahrnehmung der Aufgaben, insbesondere durch Bildung eines Ausschusses für Umweltschutz, zu sorgen. [2] Entsprechendes gilt, wenn neben einem oder mehreren Immissionsschutzbeauftragten Betriebsbeauftragte nach anderen gesetzlichen Vorschriften bestellt werden. [3] Der Betreiber hat ferner für die Zusammenarbeit der Betriebsbeauftragten mit den im Bereich des Arbeitsschutzes beauftragten Personen zu sorgen.

(4) Der Betreiber hat den Immissionsschutzbeauftragten bei der Erfüllung seiner Aufgaben zu unterstützen und ihm insbesondere, soweit dies zur Erfüllung seiner Aufgaben erforderlich ist, Hilfspersonal sowie Räume, Einrichtungen, Geräte und Mittel zur Verfügung zu stellen und die Teilnahme an Schulungen zu ermöglichen.

§ 56 Stellungnahme zu Entscheidungen des Betreibers. (1) Der Betreiber hat vor Entscheidungen über die Einführung von Verfahren und Erzeugnissen sowie vor Investitionsentscheidungen eine Stellungnahme des Immissionsschutzbeauftragten einzuholen, wenn die Entscheidungen für den Immissionsschutz bedeutsam sein können.

(2) Die Stellungnahme ist so rechtzeitig einzuholen, dass sie bei den Entscheidungen nach Absatz 1 angemessen berücksichtigt werden kann; sie ist derjenigen Stelle vorzulegen, die über die Einführung von Verfahren und Erzeugnissen sowie über die Investition entscheidet.

§ 57 Vortragsrecht. [1] Der Betreiber hat durch innerbetriebliche Organisationsmaßnahmen sicherzustellen, dass der Immissionsschutzbeauftragte seine Vorschläge oder Bedenken unmittelbar der Geschäftsleitung vortragen kann, wenn er sich mit dem zuständigen Betriebsleiter nicht einigen konnte und er wegen der besonderen Bedeutung der Sache eine Entscheidung der Geschäftsleitung für erforderlich hält. [2] Kann der Immissionsschutzbeauftragte sich über eine von ihm vorgeschlagene Maßnahme im Rahmen seines Aufgabenbereichs mit der Geschäftsleitung nicht einigen, so hat diese den Immissionsschutzbeauftragten umfassend über die Gründe ihrer Ablehnung zu unterrichten.

§ 58 Benachteiligungsverbot, Kündigungsschutz. (1) Der Immissionsschutzbeauftragte darf wegen der Erfüllung der ihm übertragenen Aufgaben nicht benachteiligt werden.

[1)] Siehe die VO über Immissionsschutz- und Störfallbeauftragte – 5. BImSchV (Nr. **2.5**).

(2) [1] Ist der Immissionsschutzbeauftragte Arbeitnehmer des zur Bestellung verpflichteten Betreibers, so ist die Kündigung des Arbeitsverhältnisses unzulässig, es sei denn, dass Tatsachen vorliegen, die den Betreiber zur Kündigung aus wichtigem Grund ohne Einhaltung einer Kündigungsfrist berechtigen. [2] Nach der Abberufung als Immissionsschutzbeauftragter ist die Kündigung innerhalb eines Jahres, vom Zeitpunkt der Beendigung der Bestellung an gerechnet, unzulässig, es sei denn, dass Tatsachen vorliegen, die den Betreiber zur Kündigung aus wichtigem Grund ohne Einhaltung einer Kündigungsfrist berechtigen.

§ 58a Bestellung eines Störfallbeauftragten. (1) [1] Betreiber genehmigungsbedürftiger Anlagen haben einen oder mehrere Störfallbeauftragte zu bestellen, sofern dies im Hinblick auf die Art und Größe der Anlage wegen der bei einer Störung des bestimmungsgemäßen Betriebs auftretenden Gefahren für die Allgemeinheit und die Nachbarschaft erforderlich ist. [2] Die Bundesregierung bestimmt nach Anhörung der beteiligten Kreise (§ 51) durch Rechtsverordnung mit Zustimmung des Bundesrates die genehmigungsbedürftigen Anlagen, deren Betreiber Störfallbeauftragte zu bestellen haben.

(2) Die zuständige Behörde kann anordnen, dass Betreiber genehmigungsbedürftiger Anlagen, für die die Bestellung eines Störfallbeauftragten nicht durch Rechtsverordnung[1)] vorgeschrieben ist, einen oder mehrere Störfallbeauftragte zu bestellen haben, soweit sich im Einzelfall die Notwendigkeit der Bestellung aus dem in Absatz 1 Satz 1 genannten Gesichtspunkt ergibt.

§ 58b Aufgaben des Störfallbeauftragten. (1) [1] Der Störfallbeauftragte berät den Betreiber in Angelegenheiten, die für die Sicherheit der Anlage bedeutsam sein können. [2] Er ist berechtigt und verpflichtet,

1. auf die Verbesserung der Sicherheit der Anlage hinzuwirken,
2. dem Betreiber unverzüglich ihm bekannt gewordene Störungen des bestimmungsgemäßen Betriebs mitzuteilen, die zu Gefahren für die Allgemeinheit und die Nachbarschaft führen können,
3. die Einhaltung der Vorschriften dieses Gesetzes und der auf Grund dieses Gesetzes erlassenen Rechtsverordnungen sowie die Erfüllung erteilter Bedingungen und Auflagen im Hinblick auf die Verhinderung von Störungen des bestimmungsgemäßen Betriebs der Anlage zu überwachen, insbesondere durch Kontrolle der Betriebsstätte in regelmäßigen Abständen, Mitteilung festgestellter Mängel und Vorschläge zur Beseitigung dieser Mängel,
4. Mängel, die den vorbeugenden und abwehrenden Brandschutz sowie die technische Hilfeleistung betreffen, unverzüglich dem Betreiber zu melden.

(2) [1] Der Störfallbeauftragte erstattet dem Betreiber jährlich einen Bericht über die nach Absatz 1 Satz 2 Nummer 1 bis 3 getroffenen und beabsichtigten Maßnahmen. [2] Darüber hinaus ist er verpflichtet, die von ihm ergriffenen Maßnahmen zur Erfüllung seiner Aufgaben nach Absatz 1 Satz 2 Nummer 2 schriftlich oder elektronisch aufzuzeichnen. [3] Er muss diese Aufzeichnungen mindestens fünf Jahre aufbewahren.

---

1) Siehe die VO über Immissionsschutz- und Störfallbeauftragte – 5. BImSchV (Nr. **2.5**).

§ 58c Pflichten und Rechte des Betreibers gegenüber dem Störfallbeauftragten. (1) Die in den §§ 55 und 57 genannten Pflichten des Betreibers gelten gegenüber dem Störfallbeauftragten entsprechend; in Rechtsverordnungen[1] nach § 55 Absatz 2 Satz 3 kann auch geregelt werden, welche Anforderungen an die Fachkunde und Zuverlässigkeit des Störfallbeauftragten zu stellen sind.

(2) [1]Der Betreiber hat vor Investitionsentscheidungen sowie vor der Planung von Betriebsanlagen und der Einführung von Arbeitsverfahren und Arbeitsstoffen eine Stellungnahme des Störfallbeauftragten einzuholen, wenn diese Entscheidungen für die Sicherheit der Anlage bedeutsam sein können. [2]Die Stellungnahme ist so rechtzeitig einzuholen, dass sie bei den Entscheidungen nach Satz 1 angemessen berücksichtigt werden kann; sie ist derjenigen Stelle vorzulegen, die die Entscheidungen trifft.

(3) Der Betreiber kann dem Störfallbeauftragten für die Beseitigung und die Begrenzung der Auswirkungen von Störungen des bestimmungsgemäßen Betriebs, die zu Gefahren für die Allgemeinheit und die Nachbarschaft führen können oder bereits geführt haben, Entscheidungsbefugnisse übertragen.

§ 58d Verbot der Benachteiligung des Störfallbeauftragten, Kündigungsschutz. § 58 gilt für den Störfallbeauftragten entsprechend.

§ 58e Erleichterungen für auditierte Unternehmensstandorte.

(1) Die Bundesregierung wird ermächtigt, zur Förderung der privaten Eigenverantwortung für EMAS-Standorte durch Rechtsverordnung[2] mit Zustimmung des Bundesrates Erleichterungen zum Inhalt der Antragsunterlagen im Genehmigungsverfahren sowie überwachungsrechtliche Erleichterungen vorzusehen, soweit die entsprechenden Anforderungen der Verordnung (EG) Nummer 1221/2009 gleichwertig mit den Anforderungen sind, die zur Überwachung und zu den Antragsunterlagen nach diesem Gesetz oder nach den auf Grund dieses Gesetzes erlassenen Rechtsverordnungen vorgesehen sind oder soweit die Gleichwertigkeit durch die Rechtsverordnung nach dieser Vorschrift sichergestellt wird.

(2) Durch Rechtsverordnung nach Absatz 1 können weitere Voraussetzungen für die Inanspruchnahme und die Rücknahme von Erleichterungen oder die vollständige oder teilweise Aussetzung von Erleichterungen für Fälle festgelegt werden, in denen die Voraussetzungen für deren Gewährung nicht mehr vorliegen.

(3) [1]Durch Rechtsverordnung nach Absatz 1 können ordnungsrechtliche Erleichterungen gewährt werden, wenn der Umweltgutachter oder die Umweltgutachterorganisation die Einhaltung der Umweltvorschriften geprüft hat, keine Abweichungen festgestellt hat und dies in der Validierung bescheinigt. [2]Dabei können insbesondere Erleichterungen vorgesehen werden zu

1. Kalibrierungen, Ermittlungen, Prüfungen und Messungen,
2. Messberichten sowie sonstigen Berichten und Mitteilungen von Ermittlungsergebnissen,
3. Aufgaben des Immissionsschutz- und Störfallbeauftragten,

---

[1] Siehe die VO über Immissionsschutz- und Störfallbeauftragte – 5. BImSchV (Nr. **2.5**).
[2] Siehe die EMAS-Privilegierungs-VO (Nr. **3.1**).

4. Mitteilungspflichten zur Betriebsorganisation und
5. der Häufigkeit der behördlichen Überwachung.

§ 59 Zuständigkeit bei Anlagen der Landesverteidigung. Die Bundesregierung wird ermächtigt, durch Rechtsverordnung[1] mit Zustimmung des Bundesrates zu bestimmen, dass der Vollzug dieses Gesetzes und der auf dieses Gesetz gestützten Rechtsverordnungen bei Anlagen, die der Landesverteidigung dienen, Bundesbehörden obliegt.

§ 60 Ausnahmen für Anlagen der Landesverteidigung. (1) [1] Das Bundesministerium der Verteidigung kann für Anlagen nach § 3 Absatz 5 Nummer 1 und 3, die der Landesverteidigung dienen, in Einzelfällen, auch für bestimmte Arten von Anlagen, Ausnahmen von diesem Gesetz und von den auf dieses Gesetz gestützten Rechtsverordnungen zulassen, soweit dies zwingende Gründe der Verteidigung oder die Erfüllung zwischenstaatlicher Verpflichtungen erfordern. [2] Dabei ist der Schutz vor schädlichen Umwelteinwirkungen zu berücksichtigen.

(2) [1] Die Bundeswehr darf bei Anlagen nach § 3 Absatz 5 Nummer 2, die ihrer Bauart nach ausschließlich zur Verwendung in ihrem Bereich bestimmt sind, von den Vorschriften dieses Gesetzes und der auf dieses Gesetz gestützten Rechtsverordnungen abweichen, soweit dies zur Erfüllung ihrer besonderen Aufgaben zwingend erforderlich ist. [2] Die auf Grund völkerrechtlicher Verträge in der Bundesrepublik Deutschland stationierten Truppen dürfen bei Anlagen nach § 3 Absatz 5 Nummer 2, die zur Verwendung in deren Bereich bestimmt sind, von den Vorschriften dieses Gesetzes und der auf dieses Gesetz gestützten Rechtsverordnungen abweichen, soweit dies zur Erfüllung ihrer besonderen Aufgaben zwingend erforderlich ist.

§ 61 Berichterstattung an die Europäische Kommission. (1) [1] Die Länder übermitteln dem Bundesministerium für Umwelt, Naturschutz, Bau und Reaktorsicherheit nach dessen Vorgaben Informationen über die Umsetzung der Richtlinie 2010/75/EU, insbesondere über repräsentative Daten über Emissionen und sonstige Arten von Umweltverschmutzung, über Emissionsgrenzwerte und darüber, inwieweit der Stand der Technik angewendet wird. [2] Die Länder stellen diese Informationen auf elektronischem Wege zur Verfügung. [3] Art und Form der von den Ländern zu übermittelnden Informationen sowie der Zeitpunkt ihrer Übermittlung richten sich nach den Anforderungen, die auf der Grundlage von Artikel 72 Absatz 2 der Richtlinie 2010/75/EU festgelegt werden. [4] § 5 Absatz 1 Satz 2, Absatz 2 bis 6 des Gesetzes zur Ausführung des Protokolls über Schadstofffreisetzungs- und -verbringungsregister vom 21. Mai 2003 sowie zur Durchführung der Verordnung (EG) Nummer 166/2006 gilt entsprechend.

(2) [1] Die Länder übermitteln dem Bundesministerium für Umwelt, Naturschutz, Bau und Reaktorsicherheit nach dessen Vorgaben Informationen über die Umsetzung der Richtlinie 2012/18/EU sowie über die unter diese Richtlinie fallenden Betriebsbereiche. [2] Art und Form der von den Ländern zu übermittelnden Informationen sowie der Zeitpunkt ihrer Übermittlung richten sich

[1] Siehe die VO über Anlagen der Landesverteidigung – 14. BImSchV (Nr. **2.14**).

nach den Anforderungen, die auf der Grundlage von Artikel 21 Absatz 5 der Richtlinie 2012/18/EU festgelegt werden. [3]Absatz 1 Satz 2 und 4 gilt entsprechend.

§ 62 Ordnungswidrigkeiten. (1) Ordnungswidrig handelt, wer vorsätzlich oder fahrlässig

1. eine Anlage ohne die Genehmigung nach § 4 Absatz 1 errichtet,
2. einer auf Grund des § 7 erlassenen Rechtsverordnung oder auf Grund einer solchen Rechtsverordnung erlassenen vollziehbaren Anordnung zuwiderhandelt, soweit die Rechtsverordnung für einen bestimmten Tatbestand auf diese Bußgeldvorschrift verweist,
3. eine vollziehbare Auflage nach § 8a Absatz 2 Satz 2 oder § 12 Absatz 1 nicht, nicht richtig, nicht vollständig oder nicht rechtzeitig erfüllt,
4. die Lage, die Beschaffenheit oder den Betrieb einer genehmigungsbedürftigen Anlage ohne die Genehmigung nach § 16 Absatz 1 wesentlich ändert,

4a. ohne Genehmigung nach § 16a Satz 1 oder § 23b Absatz 1 Satz 1 eine dort genannte Anlage störfallrelevant ändert oder störfallrelevant errichtet,

5. einer vollziehbaren Anordnung nach § 17 Absatz 1 Satz 1 oder 2, jeweils auch in Verbindung mit Absatz 5, § 24 Satz 1, § 26, § 28 Satz 1 oder § 29 nicht, nicht richtig, nicht vollständig oder nicht rechtzeitig nachkommt,
6. eine Anlage entgegen einer vollziehbaren Untersagung nach § 25 Absatz 1 betreibt,
7. einer auf Grund der §§ 23, 32, 33 Absatz 1 Nummer 1 oder 2, §§ 34, 35, 37, 38 Absatz 2, § 39 oder § 48a Absatz 1 Satz 1 oder 2, Absatz 1a oder 3 erlassenen Rechtsverordnung oder einer auf Grund einer solchen Rechtsverordnung ergangenen vollziehbaren Anordnung zuwiderhandelt, soweit die Rechtsverordnung für einen bestimmten Tatbestand auf diese Bußgeldvorschrift verweist,

7a. entgegen § 38 Absatz 1 Satz 2 Kraftfahrzeuge und ihre Anhänger, die nicht zum Verkehr auf öffentlichen Straßen zugelassen sind, Schienen-, Luft- und Wasserfahrzeuge sowie Schwimmkörper und schwimmende Anlagen nicht so betreibt, dass vermeidbare Emissionen verhindert und unvermeidbare Emissionen auf ein Mindestmaß beschränkt bleiben oder

8. entgegen einer Rechtsverordnung nach § 49 Absatz 1 Nummer 2 oder einer auf Grund einer solchen Rechtsverordnung ergangenen vollziehbaren Anordnung eine ortsfeste Anlage errichtet, soweit die Rechtsverordnung für einen bestimmten Tatbestand auf diese Bußgeldvorschrift verweist,
9. entgegen § 37c Absatz 1 Satz 1 bis 3 der zuständigen Stelle die dort genannten Angaben nicht, nicht richtig, nicht vollständig oder nicht rechtzeitig mitteilt oder nicht oder nicht rechtzeitig eine Kopie des Vertrages mit dem Dritten vorlegt,
10. entgegen § 37c Absatz 1 Satz 4, auch in Verbindung mit Satz 5, oder Satz 6 der zuständigen Stelle die dort genannten Angaben nicht richtig mitteilt,
11. entgegen § 37f Absatz 1 Satz 1, auch in Verbindung mit einer Rechtsverordnung nach § 37d Absatz 2 Satz 1 Nummer 14, der zuständigen Stelle einen Bericht nicht, nicht richtig, nicht vollständig oder nicht rechtzeitig vorlegt.

(2) Ordnungswidrig handelt ferner, wer vorsätzlich oder fahrlässig

1. entgegen § 15 Absatz 1 oder 3 eine Anzeige nicht, nicht richtig, nicht vollständig oder nicht rechtzeitig macht,
1a. entgegen § 15 Absatz 2 Satz 2 eine Änderung vornimmt,
1b. entgegen § 23a Absatz 1 Satz 1 eine Anzeige nicht, nicht richtig, nicht vollständig oder nicht rechtzeitig macht,
2. entgegen § 27 Absatz 1 Satz 1 in Verbindung mit einer Rechtsverordnung nach Absatz 4 Satz 1 eine Emissionserklärung nicht, nicht richtig, nicht vollständig oder nicht rechtzeitig abgibt oder nicht, nicht richtig, nicht vollständig oder nicht rechtzeitig ergänzt,
3. entgegen § 31 Absatz 1 Satz 1 eine dort genannte Zusammenfassung oder dort genannte Daten nicht, nicht richtig, nicht vollständig oder nicht rechtzeitig vorlegt,
3a. entgegen § 31 Absatz 5 Satz 1 eine Mitteilung nicht, nicht richtig, nicht vollständig oder nicht rechtzeitig macht,
4. entgegen § 52 Absatz 2 Satz 1, 3 oder 4, auch in Verbindung mit Absatz 3 Satz 1 oder Absatz 6 Satz 1 Auskünfte nicht, nicht richtig, nicht vollständig oder nicht rechtzeitig erteilt, eine Maßnahme nicht duldet, Unterlagen nicht vorlegt, beauftragte Personen nicht hinzuzieht oder einer dort sonst genannten Verpflichtung zuwiderhandelt,
5. entgegen § 52 Absatz 3 Satz 2 die Entnahme von Stichproben nicht gestattet,
6. eine Anzeige nach § 67 Absatz 2 Satz 1 nicht, nicht richtig, nicht vollständig oder nicht rechtzeitig erstattet oder
7. entgegen § 67 Absatz 2 Satz 2 Unterlagen nicht, nicht richtig, nicht vollständig oder nicht rechtzeitig vorlegt.

(3) [1] Ordnungswidrig handelt, wer vorsätzlich oder fahrlässig

1. einer unmittelbar geltenden Vorschrift in Rechtsakten der Europäischen Union zuwiderhandelt, die inhaltlich
   a) einem in Absatz 1 Nummer 1, 3, 4, 5, 6, 7a, 9 oder Nummer 10 oder
   b) einem in Absatz 2

   bezeichneten Gebot oder Verbot entspricht, soweit eine Rechtsverordnung nach Satz 2 für einen bestimmten Tatbestand auf diese Bußgeldvorschrift verweist, oder
2. einer unmittelbar geltenden Vorschrift in Rechtsakten der Europäischen Union zuwiderhandelt, die inhaltlich einer Regelung entspricht, zu der die in Absatz 1 Nummer 2, 7 oder Nummer 8 genannten Vorschriften ermächtigen, soweit eine Rechtsverordnung nach Satz 2 für einen bestimmten Tatbestand auf diese Bußgeldvorschrift verweist.

[2] Das Bundesministerium für Umwelt, Naturschutz, Bau und Reaktorsicherheit wird ermächtigt, soweit dies zur Durchsetzung der Rechtsakte der Europäischen Union erforderlich ist, durch Rechtsverordnung mit Zustimmung des Bundesrates die Tatbestände zu bezeichnen, die als Ordnungswidrigkeit geahndet werden können.

(4) Die Ordnungswidrigkeit kann in den Fällen der Absätze 1 und 3 Nummer 1 Buchstabe a und Nummer 2 mit einer Geldbuße bis zu fünfzigtausend

Euro und in den übrigen Fällen mit einer Geldbuße bis zu zehntausend Euro geahndet werden.

(5) Verwaltungsbehörde im Sinne des § 36 Absatz 1 Nummer 1 des Gesetzes über Ordnungswidrigkeiten ist in den Fällen des Absatzes 1 Nummer 9 bis 11 die zuständige Stelle.

§§ 63 bis 65 (weggefallen)

Achter Teil. Schlussvorschriften

§ 66 Fortgeltung von Vorschriften. (1) (weggefallen)

(2) Bis zum Inkrafttreten von entsprechenden Rechtsverordnungen oder allgemeinen Verwaltungsvorschriften nach diesem Gesetz ist die Allgemeine Verwaltungsvorschrift zum Schutz gegen Baulärm – Geräuschimmissionen – vom 19. August 1970 (Beilage zum BAnz. Nr. 160 vom 1. September 1970) maßgebend.

§ 67 Übergangsvorschrift. (1) Eine Genehmigung, die vor dem Inkrafttreten dieses Gesetzes nach § 16 oder § 25 Absatz 1 der Gewerbeordnung erteilt worden ist, gilt als Genehmigung nach diesem Gesetz fort.

(2) [1] Eine genehmigungsbedürftige Anlage, die bei Inkrafttreten der Verordnung nach § 4 Absatz 1 Satz 3 errichtet oder wesentlich geändert ist oder mit deren Errichtung oder wesentlichen Änderung begonnen worden ist, muss innerhalb eines Zeitraums von drei Monaten nach Inkrafttreten der Verordnung der zuständigen Behörde angezeigt werden, sofern die Anlage nicht nach § 16 Absatz 1 oder § 25 Absatz 1 der Gewerbeordnung genehmigungsbedürftig war oder nach § 16 Absatz 4 der Gewerbeordnung angezeigt worden ist. [2] Der zuständigen Behörde sind innerhalb eines Zeitraums von zwei Monaten nach Erstattung der Anzeige Unterlagen gemäß § 10 Absatz 1 über Art, Lage, Umfang und Betriebsweise der Anlage im Zeitpunkt des Inkrafttretens der Verordnung nach § 4 Absatz 1 Satz 3 vorzulegen.

(3) Die Anzeigepflicht nach Absatz 2 gilt nicht für ortsveränderliche Anlagen, die im vereinfachten Verfahren (§ 19) genehmigt werden können.

(4) Bereits begonnene Verfahren sind nach den Vorschriften dieses Gesetzes und der auf dieses Gesetz gestützten Rechts- und Verwaltungsvorschriften zu Ende zu führen.

(5) [1] Soweit durch das Gesetz zur Umsetzung der Richtlinie über Industrieemissionen vom 8. April 2013 (BGBl. I S. 734) neue Anforderungen festgelegt worden sind, sind diese Anforderungen von Anlagen nach der Industrieemissions-Richtlinie erst ab dem 7. Januar 2014 zu erfüllen, wenn vor dem 7. Januar 2013

1. die Anlage sich im Betrieb befand oder
2. eine Genehmigung für die Anlage erteilt wurde oder vom Vorhabenträger ein vollständiger Genehmigungsantrag gestellt wurde.

[2] Bestehende Anlagen nach Satz 1, die nicht von Anhang I der Richtlinie 2008/1/EG des Europäischen Parlaments und des Rates vom 15. Januar 2008 über die integrierte Vermeidung und Verminderung der Umweltverschmutzung (kodifizierte Fassung) (ABl. L 24 vom 29.1.2008, S. 8), die durch die Richtlinie

2009/31/EG (ABl. L 140 vom 5.6.2009, S. 114) geändert worden ist, erfasst wurden, haben abweichend von Satz 1 die dort genannten Anforderungen ab dem 7. Juli 2015 zu erfüllen.

(6) [1] Eine nach diesem Gesetz erteilte Genehmigung für eine Anlage zum Umgang mit

1. gentechnisch veränderten Mikroorganismen,
2. gentechnisch veränderten Zellkulturen, soweit sie nicht dazu bestimmt sind, zu Pflanzen regeneriert zu werden,
3. Bestandteilen oder Stoffwechselprodukten von Mikroorganismen nach Nummer 1 oder Zellkulturen nach Nummer 2, soweit sie biologisch aktive, rekombinante Nukleinsäure enthalten,

ausgenommen Anlagen, die ausschließlich Forschungszwecken dienen, gilt auch nach dem Inkrafttreten eines Gesetzes zur Regelung von Fragen der Gentechnik[1)] fort. [2] Absatz 4 gilt entsprechend.

(7) [1] Eine Planfeststellung oder Genehmigung nach dem Abfallgesetz gilt als Genehmigung nach diesem Gesetz fort. [2] Eine Anlage, die nach dem Abfallgesetz angezeigt wurde, gilt als nach diesem Gesetz angezeigt. [3] Abfallentsorgungsanlagen, die weder nach dem Abfallgesetz planfestgestellt oder genehmigt noch angezeigt worden sind, sind unverzüglich bei der zuständigen Behörde anzuzeigen. [4] Absatz 2 Satz 2 gilt entsprechend.

(8) Für die für das Jahr 1996 abzugebenden Emissionserklärungen ist § 27 in der am 14. Oktober 1996 geltenden Fassung weiter anzuwenden.

(9) [1] Baugenehmigungen für Windkraftanlagen mit einer Gesamthöhe von mehr als 50 Metern, die bis zum 1. Juli 2005 erteilt worden sind, gelten als Genehmigungen nach diesem Gesetz. [2] Nach diesem Gesetz erteilte Genehmigungen für Windfarmen gelten als Genehmigungen für die einzelnen Windkraftanlagen. [3] Verfahren auf Erteilung einer Baugenehmigung für Windkraftanlagen, die vor dem 1. Juli 2005 rechtshängig geworden sind, werden nach den Vorschriften der Verordnung über genehmigungsbedürftige Anlagen und der Anlage 1 des Gesetzes über die Umweltverträglichkeitsprüfung in der bisherigen Fassung abgeschlossen; für die in diesem Zusammenhang erteilten Baugenehmigungen gilt Satz 1 entsprechend. [4] Sofern ein Verfahren nach Satz 3 in eine Klage auf Erteilung einer Genehmigung nach diesem Gesetz geändert wird, gilt diese Änderung als sachdienlich.

(10) § 47 Absatz 5a gilt für die Verfahren zur Aufstellung oder Änderung von Luftreinhalteplänen nach § 47, die nach dem 25. Juni 2005 eingeleitet worden sind.

(11) [1] Für Kraftstoffe, die bis zum 31. Dezember 2014 in Verkehr gebracht werden, finden die §§ 37a bis 37f in der am 31. Dezember 2014 geltenden Fassung Anwendung. [2] Die weitere Behandlung von Biokraftstoffmengen, die den Mindestanteil für das Kalenderjahr 2014 übersteigen und deren Anrechnung auf das Verpflichtungsjahr 2015 vom Verpflichteten beantragt wurde, richtet sich ausschließlich nach den am 1. Januar 2015 geltenden Regelungen.

[1)] Siehe das GentechnikG idF der Bek. v. 16.12.1993 (BGBl. I S. 2066), zuletzt geänd. durch G v. 20.11.2019 (BGBl. I S. 1626).

§ 67a Überleitungsregelung aus Anlass der Herstellung der Einheit Deutschlands. (1) [1]In dem in Artikel 3 des Einigungsvertrages genannten Gebiet muss eine genehmigungsbedürftige Anlage, die vor dem 1. Juli 1990 errichtet worden ist oder mit deren Errichtung vor diesem Zeitpunkt begonnen wurde, innerhalb von sechs Monaten nach diesem Zeitpunkt der zuständigen Behörde angezeigt werden. [2]Der Anzeige sind Unterlagen über Art, Umfang und Betriebsweise beizufügen.

(2) In dem in Artikel 3 des Einigungsvertrages genannten Gebiet darf die Erteilung einer Genehmigung zur Errichtung und zum Betrieb oder zur wesentlichen Änderung der Lage, Beschaffenheit oder des Betriebs einer genehmigungsbedürftigen Anlage wegen der Überschreitung eines Immissionswertes durch die Immissionsvorbelastung nicht versagt werden, wenn

1. die Zusatzbelastung geringfügig ist und mit einer deutlichen Verminderung der Immissionsbelastung im Einwirkungsbereich der Anlage innerhalb von fünf Jahren ab Genehmigung zu rechnen ist oder
2. im Zusammenhang mit dem Vorhaben Anlagen stillgelegt oder verbessert werden und dadurch eine Verminderung der Vorbelastung herbeigeführt wird, die im Jahresmittel mindestens doppelt so groß ist wie die von der Neuanlage verursachte Zusatzbelastung.

(3) Soweit die Technische Anleitung zur Reinhaltung der Luft[1)] vom 27. Februar 1986 (GMBl S. 95, 202) die Durchführung von Maßnahmen zur Sanierung von Altanlagen bis zu einem bestimmten Termin vorsieht, verlängern sich die hieraus ergebenden Fristen für das in Artikel 3 des Einigungsvertrages genannte Gebiet um ein Jahr; als Fristbeginn gilt der 1. Juli 1990.

§§ 68 bis 72 (Änderung von Rechtsvorschriften, Überleitung von Verweisungen, Aufhebung von Vorschriften)

§ 73 Bestimmungen zum Verwaltungsverfahren. Von den in diesem Gesetz und auf Grund dieses Gesetzes getroffenen Regelungen des Verwaltungsverfahrens kann durch Landesrecht nicht abgewichen werden.

Anlage
(zu § 3 Absatz 6)

Kriterien zur Bestimmung des Standes der Technik

Bei der Bestimmung des Standes der Technik sind unter Berücksichtigung der Verhältnismäßigkeit zwischen Aufwand und Nutzen möglicher Maßnahmen sowie des Grundsatzes der Vorsorge und der Vorbeugung, jeweils bezogen auf Anlagen einer bestimmten Art, insbesondere folgende Kriterien zu berücksichtigen:

1. Einsatz abfallarmer Technologie,
2. Einsatz weniger gefährlicher Stoffe,
3. Förderung der Rückgewinnung und Wiederverwertung der bei den einzelnen Verfahren erzeugten und verwendeten Stoffe und gegebenenfalls der Abfälle,
4. vergleichbare Verfahren, Vorrichtungen und Betriebsmethoden, die mit Erfolg im Betrieb erprobt wurden,
5. Fortschritte in der Technologie und in den wissenschaftlichen Erkenntnissen,

---

[1)] Nr. **5.1**.

6. Art, Auswirkungen und Menge der jeweiligen Emissionen,
7. Zeitpunkte der Inbetriebnahme der neuen oder der bestehenden Anlagen,
8. für die Einführung einer besseren verfügbaren Technik erforderliche Zeit,
9. Verbrauch an Rohstoffen und Art der bei den einzelnen Verfahren verwendeten Rohstoffe (einschließlich Wasser) sowie Energieeffizienz,
10. Notwendigkeit, die Gesamtwirkung der Emissionen und die Gefahren für den Menschen und die Umwelt so weit wie möglich zu vermeiden oder zu verringern,
11. Notwendigkeit, Unfällen vorzubeugen und deren Folgen für den Menschen und die Umwelt zu verringern,
12. Informationen, die von internationalen Organisationen veröffentlicht werden,
13. Informationen, die in BVT-Merkblättern enthalten sind.

2.1. Erste Verordnung zur Durchführung des Bundes-Immissionsschutzgesetzes (Verordnung über kleine und mittlere Feuerungsanlagen – 1. BImSchV)[1]

Vom 26. Januar 2010

(BGBl. I S. 38)

FNA 2129-8-1-3

zuletzt geänd. durch Art. 2 VO zur Einführung der VO über mittelgroße Feuerungs-, Gasturbinen- und Verbrennungsmotoranlagen sowie zur Änd. der VO über kleine und mittlere Feuerungsanlagen v. 13.6.2019 (BGBl. I S. 804)

Auf Grund des § 23 Absatz 1 in Verbindung mit § 48b sowie des § 59 des Bundes-Immissionsschutzgesetzes[2] in der Fassung der Bekanntmachung vom 26. September 2002 (BGBl. I S. 3830) verordnet die Bundesregierung nach Anhörung der beteiligten Kreise und unter Wahrung der Rechte des Bundestages:

Inhaltsübersicht

---

[1] **Amtl. Anm.:** Die Verpflichtungen aus der Richtlinie 98/34/EG des Europäischen Parlaments und des Rates vom 22. Juni 1998 über ein Informationsverfahren auf dem Gebiet der Normen und technischen Vorschriften und der Vorschriften für die Dienste der Informationsgesellschaft (ABl. L 204 vom 21.7.1998, S. 37), die zuletzt durch die Richtlinie 2006/96/EG (ABl. L 363 vom 20.12.2006, S. 81) geändert worden ist, sind beachtet worden.

[2] Nr. **1**.

Abschnitt 1. Allgemeine Vorschriften

§ 1 Anwendungsbereich. (1) Diese Verordnung gilt für die Errichtung, die Beschaffenheit und den Betrieb von Feuerungsanlagen, die keiner Genehmigung nach § 4 des Bundes-Immissionsschutzgesetzes[1] bedürfen, mit Ausnahme von Feuerungsanlagen zur Verbrennung von gasförmigen oder flüssigen Brennstoffen mit einer Feuerungswärmeleistung von 1 Megawatt oder mehr.

(2) [1] Die §§ 4 bis 20 sowie die §§ 25 und 26 gelten nicht für

1. Feuerungsanlagen, die nach dem Stand der Technik ohne eine Einrichtung zur Ableitung der Abgase betrieben werden können, insbesondere Infrarotheizstrahler,
2. Feuerungsanlagen, die dazu bestimmt sind,
   a) Güter durch unmittelbare Berührung mit heißen Abgasen zu trocknen,
   b) Speisen durch unmittelbare Berührung mit heißen Abgasen zu backen oder in ähnlicher Weise zuzubereiten,
   c) Alkohol in Kleinbrennereien mit einer jährlichen Erzeugung von nicht mehr als 10 Hektoliter Alkohol und einer jährlichen Betriebszeit von nicht mehr als 20 Tagen herzustellen oder
   d) Warmwasser in Badeöfen zu erzeugen,
3. Feuerungsanlagen, von denen nach den Umständen zu erwarten ist, dass sie nicht länger als während der drei Monate, die auf die Inbetriebnahme folgen, an demselben Ort betrieben werden.

---

[1] Nr. **1**.

[2]Die §§ 14 und 19 bleiben in den Fällen von Satz 1 Nummer 2 Buchstabe b auf ab dem 20. Juni 2019 errichtete oder wesentlich geänderte stationäre Feuerungsanlagen zum Grillen oder Backen von Speisen zu gewerblichen Zwecken, die feste Brennstoffe nach § 3 Absatz 1 einsetzen, anwendbar.

§ 2 Begriffsbestimmungen. In dieser Verordnung gelten die folgenden Begriffsbestimmungen:

1. Abgasverlust:
   die Differenz zwischen dem Wärmeinhalt des Abgases und dem Wärmeinhalt der Verbrennungsluft bezogen auf den Heizwert des Brennstoffes;
2. Brennwertgerät:
   Wärmeerzeuger, bei dem die Verdampfungswärme des im Abgas enthaltenen Wasserdampfes konstruktionsbedingt durch Kondensation nutzbar gemacht wird;
3. Einzelraumfeuerungsanlage:
   Feuerungsanlage, die vorrangig zur Beheizung des Aufstellraumes verwendet wird, sowie Herde mit oder ohne indirekt beheizte Backvorrichtung;
4. Emissionen:
   die von einer Feuerungsanlage ausgehenden Luftverunreinigungen; Konzentrationsangaben beziehen sich auf das Abgasvolumen im Normzustand (273 Kelvin, 1 013 Hektopascal) nach Abzug des Feuchtegehaltes an Wasserdampf;
5. Feuerungsanlage:
   eine Anlage, bei der durch Verfeuerung von Brennstoffen Wärme erzeugt wird; zur Feuerungsanlage gehören Feuerstätte und, soweit vorhanden, Einrichtungen zur Verbrennungsluftzuführung, Verbindungsstück und Abgaseinrichtung;
6. Feuerungswärmeleistung:
   der auf den unteren Heizwert bezogene Wärmeinhalt des Brennstoffs, der einer Feuerungsanlage im Dauerbetrieb je Zeiteinheit zugeführt werden kann;
7. Holzschutzmittel:
   bei der Be- und Verarbeitung des Holzes eingesetzte Stoffe mit biozider Wirkung gegen holzzerstörende Insekten oder Pilze sowie holzverfärbende Pilze; ferner Stoffe zur Herabsetzung der Entflammbarkeit von Holz;
8. Kern des Abgasstromes:
   der Teil des Abgasstromes, der im Querschnitt des Abgaskanals im Bereich der Messöffnung die höchste Temperatur aufweist;
9. naturbelassenes Holz:
   Holz, das ausschließlich mechanischer Bearbeitung ausgesetzt war und bei seiner Verwendung nicht mehr als nur unerheblich mit Schadstoffen kontaminiert wurde;
10. Nennwärmeleistung:
    die höchste von der Feuerungsanlage im Dauerbetrieb nutzbar abgegebene Wärmemenge je Zeiteinheit; ist die Feuerungsanlage für einen Nennwärmeleistungsbereich eingerichtet, so ist die Nennwärmeleistung die in den Grenzen des Nennwärmeleistungsbereichs fest eingestellte und auf einem Zusatzschild angegebene höchste nutzbare Wärmeleistung; ohne Zusatz-

schild gilt als Nennwärmeleistung der höchste Wert des Nennwärmeleistungsbereichs;

11. Nutzungsgrad:
das Verhältnis der von einer Feuerungsanlage nutzbar abgegebenen Wärmemenge zu dem der Feuerungsanlage mit dem Brennstoff zugeführten Wärmeinhalt bezogen auf eine Heizperiode mit festgelegter Wärmebedarfs-Häufigkeitsverteilung nach Anlage 3 Nummer 1;
12. offener Kamin:
Feuerstätte für feste Brennstoffe, die bestimmungsgemäß offen betrieben werden kann, soweit die Feuerstätte nicht ausschließlich für die Zubereitung von Speisen bestimmt ist;
13. Grundofen:
Einzelraumfeuerungsanlage als Wärmespeicherofen aus mineralischen Speichermaterialien, die an Ort und Stelle handwerklich gesetzt werden;
14. Ölderivate:
schwerflüchtige organische Substanzen, die sich bei der Bestimmung der Rußzahl auf dem Filterpapier niederschlagen;
15. Rußzahl:
die Kennzahl für die Schwärzung, die die im Abgas enthaltenen staubförmigen Emissionen bei der Rußzahlbestimmung nach DIN 51402 Teil 1, Ausgabe Oktober 1986, hervorrufen; Maßstab für die Schwärzung ist das optische Reflexionsvermögen; einer Erhöhung der Rußzahl um 1 entspricht eine Abnahme des Reflexionsvermögens um 10 Prozent;
16. wesentliche Änderung:
eine Änderung an einer Feuerungsanlage, die die Art oder Menge der Emissionen erheblich verändern kann; eine wesentliche Änderung liegt regelmäßig vor bei
    a) Umstellung einer Feuerungsanlage auf einen anderen Brennstoff, es sei denn, die Feuerungsanlage ist bereits für wechselweisen Brennstoffeinsatz eingerichtet,
    b) Austausch eines Kessels;
17. bestehende Feuerungsanlagen:
Feuerungsanlagen, die vor dem 22. März 2010 errichtet worden sind.

§ 3 Brennstoffe. (1) In Feuerungsanlagen nach § 1 dürfen nur die folgenden Brennstoffe eingesetzt werden:

1. Steinkohlen, nicht pechgebundene Steinkohlenbriketts, Steinkohlenkoks,
2. Braunkohlen, Braunkohlenbriketts, Braunkohlenkoks,
3. Brenntorf, Presslinge aus Brenntorf,

3a. Grill-Holzkohle, Grill-Holzkohlebriketts nach DIN EN 1860, Ausgabe September 2005,

4. naturbelassenes stückiges Holz einschließlich anhaftender Rinde, insbesondere in Form von Scheitholz und Hackschnitzeln, sowie Reisig und Zapfen,
5. naturbelassenes nicht stückiges Holz, insbesondere in Form von Sägemehl, Spänen und Schleifstaub, sowie Rinde,

5a. Presslinge aus naturbelassenem Holz in Form von Holzbriketts nach DIN 51731, Ausgabe Oktober 1996, oder in Form von Holzpellets nach den brennstofftechnischen Anforderungen des DINplus-Zertifizierungsprogramms „Holzpellets zur Verwendung in Kleinfeuerstätten nach DIN 51731-HP 5", Ausgabe August 2007, sowie andere Holzbriketts oder Holzpellets aus naturbelassenem Holz mit gleichwertiger Qualität,

6. gestrichenes, lackiertes oder beschichtetes Holz sowie daraus anfallende Reste, soweit keine Holzschutzmittel aufgetragen oder infolge einer Behandlung enthalten sind und Beschichtungen keine halogenorganischen Verbindungen oder Schwermetalle enthalten,

7. Sperrholz, Spanplatten, Faserplatten oder sonst verleimtes Holz sowie daraus anfallende Reste, soweit keine Holzschutzmittel aufgetragen oder infolge einer Behandlung enthalten sind und Beschichtungen keine halogenorganischen Verbindungen oder Schwermetalle enthalten,

8. Stroh und ähnliche pflanzliche Stoffe, nicht als Lebensmittel bestimmtes Getreide wie Getreidekörner und Getreidebruchkörner, Getreideganzpflanzen, Getreideausputz, Getreidespelzen und Getreidehalmreste sowie Pellets aus den vorgenannten Brennstoffen,

9. Heizöl leicht (Heizöl EL) nach DIN 51603-1, Ausgabe August 2008, und andere leichte Heizöle mit gleichwertiger Qualität sowie Methanol, Ethanol, naturbelassene Pflanzenöle oder Pflanzenölmethylester,

10. Gase der öffentlichen Gasversorgung, naturbelassenes Erdgas oder Erdölgas mit vergleichbaren Schwefelgehalten sowie Flüssiggas oder Wasserstoff,

11. Klärgas mit einem Volumengehalt an Schwefelverbindungen bis zu 1 Promille, angegeben als Schwefel, oder Biogas aus der Landwirtschaft,

12. Koksofengas, Grubengas, Stahlgas, Hochofengas, Raffineriegas und Synthesegas mit einem Volumengehalt an Schwefelverbindungen bis zu 1 Promille, angegeben als Schwefel, sowie

13. sonstige nachwachsende Rohstoffe, soweit diese die Anforderungen nach Absatz 5 einhalten.

(2) [1] Der Massegehalt an Schwefel der in Absatz 1 Nummer 1 und 2 genannten Brennstoffe darf 1 Prozent der Rohsubstanz nicht überschreiten. [2] Bei Steinkohlenbriketts oder Braunkohlenbriketts gilt diese Anforderung als erfüllt, wenn durch eine besondere Vorbehandlung eine gleichwertige Begrenzung der Emissionen an Schwefeldioxid im Abgas sichergestellt ist.

(3) [1] Die in Absatz 1 Nummer 4 bis 8 und 13 genannten Brennstoffe dürfen in Feuerungsanlagen nur eingesetzt werden, wenn ihr Feuchtegehalt unter 25 Prozent bezogen auf das Trocken- oder Darrgewicht des Brennstoffs liegt. [2] Satz 1 gilt nicht bei automatisch beschickten Feuerungsanlagen, die nach Angaben des Herstellers für Brennstoffe mit höheren Feuchtegehalten geeignet sind.

(4) [1] Presslinge aus Brennstoffen nach Absatz 1 Nummer 5a bis 8 und 13 dürfen nicht unter Verwendung von Bindemitteln hergestellt sein. [2] Ausgenommen davon sind Bindemittel aus Stärke, pflanzlichem Stearin, Melasse und Zellulosefaser.

(5) Brennstoffe im Sinne des Absatzes 1 Nummer 13 müssen folgende Anforderungen erfüllen:

1. für den Brennstoff müssen genormte Qualitätsanforderungen vorliegen,
2. die Emissionsgrenzwerte nach Anlage 4 Nummer 2 müssen unter Prüfbedingungen eingehalten werden,
3. beim Einsatz des Brennstoffes im Betrieb dürfen keine höheren Emissionen an Dioxinen, Furanen und polyzyklischen aromatischen Kohlenwasserstoffen als bei der Verbrennung von Holz auftreten; dies muss durch ein mindestens einjährliches Messprogramm an den für den Einsatz vorgesehenen Feuerungsanlagentyp nachgewiesen werden,
4. beim Einsatz des Brennstoffes im Betrieb müssen die Anforderungen nach § 5 Absatz 1 eingehalten werden können; dies muss durch ein mindestens einjährliches Messprogramm an den für den Einsatz vorgesehenen Feuerungsanlagentyp nachgewiesen werden.

Abschnitt 2. Feuerungsanlagen für feste Brennstoffe

§ 4 Allgemeine Anforderungen. (1) [1] Feuerungsanlagen für feste Brennstoffe dürfen nur betrieben werden, wenn sie sich in einem ordnungsgemäßen technischen Zustand befinden. [2] Sie dürfen nur mit Brennstoffen nach § 3 Absatz 1 betrieben werden, für deren Einsatz sie nach Angaben des Herstellers geeignet sind. [3] Errichtung und Betrieb haben sich nach den Vorgaben des Herstellers zu richten.

(2) Emissionsbegrenzungen beziehen sich auf einen Volumengehalt an Sauerstoff im Abgas von 13 Prozent.

(3) Einzelraumfeuerungsanlagen für feste Brennstoffe, mit Ausnahme von Grundöfen und offenen Kaminen, die ab dem 22. März 2010 errichtet werden, dürfen nur betrieben werden, wenn für die Feuerstättenart der Einzelraumfeuerungsanlagen durch eine Typprüfung des Herstellers belegt werden kann, dass unter Prüfbedingungen die Anforderungen an die Emissionsgrenzwerte und den Mindestwirkungsgrad nach Anlage 4 eingehalten werden.

(4) [1] Offene Kamine dürfen nur gelegentlich betrieben werden. [2] In ihnen dürfen nur naturbelassenes stückiges Holz nach § 3 Absatz 1 Nummer 4 oder Presslinge in Form von Holzbriketts nach § 3 Absatz 1 Nummer 5a eingesetzt werden.

(5) [1] Grundöfen, die nach dem 31. Dezember 2014 errichtet und betrieben werden, sind mit nachgeschalteten Einrichtungen zur Staubminderung nach dem Stand der Technik auszustatten. [2] Satz 1 gilt nicht für Anlagen, bei denen die Einhaltung der Anforderungen nach Anlage 4 Nummer 1 zu Kachelofenheizeinsätzen mit Füllfeuerungen nach DIN EN 13229/A1, Ausgabe Oktober 2005, wie folgt nachgewiesen wird:

1. bei einer Messung von einer Schornsteinfegerin oder einem Schornsteinfeger unter sinngemäßer Anwendung der Bestimmungen der Anlage 4 Nummer 3 zu Beginn des Betriebes oder
2. im Rahmen einer Typprüfung des vorgefertigten Feuerraumes unter Anwendung der Bestimmungen der Anlage 4 Nummer 3.

(6) [1] Die nachgeschalteten Einrichtungen zur Staubminderung nach Absatz 5 dürfen nur verwendet werden, wenn ihre Eignung von der zuständigen Behörde festgestellt worden ist oder eine Bauartzulassung vorliegt. [2] Die Eignungsfest-

stellung und die Bauartzulassung entfallen, sofern nach den bauordnungsrechtlichen Vorschriften über die Verwendung von Bauprodukten auch die immissionsschutzrechtlichen Anforderungen eingehalten werden.

(7) Feuerungsanlagen für die in § 3 Absatz 1 Nummer 8 und 13 genannten Brennstoffe, die ab dem 22. März 2010 errichtet werden, dürfen nur betrieben werden, wenn für die Feuerungsanlage durch eine Typprüfung des Herstellers belegt wird, dass unter Prüfbedingungen die Anforderungen an die Emissionsgrenzwerte nach Anlage 4 Nummer 2 eingehalten werden.

(8) Der Betreiber einer handbeschickten Feuerungsanlage für feste Brennstoffe hat sich nach der Errichtung oder nach einem Betreiberwechsel innerhalb eines Jahres hinsichtlich der sachgerechten Bedienung der Feuerungsanlage, der ordnungsgemäßen Lagerung des Brennstoffs sowie der Besonderheiten beim Umgang mit festen Brennstoffen von einer Schornsteinfegerin oder einem Schornsteinfeger im Zusammenhang mit anderen Schornsteinfegerarbeiten beraten zu lassen.

§ 5 Feuerungsanlagen mit einer Nennwärmeleistung von 4 Kilowatt oder mehr. (1) [1] Feuerungsanlagen für feste Brennstoffe mit einer Nennwärmeleistung von 4 Kilowatt oder mehr, ausgenommen Einzelraumfeuerungsanlagen, sind so zu errichten und zu betreiben, dass die nach Anlage 2 ermittelten Massenkonzentrationen die folgenden Emissionsgrenzwerte für Staub und Kohlenstoffmonoxid (CO) nicht überschreiten:

	Brennstoff nach § 3 Absatz 1	Nennwärmeleistung (Kilowatt)	Staub (g/m^3)	CO (g/m^3)
Stufe 1: Anlagen, die ab dem 22. März 2010 errichtet werden	Nummer 1 bis 3a	≥ 4 ≤ 500	0,09	1,0
		> 500	0,09	0,5
	Nummer 4 bis 5	≥ 4 ≤ 500	0,10	1,0
		> 500	0,10	0,5
	Nummer 5a	≥ 4 ≤ 500	0,06	0,8
		> 500	0,06	0,5
	Nummer 6 bis 7	≥ 30 ≤ 100	0,10	0,8
		> 100 ≤ 500	0,10	0,5
		> 500	0,10	0,3
	Nummer 8 und 13	≥ 4 < 100	0,10	1,0
Stufe 2: Anlagen, die nach dem 31.12. 2014 errichtet werden	Nummer 1 bis 5a	≥ 4	0,02	0,4
	Nummer 6 bis 7	≥ 30 ≤ 500	0,02	0,4
		> 500	0,02	0,3
	Nummer 8 und 13	≥ 4 < 100	0,02	0,4

[2] Abweichend von Satz 1 gelten bei Feuerungsanlagen, in denen ausschließlich Brennstoffe nach § 3 Absatz 1 Nummer 4 in Form von Scheitholz eingesetzt werden, die Grenzwerte der Stufe 2 erst für Anlagen, die nach dem 31. Dezember 2016 errichtet werden.

(2) Die in § 3 Absatz 1 Nummer 6 oder Nummer 7 genannten Brennstoffe dürfen nur in Feuerungsanlagen mit einer Nennwärmeleistung von 30 Kilowatt oder mehr und nur in Betrieben der Holzbearbeitung oder Holzverarbeitung eingesetzt werden.

(3) [1] Die in § 3 Absatz 1 Nummer 8 und 13 genannten Brennstoffe dürfen nur in automatisch beschickten Feuerungsanlagen eingesetzt werden, die nach Angaben des Herstellers für diese Brennstoffe geeignet sind und die im Rahmen der Typprüfung nach § 4 Absatz 7 mit den jeweiligen Brennstoffen geprüft wurden. [2] Die in § 3 Absatz 1 Nummer 8 genannten Brennstoffe, ausgenommen Stroh und ähnliche pflanzliche Stoffe, dürfen nur in Betrieben der Land- und Forstwirtschaft, des Gartenbaus und in Betrieben des agrargewerblichen Sektors, die Umgang mit Getreide haben, insbesondere Mühlen und Agrarhandel, eingesetzt werden.

(4) [1] Bei Feuerungsanlagen mit flüssigem Wärmeträgermedium, ausgenommen Einzelraumfeuerungsanlagen, für den Einsatz der in § 3 Absatz 1 Nummer 4 bis 8 und 13 genannten Brennstoffe, die ab dem 22. März 2010 errichtet werden, soll ein Wasser-Wärmespeicher mit einem Volumen von zwölf Litern je Liter Brennstofffüllraum vorgehalten werden. [2] Es ist mindestens ein Wasser-Wärmespeichervolumen von 55 Litern pro Kilowatt Nennwärmeleistung zu verwenden. [3] Abweichend von Satz 1 genügt bei automatisch beschickten Anlagen ein Wasser-Wärmespeicher mit einem Volumen von mindestens 20 Litern je Kilowatt Nennwärmeleistung. [4] Abweichend von den Sätzen 1 und 2 kann ein sonstiger Wärmespeicher gleicher Kapazität verwendet werden. [5] Die Sätze 1 und 2 gelten nicht für

1. automatisch beschickte Feuerungsanlagen, die die Anforderungen nach Absatz 1 bei kleinster einstellbarer Leistung einhalten,
2. Feuerungsanlagen, die zur Abdeckung der Grund- und Mittellast in einem Wärmeversorgungssystem unter Volllast betrieben werden und die Spitzen- und Zusatzlasten durch einen Reservekessel abdecken, sowie
3. Feuerungsanlagen, die auf Grund ihrer bestimmungsgemäßen Funktion ausschließlich bei Volllast betrieben werden.

Abschnitt 3. Öl- und Gasfeuerungsanlagen

§ 6 Allgemeine Anforderungen. (1) [1] Öl- und Gasfeuerungsanlagen zur Beheizung von Gebäuden oder Räumen mit Wasser als Wärmeträger und einer Feuerungswärmeleistung unter 1 Megawatt, die ab dem 22. März 2010 errichtet werden, dürfen nur betrieben werden, wenn für die eingesetzten Kessel-Brenner-Einheiten, Kessel und Brenner durch eine Bescheinigung des Herstellers belegt wird, dass der unter Prüfbedingungen nach dem Verfahren der Anlage 3 Nummer 2 ermittelte Gehalt des Abgases an Stickstoffoxiden, angegeben als Stickstoffdioxid, in Abhängigkeit von der Nennwärmeleistung die folgenden Werte nicht überschreitet:

1. bei Einsatz von Heizöl EL im Sinne des § 3 Absatz 1 Nummer 9:

Nennwärmeleistung (kW)	Emissionen in mg/kWh
≤ 120	110
> 120 ≤ 400	120
> 400	185

2. bei Einsatz von Gasen der öffentlichen Gasversorgung:

Nennwärmeleistung (kW)	Emissionen in mg/kWh
≤ 120	60
> 120 ≤ 400	80
> 400	120

[2]Die Möglichkeiten, die Emissionen an Stickstoffoxid durch feuerungstechnische Maßnahmen nach dem Stand der Technik weiter zu vermindern, sind auszuschöpfen.

(2) In Öl- und Gasfeuerungsanlagen zur Beheizung von Gebäuden oder Räumen mit Wasser als Wärmeträger, die ab dem 22. März 2010 errichtet oder durch Austausch des Kessels wesentlich geändert werden, dürfen Heizkessel mit einer Nennwärmeleistung von mehr als 400 Kilowatt nur eingesetzt werden, soweit durch eine Bescheinigung des Herstellers belegt werden kann, dass ihr unter Prüfbedingungen nach dem Verfahren der Anlage 3 Nummer 1 ermittelter Nutzungsgrad von 94 Prozent nicht unterschritten wird.

(3) *(aufgehoben)*

(4) Für Kessel-Brenner-Einheiten, Kessel und Brenner, die in einem Mitgliedstaat der Europäischen Union oder in einem anderen Vertragsstaat des Abkommens über den Europäischen Wirtschaftsraum hergestellt worden sind, kann der Gehalt des Abgases an Stickstoffoxiden abweichend von Absatz 1 auch nach einem dem Verfahren nach Anlage 3 Nummer 2 gleichwertigen Verfahren, insbesondere nach einem in einer europäischen Norm festgelegten Verfahren, ermittelt werden.

§ 7 Ölfeuerungsanlagen mit Verdampfungsbrenner. [1]Ölfeuerungsanlagen mit Verdampfungsbrenner sind so zu errichten und zu betreiben, dass

1. die nach dem Verfahren der Anlage 2 Nummer 3.2 ermittelte Schwärzung durch die staubförmigen Emissionen im Abgas die Rußzahl 2 nicht überschreitet,
2. die Abgase nach der nach dem Verfahren der Anlage 2 Nummer 3.3 vorgenommenen Prüfung frei von Ölderivaten sind,
3. die Grenzwerte für die Abgasverluste nach § 10 Absatz 1 eingehalten werden und
4. die Kohlenstoffmonoxidemissionen einen Wert von 1300 Milligramm je Kilowattstunde nicht überschreiten.

[2]Bei Anlagen mit einer Nennwärmeleistung von 11 Kilowatt oder weniger, die vor dem 1. November 1996 errichtet worden sind, darf abweichend von Satz 1 Nummer 1 die Rußzahl 3 nicht überschritten werden.

§ 8 Ölfeuerungsanlagen mit Zerstäubungsbrenner. [1] Ölfeuerungsanlagen mit Zerstäubungsbrenner sind so zu errichten und zu betreiben, dass

1. die nach dem Verfahren der Anlage 2 Nummer 3.2 ermittelte Schwärzung durch die staubförmigen Emissionen im Abgas die Rußzahl 1 nicht überschreitet,
2. die Abgase nach der nach dem Verfahren der Anlage 2 Nummer 3.3 vorgenommenen Prüfung frei von Ölderivaten sind,
3. die Grenzwerte für die Abgasverluste nach § 10 Absatz 1 eingehalten werden und
4. die Kohlenstoffmonoxidemissionen einen Wert von 1300 Milligramm je Kilowattstunde nicht überschreiten.

[2] Bei Anlagen, die bis zum 1. Oktober 1988, in dem in Artikel 3 des Einigungsvertrages genannten Gebiet bis zum 3. Oktober 1990, errichtet worden sind, darf abweichend von Satz 1 Nummer 1 die Rußzahl 2 nicht überschritten werden, es sei denn, die Anlagen sind nach diesen Zeitpunkten wesentlich geändert worden oder werden wesentlich geändert.

§ 9 Gasfeuerungsanlagen. (1) Für Feuerungsanlagen, die regelmäßig mit Gasen der öffentlichen Gasversorgung und während höchstens 300 Stunden im Jahr mit Heizöl EL im Sinne des § 3 Absatz 1 Nummer 9 betrieben werden, gilt während des Betriebs mit Heizöl EL für alle Betriebstemperaturen ein Emissionsgrenzwert für Stickstoffoxide von 250 Milligramm je Kilowattstunde Abgas.

(2) Gasfeuerungsanlagen sind so zu errichten und zu betreiben, dass die Grenzwerte für die Abgasverluste nach § 10 Absatz 1 eingehalten werden.

§ 10 Begrenzung der Abgasverluste. (1) [1] Bei Öl- und Gasfeuerungsanlagen dürfen die nach dem Verfahren der Anlage 2 Nummer 3.4 für die Feuerstätte ermittelten Abgasverluste die nachfolgend genannten Prozentsätze nicht überschreiten:

Nennwärmeleistung in Kilowatt	Grenzwerte für die Abgasverluste in Prozent
≥ 4 ≤ 25	11
> 25 ≤ 50	10
> 50	9

[2] Kann bei einer Öl- oder Gasfeuerungsanlage, die mit einem Heizkessel ausgerüstet ist, der die Anforderungen der Richtlinie 92/42/EWG des Rates vom 21. Mai 1992 über die Wirkungsgrade von mit flüssigen oder gasförmigen Brennstoffen beschickten neuen Warmwasserheizkesseln (ABl. L 167 vom 22.6.1992, S. 17, L 195 vom 14.7.1992, S. 32), die zuletzt durch die Richtlinie 2008/28/EG (ABl. L 81 vom 20.3.2008, S. 48) geändert worden ist, an den Wirkungsgrad des Heizkessels erfüllt, der Abgasverlust-Grenzwert nach Satz 1 auf Grund der Bauart des Kessels nicht eingehalten werden, so gilt ein um 1 Prozentpunkt höherer Wert, wenn der Heizkessel in der Konformitätserklärung nach Artikel 7 Absatz 2 der Richtlinie 92/42/EWG als Standardheizkessel nach Artikel 2 der Richtlinie 92/42/EWG ausgewiesen und mit einem CE-Kenn-

zeichen nach Artikel 7 Absatz 1 der Richtlinie 92/42/EWG gekennzeichnet ist.

(2) Öl- und Gasfeuerungsanlagen, bei denen die Grenzwerte für die Abgasverluste nach Absatz 1 auf Grund ihrer bestimmungsgemäßen Funktionen nicht eingehalten werden können, sind so zu errichten und zu betreiben, dass sie dem Stand der Technik des jeweiligen Prozesses oder der jeweiligen Bauart entsprechen.

(3) Absatz 1 gilt nicht für

1. Einzelraumfeuerungsanlagen mit einer Nennwärmeleistung von 11 Kilowatt oder weniger und
2. Feuerungsanlagen, die bei einer Nennwärmeleistung von 28 Kilowatt oder weniger ausschließlich der Brauchwasserbereitung dienen.

§ 11 *(aufgehoben)*

Abschnitt 4. Überwachung

§ 12 Messöffnung. [1] Der Betreiber einer Feuerungsanlage, für die nach den §§ 14 und 15 Messungen von einer Schornsteinfegerin oder einem Schornsteinfeger vorgeschrieben sind, hat eine Messöffnung herzustellen oder herstellen zu lassen, die den Anforderungen nach Anlage 1 entspricht. [2] Hat eine Feuerungsanlage mehrere Verbindungsstücke, ist in jedem Verbindungsstück eine Messöffnung einzurichten. [3] In anderen als den in Satz 1 genannten Fällen hat der Betreiber auf Verlangen der zuständigen Behörde die Herstellung einer Messöffnung zu gestatten.

§ 13 Messeinrichtungen. (1) Messungen zur Feststellung der Emissionen und der Abgasverluste müssen unter Einsatz von Messverfahren und Messeinrichtungen durchgeführt werden, die dem Stand der Messtechnik entsprechen.

(2) Die Messungen nach den §§ 14 und 15 sind mit geeigneten Messeinrichtungen durchzuführen.

(3) Die eingesetzten Messeinrichtungen sind halbjährlich einmal von einer nach Landesrecht zuständigen Behörde bekannt gegebenen Stelle zu überprüfen.

§ 14 Überwachung neuer und wesentlich geänderter Feuerungsanlagen. (1) Der Betreiber einer ab dem 22. März 2010 errichteten oder wesentlich geänderten Feuerungsanlage für feste Brennstoffe hat die Einhaltung der Anforderungen des § 19 vor der Inbetriebnahme der Anlage von einer Schornsteinfegerin oder einem Schornsteinfeger feststellen zu lassen; die Feststellung kann auch im Zusammenhang mit anderen Schornsteinfegerarbeiten erfolgen.

(2) Der Betreiber einer ab dem 22. März 2010 errichteten oder wesentlich geänderten Feuerungsanlage, für die in § 3 Absatz 3, § 4 Absatz 1, 3 bis 7, § 5, § 6 Absatz 1 oder 2 oder in den §§ 7 bis 10 Anforderungen festgelegt sind, hat die Einhaltung der jeweiligen Anforderungen innerhalb von vier Wochen nach der Inbetriebnahme von einer Schornsteinfegerin oder einem Schornsteinfeger feststellen zu lassen.

(3) Absatz 2 gilt nicht für

1. Einzelraumfeuerungsanlagen für den Einsatz von flüssigen Brennstoffen mit einer Nennwärmeleistung von 11 Kilowatt oder weniger,
2. Feuerungsanlagen mit einer Nennwärmeleistung von 11 Kilowatt oder weniger, die ausschließlich der Brauchwassererwärmung dienen,
3. Feuerungsanlagen, bei denen Methanol, Ethanol, Wasserstoff, Biogas, Klärgas, Grubengas, Stahlgas, Hochofengas oder Raffineriegas eingesetzt werden, sowie Feuerungsanlagen, bei denen naturbelassenes Erdgas oder Erdölgas jeweils an der Gewinnungsstelle eingesetzt werden,
4. Feuerungsanlagen, die als Brennwertgeräte eingerichtet sind, hinsichtlich der Anforderungen des § 10.

(4) [1] Die Messungen nach Absatz 2 sind während der üblichen Betriebszeit einer Feuerungsanlage nach der Anlage 2 durchzuführen. [2] Über das Ergebnis der Messungen sowie über die Durchführung der Überwachungstätigkeiten nach Absatz 1 und 2 hat die Schornsteinfegerin oder der Schornsteinfeger dem Betreiber der Feuerungsanlage eine Bescheinigung nach Anlage 2 Nummer 4 und 5 auszustellen.

(5) [1] Ergibt eine Überprüfung nach Absatz 2, dass die Anforderungen nicht erfüllt sind, hat der Betreiber den Mangel abzustellen und von einer Schornsteinfegerin oder einem Schornsteinfeger eine Wiederholung zur Feststellung der Einhaltung der Anforderungen durchführen zu lassen. [2] Das Schornsteinfeger-Handwerksgesetz vom 26. November 2008 (BGBl. I S. 2242) in der jeweils geltenden Fassung bleibt unberührt.

§ 15 Wiederkehrende Überwachung. (1) [1] Der Betreiber einer Feuerungsanlage für den Einsatz der in § 3 Absatz 1 Nummer 1 bis 8 und 13 genannten Brennstoffe mit einer Nennwärmeleistung von 4 Kilowatt oder mehr, ausgenommen Einzelraumfeuerungsanlagen, hat die Einhaltung der Anforderungen nach § 5 Absatz 1 und § 25 Absatz 1 Satz 1 ab den in diesen Vorschriften genannten Zeitpunkten einmal in jedem zweiten Kalenderjahr von einer Schornsteinfegerin oder einem Schornsteinfeger durch Messungen feststellen zu lassen. [2] Im Rahmen der Überwachung nach Satz 1 ist die Einhaltung der Anforderungen an die Brennstoffe nach § 3 Absatz 3, § 4 Absatz 1 und § 5 Absatz 2 und 3 überprüfen zu lassen.

(2) Der Betreiber einer Einzelraumfeuerungsanlage für feste Brennstoffe hat die Einhaltung der Anforderung nach § 3 Absatz 3 und § 4 Absatz 1 im Zusammenhang mit der regelmäßigen Feuerstättenschau von dem Bezirksschornsteinfegermeister überprüfen zu lassen.

(3) [1] Der Betreiber einer Öl- oder Gasfeuerungsanlage mit einer Nennwärmeleistung von 4 Kilowatt und mehr, für die in den §§ 7 bis 10 Anforderungen festgelegt sind, hat die Einhaltung der jeweiligen Anforderungen

1. einmal in jedem dritten Kalenderjahr bei Anlagen, deren Inbetriebnahme oder wesentliche Änderung nach § 2 Nummer 16 Buchstabe b zwölf Jahre und weniger zurückliegt, und
2. einmal in jedem zweiten Kalenderjahr bei Anlagen, deren Inbetriebnahme oder wesentliche Änderung nach § 2 Nummer 16 Buchstabe b mehr als zwölf Jahre zurückliegt,

von einer Schornsteinfegerin oder einem Schornsteinfeger durch Messungen feststellen zu lassen. [2]Abweichend von Satz 1 hat der Betreiber einer Anlage mit selbstkalibrierender kontinuierlicher Regelung des Verbrennungsprozesses die Einhaltung der Anforderungen einmal in jedem fünften Kalenderjahr von einer Schornsteinfegerin oder einem Schornsteinfeger durch Messungen feststellen zu lassen.

(4) Die Absätze 1 bis 3 gelten nicht für

1. Feuerungsanlagen nach § 14 Absatz 3 sowie
2. vor dem 1. Januar 1985 errichtete Gasfeuerungsanlagen mit Außenwandanschluss.

(5) § 14 Absatz 4 und 5 gilt entsprechend.

§ 16 Zusammenstellung der Messergebnisse. [1]Der Bezirksschornsteinfegermeister meldet die Ergebnisse der Messungen nach den §§ 14 und 15 kalenderjährlich nach näherer Weisung der Innung für das Schornsteinfegerhandwerk dem zuständigen Landesinnungsverband. [2]Die Landesinnungsverbände für das Schornsteinfegerhandwerk erstellen für jedes Kalenderjahr Übersichten über die Ergebnisse der Messungen und legen diese Übersichten im Rahmen der gesetzlichen Auskunftspflichten der Innungen für das Schornsteinfegerhandwerk der für den Immissionsschutz zuständigen obersten Landesbehörde oder der nach Landesrecht zuständigen Behörde bis zum 30. April des folgenden Jahres vor. [3]Der zuständige Zentralinnungsverband des Schornsteinfegerhandwerks erstellt für jedes Kalenderjahr eine entsprechende länderübergreifende Übersicht und legt diese dem Bundesministerium für Umwelt, Naturschutz, Bau und Reaktorsicherheit bis zum 30. Juni des folgenden Jahres vor.

§ 17 Eigenüberwachung. (1) [1]Die Aufgaben der Schornsteinfegerinnen und der Schornsteinfeger und der Bezirksschornsteinfegermeister nach den §§ 14 bis 16 werden bei Feuerungsanlagen der Bundeswehr, soweit der Vollzug des Bundes-Immissionsschutzgesetzes und der auf dieses Gesetz gestützten Rechtsverordnungen nach § 1 der Verordnung über Anlagen der Landesverteidigung vom 9. April 1986 (BGBl. I S. 380) Bundesbehörden obliegt, von Stellen der zuständigen Verwaltung wahrgenommen. [2]Diese Stellen teilen die Wahrnehmung der Eigenüberwachung der für den Vollzug dieser Verordnung jeweils örtlich zuständigen Landesbehörde und dem Bezirksschornsteinfegermeister mit.

(2) [1]Die in Absatz 1 genannten Stellen richten die Bescheinigungen nach § 14 Absatz 4 sowie die Informationen nach § 16 Satz 1 an die zuständige Verwaltung. [2]Anstelle des Kehrbuchs führt sie vergleichbare Aufzeichnungen.

(3) Die zuständige Verwaltung erstellt landesweite Übersichten über die Ergebnisse der Messungen nach den §§ 14 und 15 und teilt diese den für den Immissionsschutz zuständigen obersten Landesbehörden oder den nach Landesrecht zuständigen Behörden und dem Bundesministerium für Umwelt, Naturschutz, Bau und Reaktorsicherheit innerhalb der Zeiträume nach § 16 Satz 2 und 3 mit.

§ 18 *(aufgehoben)*

Abschnitt 5. Gemeinsame Vorschriften

§ 19 Ableitbedingungen für Abgase. Die Austrittsöffnung von Schornsteinen bei Feuerungsanlagen für feste Brennstoffe, die ab dem 22. März 2010 errichtet oder wesentlich geändert werden, müssen

1. bei Dachneigungen
   a) bis einschließlich 20 Grad den First um mindestens 40 Zentimeter überragen oder von der Dachfläche mindestens 1 Meter entfernt sein,
   b) von mehr als 20 Grad den First um mindestens 40 Zentimeter überragen oder einen horizontalen Abstand von der Dachfläche von mindestens 2 Meter und 30 Zentimeter haben;
2. bei Feuerungsanlagen mit einer Gesamtwärmeleistung bis 50 Kilowatt in einem Umkreis von 15 Metern die Oberkanten von Lüftungsöffnungen, Fenstern oder Türen um mindestens 1 Meter überragen; der Umkreis vergrößert sich um 2 Meter je weitere angefangene 50 Kilowatt bis auf höchstens 40 Meter.

§ 20 Anzeige und Nachweise. [1]Der Betreiber einer Feuerungsanlage hat dafür Sorge zu tragen, dass die Nachweise über die Durchführung aller von einer Schornsteinfegerin oder einem Schornsteinfeger durchzuführenden Tätigkeiten an den Bezirksschornsteinfegermeister gesendet werden. [2]Der Bezirksschornsteinfegermeister hat die durchgeführten Arbeiten in das Kehrbuch einzutragen.

§ 21 Weitergehende Anforderungen. Die Befugnis der zuständigen Behörde, auf Grund der §§ 24 und 25 des Bundes-Immissionsschutzgesetzes[1)] andere oder weiter gehende Anordnungen zu treffen, bleibt unberührt.

§ 22 Zulassung von Ausnahmen. Die zuständige Behörde kann auf Antrag Ausnahmen von den Anforderungen der §§ 3 bis 10, 19, 25 und 26 zulassen, soweit diese im Einzelfall wegen besonderer Umstände durch einen unangemessenen Aufwand oder in sonstiger Weise zu einer unbilligen Härte führen und schädliche Umwelteinwirkungen nicht zu befürchten sind.

§ 23 Zugänglichkeit der Normen. [1]DIN-, DIN EN-Normen sowie die VDI-Richtlinien, auf die in dieser Verordnung verwiesen wird, sind bei der Beuth Verlag GmbH, Berlin, erschienen. [2]Das in § 3 Absatz 1 Nummer 5a genannte Zertifizierungsprogramm für Holzpellets kann bei DIN CERTCO, Gesellschaft für Konformitätsbewertung mbH, Alboinstraße 56, 12103 Berlin, bezogen werden. [3]Die DIN-, DIN EN-Normen, die VDI-Richtlinien sowie das Zertifizierungsprogramm für Holzpellets sind beim Deutschen Patent- und Markenamt in München archivmäßig gesichert niedergelegt.

§ 24 Ordnungswidrigkeiten. Ordnungswidrig im Sinne des § 62 Absatz 1 Nummer 7 des Bundes-Immissionsschutzgesetzes[1)] handelt, wer vorsätzlich oder fahrlässig

---

[1)] Nr. **1**.

1. entgegen § 3 Absatz 1 andere als die dort aufgeführten Brennstoffe einsetzt,
2. entgegen § 4 Absatz 1 Satz 2, Absatz 3 oder Absatz 7 eine Feuerungsanlage betreibt,
3. entgegen § 5 Absatz 1, § 7, § 8 oder § 9 Absatz 2 eine Feuerungsanlage nicht richtig errichtet oder nicht richtig betreibt,
4. entgegen § 5 Absatz 2 oder Absatz 3 Brennstoffe in anderen als den dort bezeichneten Feuerungsanlagen oder Betrieben einsetzt,
5. entgegen § 6 Absatz 2 einen Heizkessel in einer Feuerungsanlage einsetzt,
6. *(aufgehoben)*
7. entgegen § 12 Satz 3 die Herstellung einer Messöffnung nicht gestattet,
8. entgegen § 14 Absatz 2, § 15 Absatz 1, 2 oder Absatz 3 oder § 25 Absatz 4 Satz 1 oder Satz 2 die Einhaltung einer dort genannten Anforderung nicht oder nicht rechtzeitig feststellen lässt, nicht oder nicht rechtzeitig überprüfen lässt oder nicht oder nicht rechtzeitig überwachen lässt,

9.–14. *(aufgehoben)*

15. entgegen § 20 Satz 1 nicht dafür Sorge trägt, dass ein dort genannter Nachweis gesendet wird,
16. entgegen § 25 Absatz 1 Satz 1 oder § 26 Absatz 1 Satz 1 eine Feuerungsanlage weiterbetreibt oder
17. entgegen § 25 Absatz 4 Satz 1 die Einhaltung einer dort genannten Anforderung nicht oder nicht rechtzeitig überwachen lässt.

Abschnitt 6. Übergangsregelungen

§ 25 Übergangsregelung für Feuerungsanlagen für feste Brennstoffe, ausgenommen Einzelraumfeuerungsanlagen. (1) [1]Bestehende Feuerungsanlagen, ausgenommen Einzelraumfeuerungsanlagen, für feste Brennstoffe dürfen nur weiterbetrieben werden, wenn die Grenzwerte der Stufe 1 des § 5 Absatz 1 Satz 1 in Abhängigkeit vom Zeitpunkt ihrer Errichtung ab folgenden Zeitpunkten eingehalten werden:

Zeitpunkt der Errichtung	Zeitpunkt der Einhaltung der Grenzwerte der Stufe 1 des § 5 Absatz 1
bis einschließlich 31. Dezember 1994	1. Januar 2015
vom 1. Januar 1995 bis einschließlich 31. Dezember 2004	1. Januar 2019
vom 1. Januar 2005 bis einschließlich 21. März 2010	1. Januar 2025

[2]Die Feststellung des Zeitpunktes, ab wann die Anlagen die Grenzwerte nach Satz 1 einhalten müssen, erfolgt spätestens bis zum 31. Dezember 2012 durch den Bezirksschornsteinfegermeister im Rahmen der Feuerstättenschau. [3]Sofern bis zum 31. Dezember 2012 keine Feuerstättenschau durchgeführt wird, kann

die Feststellung des Zeitpunktes der Errichtung auch im Zusammenhang mit anderen Schornsteinfegerarbeiten erfolgen.

(2) [1]Vom 22. März 2010 bis zu den in Absatz 1 Satz 1 genannten Zeitpunkten gelten für bestehende Feuerungsanlagen für feste Brennstoffe mit einer Nennwärmeleistung von mehr als 15 Kilowatt, ausgenommen Einzelraumfeuerungsanlagen, in Abhängigkeit von den eingesetzten Brennstoffen folgende Grenzwerte, die nach Anlage 2 zu ermitteln sind:

Brennstoff nach § 3 Absatz 1 / Nennwärmeleistung in kW	Nummer 1 bis 3a	Nummer 4 bis 5a	
	Staub [g/m³]	Staub [g/m³]	CO [g/m³]
> 15 ≤ 50	0,15	0,15	4
> 50 ≤ 150	0,15	0,15	2
> 150 ≤ 500	0,15	0,15	1
> 500	0,15	0,15	0,5

Brennstoff nach § 3 Absatz 1 / Nennwärmeleistung in kW	Nummer 6 und 7	
	Staub [g/m³]	CO [g/m³]
> 50 ≤ 100	0,15	0,8
> 100 ≤ 500	0,15	0,5
> 500	0,15	0,3

Brennstoff nach § 3 Absatz 1 / Nennwärmeleistung in kW	Nummer 8	
	Staub [g/m³]	CO [g/m³]
> 15 ≤ 100	0,15	4

[2]Abweichend von § 4 Absatz 2 beziehen sich bis zu den in Absatz 1 Satz 1 genannten Zeitpunkten die Emissionsbegrenzungen bei den Brennstoffen nach § 3 Absatz 1 Nummer 1 bis 3a auf einen Volumengehalt an Sauerstoff im Abgas

von 8 Prozent. [3]Bei handbeschickten Feuerungsanlagen ohne Pufferspeicher sind bei Einsatz der in § 3 Absatz 1 Nummer 4 bis 8 genannten Brennstoffe die Anforderungen bei gedrosselter Verbrennungsluftzufuhr einzuhalten.

(3) Für Feuerungsanlagen für feste Brennstoffe mit einer Nennwärmeleistung von 4 Kilowatt und mehr, ausgenommen Einzelraumfeuerungsanlagen, die ab dem 22. März 2010 und vor dem 1. Januar 2015 errichtet werden, gelten die Grenzwerte der Stufe 1 des § 5 Absatz 1 nach dem 1. Januar 2015 weiter.

(4) [1]Der Betreiber einer bestehenden Feuerungsanlage für feste Brennstoffe, für die in Absatz 2 Anforderungen festgelegt sind, hat die Einhaltung der Anforderungen bis einschließlich 31. Dezember 2011 und anschließend alle zwei Jahre von einer Schornsteinfegerin oder einem Schornsteinfeger überwachen zu lassen. [2]Im Rahmen der Überwachung nach Satz 1 ist die Einhaltung der Anforderungen nach § 3 Absatz 3, § 4 Absatz 1 und § 5 Absatz 2 und 3 Satz 1 überprüfen zu lassen. [3]§ 14 Absatz 3 und 5 gilt entsprechend.

(5) Der Betreiber einer bestehenden handbeschickten Feuerungsanlage für feste Brennstoffe muss sich bis einschließlich 31. Dezember 2014 nach § 4 Absatz 8 von einer Schornsteinfegerin oder einem Schornsteinfeger beraten lassen.

(6) [1]Der Betreiber einer ab dem 22. März 2010 errichteten oder wesentlich geänderten Feuerungsanlage für feste Brennstoffe hat die Überwachung nach § 14 Absatz 2 auf die Einhaltung der in § 5 Absatz 1 genannten Anforderungen für Anlagen mit einer Nennwärmeleistung bis zu 15 Kilowatt, die mit den in § 3 Absatz 1 Nummer 1 bis 8 und 13 genannten Brennstoffen betrieben werden, erst sechs Monate nach der Bekanntgabe einer geeigneten Messeinrichtung im Sinne des § 13 Absatz 2 überprüfen zu lassen. [2]§ 14 Absatz 2 bleibt im Übrigen unberührt.

(7) [1]Abweichend von Absatz 4 sowie § 15 Absatz 1 sind Feuerungsanlagen für feste Brennstoffe zur Einhaltung der Anforderungen nach den Absätzen 1 und 2 sowie § 5 Absatz 1 mit Ausnahme von

1. mechanisch beschickten Feuerungsanlagen für den Einsatz der in § 3 Absatz 1 Nummer 1 bis 5a, 8 oder Nummer 13 genannten Brennstoffe mit einer Nennwärmeleistung über 15 Kilowatt und
2. Feuerungsanlagen für den Einsatz der in § 3 Absatz 1 Nummer 6 oder Nummer 7 genannten festen Brennstoffe mit einer Nennwärmeleistung über 50 Kilowatt

erst sechs Monate nach der Bekanntgabe einer geeigneten Messeinrichtung im Sinne des § 13 Absatz 2 überprüfen zu lassen. [2]§ 15 Absatz 1 Satz 2 bleibt unberührt.

§ 26 Übergangsregelung für Einzelraumfeuerungsanlagen für feste Brennstoffe. (1) [1]Einzelraumfeuerungsanlagen für feste Brennstoffe, die vor dem 22. März 2010 errichtet und in Betrieb genommen wurden, dürfen nur weiterbetrieben werden, wenn nachfolgende Grenzwerte nicht überschritten werden:

1. Staub: 0,15 Gramm je Kubikmeter,
2. Kohlenmonoxid: 4 Gramm je Kubikmeter.

[2]Der Nachweis der Einhaltung der Grenzwerte kann

1. durch Vorlage einer Prüfstandsmessbescheinigung des Herstellers oder
2. durch eine Messung unter entsprechender Anwendung der Bestimmungen der Anlage 4 Nummer 3 durch eine Schornsteinfegerin oder einen Schornsteinfeger

geführt werden.

(2) [1] Kann ein Nachweis über die Einhaltung der Grenzwerte bis einschließlich 31. Dezember 2013 nicht geführt werden, sind bestehende Einzelraumfeuerungsanlagen in Abhängigkeit des Datums auf dem Typschild zu folgenden Zeitpunkten mit einer Einrichtung zur Reduzierung der Staubemissionen nach dem Stand der Technik nachzurüsten oder außer Betrieb zu nehmen:

Datum auf dem Typschild	Zeitpunkt der Nachrüstung oder Außerbetriebnahme
bis einschließlich 31. Dezember 1974 oder Datum nicht mehr feststellbar	31. Dezember 2014
1. Januar 1975 bis 31. Dezember 1984	31. Dezember 2017
1. Januar 1985 bis 31. Dezember 1994	31. Dezember 2020
1. Januar 1995 bis einschließlich 21. März 2010	31. Dezember 2024

[2] § 4 Absatz 6 gilt entsprechend.

(3) Die Absätze 1 und 2 gelten nicht für

1. nichtgewerblich genutzte Herde und Backöfen mit einer Nennwärmeleistung unter 15 Kilowatt,
2. offene Kamine nach § 2 Nummer 12,
3. Grundöfen nach § 2 Nummer 13,
4. Einzelraumfeuerungsanlagen in Wohneinheiten, deren Wärmeversorgung ausschließlich über diese Anlagen erfolgt, sowie
5. Einzelraumfeuerungsanlagen, bei denen der Betreiber gegenüber dem Bezirksschornsteinfegermeister glaubhaft machen kann, dass sie vor dem 1. Januar 1950 hergestellt oder errichtet wurden.

(4) [1] Absatz 2 gilt nicht für Kamineinsätze, Kachelofeneinsätze oder vergleichbare Ofeneinsätze, die eingemauert sind. [2] Diese sind spätestens bis zu den in Absatz 2 Satz 1 genannten Zeitpunkten mit nachgeschalteten Einrichtungen zur Minderung der Staubemission nach dem Stand der Technik auszustatten. [3] § 4 Absatz 6 gilt entsprechend.

(5) [1] Der Betreiber einer bestehenden Einzelraumfeuerungsanlage hat bis einschließlich 31. Dezember 2012 das Datum auf dem Typschild der Anlage vom Bezirksschornsteinfegermeister im Rahmen der Feuerstättenschau feststellen zu lassen. [2] Sofern bis einschließlich 31. Dezember 2012 keine Feuerstättenschau durchgeführt wird, kann die Feststellung des Datums auf dem Typschild auch im Zusammenhang mit anderen Schornsteinfegerarbeiten erfolgen. [3] Nachweise nach Absatz 1 Satz 2 müssen bis spätestens 31. Dezember 2012 dem Bezirksschornsteinfegermeister vorgelegt werden. [4] Der Bezirksschornsteinfegermeister hat im Rahmen der Feuerstättenschau oder im Zusammenhang mit anderen Schornsteinfegerarbeiten spätestens zwei Jahre vor dem

Zeitpunkt der Nachrüstung oder Außerbetriebnahme dem Betreiber der Anlage zu informieren.

(6) Für Einzelraumfeuerungsanlagen für feste Brennstoffe, die ab dem 22. März 2010 und vor dem 1. Januar 2015 errichtet werden, gelten die Grenzwerte der Stufe 1 der Anlage 4 Nummer 1 nach dem 1. Januar 2015 weiter.

(7) Der Betreiber einer bestehenden handbeschickten Einzelraumfeuerungsanlage für feste Brennstoffe muss sich bis einschließlich 31. Dezember 2014 nach § 4 Absatz 8 durch eine Schornsteinfegerin oder einen Schornsteinfeger im Zusammenhang mit anderen Schornsteinfegerarbeiten beraten lassen.

§ 27 Übergangsregelung für Schornsteinfegerarbeiten nach dem 1. Januar 2013. An die Stelle der Bezirksschornsteinfegermeister treten ab dem 1. Januar 2013 die bevollmächtigten Bezirksschornsteinfeger nach § 48 Satz 1 des Schornsteinfeger-Handwerksgesetzes.

Abschnitt 7. Schlussvorschrift

§ 28 Inkrafttreten, Außerkrafttreten. [1] Diese Verordnung tritt am 22. März 2010 in Kraft. [2] Gleichzeitig tritt die Verordnung über kleine und mittlere Feuerungsanlagen in der Fassung der Bekanntmachung vom 14. März 1997 (BGBl. I S. 490), die zuletzt durch Artikel 4 der Verordnung vom 14. August 2003 (BGBl. I S. 1614) geändert worden ist, außer Kraft.

Der Bundesrat hat zugestimmt.

Anlage 1
(zu § 12)

Messöffnung

1. Die Messöffnung ist grundsätzlich im Verbindungsstück zwischen Wärmeerzeuger und Schornstein hinter dem letzten Wärmetauscher anzubringen. Wird die Feuerungsanlage in Verbindung mit einer Abgasreinigungseinrichtung betrieben, ist die Messöffnung hinter der Abgasreinigungseinrichtung anzubringen. Die Messöffnung soll in einem Abstand, der etwa dem zweifachen Durchmesser des Verbindungsstücks entspricht, hinter dem Abgasstutzen des Wärmetauschers oder der Abgasreinigungseinrichtung angebracht sein.
2. Eine Messöffnung an anderer Stelle als nach Nummer 1 ist zulässig, wenn reproduzierbare Strömungsverhältnisse vorherrschen und keine größeren Wärmeverluste in der Einlaufstrecke auftreten als nach Nummer 1.
3. An der Messöffnung dürfen keine Staub- oder Rußablagerungen vorhanden sein, die die Messungen wesentlich beeinträchtigen können.

Anlage 2
(zu § 5 Absatz 1, §§ 7, 8, 10, 14 Absatz 4, § 15 Absatz 5, § 25 Absatz 2)

Anforderungen an die Durchführung der Messungen im Betrieb

1. Allgemeine Anforderungen

Messung des Feuchtegehaltes

Die Bestimmung des Feuchtegehaltes ist mit Messgeräten, die die elektrische Leitfähigkeit messen, durchzuführen. Andere gleichwertige Meßmethoden zur Bestimmung des Feuchtegehaltes können angewendet werden.

Messung von Abgasparametern

1.1 Die Messungen sind an der Messöffnung im Kern des Abgasstromes durchzuführen. Besitzt eine Feuerungsanlage mehrere Messöffnungen, sind die Messungen an jeder Messöffnung durchzuführen.

1.2 Vor den Messungen ist die Funktionsfähigkeit der Messgeräte zu überprüfen. Die in den Betriebsanleitungen enthaltenen Anweisungen der Hersteller sind zu beachten.

1.3 Die Messungen sind im ungestörten Dauerbetriebszustand der Feuerungsanlagen bei Nennwärmeleistung, ersatzweise bei der höchsten einstellbaren Wärmeleistung, so durchzuführen, dass die Ergebnisse repräsentativ und bei vergleichbaren Feuerungsanlagen und Betriebsbedingungen miteinander vergleichbar sind.

1.4 Zur Beurteilung des Betriebszustandes sind die Druckdifferenz zwischen Abgas und Umgebungsluft sowie die Temperatur des Abgases zu messen. Das Ergebnis der Temperaturmessung nach Nummer 3.4.1 kann verwendet werden. Die von den Betriebsmessgeräten angezeigte Temperatur des Wärmeträgers im oder hinter dem Wärmeerzeuger ist zu erfassen. Bei Feuerungsanlagen mit mehrstufigen oder stufenlos geregelten Brennern ist die bei der Messung eingestellte Leistung zu erfassen.

1.5 Das Messprogramm ist immer vollständig durchzuführen. Es soll nicht abgebrochen werden, wenn eine einzelne Messung negativ ausfällt.

2. Messungen an Feuerungsanlagen für feste Brennstoffe

2.1 Zur Erfüllung der Anforderungen nach Nummer 1.3 sind die Messungen bei einer Kesseltemperatur von mindestens 60 Grad Celsius durchzuführen. Bei handbeschickten Feuerungsanlagen soll darüber hinaus mit den Messungen fünf Minuten, nachdem die größte vom Hersteller in der Bedienungsanleitung genannte Brennstoffmenge auf eine für die Entzündung ausreichende Glutschicht aufgegeben wurde, begonnen werden.

2.2 Die Emissionen sind jeweils zeitgleich mit dem Sauerstoffgehalt im Abgas als Viertelstundenmittelwert zu ermitteln. Die Emissionen sind mit einer eignungsgeprüften Messeinrichtung zu bestimmen. Die gemessenen Emissionen sind nach der Beziehung

$$E_B = \frac{21 - O_{2B}}{21 - O_2} \times E_M$$

auf den Bezugssauerstoffgehalt umzurechnen. Es bedeuten:

E_B = Emissionen, bezogen auf den Bezugssauerstoffgehalt
E_M = gemessene Emissionen
O_{2B} = Bezugssauerstoffgehalt in Volumenprozent
O_2 = Volumengehalt an Sauerstoff im trockenen Abgas.

2.3 Das Ergebnis der Messungen ist nach Umrechnung auf den Normzustand und den Bezugssauerstoffgehalt des Abgases mit einer Dezimalstelle mehr als der Zahlenwert des festgelegten Emissionsgrenzwertes zu ermitteln. Es ist nach Nummer 4.5.1 der DIN 1333, Ausgabe Februar 1992, zu runden. Der Emissionsgrenzwert ist eingehalten, wenn ihn der gemessene Wert abzüglich der Messunsicherheit nicht überschreitet.

2.4 Bei Messungen im Teillastbereich nach § 25 Absatz 2 ist wie folgt vorzugehen:

2.4.1 Bei Feuerungsanlagen ohne Verbrennungsluftgebläse ist in den ersten fünf Minuten bei geöffneter und in den restlichen zehn Minuten bei geschlossener Verbrennungsluftklappe zu messen.

2.4.2 Bei Feuerungsanlagen mit ungeregeltem Verbrennungsluftgebläse (Ein/Aus-Regelung) ist fünf Minuten bei laufendem und zehn Minuten bei abgeschaltetem Gebläse zu messen.

2.4.3 Bei Feuerungsanlagen mit geregeltem Verbrennungsluftgebläse (Drehzahlregelung, Stufenregelung, Luftmengenregelung mittels Drosselscheibe, -blende oder -klappe u. Ä.) ist 15 Minuten lang mit verminderter Verbrennungsluftzufuhr zu messen.

3. Messungen an Öl- und Gasfeuerungsanlagen

3.1 Zur Erfüllung der Anforderungen nach Nummer 1.3 soll bei Ölfeuerungsanlagen mit Zerstäubungsbrenner und bei Gasfeuerungsanlagen frühestens zwei Minuten nach dem Einschalten des Brenners und bei Ölfeuerungsanlagen mit Verdampfungsbrenner frühestens zwei Minuten nach dem Einstellen der Nennwärmeleistung mit den Messungen begonnen werden. Bei Warmwasserheizungsanlagen soll die Kesselwassertemperatur bei Beginn der Messungen wenigstens 60 Grad Celsius betragen. Dies gilt nicht für Warmwasserheizungsanlagen, deren Kessel bestimmungsgemäß bei Temperaturen unter 60 Grad Celsius betrieben werden (Brennwertgeräte, Niedertemperaturkessel mit gleitender Regelung).

3.2 Die Bestimmung der Rußzahl ist nach dem Verfahren der DIN 51402, Teil 1, Ausgabe Oktober 1986, visuell durchzuführen. Es sind drei Einzelmessungen vorzunehmen. Eine weitere Einzelmessung ist jeweils durchzuführen, wenn das beaufschlagte Filterpapier durch Kondensatbildung merklich feucht wurde oder einen ungleichmäßigen Schwärzungsgrad aufweist. Aus den Einzelmessungen ist das arithmetische Mittel zu bilden. Das auf die nächste ganze Zahl gerundete Ergebnis entspricht dieser Verordnung, wenn die festgelegte Rußzahl nicht überschritten wird.

3.3 Die Prüfung des Abgases auf das Vorhandensein von Ölderivaten ist anhand der bei der Rußzahlbestimmung beaufschlagten Filterpapiere vorzunehmen. Die beaufschlagten Filterpapiere sind jeweils zunächst mit bloßem Auge auf Ölderivate zu untersuchen. Wird dabei eine Verfärbung festgestellt, ist der Filter für die Rußzahlbestimmung zu verwerfen. Ist eine eindeutige Entscheidung nicht möglich, muss nach der Rußzahlbestimmung ein Fließmitteltest nach DIN 51402, Teil 2, Ausgabe März 1979, durchgeführt werden. Die Anforderungen dieser Verordnung sind erfüllt, wenn an keiner der drei Filterproben Ölderivate festgestellt werden.

3.4 Bestimmung der Abgasverluste

3.4.1 Der Sauerstoffgehalt des Abgases sowie die Abgastemperatur sind quasikontinuierlich als Mittelwert über einen Zeitraum von 30 Sekunden jeweils zeitgleich im gleichen Punkt zu bestimmen. Die Temperatur der Verbrennungsluft wird in der Nähe der Ansaugöffnung des Wärmeerzeugers, bei raumluftunabhängigen Feuerungsanlagen an geeigneter Stelle im Zuführungsrohr gemessen.

Der Abgasverlust wird aus den Mittelwerten der quasikontinuierlichen Messung von Abgastemperatur und Sauerstoffgehalt sowie aus den gemessenen Werten für Sauerstoffgehalt und Temperatur der Verbrennungsluft nach folgender Formel errechnet:

$$q_A = (t_A - t_L) \bullet \left(\frac{A}{21 - O_{2,A}} + B \right)$$

Es bedeuten:

q_A = Abgasverlust in Prozent

t_A = Abgastemperatur in Grad Celsius

t_L = Verbrennungslufttemperatur in Grad Celsius

$O_{2,A}$ = Volumengehalt an Sauerstoff im trockenen Abgas in Prozent

	Heizöl EL, naturbelassene Pflanzenöle, Pflanzenölmethylester	Gase der öffentlichen Gasversorgung	Kokereigas	Flüssiggas und Flüssiggas-Luft-Gemische
A =	0,68	0,66	0,60	0,63
B =	0,007	0,009	0,011	0,008

3.4.2 Nummer 2.3 gilt entsprechend.

4. Inhalt der Bescheinigung über die Überwachungsmessungen an Feuerungsanlagen für flüssige und gasförmige Brennstoffe

Die Bescheinigung nach § 14 Absatz 4 oder § 15 Absatz 5 muss mindestens folgende Informationen enthalten:

Allgemeine Informationen

Name und Anschrift der Schornsteinfegerin oder des Schornsteinfegers bzw. des Bezirksschornsteinfegermeisters

Name und Anschrift des Eigentümers

Aufstellort der Anlage

Rechtliche Grundlage der Überprüfung

Wärmetauscher: Hersteller, Typ, Jahr der Errichtung, Leistungsbereich und Nennleistung

Brenner: Hersteller, Typ, Jahr der Errichtung, Leistungsbereich und Leistung bei der Messung

Art des Brenners (mit Gebläse, ohne Gebläse, Verdampfungsbrenner)

Eingesetzter Brennstoff (Bezeichnung und Nummer nach § 3 Absatz 1)

Art der Anlage (z.B. Zentralheizung, Einzelraumfeuerungsanlage, Heizung mit Warmwassererzeugung, Warmwassererzeugung)

Messergebnis

Wärmeträgertemperatur

Verbrennungslufttemperatur

Abgastemperatur

Sauerstoffgehalt im Abgas

Druckdifferenz

Ermittelter Abgasverlust unter Angabe der Messunsicherheit

Bei Anlagen mit flüssigen Brennstoffen: Rußzahl aus allen Einzelmessungen sowie Mittelwert der Rußzahl

Bei Anlagen mit flüssigen Brennstoffen: Ergebnis der Überprüfung auf Ölderivate

Für die Anlage relevante Grenzwerte dieser Verordnung

Sonstige Überwachungstätigkeiten

Information über die Überprüfung der Anforderungen nach § 6 Absatz 2 (Herstellerbescheinigung)

5. Inhalt der Bescheinigung über die Überwachungsmessungen an Feuerungsanlagen für feste Brennstoffe

Die Bescheinigung nach § 14 Absatz 4 oder § 15 Absatz 5 muss mindestens folgende Angaben enthalten:

Allgemeine Informationen

Name und Anschrift der Schornsteinfegerin oder des Schornsteinfegers bzw. des Bezirksschornsteinfegermeisters

Name und Anschrift des Eigentümers

Aufstellort der Anlage

Rechtliche Grundlage der Überprüfung und Messung

Feuerstätte: Hersteller, Typ, Jahr der Errichtung, Leistungsbereich und Nennleistung, Feuerstättenbauart, Beschickungsart

Eingesetzter Brennstoff (Bezeichnung und Nummer nach § 3 Absatz 1)

Art der Anlage (z.B. Zentralheizung, Einzelraumfeuerungsanlage, Heizung mit Warmwassererzeugung, Warmwassererzeugung)

Messergebnis

Wärmeträgertemperatur

Abgastemperatur

Sauerstoffgehalt im Abgas

Druckdifferenz

Ermittelter Staubgehalt im Abgas unter Angabe der Messunsicherheit

Ermittelter Kohlenstoffmonoxidgehalt im Abgas unter Angabe der Messunsicherheit

Für die Anlage relevante Grenzwerte dieser Verordnung

Sonstige Überwachungstätigkeiten

Ermittelter Feuchtigkeitsgehalt der in § 3 Absatz 1 Nummer 4, 5 und 6 bis 8 genannten Brennstoffe

Information über die Überprüfung der Anforderungen nach § 4 Absatz 1

Nur bei Inbetriebnahme

Information über die Durchführung einer Beratung nach § 4 Absatz 8

Information über die Überprüfung der Anforderungen nach § 4 Absatz 3 und 6, § 6 Absatz 1 (Herstellerbescheinigungen)

Anlage 3
(zu § 2 Nummer 11, § 6)

Bestimmung des Nutzungsgrades und des Stickstoffoxidgehaltes unter Prüfbedingungen

1. Bestimmung des Nutzungsgrades

1.1 Der Nutzungsgrad ist nach dem Verfahren der DIN EN 303-5, Ausgabe Juni 1999, zu bestimmen.

1.2 Die Bestimmung des Nutzungsgrades kann für den Typ des Heizkessels auf einem Prüfstand oder für einzelne Heizkessel an einer bereits errichteten Feuerungsanlage vorgenommen werden. Erfolgt die Bestimmung an einer bereits errichteten Feuerungsanlage, sind die für die Prüfung auf dem Prüfstand geltenden Vorschriften sinngemäß anzuwenden.

1.3 Die Unsicherheit der Bestimmungsmethode darf 3 Prozent des ermittelten Nutzungsgradwertes nicht überschreiten. Die Anforderungen an den Nutzungsgrad gelten als eingehalten, wenn die ermittelten Werte zuzüglich der Unsicherheit nach Satz 1 die festgelegten Grenzwerte nicht unterschreiten.

2. Bestimmung des Stickstoffoxidgehaltes

2.1 Die Emissionsprüfung ist für den Typ des Brenners nach DIN EN 267, Ausgabe November 1999, oder unter ihrer sinngemäßen Anwendung am Prüfflammrohr vorzunehmen. Der Typ des Kessels mit einem vom Hersteller auszuwählenden geprüften Brenner sowie die Kessel-Brenner-Einheiten (Units) sind auf einem Prüfstand unter sinngemäßer Anwendung dieser Norm zu prüfen.

2.2 Die Prüfungen nach Nummer 2.1 können für einzelne Brenner oder Brenner-Kessel-Kombinationen auch an bereits errichteten Feuerungsanlagen in Anlehnung an DIN EN 267, Ausgabe November 1999, vorgenommen werden.

2.3 Für die Kalibrierung der Messgeräte sind zertifizierte Kalibriergase zu verwenden. Bei Gasbrennern und bei Gasbrenner-Kessel-Kombinationen ist als Prüfgas G20 (Methan) zu verwenden.

2.4 Die Anforderungen an den Stickstoffoxidgehalt des Abgases gelten als eingehalten, wenn unter Berücksichtigung der Messtoleranzen nach DIN EN 267, Ausgabe November 1999,

a) bei einstufigen Brennern die in den Prüfpunkten des Arbeitsfeldes ermittelten Werte die festgelegten Grenzwerte nicht überschreiten,

b) bei Kesseln und Kessel-Brenner-Einheiten der nach DIN EN 303-5, Ausgabe Juni 1999, sowie bei mehrstufigen oder modulierenden Brennern der in Anlehnung an diese Norm ermittelte Norm-Emissionsfaktor EN die festgelegten Grenzwerte nicht überschreitet.

Anlage 4
(zu § 3 Absatz 5 Nummer 2, § 4 Absatz 3, 5 und 7, § 26 Absatz 1 Satz 2 Nummer 2, Absatz 6)

Anforderungen bei der Typprüfung

1. Emissionsgrenzwerte und Mindestwirkungsgrade für Einzelraumfeuerungsanlagen für feste Brennstoffe (Anforderungen bei der Typprüfung)

		Stufe 1: Errichtung ab dem 22. März 2010		Stufe 2: Errichtung nach dem 31. Dezember 2014		Errichtung ab dem 22. März 2010
Feuerstättenart	Technische Regeln	CO [g/m³]	Staub [g/m³]	CO [g/m³]	Staub [g/m³]	Mindestwirkungsgrad [%]
Raumheizer mit Flachfeuerung	DIN EN 13240 (Ausgabe Oktober 2005) Zeitbrand	2,0	0,075	1,25	0,04	73
Raumheizer mit Füllfeuerung	DIN EN 13240 (Ausgabe Oktober 2005) Dauerbrand	2,5	0,075	1,25	0,04	70
Speichereinzelfeuerstätten	DIN EN 15250/A1 (Ausgabe Juni 2007)	2,0	0,075	1,25	0,04	75
Kamineinsätze (geschlossene Betriebsweise)	DIN EN 13229 (Ausgabe Oktober 2005)	2,0	0,075	1,25	0,04	75
Kachelofeneinsätze mit Flachfeuerung	DIN EN 13229/A1 (Ausgabe Oktober 2005)	2,0	0,075	1,25	0,04	80
Kachelofeneinsätze mit Füllfeuerung	DIN EN 13229/A1 (Ausgabe Oktober 2005)	2,5	0,075	1,25	0,04	80
Herde	DIN EN 12815 (Ausgabe September 2005)	3,0	0,075	1,50	0,04	70
Heizungsherde	DIN EN 12815 (Ausgabe September 2005)	3,5	0,075	1,50	0,04	75
Pelletöfen ohne Wassertasche	DIN EN 14785 (Ausgabe September 2006)	0,40	0,05	0,25	0,03	85
Pelletöfen mit Wassertasche	DIN EN 14785 (Ausgabe September 2006)	0,40	0,03	0,25	0,02	90

Sonstige Einzelraumfeuerungsanlagen zum Beheizen, die nicht einer in der Tabelle genannten Feuerstättenart bzw. technischen Regeln zuzuordnen sind, müssen die Anforderungen der Raumheizer mit Flachfeuerung (DIN EN 13240, Ausgabe Oktober 2005) einhalten.

Sonstige Einzelraumfeuerungsanlagen zum Kochen und Backen bzw. zum Kochen, Backen und Heizen, die nicht einer in der Tabelle genannten Feuerstättenart bzw. technischen Regeln unterzuordnen sind, müssen die Anforderungen für Herde (DIN EN 12815, Ausgabe September 2005) einhalten.

Typprüfungen können nur von benannten Stellen durchgeführt werden, die Prüfungen entsprechend den Normen nach der Richtlinie 89/106/EWG des Rates vom 21. Dezember 1988 zur Angleichung der Rechts- und Verwaltungsvorschriften der Mitgliedstaaten über Bauprodukte (ABl. L 40 vom 11.2.1989, S. 12), die zuletzt durch die Verordnung (EG) Nr. 1882/2003 (ABl. L 284 vom 31.10.2003, S. 1) geändert worden ist, durchführen dürfen.

2. Grenzwerte für Anlagen mit den in § 3 Absatz 1 Nummer 8 und 13 genannten Brennstoffen (Anforderungen bei der Typprüfung)

Dioxine und Furane:	0,1 ng/m³
Stickstoffoxide:	
Anlagen, die ab dem 22. März 2010 errichtet werden:	0,6 g/m³
Anlagen, die nach dem 31. Dezember 2014 errichtet werden:	0,5 g/m³
Kohlenstoffmonoxid:	0,25 g/m³.

3. Durchführung der Messungen und Bestimmung des Wirkungsgrades:

3.1 Kohlenstoffmonoxid

Die Ermittlung der Kohlenstoffmonoxidemissionen erfolgt bei Nennwärmeleistung als Mittelwert über die Abbrandperiode nach den entsprechenden Normen. Bei Anlagen für Brennstoffe nach § 3 Absatz 1 Nummer 8 erfolgt die Messung der Kohlenstoffmonoxidemissionen parallel zur Messung der Stickstoffoxidemissionen.

3.2 Staub

Die Ermittlung der staubförmigen Emissionen erfolgt bei Nennwärmeleistung als Halbstundenmittelwert (Messbeginn drei Minuten nach Brennstoffaufgabe) nach VDI 2066 Blatt 1, Ausgabe November 2006, oder nach dem Zertifizierungsprogramm DINplus in Anlehnung an VDI 2066 Blatt 1, Ausgabe November 2006. Andere Verfahren können bei Gleichwertigkeit ebenso angewendet werden.

3.3 Wirkungsgrad

Die Bestimmung des Wirkungsgrades erfolgt bei Nennwärmeleistung über Abgasverlust und Brennstoffdurchsatz nach den entsprechenden Normen.

3.4 Stickstoffoxide

Die Ermittlung erfolgt nach DIN EN 14792, Ausgabe April 2006. Die Probenahmedauer beträgt eine halbe Stunde bei Nennwärmeleistung; es sind mindestens drei Bestimmungen für jede Brennstoffart durchzuführen.

3.5 Dioxine und Furane

Die Ermittlung erfolgt nach DIN EN 1948, Ausgabe Juni 2006. Die Probenahmedauer beträgt sechs Stunden bei Nennwärmeleistung; es sind mindestens drei Bestimmungen für jede Brennstoffart durchzuführen.

2.2. Zweite Verordnung zur Durchführung des Bundes-Immissionsschutzgesetzes (Verordnung zur Emissionsbegrenzung von leichtflüchtigen halogenierten organischen Verbindungen – 2. BImSchV)

Vom 10. Dezember 1990

(BGBl. I S. 2694)

FNA 2129-8-2-3

zuletzt geänd. durch Art. 1 VO zur Umsetzung der RL 2014/99/EU und zur Änd. und Anpassung weiterer immissionsschutzrechtlicher Verordnungen v. 24.3.2017 (BGBl. I S. 656)

Inhaltsübersicht

Auf Grund des § 23 Abs. 1 des Bundes-Immissionsschutzgesetzes[1] in der Fassung der Bekanntmachung vom 14. Mai 1990 (BGBl. I S. 880) verordnet die Bundesregierung nach Anhörung der beteiligten Kreise:

---

[1] Nr. **1**.

Erster Abschnitt. Allgemeine Vorschriften

§ 1 Anwendungsbereich. (1) Diese Verordnung gilt für die Errichtung, die Beschaffenheit und den Betrieb von Anlagen, in denen unter Verwendung von Lösemitteln, die Halogenkohlenwasserstoffe mit einem Siedepunkt bei 1 013 Hektopascal bis zu 423 Kelvin [150 Grad Celsius] (leichtflüchtige Halogenkohlenwasserstoffe) oder andere flüchtige halogenierte organische Verbindungen mit einem Siedepunkt bei 1 013 Hektopascal bis zu 423 Kelvin [150 Grad Celsius] (leichtflüchtige halogenierte organische Verbindungen) enthalten,

1. die Oberfläche von Gegenständen oder Materialien, insbesondere aus Metall, Glas, Keramik, Kunststoff oder Gummi, gereinigt, befettet, entfettet, beschichtet, entschichtet, entwickelt, phosphatiert, getrocknet oder in ähnlicher Weise behandelt wird (Oberflächenbehandlungsanlagen),
2. Behandlungsgut, insbesondere Textilien, Leder, Pelze, Felle, Fasern, Federn oder Wolle, gereinigt, entfettet, imprägniert, ausgerüstet, getrocknet oder in ähnlicher Weise behandelt wird (Chemischreinigungs- und Textilausrüstungsanlagen),
3. Aromen, Öle, Fette oder andere Stoffe aus Pflanzen oder Pflanzenteilen oder aus Tierkörpern oder Tierkörperteilen extrahiert oder raffiniert werden (Extraktionsanlagen).

(2) Diese Verordnung gilt nicht für Anlagen, bei denen Lösemittel mit einem Massegehalt an leichtflüchtigen halogenierten organischen Verbindungen bis zu 1 vom Hundert eingesetzt werden.

§ 2 Einsatzstoffe. (1) [1] Der Betreiber einer Anlage hat schädliche Stoffe oder Gemische, die eingesetzt werden und denen aufgrund ihres Gehalts an nach der Verordnung (EG) Nr. 1272/2008 des Europäischen Parlaments und des Rates vom 16. Dezember 2008 über die Einstufung, Kennzeichnung und Verpackung von Stoffen und Gemischen, zur Änderung und Aufhebung der Richtlinien 67/548/EWG und 1999/45/EG und zur Änderung der Verordnung (EG) Nr. 1907/2006 (ABl. L 353 vom 31.12.2008, S. 1), die zuletzt durch die Verordnung (EU) 2016/918 (ABl. L 156 vom 14.6.2016, S. 1) geändert worden ist, als karzinogen, keimzellmutagen oder reproduktionstoxisch eingestuften flüchtigen organischen Verbindungen die Gefahrenhinweise H340, H350, H350i, H360D oder H360F zugeordnet sind oder die mit diesen Sätzen zu kennzeichnen sind, durch weniger schädliche zu ersetzen. [2] Diese Stoffe oder Gemische sind in kürzestmöglicher Frist so weit wie möglich zu ersetzen, wobei die Gebrauchstauglichkeit, die Verwendung und die Verhältnismäßigkeit zwischen Aufwand und Nutzen zu berücksichtigen sind. [3] Satz 1 gilt nicht für die Verwendung solcher Stoffe oder Gemische in Anlagen nach § 3 Abs. 1 und 2, in denen die lösemittelführenden Behälter und Leitungen gasdicht ausgeführt sind oder während des Betriebs unter vermindertem Druck gehalten werden, sofern der Schwellenwert für den Lösemittelverbrauch von 1 t/a unterschritten wird.

(2) [1] Beim Betrieb von Anlagen dürfen als leichtflüchtige Halogenkohlenwasserstoffe nur Tetrachlorethen, Trichlorethen oder Dichlormethan in technisch reiner Form eingesetzt werden. [2] Absatz 1 bleibt von Satz 1 unberührt. [3] Den Halogenkohlenwasserstoffen dürfen keine Stoffe zugesetzt sein oder

zugesetzt werden, die nach Absatz 1 krebserzeugend sind. [4]Abweichend von Satz 1 gilt:

1. Trichlorethen darf nicht beim Betrieb von Chemischreinigungs- und Textilausrüstungsanlagen sowie Extraktionsanlagen eingesetzt werden,
2. Dichlormethan darf nicht beim Betrieb von Chemischreinigungs- und Textilausrüstungsanlagen eingesetzt werden.

[5]Die Einschränkung für Dichlormethan nach Satz 4 Nr. 2 gilt nicht für Anlagen, in denen unter Verwendung dieses Stoffes ausschließlich Felle entfettet werden. [6]Werden Zusatzstoffe ab dem 25. August 2001 als krebserzeugend eingestuft oder bekannt gegeben, dürfen sie abweichend von Satz 3 noch bis zum Ablauf von einem Jahr nach der Einstufung oder Bekanntgabe eingesetzt werden.

Zweiter Abschnitt. Errichtung und Betrieb

§ 3 Oberflächenbehandlungsanlagen. (1) [1]Oberflächenbehandlungsanlagen sind so zu errichten und zu betreiben, daß

1. das Behandlungsgut in einem Gehäuse behandelt wird, das bis auf die zur Absaugung von Abgasen erforderlichen Öffnungen allseits geschlossen ist und bei dem die Möglichkeiten, die Emissionen durch Abdichtung, Abscheidung aus der Anlagenluft und Änderung des Behandlungsprozesses zu begrenzen, nach dem Stand der Technik ausgeschöpft werden,
2. die Massenkonzentration an leichtflüchtigen halogenierten organischen Verbindungen in der Anlagenluft im Entnahmebereich unmittelbar vor der Entnahme des Behandlungsgutes aus dem Gehäuse 1 Gramm je Kubikmeter, bezogen auf das Abgasvolumen im Normzustand (273,15 Kelvin, 1 013 Hektopascal), nicht überschreitet und
3. eine selbsttätige Verriegelung sicherstellt, daß die Entnahme des Behandlungsgutes aus dem Entnahmebereich erst erfolgen kann, wenn die in Nummer 2 genannte Massenkonzentration nach dem Ergebnis einer laufenden meßtechnischen Überprüfung nicht mehr überschritten wird.

[2]Wird die Anlagenluft im Entnahmebereich abgesaugt, bezieht sich die in Satz 1 Nr. 2 genannte Massenkonzentration auf den Austritt der Anlagenluft aus dem Entnahmebereich.

(2) [1]Abgesaugte Abgase sind einem Abscheider zuzuführen, mit dem sichergestellt wird, daß die Emissionen an leichtflüchtigen halogenierten organischen Verbindungen im unverdünnten Abgas eine Massenkonzentration von 20 Milligramm je Kubikmeter, bezogen auf das Abgasvolumen im Normzustand, nicht überschreiten. [2]Die abgeschiedenen leichtflüchtigen halogenierten organischen Verbindungen sind zurückzugewinnen. [3]Bei der Verwendung von Stoffen oder Gemischen nach § 2 Abs. 1, die nicht durch weniger schädliche Stoffe oder Gemische ersetzt werden können, hat der Betreiber sicherzustellen, dass die Emissionen an den dort genannten flüchtigen organischen Verbindungen, auch beim Vorhandensein mehrerer dieser Verbindungen, einen Massenstrom von 5 Gramm je Stunde oder im unverdünnten Abgas eine Massenkonzentration von 2 Milligramm je Kubikmeter, bezogen auf das Abgasvolumen im Normzustand, nicht überschreiten. [4]Nach Abscheidern hinter Oberflächenbehandlungsanlagen müssen bei einem Abgasvolumenstrom von mehr als 500

Kubikmetern je Stunde entweder Einrichtungen zur kontinuierlichen Messung unter Verwendung einer aufzeichnenden Meßeinrichtung für die Massenkonzentration an leichtflüchtigen halogenierten organischen Verbindungen im Abgas oder Einrichtungen verwendet werden, die einen Anstieg der Massenkonzentration auf mehr als 1 Gramm je Kubikmeter registrieren und in diesem Fall eine Zwangsabschaltung der an den Abscheider angeschlossenen Oberflächenbehandlungsanlagen auslösen.

(3) Anlagen zum Entlacken, bei denen die Anforderungen nach Absatz 1 Nr. 2 und 3 nicht eingehalten werden können, sind so zu errichten und zu betreiben, daß der Entnahmebereich bei der Entnahme des Behandlungsgutes abgesaugt, auch durch schöpfende Teile kein flüssiges Lösemittel ausgetragen und bei manueller Nachbehandlung außerhalb des geschlossenen Gehäuses der Behandlungsbereich entsprechend dem Stand der Technik gekapselt und abgesaugt wird.

(4) Oberflächenbehandlungsanlagen, bei denen die Anforderungen nach Absatz 1 auf Grund der Sperrigkeit des Behandlungsgutes nicht eingehalten werden können, sind so zu errichten und zu betreiben, daß die Möglichkeiten, die Emissionen durch Kapselung, Abdichtung, Abscheidung aus der Anlagenluft, Luftschleusen und Absaugung zu begrenzen, nach dem Stand der Technik ausgeschöpft werden.

(5) Absatz 1 Nr. 2 und 3 gilt bei Oberflächenbehandlungsanlagen, in denen keine anderen leichtflüchtigen halogenierten organischen Verbindungen als Hydrofluorether eingesetzt werden, auch als erfüllt, soweit die Emissionen an Hydrofluorether einen durchschnittlichen Massenstrom von 30 Gramm je Stunde nicht überschreiten.

§ 4 Chemischreinigungs- und Textilausrüstungsanlagen. (1) Chemischreinigungs- und Textilausrüstungsmaschinen sind so zu errichten und zu betreiben, daß

1. nach Abschluß des Trocknungsvorganges die Massenkonzentration an leichtflüchtigen halogenierten organischen Verbindungen in der Trocknungsluft am Austritt aus dem Trommelbereich bei drehender Trommel, laufender Ventilation und geschlossener Beladetür sowie einer Temperatur des Behandlungsgutes von nicht weniger als 308 Kelvin (35 Grad Celsius) 2 Gramm je Kubikmeter (bei einer Luftwechselrate von mindestens 2 Kubikmeter bis höchstens 5 Kubikmeter pro Kilogramm Beladegewicht und Stunde in der Meßphase; bei Anlagen mit einem höheren Luftdurchsatz ist der dabei ermittelte Wert auf eine Luftwechselrate von 5 Kubikmeter pro Kilogramm Beladegewicht und Stunde zu beziehen), bezogen auf das Abgasvolumen im Normzustand (273,15 Kelvin, 1 013 Hektopascal), nicht überschreitet und
2. mit Beginn des Behandlungsprozesses selbsttätig eine Sicherung wirksam wird, die die Beladetür verriegelt, bis nach Abschluß des Trocknungsvorganges die in Nummer 1 genannte Massenkonzentration an leichtflüchtigen halogenierten organischen Verbindungen nach dem Ergebnis einer laufenden meßtechnischen Überprüfung nicht mehr überschritten wird.

(2) [1] Abgase, die von Chemischreinigungs- oder Textilausrüstungsmaschinen abgesaugt werden, sind einem Abscheider zuzuführen, mit dem sichergestellt wird, daß die Emissionen an leichtflüchtigen halogenierten organischen Verbindungen im unverdünnten Abgas eine Massenkonzentration von 20 Mil-

ligramm je Kubikmeter, bezogen auf das Abgasvolumen im Normzustand, nicht überschreiten. [2]Die abgeschiedenen leichtflüchtigen halogenierten organischen Verbindungen sind zurückzugewinnen. [3]Bei der Verwendung von Stoffen oder Gemischen nach § 2 Abs. 1, die nicht durch weniger schädliche Stoffe oder Gemische ersetzt werden können, hat der Betreiber sicherzustellen, dass die Emissionen an den dort genannten flüchtigen organischen Verbindungen, auch beim Vorhandensein mehrerer dieser Verbindungen, einen Massenstrom von 5 Gramm je Stunde oder im unverdünnten Abgas eine Massenkonzentration von 2 Milligramm je Kubikmeter, bezogen auf das Abgasvolumen im Normzustand, nicht überschreiten. [4]Der Abscheider darf nicht mit Frischluft oder Raumluft desorbiert werden. [5]Satz 1 gilt nicht für lüftungstechnische Einrichtungen nach Absatz 4. [6]Nach Abscheidern hinter Chemischreinigungs- oder Textilausrüstungsanlagen müssen bei einem Abgasvolumenstrom von mehr als 500 Kubikmetern je Stunde entweder Einrichtungen zur kontinuierlichen Messung unter Verwendung einer aufzeichnenden Meßeinrichtung für die Massenkonzentration an leichtflüchtigen halogenierten organischen Verbindungen im Abgas oder Einrichtungen verwendet werden, die einen Anstieg der Massenkonzentration auf mehr als 1 Gramm je Kubikmeter registrieren und in diesem Fall eine Zwangsabschaltung der an den Abscheider angeschlossenen Chemischreinigungs- sowie Textilausrüstungsanlagen auslösen.

(3) In Chemischreinigungs- und Textilausrüstungsmaschinen dürfen zur Reinigung des flüssigen Lösemittels nur regenerierbare Filter eingesetzt werden.

(4) [1]Die Betriebsräume sind ausschließlich durch lüftungstechnische Einrichtungen mit Absaugung der Raumluft zu lüften. [2]Die Lüftung ist so vorzunehmen, daß die Emissionen an leichtflüchtigen halogenierten organischen Verbindungen, die in den Bereichen der Maschinen, der Lagerung des Lösemittels, der Lagerung des gereinigten oder ausgerüsteten Behandlungsgutes, der Bügeltische, der Dämpfanlagen oder der Entladung der Maschinen entstehen, *an die*[1] Entstehungsstellen erfaßt und abgesaugt werden.

(5) In den Betriebsräumen dürfen außerhalb der Chemischreinigungs- und Textilausrüstungsmaschinen keine leichtflüchtigen halogenierten organischen Verbindungen eingesetzt werden.

(6) Chemischreinigungsanlagen einschließlich Selbstbedienungsmaschinen dürfen nur in Anwesenheit von sachkundigem Bedienungspersonal betrieben werden.

§ 5 Extraktionsanlagen. [1]Extraktionsanlagen sind so zu errichten und zu betreiben, daß die Abgase einem Abscheider zugeführt werden, mit dem sichergestellt wird, daß die Emissionen an leichtflüchtigen halogenierten organischen Verbindungen im unverdünnten Abgas eine Massenkonzentration von 20 Milligramm je Kubikmeter, bezogen auf das Abgasvolumen im Normzustand (273,15 Kelvin, 1 013 Hektopascal), nicht überschreiten. [2]Die abgeschiedenen leichtflüchtigen halogenierten organischen Verbindungen sind zurückzugewinnen. [3]Bei der Verwendung von Stoffen oder Gemischen nach § 2 Abs. 1, die nicht durch weniger schädliche Stoffe oder Gemische ersetzt werden können, hat der Betreiber sicherzustellen, dass die Emissionen an den dort

[1] Richtig wohl: „an den“.

genannten flüchtigen organischen Verbindungen, auch beim Vorhandensein mehrerer dieser Verbindungen, einen Massenstrom von 5 Gramm je Stunde oder im unverdünnten Abgas eine Massenkonzentration von 2 Milligramm je Kubikmeter, bezogen auf das Abgasvolumen im Normzustand, nicht überschreiten. [4]Nach Abscheidern hinter Extraktionsanlagen müssen bei einem Abgasvolumenstrom von mehr als 500 Kubikmetern je Stunde entweder Einrichtungen zur kontinuierlichen Messung unter Verwendung einer aufzeichnenden Meßeinrichtung für die Massenkonzentration an leichtflüchtigen halogenierten organischen Verbindungen im Abgas oder Einrichtungen vorhanden sein, die einen Anstieg der Massenkonzentration auf mehr als 1 Gramm je Kubikmeter, bezogen auf das Abgasvolumen im Normzustand, registrieren und in diesem Fall eine Zwangsabschaltung der an den Abscheider angeschlossenen Extraktionsanlagen auslösen.

Dritter Abschnitt. Anforderungen an Altanlagen

§§ 6–9 *(aufgehoben)*

Vierter Abschnitt. Eigenkontrolle und Überwachung

§ 10 Meßöffnungen. [1]Der Betreiber einer Anlage, für die Anforderungen nach § 3 Abs. 1 Nr. 2 oder 3 oder Abs. 2, § 4 Abs. 1 oder Abs. 2 oder § 5 festgelegt sind, hat zur Kontrolle der Einhaltung der jeweiligen Anforderungen geeignete dicht verschließbare Meßöffnungen einzurichten oder einrichten zu lassen. [2]Die Einrichtung der Meßöffnungen muß für die Durchführung der Messungen geeignet sein und gefahrlose Messungen ermöglichen.

§ 11 Eigenkontrolle. (1) [1]Der Betreiber einer Anlage hat über

1. die der Anlage zugeführten Mengen an leichtflüchtigen halogenierten organischen Verbindungen,
2. die der Wiederaufbereitung oder Entsorgung zugeführten Mengen an Lösemittel oder lösemittelhaltigen Stoffen,
3. die Betriebsstunden und
4. die von ihm veranlaßten oder selbst durchgeführten Instandhaltungsmaßnahmen

Aufzeichnungen zu führen, soweit er dazu nicht schon auf Grund abfall- oder wasserrechtlicher Vorschriften verpflichtet ist. [2]Für Chemischreinigungs- und Textilausrüstungsanlagen ist zusätzlich das Gewicht des Reinigungsgutes zu erfassen. [3]Die Aufzeichnungen sind am Betriebsort drei Jahre lang aufzubewahren und der zuständigen Behörde auf Verlangen vorzulegen. [4]Die Betriebsstunden sind durch einen Betriebsstundenzähler zu erfassen.

(2) [1]Der Betreiber einer Anlage, die mit einem Abscheider gemäß § 3 Abs. 2, § 4 Abs. 2 oder § 5 ausgerüstet ist, hat dessen Funktionsfähigkeit mindestens arbeitstäglich zu prüfen und das Ergebnis schriftlich oder elektronisch festzuhalten, soweit nicht die Funktion des Abscheiders der Kontrolle durch ein kontinuierlich aufzeichnendes Meßgerät oder einer automatischen Abschaltung unterliegt. [2]Die Aufzeichnungen sind am Betriebsort drei Jahre lang aufzubewahren und der zuständigen Behörde auf Verlangen vorzulegen.

§ 12 Überwachung. (1) Der Betreiber einer Anlage, die nach § 4 des Bundes-Immissionsschutzgesetzes[1] keiner Genehmigung bedarf, hat diese der zuständigen Behörde vor der Inbetriebnahme anzuzeigen; die Anzeigepflicht gilt auch für den Fall einer wesentlichen Änderung der Anlage gemäß Absatz 2.

(2) Eine wesentliche Änderung einer nicht genehmigungsbedürftigen Anlage im Sinne von Absatz 1 ist

1. eine Änderung, die nach der Beurteilung durch die zuständige Behörde erhebliche negative Auswirkungen auf die menschliche Gesundheit oder auf die Umwelt haben kann,
2. eine Änderung der Nennkapazität bei Anlagen mit einem Lösemittelverbrauch von 10 Tonnen pro Jahr oder weniger, die zu einer Erhöhung der Emissionen flüchtiger organischer Verbindungen um mehr als 25 Prozent führt,
3. eine Änderung der Nennkapazität bei anderen als den in Nummer 2 genannten Anlagen, die zu einer Erhöhung der Emissionen flüchtiger organischer Verbindungen um mehr als 10 Prozent führt.

(3) Die in Absatz 2 Nummer 2 und 3 genannte Nennkapazität ist die maximale Masse der in einer Anlage eingesetzten organischen Lösemittel, gemittelt über einen Tag, sofern die Anlage unter Bedingungen des Normalbetriebs entsprechend ihrer Auslegung betrieben wird.

(4) Der Betreiber einer nach Inkrafttreten dieser Verordnung errichteten oder wesentlich geänderten Anlage, für die in § 3 Abs. 1 Nr. 2 und 3 oder Abs. 2 oder § 4 Abs. 1 oder Abs. 2 oder § 5 Anforderungen festgelegt sind, hat die Einhaltung der jeweiligen Anforderungen frühestens drei Monate und spätestens sechs Monate nach der Inbetriebnahme von einer nach § 29b Absatz 2 in Verbindung mit § 26 des Bundes-Immissionsschutzgesetzes bekannt gegebenen Stelle durch erstmalige Messungen feststellen zu lassen.

(5) [1] Der Betreiber einer Anlage, für die in § 3 Abs. 1 Nr. 2 und 3 oder Abs. 2 oder § 4 Abs. 1 oder Abs. 2 oder § 5 Anforderungen festgelegt sind, hat die Einhaltung der jeweiligen Anforderungen jährlich, jeweils längstens nach zwölf Monaten von einer nach § 29b Absatz 2 in Verbindung mit § 26 des Bundes-Immissionsschutzgesetzes bekannt gegebenen Stelle durch wiederkehrende Messungen feststellen zu lassen. [2] Einer wiederkehrenden Messung bedarf es nicht bei einer Anlage mit einem maximalen Lösemittelfüllvolumen bis zu 50 Liter, soweit abgesaugte Abgase nicht gemäß § 4 Abs. 2 über einen Abscheider zu führen sind.

(6) Ergibt eine Messung nach Absatz 2 oder 3, daß die Anforderungen nicht erfüllt sind, so hat der Betreiber von der nach § 29b Absatz 2 in Verbindung mit § 26 des Bundes-Immissionsschutzgesetzes bekannt gegebenen Stelle innerhalb von sechs Wochen nach der Messung eine Wiederholungsmessung durchführen zu lassen.

(7) [1] Die Massenkonzentration an leichtflüchtigen halogenierten organischen Verbindungen ist durch mindestens drei Einzelmessungen im bestimmungsgemäßen Betrieb zu bestimmen. [2] Die Gesamtdauer jeder Einzelmessung soll in der Regel

---

[1] Nr. **1**.

1. bei der Bestimmung der Massenkonzentration im Trommel- oder Entnahmebereich 30 Sekunden und
2. bei der Bestimmung der Massenkonzentration im Abgas während der Absaugphase 30 Minuten

betragen. [3] Soweit das Betriebsverhalten der Anlage dies erfordert, ist die Meßdauer entsprechend zu verkürzen. [4] Die Anforderungen gelten als eingehalten, wenn das Ergebnis jeder Einzelmessung den festgelegten Grenzwert nicht überschreitet.

(8) [1] Über das Ergebnis der Messungen nach Absatz 4 bis 6 hat der Betreiber jeweils einen Bericht erstellen zu lassen. [2] Der Bericht muß Angaben über die zugrundeliegenden Anlagen- und Betriebsbedingungen, die Ergebnisse der Einzelmessungen und das verwendete Meßverfahren enthalten. [3] Er ist drei Jahre lang am Betriebsort aufzubewahren. [4] Eine Durchschrift des Berichtes ist der zuständigen Behörde innerhalb von vier Wochen zuzuleiten.

(9) [1] Absatz 5 Satz 1 findet keine Anwendung, soweit die Einhaltung der Anforderungen an die Massenkonzentration an leichtflüchtigen halogenierten organischen Verbindungen im Abgas durch kontinuierliche Messungen unter Verwendung einer aufzeichnenden Meßeinrichtung nachgewiesen wird. [2] Die Meßeinrichtung ist jährlich einmal durch eine von der zuständigen obersten Landesbehörde oder der nach Landesrecht bestimmten Behörde gemäß § 29b Absatz 2 des Bundes-Immissionsschutzgesetzes bekannt gegebenen Stelle mit Prüfgasen kalibrieren und auf Funktionsfähigkeit prüfen zu lassen. [3] Die Unterlagen über die Ergebnisse der Messungen und der Kalibrierung sind am Betriebsort drei Jahre lang aufzubewahren und der zuständigen Behörde auf Verlangen vorzulegen.

(10) Die Anforderungen an die Massenkonzentration an leichtflüchtigen halogenierten organischen Verbindungen im Abgas gelten bei kontinuierlicher Messung nach Absatz 9 als eingehalten, wenn die Auswertung der Meßaufzeichnungen für die auf die Absaugphasen entfallenden Betriebsstunden eines Kalenderjahres ergibt, daß bei sämtlichen Stundenmittelwerten keine höheren Überschreitungen als bis zum Eineinhalbfachen des Grenzwertes aufgetreten sind und im Tagesmittel der Grenzwert eingehalten wird.

(11) [1] Wird bei einer Anlage festgestellt, dass die Anforderungen nach § 2 Abs. 1 oder den §§ 3, 4 oder § 5 nicht eingehalten werden, hat der Betreiber dies der zuständigen Behörde unverzüglich mitzuteilen. [2] Der Betreiber hat unverzüglich die erforderlichen Maßnahmen zu treffen, um den ordnungsgemäßen Betrieb der Anlage sicherzustellen. [3] Die zuständige Behörde trägt durch entsprechende Maßnahmen dafür Sorge, dass der Betreiber seinen Pflichten nachkommt oder die Anlage außer Betrieb nimmt.

Fünfter Abschnitt. Gemeinsame Vorschriften

§ 13 Umgang mit leichtflüchtigen halogenierten organischen Verbindungen. (1) Die Befüllung der Anlagen mit Lösemitteln oder Hilfsstoffen sowie die Entnahme gebrauchter Lösemittel sind so vorzunehmen, daß Emissionen an leichtflüchtigen halogenierten organischen Verbindungen nach dem Stand der Technik vermindert werden, insbesondere dadurch, daß die verdrängten lösemittelhaltigen Abgase

1. abgesaugt und einem Abscheider zugeführt werden oder
2. nach dem Gaspendelverfahren ausgetauscht werden.

(2) Rückstände, die leichtflüchtige halogenierte organische Verbindungen enthalten, dürfen den Anlagen nur mit einer geschlossenen Vorrichtung entnommen werden.

(3) Leichtflüchtige halogenierte organische Verbindungen oder solche Verbindungen enthaltende Rückstände dürfen nur in geschlossenen Behältnissen gelagert, transportiert und gehandhabt werden.

§ 14 Ableitung der Abgase. [1] Die abgesaugten Abgase sind durch eine Abgasleitung, die gegen leichtflüchtige halogenierte organische Verbindungen beständig ist, so abzuleiten, daß ein Abtransport mit der freien Luftströmung gewährleistet ist. [2] Satz 1 gilt entsprechend für die Abluft von lüftungstechnischen Einrichtungen.

§ 15 An- und Abfahren von Anlagen. (1) Der Betreiber einer Anlage hat alle geeigneten Maßnahmen zu treffen, um die Emissionen während des An- und Abfahrens so gering wie möglich zu halten.

(2) [1] An- oder Abfahren sind Vorgänge, mit denen der Betriebs- oder Bereitschaftszustand einer Anlage oder eines Anlagenteils hergestellt oder beendet wird. [2] Regelmäßig wiederkehrende Phasen von Tätigkeiten, die in der Anlage durchgeführt werden, gelten nicht als An- oder Abfahren.

§ 16 Allgemeine Anforderungen. (1) Anlagen nach § 1 Abs. 1 dürfen nur betrieben werden, wenn der Übertritt von Halogenkohlenwasserstoffen
1. in einen dem Aufenthalt von Menschen dienenden betriebsfremden Raum oder
2. in einen angrenzenden Betrieb, in dem Lebensmittel im Sinne des § 1 des Lebensmittel- und Bedarfsgegenständegesetzes hergestellt, behandelt, in den Verkehr gebracht, verzehrt oder gelagert werden,

nach dem Stand der Technik begrenzt ist.

(2) Wird in einem der in Absatz 1 aufgeführten Bereiche eine Raumluftkonzentration an Tetrachlorethen von mehr als 0,1 Milligramm je Kubikmeter, ermittelt als Mittelwert über einen Zeitraum von sieben Tagen, festgestellt, die auf den Betrieb einer benachbarten Anlage zurückzuführen ist, hat der Betreiber dieser Anlage innerhalb von sechs Monaten Maßnahmen zu treffen, die sicherstellen, daß eine Raumluftkonzentration von 0,1 Milligramm je Kubikmeter nicht überschritten wird.

§ 17 Berichterstattung an die Europäische Kommission, Unterrichtung der Öffentlichkeit. (1) Der Betreiber einer Anlage hat die für die Berichterstattung an die Europäische Kommission nach Absatz 2 benötigten Informationen der zuständigen Behörde auf Verlangen nach dem festgelegten Verfahren und in der festgelegten Form zuzuleiten.

(2) [1] Die zuständige Behörde hat alle drei Jahre entsprechend den Anforderungen des Artikels 72 Absatz 1 und 2 der Richtlinie 2010/75/EU des Europäischen Parlaments und des Rates vom 24. November 2010 über Industrieemissionen (integrierte Vermeidung und Verminderung der Umweltver-

schmutzung) (Neufassung) (ABl. L 334 vom 17.12.2010, S. 17) innerhalb von sechs Monaten nach Ablauf eines jeden Dreijahreszeitraums dem Bundesministerium für Umwelt, Naturschutz, Bau und Reaktorsicherheit oder der von ihm benannten Stelle einen Bericht über die Durchführung dieser Verordnung zu übermitteln. [2]Das Bundesministerium für Umwelt, Naturschutz, Bau und Reaktorsicherheit legt der Kommission der Europäischen Gemeinschaften entsprechend den Anforderungen des Artikels 72 Absatz 1 und 2 der Richtlinie 2010/75/EU einen Bericht vor.

(3) [1]Die zuständige Behörde hat

1. die für Anlagen geltenden allgemein verbindlichen Regeln und die Verzeichnisse der angezeigten und genehmigten Tätigkeiten sowie
2. die ihr vorliegenden Ergebnisse der nach den §§ 10 bis 12 durchzuführenden Eigenkontrolle und Überwachung

der Öffentlichkeit zugänglich zu machen. [2]Satz 1 gilt nicht für solche Angaben, aus denen Rückschlüsse auf Betriebs- oder Geschäftsgeheimnisse gezogen werden können.

§ 18 Weitergehende Anforderungen. Die Befugnis der zuständigen Behörde, auf Grund des Bundes-Immissionsschutzgesetzes[1)] andere oder weitergehende Anordnungen zu treffen, bleibt unberührt.

§ 19 Zulassung von Ausnahmen. (1) Die zuständige Behörde kann auf Antrag des Betreibers abweichend von § 2 Abs. 2 Satz 1 für hochwertige Anwendungen in Oberflächenbehandlungsanlagen, insbesondere in der Reinigung von elektronischen Bauteilen, der Herstellung von Präzisionswerkstücken oder bei der Fertigung in der Mess- und Regeltechnik auch den Einsatz von leichtflüchtigen teilfluorierten Kohlenwasserstoffen in technisch reiner Form oder im Gemisch mit trans-1,2-Dichlorethen zulassen, soweit im Einzelfall schädliche Umwelteinwirkungen und Auswirkungen auf das Klima nicht zu erwarten sind und wenn nach dem Stand der Technik für diese Anwendungen keine anderen nicht teilfluorierten Lösemittel eingesetzt werden können.

(2) Die zuständige Behörde kann auf Antrag des Betreibers Ausnahmen von den Anforderungen des § 2 Abs. 2 Satz 4, der §§ 3 bis 5 sowie der §§ 10 bis 16 zulassen, soweit unter Berücksichtigung der besonderen Umstände des Einzelfalles einzelne Anforderungen der Verordnung nur mit unverhältnismäßig hohem Aufwand erfüllt werden können, schädliche Umwelteinwirkungen nicht zu erwarten sind und die Ausnahmen bei der Vorsorge gegen schädliche Umwelteinwirkungen sowie der Richtlinie 2010/75/EU nicht entgegenstehen.

(3) Die zuständige Behörde kann auf Antrag des Betreibers ferner in Übereinstimmung mit der Richtlinie 2010/75/EU eine Ausnahme erteilen von der Anforderung einer laufenden meßtechnischen Überprüfung gemäß § 3 Abs. 1 Satz 1 Nr. 3, soweit in Verbindung mit der selbsttätigen Verriegelung auf andere Weise sichergestellt ist, daß die Entnahme des Behandlungsgutes aus dem Entnahmebereich erst erfolgen kann, wenn die Massenkonzentration an leichtflüchtigen halogenierten organischen Verbindungen in der Anlagenluft im Entnahmebereich 1 Gramm je Kubikmeter nicht mehr überschreitet.

---

1) Nr. **1**.

§ 20 Ordnungswidrigkeiten. (1) Ordnungswidrig im Sinne des § 62 Abs. 1 Nr. 7 des Bundes-Immissionsschutzgesetzes[1] handelt, wer vorsätzlich oder fahrlässig

1. entgegen § 2 Abs. 1 einen Stoff oder ein Gemisch nicht oder nicht rechtzeitig ersetzt,
1a. entgegen § 2 Abs. 2 Satz 1 oder 4 einen Stoff einsetzt,
1b. entgegen § 2 Abs. 2 Satz 3 einen Stoff zusetzt,
2. entgegen
   a) § 3 Abs. 1 Satz 1, Abs. 3 oder 4 eine Oberflächenbehandlungsanlage,
   b) § 4 Abs. 1 eine Chemischreinigungs- oder Textilausrüstungsmaschine,
   c) § 4 Abs. 6 eine Chemischreinigungs- oder Textilausrüstungsanlage,
   d) § 5 Satz 1 eine Extraktionsanlage

   nicht richtig errichtet oder nicht richtig betreibt,
3. entgegen § 3 Abs. 2 Satz 1 oder § 4 Abs. 2 Satz 1 abgesaugte Abgase nicht einem dort vorgeschriebenen Abscheider zuführt,
4. entgegen § 3 Abs. 2 Satz 2, § 4 Abs. 2 Satz 2 oder § 5 Satz 2 dort genannte Stoffe nicht zurückgewinnt,
4a. entgegen § 3 Abs. 2 Satz 3, § 4 Abs. 2 Satz 3 oder § 5 Satz 3 nicht sicherstellt, dass die Emissionen die vorgeschriebenen Werte für den Massenstrom oder die Massenkonzentration nicht überschreiten,
5. entgegen § 4 Abs. 2 Satz 4 einen Abscheider mit Frischluft oder Raumluft desorbiert,
6. entgegen § 4 Abs. 3 keine regenerierbaren Filter einsetzt,
7. entgegen § 4 Abs. 4 einen Betriebsraum nicht in der dort vorgeschriebenen Weise lüftet,
8. entgegen § 4 Abs. 5 dort genannte Stoffe einsetzt,
9. *(aufgehoben)*
10. entgegen § 10 Meßöffnungen nicht einrichtet oder einrichten läßt,
11. entgegen § 11 Abs. 1 Satz 1 oder 2 Aufzeichnungen nicht oder nicht vollständig führt,
12. entgegen § 11 Abs. 1 Satz 4 die Betriebsstunden nicht durch einen Betriebsstundenzähler erfaßt,
13. entgegen § 11 Abs. 2 einen Abscheider nicht oder nicht rechtzeitig prüft oder das Ergebnis der Prüfung nicht schriftlich oder elektronisch festhält,
13a. entgegen § 12 Absatz 1 eine Anzeige nicht oder nicht rechtzeitig erstattet,
14. entgegen § 12 Absatz 4 oder Absatz 5 Satz 1 die Einhaltung der festgelegten Anforderungen durch Messungen nicht oder nicht rechtzeitig feststellen läßt,
15. entgegen § 12 Absatz 6 eine Wiederholungsmessung nicht oder nicht rechtzeitig durchführen läßt,
16. entgegen § 12 Absatz 9 Satz 2 eine Meßeinrichtung nicht oder nicht rechtzeitig kalibrieren oder auf Funktionsfähigkeit prüfen läßt,

---

[1] Nr. **1**.

16a. entgegen § 12 Absatz 11 Satz 1 eine Mitteilung nicht, nicht richtig oder nicht rechtzeitig macht,
16b. entgegen § 12 Absatz 11 Satz 2 eine Maßnahme nicht, nicht richtig oder nicht rechtzeitig trifft,
17. entgegen § 13 Abs. 1 bei einer Anlage die Befüllung oder Entnahme nicht in der dort vorgeschriebenen Weise vornimmt,
18. entgegen § 13 Abs. 2 einer Anlage dort genannte Rückstände nicht mit einer geschlossenen Vorrichtung entnimmt,
19. entgegen § 13 Abs. 3 dort genannte Stoffe oder Rückstände nicht in geschlossenen Behältnissen lagert, transportiert oder handhabt,
20. entgegen § 14 Satz 1, auch in Verbindung mit Satz 2, Abgase nicht in der dort vorgeschriebenen Weise ableitet,
21. entgegen § 16 Abs. 1 eine Anlage nach § 1 Abs. 1 betreibt oder
22. entgegen § 17 Abs. 1 Satz 1 eine Information nicht oder nicht rechtzeitig zuleitet.

(2) Ordnungswidrig im Sinne des § 62 Abs. 1 Nr. 7 des Bundes-Immissionsschutzgesetzes handelt, wer entgegen § 11 Abs. 1 Satz 3 oder Abs. 2 Satz 2, § 12 Absatz 8 Satz 3 oder Absatz 9 Satz 3 die dort genannten Unterlagen nicht aufbewahrt.

Sechster Abschnitt. *(aufgehoben)*

Der Bundesrat hat zugestimmt.

2.4. Vierte Verordnung zur Durchführung des Bundes-Immissionsschutzgesetzes (Verordnung über genehmigungsbedürftige Anlagen – 4. BImSchV)

In der Fassung der Bekanntmachung vom 31. Mai 2017[1)]
(BGBl. I S. 1440)

FNA 2129-8-4-3

§ 1 Genehmigungsbedürftige Anlagen. (1) [1] Die Errichtung und der Betrieb der im Anhang 1 genannten Anlagen bedürfen einer Genehmigung, soweit den Umständen nach zu erwarten ist, dass sie länger als während der zwölf Monate, die auf die Inbetriebnahme folgen, an demselben Ort betrieben werden. [2] Für die in Nummer 8 des Anhangs 1 genannten Anlagen, ausgenommen Anlagen zur Behandlung am Entstehungsort, gilt Satz 1 auch, soweit sie weniger als während der zwölf Monate, die auf die Inbetriebnahme folgen, an demselben Ort betrieben werden sollen. [3] Für die in den Nummern 2.10.2, 7.4, 7.5, 7.25, 7.28, 9.1, 9.3 und 9.11 des Anhangs 1 genannten Anlagen gilt Satz 1 nur, soweit sie gewerblichen Zwecken dienen oder im Rahmen wirtschaftlicher Unternehmungen verwendet werden. [4] Hängt die Genehmigungsbedürftigkeit der im Anhang 1 genannten Anlagen vom Erreichen oder Überschreiten einer bestimmten Leistungsgrenze oder Anlagengröße ab, ist jeweils auf den rechtlich und tatsächlich möglichen Betriebsumfang der durch denselben Betreiber betriebenen Anlage abzustellen.

(2) Das Genehmigungserfordernis erstreckt sich auf alle vorgesehenen

1. Anlagenteile und Verfahrensschritte, die zum Betrieb notwendig sind, und
2. Nebeneinrichtungen, die mit den Anlagenteilen und Verfahrensschritten nach Nummer 1 in einem räumlichen und betriebstechnischen Zusammenhang stehen und die von Bedeutung sein können für
   a) das Entstehen schädlicher Umwelteinwirkungen,
   b) die Vorsorge gegen schädliche Umwelteinwirkungen oder
   c) das Entstehen sonstiger Gefahren, erheblicher Nachteile oder erheblicher Belästigungen.

(3) [1] Die im Anhang 1 bestimmten Voraussetzungen sind auch erfüllt, wenn mehrere Anlagen derselben Art in einem engen räumlichen und betrieblichen Zusammenhang stehen (gemeinsame Anlage) und zusammen die maßgebenden Leistungsgrenzen oder Anlagengrößen erreichen oder überschreiten werden. [2] Ein enger räumlicher und betrieblicher Zusammenhang ist gegeben, wenn die Anlagen

1. auf demselben Betriebsgelände liegen,
2. mit gemeinsamen Betriebseinrichtungen verbunden sind und
3. einem vergleichbaren technischen Zweck dienen.

[1)] Neubekanntmachung der 4. BImSchV v. 2.5.2013 (BGBl. I S. 973, ber. S. 3756) in der ab 14.1. 2017 geltenden Fassung.

(4) Gehören zu einer Anlage Teile oder Nebeneinrichtungen, die je gesondert genehmigungsbedürftig wären, so bedarf es lediglich einer Genehmigung.

(5) Soll die für die Genehmigungsbedürftigkeit maßgebende Leistungsgrenze oder Anlagengröße durch die Erweiterung einer bestehenden Anlage erstmals überschritten werden, bedarf die gesamte Anlage der Genehmigung.

(6) Keiner Genehmigung bedürfen Anlagen, soweit sie der Forschung, Entwicklung oder Erprobung neuer Einsatzstoffe, Brennstoffe, Erzeugnisse oder Verfahren im Labor- oder Technikumsmaßstab dienen; hierunter fallen auch solche Anlagen im Labor- oder Technikumsmaßstab, in denen neue Erzeugnisse in der für die Erprobung ihrer Eigenschaften durch Dritte erforderlichen Menge vor der Markteinführung hergestellt werden, soweit die neuen Erzeugnisse noch weiter erforscht oder entwickelt werden.

(7) Keiner Genehmigung bedürfen Anlagen zur Lagerung von Stoffen, die eine Behörde in Erfüllung ihrer gesetzlichen Aufgabe zur Gefahrenabwehr sichergestellt hat.

§ 2 Zuordnung zu den Verfahrensarten. (1) [1] Das Genehmigungsverfahren wird durchgeführt nach

1. § 10 des Bundes-Immissionsschutzgesetzes[1)] für
   a) Anlagen, die in Spalte c des Anhangs 1 mit dem Buchstaben G gekennzeichnet sind,
   b) Anlagen, die sich aus in Spalte c des Anhangs 1 mit dem Buchstaben G und dem Buchstaben V gekennzeichneten Anlagen zusammensetzen,
   c) Anlagen, die in Spalte c des Anhangs 1 mit dem Buchstaben V gekennzeichnet sind und zu deren Genehmigung nach den *§§ 3a bis 3f*[2)] des Gesetzes über die Umweltverträglichkeitsprüfung eine Umweltverträglichkeitsprüfung durchzuführen ist,
2. § 19 des Bundes-Immissionsschutzgesetzes im vereinfachten Verfahren für in Spalte c des Anhangs 1 mit dem Buchstaben V gekennzeichnete Anlagen.

[2] Soweit die Zuordnung zu den Genehmigungsverfahren von der Leistungsgrenze oder Anlagengröße abhängt, gilt § 1 Absatz 1 Satz 4 entsprechend.

(2) Kann eine Anlage vollständig verschiedenen Anlagenbezeichnungen im Anhang 1 zugeordnet werden, so ist die speziellere Anlagenbezeichnung maßgebend.

(3) [1] Für in Spalte c des Anhangs 1 mit dem Buchstaben G gekennzeichnete Anlagen, die ausschließlich oder überwiegend der Entwicklung und Erprobung neuer Verfahren, Einsatzstoffe, Brennstoffe oder Erzeugnisse dienen (Versuchsanlagen), wird das vereinfachte Verfahren durchgeführt, wenn die Genehmigung für einen Zeitraum von höchstens drei Jahren nach Inbetriebnahme der Anlage erteilt werden soll; dieser Zeitraum kann auf Antrag um höchstens ein Jahr verlängert werden. [2] Satz 1 ist auf Anlagen der Anlage 1 (Liste „UVP-pflichtige Vorhaben“) zum Gesetz über die Umweltverträglichkeitsprüfung nur anzuwenden, soweit nach den Vorschriften dieses Gesetzes keine Umweltverträglichkeitsprüfung durchzuführen ist. [3] Soll die Lage, die Beschaffenheit oder

---

[1)] Nr. **1**.

[2)] Der Verweis wurde amtlich noch nicht an die Änderung des UVPG durch G v. 20.7.2017 (BGBl. I S. 2808, ber. 2018 S. 472) angepasst.

der Betrieb einer nach Satz 1 genehmigten Anlage für einen anderen Entwicklungs- oder Erprobungszweck geändert werden, ist ein Verfahren nach Satz 1 durchzuführen.

(4) Wird die für die Zuordnung zu einer Verfahrensart maßgebende Leistungsgrenze oder Anlagengröße durch die Errichtung und den Betrieb einer weiteren Teilanlage oder durch eine sonstige Erweiterung der Anlage erreicht oder überschritten, so wird die Genehmigung für die Änderung in dem Verfahren erteilt, dem die Anlage nach der Summe ihrer Leistung oder Größe entspricht.

§ 3 Anlagen nach der Industrieemissions-Richtlinie. Anlagen nach Artikel 10 in Verbindung mit Anhang I der Richtlinie 2010/75/EU des Europäischen Parlaments und des Rates vom 24. November 2010 über Industrieemissionen (integrierte Vermeidung und Verminderung der Umweltverschmutzung) (Neufassung) (ABl. L 334 vom 17.12.2010, S. 17) sind Anlagen, die in Spalte d des Anhangs 1 mit dem Buchstaben E gekennzeichnet sind.

Anhang 1

Rohstoffbegriff in Nummer 7

Der in Anlagenbeschreibungen unter Nummer 7 verwendete Begriff „Rohstoff" gilt unabhängig davon, ob dieser zuvor verarbeitet wurde oder nicht.

Abfallbegriff in Nummer 8

Der in den Anlagenbeschreibungen unter den Nummern 8.2 bis 8.15 verwendete Begriff „Abfall" betrifft jeweils ausschließlich Abfälle, auf die die Vorschriften des Kreislaufwirtschaftsgesetzes Anwendung finden.

Mischungsregel

Wird in Anlagenbeschreibungen unter Nummer 7 auf diese Mischungsregel Bezug genommen, errechnet sich die Produktionskapazität **P** beim Einsatz tierischer und pflanzlicher Rohstoffe wie folgt:

$$\mathbf{P} = \begin{cases} 75 & \textit{für } \mathbf{A} \geq 10 \\ [300 - (22{,}5 \cdot \mathbf{A})] & \textit{für } \mathbf{A} < 10 \end{cases}$$

wobei **A** den gewichtsprozentualen Anteil der tierischen Rohstoffe an den insgesamt eingesetzten Rohstoffen darstellt.

Legende

Nr.:

Ordnungsnummer der Anlagenart

Anlagenbeschreibung:
Die vollständige Beschreibung der Anlagenart ergibt sich aus dem fortlaufenden Text von der 2. bis zur jeweils letzten Gliederungsebene der Ordnungsnummer.
(z.B. ergibt sich die vollständige Beschreibung der Anlagenart von Nummer 1.2.4.1 aus dem fortlaufenden Text der Nummern 1.2, 1.2.4 und 1.2.4.1)

Verfahrensart:
G: Genehmigungsverfahren gemäß § 10 BImSchG (mit Öffentlichkeitsbeteiligung)

V: Vereinfachtes Verfahren gemäß § 19 BImSchG (ohne Öffentlichkeitsbeteiligung)

Anlage gemäß Art. 10 der Richtlinie 2010/75/EU:
E: Anlage gemäß § 3

Nr.	Anlagenbeschreibung	Verfahrensart	Anlage gemäß Art. 10 der RL 2010/75/EU
a	b	c	d
1.	**Wärmeerzeugung, Bergbau und Energie**		
1.1	Anlagen zur Erzeugung von Strom, Dampf, Warmwasser, Prozesswärme oder erhitztem Abgas durch den Einsatz von Brennstoffen in einer Verbrennungseinrichtung (wie Kraftwerk, Heizkraftwerk, Heizwerk, Gasturbinenanlage, Verbrennungsmotoranlage, sonstige Feuerungsanlage), einschließlich zugehöriger Dampfkessel, mit einer Feuerungswärmeleistung von 50 Megawatt oder mehr;	**G**	**E**
1.2	Anlagen zur Erzeugung von Strom, Dampf, Warmwasser, Prozesswärme oder erhitztem Abgas in einer Verbrennungseinrichtung (wie Kraftwerk, Heizkraftwerk, Heizwerk, Gasturbinenanlage, Verbrennungsmotoranlage, sonstige Feuerungsanlage), einschließlich zugehöriger Dampfkessel, ausgenommen Verbrennungsmotoranlagen für Bohranlagen und Notstromaggregate, durch den Einsatz von		
1.2.1	Kohle, Koks einschließlich Petrolkoks, Kohlebriketts, Torfbriketts, Brenntorf, naturbelassenem Holz sowie in der eigenen Produktionsanlage anfallendem gestrichenem, lackiertem oder beschichtetem Holz oder Sperrholz, Spanplatten, Faserplatten oder sonst verleimtem Holz sowie daraus anfallenden Resten, soweit keine Holzschutzmittel aufgetragen oder infolge einer Behandlung enthalten sind und Beschichtungen keine halogenorganischen Verbindungen oder Schwermetalle enthalten, emulgiertem Naturbitumen, Heizölen, ausgenommen Heizöl EL, mit einer Feuerungswärmeleistung von 1 Megawatt bis weniger als 50 Megawatt,	**V**	
1.2.2	gasförmigen Brennstoffen (insbesondere Koksofengas, Grubengas, Stahlgas, Raffineriegas, Synthesegas, Erdölgas aus der Tertiärförderung von Erdöl, Klärgas, Biogas), ausgenommen naturbelassenem Erdgas, Flüssiggas, Gasen der öffentlichen Gasversorgung oder Wasserstoff, mit einer Feuerungswärmeleistung von		
1.2.2.1	10 Megawatt bis weniger als 50 Megawatt,	**V**	
1.2.2.2	1 Megawatt bis weniger als 10 Megawatt, bei Verbrennungsmotoranlagen oder Gasturbinenanlagen,	**V**	
1.2.3	Heizöl EL, Dieselkraftstoff, Methanol, Ethanol, naturbelassenen Pflanzenölen oder Pflanzenölmethylestern, naturbelassenem Erdgas, Flüssiggas, Gasen der öffentlichen Gasversorgung oder Wasserstoff mit einer Feuerungswärmeleistung von		
1.2.3.1	20 Megawatt bis weniger als 50 Megawatt,	**V**	
1.2.3.2	1 Megawatt bis weniger als 20 Megawatt, bei Verbrennungsmotoranlagen oder Gasturbinenanlagen,	**V**	
1.2.4	anderen als in Nummer 1.2.1 oder 1.2.3 genannten festen oder flüssigen Brennstoffen mit einer Feuerungswärmeleistung von 100 Kilowatt bis weniger als 50 Megawatt;	**V**	

Nr.	Anlagenbeschreibung	Verfahrensart	Anlage gemäß Art. 10 der RL 2010/75/EU
a	b	c	d
1.3	(nicht besetzt)		
1.4	Verbrennungsmotoranlagen oder Gasturbinenanlagen zum Antrieb von Arbeitsmaschinen für den Einsatz von		
1.4.1	Heizöl EL, Dieselkraftstoff, Methanol, Ethanol, naturbelassenen Pflanzenölen, Pflanzenölmethylestern, Koksofengas, Grubengas, Stahlgas, Raffineriegas, Synthesegas, Erdölgas aus der Tertiärförderung von Erdöl, Klärgas, Biogas, naturbelassenem Erdgas, Flüssiggas, Gasen der öffentlichen Gasversorgung oder Wasserstoff mit einer Feuerungswärmeleistung von		
1.4.1.1	50 Megawatt oder mehr,	**G**	**E**
1.4.1.2	1 Megawatt bis weniger als 50 Megawatt, ausgenommen Verbrennungsmotoranlagen für Bohranlagen,	**V**	
1.4.2	anderen als in Nummer 1.4.1 genannten Brennstoffen mit einer Feuerungswärmeleistung von		
1.4.2.1	50 Megawatt oder mehr,	**G**	**E**
1.4.2.2	100 Kilowatt bis weniger als 50 Megawatt;	**V**	
1.5	(nicht besetzt)		
1.6	Anlagen zur Nutzung von Windenergie mit einer Gesamthöhe von mehr als 50 Metern und		
1.6.1	20 oder mehr Windkraftanlagen,	**G**	
1.6.2	weniger als 20 Windkraftanlagen;	**V**	
1.7	(nicht besetzt)		
1.8	Elektroumspannanlagen mit einer Oberspannung von 220 Kilovolt oder mehr einschließlich der Schaltfelder, ausgenommen eingehauste Elektroumspannanlagen;	**V**	
1.9	Anlagen zum Mahlen oder Trocknen von Kohle mit einer Kapazität von 1 Tonne oder mehr je Stunde;	**V**	
1.10	Anlagen zum Brikettieren von Braun- oder Steinkohle;	**G**	
1.11	Anlagen zur Trockendestillation (z.B. Kokereien, Gaswerke und Schwelereien), insbesondere von Steinkohle oder Braunkohle, Holz, Torf oder Pech, ausgenommen Holzkohlenmeiler;	**G**	**E**
1.12	Anlagen zur Destillation oder Weiterverarbeitung von Teer oder Teererzeugnissen oder von Teer- oder Gaswasser;	**G**	
1.13	(nicht besetzt)		
1.14	Anlagen zur Vergasung oder Verflüssigung von		
1.14.1	Kohle,	**G**	**E**
1.14.2	bituminösem Schiefer mit einem Energieäquivalent von		
1.14.2.1	20 Megawatt oder mehr,	**G**	**E**

Nr.	Anlagenbeschreibung	Verfahrensart	Anlage gemäß Art. 10 der RL 2010/75/EU
a	b	c	d
1.14.2.2	weniger als 20 Megawatt,	**G**	
1.14.3	anderen Brennstoffen als Kohle oder bituminösem Schiefer, insbesondere zur Erzeugung von Generator-, Wasser-, oder Holzgas, mit einer Produktionskapazität an Stoffen, entsprechend einem Energieäquivalent von		
1.14.3.1	20 Megawatt oder mehr,	**G**	**E**
1.14.3.2	1 Megawatt bis weniger als 20 Megawatt;	**V**	
1.15	Anlagen zur Erzeugung von Biogas, soweit nicht von Nummer 8.6 erfasst, mit einer Produktionskapazität von 1,2 Million Normkubikmetern je Jahr Rohgas oder mehr;	**V**	
1.16	Anlagen zur Aufbereitung von Biogas mit einer Verarbeitungskapazität von 1,2 Million Normkubikmetern je Jahr Rohgas oder mehr;	**V**	
2.	**Steine und Erden, Glas, Keramik, Baustoffe**		
2.1	Steinbrüche mit einer Abbaufläche von		
2.1.1	10 Hektar oder mehr,	**G**	
2.1.2	weniger als 10 Hektar, soweit Sprengstoffe verwendet werden;	**V**	
2.2	Anlagen zum Brechen, Trocknen, Mahlen oder Klassieren von natürlichem oder künstlichem Gestein, ausgenommen Klassieranlagen für Sand oder Kies sowie Anlagen, die nicht mehr als zehn Tage im Jahr betrieben werden;	**V**	
2.3	Anlagen zur Herstellung von Zementklinker oder Zementen mit einer Produktionskapazität von		
2.3.1	500 Tonnen oder mehr je Tag,	**G**	**E**
2.3.2	50 Tonnen bis weniger als 500 Tonnen je Tag, soweit nicht in Drehrohröfen hergestellt,	**G**	**E**
2.3.3	weniger als 500 Tonnen je Tag, soweit in Drehrohröfen hergestellt,	**V**	
2.3.4	weniger als 50 Tonnen je Tag, soweit nicht in Drehrohröfen hergestellt;	**V**	
2.4	Anlagen zum Brennen von		
2.4.1	Kalkstein, Magnesit oder Dolomit mit einer Produktionskapazität von		
2.4.1.1	50 Tonnen oder mehr Branntkalk oder Magnesiumoxid je Tag,	**G**	**E**
2.4.1.2	weniger als 50 Tonnen Branntkalk oder Magnesiumoxid je Tag,	**V**	
2.4.2	Bauxit, Gips, Kieselgur, Quarzit oder Ton zu Schamotte;	**V**	
2.5	Anlagen zur Gewinnung von Asbest;	**G**	**E**

Nr.	Anlagenbeschreibung	Verfahrensart	Anlage gemäß Art. 10 der RL 2010/75/EU
a	b	c	d
2.6	Anlagen zur Be- oder Verarbeitung von Asbest oder Asbesterzeugnissen;	**G**	**E**
2.7	Anlagen zum Blähen von Perlite oder Schiefer;	**V**	
2.8	Anlagen zur Herstellung von Glas, auch soweit es aus Altglas hergestellt wird, einschließlich Anlagen zur Herstellung von Glasfasern, mit einer Schmelzkapazität von		
2.8.1	20 Tonnen oder mehr je Tag,	**G**	**E**
2.8.2	100 Kilogramm bis weniger als 20 Tonnen je Tag, ausgenommen in Anlagen zur Herstellung von Glasfasern, die für medizinische oder fernmeldetechnische Zwecke bestimmt sind;	**V**	
2.9	(nicht besetzt)		
2.10	Anlagen zum Brennen keramischer Erzeugnisse (einschließlich Anlagen zum Blähen von Ton) mit einer Produktionskapazität von		
2.10.1	75 Tonnen oder mehr je Tag,	**G**	**E**
2.10.2	weniger als 75 Tonnen je Tag, soweit der Rauminhalt der Brennanlage 4 Kubikmeter oder mehr beträgt oder die Besatzdichte mehr als 100 Kilogramm je Kubikmeter Rauminhalt der Brennanlage beträgt, ausgenommen elektrisch beheizte Brennöfen, die diskontinuierlich und ohne Abluftführung betrieben werden;	**V**	
2.11	Anlagen zum Schmelzen mineralischer Stoffe einschließlich Anlagen zur Herstellung von Mineralfasern mit einer Schmelzkapazität von		
2.11.1	20 Tonnen oder mehr je Tag,	**G**	**E**
2.11.2	weniger als 20 Tonnen je Tag;	**V**	
2.12	(nicht besetzt)		
2.13	(nicht besetzt)		
2.14	Anlagen zur Herstellung von Formstücken unter Verwendung von Zement oder anderen Bindemitteln durch Stampfen, Schocken, Rütteln oder Vibrieren mit einer Produktionskapazität von 10 Tonnen oder mehr je Stunde;	**V**	
2.15	Anlagen zur Herstellung oder zum Schmelzen von Mischungen aus Bitumen oder Teer mit Mineralstoffen, ausgenommen Anlagen, die Mischungen in Kaltbauweise herstellen, einschließlich Aufbereitungsanlagen für bituminöse Straßenbaustoffe und Teersplittanlagen;	**V**	
3.	**Stahl, Eisen und sonstige Metalle einschließlich Verarbeitung**		
3.1	Anlagen zum Rösten (Erhitzen unter Luftzufuhr zur Überführung in Oxide), Schmelzen oder Sintern (Stü-	**G**	**E**

Nr.	Anlagenbeschreibung	Verfahrensart	Anlage gemäß Art. 10 der RL 2010/75/EU
a	b	c	d
	ckigmachen von feinkörnigen Stoffen durch Erhitzen) von Erzen;		
3.2	Anlagen zur Herstellung oder zum Erschmelzen von Roheisen		
3.2.1	und zur Weiterverarbeitung zu Rohstahl, bei denen sich Gewinnungs- und Weiterverarbeitungseinheiten nebeneinander befinden und in funktioneller Hinsicht miteinander verbunden sind (Integrierte Hüttenwerke), mit einer Schmelzkapazität von		
3.2.1.1	2,5 Tonnen oder mehr je Stunde,	**G**	**E**
3.2.1.2	weniger als 2,5 Tonnen je Stunde,	**G**	
3.2.2	oder Stahl, einschließlich Stranggießen, auch soweit Konzentrate oder sekundäre Rohstoffe eingesetzt werden, mit einer Schmelzkapazität von		
3.2.2.1	2,5 Tonnen oder mehr je Stunde,	**G**	**E**
3.2.2.2	weniger als 2,5 Tonnen je Stunde;	**V**	
3.3	Anlagen zur Herstellung von Nichteisenrohmetallen aus Erzen, Konzentraten oder sekundären Rohstoffen durch metallurgische, chemische oder elektrolytische Verfahren;	**G**	**E**
3.4	Anlagen zum Schmelzen, zum Legieren oder zur Raffination von Nichteisenmetallen mit einer Schmelzkapazität von		
3.4.1	4 Tonnen je Tag oder mehr bei Blei und Cadmium oder von 20 Tonnen je Tag oder mehr bei sonstigen Nichteisenmetallen,	**G**	**E**
3.4.2	0,5 Tonnen bis weniger als 4 Tonnen je Tag bei Blei und Cadmium oder von 2 Tonnen bis weniger als 20 Tonnen je Tag bei sonstigen Nichteisenmetallen, ausgenommen 1. Vakuum-Schmelzanlagen, 2. Schmelzanlagen für Gusslegierungen aus Zinn und Wismut oder aus Feinzink und Aluminium in Verbindung mit Kupfer oder Magnesium, 3. Schmelzanlagen, die Bestandteil von Druck oder Kokillengießmaschinen sind oder die ausschließlich im Zusammenhang mit einzelnen Druck- oder Kokillengießmaschinen gießfertige Nichteisenmetalle oder gießfertige Legierungen niederschmelzen, 4. Schmelzanlagen für Edelmetalle oder für Legierungen, die nur aus Edelmetallen oder aus Edelmetallen und Kupfer bestehen, 5. Schwalllötbäder und 6. Heißluftverzinnungsanlagen;	**V**	
3.5	Anlagen zum Abziehen der Oberflächen von Stahl, insbesondere von Blöcken, Brammen, Knüppeln, Platinen oder Blechen, durch Flämmen;	**V**	
3.6	Anlagen zur Umformung von		

Nr.	Anlagenbeschreibung	Verfahrensart	Anlage gemäß Art. 10 der RL 2010/75/EU
a	b	c	d
3.6.1	Stahl durch Warmwalzen mit einer Kapazität je Stunde von		
3.6.1.1	20 Tonnen oder mehr,	**G**	**E**
3.6.1.2	weniger als 20 Tonnen,	**V**	
3.6.2	Stahl durch Kaltwalzen mit einer Bandbreite von 650 Millimetern oder mehr,	**V**	
3.6.3	Schwermetallen, ausgenommen Eisen oder Stahl, durch Walzen mit einer Kapazität von 1 Tonne oder mehr je Stunde,	**V**	
3.6.4	Leichtmetallen durch Walzen mit einer Kapazität von 0,5 Tonnen oder mehr je Stunde;	**V**	
3.7	Eisen-, Temper- oder Stahlgießereien mit einer Verarbeitungskapazität an Flüssigmetall von		
3.7.1	20 Tonnen oder mehr je Tag,	**G**	**E**
3.7.2	2 Tonnen bis weniger als 20 Tonnen je Tag;	**V**	
3.8	Gießereien für Nichteisenmetalle mit einer Verarbeitungskapazität an Flüssigmetall von		
3.8.1	4 Tonnen oder mehr je Tag bei Blei und Cadmium oder 20 Tonnen oder mehr je Tag bei sonstigen Nichteisenmetallen,	**G**	**E**
3.8.2	0,5 Tonnen bis weniger als 4 Tonnen je Tag bei Blei und Cadmium oder 2 Tonnen bis weniger als 20 Tonnen je Tag bei sonstigen Nichteisenmetallen, ausgenommen 1. Gießereien für Glocken- oder Kunstguss, 2. Gießereien, in denen in metallische Formen abgegossen wird, und 3. Gießereien, in denen das Material in ortsbeweglichen Tiegeln niedergeschmolzen wird;	**V**	
3.9	Anlagen zum Aufbringen von metallischen Schutzschichten		
3.9.1	mit Hilfe von schmelzflüssigen Bädern auf Metalloberflächen mit einer Verarbeitungskapazität von		
3.9.1.1	2 Tonnen oder mehr Rohstahl je Stunde,	**G**	**E**
3.9.1.2	2 Tonnen oder mehr Rohgut je Stunde, soweit nicht von der Nummer 3.9.1.1 erfasst,	**G**	
3.9.1.3	500 Kilogramm bis weniger als 2 Tonnen Rohgut je Stunde, ausgenommen Anlagen zum kontinuierlichen Verzinken nach dem Sendzimirverfahren,	**V**	
3.9.2	durch Flamm-, Plasma- oder Lichtbogenspritzen		
3.9.2.1	auf Metalloberflächen mit einer Verarbeitungskapazität von 2 Tonnen oder mehr Rohstahl je Stunde,	**G**	**E**

Nr.	Anlagenbeschreibung	Verfahrensart	Anlage gemäß Art. 10 der RL 2010/75/EU
a	b	c	d
3.9.2.2	auf Metall- oder Kunststoffoberflächen mit einem Durchsatz an Blei, Zinn, Zink, Nickel, Kobalt oder ihren Legierungen von 2 Kilogramm oder mehr je Stunde;	**V**	
3.10	Anlagen zur Oberflächenbehandlung mit einem Volumen der Wirkbäder von		
3.10.1	30 Kubikmeter oder mehr bei der Behandlung von Metall- oder Kunststoffoberflächen durch ein elektrolytisches oder chemisches Verfahren,	**G**	**E**
3.10.2	1 Kubikmeter bis weniger als 30 Kubikmeter bei der Behandlung von Metalloberflächen durch Beizen oder Brennen unter Verwendung von Fluss- oder Salpetersäure;	**V**	
3.11	Anlagen, die aus einem oder mehreren maschinell angetriebenen Hämmern oder Fallwerken bestehen, wenn die Schlagenergie eines Hammers oder Fallwerkes		
3.11.1	50 Kilojoule oder mehr und die Feuerungswärmeleistung der Wärmebehandlungsöfen 20 Megawatt oder mehr beträgt,	**G**	**E**
3.11.2	50 Kilojoule oder mehr beträgt, soweit nicht von Nummer 3.11.1 erfasst,	**G**	
3.11.3	1 Kilojoule bis weniger als 50 Kilojoule beträgt;	**V**	
3.12	(nicht besetzt)		
3.13	Anlagen zur Sprengverformung oder zum Plattieren mit Sprengstoffen bei einem Einsatz von 10 Kilogramm Sprengstoff oder mehr je Schuss;	**V**	
3.14 – 3.15	(nicht besetzt)		
3.16	Anlagen zur Herstellung von warmgefertigten nahtlosen oder geschweißten Rohren aus Stahl mit einer Produktionskapazität von		
3.16.1	20 Tonnen oder mehr je Stunde,	**G**	**E**
3.16.2	weniger als 20 Tonnen je Stunde;	**G**	
3.17	(nicht besetzt)		
3.18	Anlage zur Herstellung oder Reparatur von Schiffskörpern oder -sektionen (Schiffswerft) aus Metall mit einer Länge von 20 Metern oder mehr;	**G**	
3.19	Anlagen zum Bau von Schienenfahrzeugen mit einer Produktionskapazität von 600 Schienenfahrzeugeinheiten oder mehr je Jahr; 1 Schienenfahrzeugeinheit entspricht 0,5 Lokomotiven, 1 Straßenbahn, 1 Wagen eines Triebzuges, 1 Triebkopf, 1 Personenwagen oder 3 Güterwagen;	**G**	
3.20	Anlagen zur Oberflächenbehandlung von Gegenständen aus Stahl, Blech oder Guss mit festen Strahlmitteln, die außerhalb geschlossener Räume betrieben werden, ausgenommen nicht begehbare Handstrahlkabinen sowie An-	**V**	

Nr.	Anlagenbeschreibung	Verfahrensart	Anlage gemäß Art. 10 der RL 2010/75/EU
a	b	c	d
	lagen mit einem Luftdurchsatz von weniger als 300 Kubikmetern je Stunde;		
3.21	Anlagen zur Herstellung von Bleiakkumulatoren;	**V**	
3.22	Anlagen zur Behandlung von Schrotten in Schredderanlagen, sofern nicht von Nummer 8.9 erfasst, mit einer Durchsatzkapazität an Eingangsstoffen von		
3.22.1	50 Tonnen oder mehr je Tag,	**G**	
3.22.2	10 Tonnen bis weniger als 50 Tonnen je Tag;	**V**	
3.23	Anlagen zur Herstellung von Metallpulvern oder -pasten, insbesondere Aluminium-, Eisen- oder Magnesiumpulver oder -pasten oder blei- oder nickelhaltigen Pulvern oder Pasten, ausgenommen Anlagen zur Herstellung von Edelmetallpulver;	**V**	
3.24	Anlagen für den Bau und die Montage von Kraftfahrzeugen oder Anlagen für den Bau von Kraftfahrzeugmotoren mit einer Kapazität von jeweils 100 000 Stück oder mehr je Jahr;	**G**	
3.25	Anlagen für Bau und Instandhaltung, ausgenommen die Wartung einschließlich kleinerer Reparaturen, von Luftfahrzeugen,		
3.25.1	soweit je Jahr mehr als 50 Luftfahrzeuge hergestellt werden können,	**G**	
3.25.2	soweit je Jahr mehr als 50 Luftfahrzeuge instand gehalten werden können;	**V**	
4.	**Chemische Erzeugnisse, Arzneimittel, Mineralölraffination und Weiterverarbeitung**		
4.1	Anlagen zur Herstellung von Stoffen oder Stoffgruppen durch chemische, biochemische oder biologische Umwandlung in industriellem Umfang, ausgenommen Anlagen zur Erzeugung oder Spaltung von Kernbrennstoffen oder zur Aufarbeitung bestrahlter Kernbrennstoffe, zur Herstellung von		
4.1.1	Kohlenwasserstoffen (lineare oder ringförmige, gesättigte oder ungesättigte, aliphatische oder aromatische),	**G**	**E**
4.1.2	sauerstoffhaltigen Kohlenwasserstoffen wie Alkohole, Aldehyde, Ketone, Carbonsäuren, Ester, Acetate, Ether, Peroxide, Epoxide,	**G**	**E**
4.1.3	schwefelhaltigen Kohlenwasserstoffen,	**G**	**E**
4.1.4	stickstoffhaltigen Kohlenwasserstoffen wie Amine, Amide, Nitroso-, Nitro- oder Nitratverbindungen, Nitrile, Cyanate, Isocyanate,	**G**	**E**
4.1.5	phosphorhaltigen Kohlenwasserstoffen,	**G**	**E**
4.1.6	halogenhaltigen Kohlenwasserstoffen,	**G**	**E**
4.1.7	metallorganischen Verbindungen,	**G**	**E**

Nr.	Anlagenbeschreibung	Verfahrensart	Anlage gemäß Art. 10 der RL 2010/75/EU
a	b	c	d
4.1.8	Kunststoffen (Kunstharzen, Polymeren, Chemiefasern, Fasern auf Zellstoffbasis),	**G**	**E**
4.1.9	synthetischen Kautschuken,	**G**	**E**
4.1.10	Farbstoffen und Pigmenten sowie von Ausgangsstoffen für Farben und Anstrichmittel,	**G**	**E**
4.1.11	Tensiden,	**G**	**E**
4.1.12	Gasen wie Ammoniak, Chlor und Chlorwasserstoff, Fluor und Fluorwasserstoff, Kohlenstoffoxiden, Schwefelverbindungen, Stickstoffoxiden, Wasserstoff, Schwefeldioxid, Phosgen,	**G**	**E**
4.1.13	Säuren wie Chromsäure, Flusssäure, Phosphorsäure, Salpetersäure, Salzsäure, Schwefelsäure, Oleum, schwefelige Säuren,	**G**	**E**
4.1.14	Basen wie Ammoniumhydroxid, Kaliumhydroxid, Natriumhydroxid,	**G**	**E**
4.1.15	Salzen wie Ammoniumchlorid, Kaliumchlorat, Kaliumkarbonat, Natriumkarbonat, Perborat, Silbernitrat,	**G**	**E**
4.1.16	Nichtmetallen, Metalloxiden oder sonstigen anorganischen Verbindungen wie Kalziumkarbid, Silizium, Siliziumkarbid, anorganische Peroxide, Schwefel,	**G**	**E**
4.1.17	phosphor-, stickstoff- oder kaliumhaltigen Düngemitteln (Einnährstoff- oder Mehrnährstoffdünger),	**G**	**E**
4.1.18	Pflanzenschutzmittel oder Biozide,	**G**	**E**
4.1.19	Arzneimittel einschließlich Zwischenerzeugnisse,	**G**	**E**
4.1.20	Explosivstoffen,	**G**	**E**
4.1.21	Stoffen oder Stoffgruppen, die keiner oder mehreren der Nummern 4.1.1 bis 4.1.20 entsprechen,	**G**	**E**
4.1.22	– organischen Grundchemikalien, – anorganischen Grundchemikalien, – phosphor-, stickstoff- oder kaliumhaltigen Düngemitteln (Einnährstoff oder Mehrnährstoff), – Ausgangsstoffen für Pflanzenschutzmittel und Bioziden, – Grundarzneimitteln unter Verwendung eines chemischen oder biologischen Verfahrens oder – Explosivstoffen, im Verbund, bei denen sich mehrere Einheiten nebeneinander befinden und in funktioneller Hinsicht miteinander verbunden sind (integrierte chemische Anlagen);	**G**	**E**
4.2	Anlagen, in denen Pflanzenschutzmittel, Biozide oder ihre Wirkstoffe gemahlen oder maschinell gemischt, abgepackt oder umgefüllt werden, soweit diese Stoffe in einer Menge von 5 Tonnen je Tag oder mehr gehandhabt werden;	**V**	
4.3	Anlagen zur Herstellung von Arzneimitteln oder Arzneimittelzwischenprodukten im industriellen Umfang, soweit		

Nr.	Anlagenbeschreibung	Verfahrensart	Anlage gemäß Art. 10 der RL 2010/75/EU
a	b	c	d
	nicht von Nummer 4.1.19 erfasst, ausgenommen Anlagen, die ausschließlich der Herstellung der Darreichungsform dienen, in denen		
4.3.1	Pflanzen, Pflanzenteile oder Pflanzenbestandteile extrahiert, destilliert oder auf ähnliche Weise behandelt werden, ausgenommen Extraktionsanlagen mit Ethanol ohne Erwärmen,	**V**	
4.3.2	Tierkörper, auch lebender Tiere, sowie Körperteile, Körperbestandteile und Stoffwechselprodukte von Tieren eingesetzt werden;	**V**	
4.4	Anlagen zur Destillation oder Raffination oder sonstigen Weiterverarbeitung von Erdöl oder Erdölerzeugnissen in		
4.4.1	Mineralölraffinerien,	**G**	**E**
4.4.2	Schmierstoffraffinerien,	**G**	
4.4.3	Gasraffinerien,	**G**	**E**
4.4.4	petrochemischen Werken oder bei der Gewinnung von Paraffin;	**G**	
4.5	Anlagen zur Herstellung von Schmierstoffen, wie Schmieröle, Schmierfette, Metallbearbeitungsöle;	**V**	
4.6	Anlagen zur Herstellung von Ruß;	**G**	**E**
4.7	Anlagen zur Herstellung von Kohlenstoff (Hartbrandkohle) oder Elektrographit durch Brennen oder Graphitieren, zum Beispiel für Elektroden, Stromabnehmer oder Apparateteile;	**G**	**E**
4.8	Anlagen zum Destillieren von flüchtigen organischen Verbindungen, die bei einer Temperatur von 293,15 Kelvin einen Dampfdruck von mindestens 0,01 Kilopascal haben, mit einer Durchsatzkapazität von 1 Tonne oder mehr je Stunde;	**V**	
4.9	Anlagen zum Erschmelzen von Naturharzen oder Kunstharzen mit einer Kapazität von 1 Tonne oder mehr je Tag;	**V**	
4.10	Anlagen zur Herstellung von Anstrich- oder Beschichtungsstoffen (Lasuren, Firnis, Lacke, Dispersionsfarben) oder Druckfarben unter Einsatz von 25 Tonnen oder mehr je Tag an flüchtigen organischen Verbindungen, die bei einer Temperatur von 293,15 Kelvin einen Dampfdruck von mindestens 0,01 Kilopascal haben;	**G**	
5.	**Oberflächenbehandlung mit organischen Stoffen, Herstellung von bahnenförmigen Materialien aus Kunststoffen, sonstige Verarbeitung von Harzen und Kunststoffen**		
5.1	Anlagen zur Behandlung von Oberflächen, ausgenommen Anlagen, soweit die Farben oder Lacke ausschließlich hochsiedende Öle (mit einem Dampfdruck von weniger als 0,01 Kilopascal bei einer Temperatur von 293,15 Kelvin) als organische Lösungsmittel enthalten und die Lö-		

Nr.	Anlagenbeschreibung	Verfahrensart	Anlage gemäß Art. 10 der RL 2010/75/EU
a	b	c	d
	sungsmittel unter den jeweiligen Verwendungsbedingungen keine höhere Flüchtigkeit aufweisen,		
5.1.1	von Stoffen, Gegenständen oder Erzeugnissen einschließlich der dazugehörigen Trocknungsanlagen unter Verwendung von organischen Lösungsmitteln, insbesondere zum Appretieren, Bedrucken, Beschichten, Entfetten, Imprägnieren, Kaschieren, Kleben, Lackieren, Reinigen oder Tränken mit einem Verbrauch an organischen Lösungsmitteln von		
5.1.1.1	150 Kilogramm oder mehr je Stunde oder 200 Tonnen oder mehr je Jahr,	**G**	**E**
5.1.1.2	25 Kilogramm bis weniger als 150 Kilogramm je Stunde oder 15 Tonnen bis weniger als 200 Tonnen je Jahr, ausgenommen zum Bedrucken,	**V**	
5.1.2	von bahnen- oder tafelförmigen Materialien mit Rotationsdruckmaschinen einschließlich der zugehörigen Trocknungsanlagen, soweit die Farben oder Lacke		
5.1.2.1	organische Lösungsmittel mit einem Anteil von mehr als 50 Gew.-% an Ethanol enthalten und in der Anlage insgesamt 50 Kilogramm bis weniger als 150 Kilogramm je Stunde oder 30 Tonnen bis weniger als 200 Tonnen je Jahr an organischen Lösungsmitteln verbraucht werden,	**V**	
5.1.2.2	sonstige organische Lösungsmittel enthalten und in der Anlage insgesamt 25 Kilogramm bis weniger als 150 Kilogramm organische Lösungsmittel je Stunde oder 15 Tonnen bis weniger als 200 Tonnen je Jahr an organischen Lösungsmitteln verbraucht werden,	**V**	
5.1.3	zum Isolieren von Drähten unter Verwendung von phenol- oder kresolhaltigen Drahtlacken mit einem Verbrauch an organischen Lösungsmitteln von weniger als 150 Kilogramm je Stunde oder von weniger als 200 Tonnen je Jahr;	**V**	
5.2	Anlagen zum Beschichten, Imprägnieren, Kaschieren, Lackieren oder Tränken von Gegenständen, Glas- oder Mineralfasern oder bahnen- oder tafelförmigen Materialien einschließlich der zugehörigen Trocknungsanlagen mit Kunstharzen, die unter weitgehender Selbstvernetzung ausreagieren (Reaktionsharze), wie Melamin-, Harnstoff-, Phenol-, Epoxid-, Furan-, Kresol-, Resorcin- oder Polyesterharzen, ausgenommen Anlagen für den Einsatz von Pulverbeschichtungsstoffen, mit einem Harzverbrauch von		
5.2.1	25 Kilogramm oder mehr je Stunde,	**G**	
5.2.2	10 Kilogramm bis weniger als 25 Kilogramm je Stunde;	**V**	
5.3	Anlagen zur Konservierung von Holz oder Holzerzeugnissen mit Chemikalien, ausgenommen die ausschließliche Bläueschutzbehandlung, mit einer Produktionskapazität von mehr als 75 Kubikmetern je Tag;	**G**	**E**

Nr.	Anlagenbeschreibung	Verfahrensart	Anlage gemäß Art. 10 der RL 2010/75/EU
a	b	c	d
5.4	Anlagen zum Tränken oder Überziehen von Stoffen oder Gegenständen mit Teer, Teeröl oder heißem Bitumen, soweit die Menge dieser Kohlenwasserstoffe 25 Kilogramm oder mehr je Stunde beträgt, ausgenommen Anlagen zum Tränken oder Überziehen von Kabeln mit heißem Bitumen;	V	
5.5	(nicht besetzt)		
5.6	Anlagen zur Herstellung von bahnenförmigen Materialien auf Streichmaschinen einschließlich der zugehörigen Trocknungsanlagen unter Verwendung von Gemischen aus Kunststoffen und Weichmachern oder von Gemischen aus sonstigen Stoffen und oxidiertem Leinöl;	V	
5.7	Anlagen zur Verarbeitung von flüssigen ungesättigten Polyesterharzen mit Styrol-Zusatz oder flüssigen Epoxidharzen mit Aminen zu Formmassen (zum Beispiel Harzmatten oder Faserformmassen) oder Formteilen oder Fertigerzeugnissen, soweit keine geschlossenen Werkzeuge (Formen) verwendet werden, für einen Harzverbrauch von 500 Kilogramm oder mehr je Woche;	V	
5.8	Anlagen zur Herstellung von Gegenständen unter Verwendung von Amino- oder Phenoplasten, wie Furan-, Harnstoff-, Phenol-, Resorcin- oder Xylolharzen mittels Wärmebehandlung, soweit die Menge der Ausgangsstoffe 10 Kilogramm oder mehr je Stunde beträgt;	V	
5.9	Anlagen zur Herstellung von Reibbelägen unter Verwendung von 10 Kilogramm oder mehr je Stunde an Phenoplasten oder sonstigen Kunstharzbindemitteln, soweit kein Asbest eingesetzt wird;	V	
5.10	Anlagen zur Herstellung von künstlichen Schleifscheiben, -körpern, -papieren oder -geweben unter Verwendung organischer Binde- oder Lösungsmittel, ausgenommen Anlagen, die von Nummer 5.1 erfasst werden;	V	
5.11	Anlagen zur Herstellung von Polyurethanformteilen, Bauteilen unter Verwendung von Polyurethan, Polyurethanblöcken in Kastenformen oder zum Ausschäumen von Hohlräumen mit Polyurethan, soweit die Menge der Polyurethan-Ausgangsstoffe 200 Kilogramm oder mehr je Stunde beträgt, ausgenommen Anlagen zum Einsatz von thermoplastischem Polyurethangranulat;	V	
5.12	Anlagen zur Herstellung von PVC-Folien durch Kalandrieren unter Verwendung von Gemischen aus Kunststoffen und Zusatzstoffen mit einer Kapazität von 10 000 Tonnen oder mehr je Jahr;	V	
6.	**Holz, Zellstoff**		
6.1	Anlagen zur Gewinnung von Zellstoff aus Holz, Stroh oder ähnlichen Faserstoffen;	G	E
6.2	Anlagen zur Herstellung von Papier, Karton oder Pappe mit einer Produktionskapazität von		

Nr.	Anlagenbeschreibung	Verfahrensart	Anlage gemäß Art. 10 der RL 2010/75/EU
a	b	c	d
6.2.1	20 Tonnen oder mehr je Tag,	**G**	**E**
6.2.2	weniger als 20 Tonnen je Tag, ausgenommen Anlagen, die aus einer oder mehreren Maschinen zur Herstellung von Papier, Karton oder Pappe bestehen, soweit die Bahnlänge des Papiers, des Kartons oder der Pappe bei allen Maschinen weniger als 75 Meter beträgt;	**V**	
6.3	Anlagen zur Herstellung von Holzspanplatten, Holzfaserplatten oder Holzfasermatten mit einer Produktionskapazität von		
6.3.1	600 Kubikmetern oder mehr je Tag,	**G**	**E**
6.3.2	weniger als 600 Kubikmetern je Tag;	**V**	
6.4	Anlagen zur Herstellung von Holzpresslingen (z.B. Holzpellets, Holzbriketts) mit einer Produktionskapazität von 10 000 Tonnen oder mehr je Jahr;	**V**	
7.	**Nahrungs-, Genuss- und Futtermittel, landwirtschaftliche Erzeugnisse**		
7.1	Anlagen zum Halten oder zur Aufzucht von		
7.1.1	Hennen mit		
7.1.1.1	40 000 oder mehr Hennenplätzen,	**G**	**E**
7.1.1.2	15 000 bis weniger als 40 000 Hennenplätzen,	**V**	
7.1.2	Junghennen mit		
7.1.2.1	40 000 oder mehr Junghennenplätzen,	**G**	**E**
7.1.2.2	30 000 bis weniger als 40 000 Junghennenplätzen,	**V**	
7.1.3	Mastgeflügel mit		
7.1.3.1	40 000 oder mehr Mastgeflügelplätzen,	**G**	**E**
7.1.3.2	30 000 bis weniger als 40 000 Mastgeflügelplätzen,	**V**	
7.1.4	Truthühnern mit		
7.1.4.1	40 000 oder mehr Truthühnermastplätzen,	**G**	**E**
7.1.4.2	15 000 bis weniger als 40 000 Truthühnermastplätzen,	**V**	
7.1.5	Rindern (ausgenommen Plätze für Mutterkuhhaltung mit mehr als sechs Monaten Weidehaltung je Kalenderjahr) mit 600 oder mehr Rinderplätzen,	**V**	
7.1.6	Kälbern mit 500 oder mehr Kälbermastplätzen,	**V**	
7.1.7	Mastschweinen (Schweine von 30 Kilogramm oder mehr Lebendgewicht) mit		
7.1.7.1	2 000 oder mehr Mastschweineplätzen,	**G**	**E**
7.1.7.2	1 500 bis weniger als 2 000 Mastschweineplätzen,	**V**	
7.1.8	Sauen einschließlich dazugehörender Ferkelaufzuchtplätze (Ferkel bis weniger als 30 Kilogramm Lebendgewicht) mit		

Nr.	Anlagenbeschreibung	Verfahrensart	Anlage gemäß Art. 10 der RL 2010/75/EU
a	b	c	d
7.1.8.1	750 oder mehr Sauenplätzen,	**G**	**E**
7.1.8.2	560 bis weniger als 750 Sauenplätzen,	**V**	
7.1.9	Ferkeln für die getrennte Aufzucht (Ferkel von 10 Kilogramm bis weniger als 30 Kilogramm Lebendgewicht) mit		
7.1.9.1	6 000 oder mehr Ferkelplätzen,	**G**	
7.1.9.2	4 500 bis weniger als 6 000 Ferkelplätzen,	**V**	
7.1.10	Pelztieren mit		
7.1.10.1	1 000 oder mehr Pelztierplätzen,	**G**	
7.1.10.2	750 bis weniger als 1 000 Pelztierplätzen,	**V**	
7.1.11	gemischten Beständen mit einem Wert von 100 oder mehr der Summe der Vom Hundert-Anteile, bis zu denen die Platzzahlen jeweils ausgeschöpft werden		
7.1.11.1	in den Nummern 7.1.1.1, 7.1.2.1, 7.1.3.1, 7.1.4.1, 7.1.7.1 oder 7.1.8.1,	**G**	**E**
7.1.11.2	in den Nummern 7.1.1.1, 7.1.2.1, 7.1.3.1, 7.1.4.1, 7.1.7.1, 7.1.8.1 in Verbindung mit den Nummern 7.1.9.1 oder 7.1.10.1, soweit nicht von Nummer 7.1.11.1 erfasst,	**G**	
7.1.11.3	in den Nummern 7.1.1.2, 7.1.2.2, 7.1.3.2, 7.1.4.2, 7.1.5, 7.1.6, 7.1.7.2, 7.1.8.2, 7.1.9.2 oder 7.1.10.2, soweit nicht von Nummer 7.1.11.1 oder 7.1.11.2 erfasst;	**V**	
7.2	Anlagen zum Schlachten von Tieren mit einer Kapazität von		
7.2.1	50 Tonnen Lebendgewicht oder mehr je Tag,	**G**	**E**
7.2.2	0,5 Tonnen bis weniger als 50 Tonnen Lebendgewicht je Tag bei Geflügel,	**V**	
7.2.3	4 Tonnen bis weniger als 50 Tonnen Lebendgewicht je Tag bei sonstigen Tieren;	**V**	
7.3	Anlagen		
7.3.1	zur Erzeugung von Speisefetten aus tierischen Rohstoffen, ausgenommen bei Verarbeitung von ausschließlich Milch, mit einer Produktionskapazität von		
7.3.1.1	75 Tonnen Fertigerzeugnissen oder mehr je Tag,	**G**	**E**
7.3.1.2	weniger als 75 Tonnen Fertigerzeugnissen je Tag, ausgenommen Anlagen zur Erzeugung von Speisefetten aus selbst gewonnenen tierischen Fetten in Fleischereien mit einer Kapazität von weniger als 200 Kilogramm Speisefett je Woche,	**V**	
7.3.2	zum Schmelzen von tierischen Fetten mit einer Produktionskapazität von		
7.3.2.1	75 Tonnen Fertigerzeugnissen oder mehr je Tag,	**G**	**E**

Nr.	Anlagenbeschreibung	Verfahrensart	Anlage gemäß Art. 10 der RL 2010/75/EU
a	b	c	d
7.3.2.2	weniger als 75 Tonnen Fertigerzeugnissen je Tag, ausgenommen Anlagen zur Verarbeitung von selbst gewonnenen tierischen Fetten zu Speisefetten in Fleischereien mit einer Kapazität von weniger als 200 Kilogramm Speisefett je Woche;	**V**	
7.4	Anlagen zur Herstellung von Nahrungs- oder Futtermittelkonserven aus		
7.4.1	tierischen Rohstoffen, allein, ausgenommen bei Verarbeitung von ausschließlich Milch, oder mit pflanzlichen Rohstoffen, mit einer Produktionskapazität von		
7.4.1.1	**P** Tonnen Konserven oder mehr je Tag gemäß Mischungsregel,	**G**	**E**
7.4.1.2	1 Tonne bis weniger als **P** Tonnen Konserven je Tag gemäß Mischungsregel, ausgenommen Anlagen zum Sterilisieren oder Pasteurisieren von Nahrungs- oder Futtermitteln in geschlossenen Behältnissen,	**V**	
7.4.2	ausschließlich pflanzlichen Rohstoffen mit einer Produktionskapazität von		
7.4.2.1	300 Tonnen Konserven oder mehr je Tag oder 600 Tonnen Konserven oder mehr je Tag, sofern die Anlage an nicht mehr als 90 aufeinander folgenden Tagen im Jahr in Betrieb ist,	**G**	**E**
7.4.2.2	10 Tonnen bis weniger als 300 Tonnen Konserven je Tag, ausgenommen Anlagen zum Sterilisieren oder Pasteurisieren dieser Nahrungsmittel in geschlossenen Behältnissen oder weniger als 600 Tonnen Konserven je Tag, sofern die Anlage an nicht mehr als 90 aufeinander folgenden Tagen im Jahr in Betrieb ist;	**V**	
7.5	Anlagen zum Räuchern von Fleisch- oder Fischwaren mit einer Produktionskapazität von		
7.5.1	75 Tonnen geräucherten Waren oder mehr je Tag,	**G**	**E**
7.5.2	weniger als 75 Tonnen geräucherten Waren je Tag, ausgenommen 1. Anlagen in Gaststätten oder 2. Räuchereien mit einer Produktionskapazität von weniger als 1 Tonne Fleisch- oder Fischwaren je Woche;	**V**	
7.6	(nicht besetzt)		
7.7	(nicht besetzt)		
7.8	Anlagen zur Herstellung von Gelatine mit einer Produktionskapazität je Tag von		
7.8.1	75 Tonnen Fertigerzeugnissen oder mehr,	**G**	**E**
7.8.2	weniger als 75 Tonnen Fertigerzeugnissen, sowie Anlagen zur Herstellung von Hautleim, Lederleim oder Knochenleim;	**V**	

Nr.	Anlagenbeschreibung	Verfahrensart	Anlage gemäß Art. 10 der RL 2010/75/EU
a	b	c	d
7.9	Anlagen zur Herstellung von Futter- oder Düngemitteln oder technischen Fetten aus den Schlachtnebenprodukten Knochen, Tierhaare, Federn, Hörner, Klauen oder Blut, soweit nicht durch Nummer 9.11 erfasst, mit einer Produktionskapazität von		
7.9.1	75 Tonnen oder mehr Fertigerzeugnissen je Tag,	**G**	**E**
7.9.2	weniger als 75 Tonnen Fertigerzeugnissen je Tag;	**G**	
7.10	(nicht besetzt)		
7.11	Anlagen zum Lagern unbehandelter Knochen, ausgenommen Anlagen für selbst gewonnene Knochen in 1. Fleischereien mit einer Verarbeitungskapazität von weniger als 4 000 Kilogramm Fleisch je Woche, 2. Anlagen, die nicht durch Nummer 7.2 erfasst werden;	**V**	
7.12	Anlagen zur		
7.12.1	Beseitigung oder Verwertung von Tierkörpern oder tierischen Abfällen mit einer Verarbeitungskapazität von		
7.12.1.1	10 Tonnen oder mehr je Tag,	**G**	**E**
7.12.1.2	50 Kilogramm je Stunde bis weniger als 10 Tonnen je Tag,	**G**	
7.12.1.3	weniger als 50 Kilogramm je Stunde und weniger als 50 Kilogramm je Charge,	**V**	
7.12.2	Sammlung oder Lagerung von Tierkörpern, Tierkörperteilen oder Abfällen tierischer Herkunft zum Einsatz in Anlagen nach Nummer 7.12.1, ausgenommen die Aufbewahrung gemäß § 10 des Tierische Nebenprodukte-Beseitigungsgesetzes vom 25. Januar 2004 (BGBl. I S. 82), das zuletzt durch Artikel 1 des Gesetzes vom 4. August 2016 (BGBl. I S. 1966) geändert worden ist, und Anlagen mit einem gekühlten Lagervolumen von weniger als 2 Kubikmetern;	**G**	
7.13	Anlagen zum Trocknen, Einsalzen oder Lagern ungegerbter Tierhäute oder Tierfelle, ausgenommen Anlagen, in denen weniger Tierhäute oder Tierfelle je Tag behandelt werden können als beim Schlachten von weniger als 4 Tonnen sonstiger Tiere nach Nummer 7.2.3 anfallen;	**V**	
7.14	Anlagen zum Gerben einschließlich Nachgerben von Tierhäuten oder Tierfellen mit einer Verarbeitungskapazität von		
7.14.1	12 Tonnen Fertigerzeugnissen oder mehr je Tag,	**G**	**E**
7.14.2	weniger als 12 Tonnen Fertigerzeugnissen je Tag, ausgenommen Anlagen, in denen weniger Tierhäute oder Tierfelle behandelt werden können als beim Schlachten von weniger als 4 Tonnen sonstiger Tiere nach Nummer 7.2.3 anfallen;	**V**	
7.15	Kottrocknungsanlagen;	**V**	

Nr.	Anlagenbeschreibung	Verfahrensart	Anlage gemäß Art. 10 der RL 2010/75/EU
a	b	c	d
7.16	Anlagen zur Herstellung von Fischmehl oder Fischöl mit einer Produktionskapazität von		
7.16.1	75 Tonnen oder mehr je Tag,	**G**	**E**
7.16.2	weniger als 75 Tonnen je Tag;	**G**	
7.17	Anlagen zur Aufbereitung, Verarbeitung, Lagerung oder zum Umschlag von Fischmehl oder Fischöl		
7.17.1	mit einer Aufbereitungs- oder Verarbeitungskapazität von 75 Tonnen oder mehr je Tag,	**G**	**E**
7.17.2	mit einer Aufbereitungs- oder Verarbeitungskapazität von weniger als 75 Tonnen je Tag,	**V**	
7.17.3	in denen Fischmehl ungefasst gelagert wird,	**V**	
7.17.4	mit einer Umschlagkapazität für ungefasstes Fischmehl von 200 Tonnen oder mehr je Tag;	**V**	
7.18	Anlagen zum Brennen von Melasse, soweit nicht von Nummer 4.1.2 erfasst, mit einer Produktionskapazität von		
7.18.1	300 Tonnen oder mehr je Tag oder 600 Tonnen oder mehr je Tag, sofern die Anlage an nicht mehr als 90 aufeinanderfolgenden Tagen im Jahr in Betrieb ist,	**G**	**E**
7.18.2	weniger als 300 Tonnen je Tag oder weniger als 600 Tonnen je Tag, sofern die Anlage an nicht mehr als 90 aufeinanderfolgenden Tagen im Jahr in Betrieb ist;	**V**	
7.19	Anlagen zur Herstellung von Sauerkraut mit einer Produktionskapazität von		
7.19.1	300 Tonnen Sauerkraut oder mehr je Tag oder 600 Tonnen Sauerkraut oder mehr je Tag, sofern die Anlage an nicht mehr als 90 aufeinander folgenden Tagen im Jahr in Betrieb ist,	**G**	**E**
7.19.2	10 Tonnen bis weniger als 300 Tonnen Sauerkraut je Tag oder weniger als 600 Tonnen Sauerkraut je Tag, sofern die Anlage an nicht mehr als 90 aufeinander folgenden Tagen im Jahr in Betrieb ist;	**V**	
7.20	Anlagen zur Herstellung von Braumalz (Mälzereien) mit einer Produktionskapazität von		
7.20.1	300 Tonnen Darrmalz oder mehr je Tag oder 600 Tonnen Braumalz oder mehr je Tag, sofern die Anlage an nicht mehr als 90 aufeinander folgenden Tagen im Jahr in Betrieb ist,	**G**	**E**
7.20.2	weniger als 300 Tonnen Darrmalz je Tag oder weniger als 600 Tonnen Braumalz je Tag, sofern die Anlage an nicht mehr als 90 aufeinander folgenden Tagen im Jahr in Betrieb ist;	**V**	
7.21	Anlagen zum Mahlen von Nahrungsmitteln, Futtermitteln oder ähnlichen nicht als Nahrungs- oder Futtermittel bestimmten pflanzlichen Stoffen (Mühlen) mit einer Pro-	**G**	**E**

Nr.	Anlagenbeschreibung	Verfahrensart	Anlage gemäß Art. 10 der RL 2010/75/EU
a	b	c	d
	duktionskapazität von 300 Tonnen Fertigerzeugnissen oder mehr je Tag oder 600 Tonnen Fertigerzeugnissen oder mehr je Tag, sofern die Anlage an nicht mehr als 90 aufeinander folgenden Tagen im Jahr in Betrieb ist;		
7.22	Anlagen zur Herstellung von Hefe oder Stärkemehlen mit einer Produktionskapazität von		
7.22.1	300 Tonnen oder mehr Hefe oder Stärkemehlen je Tag oder 600 Tonnen Hefe oder Stärkemehlen oder mehr je Tag, sofern die Anlage an nicht mehr als 90 aufeinander folgenden Tagen im Jahr in Betrieb ist,	**G**	**E**
7.22.2	1 Tonne bis weniger als 300 Tonnen Hefe oder Stärkemehlen je Tag oder weniger als 600 Tonnen Hefe oder Stärkemehlen je Tag, sofern die Anlage an nicht mehr als 90 aufeinander folgenden Tagen im Jahr in Betrieb ist;	**V**	
7.23	Anlagen zur Herstellung oder Raffination von Ölen oder Fetten aus pflanzlichen Rohstoffen mit einer Produktionskapazität von		
7.23.1	300 Tonnen Fertigerzeugnissen oder mehr je Tag oder 600 Tonnen Fertigerzeugnissen oder mehr je Tag, sofern die Anlage an nicht mehr als 90 aufeinander folgenden Tagen im Jahr in Betrieb ist,	**G**	**E**
7.23.2	weniger als 300 Tonnen Fertigerzeugnissen je Tag mit Hilfe von Extraktionsmitteln, soweit die Menge des eingesetzten Extraktionsmittels 1 Tonne oder mehr beträgt oder weniger als 600 Tonnen Fertigerzeugnissen je Tag mit Hilfe von Extraktionsmittel, sofern die Anlage an nicht mehr als 90 aufeinander folgenden Tagen im Jahr in Betrieb ist;	**V**	
7.24	Anlagen zur Herstellung oder Raffination von Zucker unter Verwendung von Zuckerrüben oder Rohzucker mit einer Produktionskapazität je Tag von		
7.24.1	300 Tonnen Fertigerzeugnissen oder mehr oder 600 Tonnen Fertigerzeugnissen oder mehr je Tag, sofern die Anlage an nicht mehr als 90 aufeinander folgenden Tagen im Jahr in Betrieb ist,	**G**	**E**
7.24.2	weniger als 300 Tonnen Fertigerzeugnissen oder weniger als 600 Tonnen Fertigerzeugnissen je Tag, sofern die Anlage an nicht mehr als 90 aufeinander folgenden Tagen im Jahr in Betrieb ist;	**G**	
7.25	Anlagen zur Trocknung von Grünfutter mit einer Produktionskapazität von		
7.25.1	300 Tonnen oder mehr je Tag oder 600 Tonnen oder mehr je Tag, sofern die Anlage an nicht mehr als 90 aufeinanderfolgenden Tagen im Jahr in Betrieb ist,	**G**	**E**
7.25.2	weniger als 300 Tonnen je Tag oder weniger als 600 Tonnen je Tag, sofern die Anlage an nicht mehr als 90 aufeinanderfolgenden Tagen im Jahr in Betrieb ist, aus-	**V**	

Nr.	Anlagenbeschreibung	Verfahrensart	Anlage gemäß Art. 10 der RL 2010/75/EU
a	b	c	d
	genommen Anlagen zur Trocknung von selbst gewonnenem Grünfutter im landwirtschaftlichen Betrieb;		
7.26	Anlagen zur Trocknung von Biertreber mit einer Produktionskapazität von		
7.26.1	300 Tonnen oder mehr je Tag oder 600 Tonnen oder mehr je Tag, sofern die Anlage an nicht mehr als 90 aufeinanderfolgenden Tagen im Jahr in Betrieb ist,	**G**	**E**
7.26.2	weniger als 300 Tonnen je Tag oder weniger als 600 Tonnen je Tag, sofern die Anlage an nicht mehr als 90 aufeinanderfolgenden Tagen im Jahr in Betrieb ist;	**V**	
7.27	Brauereien mit einer Produktionskapazität von		
7.27.1	3 000 Hektoliter Bier oder mehr je Tag oder 6 000 Hektoliter Bier oder mehr je Tag, sofern die Anlage an nicht mehr als 90 aufeinander folgenden Tagen im Jahr in Betrieb ist,	**G**	**E**
7.27.2	200 Hektoliter Bier oder mehr je Tag als Vierteljahresdurchschnittswert, soweit nicht durch Nummer 7.27.1 erfasst;	**V**	
7.28	Anlagen zur Herstellung von Speisewürzen aus		
7.28.1	tierischen Rohstoffen, allein, ausgenommen bei Verarbeitung von ausschließlich Milch, oder mit pflanzlichen Rohstoffen mit einer Produktionskapazität von		
7.28.1.1	**P** Tonnen Speisewürzen oder mehr je Tag gemäß Mischungsregel,	**G**	**E**
7.28.1.2	weniger als **P** Tonnen Speisewürzen je Tag gemäß Mischungsregel,	**V**	
7.28.2	ausschließlich pflanzlichen Rohstoffen mit einer Produktionskapazität von		
7.28.2.1	300 Tonnen Speisewürzen oder mehr je Tag oder 600 Tonnen Speisewürzen oder mehr je Tag, sofern die Anlage an nicht mehr als 90 aufeinander folgenden Tagen im Jahr in Betrieb ist,	**G**	**E**
7.28.2.2	weniger als 300 Tonnen Speisewürzen je Tag oder weniger als 600 Tonnen Speisewürzen je Tag, sofern die Anlage an nicht mehr als 90 aufeinander folgenden Tagen im Jahr in Betrieb ist;	**V**	
7.29	Anlagen zum Rösten oder Mahlen von Kaffee oder Abpacken von gemahlenem Kaffee mit einer Produktionskapazität von		
7.29.1	300 Tonnen geröstetem Kaffee oder mehr je Tag oder 600 Tonnen geröstetem Kaffee oder mehr je Tag, sofern die Anlage an nicht mehr als 90 aufeinander folgenden Tagen im Jahr in Betrieb ist,	**G**	**E**
7.29.2	0,5 Tonnen bis weniger als 300 Tonnen geröstetem Kaffee je Tag oder weniger als 600 Tonnen geröstetem Kaffee je	**V**	

Nr.	Anlagenbeschreibung	Verfahrensart	Anlage gemäß Art. 10 der RL 2010/75/EU
a	b	c	d
	Tag, sofern die Anlage an nicht mehr als 90 aufeinander folgenden Tagen im Jahr in Betrieb ist;		
7.30	Anlagen zum Rösten von Kaffee-Ersatzprodukten, Getreide, Kakaobohnen oder Nüssen mit einer Produktionskapazität von		
7.30.1	300 Tonnen gerösteten Erzeugnissen oder mehr je Tag oder 600 Tonnen Erzeugnissen oder mehr je Tag, sofern die Anlage an nicht mehr als 90 aufeinander folgenden Tagen im Jahr in Betrieb ist,	**G**	**E**
7.30.2	1 Tonne bis weniger als 300 Tonnen gerösteten Erzeugnissen je Tag oder weniger als 600 Tonnen Erzeugnissen je Tag, sofern die Anlage an nicht mehr als 90 aufeinander folgenden Tagen im Jahr in Betrieb ist;	**V**	
7.31	Anlagen zur Herstellung von		
7.31.1	Süßwaren oder Sirup mit einer Produktionskapazität von		
7.31.1.1	**P** Tonnen oder mehr je Tag gemäß Mischungsregel bei der Verwendung von tierischen Rohstoffen, allein, ausgenommen bei Verarbeitung von ausschließlich Milch, oder mit pflanzlichen Rohstoffen,	**G**	**E**
7.31.1.2	300 Tonnen oder mehr je Tag bei der Verwendung ausschließlich pflanzlicher Rohstoffe oder 600 Tonnen oder mehr je Tag bei der Verwendung ausschließlich pflanzlicher Rohstoffe, sofern die Anlage an nicht mehr als 90 aufeinander folgenden Tagen im Jahr in Betrieb ist,	**G**	**E**
7.31.2	Kakaomasse aus Rohkakao oder thermischen Veredelung von Kakao oder Schokoladenmasse mit einer Produktionskapazität von		
7.31.2.1	50 Kilogramm bis weniger als **P** Tonnen je Tag gemäß Mischungsregel bei der Verwendung tierischer Rohstoffe, allein, ausgenommen bei Verarbeitung von ausschließlich Milch, oder mit pflanzlichen Rohstoffen,	**V**	
7.31.2.2	50 Kilogramm bis weniger als 300 Tonnen je Tag bei der Verwendung ausschließlich pflanzlicher Rohstoffe oder weniger als 600 Tonnen je Tag bei der Verwendung ausschließlich pflanzlicher Rohstoffe, sofern die Anlage an nicht mehr als 90 aufeinander folgenden Tagen im Jahr in Betrieb ist,	**V**	
7.31.3	Lakritz mit einer Produktionskapazität von		
7.31.3.1	50 Kilogramm bis weniger als **P** Tonnen je Tag gemäß Mischungsregel bei der Verwendung tierischer Rohstoffe, allein, ausgenommen bei Verarbeitung von ausschließlich Milch, oder mit pflanzlichen Rohstoffen,	**V**	
7.31.3.2	weniger als 300 Tonnen je Tag bei der Verwendung ausschließlich pflanzlicher Rohstoffe oder weniger als 600 Tonnen je Tag bei der Verwendung ausschließlich pflanzlicher Rohstoffe, sofern die Anlage an nicht mehr als 90 aufeinander folgenden Tagen im Jahr in Betrieb ist;	**V**	

Nr.	Anlagenbeschreibung	Verfahrensart	Anlage gemäß Art. 10 der RL 2010/75/EU
a	b	c	d
7.32	Anlagen zur Behandlung oder Verarbeitung von		
7.32.1	ausschließlich Milch mit einer Kapazität der eingehenden Milchmenge als Jahresdurchschnittswert von 200 Tonnen oder mehr Milch je Tag,	**G**	**E**
7.32.2	ausschließlich Milch in Sprühtrocknern mit einer Kapazität der eingehenden Milchmenge als Jahresdurchschnittswert von 5 Tonnen bis weniger als 200 Tonnen je Tag,	**V**	
7.32.3	Milcherzeugnissen oder Milchbestandteilen in Sprühtrocknern mit einer Produktionskapazität von 5 Tonnen oder mehr je Tag, soweit nicht von Nummer 7.34.1 erfasst;	**V**	
7.33	(nicht besetzt)		
7.34	Anlagen zur Herstellung von sonstigen Nahrungs- oder Futtermittelerzeugnissen aus		
7.34.1	tierischen Rohstoffen, allein, ausgenommen bei Verarbeitung von ausschließlich Milch, oder mit pflanzlichen Rohstoffen mit einer Produktionskapazität von **P** Tonnen Fertigerzeugnissen oder mehr je Tag gemäß Mischungsregel,	**G**	**E**
7.34.2	ausschließlich pflanzlichen Rohstoffen mit einer Produktionskapazität von 300 Tonnen Fertigerzeugnissen oder mehr je Tag;	**G**	**E**
7.35	(nicht besetzt)		
8.	**Verwertung und Beseitigung von Abfällen und sonstigen Stoffen**		
8.1	Anlagen zur Beseitigung oder Verwertung fester, flüssiger oder in Behältern gefasster gasförmiger Abfälle, Deponiegas oder anderer gasförmiger Stoffe mit brennbaren Bestandteilen durch		
8.1.1	thermische Verfahren, insbesondere Entgasung, Plasmaverfahren, Pyrolyse, Vergasung, Verbrennung oder eine Kombination dieser Verfahren mit einer Durchsatzkapazität von		
8.1.1.1	10 Tonnen gefährlichen Abfällen oder mehr je Tag,	**G**	**E**
8.1.1.2	weniger als 10 Tonnen gefährlichen Abfällen je Tag,	**G**	
8.1.1.3	3 Tonnen nicht gefährlichen Abfällen oder mehr je Stunde,	**G**	**E**
8.1.1.4	weniger als 3 Tonnen nicht gefährlichen Abfällen je Stunde, ausgenommen die Verbrennung von Altholz der Altholzkategorie A I und A II nach der Altholzverordnung vom 15. August 2002 (BGBl. I S. 3302), die zuletzt durch Artikel 6 der Verordnung vom 2. Dezember 2016 (BGBl. I S. 2770) geändert worden ist,	**V**	
8.1.1.5	weniger als 3 Tonnen nicht gefährlichen Abfällen je Stunde, soweit ausschließlich Altholz der Altholzkategorie A I	**V**	

Nr.	Anlagenbeschreibung	Verfahrensart	Anlage gemäß Art. 10 der RL 2010/75/EU
a	b	c	d
	und A II nach der Altholzverordnung verbrannt wird und die Feuerungswärmeleistung 1 Megawatt oder mehr beträgt,		
8.1.2	Verbrennen von Altöl oder Deponiegas in einer Verbrennungsmotoranlage mit einer Feuerungswärmeleistung von		
8.1.2.1	50 Megawatt oder mehr,	**G**	**E**
8.1.2.2	weniger als 50 Megawatt,	**V**	
8.1.3	Abfackeln von Deponiegas oder anderen gasförmigen Stoffen, ausgenommen über Notfackeln, die für den nicht bestimmungsgemäßen Betrieb erforderlich sind;	**V**	
8.2	(nicht besetzt)		
8.3	Anlagen zur		
8.3.1	thermischen Aufbereitung von Stahlwerksstäuben für die Gewinnung von Metallen oder Metallverbindungen im Drehrohr oder in einer Wirbelschicht,	**G**	
8.3.2	Behandlung zum Zweck der Rückgewinnung von Metallen oder Metallverbindungen durch thermische Verfahren, insbesondere Pyrolyse, Verbrennung oder eine Kombination dieser Verfahren, sofern diese Abfälle nicht gefährlich sind, von		
8.3.2.1	edelmetallhaltigen Abfällen, einschließlich der Präparation, soweit die Menge der Einsatzstoffe 10 Kilogramm oder mehr je Tag beträgt,	**V**	
8.3.2.2	von mit organischen Verbindungen verunreinigten Metallen, Metallspänen oder Walzzunder;	**V**	
8.4	Anlagen, in denen Stoffe aus in Haushaltungen anfallenden oder aus hausmüllähnlichen Abfällen durch Sortieren für den Wirtschaftskreislauf zurückgewonnen werden, mit einer Durchsatzkapazität von 10 Tonnen Einsatzstoffen oder mehr je Tag;	**V**	
8.5	Anlagen zur Erzeugung von Kompost aus organischen Abfällen mit einer Durchsatzkapazität an Einsatzstoffen von		
8.5.1	75 Tonnen oder mehr je Tag,	**G**	**E**
8.5.2	10 Tonnen bis weniger als 75 Tonnen je Tag;	**V**	
8.6	Anlagen zur biologischen Behandlung, soweit nicht durch Nummer 8.5 oder 8.7 erfasst, von		
8.6.1	gefährlichen Abfällen mit einer Durchsatzkapazität an Einsatzstoffen von		
8.6.1.1	10 Tonnen oder mehr je Tag,	**G**	**E**
8.6.1.2	1 Tonne bis weniger als 10 Tonnen je Tag,	**V**	

Nr.	Anlagenbeschreibung	Verfahrensart	Anlage gemäß Art. 10 der RL 2010/75/EU
a	b	c	d
8.6.2	nicht gefährlichen Abfällen, soweit nicht durch Nummer 8.6.3 erfasst, mit einer Durchsatzkapazität an Einsatzstoffen von		
8.6.2.1	50 Tonnen oder mehr je Tag,	**G**	**E**
8.6.2.2	10 Tonnen bis weniger als 50 Tonnen je Tag,	**V**	
8.6.3	Gülle, soweit die Behandlung ausschließlich zur Verwertung durch anaerobe Vergärung (Biogaserzeugung) erfolgt, mit einer Durchsatzkapazität von		
8.6.3.1	100 Tonnen oder mehr je Tag,	**G**	**E**
8.6.3.2	weniger als 100 Tonnen je Tag, soweit die Produktionskapazität von Rohgas 1,2 Mio. Normkubikmetern je Jahr oder mehr beträgt;	**V**	
8.7	Anlagen zur Behandlung von verunreinigtem Boden durch biologische Verfahren, Entgasen, Strippen oder Waschen mit einem Einsatz an verunreinigtem Boden bei		
8.7.1	gefährlichen Abfällen von		
8.7.1.1	10 Tonnen oder mehr je Tag,	**G**	**E**
8.7.1.2	1 Tonne bis weniger als 10 Tonnen je Tag,	**V**	
8.7.2	nicht gefährlichen Abfällen von		
8.7.2.1	50 Tonnen oder mehr je Tag,	**G**	**E**
8.7.2.2	10 Tonnen bis weniger als 50 Tonnen je Tag;	**V**	
8.8	Anlagen zur chemischen Behandlung, insbesondere zur chemischen Emulsionsspaltung, Fällung, Flockung, Kalzinierung, Neutralisation oder Oxidation, von		
8.8.1	gefährlichen Abfällen mit einer Durchsatzkapazität an Einsatzstoffen von		
8.8.1.1	10 Tonnen oder mehr je Tag,	**G**	**E**
8.8.1.2	weniger als 10 Tonnen je Tag,	**G**	
8.8.2	nicht gefährlichen Abfällen mit einer Durchsatzkapazität an Einsatzstoffen von		
8.8.2.1	50 Tonnen oder mehr je Tag,	**G**	**E**
8.8.2.2	10 Tonnen bis weniger als 50 Tonnen je Tag;	**V**	
8.9	Anlagen zur Behandlung von		
8.9.1	nicht gefährlichen metallischen Abfällen in Schredderanlagen mit einer Durchsatzkapazität an Einsatzstoffen von		
8.9.1.1	50 Tonnen oder mehr je Tag,	**G**	**E**
8.9.1.2	10 Tonnen bis weniger als 50 Tonnen je Tag,	**V**	
8.9.2	Altfahrzeugen, sonstigen Nutzfahrzeugen, Bussen oder Sonderfahrzeugen (einschließlich der Trockenlegung) mit einer Durchsatzkapazität je Woche von 5 oder mehr Alt-	**V**	

Nr.	Anlagenbeschreibung	Verfahrensart	Anlage gemäß Art. 10 der RL 2010/75/EU
a	b	c	d
	fahrzeugen, sonstigen Nutzfahrzeugen, Bussen oder Sonderfahrzeugen;		
8.10	Anlagen zur physikalisch-chemischen Behandlung, insbesondere zum Destillieren, Trocknen oder Verdampfen, mit einer Durchsatzkapazität an Einsatzstoffen bei		
8.10.1	gefährlichen Abfällen von		
8.10.1.1	10 Tonnen je Tag oder mehr,	**G**	**E**
8.10.1.2	1 Tonne bis weniger als 10 Tonnen je Tag,	**V**	
8.10.2	nicht gefährlichen Abfällen von		
8.10.2.1	50 Tonnen je Tag oder mehr,	**G**	**E**
8.10.2.2	10 Tonnen bis weniger als 50 Tonnen je Tag;	**V**	
8.11	Anlagen zur		
8.11.1	Behandlung von gefährlichen Abfällen, ausgenommen Anlagen, die durch die Nummern 8.1 und 8.8 erfasst werden, 1. durch Vermengung oder Vermischung sowie durch Konditionierung, 2. zum Zweck der Hauptverwendung als Brennstoff oder der Energieerzeugung durch andere Mittel, 3. zum Zweck der Ölraffination oder anderer Wiedergewinnungsmöglichkeiten von Öl, 4. zum Zweck der Regenerierung von Basen oder Säuren, 5. zum Zweck der Rückgewinnung oder Regenerierung von organischen Lösungsmitteln oder 6. zum Zweck der Wiedergewinnung von Bestandteilen, die der Bekämpfung von Verunreinigungen dienen, einschließlich der Wiedergewinnung von Katalysatorbestandteilen, mit einer Durchsatzkapazität an Einsatzstoffen von		
8.11.1.1	10 Tonnen oder mehr je Tag,	**G**	**E**
8.11.1.2	1 Tonne bis weniger als 10 Tonnen je Tag,	**V**	
8.11.2	sonstigen Behandlung, ausgenommen Anlagen, die durch die Nummern 8.1 bis 8.10 erfasst werden, mit einer Durchsatzkapazität von		
8.11.2.1	gefährlichen Abfällen von 10 Tonnen oder mehr je Tag,	**G**	**E**
8.11.2.2	gefährlichen Abfällen von 1 Tonne bis weniger als 10 Tonnen je Tag,	**V**	
8.11.2.3	nicht gefährlichen Abfällen, soweit diese für die Verbrennung oder Mitverbrennung vorbehandelt werden oder es sich um Schlacken oder Aschen handelt, von 50 Tonnen oder mehr je Tag,	**G**	**E**
8.11.2.4	nicht gefährlichen Abfällen, soweit nicht durch die Nummer 8.11.2.3 erfasst, von 10 Tonnen oder mehr je Tag;	**V**	

Nr.	Anlagenbeschreibung	Verfahrensart	Anlage gemäß Art. 10 der RL 2010/75/EU
a	b	c	d
8.12	Anlagen zur zeitweiligen Lagerung von Abfällen, auch soweit es sich um Schlämme handelt, ausgenommen die zeitweilige Lagerung bis zum Einsammeln auf dem Gelände der Entstehung der Abfälle und Anlagen, die durch Nummer 8.14 erfasst werden bei		
8.12.1	gefährlichen Abfällen mit einer Gesamtlagerkapazität von		
8.12.1.1	50 Tonnen oder mehr,	**G**	**E**
8.12.1.2	30 Tonnen bis weniger als 50 Tonnen,	**V**	
8.12.2	nicht gefährlichen Abfällen mit einer Gesamtlagerkapazität von 100 Tonnen oder mehr,	**V**	
8.12.3	Eisen- oder Nichteisenschrotten, einschließlich Autowracks, mit		
8.12.3.1	einer Gesamtlagerfläche von 15 000 Quadratmetern oder mehr oder einer Gesamtlagerkapazität von 1 500 Tonnen oder mehr,	**G**	
8.12.3.2	einer Gesamtlagerfläche von 1 000 bis weniger als 15 000 Quadratmetern oder einer Gesamtlagerkapazität von 100 bis weniger als 1 500 Tonnen;	**V**	
8.13	Anlagen zur zeitweiligen Lagerung von nicht gefährlichen Abfällen, soweit es sich um Gülle oder Gärreste handelt, mit einer Lagerkapazität von 6 500 Kubikmetern oder mehr;	**V**	
8.14	Anlagen zum Lagern von Abfällen über einen Zeitraum von jeweils mehr als einem Jahr mit		
8.14.1	einer Gesamtlagerkapazität von mehr als 50 Tonnen, soweit die Lagerung untertägig erfolgt,	**G**	**E**
8.14.2	einer Aufnahmekapazität von 10 Tonnen oder mehr je Tag oder einer Gesamtlagerkapazität von 25 000 Tonnen oder mehr,		
8.14.2.1	für andere Abfälle als Inertabfälle,	**G**	**E**
8.14.2.2	für Inertabfälle,	**G**	
8.14.3	einer Aufnahmekapazität von weniger als 10 Tonnen je Tag und einer Gesamtlagerkapazität von		
8.14.3.1	weniger als 25 000 Tonnen, soweit es sich um gefährliche Abfälle handelt,	**G**	
8.14.3.2	150 Tonnen bis weniger als 25 000 Tonnen, soweit es sich um nicht gefährliche Abfälle handelt,	**G**	
8.14.3.3	weniger als 150 Tonnen, soweit es sich um nicht gefährliche Abfälle handelt;	**V**	
8.15	Anlagen zum Umschlagen von Abfällen, ausgenommen Anlagen zum Umschlagen von Erdaushub oder von Gestein, das bei der Gewinnung oder Aufbereitung von Bodenschätzen anfällt, soweit nicht von Nummer 8.12 oder 8.14 erfasst, mit einer Kapazität von		

Nr.	Anlagenbeschreibung	Verfahrensart	Anlage gemäß Art. 10 der RL 2010/75/EU
a	b	c	d
8.15.1	10 Tonnen oder mehr gefährlichen Abfällen je Tag,	**G**	
8.15.2	1 Tonne bis weniger als 10 Tonnen gefährlichen Abfällen je Tag,	**V**	
8.15.3	100 Tonnen oder mehr nicht gefährlichen Abfällen je Tag;	**V**	
9.	**Lagerung, Be- und Entladen von Stoffen und Gemischen**		
9.1	Anlagen, die der Lagerung von Stoffen oder Gemischen, die bei einer Temperatur von 293,15 Kelvin und einem Standarddruck von 101,3 Kilopascal vollständig gasförmig vorliegen und dabei einen Explosionsbereich in Luft haben (entzündbare Gase), in Behältern oder von Erzeugnissen, die diese Stoffe oder Gemische z.B. als Treibmittel oder Brenngas enthalten, dienen, ausgenommen Erdgasröhrenspeicher und Anlagen, die von Nummer 9.3 erfasst werden,		
9.1.1	soweit es sich nicht ausschließlich um Einzelbehältnisse mit einem Volumen von jeweils nicht mehr als 1 000 Kubikzentimeter handelt, mit einem Fassungsvermögen von		
9.1.1.1	30 Tonnen oder mehr,	**G**	
9.1.1.2	3 Tonnen bis weniger als 30 Tonnen,	**V**	
9.1.2	soweit es sich ausschließlich um Einzelbehältnisse mit einem Volumen von jeweils nicht mehr als 1 000 Kubikzentimeter handelt, mit einem Fassungsvermögen entzündbarer Gase von 30 Tonnen oder mehr;	**V**	
9.2	Anlagen, die der Lagerung von Flüssigkeiten dienen, ausgenommen Anlagen, die von Nummer 9.3 erfasst werden, mit einem Fassungsvermögen von		
9.2.1	10 000 Tonnen oder mehr, soweit die Flüssigkeiten einen Flammpunkt von 373,15 Kelvin oder weniger haben,	**G**	
9.2.2	5 000 Tonnen bis weniger als 10 000 Tonnen, soweit die Flüssigkeiten einen Flammpunkt unter 294,15 Kelvin haben und deren Siedepunkt bei Normaldruck (101,3 Kilopascal) über 293,15 Kelvin liegt;	**V**	
9.3	Anlagen, die der Lagerung von in der Stoffliste zu Nummer 9.3 (Anhang 2) genannten Stoffen dienen, mit einer Lagerkapazität von		
9.3.1	den in Spalte 4 der Stoffliste (Anhang 2) ausgewiesenen Mengen oder mehr,	**G**	
9.3.2	den in Spalte 3 der Stoffliste (Anhang 2) bis weniger als den in Spalte 4 der Anlage ausgewiesenen Mengen;	**V**	
9.4 – 9.10	(nicht besetzt)		
9.11	Offene oder unvollständig geschlossene Anlagen, ausgenommen Anlagen, die von Nummer 9.3 erfasst werden,		

Nr.	Anlagenbeschreibung	Verfahrensart	Anlage gemäß Art. 10 der RL 2010/75/EU
a	b	c	d
9.11.1	zum Be- oder Entladen von Schüttgütern, die im trockenen Zustand stauben können, durch Kippen von Wagen oder Behältern oder unter Verwendung von Baggern, Schaufelladegeräten, Greifern, Saughebern oder ähnlichen Einrichtungen, soweit 400 Tonnen Schüttgüter oder mehr je Tag bewegt werden können, ausgenommen Anlagen zum Be- oder Entladen von Erdaushub oder von Gestein, das bei der Gewinnung oder Aufbereitung von Bodenschätzen anfällt, sowie Anlagen zur Erfassung von Getreide, Ölsaaten oder Hülsenfrüchten,	**V**	
9.11.2	zur Erfassung von Getreide, Ölsaaten oder Hülsenfrüchten, soweit 400 Tonnen oder mehr je Tag bewegt werden können und 25 000 Tonnen oder mehr je Kalenderjahr umgeschlagen werden können;	**V**	
9.12 – 9.35	(nicht besetzt)		
9.36	Anlagen zur Lagerung von Gülle oder Gärresten mit einer Lagerkapazität von 6 500 Kubikmetern oder mehr;	**V**	
9.37	Anlagen, die der Lagerung von Erdöl, petrochemischen oder chemischen Stoffen oder Erzeugnissen dienen, ausgenommen Anlagen, die von den Nummern 9.1, 9.2 oder 9.3 erfasst werden, mit einem Fassungsvermögen von 25 000 Tonnen oder mehr;	**G**	
10.	**Sonstige Anlagen**		
10.1	Anlagen, in denen mit explosionsgefährlichen oder explosionsfähigen Stoffen im Sinne des Sprengstoffgesetzes umgegangen wird zur 1. Herstellung, Bearbeitung oder Verarbeitung dieser Stoffe, zur Verwendung als Sprengstoffe, Zündstoffe, Treibstoffe, pyrotechnische Sätze oder zur Herstellung derselben, ausgenommen Anlagen im handwerklichen Umfang und zur Herstellung von Zündhölzern sowie ortsbewegliche Mischladegeräte, oder 2. Wiedergewinnung oder Vernichtung dieser Stoffe;	**G**	
10.2	(nicht besetzt)		
10.3	Eigenständig betriebene Anlagen zur Behandlung der Abgase (Verminderung von Luftschadstoffen) aus nach den Nummern dieses Anhangs genehmigungsbedürftigen Anlagen,		
10.3.1	soweit in Spalte d mit dem Buchstaben **E** gekennzeichnet,	**G**	**E**
10.3.2	soweit in Spalte d mit dem Buchstaben **E** nicht gekennzeichnet und		
10.3.2.1	in Spalte c mit dem Buchstaben **G** gekennzeichnet,	**G**	
10.3.2.2	in Spalte c mit dem Buchstaben **V** gekennzeichnet;	**V**	
10.4	Eigenständig betriebene Anlagen zur Abscheidung von Kohlendioxid-Strömen aus nach den Nummern dieses Anhangs genehmigungsbedürftiger Anlagen zum Zwecke	**G**	**E**

Nr.	Anlagenbeschreibung	Verfahrensart	Anlage gemäß Art. 10 der RL 2010/75/EU
a	b	c	d
	der dauerhaften geologischen Speicherung, soweit in Spalte d mit dem Buchstaben **E** gekennzeichnet;		
10.5	(nicht besetzt)		
10.6	Anlagen zur Herstellung von Klebemitteln, ausgenommen Anlagen, die diese Mittel ausschließlich unter Verwendung von Wasser als Verdünnungsmittel herstellen, mit einer Kapazität von 1 Tonne oder mehr je Tag;	**V**	
10.7	Anlagen zum Vulkanisieren von Natur- oder Synthesekautschuk unter Verwendung von Schwefel oder Schwefelverbindungen mit einem Einsatz von		
10.7.1	25 Tonnen oder mehr Kautschuk je Stunde,	**G**	
10.7.2	weniger als 25 Tonnen Kautschuk je Stunde, ausgenommen Anlagen, in denen weniger als 50 Kilogramm Kautschuk je Stunde verarbeitet werden oder ausschließlich vorvulkanisierter Kautschuk eingesetzt wird;	**V**	
10.8	Anlagen zur Herstellung von Bautenschutz-, Reinigungs- oder Holzschutzmitteln, soweit diese Produkte organische Lösungsmittel enthalten und von diesen 20 Tonnen oder mehr je Tag eingesetzt werden;	**V**	
10.9	Anlagen zur Herstellung von Holzschutzmitteln unter Verwendung von halogenierten aromatischen Kohlenwasserstoffen;	**V**	
10.10	Anlagen zur Vorbehandlung (Waschen, Bleichen, Mercerisieren) oder zum Färben von Fasern oder Textilien mit		
10.10.1	einer Verarbeitungskapazität von 10 Tonnen oder mehr Fasern oder Textilien je Tag,	**G**	**E**
10.10.2	einer Färbekapazität von 2 Tonnen bis weniger als 10 Tonnen Fasern oder Textilien je Tag bei Anlagen zum Färben von Fasern oder Textilien unter Verwendung von Färbebeschleunigern einschließlich der Spannrahmenanlagen, ausgenommen Anlagen, die unter erhöhtem Druck betrieben werden,	**V**	
10.10.3	einer Bleichkapazität von weniger als 10 Tonnen Fasern oder Textilien je Tag bei Anlagen zum Bleichen von Fasern oder Textilien unter Verwendung von Chlor oder Chlorverbindungen;	**V**	
10.11 – 10.14	(nicht besetzt)		
10.15	Prüfstände für oder mit		
10.15.1	Verbrennungsmotoren, ausgenommen 1. Rollenprüfstände, die in geschlossenen Räumen betrieben werden, und 2. Anlagen, in denen mit Katalysator oder Dieselrußfilter ausgerüstete Serienmotoren geprüft werden, mit einer Feuerungswärmeleistung von insgesamt 300 Kilowatt oder mehr,	**V**	

Nr.	Anlagenbeschreibung	Verfahrensart	Anlage gemäß Art. 10 der RL 2010/75/EU
a	b	c	d
10.15.2	Gasturbinen oder Triebwerken mit einer Feuerungswärmeleistung von insgesamt		
10.15.2.1	200 Megawatt oder mehr,	**G**	
10.15.2.2	weniger als 200 Megawatt;	**V**	
10.16	Prüfstände für oder mit Luftschrauben;	**V**	
10.17	Renn- oder Teststrecken für Kraftfahrzeuge,		
10.17.1	als ständige Anlagen,	**G**	
10.17.2	zur Übung oder Ausübung des Motorsports an fünf Tagen oder mehr je Jahr, ausgenommen Anlagen mit Elektromotorfahrzeugen und Anlagen in geschlossenen Hallen sowie Modellsportanlagen;	**V**	
10.18	Schießstände für Handfeuerwaffen, ausgenommen solche in geschlossenen Räumen und solche für Schusswaffen bis zu einem Kaliber von 5,6 mm lfB (.22 l.r.) für Munition mit Randfeuerzündung, wenn die Mündungsenergie der Geschosse höchstens 200 Joule (J) beträgt, (Kleinkaliberwaffen) und Schießplätze, ausgenommen solche für Kleinkaliberwaffen;	**V**	
10.19	(nicht besetzt)		
10.20	Anlagen zur Reinigung von Werkzeugen, Vorrichtungen oder sonstigen metallischen Gegenständen durch thermische Verfahren, soweit der Rauminhalt des Ofens 1 Kubikmeter oder mehr beträgt;	**V**	
10.21	Anlagen zur Innenreinigung von Eisenbahnkesselwagen, Straßentankfahrzeugen, Tankschiffen oder Tankcontainern sowie Anlagen zur automatischen Reinigung von Fässern einschließlich zugehöriger Aufarbeitungsanlagen, soweit die Behälter von organischen Stoffen gereinigt werden, ausgenommen Anlagen, in denen Behälter ausschließlich von Nahrungs-, Genuss- oder Futtermitteln gereinigt werden;	**V**	
10.22	Anlagen zur Begasung, Sterilisation oder Entgasung,		
10.22.1	mit einem Rauminhalt der Begasungs- oder Sterilisationskammer oder des zu begasenden Behälters von 1 Kubikmeter oder mehr, soweit Stoffe oder Gemische eingesetzt werden, die gemäß der Verordnung (EG) Nr. 1272/2008 des Europäischen Parlaments und des Rates vom 16. Dezember 2008 über die Einstufung, Kennzeichnung und Verpackung von Stoffen und Gemischen, zur Änderung und Aufhebung der Richtlinien 67/548/EWG und 1999/45/EG und zur Änderung der Verordnung (EG) Nr. 1907/2006 (ABl. L 353 vom 31.12.2008, S. 1), die zuletzt durch die Verordnung (EU) 2016/918 (ABl. L 156 vom 14.6.2016, S. 1) geändert worden ist, in die Gefahrenklassen „akute Toxizität" Kategorien 1, 2 oder 3, „spezifische Zielorgan-Toxizität (einmalige Exposition)" Kate-	**V**	

Nr.	Anlagenbeschreibung	Verfahrensart	Anlage gemäß Art. 10 der RL 2010/75/EU
a	b	c	d
	gorie 1 oder „spezifische Zielorgan-Toxizität (wiederholte Exposition)“ Kategorie 1 einzustufen sind,		
10.22.2	soweit 40 Entgasungen oder mehr je Jahr gemäß TRGS 512 Nummer 5.4.3 durchzuführen sind;	**V**	
10.23	Anlagen zur Textilveredlung durch Sengen, Thermofixieren, Thermosolieren, Beschichten, Imprägnieren oder Appretieren, einschließlich der zugehörigen Trocknungsanlagen, ausgenommen Anlagen, in denen weniger als 500 Quadratmeter Textilien je Stunde behandelt werden;	**V**	
10.24	(nicht besetzt)		
10.25	Kälteanlagen mit einem Gesamtinhalt an Kältemittel von 3 Tonnen Ammoniak oder mehr.	**V**	

Anhang 2

Stoffliste zu Nr. 9.3 des Anhangs 1

Nr.	Stoffe	Mengenschwelle Nr. 9.3.2 Anhang 1 (Tonnen)	Mengenschwelle Nr. 9.3.1 Anhang 1 (Tonnen)
Spalte 1	Spalte 2	Spalte 3	Spalte 4
1	Acrylnitril	20	200
2	Chlor	10	75
3	Schwefeldioxid	20	250
4	Sauerstoff	200	2 000
5	Ammoniumnitrat oder ammoniumnitrathaltige Zubereitungen der Gruppe A nach Anhang I Nummer 5 der Gefahrstoffverordnung	25	500
6	Alkalichlorat	5	100
7	Schwefeltrioxid	15	100
8	ammoniumnitrathaltige Zubereitungen der Gruppe B nach Anhang I Nummer 5 der Gefahrstoffverordnung	100	2 500
9	Ammoniak	3	30
10	Phosgen	0,075	0,75
11	Schwefelwasserstoff	5	50
12	Fluorwasserstoff	5	50
13	Cyanwasserstoff	5	20
14	Schwefelkohlenstoff	20	200

Nr.	Stoffe	Mengenschwelle Nr. 9.3.2 Anhang 1 (Tonnen)	Mengenschwelle Nr. 9.3.1 Anhang 1 (Tonnen)
Spalte 1	Spalte 2	Spalte 3	Spalte 4
15	Brom	20	200
16	Acetylen (Ethin)	5	50
17	Wasserstoff	3	30
18	Ethylenoxid	5	50
19	Propylenoxid	5	50
20	Acrolein	20	200
21	Formaldehyd oder Paraformaldehyd (Konzentration ≥ 90 %)	5	50
22	Brommethan	20	200
23	Methylisocyanat	0,015	0,15
24	Tetraethylblei oder Tetramethylblei	5	50
25	1,2-Dibromethan	5	50
26	Chlorwasserstoff (verflüssigtes Gas)	20	200
27	Diphenylmethandiisocyanat (MDI)	20	200
28	Toluylendiisocyanat (TDI)	10	100
29	Stoffe oder Gemische, die gemäß der Verordnung (EG) Nr. 1272/2008 in die Gefahrenklasse „akute Toxizität" Kategorien 1 oder 2 einzustufen sind	2	20
30	1. Stoffe oder Gemische, die gemäß der Verordnung (EG) Nr. 1272/2008 in die Gefahrenklassen – „akute Toxizität" Kategorien 1, 2 oder 3, – „spezifische Zielorgan-Toxizität (einmalige Exposition)" Kategorie 1, – „spezifische Zielorgan-Toxizität (wiederholte Exposition)" Kategorie 1, – „explosive Stoffe, Gemische und Erzeugnisse mit Explosivstoff", – „selbstzersetzliche Stoffe und Gemische", – „organische Peroxide", – „oxidierende Gase", – „oxidierende Flüssigkeiten" oder – „oxidierende Feststoffe" einzustufen sind, ausgenommen Stoffe oder Gemische, die in die Gefahrenklassen – „explosive Stoffe, Gemische und Erzeugnisse mit Explosivstoff", Unterklasse 1.6, – „selbstzersetzliche Stoffe und Gemische", Typ G, oder – „organische Peroxide", Typ G, einzustufen sind, sowie 2. Stoffe und Gemische mit explosiven Eigenschaften nach Methode A.14 der Verordnung (EG) Nr. 440/2008 der Kommission vom 30. Mai 2008 zur Festlegung von Prüfmethoden gemäß der Verordnung (EG) Nr. 1907/2006 des Europäischen Parlaments und des Rates zur Registrierung, Bewertung, Zulassung und Beschränkung chemischer Stoffe (REACH) (ABl. L 142 vom 31.5.2008,	10	200

Nr.	Stoffe	Mengenschwelle Nr. 9.3.2 Anhang 1 (Tonnen)	Mengenschwelle Nr. 9.3.1 Anhang 1 (Tonnen)
Spalte 1	Spalte 2	Spalte 3	Spalte 4
	S. 1), die zuletzt durch die Verordnung (EU) 2016/266 (ABl. L 54 vom 1.3.2016, S. 1) geändert worden ist, die nicht einzustufen sind in die Gefahrenklassen – „explosive Stoffe, Gemische und Erzeugnisse mit Explosivstoff", – „selbstzersetzliche Stoffe und Gemische" oder – „organische Peroxide" gemäß der Verordnung (EG) Nr. 1272/2008.		

2.5. Fünfte Verordnung zur Durchführung des Bundes-Immissionsschutzgesetzes (Verordnung über Immissionsschutz- und Störfallbeauftragte – 5. BImSchV)

Vom 30. Juli 1993
(BGBl. I S. 1433)

FNA 2129-8-5-1

zuletzt geänd. durch Art. 4 VO zur Umsetzung von Art. 14 der RL zur Energieeffizienz und zur Änd. weiterer umweltrechtlicher Vorschriften v. 28.4.2015 (BGBl. I S. 670)

Auf Grund des § 58a Abs. 1 Satz 2 des Bundes-Immissionsschutzgesetzes[1)] in der Fassung der Bekanntmachung vom 14. Mai 1990 (BGBl. I S. 880) verordnet die Bundesregierung und auf Grund des § 53 Abs. 1 Satz 2 und des § 55 Abs. 2 Satz 3 in Verbindung mit § 58c Abs. 1 dieses Gesetzes verordnet das Bundesministerium für Umwelt, Naturschutz und Reaktorsicherheit, jeweils nach Anhörung der beteiligten Kreise:

Abschnitt 1. Bestellung von Beauftragten

§ 1 Pflicht zur Bestellung. (1) Betreiber der im Anhang I zu dieser Verordnung bezeichneten genehmigungsbedürftigen Anlagen haben einen betriebsangehörigen Immissionsschutzbeauftragten zu bestellen.

(2) [1]Betreiber genehmigungsbedürftiger Anlagen, die Betriebsbereich oder Teil eines Betriebsbereichs nach § 1 Abs. 1 Satz 2 oder eines diesem nach § 1 Abs. 2 insoweit gleichgestellten Betriebsbereichs nach der Störfall-Verordnung[2)] sind, haben einen betriebsangehörigen Störfallbeauftragten zu bestellen. [2]Die zuständige Behörde kann auf Antrag des Betreibers gestatten, dass die Bestellung eines Störfallbeauftragten unterbleibt, wenn offensichtlich ausgeschlossen ist, dass von der betreffenden genehmigungsbedürftigen Anlage die Gefahr eines Störfalls ausgehen kann.

(3) Der Betreiber kann dieselbe Person zum Immissionsschutz- und Störfallbeauftragten bestellen, soweit hierdurch die sachgemäße Erfüllung der Aufgaben nicht beeinträchtigt wird.

§ 2 Mehrere Beauftragte. Die zuständige Behörde kann anordnen, daß der Betreiber einer Anlage im Sinne des § 1 mehrere Immissionsschutz- oder Störfallbeauftragte zu bestellen hat; die Zahl der Beauftragten ist so zu bemessen, daß eine sachgemäße Erfüllung der in den §§ 54 und 58b des Bundes-Immissionsschutzgesetzes[1)] bezeichneten Aufgaben gewährleistet ist.

§ 3 Gemeinsamer Beauftragter. [1]Werden von einem Betreiber mehrere Anlagen im Sinne des § 1 betrieben, so kann er für diese Anlagen einen gemeinsamen Immissionsschutz- oder Störfallbeauftragten bestellen, wenn

---

[1)] Nr. **1**.
[2)] Nr. **2.12**.

hierdurch eine sachgemäße Erfüllung der in den §§ 54 und 58b des Bundes-Immissionsschutzgesetzes[1] bezeichneten Aufgaben nicht gefährdet wird. [2] § 1 Abs. 3 gilt entsprechend.

§ 4 Beauftragter für Konzerne. Die zuständige Behörde kann einem Betreiber oder mehreren Betreibern von Anlagen im Sinne des § 1, die unter der einheitlichen Leitung eines herrschenden Unternehmens zusammengefaßt sind (Konzern), auf Antrag die Bestellung eines Immissionsschutz- oder Störfallbeauftragten für den Konzernbereich gestatten, wenn

1. das herrschende Unternehmen den Betreibern gegenüber zu Weisungen hinsichtlich der in § 54 Abs. 1 Satz 2 Nr. 1, § 56 Abs. 1, § 58b Abs. 1 Satz 2 Nr. 1 und § 58c Abs. 2 Satz 1 des Bundes-Immissionsschutzgesetzes[1] genannten Maßnahmen berechtigt ist und
2. der Betreiber für seine Anlage eine oder mehrere Personen bestellt, deren Fachkunde und Zuverlässigkeit eine sachgemäße Erfüllung der Aufgaben eines betriebsangehörigen Immissionsschutz- oder Störfallbeauftragten gewährleistet.

§ 5 Nicht betriebsangehörige Beauftragte. (1) Betreibern von Anlagen im Sinne des § 1 Abs. 1 soll die zuständige Behörde auf Antrag die Bestellung eines oder mehrerer nicht betriebsangehöriger Immissionsschutzbeauftragter gestatten, wenn hierdurch eine sachgemäße Erfüllung der in § 54 des Bundes-Immissionsschutzgesetzes[1] bezeichneten Aufgaben nicht gefährdet wird.

(2) Betreibern von Anlagen im Sinne des § 1 Abs. 2 kann die zuständige Behörde auf Antrag die Bestellung eines oder mehrerer nicht betriebsangehöriger Störfallbeauftragter gestatten, wenn hierdurch eine sachgemäße Erfüllung der in § 58b des Bundes-Immissionsschutzgesetzes bezeichneten Aufgaben nicht gefährdet wird.

§ 6 Ausnahmen. Die zuständige Behörde hat auf Antrag den Betreiber einer Anlage im Sinne des § 1 von der Verpflichtung zur Bestellung eines Immissionsschutz- oder Störfallbeauftragten zu befreien, wenn die Bestellung im Einzelfall aus den in § 53 Abs. 1 Satz 1 und § 58a Abs. 1 Satz 1 des Bundes-Immissionsschutzgesetzes[1] genannten Gesichtspunkten nicht erforderlich ist.

Abschnitt 2. Fachkunde und Zuverlässigkeit von Beauftragten

§ 7 Anforderungen an die Fachkunde. Die Fachkunde im Sinne des § 55 Abs. 2 Satz 1 und § 58c Abs. 1 des Bundes-Immissionsschutzgesetzes[1] erfordert

1. den Abschluß eines Studiums auf den Gebieten des Ingenieurwesens, der Chemie oder der Physik an einer Hochschule,
2. die Teilnahme an einem oder mehreren von der nach Landesrecht zuständigen Behörde anerkannten Lehrgängen, in denen Kenntnisse entsprechend dem Anhang II zu dieser Verordnung vermittelt worden sind, die für die Aufgaben des Beauftragten erforderlich sind, und

---

[1] Nr. **1**.

3. während einer zweijährigen praktischen Tätigkeit erworbene Kenntnisse über die Anlage, für die der Beauftragte bestellt werden soll, oder über Anlagen, die im Hinblick auf die Aufgaben des Beauftragten vergleichbar sind.

§ 8 Voraussetzung der Fachkunde in Einzelfällen. (1) Soweit im Einzelfall eine sachgemäße Erfüllung der gesetzlichen Aufgaben der Beauftragten gewährleistet ist, kann die zuständige Behörde auf Antrag des Betreibers als Voraussetzung der Fachkunde anerkennen:

1. eine technische Fachschulausbildung oder im Falle des Immissionsschutzbeauftragten die Qualifikation als Meister auf einem Fachgebiet, dem die Anlage hinsichtlich ihrer Anlagen- und Verfahrenstechnik oder ihres Betriebs zuzuordnen ist, und zusätzlich
2. während einer mindestens vierjährigen praktischen Tätigkeit erworbene Kenntnisse im Sinne des § 7 Nr. 2 und 3, wobei jeweils mindestens zwei Jahre lang Aufgaben der in § 54 oder § 58b des Bundes-Immissionsschutzgesetzes[1)] bezeichneten Art wahrgenommen worden sein müssen.

(2) Die zuständige Behörde kann die Ausbildung in anderen als den in § 7 Nr. 1 oder Absatz 1 Nr. 1 genannten Fachgebieten anerkennen, wenn die Ausbildung in diesem Fach im Hinblick auf die Aufgabenstellung im Einzelfall als gleichwertig anzusehen ist.

§ 9 Anforderungen an die Fortbildung. (1) [1] Der Betreiber hat dafür Sorge zu tragen, daß der Beauftragte regelmäßig, mindestens alle zwei Jahre, an Fortbildungsmaßnahmen teilnimmt. [2] Zur Fortbildung ist auch die Teilnahme an Lehrgängen im Sinne des § 7 Nr. 2 erforderlich.

(2) [1] Fortbildungsmaßnahmen nach Absatz 1 erstrecken sich auf die in Anhang II zu dieser Verordnung genannten Sachbereiche. [2] Auf Verlangen der zuständigen Behörde ist die Teilnahme des Beauftragten an im Betrieb durchgeführten Fortbildungsmaßnahmen oder an Lehrgängen nachzuweisen.

§ 10 Anforderungen an die Zuverlässigkeit. (1) Die Zuverlässigkeit im Sinne des § 55 Abs. 2 Satz 1 und des § 58c Abs. 1 des Bundes-Immissionsschutzgesetzes[1)] erfordert, daß der Beauftragte auf Grund seiner persönlichen Eigenschaften, seines Verhaltens und seiner Fähigkeiten zur ordnungsgemäßen Erfüllung der ihm obliegenden Aufgaben geeignet ist.

(2) Die erforderliche Zuverlässigkeit ist in der Regel nicht gegeben, wenn der Immissionsschutzbeauftragte oder der Störfallbeauftragte

1. wegen Verletzung der Vorschriften
   a) des Strafrechts über gemeingefährliche Delikte oder Delikte gegen die Umwelt,
   b) des Natur- und Landschaftsschutz-, Chemikalien-, Gentechnik- oder Strahlenschutzrechts,
   c) des Lebensmittel-, Arzneimittel-, Pflanzenschutz- oder Infektionsschutzrechts,

---

1) Nr. **1**.

d) des Gewerbe-, Produktsicherheits- oder Arbeitsschutzrechts oder

e) des Betäubungsmittel-, Waffen- oder Sprengstoffrechts

zu einer Freiheitsstrafe, Jugendstrafe oder Geldstrafe rechtskräftig verurteilt worden ist,

2. wegen Verletzung der Vorschriften

a) des Immissionsschutz-, Abfall-, Wasser-, Natur- und Landschaftsschutz-, Bodenschutz-, Chemikalien-, Gentechnik- oder Atom- und Strahlenschutzrechts,

b) des Lebensmittel-, Arzneimittel-, Pflanzenschutz- oder Infektionsschutzrechts,

c) des Gewerbe-, Produktsicherheits- oder Arbeitsschutzrechts oder

d) des Betäubungsmittel-, Waffen- oder Sprengstoffrechts

innerhalb der letzten fünf Jahre mit einer Geldbuße in Höhe von mehr als fünfhundert Euro belegt worden ist,

3. wiederholt und grob pflichtwidrig gegen Vorschriften nach Nummer 2 verstoßen hat oder

4. seine Pflichten als Immissionsschutzbeauftragter, als Störfallbeauftragter oder als Betriebsbeauftragter nach anderen Vorschriften verletzt hat.

§ 10a Nachweise nicht betriebsangehöriger Personen. [1]Nachweise nicht betriebsangehöriger Personen aus einem anderen Mitgliedstaat der Europäischen Union oder einem anderen Vertragsstaat des Abkommens über den Europäischen Wirtschaftsraum über die Erfüllung der Anforderungen dieses Abschnitts stehen inländischen Nachweisen gleich, wenn aus ihnen hervorgeht, dass die Person die betreffenden Anforderungen oder die auf Grund ihrer Zielsetzung im Wesentlichen vergleichbaren Anforderungen des Ausstellungsstaates erfüllt. [2]Sie sind auf Verlangen der zuständigen Behörde im Original oder in Kopie vorzulegen. [3]Eine Beglaubigung der Kopie kann verlangt werden. [4]Die zuständige Behörde kann darüber hinaus verlangen, dass gleichwertige Nachweise in beglaubigter deutscher Übersetzung vorgelegt werden. [5]Für den Fall der vorübergehenden und nur gelegentlichen Tätigkeit eines Staatsangehörigen eines anderen Mitgliedstaates der Europäischen Union oder eines anderen Vertragsstaates des Abkommens über den Europäischen Wirtschaftsraum, der zur Ausübung einer solchen Tätigkeit in einem dieser Staaten niedergelassen ist, im Inland gilt § 13a Absatz 2 Satz 2 bis 5 und Absatz 3 der Gewerbeordnung entsprechend. [6]Für den Fall der Niederlassung eines solchen Staatsangehörigen gilt hinsichtlich der erforderlichen Fachkunde § 36a Absatz 1 Satz 2 und Absatz 2 der Gewerbeordnung entsprechend.

Abschnitt 3. Schlußvorschriften

§ 11 Übergangsregelung. Die Anforderungen der §§ 7 und 8 gelten nicht für Immissionsschutzbeauftragte, die in Übereinstimmung mit den bisher geltenden Vorschriften bestellt worden sind.

§ 12 Inkrafttreten, Außerkrafttreten. [1]Diese Verordnung tritt am Tage nach der Verkündung[1)], § 7 Nr. 2 am ersten Tage des sechsten auf die Verkündung folgenden Kalendermonats in Kraft; zugleich treten die Fünfte Verordnung zur Durchführung des Bundes-Immissionsschutzgesetzes vom 14. Februar 1975 (BGBl. I S. 504, 727), zuletzt geändert durch Artikel 3 der Verordnung vom 19. Mai 1988 (BGBl. I S. 608), sowie die Sechste Verordnung zur Durchführung des Bundes-Immissionsschutzgesetzes vom 12. April 1975 (BGBl. I S. 957) außer Kraft. [2]Behördliche Entscheidungen aufgrund der bisherigen Fünften und der bisherigen Sechsten Verordnung zur Durchführung des Bundes-Immissionsschutzgesetzes gelten als Entscheidungen nach dieser Verordnung fort.

Der Bundesrat hat zugestimmt.

Anhang I
(zu § 1 Absatz 1)

Für genehmigungsbedürftige Anlagen, die in den folgenden Nummern des Anhangs 1 der Verordnung über genehmigungsbedürftige Anlagen[2)] vom 2. Mai 2013 (BGBl. I S. 973) aufgeführt sind, ist ein Immissionsschutzbeauftragter zu bestellen:

1. Anlagen nach Nr. 1.1 mit einer Feuerungswärmeleistung bei
   a) festen oder flüssigen Brennstoffen von 150 Megawatt oder mehr oder
   b) gasförmigen Brennstoffen von 250 Megawatt oder mehr;
2. Anlagen nach Nr. 1.2.4 mit einer Feuerungswärmeleistung von 10 Megawatt oder mehr;
3. Anlagen nach Nr. 1.10;
4. Anlagen nach Nr. 1.11;
5. Anlagen nach Nr. 1.12;
6. Anlagen nach Nr. 1.14.1;
7. Anlagen nach Nr. 1.14.2;
8. Anlagen nach Nr. 2.3;
9. Anlagen nach Nr. 2.5 und Nr. 2.6;
10. Anlagen nach Nr. 2.8;
11. Anlagen nach Nr. 3.1;
12. Anlagen nach Nr. 3.2.2.1;
13. Anlagen nach Nr. 3.3;
14. Anlagen nach Nr. 3.4 mit einer Schmelzkapazität von
    a) 10 Tonnen Zink oder Zinklegierungen oder mehr je Tag,
    b) 5 Tonnen Leichtmetall oder mehr je Tag oder
    c) 10 Tonnen Schwermetall oder mehr je Tag;
15. Anlagen nach Nr. 3.7;
16. Anlagen nach Nr. 3.8;
17. Anlagen nach Nr. 3.9.1.1, ausgenommen Anlagen zum kontinuierlichen Verzinken nach dem Sendzimirverfahren, mit einer Verarbeitungskapazität von 10 Tonnen oder mehr Rohgut je Stunde;
18. Anlagen nach Nr. 3.9.2 mit einem Durchsatz von 50 Kilogramm oder mehr je Stunde;
19. Anlagen nach Nr. 3.18;

[1)] Verkündet am 7.8.1993.
[2)] Nr. **2.4**.

20. Anlagen nach Nr. 3.21 mit einer Produktionskapazität von 1 500 Stück oder mehr Starterbatterien oder Industriebatteriezellen je Tag;
21. Anlagen nach Nr. 4.1;
22. Anlagen nach Nr. 4.2;
23. Anlagen nach Nr. 4.4;
24. Anlagen nach Nr. 4.5;
25. Anlagen nach Nr. 4.6;
26. Anlagen nach Nr. 4.7;
27. Anlagen nach Nr. 5.1.1.1, in denen organische Lösungsmittel nach Nr. 5.1.2.1 eingesetzt werden, mit einem Verbrauch an solchen organischen Lösungsmitteln von 500 Kilogramm oder mehr je Stunde;
28. Anlagen nach Nr. 5.1.1.1, soweit nicht von Nr. 27 erfasst, mit einem Verbrauch an organischen Lösungsmitteln von 250 Kilogramm oder mehr je Stunde;
29. Anlagen nach Nr. 5.2.1;
30. Anlagen nach Nr. 6.1;
31. Anlagen nach Nr. 6.3;
32. Anlagen nach Nr. 7.3.2;
33. Anlagen nach Nr. 7.8;
34. Anlagen nach Nr. 7.9;
35. Anlagen nach Nr. 7.12;
36. Anlagen nach Nr. 7.16;
37. Anlagen nach Nr. 8.1;
38. Anlagen nach Nr. 8.3.1;
39. Anlagen nach Nr. 8.4;
40. Anlagen nach Nr. 8.5.1;
41. Anlagen nach Nr. 8.7;
42. Anlagen nach Nr. 8.8;
43. Anlagen nach Nr. 8.9.1;
44. Anlagen nach Nr. 8.12.1;
45. Anlagen nach Nr. 8.14, soweit gefährliche Abfälle gelagert werden;
46. Anlagen nach Nr. 8.15 mit einer Kapazität von 100 Tonnen oder mehr Abfällen je Tag.

Anhang II

A. Fachkunde von Immissionsschutzbeauftragten

Die Kenntnisse müssen sich auf folgende Bereiche erstrecken:

1. Anlagen- und Verfahrenstechnik unter Berücksichtigung des Standes der Technik;
2. Überwachung und Begrenzung von Emissionen sowie Verfahren zur Ermittlung und Bewertung von Immissionen und schädlichen Umwelteinwirkungen;
3. vorbeugender Brand- und Explosionsschutz;
4. umwelterhebliche Eigenschaften von Erzeugnissen einschließlich Verfahren zur Wiedergewinnung und Wiederverwertung;
5. chemische und physikalische Eigenschaften von Schadstoffen;
6. Vermeidung sowie ordnungsgemäße und schadlose Verwertung und Beseitigung von Abfall;
7. Energieeinsparung, Nutzung entstehender Wärme in der Anlage, im Betrieb oder durch Dritte;
8. Vorschriften des Umweltrechts, insbesondere des Immissionsschutzrechts.

Während der praktischen Tätigkeit soll die Fähigkeit vermittelt werden, Stellungnahmen zu Investitionsentscheidungen und der Einführung neuer Verfahren und Erzeugnisse abzugeben und die Betriebsangehörigen über Belange des Immissionsschutzes zu informieren.

B. Fachkunde von Störfallbeauftragten

Die Kenntnisse müssen sich auf folgende Bereiche erstrecken:

1. Anlagen- und Verfahrenstechnik unter Berücksichtigung des Standes der Sicherheitstechnik;
2. chemische, physikalische, human- und ökotoxikologische Eigenschaften der Stoffe und Gemische, die in der Anlage bestimmungsgemäß vorhanden sind oder bei einer Störung entstehen können sowie deren mögliche Auswirkungen im Störfall;
3. betriebliche Sicherheitsorganisation;
4. Verhinderung von Störfällen und Begrenzung von Störfallauswirkungen;
5. vorbeugender Brand- und Explosionsschutz;
6. Anfertigung, Fortschreibung und Beurteilung von Sicherheitsberichten (Grundkenntnisse) sowie von betrieblichen Alarm- und Gefahrenabwehrplänen;
7. Beurteilung sicherheitstechnischer Unterlagen und Nachweise zur Errichtung, Betriebsüberwachung, Wartung, Instandhaltung und Betriebsunterbrechung von Anlagen;
8. Überwachung, Beurteilung und Begrenzung von Emissionen und Immissionen bei Störungen des bestimmungsgemäßen Betriebs;
9. Vorschriften des Umweltrechts, insbesondere des Immissionsschutzrechts, des Rechts der technischen Sicherheit und des technischen Arbeitsschutzes, des Gefahrstoffrechts sowie des Katastrophenschutzrechts;
10. Information der Öffentlichkeit nach § 11 der Störfall-Verordnung[1].

Während der praktischen Tätigkeit soll auch die Fähigkeit vermittelt werden, Stellungnahmen zu Investitionsentscheidungen und zur Planung von Betriebsanlagen sowie der Einführung von Arbeitsverfahren und Arbeitsstoffen abzugeben.

[1] Nr. **2.12**.

2.7. Siebente Verordnung zur Durchführung des Bundes-Immissionsschutzgesetzes (Verordnung zur Auswurfbegrenzung von Holzstaub – 7. BImSchV)

Vom 18. Dezember 1975

(BGBl. I S. 3133)

FNA 2129-8-7

Auf Grund des § 23 Abs. 1 des Bundes-Immissionsschutzgesetzes[1] vom 15. März 1974 (Bundesgesetzbl. I S. 721, 1193), geändert durch § 1 Nr. 14 des Gesetzes zur Änderung des Einführungsgesetzes zum Strafgesetzbuch vom 15. August 1974 (Bundesgesetzbl. I S. 1942), wird von der Bundesregierung nach Anhörung der beteiligten Kreise mit Zustimmung des Bundesrates verordnet:

§ 1 Anwendungsbereich. [1]Diese Verordnung gilt für die Errichtung, die Beschaffenheit und den Betrieb staub- oder späneemittierender Anlagen im Sinne des § 3 Abs. 5 Nr. 1 des Bundes-Immissionsschutzgesetzes[1] zur Bearbeitung oder Verarbeitung von Holz oder Holzwerkstoffen einschließlich der zugehörigen Förder- und Lagereinrichtungen für Späne und Stäube. [2]Sie gilt nicht für Anlagen, die einer Genehmigung nach § 4 des Bundes-Immissionsschutzgesetzes bedürfen.

§ 2 Ausrüstung. [1]Anlagen im Sinne des § 1 sind bei ihrer Errichtung mit Ablufteinigungsanlagen auszurüsten, die ein Überschreiten des Emissionswertes nach § 4 ausschließen. [2]Satz 1 gilt nicht, wenn ein Überschreiten des Emissionswertes nach § 4 durch andere Maßnahmen oder Betriebsweisen, insbesondere durch Verarbeitung von waldfrischem Holz, durch Naßschleifen oder durch Einsatz mechanischer Fördereinrichtungen bei jedem Betriebszustand ausgeschlossen wird.

§ 3 Lagerung. (1) Holzstaub und Späne sind in Bunkern, Silos oder sonstigen geschlossenen Räumen zu lagern.

(2) An Bunkern und Silos sind regelmäßig Füllstandskontrollen, gegebenenfalls mit Füllstandsmeßgeräten und Überfüllsicherungen, durchzuführen.

(3) Lagereinrichtungen im Sinne des Absatzes 1 und Filteranlagen sind so zu entleeren, daß Emissionen an Holzstaub oder Spänen soweit wie möglich vermieden werden, z.B. durch Abfüllen in geschlossene Behälter oder durch Befeuchten an der Austragsstelle.

§ 4 Emissionswert. (1) Anlagen im Sinne des § 1 sind so zu betreiben, daß die Massenkonzentration an Staub und Spänen in der Abluft, bezogen auf den Normzustand (0 °C; 1 013 Millibar),

[1] Nr. 1.

1. einen Wert von 50 Milligramm je Kubikmeter Abluft nicht überschreitet, wenn in der Abluft Schleifstaub oder ein Gemisch mit Schleifstaub enthalten ist oder
2. einen aus dem folgenden Diagramm sich ergebenden Wert nicht überschreitet, wenn in der Abluft kein Schleifstaub, sondern anderer Staub oder Späne enthalten sind.

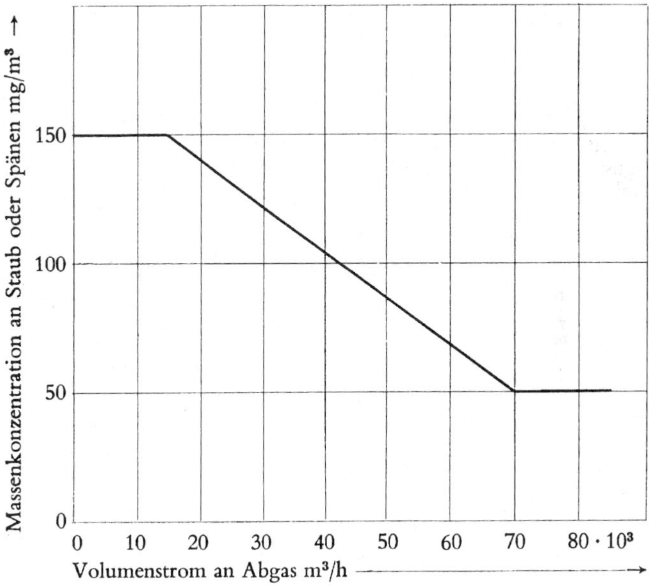

(2) Anlagen nach Absatz 1 Nr. 1, die nach dem 1. Januar 1977 errichtet werden, sind abweichend von Absatz 1 so zu betreiben, daß die Massenkonzentration an Staub und Spänen in der Abluft, bezogen auf den Normzustand, einen Wert von 20 Milligramm je Kubikmeter Abluft nicht überschreitet.

(3) Werden mehrere Anlagen in einem räumlichen und betrieblichen Zusammenhang betrieben, ist bei der Festlegung der zulässigen Massenkonzentration dieser Anlagen die Summe aller Volumenströme zugrunde zu legen.

§ 5 Weitergehende Anforderungen. Die Befugnis der zuständigen Behörden, auf Grund des Bundes-Immissionsschutzgesetzes andere oder weitergehende Anordnungen zu treffen, bleibt unberührt.

§ 6 Zulassung von Ausnahmen. Die zuständige Behörde kann auf Antrag Ausnahmen von den Vorschriften der Verordnung zulassen, soweit unter Berücksichtigung der besonderen Umstände des Einzelfalles schädliche Umwelteinwirkungen nicht zu befürchten sind oder Gründe des Arbeitsschutzes dies erfordern.

§ 7 Ordnungswidrigkeiten. Ordnungswidrig im Sinne des § 62 Abs. 1 Nr. 7 des Bundes-Immissionsschutzgesetzes[1] handelt, wer vorsätzlich oder fahrlässig

1. entgegen § 2 eine Anlage nicht mit einer Abluftreinigungsanlage ausrüstet,
2. entgegen § 3 Holzstaub und Späne nicht in Bunkern, Silos oder sonstigen geschlossenen Räumen lagert, keine regelmäßigen Füllstandskontrollen durchführt, Bunker, Silos oder sonstige geschlossene Räume sowie Filteranlagen nicht so entleert, daß Emissionen so weit wie möglich vermieden werden oder
3. entgegen § 4 oder § 8 eine Anlage so betreibt, daß die zulässige Massenkonzentration an Staub in der Abluft überschritten wird.

§ 8 *(zeitlich überholte Übergangsregelung)*

§ 9 Berlin-Klausel. *(gegenstandslos)*

§ 10 Inkrafttreten. Diese Verordnung tritt am ersten Tage des auf die Verkündung[2] folgenden dritten Kalendermonats in Kraft.

[1] Nr. **1**.
[2] Verkündet am 23.12.1975.

2.9. Neunte Verordnung zur Durchführung des Bundes-Immissionsschutzgesetzes (Verordnung über das Genehmigungsverfahren – 9. BImSchV)[1]

In der Fassung der Bekanntmachung vom 29. Mai 1992[2]
(BGBl. I S. 1001)

FNA 2129-8-9

zuletzt geänd. durch Art. 1 Erste ÄndVO v. 8.12.2017 (BGBl. I S. 3882)

Inhaltsübersicht

Erster Teil. Allgemeine Vorschriften

Erster Abschnitt. Anwendungsbereich, Antrag und Unterlagen

Zweiter Abschnitt. Beteiligung Dritter

Dritter Abschnitt. Erörterungstermin

Vierter Abschnitt. Genehmigung

---

[1] Die VO wurde erlassen aufgrund von § 10 Abs. 10 BImSchG (Nr. **1**).

[2] Neubekanntmachung der 9. BImSchV v. 18.2.1977 (BGBl. I S. 274) in der ab 1.6.1992 geltenden Fassung.

Erster Teil. Allgemeine Vorschriften

Erster Abschnitt. Anwendungsbereich, Antrag und Unterlagen

§ 1 Anwendungsbereich (1) Für die in der Vierten Verordnung zur Durchführung des Bundes-Immissionsschutzgesetzes (Verordnung über genehmigungsbedürftige Anlagen)[1] genannten Anlagen ist das Verfahren bei der Erteilung

1. einer Genehmigung
   a) zur Errichtung und zum Betrieb,
   b) zur wesentlichen Änderung der Lage, der Beschaffenheit oder des Betriebs oder zur störfallrelevanten Änderung (Änderungsgenehmigung),
   c) zur Errichtung oder zum Betrieb einer Anlage oder eines Teils einer Anlage oder zur Errichtung und zum Betrieb eines Teils einer Anlage (Teilgenehmigung),
2. eines Vorbescheides,
3. einer Zulassung des vorzeitigen Beginns oder
4. einer nachträglichen Anordnung nach § 17 Abs. 1a des Bundes-Immissionsschutzgesetzes[2]

nach dieser Verordnung durchzuführen, soweit es nicht in den §§ 8 bis 17 und 19 des Bundes-Immissionsschutzgesetzes oder in § 2 der Vierzehnten Verordnung zur Durchführung des Bundes-Immissionsschutzgesetzes (Verordnung über Anlagen der Landesverteidigung)[3] geregelt ist; § 1 Absatz 2 des Gesetzes über die Umweltverträglichkeitsprüfung bleibt unberührt.

(2) [1] Ist nach den §§ 6 bis 14 des Gesetzes über die Umweltverträglichkeitsprüfung für die Errichtung und den Betrieb einer Anlage eine Umweltverträglichkeitsprüfung durchzuführen (UVP-pflichtige Anlage), so ist die Umweltverträglichkeitsprüfung jeweils unselbständiger Teil der in Absatz 1 genannten Verfahren. [2] Für die genehmigungsbedürftige Änderung einer Anlage gilt Satz 1 entsprechend. [3] Soweit in den in Absatz 1 genannten Verfahren über die Zulässigkeit des Vorhabens entschieden wird, ist die Umweltverträglichkeitsprüfung nach den Vorschriften dieser Verordnung und den für diese Prüfung in

---

[1] Nr. **2.4**.
[2] Nr. **1**.
[3] Nr. **2.14**.

den genannten Verfahren ergangenen allgemeinen Verwaltungsvorschriften durchzuführen.

§ 1a Gegenstand der Prüfung der Umweltverträglichkeit. [1]Das Prüfverfahren nach § 1 Absatz 2 umfasst die Ermittlung, Beschreibung und Bewertung der für die Prüfung der Genehmigungsvoraussetzungen sowie der für die Prüfung der Belange des Naturschutzes und der Landschaftspflege bedeutsamen Auswirkungen einer UVP-pflichtigen Anlage auf die folgenden Schutzgüter:

1. Menschen, insbesondere die menschliche Gesundheit,
2. Tiere, Pflanzen und die biologische Vielfalt,
3. Fläche, Boden, Wasser, Luft, Klima und Landschaft,
4. kulturelles Erbe und sonstige Sachgüter sowie
5. die Wechselwirkung zwischen den vorgenannten Schutzgütern.

[2]Die Auswirkungen nach Satz 1 schließen Auswirkungen des UVP-pflichtigen Vorhabens ein, die aufgrund von dessen Anfälligkeit für schwere Unfälle oder Katastrophen zu erwarten sind, soweit diese schweren Unfälle oder Katastrophen für das UVP-pflichtige Vorhaben relevant sind.

§ 2 Antragstellung. (1) [1]Der Antrag ist von dem Träger des Vorhabens bei der Genehmigungsbehörde schriftlich oder elektronisch zu stellen. [2]Träger des Vorhabens kann auch sein, wer nicht beabsichtigt, die Anlage zu errichten oder zu betreiben.

(2) [1]Sobald der Träger des Vorhabens die Genehmigungsbehörde über das geplante Vorhaben unterrichtet, soll diese ihn im Hinblick auf die Antragstellung beraten und mit ihm den zeitlichen Ablauf des Genehmigungsverfahrens sowie sonstige für die Durchführung dieses Verfahrens erhebliche Fragen erörtern. [2]Sie kann andere Behörden hinzuziehen, soweit dies für Zwecke des Satzes 1 erforderlich ist. [3]Die Erörterung soll insbesondere der Klärung dienen,

1. welche Antragsunterlagen bei Antragstellung vorgelegt werden müssen,
2. welche voraussichtlichen Auswirkungen das Vorhaben auf die Allgemeinheit und die Nachbarschaft haben kann und welche Folgerungen sich daraus für das Verfahren ergeben,
3. welche Gutachten voraussichtlich erforderlich sind und wie doppelte Gutachten vermieden werden können,
4. wie der zeitliche Ablauf des Genehmigungsverfahrens ausgestaltet werden kann und welche sonstigen Maßnahmen zur Vereinfachung und Beschleunigung des Genehmigungsverfahrens vom Träger des Vorhabens und von der Genehmigungsbehörde getroffen werden können,
5. ob eine Verfahrensbeschleunigung dadurch erreicht werden kann, dass der behördliche Verfahrensbevollmächtigte, der die Gestaltung des zeitlichen Verfahrensablaufs sowie die organisatorische und fachliche Abstimmung überwacht, sich auf Vorschlag oder mit Zustimmung und auf Kosten des Antragstellers eines Projektmanagers bedient,
6. welche Behörden voraussichtlich im Verfahren zu beteiligen sind.

[4]Bei UVP-pflichtigen Vorhaben gilt ergänzend § 2a.

§ 2a Unterrichtung über den Untersuchungsrahmen bei UVP-pflichtigen Vorhaben. (1) [1] Auf Antrag des Trägers des UVP-pflichtigen Vorhabens oder wenn die Genehmigungsbehörde es für zweckmäßig hält, unterrichtet und berät die Genehmigungsbehörde den Träger des UVP-pflichtigen Vorhabens über die Beratung nach § 2 Absatz 2 hinaus entsprechend dem Planungsstand des UVP-pflichtigen Vorhabens frühzeitig über Art, Inhalt, Umfang und Detailtiefe der Angaben, die der Träger des UVP-pflichtigen Vorhabens voraussichtlich in die nach den §§ 3 bis 4e vorzulegenden Unterlagen aufnehmen muss (Untersuchungsrahmen). [2] Die Unterrichtung und Beratung kann sich auch auf weitere Gesichtspunkte des Verfahrens, insbesondere auf dessen zeitlichen Ablauf, auf die zu beteiligenden Behörden oder auf die Einholung von Sachverständigengutachten erstrecken. [3] Verfügen die Genehmigungsbehörde oder die zu beteiligenden Behörden über Informationen, die für die Beibringung der in den §§ 3 bis 4e genannten Unterlagen zweckdienlich sind, so weisen sie den Träger des UVP-pflichtigen Vorhabens darauf hin und stellen ihm diese Informationen zur Verfügung, soweit nicht Rechte Dritter oder öffentliche Interessen entgegenstehen.

(2) Der Träger des UVP-pflichtigen Vorhabens hat der Genehmigungsbehörde geeignete Unterlagen zu den Merkmalen des UVP-pflichtigen Vorhabens, einschließlich seiner Größe oder Leistung, und des Standorts sowie zu den möglichen Auswirkungen auf die in § 1a genannten Schutzgüter vorzulegen.

(3) [1] Vor der Unterrichtung über den Untersuchungsrahmen kann die zuständige Behörde dem Vorhabenträger sowie den nach § 11 zu beteiligenden Behörden Gelegenheit zu einer Besprechung über Art, Inhalt, Umfang und Detailtiefe der Unterlagen geben. [2] Die Besprechung soll sich auf den Gegenstand, den Umfang und die Methoden der Umweltverträglichkeitsprüfung sowie auf sonstige Fragen erstrecken, die für die Durchführung der Umweltverträglichkeitsprüfung erheblich sind. [3] Sachverständige und Dritte, insbesondere Standort- und Nachbargemeinden, können hinzugezogen werden. [4] Verfügen die Genehmigungsbehörde oder die zu beteiligenden Behörden über Informationen, die für die Beibringung der in den §§ 3 bis 4e genannten Unterlagen zweckdienlich sind, sollen sie den Träger des Vorhabens darauf hinweisen und ihm diese Informationen zur Verfügung stellen, soweit nicht Rechte Dritter entgegenstehen.

(4) [1] Bedarf das geplante Vorhaben der Zulassung durch mehrere Behörden, obliegen der Genehmigungsbehörde die Aufgaben nach Absatz 1 bis 3 nur, wenn sie auf Grund des § 31 Absatz 1 und 2 Satz 1 und 2 des Gesetzes über die Umweltverträglichkeitsprüfung als federführende Behörde bestimmt ist. [2] Die Genehmigungsbehörde nimmt diese Aufgaben im Zusammenwirken zumindest mit denjenigen Zulassungsbehörden und mit derjenigen für Naturschutz und Landschaftspflege zuständigen Behörde wahr, deren Aufgabenbereich durch das UVP-pflichtige Vorhaben berührt wird.

§ 3 Antragsinhalt. [1] Der Antrag muss enthalten

1. die Angabe des Namens und des Wohnsitzes oder des Sitzes des Antragstellers,
2. die Angabe, ob eine Genehmigung oder ein Vorbescheid beantragt wird und im Falle eines Antrags auf Genehmigung, ob es sich um eine Änderungs-

genehmigung handelt, ob eine Teilgenehmigung oder ob eine Zulassung des vorzeitigen Beginns beantragt wird,
3. die Angabe des Standortes der Anlage, bei ortsveränderlicher Anlage die Angabe der vorgesehenen Standorte,
4. Angaben über Art und Umfang der Anlage,
5. die Angabe, zu welchem Zeitpunkt die Anlage in Betrieb genommen werden soll.

[2] Soll die Genehmigungsbehörde zulassen, dass die Genehmigung abweichend von § 19 Absatz 1 und 2 des Bundes-Immissionsschutzgesetzes nicht in einem vereinfachten Verfahren erteilt wird, so ist dies im Antrag anzugeben.

§ 4 Antragsunterlagen. (1) [1] Dem Antrag sind die Unterlagen beizufügen, die zur Prüfung der Genehmigungsvoraussetzungen erforderlich sind. [2] Dabei ist zu berücksichtigen, ob die Anlage Teil eines eingetragenen Standorts einer nach den Artikeln 13 bis 15 in Verbindung mit Artikel 2 Nummer 22 der Verordnung (EG) Nr. 1221/2009 des Europäischen Parlaments und des Rates vom 25. November 2009 über die freiwillige Teilnahme von Organisationen an einem Gemeinschaftssystem für Umweltmanagement und Umweltbetriebsprüfung und zur Aufhebung der Verordnung (EG) Nr. 761/2001, sowie der Beschlüsse der Kommission 2001/681/EG und 2006/193/EG (ABl. L 342 vom 22.12.2009, S. 1), die zuletzt durch die Verordnung (EU) Nr. 517/2013 vom 13. Mai 2013 (ABl. L 158 vom 10.6.2013, S. 1) geändert worden ist, registrierten Organisation ist, für die Angaben in einer der zuständigen Genehmigungsbehörde vorliegenden und für gültig erklärten, der Registrierung zu Grunde gelegten Umwelterklärung oder in einem dieser Registrierung zu Grunde liegenden Umweltbetriebsprüfungsbericht enthalten sind. [3] Die Unterlagen nach Satz 1 müssen insbesondere die nach den §§ 4a bis 4d erforderlichen Angaben enthalten, bei UVP-pflichtigen Anlagen darüber hinaus zusätzlich einen UVP-Bericht, der die erforderlichen Angaben nach § 4e und der Anlage enthält.

(2) [1] Soweit die Zulässigkeit oder die Ausführung des Vorhabens nach Vorschriften über Naturschutz und Landschaftspflege zu prüfen ist, sind die hierfür erforderlichen Unterlagen beizufügen; die Anforderungen an den Inhalt dieser Unterlagen bestimmen sich nach den naturschutzrechtlichen Vorschriften. [2] Die Unterlagen nach Satz 1 müssen insbesondere Angaben über Maßnahmen zur Vermeidung, Verminderung, zum Ausgleich oder zum Ersatz erheblicher Beeinträchtigungen von Natur und Landschaft enthalten.

(3) [1] Der Antragsteller hat der Genehmigungsbehörde außer den in Absätzen 1 und 2 genannten Unterlagen eine allgemein verständliche, für die Auslegung geeignete Kurzbeschreibung vorzulegen, die einen Überblick über die Anlage, ihren Betrieb und die voraussichtlichen Auswirkungen auf die Allgemeinheit und die Nachbarschaft ermöglicht; bei UVP-pflichtigen Anlagen erstreckt sich die Kurzbeschreibung auch auf die allgemein verständliche, nichttechnische Zusammenfassung des UVP-Berichts nach § 4e Absatz 1 Satz 1 Nummer 7. [2] Er hat ferner ein Verzeichnis der dem Antrag beigefügten Unterlagen vorzulegen, in dem die Unterlagen, die Geschäfts- oder Betriebsgeheimnisse enthalten, besonders gekennzeichnet sind.

(4) Bedarf das Vorhaben der Zulassung durch mehrere Behörden und ist auf Grund des § 31 Absatz 1 und 2 Satz 1 und 2 des Gesetzes über die Umweltverträglichkeitsprüfung eine federführende Behörde, die nicht Genehmigungsbehörde ist, zur Entgegennahme der Unterlagen zur Prüfung der Umweltverträglichkeit bestimmt, hat die Genehmigungsbehörde die für die Prüfung der Umweltverträglichkeit erforderlichen Unterlagen auch der federführenden Behörde zuzuleiten.

§ 4a Angaben zur Anlage und zum Anlagenbetrieb. (1) Die Unterlagen müssen die für die Entscheidung nach § 20 oder § 21 erforderlichen Angaben enthalten über

1. die Anlagenteile, Verfahrensschritte und Nebeneinrichtungen, auf die sich das Genehmigungserfordernis gemäß § 1 Absatz 2 der Verordnung über genehmigungsbedürftige Anlagen[1] erstreckt,
2. den Bedarf an Grund und Boden und den Zustand des Anlagengrundstückes,
3. das vorgesehene Verfahren oder die vorgesehenen Verfahrenstypen einschließlich der erforderlichen Daten zur Kennzeichnung, wie Angaben zu Art, Menge und Beschaffenheit
   a) der Einsatzstoffe oder -stoffgruppen,
   b) der Zwischen-, Neben- und Endprodukte oder -produktgruppen,
   c) der anfallenden Abfälle

   und darüber hinaus, soweit ein Stoff für Zwecke der Forschung und Entwicklung hergestellt werden soll, der gemäß Artikel 9 Absatz 1, auch in Verbindung mit Absatz 7 der Verordnung (EG) Nr. 1907/2006 des Europäischen Parlaments und des Rates vom 18. Dezember 2006 zur Registrierung, Bewertung, Zulassung und Beschränkung chemischer Stoffe (REACH), zur Schaffung einer Europäischen Chemikalienagentur, zur Änderung der Richtlinie 1999/45/EG und zur Aufhebung der Verordnung (EWG) Nr. 793/93 des Rates, der Verordnung (EG) Nr. 1488/94 der Kommission, der Richtlinie 76/769/EWG des Rates sowie der Richtlinien 91/155/ EWG, 93/67/EWG, 93/105/EG und 2000/21/EG der Kommission (ABl. L 396 vom 30.12.2006, S. 1), die zuletzt durch die Verordnung (EU) 2016/863 (ABl. L 144 vom 1.6.2016, S. 27) geändert worden ist, von der Registrierungspflicht ausgenommen ist,

   d) Angaben zur Identität des Stoffes, soweit vorhanden,
   e) dem Antragsteller vorliegende Prüfnachweise über physikalische, chemische und physikalisch-chemische sowie toxische und ökotoxische Eigenschaften des Stoffes einschließlich des Abbauverhaltens,
4. die in der Anlage verwendete und anfallende Energie,
5. mögliche Freisetzungen oder Reaktionen von Stoffen bei Störungen im Verfahrensablauf,
6. Art und Ausmaß der Emissionen, die voraussichtlich von der Anlage ausgehen werden, wobei sich diese Angaben, soweit es sich um Luftverunreinigungen handelt, auch auf das Rohgas vor einer Vermischung oder Ver-

[1] Nr. **2.4**.

dünnung beziehen müssen, die Art, Lage und Abmessungen der Emissionsquellen, die räumliche und zeitliche Verteilung der Emissionen sowie über die Austrittsbedingungen und

7. die wichtigsten vom Antragsteller gegebenenfalls geprüften Alternativen in einer Übersicht.

(2) Soweit schädliche Umwelteinwirkungen hervorgerufen werden können, müssen die Unterlagen auch enthalten:

1. eine Prognose der zu erwartenden Immissionen, soweit Immissionswerte in Rechts- oder Verwaltungsvorschriften festgelegt sind und nach dem Inhalt dieser Vorschriften eine Prognose zum Vergleich mit diesen Werten erforderlich ist;
2. im Übrigen Angaben über Art, Ausmaß und Dauer von Immissionen sowie ihre Eignung, schädliche Umwelteinwirkungen herbeizuführen, soweit nach Rechts- oder Verwaltungsvorschriften eine Sonderfallprüfung durchzuführen ist.

(3) Für Anlagen, auf die die Verordnung über die Verbrennung und die Mitverbrennung von Abfällen[1] anzuwenden ist, müssen die Unterlagen über Absatz 1 hinaus Angaben enthalten über

1. Art (insbesondere Abfallbezeichnung und -schlüssel gemäß der Verordnung über das Europäische Abfallverzeichnis) und Menge der zur Verbrennung vorgesehenen Abfälle,
2. die kleinsten und größten Massenströme der zur Verbrennung vorgesehenen Abfälle, angegeben als stündliche Einsatzmengen,
3. die kleinsten und größten Heizwerte der zur Verbrennung vorgesehenen Abfälle,
4. den größten Gehalt an Schadstoffen in den zur Verbrennung vorgesehenen Abfällen, insbesondere an polychlorierten Biphenylen (PCB), Pentachlorphenol (PCP), Chlor, Fluor, Schwefel und Schwermetallen,
5. die Maßnahmen für das Zuführen der Abfälle und den Einbau der Brenner, so dass ein möglichst weitgehender Ausbrand erreicht wird und
6. die Maßnahmen, wie die Emissionsgrenzwerte der Verordnung über die Verbrennung und die Mitverbrennung von Abfällen eingehalten werden.

(4) [1]Der Bericht über den Ausgangszustand nach § 10 Absatz 1a des Bundes-Immissionsschutzgesetzes[2] hat die Informationen zu enthalten, die erforderlich sind, um den Stand der Boden- und Grundwasserverschmutzungen zu ermitteln, damit ein quantifizierter Vergleich mit dem Zustand bei der Betriebseinstellung der Anlage vorgenommen werden kann. [2]Der Bericht über den Ausgangszustand hat die folgenden Informationen zu enthalten:

1. Informationen über die derzeitige Nutzung und, falls verfügbar, über die frühere Nutzung des Anlagengrundstücks,
2. Informationen über Boden- und Grundwassermessungen, die den Zustand zum Zeitpunkt der Erstellung des Berichts über den Ausgangszustand nach § 10 Absatz 1a des Bundes-Immissionsschutzgesetzes wiedergeben und die

---

[1] Nr. **2.17**.
[2] Nr. **1**.

dem Stand der Messtechnik entsprechen; neue Boden- und Grundwassermessungen sind nicht erforderlich, soweit bereits vorhandene Informationen die Anforderungen des ersten Halbsatzes erfüllen.

[3] Erfüllen Informationen, die auf Grund anderer Vorschriften erstellt wurden, die Anforderungen der Sätze 1 und 2, so können diese Informationen in den Bericht über den Ausgangszustand aufgenommen oder diesem beigefügt werden. [4] Der Bericht über den Ausgangszustand ist für den Teilbereich des Anlagengrundstücks zu erstellen, auf dem durch Verwendung, Erzeugung oder Freisetzung der relevanten gefährlichen Stoffe durch die Anlage die Möglichkeit der Verschmutzung des Bodens oder des Grundwassers besteht. [5] Die Sätze 1 bis 4 sind bei einem Antrag für eine Änderungsgenehmigung nur dann anzuwenden, wenn mit der Änderung neue relevante gefährliche Stoffe verwendet, erzeugt oder freigesetzt werden oder wenn mit der Änderung erstmals relevante gefährliche Stoffe verwendet, erzeugt oder freigesetzt werden; ein bereits vorhandener Bericht über den Ausgangszustand ist zu ergänzen. [6] § 25 Absatz 2 bleibt unberührt.

§ 4b Angaben zu den Schutzmaßnahmen. (1) Die Unterlagen müssen die für die Entscheidung nach § 20 oder § 21 erforderlichen Angaben enthalten über

1. die vorgesehenen Maßnahmen zum Schutz vor und zur Vorsorge gegen schädliche Umwelteinwirkungen, insbesondere zur Verminderung der Emissionen, sowie zur Messung von Emissionen und Immissionen,
2. die vorgesehenen Maßnahmen zum Schutz der Allgemeinheit und der Nachbarschaft vor sonstigen Gefahren, erheblichen Nachteilen und erheblichen Belästigungen, wie Angaben über die vorgesehenen technischen und organisatorischen Vorkehrungen
   a) zur Verhinderung von Störungen des bestimmungsgemäßen Betriebs und
   b) zur Begrenzung der Auswirkungen, die sich aus Störungen des bestimmungsgemäßen Betriebs ergeben können,
3. die vorgesehenen Maßnahmen zum Arbeitsschutz,
4. die vorgesehenen Maßnahmen zum Schutz vor schädlichen Umwelteinwirkungen und sonstigen Gefahren, erheblichen Nachteilen und erheblichen Belästigungen für die Allgemeinheit und die Nachbarschaft im Falle der Betriebseinstellung und
5. die vorgesehenen Maßnahmen zur Überwachung der Emissionen in die Umwelt.

(2) [1] Soweit eine genehmigungsbedürftige Anlage Betriebsbereich oder Bestandteil eines Betriebsbereichs ist, für die ein Sicherheitsbericht nach § 9 der Störfall-Verordnung[1)] anzufertigen ist, müssen die Teile des Sicherheitsberichts, die den Abschnitten II Nummer 1, 3 und 4 sowie den Abschnitten III bis V des Anhangs II der Störfall-Verordnung entsprechen, dem Antrag beigefügt werden, soweit sie sich auf die genehmigungsbedürftige Anlage beziehen oder für sie von Bedeutung sind. [2] In einem Genehmigungsverfahren nach § 16 des Bundes-Immissionsschutzgesetzes[2)] gilt dies nur, soweit durch die beantragte

[1)] Nr. **2.12**.
[2)] Nr. **1**.

Änderung sicherheitsrelevante Anlagenteile betroffen sind. [3] In diesem Fall und im Fall eines Genehmigungsverfahrens nach § 16a des Bundes-Immissionsschutzgesetzes kann die Behörde zulassen, dass sich die vorzulegenden Teile des Sicherheitsberichts nur auf diese Anlagenteile beschränken, wenn sie trotz dieser Beschränkung aus sich heraus verständlich und prüffähig erstellt werden können.

(3) Bestehen Anhaltspunkte dafür, dass eine Bekanntgabe der Angaben nach den Absätzen 1 und 2 zu einer eine erhebliche Gefahr für die öffentliche Sicherheit darstellenden Störung der Errichtung oder des bestimmungsgemäßen Betriebs der Anlage durch Dritte führen kann, und sind Maßnahmen der Gefahrenabwehr gegenüber diesen nicht möglich, ausreichend oder zulässig, kann die Genehmigungsbehörde die Vorlage einer aus sich heraus verständlichen und zusammenhängenden Darstellung verlangen, die für die Auslegung geeignet ist.

§ 4c Plan zur Behandlung der Abfälle. Die Unterlagen müssen die für die Entscheidung nach § 20 oder § 21 erforderlichen Angaben enthalten über die Maßnahmen zur Vermeidung oder Verwertung von Abfällen; hierzu sind insbesondere Angaben zu machen zu

1. den vorgesehenen Maßnahmen zur Vermeidung von Abfällen,
2. den vorgesehenen Maßnahmen zur ordnungsgemäßen und schadlosen stofflichen oder thermischen Verwertung der anfallenden Abfälle,
3. den Gründen, warum eine weitergehende Vermeidung oder Verwertung von Abfällen technisch nicht möglich oder unzumutbar ist,
4. den vorgesehenen Maßnahmen zur Beseitigung nicht zu vermeidender oder zu verwertender Abfälle einschließlich der rechtlichen und tatsächlichen Durchführbarkeit dieser Maßnahmen und der vorgesehenen Entsorgungswege,
5. den vorgesehenen Maßnahmen zur Verwertung oder Beseitigung von Abfällen, die bei einer Störung des bestimmungsgemäßen Betriebs entstehen können, sowie
6. den vorgesehenen Maßnahmen zur Behandlung der bei einer Betriebseinstellung vorhandenen Abfälle.

§ 4d Angaben zur Energieeffizienz. Die Unterlagen müssen Angaben über vorgesehene Maßnahmen zur sparsamen und effizienten Energieverwendung enthalten, insbesondere Angaben über Möglichkeiten zur Erreichung hoher energetischer Wirkungs- und Nutzungsgrade, zur Einschränkung von Energieverlusten sowie zur Nutzung der anfallenden Energie.

§ 4e Zusätzliche Angaben zur Prüfung der Umweltverträglichkeit; UVP-Bericht. (1) [1] Der Träger des UVP-pflichtigen Vorhabens hat den Unterlagen einen Bericht zu den voraussichtlichen Auswirkungen des UVP-pflichtigen Vorhabens auf die in § 1a genannten Schutzgüter (UVP-Bericht) beizufügen, der zumindest folgende Angaben enthält:

1. eine Beschreibung des UVP-pflichtigen Vorhabens mit Angaben zum Standort, zur Art, zum Umfang und zur Ausgestaltung, zur Größe und zu anderen wesentlichen Merkmalen des Vorhabens,

2. eine Beschreibung der Umwelt und ihrer Bestandteile im Einwirkungsbereich des UVP-pflichtigen Vorhabens,
3. eine Beschreibung der Merkmale des UVP-pflichtigen Vorhabens und des Standorts, mit denen das Auftreten erheblicher nachteiliger Auswirkungen des UVP-pflichtigen Vorhabens auf die in § 1a genannten Schutzgüter vermieden, vermindert oder ausgeglichen werden soll,
4. eine Beschreibung der geplanten Maßnahmen, mit denen das Auftreten erheblicher nachteiliger Auswirkungen des UVP-pflichtigen Vorhabens auf die in § 1a genannten Schutzgüter vermieden, vermindert oder ausgeglichen werden soll, sowie eine Beschreibung geplanter Ersatzmaßnahmen,
5. eine Beschreibung der möglichen erheblichen Auswirkungen des UVP-pflichtigen Vorhabens auf die in § 1a genannten Schutzgüter,
6. eine Beschreibung der vernünftigen Alternativen zum Schutz vor und zur Vorsorge gegen schädliche Umwelteinwirkungen sowie zum Schutz der Allgemeinheit und der Nachbarschaft vor sonstigen Gefahren, erheblichen Nachteilen und erheblichen Belästigungen, die für das UVP-pflichtige Vorhaben und seine spezifischen Merkmale relevant und von dem Träger des UVP-pflichtigen Vorhabens geprüft worden sind, und die Angabe der wesentlichen Gründe für die getroffene Wahl unter Berücksichtigung der jeweiligen Auswirkungen auf die in § 1a genannten Schutzgüter sowie
7. eine allgemein verständliche, nichttechnische Zusammenfassung des UVP-Berichts.

[2] Bei einem UVP-pflichtigen Vorhaben, das einzeln oder im Zusammenwirken mit anderen Projekten oder Plänen geeignet ist, ein Natura 2000-Gebiet erheblich zu beeinträchtigen, muss der UVP-Bericht Angaben zu den Auswirkungen des UVP-pflichtigen Vorhabens auf die Erhaltungsziele dieses Gebiets enthalten.

(2) Der UVP-Bericht muss auch die in der Anlage zu § 4e genannten weiteren Angaben enthalten, soweit diese Angaben für die Entscheidung über die Zulassung des UVP-pflichtigen Vorhabens erforderlich sind.

(3) [1] Inhalt und Umfang des UVP-Berichts bestimmen sich nach den Rechtsvorschriften, die für die Entscheidung über die Zulassung des UVP-pflichtigen Vorhabens maßgebend sind. [2] In den Fällen des § 2a stützt der Träger des UVP-pflichtigen Vorhabens den UVP-Bericht zusätzlich auf den Untersuchungsrahmen.

(4) [1] Der UVP-Bericht muss den gegenwärtigen Wissensstand und die gegenwärtigen Prüfmethoden berücksichtigen. [2] Er muss die Angaben enthalten, die der Träger des UVP-pflichtigen Vorhabens mit zumutbarem Aufwand ermitteln kann. [3] Die Angaben müssen ausreichend sein, um

1. der Genehmigungsbehörde eine begründete Bewertung der Auswirkungen des UVP-pflichtigen Vorhabens auf die in § 1a genannten Schutzgüter nach § 20 Absatz 1b zu ermöglichen und
2. Dritten die Beurteilung zu ermöglichen, ob und in welchem Umfang sie von den Auswirkungen des UVP-pflichtigen Vorhabens auf die in § 1a genannten Schutzgüter betroffen sein können.

(5) Zur Vermeidung von Mehrfachprüfungen hat der Träger des UVP-pflichtigen Vorhabens die vorhandenen Ergebnisse anderer rechtlich vorgeschriebener Prüfungen in den UVP-Bericht einzubeziehen.

(6) [1] Der Träger des UVP-pflichtigen Vorhabens muss durch geeignete Maßnahmen sicherstellen, dass der UVP-Bericht den Anforderungen nach den Absätzen 1 bis 5 entspricht. [2] Die Genehmigungsbehörde hat Nachbesserungen innerhalb einer angemessenen Frist zu verlangen, soweit der Bericht den Anforderungen nicht entspricht.

(7) [1] Sind kumulierende Vorhaben nach dem Gesetz über die Umweltverträglichkeitsprüfung, für die jeweils eine Umweltverträglichkeitsprüfung durchzuführen ist, Gegenstand paralleler oder verbundener Zulassungsverfahren, so können die Träger der UVP-pflichtigen Vorhaben einen gemeinsamen UVP-Bericht vorlegen. [2] Legen sie getrennte UVP-Berichte vor, so sind darin auch jeweils die Auswirkungen der anderen kumulierenden Vorhaben auf die in § 1a genannten Schutzgüter als Vorbelastung zu berücksichtigen.

§ 5 Vordrucke. Die Genehmigungsbehörde kann die Verwendung von Vordrucken für den Antrag und die Unterlagen verlangen.

§ 6 Eingangsbestätigung. Die Genehmigungsbehörde hat dem Antragsteller den Eingang des Antrags und der Unterlagen unverzüglich schriftlich oder elektronisch zu bestätigen.

§ 7 Prüfung der Vollständigkeit, Verfahrensablauf. (1) [1] Die Genehmigungsbehörde hat nach Eingang des Antrags und der Unterlagen unverzüglich, in der Regel innerhalb eines Monats, zu prüfen, ob der Antrag den Anforderungen des § 3 und die Unterlagen den Anforderungen der §§ 4 bis 4e entsprechen. [2] Die zuständige Behörde kann die Frist in begründeten Ausnahmefällen einmal um zwei Wochen verlängern. [3] Sind der Antrag oder die Unterlagen nicht vollständig, so hat die Genehmigungsbehörde den Antragsteller unverzüglich aufzufordern, den Antrag oder die Unterlagen innerhalb einer angemessenen Frist zu ergänzen. [4] Teilprüfungen sind auch vor Vorlage der vollständigen Unterlagen vorzunehmen, sobald dies nach den bereits vorliegenden Unterlagen möglich ist. [5] Die Behörde kann zulassen, dass Unterlagen, deren Einzelheiten für die Beurteilung der Genehmigungsfähigkeit der Anlage als solcher nicht unmittelbar von Bedeutung sind, insbesondere den Bericht über den Ausgangszustand nach § 10 Absatz 1a des Bundes-Immissionsschutzgesetzes[1)], bis zum Beginn der Errichtung oder der Inbetriebnahme der Anlage nachgereicht werden können.

(2) Sind die Unterlagen vollständig, hat die Genehmigungsbehörde den Antragsteller über die voraussichtlich zu beteiligenden Behörden und den geplanten zeitlichen Ablauf des Genehmigungsverfahrens zu unterrichten.

Zweiter Abschnitt. Beteiligung Dritter

§ 8 Bekanntmachung des Vorhabens. (1) [1] Sind die zur Auslegung (§ 10 Absatz 1) erforderlichen Unterlagen vollständig, so hat die Genehmigungsbehörde das Vorhaben in ihrem amtlichen Veröffentlichungsblatt und außerdem

[1)] Nr. **1**.

entweder im Internet oder in örtlichen Tageszeitungen, die im Bereich des Standortes der Anlage verbreitet sind, öffentlich bekanntzumachen. [2]Eine zusätzliche Bekanntmachung und Auslegung ist, auch in den Fällen der §§ 22 und 23, nur nach Maßgabe des Absatzes 2 erforderlich. [3]Bei UVP-pflichtigen Anlagen erfolgt die Bekanntmachung durch die Genehmigungsbehörde auch über das jeweilige zentrale Internetportal nach § 20 Absatz 1 des Gesetzes über die Umweltverträglichkeitsprüfung. [4]Maßgeblich ist der Inhalt der ausgelegten Unterlagen.

(2) [1]Wird das Vorhaben während eines Vorbescheidsverfahrens, nach Erteilung eines Vorbescheides oder während des Genehmigungsverfahrens geändert, so darf die Genehmigungsbehörde von einer zusätzlichen Bekanntmachung und Auslegung absehen, wenn in den nach § 10 Absatz 1 auszulegenden Unterlagen keine Umstände darzulegen wären, die nachteilige Auswirkungen für Dritte besorgen lassen. [2]Dies ist insbesondere dann der Fall, wenn erkennbar ist, dass nachteilige Auswirkungen für Dritte durch die getroffenen oder vom Träger des Vorhabens vorgesehenen Vorkehrungen ausgeschlossen werden oder die Nachteile im Verhältnis zu den jeweils vergleichbaren Vorteilen gering sind. [3]Betrifft das Vorhaben eine UVP-pflichtige Anlage, darf von einer zusätzlichen Bekanntmachung und Auslegung nur abgesehen werden, wenn keine zusätzlichen erheblichen oder anderen erheblichen Auswirkungen auf in § 1a genannte Schutzgüter zu besorgen sind. [4]Ist eine zusätzliche Bekanntmachung und Auslegung erforderlich, werden die Einwendungsmöglichkeit und die Erörterung auf die vorgesehenen Änderungen beschränkt; hierauf ist in der Bekanntmachung hinzuweisen.

§ 9 Inhalt der Bekanntmachung. (1) [1]Die Bekanntmachung muss neben den Angaben nach § 10 Absatz 4 des Bundes-Immissionsschutzgesetzes[1)] Folgendes enthalten:

1. die in § 3 bezeichneten Angaben,
2. den Hinweis auf die Auslegungs- und die Einwendungsfrist unter Angabe des jeweils ersten und letzten Tages und
3. die Bezeichnung der für das Vorhaben entscheidungserheblichen Berichte und Empfehlungen, die der Genehmigungsbehörde zum Zeitpunkt des Beginns des Beteiligungsverfahrens vorliegen.

[2]Auf die zuständige Genehmigungsbehörde, die für die Beteiligung der Öffentlichkeit maßgebenden Vorschriften sowie eine grenzüberschreitende Behörden- und Öffentlichkeitsbeteiligung nach § 11a ist hinzuweisen.

(1a) Ist das Vorhaben UVP-pflichtig, muss die Bekanntmachung zusätzlich folgende Angaben enthalten:

1. einen Hinweis auf die UVP-Pflicht des Vorhabens und
2. die Angabe, dass ein UVP-Bericht vorgelegt wurde.

(2) Zwischen der Bekanntmachung des Vorhabens und dem Beginn der Auslegungsfrist soll eine Woche liegen; maßgebend ist dabei der voraussichtliche Tag der Ausgabe des Veröffentlichungsblattes oder der Tageszeitung, die zuletzt erscheint.

---

1) Nr. **1**.

§ 10 Auslegung von Antrag und Unterlagen; Veröffentlichung des UVP-Berichts. (1) [1] Bei der Genehmigungsbehörde und, soweit erforderlich, bei einer geeigneten Stelle in der Nähe des Standorts des Vorhabens sind der Antrag sowie die beigefügten Unterlagen auszulegen, die die Angaben über die Auswirkungen der Anlage auf die Nachbarschaft und die Allgemeinheit enthalten. [2] Darüber hinaus sind, soweit vorhanden, die entscheidungserheblichen sonstigen der Genehmigungsbehörde vorliegenden behördlichen Unterlagen zu dem Vorhaben auszulegen, die Angaben über die Auswirkungen der Anlage auf die Nachbarschaft und die Allgemeinheit oder Empfehlungen zur Begrenzung dieser Auswirkungen enthalten. [3] Verfügt die Genehmigungsbehörde bis zur Entscheidung über den Genehmigungsantrag über zusätzliche behördliche Stellungnahmen oder von ihr angeforderte Unterlagen, die Angaben über die Auswirkungen der Anlage auf die Nachbarschaft und die Allgemeinheit oder Empfehlungen zur Begrenzung dieser Auswirkungen enthalten, sind diese der Öffentlichkeit nach den Bestimmungen des Bundes[1] und der Länder über den Zugang zu Umweltinformationen zugänglich zu machen. [4] Betrifft das Vorhaben eine UVP-pflichtige Anlage, so ist auch der vom Antragsteller zur Durchführung einer Umweltverträglichkeitsprüfung zusätzlich beigefügte UVP-Bericht nach § 4e auszulegen; ferner sind der Antrag und die Unterlagen auch in den Gemeinden auszulegen, in denen sich das Vorhaben voraussichtlich auswirkt. [5] Soweit eine Auslegung der Unterlagen nach § 4b Absatz 1 und 2 zu einer Störung im Sinne des § 4b Absatz 3 führen kann, ist an Stelle dieser Unterlagen die Darstellung nach § 4b Absatz 3 auszulegen. [6] In den Antrag und die Unterlagen nach den Sätzen 1, 2 und 4 sowie in die Darstellung nach § 4b Absatz 3 ist während der Dienststunden Einsicht zu gewähren. [7] Bei UVP-pflichtigen Vorhaben hat der Träger des Vorhabens den UVP-Bericht sowie die das Vorhaben betreffenden entscheidungserheblichen Berichte und Empfehlungen, die der Genehmigungsbehörde zum Zeitpunkt des Beginns des Beteiligungsverfahrens vorgelegen haben, auch elektronisch vorzulegen. [8] § 8 Absatz 1 Satz 3 und 4 gilt bei UVP-pflichtigen Vorhaben für diese Unterlagen entsprechend.

(2) Auf Aufforderung eines Dritten ist diesem eine Abschrift oder Vervielfältigung der Kurzbeschreibung nach § 4 Absatz 3 Satz 1 zu überlassen.

(3) [1] Soweit Unterlagen Geschäfts- oder Betriebsgeheimnisse enthalten, ist an ihrer Stelle die Inhaltsdarstellung nach § 10 Absatz 2 Satz 2 des Bundes-Immissionsschutzgesetzes[2] auszulegen. [2] Hält die Genehmigungsbehörde die Kennzeichnung der Unterlagen als Geschäfts- oder Betriebsgeheimnisse für unberechtigt, so hat sie vor der Entscheidung über die Auslegung dieser Unterlagen den Antragsteller zu hören.

§ 10a Akteneinsicht. [1] Die Genehmigungsbehörde gewährt Akteneinsicht nach pflichtgemäßem Ermessen; § 29 Absatz 1 Satz 3, Absatz 2 und 3 des Verwaltungsverfahrensgesetzes findet entsprechende Anwendung. [2] Sonstige sich aus anderen Rechtsvorschriften ergebende Rechte auf Zugang zu Informationen bleiben unberührt.

---

[1] Siehe das UmweltinformationsG idF der Bek. v. 27.10.2014 (BGBl. I S. 1643), zuletzt geänd. durch G v. 20.7.2017 (BGBl. I S. 2808).

[2] Nr. **1**.

§ 11 Beteiligung anderer Behörden. [1] Spätestens gleichzeitig mit der öffentlichen Bekanntmachung des Vorhabens fordert die Genehmigungsbehörde die Behörden, deren Aufgabenbereich durch das Vorhaben berührt wird, auf, für ihren Zuständigkeitsbereich eine Stellungnahme innerhalb einer Frist von einem Monat abzugeben. [2] Die Antragsunterlagen sollen sternförmig an die zu beteiligenden Stellen versandt werden. [3] Hat eine Behörde bis zum Ablauf der Frist keine Stellungnahme abgegeben, so ist davon auszugehen, dass die beteiligte Behörde sich nicht äußern will. [4] Die Genehmigungsbehörde hat sich über den Stand der anderweitigen das Vorhaben betreffenden Zulassungsverfahren Kenntnis zu verschaffen und auf ihre Beteiligung hinzuwirken sowie mit den für diese Verfahren zuständigen Behörden frühzeitig den von ihr beabsichtigten Inhalt des Genehmigungsbescheides zu erörtern und abzustimmen.

§ 11a Grenzüberschreitende Behörden- und Öffentlichkeitsbeteiligung. (1) [1] Für nicht UVP-pflichtige Vorhaben einschließlich der Verfahren nach § 17 Absatz 1a des Bundes-Immissionsschutzgesetzes[1)] gelten für das Verfahren zur grenzüberschreitenden Behörden- und Öffentlichkeitsbeteiligung die Vorschriften der Abschnitte 1 und 3 des Teils 5 des Gesetzes über die Umweltverträglichkeitsprüfung sinngemäß. [2] Abweichend von Satz 1 gelten nicht die Vorgaben zur Veröffentlichung von Informationen in dem jeweiligen zentralen Internetportal nach § 59 Absatz 4 des Gesetzes über die Umweltverträglichkeitsprüfung.

(2) Für UVP-pflichtige Vorhaben gelten für das Verfahren zur grenzüberschreitenden Behörden- und Öffentlichkeitsbeteiligung einschließlich Verfahren nach § 17 Absatz 1a des Bundes-Immissionsschutzgesetzes die Vorschriften der Abschnitte 1 und 3 des Teils 5 des Gesetzes über die Umweltverträglichkeitsprüfung sinngemäß.

(3) [1] Rechtsvorschriften zur Geheimhaltung, insbesondere gemäß § 30 des Verwaltungsverfahrensgesetzes sowie zum Schutz von Geschäfts- oder Betriebsgeheimnissen gemäß § 10 Absatz 2 des Bundes-Immissionsschutzgesetzes sowie gemäß § 10 Absatz 3 bleiben unberührt; entgegenstehende Rechte Dritter sind zu beachten. [2] Ebenfalls unberührt bleiben die Vorschriften zur Datenübermittlung an Stellen im Ausland sowie an über- und zwischenstaatliche Stellen.

(4) Die Genehmigungsbehörde übermittelt den beteiligten Behörden des anderen Staates die Bezeichnung des für die betreffende Anlage maßgeblichen BVT-Merkblatts.

(5) Die Genehmigungsbehörde macht der Öffentlichkeit auch Aktualisierungen von Genehmigungen von Behörden anderer Staaten nach den Bestimmungen über den Zugang zu Umweltinformationen zugänglich.

§ 12 Einwendungen. (1) [1] Einwendungen können bei der Genehmigungsbehörde oder bei der Stelle erhoben werden, bei der Antrag und Unterlagen zur Einsicht ausliegen. [2] Bei UVP-pflichtigen Vorhaben gilt eine Einwendungsfrist von einem Monat nach Ablauf der Auslegungsfrist. [3] Nach Ablauf der Einwendungsfrist entscheidet die Genehmigungsbehörde unter Berücksichtigung von § 14, ob im Genehmigungsverfahren ein Erörterungstermin nach § 10 Absatz 6 des Bundes-Immissionsschutzgesetzes[1)] durchgeführt wird. [4] Das

---

[1)] Nr. **1**.

gilt auch für UVP-pflichtige Anlagen. [5] Die Entscheidung ist öffentlich bekannt zu machen.

(2) [1] Die Einwendungen sind dem Antragsteller bekanntzugeben. [2] Den nach § 11 beteiligten Behörden sind die Einwendungen bekanntzugeben, die ihren Aufgabenbereich berühren. [3] Auf Verlangen des Einwenders sollen dessen Name und Anschrift vor der Bekanntgabe unkenntlich gemacht werden, wenn diese zur ordnungsgemäßen Durchführung des Genehmigungsverfahrens nicht erforderlich sind; auf diese Möglichkeit ist in der öffentlichen Bekanntmachung hinzuweisen.

§ 13 Sachverständigengutachten. (1) [1] Die Genehmigungsbehörde holt Sachverständigengutachten ein, soweit dies für die Prüfung der Genehmigungsvoraussetzungen notwendig ist. [2] Der Auftrag hierzu soll möglichst bis zum Zeitpunkt der Bekanntmachung des Vorhabens (§ 8) erteilt werden. [3] Ein Sachverständigengutachten ist in der Regel notwendig

1. zur Beurteilung der Angaben derjenigen Teile des Sicherheitsberichts nach § 9 der Störfall-Verordnung[1)], die Abschnitt II Nummer 1, 3 und 4 sowie den Abschnitten III bis V des Anhangs II der Störfall-Verordnung entsprechen, soweit sie dem Antrag nach § 4b Absatz 2 beizufügen sind;
2. zur Beurteilung der Wirtschaftlichkeitsanalyse einschließlich des Kosten-Nutzen-Vergleichs gemäß § 6 der KWK-Kosten-Nutzen-Vergleich-Verordnung[2)], es sei denn, es liegt ein Testat einer für die Prüfung der Wirtschaftlichkeitsanalyse nach gesetzlichen Vorschriften zuständigen Bundesbehörde vor, sowie
3. zur Beurteilung der Angaben zur Finanzlage gemäß § 8 Absatz 2 der KWK-Kosten-Nutzen-Vergleich-Verordnung.

[4] Sachverständige können darüber hinaus mit Einwilligung des Antragstellers herangezogen werden, wenn zu erwarten ist, dass hierdurch das Genehmigungsverfahren beschleunigt wird.

(1a) Bei der Entscheidung, ob vorgelegte Unterlagen durch externe Sachverständige überprüft werden sollen, wird die Standorteintragung nach der Verordnung (EG) Nr. 761/2001 des Europäischen Parlaments und des Rates vom 19. März 2001 über die freiwillige Beteiligung von Organisationen an einem Gemeinschaftssystem für das Umweltmanagement und die Umweltbetriebsprüfung (EMAS) berücksichtigt.

(2) [1] Ein vom Antragsteller vorgelegtes Gutachten ist als sonstige Unterlage im Sinne von § 10 Absatz 1 Satz 2 des Bundes-Immissionsschutzgesetzes[3)] zu prüfen. [2] Erteilt der Träger des Vorhabens den Gutachtenauftrag nach Abstimmung mit der Genehmigungsbehörde oder erteilt er ihn an einen Sachverständigen, der nach § 29b Absatz 1 des Bundes-Immissionsschutzgesetzes von der nach Landesrecht zuständigen Behörde für diesen Bereich bekanntgegeben ist, so gilt das vorgelegte Gutachten als Sachverständigengutachten im Sinne des Absatzes 1; dies gilt auch für Gutachten, die von einem Sachverständigen erstellt werden, der den Anforderungen des § 29a Absatz 1 Satz 2 des Bundes-Immissionsschutzgesetzes entspricht.

---

1) Nr. **2.12**.
2) Nr. **3.3**.
3) Nr. **1**.

Dritter Abschnitt. Erörterungstermin

§ 14 Zweck. (1) [1]Der Erörterungstermin dient dazu, die rechtzeitig erhobenen Einwendungen zu erörtern, soweit dies für die Prüfung der Genehmigungsvoraussetzungen von Bedeutung sein kann. [2]Er soll denjenigen, die Einwendungen erhoben haben, Gelegenheit geben, ihre Einwendungen zu erläutern.

(2) Rechtzeitig erhoben sind Einwendungen, die innerhalb der Einwendungsfrist bei den in § 12 Absatz 1 genannten Behörden eingegangen sind.

§ 15 Besondere Einwendungen. Einwendungen, die auf besonderen privatrechtlichen Titeln beruhen, sind im Erörterungstermin nicht zu behandeln; sie sind durch schriftlichen Bescheid auf den Rechtsweg vor den ordentlichen Gerichten zu verweisen.

§ 16 Wegfall. (1) [1]Ein Erörterungstermin findet nicht statt, wenn

1. Einwendungen gegen das Vorhaben nicht oder nicht rechtzeitig erhoben worden sind,
2. die rechtzeitig erhobenen Einwendungen zurückgenommen worden sind,
3. ausschließlich Einwendungen erhoben worden sind, die auf besonderen privatrechtlichen Titeln beruhen oder
4. die erhobenen Einwendungen nach der Einschätzung der Behörde keiner Erörterung bedürfen.

[2]Das gilt auch für UVP-pflichtige Anlagen.

(2) Der Antragsteller ist vom Wegfall des Termins zu unterrichten.

§ 17 Verlegung. (1) [1]Die Genehmigungsbehörde kann den bekanntgemachten Erörterungstermin verlegen, wenn dies im Hinblick auf dessen zweckgerechte Durchführung erforderlich ist. [2]Ort und Zeit des neuen Erörterungstermins sind zum frühestmöglichen Zeitpunkt zu bestimmen.

(2) [1]Der Antragsteller und diejenigen, die rechtzeitig Einwendungen erhoben haben, sind von der Verlegung des Erörterungstermins zu benachrichtigen. [2]Sie können in entsprechender Anwendung des § 10 Absatz 3 Satz 1 des Bundes-Immissionsschutzgesetzes[1)] durch öffentliche Bekanntmachung benachrichtigt werden.

§ 18 Verlauf. (1) [1]Der Erörterungstermin ist öffentlich. [2]Im Einzelfall kann aus besonderen Gründen die Öffentlichkeit ausgeschlossen werden. [3]Vertreter der Aufsichtsbehörden und Personen, die bei der Behörde zur Ausbildung beschäftigt sind, sind zur Teilnahme berechtigt.

(2) [1]Der Verhandlungsleiter kann bestimmen, dass Einwendungen zusammengefasst erörtert werden. [2]In diesem Fall hat er die Reihenfolge der Erörterung bekanntzugeben. [3]Er kann für einen bestimmten Zeitraum das Recht zur Teilnahme an dem Erörterungstermin auf die Personen beschränken, deren Einwendungen zusammengefasst erörtert werden sollen.

[1)] Nr. **1**.

(3) Der Verhandlungsleiter erteilt das Wort und kann es demjenigen entziehen, der eine von ihm festgesetzte Redezeit für die einzelnen Wortmeldungen überschreitet oder Ausführungen macht, die nicht den Gegenstand des Erörterungstermins betreffen oder nicht in sachlichem Zusammenhang mit der zu behandelnden Einwendung stehen.

(4) [1] Der Verhandlungsleiter ist für die Ordnung verantwortlich. [2] Er kann Personen, die seine Anordnungen nicht befolgen, entfernen lassen. [3] Der Erörterungstermin kann ohne diese Personen fortgesetzt werden.

(5) [1] Der Verhandlungsleiter beendet den Erörterungstermin, wenn dessen Zweck erreicht ist. [2] Er kann den Erörterungstermin ferner für beendet erklären, wenn, auch nach einer Vertagung, der Erörterungstermin aus dem Kreis der Teilnehmer erneut so gestört wird, dass seine ordnungsmäßige Durchführung nicht mehr gewährleistet ist. [3] Personen, deren Einwendungen noch nicht oder noch nicht abschließend erörtert wurden, können innerhalb eines Monats nach Aufhebung des Termins ihre Einwendungen gegenüber der Genehmigungsbehörde schriftlich oder elektronisch erläutern; hierauf sollen die Anwesenden bei Aufhebung des Termins hingewiesen werden.

§ 19 Niederschrift. (1) [1] Über den Erörterungstermin ist eine Niederschrift zu fertigen. [2] Die Niederschrift muss Angaben enthalten über

1. den Ort und den Tag der Erörterung,
2. den Namen des Verhandlungsleiters,
3. den Gegenstand des Genehmigungsverfahrens,
4. den Verlauf und die Ergebnisse des Erörterungstermins.

[3] Die Niederschrift ist von dem Verhandlungsleiter und, soweit ein Schriftführer hinzugezogen worden ist, auch von diesem zu unterzeichnen. [4] Der Aufnahme in die Verhandlungsniederschrift steht die Aufnahme in eine Schrift gleich, die ihr als Anlage beigefügt und als solche bezeichnet ist; auf die Anlage ist in der Verhandlungsniederschrift hinzuweisen. [5] Die Genehmigungsbehörde kann den Erörterungstermin zum Zwecke der Anfertigung der Niederschrift auf Tonträger aufzeichnen. [6] Die Tonaufzeichnungen sind nach dem Eintritt der Unanfechtbarkeit der Entscheidung über den Genehmigungsantrag zu löschen; liegen im Falle eines Vorbescheidsverfahrens die Voraussetzungen des § 9 Absatz 2 des Bundes-Immissionsschutzgesetzes[1)] vor, ist die Löschung nach Eintritt der Unwirksamkeit durchzuführen.

(2) [1] Dem Antragsteller ist eine Abschrift der Niederschrift zu überlassen. [2] Auf Anforderung ist auch demjenigen, der rechtzeitig Einwendungen erhoben hat, eine Abschrift der Niederschrift zu überlassen.

Vierter Abschnitt. Genehmigung

§ 20 Entscheidung. (1) [1] Sind alle Umstände ermittelt, die für die Beurteilung des Antrags von Bedeutung sind, hat die Genehmigungsbehörde unverzüglich über den Antrag zu entscheiden. [2] Nach dem Ablauf der Einwendungsfrist oder, soweit ein Erörterungstermin nach § 10 Absatz 6 des Bundes-Immissionsschutzgesetzes[1)] durchgeführt worden ist, nach dem Erörterungstermin eingehende Stellungnahmen von nach § 11 beteiligten Behörden sollen

[1)] Nr. **1**.

dabei nicht mehr berücksichtigt werden, es sei denn, die vorgebrachten öffentlichen Belange sind der Genehmigungsbehörde bereits bekannt oder hätten ihr bekannt sein müssen oder sind für die Beurteilung der Genehmigungsvoraussetzungen von Bedeutung.

(1a) [1] Die Genehmigungsbehörde erarbeitet bei UVP-pflichtigen Anlagen eine zusammenfassende Darstellung

1. der möglichen Auswirkungen des UVP-pflichtigen Vorhabens auf die in § 1a genannten Schutzgüter, einschließlich der Wechselwirkung,
2. der Merkmale des UVP-pflichtigen Vorhabens und des Standorts, mit denen erhebliche nachteilige Auswirkungen auf die in § 1a genannten Schutzgüter vermieden, vermindert oder ausgeglichen werden sollen, und
3. der Maßnahmen, mit denen erhebliche nachteilige Auswirkungen auf die in § 1a genannten Schutzgüter vermieden, vermindert oder ausgeglichen werden sollen, sowie
4. der Ersatzmaßnahmen bei Eingriffen in Natur und Landschaft.

[2] Die Erarbeitung einer zusammenfassenden Darstellung erfolgt auf der Grundlage der nach den §§ 4 bis 4e beizufügenden Unterlagen, der behördlichen Stellungnahmen nach den §§ 11 und 11a, der Ergebnisse eigener Ermittlungen sowie der Äußerungen und Einwendungen Dritter. [3] Die Darstellung ist möglichst innerhalb eines Monats nach Ablauf der Einwendungsfrist oder, soweit ein Erörterungstermin nach § 10 Absatz 6 des Bundes-Immissionsschutzgesetzes durchgeführt worden ist, des Erörterungstermins zu bearbeiten. [4] Bedarf das Vorhaben der Zulassung durch mehrere Behörden, so obliegt die Erarbeitung der zusammenfassenden Darstellung der Genehmigungsbehörde nur, wenn sie gemäß § 31 Absatz 1 und 2 Satz 1 und 2 des Gesetzes über die Umweltverträglichkeitsprüfung als federführende Behörde bestimmt ist; sie hat die Darstellung im Zusammenwirken zumindest mit den anderen Zulassungsbehörden und der für Naturschutz und Landschaftspflege zuständigen Behörde zu erarbeiten, deren Aufgabenbereich durch das Vorhaben berührt wird.

(1b) [1] Die Genehmigungsbehörde bewertet auf der Grundlage der zusammenfassenden Darstellung und nach den für die Entscheidung maßgeblichen Rechts- und Verwaltungsvorschriften die Auswirkungen des UVP-pflichtigen Vorhabens auf die in § 1a genannten Schutzgüter. [2] Die Bewertung ist zu begründen. [3] Bedarf das Vorhaben der Zulassung durch mehrere Behörden, so haben diese im Zusammenwirken auf der Grundlage der zusammenfassenden Darstellung nach Absatz 1a eine Gesamtbewertung der Auswirkungen vorzunehmen; ist die Genehmigungsbehörde federführende Behörde, so hat sie das Zusammenwirken sicherzustellen. [4] Bei der Entscheidung über den Antrag berücksichtigt die Genehmigungsbehörde die vorgenommene Bewertung oder die Gesamtbewertung nach Maßgabe der hierfür geltenden Vorschriften. [5] Bei der Entscheidung über die Genehmigung der UVP-pflichtigen Anlage müssen die zusammenfassende Darstellung und die begründete Bewertung nach Einschätzung der Genehmigungsbehörde hinreichend aktuell sein.

(2) [1] Der Antrag ist abzulehnen, sobald die Prüfung ergibt, dass die Genehmigungvoraussetzungen nicht vorliegen und ihre Erfüllung nicht durch Nebenbestimmungen sichergestellt werden kann. [2] Er soll abgelehnt werden, wenn der Antragsteller einer Aufforderung zur Ergänzung der Unterlagen innerhalb

einer ihm gesetzten Frist, die auch im Falle ihrer Verlängerung drei Monate nicht überschreiten soll, nicht nachgekommen ist.

(3) [1] Für die ablehnende Entscheidung gilt § 10 Absatz 7 des Bundes-Immissionsschutzgesetzes entsprechend. [2] Betrifft die ablehnende Entscheidung eine UVP-pflichtige Anlage und ist eine zusammenfassende Darstellung nach Absatz 1a von der Genehmigungsbehörde erarbeitet worden, so ist diese in die Begründung für die Entscheidung aufzunehmen.

(4) [1] Wird das Genehmigungsverfahren auf andere Weise abgeschlossen, so sind der Antragsteller und die Personen, die Einwendungen erhoben haben, hiervon zu benachrichtigen. [2] § 10 Absatz 8 Satz 1 des Bundes-Immissionsschutzgesetzes gilt entsprechend.

§ 21 Inhalt des Genehmigungsbescheides. (1) Der Genehmigungsbescheid muss enthalten

1. die Angabe des Namens und des Wohnsitzes oder des Sitzes des Antragstellers,
2. die Angabe, dass eine Genehmigung, eine Teilgenehmigung oder eine Änderungsgenehmigung erteilt wird, und die Angabe der Rechtsgrundlage,
3. die genaue Bezeichnung des Gegenstandes der Genehmigung einschließlich des Standortes der Anlage sowie den Bericht über den Ausgangszustand,

3a. die Festlegung der erforderlichen Emissionsbegrenzungen einschließlich der Begründung für die Festlegung weniger strenger Emissionsbegrenzungen nach § 7 Absatz 1b Satz 1 Nummer 2, § 12 Absatz 1b oder § 48 Absatz 1b Satz 1 Nummer 2 des Bundes-Immissionsschutzgesetzes[1],

4. die Nebenbestimmungen zur Genehmigung,
5. die Begründung, aus der die wesentlichen tatsächlichen und rechtlichen Gründe, die die Behörde zu ihrer Entscheidung bewogen haben, und die Behandlung der Einwendungen hervorgehen sollen,
6. Angaben über das Verfahren zur Beteiligung der Öffentlichkeit,
7. eine Rechtsbehelfsbelehrung.

(1a) Der Genehmigungsbescheid für UVP-pflichtige Anlagen muss neben den nach Absatz 1 erforderlichen Angaben zumindest noch folgende Angaben enthalten:

1. eine Beschreibung der vorgesehenen Überwachungsmaßnahmen und
2. eine ergänzende Begründung, in der folgende Angaben enthalten sind:
   a) die zusammenfassende Darstellung nach § 20 Absatz 1a,
   b) die begründete Bewertung nach § 20 Absatz 1b und
   c) eine Erläuterung, wie die begründete Bewertung nach § 20 Absatz 1b, insbesondere die Angaben des UVP-Berichts nach § 4e, die behördlichen Stellungnahmen nach den §§ 11 und 11a sowie die Äußerungen der Öffentlichkeit nach den §§ 11a und 12, in der Entscheidung berücksichtigt wurden oder wie ihnen anderweitig Rechnung getragen wurde.

(2) Der Genehmigungsbescheid soll den Hinweis enthalten, dass der Genehmigungsbescheid unbeschadet der behördlichen Entscheidungen ergeht, die

[1] Nr. **1**.

nach § 13 des Bundes-Immissionsschutzgesetzes nicht von der Genehmigung eingeschlossen werden.

(2a) [1] Außer den nach Absatz 1 erforderlichen Angaben muss der Genehmigungsbescheid für Anlagen nach der Industrieemissions-Richtlinie folgende Angaben enthalten:

1. Auflagen zum Schutz des Bodens und des Grundwassers sowie Maßnahmen zur Überwachung und Behandlung der von der Anlage erzeugten Abfälle,
2. Regelungen für die Überprüfung der Einhaltung der Emissionsgrenzwerte oder sonstiger Anforderungen, im Fall von Messungen
   a) Anforderungen an die Messmethodik, die Messhäufigkeit und das Bewertungsverfahren zur Überwachung der Emissionen,
   b) die Vorgabe, dass in den Fällen, in denen ein Wert außerhalb der in den BVT-Schlussfolgerungen genannten Emissionsbandbreiten festgelegt wurde, die Ergebnisse der Emissionsüberwachung für die gleichen Zeiträume und Referenzbedingungen verfügbar sein müssen wie sie für die Emissionsbandbreiten der BVT-Schlussfolgerungen gelten,
3. Anforderungen an
   a) die regelmäßige Wartung,
   b) die Überwachung der Maßnahmen zur Vermeidung der Verschmutzung von Boden und Grundwasser sowie
   c) die Überwachung von Boden und Grundwasser hinsichtlich der in der Anlage verwendeten, erzeugten oder freigesetzten relevanten gefährlichen Stoffe, einschließlich der Zeiträume, in denen die Überwachung stattzufinden hat,
4. Maßnahmen im Hinblick auf von den normalen Betriebsbedingungen abweichende Bedingungen, wie das An- und Abfahren der Anlage, das unbeabsichtigte Austreten von Stoffen, Störungen, das kurzzeitige Abfahren der Anlage sowie die endgültige Stilllegung des Betriebs,
5. Vorkehrungen zur weitestgehenden Verminderung der weiträumigen oder grenzüberschreitenden Umweltverschmutzung.

[2] In den Fällen von Nummer 3 Buchstabe c sind die Zeiträume für die Überwachung so festzulegen, dass sie mindestens alle fünf Jahre für das Grundwasser und mindestens alle zehn Jahre für den Boden betragen, es sei denn, diese Überwachung erfolgt anhand einer systematischen Beurteilung des Verschmutzungsrisikos.

(3) Außer den nach Absatz 1 erforderlichen Angaben muss der Genehmigungsbescheid für Anlagen, auf die die Verordnung über die Verbrennung und die Mitverbrennung von Abfällen[1] anzuwenden ist, Angaben enthalten über

1. Art (insbesondere Abfallschlüssel und -bezeichnung gemäß der Verordnung über das Europäische Abfallverzeichnis) und Menge der zur Verbrennung zugelassenen Abfälle,
2. die gesamte Abfallverbrennungs- oder Abfallmitverbrennungskapazität der Anlage,

---

[1] Nr. **2.17**.

3. die kleinsten und größten Massenströme der zur Verbrennung zugelassenen Abfälle, angegeben als stündliche Einsatzmenge,
4. die kleinsten und größten Heizwerte der zur Verbrennung zugelassenen Abfälle und
5. den größten Gehalt an Schadstoffen in den zur Verbrennung zugelassenen Abfällen, insbesondere an polychlorierten Biphenylen (PCB), Pentachlorphenol (PCP), Chlor, Fluor, Schwefel und Schwermetallen.

§ 21a Öffentliche Bekanntmachung und Veröffentlichung des Genehmigungsbescheids. (1) [1]Unbeschadet des § 10 Absatz 7 und 8 Satz 1 des Bundes-Immissionsschutzgesetzes[1)] ist die Entscheidung über den Antrag öffentlich bekannt zu machen, wenn das Verfahren mit Öffentlichkeitsbeteiligung durchgeführt wurde oder der Träger des Vorhabens dies beantragt. [2]§ 10 Absatz 8 Satz 2 und 3 des Bundes-Immissionsschutzgesetzes gelten entsprechend. [3]In der öffentlichen Bekanntmachung ist anzugeben, wo und wann der Bescheid und seine Begründung eingesehen werden können.

(2) [1]Bei UVP-pflichtigen Vorhaben hat die Genehmigungsbehörde die Entscheidung über den Antrag unbeschadet des § 10 Absatz 7 und 8 Satz 1 des Bundes-Immissionsschutzgesetzes öffentlich bekannt zu machen sowie den Bescheid zur Einsicht auszulegen. [2]§ 10 Absatz 8 Satz 2 und 3 des Bundes-Immissionsschutzgesetzes gelten entsprechend. [3]In der öffentlichen Bekanntmachung ist anzugeben, wo und wann der Bescheid und seine Begründung eingesehen werden können. [4]§ 8 Absatz 1 Satz 3 gilt für den Genehmigungsbescheid entsprechend. [5]§ 10 Absatz 8a Satz 1 und 2 des Bundes-Immissionsschutzgesetzes gilt entsprechend.

Zweiter Teil. Besondere Vorschriften

§ 22 Teilgenehmigung. (1) [1]Ist ein Antrag im Sinne des § 8 des Bundes-Immissionsschutzgesetzes[1)] gestellt, so kann die Genehmigungsbehörde zulassen, dass in den Unterlagen endgültige Angaben nur hinsichtlich des Gegenstandes der Teilgenehmigung gemacht werden. [2]Zusätzlich sind Angaben zu machen, die bei einer vorläufigen Prüfung ein ausreichendes Urteil darüber ermöglichen, ob die Genehmigungsvoraussetzungen im Hinblick auf die Errichtung und den Betrieb der gesamten Anlage vorliegen werden.

(2) Auszulegen sind der Antrag, die Unterlagen nach § 4, soweit sie den Gegenstand der jeweiligen Teilgenehmigung betreffen, sowie solche Unterlagen, die Angaben über die Auswirkungen der Anlage auf die Nachbarschaft und die Allgemeinheit enthalten.

(3) [1]Betrifft das Vorhaben eine UVP-pflichtige Anlage, so erstreckt sich im Verfahren zur Erteilung einer Teilgenehmigung die Umweltverträglichkeitsprüfung im Rahmen der vorläufigen Prüfung im Sinne des Absatzes 1 auf die erkennbaren Auswirkungen der gesamten Anlage auf die in § 1a genannten Schutzgüter und abschließend auf die Auswirkungen, deren Ermittlung, Beschreibung und Bewertung Voraussetzung für Feststellungen oder Gestattungen ist, die Gegenstand dieser Teilgenehmigung sind. [2]Ist in einem Verfahren über

[1)] Nr. 1.

eine weitere Teilgenehmigung unter Einbeziehung der Öffentlichkeit zu entscheiden, soll die Umweltverträglichkeitsprüfung im nachfolgenden Verfahren auf zusätzliche erhebliche oder andere erhebliche Auswirkungen auf die in § 1a genannten Schutzgüter beschränkt werden. [3] Die Unterrichtung über den voraussichtlichen Untersuchungsrahmen nach § 2a beschränkt sich auf den zu erwartenden Umfang der durchzuführenden Umweltverträglichkeitsprüfung; für die dem Antrag zur Prüfung der Umweltverträglichkeit beizufügenden Unterlagen nach den §§ 4 bis 4e sowie die Auslegung dieser Unterlagen gelten die Absätze 1 und 2 entsprechend.

§ 23 Vorbescheid. (1) Der Antrag auf Erteilung eines Vorbescheides muss außer den in § 3 genannten Angaben insbesondere die bestimmte Angabe, für welche Genehmigungsvoraussetzungen oder für welchen Standort der Vorbescheid beantragt wird, enthalten.

(2) [1] Der Vorbescheid muss enthalten

1. die Angabe des Namens und des Wohnsitzes oder des Sitzes des Antragstellers,
2. die Angabe, dass ein Vorbescheid erteilt wird, und die Angabe der Rechtsgrundlage,
3. die genaue Bezeichnung des Gegenstandes des Vorbescheides,
4. die Voraussetzungen und die Vorbehalte, unter denen der Vorbescheid erteilt wird,
5. die Begründung, aus der die wesentlichen tatsächlichen und rechtlichen Gründe, die die Behörde zu ihrer Entscheidung bewogen haben, und die Behandlung der Einwendungen hervorgehen sollen.

[2] Bei UVP-pflichtigen Anlagen gilt § 20 Absatz 1a und 1b entsprechend.

(3) Der Vorbescheid soll enthalten

1. den Hinweis auf § 9 Absatz 2 des Bundes-Immissionsschutzgesetzes[1)],
2. den Hinweis, dass der Vorbescheid nicht zur Errichtung der Anlage oder von Teilen der Anlage berechtigt,
3. den Hinweis, dass der Vorbescheid unbeschadet der behördlichen Entscheidungen ergeht, die nach § 13 des Bundes-Immissionsschutzgesetzes nicht von der Genehmigung eingeschlossen werden, und
4. die Rechtsbehelfsbelehrung.

(4) § 22 gilt entsprechend.

§ 23a Raumordnungsverfahren und Genehmigungsverfahren.

(1) Die Genehmigungsbehörde hat die im Raumordnungsverfahren oder einem anderen raumordnerischen Verfahren, das den Anforderungen des § 15 Absatz 2 des Raumordnungsgesetzes entspricht (raumordnerisches Verfahren), ermittelten, beschriebenen und bewerteten Auswirkungen des Vorhabens auf die Umwelt nach Maßgabe des § 20 Absatz 1b bei der Entscheidung über den Antrag zu berücksichtigen.

[1)] Nr. **1**.

(2) Im Genehmigungsverfahren soll hinsichtlich der im raumordnerischen Verfahren ermittelten und beschriebenen Auswirkungen auf die in § 1a genannten Schutzgüter von den Anforderungen der §§ 2a, 4 bis 4e, 11, 11a und 20 Absatz 1a insoweit abgesehen werden, als diese Verfahrensschritte bereits im raumordnerischen Verfahren erfolgt sind.

§ 24 Vereinfachtes Verfahren. [1] In dem vereinfachten Verfahren sind § 4 Abs. 3, die §§ 8 bis 10a, 12, 14 bis 19 und die Vorschriften, die die Durchführung der Umweltverträglichkeitsprüfung betreffen, nicht anzuwenden. [2] In dem vereinfachten Verfahren gelten zudem abweichend von § 11a Absatz 1 Satz 1 nicht die Vorschriften zur Öffentlichkeitsbeteiligung gemäß § 54 Absatz 5 und 6, §§ 56, 57 Absatz 2 und § 59 des Gesetzes über die Umweltverträglichkeitsprüfung. [3] § 11 gilt sinngemäß.

§ 24a Zulassung vorzeitigen Beginns. (1) Ist in einem Verfahren zur Erteilung einer Genehmigung ein Antrag auf Zulassung des vorzeitigen Beginns im Sinne des § 8a des Bundes-Immissionsschutzgesetzes[1)] gestellt, so muss dieser

1. das öffentliche Interesse oder das berechtigte Interesse des Antragstellers an dem vorzeitigen Beginn darlegen und
2. die Verpflichtung des Trägers des Vorhabens enthalten, alle bis zur Erteilung der Genehmigung durch die Errichtung, den Probebetrieb und den Betrieb der Anlage verursachten Schäden zu ersetzen und, falls das Vorhaben nicht genehmigt wird, den früheren Zustand wiederherzustellen.

(2) Der Bescheid über die Zulassung des vorzeitigen Beginns muss enthalten

1. die Angabe des Namens und des Wohnsitzes oder des Sitzes des Antragstellers,
2. die Angabe, dass der vorzeitige Beginn zugelassen wird, und die Angabe der Rechtsgrundlage,
3. die genaue Bezeichnung des Gegenstandes des Bescheides,
4. die Nebenbestimmungen der Zulassung,
5. die Begründung, aus der die wesentlichen tatsächlichen und rechtlichen Gründe, die die Behörde zu ihrer Entscheidung bewogen haben, hervorgehen sollen.

(3) Der Bescheid über die Zulassung des vorzeitigen Beginns soll enthalten

1. die Bestätigung der Verpflichtung nach Absatz 1,
2. den Hinweis, dass die Zulassung jederzeit widerrufen werden kann,
3. die Bestimmung einer Sicherheitsleistung, sofern dies erforderlich ist, um die Erfüllung der Pflichten des Trägers des Vorhabens zu sichern.

§ 24b Verbundene Prüfverfahren bei UVP-pflichtigen Vorhaben.
[1] Für ein UVP-pflichtiges Vorhaben, das einzeln oder im Zusammenwirken mit anderen Projekten oder Plänen geeignet ist, ein Natura 2000-Gebiet erheblich zu beeinträchtigen, wird die Verträglichkeitsprüfung nach § 34 Absatz 1 des Bundesnaturschutzgesetzes im Verfahren zur Entscheidung über die

---

1) Nr. 1.

Zulassung des UVP-pflichtigen Vorhabens vorgenommen. [2] Die Umweltverträglichkeitsprüfung kann mit der Prüfung nach Satz 1 und mit anderen Prüfungen zur Ermittlung oder Bewertung von Auswirkungen auf die in § 1a genannten Schutzgüter verbunden werden.

Dritter Teil. Schlussvorschriften

§ 24c Vermeidung von Interessenkonflikten. Ist die Genehmigungsbehörde bei der Umweltverträglichkeitsprüfung zugleich Trägerin des UVP-pflichtigen Vorhabens, so ist die Unabhängigkeit des Behördenhandelns bei der Wahrnehmung der Aufgaben nach dieser Verordnung durch geeignete organisatorische Maßnahmen sicherzustellen, insbesondere durch eine angemessene funktionale Trennung.

§ 25 Übergangsvorschrift. (1) [1] Verfahren, die vor dem Inkrafttreten einer Änderung dieser Verordnung begonnen worden sind, sind nach den Vorschriften der geänderten Verordnung zu Ende zu führen. [2] Eine Wiederholung von Verfahrensabschnitten ist nicht erforderlich.

(1a) Abweichend von Absatz 1 sind Verfahren für UVP-pflichtige Vorhaben nach der Fassung dieser Verordnung, die bis zum 16. Mai 2017 galt, zu Ende zu führen, wenn vor dem 16. Mai 2017

1. das Verfahren zur Unterrichtung über die voraussichtlich beizubringenden Unterlagen in der bis dahin geltenden Fassung des § 2a eingeleitet wurde oder
2. die Unterlagen nach den §§ 4 bis 4e der bis dahin geltenden Fassung dieser Verordnung vorgelegt wurden.

(2) [1] § 4a Absatz 4 Satz 1 bis 5 ist bei Anlagen, die sich am 2. Mai 2013 in Betrieb befanden oder für die vor diesem Zeitpunkt eine Genehmigung erteilt oder für die vor diesem Zeitpunkt von ihren Betreibern ein vollständiger Genehmigungsantrag gestellt wurde, bei dem ersten nach dem 7. Januar 2014 gestellten Änderungsantrag hinsichtlich der gesamten Anlage anzuwenden, unabhängig davon, ob die beantragte Änderung die Verwendung, die Erzeugung oder die Freisetzung relevanter gefährlicher Stoffe betrifft. [2] Anlagen nach Satz 1, die nicht von Anhang I der Richtlinie 2008/1/EG über die integrierte Vermeidung und Verminderung der Umweltverschmutzung erfasst wurden, haben abweichend von Satz 1 die dort genannten Anforderungen ab dem 7. Juli 2015 zu erfüllen.

§§ 26, 27 *(aufgehoben)*

Anlage
(zu § 4e)

Angaben des UVP-Berichts für die Umweltverträglichkeitsprüfung

Soweit die nachfolgenden Angaben über die in § 4e Absatz 1 genannten Mindestanforderungen hinausgehen und sie für die Entscheidung über die Zulassung des UVP-pflichtigen Vorhabens erforderlich sind, muss nach § 4e Absatz 2 der UVP-Bericht hierzu Angaben enthalten.

1. Eine Beschreibung des UVP-pflichtigen Vorhabens, insbesondere

a) eine Beschreibung des Standorts,

b) eine Beschreibung der physischen Merkmale des gesamten UVP-pflichtigen Vorhabens, einschließlich der erforderlichen Abrissarbeiten, soweit relevant, sowie des Flächenbedarfs während der Bau- und der Betriebsphase,

c) eine Beschreibung der wichtigsten Merkmale der Betriebsphase des UVP-pflichtigen Vorhabens (insbesondere von Produktionsprozessen), z.B.

aa) Energiebedarf und Energieverbrauch,

bb) Art und Menge der verwendeten Rohstoffe und

cc) Art und Menge der natürlichen Ressourcen (insbesondere Fläche, Boden, Wasser, Tiere, Pflanzen und biologische Vielfalt),

d) eine Abschätzung, aufgeschlüsselt nach Art und Quantität,

aa) der erwarteten Rückstände und Emissionen (z.B. Verunreinigung des Wassers, der Luft, des Bodens und Untergrunds, Lärm, Erschütterungen, Licht, Wärme, Strahlung) sowie

bb) des während der Bau- und Betriebsphase erzeugten Abfalls.

2. Eine Beschreibung der von dem Träger des UVP-pflichtigen Vorhabens geprüften vernünftigen Alternativen (z.B. in Bezug auf Ausgestaltung, Technologie, Standort, Größe und Umfang des UVP-pflichtigen Vorhabens), die für das Vorhaben und seine spezifischen Merkmale relevant sind, und die Angabe der wesentlichen Gründe für die getroffene Wahl unter Berücksichtigung der jeweiligen Auswirkungen auf die in § 1a genannten Schutzgüter.

3. Eine Beschreibung des aktuellen Zustands der Umwelt und ihrer Bestandteile im Einwirkungsbereich des UVP-pflichtigen Vorhabens und eine Übersicht über die voraussichtliche Entwicklung der Umwelt bei Nichtdurchführung des UVP-pflichtigen Vorhabens, soweit diese Entwicklung gegenüber dem aktuellen Zustand mit zumutbarem Aufwand auf der Grundlage der verfügbaren Umweltinformationen und wissenschaftlichen Erkenntnissen abgeschätzt werden kann.

4. Eine Beschreibung der möglichen erheblichen Auswirkungen des UVP-pflichtigen Vorhabens auf die in § 1a genannten Schutzgüter.
Die Darstellung der Auswirkungen auf die in § 1a genannten Schutzgüter soll den Umweltschutzzielen Rechnung tragen, die nach den Rechtsvorschriften, einschließlich verbindlicher planerischer Vorgaben, maßgebend sind für die Entscheidung über die Zulassung des UVP-pflichtigen Vorhabens. Die Darstellung soll sich auf die Art der Auswirkungen auf die in§ 1a genannten Schutzgüter nach Buchstabe a erstrecken. Anzugeben sind jeweils die Art, in der Schutzgüter betroffen sind nach Buchstabe b, und die Ursachen der Auswirkungen nach Buchstabe c.

a) Art der Auswirkungen auf die in § 1a genannten Schutzgüter
Die Beschreibung der möglichen erheblichen Auswirkungen auf die in § 1a genannten Schutzgüter soll sich auf die direkten und die etwaigen indirekten, sekundären, kumulativen, grenzüberschreitenden, kurzfristigen, mittelfristigen und langfristigen, ständigen und vorübergehenden, positiven und negativen Auswirkungen des UVP-pflichtigen Vorhabens erstrecken.

b) Art, in der Schutzgüter betroffen sind
Bei der Angabe, in welcher Hinsicht die Schutzgüter von den Auswirkungen des UVP-pflichtigen Vorhabens betroffen sein können, sind in Bezug auf die nachfolgenden Schutzgüter insbesondere folgende Auswirkungen zu berücksichtigen:

Schutzgut (Auswahl)	mögliche Art der Betroffenheit
Menschen, insbesondere die menschliche Gesundheit	Auswirkungen sowohl auf einzelne Menschen als auch auf die Bevölkerung
Tiere, Pflanzen, biologische Vielfalt	Auswirkungen auf Flora und Fauna
Fläche	Flächenverbrauch
Boden	Veränderung der organischen Substanz, Bodenerosion, Bodenverdichtung, Bodenversiegelung
Wasser	hydromorphologische Veränderungen, Veränderungen von Quantität oder Qualität des Wassers
Luft	Luftverunreinigungen

Schutzgut (Auswahl)	mögliche Art der Betroffenheit
Klima	Veränderungen des Klimas, z.B. durch Treibhausgasemissionen, Veränderung des Kleinklimas am Standort
Kulturelles Erbe	Auswirkungen auf historisch, architektonisch oder archäologisch bedeutende Stätten und Bauwerke und auf Kulturlandschaften.

c) Mögliche Ursachen der Auswirkungen auf die in § 1a genannten Schutzgüter
Bei der Beschreibung der Umstände, die zu erheblichen Auswirkungen des UVP-pflichtigen Vorhabens auf die in § 1a genannten Schutzgüter führen können, sind insbesondere folgende Gesichtspunkte zu berücksichtigen:

aa) die Durchführung baulicher Maßnahmen, einschließlich der Abrissarbeiten, soweit relevant, sowie die physische Anwesenheit der errichteten Anlagen oder Bauwerke,

bb) verwendete Techniken und eingesetzte Stoffe,

cc) die Nutzung natürlicher Ressourcen, insbesondere Fläche, Boden, Wasser, Tiere, Pflanzen und biologische Vielfalt und, soweit möglich, jeweils auch die nachhaltige Verfügbarkeit der betroffenen Ressource,

dd) Emissionen und Belästigungen sowie Verwertung oder Beseitigung von Abfällen,

ee) Risiken für die menschliche Gesundheit, für Natur und Landschaft sowie für das kulturelle Erbe, z.B. durch schwere Unfälle oder Katastrophen,

ff) das Zusammenwirken mit den Auswirkungen anderer bestehender oder zugelassener Vorhaben oder Tätigkeiten; dabei ist auch auf Umweltprobleme einzugehen, die sich daraus ergeben, dass ökologisch empfindliche Gebiete nach Anlage 3 Nummer 2.3 des Gesetzes über die Umweltverträglichkeitsprüfung betroffen sind oder die sich aus einer Nutzung natürlicher Ressourcen ergeben,

gg) Auswirkungen des UVP-pflichtigen Vorhabens auf das Klima, z.B. durch Art und Ausmaß der mit dem Vorhaben verbundenen Treibhausgasemissionen,

hh) die Anfälligkeit des UVP-pflichtigen Vorhabens gegenüber den Folgen des Klimawandels (z.B. durch erhöhte Hochwassergefahr am Standort),

ii) die Anfälligkeit des UVP-pflichtigen Vorhabens für die Risiken von schweren Unfällen oder Katastrophen, soweit solche Risiken nach der Art, den Merkmalen und dem Standort des UVP-pflichtigen Vorhabens von Bedeutung sind.

5. Die Beschreibung der grenzüberschreitenden Auswirkungen des UVP-pflichtigen Vorhabens soll in einem gesonderten Abschnitt erfolgen.
6. Eine Beschreibung und Erläuterung der Merkmale des UVP-pflichtigen Vorhabens und seines Standorts, mit denen das Auftreten erheblicher nachteiliger Auswirkungen auf die in § 1a genannten Schutzgüter vermieden, vermindert oder ausgeglichen werden soll.
7. Eine Beschreibung und Erläuterung der geplanten Maßnahmen, mit denen das Auftreten erheblicher nachteiliger Auswirkungen auf die in § 1a genannten Schutzgüter vermieden, vermindert oder ausgeglichen werden soll, sowie eine Beschreibung geplanter Ersatzmaßnahmen und etwaiger Überwachungsmaßnahmen des Trägers des UVP-pflichtigen Vorhabens.
8. Soweit Auswirkungen aufgrund der Anfälligkeit des UVP-pflichtigen Vorhabens für die Risiken von schweren Unfällen oder Katastrophen zu erwarten sind, soll die Beschreibung, soweit möglich, auch auf vorgesehene Vorsorge- und Notfallmaßnahmen eingehen.
9. Die Beschreibung der Auswirkungen auf Natura 2000-Gebiete soll in einem gesonderten Abschnitt erfolgen.
10. Die Beschreibung der Auswirkungen auf besonders geschützte Arten soll in einem gesonderten Abschnitt erfolgen.
11. Eine Beschreibung der Methoden oder Nachweise, die zur Ermittlung der erheblichen Auswirkungen auf die in § 1a genannten Schutzgüter genutzt wurden, einschließlich näherer Hinweise auf Schwierigkeiten und Unsicherheiten, die bei der Zusammenstellung der Angaben aufgetreten sind, insbesondere soweit diese Schwierigkeiten auf fehlenden Kenntnissen und Prüfmethoden oder auf technischen Lücken beruhen.
12. Eine Referenzliste der Quellen, die für die im UVP-Bericht enthaltenen Angaben herangezogen wurden.

2.10. Zehnte Verordnung zur Durchführung des Bundes-Immissionsschutzgesetzes (Verordnung über die Beschaffenheit und die Auszeichnung der Qualitäten von Kraft- und Brennstoffen – 10. BImSchV)[1)2)]

Vom 8. Dezember 2010

(BGBl. I S. 1849)

FNA 2129-8-10-4

zuletzt geänd. durch Art. 1 VO zur Umsetzung der RL 2014/94/EU und weiterer immissionsschutzrechtl. Rechtsakte der EU v. 13.12.2019 (BGBl. I S. 2739)

Es verordnen

– die Bundesregierung auf Grund des § 34 Absatz 1 und 3 des Bundes-Immissionsschutzgesetzes[3)] in der Fassung der Bekanntmachung vom 26. September 2002 (BGBl. I S. 3830), von dem Absatz 3 durch Artikel 1 Nummer 3 des Gesetzes vom 26. November 2010 (BGBl. I S. 1728) eingefügt worden ist, nach Anhörung der beteiligten Kreise, sowie auf Grund des § 34 Absatz 2 und des § 37 Satz 1 des Bundes-Immissionsschutzgesetzes[3)] und auf Grund des § 2a Absatz 3 des Benzinbleigesetzes, der durch Artikel 1 Nummer 3 des Gesetzes vom 25. November 1975 (BGBl. I S. 2919) eingefügt worden ist,

– das Bundesministerium für Verkehr, Bau und Stadtentwicklung und das Bundesministerium für Umwelt, Naturschutz und Reaktorsicherheit im Einvernehmen mit dem Bundesministerium für Arbeit und Soziales auf Grund des § 3 Absatz 1 Nummer 2 Buchstabe a in Verbindung mit Absatz 2 Nummer 2 und Absatz 5 Satz 1 und 2 des Binnenschifffahrtsaufgabengesetzes, von dem die Absätze 1 und 5 zuletzt durch Artikel 313 Nummer 2 Buchstabe a und b der Verordnung vom 31. Oktober 2006 (BGBl. I S. 2407) geändert worden sind und Absatz 2 durch Artikel 1 Nummer 3 Buchstabe b des Gesetzes vom 19. Juli 2005 (BGBl. I S. 2186) geändert worden ist,

– das Bundesministerium für Verkehr, Bau und Stadtentwicklung und das Bundesministerium für Umwelt, Naturschutz und Reaktorsicherheit nach Anhörung der beteiligten Kreise auf Grund des § 38 Absatz 2 des Bundes-

---

[1)] **Amtl. Anm.:** Diese Verordnung dient der Umsetzung der:

– Richtlinie 98/70/EG des Europäischen Parlaments und des Rates vom 13. Oktober 1998 über die Qualität von Otto- und Dieselkraftstoffen und zur Änderung der Richtlinie 93/12/EWG des Rates (ABl. L 350 vom 28.12.1998, S. 58), die zuletzt durch die Richtlinie 2009/30/EG (ABl. L 140 vom 5.6.2009, S. 88) geändert worden ist,

– Richtlinie 1999/32/EG des Rates vom 26. April 1999 über eine Verringerung des Schwefelgehalts bestimmter flüssiger Kraft- oder Brennstoffe und zur Änderung der Richtlinie 93/12/EWG (ABl. L 121 vom 11.5.1999, S. 13), die zuletzt durch die Richtlinie 2009/30/EG (ABl. L 140 vom 5.6.2009, S. 88) geändert worden ist.

[2)] **Amtl. Anm.:** Die Verpflichtungen aus der Richtlinie 98/34/EG des Europäischen Parlaments und des Rates vom 22. Juni 1998 über ein Informationsverfahren auf dem Gebiet der Normen und technischen Vorschriften und der Vorschriften für die Dienste der Informationsgesellschaft (ABl. L 204 vom 21.7.1998, S. 37), die zuletzt durch die Richtlinie 2006/96/EG (ABl. L 363 vom 20.12.2006, S. 81) geändert worden ist, sind beachtet worden.

[3)] Nr. **1**.

Immissionsschutzgesetzes[1], der durch Artikel 60 Nummer 1 der Verordnung vom 31. Oktober 2006 (BGBl. I S. 2407) geändert worden ist:

Inhaltsübersicht

§ 1 Begriffsbestimmungen. (1) Für diese Verordnung gelten die in den Absätzen 2 bis 18 geregelten Begriffsbestimmungen.

(2) Ottokraftstoff ist jedes flüchtige Mineralölerzeugnis im Sinne des Kapitels 27 der Kombinierten Nomenklatur, einschließlich der Zubereitungen mit

[1] Nr. **1**.

einem Gehalt an Mineralöl von mindestens 70 Gewichtshundertteilen, in denen diese Öle Grundbestandteil sind, das

1. unter die Unterpositionen 2710 12 41, 2710 12 45, 2710 12 49 oder 2710 12 50 der Kombinierten Nomenklatur fällt und
2. zum Betrieb von Fahrzeugverbrennungsmotoren mit Fremdzündung bestimmt ist.

(3) Dieselkraftstoff ist jedes Gasölerzeugnis im Sinne des Kapitels 27 der Kombinierten Nomenklatur, einschließlich der Zubereitungen mit einem Gehalt an Mineralöl von mindestens 70 Gewichtshundertteilen, in denen diese Öle Grundbestandteil sind, das

1. unter die Unterpositionen 2710 20 11, 2710 20 15, 2710 20 17 (bis zu einem Schwefelgehalt von 0,05 Gewichtshundertteilen), 2710 19 43, 2710 19 46 oder 2710 19 47 (bis zu einem Schwefelgehalt von 0,05 Gewichtshundertteilen) der Kombinierten Nomenklatur fällt und
2. verwendet wird zum Antrieb von Fahrzeugen im Sinne
   a) der Verordnung (EG) Nr. 715/2007 des Europäischen Parlaments und des Rates vom 20. Juni 2007 über die Typgenehmigung von Kraftfahrzeugen hinsichtlich der Emissionen von leichten Personenkraftwagen und Nutzfahrzeugen (Euro 5 und Euro 6) und über den Zugang zu Reparatur- und Wartungsinformationen für Fahrzeuge (ABl. L 171 vom 29.6.2007, S. 1), die zuletzt durch die Verordnung (EU) 2018/858 (ABl. L 151 vom 14.6. 2018, S. 1) geändert worden ist, oder
   b) der Verordnung (EG) Nr. 595/2009 des Europäischen Parlaments und des Rates vom 18. Juni 2009 über die Typgenehmigung von Kraftfahrzeugen und Motoren hinsichtlich der Emissionen von schweren Nutzfahrzeugen (Euro VI) und über den Zugang zu Fahrzeugreparatur- und -wartungsinformationen, zur Änderung der Verordnung (EG) Nr. 715/2007 und der Richtlinie 2007/46/EG sowie zur Aufhebung der Richtlinien 80/1269/EWG, 2005/55/EG und 2005/78/EG (ABl. L 188 vom 18.7.2009, S. 1; L 200 vom 31.7.2009, S. 52), die zuletzt durch die Verordnung (EU) 2019/1242 (ABl. L 198 vom 25.7.2019, S. 202) geändert worden ist.

(4) Dieselkraftstoff zur Verwendung für mobile Maschinen und Geräte, für land- und forstwirtschaftliche Zugmaschinen sowie für Binnenschiffe und Sportboote ist jeder aus Erdöl gewonnene flüssige Kraftstoff im Sinne des Kapitels 27 der Kombinierten Nomenklatur, einschließlich der Zubereitungen mit einem Gehalt an Mineralöl von mindestens 70 Gewichtshundertteilen, in denen diese Öle der Grundbestandteil sind, der

1. unter die Unterpositionen 2710 20 11, 2710 20 15, 2710 20 17 (bis zu einem Schwefelgehalt von 0,05 Gewichtshundertteilen), 2710 19 43, 2710 19 46 oder 2710 19 47 (bis zu einem Schwefelgehalt von 0,05 Gewichtshundertteilen) der Kombinierten Nomenklatur fällt und
2. für den Betrieb von Kompressionszündungsmotoren bestimmt ist, die in den folgenden Rechtsakten der Europäischen Union genannt werden:
   a) Richtlinie 2013/53/EU des Europäischen Parlaments und des Rates vom 20. November 2013 über Sportboote und Wassermotorräder und zur Aufhebung der Richtlinie 94/25/EG (ABl. L 354 vom 28.12.2013, S. 90; L 297 vom 13.11.2015, S. 9),

b) Verordnung (EU) 2016/1628 des Europäischen Parlaments und des Rates vom 14. September 2016 über die Anforderungen in Bezug auf die Emissionsgrenzwerte für gasförmige Schadstoffe und luftverunreinigende Partikel und die Typgenehmigung für Verbrennungsmotoren für nicht für den Straßenverkehr bestimmte mobile Maschinen und Geräte, zur Änderung der Verordnungen (EU) Nr. 1024/2012 und (EU) Nr. 167/2013 und zur Änderung und Aufhebung der Richtlinie 97/68/EG (ABl. L 252 vom 16.9.2016, S. 53; L 231 vom 6.9.2019, S. 29) oder

c) Verordnung (EU) Nr. 167/2013 des Europäischen Parlaments und des Rates vom 5. Februar 2013 über die Genehmigung und Marktüberwachung von land- und forstwirtschaftlichen Fahrzeugen (ABl. L 60 vom 2.3.2013, S. 1), die zuletzt durch die Verordnung (EU) 2019/519 (ABl. L 91 vom 29.3.2019, S. 42) geändert worden ist.

(5) Schiffskraftstoff ist jeder aus Erdöl gewonnene flüssige Kraft- oder Brennstoff, der zur Verwendung auf einem Schiff bestimmt ist oder auf einem Schiff verwendet wird, einschließlich Kraft- oder Brennstoffen im Sinne der Definition nach DIN ISO 8217, Ausgabe Oktober 2018.

(6) Gasöl für den Seeverkehr ist jeder Schiffskraftstoff gemäß der Definition der Güteklassen DMX, DMA und DMZ nach Tabelle 1 der DIN ISO 8217, Ausgabe Oktober 2018, ohne Berücksichtigung des Schwefelgehalts.

(7) Schiffsdiesel ist jeder Schiffskraftstoff gemäß der Definition der Güteklasse DMB nach Tabelle 1 der DIN ISO 8217, Ausgabe Oktober 2018, ohne Berücksichtigung des Schwefelgehalts.

(8) Sonstige Schiffskraftstoffe sind die nicht in den Absätzen 6 und 7 genannten Schiffskraftstoffe.

(9) Leichtes Heizöl ist jedes Erdölerzeugnis, einschließlich der Zubereitungen, die Komponenten aus Synthese oder Hydrotreatment oder Komponenten biogener Herkunft enthalten, mit Ausnahme der in den Absätzen 3 bis 8 genannten Kraft- und Brennstoffe, das nach dem Prüfverfahren der DIN EN ISO 3405, Ausgabe April 2011, bei 350 Grad Celsius mindestens 85 oder bei 360 Grad Celsius mindestens 95 Raumhundertteile Destillat ergibt.

(10) [1] Schweres Heizöl ist jeder aus Erdöl gewonnene flüssige Kraft- oder Brennstoff mit Ausnahme der in den Absätzen 3 bis 9 genannten Kraft- und Brennstoffe, der nach dem Prüfverfahren der DIN EN ISO 3405, Ausgabe April 2011, bei 250 Grad Celsius weniger als 65 Raumhundertteile Destillat ergibt. [2] Kann die Destillation nicht anhand der Methode DIN EN ISO 3405, Ausgabe April 2011, durchgeführt werden, wird das Erdölerzeugnis ebenfalls als Schweres Heizöl eingestuft.

(11) Einführer ist, wer Kraft- oder Brennstoffe gewerbsmäßig oder im Rahmen wirtschaftlicher Unternehmungen einführt.

(12) Vermischer ist, wer Kraft- oder Brennstoffe gewerbsmäßig oder im Rahmen wirtschaftlicher Unternehmungen vermischt oder die Vermischung veranlasst.

(13) [1] Großverteiler ist, wer Kraft- oder Brennstoffe gewerbsmäßig oder im Rahmen wirtschaftlicher Unternehmungen verteilt und über eine Lagerkapazität von mehr als 1 000 Kubikmeter verfügt. [2] Das Verteilen nach Satz 1 schließt die Abgabe an Schiffe ein.

(14) Inverkehrbringen ist jedes Überlassen an andere.

(15) Kombinierte Nomenklatur ist die Warennomenklatur nach Artikel 1 in Verbindung mit Anhang I der Verordnung (EWG) Nr. 2658/87 des Rates vom 23. Juli 1987 über die zolltarifliche und statistische Nomenklatur sowie den Gemeinsamen Zolltarif (ABl. L 256 vom 7.9.1987, S. 1; L 341 vom 3.12.1987, S. 38; L 378 vom 31.12.1987, S. 120; L 130 vom 26.5.1988, S. 42; L 151 vom 8.6.2016, S. 22), die zuletzt durch die Durchführungsverordnung (EU) 2019/13 (ABl. L 3 vom 7.1.2019, S. 1) geändert worden ist, einschließlich ihrer Anmerkungen, in der am 1. Januar 2019 geltenden Fassung.

(16) Tankstelle ist eine Tankanlage zur Abgabe eines Kraftstoffs – mit Ausnahme von Flüssigerdgas (LNG) – über eine ortsfeste oder mobile Vorrichtung.

(17) LNG-Tankstelle ist eine Tankanlage für die Abgabe von Flüssigerdgas (LNG), die aus einer ortsfesten oder mobilen Anlage, einer Offshore-Anlage oder einem anderen System besteht.

(18) [1] Alternative Kraftstoffe sind Kraftstoffe oder Energiequellen, die zumindest teilweise als Ersatz für Erdöl als Energieträger für den Verkehrssektor dienen und die zur Reduzierung der Kohlenstoffdioxidemissionen beitragen und die Umweltverträglichkeit des Verkehrssektors erhöhen können. [2] Hierzu zählen insbesondere:

1. Elektrizität,
2. Wasserstoff,
3. Biokraftstoffe gemäß der Definition in Artikel 2 Buchstabe i der Richtlinie 2009/28/EG des Europäischen Parlaments und des Rates vom 23. April 2009 zur Förderung der Nutzung von Energie aus erneuerbaren Quellen und zur Änderung und anschließenden Aufhebung der Richtlinien 2001/77/EG und 2003/30/EG (ABl. L 140 vom 5.6.2009, S. 16; L 216 vom 22.7.2014, S. 5; L 265 vom 5.9.2014, S. 33), die zuletzt durch die Richtlinie (EU) 2015/1513 (ABl. L 239 vom 15.9.2015, S. 1) geändert worden ist,
4. synthetische und paraffinhaltige Kraftstoffe,
5. Erdgas, einschließlich Biogas, gasförmig (komprimiertes Erdgas (CNG)) und flüssig (verflüssigtes Erdgas (LNG)), und
6. Autogas (LPG).

§ 2 Chlor- und Bromverbindungen. (1) Kraftstoffe für Kraftfahrzeuge im Sinne des § 1 Absatz 2 des Straßenverkehrsgesetzes dürfen nur dann gewerbsmäßig oder im Rahmen wirtschaftlicher Unternehmungen in den Verkehr gebracht werden, wenn sie keine Chlor- oder Bromverbindungen als Zusatz enthalten.

(2) Chlor- oder Bromverbindungen als Zusatz zu Kraftstoffen nach Absatz 1 dürfen gewerbsmäßig oder im Rahmen wirtschaftlicher Unternehmungen nicht in den Verkehr gebracht werden.

(3) Die Absätze 1 und 2 gelten nicht für das Inverkehrbringen zum Zweck der Forschung, Entwicklung oder Analyse.

§ 3 Anforderungen an Ottokraftstoffe; Bestandsschutzsortenregelung. (1) Ottokraftstoff darf nur dann gewerbsmäßig oder im Rahmen wirtschaftlicher Unternehmungen gegenüber dem Letztverbraucher in den Verkehr gebracht werden, wenn er den Anforderungen der DIN EN 228, Ausgabe August 2017, genügt.

(2) Wer Ottokraftstoffe nach Absatz 1 der Qualität „Super" mit mehr als 5 Volumenprozent Ethanol anbietet, ist verpflichtet, an derselben Abgabestelle auch Ottokraftstoffe nach Absatz 1 der Qualität „Super" mit einem maximalen Sauerstoffgehalt von 2,7 Massenprozent und einem maximalen Ethanolgehalt von 5 Volumenprozent anzubieten.

(3) Wer Ottokraftstoffe nach Absatz 1 der Qualität „Super Plus" mit mehr als 5 Volumenprozent Ethanol anbietet, ist verpflichtet, an derselben Abgabestelle auch Ottokraftstoffe nach Absatz 1 der Qualität „Super Plus" mit einem maximalen Sauerstoffgehalt von 2,7 Massenprozent und einem maximalen Ethanolgehalt von 5 Volumenprozent anzubieten.

(4) [1] An Abgabestellen, an denen im Durchschnitt der zwei jeweils vorangegangenen Kalenderjahre weniger als 500 Kubikmeter Ottokraftstoffe nach Absatz 1 in den Verkehr gebracht wurden, gelten die Verpflichtungen nach Absatz 2 und Absatz 3 nicht. [2] Die Voraussetzungen des Satzes 1 sind durch geeignete Belege gegenüber der zuständigen Behörde auf Verlangen nachzuweisen.

(5) Zweitaktmischungen zur Verwendung in Zweitakt-Ottomotoren dürfen nur dann gewerbsmäßig oder im Rahmen wirtschaftlicher Unternehmungen gegenüber dem Letztverbraucher in den Verkehr gebracht werden, wenn der dafür verwendete Ottokraftstoff vor der Herstellung der Mischung den Anforderungen der DIN EN 228, Ausgabe August 2017, genügt hat.

§ 4 Anforderungen an Dieselkraftstoff, Gasöl und andere flüssige Kraftstoffe; Schwefelgehalt; Verwendung für Binnenschiffe und Sportboote. (1) Dieselkraftstoff darf nur dann gewerbsmäßig oder im Rahmen wirtschaftlicher Unternehmungen gegenüber dem Letztverbraucher in den Verkehr gebracht werden, wenn er den Anforderungen der DIN EN 590, Ausgabe Oktober 2017, genügt.

(2) Dieselkraftstoff zur Verwendung für mobile Maschinen und Geräte, für land- und forstwirtschaftliche Zugmaschinen sowie für Binnenschiffe und Sportboote darf nur dann gewerbsmäßig oder im Rahmen wirtschaftlicher Unternehmungen gegenüber dem Letztverbraucher in den Verkehr gebracht werden, wenn sein Gehalt an Schwefelverbindungen, berechnet als Schwefel, 10 Milligramm pro Kilogramm Dieselkraftstoff nicht überschreitet.

(3) Gasöl für den Seeverkehr darf nur dann gewerbsmäßig oder im Rahmen wirtschaftlicher Unternehmungen gegenüber dem Letztverbraucher in den Verkehr gebracht werden, wenn sein Gehalt an Schwefelverbindungen, berechnet als Schwefel, 1,0 Gramm pro Kilogramm Gasöl für den Seeverkehr nicht überschreitet.

(4) Schiffsdiesel darf nur dann gewerbsmäßig oder im Rahmen wirtschaftlicher Unternehmungen gegenüber dem Letztverbraucher in den Verkehr gebracht werden, wenn sein Gehalt an Schwefelverbindungen, berechnet als Schwefel, 15,0 Gramm pro Kilogramm Schiffsdiesel nicht überschreitet.

(5) Für Binnenschiffe und Sportboote dürfen Gasöle für Binnenschiffe und andere flüssige Kraftstoffe nur dann verwendet werden, wenn ihr Schwefelgehalt den für Dieselkraftstoff nach Absatz 2 zulässigen Schwefelgehalt nicht überschreitet.

§ 5 Anforderungen an Biodiesel. [1] Biodiesel darf nur dann gewerbsmäßig oder im Rahmen wirtschaftlicher Unternehmungen gegenüber dem Letztverbraucher in den Verkehr gebracht werden, wenn er den Anforderungen der DIN EN 14214, Ausgabe Mai 2019, genügt. [2] Das gilt auch für Biodiesel als Zusatz zum Dieselkraftstoff.

§ 6 Anforderungen an Ethanolkraftstoff (E85) Ethanolkraftstoff (E85) darf nur dann gewerbsmäßig oder im Rahmen wirtschaftlicher Unternehmungen als Kraftstoff gegenüber dem Letztverbraucher in den Verkehr gebracht werden, wenn er den Anforderungen der DIN EN 15293, Ausgabe Oktober 2018, genügt.

§ 7 Anforderungen an Autogas. Autogas darf nur dann gewerbsmäßig oder im Rahmen wirtschaftlicher Unternehmungen gegenüber dem Letztverbraucher in den Verkehr gebracht werden, wenn er den Anforderungen der DIN EN 589, Ausgabe März 2019, genügt.

§ 8 Anforderungen an Erdgas und Biogas als Kraftstoffe. (1) [1] Erdgas und Biogas dürfen nur dann als Kraftstoff gewerbsmäßig oder im Rahmen wirtschaftlicher Unternehmungen gegenüber dem Letztverbraucher in den Verkehr gebracht werden, wenn sie den Anforderungen der DIN EN 16723-2, Ausgabe Oktober 2017, genügen. [2] Für Mischungen von Erdgas und Biogas in jedem Verhältnis gilt Satz 1 entsprechend mit der Maßgabe, dass das fertige Produkt den Anforderungen der DIN EN 16723-2, Ausgabe Oktober 2017, genügt. [3] Für Anforderungen, Grenzwerte und zugehörige Prüfverfahren für Erdgas und Biogas als Kraftstoffe für Kraftfahrzeuge ist in den Fällen der Sätze 1 und 2 Tabelle D.1 der DIN EN 16723-2, Ausgabe Oktober 2017, anzuwenden. [4] Für Anforderungen an zugesetzte Additive gilt Abschnitt 5.2 der DIN 51624, Ausgabe Februar 2008.

(2) [1] Erdgas und Biogas der Qualität „L" müssen in den Fällen von Absatz 1 Satz 1 und 2 abweichend von Absatz 1 Satz 3 einen unteren Wobbe-Index von mindestens 36,3 Megajoule pro Kubikmeter und einen Heizwert von mindestens 39 Megajoule pro Kilogramm aufweisen. [2] Im Übrigen gelten die Anforderungen der Tabelle D.1 der DIN EN 16723-2, Ausgabe Oktober 2017, und die Anforderungen nach Absatz 1 Satz 4 entsprechend.

(3) Die Absätze 1 und 2 gelten entsprechend für verflüssigtes Erdgas und Biogas sowie Mischungen hieraus.

§ 9 Anforderung an Pflanzenölkraftstoffe. (1) Pflanzenölkraftstoff – Rapsöl – darf nur dann gewerbsmäßig oder im Rahmen wirtschaftlicher Unternehmungen gegenüber dem Letztverbraucher in den Verkehr gebracht werden, wenn er den Anforderungen der DIN 51605, Ausgabe Januar 2016, genügt.

(2) Pflanzenölkraftstoff – alle Saaten – darf nur dann gewerbsmäßig oder im Rahmen wirtschaftlicher Unternehmungen gegenüber dem Letztverbraucher in den Verkehr gebracht werden, wenn er den Anforderungen der DIN 51623, Ausgabe Dezember 2015, genügt.

§ 9a Anforderungen an Wasserstoff als Kraftstoff. Wasserstoff darf nur dann gewerbsmäßig oder im Rahmen wirtschaftlicher Unternehmungen als

Kraftstoff gegenüber dem Letztverbraucher in den Verkehr gebracht werden, wenn er den Anforderungen der DIN EN 17124, Ausgabe Juli 2019, genügt.

§ 10 Schwefelgehalt von Heizöl. (1) Leichtes Heizöl darf nur dann gewerbsmäßig oder im Rahmen wirtschaftlicher Unternehmungen gegenüber dem Letztverbraucher in den Verkehr gebracht werden, wenn sein Gehalt an Schwefelverbindungen, berechnet als Schwefel, 1,0 Gramm pro Kilogramm leichtes Heizöl nicht überschreitet.

(2) [1] Schweres Heizöl darf nur dann gewerbsmäßig oder im Rahmen wirtschaftlicher Unternehmungen gegenüber dem Letztverbraucher in den Verkehr gebracht werden, wenn sein Gehalt an Schwefelverbindungen, berechnet als Schwefel, 10,0 Gramm pro Kilogramm schweres Heizöl nicht überschreitet. [2] Schweres Heizöl mit höheren Schwefelgehalten darf nur dann gewerbsmäßig oder im Rahmen wirtschaftlicher Unternehmungen gegenüber dem Letztverbraucher in den Verkehr gebracht werden, wenn dieses Heizöl:

1. in Übereinstimmung mit den Anforderungen der Verordnung über Großfeuerungs-, Gasturbinen- und Verbrennungsmotoranlagen[1)] in Verbrennungseinrichtungen eingesetzt werden darf oder
2. in Übereinstimmung mit den Anforderungen zur Vorsorge gegen schädliche Umwelteinwirkungen der Technischen Anleitung zur Reinhaltung der Luft vom 24. Juli 2002 (GMBl. 2002 S. 511) in Verbrennungseinrichtungen eingesetzt werden darf und sichergestellt ist, dass die maximalen Schwefeldioxidemissionen von 1 700 Milligramm Schwefeldioxid pro Normkubikmeter bei einem Sauerstoffgehalt des Rauchgases von 3 Volumeneinheiten im trockenen Bezugszustand nicht überschritten werden.

§ 11 Gleichwertigkeitsklausel. Den Kraftstoffen nach § 3 und § 4 Absatz 1 sowie den §§ 5 bis 9a sind solche Kraftstoffe gleichgestellt, die den Anforderungen anderer Normen oder technischer Spezifikationen genügen, die in einem anderen Mitgliedstaat der Europäischen Union oder einem anderen Vertragsstaat des Abkommens über den Europäischen Wirtschaftsraum oder in der Türkei oder einem anderen Mitglied der Welthandelsorganisation in Kraft sind, sofern

1. diese Normen oder technischen Spezifikationen mit einer der folgenden Normen übereinstimmen:
   a) DIN EN 228, Ausgabe August 2017,
   b) DIN EN 590, Ausgabe Oktober 2017,
   c) DIN EN 14214, Ausgabe Mai 2019,
   d) DIN EN 15293, Ausgabe Oktober 2018,
   e) DIN EN 589, Ausgabe März 2019,
   f) DIN EN 16723-2, Ausgabe Oktober 2017, mit der Maßgabe, dass für Anforderungen, Grenzwerte und zugehörige Prüfverfahren für Erdgas und Biogas als Kraftstoffe für Kraftfahrzeuge Tabelle D.1 der DIN EN 16723-2, Ausgabe Oktober 2017, gilt und dass für Anforderungen an zugesetzte Additive Abschnitt 5.2 der DIN 51624, Ausgabe Februar 2008, gilt,

[1)] Nr. **2.13**.

g) DIN 51605, Ausgabe Januar 2016,
h) DIN 51623, Ausgabe Dezember 2015, oder
i) DIN EN 17124, Ausgabe Juli 2019, und

2. die Kraftstoffe die klimatischen Anforderungen erfüllen, die in den unter Nummer 1 angegebenen Normen für die Bundesrepublik Deutschland festgelegt sind.

§ 12 Einschränkungen. (1) Für Kraft- und Brennstoffe nach § 1 Absatz 4 bis 10, die eingeführt oder sonst in den Geltungsbereich dieser Verordnung verbracht werden und die unter diese Verordnung fallen, sind § 4 Absatz 2 bis 4 und § 10 erst von dem Zeitpunkt an anzuwenden, an dem sie in den zollrechtlich freien Verkehr überführt werden.

(2) Die in dieser Verordnung festgelegten Grenzwerte für den Schwefelgehalt bestimmter flüssiger Kraft- oder Brennstoffe, die aus Erdöl gewonnen werden, gelten nicht für Kraft- oder Brennstoffe zur Verwendung auf Kriegsschiffen und anderen zu militärischen Zwecken eingesetzten Schiffen.

(3) Die in dieser Verordnung festgelegten Anforderungen gelten nicht für Kraft- oder Brennstoffe zur Verwendung in Luftfahrzeugen.

§ 13 Auszeichnung von Kraft- und Brennstoffen. (1) [1] Wer gewerbsmäßig oder im Rahmen wirtschaftlicher Unternehmungen gegenüber dem Letztverbraucher Kraftstoffe in den Verkehr bringt, hat die Qualität an den entsprechenden Zapfsäulen der Tankstelle oder LNG-Tankstelle und ihren Zapfventilen gemäß Satz 2 und 3 sowie Absatz 3 Satz 1 in folgender Weise deutlich sichtbar zu machen:

1. Schwefelfreier Ottokraftstoff mit einem maximalen Sauerstoffgehalt von 2,7 Massenprozent und einem maximalen Ethanolgehalt von 5 Volumenprozent, der den Anforderungen der DIN EN 228, Ausgabe August 2017, genügt oder gleichwertig nach § 11 ist, wird mit der Bezeichnung „Super" oder „Super Plus" und dem jeweils zutreffenden Zeichen nach Anlage 1 oder 2 gekennzeichnet; der Hinweis „Enthält bis zu 5 % Bioethanol" muss im Zeichen Teil a enthalten sein;
2. Schwefelfreier Ottokraftstoff, der den Anforderungen der DIN EN 228, Ausgabe August 2017, genügt oder gleichwertig nach § 11 ist und dessen Sauerstoffgehalt 2,7 Massenprozent oder dessen Ethanolgehalt 5 Volumenprozent überschreiten kann, wird mit der Bezeichnung „Super E10" oder „Super Plus E10" und dem jeweils zutreffenden Zeichen nach Anlage 3 oder 4 gekennzeichnet; die Hinweise „Enthält bis zu 10 % Bioethanol" und „Verträgt Ihr Fahrzeug E10? Herstellerinformation einholen! Im Zweifel Super oder Super Plus tanken!" müssen im Zeichen Teil a enthalten sein;
3. Dieselkraftstoff, der den Anforderungen der DIN EN 590, Ausgabe Oktober 2017, genügt oder gleichwertig nach § 11 ist, wird mit der Bezeichnung „Diesel" und dem Zeichen nach Anlage 5 gekennzeichnet; der Hinweis „Enthält bis zu 7 % Biodiesel" muss im Zeichen Teil a enthalten sein;
4. Fettsäure-Methylester für Dieselmotoren, die den Anforderungen der DIN EN 14214, Ausgabe Mai 2019, genügen oder gleichwertig nach § 11 sind, werden mit der Bezeichnung „Biodiesel" und dem Zeichen nach Anlage 6 gekennzeichnet;

5. Ethanol für Kraftfahrzeuge, das den Anforderungen der DIN EN 15293, Ausgabe Oktober 2018, genügt oder gleichwertig nach § 11 ist, wird mit der Bezeichnung „Ethanolkraftstoff (E85)" und dem Zeichen nach Anlage 7 gekennzeichnet;
6. Autogas, das den Anforderungen der DIN EN 589, Ausgabe März 2019, genügt oder gleichwertig nach § 11 ist, wird mit der Bezeichnung „Autogas" und dem Zeichen nach Anlage 8 gekennzeichnet;
7. Erdgas- und Biogaskraftstoffe, die den Anforderungen der DIN EN 16723-2, Ausgabe Oktober 2017, genügen, wobei für die Anforderungen, Grenzwerte und zugehörigen Prüfverfahren für Erdgas und Biogas als Kraftstoffe für Kraftfahrzeuge Tabelle D.1 der DIN EN 16723-2, Ausgabe Oktober 2017 anzuwenden ist, oder gleichwertige Kraftstoffe nach § 11, werden gekennzeichnet
   a) sofern sie als komprimiertes Erdgas (CNG) in den Verkehr gebracht werden
      aa) mit der Bezeichnung „Erdgas H" und dem Zeichen nach Anlage 9 oder
      bb) mit der Bezeichnung „Erdgas L" und dem Zeichen nach Anlage 10, sofern abweichend von Tabelle D.1 der DIN EN 16723-2, Ausgabe Oktober 2017, die Qualität nur den Anforderungen eines unteren Wobbe-Index von mindestens 36,3 Megajoule pro Kubikmeter genügt und einen Heizwert von mindestens 39 Megajoule pro Kilogramm aufweist, oder
   b) sofern sie als verflüssigtes Erdgas (LNG) in Verkehr gebracht werden
      aa) mit der Bezeichnung „Erdgas H" und dem Zeichen nach Anlage 11 oder
      bb) mit der Bezeichnung „Erdgas L" und dem Zeichen nach Anlage 12, sofern abweichend von Tabelle D.1 der DIN EN 16723-2, Ausgabe Oktober 2017, die Qualität nur den Anforderungen eines unteren Wobbe-Index von mindestens 36,3 Megajoule pro Kubikmeter genügt und einen Heizwert von mindestens 39 Megajoule pro Kilogramm aufweist;
8. Pflanzenölkraftstoff, der den Anforderungen der DIN 51605, Ausgabe Januar 2016, genügt oder gleichwertig nach § 11 ist, wird mit der Bezeichnung „Pflanzenölkraftstoff – Rapsöl –" und dem Zeichen nach Anlage 13 gekennzeichnet;
9. Pflanzenölkraftstoff, der den Anforderungen der DIN 51623, Ausgabe Dezember 2015, genügt oder gleichwertig nach § 11 ist, wird mit der Bezeichnung „Pflanzenölkraftstoff – alle Saaten –" und dem Zeichen nach Anlage 14 gekennzeichnet;
10. Wasserstoff als Kraftstoff, der den Anforderungen der DIN EN 17124, Ausgabe Juli 2019, genügt oder gleichwertig nach § 11 ist, wird mit der Bezeichnung „Wasserstoff" und dem Zeichen nach Anlage 15 gekennzeichnet.

[2] Für die Auszeichnung der Zapfsäulen ist das Zeichen nach Teil a der jeweils zutreffenden Anlage zu verwenden. [3] Für die Auszeichnung des Zapfventils ist das Zeichen nach Teil b der jeweils zutreffenden Anlage zu verwenden.

(2) Wer gewerbsmäßig oder im Rahmen wirtschaftlicher Unternehmungen gegenüber dem Letztverbraucher Kraftstoffe mit metallhaltigen Zusätzen in den Verkehr bringt, hat im untersten Abschnitt des Zeichens an der Zapfsäule den folgenden Hinweis nach Absatz 3 Satz 1 anzubringen: „Enthält metallhaltige Zusätze. Fragen Sie Ihren Fahrzeughersteller, ob diese Zusätze für Ihr Fahrzeug geeignet sind. Verwenden Sie im Zweifelsfall Kraftstoff ohne metallhaltige Zusätze."

(3) [1] Für die Auszeichnung nach den Absätzen 1 und 2 gilt die DIN EN 16942, Ausgabe Dezember 2016. [2] Für das Zeichen nach Teil a der jeweils zutreffenden Anlage wird eine Mindestbreite von 40 Millimetern empfohlen.

(4) Leichtes Heizöl, das nach § 11 Absatz 1 in den Verkehr gebracht wird, kann

1. als „schwefelarm" bezeichnet werden, wenn sein Schwefelgehalt 50 Milligramm pro Kilogramm leichtes Heizöl nicht überschreitet,
2. als „stickstoffarm" bezeichnet werden, wenn sein Schwefelgehalt 50 Milligramm und sein Stickstoffgehalt 140 Milligramm pro Kilogramm leichtes Heizöl nicht überschreitet.

(5) Die Absätze 1 bis 3 finden keine Anwendung im Bereich der Kraft- und Brennstoffe nach § 1 Absatz 4 bis 10.

(6) [1] Wer gewerbsmäßig oder im Rahmen wirtschaftlicher Unternehmungen einen Ladepunkt betreibt im Sinne des § 2 Nummer 12 der Ladesäulenverordnung vom 9. März 2016 (BGBl. I S. 457), die durch Artikel 1 der Verordnung vom 1. Juni 2017 (BGBl. I S. 1520) geändert worden ist, hat deutlich sichtbar

1. einen Hinweis auf die Verträglichkeit der am Ladepunkt bereitgestellten elektrischen Verbindung nach den Anforderungen der DIN EN 17186, Ausgabe Oktober 2019, anzubringen und
2. die Verbraucherinformation nach Abschnitt 6.3 der DIN EN 17186, Ausgabe Oktober 2019, gemäß Satz 2 und 4 anzubringen.

[2] In der Verbraucherinformation ist in Abschnitt A des Zeichens nach Abschnitt 6.3.1 der DIN EN 17186, Ausgabe Oktober 2019, die Bezeichnung „Laden von E-Fahrzeugen" einzutragen. [3] Für das Zeichen in Abschnitt B wird eine Mindestbreite von 40 Millimetern empfohlen. [4] In Abschnitt C ist gemäß der Empfehlung der DIN EN 17186, Ausgabe Oktober 2019, die berechnete Leistung anzugeben.

§ 14 Nachweisführung. (1) [1] Wer gewerbsmäßig oder im Rahmen einer wirtschaftlichen Unternehmung Kraftstoffe in den Verkehr bringt, hat den nach § 13 Absatz 1 bis 5 Auszeichnungspflichtigen bei Anlieferung der Ware darüber zu unterrichten, dass die Kraftstoffe

1. den in den § 3 und § 4 Absatz 1 sowie den §§ 5 bis 9a genannten Anforderungen genügen oder
2. nach § 11 gleichwertig sind.

[2] Die Unterrichtung erfolgt schriftlich oder elektronisch. [3] Sie kann für jede einzelne Lieferung separat vorgenommen werden oder für mehrere zeitlich aufeinander folgende Lieferungen; in diesem Fall ist sie bei der ersten Lieferung vorzunehmen.

(2) Auskunftspflichtige nach § 52 Absatz 3 Satz 1 in Verbindung mit Absatz 2 Satz 1 des Bundes-Immissionsschutzgesetzes[1], die Kraft- und Brennstoffe nach § 1 Absatz 4 bis 10 als Hersteller, Vermischer, Einführer oder Großverteiler lagern, haben Tankbelegbücher zu führen und auf Verlangen vorzulegen, aus denen hervorgeht, welche Lieferanten den Kraft- und Brennstoff geliefert haben.

§ 15 Bekanntmachung der Kraftstoffqualität für den Betrieb von Kraftfahrzeugen. (1) [1] Wer gewerbsmäßig oder im Rahmen einer wirtschaftlichen Unternehmung Kraftfahrzeuge herstellt, einführt oder im Rahmen wirtschaftlicher Unternehmungen gegenüber dem Letztverbraucher in den Verkehr bringt, hat die vom Kraftfahrzeughersteller empfohlenen und verwendbaren Kraftstoffqualitäten für den Betrieb der Kraftfahrzeuge, die er in den Verkehr bringt, bekannt zu machen. [2] Die Bekanntmachung der Kraftstoffqualitäten umfasst

1. die Bekanntgabe gegenüber den Vertragswerkstätten und -händlern sowie der Öffentlichkeit,
2. die Angabe in den Betriebsanleitungen oder anderen für den Kraftfahrzeughalter bestimmten Unterlagen und
3. die deutlich sichtbare Anbringung an allen Kraftstoffeinfüllstutzen oder Fahrzeugsteckern von Kraftfahrzeugen, für die der betreffende Kraftstoff empfohlen und geeignet ist, oder in unmittelbarer Nähe der Einfüllstutzen oder Fahrzeugstecker dieser Fahrzeuge.

(2) Die Bekanntmachung der Kraftstoffqualität muss

1. für flüssige oder gasförmige Kraftstoffe gemäß den Anforderungen der DIN EN 16942, Ausgabe Dezember 2016, erfolgen,
2. für Strom für das Laden von Elektrofahrzeugen gemäß den Anforderungen der DIN EN 17186, Ausgabe Oktober 2019, erfolgen.

(3) Bei der Bekanntmachung der Kraftstoffqualität sind

1. für flüssige oder gasförmige Kraftstoffe die Bezeichnungen nach § 13 für die Qualität der Kraftstoffe und die Zeichen nach den Anlagen 1 bis 15, jeweils Teil b, gemäß den Anforderungen der DIN EN 16942, Ausgabe Dezember 2016, zu verwenden,
2. für Strom für das Laden von Elektrofahrzeugen die Bezeichnungen und Zeichen gemäß DIN EN 17186, Ausgabe Oktober 2019, zu verwenden.

§ 16 Ausnahmen. (1) [1] Die zuständige Behörde kann auf Antrag Ausnahmen von den Anforderungen der § 3 und § 4 Absatz 1 sowie §§ 5 bis 9a bewilligen, soweit dies in besonderen Einzelfällen zu Forschungs- und Erprobungszwecken erforderlich ist und schädliche Umwelteinwirkungen nicht zu erwarten sind. [2] Die Bewilligung ist zu befristen.

(2) Keine Ausnahmebewilligung nach Absatz 1 Satz 1 ist erforderlich für Kraftstoffe, die betriebsintern zu Forschungs- und Erprobungszwecken verwandt und nicht über öffentliche Tankstellen oder LNG-Tankstellen in den

---

[1] Nr. **1**.

Verkehr gebracht werden und die keine schädlichen Umwelteinwirkungen erwarten lassen.

(3) [1]Die zuständige Behörde bewilligt im Benehmen mit dem Bundesamt für Wirtschaft und Ausfuhrkontrolle auf Antrag Ausnahmen von § 4 Absatz 2 bis 5 und § 10 für Kraft- und Brennstoffe nach § 1 Absatz 4 bis 10, soweit die Einhaltung des zulässigen Höchstgehalts an Schwefelverbindungen zu einer erheblichen Gefährdung der Versorgung des Verbrauchers mit Kraft- und Brennstoffen nach § 1 Absatz 4 bis 10 führen würde. [2]Die Bewilligungen können unter Bedingungen erteilt und mit Auflagen verbunden werden. [3]Die Bewilligungen sind zu befristen. [4]Sie können widerrufen werden, wenn die Voraussetzungen für ihre Erteilung nicht mehr vorliegen.

§ 17 Zugänglichkeit der Normen. [1]DIN-, DIN EN-, ISO-, DIN ISO- und DIN EN ISO-Normen, auf die in dieser Verordnung verwiesen wird, sind bei der Beuth-Verlag GmbH, Berlin und Köln, erschienen und dort zu beziehen. [2]Das in § 18 Absatz 1 genannte DVGW-Arbeitsblatt ist bei der Wirtschafts- und Verlagsgesellschaft Gas und Wasser mbH, Bonn, erschienen und dort zu beziehen. [3]Die DIN-, DIN EN-, ISO-, DIN ISO- und DIN EN ISO-Normen und das DVGW-Arbeitsblatt sind beim Deutschen Patent- und Markenamt in München archivmäßig gesichert niedergelegt.

§ 18 Überwachung. (1) [1]Die zuständigen Behörden überwachen die in den §§ 3 bis 9a gestellten Anforderungen an Kraftstoffe sowie die in § 13 gestellten Anforderungen an die Auszeichnungspflicht dieser Kraftstoffe anhand der in den §§ 3 bis 9a genannten DIN- und DIN EN-Normen angegebenen Prüfverfahren und nach den in DIN EN 14274, Ausgabe Mai 2013, DIN EN ISO 3170, Ausgabe Juni 2004, DIN EN ISO 3171, Ausgabe November 2000, und DIN 51610, Ausgabe Juni 1983, sowie in dem DVGW Arbeitsblatt G 264, Ausgabe September 2016, vorgeschriebenen Verfahren. [2]Abweichend von den Angaben in DIN EN 590, Ausgabe Oktober 2017, und DIN EN 14214, Ausgabe Mai 2019, findet für die Bestimmung der Gesamtverschmutzung bei der Überprüfung des in Verkehr gebrachten Kraftstoffes das Prüfverfahren nach DIN EN 12662, Ausgabe Juli 2008, weiterhin Anwendung.

(2) [1]Der Auszeichnungspflichtige nach § 13
Zitatkette ohne Zeichensetzung bzw. Bindewort amtlich.§ 14 Absatz 1 oder 2 hat auf Verlangen der zuständigen Behörde den nach § 14 Absatz 1 erhaltenen Unterrichtungsnachweis vorzulegen. [2]Auskunftspflichtige nach § 14 Absatz 2, die Kraft- und Brennstoffe nach § 1 Absatz 4 bis 10 lagern, haben auf Verlangen der zuständigen Behörde eine Erklärung des Herstellers oder Vermischers über die Beschaffenheit dieser Kraft- oder Brennstoffe vorzulegen. [3]Sofern der Hersteller oder Vermischer nicht selbst geliefert hat, muss die Erklärung zusätzlich Angaben des Lieferanten über die gelieferte Menge enthalten. [4]Für die Erklärung ist ein Vordruck nach dem Muster der Anlage 16 zu verwenden. [5]Die zuständige Behörde kann dem Auskunftspflichtigen für die Vorlage der Erklärung eine Frist setzen.

(3) [1]Die zuständigen Behörden überwachen durch Probenahmen, ob der Schwefelgehalt der verwendeten und der in Verkehr gebrachten Kraft- und Brennstoffe den Anforderungen nach § 4 Absatz 2 bis 5 und nach § 10 entspricht. [2]Die Probenahmen müssen mit ausreichender Häufigkeit und ausrei-

chenden Mengen vorgenommen werden, so dass die Ergebnisse für den geprüften Kraft- und Brennstoff repräsentativ sind.

(4) [1] Der Schwefelgehalt in Dieselkraftstoff zur Verwendung für mobile Maschinen und Geräte, für land- und forstwirtschaftliche Zugmaschinen sowie für Binnenschiffe und Sportboote ist im Rahmen der Überwachung nach Absatz 3 durch eines der folgenden Prüfverfahren zu bestimmen:

1. nach DIN EN ISO 20846, Ausgabe Januar 2012,
2. nach DIN EN ISO 20884, Ausgabe Juli 2011, oder
3. nach DIN EN ISO 13032, Ausgabe Juni 2012.

[2] Als Referenzverfahren dient das Prüfverfahren nach DIN EN ISO 20846, Ausgabe Januar 2012, oder nach DIN EN ISO 20884, Ausgabe Juli 2011.

(5) [1] Für die Bestimmung des Schwefelgehalts in leichtem Heizöl ist im Rahmen der Überwachung nach Absatz 3 eines der folgenden Prüfverfahren zu verwenden:

1. nach DIN EN ISO 8754, Ausgabe Dezember 2003, oder
2. nach DIN EN ISO 14596, Ausgabe Dezember 2007.

[2] Als Referenzverfahren dient das Prüfverfahren nach ISO 8754, Ausgabe Dezember 2003. [3] Bei leichtem Heizöl, das zusätzlich nach § 14 Absatz 4 Nummer 1 mit dem Begriff „schwefelarm" ausgezeichnet ist, ist eines der folgenden Prüfverfahren zu verwenden:

1. nach DIN EN ISO 20846, Ausgabe Januar 2012, oder
2. nach DIN EN ISO 20884, Ausgabe Juli 2011.

[4] Bei leichtem Heizöl, das zusätzlich nach § 14 Absatz 4 Nummer 2 mit dem Begriff „stickstoffarm" ausgezeichnet ist, ist das Prüfverfahren nach DIN 51444, Ausgabe November 2003, zu verwenden.

(6) [1] Für die Bestimmung des Schwefelgehalts in schwerem Heizöl ist im Rahmen der Überwachung nach Absatz 3 eines der folgenden Prüfverfahren zu verwenden:

1. nach DIN 51400-3, Ausgabe Juni 2001,
2. nach DIN EN ISO 8754, Ausgabe Dezember 2003, oder
3. nach DIN EN ISO 14596, Ausgabe Dezember 2007.

[2] Als Referenzverfahren dient das Prüfverfahren nach DIN EN ISO 14596, Ausgabe Dezember 2007.

(7) [1] Für die Bestimmung des Schwefelgehalts in Gasöl für den Seeverkehr, für Schiffsdiesel und für sonstige Schiffskraftstoffe nach § 1 Absatz 8 ist im Rahmen der Überwachung nach Absatz 3 eines der folgenden Prüfverfahren zu verwenden:

1. nach DIN EN ISO 8754, Ausgabe Dezember 2003, oder
2. nach DIN EN ISO 14596, Ausgabe Dezember 2007.

[2] Als Referenzverfahren dient das Prüfverfahren nach DIN EN ISO 8754, Ausgabe Dezember 2003.

(8) Die nach Landesrecht zuständigen obersten Landesbehörden oder die von ihnen bestimmten Behörden übermitteln dem Umweltbundesamt bis

spätestens zum 30. April eine jährliche Übersicht der Überwachungsergebnisse nach Absatz 1 und 3 zur Weiterleitung an die Europäische Kommission.

§ 19 Einfuhr von Heizöl, Schiffskraftstoff und Dieselkraftstoff.

(1) Der Einführer von Kraft- und Brennstoffen nach § 1 Absatz 4 bis 10 hat der für den ersten Bestimmungsort zuständigen Behörde die Sendung so rechtzeitig zu melden, dass die Behörde vor dem Eintreffen der Sendung am ersten Bestimmungsort davon Kenntnis erhält.

(2) [1] Der Einführer von Kraft- und Brennstoffen nach § 1 Absatz 4 bis 10 hat die für die Zollabfertigung vom Einführer vorgelegten Qualitäts- oder Analysezertifikate am ersten Bestimmungsort der Sendung verfügbar zu halten, solange sich die Sendung oder Teile der Sendung dort befinden. [2] Der Einführer hat die Qualitäts- oder Analysezertifikate ab dem Zeitpunkt des Eintreffens der Sendung am ersten Bestimmungsort mindestens ein Jahr aufzubewahren.

(3) Die Absätze 1 und 2 sind nicht anzuwenden beim Verbringen aus Staaten der Europäischen Union.

§ 20 Ordnungswidrigkeiten. (1) Ordnungswidrig im Sinne des § 62 Absatz 1 Nummer 7 des Bundes-Immissionsschutzgesetzes[1)] handelt, wer vorsätzlich oder fahrlässig

1. entgegen
   a) § 2 Absatz 1, § 4 Absatz 2, Absatz 3 oder Absatz 4 oder § 10 Absatz 1 oder Absatz 2 Satz 1 oder
   b) § 3 Absatz 1, § 4 Absatz 1, §§ 5 bis 9 oder § 9a, jeweils auch in Verbindung mit § 11,

   einen Brenn- oder Kraftstoff in den Verkehr bringt,
2. entgegen § 2 Absatz 2 Chlor- oder Bromverbindungen als Zusatz zu Kraftstoffen in den Verkehr bringt,
3. entgegen § 3 Absatz 2 oder Absatz 3 einen dort genannten Kraftstoff nicht anbietet,
4. entgegen § 4 Absatz 5 einen dort genannten Kraftstoff verwendet,
5. entgegen § 13 Absatz 1 Satz 1 eine Qualität nicht oder nicht richtig sichtbar macht,
6. entgegen § 13 Absatz 2 einen dort genannten Hinweis nicht, nicht richtig, nicht vollständig oder nicht in der vorgeschriebenen Weise anbringt,
7. entgegen § 14 Absatz 1 Satz 1 den Auszeichnungspflichtigen nicht, nicht richtig oder nicht rechtzeitig unterrichtet,
8. entgegen § 14 Absatz 2 ein Tankbelegbuch nicht oder nicht richtig führt oder nicht oder nicht rechtzeitig vorlegt,
9. entgegen § 18 Absatz 2 Satz 1 oder Satz 2 einen Unterrichtungsnachweis oder eine dort genannte Erklärung nicht oder nicht rechtzeitig vorlegt,
10. entgegen § 19 Absatz 1 eine Meldung nicht, nicht richtig oder nicht rechtzeitig macht,

---

[1)] Nr. **1**.

11. entgegen § 19 Absatz 2 Satz 1 die Qualitäts- oder Analysezertifikate nicht oder nicht für die vorgeschriebene Dauer verfügbar hält oder
12. entgegen § 19 Absatz 2 Satz 2 die Qualitäts- oder Analysezertifikate nicht oder nicht mindestens ein Jahr aufbewahrt.

(2) Ordnungswidrig im Sinne des § 95 Absatz 1 Nummer 5 Buchstabe c des Energiewirtschaftsgesetzes handelt, wer vorsätzlich oder fahrlässig entgegen § 13 Absatz 6 Satz 1 einen dort genannten Hinweis oder eine dort genannte Verbraucherinformation nicht, nicht richtig, nicht vollständig oder nicht in der vorgeschriebenen Weise anbringt.

(3) Die Zuständigkeit für die Verfolgung und Ahndung von Ordnungswidrigkeiten nach Absatz 1 Nummer 4 wird im Anwendungsbereich des § 1 Absatz 1 Nummer 2 erster Halbsatz des Binnenschifffahrtsaufgabengesetzes in der Fassung der Bekanntmachung vom 5. Juli 2001 (BGBl. I S. 2026), das zuletzt durch Artikel 146 des Gesetzes vom 20. November 2019 (BGBl. I S. 1626) geändert worden ist, auf die Generaldirektion Wasserstraßen und Schifffahrt übertragen.

§ 21 Übergangsvorschriften. (1) Die Verwaltungsbehörde hat in den Fällen des § 20 Absatz 1 Nummer 5 und 6 bis zum 19. Juni 2020 von einer Ahndung abzusehen, sofern bis zu diesem Tag die Auszeichnung gemäß § 13 Absatz 1 und 2 dieser Verordnung in der bis zum 19. Dezember 2019 geltenden Fassung deutlich sichtbar an den Zapfsäulen sowie an der Tankstelle angebracht ist.

(2) § 13 Absatz 6, § 15 Absatz 2 Nummer 2 und Absatz 3 Nummer 2 sowie § 20 Absatz 2 sind erst ab dem 19. März 2021 anzuwenden.

(3) § 15 Absatz 1 ist für den alternativen Kraftstoff Strom, erst ab dem 19. März 2021 anzuwenden.

§ 22 Inkrafttreten, Außerkrafttreten. [1]Diese Verordnung tritt am Tag nach der Verkündung[1)] in Kraft. [2]Gleichzeitig treten die Verordnung über den Schwefelgehalt bestimmter flüssiger Kraft- oder Brennstoffe vom 24. Juni 2002 (BGBl. I S. 2243), die durch die Verordnung vom 3. Juli 2009 (BGBl. I S. 1720, 3140) geändert worden ist, die Verordnung über die Beschaffenheit und die Auszeichnung der Qualitäten von Kraftstoffen vom 27. Januar 2009 (BGBl. I S. 123) sowie die Verordnung über Chlor- und Bromverbindungen als Kraftstoffzusatz vom 17. Januar 1992 (BGBl. I S. 75), die durch Artikel 35 des Gesetzes vom 21. Dezember 2000 (BGBl. I S. 1956) geändert worden ist, außer Kraft.

Der Bundesrat hat zugestimmt.

[1)] Verkündet am 13.12.2010.

Anlage 1
(zu § 13 Absatz 1 Satz 1 Nummer 1)

Zeichen Super

Teil a

Teil b

Anlage 2
(zu § 13 Absatz 1 Satz 1 Nummer 1)

Zeichen Super Plus

Teil a

Teil b

Anlage 3
(zu § 13 Absatz 1 Satz 1 Nummer 2)

Zeichen Super E10

Teil a

Teil b

Anlage 4
(zu § 13 Absatz 1 Satz 1 Nummer 2)

Zeichen Super Plus E10

Teil a

Teil b

Anlage 5
(zu § 13 Absatz 1 Satz 1 Nummer 3)

Zeichen Diesel

Teil a

Teil b

Anlage 6
(zu § 13 Absatz 1 Satz 1 Nummer 4)

Zeichen Biodiesel

Teil a

Teil b

Anlage 7
(zu § 13 Absatz 1 Satz 1 Nummer 5)

Zeichen Ethanolkraftstoff

Teil a

Teil b

Anlage 8
(zu § 13 Absatz 1 Satz 1 Nummer 6)

Zeichen Autogas

Teil a

Teil b

Anlage 9
(zu § 13 Absatz 1 Satz 1 Nummer 7 Buchstabe a Doppelbuchstabe aa)

Zeichen Erdgas und Biogas als Kraftstoff – CNG Gruppe H

Teil a

Teil b

Anlage 10
(zu § 13 Absatz 1 Satz 1 Nummer 7 Buchstabe a Doppelbuchstabe bb)

Zeichen Erdgas und Biogas als Kraftstoff – CNG Gruppe L

Teil a

Teil b

Anlage 11
(zu § 13 Absatz 1 Satz 1 Nummer 7 Buchstabe b Doppelbuchstabe aa)

Zeichen Erdgas und Biogas als Kraftstoff – LNG Gruppe H

Teil a

Teil b

Anlage 12
(zu § 13 Absatz 1 Satz 1 Nummer 7 Buchstabe b Doppelbuchstabe bb)

Zeichen Erdgas und Biogas als Kraftstoff – LNG Gruppe L

Teil a

Teil b

Anlage 13
(zu § 13 Absatz 1 Satz 1 Nummer 8)

Zeichen Pflanzenölkraftstoff – Rapsöl

Teil a

Teil b

Anlage 14
(zu § 13 Absatz 1 Satz 1 Nummer 9)

Zeichen Pflanzenölkraftstoff – alle Saaten

Teil a

Teil b

Anlage 15
(zu § 13 Absatz 1 Satz 1 Nummer 10)

Zeichen Wasserstoff

Teil a

Teil b

Anlage 16
(zu § 18 Absatz 2 Satz 4)

Erklärung des Herstellers, Vermischers oder Lieferanten über die Beschaffenheit flüssiger Kraft- und Brennstoffe

1. Erklärung des Herstellers oder Vermischers über die Beschaffenheit flüssiger Kraft- und Brennstoffe

Nummer der Ausfertigung:

	Dieselkraftstoff gemäß § 1 Absatz 4	Gasöl für den Seeverkehr gemäß § 1 Absatz 6	Schiffsdiesel gemäß § 1 Absatz 7	Sonstige Schiffskraftstoffe gemäß § 1 Absatz 8	Leichtes Heizöl gemäß § 1 Absatz 9	Schweres Heizöl gemäß § 1 Absatz 10
Menge in t						
Erster Bestimmungsort der Sendung						
Kenndaten						
a) Dichte bei 15 Grad C nach DIN EN ISO 3675[1], Ausgabe November 1999, oder DIN EN ISO 12185 (Referenzverfahren), Ausgabe November 1997, in kg/cbm; bei schwerem Heizöl DIN 51757, Ausgabe Januar 2011, in kg/cbm:						
b) Viskosität in mm^2/s:	bei 40 Grad C nach DIN EN ISO 3104, Ausgabe Dezember 1999:	bei 40 Grad C nach DIN EN ISO 3104, Ausgabe Dezember 1999:	bei 40 Grad C nach DIN EN ISO 3104, Ausgabe Dezember 1999:	bei 40 Grad C nach DIN EN ISO 3104, Ausgabe Dezember 1999:	bei 20 Grad C nach DIN 51562-1, Ausgabe Januar 1999:	bei 100 und 150 Grad C nach DIN EN ISO 3104, Ausgabe Januar 1999, DIN 51366, Ausgabe Dezember 2013, oder DIN 51562-1,

[1] **Amtl. Anm.:** Referenzverfahren im Streitfall.

	Dieselkraftstoff gemäß § 1 Absatz 4	Gasöl für den Seeverkehr gemäß § 1 Absatz 6	Schiffsdiesel gemäß § 1 Absatz 7	Sonstige Schiffskraftstoffe gemäß § 1 Absatz 8	Leichtes Heizöl gemäß § 1 Absatz 9	Schweres Heizöl gemäß § 1 Absatz 10
						Ausgabe Januar 1999:
c) Siedeverlauf; aufgefangene Destillatmenge in Vol.-%:	nach DIN EN ISO 3405, Ausgabe April 2011, oder DIN EN ISO 3924, Ausgabe Juni 2006: bis 250 Grad C: bis 350 Grad C: bis 360 Grad C:				nach DIN EN ISO 3405, Ausgabe April 2011: bis 250 Grad C: bis 350 Grad C:	
d) Schwefelgehalt:	nach DIN EN ISO 20846, Ausgabe Januar 2012, oder DIN EN ISO 20884, Ausgabe Juli 2011, oder DIN EN ISO 13032, Ausgabe Juni 2012, in mg/kg:	nach DIN EN ISO 8754, Ausgabe Dezember 2003, oder DIN EN ISO 14596, Ausgabe Dezember 2007, in Gew.-%:	nach DIN EN ISO 8754, Ausgabe Dezember 2003, oder DIN EN ISO 14596, Ausgabe Dezember 2007, in Gew.-%:	nach DIN EN ISO 8754, Ausgabe Dezember 2003, oder DIN EN ISO 14596, Ausgabe Dezember 2007, in Gew.-%:	nach DIN EN ISO 8754, Ausgabe Dezember 2003, oder DIN EN ISO 14596, Ausgabe Dezember 2007, in % (m/m) oder mg/kg: bzw. bei Auszeichnung als „Schwefelarm“ nach DIN EN ISO 20846, Ausgabe Januar 2012, oder DIN EN ISO 20884, Ausgabe Juli 2011, in % (m/m) oder mg/kg:	nach DIN 51400-3, Ausgabe Juni 2001, DIN EN ISO 8754, Ausgabe Dezember 2003, oder DIN EN ISO 14596, Ausgabe Dezember 2007, in Gew.-%:

	Dieselkraftstoff gemäß § 1 Absatz 4	Gasöl für den Seeverkehr gemäß § 1 Absatz 6	Schiffsdiesel gemäß § 1 Absatz 7	Sonstige Schiffskraftstoffe gemäß § 1 Absatz 8	Leichtes Heizöl gemäß § 1 Absatz 9	Schweres Heizöl gemäß § 1 Absatz 10
e) Stickstoffgehalt:					bei Auszeichnung als „Stickstoffarm“ nach DIN 51444, Ausgabe November 2003, in mg/kg:	

Ort, Datum und Nummer der Prüfung:
Hersteller (Name und Anschrift):
Unterschrift:

2. Zusätzliche Erklärung des Lieferanten nach § 18 Absatz 2 Satz 3

Firmenname und Geschäftssitz:
Gelieferte Menge:
Empfänger:
Bestimmungsort:
Ort, Datum:
Unterschrift:

2.11. Elfte Verordnung zur Durchführung des Bundes-Immissionsschutzgesetzes (Verordnung über Emissionserklärungen – 11. BImSchV)[1)]

In der Fassung der Bekanntmachung vom 5. März 2007[2)]
(BGBl. I S. 289)

FNA 2129-8-11-2

zuletzt geänd. durch Art. 2 VO zur Änd. der VO über genehmigungsbedürftige Anlagen und zur Änd. der VO über Emissionserklärungen v. 9.1.2017 (BGBl. I S. 42)

§ 1 Anwendungsbereich. [1] Diese Verordnung gilt für genehmigungsbedürftige Anlagen mit Ausnahme der Anlagen, die in den folgenden Nummern des Anhangs 1 der Verordnung über genehmigungsbedürftige Anlagen[3)] vom 2. Mai 2013 (BGBl. I S. 973) genannt sind: 1.6; 1.8; 1.15; 1.16; 2.1; 2.14; 3.11; 3.13; 3.19; 3.22; 3.24; 3.25; 4.5; 4.9; 6.2.2; 7.1.1.2, 7.1.2.2, 7.1.3.2, 7.1.4.2, 7.1.5, 7.1.6, 7.1.7.2, 7.1.8.2, 7.1.9, 7.1.10 und 7.1.11; 7.2; 7.3.1.2 und 7.3.2.2; 7.4; 7.5.2; 7.11; 7.13; 7.14.2; 7.17.2; 7.18; 7.19; 7.20.2; 7.22.2; 7.23.2; 7.25; 7.26; 7.27.2; 7.28.1.2 und 7.28.2.2; 7.29.2; 7.30.2; 7.31.2.2 und 7.31.3.2; 7.32; 8.4; 8.5; 8.6; 8.9; 8.10; 8.11; 8.12; 8.13; 8.14; 8.15; 9, ausgenommen die Nummern 9.2, 9.11 und 9.37; 10.1; 10.4; 10.15.1 und 10.15.2.2; 10.16; 10.17; 10.18; 10.25. [2] Gehören zu den von dieser Verordnung ausgenommenen Anlagen Teile oder Nebeneinrichtungen, die für sich gesehen unter den Anwendungsbereich dieser Verordnung fallen, so ist eine Emissionserklärung nach § 3 nur für diese Teile oder Nebeneinrichtungen abzugeben.

§ 2 Begriffsbestimmungen. Im Sinne dieser Verordnung sind:

1. Emissionen
   die von Anlagen ausgehenden Luftverunreinigungen einschließlich der klimarelevanten Stoffe,
2. Emissionsfaktor
   das Verhältnis der Masse der Emissionen zu der Masse der erzeugten oder verarbeiteten Stoffe, der eingesetzten Brenn- oder Rohstoffe oder der Menge der eingesetzten oder umgewandelten Energien,
3. Energie- und Massenbilanzen
   die Gegenüberstellungen der eingesetzten Energien und der Brenn- und Arbeitsstoffe mit den umgewandelten Energien, den erzeugten Stoffen, den entstehenden Abfällen sowie den Emissionen,
4. Abgase
   die Trägergase mit festen, flüssigen oder gasförmigen Emissionen.

[1)] Die VO wurde erlassen aufgrund von § 27 Abs. 4 und § 48a Abs. 3 BImSchG idF der Bek. v. 17.5.2013 (BGBl. I S. 1274), zuletzt geänd. durch G v. 8.4.2019 (BGBl. I S. 432).

[2)] Neubekanntmachung der 11. BImSchV v. 29.4.2004 (BGBl. I S. 694) in der ab 29.12.2006 geltenden Fassung.

[3)] Nr. **2.4**.

§ 3 Inhalt, Umfang und Form der Emissionserklärung. (1) [1] Der Betreiber einer Anlage hat eine Emissionserklärung abzugeben, die inhaltlich dem Anhang entspricht. [2] Emissionen sind anzugeben für

1. Stoffe nach Nummer 5.2.2 Klasse I (z.B. Quecksilber), Nummer 5.2.4 Klasse I (z.B. Arsenwasserstoff), Nummer 5.2.7 (z.B. Arsen und seine Verbindungen außer Arsenwasserstoff, Cadmium und seine Verbindungen, Nickel und bestimmte Nickelverbindungen) der Technischen Anleitung zur Reinhaltung der Luft (TA Luft)[1)] vom 24. Juli 2002 (GMBl S. 511), andere sehr giftige Stoffe[2)], soweit deren jeweilige Emissionen je Anlage 0,01 Kilogramm je Stunde oder 0,25 Kilogramm im Erklärungszeitraum übersteigen, polychlorierte Dibenzodioxine und Dibenzofurane (Angabe in Toxizitätsäquivalenten nach Anlage 2 der Verordnung über die Verbrennung und die Mitverbrennung von Abfällen[3)] vom 2. Mai 2013 (BGBl. I S. 1021, 1044) und Stoffe mit vergleichbarer toxischer Wirkung, die jeweils unabhängig von der Größe ihrer Massenströme anzugeben sind,
2. Schwefelhexafluorid, Nickelverbindungen außer krebserzeugenden Verbindungen und Polyzyklische Aromatische Kohlenwasserstoffe außer Stoffe nach Nummer 1, soweit deren jeweilige Emission je Anlage den Wert von 50 Kilogramm im Erklärungszeitraum übersteigt, Trichlorbenzol, Hexachlorbenzol und Hexachlorcyclohexan, soweit deren jeweilige Emission je Anlage den Wert von 10 Kilogramm im Erklärungszeitraum übersteigt, und
3. weitere Stoffe, soweit deren jeweilige Emission je Anlage den Wert von 100 Kilogramm im Erklärungszeitraum übersteigt, wobei anstelle der Emissionen von Einzelstoffen die Angabe auch als Summenparameter von Gesamtkohlenstoff, Staub, Stickstoffoxid als Stickstoffdioxid und Schwefeloxid als Schwefeldioxid erfolgen kann.

[3] Sind für den Erklärungszeitraum keine Emissionen anzugeben, können die Angaben unter „Emissionsverursachender Vorgang" und „Emissionen" des Anhangs entfallen.

(2) [1] Die zuständige oberste Landesbehörde oder die nach Landesrecht bestimmte Behörde kann bis sechs Monate vor Ablauf eines Erklärungszeitraumes für bestimmte Anlagen Vereinfachungen der Emissionserklärung festlegen. [2] Die zuständige Behörde kann auf Antrag des Betreibers einer Anlage bis vier Monate vor Ablauf eines Erklärungszeitraumes festlegen, welche der nach Anhang geforderten Angaben entfallen können.

(3) [1] Die Emissionserklärung ist in der Regel in elektronischer Form gegenüber der zuständigen Behörde abzugeben. [2] Das Format der elektronischen Form wird von der zuständigen Behörde bis sechs Monate vor Ende des Erklärungszeitraumes festgelegt. [3] Die zuständige Behörde kann auf Antrag des Betreibers in begründeten Fällen oder von Amts wegen abweichende Regelungen von den Festlegungen nach Satz 1 oder 2 erteilen.

§ 4 Erklärungszeitraum, Zeitpunkt der Erklärung, Erklärungspflichtiger. (1) [1] Der erste Erklärungszeitraum für die Emissionserklärung ist das Ka-

---

1) Nr. **5.1**.

2) **Amtl. Anm.:** Es gelten die Begriffsbestimmungen und Einstufungen der Gefahrstoffverordnung vom 26. November 2010 (BGBl. I S. 1643).

3) Nr. **2.17**.

lenderjahr 2008. [2] Anschließend ist für jedes vierte Kalenderjahr eine Emissionserklärung abzugeben.

(2) [1] Die Emissionserklärung ist bis zum 31. Mai des dem jeweiligen Erklärungszeitraum folgenden Jahres abzugeben. [2] Die zuständige Behörde kann auf Antrag des Betreibers im Einzelfall die Frist bis zum 30. Juni verlängern. [3] Der Verlängerungsantrag für eine Emissionserklärung muss spätestens bis zum 30. April des dem Erklärungszeitraum folgenden Jahres gestellt werden.

(3) [1] Zur Abgabe einer Emissionserklärung ist verpflichtet, wer die Anlage im Erklärungszeitraum betrieben hat. [2] Wird die Anlage während des Erklärungszeitraumes in Betrieb genommen, stillgelegt oder zeitweise nicht betrieben, umfasst der Erklärungszeitraum die Teile des Kalenderjahres, in denen die Anlage betrieben worden ist.

§ 5 Ermittlung der Emissionen. (1) [1] Emissionen sind wie folgt zu ermitteln:

1. Messungen (M) als fortlaufend aufgezeichnete Messungen oder repräsentative Einzelmessungen, insbesondere aufgrund von Anordnungen nach § 26 oder § 28 des Bundes-Immissionsschutzgesetzes[1],
2. Berechnungen (C) auf der Basis von begründeten Rechnungen unter Verwendung von Emissionsfaktoren, Energie- und Massenbilanzen oder Analysenergebnissen,
3. Schätzungen (E) auf der Basis von Massenbilanzen, Messergebnissen oder Leistungs- oder Auslegungsdaten von gleichartigen Anlagen, sofern Leistung oder Kapazität sowie Betriebsbedingungen vergleichbar sind oder durch Schätzungen auf der Basis vergleichbarer Grundlagen.

[2] Messungen, Berechnungen und Schätzungen sind als gleichberechtigt anzusehen.

(2) [1] In der Emissionserklärung ist anzugeben, nach welchen Verfahren die Emissionen ermittelt worden sind. [2] Auf Verlangen der zuständigen Behörde sind die Einzelheiten des Ermittlungsverfahrens anzugeben. [3] Die Unterlagen sind mindestens vier Jahre nach Abgabe der Erklärung aufzubewahren.

§ 6 Ausnahmen. Die zuständige Behörde kann auf Antrag den Betreiber von der Pflicht zur Abgabe einer Emissionserklärung befreien, soweit im Einzelfall von der Anlage nur in geringem Umfang Luftverunreinigungen ausgehen können.

§ 7 (Inkrafttreten, Außerkrafttreten)

---

[1] Nr. 1.

Anhang. Emissionserklärung

Inhalt der Emissionserklärung	Erläuterung
Emissionserklärung – Erklärungszeitraum – Ansprechpartner/-in der Emissionserklärung – Name – Telefon/Fax/Email-Adresse – Ort, Datum	Als Erklärungszeitraum ist das Kalenderjahr anzugeben.
Betreiber*1) – Name – Anschrift – Postleitzahl – Ort, Ortsteil – Straße/Nummer	
Werk/Betrieb*1) – Identifikationsnummer des Werks/Betriebs – Name – Standort – Postleitzahl – Ort, Ortsteil – Straße/Nummer – Email-Adresse für den elektronischen Postverkehr – Nummer der Systematik des Wirtschaftszweigs (NACE-Code)	
Quellen – Beschreibung – Nummer – Bezeichnung – Lage – Rechtswert der Quelle [m] – Hochwert der Quelle [m] – Maße – Fläche [m²] – Geometrische Höhe [m]	Die Übertrittstellen der von Anlagen beziehungsweise den Anlagen ausgehenden Emissionen in die Atmosphäre (Quellen) sind eindeutig zu nummerieren. Unzulässig ist sowohl die Mehrfachverwendung einer Quellennummer als auch die Mehrfachnummerierung ein und derselben Quelle. Die Lage der Quellen ist durch den Rechts- und Hochwert des Mittelpunktes nach den in den Ländern verwendeten amtlichen Koordinaten anzugeben.
Anlagen*1) – Nummer – Bezeichnung – Nummer/Spalte des Anhangs zur 4. BImSchV – Installierte Leistung/Kapazität – Maßzahl – Einheit – Bezug	Aus der Bezeichnung muss Art und Zweck der Anlage eindeutig erkennbar sein. Unter Auslastung ist der prozentuale Anteil der tatsächlichen Leistung an der installierten Leistung bezogen auf den Erklärungszeitraum anzugeben.
Emissionsrelevante gehandhabte Stoffe – Nummer der Anlage – Bezeichnung – Verwendungsart – Heizwert (unterer) [kJ/kg] – Massenstrom [t/a]	Anzugeben sind nur die Stoffe (z.B. Steinkohle, Erdgas), aus denen unmittelbar auf die von den Anlagen ausgehenden Emissionen geschlossen werden kann oder die für die Aufstellung einer Massenbilanz erforderlich sind. Die Verwendungsart der gehandhabten Stoffe (z.B. verbrannter Brennstoff, Einsatzstoff, Produkt) ist anzugeben. Der Heizwert ist für solche Stoffe anzugeben, die verbrannt werden.

Inhalt der Emissionserklärung	Erläuterung

Emissionsverursachender Vorgang
– Nummer der Anlage
– Nummer der Quelle
– Nummer
– Art
– Bezeichnung
– Gesamtdauer [h/a]
– Abgas
  – Reinigungsart
  – Volumenstrom [m^3/h]
  – Feuchte [Vol-%]
  – Temperatur [°C]
	Ein emissionsverursachender Vorgang setzt Emissionen im Erklärungszeitraum über eine der unter Position Quellen genannten Quellen frei. Die Freisetzung der Emissionen ist für eine Quelle in mehrere Vorgänge (z.B. Normal-, An- und Abfahrtbetrieb, Betriebsstörungen) aufzuteilen, sofern bei diesen Vorgängen deutlich unterschiedliche Emissions- oder Austrittsbedingungen aufgrund verschiedener Verfahrensabschnitte und Prozessabläufe auftreten.
	Innerhalb einer Anlage sind die emissionsverursachenden Vorgänge fortlaufend zu nummerieren und zu benennen (z.B. Verfeuern von Heizöl EL, Schmelzen von Stahl).
	Die Angabe des Volumenstroms ist auf den trockenen Normalzustand (273,15 K; 1 013 hPa) zu beziehen.

Emissionen
– Nummer der Anlage
– Nummer der Quelle
– Nummer des emissionsverursachenden Vorganges
– Emittierter Stoff
  – Bezeichnung
  – Aggregatzustand
  – Emissionmassenstrom [kg/h]
– Jahresfracht [kg/a]
– Ermittlungsart der Jahresfracht
  – M: gemessen, C: berechnet, E: geschätzt
	Emissionen in die Luft sind von jeder erklärungspflichtigen Anlage gemäß § 3 Abs. 1 als Einzelstoff und nur in einzelnen Fällen wie z.B. NMVOC als Summenparameter anzugeben. Sie sind dabei gemäß § 5 in Messungen, Rechnungen und Schätzungen zu unterteilen.
	Die zuständige Behörde kann auf die Angabe der Emissionen verzichten, wenn die Emissionen mittels Emissionsfaktoren – z.B. durch softwaregestützte Rechenprogramme – berechnet werden.

*1) **Amtl. Anm.:** Die Angaben liegen bei der zuständigen Behörde in der Regel vor, so dass diese vom Betreiber nur aktualisiert oder ergänzt werden müssen.

2.12. Zwölfte Verordnung zur Durchführung des Bundes-Immissionsschutzgesetzes (Störfall-Verordnung – 12. BImSchV)[1)2)]

In der Fassung der Bekanntmachung vom 15. März 2017[3)]
(BGBl. I S. 483, ber. S. 3527)

FNA 2129-8-12-1

zuletzt geänd. durch Art. 1a Erste VO zur Änd. der 9. BImSchV v. 8.12.2017 (BGBl. I S. 3882)

Inhaltsübersicht

[1)] **Amtl. Anm.:** Diese Verordnung dient der Umsetzung der Richtlinie 2012/18/EU des Europäischen Parlaments und des Rates vom 4. Juli 2012 zur Beherrschung der Gefahren schwerer Unfälle mit gefährlichen Stoffen, zur Änderung und anschließenden Aufhebung der Richtlinie 96/82/EG des Rates (ABl. L 197 vom 24.7.2012, S. 1).

[2)] Die VO wurde erlassen aufgrund von § 7 Abs. 1 Nr. 1 und Abs. 4, § 23 Abs. 1 und § 48a Abs. 3 BImSchG idF der Bek. v. 17.5.2013 (BGBl. I S. 1274), zuletzt geänd. durch G v. 8.4.2019 (BGBl. I S. 432) sowie § 19 Abs. 1 iVm Abs. 3 Nr. 6 und 8 ChemG.

[3)] Neubekanntmachung der 12. BImSchV idF der Bek. v. 8.6.2005 (BGBl. I S. 1598) in der ab 14.1.2017 geltenden Fassung.

Erster Teil. Allgemeine Vorschriften

§ 1 Anwendungsbereich. (1) [1] Die Vorschriften dieser Verordnung mit Ausnahme der §§ 9 bis 12 gelten für Betriebsbereiche der unteren und der oberen Klasse. [2] Für Betriebsbereiche der oberen Klasse gelten außerdem die Vorschriften der §§ 9 bis 12.

(2) Die zuständige Behörde kann im Einzelfall dem Betreiber eines Betriebsbereichs der unteren Klasse, soweit es zur Verhinderung von Störfällen oder zur Begrenzung ihrer Auswirkungen erforderlich ist, Pflichten nach den §§ 9 bis 12 auferlegen.

(3) Die Absätze 1 und 2 gelten nicht für Einrichtungen, Gefahren und Tätigkeiten, die in Artikel 2 Absatz 2 Unterabsatz 1 der Richtlinie 2012/18/EU des Europäischen Parlaments und des Rates vom 4. Juli 2012 zur Beherrschung der Gefahren schwerer Unfälle mit gefährlichen Stoffen, zur Änderung und anschließenden Aufhebung der Richtlinie 96/82/EG des Rates (ABl. L 197 vom 24.7.2012, S. 1) genannt sind, es sei denn, es handelt sich um eine in Artikel 2 Absatz 2 Unterabsatz 2 der Richtlinie 2012/18/EU genannte Einrichtung, Gefahr oder Tätigkeit.

§ 2 Begriffsbestimmungen. Im Sinne dieser Verordnung sind

1. Betriebsbereich der unteren Klasse:
   ein Betriebsbereich, in dem gefährliche Stoffe in Mengen vorhanden sind, die die in Spalte 4 der Stoffliste in Anhang I genannten Mengenschwellen erreichen oder überschreiten, aber die in Spalte 5 der Stoffliste in Anhang I genannten Mengenschwellen unterschreiten;
2. Betriebsbereich der oberen Klasse:
   ein Betriebsbereich, in dem gefährliche Stoffe in Mengen vorhanden sind, die die in Spalte 5 der Stoffliste in Anhang I genannten Mengenschwellen erreichen oder überschreiten;
3. benachbarter Betriebsbereich:
   ein Betriebsbereich, der sich so nah bei einem anderen Betriebsbereich befindet, dass dadurch das Risiko oder die Folgen eines Störfalls vergrößert werden;
4. gefährliche Stoffe:
   Stoffe oder Gemische, die in Anhang I aufgeführt sind oder die dort festgelegten Kriterien erfüllen, einschließlich in Form von Rohstoffen, Endprodukten, Nebenprodukten, Rückständen oder Zwischenprodukten;

5. Vorhandensein gefährlicher Stoffe:
das tatsächliche oder vorgesehene Vorhandensein gefährlicher Stoffe oder ihr Vorhandensein im Betriebsbereich, soweit vernünftigerweise vorhersehbar ist, dass sie bei außer Kontrolle geratenen Prozessen, auch bei Lagerung in einer Anlage innerhalb des Betriebsbereichs, anfallen, und zwar in Mengen, die die in Anhang I genannten Mengenschwellen erreichen oder überschreiten;
6. Ereignis:
Störung des bestimmungsgemäßen Betriebs in einem Betriebsbereich unter Beteiligung eines oder mehrerer gefährlicher Stoffe;
7. Störfall:
ein Ereignis, das unmittelbar oder später innerhalb oder außerhalb des Betriebsbereichs zu einer ernsten Gefahr oder zu Sachschäden nach Anhang VI Teil 1 Ziffer I Nummer 4 führt;
8. ernste Gefahr:
eine Gefahr, bei der
   a) das Leben von Menschen bedroht wird oder schwerwiegende Gesundheitsbeeinträchtigungen von Menschen zu befürchten sind,
   b) die Gesundheit einer großen Zahl von Menschen beeinträchtigt werden kann oder
   c) die Umwelt, insbesondere Tiere und Pflanzen, der Boden, das Wasser, die Atmosphäre sowie Kultur- oder sonstige Sachgüter geschädigt werden können, falls durch eine Veränderung ihres Bestandes oder ihrer Nutzbarkeit das Gemeinwohl beeinträchtigt würde;
9. Überwachungssystem:
umfasst den Überwachungsplan, das Überwachungsprogramm und die Vor-Ort-Besichtigung sowie alle Maßnahmen, die von der zuständigen Behörde oder in ihrem Namen durchgeführt werden, um die Einhaltung der Bestimmungen dieser Verordnung durch die Betriebsbereiche zu überprüfen und zu fördern;
10. Stand der Sicherheitstechnik:
der Entwicklungsstand fortschrittlicher Verfahren, Einrichtungen und Betriebsweisen, der die praktische Eignung einer Maßnahme zur Verhinderung von Störfällen oder zur Begrenzung ihrer Auswirkungen gesichert erscheinen lässt. Bei der Bestimmung des Standes der Sicherheitstechnik sind insbesondere vergleichbare Verfahren, Einrichtungen oder Betriebsweisen heranzuziehen, die mit Erfolg im Betrieb erprobt worden sind.

Zweiter Teil. Vorschriften für Betriebsbereiche

Erster Abschnitt. Grundpflichten

§ 3 Allgemeine Betreiberpflichten. (1) Der Betreiber hat die nach Art und Ausmaß der möglichen Gefahren erforderlichen Vorkehrungen zu treffen, um Störfälle zu verhindern; Verpflichtungen nach anderen als immissionsschutzrechtlichen Vorschriften bleiben unberührt.

(2) Bei der Erfüllung der Pflicht nach Absatz 1 sind

1. betriebliche Gefahrenquellen,
2. umgebungsbedingte Gefahrenquellen, wie Erdbeben oder Hochwasser, und
3. Eingriffe Unbefugter

zu berücksichtigen, es sei denn, dass diese Gefahrenquellen oder Eingriffe als Störfallursachen vernünftigerweise ausgeschlossen werden können.

(3) Über Absatz 1 hinaus sind vorbeugend Maßnahmen zu treffen, um die Auswirkungen von Störfällen so gering wie möglich zu halten.

(4) Die Beschaffenheit und der Betrieb der Anlagen des Betriebsbereichs müssen dem Stand der Sicherheitstechnik entsprechen.

(5) Die Wahrung angemessener Sicherheitsabstände zwischen Betriebsbereich und benachbarten Schutzobjekten stellt keine Betreiberpflicht dar.

§ 4 Anforderungen zur Verhinderung von Störfällen. Der Betreiber hat zur Erfüllung der sich aus § 3 Absatz 1 ergebenden Pflicht insbesondere

1. Maßnahmen zu treffen, damit Brände und Explosionen
   a) innerhalb des Betriebsbereichs vermieden werden,
   b) nicht in einer die Sicherheit beeinträchtigenden Weise von einer Anlage auf andere Anlagen des Betriebsbereichs einwirken können und
   c) nicht in einer die Sicherheit des Betriebsbereichs beeinträchtigenden Weise von außen auf ihn einwirken können,

1a. Maßnahmen zu treffen, damit Freisetzungen gefährlicher Stoffe in Luft, Wasser oder Boden vermieden werden,

2. den Betriebsbereich mit ausreichenden Warn-, Alarm- und Sicherheitseinrichtungen auszurüsten,
3. die Anlagen des Betriebsbereichs mit zuverlässigen Messeinrichtungen und Steuer- oder Regeleinrichtungen auszustatten, die, soweit dies sicherheitstechnisch geboten ist, jeweils mehrfach vorhanden, verschiedenartig und voneinander unabhängig sind,
4. die sicherheitsrelevanten Teile des Betriebsbereichs vor Eingriffen Unbefugter zu schützen.

§ 5 Anforderungen zur Begrenzung von Störfallauswirkungen.

(1) Der Betreiber hat zur Erfüllung der sich aus § 3 Absatz 3 ergebenden Pflicht insbesondere

1. Maßnahmen zu treffen, damit durch die Beschaffenheit der Fundamente und der tragenden Gebäudeteile bei Störfällen keine zusätzlichen Gefahren hervorgerufen werden können,
2. die Anlagen des Betriebsbereichs mit den erforderlichen sicherheitstechnischen Einrichtungen auszurüsten sowie die erforderlichen technischen und organisatorischen Schutzvorkehrungen zu treffen.

(2) Der Betreiber hat dafür zu sorgen, dass in einem Störfall die für die Gefahrenabwehr zuständigen Behörden und die Einsatzkräfte unverzüglich, umfassend und sachkundig beraten werden.

§ 6 Ergänzende Anforderungen. (1) Der Betreiber hat zur Erfüllung der sich aus § 3 Absatz 1 oder 3 ergebenden Pflichten über die in den §§ 4 und 5 genannten Anforderungen hinaus

1. die Errichtung und den Betrieb der sicherheitsrelevanten Anlagenteile zu prüfen sowie die Anlagen des Betriebsbereichs in sicherheitstechnischer Hinsicht ständig zu überwachen und regelmäßig zu warten,
2. die Wartungs- und Reparaturarbeiten nach dem Stand der Technik durchzuführen,
3. die erforderlichen sicherheitstechnischen Vorkehrungen zur Vermeidung von Fehlbedienungen zu treffen,
4. durch geeignete Bedienungs- und Sicherheitsanweisungen und durch Schulung des Personals Fehlverhalten vorzubeugen.

(2) Die Betreiber der nach § 15 festgelegten Betriebsbereiche haben im Benehmen mit den zuständigen Behörden

1. untereinander alle erforderlichen Informationen auszutauschen, damit sie in ihrem Konzept zur Verhinderung von Störfällen, in ihren Sicherheitsmanagementsystemen, in ihren Sicherheitsberichten und ihren internen Alarm- und Gefahrenabwehrplänen der Art und dem Ausmaß der Gesamtgefahr eines Störfalls Rechnung tragen können, und
2. zur Information der Öffentlichkeit und benachbarter Betriebsstätten, die nicht unter den Anwendungsbereich dieser Verordnung fallen, sowie zur Übermittlung von Angaben an die für die Erstellung von externen Alarm- und Gefahrenabwehrplänen zuständige Behörde zusammenzuarbeiten.

(3) Der Betreiber hat der zuständigen Behörde auf Verlangen genügend Informationen zu liefern, die notwendig sind, damit die Behörde

1. die Möglichkeit des Eintritts eines Störfalls in voller Sachkenntnis beurteilen kann,
2. ermitteln kann, inwieweit sich die Wahrscheinlichkeit des Eintritts eines Störfalls erhöhen kann oder die Auswirkungen eines Störfalls verschlimmern können,
3. Entscheidungen über die Ansiedlung oder die störfallrelevante Änderung von Betriebsbereichen sowie über Entwicklungen in der Nachbarschaft von Betriebsbereichen treffen kann,
4. externe Alarm- und Gefahrenabwehrpläne erstellen kann und
5. Stoffe berücksichtigen kann, die auf Grund ihrer physikalischen Form, ihrer besonderen Merkmale oder des Ortes, an dem sie vorhanden sind, zusätzliche Vorkehrungen erfordern.

§ 7 Anzeige. (1) Der Betreiber hat der zuständigen Behörde mindestens einen Monat vor Beginn der Errichtung eines Betriebsbereichs, oder vor einer störfallrelevanten Änderung nach § 3 Absatz 5b des Bundes-Immissionsschutzgesetzes, Folgendes schriftlich anzuzeigen:

1. Name oder Firma des Betreibers sowie vollständige Anschrift des betreffenden Betriebsbereichs,
2. eingetragener Firmensitz und vollständige Anschrift des Betreibers,

3. Name und Funktion der für den Betriebsbereich verantwortlichen Person, falls von der unter Nummer 1 genannten Person abweichend,
4. ausreichende Angaben zur Identifizierung der gefährlichen Stoffe und der Gefahrenkategorie von Stoffen, die gemäß § 2 Nummer 5 vorhanden sind,
5. Menge und physikalische Form der gefährlichen Stoffe,
6. Tätigkeit oder beabsichtigte Tätigkeit in den Anlagen des Betriebsbereichs,
7. Gegebenheiten in der unmittelbaren Umgebung des Betriebsbereichs, die einen Störfall auslösen oder dessen Folgen verschlimmern können, einschließlich, soweit verfügbar, Einzelheiten zu
   a) benachbarten Betriebsbereichen,
   b) anderen Betriebsstätten, die nicht unter den Anwendungsbereich dieser Verordnung fallen, und
   c) Bereichen und Entwicklungen, von denen ein Störfall ausgehen könnte oder bei denen sich die Wahrscheinlichkeit des Eintritts eines Störfalls erhöhen kann oder die Auswirkungen eines Störfalls und von Domino-Effekten nach § 15 verschlimmern können.

(2) Der Betreiber hat der zuständigen Behörde folgende Änderungen mindestens einen Monat vorher schriftlich anzuzeigen:
1. Änderungen der Angaben nach Absatz 1 Nummer 1 bis 3 und
2. die Einstellung des Betriebs, des Betriebsbereichs oder einer Anlage des Betriebsbereichs.

(3) Der Betreiber hat der zuständigen Behörde störfallrelevante Änderungen nach § 3 Absatz 5b des Bundes-Immissionsschutzgesetzes[1)] schriftlich anzuzeigen.

(4) Einer gesonderten Anzeige bedarf es nicht, soweit der Betreiber die entsprechenden Angaben der zuständigen Behörde nach Absatz 1 im Rahmen eines Genehmigungs- oder Anzeigeverfahrens vorgelegt hat.

§ 8 Konzept zur Verhinderung von Störfällen. (1) [1] Der Betreiber hat vor Inbetriebnahme ein schriftliches Konzept zur Verhinderung von Störfällen auszuarbeiten und es der zuständigen Behörde auf Verlangen vorzulegen. [2] Bei Betriebsbereichen der oberen Klasse kann das Konzept Bestandteil des Sicherheitsberichts sein.

(2) [1] Das Konzept soll ein hohes Schutzniveau für die menschliche Gesundheit und die Umwelt gewährleisten und den Gefahren von Störfällen im Betriebsbereich angemessen sein. [2] Es muss die übergeordneten Ziele und Handlungsgrundsätze des Betreibers, die Rolle und die Verantwortung der Leitung des Betriebsbereichs umfassen sowie die Verpflichtung beinhalten, die Beherrschung der Gefahren von Störfällen ständig zu verbessern und ein hohes Schutzniveau zu gewährleisten.

(3) Der Betreiber hat die Umsetzung des Konzeptes durch angemessene Mittel und Strukturen sowie durch ein Sicherheitsmanagementsystem nach Anhang III sicherzustellen.

---

1) Nr. **1**.

(4) Der Betreiber hat das Konzept, das Sicherheitsmanagementsystem nach Anhang III sowie die Verfahren zu dessen Umsetzung zu überprüfen und soweit erforderlich zu aktualisieren, und zwar

1. mindestens alle fünf Jahre nach erstmaliger Erstellung oder Änderung,
2. vor einer Änderung nach § 7 Absatz 3 und
3. unverzüglich nach einem Ereignis nach Anhang VI Teil 1.

§ 8a Information der Öffentlichkeit. (1) [1]Der Betreiber hat der Öffentlichkeit die Angaben nach Anhang V Teil 1 ständig zugänglich zu machen, auch auf elektronischem Weg. [2]Die Angaben sind insbesondere bei einer störfallrelevanten Änderung nach § 3 Absatz 5b des Bundes-Immissionsschutzgesetzes[1)] auf dem neuesten Stand zu halten. [3]Die Informationspflicht ist mindestens einen Monat vor Inbetriebnahme eines Betriebsbereichs oder vor störfallrelevanten Änderungen nach § 3 Absatz 5b des Bundes-Immissionsschutzgesetzes zu erfüllen. [4]Andere öffentlich-rechtliche Vorschriften zur Information der Öffentlichkeit bleiben unberührt.

(2) Mit Zustimmung der zuständigen Behörde darf aus Gründen des Schutzes öffentlicher oder privater Belange nach den Bestimmungen des Bundes und der Länder über den Zugang zu Umweltinformationen von der Veröffentlichung von Informationen gemäß Absatz 1 abgesehen werden.

Zweiter Abschnitt. Erweiterte Pflichten

§ 9 Sicherheitsbericht. (1) Der Betreiber eines Betriebsbereichs der oberen Klasse hat einen Sicherheitsbericht nach Absatz 2 zu erstellen, in dem dargelegt wird, dass

1. ein Konzept zur Verhinderung von Störfällen umgesetzt wurde und ein Sicherheitsmanagementsystem zu seiner Anwendung gemäß Anhang III vorhanden ist und umgesetzt wurde,
2. die Gefahren von Störfällen und mögliche Störfallszenarien ermittelt sowie alle erforderlichen Maßnahmen zur Verhinderung derartiger Störfälle und zur Begrenzung ihrer Auswirkungen auf die menschliche Gesundheit und die Umwelt ergriffen wurden,
3. die Auslegung, die Errichtung sowie der Betrieb und die Wartung sämtlicher Teile eines Betriebsbereichs, die im Zusammenhang mit der Gefahr von Störfällen im Betriebsbereich stehen, ausreichend sicher und zuverlässig sind,
4. interne Alarm- und Gefahrenabwehrpläne vorliegen und die erforderlichen Informationen zur Erstellung externer Alarm- und Gefahrenabwehrpläne gegeben werden sowie
5. ausreichende Informationen bereitgestellt werden, damit die zuständige Behörde Entscheidungen über die Ansiedlung neuer Tätigkeiten oder Entwicklungen in der Nachbarschaft bestehender Betriebsbereiche treffen kann.

(2) [1]Der Sicherheitsbericht enthält mindestens die in Anhang II aufgeführten Angaben und Informationen. [2]Er führt die Namen der an der Erstellung des Berichts maßgeblich Beteiligten auf. [3]Er enthält ferner ein Verzeichnis der

[1)] Nr. **1**.

in dem Betriebsbereich vorhandenen gefährlichen Stoffe auf der Grundlage der Bezeichnungen und Einstufungen in Spalte 2 der Stoffliste des Anhangs I.

(3) Der Betreiber kann auf Grund anderer Rechtsvorschriften vorzulegende gleichwertige Berichte oder Teile solcher Berichte zu einem einzigen Sicherheitsbericht im Sinne dieses Paragraphen zusammenfassen, sofern alle Anforderungen dieses Paragraphen beachtet werden.

(4) Der Betreiber hat der zuständigen Behörde den Sicherheitsbericht nach den Absätzen 1 und 2 unbeschadet des § 4b Absatz 2 Satz 1 der Verordnung über das Genehmigungsverfahren[1)] innerhalb einer angemessenen, von der zuständigen Behörde gesetzten Frist vor Inbetriebnahme vorzulegen.

(5) [1] Der Betreiber hat den Sicherheitsbericht zu überprüfen und soweit erforderlich zu aktualisieren, und zwar:

1. mindestens alle fünf Jahre,
2. bei einer störfallrelevanten Änderung nach § 3 Absatz 5b des Bundes-Immissionsschutzgesetzes,
3. nach einem Ereignis nach Anhang VI Teil 1 und
4. zu jedem anderen Zeitpunkt, wenn neue Umstände dies erfordern, oder um den neuen sicherheitstechnischen Kenntnisstand sowie aktuelle Erkenntnisse zur Beurteilung der Gefahren zu berücksichtigen.

[2] Soweit sich bei der Überprüfung nach Satz 1 herausstellt, dass sich erhebliche Auswirkungen hinsichtlich der mit einem Störfall verbundenen Gefahren ergeben könnten, hat der Betreiber den Sicherheitsbericht unverzüglich zu aktualisieren. [3] Er hat der zuständigen Behörde die aktualisierten Teile des Sicherheitsberichts in Fällen der Nummern 1, 3 und 4 unverzüglich und in Fällen der Nummer 2 mindestens einen Monat vor Durchführung der Änderung vorzulegen.

(6) (weggefallen)

§ 10 Alarm- und Gefahrenabwehrpläne. (1) [1] Der Betreiber eines Betriebsbereichs der oberen Klasse hat nach Maßgabe des Satzes 2

1. interne Alarm- und Gefahrenabwehrpläne zu erstellen, die die in Anhang IV aufgeführten Informationen enthalten müssen, und
2. der zuständigen Behörde die für die Erstellung externer Alarm- und Gefahrenabwehrpläne erforderlichen Informationen zu übermitteln.

[2] Die Pflichten nach Satz 1 sind mindestens einen Monat vor Inbetriebnahme eines Betriebsbereichs oder vor Änderungen der Anlage oder der Tätigkeiten, auf Grund derer der Betriebsbereich unter den Anwendungsbereich dieser Verordnung fällt oder auf Grund derer ein Betriebsbereich der unteren Klasse zu einem Betriebsbereich der oberen Klasse wird, zu erfüllen.

(2) Wenn das Hoheitsgebiet eines anderen Staates von den Auswirkungen eines Störfalls betroffen werden kann, hat der Betreiber der zuständigen Behörde nach Absatz 1 Nummer 2 entsprechende Mehrausfertigungen der für die Erstellung externer Alarm- und Gefahrenabwehrpläne erforderlichen Informationen zur Weiterleitung an die zuständige Behörde des anderen Staates zu übermitteln.

[1)] Nr. **2.9**.

(3) [1] Vor der Erstellung der internen Alarm- und Gefahrenabwehrpläne hat der Betreiber die Beschäftigten des Betriebsbereichs über die vorgesehenen Inhalte zu unterrichten und hierzu anzuhören. [2] Er hat die Beschäftigten ferner vor ihrer erstmaligen Beschäftigungsaufnahme und danach mindestens alle drei Jahre über die für sie in den internen Alarm- und Gefahrenabwehrplänen für den Störfall enthaltenen Verhaltensregeln zu unterweisen. [3] Die Pflichten aus den Sätzen 1 und 2 gelten sinngemäß auch gegenüber dem nicht nur vorübergehend beschäftigten Personal von Subunternehmen.

(4) [1] Der Betreiber hat die internen Alarm- und Gefahrenabwehrpläne in Abständen von höchstens drei Jahren zu überprüfen und zu erproben. [2] Bei der Überprüfung sind Veränderungen im betreffenden Betriebsbereich und in den betreffenden Notdiensten, neue technische Erkenntnisse und Erkenntnisse darüber, wie bei Störfällen zu handeln ist, zu berücksichtigen. [3] Soweit sich bei der Überprüfung nach Satz 1 herausstellt, dass sich erhebliche Auswirkungen hinsichtlich der bei einem Störfall zu treffenden Maßnahmen ergeben könnten, hat der Betreiber die Alarm- und Gefahrenabwehrpläne unverzüglich zu aktualisieren. [4] Absatz 1 Satz 1 Nummer 2 und Absatz 2 gelten entsprechend.

§ 11 Weitergehende Information der Öffentlichkeit. (1) [1] Über die Anforderungen des § 8a Absatz 1 hinaus hat der Betreiber eines Betriebsbereichs der oberen Klasse der Öffentlichkeit die Angaben nach Anhang V Teil 2 ständig zugänglich zu machen, auch auf elektronischem Weg. [2] Die Angaben sind auf dem neuesten Stand zu halten, insbesondere bei einer störfallrelevanten Änderung nach § 3 Absatz 5b des Bundes-Immissionsschutzgesetzes[1]. [3] Die Informationspflicht ist mindestens einen Monat vor Inbetriebnahme eines Betriebsbereichs oder vor einer störfallrelevanten Änderung nach § 3 Absatz 5b des Bundes-Immissionsschutzgesetzes zu erfüllen. [4] Andere öffentlich-rechtliche Vorschriften zur Information der Öffentlichkeit bleiben unberührt.

(2) Mit Zustimmung der zuständigen Behörde darf aus Gründen des Schutzes öffentlicher oder privater Belange nach den Bestimmungen des Bundes und der Länder über den Zugang zu Umweltinformationen von der Veröffentlichung von Informationen gemäß Absatz 1 abgesehen werden.

(3) [1] Der Betreiber eines Betriebsbereichs hat alle Personen und alle Einrichtungen mit Publikumsverkehr, wie öffentlich genutzte Gebäude und Gebiete, einschließlich Schulen und Krankenhäuser, sowie Betriebsstätten oder benachbarte Betriebsbereiche, die von einem Störfall in diesem Betriebsbereich betroffen sein könnten, vor Inbetriebnahme über die Sicherheitsmaßnahmen und das richtige Verhalten im Fall eines Störfalls in einer auf die speziellen Bedürfnisse der jeweiligen Adressatengruppe abgestimmten Weise zu informieren. [2] Die Informationen enthalten zumindest die in Anhang V Teil 1 und 2 aufgeführten Angaben. [3] Soweit die Informationen zum Schutze der Öffentlichkeit bestimmt sind, sind sie mit den für den Katastrophenschutz und die allgemeine Gefahrenabwehr zuständigen Behörden abzustimmen. [4] Die in diesem Absatz genannten Betreiberpflichten gelten auch gegenüber Personen, der Öffentlichkeit und den zuständigen Behörden in anderen Staaten, deren Hoheitsgebiet von den grenzüberschreitenden Auswirkungen eines Störfalls in dem Betriebsbereich betroffen werden könnte.

---

[1] Nr. **1**.

(4) [1]Der Betreiber hat die Informationen nach Absatz 3 zu überprüfen, und zwar

1. mindestens alle drei Jahre und
2. bei einer störfallrelevanten Änderung nach § 3 Absatz 5b des Bundes-Immissionsschutzgesetzes.

[2]Soweit sich bei der Überprüfung Änderungen ergeben, die erhebliche Auswirkungen hinsichtlich der mit einem Störfall verbundenen Gefahren haben könnten, hat der Betreiber die Informationen unverzüglich zu aktualisieren und zu wiederholen; Absatz 3 gilt entsprechend. [3]Der Zeitraum, innerhalb dessen die nach Absatz 3 übermittelten Informationen wiederholt werden müssen, darf in keinem Fall fünf Jahre überschreiten.

(5) Der Betreiber hat der Öffentlichkeit auf Anfrage den Sicherheitsbericht nach § 9 Absatz 1 und 2 oder Absatz 3 unverzüglich zugänglich zu machen.

(6) [1]Der Betreiber kann von der zuständigen Behörde verlangen, bestimmte Teile des Sicherheitsberichts aus Gründen nach Artikel 4 der Richtlinie 2003/4/EG nicht offenlegen zu müssen. [2]Nach Zustimmung der zuständigen Behörde legt der Betreiber in solchen Fällen der Behörde einen geänderten Sicherheitsbericht vor, in dem die nicht offenzulegenden Teile ausgespart sind und der zumindest allgemeine Informationen über mögliche Auswirkungen eines Störfalls auf die menschliche Gesundheit und die Umwelt umfasst, und macht diesen der Öffentlichkeit auf Anfrage zugänglich.

§ 12 Sonstige Pflichten. (1) Der Betreiber eines Betriebsbereichs der oberen Klasse hat

1. auf Verlangen der zuständigen Behörde zu einer von ihr benannten, zur Informationsweitergabe geeigneten Stelle der öffentlichen Verwaltung eine jederzeit verfügbare und gegen Missbrauch geschützte Verbindung einzurichten und zu unterhalten sowie
2. eine Person oder Stelle mit der Begrenzung der Auswirkungen von Störfällen zu beauftragen und diese der zuständigen Behörde zu benennen.

(2) [1]Der Betreiber hat Unterlagen über die nach § 6 Abs. 1 Nr. 1 und 2 erforderliche Durchführung

1. der Prüfung der Errichtung und des Betriebs der sicherheitsrelevanten Anlagenteile,
2. der Überwachung und regelmäßigen Wartung der Anlage in sicherheitstechnischer Hinsicht,
3. der sicherheitsrelevanten Wartungs- und Reparaturarbeiten sowie
4. der Funktionsprüfungen der Warn-, Alarm- und Sicherheitseinrichtungen

zu erstellen. [2]Die Unterlagen sind bis zur nächsten Vor-Ort-Besichtigung, jedoch mindestens fünf Jahre ab Erstellung zur Einsicht durch die zuständige Behörde aufzubewahren.

Dritter Abschnitt. Behördenpflichten

§ 13 Mitteilungspflicht gegenüber dem Betreiber. [1]Vor Inbetriebnahme eines Betriebsbereichs und nach einer Aktualisierung des Sicherheitsberichts auf Grund der in § 9 Absatz 5 vorgeschriebenen Überprüfungen hat die zuständige Behörde dem Betreiber die Ergebnisse ihrer Prüfung des Sicherheitsberichts, gegebenenfalls nach Anforderung zusätzlicher Informationen, innerhalb einer angemessenen Frist nach Eingang des Sicherheitsberichts mitzuteilen, soweit der Sicherheitsbericht nicht Gegenstand eines immissionsschutzrechtlichen Genehmigungsverfahrens ist. [2] Satz 1 gilt entsprechend in den Fällen des § 20 Absatz 2 Nummer 1 und Absatz 4 Nummer 1.

§ 14 (weggefallen)

§ 15 Domino-Effekt. (1) [1] Die zuständige Behörde hat gegenüber den Betreibern festzustellen, bei welchen Betriebsbereichen oder Gruppen von Betriebsbereichen auf Grund ihrer geographischen Lage, ihres Abstands zueinander und der in ihren Anlagen vorhandenen gefährlichen Stoffe eine erhöhte Wahrscheinlichkeit von Störfällen bestehen kann oder diese Störfälle folgenschwerer sein können. [2] Hierfür hat die zuständige Behörde insbesondere folgende Angaben zu verwenden:

1. die Angaben, die der Betreiber in der Anzeige nach § 7 und im Sicherheitsbericht nach § 9 übermittelt hat,
2. die Angaben, die im Anschluss an ein Ersuchen der zuständigen Behörde um zusätzliche Auskünfte vom Betreiber übermittelt wurden, und
3. die Informationen, die die zuständige Behörde durch Überwachungsmaßnahmen erlangt hat.

(2) Die zuständige Behörde hat Informationen, über die sie zusätzlich zu den vom Betreiber nach § 7 Absatz 1 Nummer 7 übermittelten Angaben verfügt, dem Betreiber unverzüglich zur Verfügung zu stellen, sofern dies für die Zusammenarbeit der Betreiber gemäß § 6 Absatz 2 erforderlich ist.

§ 16 Überwachungssystem. (1) [1] Die zuständige Behörde hat unbeschadet des § 13 ein angemessenes Überwachungssystem einzurichten. [2] Das Überwachungssystem hat eine planmäßige und systematische Prüfung der technischen, organisatorischen und managementspezifischen Systeme der betroffenen Betriebsbereiche zu ermöglichen, mit der sich die zuständige Behörde insbesondere vergewissert,

1. dass der Betreiber nachweisen kann, dass er im Zusammenhang mit den verschiedenen betriebsspezifischen Tätigkeiten die zur Verhinderung von Störfällen erforderlichen Maßnahmen ergriffen hat,
2. dass der Betreiber nachweisen kann, dass er angemessene Mittel zur Begrenzung von Störfallauswirkungen innerhalb und außerhalb des Betriebsbereichs vorgesehen hat,
3. dass die im Sicherheitsbericht oder in anderen vorgelegten Berichten enthaltenen Angaben und Informationen die Gegebenheiten in dem Betriebsbereich zutreffend wiedergeben,
4. dass die Informationen nach § 8a Absatz 1 und § 11 Absatz 1 der Öffentlichkeit zugänglich gemacht worden sind und dass die Informationen nach § 11 Absatz 3 erfolgt sind.

(2) Das Überwachungssystem gewährleistet, dass:

1. nach jeder Vor-Ort-Besichtigung von der zuständigen Behörde ein Bericht erstellt wird, welcher die relevanten Feststellungen der Behörde und erforderlichen Folgemaßnahmen enthält,
2. der Bericht dem Betreiber innerhalb von vier Monaten nach der Vor-Ort-Besichtigung durch die zuständige Behörde übermittelt wird,
3. baldmöglichst, aber spätestens innerhalb von sechs Monaten, eine Vor-Ort-Besichtigung oder eine sonstige Überwachungsmaßnahme durchgeführt wird, bei
   a) schwerwiegenden Beschwerden,
   b) Ereignissen nach Anhang VI Teil 1 und
   c) bedeutenden Verstößen gegen Vorschriften dieser Verordnung oder anderer für die Anlagensicherheit relevanter Rechtsvorschriften,
4. Vor-Ort-Besichtigungen mit Überwachungsmaßnahmen im Rahmen anderer Rechtsvorschriften wenn möglich koordiniert werden.

(3) Die zuständige Behörde beteiligt sich im Rahmen ihrer Möglichkeiten aktiv an Maßnahmen und Instrumenten zum Erfahrungsaustausch und zur Wissenskonsolidierung auf dem Gebiet der Überwachung von Betriebsbereichen.

(4) [1] Die zuständige Behörde kann einen geeigneten Sachverständigen mit Vor-Ort-Besichtigungen oder sonstigen Überwachungsmaßnahmen, der Erstellung des Berichts nach Absatz 2 Nummer 1 und der Überprüfung der Folgemaßnahmen beauftragen. [2] Bestandteil des Auftrags muss es sein, den Bericht nach Absatz 2 Nummer 1 und das Ergebnis der Überprüfung binnen vier Wochen nach Fertigstellung des Berichts oder nach Abschluss der Überprüfung der zuständigen Behörde zu übermitteln. [3] Als Sachverständige sind insbesondere die gemäß § 29b des Bundes-Immissionsschutzgesetzes[1)] bekannt gegebenen Sachverständigen geeignet.

§ 17 Überwachungsplan und Überwachungsprogramm. (1) [1] Die zuständige Behörde hat im Rahmen des Überwachungssystems einen Überwachungsplan zu erstellen. [2] Der Überwachungsplan muss Folgendes enthalten:
1. den räumlichen Geltungsbereich des Plans,
2. eine allgemeine Beurteilung der Anlagensicherheit im Geltungsbereich des Plans,
3. ein Verzeichnis der in den Geltungsbereich des Plans fallenden Betriebsbereiche,
4. ein Verzeichnis der Gruppen von Betriebsbereichen nach § 15,
5. ein Verzeichnis der Betriebsbereiche, in denen sich durch besondere umgebungsbedingte Gefahrenquellen die Wahrscheinlichkeit des Eintritts eines Störfalls erhöhen oder die Auswirkungen eines solchen Störfalls verschlimmern können,
6. die Verfahren für die Aufstellung von Programmen für die regelmäßige Überwachung,
7. die Verfahren für die Überwachung aus besonderem Anlass,

[1)] Nr. 1.

8. Bestimmungen für die Zusammenarbeit zwischen Überwachungsbehörden.

[3]Die Überwachungspläne sind von der zuständigen Behörde regelmäßig zu überprüfen und, soweit erforderlich, zu aktualisieren.

(2) [1]Auf der Grundlage der Überwachungspläne erstellen und aktualisieren die zuständigen Behörden regelmäßig Überwachungsprogramme, in denen auch die Zeiträume angegeben sind, in denen Vor-Ort-Besichtigungen stattfinden müssen. [2]Der Abstand zwischen zwei Vor-Ort-Besichtigungen darf die folgenden Zeiträume nicht überschreiten:

1. ein Jahr, bei Betriebsbereichen der oberen Klasse, sowie
2. drei Jahre, bei Betriebsbereichen der unteren Klasse,

es sei denn, die zuständige Behörde hat auf der Grundlage einer systematischen Beurteilung der mit den Betriebsbereichen verbundenen Gefahren von Störfällen andere zeitliche Abstände erarbeitet.

(3) Die systematische Beurteilung der Gefahren von Störfällen nach Absatz 2 muss mindestens folgende Kriterien berücksichtigen:

1. mögliche Auswirkungen des Betriebsbereichs auf die menschliche Gesundheit und auf die Umwelt,
2. die Einhaltung der Anforderungen dieser Verordnung und anderer für die Anlagensicherheit wesentlicher Rechtsvorschriften und
3. für die Anlagensicherheit wesentliche Ergebnisse von Überwachungsmaßnahmen, die im Rahmen anderer Rechtsvorschriften durchgeführt worden sind.

Vierter Abschnitt. Genehmigungsverfahren nach § 23b des Bundes-Immissionsschutzgesetzes

§ 18 Genehmigungsverfahren nach § 23b des Bundes-Immissionsschutzgesetzes. (1) [1]Der Träger des Vorhabens hat dem Antrag nach § 23b Absatz 1 des Bundes-Immissionsschutzgesetzes[1)] alle Unterlagen beizufügen, die für die Prüfung der Genehmigungsvoraussetzungen erforderlich sind. [2]Die zuständige Behörde teilt dem Antragsteller nach Eingang des Antrags und der Unterlagen unverzüglich mit, welche zusätzlichen Unterlagen sie für die Prüfung benötigt. [3]Erfolgt die Antragstellung elektronisch, kann die zuständige Behörde Mehrfertigungen sowie die Übermittlung der dem Antrag beizufügenden Unterlagen auch in schriftlicher Form verlangen.

(2) [1]Hat der Antragsteller den Antrag und die erforderlichen Unterlagen vollständig übermittelt, macht die zuständige Behörde das Vorhaben in ihrem amtlichen Veröffentlichungsblatt und außerdem entweder im Internet oder in örtlichen Tageszeitungen, die im Bereich des Standortes des Vorhabens verbreitet sind, öffentlich bekannt. [2]In der Bekanntmachung ist die Öffentlichkeit über Folgendes zu informieren:

1. über den Gegenstand des Vorhabens,
2. gegebenenfalls über die Feststellung der UVP-Pflicht des Vorhabens nach § 5 des Gesetzes über die Umweltverträglichkeitsprüfung sowie erforderlichenfalls Durchführung einer grenzüberschreitenden Beteiligung nach den §§ 55

[1)] Nr. **1**.

und 56 des Gesetzes über die Umweltverträglichkeitsprüfung oder das Bestehen einer grenzüberschreitenden Informationspflicht des Betreibers nach § 11 Absatz 3 Satz 4,

3. über die für die Genehmigung zuständige Behörde, bei der der Antrag nebst Unterlagen zur Einsicht ausgelegt wird, sowie wo und wann Einsicht genommen werden kann,
4. darüber, dass Personen, deren Belange berührt sind, und Vereinigungen, welche die Anforderungen von § 3 Absatz 1 oder § 2 Absatz 2 des Umwelt-Rechtsbehelfsgesetzes erfüllen (betroffene Öffentlichkeit), Einwendungen bei einer in der Bekanntmachung bezeichneten Stelle innerhalb der Frist gemäß § 23b Absatz 2 Satz 3 des Bundes-Immissionsschutzgesetzes erheben können,
5. die Art möglicher Entscheidungen oder, soweit vorhanden, den Entscheidungsentwurf,
6. darüber, dass die Zustellung der Entscheidung über die Einwendungen durch öffentliche Bekanntmachung ersetzt werden kann, sowie
7. gegebenenfalls über weitere Einzelheiten des Verfahrens zur Unterrichtung der Öffentlichkeit und Anhörung der betroffenen Öffentlichkeit.

[3] Weitere Informationen, die für die Entscheidung über die Genehmigung von Bedeutung sein können und die der zuständigen Behörde erst nach Beginn der Auslegung vorliegen, sind der Öffentlichkeit nach den Bestimmungen über den Zugang zu Umweltinformationen zugänglich zu machen. [4] Besteht für das Vorhaben eine UVP-Pflicht, muss die Bekanntmachung darüber hinaus den Anforderungen des § 19 Absatz 1 des Gesetzes über die Umweltverträglichkeitsprüfung entsprechen.

(3) [1] Die Auslegung des Antrags und der Unterlagen nach § 23b Absatz 2 Satz 2 des Bundes-Immissionsschutzgesetzes erfolgt bei der Genehmigungsbehörde und, soweit erforderlich, bei einer geeigneten Stelle in der Nähe des Standortes des Vorhabens. [2] Die Einwendungen können bei der Genehmigungsbehörde oder bei der Stelle erhoben werden, bei der Antrag und Unterlagen zur Einsicht ausliegen.

(4) [1] Der Genehmigungsbescheid ist schriftlich zu erlassen, schriftlich zu begründen und dem Antragsteller und den Personen, die Einwendungen erhoben haben, zuzustellen. [2] In der Begründung sind die wesentlichen tatsächlichen und rechtlichen Gründe, die die Behörde zu ihrer Entscheidung bewogen haben, die Behandlung der Einwendungen sowie Angaben über das Verfahren zur Beteiligung der Öffentlichkeit aufzunehmen. [3] Haben mehr als 50 Personen Einwendungen erhoben, kann die Zustellung durch die öffentliche Bekanntmachung nach Absatz 5 ersetzt werden.

(5) [1] Der Genehmigungsbescheid ist öffentlich bekannt zu machen. [2] Die öffentliche Bekanntmachung wird dadurch bewirkt, dass der verfügende Teil des Bescheids und die Rechtsbehelfsbelehrung in entsprechender Anwendung des Absatzes 2 Satz 1 bekannt gemacht werden; auf Auflagen ist hinzuweisen. [3] Eine Ausfertigung des gesamten Genehmigungsbescheids ist vom Tage nach der Bekanntmachung an zwei Wochen zur Einsicht auszulegen. [4] In der öffentlichen Bekanntmachung ist anzugeben, wo und wann der Bescheid und seine Begründung eingesehen und nach Satz 6 angefordert werden können. [5] Mit dem Ende der Auslegungsfrist gilt der Bescheid auch Dritten gegenüber, die

keine Einwendungen erhoben haben, als zugestellt; darauf ist in der Bekanntmachung hinzuweisen. [6] Nach der öffentlichen Bekanntmachung können der Bescheid und seine Begründung bis zum Ablauf der Widerspruchsfrist von den Personen, die Einwendungen erhoben haben, schriftlich angefordert werden.

(6) Die Absätze 1 bis 5 gelten für Vorhaben nach § 23c Satz 1 des Bundes-Immissionsschutzgesetzes entsprechend, soweit § 57d des Bundesberggesetzes dies anordnet.

Dritter Teil. Meldeverfahren, Schlussvorschriften

§ 19 Meldeverfahren. (1) Der Betreiber hat der zuständigen Behörde unverzüglich den Eintritt eines Ereignisses, das die Kriterien des Anhangs VI Teil 1 erfüllt, mitzuteilen.

(2) [1] Der Betreiber hat der zuständigen Behörde unverzüglich, spätestens innerhalb einer Woche nach Eintritt eines Ereignisses nach Absatz 1 eine ergänzende schriftliche oder elektronische Mitteilung vorzulegen, die mindestens die Angaben nach Anhang VI Teil 2 enthält. [2] Er hat die Mitteilung bei Vorliegen neuer Erkenntnisse unverzüglich zu ergänzen oder zu berichtigen.

(3) [1] Erhält die zuständige Behörde Kenntnis von einem Ereignis nach Anhang VI Teil 1 Ziffer I, hat sie

1. durch Vor-Ort-Besichtigungen, Untersuchungen oder andere geeignete Mittel die für eine vollständige Analyse der technischen, organisatorischen und managementspezifischen Gesichtspunkte dieses Ereignisses erforderlichen Informationen einzuholen,
2. geeignete Maßnahmen zu ergreifen, um sicherzustellen, dass der Betreiber alle erforderlichen Abhilfemaßnahmen trifft,
3. die von dem Störfall möglicherweise betroffenen Personen über diesen sowie gegebenenfalls über Maßnahmen zu unterrichten, die ergriffen wurden, um seine Auswirkungen zu mildern, und
4. Empfehlungen zu künftigen Verhinderungsmaßnahmen abzugeben, sobald die Analyse nach Nummer 1 vorliegt.

[2] Zur Erfüllung ihrer Verpflichtungen nach den Nummern 1, 2 und 4 kann die zuständige Behörde auch ein Gutachten vom Betreiber fordern.

(4) [1] Die zuständige Behörde hat dem Bundesministerium für Umwelt, Naturschutz, Bau und Reaktorsicherheit über die nach Landesrecht zuständige Behörde unverzüglich eine Kopie der Mitteilung nach Absatz 2 zuzuleiten. [2] Das Bundesministerium für Umwelt, Naturschutz, Bau und Reaktorsicherheit unterrichtet die Europäische Kommission, wenn eines der Kriterien des Anhangs VI Teil 1 Ziffer I oder II erfüllt ist. [3] Die Unterrichtung hat so bald wie möglich zu erfolgen, spätestens jedoch bis zum Ablauf eines Jahres nach dem Ereignis.

(5) [1] Die zuständige Behörde teilt das Ergebnis der Analyse nach Absatz 3 Nummer 1 und die Empfehlungen nach Absatz 3 Nummer 4 dem Bundesministerium für Umwelt, Naturschutz, Bau und Reaktorsicherheit schriftlich oder elektronisch über die nach Landesrecht zuständige Behörde mit. [2] Das Bundesministerium für Umwelt, Naturschutz, Bau und Reaktorsicherheit unterrichtet die Europäische Kommission so bald wie möglich, spätestens jedoch bis zum Ablauf eines Jahres nach dem Ereignis, über das Ergebnis der Analyse

und die Empfehlungen. [3]Die Informationen sind zu aktualisieren, sobald Ergebnisse weiterer Analysen und Empfehlungen verfügbar sind. [4]Die Unterrichtung darf zurückgestellt werden, wenn der Abschluss gerichtlicher Verfahren durch eine solche Informationsübermittlung beeinträchtigt werden könnte.

(6) Der Betreiber hat die Beschäftigten oder deren Personalvertretung über eine Mitteilung nach Absatz 1 unverzüglich zu unterrichten und ihnen auf Verlangen eine Kopie der Mitteilung nach Absatz 2 zugänglich zu machen.

§ 20 Übergangsvorschriften. (1) Der Betreiber eines Betriebsbereichs, der am 13. Januar 2017 unter den Anwendungsbereich dieser Verordnung fällt und dessen Einstufung als Betriebsbereich der oberen oder unteren Klasse sich ab dem 14. Januar 2017 nicht ändert, hat

1. der zuständigen Behörde die Angaben nach § 7 Absatz 1 bis zum Ablauf des 14. Juli 2017 schriftlich anzuzeigen, sofern der Betreiber der zuständigen Behörde die entsprechenden Angaben nicht bereits übermittelt hat,
2. das Konzept nach § 8 Absatz 1 Satz 1 unverzüglich, spätestens jedoch bis zum Ablauf des 14. Juli 2017, zu aktualisieren, soweit dies auf Grund der Anforderungen dieser Verordnung erforderlich ist.

(2) Sofern es sich in den Fällen des Absatzes 1 um einen Betriebsbereich der oberen Klasse handelt, hat der Betreiber zusätzlich

1. den Sicherheitsbericht nach § 9 Absatz 1 und 2 oder Absatz 3 bis zum Ablauf des 14. Juli 2017 zu aktualisieren und aktualisierte Teile der zuständigen Behörde bis zu diesem Zeitpunkt vorzulegen,
2. die internen Alarm- und Gefahrenabwehrpläne nach § 10 Absatz 1 Satz 1 Nummer 1 zu aktualisieren und den zuständigen Behörden nach § 10 Absatz 1 Satz 1 Nummer 2 unverzüglich, spätestens jedoch zum Ablauf des 14. Juli 2017 Informationen zu übermitteln, sofern nicht die bestehenden internen Alarm- und Gefahrenabwehrpläne sowie die Informationen nach § 10 Absatz 1 Satz 1 Nummer 2 unverändert geblieben sind und den Anforderungen dieser Verordnung entsprechen.

(3) [1]Der Betreiber eines Betriebsbereichs, der ab dem 1. Juni 2015 aus anderen Gründen als Änderungen seiner Anlagen oder seiner Tätigkeiten, die eine Änderung ihres Inventars gefährlicher Stoffe zur Folge haben, unter den Anwendungsbereich der Richtlinie 2012/18/EU fällt oder eine Änderung seiner Einstufung als Betriebsbereich der unteren oder oberen Klasse erfährt, hat

1. der zuständigen Behörde die Angaben nach § 7 Absatz 1 innerhalb von drei Monaten nach dem Zeitpunkt, zu dem diese Verordnung für den betreffenden Betriebsbereich gilt, schriftlich anzuzeigen, sofern der Betreiber der zuständigen Behörde die entsprechenden Angaben nicht bereits übermittelt hat,
2. das Konzept nach § 8 Absatz 1 Satz 1 unverzüglich, spätestens jedoch bis zum Ablauf von sechs Monaten nach dem Zeitpunkt, zu dem diese Verordnung für den betreffenden Betriebsbereich gilt, auszuarbeiten und seine Umsetzung sicherzustellen.

[2] In den Fällen des Satzes 1 gelten dessen Anforderungen abweichend von Absatz 1, wenn sie vor dem 13. Januar 2017 eintreten.

(4) Sofern es sich in den Fällen des Absatzes 3 um einen Betriebsbereich der oberen Klasse handelt, hat der Betreiber zusätzlich

1. den Sicherheitsbericht nach § 9 Absatz 1 und 2 unverzüglich, spätestens jedoch bis zum Ablauf eines Jahres nach dem Zeitpunkt, zu dem die Anforderungen an Betriebsbereiche der oberen Klasse für den betreffenden Betriebsbereich gelten, zu erstellen und der zuständigen Behörde vorzulegen, wobei § 9 Absatz 3 entsprechend gilt,
2. die Pflichten nach § 10 Absatz 1 Satz 1 unverzüglich, spätestens jedoch bis zum Ablauf eines Jahres nach dem Zeitpunkt, zu dem die Anforderungen an Betriebsbereiche der oberen Klasse für den betreffenden Betriebsbereich gelten, zu erfüllen, wobei § 10 Absatz 2 bis 4 entsprechend gilt.

§ 21 Ordnungswidrigkeiten. (1) Ordnungswidrig im Sinne des § 62 Absatz 1 Nummer 2 des Bundes-Immissionsschutzgesetzes[1] handelt, wer vorsätzlich oder fahrlässig

1. einer vollziehbaren Anordnung nach § 1 Absatz 2 zuwiderhandelt,
2. entgegen § 6 Absatz 3 eine Information nicht, nicht richtig, nicht vollständig oder nicht rechtzeitig liefert,
3. entgegen § 7 Absatz 1, 2 oder 3 oder § 20 Absatz 1 Nummer 1 oder Absatz 3 Nummer 1 eine Anzeige nicht, nicht richtig, nicht vollständig, nicht in der vorgeschriebenen Weise oder nicht rechtzeitig erstattet,
4. entgegen § 8 Absatz 3 oder § 20 Absatz 3 Satz 1 Nummer 2 die Umsetzung des Konzepts nicht sicherstellt,
5. entgegen § 8 Absatz 4, § 10 Absatz 4 Satz 3 oder § 20 Absatz 1 Nummer 2 ein Konzept oder einen Alarm- oder Gefahrenabwehrplan nicht, nicht richtig, nicht vollständig oder nicht rechtzeitig aktualisiert,
6. entgegen § 8a Absatz 1 Satz 1 oder § 11 Absatz 1 Satz 1 oder Absatz 5 Satz 1 eine Angabe oder einen Sicherheitsbericht nicht, nicht richtig, nicht vollständig oder nicht in der vorgeschriebenen Weise zugänglich macht,
7. entgegen § 9 Absatz 4 oder 5 Satz 3 oder § 20 Absatz 2 Nummer 1 oder Absatz 4 Nummer 1 oder § 19 Absatz 2 Satz 1 einen Sicherheitsbericht oder dessen aktualisierte Teile oder eine Mitteilung nicht, nicht richtig, nicht vollständig, nicht in der vorgeschriebenen Weise oder nicht rechtzeitig vorlegt,
8. entgegen § 10 Absatz 1 Satz 1, auch in Verbindung mit § 20 Absatz 2 Nummer 2 oder Absatz 4 Nummer 2, einen dort genannten Alarm- oder Gefahrenabwehrplan nicht, nicht richtig, nicht vollständig oder nicht rechtzeitig erstellt oder die erforderliche Information nicht, nicht richtig, nicht vollständig oder nicht rechtzeitig übermittelt,
9. entgegen § 10 Absatz 3 Satz 1 einen Beschäftigten nicht, nicht richtig, nicht vollständig oder nicht rechtzeitig unterrichtet oder nicht, nicht richtig, nicht vollständig oder nicht rechtzeitig anhört,

---

[1] Nr. **1**.

10. entgegen § 10 Absatz 3 Satz 2 einen Beschäftigten nicht, nicht richtig, nicht vollständig oder nicht rechtzeitig unterweist,
11. entgegen § 10 Absatz 4 Satz 1 einen Alarm- oder Gefahrenabwehrplan nicht, nicht richtig oder nicht rechtzeitig erprobt,
12. entgegen § 11 Absatz 3 Satz 1 eine Information nicht, nicht richtig, nicht vollständig, nicht in der vorgeschriebenen Weise oder nicht rechtzeitig gibt,
13. entgegen § 12 Absatz 1 Nummer 1 eine Verbindung nicht, nicht richtig oder nicht rechtzeitig einrichtet,
14. entgegen § 12 Absatz 2 Satz 2 eine Unterlage nicht oder nicht bis zur nächsten Vor-Ort-Besichtigung, jedoch mindestens fünf Jahre aufbewahrt,
15. entgegen § 19 Absatz 1 eine Mitteilung nicht, nicht richtig, nicht vollständig oder nicht rechtzeitig macht oder
16. entgegen § 19 Absatz 2 Satz 2 eine Mitteilung nicht, nicht richtig oder nicht rechtzeitig ergänzt oder nicht, nicht richtig oder nicht rechtzeitig berichtigt.

(2) Ordnungswidrig im Sinne des § 62 Absatz 1 Nummer 7 des Bundes-Immissionsschutzgesetzes handelt, wer vorsätzlich oder fahrlässig eine in Absatz 1 bezeichnete Handlung in Bezug auf eine nicht genehmigungsbedürftige Anlage begeht, die Teil eines Betriebsbereichs ist.

Anhang I. Mengenschwellen

1. Dieser Anhang dient der Bestimmung, welche Stoffe oder Gemische als gefährliche Stoffe im Sinne von § 2 Nummer 4 in Betracht kommen, und legt die Mengenschwellen zur Ermittlung von Betriebsbereichen fest.
2. Für die Einstufung von Stoffen und Gemischen ist die Verordnung (EG) Nr. 1272/2008 des Europäischen Parlaments und des Rates vom 16. Dezember 2008 über die Einstufung, Kennzeichnung und Verpackung von Stoffen und Gemischen, zur Änderung und Aufhebung der Richtlinien 67/548/EWG und 1999/45/EG und zur Änderung der Verordnung (EG) Nr. 1907/2006 (ABl. L 353 vom 31.12.2008, S. 1) in ihrer jeweils geltenden Fassung maßgeblich.
Gemische werden in der gleichen Weise behandelt wie reine Stoffe, sofern ihre Zusammensetzung innerhalb der Konzentrationsgrenzen verbleibt, die entsprechend ihren Eigenschaften in der Verordnung (EG) Nr. 1272/2008 festgelegt sind, es sei denn, dass eigens eine prozentuale Zusammensetzung oder eine andere Beschreibung angegeben ist.
3. Die in der Stoffliste angegebenen Mengenschwellen (Spalten 4 und 5) gelten je Betriebsbereich.
4. Die für die Anwendung der einschlägigen Vorschriften zu berücksichtigenden Mengen sind die Höchstmengen, die vorhanden sind oder vorhanden sein können. Gefährliche Stoffe, die in einem Betriebsbereich nur in einer Menge von höchstens 2 % der relevanten Mengenschwelle vorhanden sind, bleiben bei der Berechnung der vorhandenen Gesamtmenge unberücksichtigt, wenn sie sich innerhalb eines Betriebsbereichs an einem Ort befinden, an dem sie nicht als Auslöser eines Störfalls an einem anderen Ort des Betriebsbereichs wirken können.
5. Zur Prüfung, ob ein Betriebsbereich besteht, sind die Teilmengen für jeden gefährlichen Stoff unter Beachtung der vorstehenden Nummer 4 über den möglichen Betriebsbereich zu addieren und ist jede Einzelsumme mit den in den Spalten 4 und 5 der Stoffliste angegebenen Mengenschwellen zu vergleichen. Sind mehrere gefährliche Stoffe vorhanden, gelten zusätzlich die folgenden Regeln für das Addieren von Mengen gefährlicher Stoffe und zu bildender Quotienten:
Ein Betriebsbereich der unteren Klasse besteht, wenn die Summe
$q_1/Q_{G1} + q_2/Q_{G2} + q_3/Q_{G3} + q_4/Q_{G4} + q_5/Q_{G5} + \ldots q_x/Q_{Gx} \geq 1$ ist,
wobei q[1, 2…x] die vorhandene Menge eines gefährlichen Stoffes [1, 2…x] (oder gefährlicher Stoffe ein und derselben Gefahrenkategorie) nach der Spalte 2 der Stoffliste und Q_G[1, 2…x] die relevante Mengenschwelle eines gefährlichen Stoffes [1, 2…x] (oder gefährlicher Stoffe ein und derselben Gefahrenkategorie) nach der Spalte 4 der Stoffliste ist.

Ein Betriebsbereich der oberen Klasse besteht, wenn die Summe
$q_1/Q_{E1} + q_2/Q_{E2} + q_3/Q_{E3} + q_4/Q_{E4} + q_5/Q_{E5} + \ldots q_x/Q_{Ex} \geq 1$ ist,
wobei q[1, 2…x] die vorhandene Menge eines gefährlichen Stoffes [1, 2…x] (oder gefährlicher Stoffe ein und derselben Gefahrenkategorie) nach der Spalte 2 der Stoffliste ist und Q_E[1, 2…x] die relevante Mengenschwelle eines gefährlichen Stoffes [1, 2…x] (oder gefährlicher Stoffe ein und derselben Gefahrenkategorie) nach der Spalte 5 der Stoffliste ist.
Diese Berechnungsregeln finden unter folgenden Bedingungen Anwendung:

a) bei den unter der Nummer 2 der Stoffliste namentlich aufgeführten Stoffen und Gemischen in Mengen unter ihrer individuellen Mengenschwelle, wenn sie zusammen mit Stoffen der gleichen, unter der Nummer 1 der Stoffliste aufgeführten Gefahrenkategorie in einem Betriebsbereich vorhanden sind,
b) für das Addieren der Mengen von Stoffen und Gemischen der gleichen, unter der Nummer 1 der Stoffliste aufgeführten Gefahrenkategorie,
c) für das Addieren der Mengen von Stoffen und Gemischen der unter der Nummer 1.1 der Stoffliste aufgeführten Gefahrenkategorien, die zusammen in einem Betriebsbereich vorhanden sind,
d) für das Addieren der Mengen von Stoffen und Gemischen der unter der Nummer 1.2 der Stoffliste aufgeführten Gefahrenkategorien, die zusammen in einem Betriebsbereich vorhanden sind,
e) für das Addieren der Mengen von Stoffen und Gemischen der unter der Nummer 1.3 der Stoffliste aufgeführten Gefahrenkategorien, die zusammen in einem Betriebsbereich vorhanden sind.

6. Fällt ein unter der Nummer 2 der Stoffliste namentlich aufgeführter Stoff oder eine dort aufgeführte Gruppe von Stoffen auch unter eine unter der Nummer 1 der Stoffliste aufgeführte Gefahrenkategorie, so sind die unter der Nummer 2 der Stoffliste festgelegten Mengenschwellen in Spalte 4 und 5 anzuwenden.
7. Fallen unter der Nummer 2 der Stoffliste namentlich nicht aufgeführte Stoffe, Stoffgruppen oder Gemische unter mehr als eine der unter der Nummer 1 aufgeführten Gefahrenkategorien, so ist die jeweils niedrigste Mengenschwelle anzuwenden. Bei Anwendung der in der vorstehenden Nummer 5 festgelegten Berechnungsregeln ist jedoch stets die Mengenschwelle zu verwenden, die der jeweiligen Einstufung entspricht.
8. Gefährliche Stoffe, einschließlich Abfälle, die nicht in den Anwendungsbereich der Verordnung (EG) Nr. 1272/2008 fallen, die aber dennoch vorhanden sind oder vorhanden sein können und unter den angetroffenen Bedingungen hinsichtlich ihres Störfallpotenzials gleichwertige Eigenschaften besitzen oder besitzen können, werden vorläufig der ähnlichsten Gefahrenkategorie nach Nummer 1 der Stoffliste oder dem ähnlichsten unter Nummer 2 der Stoffliste namentlich genannten Stoffen zugeordnet.

Stoffliste

Nr.	Gefahrenkategorien gemäß Verordnung (EG) Nr. 1272/2008, namentlich genannte gefährliche Stoffe	CAS-Nr.[1)]	Mengenschwellen in kg	
			Betriebsbereiche nach	
			§ 1 Abs. 1 Satz 1	§ 1 Abs. 1 Satz 2
Spalte 1	Spalte 2	Spalte 3	Spalte 4	Spalte 5
1	**Gefahrenkategorien**			
1.1	H Gesundheitsgefahren			
1.1.1	H1 Akut toxisch, Kategorie 1 (alle Expositionswege)		5 000	20 000
1.1.2	H2 Akut toxisch, – Kategorie 2 (alle Expositionswege), – Kategorie 3		50 000	200 000

Nr.	Gefahrenkategorien gemäß Verordnung (EG) Nr. 1272/2008, namentlich genannte gefährliche Stoffe	CAS-Nr.[1]	Mengenschwellen in kg Betriebsbereiche nach § 1 Abs. 1 Satz 1	 § 1 Abs. 1 Satz 2
Spalte 1	Spalte 2	Spalte 3	Spalte 4	Spalte 5
	(inhalativer Expositionsweg, oraler Expositionsweg)[2]			
1.1.3	H3 Spezifische Zielorgan-Toxizität nach einmaliger Exposition (STOT SE), Kategorie 1		50 000	200 000
1.2	P Physikalische Gefahren			
1.2.1	P1 Explosive Stoffe/Gemische und Erzeugnisse mit Explosivstoff[3]			
1.2.1.1	P1a Explosive Stoffe/Gemische und Erzeugnisse mit Explosivstoff, – instabile explosive Stoffe und Gemische, – explosive Stoffe/Gemische und Erzeugnisse mit Explosivstoff, Unterklassen 1.1, 1.2, 1.3, 1.5 oder 1.6, – Stoffe oder Gemische mit explosiven Eigenschaften nach Methode A.14 der Verordnung (EG) Nr. 440/2008[4], die nicht den Gefahrenklassen organische Peroxide oder selbstzersetzliche Stoffe und Gemische zuzuordnen sind		10 000	50 000
1.2.1.2	P1b Explosive Stoffe/Gemische und Erzeugnisse mit Explosivstoff, Unterklasse 1.4[5]		50 000	200 000
1.2.2	P2 Entzündbare Gase, Kategorie 1 oder 2		10 000	50 000
1.2.3	P3 Aerosole			
1.2.3.1	P3a Aerosole[6] der Kategorie 1 oder 2, die entzündbare Gase der Kategorie 1 oder 2 oder entzündbare Flüssigkeiten der Kategorie 1 enthalten		150 000 (netto)	500 000 (netto)
1.2.3.2	P3b Aerosole[6] der Kategorie 1 oder 2, die weder entzündbare Gase der Kategorie 1 oder 2 noch entzündbare Flüssigkeiten der Kategorie 1 enthalten[7]		5 000 000 (netto)	50 000 000 (netto)
1.2.4	P4 Oxidierende Gase, Kategorie 1		50 000	200 000
1.2.5	P5 Entzündbare Flüssigkeiten			
1.2.5.1	P5a Entzündbare Flüssigkeiten, – entzündbare Flüssigkeiten der Kategorie 1, – entzündbare Flüssigkeiten der Kategorie 2 oder 3, die auf einer Temperatur oberhalb ihres Siedepunktes gehalten werden, – andere Flüssigkeiten mit einem Flammpunkt von ≤ 60 °C, die auf einer Temperatur oberhalb ihres Siedepunktes gehalten werden[8]		10 000	50 000
1.2.5.2	P5b Entzündbare Flüssigkeiten,		50 000	200 000

Nr.	Gefahrenkategorien gemäß Verordnung (EG) Nr. 1272/2008, namentlich genannte gefährliche Stoffe	CAS-Nr.[1]	Mengenschwellen in kg Betriebsbereiche nach § 1 Abs. 1 Satz 1	 § 1 Abs. 1 Satz 2
Spalte 1	Spalte 2	Spalte 3	Spalte 4	Spalte 5
	– entzündbare Flüssigkeiten der Kategorie 2 oder 3, bei denen besondere Verarbeitungsbedingungen wie hoher Druck oder hohe Temperatur zu Störfallgefahren führen können, – andere Flüssigkeiten mit einem Flammpunkt von ≤ 60 °C, bei denen besondere Verarbeitungsbedingungen wie hoher Druck oder hohe Temperatur zu Störfallgefahren führen können[8]			
1.2.5.3	P5c Entzündbare Flüssigkeiten der Kategorien 2 oder 3, nicht erfasst unter P5a und P5b		5 000 000	50 000 000
1.2.6	P6 Selbstzersetzliche Stoffe und Gemische oder organische Peroxide			
1.2.6.1	P6a Selbstzersetzliche Stoffe und Gemische, Typ A oder B, oder organische Peroxide, Typ A oder B		10 000	50 000
1.2.6.2	P6b Selbstzersetzliche Stoffe und Gemische, Typ C, D, E oder F, oder organische Peroxide, Typ C, D, E oder F		50 000	200 000
1.2.7	P7 Pyrophore Flüssigkeiten, Kategorie 1, oder pyrophore Feststoffe, Kategorie 1		50 000	200 000
1.2.8	P8 Oxidierende Flüssigkeiten, Kategorie 1, 2 oder 3, oder oxidierende Feststoffe, Kategorie 1, 2 oder 3		50 000	200 000
1.3	E Umweltgefahren			
1.3.1	E1 Gewässergefährdend, Kategorie Akut 1 oder Chronisch 1		100 000	200 000
1.3.2	E2 Gewässergefährdend, Kategorie Chronisch 2		200 000	500 000
1.4	O Andere Gefahren			
1.4.1	O1 Stoffe oder Gemische mit dem Gefahrenhinweis EUH014		100 000	500 000
1.4.2	O2 Stoffe oder Gemische, die in Berührung mit Wasser entzündbare Gase entwickeln, Kategorie 1		100 000	500 000
1.4.3	O3 Stoffe oder Gemische mit dem Gefahrenhinweis EUH029		50 000	200 000
2	**Namentlich genannte gefährliche Stoffe**			
2.1	Verflüssigte entzündbare Gase, Kategorie 1 oder 2, (einschließlich Flüssiggas) und Erdgas[9]		50 000	200 000

Nr.	Gefahrenkategorien gemäß Verordnung (EG) Nr. 1272/2008, namentlich genannte gefährliche Stoffe	CAS-Nr.[1)]	Mengenschwellen in kg Betriebsbereiche nach	
			§ 1 Abs. 1 Satz 1	§ 1 Abs. 1 Satz 2
Spalte 1	Spalte 2	Spalte 3	Spalte 4	Spalte 5
2.2	Folgende krebserzeugende Stoffe oder Gemische, die diese Stoffe in Konzentrationen von über 5 Gewichtsprozent enthalten; die Mengenschwellen in Spalte 4 und 5 gelten für die Summe aller im Betriebsbereich vorhandenen Stoffe und Gemische nach den Nummern 2.2.1 bis 2.2.17:		500	2 000
2.2.1	4-Aminobiphenyl und/oder seine Salze	92-67-1		
2.2.2	Benzidin und/oder seine Salze	92-87-5		
2.2.3	Benzotrichlorid	98-07-7		
2.2.4	Bis(chlormethyl)ether	542-88-1		
2.2.5	Chlormethylmethylether	107-30-2		
2.2.6	1,2-Dibrom-3-chlorpropan	96-12-8		
2.2.7	1,2-Dibromethan	106-93-4		
2.2.8	Diethylsulfat	64-67-5		
2.2.9	N,N-Dimethylcarbamoylchlorid	79-44-7		
2.2.10	1,2-Dimethylhydrazin	540-73-8		
2.2.11	N,N-Dimethylnitrosamin	62-75-9		
2.2.12	Dimethylsulfat	77-78-1		
2.2.13	Hexamethylphosphorsäuretriamid (HMPT)	680-31-9		
2.2.14	Hydrazin	302-01-2		
2.2.15	2-Naphthylamin und/oder seine Salze	91-59-8		
2.2.16	4-Nitrobiphenyl	92-93-3		
2.2.17	1,3-Propansulton	1120-71-4		
2.3	Erdölerzeugnisse und alternative Kraftstoffe; die Mengenschwellen in Spalte 4 und 5 gelten für die Summe aller im Betriebsbereich vorhandenen Stoffe und Gemische nach den Nummern 2.3.1 bis 2.3.5:		2 500 000	25 000 000
2.3.1	Ottokraftstoffe und Naphtha			
2.3.2	Kerosine (einschließlich Flugturbinenkraftstoffe)			
2.3.3	Gasöle (einschließlich Dieselkraftstoffe, leichtes Heizöl und Gasölmischströme)			
2.3.4	Schweröle			
2.3.5	Alternative Kraftstoffe, die denselben Zwecken dienen wie die unter den Nummern 2.3.1 bis 2.3.4 genannten Erzeugnisse und ähnliche Eigenschaften in Bezug auf Entzündbarkeit und Umweltgefährdung aufweisen			
2.4	Acetylen	74-86-2	5 000	50 000
2.5	Ammoniak, wasserfrei	7664-41-7	50 000	200 000
2.6	Ammoniumnitrat	6484-52-2		
2.6.1	Ammoniumnitrat[10)]		5 000 000	10 000 000
2.6.2	Ammoniumnitrat[11)]		1 250 000	5 000 000
2.6.3	Ammoniumnitrat[12)]		350 000	2 500 000

Nr.	Gefahrenkategorien gemäß Verordnung (EG) Nr. 1272/2008, namentlich genannte gefährliche Stoffe	CAS-Nr.[1)]	Mengenschwellen in kg Betriebsbereiche nach	
			§ 1 Abs. 1 Satz 1	§ 1 Abs. 1 Satz 2
Spalte 1	Spalte 2	Spalte 3	Spalte 4	Spalte 5
2.6.4	Ammoniumnitrat[13)]		10 000	50 000
2.7	Arsen(V)oxid, Arsen(V)säure und/oder ihre Salze		1 000	2 000
2.8	Arsen(III)oxid, Arsen(III)säure und/oder ihre Salze			100
2.9	Arsenwasserstoff (Arsin)	7784-42-1	200	1 000
2.10	Bis(2-dimethylaminoethyl)-methylamin	3030-47-5	50 000	200 000
2.11	Bleialkylverbindungen		5 000	50 000
2.12	Bortrifluorid	7637-07-2	5 000	20 000
2.13	Brom	7726-95-6	20 000	100 000
2.14	1-Brom-3-chlorpropan[14)]	109-70-6	500 000	2 000 000
2.15	tert-Butylacrylat[14)]	1663-39-4	200 000	500 000
2.16	Chlor	7782-50-5	10 000	25 000
2.17	Chlorwasserstoff (verflüssigtes Gas)	7647-01-0	25 000	250 000
2.18	Ethylenimin (Aziridin)	151-56-4	10 000	20 000
2.19	Ethylenoxid	75-21-8	5 000	50 000
2.20	3-(2-Ethylhexyloxy)propylamin	5397-31-9	50 000	200 000
2.21	Fluor	7782-41-4	10 000	20 000
2.22	Formaldehyd (≥ 90 Gew.-%)	50-00-0	5 000	50 000
2.23	Kaliumnitrat	7757-79-1		
2.23.1	Kaliumnitrat[15)]		5 000 000	10 000 000
2.23.2	Kaliumnitrat[16)]		1 250 000	5 000 000
2.24	Methanol	67-56-1	500 000	5 000 000
2.25	Methylacrylat[14)]	96-33-3	500 000	2 000 000
2.26	2-Methyl-3-butennitril[14)]	16529-56-9	500 000	2 000 000
2.27	4,4′-Methylen-bis(2-chloranilin) (MOCA) und/oder seine Salze, pulverförmig	101-14-4		10
2.28	Methylisocyanat	624-83-9		150
2.29	3-Methylpyridin[14)]	108-99-6	500 000	2 000 000
2.30	Natriumhypochlorit-Gemische[1)], die als gewässergefährdend – akut 1 [H400] eingestuft sind und weniger als 5 % Aktivchlor enthalten und in keine der anderen Gefahrenkategorien dieser Stoffliste eingestuft sind		200 000	500 000

[1)] **Amtl. Anm.:** Vorausgesetzt, das Gemisch wäre ohne Natriumhypochlorit nicht als gewässergefährdend – akut 1 [H400] eingestuft

Nr.	Gefahrenkategorien gemäß Verordnung (EG) Nr. 1272/2008, namentlich genannte gefährliche Stoffe	CAS-Nr.[1]	Mengenschwellen in kg	
			Betriebsbereiche nach	
			§ 1 Abs. 1 Satz 1	§ 1 Abs. 1 Satz 2
Spalte 1	Spalte 2	Spalte 3	Spalte 4	Spalte 5
2.31	Einatembare pulverförmige Nickelverbindungen (Nickelmonoxid, Nickeldioxid, Nickelsulfid, Trinickeldisulfid, Dinickeltrioxid)			1 000
2.32	Carbonyldichlorid (Phosgen)	75-44-5	300	750
2.33	Phosphorwasserstoff (Phosphin)	7803-51-2	200	1 000
2.34	Piperidin	110-89-4	50 000	200 000
2.35	Polychlordibenzofurane und Polychlordibenzodioxine (einschließlich TCDD), in TCDD-Äquivalenten berechnet[17]			1
2.36	Propylamin[14]	107-10-8	500 000	2 000 000
2.37	Propylenoxid (1,2-Epoxypropan)	75-56-9	5 000	50 000
2.38	Sauerstoff	7782-44-7	200 000	2 000 000
2.39	Schwefeldichlorid	10545-99-0		1 000
2.40	Schwefeltrioxid	7446-11-9	15 000	75 000
2.41	Schwefelwasserstoff	7783-06-4	5 000	20 000
2.42	Tetrahydro-3,5-dimethyl-1,3,5-thiadiazin-2-thion (Dazomet)[14]	533-74-4	100 000	200 000
2.43	Toluylendiisocyanat (TDI); die Mengenschwellen in Spalte 4 und 5 gelten für die Summe aller im Betriebsbereich vorhandenen Stoffe und Gemische nach den Nummern 2.43.1 bis 2.43.3:		10 000	100 000
2.43.1	2,4-Toluylendiisocyanat	584-84-9		
2.43.2	2,6-Toluylendiisocyanat	91-08-7		
2.43.3	TDI-Gemische			
2.44	Wasserstoff	1333-74-0	5 000	50 000

Fußnoten zur Stoffliste

1) Registriernummer des Chemical Abstracts Service.

2) Gefährliche Stoffe, die unter „akut toxisch, Kategorie 3, oral" (H 301) fallen, fallen unter den Eintrag „H2 Akut Toxisch", wenn sich weder eine Einstufung in akute Inhalationstoxizität noch eine Einstufung in akute dermale Toxizität ableiten lässt, etwa weil schlüssige Daten zur Inhalations- und zur dermalen Toxizität fehlen.

3) Die Gefahrenklasse „Explosive Stoffe/Gemische und Erzeugnisse mit Explosivstoff" umfasst Erzeugnisse mit Explosivstoff (siehe Anhang I Abschnitt 2.1 der Verordnung (EG) Nr. 1272/2008). Ist die Menge des explosiven Stoffs oder explosiven Gemisches in dem Erzeugnis bekannt, ist diese Menge für die Zwecke dieser Verordnung zu beachten. Ist die Menge des explosiven Stoffs oder explosiven Gemisches in dem Erzeugnis unbekannt, ist für die Zwecke dieser Verordnung das gesamte Erzeugnis als explosiv zu betrachten.

4) Die Prüfung auf explosive Eigenschaften von Stoffen und Gemischen ist nur erforderlich, wenn das Screening-Verfahren nach Anhang 6 Teil 3 der Empfehlungen der Vereinten Nationen für die Beförderung gefährlicher Güter, Handbuch über Prüfungen und Kriterien (im Folgenden „UN-

Handbuch über Prüfungen und Kriterien“) bei dem Stoff oder dem Gemisch mögliche explosive Eigenschaften nachweist.
Weitere Hinweise zur Befreiung von der Prüfung finden sich in der Beschreibung der Methode A.14 in der Verordnung (EG) Nr. 440/2008 der Kommission vom 30. Mai 2008 zur Festlegung von Prüfmethoden gemäß der Verordnung (EG) Nr. 1907/2006 des Europäischen Parlaments und des Rates zur Registrierung, Bewertung, Zulassung und Beschränkung chemischer Stoffe (REACH) (ABl. L 142 vom 31.5.2008, S. 1), die zuletzt durch die Verordnung (EU) Nr. 900/2014 (ABl. L 247 vom 21.8.2014, S. 1) geändert worden ist.

5) Werden explosive Stoffe/Gemische und Erzeugnisse mit Explosivstoff der Unterklasse 1.4 aus ihrer Verpackung entfernt oder wiederverpackt, werden sie unter Eintrag P1a eingestuft, es sei denn, die Gefahr entspricht nachweislich nach wie vor der Unterklasse 1.4 im Sinne der Verordnung (EG) Nr. 1272/2008.

6) Entzündbare Aerosole sind im Sinne der Richtlinie 75/324/EWG des Rates vom 20. Mai 1975 zur Angleichung der Rechtsvorschriften der Mitgliedstaaten über Aerosolpackungen (ABl. L 147 vom 9.6.1975, S. 40), die zuletzt durch die Richtlinie 2013/10/EU (ABl. L 77 vom 20.3.2013, S. 20) geändert worden ist, einzustufen. Die Kategorien „extrem entzündbar“ und „entzündbar“ für Aerosole gemäß Richtlinie 75/324/EWG entsprechen den Gefahrenkategorien „Aerosole, Kategorie 1 bzw. 2“ der Verordnung (EG) Nr. 1272/2008.

7) Um diesen Eintrag zu nutzen, darf die Aerosolpackung nachweislich weder ein entzündbares Gas der Kategorie 1 oder 2 noch eine entzündbare Flüssigkeit der Kategorie 1 enthalten.

8) Gemäß Anhang I Abschnitt 2.6.4.5 der Verordnung (EG) Nr. 1272/2008 müssen Flüssigkeiten mit einem Flammpunkt über 35 °C nicht in die Kategorie 3 eingestuft werden, wenn die Prüfung L.2 zur Bestimmung der selbstunterhaltenden Verbrennung nach dem UN-Handbuch über Prüfungen und Kriterien, Teil III Abschnitt 32, negativ ausgefallen ist. Da dies allerdings nicht bei veränderten Bedingungen wie einer hohen Temperatur oder Hochdruck gilt, sind solche Flüssigkeiten in diesem Eintrag eingeschlossen.

9) Aufbereitetes Biogas
Zur Umsetzung dieser Verordnung kann aufbereitetes Biogas unter Nummer 2.1 der Stoffliste dieses Anhangs eingestuft werden, wenn es nach anwendbaren Standards für gereinigtes und aufbereitetes Biogas aufbereitet wurde, sodass eine dem Erdgas äquivalente Qualität, einschließlich des Methangehalts, gewährleistet ist, und das Biogas höchstens 1 % Sauerstoff enthält.

10) Ammoniumnitrat (5 000 000/10 000 000): Düngemittel, die zu einer selbstunterhaltenden Zersetzung fähig sind
Dies gilt für Ammoniumnitrat-Mischdünger/Volldünger (Mischdünger/Volldünger enthalten Ammoniumnitrat mit Phosphat und/oder Pottasche), bei denen der von Ammoniumnitrat abgeleitete Stickstoffgehalt
– gewichtsmäßig zwischen 15,75 % und 24,5 % beträgt und die entweder insgesamt höchstens 0,4 % brennbaren organischen Materials enthalten oder die Anforderungen des Anhangs III-2 der Verordnung (EG) Nr. 2003/2003 des Europäischen Parlaments und des Rates vom 13. Oktober 2003 über Düngemittel (ABl. L 304 vom 21.11.2003, S. 1), die zuletzt durch die Verordnung (EU) 2016/1618 (ABl. L 242 vom 9.9.2016, S. 24) geändert worden ist, erfüllen,
– gewichtsmäßig höchstens 15,75 % beträgt und brennbares Material keiner Begrenzung unterliegt,

und die nach der Trogprüfung der Vereinten Nationen (siehe „UN-Handbuch über Prüfungen und Kriterien“, Teil III Unterabschnitt 38.2) zu einer selbstunterhaltenden Zersetzung fähig sind.
Ein von Ammoniumnitrat abgeleiteter Stickstoffgehalt von gewichtsmäßig 15,75 % entspricht 45 % Ammoniumnitrat.
Ein von Ammoniumnitrat abgeleiteter Stickstoffgehalt von gewichtsmäßig 24,5 % entspricht 70 % Ammoniumnitrat.
Unter diese Eintragung fallen alle ammoniumnitrathaltigen Zubereitungen, die gemäß Anhang I Nummer 5 der Gefahrstoffverordnung der Gruppe B zugeordnet sind.

11) Ammoniumnitrat (1 250 000/5 000 000): Düngemittelqualität
Dies gilt für reine Ammoniumnitrat-Düngemittel und für Ammoniumnitrat-Mischdünger/Volldünger, die die Anforderungen des Anhangs III-2 der Verordnung (EG) Nr. 2003/2003 erfüllen und bei denen der von Ammoniumnitrat abgeleitete Stickstoffgehalt
– gewichtsmäßig größer als 24,5 % (vgl. Fußnote 10 Satz 3) ist, ausgenommen Gemische von reinen Ammoniumnitrat-Düngemitteln und Dolomit, Kalkstein und/oder Calciumcarbonat mit einem Reinheitsgrad von mindestens 90 %,

- bei Gemischen von Ammoniumnitrat und Ammoniumsulfat gewichtsmäßig größer als 15,75 % (vgl. Fußnote 10 Satz 2) ist,
- bei Gemischen von reinen Ammoniumnitrat-Düngemitteln und Dolomit, Kalkstein und/oder Calciumcarbonat mit einem Reinheitsgrad von mindestens 90 % gewichtsmäßig größer als 28 % ist.

Ein von Ammoniumnitrat abgeleiteter Stickstoffgehalt von gewichtsmäßig 28 % entspricht 80 % Ammoniumnitrat.
Unter diese Eintragung fallen Düngemittel, die gemäß Anhang I Nummer 5 der Gefahrstoffverordnung der Gruppe A zugeordnet sind und die den Detonationstest bestehen.

12) Ammoniumnitrat (350 000/2 500 000): Technische Qualität
Dies gilt für Ammoniumnitrat und Gemische von Ammoniumnitrat, bei denen der von Ammoniumnitrat abgeleitete Stickstoffgehalt

- gewichtsmäßig zwischen 24,5 % (vgl. Fußnote 10 Satz 3) und 28 % (vgl. Fußnote 11 Satz 2) beträgt und die höchstens 0,4 % brennbarer Stoffe enthalten,
- gewichtsmäßig größer als 28 % (vgl. Fußnote 11 Satz 2) ist und die höchstens 0,2 % brennbarer Stoffe enthalten.

Dies gilt auch für wässrige Lösungen von Ammoniumnitrat, bei denen die Konzentration von Ammoniumnitrat gewichtsmäßig größer als 80 % ist.
Unter diese Eintragung fallen alle ammoniumnitrathaltigen Gemische, die gemäß Anhang I Nummer 5 der Gefahrstoffverordnung der Gruppe A I, D IV und E zugeordnet sind.

13) Ammoniumnitrat (10 000/50 000): Nicht spezifikationsgerechtes Material („Off-Specs") und Düngemittel, die den Detonationstest nicht bestehen
Dies gilt für

- zurückgewiesenes Material aus dem Produktionsprozess und für Ammoniumnitrat und Gemische von Ammoniumnitrat, reine Ammoniumnitrat-Düngemittel und Ammoniumnitrat-Mischdünger/Volldünger gemäß den Fußnoten 11 und 12, die vom Endverbraucher an einen Hersteller, eine Anlage zur vorübergehenden Lagerung oder eine Wiederaufarbeitungsanlage zum Zwecke der Aufarbeitung, Wiederverwertung oder Behandlung zur sicheren Verwendung zurückgegeben werden oder wurden, weil sie den Anforderungen der Fußnoten 11 und 12 nicht mehr entsprechen,
- Düngemittel gemäß der Fußnote 10 erster Gedankenstrich und der Fußnote 11, die den Anforderungen des Anhangs III-2 der Verordnung (EG) Nr. 2003/2003 nicht entsprechen.

Neben den im ersten Gedankenstrich genannten Produkten fallen unter diese Eintragung alle Düngemittel, die den Detonationstest nicht bestehen, und ammoniumnitrathaltige Gemische, die keiner der Rahmenzusammensetzungen der Nummer 5.3 (Tabelle 1) des Anhangs I der Gefahrstoffverordnung zuzuordnen sind bzw. die die Anforderungen der Nummer 5.3 Absatz 5, 6 und 7 des Anhangs I der Gefahrstoffverordnung nicht erfüllen und deren Gefährlichkeitsmerkmale nicht durch Gutachten der Bundesanstalt für Materialforschung und prüfung gemäß Nummer 5.3 Absatz 8 des Anhangs I der Gefahrstoffverordnung festgestellt wurden.

14) Wenn dieser gefährliche Stoff auch unter Nummer 1.2.5.1 (P5a Entzündbare Flüssigkeiten) oder Nummer 1.2.5.2 (P5b Entzündbare Flüssigkeiten) der Stoffliste fällt, finden für die Zwecke dieser Verordnung die niedrigsten Mengenschwellen Anwendung.

15) Kaliumnitrat (5 000 000/10 000 000): Mehrnährstoffdünger in geprillter oder granulierter Form auf der Basis von Kaliumnitrat
Bei Düngemitteln, die Kaliumnitrat und Ammoniumsalze enthalten, sind alle Nitrationen, für die ein Äquivalent Ammoniumionen vorhanden ist, als Ammoniumnitrat zu rechnen. Auf der Grundlage des berechneten Ammoniumnitratgehalts sind entsprechende Eintragungen für Ammoniumnitrat und die Regelungen der Gefahrstoffverordnung zu verwenden.

16) Kaliumnitrat (1 250 000/5 000 000): Mehrnährstoffdünger in kristalliner Form auf der Basis von Kaliumnitrat
Bei Düngemitteln, die Kaliumnitrat und Ammoniumsalze enthalten, sind alle Nitrationen, für die ein Äquivalent Ammoniumionen vorhanden ist, als Ammoniumnitrat zu behandeln. Auf der Grundlage des berechneten Ammoniumnitratgehalts sind die entsprechenden Eintragungen für Ammoniumnitrat zu verwenden und die Regelungen der Gefahrstoffverordnung anzuwenden.

17) Die Berechnung der Mengen von Polychlordibenzofuranen und Polychlordibenzodioxinen erfolgt auf Grund der nachstehend aufgeführten Äquivalenzfaktoren:

<table>
<tr><th colspan="4">WHO-Toxizitätsäquivalenzfaktor (TEF) 2005</th></tr>
<tr><th colspan="2">Polychlordibenzodioxine</th><th colspan="2">Polychlordibenzofurane</th></tr>
<tr><td>2,3,7,8-TCDD</td><td>1</td><td>2,3,7,8-TCDF</td><td>0,1</td></tr>
<tr><td>1,2,3,7,8-PeCDD</td><td>1</td><td>2,3,4,7,8-PeCDF</td><td>0,3</td></tr>
<tr><td></td><td></td><td>1,2,3,7,8-PeCDF</td><td>0,03</td></tr>
<tr><td>1,2,3,4,7,8-HxCDD</td><td rowspan="3">0,1</td><td>1,2,3,4,7,8-HxCDF</td><td rowspan="4">0,1</td></tr>
<tr><td>1,2,3,6,7,8-HxCDD</td><td>1,2,3,7,8,9-HxCDF</td></tr>
<tr><td>1,2,3,7,8,9-HxCDD</td><td>1,2,3,6,7,8-HxCDF</td></tr>
<tr><td></td><td></td><td>2,3,4,6,7,8-HxCDF</td></tr>
<tr><td>1,2,3,4,6,7,8-HpCDD</td><td>0,01</td><td>1,2,3,4,6,7,8-HpCDF</td><td rowspan="2">0,01</td></tr>
<tr><td></td><td></td><td>1,2,3,4,7,8,9-HpCDF</td></tr>
<tr><td>OCDD</td><td>0,0003</td><td>OCDF</td><td>0,0003</td></tr>
</table>

(T = tetra, Pe = penta, Hx = hexa, Hp = hepta, O = octa)
Referenz: Van den Berg et al.: The 2005 World Health Organization Re-evaluation of Human and Mammalian Toxic Equivalency Factors for Dioxins and Dioxin-like Compounds.

Anhang II. Mindestangaben im Sicherheitsbericht

I. Informationen über das Managementsystem und die Betriebsorganisation im Hinblick auf die Verhinderung von Störfällen

Diese Informationen müssen die in Anhang III aufgeführten Punkte abdecken.

II. Umfeld des Betriebsbereichs

1. Beschreibung des Betriebsbereichs und seines Umfelds einschließlich der geographischen Lage, der meteorologischen, geologischen und hydrographischen Daten sowie gegebenenfalls der Vorgeschichte des Betriebsbereichs.
2. Verzeichnis der Anlagen und Tätigkeiten innerhalb des Betriebsbereichs, bei denen die Gefahr eines Störfalls bestehen kann.
3. Auf der Grundlage verfügbarer Informationen Verzeichnis benachbarter Betriebsbereiche und Betriebsstätten, die nicht in den Geltungsbereich der Verordnung fallen, sowie Bereiche und Entwicklungen außerhalb des Betriebsbereichs, die einen Störfall verursachen oder die Wahrscheinlichkeit des Eintritts eines Störfalls erhöhen oder die Auswirkungen eines Störfalls und von Domino-Effekten verschlimmern können.
4. Beschreibung der Bereiche, die von einem Störfall betroffen werden könnten.

III. Beschreibung der Anlagen des Betriebsbereichs

1. Beschreibung der wichtigsten Tätigkeiten und Produkte der sicherheitsrelevanten Teile des Betriebsbereichs, der Gefahrenquellen, die zu Störfällen führen könnten, sowie der Bedingungen, unter denen der jeweilige Störfall eintreten könnte, und Beschreibung der vorgesehenen Maßnahmen zur Verhinderung von Störfällen.
2. Beschreibung der Verfahren, insbesondere der Verfahrensabläufe, unter Verwendung von Fließbildern; gegebenenfalls Berücksichtigung verfügbarer Informationen über bewährte Verfahren.
3. Beschreibung der gefährlichen Stoffe:
   a) Verzeichnis der gefährlichen Stoffe, das Folgendes umfasst:
      – Angaben zur Feststellung der gefährlichen Stoffe: Angabe ihrer chemischen Bezeichnung, CAS-Nummer, Bezeichnung nach der IUPAC-Nomenklatur,
      – Höchstmenge der vorhandenen gefährlichen Stoffe oder der gefährlichen Stoffe, die vorhanden sein können;

b) physikalische, chemische und toxikologische Merkmale sowie Angabe der sich auf die menschliche Gesundheit oder die Umwelt unmittelbar oder später auswirkenden Gefahren;

c) physikalisches und chemisches Verhalten unter normalen Einsatzbedingungen oder bei vorhersehbaren Störungen.

IV. Ermittlung und Analyse der Risiken von Störfällen und Mittel zur Verhinderung solcher Störfälle

1. Eingehende Beschreibung der Szenarien möglicher Störfälle nebst ihrer Wahrscheinlichkeit oder den Bedingungen für ihr Eintreten, einschließlich einer Zusammenfassung der Vorfälle, die für das Eintreten jedes dieser Szenarien ausschlaggebend sein könnten, unabhängig davon, ob die Ursachen hierfür innerhalb oder außerhalb des Betriebsbereichs liegen, insbesondere unter Berücksichtigung:

   a) betrieblicher Gefahrenquellen,

   b) umgebungsbedingter Gefahrenquellen, z.B. Erdbeben, Hochwasser oder Einwirkungen,[1] die von benachbarten Betriebsbereichen oder Betriebsstätten ausgehen können,

   c) Eingriffe Unbefugter und

   d) anderer Bereiche und Entwicklungen, die einen Störfall verursachen, die Wahrscheinlichkeit des Eintritts eines Störfalls erhöhen oder Auswirkungen eines Störfalls verschlimmern können.

2. Abschätzung des Ausmaßes und der Schwere der Folgen der ermittelten Störfälle, einschließlich Karten, Bilder oder gegebenenfalls entsprechender Beschreibungen, aus denen die Bereiche ersichtlich sind, die von derartigen Störfällen betroffen sein können.

3. Bewertung vergangener Ereignisse im Zusammenhang mit den gleichen Stoffen und Verfahren, Berücksichtigung der daraus gezogenen Lehren und ausdrückliche Bezugnahme auf die jeweiligen Maßnahmen, die ergriffen wurden, um entsprechende Ereignisse zu verhindern.

4. Beschreibung der technischen Parameter sowie Ausrüstungen zur Sicherung der Anlagen.

V. Schutz- und Notfallmaßnahmen zur Begrenzung der Auswirkungen von Störfällen

1. Beschreibung der Einrichtungen, die in der Anlage zur Begrenzung der Auswirkungen von Störfällen vorhanden sind, beispielsweise Melde-/Schutzsysteme und technische Vorrichtungen zur Begrenzung von ungeplanten Stofffreisetzungen, einschließlich Berieselungsanlagen, Dampfabschirmung, Auffangvorrichtungen oder -behälter, Notabsperrventilen, Inertisierungssystemen, Löschwasserrückhaltung.

2. Alarmplan und Organisation der Notfallmaßnahmen.

3. Beschreibung der Mittel, die innerhalb oder außerhalb des Betriebsbereichs für den Notfall zur Verfügung stehen.

4. Beschreibung technischer und nicht technischer Maßnahmen, die für die Begrenzung der Auswirkungen eines Störfalls von Bedeutung sind.

Anhang III. Sicherheitsmanagementsystem

1. Das Sicherheitsmanagementsystem ist den Gefahren, Tätigkeiten und der Komplexität der Betriebsorganisation angemessen und beruht auf einer Risikobeurteilung. In das Sicherheitsmanagementsystem ist derjenige Teil des allgemeinen Managementsystems einzugliedern, zu dem Organisationsstruktur, Verantwortungsbereiche, Handlungsweisen, Verfahren, Prozesse und Mittel gehören, also die für die Festlegung und Anwendung des Konzepts zur Verhinderung von Störfällen relevanten Punkte. Insbesondere bei bereits nach § 32 des Umweltauditgesetzes EMAS-registrierten Standorten kann auf deren Managementstrukturen und Vorgehensweisen aufgesetzt werden.

2. Folgende Punkte werden durch das Sicherheitsmanagementsystem geregelt:

   a) Organisation und Personal
   Aufgaben und Verantwortungsbereiche des für die Verhinderung von Störfällen und die Begrenzung ihrer Auswirkungen vorgesehenen Personals auf allen Organisationsebenen; Maßnahmen, die zur Sensibilisierung für die Notwendigkeit ständiger Verbesserungen ergriffen werden. Ermittlung des entsprechenden Ausbildungs- und Schulungsbedarfs sowie Durchführung der

[1] Zeichensetzung nichtamtlich.

erforderlichen Ausbildungs- und Schulungsmaßnahmen. Einbeziehung der Beschäftigten des Betriebsbereichs sowie des im Betriebsbereich beschäftigten Personals von Subunternehmen, soweit dies unter dem Gesichtspunkt der Sicherheit relevant ist.

b) Ermittlung und Bewertung der Gefahren von Störfällen
Festlegung und Anwendung von Verfahren zur systematischen Ermittlung der Gefahren von Störfällen bei bestimmungsgemäßem und nicht bestimmungsgemäßem Betrieb, einschließlich von Tätigkeiten, die als Unteraufträge vergeben sind, sowie Abschätzung der Wahrscheinlichkeit und der Schwere solcher Störfälle.

c) Überwachung des Betriebs
Festlegung und Anwendung von Verfahren und Anweisungen für den sicheren Betrieb, einschließlich der Wartung der Anlagen, für Verfahren und Einrichtung sowie für Alarmmanagement und zeitlich begrenzte Unterbrechungen. Berücksichtigung verfügbarer Informationen über bewährte Verfahren zur Überwachung und Prüfung, um die Wahrscheinlichkeit von Systemausfällen zu verringern. Betrachtung und Beherrschung der durch Alterung oder Korrosion von Anlagenteilen im Betriebsbereich entstehenden Risiken.
Dokumentation der Anlagenteile im Betriebsbereich, verbunden mit einer Strategie und Methodik zur Überwachung und Prüfung des Zustands dieser Anlagenteile. Gegebenenfalls Festlegung von erforderlichen Gegenmaßnahmen und angemessenen Folgemaßnahmen.

d) Sichere Durchführung von Änderungen
Festlegung und Anwendung von Verfahren zur Planung von Änderungen bestehender Anlagen oder Verfahren oder zur Auslegung einer neuen Anlage oder eines neuen Verfahrens.

e) Planung für Notfälle
Festlegung und Anwendung von Verfahren zur Ermittlung vorhersehbarer Notfälle auf Grund einer systematischen Analyse und zur Erstellung, Erprobung und Überprüfung der Alarm- und Gefahrenabwehrpläne, um in Notfällen angemessen reagieren und um dem betroffenen Personal eine spezielle Ausbildung erteilen zu können. Diese Ausbildung muss allen Beschäftigten des Betriebsbereichs, einschließlich des relevanten Personals von Subunternehmen, erteilt werden.

f) Überwachung der Leistungsfähigkeit des Sicherheitsmanagementsystems
Festlegung und Anwendung von Verfahren zur ständigen Bewertung der Erreichung der Ziele, die der Betreiber im Rahmen des Konzepts zur Verhinderung von Störfällen und des Sicherheitsmanagementsystems festgelegt hat, sowie Einrichtung von Mechanismen zur Untersuchung und Korrektur bei Nichterreichung dieser Ziele. Die Verfahren umfassen das System für die Meldung von Ereignissen, insbesondere von solchen, bei denen Schutzmaßnahmen versagt haben, sowie die entsprechenden Untersuchungen und Folgemaßnahmen, bei denen einschlägige Erfahrungen und Erkenntnisse aus innerbetrieblichen und außerbetrieblichen Ereignissen zugrunde zu legen sind. Die Verfahren können auch Leistungsindikatoren wie sicherheitsbezogene Leistungsindikatoren und andere relevante Indikatoren beinhalten.

g) Systematische Überprüfung und Bewertung
Festlegung und Anwendung von Verfahren zur regelmäßigen systematischen Bewertung des Konzepts zur Verhinderung von Störfällen und der Wirksamkeit und Angemessenheit des Sicherheitsmanagementsystems. Von der Leitung des Betriebsbereichs entsprechend dokumentierte Überprüfung der Leistungsfähigkeit des bestehenden Konzepts und des Sicherheitsmanagementsystems sowie seine Aktualisierung, einschließlich der Erwägung und Einarbeitung notwendiger Änderungen gemäß der systematischen Überprüfung und Bewertung.

Anhang IV. Informationen in den Alarm- und Gefahrenabwehrplänen

1. Namen oder betriebliche Stellung der Personen, die zur Einleitung von Sofortmaßnahmen ermächtigt sind, sowie der Person, die für die Durchführung und Koordinierung der Abhilfemaßnahmen auf dem Gelände des Betriebsbereichs verantwortlich ist.
2. Name oder betriebliche Stellung der Person, die für die Verbindung zu der für die externen Alarm- und Gefahrenabwehrpläne zuständigen Behörde verantwortlich ist.
3. Für vorhersehbare Umstände oder Vorfälle, die für das Auslösen eines Störfalls ausschlaggebend sein können, in jedem Einzelfall eine Beschreibung der Maßnahmen, die zur Kontrolle dieser Umstände bzw. dieser Vorfälle sowie zur Begrenzung der Auswirkungen zu treffen sind, sowie eine Beschreibung der zur Verfügung stehenden Sicherheitsausrüstungen und Einsatzmittel.

4. Vorkehrungen zur Begrenzung der Risiken für Personen auf dem Gelände des Betriebsbereichs, einschließlich Angaben über die Art der Alarmierung sowie das von den Personen bei Alarm erwartete Verhalten.
5. Vorkehrungen zur frühzeitigen Warnung der für die Einleitung der in den externen Alarm- und Gefahrenabwehrplänen vorgesehenen Maßnahmen zuständigen Behörde, Art der Informationen, die bei der ersten Meldung mitzuteilen sind, sowie Vorkehrungen zur Übermittlung von detaillierteren Informationen, sobald diese verfügbar sind.
6. Vorkehrungen zur Ausbildung und Schulung des Personals in den Aufgaben, deren Wahrnehmung von ihm erwartet wird, sowie gegebenenfalls zur Koordinierung dieser Ausbildung und Schulung mit externen Notfall- und Rettungsdiensten.
7. Vorkehrungen zur Unterstützung von Abhilfemaßnahmen außerhalb des Geländes des Betriebsbereichs.

Anhang V. Information der Öffentlichkeit

Teil 1: Informationen zu Betriebsbereichen der unteren und der oberen Klasse

1. Name oder Firma des Betreibers und vollständige Anschrift des Betriebsbereichs.
2. Bestätigung, dass der Betriebsbereich den Vorschriften dieser Verordnung unterliegt und dass der zuständigen Behörde die Anzeige nach § 7 Absatz 1 und bei Betriebsbereichen der oberen Klasse der Sicherheitsbericht nach § 9 Absatz 1 vorgelegt wurde.
3. Verständlich abgefasste Erläuterung der Tätigkeiten im Betriebsbereich.
4. Gebräuchliche Bezeichnungen oder – bei gefährlichen Stoffen im Sinne der Stoffliste in Anhang I Nummer 1 – generische Bezeichnung oder Gefahreneinstufung der im Betriebsbereich vorhandenen relevanten gefährlichen Stoffe, von denen ein Störfall ausgehen könnte, sowie Angabe ihrer wesentlichen Gefahreneigenschaften in einfachen Worten.
5. Allgemeine Informationen darüber, wie die betroffene Bevölkerung erforderlichenfalls gewarnt wird; angemessene Informationen über das Verhalten bei einem Störfall oder Hinweis, wo diese Informationen elektronisch zugänglich sind.
6. Datum der letzten Vor-Ort-Besichtigung nach § 17 Absatz 2 oder Hinweis, wo diese Information elektronisch zugänglich ist; Unterrichtung darüber, wo ausführlichere Informationen zur Vor-Ort-Besichtigung und zum Überwachungsplan nach § 17 Absatz 1 unter Berücksichtigung des Schutzes öffentlicher oder privater Belange nach den Bestimmungen des Bundes und der Länder über den Zugang zu Umweltinformationen auf Anfrage eingeholt werden können.
7. Einzelheiten darüber, wo weitere Informationen unter Berücksichtigung des Schutzes öffentlicher oder privater Belange nach den Bestimmungen des Bundes und der Länder über den Zugang zu Umweltinformationen eingeholt werden können.

Teil 2: Weitergehende Informationen zu Betriebsbereichen der oberen Klasse

1. Allgemeine Informationen zu den Gefahren, die von einem Störfall ausgehen können, einschließlich ihrer möglichen Auswirkungen auf die menschliche Gesundheit und die Umwelt und zusammenfassende Darstellung der wesentlichen Störfallszenarien und der Maßnahmen, mit denen diese Szenarien verhindert werden oder ihre Auswirkungen begrenzt werden sollen.
2. Bestätigung, dass der Betreiber verpflichtet ist, auf dem Gelände des Betriebsbereichs – auch in Zusammenarbeit mit Notfall- und Rettungsdiensten – geeignete Maßnahmen zur Bekämpfung von Störfällen und zur größtmöglichen Begrenzung der Auswirkungen von Störfällen zu treffen.
3. Angemessene Informationen aus den externen Alarm- und Gefahrenabwehrplänen zur Bekämpfung der Auswirkungen von Ereignissen außerhalb des Betriebsgeländes mit der Aufforderung, allen Anordnungen von Notfall- oder Rettungsdiensten im Fall eines Ereignisses Folge zu leisten.
4. Gegebenenfalls Angabe, ob der Betriebsbereich in der Nähe des Hoheitsgebiets eines anderen Mitgliedstaats liegt und damit die Möglichkeit besteht, dass ein Störfall grenzüberschreitende Auswirkungen nach dem Übereinkommen über die grenzüberschreitenden Auswirkungen von Industrieunfällen der Wirtschaftskommission der Vereinten Nationen für Europa (UNECE) hat.

Anhang VI. Meldungen

Teil 1: Kriterien

I. Ein Ereignis, welches unter Nummer 1 fällt oder mindestens eine der in Nummern 2, 3, 4 und 5 beschriebenen Folgen hat, ist der zuständigen Behörde mitzuteilen.

1. Beteiligte Stoffe
Jede ereignisbedingte Entzündung, Explosion oder Freisetzung eines gefährlichen Stoffes mit einer Menge von mindestens 5 % der in Spalte 5 der Stoffliste in Anhang I angegebenen Mengenschwelle.

2. Schädigungen von Personen oder Haus- und Grundeigentum mit nachstehenden Folgen:
   a) ein Todesfall,
   b) sechs Verletzungsfälle innerhalb des Betriebsbereichs mit Krankenhausaufenthalt von mindestens 24 Stunden,
   c) ein Verletzungsfall außerhalb des Betriebsbereichs mit Krankenhausaufenthalt von mindestens 24 Stunden,
   d) Beschädigung und Unbenutzbarkeit einer oder mehrerer Wohnungen außerhalb des Betriebsbereichs,
   e) Evakuierung oder Einschließung von Personen für eine Dauer von mehr als 2 Stunden mit einem Wert von mindestens 500 Personenstunden,
   f) Unterbrechung der Versorgung mit Trinkwasser, Strom oder Gas oder der Telefonverbindung für eine Dauer von mehr als 2 Stunden mit einem Wert von mindestens 1 000 Personenstunden.

3. Unmittelbare Umweltschädigungen
   a) Dauer- oder langfristige Schädigungen terrestrischer Lebensräume
      – gesetzlich geschützter, für Umwelt oder Naturschutz wichtiger Lebensraum: ab 0,5 ha,
      – großräumiger Lebensraum, einschließlich landwirtschaftlich genutzter Flächen: ab 10 ha.
   b) Erhebliche oder langfristige Schädigungen von Lebensräumen in Oberflächengewässern oder im Meer[1)]
      – Fluss, Kanal, Bach: ab 10 km,
      – See oder Teich: ab 1 ha,
      – Delta: ab 2 ha,
      – Meer oder Küstengebiet: ab 2 ha.
   c) Erhebliche Schädigung des Grundwassers[1)] – ab 1 ha.

4. Sachschäden
   a) Sachschäden im Betriebsbereich: ab 2 Millionen EURO,
   b) Sachschäden außerhalb des Betriebsbereichs: ab 0,5 Millionen EURO.

5. Grenzüberschreitende Schädigungen
Jeder unmittelbar durch einen gefährlichen Stoff verursachte Störfall mit Folgen, die über das Hoheitsgebiet der Bundesrepublik Deutschland hinausgehen.

II. Ein Ereignis, das aus technischer Sicht im Hinblick auf die Verhinderung von Störfällen und die Begrenzung ihrer Folgen besonders bedeutsam ist, aber den vorstehenden mengenbezogenen Kriterien nicht entspricht, ist der zuständigen Behörde mitzuteilen.

III. Ein Ereignis, bei dem Stoffe nach Anhang I freigesetzt werden oder zur unerwünschten Reaktion kommen und hierdurch Schäden eintreten oder Gefahren für die Allgemeinheit oder die Nachbarschaft nicht offensichtlich ausgeschlossen werden können, ist der zuständigen Behörde mitzuteilen.

[1)] **Amtl. Anm.:** Zur Bestimmung einer Schädigung kann ggf. auf die Richtlinie 75/440/EWG und 76/464/EWG und die im Hinblick auf ihre Anwendung auf bestimmte Stoffe erlassenen Richtlinien 76/160/EWG, 78/659/EWG oder 79/923/EWG oder den Wert der letalen Konzentration (LC50-Wert) für die repräsentativen Arten der geschädigten Umgebung Bezug genommen werden, wie in der Richtlinie 92/32/EWG für das Kriterium „umweltgefährlich" definiert worden ist.

Teil 2: Inhalte

Mitteilung nach § 19 Abs. 2

1. Allgemeine Angaben

1.1 Einstufung des Ereignisses nach Anhang VI Teil 1

I.					II. □	III. □
□ 1	□ 2a	□ 3a	□ 4a	□ 5		
	□ 2b	□ 3b	□ 4b			
	□ 2c	□ 3c				
	□ 2d					
	□ 2e					
	□ 2f					

1.2 Name und Anschrift des Betreibers:

1.3 Datum und Zeitpunkt (Beginn/Ende) des Ereignisses:

Tag	Monat	Jahr	Stunde

1.4 Ort des Ereignisses (PLZ, Anschrift, Bundesland):

1.5 Betriebsbereich (Art, Branche in Anlehnung an Bezeichnung der 4. BImSchV):

....

Betriebsbereich unterliegt: □ Grundpflichten
□ Erweiterte Pflichten

1.6 Gestörter Teil des Betriebsbereichs:

1.7 Status der schriftlichen Mitteilung nach § 19 Abs. 2:

□ Erstmitteilung
□ Ergänzung oder Berichtigung
□ Abschließende Mitteilung

2. Art des Ereignisses und beteiligte Stoffe

2.1 Art des Ereignisses:

2.1.1

□ Explosion — a) Auslösende Stoffe
b) Freigesetzte Stoffe

2.1.2

□ Brand — a) In Brand geratene Stoffe
b) Entstandene Stoffe

2.1.3

□ Stofffreisetzung in die Atmosphäre — a) Freigesetzte Stoffe
b) Entstandene Stoffe

2.1.4

□ Stofffreisetzung in Gewässer — a) Freigesetzte Stoffe
b) Entstandene Stoffe

2.1.5

□ Stofffreisetzung in den Boden — a) Freigesetzte Stoffe
b) Entstandene Stoffe

2.2 Beteiligte Stoffe[1]

chem. Bezeichnung	(a) Ausgangsprodukt (b) Zwischenprodukt (c) Endprodukt (d) Nebenprodukt (e) Rückstand (f) entstandener Stoff	CAS-Nr.	Nr. des Stoffes oder der Gefahrenkategorie nach Anhang I	Mengenangabe in kg[2]
Stoff 1 Stoff 2 … … … … … Stoff x				

3. Beschreibung der Umstände des Ereignisses

3.1 Betriebsbedingungen des gestörten Anlagenteils:

3.2 Auslösendes Ereignis und Ablauf des Ereignisses:

3.3 Funktion des Sicherheitssystems, Einleitung von Sicherheitsmaßnahmen:

3.4 Umgebungs- und atmosphärische Bedingungen (Niederschläge, Windgeschwindigkeit, Windrichtung):

3.5 Hinweis auf ähnliche vorangegangene Ereignisse im Betriebsbereich:

4. Ursachenbeschreibung

4.1 Ursache des Ereignisses:

□ Ursache bekannt
□ Ursachenuntersuchung wird fortgeführt
□ Ursache nach Abschluss der Untersuchung nicht aufklärbar
Beschreibung/Erläuterung: ……………………………………………………………

4.2 Ursachenklassifizierung:

□ betriebsbedingt
□ menschlicher Fehler
□ umgebungsbedingt
□ Sonstiges ……………………………………………………………

5. Art und Umfang des Schadens[3]

5.1 innerhalb des Betriebsbereichs

[1] **Amtl. Anm.:** Soweit Angaben wegen gering erscheinender Stoffmengen nicht gemacht werden, bitte in den Ausführungen zu Nr. 3.2 erläutern.
[2] **Amtl. Anm.:** Soweit Berechnung nicht möglich, Schätzwert angeben.
[3] **Amtl. Anm.:** Beschreibung unter Berücksichtigung der Kriterien in Teil I des Anhangs.

5.1.1 Personenschäden:
(Beschäftigte/Einsatzkräfte)

	Explosion	Brand	Freisetzung
Tote:	/	/	/
Verletzte: ambulante Behandlung stationäre Behandlung	 / /	 / /	 / /
Personen mit Vergiftungen: ambulante Behandlung stationäre Behandlung	 / /	 / /	 / /

5.1.2

Sonstige Beeinträchtigung von Personen: □ ja □ nein
Art der Beeinträchtigung/Dauer: ....
Anzahl der Personen: ....

5.1.3

Sachschäden: □ ja □ nein
Art: .... Geschätzte Kosten: ....

5.1.4

Umweltschäden: □ ja □ nein
Art: .... Umfang: ....
Geschätzte Kosten: ....

5.1.5

□ Die Gefahr besteht nicht mehr.
□ Die Gefahr besteht noch.
□ Art der Gefahr: ....

5.2 außerhalb des Betriebsbereichs

5.2.1 Personenschäden:
(Beschäftigte/Einsatzkräfte/Bevölkerung)

	Explosion	Brand	Freisetzung
Tote:	/ /	/ /	/ /
Verletzte: ambulante Behandlung stationäre Behandlung	 / / / /	 / / / /	 / / / /
Personen mit Vergiftungen: ambulante Behandlung stationäre Behandlung	 / / / /	 / / / /	 / / / /

5.2.2

Sonstige Beeinträchtigung von Personen: □ ja □ nein
Art der Beeinträchtigung/Dauer: ....
Anzahl der Personen: ....

5.2.3

Sachschäden: □ ja □ nein
Art: .... Geschätzte Kosten: ....

5.2.4

Umweltschäden: □ ja □ nein
Art: .... Umfang: ....
Geschätzte Kosten: ....

5.2.5

Störung der öffentlichen Versorgung: □ ja □ nein
Art: .... Umfang/Dauer: ....
Geschätzte Kosten: ....

5.2.6

Grenzüberschreitende Schäden: □ ja □ nein
Art: .... Umfang: ....
Geschätzte Kosten: ....

5.2.7

Gefahr besteht noch: □ ja □ nein
Art: .... Umfang: ....

6. Notfallmaßnahmen

6.1 Während und nach dem Ereignis ergriffene Schutzmaßnahmen (innerhalb und außerhalb des Betriebsbereichs):

6.2 Maßnahmen zur Beseitigung von Sachschäden (innerhalb und außerhalb des Betriebsbereichs):

6.3 Maßnahmen zur Beseitigung von Umweltschäden (innerhalb und außerhalb des Betriebsbereichs):

6.4 Maßnahmen der externen Gefahrenabwehrkräfte

6.4.1 Schutzmaßnahmen:

6.4.2 Evakuierung:

6.4.3 Dekontamination:

6.4.4 Sanierung:

7. Folgerungen für die Verbesserung der Anlagensicherheit

7.1 Vorkehrungen zur Vermeidung ähnlicher Ereignisse:

7.2 Vorkehrungen zur Begrenzung der Auswirkungen des Ereignisses (innerhalb und außerhalb des Betriebsbereichs):

8. Zeitplan für die Umsetzung der Maßnahmen:

________________________ ________________________
Ort, Datum Unterschrift

Anhang VII. (weggefallen)

2.13. Dreizehnte Verordnung zur Durchführung des Bundes-Immissionsschutzgesetzes (Verordnung über Großfeuerungs-, Gasturbinen- und Verbrennungsmotoranlagen – 13. BImSchV) [1)2)]

Vom 2. Mai 2013

(BGBl. I S. 1021, 1023, ber. S. 3754)

FNA 2129-8-13-2

zuletzt geänd. durch Art. 1 Erste ÄndVO v. 19.12.2017 (BGBl. I S. 4007)

Inhaltsübersicht

[1)] Verkündet als Art. 2 VO v. 2.5.2013 (BGBl. I S. 1021, ber. S. 3754); Inkrafttreten gem. Art. 10 Abs. 1 dieser VO am 2.5.2013. Die VO wurde ua erlassen aufgrund von § 7 Abs. 1 und § 48a Abs. 1 und 3 BImSchG (Nr. **1**).

[2)] **Amtl. Anm. zur MantelVO:** Diese Verordnung dient der Umsetzung der
- Richtlinie 2010/75/EU des Europäischen Parlaments und des Rates vom 24. November 2010 über Industrieemissionen (integrierte Vermeidung und Verminderung der Umweltverschmutzung) (Neufassung) (ABl. L 334 vom 17.12.2010, S. 17),
- Richtlinie 2001/81/EG des Europäischen Parlaments und des Rates vom 23. Oktober 2001 über nationale Emissionshöchstmengen für bestimmte Luftschadstoffe (ABl. L 309 vom 27.11.2001, S. 22) sowie
- Richtlinie 2008/50/EG des Europäischen Parlaments und des Rates vom 21. Mai 2008 über Luftqualität und saubere Luft für Europa (ABl. L 152 vom 11.6.2008, S. 1).

Abschnitt 1. Allgemeine Vorschriften

§ 1 Anwendungsbereich. (1) Diese Verordnung gilt für die Errichtung, die Beschaffenheit und den Betrieb von Feuerungsanlagen, einschließlich Gasturbinen- und Gasmotoranlagen sowie Gasturbinen- und Gasmotoranlagen zum Antrieb von Arbeitsmaschinen, mit einer Feuerungswärmeleistung von 50 Megawatt oder mehr, unabhängig davon, welche Brennstoffe oder welche Arten von Brennstoffen eingesetzt werden.

(2) Diese Verordnung gilt nicht für folgende Feuerungsanlagen:

1. Anlagen, in denen die Verbrennungsprodukte unmittelbar zum Erwärmen, zum Trocknen oder zu einer anderweitigen Behandlung von Gegenständen oder Materialien verwendet werden, zum Beispiel Wärme- und Wärmebehandlungsöfen und Hochöfen,
2. Nachverbrennungsanlagen, die dafür ausgelegt sind, die Abgase durch Verbrennung zu reinigen, und die nicht als unabhängige Feuerungsanlagen betrieben werden,
3. Einrichtungen zum Regenerieren von Katalysatoren für katalytisches Kracken,
4. Einrichtungen für die Umwandlung von Schwefelwasserstoff in Schwefel nach dem Claus-Prozess,
5. Feuerungsanlagen in der chemischen Industrie, die der unmittelbaren Beheizung von Gütern in Reaktoren dienen,
6. Koksöfen,
7. Winderhitzer,
8. technische Geräte, die unmittelbar zum Antrieb von Fahrzeugen, Schiffen oder Flugzeugen eingesetzt werden,
9. Gasturbinen und Gasmotoren, die auf Offshore-Plattformen eingesetzt werden, und
10. Anlagen, die als Brennstoff andere feste oder flüssige Abfälle als die in § 2 Absatz 6 Nummer 2 genannten Abfälle verwenden.

(3) Diese Verordnung enthält Anforderungen an Feuerungsanlagen

1. zur Vorsorge gegen schädliche Umwelteinwirkungen nach § 5 Absatz 1 Nummer 2 des Bundes-Immissionsschutzgesetzes[1] und zur Nutzung der entstehenden Wärme nach § 5 Absatz 1 Nummer 4 des Bundes-Immissionsschutzgesetzes und
2. zur Erfüllung von Luftqualitätsanforderungen der Europäischen Gemeinschaften oder der Europäischen Union nach § 48a Absatz 1 und 3 des Bundes-Immissionsschutzgesetzes.

§ 2 Begriffsbestimmungen. (1) „Abgas" im Sinne dieser Verordnung ist das Trägergas mit den festen, flüssigen oder gasförmigen Emissionen, angegeben als Volumenstrom in der Einheit Kubikmeter je Stunde (m^3/h) und bezogen auf das Abgasvolumen im Normzustand (Temperatur 273,15 Kelvin (K), Druck 101,3 Kilopascal (kPa)) nach Abzug des Feuchtegehalts an Wasserdampf.

(2) „Abgasreinigungseinrichtung" im Sinne dieser Verordnung ist eine der Feuerung nachgeschaltete Einrichtung zur Verminderung von Luftverunreinigungen einschließlich Einrichtungen zur selektiven nichtkatalytischen Reduktion.

(3) „Altanlage" im Sinne dieser Verordnung ist eine bestehende Anlage,

1. die nach § 67 Absatz 2 oder § 67a Absatz 1 des Bundes-Immissionsschutzgesetzes[1] oder vor Inkrafttreten des Bundes-Immissionsschutzgesetzes nach § 16 Absatz 4 der Gewerbeordnung anzuzeigen war,
2. für die die erste Genehmigung zur Errichtung und zum Betrieb nach § 4 oder § 16 des Bundes-Immissionsschutzgesetzes vor dem 27. November 2002 erteilt worden ist und die vor dem 27. November 2003 in Betrieb gegangen ist oder
3. für die der Betreiber vor dem 27. November 2002 einen vollständigen Genehmigungsantrag zur Errichtung und zum Betrieb nach § 4 oder § 16 des Bundes-Immissionsschutzgesetzes gestellt hat und die vor dem 27. November 2003 in Betrieb gegangen ist.

(4) „Bestehende Anlage" im Sinne dieser Verordnung ist eine Anlage,

1. die nach § 67 Absatz 2 oder § 67a Absatz 1 des Bundes-Immissionsschutzgesetzes oder vor Inkrafttreten des Bundes-Immissionsschutzgesetzes nach § 16 Absatz 4 der Gewerbeordnung anzuzeigen war,
2. für die die erste Genehmigung zur Errichtung und zum Betrieb nach § 4 oder § 16 des Bundes-Immissionsschutzgesetzes
   a) vor dem 7. Januar 2013 erteilt worden ist und die vor dem 7. Januar 2014 in Betrieb gegangen ist, oder
   b) im Fall von bestehenden Ablaugekesseln bei der Herstellung von Zellstoff vor dem 1. Oktober 2014 erteilt worden ist und die vor dem 1. Oktober 2015 in Betrieb gegangen ist, oder
   c) im Fall von bestehenden Feuerungsanlagen in Raffinerien, die Raffinerieheizgase oder Destillations- oder Konversionsrückstände einsetzen, vor dem 29. Oktober 2014 erteilt worden ist und die vor dem 29. Oktober 2015 in Betrieb gegangen ist, oder

---

[1] Nr. **1**.

3. für die der Betreiber einen vollständigen Genehmigungsantrag zur Errichtung und zum Betrieb
   a) vor dem 7. Januar 2013 gestellt hat und die vor dem 7. Januar 2014 in Betrieb gegangen ist, oder
   b) im Fall von bestehenden Ablaugekesseln bei der Herstellung von Zellstoff vor dem 1. Oktober 2014 gestellt hat und die vor dem 1. Oktober 2015 in Betrieb gegangen ist, oder
   c) im Fall von bestehenden Feuerungsanlagen in Raffinerien, die Raffinerieheizgase oder Destillations- oder Konversionsrückstände einsetzen, vor dem 29. Oktober 2014 gestellt hat und die vor dem 29. Oktober 2015 in Betrieb gegangen ist.

(4a) [1] „Im Jahr 2014 bestehende Anlage" im Sinne dieser Verordnung ist eine Anlage

1. die nach § 67 Absatz 2 oder § 67a Absatz 1 des Bundes-Immissionsschutzgesetzes oder vor Inkrafttreten des Bundes-Immissionsschutzgesetzes nach § 16 Absatz 4 der Gewerbeordnung anzuzeigen war,
2. für die die erste Genehmigung zur Errichtung und zum Betrieb nach § 4 oder § 16 des Bundes-Immissionsschutzgesetzes vor dem 7. Januar 2013 erteilt worden ist und die vor dem 7. Januar 2014 in Betrieb gegangen ist, oder
3. für die der Betreiber vor dem 7. Januar 2013 einen vollständigen Genehmigungsantrag zur Errichtung und zum Betrieb nach § 4 oder § 16 des Bundes-Immissionsschutzgesetzes gestellt hat und die vor dem 7. Januar 2014 in Betrieb gegangen ist.

[2] Satz 1 gilt auch für Ablaugekesseln bei der Herstellung von Zellstoff sowie für Feuerungsanlagen in Raffinerien, die Raffinerieheizgase oder Destillations- oder Konversionsrückstände einsetzen.

(5) „Bezugssauerstoffgehalt" im Sinne dieser Verordnung ist der jeweils vorgegebene oder zu berechnende Volumengehalt an Sauerstoff im Abgas, auf den der jeweilige Emissionsgrenzwert unter Berücksichtigung von Anlage 4 zu beziehen ist; er beträgt

1. 3 Prozent bei Feuerungsanlagen für flüssige und gasförmige Brennstoffe,
2. 6 Prozent bei Feuerungsanlagen für feste Brennstoffe und Biobrennstoffe,
3. 15 Prozent bei Gasturbinenanlagen sowie
4. 5 Prozent bei Gasmotoranlagen.

(6) „Biobrennstoffe" im Sinne dieser Verordnung sind

1. die Produkte land- oder forstwirtschaftlichen Ursprungs aus pflanzlichem Material oder Teilen davon, soweit sie zur Nutzung ihres Energieinhalts verwendet werden, und
2. nachstehende Abfälle, falls die erzeugte Wärme genutzt wird,
   a) pflanzliche Abfälle aus der Land- und Forstwirtschaft,
   b) pflanzliche Abfälle aus der Nahrungsmittelindustrie,
   c) natürliche, nicht gefährliche Hölzer aus der Landschaftspflege, soweit sie auf Grund ihrer stofflichen Beschaffenheit mit den Hölzern aus der Forstwirtschaft vergleichbar sind,

d) faserige pflanzliche Abfälle und Ablaugen aus der Herstellung von natürlichem Zellstoff und aus der Herstellung von Papier aus Zellstoff, sofern sie am Herstellungsort mitverbrannt werden,

e) Korkabfälle,

f) Holzabfälle mit Ausnahme von Holzabfällen, die infolge einer Behandlung mit Holzschutzmitteln oder infolge einer Beschichtung halogenorganische Verbindungen oder Schwermetalle enthalten können und zu denen insbesondere Holzabfälle aus Bau- und Abbruchabfällen gehören.

(7) „Brennstoffe" im Sinne dieser Verordnung sind alle festen, flüssigen oder gasförmigen brennbaren Stoffe einschließlich ihrer nicht brennbaren Bestandteile; hiervon ausgenommen sind brennbare Stoffe, soweit sie dem Anwendungsbereich der Verordnung über die Verbrennung und die Mitverbrennung von Abfällen[1)] unterliegen.

(8) „Dieselkraftstoff" im Sinne dieser Verordnung ist Dieselkraftstoff nach DIN EN 590, Ausgabe Mai 2010.

(9) „Dieselmotoranlage" im Sinne dieser Verordnung ist eine nach dem Dieselprinzip arbeitende Verbrennungsmotoranlage mit Selbstzündung des Kraftstoffs.

(10) „Emissionen" im Sinne dieser Verordnung sind die von einer Anlage ausgehenden Luftverunreinigungen, angegeben als Massenkonzentrationen in der Einheit Milligramm je Kubikmeter Abgas (mg/m^3) oder Nanogramm je Kubikmeter Abgas (ng/m^3) oder als Massenstrom in der Einheit Megagramm pro Jahr (Mg/a); Staubemissionen können auch als Rußzahl angegeben werden.

(11) „Emissionsgrenzwert" im Sinne dieser Verordnung ist die Emission einer Anlage, die zulässigerweise in die Luft abgeleitet werden darf, angegeben als Massenkonzentration und bezogen auf den jeweiligen Bezugssauerstoffgehalt, im Fall von Staubemission auch angegeben als zulässige Rußzahl.

(12) „Erdgas" im Sinne dieser Verordnung ist

1. natürlich vorkommendes Methangas mit nicht mehr als 20 Volumenprozent an Inertgasen und sonstigen Bestandteilen, das den Anforderungen des DVGW-Arbeitsblattes G 260 vom Mai 2008 für Gase der 2. Gasfamilie entspricht, sowie
2. Klär-, Bio- und Grubengase nach DVGW-Arbeitsblatt G 262 vom September 2011, die die Bedingungen des DVGW-Arbeitsblatts G 260 als Austauschgas oder als Zusatzgas zur Konditionierung erfüllen und insoweit die Grundgase der 2. Gasfamilie in der öffentlichen Gasversorgung ersetzen oder ergänzen.

(13) „Feuerungsanlage" im Sinne dieser Verordnung ist jede Anlage, in der Brennstoff zur Nutzung der erzeugten Wärme oxidiert wird.

(14) „Feuerungswärmeleistung" im Sinne dieser Verordnung ist der auf den unteren Heizwert bezogene Wärmeinhalt der Brennstoffe, der einer Anlage im Dauerbetrieb je Zeiteinheit zugeführt wird, angegeben in Megawatt (MW).

[1)] Nr. **2.17**.

(15) „Gasturbinenanlage“ im Sinne dieser Verordnung ist eine Feuerungsanlage mit einer rotierenden Maschine, die thermische Energie in mechanische Arbeit umwandelt und im Wesentlichen aus einem Verdichter, aus einer Brennkammer, in der Brennstoff zur Erhitzung des Arbeitsmediums oxidiert wird, und aus einer Turbine besteht.

(16) „Gasturbine mit Zusatzfeuerung“ im Sinne dieser Verordnung ist eine Gasturbine, deren Abgase einer nachgeschalteten Feuerung mit eigener Brennstoffzufuhr als Verbrennungsluft zugeführt werden.

(17) „Gasmotoranlage“ im Sinne dieser Verordnung ist eine nach dem Ottoprinzip arbeitende Verbrennungsmotoranlage

1. mit Fremdzündung des Kraftstoffs oder
2. im Fall von Zweistoffmotoren mit Selbstzündung des Kraftstoffs.

(18) „Großfeuerungsanlage“ im Sinne dieser Verordnung ist eine Feuerungsanlage, die keine Gasturbinenanlage oder Verbrennungsmotoranlage ist.

(19) „Leichtes Heizöl“ im Sinne dieser Verordnung ist Heizöl EL nach DIN 51603-1, Ausgabe August 2008.

(20) „Mehrstofffeuerung“ im Sinne dieser Verordnung ist eine Einzelfeuerung, die mit zwei oder mehr Brennstoffen wechselweise betrieben werden kann.

(21) „Mischfeuerung“ im Sinne dieser Verordnung ist eine Einzelfeuerung, die mit zwei oder mehr Brennstoffen gleichzeitig betrieben werden kann.

(22) „Schwefelabscheidegrad“ im Sinne dieser Verordnung ist das Verhältnis der Schwefelmenge, die von einer Feuerungsanlage in einem bestimmten Zeitraum nicht in die Luft abgeleitet wird, zu der Schwefelmenge des Brennstoffs, der im gleichen Zeitraum in die Feuerungsanlage eingebracht und verbraucht wird, angegeben als Prozentsatz.

(23) „Verbrennungsmotoranlage“ im Sinne dieser Verordnung ist eine Feuerungsanlage in Form einer Dieselmotoranlage oder einer Gasmotoranlage.

§ 3 Aggregationsregeln. (1) Werden in einer gemeinsamen Anlage im Sinne des § 1 Absatz 3 der Verordnung über genehmigungsbedürftige Anlagen[1)] die Abgase von zwei oder mehr gesonderten Feuerungsanlagen gemeinsam über einen Schornstein abgeleitet, so gilt die von solchen Feuerungsanlagen gebildete Kombination als eine einzige Feuerungsanlage; die Feuerungswärmeleistung dieser Feuerungsanlage ergibt sich durch Addition der Feuerungswärmeleistungen der gesonderten Feuerungsanlagen.

(2) Wird eine gemeinsame Anlage im Sinne des § 1 Absatz 3 der Verordnung über genehmigungsbedürftige Anlagen

1. aus zwei oder mehr gesonderten Feuerungsanlagen derart errichtet oder
2. als eine im Jahr 2014 bestehende Anlage durch eine oder mehrere neue Feuerungsanlagen derart erweitert,

dass ihre Abgase unter Berücksichtigung technischer und wirtschaftlicher Faktoren nach Beurteilung der zuständigen Behörde gemeinsam über einen Schornstein abgeleitet werden können, so gilt die von solchen Feuerungsanlagen gebildete Kombination als eine einzige Feuerungsanlage; die Feuerungs-

---

1) Nr. **2.4**.

wärmeleistung dieser Feuerungsanlage ergibt sich durch Addition der Feuerungswärmeleistungen der gesonderten Feuerungsanlagen.

(3) [1] Für die Berechnung der Feuerungswärmeleistung einer in den Absätzen 1 und 2 beschriebenen Kombination gesonderter Feuerungsanlagen werden einzelne Feuerungsanlagen mit einer Feuerungswärmeleistung von weniger als 15 Megawatt nicht berücksichtigt. [2] Die Grenzwerte dieser Verordnung sind bei diesen Anlagen nicht anzuwenden.

Abschnitt 2. Anforderungen an die Errichtung und den Betrieb

§ 4 Emissionsgrenzwerte für Großfeuerungsanlagen bei Einsatz fester Brennstoffe, ausgenommen Biobrennstoffe. (1) [1] Großfeuerungsanlagen, die feste Brennstoffe mit Ausnahme von Biobrennstoffen einsetzen, sind so zu errichten und zu betreiben, dass die Anforderungen dieses Absatzes und der Absätze 3 bis 11 eingehalten werden. [2] Der Betreiber hat dafür zu sorgen, dass

1. kein Tagesmittelwert die folgenden Emissionsgrenzwerte überschreitet und kein Tagesmittelwert die folgenden Schwefelabscheidegrade unterschreitet:
   - a) Gesamtstaub — 10 mg/m³,
   - b) Quecksilber und seine Verbindungen, angegeben als Quecksilber, — 0,03 mg/m³,
   - c) Kohlenmonoxid bei einer Feuerungswärmeleistung von
     - aa) 50 MW bis 100 MW — 150 mg/m³,
     - bb) mehr als 100 MW — 200 mg/m³,
   - d) Stickstoffmonoxid und Stickstoffdioxid, angegeben als Stickstoffdioxid, bei einer Feuerungswärmeleistung von
     - aa) 50 MW bis 100 MW
       - aaa) in Braunkohlestaubfeuerungen — 400 mg/m³,
       - bbb) in sonstigen Feuerungen — 300 mg/m³,
     - bb) mehr als 100 MW bis 300 MW — 200 mg/m³,
     - cc) mehr als 300 MW
       - aaa) in Braunkohlestaubfeuerungen — 200 mg/m³,
       - bbb) in sonstigen Feuerungen — 150 mg/m³,
   - e) Schwefeldioxid und Schwefeltrioxid, angegeben als Schwefeldioxid, bei einer Feuerungswärmeleistung von
     - aa) 50 MW bis 100 MW
       - aaa) in Wirbelschichtfeuerungen — 350 mg/m³ sowie einen Schwefelabscheidegrad von mindestens 75 Prozent,
       - bbb) in sonstigen Feuerungen — 400 mg/m³,
     - bb) mehr als 100 MW und bis 300 MW — 200 mg/m³ sowie einen Schwefelabscheidegrad von mindestens 85 Prozent,

cc) mehr als 300 MW

aaa) in Feuerungen mit zirkulierender oder druckaufgeladener Wirbelschicht 200 mg/m³

sowie einen Schwefelabscheidegrad von mindestens 85 Prozent,

bbb) in sonstigen Feuerungen 150 mg/m³

sowie einen Schwefelabscheidegrad von mindestens 85 Prozent;

soweit die Anforderung an den Schwefelabscheidegrad nach den Doppelbuchstaben bb oder cc zu Emissionen von weniger als 50 mg/m³ für den Tagesmittelwert führt, ist mindestens ein Schwefelabscheidegrad einzuhalten, der zu Emissionen von nicht mehr als 50 mg/m³ für den Tagesmittelwert führt;

2. kein Halbstundenmittelwert das Doppelte der unter Nummer 1 bestimmten Emissionsgrenzwerte überschreitet und
3. kein Mittelwert, der über die jeweilige Probenahmezeit gebildet ist, die Emissionsgrenzwerte nach Anlage 1 überschreitet.

(2) Abweichend von Absatz 1 Satz 2 Nummer 3 gelten die Emissionsgrenzwerte nach Anlage 1 Buchstabe a bis c nicht für den Einsatz von Kohle.

(3) Abweichend von Absatz 1 Satz 2 Nummer 2 darf für die Emissionen an Quecksilber und seine Verbindungen, angegeben als Quecksilber, ein Emissionsgrenzwert von 0,05 mg/m³ für den Halbstundenmittelwert nicht überschritten werden.

(4) Abweichend von Absatz 1 Satz 2 Nummer 1 Buchstabe e und Nummer 2 darf für die Emissionen an Schwefeldioxid und Schwefeltrioxid, angegeben als Schwefeldioxid, soweit auf Grund des Schwefelgehalts der eingesetzten einheimischen Brennstoffe die in Absatz 1 bestimmten Emissionsgrenzwerte mit einem verhältnismäßigen Aufwand nicht eingehalten werden können, bei einer Feuerungswärmeleistung von

1. 50 MW bis 100 MW alternativ ein Schwefelabscheidegrad von mindestens 93 Prozent nicht unterschritten werden,
2. mehr als 100 MW bis 300 MW ein Emissionsgrenzwert von 300 mg/m³ für den Tagesmittelwert und von 600 mg/m³ für den Halbstundenmittelwert nicht überschritten und zusätzlich ein Schwefelabscheidegrad von mindestens 93 Prozent als Tagesmittelwert nicht unterschritten werden,
3. mehr als 300 MW ein Emissionsgrenzwert von 400 mg/m³ für den Tagesmittelwert und von 800 mg/m³ für den Halbstundenmittelwert nicht überschritten und zusätzlich ein Schwefelabscheidegrad von mindestens 97 Prozent als Tagesmittelwert nicht unterschritten werden.

(5) Die Emissionsgrenzwerte dieser Vorschrift sind auch bei der Heizflächenreinigung einzuhalten.

(6) Abweichend von den in Absatz 1 Satz 2 Nummer 1 Buchstabe a und Nummer 2 bestimmten Emissionsgrenzwerten für Gesamtstaub darf bei im Jahr 2014 bestehenden Anlagen ein Emissionsgrenzwert von 20 mg/m³ für den Tagesmittelwert und von 40 mg/m³ für den Halbstundenmittelwert nicht überschritten werden.

(7) Abweichend von den in Absatz 1 Satz 2 Nummer 1 Buchstabe c und Nummer 2 bestimmten Emissionsgrenzwerten für Kohlenmonoxid darf bei Altanlagen mit einer Feuerungswärmeleistung von mehr als 100 MW ein Emissionsgrenzwert von 250 mg/m^3 für den Tagesmittelwert und von 500 mg/m^3 für den Halbstundenmittelwert nicht überschritten werden.

(8) Abweichend von den in Absatz 1 Satz 2 Nummer 1 Buchstabe d und Nummer 2 bestimmten Emissionsgrenzwerten für Stickstoffmonoxid und Stickstoffdioxid, angegeben als Stickstoffdioxid, darf

1. bei Altanlagen mit einer Feuerungswärmeleistung von 50 MW bis 100 MW in Braunkohlestaubfeuerungen ein Emissionsgrenzwert von 450 mg/m^3 für den Tagesmittelwert und von 900 mg/m^3 für den Halbstundenmittelwert nicht überschritten werden;
2. bei Altanlagen mit einer Feuerungswärmeleistung von 50 MW bis 100 MW, die im gleitenden Durchschnitt über einen Zeitraum von fünf Jahren höchstens 1 500 Betriebsstunden jährlich in Betrieb sind, ein Emissionsgrenzwert von 450 mg/m^3 für den Tagesmittelwert und von 900 mg/m^3 für den Halbstundenmittelwert nicht überschritten werden;
3. bei Altanlagen mit einer Feuerungswärmeleistung von mehr als 100 MW bis 300 MW, die im gleitenden Durchschnitt über einen Zeitraum von fünf Jahren höchstens 1 500 Betriebsstunden jährlich in Betrieb sind, ein Emissionsgrenzwert von 400 mg/m^3 für den Tagesmittelwert und von 800 mg/m^3 für den Halbstundenmittelwert nicht überschritten werden;
4. bei im Jahr 2014 bestehenden Anlagen mit einer Feuerungswärmeleistung von mehr als 300 MW ein Emissionsgrenzwert von 200 mg/m^3 für den Tagesmittelwert und von 400 mg/m^3 für den Halbstundenmittelwert nicht überschritten werden.

(9) Abweichend von den in Absatz 1 Satz 2 Nummer 1 Buchstabe e und Nummer 2 bestimmten Emissionsgrenzwerten für Schwefeldioxid und Schwefeltrioxid, angegeben als Schwefeldioxid, darf bei Altanlagen mit einer Feuerungswärmeleistung von 50 MW bis 100 MW, die im gleitenden Durchschnitt über einen Zeitraum von fünf Jahren höchstens 1 500 Betriebsstunden jährlich in Betrieb sind, ausgenommen Wirbelschichtfeuerungen, ein Emissionsgrenzwert von 800 mg/m^3 für den Tagesmittelwert und von 1 600 mg/m^3 für den Halbstundenmittelwert nicht überschritten werden.

(10) [1] Abweichend von den in Absatz 1 Satz 2 Nummer 1 Buchstabe e und Nummer 2 bestimmten Emissionsgrenzwerten für Schwefeldioxid und Schwefeltrioxid, angegeben als Schwefeldioxid, darf

1. bei Altanlagen mit einer Feuerungswärmeleistung von mehr als 100 MW bis 300 MW ein Emissionsgrenzwert von 250 mg/m^3 für den Tagesmittelwert und von 500 mg/m^3 für den Halbstundenmittelwert nicht überschritten werden, wobei der Schwefelabscheidegrad einen Wert von mindestens 75 Prozent in Wirbelschichtfeuerungen und von mindestens 60 Prozent in sonstigen Feuerungen nicht unterschreiten darf;
2. bei im Jahr 2014 bestehenden Anlagen mit einer Feuerungswärmeleistung von mehr als 300 MW ein Emissionsgrenzwert von 200 mg/m^3 für den Tagesmittelwert und von 400 mg/m^3 für den Halbstundenmittelwert nicht überschritten werden; die Anforderungen an den Schwefelabscheidegrad nach Absatz 1 Satz 2 Nummer 1 Buchstabe e bleiben unberührt.

[2]Abweichend von Satz 1 Nummer 1 darf bei Altanlagen, die im gleitenden Durchschnitt über einen Zeitraum von fünf Jahren höchstens 1 500 Betriebsstunden jährlich in Betrieb sind, ausgenommen Wirbelschichtfeuerungen, ein Emissionsgrenzwert von 800 mg/m³ für den Tagesmittelwert und von 1 600 mg/m³ für den Halbstundenmittelwert nicht überschritten werden; die Anforderungen an den Schwefelabscheidegrad bleiben unberührt. [3]Abweichend von Satz 1 Nummer 2 darf bei Altanlagen, die im gleitenden Durchschnitt über einen Zeitraum von fünf Jahren höchstens 1 500 Betriebsstunden jährlich in Betrieb sind, ein Emissionsgrenzwert von 300 mg/m³ für den Tagesmittelwert und von 600 mg/m³ für den Halbstundenmittelwert nicht überschritten werden; die Anforderungen an den Schwefelabscheidegrad nach Absatz 1 Satz 2 Nummer 1 Buchstabe e bleiben unberührt.

(11) Abweichend von Absatz 1 Satz 2 Nummer 1 Buchstabe e und Nummer 2 darf bei im Jahr 2014 bestehenden Anlagen für die Emissionen an Schwefeldioxid und Schwefeltrioxid, soweit auf Grund des Schwefelgehalts der eingesetzten einheimischen Brennstoffe die in Absatz 1 bestimmten Emissionsgrenzwerte mit einem verhältnismäßigen Aufwand nicht eingehalten werden können, angegeben als Schwefeldioxid, bei einer Feuerungswärmeleistung von

1. 50 MW bis 100 MW alternativ ein Schwefelabscheidegrad von mindestens 92 Prozent als Tagesmittelwert nicht unterschritten werden,
2. mehr als 100 MW bis 300 MW ein Emissionsgrenzwert von 300 mg/m³ für den Tagesmittelwert und von 600 mg/m³ für den Halbstundenmittelwert nicht überschritten und zusätzlich ein Schwefelabscheidegrad von mindestens 92 Prozent als Tagesmittelwert nicht unterschritten werden,
3. mehr als 300 MW ein Emissionsgrenzwert von 400 mg/m³ für den Tagesmittelwert und von 800 mg/m³ für den Halbstundenmittelwert nicht überschritten und zusätzlich ein Schwefelabscheidegrad von mindestens 96 Prozent als Tagesmittelwert nicht unterschritten werden.

(12) [1]Der Betreiber einer Anlage nach Absatz 8 Nummer 2 oder Nummer 3, Absatz 9 oder Absatz 10 Satz 2 oder Satz 3 hat jeweils bis zum 31. März eines Jahres für die vorhergehenden fünf Jahre einen Nachweis über die Einhaltung der Betriebszeit zu führen und der zuständigen Behörde auf Verlangen vorzulegen. [2]Der Betreiber hat die Nachweise jeweils fünf Jahre nach Ende des Nachweiszeitraums aufzubewahren.

§ 5 Emissionsgrenzwerte für Großfeuerungsanlagen bei Einsatz von Biobrennstoffen. (1) [1]Großfeuerungsanlagen, die Biobrennstoffe einsetzen, sind so zu errichten und zu betreiben, dass die Anforderungen dieses Absatzes und der Absätze 2 bis 7 eingehalten werden. [2]Der Betreiber hat dafür zu sorgen, dass

1. kein Tagesmittelwert die folgenden Emissionsgrenzwerte überschreitet:

a)	Gesamtstaub	10 mg/m³,
b)	Quecksilber und seine Verbindungen, angegeben als Quecksilber,	0,03 mg/m³,
c)	Kohlenmonoxid bei einer Feuerungswärmeleistung von	
	aa) 50 MW bis 100 MW und bei Einsatz von	
	aaa) naturbelassenem Holz	150 mg/m³,

bbb) sonstigen Biobrennstoffen 250 mg/m³,

bb) mehr als 100 MW und bei Einsatz von

aaa) naturbelassenem Holz 200 mg/m³,

bbb) sonstigen Biobrennstoffen 250 mg/m³,

d) Stickstoffmonoxid und Stickstoffdioxid, angegeben als Stickstoffdioxid, bei einer Feuerungswärmeleistung von

aa) 50 MW bis 100 MW 250 mg/m³,

bb) mehr als 100 MW bis 300 MW 200 mg/m³,

cc) mehr als 300 MW 150 mg/m³,

e) Schwefeldioxid und Schwefeltrioxid, angegeben als Schwefeldioxid, und einer Feuerungswärmeleistung von

aa) 50 MW bis 300 MW 200 mg/m³,

bb) mehr als 300 MW 150 mg/m³;

2. kein Halbstundenmittelwert das Doppelte der unter Nummer 1 bestimmten Emissionsgrenzwerte überschreitet;

3. kein Mittelwert, der über die jeweilige Probenahmezeit gebildet ist, die Emissionsgrenzwerte nach Anlage 1 überschreitet.

(2) Der Betreiber hat darüber hinaus dafür zu sorgen, dass für organische Stoffe, angegeben als Gesamtkohlenstoff, ein Emissionsgrenzwert von 10 mg/m³ für den Tagesmittelwert und von 20 mg/m³ für den Halbstundenmittelwert nicht überschritten werden; dies gilt nicht für den Einsatz von Ablaugen aus dem Sulfitverfahren in der Zellstoffindustrie.

(3) Abweichend von Absatz 1 Satz 2 Nummer 2 darf für die Emissionen an Quecksilber und seine Verbindungen, angegeben als Quecksilber, ein Emissionsgrenzwert von 0,05 mg/m³ für den Halbstundenmittelwert nicht überschritten werden.

(3a) Abweichend von den in Absatz 1 Satz 2 Nummer 1 Buchstabe e und Nummer 2 bestimmten Emissionsgrenzwerten für Schwefeldioxid und Schwefeltrioxid, angegeben als Schwefeldioxid, darf bei Einsatz von Ablaugen aus dem Sulfatverfahren in der Zellstoffindustrie ein Emissionsgrenzwert von 50 mg/m³ für den Tagesmittelwert und von 100 mg/m³ für den Halbstundenmittelwert sowie zusätzlich ein Emissionsgrenzwert von 25 mg/m³ für den Jahresmittelwert nicht überschritten werden.

(3b) Bei Einsatz von Ablaugen aus dem Sulfitverfahren in der Zellstoffindustrie darf für Ammoniak, sofern zur Minderung der Emissionen von Stickstoffoxiden ein Verfahren der selektiven nichtkatalytischen Reduktion eingesetzt wird, ein Emissionsgrenzwert von 10 mg/m³ für den Tagesmittelwert und von 15 mg/m³ für den Halbstundenmittelwert sowie zusätzlich ein Emissionsgrenzwert von 5 mg/m³ für den Jahresmittelwert nicht überschritten werden.

(4) Die Emissionsgrenzwerte dieser Vorschrift sind auch bei der Heizflächenreinigung einzuhalten.

(5) Abweichend von den in Absatz 1 Satz 2 Nummer 1 Buchstabe a und Nummer 2 bestimmten Emissionsgrenzwerten für Gesamtstaub darf bei im Jahr 2014 bestehenden Anlagen ein Emissionsgrenzwert von 20 mg/m³ für den

Tagesmittelwert und von 40 mg/m³ für den Halbstundenmittelwert nicht überschritten werden.

(6) Abweichend von den in Absatz 1 Satz 2 Nummer 1 Buchstabe d und Nummer 2 bestimmten Emissionsgrenzwerten für Stickstoffmonoxid und Stickstoffdioxid, angegeben als Stickstoffdioxid, darf bei im Jahr 2014 bestehenden Anlagen mit einer Feuerungswärmeleistung von

1. 50 MW bis 100 MW ein Emissionsgrenzwert von 300 mg/m³ für den Tagesmittelwert und 600 mg/m³ für den Halbstundenmittelwert für Anlagen, die andere Biobrennstoffe einsetzen als naturbelassenes Holz, nicht überschritten werden;
2. mehr als 100 MW bis 300 MW ein Emissionsgrenzwert von 250 mg/m³ für den Tagesmittelwert und von 500 mg/m³ für den Halbstundenmittelwert nicht überschritten werden;
3. mehr als 300 MW ein Emissionsgrenzwert von 200 mg/m³ für den Tagesmittelwert und von 400 mg/m³ für den Halbstundenmittelwert nicht überschritten werden.

(6a) Abweichend von den in Absatz 1 Satz 2 Nummer 1 Buchstabe d Doppelbuchstabe bb und Nummer 2 bestimmten Emissionsgrenzwerten für Stickstoffmonoxid und Stickstoffdioxid, angegeben als Stickstoffdioxid, darf bei Altanlagen mit einer Feuerungswärmeleistung von mehr als 100 bis 300 MW, in denen Ablaugen aus dem Sulfitverfahren in der Zellstoffindustrie eingesetzt werden, ein Emissionsgrenzwert von 325 mg/m³ für den Tagesmittelwert und von 650 mg/m³ für den Halbstundenmittelwert nicht überschritten werden.

(7) Abweichend von den in Absatz 1 Satz 2 Nummer 1 Buchstabe e und Nummer 2 bestimmten Emissionsgrenzwerten für Schwefeldioxid und Schwefeltrioxid, angegeben als Schwefeldioxid, darf

1. bei Altanlagen bei Einsatz von Ablaugen aus dem Sulfitverfahren in der Zellstoffindustrie mit einer Feuerungswärmeleistung von mehr als 100 MW bis 300 MW ein Emissionsgrenzwert von 280 mg/m³ für den Tagesmittelwert und von 560 mg/m³ für den Halbstundenmittelwert sowie zusätzlich ein Emissionsgrenzwert von 230 mg/m³ für den Jahresmittelwert nicht überschritten werden,

1a. bei Altanlagen bei Einsatz von Ablaugen aus dem Sulfitverfahren in der Zellstoffindustrie mit einer Feuerungswärmeleistung von mehr als 100 MW bis 300 MW, die mehrstufige Venturiwäscher für die Abscheidung von Staub und Schwefeloxiden einsetzen, ein Emissionsgrenzwert von 375 mg/m³ für den Tagesmittelwert und von 750 mg/m³ für den Halbstundenmittelwert sowie zusätzlich ein Emissionsgrenzwert von 320 mg/m³ für den Jahresmittelwert nicht überschritten werden,

2. für im Jahr 2014 bestehende Anlagen mit einer Feuerungswärmeleistung von mehr als 300 MW ein Emissionsgrenzwert von 200 mg/m³ für den Tagesmittelwert und von 400 mg/m³ für den Halbstundenmittelwert nicht überschritten werden.

(8) [1] Der Emissionsgrenzwert nach Absatz 1 Satz 2 Nummer 1 Buchstabe b ist bei Einsatz von naturbelassenem Holz nicht anzuwenden. [2] Die Emissionsgrenzwerte nach Absatz 1 Satz 2 Nummer 3 gelten nicht für den Einsatz von

1. naturbelassenem Holz,

2. Holzabfällen gemäß § 2 Absatz 6 Nummer 2 Buchstabe f oder
3. ausschließlich aus naturbelassenem Holz hergestellten Brennstoffen, soweit dadurch keine anderen oder höheren Emissionen entstehen als bei Einsatz von naturbelassenem Holz.

[3] Im Fall von Satz 2 Nummer 3 hat der Betreiber Nachweis über die Einhaltung der Anforderungen, insbesondere durch regelmäßige Kontrollen der Brennstoffe, jeweils bis zum 31. März eines Jahres für das vorhergehende Kalenderjahr zu führen und der zuständigen Behörde auf Verlangen vorzulegen. [4] Der Betreiber hat die Nachweise jeweils fünf Jahre nach Ende des Nachweiszeitraums nach Satz 3 aufzubewahren.

§ 6 Emissionsgrenzwerte für Großfeuerungsanlagen bei Einsatz flüssiger Brennstoffe. (1) [1] Großfeuerungsanlagen, die flüssige Brennstoffe einsetzen, sind so zu errichten und zu betreiben, dass die Anforderungen

1. dieses Absatzes, der Absätze 2 bis 7a, des Absatzes 8 Satz 1, des Absatzes 9 Satz 1 und des Absatzes 10 sowie
2. des Absatzes 8 Satz 2 und des Absatzes 9 Satz 2 eingehalten werden.

[2] Der Betreiber hat dafür zu sorgen, dass

1. kein Tagesmittelwert die folgenden Emissionsgrenzwerte überschreitet:
   - a) Gesamtstaub 10 mg/m³,
   - b) Kohlenmonoxid 80 mg/m³,
   - c) Stickstoffmonoxid und Stickstoffdioxid, angegeben als Stickstoffdioxid, bei einer Feuerungswärmeleistung von
     - aa) 50 MW bis 100 MW und bei Einsatz von
       - aaa) leichtem Heizöl bei Kesseln mit einem Einstellwert der Sicherheitseinrichtung, insbesondere einen Sicherheitstemperaturbegrenzer oder ein Sicherheitsdruckventil, gegen Überschreitung
         - aaaa) einer Temperatur von weniger als 383,15 K oder eines Überdrucks von weniger als 0,05 MPa 180 mg/m³,
         - bbbb) einer Temperatur von 383,75 K bis 483,15 K oder eines Überdrucks von 0,05 MPa bis 1,8 MPa 200 mg/m³,
         - cccc) einer Temperatur von mehr als 483,15 K oder eines Überdrucks von mehr als 1,8 MPa 250 mg/m³;

         bezogen auf den Referenzwert an organisch gebundenem Stickstoff von 140 mg/kg nach Anhang B der DIN EN 267 Ausgabe April 2010; der organisch gebundene Stickstoffgehalt des Brennstoffs ist nach DIN 51444 Ausgabe 2003 zu bestimmen; die gemessenen Massenkonzentrationen an Stickstoffmonoxid und Stickstoffdioxid, angegeben als Stickstoffdioxid, sind auf den Referenzwert an organisch gebundenem Stickstoff sowie auf die Bezugsbedingungen 10 Gramm je Kilogramm Luftfeuchte und 20 Grad Celsius Verbrennungslufttemperatur umzurechnen;

bbb) anderen flüssigen Brennstoffen 300 mg/m³,

bb) mehr als 100 MW bis 300 MW 150 mg/m³,

cc) mehr als 300 MW 100 mg/m³,

d) Schwefeldioxid und Schwefeltrioxid, angegeben als Schwefeldioxid, bei einer Feuerungswärmeleistung von

aa) 50 MW bis 100 MW 350 mg/m³,

bb) mehr als 100 MW bis 300 MW 200 mg/m³,

cc) mehr als 300 MW 150 mg/m³,

bei Großfeuerungsanlagen mit einer Feuerungswärmeleistung von mehr als 100 MW darf zusätzlich zur Begrenzung der Massenkonzentration ein Schwefelabscheidegrad von mindestens 85 Prozent nicht unterschritten werden; soweit diese Anforderung zu Emissionen von weniger als 50 mg/m³ für den Tagesmittelwert führt, ist mindestens ein Schwefelabscheidegrad einzuhalten, der zu Emissionen von nicht mehr als 50 mg/m³ für den Tagesmittelwert führt;

2. kein Halbstundenmittelwert das Doppelte der unter Nummer 1 bestimmten Emissionsgrenzwerte überschreitet und

3. kein Mittelwert, der über die jeweilige Probenahmezeit gebildet ist, die Emissionsgrenzwerte nach Anlage 1 überschreitet.

(2) Abweichend von den in Absatz 1 Satz 2 Nummer 1 Buchstabe a bestimmten Emissionsgrenzwerten für Gesamtstaub darf bei Einsatz von leichtem Heizöl die Rußzahl 1 für den Drei-Minuten-Mittelwert nicht überschritten werden.

(3) Abweichend von Absatz 1 Satz 2 Nummer 3 ist bei Anlagen, in denen Destillations- oder Konversionsrückstände zum Eigenverbrauch in Raffinerien eingesetzt werden, der Emissionsgrenzwert ohne die Berücksichtigung von Vanadium zu bilden; für Vanadium und seine Verbindungen, angegeben als Vanadium, darf ein Emissionsgrenzwert von 0,5 mg/m³ nicht überschritten werden.

(3a) Bei Einsatz von Destillations- oder Konversionsrückständen in Raffinerien darf für Ammoniak, sofern zur Minderung der Emissionen von Stickstoffoxiden ein Verfahren der selektiven katalytischen oder nichtkatalytischen Reduktion eingesetzt wird, ein Emissionsgrenzwert von 10 mg/m³ für den Tagesmittelwert und von 20 mg/m³ für den Halbstundenmittelwert nicht überschritten werden.

(4) Die Emissionsgrenzwerte dieser Vorschrift sind auch bei der Heizflächenreinigung einzuhalten.

(5) Abweichend von den in Absatz 1 Satz 2 Nummer 1 Buchstabe a und Nummer 2 bestimmten Emissionsgrenzwerten für Gesamtstaub darf bei im Jahr 2014 bestehenden Anlagen ein Emissionsgrenzwert von 20 mg/m³ für den Tagesmittelwert und von 40 mg/m³ für den Halbstundenmittelwert nicht überschritten werden.

(6) Abweichend von den in Absatz 1 Satz 2 Nummer 1 Buchstabe c und Nummer 2 bestimmten Emissionsgrenzwerten für Stickstoffmonoxid und

Stickstoffdioxid, angegeben als Stickstoffdioxid, darf bei Altanlagen bei Einsatz von leichtem Heizöl mit einer Feuerungswärmeleistung von 50 MW bis 100 MW, die ausschließlich zur Abdeckung der Spitzenlast bei der Energieversorgung während bis zu 300 Stunden im Jahr dienen, ein Emissionsgrenzwert von 300 mg/m³ für den Tagesmittelwert und von 600 mg/m³ für den Halbstundenmittelwert nicht überschritten werden.

(7) [1] Abweichend von den in Absatz 1 Satz 2 Nummer 1 Buchstabe c und Nummer 2 bestimmten Emissionsgrenzwerten für Stickstoffmonoxid und Stickstoffdioxid, angegeben als Stickstoffdioxid, und vorbehaltlich des Absatzes 7a darf bei im Jahr 2014 bestehenden Anlagen bei Einsatz von flüssigen Brennstoffen außer leichtem Heizöl mit einer Feuerungswärmeleistung von

1. 50 MW bis 100 MW ein Emissionsgrenzwert von 350 mg/m³ für den Tagesmittelwert und von 700 mg/m³ für den Halbstundenmittelwert nicht überschritten werden,
2. mehr als 100 MW bis 300 MW ein Emissionsgrenzwert von 200 mg/m³ für den Tagesmittelwert und von 400 mg/m³ für den Halbstundenmittelwert nicht überschritten werden,
3. mehr als 300 MW ein Emissionsgrenzwert von 150 mg/m³ für den Tagesmittelwert und von 300 mg/m³ für den Halbstundenmittelwert nicht überschritten werden.

[2] Abweichend von Satz 1 Nummer 1 darf bei Altanlagen, mit Ausnahme der in Absatz 7a genannten Anlagen, ein Emissionsgrenzwert von 400 mg/m³ für den Tagesmittelwert und von 800 mg/m³ für den Halbstundenmittelwert nicht überschritten werden. [3] Abweichend von Satz 1 Nummer 2 darf bei Altanlagen, die im gleitenden Durchschnitt über einen Zeitraum von fünf Jahren höchstens 1 500 Betriebsstunden jährlich in Betrieb sind, ein Emissionsgrenzwert von 400 mg/m³ für den Tagesmittelwert und von 800 mg/m³ für den Halbstundenmittelwert nicht überschritten werden.

(7a) Bei bestehenden Anlagen in Raffinerien, die Destillations- oder Konversionsrückstände einsetzen, darf für Stickstoffmonoxid und Stickstoffdioxid, angegeben als Stickstoffdioxid, der Emissionsgrenzwert für den Tagesmittelwert gemäß Absatz 1 Satz 2 Nummer 1 Buchstabe c Doppelbuchstabe aa Dreifachbuchstabe bbb und für den Halbstundenmittelwert gemäß Nummer 2 nicht überschritten werden.

(8) [1] Abweichend von den in Absatz 1 Satz 2 Nummer 1 Buchstabe d und Nummer 2 bestimmten Emissionsgrenzwerten für Schwefeldioxid und Schwefeltrioxid, angegeben als Schwefeldioxid, darf bei im Jahr 2014 bestehenden Anlagen bei Einsatz anderer flüssiger Brennstoffe als leichtes Heizöl mit einer Feuerungswärmeleistung von

1. mehr als 100 MW bis 300 MW ein Emissionsgrenzwert von 250 mg/m³ für den Tagesmittelwert und von 500 mg/m³ für den Halbstundenmittelwert nicht überschritten werden,
2. mehr als 300 MW ein Emissionsgrenzwert von 200 mg/m³ für den Tagesmittelwert und von 400 mg/m³ für den Halbstundenmittelwert nicht überschritten werden.

[2] Die Anforderungen an den Schwefelabscheidegrad nach Absatz 1 Satz 2 Nummer 1 Buchstabe d bleiben unberührt.

(9) [1] Abweichend von den in Absatz 1 Satz 2 Nummer 1 Buchstabe d und Nummer 2 bestimmten Emissionsgrenzwerten für Schwefeldioxid und Schwefeltrioxid, angegeben als Schwefeldioxid, darf bei Altanlagen für den Einsatz anderer flüssiger Brennstoffe als leichtes Heizöl, die im gleitenden Durchschnitt über einen Zeitraum von fünf Jahren höchstens 1 500 Betriebsstunden jährlich in Betrieb sind, mit einer Feuerungswärmeleistung von

1. 50 MW bis 100 MW ein Emissionsgrenzwert von 850 mg/m³ für den Tagesmittelwert und von 1 700 mg/m³ für den Halbstundenmittelwert nicht überschritten werden,
2. mehr als 100 MW bis 300 MW ein Emissionsgrenzwert von 850 mg/m³ für den Tagesmittelwert und von 1 700 mg/m³ für den Halbstundenmittelwert nicht überschritten werden sowie ein Schwefelabscheidegrad von mindestens 60 Prozent nicht unterschritten werden,
3. mehr als 300 MW ein Emissionsgrenzwert von 300 mg/m³ für den Tagesmittelwert und von 600 mg/m³ für den Halbstundenmittelwert nicht überschritten werden.

[2] Soweit dieser Absatz keine abweichenden Regelungen zum Schwefelabscheidegrad vorsieht, bleiben die Vorschriften des Absatzes 1 Satz 2 Nummer 1 Buchstabe d zum Schwefelabscheidegrad unberührt.

(10) Abweichend von Absatz 3 zweiter Halbsatz darf bei im Jahr 2014 bestehenden Anlagen für Vanadium und seine Verbindungen, angegeben als Vanadium, ein Emissionsgrenzwert von 1,0 mg/m³ nicht überschritten werden.

(11) [1] Der Betreiber einer Anlage nach Absatz 6, Absatz 7 Satz 3 Nummer 1 oder Absatz 9 hat jeweils bis zum 31. März eines Jahres für die vorhergehenden fünf Jahre einen Nachweis über die Einhaltung der Betriebszeit zu führen und der zuständigen Behörde auf Verlangen vorzulegen. [2] Der Betreiber hat die Nachweise jeweils fünf Jahre nach Ende des Nachweiszeitraums aufzubewahren.

(12) Bei Einsatz von leichtem Heizöl, das die Anforderungen an leichtes Heizöl der Verordnung über die Beschaffenheit und die Auszeichnung der Qualitäten von Kraft- und Brennstoffen[1)] vom 8. Dezember 2010 (BGBl. I S. 1849) in der jeweils geltenden Fassung bezüglich des Schwefelgehaltes erfüllt, sind die in Absatz 1 Satz 2 Nummer 1 Buchstabe d genannten Anforderungen zum Schwefelabscheidegrad nicht anzuwenden.

(13) Die Emissionsgrenzwerte nach Absatz 1 Satz 2 Nummer 3 sind beim Einsatz von leichtem Heizöl nicht anzuwenden.

§ 7 Emissionsgrenzwerte für Großfeuerungsanlagen bei Einsatz gasförmiger Brennstoffe. (1) [1] Großfeuerungsanlagen, die gasförmige Brennstoffe einsetzen, sind so zu errichten und zu betreiben, dass die Anforderungen dieses Absatzes und der Absätze 2 bis 4 eingehalten werden. [2] Der Betreiber hat dafür zu sorgen, dass

1. kein Tagesmittelwert die folgenden Emissionsgrenzwerte überschreitet:
   a) Gesamtstaub bei Einsatz von
      aa) Hochofengas oder Koksofengas 10 mg/m³,

---

1) Nr. **2.10**.

bb) sonstigen gasförmigen Brennstoffen 5 mg/m³,

b) Kohlenmonoxid bei Einsatz von

aa) Erdgas 50 mg/m³,

bb) Hochofengas oder Koksofengas 100 mg/m³,

cc) sonstigen gasförmigen Brennstoffen 80 mg/m³,

c) Stickstoffmonoxid und Stickstoffdioxid, angegeben als Stickstoffdioxid, bei einer Feuerungswärmeleistung von

aa) 50 MW bis 300 MW und bei Einsatz von

aaa) Erdgas 100 mg/m³,

bbb) sonstigen gasförmigen Brennstoffen beim Einsatz in Raffinerien 100 mg/m³,

ccc) sonstigen gasförmigen Brennstoffen im Übrigen 200 mg/m³,

bb) mehr als 300 MW 100 mg/m³,

d) Schwefeldioxid und Schwefeltrioxid, angegeben als Schwefeldioxid, bei Einsatz von

aa) Flüssiggas 5 mg/m³,

bb) Koksofengas 350 mg/m³,

cc) Hochofengas 200 mg/m³,

dd) sonstigen gasförmigen Brennstoffen 35 mg/m³;

2. kein Halbstundenmittelwert das Doppelte der unter Nummer 1 bestimmten Emissionsgrenzwerte überschreitet.

(1a) Bei Einsatz sonstiger gasförmiger Brennstoffe in Raffinerien darf für Ammoniak, sofern zur Minderung der Emissionen von Stickstoffoxiden ein Verfahren der selektiven katalytischen oder nichtkatalytischen Reduktion eingesetzt wird, ein Emissionsgrenzwert von 10 mg/m³ für den Tagesmittelwert und von 20 mg/m³ für den Halbstundenmittelwert nicht überschritten werden.

(2) Abweichend von Absatz 1 Satz 2 Nummer 1 Buchstabe c und Nummer 2 darf bei Altanlagen mit einer Feuerungswärmeleistung von mehr als 300 MW bei Einsatz von Hochofengas oder Koksofengas für Stickstoffmonoxid und Stickstoffdioxid, angegeben als Stickstoffdioxid, ein Emissionsgrenzwert von 135 mg/m³ für den Tagesmittelwert und von 270 mg/m³ für den Halbstundenmittelwert nicht überschritten werden.

(3) Abweichend von Absatz 1 Satz 2 Nummer 1 Buchstabe c und Nummer 2 darf bei Altanlagen zum Reformieren von Erdgas oder zur Herstellung von Alkenen durch Spalten von Kohlenwasserstoffen für Stickstoffmonoxid und Stickstoffdioxid, angegeben als Stickstoffdioxid, bei einer Feuerungswärmeleistung von

1. mehr als 100 MW bis 300 MW ein Emissionsgrenzwert von 200 mg/m³ für den Tagesmittelwert und von 400 mg/m³ für den Halbstundenmittelwert nicht überschritten werden,

2. mehr als 300 MW ein Emissionsgrenzwert von 150 mg/m³ für den Tagesmittelwert und von 300 mg/m³ für den Halbstundenmittelwert nicht überschritten werden.

(4) [1] Abweichend von Absatz 1 Satz 2 Nummer 1 Buchstabe c Doppelbuchstabe aa Dreifachbuchstabe bbb und Nummer 2 darf bei bestehenden Anlagen in Raffinerien für Stickstoffmonoxid und Stickstoffdioxid, angegeben als Stickstoffdioxid, ein Emissionsgrenzwert von 150 mg/m³ für den Monatsmittelwert und von 500 mg/m³ für den Halbstundenmittelwert nicht überschritten werden. [2] Abweichend von Satz 1 darf bei diesen Anlagen, sofern

1. die zugeführte Verbrennungsluft eine Temperatur von mehr als 200 Grad Celsius hat, oder
2. der Wasserstoffgehalt des eingesetzten Brennstoffes mehr als 50 Prozent beträgt,

für Stickstoffmonoxid und Stickstoffdioxid, angegeben als Stickstoffdioxid, ein Emissionsgrenzwert von 200 mg/m³ für den Monatsmittelwert und von 500 mg/m³ für den Halbstundenmittelwert nicht überschritten werden.

§ 8 Emissionsgrenzwerte für Gasturbinenanlagen. (1) [1] Gasturbinenanlagen sind so zu errichten und zu betreiben, dass die Anforderungen

1. dieses Absatzes und der Absätze 3, 4, 5 Satz 1, Absätze 6 bis 10 sowie
2. der Absätze 2 und 5 Satz 2 eingehalten werden.

[2] Der Betreiber hat dafür zu sorgen, dass

1. kein Tagesmittelwert die folgenden Emissionsgrenzwerte überschreitet:
   a) Stickstoffmonoxid und Stickstoffdioxid, angegeben als Stickstoffdioxid, 50 mg/m³,
   b) Kohlenmonoxid 100 mg/m³;
2. kein Halbstundenmittelwert das Doppelte der unter Nummer 1 bestimmten Emissionsgrenzwerte überschreitet.

(2) [1] Die Emissionsgrenzwerte nach Absatz 1 gelten bei Betrieb ab einer Last von 70 Prozent, unter ISO-Bedingungen (Temperatur 288,15 K, Druck 101,3 kPa, relative Luftfeuchte 60 Prozent). [2] Für den Betrieb bei Lasten bis 70 Prozent legt die zuständige Behörde den zu überwachenden Teillastbereich sowie die in diesem Bereich einzuhaltenden Emissionsbegrenzungen für die in Absatz 1 genannten Schadstoffe fest.

(3) [1] Abweichend von Absatz 1 Satz 2 Nummer 1 Buchstabe a ist bei Gasturbinen im Solobetrieb, deren Wirkungsgrad unter ISO-Bedingungen mehr als 35 Prozent beträgt, der Emissionsgrenzwert entsprechend der prozentualen Wirkungsgraderhöhung heraufzusetzen. [2] Ein Emissionsgrenzwert von 75 mg/m³ für den Tagesmittelwert darf nicht überschritten werden.

(4) Bei Einsatz flüssiger Brennstoffe darf die Rußzahl im Dauerbetrieb den Wert 2 und beim Anfahren den Wert 4 nicht überschreiten.

(5) [1] Bei Einsatz flüssiger Brennstoffe darf bei Gasturbinen nur leichtes Heizöl, das bezüglich des Schwefelgehaltes die Anforderungen an leichtes Heizöl nach der Verordnung über die Beschaffenheit und die Auszeichnung der

Qualitäten von Kraft- und Brennstoffen[1] erfüllt, verwendet werden. [2] Abweichend von Satz 1 dürfen andere Brennstoffe verwendet werden, wenn gleichwertige Maßnahmen zur Emissionsminderung von Schwefeloxiden angewendet werden.

(6) Bei Einsatz gasförmiger Brennstoffe sind die Emissionsgrenzwerte von § 7 Absatz 1 Satz 2 Nummer 1 Buchstabe d und Nummer 2 für Schwefeldioxid und Schwefeltrioxid, angegeben als Schwefeldioxid, auf einen Bezugssauerstoffgehalt von 15 Prozent umzurechnen.

(7) Abweichend von den in Absatz 1 Satz 2 Nummer 1 Buchstabe a und Nummer 2 festgelegten Emissionsgrenzwerten für Stickstoffmonoxid und Stickstoffdioxid, angegeben als Stickstoffdioxid, darf für eine Einzelgasturbine mit einer Feuerungswärmeleistung von weniger als 50 MW, die Bestandteil einer Anlage mit einer Feuerungswärmeleistung von 50 MW oder mehr ist, beim Einsatz von sonstigen gasförmigen Brennstoffen, ausgenommen Erdgas, oder von flüssigen Brennstoffen, ein Emissionsgrenzwert von 120 mg/m^3 für den Tagesmittelwert und von 240 mg/m^3 für den Halbstundenmittelwert nicht überschritten werden.

(7a) Bei Gasturbinenanlagen in Raffinerien darf für Ammoniak, sofern zur Minderung der Emissionen von Stickstoffoxiden ein Verfahren der selektiven katalytischen oder nichtkatalytischen Reduktion eingesetzt wird, ein Emissionsgrenzwert von 10 mg/m^3 für den Tagesmittelwert und von 20 mg/m^3 für den Halbstundenmittelwert nicht überschritten werden.

(8) Abweichend von Absatz 1 Satz 2 Nummer 1 Buchstabe a und Nummer 2 darf bei im Jahr 2014 bestehenden Anlagen beim Einsatz von

1. Erdgas in Anlagen mit Kraft-Wärme-Kopplung mit einem Gesamtwirkungsgrad im Jahresdurchschnitt von mindestens 75 Prozent oder in Anlagen im Kombibetrieb mit einem elektrischen Gesamtwirkungsgrad im Jahresdurchschnitt von mindestens 55 Prozent oder in Anlagen zum Antrieb von Arbeitsmaschinen ein Emissionsgrenzwert von 75 mg/m^3 für den Tagesmittelwert und von 150 mg/m^3 für den Halbstundenmittelwert nicht überschritten werden;
2. sonstigen gasförmigen Brennstoffen oder leichtem Heizöl ein Emissionsgrenzwert von 120 mg/m^3 für den Tagesmittelwert und von 240 mg/m^3 für den Halbstundenmittelwert nicht überschritten werden.

(9) Abweichend von Absatz 1 Satz 2 Nummer 1 Buchstabe a und Nummer 2 darf bei Altanlagen, die im gleitenden Durchschnitt über einen Zeitraum von fünf Jahren höchstens 1 500 Betriebsstunden jährlich in Betrieb sind,

1. bei Einsatz von Erdgas ein Emissionsgrenzwert von 75 mg/m^3 für den Tagesmittelwert und von 150 mg/m^3 für den Halbstundenmittelwert nicht überschritten werden;
2. bei Einsatz von sonstigen gasförmigen Brennstoffen oder leichtem Heizöl ein Emissionsgrenzwert von 150 mg/m^3 für den Tagesmittelwert und von 300 mg/m^3 für den Halbstundenmittelwert nicht überschritten werden.

(10) Abweichend von Absatz 1 Satz 2 Nummer 1 Buchstabe a und Nummer 2 darf bei Altanlagen, die ausschließlich zur Abdeckung der Spitzenlast bei

[1] Nr. **2.10**.

der Energieversorgung während bis zu 300 Betriebsstunden jährlich in Betrieb sind,

1. bei Einsatz von Erdgas ein Emissionsgrenzwert von 150 mg/m³ für den Tagesmittelwert und von 300 mg/m³ für den Halbstundenmittelwert nicht überschritten werden;
2. bei Einsatz von sonstigen gasförmigen Brennstoffen oder leichtem Heizöl ein Emissionsgrenzwert von 200 mg/m³ für den Tagesmittelwert und von 400 mg/m³ für den Halbstundenmittelwert nicht überschritten werden.

(11) Bei Gasturbinen, die dem Notbetrieb während bis zu 300 Stunden im Jahr dienen, sind die Absätze 1 bis 3 nicht anzuwenden.

(12) [1] Der Betreiber einer Anlage nach Absatz 9, 10 oder 11 hat jeweils bis zum 31. März eines Jahres für die vorhergehenden fünf Jahre einen Nachweis über die Einhaltung der Betriebszeit zu führen und der zuständigen Behörde auf Verlangen vorzulegen. [2] Der Betreiber einer Anlage nach Absatz 8 Nummer 1 hat jeweils bis zum 31. März eines Jahres für das vorangegangene Jahr einen Nachweis über die Einhaltung des jeweiligen Gesamtwirkungsgrades zu führen und der zuständigen Behörde auf Verlangen vorzulegen. [3] Die Betreiber haben die Nachweise jeweils fünf Jahre nach Ende des Nachweiszeitraums aufzubewahren.

(13) Für Gasturbinen mit Zusatzfeuerung sind Emissionsgrenzwerte und zugehörige Bezugssauerstoffgehalte auf Grundlage der jeweils maßgeblichen Anforderungen an die Gasturbine nach dieser Vorschrift und den jeweils maßgeblichen Anforderungen an die Zusatzfeuerung nach § 6 oder § 7 durch die Behörde im Einzelfall festzulegen.

§ 9 Emissionsgrenzwerte für Gasmotoranlagen. (1) [1] Gasmotoranlagen sind so zu errichten und zu betreiben, dass die Anforderungen dieses Absatzes und des Absatzes 2 eingehalten werden. [2] Der Betreiber hat dafür zu sorgen, dass

1. kein Tagesmittelwert die folgenden Emissionsgrenzwerte überschreitet:

a)	Stickstoffmonoxid und Stickstoffdioxid, angegeben als Stickstoffdioxid, bei Einsatz von gasförmigen Brennstoffen	200 mg/m³,
b)	Kohlenmonoxid	250 mg/m³;

2. kein Halbstundenmittelwert das Doppelte der unter Nummer 1 bestimmten Emissionsgrenzwerte überschreitet.

(2) Abweichend von Absatz 1 Satz 2 Nummer 1 Buchstabe a und Nummer 2 darf für im Jahr 2014 bestehende Anlagen ein Emissionsgrenzwert für Stickstoffmonoxid und Stickstoffdioxid, angegeben als Stickstoffdioxid, von 250 mg/m³ für den Tagesmittelwert und von 500 mg/m³ für den Halbstundenmittelwert nicht überschritten werden.

(3) Bei Gasmotoranlagen, die dem Notbetrieb während bis zu 300 Stunden im Jahr dienen, ist Absatz 1 nicht anzuwenden.

(4) [1] Der Betreiber einer Anlage nach Absatz 3 hat jeweils bis zum 31. März eines Jahres für das vorhergehende Jahr einen Nachweis über die Einhaltung der Betriebszeit zu führen und der zuständigen Behörde auf Verlangen vor-

zulegen. [2]Der Betreiber hat die Nachweise jeweils fünf Jahre nach Ende des Nachweiszeitraums aufzubewahren.

(5) Andere oder weiter gehende Anforderungen nach anderen Rechtsverordnungen oder nach der Ersten Allgemeinen Verwaltungsvorschrift zum Bundes-Immissionsschutzgesetz (Technische Anleitung zur Reinhaltung der Luft – TA Luft)[1)] vom 24. Juli 2002 (GMBl S. 511) in der jeweils geltenden Fassung bleiben unberührt.

§ 10 Emissionsgrenzwerte bei Betrieb mit mehreren Brennstoffen.

(1) [1]Feuerungsanlagen sind beim Betrieb mit mehreren Brennstoffen so zu betreiben, dass die Anforderungen des Satzes 2 eingehalten werden. [2]Der Betreiber hat dafür zu sorgen, dass

1. kein Tagesmittelwert den sich aus den Absätzen 2 bis 4 jeweils ergebenden Emissionsgrenzwert und
2. kein Halbstundenmittelwert das Doppelte des unter Nummer 1 bestimmten Emissionsgrenzwertes überschreitet.

(2) [1]Bei Mischfeuerungen sind die für den jeweiligen Brennstoff maßgeblichen Emissionsgrenzwerte und der jeweilige Bezugssauerstoffgehalt nach dem Verhältnis der mit diesem Brennstoff zugeführten Feuerungswärmeleistung zur insgesamt zugeführten Feuerungswärmeleistung zu ermitteln. [2]Die für die Feuerungsanlage maßgeblichen Emissionsgrenzwerte und der maßgebliche Bezugssauerstoffgehalt ergeben sich durch Addition der nach Satz 1 ermittelten Werte.

(3) [1]Bei im Jahr 2014 bestehenden Mischfeuerungen in Feuerungsanlagen, in denen Destillations- oder Konversionsrückstände zum Eigenverbrauch in Raffinerien eingesetzt werden, gilt

1. der Emissionsgrenzwert für den Brennstoff mit dem höchsten Emissionsgrenzwert, sofern die mit dem Brennstoff mit dem höchsten Emissionsgrenzwert zugeführte Feuerungswärmeleistung mindestens 50 Prozent der insgesamt zugeführten Feuerungswärmeleistung ausmacht,
2. im Übrigen Absatz 2 mit der Maßgabe, dass als Emissionsgrenzwert für den Brennstoff mit dem höchsten Emissionsgrenzwert das Doppelte dieses Wertes abzüglich des Emissionsgrenzwertes für den Brennstoff mit dem niedrigsten Emissionsgrenzwert angesetzt wird.

[2]Abweichend von Satz 1 kann innerhalb einer Raffinerie die zuständige Behörde auf Antrag für im Jahr 2014 bestehende Großfeuerungsanlagen, die Destillations- oder Konversionsrückstände aus der Rohölraffinierung allein oder zusammen mit anderen Brennstoffen für den Eigenverbrauch verfeuern, für Schwefeldioxid und Schwefeltrioxid, angegeben als Schwefeldioxid, einen Emissionsgrenzwert von 600 mg/m^3 für den Tagesmittelwert und von 1 200 mg/m^3 für den Halbstundenmittelwert als über die Abgasvolumenströme gewichteten Durchschnittswert zulassen.

(4) Bei Mehrstofffeuerungen gelten die Anforderungen für den jeweils eingesetzten Brennstoff.

[1)] Nr. **5.1**.

§ 10a Kompensationsmöglichkeit in Raffinerien. (1) [1] Abweichend von den in den §§ 6, 7, 8 und 10 bestimmten Emissionsgrenzwerten für Stickstoffmonoxid und Stickstoffdioxid, angegeben als Stickstoffdioxid, kann die zuständige Behörde auf Antrag innerhalb einer Raffinerie für einige oder sämtliche Feuerungsanlagen, bei Einsatz von Raffinerieheizgasen oder Destillations- oder Konversionsrückständen allein oder gleichzeitig mit anderen Brennstoffen, lediglich einen Emissionsgrenzwert nach folgender Berechnung zulassen:

$$EGW_{NOx} < \frac{\Sigma[(Q_i) \times (C_{i\,NOx})]}{\Sigma(Q_i)}$$

[2] Darin bedeuten:

EGW_{NOx}	berechneter Emissionsgrenzwert für Stickstoffmonoxid und Stickstoffdioxid, angegeben als Stickstoffdioxid, in mg/m³ für den Tagesmittelwert
Q_i	repräsentativer Abgasvolumenstrom der jeweiligen Anlage im Normalbetrieb in m³/h
$C_{i\,NOx}$	nach den §§ 6, 7, 8 oder 10 bestimmter Emissionsgrenzwert für Stickstoffmonoxid und Stickstoffdioxid, angegeben als Stickstoffdioxid, der jeweiligen Anlage in mg/m³ für den Tagesmittelwert, vorhandene Monatsmittelwerte sind nach den Kriterien zur Beurteilung der Einhaltung der Emissionsgrenzwerte für validierte Tagesmittelwerte der Richtlinie 2010/75/EU Anhang V Teil 4 in Tagesmittelwerte umzurechnen
ΣQ_i	repräsentativer Abgasvolumenstrom der Anlagen im Normalbetrieb in m³/h

[3] In dieser Berechnung können auf Antrag bei der zuständigen Behörde innerhalb einer Raffinerie Anlagen nach der Allgemeinen Verwaltungsvorschrift zur Umsetzung des Durchführungsbeschlusses der Kommission vom 9. Oktober 2014 über Schlussfolgerungen zu den besten verfügbaren Techniken gemäß Richtlinie 2010/75/EU des Europäischen Parlaments und des Rates über Industrieemissionen in Bezug auf das Raffinieren von Mineralöl und Gas mit einbezogen werden, für die eine gleichlautende Regelung zur Berechnung vorgegeben ist. [4] Es ist sicherzustellen, dass die bei Anwendung von Satz 1 bis 3 entstehenden Emissionen geringer sind als die, die bei Einhaltung der einzelquellbezogenen Emissionsbegrenzungen entstehen würden. [5] Bei Änderung einer der in dieser Berechnung berücksichtigten Anlage ist der berechnete Emissionsgrenzwert zu überprüfen und gegebenenfalls neu zu ermitteln.

(2) [1] Abweichend von den in den §§ 6, 7 und 10, ausgenommen § 10 Absatz 3 Satz 2, bestimmten Emissionsgrenzwerten für Schwefeldioxid und Schwefeltrioxid, angegeben als Schwefeldioxid, kann die zuständige Behörde auf Antrag innerhalb einer Raffinerie für einige oder sämtliche Großfeuerungsanlagen, bei Einsatz von Raffinerieheizgasen oder Destillations- oder Konversionsrückständen allein oder gleichzeitig mit anderen Brennstoffen, lediglich einen Emissionsgrenzwert nach folgender Berechnung zulassen:

$$EGW_{SOx} < \frac{\Sigma[(Q_i) \times (C_{i\,SOx})]}{\Sigma(Q_i)}$$

[2] Darin bedeuten:

EGW_{SOx}	berechneter Emissionsgrenzwert für Schwefeldioxid und Schwefeltrioxid, angegeben als Schwefeldioxid, in mg/m³ für den Tagesmittelwert
Q_i	repräsentativer Abgasvolumenstrom der jeweiligen Anlage im Normalbetrieb in m³/h
$C_{i\,SOx}$	nach den §§ 6, 7 und 10, ausgenommen § 10 Absatz 3 Satz 2, bestimmter Emissionsgrenzwert für Schwefeldioxid und Schwefeltrioxid, angegeben als Schwefeldioxid, der jeweiligen Anlage in mg/m³ für den Tagesmittelwert
ΣQ_i	repräsentativer Abgasvolumenstrom der Anlagen im Normalbetrieb in m³/h

[3] In dieser Berechnung können auf Antrag bei der zuständigen Behörde innerhalb einer Raffinerie Anlagen nach der Allgemeinen Verwaltungsvorschrift zur Umsetzung des Durchführungsbeschlusses der Kommission vom 9. Oktober 2014 über Schlussfolgerungen zu den besten verfügbaren Techniken gemäß Richtlinie 2010/75/EU des Europäischen Parlaments und des Rates über Industrieemissionen in Bezug auf das Raffinieren von Mineralöl und Gas mit einbezogen werden, für die eine gleichlautende Regelung zur Berechnung vorgegeben ist. [4] Es ist sicherzustellen, dass die bei Anwendung von Satz 1 bis 3 entstehenden Emissionen geringer sind als die, die bei Einhaltung der einzelquellbezogenen Emissionsbegrenzungen entstehen würden. [5] Bei Änderung einer der in dieser Berechnung berücksichtigten Anlage ist der berechnete Emissionsgrenzwert zu überprüfen und gegebenenfalls neu zu ermitteln.

§ 11 Im Jahresmittel einzuhaltende Emissionsgrenzwerte zur Absicherung von Umweltqualitätsanforderungen. (1) Großfeuerungsanlagen mit einer Feuerungswärmeleistung von mehr als 300 MW sind so zu errichten und zu betreiben, dass kein Jahresmittelwert von Gesamtstaub einen Emissionsgrenzwert von 10 mg/m³ überschreitet.

(2) Großfeuerungsanlagen sind bei Einsatz fester Brennstoffe und Biobrennstoffe so zu errichten und zu betreiben, dass kein Jahresmittelwert von Quecksilber und seinen Verbindungen, angegeben als Quecksilber, einen Emissionsgrenzwert von 0,01 mg/m³ überschreitet.

(3) Großfeuerungsanlagen, ausgenommen im Jahr 2014 bestehende Anlagen, sind bei Einsatz von festen und flüssigen Brennstoffen und bei Einsatz von Biobrennstoffen so zu errichten und zu betreiben, dass kein Jahresmittelwert die folgenden Emissionsgrenzwerte von Stickstoffmonoxid und Stickstoffdioxid, angegeben als Stickstoffdioxid, überschreitet:

1. in Anlagen mit einer Feuerungswärmeleistung von 50 MW bis 100 MW — 250 mg/m³;
2. in Anlagen mit einer Feuerungswärmeleistung von mehr als 100 MW — 100 mg/m³.

(4) Die Anforderungen der Absätze 2 und 3 gelten nicht für Anlagen, die ausschließlich zur Abdeckung der Spitzenlast bei der Energieversorgung während bis zu 300 Stunden im Jahr dienen.

(5) Die Anforderungen der Absätze 2 und 3 gelten nicht für Anlagen, die ausschließlich dem Notbetrieb während bis zu 300 Stunden im Jahr dienen.

(6) [1]Der Betreiber einer Anlage nach Absatz 4 oder 5 hat jeweils bis zum 31. März eines Jahres für das vorhergehende Jahr einen Nachweis über die Einhaltung der Betriebszeit zu führen und der zuständigen Behörde auf Verlangen vorzulegen. [2]Der Betreiber hat die Nachweise jeweils fünf Jahre nach Ende des Nachweiszeitraums aufzubewahren.

§ 12 Kraft-Wärme-Kopplung. [1]Der Betreiber hat bei der Errichtung oder der wesentlichen Änderung einer Anlage Maßnahmen zur Kraft-Wärme-Kopplung durchzuführen, es sei denn, dies ist technisch nicht möglich oder unverhältnismäßig. [2]Der Betreiber hat der zuständigen Behörde diesen Umstand gemäß Satz 1 anzuzeigen.

§ 13 Wesentliche Änderung von Anlagen. [1]Wird eine Feuerungsanlage wesentlich geändert, sind die Anforderungen der §§ 4 bis 12 auf die Anlagenteile und Verfahrensschritte, die geändert werden sollen, sowie auf die Anlagenteile und Verfahrensschritte, auf die sich die Änderung auswirken wird, sofort anzuwenden. [2]Für die Bestimmung der Anforderungen ist die Gesamtleistung der Anlage nach erfolgter wesentlicher Änderung maßgeblich.

§ 14 Anlagen zur Abscheidung und Kompression von Kohlendioxid.

(1) [1]Vor der erstmaligen Genehmigung zur Errichtung oder zum Betrieb einer Anlage zur Erzeugung von Strom mit einer elektrischen Nennleistung von 300 Megawatt oder mehr hat der Betreiber zu prüfen, ob

1. geeignete Kohlendioxidspeicher zur Verfügung stehen und
2. der Zugang zu Anlagen für den Transport des Kohlendioxids sowie die Nachrüstung von Anlagen für die Abscheidung und Kompression von Kohlendioxid technisch möglich und wirtschaftlich zumutbar sind.

[2]Dies gilt entsprechend für die Änderung oder Erweiterung einer Anlage um eine elektrische Nennleistung von 300 Megawatt oder mehr. [3]Der Betreiber hat das Ergebnis der Prüfung der zuständigen Behörde darzulegen.

(2) Sind die in Absatz 1 genannten Voraussetzungen erfüllt, hat der Betreiber auf dem Betriebsgelände eine hinreichend große Fläche für die Nachrüstung der errichteten Anlage mit den für die Abscheidung und Kompression von Kohlendioxid erforderlichen Anlagen freizuhalten.

§ 15 Begrenzung von Emissionen bei Lagerungs- und Transportvorgängen. (1) Bei der Lagerung und beim Transport von Stoffen sind nach näherer Bestimmung der zuständigen Behörde Maßnahmen zur Begrenzung der Emissionen nach den Anforderungen der Technischen Anleitung zur Reinhaltung der Luft zu treffen.

(2) Staubförmige Emissionen, die beim Entleeren von Filteranlagen entstehen können, sind dadurch zu vermindern, dass die Stäube in geschlossene Behältnisse abgezogen oder an den Austragsstellen befeuchtet werden.

(3) Für staubförmige Verbrennungsrückstände sind geschlossene Transporteinrichtungen und geschlossene Zwischenlager zu verwenden.

§ 16 Ableitbedingungen für Abgase. [1]Die Abgase sind in kontrollierter Weise so abzuleiten, dass ein ungestörter Abtransport mit der freien Luftströmung ermöglicht wird. [2]Zur Ermittlung der Ableitungshöhen sind die Anforderungen der Technischen Anleitung zur Reinhaltung der Luft heranzuziehen. [3]Die näheren Bestimmungen sind in der Genehmigung festzulegen.

§ 17 Abgasreinigungseinrichtungen. (1) Soweit zur Einhaltung der Emissionsgrenzwerte Abgasreinigungsanlagen erforderlich sind, muss der gesamte Abgasstrom behandelt werden.

(2) [1]Der Betreiber einer Anlage hat bei einer Betriebsstörung an einer Abgasreinigungseinrichtung oder bei ihrem Ausfall unverzüglich die erforderlichen Maßnahmen für einen ordnungsgemäßen Betrieb zu ergreifen. [2]Er hat den Betrieb der Anlage einzuschränken oder sie außer Betrieb zu nehmen, wenn ein ordnungsgemäßer Betrieb nicht innerhalb von 24 Stunden sichergestellt werden kann. [3]In jedem Fall hat er die zuständige Behörde unverzüglich, spätestens innerhalb von 48 Stunden zu unterrichten.

(3) [1]Die zuständige Behörde hat in der Genehmigung geeignete Maßnahmen für den Fall einer Betriebsstörung an der Abgasreinigungseinrichtung oder ihres Ausfalls vorzusehen. [2]Bei Ausfall einer Abgasreinigungseinrichtung darf eine Anlage während eines Zeitraums von zwölf aufeinanderfolgenden Monaten höchstens 120 Stunden ohne diese Abgasreinigungseinrichtung betrieben werden.

Abschnitt 3. Messung und Überwachung

§ 18 Messplätze. [1]Der Betreiber hat vor Inbetriebnahme einer Anlage für die Messungen zur Feststellung der Emissionen sowie zur Ermittlung der Bezugs- oder Betriebsgrößen Messplätze einzurichten. [2]Die Messplätze nach Satz 1 sollen ausreichend groß, leicht begehbar und so beschaffen sein sowie so ausgewählt werden, dass repräsentative und einwandfreie Messungen gewährleistet sind. [3]Näheres bestimmt die zuständige Behörde.

§ 19 Messverfahren und Messeinrichtungen. (1) [1]Der Betreiber hat sicherzustellen, dass für Messungen die dem Stand der Messtechnik entsprechenden Messverfahren angewendet und geeignete Messeinrichtungen, die den Anforderungen der Anlage 3 Nummer 1 bis 3 entsprechen, verwendet werden. [2]Näheres bestimmt die zuständige Behörde.

(2) [1]Der Betreiber hat sicherzustellen, dass die Probenahme und Analyse aller Schadstoffe sowie die Qualitätssicherung von automatischen Messsystemen und die Referenzmessverfahren zur Kalibrierung automatischer Messsysteme nach CEN-Normen des Europäischen Komitees für Normung durchgeführt werden. [2]Sind keine CEN-Normen verfügbar, so werden ISO-Normen, nationale Normen oder sonstige internationale Normen angewandt, die sicherstellen, dass Daten von gleichwertiger wissenschaftlicher Qualität ermittelt werden.

(3) Der Betreiber hat den ordnungsgemäßen Einbau von Mess- und Auswerteeinrichtungen zur kontinuierlichen Überwachung vor der Inbetriebnahme der Feuerungsanlage der zuständigen Behörde durch die Bescheinigung einer Stelle für Kalibrierungen nachzuweisen, die von der zuständigen Landes-

behörde oder der nach Landesrecht bestimmten Behörde nach § 29b Absatz 2 des Bundes-Immissionsschutzgesetzes[1)] bekannt gegebenen wurde.

(4) Der Betreiber hat Messeinrichtungen, die zur kontinuierlichen Feststellung der Emissionen oder der Betriebsgrößen eingesetzt werden, durch eine Stelle, die von der zuständigen Landesbehörde oder der nach Landesrecht bestimmten Behörde nach § 29b Absatz 2 des Bundes-Immissionsschutzgesetzes bekannt gegeben wurde, gemäß Absatz 5,

1. kalibrieren zu lassen und
2. auf Funktionsfähigkeit prüfen zu lassen.

(5) [1] Die Funktionsfähigkeit ist jährlich mittels Parallelmessung unter Verwendung der Referenzmethode prüfen zu lassen. [2] Die Kalibrierung ist jeweils nach der Errichtung und jeder wesentlichen Änderung durchführen zu lassen, sobald der ungestörte Betrieb erreicht ist, jedoch frühestens drei Monate und spätestens sechs Monate nach Inbetriebnahme. [3] Die Kalibrierung ist mindestens alle drei Jahre zu wiederholen.

(6) Der Betreiber hat die Berichte über das Ergebnis der Kalibrierung und der Prüfung der Funktionsfähigkeit der zuständigen Behörde innerhalb von zwölf Wochen nach Kalibrierung und Prüfung vorzulegen.

§ 20 Kontinuierliche Messungen. (1) [1] Der Betreiber hat folgende Parameter kontinuierlich zu ermitteln, zu registrieren, gemäß § 22 Absatz 1 auszuwerten und im Fall von § 22 Absatz 2 Satz 3 der zuständigen Behörde unverzüglich zu übermitteln:

1. die Massenkonzentration der Emissionen an Gesamtstaub, Quecksilber, Gesamtkohlenstoff, Kohlenmonoxid, Stickstoffmonoxid, Stickstoffdioxid, Schwefeldioxid, Schwefeltrioxid, Ammoniak und die Rußzahl, soweit Emissionsgrenzwerte oder eine Begrenzung der Rußzahl festgelegt sind,
2. den Volumengehalt an Sauerstoff im Abgas und
3. die zur Beurteilung des ordnungsgemäßen Betriebs erforderlichen Betriebsgrößen, insbesondere Leistung, Abgastemperatur, Abgasvolumenstrom, Feuchtegehalt, Wasserstoffgehalt und Druck.

[2] Der Betreiber hat hierzu die Anlagen vor Inbetriebnahme mit geeigneten Mess- und Auswerteeinrichtungen auszurüsten.

(1a) Geeignete Messeinrichtungen für die kontinuierliche Bestimmung des Wasserstoffgehaltes im eingesetzten gasförmigen Brennstoff sind erforderlich für Großfeuerungsanlagen, für die die Anforderung nach § 7 Absatz 4 Satz 2 Nummer 2 Anwendung finden soll.

(2) [1] Messeinrichtungen für den Feuchtegehalt sind nicht notwendig, soweit das Abgas vor der Ermittlung der Massenkonzentration der Emissionen getrocknet wird. [2] Ergibt sich auf Grund der Bauart und Betriebsweise von Nass-Abgasentschwefelungsanlagen infolge des Sättigungszustandes des Abgases und der konstanten Abgastemperatur, dass der Feuchtegehalt im Abgas an der Messstelle einen konstanten Wert annimmt, soll die zuständige Behörde auf die kontinuierliche Messung des Feuchtegehaltes verzichten und die Verwendung des in Einzelmessungen ermittelten Wertes zulassen. [3] In diesem Fall hat der

[1)] Nr. 1.

Betreiber Nachweise über das Vorliegen der vorgenannten Voraussetzungen bei der Kalibrierung zu führen und der zuständigen Behörde auf Verlangen vorzulegen. [4]Der Betreiber hat die Nachweise fünf Jahre nach Kalibrierung aufzubewahren.

(3) Die Gesamtstaubemission ist ohne Beitrag des Schwefeltrioxids zum Messwert auszuweisen.

(4) [1]Ergibt sich auf Grund der Einsatzstoffe, der Bauart, der Betriebsweise oder auf Grund von Einzelmessungen, dass der Anteil des Stickstoffdioxids an den Stickstoffoxidemissionen unter 5 Prozent liegt, soll die zuständige Behörde auf die kontinuierliche Messung des Stickstoffdioxids verzichten und die Bestimmung des Anteils durch Berechnung zulassen. [2]In diesem Fall hat der Betreiber Nachweise über den Anteil des Stickstoffdioxids bei der Kalibrierung zu führen und der zuständigen Behörde auf Verlangen vorzulegen. [3]Der Betreiber hat die Nachweise jeweils fünf Jahre nach der Kalibrierung aufzubewahren.

(5) Wird die Massenkonzentration an Schwefeldioxid kontinuierlich gemessen, kann die Massenkonzentration an Schwefeltrioxid bei der Kalibrierung ermittelt und durch Berechnung berücksichtigt werden.

(6) [1]Der Betreiber hat zur Feststellung des Schwefelabscheidegrades neben der Messung der Emissionen an Schwefeldioxid und Schwefeltrioxid im Abgas den Schwefelgehalt im eingesetzten Brennstoff regelmäßig zu ermitteln. [2]Dabei bestimmt die zuständige Behörde näher, wie nachgewiesen wird, dass die Schwefelabscheidegrade als Tagesmittelwert eingehalten werden.

(7) Die zuständige Behörde kann bei Feuerungsanlagen mit einer Lebensdauer von weniger als 10 000 Betriebsstunden beschließen, von den kontinuierlichen Messungen gemäß Absatz 1 abzusehen.

(8) Bei Anwendung von § 10a bleiben die Anforderungen zur Messung und Überwachung an der jeweiligen Einzelquelle nach den Absätzen 1 bis 3 und 5 bis 7 sowie der Technischen Anleitung zur Reinhaltung der Luft unberührt.

§ 21 Ausnahmen vom Erfordernis kontinuierlicher Messungen.

(1) [1]Abweichend von § 20 Absatz 1 sind bei Feuerungsanlagen, die ausschließlich mit Erdgas betrieben werden, Messungen zur Feststellung der Emissionen an Gesamtstaub und Schwefeloxiden nicht erforderlich. [2]In diesem Fall hat der Betreiber Einzelmessungen für Staub gemäß Absatz 7 durchführen zu lassen und regelmäßig wiederkehrend alle sechs Monate Nachweise über den Schwefelgehalt des eingesetzten Brennstoffs zu führen und der zuständigen Behörde auf Verlangen vorzulegen. [3]Der Betreiber hat die Nachweise jeweils fünf Jahre nach Erstellung aufzubewahren.

(2) [1]Abweichend von § 20 Absatz 1 sind bei Feuerungsanlagen, die ausschließlich mit leichtem Heizöl, Dieselkraftstoff oder Erdgas betrieben werden, Messungen zur Feststellung der Emissionen an Schwefeloxiden nicht erforderlich. [2]In diesem Fall hat der Betreiber regelmäßig wiederkehrend alle sechs Monate Nachweise über den Schwefelgehalt und den unteren Heizwert der eingesetzten Brennstoffe zu führen und der zuständigen Behörde auf Verlangen vorzulegen. [3]Der Betreiber hat die Nachweise jeweils fünf Jahre nach Erstellung aufzubewahren.

(3) [1]Abweichend von § 20 Absatz 1 sind bei Feuerungsanlagen, die ausschließlich mit Biobrennstoffen betrieben werden, Messungen zur Feststellung der Emissionen an Schwefeloxiden nicht erforderlich, wenn die Emissionsgrenzwerte durch den Einsatz entsprechender Brennstoffe eingehalten werden. [2]In diesem Fall hat der Betreiber regelmäßig wiederkehrend alle sechs Monate Nachweise über den Schwefelgehalt und den unteren Heizwert der eingesetzten Brennstoffe zu führen und der zuständigen Behörde auf Verlangen vorzulegen. [3]Der Betreiber hat die Nachweise jeweils fünf Jahre nach Erstellung aufzubewahren.

(4) [1]Abweichend von § 20 Absatz 1 sind bei erdgasbetriebenen Gasturbinen und erdgasbetriebenen Gasmotoren mit einer Feuerungswärmeleistung von weniger als 100 Megawatt Messungen zur Feststellung der Emissionen an Kohlenmonoxid, Stickstoffmonoxid und Stickstoffdioxid nicht erforderlich, wenn durch andere Prüfungen, insbesondere der Prozessbedingungen, sichergestellt ist, dass die Emissionsgrenzwerte eingehalten werden. [2]In diesem Fall hat der Betreiber Einzelmessungen nach Absatz 7 Satz 1 durchführen zu lassen sowie Nachweise über die Korrelation zwischen den Prüfungen und den Emissionsgrenzwerten zu führen und der zuständigen Behörde auf Verlangen vorzulegen. [3]Der Betreiber hat die Nachweise jeweils fünf Jahre nach Erstellung aufzubewahren.

(5) [1]Für Quecksilber und seine Verbindungen, angegeben als Quecksilber, soll die zuständige Behörde auf Antrag auf die kontinuierliche Messung verzichten, wenn durch andere Prüfungen, insbesondere der Brennstoffe, sichergestellt ist, dass die Emissionsgrenzwerte nach den §§ 4 und 5 für Quecksilber und seine Verbindungen zu weniger als 50 Prozent in Anspruch genommen werden und sich aus den Einzelmessungen ergibt, dass der Jahresmittelwert nach § 11 Absatz 2 sicher eingehalten wird. [2]In diesem Fall hat der Betreiber regelmäßig wiederkehrend jährlich Einzelmessungen durchführen zu lassen sowie Nachweise über die Korrelation zwischen den Prüfungen und den Emissionsgrenzwerten zu führen und der zuständigen Behörde auf Verlangen vorzulegen. [3]Der Betreiber hat die Nachweise jeweils fünf Jahre nach Ende des Nachweiszeitraums aufzubewahren.

(6) [1]Die Nachweise in den Fällen der Absätze 1 bis 5 sind durch Verfahren entsprechend einschlägiger CEN-Normen oder, soweit keine CEN-Normen vorhanden sind, anhand nachgewiesenermaßen gleichwertiger Verfahren zu erbringen. [2]Das Verfahren ist der zuständigen Behörde anzuzeigen und von dieser billigen zu lassen. [3]Die Billigung gilt als erteilt, wenn die zuständige Behörde nicht innerhalb einer Frist von vier Wochen widerspricht.

(7) [1]Soweit die vorangehenden Absätze Ausnahmen von der kontinuierlichen Messung von Schwefeldioxid, Stickstoffmonoxid, Stickstoffdioxid, Staub oder Kohlenmonoxid zulassen, und soweit an deren Stelle Einzelmessungen vorzunehmen sind, gilt § 23 Absatz 2 entsprechend. [2]Soweit die vorangehenden Absätze Ausnahmen von der kontinuierlichen Messung von anderen als in Satz 1 genannten Schadstoffen sowie von den Parametern nach § 20 Absatz 1 Satz 1 Nummer 2 oder Nummer 3 zulassen, und soweit an deren Stelle Einzelmessungen vorzunehmen sind, gilt Satz 1 mit der Maßgabe, dass die Einzelmessungen soweit nicht abweichend geregelt wiederkehrend alle drei Jahre durchzuführen sind. [3]Im Übrigen gelten die Vorschriften des § 23 Absatz 3 und 4 und des § 24 entsprechend.

§ 22 Auswertung und Beurteilung von kontinuierlichen Messungen.

(1) [1] Während des Betriebes der Anlage ist aus den nach § 20 ermittelten Messwerten für jede aufeinander folgende halbe Stunde jeweils der Halbstundenmittelwert zu bilden und nach Anlage 4 auf den Bezugssauerstoffgehalt umzurechnen. [2] Für die Stoffe, deren Emissionen durch Abgasreinigungseinrichtungen gemindert und begrenzt werden, darf die Umrechnung der Messwerte nur für die Zeiten erfolgen, in denen der gemessene Sauerstoffgehalt über dem Bezugssauerstoffgehalt liegt. [3] Aus den Halbstundenmittelwerten ist für jeden Tag der Tagesmittelwert, bezogen auf die tägliche Betriebszeit, zu bilden. [4] Jeder Tag, an dem mehr als sechs Halbstundenmittelwerte wegen Störung oder Wartung des kontinuierlichen Messsystems ungültig sind, ist ungültig. [5] Für An- und Abfahrvorgänge, bei denen ein Überschreiten des Zweifachen der festgelegten Emissionsbegrenzungen nicht verhindert werden kann, sind durch die zuständige Behörde Sonderregelungen zu treffen. [6] Sind mehr als zehn Tage im Jahr wegen solcher Situationen ungültig, hat die zuständige Behörde den Betreiber zu verpflichten, geeignete Maßnahmen einzuleiten, um die Zuverlässigkeit des kontinuierlichen Überwachungssystems zu verbessern.

(1a) Der Betreiber hat die Jahresmittelwerte nach den §§ 5 und 11 auf der Grundlage der validierten Tagesmittelwerte zu berechnen; hierzu sind die validierten Tagesmittelwerte eines Kalenderjahres zusammenzuzählen und durch die Anzahl der validierten Tagesmittelwerte zu teilen.

(1b) Der Betreiber hat die Monatsmittelwerte nach § 7 Absatz 4 auf der Grundlage der validierten Halbstundenmittelwerte zu berechnen; hierzu sind über einen gleitenden Zeitraum von 30 Tagen die validierten Halbstundenmittelwerte zusammenzuzählen und durch die Anzahl der validierten Halbstundenmittelwerte zu teilen.

(2) [1] Über die Ergebnisse der kontinuierlichen Messungen hat der Betreiber für jedes Kalenderjahr einen Messbericht zu erstellen und der zuständigen Behörde bis zum 31. März des Folgejahres vorzulegen. [2] Der Betreiber hat den Bericht nach Satz 1 sowie die zugehörigen Aufzeichnungen der Messgeräte fünf Jahre nach Ende des Berichtszeitraums nach Satz 1 aufzubewahren. [3] Soweit die Messergebnisse der zuständigen Behörde durch geeignete telemetrische Übermittlung vorliegen, entfällt die Pflicht nach Satz 1, ihr den Messbericht vorzulegen.

(3) Die Emissionsgrenzwerte sind eingehalten, wenn

1. kein Ergebnis eines nach Anlage 3 validierten Jahres-, Monats-, Tages- und Halbstundenmittelwertes den jeweils maßgebenden Emissionsgrenzwert nach den §§ 4 bis 10a und den nach § 11 jeweils im Jahresmittel einzuhaltenden Emissionsgrenzwert überschreitet und
2. kein Ergebnis den jeweils maßgebenden Schwefelabscheidegrad nach § 4 oder § 6 unterschreitet.

(4) [1] Der Betreiber hat für jedes Kalenderjahr bis zum 31. Mai des Folgejahres einen Nachweis über die Jahresmittelwerte nach § 11 zu führen und der zuständigen Behörde auf deren Verlangen vorzulegen. [2] Die Nachweise sind fünf Jahre nach Ende des Nachweiszeitraumes aufzubewahren.

§ 23 Einzelmessungen. (1) Der Betreiber hat nach Errichtung oder wesentlicher Änderung der Anlage Messungen zur Feststellung, ob die Anforderungen nach § 4 Absatz 1 Satz 2 Nummer 3, § 5 Absatz 1 Satz 2 Nummer 3 und § 6 Absatz 1 Satz 2 Nummer 3 erfüllt werden, von einer nach § 29b Absatz 2 in Verbindung mit § 26 des Bundes-Immissionsschutzgesetzes[1] bekannt gegebenen Stelle durchführen zu lassen.

(2) Der Betreiber hat die Messungen nach Absatz 1 nach Erreichen des ungestörten Betriebs, jedoch frühestens nach dreimonatigem Betrieb und spätestens sechs Monate nach Inbetriebnahme, und anschließend wiederkehrend spätestens alle drei Jahre mindestens an drei Tagen durchführen zu lassen (Wiederholungsmessungen).

(3) Der Betreiber hat die Messungen nach Absatz 1 durchführen zu lassen, wenn die Anlage mit der höchsten Leistung betrieben wird, für die sie bei den während der Messung verwendeten Einsatzstoffen für den Dauerbetrieb zugelassen ist.

(4) [1] Zur Überwachung der Anforderungen nach § 4 Absatz 1 Satz 2 Nummer 3, § 5 Absatz 1 Satz 2 Nummer 3 und § 6 Absatz 1 Satz 2 Nummer 3 beträgt die Probenahmezeit für Messungen zur Bestimmung der Emissionen an Stoffen nach

1. Anlage 1 Buchstabe a bis c mit Ausnahme von Benzo(a)pyren mindestens eine halbe Stunde und höchstens zwei Stunden,
2. Anlage 1 Buchstabe d sowie Benzo(a)pyren mindestens sechs Stunden und höchstens acht Stunden.

[2] Für die in Anlage 1 Buchstabe d oder Anlage 2 genannten Stoffe soll die Nachweisgrenze des eingesetzten Analyseverfahrens nicht über 0,005 Nanogramm je Kubikmeter Abgas liegen.

(5) [1] Abweichend von Absatz 2 sind für Großfeuerungsanlagen bei Einsatz fester und flüssiger Brennstoffe und bei Einsatz von Biobrennstoffen die Wiederholungsmessungen zur Feststellung der Emissionen an Stoffen nach § 4 Absatz 1 Satz 2 Nummer 3, § 5 Absatz 1 Satz 2 Nummer 3 und § 6 Absatz 1 Satz 2 Nummer 3 nicht erforderlich, wenn durch regelmäßige Kontrollen der Brennstoffe, insbesondere bei Einsatz neuer Brennstoffe, und der Fahrweise zuverlässig nachgewiesen ist, dass die Emissionen weniger als 50 Prozent der Emissionsgrenzwerte betragen. [2] In diesem Fall hat der Betreiber für jedes Kalenderjahr entsprechende Nachweise zu führen und der zuständigen Behörde auf Verlangen vorzulegen. [3] Der Betreiber hat die Nachweise fünf Jahre nach Ende des Nachweiszeitraums nach Satz 2 aufzubewahren.

§ 24 Berichte und Beurteilung von Einzelmessungen. (1) [1] Der Betreiber hat über die Ergebnisse der Messungen nach § 23 einen Messbericht gemäß Satz 2 zu erstellen und der zuständigen Behörde unverzüglich vorzulegen. [2] Der Messbericht muss Folgendes enthalten:

1. Angaben über die Messplanung,
2. das Ergebnis jeder Einzelmessung,
3. das verwendete Messverfahren und
4. die Betriebsbedingungen, die für die Beurteilung der Messergebnisse von Bedeutung sind.

---

[1] Nr. **1**.

(2) Die Emissionsgrenzwerte gelten als eingehalten, wenn kein Ergebnis einer Einzelmessung einen Emissionsgrenzwert nach den §§ 4 bis 10 oder Anlage 1 überschreitet.

§ 25 Jährliche Berichte über Emissionen. (1) Der Betreiber hat der zuständigen Behörde erstmals für das Jahr 2016 und dann jährlich jeweils bis zum 31. Mai des Folgejahres für jede einzelne Anlage unter Beachtung der Aggregationsregeln nach § 3 Folgendes zu berichten:

1. die installierte Feuerungswärmeleistung der Feuerungsanlage, in Megawatt,
2. die Art der Feuerungsanlage: Kesselfeuerung, Gasturbine, Gasmotor, Dieselmotor, andere Feuerungsanlage mit genauer Angabe der Art der Feuerungsanlage,
3. das Datum der Betriebsaufnahme und der letzten wesentlichen Änderung der Feuerungsanlage, einschließlich der Benennung der wesentlichen Änderung,
4. die Jahresgesamtemissionen, in Megagramm pro Jahr, an Schwefeloxiden, angegeben als Schwefeldioxid, Stickstoffoxiden, angegeben als Stickstoffdioxid, und Staub, angegeben als Schwebstoffe insgesamt,
5. die jährlichen Betriebsstunden der Feuerungsanlage,
6. den jährlichen Gesamtenergieeinsatz, in Terajoule pro Jahr, bezogen auf den unteren Heizwert, aufgeschlüsselt in die folgenden Brennstoffkategorien:
   a) Steinkohle,
   b) Braunkohle,
   c) Biobrennstoffe,
   d) Torf,
   e) andere feste Brennstoffe mit genauer Angabe der Bezeichnung des festen Brennstoffs,
   f) flüssige Brennstoffe,
   g) Erdgas,
   h) sonstige Gase mit genauer Angabe der Bezeichnung des Gases,
7. für Feuerungsanlagen, auf die § 4 Absatz 4 anzuwenden ist, den Schwefelgehalt der verwendeten heimischen festen Brennstoffe und den erzielten Schwefelabscheidegrad, gemittelt über jeden Monat; im ersten Jahr der Anwendung von § 4 Absatz 4 wird auch die technische Begründung dafür übermittelt, warum die Einhaltung der in § 4 genannten Regel-Emissionsgrenzwerte nicht durchführbar ist,
8. für Feuerungsanlagen, die im gleitenden Durchschnitt über einen Zeitraum von fünf Jahren nicht mehr als 1 500 Stunden pro Jahr in Betrieb sind, die Zahl der Betriebsstunden pro Jahr für das Berichtsjahr und die vorangegangenen vier Kalenderjahre,
9. die Angabe, ob die Feuerungsanlage Teil einer Raffinerie ist.

(2) Bis einschließlich für das Berichtsjahr 2015 hat der Betreiber einer Anlage der zuständigen Behörde jährlich jeweils bis zum 31. Mai des Folgejahres für jede einzelne Anlage gemäß Absatz 1 Nummer 4, 6 und 9 zu berichten.

(3) [1]Die nach Landesrecht zuständigen obersten Landesbehörden oder die von ihnen bestimmten Behörden prüfen den Bericht nach den Absätzen 1 und

2 auf Plausibilität und leiten diesen dem Umweltbundesamt bis zum 31. Oktober des auf das Berichtsjahr folgenden Jahres auf elektronischem Weg zur Weiterleitung an die Europäische Kommission zu. [2]Das Umweltbundesamt hat die Berichte zu Aufstellungen für jedes einzelne Berichtsjahr und Dreijahreszeiträume zusammenzustellen, wobei die Angaben zu Feuerungsanlagen in Raffinerien gesondert aufzuführen sind.

Abschnitt 4. Gemeinsame Vorschriften

§ 26 Zulassung von Ausnahmen. (1) Die zuständige Behörde kann auf Antrag des Betreibers Ausnahmen von Vorschriften dieser Verordnung zulassen, soweit unter Berücksichtigung der besonderen Umstände des Einzelfalls

1. einzelne Anforderungen der Verordnung nicht oder nur mit unverhältnismäßigem Aufwand erfüllbar sind,
2. im Übrigen die dem Stand der Technik entsprechenden Maßnahmen zur Emissionsbegrenzung angewandt werden,
3. die Schornsteinhöhe nach der Technischen Anleitung zur Reinhaltung der Luft in der jeweils geltenden Fassung auch für einen als Ausnahme zugelassenen Emissionsgrenzwert ausgelegt ist, es sei denn, auch insoweit liegen die Voraussetzungen der Nummer 1 vor, und
4. die Ausnahmen den Anforderungen aus der Richtlinie 2010/75/EU nicht entgegenstehen.

(2) Soweit in Übereinstimmung mit der Richtlinie 2010/75/EU Ausnahmen erteilt werden, die zu einer Berichtspflicht an die Europäische Kommission führen, hat die zuständige Behörde eine Ausfertigung der Ausnahmegenehmigung nach Absatz 1 dem Bundesministerium für Umwelt, Naturschutz, Bau und Reaktorsicherheit unverzüglich zur Weiterleitung an die Europäische Kommission zuzuleiten.

§ 27 Weitergehende Anforderungen. (1) Die Befugnis der zuständigen Behörde, andere oder weitergehende Anforderungen, insbesondere zur Vermeidung schädlicher Umwelteinwirkungen nach § 5 Absatz 1 Nummer 1 des Bundes-Immissionsschutzgesetzes[1)], zu stellen, bleiben unberührt.

(2) Hat die zuständige Behörde bei einer Anlage im Einzelfall bereits Anforderungen zur Vorsorge gegen schädliche Umwelteinwirkungen durch Luftverunreinigungen gestellt, die über die Anforderungen dieser Verordnung hinausgehen, sind diese weiterhin maßgeblich.

Abschnitt 5. Schlussvorschriften

§ 28 Zugänglichkeit und Gleichwertigkeit von Normen und Arbeitsblättern. (1) [1]Die in den §§ 2 und 6 genannten DIN-Normen sowie die in §§ 19 und 21 genannten CEN-Normen sind bei der Beuth Verlag GmbH, Berlin, zu beziehen. [2]Die in § 2 Absatz 12 genannten DVGW-Arbeitsblätter sind bei der Wirtschafts- und Verlagsgesellschaft Gas und Wasser mbH, Bonn, zu beziehen. [3]Die genannten DIN-Normen sind in der Deutschen Nationalbi-

[1)] Nr. **1**.

bliothek, die genannten CEN-Normen sowie die genannten Arbeitsblätter sind beim Deutschen Patent- und Markenamt in München archivmäßig gesichert niedergelegt.

(2) Den in §§ 2 und 6 genannten DIN-Normen und DVGW-Arbeitsblättern stehen diesen entsprechende einschlägige CEN-Normen und soweit keine solchen CEN-Normen verfügbar sind, ISO-Normen oder sonstige internationale Normen, die den nationalen Normen nachgewiesenermaßen gleichwertige Anforderungen stellen, gleich.

§ 29 Ordnungswidrigkeiten. (1) Ordnungswidrig im Sinne des § 62 Absatz 1 Nummer 2 des Bundes-Immissionsschutzgesetzes[1] handelt, wer vorsätzlich oder fahrlässig

1. entgegen § 4 Absatz 1 Satz 1, § 5 Absatz 1 Satz 1, § 6 Absatz 1 Satz 1 Nummer 1, § 7 Absatz 1 Satz 1, § 8 Absatz 1 Satz 1 Nummer 1, § 9 Absatz 1 Satz 1 oder § 10 Absatz 1 Satz 1 eine dort genannte Anlage nicht richtig errichtet oder nicht richtig betreibt,
2. entgegen § 4 Absatz 12, § 5 Absatz 8 Satz 3 oder Satz 4, § 6 Absatz 11, § 8 Absatz 12, § 9 Absatz 4, § 20 Absatz 2 Satz 3 oder Satz 4, § 20 Absatz 4 Satz 2 oder Satz 3, § 21 Absatz 1 Satz 2 oder Satz 3, § 21 Absatz 2 Satz 2 oder Satz 3, § 21 Absatz 3 Satz 2 oder Satz 3, § 21 Absatz 4 Satz 2 oder Satz 3, § 21 Absatz 5 Satz 2 oder Satz 3, § 23 Absatz 5 Satz 2 oder Satz 3 einen dort genannten Nachweis nicht, nicht richtig oder nicht vollständig führt oder nicht, nicht richtig, nicht vollständig oder nicht rechtzeitig vorlegt oder nicht oder nicht mindestens fünf Jahre aufbewahrt,
3. einer vollziehbaren Anordnung nach § 8 Absatz 2 Satz 2, § 20 Absatz 6 Satz 2 und § 22 Absatz 1 Satz 6 zuwiderhandelt,
4. entgegen § 12 Satz 2 eine Anzeige nicht, nicht richtig oder nicht rechtzeitig macht,
5. entgegen § 14 Absatz 2 eine dort genannte Fläche nicht freihält,
6. entgegen § 17 Absatz 2 Satz 1 eine dort genannte Maßnahme nicht oder nicht rechtzeitig ergreift,
7. entgegen § 17 Absatz 2 Satz 2 den Betrieb einer Anlage nicht oder nicht rechtzeitig einschränkt oder eine Anlage nicht oder nicht rechtzeitig außer Betrieb nimmt,
8. entgegen § 17 Absatz 2 Satz 3 eine Unterrichtung nicht, nicht richtig, nicht vollständig oder nicht rechtzeitig vornimmt,
9. entgegen § 18 Satz 1 einen Messplatz nicht oder nicht richtig einrichtet,
10. entgegen § 19 Absatz 1 Satz 1 nicht sicherstellt, dass ein dort genanntes Messverfahren angewendet oder eine dort genannte Messeinrichtung verwendet wird,
11. entgegen § 19 Absatz 2 Satz 1 nicht sicherstellt, dass eine Probenahme oder Analyse oder die Qualitätssicherung nach den dort genannten Normen durchgeführt wird,
12. entgegen § 19 Absatz 3 einen dort genannten Nachweis nicht oder nicht rechtzeitig erbringt,

---

[1] Nr. **1**.

13. entgegen § 19 Absatz 4 eine Messeinrichtung nicht oder nicht rechtzeitig kalibrieren lässt oder nicht oder nicht rechtzeitig auf Funktionsfähigkeit prüfen lässt,
14. entgegen § 19 Absatz 6, § 22 Absatz 2 Satz 1 oder Satz 2, § 24 Absatz 1 Satz 1, § 25 Absatz 1 oder Absatz 2, § 30 Absatz 2 Satz 2 oder § 30 Absatz 5 einen dort genannten Bericht, eine dort genannte Aufstellung oder eine Übersicht nicht, nicht richtig, nicht vollständig oder nicht rechtzeitig vorlegt oder nicht oder nicht mindestens fünf Jahre aufbewahrt,
15. entgegen § 20 Absatz 1 Satz 1 eine dort genannte Massenkonzentration, einen dort genannten Volumengehalt oder eine dort genannte Betriebsgröße nicht, nicht richtig, nicht vollständig oder nicht rechtzeitig ermittelt, nicht, nicht richtig, nicht vollständig oder nicht rechtzeitig registriert, nicht, nicht richtig, nicht vollständig oder nicht rechtzeitig auswertet oder nicht, nicht richtig, nicht vollständig oder nicht rechtzeitig übermittelt,
16. entgegen § 20 Absatz 1 Satz 2 eine Anlage nicht, nicht richtig oder nicht rechtzeitig ausrüstet,
17. entgegen § 21 Absatz 1 Satz 2, § 21 Absatz 4 Satz 2, § 21 Absatz 5 Satz 2 oder § 23 Absatz 1, 2 oder Absatz 3 eine dort genannte Messung nicht, nicht richtig oder nicht rechtzeitig durchführen lässt,
18. entgegen § 30 Absatz 2 Satz 2 oder Absatz 5 eine dort genannte Aufstellung oder Übersicht nicht oder nicht rechtzeitig vorlegt.

(2) Ordnungswidrig im Sinne des § 62 Absatz 1 Nummer 7 des Bundes-Immissionsschutzgesetzes handelt, wer vorsätzlich oder fahrlässig

1. entgegen § 11 Absatz 1, 2, 3 oder Absatz 4 eine dort genannte Anlage nicht richtig errichtet oder nicht richtig betreibt oder
2. entgegen § 11 Absatz 6 oder § 22 Absatz 4 Satz 1 oder Satz 2 einen Nachweis nicht, nicht richtig oder nicht vollständig führt, nicht, nicht richtig, nicht vollständig oder nicht rechtzeitig vorlegt oder nicht oder nicht mindestens fünf Jahre aufbewahrt.

§ 30 Übergangsregelungen. (1) Für im Jahr 2014 bestehende Anlagen gelten, soweit sich aus Absatz 1a oder 1b nichts anderes ergibt,

1. die Anforderungen dieser Verordnung, ausgenommen § 11 Absatz 1 und 2, ab dem 1. Januar 2016,
2. die Anforderungen nach § 11 Absatz 1 und 2 ab dem 1. Januar 2019.

(1a) Für bestehende Ablaugekessel bei der Herstellung von Zellstoff gelten die Anforderungen des § 5 Absatz 3a, 3b sowie 7 Nummer 1 und 1a dieser Verordnung ab dem 1. Oktober 2018.

(1b) Für bestehende Feuerungsanlagen in Raffinerien, die Raffinerieheizgase oder Destillations- oder Konversionsrückstände einsetzen, gelten die Anforderungen des § 6 Absatz 3a, 7a, § 7 Absatz 1a und 4, § 8 Absatz 7a sowie § 10a dieser Verordnung ab dem 29. Oktober 2018.

(2) [1] Abweichend von Absatz 1 gelten für Altanlagen mit einer Feuerungswärmeleistung von 50 MW bis 200 MW, die mindestens 50 Prozent der erzeugten Nutzwärme der Anlage, berechnet als gleitender Durchschnitt über einen Zeitraum von fünf Jahren, als Dampf oder Warmwasser in ein öffentliches

Fernwärmenetz abgeben, die Anforderungen dieser Verordnung erst ab dem 1. Januar 2023. [2]Der Betreiber einer Anlage nach Satz 1 hat ab dem 1. Januar 2016 für jedes Kalenderjahr eine Aufstellung über den Anteil der erzeugten Nutzwärme der Anlage, der als Dampf oder Warmwasser in ein öffentliches Fernwärmenetz abgegeben wurde, berechnet als Durchschnitt über den Zeitraum der vorangegangenen fünf Jahre, zu erstellen und bis zum 31. März des Folgejahres der zuständigen Behörde vorzulegen.

(3) [1]Bis zu den in den Absätzen 1 und 2 jeweils genannten Stichtagen ist für die betreffenden Anlagen die Verordnung über Großfeuerungs- und Gasturbinenanlagen vom 20. Juli 2004 (BGBl. I S. 1717), die zuletzt durch Artikel 1 der Verordnung vom 27. Januar 2009 (BGBl. I S. 129) geändert worden ist, in der bis zum 2. Mai 2013 geltenden Fassung weiter anzuwenden. [2]Darüber hinaus gelten bis zu den in Satz 1 genannten Stichtagen die Anforderungen aus der Richtlinie 2010/75/EU des Europäischen Parlaments und des Rates vom 24. November 2010 über Industrieemissionen (integrierte Vermeidung und Verminderung der Umweltverschmutzung) (Neufassung) (ABl. L 334 vom 17.12.2010, S. 17), soweit sie über die Anforderungen der in Satz 1 genannten oder der vorliegenden Verordnung hinausgehen. [3]Im Einzelfall durch die zuständige Behörde gestellte Anforderungen zur Vorsorge gegen schädliche Umwelteinwirkungen durch Luftverunreinigungen bleiben unberührt.

(3a) [1]Bis zu den in den Absätzen 1a und 1b jeweils genannten Stichtagen ist für die betreffenden Anlagen die Verordnung über Großfeuerungs-, Gasturbinen- und Verbrennungsmotoranlagen vom 2. Mai 2013 (BGBl. I S. 1021, 1023, 3754), die zuletzt durch Artikel 80 der Verordnung vom 31. August 2015 (BGBl. I S. 1474) geändert worden ist, in der bis zum 23. Dezember 2017 geltenden Fassung weiter anzuwenden. [2]Im Einzelfall durch die zuständige Behörde gestellte Anforderungen zur Vorsorge gegen schädliche Umwelteinwirkungen durch Luftverunreinigungen bleiben unberührt.

(4) [1]Abweichend von Absatz 1 gelten für eine im Jahr 2014 bestehende Anlage, für die der Betreiber bis zum 1. Januar 2014 gegenüber der zuständigen Behörde schriftlich erklärt, dass er diese Anlage unter Verzicht auf die Berechtigung zum Betrieb aus der Genehmigung bis zum 31. Dezember 2023 stilllegt und ab dem 1. Januar 2016 höchstens in 17 500 Stunden betreibt, die Anforderungen der Richtlinie 2001/80/EG des Europäischen Parlaments und des Rates vom 23. Oktober 2001 zur Begrenzung von Schadstoffemissionen von Großfeuerungsanlagen in die Luft (ABl. L 309 vom 27.11.2001, S. 1), die zuletzt durch die Richtlinie 2006/105/EG (ABl. L 363 vom 20.12.2006, S. 368) geändert worden ist. [2]Abweichend von Satz 1 gelten die Anforderungen aus der Verordnung über Großfeuerungs- und Gasturbinenanlagen vom 20. Juli 2004 (BGBl. I S. 1717), die zuletzt durch Artikel 1 der Verordnung vom 27. Januar 2009 (BGBl. I S. 129) geändert worden ist, in der bis zum 2. Mai 2013 geltenden Fassung, soweit sie über die Anforderungen der in Satz 1 genannten Richtlinie hinausgehen. [3]Im Einzelfall durch die zuständige Behörde gestellte Anforderungen zur Vorsorge gegen schädliche Umwelteinwirkungen durch Luftverunreinigungen bleiben unberührt.

(5) Der Betreiber einer Anlage nach Absatz 4 hat für jedes Kalenderjahr eine Übersicht über die Zahl der ab dem 1. Januar 2016 geleisteten Betriebsstunden zu erstellen und der zuständigen Behörde bis zum 31. März des Folgejahres vorzulegen.

(6) [1]Die nach Landesrecht zuständigen obersten Landesbehörden oder die von ihnen bestimmten Behörden prüfen die nach Absatz 2 Satz 2 und die nach Absatz 5 vorgelegten Angaben auf Plausibilität. [2]Sie leiten diese Angaben dem Umweltbundesamt bis zum 31. Oktober des auf das Berichtsjahr folgenden Jahres elektronisch zu. [3]Das Umweltbundesamt leitet die übermittelten Daten an die Europäische Kommission weiter.

Anlage 1
(zu § 4 Absatz 1 und 2, § 5 Absatz 1, § 6 Absatz 1 und § 23 Absatz 4)

Emissionsgrenzwerte für krebserzeugende Stoffe

Für die in den Buchstaben a bis d genannten krebserzeugenden Stoffe gelten folgende Emissionsgrenzwerte:

a) Cadmium und seine Verbindungen, angegeben als Cadmium,
Thallium und seine Verbindungen, angegeben als Thallium,
insgesamt 0,05 mg/m³,

b) Antimon und seine Verbindungen, angegeben als Antimon,
Arsen und seine Verbindungen, angegeben als Arsen,
Blei und seine Verbindungen, angegeben als Blei,
Chrom und seine Verbindungen, angegeben als Chrom,
Cobalt und seine Verbindungen, angegeben als Cobalt,
Kupfer und seine Verbindungen, angegeben als Kupfer,
Mangan und seine Verbindungen, angegeben als Mangan,
Nickel und seine Verbindungen, angegeben als Nickel,
Vanadium und seine Verbindungen, angegeben als Vanadium,
Zinn und seine Verbindungen, angegeben als Zinn,
insgesamt 0,5 mg/m³,

c) Arsen und seine Verbindungen (außer Arsenwasserstoff), angegeben als Arsen,
Benzo(a)pyren,
Cadmium und seine Verbindungen, angegeben als Cadmium,
wasserlösliche Cobaltverbindungen, angegeben als Cobalt,
Chrom(VI)verbindungen (außer Bariumchromat und Bleichromat), angegeben als Chrom
insgesamt 0,05 mg/m³,

oder

Arsen und seine Verbindungen, angegeben als Arsen,
Benzo(a)pyren,
Cadmium und seine Verbindungen, angegeben als Cadmium,
Cobalt und seine Verbindungen, angegeben als Cobalt,
Chrom und seine Verbindungen, angegeben als Chrom,
insgesamt 0,05 mg/m³,

und

d) Dioxine und Furane gemäß Anlage 2
insgesamt 0,1 ng/m³.

Anlage 2
(zu Anlage 1 Buchstabe d)

Äquivalenzfaktoren

Für den nach Anlage 1 zu bildenden Summenwert für polychlorierte Dibenzodioxine, Dibenzofurane und dl-PCB sind die im Abgas ermittelten Konzentrationen der nachstehend genannten Dioxine, Furane und dl-PCB mit den angegebenen Äquivalenzfaktoren zu multiplizieren und zu summieren:

Stoff		Äquivalenzfaktor
Polychlorierte Dibenzodioxine (PCDD)		**WHO-TEF 2005**
2,3,7,8	– Tetrachlordibenzodioxin (TCDD)	1
1,2,3,7,8	– Pentachlordibenzodioxin (PeCDD)	1
1,2,3,4,7,8	– Hexachlordibenzodioxin (HxCDD)	0,1
1,2,3,7,8,9	– Hexachlordibenzodioxin (HxCDD)	0,1
1,2,3,6,7,8	– Hexachlordibenzodioxin (HxCDD)	0,1
1,2,3,4,6,7,8	– Heptachlordibenzodioxin (HpCDD)	0,01
Octachlordibenzodioxin (OCDD)		0,0003
Polychlorierte Dibenzofurane (PCDF)		**WHO-TEF 2005**
2,3,7,8	– Tetrachlordibenzofuran (TCDF)	0,1
2,3,4,7,8	– Pentachlordibenzofuran (PeCDF)	0,3
1,2,3,7,8	– Pentachlordibenzofuran (PeCDF)	0,03
1,2,3,4,7,8	– Hexachlordibenzofuran (HxCDF)	0,1
1,2,3,7,8,9	– Hexachlordibenzofuran (HxCDF)	0,1
1,2,3,6,7,8	– Hexachlordibenzofuran (HxCDF)	0,1
2,3,4,6,7,8	– Hexachlordibenzofuran (HxCDF)	0,1
1,2,3,4,6,7,8	– Heptachlordibenzofuran (HpCDF)	0,01
1,2,3,4,7,8,9	– Heptachlordibenzofuran (HpCDF)	0,01
Octachlordibenzofuran (OCDF)		0,0003
Polychlorierte Biphenyle		**WHO-TEF 2005**
Non ortho PCB		
PCB 77		0,0001
PCB 81		0,0003
PCB 126		0,1
PCB 169		0,03
Mono ortho PCB		
PCB 105		0,00003
PCB 114		0,00003
PCB 118		0,00003
PCB 123		0,00003
PCB 156		0,00003
PCB 157		0,00003
PCB 167		0,00003
PCB 189		0,00003

Anlage 3
(zu § 19 Absatz 1 und § 22 Absatz 3)

Anforderungen an die kontinuierlichen Messeinrichtungen und die Validierung der Messergebnisse

1. Der Wert des Konfidenzintervalls von 95 Prozent eines einzelnen Messergebnisses darf an der für den Tagesmittelwert festgelegten Emissionsbegrenzung die folgenden Prozentsätze dieser Emissionsbegrenzung nicht überschreiten:

a)	Kohlenmonoxid	10 Prozent,
b)	Schwefeldioxid	20 Prozent,
c)	Stickstoffoxide	20 Prozent,
d)	Gesamtstaub	30 Prozent,
e)	organisch gebundener Gesamtkohlenstoff	30 Prozent,
f)	Quecksilber	40 Prozent,
g)	Ammoniak	40 Prozent.

2. Der Wert des Konfidenzintervalls von 95 Prozent eines einzelnen Messergebnisses darf an der für den Monatsmittelwert nach § 7 Absatz 4 festgelegten Emissionsbegrenzung für Stickstoffoxide den Prozentsatz von 20 Prozent nicht überschreiten.
3. Die validierten Halbstunden-, Tages-, Monats- und Jahresmittelwerte werden auf Grund der gemessenen Halbstundenmittelwerte und nach Abzug der in der Kalibrierung ermittelten Messunsicherheit bestimmt.
4. Die Halbstundenmittelwerte vor Abzug der in der Kalibrierung ermittelten Messunsicherheit (normierte Werte) müssen für die Zwecke der nach § 25 zu ermittelnden Jahresemissionsfrachten verfügbar sein.

Anlage 4
(zu § 2 Absatz 5)

Umrechnungsformel

Soweit Emissionsgrenzwerte auf Bezugssauerstoffgehalte im Abgas bezogen sind, sind die im Abgas gemessenen Massenkonzentrationen nach folgender Gleichung umzurechnen:

$$E_B = \frac{21 - O_B}{21 - O_M} \times E_M$$

E_B = Massenkonzentration, bezogen auf den Bezugssauerstoffgehalt
E_M = gemessene Massenkonzentration
O_B = Bezugssauerstoffgehalt
O_M = gemessener Sauerstoffgehalt

2.14. Vierzehnte Verordnung zur Durchführung des Bundes-Immissionsschutzgesetzes (Verordnung über Anlagen der Landesverteidigung – 14. BImSchV)

Vom 9. April 1986
(BGBl. I S. 380)

FNA 2129-8-14

Auf Grund des § 59 des Bundes-Immissionsschutzgesetzes[1] vom 15. März 1974 (BGBl. I S. 721, 1193) wird von der Bundesregierung und auf Grund des § 10 Abs. 11 des Bundes-Immissionsschutzgesetzes vom Bundesminister der Verteidigung im Einvernehmen mit dem Bundesminister des Innern, jeweils mit Zustimmung des Bundesrates, verordnet:

§ 1 Zuständigkeit. (1) Dem Bundesminister der Verteidigung oder der von ihm bestimmten Stelle obliegen im Bereich der Bundeswehr der Vollzug der §§ 17, 20, 21, 24, 25, 26, 28, 29, 31, 52, 53 Abs. 2 und des § 55 Abs. 1 Satz 2 des Bundes-Immissionsschutzgesetzes[1] und behördliche Überwachungsmaßnahmen nach Rechtsverordnungen, die auf Grund des Bundes-Immissionsschutzgesetzes erlassen sind,

1. bei Anlagen, die der militärischen Landesverteidigung dienen und sich in militärischen Sicherheitsbereichen befinden, die nach § 2 Abs. 2 des Gesetzes über die Anwendung unmittelbaren Zwanges und die Ausübung besonderer Befugnisse durch Soldaten der Bundeswehr und zivile Wachpersonen vom 12. August 1965 (BGBl. I S. 796) festgesetzt sind,
2. bei Anlagen nach § 3 Abs. 5 Nr. 2 des Bundes-Immissionsschutzgesetzes, die der militärischen Landesverteidigung dienen, soweit sie zu Übungen und Manövern außerhalb militärischer Sicherheitsbereiche eingesetzt werden.

(2) Dem Bundesminister der Verteidigung oder der von ihm bestimmten Stelle obliegen auch die in Absatz 1 genannten behördlichen Überwachungsaufgaben bei Anlagen, die der militärischen Landesverteidigung dienen und von den auf Grund völkerrechtlicher Verträge in der Bundesrepublik Deutschland stationierten Truppen genutzt werden.

§ 2 Besonderheiten des Genehmigungsverfahrens. (1) Ein Genehmigungsantrag für Anlagen, die der militärischen Landesverteidigung dienen, muß Art und Umfang der nach § 60 Abs. 1 des Bundes-Immissionsschutzgesetzes[1] zugelassenen oder geforderten Ausnahmen bezeichnen.

(2) [1] Soweit Unterlagen der militärischen Geheimhaltung unterliegen, sind sie getrennt vorzulegen und zu kennzeichnen. [2] Wenn der Antragsteller begründet darlegt, daß es zur Wahrung des Geheimnisses zwingend erforderlich ist, soll die Genehmigungsbehörde auf die Vorlage dieser Unterlagen ganz oder teilweise verzichten; in diesen Fällen gilt § 10 Abs. 2 Satz 2 des Bundes-Immissionsschutzgesetzes entsprechend.

§ 3 Inkrafttreten. Diese Verordnung tritt am ersten Tage des auf die Verkündung[2] folgenden Kalendermonats in Kraft.

---

[1] Nr. **1**.
[2] Verkündet am 15.4.1986.

2.16. Sechzehnte Verordnung zur Durchführung des Bundes-Immissionsschutzgesetzes (Verkehrslärmschutzverordnung – 16. BImSchV)

Vom 12. Juni 1990
(BGBl. I S. 1036)

FNA 2129-8-16

zuletzt geänd. durch Art. 1 ÄndVO v. 18.12.2014 (BGBl. I S. 2269)

Auf Grund des § 43 Abs. 1 Satz 1 Nr. 1 des Bundes-Immissionsschutzgesetzes[1] vom 15. März 1974 (BGBl. I S. 721, 1193) verordnet die Bundesregierung nach Anhörung der beteiligten Kreise:

§ 1 Anwendungsbereich. (1) Die Verordnung gilt für den Bau oder die wesentliche Änderung von öffentlichen Straßen sowie von Schienenwegen der Eisenbahnen und Straßenbahnen (Straßen und Schienenwege).

(2) [1] Die Änderung ist wesentlich, wenn

1. eine Straße um einen oder mehrere durchgehende Fahrstreifen für den Kraftfahrzeugverkehr oder ein Schienenweg um ein oder mehrere durchgehende Gleise baulich erweitert wird oder
2. durch einen erheblichen baulichen Eingriff der Beurteilungspegel des von dem zu ändernden Verkehrsweg ausgehenden Verkehrslärms um mindestens 3 Dezibel (A) oder auf mindestens 70 Dezibel (A) am Tage oder mindestens 60 Dezibel (A) in der Nacht erhöht wird.

[2] Eine Änderung ist auch wesentlich, wenn der Beurteilungspegel des von dem zu ändernden Verkehrsweg ausgehenden Verkehrslärms von mindestens 70 Dezibel (A) am Tage oder 60 Dezibel (A) in der Nacht durch einen erheblichen baulichen Eingriff erhöht wird; dies gilt nicht in Gewerbegebieten.

§ 2 Immissionsgrenzwerte. (1) Zum Schutz der Nachbarschaft vor schädlichen Umwelteinwirkungen durch Verkehrsgeräusche ist bei dem Bau oder der wesentlichen Änderung sicherzustellen, daß der Beurteilungspegel einen der folgenden Immissionsgrenzwerte nicht überschreitet:

	Tag	Nacht
1.	an Krankenhäusern, Schulen, Kurheimen und Altenheimen	
	57 Dezibel (A)	47 Dezibel (A)
2.	in reinen und allgemeinen Wohngebieten und Kleinsiedlungsgebieten	
	59 Dezibel (A)	49 Dezibel (A)
3.	in Kerngebieten, Dorfgebieten und Mischgebieten	
	64 Dezibel (A)	54 Dezibel (A)
4.	in Gewerbegebieten	
	69 Dezibel (A)	59 Dezibel (A)

---

[1] Nr. **1**.

(2) [1]Die Art der in Absatz 1 bezeichneten Anlagen und Gebiete ergibt sich aus den Festsetzungen in den Bebauungsplänen. [2]Sonstige in Bebauungsplänen festgesetzte Flächen für Anlagen und Gebiete sowie Anlagen und Gebiete, für die keine Festsetzungen bestehen, sind nach Absatz 1, bauliche Anlagen im Außenbereich nach Absatz 1 Nr. 1, 3 und 4 entsprechend der Schutzbedürftigkeit zu beurteilen.

(3) Wird die zu schützende Nutzung nur am Tage oder nur in der Nacht ausgeübt, so ist nur der Immissionsgrenzwert für diesen Zeitraum anzuwenden.

(4) [1]Die Bundesregierung erstattet spätestens im Jahre 2025 und dann fortlaufend alle zehn Jahre dem Deutschen Bundestag Bericht über die Durchführung der Verordnung. [2]In dem Bericht wird insbesondere dargestellt, ob die in § 2 Absatz 1 genannten Immissionsgrenzwerte dem Stand der Lärmwirkungsforschung entsprechen und ob weitere Maßnahmen zum Schutz vor schädlichen Umwelteinwirkungen durch Verkehrsgeräusche erforderlich sind.

§ 3 Berechnung des Beurteilungspegels für Straßen. [1]Der Beurteilungspegel für Straßen ist nach Anlage 1 zu berechnen. [2]Die Berechnung hat getrennt für den Beurteilungszeitraum Tag (6 Uhr bis 22 Uhr) und den Beurteilungszeitraum Nacht (22 Uhr bis 6 Uhr) zu erfolgen.

§ 4 Berechnung des Beurteilungspegels für Schienenwege. (1) [1]Der Beurteilungspegel für Schienenwege ist nach Anlage 2 zu berechnen. [2]Die Berechnung hat getrennt für den Beurteilungszeitraum Tag (6 Uhr bis 22 Uhr) und den Beurteilungszeitraum Nacht (22 Uhr bis 6 Uhr) zu erfolgen.

(2) Bei der Berechnung sind insbesondere folgende Rahmenbedingungen zu beachten:

1. die Schallpegelkennwerte von Fahrzeugen und Fahrwegen,
2. die Einflüsse auf dem Ausbreitungsweg,
3. die Besonderheiten des Schienenverkehrs durch Auf- oder Abschläge
   a) für die Lästigkeit von Geräuschen infolge ihres zeitlichen Verlaufs, ihrer Dauer, ihrer Häufigkeit und ihrer Frequenz sowie
   b) für die Lästigkeit ton- oder impulshaltiger Geräusche.

(3) [1]Abweichend von Absatz 1 Satz 1 ist für Abschnitte von Vorhaben, für die bis zum 31. Dezember 2014 das Planfeststellungsverfahren bereits eröffnet und die Auslegung des Plans öffentlich bekannt gemacht worden ist, § 3 in Verbindung mit Anlage 2 in der bis zum 31. Dezember 2014 geltenden Fassung weiter anzuwenden. [2]§ 43 Absatz 1 Satz 3 des Bundes-Immissionsschutzgesetzes[1)] bleibt unberührt.

§ 5 Festlegung akustischer Kennwerte für abweichende Bahntechnik und schalltechnische Innovationen. (1) [1]Abweichende Bahntechnik oder schalltechnische Innovationen dürfen bei der Berechnung des Beurteilungspegels nach § 4 Absatz 1 Satz 1 nur berücksichtigt werden, wenn die zuständige Behörde in einem Verfahren nach Maßgabe der Absätze 2 bis 4 für die Berechnung akustische Kennwerte festgelegt hat. [2]Abweichende Bahntechnik ist

---

[1)] Nr. **1**.

Technik, die nicht in Anlage 2 Nummer 3 bis 6 oder Beiblatt 1 bis 3 aufgeführt ist und die einem der folgenden Bereiche zuzuordnen ist:

1. Fahrbahnarten,
2. Schallminderungsmaßnahmen am Gleis oder am Rad oder
3. bahnspezifische Schallminderungsmaßnahmen im Ausbreitungsweg.

[3] Schalltechnische Innovationen sind technische Neu- und Weiterentwicklungen zu der in Anlage 2 Nummer 3 bis 6 oder Beiblatt 1 bis 3 aufgeführten Bahntechnik, die Auswirkungen auf die Geräuschemission und -immission dieser Bahntechnik haben.

(2) [1] Über die Festlegung akustischer Kennwerte entscheidet auf Antrag für die Eisenbahnen des Bundes das Eisenbahn-Bundesamt und für sonstige Bahnen die jeweils nach Landesrecht zuständige Behörde. [2] Ein akustischer Kennwert ist festzulegen, wenn die Emissionsdaten der abweichenden Bahntechnik oder der schalltechnischen Innovationen für diese Technik bezeichnend sind und wenn bei schalltechnischen Innovationen die akustischen Kennwerte von den in Anlage 2 Nummer 3 bis 6 oder Beiblatt 1 bis 3 jeweils genannten Kennwerten wesentlich abweichen. [3] Eine wesentliche Abweichung muss mindestens die in der Anlage 2 Nummer 9.2.2 genannten Werte erreichen.

(3) Berechtigt, einen Antrag nach Absatz 2 Satz 1 zu stellen, sind

1. Eisenbahninfrastrukturunternehmen,
2. Inhaber der Schutzrechte von abweichenden Bahntechniken oder von schalltechnischen Innovationen und
3. Lizenznehmer von abweichenden Bahntechniken oder von schalltechnischen Innovationen.

(4) Der Antrag nach Absatz 2 Satz 1 muss folgende Angaben und Unterlagen enthalten:

1. eine Beschreibung der abweichenden Bahntechnik oder schalltechnischen Innovation, für die die Festlegung akustischer Kennwerte beantragt wird, wobei insbesondere darzulegen ist, worin sich die abweichende Bahntechnik oder schalltechnische Innovation von der in Anlage 2 aufgeführten entsprechenden Technik unterscheidet,
2. das Gutachten einer anerkannten Messstelle nach Anlage 2 Nummer 9.3,
3. einen Vorschlag, zu welcher Regelung der Anlage 2 Nummer 3 bis 6 oder Beiblatt 1 bis 3 die abweichende Bahntechnik ergänzend oder die schalltechnische Innovation abweichend beschrieben werden kann, unter Beifügung eines Datenblattes, das die in der vorgeschlagenen Zuordnung üblichen akustischen Kennwerte darstellt,
4. eine Beschreibung, wie sich die akustische Wirksamkeit durch betriebsüblichen Verschleiß verändert.

(5) [1] Die zuständige Behörde gibt dem Antragsteller die Entscheidung nach Absatz 2 Satz 1 schriftlich bekannt. [2] Die zuständige Behörde macht zudem eine Festlegung akustischer Kennwerte nach Absatz 2 Satz 1 öffentlich bekannt.

Der Bundesrat hat zugestimmt.

Anlage 1
(zu § 3)

Berechnung des Beurteilungspegels für Straßen

Der Beurteilungspegel $L_{r,T}$ in Dezibel (A) [dB(A)] für den Tag (6.00 bis 22.00 Uhr) und der Beurteilungspegel $L_{r,N}$ in dB(A) für die Nacht (22.00 bis 6.00 Uhr) werden für einen Fahrstreifen nach folgenden Gleichungen berechnet:

$$L_{r,T} = L_{m,T}^{(25)} + D_v + D_{StrO} + D_{Stg} + D_{S\perp} + D_{BM} + D_B + K \qquad (1)$$

$$L_{r,N} = L_{m,N}^{(25)} + D_v + D_{StrO} + D_{Stg} + D_{S\perp} + D_{BM} + D_B + K \qquad (2)$$

Es bedeuten:

$L_{m,T}^{(25)}$ ... Mittelungspegel in dB(A) für den Tag (6.00 bis 22.00 Uhr) nach Diagramm I.

$L_{m,N}^{(25)}$ ... Mittelungspegel in dB(A) für die Nacht (22.00 bis 6.00 Uhr) nach Diagramm I.

Die maßgebende stündliche Verkehrsstärke M und der maßgebende Lkw-Anteil p werden mit Hilfe der der Planung zugrundeliegenden, prognostizierten durchschnittlichen täglichen Verkehrsstärke (DTV) nach Tabelle A berechnet, sofern keine geeigneten projektbezogenen Untersuchungsergebnisse vorliegen, die unter Berücksichtigung der Verkehrsentwicklung im Prognosezeitraum zur Ermittlung

a) der maßgebenden stündlichen Verkehrsstärke M (in Kfz/h)

b) des maßgebenden Lkw-Anteils p (über 2,8 t zulässiges Gesamtgewicht) in % am Gesamtverkehr

für den Zeitraum zwischen 22.00 und 6.00 Uhr als Mittelwert über alle Tage des Jahres herangezogen werden können. Das Verkehrsaufkommen einer Straße ist den beiden äußeren Fahrstreifen jeweils zur Hälfte zuzuordnen. Die Emissionsorte sind in 0,5 m Höhe über der Mitte dieser Fahrstreifen anzunehmen.

D_v ... Korrektur für unterschiedliche zulässige Höchstgeschwindigkeiten in Abhängigkeit vom Lkw-Anteil p nach Diagramm II.

D_{StrO} ... Korrektur für unterschiedliche Straßenoberflächen nach Tabelle B.

D_{Stg} ... Korrektur für Steigungen und Gefälle nach Tabelle C.

$D_{S\perp}$ ... Pegeländerung durch unterschiedliche Abstände $S\perp$ zwischen dem Emissionsort (0,5 m über der Mitte des betrachteten Fahrstreifens) und dem maßgebenden Immissionsort ohne Boden- und Meteorologiedämpfung nach Diagramm III. Der maßgebende Immissionsort richtet sich nach den Umständen im Einzelfall; vor Gebäuden liegt er in Höhe der Geschoßdecke (0,2 m über der Fensteroberkante) des zu schützenden Raumes; bei Außenwohnbereichen liegt der Immissionsort 2 m über der Mitte der als Außenwohnbereich genutzten Fläche.

D_{BM} ... Pegeländerung durch Boden- und Meteorologiedämpfung in Abhängigkeit von der mittleren Höhe h_m nach Diagramm IV. Die mittlere Höhe h_m ist der mittlere Abstand zwischen dem Grund und der Verbindungslinie zwischen Emissions- und Immissionsort. In ebenem Gelände ergibt sich h_m als arithmetischer Mittelwert der Höhen des Emissionsortes und des Immissionsortes über Grund.

D_B ... Pegeländerung durch topographische Gegebenheiten, bauliche Maßnahmen und Reflexionen. Je nach den örtlichen Gegebenheiten sind dies insbesondere Lärmschutzwälle und -wände, Einschnitte, Bodenerhebungen und Abschirmung durch bauliche Anlagen. Die Pegeländerung D_B ist zu ermitteln nach den Richtlinien für den Lärmschutz an Straßen – Ausgabe 1990 – RLS-90, Kapitel 4.0, bekanntgemacht im Verkehrsblatt, Amtsblatt des Bundesministers für Verkehr der Bundesrepublik Deutschland (VkBl.) Nr. 7 vom 14. April 1990 unter lfd. Nr. 79. Die Richtlinien sind zu beziehen von der Forschungsgesellschaft für Straßen- und Verkehrswesen, *Alfred-Schütte-Allee 10, 5000 Köln 21*[1].

K ... Zuschlag für erhöhte Störwirkung von lichtzeichengeregelten Kreuzungen und Einmündungen nach Tabelle D.

---

[1] Nunmehr: „An Lyskirchen 14, 50676 Köln".

Mit Hilfe der Gleichungen (1) und (2) werden die Beurteilungspegel für lange, gerade Fahrstreifen berechnet, die auf ihrer gesamten Länge konstante Emissionen und unveränderte Ausbreitungsbedingungen aufweisen.
Falls eine dieser Voraussetzungen nicht zutrifft, müssen die Fahrstreifen in einzelne Abschnitte unterteilt werden, deren einzelne Beurteilungspegel zu ermitteln sind nach den Richtlinien für den Lärmschutz an Straßen – Ausgabe 1990 – RLS-90, Kapitel 4.0, bekanntgemacht im Verkehrsblatt, Amtsblatt des Bundesministers für Verkehr der Bundesrepublik Deutschland (VkBl.) Nr. 7 vom 14. April 1990 unter lfd. Nr. 79. Die Richtlinien sind zu beziehen von der Forschungsgesellschaft für Straßen- und Verkehrswesen, *Alfred-Schütte-Allee 10, 5000 Köln 21*[1].
Die Beurteilungspegel der beiden äußeren Fahrstreifen sind nach Diagramm V zum Gesamtbeurteilungspegel für die Straße zusammenzufassen.
Die Gesamtbeurteilungspegel $L_{r,T}$ und $L_{r,N}$ sind auf ganze dB(A) aufzurunden. Im Falle des § 1 Abs. 2 Nr. 2 ist erst die Differenz der Beurteilungspegel aufzurunden.

Diagramm I: Mittelungspegel $L_{m,T}^{(25)}$ bzw. $L_{m,N}^{(25)}$ in dB(A)

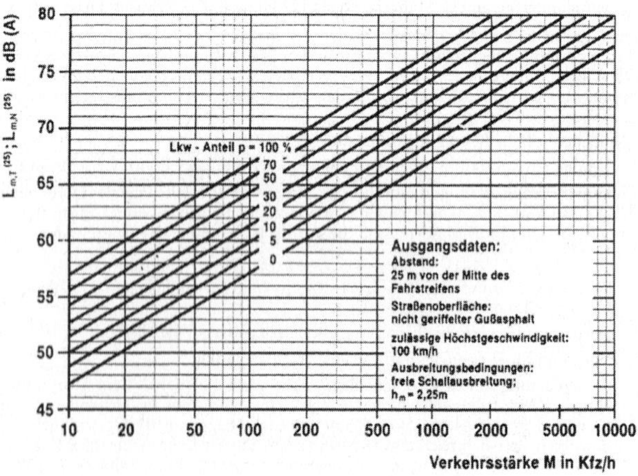

$$L_{m,T}^{(25)} \text{ bzw. } L_{m,N}^{(25)} = 37{,}3 + 10 \cdot \lg\,[M\,(1 + 0{,}082 \cdot p)]\ \text{dB (A)}$$

Tabelle A: Maßgebende Verkehrsstärke M in Kfz/h und maßgebende Lkw-Anteile p (über 2,8 t zul. Gesamtgewicht) in %

	Straßengattung	tags (6 bis 22 Uhr)		nachts (22 bis 6 Uhr)	
		M Kfz/h	p %	M Kfz/h	p %
	1	2	3	4	5
1	Bundesautobahnen	0,06 DTV	25	0,014 DTV	45
2	Bundesstraßen	0,06 DTV	20	0,011 DTV	20
3	Landes-, Kreisstraßen, Gemeindeverbindungsstraßen	0,06 DTV	20	0,008 DTV	10

[1] Nunmehr: „An Lyskirchen 14, 50676 Köln".

	Straßengattung	tags (6 bis 22 Uhr)		nachts (22 bis 6 Uhr)	
		M Kfz/h	p %	M Kfz/h	p %
	1	2	3	4	5
4	Gemeindestraßen	0,06 DTV	10	0,011 DTV	3

Tabelle B: Korrektur D_{StrO} in dB(A) für unterschiedliche Straßenoberflächen bei zulässigen Höchstgeschwindigkeiten ≧ 50 km/h

	Straßenoberfläche	D_{StrO}*1) in dB(A)
	1	2
1	nicht geriffelte Gußasphalte, Asphaltbetone oder Splittmastixasphalte	0
2	Beton oder geriffelte Gußasphalte	2
3	Pflaster mit ebener Oberfläche	3
4	Pflaster	6

*1) **Amtl. Anm.:** Für lärmmindernde Straßenoberflächen, bei denen aufgrund neuer bautechnischer Entwicklungen eine dauerhafte Lärmminderung nachgewiesen ist, können auch andere Korrekturwerte D_{StrO} berücksichtigt werden, z.B. für offenporige Asphalte bei zulässigen Höchstgeschwindigkeiten > 60 km/h minus 3 dB(A).

Diagramm II : Korrektur D_v in dB(A) für unterschiedliche zulässige Höchstgeschwindigkeiten in Abhängigkeit vom Lkw-Anteil p

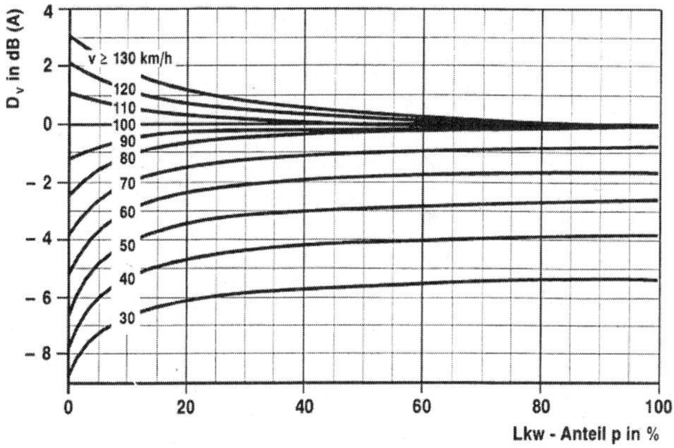

$$D_v = L_{Pkw} - 37{,}3 + 10 \cdot \lg\left[\frac{100 + (10^{0{,}1 \cdot D} - 1) \cdot p}{100 + 8{,}23 \cdot p}\right] \quad \text{dB(A)}$$

$$L_{Pkw} = 27{,}7 + 10 \cdot \lg\left[1 + (0{,}02 \cdot v_{Pkw})^3\right]$$

$$L_{Lkw} = 23{,}1 + 12{,}5 \cdot \lg(v_{Lkw})$$

$$D = L_{Lkw} - L_{Pkw}$$

Tabelle C: Korrektur D_{Stg} in dB(A) für Steigungen und Gefälle

	Steigung/Gefälle in %	D_{Stg} in dB(A)
	1	2
1	≦ 5	0
2	6	0,6
3	7	1,2
4	8	1,8
5	9	2,4
6	10	3,0
7	für jedes zusätzliche Prozent	0,6
Zwischenwerte sind linear zu interpolieren		

Tabelle D: Zuschlag K in dB(A) für erhöhte Störwirkung von lichtzeichengeregelten Kreuzungen und Einmündungen

	Abstand des Immissionsortes vom nächsten Schnittpunkt der Achsen von sich kreuzenden oder zusammentreffenden Fahrstreifen	K in dB(A)
	1	2
1	bis 40 m	3
2	über 40 bis 70 m	2
3	über 70 bis 100 m	1

Diagramm III: Pegeländerung $D_{s\perp}$ in dB(A) durch unterschiedliche Abstände $s_\perp$ zwischen dem Emissionsort (0,5 m über der Mitte des betrachteten Fahrstreifens) und dem maßgebenden Immissionsort

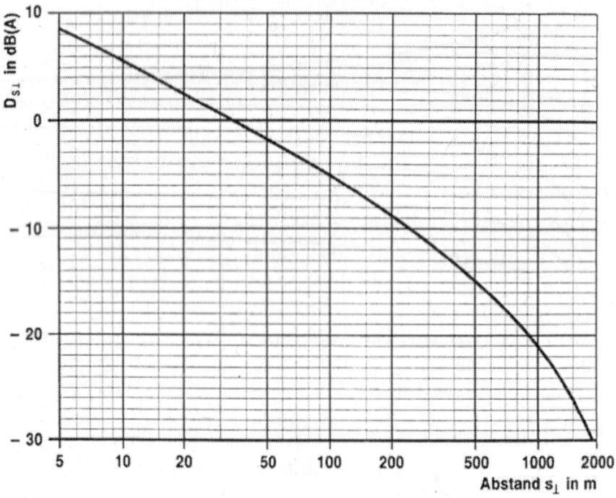

$$D_{s\perp} = 15{,}8 - 10 \cdot \lg (s_\perp) - 0{,}0142 \cdot (s_\perp)^{0{,}9} \text{ dB(A)}$$

Diagramm IV : Pegeländerung D_{BM} in dB(A) durch Boden- und Meteorologiedämpfung in Abhängigkeit von der mittleren Höhe h_m

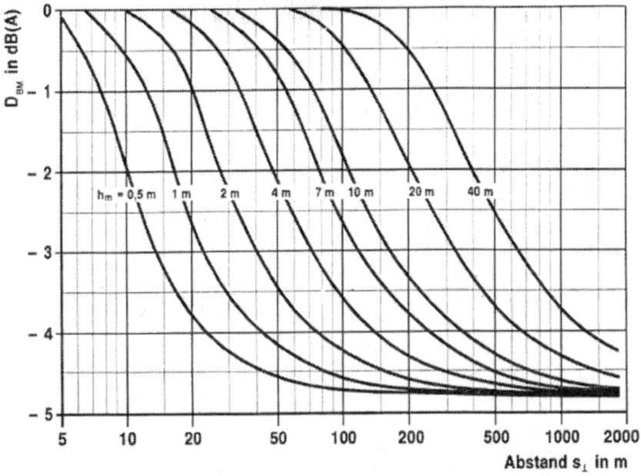

$$D_{BM} = -\ 4{,}8 \cdot \exp\left[-\left(\frac{h_m}{s_\perp}\cdot\left(8{,}5+\frac{100}{s_\perp}\right)\right)^{1{,}3}\right]\ \text{dB(A)}$$

Diagramm V : Gesamtbeurteilungspegel $L_{r,ges}$ aus zwei Beurteilungspegeln $L_{r,1}$ und $L_{r,2}$

Schallpegelunterschied zwischen $L_{r,1}$ und $L_{r,2}$ in dB (A)

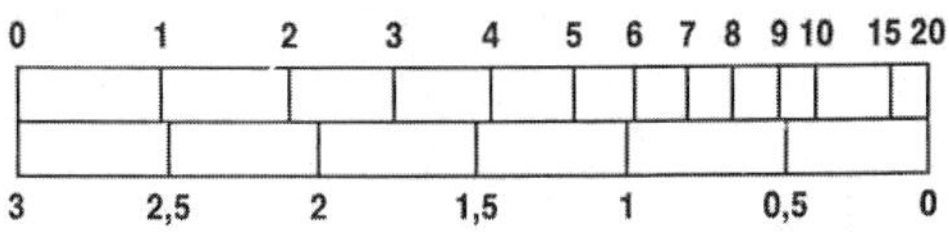

dB (A) zum größeren Pegel addieren

$$L_{r,ges} = 10\ \lg\ (10^{0{,}1 \cdot L_{r,1}} + 10^{0{,}1 \cdot L_{r,2}})$$

Anlage 2
(zu § 4)

Berechnung des Beurteilungspegels für Schienenwege (Schall 03)

Inhaltsverzeichnis

1. Berechnungsverfahren

Für Schienenwege wird der Beurteilungspegel L_r in der Nachbarschaft getrennt für den Beurteilungszeitraum Tag (6 Uhr bis 22 Uhr) und den Beurteilungszeitraum Nacht (22 Uhr bis 6 Uhr) entsprechend Nummer 8.1 angegeben. Grundlage für die Berechnung des Beurteilungspegels sind die Anzahl der prognostizierten Züge der jeweiligen Zugart sowie die den betrieblichen Planungen zugrunde liegenden Geschwindigkeiten auf dem zu betrachtenden Planungsabschnitt einer Bahnstrecke.

Auf der Grundlage dieser Prognosedaten erfolgt die Berechnung des Beurteilungspegels in folgenden Schritten:

- Aufteilung der zu betrachtenden Bahnstrecke in einzelne Gleise und Abschnitte u.a. mit gleicher Verkehrszusammensetzung, gleicher Geschwindigkeit, gleicher Fahrbahnart und gleichem Fahrflächenzustand nach Nummer 3.1 sowie Identifizierung und Festlegung der Schallquellen von Rangier- und Umschlagbahnhöfen nach Nummer 4.8;
- ausgehend von den Mengen je Stunde n_{Fz} aller Arten Fz von Fahrzeugeinheiten, Berechnung der längenbezogenen bzw. flächenbezogenen Pegel der Schallleistung in Oktavbändern, getrennt für jeden Abschnitt einer Strecke nach Nummer 3.2 bzw. für jede Schallquelle eines Rangier- und Umschlagbahnhofs in allen Höhenbereichen h nach Nummer 3.3;
- Zerlegung der Abschnitte in Teilstücke k_S bzw. Zerlegung der Flächen in Teilflächen k_f zur Bildung von Punktschallquellen mit zugeordnetem Pegel der Schallleistung unter Berücksichtigung der Richtwirkung und der Abstrahlcharakteristik nach den Nummern 3.4 und 3.5;
- Berechnung der Schallemissionen von Eisenbahnen nach Nummer 4 und Beiblatt 1 bzw. Beiblatt 3 und von Straßenbahnen nach Nummer 5 und Beiblatt 2;
- Berechnung der Schallimmission durch Ausbreitungsrechnung nach Nummer 6;
- Zusammenfassung der Schallimmissionsanteile am Immissionsort nach Nummer 7;
- Bildung des Beurteilungspegels für die maßgeblichen Beurteilungszeiträume nach Nummer 8.

Die für die Berechnung verwendeten Softwareprodukte müssen die normgerechte Abbildung dieser Vorschrift sicherstellen; dies kann erfolgen in Anlehnung an die DIN 45687, Akustik – Software-Erzeugnisse zur Berechnung der Schallimmissionen im Freien – Qualitätsanforderungen und Prüfbestimmungen, Ausgabe Mai 2006.

2. Begriffe, Festlegungen

2.1. Bahntechnische Begriffe

2.1.1. Eisenbahnen

Fahrzeuge und Infrastruktureinrichtungen, die im Allgemeinen Eisenbahngesetz (AEG) aufgeführt sind; zur Abgrenzung von Straßenbahnen (vgl. 2.1.9)

2.1.2. Fahrzeugeinheit

Kleinster im Fahrbetrieb nicht zerlegbarer Teil eines Eisenbahnzuges bzw. ein Straßenbahnfahrzeug

2.1.3. Personenbahnhöfe, Haltepunkte und Haltestellen

Einrichtungen, an denen Fahrgäste ein-, um- oder aussteigen

Anmerkung 1: Bei Eisenbahnen wird in der EBO begrifflich zwischen Bahnhof (§ 4 Absatz 2 EBO), Haltepunkt (§ 4 Absatz 8 EBO) und Haltestelle (§ 4 Absatz 9 EBO) unterschieden. Bei Straßenbahnen wird der Begriff der Haltestelle im Allgemeinen (§ 31 der Straßenbahn-Bau- und Betriebsordnung – BOStrab) und der Doppelhaltestelle (§ 31 Absatz 1 Nummer 3 BOStrab) gebraucht. In dieser Anlage werden die Begriffe je nach Verkehrsart (Eisenbahn/Straßenbahn) verwendet.

Anmerkung 2: Bei Eisenbahnen können Personenbahnhöfe mit anderen Bahnanlagen, z.B. mit Verladeeinrichtungen von Autoreisezügen, kombiniert sein.

2.1.4. Rangierbahnhöfe

Bahnhöfe für den Güterverkehr, an denen in erheblichem Umfang Güterzüge gebildet oder zerlegt werden

2.1.5. Schienenstegdämpfer

Vorrichtungen zur Dämpfung der Schallabstrahlung von Schienenstegen

2.1.6. Schienenstegabschirmung

Vorrichtungen zur Abschirmung der Schallabstrahlung von Schienenstegen

2.1.7. Schienenweg

Gleisanlagen mit Unter- und Oberbau einschließlich einer Oberleitung, nach den Nummern 2.1.1 und 2.1.9, auf denen durch Fahrvorgänge Schallimmissionen hervorgerufen werden.

Anmerkung 1: Die Schallimmissionen können von den Rollgeräuschen, aerodynamischen Geräuschen, Aggregat- und Antriebsgeräuschen der Schienenfahrzeuge hervorgerufen werden.

Anmerkung 2: Betriebsanlagen, von denen andere Schallimmissionen ausgehen, wie z.B. Unterwerke oder Umrichterwerke, Wartungs- und Verladeeinrichtungen sowie Waschanlagen, sind nicht Gegenstand dieser Verordnung.

2.1.8. Schwellengleis

Oberbau, bestehend aus Schienen auf Holz-, Beton- oder Stahlschwellen im Schotterbett

2.1.9. Straßenbahnen

Fahrzeuge und Infrastruktureinrichtungen, die im Personenbeförderungsgesetz (PBefG) und der Straßenbahn-Bau- und Betriebsordnung (BOStrab) aufgeführt sind; zur Abgrenzung von Eisenbahnen (vgl. 2.1.1), abweichend von § 4 Absatz 2 PBefG werden Schwebebahnen oder ähnliche Bahnen besonderer Bauart nicht als Straßenbahnen im Sinne dieser Anlage angesehen.

2.1.10. Straßenbündiger Bahnkörper

Gleise, die in Straßenfahrbahnen oder Gehwegflächen eingebettet sind

2.1.11. U-Bahnen

Bahnen mit Stromschienen, die als unabhängige Bahnen durch ihre Bauart oder Lage auf der gesamten Streckenlänge von anderen öffentlichen Verkehren unabhängig sind und keine Bahnübergänge (§ 1 Absatz 2 des Eisenbahnkreuzungsgesetzes) aufweisen

2.1.12. Umschlagbahnhöfe

Anlagen des kombinierten Verkehrs als Teil des öffentlichen Eisenbahnverkehrs mit Gleisen für an- und abfahrende Güterzüge, mit Lademitteln und Ladestraßen, die an das öffentliche Straßennetz anbinden, ggf. mit Abstell- oder Zwischenlagerflächen

2.1.13. Verbundstoff-Klotzbremse

Klotzbremsen mit Bremssohlen aus Verbundstoffen; diese Bremsen verwenden z.B. Verbundstoffbremsklotzsohlen mit hohem Reibwertniveau (K-Sohle) oder niedrigem Reibwertniveau (LL-Sohle).

2.2. Schalltechnische Begriffe

2.2.1. A-bewerteter Schalldruckpegel

L_{pA}

Zehnfacher dekadischer Logarithmus des Quotienten aus dem Quadrat des Effektivwerts des Schalldrucks mit der Frequenzbewertung A zusammen mit einer Zeitbewertung und dem Quadrat des Bezugsschalldrucks p_0 = 20 µPa in Luft

Anmerkung 1: Die Frequenzbewertung A und die Zeitbewertung (z.B. F, S) werden als Index des Schalldruckpegels L_p angegeben, z.B. L_{pAF}.

Anmerkung 2: Der Schalldruckpegel wird in Dezibel, dB, angegeben.

2.2.2. A-Bewertung

A

Frequenzbewertung nach DIN EN 61672-1, Elektroakustik – Schallpegelmesser – Teil 1; Anforderungen, Ausgabe Oktober 2003

Anmerkung: Die Kennzeichnung eines A-bewerteten Pegels wird normgerecht durch den Index A am Formelzeichen *L* vorgenommen, nicht durch Anhängen des Formelzeichens *A* an die Einheit dB.

2.2.3. Abschirmmaß

D_z

Abnahme des Schalldruckpegels an einem Ort hinter einem Hindernis gegenüber dem Schalldruckpegel ohne Hindernis bei einer frei fortschreitenden Schallwelle

Anmerkung: Das Abschirmmaß wird in Dezibel, dB, angegeben.

2.2.4. Absorptionsverlust

D_p

Verlust von Schallenergie bei Reflexionen

Anmerkung: Der Absorptionsverlust wird in Dezibel, dB, angegeben.

2.2.5. Äquivalenter Dauerschalldruckpegel

$L_{p,Aeq,T}$

A-bewerteter energieäquivalenter Mittelungspegel für einen über die Zeit *T* veränderlichen Schalldruckpegel

Anmerkung: Der äquivalente Dauerschallpegel $L_{peq,T}$ wird (beispielsweise für die Frequenzbewertung A und Zeitbewertung F) wie folgt gebildet:

$$L_{p\mathrm{Aeq},T} = 10\lg\left[\frac{1}{T}\int_0^T\left(p_{\mathrm{AF}}^2 / p_0^2\right)\mathrm{d}t\right]\mathrm{dB}$$

(siehe auch Mittelungspegel)

Anmerkung: Der äquivalente Dauerschalldruckpegel wird in Dezibel, dB, angegeben.

2.2.6. Beurteilungspegel

L_r

Größe zur Kennzeichnung der Stärke der Schallimmission während der Beurteilungszeit T_r unter Berücksichtigung von Zu- oder Abschlägen für bestimmte Geräusche, Zeiten oder Situationen; wenn keine Zu- oder Abschläge zu berücksichtigen sind, ist der äquivalente Dauerschallpegel der Beurteilungspegel:

Anmerkung 1: Der Beurteilungspegel L_r wird wie folgt aus dem äquivalenten Dauerschallpegel $L_{\mathrm{pAFeq,Ti}}$ und den Zuschlägen K_i während der Teilzeitintervalle T_i für die Beurteilungszeit T_r gebildet:

$$L_r = 10\ \lg\left[\frac{1}{T_t}\sum_{i=1}^{n} T_i \cdot 10^{0,1\left(L_{p\mathrm{AFeq},T_i}+K_i\right)/\mathrm{dB}}\right]\mathrm{dB}$$

Anmerkung 2: Der Beurteilungspegel wird in Dezibel, dB, angegeben.

2.2.7. Bezugshöhe für Schallquellen

SO

Schienenoberkante für Schienenfahrzeuge, bezogen auf die Gleisachse

FO

Fahrwegoberkante für Straßenfahrzeuge, bezogen auf die Fahrbahn

2.2.8. Einzelereignispegel

$L_{p,T_0=1s}$

Der auf 1 Sekunde bezogene äquivalente Dauerschalldruckpegel eines in der Zeitspanne T auftretenden Schallereignisses

Anmerkung 1: $$L_{p,T_0=1s} = L_{p,Aeq,T} + 10\ \lg\left(\frac{T}{T_0}\right) \mathrm{dB}$$

Anmerkung 2: In Oktavbändern wird der A-bewertete Einzelereignispegel mit $L_{EA,f}$ bezeichnet.

Anmerkung 3: Der Einzelereignisschalldruckpegel wird in Dezibel, dB, angegeben.

2.2.9. Emissionspegel

L_{mE}

Äquivalenter Dauerschalldruckpegel nach Akustik 03: Richtlinie zur Berechnung der Schallimmissionen von Schienenwegen – Schall 03, Ausgabe 1990, bekannt gemacht im Amtsblatt der Deutschen Bundesbahn Nr. 14 vom 4. April 1990 unter der lfd. Nummer 133 für einen bestimmten Zeitraum, z.B. für die Tagzeit, bei freier Schallausbreitung von einem unabgeschirmten Gleis/Fahrweg, abhängig von Fahrbahneigenschaften, vom Fahrflächenzustand und von Zug-/Fahrzeugmengen, in 25 m Abstand von der Gleis-/Fahrwegachse und in 3,5 m Höhe über der Schienen-/Fahrwegoberkante

Anmerkung: Der Emissionspegel lässt sich für ebenes Gelände durch $L_{mE} = L_{W'A} - 19$ dB aus dem Pegel der längenbezogenen Schallleistung $L_{W'A}$ abschätzen.

2.2.10. Immissionsort

IO

Maßgeblicher Ort für die Ermittlung eines Beurteilungspegels, nach dieser Anlage

- bei Gebäuden in Höhe der Geschossdecke (0,2 m über der Fensteroberkante) auf der Fassade der zu schützenden Räume und
- bei Außenwohnbereichen 2 m über der Mitte der als Außenwohnbereich genutzten Fläche

Anmerkung: Für Immissionsorte an Gebäuden werden Reflexionen an der zugehörigen Fassade nicht berücksichtigt.

2.2.11. Mittelungspegel

L_m

Einzahlwert zur Beschreibung von Schallvorgängen mit zeitlich beliebig schwankendem Pegel oder von Schallfeldern mit örtlich unterschiedlichen Schallpegeln oder eine Kombination daraus

Anmerkung: Der A-bewertete Mittelungspegel für einen zeitlich veränderlichen Schalldruckpegel wird äquivalenter Dauerschalldruckpegel genannt.

2.2.12. Oktavpegel

Im Frequenzbereich einer Oktave angegebener Schallpegel

2.2.13. Pegel der flächenbezogenen A-bewerteten Schallleistung

$L_{W''A}$

A-bewerteter Mittelungspegel zur Beschreibung der Schallemission von einer Flächenschallquelle; nach dieser Anlage angegeben für die mittlere Höhe der Schienen-/Fahrwegoberkanten in einer flächenhaften Bahnanlage

Anmerkung: Der Pegel wird unter Bezug auf eine Schallleistung von 1 pW und eine Fläche von 1 m^2 in Dezibel, dB, angegeben.

2.2.14. Pegel der längenbezogenen A-bewerteten Schallleistung

$L_{W'A}$

A-bewerteter Mittelungspegel zur Beschreibung der Schallemission von einer Linienschallquelle; nach dieser Anlage angegeben für verschiedene Höhenbereiche über einem Strecken- oder Fahrbahnabschnitt mit bestimmten Fahrbahneigenschaften und Fahrflächenzuständen bei Betrieb mit bestimmten Fahrzeugen und Geschwindigkeiten

Anmerkung: Der Pegel wird unter Bezug auf eine Schallleistung von 1 pW und eine Länge von 1 m in Dezibel, dB, angegeben.

2.2.15. Pegelkorrektur für die Auffälligkeit von Geräuschen

K_L

Pegelkorrektur zur Berücksichtigung der erhöhten Auffälligkeit von Geräuschen mit ausgeprägter Tonhöhe, Impuls- oder Informationshaltigkeit

Anmerkung: Die Pegelkorrektur für die Auffälligkeit von Geräuschen wird in Dezibel, dB, angegeben.

2.2.16. Pegelkorrekturen für Geräusche von Brücken und Viadukten ohne Schallschutz

K_{Br}

Pegelkorrekturen zur Berücksichtigung des rad- und schienenbedingten Rollgeräusches bei der Fahrt über Brücken und Viadukte ohne Schallschutz

Anmerkung 1: Diese Pegelkorrektur beinhaltet auch die Störwirkung von tieffrequenten Geräuschanteilen, die durch die A-Bewertung des Schallpegels nicht angemessen berücksichtigt wird.

Anmerkung 2: Als Viadukt wird in dieser Anlage eine Brücke mit mehreren Feldern bezeichnet.

Anmerkung 3: Die Pegelkorrekturen für Geräusche von Brücken und Viadukten werden in Dezibel, dB, angegeben.

2.2.17. Pegelkorrekturen für Geräusche von Brücken und Viadukten mit Schallschutz

$K_{Br} + K_{LM}$

Pegelkorrekturen zur Berücksichtigung des rad- und schienenbedingten Rollgeräusches bei der Fahrt über Brücken mit Schallschutz

Anmerkung 1: Die gesonderte Ausweisung der Wirkung von Schallminderungsmaßnahmen dient dem Anreiz zur Anwendung emissionsarmer Brückenkonstruktionen.

Anmerkung 2: Die Pegelkorrekturen für Geräusche von Brücken und Viadukten mit Schallschutz werden in Dezibel, dB, angegeben.

2.2.18. Pegelkorrektur Straße – Schiene

K_S

Pegelkorrektur zur Berücksichtigung der geringeren Störwirkung von Schienenverkehrsgeräuschen gegenüber Straßenverkehrsgeräuschen

Anmerkung 1: Die Anwendung der Pegelkorrektur wurde in § 3 in Verbindung mit Anlage 2 der Verkehrslärmschutzverordnung vom 12. Juni 1990 (BGBl. I S. 1036) festgelegt und durch das Elfte Gesetz zur Änderung des Bundes-Immissionsschutzgesetzes vom 2. Juli 2013 (BGBl. I S. 1943) mit Wirkung zum 1. Januar 2015 für Eisenbahnen und zum 1. Januar 2019 für Straßenbahnen abgeschafft (vgl. § 43 Absatz 2 Satz 2 und 3 des Bundes-Immissionsschutzgesetzes).

Anmerkung 2: Die Pegelkorrektur Straße – Schiene wird in Dezibel, dB, angegeben.

2.2.19. Richtwirkungsmaß

D_I

Maß zur Beschreibung der ungleichförmigen Abstrahlung einer Schallquelle in der Luft; nach dieser Anlage einheitlich für alle Schallquellen einer Strecke in allen Frequenzbändern

Anmerkung: Das Richtwirkungsmaß wird in Dezibel, dB, angegeben.

2.2.20. Schallabsorption

Umwandlung von Schallenergie aus einem Raum oder Raumbereich in Wärme

Anmerkung: Die Schallabsorption wird in Dezibel, dB, angegeben.

2.2.21. Schalldruckpegel

L_p

Zehnfacher dekadischer Logarithmus des Quotienten aus dem Quadrat des Schalldrucks p und dem Quadrat des Bezugsschalldrucks $p_0 = 20\ \mu\text{Pa}$

Anmerkung: Der Schalldruckpegel wird in Dezibel, dB, angegeben.

2.2.22. Schallemission

Aussendung von Schall

2.2.23. Schallimmission

Auftreffen von Schall am Immissionsort

2.2.24. Schallleistungspegel

L_W

Mittelungspegel zur Beschreibung der Schallemission einer Einzelschallquelle

Anmerkung: Der Schallleistungspegel wird unter Bezug auf eine Schallleistung von 1 pW in Dezibel, dB, angegeben.

2.2.25. Schallreflexionsgrad

ρ

Reflektierter Anteil der Schallenergie, bezogen auf die einfallende Schallenergie, für eine gegebene Frequenz und festgelegte Bedingungen einer reflektierenden Fläche

2.3. Formelzeichen, Einheiten, Zähler

Tabelle 1: Formelzeichen, Einheiten und Bedeutung

Spalte	A	B	C
Zeile	Formelzeichen	Einheit	Bedeutung
1	α_A	dB	A-bewerteter Gesamtpegel der längenbezogenen Schallleistung unter bestimmten Bedingungen
2.	$\Delta\alpha$	dB	Differenz zum Gesamtpegel α_A im Oktavband f
3	A	dB	Ausbreitungs-Dämpfungsmaß
4	A_{div}	dB	Dämpfungsmaß infolge geometrischer Ausbreitung
5	A_{atm}	dB	Dämpfungsmaß infolge Luftabsorption
6	A_{gr}	dB	Dämpfungsmaß infolge Bodeneinfluss
7	A_{bar}	dB	Dämpfungsmaß infolge Abschirmung durch Hindernisse
8	b	–	Geschwindigkeitsfaktor
9	c	dB	Zähler für Pegelkorrekturen $c1$ und $c2$
10	$c1$	dB	Pegelkorrektur für Fahrbahnarten
11	$c2$	dB	Pegelkorrektur für Fahrflächenzustand
12	C_2	–	Abschirmfaktor bei Einfachbeugung
13	C_3	–	Zusätzlicher Abschirmfaktor bei Mehrfachbeugung
14	d	m	Laufweglänge des Schalls zwischen Schallquelle und Immissionsort
15	d_p	m	Horizontale Entfernung zwischen Schallquelle und Immissionsort
16	d_r	m	Abstand letzte Beugungskante – Immissionsort
17	d_s	m	Abstand Schallquelle – 1. Beugungskante
18	d_{so}	m	Abstand Schallquelle – Reflektor
19	d_{or}	m	Abstand Reflektor – Immissionsort
20	d_{Π}	m	Abstand Schallquelle – Immissionsort parallel zur Beugungskante
21	D_I	dB	Richtwirkungsmaß
22	D_{Ir}	dB	Richtwirkungsmaß des reflektierten Schalls

Spalte	A	B	C
Zeile	Formelzeichen	Einheit	Bedeutung
23	D_{refl}	dB	Pegelkorrektur für reflektierende Schallschutzwand mit absorbierendem Sockel
24	D_z	dB	Abschirmmaß
25	D_ρ	dB	Reflexionsdämpfungsmaß
26	D_Ω	dB	Raumwinkelmaß
27	$e, e_1 \ldots$	m	Abstand zwischen Beugungskanten
28	f	–	Zähler für Oktavband
29	f_m	–	Oktavbandmittenfrequenz
30	Fz	–	Zähler für Fahrzeugkategorie
31	h	–	Zähler für Höhenbereich
32	h_{abs}	m	Höhe des absorbierenden Sockels einer Schallschutzwand
33	h_g	m	Höhe der Schallquelle über dem Boden
34	h_{LSW}	m	Mittlere Höhe einer Schallschutzwand über der Schienenoberkante
35	h_m	m	Mittlere Höhe über dem Boden
36	h_s	m	Höhe der Schallquelle über der Schienenoberkante
37	h_r	m	Höhe des Immissionsortes über dem Boden
38	i	–	Zähler für Einzelschallquelle
39	j	–	Zähler für Linienquelle
40	k	dB	Zähler für Pegelkorrekturen K
41	K	dB	Pegelkorrekturen
42	K_{Br}	dB	Pegelkorrektur für Brücken
43	k_F	–	Zähler für Teilstück einer Fläche
44	K_{LM}	dB	Pegelkorrektur für Schallminderungsmaßnahmen an Brücken
45	K_L	dB	Pegelkorrektur für die Auffälligkeit von Geräuschen
46	K_{LA}	dB	Pegelkorrektur für Schallschutzmaßnahmen gegen die Auffälligkeit von Geräuschen
47	K_{met}	–	Korrekturfaktor für meteorologische Einflüsse
48	k_S	–	Zähler für Teilstück einer Linie bzw. Strecke
49	K_S	dB	Pegelkorrektur zur Berücksichtigung der geringeren Störwirkung des Schienenverkehrslärms
50	l	m	Länge
51	l_h	m	Horizontalabmessung eines Hindernisses auf dem Schallausbreitungsweg
52	l_l	m	Senkrechter Abstand zwischen Verbindungslinie Quelle – Empfänger und 1. Endpunkt des Hindernisses auf dem Schallausbreitungsweg

Spalte	A	B	C
Zeile	Formelzeichen	Einheit	Bedeutung
53	l_r	m	Senkrechter Abstand zwischen Verbindungslinie Quelle – Empfänger und 2. Endpunkt des Hindernisses auf dem Schallausbreitungsweg
54	l_{min}	m	Kleinste Abmessung des Reflektors
55	L_{EA}	dB	A-bewerteter Einzelereignispegel je Oktavband *f*
56	$L_{p,Aeq}$	dB	Äquivalenter Dauerschalldruckpegel
57	$L_{p,Aeq,\ Tag}$	dB	Äquivalenter Dauerschalldruckpegel für den Beurteilungszeitraum Tag (6 Uhr bis 22 Uhr)
58	$L_{p,Aeq,Nacht}$	dB	Äquivalenter Dauerschalldruckpegel für den Beurteilungszeitraum Nacht (22 Uhr bis 6 Uhr)
59	L_r	dB	Beurteilungspegel
60	L_{WA}	dB	A-bewerteter Gesamtpegel der Schallleistung
61	$\Delta L_{W,f}$	dB	Pegeldifferenz zum A-bewerteten Gesamtpegel der Schallleistung im Oktavband *f*
62	$L_{W'A}$	dB	A-bewerteter Gesamtpegel der längenbezogenen Schallleistung
63	$L_{W''A}$	dB	A-bewerteter Gesamtpegel der flächenbezogenen Schallleistung
64	$\Delta L_{W',f}$	dB	Pegeldifferenz zum A-bewerteten Gesamtpegel der längenbezogenen Schallleistung im Oktavband *f*
65	$L_{WA,im}$	dB	A-bewerteter Gesamtpegel der Schallleistung der Spiegelschallquelle
66	m	–	Teilquellennummer
67	n_{Achs}	–	Anzahl der Achsen je Fahrzeugeinheit
68	n_{Fz}	–	Anzahl der Fahrzeuge je Stunde
69	n_i	–	Anzahl der Ereignisse je Stunde an der Punktschallquelle
70	n_j	–	Anzahl der Ereignisse je Stunde an der Linienschallquelle
71	n_Q	–	Anzahl der Schallquellen je Fahrzeugeinheit
72	q	–	Anzahl der Schallquellen im Rangier- und Umschlagbahnhof
73	r	m	Radius
74	R	–	Index für Rangierbahnhof
75	S	m^2	Fläche
76	T	s	Zeitdauer
77	v	km/h	Geschwindigkeit
78	w	–	Zähler für Ausbreitungsweg
79	z	m	Umweg eines Schallstrahls durch Beugung
80	α	dB/km	Absorptionskoeffizient
81	β	Rad	Reflexionswinkel

Spalte	A	B	C
Zeile	Formelzeichen	Einheit	Bedeutung
82	σ	Rad	Winkel der Schallabstrahlung
83	λ	m	Schallwellenlänge
84	ρ	–	Schallreflexionsgrad

Tabelle 2: Abkürzungen

Spalte	A	B
Zeile	Abkürzungen	Bedeutung
1	büG	besonders überwachtes Gleis
2	E-Lok	Elektrolokomotive
3	ET	Elektrotriebwagen
4	FO	Fahrbahnoberkante
5	HGV	Hochgeschwindigkeitsverkehr
6	IO	Immissionsort
7	Rbf	Rangierbahnhof
8	SO	Schienenoberkante
9	Ubf	Umschlagbahnhof
10	V-Lok	Verbrennungslokomotive (Diesellok)
11	VT	Verbrennungstriebwagen

3. Modellierung der Schallquellen

3.1. Aufteilung in Abschnitte gleichmäßiger Schallemission

Zu beurteilende Strecken werden in Abschnitte mit gleichmäßiger Schallemission nach folgenden Kriterien aufgeteilt:

– Verkehrszusammensetzung,
– Geschwindigkeitsklassen,
– Fahrbahnart,
– Fahrflächenzustand,
– Bahnhofsbereiche und Haltestellen,
– Brücken und Viadukte,
– Bahnübergänge,
– Kurvenradien.

Für die so entstehenden Abschnitte sind einheitliche Pegel der längenbezogenen Schallleistung zu ermitteln.

Zu beurteilende Rangier- und Umschlagbahnhöfe werden durch Schallquellen nach Tabelle 10 beschrieben. Die jeweilige Lage der Schallquelle wird entsprechend ihrer geometrischen Ausdehnung als Punkt- oder Linienschallquelle mit der dazugehörigen Quellhöhe nach Tabelle 10 in kartesischen Koordinaten angegeben. Bereiche des Rangier- bzw. Umschlagbahnhofs mit mehreren unterschiedlichen Schallquellen eines Höhenbereichs, jedoch mit gleichmäßiger Schallabstrahlung dürfen zu größeren Flächenschallquellen zusammengefasst werden. Maßgeblich für die Aufteilung von Rangier- und Umschlagbahnhöfen in Flächenschallquellen sind gleichartige Anlagenteile und Betriebsabläufe auf der jeweiligen Fläche, die einheitlich durch einen Pegel der flächenbezogenen Schallleistung zu beschreiben sind.

An Rangier- und Umschlagbahnhöfen vorbeiführende Eisenbahn- oder Straßenbahnstrecken werden wie sonstige Strecken behandelt (siehe Nummer 2.2.18).

3.2. Schallleistungspegel für Eisenbahn- und Straßenbahnstrecken

Der Pegel der längenbezogenen Schallleistung $L_{w'a,f,h,m,Fz}$ im Oktavband *f*, im Höhenbereich *h*, infolge einer Teil-Schallquelle *m* (siehe Tabelle 5 und Tabelle 13), für eine Fahrzeugeinheit der Fahrzeug-Kategorie *Fz* je Stunde wird nach folgender Gleichung (Gl. 1) berechnet:

$$L_{W'A,f,h,m,Fz} = a_{A,h,m,Fz} + \Delta a_{f,h,m,Fz} + 10\lg\frac{n_Q}{n_{Q,0}}\,\mathrm{dB} + b_{f,h,m}\lg\left(\frac{v_{Fz}}{v_0}\right)\mathrm{dB} + \sum_c\left(c1_{f,h,m,c} + c2_{f,h,m,c}\right) + \sum_k K_k$$

(Gl. 1).

Dabei bezeichnet:

$a_{A,h,m,Fz}$	A-bewerteter Gesamtpegel der längenbezogenen Schallleistung bei der Bezugsgeschwindigkeit v_0 = 100 km/h auf Schwellengleis mit durchschnittlichem Fahrflächenzustand, nach Beiblatt 1 und 2, in dB,
$\Delta a_{f,h,m,Fz}$	Pegeldifferenz im Oktavband *f*, nach Beiblatt 1 und 2, in dB,
n_Q	Anzahl der Schallquellen der Fahrzeugeinheit nach Nummer 4.1 bzw. 5.1,
$n_{Q,0}$	Bezugsanzahl der Schallquellen der Fahrzeugeinheit nach Nummer 4.1 bzw. 5.1,
$b_{f,h,m}$	Geschwindigkeitsfaktor nach Tabelle 6 bzw. 14,
v_{Fz}	Geschwindigkeit nach Nummer 4.3 bzw. 5.3.2, in km/h,
v_0	Bezugsgeschwindigkeit, v_0 = 100 km/h,
$\sum_c\left(c1_{f,h,m,c} + c2_{f,h,m,c}\right)$	Summe der *c* Pegelkorrekturen für Fahrbahnart (*c*1) nach Tabelle 7 bzw. 15 und Fahrfläche (*c*2) nach Tabelle 8, in dB,
$\sum_k K_k$	Summe der *k* Pegelkorrekturen für Brücken nach Tabelle 9 bzw. 16 und die Auffälligkeit von Geräuschen nach Tabelle 11, in dB.

Anmerkung: In Beiblatt 1 und 2 sind die Indizes *h, m* und *Fz* nicht mitgeführt.

In den Berechnungen werden die acht Oktavbänder *f* mit den Mittenfrequenzen von 63 Hz bis 8 000 Hz berücksichtigt. Die zu verwendenden Parameter sind in Nummer 4 für Eisenbahnen und in Nummer 5 für Straßenbahnen zusammengestellt.

Bei Verkehr von n_{Fz} Fahrzeugeinheiten pro Stunde der Art *Fz* wird der Pegel der längenbezogenen Schallleistung im Oktavband *f* und Höhenbereich *h* nach folgender Gleichung (Gl. 2) berechnet:

$$L_{W'A,f,h} = 10\lg\left(\sum_{m,Fz} n_{Fz}10^{0,1\,L_{W'A,f,h,m,Fz}}\right)\mathrm{dB}$$

(Gl. 2).

3.3. Schallleistungspegel für Rangier- und Umschlagbahnhöfe

Die Schallemission wird in acht Oktavbändern *f* bei Mittenfrequenzen von 63 Hz bis 8 000 Hz als Schallleistungspegel für Abstrahlung in den Raumwinkel 4 π angegeben. Es gilt das Raumwinkelmaß nach der Gleichung (Gl. 9). Zu unterscheiden sind Schallquellen nach Tabelle 10. Die Quellen sind punktförmig oder linienförmig ausgeformt.

Der Pegel der A-bewerteten Schallleistung von Punktschallquellen $L_{W,f,h,i}$ im Oktavband *f*, im Höhenbereich *h*, infolge einer Einzelquelle *i* wird abhängig von der Anzahl n_i der Ereignisse bzw. Einheiten pro Stunde nach folgender Gleichung (Gl. 3) berechnet:

$$L_{WA,f,h,i} = L_{WA,h,i} + \Delta L_{W,f,h,i} + 10\lg n_i\,\mathrm{dB} + \sum_k K_k$$

(Gl. 3).

Der Pegel der A-bewerteten längenbezogenen Schallleistung von Linienschallquellen $L_{W'A,f,h,j}$ im Oktavband f, im Höhenbereich h, infolge einer Einzelquelle j wird abhängig von der Anzahl n_j der Ereignisse bzw. Einheiten pro Stunde nach folgender Gleichung (Gl. 4) berechnet:

$$L_{W'A,f,h,j} = L_{W'A,h,j} + \Delta L_{W',f,h,j} + 10 \lg n_j \text{ dB} + \sum_k K_k \qquad \text{(Gl. 4).}$$

Dabei bezeichnet:

$L_{WA,h,i}$, $L_{W'A,h,j}$	A-bewerteter Gesamtpegel der Schallleistung bzw. der längenbezogenen Schallleistung der Einzelquelle i bzw. j nach Beiblatt 3, in dB,
$\Delta L_{W,f,h,i}$, $\Delta L_{W',f,h,j}$	Pegeldifferenz im Oktavband f nach Beiblatt 3, in dB,
n_i, n_j	Anzahl der Ereignisse bzw. Einheiten pro Stunde,
K_k	Pegelkorrektur für die Auffälligkeit der Geräusche nach Tabelle 9 und Tabelle 11, in dB.

Anmerkung: Im Beiblatt 3 sind die Indizes h, i und j nicht mitgeführt.

Teilflächen von Rangier- und Umschlagbahnhöfen mit gleichmäßiger Schallemission können zu Flächenschallquellen zusammengefasst werden. Die Emission der Flächenschallquelle, zusammengefasst aus Punkt- und Linienschallquellen, wird durch deren A-bewerteten Schallleistungspegel $L_{W''A,f,h}$ im Oktavband f und Höhenbereich h nach folgender Gleichung (Gl. 5) angegeben:

$$L_{W''A,f,h} = 10 \lg \left[\left(\sum_i q_{i,h} 10^{0{,}1 L_{WA,f,h,i}} + \sum_j q_{j,h} 10^{0{,}1 L_{W'A,f,h,j}} \frac{l_j}{l_0} \right) \frac{S_0}{S_F} \right] \text{dB} \qquad \text{(Gl. 5).}$$

Dabei bezeichnet:

S_F	Teilfläche mit gleichmäßiger Schallemission, in m^2,
$S_0 = 1\ m^2$	Bezugsfläche,
l_j	Länge der Linienquelle j, in m,
$l_0 = 1$ m	Bezugslänge,
$q_{i,h}$	Anzahl der Punktschallquellen der Art i im Höhenbereich h,
$q_{j,h}$	Anzahl der Linienschallquellen der Art j im Höhenbereich h.

Fahrbewegungen von ein-, aus- und vorbeifahrenden Zügen sowie von Rangierfahrten werden nach Nummer 3.2 berücksichtigt.

3.4. Bildung von Punktschallquellen durch Teilstückzerlegung

Der Berechnung der Beurteilungspegel liegen Punktschallquellen zugrunde. Dazu werden alle linien- und flächenförmigen Quellen in Punktschallquellen zerlegt (siehe Bild 1). Eine ausgedehnte Quelle, für die von allen Teilen bis zu einem Immissionsort gleichmäßige Schallausbreitungsbedingungen herrschen, wird als Punktschallquelle modelliert. Darüber hinaus ist die Länge der Teilstücke l_s bzw. die Größe der Teilfläche S_s durch weitere Zerlegung so zu begrenzen, dass bei Halbierung aller Teilstücke bzw. Teilflächen der Immissionsanteil nach der Gleichung (Gl. 29) für alle Beiträge am jeweiligen Immissionsort sich um weniger als 0,1 dB verändert.

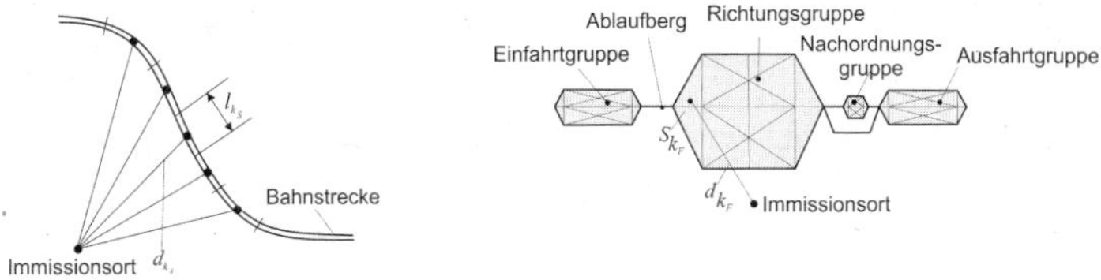

Bild 1: Beispiele für die Zerlegung von Linien- und Flächenschallquellen in Teilstücke und Teilflächen

Anmerkung 1: In Rangierbahnhöfen werden z.B. Gleisbremsen als Punktschallquellen betrachtet.

Anmerkung 2: Die Forderung nach gleichmäßigen Ausbreitungsbedingungen an jedem betrachteten Punkt eines Teilstückes zum Immissionsort wird durch den Schwellenwert von 0,1 dB präzisiert. Sie schließt Anforderungen an Abstände, Schallstrahlhöhe über dem Boden, Abschirmungen und Reflexionen ein. Als Richtwert für eine geeignete Länge l_{k_S} bei freier Schallausbreitung über ebenem Boden dient die Hälfte der Weglänge d_{k_S} von der Mitte des Teilstückes bis zum Immissionsort. Als Richtwert für eine geeignete Teilflächengröße S_{k_F} bei freier Schallausbreitung über ebenem Boden dient ein Viertel des Quadrats der Weglänge d_{k_F} von der Mitte der Teilfläche bis zum Immissionsort.

Aus der Länge l_{k_S} eines Teilstückes k_s und aus A-bewerteten Pegeln der längenbezogenen Oktav-Schallleistung $L_{W'A,f,h}$ nach der Gleichung (Gl. 5) in den nach dieser Anlage festgelegten Höhenbereichen h (siehe Tabelle 5 bzw. Tabelle 10) in diesem Abschnitt werden die A-bewerteten Schallleistungspegel L_{WA,f,h,k_S} im Oktavband f nach folgender Gleichung (Gl. 6) berechnet:

$$L_{WA,f,h,k_S} = L_{W'A,f,h} + 10\,\lg\left(\frac{l_{k_S}}{l_0}\right)\text{dB} \qquad \text{(Gl. 6)}$$

mit $l_0 = 1$ m.

Oktav-Schallleistungspegel nach der Gleichung (Gl. 6) beschreiben zusammen mit dem Richtwirkungsmaß nach der Gleichung (Gl. 8) und dem Raumwinkelmaß nach der Gleichung (Gl. 9) die Schallemission, mit der von einer Punktschallquelle in der Mitte eines Teilstückes k_s in der Höhe h_s über der Schienenoberkante zu rechnen ist.

Mit der Fläche S_{k_F} einer Teilfläche und aus den Pegeln $L_{W''A,f,h}$ der flächenbezogenen Schallleistung nach der Gleichung (Gl. 5) in den nach Tabelle 10 festgelegten Höhenbereichen h werden die Schallleistungspegel L_{WA,f,h,k_F} nach der folgenden Gleichung (Gl. 7) berechnet:

$$L_{WA,f,h,k_F} = L_{W''A,f,h} + 10\,\lg\left(\frac{S_{k_F}}{S_0}\right)\text{dB} \qquad \text{(Gl. 7)}$$

mit $S_0 = 1\ \text{m}^2$.

Der Oktav-Schallleistungspegel nach der Gleichung (Gl. 7) beschreibt zusammen mit dem Raumwinkelmaß nach der Gleichung (Gl. 9) die ungerichtete Schallemission einer Punktschallquelle in der Mitte einer Teilfläche k_F in der Höhe h_s über der Schienen- bzw. der Fahrbahnoberkante.

3.5. Richtwirkung und Raumwinkelmaß

3.5.1. Richtwirkung

Das Richtwirkungsmaß D_{I,k_S} wird nach folgender Gleichung (Gl. 8) für Teilstücke von Streckenabschnitten berechnet:

$$D_{l,k_S} = 10 \lg\left(0,22 + 1,27 \sin^2 \delta_{k_S}\right) \mathrm{dB} \qquad \text{(Gl. 8).}$$

Dabei bezeichnet δ_{k_S} den Winkel zwischen einem Schallstrahl, der von der Punktschallquelle ausgeht, und der Gleisachse (siehe Bild 2):

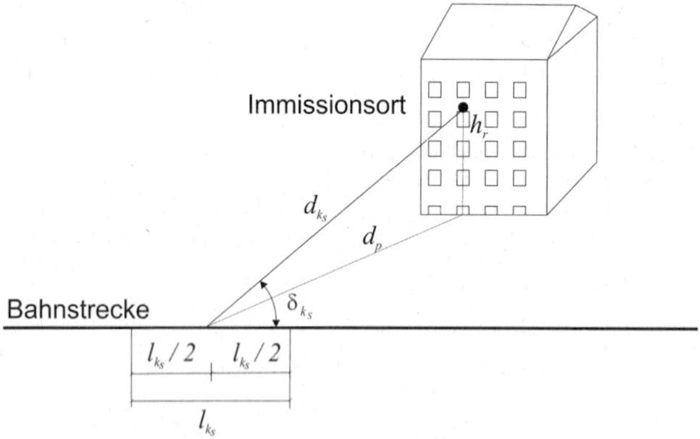

Bild 2: Definition des Winkels δ_{K_S} an einer Bahnstrecke

Anmerkung: Das Richtwirkungsmaß ist grafisch in Bild 3 dargestellt:

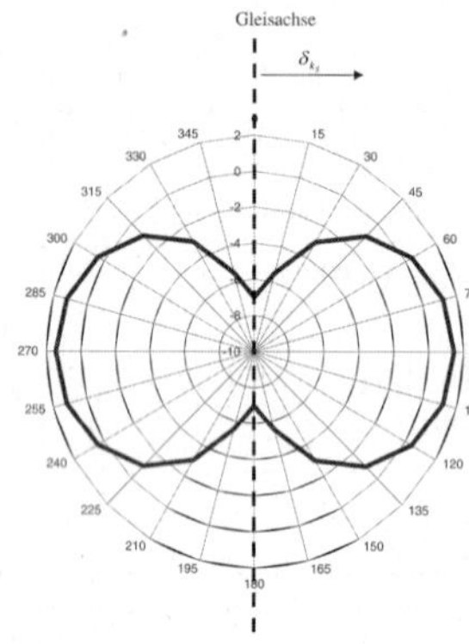

Bild 3: Richtwirkungsmaß D_{l,K_S} in dB nach Gleichung (Gl. 8) für δ_{K_S} in Grad

Anmerkung 1: Das Richtwirkungsmaß kennzeichnet die mittlere Abstrahlung des Rollgeräusches bei Zugfahrten in beiden Richtungen.

Anmerkung 2: Der Winkel δ_{k_S} kann aus geometrischen Beschreibungen der Gleisachse und des Immissionsorts ermittelt werden.

Für Quellen in Rangier- und Umschlagbahnhöfen wird nach dieser Rechenvorschrift keine Richtwirkung berücksichtigt.

3.5.2. Raumwinkelmaß

Die Schallleistungspegel aller Quellen dieser Anlage geben die Abstrahlung in den Raumwinkel 4 π an. Dabei wird der scheinbare Anstieg des Schallleistungspegels der Schallquelle aufgrund von Reflexionen am Boden durch das Raumwinkelmaß nach folgender Gleichung (Gl. 9) berücksichtigt:

$$D_\Omega = 10 \lg \left\{ 1 + \frac{\left[d_p^2 + \left(h_g - h_r \right)^2 \right]}{\left[d_p^2 + \left(h_g + h_r \right)^2 \right]} \right\} \text{dB} \qquad \text{(Gl. 9).}$$

Dabei bezeichnet:

h_g Höhe der Schallquelle über dem Boden, in m,

h_r Höhe des Immissionsorts über dem Boden, in m,

d_p horizontaler Abstand zwischen Schallquelle und Immissionsort, in m.

Anmerkung: Angaben zur Schallquellenhöhe nach den Tabellen 5, 10 und 13 beziehen sich auf die Fahrbahnoberkante. Entsprechend ist zu der angegebenen Schallquellenhöhe die Höhe der Fahrbahnoberkante über dem Boden hinzuzufügen.

4. Schallemissionen von Eisenbahnen

4.1. Fahrzeugarten

Zur Berechnung der Schallemission werden Fahrzeugkategorien *Fz* nach Tabelle 3 unterschieden:

Tabelle 3: Fahrzeugarten, *Fz*-Kategorien und Bezugsanzahl der Achsen für Eisenbahnen

Spalte	A	B	C
Zeile	Fahrzeugart	Fahrzeug-Kategorie *Fz*	Bezugsanzahl der Achsen $n_{Achs,0}$
1	HGV-Triebkopf	1	4
2	HGV-Mittel-/Steuerwagen, nicht angetrieben	2	4
3	HGV-Triebzug	3	32
4	HGV-Neigezug	4	28
5	E-Triebzug und S-Bahn (ET)	5	10
6	V-Triebzug (VT)	6	6
7	Elektrolok (E-Lok)	7	4
8	Diesellok (V-Lok)	8	4
9	Reisezugwagen	9	4
10	Güterwagen	10	4

Festlegung zu Tabelle 3, Spalte C:

Die Schallleistung des Rollgeräusches nimmt mit der Anzahl der Achsen zu. Bei Abweichung der Anzahl der Achsen n_{Achs} einer Fahrzeugeinheit von der Bezugsanzahl der Achsen $n_{Achs,0}$ wird eine Korrektur in der Gleichung (Gl. 1) mit $n_Q = n_{Achs}$ vorgenommen. Diese Korrektur wird nur für die Schallquellenart Rollgeräusche nach Tabelle 5 angesetzt. Bei allen anderen Schallquellenarten gilt $n_Q = n_{Q,0}$. Der A-bewertete Gesamtpegel $a_{A,h,m,Fz}$ der längenbezogenen Schallleistung und die Pegeldifferenz $\Delta a_{f,h,m,Fz}$ im Oktavband *f* bei der Bezugsgeschwindigkeit v_0 = 100 km/h auf Schwellengleis mit durchschnittlichem Fahrflächenzustand sind für jede Fahrzeugart in Beiblatt 1 zusammengestellt (siehe auch die Gleichung Gl. 1). Die Zusammensetzung und die Anzahl von Fahrzeugeinheiten von Zügen können, sofern diese für die Berechnung nicht vorgegeben werden, der Tabelle 4 entnommen werden.

Tabelle 4: Verkehrsdaten für Eisenbahnen

Spalte	A	B	C	D	E	F	G	H	I	J	K	L
Zeile	Zugart	Höchstgeschwindigkeit im Regelverkehr in km/h	Anzahl der Fahrzeugeinheiten je *Fz*-Kategorie									
			1	2	3	4	5	6	7	8	9	10
1	ICE-1-Zug	250	2	12								
2	ICE-2-Halbzug	250	1	7								
3	ICE-2-Vollzug	250	2	14								
4	ICE-3-Halbzug	300			1							
5	ICE-3-Vollzug	300			2							
6	ICE-T	230				1						
7	Thalys-PBKA-Halbzug	300	2	5								
8	Thalys-PBKA-Vollzug	300	4	10								
9	ETR 470 Cisalpino	200				1						
10	IC-Zug (bespannt mit E-Lok)	200							1		12	
11	IC-Zug (bespannt mit V-Lok)	160								1	12	
12	Nahverkehrszug (bespannt mit E-Lok)	160							1		5	
13	Nahverkehrszug (bespannt mit V-Lok)	140								1	5	
14	Nahverkehrszug (ET)	140					1					
15	Nahverkehrszug (VT)	120						1				
16	IC3	180						1				
17	S-Bahn	120					1					
18	Güterzug (bespannt mit E-Lok)	100							1			24
19	Güterzug (bespannt mit V-Lok)	100								1		24

Anmerkungen zu Tabelle 4:

Zeile 6: Die 7-teilige Version (BR 411) und die 5-teilige Version (BR 415) des ICE-T werden schalltechnisch nicht unterschieden.

Zeilen 10 und 11: Radsätze der Wagen mit Wellenscheibenbremsen.

Zeilen 14 und 17: Detaillierung nach Baureihen siehe Datenblatt der Fahrzeug-Kategorie 5.

Zeile 15: Detaillierung nach Baureihen siehe Datenblatt der Fahrzeug-Kategorie 6.

Zeile 16: Zu behandeln wie BR 612 im Datenblatt der Fahrzeug-Kategorie 6.

Bei Güterzügen kann damit gerechnet werden, dass bis zum Jahr 2020 80 Prozent und bis zum Jahr 2030 100 Prozent der Güterwagen mit Verbundstoff-Klotzbremsen ausgestattet sind. Dies betrifft Güterwagen gemäß den Zeilen 5 bis 7 sowie 18 bis 20 von Beiblatt 1, Fahrzeug-Kategorie 10.

4.2. Schallquellenarten

Zur Berechnung der Schallemission werden die in Tabelle 5 aufgeführten vier Schallquellenarten in den zugehörigen Höhenbereichen berücksichtigt.

Tabelle 5: Schallquellenarten an Fahrzeugen für Eisenbahnen

Spalte	A	B	C	D	E
Zeile	Schallquellenart	Höhenbereich *h*	Höhe h_s über SO	Teilquellen *m*	Geräuschursache, Komponente
1	Rollgeräusche	1	0 m	1	Schienenrauheit
2		1	0 m	2	Radrauheit
3		2	4 m	3	Abstrahlung des als Körperschall übertragenen Rollgeräusches aufgrund der Schienenrauheit durch Kesselwagenaufbauten
4		2	4 m	4	Abstrahlung des als Körperschall übertragenen Rollgeräusches aufgrund der Radrauheit durch Kesselwagenaufbauten
5	Aerodynamische Geräusche	3	5 m	5	Stromabnehmerwippe
6		2	4 m	6	Stromabnehmerfuß, Gitter von Kühl- und Klimaanlagen im Dachbereich
7		1	0 m	7	Umströmung der Drehgestelle
8	Aggregatgeräusche	2	4 m	8	Ventilatoren von Kühl- und Klimaanlagen, Saugseite im Dachbereich
9		1	0 m	9	Ventilatoren von Kühl- und Klimaanlagen, Saug- und Druckseite im Unterflurbereich
10	Antriebsgeräusche	2	4 m	10	Abgasanlage
11		1	0 m	11	Motor, Getriebe

Festlegungen zu Tabelle 5:

Zeilen 1 und 2: Bei Gefällestrecken mit einer Neigung ≥ 20 ‰ und einer Länge ≥ 500 m ist für Güterzüge mit Graugussklotzbremsen auf dem talwärts befahrenen Gleis ein Zuschlag von 3 dB auf das Rollgeräusch in der Höhe h_s = 0 m aufgrund von Bremsgeräuschen zu berücksichtigen.

Zeilen 3 und 4: Bei Kesselwagen wirken sich die Rauheiten der Rollgeräusche durch Schallabstrahlung der Aufbauten auch in der Höhe h_s = 4 m aus. Die entsprechende Teilquelle wird nur für Kesselwagen angewendet. Sofern nicht genauer bekannt, wird ein Anteil von 20 Prozent Kesselwagen für jeden Güterzug angenommen.

4.3. Geschwindigkeit

Die in Beiblatt 1 aufgeführten A-bewerteten Gesamtpegel der längenbezogenen Schallleistung gelten für die Bezugsgeschwindigkeit v_0 = 100 km/h. Der Einfluss davon abweichender Geschwindigkeiten wird in der Gleichung (Gl. 1) mit dem Geschwindigkeitsfaktor *b* nach Tabelle 6 berücksichtigt.

Tabelle 6: Geschwindigkeitsfaktor *b* für Eisenbahnen

Spalte	A	B	C							
Zeile	Schallquellenart	Teilquellen *m*	Geschwindigkeitsfaktor *b* in der Oktavband-Mittenfrequenz, in Hz							
1			63	125	250	500	1 000	2 000	4 000	8 000
2	Rollgeräusche	1, 2, 3, 4	−5	−5	−5	0	10	25	25	25
3	Aerodynamische Geräusche	5, 6, 7	50							
4	Aggregatgeräusche	8, 9	−10							
5	Antriebsgeräusche	10, 11	20							

Die Geschwindigkeit v_{Fz} wird wie folgt ermittelt:

Ausgangspunkt ist die zulässige fahrzeugbedingte Höchstgeschwindigkeit im Regelverkehr. Haben mehrere Fahrzeuge eines Zuges unterschiedliche Höchstgeschwindigkeiten, ist die Höchstgeschwindigkeit des langsamsten Fahrzeugs für alle Fahrzeuge zu verwenden. Ist die zulässige Streckengeschwindigkeit geringer, ist diese anzusetzen.

Im Bereich von Personenbahnhöfen (innerhalb der Einfahrsignale) und von Haltepunkten bzw. Haltestellen (Bahnsteiglänge zuzüglich auf jeder Seite 100 m) ist die zulässige Geschwindigkeit der freien Strecke, mindestens aber 70 km/h anzusetzen. Mit v_{Fz} = 70 km/h werden die in Bahnhöfen und an Haltepunkten bzw. in Haltestellenbereichen anfallenden Geräusche, die z.B. durch das Türenschließen oder beim Überfahren von Weichen und/oder beim Bremsen und Anfahren entstehen, berücksichtigt.

Anmerkung: Eine Zusammenstellung von Höchstgeschwindigkeiten für verschiedene Zugarten kann Tabelle 4 entnommen werden.

4.4. Fahrbahnarten, Bahnübergänge

Die in Beiblatt 1 aufgeführten akustischen Kenndaten gelten für Schwellengleise (siehe Nummer 2.1.8). Für andere Fahrbahnarten sind nach der Gleichung (Gl. 1) Pegelkorrekturen nach Tabelle 7 vorzunehmen.

Tabelle 7: Pegelkorrekturen *c*1 für Fahrbahnarten

Spalte	A	B	C							
Zeile	Einflussgröße		Pegelkorrekturen *c*1 in dB für Oktavband-Mittenfrequenz, in Hz							
			63	125	250	500	1 000	2 000	4 000	8 000
1	Feste Fahrbahn	Erhöhte Schienenabstrahlung	0	0	0	7	3	0	0	0
2		Reflexion an der Fahrbahn	1	1	1	1	1	1	1	1
3	Feste Fahrbahn mit Absorber	Erhöhte Schienenabstrahlung	0	0	0	7	3	0	0	0
4		Reflexion an der Fahrbahn	0	0	0	−2	−2	−3	0	0
5	Bahnübergang	Erhöhte Schienenrauheit	0	0	0	8	4	0	0	0

Spalte	A	B	C							
Zeile	Einflussgröße		Pegelkorrekturen $c1$ in dB für Oktavband-Mittenfrequenz, in Hz							
			63	125	250	500	1 000	2 000	4 000	8 000
6		Reflexion an der Fahrbahn	1	1	1	1	1	1	1	1

Festlegungen zu Tabelle 7:

Zeilen 1 und 3: Pegelkorrektur für die erhöhte Schallabstrahlung der Schiene aufgrund der bei festen Fahrbahnen erforderlichen elastischen Schienenbefestigung; die Korrektur ist auf das Rollgeräusch infolge Schienenrauheit und Radrauheit (Teilquellen 1 und 2) anzuwenden. Bei allen anderen Teilquellen *m* gilt $c1 = 0$ dB.

Zeilen 2, 4 und 6: Pegelkorrektur für die veränderte Schallabstrahlung aufgrund der veränderten Reflexionen gegenüber dem Schotterbett; die Korrektur ist auf alle Teilquellen auf Höhe der Schiene (Teilquellen 1, 2, 7, 9 und 11) anzuwenden. Bei allen anderen Teilquellen *m* gilt $c1 = 0$ dB.

Zeilen 3 und 4: Absorber sind als Schallschutzmaßnahme einzustufen.

Zeile 5: Pegelkorrektur für die Schallabstrahlung der Schiene aufgrund der erhöhten Fahrbahnrauheit. Die Korrektur ist auf das Rollgeräusch aufgrund der Schienenrauheit und der Radrauheit (Teilquellen 1 und 2) anzuwenden. Bei allen anderen Teilquellen *m* gilt $c1 = 0$ dB.

Zeilen 5 und 6: Die Pegelkorrektur für Bahnübergänge ist für Teilstücke, die der 2-fachen Straßenbreite entsprechen, anzusetzen. Pegelkorrekturen für andere Fahrbahnarten sind nicht zusätzlich zu berücksichtigen.

Anmerkung 1: Schwellengleise im Schotterbett schließen Betonschwellen, Holzschwellen und Stahlschwellen ein.

Anmerkung 2: Im Bereich von Weichen können in der Regel keine Absorber verlegt werden.

Anmerkung 3: Auf eine Pegelkorrektur für Bahnübergänge, die nur als Fuß- und Radwege dienen, kann nach Zeile 5 vollständig, nach Zeile 6 bei einer Wegbreite des befestigten Bahnüberganges von ≤ 7 m verzichtet werden.

4.5. Schallminderungstechniken am Gleis

Die in Beiblatt 1 aufgeführten akustischen Kenndaten gelten für einen durchschnittlichen Fahrflächenzustand und ohne besondere akustische Maßnahmen an der Schiene. Für den Fahrflächenzustand „besonders überwachtes Gleis (büG)" und für Maßnahmen an den Schienenstegen sind nach der Gleichung (Gl. 1) Pegelkorrekturen nach Tabelle 8 vorzunehmen.

Tabelle 8: Pegelkorrekturen $c2$ für Fahrflächenzustand „besonders überwachtes Gleis (büG)" sowie für Schienenstegdämpfer und -abschirmung

Spalte	A	B	C							
Zeile	Maßnahme	Teilquelle m	Pegelkorrekturen $c2$ in dB in der Oktavband-Mittenfrequenz, in Hz							
			63	125	250	500	1 000	2 000	4 000	8 000
1	besonders überwachtes Gleis (büG)	1, 3	0	0	0	−4	−5	−5	−4	0
2	Schienensteg-dämpfer	1, 3	0	0	0	−2	−3	−3	0	0
3		2, 4	0	0	0	−1	−3	−2	0	0
4	Schienensteg-abschirmung	1	0	0	0	−3	−4	−5	0	0

Die Korrekturwerte $c2$ werden für das „büG" auf die Teilquellen Rollgeräusch aufgrund der Schienenrauheit, Teilquellen 1 und 3, bei den Einflussgrößen Schienenstegdämpfer auf die Teilquellen 1 bis 4 und bei der Schienenstegabschirmung nur auf die Teilquelle 1 angesetzt. Bei allen anderen

Teilquellen gilt $c2$ = 0 dB. Die Maßnahmen nach Tabelle 8 gelten als Schallschutzmaßnahme. Die eingesetzten Schienenstegdämpfer und -abschirmungen müssen die akustische Wirksamkeit nach Tabelle 8 aufweisen. Eine Addition der Korrekturwerte $c2$ aus den Zeilen 1 und 2 sowie den Zeilen 1 und 4 ist möglich.

Anmerkung 1: Das „besonders überwachte Gleis (büG)" ist eine Schallschutzmaßnahme mit einer besonderen Form der Überwachung und Pflege der Schienenfahrflächen. Sie beruht auf der Erkenntnis, dass neben dem fahrzeugartabhängigen Zustand der Radlaufflächen vor allem der Fahrflächenzustand der Schienen eine entscheidende Rolle bei der Entstehung des Rollgeräusches spielt. Beim Einsatz dieser Maßnahme werden bestimmte Gleisabschnitte in regelmäßigen Abständen auf ihren akustischen Zustand hin überprüft und im Bedarfsfall mit einem besonderen Schleifverfahren geschliffen (akustisches Schleifen). Die Maßnahme zielt darauf ab, dass auf solchen Gleisabschnitten stets ein überdurchschnittlich guter, d.h. glatter Fahrflächenzustand der Schienen vorhanden ist und das Rollgeräusch entsprechend gering auftritt.

Anmerkung 2: Schienenstegdämpfer ist eine Dämpfungsmaßnahme, Schienenstegabschirmung ist eine Abschirmmaßnahme für Schienenfuß und Schienensteg; beide Technologien sind Schallschutzmaßnahmen.

Die Maßnahme „büG" ist mit folgenden Festlegungen verbunden:

- Vor der Inbetriebnahme von Streckenabschnitten mit der Maßnahme „büG" und nach jedem akustischen Schleifen gilt das Gleis als abgenommen, wenn es mit den für das büG-Schleifen anerkannten Verfahren Verfügung Pr.1110 Rap/Rau 98 vom 16.3.1998 (VkBl. 1998, Heft 7, S. 262, lfd. Nr. 74) bearbeitet wurde.
- Die schalltechnische Überwachung des „büG" erfolgt durch eine Befahrung mit dem Schallmesswagen (SMW). Die erste Befahrung ist spätestens zwölf Monate nach der Inbetriebnahme des Streckenabschnittes mit der Maßnahme „büG" durchzuführen. Jede weitere Befahrung mit dem SMW findet spätestens zwölf Monate nach der vorigen Befahrung statt.
- Zeigt der SMW für einen Gleisabschnitt einen Messwert von +2 dB (Auslöseschwelle) oder mehr an, so wird dieser Gleisabschnitt innerhalb der nächsten zwölf Monate nach der Befahrung akustisch geschliffen. Ein akustisches Schleifen ist nicht erforderlich, wenn der Gleisabschnitt nicht länger als 50 m ist und auf den an einer Seite oder an beiden Seiten anschließenden Gleisabschnitten von mindestens 200 m Länge die Auslöseschwelle nicht überschritten oder dort die Maßnahme „büG" nicht durchgeführt wird.
- Das akustische Schleifen kann entfallen, wenn durch geeignete Schleifverfahren wie z.B. das Hochgeschwindigkeitsschleifen nachgewiesen wird, dass der durch den SMW angezeigte Messwert kleiner als + 1 dB ist.

Gemäß § 5 Absatz 3 Satz 2 sind weitergehende Festlegungen der zuständigen Behörde zu beachten.

4.6. Brücken

Bei der Überfahrt eines Zuges über eine Brücke ist die Schallemission des Brückenüberbaus durch eine Korrektur, die auch die Belästigung aufgrund tieffrequenter Geräuschanteile enthält, zu berücksichtigen. Sie wird als kombinierte Brücken- und Fahrbahnkorrektur K_{Br} dargestellt, da sie neben der Schallemission der Brücke auch den Einfluss der Fahrbahn auf der Brücke enthält. Maßnahmen, die zu einer Minderung der Schallemission einer Brücke führen, werden durch eine Korrektur K_{LM} berücksichtigt und sind als Schallschutzmaßnahme anzusetzen. Für die gebräuchlichsten fünf Brücken- und Oberbautypen sind in Tabelle 9 Pegelkorrekturen angegeben. Die Korrektur erfolgt für die lichte Weite der Brücke zuzüglich auf jeder Seite 2 m. Die Pegelkorrekturen gelten für die Teilquellen 1 und 2. Für alle anderen Teilquellen ist $K_{Br} + K_{LM} = 0$ dB anzusetzen. Korrekturen für Fahrbahnarten nach Tabelle 7 Zeile 1 bis 4 sind nicht anzusetzen.

Tabelle 9: Korrekturen K_{Br} und K_{LM} für Brücken

Spalte	A	B	C
Zeile	Brücken- und Fahrbahnart	K_{Br} in dB	K_{LM} in dB
1	Brücken mit stählernem Überbau, Gleise direkt aufgelagert	12	−6
2	Brücken mit stählernem Überbau und Schwellengleis im Schotterbett	6	−3

Spalte	A	B	C
Zeile	Brücken- und Fahrbahnart	K_{Br} in dB	K_{LM} in dB
3	Brücken mit massiver Fahrbahnplatte oder mit besonderem stählernen Überbau und Schwellengleis im Schotterbett	3	−3
4	Brücken mit fester Fahrbahn	4	–

Festlegungen zu Tabelle 9:

Zeile 1: Schienen sind direkt oder über Holzschwellen auf der Brückenkonstruktion befestigt. Die Abschläge für Schallminderungsmaßnahmen nach Spalte C sind anzusetzen, wenn zur Minderung der Schallemission der Brücke hochelastische Schienenbefestigungen mit den für die vorliegenden Bedingungen geringsten zugelassenen Werten für die Stützpunktsteifigkeit verwendet werden.

Zeile 4: Ist eine Beeinträchtigung durch Schallemissionen nach unten zu erwarten, muss die Beeinträchtigung durch eine geeignete Maßnahme, z.B. eine elastische Matte zwischen Fahrbahn und Überbau, gemindert werden. Im Zweifelsfall ist die Maßnahme durch eine schalltechnische Stellungnahme abzuklären.

Spalte C: Die Pegelkorrekturen für Schallminderungsmaßnahmen an Brücken mit Schotterbett (Zeilen 2 und 3) sind anzusetzen, wenn zur Minderung der Schallemissionen der Brücke Unterschottermatten mit den für die vorliegenden Bedingungen geringsten zugelassenen Werten für den Bettungsmodul verwendet werden.

Anmerkung zu Tabelle 9 Zeile 3:

Fahrbahnplatte aus Stahlbeton, Spannbeton, Walzträger in Beton, Doppelverbundträger oder Gewölbebrücke; auch Verbundbrücke aus massiver Betonfahrbahnplatte und stählernen Brückenteilen. Der besondere stählerne Überbau unterscheidet sich von den unter Zeile 2 beschriebenen Brücken durch konstruktive Maßnahmen zur Verhinderung von Resonanzen.

Befindet sich eine Schallschutzwand auf einer Brücke nach Tabelle 9 Zeile 1 bis 3, sind Schallminderungsmaßnahmen mit einer Mindestwirksamkeit nach Tabelle 9 Spalte C vorzusehen und in der Berechnung zu berücksichtigen.

4.7. Schallemission von Bauwerken

Im Bereich von Tunnelöffnungen und Bahnhofshallen sind die dort austretenden Schallemissionen zu berücksichtigen. Dabei ist von den in den Nummern 4.1 bis 4.6 festgelegten Schallleistungen auszugehen. Die Absorptions- und Transmissionseigenschaften der Bauwerke sind nach den anerkannten Regeln der Technik anzusetzen.

Anmerkung 1: Anerkannte Regel der Technik ist die DIN EN 12354-4 Bauakustik – Berechnung der akustischen Eigenschaften von Gebäuden aus den Bauteileigenschaften, Teil 4: Schallübertragung von Räumen ins Freie, Ausgabe April 2001.

Anmerkung 2: Die beim Hochgeschwindigkeitsverkehr ggf. an Tunnelportalen auftretenden Mikrodruckwellen („Tunnelknall") werden von dieser Richtlinie nicht erfasst und sind außerhalb dieser Verordnung gesondert zu betrachten.

4.8. Rangier- und Umschlagbahnhöfe

Zur Berechnung der Schallemissionen von Rangier- und Umschlagbahnhöfen werden die in Tabelle 10 aufgeführten Schallquellen berücksichtigt.

Tabelle 10: Schallquellen in Rangier- und Umschlagbahnhöfen

Spalte	A	B	C	D	E
Zeile	Anlagenteil	Schallquellenart	Höhenbereich *h*	Höhe h_s über SO/FO	Geräuschursache
1	Rangier- und Umschlagbahnhöfe				
2	Einfahr-, Richtungs-, Nachordnungs- und Ausfahrgruppe in Rangier- und Um-	Rollgeräusche von Lok und Güterwagen, Aggregate und Antriebsgeräusch der Lok	1	0 m	Rauheit der Schienen und Radlaufflächen, Ventilatoren, Motor, Getriebe

Spalte	A	B	C	D	E
Zeile	Anlagenteil	Schallquellenart	Höhenbereich h	Höhe h_s über SO/FO	Geräuschursache
3	schlagbahnhöfen sowie in Autoreisezuganlagen	Antriebsgeräusche der Rangierlok	2	4 m	Abgasanlage
4		Kurvenfahrgeräusch	1	0 m	Stick-slip, Anlaufen der Radspurkränze am Schienenkopf
5	Einfahrgruppe	Abdrückgeräusch von Güterwagen über den Ablaufberg	2	4 m	Aggregate und Antrieb der abdrückenden Lok
6	Richtungs- und Nachordnungsgruppe	Gleisbremsengeräusch	1	0 m	Reibung der Radflanken an Bremsbalken
7		Retardergeräusch (Klingelgeräusch)	1	0 m	Eindrücken von Stoßdämpfern
8		Hemmschuhauflaufgeräusch	1	0 m	Reibung des Radsatzes auf Metall
9		Auflaufstoßgeräusch	6	1,5 m	Pufferstoß
10	Richtungs- und Ausfahrgruppe	Geräusch beim Anreißen und Abbremsen von lose gekuppelten Wagen	6	1,5 m	ruckartiges Beschleunigen und Abbremsen von lose gekuppelten Güterwagen

Festlegungen zu Tabelle 10:

Zeilen 2 bis 4: Rollgeräusche von Lok und Güterwagen sowie Aggregat- und Antriebsgeräusche der Lok (Höhenbereich 1 und 2) sind in allen Teilen der Rangier- und Umschlagbahnhöfe mit 70 km/h anhand von Beiblatt 1 zu ermitteln. Jede Fahrbewegung ist als ein Ereignis zu werten. Nicht zu berücksichtigen sind Rollgeräusche der abzudrückenden Güterwagen und der abdrückenden Loks sowie die Rollgeräusche der vom Ablaufberg in Richtungs- oder Nachordnungsgruppen ablaufenden Güterwagen.

Zeile 4: Kurvenfahrgeräusche sind in allen Teilen der Rangier- und Umschlagbahnhöfe zu ermitteln, wobei jedes Fahrzeug (Lok, Güterwagen) als jeweils ein Ereignis auf der gesamten Länge jedes Gleisbogens mit $r \leq 300$ m betrachtet werden muss.

Zeile 5: Die Zahl der Schallereignisse richtet sich nach der Anzahl der Vorgänge des Abdrückens durch die abdrückende Rangierlok. Die Berechnung der Geräusche der abdrückenden Lok erfolgt nach Beiblatt 1, *Fz*-Kategorie 7 oder 8.

Zeilen 6 und 7: Jede Fahrt eines Güterwagens durch eine Gleisbremse oder über Retarder ist als ein Schallereignis zu werten. In Beharrungsstrecken sind auch die Lokfahrten als Schallereignisse zu ermitteln, wenn die Retarder dafür nicht weggeklappt werden können.

Zeilen 8 und 9: Jeder Güterwagenablauf verursacht je ein Hemmschuhauflaufgeräusch. In den schalltechnischen Ermittlungen ist anzunehmen, dass 15 Prozent aller Schallereignisse im ersten, 25 Prozent im zweiten und 60 Prozent im letzten Drittel der Gleisharfen der Richtungs- oder Nachordnungsgruppen entstehen. Geräusche der Hemmschuhauswurfeinrichtungen sind in den Schallleistungspegeln für Hemmschuhauflaufgeräusche (Beiblatt 3) bereits enthalten. Für Pufferstöße gelten die Sätze 1 und 2 zu den Zeilen 8 und 9 sinngemäß.

Zeile 10: Die Anzahl der Schallereignisse ist abhängig von der Anzahl der angerissenen und abgebremsten, lose gekuppelten Wagengruppen. Fest miteinander gekuppelte Güterwagen bleiben unberücksichtigt.

Angaben zum A-bewerteten Gesamtpegel der Schallleistung und zur Verteilung in Oktavbändern enthält Beiblatt 3.

4.9. Auffälligkeit von Eisenbahngeräuschen

Ton-, impuls- oder informationshaltige Geräusche von Teilstrecken oder Teilflächen werden mit einem frequenzunabhängigen Zuschlag K_L zum Schallleistungspegel nach Tabelle 11 auf die Teilquellen 1 und 2 nach Beiblatt 1 berücksichtigt. Falls dauerhaft wirksame Vorkehrungen gegen das Auftreten von Quietschgeräuschen getroffen werden, ist eine zusätzliche Pegelkorrektur K_{LA} vorzunehmen.

Tabelle 11: Pegelkorrekturen K_L für die Auffälligkeit von Geräuschen

Spalte	A	B	C	D	E
Zeile	Schallquellenart	Geräuschquelle	K_L dB	K_{LA} dB	Bemerkung
1	Kurvenfahrgeräusch bei Eisenbahnstrecken	Kurvenradius < 300 m	8	-3	
2		Kurvenradius von 300 m bis < 500 m	3	-3	
3		Kurvenradius ≥ 500 m	0	-3	
4	Kurvenfahrgeräusch in Rangier- und Umschlagbahnhöfen	alle Radien ≤ 300 m	6	-3	
5	Gleisbremsengeräusch	Zulaufbremse	6	-3	
6		Talbremse TW ohne oder mit Segmenten, Richtungsgleisbremse TWE einseitig mit Segmenten, Talbremse FEW Leipzig	6	-3	
7		Talbremse TW beidseitig mit GG-Segmenten, TW schalloptimiert	3		
8		Schraubenbremse	3		
9		Retarder	3		gilt auch für Rangierfahrten über Retarderstrecken
10	Sonstige Geräusche	Hemmschuhaufläufe	6		Geräusche treten nur in Rangierbahnhöfen ohne moderne Rangiertechnik auf
11		Auflaufstöße	3		in Rangierbahnhöfen mit moderner Technik
12			6		in Rangierbahnhöfen mit älterer Technik
13		Anreißen und Abbremsen von lose gekuppelten Güterwagen	6		Geräusche vermeidbar durch festes Kuppeln der Wagen untereinander

Festlegungen zu Tabelle 11, Spalte D:

Die Pegelkorrekturen für Schallminderungsmaßnahmen zur Vermeidung auffälliger Geräusche K_{LA} im Bereich enger Kurvenradien und Bremsanlagen in Rangierbahnhöfen sind anzusetzen, wenn zur Minderung der Schallemissionen Reibmodifikatoren angewendet werden, die das Auftreten von Quietschgeräuschen dauerhaft verhindern.

5. Schallemissionen von Straßenbahnen

5.1. Fahrzeugarten

Zur Berechnung der Schallemission wird von Fahrzeugarten nach Tabelle 12 ausgegangen.

Tabelle 12: Fahrzeugarten, Fahrzeug-Kategorien *Fz* und Bezugsanzahl der Achsen für Straßenbahnen

Spalte	A	B	C
Zeile	Fahrzeugart	Fahrzeug-Kategorie *Fz*	Bezugsanzahl der Achsen $n_{Achs,0}$
1	Straßenbahn-Niederflurfahrzeuge	21	8
2	Straßenbahn-Hochflurfahrzeuge	22	
3	U-Bahn-Fahrzeuge	23	

Festlegung zu Tabelle 12 Spalte C:

Die Schallleistung des Rollgeräusches nimmt mit der Anzahl der Achsen zu. Bei Abweichung der Anzahl der Achsen n_{Achs} einer Fahrzeugeinheit von der Bezugsanzahl der Achsen $n_{Achs,0} = 8$ wird der dritte Term in der Gleichung (Gl. 1) mit $n_Q = n_{Achs}$ und $n_{Q,0} = n_{Achs,0}$ berücksichtigt. Dieser Term wird für die Schallquellenart Fahrgeräusche nach Tabelle 13 angesetzt. Bei allen anderen Schallquellen $n_Q = n_{Q,0}$. Der A-bewertete Gesamtpegel $\alpha_{A,h,m,Fz}$ der längenbezogenen Schallleistung und die Pegeldifferenz $\Delta\alpha_{f,h,m,Fz}$ im Oktavband f bei der Bezugsgeschwindigkeit v_0 = 100 km/h auf Schwellengleis mit durchschnittlichem Fahrflächenzustand sind für jede Fahrzeug-Kategorie im Beiblatt 2 zusammengestellt (siehe auch Gl. 1). Die Anzahl von Fahrzeugeinheiten je Stunde und die Zusammensetzung von Straßenbahnen sind den Unterlagen der Verkehrsunternehmen zu entnehmen.

Anmerkungen zu Tabelle 12:

Zeile 1: Die Quellen der Aggregatgeräusche liegen überwiegend auf dem Dach.

Zeilen 2 und 3: Die Quellen der Aggregatgeräusche liegen überwiegend unter dem Fahrzeugboden.

5.2. Schallquellenarten

Bei der Berechnung der Schallemission sind die in Tabelle 13 aufgeführten Schallquellenarten und Höhenbereiche anzusetzen.

Tabelle 13: Schallquellenarten bei Straßenbahnen

Spalte	A	B	C	D	E	F
Zeile	Schallquellenart	Höhenbereich *h*	Höhe über SO h_S	Teilquelle *m*	Geräuschursache, Komponente	Fahrzeug-Kategorie *Fz*
1	Fahrgeräusche	1	0 m	1	Schienenrauheit	21, 22, 23
2		1	0 m	2	Radrauheit, Motor, Getriebe	
3	Aggregatgeräusche	1	0 m	3	Stromrichter, Kompressor, Klima- bzw. Lüftungsaggregate	22, 23
4		2	4 m	4	Stromrichter, Kompressor, Klima- bzw. Lüftungsaggregate	21

5.3. Geschwindigkeit

5.3.1. Bezugsgeschwindigkeit

Die in Beiblatt 2 aufgeführten Gesamtpegel der längenbezogenen Schallleistung gelten für die Bezugsgeschwindigkeit v_0 = 100 km/h. Der Einfluss davon abweichender Geschwindigkeiten wird in der Gleichung (Gl. 1) durch den Geschwindigkeitsfaktor *b* nach Tabelle 14 berücksichtigt.

Tabelle 14: Geschwindigkeitsfaktor für Straßenbahnen

Spalte	A	B	C							
Zeile	Schallquellenart	Teil-quelle *m*	Geschwindigkeitsfaktor *b* für Oktavband-Mittenfrequenz, in Hz							
			63	125	250	500	1 000	2 000	4 000	8 000
1	Fahrgeräusch von Niederflur- und Hochflurfahrzeugen	1, 2	0	0	– 5	5	20	15	15	20
2	Fahrgeräusch von U-Bahn-Fahrzeugen	1, 2	15	10	20	20	30	25	25	20
3	Aggregatgeräusche	3, 4	– 10							

Festlegung zu Tabelle 14, Zeile 3:

Hochflurfahrzeuge haben teilweise auch Aggregate (z.B. Klimaanlage für den Fahrgastraum) auf dem Dach. Sofern für solche Fahrzeuge ein spezielles Datenblatt vorhanden ist, bildet dieses die Berechnungsgrundlage.

Anmerkung zu Tabelle 14, Zeile 1 und 2:

Die Geschwindigkeitsfaktoren sind bauartbedingt. Große Geschwindigkeitsfaktoren *b* bewirken gegenüber der Bezugsgeschwindigkeit von 100 km/h hohe Abschläge für bauartbedingt langsame Fahrzeuge.

5.3.2. Für die Berechnung anzusetzende Geschwindigkeit

Grundsätzlich wird auf allen Strecken mit der zulässigen Streckenhöchstgeschwindigkeit gerechnet. Ist die Fahrzeughöchstgeschwindigkeit niedriger als die Streckenhöchstgeschwindigkeit, ist die Fahrzeughöchstgeschwindigkeit anzusetzen. Ist die Streckenhöchstgeschwindigkeit geringer als 50 km/h, wird ersatzweise mit einer Geschwindigkeit von v = 50 km/h gerechnet. Es sind folgende Längen zu berücksichtigen:

– Weichen: Weichenlänge plus je 25 m davor und dahinter,

– Kreuzungen: Länge der Kreuzung plus je 25 m davor und dahinter,

– Haltestellen an Strecken: Bahnsteiglänge plus je 25 m davor und dahinter.

Ausgenommen sind Strecken mit dauerhaft $v \leq 30$ km/h (z.B. Langsamfahrstellen und Fußgängerbereiche), sofern es sich um Streckenabschnitte mit $r > 200$ m und Bereiche ohne Weichen, Haltestellen oder Kreuzungen handelt. In diesen Fällen wird mit einer Geschwindigkeit von v = 30 km/h gerechnet.

Anmerkung 1: Die erhöhten Schallemissionen an Gleisbögen mit kleinen Radien, Weichen und Kreuzungen, an Isolier- und Schweißstößen, an Beschleunigungs- und Bremsstrecken sowie an Haltestellen werden durch eine angenommene Geschwindigkeit berücksichtigt, die in diesen Bereichen höher ist als die tatsächlich gefahrene Geschwindigkeit. Hierdurch werden auch die für Haltestellen typischen Geräusche wie z.B. tonhaltige Anfahr- und Bremsgeräusche, Türschließgeräusche und Kommunikation von Fahrgästen berücksichtigt.

Werden in Gleisbögen mit Radien $r < 200$ m keine wirksamen Schallminderungsmaßnahmen zur Reduzierung der Kurvengeräusche getroffen, ist – zusätzlich zur Annahme der ersatzweise angenommenen Geschwindigkeit von v = 50 km/h – der Pegel der längenbezogenen Schallleistung von Rollgeräuschen nach der Gleichung (Gl. 1) wegen der besonderen Auffälligkeit des Kurvengeräusches um K_L = 4 dB zu erhöhen.

Anmerkung 2: Wirksame Schallminderungsmaßnahmen können z.B. Behandlungsmaßnahmen am Schienenkopf und Radabsorber sein. Spurkranzschmiereinrichtungen können einen Beitrag zur Minderung der typischen Geräusche in Gleisbögen leisten, sie verhindern jedoch nicht vollständig das Auftreten dieser Geräusche.

5.4. Fahrbahnarten

Die in Beiblatt 2 aufgeführten akustischen Kenndaten gelten für Fahrzeugarten auf Schwellengleisen im Schotterbett und für ein durchschnittlich gepflegtes Rad-Schiene-System. Für andere Fahrbahnarten sind aufgrund der Schienen- und Radrauheit für die Teilquellen 1 und 2 Pegelkorrekturen nach Tabelle 15 vorzunehmen.

Anmerkung: Schwellengleise im Schotterbett schließen Beton-, Holz- und Stahlschwellen ein.

Tabelle 15: Pegelkorrekturen $c1$ für andere Fahrbahnarten im Vergleich zum Schwellengleis im Schotterbett

Spalte	A	B	C							
Zeile	Fahrbahnart	Anwendung Teilquelle *m*	Pegelkorrekturen $c1$ in dB für Oktavband-Mittenfrequenz, in Hz							
			63	125	250	500	1 000	2 000	4 000	8 000
1	Straßenbündiger Bahnkörper und feste Fahrbahn	1, 2	2	3	2	5	8	4	2	1
2	Begrünter Bahnkörper – Gleiseindeckung mit tief liegender Vegetationsebene	1, 2	−2	−4	−3	−1	−1	−1	−1	−3
3	Begrünter Bahnkörper – Gleiseindeckung mit hoch liegender Vegetationsebene	1, 2	1	−1	−3	−4	−4	−7	−7	−5

Festlegungen zu Tabelle 15:

Bei Bahnübergängen im Bereich von Schwellengleisen im Schotterbett oder im Bereich von Fahrbahnarten nach den Zeilen 2 und 3 ist die Pegelkorrektur c1 nach Zeile 1 für Teilstücke, die der 2-fachen Straßenbreite entsprechen, anzusetzen; Pegelkorrekturen für andere Fahrbahnarten sind nicht zusätzlich zu berücksichtigen.

5.5. Brücken und Viadukte

Bei der Überfahrt eines Zuges über eine Brücke ist die Schallemission des Brückenüberbaus durch eine Korrektur, die auch die Belästigung aufgrund tieffrequenter Geräuschanteile enthält, zu berücksichtigen. Die Korrektur wird als „kombinierte Brücken- und Fahrbahn-Korrektur" K_{Br} angegeben, da sie neben der Schallabstrahlung der Brücke auch den Einfluss der Fahrbahn auf der Brücke enthält. Eine Korrektur für die Fahrbahnart nach Tabelle 15 ist daher nicht zusätzlich anzusetzen.

Maßnahmen, die zu einer Minderung der Schallabstrahlung einer Brücke führen, werden durch einen Abschlag – die Korrektur K_{LM} – berücksichtigt und sind als Schallminderungsmaßnahme, nicht als Änderung der Brücken- oder Fahrbahnart anzusetzen. Für die gebräuchlichsten Brücken- und Oberbau-Typen sind die Pegelkorrekturen K in Tabelle 16 angegeben. Abweichungen von Tabelle 16 sind nur nach Festlegung durch die zuständige Behörde nach § 5 Absatz 2 zu berücksichtigen. Die Korrektur erfolgt für die lichte Weite der Brücke zwischen den Widerlagern zuzüglich auf jeder Seite 2 m. Die Pegelkorrekturen gelten für die Teilquellen 1 und 2 der Tabelle 13. Für die anderen Teilquellen m ist $K = 0$ anzusetzen. Korrekturen für Fahrbahnarten nach Tabelle 15 Zeile 1 bis 3 sind nicht anzusetzen.

Tabelle 16: Korrekturen K_{Br} und K_{LM} für Brücken und Viadukte

Spalte	A	B	C
Zeile	Brücken- und Fahrbahnart	K_{Br} dB	K_{LM} dB
1	Brücken mit stählernem Überbau, Gleise direkt aufgelagert	12	−6
2	Brücken mit stählernem Überbau und Schwellengleis im Schotterbett	6	−3
3	Brücken mit stählernem Überbau oder massiver Fahrbahnplatte, Gleise in Straßenfahrbahn eingebettet (Rillenschiene)	4	–

Spalte	A	B	C
Zeile	Brücken- und Fahrbahnart	K_{Br} dB	K_{LM} dB
4	Brücken mit massiver Fahrbahnplatte oder mit besonderem stählernen Überbau, Gleise auf Schwellengleis im Schotterbett	3	−3
5	Brücken mit massiver Fahrbahnplatte, Gleise direkt aufgelagert (feste Fahrbahn)	4	–

Festlegungen zu Tabelle 16:

Zeile 1: Schienen sind direkt oder über Holzschwellen auf der Brückenkonstruktion befestigt. Die Abschläge für Schallminderungsmaßnahmen nach Spalte C sind anzusetzen, wenn zur Minderung der Schallabstrahlung der Brücke hochelastische Schienenbefestigungen mit den für die vorliegenden Bedingungen geringsten zugelassenen Werten für die Stützpunktsteifigkeit verwendet werden.

Spalte C: Die Pegelkorrekturen für Lärmminderungsmaßnahmen an Brücken mit Schotterbett (Zeilen 2 und 4) sind anzusetzen, wenn zur Minderung der Schallabstrahlung der Brücke Unterschottermatten mit den für die vorliegenden Bedingungen geringsten zugelassenen Werten für den Bettungsmodul verwendet werden.

Anmerkung zu Tabelle 16, Zeile 3, 4 und 5:

Fahrbahnplatte aus Stahlbeton, Spannbeton, Walzträger in Beton, Doppelverbundträger oder Gewölbebrücke; auch Verbundbrücke aus massiver Betonfahrbahnplatte und stählernen Brückenteilen. Der besondere stählerne Überbau unterscheidet sich von den in Zeile 2 beschriebenen Brücken durch konstruktive Maßnahmen zur Verhinderung von Resonanzen.

Bei einer Schallschutzwand auf einer direkt befahrenen oder einer mit Schotterbett ausgestatteten Brücke sind Schallminderungsmaßnahmen mit einer Mindestwirksamkeit nach Tabelle 16 Spalte C vorzusehen und in der Berechnung zu berücksichtigen.

6. Schallausbreitung

6.1. Einflussgrößen auf den Ausbreitungswegen

Auf den Ausbreitungswegen des Schalls von einer Punktschallquelle zu einem Immissionsort ist das Ausbreitungsdämpfungsmaß A nach folgender Gleichung (Gl. 10) zu berücksichtigen:

$$A = A_{div} + A_{atm} + A_{gr} + A_{bar} \qquad \text{(Gl. 10).}$$

Dabei bezeichnet:

A_{div} A durch geometrische Ausbreitung nach Nummer 6.2,

A_{atm} A durch Luftabsorption nach Nummer 6.3,

A_{gr} A durch Bodeneinfluss nach Nummer 6.4,

A_{bar} A durch Abschirmung durch Hindernisse nach Nummer 6.5.

Schalldruckpegelerhöhungen durch Reflexionen sind nach Nummer 6.6 zu ermitteln, das Raumwinkelmaß D_{Ω} infolge von Reflexionen, die am Boden nahe der Quelle entstehen, nach Nummer 3.5.

Unberücksichtigt bleiben nach dieser Anlage

– Pegelminderung durch Bewuchs und

– Schallausbreitung mit Reflexionen höher als der 3. Ordnung.

Anmerkung 1: Die Berechnungsverfahren beschreiben die ausbreitungsgünstigen Witterungsbedingungen, wie sie bei leichtem Mitwind oder/und leichter Bodeninversion auftreten, beispielsweise in klaren, windstillen Nächten.

Anmerkung 2: Indizes k_S für den Abschnitt einer Linienschallquelle oder k_F für den einer Flächenschallquelle sind in den Gleichungen der Nummer 6 nicht mitgeführt.

6.2. Geometrische Ausbreitung

Die Dämpfung der geometrischen Ausbreitung wird für die kugelförmige Schallausbreitung von einer ungerichtet abstrahlenden Punktschallquelle im Freifeld nach folgender Gleichung (Gl. 11) berechnet:

$$A_{div} = 10 \lg \left(\frac{4\pi d^2}{d_0^2} \right) \mathrm{dB} \qquad \text{(Gl. 11).}$$

Dabei bezeichnet:

d	Laufweglänge zwischen Punktschallquelle und Immissionsort, in m,
$d_0 = 1$ m	Bezugslänge.

6.3. Luftabsorption

Die Dämpfung durch Luftabsorption während der Schallausbreitung wird nach folgender Gleichung (Gl. 12) berechnet:

$$A_{atm} = \frac{\alpha\, d}{1000} \qquad \text{(Gl. 12).}$$

Dabei bezeichnet:

α Absorptionskoeffizient der Luft, in dB je 1 000 m für jedes Oktavband bei der Bandmittenfrequenz.

Als Standardwerte sind die Absorptionskoeffizienten nach Tabelle 17 anzusetzen.

Tabelle 17: Absorptionskoeffizienten der Luft für Oktavbänder

Spalte	A	B							
Zeile	Bezeichnung	Oktavband-Mittenfrequenz f, in Hz							
1		63	125	250	500	1 000	2 000	4 000	8 000
2	Absorptionskoeffizient α in dB je 1 000 m	0,1	0,4	1,0	1,9	3,7	9,7	32,8	117

Anmerkung zu Tabelle 17:

Die in dieser Anlage zu verwendenden Absorptionskoeffizienten entsprechen den Angaben von DIN ISO 9613-2, Akustik – Dämpfung des Schalls bei der Ausbreitung im Freien, Teil 2: Allgemeines Berechnungsverfahren, Ausgabe Oktober 1999, für eine Temperatur von 10 °C und eine relative Luftfeuchte von 70 Prozent.

6.4. Bodeneinfluss

Die Dämpfung durch Bodeneinfluss errechnet sich nach dieser Anlage frequenzunabhängig nach folgender Gleichung (Gl. 13):

$$A_{gr} = A_{gr,B} + A_{gr,W} \qquad \text{(Gl. 13).}$$

Dabei bezeichnet:

$A_{gr,B}$	Dämpfungsmaß durch Bodenabsorption über Boden nach (Gl. 14),
$A_{gr,W}$	Dämpfungsmaß durch Reflexion über Wasser nach (Gl. 16),

$$A_{gr,B} = \left[4{,}8 - \frac{2h_m}{d} \left(17 + \frac{300 d_0}{d} \right) \right] \mathrm{dB} \geq 0 \ \mathrm{dB} \qquad \text{(Gl. 14).}$$

Dabei bezeichnet:

$h_m = \frac{S}{d}$ mittlere Höhe des Laufwegs über dem Boden (siehe Bild 4), in m,

(Gl. 15),

d Abstand zwischen Schallquellenmitte und Immissionsort, in m,

S Fläche zwischen Laufweg und Boden, in m^2.

Anmerkung: Die Schreibweise der Gleichung (Gl. 14) soll angeben, dass nach dem mittleren Teil der Formel negativ berechnete Werte durch 0 dB ersetzt werden.

$$A_{gr,W} = \left(-3\frac{d_W}{d_P}\right) dB \quad \text{(Gl. 16).}$$

Dabei bezeichnet:

d_W Abschnitt der horizontalen Entfernung zwischen Schallquellenmitte und Immissionsort über Wasserflächen, in m.

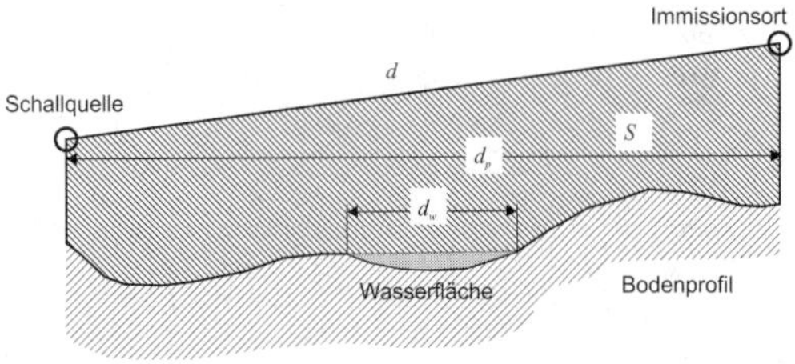

Bild 4: Verfahren zur Bestimmung der mittleren Höhe h_m = S/d

6.5. Abschirmung durch Hindernisse

Ein Objekt auf dem Ausbreitungsweg zwischen Punktschallquelle und Immissionsort ist als Hindernis zu berücksichtigen, wenn es die folgenden Anforderungen erfüllt:

- In der Projektion auf den Grundriss durchquert der Schallstrahl eine oder mehrere Beugungskanten des Hindernisses (siehe Bild 5),
- die flächenbezogene Masse des Hindernisses beträgt mindestens 10 kg/m^2,
- das Hindernis hat eine akustisch geschlossene Oberfläche und
- die Horizontalabmessung l_h des Hindernisses senkrecht zur Verbindungslinie zwischen Quelle und Empfänger ist größer als die Schallwellenlänge λ bei der Oktavband-Mittenfrequenz nach folgender Gleichunq (Gl. 17):

$$(l_l + l_r) > \lambda \quad \text{(Gl. 17).}$$

Dabei bezeichnet:

$$\lambda = \frac{340\ \text{m/s}}{f_m}$$ Schallwellenlänge bei der Oktavband-Mittenfrequenz f_m, in m,

l_l senkrechter Abstand zwischen Verbindungslinie Quelle – Empfänger und 1. Endpunkt des Hindernisses, in m,

l_r senkrechter Abstand zwischen Verbindungslinie Quelle – Empfänger und 2. Endpunkt des Hindernisses, in m.

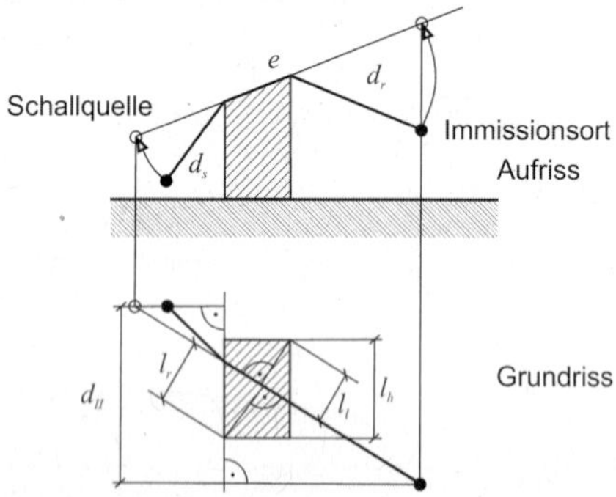

Bild 5: Schallweg über ein Hindernis mit zwei wirksamen parallelen Kanten

Eine Schirmkante, über die der Schall hinweg gebeugt wird, ist dann als Oberkante zu bezeichnen, wenn sie mit der Horizontalen einen Winkel von weniger als 45° bildet. Anderenfalls wird sie als Seitenkante bezeichnet, um die herum eine seitliche Beugung auftritt. Eine Oberkante wird als Folge von Geradenstücken modelliert, eine Seitenkante als eine Gerade. Bahnsteige, Bahnsteigdächer sowie stehende oder bewegte Reise- bzw. Güterzüge, einzelne Reise- oder Güterzugwagen, Straßenbahnen, abgestellte und aufgestapelte Container sowie andere bewegliche Hindernisse gelten nicht als Hindernisse im Ausbreitungsweg. Für niedrige Schallschutzwände 1,0 m > h_{LSW} > 0,5 m mit einem Abstand von d_s < 2 m zur nächstgelegenen Gleisachse ist die Höhe h_{LSW} über der Schienenoberkante für die Schallausbreitungsberechnung um 30 Prozent zu reduzieren. Bahnsteigkanten sind nicht als Hindernisse zu betrachten.

Die Dämpfung des Schalls durch seitliche Beugung um ein Hindernis herum wird nach folgender Gleichung (Gl. 18) berechnet:

$$A_{bar} = D_z > 0\ \text{dB} \qquad \text{(Gl. 18).}$$

Dabei bezeichnet:

D_z Abschirmmaß nach Gleichung (Gl. 21), in dB.

Bei der Beugung über ein Hindernis wird die Dämpfung durch Abschirmung nach folgender Gleichung (Gl. 19) berechnet:

$$A_{bar} = D_z - D_{refl} - A_{gr} \geq 0\ \text{dB} \qquad \text{(Gl. 19).}$$

Dabei bezeichnet:

$$D_{refl} = \left(3 - \frac{h_{abs}}{1\text{ m}}\right)\text{dB} \geq 0\text{ dB} \qquad \text{(Gl. 20)}$$

Pegelkorrektur für reflektierende Schallschutzwände im Abstand $d_s \leq 5$ m mit absorbierendem Sockel der Höhe h_{abs} über der Schienenoberkante, in dB,

A_{gr} Bodeneinfluss nach der Gleichung (Gl. 13), in dB.

Anmerkung 1: Infolge von Gleichung (Gl. 19) beinhaltet die Gleichung (Gl. 10) anstelle der getrennten Ausweisung von A_{bar} und A_{gr} zusammenfassend das Abschirmmaß D_z – ggf. mit einer Pegeldifferenz für reflektierende Aufsätze nach der Gleichung (Gl. 20) – zur Beschreibung der Schirmwirkung.

Anmerkung 2: Die Ausbreitung des Schalls ist für die Ausbreitungswege w über die Oberkante und die Seitenkanten des Hindernisses zu berechnen.

Anmerkung 3: D_{refl} berücksichtigt die Mehrfachreflexion zwischen reflektierender Schallschutzwand und Wagenaufbau. Zusätzlich sind Reflexionen an der Schallschutzwand nach Nummer 6.6 zu berücksichtigen.

Anmerkung 4: Die Schreibweise der Gleichungen (Gl. 18), (Gl. 19) und (Gl. 20) soll angeben, dass nach dem mittleren Teil der Formel negativ berechnete Werte durch 0 dB ersetzt werden.

Anmerkung 5: Bei Abständen > 5 m zwischen Schallquelle und reflektierender Schallschutzwand kann D_{refl} vernachlässigt werden.

Das Abschirmmaß D_z ist nach folgender Gleichung (Gl. 21) zu berechnen:

$$D_z = 10\,\lg\left(3 + \frac{C_2}{\lambda} C_3 z K_{met}\right)\text{dB} \qquad \text{(Gl. 21).}$$

Dabei bezeichnet:

$C_2 = 40$ Abschirmfaktor für Bahnstrecken mit Schallquellenarten nach den Tabellen 5 und 13,

$C_2 = 20$ Abschirmfaktor für flächenhafte Bahnanlagen mit Schallquellenarten nach Tabelle 10,

$C_3 = 1$ Abschirmfaktor für Einfachbeugung,

$$C_3 = \frac{1 + \left(\frac{5\lambda}{e}\right)^2}{\frac{1}{3} + \left(\frac{5\lambda}{e}\right)^2} \quad \text{für Mehrfachbeugung (Bild 6 und 7),} \qquad \text{(Gl. 22),}$$

$$K_{met} = \exp\left(-\frac{1}{2000\text{ m}}\sqrt{\frac{d_s d_r d}{2z}}\right) \quad \text{für } z > 0 \qquad \text{(Gl. 23),}$$

$$K_{met} = 1 \quad \text{für } z \leq 0 \qquad \text{(Gl. 24)}$$

Korrekturfaktor für meteorologische Einflüsse.

Bei parallelen Beugungskanten gilt:

$$z = \sqrt{(d_s + d_r + e)^2 + d_{\Pi}^2} - d \qquad \text{(Gl. 25)}$$

Schirmwert als Differenz zwischen den Laufweglängen des gebeugten und des direkten Schalls. Wenn eine Sichtverbindung zwischen Schallquelle und Immissionsort besteht, wird z mit negativem Vorzeichen versehen.

d_s	Abstand von der Punktschallquelle zur (ersten) Beugungskante, in m,
d_r	Abstand von der (letzten) Beugungskante zum Immissionsort, in m,
e	Laufweglänge zwischen erster und letzter Schirmkante, in m,
d_{Π}	Abstand zwischen Punktschallquelle und Immissionsort, gemessen parallel zur Beugungskante (siehe Bild 5), in m,
d	Laufweglänge zwischen Quelle und Immissionsort, in m.

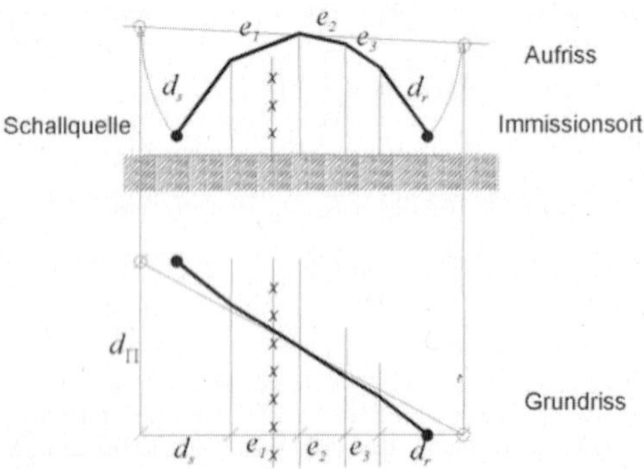

Bild 6: Beispiel für einen Schallweg über mehr als zwei maßgebliche parallele Beugungskanten; zu vernachlässigende Kanten sind durch x markiert

Die Auswahl der maßgeblichen Beugungskanten erfolgt nach der sogenannten Gummibandmethode. Kanten, die von einem Gummiband, das von der Punktschallquelle zum Immissionsort gespannt wird, nicht berührt werden, bleiben für die Mehrfachbeugung unberücksichtigt.

Bei nicht parallelen Beugungskanten, d.h. wenn mindestens eine Beugungskante nicht parallel zu den übrigen am Gummiband beteiligten Beugungskanten ist, gilt:

$$z = \sqrt{(d_s + d_r + e)^2} - d \qquad \text{(Gl. 26).}$$

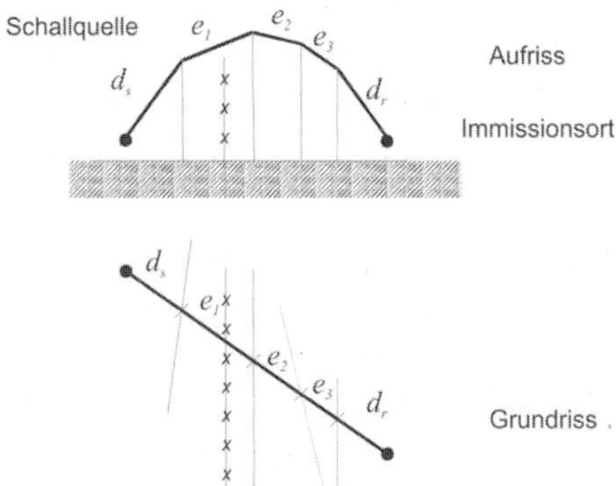

Bild 7: Beispiel für einen Schallweg über mehr als zwei maßgebliche nicht parallele Beugungskanten; zu vernachlässigende Kanten sind durch x markiert

Mehrfachbeugung wird nur berücksichtigt, wenn der Weg des gebeugten Schalls, wie in Bild 6 beispielhaft dargestellt, über mehrere Kanten führt.

Bei der Festlegung von Schallminderungsmaßnahmen sind die akustischen Eigenschaften zur Schalldämmung und Schallabsorption nach dem Stand der Technik zu beachten.

Das Abschirmmaß D_z in einem beliebigen Oktavband sollte bei Einfachbeugung (d.h. bei dünnen Schallschirmen) nicht größer als 20 dB und bei Doppelbeugung (d.h. bei dicken Schallschirmen) nicht größer als 25 dB angenommen werden.

6.6. Pegelerhöhung durch Reflexionen

Bei reflektierenden oder teilweise reflektierenden Schallschutzwänden (z.B. bei Glasaufsätzen) sind die reflektierenden oder absorbierenden Eigenschaften der Schallschutzwände in der Berechnung durch Spiegelquellen oder Spiegelempfänger zu berücksichtigen. Zusätzlich werden die Reflexionen zwischen reflektierender Schallschutzwand und Wagenaufbauten durch Verminderung der Abschirmwirkung nach der Gleichung (Gl. 20) berücksichtigt.

Reflexionen werden nach dieser Anlage durch inkohärente Spiegelquellen berücksichtigt. Am Boden in Quellnähe werden sie nach der Gleichung (Gl. 9) über ein Raumwinkelmaß mit der Stärke der Originalquelle verbunden. Reflexionen an Gebäuden und Schallschirmen sind für alle Oktavbänder nur dann zu berechnen, wenn jede der nachfolgend genannten Anforderungen erfüllt ist:

– Eine geometrische/spiegelnde Reflexion ist, wie in Bild 8 schematisch dargestellt, konstruierbar.

– Der Schallreflexionsgrad der Hindernisoberfläche ist größer als $\rho = 0{,}2$.

– Die kleinste Abmessung des Reflektors genügt der folgenden Gleichung (Gl. 27):

$$l_{\min} \cos\beta > \sqrt{\frac{2\lambda}{\frac{1}{d_{so}} + \frac{1}{d_{or}}}} \qquad \text{(Gl. 27).}$$

Dabei bezeichnet:

$l_{\min}$	kleinste Abmessung des Reflektors, in m,
β	Winkel zwischen der Verbindungslinie Quelle zu Immissionsort und der Reflektornormalen,

$\lambda = \frac{340 \text{ m/s}}{f_m}$ Schallwellenlänge bei der Oktavband-Mittenfrequenz f_m, in m,

d_{so} Laufweg des Schalls von der Punktschallquelle Q zum Reflektor R, in m,

d_{or} Laufweg des Schalls vom Reflektor R zum Immissionsort IO, in m.

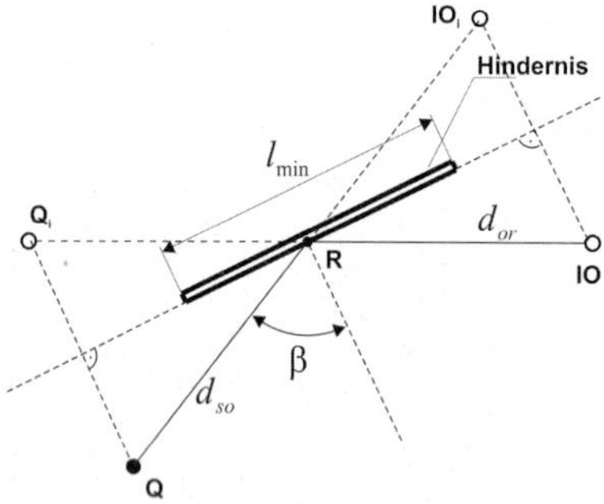

Bild 8: Spiegelreflexion an einem Hindernis

Der A-bewertete Schallleistungspegel der Spiegelschallquelle $L_{WA,im}$ ist nach folgender Gleichung (Gl. 28) zu berechnen:

$$L_{WA,im} = L_{WA} + D_\rho + D_{Ir} \qquad \text{(Gl. 28).}$$

Dabei bezeichnet:

L_{WA} A-bewerteter Schallleistungspegel nach den Gleichungen (Gl. 7) und (Gl. 8), in dB,

D_ρ Absorptionsverlust für Reflexionen an der Wandoberfläche nach Tabelle 18, in dB,

D_{Ir} Richtwirkungsmaß der Punktschallquelle in der Richtung des Spiegelschallempfängers (siehe Gleichung (Gl. 8)), in dB.

Die Frequenzabhängigkeit von Absorptionsverlust und Richtwirkungsmaß bleibt in dieser Anlage unberücksichtigt.

Tabelle 18: Absorptionsverlust an Wänden

Spalte	A	B
Zeile	Wandoberfläche	Absorptionsverlust D_ρ in dB
1	Ebene und harte Wände	0
2	Gebäudewände mit Fenstern und kleinen Anbauten	1
3	Absorbierende Schallschutzwände	4
4	Hoch absorbierende Schallschutzwände	8

Anmerkung zu Zeile 1: z.B. gekachelte Stützwände, glatte Betonoberflächen.

Direkte und reflektierte Beiträge werden getrennt ermittelt. Für Spiegelquellen sind die Dämpfungsterme nach der Gleichung (Gl. 10) sowie D_ρ und D_{Ir} nach der Gleichung (Gl. 28) entsprechend dem

Ausbreitungsweg des reflektierten Schalls zu bestimmen. Es sind Reflexionen bis einschließlich der 3. Ordnung zu berechnen.

7. Berechnung der Schallimmission

Die Schallimmission an einem Immissionsort wird als äquivalenter Dauerschalldruckpegel L_{pAeq} für den Zeitraum einer vollen Stunde errechnet: Er wird gebildet durch energetische Addition der Beiträge von

- allen Teilschallquellen in Oktavbändern mit Mittenfrequenzen von 63 Hz bis 8 000 Hz,
- allen Höhenbereichen h,
- allen Teilstücken k_S,
- allen Teilflächen k_F und
- allen Ausbreitungswegen w.

An Strecken der Eisenbahn und Straßenbahn sind Summationen der Schalldruckpegel nach folgender Gleichung (Gl. 29) durchzuführen:

$$L_{pAeq} = 10\,\lg\left(\sum_{f,h,k_S,w} 10^{0{,}1\left(L_{WA,f,h,k_S} + D_{I,k_S,w} + D_{\Omega,k_S} - A_{f,h,k_S,w}\right)} \right) \mathrm{dB} \qquad \text{(Gl. 29)}.$$

Dabei bezeichnet:

f	Zähler für Oktavband,
h	Zähler für Höhenbereich,
k_S	Zähler für Teilstück oder einen Abschnitt davon,
w	Zähler für unterschiedliche Ausbreitungswege,
L_{WA,f,h,k_S}	A-bewerteter Schallleistungspegel der Punktschallquelle in der Mitte des Teilstücks k_S, der die Emission aus dem Höhenbereich h angibt nach der Gleichung (Gl. 6), in dB,
$D_{I,k_S,w}$	Richtwirkungsmaß für den Ausbreitungsweg w nach der Gleichung (Gl. 8), in dB,
D_{Ω,k_S}	Raumwinkelmaß nach der Gleichung (Gl. 9), in dB,
$A_{f,h,k_S,w}$	Ausbreitungsdämpfungsmaß im Oktavband f im Höhenbereich h vom Teilstück k_S längs des Weges w nach der Gleichung (Gl. 10), in dB.

An Rangier- und Umschlagbahnhöfen sind Summationen der Energie unter Berücksichtigung der Gleichungen (Gl. 3), (Gl. 4) und (Gl. 7) vorzunehmen:

$$L_{p,Aeq,R} = 10\,\lg\left[\begin{array}{l} \sum\limits_{f,h,i,w} 10^{0{,}1\left(L_{WA,f,h,i} + D_{\Omega,i} - A_{f,h,i,w}\right)} + \\ \sum\limits_{f,h,k_S,w} 10^{0{,}1\left(L_{WA,f,h,k_S} + D_{\Omega,k_S} - A_{f,h,k_S,w}\right)} + \\ \sum\limits_{f,h,k_F,w} 10^{0{,}1\left(L_{WA,f,h,k_F} + D_{\Omega,k_F} - A_{f,h,k_F,w}\right)} \end{array} \right] \mathrm{dB} \qquad \text{(Gl. 30)}.$$

Dabei bezeichnet:

R	Index für Rangierbahnhof,
f	Zähler für Oktavband,
h	Zähler für Höhenbereich,
i	Zähler für Punktschallquellen,
k_S	Zähler für Teilstück,
k_F	Zähler für Teilfläche,
w	Zähler für Ausbreitungsweg,
$L_{WA,f,h,i}$	A-bewerteter Schallleistungspegel der Punktschallquelle i nach der Gleichung (Gl. 3), in dB,
L_{WA,f,h,k_S}	A-bewerteter Schallleistungspegel des Teilstücks k_S nach der Gleichung (Gl. 6), in dB,
L_{WA,f,h,k_F}	A-bewerteter Schallleistungspegel der Teilfläche k_F nach der Gleichung (Gl. 7), in dB,
D_Ω	Raumwinkelmaß nach der Gleichung (Gl. 9), in dB,
$A_{f,w}$	Ausbreitungsdämpfungsmaß im Oktavband f längs des Weges w nach der Gleichung (Gl. 10), in dB.

8. Beurteilungspegel

8.1. Äquivalenter Dauerschalldruckpegel in Beurteilungszeiträumen

Liegen die Verkehrsmengen als Gesamtangaben über die gemäß § 4 Absatz 1 Satz 2 maßgeblichen Beurteilungszeiträume Tag (16 Stunden) bzw. Nacht (8 Stunden) vor, sind diese Verkehrsmengen auf mittlere Verkehrsmengen je Stunde für diese Zeiträume umzurechnen. Die äquivalenten Dauerschalldruckpegel werden daraus nach der Gleichung (Gl. 29) und der Gleichung (Gl. 30) berechnet und für Strecken der Eisenbahn und Straßenbahn mit $L_{p,Aeq,Tag}$, $L_{p,Aeq,Nacht}$ bzw. für Rangier- und Umschlagbahnhöfe mit $L_{p,Aeq,Tag,R}$, $L_{p,Aeq,Nacht,R}$ bezeichnet.

Liegen die Verkehrsmengen getrennt für jede Stunde in dem Beurteilungszeitraum vor, so sind die äquivalenten Dauerschalldruckpegel für den Beurteilungszeitraum Tag und für den Beurteilungszeitraum Nacht nach den folgenden Gleichungen (Gl. 31) und (Gl. 32) zu ermitteln:

$$L_{p,Aeq,Tag} = 10\,\lg\left(\frac{1}{16}\sum_{T=1}^{16} 10^{0,1\,L_{p,Aeq,T}}\right)\mathrm{dB} \qquad \text{(Gl. 31),}$$

$$L_{p,Aeq,Nacht} = 10\,\lg\left(\frac{1}{8}\sum_{N=1}^{8} 10^{0,1\,L_{p,Aeq,N}}\right)\mathrm{dB} \qquad \text{(Gl. 32).}$$

Dabei bezeichnet:

T	Zähler für volle Stunden des Beurteilungszeitraums Tag (6 Uhr bis 22 Uhr),
N	Zähler für volle Stunden des Beurteilungszeitraums Nacht (22 Uhr bis 6 Uhr).

8.2. Beurteilungspegel für Eisenbahnen

8.2.1. Strecken

An einem Immissionsort, der durch Geräusche von einer Strecke für Eisenbahnen mit oder ohne Bahnhöfe, Haltestellen oder Haltepunkte betroffen ist, wird der Beurteilungspegel nach § 4 Absatz 1 Satz 2 getrennt für den Beurteilungszeitraum Tag (6 Uhr bis 22 Uhr) und den Beurteilungszeitraum Nacht (22 Uhr bis 6 Uhr) nach folgenden Gleichungen (Gl. 33) und (Gl. 34) berechnet:

$$L_{r,Tag} = L_{p,Aeq,Tag} + K_S \qquad \text{(Gl. 33)},$$

$$L_{r,Nacht} = L_{p,Aeq,Nacht} + K_S \qquad \text{(Gl. 34)}.$$

Dabei bezeichnet:

$L_{r,Tag}$	Beurteilungspegel für den Beurteilungszeitraum Tag (6 Uhr bis 22 Uhr), in dB,
$L_{r,Nacht}$	Beurteilungspegel für den Beurteilungszeitraum Nacht (22 Uhr bis 6 Uhr), in dB,
$L_{p,Aeq,Tag}$, $L_{p,Aeq,Nacht}$	äquivalenter Dauerschalldruckpegel von Strecken, in dB,
$K_S = -5\ dB$	Pegelkorrektur Straße – Schiene nach Nummer 2.2.18.

Pegelkorrekturen für ton-, impuls- oder informationshaltige Geräusche sind in der Berechnung der Schallemission enthalten und werden bei der Bildung des Beurteilungspegels nicht gesondert angesetzt.

Zum Vergleich mit den Immissionsgrenzwerten nach § 2 sind die Beurteilungspegel $L_{r,Tag}$ und $L_{r,Nacht}$ auf ganze dB aufzurunden. Im Fall des § 1 Absatz 2 Nummer 2 ist erst die Differenz des Beurteilungspegels aufzurunden.

8.2.2. Rangier- und Umschlagbahnhöfe

An einem Immissionsort, der durch Geräusche von einem Rangier- oder Umschlagbahnhof sowie von Eisenbahnstrecken betroffen ist, wird der Beurteilungspegel gemäß § 4 Absatz 1 Satz 2 getrennt für den Beurteilungszeitraum Tag (6 Uhr bis 22 Uhr) und den Beurteilungszeitraum Nacht (22 Uhr bis 6 Uhr) nach folgenden Gleichungen (Gl. 35) und (Gl. 36) berechnet:

$$L_{r,Tag} = 10\ \lg\left[10^{0,1 L_{p,Aeq,Tag,R}} + 10^{0,1\left(L_{p,Aeq,Tag} + K_S\right)}\right] \mathrm{dB} \qquad \text{(Gl. 35)},$$

$$L_{r,Nacht} = 10\ \lg\left[10^{0,1 L_{p,Aeq,Nacht,R}} + 10^{0,1\left(L_{p,Aeq,Nacht} + K_S\right)}\right] \mathrm{dB} \qquad \text{(Gl. 36)}.$$

Dabei bezeichnet:

$L_{r,Tag}$	Beurteilungspegel für den Beurteilungszeitraum Tag (6 Uhr bis 22 Uhr), in dB,
$L_{r,Nacht}$	Beurteilungspegel für den Beurteilungszeitraum Nacht (22 Uhr bis 6 Uhr), in dB,
$L_{p,Aeq,Tag,R}$, $L_{p,Aeq,Nacht,R}$	äquivalenter Dauerschalldruckpegel aus dem Bereich des Rangier- oder Umschlagbahnhofs, in dB,
$L_{p,Aeq,Tag}$, $L_{p,Aeq,Nacht}$	äquivalenter Dauerschalldruckpegel aus dem Bereich durchgehender Streckengleise, in dB,
$K_S = -5\ dB$	Pegelkorrektur Straße – Schiene im Sinne von Nummer 2.2.18 (gilt nicht für ein- und ausfahrende Züge und Rangierfahrten).

Pegelkorrekturen für ton-, impuls- oder informationshaltige Geräusche werden nicht gesondert angesetzt. Solche Korrekturen sind in der Schallemission enthalten.

Zum Vergleich mit den Immissionsgrenzwerten nach § 2 sind die Beurteilungspegel $L_{r,Tag}$ und $L_{r,Nacht}$ auf ganze dB aufzurunden. Im Fall des § 1 Absatz 2 Nummer 2 ist erst die Differenz des Beurteilungspegels aufzurunden.

8.3. Beurteilungspegel für Straßenbahnen

An einem Immissionsort, der durch Geräusche von einer Strecke für Straßenbahnen betroffen ist, wird der Beurteilungspegel nach § 4 Absatz 1 Satz 2 getrennt für den Beurteilungszeitraum Tag (6 Uhr bis 22 Uhr) und den Beurteilungszeitraum Nacht (22 Uhr bis 6 Uhr) nach folgenden Gleichungen (Gl. 37) und (Gl. 38) berechnet:

$$L_{r,Tag} = L_{p,Aeq,Tag} + K_S \quad \text{(Gl. 37),}$$

$$L_{r,Nacht} = L_{p,Aeq,Nacht} + K_S \quad \text{(Gl. 38).}$$

Dabei bezeichnet:

$L_{r,Tag}$	Beurteilungspegel für den Beurteilungszeitraum Tag (6 Uhr bis 22 Uhr), in dB,
$L_{r,Nacht}$	Beurteilungspegel für den Beurteilungszeitraum Nacht (22 Uhr bis 6 Uhr), in dB,
$L_{p,Aeq,Tag}$, $L_{p,Aeq,Nacht}$	äquivalenter Dauerschalldruckpegel von Strecken, in dB,
$K_S = -5\ dB$	Pegelkorrektur zur Berücksichtigung der geringeren Störwirkung des Schienenverkehrslärms gegenüber dem Straßenverkehr nach Nummer 2.2.18.

Pegelkorrekturen für ton-, impuls- oder informationshaltige Geräusche sind in der Berechnung der Schallemission enthalten und werden bei der Bildung des Beurteilungspegels nicht gesondert angesetzt (siehe Nummer 4.9). Die Regelungen nach § 43 Absatz 1 Satz 2 und 3 des Bundes-Immissionsschutzgesetzes in der Fassung vom 12. Juli 2013 bleiben unberührt.

Zum Vergleich mit den Immissionsgrenzwerten nach § 2 sind die Beurteilungspegel $L_{r,Tag}$ und $L_{r,Nacht}$ auf ganze dB aufzurunden. Im Fall des § 1 Absatz 2 Nummer 2 ist erst die Differenz des Beurteilungspegels aufzurunden.

9. Berücksichtigung von abweichender Bahntechnik und von schalltechnischen Innovationen

9.1. Messtechnische Ermittlung der Emissionsdaten von abweichender Bahntechnik und von schalltechnischen Innovationen

9.1.1. Fahrzeuge

Der Nachweis von schalltechnischen Innovationen an Fahrzeugeinheiten hat nach folgenden Maßgaben zu erfolgen: Die Schallemissionen solcher Fahrzeugeinheiten sind zu ermitteln durch Vorbeifahrtmessungen auf einem Schwellengleis und Standmessungen nach DIN EN ISO 3095:2014-7, Akustik – Bahnanwendungen – Messung der Geräuschemissionen von spurgebundenen Fahrzeugen (ISO 3095:2014-7); Deutsche Fassung EN ISO 3095:2014-7, unter Berücksichtigung der zusätzlichen Messanforderungen der Entscheidung 2008/232/EG der Kommission vom 21. Februar 2008 über die technische Spezifikation für die Interoperabilität des Teilsystems „Fahrzeuge" des transeuropäischen Hochgeschwindigkeitsbahnsystems (bekannt gemacht unter Aktenzeichen K(2008) 648) (ABl. L 84 vom 26. März 2008, S. 132) (TSI) für Eisenbahnen und VDV-Schrift 154 Geräusche von Schienenfahrzeugen des Öffentlichen Personen-Nahverkehrs (ÖPNV), November 2011 für Straßenbahnen. Die Vorbeifahrtmessungen sollen nach mindestens drei Betriebsbremsungen durchgeführt worden sein.

Anmerkung 1: Es können Ergebnisse von Messungen genutzt werden, die aus anderen Gründen ohnehin durchgeführt worden sind, wie z.B. im Rahmen der Zulassung neuer interoperabler Fahrzeuge von Eisenbahnen nach Entscheidung 2008/232/EG der Kommission oder von Straßenbahnen nach VDV-Schrift 154 bzw. im Ausland ermittelte Emissionsdaten.

Anmerkung 2: In Sonderfällen kann die Anwendung von Richtmikrofonen oder einer Array-Messtechnik zur Erfassung von einzelnen Schallquellen zweckmäßig sein.

Anmerkung 3: Schalltechnische Innovationen können geringere oder höhere Schallemissionen als die in dieser Anlage geregelte Technik hervorrufen. Höhere Schallemissionen können z.B. durch schnellere Hochgeschwindigkeitszüge, zugkräftigere Lokomotiven oder auch ältere, importierte Eisenbahntechnik oder Straßenbahntechnik auftreten.

Die Ergebnisse der Vorbeifahrtmessungen sind für die Höchstgeschwindigkeit im Regelverkehr rechnerisch aufzuteilen auf Beiträge von

- Rollgeräuschen,
- aerodynamischen Geräuschen (nur für Eisenbahnen),
- Aggregatgeräuschen,
- Antriebsgeräuschen und
- Fahrgeräuschen (nur Straßenbahnen).

Dazu dienen Angaben von Pegeln der auf eine Länge von 100 km bezogenen A-bewerteten Schallleistung in den acht Oktavbändern mit Mittenfrequenzen von 63 Hz bis 8 000 Hz. Sofern nicht durch Standmessungen und besondere Messungen – z.B. hinter einem Schallschirm, mit einem Richtmikrofon oder im Windkanal – bekannt, sind die Geräuschemissionsdaten für aerodynamische Geräusche, Aggregate- und Antriebsgeräusche für die gemäß Beiblatt 1 oder Beiblatt 2 zugeordnete Fahrzeugart in dem jeweiligen Höhenbereich der Emission zu übernehmen.

Anmerkung 4: Ergibt beispielsweise die Vorbeifahrtmessung einer V-Lok bei der Geschwindigkeit v im Abstand d in der Höhe h über SO im Oktavband f einen A-bewerteten Einzelereignispegel $L_{EA,f}$ und die Messung der Abgasgeräusche im Stand bei gleicher Motorleistung einen Schallleistungspegel $L_{WA,aggr}$, so wird – unter Berücksichtigung von Emissionswerten der aerodynamischen und Antriebsgeräusche sowie von Aggregatgeräuschen, die zusätzlich zum Abgasgeräusch nach dem Einzelblatt für V-Loks bei der Geschwindigkeit v auftreten – das Rollgeräusch auf sehr glatten Schienen nach folgender Gleichung ermittelt:

$$\alpha_{A,2,Fz} + \Delta\alpha_{f,2,Fz} = L_{EA,f,Fz} - b_{f,2} \lg\left(\frac{v}{v_0}\right) dB + 10 \lg\left(\frac{2\pi d}{d_0}\right) dB - 36\, dB + \\ +10 \lg\left[1 - \sum_{h,m'} 10^{0,1\left(L_{WA,f,h,m',Fz} - L_{EA,f,Fz}\right)} \left(\frac{v}{v_0}\right)^{b_{f,m'}} \frac{d_0}{2\pi d} \cdot 44\right] dB \qquad \text{(Gl. 39).}$$

Dabei bezeichnet:

$\alpha_{A,2,Fz}$	A-bewerteter Summenschallpegel der längenbezogenen Schallleistung bei der Bezugsgeschwindigkeit v_0 = 100 km/h auf Schwellengleis für das Rollgeräusch aufgrund der Radrauheit (Teilquelle m = 2), in dB,
$\Delta\alpha_{f,2,Fz}$	Pegeldifferenz der längenbezogenen Schallleistung bei der Bezugsgeschwindigkeit v_0 = 100 km/h auf Schwellengleis für das Rollgeräusch aufgrund der Radrauheit (Teilquelle m = 2), im Oktavband f, in dB,
$L_{EA,f}$	A-bewerteter Einzelereignispegel je Oktavband, in dB,
$b_{f,2}$	Geschwindigkeitsfaktor für Rollgeräusche (Teilquelle m = 2) nach Tabelle 6,
v	Geschwindigkeit während der Vorbeifahrt, in km/h,
$v_0 = 100\ km/h$	Bezugsgeschwindigkeit,
$L_{WA,f,h,m',Fz}$	A-bewerteter Oktav-Schallleistungspegel anderer Teilquellen, in dB,
$b_{f,m'}$	Geschwindigkeitsfaktor für andere Teilquellen nach Tabelle 6,
m'	Zähler für Teilquellen ohne m = 2.

Der Ausdruck unter dem Summenzeichen darf höchstens den Wert 0,5 annehmen, um eine Fremdgeräuschkorrektur zuzulassen. Die Zahlenwerte 36 und 44 gelten als Näherungen für Abstände d von 5 bis 10 m.

Tabelle 19: Abschätzung der schienenrauheitsbedingten Emission (Teilquelle *m* = 1)

Spalte	A	B	C
Zeile	Fahrflächenzustand der Schienen	Energetischer Beitrag zur Gesamtemission	Pegeldifferenz zur Radrauheit (Teilquelle *m* = 2)
1	Sehr glatt	0 %	– 20 dB
2	Glatt, Grenzwert nach TSI bzw. VDV 154	20 %	– 7 dB
3	Glatt, Grenzwert nach DIN EN ISO 3095:2014-7	40 %	– 4 dB

Die Rollgeräusche sind auf radrauheits- und schienenrauheitsbedingte Emissionen aufzuspalten. Dazu sind nachfolgende drei Verfahren zulässig:

a) Die Messungen wurden auf sehr glatten Schienen durchgeführt, deren Fahrflächenzustand jedoch nicht gemessen wurde. Dann wird die Rollgeräuschemission allein dem Fahrzeug zugeordnet (siehe Zeile 1 von Tabelle 19).

b) Die Messungen wurden auf glatten Schienen mit nachgewiesenem Fahrflächenzustand durchgeführt. Dann wird nach Tabelle 19 eine Abschätzung der schienenrauheitsbedingten Emission vorgenommen. Der verbleibende Beitrag zur Gesamtemission, wenigstens aber 50 Prozent der Energie entsprechend einer Pegeldifferenz zur Radrauheit von –3 dB, wird dem Fahrzeug zugeordnet. Dies stellt den Regelfall dar.

c) In begründeten Ausnahmefällen und für Straßenbahnen dürfen Messungen herangezogen werden, die auf Schienen mit unbekanntem Fahrflächenzustand durchgeführt wurden. Dann sind energetisch gleiche Beiträge von Rad- und Schienenrauheiten anzunehmen.

Das Verfahren nach Buchstabe c darf nicht für Fahrzeuge mit Grauguss-Klotzbremsen angewendet werden.

Anmerkung 5: Für Fahrzeuge ist allein die radrauheitsbedingte Emission von Interesse. Sie kann für Schienen mit gutem Fahrflächenzustand nach Verfahren nach Buchstabe a um bis zu 3 dB höher bestimmt werden als nach Verfahren nach Buchstabe c, während das Verfahren nach Buchstabe b im Mittelfeld liegt. Messungen an Schienen mit schlechterem Fahrflächenzustand liefern nach den drei Verfahren in der Regel unbeabsichtigt hohe radrauheitsbedingte Emissionswerte. Die schienenrauheitsbedingte Emission wird aus den Beiblättern 1 bis 3 für die zugeordnete Fahrzeugart übernommen. Für die radrauheitsbedingte Emission sind vorzugsweise Messergebnisse nach Verfahren nach Buchstabe b zu verwenden.

Anmerkung 6: Die Messergebnisse können unabhängig von Grenzwerten für Emissionsdaten nach der Entscheidung 2008/232/EG der Kommission für Eisenbahnen und VDV-Schrift 154 für Straßenbahnen herangezogen werden. Allerdings kann für Neufahrzeuge angenommen werden, dass die Grenzwerte nicht überschritten werden.

Die Ergebnisse für die radrauheitsbedingte Emission sind zur Umrechnung auf den durchschnittlichen Betriebszustand mit einem Zuschlag zu versehen, der nach Tabelle 20 von den Messbedingungen abhängt.

Anmerkung 7: Die Zuschläge wurden aus Erfahrungswerten zur Streuung von Messergebnissen in einer Datenbank abgeschätzt.

Tabelle 20: Zuschläge zur Umrechnung auf den durchschnittlichen Betriebszustand in Abhängigkeit von den Messbedingungen

Spalte	A	B	C	D
Zeile		1 Messort, Mittelwert über verschiedene Fz, in dB	3 Messorte, Mittelwert über verschiedene Fz, in dB	1 Messort (z.B. TSI, VDV 154), Mittelwert über gleiche Fz, in dB
1	Fahrzeuge mit Scheibenbremsen	2	0	3
2	Fahrzeuge mit Verbundstoff-Klotzbremsen	2	1	4

Spalte	A	B	C	D
Zeile		1 Messort, Mittelwert über verschiedene Fz, in dB	3 Messorte, Mittelwert über verschiedene Fz, in dB	1 Messort (z.B. TSI, VDV 154), Mittelwert über gleiche Fz, in dB
3	Fahrzeuge mit Grauguss-Klotz-bremsen	3	2	5

Wurden die Messungen nicht auf einem Schwellengleis (im Schotterbett) durchgeführt, sondern auf einer anderen Fahrbahn, sind bei der Aufteilung der Rollgeräusche die Pegelkorrekturen für Fahrbahnarten nach Tabelle 7 bzw. 15 anzuwenden.

9.1.2. Komponenten von Fahrzeugen

Die Schallemission einer Fahrzeugkomponente als schalltechnische Innovation zu einer bereits geregelten Fahrzeugkategorie ist im Vergleich mit der Schallemission von Teilquellen bestehender Fahrzeuge (siehe Tabelle 5 und 13 Spalte D Beiblatt 1 und 2) zu erfassen und zu beurteilen. Dazu sind vor dem Nachweis vorab Messungen durchzuführen, aus denen sich ein maßgeblicher Beitrag der Komponente ableiten lässt. Als maßgeblich gilt ein Beitrag, der im Pegel höchstens um 3 dB unter dem Messwert für das Gesamtgeräusch liegt. Messungen nach DIN EN ISO 3095:2014-7 oder Sondermessungen – z.B. hinter einer Abschirmwand oder mit einem Richtmikrofon – sind zu beschreiben.

Anmerkung: Für hoch liegende Quellen wird empfohlen, hinter einer Abschirmwand oder mit einem Richtmikrofon gewonnene Messergebnisse heranzuziehen.

9.1.3. Komponenten von Rangier- und Umschlagbahnhöfen

Die Schallemission einer Komponente als schalltechnische Innovation ist im vergleich mit der Schallemission von bestehenden Teilquellen (siehe Tabelle 10 und Beiblatt 3) zu erfassen und zu beurteilen. Dazu sind vor dem Nachweis vorab Messungen durchzuführen, aus denen sich ein maßgeblicher Beitrag der Komponente ableiten lässt. Als maßgeblich gilt ein Beitrag, der im Pegel höchstens um 3 dB unter dem Messwert für das Gesamtgeräusch liegt. Die Messungen sind zu beschreiben.

9.1.4. Fahrbahnen

Abweichende Bahntechnik und schalltechnische Innovationen an Fahrbahnen umfassen zum Beispiel die Steife der Schienenbefestigung oder eine bessere Absorptionseigenschaft der Fahrbahn. Sie sind im Vergleich mit bekannten Fahrbahnen ähnlicher Bauart nach den Tabellen 7 und 15 bei Betrieb mit gleichen Fahrzeugen zu erfassen und zu beurteilen. Die Emissionen sind durch Vorbeifahrtmessungen nach DIN EN ISO 3095:2014-7 unter Bedingungen, bei denen das Rollgeräusch überwiegt, zu ermitteln. Durch besondere Prüfung der Rad- und Schienenfahrflächen ist sicherzustellen, dass die resultierenden Fahrflächenrauheiten im Wellenlängenbereich, der nach Entscheidung 2008/232/EG der Kommission und VDV-Schrift 154 zu beachten ist, bei den Vergleichsmessungen sich in Oktavbändern um nicht mehr als 1 dB unterscheiden.

Vorzugsweise ist für die Vergleichsmessung ein Messfahrzeug einzusetzen, dessen Radfahrflächen glatt gegenüber den Schienenfahrflächen sind. Dann beschränkt sich die Prüfung auf die vergleichbare Rauheit der Schienenfahrflächen von konventionellen und neuartigen Fahrbahnen. Alternativ kann ein Messfahrzeug mit unverändert hoher Fahrflächenrauheit der Räder eingesetzt werden. Dann ist nur die Einhaltung eines zulässigen Grenzwerts für die Fahrflächenrauheit der Schienen zu prüfen, um sicherzustellen, dass bei Vergleichsmessungen von konventionellen und neuartigen Fahrbahnen der Einfluss der Schienenrauheit klein bleibt.

9.1.5. Brücken

Neuartige Brücken können sich als schalltechnische Innovationen durch besondere Konstruktionen des Brückenüberbaus oder Schallminderungsmaßnahmen auszeichnen. Sie sind im Vergleich mit bekannten Brücken ähnlicher Bauart nach den Tabellen 9 und 16 bei Betrieb mit gleichen Fahrzeugen zu erfassen und zu beurteilen. Die Emissionen sind durch Vorbeifahrtmessungen an der Brücke und an der anschließenden freien Strecke unter Bedingungen, bei denen das Rollgeräusch überwiegt, zu ermitteln. Es ist der unbewertete Schalldruckpegel zu ermitteln. Durch besondere Prüfung der Rad- und Schienenfahrflächen ist sicherzustellen, dass die resultierenden Fahrflächenrauheiten im Wellenlängenbereich, der nach Entscheidung 2008/232/EG der Kommission und VDV-Schrift 154 zu beachten ist, bei den Vergleichsmessungen sich in Oktavbändern um nicht mehr als 1 dB unterscheiden.

Anmerkung: Durch die Auswertung des unbewerteten Schalldruckpegels wird die Belästigung aufgrund tieffrequenter Geräuschanteile berücksichtigt.

9.1.6. Schallminderungsmaßnahmen am Gleis und am Rad

Schallminderungsmaßnahmen am Gleis und am Rad kommen sowohl als abweichende Bahntechnik als auch als schalltechnische Innovationen in Betracht. Abweichende Bahntechnik können auch Gleispflegemaßnahmen wie das besonders überwachte Gleis bei Straßenbahnen sein.

Die schalltechnischen Innovationen können zu einer Änderung des Rollgeräusches führen und sind in ihrer Wirkung mit der Schallquellenart Rollgeräusch, Teilquellen Schienenrauheit- oder Radrauheit der Tabellen 5 und 13 in Verbindung mit den Beiblättern 1 und 2 zu vergleichen. Zur Beschreibung dienen:

– direkte Rauheitsmessungen mit umsetzbaren Aufnehmern,
– indirekte Rauheitsmessungen an Bord eines Messfahrzeugs,
– Vorbeifahrtmessungen mit einem Messfahrzeug oder
– Schallmessungen während Zugvorbeifahrten.

Das verwendete Verfahren ist unter Angabe des Zeitraums der Messung und der Bestimmung eines Mittelwerts über einen Beurteilungszeitraum darzustellen. Zum Nachweis von Veränderungen sind die Messergebnisse als Gesamtpegel der A-bewerteten Schallleistung und als Pegeldifferenzen in den acht Oktavbändern mit Mittenfrequenzen von 63 Hz bis 8 000 Hz anzugeben.

9.1.7. Bahnspezifische Schallschutzmaßnahme im Ausbreitungsweg

Abschirmeinrichtungen und ähnliche Maßnahmen, deren Wirkung nicht nach Nummer 6.5 berechenbar ist, sind als abweichende Bahntechnik in Zuordnung zu den bestehenden Regelungen zu beschreiben. Zur Nachweisführung von Veränderungen sind Messergebnisse in den acht Oktavbändern mit Mittenfrequenzen von 63 Hz bis 8 000 Hz als Pegeldifferenzen zum berechneten Abschirmmaß nach Nummer 6.5 anzugeben.

9.1.8. Anerkannte Messstelle

Der Antragsteller hat die Nachweismessungen nach den Nummern 9.1.1 bis 9.1.7 durch eine anerkannte Messstelle durchführen zu lassen. Anerkannte Messstellen sind die nach § 29b Absatz 2 des Bundes-Immissionsschutzgesetzes bekannt gegebenen Stellen.

9.2. Bewertung der Messergebnisse für abweichende Bahntechnik und für schalltechnische Innovationen

9.2.1. Abweichende Bahntechnik

Die anerkannte Messstelle hat auf der Grundlage der Messungen nach Nummer 9.1 festzustellen, welche schalltechnischen Abweichungen zu bekannter und in der Anlage 2 aufgeführter Bahntechnik mit ähnlicher Bauart vorliegen. Bei Fahrbahnen nach Nummer 9.1.4 wird das Ergebnis als Pegelkorrektur gegenüber der Fahrbahn ähnlicher Bauart in den Oktavbändern um 500 Hz, 1 000 Hz und 2 000 Hz angegeben. Die übrigen Oktavbänder bleiben unberücksichtigt; für sie wird keine Pegelkorrektur angegeben. Bei Schallminderungsmaßnahmen am Gleis oder am Rad nach Nummer 9.1.6 sind zum Nachweis von Veränderungen die Messergebnisse als Gesamtpegel der A-bewerteten Schallleistung und als Pegeldifferenzen in den acht Oktavbändern mit Mittenfrequenzen von 63 Hz bis 8 000 Hz anzugeben.

Kennzeichnend für die abweichende Bahntechnik sind Pegeldifferenzen zur Emission von vergleichbaren, in den Beiblättern 1 bis 3 beschriebenen Teilquellen. Bei bahnspezifischen Schallschutzmaßnahmen im Ausbreitungsweg nach Nummer 9.1.7 sind zum Nachweis von Veränderungen Messergebnisse in den acht Oktavbändern mit Mittenfrequenzen von 63 Hz bis 8 000 Hz als Pegeldifferenzen zum berechneten Abschirmmaß nach Nummer 6.5 anzugeben.

9.2.2. Schalltechnische Innovationen

Die anerkannte Messstelle hat auf der Grundlage der Messungen nach Nummer 9.1 festzustellen, ob der Antragsgegenstand von den schalltechnischen Angaben dieser Anlage wesentlich abweicht.

Eine wesentliche Abweichung liegt bei schalltechnischen Innovationen nach den Nummern 9.1.1 bis 9.1.6 vor, wenn für eine Teilquelle nach Tabelle 5 bzw. 13 die Abweichung im A-bewerteten Gesamtpegel für einzelne Fahrzeugarten nach Tabelle 3 bzw. 12 mindestens 2 dB oder in einzelnen Oktavbändern mindestens 4 dB beträgt. Für eine Schallschutzmaßnahme im Ausbreitungsweg nach Nummer 9.1.7 liegt in der Regel eine wesentliche Abweichung von den Rechenergebnissen nach Nummer 6 vor, wenn an einem Immissionsort nach DIN EN ISO 3095:2014-7 die Abweichung für das Rechenergebnis im A-bewerteten Gesamtpegel mindestens 2 dB oder in einzelnen Oktavbändern mindestens 4 dB beträgt.

Die anerkannte Messstelle hat für alle schalltechnischen Innovationen die Zuordnung des Antragsgegenstandes zu den bestehenden Beiblättern oder Festlegungen in den Nummern 3 bis 6 und die abweichende schalltechnische Wirkung zu beschreiben. Die schalltechnische Wirkung wird durch den Nachweis auf ganze dB nach mathematischer Rundung geführt.

Bei schalltechnischen Innovationen nach den Nummern 9.1.1, 9.1.2 und 9.1.3 sind die Ergebnisse als Gesamtpegel der A-bewerteten Schallleistung und als Pegeldifferenzen in acht Oktavbändern mit Mittenfrequenzen von 63 Hz bis 8 000 Hz für die Bezugsgeschwindigkeit von 100 km/h entsprechend den Beiblättern 1 bis 3 anzugeben. Kennzeichnend für schalltechnische Innovationen sind Pegeldifferenzen zur Emission von vergleichbaren, in den Beiblättern 1 bis 3 beschriebenen Teilquellen.

Bei schalltechnischen Innovationen nach Nummer 9.1.4 ist das Ergebnis als Pegelkorrektur gegenüber der Fahrbahn ähnlicher Bauart in den Oktavbändern um 500 Hz, 1 000 Hz und 2 000 Hz anzugeben. Die übrigen Oktavbänder bleiben unberücksichtigt; für sie wird keine Pegelkorrektur angegeben.

Bei schalltechnischen Innovationen nach Nummer 9.1.5 wird das Ergebnis als Pegelkorrektur K_{Br} oder für Schallminderungsmaßnahmen als Pegelkorrektur K_{LM} angegeben, die sich aus der Differenz der unbewerteten Schalldruckpegel an der Brücke und der freien Strecke ergibt.

9.3. Gutachten der anerkannten Messstelle

Die vom Antragsteller beauftragte anerkannte Messstelle nach Nummer 9.1.8 erstellt über die nach Maßgabe der Nummern 9.1.1 bis 9.1.7 durchgeführten Messungen ein Gutachten, das die folgenden Angaben und Unterlagen enthalten muss:

a) die Beschreibung des Messaufbaus,

b) die Beschreibung der örtlichen Verhältnisse sowie die Beschreibung des Zustands des Gleises und der Schienenoberflächen,

c) die Beschreibung der meteorologischen Verhältnisse,

d) die Beschreibung des Unterhaltungszustandes, der Laufleistung und der Radrauheit des bei der Messung eingesetzten Fahrzeugs,

e) die Messprotokolle der durchgeführten Messungen,

f) die Angabe der Zahl der durchgeführten Messungen, wenn mehr als die in der Begutachtung enthaltenen Messungen durchgeführt wurden,

g) die Bewertung der Messergebnisse nach Maßgabe von Nummer 9.2.

10. Zugänglichkeit von technischen Regeln und Normen

1. Die in der Verordnung genannten DIN-Normen, DIN-EN-Normen und DIN-ISO-Normen sind bei der Beuth Verlag GmbH, Berlin, zu beziehen und in der Deutschen Nationalbibliothek archivmäßig gesichert niedergelegt.
2. Die VDV-Schrift 154 ist zu beziehen beim
   Verband Deutscher Verkehrsunternehmen (VDV)
   Kamekestraße 37–39
   50672 Köln

und in der Deutschen Nationalbibliothek archivmäßig gesichert niedergelegt.

Beiblatt 1 Datenblätter Eisenbahnen – Festlegungen

Fz-Kategorie 1: HGV-Triebkopf ($n_{Achs,0}$ = 4)

Spalte	A	B	C	D	E	F	G	H	I	J	K	L
Zeile		Teil-quelle m	f_m [Hz]	63	125	250	500	1000	2000	4000	8000	a_A **[dB]**
1	**Rollgeräusche**											
2	Schienenrauheit	1	Δa_f [dB]	−50	−40	−24	−8	−3	−6	−11	−30	**62**
3	Radrauheit	2	Δa_f [dB]	−50	−40	−25	−5	−4	−4	−11	−23	**51**
4												
5	**Aerodynamische Geräusche**											
6	Quellhöhe 5 m	5	Δa_f [dB]	−30	−21	−13	−9	−6	−4	−9	−17	**43**
7	Quellhöhe 4 m	6	Δa_f [dB]	−28	−21	−12	−9	−6	−4	−9	−17	**46**
8	Quellhöhe 0 m	7	Δa_f [dB]	−15	−8	−6	−6	−8	−14	−21	−32	**35**
9												
10	**Aggregatgeräusche**											
11	Quellhöhe 4 m	8	Δa_f [dB]	−35	−24	−10	−5	−5	−8	−15	−26	**62**
12	Quellhöhe 0 m	9	Δa_f [dB]	−30	−22	−5	−4	−7	−11	−17	−26	**54**

Spalte	A	B	C	D	E	F	G	H	I	J	K	L
Zeile		Teil-quelle m	f_m [Hz]	63	125	250	500	1000	2000	4000	8000	a_A **[dB]**
13												
14	**Antriebsgeräusche**											
15		11	Δa_f [dB]	–32	–24	–5	–4	–8	–12	–18	–29	**50**

Fz-Kategorie 2: HGV-Mittel-/Steuerwagen ($n_{Achs,0}$ = 4)

Spalte	A	B	C	D	E	F	G	H	I	J	K	L
Zeile		Teil-quelle m	f_m [Hz]	63	125	250	500	1000	2000	4000	8000	a_A **[dB]**
1	**Rollgeräusche**											
2	Radsätze mit Wellenscheibenbremsen und Radabsorbern											
3	Schienenrauheit	1	Δa_f [dB]	–50	–40	–24	–8	–3	–6	–11	–30	**62**
4	Radrauheit	2	Δa_f [dB]	–50	–40	–25	–9	–4	–4	–11	–23	**51**
5												
6	**Aerodynamische Geräusche**											
7	Quellhöhe 4 m	6	Δa_f [dB]	–21	–18	–15	–12	–5	–4	–10	–18	**29**
8	Quellhöhe 0 m	7	Δa_f [dB]	–15	–8	–6	–6	–8	–14	–21	–32	**35**
9												
10	**Aggregatgeräusche**											
11	Quellhöhe 4 m	8	Δa_f [dB]	–35	–24	–13	–4	–5	–7	–14	–25	**44**

Für den Thalys-PBKA-Halbzug und Thalys-PBKA-Vollzug ohne Radabsorber:
a_A der Teilquellen 1 und 2 sind um je 5 dB zu erhöhen.

Fz-Kategorie 3: HGV-Triebzug ($n_{Achs,0} = 32$)

Spalte	A	B	C	D	E	F	G	H	I	J	K	L
Zeile		Teil-quelle *m*	f_m [Hz]	63	125	250	500	1000	2000	4000	8000	**a_A [dB]**
1	**Rollgeräusche**											
2	Radsätze mit Wellen- und Radscheibenbremse											
3	Schienenrauheit	1	Δa_f [dB]	−50	−40	−24	−8	−3	−6	−11	−30	**73**
4	Radrauheit	2	Δa_f [dB]	−50	−40	−25	−9	−4	−4	−11	−23	**62**
5												
6	**Aerodynamische Geräusche**											
7	Quellhöhe 5 m	5	Δa_f [dB]	−30	−21	−13	−9	−6	−4	−9	−17	**41**
8	Quellhöhe 4 m											
9	Ein-System-Version	6	Δa_f [dB]	−27	−21	−12	−8	−5	−5	−11	−19	**44**
10	Zwei-System-Version	6	Δa_f [dB]	−27	−21	−12	−8	−5	−5	−11	−19	**46**
11	Drei-System-Version	6	Δa_f [dB]	−27	−21	−12	−8	−5	−5	−11	−19	**47**
12	Quellhöhe 0 m	7	Δa_f [dB]	−16	−9	−7	−7	−7	−9	−12	−19	**45**
13												
14	**Aggregatgeräusche**											
15	Quellhöhe 4 m	8	Δa_f [dB]	−35	−24	−13	−4	−5	−7	−14	−25	**56**
16	Quellhöhe 0 m	9	Δa_f [dB]	−35	−24	−10	−5	−5	−8	−15	−26	**62**
17												
18	**Antriebsgeräusche**											
19	Quellhöhe 0 m	11	Δa_f [dB]	−32	−24	−5	−4	−8	−12	−18	−29	**53**

Fz-Kategorie 4: HGV-Neigezug ($n_{Achs,0} = 28$)

Spalte	A	B	C	D	E	F	G	H	I	J	K	L
Zeile		Teil-quelle m	f_m [Hz]	63	125	250	500	1000	2000	4000	8000	a_A **[dB]**
1	**Rollgeräusche**											
2	Radsätze mit Wellenscheibenbremse und Radabsorbern											
3	Schienenrauheit	1	Δa_f [dB]	– 50	– 40	– 24	– 8	– 3	– 6	– 11	– 30	**72**
4	Radrauheit	2	Δa_f [dB]	– 50	– 40	– 25	– 9	– 4	– 4	– 11	– 23	**61**
5												
6	**Aerodynamische Geräusche**											
7	Quellhöhe 5 m	5	Δa_f [dB]	– 30	– 21	– 13	– 9	– 6	– 4	– 9	– 17	**41**
8	Quellhöhe 4 m	6	Δa_f [dB]	– 28	– 21	– 12	– 8	– 5	– 5	– 11	– 19	**47**
9	Quellhöhe 0 m	7	Δa_f [dB]	– 16	– 9	– 7	– 7	– 7	– 9	– 12	– 19	**44**
10												
11	**Aggregatgeräusche**											
12	Quellhöhe 4 m	8	Δa_f [dB]	– 35	– 24	– 13	– 4	– 5	– 7	– 14	– 25	**52**
13	Quellhöhe 0 m	9	Δa_f [dB]	– 35	– 24	– 10	– 5	– 5	– 8	– 15	– 26	**59**
14												
15	**Antriebsgeräusche**											
16	Quellhöhe 0 m	11	Δa_f [dB]	– 32	– 24	– 5	– 4	– 8	– 12	– 18	– 29	**49**

Für den ETR 470 Cisalpino ohne Radabsorber:
α_A der Teilquellen 1 und 2 sind um je 5 dB, alle weiteren Teilquellen um je 2 dB zu erhöhen.

Fz-Kategorie 5: E-Triebzug und S-Bahn ($n_{Achs,0} = 10$)

Spalte	A	B	C	D	E	F	G	H	I	J	K	L
Zeile		Teil-quelle *m*	f_m [Hz]	63	125	250	500	1000	2000	4000	8000	**a_A [dB]**
1	**Rollgeräusche**											
2	Radsätze mit Wellenscheibenbremse (WSB)											
3	Schienenrauheit	1	Δa_f [dB]	−50	−40	−24	−8	−3	−6	−11	−30	**71**
4	Radrauheit	2	Δa_f [dB]	−50	−40	−25	−9	−4	−4	−11	−23	**60**
5	Radsätze mit Radscheibenbremse (RSB)											
6	Schienenrauheit	1	Δa_f [dB]	−50	−40	−24	−8	−3	−6	−11	−30	**69**
7	Radrauheit	2	Δa_f [dB]	−50	−40	−25	−9	−4	−4	−11	−23	**58**
8												
9	**Aerodynamische Geräusche**											
10	Quellhöhe 5 m	5	Δa_f [dB]	−30	−21	−13	−9	−6	−4	−9	−17	**43**
11	Quellhöhe 4 m	6	Δa_f [dB]	−29	−22	−11	−7	−5	−5	−12	−20	**44**
12	Quellhöhe 0 m	7	Δa_f [dB]	−16	−9	−6	−6	−7	−11	−15	−22	**44**
13												
14	**Aggregatgeräusche**											
15	Quellhöhe 4 m	8	Δa_f [dB]	−35	−24	−13	−4	−5	−7	−14	−25	**48**
16	Quellhöhe 0 m	9	Δa_f [dB]	−35	−24	−10	−5	−5	−8	−15	−26	**55**
17												
18	**Antriebsgeräusche**											
19	Quellhöhe 0 m	11	Δa_f [dB]	−32	−24	−5	−4	−8	−12	−18	−29	**45**

Beispiele für die Achsanzahl n_{Achs} von verschiedenen Baureihen

Baureihe	n_{Achs}	Bremsart
426	6	RSB
423, 424, 425	10	RSB
420, 472, 474	12	RSB
481	16	WSB

Fz–Kategorie 6: V–Triebzug ($n_{Achs,0}$ = 6)

Spalte	A	B	C	D	E	F	G	H	I	J	K	L
Zeile		Teil-quelle m	f_m [Hz]	63	125	250	500	1000	2000	4000	8000	**a_A [dB]**
1	**Rollgeräusche**											
2	Radsätze mit Wellenscheibenbremse											
3	Schienenrauheit	1	Δa_f [dB]	– 50	– 40	– 24	– 8	– 3	– 6	– 11	– 30	**69**
4	Radrauheit	2	Δa_f [dB]	– 50	– 40	– 25	– 9	– 4	– 4	– 11	– 23	**58**
5												
6	**Aerodynamische Geräusche**											
7	Quellhöhe 4 m	6	Δa_f [dB]	– 21	– 18	– 15	– 12	– 5	– 4	– 10	– 18	**32**
8	Quellhöhe 0 m	7	Δa_f [dB]	– 16	– 9	– 7	– 7	– 7	– 9	– 13	– 20	**38**
9												
10	**Aggregatgeräusche**											
11	Quellhöhe 4 m	8	Δa_f [dB]	– 35	– 24	– 13	– 4	– 5	– 7	– 14	– 25	**47**
12	Quellhöhe 0 m	9	Δa_f [dB]	– 44	– 17	– 10	– 5	– 5	– 7	– 13	– 20	**55**

Spalte	A	B	C	D	E	F	G	H	I	J	K	L
Zeile		Teil-quelle m	f_m [Hz]	63	125	250	500	1000	2000	4000	8000	**a_A [dB]**
13												
14	**Antriebsgeräusche**											
15	Quellhöhe 4 m	10	Δa_f [dB]	– 12	– 5	– 4	– 8	– 12	– 20	– 30	– 30	**42**
16	Quellhöhe 0 m	11	Δa_f [dB]	– 25	– 16	– 9	– 5	– 5	– 8	– 12	– 20	**57**

Beispiele für die Achsanzahl n_{Achs} von verschiedenen Baureihen

Baureihe	n_{Achs}
640, 641, 650	4
613, 642, 643, 646, 648	6
612, 613, 618, 628, 643, 644	8
643	10
614	12

Fz-Kategorie 7: E-Lok ($n_{Achs,0}$ = 4)

Spalte	A	B	C	D	E	F	G	H	I	J	K	L
Zeile		Teil-quelle m	f_m [Hz]	63	125	250	500	1000	2000	4000	8000	**a_A [dB]**
1	**Rollgeräusche**											
2	Radsätze mit Grauguss-Klotzbremse (GG-Bremse)											
3	Schienenrauheit	1	Δa_f [dB]	– 50	– 40	– 24	– 8	– 3	– 6	– 11	– 30	**67**

Spalte	A	B	C	D	E	F	G	H	I	J	K	L
Zeile		Teil-quelle m	f_m [Hz]	63	125	250	500	1000	2000	4000	8000	a_A **[dB]**
4	Radrauheit	2	Δa_f [dB]	– 40	– 30	– 22	– 9	– 3	– 5	– 15	– 26	**71**
5	Radsätze mit Rad- oder Wellenscheibenbremse											
6	Schienenrauheit	1	Δa_f [dB]	– 50	– 40	– 24	– 8	– 3	– 6	– 11	– 30	**66**
7	Radrauheit	2	Δa_f [dB]	– 50	– 40	– 25	– 9	– 4	– 4	– 11	– 23	**55**
8												
9	**Aerodynamische Geräusche**											
10	Quellhöhe 5 m	5	Δa_f [dB]	– 30	– 21	– 13	– 9	– 6	– 4	– 9	– 17	**43**
11	Quellhöhe 4 m	6	Δa_f [dB]	– 29	– 22	– 12	– 8	– 5	– 5	– 10	– 18	**49**
12	Quellhöhe 0 m	7	Δa_f [dB]	– 15	– 8	– 6	– 6	– 8	– 14	– 21	– 32	**40**
13												
14	**Aggregatgeräusche**											
15	Quellhöhe 4 m	8	Δa_f [dB]	– 28	– 19	– 6	– 4	– 6	– 10	– 14	– 23	**61**
16	Quellhöhe 0 m	9	Δa_f [dB]	– 30	– 22	– 5	– 4	– 7	– 11	– 17	– 26	**54**
17												
18	**Antriebsgeräusche**											
19	Quellhöhe 0 m	11	Δa_f [dB]	– 32	– 24	– 5	– 4	– 8	– 12	– 18	– 29	**50**

Fz-Kategorie 8: V-Lok ($n_{Achs,0} = 4$)

Spalte	A	B	C	D	E	F	G	H	I	J	K	L
Zeile		Teil-quelle m	f_m [Hz]	63	125	250	500	1000	2000	4000	8000	**a_A [dB]**
1	**Rollgeräusche**											
2	Radsätze mit Grauguss-Klotzbremse (GG-Bremse)											
3	Schienenrauheit	1	Δa_f [dB]	−50	−40	−24	−8	−3	−6	−11	−30	**67**
4	Radrauheit	2	Δa_f [dB]	−40	−30	−22	−9	−3	−5	−15	−26	**71**
5												
6	**Aerodynamische Geräusche**											
7	Quellhöhe 4 m	6	Δa_f [dB]	−24	−20	−14	−13	−6	−4	−7	−14	**40**
8	Quellhöhe 0 m	7	Δa_f [dB]	−15	−8	−6	−6	−8	−14	−21	−32	**40**
9												
10	**Aggregatgeräusche**											
11	Quellhöhe 4 m	8	Δa_f [dB]	−44	−17	−10	−5	−5	−7	−13	−20	**60**
12												
13	**Antriebsgeräusche**											
14	Quellhöhe 4 m	10	Δa_f [dB]	−12	−5	−4	−8	−12	−20	−30	−30	**47**
15	Quellhöhe 0 m	11	Δa_f [dB]	−25	−16	−9	−5	−5	−8	−12	−20	**62**

Fz-Kategorie 9: Reisezugwagen ($n_{Achs,0} = 4$)

Spalte	A	B	C	D	E	F	G	H	I	J	K	L
Zeile		Teil-quelle m	f_m [Hz]	63	125	250	500	1000	2000	4000	8000	a_A [dB]
1	**Rollgeräusche**											
2	Radsätze mit Grauguss-Klotzbremse (GG-Bremse)											
3	Schienenrauheit	1	Δa_f [dB]	−50	−40	−24	−8	−3	−6	−11	−30	**67**
4	Radrauheit	2	Δa_f [dB]	−40	−30	−22	−9	−3	−5	−15	−26	**71**
5	Radsätze mit Wellenscheibenbremse											
6	Schienenrauheit	1	Δa_f [dB]	−50	−40	−24	−8	−3	−6	−11	−30	**67**
7	Radrauheit	2	Δa_f [dB]	−50	−40	−25	−9	−4	−4	−11	−23	**56**
8												
9	**Aerodynamische Geräusche**											
10	Quellhöhe 4 m	6	Δa_f [dB]	−21	−18	−15	−12	−5	−4	−10	−18	**29**
11	Quellhöhe 0 m	7	Δa_f [dB]	−15	−8	−6	−6	−8	−14	−21	−32	**40**
12												
13	**Aggregatgeräusche**											
14	Quellhöhe 4 m	8	Δa_f [dB]	−35	−24	−13	−4	−5	−7	−14	−25	**44**

Fz-Kategorie 10: Güterwagen ($n_{Achs,0} = 4$)

Spalte	A	B	C	D	E	F	G	H	I	J	K	L
Zeile		Teil-quelle m	f_m [Hz]	63	125	250	500	1000	2000	4000	8000	a_A **[dB]**
1	**Rollgeräusche**											
2	Radsätze mit Grauguss-Klotzbremse (GG-Bremse)											
3	Schienenrauheit	1	Δa_f [dB]	−50	−40	−24	−8	−3	−6	−11	−30	**67**
4	Radrauheit	2	Δa_f [dB]	−40	−30	−22	−9	−3	−5	−15	−26	**71**
5	Radsätze mit Verbundstoff-Klotzbremse											
6	Schienenrauheit	1	Δa_f [dB]	−50	−40	−24	−8	−3	−6	−11	−30	**67**
7	Radrauheit	2	Δa_f [dB]	−50	−40	−25	−9	−4	−4	−11	−23	**58**
8	Radsätze mit Wellenscheibenbremse											
9	Schienenrauheit	1	Δa_f [dB]	−50	−40	−24	−8	−3	−6	−11	−30	**67**
10	Radrauheit	2	Δa_f [dB]	−50	−40	−25	−9	−4	−4	−11	−23	**56**
11	Radsätze mit Radscheibenbremse (nur RoLa)											
12	Schienenrauheit	1	Δa_f [dB]	−50	−40	−24	−8	−3	−6	−11	−30	**67**
13	Radrauheit	2	Δa_f [dB]	−50	−40	−25	−9	−4	−4	−11	−23	**61**
14	Quellhöhe 4 m											
15	Aufbauten von Kesselwagen mit GG-Bremse											
16	Schienenrauheit	3	Δa_f [dB]	−29	−20	−19	−6	−5	−5	−17	−26	**57**
17	Radrauheit	4	Δa_f [dB]	−28	−19	−18	−5	−4	−7	−17	−26	**61**
18	Aufbauten von Kesselwagen mit Verbundstoff-Klotzbremse											
19	Schienenrauheit	3	Δa_f [dB]	−29	−20	−19	−6	−5	−5	−17	−26	**57**
20	Radrauheit	4	Δa_f [dB]	−28	−19	−18	−5	−4	−7	−17	−26	**48**
21	Aufbauten von Kesselwagen mit Wellenscheibenbremse											

Spalte	A	B	C	D	E	F	G	H	I	J	K	L
Zeile		Teil-quelle m	f_m [Hz]	63	125	250	500	1000	2000	4000	8000	**a_A [dB]**
22	Schienenrauheit	3	Δa_f [dB]	– 29	– 20	– 19	– 6	– 5	– 5	– 17	– 26	**57**
23	Radrauheit	4	Δa_f [dB]	– 28	– 19	– 18	– 5	– 4	– 7	– 17	– 26	**46**
24												
25	**Aerodynamische Geräusche**											
26	Quellhöhe 0 m	7	Δa_f [dB]	– 15	– 8	– 6	– 6	– 8	– 14	– 21	– 32	**40**

Beiblatt 2 Datenblätter Straßenbahnen – Festlegungen

Fz-Kategorie 21: Straßenbahn-Niederflurfahrzeuge ($n_{Achs,0}$ = 8)

Spalte	A	B	C	D	E	F	G	H	I	J	K	L
Zeile		Teil-quelle m	f_m [Hz]	63	125	250	500	1000	2000	4000	8000	**a_A [dB]**
1	**Fahrgeräusche**											
2	Quellhöhe 0 m											
3	Schienenrauheit	1	Δa_f [dB]	– 34	– 25	– 20	– 10	– 2	– 7	– 12	– 20	**63**
4	Radrauheit	2	Δa_f [dB]	– 34	– 25	– 20	– 10	– 2	– 7	– 12	– 20	**63**
5												
6	**Aggregatgeräusche**											
7	Quellhöhe 4 m	4	Δa_f [dB]	– 26	– 15	– 11	– 8	– 5	– 6	– 10	– 11	**39**

Für Fahrzeuge mit Klimaanlage:
α_A der Teilquelle 4 ist um 8 dB zu erhöhen.

Fz-Kategorie 22: Straßenbahn-Hochflurfahrzeuge ($n_{Achs,0}$ = 8)

Spalte	A	B	C	D	E	F	G	H	I	J	K	L
Zeile		Teil-quelle *m*	f_m [Hz]	63	125	250	500	1000	2000	4000	8000	**a_A [dB]**
1	**Fahrgeräusche**											
2	Quellhöhe 0 m											
3	Schienenrauheit	1	Δa_f [dB]	−32	−23	−17	−11	−2	−7	−12	−19	**63**
4	Radrauheit	2	Δa_f [dB]	−32	−23	−17	−11	−2	−7	−12	−19	**63**
5												
6	**Aggregatgeräusche**											
7	Quellhöhe 0 m	3	Δa_f [dB]	−26	−15	−11	−8	−5	−6	−10	−11	**39**

Fz-Kategorie 23: U-Bahn-Fahrzeuge ($n_{Achs,0}$ = 8)

Spalte	A	B	C	D	E	F	G	H	I	J	K	L
Zeile		Teil-quelle *m*	f_m [Hz]	63	125	250	500	1000	2000	4000	8000	**a_A [dB]**
1	**Fahrgeräusche**											
2	Quellhöhe 0 m											
3	Schienenrauheit	1	Δa_f [dB]	−34	−25	−13	−9	−4	−6	−10	−17	**60**
4	Radrauheit	2	Δa_f [dB]	−34	−25	−13	−9	−4	−6	−10	−17	**60**
5												
6	**Aggregatgeräusche**											
7	Quellhöhe 0 m	3	Δa_f [dB]	−26	−15	−11	−8	−5	−6	−10	−11	**39**

Die angegebenen Werte gelten für durchschnittliche Fahrzeuge neuerer Bauart. Insbesondere bei älteren Fahrzeugen ist eine Überprüfung nach Abschnitt 9.1.1 erforderlich.

Beiblatt 3 Datenblätter Rangier- und Umschlagbahnhöfe – Festlegungen

Kurvenfahrgeräusch

Spalte	A	B	C	D	E	F	G	H	I	J	K	L
Zeile		Einzelquelle (Linie) j	f_m [Hz]	63	125	250	500	1000	2000	4000	8000	$L_{W'A}$ **[dB]**
1	Kurvenradien ≤ 300 m											
2	Quellhöhe 0 m	1	ΔL_{Wf} [dB]	– 27	– 19	– 12	– 10	– 8	– 5	– 6	– 8	**69**

Gleisbremsengeräusch

Spalte	A	B	C	D	E	F	G	H	I	J	K	L
Zeile		Einzelquelle (Punkt) i	f_m [Hz]	63	125	250	500	1000	2000	4000	8000	L_{WA} **[dB]**
1	Quellhöhe 0 m											
2	Zulaufbremse, beidseitig ohne Segmente	2	ΔL_{Wf} [dB]	– 56	– 50	– 42	– 32	– 24	– 13	– 1	– 12	**110**
3	Talbremse, TW beidseitig ohne Segmente	3	ΔL_{Wf} [dB]	– 56	– 50	– 42	– 32	– 24	– 13	– 1	– 12	**105**
4	Talbremse, TW beidseitig mit GG-Segmenten	4	ΔL_{Wf} [dB]	– 53	– 46	– 36	– 35	– 33	– 9	– 2	– 7	**88**
5	Tal- oder Richtunggleisbremse, TW beid- oder											
6	einseitig, schalloptimiert	5	ΔL_{Wf} [dB]	– 28	– 23	– 18	– 13	– 9	– 6	– 4	– 9	**85**

Spalte	A	B	C	D	E	F	G	H	I	J	K	L
Zeile		Einzelquelle (Punkt) *i*	f_m [Hz]	63	125	250	500	1000	2000	4000	8000	L_{WA} [dB]
7	Talbremse, TW beidseitig mit Segmenten	6	ΔL_{Wf} [dB]	−56	−52	−45	−41	−38	−9	−1	−13	**98**
8	Richtungsgleisbremse, TWE einseitig											
9	mit Segmenten	7	ΔL_{Wf} [dB]	−56	−52	−45	−41	−38	−9	−1	−13	**92**
10	Gummiwalkbremse	8	ΔL_{Wf} [dB]	−28	−18	−12	−7	−6	−7	−8	−11	**83**
11	FEW Talbremse	9	ΔL_{Wf} [dB]	−38	−28	−23	−18	−15	−5	−3	−13	**98**
12	Schraubenbremse	10	ΔL_{Wf} [dB]	−29	−21	−9	−10	−8	−4	−9	−13	**72*)**

*) **Amtl. Anm.:** Der angegebene L_{WA} gilt für ein Bremselement mit der Länge von ca. 1,2 m.

Retardergeräusch – Verzögerungsstrecke

Spalte	A	B	C	D	E	F	G	H	I	J	K	L
Zeile		Einzelquelle (Punkt) *i*	f_m [Hz]	63	125	250	500	1000	2000	4000	8000	L_{WA} [dB]
1	Quellhöhe 0 m	11	ΔL_{Wf} [dB]	−11	−15	−15	−16	−9	−5	−8	−15	**90**

Retardergeräusch – Beharrungsstrecke

Spalte	A	B	C	D	E	F	G	H	I	J	K	L
Zeile		Einzelquelle (Linie) *j*	f_m [Hz]	63	125	250	500	1500	2000	4000	8000	***$L_{W'A}$ [dB]***
1	Quellhöhe 0 m	2	$\Delta L_{W',f}$ [dB]	– 28	– 23	– 16	– 12	– 9	– 3	– 8	– 14	**62 + 10 lg (n_{ret})*)**

*) **Amtl. Anm.:** n_{ret} ist die Anzahl der Retarder pro laufenden Meter Gleis.

Retardergeräusch – Rangieren auf der Beharrungsstrecke

Spalte	A	B	C	D	E	F	G	H	I	J	K	L
Zeile		Einzelquelle (Linie) *j*	f_m [Hz]	63	125	250	500	1000	2000	4000	8000	***$L_{W'A}$[dB]***
1	Quellhöhe 0 m	3	$\Delta L_{W',f}$ [dB]	– 30	– 26	– 18	– 12	– 9	– 3	– 6	– 13	**72 + 10 lg (n_{ret})*)**

*) **Amtl. Anm.:** n_{ret} ist die Anzahl der Retarder pro laufenden Meter Gleis.

Hemmschuhauflaufgeräusch

Spalte	A	B	C	D	E	F	G	H	I	J	K	L
Zeile		Einzelquelle (Punkt) *i*	f_m [Hz]	63	125	250	500	1000	2000	4000	8000	**L_{WA} [dB]**
1	Quellhöhe 0 m	12	$\Delta L_{W',f}$ [dB]	– 41	– 37	– 16	– 21	– 18	– 19	– 7	– 1	**95**

Auflaufstoßgeräusch

Spalte	A	B	C	D	E	F	G	H	I	J	K	L
Zeile		Einzelquelle (Punkt) *i*	f_m [Hz]	63	125	250	500	1000	2000	4000	8000	**L_{WA} [dB]**
1	Quellhöhe 1,5 m											
2	Rangierbahnhof mit moderner Rangiertechnik											
3	(vollautomatische Anlage)	13	ΔL_{Wf} [dB]	– 23	– 15	– 11	– 11	– 6	– 5	– 7	– 13	**78*)**
4	Rangierbahnhof ohne moderne Rangiertechnik	14	ΔL_{Wf} [dB]	– 25	– 18	– 12	– 11	– 6	– 4	– 8	– 13	**91**

*) **Amtl. Anm.:** Die Auflaufgeschwindigkeit darf v = 1,25 m/s nicht überschreiten.

Geräusch Anreißen und Abbremsen lose gekoppelter Wagen

Spalte	A	B	C	D	E	F	G	H	I	J	K	L
Zeile		Einzelquelle (Linie) *j*	f_m [Hz]	63	125	250	500	1000	2000	4000	8000	**$L_{W'A}$ [dB]**
1	Quellhöhe 1,5 m	4	$\Delta L_{W',f}$ [dB]	– 26	– 15	– 13	– 9	– 6	– 5	– 7	– 12	**75*)**

*) **Amtl. Anm.:** Der Wert bezieht sich auf eine Rangiergruppe von 20 Wagen (400 m Länge).

2.17. Siebzehnte Verordnung zur Durchführung des Bundes-Immissionsschutzgesetzes (Verordnung über die Verbrennung und die Mitverbrennung von Abfällen – 17. BImSchV) [1)2)]

Vom 2. Mai 2013

(BGBl. I S. 1021, 1044, ber. S. 3754)

FNA 2129-8-17-1

Inhaltsübersicht

[1)] Verkündet als Art. 3 VO v. 2.5.2013 (BGBl. I S. 1021, ber. S. 3754); Inkrafttreten gem. Art. 10 Abs. 1 dieser VO am 2.5.2013. Die VO wurde erlassen aufgrund von § 5 Abs. 2 und § 7 Abs. 1 und 4 BImSchG (Nr. **1**).

[2)] **Amtl. Anm. zur MantelVO:** Diese Verordnung dient der Umsetzung der
- Richtlinie 2010/75/EU v. 24.11.2010 (ABl. L 334 S. 17, ber. ABl. 2012 L 158 S. 25) des Europäischen Parlaments und des Rates vom 24. November 2010 über Industrieemissionen (integrierte Vermeidung und Verminderung der Umweltverschmutzung) (Neufassung) (ABl. L 334 vom 17.12.2010, S. 17),
- Richtlinie 2001/81/EG v. 23.10.2001 (ABl. L 309 S. 22), aufgeh. mit Ablauf des 30.6.2018 durch RL v. 14.12.2016 (ABl. L 344 S. 1) des Europäischen Parlaments und des Rates vom 23. Oktober 2001 über nationale Emissionshöchstmengen für bestimmte Luftschadstoffe (ABl. L 309 vom 27.11. 2001, S. 22) sowie
- Richtlinie 2008/50/EG v. 21.5.2008 (ABl. L 152 S. 1, ber. ABl. 2012 L 336 S. 101), zuletzt geänd. durch RL v. 28.8.2015 (ABl. L 226 S. 4) des Europäischen Parlaments und des Rates vom 21. Mai 2008 über Luftqualität und saubere Luft für Europa (ABl. L 152 vom 11.6.2008, S. 1).

Abschnitt 1. Allgemeine Vorschriften

§ 1 Anwendungsbereich. (1) Diese Verordnung gilt für die Errichtung, die Beschaffenheit und den Betrieb von Abfallverbrennungs- und Abfallmitverbrennungsanlagen, die nach § 4 des Bundes-Immissionsschutzgesetzes[1] in Verbindung mit der in Nummer 2 genannten Verordnung genehmigungsbedürftig sind und in denen folgende Abfälle und Stoffe eingesetzt werden:

1. feste, flüssige oder in Behältern gefasste gasförmige Abfälle oder
2. ähnliche feste oder flüssige brennbare Stoffe, die nicht in den Nummern 1.2.1, 1.2.2 oder Nummer 1.2.3 des Anhangs 1 der Verordnung über genehmigungsbedürftige Anlagen[2] vom 2. Mai 2013 (BGBl. I S. 973) aufgeführt sind, ausgenommen ähnliche flüssige brennbare Stoffe, soweit bei ihrer Verbrennung keine anderen oder keine höheren Emissionen als bei der Verbrennung von leichtem Heizöl auftreten können, oder
3. feste, flüssige oder gasförmige Stoffe, die bei der Pyrolyse oder Vergasung von Abfällen entstehen.

(2) Diese Verordnung gilt weder für Abfallverbrennungs- oder -mitverbrennungsanlagen noch für einzelne Abfallverbrennungs- oder -mitverbrennungslinien, die, abgesehen vom Einsatz der in den Nummern 1.2.1, 1.2.2 und 1.2.3 des Anhangs 1 der Verordnung über genehmigungsbedürftige Anlagen aufgeführten Stoffe, ausschließlich bestimmt sind für den Einsatz von

1. Biobrennstoffen gemäß § 2 Absatz 6 Nummer 2 der Verordnung über Großfeuerungs-, Gasturbinen- und Verbrennungsmotoranlagen[3] vom 2. Mai 2013 (BGBl. I S. 1021, 1023) in der jeweils geltenden Fassung,
2. Tierkörpern im Sinne der Verordnung (EG) Nr. 1069/2009 des Europäischen Parlaments und des Rates vom 21. Oktober 2009 mit Hygienevorschriften für nicht für den menschlichen Verzehr bestimmte tierische Neben-

[1] Nr. **1**.
[2] Nr. **2.4**.
[3] Nr. **2.13**.

produkte und zur Aufhebung der Verordnung (EG) Nr. 1774/2002 (Verordnung über tierische Nebenprodukte) (ABl. L 300 vom 14.11.2009, S. 1), die durch die Richtlinie 2010/63/EU (ABl. L 276 vom 20.10.2010, S. 33) geändert worden ist, oder
3. Abfällen, die beim Aufsuchen von Erdöl- und Erdgasvorkommen und deren Förderung auf Bohrinseln entstehen und dort verbrannt werden.

(3) Die Verordnung ist nicht anzuwenden auf
1. Abfallverbrennungs- oder -mitverbrennungslinien, die für Forschungs-, Entwicklungs- und Prüfzwecke zur Verbesserung des Verbrennungsprozesses weniger als 50 Megagramm Abfälle im Jahr behandeln, und
2. gasförmige Stoffe nach Absatz 1 Nummer 3, die in Abfallmitverbrennungsanlagen eingesetzt werden, wenn ihre Verbrennung auf Grund ihrer Zusammensetzung keine anderen oder höheren Emissionen verursacht als die Verbrennung von Erdgas.

(4) Diese Verordnung enthält Anforderungen an Abfallverbrennungs- und Abfallmitverbrennungsanlagen,
1. die nach § 5 Absatz 1 Nummer 1 bis 4 des Bundes-Immissionsschutzgesetzes zu erfüllen sind bei der Errichtung und beim Betrieb der Anlagen zur
   a) Bekämpfung von Brandgefahren,
   b) Vorsorge gegen schädliche Umwelteinwirkungen,
   c) Behandlung von Abfällen und
   d) Nutzung der entstehenden Wärme sowie
2. zur Erfüllung von Luftqualitätsanforderungen der Europäischen Gemeinschaften oder Europäischen Union nach § 48a Absatz 1 und 3 des Bundes-Immissionsschutzgesetzes.

§ 2 Begriffsbestimmungen. (1) „Abfall" im Sinne dieser Verordnung sind Stoffe oder Gegenstände, die gemäß den Bestimmungen des Kreislaufwirtschaftsgesetzes vom 24. Februar 2012 (BGBl. I S. 212) in der jeweils geltenden Fassung Abfälle sind.

(2) „Abfallmitverbrennende Großfeuerungsanlage" im Sinne dieser Verordnung ist eine Abfallmitverbrennungsanlage mit einer Feuerungswärmeleistung von 50 Megawatt oder mehr.

(3) [1] „Abfallmitverbrennungsanlage" im Sinne dieser Verordnung ist eine Feuerungsanlage, deren Hauptzweck in der Energiebereitstellung oder der Produktion stofflicher Erzeugnisse besteht und in der Abfälle oder Stoffe nach § 1 Absatz 1, bei gemischten Siedlungsabfällen nur soweit es sich um aufbereitete gemischte Siedlungsabfälle handelt,
1. als regelmäßige oder zusätzliche Brennstoffe verwendet werden oder
2. mit dem Ziel der Beseitigung thermisch behandelt werden.

[2] Die Anlage in diesem Sinne erstreckt sich auf die gesamte Abfallmitverbrennungsanlage, dazu gehören alle Abfallmitverbrennungslinien, die Annahme und Lagerung der Abfälle und Stoffe nach § 1 Absatz 1, die auf dem Gelände befindlichen Vorbehandlungsanlagen, das Zufuhrsystem für Abfälle und Stoffe nach § 1 Absatz 1, für Brennstoffe und Luft, der Kessel, die Abgasbehandlungs-

anlagen, die auf dem Gelände befindlichen Anlagen zur Behandlung und Lagerung von Abfällen und Abwässern, die bei der Abfallmitverbrennung entstehen, der Schornstein, die Vorrichtungen und Systeme zur Kontrolle der Verbrennungsvorgänge, zur Aufzeichnung und zur Überwachung der Verbrennungsbedingungen. [3] Falls die Abfallmitverbrennung in solch einer Weise erfolgt, dass der Hauptzweck der Anlage nicht in der Energiebereitstellung oder der Produktion stofflicher Erzeugnisse, sondern in der thermischen Behandlung von Abfällen besteht, gilt die Anlage als Abfallverbrennungsanlage im Sinne des Absatzes 4.

(4) [1] „Abfallverbrennungsanlage" im Sinne dieser Verordnung ist eine Feuerungsanlage, deren Hauptzweck darin besteht, thermische Verfahren zur Behandlung von Abfällen oder Stoffen nach § 1 Absatz 1 zu verwenden. [2] Diese Verfahren umfassen die Verbrennung durch Oxidation der oben genannten Stoffe und andere vergleichbare thermische Verfahren wie Pyrolyse, Vergasung oder Plasmaverfahren, soweit die bei den vorgenannten thermischen Verfahren aus Abfällen entstehenden festen, flüssigen oder gasförmigen Stoffe verbrannt werden. [3] Die Anlage in diesem Sinne erstreckt sich auf die gesamte Abfallverbrennungsanlage, dazu gehören alle Abfallverbrennungslinien, die Annahme und Lagerung der Abfälle und Stoffe nach § 1 Absatz 1, die auf dem Gelände befindlichen Vorbehandlungsanlagen, das Zufuhrsystem für Abfälle und Stoffe nach § 1 Absatz 1, für Brennstoffe und Luft, der Kessel, die Abgasbehandlungsanlagen, die auf dem Gelände befindlichen Anlagen zur Behandlung und Lagerung von Abfällen und Abwässern, die bei der Abfallverbrennung entstehen, der Schornstein, die Vorrichtungen und Systeme zur Kontrolle der Verbrennungsvorgänge, zur Aufzeichnung und zur Überwachung der Verbrennungsbedingungen.

(5) „Abfallverbrennungs- oder -mitverbrennungslinie" im Sinne dieser Verordnung ist die jeweilige technische Einrichtung der Abfallverbrennungs- oder -mitverbrennungsanlage; dazu gehören ein Brennraum, gegebenenfalls ein Brenner, und die dazugehörige Steuerungseinheit, eine Abgasreinigungseinrichtung sowie sonstige Nebeneinrichtungen entsprechend § 1 Absatz 2 Nummer 2 der Verordnung über genehmigungsbedürftige Anlagen[1)].

(6) „Abgas" im Sinne dieser Verordnung ist das Trägergas mit den festen, flüssigen oder gasförmigen Emissionen, angegeben als Volumenstrom in der Einheit Kubikmeter je Stunde (m^3/h) und bezogen auf das Abgasvolumen im Normzustand (Temperatur 273,15 Kelvin (K), Druck 101,3 Kilopascal (kPa)) nach Abzug des Feuchtegehalts an Wasserdampf.

(7) „Aufbereitete gemischte Siedlungsabfälle" im Sinne dieser Verordnung sind gemischte Siedlungsabfälle, für die zum Zwecke der Mitverbrennung Maßnahmen ergriffen wurden, die eine Belastung mit anorganischen Schadstoffen, insbesondere Schwermetallen, deutlich reduzieren; Trocknen, Pressen oder Mischen zählen in der Regel nicht zu diesen Maßnahmen.

(8) „Bestehende abfallmitverbrennende Großfeuerungsanlage" im Sinne dieser Verordnung ist eine abfallmitverbrennende Großfeuerungsanlage,

1. die nach § 67 Absatz 2 oder § 67a Absatz 1 des Bundes-Immissionsschutzgesetzes oder vor Inkrafttreten des Bundes-Immissionsschutzgesetzes nach § 16 Absatz 4 der Gewerbeordnung anzuzeigen war,

---

[1)] Nr. **2.4**.

2. für die die erste Genehmigung zur Errichtung und zum Betrieb nach § 4 oder § 16 des Bundes-Immissionsschutzgesetzes vor dem 7. Januar 2013 erteilt worden ist und die vor dem 7. Januar 2014 in Betrieb gegangen ist, oder
3. für die der Betreiber vor dem 7. Januar 2013 einen vollständigen Genehmigungsantrag zur Errichtung und zum Betrieb nach § 4 oder § 16 des Bundes-Immissionsschutzgesetzes gestellt hat und die vor dem 7. Januar 2014 in Betrieb gegangen ist.

(9) „Bestehende Abfallverbrennungs- oder -mitverbrennungsanlage" im Sinne dieser Verordnung ist eine Abfallverbrennungs- oder -mitverbrennungsanlage, ausgenommen abfallmitverbrennende Großfeuerungsanlagen, die vor dem 2. Mai 2013 genehmigt oder errichtet wurde.

(10) „Bezugssauerstoffgehalt" im Sinne dieser Verordnung ist der jeweils vorgegebene oder zu berechnende Volumengehalt an Sauerstoff im Abgas, auf den der jeweilige Emissionsgrenzwert unter Berücksichtigung von Anlage 5 zu beziehen ist.

(11) „Biobrennstoffe" im Sinne dieser Verordnung sind Biobrennstoffe gemäß § 2 Absatz 6 der Verordnung über Großfeuerungs-, Gasturbinen- und Verbrennungsmotoranlagen[1)].

(12) „Emissionen" im Sinne dieser Verordnung sind die von einer Anlage ausgehenden Luftverunreinigungen; angegeben als Massenkonzentration in der Einheit Milligramm je Kubikmeter Abgas (mg/m^3) oder Nanogramm je Kubikmeter Abgas (ng/m^3) oder als Massenstrom in der Einheit Megagramm pro Jahr (Mg/a).

(13) „Emissionsgrenzwert" im Sinne dieser Verordnung ist die Emission einer Anlage, die zulässigerweise in die Luft abgeleitet werden darf, angegeben als Massenkonzentration und bezogen auf den jeweiligen Bezugssauerstoffgehalt.

(14) „Erdgas" im Sinne dieser Verordnung sind

1. natürlich vorkommendes Methangas mit nicht mehr als 20 Volumenprozent an Inertgasen und sonstigen Bestandteilen, das den Anforderungen des DVGW-Arbeitsblattes G 260 vom Mai 2008 für Gase der 2. Gasfamilie entspricht, sowie
2. Klär-, Bio- und Grubengase nach DVGW-Arbeitsblatt G 262 vom September 2011, die die Bedingungen des DVGW-Arbeitsblattes G 260 als Austauschgas oder als Zusatzgas zur Konditionierung erfüllen und insoweit die Grundgase der 2. Gasfamilie in der öffentlichen Gasversorgung ersetzen oder ergänzen.

(15) „Feuerungsanlage" im Sinne dieser Verordnung ist jede Anlage, in der Brennstoff zur Nutzung der erzeugten Wärme oxidiert wird.

(16) „Feuerungswärmeleistung" im Sinne dieser Verordnung ist der auf den unteren Heizwert bezogene Wärmeinhalt der Brenn- oder Einsatzstoffe, der einer Anlage im Dauerbetrieb je Zeiteinheit zugeführt wird, angegeben in Megawatt (MW).

[1)] Nr. **2.13**.

(17) [1] „Gemischte Siedlungsabfälle" im Sinne dieser Verordnung sind Abfälle aus Haushaltungen sowie gewerbliche, industrielle Abfälle und Abfälle aus Einrichtungen, die auf Grund ihrer Beschaffenheit oder Zusammensetzung den Abfällen aus Haushaltungen ähnlich sind. [2] Zu den gemischten Siedlungsabfällen im Sinne dieser Verordnung gehören weder die unter der Abfallgruppe 20 01 der Abfallverzeichnis-Verordnung[1)] genannten Abfallfraktionen, die am Entstehungsort getrennt eingesammelt werden, noch die unter der Abfallgruppe 20 02 derselben Verordnung genannten Abfälle.

(18) „Gefährliche Abfälle" im Sinne dieser Verordnung sind gefährliche Abfälle gemäß der Abfallverzeichnis-Verordnung.

(19) „Leichtes Heizöl" im Sinne dieser Verordnung ist Heizöl EL nach DIN 51603-1, Ausgabe August 2008.

Abschnitt 2. Anforderungen an die Errichtung, die Beschaffenheit und den Betrieb

§ 3 Anforderungen an die Anlieferung, die Annahme und die Zwischenlagerung der Einsatzstoffe. (1) Der Betreiber einer Abfallverbrennungs- oder -mitverbrennungsanlage hat alle erforderlichen Vorsichtsmaßnahmen hinsichtlich der Anlieferung und Annahme der Abfälle zu ergreifen, um die Verschmutzung der Luft, des Bodens, des Oberflächenwassers und des Grundwassers, andere Belastungen der Umwelt, Geruchs- und Lärmbelästigungen sowie direkte Gefahren für die menschliche Gesundheit zu vermeiden oder, so weit wie möglich zu begrenzen.

(2) [1] Der Betreiber trägt vor Annahme gefährlicher Abfälle in der Abfallverbrennungs- oder -mitverbrennungsanlage die verfügbaren Angaben über die Abfälle zusammen, damit festgestellt werden kann, ob die Genehmigungsbedingungen erfüllt sind. [2] Diese Angaben müssen Folgendes umfassen:

1. alle verwaltungsmäßigen Angaben über den Entstehungsprozess der Abfälle, die in den in Absatz 3 Satz 1 Nummer 1 genannten Dokumenten enthalten sind,
2. die physikalische und soweit praktikabel die chemische Zusammensetzung der Abfälle,
3. alle sonstigen erforderlichen Angaben zur Beurteilung der Eignung der Abfälle für den vorgesehenen Verbrennungsprozess,
4. Gefahrenmerkmale der Abfälle, Stoffe, mit denen sie nicht vermischt werden dürfen, und Vorsichtsmaßnahmen beim Umgang mit diesen Abfällen.

(3) [1] Der Betreiber muss vor Annahme gefährlicher Abfälle in der Abfallverbrennungs- oder -mitverbrennungsanlage mindestens folgende Maßnahmen durchführen:

1. Prüfung der Dokumente, die in der Richtlinie 2008/98/EG des Europäischen Parlaments und des Rates vom 19. November 2008 über Abfälle und zur Aufhebung bestimmter Richtlinien (ABl. L 312 vom 22.11.2008, S. 3, L 127 vom 26.5.2009, S. 24) (Abfallrahmenrichtlinie) und gegebenenfalls in

---

[1)] **Amtl. Anm.:** Hinweis der Schriftleitung:
Abfallverzeichnis-Verordnung vom 10. Dezember 2001 (BGBl. I S. 3379), die zuletzt durch Artikel 5 Absatz 22 des Gesetzes vom 24. Februar 2012 (BGBl. I S. 212) geändert worden ist.

der Verordnung (EG) Nr. 1013/2006 des Europäischen Parlaments und des Rates vom 14. Juni 2006 über die Verbringung von Abfällen (ABl. L 190 vom 12.7.2006, S. 1, L 318 vom 28.11.2008, S. 15), die zuletzt durch die Verordnung (EU) Nr. 135/2012 (ABl. L 46 vom 17.2.2012, S. 30) geändert worden ist, sowie den Rechtsvorschriften für Gefahrguttransporte vorgeschrieben sind, sowie

2. Entnahme von repräsentativen Proben und Kontrolle der entnommenen Proben, um zu überprüfen, ob die Abfälle den Angaben nach Absatz 2 entsprechen und den zuständigen Behörden die Feststellung der Art der behandelten Abfälle zu ermöglichen; die Proben sind vor dem Abladen zu entnehmen, sofern dies nicht mit unverhältnismäßigem Aufwand verbunden ist.

[2] Die Proben gemäß Satz 1 Nummer 2 sind nach der Verbrennung oder Mitverbrennung des betreffenden Abfalls mindestens einen Monat lang aufzubewahren.

(4) Der Betreiber der Anlage hat vor der Annahme des Abfalls in der Abfallverbrennungs- oder -mitverbrennungsanlage die Masse einer jeden Abfallart gemäß der Abfallverzeichnis-Verordnung zu bestimmen.

(5) Die zuständige Behörde kann auf Antrag des Betreibers für Abfallverbrennungs- oder -mitverbrennungsanlagen Ausnahmen von den Absätzen 2 bis 4 zulassen, wenn diese Anlagen

1. Teil einer in Anhang 1 der Verordnung über genehmigungsbedürftige Anlagen[1)] in Spalte d mit dem Buchstaben E gekennzeichneten Anlage sind und
2. nur Abfälle verbrennen oder mitverbrennen, die innerhalb der Anlage entstanden sind.

(6) [1] Flüssige Abfälle oder Stoffe nach § 1 Absatz 1 sind in geschlossenen, gegen Überdruck gesicherten Behältern zu lagern. [2] Bei der Befüllung der Behälter ist das Gaspendelverfahren anzuwenden oder die Verdrängungsluft zu erfassen. [3] Der Betreiber hat vor Inbetriebnahme einer Abfallverbrennungs- oder -mitverbrennungsanlage offene Übergabestellen mit einer Luftabsaugung auszurüsten. [4] Die Verdrängungsluft aus den Behältern sowie die abgesaugte Luft sind der Feuerung zuzuführen. [5] Bei Stillstand der Feuerung ist eine Annahme an offenen Übergabestellen oder ein Füllen von Lagertanks nur zulässig, wenn emissionsmindernde Maßnahmen, insbesondere die Gaspendelung oder eine Abgasreinigung, angewandt werden.

§ 4 Errichtung und Beschaffenheit der Anlagen. (1) [1] Abfallverbrennungs- oder -mitverbrennungsanlagen sind so auszulegen, zu errichten und zu betreiben, dass ein unerlaubtes und unbeabsichtigtes Freisetzen von Schadstoffen in den Boden, in das Oberflächenwasser oder das Grundwasser vermieden wird. [2] Außerdem muss für das auf dem Gelände der Abfallverbrennungs- oder -mitverbrennungsanlage anfallende verunreinigte Regenwasser und für verunreinigtes Wasser, das bei Störungen oder bei der Brandbekämpfung anfällt, eine ausreichende Speicherkapazität vorgesehen werden. [3] Sie ist ausreichend, wenn das anfallende Wasser geprüft und erforderlichenfalls vor der Ableitung behandelt werden kann.

[1)] Nr. **2.4**.

(2) [1] Der Betreiber hat eine Abfallverbrennungsanlage für feste Abfälle oder Stoffe nach § 1 Absatz 1 vor Inbetriebnahme mit einem Bunker auszurüsten, der mit einer Absaugung zu versehen ist und dessen abgesaugte Luft der Feuerung zuzuführen ist. [2] Für den Fall, dass die Feuerung nicht in Betrieb ist, sind Maßnahmen zur Reinigung und Ableitung der abgesaugten Luft vorzusehen.

(3) [1] Der Betreiber hat eine Abfallmitverbrennungsanlage für feste Abfälle oder Stoffe nach § 1 Absatz 1 vor Inbetriebnahme mit geschlossenen Lagereinrichtungen für diese Stoffe auszurüsten. [2] Die bei der Lagerung entstehende Abluft ist zu fassen.

(4) Die Absätze 2 und 3 gelten nicht für Abfallverbrennungs- oder -mitverbrennungsanlagen, soweit die Abfälle oder Stoffe nach § 1 Absatz 1 der Abfallverbrennung oder Abfallmitverbrennung ausschließlich in geschlossenen Einwegbehältnissen oder aus Mehrwegbehältnissen zugeführt werden.

(5) [1] Für Abfallverbrennungs- oder -mitverbrennungsanlagen sind Maßnahmen und Einrichtungen zur Erkennung und Bekämpfung von Bränden vorzusehen. [2] Die Brandschutzeinrichtungen und -maßnahmen sind so auszulegen, dass im Abfallbunker entstehende oder eingetragene Brände erkannt und bekämpft werden können.

(6) [1] Sind auf Grund der Zusammensetzung der Abfälle oder Stoffe nach § 1 Absatz 1 Explosionen im Lagerbereich nicht auszuschließen, sind abweichend von Absatz 4 andere geeignete Maßnahmen durchzuführen. [2] Die Maßnahmen werden von der zuständigen Behörde näher bestimmt.

(7) [1] Der Betreiber hat vor der Inbetriebnahme jede Abfallverbrennungs- oder -mitverbrennungslinie einer Abfallverbrennungs- oder -mitverbrennungsanlage mit einem oder mehreren Brennern auszurüsten. [2] Satz 1 ist nicht anzuwenden, sofern die Voraussetzungen des § 9 Absatz 1 Satz 1 Nummer 1 erfüllt sind.

(8) Der Betreiber hat eine Abfallverbrennungs- oder -mitverbrennungsanlage vor der Inbetriebnahme mit automatischen Vorrichtungen auszurüsten, durch die sichergestellt wird, dass

1. eine Beschickung der Anlagen mit Abfällen oder Stoffen nach § 1 Absatz 1 erst möglich ist, wenn beim Anfahren die Mindesttemperatur erreicht ist,
2. eine Beschickung der Anlagen mit Abfällen oder Stoffen nach § 1 Absatz 1 nur so lange erfolgen kann, wie die Mindesttemperatur aufrechterhalten wird,
3. eine Beschickung der Anlagen mit Abfällen oder Stoffen nach § 1 Absatz 1 unterbrochen wird, wenn infolge eines Ausfalls oder einer Störung von Abgasreinigungseinrichtungen eine Überschreitung eines kontinuierlich überwachten Emissionsgrenzwertes eintreten kann; dabei sind sicherheitstechnische Belange des Brand- und Explosionsschutzes zu beachten.

(9) Die Abfallverbrennungs- oder -mitverbrennungsanlagen sind mit Registriereinrichtungen auszurüsten, durch die Verriegelungen oder Abschaltungen durch die automatischen Vorrichtungen nach Absatz 8 registriert werden.

(10) Sonstige Anforderungen, die sich aus der Verordnung über Großfeuerungs-, Gasturbinen- und Verbrennungsmotoranlagen oder aus § 5 Absatz 1 Nummer 2 des Bundes-Immissionsschutzgesetzes unter Beachtung der Ersten Allgemeinen Verwaltungsvorschrift zum Bundes-Immissionsschutzgesetz

(Technische Anleitung zur Reinhaltung der Luft – TA Luft)[1)] vom 24. Juli 2002 (GMBl. S. 511) in der jeweils geltenden Fassung ergeben, bleiben unberührt.

§ 5 Betriebsbedingungen. (1) Eine Abfallverbrennungsanlage ist so zu errichten und zu betreiben, dass

1. ein weitgehender Ausbrand der Abfälle oder der Stoffe nach § 1 Absatz 1 erreicht wird und
2. in der Schlacke und in der Rostasche ein Gehalt an organisch gebundenem Gesamtkohlenstoff von weniger als 3 Prozent oder ein Glühverlust von weniger als 5 Prozent des Trockengewichtes eingehalten wird.

(2) [1]Soweit es zur Erfüllung der Anforderungen nach Absatz 1 erforderlich ist, sind die Abfälle oder Stoffe nach § 1 Absatz 1 vorzubehandeln. [2]Die Vorbehandlung erfolgt in der Regel durch Zerkleinern oder Mischen oder durch das Öffnen von Einwegbehältnissen.

(3) Entgegen den Anforderungen nach Absatz 2 sollen infektiöse krankenhausspezifische Abfälle in die Feuerung gebracht werden, ohne vorher mit anderen Abfallarten vermischt oder anderweitig vorbehandelt worden zu sein.

(4) Die Abfallmitverbrennungsanlagen sind so zu betreiben, dass eine möglichst vollständige Verbrennung von Abfällen und Stoffen nach § 1 Absatz 1 erreicht wird.

(5) Flugascheablagerungen sind möglichst gering zu halten, insbesondere durch geeignete Abgasführung sowie häufige Reinigung von Kesseln, Heizflächen, Kesselspeisewasser-Vorwärmern und Abgaszügen.

§ 6 Verbrennungsbedingungen für Abfallverbrennungsanlagen.

(1) Abfallverbrennungsanlagen sind so zu errichten und zu betreiben, dass für die Verbrennungsgase, die bei der Verbrennung von Abfällen oder Stoffen nach § 1 Absatz 1 entstehen, nach der letzten Verbrennungsluftzuführung eine Mindesttemperatur von 850 Grad Celsius eingehalten wird.

(2) Bei der Verbrennung von gefährlichen Abfällen mit einem Halogengehalt aus halogenorganischen Stoffen von mehr als 1 Prozent des Gewichts, berechnet als Chlor, hat der Betreiber dafür zu sorgen, dass abweichend von Absatz 1 eine Mindesttemperatur von 1 100 Grad Celsius eingehalten wird.

(3) Die Mindesttemperatur muss auch unter ungünstigsten Bedingungen bei gleichmäßiger Durchmischung der Verbrennungsgase mit der Verbrennungsluft für eine Verweilzeit von mindestens zwei Sekunden eingehalten werden.

(4) [1]Die Messung der Mindesttemperatur hat in der Nähe der Innenwand des Brennraums zu erfolgen. [2]Die zuständige Behörde kann genehmigen, dass die Messung an einer anderen repräsentativen Stelle des Brennraums oder Nachverbrennungsraums erfolgen kann. [3]Die Überprüfung und gegebenenfalls Anpassung der repräsentativen Stelle erfolgt mit Zustimmung der zuständigen Behörde im Rahmen der Inbetriebnahme der Anlage.

(5) Die Einhaltung der Mindesttemperatur und der Mindestverweilzeit ist zumindest einmal bei Inbetriebnahme der Anlage durch Messungen oder durch ein von der zuständigen Behörde anerkanntes Gutachten nachzuweisen.

[1)] Nr. **5.1**.

(6) [1] Abweichend von den Absätzen 1 bis 3 können die zuständigen Behörden andere Mindesttemperaturen oder Mindestverweilzeiten (Verbrennungsbedingungen) zulassen, sofern

1. die sonstigen Anforderungen dieser Verordnung eingehalten werden und
2. nachgewiesen wird, dass durch die Änderung der Verbrennungsbedingungen keine größeren Abfallmengen und keine Abfälle mit einem höheren Gehalt an organischen Schadstoffen, insbesondere an polyzyklischen aromatischen Kohlenwasserstoffen, polyhalogenierten Dibenzodioxinen, polyhalogenierten Dibenzofuranen oder polyhalogenierten Biphenylen, entstehen, als unter den in den Absätzen 1 bis 3 festgelegten Bedingungen zu erwarten wären.

[2] Der Nachweis nach Satz 1 Nummer 2 ist zumindest einmal bei der Inbetriebnahme der Abfallverbrennungsanlage unter den geänderten Verbrennungsbedingungen durch Messungen oder durch ein von der zuständigen Behörde anerkanntes Gutachten zu erbringen. [3] Die zuständigen Behörden haben Ausnahmegenehmigungen nach Satz 1 den zuständigen obersten Immissionsschutzbehörden der Länder zur Weiterleitung an die Europäische Kommission vorzulegen.

(7) Für bestehende Anlagen gilt der Nachweis für ausreichende Verbrennungsbedingungen auch als erbracht, sofern zumindest einmal nach der Inbetriebnahme der Anlage durch Messungen nachgewiesen wird, dass keine höheren Emissionen, insbesondere an polyzyklischen aromatischen Kohlenwasserstoffen, polyhalogenierten Dibenzodioxinen, polyhalogenierten Dibenzofuranen oder polyhalogenierten Biphenylen, entstehen als bei den jeweils nach den Absätzen 1 bis 3 festgelegten Verbrennungsbedingungen.

(8) Während des Anfahrens und bei drohender Unterschreitung der Mindesttemperatur müssen die Brenner mit Erdgas, Flüssiggas, Wasserstoff, gasförmigen Brennstoffen nach Nummer 1.2.2 des Anhangs 1 der Verordnung über genehmigungsbedürftige Anlagen[1)], leichtem Heizöl oder sonstigen flüssigen Stoffen nach § 1 Absatz 1, soweit auf Grund ihrer Zusammensetzung keine anderen oder höheren Emissionen als bei der Verbrennung von leichtem Heizöl auftreten können, betrieben werden.

(9) [1] Beim Abfahren von Abfallverbrennungsanlagen oder einzelnen Abfallverbrennungslinien müssen die Brenner zur Aufrechterhaltung der Verbrennungsbedingungen so lange betrieben werden, bis sich keine Abfälle oder Stoffe nach § 1 Absatz 1 mehr im Feuerraum befinden. [2] Die Brenner sind ausschließlich mit den in Absatz 8 genannten Brennstoffen zu betreiben. [3] Satz 1 ist nicht auf die sonstigen flüssigen Stoffe nach § 1 Absatz 1 anzuwenden, soweit auf Grund ihrer Zusammensetzung keine anderen oder keine höheren Emissionen als bei der Verbrennung von leichtem Heizöl auftreten können und sie zur Aufrechterhaltung der Verbrennungsbedingungen eingesetzt werden.

§ 7 Verbrennungsbedingungen für Abfallmitverbrennungsanlagen.

(1) Abfallmitverbrennungsanlagen sind so zu errichten und zu betreiben, dass für die Verbrennungsgase, die bei der Abfallmitverbrennung entstehen, eine Mindesttemperatur von 850 Grad Celsius eingehalten wird.

[1)] Nr. **2.4**.

(2) Bei der Verbrennung von gefährlichen Abfällen mit einem Halogengehalt aus halogenorganischen Stoffen von mehr als 1 Prozent des Gewichts, berechnet als Chlor, hat der Betreiber dafür zu sorgen, dass abweichend von Absatz 1 eine Mindesttemperatur von 1 100 Grad Celsius eingehalten wird.

(3) Die Mindesttemperatur muss auch unter ungünstigsten Bedingungen für eine Verweilzeit von mindestens zwei Sekunden eingehalten werden.

(4) [1] Die Messung der Mindesttemperatur hat an einer durch die zuständige Behörde in der Genehmigung festgelegten repräsentativen Stelle des Brennraums oder Nachverbrennungsraums zu erfolgen. [2] Die Überprüfung und gegebenenfalls Anpassung der repräsentativen Stelle erfolgt mit Zustimmung der zuständigen Behörde im Rahmen der Inbetriebnahme der Anlage.

(5) Die Einhaltung der Mindesttemperatur und der Mindestverweilzeit ist zumindest einmal bei Inbetriebnahme der Anlage durch Messungen oder durch ein von der zuständigen Behörde anerkanntes Gutachten nachzuweisen.

(6) [1] Abweichend von Absätzen 1 bis 3 kann die zuständige Behörde andere Verbrennungsbedingungen zulassen, sofern

1. die sonstigen Anforderungen dieser Verordnung eingehalten werden und
2. die Emissionsgrenzwerte nach § 8 Absatz 1 für organische Stoffe, angegeben als Gesamtkohlenstoff, und für Kohlenmonoxid eingehalten werden.

[2] Die zuständigen Behörden haben Ausnahmegenehmigungen nach Satz 1 den zuständigen obersten Immissionsschutzbehörden der Länder zur Weiterleitung an die Europäische Kommission vorzulegen.

§ 8 Emissionsgrenzwerte für Abfallverbrennungsanlagen. (1) Abfallverbrennungsanlagen sind so zu errichten und zu betreiben, dass

1. kein Tagesmittelwert die folgenden Emissionsgrenzwerte überschreitet:

a)	Gesamtstaub	5 mg/m³,
b)	organische Stoffe, angegeben als Gesamtkohlenstoff,	10 mg/m³,
c)	gasförmige anorganische Chlorverbindungen, angegeben als Chlorwasserstoff,	10 mg/m³,
d)	gasförmige anorganische Fluorverbindungen, angegeben als Fluorwasserstoff,	1 mg/m³,
e)	Schwefeldioxid und Schwefeltrioxid, angegeben als Schwefeldioxid,	50 mg/m³,
f)	Stickstoffmonoxid und Stickstoffdioxid, angegeben als Stickstoffdioxid,	150 mg/m³,
g)	Quecksilber und seine Verbindungen, angegeben als Quecksilber,	0,03 mg/m³,
h)	Kohlenmonoxid	50 mg/m³,
i)	Ammoniak, sofern zur Minderung der Emissionen von Stickstoffoxiden ein Verfahren zur selektiven katalytischen oder nichtkatalytischen Reduktion eingesetzt wird	10 mg/m³;

2. kein Halbstundenmittelwert die folgenden Emissionsgrenzwerte überschreitet:

a) Gesamtstaub 20 mg/m³,
b) organische Stoffe, angegeben als Gesamtkohlenstoff, 20 mg/m³,
c) gasförmige anorganische Chlorverbindungen, angegeben als Chlorwasserstoff, 60 mg/m³,
d) gasförmige anorganische Fluorverbindungen, angegeben als Fluorwasserstoff, 4 mg/m³,
e) Schwefeldioxid und Schwefeltrioxid, angegeben als Schwefeldioxid, 200 mg/m³,
f) Stickstoffmonoxid und Stickstoffdioxid, angegeben als Stickstoffdioxid, 400 mg/m³,
g) Quecksilber und seine Verbindungen, angegeben als Quecksilber, 0,05 mg/m³,
h) Kohlenmonoxid 100 mg/m³,
i) Ammoniak, sofern zur Minderung der Emissionen von Stickstoffoxiden ein Verfahren zur selektiven katalytischen oder nichtkatalytischen Reduktion eingesetzt wird 15 mg/m³;

3. kein Mittelwert, der über die jeweilige Probenahmezeit gebildet ist, die Emissionsgrenzwerte nach Anlage 1 überschreitet.

(2) Für Abfallverbrennungsanlagen mit einer Feuerungswärmeleistung von weniger als 50 MW gilt

1. abweichend von Absatz 1 Nummer 1 Buchstabe a ein Emissionsgrenzwert für Gesamtstaub von 10 mg/m³ für den Tagesmittelwert und
2. abweichend von Absatz 1 Nummer 1 Buchstabe f ein Emissionsgrenzwert für Stickstoffmonoxid und Stickstoffdioxid, angegeben als Stickstoffdioxid, von 200 mg/m³ für den Tagesmittelwert.

(3) [1] Die Emissionsgrenzwerte nach Absatz 1 beziehen sich auf einen Bezugssauerstoffgehalt von 11 Prozent. [2] Soweit ausschließlich gasförmige Stoffe, die bei der Pyrolyse oder Vergasung von Abfällen entstehen, oder Altöle im Sinne von § 1a Absatz 1 der Altölverordnung in der Fassung der Bekanntmachung vom 16. April 2002 (BGBl. I S. 1368), die zuletzt durch Artikel 5 Absatz 14 des Gesetzes vom 24. Februar 2012 (BGBl. I S. 212) geändert worden ist, eingesetzt werden, beträgt der Bezugssauerstoffgehalt 3 Prozent.

§ 9 Emissionsgrenzwerte für Abfallmitverbrennungsanlagen. (1) [1] Abfallmitverbrennungsanlagen sind so zu errichten und zu betreiben, dass folgende Emissionsgrenzwerte in den Abgasen eingehalten werden:

1. die Emissionsgrenzwerte nach Anlage 3, sofern
   a) die Anlage nicht mehr als 25 Prozent der jeweils gefahrenen Feuerungswärmeleistung einer Abfallmitverbrennungslinie aus Mitverbrennungsstoffen erzeugt, und
   b) bei Einsatz gemischter Siedlungsabfälle nur aufbereitete gemischte Siedlungsabfälle eingesetzt werden, sowie
2. die Emissionsgrenzwerte nach § 8 Absatz 1 und § 10 Absatz 1, sofern

a) die Anlage mehr als 25 Prozent der jeweils gefahrenen Feuerungswärmeleistung einer Abfallmitverbrennungslinie aus Mitverbrennungsstoffen erzeugt oder

b) bei Einsatz gemischter Siedlungsabfälle keine aufbereiteten gemischten Siedlungsabfälle eingesetzt werden.

[2] Mitverbrennungsstoffe sind dabei die eingesetzten Abfälle und Stoffe nach § 1 Absatz 1 sowie die für ihre Mitverbrennung zusätzlich benötigten Brennstoffe.

(2) Für Anlagen zur Herstellung von Zementklinker oder Zementen oder für Anlagen zum Brennen von Kalkstein gemäß Nummer 2.3 oder 2.4 des Anhangs 1 der Verordnung über genehmigungsbedürftige Anlagen[1)] gelten die Regelungen in der Anlage 3 Nummer 2 auch dann, wenn abweichend von Absatz 1 Satz 1 Nummer 1 Buchstabe a der Anteil der Mitverbrennungsstoffe an der jeweils gefahrenen Feuerungswärmeleistung 25 Prozent übersteigt.

(3) [1] Werden in Anlagen nach Absatz 2 mehr als 40 Prozent der jeweils gefahrenen Feuerungswärmeleistung aus gefährlichen Abfällen einschließlich des für deren Verbrennung zusätzlich benötigten Brennstoffs erzeugt, gelten abweichend von Absatz 2 die Grenzwerte nach § 8 Absatz 1 und § 10 Absatz 1. [2] Für die Ermittlung des prozentualen Anteils nach Satz 1 unberücksichtigt bleiben flüssige brennbare Abfälle und Stoffe nach § 1 Absatz 1, wenn

1. deren Massengehalt an polychlorierten aromatischen Kohlenwasserstoffen, wie zum Beispiel polychlorierte Biphenyle oder Pentachlorphenol, weniger als 10 Milligramm je Kilogramm und deren unterer Heizwert mindestens 30 Megajoule je Kilogramm beträgt oder
2. auf Grund ihrer Zusammensetzung keine anderen oder keine höheren Emissionen als bei der Verbrennung von leichtem Heizöl auftreten können.

(4) [1] Die Emissionsgrenzwerte beziehen sich auf einen Volumengehalt an Sauerstoff im Abgas, wie er in Anlage 3 festgelegt oder nach dem in Anlage 3 vorgegebenen Verfahren ermittelt wurde. [2] Soweit in Anlage 3 nicht anders festgelegt ist, dürfen die Halbstundenmittelwerte das Zweifache der jeweils festgelegten Tagesmittelwerte nicht überschreiten. [3] Soweit Emissionsgrenzwerte nach Anlage 3 Nummer 3 von der Feuerungswärmeleistung abhängig sind, ist für abfallmitverbrennende Großfeuerungsanlagen die Feuerungswärmeleistung gemäß § 3 der Verordnung über Großfeuerungs-, Gasturbinen- und Verbrennungsmotoranlagen[2)] maßgeblich.

(5) Die zuständige Behörde hat die jeweiligen Emissionsgrenzwerte, insbesondere soweit sie nach Anlage 3 rechnerisch zu ermitteln sind oder abweichend festgelegt werden können, im Genehmigungsbescheid oder in einer nachträglichen Anordnung festzusetzen.

§ 10 Im Jahresmittel einzuhaltende Emissionsgrenzwerte. (1) Abfallverbrennungsanlagen sind so zu errichten und zu betreiben, dass kein Jahresmittelwert folgende Emissionsgrenzwerte überschreitet:

1. Stickstoffmonoxid und Stickstoffdioxid, angegeben als Stickstoffdioxid, 100 mg/m³,

---

[1)] Nr. **2.4**.
[2)] Nr. **2.13**.

2. Quecksilber und seine Verbindungen, angegeben als Quecksilber, 0,01 mg/m³.

(2) Abfallmitverbrennungsanlagen sind so zu errichten und zu betreiben, dass kein Jahresmittelwert die Emissionsgrenzwerte gemäß Anlage 3 Nummer 2.3, 3.7 oder 4.3 überschreitet.

(3) Die Absätze 1 und 2 sind für bestehende Anlagen mit einer Feuerungswärmeleistung von 50 MW oder weniger nicht anzuwenden.

§ 11 Ableitungsbedingungen für Abgase. [1] Die Abgase sind in kontrollierter Weise so abzuleiten, dass ein ungestörter Abtransport mit der freien Luftströmung ermöglicht wird. [2] Zur Ermittlung der Ableitungshöhen sind die Anforderungen der Technischen Anleitung zur Reinhaltung der Luft zu berücksichtigen. [3] Die näheren Bestimmungen sind in der Genehmigung festzulegen.

§ 12 Behandlung der bei der Abfallverbrennung und Abfallmitverbrennung entstehenden Rückstände. (1) [1] Rückstände, wie Schlacken, Rostaschen, Filter- und Kesselstäube sowie Reaktionsprodukte und sonstige Abfälle der Abgasbehandlung, sind nach § 5 Absatz 1 Nummer 3 des Bundes-Immissionsschutzgesetzes[1)] zu vermeiden, zu verwerten oder zu beseitigen. [2] Soweit die Verwertung der Rückstände technisch nicht möglich oder unzumutbar ist, sind sie ohne Beeinträchtigung des Wohls der Allgemeinheit zu beseitigen.

(2) [1] Der Betreiber hat dafür zu sorgen, dass Filter- und Kesselstäube, die bei der Abgasentstaubung sowie bei der Reinigung von Kesseln, Heizflächen und Abgaszügen anfallen, getrennt von anderen festen Abfällen erfasst werden. [2] Satz 1 gilt nicht für Anlagen mit einer Wirbelschichtfeuerung.

(3) Soweit es zur Erfüllung der Pflichten nach Absatz 1 erforderlich ist, sind die Bestandteile an organischen und löslichen Stoffen in den Abfällen und sonstigen Stoffen zu vermindern.

(4) [1] Die Förder- und Lagersysteme für schadstoffhaltige, staubförmige Rückstände sind so auszulegen und zu betreiben, dass hiervon keine relevanten diffusen Emissionen ausgehen können. [2] Dies gilt besonders hinsichtlich notwendiger Wartungs- und Reparaturarbeiten an verschleißanfälligen Anlagenteilen. [3] Der Betreiber hat dafür zu sorgen, dass trockene Filter- und Kesselstäube, Reaktionsprodukte der Abgasbehandlung und trocken abgezogene Schlacken in geschlossenen Behältnissen befördert oder zwischengelagert werden.

(5) [1] Vor der Festlegung der Verfahren für die Verwertung oder Beseitigung der bei der Abfallverbrennung oder -mitverbrennung entstehenden Abfälle, insbesondere der Schlacken, Rostaschen und der Filter- und Kesselstäube, ist ihr Schadstoffpotenzial, insbesondere deren physikalische und chemische Eigenschaften sowie deren Gehalt an schädlichen Verunreinigungen, durch geeignete Analysen zu ermitteln. [2] Die Analysen sind für die gesamte lösliche Fraktion und die Schwermetalle im löslichen und unlöslichen Teil durchzuführen.

[1)] Nr. **1**.

§ 13 Wärmenutzung. [1]Wärme, die in Abfallverbrennungs- oder -mitverbrennungsanlagen entsteht und die nicht an Dritte abgegeben wird, ist in Anlagen des Betreibers zu nutzen, soweit dies nach Art und Standort dieser Anlagen technisch möglich und zumutbar ist. [2]Der Betreiber hat, soweit aus entstehender Wärme, die nicht an Dritte abgegeben wird oder die nicht in Anlagen des Betreibers genutzt wird, eine elektrische Klemmenleistung von mehr als einem halben Megawatt erzeugbar ist, elektrischen Strom zu erzeugen.

Abschnitt 3. Messung und Überwachung

§ 14 Messplätze. [1]Der Betreiber hat vor Inbetriebnahme einer Anlage für die Messungen zur Feststellung der Emissionen oder der Verbrennungsbedingungen sowie zur Ermittlung der Bezugs- oder Betriebsgrößen Messplätze einzurichten. [2]Die Messplätze nach Satz 1 sollen ausreichend groß, leicht begehbar und so beschaffen sein sowie so ausgewählt werden, dass repräsentative und einwandfreie Messungen gewährleistet sind. [3]Näheres bestimmt die zuständige Behörde.

§ 15 Messverfahren und Messeinrichtungen. (1) [1]Der Betreiber hat sicherzustellen, dass für Messungen die dem Stand der Messtechnik entsprechenden Messverfahren angewendet und geeignete Messeinrichtungen, die den Anforderungen der Anlage 4 Nummer 1 bis 4 entsprechen, verwendet werden. [2]Näheres bestimmt die zuständige Behörde.

(2) [1]Der Betreiber hat sicherzustellen, dass die Probenahme und Analyse aller Schadstoffe sowie die Qualitätssicherung von automatischen Messsystemen und die Referenzmessverfahren zur Kalibrierung automatischer Messsysteme nach CEN-Normen des Europäischen Komitees für Normung durchgeführt werden. [2]Sind keine CEN-Normen verfügbar, so werden ISO-Normen, nationale Normen oder sonstige internationale Normen angewandt, die sicherstellen, dass Daten von gleichwertiger wissenschaftlicher Qualität ermittelt werden.

(3) Der Betreiber hat den ordnungsgemäßen Einbau von Mess- und Auswerteeinrichtungen zur kontinuierlichen Überwachung vor der Inbetriebnahme der Abfallverbrennungs- oder -mitverbrennungsanlage der zuständigen Behörde durch die Bescheinigung einer Stelle für Kalibrierungen nachzuweisen, die von der zuständigen Landesbehörde oder der nach Landesrecht bestimmten Behörde nach § 29b Absatz 2 des Bundes-Immissionsschutzgesetzes[1] bekannt gegeben wurde.

(4) Der Betreiber hat Messeinrichtungen, die zur kontinuierlichen Feststellung der Emissionen oder der Verbrennungsbedingungen sowie zur Ermittlung der Bezugs- oder Betriebsgrößen eingesetzt werden, durch eine Stelle, die von einer nach Landesrecht zuständigen Behörde nach § 29b Absatz 2 des Bundes-Immissionsschutzgesetzes bekannt gegebenen wurde, gemäß Absatz 5

1. kalibrieren zu lassen und
2. auf Funktionsfähigkeit prüfen zu lassen.

---

[1] Nr. **1**.

(5) [1]Die Funktionsfähigkeit ist jährlich mittels Parallelmessung unter Verwendung der Referenzmethode prüfen zu lassen. [2]Die Kalibrierung ist jeweils nach der Errichtung und jeder wesentlichen Änderung durchführen zu lassen, sobald der ungestörte Betrieb erreicht ist, jedoch frühestens drei Monate und spätestens sechs Monate nach Inbetriebnahme. [3]Die Kalibrierung ist mindestens alle drei Jahre zu wiederholen.

(6) Der Betreiber hat die Berichte über das Ergebnis der Kalibrierung und der Prüfung der Funktionsfähigkeit der zuständigen Behörde innerhalb von zwölf Wochen nach Kalibrierung und Prüfung vorzulegen.

§ 16 Kontinuierliche Messungen. (1) [1]Der Betreiber hat unter Berücksichtigung der Anforderungen gemäß Anlage 4 folgende Parameter kontinuierlich zu ermitteln, zu registrieren und auszuwerten:

1. die Massenkonzentration der Emissionen nach § 8 Absatz 1 Nummer 1 und 2 sowie der Nummern 2.1, 2.2, 2.3, 3.1 bis 3.6 sowie 4.1 und 4.2 gemäß Anlage 3,
2. den Volumengehalt an Sauerstoff im Abgas,
3. die Temperaturen nach § 6 Absatz 1 oder Absatz 2 sowie § 7 Absatz 1 oder Absatz 2 und
4. die zur Beurteilung des ordnungsgemäßen Betriebs erforderlichen Betriebsgrößen, insbesondere die Abgastemperatur, das Abgasvolumen, den Feuchtegehalt und den Druck.

[2]Der Betreiber hat hierzu die Abfallverbrennungs- oder -mitverbrennungsanlagen vor Inbetriebnahme mit geeigneten Messeinrichtungen und Messwertrechnern auszurüsten. [3]Satz 1 Nummer 1 in Verbindung mit Satz 2 gilt nicht, soweit Emissionen einzelner Stoffe nach § 8 Absatz 1 Nummer 1 oder nach Nummer 2.1, 2.3, 3.1 bis 3.5 sowie 4.1 der Anlage 3 nachweislich auszuschließen oder allenfalls in geringen Konzentrationen zu erwarten sind und soweit die zuständige Behörde eine entsprechende Ausnahme erteilt hat.

(2) Messeinrichtungen für den Feuchtegehalt sind nicht notwendig, wenn das Abgas vor der Ermittlung der Massenkonzentration der Emissionen getrocknet wird.

(3) [1]Ergibt sich auf Grund der eingesetzten Abfälle oder Stoffe nach § 1 Absatz 1, der Bauart, der Betriebsweise oder von Einzelmessungen, dass der Anteil des Stickstoffdioxids an den Stickstoffdioxidemissionen unter 10 Prozent liegt, soll die zuständige Behörde auf die kontinuierliche Messung des Stickstoffdioxids verzichten und die Bestimmung des Anteils durch Berechnung zulassen. [2]In diesem Fall hat der Betreiber Nachweise über den Anteil des Stickstoffdioxids bei der Kalibrierung zu führen und der zuständigen Behörde auf Verlangen vorzulegen. [3]Der Betreiber hat die Nachweise jeweils fünf Jahre nach der Kalibrierung aufzubewahren.

(4) Absatz 1 Satz 1 Nummer 1 ist auf gasförmige anorganische Fluorverbindungen nicht anzuwenden, wenn Reinigungsstufen für gasförmige anorganische Chlorverbindungen betrieben werden, die sicherstellen, dass die Emissionsgrenzwerte nach § 8 Absatz 1 Nummer 1 Buchstabe c und Nummer 2 Buchstabe c oder nach Nummer 2.1, 2.2, 3.5, 3.6, 4.1 und 4.2 gemäß Anlage 3 nicht überschritten werden.

(5) Der Betreiber hat auf Verlangen der zuständigen Behörde Massenkonzentrationen der Emissionen nach § 8 Absatz 1 Nummer 3 kontinuierlich zu messen, wenn geeignete Messeinrichtungen verfügbar sind.

(6) Abweichend von Absatz 1 Satz 1 Nummer 1 können die zuständigen Behörden auf Antrag des Betreibers Einzelmessungen für Chlorwasserstoff, Fluorwasserstoff, Schwefeltrioxid und Schwefeldioxid zulassen, wenn durch den Betreiber sichergestellt ist, dass die Emissionen dieser Schadstoffe nicht höher sind als die dafür festgelegten Emissionsgrenzwerte.

(7) [1] Der Betreiber hat zur Feststellung des Schwefelabscheidegrades neben der Messung der Emissionen an Schwefeldioxid und Schwefeltrioxid im Abgas den Schwefelgehalt im eingesetzten Brennstoff regelmäßig zu ermitteln. [2] Dabei bestimmt die zuständige Behörde näher, wie nachgewiesen wird, dass die Schwefelabscheidegrade als Tagesmittelwert eingehalten werden.

(8) Für Quecksilber und seine Verbindungen, angegeben als Quecksilber, soll die zuständige Behörde auf Antrag auf die kontinuierliche Messung verzichten, wenn zuverlässig nachgewiesen ist, dass die Emissionsgrenzwerte nach § 8 Absatz 1 Nummer 1 Buchstabe g und Nummer 2 Buchstabe g oder nach Anlage 3 Nummer 2.1, 2.2, 3.5, 3.6, 4.1 und 4.2 nur zu weniger als 20 vom Hundert in Anspruch genommen werden.

§ 17 Auswertung und Beurteilung von kontinuierlichen Messungen.

(1) [1] Während des Betriebs der Abfallverbrennungs- oder -mitverbrennungsanlagen ist aus den nach § 16 ermittelten Messwerten für jede aufeinander folgende halbe Stunde jeweils der Halbstundenmittelwert zu bilden und nach Anlage 5 auf den Bezugssauerstoffgehalt umzurechnen. [2] Für die Stoffe, deren Emissionen durch Abgasreinigungseinrichtungen gemindert und begrenzt werden, darf die Umrechnung der Messwerte nur für die Zeiten erfolgen, in denen der gemessene Sauerstoffgehalt über dem Bezugssauerstoffgehalt liegt. [3] Aus den Halbstundenmittelwerten ist für jeden Tag der Tagesmittelwert, bezogen auf die tägliche Betriebszeit einschließlich der An- oder Abfahrvorgänge, zu bilden.

(2) [1] Über die Ergebnisse der kontinuierlichen Messungen hat der Betreiber für jedes Kalenderjahr einen Messbericht zu erstellen und der zuständigen Behörde bis zum 31. März des Folgejahres vorzulegen. [2] Der Betreiber hat den Bericht nach Satz 1 sowie die zugehörigen Aufzeichnungen der Messgeräte fünf Jahre nach Ende des Berichtszeitraums nach Satz 1 aufzubewahren. [3] Soweit die Messergebnisse der zuständigen Behörde durch geeignete telemetrische Übermittlung vorliegen, entfällt die Pflicht nach Satz 1, ihr den Messbericht vorzulegen.

(3) Der Betreiber hat in den Messbericht nach Absatz 2 Folgendes aufzunehmen:

1. die Häufigkeit und die Dauer einer Nichteinhaltung der Anforderungen nach § 6 Absatz 1 bis 3 oder nach § 7 Absatz 1 bis 3 und
2. die Aufzeichnungen der Registriereinrichtungen nach § 4 Absatz 9.

(4) [1] Der Betreiber hat die Jahresmittelwerte gemäß § 10 auf der Grundlage der nach Anlage 4 validierten Tagesmittelwerte zu berechnen; hierzu sind die Tagesmittelwerte eines Kalenderjahres zusammenzuzählen und durch die Anzahl der Tagesmittelwerte zu teilen. [2] Der Betreiber hat für jedes Kalenderjahr

einen Nachweis über die Jahresmittelwerte zu führen und der zuständigen Behörde bis zum 31. März des Folgejahres auf Verlangen vorzulegen. [3]Die Nachweise sind fünf Jahre nach Ende des Nachweiszeitraums aufzubewahren.

(5) Die Emissionsgrenzwerte sind eingehalten, wenn

1. kein Ergebnis eines nach Anlage 4 validierten Tagesmittelwertes den jeweils maßgebenden Emissionsgrenzwert nach § 8 Absatz 1 Nummer 1 und Anlage 3 Nummer 2.1, 2.3, 3.1 bis 3.5 sowie 4.1 überschreitet,
2. kein Ergebnis eines nach Anlage 4 validierten Halbstundenmittelwertes den jeweils maßgebenden Emissionsgrenzwert nach § 8 Absatz 1 Nummer 2 und Anlage 3Nummer 2.2, 2.3, 3.4, 3.6 sowie 4.2 überschreitet,
3. kein Ergebnis den jeweils maßgebenden Schwefelabscheidegrad nach Anlage 3 Nummer 3.1 und 3.3 unterschreitet und
4. kein nach Absatz 4 ermittelter Jahresmittelwert den jeweils maßgebenden Emissionsgrenzwert nach § 10 und Anlage 3 Nummer 2.3, 3.7 sowie 4.3 überschreitet.

§ 18 Einzelmessungen. (1) Der Betreiber hat nach Errichtung oder wesentlicher Änderung einer Abfallverbrennungs- oder -mitverbrennungsanlage bei der Inbetriebnahme durch Messungen einer nach § 29b Absatz 2 in Verbindung mit § 26 des Bundes-Immissionsschutzgesetzes[1)] bekannt gegebenen Stelle überprüfen zulassen, ob die Verbrennungsbedingungen nach § 6 Absatz 1 bis 3 oder nach § 7 Absatz 1 bis 3 erfüllt werden.

(2) Der Betreiber hat nach Errichtung oder wesentlicher Änderung einer Abfallverbrennungs- oder -mitverbrennungsanlage Messungen einer nach § 29b Absatz 2 in Verbindung mit § 26 des Bundes-Immissionsschutzgesetzes bekannt gegebenen Stelle zur Feststellung, ob die Anforderungen nach § 8 Absatz 1 Nummer 3 oder, bei Vorliegen der Voraussetzungen nach § 16 Absatz 6, nach § 8 Absatz 1 Nummer 1 und 2 oder Anlage 3 Nummer 2.1, 2.2, 3.1 bis 3.6 sowie 4.1 und 4.2 festgelegten Anforderungen erfüllt werden, nach Absatz 3 und 4 durchführen zu lassen.

(3) Die Messungen sind im Zeitraum von zwölf Monaten nach Inbetriebnahme alle zwei Monate mindestens an einem Tag und anschließend wiederkehrend spätestens alle zwölf Monate mindestens an drei Tagen durchführen zu lassen.

(4) Die Messungen sind vorzunehmen, wenn die Anlage mit der höchsten Leistung betrieben wird, für die sie bei den während der Messung verwendeten Abfällen oder Stoffen nach § 1 Absatz 1 für den Dauerbetrieb zugelassen ist.

(5) [1]Zur Überwachung der Anforderungen nach § 8 Absatz 1 Nummer 3 beträgt die Probenahmezeit für Messungen zur Bestimmung der Emissionen an Stoffen nach

1. Anlage 1 Buchstabe a bis c mit Ausnahme von Benzo(a)pyren mindestens eine halbe Stunde; sie soll zwei Stunden nicht überschreiten,
2. Anlage 1 Buchstabe d sowie Benzo(a)pyren mindestens sechs Stunden; sie soll acht Stunden nicht überschreiten.

[1)] Nr. 1.

[2] Für die in Anlage 1 Buchstabe d oder Anlage 2 genannten Stoffe soll die Nachweisgrenze des eingesetzten Analyseverfahrens nicht über 0,005 Nanogramm je Kubikmeter Abgas liegen.

§ 19 Berichte und Beurteilung von Einzelmessungen. (1) [1] Der Betreiber hat über die Ergebnisse der Einzelmessungen nach § 18 einen Messbericht zu erstellen und diesen der zuständigen Behörde spätestens acht Wochen nach den Messungen vorzulegen. [2] Der Messbericht muss Folgendes enthalten:

1. Angaben über die Messplanung,
2. das Ergebnis jeder Einzelmessung,
3. das verwendete Messverfahren und
4. die Betriebsbedingungen, die für die Beurteilung der Messergebnisse von Bedeutung sind.

(2) Die Emissionsgrenzwerte gelten als eingehalten, wenn kein Ergebnis einer Einzelmessung einen Mittelwert nach § 8 Absatz 1 oder gemäß Anlage 3 überschreitet.

§ 20 Besondere Überwachung der Emissionen an Schwermetallen.

(1) [1] Soweit auf Grund der Zusammensetzung der Abfälle oder Stoffe nach § 1 Absatz 1 oder anderer Erkenntnisse, insbesondere auf Grund der Beurteilung von Einzelmessungen, Emissionskonzentrationen an Stoffen nach Anlage 1 Buchstabe a und b zu erwarten sind, die 60 Prozent der Emissionsgrenzwerte überschreiten können, hat der Betreiber die Massenkonzentrationen dieser Stoffe einmal wöchentlich zu ermitteln und zu dokumentieren. [2] § 18 Absatz 5 gilt entsprechend.

(2) Auf die Ermittlung der Massenkonzentrationen nach Absatz 1 kann verzichtet werden, wenn durch andere Prüfungen, zum Beispiel durch Funktionskontrollen der Abgasreinigungseinrichtungen, mit ausreichender Sicherheit festgestellt werden kann, dass die Emissionsbegrenzungen nicht überschritten werden.

§ 21 Störungen des Betriebs. (1) [1] Ergibt sich aus Messungen, dass Anforderungen an den Betrieb einer Abfallverbrennungs- oder -mitverbrennungsanlage oder zur Begrenzung von Emissionen nicht erfüllt werden, hat der Betreiber dies der zuständigen Behörde unverzüglich mitzuteilen. [2] Er hat unverzüglich die erforderlichen Maßnahmen für einen ordnungsgemäßen Betrieb zu treffen; § 4 Absatz 8 Nummer 2 und 3 bleiben unberührt.

(2) Die zuständige Behörde trägt durch entsprechende Überwachungsmaßnahmen dafür Sorge, dass der Betreiber

1. seinen rechtlichen Verpflichtungen zu einem ordnungsgemäßen Betrieb nachkommt oder
2. die Anlage außer Betrieb nimmt.

(3) [1] Bei Abfallverbrennungs- oder -mitverbrennungsanlagen, die aus einer oder mehreren Abfallverbrennungslinien mit gemeinsamen Abgaseinrichtungen bestehen, soll die Behörde für technisch unvermeidbare Ausfälle der Abgasreinigungseinrichtungen in der Anlagengenehmigung den Zeitraum festlegen, währenddessen von den Emissionsgrenzwerten nach § 8 und Anlage 3

unter bestimmten Voraussetzungen abgewichen werden darf. [2]Nicht abgewichen werden darf von den Emissionsgrenzwerten für organische Stoffe, angegeben als Gesamtkohlenstoff, und für Kohlenmonoxid nach

1. § 8 Absatz 1 Nummer 1 Buchstabe b und h,
2. § 8 Absatz 1 Nummer 2 Buchstabe b und h und
3. Anlage 3 Nummer 2.1, 3.1, 3.2, 3.3, 3.5 und 4.1.

(4) [1]Die Anlage darf in Fällen des Absatzes 3 nicht länger weiterbetrieben werden als,

1. vier aufeinander folgende Stunden und
2. innerhalb eines Kalenderjahres 60 Stunden.

[2]Die Emissionsbegrenzung für den Gesamtstaub darf eine Massenkonzentration von 150 mg/m³ Abgas, gemessen als Halbstundenmittelwert, nicht überschreiten. [3]§ 4 Absatz 8 und 9, § 8 Absatz 3 sowie § 9 Absatz 4 gelten entsprechend.

§ 22 Jährliche Berichte über Emissionen. (1) Der Betreiber einer abfallmitverbrennenden Großfeuerungsanlage hat der zuständigen Behörde erstmals für das Jahr 2016 und dann jährlich jeweils bis zum 31. Mai des Folgejahres für jede einzelne Anlage unter Beachtung von § 9 Absatz 4 Satz 3 zu berichten:

1. die installierte Feuerungswärmeleistung der Feuerungsanlage, in Megawatt,
2. die Art der Feuerungsanlage: Kesselfeuerung, Gasturbine, Gasmotor, Dieselmotor, andere Feuerungsanlage mit genauer Angabe der Art der Feuerungsanlage,
3. das Datum der Betriebsaufnahme und der letzten wesentlichen Änderung der Feuerungsanlage, inklusive Benennung der wesentlichen Änderung,
4. die Jahresgesamtemissionen, in Megagramm pro Jahr, an Schwefeloxiden, angegeben als Schwefeldioxid, Stickstoffoxiden, angegeben als Stickstoffdioxid, und Staub, angegeben als Schwebstoffe insgesamt,
5. die jährlichen Betriebsstunden der Feuerungsanlage,
6. den jährlichen Gesamtenergieeinsatz, in Terajoule pro Jahr, bezogen auf den unteren Heizwert, aufgeschlüsselt in die folgenden Brennstoffkategorien:
   a) Steinkohle,
   b) Braunkohle,
   c) Biobrennstoffe,
   d) Torf,
   e) andere feste Brennstoffe mit genauer Angabe der Bezeichnung des festen Brennstoffs,
   f) flüssige Brennstoffe,
   g) Erdgas,
   h) sonstige Gase mit genauer Angabe der Bezeichnung des Gases,
7. für Feuerungsanlagen, auf die Nummer 3.1.2 der Anlage 3 anzuwenden ist, den Schwefelgehalt der verwendeten heimischen festen Brennstoffe und den erzielten Schwefelabscheidegrad, gemittelt über jeden Monat und im ersten Jahr der Anwendung von Nummer 3.1.2 der Anlage 3 auch die technische Begründung dafür, warum die Einhaltung mit den in Nummer 3.1 der Anlage 3 genannten Regel-Emissionsgrenzwerten nicht durchführbar ist,

8. für Feuerungsanlagen, die im gleitenden Durchschnitt über einen Zeitraum von fünf Jahren nicht mehr als 1 500 Betriebsstunden pro Jahr in Betrieb sind, die Zahl der Betriebsstunden pro Jahr für das Berichtsjahr und die vorangegangenen vier Kalenderjahre,
9. die Angabe, ob die Feuerungsanlage Teil einer Raffinerie ist.

(2) Bis einschließlich für das Berichtsjahr 2015 hat der Betreiber einer abfallmitverbrennenden Großfeuerungsanlage der zuständigen Behörde jährlich jeweils bis zum 31. Mai des Folgejahres für jede einzelne Anlage gemäß Absatz 1 Nummer 4, 6 und 9 zu berichten.

(3) [1]Die nach Landesrecht zuständigen obersten Landesbehörden oder die von ihnen bestimmten Behörden prüfen den Bericht nach den Absätzen 1 und 2 auf Plausibilität und leiten diesen dem Umweltbundesamt bis zum 31. Oktober des auf das Berichtsjahr folgenden Jahres auf elektronischem Weg zur Weiterleitung an die Europäische Kommission zu. [2]Das Umweltbundesamt hat die Berichte zu Aufstellungen für jedes einzelne Berichtsjahr und Dreijahreszeiträume zusammenzustellen, wobei die Angaben zu Feuerungsanlagen in Raffinerien gesondert aufzuführen sind.

Abschnitt 4. Gemeinsame Vorschriften

§ 23 Veröffentlichungspflichten. [1]Der Betreiber einer Abfallverbrennungs- oder -mitverbrennungsanlage hat nach erstmaliger Kalibrierung der Messeinrichtungen und danach einmal jährlich Folgendes zu veröffentlichen:
1. die Ergebnisse der Emissionsmessungen,
2. einen Vergleich der Ergebnisse der Emissionsmessungen mit den Emissionsgrenzwerten und
3. eine Beurteilung der Verbrennungsbedingungen.

[2]Satz 1 gilt nicht für solche Angaben, aus denen Rückschlüsse auf Betriebs- oder Geschäftsgeheimnisse gezogen werden können. [3]Die zuständige Behörde legt Art und Form der Veröffentlichung fest.

§ 24 Zulassung von Ausnahmen. (1) Die zuständige Behörde kann auf Antrag des Betreibers Ausnahmen von Vorschriften dieser Verordnung zulassen, soweit unter Berücksichtigung der besonderen Umstände des Einzelfalls
1. einzelne Anforderungen der Verordnung nicht oder nur mit unverhältnismäßigem Aufwand erfüllbar sind,
2. im Übrigen die dem Stand der Technik entsprechenden Maßnahmen zur Emissionsbegrenzung angewandt werden,
3. die Ableitungshöhe nach der Technischen Anleitung zur Reinhaltung der Luft auch für den als Ausnahme zugelassenen Emissionsgrenzwert ausgelegt ist, es sei denn, auch insoweit liegen die Voraussetzungen der Nummer 1 vor, und
4. die Anforderungen folgender Richtlinien eingehalten werden:
   a) Richtlinie 2008/98/EG des Europäischen Parlaments und des Rates vom 19. November 2008 über Abfälle und zur Aufhebung bestimmter Richtlinien (ABl. L 312 vom 22.11.2008, S. 3, L 127 vom 26.5.2009, S. 24) (Abfallrahmenrichtlinie),

b) Richtlinie 96/59/EG des Rates vom 16. September 1996 über die Beseitigung polychlorierter Biphenyle und polychlorierter Terphenyle (PCB/PCT) (ABl. L 243 vom 24.9.1996, S. 31), die durch die Verordnung (EG) Nr. 596/2009 (ABl. L 188 vom 18.7.2009, S. 14) geändert worden ist, und

c) Richtlinie 2010/75/EU des Europäischen Parlaments und des Rates vom 24. November 2010 über Industrieemissionen (integrierte Vermeidung und Verminderung der Umweltverschmutzung) (Neufassung) (ABl. L 334 vom 17.12.2010, S. 17).

(2) Abweichend von § 4 Absatz 2 kann die zuständige Behörde Abfallverbrennungsanlagen ohne Abfallbunker oder eine zum Teil offene Bunkerbauweise in Verbindung mit einer gezielten Luftabsaugung zulassen, wenn durch bauliche oder betriebliche Maßnahmen oder auf Grund der Beschaffenheit der Abfälle oder Stoffe nach § 1 Absatz 1 die Entstehung von Staub- und Geruchsemissionen so gering wie möglich gehalten wird.

(3) [1] Die zuständige Behörde dokumentiert die Gründe für die Zulassung von Ausnahmen im Anhang des Genehmigungsbescheids, einschließlich der Begründung der festgelegten Auflagen. [2] Diese Informationen sind der Öffentlichkeit zugänglich zu machen.

§ 25 Weitergehende Anforderungen und wesentliche Änderungen.

(1) Die Befugnis der zuständigen Behörde, andere oder weitergehende Anforderungen, insbesondere zur Vermeidung schädlicher Umwelteinwirkungen nach § 5 Absatz 1 Nummer 1 des Bundes-Immissionsschutzgesetzes[1)], zu stellen, bleibt unberührt.

(2) [1] Hat die zuständige Behörde bei einer Anlage im Einzelfall bereits Anforderungen zur Vorsorge gegen schädliche Umwelteinwirkungen durch Luftverunreinigungen gestellt, die über die Anforderungen dieser Verordnung hinausgehen, sind diese weiterhin maßgeblich. [2] Weitergehende Anforderungen, die sich aus anderen Rechtsvorschriften oder diese konkretisierenden Verwaltungsvorschriften ergeben, bleiben unberührt.

(3) Der Einsatz gefährlicher Abfälle in einer Anlage, die nur für den Einsatz nicht gefährlicher Abfälle genehmigt ist, ist nach Maßgabe von § 16 Absatz 1 Satz 1 des Bundes-Immissionsschutzgesetzes als eine wesentliche Änderung der Anlage einzustufen.

(4) Nach Maßgabe von § 20 Absatz 3 des Bundes-Immissionsschutzgesetzes kann die zuständige Behörde den Betrieb einer Abfallverbrennungs- oder -mitverbrennungsanlage untersagen, wenn nicht sichergestellt ist, dass die mit der Leitung der Anlage betraute Person zur Leitung der Anlage geeignet ist und die Gewähr für den ordnungsgemäßen Betrieb der Anlage bietet.

Abschnitt 5. Schlussvorschriften

§ 26 Zugänglichkeit und Gleichwertigkeit von Normen und Arbeitsblättern. (1) [1] Die in § 2 Absatz 19 genannten DIN-Normen sind bei der Beuth Verlag GmbH, Berlin, zu beziehen. [2] Die in § 2 Absatz 14 genannten

---

1) Nr. **1**.

DVGW-Arbeitsblätter sind bei der Wirtschafts- und Verlagsgesellschaft Gas und Wasser mbH, Bonn, zu beziehen. [3]Die genannten DIN-Normen sind in der Deutschen Nationalbibliothek, die genannten Arbeitsblätter sind beim Deutschen Patent- und Markenamt in München archivmäßig gesichert niedergelegt.

(2) Den in § 2 genannten DIN-Normen und DVGW-Arbeitsblättern stehen diesen entsprechende einschlägige CEN-Normen und soweit keine solchen CEN-Normen verfügbar sind, ISO-Normen oder sonstige internationale Normen, die den nationalen Normen nachgewiesenermaßen gleichwertige Anforderungen stellen, gleich.

§ 27 Ordnungswidrigkeiten. (1) Ordnungswidrig im Sinne des § 62 Absatz 1 Nummer 2 des Bundes-Immissionsschutzgesetzes[1)] handelt, wer vorsätzlich oder fahrlässig

1. entgegen § 3 Absatz 6 Satz 3, § 4 Absatz 2 Satz 1, § 4 Absatz 3 Satz 1, § 4 Absatz 7 Satz 1, § 4 Absatz 8 oder § 16 Absatz 1 Satz 2 eine dort genannte Übergabestelle oder eine dort genannte Anlage nicht, nicht richtig oder nicht rechtzeitig ausrüstet,
2. entgegen § 4 Absatz 1 Satz 1, § 5 Absatz 1, § 5 Absatz 4, § 6 Absatz 1, 2, 3, 8 oder Absatz 9 Satz 1, § 7 Absatz 1, 2 oder Absatz 3, § 8 Absatz 1, § 9 Absatz 1 Satz 1, § 13 Satz 1 oder Satz 2, § 24 Absatz 4 Satz 1 oder Satz 2 oder § 28 Absatz 2 eine Abfallverbrennungs- oder -mitverbrennungsanlage nicht richtig errichtet oder nicht richtig betreibt,
3. entgegen § 12 Absatz 2 Satz 1 nicht dafür sorgt, dass dort genannte Abfälle nicht getrennt erfasst werden,
4. entgegen § 12 Absatz 4 Satz 3 nicht dafür sorgt, dass dort genannter Abfall in geschlossenen Behältnissen befördert oder zwischengelagert wird,
5. entgegen § 13 Satz 2 aus der dort genannten Wärme Strom nicht erzeugt,
6. entgegen § 14 einen Messplatz nicht oder nicht richtig einrichtet,
7. entgegen § 15 Absatz 1 Satz 1 nicht sicherstellt, dass ein dort genanntes Messverfahren angewendet oder eine dort genannte Messeinrichtung verwendet wird,
8. entgegen § 15 Absatz 2 Satz 1 nicht sicherstellt, dass eine Probenahme oder Analyse oder die Qualitätssicherung nach den dort genannten Normen durchgeführt werden,
9. entgegen § 15 Absatz 3 einen dort genannten Nachweis nicht oder nicht rechtzeitig vorlegt,
10. entgegen § 15 Absatz 4 eine Messeinrichtung nicht oder nicht rechtzeitig kalibrieren lässt oder nicht oder nicht rechtzeitig auf Funktionsfähigkeit prüfen lässt,
11. entgegen § 15 Absatz 6, § 17 Absatz 2 Satz 1, § 19 Absatz 1 Satz 1 oder § 22 Absatz 1 oder Absatz 2 einen Bericht nicht, nicht richtig, nicht vollständig oder nicht rechtzeitig vorlegt,
12. entgegen § 16 Absatz 1 Satz 1, § 16 Absatz 5 oder § 20 Absatz 1 Satz 1 eine dort genannte Massenkonzentration der Emissionen, den dort genannten Volumengehalt an Sauerstoff, eine dort genannte Temperatur oder eine dort

[1)] Nr. **1**.

genannte Betriebsgröße nicht, nicht richtig oder nicht rechtzeitig ermittelt, nicht, nicht richtig oder nicht rechtzeitig registriert, nicht, nicht richtig oder nicht rechtzeitig auswertet, oder nicht, nicht richtig oder nicht rechtzeitig dokumentiert,

13. entgegen § 16 Absatz 3 Satz 2 oder Satz 3 einen Nachweis nicht, nicht richtig oder nicht vollständig führt, nicht oder nicht rechtzeitig vorlegt oder nicht oder nicht mindestens fünf Jahre aufbewahrt,
14. einer vollziehbaren Anordnung nach § 16 Absatz 7 Satz 2 zuwiderhandelt,
15. entgegen § 17 Absatz 1 Satz 2 einen Messwert für andere als die dort genannten Zeiten umrechnet,
16. entgegen § 17 Absatz 2 Satz 2 einen Bericht oder eine dort genannte Aufzeichnung nicht oder nicht mindestens fünf Jahre aufbewahrt,
17. entgegen § 18 Absatz 1 eine dort genannte Verbrennungsbedingung nicht oder nicht rechtzeitig überprüfen lässt,
18. entgegen § 18 Absatz 2 eine dort genannte Messung nicht, nicht in der vorgeschriebenen Weise oder nicht rechtzeitig durchführen lässt,
19. entgegen § 21 Absatz 1 Satz 1 eine Mitteilung nicht, nicht richtig oder nicht rechtzeitig macht,
20. entgegen § 23 Satz 1 eine Veröffentlichung nicht, nicht richtig, nicht vollständig oder nicht rechtzeitig macht.

(2) Ordnungswidrig im Sinne des § 62 Absatz 1 Nummer 7 des Bundes-Immissionsschutzgesetzes handelt, wer vorsätzlich oder fahrlässig

1. entgegen § 10 Absatz 1 oder Absatz 2 eine Anlage nicht richtig errichtet oder nicht richtig betreibt, oder
2. entgegen § 17 Absatz 4 Satz 2 oder Satz 3 einen Nachweis nicht, nicht richtig oder nicht vollständig führt, nicht, nicht richtig, nicht vollständig oder nicht rechtzeitig vorlegt oder nicht oder nicht mindestens fünf Jahre aufbewahrt.

§ 28 Übergangsregelungen. (1) Für bestehende Anlagen gelten

1. die Anforderungen dieser Verordnung, ausgenommen § 10, ab dem 1. Januar 2016,
2. die Anforderungen nach § 10 ab dem 1. Januar 2019.

(2) Bei bestehenden Anlagen, bei denen die in § 6 Absatz 3 festgelegte Verweilzeit wegen besonderer technischer Schwierigkeiten nicht erreicht werden kann, ist diese Anforderung spätestens bei einer Neuerrichtung der Verbrennungslinie oder des Abhitzekessels zu erfüllen.

(3) Wird eine Abfallverbrennungs- oder -mitverbrennungsanlage durch Zubau einer oder mehrerer Abfallverbrennungs- oder -mitverbrennungslinien in der Weise erweitert, dass die vorhandenen und die neu zu errichtenden Linien eine gemeinsame Anlage bilden, so bestimmen sich die Anforderungen für die neu zu errichtenden Linien nach den Vorschriften des Zweiten und Dritten Abschnitts, für die vorhandenen Linien richten sich die Anforderungen nach dieser Vorschrift.

(4) Abweichend von Absatz 1 müssen bestehende Abfallverbrennungsanlagen die Anforderungen nach § 8 Absatz 1 Nummer 1 Buchstabe f sowie § 8

Absatz 1 Nummer 2 Buchstabe f für Stickstoffmonoxid und Stickstoffdioxid, angegeben als Stickstoffdioxid, erst ab dem 1. Januar 2019 erfüllen.

(5) Abweichend von Absatz 1 müssen bestehende Anlagen zur Herstellung von Zementklinker und Zementen sowie Anlagen zum Brennen von Kalk die Anforderungen nach Anlage 3 Nummer 2.1 Buchstabe d spätestens ab dem 1. Januar 2019 erfüllen; bis zu diesem Datum sind die Anforderungen der Verordnung über die Verbrennung und die Mitverbrennung von Abfällen in der Fassung der Bekanntmachung vom 14. August 2003 (BGBl. I S. 1633), die durch Artikel 2 der Verordnung vom 27. Januar 2009 (BGBl. I S. 129) geändert worden ist in ihrer bis zum 2. Mai 2013 geltenden Fassung anzuwenden.

(6) Abweichend von Absatz 1 Nummer 2 sind auf bestehende Abfallverbrennungsanlagen die Anforderungen nach § 10 Absatz 1 Nummer 1 nicht anzuwenden.

(7) Abweichend von Absatz 1 Nummer 2 sind auf bestehende abfallmitverbrennende Großfeuerungsanlagen die Anforderungen nach Anlage 3 Nummer 3.7 Buchstabe a nicht anzuwenden.

Anlage 1
(zu § 8 Absatz 1, § 18 Absatz 5 und § 20 Absatz 1)

Emissionsgrenzwerte für krebserzeugende Stoffe

Für die in den Buchstaben a bis d genannten krebserzeugenden Stoffe gelten folgende Emissionsgrenzwerte:

a) Cadmium und seine Verbindungen, angegeben als Cadmium,
Thallium und seine Verbindungen, angegeben als Thallium,

insgesamt 0,05 mg/m³,

b) Antimon und seine Verbindungen, angegeben als Antimon,
Arsen und seine Verbindungen, angegeben als Arsen,
Blei und seine Verbindungen, angegeben als Blei,
Chrom und seine Verbindungen, angegeben als Chrom,
Cobalt und seine Verbindungen, angegeben als Cobalt,
Kupfer und seine Verbindungen, angegeben als Kupfer,
Mangan und seine Verbindungen, angegeben als Mangan,
Nickel und seine Verbindungen, angegeben als Nickel,
Vanadium und seine Verbindungen, angegeben als Vanadium,
Zinn und seine Verbindungen, angegeben als Zinn,

insgesamt 0,5 mg/m³,

c) Arsen und seine Verbindungen (außer Arsenwasserstoff), angegeben als Arsen,
Benzo(a)pyren,
Cadmium und seine Verbindungen, angegeben als Cadmium,
wasserlösliche Cobaltverbindungen, angegeben als Cobalt,
Chrom(VI)verbindungen (außer Bariumchromat und Bleichromat), angegeben als Chrom

insgesamt 0,05 mg/m³

oder

Arsen und seine Verbindungen, angegeben als Arsen,
Benzo(a)pyren,

Cadmium und seine Verbindungen, angegeben als Cadmium,
Cobalt und seine Verbindungen, angegeben als Cobalt,
Chrom und seine Verbindungen, angegeben als Chrom,

insgesamt 0,05 mg/m³

und

d) Dioxine und Furane gemäß Anlage 2

insgesamt 0,1 ng/m³.

Anlage 2
(zu Anlage 1 Buchstabe d)

Äquivalenzfaktoren

Für den nach Anlage 1 zu bildenden Summenwert für polychlorierte Dibenzodioxine, Dibenzofurane und di-PCB sind die im Abgas ermittelten Konzentrationen der nachstehend genannten Dioxine, Furane und di-PCB mit den angegebenen Äquivalenzfaktoren zu multiplizieren und zu summieren.

Stoff		Äquivalenzfaktor
Polychlorierte Dibenzodioxine (PCDD)		**WHO-TEF 2005**
2,3,7,8	– Tetrachlordibenzodioxin (TCDD)	1
1,2,3,7,8	– Pentachlordibenzodioxin (PeCDD)	1
1,2,3,4,7,8	– Hexachlordibenzodioxin (HxCDD)	0,1
1,2,3,7,8,9	– Hexachlordibenzodioxin (HxCDD)	0,1
1,2,3,6,7,8	– Hexachlordibenzodioxin (HxCDD)	0,1
1,2,3,4,6,7,8	– Heptachlordibenzodioxin (HpCDD)	0,01
Octachlordibenzodioxin (OCDD)		0,0003
Polychlorierte Dibenzofurane (PCDF)		**WHO-TEF 2005**
2,3,7,8	– Tetrachlordibenzofuran (TCDF)	0,1
2,3,4,7,8	– Pentachlordibenzofuran (PeCDF)	0,3
1,2,3,7,8	– Pentachlordibenzofuran (PeCDF)	0,03
1,2,3,4,7,8	– Hexachlordibenzofuran (HxCDF)	0,1
1,2,3,7,8,9	– Hexachlordibenzofuran (HxCDF)	0,1
1,2,3,6,7,8	– Hexachlordibenzofuran (HxCDF)	0,1
2,3,4,6,7,8	– Hexachlordibenzofuran (HxCDF)	0,1
1,2,3,4,6,7,8	– Heptachlordibenzofuran (HpCDF)	0,01
1,2,3,4,7,8,9	– Heptachlordibenzofuran (HpCDF)	0,01
Octachlordibenzofuran (OCDF)		0,0003
Polychlorierte Biphenyle		**WHO-TEF 2005**
Non ortho PCB		
PCB 77		0,0001
PCB 81		0,0003
PCB 126		0,1
PCB 169		0,03
Mono ortho PCB		
PCB 105		0,00003
PCB 114		0,00003
PCB 118		0,00003
PCB 123		0,00003
PCB 156		0,00003

Stoff	Äquivalenzfaktor
PCB 157	0,00003
PCB 167	0,00003
PCB 189	0,00003

Anlage 3
(zu § 9, § 10 Absatz 2, § 16 Absatz 1 und 4, § 17 Absatz 1 und 5, § 18 Absatz 2, § 19 Absatz 2, § 21 Absatz 3, § 22 Absatz 1 und § 28 Absatz 5 und 6)

Emissionsgrenzwerte für die Mitverbrennung von Abfällen

Die Anlage 3 dient der Festlegung von Emissionsgrenzwerten für Abfallmitverbrennungsanlagen. Wenn in dieser Anlage für bestimmte Emissionsparameter ein fester Emissionsgrenzwert oder ein fester Bezugssauerstoffgehalt bereits vorgegeben wird, ersetzt dieser Emissionsgrenzwert oder Bezugssauerstoffgehalt die rechnerische Ermittlung des Emissionsgrenzwerts oder des Bezugssauerstoffgehalts für diesen Emissionsparameter. Die in dieser Anlage vorgegebenen festen Emissionsgrenzwerte gelten für die jeweiligen Abfallmitverbrennungsanlagen unter Berücksichtigung der dort genannten Ausnahmen.

1. Rechnerische Festlegung der Emissionsgrenzwerte für die Mitverbrennung von Abfällen

Soweit in dieser Anlage keine festen Emissionsgrenzwerte oder feste Bezugssauerstoffgehalte vorgegeben sind, ist die folgende Formel (Mischungsregel) anzuwenden. Die Mischungsregel ist zur Berechnung der Emissionsgrenzwerte für jeden unter § 5 Absatz 1 geregelten Emissionsparameter sowie zur Berechnung des Bezugssauerstoffgehalts anzuwenden. Emissionsparameter im Sinne dieser Anlage sind die in § 5 Absatz 1 aufgeführten Schadstoffe, für die Tagesmittelwerte, Halbstundenmittelwerte oder Mittelwerte über die jeweilige Probenahmezeit festgelegt sind.

$$\frac{V_{\text{Abfall}} \times C_{\text{Abfall}} + V_{\text{Verfahren}} \times C_{\text{Verfahren}}}{V_{\text{Abfall}} + V_{\text{Verfahren}}} = C$$

V_{Abfall}: Abgasstrom, der bei der Verbrennung des höchstzulässigen Anteils der Abfälle oder Stoffe nach § 1 Absatz 1 einschließlich des für die Verbrennung dieser Stoffe zusätzlich benötigten Brennstoffs entsteht. Beträgt der zulässige Anteil der Abfälle oder Stoffe nach § 1 Absatz 1 weniger als 10 Prozent an der unverändert zugrunde gelegten Gesamtfeuerungswärmeleistung einer Mitverbrennungsanlage, so ist der zugehörige Abgasstrom anhand einer angenommenen Menge von 10 Prozent dieser Abfälle oder Stoffe nach § 1 Absatz 1 zu berechnen.

$V_{\text{Verfahren}}$: Verbleibender Teil des normierten Abgasstroms.

C_{Abfall}: Emissionsgrenzwert für die in § 8 Absatz 1 aufgeführten Emissionsparameter oder Bezugssauerstoffgehalt für die in § 8 Absatz 2 festgelegten Bezugssauerstoffgehalte.

$C_{\text{Verfahren}}$: Emissionswert und Bezugssauerstoffgehalt gemäß den Tabellen in diesem Anhang. Für alle anderen Emissionsparameter, für die in diesem Anhang keine festen Emissionsgrenzwerte oder festen Bezugssauerstoffgehalte vorgegeben werden, gelten die nach den einschlägigen Vorschriften – wie 13. BImSchV oder TA Luft – bei der Verbrennung der üblicherweise zugelassenen Brennstoffe festgelegten Emissionswerte bzw. Bezugssauerstoffgehalte. Bestehen solche Vorgaben nicht, so sind die in der Genehmigung festgelegten Emissionsbegrenzungen bzw. Bezugssauerstoffgehalte zu verwenden. Fehlen derartige Festlegungen, sind die tatsächlichen Emissionen oder Sauerstoffgehalte beim Betrieb der Anlage ohne Einsatz von Abfällen oder Stoffen nach § 1 Absatz 1 zugrunde zu legen.

C: Berechneter Emissionsgrenzwert oder berechneter Bezugssauerstoffgehalt für Mitverbrennungsanlagen, der sich aus der Anwendung der oben aufgeführten Formel ergibt.

2. Anlagen zur Herstellung von Zementklinker oder Zementen sowie Anlagen zum Brennen von Kalk, in denen Abfälle oder Stoffe nach § 1 Absatz 1 mitverbrannt werden

Die Emissionen sind zur Überprüfung, ob die Emissionsgrenzwerte eingehalten werden, auf einen festen Bezugssauerstoffgehalt von 10 Prozent zu beziehen. Die in § 8 Absatz 1 Nummer 3 festgelegten Emissionsgrenzwerte für die zu Gruppen zusammengefassten Schadstoffe (Schwermetalle, Benzo(a)-pyren, polychlorierte Dibenzodioxine und Dibenzofurane) gelten unter Berücksichtigung des in Satz 1 festgelegten Bezugssauerstoffgehalts.

2.1. Feste Emissionsgrenzwerte (Tagesmittelwerte in mg/m³)

	Emissionsparameter	C
a)	Gesamtstaub	10
b)	gasförmige anorganische Chlorverbindungen, angegeben als Chlorwasserstoff	10
c)	gasförmige anorganische Fluorverbindungen, angegeben als Fluorwasserstoff	1
d)	Stickstoffmonoxid und Stickstoffdioxid, angegeben als Stickstoffdioxid in	
	aa) Anlagen zur Herstellung von Zementklinkern und Zement	200
	bb) Anlagen zum Brennen von Kalk	350
e)	Schwefeldioxid und Schwefeltrioxid, angegeben als Schwefeldioxid	50
f)	organische Stoffe, angegeben als Gesamtkohlenstoff	10
g)	Quecksilber und seine Verbindungen, angegeben als Quecksilber	0,03
h)	Ammoniak, sofern zur Minderung der Emissionen von Stickstoffoxiden ein Verfahren zur selektiven katalytischen oder nichtkatalytischen Reduktion eingesetzt wird	30

2.1.1 Bei wesentlichen Änderungen dieser Anlagen bis zum 31. Dezember 2018 ist zu prüfen, ob die Anforderungen zur Begrenzung von Stickstoffmonoxid und Stickstoffdioxid für Neuanlagen unter verhältnismäßigem Aufwand eingehalten werden können. Die Möglichkeiten, die Emissionen an Stickstoffmonoxid und Stickstoffdioxid aus dem Abgas in Anlagen durch feuerungstechnische oder andere dem Stand der Technik entsprechende Maßnahmen weiter zu vermindern, sind auszuschöpfen.

2.1.2 Die zuständige Behörde kann auf Antrag des Betreibers Ausnahmen für Schwefeldioxid und Gesamtkohlenstoff genehmigen, sofern diese Ausnahmen auf Grund der Zusammensetzung der natürlichen Rohstoffe erforderlich sind und ausgeschlossen werden kann, dass durch den Einsatz von Abfällen oder Stoffen nach § 1 Absatz 1 zusätzliche Emissionen an Gesamtkohlenstoff und Schwefeldioxid entstehen.

2.1.3 Die zuständige Behörde kann auf Antrag des Betreibers Ausnahmen für Quecksilber und seine Verbindungen genehmigen, sofern diese Ausnahmen auf Grund der Zusammensetzung der natürlichen Rohstoffe erforderlich sind und ausgeschlossen werden kann, dass durch den Einsatz von Abfällen und Stoffen nach § 1 Absatz 1 zusätzliche Emissionen an Quecksilber entstehen und ein Tagesmittelwert von bis zu 0,05 mg/m³ nicht überschritten wird. Die Möglichkeiten, die Emissionen an Quecksilber und seinen Verbindungen, angegeben als Quecksilber, aus dem Abgas durch feuerungstechnische oder andere dem Stand der Technik entsprechende Maßnahmen weiter zu vermindern, sind auszuschöpfen.

2.1.4 Die zuständige Behörde kann auf Antrag des Betreibers Ausnahmen für Ammoniak genehmigen, sofern diese Ausnahmen auf Grund der Zusammensetzung der natürlichen Rohstoffe erforderlich sind und ausgeschlossen werden kann, dass durch den Einsatz von Abfällen oder Stoffen nach § 1 Absatz 1 zusätzliche Emissionen an Ammoniak entstehen. In diesem Fall sind dem Ammoniakgrenzwert die durch Vergleichsmessungen zu ermittelnden rohstoffbedingten Ammoniakemissionen hinzuzurechnen; die aus Abfällen resultierenden Emissionen bleiben dabei unberücksichtigt.

2.2. Feste Emissionsgrenzwerte (Halbstundenmittelwerte in mg/m³)

	Emissionsparameter	C
a)	Gesamtstaub	30
b)	gasförmige anorganische Chlorverbindungen, angegeben als Chlorwasserstoff	60
c)	gasförmige anorganische Fluorverbindungen, angegeben als Fluorwasserstoff	4
d)	Schwefeldioxid und Schwefeltrioxid, angegeben als Schwefeldioxid	200
e)	Quecksilber und seine Verbindungen, angegeben als Quecksilber	0,05

2.2.1 Die zuständige Behörde kann auf Antrag des Betreibers Ausnahmen für Schwefeldioxid und Gesamtkohlenstoff genehmigen, sofern diese Ausnahmen auf Grund der Zusammensetzung der natürlichen Rohstoffe erforderlich sind und ausgeschlossen werden kann, dass durch die Verbrennung von Abfällen oder Stoffen nach § 1 Absatz 1 zusätzliche Emissionen an Gesamtkohlenstoff und Schwefeldioxid entstehen.

2.2.2 Die zuständige Behörde kann auf Antrag des Betreibers Ausnahmen für Quecksilber und seine Verbindungen genehmigen, sofern diese Ausnahmen auf Grund der Zusammensetzung der natürlichen Rohstoffe erforderlich sind und ausgeschlossen werden kann, dass durch den Einsatz von Abfällen und Stoffen nach § 1 Absatz 1 zusätzliche Emissionen an Quecksilber entstehen und ein Halbstundenmittelwert von bis zu 0,1 mg/m³ nicht überschritten wird. Die Möglichkeiten, die Emissionen an Quecksilber und seinen Verbindungen, angegeben als Quecksilber, aus dem Abgas durch feuerungstechnische oder andere dem Stand der Technik entsprechende Maßnahmen weiter zu vermindern, sind auszuschöpfen.

2.3. Feste Emissionsgrenzwerte (Jahresmittelwerte in mg/m³)

Emissionsparameter	C
Stickstoffmonoxid und Stickstoffdioxid, angegeben als Stickstoffdioxid	200

Abweichend von dem Emissionsgrenzwert für Stickstoffmonoxid und Stickstoffdioxid, angegeben als Stickstoffdioxid, gilt für Anlagen zum Brennen von Kalk in Drehrohröfen mit Rostvorwärmer ein Emissionsgrenzwert von 350 mg/m³.

2.4. Emissionsgrenzwert für Kohlenmonoxid

2.4.1 Die zuständige Behörde hat einen Emissionsgrenzwert für Kohlenmonoxid unter Berücksichtigung der Anforderungen nach § 8 Absatz 1 festzulegen.

2.4.2 Die zuständige Behörde kann auf Antrag des Betreibers von dem in § 8 Absatz 1 für Kohlenmonoxid festgelegten Emissionsgrenzwert abweichen, sofern diese Ausnahmen auf Grund der Zusammensetzung der natürlichen Rohstoffe erforderlich sind und ausgeschlossen werden kann, dass durch den Einsatz von Abfällen oder sonstigen Stoffen nach § 1 Absatz 1 zusätzliche Emissionen an Kohlenmonoxid entstehen.

3. Feuerungsanlagen, in denen Abfälle oder Stoffe gemäß § 1 Absatz 1 mitverbrannt werden

Die Emissionen sind zur Überprüfung, ob die Emissionsgrenzwerte eingehalten werden, auf folgende Bezugssauerstoffgehalte zu beziehen:

a) bei der Verwendung von festen fossilen Brennstoffen oder Biobrennstoffen auf einen festen Bezugssauerstoffgehalt von 6 Prozent

b) bei der Verwendung von flüssigen oder gasförmigen Brennstoffen auf einen festen Bezugssauerstoffgehalt von 3 Prozent oder

c) für Emissionswerte nach Anlage 3 Nummer 3.1, 3.2 und 3.3 auf den nach Anlage 3 Nummer 1 zu berechnenden Bezugssauerstoffgehalt.

Die in § 8 Absatz 1 Nummer 3 festgelegten Emissionsgrenzwerte für die zu Gruppen zusammengefassten Schadstoffe (Schwermetalle, Benzo(a)pyren, polychlorierte Dibenzodioxine und Dibenzofurane) gelten unter Berücksichtigung der in Satz 1 für die jeweiligen Brennstoffe festgelegten Bezugssauerstoffgehalte.

3.1. Emissionswerte ($C_{Verfahren}$) bei Verwendung von festen fossilen Brennstoffen (Tagesmittelwerte in mg/m³) bei unterschiedlichen Feuerungswärmeleistungen (in MW):

Emissionsparameter		1 MW bis < 10 MW	10 MW bis < 50 MW	50 MW bis 100 MW	> 100 MW bis 300 MW	> 300 MW
SO_2 und SO_3	Steinkohle	1 300		400	200 und Schwefelabscheidegrad ≥ 85 Prozent	150 und Schwefelminderungsgrad ≥ 85 Prozent
	Braunkohle	1 000				
	Wirbelschicht	350 oder Schwefelabscheidegrad ≥ 75 Prozent		350 und Schwefelabscheidegrad ≥ 75 Prozent		200 und Schwefelabscheidegrad ≥ 85 Prozent
NO_X		500, bei Wirbelschichtfeuerung 300	400, bei Wirbelschichtfeuerung 300	300	200	150, bei Braunkohlestaubfeuerungen 200
CO		150[1]	150	150	200	

3.1.1 Soweit bei Anlagen mit einer Feuerungswärmeleistung von 100 MW oder mehr die Anforderung an den Schwefelabscheidegrad zu Emissionen von weniger als 50 mg/m³ für den Tagesmittelwert führt, ist mindestens ein Schwefelabscheidegrad einzuhalten, der zu Emissionen von nicht mehr als 50 mg/m³ für den Tagesmittelwert führt.

3.1.2 Soweit auf Grund des erhöhten Schwefelgehalts der eingesetzten Brennstoffe die in der Tabelle aufgeführten Emissionswerte für Steinkohle, Braunkohle und Wirbelschicht mit einem verhältnismäßigen Aufwand nicht eingehalten werden können, kann die zuständige Behörde auf Antrag im Einzelfall höhere Emissionswerte als Berechnungsgrundlage verwenden, soweit bei einer Feuerungswärmeleistung von

a) 50 MW bis 100 MW alternativ ein Schwefelabscheidegrad von 93 Prozent nicht unterschritten wird;

b) mehr als 100 MW bis 300 MW ein Emissionsgrenzwert von 300 mg/m³ nicht überschritten und zusätzlich ein Schwefelabscheidegrad von mindestens 93 Prozent nicht unterschritten wird;

c) mehr als 300 MW ein Emissionsgrenzwert von 400 mg/m³ nicht überschritten und zusätzlich ein Schwefelabscheidegrad von mindestens 97 Prozent nicht unterschritten wird.

Abweichend von Satz 1 kann die zuständige Behörde bei bestehenden abfallmitverbrennenden Großfeuerungsanlagen auf Antrag im Einzelfall höhere Emissionswerte als Berechnungsgrundlage verwenden, soweit bei einer Feuerungswärmeleistung von

a) 50 MW bis 100 MW alternativ ein Schwefelabscheidegrad von 92 Prozent nicht unterschritten wird;

b) mehr als 100 MW bis 300 MW ein Emissionsgrenzwert von 300 mg/m³ nicht überschritten und zusätzlich ein Schwefelabscheidegrad von mindestens 92 Prozent nicht unterschritten wird;

c) mehr als 300 MW ein Emissionsgrenzwert von 400 mg/m³ nicht überschritten und zusätzlich ein Schwefelabscheidegrad von mindestens 96 Prozent nicht unterschritten wird.

Im Fall der Anwendung von Satz 1 oder 2 beträgt C_{Abfall} 0 mg/m³.

---

[1] **Amtl. Anm.:** Bei Einzelfeuerungen mit einer Feuerungswärmeleistung von weniger als 2,5 MW gilt der Emissionswert nur im Betrieb mit Nennlast.

3.1.3 Abweichend von den in der Tabelle aufgeführten Emissionswerten gilt für Schwefeldioxid und Schwefelltrioxid, angegeben als Schwefeldioxid, bei bestehenden abfallmitverbrennenden Großfeuerungsanlagen mit einer Feuerungswärmeleistung von 300 MW oder mehr ein Emissionsgrenzwert von 200 mg/m³ für den Tagesmittelwert und von 400 mg/m³ für den Halbstundenmittelwert. Die Anforderungen an den Schwefelabscheidegrad bleiben unberührt.

3.1.4 Abweichend von den in der Tabelle aufgeführten Emissionswerten gilt für Stickstoffmonoxid und Stickstoffdioxid, angegeben als Stickstoffdioxid, bei bestehenden abfallmitverbrennenden Großfeuerungsanlagen mit einer Feuerungswärmeleistung von 300 MW oder mehr ein Emissionsgrenzwert von 200 mg/m³ für den Tagesmittelwert und von 400 mg/m³ für den Halbstundenmittelwert.

3.2. Emissionswerte ($C_{Verfahren}$) bei Verwendung von Biobrennstoffen (Tagesmittelwerte in mg/m³) bei unterschiedlichen Feuerungswärmeleistungen (in MW):

<table>
<tr><th>Emissionsparameter</th><th></th><th>< 50 MW</th><th>50 MW bis 100 MW</th><th>> 100 MW bis 300 MW</th><th>> 300 MW</th></tr>
<tr><td rowspan="2">SO_2 und SO_3</td><td>naturbelassenes Holz</td><td>200</td><td rowspan="2">200</td><td rowspan="2">200</td><td rowspan="2">150</td></tr>
<tr><td>sonstiger Biobrennstoff</td><td>350</td></tr>
<tr><td rowspan="2">NO_X</td><td>naturbelassenes Holz</td><td>250</td><td rowspan="2">250</td><td rowspan="2">200</td><td rowspan="2">150</td></tr>
<tr><td>sonstiger Biobrennstoff</td><td>400</td></tr>
<tr><td rowspan="2">CO</td><td>naturbelassenes Holz sowie Holzabfälle</td><td>150[1]</td><td>150</td><td>200</td><td>200</td></tr>
<tr><td>sonstiger Biobrennstoff</td><td>250[1]</td><td>250</td><td>250</td><td>250</td></tr>
</table>

3.2.1 Abweichend von den in der Tabelle aufgeführten Emissionswerten gilt für Schwefeldioxid und Schwefeltrioxid, angegeben als Schwefeldioxid, bei bestehenden abfallmitverbrennenden Großfeuerungsanlagen mit einer Feuerungswärmeleistung von 300 MW oder mehr ein Emissionsgrenzwert von 200 mg/m³ für den Tagesmittelwert und von 400 mg/m³ für den Halbstundenmittelwert.

3.2.2 Abweichend von den in der Tabelle aufgeführten Emissionswerten gilt für Stickstoffmonoxid und Stickstoffdioxid, angegeben als Stickstoffdioxid, bei bestehenden abfallmitverbrennenden Großfeuerungsanlagen mit einer Feuerungswärmeleistung von

a) 50 MW bis 100 MW ein Emissionsgrenzwert von 300 mg/m³ für den Tagesmittelwert und von 600 mg/m³ für den Halbstundenmittelwert;

b) mehr als 100 MW bis 300 MW ein Emissionsgrenzwert von 250 mg/m³ für den Tagesmittelwert und von 500 mg/m³ für den Halbstundenmittelwert;

c) mehr als 300 MW ein Emissionsgrenzwert von 200 mg/m³ für den Tagesmittelwert und von 400 mg/m³ für den Halbstundenmittelwert.

---

[1] **Amtl. Anm.:** Bei Einzelfeuerungen mit einer Feuerungswärmeleistung von weniger als 2,5 MW gilt der Emissionswert nur im Betrieb mit Nennlast.

3.3. Emissionswerte ($C_{Verfahren}$) bei Verwendung von flüssigen Brennstoffen (Tagesmittelwerte in mg/m³) bei unterschiedlichen Feuerungswärmeleistungen (in MW):

Emissionsparameter		< 50 MW	50 MW bis 100 MW	> 100 MW bis 300 MW	> 300 MW
SO_2 und SO_3	Heizöl EL	10. BImSchV			
	sonstiger Brennstoff	850	350	200 und Schwefelminderungsgrad ≥ 85 Prozent	150 und Schwefelminderungsgrad ≥ 85 Prozent
NO_X	Heizöl EL	250	200	150	100
	sonstiger Brennstoff	350	300		
CO		80	80	80	80

3.3.1 Beim Einsatz von leichtem Heizöl gilt als Emissionswert ($C_{Verfahren}$) für Schwefeldioxid und Schwefeltrioxid, angegeben als Schwefeldioxid, der jeweils für den Betrieb ohne Einsatz von Abfällen oder Stoffen nach § 1 Absatz 1 gemessene Emissionswert. Bei Anlagen mit einer Feuerungswärmeleistung mit mehr als 300 MW ist für Schwefeldioxid und Schwefeltrioxid, angegeben als Schwefeldioxid, der Emissionswert ($C_{Verfahren}$) von 150 mg/m³ anzuwenden.

3.3.2 Soweit bei Anlagen mit einer Feuerungswärmeleistung von 100 MW oder mehr die Anforderung an den Schwefelabscheidegrad zu Emissionen von weniger als 50 mg/m³ für den Tagesmittelwert führt, ist mindestens ein Schwefelabscheidegrad einzuhalten, der zu Emissionen von nicht mehr als 50 mg/m³ für den Tagesmittelwert führt.

3.3.3 Abweichend von den in der Tabelle aufgeführten Emissionswerten gilt für Schwefeldioxid und Schwefeltrioxid, angegeben als Schwefeldioxid, bei bestehenden abfallmitverbrennenden Großfeuerungsanlagen, ausgenommen bei Einsatz von leichtem Heizöl, mit einer Feuerungswärmeleistung von

a) mehr als 100 MW bis 300 MW ein Emissionsgrenzwert 250 mg/m³ für den Tagesmittelwert und von 500 mg/m³ für den Halbstundenmittelwert;

b) mehr als 300 MW ein Emissionsgrenzwert 200 mg/m³ für den Tagesmittelwert und von 400 mg/m³ für den Halbstundenmittelwert.

3.3.4 Abweichend von den in der Tabelle aufgeführten Emissionswerten gilt für Stickstoffmonoxid und Stickstoffdioxid, angegeben als Stickstoffdioxid, bei bestehenden abfallmitverbrennenden Großfeuerungsanlagen mit einer Feuerungswärmeleistung von

a) 50 MW bis 100 MW und Einsatz von anderen flüssigen Brennstoffen als leichtem Heizöl ein Emissionsgrenzwert von 350 mg/m³ für den Tagesmittelwert und von 700 mg/m³ für den Halbstundenmittelwert;

b) mehr als 100 MW bis 300 MW ein Emissionsgrenzwert von 200 mg/m³ für den Tagesmittelwert und von 400 mg/m³ für den Halbstundenmittelwert;

c) mehr als 300 MW ein Emissionsgrenzwert von 150 mg/m³ für den Tagesmittelwert und von 300 mg/m³ für den Halbstundenmittelwert.

3.4. Feuerungsanlagen für gasförmige Brennstoffe

Beim Einsatz von gasförmigen Stoffen aus der Pyrolyse oder Vergasung von festen oder flüssigen Abfällen in Feuerungsanlagen für gasförmige Brennstoffe hat die zuständige Behörde einen kontinuierlich zu überwachenden Emissionsgrenzwert (Tagesmittelwert und Halbstundenmittelwert) für SO_2 und SO_3 sowie für NO_X unter Berücksichtigung der spezifischen Brennstoffe gemäß der Verordnung über Großfeuerungs-, Gasturbinen- und Verbrennungsmotoranlagen sowie einen entsprechenden Bezugssauerstoffgehalt in der Genehmigung festzusetzen. Für alle weiteren Emissionsparameter kommen die Nummern 3.5 bis 3.7 sowie als $C_{Verfahren}$ ein Emissionswert für Kohlenmonoxid als Tagesmittelwert von 80 mg/m³ oder bei Einsatz von Erdgas von 50 mg/m³ jeweils bei einem Bezugssauerstoffgehalt von 3 Prozent zur Anwendung.

3.5. Feste Emissionsgrenzwerte für alle Brennstoffe (Tagesmittelwert in mg/m³)

	Emissionsparameter	C
a)	Gesamtstaub	10
b)	gasförmige anorganische Chlorverbindungen, angegeben als Chlorwasserstoff	20
c)	gasförmige anorganische Fluorverbindungen, angegeben als Fluorwasserstoff	1
d)	organische Stoffe, angegeben als Gesamtkohlenstoff	10
e)	Quecksilber und seine Verbindungen, angegeben als Quecksilber	0,03

3.5.1 Abweichend von den bestimmten Emissionsgrenzwerten gilt bei Wirbelschichtfeuerungen ein Tagesmittelwert für gasförmige anorganische Chlorverbindungen, angegeben als Chlorwasserstoff, von 100 mg/m³.

3.5.2 Abweichend von den bestimmten Emissionsgrenzwerten für gasförmige anorganische Fluorverbindungen, angegeben als Fluorwasserstoff, gilt bei bestehenden abfallmitverbrennenden Großfeuerungsanlagen, bei denen es zum Betrieb der Abgasentschwefelungsanlage erforderlich ist, dem Abgasstrom vor der Abgasentschwefelungsanlage mittels rotierender oder feststehender Speichermassen als Wärmeübertragungsmedium Wärme zu entziehen, wobei diese zur Wiederaufheizung des Abgasstroms nach der Abgasentschwefelungsanlage genutzt wird, ein Tagesmittelwert für gasförmige anorganische Fluorverbindungen, angegeben als Fluorwasserstoff, von 10 mg/m³.

3.6. Feste Emissionsgrenzwerte für alle Brennstoffe (Halbstundenmittelwerte in mg/m³)

	Emissionsparameter	C
a)	Gesamtstaub	20
b)	gasförmige anorganische Chlorverbindungen, angegeben als Chlorwasserstoff	60
c)	gasförmige anorganische Fluorverbindungen, angegeben als Fluorwasserstoff	4
d)	Quecksilber und seine Verbindungen, angegeben als Quecksilber	0,05

Abweichend von den bestimmten Emissionsgrenzwerten gilt bei Wirbelschichtfeuerungen ein Halbstundenmittelwert für gasförmige anorganische Chlorverbindungen, angegeben als Chlorwasserstoff, von 200 mg/m³. Abweichend von den bestimmten Emissionsgrenzwerten für gasförmige anorganische Fluorverbindungen, angegeben als Fluorwasserstoff, gilt bei bestehenden abfallmitverbrennenden Großfeuerungsanlagen, bei denen es zum Betrieb der Abgasentschwefelungsanlage erforderlich ist, dem Abgasstrom vor der Abgasentschwefelungsanlage mittels rotierender oder feststehender Speichermassen als Wärmeübertragungsmedium Wärme zu entziehen, wobei diese zur Wiederaufheizung des Abgasstroms nach der Abgasentschwefelungsanlage genutzt wird, ein Halbstundenmittelwert für gasförmige anorganische Fluorverbindungen, angegeben als Fluorwasserstoff von 15 mg/m³.

3.7. Feste Emissionsgrenzwerte bei Einsatz von festen Brennstoffen, Biobrennstoffen und flüssigen Brennstoffen in Anlagen mit einer Feuerwärmeleistung von 50 MW oder mehr (Jahresmittelwertein mg/m³)

	Emissionsparameter	C
a)	Stickstoffmonoxid und Stickstoffdioxid, angegeben als Stickstoffdioxid, bei einer Feuerungswärmeleistung von	
	aa) 50 MW bis 100 MW	250
	bb) mehr als 100 MW	100
b)	Quecksilber und seine Verbindungen, angegeben als Quecksilber	0,01

Die Überwachung der vorgeschriebenen Begrenzungen der Emissionen an Quecksilber und seinen Verbindungen, angegeben als Quecksilber, beginnt sechs Monate nach der Bekanntgabe einer geeigneten Messeinrichtung, spätestens jedoch zum 1. Januar 2019.

4. Sonstige Anlagen, d.h. Anlagen, die nicht in Nummer 2 oder 3 aufgeführt sind und in denen Abfälle oder Stoffe nach § 1 Absatz 1 mitverbrannt werden

Die Emissionen sind zur Überprüfung, ob die Emissionsgrenzwerte eingehalten werden, auf einen für das jeweilige Verfahren relevanten Bezugssauerstoffgehalt, der jedoch höchstens 11 Prozent betragen darf, zu beziehen. Bei Anlagen, die mit einem überwiegenden Anteil an betriebsbedingter Nebenluft sowie im Fall der Verbrennung mit reinem Sauerstoff oder signifikant mit Sauerstoff angereicherter Luft betrieben werden, soll die Behörde auf Antrag des Betreibers die Emissionsgrenzwerte auf einen an die Verfahrensbedingungen der Anlage angepassten Bezugssauerstoffgehalt beziehen oder auf die Festlegung eines Bezugssauerstoffgehalts verzichten. Die in § 8 Absatz 1 Nummer 3 festgelegten Emissionsgrenzwerte für die zu Gruppen zusammengefassten Schadstoffe (Schwermetalle, Benzo(a)pyren, polychlorierte Dibenzodioxine und Dibenzofurane) gelten unter Berücksichtigung des nach Satz 1 oder Satz 2 festgelegten Bezugssauerstoffgehalts.

4.1. Feste Emissionsgrenzwerte (Tagesmittelwert in mg/m³)

	Emissionsparameter	C
a)	Gesamtstaub	10
b)	gasförmige anorganische Chlorverbindungen, angegeben als Chlorwasserstoff	10
c)	organische Stoffe, angegeben als Gesamtkohlenstoff	10
d)	Quecksilber und seine Verbindungen, angegeben als Quecksilber	0,03

4.2. Feste Emissionsgrenzwerte (Halbstundenmittelwerte in mg/m³)

	Emissionsparameter	C
a)	gasförmige anorganische Chlorverbindungen, angegeben als Chlorwasserstoff	60
b)	Quecksilber und seine Verbindungen, angegeben als Quecksilber	0,05

4.3. Feste Emissionsgrenzwerte für feste (ausgenommen bei ausschließlichem Einsatz von Biobrennstoffen) und flüssige Brennstoffe für Anlagen mit einer Feuerungswärmeleistung von mehr als 50 MW (Jahresmittelwerte in mg/m³)

	Emissionsparameter	C
	Stickstoffmonoxid und Stickstoffdioxid, angegeben als Stickstoffdioxid, bei einer Feuerungswärmeleistung von	
a)	50 MW bis 100 M	250
b)	mehr als 100 MW	100

Anlage 4
(zu § 15 Absatz 1, § 16 Absatz 1 und § 17 Absatz 5)

Anforderungen an die kontinuierlichen Messeinrichtungen und die Validierung der Messergebnisse

1. Der Wert des Konfidenzintervalls von 95 Prozent eines einzelnen Messergebnisses darf an der für den Tagesmittelwert festgelegten Emissionsbegrenzung die folgenden Prozentsätze dieser Emissionsbegrenzung nicht überschreiten:

a)	Kohlenmonoxid	10 Prozent,
b)	Schwefeldioxid	20 Prozent,
c)	Stickstoffoxid	20 Prozent,
d)	Gesamtstaub	30 Prozent,
e)	Organisch gebundener Gesamtkohlenstoff	30 Prozent,
f)	Chlorwasserstoff	40 Prozent,
g)	Fluorwasserstoff	40 Prozent,
h)	Quecksilber	40 Prozent.

2. Für Gesamtstaub bezieht sich abweichend von Nummer 1 der genannte Prozentsatz auf die für den Halbstundenmittelwert festgelegte Emissionsbegrenzung, sofern die Emissionsbegrenzung einen Tagesmittelwert von 10 mg/m³ unterschreitet.
3. Die validierten Halbstunden- und Tagesmittelwerte werden auf Grund der gemessenen Halbstundenmittelwerte und nach Abzug des in der Kalibrierung bestimmten Konfidenzintervalls bestimmt.
4. Die Halbstundenmittelwerte vor Abzug der in der Kalibrierung ermittelten Messunsicherheit (normierte Werte) müssen für die Zwecke der nach § 22 zu ermittelnden Jahresemissionsfrachten verfügbar sein.

Anlage 5
(zu § 2 Absatz 10)

Umrechnungsformel

Soweit Emissionsgrenzwerte auf Bezugssauerstoffgehalte im Abgas bezogen sind, sind die im Abgas gemessenen Massenkonzentrationen nach folgender Gleichung umzurechnen:

$$E_B = \frac{21 - O_B}{21 - O_M} \times E_M$$

E_B = Massenkonzentration, bezogen auf den Bezugssauerstoffgehalt
E_M = gemessene Massenkonzentration
O_B = Bezugssauerstoffgehalt
O_M = gemessener Sauerstoffgehalt

2.18. Achtzehnte Verordnung zur Durchführung des Bundes-Immissionsschutzgesetzes (Sportanlagenlärmschutzverordnung – 18. BImSchV)

Vom 18. Juli 1991

(BGBl. I S. 1588, ber. S. 1790)

FNA 2129-8-18

zuletzt geänd. durch Art. 1 Zweite ÄndVO v. 1.6.2017 (BGBl. I S. 1468)

Auf Grund des § 23 Abs. 1 des Bundes-Immissionsschutzgesetzes[1] in der Fassung der Bekanntmachung vom 14. Mai 1990 (BGBl. I S. 880) verordnet die Bundesregierung nach Anhörung der beteiligten Kreise:

§ 1 Anwendungsbereich. (1) Diese Verordnung gilt für die Errichtung, die Beschaffenheit und den Betrieb von Sportanlagen, soweit sie zum Zwecke der Sportausübung betrieben werden und einer Genehmigung nach § 4 des Bundes-Immissionsschutzgesetzes[1] nicht bedürfen.

(2) Sportanlagen sind ortsfeste Einrichtungen im Sinne des § 3 Abs. 5 Nr. 1 des Bundes-Immissionsschutzgesetzes, die zur Sportausübung bestimmt sind.

(3) [1] Zur Sportanlage zählen auch Einrichtungen, die mit der Sportanlage in einem engen räumlichen und betrieblichen Zusammenhang stehen. [2] Zur Nutzungsdauer der Sportanlage gehören auch die Zeiten des An- und Abfahrverkehrs sowie des Zu- und Abgangs.

§ 2 Immissionsrichtwerte. (1) Sportanlagen sind so zu errichten und zu betreiben, daß die in den Absätzen 2 bis 4 genannten Immissionsrichtwerte unter Einrechnung der Geräuschimmissionen anderer Sportanlagen nicht überschritten werden.

(2) Die Immissionsrichtwerte betragen für Immissionsorte außerhalb von Gebäuden

1. in Gewerbegebieten
   tags außerhalb der Ruhezeiten 65 dB(A),
   tags innerhalb der Ruhezeiten am Morgen 60 dB(A), im Übrigen 65 dB(A),
   nachts 50 dB(A),

1a. in urbanen Gebieten
   tags außerhalb der Ruhezeiten 63 dB(A),
   tags innerhalb der Ruhezeiten am Morgen 58 dB(A), im Übrigen 63 dB(A),
   nachts 45 dB(A),

2. in Kerngebieten, Dorfgebieten und Mischgebieten
   tags außerhalb der Ruhezeiten 60 dB(A),
   tags innerhalb der Ruhezeiten am Morgen 55 dB(A), im Übrigen 60 dB(A),
   nachts 45 dB(A),

3. in allgemeinen Wohngebieten und Kleinsiedlungsgebieten
   tags außerhalb der Ruhezeiten 55 dB(A),

---

[1] Nr. **1**.

tags innerhalb der Ruhezeiten am Morgen 50 dB(A), im Übrigen 55 dB(A), nachts 40 dB(A),

4. in reinen Wohngebieten
   tags außerhalb der Ruhezeiten 50 dB(A),
   tags innerhalb der Ruhezeiten am Morgen 45 dB(A), im Übrigen 50 dB(A),
   nachts 35 dB(A),
5. in Kurgebieten, für Krankenhäuser und Pflegeanstalten
   tags außerhalb der Ruhezeiten 45 dB(A),
   tags innerhalb der Ruhezeiten 45 dB(A),
   nachts 35 dB(A).

(3) Werden bei Geräuschübertragung innerhalb von Gebäuden in Aufenthaltsräumen von Wohnungen, die baulich aber nicht betrieblich mit der Sportanlage verbunden sind, von der Sportanlage verursachte Geräuschimmissionen mit einem Beurteilungspegel von mehr als 35 dB(A) tags oder 25 dB(A) nachts festgestellt, hat der Betreiber der Sportanlage Maßnahmen zu treffen, welche die Einhaltung der genannten Immissionsrichtwerte sicherstellen; dies gilt unabhängig von der Lage der Wohnung in einem der in Absatz 2 genannten Gebiete.

(4) Einzelne kurzzeitige Geräuschspitzen sollen die Immissionsrichtwerte nach Absatz 2 tags um nicht mehr als 30 dB(A) sowie nachts um nicht mehr als 20 dB(A) überschreiten; ferner sollen einzelne kurzzeitige Geräuschspitzen die Immissionsrichtwerte nach Absatz 3 um nicht mehr als 10 dB(A) überschreiten.

(5) [1] Die Immissionsrichtwerte beziehen sich auf folgende Zeiten:

1. tags	an Werktagen	6.00 bis 22.00 Uhr,
	an Sonn- und Feiertagen	7.00 bis 22.00 Uhr,
2. nachts	an Werktagen	0.00 bis 6.00 Uhr
	und	22.00 bis 24.00 Uhr,
	an Sonn- und Feiertagen	0.00 bis 7.00 Uhr
	und	22.00 bis 24.00 Uhr,
3. Ruhezeit	an Werktagen	6.00 bis 8.00 Uhr
	und	20.00 bis 22.00 Uhr,
	an Sonn- und Feiertagen	7.00 bis 9.00 Uhr,
		13.00 bis 15.00 Uhr
	und	20.00 bis 22.00 Uhr.

[2] Die Ruhezeit von 13.00 bis 15.00 Uhr an Sonn- und Feiertagen ist nur zu berücksichtigen, wenn die Nutzungsdauer der Sportanlage oder der Sportanlagen an Sonn- und Feiertagen in der Zeit von 9.00 bis 20.00 Uhr 4 Stunden oder mehr beträgt.

(6) [1] Die Art der in Absatz 2 bezeichneten Gebiete und Anlagen ergibt sich aus den Festsetzungen in den Bebauungsplänen. [2] Sonstige in Bebauungsplänen festgesetzte Flächen für Gebiete und Anlagen sowie Gebiete und Anlagen, für die keine Festsetzungen bestehen, sind nach Absatz 2 entsprechend der Schutzbedürftigkeit zu beurteilen. [3] Weicht die tatsächliche bauliche Nutzung im Einwirkungsbereich der Anlage erheblich von der im Bebauungsplan fest-

gesetzten baulichen Nutzung ab, ist von der tatsächlichen baulichen Nutzung unter Berücksichtigung der vorgesehenen baulichen Entwicklung des Gebietes auszugehen.

(7) Die von der Sportanlage oder den Sportanlagen verursachten Geräuschimmissionen sind nach dem Anhang zu dieser Verordnung zu ermitteln und zu beurteilen.

§ 3 Maßnahmen. Zur Erfüllung der Pflichten nach § 2 Abs. 1 hat der Betreiber insbesondere

1. an Lautsprecheranlagen und ähnlichen Einrichtungen technische Maßnahmen, wie dezentrale Aufstellung von Lautsprechern und Einbau von Schallpegelbegrenzern, zu treffen,
2. technische und bauliche Schallschutzmaßnahmen, wie die Verwendung lärmgeminderter oder lärmmindernder Ballfangzäune, Bodenbeläge, Schallschutzwände und -wälle, zu treffen,
3. Vorkehrungen zu treffen, daß Zuschauer keine übermäßig lärmerzeugenden Instrumente wie pyrotechnische Gegenstände oder druckgasbetriebene Lärmfanfaren verwenden, und
4. An- und Abfahrtswege und Parkplätze durch Maßnahmen betrieblicher und organisatorischer Art so zu gestalten, daß schädliche Umwelteinwirkungen durch Geräusche auf ein Mindestmaß beschränkt werden.

§ 4 Weitergehende Vorschriften. Weitergehende Vorschriften, vor allem zum Schutz der Sonn- und Feiertags-, Mittags- und Nachtruhe oder zum Schutz besonders empfindlicher Gebiete, bleiben unberührt.

§ 5 Nebenbestimmungen und Anordnungen im Einzelfall. (1) Die zuständige Behörde soll von Nebenbestimmungen zu erforderlichen Zulassungsentscheidungen und Anordnungen zur Durchführung dieser Verordnung absehen, wenn die von der Sportanlage ausgehenden Geräusche durch ständig vorherrschende Fremdgeräusche nach Nummer 1.4 des Anhangs überlagert werden.

(2) Die zuständige Behörde kann zur Erfüllung der Pflichten nach § 2 Abs. 1 außer der Festsetzung von Nebenbestimmungen zu erforderlichen Zulassungsentscheidungen oder der Anordnung von Maßnahmen nach § 3 für Sportanlagen Betriebszeiten (ausgenommen für Freibäder von 7.00 Uhr bis 22.00 Uhr) festsetzen; hierbei sind der Schutz der Nachbarschaft und der Allgemeinheit sowie die Gewährleistung einer sinnvollen Sportausübung auf der Anlage gegeneinander abzuwägen.

(3) [1] Die zuständige Behörde soll von einer Festsetzung von Betriebszeiten absehen, soweit der Betrieb einer Sportanlage dem Schulsport oder der Durchführung von Sportstudiengängen an Hochschulen dient. [2] Dient die Anlage auch der allgemeinen Sportausübung, sind bei der Ermittlung der Geräuschimmissionen die dem Schulsport oder der Durchführung von Sportstudiengängen an Hochschulen zuzurechnenden Teilzeiten nach Nummer 1.3.2.3 des Anhangs außer Betracht zu lassen; die Beurteilungszeit wird um die dem Schulsport oder der Durchführung von Sportstudiengängen an Hochschulen tatsächlich zuzurechnenden Teilzeiten verringert. [3] Die Sätze 1 und 2 gelten entspre-

chend für Sportanlagen, die der Sportausbildung im Rahmen der Landesverteidigung dienen.

(4) Bei Sportanlagen, die vor Inkrafttreten dieser Verordnung baurechtlich genehmigt oder – soweit eine Baugenehmigung nicht erforderlich war – errichtet waren und danach nicht wesentlich geändert werden, soll die zuständige Behörde von einer Festsetzung von Betriebszeiten absehen, wenn die Immissionsrichtwerte an den in § 2 Abs. 2 genannten Immissionsorten jeweils um weniger als 5 dB(A) überschritten werden; dies gilt nicht an den in § 2 Abs. 2 Nr. 5 genannten Immissionsorten.

(5) Die zuständige Behörde soll von einer Festsetzung von Betriebszeiten absehen, wenn infolge des Betriebs einer oder mehrerer Sportanlagen bei seltenen Ereignissen nach Nummer 1.5 des Anhangs Überschreitungen der Immissionsrichtwerte nach § 2 Abs. 2

1. die Geräuschimmissionen außerhalb von Gebäuden die Immissionsrichtwerte nach § 2 Abs. 2 um nicht mehr als 10 dB(A), keinesfalls aber die folgenden Höchstwerte überschreiten:

tags außerhalb der Ruhezeiten	70 dB(A),
tags innerhalb der Ruhezeiten	65 dB(A),
nachts	55 dB(A)

   und
2. einzelne kurzzeitige Geräuschspitzen die nach Nummer 1 für seltene Ereignisse geltenden Immissionsrichtwerte tags um nicht mehr als 20 dB(A) und nachts um nicht mehr als 10 dB(A) überschreiten.

(6) In dem in Artikel 3 des Einigungsvertrages genannten Gebiet soll die zuständige Behörde für die Durchführung angeordneter Maßnahmen nach § 3 Nr. 1 und 2 eine Frist setzen, die bis zu zehn Jahre betragen kann.

(7) Im übrigen Geltungsbereich dieser Verordnung soll die zuständige Behörde bei Sportanlagen, die vor Inkrafttreten der Verordnung baurechtlich genehmigt oder – soweit eine Baugenehmigung nicht erforderlich war – errichtet waren, für die Durchführung angeordneter Maßnahmen nach § 3 Nr. 1 und 2 eine angemessene Frist gewähren.

§ 6 Zulassung von Ausnahmen. [1] Die zuständige Behörde kann für internationale oder nationale Sportveranstaltungen von herausragender Bedeutung im öffentlichen Interesse Ausnahmen von den Bestimmungen des § 5 Abs. 5, einschließlich einer Überschreitung der Anzahl der seltenen Ereignisse nach Nummer 1.5 des Anhangs, zulassen. [2] Satz 1 gilt entsprechend auch für Verkehrsgeräusche auf öffentlichen Verkehrsflächen außerhalb der Sportanlage durch das der Anlage zuzurechnende Verkehrsaufkommen nach Nummer 1.1 Satz 2 des Anhangs einschließlich der durch den Zu- und Abgang der Zuschauer verursachten Geräusche.

§ 7 Zugänglichkeit der Norm- und Richtlinienblätter. [1] Die in den Nummern 2.1, 2.3, 3.1 und 3.2 des Anhangs genannten DIN-Normblätter und VDI-Richtlinien sind bei der Beuth Verlag GmbH, Berlin, zu beziehen. [2] Die genannten Normen und Richtlinien sind bei dem Deutschen Patentamt archivmäßig gesichert niedergelegt.

§ 8 Inkrafttreten. Diese Verordnung tritt drei Monate nach der Verkündung[1] in Kraft.

Der Bundesrat hat zugestimmt.

Anhang 1

Ermittlungs- und Beurteilungsverfahren

1. Allgemeines

1.1 Zuzurechnende Geräusche

Den Sportanlagen sind folgende bei bestimmungsgemäßer Nutzung auftretende Geräusche zuzurechnen:

a) Geräusche durch technische Einrichtungen und Geräte,

b) Geräusche durch die Sporttreibenden,

c) Geräusche durch die Zuschauer und sonstigen Nutzer,

d) Geräusche, die von Parkplätzen auf dem Anlagengelände ausgehen.

Verkehrsgeräusche einschließlich der durch den Zu- und Abgang der Zuschauer verursachten Geräusche auf öffentlichen Verkehrsflächen außerhalb der Sportanlage durch das der Anlage zuzuordnende Verkehrsaufkommen sind bei der Beurteilung gesondert von den anderen Anlagengeräuschen zu betrachten und nur zu berücksichtigen, sofern sie nicht im Zusammenhang mit seltenen Ereignissen (Nummer 1.5) auftreten und im Zusammenhang mit der Nutzung der Sportanlage den vorhandenen Pegel der Verkehrsgeräusche rechnerisch um mindestens 3 dB(A) erhöhen. Hierbei ist das Berechnungs- und Beurteilungsverfahren der Verkehrslärmschutzverordnung[2] vom 12. Juni 1990 (BGBl. I S. 1036) sinngemäß anzuwenden. Lediglich die Berechnung der durch den Zu- und Abgang der Zuschauer verursachten Geräusche erfolgt nach diesem Anhang.

1.2 Maßgeblicher Immissionsort

Der für die Beurteilung maßgebliche Immissionsort liegt

a) bei bebauten Flächen 0,5 m außerhalb, etwa vor der Mitte des geöffneten, vom Geräusch am stärksten betroffenen Fensters eines zum dauernden Aufenthalt von Menschen bestimmten Raumes einer Wohnung, eines Krankenhauses, einer Pflegeanstalt oder einer anderen ähnlich schutzbedürftigen Einrichtung;

b) bei unbebauten Flächen, die aber mit zum Aufenthalt von Menschen bestimmten Gebäuden bebaut werden dürfen, an dem am stärksten betroffenen Rand der Fläche, wo nach dem Bau- und Planungsrecht Gebäude mit zu schützenden Räumen erstellt werden dürfen;

c) bei mit der Anlage baulich aber nicht betrieblich verbundenen Wohnungen in dem am stärksten betroffenen, nicht nur dem vorübergehenden Aufenthalt dienenden Raum.

Einzelheiten hierzu sind in Nr. 3.2.2.1 geregelt.

1.3 Ermittlung der Geräuschimmission

1.3.1 Beurteilungspegel, einzelne kurzzeitige Geräuschspitzen

Der Beurteilungspegel L_r kennzeichnet die Geräuschimmission während der Beurteilungszeit nach Nr. 1.3.2. Er wird gemäß Nr. 1.6 mit den Immissionsrichtwerten verglichen.

Der Beurteilungspegel wird gebildet aus dem für die jeweilige Beurteilungszeit ermittelten Mittelungspegel L_{Am} und gegebenenfalls den Zuschlägen K_I für Impulshaltigkeit und/oder auffällige Pegeländerungen nach Nr. 1.3.3 und K_T für Ton- und Informationshaltigkeit nach Nr. 1.3.4.

---

[1] Verkündet am 26.7.1991.

[2] Nr. **2.16**.

Für die Beurteilung einzelner kurzzeitiger Geräuschspitzen wird deren Maximalpegel L_{AFmax} herangezogen.

Für die Beurteilung von Geräuschen bei neu zu errichtenden Sportanlagen sind die Geräuschimmissionen nach dem in Nr. 2 beschriebenen Prognoseverfahren, bei bestehenden Sportanlagen in der Regel nach Nr. 3 durch Messung zu bestimmen.

1.3.2 Beurteilungszeiten T_r

1.3.2.1 Werktags

An Werktagen gilt für Geräuscheinwirkungen

tags außerhalb der Ruhezeiten (8 bis 20 Uhr) eine Beurteilungszeit von 12 Stunden,

tags während der Ruhezeiten (6 bis 8 Uhr und 20 bis 22 Uhr) jeweils eine Beurteilungszeit von 2 Stunden,

nachts (22 bis 6 Uhr) eine Beurteilungszeit von 1 Stunde (ungünstigste volle Stunde).

1.3.2.2 Sonn- und feiertags

An Sonn- und Feiertagen gilt für Geräuscheinwirkungen

tags außerhalb der Ruhezeiten (9 bis 13 Uhr und 15 bis 20 Uhr) eine Beurteilungszeit von 9 Stunden,

tags während der Ruhezeiten (7 bis 9 Uhr, 13 bis 15 Uhr und 20 bis 22 Uhr) jeweils eine Beurteilungszeit von 2 Stunden,

nachts (0 bis 7 Uhr und 22 bis 24 Uhr) eine Beurteilungszeit von 1 Stunde (ungünstigste volle Stunde).

Beträgt die gesamte Nutzungszeit der Sportanlagen zusammenhängend weniger als 4 Stunden und fallen mehr als 30 Minuten der Nutzungszeit in die Zeit von 13 bis 15 Uhr, gilt als Beurteilungszeit ein Zeitabschnitt von 4 Stunden, der die volle Nutzungszeit umfaßt.

1.3.2.3 Teilzeiten T_i

Treten während einer Beurteilungszeit unterschiedliche Emissionen, jeweils unter Einschluß der Impulshaltigkeit, auffälliger Pegeländerungen, der Ton- und Informationshaltigkeit sowie kurzzeitiger Geräuschspitzen auf, ist zur Ermittlung der Geräuschimmission während der gesamten Beurteilungszeit diese in geeigneter Weise in Teilzeiten T_i aufzuteilen, in denen die Emissionen im wesentlichen gleichartig sind. Eine solche Unterteilung ist z.B. bei zeitlich abgrenzbarem unterschiedlichem Betrieb der Sportanlage erforderlich.

1.3.3 Zuschlag $K_{I,i}$ für Impulshaltigkeit und/oder auffällige Pegeländerungen

Enthält das zu beurteilende Geräusch während einer Teilzeit T_i der Beurteilungszeit nach Nr. 1.3.2 Impulse und/oder auffällige Pegeländerungen, wie z.B. Aufprallgeräusche von Bällen, Geräusche von Startpistolen, Trillerpfeifen oder Signalgebern, ist für diese Teilzeit ein Zuschlag $K_{I,i}$ zum Mittelungspegel $L_{Am,i}$ zu berücksichtigen.

Bei Geräuschen durch die menschliche Stimme ist, soweit sie nicht technisch verstärkt sind, kein Zuschlag $K_{I,i}$ anzuwenden.

Treten die Impulse und/oder auffälligen Pegeländerungen in der Teilzeit T_i im Mittel höchstens einmal pro Minute auf, sind neben dem Mittelungspegel $L_{Am,i}$ der mittlere Maximalpegel $L_{AFmax,i}$ (energetischer Mittelwert) und die mittlere Anzahl n pro Minute der Impulse und/oder auffälligen Pegeländerungen zu bestimmen. Der Zuschlag $K_{I,i}$ beträgt dann:

$$K_{I,i} = 10 \lg (1 + n/12 \cdot 10^{0,1 (\bar{L}_{AFmax,i} - L_{Am,i})}) \text{ db(A)} \qquad (1).$$

Sofern Impulse und/oder auffällige Pegeländerungen in der Teilzeit T_i mehr als einmal pro Minute auftreten, ist der Wirkpegel $L_{AFTm,i}$ nach dem Taktmaximalverfahren mit einer Taktzeit von 5 Sekunden zu bestimmen. Dieser beinhaltet bereits den Zuschlag $K_{I,i}$ für Impulshaltigkeit und/oder auffällige Pegeländerungen ($L_{Am,i} + K_{I,i} = L_{AFTm,i}$). Bei Anlagen, die Geräuschimmissionen mit Impulsen und/oder auffälligen Pegeländerungen in der Teilzeit T_i mehr als einmal pro Minute hervorrufen und vor Inkrafttreten dieser Verordnung baurechtlich genehmigt oder – soweit eine Baugenehmigung nicht erforderlich war – errichtet waren, ist für die betreffende Teilzeit ein Abschlag von 3 dB(A) zu berücksichtigen.

1.3.4 Zuschlag $K_{T,i}$ für Ton- und Informationshaltigkeit

Wegen der erhöhten Belästigung beim Mithören ungewünschter Informationen ist je nach Auffälligkeit in den entsprechenden Teilzeiten T_i ein Informationszuschlag $K_{Inf,i}$ von 3 dB oder 6 dB zum Mittelungspegel $L_{Am,i}$ zu addieren. $K_{Inf,i}$ ist in der Regel nur bei Lautsprecherdurchsagen oder bei Musikwiedergaben anzuwenden. Ein Zuschlag von 6 dB ist zu wählen, wenn Lautsprecherdurchsagen gut verständlich oder Musikwiedergaben deutlich hörbar sind.

Heben sich aus dem Geräusch von Sportanlagen Einzeltöne heraus, ist ein Tonzuschlag $K_{Ton,i}$ von 3 dB oder 6 dB zum Mittelungspegel $L_{Am,i}$ für die Teilzeiten hinzuzurechnen, in denen die Töne auftreten. Der Zuschlag von 6 dB gilt nur bei besonderer Auffälligkeit der Töne. In der Regel kommen tonhaltige Geräusche bei Sportanlagen nicht vor.

Die hier genannten Zuschläge sind so zusammenzufassen, daß der Gesamtzuschlag auf maximal 6 dB begrenzt bleibt:

$$K_{T,i} = K_{Inf,i} + K_{Ton,i} \leq 6 \text{ dB(A)} \qquad (2).$$

1.3.5 Bestimmung der Beurteilungspegel

Die Beurteilungspegel werden für die Beurteilungszeit T_r unter Berücksichtigung der Zuschläge $K_{I,i}$ für Impulshaltigkeit und/oder auffällige Pegeländerungen und $K_{T,i}$ für Ton- und Informationshaltigkeit nach Gleichung (3) ermittelt:

$$L_r = 10 \lg \left[\frac{1}{T_r} \sum_i T_i \cdot 10^{0,1(L_{Am,i} + K_{I,i} + K_{T,i})} \right] \text{dB(A)} \qquad (3)$$

mit

a) für den Tag außerhalb der Ruhezeiten
 an Werktagen $T_r = \sum_i T_i = 12$ h,

 an Sonn- und Feiertagen $T_r = \sum_i T_i = 9$ h,

b) für den Tag innerhalb der Ruhezeiten $T_r = \sum_i T_i = 2$ h,

c) für die Nacht $T_r = \sum_i T_i = 1$ h

und $L_{Am,i}$, $K_{I,i}$ und $K_{T,i}$ die Mittelungspegel und Zuschläge für Impulshaltigkeit und/oder auffällige Pegeländerungen oder der Abschlag nach Nr. 1.3.3 sowie der Zuschlag für Ton- und Informationshaltigkeit nach Nr. 1.3.4 während der zugehörigen Teilzeiten T_i.

Im Falle von Nr. 1.3.2.2 Satz 2 beträgt $T_r = 4$ Stunden.

Zur Bestimmung der Beurteilungszeit T_r im Falle von § 5 Abs. 3 sind die Beurteilungszeiten nach Buchstaben a, b oder c um die außer Betracht zu lassenden Teilzeiten T_i nach Nr. 1.3.2.3 (tatsächliche Nutzungszeit) zu kürzen.

1.4 Ständig vorherrschende Fremdgeräusche

Fremdgeräusche sind Geräusche am Immissionsort, die unabhängig von dem Geräusch der zu beurteilenden Anlage oder Anlagen auftreten.

Sie sind dann als ständig vorherrschend anzusehen, wenn der Mittelungspegel des Anlagengeräusches gegebenenfalls zuzüglich der Zuschläge für Impulshaltigkeit und/oder auffällige Pegeländerungen in mehr als 95 % der Nutzungszeit vom Fremdgeräusch übertroffen wird.

1.5 Seltene Ereignisse

Überschreitungen der Immissionsrichtwerte durch besondere Ereignisse und Veranstaltungen gelten als selten, wenn sie an höchstens 18 Kalendertagen eines Jahres in einer Beurteilungszeit oder mehreren Beurteilungszeiten auftreten. Dies gilt unabhängig von der Zahl der einwirkenden Sportanlagen.

1.6 Vergleich des Beurteilungspegels mit dem Immissionsrichtwert

Der durch Prognose nach Nr. 2 ermittelte Beurteilungspegel nach Nr. 1.3.5 ist direkt mit den Immissionsrichtwerten nach § 2 der Verordnung zu vergleichen.

Wird der Beurteilungspegel durch Messung nach Nr. 3 ermittelt, ist zum Vergleich mit den Immissionsrichtwerten nach § 2 der Verordnung der um 3 dB(A) verminderte Beurteilungspegel nach Nr. 1.3.5 heranzuziehen.

2. Ermittlung der Geräuschimmission durch Prognose

2.1 Grundlagen

Der Mittelungspegel L_{Am} ist in Anlehnung an VDI-Richtlinie 2714 „Schallausbreitung im Freien" (Januar 1988) und Entwurf VDI-Richtlinie 2720/1 „Schallschutz durch Abschirmung im Freien" (November 1987) zu berechnen.

Für die Berechnung der Mittelungspegel werden für alle Schallquellen die mittleren Schalleistungspegel L_{WAm}, die Einwirkzeiten, die Raumwinkelmaße, gegebenenfalls die Richtwirkungsmaße, die Koordinaten der Schallquellen und der Immissionsorte, die Lage und Abmessungen von Hindernissen und außerdem für schallabstrahlende Außenbauteile von Gebäuden die Flächen S und die bewerteten Bauschalldämm-Maße R'_w benötigt.

Als Eingangsdaten für die Berechnung können Meßwerte oder Erfahrungswerte, soweit sie auf den Meßvorschriften dieses Anhangs beruhen, verwendet werden. Wenn aufgrund besonderer Vorkehrungen eine im Vergleich zu den Erfahrungswerten weitergehende dauerhafte Lärmminderung nachgewiesen ist, können die der Lärmminderung entsprechenden Korrekturwerte bei den Eingangsdaten berücksichtigt werden.

Der Mittelungspegel der Geräusche, die von den der Anlage zuzurechnenden Parkflächen ausgehen, ist zu berechnen nach den Richtlinien für den Lärmschutz an Straßen – Ausgabe 1990 – RLS-90, bekanntgemacht im Verkehrsblatt, Amtsblatt des Bundesministers für Verkehr der Bundesrepublik Deutschland (VkBl.) Nr. 7 vom 14. April 1990 unter lfd. Nr. 79. Bei der Bestimmung der Anzahl der Fahrzeugbewegungen je Stellplatz und Stunde ist, sofern keine genaueren Zahlen vorliegen, von bei vergleichbaren Anlagen gewonnenen Erfahrungswerten auszugehen. Die Richtlinien sind zu beziehen von der Forschungsgesellschaft für Straßen- und Verkehrswesen, *Alfred-Schütte-Allee 10, 5000 Köln 21*[1].

Der Beurteilungspegel für den Verkehr auf öffentlichen Verkehrsflächen ist zu berechnen nach den Richtlinien für den Lärmschutz an Straßen – Ausgabe 1990 – RLS-90, bekanntgemacht im Verkehrsblatt, Amtsblatt des Bundesministers für Verkehr der Bundesrepublik Deutschland (VkBl.) Nr. 7 vom 14. April 1990 unter lfd. Nr. 79. Die Richtlinien sind zu beziehen von der Forschungsgesellschaft für Straßen- und Verkehrswesen, *Alfred-Schütte-Allee 10, 5000 Köln 21*[1].

2.2 Von Teilflächen der Außenhaut eines Gebäudes abgestrahlte Schalleistungen

Wenn sich Schallquellen in einem Gebäude befinden, ist jedes Außenhautelement des Gebäudes als eine Schallquelle zu betrachten. Der durch ein Außenhautelement ins Freie abgestrahlte Schalleistungspegel L_{WAm} ist aus dem mittleren Innenpegel $L_{m,\,innen}$ im Raum, den es nach außen abschließt, in ca. 1 m Abstand von dem Element, aus seiner Fläche S (in m^2) und aus seinem bewerteten Bauschalldämm-Maß R'_w nach der Gleichung

$$L_{WAm} = L_{m,\,innen} + 10\,\lg(S) - R'_w - 4\text{ dB} \qquad (4)$$

zu berechnen. Für den mittleren Innenpegel kann von Meß- oder Erfahrungswerten ausgegangen werden. Er kann für einen Raum aus dem Schalleistungspegel $L_{WAm,\,innen}$ aller Schallquellen im Raum zusammen nach der Gleichung

$$L_{m,\,innen} = L_{WAm,\,innen} + 10\,\lg(T/V) + 14\text{ dB} = L_{WAm,\,innen} - 10\,\lg(A/4) \qquad (5)$$

berechnet werden, worin T die Nachhallzeit (in s) bei mittleren Frequenzen, V das Volumen (in m^3) und A die äquivalente Absorptionsfläche des Raumes (in m^2) bei mittleren Frequenzen ist.

Für Öffnungen ist das bewertete Bauschalldämm-Maß mit Null anzusetzen.

[1] Jetzt: „An Lyskirchen 14, 50676 Köln".

2.3 Schallausbreitungsrechnung

Die Rechnung ist für jede Schallquelle entsprechend VDI-Richtlinie 2714, Abschnitt 3 bis 7, und Entwurf VDI-Richtlinie 2720/1, Abschnitt 3, durchzuführen. Bei den frequenzabhängigen Einflüssen ist von einer Frequenz von 500 Hz auszugehen.

Werden bei der Schallausbreitungsrechnung Abschirmungen berücksichtigt, ist nach Entwurf VDI-Richtlinie 2720/1, Abschnitt 3.1, gegebenenfalls eine feinere Zerlegung in Einzelschallquellen als nach VDI-Richtlinie 2714, Abschnitte 3.3 und 3.4, erforderlich.

Reflexionen, die nicht bereits im Raumwinkelmaß enthalten sind, sind nach VDI-Richtlinie 2714, Abschnitt 7.1, durch die Annahme von Spiegelschallquellen zu berücksichtigen.

Der Mittelungspegel $L_{Am}(s_m)$ von einer Schallquelle an einem Immissionsort im Abstand s_m von ihrem Mittelpunkt ist nach Gleichung (6) zu berechnen:

$$L_{Am}(s_m) = L_{WAm} + DI + K_o - D_s - D_L - D_{BM} - D_e \qquad (6).$$

Die Bedeutung der einzelnen Glieder in Gleichung (6) ist Tabelle 1 zu entnehmen.

Die Eigenabschirmung von Gebäuden ist in Anlehnung an VDI-Richtlinie 2714, Abschnitt 5.1, durch das Richtwirkungsmaß zu berücksichtigen. Mit $DI \leq -10$ dB für die dem Immissionsort abgewandte Seite darf jedoch nur gerechnet werden, wenn sich ihr gegenüber keine reflektierenden Flächen (z.B. Wände von Gebäuden) befinden.

Das Boden- und Meteorologie-Dämpfungsmaß D_{BM} ist nach VDI-Richtlinie 2714, Abschnitt 6.3, Gleichung (7), anzusetzen.

Die Einfügungsdämpfungsmaße D_e von Abschirmungen sind nach Entwurf VDI-Richtlinie 2720/1, Abschnitt 3, zu berechnen. Dabei ist in Gleichung (5) dieser Richtlinie $C_2 = 20$ zu setzen. Der Korrekturfaktor für Witterungseinflüsse ist für alle Anlagen nach Abschnitt 3.4.3, Gleichung (7a), zu berechnen.

Tabelle 1: Bedeutung der Glieder in Gleichung (6)

Größe	Bedeutung	Fundstelle
L_{WAm}	mittlerer Schalleistungspegel	
		VDI-Richtlinie 2714
DI	Richtwirkungsmaß	Abschnitt 5.1
K_o	Raumwinkelmaß	Abschnitt 5.2, Gleichung (3) oder Tabelle 2
D_s	Abstandsmaß	Abschnitt 6.1, Gleichung (4)
D_L	Luftabsorptionsmaß	Abschnitt 6.2, Gleichung (5) in Verbindung mit Tabelle 3
D_{BM}	Boden- und Meteorologiedämpfungsmaß	Abschnitt 6.3, Gleichung (7)
		VDI-Richtlinie 2720/1
D_e	Einfügungsdämpfungsmaß von Schallschirmen	Abschnitt 3

2.4 Bestimmung des Mittelungspegels $L_{Am,i}$ sowie der Zuschläge $K_{I,i}$ und $K_{T,i}$ in der Teilzeit T_i

Zur Bestimmung des Mittelungspegels $L_{Am,i}$ in der Teilzeit T_i sind die nach Gleichung (6) bestimmten Mittelungspegel aller einwirkenden Schallquellen energetisch zu addieren. Die Zuschläge $K_{I,i}$ für Impulshaltigkeit und/oder auffällige Pegeländerungen und $K_{T,i}$ für Ton- und Informationshaltigkeit sind entsprechend Nr. 1.3.3 und Nr. 1.3.4 nach Erfahrungswerten zu bestimmen.

2.5 Berechnung der Pegel kurzzeitiger Geräuschspitzen

Wenn einzelne kurzzeitige Geräuschspitzen zu erwarten sind, ist die Berechnung nach Nr. 2.3 statt mit den mittleren Schalleistungspegeln aller Schallquellen mit den maximalen Schalleistungspegeln L_{WAmax} der Schallquellen mit kurzzeitigen Geräuschspitzen zu wiederholen.

3. Ermittlung der Geräuschimmission durch Messung

3.1 Meßgeräte

Bei Messungen dürfen Schallpegelmesser der Klasse 1 nach DIN IEC 651, Ausgabe Dezember 1981, oder DIN IEC 804, Ausgabe Januar 1987, verwendet werden, die zusätzlich die Anforderungen des Entwurfes DIN 45657, Ausgabe Juli 1989, erfüllen. Schallpegelmesser müssen den eichrechtlichen Vorschriften entsprechen.

3.2 Meßverfahren und Auswertung

3.2.1 Meßwertarten

Meßgröße ist der A-bewertete mit der Zeitwertung F ermittelte Schalldruckpegel $L_{AF}(t)$ nach DIN IEC 651, Ausgabe Dezember 1981. Der Mittelungspegel L_{Am} wird nach DIN 45641, Ausgabe Juni 1990, aus dem zeitlichen Verlauf des Schalldruckpegels oder mit Hilfe von Schallpegelmessern nach DIN IEC 804, Ausgabe Januar 1987, gebildet.

Im Falle von Nr. 1.3.3 sind neben dem Mittelungspegel L_{Am} die Maximalpegel L_{AFmax} der Impulse und/oder auffälligen Pegeländerungen oder aus den im 5-s-Takt ermittelten Taktmaximalpegeln $L_{AFT,5}$ nach DIN 45641, Ausgabe Juni 1990, der Wirkpegel L_{AFTm} zu bestimmen.

Für die Beurteilung einzelner, kurzzeitiger Geräuschspitzen ist der Maximalpegel L_{AFmax} heranzuziehen.

3.2.2 Ort und Zeit der Messungen

Es ist an den in Nr. 3.2.2.1 genannten Orten und zu den in Nr. 3.2.2.2 genannten Zeiten zu messen.

3.2.2.1 Ort der Messungen

Der Ort der Messungen ist entsprechend Nr. 1.2 zu wählen. Ergänzend gilt:

a) Bei bebauten Flächen kann abweichend von den Bestimmungen in Nr. 1.2 Buchstabe a das Mikrofon an einem geeigneten Ersatzmeßpunkt (z.B. in einer Baulücke neben dem betroffenen Gebäude) möglichst in Höhe des am stärksten betroffenen Fensters aufgestellt werden, insbesondere wenn der Bewohner nicht informiert oder nicht gestört werden soll.

b) Bei unbebauten Flächen ist in mindestens 3 m Höhe über dem Erdboden zu messen. Besondere Gründe bei der nach Nr. 1.2 erforderlichen Auswahl des am stärksten betroffenen Randes der Fläche (z.B. Abschattung durch Mauern, Hanglage, geplante hohe Wohngebäude) sind im Meßprotokoll anzugeben.

c) Sind Messungen in Wohnungen durchzuführen, die mit der zu beurteilenden Anlage baulich aber nicht betrieblich verbunden sind, ist in den Räumen bei geschlossenen Türen und Fenstern und bei üblicher Raumausstattung mindestens 0,4 m von den Begrenzungsflächen entfernt zu messen. Die Messung ist an mehreren Stellen im Raum, in der Regel an den bevorzugten Aufenthaltsplätzen, durchzuführen, und die gemessenen Mittelungspegel sind entsprechend Gleichung (7) in Nr. 3.2.2.2 energetisch zu mitteln.

3.2.2.2 Zeit und Dauer der Messungen

Zeit und Dauer der Messungen haben sich an den für die zu beurteilende Anlage kennzeichnenden Nutzungen unter Berücksichtigung aller nach Nr. 1.1 zuzurechnenden Geräusche zu orientieren. Dabei sollen die bei bestimmungsgemäßer Nutzung der Anlage auftretenden Emissionen, gegebenenfalls getrennt für Teilzeiten T_i mit unterschiedlichen Emissionen, erfaßt werden.

Die Meßdauer ist nach der Regelmäßigkeit des Pegelverlaufs zu bestimmen. Bei Nutzungszyklen soll sich die Meßdauer für eine Messung mindestens über einen typischen Geräuschzyklus erstrecken.

Treten am Meßort Fremdgeräusche auf, ist grundsätzlich nur dann zu messen, wenn erwartet werden kann, daß der Mittelungspegel des Fremdgeräusches während der Meßdauer um mindestens 6 dB(A) unter dem Mittelungspegel des Anlagengeräusches liegt. Ist das Fremdgeräusch unterbrochen und ist in diesen Zeiten das Anlagengeräusch pegelbestimmend, ist in den Pausenzeiten zu messen.

Bei Abständen zwischen Quelle und Immissionsort ab 200 m sind die Messungen in der Regel bei Mitwind durchzuführen. Die Mitwindbedingung ist erfüllt, wenn der Wind von der Anlage in Richtung Meßort in einem Sektor bis zu ± 60° weht und wenn die Windgeschwindigkeit im Bereich weitgehend ungestörter Windströmungen (z.B. auf freiem Feld) in ca. 5 m Höhe etwa zwischen 1 m/s und 3 m/s liegt. Im Verlauf der Messungen ist darauf zu achten, daß die am Mikrofon auftretenden Windgeräusche die Meßergebnisse nicht beeinflussen.

Bei außergewöhnlichen Wetterbedingungen sollen keine Schallpegelmessungen vorgenommen werden. Außergewöhnliche Wetterbedingungen können beispielsweise stärkerer Regen, Schneefall, größere Windgeschwindigkeit, gefrorener oder schneebedeckter Boden sein.

In der Regel sind an jedem Meßort drei unabhängige Messungen durchzuführen und die Mittelungspegel $L_{Am,\,k}$ aus diesen Messungen nach Gleichung (7) zu mitteln (energetische Mittelung):

$$L_{Am} = 10 \lg \left[\frac{1}{3} \sum_{k=1}^{3} 10^{0,1 L_{Am,k}} \right] dB(A) \qquad (7).$$

Sofern aus vorliegenden Erkenntnissen bekannt ist, daß der Schwankungsbereich der Mittelungspegel der zu beurteilenden Geräuschimmissionen in der Beurteilungszeit kleiner ist als 3 dB(A), genügt eine einmalige Messung. Dies gilt auch, wenn der aus dem Meßwert für die Geräuschimmission bestimmte Beurteilungspegel um mehr als 6 dB(A) unter oder über dem geltenden Immissionsrichtwert liegt.

Wenn bei regulärer Nutzung der Anlage innerhalb der Beurteilungszeit der Schwankungsbereich der Mittelungspegel $L_{Am,\,k}$ aus den drei Einzelmessungen größer ist als 6 dB(A), ist zu prüfen, ob durch getrennte Erfassung von Teilzeiten der Schwankungsbereich auf weniger als 6 dB(A) verringert werden kann. In diesem Fall erfolgt die Bestimmung des Mittelungspegels für jede einzeln erfaßte Teilzeit nach Gleichung (7) aus drei Einzelmessungen. Andernfalls sind an fünf verschiedenen Meßterminen die Mittelungspegel $L_{Am,\,k}$ zu bestimmen und nach Gleichung (8) energetisch zu mitteln:

$$L_{Am} = 10 \lg \left[\frac{1}{5} \sum_{k=1}^{5} 10^{0,1 L_{Am,k}} \right] dB(A) \qquad (8).$$

Im Falle von Nr. 1.3.3 Abs. 4 gelten Gleichung (7) und (8) für L_{AFTm} entsprechend.

3.3 Meßprotokoll

Die Meßwerte sind in einem Protokoll festzuhalten. Das Protokoll muß eine eindeutige Bezeichnung der Meßorte (Lageplan) und die erforderlichen Angaben über Nutzungsarten und -dauern, Meßzeit und Meßdauer, Wetterlage, Geräuschquellen, Einzeltöne, Informationshaltigkeit, Impulshaltigkeit, auffällige Pegeländerungen, Fremdgeräusche und verwendete Meßgeräte oder Meßketten sowie gegebenenfalls über Maßnahmen zur Sicherstellung einer ausreichenden Meßsicherheit bei Verwendung von Meßketten enthalten.

Anhang 2

Maßnahmen, die in der Regel keine wesentliche Änderung im Sinne von § 5 Absatz 4 darstellen:
- Flutlichtanlagen,
- nicht überdachte Stellplätze bis insgesamt 100 m^2,
- nicht überdachte Lagerflächen bis 300 m^2,
- Einrichtung von Sport- und Spielflächen,
- Werbeanlagen,
- Zugänge und Zufahrten,
- Anlagen zur Nutzung erneuerbarer Energien, insbesondere von Solaranlagen in, an und auf Dach- und Außenwandflächen,
- Änderungen der äußeren Gebäudegestaltung,
- Nutzungsänderungen durch Solaranlagen an Dach und Wänden,

- Auswechseln von Belägen auf Sport- und Spielflächen,
- Instandhaltungsmaßnahmen,
- Sanierungs- und Modernisierungsmaßnahmen, insbesondere die Umwandlung von Tennen- oder Rasenspielflächen in Kunststoffrasenspielflächen,
- Erneuerung von Ballfangzäunen, Einzäunungen, Barrieren, Kantsteinen, Zuschauerplätzen,
- Erweiterung der Sanitär- und Umkleidebereiche,
- Neubau von Garagen,
- Umbau der Spielflächen nach dem Stand der Technik,
- Umbau von Anlagen zur Erfüllung immissionsschutzrechtlicher und anderer öffentlich-rechtlicher Anforderungen,
- Beregnungsanlagen,
- Modifizierung der Sportanlage, insbesondere durch den Neubau von Spiel- und Klettergeräten, Trimm- und Kräftigungsgeräten, Kletterwänden oder Boulebahnen,
- Rückbau von Teilen der Anlage,
- Lärmschutzmaßnahmen,
- Neubau von Vereinsheimen und
- Neubau oder Austausch von Lautsprecheranlagen.

2.20. Zwanzigste Verordnung zur Durchführung des Bundes-Immissionsschutzgesetzes (Verordnung zur Begrenzung der Emissionen flüchtiger organischer Verbindungen beim Umfüllen und Lagern von Ottokraftstoffen, Kraftstoffgemischen oder Rohbenzin – 20. BImSchV)[1]

In der Fassung der Bekanntmachung vom 18. August 2014[2]
(BGBl. I S. 1447)

FNA 2129-8-20-1

geänd. durch Art. 2 VO zur Umsetzung der RL 2014/99/EU und zur Änd. und Anpassung weiterer immissionsschutzrechtlicher Verordnungen v. 24.3.2017 (BGBl. I S. 656)

Inhaltsübersicht

---

[1] **Amtl. Anm.:** Diese Verordnung dient der Umsetzung der Richtlinie 94/63/EG des Europäischen Parlaments und des Rates vom 20. Dezember 1994 zur Begrenzung der Emissionen flüchtiger organischer Verbindungen (VOC-Emissionen) bei der Lagerung von Ottokraftstoff und seiner Verteilung von den Auslieferungslagern bis zu den Tankstellen (ABl. L 365 vom 31.12.1994, S. 24), die zuletzt durch die Verordnung (EG) Nr. 1137/2008 (ABl. L 311 vom 21.11.2008, S. 1) geändert worden ist.

[2] Neubekanntmachung der 20. BImSchV v. 27.5.1998 (BGBl. I S. 1174) in der ab 2.5.2013 geltenden Fassung.

Erster Teil. Allgemeine Vorschriften

§ 1 Anwendungsbereich. (1) Diese Verordnung gilt für die Errichtung, die Beschaffenheit und den Betrieb von

1. Anlagen für die Lagerung oder Umfüllung von Ottokraftstoff, Kraftstoffgemischen oder von Rohbenzin in Tanklagern oder an Tankstellen,
2. ortsveränderliche Anlagen für die Beförderung von Ottokraftstoff, Kraftstoffgemischen oder von Rohbenzin.

(2) Die für die in Absatz 1 Nummer 2 genannte Beförderung von Ottokraftstoff, Kraftstoffgemischen oder von Rohbenzin in ortsveränderlichen Anlagen geltenden Bestimmungen der Anlagen A und B des Europäischen Übereinkommens vom 30. September 1957 über die internationale Beförderung gefährlicher Güter auf der Straße (ADR) in der Fassung der Bekanntmachung der Neufassung der Anlagen A und B vom 17. April 2015 (BGBl. 2015 II S. 504), die zuletzt nach Maßgabe der 25. ADR-Änderungsverordnung vom 25. Oktober 2016 (BGBl. 2016 II S. 1203) geändert worden sind, der Ordnung für die internationale Eisenbahnbeförderung gefährlicher Güter (RID) in der Fassung der Bekanntmachung vom 16. Mai 2008 (BGBl. 2008 II S. 475, 899), die zuletzt nach Maßgabe der 20. RID-Änderungsverordnung vom 11. November 2016 (BGBl. 2016 II S. 1258) geändert worden ist, und der Anlage zum Europäischen Übereinkommen vom 26. Mai 2000 über die internationale Beförderung von gefährlichen Gütern auf Binnenwasserstraßen (ADN) vom 26. Mai 2000 (BGBl. 2007 II S. 1906, 1908), die zuletzt nach Maßgabe der 6. ADN-Änderungsverordnung vom 25. November 2016 (BGBl. 2016 II S. 1298) geändert worden ist, in der jeweils geltenden Fassung bleiben unberührt.

§ 2 Begriffsbestimmungen. Im Sinne dieser Verordnung bedeuten die Begriffe

1. Abgasreinigungseinrichtung:
   eine Einrichtung für die Rückgewinnung von Ottokraftstoff, Kraftstoffgemischen oder von Rohbenzin aus Dämpfen (Dämpferückgewinnungsanlage) oder eine Einrichtung für die energetische Verwertung von Dämpfen, insbesondere in einem Gasmotor, jeweils einschließlich etwaiger Puffertanksysteme;
2. bewegliches Behältnis:
   ortsveränderliche Anlage, insbesondere ein Tank oder ein Container, zur Beförderung von Ottokraftstoff, Kraftstoffgemischen oder von Rohbenzin von einem Tanklager zu einem anderen oder von einem Tanklager zu einer Tankstelle auf Straßen, Schienen oder schiffbare Binnengewässer;
3. Binnenschiff:
   ein Schiff gemäß der Definition in Teil 1 Kapitel 1 Artikel 1.01 Nummer 3 des Anhangs II der Richtlinie 2006/87/EG des Europäischen Parlaments und des Rates vom 12. Dezember 2006 über die technischen Vorschriften für Binnenschiffe und zur Aufhebung der Richtlinie 82/714/EWG des Rates (ABl. L 389 vom 30.12.2006, S. 1), die zuletzt durch die Richtlinie 2013/22/EU (ABl. L 158 vom 10.6.2013, S. 356) geändert worden ist;

4. Bioethanol:
   Ethanol von 100 Volumenprozent, das aus Biomasse oder dem biologisch abbaubaren Teil von Abfällen hergestellt wird und für die Verwendung in Kraftstoffgemischen bestimmt ist;
5. Dämpfe:
   gasförmige Verbindungen, die aus Ottokraftstoff, Kraftstoffgemischen oder Rohbenzin verdunsten;
6. Durchsatz:
   die größte jährliche Menge an Ottokraftstoff, Kraftstoffgemischen oder Rohbenzin, welche während der letzten drei Jahre von einem Tanklager oder von einer Tankstelle in bewegliche Behältnisse umgefüllt wurde;
7. Emissionen:
   die von einer Anlage ausgehenden Luftverunreinigungen; Konzentrationsangaben beziehen sich auf das unverdünnte Abgasvolumen im Normzustand (273 Kelvin, 1 013 Hektopascal) nach Abzug des Feuchtegehaltes an Wasserdampf;
8. Fachbetrieb:
   ein Betrieb im Sinne des § 3 Absatz 2 der Verordnung über Anlagen zum Umgang mit wassergefährdenden Stoffen vom 31. März 2010 (BGBl. I S. 377), welcher zusätzlich über Geräte und Ausrüstungsteile zum Brand- und Explosionsschutz sowie über sachkundige Personen mit den erforderlichen Kenntnissen des Brand- und Explosionsschutzes verfügt;
9. Füllstelle:
   eine Einrichtung in einem Tanklager, mit der bewegliche Behältnisse mit Ottokraftstoff, Kraftstoffgemischen oder mit Rohbenzin befüllt werden; eine Anlage zum Befüllen von Straßentankfahrzeugen umfasst eine oder mehrere Füllstellen;
10. genehmigungsbedürftige Anlage:
    Anlage, die nach § 4 des Bundes-Immissionsschutzgesetzes[1] einer Genehmigung bedarf;
11. Gaspendelsystem:
    eine Einrichtung, mit der die beim Befüllen eines Lagertanks oder eines beweglichen Behältnisses verdrängten Dämpfe erfasst und durch eine dampfdichte Verbindungsleitung dem abfüllenden beweglichen Behältnis, dem abfüllenden Lagertank oder einem Puffertanksystem zugeführt werden;
12. Kraftstoffgemische:
    Erdölderivate mit einem Anteil von mehr als 10 und weniger als 90 Volumenprozent Bioethanol, die der UN-Nummer 3475 der jeweiligen Tabelle A in Teil 3 Kapitel 3.2.1 der Anlagen A und B zum ADR, in Teil 3 Kapitel 3.2 der RID oder in Teil 3 Kapitel 3.2.1 der Anlage zum ADN entsprechen;
13. Lagertank:
    ein ortsfester Tank oder ortsfester Behälter für die Lagerung von Ottokraftstoff, Kraftstoffgemischen oder von Rohbenzin in einem Tanklager oder an einer Tankstelle;

---

[1] Nr. 1.

14. Massenstrom der organischen Stoffe:
die während einer Stunde emittierte Masse an organischen Stoffen, angegeben als Gesamtkohlenstoff abzüglich Methan; der Massenstrom ist die während einer Betriebsstunde bei bestimmungsgemäßem Betrieb einer Anlage unter den für die Luftreinhaltung ungünstigsten Betriebsbedingungen auftretende Emission der gesamten Anlage;
15. nicht genehmigungsbedürftige Anlage:
Anlage, die keiner Genehmigung nach dem Bundes-Immissionsschutzgesetz bedarf;
16. öffentlich bestellter und vereidigter Sachverständiger:
ein nach § 36 der Gewerbeordnung vom 22. Februar 1999 (BGBl. I S. 202), die zuletzt durch Artikel 10 des Gesetzes vom 15. April 2015 (BGBl. I S. 583) geändert worden ist, öffentlich bestellter und vereidigter Sachverständiger;
17. Ottokraftstoffe:
Erdölderivate mit einem Anteil von bis zu 10 Volumenprozent Bioethanol, die der UN-Nummer 1203 der jeweiligen Tabelle A in Teil 3 Kapitel 3.2.1 der Anlagen A und B zum ADR, in Teil 3 Kapitel 3.2 der RID oder in Teil 3 Kapitel 3.2.1 der Anlage zum ADN entsprechen und die zur Verwendung als Kraftstoff für Ottomotoren bestimmt sind;
18. Reinigungsgrad:
das Verhältnis der Differenz zwischen der einer Abgasreinigungseinrichtung zugeführten und in ihrem Abgas emittierten Masse an organischen Stoffen zu der zugeführten Masse an organischen Stoffen, angegeben in Prozent;
19. Rohbenzin:
aus der Raffination von Erdöl oder Erdgas gewonnenes unbehandeltes Erdöldestillat, das der UN-Nummer 1268 in der jeweiligen Tabelle A in Teil 3 Kapitel 3.2.1 der Anlagen A und B zum ADR, in Teil 3 Kapitel 3.2 der RID oder in Teil 3 Kapitel 3.2.1 der Anlage zum ADN entspricht;
20. Tanklager:
eine Einrichtung mit Anlagen für die Lagerung und Umfüllung von Ottokraftstoff, Kraftstoffgemischen oder von Rohbenzin in oder aus Eisenbahnkesselwagen, in Binnenschiffe oder aus Binnenschiffen oder in Straßentankfahrzeuge einschließlich aller Lagertanks am Ort der Einrichtung;
21. Tankstelle:
eine Einrichtung zur Abgabe von Ottokraftstoff und Kraftstoffgemischen aus Lagertanks an Kraftstofftanks von Kraftfahrzeugen;
22. zugelassene Überwachungsstelle:
Überwachungsstelle, die nach § 17 Absatz 5 des Geräte- und Produktsicherheitsgesetzes vom 6. Januar 2004 (BGBl. I S. 2), das zuletzt durch Artikel 3 des Gesetzes vom 7. Juli 2005 (BGBl. I S. 1970) geändert worden ist, oder nach § 37 Absatz 5 des Produktsicherheitsgesetzes vom 8. November 2011 (BGBl. I S. 2178) jeweils in Verbindung mit Anhang 2 Abschnitt 1 Nummer 1 der Betriebssicherheitsverordnung vom 3. Februar 2015 (BGBl. I S. 49), von der zuständigen Landesbehörde für die Prüfung von überwachungsbedürftigen Anlagen nach § 18 Absatz 1 Nummer 4 bis 8 und nach Anhang 2 Abschnitt 3 Nummer 1 der Betriebssicherheitsverordnung

dem Bundesministerium für Arbeit und Soziales als Prüfstelle benannt und von diesem im Gemeinsamen Ministerialblatt bekannt gemacht worden ist;

23. Zwischenlagerung von Dämpfen:
die Zwischenlagerung von Dämpfen in einem Festdachtank eines Tanklagers mit dem Ziel, die Dämpfe später zur Rückgewinnung oder energetischen Verwertung in ein anderes Tanklager zu verbringen. Hierzu zählt auch die Dämpfezwischenlagerung im Gasraum eines mit Ottokraftstoff, Kraftstoffgemischen oder mit Rohbenzin teilweise gefüllten Festdachtanks mit dem gleichen Ziel. Die Beförderung von Dämpfen zwischen Lagertanks innerhalb eines Tanklagers gilt nicht als Zwischenlagerung von Dämpfen.

Zweiter Teil. Anforderungen an die Errichtung, die Beschaffenheit und den Betrieb

§ 3 Lagerung in Tanklagern. (1) [1] Oberirdische Lagertanks hat der Betreiber so zu errichten und zu betreiben, dass die Außenwand und das Dach mit geeigneten Farbanstrichen versehen werden, die die Strahlungswärme zu mindestens 70 vom Hundert zurückwerfen. [2] Festdachtanks hat der Betreiber mit Unterdruck-/Überdruckventilen auszustatten und zu betreiben, soweit sicherheitstechnische Gründe dem nicht entgegenstehen.

(2) [1] Schwimmdachtanks hat der Betreiber nach dem Stand der Technik mit Randabdichtungen auszustatten und zu betreiben. [2] Die Dichtungen müssen so beschaffen sein, dass sie die Dämpfe im Verhältnis zu einem vergleichbaren Festdachtank ohne innere Schwimmdecke bei ruhendem Tank zu mindestens 97 vom Hundert zurückhalten.

(3) Festdachtanks mit innerer Schwimmdecke hat der Betreiber mit Randabdichtungen auszustatten und zu betreiben, die die Dämpfe im Verhältnis zu einem vergleichbaren Festdachtank ohne innere Schwimmdecke bei ruhendem Tank zu mindestens 97 vom Hundert zurückhalten.

(4) In Tanklagern mit einem Durchsatz von 25 000 Tonnen oder mehr dürfen Lagertanks nur

1. als Festdachtanks, deren Gasraum an eine den Anforderungen des § 4 Absatz 3 genügende Abgasreinigungseinrichtung angeschlossen ist,
2. als Schwimmdachtanks oder
3. als Festdachtanks mit innerer Schwimmdecke

errichtet und betrieben werden.

(5) Abweichend von den Absätzen 2 und 3 kann bei Tanks mit einem Durchmesser von weniger als 40 Metern eine Rückhaltequote der Dämpfe von weniger als 97 Prozent durch die zuständige Behörde zugelassen werden.

(6) Soweit sicherheitstechnische Aspekte nicht entgegenstehen, sind Gase und Dämpfe, die aus Druckentlastungsarmaturen und Entleerungseinrichtungen austreten, in ein Gassammelsystem einzuleiten oder einer Abgasreinigungseinrichtung zuzuführen.

(7) Abgase, die bei Inspektionen oder bei Reinigungsarbeiten der Lagertanks auftreten, sind einer Nachverbrennung zuzuführen oder es sind gleichwertige Maßnahmen zur Emissionsminderung anzuwenden

§ 4 Befüllung und Entleerung von Lagertanks oder beweglichen Behältnissen in Tanklagern. (1) Anlagen für die Lagerung und Umfüllung von Ottokraftstoff, Kraftstoffgemischen oder Rohbenzin hat der Betreiber so zu entrichten und zu betreiben, dass die bei der Befüllung eines Lagertanks oder eines beweglichen Behältnisses verdrängten Dämpfe erfasst und entweder

1. über eine dampfdichte Verbindungsleitung einer Abgasreinigungseinrichtung nach Absatz 3 oder
2. mittels eines Gaspendelsystems nach dem Stand der Technik, mit dem im Verhältnis zum Einsatz einer Abgasreinigungseinrichtung nach Absatz 3 Nummer 1 bei nicht genehmigungsbedürftigen Anlagen oder nach Absatz 3 Nummer 2 Buchstabe b bei genehmigungsbedürftigen Anlagen jeweils eine mindestens gleich große Emissionsminderung erreicht wird, der abfüllenden Anlage

zugeführt werden.

(2) [1] Gaspendelsysteme entsprechen dem Stand der Technik, wenn insbesondere

1. der Kraftstofffluss nur bei Anschluss des Gaspendelsystems unter Verwendung einer Verriegelungseinrichtung freigegeben wird und
2. das Gaspendelsystem und die angeschlossenen Einrichtungen während des Gaspendelns betriebsmäßig, abgesehen von sicherheitstechnisch bedingten Freisetzungen, keine Dämpfe in die Atmosphäre abgeben.

[2] Satz 1 Nummer 1 gilt nicht für das Umfüllen von Ottokraftstoffen, Kraftstoffgemischen oder Rohbenzin bei Eisenbahnkesselwagen, Tankcontainern oder Binnentankschiffen und für das Umfüllen bei einer ortsfesten Anlage mit einem Rauminhalt von weniger als 1 Kubikmeter oder bei einem jährlichen Durchsatz von höchstens 100 Kubikmetern Ottokraftstoff, Kraftstoffgemischen oder Rohbenzin.

(3) Abgasreinigungseinrichtungen hat der Betreiber so zu errichten und zu betreiben, dass

1. bei nicht genehmigungsbedürftigen Anlagen
   a) ein Reinigungsgrad von 97 vom Hundert nicht unterschritten wird und
   b) die Emissionen der organischen Stoffe im Abgas eine Massenkonzentration von 12 Gramm pro Kubikmeter als Stundenmittelwert, angegeben als Gesamtkohlenstoff ohne Methan, nicht überschreiten und
2. bei genehmigungsbedürftigen Anlagen
   a) die Emissionen der organischen Stoffe die Massenkonzentration von 50 Milligramm pro Kubikmeter, angegeben als Gesamtkohlenstoff ohne Methan, nicht überschreiten, wenn der Massenstrom insgesamt mehr als 0,50 Kilogramm pro Stunde beträgt,
   b) die Emissionen der organischen Stoffe die Massenkonzentration von 1,7 Gramm pro Kubikmeter, angegeben als Gesamtkohlenstoff ohne Methan, nicht überschreiten, wenn der Massenstrom insgesamt 0,50 Kilogramm pro Stunde oder weniger beträgt.

(4) Tanklager mit Anlagen zur Befüllung von Straßentankfahrzeugen hat der Betreiber so zu errichten und zu betreiben, dass alle Füllstellen die für die Untenbefüllung festgelegten Anforderungen in Anhang IV der Richtlinie 94/

63/EG des Europäischen Parlaments und des Rates vom 20. Dezember 1994 zur Begrenzung der Emissionen flüchtiger organischer Verbindungen (VOC-Emissionen) bei der Lagerung von Ottokraftstoff und seiner Verteilung von den Auslieferungslagern bis zu den Tankstellen (ABl. L 365 vom 31.12.1994, S. 24), die zuletzt durch die Verordnung (EG) Nr. 1137/2008 (ABl. L 311 vom 21.11. 2008, S. 1) geändert worden ist, einhalten.

(5) Der Betreiber hat eine Anlage so zu errichten und zu betreiben, dass die Befüllung an einer Füllstelle sofort abgebrochen wird, wenn Dämpfe entweichen.

(6) Der Betreiber hat beim Befüllen eines beweglichen Behältnisses von oben sicherzustellen, dass der Füllstutzen des Ladearms nahe am Boden des beweglichen Behältnisses gehalten wird, um ein Hochspritzen zu verhindern.

§ 5 Bewegliche Behältnisse. (1) [1] Bewegliche Behältnisse dürfen nur so errichtet und betrieben werden, dass

1. die Restdämpfe nach der Entleerung von Ottokraftstoff, Kraftstoffgemischen oder von Rohbenzin im Behältnis zurückgehalten werden,
2. sie verdrängte Dämpfe aus den Lagertanks von Tankstellen nach § 6 Absatz 1 oder von Tanklagern nach § 4 Absatz 1 Nummer 2 aufnehmen und zurückhalten.

[2] Satz 1 Nummer 2 gilt für Eisenbahnkesselwagen nur, soweit in ihnen Ottokraftstoff, Kraftstoffgemische oder Rohbenzin an Tanklager geliefert wird, in denen Dämpfe im Sinne des § 2 Nummer 23 zwischengelagert werden.

(2) Der Betreiber eines beweglichen Behältnisses hat sicherzustellen, dass die in Absatz 1 Satz 1 Nummer 1 und 2 bezeichneten Dämpfe, abgesehen von Freisetzungen über die Überdruckventile, solange im beweglichen Behältnis zurückgehalten werden, bis dieses in einem Tanklager wieder befüllt wird oder die Dämpfe einer Abgasreinigungseinrichtung zugeführt werden.

§ 6 Befüllung der Lagertanks von Tankstellen. (1) [1] Anlagen für die Lagerung und Umfüllung von Ottokraftstoff oder Kraftstoffgemischen an Tankstellen dürfen nur so errichtet und betrieben werden, dass die Dämpfe, die bei der Befüllung eines Lagertanks verdrängt werden, mittels eines Gaspendelsystems nach dem Stand der Technik erfasst und dem abfüllenden beweglichen Behältnis zugeleitet werden. [2] § 4 Absatz 2 gilt entsprechend.

(2) Absatz 1 gilt nicht für vor dem 4. Juni 1998 errichtete Tankstellen, deren jährliche Abgabemenge an Ottokraftstoff oder Kraftstoffgemischen 100 Kubikmeter nicht überschreitet.

Dritter Teil. Verfahren zur Messung und Überwachung

§ 7 Messöffnungen und Messplätze. Soweit zur Kontrolle der Einhaltung von Anforderungen nach den §§ 3 bis 6 Messungen erforderlich sind, hat der Betreiber geeignete Messöffnungen und Messplätze einzurichten.

§ 8 Nicht genehmigungsbedürftige Anlagen. (1) Der Betreiber einer nicht genehmigungsbedürftigen ortsfesten Anlage hat diese der zuständigen Behörde vor der Inbetriebnahme anzuzeigen.

(2) [1]Der Betreiber einer nicht genehmigungsbedürftigen Anlage, die nach § 4 Absatz 1 Nummer 2 oder § 6 Absatz 1 Satz 1 mit einem Gaspendelsystem ausgerüstet ist, hat die Einhaltung der Anforderungen nach § 4 Absatz 2 von einer zugelassenen Überwachungsstelle oder von einem öffentlich bestellten und vereidigten Sachverständigen feststellen zu lassen:

1. erstmals vor der Inbetriebnahme und sodann
2. alle zweieinhalb Jahre bei Kraftstoffgemischen und
3. alle fünf Jahre bei Ottokraftstoff und Rohbenzin.

[2]Festgestellte Mängel hat der Betreiber bei der erstmaligen Prüfung vor der Inbetriebnahme der Anlage und bei wiederkehrenden Prüfungen unverzüglich durch einen Fachbetrieb beseitigen zu lassen.

(3) Der Betreiber einer mit einer Abgasreinigungseinrichtung ausgerüsteten nicht genehmigungsbedürftigen Anlage hat die Einhaltung der Anforderungen des § 4 Absatz 3 Nummer 1

1. erstmalig frühestens drei Monate und spätestens sechs Monate nach der Inbetriebnahme der Abgasreinigungseinrichtung und sodann
2. wiederkehrend alle drei Jahre

von einer nach § 29b Absatz 2 in Verbindung mit § 26 des Bundes-Immissionsschutzgesetzes[1)] bekannt gegebenen Stelle durch Messungen nach Absatz 4 feststellen zu lassen.

(4) [1]Die Messungen sind mit geeigneten Messgeräten durchzuführen. [2]Die Reproduzierbarkeit muß mindestens 95 Prozent des Messwertes betragen. [3]Es sind mindestens drei Einzelmessungen der Massenkonzentration an organischen Stoffen im Abgas jeweils vor und nach der Abgasreinigungseinrichtung während eines mindestens siebenstündigen Arbeitstages bei bestimmungsgemäßem Durchsatz vorzunehmen. [4]Aus den Messwerten ist der Stundenmittelwert zu ermitteln und anzugeben. [5]Der sich aus den Messgeräten, dem Kalibriergas und dem Messverfahren ergebende Gesamtfehler darf 10 Prozent des Messwertes nicht überschreiten. [6]Die Anforderungen des § 4 Absatz 3 Nummer 1 gelten als eingehalten, wenn der Stundenmittelwert den vorgeschriebenen Reinigungsgrad nicht unterschreitet und die höchstzulässige Massenkonzentration nicht überschreitet.

(5) [1]Der Betreiber hat über die Ergebnisse der Überprüfung nach Absatz 2 und der Messungen nach Absatz 3 und Absatz 4 jeweils einen Bericht erstellen zu lassen. [2]Die aktuellen Berichte über das Ergebnis der Überprüfungen nach Absatz 2 sowie über das Ergebnis der Messungen nach Absatz 3 sind fünf Jahre ab Erstellung am Betriebsort aufzubewahren; bei beweglichen Behältnissen ist zusätzlich eine Berichtsausfertigung am Geschäftssitz des Betreibers aufzubewahren. [3]Eine Durchschrift des Berichts über ortsfeste Anlagen hat der Betreiber der zuständigen Behörde innerhalb von vier Wochen nach der Überprüfung oder den Messungen zuzuleiten. [4]Bei beweglichen Behältnissen ist der Bericht oder die Berichtsausfertigung der zuständigen Behörde auf Verlangen vorzulegen.

(6) Der Betreiber hat sicherzustellen, dass Verbindungsschläuche und -rohre in regelmäßigen Abständen auf undichte Stellen überprüft werden.

[1)] Nr. **1**.

(7) Der Betreiber hat sicherzustellen, dass im Rahmen der nach den Vorschriften über die Beförderung gefährlicher Güter vorgeschriebenen regelmäßigen Prüfungen

1. die Unterdruck-/Überdruckventile an beweglichen Behältnissen und
2. bei Straßentankfahrzeugen die Dampfdichtheit mittels eines Drucktests

überprüft werden.

§ 9 Genehmigungsbedürftige Anlagen. [1]Für die Messung und Überwachung der Emissionen an organischen Stoffen gelten die Anforderungen der Nummer 5.3 der Technischen Anleitung zur Reinhaltung der Luft – TA Luft –[1)] vom 24. Juli 2002 (GMBl S. 511) in der jeweils geltenden Fassung. [2]Dabei gelten mindestens die Anforderungen nach § 8 Absatz 4 und 5. [3]§ 8 Absatz 2 und 6 gilt entsprechend.

Vierter Teil. Gemeinsame Vorschriften

§ 10 Andere oder weitergehende Anforderungen. Die Befugnis der zuständigen Behörde, auf Grund des Bundes-Immissionsschutzgesetzes[2)] andere oder weitergehende Anordnungen zu treffen, bleibt unberührt, soweit die Vorschriften der Richtlinie 94/63/EG und die Vorschriften über die Beförderung gefährlicher Güter nicht entgegenstehen.

§ 11 Zulassung von Ausnahmen. (1) [1]Die zuständige Behörde kann auf Antrag des Betreibers Ausnahmen von den Anforderungen dieser Verordnung zulassen, soweit unter Berücksichtigung der besonderen Umstände des Einzelfalls

1. einzelne Anforderungen der Verordnung nicht oder nur mit unverhältnismäßig hohem Aufwand erfüllt werden können,
2. keine schädlichen Umwelteinwirkungen sowie keine Gefahren für Beschäftigte und Dritte zu erwarten sind und
3. die Vorschriften der Richtlinie 94/63/EG eingehalten werden.

[2]Abweichend von § 5 Absatz 2 dürfen Binnentankschiffe, ohne eine Ausnahme im Einzelfall beantragen zu müssen, ventilieren, wenn dies durch einen unerwarteten Werftaufenthalt oder eine unerwartete Vor-Ort-Reparatur durch eine Werft mit der Notwendigkeit einer Entgasung erforderlich wird und die Restdämpfe nach der Entleerung von Ottokraftstoff, Kraftstoffgemischen oder von Rohbenzin nicht einer Abgasreinigungsanlage zugeführt werden können. [3]Die Ventilierung der Binnentankschiffe ist nur zulässig, wenn sie während der Fahrt vorgenommen wird; dabei ist der Unterabschnitt 7.2.3.7 des ADN zu beachten. [4]Eine Ventilierung ist nicht zulässig

1. im Bereich von Schleusen einschließlich ihrer Vorhäfen, unter Brücken oder in dichtbesiedelten Gebieten,
2. in durch Rechtsverordnung festgesetzten Untersuchungsgebieten gemäß § 44 Absatz 2 des Bundes-Immissionsschutzgesetzes[2)].

[1)] Nr. **5.1**.
[2)] Nr. **1**.

(2) Gehört die Anlage zu einem Standort, der in das Verzeichnis nach Artikel 8 der Verordnung (EWG) Nr. 1836/93 des Rates vom 29. Juni 1993 über die freiwillige Beteiligung gewerblicher Unternehmen an einem Gemeinschaftssystem für das Umweltmanagement und die Umweltbetriebsprüfung (ABl. EG Nr. L 168 S. 1) in Verbindung mit Artikel 17 Absatz 4 Satz 1 der Verordnung (EG) Nr. 761/2001 des Europäischen Parlaments und des Rates vom 19. März 2001 über die freiwillige Beteiligung von Organisationen an einem Gemeinschaftssystem für das Umweltmanagement und die Umweltbetriebsprüfung (EMAS) (ABl. EG Nr. L 114 S. 1) oder in das Verzeichnis gemäß Artikel 7 Absatz 2 der Verordnung (EG) Nr. 761/2001 eingetragen ist, kann die zuständige Behörde auf Antrag des Betreibers durch Ausnahme zulassen, dass wiederkehrende Messungen nach § 8 Absatz 3 Nummer 2 oder im Sinne der Nummer 5.3.2.1 der Technischen Anleitung zur Reinhaltung der Luft – TA Luft –[1] vom 24. Juli 2002 (GMBl S. 511) nicht durchgeführt werden, wenn das Umweltmanagementsystem des Betreibers eigene, gleichwertige Messungen sowie Berichte vorsieht.

(3) [1] Ausnahmen, die nach § 8 der Verordnung zur Begrenzung der Kohlenwasserstoffemissionen beim Umfüllen und Lagern von Ottokraftstoffen vom 7. Oktober 1992 (BGBl. I S. 1727) erteilt worden sind, gelten als Ausnahmen im Sinne des Absatzes 1 weiter. [2] Die Ausnahmen sind zu widerrufen, soweit ihnen Vorschriften der Richtlinie 94/63/EG entgegenstehen.

§ 12 Zugänglichkeit der Normen. DIN-, DIN-EN-Normen sowie VDI-Richtlinien, auf die in dieser Verordnung verwiesen wird, sind bei der Beuth Verlag GmbH, Berlin, zu beziehen und bei der Deutschen Nationalbibliothek archivmäßig gesichert niedergelegt.

§ 13 Ordnungswidrigkeiten. (1) Ordnungswidrig im Sinne des § 62 Absatz 1 Nummer 2 des Bundes-Immissionsschutzgesetzes[2] handelt, wer vorsätzlich oder fahrlässig als Betreiber einer genehmigungsbedürftigen Anlage

1. entgegen § 3 Absatz 1 Satz 1, § 4 Absatz 1, 3 Nummer 2, Absatz 4 oder 5 einen Lagertank, eine Anlage, eine Abgasreinigungseinrichtung oder ein Tanklager nicht oder nicht in der vorgeschriebenen Weise errichtet oder betreibt,
2. entgegen § 3 Absatz 2 Satz 1 oder Absatz 3 Satz 1 einen Schwimmdachtank oder einen Festdachtank nicht in der vorgeschriebenen Weise ausstattet oder betreibt oder
3. entgegen § 3 Absatz 4 einen Lagertank errichtet oder betreibt.

(2) Ordnungswidrig im Sinne des § 62 Absatz 1 Nummer 7 des Bundes-Immissionsschutzgesetzes handelt, wer vorsätzlich oder fahrlässig

1. als Betreiber einer nicht genehmigungsbedürftigen Anlage
   a) entgegen § 3 Absatz 1 Satz 1, § 4 Absatz 1, 3 Nummer 1, Absatz 4 oder 5 einen Lagertank, eine Anlage, eine Abgasreinigungseinrichtung oder ein Tanklager nicht oder nicht in der vorgeschriebenen Weise errichtet oder betreibt,

---

[1] Nr. **5.1**.
[2] Nr. **1**.

b) entgegen § 3 Absatz 2 Satz 1 oder Absatz 3 Satz 1 einen Schwimmdachtank oder einen Festdachtank nicht in der vorgeschriebenen Weise ausstattet oder betreibt,
c) entgegen § 3 Absatz 4, § 5 Absatz 1 Satz 1 oder § 6 Absatz 1 Satz 1 einen Lagertank, ein Behältnis oder eine Anlage errichtet oder betreibt,
2. entgegen § 8 Absatz 1 eine Anzeige nicht, nicht richtig oder nicht rechtzeitig erstattet,
3. entgegen § 8 Absatz 2 oder 3 die Einhaltung der dort genannten Anforderungen nicht oder nicht rechtzeitig feststellen oder festgestellte Mängel nicht oder nicht rechtzeitig beseitigen läßt,
4. entgegen § 8 Absatz 5 Satz 2 einen dort genannten Bericht nicht oder nicht mindestens fünf Jahre aufbewahrt oder
5. entgegen § 8 Absatz 5 Satz 3 oder Satz 4 eine Durchschrift nicht oder nicht rechtzeitig zuleitet oder einen Bericht nicht oder nicht rechtzeitig vorlegt.

Fünfter Teil. Übergangs- und Schlussvorschriften

§ 14 Übergangsregelung. Die Anforderungen des § 3 Absatz 2 und 3 sind bei Anlagen in Tanklagern ab dem 30. Juni 2015 einzuhalten.

§ 15 (Inkrafttreten, Außerkrafttreten)

2.21. Einundzwanzigste Verordnung zur Durchführung des Bundes-Immissionsschutzgesetzes (Verordnung zur Begrenzung der Kohlenwasserstoffemissionen bei der Betankung von Kraftfahrzeugen – 21. BImSchV)[1)]

In der Fassung der Bekanntmachung vom 18. August 2014[2)]
(BGBl. I S. 1453)

FNA 2129-8-21

zuletzt geänd. durch Art. 3 VO zur Umsetzung der RL 2014/99/EU und zur Änd. und Anpassung weiterer immissionsschutzrechtlicher Verordnungen v. 24.3.2017 (BGBl. I S. 656)

Inhaltsübersicht

§ 1 Anwendungsbereich. Diese Verordnung gilt für die Errichtung, die Beschaffenheit und den Betrieb von Tankstellen, soweit Kraftstoffbehälter von Kraftfahrzeugen mit Ottokraftstoffen oder Kraftstoffgemischen betankt werden und die Tankstellen einer Genehmigung nach § 4 des Bundes-Immissionsschutzgesetzes[3)] nicht bedürfen.

§ 2 Begriffsbestimmungen. In dieser Verordnung gelten die folgenden Begriffsbestimmungen:

1. Abgasreinigungseinrichtung:
   ein Gasrückführungssystem zur zentralen Rückgewinnung von Ottokraftstoff sowie Kraftstoffgemischen aus Kraftstoffdämpfen;
2. automatische Überwachungseinrichtung:
   eine Einrichtung, die Funktionsstörungen der Ausrüstung für die Kraftstoffdampf-Luft-Gemisch-Rückführung selbst feststellt, diese signalisiert und nach 72 Stunden selbsttätig die Abschaltfunktion auslöst;

[1)] **Amtl. Anm.:** Diese Verordnung dient der Umsetzung der Richtlinie 2009/126/EG des Europäischen Parlaments und des Rates vom 21. Oktober 2009 über Phase II der Benzindampf-Rückgewinnung beim Betanken von Kraftfahrzeugen an Tankstellen (ABl. L 285 vom 31.10.2009, S. 36).

[2)] Neubekanntmachung der 21. BlmSchV v. 7.10.1992 (BGBl. I S. 1730) in der ab 2.5.2013 geltenden Fassung.

[3)] Nr. **1**.

3. befähigte Person:
eine Person gemäß § 2 Absatz 6 der Betriebssicherheitsverordnung vom 3. Februar 2015 (BGBl. I S. 49);
4. bestehende Tankstelle:
eine Tankstelle, die vor dem 1. Januar 1993 errichtet wurde;
5. Bioethanol:
Ethanol von 100 Volumenprozent, das aus Biomasse oder dem biologisch abbaubaren Teil von Abfällen hergestellt wird und für die Verwendung in Kraftstoffgemischen bestimmt ist;
6. Durchsatz:
die jährliche Gesamtmenge an Ottokraftstoff und Kraftstoffgemischen, die von einem Lagertank einer Tankstelle in bewegliche Behältnisse umgefüllt worden ist;
7. Emissionen:
die von einer Anlage ausgehenden Luftverunreinigungen an Kraftstoffdämpfen; Konzentrationsangaben beziehen sich auf das unverdünnte Abgasvolumen im Normzustand (273 Kelvin, 1 013 Hektopascal) nach Abzug des Feuchtegehaltes an Wasserdampf;
8. Fachbetrieb:
ein Betrieb im Sinne des § 3 Absatz 2 der Verordnung über Anlagen zum Umgang mit wassergefährdenden Stoffen vom 31. März 2010 (BGBl. I S. 377), welcher zusätzlich über Geräte und Ausrüstungsteile zum Brand- und Explosionsschutz sowie über sachkundige Personen mit den erforderlichen Kenntnissen des Brand- und Explosionsschutzes verfügt;
9. Gasrückführungssystem:
eine Ausrüstung, die den Kraftstoffdampf, der beim Betanken eines Kraftfahrzeugs an einer Tankstelle aus dem Fahrzeugtank entweicht, in einen Lagertank auf dem Tankstellengelände oder in die Zapfanlage zurückleitet;
10. Kraftstoffdampf-Luft-Gemisch:
das Verhältnis zwischen dem Volumen des Kraftstoffdampfes, der das Gasrückführungssystem passiert, und dem Volumen des gezapften Ottokraftstoffes oder des Kraftstoffgemisches bei atmosphärischem Druck;
11. Korrekturfaktor:
Faktor zur Berücksichtigung der unterschiedlichen Dichte von Luft und Kraftstoffdampf-Luft-Gemisch;
12. Kraftstoffdämpfe:
gasförmige Verbindungen, die aus Ottokraftstoff oder Kraftstoffgemischen verdunsten;
13. Kraftstoffgemische:
Erdölderivate mit einem Anteil von mehr als 10 und weniger als 90 Volumenprozent Bioethanol, die der UN-Nummer 3475 der Tabelle A in Teil 3 Kapitel 3.2.1 der Anlagen A und B zum Europäischen Übereinkommen vom 30. September 1957 über die internationale Beförderung gefährlicher Güter auf der Straße (ADR) in der Fassung der Bekanntmachung der Neufassung der Anlagen A und B vom 17. April 2015 (BGBl. 2015 II S. 504), die zuletzt nach Maßgabe der 25. ADR-Änderungsverordnung vom 25. Oktober 2016 (BGBl. 2016 II S. 1203) geändert worden sind, entsprechen;

14. Lagertank:
ein ortsfester Tank oder ortsfester Behälter für die Lagerung von Ottokraftstoff oder Kraftstoffgemischen an einer Tankstelle;
15. öffentlich bestellter und vereidigter Sachverständiger:
ein nach § 36 der Gewerbeordnung vom 22. Februar 1999 (BGBl. I S. 202), die zuletzt durch Artikel 16 des Gesetzes vom 11. November 2016 (BGBl. I S. 2500) geändert worden ist, öffentlich bestellter und vereidigter Sachverständiger;
16. Ottokraftstoffe:
Erdölderivate mit einem Anteil von bis zu 10 Volumenprozent Bioethanol, die der UN-Nummer 1203 der Tabelle A in Teil 3 Kapitel 3.2.1 der Anlagen A und B zum ADR entsprechen und die zur Verwendung als Kraftstoff für Ottomotore bestimmt sind;
17. Tankstelle:
eine Einrichtung zur Abgabe von Ottokraftstoff und Kraftstoffgemischen aus Lagertanks an Kraftstofftanks von Kraftfahrzeugen;
18. Wirkungsgrad:
die Menge des über das Gasrückführungssystem aufgefangenen Kraftstoffdampfes, die am Prüfstand mit dem Messverfahren nach Nummer 5.2 der DIN EN 16321-1, Ausgabe Dezember 2013, und den drei Prüftanks nach Anhang A der DIN EN 16321-1 ermittelt wird, ausgedrückt als Prozentsatz der Menge Kraftstoffdampf, der in die Atmosphäre entweichen würde, wenn es die Ausrüstung nicht gäbe;
19. zugelassene Überwachungsstelle:
Überwachungsstelle, die nach § 17 Absatz 5 des Geräte- und Produktsicherheitsgesetzes vom 6. Januar 2004 (BGBl. I S. 2), das zuletzt durch Artikel 3 des Gesetzes vom 7. Juli 2005 (BGBl. I S. 1970) geändert worden ist, oder nach § 37 Absatz 5 des Produktsicherheitsgesetzes vom 8. November 2011 (BGBl. I S. 2178) jeweils in Verbindung mit Anhang 2 Abschnitt 1 Nummer 1 der Betriebssicherheitsverordnung vom 3. Februar 2015 (BGBl. I S. 49), die zuletzt durch Artikel 2 der Verordnung vom 15. November 2016 (BGBl. I S. 2549) geändert worden ist, von der zuständigen Landesbehörde für die Prüfung von überwachungsbedürftigen Anlagen nach § 18 Absatz 1 Nummer 4 bis 8 und nach Anhang 2 Abschnitt 3 Nummer 1 der Betriebssicherheitsverordnung dem Bundesministerium für Arbeit und Soziales benannt und von diesem im Gemeinsamen Ministerialblatt bekannt gemacht worden ist.

§ 3 Errichtung und Betrieb von Tankstellen. (1) Tankstellen sind so zu errichten und zu betreiben, dass die beim Betanken von Fahrzeugen mit Ottokraftstoff oder einem Kraftstoffgemisch im Fahrzeugtank verdrängten Kraftstoffdämpfe nach dem Stand der Technik mittels eines Gasrückführungssystems erfasst und dem Lagertank der Tankstelle zugeführt werden.

(2) [1] Tankstellen dürfen nur betrieben werden, wenn für das eingesetzte Gasrückführungssystem durch eine Bescheinigung des Herstellers belegt worden ist, dass sein von einer zugelassenen Überwachungsstelle oder einem öffentlich bestellten und vereidigten Sachverständigen unter Prüfbedingungen nach dem Verfahren gemäß Nummer 5.2 der DIN EN 16321-1, Ausgabe Dezember

2013, ermittelter Wirkungsgrad 85 vom Hundert nicht unterschreitet. [2]Die Bescheinigung ist am Betriebsort aufzubewahren und der zuständigen Behörde auf Verlangen vorzulegen.

(3) Gasrückführungssysteme ohne Unterdruckunterstützung sind so zu errichten und zu betreiben, dass

1. nur solche Zapfventile eingesetzt werden, bei denen ein dichter Übergang zum Fahrzeugtank der Fahrzeuge hergestellt werden kann, deren Tankeinfüllstutzen für die Gasrückführung geeignet ist,
2. der freie Gasdurchgang im Rückführungssystem bei ausreichend geringem Strömungswiderstand gewährleistet ist,
3. der Gegendruck am Zapfventil den nach Angaben des Herstellers maximalen Wert nicht überschreitet,
4. die Rückführungsleitungen von den Zapfsäulen zum Lagertank ein stetes Gefälle von mindestens 1 Prozent haben und
5. die Dichtmanschetten der Zapfventile keine Risse, Löcher oder andere Defekte aufweisen, die zu Undichtigkeiten führen können.

(4) Gasrückführungssysteme mit Unterdruckunterstützung sind so zu errichten und zu betreiben, dass

1. das nach dem Verfahren des § 5 Absatz 2 Satz 3 ermittelte Volumenverhältnis zwischen dem rückgeführten Kraftstoffdampf/Luft-Gemisch und dem getankten Kraftstoff 95 vom Hundert nicht unterschreitet und 105 vom Hundert nicht überschreitet,
2. keine Fremdluft über Einrichtungen der Zapfsäule in die Gasrückführleitung gelangt und somit das gesamte Gasrückführungssystem dicht ist,
3. während der Gasrückführung, abgesehen von sicherheitstechnisch bedingten Freisetzungen, keine Kraftstoffdämpfe über das Gasrückführungssystem und die angeschlossenen Einrichtungen in die Atmosphäre abgegeben werden und
4. die Funktionsfähigkeit des Gasrückführungssystems durch eine automatische Überwachungseinrichtung, die mindestens die Anforderungen nach Absatz 5 erfüllt, fortlaufend überprüft wird.

(5) [1]Die automatische Überwachungseinrichtung nach Absatz 4 Nummer 4 hat

1. Störungen der Funktionsfähigkeit des Gasrückführungssystems automatisch festzustellen und die festgestellten Störungen dem Tankstellenpersonal zu signalisieren,
2. bei Störungen der Funktionsfähigkeit des Gasrückführungssystems, die dem Tankstellenpersonal länger als 72 Stunden signalisiert werden, den Kraftstofffluss automatisch zu unterbrechen,
3. Störungen der Eigenfunktionsfähigkeit automatisch festzustellen und dem Tankstellenpersonal zu signalisieren,
4. bei Störungen der Eigenfunktionsfähigkeit, die dem Tankstellenpersonal länger als in dem unter Nummer 2 genannten Zeitraum signalisiert werden, den Kraftstofffluss automatisch zu unterbrechen.

[2]Eine Störung der Funktionsfähigkeit des Gasrückführungssystems liegt vor, wenn die fortlaufende Bewertung der Betankungsvorgänge durch die automatische Überwachungseinrichtung ergibt, dass das Volumenverhältnis zwischen dem rückgeführten Kraftstoffdampf/Luft-Gemisch und dem getankten Kraftstoff, gemittelt über die Dauer des Betankungsvorgangs, bei zehn Betankungsvorgängen in Folge jeweils entweder 85 vom Hundert unterschreitet oder 115 vom Hundert überschreitet. [3]In die Bewertung nach Satz 2 sind nur solche Betankungsvorgänge einzubeziehen, deren Dauer 20 Sekunden oder mehr beträgt und bei denen der Kraftstoffvolumenstrom 25 Liter je Minute oder mehr erreicht.

(6) [1]Abweichend von Absatz 1 können Tankstellen auch so errichtet und betrieben werden, dass die im Fahrzeugtank verdrängten Kraftstoffdämpfe vollständig erfasst und einer Abgasreinigungseinrichtung mit stofflicher Rückgewinnung der Kraftstoffdämpfe zugeführt werden, deren Reinigungsgrad 97 vom Hundert nicht unterschreitet. [2]Eine Kombination dieser Anlagentechnik mit der nach Absatz 1 ist zulässig.

(7) Absatz 1 gilt nicht für

1. bestehende Tankstellen im Sinne des § 2 Nummer 4, die einen jährlichen Durchsatz von Ottokraftstoffen oder Kraftstoffgemischen von 500 Kubikmetern oder weniger haben,
2. bestehende Tankstellen im Sinne des § 2 Nummer 4, die unter ständigen Wohn- oder Arbeitsräumen liegen und einen jährlichen Durchsatz von Ottokraftstoffen oder Kraftstoffgemischen von 100 Kubikmetern oder weniger haben,
3. das Betanken von Fahrzeugen, die nicht mittels eines Gasrückführungssystems betankt werden können,
4. Tankstellen, die zur Betankung von Neufahrzeugen in Automobilwerken dienen.

§ 4 Messöffnungen. Der Betreiber einer Tankstelle hat zur Kontrolle der Anforderungen nach § 3 Absatz 3 Nummer 2 oder 3 und Absatz 4 Nummer 1 vor der Inbetriebnahme geeignete dicht verschließbare Messöffnungen einzurichten.

§ 5 Überwachung. (1) Der Betreiber hat die Tankstelle vor der Inbetriebnahme der zuständigen Behörde anzuzeigen.

(2) [1]Der Betreiber hat die Einhaltung der Anforderungen nach § 3 Absatz 3 und 4 von einer zugelassenen Überwachungsstelle oder von einem öffentlich bestellten und vereidigten Sachverständigen in folgenden Abständen feststellen zu lassen:

1. erstmals bis spätestens sechs Wochen nach der Inbetriebnahme des Gasrückführungssystems und sodann
2. alle zweieinhalb Jahre bei der Abgabe von Kraftstoffgemischen,
3. alle fünf Jahre bei der Abgabe von Ottokraftstoffen.

[2]Satz 1 gilt mit der Maßgabe, dass die Einhaltung der Anforderung nach § 3 Absatz 4 Nummer 3 von der zugelassenen Überwachungsstelle oder von einem öffentlich bestellten und vereidigten Sachverständigen durch eine Dichtheits-

prüfung nach dem Verfahren der Anlage 1 Nummer 1 feststellen zu lassen ist. [3]Die Einhaltung der Anforderung nach § 3 Absatz 4 Nummer 1 ist mit jeweils einer Messung an jedem Schlauch der Zapfsäule feststellen zu lassen; diese Anforderung gilt als eingehalten, wenn bei jeder Einzelmessung das über die Dauer des Betankungsvorgangs gemittelte Volumenverhältnis zwischen dem rückgeführten Kraftstoffdampf-Luft-Gemisch und dem getankten Kraftstoff innerhalb der nach § 3 Absatz 4 Nummer 1 festgelegten Toleranz bleibt. [4]Die Überprüfung ist entsprechend Nummer 5.4 der DIN EN 16321-2, Ausgabe Dezember 2013, durchzuführen. [5]Das Prüfverfahren nach Nummer 5.5 oder 5.6 der DIN EN 16321-2 sollte nur dort zur Anwendung kommen, wo eine Messung nach Nummer 5.4 nicht durchgeführt werden kann.

(3) Der Betreiber hat die Einhaltung der Anforderung an den Reinigungsgrad einer Abgasreinigungseinrichtung nach § 3 Absatz 6 in folgenden Abständen von einer nach § 29b des Bundes-Immissionsschutzgesetzes[1)] bekannt gegebenen Stelle durch Messungen feststellen zu lassen:

1. erstmals frühestens drei Monate und spätestens sechs Monate nach der Inbetriebnahme der Abgasreinigungseinrichtung und sodann
2. alle drei Jahre.

(4) Ergibt eine Überprüfung nach Absatz 2 oder 3, dass die Anforderungen nicht eingehalten sind, ist

1. die Tankstelle unverzüglich instand zu setzen und
2. durch eine zugelassene Überwachungsstelle, durch einen öffentlich bestellten und vereidigten Sachverständigen oder durch eine nach § 29b des Bundes-Immissionsschutzgesetzes bekannt gegebenen Stelle innerhalb von sechs Wochen nach der Überprüfung eine Wiederholungsüberprüfung durchführen zu lassen.

(5) [1]Über die Ergebnisse der Überprüfungen nach den Absätzen 2 bis 4 hat der Betreiber jeweils einen Bericht erstellen zu lassen. [2]Der Betreiber hat den jeweiligen Bericht am Betriebsort fünf Jahre ab der Erstellung aufzubewahren. [3]Eine Durchschrift des jeweiligen Berichts hat der Betreiber der zuständigen Behörde innerhalb von vier Wochen nach der Überprüfung zuzuleiten.

(6) [1]Der Betreiber hat ungeachtet der Anforderungen der Absätze 2, 4 und 5 ein Gasrückführungssystem in folgenden Abständen von einer befähigten Person auf einwandfreien Zustand überprüfen und bei festgestellten Mängeln unverzüglich von einem Fachbetrieb instand setzen zu lassen:

1. mit Unterdruckunterstützung und einer automatischen Überwachungseinrichtung nach § 3 Absatz 4 mindestens einmal alle zweieinhalb Jahre,
2. ohne Unterdruckunterstützung nach § 3 Absatz 3 mindestens einmal vierteljährlich.

[2]Bei Abgasreinigungseinrichtungen nach § 3 Absatz 6 ist ungeachtet der Anforderungen der Absätze 3 bis 5 entsprechend Satz 1 Nummer 1 zu verfahren. [3]Das Ergebnis der Überprüfung nach den Sätzen 1 und 2 und die durchgeführten Instandsetzungsmaßnahmen sind schriftlich oder elektronisch festzuhalten und diese Ergebnisse der zugelassenen Überwachungsstelle oder dem

---

[1)] Nr. **1**.

öffentlich bestellten und vereidigten Sachverständigen während der Prüfung nach Absatz 2 vorzulegen.

(7) [1]Der Betreiber hat sicherzustellen, dass die durch eine automatische Überwachungseinrichtung nach § 3 Absatz 4 Nummer 4 signalisierten Störungen unverzüglich durch einen Fachbetrieb behoben werden. [2]Die signalisierten Störungen und die durchgeführten Instandsetzungsmaßnahmen sind schriftlich oder elektronisch festzuhalten.

(8) Der Betreiber hat die Aufzeichnungen nach Absatz 7 Satz 2 und Absatz 9 Satz 2 am Betriebsort drei Jahre ab der Erstellung aufzubewahren und der zuständigen Behörde auf Verlangen vorzulegen.

(9) [1]Der Betreiber hat den jährlichen Durchsatz von Ottokraftstoffen und Kraftstoffgemischen zum 1. Februar eines jeden Jahres für das abgelaufene Kalenderjahr zu erfassen. [2]Die Aufzeichnungen darüber sind drei Jahre ab der Erstellung am Betriebsort aufzubewahren und der zuständigen Behörde auf Verlangen vorzulegen. [3]Die Pflichten nach den Sätzen 1 und 2 entfallen, wenn die Anforderungen nach § 3 erfüllt sind.

§ 6 Kennzeichnungspflicht. (1) Der Betreiber hat im Bereich der Zapfsäulen ein Schild, einen Aufkleber oder eine andere Mitteilung spätestens am 1. Juli 2012 gut sichtbar anbringen zu lassen, die den Verbraucher über das Vorhandensein des Gasrückführungssystems und der automatischen Überwachungseinrichtung informiert.

(2) Absatz 1 gilt nicht für die in § 3 Absatz 7 genannten Tankstellen.

§ 7 Zulassung von Ausnahmen. Die zuständige Behörde kann auf Antrag des Betreibers Ausnahmen von den Anforderungen der §§ 3 bis 6 zulassen, soweit unter Berücksichtigung der besonderen Umstände des Einzelfalls einzelne Anforderungen der Verordnung nicht oder nur mit unverhältnismäßig hohem Aufwand erfüllt werden können und Gefahren für Beschäftigte und Dritte sowie schädliche Umwelteinwirkungen nicht zu erwarten sind.

§ 8 Zugänglichkeit der Normen. VDI-Richtlinien, auf die in dieser Verordnung verwiesen wird, sind bei der Beuth Verlag GmbH, Berlin, zu beziehen und bei der Deutschen Nationalbibliothek archivmäßig gesichert niedergelegt.

§ 9 Ordnungswidrigkeiten. Ordnungswidrig im Sinne des § 62 Absatz 1 Nummer 7 des Bundes-Immissionsschutzgesetzes[1)] handelt, wer vorsätzlich oder fahrlässig

1. entgegen § 3 Absatz 1 eine Tankstelle nicht richtig errichtet oder nicht richtig betreibt,
2. entgegen § 3 Absatz 2 Satz 1 eine Tankstelle betreibt,
3. entgegen § 3 Absatz 2 Satz 2 oder § 5 Absatz 6 Satz 3, Absatz 8 oder Absatz 9 Satz 2 eine dort genannte Unterlage nicht oder nicht rechtzeitig vorlegt,
4. entgegen § 3 Absatz 3 oder Absatz 4 ein Gasrückführungssystem nicht richtig errichtet oder nicht richtig betreibt,

---

[1)] Nr. **1**.

5. entgegen § 4 eine Messöffnung nicht oder nicht rechtzeitig einrichtet,
6. entgegen § 5 Absatz 1 eine Anzeige nicht, nicht richtig, nicht vollständig oder nicht rechtzeitig erstattet,
7. entgegen § 5 Absatz 2 Satz 1 oder Absatz 3 die Einhaltung einer dort genannten Anforderung nicht oder nicht rechtzeitig feststellen lässt,
8. entgegen § 5 Absatz 4 eine Tankstelle nicht oder nicht rechtzeitig instand setzt oder eine Wiederholungsüberprüfung nicht oder nicht rechtzeitig durchführen lässt,
9. entgegen § 5 Absatz 5 Satz 2, Absatz 8 oder Absatz 9 Satz 2 eine dort genannte Unterlage nicht oder nicht für die vorgeschriebene Dauer aufbewahrt,
10. entgegen § 5 Absatz 5 Satz 3 eine Durchschrift nicht oder nicht rechtzeitig zuleitet,
11. entgegen § 5 Absatz 6 Satz 1 ein Gasrückführungssystem nicht oder nicht rechtzeitig überprüfen oder nicht oder nicht rechtzeitig instand setzen lässt,
12. entgegen § 5 Absatz 7 Satz 1 nicht sicherstellt, dass eine signalisierte Störung unverzüglich behoben wird,
13. entgegen § 5 Absatz 9 Satz 1 den jährlichen Durchsatz nicht, nicht richtig oder nicht rechtzeitig erfasst,
14. entgegen § 6 Absatz 1 ein Schild, einen Aufkleber oder eine Mitteilung nicht, nicht richtig oder nicht rechtzeitig anbringt.

§ 10 Übergangsregelung. (1) [1]Bestehende Tankstellen haben die Anforderungen des § 3 Absatz 1 spätestens ab dem 1. Januar 2019 zu erfüllen, wenn sie

1. einen jährlichen Durchsatz von Ottokraftstoffen oder Kraftstoffgemischen von mehr als 500 Kubikmetern bis zu 1 000 Kubikmeter haben oder
2. unter ständigen Wohn- oder Arbeitsräumen liegen und einen jährlichen Durchsatz von Ottokraftstoffen oder Kraftstoffgemischen von mehr als 100 Kubikmetern bis zu 1 000 Kubikmeter haben.

[2]Bezugsjahr für den jährlichen Durchsatz ist das Jahr 2012. [3]Wird die Tankstelle nicht während des gesamten Jahres 2012 betrieben, so ist der tatsächliche Durchsatz auf das Jahr hochzurechnen.

(2) Tankstellen, die zwischen dem 1. Januar 1993 und dem 27. April 2012 errichtet worden sind, haben im Falle der Abgabe von Kraftstoffgemischen die Anforderungen des § 3 Absatz 1 spätestens ab dem 1. Januar 2019 zu erfüllen.

(3) [1]Tankstellen, die bis zum 12. Mai 2016 errichtet wurden, dürfen bis zum 31. Dezember 2018 abweichend von § 3 Absatz 2 mit einem Gasrückführungssystem, bei welchem der Wirkungsgrad von 85 Prozent unter Anwendung der Anlage 1 in der bis zum 12. Mai 2016 geltenden Fassung in Verbindung mit der VDI-Richtlinie: VDI 4205 Blatt 4, Ausgabe August 2005, bestimmt wurde, betrieben werden. [2]Abweichend von § 5 Absatz 2 dürfen bis zum 31. Dezember 2018 die Überprüfungen nach der VDI-Richtlinie: VDI 4205 Blatt 2, Ausgabe Juli 2003, und der VDI-Richtlinie: VDI 4205 Blatt 3, Ausgabe November 2003, erfolgen.

Anlage 1
(zu den §§ 3 und 5)

Bestimmung der Dichtheit von Gasrückführungssystemen und Einstellung des Korrekturfaktors bei Kraftstoffgemischen

1. Dichtheitsprüfung von Gasrückführungssystemen

1.1 Vor der ersten Inbetriebnahme eines Gasrückführungssystems, nach jeder wesentlichen Änderung am System und spätestens im Abstand von zweieinhalb Jahren bei der Abgabe von Kraftstoffgemischen und von fünf Jahren bei der Abgabe von Ottokraftstoffen ist eine Dichtheitsprüfung des kompletten Gasrückführungssystems durchzuführen.

1.2 Zur Überprüfung der Dichtheit der Gasrückführungsleitungen ist das komplette Leitungssystem zwischen dem Fußpunkt der Zapfsäule und dem Lagertank mit 200 Kilopascal Überdruck in geeigneter Art und Weise zu beaufschlagen. Innerhalb von 30 Minuten ist ein maximaler Druckabfall von 100 Hektopascal zulässig.

1.3 Die Dichtheit des Gasrückführungssystems zwischen dem Fußpunkt der Zapfsäule und dem Zapfventil ist systemabhängig mit Überdruck oder Unterdruck nach den Vorgaben des Herstellers zu prüfen. Die Prüfung vor Inbetriebnahme entfällt, wenn eine Bescheinigung des Zapfsäulenherstellers oder der befähigten Person über die Dichtheitsprüfung vorliegt.

2. Einstellung des Korrekturfaktors bei Kraftstoffgemischen

Bei Kraftstoffgemischen ist für die Einstellung, Eigenkontrolle und Überwachung der Gasrückführungssysteme (nach dem Messprinzip mit simuliertem Benzindurchfluss – Trockenmessverfahren nach Nummer 5.4 der DIN EN 16321-2, Ausgabe Dezember 2013) ein reduzierter Korrekturfaktor (K-Faktor) erforderlich. Die notwendige Reduzierung des K-Faktors bei Kraftstoffgemischen mit einem Bioethanolanteil von mehr als 5 Volumenprozent ist entsprechend dem im Zertifikat für die jeweilige Kraftstoffart angegebenen K-Faktor vorzunehmen.

2.24. Vierundzwanzigste Verordnung zur Durchführung des Bundes-Immissionsschutzgesetzes (Verkehrswege-Schallschutzmaßnahmenverordnung – 24. BImSchV)

Vom 4. Februar 1997

(BGBl. I S. 172, ber. S. 1253)

FNA 2129-8-24

geänd. durch Art. 3 MagnetschwebebahnVO v. 23.9.1997 (BGBl. I S. 2329)

Auf Grund des § 43 Abs. 1 Satz 1 Nr. 3 des Bundes-Immissionsschutzgesetzes[1] in der Fassung der Bekanntmachung vom 14. Mai 1990 (BGBl. I S. 880) verordnet die Bundesregierung nach Anhörung der beteiligten Kreise:

§ 1 Anwendungsbereich. Die Verordnung legt Art und Umfang der zum Schutz vor schädlichen Umwelteinwirkungen durch Verkehrsgeräusche notwendigen Schallschutzmaßnahmen für schutzbedürftige Räume in baulichen Anlagen fest,

1. soweit durch den Bau oder die wesentliche Änderung öffentlicher Straßen sowie von Schienenwegen der Eisenbahnen und Straßenbahnen die in § 2 der Verkehrslärmschutzverordnung[2] vom 12. Juni 1990 (BGBl. I S. 1036) oder
2. soweit durch den Bau oder die wesentliche Änderung von Verkehrswegen der Magnetschwebebahnen die in § 2 der Magnetschwebebahn-Lärmschutzverordnung vom 23. September 1997 (BGBl. I S. 2329, 2338)

festgelegten Immissionsgrenzwerte überschritten werden.

§ 2 Art der Schallschutzmaßnahmen, Begriffsbestimmungen.

(1) [1] Schallschutzmaßnahmen im Sinne dieser Verordnung sind bauliche Verbesserungen an Umfassungsbauteilen schutzbedürftiger Räume, die die Einwirkungen durch Verkehrslärm mindern. [2] Zu den Schallschutzmaßnahmen gehört auch der Einbau von Lüftungseinrichtungen in Räumen, die überwiegend zum Schlafen benutzt werden, und in schutzbedürftigen Räumen mit sauerstoffverbrauchender Energiequelle.

(2) Schutzbedürftig sind die in Tabelle 1 Spalte 1 der Anlage zu dieser Verordnung genannten Aufenthaltsräume.

(3) Umfassungsbauteile sind Bauteile, die schutzbedürftige Räume baulicher Anlagen nach außen abschließen, insbesondere Fenster, Türen, Rolladenkästen, Wände, Dächer sowie Decken unter nicht ausgebauten Dachräumen.

(4) Schallschutzmaßnahmen im Sinne dieser Verordnung sind nicht erforderlich, wenn eine bauliche Anlage

---

[1] Nr. **1**.
[2] Nr. **2.16**.

1. zum Abbruch bestimmt ist oder dieser bauordnungsrechtlich gefordert wird;
2. bei der Auslegung der Pläne im Planfeststellungsverfahren, bei Bekanntgabe der Plangenehmigung oder der Auslegung des Entwurfs der Bauleitpläne mit ausgewiesener Wegeplanung noch nicht genehmigt war oder sonst nach den baurechtlichen Vorschriften mit dem Bau noch nicht begonnen werden durfte.

§ 3 Umfang der Schallschutzmaßnahmen. (1) [1]Die Schalldämmung von Umfassungsbauteilen ist so zu verbessern, daß die gesamte Außenfläche des Raumes das nach der Gleichung (1) oder (2) der Anlage zu dieser Verordnung bestimmte erforderliche bewertete Schalldämm-Maß nicht unterschreitet. [2]Ist eine Verbesserung notwendig, so soll die Verbesserung beim einzelnen Umfassungsbauteil mindestens 5 Dezibel betragen.

(2) [1]Die vorhandenen bewerteten Schalldämm-Maße der einzelnen Umfassungsbauteile werden nach den Ausführungsbeispielen in dem Beiblatt 1 zu DIN 4109, Ausgabe November 1989, bestimmt. [2]Entsprechen sie nicht den Ausführungsbeispielen, werden sie nach der Norm DIN 52210 Teil 5, Ausgabe Juli 1985, ermittelt.

(3) Das erforderliche bewertete Schalldämm-Maß eines einzelnen zu verbessernden Bauteils wird nach Gleichung (3) der Anlage zu dieser Verordnung berechnet.

(4) Das zu verbessernde bewertete Schalldämm-Maß der gesamten Außenfläche eines Raumes wird nach Gleichung (4) der Anlage zu dieser Verordnung berechnet.

§ 4 Zugänglichkeit der Normblätter. DIN-Normblätter, auf die in dieser Verordnung verwiesen wird, sind beim Beuth Verlag GmbH, Berlin und Köln, zu beziehen und beim Deutschen Patentamt in München archivmäßig gesichert niedergelegt.

§ 5 Inkrafttreten. Diese Verordnung tritt am Tage nach der Verkündung[1)] in Kraft.

Der Bundesrat hat zugestimmt.

[1)] Verkündet am 12.2.1997.

Anlage
(zu § 2 Abs. 2 und § 3 Abs. 1, 3 und 4)

Berechnung der erforderlichen bewerteten Schalldämm-Maße

Das erforderliche bewertete Schalldämm-Maß der gesamten Außenfläche des Raumes in Dezibel (dB) wird nach fogenden Gleichungen berechnet:

1. für Räume entsprechend Tabelle 1, Zeile 1:
   Gleichung (1):

$$R'_{w,res} = L_{r,N} + 10 \cdot \lg \frac{S_g}{A} - D + E$$

2. für Räume entsprechend Tabelle 1, Zeilen 2 bis 5:
   Gleichung (2):

$$R'_{w,res} = L_{r,T} + 10 \cdot \lg \frac{S_g}{A} - D + E$$

Es bedeuten:

$R'_{w,res}$	erforderliches bewertetes Schalldämm-Maß der gesamten Außenfläche des Raumes in dB
$L_{r,N}$	Beurteilungspegel für die Nacht in dB (A) nach den Anlagen 1 und 2 der Sechzehnten Verordnung zur Durchführung des Bundes-Immissionsschutzgesetzes[1)] vom 12. Juni 1990 (BGBl. I S. 1036)
$L_{r,T}$	Beurteilungpegel für den Tag in dB (A) nach den Anlagen 1 und 2 der Sechzehnten Verordnung zur Durchführung des Bundes-Immissionsschutzgesetzes[1)] vom 12. Juni 1990 (BGBl. I S. 1036)
S_g	vom Raum aus gesehene gesamte Außenfläche in m² (Summe aller Teilflächen)
A	äquivalente Absorptionsfläche des Raumes in m² (A = 0,8 × Gesamtgrundfläche)
D	Korrektursummand nach Tabelle 1 in dB (zur Berücksichtigung der Raumnutzung)
E	Korrektursummand nach Tabelle 2 in dB (der sich aus dem Spektrum des Außengeräusches und der Frequenzabhängigkeit der Schalldämm-Maße von Fenstern ergibt)

Das erforderliche bewertete Schalldämm-Maß eines einzelnen zu verbessernden Bauteils wird berechnet nach folgender Gleichung (3):

$$R_{w,x} = -10 \cdot \lg \left[\frac{1}{S_x} \left(S_g \cdot 10^{-0,1\,R'_{w,res}} - S_1 \cdot 10^{-0,1\,R_{w,1}} - \ldots - S_n \cdot 10^{-0,1\,R_{w,n}}\right)\right]$$

$R_{w,x}$	erforderliches bewertetes Schalldämm-Maß des zu verbessernden Umfassungsbauteils (Teilfläche S_x) in dB
$R_{w,1}$ bis $R_{w,n}$	vorhandene bewertete Schalldämm-Maße der übrigen Umfassungsbauteile in dB
S_g	vom Raum aus gesehene gesamte Außenfläche in m² (Summe aller Teilflächen)
S_x	Größe der betrachteten Teilfläche in m²
S_1 bis S_n	Größen der übrigen Teilflächen in m²

Das bewertete Schalldämm-Maß der gesamten Außenfläche S_g, die sich aus den Teilflächen $S_1, S_2, \ldots, S_n$ mit den bewerteten Schalldämm-Maßen $R_{w,1}, R_{w,2}, \ldots, R_{w,n}$ zusammensetzt, berechnet sich nach folgender Gleichung (4):

$$R_{w,res} = -10 \cdot \lg \left[\frac{1}{S_g} \left(S_1 \cdot 10^{-0,1\,R_{w,1}} + S_2 \cdot 10^{-0,1\,R_{w,2}} + \ldots + S_n \cdot 10^{-0,1\,R_{w,n}}\right)\right]$$

Die bewerteten Schalldämm-Maße der Umfassungsbauteile (Teilflächen) müssen so verbessert werden, daß das nach Gleichung (4) berechnete bewertete Schalldämm-Maß der gesamten Außenfläche $R_{w,res}$ mindestens gleich dem erforderlichen bewerteten Schalldämm-Maß nach Gleichung (1) oder (2) ist.

[1)] Nr. **2.16**.

Tabelle 1: Korrektursummand D in dB zur Berücksichtigung der Raumnutzung

	Raumnutzung	D in dB
	1	2
1	Räume, die überwiegend zum Schlafen benutzt werden	27
2	Wohnräume	37
3	Behandlungs- und Untersuchungsräume in Arztpraxen, Operationsräume, wissenschaftliche Arbeitsräume, Leseräume in Bibliotheken, Unterrichtsräume	37
4	Konferenz- und Vortragsräume, Büroräume, allgemeine Laborräume	42
5	Großraumbüros, Schalterräume, Druckerräume von DV-Anlagen, soweit dort ständige Arbeitsplätze vorhanden sind	47
6	Sonstige Räume, die zum nicht nur vorübergehenden Aufenthalt von Menschen bestimmt sind	entsprechend der Schutzbedürftigkeit der jeweiligen Nutzung festzusetzen

Tabelle 2: Korrektursummand E in dB für bestimmte Verkehrswege

	Verkehrswege	E in dB
	1	2
1	Straßen im Außerortsbereich	3
2	Innerstädtische Straßen	6
3	Schienenwege von Eisenbahnen allgemein	0
4	Schienenwege von Eisenbahnen, bei denen im Beurteilungszeitraum mehr als 60 % der Züge klotzgebremste Güterzüge sind, sowie Verkehrswege der Magnetschwebebahnen	2
5	Schienenwege von Eisenbahnen, auf denen in erheblichem Umfang Güterzüge gebildet oder zerlegt werden	4
6	Schienenwege von Straßenbahnen nach § 4 PBefG	3

2.25. Fünfundzwanzigste Verordnung zur Durchführung des Bundes-Immissionsschutzgesetzes (Verordnung zur Begrenzung von Emissionen aus der Titandioxid-Industrie – 25. BImSchV)[1]

In der Fassung der Bekanntmachung vom 30. Juli 2014[2]
(BGBl. I S. 1316)

FNA 2129-8-25

geänd. durch Art. 4 VO zur Umsetzung der RL 2014/99/EU und zur Änd. und Anpassung weiterer immissionsschutzrechtlicher Verordnungen v. 24.3.2017 (BGBl. I S. 656)

§ 1 Anwendungsbereich. Diese Verordnung gilt für die Errichtung, die Beschaffenheit und den Betrieb von

1. Anlagen zur fabrikmäßigen Herstellung von Titandioxid nach dem Sulfat- und Chloridverfahren,
2. Anlagen zum fabrikmäßigen Aufkonzentrieren von Abfallsäuren.

§ 2 Begriffsbestimmungen. Im Sinne dieser Verordnung bedeuten:

1. Abgase:
   die Trägergase mit festen, flüssigen oder gasförmigen Emissionen;
2. Emissionen:
   die von Anlagen ausgehenden Luftverunreinigungen; sie werden angegeben als Massenkonzentration in der Einheit Milligramm je Kubikmeter, bezogen auf das unverdünnte Abgasvolumen im Normzustand (273,15 Kelvin, 1 013 Hektopascal) nach Abzug des Feuchtegehaltes an Wasserdampf, oder als Massenverhältnis in der Einheit Kilogramm je Tonne Produkt.

§ 3 Anlagen nach dem Sulfatverfahren. (1) Die Emissionen an Staub dürfen bei Anlagen nach dem Sulfatverfahren einen Emissionsgrenzwert von 30 Milligramm je Kubikmeter, bezogen auf 20 Prozent Luftsauerstoff, als Tagesmittelwert nicht überschreiten.

(2) [1] Die in der Aufschluss- und Kalzinierungsphase anfallenden Emissionen an Schwefeldioxid und Schwefeltrioxid einschließlich Schwefelsäuretröpfchen, angegeben als Schwefeldioxid, dürfen einen Emissionsgrenzwert von einem halben Gramm je Kubikmeter als Tagesmittelwert sowie das Massenverhältnis von 4 Kilogramm je Tonne erzeugtem Titandioxid als Jahresmittelwert der gesamten Anlage nicht überschreiten. [2] Die Anlagen sind mit Einrichtungen zur Vermeidung der Emission von Schwefelsäuretröpfchen auszurüsten.

---

[1] **Amtl. Anm.:** Diese Verordnung dient der Umsetzung der Richtlinie 2010/75/EU des Europäischen Parlaments und des Rates vom 24. November 2010 über Industrieemissionen (integrierte Vermeidung und Verminderung der Umweltverschmutzung) (Neufassung) (ABl. L 334 vom 17.12. 2010, S. 17), zuletzt berichtigt durch die Berichtigung der Richtlinie 2010/75/EU des Europäischen Parlaments und des Rates vom 24. November 2010 über Industrieemissionen (integrierte Vermeidung und Verminderung der Umweltverschmutzung) (ABl. L 158 vom 19.6.2012, S. 25).

[2] Neubekanntmachung der 25. BImSchV v. 8.11.1996 (BGBl. I S. 1722) in der ab 2.5.2013 geltenden Fassung.

(3) Die bei der Aufkonzentrierung von Abfallsäuren anfallenden Emissionen an Schwefeldioxid und Schwefeltrioxid, angegeben als Schwefeldioxid, dürfen einen Emissionsgrenzwert von ein Viertel Gramm je Kubikmeter als Tagesmittelwert nicht überschreiten.

§ 4 Anlagen nach dem Chloridverfahren. (1) Die Emissionen an Staub dürfen bei Anlagen nach dem Chloridverfahren einen Emissionsgrenzwert von 30 Milligramm je Kubikmeter bezogen auf 20 Prozent Luftsauerstoff als Tagesmittelwert nicht überschreiten.

(2) Die Emissionen an Chlor dürfen einen Emissionsgrenzwert von 3 Milligramm je Kubikmeter als Tagesmittelwert nicht überschreiten.

§ 5 Verfahren zur Messung und Überwachung. (1) In Ergänzung der Anforderungen der Ersten Allgemeinen Verwaltungsvorschrift zum Bundes-Immissionsschutzgesetz (Technische Anleitung zur Reinhaltung der Luft – TA Luft)[1)] vom 24. Juli 2002 (GMBl S. 511) hat der Betreiber die Emissionen in die Luft von gasförmigem Schwefeldioxid und Schwefeltrioxid gemessen als Schwefeldioxid kontinuierlich zu überwachen:

1. aus Anlagen zum Aufschluss und zur Kalzinierung oder
2. Anlagen, die das Sulfatverfahren anwenden, bei der Konzentrierung von Abfallsäuren.

(2) [1]Der Betreiber von Anlagen hat die Emissionen von Staub oder von Chlor in die Luft an relevanten Quellen kontinuierlich zu überwachen. [2]Die kontinuierliche Überwachung von Chlor gemäß Satz 1 hat sechs Monate nach Bekanntgabe einer geeigneten Messeinrichtung zu erfolgen.

§ 6 Andere oder weitergehende Anforderungen. Andere oder weitergehende Anforderungen, die sich insbesondere aus Pflichten nach § 5 Absatz 1 Nummer 2 bis 4 des Bundes-Immissionsschutzgesetzes[2)] sowie der Technischen Anleitung zur Reinhaltung der Luft[1)] ergeben, bleiben unberührt.

§ 7 Ordnungswidrigkeiten. Ordnungswidrig im Sinne des § 62 Abs. 1 Nr. 7 des Bundes-Immissionsschutzgesetzes[2)] handelt, wer vorsätzlich oder fahrlässig als Betreiber einer Anlage

1. entgegen § 3 Absatz 1, Absatz 2 Satz 1 oder Absatz 3 oder § 4 Absatz 1 oder Absatz 2 einen dort genannten Emissionsgrenzwert überschreitet,
2. entgegen § 3 Abs. 2 Satz 1 das dort genannte Massenverhältnis überschreitet oder
3. entgegen § 5 Absatz 1 oder Absatz 2 die dort genannten Emissionen nicht, nicht richtig oder nicht rechtzeitig überwacht.

§ 8 (Inkrafttreten)

[1)] Nr. **5.1**.
[2)] Nr. **1**.

2.26. Sechsundzwanzigste Verordnung zur Durchführung des Bundes-Immissionsschutzgesetzes (Verordnung über elektromagnetische Felder – 26. BImSchV)

In der Fassung der Bekanntmachung vom 14. August 2013[1)]
(BGBl. I S. 3266, ber. S. 3942)

FNA 2129-8-26

§ 1 Anwendungsbereich. (1) [1]Diese Verordnung gilt für die Errichtung und den Betrieb von Hochfrequenzanlagen, Niederfrequenzanlagen und Gleichstromanlagen nach Absatz 2. [2]Sie enthält Anforderungen zum Schutz der Allgemeinheit und der Nachbarschaft vor schädlichen Umwelteinwirkungen und zur Vorsorge gegen schädliche Umwelteinwirkungen durch elektrische, magnetische und elektromagnetische Felder. [3]Die Verordnung berücksichtigt nicht die Wirkungen elektrischer, magnetischer und elektromagnetischer Felder auf elektrisch oder elektronisch betriebene Implantate.

(2) Im Sinne dieser Verordnung sind:

1. Hochfrequenzanlagen:
   ortsfeste Anlagen, die elektromagnetische Felder im Frequenzbereich von 9 Kilohertz bis 300 Gigahertz erzeugen, ausgenommen sind Anlagen, die breitbandige elektromagnetische Impulse erzeugen und der Landesverteidigung dienen,
2. Niederfrequenzanlagen:
   ortsfeste Anlagen zur Umspannung und Fortleitung von Elektrizität mit einer Nennspannung von 1 000 Volt oder mehr, einschließlich Bahnstromfern- und Bahnstromoberleitungen und sonstiger vergleichbarer Anlagen im Frequenzbereich von 1 Hertz bis 9 Kilohertz,
3. Gleichstromanlagen:
   ortsfeste Anlagen zur Fortleitung, Umspannung und Umrichtung, einschließlich der Schaltfelder, von Gleichstrom mit einer Nennspannung von 2 000 Volt oder mehr.

§ 2 Hochfrequenzanlagen. (1) [1]Zum Schutz vor schädlichen Umwelteinwirkungen sind Hochfrequenzanlagen mit einer äquivalenten isotropen Strahlungsleistung (EIRP) von 10 Watt oder mehr so zu errichten und zu betreiben, dass in ihrem Einwirkungsbereich an Orten, die zum dauerhaften oder vorübergehenden Aufenthalt von Menschen bestimmt sind, bei höchster betrieblicher Anlagenauslastung

1. die in Anhang 1a und 1b bestimmten Grenzwerte für den jeweiligen Frequenzbereich unter Berücksichtigung von Immissionen durch andere ortsfeste Hochfrequenzanlagen sowie Niederfrequenzanlagen gemäß Anhang 2 nicht überschritten werden und

---

[1)] Neubekanntmachung der 26. BImSchV v. 16.12.1996 (BGBl. I S. 1966) in der ab 22.8.2013 geltenden Fassung.

2. bei gepulsten elektromagnetischen Feldern zusätzlich die in Anhang 3 festgelegten Kriterien eingehalten werden.

[2]Das Gleiche gilt für eine Hochfrequenzanlage mit einer äquivalenten isotropen Strahlungsleistung (EIRP) von weniger als 10 Watt, wenn diese an einem Standort gemäß § 2 Nummer 3 der Verordnung über das Nachweisverfahren zur Begrenzung elektromagnetischer Felder vom 20. August 2002 (BGBl. I S. 3366), die zuletzt durch Artikel 3 Absatz 20 des Gesetzes vom 7. Juli 2005 (BGBl. I S. 1970) geändert worden ist, in der jeweils geltenden Fassung, mit einer äquivalenten isotropen Strahlungsleistung (EIRP) der dort vorhandenen Hochfrequenzanlagen (Gesamtstrahlungsleistung) von 10 Watt oder mehr errichtet wird oder wenn durch diese die Gesamtstrahlungsleistung von 10 Watt erreicht oder überschritten wird. [3]Satz 2 gilt nicht für Hochfrequenzanlagen, die eine äquivalente isotrope Strahlungsleistung (EIRP) von 100 Milliwatt oder weniger aufweisen.

(2) Kurzzeitige Überschreitungen der nach Absatz 1 Satz 1 Nummer 1, auch in Verbindung mit Absatz 1 Satz 2, zu beachtenden Grenzwerte aufgrund einer vorübergehenden Gefahr für die öffentliche Sicherheit und Ordnung oder zum Schutz der Sicherheit des Staates bleiben außer Betracht.

§ 3 Niederfrequenzanlagen. (1) [1]Zum Schutz vor schädlichen Umwelteinwirkungen sind Niederfrequenzanlagen, die vor dem 22. August 2013 errichtet worden sind, so zu betreiben, dass sie in ihrem Einwirkungsbereich an Orten, die zum nicht nur vorübergehenden Aufenthalt von Menschen bestimmt sind, bei höchster betrieblicher Anlagenauslastung die im Anhang 1a genannten Grenzwerte nicht überschreiten, wobei Niederfrequenzanlagen mit einer Frequenz von 50 Hertz die Hälfte des in Anhang 1a genannten Grenzwertes der magnetischen Flussdichte nicht überschreiten dürfen. [2]Dabei bleiben, soweit nicht im Einzelfall hinreichende Anhaltspunkte für insbesondere durch Berührungsspannungen hervorgerufene Belästigungen bestehen, die nach Art, Ausmaß oder Dauer für die Nachbarschaft unzumutbar sind, außer Betracht

1. kurzzeitige Überschreitungen der Grenzwerte nach Satz 1 in Verbindung mit Anhang 1a um nicht mehr als 100 Prozent mit einer Dauer von nicht mehr als 5 Prozent eines Beurteilungszeitraumes von einem Tag und
2. kleinräumige Überschreitungen der Grenzwerte der elektrischen Feldstärke nach Satz 1 in Verbindung mit Anhang 1a um nicht mehr als 100 Prozent außerhalb von Gebäuden.

(2) [1]Zum Schutz vor schädlichen Umwelteinwirkungen sind Niederfrequenzanlagen, die nach dem 22. August 2013 errichtet werden, so zu errichten und zu betreiben, dass sie bei höchster betrieblicher Anlagenauslastung in ihrem Einwirkungsbereich an Orten, die zum nicht nur vorübergehenden Aufenthalt von Menschen bestimmt sind, die im Anhang 1a genannten Grenzwerte nicht überschreiten, wobei Niederfrequenzanlagen mit einer Frequenz von 50 Hertz die Hälfte des in Anhang 1a genannten Grenzwertes der magnetischen Flussdichte nicht überschreiten dürfen. [2]Bestehende Genehmigungen und Planfeststellungsbeschlüsse bleiben unberührt.

(3) Bei der Ermittlung der elektrischen Feldstärke und der magnetischen Flussdichte nach Absatz 1 und Absatz 2 sind alle Immissionen zu berücksichtigen, die durch andere Niederfrequenzanlagen sowie durch ortsfeste Hochfre-

quenzanlagen mit Frequenzen zwischen 9 Kilohertz und 10 Megahertz, die einer Standortbescheinigung nach §§ 4 und 5 der Verordnung über das Nachweisverfahren zur Begrenzung elektromagnetischer Felder bedürfen, gemäß Anhang 2a entstehen.

(4) Wirkungen wie Funkenentladungen auch zwischen Personen und leitfähigen Objekten sind zu vermeiden, wenn sie zu erheblichen Belästigungen oder Schäden führen können.

§ 3a Gleichstromanlagen. [1] Zum Schutz vor schädlichen Umwelteinwirkungen sind Gleichstromanlagen so zu errichten und zu betreiben, dass in ihrem Einwirkungsbereich an Orten, die zum dauerhaften oder vorübergehenden Aufenthalt von Menschen bestimmt sind, bei höchster betrieblicher Anlagenauslastung

1. der in Anhang 1a genannte Grenzwert der magnetischen Flussdichte nicht überschritten wird, sowie
2. Wirkungen wie Funkenentladungen auch zwischen Personen und leitfähigen Objekten, die zu erheblichen Belästigungen oder Schäden führen können, vermieden werden.

[2] Dabei sind alle relevanten Immissionen zu berücksichtigen.

§ 4 Anforderungen zur Vorsorge. (1) [1] Zum Zweck der Vorsorge darf eine wesentliche Änderung von Niederfrequenzanlagen in der Nähe von Wohnungen, Krankenhäusern, Schulen, Kindergärten, Kinderhorten, Spielplätzen oder ähnlichen Einrichtungen nur vorgenommen werden, wenn in diesen Gebäuden oder auf diesen Grundstücken abweichend von § 3 Absatz 1 Satz 2 auch die maximalen Effektivwerte der elektrischen Feldstärke und magnetischen Flussdichte den Anforderungen nach § 3 Absatz 1 Satz 1 entsprechen. [2] Für Niederfrequenzanlagen, die nach dem 16. Dezember 1996 errichtet oder wesentlich geändert wurden, gelten die Vorsorgeanforderungen aus der Verordnung über elektromagnetische Felder in der Fassung vom 16. Dezember 1996 weiter fort.

(2) [1] Bei Errichtung und wesentlicher Änderung von Niederfrequenzanlagen sowie Gleichstromanlagen sind die Möglichkeiten auszuschöpfen, die von der jeweiligen Anlage ausgehenden elektrischen, magnetischen und elektromagnetischen Felder nach dem Stand der Technik unter Berücksichtigung von Gegebenheiten im Einwirkungsbereich zu minimieren. [2] Das Nähere regelt eine Verwaltungsvorschrift gemäß § 48 des Bundes-Immissionsschutzgesetzes[1)].

(3) [1] Niederfrequenzanlagen zur Fortleitung von Elektrizität mit einer Frequenz von 50 Hertz und einer Nennspannung von 220 Kilovolt und mehr, die in einer neuen Trasse errichtet werden, dürfen Gebäude oder Gebäudeteile nicht überspannen, die zum dauerhaften Aufenthalt von Menschen bestimmt sind. [2] Bestehende Genehmigungen und Planfeststellungsbeschlüsse sowie bis zum 22. August 2013 beantragte Planfeststellungs- und Plangenehmigungsverfahren, für die ein vollständiger Antrag zu diesem Zeitpunkt vorlag, bleiben unberührt.

---

1) Nr. 1.

§ 5 Ermittlung der Feldstärke- und Flussdichtewerte. [1]Messgeräte, Mess- und Berechnungsverfahren, die bei der Ermittlung der elektrischen und magnetischen Feldstärke und magnetischen Flussdichte einschließlich der Berücksichtigung der vorhandenen Immissionen eingesetzt werden, müssen dem Stand der Mess- und Berechnungstechnik entsprechen. [2]Soweit anwendbar sind die Mess- und Berechnungsverfahren der DIN EN 50413 (Ausgabe August 2009) einzusetzen, die bei der VDE-Verlag GmbH oder der Beuth Verlag GmbH, beide Berlin, zu beziehen und beim Deutschen Patent- und Markenamt archivmäßig gesichert niedergelegt ist. [3]Messungen sind an den nach den §§ 2, 3 oder 3a maßgeblichen Einwirkungsorten mit der jeweils stärksten Exposition durchzuführen. [4]Sie sind nicht erforderlich, wenn die Einhaltung der Grenzwerte durch Berechnungsverfahren festgestellt werden kann.

§ 6 Weitergehende Anforderungen. Weitergehende Anforderungen aufgrund anderer Rechtsvorschriften, insbesondere von Rechtsvorschriften zur elektromagnetischen Verträglichkeit und des Telekommunikationsrechts, bleiben unberührt.

§ 7 Anzeige. (1) [1]Die zuständige Behörde ist berechtigt, die vom Betreiber einer ortsfesten Funkanlage, die privaten oder gewerblichen Zwecken dient oder im Rahmen wirtschaftlicher Unternehmungen Anwendung findet, nach den §§ 9, 11 und 12 der Verordnung über das Nachweisverfahren zur Begrenzung elektromagnetischer Felder angezeigten Daten sowie die nach § 5 der vorgenannten Verordnung erteilten Standortbescheinigungen, einschließlich der nach § 4 Absatz 5 der vorgenannten Verordnung vorgelegten Antragsunterlagen, bei der Bundesnetzagentur für Elektrizität, Gas, Telekommunikation, Post und Eisenbahnen abzurufen, soweit dies zur Wahrnehmung ihrer Aufgaben zum Vollzug dieser Verordnung erforderlich ist. [2]Die Bundesnetzagentur für Elektrizität, Gas, Telekommunikation, Post und Eisenbahnen stellt der zuständigen Behörde die Daten nach Satz 1 spätestens eine Woche nach Erhalt elektronisch zur Verfügung.

(2) [1]Der Betreiber einer Niederfrequenzanlage mit einer Nennspannung von 110 Kilovolt und mehr oder einer Gleichstromanlage hat diese der zuständigen Behörde mindestens zwei Wochen vor der Inbetriebnahme oder einer wesentlichen Änderung anzuzeigen, soweit

1. die Anlage auf einem Grundstück im Bereich eines Bebauungsplans oder innerhalb eines im Zusammenhang bebauten Ortsteils oder auf einem mit Wohngebäuden bebauten Grundstück im Außenbereich belegen ist oder derartige Grundstücke überquert und
2. die Anlage oder ihre wesentliche Änderung nicht einer Genehmigung, Planfeststellung oder sonstigen behördlichen Entscheidung nach anderen Rechtsvorschriften bedarf, bei der die Belange des Immissionsschutzes berücksichtigt werden.

[2]Bei Leitungen genügt die Anzeige derjenigen Leitungsabschnitte, für die die Voraussetzungen nach Satz 1 vorliegen.

(3) [1]Bei Anzeigen nach Absatz 2 soll der Betreiber die für die Anlage maßgebenden Daten angeben und der Anzeige einen Lageplan beifügen. [2]Der Betreiber einer Niederfrequenzanlage mit einer Nennspannung von weniger als

110 Kilovolt hat für diejenigen Leitungsabschnitte, für die die Voraussetzungen nach Absatz 2 Satz 1 Nummer 1 und 2 vorliegen, die maßgeblichen Daten sowie einen Lageplan vorzuhalten und der zuständigen Behörde auf Verlangen unverzüglich vorzulegen.

§ 7a Beteiligung der Kommunen. [1] Die Kommune, in deren Gebiet die Hochfrequenzanlage errichtet werden soll, wird bei der Auswahl von Standorten für Hochfrequenzanlagen, die nach dem 22. August 2013 errichtet werden, durch die Betreiber gehört. [2] Sie erhält rechtzeitig die Möglichkeit zur Stellungnahme und zur Erörterung der Baumaßnahme. [3] Die Ergebnisse der Beteiligung sind zu berücksichtigen.

§ 8 Zulassung von Ausnahmen. (1) Die zuständige Behörde kann auf Antrag Ausnahmen von den Anforderungen der §§ 2, 3 und 3a zulassen, soweit unter Berücksichtigung der besonderen Umstände des Einzelfalls, insbesondere Art und Dauer der Anlagenauslastung und des tatsächlichen Aufenthalts von Personen im Einwirkungsbereich der Anlage, schädliche Umwelteinwirkungen nicht zu erwarten sind.

(2) Die zuständige Behörde kann Ausnahmen von den Anforderungen des § 4 zulassen, soweit die Anforderungen des § 4 im Einzelfall unverhältnismäßig sind.

§ 9 Ordnungswidrigkeiten. Ordnungswidrig im Sinne des § 62 Abs. 1 Nr. 7 des Bundes-Immissionsschutzgesetzes[1)] handelt, wer vorsätzlich oder fahrlässig

1. entgegen § 2 Satz 1 auch in Verbindung mit Satz 2, entgegen § 3 Absatz 1 Satz 1 oder Absatz 2 Satz 1 oder entgegen § 3a Satz 1 eine dort genannte Anlage errichtet oder betreibt,
2. entgegen § 4 Absatz 1 eine Niederfrequenzanlage wesentlich ändert,
3. entgegen § 7 Absatz 2 Satz 1 oder entgegen § 10 Absatz 2 eine Anzeige nicht, nicht richtig, nicht vollständig oder nicht rechtzeitig erstattet.

§ 10 Übergangsvorschriften. (1) Niederfrequenzanlagen mit einer Frequenz von 16,7 Hertz, die vor dem 22. August 2013 errichtet worden sind, sind bis zum 22. August 2018 so zu betreiben, dass sie in ihrem Einwirkungsbereich an Orten, die zum nicht nur vorübergehenden Aufenthalt von Menschen bestimmt sind, bei höchster betrieblicher Anlagenauslastung das Doppelte des im Anhang 1a genannten Grenzwerts der elektrischen Feldstärke nicht überschreiten.

(2) [1] Werden Gleichstromanlagen am 22. August 2013 bereits betrieben, so hat die Anzeige des Betriebs nach § 7 Absatz 2 bis zum 23. September 2013 zu erfolgen. [2] Wurde mit ihrer Errichtung bereits vor dem 22. August 2013 begonnen, erfolgt der Betrieb aber erst vor dem 23. September 2013, so hat die Anzeige des Betriebs nach § 7 Absatz 2 innerhalb von vier Wochen nach Inbetriebnahme zu erfolgen.

---

1) Nr. **1**.

Anhang 1
(zu §§ 2, 3, 3a, 10)

Anhang 1a

Frequenz (f) in Hertz (Hz)	Grenzwerte	
	Elektrische Feldstärke in Kilovolt pro Meter (kV/m) (effektiv)	Magnetische Flussdichte in Mikrotesla (µT) (effektiv)
0	–	500
1 – 8	5	$40\,000/f^2$
8 – 25	5	5 000/f
25 – 50	5	200
50 – 400	250/f	200
400 – 3 000	250/f	80 000/f
3 000 – 10 000 000	0,083	27

Anhang 1b

Frequenz (f) in Megahertz (MHz)	Grenzwerte, quadratisch gemittelt über 6-Minuten-Intervalle	
	Elektrische Feldstärke in Volt pro Meter (V/m) (effektiv)	Magnetische Feldstärke in Ampere pro Meter (A/m) (effektiv)
0,1 – 1	87	0,73/f
1 – 10	$87/f^{1/2}$	0,73/f
10 – 400	28	0,073
400 – 2 000	$1{,}375\ f^{1/2}$	$0{,}0037\ f^{1/2}$
2 000 – 300 000	61	0,16

Anhang 2
(zu §§ 2, 3)

Berücksichtigung von Immissionsbeiträgen anderer Anlagen

Anhang 2a

Immissionsbeiträge der elektrischen und magnetischen Felder aller Niederfrequenzanlagen und von Hochfrequenzanlagen mit Frequenzen zwischen 9 kHz und 10 MHz müssen die folgenden Bedingungen erfüllen:

Elektrische Felder:

$$\sum_{1\,Hz}^{10\,MHz} \frac{I_{E,i}}{G_{E,i}} \leq 1$$

mit

$I_{E,i}$ = Immissionsbeitrag des elektrischen Feldes bei der Frequenz i im Bereich von 1 Hz bis 10 MHz,

$G_{E,i}$ = Grenzwert der elektrischen Feldstärke bei der Frequenz i im Bereich von 1 Hz bis 10 MHz, gemäß Anhang 1a

Magnetische Felder:

$$\sum_{1\,Hz}^{10\,MHz} \frac{I_{M,i}}{G_{M,i}} \leq 1$$

mit

$I_{M,i}$ = Immissionsbeitrag des magnetischen Feldes bei der Frequenz i im Bereich von 1 Hz bis 10 MHz,

$G_{M,i}$ = Grenzwert der magnetischen Flussdichte bei der Frequenz i im Bereich von 1 Hz bis 10 MHz, gemäß Anhang 1a in Verbindung mit § 3

Anhang 2b

Immissionsbeiträge der elektrischen und magnetischen Felder von Hochfrequenzanlagen mit Frequenzen > 100 kHz müssen zusätzlich die folgenden Bedingungen erfüllen:

Elektrische Felder:

$$\sum_{100\,kHz}^{300\,GHz} \left(\frac{I_{E,i}}{G_{E,i}}\right)^2 \leq 1$$

mit

$I_{E,j}$ = Immissionsbeitrag des elektrischen Feldes bei der Frequenz j im Bereich von 100 kHz bis 300 GHz (quadratisch gemittelt über 6-Minuten-Intervalle),

$G_{E,j}$ = Grenzwert der elektrischen Feldstärke bei der Frequenz j im Frequenzbereich von 100 kHz bis 300 GHz (quadratisch gemittelt über 6-Minuten-Intervalle), gemäß Anhang 1b

Magnetische Felder:

$$\sum_{100\,kHz}^{300\,GHz} \left(\frac{I_{M,i}}{G_{M,i}}\right)^2 \leq 1$$

mit

$I_{M,j}$ = Immissionsbeitrag des magnetischen Feldes bei der Frequenz j im Bereich von 100 kHz bis 300 GHz (quadratisch gemittelt über 6-Minuten-Intervalle),

$G_{M,j}$ = Grenzwert der magnetischen Feldstärke bei der Frequenz j im Frequenzbereich von 100 kHz bis 300 GHz (quadratisch gemittelt über 6-Minuten-Intervalle), gemäß Anhang 1b.

Anhang 3
(zu § 2)

Gepulste Felder von Hochfrequenzanlagen

Bei gepulsten elektromagnetischen Feldern im Frequenzbereich von 9 kHz bis 100 kHz darf der Spitzenwert für die elektrische und die magnetische Feldstärke das 1,5-fache der Werte des Anhangs 1a nicht überschreiten.
Bei gepulsten elektromagnetischen Feldern im Frequenzbereich über 100 kHz bis 10 MHz darf der Spitzenwert für die elektrische und die magnetische Feldstärke das 6,93 $f^{0,664}$-fache der Werte des Anhangs 1b (f in MHz) nicht überschreiten.
Bei gepulsten elektromagnetischen Feldern im Frequenzbereich über 10 MHz bis 300 GHz darf der Spitzenwert für die elektrische und die magnetische Feldstärke das 32-fache der Werte des Anhangs 1b nicht überschreiten.

2.27. Siebenundzwanzigste Verordnung zur Durchführung des Bundes-Immissionsschutzgesetzes (Verordnung über Anlagen zur Feuerbestattung – 27. BImSchV)[1]

Vom 19. März 1997

(BGBl. I S. 545)

FNA 2129-8-27

zuletzt geänd. durch Art. 10 VO zur Umsetzung der RL über Industrieemissionen, zur Änd. der VO über Immissionsschutz- und Störfallbeauftragte und zum Erlass einer BekanntgabeVO v. 2.5.2013 (BGBl. I S. 973)

Auf Grund des § 4 Abs. 1 Satz 3 in Verbindung mit § 19 Abs. 1 Satz 1 und des § 23 Abs. 1 Satz 1 des Bundes-Immissionsschutzgesetzes[2] in der Fassung der Bekanntmachung vom 14. Mai 1990 (BGBl. I S. 880), von denen § 4 Abs. 1 Satz 3 durch Artikel 8 Nr. 1 Buchstabe b, § 19 Abs. 1 Satz 1 durch Artikel 8 Nr. 7 und § 23 Abs. 1 Satz 1 durch Artikel 8 Nr. 8 des Gesetzes vom 22. April 1993 (BGBl. I S. 466) geändert worden sind, verordnet die Bundesregierung nach Anhörung der beteiligten Kreise:

§ 1 Anwendungsbereich. Diese Verordnung gilt für die Errichtung, die Beschaffenheit und den Betrieb von Anlagen zur Feuerbestattung.

§ 2 Begriffsbestimmung. Im Sinne dieser Verordnung sind:

1. Abgase:
   die Trägergase mit den festen, flüssigen oder gasförmigen Emissionen;
2. Altanlagen:
   Anlagen, die vor dem Inkrafttreten dieser Verordnung errichtet oder genehmigt worden sind;
3. Anlagen zur Feuerbestattung (Anlagen):
   alle technischen Einrichtungen, die der Einäscherung des menschlichen Leichnams dienen;
4. Emissionen:
   die von der Anlage ausgehenden Luftverunreinigungen; sie werden angegeben als Massenkonzentration in den Einheiten Nanogramm je Kubikmeter (ng/m^3) oder Milligramm je Kubikmeter (mg/m^3), bezogen auf das Abgasvolumen im Normzustand (273 K, 1 013 hPa) nach Abzug des Feuchtegehaltes an Wasserdampf; sie beziehen sich auf einen Volumengehalt an Sauerstoff im Abgas von 11 vom Hundert, bei elektrisch betriebenen Anlagen auf einen Volumengehalt an Sauerstoff im Abgas von 15 vom Hundert.

---

[1] Verkündet als Art. 1 VO v. 19.3.1997 (BGBl. I S. 545); Inkrafttreten gem. Art. 3 dieser VO am 1.5.1997. Diese VO wurde erlassen auf Grund von § 4 Abs. 1 Satz 3 iVm § 19 Abs. 1 Satz 1 und § 23 Abs. 1 Satz 1 BImSchG (Nr. **1**).

[2] Nr. **1**.

§ 3 Feuerung. (1) Soweit die Anlagen mit Brennern ausgerüstet sind, dürfen diese nur mit Gasen der öffentlichen Gasversorgung, Flüssiggas, Wasserstoff oder Heizöl EL betrieben werden.

(2) Die Temperatur nach der letzten Verbrennungsluftzuführung muß mindestens 850 °C, ermittelt als Zehnminutenmittelwert, betragen.

(3) [1] Durch geeignete Vorrichtungen ist sicherzustellen, daß ein Sarg nicht eingefahren werden kann, wenn die Mindesttemperatur nach § 3 Abs. 2 unterschritten ist oder die kontinuierlich ermittelte Konzentration von Kohlenmonoxid oder die Anzeige für die Rauchgasdichte auf eine Störung des ordnungsgemäßen Betriebes hinweist. [2] Eine bereits begonnene Einäscherung ist zu Ende zu führen.

§ 4 Emissionsgrenzwerte. Anlagen dürfen nur so errichtet und betrieben werden, daß

1. die Emissionen von Kohlenmonoxid einen Stundenmittelwert von 50 mg je Kubikmeter Abgas,
2. die Emissionen von Gesamtstaub und organischen Stoffen, gebildet als Stundenmittelwert und in Übereinstimmung mit dem im Anhang 1 festgelegten Verfahren, die folgenden Emissionsgrenzwerte
   a) Gesamtstaub 10 mg/m³,
   b) organische Stoffe, angegeben als Gesamtkohlenstoff, 20 mg/m³ und
3. die Emissionen von den im Anhang 2 genannten Dioxinen und Furanen, angegeben als Summenwert und gebildet als Mittelwert über die jeweilige Probenahmezeit, jeweils in Übereinstimmung mit dem im Anhang 2 festgelegten Verfahren, den Emissionsgrenzwert von 0,1 ng/m³

nicht überschreiten.

§ 5 Ableitbedingungen für Abgase. [1] Abgase sind über einen oder mehrere Schornsteine in die freie Luftströmung so abzuleiten, daß die Höhe der Austrittsöffnung für die Abgase

1. die höchste Kante des Dachfirstes der Anlage um mindestens 3 Meter überragt und
2. mindestens 10 Meter über Flur liegt.

[2] Bei einer Dachneigung von weniger als 20 Grad ist die Höhe der Austrittsöffnung auf einen fiktiven Dachfirst zu beziehen, dessen Höhe unter Zugrundelegung einer Dachneigung von 20 Grad zu berechnen ist.

§ 6 Anzeige. Der Betreiber einer Anlage hat diese der zuständigen Behörde spätestens einen Monat vor der Inbetriebnahme anzuzeigen.

§ 7 Kontinuierliche Messungen. (1) [1] Die Anlagen sind mit Meßeinrichtungen auszurüsten, die

1. den Volumengehalt an Sauerstoff im Abgas,
2. die Massenkonzentration von Kohlenmonoxid im Abgas und
3. die Mindesttemperatur nach § 3 Abs. 2

fortlaufend messen und registrieren. [2] Die Anlagen dürfen nur mit hierzu geeigneten und funktionsfähigen Meßeinrichtungen betrieben werden.

(2) [1] Die Anlagen sind zur Überwachung der Funktionstüchtigkeit der Staubabscheideeinrichtungen mit Meßgeräten auszurüsten, die die Rauchgasdichte kontinuierlich messen. [2] Die Anlagen dürfen nur mit hierzu geeigneten und funktionsfähigen Rauchgasdichtemeßgeräten, die Rückschlüsse auf die ständige Einhaltung des Emissionsgrenzwertes für Gesamtstaub nach § 4 Nr. 2 Buchstabe a ermöglichen, betrieben werden.

(3) [1] Der Betreiber hat durch eine von der zuständigen obersten Landesbehörde oder der nach Landesrecht bestimmten Behörde für Kalibrierungen bekanntgegebene Stelle den ordnungsgemäßen Einbau der Meßeinrichtungen zur kontinuierlichen Überwachung von Kohlenmonoxid, Sauerstoff, Rauchgasdichte und Temperatur bescheinigen zu lassen sowie die Meßeinrichtungen vor Inbetriebnahme kalibrieren und jeweils spätestens nach Ablauf eines Jahres auf Funktionsfähigkeit prüfen zu lassen. [2] Der Betreiber hat die Kalibrierung spätestens fünf Jahre nach der letzten Kalibrierung wiederholen zu lassen. [3] Der Betreiber hat die Bescheinigung über den ordnungsgemäßen Einbau, die Berichte über das Ergebnis der Kalibrierung und der Prüfung der Funktionsfähigkeit der zuständigen Behörde jeweils innerhalb von drei Monaten nach Durchführung vorzulegen.

§ 8 Beurteilung und Berichte von kontinuierlichen Messungen.

(1) Während des Betriebes der Anlage ist für den Kohlenmonoxidmeßwert für jede aufeinanderfolgende Stunde der Mittelwert zu bilden.

(2) [1] Über die Auswertung der kontinuierlichen Messungen hat der Betreiber einen Meßbericht zu erstellen oder erstellen zu lassen und innerhalb von drei Monaten nach Ablauf eines jeden Kalenderjahres der zuständigen Behörde vorzulegen. [2] Der Betreiber muß die Aufzeichnungen fünf Jahre aufbewahren.

(3) Der Grenzwert für Kohlenmonoxid ist eingehalten, wenn kein Stundenmittelwert nach § 7 Abs. 1 Nr. 2 in Verbindung mit Absatz 1 den Grenzwert nach § 4 Nr. 1 überschreitet.

§ 9 Einzelmessungen. [1] Der Betreiber einer nach Inkrafttreten dieser Verordnung errichteten Anlage hat die Einhaltung der Anforderungen für Gesamtstaub, Gesamtkohlenstoff und Dioxine und Furane nach § 4 frühestens drei Monate und spätestens sechs Monate nach der Inbetriebnahme von einer nach § 29b Absatz 2 in Verbindung mit § 26 des Bundes-Immissionsschutzgesetzes[1)] bekanntgegebenen Stelle nach Maßgabe von Anhang 1 und Anhang 2 prüfen zu lassen. [2] Der Betreiber hat die Prüfung nach Satz 1 im Abstand von drei Jahren wiederholen zu lassen.

§ 10 Beurteilung und Berichte von Einzelmessungen. (1) [1] Über die Messungen nach § 9 ist ein Meßbericht zu erstellen und der zuständigen Behörde innerhalb von drei Monaten nach Durchführung der Messung vorzulegen. [2] Der Meßbericht muß Angaben über die Meßplanung, das Ergebnis, die verwendeten Meßverfahren und die Betriebsbedingungen, die für die Beurteilung der Meßergebnisse von Bedeutung sind, enthalten. [3] Der Betreiber muß die Berichte fünf Jahre aufbewahren.

---

1) Nr. 1.

(2) Die Emissionsgrenzwerte gelten als eingehalten, wenn kein Ergebnis einer Einzelmessung des Stundenmittelwertes den jeweiligen Emissionsgrenzwert nach § 4 Nr. 2 oder den Mittelwert über die Probenahmezeit nach § 4 Nr. 3 überschreitet.

§ 11 Übergangsregelung. Altanlagen müssen die Anforderungen dieser Verordnung spätestens nach Ablauf von drei Jahren nach Inkrafttreten dieser Verordnung einhalten.

§ 12 Zulassung von Ausnahmen. (1) Die zuständige Behörde kann auf Antrag des Betreibers Ausnahmen von Vorschriften dieser Verordnung zulassen, soweit unter Berücksichtigung der besonderen Umstände des Einzelfalles

1. einzelne Anforderungen der Verordnung nicht oder nur mit unverhältnismäßig hohem Aufwand erfüllbar sind,
2. schädliche Umwelteinwirkungen nicht zu befürchten sind und
3. im übrigen die dem Stand der Technik entsprechenden Maßnahmen zur Emissionsbegrenzung angewandt werden.

(2) Eine Ausnahme von § 5 kommt insbesondere in Betracht, wenn Belange des Denkmalschutzes berührt sind.

(3) Die zuständige Behörde kann die Ausnahme unter Bedingungen erteilen, mit Auflagen verbinden oder befristen.

§ 13 Weitergehende Anforderungen. Die Befugnis der zuständigen Behörde, auf der Grundlage des Bundes-Immissionsschutzgesetzes[1)] andere oder weitergehende Anordnungen zu treffen, bleibt unberührt.

§ 14 Ordnungswidrigkeiten. Ordnungswidrig im Sinne des § 62 Abs. 1 Nr. 7 des Bundes-Immissionsschutzgesetzes[1)] handelt, wer vorsätzlich oder fahrlässig

1. entgegen § 4 eine Anlage errichtet oder betreibt,
2. entgegen § 5 Satz 1 ein Abgas nicht oder nicht in der vorgeschriebenen Weise ableitet,
3. entgegen § 6 eine Anzeige nicht, nicht richtig oder nicht rechtzeitig erstattet,
4. entgegen § 7 Abs. 1 oder Abs. 2 eine Anlage betreibt,
5. entgegen § 7 Abs. 3 Satz 1 oder 2 eine Meßeinrichtung nicht oder nicht rechtzeitig kalibrieren oder nicht oder nicht rechtzeitig prüfen oder die Kalibrierung nicht oder nicht rechtzeitig wiederholen läßt oder
6. entgegen § 9 Satz 1 oder 2 die Einhaltung der Anforderungen nicht, nicht richtig, nicht in der vorgeschriebenen Weise oder nicht rechtzeitig prüfen läßt oder eine Prüfung nicht, nicht richtig, nicht in der vorgeschriebenen Weise oder nicht rechtzeitig wiederholen läßt.

---

1) Nr. **1**.

Anhang 1. Bestimmung der Massenkonzentration von Gesamtstaub und Gesamtkohlenstoff nach § 4 Nr. 2

1. Zur Bestimmung der Massenkonzentration an Gesamtstaub und Gesamtkohlenstoff nach § 4 Nr. 2 beträgt die Probenahmezeit eine Stunde; die Probenahme erfolgt ab Beginn einer Einäscherung.
2. Es sind Proben während fünf aufeinanderfolgender Einäscherungsvorgänge zu ziehen.
3. Pausenzeiten zwischen jeweils zwei Einäscherungen bleiben unberücksichtigt.
4. Die Messung der organischen Stoffe, angegeben als Gesamtkohlenstoff, erfolgt nach der FID-Methode. Die Kalibrierung des Gerätes erfolgt mit Propan oder Butan. Es sind geeignete Meßgeräte zu verwenden, die eine Bekanntgabe für Meßaufgaben nach der 17. BImSchV[1)] besitzen.

Anhang 2. Bestimmung der Massenkonzentration von Dioxinen und Furanen nach § 4 Nr. 3

1. Zur Bestimmung der Massenkonzentration von Dioxinen und Furanen nach § 4 Nr. 3 beträgt die Probenahmezeit mindestens sechs Stunden.
2. Die Probenahme erfolgt ab Beginn einer Einäscherung.
3. Pausenzeiten zwischen jeweils zwei Einäscherungen bleiben unberücksichtigt.
4. Für die in diesem Anhang genannten Dioxine und Furane soll die Nachweisgrenze des eingesetzten Analyseverfahrens nicht über 0,005 ng/m³ Abgas liegen.
5. Für den nach § 4 Nr. 3 zu bildenden Summenwert sind die im Abgas ermittelten Konzentrationen der nachstehend genannten Dioxine und Furane mit den angegebenen Äquivalenzfaktoren zu multiplizieren und zu summieren.

	Äquivalenzfaktor
2,3,7,8-Tetrachlordibenzodioxin (TCDD)	1
1,2,3,7,8-Pentachlordibenzodioxin (PeCDD)	0,5
1,2,3,4,7,8-Hexachlordibenzodioxin (HxCDD)	0,1
1,2,3,7,8,9-Hexachlordibenzodioxin (HxCDD)	0,1
1,2,3,6,7,8-Hexachlordibenzodioxin (HxCDD)	0,1
1,2,3,4,6,7,8-Heptachlordibenzodioxin (HpCDD)	0,01
Octachlordibenzodioxin (OCDD)	0,001
2,3,7,8-Tetrachlordibenzofuran (TCDF)	0,1
2,3,4,7,8-Pentachlordibenzofuran (PeCDF)	0,5
1,2,3,7,8-Pentachlordibenzofuran (PeCDF)	0,05
1,2,3,4,7,8-Hexachlordibenzofuran (HxCDF)	0,1
1,2,3,7,8,9-Hexachlordibenzofuran (HxCDF)	0,1
1,2,3,6,7,8-Hexachlordibenzofuran (HxCDF)	0,1
2,3,4,6,7,8-Hexachlordibenzofuran (HxCDF)	0,1
1,2,3,4,6,7,8-Heptachlordibenzofuran (HpCDF)	0,01
1,2,3,4,7,8,9-Heptachlordibenzofuran (HpCDF)	0,01
Octachlordibenzofuran (OCDF)	0,001

[1)] Nr. **2.17**.

2.28. Achtundzwanzigste Verordnung zur Durchführung des Bundes-Immissionsschutzgesetzes (Verordnung über Emissionsgrenzwerte für Verbrennungsmotoren – 28. BImSchV)[1)]

Vom 20. April 2004

(BGBl. I S. 614, ber. S. 1423)

FNA 2129-8-28-1

zuletzt geänd. durch Art. 81 Zehnte ZuständigkeitsanpassungsVO v. 31.8.2015 (BGBl. I S. 1474)

Auf Grund des § 33 Abs. 1 Nr. 1, des § 37 und des § 48a Abs. 3 des Bundes-Immissionsschutzgesetzes[2)] in der Fassung der Bekanntmachung vom 26. September 2002 (BGBl. I S. 3830) verordnet die Bundesregierung nach Anhörung der beteiligten Kreise:

§ 1 Anwendungsbereich. [1]Diese Verordnung gilt für das Inverkehrbringen von Motoren in mobilen Maschinen und Geräten und Motoren zum Einbau in mobile Maschinen und Geräte nach Artikel 2 erster Anstrich in Verbindung mit Anhang I Nr. 1 der Richtlinie 97/68/EG des Europäischen Parlaments und des Rates vom 16. Dezember 1997 zur Angleichung der Rechtsvorschriften der Mitgliedstaaten über Maßnahmen zur Bekämpfung der Emission von gasförmigen Schadstoffen und luftverunreinigenden Partikeln aus Verbrennungsmotoren für mobile Maschinen und Geräte (ABl. EG 1998 Nr. L 59 S. 1), zuletzt geändert durch die Richtlinie 2011/88/EU vom 16. November 2011 (ABl. L 305 vom 23.11.2011, S. 1), soweit sie nicht ausschließlich von der Bundeswehr oder von Streitkräften, die aufgrund völkerrechtlicher Verträge in der Bundesrepublik Deutschland stationiert sind, benutzt werden sollen. [2]Diese Verordnung findet keine Anwendung auf Motoren zum Antrieb von Binnenschiffen.

§ 1a Bezugnahme auf Richtlinien der Europäischen Gemeinschaft.

[1]Die in dieser Verordnung in Bezug genommene Richtlinie 97/68/EG der Europäischen Gemeinschaften ist in der jeweils geltenden Fassung anzuwenden. [2]Wird diese Richtlinie nach dem in dieser Richtlinie vorgesehenen Verfahren an den technischen Fortschritt angepasst, gilt sie in der geänderten im Amtsblatt der Europäischen Union veröffentlichten Fassung nach Ablauf der in der Anpassungsrichtlinie festgelegten Umsetzungsfrist.

[1)] **Amtl. Anm.:** Diese Verordnung dient der Umsetzung der Richtlinien 2001/63/EG der Kommission vom 17. August 2001 zur Anpassung der Richtlinie 97/68/EG des Europäischen Parlaments und des Rates zur Angleichung der Rechtsvorschriften der Mitgliedstaaten über Maßnahmen zur Bekämpfung der Emission von gasförmigen Schadstoffen und luftverunreinigenden Partikeln aus Verbrennungsmotoren für mobile Maschinen und Geräte an den technischen Fortschritt (ABl. EG Nr. L 227 S. 41) und 2002/88/EG des Europäischen Parlaments und des Rates vom 9. Dezember 2002 zur Änderung der Richtlinie 97/68/EG zur Angleichung der Rechtsvorschriften der Mitgliedstaaten über Maßnahmen zur Bekämpfung der Emission von gasförmigen Schadstoffen und luftverunreinigenden Partikeln aus Verbrennungsmotoren für mobile Maschinen und Geräte (ABl. EU 2003 Nr. L 35 S. 28).

[2)] Nr. **1**.

§ 2 Inverkehrbringen. (1) Motoren nach § 1 dieser Verordnung dürfen gewerbsmäßig oder im Rahmen wirtschaftlicher Unternehmungen nur in den Verkehr gebracht werden, wenn

1. sie bei Selbstzündungsmotoren der Stufe IIIA nach der Richtlinie 97/68/EG
   a) mit nicht konstanter Drehzahl mit einer Nutzleistung von
      aa) 130 kW bis 560 kW ab dem 1. Januar 2006,
      bb) 75 kW bis weniger als 130 kW ab dem 1. Januar 2007,
      cc) 37 kW bis weniger als 75 kW ab dem 1. Januar 2008,
      dd) 19 kW bis weniger als 37 kW ab dem 1. Januar 2007,
   b) mit konstanter Drehzahl mit einer Nutzleistung von
      aa) 130 kW bis 560 kW ab dem 1. Januar 2011,
      bb) 75 kW bis weniger als 130 kW ab dem 1. Januar 2011,
      cc) 37 kW bis weniger als 75 kW ab dem 1. Januar 2012,
      dd) 19 kW bis weniger als 37 kW ab dem 1. Januar 2011,
   c) für Triebwagen mit einer Nutzleistung von über 130 kW ab dem 1. Januar 2006,
   d) für Lokomotiven mit einer Nutzleistung von
      aa) 130 kW bis 560 kW ab dem 1. Januar 2007,
      bb) über 560 kW ab dem 1. Januar 2009

   die zulässigen Emissionsgrenzwerte nach der Tabelle in Anhang I Abschnitt 4.1.2.4 der Richtlinie 97/68/EG einhalten,
2. sie bei Selbstzündungsmotoren der Stufe IIIB nach der Richtlinie 97/68/EG
   a) mit nicht konstanter Drehzahl mit einer Nutzleistung von
      aa) 130 kW bis 560 kW ab dem 1. Januar 2011,
      bb) 75 kW bis weniger als 130 kW ab dem 1. Januar 2012,
      cc) 56 kW bis weniger als 75 kW ab dem 1. Januar 2012,
      dd) 37 kW bis weniger als 56 kW ab dem 1. Januar 2013,
   b) für Triebwagen mit einer Nutzleistung von über 130 kW ab dem 1. Januar 2012,
   c) für Lokomotiven mit einer Nutzleistung von über 130 kW ab dem 1. Januar 2012

   die zulässigen Emissionsgrenzwerte nach der Tabelle in Anhang I Abschnitt 4.1.2.5 der Richtlinie 97/68/EG einhalten,
3. sie bei Selbstzündungsmotoren außer Motoren mit konstanter Drehzahl der Stufe IV nach der Richtlinie 97/68/EG mit einer Nutzleistung von
   a) 130 kW bis 560 kW ab dem 1. Januar 2014,
   b) 56 kW bis weniger als 130 kW ab dem 1. Oktober 2014

   die zulässigen Emissionsgrenzwerte nach der Tabelle in Anhang I Abschnitt 4.1.2.6 der Richtlinie 97/68/EG einhalten,
4. sie bei Selbstzündungsmotoren mit einer Nutzleistung von 18 kW bis 560 kW, die mit konstanter Drehzahl betrieben werden, die zulässigen Emissionsgrenzwerte nach der Tabelle in Anhang I Nr. 4.1.2.3 der Richtlinie 97/68/EG ab dem 31. Dezember 2006 einhalten,

5. sie bei Fremdzündungsmotoren mit einer Nutzleistung bis 19 kW die zulässigen Emissionsgrenzwerte nach der Tabelle in Anhang I Nr. 4.2.2.1 der Richtlinie 97/68/EG ab dem 11. Februar 2005 einhalten (Stufe I)
6. sie und bei
   a) handgehaltenen Fremdzündungsmotoren mit einer Nutzleistung von oder unter 19 kW mit einem Hubraum von
      aa) unter 20 ccm ab dem 1. Februar 2008,
      bb) von 20 ccm bis weniger als 50 ccm ab dem 1. Februar 2008,
      cc) ab 50 ccm ab dem 1. Februar 2009,
   b) nicht handgehaltenen Fremdzündungsmotoren mit einer Nutzleistung von oder unter 19 kW mit einem Hubraum von
      aa) unter 66 ccm ab dem 1. Februar 2005,
      bb) von 66 ccm bis weniger als 100 ccm ab dem 1. Februar 2005,
      cc) von 100 ccm bis weniger als 225 ccm ab dem 1. Februar 2008,
      dd) ab 225 ccm ab dem 1. Februar 2007

   die zulässigen Emissionsgrenzwerte nach der Tabelle in Anhang I Nr. 4.2.2.2 der Richtlinie 97/68/EG einhalten,
7. die Typgenehmigung für einen Motortyp oder eine Motorenfamilie oder das Dokument nach Anhang VII der Richtlinie 97/68/EG vorliegt und wenn
8. sie mit der nach Anhang I Nr. 3 der Richtlinie 97/68/EG erforderlichen EG-Kennzeichnung versehen sind; Motoren, die die Grenzwerte schon vor den unter den Nummern 1, 2, 3 und 4 genannten Terminen einhalten, können entsprechend gekennzeichnet werden.

(2) Bei Motoren, deren Herstellungsdatum vor den in Absatz 1 genannten Terminen liegt, verlängert sich für jede Kategorie der Zeitpunkt für die Erfüllung der in Absatz 1 genannten Anforderungen um zwei Jahre.

(3) Ein Austauschmotor außer zum Antrieb von Triebwagen und Lokomotiven muss den Grenzwerten entsprechen, die von dem zu ersetzenden Motor beim ersten Inverkehrbringen einzuhalten waren.

(4) Ein Austauschmotor zum Antrieb von Triebwagen und Lokomotiven muss den gültigen Grenzwerten für neue Motoren entsprechen.

(5) [1] Weist der Schienenfahrzeugbesitzer nach, dass ein Austauschmotor, der den Anforderungen nach Absatz 4 entspricht, nur mit erheblichen technischen Schwierigkeiten verwendet werden könnte, kann die Genehmigungsbehörde auf Antrag folgende Austauschmotoren für Triebwagen und Lokomotiven genehmigen:

1. Austauschmotoren, die den Emissionsgrenzwerten der Stufe III A der Richtlinie 97/68/EG entsprechen, zum Austausch von Motoren, die
   a) den Emissionsgrenzwerten der Stufe III A der Richtlinie 97/68/EG nicht genügen oder
   b) zwar den Emissionsgrenzwerten der Stufe III A der Richtlinie 97/68/EG, jedoch nicht den Emissionsgrenzwerten der Stufe III B der Richtlinie 97/68/EG genügen;
2. Austauschmotoren, die den Emissionsgrenzwerten der Stufe III A der Richtlinie 97/68/EG nicht genügen, zum Austausch von Motoren für Triebwagen

ohne Steuereinrichtung und ohne Eigenantrieb, sofern diese Austauschmotoren die Emissionsgrenzwerte erfüllen, die mindestens den Emissionsgrenzwerten entsprechen, denen die in den vorhandenen Triebwagen desselben Typs genutzten Motoren genügen.

[2] Der Antragsteller hat seinen Antrag zu begründen und die von der Genehmigungsbehörde angeforderten Unterlagen vorzulegen.

(6) An Motoren, die unter die Absätze 3 bis 5 fallen, hat der Hersteller eine Kennzeichnung mit dem Schriftzug „AUSTAUSCHMOTOR" und der Referenznummer der Ausnahmegenehmigung, die von der Genehmigungsbehörde im Genehmigungsverfahren vergeben wird, anzubringen.

§ 3 Ausnahmen. (1) Auf Antrag eines Herstellers von Motoren aus auslaufenden Serien, die sich bis zu den in § 2 genannten Zeitpunkten noch auf Lager befinden, verlängert die Genehmigungsbehörde die sich jeweils aus § 2 ergebenden Fristen um zwölf Monate nach Maßgabe der in Artikel 10 Abs. 2 erster bis fünfter Anstrich der Richtlinie 97/68/EG aufgeführten Anforderungen und stellt hierüber eine Konformitätsbescheinigung oder ein konsolidiertes Dokument gemäß Artikel 10 Abs. 2 neunter Anstrich der Richtlinie aus.

(2) Ein Antrag ist abzulehnen, sobald die Summe von den nach Absatz 1 jeweils erfassten Motoren 10 Prozent der im Vorjahr in Deutschland unter den Voraussetzungen des § 2 Abs. 1 Nr. 1 in den Verkehr gebrachten neuen Motoren aller betroffenen Typen übersteigt.

(3) [1] Maschinen und Geräte, die in Artikel 9a Absatz 7 der Richtlinie 97/68/EG genannt werden, sind von der Einhaltung der unter § 2 Absatz 1 Nummer 6 genannten Termine bezüglich der Emissionsgrenzwertanforderungen für einen Zeitraum von drei Jahren nach Inkrafttreten der genannten Emissionsgrenzwertanforderungen ausgenommen. [2] Auf in verschiedenen Stellungen verwendbare handgehaltene Heckenschneider zur gewerblichen Verwendung und für Kettensägen zur gewerblichen Verwendung mit oben angebrachtem Griff zur Baumbeschneidung, in die jeweils Motoren mit einer Nutzleistung von 19 Kilowatt oder weniger und mit einem Hubraum von 20 Kubikzentimetern oder mehr eingebaut sind, sind die unter § 2 Absatz 1 Nummer 6 genannten Emissionsgrenzwertanforderungen ab dem 31. Juli 2013 anzuwenden. [3] Bis zu diesem Zeitpunkt gelten für Maschinen und Geräte im Sinne des Satzes 2 weiterhin die Emissionsgrenzwertanforderungen nach Anhang I Nummer 4.2.2.1 der Richtlinie 97/68/EG. [4] Für Maschinen und Geräte nach Satz 1 gelten bis zum Ablauf der in Satz 1 genannten drei Jahre ebenfalls weiterhin die Emissionsgrenzwertanforderungen nach Anhang I Nummer 4.2.2.1 der Richtlinie 97/68/EG.

(4) Die Erfüllung der unter § 2 Abs. 1 Nr. 6 und § 4 Abs. 13 genannten Anforderungen werden für Motorenhersteller, deren gesamtes Jahresproduktionsvolumen weniger als 25 000 Motoren beträgt, um drei Jahre verschoben.

(5) [1] Für Fremdzündungs-Motorenfamilien, bei denen das gesamte Jahresproduktionsvolumen weniger als 5 000 Einheiten beträgt, und die zusammen nicht 25 000 Einheiten, jeweils in der Bauausführung für den Geltungsbereich der Richtlinie 97/68/EG, eines Herstellers überschreiten, gelten die Anforderungen nach der Tabelle in Anhang I Nr. 4.2.2.1 der Richtlinie 97/68/EG. [2] Die Motorenfamilien müssen dabei alle einen unterschiedlichen Hubraum haben.

(6) Für Motoren, die für die Ausfuhr in Drittländer bestimmt sind, findet § 2 Abs. 1 keine Anwendung.

(7) Motoren, die den Begriffsbestimmungen des Anhangs I Abschnitt 1 Buchstabe A Ziffern i, ii und v der Richtlinie 97/68 EG entsprechen, können nach dem Flexibilitätssystem nach Artikel 2 der Richtlinie 97/68/EG und unter Beachtung der Vorschriften nach Anhang XIII der Richtlinie 97/68/EG in Verkehr gebracht werden.

§ 4 Typgenehmigung. (1) Motortypen oder Motorenfamilien können eine Typgenehmigung nur erhalten, wenn sie der Beschreibung in der Beschreibungsmappe entsprechen und den übrigen Anforderungen dieser Verordnung, insbesondere des § 2 Abs. 1 und 3, genügen.

(2) Als Typgenehmigung im Sinne des Absatzes 1 gelten bis zu den in den Absätzen 3 und 4 genannten Zeitpunkten auch Typgenehmigungen, die in Anhang XII der Richtlinie 97/68/EG genannt werden.

(3) Die für die Typgenehmigung vorzulegenden Unterlagen und durchzuführenden Prüfungen müssen den Anhängen I bis VII der Richtlinie 97/68/EG entsprechen.

(4) Motoren oder Motorenfamilien der Stufe IIIA (Motorenkategorien H, I, J und K nach der Richtlinie 97/68/EG) können die Typgenehmigung gemäß Anhang VII der Richtlinie 97/68/EG nur erhalten, wenn sie bei einer Nutzleistung von

a) 130 kW bis 560 kW mit nicht konstanter Drehzahl ab dem 1. Juli 2005,
b) 130 kW bis 560 kW mit konstanter Drehzahl ab dem 1. Januar 2010,
c) 75 kW bis weniger als 130 kW mit nicht konstanter Drehzahl ab dem 1. Januar 2006,
d) 75 kW bis weniger als 130 kW mit konstanter Drehzahl ab dem 1. Januar 2010,
e) 37 kW bis weniger als 75 kW mit nicht konstanter Drehzahl ab dem 1. Januar 2007,
f) 37 kW bis weniger als 75 kW mit konstanter Drehzahl ab dem 1. Januar 2011,
g) 19 kW bis weniger als 37 kW mit nicht konstanter Drehzahl ab dem 1. Januar 2006 und
h) 19 kW bis weniger als 37 kW mit konstanter Drehzahl ab dem 1. Januar 2010

die Anforderungen dieser Richtlinie erfüllen und ihre Partikel- und Abgasemissionen, insbesondere die Grenzwerte der Tabelle in Anhang I Abschnitt 4.1.2.4 der Richtlinie 97/68/EG einhalten.

(5) Motoren oder Motorenfamilien der Stufe IIIB (Motorenkategorien L, M, N und P nach der Richtlinie 97/68/EG) können die Typgenehmigung gemäß Anhang VII der Richtlinie 97/68/EG nur erhalten, wenn sie bei einer Nutzleistung von

a) 130 kW bis 560 kW mit nicht konstanter Drehzahl ab dem 1. Januar 2010,
b) 75 kW bis weniger als 130 kW mit nicht konstanter Drehzahl ab dem 1. Januar 2011,

c) 56 kW bis weniger als 75 kW mit nicht konstanter Drehzahl ab dem 1. Januar 2011 und

d) 37 kW bis weniger als 56 kW mit nicht konstanter Drehzahl ab dem 1. Januar 2012

die Anforderungen dieser Richtlinie erfüllen und ihre Partikel- und Abgasemissionen, insbesondere die Grenzwerte der Tabelle in Anhang I Abschnitt 4.1.2.5 der Richtlinie 97/68/EG einhalten.

(6) Motoren oder Motorenfamilien der Stufe IV (Motorenkategorien Q und R nach der Richtlinie 97/68/EG) können die Typgenehmigung gemäß Anhang VII der Richtlinie 97/68/EG nur erhalten, wenn sie bei einer Nutzleistung von

a) 130 kW bis 560 kW mit nicht konstanter Drehzahl ab dem 1. Januar 2013 und

b) 56 kW bis weniger als 130 kW mit nicht konstanter Drehzahl ab dem 1. Oktober 2013

die Anforderungen dieser Richtlinie erfüllen und ihre Partikel- und Abgasemissionen, insbesondere die Grenzwerte der Tabelle in Anhang I Abschnitt 4.1.2.6 der Richtlinie 97/68/EG einhalten.

(7) Motoren oder Motorenfamilien der Stufe IIIA, die als Antriebsmotoren in Triebwagen verwendet werden (Motorenkategorie RC A nach der Richtlinie 97/68/EG), können die Typgenehmigung gemäß Anhang VII der Richtlinie 97/68/EG nur erhalten, wenn sie ab dem 1. Juli 2005 die Anforderungen dieser Richtlinie erfüllen und ihre Partikel- und Abgasemissionen, insbesondere die Grenzwerte der Tabelle in Anhang I Abschnitt 4.1.2.4 der Richtlinie 97/68/EG einhalten.

(8) Motoren oder Motorenfamilien der Stufe IIIB, die als Antriebsmotoren in Triebwagen verwendet werden (Motorenkategorie RC B nach der Richtlinie 97/68/EG), können die Typgenehmigung gemäß Anhang VII der Richtlinie 97/68/EG nur erhalten, wenn sie ab dem 1. Januar 2011 die Anforderungen dieser Richtlinie erfüllen und ihre Partikel- und Abgasemissionen, insbesondere die Grenzwerte der Tabelle in Anhang I Abschnitt 4.1.2.5 der Richtlinie 97/68/EG einhalten.

(9) [1] Motoren oder Motorenfamilien der Stufe IIIA, die als Antriebsmotoren in Lokomotiven verwendet werden (Motorenkategorien RL A und RH A nach der Richtlinie 97/68/EG), können die Typgenehmigung gemäß Anhang VII der Richtlinie 97/68/EG nur erhalten, wenn sie bei einer Nutzleistung von

a) 130 kW bis 560 kW ab dem 1. Januar 2006 und

b) über 560 kW ab dem 1. Januar 2008

die Anforderungen dieser Richtlinie erfüllen und ihre Partikel- und Abgasemissionen, insbesondere die Grenzwerte der Tabelle in Anhang I Abschnitt 4.1.2.4 der Richtlinie 97/68/EG einhalten. [2] Dies gilt nicht für einen Motor, für den vor dem 20. Mai 2004 ein Kaufvertrag abgeschlossen wurde, sofern er höchstens zwei Jahre nach dem für die entsprechende Lokomotivkategorie geltenden Datum in Verkehr gebracht wird.

(10) [1] Motoren oder Motorenfamilien der Stufe IIIB, die als Antriebsmotoren in Lokomotiven verwendet werden (Motorenkategorie R B nach der

Richtlinie 97/68/EG), können die Typgenehmigung gemäß Anhang VII der Richtlinie 97/68/EG nur erhalten, wenn sie bei einer Nutzleistung von über 130 kW ab dem 1. Januar 2011 die Anforderungen dieser Richtlinie erfüllen und ihre Partikel- und Abgasemissionen, insbesondere die Grenzwerte der Tabelle in Anhang I Abschnitt 4.1.2.5 der Richtlinie 97/68/EG einhalten. [2]Dies gilt nicht für einen Motor, für den vor dem 20. Mai 2004 ein Kaufvertrag abgeschlossen wurde, sofern er höchstens zwei Jahre nach dem für die entsprechende Lokomotivkategorie geltenden Datum in Verkehr gebracht wird.

(11) Selbstzündungsmotoren mit einer Nutzleistung von 18 kW bis 560 kW, die mit konstanter Drehzahl betrieben werden, können eine Typgenehmigung nur erhalten, wenn sie die zulässigen Emissionsgrenzwerte nach der Tabelle in Anhang I Nr. 4.1.2.3 der Richtlinie 97/68/EG ab dem 31. Dezember 2005 einhalten.

(12) Fremdzündungsmotoren nach § 1 können eine Typgenehmigung nur erhalten, wenn sie mit einer Nutzleistung von oder unter 19 kW die zulässigen Emissionsgrenzwerte nach der Tabelle in Anhang I Nr. 4.2.2.1 der Richtlinie 97/68/EG ab dem 11. August 2004 einhalten (Stufe I).

(13) Fremdzündungsmotoren nach § 1 können eine Typgenehmigung nur erhalten, wenn sie

1. bei handgehaltenen Motoren mit einem Hubraum von
   a) unter 20 ccm ab dem 1. August 2007,
   b) von 20 ccm bis weniger als 50 ccm ab dem 1. August 2007,
   c) ab 50 ccm ab dem 1. August 2008

   die zulässigen Emissionsgrenzwerte nach der Tabelle in Anhang I Nr. 4.2.2.2 der Richtlinie 97/68/EG einhalten (Stufe II),
2. bei nicht handgehaltenen Motoren mit einem Hubraum von
   a) unter 66 ccm ab dem 1. August 2004,
   b) von 66 ccm bis weniger als 100 ccm ab dem 1. August 2004,
   c) von 100 ccm bis weniger als 225 ccm ab dem 1. August 2007,
   d) ab 225 ccm ab dem 1. August 2006

   die zulässigen Emissionsgrenzwerte nach der Tabelle in Anhang I Nr. 4.2.2.2 der Richtlinie 97/68/EG einhalten (Stufe II).

§ 5 Typgenehmigungsverfahren. (1) [1]Ein Antrag auf Typgenehmigung für einen Motor oder eine Motorenfamilie ist vom Hersteller bei der Genehmigungsbehörde zu stellen. [2]Dem Antrag ist eine Beschreibungsmappe, deren Inhalt im Beschreibungsbogen in Anhang II der Richtlinie 97/68/EG angegeben ist, sowie ein Nachweis beizufügen, dass der Antragsteller dem zuständigen Technischen Dienst einen Motor zur Verfügung gestellt hat, der den in Anhang II Anlage 1 der Richtlinie 97/68/EG aufgeführten wesentlichen Merkmalen des Motortyps entspricht.

(2) [1]Ein Antrag auf Typgenehmigung für einen Motortyp oder eine Motorenfamilie darf nicht in mehr als einem Mitgliedstaat der Europäischen Union gestellt werden. [2]Für jeden zu genehmigenden Motortyp oder jede zu genehmigende Motorenfamilie ist ein gesonderter Antrag zu stellen.

(3) [1] Die Genehmigungsbehörde erteilt die Typgenehmigung unter Verwendung eines EG-Typgenehmigungsbogens nach Anhang VII der Richtlinie 97/68/EG. [2] Die Genehmigungsbehörde nummeriert den Typgenehmigungsbogen gemäß Anhang VIII der Richtlinie 97/68/EG und stellt ihn zusammen mit den dort aufgeführten Anlagen dem Antragsteller zu.

(4) Stellt die Genehmigungsbehörde im Falle eines Antrags auf Typgenehmigung für eine Motorenfamilie fest, dass der eingereichte Antrag hinsichtlich des ausgewählten Stammmotors für die in Anhang II Anlage 2 der Richtlinie 97/68/EG beschriebene Motorenfamilie nicht vollständig repräsentativ ist, so ist ein anderer und bei Bedarf ein zusätzlicher, von der Genehmigungsbehörde zu bezeichnender Stammmotor zur Genehmigung nach Absatz 1 bereitzustellen.

(5) [1] Erfüllt der zu genehmigende Motor seine Funktion oder hat er spezifische Eigenschaften nur in Verbindung mit anderen Teilen der mobilen Maschine oder des mobilen Gerätes und kann aus diesem Grund die Einhaltung einer oder mehrerer Anforderungen nur geprüft werden, wenn der zu genehmigende Motor mit anderen echten oder simulierten Maschinen- oder Geräteteilen zusammen betrieben wird, so ist der Geltungsbereich der Typgenehmigung für diesen Motor entsprechend einzuschränken. [2] Im Typgenehmigungsbogen für einen Motortyp oder eine Motorenfamilie sind in solchen Fällen alle Einschränkungen ihrer Verwendung sowie sämtliche Einbauvorschriften aufzuführen.

(6) Die Genehmigungsbehörde, die eine Typgenehmigung erteilt, sorgt hierbei dafür, dass die Identifizierungsnummern der in Übereinstimmung mit den Anforderungen dieser Richtlinie hergestellten Motoren, bei Bedarf in Zusammenarbeit mit den Genehmigungsbehörden der anderen Mitgliedstaaten der Europäischen Union, registriert und kontrolliert werden.

(7) Die Genehmigungsbehörde vergewissert sich vor Erteilung einer Typgenehmigung, bei Bedarf in Zusammenarbeit mit den Genehmigungsbehörden der übrigen Mitgliedstaaten der Europäischen Union, dass geeignete Vorkehrungen getroffen wurden, um eine wirksame Kontrolle der Konformität der Produktion hinsichtlich der Anforderungen des Anhangs I Nr. 5 der Richtlinie 97/68/EG sicherzustellen.

(8) Der Hersteller oder seine in Mitgliedstaaten der Europäischen Union niedergelassenen Beauftragten übermitteln der Genehmigungsbehörde auf Ersuchen im Einzelfall Daten über die Direktkäufer und die Identifizierungsnummern der Motoren, die gemäß § 7 Abs. 3 als hergestellt gemeldet worden sind, soweit dies für die Kontrolle der Identifizierungsnummern erforderlich ist.

(9) Ist ein Hersteller nicht in der Lage, auf Ersuchen der Genehmigungsbehörde die in § 7 und insbesondere im Zusammenhang mit Absatz 8 festgelegten Anforderungen einzuhalten, so kann die Genehmigung für den betreffenden Motortyp oder die betreffende Motorenfamilie aufgrund dieser Verordnung widerrufen werden.

§ 6 Änderung von Genehmigungen. (1) Der Hersteller hat der Genehmigungsbehörde nach Erteilung der Typgenehmigung jede Änderung der in den Beschreibungsunterlagen genannten Einzelheiten mitzuteilen.

(2) Der Antrag auf eine Änderung oder Erweiterung einer Typgenehmigung ist ausschließlich an die Genehmigungsbehörde des Mitgliedstaates der Europäischen Union zu stellen, die die ursprüngliche Typgenehmigung erteilt hat.

(3) [1] Sind in den Beschreibungsunterlagen erwähnte Einzelheiten geändert worden, so stellt die Genehmigungsbehörde folgende Unterlagen aus:

1. soweit erforderlich, korrigierte Seiten der Beschreibungsunterlagen, wobei die Behörde jede einzelne Seite so kennzeichnet, dass die Art der Änderung und das Datum der Neuausgabe deutlich ersichtlich sind; bei jeder Neuausgabe von Seiten ist das Inhaltsverzeichnis zu den Beschreibungsunterlagen, das dem Typgenehmigungsbogen als Anlage beigefügt ist, entsprechend auf den neuesten Stand zu bringen;
2. einen revidierten Typgenehmigungsbogen mit einer Erweiterungsnummer, sofern darin mit Ausnahme der Anhänge Angaben geändert wurden oder die Mindestanforderungen der Richtlinie 97/68/EG sich seit dem ursprünglichen Genehmigungsdatum geändert haben; aus dem revidierten Genehmigungsbogen müssen der Grund für seine Änderung und das Datum der Neuausgabe klar hervorgehen.

[2] Stellt die Genehmigungsbehörde fest, dass wegen einer an den Beschreibungsunterlagen vorgenommenen Änderung neue Versuche oder Prüfungen gerechtfertigt sind, so unterrichtet sie hiervon den Hersteller und stellt die Unterlagen nach Satz 1 erst nach der Durchführung erfolgreicher neuer Versuche oder Prüfungen aus.

§ 7 Serienübereinstimmung. (1) Der Hersteller bringt an jeder in Übereinstimmung mit dem genehmigten Typ hergestellten Einheit die in Anhang I Nr. 3 der Richtlinie 97/68/EG festgelegten Kennzeichen einschließlich der Typgenehmigungsnummer an.

(2) [1] Enthält die Typgenehmigung Einschränkungen der Verwendung gemäß § 5 Abs. 5, so fügt der Hersteller jeder hergestellten Einheit detaillierte Angaben über diese Einschränkungen und sämtliche Einbauvorschriften bei. [2] Wird eine Reihe von Motortypen ein und demselben Maschinenhersteller geliefert, so genügt es, dass ihm dieser Beschreibungsbogen, in dem ferner die betreffenden Motoridentifizierungsnummern anzugeben sind, nur einmal übermittelt wird, und zwar spätestens am Tage der Lieferung des ersten Motors.

(3) [1] Der Hersteller übermittelt auf Ersuchen der Genehmigungsbehörde nach Erteilung der Typgenehmigung binnen 45 Tagen nach Ablauf jedes Kalenderjahres und unmittelbar nach jedem Durchführungsdatum gemäß § 2 und sofort nach jedem von der Behörde angegebenen zusätzlichen Datum eine Liste mit den Identifizierungsnummern aller Motortypen, die in Übereinstimmung mit den Vorschriften der Richtlinie 97/68/EG seit dem letzten Bericht oder seit dem Zeitpunkt, zu dem die Vorschriften dieser Verordnung erstmalig anwendbar wurden, hergestellt wurden. [2] Soweit sie nicht durch das Motorkodierungssystem zum Ausdruck kommen, müssen auf dieser Liste die Korrelationen zwischen den Identifizierungsnummern und den entsprechenden Motortypen oder Motorenfamilien und den Typgenehmigungsnummern angegeben werden. [3] Außerdem muss die Liste besondere Informationen enthalten, wenn der Hersteller die Produktion eines genehmigten Motortyps oder einer genehmigten Motorenfamilie einstellt. [4] Falls die Genehmigungsbehörde keine regelmäßige Übermittlung dieser Liste vom Hersteller verlangt, muss dieser die gespeicherten Daten für einen Zeitraum von mindestens 20 Jahren aufbewahren.

(4) Der Hersteller übermittelt der Genehmigungsbehörde nach Erteilung der Typgenehmigung binnen 45 Tagen nach Ablauf jedes Kalenderjahres und zu jedem Durchführungsdatum gemäß § 2 eine Erklärung, in der die Motortypen, die Motorenfamilien und die entsprechenden Identifizierungscodes der Motoren, die er ab diesem Datum herzustellen beabsichtigt, aufgeführt werden.

(5) Kompressionszündungsmotoren, die nach dem Flexibilitätssystem nach Artikel 2 der Richtlinie 97/68/EG in Verkehr gebracht werden, werden gemäß Anhang XIII der Richtlinie 97/68/EG gekennzeichnet.

(6) Für Motortypen oder Motorfamilien der Stufen IIIA, IIIB und IV, die den Grenzwerten der Tabelle in Anhang I Abschnitte 4.1.2.4, 4.1.2.5 und 4.1.2.6 der Richtlinie 97/68/EG schon vor den in § 2 Abs. 1 Nr. 1, 2 oder 3 aufgeführten Terminen entsprechen, gestattet die Genehmigungsbehörde eine besondere Kennzeichnung, aus der hervorgeht, dass die betreffenden Maschinen und Geräte den vorgeschriebenen Grenzwerten bereits vor den festgelegten Terminen entsprechen.

§ 8 Nichtübereinstimmung mit dem genehmigten Typ oder der genehmigten Typfamilie. (1) [1] Stimmen Motoren, die mit einer Konformitätsbescheinigung oder einem Genehmigungszeichen versehen sind, nicht mit dem typgenehmigten Motor oder der typgenehmigten Motorenfamilie überein, hat die Genehmigungsbehörde den Hersteller schriftlich aufzufordern, binnen einer von ihr festzusetzenden Frist und unter Androhung des Widerrufs der Typgenehmigung die in Produktion befindlichen Motoren wieder mit dem genehmigten Motor oder der genehmigten Motorenfamilie in Übereinstimmung zu bringen. [2] Kommt der Hersteller der Aufforderung innerhalb der ihm gesetzten Frist nicht nach, so kann die Genehmigungsbehörde die Typgenehmigung widerrufen.

(2) Eine Nichtübereinstimmung mit dem genehmigten Motortyp oder der genehmigten Motorenfamilie liegt bei Abweichungen von den Merkmalen im Genehmigungsbogen oder von den Beschreibungsunterlagen vor, die von der Genehmigungsbehörde gemäß § 6 Abs. 3 ausgestellt worden sind.

§ 9 Zusammenarbeit mit den Genehmigungsbehörden der übrigen Mitgliedstaaten. (1) Die Genehmigungsbehörde übermittelt

1. den Genehmigungsbehörden der übrigen Mitgliedstaaten der Europäischen Union jeden Monat eine Liste der Motoren und Motorenfamilien mit den in Anhang IX der Richtlinie 97/68/EG geforderten Daten, deren Genehmigung sie in dem betreffenden Monat erteilt, verweigert oder widerrufen hat;
2. auf Ersuchen der Genehmigungsbehörde eines anderen Mitgliedstaates der Europäischen Union
   a) eine Abschrift des Typgenehmigungsbogens für den Motor oder die Motorenfamilie mit oder ohne Beschreibungsunterlagen für jeden Motortyp oder jede Motorenfamilie, deren Genehmigung sie erteilt, verweigert oder widerrufen hat,
   b) die Liste der Motoren, die entsprechend den erteilten Typgenehmigungen hergestellt wurden, gemäß der Beschreibung in § 7 Abs. 3, die die nach Anhang X der Richtlinie 97/68/EG erforderlichen Einzelheiten enthält,
   c) eine Abschrift der Erklärung gemäß § 7 Abs. 4.

(2) Die Genehmigungsbehörde übermittelt der Kommission von Amts wegen jährlich sowie im Einzelfall auf Ersuchen der Kommission eine Abschrift des Datenblattes gemäß des Anhangs XI der Richtlinie 97/68/EG über die Motoren, für die seit der letzten Benachrichtigung eine Genehmigung erteilt worden ist.

(3) Die Genehmigungsbehörde hat den Genehmigungsbehörden der übrigen Mitgliedstaaten der Europäischen Union binnen eines Monats die Einzelheiten und die Begründung für die einem Hersteller gewährte Ausnahmegenehmigung nach § 3 zu übermitteln.

(4) Die Genehmigungsbehörde übermittelt dem Bundesministerium für Umwelt, Naturschutz, Bau und Reaktorsicherheit zur Weitergabe an die Kommission jedes Jahr eine Liste der erteilten Ausnahmegenehmigungen mit ihren Begründungen.

(5) Die Genehmigungsbehörde teilt den Genehmigungsbehörden der Mitgliedstaaten der Europäischen Union jeden Widerruf einer Typgenehmigung nebst Begründung binnen eines Monats nach Unanfechtbarkeit mit.

§ 10 Vollzugsbehörden und Technische Dienste. (1) Vollzugsbehörden im Sinne dieser Verordnung sind

1. das Kraftfahrt-Bundesamt als Genehmigungsbehörde,
2. für die Marktüberwachung die nach Landesrecht zuständigen Behörden.

(2) Technische Dienste im Sinne dieser Verordnung sind die zur Durchführung der in den Anhängen der Richtlinie 97/68/EG vorgeschriebenen Prüfungen vom Kraftfahrt-Bundesamt benannten und im Bundesanzeiger bekannt gegebenen Stellen.

(3) Das Kraftfahrt-Bundesamt überwacht die ordnungsgemäße Erfüllung der den Technischen Diensten übertragenen Aufgaben.

(4) Das Kraftfahrt-Bundesamt hat den nach Landesrecht zuständigen Behörden die für die Marktüberwachung erforderlichen Informationen auf Anfrage zu übermitteln.

§ 11 Ordnungswidrigkeiten. Ordnungswidrig im Sinne des § 62 Abs. 1 Nr. 7 des Bundes-Immissionsschutzgesetzes[1)] handelt, wer vorsätzlich oder fahrlässig entgegen § 2 Abs. 1 oder 3 einen Motor in den Verkehr bringt.

§ 12 Inkrafttreten, Außerkrafttreten. [1]Diese Verordnung tritt am Tage nach der Verkündung[2)] in Kraft. [2]Gleichzeitig tritt die Verordnung über Emissionsgrenzwerte für Verbrennungsmotoren vom 11. November 1998 (BGBl. I S. 3411) außer Kraft.

Der Bundesrat hat zugestimmt.

[1)] Nr. **1**.
[2)] Verkündet am 28.4.2004.

2.29. Neunundzwanzigste Verordnung zur Durchführung des Bundes-Immissionsschutzgesetzes (Gebührenordnung für Maßnahmen bei Typprüfungen von Verbrennungsmotoren – 29. BImSchV)

Vom 22. Mai 2000

(BGBl. I S. 735)

FNA 2129-8-29

zuletzt geänd. durch Art. 2 VO zur Änd. immissionsschutzrechtlicher Vorschriften für Verbrennungsmotoren v. 14.8.2012 (BGBl. I S. 1712)

Auf Grund des § 33 Abs. 1 Nr. 4 des Bundes-Immissionsschutzgesetzes[1] in der Fassung der Bekanntmachung vom 14. Mai 1990 (BGBl. I S. 880), der zuletzt durch Artikel 8 Nr. 9 Buchstabe a Doppelbuchstabe bb des Gesetzes vom 22. April 1993 (BGBl. I S. 466) geändert worden ist, in Verbindung mit dem 2. Abschnitt des Verwaltungskostengesetzes vom 23. Juni 1970 (BGBl. I S. 821) verordnet die Bundesregierung nach Anhörung der beteiligten Kreise:

§ 1 Gebührentarif. [1] Für Amtshandlungen nach der Verordnung über Emissionsgrenzwerte für Verbrennungsmotoren[2] werden Gebühren nach dieser Verordnung erhoben. [2] Die gebührenpflichtigen Tatbestände und die Gebührensätze ergeben sich aus dem Gebührentarif für Maßnahmen bei Typprüfungen von Verbrennungsmotoren (Anlage).

§ 2 Auslagen. (1) Hinsichtlich der Auslagen gilt § 10 des Verwaltungskostengesetzes.

(2) Zusätzlich hat der Gebührenschuldner folgende Auslagen zu tragen:

1. Entgelte im Zustell-, insbesondere Einschreibverfahren,
2. die bei Geschäften außerhalb der Dienststelle den Bediensteten auf Grund gesetzlicher oder tarifvertraglicher Regelungen gewährten Vergütungen (Reisekostenvergütung, Auslagenersatz) und die Kosten für die Bereitstellung von Räumen; für Personen, die weder Bundes- noch Landesbedienstete sind, gelten die Vorschriften über die Vergütung der Reisekosten der Bundesbeamten entsprechend,
3. die Aufwendungen für den Einsatz von Dienstwagen bei Dienstgeschäften außerhalb der Dienststelle,
4. die Kosten für Überprüfungen der Konformität der Produktion nach international vereinbartem Recht, wenn ein Verstoß gegen diese Vorschriften nachgewiesen wird.

(3) Soweit die Auslagen insgesamt 2,50 Euro übersteigen, kann die Erstattung auch verlangt werden, wenn der Kostenschuldner seinerseits von den Kosten befreit ist.

---

[1] Nr. **1**.
[2] Nr. **2.28**.

§ 3 Widerspruch. [1] Für die vollständige oder teilweise Zurückweisung eines Widerspruchs wird eine Gebühr bis zur Höhe der für die angefochtene Amtshandlung festgesetzten Gebühr erhoben; dies gilt nicht, wenn der Widerspruch nur deshalb keinen Erfolg hat, weil die Verletzung einer Verfahrens- und Formvorschrift nach § 45 des Verwaltungsverfahrensgesetzes unbeachtlich ist. [2] Bei einem erfolglosen Widerspruch, der sich ausschließlich gegen eine Kostenentscheidung richtet, beträgt die Gebühr höchstens 10 vom Hundert des streitigen Betrages. [3] Wird ein Widerspruch nach Beginn einer sachlichen Bearbeitung, jedoch vor deren Beendigung zurückgenommen, beträgt die Gebühr höchstens 75 vom Hundert der Widerspruchsgebühr.

§ 4 Widerruf, Rücknahme, Ablehnung und Zurücknahme von Anträgen. Für den Widerruf oder die Rücknahme einer Amtshandlung, die Ablehnung eines Antrags auf Vornahme einer Amtshandlung sowie in den Fällen der Zurücknahme eines Antrags auf Vornahme einer Amtshandlung werden Gebühren nach Maßgabe des § 15 des Verwaltungskostengesetzes erhoben.

§ 5 Inkrafttreten. Die Verordnung tritt am Tage nach der Verkündung[1)] in Kraft.

Der Bundesrat hat zugestimmt.

Anlage
(zu § 1)

Gebührentarif für Maßnahmen bei Typprüfungen von Verbrennungsmotoren

Gebühren-Nr.	Gegenstand	Gebühr Euro
1	Erteilung einer Typgenehmigung	655
2	Änderung einer Genehmigung	
2.1	ohne Gutachten	165
2.2	mit Gutachten	327
2.3	Änderungen ohne Gutachten für mehrere Genehmigungen gleichzeitig auf Grund desselben Sachverhalts	Gebühr nach Gebührennummer 2.1 (einmalig) zzgl. 19,– Euro pro weiterer Änderung
3	Erteilung einer Ausnahmegenehmigung	129
4	Überprüfung der Übereinstimmung der Produktion mit der erteilten Typgenehmigung bei	
4.1	Feststellung eines Verstoßes gegen Mitteilungspflichten	138
4.2	Abweichung vom genehmigten Typ oder der genehmigten Motorenfamilie	353
5	Anfangsbewertung von Fertigungsstätten	
5.1	Herstellerbericht für Unternehmen mit einer Fertigungsstätte	700
5.2	Herstellerbericht je weitere Fertigungsstätte	550
6	Sonstige Maßnahmen im Zusammenhang mit Genehmigungen von Verbrennungsmotoren nach Personal- und Sachaufwand je Stunde und Person	40 bis 90

1) Verkündet am 25.5.2000.

2.30. Dreißigste Verordnung zur Durchführung des Bundes-Immissionsschutzgesetzes (Verordnung über Anlagen zur biologischen Behandlung von Abfällen – 30. BImSchV)[1)]

Vom 20. Februar 2001

(BGBl. I S. 305, 317)

FNA 2129-8-30

zuletzt geänd. durch Art. 2 VO zur Umsetzung der RL 2014/94/EU und weiterer immissionsschutzrechtlicher Rechtsakte der EU v. 13.12.2019 (BGBl. I S. 2739)

Inhaltsübersicht

Erster Teil. Allgemeine Vorschriften

§ 1 Anwendungsbereich. (1) Diese Verordnung gilt für die Errichtung, die Beschaffenheit und den Betrieb von Anlagen, in denen Siedlungsabfälle und Abfälle, die wie Siedlungsabfälle entsorgt werden können, mit biologischen

---

[1)] Verkündet als Art. 2 VO v. 20.2.2001 (BGBl. I S. 305); Inkrafttreten gem. Art. 4 dieser VO am 1.3.2001. Die VO wurde erlassen aufgrund von § 12 Abs. 1 KrW-/AbfG, § 7 Abs. 1 BImSchG (Nr. **1**) und § 7a Abs. 1 Sätze 3 und 4 WHG.

oder einer Kombination von biologischen mit physikalischen Verfahren behandelt werden, soweit

- biologisch stabilisierte Abfälle als Vorbehandlung zur Ablagerung oder vor einer thermischen Behandlung erzeugt,
- heizwertreiche Fraktionen oder Ersatzbrennstoffe gewonnen oder
- Biogase zur energetischen Nutzung erzeugt

werden (biologische Abfallbehandlungsanlagen) und sie nach § 4 des Bundes-Immissionsschutzgesetzes[1] in Verbindung mit der Verordnung über genehmigungsbedürftige Anlagen[2] genehmigungsbedürftig sind.

(2) Diese Verordnung gilt nicht für Anlagen, die

1. für die Erzeugung von verwertbarem Kompost oder Biogas ausschließlich aus Bioabfällen gemäß § 2 Nr. 1 der Bioabfallverordnung vom 21. September 1998 (BGBl. I S. 2955) oder aus Erzeugnissen oder Nebenerzeugnissen aus der Land-, Forst- oder Fischwirtschaft oder aus Klärschlamm nach § 2 Absatz 2, Klärschlammgemisch nach § 2 Absatz 7 oder Klärschlammkompost nach § 2 Absatz 8 der Klärschlammverordnung vom 27. September 2017 (BGBl. I S. 3465), in der jeweils geltenden Fassung, sowie aus einem Gemisch der vorgenannten Stoffe in Kofermentationsanlagen oder
2. für die Ausfaulung von Klärschlamm

bestimmt sind.

(3) Diese Verordnung enthält insbesondere Anforderungen, die nach § 5 Abs. 1 Nr. 2 des Bundes-Immissionsschutzgesetzes bei der Errichtung und beim Betrieb der Anlagen zur Vorsorge gegen schädliche Umwelteinwirkungen durch Luftverunreinigungen zu erfüllen sind.

§ 2 Begriffsbestimmungen. Im Sinne dieser Verordnung sind:

1. Abgase
   die Trägergase mit festen, flüssigen oder gasförmigen Emissionen;
2. Abgasreinigungseinrichtung
   Einrichtungen zur Emissionsminderung von emissionsrelevanten Luftverunreinigungen im Abgas der biologischen Abfallbehandlungsanlage, insbesondere zur Emissionsbegrenzung für Geruchsstoffe, klimarelevante Gase, organische Stoffe und Stäube und zur Reduzierung lebens- und vermehrungsfähiger Mikroorganismen;
3. Altanlagen
   biologische Abfallbehandlungsanlagen, für die bis zum Zeitpunkt des Inkrafttretens dieser Verordnung
   a) eine Anzeige nach § 67 Abs. 2 oder 7 oder § 67a Abs. 1 des Bundes-Immissionsschutzgesetzes[1] oder vor Inkrafttreten des Bundes-Immissionsschutzgesetzes nach § 16 Abs. 4 der Gewerbeordnung erfolgen musste,
   b) der Planfeststellungsbeschluss nach § 7 Abs. 1 des Abfallgesetzes vom 27. August 1986 (BGBl. I S. 1410, 1501) zur Errichtung und zum Betrieb ergangen ist,

---

[1] Nr. **1**.
[2] Nr. **2.4**.

c) der Planfeststellungsbeschluss nach § 31 Abs. 2 oder die Genehmigung nach § 31 Abs. 3 des Kreislaufwirtschafts- und Abfallgesetzes vom 27. September 1994 (BGBl. I S. 2705) zur Errichtung und zum Betrieb ergangen ist,

d) in einem Planfeststellungsverfahren nach § 31 Abs. 2 des Kreislaufwirtschafts- und Abfallgesetzes der Beginn der Ausführung nach § 33 Abs. 1 des Kreislaufwirtschafts- und Abfallgesetzes vor Feststellung des Planes zugelassen worden ist,

e) die Genehmigung nach § 4 oder § 16 des Bundes-Immissionsschutzgesetzes zur Errichtung und zum Betrieb erteilt ist oder

f) eine Teilgenehmigung nach § 8, eine Zulassung vorzeitigen Beginns nach § 8a oder ein Vorbescheid nach § 9 des Bundes-Immissionsschutzgesetzes erteilt ist, soweit darin Anforderungen nach § 5 Abs. 1 Nr. 2 des Bundes-Immissionsschutzgesetzes festgelegt sind;

4. Anfallende Abfälle
alle festen oder flüssigen Abfälle, die in der biologischen Abfallbehandlungsanlage anfallen;

5. Abfälle mit biologisch abbaubaren Anteilen
Abfälle mit hohem organischen Anteil im Sinne der in Anhang 1 Nr. 1 der Bioabfallverordnung genannten Abfälle sowie andere Abfälle mit hohem biologisch abbaubaren Anteil, die aufgrund ihrer Beschaffenheit oder Zusammensetzung wie Siedlungsabfälle entsorgt werden, insbesondere Klärschlämme aus Abwasserbehandlungsanlagen zur Behandlung von kommunalem Abwasser oder Abwässern mit ähnlich geringer Schadstoffbelastung, Fäkalien, Fäkalschlamm, Rückstände aus Abwasseranlagen, Wasserreinigungsschlämme, Bauabfälle und produktionsspezifische Abfälle. Hierunter fallen auch Abfälle aus der Behandlung von Siedlungsabfällen und von Abfällen nach Satz 1;

6. Biologische Abfallbehandlungsanlage
Abfallbehandlungsanlage, in der Siedlungsabfälle oder andere Abfälle mit biologisch abbaubaren Anteilen mit biologischen oder einer Kombination von biologischen mit physikalischen Verfahren behandelt werden, soweit biologisch stabilisierte Abfälle, heizwertreiche Fraktionen, Ersatzbrennstoffe oder Biogase erzeugt werden. Zur biologischen Abfallbehandlungsanlage gehören insbesondere

– die Einrichtungen zur biologischen Behandlung der Einsatzstoffe oder der anfallenden Abfälle unter aeroben Bedingungen (Verrottung) oder unter anaeroben Bedingungen (Vergärung) mit ihren Austrags-, Eintrags-, Luft- und Abgasführungs- und Umsetzsystemen und

– die Einrichtungen zur mechanischen Aufbereitung oder zur physikalischen Trennung der Einsatzstoffe oder der anfallenden Abfälle als Vorbehandlungs- und Nachbehandlungseinrichtungen vor und nach der biologischen Behandlung (wie zum Abscheiden oder Aussortieren von Metallen, Folien oder anderen Stör- oder Wertstoffen, zum Entwässern, zum Homogenisieren oder Mischen, zum Klassieren oder Sortieren durch Sieben, Windsichten oder hydraulisches Trennen, zum Pelletieren, zum Trocknen, zum Verpressen oder zum Zerkleinern),

– die Einrichtungen zur Anlieferung, Eingangskontrolle und Entladung der Einsatzstoffe, zur Lagerung der Einsatzstoffe und der anfallenden Abfälle sowie zu ihrem Transport, ihrem Umschlag und ihrer Dosierung,
– die Einrichtungen für die Abgaserfassung,
– die Einrichtungen für die Abgasreinigung und für die Behandlung von Prozesswässern und Brüdenkondensaten,
– die Einrichtungen für die Abgasableitungen in die Atmosphäre,
– die Einrichtungen zur Betriebskontrolle der Behandlungsvorgänge und der Zwischenlagerung sowie zur Überwachung der Behandlungs- und Lagerungsbedingungen und
– die Einrichtungen zur Überwachung der Emissionen;

7. Einsatzstoffe
alle einer biologischen Abfallbehandlungsanlage zugeführten Siedlungsabfälle oder anderen Abfälle mit biologisch abbaubaren Anteilen;

8. Emissionen
die von einer biologischen Abfallbehandlungsanlage ausgehenden Luftverunreinigungen; sie werden angegeben als:
a) Massenkonzentration in der Einheit Milligramm je Kubikmeter (mg/m^3), bezogen auf das Abgasvolumen im Normzustand (273 K, 1 013 hPa) nach Abzug des Feuchtegehaltes an Wasserdampf,
b) Massenverhältnis in der Einheit Gramm je Megagramm (g/Mg) als Verhältnis der Masse der emittierten Stoffe zu der Masse der zugeführten Einsatzstoffe im Anlieferungszustand,
c) Geruchsstoffkonzentration in der Einheit Geruchseinheit je Kubikmeter (GE/m^3) als olfaktometrisch gemessenes Verhältnis der Volumenströme bei Verdünnung einer Abgasprobe mit Neutralluft bis zur Geruchsschwelle, angegeben als Vielfaches der Geruchsschwelle;

9. Emissionsgrenzwerte
zulässige Emissionen im Abgas, die nach den in § 10 Abs. 4 und § 12 Abs. 2 festgelegten Kriterien beurteilt werden;

10. Siedlungsabfälle
Abfälle aus Haushaltungen sowie Abfälle aus anderen Herkunftsbereichen, die aufgrund ihrer Beschaffenheit oder Zusammensetzung den Abfällen aus Haushaltungen ähnlich sind, insbesondere Hausmüll, Sperrmüll, hausmüllartige Gewerbeabfälle, Garten- und Parkabfälle, Marktabfälle und Straßenreinigungsabfälle.

Zweiter Teil. Anforderungen an die Errichtung, die Beschaffenheit und den Betrieb

§ 3 Mindestabstand. Bei der Errichtung von biologischen Abfallbehandlungsanlagen soll ein Mindestabstand von 300 Meter zur nächsten vorhandenen oder in einem Bebauungsplan festgesetzten Wohnbebauung nicht unterschritten werden.

§ 4 Emissionsbezogene Anforderungen für Anlieferung, Aufbereitung, Stofftrennung und Lagerung und Transport. (1) [1] Entladestellen, Aufgabe- oder Aufnahmebunker oder andere Einrichtungen für Anlieferung, Transport und Lagerung der Einsatzstoffe sind in geschlossenen Räumen mit Schleusen oder funktionell gleichwertigen Einrichtungen, zum Beispiel mit Luftschleieranlagen in Kombination mit Schnelllauftoren, zu errichten, in denen der Luftdruck durch Absaugung im Schleusenbereich oder im Bereich der Be- und Entladung und der Lagerung kleiner als der Atmosphärendruck zu halten ist. [2] Das abgesaugte Abgas ist einer Abgasreinigungseinrichtung zuzuführen.

(2) [1] Maschinen, Geräte oder sonstige Einrichtungen zur mechanischen Aufbereitung oder zur physikalischen Trennung der Einsatzstoffe oder der anfallenden Abfälle (zum Beispiel durch Zerkleinern, Klassieren, Sortieren, Mischen, Homogenisieren, Entwässern, Trocknen, Pelletieren, Verpressen) sind zu kapseln. [2] Soweit eine abgasdichte Ausführung, insbesondere an den Aufgabe-, Austrags- oder Übergabestellen, nicht oder nur teilweise möglich ist, sind die Abgasströme dieser Einrichtungen zu erfassen und einer Abgasreinigungseinrichtung zuzuführen.

(3) Die Abgasströme nach Absatz 1 Satz 2 und Absatz 2 Satz 2 können auch als Zuluft für die beim Rottevorgang benötigte Prozessluft dienen.

(4) Für den Abtransport staubender Güter sind geschlossene Behälter zu verwenden.

(5) [1] Die Fahrwege im Bereich der biologischen Abfallbehandlungsanlage sind mit einer Deckschicht aus Asphalt-Straßenbaustoffen, in Zementbeton oder gleichwertigem Material auszuführen und entsprechend dem Verschmutzungsgrad zu säubern. [2] Es ist sicherzustellen, dass erhebliche Verschmutzungen durch Fahrzeuge nach Verlassen des Anlagenbereichs vermieden oder beseitigt werden, zum Beispiel durch Reifenwaschanlagen oder regelmäßiges Säubern der Fahrwege.

§ 5 Emissionsbezogene Anforderungen für biologische Behandlung, Prozesswässer und Brüdenkondensate. (1) [1] Einrichtungen zur biologischen Behandlung von Einsatzstoffen oder von anfallenden Abfällen unter aeroben Bedingungen (Verrottung) oder unter anaeroben Bedingungen (Vergärung) sind zu kapseln oder in geschlossenen Räumen mit Schleusen zu errichten, in denen der Luftdruck durch Absaugung im Schleusenbereich oder im Bereich der biologischen Behandlung kleiner als der Atmosphärendruck zu halten ist. [2] Soweit eine abgasdichte Ausführung an den Aufgabe-, Austrags- oder Übergabestellen und beim Umsetzen des Rottegutes nicht oder nur teilweise möglich ist, sind die Abgasströme zu erfassen und einer Abgasreinigungseinrichtung zuzuführen.

(2) Das beim Rottevorgang in den Rottesystemen entstehende Abgas ist vollständig einer Abgasreinigungseinrichtung zuzuführen.

(3) Die beim Vergärungsvorgang in Einrichtungen zur Nass- oder Trockenfermentation entstehenden Biogase sind einer Gasreinigungsanlage zur Umwandlung in ein nutzbares Gas zuzuführen, soweit sie nicht unmittelbar in einer Verbrennungsanlage energetisch genutzt werden können.

(4) Möglichkeiten, die Emissionen durch den Einsatz emissionsarmer Verfahren und Technologien zu mindern, zum Beispiel durch eine Getrennthaltung unterschiedlich belasteter Abgasströme, eine Mehrfachnutzung von Abgas als Prozessluft beim Rottevorgang oder eine prozessintegrierte Rückführung anfallender Prozesswässer oder schlammförmiger Rückstände, sind auszuschöpfen.

(5) Die Förder- und Lagersysteme sowie die anlageninternen Behandlungseinrichtungen für Prozesswässer und Brüdenkondensate sind so auszulegen und zu betreiben, dass hiervon keine relevanten diffusen Emissionen ausgehen können.

§ 6 Emissionsgrenzwerte. Der Betreiber hat die biologische Abfallbehandlungsanlage so zu errichten und zu betreiben, dass in den zur Ableitung in die Atmosphäre bestimmten Abgasströmen nach § 4 Abs. 1 Satz 2 und Abs. 2 Satz 2 und § 5 Abs. 1 Satz 2 und Abs. 2

1. kein Tagesmittelwert die folgenden Emissionsgrenzwerte überschreitet:
   a) Gesamtstaub 5 mg/m³
   b) organische Stoffe, angegeben als Gesamtkohlenstoff, 20 mg/m³
2. kein Halbstundenmittelwert die folgenden Emissionsgrenzwerte überschreitet:
   a) Gesamtstaub 30 mg/m³
   b) organische Stoffe, angegeben als Gesamtkohlenstoff, 40 mg/m³
3. kein Monatsmittelwert, bestimmt als Massenverhältnis nach § 10 Abs. 2, die folgenden Emissionsgrenzwerte überschreitet:
   a) Distickstoffoxid 100 g/Mg
   b) organische Stoffe, angegeben als Gesamtkohlenstoff, 55 g/Mg
4. kein Messwert einer Probe den folgenden Emissionsgrenzwert überschreitet:
   Geruchsstoffe 500 GE/m³
   und
5. kein Mittelwert, der über die jeweilige Probenahmezeit gebildet ist, den folgenden Emissionsgrenzwert überschreitet:
   Dioxine/Furane, angegeben als Summenwert gemäß Anhang zur 17. BImSchV[1]), 0,1 ng/m³.

§ 7 Ableitbedingungen für Abgase. Der Betreiber hat die Abgasströme nach § 4 Abs. 1 Satz 2 und Abs. 2 Satz 2 und § 5 Abs. 1 Satz 2 und Abs. 2 so abzuleiten, dass ein ungestörter Abtransport mit der freien Luftströmung erfolgt; eine Ableitung über Schornsteine ist erforderlich.

---

[1]) Nr. **2.17**.

Dritter Teil. Messung und Überwachung

§ 8 Messverfahren und Messeinrichtungen. (1) Für die Messungen sind nach näherer Bestimmung der zuständigen Behörde Messplätze einzurichten; diese sollen ausreichend groß, leicht zugänglich und so beschaffen sein sowie so ausgewählt werden, dass repräsentative und einwandfreie Messungen gewährleistet sind.

(2) Für Messungen zur Feststellung der Emissionen und zur Ermittlung der Bezugs- und Betriebsgrößen sind die dem Stand der Messtechnik entsprechenden Messverfahren und geeignete Messeinrichtungen nach näherer Bestimmung der zuständigen Behörde anzuwenden oder zu verwenden.

(3) Über den ordnungsgemäßen Einbau von Messeinrichtungen zur kontinuierlichen Überwachung ist eine Bescheinigung einer von der nach Landesrecht zuständigen Behörde bekannt gegebenen Stelle zu erbringen.

(4) [1] Der Betreiber hat Messeinrichtungen, die zur kontinuierlichen Feststellung der Emissionen eingesetzt werden, durch eine von der nach Landesrecht zuständigen Behörde bekannt gegebenen Stelle vor Inbetriebnahme der Anlage kalibrieren und jährlich einmal auf Funktionsfähigkeit prüfen zu lassen; die Kalibrierung ist vor Inbetriebnahme einer wesentlich geänderten Anlage, im Übrigen im Abstand von drei Jahren zu wiederholen. [2] Die Berichte über das Ergebnis der Kalibrierung und der Prüfung der Funktionsfähigkeit sind der zuständigen Behörde innerhalb von acht Wochen nach Eingang der Berichte vorzulegen.

§ 9 Kontinuierliche Messungen. [1] Der Betreiber hat

1. die Massenkonzentrationen der Emissionen nach § 6 Nr. 1 und 2,
2. die Massenkonzentrationen der Emissionen an Distickstoffoxid und
3. die zur Auswertung und Beurteilung des ordnungsgemäßen Betriebes erforderlichen Bezugsgrößen, insbesondere Abgastemperatur, Abgasvolumenstrom, Druck, Feuchtegehalt an Wasserdampf sowie Masse der zugeführten Einsatzstoffe im Anlieferungszustand

kontinuierlich zu ermitteln, zu registrieren und gemäß § 10 Abs. 1 und 2 auszuwerten. [2] Messeinrichtungen für den Feuchtegehalt an Wasserdampf sind nicht notwendig, soweit das Abgas vor der Ermittlung der Massenkonzentration der Emissionen getrocknet wird.

§ 10 Auswertung und Beurteilung von kontinuierlichen Messungen.

(1) [1] Während des Betriebes der biologischen Abfallbehandlungsanlage ist aus den Messwerten nach § 9 Satz 1 für jede aufeinander folgende halbe Stunde der Halbstundenmittelwert zu bilden und auf die Bedingungen nach § 2 Nr. 8 Buchstabe a umzurechnen. [2] Aus den Halbstundenmittelwerten ist für jeden Tag der Tagesmittelwert, bezogen auf die tägliche Betriebszeit einschließlich der Anfahr- oder Abstellvorgänge, zu bilden.

(2) [1] Aus den nach Absatz 1 Satz 2 gebildeten Tagesmittelwerten der Massenkonzentrationen für organische Stoffe, angegeben als Gesamtkohlenstoff, und für Distickstoffoxid und der Abgasmenge als Tagessumme der Abgasströme nach § 4 Abs. 1 Satz 2 und Abs. 2 Satz 2 und § 5 Abs. 1 Satz 2 und Abs. 2 sind

die emittierten Tagesmassen dieser Luftverunreinigungen zu ermitteln. [2]Aus den emittierten Tagesmassen sind die während des Betriebes der biologischen Abfallbehandlungsanlage emittierten Monatsmassen zu bilden. [3]Die monatliche Einsatzstoffmenge ist als Monatssumme der zugeführten Einsatzstoffe im Anlieferungszustand zu erfassen. [4]Aus den emittierten Monatsmassen nach Satz 2 und der monatlichen Einsatzstoffmenge nach Satz 3 ist das Massenverhältnis nach § 2 Nr. 8 Buchstabe b zu berechnen.

(3) [1]Über die Auswertung der kontinuierlichen Messungen und die Bestimmung der Massenverhältnisse hat der Betreiber einen Messbericht zu erstellen und innerhalb von drei Monaten nach Ablauf eines jeden Kalenderjahres der zuständigen Behörde vorzulegen. [2]Der Betreiber muss die Aufzeichnungen der Messgeräte nach dem Erstellen des Messberichtes fünf Jahre aufbewahren. [3]Satz 1 gilt nicht, soweit die zuständige Behörde die telemetrische Übermittlung der Messergebnisse vorgeschrieben hat.

(4) Die Emissionsgrenzwerte sind eingehalten, wenn kein Tagesmittelwert nach § 6 Nr. 1, kein Halbstundenmittelwert nach § 6 Nr. 2 und kein Monatsmittelwert nach § 6 Nr. 3 den jeweiligen Emissionsgrenzwert überschreitet.

§ 11 Einzelmessungen. (1) [1]Der Betreiber hat nach Errichtung oder wesentlicher Änderung der biologischen Abfallbehandlungsanlage Messungen einer nach § 26 des Bundes-Immissionsschutzgesetzes[1)] bekannt gegebenen Stelle zur Feststellung, ob die Anforderungen nach § 6 Nr. 4 und 5 erfüllt werden, durchführen zu lassen. [2]Die Messungen sind im Zeitraum von zwölf Monaten nach Inbetriebnahme alle zwei Monate mindestens an einem Tag und anschließend wiederkehrend spätestens alle zwölf Monate mindestens an drei Tagen durchführen zu lassen. [3]Diese sollen vorgenommen werden, wenn die Anlagen mit der höchsten Leistung betrieben werden, für die sie bei den während der Messung verwendeten Einsatzstoffen für den Dauerbetrieb zugelassen sind. [4]Auf Einzelmessungen nach § 6 Nummer 5 kann verzichtet werden, wenn der Betreiber mit ausreichender Sicherheit nachweist, dass die dort genannten Emissionsbegrenzungen nicht überschritten werden, zum Beispiel durch das Ergebnis einer Prüfung der Wirksamkeit von Einrichtungen zur Emissionsminderung, der Zusammensetzung der Einsatzstoffe oder der Art der Prozessbedingungen.

(2) [1]Für jede Einzelmessung sollen je Emissionsquelle mindestens drei Proben genommen werden. [2]Die olfaktometrische Analyse hat unmittelbar nach der Probenahme zu erfolgen.

(3) [1]Nach Errichtung oder wesentlicher Änderung der biologischen Abfallbehandlungsanlage kann die zuständige Behörde vom Betreiber die Durchführung von Messungen einer nach § 26 des Bundes-Immissionsschutzgesetzes bekannt gegebenen Stelle zur Feststellung, ob durch den Betrieb der Anlage in der Nachbarschaft Geruchsimmissionen hervorgerufen werden, die eine erhebliche Belästigung im Sinne des § 3 Abs. 1 des Bundes-Immissionsschutzgesetzes darstellen, verlangen. [2]Für die Ermittlung der Immissionsbelastung sind olfaktorische Feststellungen im Rahmen von Begehungen vorzunehmen. [3]Die Messungen sind nach Erreichen des ungestörten Betriebes, jedoch spätestens zwölf Monate nach Inbetriebnahme durchführen zu lassen. [4]Diese sollen vor-

[1)] Nr. 1.

genommen werden, wenn die Anlagen mit der höchsten Leistung betrieben werden, für die sie bei den während der Messung verwendeten Einsatzstoffen für den Dauerbetrieb zugelassen sind.

(4) Werden in Abgaseinrichtungen Verbrennungstemperaturen von mehr als 800 Grad Celsius eingesetzt, soll für den betreffenden Abgasstrom auf die Festlegung einer Geruchsstoffkonzentration als Emissionsbegrenzung verzichtet werden.

§ 12 Berichte und Beurteilung von Einzelmessungen. (1) [1]Über die Ergebnisse der Messungen nach § 11 hat der Betreiber einen Messbericht zu erstellen und der zuständigen Behörde unverzüglich vorzulegen. [2]Der Messbericht muss Angaben über die Messplanung, das Ergebnis jeder Einzelmessung, das verwendete Messverfahren und die Betriebsbedingungen, die für die Beurteilung der Messergebnisse von Bedeutung sind, enthalten.

(2) Die Emissionsgrenzwerte nach § 6 Nr. 4 und 5 gelten als eingehalten, wenn kein Ergebnis einer Einzelmessung diese Emissionsgrenzwerte überschreitet.

§ 13 Störungen des Betriebes. (1) [1]Ergibt sich aus Messungen und sonstigen offensichtlichen Wahrnehmungen, dass Anforderungen an den Betrieb der Anlagen oder zur Begrenzung von Emissionen nicht erfüllt werden, hat der Betreiber dies den zuständigen Behörden unverzüglich mitzuteilen. [2]Er hat unverzüglich die erforderlichen Maßnahmen für einen ordnungsgemäßen Betrieb zu treffen.

(2) [1]Die Behörde soll für technisch unvermeidbare Abschaltungen, Störungen oder Ausfälle der Abgasreinigungseinrichtungen den Zeitraum festlegen, währenddessen von den Emissionsgrenzwerten nach § 6 unter bestimmten Voraussetzungen abgewichen werden darf. [2]Der Weiterbetrieb der biologischen Abfallbehandlungsanlage darf unter den in Satz 1 genannten Bedingungen acht aufeinander folgende Stunden und innerhalb eines Kalenderjahres 96 Stunden nicht überschreiten. [3]Die Emission von Gesamtstaub darf eine Massenkonzentration von 100 Milligramm je Kubikmeter Abgas, gemessen als Halbstundenmittelwert, nicht überschreiten; § 2 Nr. 8 findet entsprechende Anwendung.

(3) [1]Bei Stillstand der Abgasreinigungseinrichtungen ist das abgesaugte Abgas nach Maßgabe des § 7 abzuleiten. [2]Sind Stillstandszeiten von mehr als acht Stunden zu erwarten, hat der Betreiber zusätzliche Maßnahmen zu treffen und die zuständige Behörde hierüber unverzüglich zu unterrichten.

Vierter Teil. Anforderungen an Altanlagen

§ 14 Übergangsregelungen. (1) Für Altanlagen gelten die Anforderungen dieser Verordnung nach Ablauf von fünf Jahren seit Inkrafttreten[1)] dieser Verordnung.

(2) Wird eine biologische Abfallbehandlungsanlage durch Zubau einer oder mehrerer weiterer Behandlungseinrichtungen in der Weise erweitert, dass die vorhandenen und die neu zu errichtenden Behandlungseinrichtungen eine

[1)] Inkrafttreten am 1.3.2001.

gemeinsame Anlage bilden, so bestimmen sich die Anforderungen für die neu zu errichtenden Behandlungseinrichtungen nach den Vorschriften des zweiten und dritten Teils und die Anforderungen für die vorhandenen Einrichtungen nach den Vorschriften des vierten Teils dieser Verordnung.

Fünfter Teil. Gemeinsame Vorschriften

§ 15 Unterrichtung der Öffentlichkeit. [1]Der Betreiber der biologischen Abfallbehandlungsanlage hat die Öffentlichkeit nach erstmaliger Kalibrierung der Messeinrichtung zur kontinuierlichen Feststellung der Emissionen nach § 8 Abs. 4 und erstmaligen Einzelmessungen nach § 11 Abs. 1 einmal jährlich sowie nach Messungen nach § 11 Abs. 3 über die Beurteilung der Messungen von Emissionen zu unterrichten. [2]Die zuständige Behörde kann Art und Form der Öffentlichkeitsunterrichtung festlegen. [3]Die Sätze 1 und 2 gelten nicht für solche Angaben, aus denen Rückschlüsse auf Betriebs- oder Geschäftsgeheimnisse gezogen werden können. [4]Abweichend von den Sätzen 1 und 2 können Betreiber von Unternehmen, die in das Verzeichnis der Verordnung (EWG) Nr. 1836/93 des Rates vom 29. Juni 1993 über die freiwillige Beteiligung gewerblicher Unternehmen an einem Gemeinschaftssystem für das Umweltmanagement und die Umweltbetriebsprüfung (ABl. EG Nr. L 168 S. 1) eingetragen sind, die Unterrichtung der Öffentlichkeit durch Dokumente ersetzen, die im Rahmen des Umweltmanagementsystems erarbeitet wurden, sofern die erforderlichen Angaben enthalten sind.

§ 16 Zulassung von Ausnahmen. Abweichend von der in § 5 Abs. 1 Satz 1 festgelegten Kapselung von Einrichtungen zur biologischen Behandlung oder ihrer Ausführung in geschlossenen Räumen mit Schleusen und der in § 5 Abs. 2 festgelegten vollständigen Zuführung des beim Rottevorgang entstehenden Abgases zu einer Abgasreinigung kann die zuständige Behörde auf Antrag des Betreibers bei einer mehrstufigen biologischen Behandlung eine Nachbehandlung unter aeroben Bedingungen (Nachrotte) in nicht gekapselten Einrichtungen oder in nicht geschlossenen Räumen ohne Abgaserfassung und Abgasreinigung zulassen, wenn der zur Nachrotte vorgesehene Abfall den Wert von 20 mg O_2/g Trockenmasse, bestimmt als Atmungsaktivität gemäß Anhang 4 Nr. 3.3.1 der Deponieverordnung vom 27. April 2009 (BGBl. I S. 900), unterschreitet und durch sonstige betriebliche Maßnahmen sichergestellt wird, dass der Vorsorge gegen schädliche Umwelteinwirkungen auf andere Weise Genüge getan ist.

§ 17 Weitergehende Anforderungen. Die Befugnis der zuständigen Behörde, andere oder weitergehende Anforderungen, insbesondere zur Vermeidung schädlicher Umwelteinwirkungen nach § 5 Abs. 1 Nr. 1 des Bundes-Immissionsschutzgesetzes[1)] zu treffen, bleibt unberührt.

§ 18 Ordnungswidrigkeiten. Ordnungswidrig im Sinne des § 62 Abs. 1 Nr. 2 des Bundes-Immissionsschutzgesetzes[1)] handelt, wer vorsätzlich oder fahrlässig

---

[1)] Nr. **1**.

1. entgegen § 6 eine Anlage nicht richtig errichtet oder nicht richtig betreibt,
2. entgegen § 8 Abs. 4 Satz 1 eine Messeinrichtung nicht oder nicht rechtzeitig kalibrieren oder nicht oder nicht rechtzeitig prüfen lässt oder die Kalibrierung nicht oder nicht rechtzeitig wiederholt,
3. entgegen § 8 Abs. 4 Satz 2, § 10 Abs. 3 Satz 1 oder § 12 Abs. 1 Satz 1 einen Bericht nicht oder nicht rechtzeitig vorlegt,
4. entgegen § 9 Satz 1 die Massenkonzentrationen der Emissionen oder eine dort genannte Bezugsgröße nicht, nicht richtig oder nicht vollständig auswertet,
5. entgegen § 10 Abs. 3 Satz 2 eine Aufzeichnung nicht oder nicht mindestens fünf Jahre aufbewahrt,
6. entgegen § 11 Abs. 1 Satz 1 oder 2 eine Messung nicht oder nicht rechtzeitig durchführen lässt,
7. entgegen § 13 Abs. 1 Satz 1 eine Mitteilung nicht, nicht richtig, nicht vollständig oder nicht rechtzeitig macht oder
8. entgegen § 15 Satz 1 die Öffentlichkeit nicht, nicht richtig, nicht vollständig oder nicht rechtzeitig unterrichtet.

2.31. 31. Verordnung zur Durchführung des Bundes-Immissionsschutzgesetzes (Verordnung zur Begrenzung der Emissionen flüchtiger organischer Verbindungen bei der Verwendung organischer Lösemittel in bestimmten Anlagen – 31. BImSchV)[1][2]

Vom 21. August 2001

(BGBl. I S. 2180)

FNA 2129-8-31

zuletzt geänd. durch Art. 5 VO zur Umsetzung der RL 2014/99/EU und zur Änd. und Anpassung weiterer immissionsschutzrechtlicher Verordnungen v. 24.3.2017 (BGBl. I S. 656)

Inhaltsübersicht

Erster Teil. Anwendungsbereich, Begriffsbestimmungen

§ 1 Anwendungsbereich. (1) [1]Diese Verordnung gilt für die Errichtung und den Betrieb der in Anhang I genannten Anlagen, in denen unter Verwendung

---

[1] Verkündet als Art. 1 VO v. 21.8.2001 (BGBl. I S. 2180); Inkrafttreten gem. Art. 5 dieser VO am 25.8. 2001. Die VO wurde erlassen aufgrund von § 7 Abs. 1 bis 4, § 23 Abs. 1 und § 48a Abs. 3 BImSchG (Nr. **1**)

[2] **Amtl. Anm. zur MantelVO:** Die Verordnung dient der Umsetzung der Richtlinie 1999/13/EG des Rates vom 11. März 1999 über die Begrenzung von Emissionen flüchtiger organischer Verbindungen, die bei bestimmten Tätigkeiten und in bestimmten Anlagen bei der Verwendung organischer Lösungsmittel entstehen (ABl. EG Nr. L 85 S. 1), in deutsches Recht.

organischer Lösemittel Tätigkeiten nach Anhang II ausgeführt werden, soweit der Lösemittelverbrauch bei den jeweiligen Tätigkeiten die in Anhang I genannten Schwellenwerte überschreitet. [2]Bei Anlagen, in denen eine bestimmte Tätigkeit in mehreren Teilanlagen, Verfahrensschritten oder Nebeneinrichtungen ausgeführt wird, ist für den Lösemittelverbrauch nach Satz 1 die Summe der jeweiligen Teillösemittelverbräuche maßgebend. [3]Das Vorhandensein gemeinsamer, verbindender Betriebseinrichtungen zwischen den Teilanlagen ist nicht erforderlich.

(2) Diese Verordnung gilt nicht für Anlagen nach der Zweiten Verordnung zur Durchführung des Bundes-Immissionsschutzgesetzes[1)], in denen organische Lösemittel, die flüchtige halogenierte organische Verbindungen mit einem Siedepunkt bei 1 013 Hektopascal bis zu 423 Kelvin [150 Grad Celsius] (leichtflüchtige halogenierte organische Verbindungen) enthalten, verwendet werden.

§ 2 Begriffsbestimmungen. Im Sinne dieser Verordnung bedeuten die Begriffe

1. Abgase:
   die Trägergase mit den Emissionen;
2. Abgasreinigungseinrichtung:
   eine Einrichtung zur Entfernung von flüchtigen organischen Verbindungen aus den Abgasen einer Anlage;
3. Altanlage:
   a) eine genehmigungsbedürftige Anlage, für die am 25. August 2001
      aa) eine Genehmigung zur Errichtung und zum Betrieb nach § 6 oder § 16 des Bundes-Immissionsschutzgesetzes[2)] oder eine Zulassung vorzeitigen Beginns nach § 8a des Bundes-Immissionsschutzgesetzes erteilt ist und in dieser Zulassung Anforderungen nach § 5 Abs. 1 Nr. 2 des Bundes-Immissionsschutzgesetzes festgelegt sind,
      bb) eine Teilgenehmigung nach § 8 des Bundes-Immissionsschutzgesetzes oder ein Vorbescheid nach § 9 des Bundes-Immissionsschutzgesetzes erteilt ist, soweit darin Anforderungen nach § 5 Abs. 1 Nr. 2 des Bundes-Immissionsschutzgesetzes festgelegt sind, oder
      cc) ein vollständiger Genehmigungsantrag zur Errichtung und zum Betrieb nach § 6 oder § 16 des Bundes-Immissionsschutzgesetzes gestellt ist und die spätestens bis zum 31. März 2002 in Betrieb genommen wird,
   b) eine Anlage, die nach § 67 Abs. 2 des Bundes-Immissionsschutzgesetzes anzuzeigen ist oder die entweder nach § 67a Abs. 1 des Bundes-Immissionsschutzgesetzes oder vor Inkrafttreten des Bundes-Immissionsschutzgesetzes nach § 16 Abs. 4 der Gewerbeordnung anzuzeigen war oder
   c) eine nicht genehmigungsbedürftige Anlage, deren Errichtung und Betrieb vor dem 25. August 2001 nach sonstigen Vorschriften des öffentlichen Rechts zugelassen worden ist, oder – soweit eine solche Zulassung nicht erforderlich war – mit der Errichtung begonnen worden ist;
4. An- und Abfahren:
   Vorgänge, mit denen der Betriebs- oder Bereitschaftszustand einer Anlage oder eines Anlagenteils hergestellt oder beendet wird. Regelmäßig wiederkehrende

---

[1)] Nr. **2.2**.
[2)] Nr. **1**.

Phasen der in der Anlage durchgeführten Tätigkeiten gelten nicht als An- oder Abfahren;

5. Beschichtungsstoff:
flüssiges, pasten- oder pulverförmiges Gemisch, einschließlich aller enthaltenen oder für seine Gebrauchstauglichkeit zugesetzten organischen Lösemittel, das dazu verwendet wird, auf einer Oberfläche eine dekorative, schützende oder auf sonstige Art und Weise funktionale Wirkung zu erzielen;
6. diffuse Emissionen:
alle nicht in gefassten Abgasen einer Anlage enthaltenen Emissionen flüchtiger organischer Verbindungen einschließlich der Emissionen, die durch Fenster, Türen, Entlüftungsschächte und ähnliche Öffnungen in die Umwelt gelangen sowie die flüchtigen organischen Verbindungen, die in einem von der Anlage hergestellten Produkt enthalten sind, soweit im Anhang III nichts anderes festgelegt ist;
7. Druckfarbe:
ein Gemisch, einschließlich aller organischen Lösemittel oder Gemische, denen für ihre Gebrauchstauglichkeit organische Lösemittel zugesetzt werden, die in einem Druckverfahren für das Bedrucken einer Oberfläche mit Text oder Bildern verwendet wird;
8. eingesetzte Lösemittel:
die Menge der organischen Lösemittel und ihre Menge in Gemischen, die bei der Durchführung einer Tätigkeit verwendet werden, einschließlich der innerhalb und außerhalb der Anlage zurückgewonnenen Lösemittel, die zu berücksichtigen sind, wenn sie zur Durchführung der Tätigkeit verwendet werden;
9. Emissionen:
die von einer Anlage ausgehenden Luftverunreinigungen an flüchtigen organischen Verbindungen;
10. Emissionsgrenzwert:
einen Wert für die im Verhältnis zu bestimmten spezifischen Parametern ausgedrückte Masse an Emissionen oder für die Konzentration, den Prozentsatz und/oder die Höhe einer Emission, bezogen auf Normbedingungen, der in einem oder mehreren Zeiträumen nicht überschritten werden darf;
11. flüchtige organische Verbindung:
eine organische Verbindung, die bei 293,15 Kelvin einen Dampfdruck von 0,01 Kilopascal oder mehr hat oder unter den jeweiligen Verwendungsbedingungen eine entsprechende Flüchtigkeit aufweist. Der Kreosotanteil, der bei 293,15 Kelvin diesen Dampfdruck übersteigt oder unter den jeweiligen Verwendungsbedingungen eine entsprechende Flüchtigkeit aufweist, gilt als flüchtige organische Verbindung;
12. gefasste Abgase:
   a) Abgase, die aus einer Abgasreinigungseinrichtung endgültig in die Luft freigesetzt werden (gefasste behandelte Abgase), oder
   b) Abgase, die ohne Behandlung in einer Abgasreinigungseinrichtung über einen Schornstein oder sonstige Abgasleitungen endgültig in die Luft freigesetzt werden (gefasste unbehandelte Abgase);
13. genehmigungsbedürftige Anlage:
eine Anlage, die nach § 4 des Bundes-Immissionsschutzgesetzes einer Genehmigung bedarf;

14. Gesamtemissionen:
    die Summe der diffusen Emissionen an flüchtigen organischen Verbindungen und der Emissionen an flüchtigen organischen Verbindungen in gefassten Abgasen;
15. Grenzwert für diffuse Emissionen:
    die Menge der diffusen Emissionen als Vomhundertsatz der eingesetzten organischen Lösemittel;
16. halogeniertes organisches Lösemittel:
    ein organisches Lösemittel, das mindestens ein Brom-, Chlor-, Fluor- oder Jodatom je Molekül enthält;
17. Klarlack:
    einen durchsichtigen Beschichtungsstoff;
18. Klebstoff:
    ein Gemisch, einschließlich aller organischen Lösemittel oder Gemische, denen für ihre Gebrauchstauglichkeit organische Lösemittel zugesetzt werden, die dazu verwendet wird, Einzelteile eines Produkts zusammenzukleben;
19. Lösemittelverbrauch:
    die Gesamtmenge an organischen Lösemitteln, die in einer Anlage je Kalenderjahr oder innerhalb eines beliebigen Zwölfmonatszeitraums eingesetzt wird, abzüglich aller flüchtigen organischen Verbindungen, die zur Wiederverwendung zurückgewonnen werden;
20. Massenstrom:
    die auf die Zeiteinheit bezogene Masse der emittierten flüchtigen organischen Verbindungen;
21. Nennkapazität:
    die maximale Masse der in einer Anlage eingesetzten organischen Lösemittel, gemittelt über einen Tag, sofern die Anlage unter Bedingungen des Normalbetriebs entsprechend ihrer Auslegung betrieben wird;
22. nicht genehmigungsbedürftige Anlage:
    eine Anlage, die keiner Genehmigung nach dem Bundes-Immissionsschutzgesetz bedarf;
23. Normalbetrieb:
    Betrieb einer Anlage zur Durchführung einer Tätigkeit während aller Zeiträume mit Ausnahme der Zeiträume, in denen das An- und Abfahren und die Wartung erfolgen;
24. Normbedingungen:
    eine Temperatur von 273,15 Kelvin und einen Druck von 101,3 Kilopascal;
25. öffentlich bestellter und vereidigter Sachverständiger:
    ein nach § 36 der Gewerbeordnung vom 22. Februar 1999 (BGBl. I S. 202), die zuletzt durch Artikel 10 des Gesetzes vom 11. März 2016 (BGBl. I S. 396) geändert worden ist, öffentlich bestellter und vereidigter Sachverständiger;
26. organisches Lösemittel:
    eine flüchtige organische Verbindung, die, ohne sich chemisch zu verändern, allein oder in Kombination mit anderen Stoffen Rohstoffe, Produkte, oder Abfallstoffe auflöst oder als Reinigungsmittel, Dispersionsmittel, Konservierungsmittel, Weichmacher oder als Mittel zur Einstellung der Viskosität oder der Oberflächenspannung verwendet wird;

27. organische Verbindung:
eine Verbindung, die mindestens Kohlenstoff und eines der Elemente Wasserstoff, Halogene, Sauerstoff, Schwefel, Phosphor, Silizium oder Stickstoff oder mehrere davon enthält, ausgenommen Kohlenstoffoxide sowie anorganische Karbonate und Bikarbonate;
28. Stoffe:
chemische Elemente und ihre Verbindungen, wie sie natürlich vorkommen oder hergestellt werden, unabhängig davon, ob sie fest, flüssig oder gasförmig vorliegen;
29. wesentliche Änderung:
    a) bei genehmigungsbedürftigen Anlagen eine Änderung im Sinne von § 16 Abs. 1 des Bundes-Immissionsschutzgesetzes;
    b) bei nicht genehmigungsbedürftigen Anlagen
        aa) eine Änderung, die nach der Beurteilung durch die zuständige Behörde erhebliche negative Auswirkungen auf die menschliche Gesundheit oder auf die Umwelt haben kann,
        bb) eine Änderung der Nennkapazität, die bei Anlagen
            - der Nummern 1.1, 1.3, 9.2 oder 11.1 des Anhangs I mit einem Lösemittelverbrauch von 25 t/a oder weniger,
            - der Nummern 4.1 bis 4.5, 8.1, 9.1, 10.1, 10.2, 12.1 oder 14.1 des Anhangs I mit einem Lösemittelverbrauch von 15 t/a oder weniger,
            - der Nummern 2.1, 5.1, 7.2, 13.1 oder 15.1 des Anhangs I mit einem Lösemittelverbrauch von 10 t/a oder weniger,
            - der Nummer 16.1 bis 16.4 des Anhangs I mit einem Lösemittelverbrauch von 500 t/a oder weniger

            zu einer Erhöhung der Emissionen flüchtiger organischer Verbindungen um mehr als 25 vom Hundert führt, oder
        cc) eine Änderung der Nennkapazität, die bei anderen als den in Doppelbuchstabe bb genannten nicht genehmigungsbedürftigen Anlagen zu einer Erhöhung der Emissionen flüchtiger organischer Verbindungen um mehr als 10 vom Hundert führt;
30. Wiederverwendung organischer Lösemittel:
die stoffliche Verwendung von organischen Lösemitteln, die für technische oder kommerzielle Zwecke zurückgewonnen worden sind, oder deren betriebsinterne energetische Nutzung als Brennstoff;
31. Gemische:
aus zwei oder mehreren Stoffen bestehende Gemenge, Gemische oder Lösungen;
32. zugelassene Überwachungsstelle:
Überwachungsstelle, die nach § 17 Absatz 5 des Geräte- und Produktsicherheitsgesetzes vom 6. Januar 2004 (BGBl. I S. 2, 219), das zuletzt durch Artikel 2 des Gesetzes vom 7. März 2011 (BGBl. I S. 338) geändert worden ist, oder nach § 37 Absatz 5 des Produktsicherheitsgesetzes vom 8. November 2011 (BGBl. I S. 2178, 2179; 2012 I S. 131) jeweils in Verbindung mit Anhang 2 Abschnitt 1 Nummer 1 der Betriebssicherheitsverordnung vom 3. Februar 2015 (BGBl. I S. 49), die zuletzt durch Artikel 2 der Verordnung vom

15. November 2016 (BGBl. I S. 2549) geändert worden ist, von der zuständigen Landesbehörde für die Prüfung von überwachungsbedürftigen Anlagen nach § 18 Absatz 1 Nummer 4 bis 8 und nach Anhang 2 Abschnitt 3 Nummer 1 der Betriebssicherheitsverordnung dem Bundesministerium für Arbeit und Soziales als Prüfstelle benannt und von diesem im Gemeinsamen Ministerialblatt bekannt gemacht worden ist.

Zweiter Teil. Begrenzung der Emissionen

§ 3 Allgemeine Anforderungen. (1) Anlagen sind so zu errichten und zu betreiben, dass die Anforderungen nach

1. Absatz 2 bis 4 und
2. Absatz 5 und 6

eingehalten werden, soweit durch § 4 in Verbindung mit Anhang III nichts anderes bestimmt ist.

(2) [1]Der Betreiber einer Anlage hat schädliche Stoffe oder Gemische, denen aufgrund ihres Gehaltes an nach der Verordnung (EG) Nr. 1272/2008 des Europäischen Parlaments und des Rates vom 16. Dezember 2008 über die Einstufung, Kennzeichnung und Verpackung von Stoffen und Gemischen, zur Änderung und Aufhebung der Richtlinien 67/548/EWG und 1999/45/EG und zur Änderung der Verordnung (EG) Nr. 1907/2006 (ABl. L 353 vom 31.12.2008, S. 1), die zuletzt durch die Verordnung (EU) 2016/918 (ABl. L 156 vom 14.6.2016, S. 1) geändert worden ist, als karzinogen, keimzellmutagen oder reproduktionstoxisch eingestuften flüchtigen organischen Verbindungen die Gefahrenhinweise H340, H350, H350i, H360D oder H360F zugeordnet sind oder die mit diesen Sätzen zu kennzeichnen sind, durch weniger schädliche zu ersetzen. [2]Diese Stoffe oder Gemische sind in kürzestmöglicher Frist so weit wie möglich zu ersetzen, wobei die Gebrauchstauglichkeit, die Verwendung und die Verhältnismäßigkeit zwischen Aufwand und Nutzen zu berücksichtigen sind. [3]Die Emissionen an flüchtigen organischen Verbindungen, die als karzinogen, keimzellmutagen oder reproduktionstoxisch eingestuft sind, dürfen, auch beim Vorhandensein mehrerer dieser Verbindungen, einen Massenstrom von 2,5 Gramm je Stunde oder im gefassten Abgas eine Massenkonzentration von 1 Milligramm je Kubikmeter nicht überschreiten. [4]Abweichend von Satz 3 dürfen die Emissionen an Formaldehyd einen Massenstrom von 10 Gramm je Stunde oder im gefassten Abgas eine Massenkonzentration von 2 Milligramm je Kubikmeter nicht überschreiten.

(3) [1]Die Emissionen flüchtiger organischer Verbindungen dürfen aus einer Anlage, denen die Gefahrenhinweise H341 oder H351 zugeordnet sind, auch wenn mehrere dieser Verbindungen vorhanden sind, folgende Werte nicht überschreiten:

1. einen Massenstrom von 100 Gramm je Stunde oder
2. in gefassten Abgasen eine Massenkonzentration von 20 Milligramm je Kubikmeter.

[2]Satz 1 ist auch bei anderen als den dort genannten Stoffen einzuhalten, soweit diese Stoffe den organischen Stoffen der Klasse I der Ersten Allgemeinen Verwaltungsvorschrift zum Bundes-Immissionsschutzgesetz (Technische Anleitung zur

Reinhaltung der Luft – TA Luft)[1] vom 24. Juli 2002 (GMBl S. 511) in der jeweils geltenden Fassung zuzuordnen sind. [3]Anlagen der Nummer 18 des Anhang I, in denen n-Hexan als Extraktionsmittel eingesetzt wird, haben die Anforderungen des Satzes 1 spätestens ab dem 1. Januar 2019 zu erfüllen.

(4) Bei Anlagen, bei denen zwei oder mehr Tätigkeiten jeweils die Schwellenwerte nach Anhang I überschreiten, gilt Folgendes:

1. Bei den in Absatz 2 oder 3 genannten Stoffen sind die dort festgelegten Anforderungen für die jeweilige Tätigkeit einzeln einzuhalten.
2. Bei allen anderen Stoffen
   a) sind entweder die Anforderungen nach Anhang III für jede Tätigkeit einzeln einzuhalten oder
   b) es dürfen die Gesamtemissionen nicht die Werte überschreiten, die bei Anwendung von Buchstabe a erreicht worden wären.

(5) Der Betreiber einer Anlage hat alle geeigneten Maßnahmen zu treffen, um die Emissionen während des An- und Abfahrens so gering wie möglich zu halten.

(6) [1]Beim Umfüllen von organischen Lösemitteln mit einem Siedepunkt bei 1 013 Hektopascal bis zu 423 Kelvin (150 Grad Celsius) sind besondere technische Maßnahmen zur Emissionsminderung zu treffen, wenn davon jährlich 100 Tonnen oder mehr umgefüllt werden. [2]Auf genehmigungsbedürftige Anlagen finden darüber hinaus die Anforderungen der Technischen Anleitung zur Reinhaltung der Luft zum Verarbeiten, Fördern, Umfüllen oder Lagern von flüssigen organischen Stoffen Anwendung.

(7) [1]Auf genehmigungsbedürftige Anlagen wird stets der Stand der Technik nach § 5 Absatz 1 Nummer 2 des Bundes-Immissionsschutzgesetzes[2] angewendet. [2]Hieraus können sich über die Absätze 2 bis 4 hinausgehende Anforderungen ergeben.

§ 4 Spezielle Anforderungen. [1]Der Betreiber hat eine Anlage so zu errichten und zu betreiben, dass

1. die im Anhang III für die Anlage festgelegten
   a) Emissionsgrenzwerte für gefasste Abgase,
   b) Grenzwerte für diffuse Emissionen und
   c) Grenzwerte für die Gesamtemissionen und
2. die im Anhang III für die Anlage festgelegten besonderen Anforderungen

eingehalten werden. [2]An Stelle der Einhaltung der Anforderungen nach Satz 1 Nr. 1 kann ein Reduzierungsplan nach Anhang IV eingesetzt werden, mit dem sich der Betreiber verpflichtet, eine Emissionsminderung in mindestens der gleichen Höhe wie bei Einhaltung der in Satz 1 Nr. 1 festgelegten Anforderungen sicherzustellen. [3]Dieser Plan muss von realistischen technischen Voraussetzungen ausgehen, insbesondere muss die Verfügbarkeit von Ersatzstoffen zum jeweiligen Zeitpunkt gewährleistet sein. [4]Auf genehmigungsbedürftige Anlagen wird stets der Stand der Technik nach § 5 Absatz 1 Nummer 2 des Bundes-Immissionsschutzgesetzes[2] angewendet. [5]Hieraus können sich über die Sätze 1 und 2 hinausgehende Anforderungen ergeben.

---

[1] Nr. **5.1**.
[2] Nr. **1**.

Dritter Teil. Messungen und Überwachung

§ 5 Nicht genehmigungsbedürftige Anlagen. (1) Die Anforderungen nach Absatz 4 bis 9 gelten, soweit in Anhang III für die jeweilige nicht genehmigungsbedürftige Anlage nichts anderes bestimmt ist.

(2) [1] Der Betreiber einer nicht genehmigungsbedürftigen Anlage, bei der für die jeweilige Tätigkeit der in Anhang I genannte Schwellenwert für den Lösemittelverbrauch überschritten wird, hat diese der zuständigen Behörde vor der Inbetriebnahme anzuzeigen. [2] Nicht genehmigungsbedürftige Anlagen, die zum Zeitpunkt des Inkrafttretens der Verordnung die in Anhang I genannten Schwellenwerte nicht überschreiten, sind bei erstmaliger Überschreitung der Schwellenwerte innerhalb von sechs Monaten anzuzeigen. [3] Der Betreiber hat ferner eine wesentliche Änderung einer nicht genehmigungsbedürftigen Anlage der zuständigen Behörde vorher anzuzeigen. [4] Die Anzeige hat die für die Anlage maßgebenden Daten zu enthalten.

(3) Soweit zur Kontrolle von Anforderungen nach den §§ 3 und 4 Messungen erforderlich sind, hat der Betreiber geeignete Messöffnungen und Messplätze einzurichten.

(4) [1] Der Betreiber einer nicht genehmigungsbedürftigen Anlage, für die in § 3 Absatz 2 Satz 3 oder Absatz 3 oder in § 4 Satz 1 Nr. 1 Buchstabe a Anforderungen festgelegt sind, hat die Einhaltung der jeweiligen Anforderungen

1. erstmals bei Neuanlagen und wesentlich geänderten Anlagen frühestens drei Monate und spätestens sechs Monate nach der Inbetriebnahme und sodann
2. wiederkehrend in jedem dritten Kalenderjahr

von Stellen, die über eine Bekanntgabe für den Tätigkeitsbereich der Gruppe I Nr. 1 und den Stoffbereich G gemäß der Anlage 1 der Bekanntgabeverordnung (41. BImSchV)[1)] verfügen, durch Messungen nach Anhang VI Nr. 1 feststellen zu lassen. [2] Satz 1 gilt nicht, wenn die Überwachung der Emissionen durch eine kontinuierlich aufzeichnende Messeinrichtung nach Absatz 5 Satz 1 erfolgt. [3] Luftmengen, die einer Anlage zugeführt werden, um die gefassten Abgase zu verdünnen oder zu kühlen, bleiben bei der Bestimmung der Massenkonzentration im gefassten Abgas unberücksichtigt. [4] Messungen nach Satz 1 oder 2 zur Feststellung der Einhaltung der Emissionsgrenzwerte für gefasste Abgase können entfallen, soweit nach dem Stand der Technik zur Einhaltung dieser Grenzwerte eine Abgasreinigungseinrichtung nicht erforderlich ist.

(5) [1] Nicht genehmigungsbedürftige Anlagen, bei denen der Massenstrom an flüchtigen organischen Verbindungen im gefassten Abgas 10 Kilogramm Gesamtkohlenstoff je Stunde überschreitet, hat der Betreiber vor der Inbetriebnahme oder spätestens bis zum Ablauf der in § 13 Abs. 1 genannten Frist mit einer geeigneten Messeinrichtung auszustatten, die nach Anhang VI Nr. 2 den Gesamtkohlenstoffgehalt und die zur Auswertung und Beurteilung der Messergebnisse erforderlichen Betriebsparameter kontinuierlich ermittelt. [2] Eine kontinuierliche Messung nach Satz 1 kann entfallen, wenn durch eine andere kontinuierliche Überwachung sichergestellt werden kann, dass die Emissionsgrenzwerte für gefasste Abgase eingehalten werden.

[1)] Nr. **2.41**.

(6) [1]Der Betreiber einer nicht genehmigungsbedürftigen Anlage hat die Einhaltung der für die Anlage maßgeblichen Anforderungen nach

1. § 4 Satz 1 Nr. 1 Buchstabe b,
2. § 4 Satz 1 Nr. 1 Buchstabe c oder
3. § 4 Satz 2

mindestens einmal in einem Kalenderjahr durch eine Lösemittelbilanz nach dem Verfahren des Anhangs V feststellen zu lassen. [2]Zur Ermittlung der Ein- und Austragsmengen einer Anlage an flüchtigen organischen Verbindungen kann auf verbindliche Angaben der Hersteller zum Lösemittelgehalt der Einsatzstoffe oder auf andere gleichwertige Informationsquellen zurückgegriffen werden. [3]Die zuständige Behörde kann den Betreiber anweisen, die Lösemittelbilanz, sofern sie offensichtlich mit schwerwiegenden Mängeln behaftet ist und der Betreiber diese nicht in angemessener Frist behebt, von einer zugelassenen Überwachungsstelle oder einem öffentlich bestellten und vereidigten Sachverständigen gemäß den Anforderungen im Anhang V aufstellen zu lassen. [4]Satz 3 gilt nicht für Anlagen des Anhangs I Nummer 3.1. [5]Abweichend von Satz 1 ist bei Anlagen des Anhangs I Nr. 9.1 die Feststellung der Einhaltung der Anforderungen mindestens alle drei Jahre vorzunehmen.

(7) [1]Entscheidet sich der Betreiber für einen Reduzierungsplan im Sinne des § 4 Satz 2, so muss er diesen der zuständigen Behörde rechtzeitig vor Inbetriebnahme der Anlage vorlegen. [2]Die verbindliche Erklärung bedarf der Annahme der zuständigen Behörde. [3]Eine Ausfertigung des Reduzierungsplans hat der Betreiber am Betriebsort der Anlage aufzubewahren, solange der Reduzierungsplan angewendet wird.

(8) [1]Der Betreiber einer Anlage hat über die Ergebnisse der Messungen nach Absatz 4 oder 5 sowie über die Ergebnisse der Lösemittelbilanz für die maßgeblichen Anforderungen nach Absatz 6 Satz 1 jeweils unverzüglich einen Bericht zu erstellen oder erstellen zu lassen. [2]Der Betreiber hat den Bericht am Betriebsort fünf Jahre ab der Erstellung aufzubewahren und der zuständigen Behörde auf Verlangen vorzulegen.

(9) [1]Wird bei einer nicht genehmigungsbedürftigen Anlage festgestellt, dass die Anforderungen nach § 3 oder § 4 Satz 1 nicht eingehalten werden, hat der Betreiber dies der zuständigen Behörde unverzüglich mitzuteilen. [2]Der Betreiber hat unverzüglich die erforderlichen Maßnahmen zu treffen, um den ordnungsgemäßen Betrieb der Anlage sicherzustellen.

§ 6 Genehmigungsbedürftige Anlagen. [1]Für die Messung und Überwachung der Emissionen von genehmigungsbedürftigen Anlagen finden die Anforderungen der TA Luft[1)] Anwendung. [2]Dabei gelten mindestens die Anforderungen nach § 5 Abs. 3 bis 5. [3]§ 5 Abs. 6 bis 9 gilt entsprechend.

Vierter Teil. Gemeinsame Vorschriften

§ 7 Ableitbedingungen für Abgase. (1) Die gefassten Abgase von nicht genehmigungsbedürftigen Anlagen hat der Betreiber so abzuleiten, dass ein Abtransport mit der freien Luftströmung nach dem Stand der Technik gewährleistet ist.

[1)] Nr. **5.1**.

(2) Die gefassten Abgase von genehmigungsbedürftigen Anlagen hat der Betreiber nach den Anforderungen für die Ableitung von Abgasen gemäß der Technischen Anleitung zur Reinhaltung der Luft[1] abzuleiten.

§ 8 Berichterstattung an die Europäische Kommission. (1) [1]Der Betreiber einer Anlage hat die für die Berichterstattung an die Europäische Kommission nach Absatz 2 benötigten Informationen der zuständigen Behörde mitzuteilen. [2]Das Bundesministerium für Umwelt, Naturschutz, Bau und Reaktorsicherheit gibt die zur Erfüllung dieser Verpflichtung anzuwendenden Verfahren bekannt, sobald der Fragebogen und das Schema gemäß Artikel 72 Absatz 1 und 2 der Richtlinie 2010/75/EU des Europäischen Parlaments und des Rates vom 24. November 2010 über Industrieemissionen (integrierte Vermeidung und Verminderung der Umweltverschmutzung) (Neufassung) (ABl. L 334 vom 17.12.2010, S. 7) von der Kommission ausgearbeitet sind. [3]Die Informationen schließen die Erfahrungen aus der Anwendung von Reduzierungsplänen ein.

(2) Das Bundesministerium für Umwelt, Naturschutz, Bau und Reaktorsicherheit oder die von ihm beauftragte Stelle übermitteln auf der Grundlage der Stellungnahmen der Länder entsprechend den Anforderungen des Artikels 72 Absatz 1 und 2 der Richtlinie 2010/75/EU einen Bericht über die Durchführung dieser Verordnung.

§ 9 Unterrichtung der Öffentlichkeit. [1]Die zuständige Behörde hat

1. die für Anlagen geltenden allgemein verbindlichen Regeln und die Verzeichnisse der angezeigten und genehmigten Tätigkeiten sowie
2. die ihr vorliegenden Ergebnisse der nach § 5 oder § 6 durchzuführenden Überwachung der Emissionen

der Öffentlichkeit zugänglich zu machen. [2]Satz 1 gilt nicht für solche Angaben, aus denen Rückschlüsse auf Betriebs- oder Geschäftsgeheimnisse gezogen werden können.

§ 10 Andere oder weitergehende Anforderungen. Die Befugnis der zuständigen Behörde, auf Grund des Bundes-Immissionsschutzgesetzes[2] andere oder weitergehende Anordnungen zu treffen, bleibt unberührt, soweit die Anforderungen aus der Richtlinie 2010/75/EU nicht entgegenstehen.

§ 11 Zulassung von Ausnahmen. Die zuständige Behörde kann auf Antrag des Betreibers Ausnahmen von den Anforderungen dieser Verordnung zulassen, soweit unter Berücksichtigung der besonderen Umstände des Einzelfalls

1. einzelne Anforderungen der Verordnung nicht oder nur mit unverhältnismäßig hohem Aufwand erfüllt werden können,
2. keine schädlichen Umwelteinwirkungen zu erwarten sind und
3. die Ausnahmen den Anforderungen aus der Richtlinie 2010/75/EU nicht entgegenstehen.

---

[1] Nr. **5.1**.
[2] Nr. **1**.

§ 12 Ordnungswidrigkeiten. (1) Ordnungswidrig im Sinne des § 62 Abs. 1 Nr. 2 des Bundes-Immissionsschutzgesetzes[1] handelt, wer vorsätzlich oder fahrlässig als Betreiber einer genehmigungsbedürftigen Anlage

1. entgegen § 3 Abs. 1 Nr. 1 oder § 4 Satz 1 eine Anlage nicht richtig errichtet oder nicht richtig betreibt,
2. entgegen § 6 Satz 3 in Verbindung mit § 5 Absatz 6 Satz 1, 3 oder Satz 5 die Einhaltung der dort genannten Anforderungen nicht, nicht richtig oder nicht rechtzeitig feststellen lässt,
3. entgegen § 6 Satz 3 in Verbindung mit § 5 Abs. 7 Satz 1 einen Reduzierungsplan nicht, nicht richtig, nicht vollständig oder nicht rechtzeitig vorlegt,
4. entgegen § 6 Satz 3 in Verbindung mit § 5 Abs. 9 Satz 1 eine Mitteilung nicht, nicht richtig oder nicht rechtzeitig macht,
5. entgegen § 6 Satz 3 in Verbindung mit § 5 Absatz 7 Satz 3 oder Abs. 8 Satz 2 eine Ausfertigung des Reduzierungsplans oder einen Bericht nicht oder nicht für die vorgeschriebene Dauer aufbewahrt,
6. entgegen § 6 Satz 3 in Verbindung mit § 5 Abs. 8 Satz 1 einen Bericht nicht, nicht richtig, nicht vollständig oder nicht rechtzeitig erstellt und nicht, nicht richtig, nicht vollständig oder nicht rechtzeitig erstellen lässt,
7. entgegen § 6 Satz 3 in Verbindung mit § 5 Abs. 9 Satz 2 eine Maßnahme nicht, nicht richtig oder nicht rechtzeitig trifft,
8. entgegen § 7 Abs. 2 Abgase nicht oder nicht richtig ableitet oder
9. entgegen § 8 Abs. 1 Satz 1 eine Information nicht oder nicht rechtzeitig zuleitet.

(2) Ordnungswidrig im Sinne des § 62 Abs. 1 Nr. 7 des Bundes-Immissionsschutzgesetzes handelt, wer vorsätzlich oder fahrlässig als Betreiber einer nicht genehmigungsbedürftigen Anlage

1. entgegen § 3 Abs. 1 Nr. 1 oder § 4 Satz 1 eine Anlage nicht richtig errichtet oder nicht richtig betreibt,
2. entgegen § 5 Abs. 2 eine Anzeige nicht, nicht richtig oder nicht rechtzeitig erstattet,
3. entgegen § 5 Abs. 4 Satz 1 oder Absatz 6 Satz 1, 3 oder Satz 5 die Einhaltung der dort genannten Anforderungen nicht, nicht richtig oder nicht rechtzeitig feststellen lässt,
4. entgegen § 5 Abs. 5 Satz 1 eine Anlage nicht oder nicht rechtzeitig ausstattet,
5. entgegen § 5 Abs. 7 Satz 1 einen Reduzierungsplan nicht, nicht richtig, nicht vollständig oder nicht rechtzeitig vorlegt,
6. entgegen § 5 Abs. 7 Satz 2 oder Abs. 9 Satz 1 eine Mitteilung nicht, nicht richtig oder nicht rechtzeitig macht,
7. entgegen § 5 Abs. 7 Satz 4 oder Abs. 8 Satz 2 eine Ausfertigung des Reduzierungsplans oder einen Bericht nicht oder nicht für die vorgeschriebene Dauer aufbewahrt,
8. entgegen § 5 Abs. 8 Satz 1 einen Bericht nicht, nicht richtig, nicht vollständig oder nicht rechtzeitig erstellt und nicht, nicht richtig, nicht vollständig oder nicht rechtzeitig erstellen lässt,

---

[1] Nr. **1**.

9. entgegen § 5 Abs. 9 Satz 2 eine Maßnahme nicht, nicht richtig oder nicht rechtzeitig trifft,
10. entgegen § 7 Abs. 1 Abgase nicht oder nicht richtig ableitet oder
11. entgegen § 8 Abs. 1 Satz 1 eine Information nicht oder nicht rechtzeitig zuleitet.

Fünfter Teil. *(aufgehoben)*

§ 13 *(aufgehoben)*

Anhang I
(zu § 1)

Liste der Anlagen

	Bezeichnung der Anlage	Schwellenwert für den Lösemittelverbrauch (t/a)	Nummer der zugeordneten Tätigkeit im Anhang II
1.	**Reproduktion von Text oder von Bildern**		
1.1	Anlagen mit dem Heatset-Rollenoffset-Druckverfahren	15	1.1
1.2	Anlagen mit dem Illustrationstiefdruckverfahren	25	1.2
1.3	Anlagen für sonstige Drucktätigkeiten	15	1.3
2.	**Reinigung der Oberflächen von Materialien oder Produkten**		
2.1	Anlagen zur Oberflächenreinigung	1	2
3.	**Textilreinigung**		
3.1	Anlagen zur Textilreinigung (Chemischreinigungsanlagen)	0	3
4.	**Serienbeschichtung von Kraftfahrzeugen, Fahrerhäusern, Nutzfahrzeugen, Bussen oder Schienenfahrzeugen**		
4.1	Anlagen zur Serienbeschichtung von Kraftfahrzeugen	0	4.1
4.2	Anlagen zur Serienbeschichtung von Fahrerhäusern	0	4.2
4.3	Anlagen zum Beschichten von Nutzfahrzeugen	0	4.3
4.4	Anlagen zum Beschichten von Bussen	0	4.4
4.5	Anlagen zum Beschichten von Schienenfahrzeugen	5	4.5
5.	**Fahrzeugreparaturlackierung**		
5.1	Anlagen zur Reparaturlackierung von Fahrzeugen	0	5
6.	**Beschichten von Bandblech**		
6.1	Anlagen zum Beschichten von Bandblech	10	6

	Bezeichnung der Anlage	Schwellenwert für den Lösemittelverbrauch (t/a)	Nummer der zugeordneten Tätigkeit im Anhang II
7.	**Beschichten von Wickeldraht**		
7.1	Anlagen zum Beschichten von Wickeldraht mit phenol-, kresol- oder xylenolhaltigen Beschichtungsstoffen	0	7
7.2	Anlagen zum Beschichten von Wickeldraht mit sonstigen Beschichtungsstoffen	5	7
8.	**Beschichten von sonstigen Metall- oder Kunststoffoberflächen**		
8.1	Anlagen zum Beschichten von sonstigen Metall- oder Kunststoffoberflächen	5	8
9.	**Beschichten von Holz oder Holzwerkstoffen**		
9.1	Anlagen zum Beschichten von Holz oder Holzwerkstoffen mit einem jährlichen Lösemittelverbrauch bis zu 15 Tonnen	5	9
9.2	Anlagen zum Beschichten von Holz oder Holzwerkstoffen mit einem jährlichen Lösemittelverbrauch *vom*[1] mehr als 15 Tonnen	15	9
10.	**Beschichten von Textil-, Gewebe-, Folien- oder Papieroberflächen**		
10.1	Anlagen zum Beschichten oder Bedrucken von Textilien und Geweben	5	10.1
10.2	Anlagen zum Beschichten von Folien- oder Papieroberflächen	5	10.2
11.	**Beschichten von Leder**		
11.1	Anlagen zum Beschichten von Leder	10	11
12.	**Holzimprägnierung**		
12.1	Anlagen zum Imprägnieren von Holz unter Verwendung von lösemittelhaltigen Holzschutzmitteln	10	12
12.2	Anlagen zum Imprägnieren von Holz unter Verwendung von Teerölen (Kreosote)	0	12
13.	**Laminierung von Holz oder Kunststoffen**		
13.1	Anlagen zur Laminierung von Holz oder Kunststoffen	5	13
14.	**Klebebeschichtung**		
14.1	Anlagen zur Klebebeschichtung	5	14
15.	**Herstellung von Schuhen**		
15.1	Anlagen zur Herstellung von Schuhen	5	15
16.	**Herstellung von Anstrich- oder Beschichtungsstoffen sowie Herstellung von Bautenschutz- oder Holzschutzmitteln, Klebstoffen oder Druckfarben**		
16.1	Anlagen zur Herstellung von Anstrich- oder Beschichtungsstoffen	100	16

[1] Richtig wohl: „von".

Bezeichnung der Anlage		Schwellenwert für den Lösemittelverbrauch (t/a)	Nummer der zugeordneten Tätigkeit im Anhang II
16.2	Anlagen zur Herstellung von Bautenschutz- oder Holzschutzmitteln	100	16
16.3	Anlagen zur Herstellung von Klebstoffen	100	16
16.4	Anlagen zur Herstellung von Druckfarben	100	16
17.	**Umwandlung von Kautschuk**		
17.1	Anlagen zur Umwandlung von Kautschuk	10	17
18.	**Extraktion von Pflanzenöl oder tierischem Fett sowie Raffination von Pflanzenöl**		
18.1	Anlagen zur Extraktion von Pflanzenöl oder tierischem Fett sowie Raffination von Pflanzenöl	10	18
19.	**Herstellung von Arzneimitteln**		
19.1	Anlagen zur Herstellung von Arzneimitteln	50	19

Anhang II
(zu § 1)

Liste der Tätigkeiten

0. Allgemeines

0.1 In der Liste sind die Kategorien der von § 1 erfassten Tätigkeiten aufgeführt. Zu der jeweiligen Tätigkeit gehört auch die Reinigung der hierfür eingesetzten Geräte und Aggregate, jedoch nicht die Reinigung des Produkts, sowie die Instandhaltung der Anlage des Anhangs I, der die Tätigkeit zugeordnet ist, soweit nichts anderes bestimmt ist.

0.2 Beschichten ist jede Tätigkeit, bei der durch einfachen oder mehrfachen Auftrag eine oder mehrere Schichten eines Beschichtungsstoffes auf eine Oberfläche aufgebracht werden. Hierzu zählt nicht die Beschichtung von Trägerstoffen mit Metallen durch elektrophoretische und chemische Verfahren.

1. Reproduktion von Text oder von Bildern

Jede Tätigkeit zur Reproduktion von Text oder Bildern, bei der mit Hilfe von Bildträgern Farbe auf beliebige Oberflächen aufgebracht wird. Hierzu gehören auch die Aufbringung von Klarlacken und Beschichtungsstoffen innerhalb einer Druckmaschine sowie die Laminierung.

1.1 Heatset – Rollenoffset

Eine Rollendrucktätigkeit, bei der die druckenden und nichtdruckenden Bereiche der Druckplatte auf einer Ebene liegen. Unter Rollendruck ist zu verstehen, dass der Bedruckstoff der Maschine von einer Rolle und nicht in einzelnen Bogen zugeführt wird. Der nichtdruckende Bereich ist wasserannahmefähig und damit farbabweisend, während der druckende Bereich farbannahmefähig ist und damit Druckfarbe an die zu bedruckende Oberfläche abgibt. Das bedruckte Material wird in einem Heißtrockenofen getrocknet.

1.2 Illustrationstiefdruck

Rotationstiefdruck für den Druck von Magazinen, Broschüren, Katalogen oder ähnlichen Produkten, bei dem Druckfarben auf Toluolbasis verwendet werden.

1.3 Sonstige Drucktätigkeiten

1.3.1 Rotationstiefdruck

Eine Drucktätigkeit, bei der ein rotierender Zylinder eingesetzt wird, dessen druckende Bereiche vertieft sind, und bei der flüssige Druckfarben verwendet werden, die durch Verdunstung des Lösemittels trocknen. Die Vertiefungen füllen sich mit Druckfarbe. Bevor der Bedruckstoff mit dem Zylinder in Kontakt kommt und die Druckfarbe aus den Vertiefungen abgegeben wird, wird die überschüssige Druckfarbe von den nichtdruckenden Bereichen abgestrichen.

1.3.2 Rotationssiebdruck

Eine Rollendrucktätigkeit, bei der die Druckfarbe mittels Pressen durch eine poröse Druckform, bei der die druckenden Bereiche offen und die nichtdruckenden Bereiche abgedeckt sind, auf die zu bedruckende Oberfläche übertragen wird. Hierbei werden nur flüssige Druckfarben verwendet, die durch Verdunstung des Lösemittels trocknen. Unter Rollendruck ist zu verstehen, dass der Bedruckstoff der Maschine von einer Rolle und nicht in einzelnen Bogen zugeführt wird.

1.3.3 Flexodruck

Ein Druckverfahren, bei dem Druckplatten aus Gummi oder elastischen Photopolymeren, deren druckende Teile erhaben sind, sowie flüssige Druckfarben eingesetzt werden, die durch Verdunstung des Lösemittels trocknen.

1.3.4 Klarlackauftrag

Eine Tätigkeit, bei der auf einen flexiblen Bedruckstoff ein Klarlack oder eine Klebeschicht zum späteren Verschließen des Verpackungsmaterials aufgebracht wird.

1.3.5 Laminierung im Zuge einer Drucktätigkeit

Das Zusammenkleben von zwei oder mehr flexiblen Materialien zur Herstellung von Laminaten.

2. Reinigung der Oberflächen von Materialien oder Produkten

Jede Tätigkeit, mit Ausnahme der Textilreinigung, bei der mit Hilfe von organischen Lösemitteln Oberflächenverschmutzungen von Materialien entfernt werden einschließlich durch Entfetten oder Entlacken. Hierzu zählt auch die Reinigung von Fässern und Behältern. Eine Tätigkeit, die mehrere Reinigungsschritte vor oder nach einer anderen Tätigkeit umfasst, gilt als eine Oberflächenreinigungstätigkeit. Diese Tätigkeit bezieht sich nicht auf die Reinigung der Geräte, sondern auf die Reinigung der Oberfläche der Produkte.

3. Textilreinigung

Jede industrielle oder gewerbliche Tätigkeit, bei der organische Lösemittel in einer Anlage zur Reinigung von Kleidung, Heimtextilien und ähnlichen Verbrauchsgütern eingesetzt werden, mit Ausnahme der manuellen Entfernung von Flecken in der Textil- und Bekleidungsindustrie.

4. Serienbeschichtung von Kraftfahrzeugen, Fahrerhäusern, Nutzfahrzeugen, Bussen oder Schienenfahrzeugen

4.1 Serienbeschichtung von Kraftfahrzeugen

Eine Tätigkeit zum Serienbeschichten von Fahrzeugen der Klasse M1 gemäß der Richtlinie 70/156/EWG (ABl. EG Nr. L 42 S. 1), zuletzt geändert durch die Richtlinie 2006/40/EG (ABl. L 161 vom 14.6.2006, S. 12), sowie der Klasse N1, sofern sie in der gleichen Anlage wie Fahrzeuge der Klasse M1 lackiert werden.

4.2 Serienbeschichtung von Fahrerhäusern

Eine Tätigkeit zum Serienbeschichten von Fahrerhäusern sowie alle integrierten Abdeckungen für die technische Ausrüstung von Fahrzeugen der Klassen N2 und N3 gemäß der Richtlinie 70/156/EWG.

4.3 Beschichten von Nutzfahrzeugen

Eine Tätigkeit zum Beschichten von Nutzfahrzeugen der Klassen N1, N2 und N3 gemäß der Richtlinie 70/156/EWG, jedoch ohne Fahrerhäuser.

4.4 Beschichten von Bussen

Eine Tätigkeit zum Beschichten von Bussen der Klassen M2 und M3 gemäß der Richtlinie 70/156/EWG.

4.5 Beschichten von Schienenfahrzeugen

Jede Tätigkeit zum Beschichten von Schienenfahrzeugen.

5. Fahrzeugreparaturlackierung

Jede industrielle oder gewerbliche Tätigkeit einschließlich der damit verbundenen Reinigungs- und Entfettungstätigkeiten

a) zur ursprünglichen Lackierung von Kraftfahrzeugen gemäß der Richtlinie 70/156/EWG oder eines Teils dieser Kraftfahrzeuge mit Hilfe von Produkten zur Reparaturlackierung, sofern dies außerhalb der ursprünglichen Fertigungsstraße geschieht, oder

b) zur Lackierung von Anhängern (einschließlich Sattelanhängern) der Klasse O nach der Richtlinie 70/156/EWG.

6. Beschichten von Bandblech

Jede Tätigkeit, bei der Bandstahl, rostfreier Stahl, beschichteter Stahl, Kupferlegierungen oder Aluminiumbänder in einem Endlosverfahren entweder mit einer filmbildenden Schicht oder einem Laminat überzogen werden.

7. Beschichten von Wickeldraht

Jede Tätigkeit zur Beschichtung von metallischen Leitern, die zum Wickeln von Spulen verwendet werden.

8. Beschichten von sonstigen Metall- oder Kunststoffoberflächen

Jede Tätigkeit, bei der Metall- oder Kunststoffoberflächen, auch von sperrigen Gütern wie Schiffe oder Flugzeuge, beschichtet werden, einschließlich der Aufbringung von Trennmitteln oder von Gummierungen.

9. Beschichten von Holz oder Holzwerkstoffen

Jede Tätigkeit, bei der durch einfachen oder mehrfachen Auftrag eine Schicht auf Oberflächen von Holz oder Holzwerkstoffen aufgebracht wird.

10. Beschichten von Textil-, Gewebe-, Folien- oder Papieroberflächen

10.1 Jede Tätigkeit zur Veredlung von Textilien und Geweben durch Beschichten oder Bedrucken.

10.2 Jede Tätigkeit zur Veredelung von Folien- oder Papieroberflächen durch Beschichten sowie durch Imprägnieren oder Appretieren.

11. Beschichten von Leder

Jede Tätigkeit zur Beschichtung von Leder.

12. Holzimprägnierung

Jede Tätigkeit, mit der Nutzholz konserviert wird.

13. Laminierung von Holz oder Kunststoffen

Jede Tätigkeit des Zusammenklebens von Holz oder Kunststoff zur Herstellung von Laminaten.

14. Klebebeschichtung

Jede Tätigkeit, bei der ein Klebstoff auf eine Oberfläche aufgebracht wird, mit Ausnahme der Aufbringung von Klebeschichten oder Laminaten im Zusammenhang mit Druckverfahren oder der unter Nummer 13 genannten Tätigkeiten.

15. Herstellung von Schuhen

Jede Tätigkeit zur Herstellung vollständiger Schuhe oder von Schuhteilen.

16. Herstellung von Anstrich- oder Beschichtungsstoffen sowie Herstellung von Bautenschutz- oder Holzschutzmitteln, Klebstoffen oder Druckfarben

Die Herstellung der oben genannten End- und Zwischenprodukte, soweit diese in derselben Anlage hergestellt werden, durch Mischen von Pigmenten, Harzen und Klebstoffen mit organischen Lösemitteln oder anderen Trägerstoffen. Hierunter fallen auch das Dispergieren und Prädispergieren, die Einstellung der Viskosität und der Tönung sowie die Abfüllung des Endprodukts in Behälter.

17. Umwandlung von Kautschuk

Jede Tätigkeit des Mischens, Zerkleinerns, Kalandrierens, Extrudierens und Vulkanisierens natürlichen oder synthetischen Kautschuks und Hilfsverfahren zur Umwandlung von natürlichem oder synthetischem Kautschuk in ein Endprodukt.

18. Extraktion von Pflanzenöl oder tierischem Fett sowie Raffination von Pflanzenöl

Jede Tätigkeit zur Extraktion von Pflanzenöl aus Samen oder sonstigen pflanzlichen Stoffen, die Verarbeitung von trockenen Rückständen zur Herstellung von Tierfutter, die Klärung von Fetten und Pflanzenölen, die aus Samen, pflanzlichem und/oder tierischem Material gewonnen wurden.

19. Herstellung von Arzneimitteln

Die chemische Synthese, Fermentierung und Extraktion sowie die Formulierung und die Endfertigung von Arzneimitteln und, sofern an demselben Standort hergestellt, von Zwischenprodukten.

Anhang III
(zu den §§ 3 und 4)

Spezielle Anforderungen

1. Reproduktion von Text oder von Bildern

1.1 Anlagen mit dem Heatset-Rollenoffset-Druckverfahren

1.1.1 Emissionsgrenzwerte für gefasste behandelte Abgase

Emissionsgrenzwert (mg C/m³) Lösemittelverbrauch (t/a) > 15–25	> 25	Bemerkungen
50 20[1]	20	[1] Bei Anwendung von Abgasreinigungseinrichtungen mit thermischer Nachverbrennung.

1.1.2 Grenzwert für diffuse Emissionen

Der Grenzwert für diffuse Emissionen beträgt 30 vom Hundert der eingesetzten Lösemittel. Flüchtige organische Verbindungen, die in gefassten unbehandelten Abgasen enthalten sind, zählen zu den diffusen Emissionen. Der Lösemittelrückstand im Endprodukt gilt nicht als Teil der diffusen Emissionen.

1.1.3 Besondere Anforderungen

Der im Feuchtmittel enthaltene Massengehalt an Isopropanol darf 5 vom Hundert nicht überschreiten. Die Möglichkeiten, den Isopropanolgehalt unter den in Satz 1 genannten Wert nach dem Stand der Technik weiter zu senken, sind auszuschöpfen.

1.1.4 Gesamtemissionsgrenzwert für Anlagen zur Behandlung von Oberflächen von Stoffen, Gegenständen oder Erzeugnissen unter Verwendung von organischen Lösungsmitteln, insbesondere zum Appretieren, Bedrucken, Beschichten, Entfetten, Imprägnieren, Kleben, Lackieren, Reinigen oder Tränken, mit einer Verbrauchskapazität von mehr als 150 Kilogramm organischen Lösungsmitteln pro Stunde oder von mehr als 200 Tonnen pro Jahr

Der Gesamtemissionsgrenzwert beträgt 10 Gewichtsprozent des Druckfarbenverbrauchs.

1.2 Anlagen mit dem Illustrationstiefdruckverfahren

1.2.1 Emissionsgrenzwerte für gefasste Abgase

Emissionsgrenzwert (mg C/m³)	Bemerkungen
50[1]	[1] Gilt nicht bei vollständigem Umluftbetrieb.

1.2.2 Grenzwert für die Gesamtemissionen

Der Grenzwert für die Gesamtemission beträgt 5 Gewichtsprozente vom eingesetzten Lösemittel.

1.3 Anlagen für sonstige Drucktätigkeiten

1.3.1 Emissionsgrenzwerte für gefasste behandelte Abgase

Emissionsgrenzwert (mg C/m^3)	Bemerkungen
50 20[1)] 90[2)]	1) Bei Anwendung von Abgasreinigungseinrichtungen mit thermischer Nachverbrennung. 2) Bei Anwendung von Abgasreinigungseinrichtungen, die auf der Basis biologischer Prozesse arbeiten.

1.3.2 Grenzwert für diffuse Emissionen

Grenzwert[1)] (% der eingesetzten Lösemittel) Lösemittelverbrauch (t/a)		Bemerkungen
> 15–25	> 25	
25	20	1) Flüchtige organische Verbindungen, die in gefassten unbehandelten Abgasen enthalten sind, zählen zu den diffusen Emissionen.

2. Reinigung der Oberflächen von Materialien oder Produkten

2.1 Anlagen zur Oberflächenreinigung

2.1.1 Emissionsgrenzwerte für gefasste Abgase

Emissionsgrenzwert (mg C/m^3)	Bemerkungen
75[1)]	1) Gilt nicht für Reinigungsmittel mit einem Gehalt an organischen Lösemitteln von weniger als 20 vom Hundert, soweit die Reinigungsmittel keine flüchtigen organischen Verbindungen nach § 3 Abs. 2 oder 3 enthalten.

2.1.2 Grenzwert für diffuse Emissionen

Grenzwert (% der eingesetzten Lösemittel) Lösemittelverbrauch (t/a)		Bemerkungen
> 1–10	> 10	
20[1), 2)]	15[1), 2)]	1) Abweichend gilt für flüchtige organische Verbindungen nach § 3 Abs. 2 und 3 ein Grenzwert von 10 vom Hundert, für Verbindungen nach § 3 Abs. 2 nur, solange diese Verbindungen nicht durch weniger schädliche Stoffe oder Gemische ersetzt werden können. 2) Die Grenzwerte gelten nicht für Reinigungsmittel mit einem Gehalt an organischen Lösemitteln von weniger als 20 vom Hundert, soweit die Reinigungsmittel keine flüchtigen organischen Verbindungen nach § 3 Abs. 2 oder 3 enthalten.

2.1.3 Besondere Anforderungen

Die Oberflächenreinigung ist nach dem Stand der Technik in weitestgehend geschlossenen Anlagen durchzuführen.

3. Textilreinigung

3.1 Chemischreinigungsanlagen

3.1.1 Grenzwert für die Gesamtemissionen

Gesamtemissionsgrenzwert (g/kg)[1]	Bemerkungen
20	[1] Angegeben als Verhältnis der Masse der emittierten flüchtigen organischen Verbindungen in Gramm zu der Masse der gereinigten und getrockneten Ware in Kilogramm.

3.1.2 Besondere Anforderungen

Anlagen, die mit organischen Lösemitteln einschließlich Kohlenwasserstofflösemitteln (KWL) betrieben werden, sind so zu errichten und zu betreiben, dass

a) die Reinigung und Trocknung des Reinigungsgutes im geschlossenen System nach dem Stand der Technik erfolgt,

b) eine selbsttätige Verriegelung sicherstellt, dass die Beladetür erst nach Abschluss des Trocknungsvorgangs geöffnet werden kann, wenn die Massenkonzentration an organischen Lösemitteln einschließlich KWL in der Trommel nach dem Ergebnis einer laufenden messtechnischen Überprüfung einen Wert von 5 Gramm je Kubikmeter nicht mehr überschreitet,

c) nur organische Lösemittel einschließlich KWL eingesetzt werden,
- deren Gesamtaromatengehalt 1 Gewichtsprozent nicht überschreitet,
- deren Gehalt an Benzol und polycyclischen Aromaten höchstens 0,01 Gewichtsprozent beträgt,
- deren Halogengehalt 0,01 Gewichtsprozent nicht überschreitet,
- deren Flammpunkt über 55 °C liegt,
- die unter Betriebsbedingungen thermisch stabil sind,
- deren Siedebereiche bei 1 013 Hektopascal zwischen 180 °C und 210 °C liegen,

d) nur halogenfreie Hilfs- und Zusatzstoffe mit einem Flammpunkt über 55 °C eingesetzt werden, die unter Betriebsbedingungen thermisch stabil und frei von Stoffen nach § 3 Abs. 2 oder 3 sind,

e) die Massenkonzentration an flüchtigen organischen Verbindungen im abgesaugten, unverdünnten Abgas ab einem Massenstrom von mehr als 0,2 kg/h, gemittelt über die Trocknungs- oder Ausblasphase, 0,15 g/m³ nicht überschreitet.

4. Serienbeschichtung von Kraftfahrzeugen, Fahrerhäusern, Nutzfahrzeugen, Bussen oder Schienenfahrzeugen

4.0 Allgemeines

Der Grenzwert für die Gesamtemissionen bezieht sich auf alle Phasen eines Verfahrens, die in derselben Anlage durchgeführt werden. Dies umfasst die Elektrophorese oder ein anderes Beschichtungsverfahren einschließlich der Transport-, Motorwachs- und Unterbodenkonservierung, die abschließende Wachs- und Polierschicht sowie Lösemittel für die Reinigung der Geräte einschließlich Spritzkabinen und sonstige ortsfeste Ausrüstung sowohl während als auch außerhalb der Fertigungszeiten. Der Grenzwert für die Gesamtemissionen ist als Gesamtmasse der flüchtigen organischen Verbindungen je m² der Gesamtoberfläche des beschichteten Produkts angegeben.

4.1 Anlagen zur Serienbeschichtung von Kraftfahrzeugen

4.1.1 Grenzwert für die Gesamtemissionen

Gesamtemissionsgrenzwert (g/m²)	Bemerkungen
35	

4.1.2 Emissionsgrenzwerte für gefasste Abgase nach dem Trockner

Emissionsgrenzwert (mg C/m³)	Bemerkungen
50	

4.1.3 Besondere Anforderungen

Abweichend von den Nummern 4.1.1 und 4.1.2 gelten für Anlagen mit einem Lösemittelverbrauch von 15 Tonnen pro Jahr oder weniger die Anforderungen nach Nummer 5.1.

4.2 Anlagen zur Serienbeschichtung von Fahrerhäusern

4.2.1 Grenzwert für Gesamtemissionen

Gesamtemissionsgrenzwert (g/m²)	Bemerkungen
45	

4.2.2 Emissionsgrenzwerte für gefasste Abgase nach dem Trockner

Emissionsgrenzwert (mg C/m³)	Bemerkungen
50	

4.2.3 Besondere Anforderungen

Abweichend von den Nummern 4.2.1 und 4.2.2 gelten für Anlagen mit einem Lösemittelverbrauch von 15 Tonnen pro Jahr oder weniger die Anforderungen nach Nummer 5.1.

4.3 Anlagen zum Beschichten von Nutzfahrzeugen

4.3.1 Grenzwert für die Gesamtemissionen

Gesamtemissionsgrenzwert (g/m²)	Bemerkungen
70	
50[1)]	[1)] Gilt für Anlagen zur Behandlung von Oberflächen von Stoffen, Gegenständen oder Erzeugnissen unter Verwendung von organischen Lösungsmitteln, insbesondere zum Appretieren, Bedrucken, Beschichten, Entfetten, Imprägnieren, Kleben, Lackieren, Reinigen oder Tränken, mit einer Verbrauchskapazität von mehr als 150 Kilogramm organischen Lösungsmitteln pro Stunde oder von mehr als 200 Tonnen pro Jahr.

4.3.2 Emissionsgrenzwerte für gefasste Abgase nach dem Trockner

Emissionsgrenzwert (mg C/m³)	Bemerkungen
50	

4.3.3 Besondere Anforderungen

Abweichend von den Nummern 4.3.1 und 4.3.2 gelten für Anlagen mit einem Lösemittelverbrauch von 15 Tonnen pro Jahr oder weniger die Anforderungen nach Nummer 5.1.

4.4 Anlagen zum Beschichten von Bussen

4.4.1 Grenzwert für die Gesamtemissionen

Gesamtemissionsgrenzwert (g/m^2)	Bemerkungen
150	

4.4.2 Emissionsgrenzwerte für gefasste Abgase nach dem Trockner

Emissionsgrenzwert ($mg\ C/m^3$)	Bemerkungen
50	

4.4.3 Besondere Anforderungen

Abweichend von den Nummern 4.4.1 und 4.4.2 gelten für Anlagen mit einem Lösemittelverbrauch von 15 Tonnen pro Jahr oder weniger die Anforderungen nach Nummer 5.1.

4.5 Anlagen zum Beschichten von Schienenfahrzeugen

4.5.1 Grenzwert für die Gesamtemissionen

Gesamtemissionsgrenzwert (g/m^2)	Bemerkungen
110	

4.5.2 Emissionsgrenzwerte für gefasste Abgase nach dem Trockner

Emissionsgrenzwert ($mg\ C/m^3$)	Bemerkungen
50	

4.5.3 Sonstige Bestimmungen

Der Grenzwert der Nummer 4.5.1 darf bei Schienenfahrzeugen überschritten werden, deren Beschichtung zur Erfüllung von Vorgaben aus

a) Verträgen, die vor dem 25. August 2001 abgeschlossen worden sind, den Einsatz von Beschichtungsstoffen erfordert, mit denen der Grenzwert nicht eingehalten werden kann oder aus

b) Verträgen mit Kunden aus Nicht-Mitgliedstaaten der Europäischen Union für den Deck- und Füllerbereich den Einsatz von Beschichtungsstoffen erfordert, mit denen der Grenzwert nicht eingehalten werden kann,

jedoch nur, soweit die Überschreitung in Übereinstimmung mit den Vorschriften der Richtlinie 1999/13/EG steht. Der Betreiber hat die Vorgaben aus den Verträgen der zuständigen Behörde auf Verlangen vorzulegen. Die Möglichkeiten, den Grenzwert der Nummer 4.5.1 durch Anwendung des Standes der Technik zu erfüllen, sind auszuschöpfen.

5. Fahrzeugreparaturlackierung

5.1 Anlagen zur Reparaturlackierung von Fahrzeugen

5.1.1 Emissionsgrenzwerte für gefasste behandelte Abgase

Emissionsgrenzwert ($mg\ C/m^3$)	Bemerkungen
50[1)]	[1)] Nachweis durch 15-minütige Durchschnittsmessungen.

5.1.2 Grenzwert für diffuse Emissionen

Der Grenzwert für diffuse Emissionen beträgt 25 vom Hundert der eingesetzten Lösemittel. Flüchtige organische Verbindungen, die in gefassten unbehandelten Abgasen enthalten sind, zählen zu den diffusen Emissionen.

5.1.3 Ergänzende Anforderungen

Zur Reinigung der Werkzeuge, die bei der Verarbeitung von Beschichtungsstoffen in Betriebsstätten und ortsfesten Einrichtungen eingesetzt werden, sind ab dem 1. September 2011 geschlossene oder mindestens halbgeschlossene Reinigungsgeräte nach dem Stand der Technik zu verwenden.

6. Beschichten von Bandblech

6.1 Anlagen zum Beschichten von Bandblech

6.1.1 Emissionsgrenzwerte für gefasste behandelte Abgase

Emissionsgrenzwert (mg C/m³)	Bemerkungen
50 20[1)] 75[2)]	[1)] Bei Anwendung von Abgasreinigungseinrichtungen mit thermischer Nachverbrennung. [2)] Gilt für Anlagen mit Wiederverwendung organischer Lösemittel.

6.1.2 Grenzwert für diffuse Emissionen

Der Grenzwert für diffuse Emissionen von flüchtigen organischen Verbindungen beträgt 3 vom Hundert der eingesetzten Lösemittel, für Altanlagen 6 vom Hundert bis zum 31. Dezember 2013. Flüchtige organische Verbindungen, die in gefassten unbehandelten Abgasen enthalten sind, zählen zu den diffusen Emissionen.

7. Beschichten von Wickeldraht

7.1 Anlagen zum Beschichten von Wickeldraht mit phenol-, kresol- oder xylenolhaltigen Beschichtungsstoffen

7.1.1 Grenzwert für die Gesamtemissionen

Gesamtemissionsgrenzwert (g/kg Draht)	Bemerkungen
5 10[1)]	[1)] Mittlerer Drahtdurchmesser ≤ 0,1 mm.

7.2 Anlagen zum Beschichten von Wickeldraht mit sonstigen Beschichtungsstoffen

7.2.1 Grenzwert für die Gesamtemissionen

Gesamtemissionsgrenzwert (g/kg Draht)	Bemerkungen
5 10[1)]	[1)] Mittlerer Drahtdurchmesser ≤ 0,1 mm.

8. Beschichten von sonstigen Metall- oder Kunststoffoberflächen

8.1 Anlagen zum Beschichten von sonstigen Metall- oder Kunststoffoberflächen

8.1.1 Emissionsgrenzwerte für gefasste behandelte Abgase

Emissionsgrenzwert (mg C/m³) Lösemittelverbrauch (t/a)		Bemerkungen
> 5–15	> 15	
100[1)]	50[1)] 20[2)]	[1)] Gilt für Beschichtungs- und Trocknungsverfahren. [2)] Bei Anwendung von Abgasreinigungseinrichtungen mit thermischer Nachverbrennung.

8.1.2 Grenzwert für diffuse Emissionen

Grenzwert[1] (% der eingesetzten Lösemittel) Lösemittelverbrauch (t/a) > 5–15	> 15	Bemerkungen
15[2]	10[2]	1) Flüchtige organische Verbindungen, die in gefassten unbehandelten Abgasen enthalten sind, zählen zu den diffusen Emissionen.
25	20	2) Bei automatisierter Beschichtung bahnenförmiger Materialien.

8.1.3 Besondere Anforderungen

Bei der Beschichtung von Flugzeugen, Schiffen oder anderen sperrigen Gütern, bei denen die Anforderungen nach den Nummern 8.1.1 und 8.1.2 nicht eingehalten werden können, ist ein Reduzierungsplan nach Anhang IV anzuwenden, es sei denn, die Anwendung eines Reduzierungsplans ist nicht verhältnismäßig. In diesem Fall ist der zuständigen Behörde vor der Inbetriebnahme der Anlage nachzuweisen, dass die Anwendung eines Reduzierungsplans nicht verhältnismäßig ist und dass stattdessen die Emissionen nach dem Stand der Technik vermindert werden. Der angewandte Stand der Technik ist alle drei Jahre zu überprüfen und gegebenenfalls anzupassen. Das Ergebnis der Überprüfung ist zu dokumentieren, am Betriebsort bis zur nächsten Überprüfung aufzubewahren und der zuständigen Behörde auf Verlangen vorzulegen.

9. Beschichten von Holz oder Holzwerkstoffen

9.1 Anlagen zum Beschichten von Holz oder Holzwerkstoffen mit einem jährlichen Lösemittelverbrauch bis zu 15 Tonnen

Der Betreiber einer Anlage mit einem Lösemittelverbrauch bis zu 15 Tonnen hat

a) die Emissionen an flüchtigen organischen Verbindungen durch die Verwendung lösemittelarmer Einsatzstoffe nach dem Stand der Technik zu vermindern,

b) die Emissionen an flüchtigen organischen Verbindungen mindestens einmal jährlich durch eine Lösemittelbilanz nach dem Verfahren des Anhangs V zu ermitteln,

c) ab dem 1. Januar 2013 einen Reduzierungsplan nach Anhang IV einzuhalten.

9.2 Anlagen zum Beschichten von Holz oder Holzwerkstoffen mit einem jährlichen Lösemittelverbrauch von mehr als 15 Tonnen

9.2.1 Emissionsgrenzwerte für gefasste behandelte Abgase

Emissionsgrenzwert (mg C/m³) Lösemittelverbrauch (t/a) > 15–25	> 25	Bemerkungen
100[1]	50[1]	1) Für Beschichten und Trocknen.
	20[2]	2) Bei Anwendung von Abgasreinigungseinrichtungen mit thermischer Nachverbrennung.

9.2.2 Grenzwert für diffuse Emissionen

Grenzwert[1] (% der eingesetzten Lösemittel) Lösemittelverbrauch (t/a) > 15–25	> 25	Bemerkungen
25	20	1) Flüchtige organische Verbindungen, die in gefassten unbehandelten Abgasen enthalten sind, zählen zu den diffusen Emissionen.

10. Beschichten von Textil-, Gewebe-, Folien- oder Papieroberflächen

10.1 Anlagen zum Beschichten oder Bedrucken von Textilien und Geweben

10.1.1 Emissionsgrenzwerte für gefasste Abgase

Emissionsgrenzwert (mg C/m³) Lösemittelverbrauch (t/a) > 5–15	> 15	Bemerkungen
100[1]	50[1] 20[1), 2)] 75[3]	[1] Für Beschichten oder Bedrucken und Trocknen. [2] Bei Anwendung von Abgasreinigungseinrichtungen mit thermischer Nachverbrennung. [3] Gilt für Anlagen mit Wiederverwendung organischer Lösemittel.

10.1.2 Grenzwert für diffuse Emissionen

Grenzwert (% der eingesetzten Lösemittel) Lösemittelverbrauch (t/a) > 5–15	> 15	Bemerkungen
15	10	

10.2 Anlagen zum Beschichten von Folien- oder Papieroberflächen

10.2.1 Emissionsgrenzwerte für gefasste behandelte Abgase

Emissionsgrenzwert (mg C/m³) Lösemittelverbrauch (t/a) > 5–15	> 15	Bemerkungen
100[1]	50[1] 20[1), 2)]	[1] Für Beschichten und Trocknen. [2] Bei Anwendung von Abgasreinigungseinrichtungen mit thermischer Nachverbrennung.

10.2.2 Grenzwert für diffuse Emissionen

Grenzwert[1] (% der eingesetzten Lösemittel) Lösemittelverbrauch (t/a) > 5–15	> 15	Bemerkungen
15	10	[1] Flüchtige organische Verbindungen, die in gefassten unbehandelten Abgasen enthalten sind, zählen zu den diffusen Emissionen.

11. Beschichten von Leder

11.1 Anlagen zum Beschichten von Leder

11.1.1 Grenzwert für die Gesamtemissionen

Gesamtemissionsgrenzwert (g/m²) Lösemittelverbrauch (t/a) > 10–25	> 25	Bemerkungen
85 150[1]	75 150[1]	[1] Für die Beschichtung von besonderen Lederwaren, die als kleinere Konsumgüter verwendet werden, wie Taschen, Gürtel, Brieftaschen und ähnliche Lederwaren sowie für die Beschichtung von hochwertigen Polsterledern. Sofern dem Stand der Technik ein strengerer Wert entspricht, ist dieser einzuhalten.

11.1.2 Besondere Anforderungen

Anlagen der Nummer 6.3 des Anhangs I der Richtlinie 2010/75/EU mit einem Lösemittelverbrauch von 10 Tonnen oder mehr haben einen Gesamtemissionsgrenzwert von 23 g C/m² einzuhalten.[1]

12. Holzimprägnierung

12.1 Anlagen zum Imprägnieren von Holz unter Verwendung von lösemittelhaltigen Holzschutzmitteln

12.1.1 Grenzwert für die Gesamtemissionen

Gesamtemissionsgrenzwert (kg/m³)[1]	Bemerkungen
11	[1] Angegeben in Kilogramm emittierter flüchtiger organischer Verbindungen je Kubikmeter imprägniertem Holz.

12.1.2 Emissionsgrenzwerte für gefasste Abgase

Emissionsgrenzwert (mg C/m³)	Bemerkungen
100	

12.1.3 Grenzwert für diffuse Emissionen

Der Grenzwert für diffuse Emissionen beträgt 35 vom Hundert, für Altanlagen bis zum 31. Dezember 2013 45 vom Hundert der eingesetzten Lösemittel.

12.1.4 Besondere Anforderungen

Der Grenzwert für die Gesamtemissionen an flüchtigen organischen Verbindungen nach Nummer 12.1.1 gilt alternativ zum Emissionsgrenzwert für gefasste Abgase nach Nummer 12.1.2 und zum Grenzwert für diffuse Emissionen nach Nummer 12.1.3. Bei genehmigungsbedürftigen Anlagen gelten aus Vorsorgegründen zusätzlich zum Gesamtemissionsgrenzwert nach Nummer 12.1.1 die Anforderungen nach Nummer 12.1.2 für gefasste behandelte Abgase; die Anwendung des Standes der Technik auf alle gefassten Abgase wird hierbei vorausgesetzt.

12.2 Anlagen zum Imprägnieren von Holz unter Verwendung von Teerölen (Kreosote)

12.2.1 Grenzwerte für die Gesamtemissionen

Gesamtemissionsgrenzwert (kg/m³)[1] Lösemittelverbrauch (t/a) ≤ 25	> 25	Bemerkungen
11	5 11[2]	[1] Angegeben in Kilogramm emittierter flüchtiger organischer Verbindungen je Kubikmeter imprägniertem Holz. [2] Für Heiß-Kalt-Einstelltränkanlagen.

12.2.2 Sonstige Bestimmungen

Der Gesamtemissionsgrenzwert nach Nummer 12.2.1 gilt als eingehalten, soweit ausschließlich Teeröle eingesetzt werden, deren Massengehalt an flüchtigen organischen Verbindungen maximal 2 vom Hundert beträgt.

[1] Zeichensetzung nichtamtlich.

13. Laminierung von Holz oder Kunststoffen

13.1 Anlagen zur Laminierung von Holz oder Kunststoffen

13.1.1 Grenzwert für die Gesamtemissionen

Gesamtemissionsgrenzwert (g/m^2)	Bemerkungen
5	

13.1.2 Emissionsgrenzwerte für gefasste Abgase

Emissionsgrenzwert (mg C/m^3) Lösemitteleinsatz ≥ 25 kg/h	Bemerkungen
50 20[1]	[1] Bei Anwendung von Abgasreinigungseinrichtungen mit thermischer Nachverbrennung.

14. Klebebeschichtung

14.1 Anlagen zur Klebebeschichtung

14.1.1 Emissionsgrenzwerte für gefasste behandelte Abgase

Emissionsgrenzwert (mg C/m^3) Lösemittelverbrauch (t/a) > 5–15	> 15	Bemerkungen
50 100[1]	50 20[2]	[1] Gilt für Abgasreinigungseinrichtungen mit Rückgewinnung. [2] Bei Anwendung von Abgasreinigungseinrichtungen mit thermischer Nachverbrennung.

14.1.2 Grenzwert für diffuse Emissionen

Grenzwert[1] (% der eingesetzten Lösemittel) Lösemittelverbrauch (t/a) > 5–15	> 15	Bemerkungen
15[2] 25	10[2] 20	[1] Flüchtige organische Verbindungen, die in gefassten unbehandelten Abgasen enthalten sind, zählen zu den diffusen Emissionen. [2] Bei automatisierter Beschichtung bahnenförmiger Materialien.

14.1.3 Besondere Anforderungen

Anstatt des Grenzwertes für diffuse Emissionen in Nummer 14.1.2 muss bei Anlagen zur Behandlung von Oberflächen von Stoffen, Gegenständen oder Erzeugnissen unter Verwendung von organischen Lösungsmitteln, insbesondere zum Appretieren, Bedrucken, Beschichten, Entfetten, Imprägnieren, Kleben, Lackieren, Reinigen oder Tränken, mit einer Verbrauchskapazität von mehr als 150 Kilogramm organischen Lösungsmitteln pro Stunde oder von mehr als 200 Tonnen pro Jahr, in denen Klebebänder beschichtet werden, ein Gesamtemissionsgrenzwert von 1 Prozent der Masse der eingesetzten Lösemittel eingehalten werden.

15. Herstellung von Schuhen

15.1 Anlagen zur Herstellung von Schuhen

15.1.1 Grenzwert für die Gesamtemissionen

Gesamtemissionsgrenzwert (g)[1]	Bemerkungen
25	[1] Angegeben in Gramm emittierter Lösemittel je vollständiges Paar Schuhe.

16. Herstellung von Anstrich- oder Beschichtungsstoffen sowie Herstellung von Bautenschutz- oder Holzschutzmitteln, Klebstoffen oder Druckfarben

16.1 Anlagen zur Herstellung von Anstrich- oder Beschichtungsstoffen

16.1.1 Grenzwerte für die Gesamtemissionen

Gesamtemissionsgrenzwert[1)] Lösemittelverbrauch (t/a) ≤ 1 000	> 1 000	Bemerkungen
2,5	1	1) Angegeben in vom Hundert des eingesetzten organischen Lösemittels.
3[1)]	*1*[1)]	

16.1.2 Emissionsgrenzwerte für gefasste Abgase

Emissionsgrenzwert (mg C/m³) Lösemittelverbrauch (t/a) ≤ 1 000	> 1 000	Bemerkungen
20[1)] 100	20[1)] 50 100[2)]	1) Bei Anwendung von Abgasreinigungseinrichtungen mit thermischer Nachverbrennung. 2) Gilt für Abgasreinigungseinrichtungen mit Rückgewinnung durch Kondensation, soweit keine flüchtigen organischen Verbindungen nach Klasse II der Technischen Anleitung zur Reinhaltung der Luft in der jeweils geltenden Fassung eingesetzt werden.

16.1.3 Grenzwert für diffuse Emissionen

Grenzwert[1)] (% der eingesetzten Lösemittel) Lösemittelverbrauch (t/a) ≤ 1 000	> 1 000	Bemerkungen
3	1	1) Flüchtige organische Verbindungen, die als Teil des Beschichtungsstoffes in einem geschlossenen Behälter verkauft werden, gelten nicht als diffuse Emissionen.

16.1.4 Besondere Anforderungen

Der Grenzwert für die Gesamtemissionen an flüchtigen organischen Verbindungen nach Nummer 16.1.1 gilt alternativ zum Emissionsgrenzwert für gefasste Abgase nach Nummer 16.1.2 und zum Grenzwert für diffuse Emissionen nach Nummer 16.1.3. Bei genehmigungsbedürftigen Anlagen gelten aus Vorsorgegründen zusätzlich zum Gesamtemissionsgrenzwert nach Nummer 16.1.1 die Anforderungen nach Nummer 16.1.2 für gefasste behandelte Abgase; die Anwendung des Standes der Technik auf alle gefassten Abgase wird hierbei vorausgesetzt.

16.2 Anlagen zur Herstellung von Bautenschutz- oder Holzschutzmitteln

16.2.1 Grenzwerte für die Gesamtemissionen

Gesamtemissionsgrenzwert[1)] Lösemittelverbrauch (t/a) ≤ 1 000	> 1 000	Bemerkungen
3	1	1) Angegeben in vom Hundert des eingesetzten organischen Lösemittels.

1) Wortlaut amtlich.

16.2.2 Emissionsgrenzwerte für gefasste Abgase

Emissionsgrenzwert (mg C/m³) Lösemittelverbrauch (t/d) ≤ 1	> 1	Bemerkungen
20[1]	20[1]	[1] Bei Anwendung von Abgasreinigungseinrichtungen mit thermischer Nachverbrennung.
100	50	
	100[2]	[2] Gilt für Abgasreinigungseinrichtungen mit Rückgewinnung durch Kondensation, soweit keine flüchtigen organischen Verbindungen nach Klasse II der Technischen Anleitung zur Reinhaltung der Luft[1] in der jeweils geltenden Fassung eingesetzt werden.

16.2.3 Grenzwert für diffuse Emissionen

Grenzwert[1] (% der eingesetzten Lösemittel) Lösemittelverbrauch (t/d) ≤ 1	> 1	Bemerkungen
3	1	[1] Flüchtige organische Verbindungen, die als Teil des Beschichtungsstoffes in einem geschlossenen Behälter verkauft werden, gelten nicht als diffuse Emissionen.

16.2.4 Besondere Anforderungen

Nummer 16.1.4 gilt entsprechend.

16.3 Anlagen zur Herstellung von Klebstoffen

16.3.1 Grenzwerte für die Gesamtemissionen

Gesamtemissionsgrenzwert[1] Lösemittelverbrauch (t/d) ≤ 5	> 5	Bemerkungen
3	1	[1] Angegeben in vom Hundert des eingesetzten organischen Lösemittels.

16.3.2 Emissionsgrenzwerte für gefasste Abgase

Emissionsgrenzwert (mg C/m³) Lösemittelverbrauch (t/d) ≤ 5	> 5	Bemerkungen
20[1]	20[1]	[1] Bei Anwendung von Abgasreinigungseinrichtungen mit thermischer Nachverbrennung.
100	50	
	100[2]	[2] Gilt für Abgasreinigungseinrichtungen mit Rückgewinnung durch Kondensation, soweit keine flüchtigen organischen Verbindungen nach Klasse II der Technischen Anleitung zur Reinhaltung der Luft in der jeweils geltenden Fassung eingesetzt werden.

[1] Nr. **5.1**.

16.3.3 Grenzwert für diffuse Emissionen

Grenzwert[1) (% der eingesetzten Lösemittel) Lösemittelverbrauch (t/d) ≤ 5	> 5	Bemerkungen
3	1	1) Flüchtige organische Verbindungen, die als Teil des Beschichtungsstoffes in einem geschlossenen Behälter verkauft werden, gelten nicht als diffuse Emissionen.

16.3.4 Besondere Anforderungen
Nummer 16.1.4 gilt entsprechend.

16.4 Anlagen zur Herstellung von Druckfarben

16.4.1 Grenzwerte für die Gesamtemissionen

Gesamtemissionsgrenzwert[1) Lösemittelverbrauch (t/a) ≤ 1 000	> 1 000	Bemerkungen
3	1	1) Angegeben in vom Hundert der eingesetzten organischen Lösemittel.

16.4.2 Emissionsgrenzwerte für gefasste Abgase

Emissionsgrenzwert (mg C/m³) Lösemittelverbrauch (t/a) ≤ 1 000	> 1 000	Bemerkungen
20[1)	20[1)	1) Bei Anwendung von Abgasreinigungseinrichtungen mit thermischer Nachverbrennung.
100	50	2) Bei Anwendung von Abgasreinigungseinrichtungen, die auf der Basis biologischer Prozesse arbeiten.
	90[2)	3) Gilt für Abgasreinigungseinrichtungen mit Rückgewinnung durch Kondensation, soweit keine flüchtigen organischen Verbindungen nach Klasse II der Technischen Anleitung zur Reinhaltung der Luft[1)] in der jeweils geltenden Fassung eingesetzt werden.
	100[3)	

16.4.3 Grenzwert für diffuse Emissionen

Grenzwert[1) (% der eingesetzten Lösemittel) Lösemittelverbrauch (t/a) ≤ 1 000	> 1 000	Bemerkungen
3	1	1) Flüchtige organische Verbindungen, die als Teil der Druckfarben in einem geschlossenen Behälter verkauft werden, gelten nicht als diffuse Emissionen.

16.4.4 Besondere Anforderungen
Nummer 16.1.4 gilt entsprechend.

---

1) Nr. **5.1**.

17. Umwandlung von Kautschuk

17.1 Anlagen zur Umwandlung von Kautschuk

17.1.1 Grenzwert für die Gesamtemissionen

Gesamtemissionsgrenzwert[1)]	Bemerkungen
25	[1)] Angegeben in vom Hundert des eingesetzten organischen Lösemittels.

17.1.2 Emissionsgrenzwerte für gefasste Abgase

Emissionsgrenzwert (mg C/m³)	Bemerkungen
20 75[1)]	[1)] Gilt für Anlagen mit Wiederverwendung zurückgewonnener organischer Lösemittel.

17.1.3 Grenzwert für diffuse Emissionen

Der Grenzwert für diffuse Emissionen beträgt 25 vom Hundert. Organische Lösemittel, die als Teil von Erzeugnissen oder Gemischen in geschlossenen Behältern verkauft werden, zählen nicht zu den diffusen Emissionen.

17.1.4 Besondere Anforderungen

Der Grenzwert für die Gesamtemissionen an flüchtigen organischen Verbindungen nach Nummer 17.1.1 gilt alternativ zum Emissionsgrenzwert für gefasste Abgase nach Nummer 17.1.2 und zum Grenzwert für diffuse Emissionen nach Nummer 17.1.3. Bei genehmigungsbedürftigen Anlagen gelten aus Vorsorgegründen zusätzlich zum Gesamtemissionsgrenzwert nach Nummer 17.1.1 die Anforderungen nach Nummer 17.1.2 für gefasste behandelte Abgase; die Anwendung des Standes der Technik auf alle gefassten Abgase wird hierbei vorausgesetzt.

18. Extraktion von Pflanzenöl und tierischem Fett sowie Raffination von Pflanzenöl

18.1 Anlagen zur Extraktion von Pflanzenöl und tierischem Fett sowie Raffination von Pflanzenöl

18.1.1 Grenzwerte für die Gesamtemissionen

Gesamtemissionsgrenzwert[1)]		Bemerkungen
Tierisches Fett:	1,5	[1)] In Kilogramm je Tonne tierischem oder pflanzlichem Material.
Rizinus:	3,0	[2)] Bei Anlagen, die einzelne Chargen von Samen und sonstiges pflanzliches Material verarbeiten, sind die Gesamtemissionen nach dem Stand der Technik zu vermindern.
Rapssamen:	1,0	[3)] Gilt für alle Verfahren zur Fraktionierung mit Ausnahme der Entschleimung (Reinigung von Ölen).
Sonnenblumensamen:	1,0	[4)] Gilt für die Entschleimung.
Sojabohnen (normal gemahlen):	0,8	
Sojabohnen (weiße Flocken):	1,2	
Sonstige Samen und sonstiges pflanzliches Material:	3[2)] 1,5[3)] 4[4)]	

19. Herstellung von Arzneimitteln

19.1 Anlagen zur Herstellung von Arzneimitteln

19.1.1 Grenzwerte für die Gesamtemissionen

Die Gesamtemissionen dürfen 5 Prozent der Masse der eingesetzten Lösemittel nicht überschreiten, bei Altanlagen gilt dies ab dem 1. Januar 2013.

19.1.2 Emissionsgrenzwerte für gefasste Abgase

Emissionsgrenzwert (mg C/m³)	Bemerkungen
20 75[1)]	[1)] Gilt für Anlagen mit Einrichtungen, die die Wiederverwendung zurückgewonnener organischer Lösemittel ermöglichen.

19.1.3 Grenzwert für diffuse Emissionen

Der Grenzwert für diffuse Emissionen beträgt 5 Prozent der Masse der eingesetzten Lösemittel, bei Altanlagen gilt dies ab dem 1. Januar 2013. Der Grenzwert für diffuse Emissionen bezieht sich nicht auf Lösemittel, die als Teil von Erzeugnissen oder Gemischen in einem geschlossenen Behälter verkauft werden.

19.1.4 Besondere Anforderungen

Der Grenzwert für die Gesamtemissionen an flüchtigen organischen Verbindungen nach Nummer 19.1.1 gilt alternativ zum Emissionsgrenzwert für gefasste Abgase nach Nummer 19.1.2 und zum Grenzwert für diffuse Emissionen nach Nummer 19.1.3. Bei genehmigungsbedürftigen Anlagen gelten aus Vorsorgegründen zusätzlich zum Gesamtemissionsgrenzwert nach Nummer 19.1.1 die Anforderungen nach Nummer 19.1.2 für gefasste behandelte Abgase; die Anwendung des Standes der Technik auf alle gefassten Abgase wird hierbei vorausgesetzt.

Anhang IV
(zu § 4)

Reduzierungsplan

A. Grundsätzliche Anforderungen

Bei Anwendung eines Reduzierungsplans ist eine Emissionsminderung mindestens in gleicher Höhe zu erzielen, wie dies für die jeweilige Anlage bei Einhaltung der Anforderungen nach § 4 Satz 1 Nr. 1 der Fall wäre. Bei Einhaltung der Voraussetzungen von Satz 1 darf der Betreiber einen beliebigen Reduzierungsplan verwenden, der speziell für seine Anlage aufgestellt sein kann. Sind entgegen der bei Aufstellung des Reduzierungsplans gemäß § 4 Satz 2 getroffenen und begründeten Annahmen lösemittelarme oder lösemittelfreie Ersatzstoffe noch in der Entwicklung und ist ein absehbares Ende der Entwicklung gegeben, kann die zuständige Behörde auf Antrag des Betreibers eine angemessene Fristverlängerung zur Umsetzung seines Reduzierungsplans einräumen.

B. Reduzierungsplan für das Aufbringen von Beschichtungsstoffen, Klarlacken, Klebstoffen oder Druckfarben

Bei Anwendung des folgenden Reduzierungsplans ist der Nachweis der Gleichwertigkeit nach Abschnitt A Satz 1 nicht erforderlich:

1. Der Betreiber legt der zuständigen Behörde einen Reduzierungsplan vor, der vorsieht, den durchschnittlichen Gehalt an flüchtigen organischen Verbindungen der Einsatzstoffe, insbesondere der Beschichtungsstoffe und Reinigungsmittel, zu verringern oder den Feststoffnutzungsgrad zu erhöhen, um die Gesamtemissionen an flüchtigen organischen Verbindungen aus der Anlage auf einen bestimmten Prozentsatz der jährlichen Bezugsemission, die sogenannte Zielemission, zu reduzieren.
2. Die jährliche Bezugsemission berechnet sich wie folgt:
   Jährliche Bezugsemission = kg Feststoff/a × Multiplikationsfaktor.
   Es ist die Gesamtmasse der Feststoffe in der jährlich verbrauchten Menge an Beschichtungsstoff und/oder Druckfarbe, Lack, Farbe, Klebstoff zu bestimmen. Als Feststoffe gelten alle Stoffe in Beschichtungsstoffen, Druckfarben, Klarlacken, Lacken und Klebstoffen, die sich verfestigen, sobald das Wasser oder die flüchtigen organischen Verbindungen verdunstet sind (wie z.B. Bindemittel, Pigmente, Füllstoffe in Lacken, Farben, Klebstoffen).
   Durch Multiplikation der bestimmten Gesamtmasse an Feststoffen mit dem entsprechenden Multiplikationsfaktor aus der Spalte 3 der nachstehenden Tabelle ist die jährliche Bezugsemission zu berechnen. Die zuständige Behörde kann eine Anpassung der genannten Multiplikationsfaktoren bei einzelnen

Anlagen vornehmen, um bei der Anwendung von Applikationsverfahren nach dem Stand der Technik dem nachgewiesenen erhöhten Feststoffnutzungsgrad Rechnung zu tragen.

Nummer der Anlage nach Anhang I	Tätigkeit	Lösemittelverbrauch t/a	Multiplikationsfaktor zur Ermittlung der jährlichen Bezugsemission	Prozentsatz zur Ermittlung der Zielemission
1.1	*(aufgehoben)*			
1.2	*(aufgehoben)*			
1.3	Sonstige Druckverfahren außer Rotationssiebdruck	> 15–25	2,5	(25 + 5) %
		> 25	2,5	(20 + 5) %
	• Rotationssiebdruck	> 15–25	1,5	(25 + 5) %
		> 25	1,5	(20 + 5) %
4.1–4.4	Fahrzeugserienlackierung	< 15	2,5	(25 + 15) %
4.5	Beschichtung von Schienenfahrzeugen	> 5–15	1,5	(25 + 15) %
		> 15		(20 + 5) %
5.1	Fahrzeugreparaturlackierung		2,5	(25 + 15) %
6.1	Bandbeschichtung	> 10	2,5	(3 + 5) %
8.1	Sonstige Metall- oder Kunststoffbeschichtung			
	• sonstige Beschichtung	> 5–15	1,5	(25 + 15) %
		> 15		(20 + 5) %
	• Beschichtung bahnenförmiger Materialien	> 5–15		(15 + 15) %
		> 15		(10 + 5) %
9.1		> 5–15	4	(25 + 15) %
9.2	Holzbeschichtung	> 15–25	3*1)	(25 + 15) %
		> 25	3*1)	(20 + 5) %
10.1/ 10.2	Textil-, Gewebe-, Folien- oder Papieroberflächen	> 5–15	4	(15 + 15) %
		> 15		(10 + 5) %
12.1	Holzimprägnierung	> 10	1,5	(45 + 5) %
14.1	Klebebeschichtung			
	• sonstiger Betrieb	> 5–15	3	(25 + 5) %
		> 15		(20 + 5) %
	• Beschichtung bahnenförmiger Materialien	> 5–15		(15 + 5) %
		> 15		(10 + 5) %
8.1, 10.1, 10.2, 14.1	Beschichtungen, die mit Lebensmitteln in Berührung kommen; Beschichtungen für die Luft- und Raumfahrt	entsprechende Werte für die Nummern 8.1, 10.1, 10.2, 14.1	2,33	entsprechende Werte aus den Nummern 8.1, 10.1, 10.2, 14.1

*1) **Amtl. Anm.:** Für Applikationsverfahren mit einem Auftragswirkungsgrad von > 85 % (beispielsweise Walzen) kann der Multiplikationsfaktor 4 zugrunde gelegt werden.

3. Die Zielemission berechnet sich wie folgt:
Zielemission = Bezugsemission × Prozentsatz
Die Höhe des Prozentsatzes ist gleich der Summe aus

a) dem Grenzwert für diffuse Emissionen + 15
bei den in Spalte 1 der Tabelle in Nummer 2 genannten Anlagen

- der Nummer 5.1,
- der Nummern 8.1, 10.1 und 10.2 mit einem Lösemittelverbrauch von jeweils 5 bis 15 t/a und
- der Nummern 9.1 und 9.2 mit einem Lösemittelverbrauch von jeweils 5 bis 25 t/a;

b) dem Grenzwert für diffuse Emissionen + 5
bei allen sonstigen in der Spalte 1 der Tabelle in Nummer 2 genannten Anlagen.

Die für die einzelnen Anlagenarten maßgeblichen Prozentsätze sind in der vierten Spalte der Tabelle in Nummer 2 angegeben. Die Anforderungen des Reduzierungsplans gelten als eingehalten, wenn die nach dem Verfahren der Lösemittelbilanz des Anhangs V bestimmte tatsächliche Gesamtemission an flüchtigen organischen Verbindungen die Zielemission nicht überschreitet.

4. Hat die Anwendung eines Reduzierungsplans zur Folge, dass die Zielemission auch ohne den Weiterbetrieb einer bereits vorhandenen Abgasreinigungseinrichtung möglich ist und soll diese deshalb außer Betrieb genommen werden, ist dafür eine Zustimmung der zuständigen Behörde erforderlich.

5. Für Anlagen der Nummern 8.1 und 9.2 des Anhangs I, die Teil oder Nebeneinrichtungen von Anlagen zur Behandlung von Oberflächen von Stoffen, Gegenständen oder Erzeugnissen unter Verwendung von organischen Lösungsmitteln, insbesondere zum Appretieren, Bedrucken, Beschichten, Entfetten, Imprägnieren, Kleben, Lackieren, Reinigen oder Tränken, mit einer Verbrauchskapazität von mehr als 150 Kilogramm organischen Lösungsmitteln pro Stunde oder von mehr als 200 Tonnen pro Jahr sind, sind die folgenden Gesamtemissionsgrenzwerte einzuhalten:
   - 0,30 kg VOC bezogen auf 1 Kilogramm des eingesetzten Feststoffs im Beschichtungsstoff bei Anlagen zur Beschichtung von selbstfahrenden landwirtschaftlichen Geräten und Anlagen der Nummer 8.1 des Anhangs I, sofern Kunststoffoberflächen beschichtet werden,
   - 0,25 kg VOC bezogen auf 1 Kilogramm des eingesetzten Feststoffs im Beschichtungsstoff bei Anlagen der Nummern 8.1 und 9.2 des Anhangs I ausgenommen Anlagen zur Beschichtung von selbstfahrenden landwirtschaftlichen Geräten und Anlagen der Nummer 8.1 des Anhangs I, sofern Kunststoffoberflächen beschichtet werden.

6. Die Anwendung des Reduzierungsplans IV B ist für Tätigkeiten zur Verarbeitung von flüssigen ungesättigten Polyesterharzen mit Styrolzusatz nicht geeignet.

C. Vereinfachter Nachweis zur Einhaltung der Anforderungen

1. Die Zielemission des Reduzierungsplans nach Abschnitt B gilt für Anlagen der Nummer 1.3 des Anhangs I auch als eingehalten, soweit in diesen Anlagen ausschließlich Druckfarben, Klarlacke, Klebstoffe und Hilfsstoffe mit einem Lösemittelgehalt von weniger als 10 vom Hundert eingesetzt werden und der Betreiber einer Anlage dies gegenüber der zuständigen Behörde verbindlich erklärt.

2. Die Zielemission des Reduzierungsplans nach Abschnitt B gilt für nicht genehmigungsbedürftige Anlagen der Nummern 4.1 bis 4.5, 5.1 oder 8.1 des Anhangs I auch als eingehalten, soweit in diesen Anlagen ausschließlich Beschichtungsstoffe mit einem VOC-Wert von höchstens 250 g/l sowie Reinigungsmittel mit einem Massegehalt an flüchtigen organischen Verbindungen von weniger als 20 vom Hundert eingesetzt werden und der Betreiber einer Anlage dies gegenüber der zuständigen Behörde verbindlich erklärt.

3. Für Anlagen der Nummer 9.1 des Anhangs I gilt die Zielemission des Reduzierungsplans nach Abschnitt B auch als eingehalten, soweit
   a) zur Beschichtung von ebenen und planen Oberflächen ausschließlich Beschichtungsstoffe mit einem VOC-Wert von höchstens 250 g/l,
   b) zur Beschichtung sonstiger Oberflächen ausschließlich Beschichtungsstoffe mit einem VOC-Wert von höchstens 450 g/l und
   c) ausschließlich wässrige Beizen mit einem VOC-Wert von höchstens 300 g/l

   eingesetzt werden und der Betreiber einer Anlage dies gegenüber der zuständigen Behörde verbindlich erklärt.

4. Für nicht genehmigungsbedürftige Anlagen der Nummer 5.1 des Anhangs I gilt die Zielemission des Reduzierungsplans nach Abschnitt B auch als eingehalten, soweit die im Folgenden genannten Einsatzstoffe den zugeordneten VOC-Wert nicht überschreiten und der Betreiber einer Anlage dies gegenüber der zuständigen Behörde verbindlich erklärt:

Einsatzstoff	VOC-Wert [g/l]
Werkzeugreiniger	850
Vorreinigungsmittel	200
Spachtel	250
Waschprimer	780
Haftgrundierung	540*1)
Grundierfüller	540*1)
Schleiffüller	540*1)
Nass-in-Nassfüller	540*2)
Einschicht-Uni-Decklack	420
Basislack	420
Klarlack	420*3)
Spezialprodukte	840*3), *4)

*1) **Amtl. Anm.:** Ab 1. Januar 2010 gelten < 250, soweit die Anwendung des Einsatzstoffes nach dem Stand der Technik möglich ist.

*2) **Amtl. Anm.:** Ab 1. Januar 2010 gelten < 420, soweit die Anwendung des Einsatzstoffes nach dem Stand der Technik möglich ist.

*3) **Amtl. Anm.:** Ab 1. Januar 2010 Anpassung an den Stand der Technik.

*4) **Amtl. Anm.:** Der Anteil der Spezialprodukte an den gesamten Beschichtungsstoffen darf 10 vom Hundert nicht überschreiten.

5. Für Anlagen der Nummer 10.1 des Anhangs I gilt die Zielemission nach Abschnitt B auch als eingehalten, soweit die Emissionsfaktoren

   a) für das Beschichten und das Bedrucken 0,8 gC je Kilogramm Textilien und

   b) aus Verschleppung und Restgehalt der Präparation 0,4 gC je Kilogramm Textilien

   nicht überschreiten und der Betreiber einer Anlage dies gegenüber der zuständigen Behörde verbindlich erklärt.

6. Für nicht genehmigungsbedürftige Anlagen der Nummern 13.1 und 14.1 des Anhangs I gilt die Zielemission nach Abschnitt B auch als eingehalten, soweit ausschließlich Klebstoffe und Primer mit einem Massegehalt an organischen Lösemitteln von weniger als 5 vom Hundert eingesetzt werden und der Betreiber einer Anlage dies gegenüber der zuständigen Behörde verbindlich erklärt.

Anhang V
(zu den §§ 5 und 6)

Lösemittelbilanz

1. Definitionen

Die folgenden Definitionen dienen der Erstellung einer Lösemittelbilanz für eine Anlage, bezogen auf den Zeitraum eines Kalenderjahres oder eines beliebigen Zwölfmonatszeitraums:

1.1 Eintrag organischer Lösemittel in eine Anlage (I)

I1: Die Menge organischer Lösemittel oder ihre Menge in gekauften Gemischen, die in einer Anlage in der Zeitspanne eingesetzt wird, die der Berechnung der Lösemittelbilanz zugrunde liegt.

I2: Die Menge organischer Lösemittel oder ihre Menge in zurückgewonnenen Gemischen, die in der Anlage als Lösemittel zur Wiederverwendung eingesetzt wird. Das zurückgewonnene Lösemittel wird jedes Mal dann erfasst, wenn es dazu verwandt wird, die Tätigkeit auszuführen.

1.2 Austrag organischer Lösemittel aus einer Anlage (O)

O1: Emissionen in gefassten Abgasen

O1 = O1.1 + O1.2

O1.1: Emissionen in den gefassten behandelten Abgasen

O1.2: Emissionen in den gefassten unbehandelten Abgasen

O2: Menge organischer Lösemittel im Abwasser, gegebenenfalls unter Berücksichtigung der Abwasseraufbereitung bei der Berechnung von O5

O3: Die Menge organischer Lösemittel, die als Verunreinigung oder Rückstand im Endprodukt verbleibt

O4: Diffuse Emissionen nach § 2 Nr. 6 in die Luft

O5: Die Menge organischer Lösemittel und/oder organischer Verbindungen, die aufgrund chemischer oder physikalischer Reaktionen, beispielsweise durch Verbrennung oder die Aufbereitung von Abgasen oder Abwasser vernichtet oder aufgefangen werden, sofern sie nicht unter O6, O7 oder O8 fallen

O6: Die Menge organischer Lösemittel, die in eingesammeltem Abfall enthalten ist

O7: Organische Lösemittel oder in Gemischen enthaltene organische Lösemittel, die als Produkt verkauft werden oder verkauft werden sollen, beispielsweise Lacke, Farben oder Klebstoffe als Verkaufsprodukte der Herstellungsprozesse

O8: Die Menge organischer Lösemittel, die zur Wiederverwendung zurückgewonnen wurden oder in für die Wiederverwendung zurückgewonnenen Gemischen enthalten sind, jedoch nicht als Einsatz gelten, sofern sie nicht unter O7 fallen

O9: Organische Lösemittel, die auf sonstigem Wege freigesetzt werden

2. Leitlinien für die Verwendung einer Lösemittelbilanz zum Nachweis der Erfüllung von Anforderungen

Die Art und Weise, wie die Lösemittelbilanz verwendet wird, hängt von der jeweiligen zu überprüfenden Anforderung ab. Neben den nachfolgenden Überprüfungen dient die Lösemittelbilanz ebenfalls zur Bestimmung des Lösemittelverbrauchs, um feststellen zu können, ob eine Anlage in den Geltungsbereich der Richtlinie fällt und welche Anforderungen in Abhängigkeit vom Schwellenwert erfüllt werden müssen.

2.1 Ermittlung des Lösemittelverbrauchs und der Emissionen

2.1.1 Ermittlung des Lösemittelverbrauchs

Der Lösemittelverbrauch LV ist nach folgender Beziehung zu berechnen:

LV = I1 – O8

2.1.2 Ermittlung der Emissionen

Um die Einhaltung eines Gesamtemissionsgrenzwertes oder die Einhaltung der Zielemission des Reduzierungsplans nach Anhang IV Abschnitt B zu überprüfen, ist die Lösemittelbilanz zur Ermittlung der Emissionen zu erstellen. Die Emissionen E lassen sich anhand der folgenden Beziehung aus den diffusen Emissionen F und den Emissionen in gefassten Abgasen berechnen:

a) E = F + O1 bei Bestimmung der diffusen Emissionen nach der Nummer 2.2 Mittelbare Methode a oder der Nummer 2.2 Direkte Methode a,

b) E = F + O1.1 bei Bestimmung der diffusen Emissionen nach der Nummer 2.2 Mittelbare Methode b oder der Nummer 2.2 Direkte Methode b.

Die berechnete Emission E ist dann anschließend mit der Zielemission oder, nachdem sie gegebenenfalls durch die jeweiligen Produktparameter dividiert worden ist, mit dem festgelegten Gesamtemissionsgrenzwert zu vergleichen.

2.1.3 Um die Einhaltung der Anforderungen nach § 3 Abs. 4 Nr. 2 Buchstabe b zu beurteilen, ist die Lösemittelbilanz aufzustellen, um die Gesamtemissionen aller relevanten Tätigkeiten zu bestimmen. Das Ergebnis ist dann anschließend mit den Gesamtemissionen zu vergleichen, die entstanden wären, wenn die Anforderungen für jede einzelne Tätigkeit erfüllt worden wären.

2.2 Bestimmung der diffusen Emissionen

Die diffusen Emissionen sind entweder mit der nachfolgenden mittelbaren oder der direkten Methode zu bestimmen:

Mittelbare Methode

a) Ohne Zuordnung der Emissionen in gefassten unbehandelten Abgasen zu den diffusen Emissionen
F = I1 – O1 – O5 – O6 – O7 – O8
für die Anlagen der Nummern 1.2, 2.1, 3.1, 4.1 bis 4.5, 7.1 und 7.2, 10.1, 11.1, 12.1 und 12.2, 13.1, 15.1, 16.1 bis 16.4, 17.1, 18.1, 19.1 nach Anhang I,

b) mit Zuordnung der Emissionen in gefassten unbehandelten Abgasen zu den diffusen Emissionen
F = I1 – O1.1 – O5 – O6 – O7 – O8
für die Anlagen der Nummern 1.1, 1.3, 5.1, 6.1, 8.1, 9.1 und 9.2, 10.2 oder 14.1 nach Anhang I.

Direkte Methode

a) Ohne Zuordnung der Emissionen in gefassten unbehandelten Abgasen zu den diffusen Emissionen
F = O2 + O3 + O4 + O9
für die Anlagen der Nummern 1.2, 2.1, 3.1, 4.1 bis 4.5, 7.1 und 7.2, 10.1, 11.1, 12.1 und 12.2, 13.1, 15.1, 16.1 bis 16.4, 17.1, 18.1, 19.1 nach Anhang I,

b) mit Zuordnung der Emissionen in gefassten unbehandelten Abgasen zu den diffusen Emissionen
F = O1.2 + O2 + O3 + O4 + O9
für die Anlagen der Nummern 1.1, 1.3, 5.1, 6.1, 8.1, 9.1 und 9.2, 10.2, 14.1 nach Anhang I.

Die Mengen der einzelnen Ein- oder Austräge werden durch zeitlich begrenzte aber umfassende Messungen bestimmt, die solange nicht wiederholt werden müssen, bis die Anlagenausrüstung verändert wird. Alternative gleichwertige Berechnungen können durchgeführt werden. Der Grenzwert für diffuse Emissionen wird als Anteil am Lösemitteleinsatz ausgedrückt, der sich nach der folgenden Beziehung berechnet:

I = I1 + I2.

Anhang VI
(zu den §§ 5 und 6)

Anforderungen an die Durchführung der Überwachung

1. Einzelmessungen

1.1 Bei jedem Überwachungsvorgang sind drei Einzelmessungen mit jeweils einer Dauer von einer Stunde im bestimmungsgemäßen Betrieb durchzuführen. Die Anforderungen gelten als eingehalten, wenn der Mittelwert jeder Einzelmessung den festgelegten Emissionsgrenzwert nicht überschreitet.

1.2 Der Bericht über das Ergebnis der Messungen muss insbesondere Angaben über die Messplanung, die verwendeten Messverfahren und die Betriebsbedingungen, die für die Beurteilung der Messergebnisse von Bedeutung sind, enthalten.

2. Kontinuierliche Überwachung

2.1 Der Betreiber hat durch eine von der zuständigen Behörde bekannt gegebenen Stelle den ordnungsgemäßen Einbau der Messeinrichtung und deren Kalibrierung vor Inbetriebnahme feststellen zu lassen. Spätestens nach Ablauf eines Jahres hat der Betreiber die Messeinrichtung auf Funktionsfähigkeit prüfen zu lassen und die Kalibrierung spätestens fünf Jahre nach der letzten Kalibrierung oder nach wesentlicher Änderung der Anlage wiederholen zu lassen. Die Unterlagen über den ordnungsgemäßen Einbau, der Kalibrierung und der Prüfung der Funktionsfähigkeit sind am Betriebsort drei Jahre lang aufzubewahren und der zuständigen Behörde jeweils auf Verlangen vorzulegen.

2.2 Der Emissionsgrenzwert gilt als eingehalten, wenn

a) kein Tagesmittelwert, gebildet aus den Stundenmittelwerten, die Emissionsgrenzwerte überschreitet,

b) keines der Stundenmittel mehr als das 1,5fache der Emissionsgrenzwerte beträgt.

3. Ermittlung der flächenbezogenen Gesamtemissionen an flüchtigen organischen Verbindungen bei Anlagen der Fahrzeugbeschichtung

Die Fläche eines zu beschichtenden Produkts wird definiert als

a) die Fläche, die sich aus der gesamten mit Hilfe der Elektrophorese beschichteten Fläche errechnet, sowie die Fläche der Teile, die in aufeinander folgenden Phasen des Beschichtungsverfahrens hinzukommen und auf die gleiche Schicht wie auf das betreffende Produkt aufgebracht wird, oder als

b) die Gesamtfläche des in der Anlage beschichteten Produkts.

Für die Berechnung der mit Hilfe der Elektrophorese beschichteten Fläche gilt folgende Beziehung:

$$\frac{2 \times \text{Gesamtgewicht}}{\text{durchschnittliche Dicke des Metallblechs} \times \text{Dichte des Metallblechs}}$$

Dieses Verfahren findet auch auf andere beschichtete Blechteile Anwendung. Die Fläche der hinzukommenden Teile oder die in der Anlage beschichtete Gesamtfläche ist mit Hilfe von Computer Aided Design oder anderen gleichwertigen Verfahren zu berechnen.

4. Bestimmung des Gehaltes an flüchtigen organischen Verbindungen im Beschichtungsstoff (VOC-Wert)

4.1 Der Gehalt an flüchtigen organischen Verbindungen (VOC-Wert) im Beschichtungsstoff ist gleich der Masse der flüchtigen Anteile abzüglich der Masse des Wassers, ins Verhältnis gesetzt zum Volumen des Beschichtungsstoffes abzüglich des Volumens des darin enthaltenen Wassers in g/l:

$$\text{VOC-Wert} = \frac{\text{Masse der flüchtigen Anteile} - \text{Masse Wasser}}{\text{Volumen Beschichtungsstoffe} - \text{Volumen Wasser}} \text{ in g/l}$$

Der VOC-Wert bezieht sich auf den anwendungsfertigen Beschichtungsstoff einschließlich der vom Hersteller vorgegebenen oder empfohlenen Verdünnungen.

4.2 Abweichend von Nummer 4.1 wird der Gehalt an flüchtigen organischen Verbindungen bei Beschichtungsstoffen für Holzoberflächen als Masse, bezogen auf einen Liter Beschichtungsstoff, wie folgt definiert:

$$\text{VOC-Wert (g/l)} = (100 - \text{nfa} - m_w) \times p_s \times 10$$

Es bedeuten:

p_s : Dichte des Beschichtungsstoffs

nfa : nichtflüchtige Anteile

m_w : Massenanteil des Wassers in Prozent.

2.32. 32. Verordnung zur Durchführung des Bundes-Immissionsschutzgesetzes (Geräte- und Maschinenlärmschutzverordnung – 32. BImSchV)[1)]

Vom 29. August 2002
(BGBl. I S. 3478)

FNA 2129-8-32

zuletzt geänd. durch Art. 83 Zehnte ZuständigkeitsanpassungsVO v. 31.8.2015 (BGBl. I S. 1474)

Abschnitt 1. Allgemeine Vorschriften

§ 1 Anwendungsbereich. (1) Diese Verordnung gilt für Geräte und Maschinen, die nach Artikel 2 der Richtlinie 2000/14/EG des Europäischen Parlaments und des Rates vom 8. Mai 2000 zur Angleichung der Rechtsvorschriften der Mitgliedstaaten über umweltbelastende Geräuschemissionen von zur Verwendung im Freien vorgesehenen Geräten und Maschinen (ABl. EG Nr. L 162 S. 1, Nr. L 311 S. 50), die durch die Richtlinie 2005/88/EG des Europäischen Parlaments und des Rates vom 14. Dezember 2005 (ABl. EU Nr. L 344 S. 44) geändert worden ist, in den Anwendungsbereich der Richtlinie fallen; sie sind im Anhang dieser Verordnung aufgelistet.

(2) Die Lärm- und Vibrations-Arbeitsschutzverordnung und die Maschinenverordnung bleiben unberührt.

§ 2 Begriffsbestimmungen. Im Sinne dieser Verordnung bedeuten die Begriffe

1. in Verkehr bringen:
   die erstmalige entgeltliche oder unentgeltliche Bereitstellung eines Gerätes oder einer Maschine auf dem deutschen Markt für den Vertrieb oder die Benutzung in Deutschland oder, entsprechend dem Regelungszusammenhang dieser Verordnung, auf dem Gemeinschaftsmarkt für den Vertrieb oder die Benutzung im Gebiet der Europäischen Gemeinschaft;
2. in Betrieb nehmen:
   die erstmalige Benutzung eines Gerätes oder einer Maschine in Deutschland oder, entsprechend dem Regelungszusammenhang dieser Verordnung, im Gebiet der Europäischen Gemeinschaft;
3. zur Verwendung im Freien vorgesehene Geräte und Maschinen:
   Geräte und Maschinen im Sinne von Artikel 3 Buchstabe a der Richtlinie 2000/14/EG;

[1)] Verkündet als Art. 1 VO v. 29.8.2002 (BGBl. I S. 3478) v. 29.8.2002; Inkrafttreten gem. Art. 3 dieser VO am 6.9.2002. Die VO wurde erlassen aufgrund von § 23 Abs. 1, §§ 32 und 37 BImSchG (Nr. **1**) sowie § 4 Abs. 1 GSG idF der Bek. v. 11.5.2001 (BGBl. I S. 866), aufgeh. durch G v. 6.1.2004 (BGBl. I S. 2).

4. CE-Kennzeichnung:
Kennzeichnung im Sinne von Artikel 3 Buchstabe c der Richtlinie 2000/14/EG;
5. Konformitätsbewertungsverfahren:
Verfahren im Sinne von Artikel 3 Buchstabe b der Richtlinie 2000/14/EG;
6. garantierter Schallleistungspegel:
Schallleistungspegel im Sinne von Artikel 3 Buchstabe f der Richtlinie 2000/14/EG;
7. lärmarme Geräte und Maschinen:
Geräte und Maschinen, an die das gemeinschaftliche Umweltzeichen nach den Artikeln 7 und 9 der Verordnung Nr. 1980/2000 des Europäischen Parlaments und des Rates vom 17. Juli 2000 zur Revision des gemeinschaftlichen Systems zur Vergabe eines Umweltzeichens (ABl. EG Nr. L 237 S. 1) vergeben worden ist und die mit dem Umweltzeichen nach Artikel 8 der Verordnung Nr. 1980/2000 gekennzeichnet sind. Liegt eine derartige Kennzeichnung nicht vor, gelten Geräte und Maschinen als lärmarm, die den Anforderungen an den zulässigen Schallleistungspegel der Stufe II in Artikel 12 der Richtlinie 2000/14/EG genügen.

Abschnitt 2. Marktverkehrsregelungen für Geräte und Maschinen

§ 3 Inverkehrbringen. (1) [1]Geräte und Maschinen nach dem Anhang dürfen in Deutschland nur in Verkehr gebracht oder in Betrieb genommen werden, wenn der Hersteller oder sein in der Europäischen Gemeinschaft ansässiger Bevollmächtigter sichergestellt hat, dass
1. jedes Gerät oder jede Maschine mit der CE-Kennzeichnung und der Angabe des garantierten Schallleistungspegels nach Artikel 11 Abs. 1, 2 und 5 der Richtlinie 2000/14/EG und nach Satz 2 und 3 versehen ist,
2. jedem Gerät oder jeder Maschine eine Kopie der EG-Konformitätserklärung nach Artikel 8 Abs. 1 der Richtlinie 2000/14/EG und nach Satz 5 beigefügt ist, die für jeden Typ eines Gerätes oder einer Maschine auszustellen ist,
3. für den Typ des Gerätes oder der Maschine eine Kopie der EG-Konformitätserklärung nach Artikel 8 Abs. 1 der Richtlinie 2000/14/EG der Europäischen Kommission übermittelt worden ist,
4. der Typ des Gerätes oder der Maschine einem Konformitätsbewertungsverfahren unterzogen worden ist nach
   a) Artikel 14 Abs. 1 der Richtlinie 2000/14/EG, soweit es sich um ein Gerät oder eine Maschine nach dem Anhang Spalte 1 handelt,
   b) Artikel 14 Abs. 2 der Richtlinie 2000/14/EG, soweit es sich um ein Gerät oder eine Maschine nach dem Anhang Spalte 2 handelt, und
5. der garantierte Schallleistungspegel des Gerätes oder der Maschine den zulässigen Schallleistungspegel nach Artikel 12 der Richtlinie 2000/14/EG nicht überschreitet, soweit es sich um ein Gerät oder eine Maschine nach dem Anhang Spalte 1 handelt.

[2]Die CE-Kennzeichnung und die Angabe des garantierten Schallleistungspegels müssen sichtbar, lesbar und dauerhaft haltbar an jedem Gerät und jeder Maschine angebracht sein. [3]Die Sichtbarkeit und Lesbarkeit der CE-Kennzeichnung

und der Angabe des garantierten Schallleistungspegels darf durch andere Kennzeichnungen auf den Geräten und Maschinen nicht beeinträchtigt sein. [4] Zeichen oder Aufschriften, die hinsichtlich der Bedeutung oder Form der CE-Kennzeichnung oder der Angabe des garantierten Schallleistungspegels irreführend sein können, dürfen nicht angebracht werden. [5] Ist die beigefügte EG-Konformitätserklärung nicht in deutscher Sprache ausgestellt, muss ferner die Kopie einer deutschen Übersetzung beigefügt sein.

(2) Ist weder der Hersteller noch sein Bevollmächtigter in der Europäischen Gemeinschaft ansässig, gilt Absatz 1 mit der Maßgabe, dass die dort genannten Anforderungen jeder sonstigen Person obliegen, die die Geräte und Maschinen in der Europäischen Gemeinschaft in Verkehr bringt oder in Betrieb nimmt.

§ 4 Übermittlung der Konformitätserklärung. Der in Deutschland ansässige Hersteller oder andernfalls sein in Deutschland ansässiger Bevollmächtigter hat der nach Landesrecht zuständigen Behörde des Landes, in dem er seinen Sitz hat, und der Europäischen Kommission eine Kopie der EG-Konformitätserklärung für jeden Typ eines Gerätes und einer Maschine nach dem Anhang zu übermitteln, wenn Geräte und Maschinen dieses Typs in der Europäischen Gemeinschaft in Verkehr gebracht oder in Betrieb genommen werden.

§ 5 Aufbewahrung und Übermittlung von Informationen aus der Konformitätsbewertung. [1] Der in Deutschland ansässige Hersteller oder andernfalls sein in Deutschland ansässiger Bevollmächtigter hat nach Herstellung des letzten Gerätes oder der letzten Maschine eines Typs zehn Jahre lang alle Informationen, die im Laufe des Konformitätsbewertungsverfahrens für den Geräte- oder Maschinentyp verwendet wurden, insbesondere die in Artikel 14 Abs. 3 der Richtlinie 2000/14/EG angegebenen technischen Unterlagen, sowie ein Exemplar der EG-Konformitätserklärung aufzubewahren. [2] Auf Verlangen hat er der nach Landesrecht zuständigen Behörde Einsicht in die Informationen zu geben und ihr Kopien der Informationen zur Verfügung zu stellen.

§ 6 Mitteilungspflichten. (1) Die zuständige Landesbehörde teilt Marktüberwachungsmaßnahmen nach § 26 des Produktsicherheitsgesetzes dem Bundesministerium für Umwelt, Naturschutz, Bau und Reaktorsicherheit im Hinblick auf die nach Artikel 9 Abs. 2 der Richtlinie 2000/14/EG erforderliche Unterrichtung der anderen Mitgliedstaaten der Europäischen Gemeinschaft und der Europäischen Kommission unverzüglich mit.

(2) [1] Die zuständige Landesbehörde nach § 9 Absatz 1 des Produktsicherheitsgesetzes teilt dem Bundesministerium für Umwelt, Naturschutz, Bau und Reaktorsicherheit im Hinblick auf die nach Artikel 15 Abs. 3 der Richtlinie 2000/14/EG erforderliche Meldung an die Mitgliedstaaten der Europäischen Gemeinschaft und an die Europäische Kommission mit, welche Stellen sie benannt hat. [2] In der Mitteilung ist anzugeben, für welche Geräte und Maschinen sowie Konformitätsbewertungsverfahren die Benennung gilt. [3] Satz 1 gilt entsprechend für einen Widerruf sowie eine Rücknahme, einen Ablauf oder ein Erlöschen der Benennung im Hinblick auf Artikel 15 Abs. 5 der Richtlinie 2000/14/EG.

Abschnitt 3. Betriebsregelungen für Geräte und Maschinen

§ 7 Betrieb in Wohngebieten. (1) [1] In reinen, allgemeinen und besonderen Wohngebieten, Kleinsiedlungsgebieten, Sondergebieten, die der Erholung dienen, Kur- und Klinikgebieten und Gebieten für die Fremdenbeherbergung nach den §§ 2, 3, 4, 4a, 10 und 11 Abs. 2 der Baunutzungsverordnung sowie auf dem Gelände von Krankenhäusern und Pflegeanstalten dürfen im Freien

1. Geräte und Maschinen nach dem Anhang an Sonn- und Feiertagen ganztägig sowie an Werktagen in der Zeit von 20.00 Uhr bis 07.00 Uhr nicht betrieben werden,
2. Geräte und Maschinen nach dem Anhang Nr. 02, 24, 34 und 35 an Werktagen auch in der Zeit von 07.00 Uhr bis 09.00 Uhr, von 13.00 Uhr bis 15.00 Uhr und von 17.00 Uhr bis 20.00 Uhr nicht betrieben werden, es sei denn, dass für die Geräte und Maschinen das gemeinschaftliche Umweltzeichen nach den Artikeln 7 und 9 der Verordnung Nr. 1980/2000 des Europäischen Parlaments und des Rates vom 17. Juli 2000 zur Revision des gemeinschaftlichen Systems zur Vergabe eines Umweltzeichens (ABl. EG Nr. L 237 S. 1) vergeben worden ist und sie mit dem Umweltzeichen nach Artikel 8 der Verordnung Nr. 1980/2000/EG gekennzeichnet sind.

[2] Satz 1 gilt nicht für Bundesfernstraßen und Schienenwege von Eisenbahnen des Bundes, die durch Gebiete nach Satz 1 führen. [3] Die Länder können für Landesstraßen und nichtbundeseigene Schienenwege, die durch Gebiete nach Satz 1 führen, die Geltung des Satzes 1 einschränken.

(2) [1] Die nach Landesrecht zuständige Behörde kann im Einzelfall Ausnahmen von den Einschränkungen des Absatzes 1 zulassen. [2] Der Zulassung bedarf es nicht, wenn der Betrieb der Geräte und Maschinen im Einzelfall zur Abwendung einer Gefahr bei Unwetter oder Schneefall oder zur Abwendung einer sonstigen Gefahr für Mensch, Umwelt oder Sachgüter erforderlich ist. [3] Der Betreiber hat die zuständige Behörde auf Verlangen über den Betrieb nach Satz 2 zu unterrichten. [4] Von Amts wegen können im Einzelfall Ausnahmen von den Einschränkungen des Absatzes 1 zugelassen werden, wenn der Betrieb der Geräte und Maschinen zur Abwendung einer Gefahr für die Allgemeinheit oder im sonstigen öffentlichen Interesse erforderlich ist.

(3) Weitergehende landesrechtliche Vorschriften zum Schutz von Wohn- und sonstiger lärmempfindlicher Nutzung und allgemeine Vorschriften des Lärmschutzes, insbesondere zur Sonn- und Feiertagsruhe und zur Nachtruhe, bleiben unberührt.

§ 8 Betrieb in empfindlichen Gebieten. Die Länder können

1. unter Beachtung des Artikels 17 der Richtlinie Nr. 2000/14/EG weitergehende Regelungen für Einschränkungen des Betriebs von Geräten und Maschinen nach dem Anhang in von ihnen als empfindlich eingestuften Gebieten treffen,
2. unter Beachtung der allgemeinen Vorschriften des Lärmschutzes Regelungen zu weitergehenden Ausnahmen von Einschränkungen des Betriebs von Geräten und Maschinen nach dem Anhang treffen, soweit

a) lärmarme Geräte und Maschinen eingesetzt werden, deren Betrieb nicht erheblich stört oder unter Abwägung öffentlicher und privater Belange sowie unter Berücksichtigung anderweitiger Lösungsmöglichkeiten Vorrang hat, oder

b) der Betrieb im öffentlichen Interesse erforderlich ist.

Abschnitt 4. Schlussvorschriften

§ 9 Ordnungswidrigkeiten. (1) Ordnungswidrig im Sinne des § 39 Absatz 1 Nummer 7 Buchstabe a des Produktsicherheitsgesetzes handelt, wer vorsätzlich oder fahrlässig

1. entgegen § 3 Abs. 1 Satz 1, auch in Verbindung mit Abs. 2, ein Gerät oder eine Maschine in Verkehr bringt oder in Betrieb nimmt,

1a. entgegen § 3 Absatz 1 Satz 4 ein Zeichen oder eine Aufschrift anbringt oder

2. entgegen § 4 eine Kopie nicht oder nicht rechtzeitig übermittelt.

(1a) Ordnungswidrig im Sinne des § 39 Absatz 1 Nummer 7 Buchstabe b des Produktsicherheitsgesetzes handelt, wer vorsätzlich oder fahrlässig entgegen § 5 Satz 1 eine Information oder ein Exemplar nicht oder nicht mindestens zehn Jahre aufbewahrt.

(2) Ordnungswidrig im Sinne des § 62 Abs. 1 Nr. 7 des Bundes-Immissionsschutzgesetzes[1] handelt, wer vorsätzlich oder fahrlässig

1. entgegen § 7 Abs. 1 Satz 1 ein Gerät oder eine Maschine betreibt oder

2. entgegen § 7 Abs. 2 Satz 3 die zuständige Behörde nicht, nicht richtig, nicht vollständig oder nicht rechtzeitig unterrichtet.

§ 10 Übergangsvorschrift. (1) Für Geräte und Maschinen nach dem Anhang, die vor dem 6. September 2002 in Verkehr gebracht oder in Betrieb genommen worden sind, gelten nur § 7 Abs. 1 und 2 sowie § 9 Abs. 2.

(2) Soweit ab dem 3. Juli 2001 und vor dem 6. September 2002 der Hersteller oder sein in der Europäischen Gemeinschaft ansässiger Bevollmächtigter auf der Grundlage von Artikel 22 Abs. 2 Satz 2 der Richtlinie 2000/14/EG ein Gerät oder eine Maschine nach dem Anhang mit der CE-Kennzeichnung nach Artikel 11 der Richtlinie 2000/14/EG versehen hat, gelten für diese Geräte und Maschinen ab dem 6. September 2002 die Vorschriften dieser Verordnung.

(3) Baumusterprüfbescheinigungen und Messergebnisse zu Geräten und Maschinen, die im Rahmen der aufgehobenen Rasenmäherlärm-Verordnung oder der aufgehobenen Baumaschinenlärm-Verordnung ausgestellt beziehungsweise ermittelt wurden, können bei der Abfassung der technischen Unterlagen nach Anhang V Nr. 3, Anhang VI Nr. 3, Anhang VII Nr. 2 sowie Anhang VIII Nr. 3.1 und 3.3 der Richtlinie 2000/14/EG verwendet werden.

§ 11 Anpassungsvorschrift. [1] Wird Anhang III der in § 3 in Bezug genommenen Richtlinie 2000/14/EG im Verfahren nach Artikel 18 Abs. 2 dieser Richtlinie an den technischen Fortschritt angepasst, so gilt er in der geänderten, im Amtsblatt der Europäischen Gemeinschaften veröffentlichten Fassung.

[1] Nr. **1**.

[2] Die Änderungen gelten von dem Tage an, den die Richtlinie bestimmt. [3] Fehlt eine solche Bestimmung, so gelten sie vom ersten Tage des dritten auf die Veröffentlichung folgenden Monats an.

Anhang

Nachstehende Geräte und Maschinen fallen nach § 1 in den Anwendungsbereich der Verordnung.

Legende:

Nr.	=	Ordnungsnummer des Gerätes oder der Maschine, entsprechend der Auflistung in Anhang I der Richtlinie 2000/14/EG
Gerät/Maschine	=	Art des Gerätes und der Maschine, ggf. mit Leistungswerten
Sp. 1	=	Spalte 1, entsprechend dem Anwendungsbereich von Artikel 12 der Richtlinie 2000/14/EG
Sp. 2	=	Spalte 2, entsprechend dem Anwendungsbereich von Artikel 13 der Richtlinie 2000/14/EG
X in der Spalte 1 bzw. 2	=	Gerät oder Maschine fällt in den Anwendungsbereich der Spalte 1 bzw. der Spalte 2

Nr.	Gerät/Maschine	Sp. 1	Sp. 2
01	Hubarbeitsbühne mit Verbrennungsmotor		X
02	Freischneider		X
03	Bauaufzug für den Materialtransport mit		
03.1	Verbrennungsmotor	X	
03.2	Elektromotor		X
04	Baustellenbandsägemaschine		X
05	Baustellenkreissägemaschine		X
06	Tragbare Motorkettensäge		X
07	Kombiniertes Hochdruckspül- und Saugfahrzeug		X
08	Verdichtungsmaschine in der Bauart von		
08.1	Vibrationswalzen und nichtvibrierende Walzen, Rüttelplatten und Vibrationsstampfer	X	
08.2	Explosionsstampfer		X
09	Kompressor (< 350 kW)	X	
10	Handgeführter Betonbrecher und Abbau-, Aufbruch- und Spatenhammer	X	
11	Beton- und Mörtelmischer		X
12	Bauwinde mit		
12.1	Verbrennungsmotor	X	
12.2	Elektromotor		X
13	Förder- und Spritzmaschine für Beton und Mörtel		X
14	Förderband		X
15	Fahrzeugkühlaggregat		X
16	Planiermaschine (< 500 kW)	X	
17	Bohrgerät		X

Nr.	Gerät/Maschine	Sp. 1	Sp. 2
18	Muldenfahrzeug (< 500 kW)	X	
19	Be- und Entladeaggregat von Silo- oder Tankfahrzeugen		X
20	Hydraulik- und Seilbagger (< 500 kW)	X	
21	Baggerlader (< 500 kW)	X	
22	Altglassammelbehälter		X
23	Grader (< 500 kW)	X	
24	Grastrimmer/Graskantenschneider		X
25	Heckenschere		X
26	Hochdruckspülfahrzeug		X
27	Hochdruckwasserstrahlmaschine		X
28	Hydraulikhammer		X
29	Hydraulikaggregat	X	
30	Fugenschneider		X
31	Müllverdichter, der Bauart nach ein Lader mit Schaufel (< 500 kW)	X	
32	Rasenmäher (mit Ausnahme von – land- und forstwirtschaftlichen Geräten – Mehrzweckgeräten, deren Hauptantrieb eine installierte Leistung von mehr als 20 kW aufweist)	X	
33	Rasentrimmer/Rasenkantenschneider	X	
34	Laubbläser		X
35	Laubsammler		X
36	Gegengewichtsstapler mit Verbrennungsmotor		
36.1	geländegängiger Gabelstapler (Gegengewichtsstapler auf Rädern, der in erster Linie für naturbelassenes gewachsenes und aufgewühltes Gelände, z.B. auf Baustellen, bestimmt ist)	X	
36.2	sonstiger Gegengewichtsstapler mit einer Tragfähigkeit von höchstens 10 Tonnen, ausgenommen Gegengewichtsstapler, die speziell für die Containerbeförderung gebaut sind		X
37	Lader (< 500 kW)	X	
38	Mobilkran	X	
39	Rollbarer Müllbehälter		X
40	Motorhacke (< 3 kW)	X	
41	Straßenfertiger		
41.1	ohne Hochverdichtungsbohle	X	
41.2	mit Hochverdichtungsbohle		X
42	Rammausrüstung		X
43	Rohrleger		X
44	Pistenraupe		X
45	Kraftstromerzeuger		
45.1	< 400 kW	X	

Nr.	Gerät/Maschine	Sp. 1	Sp. 2
45.2	≧ 400 kW		X
46	Kehrmaschine		X
47	Müllsammelfahrzeug		X
48	Straßenfräse		X
49	Vertikutierer		X
50	Schredder/Zerkleinerer		X
51	Schneefräse (selbstfahrend, ausgenommen Anbaugeräte)		X
52	Saugfahrzeug		X
53	Turmdrehkran	X	
54	Grabenfräse		X
55	Transportbetonmischer		X
56	Wasserpumpe (nicht für Unterwasserbetrieb)		X
57	Schweißstromerzeuger	X	

2.34. Vierunddreißigste Verordnung zur Durchführung des Bundes-Immissionsschutzgesetzes (Verordnung über die Lärmkartierung – 34. BImSchV)[1)]

Vom 6. März 2006

(BGBl. I S. 516)

FNA 2129-8-34

geänd. durch Art. 84 Zehnte ZuständigkeitsanpassungsVO v. 31.8.2015 (BGBl. I S. 1474)

Auf Grund des § 47f des Bundes-Immissionsschutzgesetzes[2)], der durch Artikel 1 des Gesetzes zur Umsetzung der EG-Richtlinie über die Bewertung und Bekämpfung von Umgebungslärm vom 24. Juni 2005 (BGBl. I S. 1794) eingefügt worden ist, verordnet die Bundesregierung nach Anhörung der beteiligten Kreise:

§ 1 Anwendungsbereich. [1]Diese Verordnung gilt für die Kartierung von Umgebungslärm. [2]Sie konkretisiert Anforderungen an Lärmkarten nach § 47c des Bundes-Immissionsschutzgesetzes[2)].

§ 2 Lärmindizes. (1) [1]Die Lärmindizes L_{Day}, $L_{Evening}$ und L_{Night} sind die A-bewerteten äquivalenten Dauerschallpegel in Dezibel gemäß ISO 1996-2: 1987, erschienen bei der Beuth-Verlag GmbH, 10772 Berlin, und archivmäßig niedergelegt beim Deutschen Patent- und Markenamt in München, wobei der Beurteilungszeitraum ein Jahr beträgt und die Bestimmungen an allen Tagen in folgenden Zeiträumen erfolgen:

1. L_{Day}: 12 Stunden, beginnend um 6.00 Uhr,
2. $L_{Evening}$: 4 Stunden, beginnend um 18.00 Uhr,
3. L_{Night}: 8 Stunden, beginnend um 22.00 Uhr.

[2]Ein Jahr ist das für die Schallemission ausschlaggebende und ein hinsichtlich der Witterungsbedingungen durchschnittliches Kalenderjahr.

(2) Der Lärmindex L_{DEN} in Dezibel ist wie folgt definiert:

$$L_{DEN} = 10 \cdot \lg \frac{1}{24}\left(12 \cdot 10^{\frac{L_{Day}}{10}} + 4 \cdot 10^{\frac{L_{Evening}+5}{10}} + 8 \cdot 10^{\frac{L_{Night}+10}{10}}\right)$$

§ 3 Datenerhebung und Datenübermittlung. (1) [1]Soweit die für die Ausarbeitung der Lärmkarten zuständigen Behörden nicht auf Bestände zurückgreifen können, können sie anordnen, dass ihnen vorhandene, nach den §§ 4 und 5 für die Erarbeitung von Lärmkarten erforderliche Daten sowie vorhan-

---

[1)] **Amtl. Anm.:** Die Rechtsverordnung dient der Umsetzung der Richtlinie 2002/49/EG des Europäischen Parlaments und des Rates vom 25. Juni 2002 über die Bewertung und Bekämpfung von Umgebungslärm (ABl. EG Nr. L 189 S. 12) in deutsches Recht.

[2)] Nr. **1**.

dene Ergebnisdaten für Lärmkarten unentgeltlich zur Verfügung gestellt werden von

1. Eisenbahninfrastrukturunternehmen für den durch Eisenbahnen hervorgerufenen Umgebungslärm,
2. Verkehrsunternehmen für den durch Straßenbahnen im Sinne des § 4 des Personenbeförderungsgesetzes hervorgerufenen Umgebungslärm,
3. Betreibern von Verkehrsflughäfen für den durch Flugzeuge in der Umgebung von Verkehrsflughäfen hervorgerufenen Umgebungslärm,
4. Anlagenbetreibern und Betreibern von Häfen für den durch Anlagen und Häfen nach § 4 Abs. 1 Nr. 5 hervorgerufenen Umgebungslärm,
5. Trägern der Straßenbaulast für den durch Straßenverkehr hervorgerufenen Umgebungslärm.

[2] Sofern für die Ausarbeitung der Lärmkarten die Erhebung von Daten erforderlich ist, sind die Betreiber und Unternehmen nach Satz 1 zur Mitwirkung verpflichtet, insbesondere dazu, während der üblichen Geschäftszeiten das Betreten von Betriebsgrundstücken und -räumen zu dulden, Anlagen und Einrichtungen zugänglich zu machen oder vorhandene Unterlagen zur Verfügung zu stellen. [3] § 52 Abs. 5 und 7 des Bundes-Immissionsschutzgesetzes[1)] gilt entsprechend.

(2) Die Gemeinden haben die für die Lärmkarten erforderlichen Daten über die vom Umgebungslärm betroffene Wohnbevölkerung, soweit vorhanden, den für die Ausarbeitung der Lärmkarten zuständigen Behörden unentgeltlich zur Verfügung zu stellen.

(3) Andere Behörden haben den für die Ausarbeitung der Lärmkarten zuständigen Behörden die dort vorhandenen und für die Lärmkarten erforderlichen Daten unentgeltlich zur Verfügung zu stellen.

§ 4 Ausarbeitung von Lärmkarten. (1) Lärmkarten für Ballungsräume erstrecken sich auf sämtliche darin gelegene Hauptlärmquellen, sowie ferner auf

1. sonstige Straßen,
2. sonstige Schienenwege von Eisenbahnen nach dem Allgemeinen Eisenbahngesetz,
3. Schienenwege von Straßenbahnen im Sinne des § 4 des Personenbeförderungsgesetzes,
4. sonstige Flugplätze für den zivilen Luftverkehr,
5. Industrie- oder Gewerbegelände, auf denen sich eine oder mehrere Anlagen gemäß Anhang I der Richtlinie 96/61/EG des Rates vom 24. September 1996 über die integrierte Vermeidung und Verminderung der Umweltverschmutzung befinden, einschließlich Häfen für die Binnen- oder Seeschifffahrt mit einer Gesamtumschlagsleistung von mehr als 1,5 Millionen Tonnen pro Jahr,

soweit diese sonstigen Lärmquellen erheblichen Umgebungslärm hervorrufen.

[1)] Nr. **1**.

(2) Die Ausarbeitung von Lärmkarten hat getrennt für jede Lärmart (Straßenlärm, Schienenlärm, Fluglärm, Industrie- und Gewerbelärm einschließlich Hafenlärm) auf der Grundlage der Lärmindizes L_{DEN} und L_{Night} zu erfolgen.

(3) [1] Lärmkarten müssen georeferenziert sein. [2] Alle Daten sind in einer Form vorzuhalten, die ihre digitale Weiterverarbeitung ermöglicht. [3] Lärmkarten sind in elektronischer Form zu erstellen; sie müssen in körperlicher Form herstellbar sein.

(4) [1] Lärmkarten bestehen aus

1. einer graphischen Darstellung der Lärmsituation mit den Isophonen-Bändern für
   a) den L_{DEN} über 55 dB(A) bis 60 dB(A), über 60 dB(A) bis 65 dB(A), über 65 dB(A) bis 70 dB(A), über 70 dB(A) bis 75 dB(A) sowie über 75 dB(A), und
   b) den L_{Night} über 50 dB(A) bis 55 dB(A), über 55 dB(A) bis 60 dB(A), über 60 dB(A) bis 65 dB(A), über 65 dB(A) bis 70 dB(A) sowie über 70 dB(A) und optional über 45 dB(A) bis 50 dB(A),

   mit den Farben nach DIN 18005 Teil 2, Ausgabe September 1991, erschienen bei der Beuth-Verlag GmbH, 10772 Berlin, und archivmäßig niedergelegt beim Deutschen Patent- und Markenamt in München,
2. einer graphischen Darstellung der Überschreitung eines Wertes, bei dessen Überschreitung Lärmschutzmaßnahmen in Erwägung gezogen oder eingeführt werden,
3. tabellarischen Angaben über die geschätzte Zahl der Menschen, die in Gebieten wohnen, die innerhalb der Isophonen-Bänder nach Nummer 1 liegen, wobei die Abschätzung nach Absatz 5 zu erfolgen hat,
4. einer allgemeinen Beschreibung der Hauptlärmquellen nach Lage, Größe und Verkehrsaufkommen,
5. einer Beschreibung der Umgebung: Ballungsräume (Lage, Größe, Einwohnerzahl), Städte, Dörfer, ländliche Gegend oder nicht ländliche Gegend, Flächennutzung, andere Hauptlärmquellen,
6. Angaben über durchgeführte und laufende Lärmaktionspläne und Lärmschutzprogramme,
7. einer tabellarischen Angabe über lärmbelastete Flächen sowie über die geschätzte Zahl der Wohnungen, Schulen und Krankenhäuser in diesen Gebieten, nach Maßgabe des Absatzes 6,
8. Angaben über die zuständigen Behörden für die Lärmkartierung.

[2] In den Lärmkarten können zusätzliche Texterläuterungen und Informationen verwendet werden.

(5) [1] Die Zahl der in ihren Wohnungen durch Umgebungslärm belasteten Menschen (Absatz 4 Satz 1 Nr. 3) ist separat für jede Lärmart anzugeben. [2] Die Zahlenangaben sind auf die nächste Hunderterstelle auf- oder abzurunden.

(6) [1] Die Gesamtfläche der lärmbelasteten Gebiete (Absatz 4 Satz 1 Nr. 7) ist anzugeben. [2] Die Angabe hat in Quadratkilometern zu erfolgen und ist aufzugliedern nach L_{DEN}-Werten über 55 dB(A), über 65 dB(A) und über 75 dB (A). [3] Entsprechendes gilt für die Zahl der Wohnungen, Schulen und Kranken-

häuser. [4]Bei der Zahlenangabe für Wohnungen ist auf 100 Wohnungen zu runden.

§ 5 Berechnungsverfahren. (1) [1]Die Lärmindizes werden nach Verfahren berechnet, die den allgemein anerkannten Regeln der Technik entsprechen. [2]Die Berechnungsverfahren werden

1. für die Lärmarten nach § 4 Absatz 1 Nummer 1 bis 3 vom Bundesministerium für Verkehr und digitale Infrastruktur,
2. für Fluglärm (§ 4 Absatz 1 Nummer 4) vom Bundesministerium für Umwelt, Naturschutz, Bau und Reaktorsicherheit im Einvernehmen mit dem Bundesministerium für Verkehr und digitale Infrastruktur,
3. für Industrie- und Gewerbelärm (§ 4 Absatz 1 Nummer 5) vom Bundesministerium für Umwelt, Naturschutz, Bau und Reaktorsicherheit

durch Veröffentlichung im Bundesanzeiger konkretisiert.

(2) Die Berechnungspunkte zur Ermittlung von L_{DEN} und L_{Night} für die Lärmbelastung in der Nähe von Gebäuden liegen in einer Höhe von vier Meter über dem Boden.

(3) [1]Für die Ermittlung der Belastetenzahlen nach § 4 Abs. 5 liegen die Berechnungspunkte auf der Gebäudefassade. [2]Für diesen Fall wird die letzte Reflexion an der Gebäudefassade, auf der der Berechnungspunkt liegt, nicht berücksichtigt. [3]Für die flächenmäßige Darstellung der Lärmbelastung nach § 4 Abs. 4 ist ein Raster von 50 Meter mal 50 Meter oder weniger zu Grunde zu legen.

(4) [1]Das Bundesamt für Kartographie und Geodäsie stellt den für die Ausarbeitung von Lärmkarten zuständigen Behörden zentral das Digitale Geländemodell für Deutschland (DGM-D) zur Verfügung. [2]Liegen in den Ländern detailliertere geographische Daten vor, können diese ergänzend zu dem DGM-D verwendet werden.

(5) [1]Für die Berechnung sind für jede Lärmart dieselben Gebäude- und Einwohnerdaten zu verwenden. [2]Gleiches gilt für sonstige Bauwerke auf dem Ausbreitungsweg.

§ 6 Übermittlung der Lärmkarten. (1) Die nach § 47e Abs. 2 und 3 des Bundes-Immissionsschutzgesetzes[1)] zuständigen Behörden übermitteln binnen vier Monaten nach den in § 47c Abs. 1 des Bundes-Immissionsschutzgesetzes aufgeführten Fristen dem Bundesministerium für Umwelt, Naturschutz, Bau und Reaktorsicherheit oder einer von ihm benannten Stelle die vollständigen Lärmkarten.

(2) Die nach § 47e Abs. 1 des Bundes-Immissionsschutzgesetzes zuständigen Behörden übermitteln zu den in § 47c Abs. 1 des Bundes-Immissionsschutzgesetzes aufgeführten Fristen den obersten Landesbehörden oder den von ihnen benannten Stellen die vollständigen Lärmkarten.

§ 7 Information der Öffentlichkeit über Lärmkarten. [1]Geeignete Ausfertigungen der Lärmkarten, die der Unterrichtung der Öffentlichkeit dienen, werden von den zuständigen Behörden nach § 47e Abs. 1 und 3 des Bundes-

---

[1)] Nr. **1**.

Immissionsschutzgesetzes[1] verbreitet. [2]Die Verbreitung der Lärmkarten hat in für die Öffentlichkeit verständlicher Darstellung und leicht zugänglichen Formaten zu erfolgen. [3]Erforderlichenfalls ist eine Zusammenfassung mit den wichtigsten Punkten der Öffentlichkeit zur Verfügung zu stellen. [4]Für die Verbreitung sollen, soweit vorhanden, elektronische Kommunikationsmittel verwendet werden. [5]Die Anforderungen an die Unterrichtung der Öffentlichkeit können auch dadurch erfüllt werden, dass Verknüpfungen zu Internet-Seiten eingerichtet werden, auf denen die zu verbreitenden Lärmkarten zu finden sind.

§ 8 Inkrafttreten. Diese Verordnung tritt am 16. März 2006 in Kraft.

Der Bundesrat hat zugestimmt.

---

[1] Nr. **1**.

2.35. Fünfunddreißigste Verordnung zur Durchführung des Bundes-Immissionsschutzgesetzes (Verordnung zur Kennzeichnung der Kraftfahrzeuge mit geringem Beitrag zur Schadstoffbelastung – 35. BImSchV) [1)2)]

Vom 10. Oktober 2006

(BGBl. I S. 2218)

FNA 2129-8-35

zuletzt geänd. durch Art. 85 Zehnte ZuständigkeitsanpassungsVO v. 31.8.2015 (BGBl. I S. 1474)

§ 1 Anwendungsbereich. (1) [1] Diese Verordnung regelt Ausnahmen von Verkehrsverboten nach § 40 Abs. 1 des Bundes-Immissionsschutzgesetzes[3)] und die Zuordnung von Kraftfahrzeugen zu Schadstoffgruppen und bestimmt Anforderungen, welche bei einer Kennzeichnung von Fahrzeugen zu erfüllen sind. [2] Die Verordnung gilt für Kraftfahrzeuge der Klassen M und N gemäß Anhang II A Nr. 1 und Nr. 2 der Richtlinie 70/156/EWG des Rates vom 6. Februar 1970 zur Angleichung der Rechtsvorschriften der Mitgliedstaaten über die Betriebserlaubnis für Kraftfahrzeuge und Kraftfahrzeuganhänger (ABl. EG Nr. L 42 S. 1), die zuletzt durch die Richtlinie 2005/64/EG des Europäischen Parlaments und des Rates vom 26. Oktober 2005 (ABl. EU Nr. L 310 S. 10) geändert worden ist.

(2) Die zuständige Behörde, in unaufschiebbaren Fällen auch die Polizei, kann den Verkehr mit von Verkehrsverboten im Sinne des § 40 Abs. 1 des Bundes-Immissionsschutzgesetzes betroffenen Fahrzeugen von und zu bestimmten Einrichtungen zulassen, soweit dies im öffentlichen Interesse liegt, insbesondere wenn dies zur Versorgung der Bevölkerung mit lebensnotwendigen Gütern und Dienstleistungen notwendig ist, oder überwiegende und unaufschiebbare Interessen Einzelner dies erfordern, insbesondere wenn Fertigungs- und Produktionsprozesse auf andere Weise nicht aufrechterhalten werden können.

§ 2 Zuordnung von Kraftfahrzeugen zu Schadstoffgruppen. (1) Kraftfahrzeuge, die mit einer Plakette nach Anhang 1 gekennzeichnet sind, sind von einem Verkehrsverbot im Sinne des § 40 Abs. 1 des Bundes-Immissionsschutzgesetzes[3)] befreit, soweit ein darauf bezogenes Verkehrszeichen dies vorsieht.

[1)] Verkündet als Art. 1 VO v. 10.10.2006 (BGBl. I S. 2218); Inkrafttreten gem. Art. 3 dieser VO am 1.3.2007. Diese VO wurde mit Zustimmung des Bundesrates erlassen aufgrund von § 40 Abs. 3 BImSchG (Nr. **1**) sowie § 6 Abs. 1 Nr. 3 Buchst. d und Nr. 5a, jeweils iVm Abs. 2a StVG idF der Bek. v. 5.3.2003 (BGBl. I S. 310, ber. S. 919), zuletzt geänd. durch G v. 5.12.2019 (BGBl. I S. 2008), iVm § 1 ZuständigkeitsanpassungsG v. 16.8.2002 (BGBl. I S. 3165), geänd. durch VO v. 31.8.2015 (BGBl. I S. 1474) und dem Organisationserlass der Bundeskanzlerin v. 22.11.2005 (BGBl. I S. 3197).

[2)] **Amtl. Anm. zur MantelVO:** Die Verpflichtungen aus der Richtlinie 98/34/EG des Europäischen Parlaments und des Rates vom 22. Juni 1998 über ein Informationsverfahren auf dem Gebiet der Normen und technischen Vorschriften und der Vorschriften für die Dienste der Informationsgesellschaft (ABl. EG Nr. L 204 S. 37), geändert durch die Richtlinie 98/48/EG des Europäischen Parlaments und des Rates vom 20. Juli 1998 (ABl. EG Nr. L 217 S. 18), sind beachtet worden.

[3)] Nr. **1**.

(2) [1] Kraftfahrzeuge werden unter Berücksichtigung ihrer Schadstoffemissionen den Schadstoffgruppen 1 bis 4 zugeordnet. [2] Die Zuordnung der Kraftfahrzeuge zu den Schadstoffgruppen im Einzelnen ergibt sich aus Anhang 2.

(3) Kraftfahrzeuge, die in Anhang 3 aufgeführt sind, sind von Verkehrsverboten nach § 40 Abs. 1 des Bundes-Immissionsschutzgesetzes auch dann ausgenommen, wenn sie nicht gemäß Absatz 1 mit einer Plakette gekennzeichnet sind.

§ 3 Kennzeichnung. (1) [1] Zur Kennzeichnung der Kraftfahrzeuge nach den Schadstoffgruppen 2 bis 4 sind nicht wiederverwendbare lichtechte und fälschungserschwerende Plaketten nach dem Muster des Anhangs 1 zu verwenden. [2] Die Kennzeichnung der Schadstoffgruppe erfolgt durch die auf der Plakette angegebene Nummer der Schadstoffgruppe und entsprechende Farbgestaltung. [3] Die Farbe der Plakette ist für Kraftfahrzeuge der Schadstoffgruppe 2 rot, für Fahrzeuge der Schadstoffgruppe 3 gelb und für Kraftfahrzeuge der Schadstoffgruppe 4 grün.

(2) [1] In die Plakette ist von der zuständigen Ausgabestelle im dafür vorgesehenen Schriftfeld mit lichtechtem Stift das Kennzeichen des jeweiligen Fahrzeuges einzutragen. [2] Zur Kennzeichnung eines Kraftfahrzeuges ist die Plakette deutlich sichtbar auf der Innenseite der Windschutzscheibe anzubringen. [3] Die Plakette muss so beschaffen und angebracht sein, dass sie sich beim Ablösen von der Windschutzscheibe selbst zerstört.

§ 4 Ausgabe der Plaketten. [1] Ausgabestellen für die Plaketten sind die Zulassungsbehörden oder die nach Landesrecht sonst zuständigen Stellen sowie die nach § 47a Abs. 2 der Straßenverkehrs-Zulassungs-Ordnung für die Durchführung von Abgasuntersuchungen anerkannten Stellen. [2] Dies gilt auch für Kraftfahrzeuge im Sinne des § 1 der Verordnung über internationalen Kraftfahrzeugverkehr in der im Bundesgesetzblatt Teil III, Gliederungsnummer 9232-4, veröffentlichten bereinigten Fassung, die zuletzt durch Artikel 10 der Verordnung vom 25. April 2006 (BGBl. I S. 988) geändert worden ist.

§ 5 Nachweis der Schadstoffgruppe für im Inland zugelassene Fahrzeuge. (1) Die Zuordnung eines Kraftfahrzeuges zu einer Schadstoffgruppe wird nachgewiesen

1. durch die in der Zulassungsbescheinigung Teil I, im Kraftfahrzeugschein und im Kraftfahrzeugbrief eingetragene emissionsbezogene Schlüsselnummer,
2. für Kraftfahrzeuge, die unter die Regelungen des Autobahnmautgesetzes für schwere Nutzfahrzeuge in der Fassung der Bekanntmachung vom 2. Dezember 2004 (BGBl. I S. 3122) fallen, durch Nachweise nach den §§ 8 und 9 der LKW-Maut-Verordnung vom 24. Juni 2003 (BGBl. I S. 1003).

(2) Das Bundesministerium für Verkehr und digitale Infrastruktur gibt die Zuordnung der in den Fahrzeugpapieren eingetragenen Emissionsschlüsselnummern zu den einzelnen Schadstoffgruppen im Verkehrsblatt bekannt.

§ 6 Nachweis der Schadstoffgruppe für im Ausland zugelassene Fahrzeuge. (1) Bei Fahrzeugen, die im Ausland zugelassen sind und die unter die Regelungen des Autobahnmautgesetzes für schwere Nutzfahrzeuge in der Fassung der Bekanntmachung vom 2. Dezember 2004 (BGBl. I S. 3122) fallen, kann die Zuordnung zu einer Schadstoffgruppe durch Nachweise nach den §§ 8 und 9 der LKW-Maut-Verordnung vom 24. Juni 2003 (BGBI. I S. 1003) nachgewiesen werden.

(2) Bei Fahrzeugen, die im Ausland zugelassen sind, wird vermutet, dass sie nach Maßgabe der Absätze 3 und 4 zu den dort aufgeführten Schadstoffgruppen gehören, wenn für diese Fahrzeuge kein Nachweis über die Einhaltung der Anforderungen nach

1. der Richtlinie 70/220/EWG des Rates vom 20. März 1970 über die Angleichung der Rechtsvorschriften der Mitgliedstaaten über Maßnahmen gegen die Verunreinigung der Luft durch Emissionen von Kraftfahrzeugen (ABl. EG Nr. L 76 S. 1) in ihrer jeweils geltenden Fassung oder
2. der Richtlinie 88/77/EWG des Rates zur Angleichung der Rechtsvorschriften der Mitgliedstaaten über Maßnahmen gegen die Emission gasförmiger Schadstoffe und luftverunreinigender Partikel aus Selbstzündungsmotoren zum Antrieb von Fahrzeugen und die Emission gasförmiger Schadstoffe aus mit Erdgas oder Flüssiggas betriebenen Fremdzündungsmotoren zum Antrieb von Fahrzeugen (ABl. EG Nr. L 36 S. 33) in der jeweils geltenden Fassung vorgelegt werden kann.

(3) Kraftfahrzeuge mit Selbstzündungsmotor der Klassen M und N gehören:

1. zur Schadstoffgruppe 1,
   wenn sie nicht unter die Schadstoffgruppen 2 bis 4 fallen,
2. zur Schadstoffgruppe 2,
   a) wenn sie in den Anwendungsbereich der Richtlinie 70/220/EWG fallen, bei erstmaliger Zulassung nach dem 31. Dezember 1996 und vor dem 1. Januar 2001,
   b) wenn sie in den Anwendungsbereich der Richtlinie 88/77/EWG fallen, bei erstmaliger Zulassung nach dem 30. September 1996 und vor dem 1. Oktober 2001,
   c) wenn sie nach dem 1. Januar 1993 erstmalig zugelassen worden sind und die im Anhang 2 Abs. 1 Nr. 2 Buchstabe g und h genannten Anforderungen erfüllen oder ihnen gleichwertig sind und dies durch einen Beleg nachgewiesen wird,
3. zur Schadstoffgruppe 3,
   a) wenn sie in den Anwendungsbereich der Richtlinie 70/220/EWG fallen, bei erstmaliger Zulassung nach dem 31. Dezember 2000 und vor dem 1. Januar 2006,
   b) wenn sie in den Anwendungsbereich der Richtlinie 88/77/EWG fallen, bei erstmaliger Zulassung nach dem 30. September 2001 und vor dem 1. Oktober 2006,
   c) wenn sie nach dem 1. Oktober 1996 erstmalig zugelassen worden sind und die im Anhang 2 Abs. 1 Nr. 3 Buchstabe j bis l genannten Anforderungen erfüllen oder ihnen gleichwertig sind und dies durch einen Beleg nachgewiesen wird,
4. zur Schadstoffgruppe 4,
   a) wenn sie in den Anwendungsbereich der Richtlinie 70/220/EWG fallen, bei erstmaliger Zulassung nach dem 31. Dezember 2005,

b) wenn sie in den Anwendungsbereich der Richtlinie 88/77/EWG fallen, bei erstmaliger Zulassung nach dem 30. September 2006,

c) wenn sie in den Anwendungsbereich der Richtlinie 70/220/EWG fallen, die Anforderungen der Richtlinie 98/69/EG oder der Richtlinie 1999/102/EG oder der Richtlinie 2001/1/EG oder der Richtlinie 2001/100/EG oder der Richtlinie 2002/80/EG oder der Richtlinie 2003/76/EG erfüllen und nachweisen können (z.B. durch Herstellerbescheinigung), dass sie über den unter B (2005) der Tabelle im Abschnitt 5.3.1.4 des Anhangs I der Richtlinie vorgeschriebenen Partikelgrenzwert hinaus den Partikelgrenzwert von 5,0 mg/km nicht überschreiten,

d) wenn sie nach dem 1. Oktober 2000 erstmalig zugelassen worden sind und die im Anhang 2 Abs. 1 Nr. 4 Buchstabe q und r genannten Anforderungen erfüllen oder ihnen gleichwertig sind und dies durch einen Beleg nachgewiesen wird,

e) wenn sie in den Anwendungsbereich der Richtlinie 70/220/EWG oder der Richtlinie 2005/55/EG des Europäischen Parlaments und des Rates vom 28. September 2005 zur Angleichung der Rechtsvorschriften der Mitgliedstaaten über Maßnahmen gegen die Emission gasförmiger Schadstoffe und luftverunreinigender Partikel aus Selbstzündungsmotoren zum Antrieb von Fahrzeugen und die Emission gasförmiger Schadstoffe aus mit Flüssiggas oder Erdgas betriebenen Fremdzündungsmotoren zum Antrieb von Fahrzeugen (ABl. EU Nr. L 275 S. 1) in der jeweils zuletzt geänderten, im Amtsblatt der Europäischen Union veröffentlichten Fassung fallen.

(4) Kraftfahrzeuge mit Fremdzündungsmotor der Klassen M und N gehören der Schadstoffgruppe 4 an, wenn sie

1. in den Anwendungsbereich der Richtlinie 70/220/EWG fallen, bei erstmaliger Zulassung nach dem 31. Dezember 1992,

2. in den Anwendungsbereich der Richtlinie 88/77/EWG in der Fassung der Richtlinie 1999/96/EG des Europäischen Parlaments und des Rates vom 13. Dezember 1999 zur Angleichung der Rechtsvorschriften der Mitgliedstaaten über Maßnahmen gegen die Emission gasförmiger Schadstoffe und luftverunreinigender Partikel aus Selbstzündungsmotoren zum Antrieb von Fahrzeugen und die Emission gasförmiger Schadstoffe aus mit Erdgas oder Flüssiggas betriebenen Fremdzündungsmotoren zum Antrieb von Fahrzeugen und zur Änderung der Richtlinie 88/77/EWG des Rates (ABl. EG 2000 Nr. L 44 S. 1) fallen, den Vorschriften der Richtlinie entsprechen und bei den Emissionen der gasförmigen Schadstoffe und luftverunreinigenden Partikel die unter A (2000) oder B 1 (2005) oder B 2 (2008) oder unter C (EEV) der Tabellen 1 und 2 im Abschnitt 6.2.1 des Anhangs I der Richtlinie vorgeschriebenen Grenzwerte nicht überschreiten und die Einhaltung der Grenzwerte durch einen Beleg nachweisen oder

3. in den Anwendungsbereich der Richtlinie 88/77/EWG in der Fassung der Richtlinie 2001/27/EG des Europäischen Parlaments und des Rates vom 10. April 2001 zur Anpassung der Richtlinie 88/77/EWG des Rates zur Angleichung der Rechtsvorschriften der Mitgliedstaaten über Maßnahmen gegen die Emission gasförmiger Schadstoffe und luftverunreinigender Partikel aus Selbstzündungsmotoren zum Antrieb von Fahrzeugen und die Emission gasförmiger Schadstoffe aus mit Erdgas oder Flüssiggas betriebenen Fremd-

zündungsmotoren zum Antrieb von Fahrzeugen an den technischen Fortschritt (ABl. EG Nr. L 107 S. 10) fallen, den Vorschriften der Richtlinie entsprechen und bei den Emissionen der gasförmigen Schadstoffe und luftverunreinigenden Partikel die unter A (2000) oder B 1 (2005) oder B 2 (2008) oder unter C (EEV) der Tabellen 1 und 2 im Abschnitt 6.2.1 des Anhangs I der Richtlinie 1999/96/EG des Europäischen Parlaments und des Rates vom 13. Dezember 1999 (ABl. EG 2000 Nr. L 44 S. 1) vorgeschriebenen Grenzwerte nicht überschreiten und die Einhaltung der Grenzwerte durch einen Beleg nachgewiesen wird.

(5) Kraftfahrzeuge mit Fremdzündungsmotor der Klassen M und N gehören der Schadstoffgruppe 4 an, wenn

1. durch einen Beleg nachgewiesen wird, dass das Fahrzeug über eine Emissionsminderung verfügt, die den Anforderungen der Anlage XXIII der Straßenverkehrs-Zulassungs-Ordnung in der Fassung der Bekanntmachung vom 28. September 1988 (BGBl. I S. 1793), zuletzt geändert durch die Verordnung vom 24. Mai 2007 (BGBl. I S. 893), entspricht oder ihr gleichwertig ist oder
2. durch einen Beleg nachgewiesen wird, dass das Fahrzeug durch Nachrüstung mit einem Abgasreinigungssystem über eine Emissionsminderung verfügt, die den Bestimmungen der 52. Ausnahmeverordnung zur StVZO vom 13. August 1996 (BGBl. I S. 1319), geändert durch Artikel 1 der Verordnung vom 18. Februar 1998 (BGBl. I S. 390), entspricht oder ihr gleichwertig ist oder
3. sie in den Anwendungsbereich der Richtlinie 70/220/EWG oder der Richtlinie 2005/55/EG in der jeweils zuletzt geänderten, im Amtsblatt der Europäischen Union veröffentlichten Fassung fallen.

Anhang 1
(zu § 2 Abs. 1 und § 3 Abs. 1)

Plakettenmuster

	Schadstoffgruppe 2	Schadstoffgruppe 3	Schadstoffgruppe 4
Plaketten-Durchmesser: 80 mm, schwarz umrandet, Strichdicke der Umrandung 1,5 mm Ziffer der Schadstoffgruppe: Höhe 35 mm Schriftfeld: 60 × 20 mm Schrift: schwarz RAL 9005, mit lichtechtem Stift			
Plakettenfarbe:	verkehrsrot RAL 3020, lichtecht	verkehrsgelb RAL 1023, lichtecht	verkehrsgrün RAL 6024, lichtecht
Schriftfeld:	reinweiß RAL 9010, schwarz umrandet	reinweiß RAL 9010, schwarz umrandet	reinweiß RAL 9010, schwarz umrandet

Die Ziffer der Schadstoffgruppe ist nach dem Schriftmuster der Anlage V Seite 3 der Straßenverkehrs-Zulassungs-Ordnung darzustellen.
Die Farbtöne des Untergrundes, des Randes und der Beschriftung sind dem Farbregister RAL 840-HR, herausgegeben vom RAL Deutsches Institut für Gütesicherung und Kennzeichnung e.V., Siegburger Str. 39, 53757 St. Augustin, zu entnehmen.

Anhang 2
(zu § 2 Abs. 2)

Zuordnung der Kraftfahrzeuge zu den Schadstoffgruppen

(1) Kraftfahrzeuge mit Selbstzündungsmotor der Klassen M und N werden unter Berücksichtigung ihrer Schadstoffemissionen den Schadstoffgruppen 1 bis 4 wie folgt zugeordnet:
Schadstoffgruppe 1
Kraftfahrzeuge, die

1. nicht unter die Schadstoffgruppen 2 bis 4 fallen.
2. **Schadstoffgruppe 2**
   Kraftfahrzeuge, die
   a) in den Anwendungsbereich der Richtlinie 70/220/EWG in der Fassung der Richtlinie 94/12/EG des Europäischen Parlaments und des Rates vom 23. März 1994 (ABl. EG Nr. L 100 S. 42) fallen und den Vorschriften der Richtlinie entsprechen und bei den Emissionen der gasförmigen Schadstoffe und luftverunreinigenden Partikel die für die Klasse M mit einer zulässigen Gesamtmasse von nicht mehr als 2 500 kg vorgeschriebenen Grenzwerte der Tabelle im Abschnitt 5.3.1.4 des Anhangs I der Richtlinie nicht überschreiten oder
   b) in den Anwendungsbereich der Richtlinie 70/220/EWG in der Fassung der Richtlinie 96/44/EG des Europäischen Parlaments und des Rates vom 1. Juli 1996 (ABl. EG Nr. L 210 S. 25) fallen und den Vorschriften der Richtlinie entsprechen und bei den Emissionen der gasförmigen Schadstoffe und luftverunreinigenden Partikel die für die Klasse M mit einer zulässigen Gesamtmasse von nicht mehr als 2 500 kg vorgeschriebenen Grenzwerte der Tabelle im Abschnitt 5.3.1.4 des Anhangs I der Richtlinie nicht überschreiten oder
   c) die in den Anwendungsbereich der Richtlinie 70/220/EWG in der Fassung der Richtlinie 96/69/EG des Europäischen Parlaments und des Rates vom 8. Oktober 1996 (ABl. EG Nr. L 282 S. 64) fallen, den Vorschriften der Richtlinie entsprechen und bei den Emissionen der gasförmigen Schadstoffe und luftverunreinigenden Partikel die vorgeschriebenen Grenzwerte der Tabelle im Abschnitt 5.3.1.4 des Anhangs I der Richtlinie nicht überschreiten oder
   d) in den Anwendungsbereich der Richtlinie 70/220/EWG in der Fassung der Richtlinie 98/77/EG der Kommission vom 2. Oktober 1998 (ABl. EG Nr. L 286 S. 34) fallen, den Vorschriften der Richtlinie entsprechen und bei den Emissionen der gasförmigen Schadstoffe und luftverunreinigenden Partikel die vorgeschriebenen Grenzwerte der Tabelle im Abschnitt 5.3.1.4 des Anhangs I der Richtlinie nicht überschreiten oder
   e) in den Anwendungsbereich der Richtlinie 88/77/EWG des Rates zur Angleichung der Rechtsvorschriften der Mitgliedstaaten über Maßnahmen gegen die Emission gasförmiger Schadstoffe und luftverunreinigender Partikel aus Selbstzündungsmotoren zum Antrieb von Fahrzeugen und die Emission gasförmiger Schadstoffe aus mit Erdgas oder Flüssiggas betriebenen Fremdzündungsmotoren zum Antrieb von Fahrzeugen (ABl. EG Nr. L 36 S. 33) in der Fassung der Richtlinie 91/542/EWG des Rates vom 1. Oktober 1991 (ABl. EG Nr. L 295 S. 1) fallen, den Vorschriften der Richtlinie entsprechen und bei den Emissionen der gasförmigen Schadstoffe und luftverunreinigenden Partikel die in Zeile B der Tabelle im Abschnitt 8.3.1.1 des Anhangs I der Richtlinie genannten Grenzwerte nicht überschreiten oder
   f) in den Anwendungsbereich der Richtlinie 96/1/EG des Europäischen Parlaments und des Rates vom 22. Januar 1996 zur Änderung der Richtlinie 88/77/EWG zur Angleichung der Rechtsvorschriften der Mitgliedstaaten über Maßnahmen gegen die Emission gasförmiger Schadstoffe und luftverunreinigender Partikel aus Dieselmotoren zum Antrieb von Fahrzeugen (ABl. EG Nr. L 40 S. 1) fallen, den Vorschriften der Richtlinie entsprechen und bei den Emissionen der gasförmigen Schadstoffe und luftverunreinigenden Partikel die in Zeile B der Tabelle im Abschnitt 6.2.1 des Anhangs I der Richtlinie genannten Grenzwerte nicht überschreiten oder

g) die durch die Ausrüstung mit einem Partikelminderungssystem die Anforderungen der Nummern 2.1.1 und 2.1.2 der Anlage XXVI der Straßenverkehrs-Zulassungs-Ordnung in der Fassung der Bekanntmachung vom 28. September 1988 (BGBl. I S. 1793), zuletzt geändert durch die Verordnung vom 24. Mai 2007 (BGBl. I S. 893), einhalten oder

h) die durch Ausrüstung mit einem Partikelminderungssystem die Anforderungen der Nummern 3.4.1 und 3.4.2 der Anlage XIV der Straßenverkehrs-Zulassungs-Ordnung in der Fassung der Bekanntmachung vom 28. September 1988 (BGBl. I S. 1793), zuletzt geändert durch die Verordnung vom 24. Mai 2007 (BGBl. I S. 893), einhalten.

3. **Schadstoffgruppe 3**
Kraftfahrzeuge, die

a) in den Anwendungsbereich der Richtlinie 70/220/EWG in der Fassung der Richtlinie 98/69/EG des Europäischen Parlaments und des Rates vom 13. Oktober 1998 (ABl. EG Nr. L 350 S. 1) fallen, den Vorschriften der Richtlinie entsprechen und die vorgeschriebenen Grenzwerte unter A (2000) der Tabelle im Abschnitt 5.3.1.4 des Anhangs I der Richtlinie nicht überschreiten oder

b) in den Anwendungsbereich der Richtlinie 70/220/EWG in der Fassung der Richtlinie 1999/102/EG der Kommission vom 15. Dezember 1999 (ABl. EG Nr. L 334 S. 43) fallen, den Vorschriften der Richtlinie entsprechen und bei den Emissionen der gasförmigen Schadstoffe und luftverunreinigenden Partikel die unter A (2000) der Tabelle im Abschnitt 5.3.1.4 des Anhangs I der Richtlinie vorgeschriebenen Grenzwerte nicht überschreiten oder

c) in den Anwendungsbereich der Richtlinie 70/220/EWG in der Fassung der Richtlinie 2001/1/EG des Europäischen Parlaments und des Rates vom 22. Januar 2001 (ABl. EG Nr. L 35 S. 34) fallen, den Vorschriften der Richtlinie entsprechen und bei den Emissionen der gasförmigen Schadstoffe und luftverunreinigenden Partikel die unter A (2000) der Tabelle im Abschnitt 5.3.1.4 des Anhangs I der Richtlinie vorgeschriebenen Grenzwerte nicht überschreiten oder

d) in den Anwendungsbereich der Richtlinie 70/220/EWG in der Fassung der Richtlinie 2001/100/EG des Europäischen Parlaments und des Rates vom 7. Dezember 2001 (ABl. EG Nr. L 16 S. 32) fallen, den Vorschriften der Richtlinie entsprechen und bei den Emissionen der gasförmigen Schadstoffe und luftverunreinigenden Partikel die unter A (2000) der Tabelle im Abschnitt 5.3.1.4 des Anhangs I der Richtlinie vorgeschriebenen Grenzwerte nicht überschreiten oder

e) in den Anwendungsbereich der Richtlinie 70/220/EWG in der Fassung der Richtlinie 2002/80/EG der Kommission vom 3. Oktober 2002 (ABl. EG Nr. L 291 S. 20) fallen, den Vorschriften der Richtlinie entsprechen und bei den Emissionen der gasförmigen Schadstoffe und luftverunreinigenden Partikel die unter A (2000) der Tabelle im Abschnitt 5.3.1.4 des Anhangs I der Richtlinie vorgeschriebenen Grenzwerte nicht überschreiten oder

f) in den Anwendungsbereich der Richtlinie 70/220/EWG in der Fassung der Richtlinie 2003/76/EG der Kommission vom 11. August 2003 (ABl. EU Nr. L 206 S. 29) fallen, den Vorschriften der Richtlinie entsprechen und bei den Emissionen der gasförmigen Schadstoffe und luftverunreinigenden Partikel die unter A (2000) der Tabelle im Abschnitt 5.3.1.4 des Anhangs I der Richtlinie vorgeschriebenen Grenzwerte nicht überschreiten oder

g) in den Anwendungsbereich der Richtlinie 88/77/EWG in der Fassung der Richtlinie 1999/96/EG des Europäischen Parlaments und des Rates vom 13. Dezember 1999 (ABl. EG Nr. L 44 S. 1) fallen, den Vorschriften der Richtlinie entsprechen und bei den Emissionen der gasförmigen Schadstoffe und luftverunreinigenden Partikel die unter A (2000) der Tabellen 1 und 2 im Abschnitt 6.2.1 des Anhangs I der Richtlinie vorgeschriebenen Grenzwerte nicht überschreiten oder

h) in den Anwendungsbereich der Richtlinie 88/77/EWG in der Fassung der Richtlinie 2001/27/EG des Europäischen Parlaments und des Rates vom 10. April 2001 (ABl. EG Nr. L 107 S. 10) fallen, den Vorschriften der Richtlinie entsprechen und bei den Emissionen der gasförmigen Schadstoffe und luftverunreinigenden Partikel die unter A (2000) der Tabellen 1 und 2 im Abschnitt 6.2.1 des Anhangs I der Richtlinie vorgeschriebenen Grenzwerte nicht überschreiten oder

i) die durch die Ausrüstung mit einem Partikelminderungssystem die Anforderungen der Stufe PM 1 der Anlage XXVI der Straßenverkehrs-Zulassungs-Ordnung in der Fassung der Bekanntmachung vom 28. September 1998 (BGBl. I S. 1793), die zuletzt durch Artikel 2 der Verordnung vom 25. April 2006 (BGBl. I S. 988) geändert worden ist, einhalten, ausgenommen Fahrzeuge der Klasse M mit einer zulässigen Gesamtmasse von mehr als 2 500 kg oder

j) die durch Ausrüstung mit einem Partikelminderungssystem die Anforderungen der Nummer 2.1.2 der Anlage XXVI der Straßenverkehrs-Zulassungs-Ordnung in der Fassung der Bekanntmachung vom 28. September 1988 (BGBl. I S. 1793), zuletzt geändert durch die Verordnung vom 24. Mai 2007 (BGBl. I S. 893), einhalten, ausgenommen Fahrzeuge der Klasse M mit nicht mehr als sechs Sitzplätzen einschließlich des Fahrersitzes oder mit einer Höchstmasse von nicht mehr als 2 500 Kilogramm oder

k) die durch Ausrüstung mit einem Partikelminderungssystem die Anforderungen der Nummer 2 der Nummer 3.4.2 der Anlage XIV der Straßenverkehrs-Zulassungs-Ordnung in der Fassung der Bekanntmachung vom 28. September 1988 (BGBl. I S. 1793), zuletzt geändert durch die Verordnung vom 24. Mai 2007 (BGBl. I S. 893), einhalten, ausgenommen Fahrzeuge der Klasse N1, mit einer Bezugsmasse von nicht mehr als 1 250 Kilogramm (Gruppe I) oder

l) die durch Ausrüstung mit einem Partikelminderungssystem die Anforderungen der Nummer 3.4.3 der Anlage XIV der Straßenverkehrs-Zulassungs-Ordnung in der Fassung der Bekanntmachung vom 28. September 1988 (BGBl. I S. 1793), zuletzt geändert durch die Verordnung vom 24. Mai 2007 (BGBl. I S. 893), einhalten.

4. **Schadstoffgruppe 4**
Kraftfahrzeuge, die

a) in den Anwendungsbereich der Richtlinie 70/220/EWG in der Fassung der Richtlinie 98/69/ EG des Europäischen Parlaments und des Rates vom 13. Oktober 1998 (ABl. EG Nr. L 350 S. 1) fallen, den Vorschriften der Richtlinie entsprechen und bei den Emissionen der gasförmigen Schadstoffe und luftverunreinigenden Partikel die unter B (2005) der Tabelle im Abschnitt 5.3.1.4 des Anhangs I der Richtlinie vorgeschriebenen Grenzwerte nicht überschreiten oder

b) in den Anwendungsbereich der Richtlinie 70/220/EWG in der Fassung der Richtlinie 1999/ 102/EG der Kommission vom 15. Dezember 1999 (ABl. EG Nr. L 334 S. 43) fallen, den Vorschriften der Richtlinie entsprechen und bei den Emissionen der gasförmigen Schadstoffe und luftverunreinigenden Partikel die unter B (2005) der Tabelle im Abschnitt 5.3.1.4 des Anhangs I der Richtlinie vorgeschriebenen Grenzwerte nicht überschreiten oder

c) in den Anwendungsbereich der Richtlinie 70/220/EWG in der Fassung der Richtlinie 2001/1/ EG des Europäischen Parlaments und des Rates vom 22. Januar 2001 (ABl. EG Nr. L 35 S. 34) fallen, den Vorschriften der Richtlinie entsprechen und bei den Emissionen der gasförmigen Schadstoffe und luftverunreinigenden Partikel die unter B (2005) der Tabelle im Abschnitt 5.3.1.4 des Anhangs I der Richtlinie vorgeschriebenen Grenzwerte nicht überschreiten oder

d) in den Anwendungsbereich der Richtlinie 70/220/EWG in der Fassung der Richtlinie 2001/ 100/EG des Europäischen Parlaments und des Rates vom 7. Dezember 2001 (ABl. EG Nr. L 16 S. 32) fallen, den Vorschriften der Richtlinie entsprechen und bei den Emissionen der gasförmigen Schadstoffe und luftverunreinigenden Partikel die unter B (2005) der Tabelle im Abschnitt 5.3.1.4 des Anhangs I der Richtlinie vorgeschriebenen Grenzwerte nicht überschreiten oder

e) in den Anwendungsbereich der Richtlinie 70/220/EWG in der Fassung der Richtlinie 2002/80/ EG der Kommission vom 3. Oktober 2002 (ABl. EG Nr. L 291 S. 20) fallen, den Vorschriften der Richtlinie entsprechen und bei den Emissionen der gasförmigen Schadstoffe und luftverunreinigenden Partikel die unter B (2005) der Tabelle im Abschnitt 5.3.1.4 des Anhangs I der Richtlinie vorgeschriebenen Grenzwerte nicht überschreiten oder

f) in den Anwendungsbereich der Richtlinie 70/220/EWG in der Fassung der Richtlinie 2003/76/ EG der Kommission vom 11. August 2003 (ABl. EU Nr. L 206 S. 29) fallen, den Vorschriften der Richtlinie entsprechen und bei den Emissionen der gasförmigen Schadstoffe und luftverunreinigenden Partikel die unter B (2005) der Tabelle im Abschnitt 5.3.1.4 des Anhangs I der Richtlinie vorgeschriebenen Grenzwerte nicht überschreiten oder

g) in den Anwendungsbereich der Richtlinie 88/77/EWG in der Fassung der Richtlinie 1999/96/ EG des Europäischen Parlaments und des Rates vom 13. Dezember 1999 (ABl. EG Nr. L 44 S. 1) fallen, den Vorschriften der Richtlinie entsprechen und bei den Emissionen der gasförmigen Schadstoffe und luftverunreinigenden Partikel die unter B 1 (2005) der Tabellen 1 und 2 im Abschnitt 6.2.1 des Anhangs I der Richtlinie vorgeschriebenen Grenzwerte nicht überschreiten oder

h) in den Anwendungsbereich der Richtlinie 88/77/EWG in der Fassung der Richtlinie 1999/96/ EGG des Europäischen Parlaments und des Rates vom 13. Dezember 1999 (ABl. EG Nr. L 44

S. 1) fallen, den Vorschriften der Richtlinie entsprechen und bei den Emissionen der gasförmigen Schadstoffe und luftverunreinigenden Partikel die unter B 2 (2008) der Tabellen 1 und 2 im Abschnitt 6.2.1 des Anhangs I der Richtlinie vorgeschriebenen Grenzwerte nicht überschreiten oder

i) in den Anwendungsbereich der Richtlinie 88/77/EWG in der Fassung der Richtlinie 1999/96/EG des Europäischen Parlaments und des Rates vom 13. Dezember 1999 (ABl. EG Nr. L 44 S. 1) fallen, den Vorschriften der Richtlinie entsprechen und bei den Emissionen der gasförmigen Schadstoffe und luftverunreinigenden Partikel die unter C (EEV) der Tabellen 1 und 2 im Abschnitt 6.2.1 des Anhangs I der Richtlinie vorgeschriebenen Grenzwerte nicht überschreiten oder

j) in den Anwendungsbereich der Richtlinie 88/77/EWG in der Fassung der Richtlinie 2001/27/EG des Europäischen Parlaments und des Rates vom 10. April 2001 (ABl. EG Nr. L 107 S. 10) fallen, den Vorschriften der Richtlinie entsprechen und bei den Emissionen der gasförmigen Schadstoffe und luftverunreinigenden Partikel die unter B 1 (2005) der Tabellen 1 und 2 im Abschnitt 6.2.1 des Anhangs I der Richtlinie vorgeschriebenen Grenzwerte nicht überschreiten oder

k) in den Anwendungsbereich der Richtlinie 88/77/EWG in der Fassung der Richtlinie 2001/27/EG der Kommission vom 10. April 2001 (ABl. EG Nr. L 107 S. 10) fallen, den Vorschriften der Richtlinie entsprechen und bei den Emissionen der gasförmigen Schadstoffe und luftverunreinigenden Partikel die unter B 2 (2008) der Tabellen 1 und 2 im Abschnitt 6.2.1 des Anhangs I der Richtlinie vorgeschriebenen Grenzwerte nicht überschreiten oder

l) in den Anwendungsbereich der Richtlinie 88/77/EWG in der Fassung der Richtlinie 2001/27/EG der Kommission vom 10. April 2001 (ABl. EG Nr. L 107 S. 10) fallen, den Vorschriften der Richtlinie entsprechen und bei den Emissionen der gasförmigen Schadstoffe und luftverunreinigenden Partikel die unter C (EEV) der Tabellen 1 und 2 im Abschnitt 6.2.1 des Anhangs I der Richtlinie vorgeschriebenen Grenzwerte nicht überschreiten oder

m) die durch die Ausrüstung mit einem Partikelminderungssystem die Anforderungen der Stufe PM 2 oder PM 3 der Anlage XXVI der Straßenverkehrs-Zulassungs-Ordnung in der Fassung der Bekanntmachung vom 28. September 1998 (BGBl. I S. 1793), die zuletzt durch Artikel 2 der Verordnung vom 25. April 2006 (BGBl. I S. 988) geändert worden ist, einhalten oder

n) Fahrzeuge der Klasse M mit einer zulässigen Gesamtmasse von mehr als 2 500 kg, die durch Ausrüstung mit einem Partikelminderungssystem die Anforderungen der Stufe PM 1 der Anlage XXVI der Straßenverkehrs-Zulassungs-Ordnung in der Fassung der Bekanntmachung vom 28. September 1998 (BGBl. I S. 1793), die zuletzt durch Artikel 2 der Verordnung vom 25. April 2006 (BGBl. I S. 988) geändert worden ist, einhalten oder

o) die die Anforderungen der Stufe PM 5 der Anlage XXVI der Straßenverkehrs-Zulassungs-Ordnung in der Fassung der Bekanntmachung vom 28. September 1998 (BGBl. I S. 1793), die zuletzt durch Artikel 2 der Verordnung vom 25. April 2006 (BGBl. I S. 988) geändert worden ist, einhalten oder

p) die durch die Ausrüstung mit einem Partikelminderungssystem die Anforderungen der Stufe PM 4 der Anlage XXVI der Straßenverkehrs-Zulassungs-Ordnung in der Fassung der Bekanntmachung vom 28. September 1998 (BGBl. I S. 1793), die zuletzt durch Artikel 2 der Verordnung vom 25. April 2006 (BGBl. I S. 988) geändert worden ist, einhalten oder

q) die durch Ausrüstung mit einem Partikelminderungssystem die Anforderungen der Nummer 2 der Nummer 3.4.3 der Anlage XIV der Straßenverkehrs-Zulassungs-Ordnung in der Fassung der Bekanntmachung vom 28. September 1998 (BGBl. I S. 1793), zuletzt geändert durch die Verordnung vom 24. Mai 2007 (BGBl. I S. 893), einhalten, ausgenommen Fahrzeuge der Klasse N1, mit einer Bezugsmasse von nicht mehr als 1 250 Kilogramm (Gruppe I) oder

r) die durch Ausrüstung mit einem Partikelminderungssystem die Anforderungen der Nummer 3.4.4, Nummer 3.4.5 oder Nummer 3.4.6 der Anlage XIV der Straßenverkehrs-Zulassungs-Ordnung in der Fassung der Bekanntmachung vom 28. September 1988 (BGBl. I S. 1793), zuletzt geändert durch die Verordnung vom 24. Mai 2007 (BGBl. I S. 893), einhalten oder

s) in den Anwendungsbereich der Richtlinie 70/220/EWG oder der Richtlinie 2005/55/EG in der jeweils zuletzt geänderten, im Amtsblatt der Europäischen Union veröffentlichten Fassung fallen.

(2) Kraftfahrzeuge mit Fremdzündungsmotor der Klassen M und N nach Anhang II A Nr. 1 und Nr. 2 der Richtlinie 70/156/EWG des Rates werden den Schadstoffgruppen 1 und 4 wie folgt zugeordnet:

1. Schadstoffgruppe 1
   Kraftfahrzeuge, die nicht unter die Schadstoffgruppe 4 fallen,
2. Schadstoffgruppe 4
   Kraftfahrzeuge, die
   a) in den Anwendungsbereich der Richtlinie 70/220/EWG in der Fassung der Richtlinie 91/441/EWG des Rates vom 26. Juni 1991 (ABl. EG Nr. L 242 S. 1) fallen – ausgenommen die Fahrzeuge, die die Übergangsbestimmungen des Anhangs I Nr. 8.1 oder 8.3 in Anspruch nehmen –, den Vorschriften der Richtlinie entsprechen oder
   b) in den Anwendungsbereich der Richtlinie 70/220/EWG in der Fassung der Richtlinie 93/59/EWG des Rates vom 28. Juni 1993 (ABl. EG Nr. L 186 S. 21) fallen, den Vorschriften der Richtlinie entsprechen und die im Anhang I im Abschnitt 5.3.1 der Richtlinie genannte Prüfung Typ I (Prüfung der durchschnittlichen Auspuffemissionen nach einem Kaltstart) nachweisen oder
   c) in den Anwendungsbereich der Richtlinie 70/220/EWG in der Fassung der Richtlinie 94/12/EG des Europäischen Parlaments und des Rates vom 23. März 1994 (ABl. EG Nr. L 100 S. 42) fallen, den Vorschriften der Richtlinie entsprechen und die vorgeschriebenen Grenzwerte der Tabelle im Abschnitt 5.3.1.4 des Anhangs I der Richtlinie nicht überschreiten oder
   d) in den Anwendungsbereich der Richtlinie 70/220/EWG in der Fassung der Richtlinie 96/69/EG des Europäischen Parlaments und des Rates vom 8. Oktober 1996 (ABl. EG Nr. L 282 S. 64) fallen, den Vorschriften der Richtlinie entsprechen und die vorgeschriebenen Grenzwerte der Tabelle im Abschnitt 5.3.1.4 des Anhangs I der Richtlinie nicht überschreiten oder
   e) in den Anwendungsbereich der Richtlinie 70/220/EWG in der Fassung der Richtlinie 98/77/EG der Kommission vom 2. Oktober 1998 (ABl. EG Nr. L 286 S. 34) fallen, den Vorschriften der Richtlinie entsprechen und die vorgeschriebenen Grenzwerte der Tabelle im Abschnitt 5.3.1.4 des Anhangs I der Richtlinie nicht überschreiten oder
   f) in den Anwendungsbereich der Richtlinie 70/220/EWG in der Fassung der Richtlinie 98/69/EG des Europäischen Parlaments und des Rates vom 13. Oktober 1998 (ABl. EG Nr. L 350 S. 1) fallen, den Vorschriften der Richtlinie entsprechen und die vorgeschriebenen Grenzwerte der Tabelle im Abschnitt 5.3.1.4 des Anhangs I der Richtlinie nicht überschreiten oder
   g) in den Anwendungsbereich der Richtlinie 70/220/EWG in der Fassung der Richtlinie 1999/102/EG der Kommission vom 15. Dezember 1999 (ABl. EG Nr. L 334 S. 43) fallen, den Vorschriften der Richtlinie entsprechen und die vorgeschriebenen Grenzwerte der Tabelle im Abschnitt 5.3.1.4 des Anhangs I der Richtlinie nicht überschreiten oder
   h) in den Anwendungsbereich der Richtlinie 70/220/EWG in der Fassung der Richtlinie 2001/1/EG des Europäischen Parlaments und des Rates vom 22. Januar 2001 (ABl. EG Nr. L 35 S. 34) fallen, den Vorschriften der Richtlinie entsprechen und die vorgeschriebenen Grenzwerte der Tabelle im Abschnitt 5.3.1.4 des Anhangs I der Richtlinie nicht überschreiten oder
   i) in den Anwendungsbereich der Richtlinie 70/220/EWG in der Fassung der Richtlinie 2001/100/EG des Europäischen Parlaments und des Rates vom 7. Dezember 2001 (ABl. EG Nr. L 16 S. 32) fallen, den Vorschriften der Richtlinie entsprechen und die vorgeschriebenen Grenzwerte der Tabelle im Abschnitt 5.3.1.4 des Anhangs I der Richtlinie nicht überschreiten oder
   j) in den Anwendungsbereich der Richtlinie 70/220/EWG in der Fassung der Richtlinie 2002/80/EG der Kommission vom 3. Oktober 2002 (ABl. EG Nr. L 291 S. 20) fallen, den Vorschriften der Richtlinie entsprechen und die vorgeschriebenen Grenzwerte der Tabelle im Abschnitt 5.3.1.4 des Anhangs I der Richtlinie nicht überschreiten oder
   k) in den Anwendungsbereich der Richtlinie 70/220/EWG in der Fassung der Richtlinie 2003/76/EG der Kommission vom 11. August 2003 (ABl. EU Nr. L 206 S. 29) fallen, den Vorschriften der Richtlinie entsprechen und die vorgeschriebenen Grenzwerte der Tabelle im Abschnitt 5.3.1.4 des Anhangs I der Richtlinie nicht überschreiten oder
   l) in den Anwendungsbereich der Richtlinie 88/77/EWG in der Fassung der Richtlinie 1999/96/EG des Europäischen Parlaments und des Rates vom 13. Dezember 1999 (ABl. EG 2000 Nr. L 44 S. 1) fallen, den Vorschriften der Richtlinie entsprechen und bei den Emissionen der gasförmigen Schadstoffe und luftverunreinigenden Partikel die unter A (2000) oder B 1 (2005) oder B 2 (2008) oder unter C (EEV) der Tabellen 1 und 2 im Abschnitt 6.2.1 des Anhangs I der Richtlinie vorgeschriebenen Grenzwerte nicht überschreiten oder
   m) in den Anwendungsbereich der Richtlinie 88/77/EWG in der Fassung der Richtlinie 2001/27/EG des Europäischen Parlaments und des Rates vom 10. April 2001 (ABl. EG Nr. L 107 S. 10) fallen, den Vorschriften der Richtlinie entsprechen und bei den Emissionen der gasförmigen

Schadstoffe und luftverunreinigenden Partikel die unter A (2000) oder B 1 (2005) oder B 2 (2008) oder unter C (EEV) der Tabellen 1 und 2 im Abschnitt 6.2.1 des Anhangs I der Richtlinie 1999/96/EG des Europäischen Parlaments und des Rates vom 13. Dezember 1999 (ABl. EG 2000 Nr. L 44 S. 1) vorgeschriebenen Grenzwerte nicht überschreiten oder

n) die Anforderungen der Anlage XXIII der Straßenverkehrs-Zulassungs-Ordnung in der Fassung der Bekanntmachung vom 28. September 1988 (BGBl. I S. 1793), zuletzt geändert durch die Verordnung vom 24. Mai 2007 (BGBl. I S. 893), einhalten oder

o) nach den Bestimmungen der 52. Ausnahmeverordnung zur StVZO vom 13. August 1996 (BGBl. I S. 1319), zuletzt geändert durch Artikel 1 der Verordnung vom 18. Februar 1998 (BGBl. I S. 390), nachgerüstet wurden oder

p) in den Anwendungsbereich der Richtlinie 70/220/EWG oder der Richtlinie 2005/55/EG in der jeweils zuletzt geänderten, im Amtsblatt der Europäischen Union veröffentlichten Fassung fallen.

(3) Kraftfahrzeuge mit Antrieb ohne Verbrennungsmotor (z.B. Elektromotor, Brennstoffzellenfahrzeuge) werden der Schadstoffgruppe 4 zugeordnet.

Anhang 3
(zu § 2 Abs. 3)

Ausnahmen von der Kennzeichnungspflicht nach § 2 Abs. 1

Folgende Kraftfahrzeuge sind von Verkehrsverboten nach § 40 Abs. 1 des Bundes-Immissionsschutzgesetzes[1] auch dann ausgenommen, wenn sie nicht gemäß § 2 Abs. 1 mit einer Plakette gekennzeichnet sind:

1. mobile Maschinen und Geräte,
2. Arbeitsmaschinen,
3. land- und forstwirtschaftliche Zugmaschinen,
4. zwei- und dreirädrige Kraftfahrzeuge,
5. Krankenwagen, Arztwagen mit entsprechender Kennzeichnung „Arzt Notfalleinsatz“ (gemäß § 52 Abs. 6 der Straßenverkehrs-Zulassungs-Ordnung),
6. Kraftfahrzeuge, mit denen Personen fahren oder gefahren werden, die außergewöhnlich gehbehindert, hilflos oder blind sind und dies durch die nach § 3 Abs. 1 Nr. 1 bis 3 der Schwerbehindertenausweisverordnung im Schwerbehindertenausweis eingetragenen Merkzeichen „aG“, „H“ oder „Bl“ nachweisen,
7. Fahrzeuge, für die Sonderrechte nach § 35 der Straßenverkehrs-Ordnung in Anspruch genommen werden können,
8. Fahrzeuge nichtdeutscher Truppen von Nichtvertragsstaaten des Nordatlantikpaktes, die sich im Rahmen der militärischen Zusammenarbeit in Deutschland aufhalten, soweit sie für Fahrten aus dringenden militärischen Gründen genutzt werden,
9. zivile Kraftfahrzeuge, die im Auftrag der Bundeswehr genutzt werden, soweit es sich um unaufschiebbare Fahrten zur Erfüllung hoheitlicher Aufgaben der Bundeswehr handelt,
10. Oldtimer (gemäß § 2 Nr. 22 der Fahrzeug-Zulassungsverordnung), die ein Kennzeichen nach § 9 Abs. 1 oder § 17 der Fahrzeug-Zulassungsverordnung führen, sowie Fahrzeuge, die in einem anderen Mitgliedstaat der Europäischen Union, einer anderen Vertragspartei des Abkommens über den Europäischen Wirtschaftsraum oder der Türkei zugelassen sind, wenn sie gleichwertige Anforderungen erfüllen.

---

[1] Nr. **1**.

2.36. Sechsunddreißigste Verordnung zur Durchführung des Bundes-Immissionsschutzgesetzes (Verordnung zur Durchführung der Regelungen der Biokraftstoffquote – 36. BImSchV)[1)]

Vom 29. Januar 2007

(BGBl. I S. 60)

FNA 2129-8-36

zuletzt geänd. durch Art. 1 VO zur Bereinigung quotenrechtlicher Vorschriften und zur Umsetzung europarechtlicher Vorgaben zur Treibhausgas-Minderung von Biokraftstoffen v. 4.4.2016 (BGBl. I S. 590, ber. S. 1318)

Inhaltsübersicht

§ 1 Einlagerer. [1]Dient das Steuerlager der Einlagerung von Energieerzeugnissen durch Dritte (Einlagerer) im Sinne des § 7 Absatz 4 Satz 1 des Energiesteuergesetzes, hat der Steuerlagerinhaber mit der monatlichen Energiesteueranmeldung die Einlagerer sowie die Energieerzeugnisse nach Art und zugehöriger Menge zu benennen. [2]Andernfalls ist davon auszugehen, dass die Voraussetzungen des § 37a Absatz 2 Satz 2 des Bundes-Immissionsschutzgesetzes[2)] in Verbindung mit § 7 Absatz 4 Satz 1 des Energiesteuergesetzes nicht erfüllt sind.

§ 2 Ermittlung der für die Erfüllung der Quotenverpflichtung notwendigen Biokraftstoffmenge. (1) [1]Der nach § 37a Absatz 1 Satz 1 und 2 in Verbindung mit § 37a Absatz 2 des Bundes-Immissionsschutzgesetzes[2)] Verpflichtete (Verpflichteter) hat mittels geeigneter Aufzeichnungen für das jeweilige Verpflichtungsjahr die Art und zugehörige Menge der von ihm in Verkehr gebrachten Kraftstoffe nachzuweisen, die nach § 2 Absatz 1 Nummer 1, 4 und, soweit Biomethan zur Anrechnung kommt, nach § 2 Absatz 1 Nummer 7 oder § 2 Absatz 2 Nummer 1 des Energiesteuergesetzes zu versteuern sind. [2]Er hat dabei insbesondere die Art und zugehörige Menge sowie die Treibhausgasemissionen der von ihm in Verkehr gebrachten Biokraftstoffe zu erfassen. [3]Die Aufzeichnungen müssen so beschaffen sein, dass es einem sachverständigen Dritten innerhalb einer angemessenen Frist möglich ist, die Grundlagen für die

---

[1)] Verkündet als Art. 1 VO v. 29.1.2007 (BGBl. I S. 60); Inkrafttreten gem. Art. 3 dieser VO am 8.2.2007. Die VO wurde erlassen auf Grund von § 37d Abs. 2 Nr. 1 iVm § 51 BImSchG (Nr. **1**).

[2)] Nr. **1**.

Berechnung der für die Erfüllung der Quotenverpflichtung notwendigen Treibhausgasminderung festzustellen.

(2) [1] Soweit Kraftstoffe zu einem in § 37a Absatz 1 Satz 3 bis 10 des Bundes-Immissionsschutzgesetzes genannten Zweck abgegeben wurden, sind auch hierüber Aufzeichnungen nach Absatz 1 Satz 1 zu führen. [2] Die Abgabe zu dem in Satz 1 genannten Zweck ist in geeigneter Form nachzuweisen.

§ 3 Erfüllung der Quotenverpflichtung. (1) Der Verpflichtete hat durch die in § 2 genannten Aufzeichnungen und sonstige geeignete betriebliche Unterlagen die Erfüllung der Quotenverpflichtung nachzuweisen.

(2) [1] In den Fällen des § 37a Absatz 6 und 7 des Bundes-Immissionsschutzgesetzes[1)] hat der Dritte im Hinblick auf die von ihm in Verkehr gebrachten Biokraftstoffmengen die in § 2 genannten Aufzeichnungen zu führen. [2] Absatz 1 gilt entsprechend. [3] Aus den Aufzeichnungen müssen für jeden Verpflichteten die in Verkehr gebrachten Mengen Biokraftstoffe ersichtlich sein.

(3) Für die Mengen an Biokraftstoffen, für die eine Rückzahlung der Steuerentlastung nach § 94 Abs. 5 der Energiesteuer-Durchführungsverordnung durchgeführt wurde, gilt die Steuerentlastung als nicht beantragt oder nicht gewährt im Sinne des § 37a Absatz 8 Satz 1 und § 37b Absatz 8 Satz 1 Nummer 4 des Bundes-Immissionsschutzgesetzes.

§ 4 Nachweis der Biokraftstoffeigenschaft. [1] Der Verpflichtete hat die Biokraftstoffeigenschaft nachzuweisen. [2] Der Nachweis ist durch eine Herstellererklärung oder mit Zustimmung der nach § 8 zuständigen Stelle in anderer geeigneter Form zu führen und dieser auf Verlangen vorzulegen. [3] Als Herstellererklärung im Sinne von Satz 2 gelten in Bezug auf die Biomasseeigenschaft im Sinne von § 37b Absatz 1 des Bundes-Immissionsschutzgesetzes[1)] ab dem 1. Januar 2017 der Nachhaltigkeitsnachweis nach § 18 der Biokraftstoff-Nachhaltigkeitsverordnung[2)] und der Nachhaltigkeits-Teilnachweis nach § 24 der Biokraftstoff-Nachhaltigkeitsverordnung. [4] Daneben hat er auf Verlangen der nach § 8 zuständigen Stelle Proben zu entnehmen, diese auf die aus der Anlage zu dieser Verordnung ersichtlichen Normparameter zu untersuchen und der nach § 8 zuständigen Stelle die entsprechenden Analysezertifikate oder Untersuchungsergebnisse vorzulegen. [5] Soweit Analysezertifikate oder Untersuchungsergebnisse vorliegen, die auf Grund anderer rechtlicher Bestimmungen gefordert sind, können diese anerkannt werden.

§ 5 Klimatisch abhängige Anforderungen für beigemischte Fettsäuremethylester (FAME) [1] Wird FAME Dieselkraftstoff beigemischt, gelten abweichend von § 37b Absatz 2 des Bundes-Immissionsschutzgesetzes[1)] in Verbindung mit § 5 der Verordnung über die Beschaffenheit und die Auszeichnung der Qualitäten von Kraft- und Brennstoffen[3)] vom 8. Dezember 2010 (BGBl. I S. 1849), die durch Artikel 1 der Verordnung vom 1. Dezember 2014 (BGBl. I S. 1890) geändert worden ist, die in der DIN EN 14214, Ausgabe April 2010, im Nationalen Anhang NB unter Punkt 3 geregelten klimatisch abhängigen Anforderungen für den FAME-Anteil mit der Maßgabe, dass für den Zeitraum

---

[1)] Nr. **1**.
[2)] Nr. **3.2**.
[3)] Nr. **2.10**.

vom 16. November eines Jahres bis zum 28. Februar, in Schaltjahren bis zum 29. Februar, des Folgejahres der CFPP-Wert höchstens −10 °C beträgt; der FAME-Anteil muss jedoch so beschaffen sein, dass durch Hinzufügung geeigneter Additive ein CFPP-Wert von −20 °C erreicht werden könnte. [2]Der Verpflichtete hat dies der nach § 8 zuständigen Stelle auf deren Verlangen durch eine entsprechende Bescheinigung des Herstellers oder mit Zustimmung der nach § 8 zuständigen Stelle in anderer geeigneter Form nachzuweisen.

§ 6 Mitteilungspflichten des Dritten. [1]Der Dritte hat der nach § 8 zuständigen Stelle die nach § 37c Absatz 1 Satz 4 bis 6 des Bundes-Immissionsschutzgesetzes[1)] erforderlichen Angaben bis zum 15. April des Jahres, das auf die Entstehung der Quotenverpflichtung folgt, mitzuteilen. [2]Auf Verlangen der nach § 8 zuständigen Stelle ist diese Mitteilung durch die Vorlage der in § 3 Absatz 2 genannten Aufzeichnungen zu belegen.

§ 7 Bagatellgrenze. [1]Die Verpflichtung nach § 37a Absatz 1 Satz 1 und 2 in Verbindung mit § 37a Absatz 3 und 4 des Bundes-Immissionsschutzgesetzes[1)] entsteht erst, wenn im Laufe eines Verpflichtungsjahres insgesamt mindestens 5 000 Liter Otto- und Dieselkraftstoffe, die nach § 2 Absatz 1 Nummer 1 und 4 des Energiesteuergesetzes zu versteuern sind, in Verkehr gebracht werden. [2]Satz 1 gilt entsprechend, wenn ausschließlich Ottokraftstoff oder ausschließlich Dieselkraftstoff in Verkehr gebracht wird.

§ 8 Zuständige Stelle. Zuständige Stelle im Sinne des § 37d Absatz 1 Satz 1 des Bundes-Immissionsschutzgesetzes[1)] ist das Hauptzollamt Frankfurt (Oder), soweit diese Verordnung nichts anderes bestimmt.

§ 9 Tierische Fette und Öle. (1) Biokraftstoffe, die zielgerichtet vollständig oder teilweise aus tierischen Fetten oder Ölen hergestellt werden, können nicht auf die Erfüllung der Verpflichtung nach § 37a Absatz 1 Satz 1 und 2 in Verbindung mit § 37a Absatz 3 und 4 des Bundes-Immissionsschutzgesetzes[1)] angerechnet werden.

(2) [1]Sofern Biokraftstoffe aus pflanzlichen Rohstoffen hergestellt wurden, die nicht gewollte, nicht zu vermeidende unwesentliche Verunreinigungen mit tierischen Fetten und Ölen enthalten, finden die Vorgaben von § 37b Absatz 8 Satz 1 Nummer 3 des Bundes-Immissionsschutzgesetzes in Bezug auf diese Biokraftstoffe keine Anwendung. [2]Eine nicht zu vermeidende unwesentliche Verunreinigung besteht, wenn die Verunreinigung mengenmäßig nur geringfügig ist und nicht oder nur mit erheblichem Aufwand beseitigt werden könnte.

(3) Sofern Biokraftstoffe aus pflanzlichen Fetten oder Ölen, die zum Braten oder Frittieren von Speisen verwendet worden sind, hergestellt wurden, die in Folge ihrer üblichen Verwendung zum Frittieren oder Braten von tierischen Produkten einen Anteil an tierischen Fetten oder Ölen enthalten, finden die Vorgaben von § 37b Absatz 8 Satz 1 Nummer 3 des Bundes-Immissionsschutzgesetzes in Bezug auf diese Biokraftstoffe keine Anwendung.

(4) [1]Sofern Biokraftstoffe durch anaerobe Vergärung

[1)] Nr. **1**.

1. von Abfällen, die tierische Fette oder Öle enthalten, und die unter die Abfallschlüssel 02 01 06, 02 02 04, 02 05 02, 02 06 01, 02 06 03, 07 01 99, 19 08 09, 20 01 08, 20 01 25 oder 20 03 02 der Anlage der Abfallverzeichnis-Verordnung vom 10. Dezember 2001 (BGBl. I S. 3379), die zuletzt durch Artikel 1 der Verordnung vom 4. März 2016 (BGBl. I S. 382) geändert worden ist, fallen, oder
2. von getrennt erfassten Bioabfällen, die tierische Fette oder Öle enthalten, im Sinne des § 2 Nummer 1 in Verbindung mit Anhang 1 Nummer 1 Buchstabe a Spalte 2 und 3 der Bioabfallverordnung in der Fassung der Bekanntmachung vom 4. April 2014 (BGBl. I S. 658), die durch Artikel 5 der Verordnung vom 5. Dezember 2013 (BGBl. I S. 4043) geändert worden ist, zum Abfallschlüssel 20 03 01 der Anlage der Abfallverzeichnis-Verordnung

hergestellt worden sind und der Betrieb, in dem die Stoffe angefallen sind, nachweislich kein Entgelt für die Abgabe dieser Stoffe erhalten hat, finden die Vorgaben von § 37b Absatz 8 Satz 1 Nummer 3 des Bundes-Immissionsschutzgesetzes in Bezug auf diese Biokraftstoffe keine Anwendung. [2]Satz 1 gilt nur, sofern die tierischen Fette oder Öle den Abfällen oder den getrennt erfassten Bioabfällen nicht zielgerichtet zum Zwecke der Anrechenbarkeit zugefügt wurden. [3]Die Einhaltung der Voraussetzungen nach den Sätzen 1 und 2 ist durch eine Herstellererklärung im Nachweis nach § 14 der Biokraftstoff-Nachhaltigkeitsverordnung[1)] nachzuweisen. [4]Die nach § 8 Halbsatz 1 zuständige Stelle, die Zertifizierungsstelle, die ihr das Zertifikat nach § 25 der Biokraftstoff-Nachhaltigkeitsverordnung ausgestellt hat, sowie die Bundesanstalt für Landwirtschaft und Ernährung können verlangen, dass der Betreiber der Biogasanlage ihnen innerhalb einer angemessenen Frist Belege über die Einhaltung der Voraussetzungen nach den Sätzen 1 und 2 zur Verfügung stellt.

§ 10 Zugänglichkeit der DIN-Normen. DIN-Normen, auf die in dieser Verordnung verwiesen wird, sind im Beuth Verlag GmbH, Berlin, erschienen und in der Deutschen Nationalbibliothek archivmäßig gesichert hinterlegt.

Anlage
(zu § 4)

Nachweis der Einhaltung der Normen

Auf Verlangen der nach § 8 zuständigen Stelle hat der Verpflichtete Proben auf folgende Parameter der jeweils für das Energieerzeugnis gemäß § 37b des Bundes-Immissionsschutzgesetzes[2)] in Verbindung mit den Vorschriften der Verordnung über die Beschaffenheit und die Auszeichnung der Qualitäten von Kraft- und Brennstoffen[3)] geltenden Norm zu untersuchen:

Energieerzeugnis	Normparameter
Fettsäuremethylester	Dichte bei 15 °C Schwefelgehalt Wassergehalt Monoglycerid-Gehalt Diglycerid-Gehalt

[1)] Nr. **3.2**.
[2)] Nr. **1**.
[3)] Nr. **2.10**.

Energieerzeugnis	Normparameter
	Triglycerid-Gehalt Gehalt an freiem Glycerin Gehalt an Alkali Gehalt an Erdalkali Phosphorgehalt CFPP Jodzahl
Pflanzenölkraftstoff – Rapsöl – Pflanzenölkraftstoff – alle Saaten –	Dichte bei 15 Grad Celsius Schwefelgehalt Wassergehalt Säurezahl Phosphorgehalt Magnesiumgehalt Calciumgehalt Jodzahl
Ethanolkraftstoff (E 85)	Ethanolgehalt Wassergehalt Methanol Ethergehalt (5 oder mehr C-Atome) Höhere Alkohole C3-C5
Bioethanol	Ethanolgehalt Wassergehalt

2.37. Siebenunddreißigste Verordnung zur Durchführung des Bundes-Immissionsschutzgesetzes (Verordnung zur Anrechnung von strombasierten Kraftstoffen und mitverarbeiteten biogenen Ölen auf die Treibhausgasquote – 37. BImSchV) [1)2)]

Vom 15. Mai 2017

(BGBl. I S. 1195)

FNA 2129-8-37

Auf Grund des § 37d Absatz 1 Satz 2, Absatz 2 Satz 1 Nummer 1 Buchstabe a und c, Nummer 13 und 15 Buchstabe d und Absatz 3 in Verbindung mit Absatz 2 Satz 2 und 3 des Bundes-Immissionsschutzgesetzes[3)], der zuletzt durch Artikel 1 Nummer 7 des Gesetzes vom 20. November 2014 (BGBl. I S. 1740) geändert worden ist, verordnet die Bundesregierung nach Anhörung der beteiligten Kreise und nach Zustimmung des Deutschen Bundestages:

Teil 1. Allgemeine Bestimmungen

§ 1 Anwendungsbereich. Diese Verordnung regelt die Anrechnung von strombasierten Kraftstoffen und mitverarbeiteten biogenen Ölen auf die gesetzliche Verpflichtung zur Minderung der Treibhausgasemissionen nach § 37a Absatz 1 Satz 1 und 2 in Verbindung mit Absatz 4 des Bundes-Immissionsschutzgesetzes[3)].

§ 2 Begriffsbestimmungen. (1) Hersteller ist der Betreiber der Anlage zur Herstellung von Kraftstoffen nach Anlage 1.

(2) [1]Erneuerbare Energien nicht-biogenen Ursprungs sind erneuerbare Energien im Sinne des Erneuerbare-Energien-Gesetzes vom 21. Juli 2014 (BGBl. I S. 1066), das durch Artikel 2 des Gesetzes vom 22. Dezember 2016 (BGBl. I S. 3106) geändert worden ist. [2]Dazu gehört nicht Energie aus Biomasse einschließlich Biogas, Biomethan, Deponiegas und Klärgas sowie aus dem biologisch abbaubaren Anteil von Abfällen aus Haushalten und Industrie.

(3) Erneuerbare Kraftstoffe nicht-biogenen Ursprungs sind Kraftstoffe nach Anlage 1 Buchstabe a und b.

(4) Biokraftstoffquotenstelle ist die zuständige Stelle nach § 8 der Verordnung zur Durchführung der Regelungen der Biokraftstoffquote[4)] vom 29. Ja-

---

[1)] **Amtl. Anm.:** Diese Verordnung dient der Umsetzung der Richtlinie (EU) 2015/652 des Rates vom 20. April 2015 zur Festlegung von Berechnungsverfahren und Berichterstattungspflichten gemäß der Richtlinie 98/70/EG des Europäischen Parlaments und des Rates über die Qualität von Otto- und Dieselkraftstoffen (ABl. L 107 vom 25.4.2015, S. 26).

[2)] **Amtl. Anm.:** Notifiziert gemäß der Richtlinie (EU) 2015/1535 des Europäischen Parlaments und des Rates vom 9. September 2015 über ein Informationsverfahren auf dem Gebiet der technischen Vorschriften und der Vorschriften für die Dienste der Informationsgesellschaft (ABl. L 241 vom 17.9.2015, S. 1).

[3)] Nr. **1**.

[4)] Nr. **2.36**.

nuar 2007 (BGBl. I S. 60), die zuletzt durch Artikel 1 der Verordnung vom 4. April 2016 (BGBl. I S. 590, 1318) geändert worden ist, in der jeweils geltenden Fassung.

Teil 2. Anrechnung strombasierter Kraftstoffe

§ 3 Anrechnungsvoraussetzungen. (1) [1] Die Verpflichtung zur Minderung der Treibhausgasemissionen nach § 37a Absatz 1 Satz 1 und 2 in Verbindung mit Absatz 4 des Bundes-Immissionsschutzgesetzes[1)] kann durch Inverkehrbringen von Kraftstoffen nach Anlage 1 erfüllt werden. [2] Kraftstoffe nach Anlage 1 gelten durch Abgabe an den Letztverbraucher zur Verwendung im Straßenverkehr als in den Verkehr gebracht im Sinne des § 37a Absatz 1 Satz 1 und 2 des Bundes-Immissionsschutzgesetzes, soweit diese Kraftstoffe keine Energieerzeugnisse nach § 1 Absatz 2 und 3 des Energiesteuergesetzes vom 15. Juli 2006 (BGBl. I S. 1534; 2008 I S. 660, 1007), das zuletzt durch Artikel 10 des Gesetzes vom 3. Dezember 2015 (BGBl. I S. 2178) geändert worden ist, in der jeweils geltenden Fassung sind. [3] In diesem Fall ist Verpflichteter oder Dritter im Sinne des § 37a Absatz 6 des Bundes-Immissionsschutzgesetzes die Person, in deren Namen und auf deren Rechnung die Abgabe an den Letztverbraucher erfolgt.

(2) [1] Die Treibhausgasemissionen der Kraftstoffe nach Anlage 1 berechnen sich durch Multiplikation der vom Verpflichteten in Verkehr gebrachten energetischen Menge des jeweiligen Kraftstoffs mit dem Wert für dessen spezifische Treibhausgasemissionen nach Anlage 1 und dem jeweils geltenden Anpassungsfaktor für die Antriebseffizienz nach Anlage 2. [2] Für die spezifischen Treibhausgasemissionen von erneuerbaren Kraftstoffen nicht-biogenen Ursprungs ist der in Anlage 1 festgelegte Wert nur dann zugrunde zu legen, sofern ausschließlich Strom aus erneuerbaren Energien nicht-biogenen Ursprungs für die Herstellung dieser Kraftstoffe eingesetzt wurde. [3] Diese Voraussetzung ist erfüllt, wenn der Strom aus erneuerbaren Energien nicht-biogenen Ursprungs

1. nicht aus dem Netz nach § 3 Nummer 35 des Erneuerbare-Energien-Gesetzes entnommen wurde, sondern direkt von einer Stromerzeugungsanlage nach § 61a Nummer 2 des Erneuerbare-Energien-Gesetzes bezogen wird oder
2. aus einem Netz nach § 3 Nummer 35 des Erneuerbare-Energien-Gesetzes entnommen worden ist und
   a) sich die Anlage zur Herstellung der Kraftstoffe zum Zeitpunkt der Herstellung im Netzausbaugebiet nach § 36c Absatz 1 des Erneuerbare-Energien-Gesetzes befindet und
   b) die Anlage zur Herstellung der Kraftstoffe ausschließlich auf Grundlage eines Vertrages nach § 13 Absatz 6 des Energiewirtschaftsgesetzes vom 7. Juli 2005 (BGBl. I S. 1970, 3621), das zuletzt durch Artikel 3 des Gesetzes vom 22. Dezember 2016 geändert worden ist, betrieben wird.

[4] Aus dem Netz nach § 3 Nummer 35 des Erneuerbare-Energien-Gesetzes entnommener Strom, der ausschließlich dazu verwendet wird, die Anlage im Notfall herunterzufahren, steht einer Berücksichtigung des Wertes nach Satz 2

[1)] Nr. **1**.

nicht entgegen, auch wenn für diesen Strom die Voraussetzungen nach Satz 3 nicht erfüllt sind.

(3) Der Wert für die spezifischen Treibhausgasemissionen nach Anlage 1 wird für erneuerbare Kraftstoffe nicht-biogenen Ursprungs, die vor dem 1. Januar 2021 in Verkehr gebracht werden und in Anlagen hergestellt wurden, die diese Kraftstoffe erstmals vor dem 25. April 2015 produziert haben, abweichend von Absatz 2 auch dann herangezogen, wenn der Strom aus dem Netz nach § 3 Nummer 35 des Erneuerbare-Energien-Gesetzes entnommen wurde.

(4) Erneuerbare Kraftstoffe nicht-biogenen Ursprungs sind unter den Voraussetzungen der Absätze 1 bis 3 auch dann anrechenbar, wenn sie vor der Mitteilung nach § 5 Absatz 2 Satz 2 und § 7 Absatz 1 Satz 4 hergestellt worden sind, aber erst danach in Verkehr gebracht wurden.

(5) [1] Für die Anrechnung nach Absatz 1 ist § 37a Absatz 4 Satz 3 bis 5, 9 und 10, Absatz 6 bis 8 des Bundes-Immissionsschutzgesetzes entsprechend anzuwenden, soweit diese Verordnung keine anderen Bestimmungen trifft. [2] § 44b Absatz 5 des Erneuerbare-Energien-Gesetzes ist entsprechend anzuwenden.

§ 4 Nachweise durch den Verpflichteten. (1) [1] Der Verpflichtete hat der Biokraftstoffquotenstelle Nachweise über die Herkunft der Kraftstoffe nach Anlage 1 im Zusammenhang mit der Mitteilung nach § 37c des Bundes-Immissionsschutzgesetzes[1)] vorzulegen. [2] Der Verpflichtete legt zusätzlich die Kaufverträge über die genaue energetische Menge der Kraftstoffe sowie eine Erklärung des Herstellers über Ort und Zeitpunkt der Herstellung der Kraftstoffe vor, jeweils differenziert nach Kraftstoffen entsprechend der Anlage 1.

(2) [1] Der Verpflichtete hat durch geeignete Aufzeichnungen für das jeweilige Verpflichtungsjahr die Art und zugehörige Menge der von ihm in Verkehr gebrachten Kraftstoffe nachzuweisen, die nach § 2 Absatz 1 Nummer 7 oder § 2 Absatz 2 Nummer 1 des Energiesteuergesetzes zu versteuern sind oder die er nach § 3 Absatz 1 Satz 2 an den Letztverbraucher abgegeben hat. [2] Der Verpflichtete hat dabei insbesondere die Art und zugehörige Menge sowie die Treibhausgasemissionen der von ihm in Verkehr gebrachten Kraftstoffe nach Anlage 1 zu erfassen. [3] Auf Grundlage der Aufzeichnungen muss es einem sachverständigen Dritten innerhalb einer angemessenen Frist möglich sein, die Grundlagen für die Berechnung der Treibhausgasminderung festzustellen.

(3) § 37c Absatz 1 Satz 1 und 3 bis 6, Absatz 3 Satz 4 und 5 und Absatz 5 des Bundes-Immissionsschutzgesetzes sowie § 3 Absatz 2 und § 6 der Verordnung zur Durchführung der Regelungen der Biokraftstoffquote[2)] sind entsprechend anzuwenden, soweit diese Verordnung nichts anderes bestimmt.

§ 5 Spezifische Nachweise für netzentkoppelte Anlagen. (1) [1] Der Hersteller legt dem Umweltbundesamt zum Nachweis der Anrechnungsvoraussetzungen nach § 3 Absatz 2 Satz 3 Nummer 1 Unterlagen vor, aus denen hervorgeht:

1. für welche Anlage die Regelung nach § 3 Absatz 2 Satz 3 Nummer 1 in Anspruch genommen werden soll,
2. der Standort der Anlage,

[1)] Nr. **1**.
[2)] Nr. **2.36**.

3. wie hoch die jährliche Produktionskapazität der Anlage ist,
4. aus welchen Stromerzeugungsanlagen der Strom, der für die Herstellung des erneuerbaren Kraftstoffs nicht-biogenen Ursprungs eingesetzt wird, stammt und
5. wie sichergestellt wird, dass der Strom aus erneuerbaren Energien nicht-biogenen Ursprungs nicht aus dem Netz nach § 3 Nummer 35 des Erneuerbare-Energien-Gesetzes entnommen wird.

[2] Sofern der Hersteller von der Regelung nach § 3 Absatz 4 Gebrauch machen will, muss aus den Unterlagen ersichtlich sein, ab welchem Zeitpunkt der Herstellung der Kraftstoffe die Voraussetzungen nach § 3 Absatz 2 Satz 3 Nummer 1 erfüllt sind. [3] Änderungen zu den nach Satz 1 vorgelegten Unterlagen sind dem Umweltbundesamt durch den Hersteller unverzüglich mitzuteilen.

(2) [1] Das Umweltbundesamt prüft anhand der vorgelegten Unterlagen und, soweit erforderlich, vor Ort, ob die Angaben richtig und die Anrechnungsvoraussetzungen erfüllt sind. [2] Das Umweltbundesamt teilt das Ergebnis der Prüfungen der Biokraftstoffquotenstelle sowie dem Hersteller mit. [3] Die Mitteilung enthält für jede Anlage das Datum der Herstellung der Kraftstoffe, ab dem eine Anrechnung der erneuerbaren Kraftstoffe nichtbiogenen Ursprungs erfolgen kann.

(3) [1] Der Hersteller legt dem Umweltbundesamt jährlich spätestens bis zum 31. Januar vor:
1. Aufzeichnungen über die im vorangegangenen Kalenderjahr hergestellte energetische Menge der Kraftstoffe nach Anlage 1 und
2. eine Dokumentation der Notfälle nach § 3 Absatz 2 Satz 4.

[2] Abweichend von Satz 1 kann der Hersteller die Unterlagen auch für kürzere Zeiträume vorlegen.

(4) [1] Das Umweltbundesamt prüft anhand der nach Absatz 3 vorgelegten Unterlagen und, soweit erforderlich, vor Ort, ob die Angaben zutreffend und die Anrechnungsvoraussetzungen erfüllt sind. [2] Das Umweltbundesamt informiert spätestens sechs Wochen nach Vorlage der Unterlagen sowohl die Biokraftstoffquotenstelle als auch den Hersteller über das Ergebnis der Prüfung und teilt dabei mit, welche Kraftstoffe die Anforderungen von § 3 Absatz 2 Satz 3 erfüllen.

§ 6 Spezifische Nachweise bei Vermeidung der Reduzierung der Einspeiseleistung von Anlagen zur Erzeugung von erneuerbarem Strom.

(1) [1] Der Hersteller legt der Bundesnetzagentur zum Nachweis der Anrechnungsvoraussetzungen nach § 3 Absatz 2 Satz 3 Nummer 2 Unterlagen vor, aus denen hervorgeht:
1. für welche Anlage die Regelung nach § 3 Absatz 2 Satz 3 Nummer 2 in Anspruch genommen werden soll,
2. der Standort der Anlage,
3. wie hoch die jährliche Produktionskapazität der Anlage ist,
4. dass sich die Anlage nach Nummer 1 im Netzausbaugebiet nach § 36c Absatz 1 des Erneuerbare-Energien-Gesetzes befindet, und

5. die vertragliche Vereinbarung nach § 3 Absatz 2 Satz 3 Nummer 2 Buchstabe b.

[2] Änderungen zu den vorgelegten Unterlagen hat der Hersteller der Bundesnetzagentur unverzüglich mitzuteilen.

(2) [1] Der Hersteller legt der Bundesnetzagentur jährlich spätestens bis zum 31. Januar vor:

1. Aufzeichnungen über die im vorangegangenen Kalenderjahr hergestellte energetische Menge der Kraftstoffe nach Anlage 1 im Zeitverlauf und
2. eine Bescheinigung des Netzbetreibers, an den die Anlage zur Herstellung der erneuerbaren Kraftstoffe nicht-biogenen Ursprungs angeschlossen ist, über die im vorangegangenen Kalenderjahr von der Anlage bezogene Strommenge.

[2] Abweichend von Satz 1 kann der Hersteller die Unterlagen auch für kürzere Zeiträume vorlegen.

(3) [1] Die Bundesnetzagentur überwacht die Einhaltung der Anrechnungsvoraussetzungen im Rahmen der Überwachung der Vorgaben des § 13 Absatz 6 des Energiewirtschaftsgesetzes. [2] Die Bundesnetzagentur informiert spätestens sechs Wochen nach Vorlage der Unterlagen sowohl die Biokraftstoffquotenstelle als auch den Hersteller über das Ergebnis der Prüfung und teilt mit, welche Kraftstoffe die Anforderungen von § 3 Absatz 2 Satz 3 Nummer 2 erfüllen.

§ 7 Spezifische Nachweise für Bestandsanlagen. (1) Der Hersteller legt dem Umweltbundesamt zum Nachweis der Anrechnungsvoraussetzungen nach § 3 Absatz 3 Unterlagen vor, aus denen Folgendes hervorgeht:

1. für welche Anlage die Regelung nach § 3 Absatz 3 in Anspruch genommen werden soll,
2. der Standort der Anlage,
3. wie hoch die jährliche Produktionskapazität der Anlage ist und
4. zu welchem Zeitpunkt die Produktion des erneuerbaren Kraftstoffs nicht-biogenen Ursprungs aufgenommen wurde.

(2) [1] Das Umweltbundesamt prüft auf Grund der vorgelegten Unterlagen und, soweit erforderlich, vor Ort, ob die Angaben richtig und die Anrechnungsvoraussetzungen erfüllt sind. [2] Das Umweltbundesamt teilt das Ergebnis der Prüfungen der Biokraftstoffquotenstelle sowie dem Hersteller mit.

(3) [1] Der Hersteller legt dem Umweltbundesamt jährlich spätestens bis zum 31. Januar vor:

1. Aufzeichnungen über die im vorangegangenen Kalenderjahr hergestellte energetische Menge der Kraftstoffe nach Anlage 1 und
2. eine Bescheinigung des Netzbetreibers, an den die Anlage zur Herstellung des erneuerbaren Kraftstoffs nicht-biogenen Ursprungs angeschlossen ist, über die im vorangegangenen Kalenderjahr von der Anlage bezogene Strommenge.

[2] Abweichend von Satz 1 kann der Hersteller die Unterlagen auch für kürzere Zeiträume vorlegen.

(4) [1]Das Umweltbundesamt prüft auf Grund der Unterlagen und, soweit erforderlich, vor Ort, ob die Angaben des Herstellers richtig und die Anrechnungsvoraussetzungen erfüllt sind. [2]Das Umweltbundesamt informiert spätestens sechs Wochen nach Vorlage der Unterlagen nach Absatz 3 die Biokraftstoffquotenstelle sowie den Hersteller über das Ergebnis der Prüfung und teilt dabei mit, bei welchen Kraftstoffen die Voraussetzungen nach § 3 Absatz 3 erfüllt sind.

§ 8 Überprüfungsersuchen. (1) [1]Stellt die Biokraftstoffquotenstelle anhand vorliegender Unterlagen Unregelmäßigkeiten fest, die eine Überprüfung durch das Umweltbundesamt erforderlich machen, stellt die Biokraftstoffquotenstelle ein Überprüfungsersuchen beim Umweltbundesamt. [2]Das Umweltbundesamt teilt der Biokraftstoffquotenstelle das Ergebnis seiner Überprüfung in angemessener Frist mit.

(2) [1]Stellt die Biokraftstoffquotenstelle anhand vorliegender Unterlagen Unregelmäßigkeiten fest, die eine Überprüfung durch die Bundesnetzagentur erforderlich machen, stellt die Biokraftstoffquotenstelle ein Überprüfungsersuchen bei der Bundesnetzagentur. [2]Die Bundesnetzagentur teilt der Biokraftstoffquotenstelle das Ergebnis seiner Überprüfung in angemessener Frist mit.

§ 9 Bericht. Das Umweltbundesamt veröffentlicht jährlich einen Bericht über die Anrechnung erneuerbarer Kraftstoffe nicht-biogenen Ursprungs auf die Verpflichtung zur Minderung von Treibhausgasemissionen nach § 37a Absatz 1 Satz 1 und 2 in Verbindung mit Absatz 4 des Bundes-Immissionsschutzgesetzes[1)] im vorangegangen Verpflichtungsjahr.

Teil 3. Mitverarbeitete biogene Öle

§ 10 Anrechnung von mitverarbeiteten biogenen Ölen auf die Treibhausgasquote. (1) [1]Abweichend von § 37b Absatz 5 Satz 1 des Bundes-Immissionsschutzgesetzes[1)] sind hydrierte biogene Öle auch dann Biokraftstoffe, wenn sie in einem raffinerietechnischen Verfahren gemeinsam mit mineralölstämmigen Ölen hydriert worden sind. [2]§ 37b Absatz 5 Satz 2 gilt entsprechend.

(2) [1]Abweichend von § 37b Absatz 8 Satz 1 Nummer 1 des Bundes-Immissionsschutzgesetzes können biogene Öle, die in einem raffinerietechnischen Verfahren gemeinsam mit mineralölstämmigen Ölen hydriert worden sind, bis zum Verpflichtungsjahr 2020 auf die Verpflichtungen nach § 37a Absatz 1 Satz 1 und 2 in Verbindung mit Absatz 4 des Bundes-Immissionsschutzgesetzes angerechnet werden, soweit die landwirtschaftlichen Rohstoffe, die bei der Herstellung von biogenen Ölen verwendet werden sollen, nachhaltig erzeugt worden sind. [2]Anrechenbar ist ausschließlich der Anteil der biogenen Öle, der als Bestandteil des Kraftstoffs in Verkehr gebracht wird.

(3) § 37b Absatz 8 Satz 1 Nummer 3 des Bundes-Immissionsschutzgesetzes in Verbindung mit § 9 der Verordnung zur Durchführung der Regelungen der Biokraftstoffquote[2)] bleibt unberührt.

---

1) Nr. **1**.
2) Nr. **2.36**.

§ 11 Nachweis für mitverarbeitete biogene Öle. [1] Vom Verpflichteten ist die Menge der in Verkehr gebrachten hydrierten biogenen Öle, die in einem raffinerietechnischen Verfahren gemeinsam mit mineralölstämmigen Ölen erzeugt wurde, gegenüber der Biokraftstoffquotenstelle im Zusammenhang mit der Mitteilung nach § 37c des Bundes-Immissionsschutzgesetzes[1)] nachzuweisen. [2] Als Nachweise sind Analysezertifikate nach DIN 51637, Ausgabe Februar 2014, in Kombination mit den Aufzeichnungen nach § 2 der Verordnung zur Durchführung der Regelungen der Biokraftstoffquote[2)] vorzulegen.

Teil 4. Zugänglichkeit der DIN-Normen

§ 12 Zugänglichkeit der DIN-Normen. DIN-Normen, auf die in dieser Verordnung verwiesen wird, sind im Beuth Verlag GmbH erschienen und in der Deutschen Nationalbibliothek archivmäßig gesichert.

Teil 5. Schlussbestimmung

§ 13 Inkrafttreten. Diese Verordnung tritt am 1. Januar 2018 in Kraft.

Anlage 1
(zu § 3)

Treibhausgasemissionen strombasierter Kraftstoffe

Die Treibhausgasemissionen sind:

	Kraftstoff	Rohstoffquelle und Verfahren	Spezifische Treibhausgasemissionen (in kg CO2Äq pro GJ)
a)	Komprimiertes synthetisches Methan	Sabatier-Prozess mit Wasserstoff aus der durch nicht-biogene erneuerbare Energien gespeisten Elektrolyse	3,3
b)	Komprimierter Wasserstoff in einer Brennstoffzelle	Vollständig durch nicht-biogene erneuerbare Energien gespeisten Elektrolyse	9,1
c)	Komprimierter Wasserstoff in einer Brennstoffzelle	Vollständig durch aus Kohle gewonnenem Strom gespeiste Elektrolyse	234,4
d)	Komprimierter Wasserstoff in einer Brennstoffzelle	Vollständig durch aus Kohle gewonnenem Strom gespeiste Elektrolyse, sofern bei der Gewinnung der Kohle das CO_2 aus Prozessemissionen abgeschieden und gespeichert worden ist	52,7

[1)] Nr. **1**.
[2)] Nr. **2.36**.

Anlage 2
(zu § 3)

Anpassungsfaktoren für die Antriebseffizienz

Die Anpassungsfaktoren für die Antriebseffizienz sind:

Vorherrschende Umwandlungstechnologie	Anpassungsfaktoren für die Antriebseffizienz
Verbrennungsmotor	1
Wasserstoffzellengestützter Elektroantrieb	0,4

2.38. Achtunddreißigste Verordnung zur Durchführung des Bundes-Immissionsschutzgesetzes (Verordnung zur Festlegung weiterer Bestimmungen zur Treibhausgasminderung bei Kraftstoffen – 38. BImSchV) [1)2)]

Vom 8. Dezember 2017

(BGBl. I S. 3892)

FNA 2129-8-38-1

geänd. durch Art. 1 ÄndVO v. 21.5.2019 (BGBl. I S. 742)

Auf Grund des § 37d Absatz 1 und des § 37d Absatz 2 Satz 1 Nummer 1 Buchstabe a, Nummer 6 bis 14 des Bundes-Immissionsschutzgesetzes[3)], von denen § 37d Absatz 2 Satz 1 Nummer 1 Buchstabe a, Nummer 6, 7, 9 bis 12 und 14 durch Artikel 1 Nummer 7 Buchstabe b des Gesetzes vom 20. November 2014 (BGBl. I S. 1740) neu gefasst worden ist und § 37d Absatz 1 zuletzt durch Artikel 3 Nummer 2 Buchstabe a Doppelbuchstabe aa und bb und § 37d Absatz 2 Satz 1 Nummer 8 zuletzt durch Artikel 3 Nummer 2 Buchstabe b Doppelbuchstabe aa des Gesetzes vom 26. Juli 2016 (BGBl. I S. 1839) und § 37d Absatz 2 Satz 1 Nummer 13 zuletzt durch Artikel 3 Nummer 2 Buchstabe a Doppelbuchstabe bb des Gesetzes vom 18. Juli 2017 (BGBl. I S. 2771) geändert worden ist, verordnet die Bundesregierung nach Anhörung der beteiligten Kreise:

Inhaltsübersicht

---

1) **Amtl. Anm.:** Diese Verordnung dient der Umsetzung der Richtlinie (EU) 2015/652 des Rates vom 20. April 2015 zur Festlegung von Berechnungsverfahren und Berichterstattungspflichten gemäß der Richtlinie 98/70/EG des Europäischen Parlaments und des Rates über die Qualität von Otto- und Dieselkraftstoffen (ABl. L 107 vom 25.4.2015, S. 26) sowie der Richtlinie (EU) 2015/1513 des Europäischen Parlaments und des Rates vom 9. September 2015 zur Änderung der Richtlinie 98/70/EG über die Qualität von Otto- und Dieselkraftstoffen und zur Änderung der Richtlinie 2009/28/EG zur Förderung der Nutzung von Energie aus erneuerbaren Quellen (ABl. L 239 vom 15.9.2015, S. 1).

2) **Amtl. Anm.:** Notifiziert gemäß der Richtlinie (EU) 2015/1535 des Europäischen Parlaments und des Rates vom 9. September 2015 über ein Informationsverfahren auf dem Gebiet der technischen Vorschriften und der Vorschriften für die Dienste der Informationsgesellschaft (ABl. L 241 vom 17.9.2015, S. 1).

3) Nr. **1**.

Teil 1. Allgemeine Bestimmungen

§ 1 Anwendungsbereich. (1) Diese Verordnung regelt Modalitäten zur Erfüllung der Verpflichtung zur Minderung der Treibhausgasemissionen nach § 37a Absatz 1 Satz 1 und 2 in Verbindung mit § 37a Absatz 4 des Bundes-Immissionsschutzgesetzes[1] und zu den Berichtspflichten nach § 37f des Bundes-Immissionsschutzgesetzes.

(2) [1] Die Verordnung dient auch dazu, den Anteil erneuerbarer Energien am Endenergieverbrauch im Verkehrssektor bis zum Jahr 2020 auf mindestens 10 Prozent zu erhöhen. [2] Für die Zwecke dieses Absatzes gilt Folgendes:

1. Bei der Berechnung des Endenergieverbrauchs im Verkehrssektor werden nur Ottokraftstoff, Dieselkraftstoff, im Straßenverkehr und im Schienenverkehr verbrauchter Biokraftstoff und Elektrizität, einschließlich der Elektrizität, die für die Herstellung von im Verkehrssektor eingesetzten flüssigen oder gasförmigen erneuerbaren Kraftstoffen nicht biogenen Ursprungs verwendet wird, berücksichtigt.

---

[1] Nr. **1**.

2. Bei der Berechnung des Zählers, das heißt der Menge der im Verkehrssektor verbrauchten Energie aus erneuerbaren Quellen, werden alle Arten von Energie aus erneuerbaren Quellen, die bei allen Verkehrsträgern verbraucht werden, berücksichtigt.
3. Bei der Berechnung des Beitrags von Elektrizität, die aus erneuerbaren Energiequellen erzeugt und in allen Arten von Fahrzeugen mit Elektroantrieb und bei der Herstellung von im Verkehrssektor eingesetzten flüssigen oder gasförmigen erneuerbaren Kraftstoffen nicht biogenen Ursprungs verbraucht wird, wird der durchschnittliche Anteil von Elektrizität aus erneuerbaren Energiequellen in der Bundesrepublik Deutschland, gemessen zwei Jahre vor dem jeweiligen Jahr, zugrunde gelegt. Darüber hinaus wird bei der Berechnung der Elektrizitätsmenge, die aus erneuerbaren Energiequellen erzeugt und im elektrifizierten Schienenverkehr verbraucht wird, dieser Verbrauch als der 2,5fache Energiegehalt der zugeführten Elektrizität aus erneuerbaren Energiequellen angesetzt. Bei der Berechnung der Elektrizitätsmenge, die aus erneuerbaren Energiequellen erzeugt und in Straßenfahrzeugen mit Elektroantrieb verbraucht wird, wird dieser Verbrauch als der fünffache Energiegehalt der zugeführten Elektrizität aus erneuerbaren Energiequellen angesetzt.
4. Bei der Berechnung der Biokraftstoffe im Zähler darf der Anteil von Energie aus Biokraftstoffen, die aus Getreide und sonstigen Kulturpflanzen mit hohem Stärkegehalt, Zuckerpflanzen, Ölpflanzen und aus als Hauptkulturen vorrangig für die Energiegewinnung auf landwirtschaftlichen Flächen angebauten Pflanzen hergestellt werden, höchstens 6,5 Prozent des Endenergieverbrauchs im Verkehrssektor im Jahr 2020 betragen. Biokraftstoffe, die aus den in den Anlagen 1 und 4 aufgeführten Rohstoffen hergestellt werden, werden nicht auf diesen Grenzwert angerechnet.
5. Biokraftstoffe, die aus den in den Anlagen 1 und 4 aufgeführten Rohstoffen hergestellt werden, werden für die Zwecke der Einhaltung des in Satz 1 genannten Ziels mit dem Doppelten ihres Energiegehalts angerechnet.

§ 2 Begriffsbestimmungen. (1) Stromanbieter ist jedes Energieversorgungsunternehmen im Sinne des § 3 Nummer 18 des Energiewirtschaftsgesetzes vom 7. Juli 2005 (BGBl. I S. 1970, 3621), das zuletzt durch Artikel 2 Absatz 6 des Gesetzes vom 20. Juli 2017 (BGBl. I S. 2808; 2018 I S. 472) geändert worden ist, das elektrischen Strom an Letztverbraucher liefert.

(2) Ein Straßenfahrzeug mit Elektroantrieb ist ein reines Batterieelektrofahrzeug oder ein von außen aufladbares Hybridelektrofahrzeug im Sinne des § 2 Nummer 1 der Ladesäulenverordnung vom 9. März 2016 (BGBl. I S. 457), die durch Artikel 1 der Verordnung vom 1. Juni 2017 (BGBl. I S. 1520) geändert worden ist, in der jeweils geltenden Fassung.

(3) Ein reines Batterieelektrofahrzeug ist ein Kraftfahrzeug im Sinne des § 2 Nummer 2 der Ladesäulenverordnung.

(4) [1] Konventionelle Biokraftstoffe sind Biokraftstoffe, die hergestellt worden sind aus

1. Getreide und sonstigen Kulturpflanzen mit hohem Stärkegehalt,
2. Zuckerpflanzen,
3. Ölpflanzen und

4. Pflanzen, die als Hauptkulturen vorrangig für die Energiegewinnung auf landwirtschaftlichen Flächen angebaut werden.

[2] Kraftstoffe nach Absatz 6 sind keine konventionellen Biokraftstoffe.

(5) Erneuerbare Energien sind

1. Wasserkraft einschließlich der Wellen-, Gezeiten-, Salzgradienten- und Strömungsenergie,
2. Windenergie,
3. solare Strahlungsenergie,
4. Geothermie,
5. Energie aus Biomasse einschließlich Biogas, Biomethan, Deponiegas und Klärgas sowie aus dem biologisch abbaubaren Anteil von Abfällen aus Haushalten und Industrie.

(6) Fortschrittliche Kraftstoffe sind

1. Biokraftstoffe, die aus den in Anlage 1 genannten Rohstoffen hergestellt wurden,
2. erneuerbare Kraftstoffe nicht-biogenen Ursprungs im Sinne von Anlage 1 Buchstabe a und b der Verordnung zur Anrechnung von strombasierten Kraftstoffen und mitverarbeiteten biogenen Ölen auf die Treibhausgasquote[1] vom 15. Mai 2017 (BGBl. I S. 1195),
3. Kraftstoffe, die mit CO_2-Abscheidung und -Verwendung hergestellt wurden, sofern die zur Herstellung verwendete Energie aus erneuerbaren Energien stammt,
4. Kraftstoffe, die aus Bakterien hergestellt wurden, sofern die zur Herstellung verwendete Energie aus erneuerbaren Energien stammt.

(7) Kulturpflanzen mit hohem Stärkegehalt sind Pflanzen, unter die überwiegend Getreide ungeachtet dessen, ob nur die Körner verwendet werden oder die gesamte Pflanze verwendet wird, Knollen- und Wurzelfrüchte fallen.

(8) Lignozellulosehaltiges Material ist Material, das aus Lignin, Zellulose und Hemizellulose besteht.

(9) Zellulosehaltiges Non-Food-Material ist Material, das überwiegend aus Zellulose und Hemizellulose besteht und einen niedrigeren Lignin-Gehalt als lignozellulosehaltiges Material aufweist.

(10) [1] API-Grad ist eine Maßeinheit für die Dichte von Rohöl. [2] Der API-Grad wird mit dem Testverfahren D287-12b der American Society for Testing and Materials gemessen.

(11) Konventionelles Rohöl ist jeder Raffinerierohstoff, der

1. in einer Lagerstättenformation am Ursprungsort einen API-Grad von mehr als 10 aufweist, und
2. nicht unter die Definition des KN-Codes 2714 gemäß Anhang I der Verordnung (EWG) Nr. 2658/87 des Rates vom 23. Juli 1987 über die zolltarifliche und statistische Nomenklatur sowie den Gemeinsamen Zolltarif (ABl. L 256 vom 7.9.1987, S. 1; L 341 vom 3.12.1987, S. 38; L 378 vom 31.12.1987, S. 120; L 130 vom 26.5.1988, S. 42; L 151 vom 8.6.2016, S. 22),

---

[1] Nr. **2.37**.

die zuletzt durch die Durchführungsverordnung (EU) 2017/1344 (ABl. L 186 vom 19.7.2017, S. 3) geändert worden ist, fällt.

(12) Naturbitumen ist jede Quelle für Raffinerierohstoffe,

1. die in einer Lagerstättenformation am Förderort einen API-Grad von höchstens 10 aufweist,
2. die eine Viskosität im jährlichen Durchschnitt bei Lagerstättentemperatur hat, die höher ist als die durch die Gleichung Viskosität (in Centipoise) = $518{,}98 \star e^{-0{,}038 \star T}$ berechnete Viskosität; wobei T die Temperatur in Grad Celsius ist,
3. die unter die Definition für bituminöse Sande des KN-Codes 2714 gemäß der Verordnung (EWG) Nr. 2658/87 fällt und
4. die durch Bergbau oder thermisch unterstützte Schwerkraftdrainage erschlossen wird, wobei die Wärmeenergie hauptsächlich aus anderen Quellen als der Rohstoffquelle selbst gewonnen wird.

(13) Ölschiefer ist jede Quelle für Raffinerierohstoffe,

1. die sich am Förderort innerhalb einer Felsformation befand,
2. die festes Kerogen enthält,
3. die unter die Definition für ölhaltigen Schiefer des KN-Codes 2714 gemäß der Verordnung (EWG) Nr. 2658/87 fällt und
4. die durch Bergbau oder thermisch unterstützte Schwerkraftdrainage erschlossen wird.

Teil 2. Berechnung der Treibhausgasemissionen und weitere Optionen zur Erfüllung der Verpflichtung zur Minderung der Treibhausgasemissionen

Abschnitt 1. Allgemeine Bestimmungen zur Berechnung

§ 3 Basiswert. Der Basiswert nach § 37a Absatz 4 Satz 4 des Bundes-Immissionsschutzgesetzes[1] wird auf 94,1 Kilogramm Kohlenstoffdioxid-Äquivalent pro Gigajoule festgelegt.

§ 4 Erweiterung der Definition der Biokraftstoffe. (1) Zusätzlich zu den Biokraftstoffen nach § 37b Absatz 1 Satz 1 des Bundes-Immissionsschutzgesetzes[1] sind Energieerzeugnisse, die aus den in Anlage 1 genannten Rohstoffen hergestellt wurden, Biokraftstoffe.

(2) Energieerzeugnisse, die anteilig aus den in Anlage 1 genannten Rohstoffen hergestellt wurden, gelten in Höhe dieses Anteils als Biokraftstoffe.

(3) Hiervon unberührt bleiben die Anforderungen an Biokraftstoffe, die nach der Biokraftstoff-Nachhaltigkeitsverordnung[2] vom 30. September 2009 (BGBl. I S. 3182), die zuletzt durch Artikel 2 der Verordnung vom 4. April 2016 (BGBl. I S. 590) geändert worden ist, in der jeweils geltenden Fassung zu erfüllen sind.

---

[1] Nr. **1**.
[2] Nr. **3.2**.

§ 4a Regelungen für die Verpflichtungsjahre 2019 bis 2021. (1) Abweichend von § 37a Absatz 6 Satz 5 und Absatz 8 Satz 1 des Bundes-Immissionsschutzgesetzes[1)] können Treibhausgasminderungsmengen, die den nach § 37a Absatz 4 des Bundes-Immissionsschutzgesetzes festgelegten Prozentsatz im Verpflichtungsjahr 2019 übersteigen, nicht auf den Prozentsatz des Verpflichtungsjahres 2020 angerechnet werden.

(2) [1] Auf Antrag des Verpflichteten wird die Übererfüllung im Verpflichtungsjahr 2019 auf den Prozentsatz des Verpflichtungsjahres 2021 angerechnet. [2] § 37a Absatz 6 Satz 5 des Bundes-Immissionsschutzgesetzes gilt für diese Anrechnung entsprechend. [3] Der Antrag ist bis zum 15. April 2020 zu stellen.

Abschnitt 2. Straßenfahrzeuge mit Elektroantrieb

§ 5 Anrechnung von in Straßenfahrzeugen mit Elektroantrieb genutztem elektrischem Strom. (1) [1] Elektrischer Strom, der im Verpflichtungsjahr gemäß § 37a Absatz 1 Satz 1 des Bundes-Immissionsschutzgesetzes[1)] von Letztverbrauchern nachweislich zur Verwendung in Straßenfahrzeugen mit Elektroantrieb aus dem Netz entnommen wurde, kann auf die Erfüllung der Verpflichtung zur Minderung der Treibhausgasemissionen angerechnet werden, sofern die Entnahme im Steuergebiet des Stromsteuergesetzes vom 24. März 1999 (BGBl. I S. 378; 2000 I S. 147), das zuletzt durch Artikel 4 des Gesetzes vom 27. August 2017 (BGBl. I S. 3299) geändert worden ist, erfolgte. [2] Dritter im Sinne des § 37a Absatz 6 des Bundes-Immissionsschutzgesetzes ist in diesem Fall der Stromanbieter.

(2) Die Treibhausgasemissionen des elektrischen Stroms werden berechnet durch Multiplikation der energetischen Menge des zur Verwendung in den Straßenfahrzeugen mit Elektroantrieb entnommenen Stroms mit dem Wert für die durchschnittlichen Treibhausgasemissionen pro Energieeinheit des Stroms in Deutschland und dem Anpassungsfaktor für die Antriebseffizienz nach Anlage 3.

(3) Der Wert der durchschnittlichen Treibhausgasemissionen pro Energieeinheit des Stroms in Deutschland wird von der nach § 20 Absatz 1 zuständigen Stelle jährlich auf Basis geeigneter internationaler Normen ermittelt und bis zum 31. Oktober für das darauffolgende Verpflichtungsjahr im Bundesanzeiger bekanntgegeben[2)].

(4) Für die Anrechnung des elektrischen Stroms nach Absatz 1 gilt § 37a Absatz 4 Satz 3 und 5, Absatz 6 bis 8 des Bundes-Immissionsschutzgesetzes entsprechend, soweit sich aus den Regelungen der Absätze 1 bis 3 sowie der §§ 6 und 7 nichts anderes ergibt.

§ 6 Energetische Menge des elektrischen Stroms aus öffentlich zugänglichen Ladepunkten. (1) Der Stromanbieter führt für jedes Verpflichtungsjahr Aufzeichnungen über die einzelnen öffentlich zugänglichen Ladepunkte im Sinne von § 2 Nummer 9 der Ladesäulenverordnung unter Angabe

1. des genauen Standortes, an dem sich der Ladepunkt befindet,

---

[1)] Nr. **1**.

[2)] Für 2018: 168 kg Kohlenstoffdioxid-Äquivalent pro Gigajoule gem. Bek. v. 14.12.2017 (BAnz AT 27.12.2017 B8); für 2019: 161 kg Kohlenstoffdioxid-Äquivalent pro Gigajoule gem. Bek. v. 18.10.2018 (BAnz AT 30.10.2018 B14); für 2020: 153 kg Kohlenstoffdioxid-Äquivalent pro Gigajoule gem. Bek. v. 1.10.2019 (BAnz AT 30.10.2019 B3).

2. der energetischen Menge des zur Verwendung in Straßenfahrzeugen mit Elektroantrieb entnommenen Stroms in Megawattstunden und
3. des Zeitraums, in dem die Strommenge entnommen wurde, sofern der Zeitraum nicht das gesamte Verpflichtungsjahr umfasst.

(2) [1] Der Stromanbieter fügt bei Aufbau und Außerbetriebnahme von Ladepunkten den Aufzeichnungen die Anzeige des Ladepunktbetreibers gegenüber der Bundesnetzagentur für Elektrizität, Gas, Telekommunikation, Post und Eisenbahnen gemäß § 5 Absatz 1 der Ladesäulenverordnung bei. [2] Für bereits bestehende Ladepunkte ist die Anzeige, die zum Zeitpunkt des Aufbaus gegenüber der Bundesnetzagentur für Elektrizität, Gas, Telekommunikation, Post und Eisenbahnen abgegeben wurde, beizufügen.

§ 7 Energetische Menge des elektrischen Stroms in anderen Fällen.

(1) Die Anrechnung von Strom, der nicht über öffentlich zugängliche Ladepunkte entnommen wurde, auf die Erfüllung der Verpflichtung zur Minderung der Treibhausgasemissionen ist nur dann möglich, sofern dieser Strom für reine Batterieelektrofahrzeuge genutzt wurde und ein Schätzwert nach Absatz 3 bekanntgegeben wurde.

(2) [1] Der Stromanbieter führt Aufzeichnungen über Stromkunden, auf die nachweislich ein reines Batterieelektrofahrzeug zugelassen ist. [2] Als Nachweis gilt eine gemäß § 11 Absatz 1 Satz 1 der Fahrzeug-Zulassungsverordnung vom 3. Februar 2011 (BGBl. I S. 139), die zuletzt durch Artikel 1 der Verordnung vom 31. Juli 2017 (BGBl. I S. 3090) geändert worden ist, ausgefertigte und vom Stromkunden als Kopie vorgelegte Zulassungsbescheinigung Teil I des reinen Batterieelektrofahrzeugs. [3] Spätestens nach Ablauf von drei Jahren ist eine Kopie der aktuellen Zulassungsbescheinigung Teil I als Nachweis erforderlich. [4] Der Stromanbieter bewahrt die Kopien der Zulassungsbescheinigungen Teil I für die Dauer von fünf Jahren auf. [5] Sofern das reine Batterieelektrofahrzeug nicht auf den Stromkunden zugelassen ist, führt der Stromanbieter zusätzlich einen Nachweis darüber, dass der Halter des reinen Batterieelektrofahrzeugs im Privathaushalt des Stromkunden lebt. [6] Die Sätze 3 und 4 gelten für diese Nachweise entsprechend.

(3) [1] Das Bundesministerium für Umwelt, Naturschutz und nukleare Sicherheit gibt den Schätzwert der anrechenbaren energetischen Menge elektrischen Stroms für ein reines Batterieelektrofahrzeug im Bundesanzeiger[1)] bekannt. [2] Der Schätzwert basiert auf aktuellen Daten über den durchschnittlichen Stromverbrauch von reinen Batterieelektrofahrzeugen in Deutschland.

(4) Die energetische Menge des im jeweiligen Verpflichtungsjahr nach § 5 anrechenbaren elektrischen Stroms ergibt sich durch die Multiplikation der Zahl der reinen Batterieelektrofahrzeuge, die nach Absatz 2 zu den Kunden des Stromanbieters gerechnet werden, mit dem Schätzwert.

§ 8 Mitteilung der energetischen Menge. (1) [1] Der Stromanbieter teilt der nach § 20 Absatz 1 zuständigen Stelle die energetischen Mengen des elektrischen Stroms, der nach § 6 zur Verwendung in Straßenfahrzeugen mit Elektroantrieb und nach § 7 zur Verwendung in reinen Batterieelektrofahrzeugen im

---

[1)] Derzeit 1 943 kWh gem. Bek. v. 21.12.2017 (BAnz AT 29.12.2017 B8).

jeweiligen Verpflichtungsjahr entnommen wurde, bis zum 28. Februar des Folgejahres mit. [2] Die nach § 20 Absatz 1 zuständige Stelle kann verlangen, dass der Stromanbieter innerhalb einer angemessenen Frist die in den §§ 6 und 7 genannten Unterlagen zur Prüfung vorlegt. [3] Sie prüft anhand dieser Unterlagen, ob die Voraussetzungen für die Anrechnung erfüllt sind.

(2) [1] Die nach § 20 Absatz 1 zuständige Stelle stellt dem Stromanbieter eine Bescheinigung über die mitgeteilte energetische Menge elektrischen Stroms aus. [2] In der Bescheinigung sind die energetische Menge des elektrischen Stroms in Megawattstunden und die nach § 5 Absatz 2 errechneten Treibhausgasemissionen in Kilogramm CO_2-Äquivalent angegeben. [3] Die Bescheinigung kann auf Antrag des Stromanbieters in mehrere Teilbescheinigungen aufgeteilt werden.

(3) Die nach § 20 Absatz 1 zuständige Stelle kann Näheres zum Format und zur Art und Weise der Datenübermittlung im Bundesanzeiger bekanntgeben.

§ 9 Nachweis durch den Verpflichteten. (1) [1] Im Zusammenhang mit der Mitteilung nach § 37c Absatz 1 des Bundes-Immissionsschutzgesetzes[1)] sind vom Verpflichteten folgende Unterlagen vorzulegen:

1. Bescheinigungen über die mitgeteilte Strommenge nach § 8 Absatz 2 und
2. eine Erklärung des Stromanbieters, der den elektrischen Strom abgegeben hat, dass die jeweilige Strommenge nicht anderweitig zur Erfüllung der Verpflichtung zur Minderung der Treibhausgasemissionen verwendet wurde.

[2] § 37c Absatz 1 Satz 1, Satz 3 bis 6, Absatz 3 Satz 4 und 5 und Absatz 5 des Bundes-Immissionsschutzgesetzes gilt entsprechend, soweit sich aus den Regelungen des Satzes 1 sowie der §§ 5 bis 8 nichts anderes ergibt.

(2) [1] Die Anrechnung elektrischen Stroms auf die Erfüllung der Verpflichtung zur Minderung der Treibhausgasemissionen setzt voraus, dass die entsprechenden Mengen in der Mitteilung nach § 37c Absatz 1 des Bundes-Immissionsschutzgesetzes enthalten sind. [2] § 37c Absatz 3 Satz 1 bis 3 des Bundes-Immissionsschutzgesetzes ist nicht anzuwenden.

Abschnitt 3. Kraftstoffe fossilen Ursprungs

§ 10 Treibhausgasemissionen von fossilen Otto- und Dieselkraftstoffen. (1) Abweichend von § 37a Absatz 4 Satz 5 des Bundes-Immissionsschutzgesetzes[1)] berechnen sich die Treibhausgasemissionen fossiler Ottokraftstoffe durch Multiplikation der vom Verpflichteten in Verkehr gebrachten energetischen Menge fossiler Ottokraftstoffe mit dem Wert 93,3 Kilogramm Kohlenstoffdioxid-Äquivalent pro Gigajoule.

(2) Abweichend von § 37a Absatz 4 Satz 5 des Bundes-Immissionsschutzgesetzes berechnen sich die Treibhausgasemissionen fossiler Dieselkraftstoffe durch Multiplikation der vom Verpflichteten in Verkehr gebrachten energetischen Menge fossiler Dieselkraftstoffe mit dem Wert 95,1 Kilogramm Kohlenstoffdioxid-Äquivalent pro Gigajoule.

[1)] Nr. **1**.

§ 11 Treibhausgasemissionen von weiteren fossilen Kraftstoffen.

(1) [1] Die Verpflichtung zur Minderung der Treibhausgasemissionen kann auch durch Inverkehrbringen von in Anlage 2 genannten fossilen Kraftstoffen erfüllt werden. [2] Als Inverkehrbringen gilt die Versteuerung nach § 2 Absatz 1 Nummer 1, 4, 7 oder 8 oder Absatz 2 des Energiesteuergesetzes vom 15. Juli 2006 (BGBl. I S. 1534; 2008 I S. 660, 1007), das zuletzt durch Artikel 2 des Gesetzes vom 27. August 2017 (BGBl. I S. 3299) geändert worden ist, in der jeweils geltenden Fassung. [3] Soweit Kraftstoffe nach Anlage 2 keine Energieerzeugnisse nach § 1 Absatz 2 und 3 des Energiesteuergesetzes sind, gelten sie durch Abgabe an den Letztverbraucher zur Verwendung im Straßenverkehr im Sinne des § 37a Absatz 1 Satz 1 und 2 des Bundes-Immissionsschutzgesetzes[1)] als in den Verkehr gebracht. [4] In diesem Fall ist Verpflichteter oder Dritter im Sinne des § 37a Absatz 6 des Bundes-Immissionsschutzgesetzes die Person, in deren Name und auf deren Rechnung die Abgabe an den Letztverbraucher erfolgt.

(2) Die Treibhausgasemissionen der fossilen Kraftstoffe nach Absatz 1 berechnen sich durch Multiplikation der vom Verpflichteten in Verkehr gebrachten energetischen Menge des jeweiligen Kraftstoffs auf Basis des nach § 37b Absatz 9 des Bundes-Immissionsschutzgesetzes bekanntgegebenen Energiegehalts für den unteren Heizwert mit dem in Anlage 2 genannten Wert für dessen Treibhausgasemissionen in Kohlenstoffdioxid-Äquivalent pro Gigajoule und dem jeweils geltenden Anpassungsfaktor für die Antriebseffizienz nach Anlage 3.

(3) Für die Anrechnung der fossilen Kraftstoffe nach Absatz 1 gelten die Regelungen des § 37a Absatz 4 Satz 3, 5, 6, 9 und 10, Absatz 6 bis 8 sowie des § 37c Absatz 1 Satz 1, 3 bis 6, Absatz 3 Satz 4 und 5 und Absatz 5 des Bundes-Immissionsschutzgesetzes entsprechend, soweit sich aus den Regelungen der Absätze 1 und 2 nichts anderes ergibt.

(4) [1] Im Fall von Absatz 1 Satz 3 und 4 hat der Verpflichtete durch geeignete Aufzeichnungen für das jeweilige Verpflichtungsjahr die Art und zugehörige Menge der von ihm in Verkehr gebrachten Kraftstoffe nachzuweisen. [2] Der Verpflichtete hat dabei insbesondere die Art und zugehörige Menge sowie die Treibhausgasemissionen der von ihm in Verkehr gebrachten Kraftstoffe zu erfassen. [3] Auf Grundlage der Aufzeichnungen muss es einem sachverständigen Dritten innerhalb einer angemessenen Frist möglich sein, die Grundlagen für die Berechnung der Treibhausgasminderung festzustellen.

Abschnitt 4. Biokraftstoffe

§ 12 Biogenes Flüssiggas. (1) Die Verpflichtung zur Minderung der Treibhausgasemissionen kann auch erfüllt werden durch Inverkehrbringen von nach § 2 Absatz 1 Nummer 8 oder Absatz 2 Nummer 2 des Energiesteuergesetzes versteuerten Flüssiggasen,

1. die ganz oder anteilig aus Biomasse im Sinne der Biomasseverordnung vom 21. Juni 2001 (BGBl. I S. 1234), die zuletzt durch Artikel 8 des Gesetzes vom 13. Oktober 2016 (BGBl. I S. 2258) geändert worden ist, in der jeweils geltenden Fassung, in Verbindung mit § 4, hergestellt wurden und

---

1) Nr. **1**.

2. deren Eigenschaften mindestens den Anforderungen an Flüssiggaskraftstoff nach § 7 der Verordnung über die Beschaffenheit und die Auszeichnung der Qualitäten von Kraft- und Brennstoffen[1] vom 8. Dezember 2010 (BGBl. I S. 1849), die zuletzt durch Artikel 1 der Verordnung vom 1. Dezember 2014 (BGBl. I S. 1890) geändert worden ist, in der jeweils geltenden Fassung, entsprechen.

(2) Flüssiggaskraftstoff, der anteilig aus Biomasse hergestellt wurde, gilt in Höhe dieses Anteils als Biokraftstoff.

§ 12a Verflüssigtes Biomethan. (1) Die Verpflichtung zur Minderung der Treibhausgasemissionen kann auch erfüllt werden durch Inverkehrbringen von nach § 2 Absatz 1 Nummer 7 oder Absatz 2 Nummer 1 des Energiesteuergesetzes versteuertem verflüssigtem Biomethan,

1. das ganz oder anteilig aus Biomasse im Sinne der Biomasseverordnung in Verbindung mit § 4 hergestellt wurde und
2. wenn dessen Eigenschaften mindestens den Anforderungen an Erdgas und Biogas als Kraftstoffe nach § 8 der Verordnung über die Beschaffenheit und die Auszeichnung der Qualitäten von Kraft- und Brennstoffen[1] vom 8. Dezember 2010 (BGBl. I S. 1849), die durch Artikel 8 Absatz 1 der Verordnung vom 2. Mai 2013 (BGBl. I S. 1021) geändert worden ist, in der jeweils geltenden Fassung entsprechen.

(2) Verflüssigtes Biomethan, das anteilig aus Biomasse hergestellt wurde, gilt in Höhe dieses Anteils als Biokraftstoff.

Teil 3. Indirekte Landnutzungsänderungen

§ 13 Obergrenze für konventionelle Biokraftstoffe. (1) [1] Sofern in einem Verpflichtungsjahr der energetische Anteil der konventionellen Biokraftstoffe, die auf die Erfüllung der Verpflichtung zur Minderung der Treibhausgasemissionen angerechnet werden sollen und bei denen die Voraussetzungen für eine Anrechnung vorliegen, 6,5 Prozent übersteigt, wird für die Treibhausgasemissionen der diesen Anteil übersteigenden konventionellen Biokraftstoffe der Basiswert zugrunde gelegt. [2] Im Fall von biogenem Flüssiggas wird abweichend von Satz 1 anstelle des Basiswertes der Wert nach Anlage 2 Buchstabe a zugrunde gelegt. [3] Im Fall von Biomethan wird abweichend von Satz 1 anstelle des Basiswertes der Wert nach Anlage 2 Buchstabe b zugrunde gelegt. [4] Im Fall von verflüssigtem Biomethan nach § 12a wird abweichend von Satz 1 anstelle des Basiswerts der Wert nach Anlage 2 Buchstabe c zugrunde gelegt.

(2) Die Obergrenze nach Absatz 1 bezieht sich prozentual auf die energetische Menge der bei der Berechnung des Referenzwertes nach § 37a Absatz 4 Satz 3 des Bundes-Immissionsschutzgesetzes[2] zu berücksichtigenden Kraftstoffe.

(3) [1] Konventionelle Biokraftstoffe, die die Obergrenze nach Absatz 1 übersteigen, können Gegenstand eines Vertrages nach § 37a Absatz 7 Satz 1 des Bundes-Immissionsschutzgesetzes sein. [2] Der Vertrag muss zusätzlich die Anga-

---

[1] Nr. **2.10**.
[2] Nr. **1**.

ben nach § 37a Absatz 6 Satz 2 und 3 des Bundes-Immissionsschutzgesetzes enthalten. [3] § 37a Absatz 6 Satz 7 des Bundes-Immissionsschutzgesetzes gilt entsprechend.

(4) Für die Obergrenze nach Absatz 1 gilt § 37c Absatz 5 des Bundes-Immissionsschutzgesetzes entsprechend, soweit sich aus den Regelungen des Absatzes 1 nichts anderes ergibt.

§ 14 Mindestanteil fortschrittlicher Kraftstoffe. (1) [1] Der Verpflichtete hat jährlich einen Mindestanteil fortschrittlicher Kraftstoffe in Verkehr zu bringen. [2] Als Inverkehrbringen gilt die Versteuerung nach § 2 Absatz 1 Nummer 1, 4, 7 oder 8 oder Absatz 2 des Energiesteuergesetzes. [3] Soweit Kraftstoffe nach Satz 1 keine Energieerzeugnisse nach § 1 Absatz 2 und 3 des Energiesteuergesetzes sind, gelten sie durch Abgabe an den Letztverbraucher zur Verwendung im Straßenverkehr im Sinne des § 37a Absatz 1 Satz 1 und 2 des Bundes-Immissionsschutzgesetzes[1)] als in den Verkehr gebracht. [4] In diesem Fall ist Verpflichteter oder Dritter im Sinne des § 37a Absatz 6 des Bundes-Immissionsschutzgesetzes die Person, in deren Name und auf deren Rechnung die Abgabe an den Letztverbraucher erfolgt. [5] Die Höhe des Mindestanteils beträgt

1. 0,05 Prozent ab dem Jahr 2020 für Unternehmen, die im vorangegangenen Verpflichtungsjahr mehr als 20 Petajoule Kraftstoffe im Sinne von § 37a Absatz 1 Satz 1 und 2 des Bundes-Immissionsschutzgesetzes in Verkehr gebracht haben,
2. 0,1 Prozent ab dem Jahr 2021 für Unternehmen, die im vorangegangenen Verpflichtungsjahr mehr als 10 Petajoule Kraftstoffe im Sinne von § 37a Absatz 1 Satz 1 und 2 des Bundes-Immissionsschutzgesetzes in Verkehr gebracht haben,
3. 0,2 Prozent ab dem Jahr 2023 für Unternehmen, die im vorangegangenen Verpflichtungsjahr mehr als 2 Petajoule Kraftstoffe im Sinne von § 37a Absatz 1 Satz 1 und 2 des Bundes-Immissionsschutzgesetzes in Verkehr gebracht haben, und
4. 0,5 Prozent ab dem Jahr 2025.

(2) Der Mindestanteil bezieht sich auf die energetische Menge der bei der Berechnung des Referenzwertes nach § 37a Absatz 4 Satz 3 des Bundes-Immissionsschutzgesetzes zu berücksichtigenden Kraftstoffe sowie der sonstigen zur Erfüllung des Mindestanteils nach Absatz 1 Satz 2 in Verkehr gebrachten oder nach Absatz 1 Satz 3 als in Verkehr gebracht geltenden fortschrittlichen Kraftstoffe.

(3) [1] Für den Mindestanteil nach Absatz 1 gelten § 37a Absatz 4 Satz 7 bis 10, Absatz 6 bis 8, § 37b sowie § 37c Absatz 1 Satz 1, 3 bis 6, Absatz 2 Satz 1, 3 und 7, Absatz 3 Satz 4 und 5 und Absatz 5 des Bundes-Immissionsschutzgesetzes entsprechend soweit sich aus den Regelungen der Absätze 1 und 2 nichts anderes ergibt. [2] Für Verträge nach § 37a Absatz 7 des Bundes-Immissionsschutzgesetzes gilt § 37a Absatz 6 Satz 7 des Bundes-Immissionsschutzgesetzes entsprechend. [3] Sie müssen zusätzlich die Angaben nach § 37a Absatz 6 Satz 2 und 3 des Bundes-Immissionsschutzgesetzes enthalten.

[1)] Nr. **1**.

§ 15 Nachweis der Einhaltung der Regelungen zu indirekten Landnutzungsänderungen. (1) [1] Als Nachweis für die Einhaltung der Voraussetzungen nach den §§ 13 und 14 gelten die Nachweise, die der Verpflichtete vorgelegt hat

1. im Zusammenhang mit der Mitteilung nach § 37c Absatz 1 des Bundes-Immissionsschutzgesetzes[1)] nach § 14 der Biokraftstoff-Nachhaltigkeitsverordnung[2)] und
2. nach § 4 Absatz 1 und 2 der Verordnung zur Anrechnung von strombasierten Kraftstoffen und mitverarbeiteten biogenen Ölen auf die Treibhausgasquote[3)].

[2] Sofern Biokraftstoffe anteilig aus konventionellen Biokraftstoffen und fortschrittlichen Kraftstoffen nach § 2 Absatz 6 Nummer 1 hergestellt wurden, ist die Menge in Litern oder der Anteil in Volumenprozent jedes dieser Kraftstoffe auf dem Nachweis nach § 14 der Biokraftstoff-Nachhaltigkeitsverordnung auszuweisen.

(2) Werden zur Erfüllung des Mindestanteils nach § 14 Absatz 1 Kraftstoffe nicht-biogenen Ursprungs eingesetzt, die nicht zur Erfüllung der Verpflichtung zur Minderung der Treibhausgasemissionen eingesetzt werden können, gilt für den Nachweis der Erfüllung des Mindestanteils § 4 der Verordnung zur Anrechnung von strombasierten Kraftstoffen und mitverarbeiteten biogenen Ölen auf die Treibhausgasquote entsprechend.

Teil 4. Berichtspflichten

§ 16 Berichte über in Verkehr gebrachte Kraftstoffe und Energieerzeugnisse. (1) [1] Verpflichtete haben der nach § 20 Absatz 1 zuständigen Stelle jährlich bis zum 31. März den Bericht nach § 37f des Bundes-Immissionsschutzgesetzes[1)] vorzulegen. [2] Der Bericht ist erstmals für das Verpflichtungsjahr 2018 vorzulegen.

(2) Die nach § 20 Absatz 1 zuständige Stelle kann Näheres zum Format und zur Art und Weise der Datenübermittlung im Bundesanzeiger bekanntgeben.

(3) Die nach § 20 Absatz 2 zuständige Stelle übermittelt der nach § 20 Absatz 1 zuständigen Stelle auf Ersuchen jährlich bis zum 31. März eine Liste der Verpflichteten.

§ 17 Angabe des Ursprungs. (1) [1] Im Bericht nach § 37f des Bundes-Immissionsschutzgesetzes[1)] ist als Ursprung der Handelsname des zur Herstellung des Kraftstoffs oder Energieerzeugnisses eingesetzten Rohstoffs anzugeben, sofern der Verpflichtete

1. eine Person oder Gesellschaft ist, die gemäß Artikel 1 der Verordnung (EG) Nr. 2964/95 des Rates vom 20. Dezember 1995 zur Schaffung eines Registrierungssystems für Rohöleinfuhren und -lieferungen in der Gemeinschaft (ABl. L 310 vom 22.12.1995, S. 5) eine Einfuhr von Rohöl aus Drittländern vornimmt oder eine Rohöllieferung aus einem anderen Mitgliedstaat erhält, oder

---

1) Nr. **1**.
2) Nr. **3.2**.
3) Nr. **2.37**.

2. mit anderen Verpflichteten eine Vereinbarung über die Weitergabe von Informationen geschlossen hat.

[2] Andere als in Satz 1 genannte Verpflichtete geben, soweit der Ursprung des eingesetzten Rohstoffs nicht bekannt ist, dies im Bericht nach § 37f des Bundes-Immissionsschutzgesetzes entsprechend an.

(2) Im Fall von Biokraftstoffen ist der Ursprung der Herstellungsweg von Biokraftstoffen gemäß Anhang IV der Richtlinie 98/70/EG des Europäischen Parlaments und des Rates vom 13. Oktober 1998 über die Qualität von Otto- und Dieselkraftstoffen und zur Änderung der Richtlinie 93/12/EWG des Rates (ABl. L 350 vom 28.12.1998, S. 58), die zuletzt durch die Richtlinie (EU) 2015/1513 (ABl. L 239 vom 15.9.2015, S. 1) geändert worden ist.

(3) Werden unterschiedliche Rohstoffe verwendet, so geben die Verpflichteten für jeden Einsatzstoff die Menge des Endprodukts, die im vorangegangenen Verpflichtungsjahr in den entsprechenden Verarbeitungsanlagen produziert wurde, in Tonnen an.

(4) Die Handelsnamen sind in Anhang I Teil 2 Ziffer 7 der Richtlinie (EU) 2015/652 des Rates vom 20. April 2015 zur Festlegung von Berechnungsverfahren und Berichterstattungspflichten gemäß der Richtlinie 98/70/EG des Europäischen Parlaments und des Rates über die Qualität von Otto- und Dieselkraftstoffen (ABl. L 107 vom 25.4.2015, S. 26; L 129 vom 27.5.2015, S. 53) aufgeführt.

§ 18 Angabe des Erwerbsortes. [1] Im Bericht nach § 37f des Bundes-Immissionsschutzgesetzes ist als Erwerbsort das Land und der Name der Verarbeitungsanlage anzugeben, in der der Kraftstoff oder Energieträger der letzten wesentlichen Be- oder Verarbeitung unterzogen wurde, die gemäß der Verordnung (EWG) Nr. 2454/93 der Kommission vom 2. Juli 1993 mit Durchführungsvorschriften zu der Verordnung (EWG) Nr. 2913/92 des Rates zur Festlegung des Zollkodex der Gemeinschaften (ABl. L 253 vom 11.10.1993, S. 1), die zuletzt durch die Durchführungsverordnung (EU) 2016/481 (ABl. L 87 vom 2.4.2016, S. 24) geändert worden ist, den Ursprung des Kraftstoffs oder Energieträgers begründet. [2] Falls der Erwerbsort dem Verpflichteten nicht bekannt ist, ist dies abweichend von Satz 1 im Bericht anzugeben.

§ 19 Sonderregelungen für kleine und mittlere Unternehmen. Ist der Verpflichtete ein Kleinstunternehmen oder ein kleines und mittleres Unternehmen nach Artikel 2 Absatz 1 in Verbindung mit Absatz 2 und 3 der Empfehlung der Kommission 2003/361/EG vom 6. Mai 2003 betreffend die Definition der Kleinstunternehmen sowie der kleinen und mittleren Unternehmen (ABl. L 124 vom 20.5.2003, S. 36), so sind in den Berichten nach § 37f des Bundes-Immissionsschutzgesetzes als Ursprung und Erwerbsort entweder die Europäische Union oder ein Drittland anzugeben.

Teil 5. Zuständigkeit

§ 20 Zuständige Stellen. (1) Das Umweltbundesamt ist zuständig für

1. die Ermittlung und Bekanntgabe des Wertes der durchschnittlichen Treibhausgasemissionen nach § 5 Absatz 3,

2. die Prüfung der nach § 8 Absatz 1 mitgeteilten energetischen Menge elektrischen Stroms,
3. die Ausstellung von Bescheinigungen über die nach § 8 Absatz 2 mitgeteilte energetische Menge elektrischen Stroms,
4. die Bekanntgabe nach § 8 Absatz 3,
5. die Entgegennahme und Prüfung der Berichte nach § 37f des Bundes-Immissionsschutzgesetzes[1] und
6. die Bekanntgabe nach § 16 Absatz 2.

(2) Das Hauptzollamt Frankfurt (Oder) ist zuständig für

1. eine Anrechnung von in Straßenfahrzeugen mit Elektroantrieb genutztem elektrischem Strom nach § 5 Absatz 1,
2. eine Anrechnung von fossilen Kraftstoffen nach § 11,
3. eine Anrechnung von biogenem Flüssiggas nach § 12,
4. die Überwachung der Einhaltung der Obergrenze für konventionelle Biokraftstoffe nach § 13,
5. die Überwachung der Erfüllung des Mindestanteils an fortschrittlichen Kraftstoffen nach § 14 und
6. die Übermittlung der Daten nach § 16 Absatz 3.

Teil 6. Übergangs- und Schlussbestimmungen

§ 21 Übergangsbestimmung. Diese Verordnung ist nicht anzuwenden auf elektrischen Strom, der vor dem 1. Januar 2018 aus dem Netz entnommen wurde, und auf Kraftstoffe, die vor dem 1. Januar 2018 in Verkehr gebracht wurden.

§ 22 Inkrafttreten. Diese Verordnung tritt am Tag nach der Verkündung[2] in Kraft.

Anlage 1
(zu § 2 Absatz 6 Nummer 1)

Rohstoffe für die Herstellung von Biokraftstoffen nach § 2 Absatz 6 Nummer 1

Rohstoffe für die Herstellung von Biokraftstoffen nach § 2 Absatz 6 Nummer 1 sind:

1. Algen, die an Land in Becken oder Photobioreaktoren kultiviert worden sind,
2. Biomasse-Anteil an gemischten Siedlungsabfällen, nicht jedoch getrennte Haushaltsabfälle, für die Recycling-Ziele gemäß Artikel 11 Absatz 2 Buchstabe a der Richtlinie 2008/98/EG des Europäischen Parlaments und des Rates vom 19. November 2008 über Abfälle und zur Aufhebung bestimmter Richtlinien (ABl. L 312 vom 22.11.2008, S. 3), die zuletzt durch die Verordnung (EU) 2017/997 (ABl. L 150 vom 14.6.2017, S. 1) geändert worden ist, in der jeweils geltenden Fassung, gelten,
3. Bioabfall im Sinne des Artikels 3 Absatz 4 der Richtlinie 2008/98/EG aus privaten Haushaltungen, der einer getrennten Sammlung im Sinne des Artikels 3 Absatz 11 der Richtlinie 2008/98/EG unterliegt,

---

[1] Nr. **1**.
[2] Verkündet am 13.12.2017.

4. Biomasse-Anteil an Industrieabfällen, der ungeeignet zur Verwendung in der Nahrungs- oder Futtermittelkette ist, einschließlich Material aus Groß- und Einzelhandel, Agrar- und Ernährungsindustrie sowie Fischwirtschaft und Aquakulturindustrie; nicht jedoch die Rohstoffe, die aufgeführt sind in Teil B des Anhangs IX der Richtlinie 2009/28/EG des Europäischen Parlaments und des Rates vom 23. April 2009 zur Förderung der Nutzung von Energie aus erneuerbaren Quellen und zur Änderung und anschließenden Aufhebung der Richtlinien 2001/77/EG und 2003/30/EG (ABl. L 140 vom 5.6.2009, S. 16; L 216 vom 22.7.2014, S. 5 und L 265 vom 5.9. 2014, S. 33), die zuletzt durch Artikel 2 der Richtlinie (EU) 2015/1513 (ABl. L 239 vom 15.9. 2015, S. 1) geändert worden ist, in der jeweils geltenden Fassung,
5. Stroh,
6. Gülle und Klärschlamm,
7. Abwasser aus Palmölmühlen und leere Palmfruchtbündel,
8. Tallölpech,
9. Rohglyzerin,
10. Bagasse,
11. Traubentrester und Weintrub,
12. Nussschalen,
13. Hülsen,
14. entkernte Maiskolben,
15. Biomasse-Anteile an Abfällen und Reststoffen aus der Forstwirtschaft und aus forstbasierten Industrien, d.h. Rinde, vorkommerzielles Durchforstungsholz, Sägemehl, Sägespäne, Schwarzlauge, Braunlauge, Faserschlämme, Lignin und Tallöl,
16. anderes zellulosehaltiges Non-Food-Material und
17. anderes lignozellulosehaltiges Material mit Ausnahme von Säge- und Furnierrundholz.

Anlage 2
(zu den §§ 11 und 13)

Treibhausgasemissionen fossiler Kraftstoffe

Für die Treibhausgasemissionen fossiler Kraftstoffe gelten folgende Werte:

	Kraftstoff	Rohstoffquelle und Verfahren	Spezifische Treibhausgasemissionen (in kg CO_2-Äquivalent pro GJ)
a)	Flüssiggaskraftstoff (LPG)	Alle fossilen Quellen	73,6
b)	Komprimiertes Erdgas (CNG)	EU-Mix	69,3
c)	Verflüssigtes Erdgas (LNG)	EU-Mix	74,5
d)	Komprimierter Wasserstoff in einer Brennstoffzelle	Erdgas mit Dampfreformierung	104,3
e)	Komprimierter Wasserstoff in einer Brennstoffzelle	Kohle	234,4
f)	Komprimierter Wasserstoff in einer Brennstoffzelle	Kohle mit Abscheidung und Speicherung von CO_2 aus Prozessemissionen	52,7
g)	Otto-, Diesel- und Gasölkraftstoff	Altkunststoff aus fossilen Rohstoffen	86

Anlage 3
(zu § 5 Absatz 2 und § 11 Absatz 2)

Anpassungsfaktoren für die Antriebseffizienz

Die Anpassungsfaktoren für die Antriebseffizienz sind:

Vorherrschende Umwandlungstechnologie	Anpassungsfaktor für die Antriebseffizienz
Verbrennungsmotor	1
Batteriegestützter Elektroantrieb	0,4
Wasserstoffzellengestützter Elektroantrieb	0,4

Anlage 4
(zu § 1 Absatz 2)

Rohstoffe für die Herstellung von Biokraftstoffen nach § 1 Absatz 2

Rohstoffe für die Herstellung von Biokraftstoffen, deren Beitrag zu dem in Artikel 3 Absatz 4 Unterabsatz 1 der Richtlinie 2009/28/EG genannten Ziel mit dem Doppelten ihres Energiegehalts angesetzt wird:

1. Gebrauchtes Speiseöl,
2. tierische Fette, die in den Kategorien 1 und 2 der Verordnung (EG) Nr. 1069/2009 des Europäischen Parlaments und des Rates vom 21. Oktober 2009 mit Hygienevorschriften für nicht für den menschlichen Verzehr bestimmte tierische Nebenprodukte und zur Aufhebung der Verordnung (EG) Nr. 1774/2002 (Verordnung über tierische Nebenprodukte) (ABl. L 300 vom 14.11.2009, S. 1) eingestuft sind.

2.39. Neununddreißigste Verordnung zur Durchführung des Bundes-Immissionsschutzgesetzes (Verordnung über Luftqualitätsstandards und Emissionshöchstmengen – 39. BImSchV) [1)2)]

Vom 2. August 2010

(BGBl. I S. 1065)

FNA 2129-8-39

zuletzt geänd. durch Art. 2 VO zum Erlass der VO über nationale Verpflichtungen zur Reduktion der Emissionen bestimmter Luftschadstoffe v. 18.7.2018 (BGBl. I S. 1222)

Inhaltsübersicht

[1)] **Amtl. Anm.:** Diese Verordnung dient der Umsetzung der Richtlinie 2008/50/EG des Europäischen Parlaments und des Rates vom 21. Mai 2008 über Luftqualität und saubere Luft für Europa (ABl. L 152 vom 11.6.2008, S. 1), der Richtlinie 2004/107/EG des Europäischen Parlaments und des Rates vom 15. Dezember 2004 über Arsen, Kadmium, Quecksilber, Nickel und polyzyklische aromatische Kohlenwasserstoffe in der Luft (ABl. L 23 vom 26.1.2005, S. 3) sowie der Richtlinie 2001/81/EG des Europäischen Parlaments und des Rates vom 23. Oktober 2001 über nationale Emissionshöchstmengen für bestimmte Luftschadstoffe (ABl. L 309 vom 27.11.2001, S. 22).

[2)] Verkündet als Art. 1 VO v. 2.8.2010 (BGBl. I S. 1065); Inkrafttreten gem. Art. 2 Satz 1 dieser VO am 6.8.2010.

Teil 1. Allgemeine Vorschriften

§ 1 Begriffsbestimmungen. In dieser Verordnung gelten folgende Begriffsbestimmungen:

1. „Alarmschwelle" ist ein Wert, bei dessen Überschreitung bei kurzfristiger Exposition ein Risiko für die Gesundheit der Gesamtbevölkerung besteht und unverzüglich Maßnahmen ergriffen werden müssen;
2. „AOT40", ausgedrückt in $\frac{\textit{Mikrogramm}}{\textit{Kubikmeter}} \times \textit{Stunden}$, ist die über einen vorgegebenen Zeitraum summierte Differenz zwischen Ozonwerten über 80 Mikrogramm pro Kubikmeter und 80 Mikrogramm pro Kubikmeter unter ausschließlicher Verwendung der täglichen Einstundenmittelwerte zwischen 8.00 Uhr und 20.00 Uhr mitteleuropäischer Zeit (MEZ);
3. „Arsen", „Kadmium", „Nickel" und „Benzo[*a*]pyren" bezeichnen den Gesamtgehalt des jeweiligen Elements oder der Verbindung in der PM_{10}-Fraktion;
4. „Ballungsraum" ist ein städtisches Gebiet mit mindestens 250 000 Einwohnern und Einwohnerinnen, das aus einer oder mehreren Gemeinden besteht, oder ein Gebiet, das aus einer oder mehreren Gemeinden besteht, welche jeweils eine Einwohnerdichte von 1 000 Einwohnern und Einwohnerinnen oder mehr je Quadratkilometer bezogen auf die Gemarkungsfläche haben und die zusammen mindestens eine Fläche von 100 Quadratkilometern darstellen;
5. „Beurteilung" ist die Ermittlung und Bewertung der Luftqualität durch Messung, Berechnung, Vorhersage oder Schätzung anhand der Methoden und Kriterien, die in dieser Verordnung genannt sind;
6. „Emissionen" sind Schadstoffe, die durch menschliche Tätigkeit aus Quellen auf dem Gebiet der Bundesrepublik Deutschland und ihrer ausschließlichen Wirtschaftszone freigesetzt werden, ausgenommen Schadstoffe des internationalen Seeverkehrs und von Flugzeugen außerhalb des Lande- und Startzyklus;
7. „Emissionsbeiträge aus natürlichen Quellen" sind Schadstoffemissionen, die nicht unmittelbar oder mittelbar durch menschliche Tätigkeit verursacht werden, einschließlich Naturereignissen wie Vulkanausbrüchen, Erdbeben, geothermischen Aktivitäten, Freilandbränden, Stürmen, Meeresgischt oder der atmosphärischen Aufwirbelung oder des atmosphärischen Transports natürlicher Partikel aus Trockengebieten;
8. „flüchtige organische Verbindungen" (NMVOC = non methane volatile organic compounds) sind alle organischen Verbindungen mit Ausnahme von Methan, die natürlichen Ursprungs sind oder durch menschliche Tätigkeit verursacht werden und durch Reaktion mit Stickstoffoxiden bei Sonnenlicht photochemische Oxidantien erzeugen können; die §§ 33 und 34 umfassen, soweit sie sich auf die Einhaltung der nationalen Emissions-

höchstmengen von NMVOC beziehen, nur NMVOC, die durch menschliche Tätigkeit verursacht werden;

9. „Gebiet" ist ein von den zuständigen Behörden für die Beurteilung und Kontrolle der Luftqualität abgegrenzter Teil der Fläche eines Landes;
10. „geplante Maßnahmen" des Programms nach § 34 sind eine Zusammenstellung der von der Bundesregierung beabsichtigten Rechts- oder Verwaltungsvorschriften des Bundes sowie anderer in der Zuständigkeit der Bundesregierung liegender Maßnahmen, mit deren Hilfe die Werte für Ozon und Emissionshöchstmengen eingehalten werden sollen;
11. „Gesamtablagerung" ist die Gesamtmenge der Schadstoffe, die auf einer bestimmten Fläche innerhalb eines bestimmten Zeitraums aus der Luft auf Oberflächen (zum Beispiel Boden, Vegetation, Gewässer, Gebäude und so weiter) gelangt;
12. „gesamtes gasförmiges Quecksilber" ist elementarer Quecksilberdampf (Hg^{o}) und reaktives gasförmiges Quecksilber; reaktives gasförmiges Quecksilber besteht aus wasserlöslichen Quecksilberverbindungen mit ausreichend hohem Dampfdruck, um in der Gasphase zu existieren;
13. „höchster Achtstundenmittelwert eines Tages" ist ein Wert, der ermittelt wird, indem die gleitenden Achtstundenmittelwerte aus Einstundenmittelwerten gebildet und stündlich aktualisiert werden; jeder auf diese Weise errechnete Achtstundenmittelwert gilt für den Tag, an dem dieser Zeitraum endet; das heißt, dass der erste Berechnungszeitraum für jeden einzelnen Tag die Zeitspanne von 17.00 Uhr des vorangegangenen Tages bis 1.00 Uhr des betreffenden Tages umfasst, während für den letzten Berechnungszeitraum jeweils die Stunden von 16.00 Uhr bis 24.00 Uhr des betreffenden Tages zu Grunde gelegt werden;
14. „Indikator für die durchschnittliche Exposition" ist ein Wert, der anhand von Messungen an Messstationen für den städtischen Hintergrund die durchschnittliche Exposition der Bevölkerung mit $PM_{2,5}$ angibt. Dieser Wert dient der Berechnung des nationalen Ziels der Reduzierung der Exposition und der Berechnung der Verpflichtung in Bezug auf die Expositionskonzentration;
15. „Immissionsgrenzwert" ist ein Wert, der auf Grund wissenschaftlicher Erkenntnisse mit dem Ziel festgelegt wird, schädliche Auswirkungen auf die menschliche Gesundheit oder die Umwelt insgesamt zu vermeiden, zu verhüten oder zu verringern, und der innerhalb eines bestimmten Zeitraums eingehalten werden muss und danach nicht überschritten werden darf;
16. „Informationsschwelle" ist ein Ozonwert in der Luft, bei dessen Überschreitung schon bei kurzfristiger Exposition ein Risiko für die Gesundheit besonders empfindlicher Bevölkerungsgruppen besteht und bei dem unverzüglich geeignete Informationen erforderlich sind;
17. „kritischer Wert" ist ein auf Grund wissenschaftlicher Erkenntnisse festgelegter Wert, dessen Überschreitung unmittelbare schädliche Auswirkungen für manche Rezeptoren wie Bäume, sonstige Pflanzen oder natürliche Ökosysteme, aber nicht für den Menschen haben kann;
18. „Pläne für kurzfristige Maßnahmen" sind Pläne mit den Maßnahmen, die kurzfristig zu ergreifen sind, um die Gefahr der Überschreitung von Alarm-

schwellen für Schwefeldioxid und Stickstoffdioxid zu verringern oder deren Dauer zu beschränken;

19. „langfristiges Ziel" ist ein Wert zum Schutz der menschlichen Gesundheit und der Umwelt, der unter Berücksichtigung von § 23 langfristig einzuhalten ist;
20. „Luft" ist die Außenluft in der Troposphäre mit Ausnahme von Arbeitsstätten im Sinne der Richtlinie 89/654/EWG des Rates vom 30. November 1989 über Mindestvorschriften für Sicherheit und Gesundheitsschutz in Arbeitsstätten (ABl. L 393 vom 30.12.1989, S. 1), die durch die Richtlinie 2007/30/EG (ABl. L 165 vom 27.6.2007, S. 21) geändert worden ist; an diesen Arbeitsstätten, zu denen die Öffentlichkeit normalerweise keinen Zugang hat, gelten die Bestimmungen für Gesundheitsschutz und Sicherheit am Arbeitsplatz;
21. „Luftreinhaltepläne" sind Pläne, in denen Maßnahmen zur Erreichung der Immissionsgrenzwerte oder des $PM_{2,5}$-Zielwerts festgelegt sind;
22. „Messstationen für den städtischen Hintergrund" sind Messstationen an Standorten in städtischen Gebieten, an denen die Werte repräsentativ für die Exposition der städtischen Bevölkerung sind;
23. „nationales Ziel für die Reduzierung der Exposition" ist eine prozentuale Reduzierung der durchschnittlichen Exposition der Bevölkerung der Bundesrepublik Deutschland, die für das Bezugsjahr mit dem Ziel festgesetzt wird, schädliche Auswirkungen auf die menschliche Gesundheit zu verringern;
24. „obere Beurteilungsschwelle" ist ein Wert, unterhalb dessen eine Kombination von ortsfesten Messungen und Modellrechnungen oder orientierenden Messungen angewandt werden kann, um die Luftqualität zu beurteilen;
25. „orientierende Messungen" sind Messungen, die weniger strenge Datenqualitätsziele erfüllen als ortsfeste Messungen;
26. „ortsfeste Messungen" sind kontinuierlich oder stichprobenartig an festen Orten durchgeführte Messungen, um Werte entsprechend den jeweiligen Datenqualitätszielen zu ermitteln;
27. „Ozonvorläuferstoffe" sind Stoffe, die zur Bildung von bodennahem Ozon beitragen;
28. „PM_{10}" sind Partikel, die einen größenselektierenden Lufteinlass passieren, der für einen aerodynamischen Durchmesser von 10 Mikrometern einen Abscheidegrad von 50 Prozent aufweist;
29. „$PM_{2,5}$" sind Partikel, die einen größenselektierenden Lufteinlass passieren, der für einen aerodynamischen Durchmesser von 2,5 Mikrometern einen Abscheidegrad von 50 Prozent aufweist;
30. „polyzyklische aromatische Kohlenwasserstoffe" sind organische Verbindungen, die sich aus mindestens zwei miteinander verbundenen aromatischen Ringen zusammensetzen, die ausschließlich aus Kohlenstoff und Wasserstoff bestehen;
31. „Schadstoff" ist jeder in der Luft vorhandene Stoff, der schädliche Auswirkungen auf die menschliche Gesundheit oder die Umwelt insgesamt haben kann;

32. „Stickstoffoxide“ sind die Summe der Volumenmischungsverhältnisse von Stickstoffmonoxid und Stickstoffdioxid, ausgedrückt in der Einheit der Massenkonzentration von Stickstoffdioxid in Mikrogramm pro Kubikmeter;
33. „Toleranzmarge“ bezeichnet den Prozentsatz, um den der in dieser Verordnung festgelegte Immissionsgrenzwert überschritten werden darf, unter der Voraussetzung, dass die in dieser Verordnung festgelegten Bedingungen erfüllt sind; im Fall zukünftiger Grenzwerte bezeichnet „Toleranzmarge“ einen in jährlichen Stufen abnehmenden Wert, um den der Immissionsgrenzwert bis zur jeweils festgesetzten Frist überschritten werden darf, ohne die Erstellung von Plänen zu bedingen;
34. „untere Beurteilungsschwelle“ ist ein Wert, unterhalb dessen für die Beurteilung der Luftqualität nur Modellrechnungen oder Schätzverfahren angewandt zu werden brauchen;
35. „Verpflichtung in Bezug auf die Expositionskonzentration“ ist ein Niveau, das anhand des Indikators für die durchschnittliche Exposition mit dem Ziel festgesetzt wird, schädliche Auswirkungen auf die menschliche Gesundheit zu verringern, und das in einem bestimmten Zeitraum erreicht werden muss;
36. „Wert“ ist die Konzentration eines Schadstoffs in der Luft im Normzustand gemäß Anlage 6 Abschnitt C oder die Ablagerung eines Schadstoffs auf bestimmten Flächen in bestimmten Zeiträumen;
37. „Zielwert“ ist ein Wert, der mit dem Ziel festgelegt wird, schädliche Auswirkungen auf die menschliche Gesundheit oder die Umwelt insgesamt zu vermeiden, zu verhindern oder zu verringern, und der nach Möglichkeit innerhalb eines bestimmten Zeitraums eingehalten werden muss.

Teil 2. Immissionswerte

§ 2 Immissionsgrenzwerte, Alarmschwelle und kritischer Wert für Schwefeldioxid. (1) Zum Schutz der menschlichen Gesundheit beträgt der über eine volle Stunde gemittelte Immissionsgrenzwert für Schwefeldioxid

350 Mikrogramm pro Kubikmeter

bei 24 zugelassenen Überschreitungen im Kalenderjahr.

(2) Zum Schutz der menschlichen Gesundheit beträgt der über den Tag gemittelte Immissionsgrenzwert für Schwefeldioxid

125 Mikrogramm pro Kubikmeter

bei drei zugelassenen Überschreitungen im Kalenderjahr.

(3) Die Alarmschwelle für Schwefeldioxid beträgt über eine volle Stunde gemittelt

500 Mikrogramm pro Kubikmeter,

gemessen an drei aufeinanderfolgenden Stunden an den von den zuständigen Behörden gemäß Anlage 3 eingerichteten Probenahmestellen, die für die Luftqualität in einem Bereich von mindestens 100 Quadratkilometern oder im gesamten Gebiet oder Ballungsraum repräsentativ sind; maßgebend ist die kleinste dieser Flächen.

(4) Zum Schutz der Vegetation beträgt der kritische Wert für Schwefeldioxid für das Kalenderjahr sowie für das Winterhalbjahr (1. Oktober des laufenden Jahres bis 31. März des Folgejahres)

20 Mikrogramm pro Kubikmeter.

§ 3 Immissionsgrenzwerte und Alarmschwelle für Stickstoffdioxid (NO_2); kritischer Wert für Stickstoffoxide (NO_x). (1) Zum Schutz der menschlichen Gesundheit beträgt der über eine volle Stunde gemittelte Immissionsgrenzwert für Stickstoffdioxid (NO_2)

200 Mikrogramm pro Kubikmeter

bei 18 zugelassenen Überschreitungen im Kalenderjahr.

(2) Zum Schutz der menschlichen Gesundheit beträgt der über ein Kalenderjahr gemittelte Immissionsgrenzwert für Stickstoffdioxid (NO_2)

40 Mikrogramm pro Kubikmeter.

(3) Die Alarmschwelle für Stickstoffdioxid (NO_2) beträgt über eine volle Stunde gemittelt

400 Mikrogramm pro Kubikmeter,

gemessen an drei aufeinanderfolgenden Stunden an den von den zuständigen Behörden gemäß Anlage 3 eingerichteten Probenahmestellen, die für die Luftqualität in einem Bereich von mindestens 100 Quadratkilometern oder im gesamten Gebiet oder Ballungsraum repräsentativ sind; maßgebend ist die kleinste dieser Flächen.

(4) Zum Schutz der Vegetation beträgt der über ein Kalenderjahr gemittelte kritische Wert für Stickstoffoxide (NO_x)

30 Mikrogramm pro Kubikmeter.

§ 4 Immissionsgrenzwerte für Partikel (PM_{10}). (1) Zum Schutz der menschlichen Gesundheit beträgt der über den Tag gemittelte Immissionsgrenzwert für Partikel PM_{10}

50 Mikrogramm pro Kubikmeter

bei 35 zugelassenen Überschreitungen im Kalenderjahr.

(2) Zum Schutz der menschlichen Gesundheit beträgt der über ein Kalenderjahr gemittelte Immissionsgrenzwert für Partikel PM_{10}

40 Mikrogramm pro Kubikmeter.

§ 5 Zielwert, Immissionsgrenzwert, Verpflichtung in Bezug auf die Expositionskonzentration sowie nationales Ziel für die Reduzierung der Exposition für Partikel ($PM_{2,5}$). (1) Zum Schutz der menschlichen Gesundheit beträgt der über ein Kalenderjahr gemittelte Zielwert für $PM_{2,5}$

25 Mikrogramm pro Kubikmeter.

(2) Zum Schutz der menschlichen Gesundheit beträgt der ab 1. Januar 2015 einzuhaltende über ein Kalenderjahr gemittelte Immissionsgrenzwert für $PM_{2,5}$

25 Mikrogramm pro Kubikmeter.

(3) [1] Für den Grenzwert des Absatzes 2 beträgt die Toleranzmarge 5 Mikrogramm pro Kubikmeter. [2] Sie vermindert sich ab dem 1. Januar 2009 jährlich um ein Siebentel bis auf den Wert 0 zum 1. Januar 2015.

(4) Zum Schutz der menschlichen Gesundheit und um die Verpflichtung in Bezug auf die Expositionskonzentration einzuhalten, darf der Indikator für die durchschnittliche $PM_{2,5}$-Exposition nach § 15 ab dem 1. Januar 2015 den Wert von

20 Mikrogramm pro Kubikmeter

nicht mehr überschreiten.

(5) [1] Ab dem 1. Januar 2020 ist zum Schutz der menschlichen Gesundheit ein nationales Ziel für die Reduzierung der $PM_{2,5}$-Exposition einzuhalten. [2] Die Höhe dieses Ziels ist vom Wert des Indikators für die durchschnittliche $PM_{2,5}$-Exposition nach § 15 im Referenzjahr 2010 abhängig. [3] Die Beurteilung wird gemäß Anlage 12 Abschnitt B vom Umweltbundesamt vorgenommen.

§ 6 Immissionsgrenzwert für Blei. Zum Schutz der menschlichen Gesundheit beträgt der über ein Kalenderjahr gemittelte Immissionsgrenzwert für Blei

0,5 Mikrogramm pro Kubikmeter.

§ 7 Immissionsgrenzwert für Benzol. Zum Schutz der menschlichen Gesundheit beträgt der über ein Kalenderjahr gemittelte Immissionsgrenzwert für Benzol

5 Mikrogramm pro Kubikmeter.

§ 8 Immissionsgrenzwert für Kohlenmonoxid. Zum Schutz der menschlichen Gesundheit beträgt der als höchster Achtstundenmittelwert pro Tag zu ermittelnde Immissionsgrenzwert für Kohlenmonoxid

10 Milligramm pro Kubikmeter.

§ 9 Zielwerte, langfristige Ziele, Informationsschwelle und Alarmschwelle für bodennahes Ozon. (1) [1] Der Zielwert zum Schutz der menschlichen Gesundheit vor Ozon beträgt

120 Mikrogramm pro Kubikmeter

als höchster Achtstundenmittelwert während eines Tages bei 25 zugelassenen Überschreitungen im Kalenderjahr. [2] Maßgebend für die Beurteilung, ob der Zielwert zum 1. Januar 2010 erreicht wurde, ist die Zahl der Überschreitungstage pro Kalenderjahr, gemittelt über drei Jahre. [3] Das Jahr 2010 ist das erste Jahr, das zur Berechnung der Zahl der Überschreitungstage pro Kalenderjahr herangezogen wird.

(2) [1] Der Zielwert zum Schutz der Vegetation vor Ozon beträgt

$$18\,000 \frac{\textit{Mikrogramm}}{\textit{Kubikmeter}} \times \textit{Stunden}$$

als AOT40 für den Zeitraum von Mai bis Juli. [2] Maßgebend für die Beurteilung, ob der Zielwert zum 1. Januar 2010 erreicht wurde, ist der AOT40-Wert für diesen Zeitraum, gemittelt über fünf Jahre. [3] Das Jahr 2010 ist das erste Jahr, das zur Berechnung des AOT40-Werts für den Zeitraum von Mai bis Juli herangezogen wird.

(3) Das langfristige Ziel zum Schutz der menschlichen Gesundheit vor Ozon beträgt

120 Mikrogramm pro Kubikmeter

als höchster Achtstundenmittelwert während eines Tages.

(4) Das langfristige Ziel zum Schutz der Vegetation vor Ozon beträgt

$$6\,000 \frac{\textit{Mikrogramm}}{\textit{Kubikmeter}} \times \textit{Stunden}$$

als AOT40 für den Zeitraum von Mai bis Juli.

(5) Die Informationsschwelle für Ozon liegt bei

180 Mikrogramm pro Kubikmeter

als Einstundenmittelwert.

(6) Die Alarmschwelle für Ozon liegt bei

240 Mikrogramm pro Kubikmeter

als Einstundenmittelwert.

(7) Die Kriterien zur Prüfung der Werte sind in Anlage 7 Abschnitt A festgelegt.

§ 10 Zielwerte für Arsen, Kadmium, Nickel und Benzo[*a*]pyren.

Um schädliche Auswirkungen von Arsen, Kadmium, Nickel und Benzo[*a*]pyren als Marker für polyzyklische aromatische Kohlenwasserstoffe auf die menschliche Gesundheit und die Umwelt insgesamt zu vermeiden, zu verhindern oder zu verringern, werden folgende ab dem 1. Januar 2013 einzuhaltende Zielwerte als Gesamtgehalt in der PM_{10}-Fraktion über ein Kalenderjahr gemittelt festgesetzt:

Schadstoff	Zielwert in Nanogramm pro Kubikmeter
Arsen	6
Kadmium	5
Nickel	20
Benzo[*a*]pyren	1

Teil 3. Beurteilung der Luftqualität

§ 11 Festlegung von Gebieten und Ballungsräumen. Die zuständigen Behörden legen für die gesamte Fläche ihres Landes Gebiete und Ballungsräume fest.

§ 12 Einstufung der Gebiete und Ballungsräume für Schwefeldioxid, Stickstoffdioxid und Stickstoffoxide, Partikel (PM_{10} und $PM_{2,5}$), Blei, Benzol und Kohlenmonoxid. (1) [1] Für Schwefeldioxid, Stickstoffdioxid und Stickstoffoxide, Partikel (PM_{10} und $PM_{2,5}$), Blei, Benzol und Kohlenmonoxid gelten die in Anlage 2 Abschnitt A festgelegten oberen und unteren Beurteilungsschwellen. [2] Alle Gebiete und Ballungsräume werden anhand dieser Beurteilungsschwellen eingestuft.

(2) [1] Die Einstufung nach Absatz 1 wird spätestens alle fünf Jahre gemäß dem in Anlage 2 Abschnitt B festgelegten Verfahren überprüft. [2] Bei signifikanten Änderungen der Aktivitäten, die für die Konzentration von Schwefeldioxid, Stickstoffdioxid oder gegebenenfalls Stickstoffoxiden, Partikeln (PM_{10} und $PM_{2,5}$), Blei, Benzol oder Kohlenmonoxid in der Luft von Bedeutung sind, sind die Einstufungen je nach Signifikanz in kürzeren Intervallen zu überprüfen.

§ 13 Vorschriften zur Ermittlung von Schwefeldioxid, Stickstoffdioxid und Stickstoffoxiden, Partikeln (PM_{10} und $PM_{2,5}$), Blei, Benzol und Kohlenmonoxid. (1) Die Luftqualität wird in Bezug auf die in § 12 Absatz 1 genannten Schadstoffe in allen Gebieten und Ballungsräumen anhand der in den Absätzen 2 bis 4 sowie in der Anlage 3 festgelegten Kriterien beurteilt.

(2) [1] In allen Gebieten und Ballungsräumen, in denen der Wert der in Absatz 1 genannten Schadstoffe die für diese Schadstoffe festgelegte obere Beurteilungsschwelle überschreitet, sind zur Beurteilung der Luftqualität ortsfeste Messungen durchzuführen. [2] Über diese ortsfesten Messungen hinaus können Modellrechnungen sowie orientierende Messungen durchgeführt werden, um angemessene Informationen über die räumliche Verteilung der Luftqualität zu erhalten.

(3) In allen Gebieten und Ballungsräumen, in denen der Wert der in Absatz 1 genannten Schadstoffe die für diese Schadstoffe festgelegte obere Beurteilungsschwelle unterschreitet, kann zur Beurteilung der Luftqualität eine Kombination von ortsfesten Messungen und Modellrechnungen oder orientierenden Messungen angewandt werden.

(4) In allen Gebieten und Ballungsräumen, in denen der Wert der in Absatz 1 genannten Schadstoffe die für diese Schadstoffe festgelegte untere Beurteilungsschwelle unterschreitet, genügen zur Beurteilung der Luftqualität Modellrechnungen, Techniken der objektiven Schätzung oder beides.

(5) [1] Zusätzlich zu den Beurteilungskriterien gemäß den Absätzen 2 bis 4 sind Messungen an Messstationen im ländlichen Hintergrund abseits signifikanter Luftverschmutzungsquellen gemäß Anlage 3 durchzuführen, um zumindest Informationen über die Gesamtmassenkonzentration und die Konzentration

von Staubinhaltsstoffen von Partikeln ($PM_{2,5}$) im Jahresdurchschnitt zu erhalten. [2] Diese Messungen sind anhand der folgenden Kriterien durchzuführen:

1. es ist eine Probenahmestelle je 100 000 Quadratkilometer einzurichten;
2. Anlage 1 Abschnitt A und C gilt für die Datenqualitätsziele für Massenkonzentrationsmessungen von Partikeln; Anlage 4 ist uneingeschränkt anzuwenden.

§ 14 Probenahmestellen zur Messung von Schwefeldioxid, Stickstoffdioxid und Stickstoffoxiden, Partikeln (PM_{10} und $PM_{2,5}$), Blei, Benzol und Kohlenmonoxid. (1) Für die Festlegung des Standorts von Probenahmestellen, an denen die in § 12 Absatz 1 genannten Schadstoffe in der Luft gemessen werden, gelten die Kriterien der Anlage 3.

(2) In Gebieten und Ballungsräumen, in denen ortsfeste Messungen die einzige Informationsquelle für die Beurteilung der Luftqualität darstellen, darf die Anzahl der Probenahmestellen für jeden relevanten Schadstoff nicht unter der in Anlage 5 Abschnitt A festgelegten Mindestanzahl liegen.

(3) [1] Für Gebiete und Ballungsräume, in denen die Informationen aus Probenahmestellen für ortsfeste Messungen durch solche aus Modellrechnungen oder orientierenden Messungen ergänzt werden, kann die in Anlage 5 Abschnitt A festgelegte Gesamtzahl der Probenahmestellen um bis zu 50 Prozent verringert werden, sofern

1. die zusätzlichen Methoden die notwendigen Informationen für die Beurteilung der Luftqualität in Bezug auf Immissionsgrenzwerte und Alarmschwellen sowie angemessene Informationen für die Öffentlichkeit liefern;
2. die Zahl der einzurichtenden Probenahmestellen und die räumliche Repräsentativität anderer Techniken ausreichen, um bei der Ermittlung des Werts des relevanten Schadstoffs die in Anlage 1 Abschnitt A festgelegten Datenqualitätsziele zu erreichen und Beurteilungsergebnisse ermöglichen, die den in Anlage 1 Abschnitt B festgelegten Kriterien entsprechen.

[2] Die Ergebnisse von Modellrechnungen oder orientierenden Messungen werden bei der Beurteilung, ob die Immissionsgrenzwerte eingehalten wurden, berücksichtigt.

(4) Das Bundesministerium für Umwelt, Naturschutz, Bau und Reaktorsicherheit oder die von ihm beauftragte Stelle errichtet und betreibt im Bundesgebiet mindestens drei Messstationen gemäß § 13 Absatz 5.

(5) [1] Die zuständigen Behörden weisen gemäß Anlage 5 Abschnitt C Probenahmestellen aus, die für den Schutz der Vegetation repräsentativ sind. [2] Die Absätze 2 und 3 gelten sinngemäß.

§ 15 Indikator für die durchschnittliche $PM_{2,5}$-Exposition. [1] Der Indikator für die durchschnittliche $PM_{2,5}$-Exposition wird vom Umweltbundesamt berechnet. [2] Die Länder ermitteln die dafür notwendigen $PM_{2,5}$-Werte nach Maßgabe von Anlage 12 Abschnitt A. [3] Die Mindestzahl der Probenahmestellen darf nicht unter der gemäß Anlage 5 Abschnitt B vorgesehenen Anzahl liegen.

§ 16 Referenzmessmethoden für die Beurteilung von Schwefeldioxid, Stickstoffdioxid und Stickstoffoxiden, Partikeln (PM_{10} und $PM_{2,5}$), Blei, Benzol und Kohlenmonoxid. (1) Es gelten die in Anlage 6 Abschnitt A und C festgelegten Referenzmessmethoden und Kriterien.

(2) Andere Messmethoden können angewandt werden, sofern die in Anlage 6 Abschnitt B festgelegten Bedingungen erfüllt sind.

§ 17 Vorschriften zur Ermittlung von Ozonwerten. (1) Liegen in einem Gebiet oder Ballungsraum die Ozonwerte in einem Jahr der vorangehenden fünfjährigen Messperiode oberhalb der in § 9 Absatz 3 und 4 festgelegten langfristigen Ziele, so sind ortsfeste Messungen vorzunehmen.

(2) Liegen die Daten für die vorangehende fünfjährige Messperiode nicht vollständig vor, so können die Ergebnisse von vorliegenden kürzeren Messperioden, während derjenigen Jahreszeit und an denjenigen Stellen, an denen wahrscheinlich die höchsten Werte für Ozon erreicht werden und die Rückschlüsse auf den Gesamtzeitraum zulassen, mit Informationen aus Emissionskatastern und Modellen verbunden werden, um zu bestimmen, ob die Ozonwerte während dieser fünf Jahre oberhalb der in Absatz 1 genannten langfristigen Ziele lagen.

§ 18 Probenahmestellen zur Messung von Ozonwerten. (1) Für die Festlegung des Standorts von Probenahmestellen zur Messung von Ozon gelten die Kriterien der Anlage 8.

(2) In Gebieten und Ballungsräumen, in denen Messungen die einzige Informationsquelle für die Beurteilung der Luftqualität darstellen, darf die Zahl der Probenahmestellen für ortsfeste Messungen von Ozon nicht unter der in Anlage 9 Abschnitt A festgelegten Mindestanzahl liegen.

(3) [1] Für Gebiete und Ballungsräume, in denen die Informationen aus Probenahmestellen für ortsfeste Messungen durch solche aus Modellrechnungen oder orientierenden Messungen ergänzt werden, kann die in Anlage 9 Abschnitt A festgelegte Gesamtzahl der Probenahmestellen verringert werden, sofern

1. die zusätzlichen Methoden die notwendigen Informationen für die Beurteilung der Luftqualität in Bezug auf die Zielwerte, die langfristigen Ziele sowie die Informations- und Alarmschwellen liefern;
2. die Zahl der einzurichtenden Probenahmestellen und die räumliche Repräsentativität anderer Techniken ausreichen, um bei der Ermittlung der Ozonwerte die in Anlage 1 Abschnitt A festgelegten Datenqualitätsziele zu erreichen, und Beurteilungsergebnisse ermöglichen, die den in Anlage 1 Abschnitt B festgelegten Kriterien entsprechen;
3. in jedem Gebiet oder Ballungsraum mindestens eine Probenahmestelle je zwei Millionen Einwohner und Einwohnerinnnen oder eine Probenahmestelle je 50 000 Quadratkilometer vorhanden ist, je nachdem, was zur größeren Zahl von Probenahmestellen führt; in jedem Fall muss es in jedem Gebiet oder Ballungsraum mindestens eine Probenahmestelle geben und
4. Stickstoffdioxid an allen verbleibenden Probenahmestellen mit Ausnahme von Stationen im ländlichen Hintergrund im Sinne von Anlage 8 Abschnitt A gemessen wird.

[2]Die Ergebnisse von Modellrechnungen oder orientierenden Messungen werden bei der Beurteilung der Luftqualität in Bezug auf die Zielwerte berücksichtigt.

(4) [1]Die Stickstoffdioxidwerte sind an mindestens 50 Prozent der nach Anlage 9 Abschnitt A erforderlichen Ozonprobenahmestellen zu messen. [2]Außer bei Messstationen im ländlichen Hintergrund im Sinne von Anlage 8 Abschnitt A, wo andere Messmethoden angewandt werden können, sind diese Messungen kontinuierlich vorzunehmen.

(5) In Gebieten und Ballungsräumen, in denen in jedem Jahr während der vorangehenden fünfjährigen Messperiode die Werte unter den langfristigen Zielen liegen, ist die Zahl der Probenahmestellen für ortsfeste Messungen gemäß Anlage 9 Abschnitt B zu bestimmen.

(6) [1]Das Bundesministerium für Umwelt, Naturschutz, Bau und Reaktorsicherheit oder die von ihm beauftragte Stelle errichtet und betreibt im Bundesgebiet mindestens eine Probenahmestelle zur Erfassung der Werte der in der Anlage 10 aufgelisteten Ozonvorläuferstoffe. [2]Sofern die Länder Ozonvorläuferstoffe messen, stimmen sie sich mit dem Bundesministerium für Umwelt, Naturschutz, Bau und Reaktorsicherheit oder der von ihm beauftragten Stelle ab.

§ 19 Referenzmessmethoden für die Beurteilung von Ozonwerten.

(1) Es gilt die in Anlage 6 Abschnitt A Nummer 8 festgelegte Referenzmethode für die Messung von Ozon.

(2) Andere Messmethoden können angewandt werden, sofern die in Anlage 6 Abschnitt B festgelegten Bedingungen erfüllt sind.

§ 20 Vorschriften zur Ermittlung von Arsen, Kadmium, Nickel und Benzo[*a*]pyren und Quecksilber. (1) Die zuständigen Behörden erstellen für Arsen, Kadmium, Nickel und Benzo[*a*]pyren jeweils eine Liste von Gebieten und Ballungsräumen, in denen

1. der Wert den jeweiligen Zielwert nach § 10 erreicht oder unter diesem liegt und
2. der Wert den jeweiligen Zielwert überschreitet. Für diese Gebiete und Ballungsräume ist anzugeben, in welchen Teilgebieten die Zielwerte überschritten werden und welche Quellen hierzu beitragen.

(2) Die oberen und unteren Beurteilungsschwellen für Arsen, Kadmium, Nickel und Benzo[*a*]pyren sind in Anlage 15 festgelegt.

(3) [1]In Gebieten und Ballungsräumen, in denen die Werte von Arsen, Kadmium, Nickel und Benzo[*a*]pyren über der unteren Beurteilungsschwelle liegen, ist eine Messung entsprechend den Kriterien aus Anlage 16 Abschnitt A und B vorzusehen. [2]In Gebieten und Ballungsräumen, in denen ortsfeste Messungen die einzige Informationsquelle für die Beurteilung der Luftqualität darstellen, darf die Anzahl der Probenahmestellen nicht unter der in Anlage 16 Abschnitt D festgelegten Mindestanzahl liegen.

(4) [1]Die Messungen können durch Modellrechnungen ergänzt werden, damit in angemessenem Umfang Informationen über die Luftqualität gewonnen werden. [2]Eine Kombination von Messungen, einschließlich orientierender Messungen nach Anlage 17 Abschnitt A, und Modellrechnungen kann heran-

gezogen werden, um die Luftqualität in Gebieten und Ballungsräumen zu beurteilen, in denen die Werte während eines repräsentativen Zeitraums zwischen der oberen und der unteren Beurteilungsschwelle liegen.

(5) In Gebieten und Ballungsräumen, in denen die Werte unter der unteren Beurteilungsschwelle gemäß Anlage 15 Abschnitt A liegen, brauchen für die Beurteilung der Werte nur Modellrechnungen oder Methoden der objektiven Schätzung angewandt zu werden.

(6) [1] Die Einstufung von Gebieten und Ballungsräumen ist spätestens alle fünf Jahre zu überprüfen. [2] Hierfür ist das Verfahren der Anlage 15 Abschnitt B anzuwenden. [3] Die Einstufung ist bei signifikanten Änderungen der Aktivitäten, die Auswirkungen auf die Werte von Arsen, Kadmium, Nickel oder Benzo[*a*]pyren haben, früher zu überprüfen.

(7) [1] Dort, wo die Werte von Arsen, Kadmium, Nickel und Benzo[*a*]pyren gemessen werden müssen, sind die Messungen kontinuierlich oder stichprobenartig an festen Orten durchzuführen. [2] Die Messungen sind so häufig durchzuführen, dass die Werte entsprechend beurteilt werden können.

(8) [1] Um den Anteil von Benzo[*a*]pyren-Immissionen an der Gesamtimmission von polyzyklischen aromatischen Kohlenwasserstoffen beurteilen zu können, werden an einer begrenzten Zahl von Probenahmestellen des Umweltbundesamtes andere relevante polyzyklische aromatische Kohlenwasserstoffe überwacht. [2] Diese Verbindungen umfassen mindestens:

1. Benzo[*a*]anthracen,
2. Benzo[*b*]fluoranthen,
3. Benzo[*j*]fluoranthen,
4. Benzo[*k*]fluoranthen,
5. Indeno[*1,2,3-cd*]pyren und
6. Dibenz[*a,h*]anthracen.

[3] Die Überwachungsstellen für diese polyzyklischen aromatischen Kohlenwasserstoffe werden mit Probenahmestellen für Benzo[*a*]pyren zusammengelegt und so gewählt, dass geographische Unterschiede und langfristige Trends bestimmt werden können. [4] Es gelten die Bestimmungen der Anlage 16 Abschnitt A bis C. [5] Sofern die Länder diese Stoffe messen, stimmen sie sich mit dem Bundesministerium für Umwelt, Naturschutz, Bau und Reaktorsicherheit oder der von ihm beauftragten Stelle ab.

(9) [1] Ungeachtet der Werte wird für eine Fläche von je 100 000 Quadratkilometern jeweils eine Hintergrundprobenahmestelle installiert, die zur orientierenden Messung von Arsen, Kadmium, Nickel, dem gesamten gasförmigen Quecksilber, Benzo[*a*]pyren und den übrigen in Absatz 8 genannten polyzyklischen aromatischen Kohlenwasserstoffen in der Luft dient. [2] Gemessen wird außerdem die Ablagerung von Arsen, Kadmium, Quecksilber und seinen Verbindungen, Nickel, Benzo[*a*]pyren und der übrigen in Absatz 8 genannten polyzyklischen aromatischen Kohlenwasserstoffe. [3] Das Bundesministerium für Umwelt, Naturschutz, Bau und Reaktorsicherheit oder die von ihm beauftragte Stelle errichtet und betreibt im Bundesgebiet mindestens drei Messstationen, um die notwendige räumliche Auflösung zu erreichen. [4] An einer der Hintergrundprobenahmestellen erfolgt zusätzlich die Messung von partikel- und gasförmigem zweiwertigem Quecksilber. [5] Die Probenahmestellen für diese

Schadstoffe werden so gewählt, dass geographische Unterschiede und langfristige Trends bestimmt werden können. [6]Es gelten die Bestimmungen der Anlage 16 Abschnitt A, B und C.

(10) Die Verwendung von Bioindikatoren kann erwogen werden, wo regionale Muster der Auswirkungen der in Absatz 1 genannten Schadstoffe auf Ökosysteme beurteilt werden sollen.

(11) In Gebieten und Ballungsräumen, in denen Informationen von ortsfesten Messstationen durch Informationen aus anderen Quellen, zum Beispiel Emissionskataster, orientierende Messmethoden oder Modellierung der Luftqualität, ergänzt werden, müssen die Zahl einzurichtender ortsfester Messstationen und die räumliche Auflösung anderer Techniken ausreichen, um die Luftschadstoffwerte gemäß Anlage 16 Abschnitt A und Anlage 17 Abschnitt A zu ermitteln.

(12) [1]Die Kriterien für die Datenqualität werden in Anlage 17 Abschnitt A festgelegt. [2]Werden Modelle zur Beurteilung der Luftqualität verwendet, so gilt Anlage 17 Abschnitt B.

(13) [1]Die Referenzmethoden für die Probenahmen und die Analyse der Werte von Arsen, Kadmium, Quecksilber, Nickel und polyzyklischen aromatischen Kohlenwasserstoffen in der Luft sind in Anlage 18 Abschnitte A bis C festgelegt. [2]Anlage 18 Abschnitt D enthält Referenzmethoden zur Messung der Ablagerung von Arsen, Kadmium, Quecksilber, Nickel und polyzyklischen aromatischen Kohlenwasserstoffen. [3]Anlage 18 Abschnitt E betrifft Referenzmethoden zur Erstellung von Luftqualitätsmodellen, soweit solche Methoden verfügbar sind.

Teil 4. Kontrolle der Luftqualität

§ 21 Regelungen für die Einhaltung der Immissionsgrenzwerte für Schwefeldioxid, Stickstoffdioxid, Partikel (PM_{10} und $PM_{2,5}$), Blei, Benzol und Kohlenmonoxid. (1) Die Einhaltung der Immissionsgrenzwerte für Schwefeldioxid, Stickstoffdioxid, Partikel PM_{10}, Partikel $PM_{2,5}$, Blei, Benzol und Kohlenmonoxid wird nach Anlage 3 beurteilt.

(2) Sofern die zuständigen Stellen in den Ländern eine Fristverlängerung nach Artikel 22 Absatz 1 der Richtlinie 2008/50/EG für die Stoffe Stickstoffdioxid und Benzol oder eine Ausnahme zur Verpflichtung der Einhaltung der Immissionsgrenzwerte für Partikel PM_{10} nach Artikel 22 Absatz 2 der Richtlinie 2008/50/EG in Anspruch nehmen wollen, muss dies der Kommission nach Maßgabe des Artikels 22 Absatz 4 der Richtlinie 2008/50/EG über die zuständige oberste Landesbehörde durch die Bundesregierung mitgeteilt werden.

(3) [1]Eine Ausnahme zur Verpflichtung zur Einhaltung der Immissionsgrenzwerte für Partikel PM_{10} nach Absatz 2 kann bis einschließlich 11. Juni 2011 in Anspruch genommen werden, wenn diese auf Grund standortspezifischer Ausbreitungsbedingungen, ungünstiger klimatischer Bedingungen oder grenzüberschreitender Schadstoffeinträge nicht eingehalten werden. [2]Eine Fristverlängerung nach Absatz 2 bezüglich Stickstoffdioxid und Benzol kann bis einschließlich 31. Dezember 2014 in Anspruch genommen werden.

(4) [1]Hat die Kommission neun Monate nach Eingang der Mitteilung nach Absatz 2 keine Einwände erhoben, so entfällt die Verpflichtung zur Einhaltung

der Immissionsgrenzwerte bis zu dem in der Mitteilung für den jeweiligen Stoff genannten Zeitpunkt. [2]Dabei muss sichergestellt werden, dass der Wert für den jeweiligen Schadstoff den Immissionsgrenzwert um nicht mehr als die in Anlage 11 festgelegte Toleranzmarge überschreitet.

§ 22 Anforderungen an Gebiete und Ballungsräume, in denen die Zielwerte für Arsen, Kadmium, Nickel und Benzo[*a*]pyren überschritten sind. [1]Werden in Teilgebieten nach § 20 Absatz 1 Nummer 2 die Zielwerte für Arsen, Kadmium, Nickel und Benzo[*a*]pyren überschritten, stellen die zuständigen Behörden zur Weiterleitung an die Kommission dar, welche Maßnahmen für diese Gebiete ergriffen wurden, um die Zielwerte zu erreichen. [2]Dies betrifft vor allem die vorherrschenden Emissionsquellen. [3]Für Industrieanlagen, die unter die Richtlinie 2008/1/EG des Europäischen Parlaments und des Rates vom 15. Januar 2008 über die integrierte Vermeidung und Verminderung der Umweltverschmutzung (ABl. L 24 vom 29.1.2008, S. 8) fallen, bedeutet dies, dass die besten verfügbaren Techniken im Sinne des Artikels 2 Nummer 12 jener Richtlinie angewandt wurden.

§ 23 Einhaltung von langfristigem Ziel, nationalem Ziel und Zielwerten. Die Einhaltung

1. des langfristigen Ziels für Ozon,
2. des nationalen Ziels für $PM_{2,5}$ sowie
3. der Zielwerte für $PM_{2,5}$, Ozon, Arsen, Kadmium, Nickel und Benzo[*a*]pyren

ist sicherzustellen, soweit dies mit verhältnismäßigen Maßnahmen, insbesondere solchen, die keine unverhältnismäßigen Kosten verursachen, möglich ist.

§ 24 Überschreitung von Immissionsgrenzwerten durch Emissionsbeiträge aus natürlichen Quellen. (1) [1]Die zuständigen Behörden übermitteln dem Bundesministerium für Umwelt, Naturschutz, Bau und Reaktorsicherheit über die nach Landesrecht zuständige Behörde zur Weiterleitung an die Kommission für das jeweilige Jahr eine Aufstellung der ausgewiesenen Gebiete und Ballungsräume, in denen die Überschreitungen der Immissionsgrenzwerte für einen bestimmten Schadstoff Emissionsbeiträgen aus natürlichen Quellen zuzurechnen sind. [2]Sie fügen Angaben zu den Konzentrationen und Quellen sowie Unterlagen dafür bei, dass die Überschreitungen auf natürliche Quellen zurückzuführen sind.

(2) Emissionsbeiträge aus natürlichen Quellen bleiben bei der Ermittlung von Überschreitungen von Immissionsgrenzwerten außer Ansatz.

§ 25 Überschreitung von Immissionsgrenzwerten für Partikel PM_{10} auf Grund der Ausbringung von Streusand oder -salz auf Straßen im Winterdienst. (1) Die zuständigen Behörden übermitteln dem Bundesministerium für Umwelt, Naturschutz, Bau und Reaktorsicherheit über die nach Landesrecht zuständige Behörde zur Weiterleitung an die Kommission eine Liste der Gebiete und Ballungsräume, in denen die Immissionsgrenzwerte für Partikel PM_{10} in der Luft auf Grund der Aufwirbelung von Partikeln nach der Ausbringung abstumpfender Streumittel auf Straßen im Winterdienst überschritten werden, sowie Informationen über die dortigen Werte und Quellen von PM_{10}-Partikeln.

(2) Bei der Übermittlung fügen die zuständigen Behörden die erforderlichen Unterlagen dafür bei, dass die Überschreitungen auf aufgewirbelte Partikel zurückzuführen sind und angemessene Maßnahmen zur Verringerung der Werte getroffen wurden.

(3) Für Gebiete und Ballungsräume gemäß Absatz 1 ist ein Luftreinhalteplan gemäß § 27 nur insoweit zu erstellen, als Überschreitungen auf andere Partikel PM_{10}-Quellen als die Ausbringung von Streusand oder -salz auf Straßen im Winterdienst zurückzuführen sind.

(4) Emissionsbeiträge im Sinne des Absatzes 1 bleiben bei der Ermittlung von Überschreitungen von Immissionsgrenzwerten außer Ansatz.

§ 26 Erhalten der bestmöglichen Luftqualität. (1) [1] In Gebieten und Ballungsräumen, in denen die Werte von Schwefeldioxid, Stickstoffdioxid, Partikel PM_{10}, Partikel $PM_{2,5}$, Blei, Benzol und Kohlenmonoxid in der Luft unter den jeweiligen Immissionsgrenzwerten liegen, halten die zuständigen Behörden die Werte dieser Schadstoffe unterhalb dieser Grenzwerte. [2] In Gebieten und Ballungsräumen, in denen die Werte von Arsen, Kadmium, Nickel und Benzo[*a*]pyren in der Luft unter den jeweiligen in § 10 festgelegten Zielwerten liegen, halten die zuständigen Behörden die Werte dieser Schadstoffe unterhalb dieser Zielwerte.

(2) In Gebieten und Ballungsräumen, in denen die Ozonwerte die langfristigen Ziele erreichen, halten die zuständigen Behörden die Werte unterhalb der langfristigen Ziele, soweit Faktoren wie der grenzüberschreitende Charakter der Ozonbelastung und die meteorologischen Gegebenheiten dies zulassen.

(3) [1] Die zuständigen Behörden bemühen sich darum, die bestmögliche Luftqualität, die mit einer nachhaltigen Entwicklung in Einklang zu bringen ist, aufrechtzuerhalten. [2] Sie berücksichtigen dieses Ziel bei allen für die Luftqualität relevanten Planungen.

Teil 5. Pläne

§ 27 Luftreinhaltepläne. (1) Überschreiten in bestimmten Gebieten oder Ballungsräumen die Werte für Schadstoffe in der Luft einen Immissionsgrenzwert zuzüglich einer jeweils dafür geltenden Toleranzmarge oder den in Anlage 12 Abschnitt D genannten Zielwert, erstellen die zuständigen Behörden für diese Gebiete oder Ballungsräume Luftreinhaltepläne.

(2) [1] Ein Luftreinhalteplan muss geeignete Maßnahmen enthalten, um den Zeitraum einer Nichteinhaltung so kurz wie möglich zu halten, wenn

1. einer der in Anlage 11 Abschnitt B genannten Immissionsgrenzwerte überschritten wird oder diese Überschreitung nach Ablauf einer nach § 21 Absatz 2 bis 4 verlängerten Frist zur Einhaltung von Immissionsgrenzwerten eintritt,
2. der in Anlage 12 Abschnitt E genannte Immissionsgrenzwert nach Ablauf der Einhaltefrist überschritten wurde.

[2] Die genannten Pläne können zusätzlich gezielte Maßnahmen zum Schutz empfindlicher Bevölkerungsgruppen, einschließlich Maßnahmen zum Schutz von Kindern, vorsehen.

(3) Diese Luftreinhaltepläne müssen mindestens die in Anlage 13 aufgeführten Angaben umfassen und können Maßnahmen nach den §§ 22 und 28 enthalten.

(4) Müssen für mehrere Schadstoffe Luftreinhaltepläne ausgearbeitet oder durchgeführt werden, so arbeiten die zuständigen Behörden gegebenenfalls für alle betreffenden Schadstoffe einen integrierten Luftreinhalteplan aus und führen ihn durch.

(5) Die zuständigen Behörden stellen, soweit möglich, die Übereinstimmung der Luftreinhaltepläne mit den Lärmaktionsplänen nach § 47d des Bundes-Immissionsschutzgesetzes[1] und mit dem Programm zur Verminderung der Ozonwerte und zur Einhaltung der Emissionshöchstmengen nach § 34 sicher, um die entsprechenden Umweltziele zu erreichen.

§ 28 Pläne für kurzfristige Maßnahmen. (1) [1]Besteht in einem bestimmten Gebiet oder Ballungsraum die Gefahr, dass die Werte für Schadstoffe die in § 2 Absatz 3 und § 3 Absatz 3 genannten Alarmschwellen überschreiten, erstellen die zuständigen Behörden Pläne mit den Maßnahmen, die kurzfristig zu ergreifen sind, um die Gefahr der Überschreitung zu verringern oder deren Dauer zu beschränken. [2]Besteht diese Gefahr bei einem oder mehreren der in Anlage 11 genannten Immissionsgrenzwerte oder bei dem in Anlage 12 genannten Partikel $PM_{2,5}$-Zielwert, können die zuständigen Behörden Pläne gegebenenfalls für kurzfristige Maßnahmen erstellen.

(2) [1]In diesen Plänen können im Einzelfall Maßnahmen zur Beschränkung und, soweit erforderlich, zur Aussetzung der Tätigkeiten vorgesehen werden, die die Gefahr einer Überschreitung der entsprechenden Immissionsgrenzwerte, Zielwerte oder Alarmschwellen erhöhen. [2]Diese Pläne können Maßnahmen enthalten, die den Kraftfahrzeugverkehr, Bautätigkeiten, Schiffe an Liegeplätzen, den Betrieb von Industrieanlagen, die Verwendung von Erzeugnissen oder den Bereich Haushaltsheizungen betreffen. [3]Ausnahmen für Anlagen der Landesverteidigung nach § 60 des Bundes-Immissionsschutzgesetzes[1] bleiben unberührt. [4]Außerdem können in diesen Plänen gezielte Maßnahmen zum Schutz empfindlicher Bevölkerungsgruppen, einschließlich Maßnahmen zum Schutz von Kindern, vorgesehen werden.

§ 29 Maßnahmen bei grenzüberschreitender Luftverschmutzung.

(1) Wird eine Alarmschwelle, ein Immissionsgrenzwert oder ein Zielwert zuzüglich der dafür geltenden Toleranzmarge oder ein langfristiges Ziel auf Grund erheblicher grenzüberschreitender Transporte von Schadstoffen oder ihrer Vorläuferstoffe überschritten, so arbeiten die zuständigen Behörden mit den betroffenen Mitgliedstaaten der Europäischen Union zusammen und sehen gegebenenfalls gemeinsame Maßnahmen vor, beispielsweise gemeinsame oder koordinierte Luftreinhaltepläne, um solche Überschreitungen durch geeignete, angemessene Maßnahmen zu beheben.

(2) [1]Die zuständigen Behörden arbeiten, gegebenenfalls nach § 28, gemeinsame Pläne für kurzfristige Maßnahmen aus, die sich auf benachbarte Gebiete anderer Mitgliedstaaten der Europäischen Union erstrecken, und setzen sie um. [2]Die zuständigen Behörden gewährleisten, dass die Behörden der benachbarten

---

[1] Nr. 1.

Gebiete in anderen Mitgliedstaaten der Europäischen Union, die Pläne für kurzfristige Maßnahmen entwickelt haben, alle zweckdienlichen Informationen erhalten.

(3) Werden die Informationsschwelle oder die Alarmschwellen in Gebieten oder Ballungsräumen nahe den Landesgrenzen überschritten, sind die zuständigen Behörden der betroffenen benachbarten Mitgliedstaaten der Europäischen Union so schnell wie möglich zu informieren.

Teil 6. Unterrichtung der Öffentlichkeit und Berichtspflichten

§ 30 Unterrichtung der Öffentlichkeit. (1) [1]Die zuständigen Behörden unterrichten die Öffentlichkeit, insbesondere relevante Organisationen wie Umweltschutzorganisationen, Verbraucherverbände, Interessenvertretungen empfindlicher Bevölkerungsgruppen, andere mit dem Gesundheitsschutz befasste relevante Stellen und die betroffenen Wirtschaftsverbände über

1. die Luftqualität gemäß Anlage 14,
2. Fristverlängerungen und Ausnahmen nach § 21 Absatz 2 bis 4 und
3. Luftreinhaltepläne.

[2]Diese Informationen sind kostenlos über leicht zugängliche Medien einschließlich des Internets oder jede andere geeignete Form der Telekommunikation zur Verfügung zu stellen; sie müssen den Bestimmungen der Richtlinie 2007/2/EG des Europäischen Parlaments und des Rates vom 14. März 2007 zur Schaffung einer Geodateninfrastruktur in der Europäischen Gemeinschaft (INSPIRE) (ABl. L 108 vom 25.4.2007, S. 1) entsprechen.

(2) [1]Die zuständigen Behörden veröffentlichen Jahresberichte für die von dieser Verordnung erfassten Schadstoffe. [2]Die Jahresberichte enthalten eine Zusammenfassung der Überschreitungen von Grenzwerten, Zielwerten und langfristigen Zielen, Informationsschwellen und Alarmschwellen in den relevanten Mittelungszeiträumen gemäß den §§ 2 bis 10. [3]Anhand der in den Jahresberichten enthaltenen Daten werden die Auswirkungen der Überschreitungen von den zuständigen Behörden zusammenfassend bewertet.

(3) Werden die in § 2 oder § 3 festgelegten Alarmschwellen oder die in § 9 festgelegte Alarmschwelle oder Informationsschwelle überschritten, informieren die zuständigen Behörden die Öffentlichkeit über Rundfunk, Fernsehen, Zeitungen oder Internet gemäß der in Anlage 14 festgelegten Maßnahmen.

(4) Wenn die zuständige Behörde in der Bundesrepublik Deutschland von der zuständigen Behörde eines benachbarten Mitgliedstaats der Europäischen Union die Mitteilung erhält, dass in diesem Mitgliedstaat eine Informationsschwelle oder eine Alarmschwelle in Gebieten oder Ballungsräumen nahe der Landesgrenzen überschritten wurde, hat sie die Öffentlichkeit so schnell wie möglich darüber zu informieren.

(5) Falls die zuständigen Behörden einen Plan für kurzfristige Maßnahmen erstellt haben, machen sie der Öffentlichkeit, insbesondere Umweltschutzorganisationen, Verbraucherverbänden, Interessenvertretungen empfindlicher Bevölkerungsgruppen, anderen mit dem Gesundheitsschutz befassten relevanten Stellen und den betroffenen Wirtschaftsverbänden sowohl die Ergebnisse ihrer Untersuchungen zu Durchführbarkeit und Inhalt spezifischer Pläne für kurz-

fristige Maßnahmen als auch Informationen über die Durchführung dieser Pläne zugänglich.

(6) [1]Die zuständigen Behörden stellen sicher, dass die Öffentlichkeit, insbesondere Umweltschutzorganisationen, Verbraucherverbände, Interessenvertretungen empfindlicher Bevölkerungsgruppen und andere relevante Gruppen im Gesundheitsbereich angemessen und rechtzeitig über die Immissionswerte und Ablagerungsraten von Arsen, Kadmium, Quecksilber, Nickel und Benzo[*a*]pyren und den übrigen polyzyklischen aromatischen Kohlenwasserstoffen zum Beispiel über das Internet unterrichtet werden. [2]Die Informationen nach Satz 1 müssen auch Folgendes enthalten:

1. Angaben zu jeder jährlichen Überschreitung der in § 10 festgelegten Zielwerte für Arsen, Kadmium, Nickel und Benzo[*a*]pyren,
2. Gründe für die Überschreitung und das Gebiet, in dem die Überschreitung festgestellt wurde,
3. eine kurze Beurteilung anhand des Zielwerts sowie
4. einschlägige Angaben über Auswirkungen auf die menschliche Gesundheit und Umweltfolgen.

[3]Darüber hinaus werden alle genannten Stellen darüber informiert, welche Maßnahmen zur Einhaltung der Zielwerte ergriffen wurden.

(7) Das Bundesministerium für Umwelt, Naturschutz, Bau und Reaktorsicherheit veröffentlicht die nach den §§ 34 und 35 erstellten Programme.

(8) Die zuständigen Behörden unterrichten die Öffentlichkeit zum Beispiel über das Internet über ihre Zuständigkeiten bei der Beurteilung der Luftqualität, der Zulassung von Messsystemen und bei der Qualitätssicherung.

§ 31 Übermittlung von Informationen und Berichten für Schwefeldioxid, Stickstoffoxide, Partikel PM_{10}, Partikel $PM_{2,5}$, Blei, Benzol, Kohlenmonoxid, Staubinhaltsstoffe und Ozon. Die zuständigen Behörden übermitteln dem Bundesministerium für Umwelt, Naturschutz, Bau und Reaktorsicherheit oder der von ihm beauftragten Stelle über die nach Landesrecht zuständige Behörde zur Weiterleitung an die Kommission die gemäß der Richtlinie 2008/50/EG erforderlichen Informationen.

§ 32 Übermittlung von Informationen und Berichten für Arsen, Kadmium, Nickel und Benzo[*a*]pyren. (1) Die zuständigen Behörden übermitteln dem Bundesministerium für Umwelt, Naturschutz, Bau und Reaktorsicherheit oder der von ihm beauftragten Stelle über die nach Landesrecht zuständige Behörde zur Weiterleitung an die Kommission in Bezug auf Gebiete und Ballungsräume, in denen einer der in § 10 festgelegten Zielwerte überschritten wird, folgende Informationen:

1. die Listen der betreffenden Gebiete und Ballungsräume,
2. die Teilgebiete, in denen die Werte überschritten werden,
3. die beurteilten Werte,
4. die Gründe für die Überschreitung der Zielwerte und insbesondere die Quellen, die zur Überschreitung der Zielwerte beitragen,
5. die Teile der Bevölkerung, die den überhöhten Werten ausgesetzt sind.

(2) [1] Die zuständigen Behörden übermitteln ferner zur Weiterleitung an die Kommission alle gemäß § 20 beurteilten Daten, sofern diese nicht bereits auf Grund der Entscheidung 97/101/EG des Rates vom 27. Januar 1997 zur Schaffung eines Austausches von Informationen und Daten aus den Netzen und Einzelstationen zur Messung der Luftverschmutzung in den Mitgliedstaaten (ABl. L 35 vom 5.2.1997, S. 14), die zuletzt durch die Richtlinie 2008/50/EG geändert worden ist, gemeldet worden sind. [2] Diese Informationen werden für jedes Kalenderjahr bis spätestens zum 31. Juli des darauffolgenden Jahres übermittelt.

(3) Zusätzlich zu den in Absatz 1 geforderten Angaben melden die zuständigen Behörden zur Weiterleitung an die Kommission alle gemäß § 22 ergriffenen Maßnahmen.

Teil 7. Emissionshöchstmengen, Programme der Bundesregierung

§ 33 Emissionshöchstmengen, Emissionsinventare und -prognosen.

(1) Für die Bundesrepublik Deutschland werden für die Stoffe Schwefeldioxid (SO_2), Stickstoffoxide (NO_x), flüchtige organische Verbindungen (NMVOC) und Ammoniak (NH_3) folgende Emissionshöchstmengen in Kilotonnen pro Kalenderjahr bis einschließlich 31. Dezember 2019 festgelegt:

1. SO_2	520
2. NO_x	1 051
3. NMVOC	995
4. NH_3	550.

(2) Die Emissionen sind mit Maßnahmen des in § 34 beschriebenen Programms spätestens ab dem Jahr 2011 auf die in Absatz 1 genannten Höchstmengen zu begrenzen und dürfen bis einschließlich 31. Dezember 2019 nicht mehr überschritten werden.

(3) Das Umweltbundesamt erstellt für die in Absatz 1 genannten Stoffe jährlich Emissionsinventare und Emissionsprognosen für die Jahre 2015 und 2020.

§ 34 Programm der Bundesregierung zur Verminderung der Ozonwerte und zur Einhaltung der Emissionshöchstmengen. (1) Die Bundesregierung erstellt, nach Anhörung der Länder und der beteiligten Kreise gemäß § 51 des Bundes-Immissionsschutzgesetzes[1)], ein Programm, das dauerhafte Maßnahmen zur Verminderung der Ozonwerte nach § 9 und zur Einhaltung der Emissionshöchstmengen für die in § 33 Absatz 1 genannten Stoffe enthält.

(2) Dieses Programm wird jährlich überprüft und, soweit erforderlich, fortgeschrieben.

(3) Die im Programm enthaltenen Maßnahmen zielen darauf ab,

1. die Emissionen der in § 33 Absatz 1 genannten Stoffe so weit zu vermindern, dass die dort festgelegten Emissionshöchstmengen ab dem genannten Termin eingehalten werden;
2. die in § 9 Absatz 1 und 2 festgelegten Zielwerte einzuhalten;
3. die in § 9 Absatz 3 und 4 festgelegten langfristigen Ziele zu erreichen;

[1)] Nr. **1**.

4. in den Gebieten der Bundesrepublik Deutschland, in denen die Ozonwerte unter den langfristigen Zielen liegen, die bestmögliche Luftqualität im Einklang mit einer dauerhaften und umweltgerechten Entwicklung sowie ein hohes Schutzniveau für die Umwelt und die menschliche Gesundheit zu erhalten, soweit insbesondere der grenzüberschreitende Charakter der Ozonbelastung und die meteorologischen Gegebenheiten dies zulassen.

(4) [1] Das Programm enthält Informationen über eingeführte und geplante Maßnahmen zur Schadstoffreduzierung sowie quantifizierte Schätzungen über deren Auswirkungen auf die Schadstoffemissionen ab dem Jahr 2010. [2] Werden erhebliche Veränderungen der geographischen Verteilung der nationalen Emissionen erwartet, sind diese anzugeben. [3] Soweit das Programm auf die Verminderung der Ozonwerte beziehungsweise deren Vorläuferstoffe abzielt, sind die in Anlage 13 genannten Angaben zu machen.

(5) Die Maßnahmen des Programms müssen unter Berücksichtigung von Aufwand und Nutzen verhältnismäßig sein.

§ 35 Programme der Bundesregierung zur Einhaltung der Verpflichtung in Bezug auf die $PM_{2,5}$-Expositionskonzentration sowie des nationalen Ziels für die Reduzierung der $PM_{2,5}$-Exposition. (1) Besteht die Gefahr, dass die Verpflichtung nach Anlage 12 Abschnitt C in Bezug auf die $PM_{2,5}$-Expositionskonzentration gemäß § 5 Absatz 4 bis zum festgelegten Zeitpunkt nicht eingehalten werden kann, erstellt die Bundesregierung, nach Anhörung der Länder und der beteiligten Kreise gemäß § 51 des Bundes-Immissionsschutzgesetzes[1)], ein Programm mit dauerhaften Maßnahmen zur Einhaltung dieser Verpflichtung.

(2) Besteht die Gefahr, dass das nationale Ziel für die Reduzierung der $PM_{2,5}$-Exposition gemäß § 5 Absatz 5 bis zum festgelegten Zeitpunkt nicht eingehalten werden kann, erstellt die Bundesregierung nach Anhörung der Länder und der beteiligten Kreise gemäß § 51 des Bundes-Immissionsschutzgesetzes ein Programm, um das nationale Ziel zu erreichen.

Teil 8. Gemeinsame Vorschriften

§ 36 Zugänglichkeit der Normen. [1] DIN-, DIN EN- sowie DIN ISO-Normen, auf die in Anlage 1, 6, 17 und 18 verwiesen wird, sind bei der Beuth Verlag GmbH Berlin erschienen. [2] Die DIN-, DIN EN- sowie DIN ISO-Normen sind bei dem Deutschen Patent- und Markenamt in München archivmäßig gesichert niedergelegt.

[1)] Nr. **1**.

Anlage 1
(zu den §§ 13, 14 und 18)

Datenqualitätsziele

A. Datenqualitätsziele für die Luftqualitätsbeurteilung

	Schwefeldioxid, Stickstoffdioxid, Stickstoffoxide und Kohlenmonoxid	Benzol	Partikel (PM_{10}/$PM_{2,5}$) und Blei	Ozon und damit zusammenhängende(s) NO und NO_2
Ortsfeste Messungen*1)				
Unsicherheit	15 %	25 %	25 %	15 %
Mindestdatenerfassung	90 %	90 %	90 %	90 % im Sommer 75 % im Winter
Mindestmessdauer:				
– städtischer Hintergrund und Verkehr	–	35 %*2)	–	–
– Industriegebiete	–	90 %	–	–
Orientierende Messungen				
Unsicherheit	25 %	30 %	50 %	30 %
Mindestdatenerfassung	90 %	90 %	90 %	90 %
Mindestmessdauer	14 %*4)	14 %*3)	14 %*4)	> 10 % im Sommer
Unsicherheit der Modellrechnungen				
stündlich	50 %	–	–	50 %
8-Stunden-Durchschnittswerte	50 %	–	–	50 %
Tagesdurchschnittswerte	50 %	–	noch nicht festgelegt	–
Jahresdurchschnittswerte	30 %	50 %	50 %	–
Objektive Schätzung Unsicherheit	75 %	100 %	100 %	75 %

*1) **Amtl. Anm.:** Die zuständigen Behörden können bei Benzol, Blei und Partikeln Stichprobenmessungen anstelle von kontinuierlichen Messungen durchführen, wenn sie nachweisen können, dass die Unsicherheit, einschließlich der Unsicherheit auf Grund der Zufallsproben, das Qualitätsziel von 25 Prozent erreicht und die Messdauer über der Mindestmessdauer für orientierende Messungen liegt. Stichprobenmessungen sind gleichmäßig über das Jahr zu verteilen, um Verzerrungen der Ergebnisse zu vermeiden. Die Unsicherheit bei Stichprobenmessungen kann anhand des Verfahrens ermittelt werden, das in der ISO-Norm „Luftbeschaffenheit – Ermittlung der Unsicherheit von zeitlichen Mittelwerten von Luftbeschaffenheitsmessungen“ (ISO 11222:2002) niedergelegt ist. Werden Stichprobenmessungen zur Beurteilung der Anforderungen hinsichtlich der Einhaltung des Immissionsgrenzwerts für Partikel PM_{10} verwendet, so sollte der 90,4-Prozent-Wert (der höchstens 50 Mikrogramm pro Kubikmeter betragen darf) anstatt der in hohem Maße durch die Datenerfassung beeinflussten Anzahl der Überschreitungen beurteilt werden.

*2) **Amtl. Anm.:** Über das Jahr verteilt, damit die unterschiedlichen klimatischen und verkehrsabhängigen Bedingungen berücksichtigt werden.

*3) **Amtl. Anm.:** Eine Tagesmessung (Stichprobe) pro Woche über das ganze Jahr, gleichmäßig verteilt über die Wochentage, oder acht vollständig beprobte Wochen gleichmäßig verteilt über das Jahr.

*4) **Amtl. Anm.:** Eine Stichprobe pro Woche, gleichmäßig verteilt über das Jahr, oder acht Wochen gleichmäßig verteilt über das Jahr.

Die Unsicherheit der Messmethoden (bei einem Vertrauensbereich von 95 Prozent) wird nach folgenden Kriterien beurteilt:

1. Einklang mit den Grundsätzen des CEN-Leitfadens für die Messunsicherheit (ENV 13005: 1999 vom Juni 1999),
2. Übereinstimmung mit den ISO 5725:1994 (DIN ISO Teil 1 vom November 1997) – Verfahren und DIN Spec 1168, Luftqualität – Ansatz zur Schätzung der Messsicherheit bei Referenzverfahren für Außenluftmessungen vom Juli 2010.

Die in der obigen Tabelle angegebenen Prozentsätze für die Unsicherheit gelten für Einzelmessungen, gemittelt über den betreffenden Zeitraum bezogen auf den Immissionsgrenzwert (bei Ozon bezogen auf den Zielwert) bei einem Vertrauensbereich von 95 Prozent. Die Unsicherheit für ortsfeste Messungen gilt für den Bereich des jeweiligen Immissionsgrenzwerts (bei Ozon des Zielwerts).

Die Unsicherheit von Modellrechnungen ist definiert als die maximale Abweichung der gemessenen und berechneten Konzentrationswerte für 90 Prozent der einzelnen Messstationen im jeweiligen Zeitraum in Bezug auf den Grenzwert (oder, bei Ozon, den Zielwert) ohne Berücksichtigung des Zeitpunkts der Abweichungen. Die Unsicherheit von Modellrechnungen gilt für den Bereich des jeweiligen Immissionsgrenzwerts (bei Ozon des Zielwerts). Die ortsfesten Messungen, die für den Vergleich mit den Ergebnissen der Modellrechnungen auszuwählen sind, müssen für die von dem Modell erfasste räumliche Auflösung repräsentativ sein.

Die Unsicherheit von objektiven Schätzungen ist definiert als die maximale Abweichung der gemessenen und berechneten Werte in einem bestimmten Zeitraum bezogen auf den Immissionsgrenzwert (bei Ozon bezogen auf den Zielwert) ohne Berücksichtigung des Zeitpunkts der Abweichungen.

Die Anforderungen für die Mindestdatenerfassung und die Mindestmessdauer erstrecken sich nicht auf Datenverlust auf Grund der regelmäßigen Kalibrierung oder der üblichen Wartung der Messgeräte.

B. Ergebnisse der Beurteilung der Luftqualität

Die folgenden Informationen sind für Gebiete oder Ballungsräume zusammenzustellen, in denen anstelle von Messungen andere Datenquellen als ergänzende Informationen zu Messdaten oder als alleiniges Mittel zur Luftqualitätsbeurteilung genutzt werden:

1. Beschreibung der vorgenommenen Beurteilung,
2. eingesetzte spezifische Methoden mit Verweisen auf Beschreibungen der Methode,
3. Quellen von Daten und Informationen,
4. Beschreibung der Ergebnisse, einschließlich der Unsicherheiten, insbesondere der Ausdehnung von Flächen oder gegebenenfalls der Länge des Straßenabschnitts innerhalb des Gebiets oder Ballungsraums, in dem die Schadstoffwerte einen Immissionsgrenzwert, einen Zielwert oder ein langfristiges Ziel zuzüglich etwaiger Toleranzmargen übersteigen, sowie aller geographischen Bereiche, in denen die Werte die obere oder die untere Beurteilungsschwelle überschreiten,
5. Bevölkerung, die potenziell einem Wert ausgesetzt ist, der über dem zum Schutz der menschlichen Gesundheit festgelegten Immissionsgrenzwert liegt.

C. Qualitätssicherung bei der Beurteilung der Luftqualität – Validierung der Daten

1. Um zu gewährleisten, dass die Messungen genau sind und die Datenqualitätsziele gemäß Abschnitt A eingehalten werden, müssen die zuständigen Behörden Folgendes sicherstellen:
   a) Alle Messungen, die im Zusammenhang mit der Beurteilung der Luftqualität gemäß den §§ 13 und 17 durchgeführt werden, können im Einklang mit den Anforderungen der harmonisierten Norm gemäß Buchstabe d an die Kompetenz von Prüf- und Kalibrierlaboratorien zurückverfolgt werden.
   b) Die Einrichtungen, die Netze und Einzelstationen zur Messung der Luftqualität betreiben, verfügen über ein Qualitätssicherungs- und Qualitätskontrollsystem, das eine regelmäßige Wartung der Messgeräte vorsieht, um kontinuierlich deren Präzision zu gewährleisten. Dieses System wird bei Bedarf, zumindest jedoch alle fünf Jahre, von den von den zuständigen Behörden beauftragten nationalen Referenzlaboratorien überprüft.

c) Für die Datenerfassung und Berichterstattung wird ein Qualitätssicherungs- und Qualitätskontrollverfahren eingeführt. Die Einrichtungen, die mit Qualitätssicherungs- und Qualitätskontrollverfahren betraut sind, nehmen aktiv an den entsprechenden unionsweiten Qualitätssicherungsprogrammen teil.

d) Die nationalen Referenzlaboratorien werden von den zuständigen Behörden mit der Überprüfung der Qualitätssicherungs- und Kontrollsysteme beauftragt. Sie werden für die in Anlage 6 aufgeführten Referenzmethoden akkreditiert, und zwar zumindest für die Schadstoffe, deren Konzentrationen in einem oder mehreren Gebieten oder Ballungsräumen über der unteren Beurteilungsschwelle liegen. Die Akkreditierung erfolgt nach der relevanten harmonisierten Norm zu den allgemeinen Anforderungen an die Kompetenz von Prüf- und Kalibrierlaboratorien, auf die im Amtsblatt der Europäischen Union gemäß Artikel 2 Nummer 9 der Verordnung (EG) Nr. 765/2008 des Europäischen Parlaments und des Rates vom 9. Juli 2008 über die Vorschriften für die Akkreditierung und Marktüberwachung im Zusammenhang mit der Vermarktung von Produkten und zur Aufhebung der Verordnung (EWG) Nr. 339/93 des Rates (ABl. L 218 vom 13.8.2008, S. 30) verwiesen wird. Die beauftragten nationalen Referenzlaboratorien arbeiten eng mit den zuständigen Behörden zusammen. Sie koordinieren in Deutschland

aa) die von der Gemeinsamen Forschungsstelle der Kommission durchgeführten unionsweiten Qualitätssicherungsprogramme,

bb) die ordnungsgemäße Anwendung von Referenzmethoden und

cc) den Nachweis der Gleichwertigkeit anderer Methoden als Referenzmethoden.

Nationale Referenzlaboratorien, die Vergleichsprüfungen auf nationaler Ebene durchführen, sollen nach der relevanten harmonisierten Norm für Eignungsprüfungen, DIN EN ISO/IEC 17043:2010, Ausgabe Mai 2014, ebenfalls akkreditiert werden.

e) Die nationalen Referenzlaboratorien nehmen mindestens alle drei Jahre an den von der Gemeinsamen Forschungsstelle der Kommission durchgeführten unionsweiten Qualitätssicherungsprogrammen teil. Sind die Ergebnisse dieser Beteiligung unbefriedigend, so sollen die nationalen Referenzlaboratorien bei der nächsten Vergleichsprüfung nachweislich Abhilfe schaffen und darüber der Gemeinsamen Forschungsstelle einen Bericht vorlegen.

f) Die nationalen Referenzlaboratorien unterstützen die Tätigkeit des von der Kommission errichteten Europäischen Netzes nationaler Referenzlaboratorien.

2. Alle nach § 31 übermittelten Daten sind gültig, sofern sie nicht als vorläufig gekennzeichnet sind.

Anlage 2
(zu § 12)

Festlegung der Anforderungen für die Beurteilung der Werte für Schwefeldioxid, Stickstoffdioxid und Stickstoffoxide, Partikel (PM_{10} und $PM_{2,5}$), Blei, Benzol und Kohlenmonoxid in der Luft innerhalb eines Gebiets oder Ballungsraums

A. Obere und untere Beurteilungsschwellen

Es gelten die folgenden oberen und unteren Beurteilungsschwellen:

1. Schwefeldioxid

	Schutz der menschlichen Gesundheit	Schutz der Vegetation
Obere Beurteilungsschwelle	60 % des Vierundzwanzigstunden-Immissionsgrenzwerts (75 µg/m³ dürfen nicht öfter als dreimal im Kalenderjahr überschritten werden)	60 % des kritischen Werts im Winter (12 µg/m³)
Untere Beurteilungsschwelle	40 % des Vierundzwanzigstunden-Immissionsgrenzwerts (50 µg/m³ dürfen nicht öfter als	40 % des kritischen Werts im Winter (8 µg/m³)

	Schutz der menschlichen Gesundheit	Schutz der Vegetation
	dreimal im Kalenderjahr überschritten werden)	

2. Stickstoffdioxid und Stickstoffoxide

	Einstunden-Immissionsgrenzwert für den Schutz der menschlichen Gesundheit (NO_2)	Jahresgrenzwert für den Schutz der menschlichen Gesundheit (NO_2)	Auf das Jahr bezogener kritischer Wert für den Schutz der Vegetation und der natürlichen Ökosysteme (NO_x)
Obere Beurteilungsschwelle	70 % des Immissionsgrenzwerts (140 µg/m³ dürfen nicht öfter als achtzehnmal im Kalenderjahr überschritten werden)	80 % des Immissionsgrenzwerts (32 µg/m³)	80 % des kritischen Werts (24 µg/m³)
Untere Beurteilungsschwelle	50 % des Immissionsgrenzwerts (100 µg/m³ dürfen nicht öfter als achtzehnmal im Kalenderjahr überschritten werden)	65 % des Immissionsgrenzwerts (26 µg/m³)	65 % des kritischen Werts (19,5 µg/m³)

3. Partikel (PM_{10}/$PM_{2,5}$)

	Vierundzwanzigstundenmittelwert PM_{10}	Jahresmittelwert PM_{10}	Jahresmittelwert $PM_{2,5}$ *1)
Obere Beurteilungsschwelle	70 % des Immissionsgrenzwerts (35 µg/m³ dürfen nicht öfter als fünfunddreißigmal im Kalenderjahr überschritten werden)	70 % des Immissionsgrenzwerts (28 µg/m³)	70 % des Immissionsgrenzwerts (17 µg/m³)
Untere Beurteilungsschwelle	50 % des Immissionsgrenzwerts (25 µg/m³ dürfen nicht öfter als fünfunddreißigmal im Kalenderjahr überschritten werden)	50 % des Immissionsgrenzwerts (20 µg/m³)	50 % des Immissionsgrenzwerts (12 µg/m³)

*1) **Amtl. Anm.:** Die obere Beurteilungsschwelle und die untere Beurteilungsschwelle für $PM_{2,5}$ gelten nicht für die Messungen, mithilfe derer beurteilt wird, ob der zum Schutz der menschlichen Gesundheit vorgegebene Zielwert für die Reduzierung der Exposition gegenüber $PM_{2,5}$ eingehalten wird.

4. Blei

	Jahresmittelwert
Obere Beurteilungsschwelle	70 % des Immissionsgrenzwerts (0,35 µg/m³)
Untere Beurteilungsschwelle	50 % des Immissionsgrenzwerts (0,25 µg/m³)

5. Benzol

	Jahresmittelwert
Obere Beurteilungsschwelle	70 % des Immissionsgrenzwerts (3,5 µg/m³)

	Jahresmittelwert
Untere Beurteilungsschwelle	40 % des Immissionsgrenzwerts (2 µg/m³)

6. Kohlenmonoxid

	Achtstundenmittelwert
Obere Beurteilungsschwelle	70 % des Immissionsgrenzwerts (7 mg/m³)
Untere Beurteilungsschwelle	50 % des Immissionsgrenzwerts (5 mg/m³)

B. Überschreitung der oberen und unteren Beurteilungsschwellen

Die Überschreitung der oberen und unteren Beurteilungsschwellen ist auf der Grundlage der Werte der vorangegangenen fünf Jahre zu ermitteln, sofern entsprechende Daten vorliegen. Eine Beurteilungsschwelle gilt als überschritten, wenn sie in den vorangegangenen fünf Jahren in mindestens drei einzelnen Jahren überschritten worden ist.

Liegen Daten für die gesamten fünf vorhergehenden Jahre nicht vor, können die zuständigen Behörden die Ergebnisse von kurzzeitigen Messkampagnen während derjenigen Jahreszeit und an denjenigen Stellen, die für die höchsten Werte für Schadstoffe typisch sein dürften, mit Informationen aus Emissionskatastern und Modellen verbinden, um Überschreitungen der oberen und unteren Beurteilungsschwellen zu ermitteln.

Anlage 3
(zu den §§ 2, 3, 13, 14 und 21)

Beurteilung der Luftqualität und Lage der Probenahmestellen für Messungen von Schwefeldioxid, Stickstoffdioxid und Stickstoffoxiden, Partikeln (PM_{10} und $PM_{2,5}$), Blei, Benzol und Kohlenmonoxid in der Luft

A. Allgemeines

Die Luftqualität wird in allen Gebieten und Ballungsräumen nach folgenden Kriterien beurteilt:

1. Die Luftqualität wird an allen Orten, mit Ausnahme der in Nummer 2 genannten Orte, nach den Kriterien beurteilt, die in den Abschnitten B und C für die Lage der Probenahmestellen für ortsfeste Messungen festgelegt sind. Die in den Abschnitten B und C niedergelegten Grundsätze gelten auch insoweit, als sie für die Bestimmung der spezifischen Orte von Belang sind, an denen die Werte der einschlägigen Schadstoffe ermittelt werden, wenn die Luftqualität durch orientierende Messungen oder Modellrechnungen beurteilt wird.
2. Die Einhaltung der zum Schutz der menschlichen Gesundheit festgelegten Immissionsgrenzwerte wird an folgenden Orten nicht beurteilt:
   a) an Orten innerhalb von Bereichen, zu denen die Öffentlichkeit keinen Zugang hat und in denen es keine festen Wohnunterkünfte gibt;
   b) nach Maßgabe von § 1 Nummer 20 auf dem Gelände von Arbeitsstätten, für die alle relevanten Bestimmungen über Gesundheit und Sicherheit am Arbeitsplatz gelten;
   c) auf den Fahrbahnen der Straßen und, sofern Fußgänger und Fußgängerinnen für gewöhnlich dorthin keinen Zugang haben, auf dem Mittelstreifen der Straßen.

B. Großräumige Ortsbestimmung der Probenahmestellen

1. Schutz der menschlichen Gesundheit
   a) Der Ort von Probenahmestellen, an denen Messungen zum Schutz der menschlichen Gesundheit vorgenommen werden, ist so zu wählen, dass folgende Daten gewonnen werden:
      – Daten über Bereiche innerhalb von Gebieten und Ballungsräumen, in denen die höchsten Werte auftreten, denen die Bevölkerung wahrscheinlich direkt oder indirekt über einen Zeitraum ausgesetzt sein wird, der im Vergleich zum Mittelungszeitraum der betreffenden Immissionsgrenzwerte signifikant ist;

– Daten zu Werten in anderen Bereichen innerhalb von Gebieten und Ballungsräumen, die für die Exposition der Bevölkerung allgemein repräsentativ sind.

b) Der Ort von Probenahmestellen ist im Allgemeinen so zu wählen, dass die Messung von Umweltzuständen, die einen sehr kleinen Raum in ihrer unmittelbaren Nähe betreffen, vermieden wird. Dies bedeutet, dass der Ort der Probenahmestelle so zu wählen ist, dass die Luftproben – soweit möglich – für die Luftqualität eines Straßenabschnitts von nicht weniger als 100 Meter Länge bei Probenahmestellen für den Verkehr und nicht weniger als 250 Meter × 250 Meter bei Probenahmestellen für Industriegebiete repräsentativ sind.

c) Messstationen für den städtischen Hintergrund müssen so gelegen sein, dass die gemessene Verschmutzung den integrierten Beitrag sämtlicher Quellen im Luv der Hauptwindrichtung der Station erfasst. Für die gemessene Verschmutzung sollte nicht eine einzelne Quelle vorherrschend sein, es sei denn, dies ist für eine größere städtische Fläche typisch. Die Probenahmestellen müssen grundsätzlich für eine Fläche von mehreren Quadratkilometern repräsentativ sein.

d) Sollen die Werte für den ländlichen Hintergrund beurteilt werden, darf die Probenahmestelle nicht durch nahe, das heißt näher als 5 Kilometer, liegende Ballungsräume oder Industriegebiete beeinflusst sein.

e) Soll der Beitrag industrieller Quellen beurteilt werden, ist mindestens eine Probenahmestelle im Lee der Hauptwindrichtung von der Quelle im nächstgelegenen Wohngebiet aufzustellen. Ist der Hintergrundwert nicht bekannt, so wird eine weitere Probenahmestelle im Luv der Hauptwindrichtung aufgestellt.

f) Probenahmestellen sollten möglichst auch für ähnliche Orte repräsentativ sein, die nicht in ihrer unmittelbaren Nähe gelegen sind.

g) Sofern dies aus Gründen des Gesundheitsschutzes erforderlich ist, sind Probenahmestellen auf Inseln einzurichten.

2. Schutz der Vegetation und der natürlichen Ökosysteme

Die Probenahmestellen, an denen Messungen zum Schutz der Vegetation und der natürlichen Ökosysteme vorgenommen werden, sollten mehr als 20 Kilometer von Ballungsräumen beziehungsweise mehr als 5 Kilometer von anderen bebauten Flächen, Industrieanlagen oder Autobahnen oder Hauptstraßen mit einem täglichen Verkehrsaufkommen von mehr als 50 000 Fahrzeugen entfernt gelegen sein. Dies bedeutet, dass der Ort der Probenahmestelle so zu wählen ist, dass die Luftproben für die Luftqualität einer Fläche von mindestens 1 000 Quadratkilometer repräsentativ sind. Die zuständigen Behörden können auf Grund der geographischen Gegebenheiten oder im Interesse des Schutzes besonders schutzbedürftiger Bereiche vorsehen, dass eine Probenahmestelle in geringerer Entfernung gelegen oder für die Luftqualität einer kleineren Fläche repräsentativ ist.

Es ist zu berücksichtigen, dass die Luftqualität auf Inseln beurteilt werden muss.

C. Kleinräumige Ortsbestimmung der Probenahmestellen

Soweit möglich ist Folgendes zu berücksichtigen:

Der Luftstrom um den Messeinlass darf nicht beeinträchtigt werden, das heißt, bei Probenahmestellen an der Baufluchtlinie soll die Luft in einem Bogen von mindestens 270° oder 180° frei strömen.

Im Umfeld des Messeinlasses dürfen keine Hindernisse vorhanden sein, die den Luftstrom beeinflussen, das heißt, der Messeinlass soll einige Meter von Gebäuden, Balkonen, Bäumen und anderen Hindernissen entfernt sein und Probenahmestellen, die Werte liefern, die für die Luftqualität an der Baufluchtlinie repräsentativ sind, sollen mindestens 0,5 Meter vom nächsten Gebäude entfernt sein.

Der Messeinlass muss sich grundsätzlich in einer Höhe zwischen 1,5 Meter (Atemzone) und 4 Meter über dem Boden befinden. Ein höher gelegener Einlass kann angezeigt sein, wenn die Messstation Werte liefert, die für ein großes Gebiet repräsentativ sind. Abweichungen sollen umfassend dokumentiert werden.

Der Messeinlass darf nicht in nächster Nähe von Emissionsquellen angebracht werden, um die unmittelbare Einleitung von Emissionen, die nicht mit der Umgebungsluft vermischt sind, zu vermeiden.

Die Abluftleitung der Probenahmestelle ist so zu legen, dass ein Wiedereintritt der Abluft in den Messeinlass vermieden wird.

Bei allen Schadstoffen dürfen verkehrsbezogene Probenahmestellen zur Messung höchstens 10 Meter vom Fahrbahnrand entfernt sein; vom Fahrbahnrand verkehrsreicher Kreuzungen müssen sie mindestens 25 Meter entfernt sein. Als verkehrsreiche Kreuzung gilt eine Kreuzung, die den Verkehrsstrom unterbricht und gegenüber den restlichen Straßenabschnitten Emissionsschwankungen (durch Stop-and-go-Verkehr) verursacht.

Die folgenden Faktoren können ebenfalls berücksichtigt werden: Störquellen, Sicherheit, Zugänglichkeit, Stromversorgung und Telefonleitungen, Sichtbarkeit der Messstation in der Umgebung, Sicherheit der Öffentlichkeit und des Betriebspersonals, Vorteile einer Zusammenlegung der Probenahmestellen für verschiedene Schadstoffe, Anforderungen der Bauleitplanung.

Jede Abweichung von den Kriterien dieses Abschnitts ist nach den Verfahrensvorschriften gemäß Abschnitt D umfassend zu dokumentieren.

D. Dokumentation und Überprüfung der Ortswahl

Die für die Beurteilung der Luftqualität zuständigen Behörden dokumentieren für alle Gebiete und Ballungsräume umfassend die Verfahren für die Wahl der Standorte für Probenahmestellen. Sie zeichnen Grundlageninformationen für die Netzplanung und die Wahl der Standorte für Probenahmestellen auf. Die Dokumentation umfasst auch Fotografien der Umgebung in den Haupthimmelsrichtungen und detaillierte Karten. Die Dokumentation für Gebiete oder Ballungsräume, in denen die Informationen aus Probenahmestellen für ortsfeste Messungen durch solche aus Modellrechnungen oder orientierenden Messungen ergänzt werden, umfasst auch die Einzelheiten dieser zusätzlichen Methoden sowie Angaben über die Art und Weise der Erfüllung der Kriterien gemäß § 14 Absatz 3.

Die Dokumentation wird erforderlichenfalls aktualisiert und mindestens alle fünf Jahre überprüft, um sicherzustellen, dass Auswahlkriterien, Netzplanung und Messstellenstandorte stets aktuell und dauerhaft optimal sind. Die Dokumentation wird der Kommission auf Anfrage innerhalb von drei Monaten übermittelt.

Anlage 4
(zu § 13)

Messungen an Messstationen für den ländlichen Hintergrund (konzentrationsunabhängig)

A. Ziele

Mit diesen Messungen soll vor allem gewährleistet werden, dass die notwendigen Informationen über Werte für den Hintergrund zur Verfügung stehen. Diese Informationen sind unerlässlich, um

1. die erhöhten Werte in stärker schadstoffbelasteten Flächen (städtischer Hintergrund, Industriestandorte, verkehrsbezogene Standorte) sowie den möglichen Anteil des Ferntransports von Schadstoffen beurteilen zu können,
2. um die Analyse für die Quellenzuordnung zu unterstützen und
3. um das Verständnis für einzelne Schadstoffe wie z.B. Partikel zu fördern.

Außerdem sind die Informationen auf Grund des verstärkten Einsatzes von Modellen – auch für städtische Gebiete – notwendig.

B. Stoffe

Die Messungen von $PM_{2,5}$ müssen mindestens die Gesamtmassenkonzentration sowie, zur Charakterisierung der chemischen Zusammensetzung, die Konzentrationen entsprechender Verbindungen umfassen. Zumindest die nachstehenden chemischen Spezies sind zu berücksichtigen:

SO_4^{2-}	Na^+	NH_4^+	Ca^{2+}	elementarer Kohlenstoff (EC)
NO_3^-	K^+	Cl^-	Mg^{2+}	organischer Kohlenstoff (OC)

C. Standortkriterien

Die Messungen sollten – im Einklang mit Anlage 3 Abschnitt A, B und C – vor allem im ländlichen Hintergrund vorgenommen werden.

Anlage 5
(zu den §§ 14 und 15)

Kriterien für die Festlegung der Mindestzahl der Probenahmestellen für ortsfeste Messungen der Werte für Schwefeldioxid, Stickstoffdioxid und Stickstoffoxide, Partikel (PM_{10}, $PM_{2,5}$), Blei, Benzol und Kohlenmonoxid in der Luft

A. Mindestzahl der Probenahmestellen für ortsfeste Messungen zur Beurteilung der Einhaltung von Immissionsgrenzwerten für den Schutz der menschlichen Gesundheit und von Alarmschwellen in Gebieten und Ballungsräumen, in denen ortsfeste Messungen die einzige Informationsquelle darstellen

1. Diffuse Quellen

Bevölkerung des Ballungsraums oder Gebiets (in Tausend)	Falls der maximale Wert die obere Beurteilungsschwelle überschreitet*1)		Falls der maximale Wert zwischen der oberen und der unteren Beurteilungsschwelle liegt	
	Schadstoffe außer PM	PM*2) (Summe aus PM_{10} und $PM_{2,5}$)	Schadstoffe außer PM	PM*2) (Summe aus PM_{10} und $PM_{2,5}$)
0 – 249	1	2	1	1
250 – 499	2	3	1	2
500 – 749	2	3	1	2
750 – 999	3	4	1	2
1 000 – 1 499	4	6	2	3
1 500 – 1 999	5	7	2	3
2 000 – 2 749	6	8	3	4
2 750 – 3 749	7	10	3	4
3 750 – 4 749	8	11	3	6
4 750 – 5 999	9	13	4	6
≥ 6 000	10	15	4	7

*1) **Amtl. Anm.:** Für NO_2, Partikel, Benzol und Kohlenmonoxid: einschließlich mindestens einer Messstation für städtische Hintergrundquellen und einer Messstation für den Verkehr, sofern sich dadurch die Anzahl der Probenahmestellen nicht erhöht. Im Fall dieser Schadstoffe darf die Gesamtzahl der Messstationen für städtische Hintergrundquellen von der Anzahl der Messstationen für den Verkehr in jedem Land nicht um mehr als den Faktor 2 abweichen. Die Messstationen, an denen der Immissionsgrenzwert für PM_{10} im Zeitraum der letzten drei Jahre mindestens einmal überschritten wurde, werden beibehalten, sofern nicht auf Grund besonderer Umstände, insbesondere aus Gründen der Raumentwicklung, eine Verlagerung der Stationen erforderlich ist.

*2) **Amtl. Anm.:** Werden $PM_{2,5}$ und PM_{10} im Einklang mit § 16 an derselben Messstation gemessen, so ist diese als zwei gesonderte Probenahmestellen anzusehen. Die nach Abschnitt A Nummer 1 erforderliche Gesamtzahl der Probenahmestellen für $PM_{2,5}$ und PM_{10} in jedem Land darf nicht um mehr als den Faktor 2 differieren und die Zahl der Messstationen für $PM_{2,5}$ für städtische Hintergrundquellen in Ballungsräumen und städtischen Gebieten muss die Anforderungen von Abschnitt B erfüllen.

2. Punktquellen

Zur Beurteilung der Luftverschmutzung in der Nähe von Punktquellen ist die Zahl der Probenahmestellen für ortsfeste Messungen zu berechnen. Dabei sind zu berücksichtigen:

– die Emissionsdichte,

– die wahrscheinliche Verteilung der Luftschadstoffe,

– die mögliche Exposition der Bevölkerung.

B. Mindestzahl der Probenahmestellen für ortsfeste Messungen, um zu beurteilen, ob die Vorgaben für die Reduzierung der $PM_{2,5}$-Exposition zum Schutz der menschlichen Gesundheit eingehalten werden

Für diesen Zweck ist eine Probenahmestelle pro Million Einwohner und Einwohnerinnen für Ballungsräume und weitere städtische Flächen mit mehr als 100 000 Einwohnern und Einwohnerinnen vorzusehen. Diese Probenahmestellen können mit den Probenahmestellen nach Abschnitt A identisch sein. Die Länder betreiben mindestens folgende Anzahl an Probenahmestellen:

Land	Anzahl der Probenahmestellen
Baden-Württemberg	2
Bayern	3
Berlin	3
Brandenburg	2
Bremen	1
Hamburg	2
Hessen	3
Mecklenburg-Vorpommern	2
Niedersachsen	2
Nordrhein-Westfalen	9
Rheinland-Pfalz	1
Saarland	1
Sachsen	1
Sachsen-Anhalt	2
Schleswig-Holstein	1
Thüringen	1.

Die Länder teilen dem Bundesministerium für Umwelt, Naturschutz, Bau und Reaktorsicherheit die konkreten Standorte der betriebenen Probenahmestellen mit.

C. Mindestzahl der Probenahmestellen für ortsfeste Messungen, um zu beurteilen, ob die kritischen Werte zum Schutz der Vegetation in anderen Gebieten als Ballungsräumen eingehalten werden

Falls der maximale Wert die obere Beurteilungsschwelle überschreitet	Falls der maximale Wert zwischen der oberen und der unteren Beurteilungsschwelle liegt
1 Station je 20 000 km^2	1 Station je 40 000 km^2

Im Fall von Inselgebieten sollte die Zahl der Probenahmestellen für ortsfeste Messungen so berechnet werden, dass die wahrscheinliche Verteilung der Luftschadstoffe und die mögliche Exposition der Vegetation berücksichtigt werden.

Anlage 6
(zu den §§ 1, 16 und 19)

Referenzmethoden für die Beurteilung der Konzentrationen von Schwefeldioxid, Stickstoffdioxid und Stickstoffoxiden, Partikeln (PM_{10} und $PM_{2,5}$), Blei, Benzol, Kohlenmonoxid und Ozon

A. Referenzmessmethoden

1. Referenzmethode zur Messung der Schwefeldioxidkonzentration
Als Referenzmethode zur Messung der Schwefeldioxidkonzentration gilt die Methode, die in DIN EN 14212:2012, Ausgabe November 2012, August 2014, „Außenluft – Messverfahren zur Bestimmung der Konzentration von Schwefeldioxid mit Ultraviolett-Fluoreszenz“ beschrieben ist.

2. Referenzmethode zur Messung der Konzentration von Stickstoffdioxid und Stickstoffoxiden
   Als Referenzmethode zur Messung von Stickstoffdioxid und Stickstoffoxiden gilt die Methode, die in DIN EN 14211:2012, Ausgabe November 2012, „Außenluft – Messverfahren zur Bestimmung der Konzentration von Stickstoffdioxid und Stickstoffmonoxid mit Chemilumineszenz" beschrieben ist.
3. Referenzmethode für die Probenahme und Messung der Konzentration von Blei
   Als Referenzmethode zur Probenahme von Blei gilt die in Nummer 4 beschriebene Methode. Als Referenzmethode zur Messung der Bleikonzentration gilt die Methode, die in DIN EN 14902:2005 (Oktober 2005) „Außenluftbeschaffenheit – Standardisiertes Verfahren zur Bestimmung von Pb/Cd/As/Ni als Bestandteil der PM_{10}-Fraktion des Schwebstaubes" beschrieben ist.
4. Referenzmethode für die Probenahme und Messung der Konzentration von PM_{10}
   Als Referenzmethode für die Probenahme und Messung der Konzentration von PM_{10} gilt die Methode, die in DIN EN 12341:2014, Ausgabe August 2014, „Außenluft – Gravimetrisches Standardmessverfahren für die Bestimmung der PM_{10}- oder $PM_{2,5}$-Massenkonzentration des Schwebstaubes" beschrieben ist.
5. Referenzmethode für die Probenahme und Messung der Konzentration von $PM_{2,5}$
   Als Referenzmethode für die Probenahme und Messung der Konzentration von $PM_{2,5}$ gilt die Methode, die in DIN EN 12341:2014, Ausgabe August 2014, „Außenluft – Gravimetrisches Standardmessverfahren für die Bestimmung der PM_{10}- oder $PM_{2,5}$-Massenkonzentration des Schwebstaubes" beschrieben ist.
6. Referenzmethode für die Probenahme und Messung der Konzentration von Benzol
   Als Referenzmethode für die Messung der Benzolkonzentration gilt die Methode, die in DIN EN 14662:2005 (August 2005) „Luftbeschaffenheit – Standardverfahren zur Bestimmung von Benzolkonzentrationen (Teile 1, 2 und 3)" beschrieben ist.
7. Referenzmethode für die Messung der Kohlenmonoxidkonzentration
   Als Referenzmethode für die Messung der Kohlenmonoxidkonzentration gilt die Methode, die in DIN EN 14626:2012, Ausgabe Dezember 2012, „Außenluft – Messverfahren zur Bestimmung der Konzentration von Kohlenmonoxid mit nicht-dispersiver Infrarot-Photometrie" beschrieben ist.
8. Referenzmethoden für die Messung der Ozonkonzentration
   Als Referenzmethode für die Messung der Ozonkonzentration gilt die Methode, die in DIN EN 14625:2012, Ausgabe Dezember 2012 „Außenluft – Messverfahren zur Bestimmung der Konzentration von Ozon mit Ultraviolett-Photometrie" beschrieben ist.

B. Nachweis der Gleichwertigkeit

Sollen andere Methoden angewendet werden, muss dokumentiert werden, dass damit gleichwertige Ergebnisse wie mit den unter Abschnitt A genannten Methoden erzielt werden. Bei Partikeln kann eine andere Methode angewendet werden, wenn dokumentiert wird, dass diese einen konstanten Bezug zur Referenzmethode aufweist. In diesem Fall müssen die mit dieser Methode erzielten Ergebnisse korrigiert werden, damit diese den Ergebnissen entsprechen, die bei der Anwendung der Referenzmethode erzielt worden wären.

C. Normzustand

Beim Volumen gasförmiger Schadstoffe ist als Normzustand eine Temperatur von 293 Kelvin und ein atmosphärischer Druck von 101,3 Kilopascal zu Grunde zu legen. Bei Partikeln und in Partikeln zu analysierenden Stoffen (zum Beispiel Blei) werden für die Angabe des Probenvolumens die Umgebungsbedingungen Lufttemperatur und Luftdruck am Tag der Messungen zu Grunde gelegt.

D. Anerkennung der Daten anderer Mitgliedstaaten

Für den Nachweis, dass die Messgeräte die Leistungsanforderungen der in Abschnitt A aufgeführten Referenzmethoden erfüllen, akzeptieren die zuständigen Behörden ausführliche Prüfberichte anderer Mitgliedstaaten der Europäischen Union, sofern die Prüflaboratorien nach dem relevanten harmonisierten Standard für Prüf- und Kalibrierlaboratorien nach Anlage 1 Abschnitt C Nummer 1 Buchstabe d akkreditiert wurden.

Die zuständigen Behörden stellen die Prüfberichte und alle Prüfergebnisse anderen zuständigen Behörden oder den von ihnen benannten Stellen zur Verfügung.

Prüfberichte müssen nachweisen, dass die Messgeräte alle Leistungsanforderungen erfüllen, wenn bestimmte Umwelt- und Standortbedingungen typisch für einen bestimmten Mitgliedstaat sind und außerhalb des Spektrums der Bedingungen liegen, für das das Gerät in einem anderen Mitgliedstaat bereits geprüft und typgenehmigt wurde.

Anlage 7
(zu § 9)

Zielwerte und langfristige Ziele für Ozon

A. Kriterien

Bei der Aggregation der Daten und der Berechnung der statistischen Parameter sind zur Prüfung der Gültigkeit folgende Kriterien anzuwenden:

Parameter	Erforderlicher Anteil gültiger Daten
Einstundenmittelwerte	75 % (d.h. 45 Minuten)
Achtstundenmittelwerte	75 % der Werte (d.h. sechs Stunden)
Höchster Achtstundenmittelwert pro Tag aus stündlich gleitenden Achtstundenmittelwerten	75 % der stündlich gleitenden Achtstundenmittelwerte (d.h. 18 Achtstundenmittelwerte pro Tag)
AOT40	90 % der Einstundenmittelwerte während des zur Berechnung des AOT40-Werts festgelegten Zeitraums*1)
Jahresmittelwert	jeweils getrennt: 75 % der Einstundenmittelwerte während des Sommers (April bis September) und 75 % während des Winters (Januar bis März, Oktober bis Dezember)
Anzahl Überschreitungen und Höchstwerte je Monat	90 % der höchsten Achtstundenmittelwerte der Tage (27 verfügbare Tageswerte je Monat) und 90 % der Einstundenmittelwerte zwischen 8.00 und 20.00 Uhr MEZ
Anzahl Überschreitungen und Höchstwerte pro Jahr	fünf von sechs Monaten während des Sommerhalbjahres (April bis September)

*1) **Amtl. Anm.:** Liegen nicht alle möglichen Messdaten vor, so werden die AOT40-Werte anhand des folgenden Faktors berechnet:

$$AOT40_{\text{Schätzwert}} = AOT40_{\text{Messwert}} \times \frac{\text{mögliche Gesamtstundenzahl}^{*)}}{\text{Zahl der gemessenen Stundenwerte}}$$

*) Stundenzahl innerhalb der Zeitspanne der AOT40-Definition (d.h. 8.00 Uhr bis 20.00 Uhr MEZ vom 1. Mai bis zum 31. Juli jedes Jahres (zum Schutz der Vegetation) und vom 1. April bis zum 30. September jedes Jahres (zum Schutz der Wälder)).

B. Zielwerte

Ziel	Mittelungszeitraum	Zielwert	Zeitpunkt, zu dem der Zielwert erreicht werden sollte*1)
Schutz der menschlichen Gesundheit	höchster Achtstundenmittelwert pro Tag	120 µg/m³ dürfen an höchstens 25 Tagen im Kalenderjahr überschritten werden, gemittelt über drei Jahre*2)	1.1.2010
Schutz der Vegetation	Mai bis Juli	AOT40 (berechnet anhand von Einstundenmittelwerten)	1.1.2010

Ziel	Mittelungszeitraum	Zielwert	Zeitpunkt, zu dem der Zielwert erreicht werden sollte*1)
		18 000 µg/m3 × h, *gemittelt über fünf Jahre**2)	

*1) **Amtl. Anm.:** Die Einhaltung der Zielwerte wird zu diesem Termin beurteilt. Dies bedeutet, dass das Jahr 2010 das erste Jahr sein wird, das herangezogen wird, um zu berechnen, ob die Zielwerte im betreffenden Drei- bzw. Fünfjahreszeitraum eingehalten wurden.

*2) **Amtl. Anm.:** Können die drei- bzw. fünfjährigen Durchschnittswerte nicht anhand vollständiger und aufeinanderfolgender Jahresdaten ermittelt werden, sind mindestens die folgenden jährlichen Daten vorgeschrieben, um zu überprüfen, ob die Zielwerte eingehalten wurden:

– Zielwert zum Schutz der menschlichen Gesundheit: gültige Daten für ein Jahr,

– Zielwert zum Schutz der Vegetation: gültige Daten für drei Jahre.

C. Langfristige Ziele

Ziel	Mittelungszeitraum	Langfristiges Ziel	Zeitpunkt, zu dem der Zielwert erreicht werden sollte
Schutz der menschlichen Gesundheit	höchster Achtstundenmittelwert pro Tag innerhalb eines Kalenderjahres	120 µg/m³	nicht festgelegt
Schutz der Vegetation	Mai bis Juli	AOT40 (berechnet anhand von Einstundenmittelwerten) 6 000 µg/m3 × h	nicht festgelegt

Anlage 8
(zu § 18)

Kriterien zur Einstufung von Probenahmestellen für die Beurteilung der Ozonwerte und zur Bestimmung ihrer Standorte

Für ortsfeste Messstationen gelten folgende Kriterien:

A. Großräumige Standortbestimmung

Art der Station	Ziele der Messungen	Repräsentativität*1)	Kriterien für die großräumige Standortbestimmung (Makroebene)
Städtisch	Schutz der menschlichen Gesundheit: Beurteilung der Ozonexposition der städtischen Bevölkerung (bei relativ hoher Bevölkerungsdichte und Ozonwerten, die repräsentativ für die Exposition der Bevölkerung allgemein sind)	Einige km²	Außerhalb des Einflussbereichs örtlicher Emissionsquellen wie Verkehr, Tankstellen usw.; Standorte mit guter Durchmischung der Umgebungsluft; Standorte wie Wohn- und Geschäftsviertel in Städten, Grünanlagen (nicht in unmittelbarer Nähe von Bäumen), große Straßen oder Plätze mit wenig oder ohne Verkehr, für Schulen,

Art der Station	Ziele der Messungen	Repräsentativität*1)	Kriterien für die großräumige Standortbestimmung (Makroebene)
			Sportanlagen oder Freizeiteinrichtungen, charakteristische offene Flächen.
Vorstädtisch	Schutz der menschlichen Gesundheit und der Vegetation: Beurteilung der Exposition der Bevölkerung und Vegetation in vorstädtischen Gebieten von Ballungsräumen mit den höchsten Werten für Ozon, denen Bevölkerung und Vegetation unmittelbar oder mittelbar ausgesetzt sein dürften	Einige Dutzend km^2	In gewissem Abstand von den Gebieten mit den höchsten Emissionen und auf deren Leeseite, bezogen auf die Hauptwindrichtungen, die bei für die Ozonbildung günstigen Bedingungen vorherrschen; Orte, an denen die Bevölkerung, empfindliche Nutzpflanzen oder natürliche Ökosysteme in der Randzone eines Ballungsraums hohen Ozonwerten ausgesetzt sind; gegebenenfalls auch einige Stationen in vorstädtischen Gebieten auf der der Hauptwindrichtung zugewandten Seite (außerhalb der Gebiete mit den höchsten Emissionen), um die Werte für den regionalen Hintergrund für Ozon zu ermitteln.
Ländlich	Schutz der menschlichen Gesundheit und der Vegetation: Beurteilung der Exposition der Bevölkerung, der Nutzpflanzen und der natürlichen Ökosysteme gegenüber Ozonwerten von subregionaler Ausdehnung	Subregionale Ebene (einige Hundert km^2)	Die Stationen können sich in kleinen Siedlungen oder Gebieten mit natürlichen Ökosystemen, Wäldern oder Nutzpflanzenkulturen befinden; repräsentative Gebiete für Ozon außerhalb des Einflussbereichs örtlicher Emittenten wie Industrieanlagen und Straßen; in offenem Gelände, jedoch nicht auf Berggipfeln.
Ländlicher Hintergrund	Schutz der Vegetation und der menschlichen Gesundheit: Beurteilung der Exposition von Nutzpflanzen und natürlichen Ökosystemen gegenüber Ozonwerten von regionaler Ausdehnung sowie der Exposition der Bevölkerung	Regionale/nationale/kontinentale Ebene (1 000 bis 10 000 km^2)	Stationen in Gebieten mit niedrigerer Bevölkerungsdichte, z.B. mit natürlichen Ökosystemen (wie Wäldern), mindestens 20 km entfernt von Stadt- und Industriegebieten und entfernt von örtlichen Emissionsquellen; zu vermeiden sind Gipfel höherer Berge sowie Standorte mit örtlich verstärkter Bildung bodennaher Temperaturinversionen; Küstengebiete mit ausgeprägten täglichen Windzyklen örtlichen Charakters werden ebenfalls nicht empfohlen.

*1) **Amtl. Anm.:** Probenahmestellen sollten möglichst für ähnliche Standorte repräsentativ sein, die nicht in ihrer unmittelbaren Nähe gelegen sind.

Für ländliche Stationen und Stationen im ländlichen Hintergrund ist die Standortwahl mit den Überwachungsanforderungen auf Grund der Verordnung (EG) Nr. 1737/2006 der Kommission vom

7. November 2006 mit Durchführungsbestimmungen zur Verordnung (EG) Nr. 2152/2003 des Europäischen Parlaments und des Rates für das Monitoring von Wäldern und Umweltwechselwirkungen in der Gemeinschaft (ABl. L 334 vom 30.11.2006, S. 1) abzustimmen.

B. Kleinräumige Standortbestimmung

Die kleinräumige Standortbestimmung sollte gemäß Anlage 3 Teil C vorgenommen werden. Es ist außerdem sicherzustellen, dass der Messeinlass sich in beträchtlicher Entfernung von Emissionsquellen wie Öfen oder Schornsteinen von Verbrennungsanlagen und in mehr als 10 Meter Entfernung von der nächstgelegenen Straße befindet, wobei der einzuhaltende Abstand mit der Verkehrsdichte zunimmt.

C. Dokumentation und Überprüfung der Standortbestimmung

Es ist gemäß Anlage 3 Teil D vorzugehen, wobei eine gründliche Voruntersuchung und Auswertung der Messdaten vorzunehmen ist. Dabei sind die meteorologischen und photochemischen Prozesse, die die an den einzelnen Standorten gemessenen Ozonwerte beeinflussen, zu beachten.

Anlage 9
(zu § 18)

Kriterien zur Bestimmung der Mindestzahl von Probenahmestellen für die ortsfesten Messungen von Ozonwerten

A. Mindestzahl der Probenahmestellen für kontinuierliche ortsfeste Messungen zur Beurteilung der Einhaltung der Zielwerte, der Informations- und Alarmschwellen und der Erreichung der langfristigen Ziele, soweit solche Messungen die einzige Informationsquelle darstellen

Einwohnerzahl (× 1 000)	Ballungsraum[*1)]	Andere Gebiete[*1)]	Ländlicher Hintergrund
< 250		1	1 Station/50 000 km^2 (als mittlere Dichte für alle Gebiete pro Land)[*2)]
< 500	1	2	
< 1 000	2	2	
< 1 500	3	3	
< 2 000	3	4	
< 2 750	4	5	
< 3 750	5	6	
> 3 750	1 zusätzliche Station je 2 Mio. Einwohner	1 zusätzliche Station je 2 Mio. Einwohner	

[*1)] **Amtl. Anm.:** Amtliche Anmerkung: Mindestens eine Station in Gebieten, in denen die Bevölkerung voraussichtlich der höchsten Ozonkonzentration ausgesetzt ist. In Ballungsräumen müssen mindestens 50 Prozent der Stationen in Vorstadtgebieten liegen.

[*2)] **Amtl. Anm.:** Amtliche Anmerkung: Eine Station je 25 000 km^2 in orografisch stark gegliedertem Gelände wird empfohlen.

B. Mindestzahl der Probenahmestellen für ortsfeste Messungen in Gebieten und Ballungsräumen, in denen die langfristigen Ziele erreicht werden

Die Zahl der Ozon-Probenahmestellen muss in Verbindung mit den zusätzlichen Beurteilungsmethoden – wie Luftqualitätsmodellierung und mit am gleichen Standort durchgeführten Stickstoffdioxidmessungen – ausreichen, um den Trend der Ozonbelastung zu prüfen und zu untersuchen, ob die langfristigen Ziele erreicht wurden. Die Zahl der Stationen in Ballungsräumen und in anderen Gebieten kann auf ein Drittel der in Abschnitt A angegebenen Zahl verringert werden. Wenn die

Informationen aus ortsfesten Stationen die einzige Informationsquelle darstellen, muss zumindest eine Messstation beibehalten werden. Hat dies in Gebieten, in denen zusätzliche Beurteilungsmethoden eingesetzt werden, zur Folge, dass in einem Gebiet keine Station mehr vorhanden ist, so ist durch Koordinierung mit den Stationen der benachbarten Gebiete sicherzustellen, dass ausreichend beurteilt werden kann, ob die langfristigen Ziele hinsichtlich der Ozonwerte erreicht werden. Die Anzahl der Stationen im ländlichen Hintergrund muss 1 Station je 100 000 Quadratkilometer betragen.

Anlage 10
(zu § 18)

Messung von Ozonvorläuferstoffen

A. Ziele

Die Hauptzielsetzung dieser Messungen besteht darin, Trends bei den Ozonvorläuferstoffen zu ermitteln, die Wirksamkeit der Emissionsminderungsstrategien sowie die Einheitlichkeit von Emissionsinventaren und die Zuordnung von Emissionsquellen zu gemessenen Schadstoffkonzentrationen zu prüfen.

Ferner soll ein besseres Verständnis der Mechanismen der Ozonbildung und der Ausbreitung der Ozonvorläuferstoffe erreicht sowie die Anwendung photochemischer Modelle unterstützt werden.

B. Stoffe

Die Messung von Ozonvorläuferstoffen muss mindestens Stickstoffoxide (Stickstoffmonoxid und Stickstoffdioxid) sowie geeignete flüchtige organische Verbindungen (VOC) umfassen. Eine Liste der zur Messung empfohlenen flüchtigen organischen Verbindungen ist nachstehend wiedergegeben:

	1-Buten	Isopren	Ethylbenzol
Ethan	trans-2-Buten	n-Hexan	m+p-Xylol
Ethylen	cis-2-Buten	i-Hexan	o-Xylol
Acetylen	1,3-Butadien	n-Heptan	1,2,4-Trimethylbenzol
Propan	n-Pentan	n-Oktan	1,2,3-Trimethylbenzol
Propen	i-Pentan	i-Oktan	1,2,5-Trimethylbenzol
n-Butan	1-Penten	Benzol	Formaldehyd
i-Butan	2-Penten	Toluol	Summe der Kohlenwasserstoffe ohne Methan

C. Standortkriterien

Die Messungen müssen insbesondere in städtischen oder vorstädtischen Gebieten in allen gemäß dieser Verordnung errichteten Messstationen durchgeführt werden, die für die in Abschnitt A erwähnten Überwachungsziele als geeignet betrachtet werden.

Anlage 11
(zu den §§ 21 und 28)

Immissionsgrenzwerte zum Schutz der menschlichen Gesundheit

A. Kriterien

Unbeschadet der Anlage 1 sind bei der Aggregation der Daten und der Berechnung der statistischen Parameter zur Prüfung der Gültigkeit folgende Kriterien anzuwenden:

Parameter	Erforderlicher Anteil gültiger Daten
Einstundenwerte	75 % (d.h. 45 Minuten)
Achtstundenwerte	75 % der Werte (d.h. 6 Stunden)
Höchster Achtstundenmittelwert pro Tag	75 % der stündlich gleitenden Achtstundenmittelwerte (d.h. 18 Achtstundenmittelwerte pro Tag)
Vierundzwanzigstundenwerte	75 % der stündlichen Mittelwerte (d.h. mindestens 18 Einstundenwerte)
Jahresmittelwert	90 %*1) der Einstundenwerte oder (falls nicht verfügbar) der Vierundzwanzigstundenwerte während des Jahres

*1) **Amtl. Anm.:** Datenverluste auf Grund regelmäßiger Kalibrierung oder üblicher Gerätewartung sind in der Anforderung für die Berechnung des Jahresmittelwerts nicht berücksichtigt.

B. Immissionsgrenzwerte

Mittelungszeitraum	Immissionsgrenzwert	Toleranzmarge*2)	Frist für die Einhaltung des Immissionsgrenzwerts
Schwefeldioxid			
Stunde	350 µg/m³ dürfen nicht öfter als vierundzwanzigmal im Kalenderjahr überschritten werden	150 µg/m³ (43 %)	*1)
Tag	125 µg/m³ dürfen nicht öfter als dreimal im Kalenderjahr überschritten werden	Keine	*1)
Stickstoffdioxid			
Stunde	200 µg/m³ dürfen nicht öfter als achtzehnmal im Kalenderjahr überschritten werden	50 %	1. Januar 2010
Kalenderjahr	40 µg/m³	50 %	1. Januar 2010
Benzol			
Kalenderjahr	5 µg/m³	100 %	1. Januar 2010
Kohlenstoffmonoxid			
Höchster Achtstundenmittelwert pro Tag	10 mg/m³	60 %	*1)
Blei			
Kalenderjahr	0,5 µg/m³	100 %	*1)
PM_{10}			
Tag	50 µg/m³ dürfen nicht öfter als fünfunddreißigmal im Kalenderjahr überschritten werden	50 %	*1)
Kalenderjahr	40 µg/m³	20 %	*1)

*1) **Amtl. Anm.:** Bereits seit 1. Januar 2005 in Kraft.

*2) **Amtl. Anm.:** Die Toleranzmarge gilt nur im Zusammenhang mit einer nach § 21 dieser Verordnung gewährten Fristverlängerung.

Anlage 12
(zu den §§ 5, 15, 27, 28 und 35)

Nationales Ziel, auf das die Exposition reduziert werden soll, Ziel- und Immissionsgrenzwert für $PM_{2,5}$

A. Indikator für die durchschnittliche Exposition

Der Indikator für die durchschnittliche Exposition (AEI – Average Exposure Indicator) wird in Mikrogramm pro Kubikmeter (µg/m³) ausgedrückt und anhand von Messungen an Messstationen für den städtischen Hintergrund in Gebieten und Ballungsräumen ermittelt. Er sollte als gleitender Jahresmittelwert für drei Kalenderjahre berechnet werden, indem der Durchschnittswert aller gemäß Anlage 5 Abschnitt B eingerichteten Probenahmestellen ermittelt wird.

Der AEI für das Referenzjahr 2010 ist der Mittelwert der Jahre 2008, 2009 und 2010. Der AEI für das Jahr 2020 ist der gleitende Jahresmittelwert (Durchschnittswert aller Probenahmestellen nach Anlage 5 Abschnitt B) für die Jahre 2018, 2019 und 2020. Anhand des AEI wird überprüft, ob das nationale Ziel für die Reduzierung der Exposition erreicht wurde.

Der AEI für das Jahr 2015 ist der gleitende Jahresmittelwert (Durchschnittswert aller Probenahmestellen nach Anlage 5 Abschnitt B) für die Jahre 2013, 2014 und 2015. Anhand des AEI wird überprüft, ob die Verpflichtung in Bezug auf die Expositionskonzentration erfüllt wurde.

B. Nationales Ziel, auf das die Exposition reduziert werden soll

Ziel, auf das die Exposition gegenüber dem AEI 2010 reduziert werden soll		Jahr, ab dem das Ziel für die Reduzierung der Exposition erreicht werden soll
Ausgangswert in µg/m³	Reduktionsziel in Prozent	2020
< 8,5 = 8,5	0 %	
> 8,5 – < 13	10 %	
= 13 – < 18	15 %	
= 18 – < 22	20 %	
≥ 22	Alle angemessenen Maßnahmen, um das Ziel von 18 µg/m³ zu erreichen	

Ergibt sich als Indikator für die durchschnittliche Exposition ausgedrückt in Mikrogramm pro Kubikmeter im Referenzjahr 8,5 Mikrogramm pro Kubikmeter oder weniger, ist das Ziel für die Reduzierung der Exposition mit Null anzusetzen. Es ist auch in den Fällen mit Null anzusetzen, in denen der Indikator für die durchschnittliche Exposition zu einem beliebigen Zeitpunkt zwischen 2010 und 2020 einen Wert von 8,5 Mikrogramm pro Kubikmeter erreicht und auf diesem Wert oder darunter gehalten wird.

C. Verpflichtung in Bezug auf die Expositionskonzentration

Verpflichtung in Bezug auf die Expositionskonzentration	Zeitpunkt, zu dem die Verpflichtung zu erfüllen ist
20 µg/m³	1. Januar 2015

D. Zielwert

Mittelungszeitraum	Zielwert	Zeitpunkt, zu dem der Zielwert erreicht werden sollte
Kalenderjahr	25 µg/m³	1. Januar 2010

E. Immissionsgrenzwert

Mitteilungszeitraum	Immissionsgrenzwert	Toleranzmarge	Frist für die Einhaltung des Immissionsgrenzwerts
Kalenderjahr	25 µg/m³	20 % am 11. Juni 2008, Reduzierung am folgenden 1. Januar und danach alle 12 Monate um jährlich ein Siebentel bis auf 0 % am 1. Januar 2015	1. Januar 2015

Anlage 13
(zu den §§ 27 und 34)

Erforderlicher Inhalt von Luftreinhalteplänen

1. Ort der Überschreitung:
   a) Region
   b) Ortschaft (Karte)
   c) Messstation (Karte, geographische Koordinaten)
2. Allgemeine Informationen:
   a) Art des Gebiets (Stadt, Industriegebiet oder ländliches Gebiet)
   b) Schätzung der Größe des verschmutzten Gebiets in Quadratkilometern und der der Verschmutzung ausgesetzten Bevölkerung
   c) zweckdienliche Klimaangaben
   d) zweckdienliche topographische Daten
   e) Art der in dem betreffenden Gebiet zu schützenden Ziele
3. Zuständige Behörden:
   Namen und Anschriften der für die Ausarbeitung und Durchführung der Verbesserungspläne zuständigen Personen
4. Art und Beurteilung der Verschmutzung
   a) in den vorangehenden Jahren (vor der Durchführung der Verbesserungsmaßnahmen) festgestellten Werte
   b) seit dem Beginn des Vorhabens gemessene Werte
   c) angewandte Beurteilungstechniken
5. Ursprung der Verschmutzung:
   a) Liste der wichtigsten Emissionsquellen, die für die Verschmutzung verantwortlich sind (Karte)
   b) Gesamtmenge der Emissionen aus diesen Quellen (Tonnen/Jahr)
   c) Informationen über Verschmutzungen, die ihren Ursprung in anderen Gebieten haben
6. Analyse der Lage:
   a) Einzelheiten über Faktoren, die zu den Überschreitungen geführt haben (zum Beispiel Verkehr, einschließlich grenzüberschreitender Verkehr, Entstehung sekundärer Schadstoffe in der Atmosphäre)
   b) Einzelheiten über mögliche Maßnahmen zur Verbesserung der Luftqualität

7. Angaben zu den bereits vor dem 11. Juni 2008 durchgeführten Maßnahmen oder bestehenden Verbesserungsvorhaben:
   a) örtliche, regionale, nationale und internationale Maßnahmen
   b) festgestellte Wirkungen
8. Angaben zu den Maßnahmen oder Vorhaben, die nach dem Inkrafttreten der Richtlinie 2008/50/EG am 11. Juni 2008 zur Verminderung der Verschmutzung beschlossen oder entsprechend Anhang XV Abschnitt B Nummer 3 der Richtlinie 2008/50/EG berücksichtigt wurden:
   a) Auflistung und Beschreibung aller in den Vorhaben genannten Maßnahmen
   b) Zeitplan für die Durchführung
   c) Schätzung der angestrebten Verbesserung der Luftqualität und des für die Verwirklichung dieser Ziele veranschlagten Zeitraums
9. Angaben zu den geplanten oder langfristig angestrebten Maßnahmen oder Vorhaben
10. Liste der Veröffentlichungen, Dokumente, Arbeiten usw., die die in dieser Anlage vorgeschriebenen Informationen ergänzen

Anlage 14
(zu § 30)

Unterrichtung der Öffentlichkeit

1. Die aktuellen Informationen über die Werte der in dieser Verordnung geregelten Schadstoffe in der Luft werden der Öffentlichkeit routinemäßig zugänglich gemacht.
2. Die Werte sind als Durchschnittswerte entsprechend dem jeweiligen Mittelungszeitraum vorzulegen. Die Informationen müssen zumindest die Werte enthalten, die oberhalb der Luftqualitätsziele (Immissionsgrenzwerte, Zielwerte, Alarmschwellen, Informationsschwellen und langfristige Ziele für die regulierten Schadstoffe) liegen. Hinzuzufügen sind ferner eine kurze Beurteilung anhand der Luftqualitätsziele sowie einschlägige Angaben über gesundheitliche Auswirkungen bzw. gegebenenfalls Auswirkungen auf die Vegetation.
3. Die Informationen über die Werte von Schwefeldioxid, Stickstoffdioxid, Partikeln (mindestens PM_{10}), Ozon und Kohlenmonoxid in der Luft sind, falls eine stündliche Aktualisierung nicht möglich ist, mindestens täglich zu aktualisieren. Die Informationen über die Werte von Blei und Benzol in der Luft sind in Form eines Durchschnittswerts für die letzten zwölf Monate vorzulegen und, falls eine monatliche Aktualisierung nicht möglich ist, alle drei Monate zu aktualisieren.
4. Die Bevölkerung wird rechtzeitig über festgestellte oder vorhergesagte Überschreitungen der Alarmschwellen und Informationsschwellen unterrichtet. Die Angaben müssen mindestens Folgendes umfassen:
   a) Informationen über eine oder mehrere festgestellte Überschreitungen:
      - Ort oder Gebiet der Überschreitung
      - Art der überschrittenen Schwelle (Informationsschwelle oder Alarmschwelle)
      - Beginn und Dauer der Überschreitung
      - höchster Einstundenwert und höchster Achtstundenmittelwert für Ozon
   b) Vorhersage für den kommenden Nachmittag/Tag (die kommenden Nachmittage/Tage):
      - geographisches Gebiet erwarteter Überschreitungen der Informationsschwelle oder Alarmschwelle
      - erwartete Änderungen bei der Luftverschmutzung (Verbesserung, Stabilisierung oder Verschlechterung) sowie die Gründe für diese Änderungen
   c) Informationen über die betroffene Bevölkerungsgruppe, mögliche gesundheitliche Auswirkungen und empfohlenes Verhalten:
      - Informationen über empfindliche Bevölkerungsgruppen
      - Beschreibung möglicher Symptome
      - der betroffenen Bevölkerung empfohlene Vorsichtsmaßnahmen
      - weitere Informationsquellen

d) Informationen über vorbeugende Maßnahmen zur Verminderung der Luftverschmutzung oder der Exposition (Angabe der wichtigsten Verursachersektoren); Empfehlungen für Maßnahmen zur Verringerung der Emissionen.

Im Zusammenhang mit vorhergesagten Überschreitungen ergreifen die zuständigen Behörden die erforderlichen Maßnahmen, um die Bereitstellung dieser Angaben sicherzustellen, soweit dies keinen unverhältnismäßigen Aufwand erfordert.

Anlage 15
(zu § 20)

Festlegung der Anforderungen an die Beurteilung der Werte für Arsen, Kadmium, Nickel und Benzo[*a*]pyren innerhalb eines Gebiets oder Ballungsraums

A. Obere und untere Beurteilungsschwellen

Es gelten die folgenden oberen und unteren Beurteilungsschwellen:

	Arsen	Kadmium	Nickel	B(a)P
Obere Beurteilungsschwelle in Prozent des Zielwerts	60 % (3,6 ng/m³)	60 % (3 ng/m³)	70 % (14 ng/m³)	60 % (0,6 ng/m³)
Untere Beurteilungsschwelle in Prozent des Zielwerts	40 % (2,4 ng/m³)	40 % (2 ng/m³)	50 % (10 ng/m³)	40 % (0,4 ng/m³)

B. Ermittlung der Überschreitung der oberen und unteren Beurteilungsschwellen

Die Überschreitung der oberen und unteren Beurteilungsschwellen ist auf der Grundlage der Werte während der vorangegangenen fünf Jahre zu ermitteln, sofern entsprechende Daten vorliegen. Eine Beurteilungsschwelle gilt als überschritten, wenn sie in den vorangegangenen fünf Jahren in mindestens drei einzelnen Kalenderjahren überschritten worden ist.

Wenn weniger Daten als für die letzten fünf Jahre vorliegen, können die zuständigen Behörden eine Überschreitung der oberen und unteren Beurteilungsschwellen ermitteln, indem sie in der Jahreszeit und an den Standorten, während der bzw. an denen typischerweise die stärkste Verschmutzung auftritt, Messkampagnen kurzer Dauer durch Erkenntnisse ergänzen, die aus Daten von Emissionskatastern und aus Modellen abgeleitet werden.

Anlage 16
(zu § 20)

Standort und Mindestanzahl der Probenahmestellen für die Messung der Werte und der Ablagerungsraten von Arsen, Kadmium, Nickel und Benzo[*a*]pyren

A. Großräumige Standortkriterien

Die Standorte der Probenahmestellen sollten so gewählt werden, dass

- Daten über die Teile von Gebieten und Ballungsräumen erfasst werden können, in denen die Bevölkerung während eines Kalenderjahres auf direktem oder indirektem Weg im Durchschnitt wahrscheinlich den höchsten Werten ausgesetzt ist;
- Daten über Werte in anderen Teilen von Gebieten und Ballungsräumen erfasst werden können, die repräsentative Aussagen über die Exposition der Bevölkerung ermöglichen;
- Daten über die Ablagerungsraten erfasst werden können, die der indirekten Exposition der Bevölkerung über die Nahrungskette entsprechen.

Der Standort der Probenahmestellen sollte im Allgemeinen so gewählt werden, dass die Messung sehr kleinräumiger Umweltbedingungen in unmittelbarer Nähe vermieden wird. In der Regel sollte eine Probenahmestelle für die Luftqualität folgender Flächen repräsentativ sein:

1. in verkehrsnahen Zonen: für nicht weniger als 200 Quadratmeter,

2. an Industriestandorten: für mindestens 250 Meter × 250 Meter und
3. in Gebieten mit typischen Werten für den städtischen Hintergrund: für mehrere Quadratkilometer.

Besteht das Ziel in der Beurteilung von Werten für den Hintergrund, so sollten sich in der Nähe der Probenahmestelle befindliche Ballungsräume oder Industriestandorte nicht auf die Messergebnisse auswirken.

Soll der Beitrag industrieller Quellen beurteilt werden, ist zumindest eine Probenahmestelle im Lee der Hauptwindrichtung von der Quelle im nächstgelegenen Wohngebiet aufzustellen. Ist die Hintergrundkonzentration nicht bekannt, so wird eine weitere Probenahmestelle im Luv der Hauptwindrichtung aufgestellt. Wird § 22 in Verbindung mit § 20 Absatz 1 und 3 angewendet, so sollten die Probenahmestellen so aufgestellt werden, dass die Anwendung der besten verfügbaren Techniken überwacht werden kann.

Probenahmestellen sollten möglichst auch für ähnliche Standorte repräsentativ sein, die nicht in ihrer unmittelbaren Nähe gelegen sind. Sofern sinnvoll, sollten sie mit Probenahmestellen für die PM_{10}-Fraktion zusammengelegt werden.

B. Kleinräumige Standortkriterien

Folgende Leitlinien sollten eingehalten werden:

- Der Luftstrom um den Messeinlass sollte nicht beeinträchtigt werden und es sollten keine den Luftstrom beeinflussenden Hindernisse in der Nähe des Probensammlers vorhanden sein (die Messsonde sollte in der Regel ausreichend weit von Gebäuden, Balkonen, Bäumen und anderen Hindernissen sowie – im Fall von Probenahmestellen für die Luftqualität an der Baufluchtlinie – mindestens 0,5 Meter vom nächsten Gebäude entfernt sein);
- im Allgemeinen sollte sich der Messeinlass in einer Höhe zwischen 1,5 Meter (Atemzone) und 4 Meter über dem Boden befinden. Unter bestimmten Umständen kann eine höhere Lage des Einlasses (bis zu 8 Meter) erforderlich sein. Ein höher gelegener Einlass kann auch angezeigt sein, wenn die Messstation für ein größeres Gebiet repräsentativ ist;
- der Messeinlass sollte nicht in unmittelbarer Nähe von Emissionsquellen platziert werden, um den unmittelbaren Einlass von Emissionen, die nicht mit der Umgebungsluft vermischt sind, zu vermeiden;
- die Abluftleitung des Probensammlers sollte so gelegt werden, dass ein Wiedereintritt der Abluft in den Messeinlass vermieden wird;
- Probenahmestellen an verkehrsnahen Messorten sollten mindestens 25 Meter vom Rand verkehrsreicher Kreuzungen und mindestens 4 Meter von der Mitte der nächstgelegenen Fahrspur entfernt sein; die Einlässe sollten so gelegen sein, dass sie für die Luftqualität in der Nähe der Baufluchtlinie repräsentativ sind.

Die folgenden Faktoren können ebenfalls berücksichtigt werden:

- Störquellen;
- Sicherheit;
- Zugänglichkeit;
- Stromversorgung und Telekommunikationsleitungen;
- Sichtbarkeit der Messstation in der Umgebung;
- Sicherheit der Öffentlichkeit und des Betriebspersonals;
- eventuelle Zusammenlegung der Probenahmestellen für verschiedene Schadstoffe;
- planerische Anforderungen.

C. Dokumentation und Überprüfung der Standortwahl

Die Verfahren für die Standortwahl sollten in der Einstufungsphase vollständig dokumentiert werden, zum Beispiel mit Fotografien der Umgebung in den Haupthimmelsrichtungen und einer detaillierten Karte. Die Standorte sollten regelmäßig überprüft und wiederholt dokumentiert werden um sicherzustellen, dass die Kriterien für die Standortwahl weiterhin erfüllt sind.

D. Kriterien zur Festlegung der Zahl von Probenahmestellen für ortsfeste Messungen der Werte von Arsen, Kadmium, Nickel und Benzo[*a*]pyren

Mindestanzahl von Probenahmestellen für ortsfeste Messungen zur Beurteilung, ob Zielwerte für den Schutz der menschlichen Gesundheit in Gebieten und Ballungsräumen eingehalten werden, in denen ortsfeste Messungen die einzige Informationsquelle darstellen.

a) Diffuse Quellen

Bevölkerung des Ballungsraums oder Gebiets (Tausend)	Wenn der maximale Wert die obere Beurteilungsschwelle überschreitet*1)		Wenn der maximale Wert zwischen der oberen und unteren Beurteilungsschwelle liegt
	As, Cd, Ni	B(a)P	As, Cd, Ni, B(a)P
0 – 749	1	1	1
750 – 1 999	2	2	1
2 000 – 3 749	2	3	1
3 750 – 4 749	3	4	2
4 750 – 5 999	4	5	2
≥ 6 000	5	5	2

*1) **Amtl. Anm.:** Es ist mindestens eine Messstation für typische Werte für den städtischen Hintergrund und für Benzo[*a*]pyren auch eine verkehrsnahe Messstation einzubeziehen, ohne dadurch die Zahl der Probenahmestellen zu erhöhen.

b) Punktquellen

Zur Beurteilung der Luftverschmutzung in der Nähe von Punktquellen sollte die Zahl der Probenahmestellen für ortsfeste Messungen unter Berücksichtigung der Emissionsdichte, der wahrscheinlichen Verteilung der Luftschadstoffe und der möglichen Exposition der Bevölkerung festgelegt werden.

Die Orte der Probenahmestellen sollten so gewählt werden, dass die Anwendung der besten verfügbaren Techniken gemäß Artikel 2 Nummer 12 der Richtlinie 2008/1/EG kontrolliert werden kann.

Anlage 17
(zu § 20)

Datenqualitätsziele und Anforderungen an Modelle zur Bestimmung der Werte für Arsen, Kadmium, Nickel und Benzo[*a*]pyren

A. Datenqualitätsziele

Folgende Datenqualitätsziele können als Leitfaden für die Qualitätssicherung dienen:

	Benzo[*a*]pyren	Arsen, Kadmium und Nickel	Polyzyklische aromatische Kohlenwasserstoffe außer Benzo[*a*]pyren, gesamtes gasförmiges Quecksilber	Gesamtablagerung
– Unsicherheit				
Ortsfeste und orientierende Messungen	50 %	40 %	50 %	70 %
Modellierung	60 %	60 %	60 %	60 %
– Mindestdatenerfassung	90 %	90 %	90 %	90 %
– Mindestzeiterfassung				
Ortsfeste Messungen*)	33 %	50 %		

	Benzo[a]pyren	Arsen, Kadmium und Nickel	Polyzyklische aromatische Kohlenwasserstoffe außer Benzo[a]pyren, gesamtes gasförmiges Quecksilber	Gesamtablagerung
Orientierende Messungen*) **)	14 %	14 %	14 %	33 %

*) **Amtl. Anm.:** Amtliche Anmerkung: Über das Jahr verteilt, um unterschiedlichen klimatischen und durch menschliche Aktivitäten bedingten Verhältnissen Rechnung zu tragen.

) **Amtl. Anm.: Orientierende Messungen sind Messungen, die weniger häufig vorgenommen werden, jedoch die anderen Datenqualitätsziele erfüllen.

Die (auf der Grundlage eines Vertrauensbereichs von 95 Prozent ausgedrückte) Unsicherheit der bei der Beurteilung der Immissionskonzentrationen verwendeten Methoden wird gemäß folgender Maßgaben errechnet:

1. den Prinzipien des CEN-Leitfadens für die Messunsicherheit (ENV 13005:1999),
2. den ISO 5725:1994-Verfahren[1] und
3. den Hinweisen des CEN-Berichts über Luftqualität – Ansatz für die Einschätzung des Unsicherheitsgrads bei Referenzmethoden zur Messung der Luftqualität (CR 14377:2002 E).

Die Prozentsätze für die Unsicherheit werden für einzelne Messungen angegeben, die über typische Probenahmezeiten hinweg gemittelt werden, und zwar für einen Vertrauensbereich von 95 Prozent. Die Unsicherheit der Messungen gilt für den Bereich des entsprechenden Zielwerts. Ortsfeste und orientierende Messungen müssen gleichmäßig über das Jahr verteilt werden, um zu vermeiden, dass die Ergebnisse verfälscht werden.

Die Anforderungen an Mindestdatenerfassung und Mindestzeiterfassung berücksichtigen nicht den Verlust von Daten auf Grund einer regelmäßigen Kalibrierung oder der normalen Wartung der Instrumente. Eine 24-stündige Probenahme ist bei der Messung von Benzo[a]pyren und anderen polyzyklischen aromatischen Kohlenwasserstoffen erforderlich. Einzelproben, die während eines Zeitraums von bis zu einem Monat genommen werden, können mit der gebotenen Vorsicht als Sammelprobe zusammengefasst und analysiert werden, vorausgesetzt, die angewandte Methode gewährleistet stabile Proben für diesen Zeitraum. Die drei verwandten Stoffe Benzo[b]fluoranthen, Benzo[j]fluoranthen und Benzo[k]fluoranthen lassen sich nur schwer analytisch trennen. In diesen Fällen können sie als Summe gemeldet werden. Die Probenahmen müssen gleichmäßig über die Wochentage und das Jahr verteilt sein. Für die Messung der Ablagerungsraten werden über das Jahr verteilte monatliche

[1] **Amtl. Anm.:** DIN ISO 5725-1: Genauigkeit (Richtigkeit und Präzision) von Messverfahren und Messergebnissen – Teil 1: Allgemeine Grundlagen und Begriffe; Ausgabedatum: 11.1997
DIN ISO 5725-1: Berichtigung 1 Berichtigungen zu DIN ISO 5725-1:1997-11 Ausgabedatum: 09.1998
DIN ISO 5725-2: Genauigkeit (Richtigkeit und Präzision) von Messverfahren und Messergebnissen – Teil 2: Grundlegende Methode für Ermittlung der Wiederhol- und Vergleichpräzision eines vereinheitlichten Messverfahrens, Ausgabedatum: 12.2002
DIN ISO 5725-3: Genauigkeit (Richtigkeit und Präzision) von Messverfahren und Messergebnissen – Teil 3: Präzisionsmaße eines vereinheitlichten Messverfahrens unter Zwischenbedingungen; Ausgabedatum: 02.2003
DIN ISO 5725-4: Genauigkeit (Richtigkeit und Präzision) von Messverfahren und Messergebnissen – Teil 4: Grundlegende Methoden für die Ermittlung der Richtigkeit eines vereinheitlichten Messverfahrens; Ausgabedatum: 01.2003
DIN ISO 5725-5: Genauigkeit (Richtigkeit und Präzision) von Messverfahren und Messergebnissen – Teil 5: Alternative Methoden für die Ermittlung der Präzision eines vereinheitlichten Messverfahrens; Ausgabedatum: 11.2002
DIN ISO 5725-5 Berichtigung 1: Genauigkeit (Richtigkeit und Präzision) von Messverfahren und Messergebnissen – Teil 5: Alternative Methoden für die Ermittlung der Präzision eines vereinheitlichten Messverfahrens (ISO 5725-5:1998), Berichtigungen zu DIN ISO 5725-5:2002-11 (ISO 5725-5:1998/Cor. 1:2005); Ausgabedatum: 04.2006
DIN ISO 5725-6: Genauigkeit (Richtigkeit und Präzision) von Messverfahren und Messergebnissen – Teil 6: Anwendung von Genauigkeitswerten in der Praxis; Ausgabedatum: 08.2002

oder wöchentliche Proben empfohlen. Die Vorschriften für Einzelproben gemäß den vorhergehenden sieben Sätzen gelten auch für Arsen, Kadmium, Nickel und das gesamte gasförmige Quecksilber. Die Entnahme von Teilproben aus PM_{10}-Filtern zur anschließenden Untersuchung auf Metalle ist zulässig, sofern erwiesen ist, dass die Teilprobe für die Gesamtprobe repräsentativ ist und die Nachweiseffizienz beim Abgleich mit den relevanten Datenqualitätszielen nicht beeinträchtigt wird. In Abweichung zur 24-stündigen Probenahme zur Untersuchung des Metallgehalts von PM_{10} nach der DIN EN 12341:2014, Ausgabe August 2014, und den Bestimmungen zur Messdauer nach Abschnitt 9.3 der DIN EN 15852:2010, Ausgabe November 2010, ist eine wöchentliche Probenahme zulässig, sofern die Erfassungseigenschaften dadurch nicht beeinträchtigt werden.

Die zuständigen Behörden dürfen anstelle einer „bulk-Probenahme" nur dann eine „wet-only-Probenahme" verwenden, wenn sie nachweisen können, dass der Unterschied zwischen diesen nicht mehr als 10 Prozent ausmacht. Die Ablagerungsraten sollten generell in Mikrogramm pro Quadratmeter ($\mu g/m^2$) pro Tag angegeben werden.

Die zuständigen Behörden können die Mindestzeiterfassung der in der Tabelle angegebenen Werte unterschreiten, jedoch nicht weniger als 14 Prozent bei ortsfesten Messungen und 6 Prozent bei orientierenden Messungen, sofern sie nachweisen können, dass die Unsicherheit bei einem Vertrauensbereich von 95 Prozent für den Jahresdurchschnitt, berechnet auf der Grundlage der Datenqualitätsziele in der Tabelle gemäß ISO 11222:2002 – „Ermittlung der Unsicherheit von zeitlichen Mittelwerten von Luftbeschaffenheitsmessungen" eingehalten wird.

B. Anforderungen an Modelle zur Beurteilung der Luftqualität

Werden Modelle zur Beurteilung der Luftqualität verwendet, sind Hinweise auf Beschreibungen des Modells und Informationen über die Unsicherheit zusammenzustellen. Die Unsicherheit von Modellen wird als die maximale Abweichung der gemessenen und berechneten Werte über ein ganzes Jahr definiert, wobei der genaue Zeitpunkt des Auftretens dieser Abweichungen nicht berücksichtigt wird.

C. Anforderungen an objektive Schätzungstechniken

Werden objektive Schätzungstechniken verwendet, so darf die Unsicherheit 100 Prozent nicht überschreiten.

D. Standardbedingungen

Für Stoffe, die in der PM_{10}-Fraktion zu analysieren sind, bezieht sich das Probenahmevolumen auf die Umgebungsbedingungen.

Anlage 18
(zu § 20)

Referenzmethoden für die Beurteilung der Werte und der Ablagerungsraten von Arsen, Kadmium, Nickel, Quecksilber und Benzo[*a*]pyren

A. Referenzmethode für die Probenahme und Analyse von Arsen, Kadmium und Nickel in der Luft

Als Referenzmethode für die Analyse von Arsen, Kadmium und Nickel in der Luft gilt die Methode, die in DIN EN 14902:2005, berichtigt 2007 „Außenluftbeschaffenheit – Standardisiertes Verfahren zur Bestimmung von Pb/Cd/As/Ni als Bestandteil der PM_{10}-Fraktion des Schwebstaubes", beschrieben ist.

Die zuständigen Behörden können auch jede andere Methode anwenden, die nachweislich zu Ergebnissen führt, die der vorstehend genannten Methode entsprechen.

Als Referenzmethode für die Probenahme von Arsen, Kadmium und Nickel in der Luft gilt die Methode, die in DIN EN 12341:2014, Ausgabe August 2014, beschrieben ist.

B. Referenzmethode für die Probenahme und Analyse polyzyklischer aromatischer Kohlenwasserstoffe in der Luft

Als Referenzmethode für die Analyse von Benzo[*a*]pyren in der Luft gilt die Methode, die in DIN EN 15549:2008 „Luftbeschaffenheit – Messverfahren zur Bestimmung der Konzentration von Benzo [*a*]pyren in Luft" beschrieben ist.

Solange keine genormte CEN-Methode für die Messung der anderen in § 20 Absatz 8 genannten polyzyklischen aromatischen Kohlenwasserstoffe vorliegt, können die zuständigen Behörden genormte nationale Methoden oder genormte ISO-Methoden wie die ISO-Norm 12884:2000 anwenden.

Die zuständigen Behörden können auch jede andere Methode anwenden, die nachweislich zu Ergebnissen führt, die der vorstehend genannten Methode entsprechen.

Als Referenzmethode für die Probenahme polyzyklischer aromatischer Kohlenwasserstoffe in der Luft gilt die Methode, die in DIN EN 12341:2014, Ausgabe August 2014, beschrieben ist.

C. Referenzmethode für die Probenahme und Analyse von Quecksilber in der Luft

Als Referenzmethode für die Bestimmung des gesamten gasförmigen Quecksilbers in der Luft gilt die Methode, die in der DIN EN 15852:2010, Ausgabe November 2010, beschrieben ist.

Die zuständigen Behörden können auch jede andere Methode anwenden, die nachweislich zu Ergebnissen führt, die der vorstehend genannten Methode entsprechen.

D. Referenzmethode für die Probenahme und Analyse der Ablagerung von Arsen, Kadmium, Quecksilber, Nickel und polyzyklischen aromatischen Kohlenwasserstoffen

Als Referenzmethode für die Bestimmung der Ablagerung von Arsen, Kadmium und Nickel gilt die Methode, die in der DIN EN 15841:2010, Ausgabe April 2010, beschrieben ist.

Als Referenzmethode für die Bestimmung der Ablagerung von Quecksilber gilt die Methode, die in der DIN EN 15853:2010, Ausgabe November 2010, „Außenluftbeschaffenheit – Standardisiertes Verfahren zur Bestimmung der Quecksilberdeposition" beschrieben ist.

Als Referenzmethode für die Bestimmung der Ablagerung von Benzo[*a*]pyren und den anderen polyzyklischen Kohlenwasserstoffen gemäß § 20 Absatz 8 gilt die Methode, die in der DIN EN 15980:2011, Ausgabe August 2011, „Luftqualität – Bestimmung der Deposition von Benz[*a*]anthracen, Benzo[*b*]fluoranthen, Benzo[*j*]fluoranthen, Benzo[*k*]fluoranthen, Benzo[*a*]pyren, Dibenz[*a,h*]anthracen und Indeno[*1,2,3-cd*]pyren" beschrieben ist.

E. Referenzmethoden zur Erstellung von Luftqualitätsmodellen

Für die Erstellung von Luftqualitätsmodellen lassen sich zurzeit keine Referenzmethoden festlegen.

2.41. Einundvierzigste Verordnung zur Durchführung des Bundes-Immissionsschutzgesetzes (Bekanntgabeverordnung – 41. BImSchV)[1]

Vom 2. Mai 2013

(BGBl. I S. 973, 1001, ber. S. 3756)

FNA 2129-8-41

zuletzt geänd. durch Art. 60 G zum Abbau verzichtbarer Anordnungen der Schriftform im Verwaltungsrecht des Bundes v. 29.3.2017 (BGBl. I S. 626)

Inhaltsübersicht

---

[1] Verkündet als Art. 4 VO v. 2.5.2013 (BGBl. I S. 973, ber. S. 3756); Inkrafttreten gem. Art. 11 Satz 1 dieser VO am 2.5.2013. Die VO wurde erlassen aufgrund von § 29b Abs. 3 BImSchG (Nr. **1**).

Abschnitt 1. Allgemeine Vorschriften

§ 1 Anwendungsbereich. Diese Verordnung gilt für:

1. die Bekanntgabe von Stellen und Sachverständigen gemäß § 29b Absatz 1 des Bundes-Immissionsschutzgesetzes[1],
2. die Pflichten bekannt gegebener Stellen und Sachverständiger sowie den Widerruf entsprechender Bekanntgaben,
3. die Pflichten von Anlagenbetreibern zur Vorlage der Nachweise über gleichwertige Anerkennungen von Stellen und Sachverständigen aus anderen Mitgliedstaaten der Europäischen Union oder anderen Vertragsstaaten des Abkommens über den Europäischen Wirtschaftsraum.

§ 2 Begriffsbestimmungen. Im Sinne dieser Verordnung sind:

1. Prüfbereich
   die von der zuständigen Behörde in der Bekanntgabe einer Stelle bezeichnete Kombination von Tätigkeitsbereichen und Stoffbereichen nach Anlage 1;
2. Ermittlungen
   Messungen, Kalibrierungen, Prüfungen und Berechnungen, die für die Beurteilung der Emissionen oder Immissionen von Anlagen notwendig sind und von bekannt gegebenen Stellen durchgeführt werden;
3. Fachlich verantwortliche Personen und deren Stellvertreter
   die für die Durchführung von Ermittlungen verantwortlichen natürlichen Personen einer bekannt gegebenen Stelle;
4. Standort
   derjenige geografische Ort, von dem aus eine bekannt gegebene Stelle tätig wird, um Dienstleistungen zur Erfüllung der Ermittlungsaufgaben zu erbringen;
5. Prüfungsbereich
   die von der zuständigen Behörde in der Bekanntgabe von Sachverständigen bezeichnete Kombination aus Anlagenarten und Fachgebieten nach Anlage 2;
6. Sachverständige oder Sachverständiger
   eine natürliche Person.

Abschnitt 2. Bekanntgabevoraussetzungen

Unterabschnitt 1. Stellen im Sinne von § 29b Absatz 1 des Bundes-Immissionsschutzgesetzes

§ 3 Organisationsform von Stellen. Bekannt zu gebende Stellen im Sinne von § 29b Absatz 1 des Bundes-Immissionsschutzgesetzes[1] müssen in einem Mitgliedstaat der Europäischen Union oder einem anderen Vertragsstaat des Abkommens über den Europäischen Wirtschaftsraum niedergelassene juristische Personen oder Personengesellschaften sein.

---

[1] Nr. 1.

§ 4 Fachkunde und gerätetechnische Ausstattung von Stellen.

(1) [1]Bekannt zu gebende Stellen im Sinne von § 29b Absatz 1 des Bundes-Immissionsschutzgesetzes[1)] müssen in ausreichendem Umfang über Personal zur Durchführung der Ermittlungen verfügen, das fachkundig ist und hauptberuflich mit Messungen und Analysen beschäftigt ist. [2]Die gemäß § 29b Absatz 2 Satz 2 des Bundes-Immissionsschutzgesetzes erforderliche Fachkunde und die erforderliche gerätetechnische Ausstattung liegt vor, wenn für die jeweiligen Prüfbereiche gemäß Anlage 1 den folgenden Normen genügt wird:

1. DIN EN ISO/IEC 17025, Ausgabe August 2005 mit Berichtigungen vom Mai 2007, sowie VDI-Richtlinie 4220, Ausgabe April 2011,
2. VDI-Richtlinie 4208 Blatt 2, Ausgabe Oktober 2011, oder
3. DIN 45688, Ausgabe April 2005.

(2) [1]Bekannt zu gebende Stellen müssen an jedem Standort mindestens eine fachlich verantwortliche Person oder deren Stellvertreter hauptberuflich beschäftigen. [2]Die fachlich verantwortlichen Personen und ihre Stellvertreter müssen zusätzlich zur Fachkunde nach Absatz 1 Satz 2 über umfassende Kenntnisse in immissionsschutzrechtlichen Rechts- und Verwaltungsvorschriften für den jeweiligen Prüfbereich, in technischen Normen sowie in dem Bekanntgabe- und Kompetenzfeststellungsverfahren nach dieser Verordnung verfügen.

§ 5 Unabhängigkeit von Stellen. Die für eine Bekanntgabe gemäß § 29b Absatz 2 Satz 2 des Bundes-Immissionsschutzgesetzes[1)] erforderliche Unabhängigkeit einer Stelle ist in der Regel dann nicht gegeben, wenn sie

1. Anlagen und Anlagenteile entwickelt, vertreibt, errichtet oder betreibt oder bei deren Entwicklung, Errichtung oder Betrieb mitwirkt oder mitgewirkt hat,
2. Geräte oder Einrichtungen zur Verminderung von Emissionen oder Messgeräte zur kontinuierlichen Überwachung von Emissionen oder sicherheitsrelevante Anlagen, insbesondere Schutzsysteme, herstellt oder vertreibt,
3. organisatorisch, wirtschaftlich, personell oder hinsichtlich des Kapitals mit Dritten derart verflochten ist, dass deren Einflussnahme auf die jeweiligen Aufgaben nicht ausgeschlossen werden kann oder wenn der Anschein einer solchen Einflussnahme besteht, oder
4. fachlich verantwortliche Personen beschäftigt, die nicht hauptberuflich bei ihr tätig sind.

§ 6 Zuverlässigkeit von Stellen. (1) Die erforderliche Zuverlässigkeit im Sinne von § 29b Absatz 2 Satz 2 des Bundes-Immissionsschutzgesetzes[1)] liegt vor, wenn die nach Gesetz, Satzung oder Gesellschaftsvertrag zur Vertretung oder Geschäftsführung berechtigten Personen der bekannt zu gebenden Stelle sowie das in § 4 genannte Personal auf Grund ihrer persönlichen Eigenschaften, ihres Verhaltens und ihrer Fähigkeiten zur ordnungsgemäßen Erfüllung der ihnen obliegenden Aufgaben geeignet sind.

(2) Die erforderliche Zuverlässigkeit ist in der Regel nicht gegeben, wenn eine der in Absatz 1 bezeichneten Personen

---

[1)] Nr. **1**.

1. wegen Verletzung der Vorschriften
   a) des Strafrechts über gemeingefährliche Delikte oder Delikte gegen die Umwelt,
   b) des Natur- und Landschaftsschutz-, Chemikalien-, Gentechnik- oder Strahlenschutzrechts,
   c) des Lebensmittel-, Arzneimittel-, Pflanzenschutz- oder Infektionsschutzrechts,
   d) des Gewerbe-, Produktsicherheits- oder Arbeitsschutzrechts oder
   e) des Betäubungsmittel-, Waffen- oder Sprengstoffrechts

   zu einer Freiheitsstrafe, Jugendstrafe oder Geldstrafe rechtskräftig verurteilt worden ist oder
2. wegen Verletzung der Vorschriften
   a) des Immissionsschutz-, Abfall-, Wasser-, Natur- und Landschaftsschutz-, Bodenschutz-, Chemikalien-, Gentechnik- oder Atom- und Strahlenschutzrechts,
   b) des Lebensmittel-, Arzneimittel-, Pflanzenschutz- oder Infektionsschutzrechts,
   c) des Gewerbe-, Produktsicherheits- oder Arbeitsschutzrechts oder
   d) des Betäubungsmittel-, Waffen- oder Sprengstoffrechts

   innerhalb der letzten fünf Jahre vor Antragstellung mit einer Geldbuße in Höhe von mehr als fünfhundert Euro belegt worden ist.

(3) Die erforderliche Zuverlässigkeit ist in der Regel auch dann nicht gegeben, wenn eine der in Absatz 1 bezeichneten Personen

1. wiederholt oder grob pflichtwidrig gegen die in Absatz 2 genannten Vorschriften verstoßen hat,
2. Ermittlungs- oder Prüfungsergebnisse vorsätzlich oder grob fahrlässig verändert oder nicht vollständig wiedergegeben hat,
3. wiederholt gegen Anforderungen des technischen Regelwerkes verstoßen hat, die für die Richtigkeit der Ermittlungs- und Prüfergebnisse relevant sind,
4. vorsätzlich oder grob fahrlässig Pflichten, die sich aus dieser Verordnung oder einer bereits erfolgten Bekanntgabe ergeben, verletzt hat oder
5. Dokumentationen und Berichterstattungen zu Ermittlungen oder Prüfungen wiederholt mit erheblichen oder schwerwiegenden Mängeln erstellt hat oder vorsätzlich oder grob fahrlässig wiederholt dazu beigetragen hat, dass Fristen für deren Vorlage versäumt wurden.

(4) Die erforderliche Zuverlässigkeit ist in der Regel auch dann nicht gegeben, wenn

1. eine der in § 4 bezeichneten Personen ohne Fachkundenachweise im Sinne von § 4 Absatz 1 für ergebnisrelevante Tätigkeiten selbständig eingesetzt wird oder worden ist oder
2. Ringversuche nach § 16 Absatz 4 Nummer 7 wiederholt nicht bestanden wurden.

Unterabschnitt 2. Sachverständige im Sinne von § 29b Absatz 1 des Bundes-Immissionsschutzgesetzes

§ 7 Fachkunde von Sachverständigen. [1] Die erforderliche Fachkunde im Sinne des § 29b Absatz 2 Satz 2 des Bundes-Immissionsschutzgesetzes[1)] liegt vor, wenn der oder die bekannt zu gebende Sachverständige

1. ein Hochschulstudium auf den Gebieten des Ingenieurwesens, der Chemie oder der Physik abgeschlossen hat; alternativ kann ein Studium in anderen als den genannten Fächern anerkannt werden, wenn die Ausbildung in diesem Fach im Hinblick auf die Aufgabenstellung, der sich der oder die Sachverständige zuwenden will, als geeignet anzusehen ist;
2. während einer dreijährigen praktischen Tätigkeit Erfahrungen in den Prüfungsbereichen nach Anlage 2 erworben hat, für die die Bekanntgabe beantragt wird,
3. über grundlegende Kenntnisse in Verfahrens- und Sicherheitstechnik und in systematischen Methoden der Gefahrenanalyse verfügt,
4. in Bezug auf die beantragten Prüfungsbereiche über umfassende Fachkenntnisse sowie Kenntnisse in für die Anlagensicherheit maßgebenden Gesetzen, Verordnungen und Technischen Regeln verfügt.

[2] In begründeten Einzelfällen kann abweichend von Satz 1 Nummer 1 und 2 eine nicht akademische Ausbildung mit mindestens fünfjähriger beruflicher Praxis im Bekanntgabebereich anerkannt werden, wenn dies im Hinblick auf die Aufgabenstellung im Einzelfall als gleichwertig anzusehen ist.

§ 8 Unabhängigkeit von Sachverständigen. Die für eine Bekanntgabe gemäß § 29b Absatz 2 Satz 2 des Bundes-Immissionsschutzgesetzes[1)] erforderliche Unabhängigkeit eines Sachverständigen ist in der Regel dann nicht gegeben, wenn dieser

1. Anlagen und Anlagenteile entwickelt, vertreibt, errichtet oder betreibt oder bei deren Entwicklung, Errichtung oder Betrieb mitwirkt oder mitgewirkt hat,
2. sicherheitsrelevante Anlagen, insbesondere Schutzsysteme, herstellt oder vertreibt,
3. organisatorisch, wirtschaftlich, personell oder hinsichtlich des Kapitals mit Dritten derart verflochten ist, dass deren Einflussnahme auf die jeweiligen Aufgaben nicht ausgeschlossen werden kann, oder wenn der Anschein einer solchen Einflussnahme besteht.

§ 9 Zuverlässigkeit von Sachverständigen. (1) Die erforderliche Zuverlässigkeit im Sinne von § 29b Absatz 2 Satz 2 des Bundes-Immissionsschutzgesetzes[1)] liegt vor, wenn bekannt zu gebende Sachverständige auf Grund ihrer persönlichen Eigenschaften, ihres Verhaltens und ihrer Fähigkeiten zur ordnungsgemäßen Erfüllung der ihnen obliegenden Aufgaben geeignet sind.

(2) [1] § 6 Absatz 2 und 3 ist entsprechend anzuwenden. [2] Die erforderliche Zuverlässigkeit ist in der Regel auch dann nicht gegeben, wenn bekannt zu

---

[1)] Nr. 1.

gebende Sachverständige die erforderlichen geistigen und körperlichen Voraussetzungen für ihre Tätigkeit nicht nur vorübergehend nicht erfüllen.

§ 10 Gerätetechnische Ausstattung von Sachverständigen. Bekannt zu gebende Sachverständige haben hinsichtlich der einzusetzenden Ausstattung, wie Geräten, Programmen und Informationsquellen, zu gewährleisten, dass diese ordnungsgemäß beschaffen ist, dem Stand der Technik entspricht und für die jeweilige Aufgabe geeignet ist, insbesondere dass

1. die Bauart der Messgeräte und Messeinrichtungen dem Stand der Messtechnik entspricht,
2. die erforderliche Aussagegenauigkeit der Ergebnisse sichergestellt ist und
3. Messgrößen, für die der Einsatz geeichter Messgeräte vorgeschrieben ist, nur mit Messgeräten erfasst werden, die den eichrechtlichen Bestimmungen entsprechen; nicht geeichte Messgeräte und -einrichtungen müssen, sofern dies technisch möglich ist, entsprechend den Herstellerangaben kalibriert sowie auf ihre Funktionsfähigkeit geprüft sein.

§ 11 Hilfspersonal; Haftpflichtversicherung. (1) [1]Soweit die Durchführung sicherheitstechnischer Prüfungen im Sinne von § 29a des Bundes-Immissionsschutzgesetzes[1)] den Einsatz von Hilfspersonal erfordert, muss dieses in ausreichendem Umfang zur Verfügung stehen. [2]Der Einsatz des Hilfspersonals muss durch einen zwischen dem Hilfspersonal und dem oder der Sachverständigen oder dem Arbeitgeber des oder der Sachverständigen geschlossenen Vertrag sichergestellt sein.

(2) [1]Sachverständige haben sich zu verpflichten, Hilfspersonal nur zur Vorbereitung von Gutachten auf Grund von sicherheitstechnischen Prüfungen im Sinne von § 29a des Bundes-Immissionsschutzgesetzes hinzuzuziehen und das Hilfspersonal dabei nur insoweit mit Teilarbeiten zu beschäftigen, als sie dessen Mitarbeit ordnungsgemäß überwachen können. [2]Durch das Hinzuziehen von Hilfspersonal darf der Charakter einer persönlichen Leistung des oder der Sachverständigen nicht verloren gehen.

(3) [1]Für Hilfspersonal gelten § 9 Absatz 1 und § 6 Absatz 2 und 3 entsprechend. [2]Hilfspersonal muss über eine ausreichende Fachkunde zur Wahrnehmung der ihm zu überlassenden Aufgaben verfügen.

(4) Sachverständige haben den Abschluss einer Haftpflichtversicherung für Personen-, Sach- und Umweltschäden mit einer Deckungssumme von mindestens 2,5 Millionen Euro pro Schadensfall nachzuweisen.

Abschnitt 3. Bekanntgabeverfahren; Nebenbestimmungen

§ 12 Antrag; behördliches Verfahren; Bekanntgabeentscheidung.

(1) Der Antragsteller oder die Antragstellerin hat dem Antrag auf Bekanntgabe oder Erweiterung einer Bekanntgabe die Unterlagen beizufügen, die zum Nachweis der Fachkunde, der Unabhängigkeit, der Zuverlässigkeit sowie der gerätetechnischen Ausstattung erforderlich sind.

[1)] Nr. **1**.

(2) [1] Die Bekanntgabe erfolgt durch die zuständige Behörde des Landes, in dem der Antragsteller oder die Antragstellerin seinen oder ihren Geschäftssitz hat, und gilt für das gesamte Bundesgebiet; besteht kein Geschäftssitz im Inland, so ist das Land zuständig, in dem die Tätigkeit erstmalig ausgeübt werden soll. [2] Die Bekanntgabe erfolgt bei Stellen bezogen auf den jeweils beantragten Prüfbereich nach Anlage 1 und bei Sachverständigen bezogen auf den jeweils beantragten Prüfungsbereich nach Anlage 2. [3] Die Bekanntgabe kann mit einem Vorbehalt des Widerrufs, mit Bedingungen und Auflagen und dem Vorbehalt von Auflagen versehen werden. [4] Verfahren nach dieser Vorschrift können über eine einheitliche Stelle abgewickelt werden. [5] Das Verfahren für die Prüfung des Antrags auf Bekanntgabe muss innerhalb von vier Monaten abgeschlossen sein; § 42a Absatz 2 Satz 2 bis 4 des Verwaltungsverfahrensgesetzes ist anzuwenden.

(3) [1] Die Länder unterrichten sich gegenseitig über Bekanntgaben, Ablehnungen von Anträgen und Widerrufe von Bekanntgaben. [2] Bekanntgaben sind im Internet zu veröffentlichen.

§ 13 Nachweise der Fachkunde und gerätetechnischen Ausstattung.

(1) [1] Der Nachweis der Fachkunde und der gerätetechnischen Ausstattung ist für bekannt zu gebende Stellen durch Vorlage einer Akkreditierung der Akkreditierungsstelle (Kompetenznachweis) zu erbringen. [2] Der Kompetenznachweis muss für alle in die Bekanntgabeentscheidung einzubeziehenden Standorte der Stelle die Fachkunde und gerätetechnische Ausstattung für die beantragten Prüfbereiche nach Anlage 1 belegen und die Ergebnisse der letzten zwei Ringversuchsteilnahmen dokumentieren. [3] Abweichend von den Sätzen 1 und 2 ist der Kompetenznachweis für den Prüfbereich des Tätigkeitsbereichs Gruppe III der Anlage 1 durch eine Bescheinigung gemäß Abschnitt 7 der VDI-Richtlinie 4208 Blatt 2, Ausgabe Oktober 2011, zu erbringen.

(2) [1] Sachverständige müssen dem Bekanntgabeantrag für jeden Prüfungsbereich nach Anlage 2, auf den sich der Antrag bezieht, mindestens eine Arbeitsprobe beifügen. [2] Arbeitsproben sind schriftliche oder elektronische Ergebnisse von Prüfungen oder Gutachten, die hinsichtlich Anforderungen und Aufgabenstellung mit sicherheitstechnischen Prüfungen gemäß § 29a des Bundes-Immissionsschutzgesetzes[1)] vergleichbar sind, oder wissenschaftliche Arbeiten. [3] Die Arbeitsproben müssen erkennen lassen, dass sie vollständig von dem Antragsteller oder der Antragstellerin angefertigt wurden. [4] Sofern die Arbeitsproben nicht vollständig von dem Antragsteller oder der Antragstellerin angefertigt wurden, müssen sie erkennen lassen, in welchen Teilen sie von dem Antragsteller oder der Antragstellerin angefertigt wurden.

(3) [1] Ungeachtet der Anforderungen des Absatzes 2 kann die zuständige Behörde ein Fachgespräch mit dem oder der bekannt zu gebenden Sachverständigen führen. [2] Die gerätetechnische Ausstattung des oder der bekannt zu gebenden Sachverständigen kann vor Ort überprüft werden. [3] Von einer Überprüfung vor Ort und einem Fachgespräch kann abgesehen werden, wenn eine Bekanntgabe für die betreffenden Prüfungsbereiche bereits besteht oder wegen Fristablaufs nicht mehr besteht und erneut beantragt wird.

---

1) Nr. **1**.

§ 14 Gleichwertigkeit von Befähigungsnachweisen aus anderen Mitgliedstaaten der Europäischen Union. (1) [1] Anerkennungen aus einem anderen Mitgliedstaat der Europäischen Union oder einem anderen Vertragsstaat des Abkommens über den Europäischen Wirtschaftsraum stehen Bekanntgaben nach § 29b Absatz 1 des Bundes-Immissionsschutzgesetzes[1)] in Verbindung mit § 12 Absatz 2 dieser Verordnung gleich, wenn sie ihnen gleichwertig sind. [2] Bei der Prüfung des Antrags auf Bekanntgabe nach § 12 Absatz 2 stehen Nachweise aus einem anderen Mitgliedstaat der Europäischen Union oder einem anderen Vertragsstaat des Abkommens über den Europäischen Wirtschaftsraum inländischen Nachweisen gleich, wenn aus ihnen hervorgeht, dass der Antragsteller oder die Antragstellerin die betreffenden Bekanntgabevoraussetzungen oder die auf Grund ihrer Zielsetzung im Wesentlichen vergleichbaren Anforderungen des Ausstellungsstaates erfüllt.

(2) [1] Nachweise über die gleichwertige Anerkennung nach Absatz 1 Satz 1 und sonstige Nachweise nach Absatz 1 Satz 2 sind der zuständigen Behörde im Original oder in Kopie vorzulegen; die Vorlage der Nachweise über die gleichwertige Anerkennung hat vor Aufnahme der Tätigkeit zu erfolgen. [2] Eine Beglaubigung der Kopie sowie eine beglaubigte deutsche Übersetzung können verlangt werden. [3] Hinsichtlich der Überprüfung der erforderlichen Fachkunde des Antragstellers oder der Antragstellerin gilt § 36a Absatz 1 Satz 2, Absatz 2 und 4 Satz 4 der Gewerbeordnung entsprechend; bei vorübergehender und nur gelegentlicher Tätigkeit eines oder einer Staatsangehörigen eines anderen Mitgliedstaates der Europäischen Union oder eines anderen Vertragsstaates des Abkommens über den Europäischen Wirtschaftsraum gilt hinsichtlich der erforderlichen Fachkunde § 13a Absatz 2 Satz 2 bis 5 und Absatz 3 der Gewerbeordnung entsprechend. [4] Eignungsprüfungen gemäß § 13a Absatz 3 und § 36a Absatz 2 der Gewerbeordnung sind vor einer für Bekanntgaben zuständigen Behörde abzulegen.

(3) Im Fall des § 13a Absatz 3 der Gewerbeordnung sind Anpassungslehrgänge für die Fachkunde von Sachverständigen im Sinne von § 29b Absatz 2 des Bundes-Immissionsschutzgesetzes nur in den Fällen des § 7 Nummer 3 und 4 zulässig; die Anpassungslehrgänge müssen eine Abschlussprüfung beinhalten.

§ 15 Nebenbestimmungen. (1) [1] Die Bekanntgabe von Stellen ist auf längstens fünf Jahre zu befristen. [2] Falls der Kompetenznachweis für einen kürzeren Zeitraum gilt, ist die Frist entsprechend zu verkürzen. [3] Wird die Kompetenz durch Bescheinigung nach § 13 Absatz 1 Satz 3 nachgewiesen, erfolgt die Bekanntgabe für einen Zeitraum von fünf Jahren mit der Maßgabe, dass die nach der VDI-Richtlinie 4208 Blatt 2, Ausgabe Oktober 2011, alle zwei Jahre zu erbringende Bescheinigung unverzüglich der zuständigen Behörde vorzulegen ist.

(2) Die Bekanntgabe von Sachverständigen ist auf längstens acht Jahre zu befristen.

[1)] Nr. **1**.

Abschnitt 4. Pflichten bekannt gegebener Stellen und Sachverständiger

§ 16 Pflichten bekannt gegebener Stellen. (1) Die nach Gesetz, Satzung oder Gesellschaftsvertrag zur Vertretung oder Geschäftsführung berechtigten Personen der bekannt gegebenen Stelle sind verpflichtet,

1. wesentliche Änderungen, die die Erfüllung der Voraussetzungen der Bekanntgabe betreffen, unverzüglich der zuständigen Behörde mitzuteilen, insbesondere diejenigen, die
   a) die Veränderung der personellen Ausstattung oder die Fachkunde des in § 4 genannten Personals betreffen,
   b) sich auf den Gesellschaftsvertrag, die Aufnahme oder den Wechsel eines Gesellschafters oder einer Gesellschafterin, Änderungen der Kapital- oder Beteiligungsverhältnisse, die Rechtsform, die Bezeichnung oder den Sitz der Stelle beziehen,
   c) die Unabhängigkeit berühren,
   d) die Zuverlässigkeit betreffen oder
   e) die gerätetechnische Ausstattung betreffen,
2. die gerätetechnische Ausstattung jeweils dem Stand der Technik anzupassen,
3. zu dulden, dass Beauftragte der für die Bekanntgabe zuständigen Behörde des Landes, in dem die Stelle tätig wird, an Ermittlungen teilnehmen oder das Ergebnis der Ermittlung kostenpflichtig überprüfen,
4. keine Aufträge anzunehmen, bei denen mögliche Beeinträchtigungen der Unparteilichkeit das Ergebnis beeinflussen könnten.

(2) [1] Betriebs- oder Geschäftsgeheimnisse sowie Geheimnisse zum Schutz öffentlicher Belange, die den bekannt gegebenen Stellen im Zusammenhang mit ihrer Tätigkeit bekannt geworden sind, müssen vor unbefugter Offenbarung gewahrt bleiben. [2] Das Personal ist durch die nach Gesetz, Satzung oder Gesellschaftsvertrag zur Vertretung oder Geschäftsführung berechtigten Personen der bekannt gegebenen Stelle entsprechend zu verpflichten.

(3) [1] Die Vergabe von Unteraufträgen an andere Stellen ist nicht zulässig. [2] Ausgenommen sind Analysen von Stoffen entsprechend Anlage 1 Buchstabe B Zeile 5 Stoffbereich Sa.

(4) Bekannt gegebene Stellen sind darüber hinaus verpflichtet,

1. für die Ermittlungen im Rahmen der Bekanntgabe ein Qualitätssicherungssystem auf der Grundlage der DIN EN ISO/IEC 17025, Ausgabe 2005 mit Berichtigungen vom Mai 2007, zu betreiben und ständig fortzuschreiben,
2. sich vor Aufnahme der Tätigkeit in einem Land über länderspezifische Anforderungen an die Tätigkeit, die Art und Weise der Übermittlung der Ergebnisse sowie qualitätssichernde Maßnahmen, die die Mitwirkung der Stelle erfordern, zu informieren,
3. der zuständigen Behörde des Landes, in dem die Stelle tätig wird, auf Verlangen alle Unterlagen zur Verfügung zu stellen, die notwendig sind, um die Tätigkeit der Stellen und die Qualität der Ermittlungsergebnisse zu überwachen,

4. die Messpläne und Messterminanzeigen fristgerecht an die in dem Land der Ermittlungsdurchführung für die Bekanntgabe und die für die Überwachung der zu prüfenden Anlage zuständige Behörde auf deren Verlangen zu übermitteln und abzustimmen,
5. bei Vorliegen bundeseinheitlicher Kriterien Messberichte nach diesen Kriterien zu erstellen,
6. den für die Bekanntgabe zuständigen Behörden der Länder, in denen die Stelle tätig geworden ist, bis zum 31. März eines Jahres mitzuteilen, welche Ermittlungen im Vorjahr gemäß Bekanntgabebescheid durchgeführt worden sind,
7. zweimal im Bekanntgabezeitraum unter Einbeziehung aller Standorte sowie des fachkundigen Personals dieser Standorte auf eigene Kosten
   a) an anerkannten Ringversuchen teilzunehmen, deren Veranstalter hierfür eine Akkreditierung der Akkreditierungsstelle besitzen, oder
   b) an entsprechenden Maßnahmen zur Qualitätssicherung teilzunehmen, falls keine Ringversuche angeboten werden,

   und deren Ergebnisse unverzüglich der für die Bekanntgabe zuständigen Behörde vorzulegen,
8. der für die Bekanntgabe zuständigen Behörde auf Verlangen alle erforderlichen Unterlagen über im Rahmen der Bekanntgabe durchgeführte Ermittlungen vorzulegen und
9. die regelmäßige Teilnahme des in § 4 genannten Personals an Fortbildungsmaßnahmen zum Immissionsschutzrecht sicherzustellen.

(5) Abweichend von Absatz 4 Nummer 1 ist für den Prüfbereich des Tätigkeitsbereiches Gruppe III Nummer 1 der Anlage 1 ein Qualitätssicherungssystem auf der Grundlage der DIN EN ISO 9001, Ausgabe Dezember 2008, ausreichend.

(6) [1] Bekannt gegebene Stellen müssen ihre Geschäftspolitik in Bezug auf Ermittlungen so ausrichten, dass sie bei der Wahrnehmung der Aufgaben keinen wirtschaftlichen oder finanziellen Einflüssen von außen unterworfen sind. [2] Die Ausrichtung der Tätigkeit auf einen oder wenige Auftraggeber ist nicht zulässig, wenn durch den Wegfall eines solchen Auftraggebers die wirtschaftliche Existenz der Stelle gefährdet wäre.

§ 17 Pflichten bekannt gegebener Sachverständiger. (1) [1] Für bekannt gegebene Sachverständige gilt § 16 Absatz 1 Nummer 1 Buchstabe c bis e und Nummer 2 und 3 entsprechend. [2] Sie sind zusätzlich verpflichtet,

1. neben den im Rahmen ihrer Aufträge anzufertigenden Prüfungsberichten Erfahrungen, die bei der Durchführung der sicherheitstechnischen Prüfungen und der Prüfungen sicherheitstechnischer Unterlagen gemacht werden, so aufzuzeichnen, dass sie ausgewertet werden können; die Aufzeichnungen müssen insbesondere Folgendes enthalten:
   a) Angaben über Anlagenart, Grund, Zeitpunkt, Gegenstand und Umfang der Prüfung,
   b) Angaben über die bei der Prüfung festgestellten Mängel sowie Vorschläge zu deren Abhilfe,

c) grundlegende Folgerungen für die Verbesserung der Anlagensicherheit, einschließlich Störfallvorsorge, sowie

d) Angaben über eingegangene Beschwerden, getroffene Abhilfe und Maßnahmen zur Verbesserung der Qualität der Prüfung;

2. die vorgenannten Aufzeichnungen einmal jährlich zusammenzufassen und der zuständigen Behörde auf Verlangen vorzulegen;

3. Aufzeichnungen über die gerätetechnische Ausstattung bereitzuhalten;

4. innerhalb von drei Monaten nach Ablauf eines Kalenderjahres den zuständigen Behörden über jede durchgeführte Prüfung einen Bericht nach behördlichen Vorgaben vorzulegen, in dem eine Zusammenfassung der bei der jeweiligen Prüfung festgestellten bedeutsamen Mängel sowie eine Zusammenfassung der grundlegenden Folgerungen für die Verbesserung der Anlagensicherheit, einschließlich Störfallvorsorge, enthalten ist;

5. die vom Bundesministerium für Umwelt, Naturschutz, Bau und Reaktorsicherheit im Bundesanzeiger veröffentlichten sicherheitstechnischen Regeln zu berücksichtigen;

6. einen Prüfauftrag nicht anzunehmen, wenn sie im Rahmen

a) der Planung oder des Genehmigungsverfahrens,

b) der Erstellung des Konzepts zur Verhinderung von Störfällen,

c) der Erstellung des Sicherheitsberichts oder

d) der Erstellung des internen Alarm- und Gefahrenabwehrplans

für den Betreiber der Anlage, auf die sich der Prüfungsauftrag beziehen soll, Aufträge durchgeführt haben, durch die sie bei einer nachfolgenden Prüfungstätigkeit in einen Interessenskonflikt geraten könnten;

7. zur Aufrechterhaltung der Fachkunde

a) sich entsprechend der Entwicklung des Standes der Technik und der Sicherheitstechnik fortzubilden und

b) alle zwei Jahre an einem vom Bundesministerium für Umwelt, Naturschutz, Bau und Reaktorsicherheit autorisierten Meinungs- und Erfahrungsaustausch teilzunehmen;

8. den Schutz von Betriebs- und Geschäftsgeheimnissen sowie von Geheimnissen aus Gründen der öffentlichen Sicherheit zu gewährleisten.

(2) In begründeten Einzelfällen können Unteraufträge an andere Sachverständige vergeben werden; vor der Vergabe ist der zuständigen Behörde der Unterauftrag nebst Begründung anzuzeigen.

Abschnitt 5. Widerruf

§ 18 Widerruf der Bekanntgabe. (1) [1] Ergeben sich aus Berichten von bekannt gegebenen Stellen oder Sachverständigen, aus Gutachten, aus den Ergebnissen von Ringversuchen oder anderen Informationsquellen Anhaltspunkte für den Wegfall von Bekanntgabevoraussetzungen oder für die Nichtbefolgung von Auflagen der Bekanntgabe oder von Pflichten nach Abschnitt 4, so überprüft die zuständige Behörde, die die Bekanntgabe vorgenommen hat, ob die Bekanntgabevoraussetzungen noch erfüllt sind. [2] Sie kann hierfür von den bekannt gegebenen Stellen oder Sachverständigen die Vorlage von Unterlagen und die Erteilung von Auskünften verlangen und die Überprüfung der gerätetechnischen Ausstattung vor Ort durchführen oder durch Dritte durchführen lassen.

(2) Ergibt die Überprüfung nach Absatz 1, dass die Bekanntgabevoraussetzungen ganz oder teilweise nicht mehr erfüllt sind, widerruft die zuständige Behörde ganz oder teilweise die Bekanntgabe.

Abschnitt 6. Pflichten von Anlagenbetreibern

§ 19 Gleichwertigkeit von Anerkennungen. (1) [1] Nachweise von nicht nach dieser Verordnung bekannt gegebenen Stellen oder Sachverständigen über die Gleichwertigkeit ihrer Anerkennungen aus anderen Mitgliedstaaten der Europäischen Union oder anderen Vertragsstaaten des Abkommens über den Europäischen Wirtschaftsraum hat der Betreiber der zuständigen Behörde, auch im Fall einer vorübergehenden und nur gelegentlichen Tätigkeit dieser Stellen oder Sachverständigen, vor Beginn der jeweiligen Ermittlung oder der sicherheitstechnischen Prüfung im Original oder in Kopie vorzulegen. [2] Die zuständige Behörde kann eine Beglaubigung der Kopie verlangen. [3] Sie kann darüber hinaus verlangen, dass die Nachweise in beglaubigter deutscher Übersetzung vorgelegt werden.

(2) Die zuständige Behörde prüft die Gleichwertigkeit der nicht inländischen Anerkennung mit den Bekanntgabevoraussetzungen und teilt dem Betreiber das Ergebnis mit.

Abschnitt 7. Schlussvorschriften

§ 20 Zugänglichkeit der Normen. VDI-Richtlinien, ISO-, DIN- und DIN-EN-Normen, auf die in dieser Verordnung verwiesen wird, sind bei der Beuth-Verlag GmbH, Berlin, zu beziehen und sind in der Deutschen Nationalbibliothek archivmäßig gesichert niedergelegt.

§ 21 Übergangsvorschriften. [1] Bestehende Bekanntgaben für Stellen und Sachverständige, die vor dem 2. Mai 2013 erteilt wurden, gelten in ihrem bisherigen Geltungsbereich fort, bis eine neue bundesweite Bekanntgabe erfolgt. [2] Abweichend von Satz 1 gilt § 16 mit Ausnahme von Absatz 4 Nummer 2 für bestehende Bekanntgaben für Stellen und gelten § 11 Absatz 4 und § 17 für bestehende Bekanntgaben für Sachverständige jeweils ab dem 2. Mai 2013.

Anlage 1
(zu § 2 Nummer 1, § 4 Absatz 1, § 12 Absatz 2, § 13 Absatz 1 und § 16 Absatz 3 und 5)

Prüfbereiche für Stellen

Prüfbereiche ergeben sich aus der Kombination von Tätigkeitsbereichen (A.) und Stoffbereichen (B.).

A. Tätigkeitsbereiche

Nr.	Gruppe I Ermittlung der Emissionen (Luft)	Gruppe II Überprüfung des ordnungsgemäßen Einbaus und der Funktion sowie Kalibrierung kontinuierlich arbeitender Emissionsmesseinrichtungen Voraussetzung ist Gruppe I	Gruppe III Überprüfung instationär genutzter Messeinrichtungen (Luft)	Gruppe IV Ermittlung der Immissionen (Luft)	Gruppe V Ermittlung von Geräuschen	Gruppe VI Ermittlung von Erschütterungen
1	Messaufgaben nach §§ 26, 28 BImSchG[1] und entsprechende Messaufgaben nach Verordnungen zur Durchführung des BImSchG	Überprüfungen und Kalibrierungen von Messeinrichtungen an Anlagen, die eine gerätetechnische Ausstattung und Kenntnisse und Erfahrungen erfordern	Überprüfungen und Kalibrierungen von Messeinrichtungen, die im nicht stationären Betrieb eingesetzt werden	§§ 26, 28 BImSchG und entsprechende Messaufgaben nach Verordnungen zur Durchführung des BImSchG	§§ 26, 28 BImSchG und entsprechende Messaufgaben nach Verordnungen zur Durchführung des BImSchG	§§ 26, 28 BImSchG und entsprechende Messaufgaben nach Verordnungen zur Durchführung des BImSchG
2	Nummer 1 und Messaufgaben, die eine spezielle gerätetechnische Ausstattung und spezielle Erfahrungen des fachkundigen Personals erfordern	Nummer 1 und Überprüfungen und Kalibrierungen von Messeinrichtungen an Anlagen, die eine spezielle gerätetechnische Ausstattung und spezielle Erfahrungen des fachkundigen Personals erfordern				

[1] Nr. 1.

B. Stoffbereiche

Kennung	Aufgabenbereich (für die Gruppen I, II und IV)
P	partikelförmige und an Partikeln adsorbierte Stoffe
G	gasförmige anorganische und organische Stoffe
O	Gerüche
Sp	spezielle Probenahme von Stoffen, die einen besonderen Aufwand bei der Probenahme oder Analyse erfordern
Sa	spezielle Analyse von Stoffen, die einen besonderen Aufwand bei der Probenahme oder Analyse erfordern

Die Bekanntgabe innerhalb der vorgenannten Tätigkeits- und Stoffbereiche ist begrenzt durch die im Bekanntgabeverfahren vorgelegte Akkreditierung mit den dort beschriebenen Mess- und Untersuchungsmethoden. Grundsätzlich gilt für eine bekannt gegebene Stelle das Gebot der Einheit von Probenahme und Analytik; davon ausgenommen sind die besonders aufwändigen Messverfahren in den Stoffbereichen Sp und Sa.

Anlage 2
(zu § 2 Nummer 5, § 7 Nummer 2, § 12 Absatz 2 und § 13 Absatz 2)

Prüfungsbereiche für Sachverständige

Prüfungsbereiche ergeben sich aus der Kombination von Anlagenarten (A.) und Fachgebieten (B.).

A. Anlagenarten

1. Anlagenarten oder Gruppen von Anlagenarten gemäß Anhang 1 der Vierten Verordnung zur Durchführung des Bundes-Immissionsschutzgesetzes (Verordnung über genehmigungsbedürftige Anlagen – 4. BImSchV) in der jeweils gültigen Fassung, auch soweit die dort genannten Schwellen unterschritten werden;
2. nicht genehmigungsbedürftige Anlagenarten, die Betriebsbereich oder Teil eines Betriebsbereichs sein können.

B. Fachgebiete

Nr.	Fachgebiet	Beschreibung
1	Auslegung von Anlagen und Anlagenteilen	Auslegung (Festigkeit, Dimensionierung, Standsicherheit etc.) von Anlagen, Anlagenteilen, Apparaten, Rohrleitungen u.Ä. unter besonderer Berücksichtigung der Beanspruchungen bei einer Störung des bestimmungsgemäßen Betriebs
2	Errichtung von Anlagen und Anlagenteilen	
2.1	Prüfung von Anlagenteilen vor Ort	Prüfungen von Anlagenteilen und Komponenten während der Errichtung vor Ort; Prüfungen vor Ort, wie z.B. nach Vorgaben des technischen Regelwerkes; Funktionsprüfungen
2.2	Qualitätssicherung, Prüfung auf Konformität	Qualitätssicherung der Errichtung, Prüfung von Anlagen auf Konformität mit den vorliegenden Unterlagen (z.B. Genehmigungsunterlagen, Baupläne) und den Gegebenheiten vor Ort
3	verfahrenstechnische Prozessführung	verfahrenstechnische Prozessführung und Auslegung von Anlagen oder Anlagenteilen sowie Beherrschung

Nr.	Fachgebiet	Beschreibung
		von Störungen des bestimmungsgemäßen Betriebs, beispielsweise Projektierung, Anlagenplanung, Erstellung oder Prüfung von Anlagenschutzkonzepten (z.B. Brandschutz, Explosionsschutz, Mess-, Steuer- und Regeltechnik (MSR-Technik), Prozessleittechnik (PLT))
4	Instandhaltung von Anlagen	
5	Statik von baulichen Anlagenteilen	Prüfung der Auslegung bzw. der Statik von Anlagenteilen (einschließlich der für diese relevanten Pflichten der 12. BImSchV – Störfallverordnung)
6	Werkstoffe	
6.1	Werkstoffprüfung	Werkstoffprüfung (Prüfinstitut, Prüflabor)
6.2	Werkstoffbeurteilung	Werkstoffbeurteilung (Werkstoffeignung, Werkstoffverträglichkeit)
7	Versorgung mit Energien und Medien	
8	umgebungsbedingte Gefahrenquellen	
9	Elektrotechnik	
10	MSR-/Prozessleittechnik	Mess-, Steuer- und Regeltechnik, Prozessleittechnik (hard- und softwaremäßige Ausführung, Betrieb und Prüfung von MSR-Technik/PLT)
11	systematische Methoden der Gefahrenanalyse	
12	Stoffeigenschaften	chemische, physikalische, human- und ökotoxikologische Eigenschaften von Stoffen, Gemischen und Abfällen
12.1	Bewertung der Stoffeigenschaften	Bewertung chemischer, physikalischer und reaktionstechnischer Eigenschaften von Stoffen, Gemischen und Abfällen
12.2	Ermittlung von Stoffeigenschaften	Ermittlung chemischer, physikalischer und reaktionstechnischer Eigenschaften von Stoffen, Gemischen und Abfällen
12.3	spezielle toxikologische Fragestellungen	Bearbeitung von speziellen toxikologischen Fragestellungen zu Stoffen, Gemischen und Abfällen
13	Auswirkungsbetrachtungen	Auswirkungen von Störfällen, anderen Schadensereignissen sowie sonstigen Störungen des bestimmungsgemäßen Betriebs, Ermittlung, Berechnung und Bewertung
14	betriebliche Alarm- und Gefahrenabwehrpläne	
15	Brandschutz	
15.1	Fachfragen zum Brandschutz einschließlich Löschwasserrückhaltung	Prüfung von speziellen Fachfragen zum vorbeugenden, baulichen und abwehrenden Brandschutz, einschließlich Löschwasserrückhaltung
15.2	experimentelle Untersuchungen zum Brandschutz	Durchführung von experimentellen Untersuchungen zum Brandschutz und zu Brandursachen

Nr.	Fachgebiet	Beschreibung
16	Explosionsschutz	
16.1	Prüfung von speziellen Fachfragen zum Explosionsschutz	
16.2	experimentelle Untersuchungen zum Explosionsschutz	Durchführung von experimentellen Untersuchungen zum Explosionsschutz (Prüfinstitut, Prüflabor)
17	Sicherheitsmanagement und Betriebsorganisation	Sicherheitsmanagement und Betriebsorganisation (Bearbeitung organisations- und managementspezifischer Fragestellungen)
18	Sonstiges	

2.42. Zweiundvierzigste Verordnung zur Durchführung des Bundes-Immissionsschutzgesetzes (Verordnung über Verdunstungskühlanlagen, Kühltürme und Nassabscheider – 42. BImSchV)

Vom 12. Juli 2017

(BGBl. I S. 2379, ber. 2018 I S. 202)

FNA 2129-8-42

Die Bundesregierung verordnet auf Grund des § 23 Absatz 1 Satz 1 des Bundes-Immissionsschutzgesetzes[1] in der Fassung der Bekanntmachung vom 17. Mai 2013 (BGBl. I S. 1274), nach Anhörung der beteiligten Kreise:

Inhaltsübersicht

---

[1] Nr. 1.

Abschnitt 1. Allgemeine Vorschriften

§ 1 Anwendungsbereich. (1) Diese Verordnung gilt für die Errichtung, die Beschaffenheit und den Betrieb folgender Anlagen, in denen Wasser verrieselt oder versprüht wird oder anderweitig in Kontakt mit der Atmosphäre kommen kann:
1. Verdunstungskühlanlagen,
2. Kühltürme und
3. Nassabscheider.

(2) Diese Verordnung gilt nicht für
1. Verdunstungskühlanlagen, bei denen Kondenswasserbildung durch Taupunktunterschreitung möglich ist, insbesondere Anlagen mit Kaltwassersätzen,
2. Wärmeübertrager, in denen
   a) das die Prozesswärme aufnehmende Fluid ausschließlich in einem geschlossenen Kreislauf geführt wird und
   b) die Prozesswärme ausschließlich direkt über Luftwärmeübertragung an die zur Kühlung herangeführte Luft übertragen wird,
3. Befeuchtungseinrichtungen in Raumlufttechnischen Anlagen, die integrierter Bestandteil der luftführenden Bereiche dieser Anlagen sind und die bei Bedarf auch zur adiabaten Kühlung eingesetzt werden,
4. Anlagen, in denen das Nutzwasser und die Verrieselungsflächen eine dauerhaft konstante Temperatur von 60 Grad Celsius oder mehr haben,
5. Nassabscheider, in denen das Nutzwasser dauerhaft einen pH-Wert von 4 oder weniger oder einen pH-Wert von 10 oder mehr hat,
6. Nassabscheider, bei denen das Abgas nach Verlassen des Abscheiders für mindestens 10 Sekunden auf mindestens 72 Grad Celsius erhitzt wird, wodurch sichergestellt ist, dass trockenes Abgas abgeleitet wird,
7. Anlagen, in denen das Nutzwasser dauerhaft eine Salzkonzentration von mehr als 100 Gramm Halogenide je Liter hat,
8. Nassabscheider, die ausschließlich mit Frischwasser im Durchlaufbetrieb betrieben werden, und
9. Anlagen, die in einer Halle stehen und in diese emittieren.

§ 2 Begriffsbestimmungen. Im Sinne dieser Verordnung ist

1. „Änderung einer Anlage“:
   die Änderung der Lage, der Beschaffenheit oder des Betriebs einer Anlage, die sich auf die Vermehrung oder die Ausbreitung von Legionellen auswirken kann;
2. „Bestandsanlage“:
   eine Anlage, die vor dem 19. August 2017 errichtet und vor dem 19. Februar 2018 in Betrieb genommen worden ist;
3. „Inbetriebnahme“:
   die erstmalige Aufnahme des Betriebs einer neu errichteten Anlage;
4. „Koloniebildende Einheit“ (KBE):
   die Einheit, in der die Anzahl anzüchtbarer und auszählbarer Mikroorganismen ausgedrückt wird;
5. „Kühlturm“:
   eine Anlage, bei der durch Verdunstung von Wasser Wärme an die Umgebungsluft abgeführt wird, insbesondere bestehend aus einer Verrieselungs- oder Verregnungseinrichtung für Kühlwasser und einem Wärmeübertrager, in der die Luft im Wesentlichen durch den natürlichen Zug, der im Kaminbauwerk des Kühlturms erzeugt wird, durch den Kühlturm gefördert wird und einer Kühlleistung von mehr als 200 Megawatt je Luftaustritt einschließlich der Nassabscheider, deren gereinigte Rauchgase über den Kühlturm abgeleitet werden; der Einsatz drückend angeordneter Ventilatoren zur Unterstützung der Luftzufuhr ist unschädlich, soweit diese das Charakteristikum des Kühlturms nur unwesentlich beeinflussen;
6. „Legionellen“:
   ein Parameter zur Beurteilung der hygienischen Qualität des Nutzwassers; er umfasst alle Legionellenarten (Legionella spp.), die nach genormten Verfahren auf einem definierten Nährmedium anzüchtbar sind und Kolonien bilden;
7. „Nassabscheider“:
   ein Abscheider, der dem Entfernen fester, flüssiger und gasförmiger Verunreinigungen aus einem Abgas mit Hilfe einer Waschflüssigkeit dient, wobei die Verunreinigungen an die in die Abgasströmung eingebrachte Waschflüssigkeit gebunden und mit dieser zusammen abgeschieden werden; nicht erfasst sind insbesondere Abscheider, bei denen die Reinigungsleistung durch Mikroorganismen bewirkt wird, wie Biofilter oder Rieselbettfilter, unbeschadet einer gegebenenfalls vorhandenen Berieselung des Filters zur Lebenserhaltung der die Abscheideleistung erbringenden Mikroorganismen;
8. „Neuanlage“:
   eine Anlage, die keine Bestandsanlage ist;
9. „Nutzwasser“:
   a) das Wasser, das in einer Verdunstungskühlanlage oder einem Kühlturm zum Zweck der Wärmeabfuhr eingesetzt wird und dabei im Kontakt mit der Atmosphäre steht (Kühlwasser) und
   b) das Wasser, das in einem Nassabscheider zum Zwecke der Reinigung eingesetzt wird und dabei im Kontakt mit der Atmosphäre steht (Waschflüssigkeit);

10. „Referenzwert“:
die sich bei ordnungsgemäßem Betrieb einstellende anlagentypische allgemeine Koloniezahl im Nutzwasser;
11. „Verdunstungskühlanlage“:
eine Anlage, bei der durch Verdunstung von Wasser Wärme an die Umgebungsluft abgeführt wird, insbesondere bestehend aus einer Verrieselungs- oder Verregnungseinrichtung für Kühlwasser und einem Wärmeübertrager, ausgenommen Kühltürme;
12. „Wiederinbetriebnahme“:
die erneute Aufnahme des Betriebs einer Anlage nach einer Änderung gemäß Nummer 1;
13. „Zusatzwasser“:
das Wasser, das dem Nutzwasser zugesetzt wird, insbesondere zum Ausgleich von Verdunstungsverlusten oder zur Begrenzung der Eindickung;
14. „akkreditierte Inspektionsstelle Typ A“:
von einer nationalen Akkreditierungsstelle im Sinne der Verordnung (EG) Nr. 765/2008 des Europäischen Parlaments und des Rates vom 9. Juli 2008 über die Vorschriften für die Akkreditierung und Marktüberwachung im Zusammenhang mit der Vermarktung von Produkten und zur Aufhebung der Verordnung (EWG) Nr. 339/93 des Rates (ABl. L 218 vom 13.8.2008, S. 30) in der jeweils geltenden Fassung für die Durchführung der erforderlichen Inspektionen akkreditierte Inspektionsstelle die Inspektionen gemäß DIN EN ISO/IEC 17020, Ausgabe Juli 2012, Absatz 4.1.6 Buchstabe a in Verbindung mit Abschnitt A.1 des Anhangs A als unabhängige Dritte anbietet;
15. „akkreditiertes Prüflaboratorium“:
von einer nationalen Akkreditierungsstelle im Sinne der Verordnung (EG) Nr. 765/2008 des Europäischen Parlaments und des Rates vom 9. Juli 2008 über die Vorschriften für die Akkreditierung und Marktüberwachung im Zusammenhang mit der Vermarktung von Produkten und zur Aufhebung der Verordnung (EWG) Nr. 339/93 des Rates (ABl. L 218 vom 13.8.2008, S. 30) in der jeweils geltenden Fassung für die Durchführung der erforderlichen Prüfverfahren in der Matrix Kühl- und Waschwasser akkreditiertes Labor;
16. „allgemeine Koloniezahl“:
ein Parameter zur Beurteilung der hygienischen Qualität des Nutzwassers; er umfasst alle Mikroorganismen, die nach genormten Verfahren auf oder in einem definierten Nähragarmedium anzüchtbar sind und Kolonien bilden;
17. „mikrobiologische Untersuchung“:
   a) die Untersuchung des Nutzwassers nach genormten Prüfverfahren durch ein dafür akkreditiertes Prüflaboratorium (Laboruntersuchung) und
   b) die Untersuchung zur Differenzierung der Legionellen durch ein dafür akkreditiertes Prüflaboratorium;
18. „öffentlich bestellter und vereidigter Sachverständiger“:
ein nach § 36, gegebenenfalls in Verbindung mit § 36a, der Gewerbeordnung vom 22. Februar 1999 (BGBl. I S. 202), die zuletzt durch Artikel 626

Absatz 3 der Verordnung vom 31. August 2015 (BGBl. I S. 1474) geändert worden ist, öffentlich bestellter und vereidigter Sachverständiger;

19. „hygienisch fachkundige Person“:
Person, die an einer Schulung entsprechend der Richtlinie VDI 2047 Blatt 2, Ausgabe Januar 2015, oder der Richtlinie VDI 6022 Blatt 4, Ausgabe August 2012, oder vergleichbarer Art und vergleichbaren Umfangs teilgenommen hat.

Abschnitt 2. Anforderungen an die Errichtung, die Beschaffenheit und den Betrieb

§ 3 Allgemeine Anforderungen. (1) Anlagen im Anwendungsbereich dieser Verordnung sind so auszulegen, zu errichten und zu betreiben, dass Verunreinigungen des Nutzwassers durch Mikroorganismen, insbesondere Legionellen, nach dem Stand der Technik vermieden werden.

(2) Der Betreiber hat dafür zu sorgen, dass Anlagen so ausgelegt und errichtet werden, dass insbesondere

1. die eingesetzten Werkstoffe für die Wasserqualität und die einzusetzenden Betriebsstoffe, einschließlich Desinfektions- und Reinigungsmittel, geeignet sind,
2. Tropfenauswurf durch geeignete Tropfenabscheider oder gleichwertige Maßnahmen effektiv minimiert wird,
3. Totzonen, in denen das Wasser während des bestimmungsgemäßen Betriebs stagniert, möglichst vermieden werden,
4. wasserführende Bauteile möglichst vollständig entleert werden können,
5. Biozide dem Nutzwasser dosiert zugesetzt werden können,
6. Vorkehrungen für die regelmäßige Überprüfung relevanter chemischer, physikalischer oder mikrobiologischer Parameter getroffen werden,
7. Vorkehrungen für die regelmäßige Probenahme für mikrobiologische Untersuchungen getroffen werden und
8. Vorkehrungen für die Durchführung regelmäßiger Instandhaltungen getroffen werden.

(3) Anlagen nach § 1 Absatz 1 dürfen nur mit Betriebsstoffen betrieben werden, die mit den in der Anlage vorhandenen Werkstoffen verträglich sind.

(4) [1] Der Betreiber hat sicherzustellen, dass vor der Inbetriebnahme oder der Wiederinbetriebnahme für die Anlage eine Gefährdungsbeurteilung unter Beteiligung einer hygienisch fachkundigen Person erstellt wird; diese umfasst die Schritte Risikoanalyse, die mögliche Gefährdungen identifiziert und das Risiko hinsichtlich des potenziellen Schadensausmaßes und der Eintrittswahrscheinlichkeiten für Gefährdungen betrachtet, und der Risikobewertung, die Risiken hinsichtlich ihrer potenziellen Auswirkungen auf die hygienische Sicherheit und die daraus abzuleitenden Maßnahmen priorisiert. [2] Der Betreiber hat vor dem in Satz 1 bestimmten Zeitpunkt die Erstellung der Gefährdungsbeurteilung im Betriebstagebuch zu dokumentieren.

(5) [1] Der Betreiber hat sicherzustellen, dass dem Nutzwasser zugesetztes Zusatzwasser die in Anlage 1 genannten Prüfwerte 2 nicht überschreitet. [2] Satz 1

gilt nicht für Anlagen, in denen die Verweilzeit des Kühlwassers nicht mehr als eine Stunde beträgt.

(6) [1]Der Betreiber hat sicherzustellen, dass vor der Inbetriebnahme oder der Wiederinbetriebnahme einer Anlage die Prüfschritte gemäß Anlage 2 unter Beteiligung einer hygienisch fachkundigen Person durchgeführt wurden. [2]Der Betreiber hat vor dem in Satz 1 bestimmten Zeitpunkt die Durchführung der Prüfschritte im Betriebstagebuch zu dokumentieren. [3]Die Sätze 1 und 2 gelten auch für Anlagen oder Anlagenteile, die nach Trockenlegung oder nach Unterbrechung des Nutzwasserkreislaufs für mehr als eine Woche wieder angefahren werden.

(7) [1]Der Betreiber hat innerhalb von vier Wochen nach der Inbetriebnahme oder der Wiederinbetriebnahme einer Anlage die erste regelmäßige Laboruntersuchung des Nutzwassers gemäß § 4 Absatz 2 und 3 oder § 7 Absatz 2 durchführen zu lassen (Erstuntersuchung). [2]Der Betreiber einer bestehenden Anlage, für die bei Inkrafttreten dieser Verordnung noch keine Laboruntersuchung entsprechend Satz 1 durchgeführt wurde, hat die erste regelmäßige Laboruntersuchung des Nutzwassers bis zum 16. September 2017 durchführen zu lassen. [3]Bei Anlagen, die bestimmungsgemäß an nicht mehr als 90 aufeinanderfolgenden Tagen im Jahr in Betrieb sind, hat der Betreiber innerhalb von zwei Wochen nach der jährlichen Wiederaufnahme des Betriebs die erste regelmäßige Laboruntersuchung des Nutzwassers durchführen zu lassen. [4]Der Betreiber hat die Erstuntersuchung nach deren Veranlassung und die Ergebnisse der Erstuntersuchung nach deren Vorliegen unverzüglich im Betriebstagebuch zu dokumentieren.

(8) [1]Der Betreiber hat die Laboruntersuchungen nach dieser Verordnung und die dafür erforderlichen Probenahmen jeweils von einem akkreditierten Prüflaboratorium durchführen zu lassen; die Probenahme und die Untersuchung zur Bestimmung der Legionellen sind nach genormten Verfahren, unter Berücksichtigung gegebenenfalls vorliegender Empfehlungen des Umweltbundesamtes, durchzuführen. [2]Der Betreiber hat dem Labor und dem Probenehmer den Zeitpunkt einer erfolgten Biozidzugabe sowie die Menge und die Art des Biozids mitzuteilen.

(9) Der Betreiber hat sicherzustellen, dass während des Betriebs ohne oder mit verminderter Last die Vermehrung von Mikroorganismen und bei Wiederaufnahme des Betriebs unter Last sowie bei Reinigungs- und Desinfektionsmaßnahmen eine Freisetzung mikroorganismenhaltiger Aerosole in die Umgebungsluft weitgehend vermieden wird.

Abschnitt 3. Anforderungen an den Betrieb von Verdunstungskühlanlagen und Nassabscheidern

§ 4 Ermittlung des Referenzwertes, betriebsinterne Überprüfungen und Laboruntersuchungen in Verdunstungskühlanlagen und Nassabscheidern. (1) [1]Nach der Inbetriebnahme oder der Wiederinbetriebnahme einer Verdunstungskühlanlage oder eines Nassabscheiders ist der Referenzwert des Nutzwassers aus mindestens sechs aufeinanderfolgenden Laboruntersuchungen auf den Parameter allgemeine Koloniezahl zu bestimmen. [2]Bei bestehenden Anlagen, für die bei Inkrafttreten dieser Verordnung noch kein Referenzwert entsprechend Satz 1 bestimmt wurde, ist der Referenzwert aus den ersten sechs Laboruntersuchungen nach dem 19. August 2017 zu bestimmen. [3]Die Sätze 1 und 2 finden keine Anwendung bei Anlagen, die bestimmungsgemäß an nicht mehr als 90 aufeinanderfolgenden Tagen im Jahr in Betrieb sind. [4]Als Referenzwert heranzuziehen ist die bei der Erstuntersuchung nach § 3 Absatz 7 ermittelte Konzentration der allgemeinen Koloniezahl, jedoch nicht mehr als 10 000 KBE/Milliliter,

1. bis zur Bestimmung des Referenzwertes nach Satz 1 oder 2,
2. bei Anlagen, die bestimmungsgemäß an nicht mehr als 90 aufeinanderfolgenden Tagen im Jahr in Betrieb sind, oder
3. bei Anlagen, für die der Betreiber erklärt, auf die Bestimmung des Referenzwertes nach Satz 1 oder 2 zu verzichten.

[5]Der Betreiber hat unverzüglich nach der Inbetriebnahme oder der Wiederinbetriebnahme die Art der Bestimmung des Referenzwertes nach den Sätzen 1 bis 3 festzulegen und im Betriebstagebuch zu dokumentieren. [6]In den Fällen der Sätze 1 und 2 hat der Betreiber nach Vorliegen des Ergebnisses der sechsten Laboruntersuchung unverzüglich die Höhe des Referenzwertes im Betriebstagebuch zu dokumentieren.

(2) Der Betreiber hat

1. zur Sicherstellung der hygienischen Beschaffenheit des Nutzwassers regelmäßig mindestens zweiwöchentliche betriebsinterne Überprüfungen chemischer, physikalischer oder mikrobiologischer Kenngrößen des Nutzwassers durchzuführen,
2. zur Überprüfung der Einhaltung des Referenzwertes regelmäßig mindestens alle drei Monate Laboruntersuchungen des Nutzwassers auf den Parameter allgemeine Koloniezahl durchführen zu lassen.

(3) Der Betreiber hat regelmäßig mindestens alle drei Monate Laboruntersuchungen des Nutzwassers auf den Parameter Legionellen durchführen zu lassen.

(4) [1]Werden die in Anlage 1 genannten Prüfwerte 1 in zwei aufeinanderfolgenden Jahren bei keiner Laboruntersuchung nach Absatz 3 überschritten, können die regelmäßigen Laboruntersuchungen nach Absatz 3 alle sechs Monate durchgeführt werden. [2]Dabei muss immer eine Laboruntersuchung zwischen dem 1. Juni und dem 31. August durchgeführt werden.

(5) [1]Der Betreiber hat sicherzustellen, dass er über das Ergebnis der Laboruntersuchungen nach Absatz 2 Nummer 2 und Absatz 3 unverzüglich unterrichtet wird. [2]Der Betreiber hat die betriebsinternen Überprüfungen, die Laboruntersuchungen nach Absatz 2 Nummer 2 und Absatz 3 nach deren Veranlassung und die Ergebnisse der betriebsinternen Überprüfungen und der Laboruntersuchungen jeweils nach deren Vorliegen unverzüglich im Betriebstagebuch zu dokumentieren. [3]Zusätzlich ist der mikrobiologische Untersuchungsbefund als Anlage zum Betriebstagebuch zu nehmen.

§ 5 Maßnahmen bei einem Anstieg der Konzentration der allgemeinen Koloniezahl. (1) Ist aufgrund einer Laboruntersuchung nach § 4 Absatz 2 Nummer 2 ein Anstieg der Konzentration der allgemeinen Koloniezahl um den Faktor 100 oder mehr gegenüber dem Referenzwert festzustellen, hat der Betreiber unverzüglich

1. Untersuchungen zur Aufklärung der Ursachen durchzuführen und
2. die erforderlichen Maßnahmen für einen ordnungsgemäßen Betrieb, insbesondere Sofortmaßnahmen zur Verminderung der mikrobiellen Belastung, zu ergreifen.

(2) Der Betreiber hat die ermittelten Ursachen und die gegebenenfalls ergriffenen Maßnahmen jeweils nach deren Durchführung unverzüglich im Betriebstagebuch zu dokumentieren.

§ 6 Maßnahmen bei einer Überschreitung der Prüfwerte in Verdunstungskühlanlagen und Nassabscheidern. (1) Wird bei einer Laboruntersuchung nach § 4 Absatz 3 eine Überschreitung der in Anlage 1 genannten Prüfwerte 1 oder 2 festgestellt, hat der Betreiber unverzüglich eine zusätzliche Laboruntersuchung auf den Parameter Legionellen durchführen zu lassen.

(2) Bestätigt die zusätzliche Laboruntersuchung nach Absatz 1 eine Überschreitung des in Anlage 1 genannten Prüfwertes 1, hat der Betreiber unverzüglich

1. Untersuchungen zur Aufklärung der Ursachen durchzuführen,
2. die erforderlichen Maßnahmen für einen ordnungsgemäßen Betrieb zu ergreifen,
3. betriebsinterne Überprüfungen wöchentlich durchzuführen und
4. Laboruntersuchungen auf die Parameter allgemeine Koloniezahl und Legionellen monatlich durchführen zu lassen.

(3) Bestätigt die zusätzliche Laboruntersuchung nach Absatz 1 eine Überschreitung des in Anlage 1 genannten Prüfwertes 2, hat der Betreiber unverzüglich

1. die Pflichten nach Absatz 2 zu erfüllen und
2. technische Maßnahmen nach dem Stand der Technik, insbesondere Sofortmaßnahmen zur Verminderung der mikrobiellen Belastung, zu ergreifen, um die Legionellenkonzentration im Nutzwasser unter den in Anlage 1 genannten Prüfwert 2 zu reduzieren.

(4) Der Betreiber hat die zusätzliche Laboruntersuchung nach Absatz 1 nach deren Veranlassung sowie die Ergebnisse der Laboruntersuchung und die Ergebnisse der Untersuchungen jeweils nach deren Vorliegen sowie die gegebenenfalls ergriffenen Maßnahmen nach den Absätzen 2 oder 3 jeweils nach deren Durchführung unverzüglich im Betriebstagebuch zu dokumentieren.

(5) Wird bei drei aufeinanderfolgenden Untersuchungen nach Absatz 2 Nummer 4 festgestellt, dass die in Anlage 1 genannten Prüfwerte 1 eingehalten werden, gelten ab dem Zeitpunkt der letzten Probenahme wieder die Prüfintervalle nach § 4 Absatz 2 und 3.

Abschnitt 4. Anforderungen an den Betrieb von Kühltürmen

§ 7 Betriebsinterne Überprüfungen und Laboruntersuchungen in Kühltürmen. (1) Der Betreiber hat durch regelmäßige mindestens zweiwöchentliche betriebsinterne Überprüfungen chemischer, physikalischer oder mikrobiologischer Kenngrößen die hygienische Beschaffenheit des Nutzwassers sicherzustellen.

(2) Der Betreiber hat regelmäßig mindestens monatlich Laboruntersuchungen des Nutzwassers auf den Parameter Legionellen durchführen zu lassen.

(3) Werden die in Anlage 1 genannten Prüfwerte 1 in zwei aufeinanderfolgenden Jahren bei keiner Laboruntersuchung nach Absatz 2 überschritten, können die regelmäßigen Untersuchungen nach Absatz 2 alle zwei Monate durchgeführt werden.

(4) [1] Der Betreiber hat sicherzustellen, dass er über das Ergebnis der Laboruntersuchungen nach Absatz 2 unverzüglich unterrichtet wird. [2] Der Betreiber hat die betriebsinternen Überprüfungen nach Absatz 1 und die Laboruntersuchungen nach Absatz 2 nach deren Veranlassung sowie deren jeweilige Ergebnisse nach Vorliegen unverzüglich im Betriebstagebuch zu dokumentieren. [3] Zusätzlich ist der mikrobiologische Untersuchungsbefund als Anlage zum Betriebstagebuch zu nehmen.

§ 8 Maßnahmen bei einer Überschreitung der Prüfwerte in Kühltürmen. (1) Wird bei einer Laboruntersuchung nach § 7 Absatz 2 eine Überschreitung des in Anlage 1 genannten Prüfwertes 2 festgestellt, hat der Betreiber unverzüglich eine zusätzliche Laboruntersuchung auf den Parameter Legionellen durchführen zu lassen.

(2) Bestätigt die zusätzliche Laboruntersuchung nach Absatz 1 eine Überschreitung des in Anlage 1 genannten Prüfwertes 2, hat der Betreiber unverzüglich

1. Untersuchungen zur Aufklärung der Ursachen durchzuführen,
2. die erforderlichen Maßnahmen für einen ordnungsgemäßen Betrieb, insbesondere Sofortmaßnahmen zur Verminderung der mikrobiellen Belastung, zu ergreifen,
3. technische Maßnahmen nach dem Stand der Technik zu ergreifen, um die Legionellenkonzentration im Nutzwasser unter den in Anlage 1 genannten Prüfwert 2 zu reduzieren.

(3) Der Betreiber hat die zusätzliche Laboruntersuchung nach Absatz 1 nach deren Veranlassung sowie die Ergebnisse der Laboruntersuchung und die Ergebnisse der Untersuchungen jeweils nach deren Vorliegen sowie die gegebenenfalls ergriffenen Maßnahmen nach Absatz 2 jeweils nach deren Durchführung unverzüglich im Betriebstagebuch zu dokumentieren.

Abschnitt 5. Anforderungen bei Überschreitung der Maßnahmenwerte oder bei Störung des Betriebs

§ 9 Maßnahmen bei einer Überschreitung der Maßnahmenwerte.

(1) Wird bei einer Laboruntersuchung nach § 4 Absatz 3 oder § 7 Absatz 2 eine Überschreitung der in Anlage 1 genannten Maßnahmenwerte festgestellt, hat der Betreiber unverzüglich

1. eine Untersuchung zur Differenzierung der nachgewiesenen Legionellen nach

   a) Legionella pneumophila – Serogruppe 1,

b) Legionella pneumophila – andere Serogruppen und

c) andere Legionellenarten (Legionella non-pneumophila)

durch ein akkreditiertes Prüflaboratorium durchführen zu lassen,

2. bei Verdunstungskühlanlagen und Nassabscheidern die Pflichten nach § 6 Absatz 2 Nummer 1 bis 4 und § 6 Absatz 3 Nummer 2 zu erfüllen oder bei Kühltürmen die Pflichten aus § 8 Absatz 2 zu erfüllen sowie

3. eine zusätzliche Laboruntersuchung auf den Parameter Legionellen durchführen zu lassen.

(2) Bestätigt die zusätzliche Laboruntersuchung nach Absatz 1 Nummer 3 eine Überschreitung der in Anlage 1 genannten Maßnahmenwerte, hat der Betreiber unverzüglich zusätzlich Gefahrenabwehrmaßnahmen, insbesondere zur Vermeidung der Freisetzung mikroorganismenhaltiger Aerosole, zu ergreifen.

(3) Der Betreiber hat die Untersuchung zur Differenzierung der Legionellen nach Absatz 1 Nummer 1 und die zusätzliche Laboruntersuchung nach Absatz 1 Nummer 3 jeweils nach deren Veranlassung, die jeweiligen Ergebnisse nach deren Vorliegen, sowie die gegebenenfalls ergriffenen Gefahrenabwehrmaßnahmen nach Absatz 2 jeweils nach deren Durchführung unverzüglich im Betriebstagebuch zu dokumentieren.

§ 10 Informationspflichten. [1] Wird bei einer Laboruntersuchung eine Überschreitung der in Anlage 1 genannten Maßnahmenwerte festgestellt, hat der Betreiber die zuständigen Behörden

1. unverzüglich gemäß Anlage 3 Teil 1 zu informieren und
2. innerhalb einer Frist von vier Wochen gemäß Anlage 3 Teil 2 zu informieren.

[2] Informations- oder Meldepflichten nach anderen Vorschriften bleiben unberührt.

§ 11 Störungen des Betriebs. [1] Können Anforderungen an den Betrieb einer Anlage im Anwendungsbereich dieser Verordnung aufgrund oder infolge eines technischen Defekts innerhalb oder außerhalb der Anlage, der zur Vermehrung oder Ausbreitung von Legionellen führen kann, nicht eingehalten werden, hat der Betreiber unverzüglich

1. die Ursachen der Störung zu ermitteln und
2. die erforderlichen Maßnahmen für einen ordnungsgemäßen Betrieb zu ergreifen.

[2] Der Betreiber hat die Ursachen jeweils nach deren Ermittlung und die ergriffenen Maßnahmen jeweils nach deren Durchführung unverzüglich im Betriebstagebuch zu dokumentieren.

Abschnitt 6. Anforderungen an die Überwachung

§ 12 Betriebstagebuch. (1) Der Betreiber einer Anlage hat zur Überprüfung des ordnungsgemäßen Anlagenbetriebs ein Betriebstagebuch zu führen, in das unverzüglich mindestens die Informationen gemäß Anlage 4 Teil 1 einzustellen sind.

(2) [1]Das Betriebstagebuch kann durch Speicherung der Angaben gemäß Absatz 1 mittels elektronischer Datenverarbeitung geführt werden. [2]Das Betriebstagebuch muss jederzeit einsehbar sein und in Klarschrift vorgelegt werden können.

(3) [1]Der Betreiber hat die in das Betriebstagebuch eingestellten Angaben der zuständigen Behörde sowie im Rahmen der Überprüfung den gemäß § 14 Beauftragten jederzeit in Klarschrift auf Verlangen vorzulegen. [2]Der Betreiber hat das Betriebstagebuch samt Anlagen jeweils beginnend mit dem Datum der Einstellung des letzten Eintrags fünf Jahre aufzubewahren.

§ 13[1)] Anzeigepflichten. (1) Der Betreiber einer Neuanlage hat diese spätestens einen Monat nach der Erstbefüllung mit Nutzwasser der zuständigen Behörde gemäß Anlage 4 Teil 2 anzuzeigen.

(2) Der Betreiber einer Bestandsanlage hat diese spätestens einen Monat nach dem 19. Juli 2018 der zuständigen Behörde gemäß Anlage 4 Teil 2 anzuzeigen.

(3) Der Betreiber hat unverzüglich, aber spätestens innerhalb eines Monats, Folgendes der zuständigen Behörde gemäß Anlage 4 Teil 2 anzuzeigen:

1. Änderungen der Anlage und
2. die Anlagenstilllegung.

(4) Bei einem Betreiberwechsel hat der neue Betreiber diesen Wechsel unverzüglich, aber spätestens innerhalb eines Monats, der zuständigen Behörde anzuzeigen.

§ 14 Überprüfung der Anlagen. (1) [1]Der Betreiber hat nach der Inbetriebnahme regelmäßig alle fünf Jahre von

1. einem öffentlich bestellten und vereidigten Sachverständigen oder
2. einer akkreditierten Inspektionsstelle Typ A

eine Überprüfung des ordnungsgemäßen Anlagenbetriebs durchführen zu lassen. [2]Für bestehende Anlagen ist die erste Überprüfung gemäß Satz 1 nach Inkrafttreten dieser Verordnung bis zu den nachstehenden Daten fällig:

für Anlagen, die in Betrieb gegangen sind vor dem	erste Überprüfung bis zum
19. August 2011	19. August 2019
19. August 2013	19. August 2020
19. August 2015	19. August 2021
19. August 2017	19. August 2022

(2) Der Betreiber hat den Sachverständigen und die Inspektionsstelle zu beauftragen, die Ergebnisse der Überprüfungen zeitgleich dem Betreiber und der zuständigen Behörde jeweils innerhalb von vier Wochen nach Abschluss der Überprüfung mitzuteilen.

---

1) § 13 tritt am 20.7.2018 in Kraft; vgl. § 20 Satz 2.

(3) Für Anlagen, die als Anlagenteile oder Nebeneinrichtungen von immissionsschutzrechtlich genehmigungsbedürftigen Anlagen betrieben werden, kann die zuständige Behörde von den Absätzen 1 und 2 abweichende Anforderungen zur Überprüfung dieser Anlagen in der Genehmigung festlegen.

Abschnitt 7. Gemeinsame Vorschriften

§ 15 Zulassung von Ausnahmen. (1) Die zuständige Behörde kann auf Antrag des Betreibers Ausnahmen von den Anforderungen dieser Verordnung, ausgenommen die in Anlage 1 genannten Prüf- und Maßnahmenwerte, zulassen, soweit unter Berücksichtigung der besonderen Umstände des Einzelfalls

1. einzelne Anforderungen der Verordnung nicht oder nur mit unverhältnismäßigem Aufwand erfüllbar sind,
2. im Übrigen die dem Stand der Technik entsprechenden Maßnahmen zur Begrenzung der Vermehrung und Ausbreitung von Legionellen angewandt werden.

(2) [1]Die zuständige Behörde soll auf Antrag des Betreibers zulassen, dass abweichend von den Anforderungen nach Abschnitt 3 Verdunstungskühlanlagen und Nassabscheider die Anforderungen nach Abschnitt 4 einzuhalten haben, mit der Maßgabe, dass die in Anlage 1 genannten Prüfwerte für Verdunstungskühlanlagen und Nassabscheider anzuwenden sind. [2]Absatz 1 bleibt unberührt.

(3) [1]Die zuständige Behörde kann auf Antrag des Betreibers weitere Ausnahmen von den Anforderungen dieser Verordnung zulassen, wenn dies nicht den Grundsätzen der Vorsorge und Gefahrenabwehr entgegensteht. [2]Dies gilt insbesondere für Anlagen, durch deren Betriebsführung nachweislich ein signifikantes Legionellenwachstum über die Zeit ausgeschlossen werden kann.

§ 16 Weitergehende Anforderungen. (1) Die Befugnis der zuständigen Behörde, andere oder weitergehende Anforderungen, insbesondere zur Vermeidung schädlicher Umwelteinwirkungen nach § 22 Absatz 1 Satz 1 Nummer 1 des Bundes-Immissionsschutzgesetzes[1)], zu stellen, bleibt unberührt.

(2) Hat die zuständige Behörde bei einer Anlage im Einzelfall bereits Anforderungen zur Vorsorge gegen schädliche Umwelteinwirkungen durch Luftverunreinigungen gestellt, die über die Anforderungen dieser Verordnung hinausgehen, sind diese weiterhin maßgeblich.

§ 17 Informationsformate und Übermittlungswege. Die zuständige oberste Landesbehörde oder die nach Landesrecht bestimmte Behörde kann vorschreiben, dass der Betreiber für Informationen nach § 10 oder Anzeigen nach § 13, die nach dieser Verordnung der Behörde zu übermitteln sind, das von ihr festgelegte Format und den elektronischen Weg zu nutzen hat.

Abschnitt 8. Schlussvorschriften

§ 18 Zugänglichkeit und Gleichwertigkeit von Normen. Die in § 2 genannten ISO-, DIN-Normen und VDI-Richtlinien sind in der Deutschen

---

[1)] Nr. 1.

Nationalbibliothek archivmäßig gesichert niedergelegt und bei der Beuth Verlag GmbH, Berlin, zu beziehen.

§ 19 Ordnungswidrigkeiten. Ordnungswidrig im Sinne des § 62 Absatz 1 Nummer 7 des Bundes-Immissionsschutzgesetzes[1] handelt, wer vorsätzlich oder fahrlässig

1. entgegen § 3 Absatz 1 eine dort genannte Anlage nicht richtig errichtet oder nicht richtig betreibt,
2. entgegen § 3 Absatz 3 eine Anlage mit Betriebsstoffen betreibt, die mit den in der Anlage vorhandenen Werkstoffen nicht verträglich sind,
3. entgegen § 3 Absatz 4 Satz 1 erster Halbsatz nicht sicherstellt, dass eine Gefährdungsbeurteilung erstellt wird,
4. entgegen § 3 Absatz 4 Satz 2, Absatz 6 Satz 2 oder Absatz 7 Satz 4, § 4 Absatz 1 Satz 6 oder Absatz 5 Satz 2, § 5 Absatz 2, § 6 Absatz 4, § 7 Absatz 4 Satz 2, § 8 Absatz 3, § 9 Absatz 3 oder § 11 Satz 2 eine Dokumentation nicht, nicht richtig, nicht vollständig oder nicht rechtzeitig erstellt,
5. entgegen § 3 Absatz 5 Satz 1 nicht sicherstellt, dass ein Prüfwert nicht überschritten wird,
6. entgegen § 3 Absatz 6 Satz 1 nicht sicherstellt, dass dort genannte Prüfschritte durchgeführt werden,
7. entgegen § 3 Absatz 7 Satz 1, 2 oder 3, § 4 Absatz 2 Nummer 1 oder 2 oder Absatz 3, § 6 Absatz 1 oder 2 Nummer 4, § 7 Absatz 1 oder 2, § 8 Absatz 1 oder § 9 Absatz 1 Nummer 1 oder 3 eine dort genannte Untersuchung oder Überprüfung nicht, nicht richtig oder nicht rechtzeitig durchführt oder durchführen lässt,
8. entgegen § 4 Absatz 1 Satz 5 die Art der Bestimmung des Referenzwertes nicht, nicht richtig oder nicht rechtzeitig festlegt,
9. entgegen § 5 Absatz 1 Nummer 2, § 6 Absatz 2 Nummer 2 oder Absatz 3 Nummer 2, § 8 Absatz 2 Nummer 2 oder 3, § 9 Absatz 2 oder § 11 Satz 1 Nummer 2 eine dort genannte Maßnahme nicht, nicht richtig, nicht vollständig oder nicht rechtzeitig ergreift,
10. entgegen § 10 Satz 1 eine dort genannte Behörde nicht, nicht richtig, nicht vollständig oder nicht rechtzeitig informiert,
11. entgegen § 12 Absatz 1 ein Betriebstagebuch nicht, nicht richtig oder nicht vollständig führt,
12. entgegen § 12 Absatz 3 Satz 2 ein Betriebstagebuch nicht oder nicht mindestens fünf Jahre aufbewahrt,
13. entgegen § 13 Absatz 1 bis 3 oder 4 eine Anzeige nicht, nicht richtig, nicht vollständig oder nicht rechtzeitig erstattet,
14. entgegen § 14 Absatz 1 Satz 1 eine Überprüfung nicht, nicht richtig, nicht vollständig oder nicht rechtzeitig durchführen lässt oder
15. entgegen § 14 Absatz 2 eine Mitteilung nicht, nicht richtig, nicht vollständig oder nicht rechtzeitig macht.

---

[1] Nr. **1**.

§ 20 Inkrafttreten. [1] Diese Verordnung tritt einen Monat nach der Verkündung[1)] in Kraft. [2] Abweichend von Satz 1 tritt § 13 zwölf Monate nach Verkündung der Verordnung in Kraft.

Der Bundesrat hat zugestimmt.

Anlage 1
(zu den §§ 3, 4, 6, 8 bis 10, zu Anlage 3 und Anlage 4)

Prüfwerte und Maßnahmenwerte für die Konzentration von Legionellen im Nutzwasser

Art der Anlage	Prüfwert 1	Prüfwert 2	Maßnahmenwert
	Legionellenkonzentration [KBE Legionella spp. je 100 ml]		
Verdunstungskühlanlagen	100	1 000	10 000
Nassabscheider	100	1 000	10 000
Kühltürme	500	5 000	50 000

[1)] Verkündet am 19.7.2017.

Anlage 2
(zu § 3 Absatz 6)

Maßnahmen vor Inbetriebnahme/Wiederinbetriebnahme

Checkliste

Maßnahmen vor Inbetriebnahme/Wiederinbetriebnahme einer Anlage gemäß § 3 Absatz 6 der Verordnung über Verdunstungskühlanlagen, Kühltürme und Nassabscheider (42. BImSchV)

Anlagendaten:

Anlagen-ID	
Standort der Anlage	
Straße, Hausnummer	
PLZ, Ort	
Betreiber der Anlage	
Name	
Straße, Hausnummer	
PLZ, Ort	
Ansprechpartner (Name)	

Die Anlage darf erst in Betrieb genommen werden, wenn alle Punkte der Checkliste abgearbeitet sind.

1. Verunreinigungen, Ablagerungen in der Anlage sowie ggf. Rückstände von Zusatzstoffen wurden entfernt.	
2. a) Die chemische und mikrobiologische Beschaffenheit des Zusatzwassers wurde bestimmt.	
b) Die Anforderungen gemäß § 3 Abs. 5 der 42. BImSchV werden eingehalten.	
3. Zwischen dem Vorliegen der Ergebnisse der Zusatzwasseranalyse nach Punkt 2 und dem Beginn des Befüllens der Anlagen liegen nicht mehr als 7 Tage.	
Die Punkte 2 und 3 entfallen, wenn das Zusatzwasser aus einer überwachungspflichtigen Trinkwasserversorgungsanlage stammt und eine aktuelle Netzanalyse vorliegt.	
4. Eine Wasserbehandlung oder Wasseraufbereitung wurde, soweit installiert, entsprechend den Anforderungen an die Wasserqualität bei der Befüllung der Anlage in Betrieb genommen.	
5. Die hygienerelevante Ausführung der Anlage wurde auf Übereinstimmung mit der Anlagenplanung überprüft, Abweichungen wurden korrigiert; die Anforderungen gemäß § 3 Abs. 2 bis 4 der 42. BImSchV werden eingehalten.	
6. Die Anlagendokumentation – einschließlich der Dokumentation von Änderungen – sind im Betriebstagebuch nachgewiesen.	
7. Das Bedienpersonal wurde in den Betrieb der – geänderten – Anlage eingewiesen.	
8. Die vom Hersteller der Anlage genannten Anforderungen an die Wasserqualität werden erfüllt.	
9. Vorgenannte Einzelschritte wurden vor Wieder-/Inbetriebnahme durchgeführt.	

Die vorstehenden Maßnahmen wurden durchgeführt am	
vom **Betreiber**	☐
von einem **Beauftragten**	☐
Name	
Straße, Hausnummer	
PLZ, Ort	
Ansprechpartner (Name)	
Die Anlage wurde in Betrieb genommen/wieder in Betrieb genommen am	

Die vollständig ausgefüllte Checkliste ist vom Betreiber – und soweit zutreffend vom Beauftragten – zu unterschreiben.

Ort, Datum, Unterschrift Beauftragter	Ort, Datum, Unterschrift Betreiber

Die unterschriebene Checkliste ist in das Betriebstagebuch einzustellen.

Anlage 3
(zu § 10)

Teil 1. Inhalt der Meldung nach § 10 Satz 1 Nummer 1

1. Anlagen-ID
2. Angaben zum Standort der Anlage
   (Geokoordinaten und Adresse des Anlagenstandorts)
3. Angaben zum Betreiber der Anlage (Name, Adresse, Telefonnummer, E-Mail-Adresse, Ansprechpartner)
4. Datum der Probenahme für die Laboruntersuchung bei der die Überschreitung des Maßnahmenwertes nach Anlage 1 festgestellt wurde
5. Ergebnis der Laboruntersuchung, bei der die Überschreitung des Maßnahmenwertes nach Anlage 1 festgestellt wurde
6. Angabe des mit der Untersuchung beauftragten akkreditierten Prüflabors
   (Name, Adresse, Ansprechpartner)

Teil 2. Inhalt der Meldung nach § 10 Satz 1 Nummer 2

1. Anlagen-ID
2. Angaben zum Standort der Anlage
   (Geokoordinaten und Adresse des Anlagenstandorts)
3. Angaben zum Betreiber der Anlage
   (Name, Adresse, Ansprechpartner)
4. Angaben zur Art der Anlage
   a) Verdunstungskühlanlage
   b) Nassabscheider
   c) Kühlturm
5. Angaben zum Betriebszustand der Anlage, bei dem die Überschreitung des Maßnahmenwertes nach Anlage 1 festgestellt wurde
6. Ergebnis der Untersuchung zur Differenzierung der Legionellen nach § 9 Absatz 1 Nummer 1
7. Ergebnis der zusätzlichen Laboruntersuchung nach § 9 Absatz 1 Nummer 3
8. Auflistung der Ursachen für die Überschreitung des Maßnahmenwertes
9. Auflistung der Maßnahmen, die nach § 9 Absatz 1 Nummer 2 ergriffen wurden oder ergriffen werden
10. Angabe des/der mit der Untersuchung beauftragten akkreditierten Prüflabors/Prüflabore
    (Name, Adresse, Ansprechpartner)

Anlage 4
(zu § 12 und § 13)

Teil 1. Inhalt des Betriebstagebuchs nach § 12

1. Anlage-ID
2. Angaben zum Standort der Anlage
   (Geokoordinaten und Adresse des Anlagenstandorts)
3. Angaben zum Betreiber der Anlage
   (Name, Adresse, Ansprechpartner)
4. Art der Anlage
   a) Verdunstungskühlanlage
   b) Nassabscheider
   c) Kühlturm

5. Datum der erstmaligen Inbetriebnahme
6. Änderungen an der Anlage mit Angaben zur Art der Änderung, Zeitpunkt des Änderungsbeginns und der Wiederinbetriebnahme
7. Datum der Stilllegung
8. Angaben zum Betriebszustand der Anlage mit Datum der Zustandsänderungen, insbesondere Betrieb unter Last, Betrieb ohne Last mit aktiviertem Nutzwasserkreislauf, Betriebsunterbrechung mit gefülltem Nutzwasserkreislauf, Entleerung und Wiederbefüllung des Nutzwasserkreislaufs
9. Überschreitungen der in Anlage 1 genannten Prüfwerte

a)	wurden Überschreitungen im Berichtszeitraum festgestellt?	„Ja/Nein“
b)	welcher Prüfwert (PW) wurde überschritten?	„PW1/PW2“
c)	wurden Maßnahmen ergriffen? falls ja, Angaben zu den ergriffenen Maßnahmen	„Ja/Nein“
d)	welche Legionellenkonzentration wurde nach Abschluss der Maßnahmen nach § 6 Absatz 3 Nummer 2 oder § 8 Absatz 2 Nummer 3 erreicht?	„< PW1/< PW2“

10. Überschreitungen der in Anlage 1 genannten Maßnahmenwerte

a)	wurden Überschreitungen im Berichtszeitraum festgestellt?	„Ja/Nein“
b)	Angaben zu den ergriffenen Maßnahmen	
c)	welche Legionellenkonzentration wurde nach Abschluss der Maßnahmen nach § 9 Absatz 1 und 2 erreicht?	„< PW1/< PW2“

11. Angaben zur Biozidzugabe (Zeitpunkt, Menge und Art des Biozids)
12. sonstige Nachweise gemäß dieser Verordnung
13. Überprüfung nach § 14
    a) Datum der letzten Überprüfung nach Absatz 1
    b) überprüfende Stelle (Name, Adresse, Ansprechpartner) nach Absatz 2

Teil 2. Inhalt der Anzeigen nach § 13

1. Anzeigen nach § 13 Absatz 1 umfassen die Angaben nach Teil 1 Nummer 2 bis 5
2. Anzeigen nach § 13 Absatz 2 umfassen die Angaben nach Teil 1 Nummer 2 bis 5
3. Anzeigen nach § 13 Absatz 3 Nummer 1 umfassen die Angaben nach Teil 1 Nummer 1 bis 6
4. Anzeigen nach § 13 Absatz 3 Nummer 2 umfassen die Angaben nach Teil 1 Nummer 1 bis 5 und 7

2.43. Dreiundvierzigste Verordnung zur Durchführung des Bundes-Immissionsschutzgesetzes (Verordnung über nationale Verpflichtungen zur Reduktion der Emissionen bestimmter Luftschadstoffe – 43. BImSchV) [1)2)]

Vom 18. Juli 2018

(BGBl. I S. 1222)

FNA 2129-8-43

§ 1 Begriffsbestimmungen. (1) „Emission" im Sinne dieser Verordnung ist die Freisetzung von Stoffen aus einer Punktquelle oder einer diffusen Quelle in die Atmosphäre.

(2) „Feinstaub $PM_{2,5}$" im Sinne dieser Verordnung ist Feinstaub mit einem aerodynamischen Durchmesser von höchstens 2,5 Mikrometern.

(3) „Internationaler Seeverkehr" im Sinne dieser Verordnung sind Fahrten auf See und in Küstengewässern von Wasserfahrzeugen unter beliebiger Flagge, ausgenommen Fischereifahrzeuge, die im Hoheitsgebiet eines Landes beginnen und im Hoheitsgebiet eines anderen Landes enden.

(4) „NMVOC" im Sinne dieser Verordnung sind alle flüchtigen organischen Verbindungen außer Methan, die durch Reaktion mit Stickstoffoxiden bei Sonnenlicht photochemische Oxidantien erzeugen können.

(5) „NO_x" im Sinne dieser Verordnung sind Stickstoffmonoxid und Stickstoffdioxid, ausgedrückt als Stickstoffdioxid.

(6) „Ruß" (black carbon) im Sinne dieser Verordnung sind kohlenstoffhaltige lichtabsorbierende Partikel.

(7) „SO_2" im Sinne dieser Verordnung umfasst neben Schwefeldioxid alle Schwefelverbindungen, einschließlich Schwefeltrioxid (SO_3), Schwefelsäure (H_2SO_4) und reduzierter Schwefelverbindungen wie Schwefelwasserstoff (H_2S), Merkaptane und Dimethylsulfide, ausgedrückt als Schwefeldioxid.

(8) „Start- und Landezyklus" im Sinne dieser Verordnung ist der Zyklus, der sich aus Rollen, Starten, Steigflug, Anflug und Landung sowie allen anderen Manövern von Luftfahrzeugen ergibt, die unterhalb einer Höhe von 914,4 Metern stattfinden.

§ 2 Verpflichtungen zur Emissionsreduktion. (1) Die Bundesrepublik Deutschland ist verpflichtet, die jährlichen durch menschliche Tätigkeiten verursachten Emissionen von Luftschadstoffen gegenüber dem Jahr 2005 wie folgt zu reduzieren:

---

1) Verkündet als Art. 1 VO v. 18.7.2018 (BGBl. I S. 1222); Inkrafttreten gem. Art. 3 dieser VO am 31.7.2018.

2) **Amtl. Anm.:** Artikel 1 dieser Verordnung dient der Umsetzung der Richtlinie (EU) 2016/2284 des Europäischen Parlaments und des Rates vom 14. Dezember 2016 über die Reduktion der nationalen Emissionen bestimmter Luftschadstoffe, zur Änderung der Richtlinie 2003/35/EG und zur Aufhebung der Richtlinie 2001/81/EG (ABl. L 344 vom 17.12.2016, S. 1).

18.3.2020 11:50 NBT FlowLAT

1. ab dem Jahr 2020:
   a) SO_2: 21 Prozent,
   b) NO_x: 39 Prozent,
   c) NMVOC: 13 Prozent,
   d) NH_3: 5 Prozent und
   e) Feinstaub $PM_{2,5}$: 26 Prozent und
2. ab dem Jahr 2030:
   a) SO_2: 58 Prozent,
   b) NO_x: 65 Prozent,
   c) NMVOC: 28 Prozent,
   d) NH_3: 29 Prozent und
   e) Feinstaub $PM_{2,5}$: 43 Prozent.

(2) Folgende Emissionen werden nicht berücksichtigt:
1. Emissionen von Flugzeugen außerhalb des Start- und Landezyklus;
2. Emissionen aus dem internationalen Seeverkehr;
3. Emissionen von NO_x und NMVOC aus Tätigkeiten, die unter die Nomenklatur für die Berichterstattung des Übereinkommens von 1979 über weiträumige grenzüberschreitende Luftverunreinigung (BGBl. 1982 II S. 373, 374) gemäß den Kategorien 3B – Düngewirtschaft – und 3D – landwirtschaftliche Böden – mit Stand 2014 fallen.

§ 3 Indikative Emissionsmengen. (1) [1] Für das Jahr 2025 ist für die Emissionsmengen der in § 2 Absatz 1 aufgeführten Luftschadstoffe ein linearer Reduktionspfad einzuhalten. [2] Dieser führt von den Emissionsmengen, die sich aus den Verpflichtungen zur Emissionsreduktion für das Jahr 2020 ergeben, zu den Emissionsmengen, die sich aus den Verpflichtungen zur Emissionsreduktion für das Jahr 2030 ergeben. [3] § 2 Absatz 2 gilt entsprechend.

(2) [1] Für die in § 2 Absatz 1 aufgeführten Luftschadstoffe kann anstelle eines linearen Reduktionspfads ein nichtlinearer Reduktionspfad gewählt werden, sofern
1. dies wirtschaftlich oder technisch effizienter als der lineare Reduktionspfad ist und
2. der Pfad sich ab dem Jahr 2025 schrittweise dem linearen Reduktionspfad annähert.

[2] Der Reduktionspfad ist im nationalen Luftreinhalteprogramm festzulegen und im Fall eines nichtlinearen Reduktionspfads zu begründen.

§ 4 Nationales Luftreinhalteprogramm. (1) [1] Die Bundesregierung erstellt ein nationales Luftreinhalteprogramm. [2] Das nationale Luftreinhalteprogramm enthält
1. erforderliche Maßnahmen, um die Emissionsreduktion nach § 2 zu erzielen,
2. zur Erfüllung der Verpflichtungen zur Emissionsreduktion für Feinstaub $PM_{2,5}$ vorrangig Maßnahmen zur Reduktion von Rußemissionen,

3. eine Bewertung des voraussichtlichen Umfangs der Auswirkungen nationaler Emissionsquellen auf die Luftqualität in Deutschland und in benachbarten Mitgliedstaaten,
4. eine abstrakte Darstellung der Zuständigkeiten der mit Luftreinhaltung befassten Behörden auf Bundesebene, auf Landesebene und auf kommunaler Ebene,
5. eine Darstellung der bereits erzielten Fortschritte bei der Emissionsreduktion und bei der Verbesserung der Luftqualität und eine Darstellung, inwieweit diesbezügliche nationale Verpflichtungen und Verpflichtungen der Europäischen Union eingehalten wurden,
6. eine Darstellung der voraussichtlichen Entwicklung der Emissionsreduktion und der Verbesserung der Luftqualität und eine Darstellung, inwieweit diesbezügliche nationale Verpflichtungen und Verpflichtungen der Europäischen Union eingehalten werden auf Grundlage bereits umgesetzter Maßnahmen,
7. die Strategien und Maßnahmen, die in Betracht gezogen werden
   a) für die Erfüllung der Emissionsreduktionsverpflichtungen,
   b) für die Erfüllung der indikativen Emissionsmengen für das Jahr 2025 und
   c) zur weiteren Verbesserung der Luftqualität,
8. die Analyse der Strategien und Maßnahmen nach Nummer 7 und die angewandte Analysemethode; sofern verfügbar, eine Darstellung der einzelnen oder kombinierten Auswirkungen der Strategien und Maßnahmen auf die Emissionsreduktion, die Luftqualität und die Umwelt sowie eine Darstellung der damit verbundenen Unsicherheiten,
9. die zur weiteren Verbesserung der Luftqualität ausgewählten Strategien und Maßnahmen sowie den Zeitplan der Verabschiedung, Durchführung und Überprüfung dieser Strategien und Maßnahmen mit Angabe der zuständigen Behörden,
10. eine Erläuterung der Gründe für den Fall, dass die indikativen Emissionsmengen für das Jahr 2025 nicht erreicht werden können, ohne dass Maßnahmen getroffen werden müssten, die unverhältnismäßige Kosten verursachen,
11. eine Festlegung des nichtlinearen Emissionspfads gemäß § 3 Absatz 2 für den Fall, dass die indikativen Emissionsmengen für das Jahr 2025 nicht erreicht werden können,
12. für den Fall, dass die Flexibilisierungsregelungen gemäß den §§ 10 bis 13 in Anspruch genommen werden, einen Bericht darüber und über sämtliche damit verbundenen Umweltauswirkungen,
13. den nationalen politischen Rahmen für Luftqualität und Luftreinhaltung, in dessen Kontext das Programm erarbeitet wurde, einschließlich der Schwerpunkte der nationalen Luftreinhaltepolitik und deren Verbindung zu Schwerpunkten in anderen Politikfeldern, einschließlich der Klimapolitik und gegebenenfalls der Landwirtschaft, der Industrie und des Verkehrs,
14. eine Bewertung der Kohärenz ausgewählter Strategien und Maßnahmen mit Plänen und Programmen in anderen wichtigen Politikfeldern.

[3]Die Maßnahmen des nationalen Luftreinhalteprogramms müssen unter Berücksichtigung von Aufwand und Nutzen verhältnismäßig sein.

(2) [1]Die Bundesregierung beschließt das nationale Luftreinhalteprogramm nach Anhörung der Länder und der beteiligten Kreise. [2]Für die Anhörung der beteiligten Kreise gilt § 51 des Bundes-Immissionsschutzgesetzes[1)] entsprechend.

(3) Sofern erforderlich, werden bei der Erstellung des nationalen Luftreinhalteprogramms grenzüberschreitende Konsultationen zwischen dem Bundesministerium für Umwelt, Naturschutz und nukleare Sicherheit und den Behörden durchgeführt, die zuständig sind für die Erstellung und den Beschluss des nationalen Luftreinhalteprogramms in anderen Mitgliedstaaten der Europäischen Union.

§ 5 Aktualisierung des nationalen Luftreinhalteprogramms. (1) Die Bundesregierung aktualisiert das nationale Luftreinhalteprogramm mindestens alle vier Jahre.

(2) Die Bundesregierung aktualisiert die im nationalen Luftreinhalteprogramm festgelegten Strategien und Maßnahmen zur Emissionsreduktion innerhalb von 18 Monaten, nachdem das nationale Emissionsinventar oder die nationale Emissionsprognose oder deren Aktualisierungen nach § 17 der Europäischen Kommission und der Europäischen Umweltagentur übermittelt wurden, wenn den übermittelten Emissionsdaten zufolge

1. die in § 2 genannten Verpflichtungen nicht erfüllt werden oder
2. die Gefahr besteht, dass die in § 2 genannten Verpflichtungen nicht erfüllt werden.

(3) Die Aktualisierungen des nationalen Luftreinhalteprogramms umfassen mindestens

1. eine Bewertung der Fortschritte, die mit der Durchführung des Programms sowie der Emissionsreduktion und der Reduktion der Schadstoffkonzentrationen erzielt wurden, sowie
2. alle erheblichen Veränderungen des politischen Kontextes, der Bewertungen des nationalen Luftreinhalteprogramms oder seines Durchführungszeitplans.

(4) § 4 Absatz 2 und 3 gilt entsprechend.

§ 6 Beteiligung der Öffentlichkeit. (1) [1]Das Bundesministerium für Umwelt, Naturschutz und nukleare Sicherheit beteiligt die Öffentlichkeit frühzeitig bei der Erstellung und Aktualisierung des nationalen Luftreinhalteprogramms. [2]Es macht die Erstellung und Aktualisierung des nationalen Luftreinhalteprogramms in einem amtlichen Veröffentlichungsblatt sowie auf seiner Internetseite öffentlich bekannt. [3]Der Bekanntmachung ist Folgendes beizufügen:

1. der Entwurf des nationalen Luftreinhalteprogramms und
2. Informationen über das Recht der Beteiligung am Entscheidungsverfahren, über einzuhaltende Fristen sowie darüber, an welche Stelle Stellungnahmen oder Fragen gerichtet werden können.

[1)] Nr. **1**.

[4]Der Entwurf des ersten und des aktualisierten nationalen Luftreinhalteprogramms ist gleichzeitig mit der Bekanntmachung einen Monat am Dienstsitz des Bundesministeriums für Umwelt, Naturschutz und nukleare Sicherheit zur Einsicht auszulegen.

(2) [1]Die Öffentlichkeit kann innerhalb eines Monats nach Ablauf der Auslegungsfrist zum Entwurf des neuen oder aktualisierten nationalen Luftreinhalteprogramms gegenüber dem Bundesministerium für Umwelt, Naturschutz und nukleare Sicherheit schriftlich oder elektronisch Stellung nehmen. [2]Die Bundesregierung berücksichtigt fristgemäß eingegangene Stellungnahmen beim Beschluss des nationalen Luftreinhalteprogramms.

(3) [1]Das Bundesministerium für Umwelt, Naturschutz und nukleare Sicherheit macht das beschlossene nationale Luftreinhalteprogramm einschließlich einer Darstellung des Ablaufs des Beteiligungsverfahrens und der Gründe und Erwägungen, auf denen der getroffene Beschluss beruht, in einem amtlichen Veröffentlichungsblatt sowie auf seiner Internetseite öffentlich bekannt. [2]Eine Ausfertigung des Programms sowie die weiteren Informationen nach Satz 1 werden zwei Wochen am Dienstsitz des Bundesministeriums für Umwelt, Naturschutz und nukleare Sicherheit zur Einsicht ausgelegt.

(4) Die Absätze 1 bis 3 sind nicht anzuwenden, wenn es sich bei dem nationalen Luftreinhalteprogramm um einen Plan handelt, für den nach dem Gesetz über die Umweltverträglichkeitsprüfung in der Fassung der Bekanntmachung vom 24. Februar 2010 (BGBl. I S. 94), das zuletzt durch Artikel 2 des Gesetzes vom 8. September 2017 (BGBl. I S. 3370) geändert worden ist, eine Strategische Umweltprüfung durchzuführen ist.

§ 7 Nationales Emissionsinventar. (1) [1]Das Umweltbundesamt erstellt für die in Anlage 1 Tabelle A aufgeführten Schadstoffe, für Luftschadstoffe aus dem Sektor Landwirtschaft nach Abstimmung mit dem Johann Heinrich von Thünen-Institut, ein nationales Emissionsinventar und aktualisiert dieses jährlich. [2]Das nationale Emissionsinventar muss transparent, kohärent, vergleichbar zu dem nationalen Emissionsinventar des vorangegangenen Jahres, vollständig und genau sein.

(2) Das Umweltbundesamt erstellt für die in Anlage 1 Tabelle B aufgeführten Schadstoffe ein räumlich aufgeschlüsseltes nationales Emissionsinventar und ein Inventar großer Punktquellen und aktualisiert diese alle vier Jahre.

(3) Die Berechnung der Emissionen für das nationale Emissionsinventar erfolgt gemäß Anlage 2 Teil I.

§ 8 Nationale Emissionsprognose. (1) [1]Das Umweltbundesamt erstellt für die in Anlage 1 Tabelle B aufgeführten Schadstoffe, für Luftschadstoffe aus dem Sektor Landwirtschaft nach Abstimmung mit dem Johann Heinrich von Thünen-Institut, eine nationale Emissionsprognose gemäß Anlage 2 Teil II und aktualisiert diese alle zwei Jahre. [2]Die nationale Emissionsprognose muss transparent, kohärent, vergleichbar zu der vorangegangenen nationalen Emissionsprognose, vollständig und genau sein.

(2) Die nationale Emissionsprognose muss mindestens Folgendes umfassen:

1. die genaue Angabe der beschlossenen oder geplanten Strategien und Maßnahmen zur Emissionsreduktion, die bei der Erstellung der Prognose berücksichtigt wurden,

2. soweit angemessen, die Ergebnisse der für die nationale Emissionsprognose durchgeführten Sensitivitätsanalysen,
3. eine Beschreibung der angewandten Methoden, Modelle, zugrunde liegenden Hypothesen sowie der wichtigsten Eingangs- und Ausgangsparameter.

§ 9 Informativer Inventarbericht. (1) [1] Das Umweltbundesamt erstellt nach dem Stand von Wissenschaft und Technik der Emissionsberichterstattung einen informativen Inventarbericht zu den in Anlage 1 Tabelle C aufgeführten Schadstoffen. [2] Für Luftschadstoffe aus dem Sektor Landwirtschaft erfolgt dies nach Abstimmung mit dem Johann Heinrich von Thünen-Institut.

(2) Der informative Inventarbericht muss mindestens folgende Angaben enthalten:
1. Beschreibungen und Quellenangaben zu den spezifischen Methoden, Hypothesen, Emissionsfaktoren und Aktivitätsdaten sowie die Gründe für ihre Wahl,
2. eine Beschreibung der wichtigsten nationalen Kategorien von Emissionsquellen,
3. Informationen über Unsicherheiten, Qualitätssicherung und Prüfung des nationalen Emissionsinventars und der nationalen Emissionsprognose,
4. eine Beschreibung der Verfahrensregelungen für die Erstellung des Inventars,
5. Neuberechnungen und geplante Verbesserungen des nationalen Emissionsinventars und der nationalen Emissionsprognose,
6. Angaben über die Inanspruchnahme der Flexibilisierungsregelungen gemäß den §§ 10 bis 13,
7. Angaben über die Gründe für die Abweichung von dem gemäß § 3 Absatz 1 festgelegten Reduktionspfad sowie die Maßnahmen, um auf diesen Pfad zurückzukehren,
8. eine knappe Zusammenfassung zu den Angaben unter den Nummern 1 bis 7.

(3) Der informative Inventarbericht wird vom Umweltbundesamt wie folgt aktualisiert:
1. im Hinblick auf das nationale Emissionsinventar: jährlich,
2. im Hinblick auf das räumlich aufgeschlüsselte nationale Emissionsinventar und auf das Inventar großer Punktquellen: alle vier Jahre und
3. im Hinblick auf die nationale Emissionsprognose: alle zwei Jahre.

§ 10 Anpassung des nationalen Emissionsinventars im Hinblick auf die Einhaltung der Verpflichtungen zur Emissionsreduktion. (1) [1] Das Umweltbundesamt kann auf Grundlage einer Entscheidung nach § 14 Absatz 1 das nationale Emissionsinventar für SO_2, NO_x, NMVOC, NH_3 und Feinstaub $PM_{2,5}$ im Hinblick auf die Einhaltung der Verpflichtungen zur Emissionsreduktion anpassen, soweit die Anwendung verbesserter Methoden zur Ermittlung der Emission, die dem neuesten wissenschaftlichen Kenntnisstand entsprechen, dazu führt, dass die Verpflichtungen zur Emissionsreduktion nicht erfüllt werden können. [2] Für Luftschadstoffe aus dem Sektor Landwirtschaft erfolgt dies nach Abstimmung mit dem Johann Heinrich von Thünen-Institut.

(2) Um festzustellen, ob die Anforderungen für eine Anpassung des nationalen Emissionsinventars erfüllt sind, gelten die Verpflichtungen zur Emissionsreduktion für die Jahre 2020 bis 2029 als am 4. Mai 2012 festgelegt.

(3) [1] Sofern eine Anpassung des Inventars für die Berichtsjahre ab 2025 mit Sachlagen gemäß § 14 Absatz 4 Buchstabe b oder c begründet werden soll, ist zusätzlich nachzuweisen, dass die erheblich unterschiedlichen Emissionsfaktoren nicht auf die unzureichende innerstaatliche Umsetzung oder Durchführung quellenbezogener Rechtsvorschriften der Europäischen Union zur Reduktion der Luftverschmutzung zurückzuführen sind. [2] Die Europäische Kommission ist zudem vor einer solchen Anpassung über diese unterschiedlichen Emissionsfaktoren zu unterrichten.

§ 11 Mitteilung von Emissionen im Fall außergewöhnlicher meteorologischer Bedingungen. [1] Wenn die nationalen Verpflichtungen zur Emissionsreduktion in einem bestimmten Jahr auf Grund eines außergewöhnlich strengen Winters oder eines außergewöhnlich trockenen Sommers nicht erfüllt werden können, so kann das Umweltbundesamt auf Grundlage einer Entscheidung nach § 14 Absatz 1 bei der Übermittlung des nationalen Emissionsinventars im Nachhinein den Mittelwert der nationalen jährlichen Emissionen aus dem betreffenden Jahr sowie dem vorherigen und dem darauffolgenden Jahr zugrunde legen. [2] In diesem Fall sind die nationalen Verpflichtungen zur Emissionsreduktion eingehalten, wenn der Mittelwert die nationale jährliche Emissionsmenge nicht übersteigt, die sich aus der nationalen Reduktionsverpflichtung ergibt.

§ 12 Kompensation der Verpflichtungen zur Emissionsreduktion für SO_2, NO_x und Feinstaub $PM_{2,5}$ ab dem Jahr 2030. Die Verpflichtungen zur Emissionsreduktion ab dem Jahr 2030 gelten für SO_2, NO_x oder Feinstaub $PM_{2,5}$ für einen Zeitraum von höchstens fünf Jahren als eingehalten, sofern nach Umsetzung aller kosteneffizienten Maßnahmen in dem betreffenden Zeitraum eine gleichwertige Emissionsreduktion bei einem anderen in § 2 Absatz 1 genannten Schadstoff erfolgt.

§ 13 Einhaltung der Verpflichtungen zur Emissionsreduktion bei unvorhersehbaren Entwicklungen im Energiesektor. Die Verpflichtungen zur Emissionsreduktion gelten für einen Zeitraum von höchstens drei Jahren als eingehalten, wenn

1. sich die Nichteinhaltung der Verpflichtung zur Emissionsreduktion für die betreffenden Schadstoffe ergibt aus
   a) einer abrupten und außergewöhnlichen Unterbrechung von Kapazitäten im Stromversorgungs- oder Stromerzeugungssystem oder im Wärmeversorgungs- oder Wärmeerzeugungssystem oder
   b) einem abrupten und außergewöhnlichen Verlust von Kapazitäten im Stromversorgungs- oder Stromerzeugungssystem oder im Wärmeversorgungs- oder Wärmeerzeugungssystem und
2. die Unterbrechung oder der Verlust nach vernünftiger Einschätzung nicht vorhersehbar war.

§ 14 Inanspruchnahme der Flexibilisierungsregelungen im Hinblick auf die Einhaltung der Verpflichtungen zur Emissionsreduktion.

(1) Über die Inanspruchnahme der Flexibilisierungsregelungen nach den §§ 10 bis 13 entscheidet das Bundesministerium für Umwelt, Naturschutz und nukleare Sicherheit im Einvernehmen mit dem Bundesministerium für Ernährung und Landwirtschaft, dem Bundesministerium für Wirtschaft und Energie sowie dem Bundesministerium für Verkehr und digitale Infrastruktur.

(2) [1]Das Umweltbundesamt teilt der Europäischen Kommission bis zum 15. Februar des betreffenden Berichtsjahres unter Nennung der Schadstoffe und Emittentensektoren mit, ob eine der in den §§ 10 bis 13 aufgeführten Flexibilisierungsregelungen in Anspruch genommen wird. [2]Das Umweltbundesamt gibt, sofern verfügbar, den Umfang der Auswirkungen auf das nationale Emissionsinventar an.

(3) [1]Das Umweltbundesamt übermittelt der Europäischen Kommission zur Inanspruchnahme der in § 10 enthaltenen Flexibilisierungsregelung mindestens die folgenden Unterlagen:

1. den Nachweis, dass die betreffende nationale Emissionsreduktionsverpflichtung nicht erfüllt wird,
2. den Nachweis, inwieweit die Anpassung des nationalen Emissionsinventars das Ausmaß der Nichterfüllung reduziert und zur Einhaltung der jeweiligen nationalen Emissionsreduktionsverpflichtung beiträgt,
3. eine Schätzung, ob und wenn ja, wann die betreffende nationale Emissionsreduktionsverpflichtung erfüllt sein wird, auf der Grundlage der nationalen Emissionsprognose ohne Anpassung,
4. den Nachweis, dass die Anpassung mit mindestens einem der folgenden Sachverhalte begründbar ist:
   a) mit neuen Kategorien von Emissionsquellen,
   b) mit der Neubestimmung von Emissionsfaktoren von Emissionen aus Quellen bestimmter Kategorien mit erheblich unterschiedlichen Emissionsfaktoren sowie
   c) mit einer signifikanten Änderung der Methoden zur Bestimmung von Emissionen aus Quellen bestimmter Kategorien.

[2]Hierbei kann auf frühere Anpassungen verwiesen werden. [3]Im Einzelnen ist Folgendes nachzuweisen:

1. bei neuen Kategorien von Emissionsquellen:
   a) Nachweis, dass die neue Emissionsquellkategorie in der wissenschaftlichen Literatur anerkannt ist,
   b) Nachweis, dass diese Quellkategorie zu dem Zeitpunkt, an dem die Emissionsreduktionsverpflichtung festgelegt wurde, nicht im damaligen nationalen Emissionsinventar enthalten war,
   c) Nachweis, dass die Emissionen aus einer neuen Quellkategorie dazu beitragen, dass Deutschland seine Emissionsreduktionsverpflichtungen nicht erfüllen kann, zusammen mit einer ausführlichen Beschreibung der Methode, Daten und Emissionsfaktoren, anhand derer diese Schlussfolgerung gezogen wurde,
2. bei erheblich unterschiedlichen Emissionsfaktoren:

a) Beschreibung der ursprünglichen Emissionsfaktoren, einschließlich einer eingehenden Beschreibung der wissenschaftlichen Grundlage für die seinerzeitige Ableitung des Emissionsfaktors,
b) Nachweis, dass die Bestimmung der Emissionsreduktionen auf Basis der ursprünglichen Emissionsfaktoren erfolgte,
c) Beschreibung der aktualisierten Emissionsfaktoren, einschließlich genauer Angaben zur wissenschaftlichen Grundlage für ihre Ableitung,
d) Vergleich der anhand der ursprünglichen und der aktualisierten Emissionsfaktoren vorgenommenen Emissionsschätzungen, der zeigt, dass die Änderung der Emissionsfaktoren dazu beiträgt, dass Deutschland seine Reduktionsverpflichtungen nicht erfüllen kann,
e) Gründe, aus denen die Änderungen der Emissionsfaktoren für signifikant gehalten werden,

3. bei signifikanter Änderung der Methoden zur Bestimmung von Emissionen aus Quellen bestimmter Kategorien:
a) Beschreibung der ursprünglich angewandten Methode, einschließlich genauer Angaben zur wissenschaftlichen Grundlage für die Ableitung des Emissionsfaktors,
b) Nachweis, dass die Bestimmung der Emissionsreduktionen auf Basis der ursprünglichen Methode erfolgte,
c) Beschreibung der aktualisierten Methode, einschließlich einer eingehenden Beschreibung der wissenschaftlichen Grundlage für die Ableitung des Emissionsfaktors,
d) Vergleich der anhand der ursprünglichen und der aktualisierten Methoden vorgenommenen Emissionsschätzungen, der zeigt, dass die Änderung der Methode dazu beiträgt, dass Deutschland seine Reduktionsverpflichtung nicht erfüllen kann,
e) Gründe, aus denen die Änderung der Methode für signifikant gehalten wird.

4. bei einer Anpassung des Inventars für das Berichtsjahr 2025 und für die folgenden Berichtsjahre ein Nachweis gemäß § 10 Absatz 3.

[4] Bei Inanspruchnahme der in § 13 aufgeführten Flexibilisierungsregelung übermittelt das Umweltbundesamt der Europäischen Kommission folgende Unterlagen:

1. den Nachweis, dass die Unterbrechung oder der Verlust an Kapazitäten nach vernünftiger Einschätzung nicht vorhersehbar war,
2. den Nachweis, dass alle angemessenen Anstrengungen, einschließlich der Durchführung neuer Maßnahmen und Strategien, unternommen wurden und weiterhin unternommen werden, um den Zeitraum der Nichteinhaltung so kurz wie möglich zu halten, und
3. den Nachweis, dass die Durchführung weiterer Maßnahmen und Strategien zusätzlich zu den unter Nummer 2 genannten Maßnahmen und Strategien
a) unverhältnismäßige Kosten verursachen würde,
b) die nationale Energieversorgungssicherheit erheblich gefährden würde oder

c) einen erheblichen Teil der Bevölkerung der Gefahr der Energiearmut aussetzen würde.

(4) Das Umweltbundesamt nimmt eine Neuberechnung der angepassten Emissionen vor, um so weit wie möglich die Konsistenz der angepassten Emissionsdaten für jedes Jahr zu gewährleisten.

§ 15 Monitoring der Auswirkungen der Luftverschmutzung. (1) [1] Für das Monitoring der negativen Auswirkungen der Luftverschmutzung auf Ökosysteme werden die Daten verwendet, die erhoben werden im Rahmen der Verordnung über Luftqualitätsstandards und Emissionshöchstmengen[1)] vom 2. August 2010 (BGBl. I S. 1065), im Rahmen des in Deutschland eingerichteten Netzwerkes zum Monitoring der Luftschadstoffwirkungen auf Oberflächengewässer des Übereinkommens vom 13. November 1979 über weiträumige grenzüberschreitende Luftverunreinigung (BGBl. 1982 II S. 373, 374; 1983 II S. 548) sowie der Verordnung über Erhebungen zum forstlichen Umweltmonitoring vom 20. Dezember 2013 (BGBl. I S. 4384) und von Erhebungen nach § 41a Absatz 6 Satz 1 Nummer 1 des Bundeswaldgesetzes, soweit sie jeweils nach Artikel 9 Absatz 1 der Richtlinie (EU) 2016/2284 des Europäischen Parlaments und des Rates vom 14. Dezember 2016 über die Reduktion der nationalen Emissionen bestimmter Luftschadstoffe, zur Änderung der Richtlinie 2003/35/EG und zur Aufhebung der Richtlinie 2001/81/EG (ABl. L 344 vom 17.12.2016, S. 1) erforderlich sind. [2] Die für das Monitoring eingerichteten Standorte müssen jeweils repräsentativ sein für Süßwasserökosysteme, natürliche und naturnahe Ökosysteme sowie für Waldökosysteme.

(2) [1] Die nach Landesrecht zuständigen Stellen übermitteln dem Umweltbundesamt die Daten nach Absatz 1. [2] Sind die Daten nach Absatz 1 einer Stelle des Bundes im Rahmen der Verordnung über Erhebungen zum forstlichen Umweltmonitoring oder einer Erhebung nach § 41a Absatz 6 Satz 1 Nummer 1 des Bundeswaldgesetzes übermittelt worden, werden die Daten von dieser an das Umweltbundesamt weitergegeben. [3] Die Übermittlung der Monitoringstandorte und der verwendeten Indikatoren an das Umweltbundesamt erfolgt ausgehend vom 31. März 2018 alle vier Jahre bis zum 31. März des jeweiligen Jahres. [4] Die Übermittlung der Daten nach Absatz 1 Satz 1 an das Umweltbundesamt erfolgt erstmals bis zum 31. März 2019 und danach alle vier Jahre bis zum 31. März des jeweiligen Jahres.

§ 16 Übermittlung des nationalen Luftreinhalteprogramms. [1] Das Umweltbundesamt übermittelt der Europäischen Kommission das beschlossene nationale Luftreinhalteprogramm bis zum 31. März 2019. [2] Wird das nationale Luftreinhalteprogramm aktualisiert, so übermittelt das Umweltbundesamt der Europäischen Kommission das aktualisierte beschlossene Programm innerhalb von zwei Monaten nach dessen Beschluss.

§ 17 Übermittlung des nationalen Emissionsinventars und der nationalen Emissionsprognose sowie des informativen Inventarberichts.

[1] Das Umweltbundesamt übermittelt der Europäischen Kommission und der Europäischen Umweltagentur in Übereinstimmung mit der Berichterstattung

---

[1)] Nr. **2.39**.

an das Sekretariat des Übereinkommens über weiträumige grenzüberschreitende Luftverunreinigung

1. das nationale Emissionsinventar,
2. die nationale Emissionsprognose,
3. das räumlich aufgeschlüsselte nationale Emissionsinventar,
4. das Inventar großer Punktquellen und
5. den informativen Inventarbericht.

[2] Die Übermittlung erfolgt gemäß den Berichterstattungsfristen in Anlage 1.

§ 18 Übermittlung von Informationen zum Monitoring der Auswirkungen der Luftverschmutzung an die Europäische Kommission.

(1) Das Umweltbundesamt übermittelt der Europäischen Kommission und der Europäischen Umweltagentur

1. die Monitoringstandorte gemäß § 15 Absatz 1 und die jeweiligen für die Auswirkungen der Luftverschmutzung verwendeten Indikatoren gemäß § 15 Absatz 2 sowie
2. die Monitoringdaten gemäß § 15 Absatz 2.

(2) [1] Die Übermittlung der Monitoringstandorte und der jeweiligen für die Auswirkungen der Luftverschmutzung verwendeten Indikatoren nach Absatz 1 Nummer 1 erfolgt erstmals bis zum 30. Juni 2018 und danach alle vier Jahre bis zum 30. Juni des jeweiligen Jahres. [2] Die Übermittlung der Monitoringdaten nach Absatz 1 Nummer 2 erfolgt erstmals bis zum 30. Juni 2019 und danach alle vier Jahre bis zum 30. Juni des jeweiligen Jahres.

§ 19 Veröffentlichung des nationalen Luftreinhalteprogramms. Das Umweltbundesamt veröffentlicht auf seiner Internetseite das beschlossene nationale Luftreinhalteprogramm und dessen Aktualisierungen.

§ 20 Veröffentlichung des nationalen Emissionsinventars und der nationalen Emissionsprognose sowie des informativen Inventarberichts.

Das Umweltbundesamt veröffentlicht auf seiner Internetseite Folgendes:

1. das nationale Emissionsinventar, gegebenenfalls einschließlich Anpassungen,
2. die nationale Emissionsprognose,
3. den informativen Inventarbericht sowie
4. zusätzliche Berichte und Angaben, die der Europäischen Kommission gemäß den §§ 17 und 18 übermittelt werden.

Anlage 1
(zu § 7 Absatz 1 und 2, § 8 Absatz 1, § 9 Absatz 1 und § 17)

Überwachung von und Berichterstattung über Emissionen

Tabelle A

	Schadstoffe	Zeitreihe	Berichterstattungsfrist gegenüber der Europäischen Kommission und der Europäischen Umweltagentur
Nationale Gesamtemissionen nach Quellkategorien*1 gemäß NFR*2	– SO_2, NO_x, NMVOC, NH_3, CO*3 – Schwermetalle (Cd, Hg, Pb)*4 – POP*5 (PAK*6, Benzo[a]pyren, Benzo(b)fluoranthen, Benzo(k)fluoranthen, Indeno(1, 2, 3-cd)pyren, Dioxine/Furane, PCB*7, HCB*8 insgesamt)	Jährlich ab dem Jahr 1990 bis zum Berichtsjahr minus 2 (X-2)	15. Februar*10
Nationale Gesamtemissionen nach Quellkategorien*1 gemäß NFR*2	$PM_{2,5}$, PM_{10}*9 und falls verfügbar Ruß	Jährlich ab dem Jahr 2000 bis zum Berichtsjahr minus 2 (X-2)	15. Februar*10

*1 **Amtl. Anm.:** Natürliche Emissionen werden nach den Methoden gemeldet, die nach dem Stand von Wissenschaft und Technik festgelegt sind. Sie werden nicht in die nationalen Gesamtmengen eingerechnet, sondern gesondert gemeldet.
*2 **Amtl. Anm.:** NFR: Nomenklatur für die Berichterstattung gemäß dem Übereinkommen von 1979 über weiträumige grenzüberschreitende Luftverunreinigung.
*3 **Amtl. Anm.:** CO (Kohlenmonoxid).
*4 **Amtl. Anm.:** Cd (Kadmium), Hg (Quecksilber), Pb (Blei).
*5 **Amtl. Anm.:** POP (persistente organische Schadstoffe).
*6 **Amtl. Anm.:** PAK (polyzyklische aromatische Kohlenwasserstoffe).
*7 **Amtl. Anm.:** PCB (polychlorierte Biphenyle).
*8 **Amtl. Anm.:** HCB (Hexachlorbenzol).
*9 **Amtl. Anm.:** „PM_{10}" sind Partikel mit einem aerodynamischen Durchmesser von höchstens 10 Mikrometern (µm).
*10 **Amtl. Anm.:** Enthält ein Bericht Fehler, so ist er spätestens vier Wochen nach Identifikation des Fehlers oder der Fehler mit einer genauen Erläuterung der vorgenommenen Änderungen erneut einzureichen.

Tabelle B

	Schadstoffe	Zeitreihe/Zieljahre	Berichterstattungsfrist gegenüber der Europäischen Kommission und der Europäischen Umweltagentur
Nationale Rasterdaten über Emissionen nach Quellkategorien (GNFR)	– SO_2, NO_x, NMVOC, CO, NH_3, PM_{10}, $PM_{2,5}$ – Schwermetalle (Cd, Hg, Pb) – POP (PAK insgesamt, HCB, PCB, Dioxine/Furane) – Ruß (falls verfügbar)	Alle vier Jahre, Berichtsjahr minus 2 (X-2) ab dem Jahr 2017	1. Mai*1

	Schadstoffe	Zeitreihe/Zieljahre	Berichterstattungsfrist gegenüber der Europäischen Kommission und der Europäischen Umweltagentur
Große Punktquellen nach Quellkategorien (GNFR)	– SO_2, NO_x, NMVOC, CO, NH_3, PM_{10}, $PM_{2,5}$ – Schwermetalle (Cd, Hg, Pb) – POP (PAK insgesamt, HCB, PCB, Dioxine/Furane) – Ruß (falls verfügbar)	Alle vier Jahre, Berichtsjahr minus 2 (X-2) ab dem Jahr 2017	1. Mai[*1]
Emissionsprognose nach aggregierten NFR-Sektoren	– SO_2, NO_x, NMVOC, NH_3, $PM_{2,5}$ und, falls verfügbar, Ruß	Alle zwei Jahre für die Prognosejahre 2020, 2025 und 2030 sowie, sofern verfügbar, für die Prognosejahre 2040 und 2050 ab dem Jahr 2017	15. März

[*1] **Amtl. Anm.:** Enthält ein Bericht Fehler, so ist er innerhalb von vier Wochen nach der Identifikation des Fehlers oder der Fehler mit einer genauen Erläuterung der vorgenommenen Änderungen erneut einzureichen.

Tabelle C

	Schadstoffe	Zeitreihe/Zieljahre	Berichterstattungsfrist gegenüber der Europäischen Kommission und der Europäischen Umweltagentur
Informativer Inventarbericht	– SO_2, NO_x, NMVOC, CO, NH_3, PM_{10}, $PM_{2,5}$ – Schwermetalle (Cd, Hg, Pb) und Ruß – POP (PAK insgesamt, Benzo[a]pyren, Benzo(b)fluoranthen, Benzo(k)fluoranthen, Indeno(1,2,3-cd)pyren, Dioxine/Furane, PCB, HCB) – gegebenenfalls Schwermetalle (As, Cr, Cu, Ni, Se und Zn und ihre Verbindungen) und Gesamtschwebstaub	Jährlich (wie in den Tabellen A bis C angegeben)	15. März

Anlage 2
(zu § 7 Absatz 3 und § 8 Absatz 1)

Methoden für die Erstellung und Aktualisierung des nationalen Emissionsinventars und der nationalen Emissionsprognose

I. Nationales Emissionsinventar

1. Die Emissionen aus ermittelten Schlüsselkategorien sind nach dem Stand von Wissenschaft und Technik zu berechnen.
2. Für Verkehrsemissionen berechnet und übermittelt das Umweltbundesamt die Emissionen nach Maßgabe der an das Statistische Amt der Europäischen Union übermittelten nationalen Energiebilanzen.
3. Emissionen aus dem Straßenverkehr werden anhand der in Deutschland verkauften Kraftstoffe berechnet und mitgeteilt. Die Emissionen aus dem Straßenverkehr können darüber hinaus auch auf Basis der in Deutschland verbrauchten Kraftstoffe oder der zurückgelegten Kilometer mitgeteilt werden.
4. Das Umweltbundesamt übermittelt die nationalen Jahresemissionen ausgedrückt in der anwendbaren Einheit, die nach dem Stand von Wissenschaft und Technik des Übereinkommens über weiträumige grenzüberschreitende Luftverunreinigung vorgegeben ist.

II. Nationale Emissionsprognose

Die nationale Emissionsprognose wird für die relevanten Quellensektoren geschätzt und aggregiert. Das Umweltbundesamt übermittelt für jeden Schadstoff gemäß dem Stand von Wissenschaft und Technik die Prognose für ein Szenario mit bereits beschlossenen Maßnahmen und gegebenenfalls für ein Szenario mit geplanten Maßnahmen. Die nationale Emissionsprognose stimmt mit dem nationalen jährlichen Emissionsinventar für das dritte vor dem Berichtsjahr liegende Jahr überein und ist mit den Prognosen, die gemäß der Verordnung (EU) Nr. 525/2013 des Europäischen Parlaments und des Rates vom 21. Mai 2013 über ein System für die Überwachung von Treibhausgasemissionen sowie für die Berichterstattung über diese Emissionen und über andere klimaschutzrelevante Informationen auf Ebene der Mitgliedstaaten und der Union und zur Aufhebung der Entscheidung Nr. 280/2004/EG (ABl. L 165 vom 18.6.2013, S. 13) übermittelt werden, so weit wie möglich zu harmonisieren. Die nationale Emissionsprognose ist kohärent mit dem Ergebnis des nationalen Luftreinhalteprogramms gemäß § 4.

2.44. Vierundvierzigste Verordnung zur Durchführung des Bundes-Immissionsschutzgesetzes (Verordnung über mittelgroße Feuerungs-, Gasturbinen- und Verbrennungsmotoranlagen – 44. BImSchV)[1)2)]

Vom 13. Juni 2019

(BGBl. I S. 804)

FNA 2129-8-44

Inhaltsübersicht

[1)] **Amtl. Anm.:** Diese Verordnung dient der Umsetzung der Richtlinie (EU) 2015/2193 des Europäischen Parlaments und des Rates vom 25. November 2015 zur Begrenzung der Emissionen bestimmter Schadstoffe aus mittelgroßen Feuerungsanlagen in die Luft (ABl. L 313 vom 28.11.2015, S. 1).

[2)] Verkündet als Art. 1 VO v. 13.6.2019 (BGBl. I S. 804); Inkrafttreten gem. Art. 3 dieser VO am 20.6.2019.

Abschnitt 1. Allgemeine Vorschriften

§ 1 Anwendungsbereich. (1) Diese Verordnung gilt für die Errichtung, die Beschaffenheit und den Betrieb von

1. genehmigungsbedürftigen und nicht genehmigungsbedürftigen Feuerungsanlagen (mittelgroße Feuerungsanlagen, Gasturbinen- und Verbrennungsmotoranlagen) mit einer Feuerungswärmeleistung von mindestens 1 Megawatt und weniger als 50 Megawatt, unabhängig davon, welche Brennstoffe oder welche Arten von Brennstoffen eingesetzt werden;
2. genehmigungsbedürftigen Feuerungsanlagen (mittelgroße Feuerungsanlagen, Gasturbinen- und Verbrennungsmotoranlagen) mit einer Feuerungswärmeleistung von weniger als 1 Megawatt, unabhängig davon, welche Brennstoffe oder welche Arten von Brennstoffen eingesetzt werden; und
3. gemeinsamen Feuerungsanlagen gemäß § 4 mit einer Feuerungswärmeleistung von mindestens 1 Megawatt, unabhängig davon, welche Brennstoffe oder welche Arten von Brennstoffen eingesetzt werden, es sei denn, diese Kombination bildet eine Feuerungsanlage mit einer Feuerungswärmeleistung von 50 Megawatt oder mehr, die unter den Anwendungsbereich der Verordnung über Großfeuerungs-, Gasturbinen- und Verbrennungsmotoranlagen[1] vom 2. Mai 2013 (BGBl. I S. 1021, 1023, 3754), die zuletzt durch Artikel 1 der Verordnung vom 19. Dezember 2017 (BGBl. I S. 4007) geändert worden ist, fällt.

(2) Diese Verordnung gilt nicht für

[1] Nr. **2.13**.

1. Feuerungsanlagen, die dem Anwendungsbereich der Verordnung über Großfeuerungs-, Gasturbinen- und Verbrennungsmotoranlagen unterliegen;
2. Feuerungsanlagen, die dem Anwendungsbereich der Verordnung (EU) 2016/1628 des Europäischen Parlaments und des Rates vom 14. September 2016 über die Anforderungen in Bezug auf die Emissionsgrenzwerte für gasförmige Schadstoffe und luftverunreinigende Partikel und die Typgenehmigung für Verbrennungsmotoren für nicht für den Straßenverkehr bestimmte mobile Maschinen und Geräte, zur Änderung der Verordnungen (EU) Nr. 1024/2012 und (EU) Nr. 167/2013 und zur Änderung und Aufhebung der Richtlinie 97/68/EG (ABl. L 252 vom 16.9.2016, S. 53) unterliegen;
3. Feuerungsanlagen in landwirtschaftlichen Betrieben mit einer Gesamtfeuerungswärmeleistung von höchstens 5 Megawatt, die als Brennstoff ausschließlich unverarbeitete Geflügelgülle gemäß Artikel 9 Buchstabe a der Verordnung (EG) Nr. 1069/2009 des Europäischen Parlaments und des Rates vom 21. Oktober 2009 mit Hygienevorschriften für nicht für den menschlichen Verzehr bestimmte tierische Nebenprodukte und zur Aufhebung der Verordnung (EG) Nr. 1774/2002 (Verordnung über tierische Nebenprodukte) (ABl. L 300 vom 14.11.2009, S. 1) verwenden;
4. Feuerungsanlagen, in denen die Verbrennungsprodukte unmittelbar zum Erwärmen, zum Trocknen oder zu einer anderweitigen Behandlung von Gegenständen oder Materialien genutzt werden, zum Beispiel Schmelzöfen und -wannen, Wärme- und Wärmebehandlungsöfen und Hochöfen;
5. Nachverbrennungsanlagen, die dafür ausgelegt sind, die Abgase aus industriellen Prozessen durch Verbrennung zu reinigen, und die nicht als unabhängige Feuerungsanlagen betrieben werden;
6. technische Geräte, die zum Antrieb von Fahrzeugen, Schiffen oder Flugzeugen in diesen eingesetzt werden;
7. Einrichtungen zum Regenerieren von Katalysatoren für katalytisches Kracken;
8. Einrichtungen für die Umwandlung von Schwefelwasserstoff in Schwefel nach dem Claus-Prozess;
9. Reaktoren, die in der chemischen Industrie verwendet werden;
10. Koksöfen;
11. Winderhitzer;
12. Krematorien;
13. Feuerungsanlagen, die Raffineriebrennstoffe allein oder zusammen mit anderen Brennstoffen zur Energieerzeugung in Mineralöl- und Gasraffinerien verfeuern;
14. Ablaugekessel in Anlagen für die Zellstofferzeugung;
15. Feuerungsanlagen, die der Forschung, Entwicklung oder Erprobung neuer Einsatzstoffe, Brennstoffe, Erzeugnisse oder Verfahren im Labor- oder Technikumsmaßstab dienen, sowie Prüfstände für oder mit Verbrennungsmotoren und Prüfstände für oder mit Gasturbinen oder Triebwerke von Luftfahrzeugen;

16. Anlagen, die als Brennstoff andere feste oder flüssige Abfälle als die in § 1 Absatz 2 der Verordnung über die Verbrennung und die Mitverbrennung von Abfällen[1] vom 2. Mai 2013 (BGBl. I S. 1021, 1044, 3754) genannten Stoffe verwenden.

§ 2 Begriffsbestimmungen. (1) „Abgas" im Sinne dieser Verordnung ist das Trägergas mit den festen, flüssigen oder gasförmigen Emissionen, angegeben als Volumenstrom in der Einheit Kubikmeter je Stunde (m^3/h) und bezogen auf das Abgasvolumen im Normzustand, Temperatur 273,15 Kelvin (K), Druck 101,3 Kilopascal (kPa), nach Abzug des Feuchtegehalts an Wasserdampf.

(2) „Abgasreinigungseinrichtung" im Sinne dieser Verordnung ist eine der Feuerung nachgeschaltete Einrichtung zur Verminderung von Luftverunreinigungen einschließlich Einrichtungen zur selektiven katalytischen Reduktion oder Einrichtungen zur selektiven nichtkatalytischen Reduktion.

(3) „Abgasverlust" im Sinne dieser Verordnung ist die Differenz zwischen dem Wärmeinhalt des Abgases und dem Wärmeinhalt der Verbrennungsluft bezogen auf den Heizwert des Brennstoffes.

(4) „Bestehende Anlage" im Sinne dieser Verordnung ist eine Feuerungsanlage,

1. die vor dem 20. Dezember 2018 in Betrieb genommen wurde oder
2. für die vor dem 19. Dezember 2017 nach § 4 oder § 16 des Bundes-Immissionsschutzgesetzes[2] eine Genehmigung erteilt wurde, sofern die Anlage spätestens am 20. Dezember 2018 in Betrieb genommen wurde.

(5) „Betriebsstunden" im Sinne dieser Verordnung ist der in Stunden ausgedrückte Zeitraum, in dem sich eine Feuerungsanlage in Betrieb befindet und Emissionen in die Luft abgibt, ohne An- und Abfahrzeiten.

(6) „Bezugssauerstoffgehalt" im Sinne dieser Verordnung ist der jeweils vorgegebene oder zu berechnende Volumengehalt an Sauerstoff im Abgas, auf den der jeweilige Emissionsgrenzwert zu beziehen ist.

(7) „Biobrennstoffe" im Sinne dieser Verordnung sind

1. die Produkte land- oder forstwirtschaftlichen Ursprungs aus pflanzlichem Material oder aus Teilen davon, sofern sie zur Nutzung ihres Energieinhalts verwendet werden, und
2. folgende Abfälle, falls die erzeugte Wärme genutzt wird:
   a) pflanzliche Abfälle aus der Land- und Forstwirtschaft;
   b) pflanzliche Abfälle aus der Nahrungsmittelindustrie;
   c) natürliche, nicht gefährliche Hölzer aus der Landschaftspflege, sofern sie auf Grund ihrer stofflichen Beschaffenheit mit den Hölzern aus der Forstwirtschaft vergleichbar sind;
   d) faserige pflanzliche Abfälle und Ablaugen aus der Herstellung von natürlichem Zellstoff und aus der Herstellung von Papier aus Zellstoff, sofern sie am Herstellungsort mitverbrannt werden;
   e) Korkabfälle;

---

[1] Nr. **2.17**.
[2] Nr. **1**.

f) Holzabfälle mit Ausnahme von Holzabfällen, die infolge einer Behandlung mit Holzschutzmitteln oder infolge einer Beschichtung halogenorganische Verbindungen oder Schwermetalle enthalten können; hierzu gehören insbesondere Holzabfälle aus Bau- und Abbruchabfällen.

(8) „Brennstoffe" im Sinne dieser Verordnung sind alle festen, flüssigen oder gasförmigen brennbaren Stoffe einschließlich ihrer nicht brennbaren Bestandteile; hiervon ausgenommen sind brennbare Stoffe, die dem Anwendungsbereich der Verordnung über die Verbrennung und die Mitverbrennung von Abfällen unterliegen.

(9) „Brennstofftypen" im Sinne dieser Verordnung sind

1. feste Biobrennstoffe;
2. andere feste Brennstoffe;
3. Gasöl;
4. flüssige Brennstoffe, ausgenommen Gasöl;
5. Erdgas;
6. gasförmige Brennstoffe, ausgenommen Erdgas.

(10) „Brennwertgerät" im Sinne dieser Verordnung ist ein Wärmeerzeuger, bei dem die Verdampfungswärme des im Abgas enthaltenen Wasserdampfes konstruktionsbedingt durch Kondensation nutzbar gemacht wird.

(11) „Dieselmotoranlage" im Sinne dieser Verordnung ist eine nach dem Dieselprinzip arbeitende Verbrennungsmotoranlage mit Selbstzündung des Kraftstoffs.

(12) „Emissionen" im Sinne dieser Verordnung sind die von einer Anlage ausgehenden Luftverunreinigungen, angegeben als Massenkonzentrationen in der Einheit Gramm je Kubikmeter Abgas (g/m^3), Milligramm je Kubikmeter Abgas (mg/m^3) oder Nanogramm je Kubikmeter Abgas (ng/m^3) oder als Massenstrom in der Einheit Megagramm pro Jahr (Mg/a); Gesamtstaubemissionen können auch als Rußzahl angegeben werden.

(13) „Emissionsgrenzwert" im Sinne dieser Verordnung ist der Wert, der die Menge der Emission einer Anlage festlegt, die zulässigerweise in die Luft abgeleitet werden darf, angegeben als Massenkonzentration und bezogen auf den jeweiligen Bezugssauerstoffgehalt der Emission, im Fall von Gesamtstaubemissionen alternativ auch angegeben als zulässige Rußzahl.

(14) „Emissionsrelevante Änderung" im Sinne dieser Verordnung ist jede Änderung an einer Feuerungsanlage, die sich auf die anzuwendenden Emissionsgrenzwerte auswirken würde.

(15) „Erdgas" im Sinne dieser Verordnung ist natürlich vorkommendes Methangas mit nicht mehr als 20 Volumenprozent Inertgasen und sonstigen Bestandteilen, das den Anforderungen des DVGW-Arbeitsblatts G 260 vom März 2013 für Gase der 2. Gasfamilie entspricht.

(16) „Feuerungsanlage" im Sinne dieser Verordnung ist jede Anlage, in der Brennstoff zur Nutzung der erzeugten Wärme oxidiert wird.

(17) „Feuerungswärmeleistung" im Sinne dieser Verordnung ist der auf den unteren Heizwert bezogene Wärmeinhalt der Brennstoffe, der einer Feuerungsanlage im Dauerbetrieb je Zeiteinheit zugeführt wird, angegeben in Kilowatt oder Megawatt.

(18) „Gasöl" im Sinne dieser Verordnung ist

1. aus Erdöl gewonnener flüssiger Kraft- oder Brennstoff der KN-Codes 2710 19 25, 2710 19 29, 2710 19 47, 2710 19 48, 2710 20 17 oder 2710 20 19 nach Anhang I der Verordnung (EWG) Nr. 2658/87 des Rates vom 23. Juli 1987 über die zolltarifliche und statistische Nomenklatur sowie den Gemeinsamen Zolltarif (ABl. L 256 vom 7.9.1987, S. 1; L 341 vom 3.12.1987, S. 38; L 378 vom 31.12.1987, S. 120; L 130 vom 26.5.1988, S. 42; L 151 vom 8.6. 2016, S. 22), die zuletzt durch die Durchführungsverordnung (EU) 2017/ 1344 (ABl. L 186 vom 19.7.2017, S. 3) geändert worden ist, oder
2. aus Erdöl gewonnener flüssiger Kraft- oder Brennstoff, bei dessen Destillation bei 250 °C nach den Methoden, die nach dem Stand von Wissenschaft und Technik festgelegt sind, weniger als 65 Volumenprozent, einschließlich Verlusten, und bei 350 °C mindestens 85 Volumenprozent, einschließlich Verlusten, übergehen.

(19) „Gasturbinenanlage" im Sinne dieser Verordnung ist eine Feuerungsanlage mit einer rotierenden Maschine, die thermische Energie in mechanische Arbeit umwandelt und im Wesentlichen aus einem Verdichter, aus einer Brennkammer, in der Brennstoff zur Erhitzung des Arbeitsmediums oxidiert wird, und aus einer Turbine besteht.

(20) „Genehmigungsbedürftige Anlage" im Sinne dieser Verordnung ist eine Anlage, die nach § 4 des Bundes-Immissionsschutzgesetzes einer Genehmigung bedarf.

(21) „Inbetriebnahme" im Sinne dieser Verordnung ist die erstmalige Aufnahme des Betriebs einer neu errichteten Feuerungsanlage.

(22) „Mittelgroße Feuerungsanlage" im Sinne dieser Verordnung ist eine Feuerungsanlage, die keine Gasturbinenanlage oder Verbrennungsmotoranlage ist.

(23) „Mehrstofffeuerung" im Sinne dieser Verordnung ist eine Einzelfeuerung, die mit zwei oder mehr Brennstoffen wechselweise betrieben werden kann.

(24) „Mischfeuerung" im Sinne dieser Verordnung ist eine Einzelfeuerung, die mit zwei oder mehr Brennstoffen gleichzeitig betrieben werden kann.

(25) [1] „Naturbelassenes Holz" im Sinne dieser Verordnung ist Holz, das ausschließlich mechanischer Bearbeitung ausgesetzt war und bei seiner Verwendung nicht mehr als nur unerheblich mit Schadstoffen kontaminiert wurde. [2] Holzabfälle, mit Ausnahme der Altholzkategorie A I nach § 2 Nummer 4 Buchstabe a der Altholzverordnung vom 15. August 2002 (BGBl. I S. 3302), die zuletzt durch Artikel 62 des Gesetzes vom 29. März 2017 (BGBl. I S. 626) geändert worden ist, stellen kein naturbelassenes Holz im Sinne dieser Verordnung dar. [3] Holzabfälle, die infolge einer Behandlung mit Holzschutzmitteln oder infolge einer Beschichtung halogenorganische Verbindungen oder Schwermetalle enthalten können, stellen kein naturbelassenes Holz im Sinne dieser Verordnung dar; hierzu gehören insbesondere Holzabfälle aus Bau- und Abbruchabfällen.

(26) „Nicht genehmigungsbedürftige Anlage" im Sinne dieser Verordnung ist eine Anlage, die keiner Genehmigung nach dem Bundes-Immissionsschutzgesetz bedarf.

(27) „Raffineriebrennstoffe“ im Sinne dieser Verordnung sind alle festen, flüssigen oder gasförmigen brennbaren Stoffe aus den Destillations- und Konversionsstufen der Rohölraffinierung, einschließlich Raffineriebrenngas, Synthesegas, Raffinerieöl und Petrolkoks.

(28) „Verbrennungsmotoranlage“ im Sinne dieser Verordnung ist eine Anlage, bei der durch Oxidation von Brennstoffen im Inneren des Arbeitsraums eines Motors die Brennstoffenergie in mechanische Energie umgewandelt wird.

(29) „Zweistoffmotoranlage“ im Sinne dieser Verordnung ist eine Verbrennungsmotoranlage mit Selbstzündung des Brennstoffs, die bei der Verbrennung flüssiger Brennstoffe nach dem Dieselprinzip und bei der Verbrennung gasförmiger Brennstoffe nach dem Ottoprinzip arbeitet.

§ 3 Bezugssauerstoffgehalt. Emissionsgrenzwerte beziehen sich auf einen Volumengehalt an Sauerstoff im Abgas von

1. 3 Prozent bei mittelgroßen Feuerungsanlagen für flüssige oder gasförmige Brennstoffe;
2. 6 Prozent bei mittelgroßen Feuerungsanlagen für feste Brennstoffe;
3. 15 Prozent bei Gasturbinenanlagen sowie
4. 5 Prozent bei Verbrennungsmotoranlagen.

§ 4 Aggregationsregeln. (1) [1] Werden in einer Anlage nach § 1 Absatz 3 der Verordnung über genehmigungsbedürftige Anlagen[1)] in der Fassung der Bekanntmachung vom 31. Mai 2017 (BGBl. I S. 1440) die Abgase von zwei oder mehr Einzelfeuerungen gemeinsam über einen Schornstein abgeleitet, so gilt die von solchen Feuerungsanlagen gebildete Kombination als eine Feuerungsanlage im Sinne dieser Verordnung. [2] Bei nicht genehmigungsbedürftigen Anlagen gilt § 1 Absatz 3 der Verordnung über genehmigungsbedürftige Anlagen entsprechend.

(2) [1] Absatz 1 gilt auch, wenn in einer Anlage die Abgase aus zwei oder mehr Einzelfeuerungen unter Berücksichtigung technischer und wirtschaftlicher Faktoren gemeinsam über einen Schornstein abgeleitet werden können. [2] Der Betreiber hat die Gründe, aus denen die Aggregationsregel in Satz 1 nicht zur Anwendung kommen kann, der zuständigen Behörde zur Beurteilung vorzulegen.

(3) [1] Bei einer in den Absätzen 1 und 2 beschriebenen Kombination von Einzelfeuerungen werden nur Einzelfeuerungen mit einer Feuerungswärmeleistung von 1 Megawatt oder mehr berücksichtigt. [2] Satz 1 gilt nicht für Einzelfeuerungen, die Teil einer genehmigungsbedürftigen Feuerungsanlage sind.

§ 5 Emissionsrelevante Änderung in einer Feuerungsanlage. (1) Eine emissionsrelevante Änderung an einer nicht genehmigungsbedürftigen Feuerungsanlage liegt regelmäßig vor bei

1. der Umstellung des Brennstoffs auf einen anderen Brennstoff, es sei denn, die Feuerungsanlage ist bereits für wechselweisen Brennstoffeinsatz eingerichtet;

[1)] Nr. **2.4**.

2. dem Austausch eines Kessels.

(2) Eine emissionsrelevante Änderung an einer genehmigungsbedürftigen Feuerungsanlage liegt regelmäßig vor bei einer Änderung einer Feuerungsanlage nach § 16 Absatz 1 des Bundes-Immissionsschutzgesetzes[1)].

§ 6 Registrierung von Feuerungsanlagen. (1) Der Betreiber einer Feuerungsanlage nach § 1 Absatz 1 Nummer 1 und 3 hat vor der Inbetriebnahme den beabsichtigten Betrieb der Feuerungsanlage schriftlich oder elektronisch der zuständigen Behörde anzuzeigen und dabei die in der Anlage 1 genannten Angaben vorzulegen.

(2) Abweichend von Absatz 1 hat der Betreiber einer bestehenden Feuerungsanlage den Betrieb der Feuerungsanlage schriftlich oder elektronisch der zuständigen Behörde bis zum 1. Dezember 2023 anzuzeigen und dabei die in der Anlage 1 genannten Angaben vorzulegen.

(3) Die Absätze 1 und 2 gelten nicht für Einzelfeuerungen, die nach § 4 Absatz 3 Satz 2 als Teil einer genehmigungsbedürftigen Feuerungsanlage zu aggregieren sind, sofern die Feuerungswärmeleistung der Einzelfeuerungen weniger als 1 Megawatt beträgt.

(4) [1] Die zuständige Behörde kann verlangen, dass der Betreiber

1. bei einer schriftlichen Anzeige Mehrfachausfertigungen der Unterlagen, die der Anzeige beizufügen sind, übermittelt oder
2. bei einer elektronischen Anzeige die Unterlagen, die er der Anzeige beizufügen hat, auch in schriftlicher Form übermittelt.

[2] Die zuständige Behörde teilt dem Betreiber nach Eingang der Anzeige unverzüglich mit, welche zusätzlichen Unterlagen sie für die Registrierung benötigt. [3] Sie registriert die Feuerungsanlage innerhalb eines Monats nach dem Eingang der Anzeige und der vollständigen Unterlagen. [4] Die zuständige Behörde unterrichtet den Betreiber über die Registrierung.

(5) [1] Der Betreiber einer nach den Absätzen 1 und 2 anzuzeigenden Feuerungsanlage hat der zuständigen Behörde jede emissionsrelevante Änderung vor ihrer Durchführung sowie den Wechsel des Betreibers und die endgültige Stilllegung der Anlage unverzüglich, spätestens jedoch innerhalb eines Monats, schriftlich oder elektronisch anzuzeigen. [2] Die zuständige Behörde aktualisiert die Registrierung erforderlichenfalls. [3] Die Pflicht zur Durchführung eines Änderungsgenehmigungsverfahrens nach § 16 des Bundes-Immissionsschutzgesetzes[1)] oder eines Anzeigeverfahrens nach § 15 des Bundes-Immissionsschutzgesetzes bleibt davon unberührt.

§ 7 Aufzeichnungs- und Aufbewahrungspflichten des Betreibers.

(1) Der Betreiber einer Feuerungsanlage hat folgende Aufzeichnungen zu führen:

1. Aufzeichnungen über Betriebsstunden, auch bei Inanspruchnahme folgender Regelungen:
   a) der Regelungen des § 15 Absatz 9, des § 16 Absatz 7 Satz 2 oder des § 29 Absatz 2 oder

---

[1)] Nr. **1**.

b) der Regelungen für den Notbetrieb gemäß § 15 Absatz 6, § 16 Absatz 5 Satz 1 oder 7 oder Absatz 10 Nummer 4;
2. Aufzeichnungen über die Art und Menge der in der Feuerungsanlage verwendeten Brennstoffe;
3. Aufzeichnungen über etwaige Störungen oder Ausfälle der Abgasreinigungseinrichtung und
4. Aufzeichnungen über die Fälle, in denen die Emissionsgrenzwerte nicht eingehalten wurden, und über die diesbezüglich ergriffenen Maßnahmen gemäß § 20 Absatz 3.

(2) [1] Der Betreiber einer Feuerungsanlage hat Folgendes aufzubewahren:
1. die Genehmigung zum Betrieb der Feuerungsanlage oder den Nachweis der Registrierung der Feuerungsanlage durch die zuständige Behörde und, falls vorhanden, die aktualisierte Fassung der Genehmigung oder der Registrierung sowie die zur Genehmigung oder zum Nachweis der Registrierung zugehörigen von der zuständigen Behörde übersandten Informationen;
2. die Überwachungsergebnisse nach den §§ 21, 22 Absatz 1 bis 6 Satz 1, § 23 Absatz 1 bis 5 und 7 bis 10 Satz 1, § 24 Absatz 1, 2, 4, 5, 7 Satz 2, Absatz 8, 10, 11, 12 Satz 1 und 2 und Absatz 13, § 25 Absatz 1, 2, 5 und 6 und nach § 26 Satz 1 sowie die Nachweise über den kontinuierlichen effektiven Betrieb von Abgasreinigungseinrichtungen gemäß § 20 Absatz 2 und gemäß § 24 Absatz 3 und 6;
3. Aufzeichnungen nach Absatz 1 Nummer 1;
4. Aufzeichnungen nach Absatz 1 Nummer 2;
5. Aufzeichnungen nach Absatz 1 Nummer 4.

[2] Der Betreiber hat die in Satz 1 Nummer 1 genannten Unterlagen ein Jahr nach der Einstellung des gesamten Betriebs der Anlage aufzubewahren. [3] Der Betreiber hat die in Satz 1 Nummer 2 bis 5 genannten Unterlagen mindestens sechs Jahre lang ab dem Zeitpunkt des Vorliegens der Überwachungsergebnisse oder der Aufzeichnungen aufzubewahren.

(3) [1] Der Betreiber hat der zuständigen Behörde die in den Absätzen 1 und 2 genannten Unterlagen auf deren Verlangen vorzulegen. [2] Die zuständige Behörde verlangt die Vorlage insbesondere, um sie der Öffentlichkeit nach den Bestimmungen über den Zugang zu Umweltinformationen zugänglich zu machen.

§ 8 An- und Abfahrzeiten. Der Betreiber hält die An- und Abfahrzeiten von Feuerungsanlagen möglichst kurz.

Abschnitt 2. Anforderungen an die Errichtung und den Betrieb

§ 9 Emissionsgrenzwerte für Ammoniak. Feuerungsanlagen, die selektive katalytische Reduktion oder selektive nichtkatalytische Reduktion einsetzen, sind so zu errichten und zu betreiben, dass die Emissionen an Ammoniak im Abgas eine Massenkonzentration von 30 mg/m^3 nicht überschreiten.

§ 10 Emissionsgrenzwerte für Feuerungsanlagen bei Einsatz von festen Brennstoffen. (1) Feuerungsanlagen, die feste Brennstoffe einsetzen, sind so zu errichten und zu betreiben, dass die Anforderungen der Absätze 2 bis 6, 7 Satz 1 und der Absätze 8 bis 19 eingehalten werden.

(2) Der Betreiber hat sicherzustellen, dass die Emissionen an Kohlenmonoxid im Abgas bei Einsatz von

1. Stroh oder ähnlichen halmgutartigen pflanzlichen Stoffen eine Massenkonzentration von 0,37 g/m³ nicht überschreiten;
2. sonstigen Biobrennstoffen eine Massenkonzentration von 0,22 g/m³ nicht überschreiten und
3. sonstigen Brennstoffen eine Massenkonzentration von 0,16 g/m³ nicht überschreiten.

(3) Der Gesamtstaub im Abgas darf eine Massenkonzentration von 20 mg/m³ nicht überschreiten.

(4) Die Emissionen an Stickstoffmonoxid und Stickstoffdioxid im Abgas dürfen folgende Massenkonzentrationen, angegeben als Stickstoffdioxid, nicht überschreiten:

1. bei Einsatz von Biobrennstoffen
   a) in Anlagen mit einer Feuerungswärmeleistung von 20 Megawatt oder mehr — 0,2 g/m³;
   b) in Anlagen mit einer Feuerungswärmeleistung von 5 Megawatt bis weniger als 20 Megawatt — 0,30 g/m³;
   c) bei Anlagen mit einer Feuerungswärmeleistung von weniger als 5 Megawatt — 0,37 g/m³;
2. bei Einsatz von sonstigen Brennstoffen — 0,2 g/m³.

(5) Die Emissionen an Distickstoffoxid im Abgas dürfen bei Wirbelschichtfeuerungen für den Einsatz von Kohle eine Massenkonzentration von 0,15 g/m³ nicht überschreiten.

(6) Bei Einsatz von fossilen Brennstoffen dürfen die Emissionen an Schwefeldioxid und Schwefeltrioxid im Abgas folgende Massenkonzentrationen, angegeben als Schwefeldioxid, nicht überschreiten:

1. bei Wirbelschichtfeuerungen — 0,375 g/m³;
2. bei sonstigen Feuerungen — 0,40 g/m³.

(7) [1] Bei Einsatz von Biobrennstoffen dürfen die Emissionen an Schwefeldioxid und Schwefeltrioxid im Abgas eine Massenkonzentration, angegeben als Schwefeldioxid, von 0,20 g/m³ nicht überschreiten. [2] Satz 1 gilt nicht bei Einsatz von naturbelassenem Holz oder Holzabfällen.

(8) [1] Bei Einsatz von Biobrennstoffen, ausgenommen naturbelassenem Holz, dürfen die Emissionen an gasförmigen anorganischen Chlorverbindungen im Abgas eine Massenkonzentration von 45 mg/m³, angegeben als Chlorwasserstoff, nicht überschreiten. [2] Satz 1 gilt nicht für Anlagen mit nasser Schwefeldioxid-Abgasreinigung.

(9) [1] Bei Einsatz von Biobrennstoffen dürfen die Emissionen an organischen Stoffen im Abgas eine Massenkonzentration von 10 mg/m³, angegeben als Gesamtkohlenstoff, nicht überschreiten. [2] Abweichend von Satz 1 dürfen bei

Einsatz von Biobrennstoffen in bestehenden Anlagen die Emissionen an organischen Stoffen im Abgas eine Massenkonzentration von 15 mg/m³, angegeben als Gesamtkohlenstoff, nicht überschreiten.

(10) Bei Einsatz von fossilen Brennstoffen oder Holzabfällen, ausgenommen Holzabfälle der Altholzkategorie A I nach § 2 Nummer 4 Buchstabe a der Altholzverordnung, dürfen die Emissionen an Quecksilber und seinen Verbindungen im Abgas eine Massenkonzentration von 0,05 mg/m³ nicht überschreiten.

(11) Abweichend von den Absätzen 2, 4 und 9 dürfen bei Einsatz von Biobrennstoffen in genehmigungsbedürftigen Feuerungsanlagen mit einer Feuerungswärmeleistung von weniger als 1 Megawatt

1. die Emissionen an Stickstoffmonoxid und Stickstoffdioxid im Abgas eine Massenkonzentration von 0,75 g/m³, angegeben als Stickstoffdioxid, nicht überschreiten;
2. die Emissionen von Kohlenmonoxid im Abgas eine Massenkonzentration von 0,37 g/m³ nicht überschreiten;
3. die Emissionen von organischen Stoffen im Abgas eine Massenkonzentration von 50 mg/m³, angegeben als Gesamtkohlenstoff, nicht überschreiten.

(12) [1] Abweichend von Absatz 3 darf der Gesamtstaub im Abgas bei Anlagen mit einer Feuerungswärmeleistung von weniger als 5 Megawatt, die naturbelassenes Holz verbrennen, eine Massenkonzentration von 35 mg/m³ nicht überschreiten. [2] Abweichend von Absatz 3 und Satz 1 darf der Gesamtstaub im Abgas von bestehenden Anlagen, die am 20. Juni 2019 bereits mit filternden oder elektrostatischen Abscheidern ausgerüstet sind, bei Einsatz von naturbelassenem Holz folgende Massenkonzentration nicht überschreiten:

1. bei einer Feuerungswärmeleistung von weniger als 5 Megawatt	50 mg/m³;
2. bei einer Feuerungswärmeleistung von 5 Megawatt oder mehr	30 mg/m³.

(13) [1] Abweichend von Absatz 3 darf der Gesamtstaub im Abgas bei Anlagen mit einer Feuerungswärmeleistung von weniger als 20 Megawatt, die sonstige Biobrennstoffe verbrennen, eine Massenkonzentration von 30 mg/m³ nicht überschreiten. [2] Abweichend von Satz 1 und von Absatz 3 darf der Gesamtstaub im Abgas von bestehenden Anlagen, die sonstige Biobrennstoffe verbrennen, die folgenden Massenkonzentrationen nicht überschreiten:

1. bei einer Feuerungswärmeleistung von weniger als 1 Megawatt	50 mg/m³;
2. bei einer Feuerungswärmeleistung von 1 Megawatt oder mehr	30 mg/m³.

[3] Abweichend von Absatz 3 und den Sätzen 1 und 2 darf der Gesamtstaub im Abgas von bestehenden Anlagen mit einer Feuerungswärmeleistung von weniger als 2,5 Megawatt, die am 20. Juni 2019 bereits mit filternden oder elektrostatischen Abscheidern ausgerüstet sind, bei Einsatz von Holzabfällen, ausgenommen Holzabfälle der Altholzkategorie A I nach § 2 Nummer 4 Buchstabe a der Altholzverordnung, eine Massenkonzentration von 50 mg/m³ nicht überschreiten.

(14) Abweichend von Absatz 4 dürfen bei Einsatz von naturbelassenem Holz in bestehenden Anlagen mit einer Feuerungswärmeleistung von 5 Megawatt oder mehr die Emissionen von Stickstoffmonoxid und Stickstoffdioxid im Abgas eine Massenkonzentration von 0,37 g/m³, angegeben als Stickstoffdioxid, nicht überschreiten.

(15) Abweichend von Absatz 4 dürfen bei Einsatz von sonstigen Biobrennstoffen in bestehenden Anlagen die Emissionen von Stickstoffmonoxid und Stickstoffdioxid im Abgas die folgenden Massenkonzentrationen, angegeben als Stickstoffdioxid, nicht überschreiten:

1. bei einer Feuerungswärmeleistung von 20 Megawatt oder mehr 0,37 g/m³;
2. bei einer Feuerungswärmeleistung von weniger als 20 Megawatt 0,60 g/m³.

(16) Abweichend von Absatz 4 dürfen bei Einsatz fossiler Brennstoffe die Emissionen an Stickstoffmonoxid und Stickstoffdioxid im Abgas von bestehenden Anlagen die folgenden Massenkonzentrationen, angegeben als Stickstoffdioxid, nicht überschreiten:

1. bei Wirbelschichtfeuerungen 0,32 g/m³;
2. bei sonstigen Feuerungen in Anlagen mit einer Feuerungswärmeleistung
   a) von 10 Megawatt bis weniger als 20 Megawatt 0,43 g/m³;
   b) von weniger als 10 Megawatt 0,54 g/m³.

(17) Abweichend von Absatz 6 dürfen bei Einsatz fossiler Brennstoffe die Emissionen an Schwefeldioxid und Schwefeltrioxid im Abgas von bestehenden Anlagen mit einer Feuerungswärmeleistung von weniger als 20 Megawatt, ausgenommen Wirbelschichtfeuerungen, eine Massenkonzentration von 1,0 g/m³, angegeben als Schwefeldioxid, nicht überschreiten.

(18) Abweichend von Absatz 7 dürfen bei Einsatz von Biobrennstoffen die Emissionen an Schwefeldioxid und Schwefeltrioxid im Abgas von bestehenden Anlagen mit einer Feuerungswärmeleistung von weniger als 1 Megawatt eine Massenkonzentration von 0,30 g/m³, angegeben als Schwefeldioxid, nicht überschreiten.

(19) Abweichend von Absatz 7 dürfen bei Einsatz von Stroh die Emissionen an Schwefeldioxid und Schwefeltrioxid im Abgas von bestehenden Anlagen mit einer Feuerungswärmeleistung von weniger als 20 Megawatt eine Massenkonzentration von 0,30 g/m³, angegeben als Schwefeldioxid, nicht überschreiten.

§ 11 Emissionsgrenzwerte bei Einsatz von flüssigen Brennstoffen in nicht genehmigungsbedürftigen mittelgroßen Feuerungsanlagen mit einer Feuerungswärmeleistung von 10 Megawatt oder mehr oder in genehmigungsbedürftigen mittelgroßen Feuerungsanlagen. (1) Nicht genehmigungsbedürftige mittelgroße Feuerungsanlagen mit einer Feuerungswärmeleistung von 10 Megawatt oder mehr und genehmigungsbedürftige mittelgroße Feuerungsanlagen, die flüssige Brennstoffe einsetzen, sind so zu errichten und zu betreiben, dass die Anforderungen der Absätze 2 bis 9 eingehalten werden.

(2) Der Betreiber hat sicherzustellen, dass bei Einsatz von Heizölen nach DIN 51603 Teil 1, Ausgabe März 2017, von Heizölen nach DIN SPEC 51603 Teil 6, Ausgabe März 2017, von Methanol, Ethanol, naturbelassenen Pflanzenölen oder Pflanzenölmethylestern die Rußzahl den Wert 1 nicht überschreitet.

(3) Der Betreiber hat sicherzustellen, dass die Abgase so weit frei von Ölderivaten sind, dass das für die Rußmessung verwendete Filterpapier keine sichtbaren Spuren von Ölderivaten aufweist.

(4) Bei Einsatz von sonstigen flüssigen Brennstoffen dürfen die Gesamtstaubemissionen folgende Massenkonzentrationen nicht überschreiten:

1. bei Feuerungsanlagen mit einer Feuerungswärmeleistung von 20 Megawatt oder mehr 10 mg/m³;
2. bei Feuerungsanlagen mit einer Feuerungswärmeleistung von weniger als 20 Megawatt 20 mg/m³.

(5) Die Emissionen an Kohlenmonoxid im Abgas dürfen eine Massenkonzentration von 80 mg/m³ nicht überschreiten.

(6) Die Emissionen an Stickstoffmonoxid und Stickstoffdioxid im Abgas dürfen folgende Massenkonzentrationen, angegeben als Stickstoffdioxid, nicht überschreiten:

1. bei Einsatz von Heizölen nach DIN 51603 Teil 1, Ausgabe März 2017, und von Heizölen nach DIN SPEC 51603 Teil 6, Ausgabe März 2017, bei Kesseln mit einem Einstellwert der Sicherheitseinrichtung, insbesondere durch einen Sicherheitstemperaturbegrenzer oder ein Sicherheitsdruckventil, gegen Überschreitung
   a) einer Temperatur von weniger als 110 °C oder eines Überdrucks von weniger als 0,05 MPa 0,15 g/m³;
   b) einer Temperatur von 110 °C bis 210 °C oder eines Überdrucks von 0,05 MPa bis 1,8 MPa 0,17 g/m³;
   c) einer Temperatur von mehr als 210 °C oder eines Überdrucks von mehr als 1,8 MPa 0,20 g/m³;
2. bei Einsatz von sonstigen flüssigen Brennstoffen 0,20 g/m³.

(7) Andere flüssige Brennstoffe als Heizöle mit einem Massengehalt an Schwefel für leichtes Heizöl nach der Verordnung über die Beschaffenheit und die Auszeichnung der Qualitäten von Kraft- und Brennstoffen[1] vom 8. Dezember 2010 (BGBl. I S. 1849), die zuletzt durch Artikel 1 der Verordnung vom 1. Dezember 2014 (BGBl. I S. 1890) geändert worden ist, dürfen nur eingesetzt werden, wenn sichergestellt wird, insbesondere durch den Schwefelgehalt im Brennstoff oder durch Entschwefelungseinrichtungen, dass keine höheren Emissionen an Schwefeloxiden als bei Einsatz von leichtem Heizöl mit einem Massengehalt an Schwefel nach der genannten Verordnung entstehen.

(8) Abweichend von Absatz 6 dürfen bei Einsatz von leichten Heizölen in bestehenden Anlagen mit einer Feuerungswärmeleistung von 10 Megawatt bis weniger als 20 Megawatt, die im gleitenden Durchschnitt über einen Zeitraum von fünf Jahren höchstens 300 Betriebsstunden jährlich in Betrieb sind, die Emissionen an Stickstoffmonoxid und Stickstoffdioxid, angegeben als Stick-

---

[1] Nr. **2.10**.

stoffdioxid, im Abgas bei allen Betriebstemperaturen die Massenkonzentration von 0,25 mg/m³ nicht überschreiten.

(9) Abweichend von Absatz 7 dürfen bei Einsatz von flüssigen Brennstoffen mit einem höheren Massengehalt an Schwefel als leichtes Heizöl nach der Verordnung über die Beschaffenheit und die Auszeichnung der Qualitäten von Kraft- und Brennstoffen in der jeweils geltenden Fassung, in bestehenden Anlagen mit einer Feuerungswärmeleistung von 5 Megawatt oder mehr die Emissionen an Schwefeldioxid und Schwefeltrioxid im Abgas eine Massenkonzentration von 0,35 g/m³, angegeben als Schwefeldioxid, nicht überschreiten.

§ 12 Emissionsgrenzwerte bei Einsatz von flüssigen Brennstoffen in nicht genehmigungsbedürftigen mittelgroßen Feuerungsanlagen mit einer Feuerungswärmeleistung von weniger als 10 Megawatt. (1) [1] Nicht genehmigungsbedürftige mittelgroße Feuerungsanlagen mit einer Feuerungswärmeleistung von weniger als 10 Megawatt, die flüssige Brennstoffe einsetzen, sind so zu errichten und zu betreiben, dass die Anforderungen dieses Absatzes, des Absatzes 2 und des § 39 Absatz 4 Nummer 2 eingehalten werden. [2] Der Betreiber hat sicherzustellen, dass Ölfeuerungsanlagen so errichtet und betrieben werden, dass

1. die Rußzahl bei Verdampfungsbrennern den Wert 2 und bei Zerstäubungsbrennern den Wert 1 nicht überschreitet;
2. die Abgase frei von Ölderivaten sind;
3. die Emissionen an Kohlenmonoxid im Abgas eine Massenkonzentration von 80 mg/m³ nicht überschreiten und
4. die Emissionen an Stickstoffoxiden im Abgas eine Massenkonzentration von 200 mg/m³, angegeben als Stickstoffdioxid, nicht überschreiten.

(2) Abweichend von Absatz 1 Satz 2 Nummer 3 dürfen bei bestehenden Anlagen die Emissionen an Kohlenmonoxid im Abgas eine Massenkonzentration von 150 mg/m³ nicht überschreiten.

(3) Bei Einsatz von nicht in Absatz 1 genannten flüssigen Brennstoffen gelten die Anforderungen des § 11 entsprechend.

§ 13 Emissionsgrenzwerte bei Einsatz von gasförmigen Brennstoffen in nicht genehmigungsbedürftigen mittelgroßen Feuerungsanlagen mit einer Feuerungswärmeleistung von 10 Megawatt oder mehr oder in genehmigungsbedürftigen mittelgroßen Feuerungsanlagen.

(1) Nicht genehmigungsbedürftige mittelgroße Feuerungsanlagen mit einer Feuerungswärmeleistung von 10 Megawatt oder mehr und genehmigungsbedürftige mittelgroße Feuerungsanlagen, die gasförmige Brennstoffe einsetzen, sind so zu errichten und zu betreiben, dass die Anforderungen des Absatzes 2 Satz 1 und der Absätze 3 bis 8 und des § 39 Absatz 4 Nummer 3 eingehalten werden.

(2) [1] Der Betreiber hat sicherzustellen, dass der Gesamtstaub im Abgas folgende Massenkonzentrationen nicht überschreitet:

1.	bei Einsatz von Raffineriegas, Klärgas oder Biogas	5 mg/m³;
2.	bei Einsatz sonstiger Gase	10 mg/m³.

[2]Die in Satz 1 genannten Emissionsgrenzwerte gelten nicht für Gase der öffentlichen Gasversorgung, Flüssiggas und Wasserstoffgas.

(3) Die Emissionen an Kohlenmonoxid im Abgas dürfen folgende Massenkonzentrationen nicht überschreiten:

1. bei Einsatz von Gasen der öffentlichen Gasversorgung 50 mg/m³;
2. bei Einsatz anderer als in Nummer 1 genannter Gase 80 mg/m³.

(4) Die Emissionen an Stickstoffmonoxid und Stickstoffdioxid im Abgas dürfen folgende Massenkonzentrationen, angegeben als Stickstoffdioxid, nicht überschreiten:

1. bei Einsatz von Gasen der öffentlichen Gasversorgung oder Flüssiggas 0,10 g/m³;
2. bei Einsatz anderer als in Nummer 1 genannter Gase 0,20 g/m³.

(5) Die Emissionen an Schwefeldioxid und Schwefeltrioxid im Abgas dürfen folgende Massenkonzentrationen, angegeben als Schwefeldioxid, nicht überschreiten:

1. bei Einsatz von Flüssiggas 5 mg/m³;
2. bei Einsatz von Gasen der öffentlichen Gasversorgung 10 mg/m³;
3. bei Einsatz von Biogas oder Klärgas 0,10 g/m³;
4. bei Einsatz von Erdölgas auf Offshore-Plattformen, das als Brennstoff zur Dampferzeugung bei Tertiärmaßnahmen zur Erdölförderung verwendet wird, 1,7 g/m³;
5. bei Einsatz von Brenngasen, die im Verbund zwischen Eisenhüttenwerk und Kokerei verwendet werden:
   a) bei Einsatz von Hochofengas 0,20 g/m³;
   b) bei Einsatz von Koksofengas 0,35 g/m³;
6. bei Einsatz anderer als in den Nummern 1 bis 5 genannter Gase 35 mg/m³.

(6) Abweichend von Absatz 4 Nummer 1 dürfen die Emissionen an Stickstoffmonoxid und Stickstoffdioxid im Abgas, angegeben als Stickstoffdioxid, in bestehenden Anlagen bei Einsatz von Gasen der öffentlichen Gasversorgung oder bei Einsatz von Flüssiggas bei Kesseln mit einem Einstellwert der Sicherheitseinrichtung gegen Überschreitung

1. einer Temperatur von weniger als 110 °C oder eines Überdrucks von weniger als 0,05 MPa eine Massenkonzentration von 0,10 g/m³;
2. einer Temperatur von 110 °C bis 210 °C oder eines Überdrucks von 0,05 MPa bis 1,8 MPa eine Massenkonzentration von 0,11 g/m³;
3. einer Temperatur von mehr als 210 °C oder eines Überdrucks von mehr als 1,8 MPa eine Massenkonzentration von 0,15 g/m³

nicht überschreiten.

(7) Abweichend von Absatz 3 dürfen bei Einsatz von Gasen der öffentlichen Gasversorgung oder bei Einsatz von Flüssiggas in bestehenden Anlagen mit einer Feuerungswärmeleistung von weniger als 20 Megawatt die Emissionen an Kohlenmonoxid eine Massenkonzentration von 80 mg/m³ nicht überschreiten.

(8) Abweichend von Absatz 5 Nummer 3 dürfen bei Einsatz von Biogas oder Klärgas in bestehenden Anlagen die Emissionen an Schwefeldioxid und Schwefeltrioxid im Abgas folgende Massenkonzentrationen, angegeben als Schwefeldioxid, nicht überschreiten:

1. in Anlagen mit einer Feuerungswärmeleistung von 5 Megawatt oder mehr 170 mg/m³;
2. in Anlagen mit einer Feuerungswärmeleistung von weniger als 5 Megawatt 200 mg/m³.

§ 14 Emissionsgrenzwerte bei Einsatz von gasförmigen Brennstoffen in nicht genehmigungsbedürftigen mittelgroßen Feuerungsanlagen mit einer Feuerungswärmeleistung von weniger als 10 Megawatt.

(1) [1] Nicht genehmigungsbedürftige mittelgroße Feuerungsanlagen mit einer Feuerungswärmeleistung von weniger als 10 Megawatt, die gasförmige Brennstoffe einsetzen, sind so zu errichten und zu betreiben, dass die Anforderungen dieses Absatzes, der Absätze 2 und 3 und des § 39 Absatz 4 Nummer 3 eingehalten werden. [2] Der Betreiber hat sicherzustellen, dass Gasfeuerungsanlagen bei Einsatz von Gasen der öffentlichen Gasversorgung und von Flüssiggas so errichtet und betrieben werden, dass

1. die Emissionen an Kohlenmonoxid im Abgas eine Massenkonzentration von 80 mg/m³ nicht überschreiten;
2. die Emissionen an Stickstoffmonoxid und Stickstoffdioxid im Abgas eine Massenkonzentration von 0,10 g/m³, angegeben als Stickstoffdioxid, nicht überschreiten.

(2) [1] Abweichend von Absatz 1 Satz 2 Nummer 1 dürfen bei bestehenden Anlagen die Emissionen an Kohlenmonoxid eine Massenkonzentration von 110 mg/m³ nicht überschreiten. [2] Abweichend von Absatz 1 Satz 2 Nummer 2 dürfen bei bestehenden Anlagen die Emissionen an Stickstoffmonoxid und Stickstoffdioxid im Abgas eine Massenkonzentration von 0,15 g/m³, angegeben als Stickstoffdioxid, bis zum 31. Dezember 2035 nicht überschreiten.

(3) Bei Einsatz von nicht in Absatz 1 Satz 2 genannten Gasen gelten die Anforderungen des § 13 entsprechend.

§ 15 Emissionsgrenzwerte für Gasturbinenanlagen. (1) Gasturbinenanlagen sind so zu errichten und zu betreiben, dass die Anforderungen der Absätze 2, 3 Satz 1, des Absatzes 4 Satz 1, der Absätze 5, 7 Satz 1, der Absätze 8, 9, 10 Satz 1 bis 3, des Absatzes 11 und des § 39 Absatz 4 Nummer 5 eingehalten werden.

(2) Der Betreiber hat sicherzustellen, dass die Rußzahl bei Einsatz flüssiger Brennstoffe im Dauerbetrieb den Wert 2 und beim Anfahren den Wert 4 nicht überschreitet.

(3) [1] Die Emissionen an Kohlenmonoxid im Abgas dürfen bei Betrieb mit einer Last von 70 Prozent oder mehr eine Massenkonzentration von 0,10 g/m³

nicht überschreiten. [2] Für den Betrieb bei Lasten unter 70 Prozent legt die zuständige Behörde den zu überwachenden Teillastbereich sowie die in diesem Bereich einzuhaltende Emissionsbegrenzung fest.

(4) [1] Bei Einsatz von Erdgas dürfen die Emissionen an Stickstoffmonoxid und Stickstoffdioxid im Abgas bei Betrieb mit einer Last von 70 Prozent oder mehr eine Massenkonzentration von 50 mg/m³, angegeben als Stickstoffdioxid, nicht überschreiten. [2] Für den Betrieb bei Lasten unter 70 Prozent legt die zuständige Behörde den zu überwachenden Teillastbereich sowie die in diesem Bereich einzuhaltende Emissionsbegrenzung fest.

(5) Bei Einsatz von sonstigen gasförmigen oder von flüssigen Brennstoffen dürfen die Emissionen an Stickstoffmonoxid und Stickstoffdioxid im Abgas eine Massenkonzentration von 75 mg/m³, angegeben als Stickstoffdioxid, nicht überschreiten.

(6) Abweichend von Absatz 4 Satz 1 und Absatz 5 sind bei Gasturbinen, die ausschließlich dem Notbetrieb dienen, die Emissionsgrenzwerte für Stickstoffoxide nicht anzuwenden.

(7) [1] Bei Einsatz flüssiger Brennstoffe dürfen nur folgende Brennstoffe verwendet werden:

1. Heizöle nach DIN 51603 Teil 1, Ausgabe März 2017, mit einem Massengehalt an Schwefel für leichtes Heizöl nach der Verordnung über die Beschaffenheit und die Auszeichnung der Qualitäten von Kraft- und Brennstoffen[1)];
2. Heizöle nach DIN SPEC 51603 Teil 6, Ausgabe März 2017, mit einem Massengehalt an Schwefel für leichtes Heizöl nach der Verordnung über die Beschaffenheit und die Auszeichnung der Qualitäten von Kraft- und Brennstoffen;
3. Dieselkraftstoffe mit einem Massengehalt an Schwefel nach der Verordnung über die Beschaffenheit und die Auszeichnung der Qualitäten von Kraft- und Brennstoffen.

[2] Abweichend von Satz 1 dürfen andere Brennstoffe verwendet werden, wenn gleichwertige Maßnahmen zur Emissionsminderung angewendet werden.

(8) Abweichend von Absatz 4 dürfen in bestehenden Anlagen die Emissionen an Stickstoffmonoxid und Stickstoffdioxid im Abgas bei Betrieb mit einer Last von 70 Prozent oder mehr folgende Massenkonzentrationen, angegeben als Stickstoffdioxid, nicht überschreiten:

1.	bei Einsatz von Erdgas	75 mg/m³;
2.	bei Einsatz von sonstigen gasförmigen oder flüssigen Brennstoffen	120 mg/m³.

(9) Abweichend von Absatz 4 Satz 1 und Absatz 5 dürfen bei bestehenden Anlagen, die ausschließlich zur Abdeckung der Spitzenlast bei der Energieversorgung bis zu 300 Stunden jährlich in Betrieb sind, die Emissionen an Stickstoffmonoxid und Stickstoffdioxid folgende Massenkonzentrationen, angegeben als Stickstoffdioxid, nicht überschreiten:

1.	bei Einsatz von Erdgas	0,15 g/m³;

1) Nr. **2.10**.

2. bei Einsatz von sonstigen gasförmigen Brennstoffen oder flüssigen Brennstoffen 0,20 g/m³.

(10) [1] Bei Einsatz gasförmiger Brennstoffe gelten die Anforderungen des § 13 Absatz 5 an die Emissionen von Schwefeloxiden entsprechend. [2] Die Emissionsgrenzwerte sind auf einen Bezugssauerstoffgehalt von 15 Prozent umzurechnen. [3] Abweichend von Satz 1 dürfen in Anlagen, die keine bestehenden Anlagen sind, bei Einsatz von Koksofengas oder Hochofengas die Emissionen an Schwefeldioxid und Schwefeltrioxid im Abgas eine Massenkonzentration von 15 mg/m³, angegeben als Schwefeldioxid, nicht überschreiten. [4] Die Anforderungen nach Satz 1 gelten für Anlagen, die Erdgas einsetzen, als erfüllt, wenn einmalig sowie zusätzlich jeweils nach Anbieterwechsel oder nach einer Änderung der Gasqualität durch den Anbieter nachgewiesen wird, dass der Gesamtschwefelgehalt des eingesetzten Erdgases den Anforderungen an die Gasbeschaffenheit des DVGW-Arbeitsblatts G 260 vom März 2013 für Gase der 2. Gasfamilie entspricht.

(11) [1] Die Emissionen an Formaldehyd im Abgas dürfen bei Betrieb mit einer Last von 70 Prozent oder mehr die Massenkonzentration von 5 mg/m³ nicht überschreiten. [2] Für den Betrieb bei einer Last unter 70 Prozent legt die zuständige Behörde den zu überwachenden Teillastbereich sowie die in diesem Bereich einzuhaltende Emissionsbegrenzung fest.

§ 16 Emissionsgrenzwerte für Verbrennungsmotoranlagen. (1) Verbrennungsmotoranlagen sind so zu errichten und zu betreiben, dass die Anforderungen des Absatzes 2 Satz 1, der Absätze 3, 4 Satz 1, des Absatzes 5 Satz 1, 6 und 7, des Absatzes 6 Satz 1, des Absatzes 7 Satz 1, des Absatzes 8 Satz 1, des Absatzes 9 Satz 1, der Absätze 10, 11 Satz 1, der Absätze 12 bis 15, des § 39 Absatz 4 Nummer 5 bis 7 und Absatz 5 bis 8 eingehalten werden.

(2) [1] Bei Einsatz gasförmiger Brennstoffe mit Ausnahme von Gasen der öffentlichen Gasversorgung, Flüssiggas, Biogas, Klärgas und Wasserstoffgas gelten für die Gesamtstaubemissionen die Anforderungen des § 13 Absatz 2 Satz 1 entsprechend. [2] Die in § 13 Absatz 2 Satz 1 genannten Emissionsgrenzwerte sind auf einen Bezugssauerstoffgehalt von 5 Prozent umzurechnen.

(3) Bei Einsatz von Heizöl EL nach DIN 51603 Teil 1, Ausgabe März 2017, von Heizölen nach DIN SPEC 51603 Teil 6, Ausgabe März 2017, von Dieselkraftstoff nach DIN EN 590, Ausgabe April 2014, von Methanol, Ethanol, Pflanzenölen oder Pflanzenölmethylestern darf der Gesamtstaub im Abgas eine Massenkonzentration von 20 mg/m³ nicht überschreiten.

(4) [1] Bei Einsatz sonstiger flüssiger Brennstoffe gelten für die Emissionen von Gesamtstaub die Anforderungen des § 11 Absatz 4 entsprechend. [2] Die in § 11 Absatz 4 genannten Emissionsgrenzwerte sind auf einen Bezugssauerstoffgehalt von 5 Prozent umzurechnen.

(5) [1] Bei Einsatz flüssiger Brennstoffe in Anlagen, die zur Abdeckung der Spitzenlast bei der Energieversorgung bis zu 300 Stunden jährlich in Betrieb sind oder ausschließlich dem Notbetrieb dienen, hat der Betreiber die Anlage mit einem Rußfilter nach dem Stand der Technik auszustatten. [2] Satz 1 gilt nicht für bestehende Anlagen. [3] Der Betreiber hat der zuständigen Behörde innerhalb von vier Monaten nach Inbetriebnahme eine Prüfbescheinigung darüber vorzulegen, dass die Emissionen an Gesamtstaub eine Massenkonzentration von 5 mg/m³ nicht überschreiten. [4] Der Betreiber hat den Rußfilter

ordnungsgemäß zu warten. [5]Der Betreiber kann auf den Einbau eines Rußfilters nach Satz 1 verzichten. [6]In diesem Fall darf die Emission an Gesamtstaub eine Massenkonzentration von 50 mg/m³ nicht überschreiten. [7]Bei Einsatz flüssiger Brennstoffe in bestehenden Anlagen, die zur Abdeckung der Spitzenlast bei der Energieversorgung bis zu 300 Stunden jährlich in Betrieb sind oder ausschließlich dem Notbetrieb dienen, darf der Gesamtstaub eine Massenkonzentration von 80 mg/m³ nicht überschreiten.

(6) [1]Die Emissionen an Kohlenmonoxid im Abgas dürfen folgende Massenkonzentrationen nicht überschreiten:

1. bei Motoren, die mit flüssigen Brennstoffen betrieben werden, 0,30 g/m³;
2. bei Motoren, die mit Biogas, Klärgas, Grubengas oder mit Gasen aus der thermochemischen Vergasung von naturbelassenem Holz betrieben werden, 0,50 g/m³;
3. bei Motoren, die mit anderen Brennstoffen, insbesondere mit Gasen der öffentlichen Gasversorgung oder mit Flüssiggas, betrieben werden, 0,25 g/m³.

[2]Satz 1 ist nicht anzuwenden bei Verbrennungsmotoranlagen, die zur Abdeckung der Spitzenlast bei der Energieversorgung bis zu 300 Stunden jährlich in Betrieb sind oder ausschließlich dem Notbetrieb dienen. [3]Bei Anlagen nach Satz 2 sind die Möglichkeiten der Emissionsminderung für Kohlenmonoxid durch motorische Maßnahmen nach dem Stand der Technik auszuschöpfen.

(7) [1]Die Emissionen an Stickstoffmonoxid und Stickstoffdioxid im Abgas dürfen folgende Massenkonzentrationen, angegeben als Stickstoffdioxid, nicht überschreiten:

1. bei Motoren, die mit flüssigen Brennstoffen betrieben werden, 0,1 g/m³;
2. bei Motoren, die mit Klärgas, Grubengas oder Gasen aus der thermochemischen Vergasung von naturbelassenem Holz betrieben werden, 0,50 g/m³;
3. bei Motoren, die mit Biogas betrieben werden, 0,1 g/m³;
4. bei Motoren, die mit anderen als in den Nummern 1 bis 3 genannten Brenstoffen, insbesondere mit Gasen der öffentlichen Gasversorgung oder Flüssiggas, betrieben werden, 0,1 g/m³.

[2]Die Emissionsgrenzwerte für Stickstoffoxide nach Satz 1 Nummer 1, 3 und 4 sind nicht anzuwenden bei Verbrennungsmotoranlagen, die weniger als 300 Stunden pro Jahr betrieben werden oder ausschließlich dem Notbetrieb dienen. [3]Bei Anlagen nach Satz 1 Nummer 3, die weniger als 300 Stunden pro Jahr betrieben werden, gilt der Emissionsgrenzwert nach Satz 1 Nummer 2. [4]Bei Anlagen nach Satz 2 sind die Möglichkeiten der Emissionsminderung für Stickstoffoxide durch motorische Maßnahmen nach dem Stand der Technik auszuschöpfen.

(8) [1]Bei Einsatz flüssiger mineralischer Brennstoffe dürfen nur folgende Brennstoffe verwendet werden:

1. Heizöle nach DIN 51603 Teil 1, Ausgabe März 2017, mit einem Massengehalt an Schwefel für leichtes Heizöl nach der Verordnung über die Be-

schaffenheit und die Auszeichnung der Qualitäten von Kraft- und Brennstoffen[1];

2. Heizöle nach DIN SPEC 51603 Teil 6, Ausgabe März 2017, mit einem Massengehalt an Schwefel für leichtes Heizöl nach der Verordnung über die Beschaffenheit und die Auszeichnung der Qualitäten von Kraft- und Brennstoffen;
3. Dieselkraftstoffe mit einem Massengehalt an Schwefel nach der Verordnung über die Beschaffenheit und die Auszeichnung der Qualitäten von Kraft- und Brennstoffen.

[2] Abweichend von Satz 1 dürfen andere Brennstoffe verwendet werden, wenn gleichwertige Maßnahmen zur Emissionsminderung angewendet werden.

(9) [1] Bei Einsatz gasförmiger Brennstoffe gelten die Anforderungen des § 13 Absatz 5 an die Emissionen von Schwefeldioxid und Schwefeltrioxid entsprechend. [2] Die Emissionsgrenzwerte sind auf einen Bezugssauerstoffgehalt von 5 Prozent umzurechnen. [3] Abweichend von Satz 1 dürfen die Emissionen von Schwefeldioxid und Schwefeltrioxid im Abgas bei Einsatz von Hochofengas und Koksofengas eine Massenkonzentration von 0,04 g/m³, angegeben als Schwefeldioxid, nicht überschreiten. [4] Die Anforderungen nach Satz 1 gelten für Anlagen, die Erdgas einsetzen, als erfüllt, wenn einmalig sowie zusätzlich jeweils nach Anbieterwechsel oder nach einer Änderung der Gasqualität durch den Anbieter nachgewiesen wird, dass der Gesamtschwefelgehalt des eingesetzten Erdgases den Anforderungen an die Gasbeschaffenheit des DVGW-Arbeitsblatts G 260 vom März 2013 für Gase der 2. Gasfamilie entspricht. [5] Satz 1 ist nicht anzuwenden bei Verbrennungsmotoranlagen, die zur Abdeckung der Spitzenlast bei der Energieversorgung bis zu 300 Stunden jährlich in Betrieb sind oder ausschließlich dem Notbetrieb dienen.

(10) Die Emissionen an Formaldehyd im Abgas dürfen folgende Massenkonzentrationen nicht überschreiten:

1. bei Zündstrahl- oder Magermotoren, die mit Biogas, Erdgas, Klärgas oder Grubengas betrieben werden,	20 mg/m³;
2. bei Motoren, die mit flüssigen Brennstoffen betrieben werden,	20 mg/m³;
3. bei Motoren, die mit sonstigen Brennstoffen, insbesondere mit Gasen aus der thermochemischen Vergasung von naturbelassenem Holz, betrieben werden,	10 mg/m³;
4. bei Motoren, die ausschließlich dem Notbetrieb dienen,	60 mg/m³;
5. bei nicht in den Nummern 1 bis 4 genannten Motoren	5 mg/m³.

(11) [1] Die Emissionen an organischen Stoffen im Abgas dürfen ab dem 1. Januar 2025 folgende Massenkonzentrationen, angegeben als Gesamtkohlenstoff, nicht überschreiten:

1. bei Motoren, die mit Biogas, Klärgas oder Grubengas betrieben werden,	1,3 g/m³;
2. bei Motoren, die mit Gasen der öffentlichen Gasversorgung oder mit Flüssiggas betrieben werden,	

[1] Nr. **2.10**.

a) bei Fremdzündungsmotoren im Magerbetrieb und bei Selbstzündungsmotoren 1,3 g/m³;
b) bei nicht in Buchstabe a genannten Fremdzündungsmotoren 0,30 g/m³.

[2]Bis zum 31. Dezember 2024 gelten die Anforderungen der Technischen Anleitung zur Reinhaltung der Luft in der Fassung vom 24. Juli 2002 (GMBl S. 511) fort. [3]Satz 1 ist nicht anzuwenden bei Verbrennungsmotoranlagen, die zur Abdeckung der Spitzenlast bei der Energieversorgung bis zu 300 Stunden jährlich in Betrieb sind oder ausschließlich dem Notbetrieb dienen.

(12) Bei Verbrennungsmotoranlagen, die mit Gasen aus der thermochemischen Vergasung von Holz betrieben werden, dürfen die Emissionen an Benzol eine Massenkonzentration von 1,0 mg/m³ nicht überschreiten.

(13) Abweichend von Absatz 10 dürfen bei bestehenden Zündstrahl- oder Magermotoren, die mit Biogas, Erdgas, Grubengas oder Klärgas betrieben werden, die Emissionen an Formaldehyd im Abgas eine Massenkonzentration von 30 mg/m³ nicht überschreiten.

(14) [1]Bei Einsatz von Deponiegas gelten die Anforderungen des Absatzes 2 für Biogas und Klärgas in Bezug auf die Gesamtstaubemissionen und die Anforderungen des Absatzes 7 Satz 1 Nummer 2 für Klärgas in Bezug auf die Emissionen an Stickstoffmonoxid und Stickstoffdioxid entsprechend. [2]Abweichend von Absatz 6 dürfen bei Einsatz von Deponiegas die Emissionen an Kohlenmonoxid im Abgas eine Massenkonzentration von 0,65 g/m³ nicht überschreiten. [3]Abweichend von Absatz 10 dürfen bei Einsatz von Deponiegas die Emissionen an Formaldehyd im Abgas eine Massenkonzentration von 40 mg/m³ nicht überschreiten.

(15) Abweichend von Absatz 9 dürfen bei Einsatz von Deponiegas die Emissionen an Schwefeldioxid und Schwefeltrioxid im Abgas die folgenden Massenkonzentrationen, angegeben als Schwefeldioxid, nicht überschreiten:

1. bei bestehenden Anlagen mit einer Feuerungswärmeleistung von weniger als 1 Megawatt 0,31 g/m³;
2. bei nicht in Nummer 1 genannten Anlagen 31 mg/m³.

§ 17 Anforderungen an die Abgasverluste von nicht genehmigungsbedürftigen mittelgroßen Öl- und Gasfeuerungsanlagen. (1) Nicht genehmigungsbedürftige mittelgroße Öl- und Gasfeuerungsanlagen sind so zu errichten und zu betreiben, dass der Abgasverlust nicht mehr als 9 Prozent beträgt.

(2) Nicht genehmigungsbedürftige mittelgroße Öl- und Gasfeuerungsanlagen, bei denen der Grenzwert für den Abgasverlust gemäß Absatz 1 auf Grund ihrer bestimmungsgemäßen Funktionen nicht eingehalten werden kann, sind so zu errichten und zu betreiben, dass sie dem Stand der Technik des jeweiligen Prozesses oder der jeweiligen Bauart entsprechen.

§ 18 Anforderungen an Mischfeuerungen und Mehrstofffeuerungen.

(1) [1]Mischfeuerungen sind so zu errichten und zu betreiben, dass die Anforderungen dieses Absatzes eingehalten werden. [2]Der Betreiber hat sicherzustellen, dass kein Emissionsgrenzwert die nach den Sätzen 3 und 4 zu er-

mittelnden Emissionsgrenzwerte überschreitet. [3] Bei Mischfeuerungen sind die für den jeweiligen Brennstoff festgelegten Emissionsgrenzwerte und Bezugssauerstoffgehalte nach dem Verhältnis der mit diesem Brennstoff zugeführten Feuerungswärmeleistung zur insgesamt zugeführten Feuerungswärmeleistung zu ermitteln. [4] Die für die Feuerungsanlage maßgeblichen Emissionsgrenzwerte und der für die Feuerungsanlage maßgebliche Bezugssauerstoffgehalt ergeben sich durch Addition der nach Satz 3 ermittelten Werte.

(2) Mehrstofffeuerungen sind so zu errichten und zu betreiben, dass die Anforderungen für den jeweils verwendeten Brennstoff eingehalten werden.

§ 19 Ableitbedingungen. (1) Der Betreiber einer Anlage hat die Abgase in kontrollierter Weise so abzuleiten, dass ein ungestörter Abtransport mit der freien Luftströmung ermöglicht wird.

(2) [1] Bei nicht genehmigungsbedürftigen Öl- und Gasfeuerungsanlagen mit einer Feuerungswärmeleistung von 1 bis 10 Megawatt hat die Höhe der Austrittsöffnung die höchste Kante des Dachfirstes um mindestens 3 Meter zu überragen und mindestens 10 Meter über Gelände zu liegen. [2] Bei einer Dachneigung von weniger als 20 Grad ist die Höhe der Austrittsöffnung auf einen fiktiven Dachfirst zu beziehen, dessen Höhe unter Zugrundelegung einer Dachneigung von 20 Grad zu berechnen ist.

(3) [1] Bei genehmigungsbedürftigen Anlagen sowie nicht genehmigungsbedürftigen Öl- und Gasfeuerungsanlagen mit einer Feuerungswärmeleistung von 10 bis 20 Megawatt sind die Ableitungshöhen anhand der Anforderungen der Technischen Anleitung zur Reinhaltung der Luft in der jeweils zum Zeitpunkt der Errichtung der Anlage geltenden Fassung zu ermitteln. [2] Die Anforderungen an die Ableitbedingungen sind für genehmigungsbedürftige Anlagen in der Genehmigung festzulegen.

§ 20 Abgasreinigungseinrichtungen. (1) Sofern zur Einhaltung der Emissionsgrenzwerte Abgasreinigungseinrichtungen erforderlich sind, ist der gesamte Abgasstrom zu behandeln.

(2) Bei Feuerungsanlagen, in denen zur Einhaltung der Emissionsgrenzwerte eine Abgasreinigungseinrichtung verwendet wird, hat der Betreiber Nachweise über den kontinuierlichen effektiven Betrieb der Abgasreinigungseinrichtung zu führen.

(3) [1] Der Betreiber einer Anlage hat bei einer Betriebsstörung an einer Abgasreinigungseinrichtung oder bei ihrem Ausfall unverzüglich die erforderlichen Maßnahmen für einen ordnungsgemäßen Betrieb zu ergreifen. [2] Er hat den Betrieb der Anlage einzuschränken oder sie außer Betrieb zu nehmen, wenn ein ordnungsgemäßer Betrieb nicht innerhalb von 24 Stunden sichergestellt werden kann. [3] In jedem Fall hat er die zuständige Behörde unverzüglich, spätestens jedoch innerhalb von 48 Stunden nach dem Zeitpunkt des Eintretens der Betriebsstörung oder des Ausfalls, zu unterrichten.

(4) Bei Ausfall einer Abgasreinigungseinrichtung darf eine Anlage während eines Zeitraums von zwölf aufeinanderfolgenden Monaten höchstens 400 Stunden ohne diese Abgasreinigungseinrichtung betrieben werden.

Abschnitt 3. Messung und Überwachung

§ 21 Messungen an mittelgroßen Feuerungsanlagen bei Einsatz von festen Brennstoffen. (1) [1]Der Betreiber hat bei Einsatz von festen Brennstoffen in Feuerungsanlagen mit einer Feuerungswärmeleistung von 25 Megawatt oder mehr die Massenkonzentration der Gesamtstaubemissionen kontinuierlich zu ermitteln. [2]Der Betreiber hat bei Einsatz von festen Brennstoffen in Feuerungsanlagen mit einer Feuerungswärmeleistung von 20 Megawatt bis weniger als 25 Megawatt die Massenkonzentration der Gesamtstaubemissionen jährlich zu ermitteln.

(2) [1]Der Betreiber hat bei Einsatz von festen Brennstoffen in Feuerungsanlagen mit einer Feuerungswärmeleistung von 5 Megawatt bis weniger als 25 Megawatt die Massenkonzentration der Gesamtstaubemissionen qualitativ kontinuierlich zu ermitteln. [2]Absatz 7 bleibt unberührt.

(3) [1]Für Feuerungsanlagen mit einer Feuerungswärmeleistung von weniger als 5 Megawatt, die mit einer Abgasreinigungseinrichtung für Gesamtstaub ausgerüstet sind, gilt Absatz 2 Satz 1 entsprechend. [2]Abweichend von Satz 1 kann der Betreiber statt einer qualitativ kontinuierlichen Messung auch Nachweise über den kontinuierlichen effektiven Betrieb des Staubabscheiders führen, sobald hierfür ein Verfahren nach dem Stand der Technik zur Verfügung steht. [3]Absatz 7 bleibt unberührt.

(4) [1]Der Betreiber hat bei Feuerungsanlagen mit einer Feuerungswärmeleistung von 2,5 Megawatt oder mehr die Massenkonzentration der Emissionen an Kohlenmonoxid kontinuierlich zu ermitteln. [2]Abweichend von Satz 1 hat der Betreiber bei Einzelfeuerungen in Altanlagen im Sinne von Nummer 2.10 der Technischen Anleitung zur Reinhaltung der Luft mit einer Feuerungswärmeleistung von weniger als 20 Megawatt die Emissionen an Kohlenmonoxid alle drei Jahre zu ermitteln.

(5) Der Betreiber hat bei Feuerungsanlagen, die Entschwefelungsanlagen einsetzen, die Massenkonzentration der Emissionen an Schwefeloxiden kontinuierlich zu ermitteln oder den effektiven kontinuierlichen Betrieb der Entschwefelungsanlage anderweitig nachzuweisen.

(6) Der Betreiber hat bei Feuerungsanlagen mit einer Feuerungswärmeleistung von 20 Megawatt oder mehr folgende Emissionen jährlich zu ermitteln: die Emissionen an

1. Stickstoffmonoxid und Stickstoffdioxid, anzugeben als Stickstoffdioxid;
2. Schwefeldioxid und Schwefeltrioxid, sofern die Feuerungsanlage nicht ausschließlich mit naturbelassenem Holz oder Holzabfällen betrieben wird.

(7) Der Betreiber hat bei Feuerungsanlagen mit einer Feuerungswärmeleistung von weniger als 20 Megawatt folgende Emissionen alle drei Jahre zu ermitteln: die Emissionen an

1. Gesamtstaub;
2. Stickstoffmonoxid und Stickstoffdioxid, anzugeben als Stickstoffdioxid;
3. Schwefeldioxid und Schwefeltrioxid, sofern die Feuerungsanlage nicht ausschließlich mit naturbelassenem Holz oder Holzabfällen betrieben wird.

(8) Der Betreiber hat bei Feuerungsanlagen mit einer Feuerungswärmeleistung von weniger als 2,5 Megawatt, deren Emissionen an Kohlenmonoxid nicht kontinuierlich gemessen werden müssen, die Emissionen an Kohlenmonoxid alle drei Jahre zu ermitteln.

(9) Der Betreiber hat die Emissionen an gasförmigen anorganischen Chlorverbindungen, Quecksilber und seinen Verbindungen sowie an organischen Stoffen nach § 10 Absatz 8, 10 und 11 Nummer 3 alle drei Jahre zu ermitteln.

§ 22 Messungen an mittelgroßen Feuerungsanlagen bei Einsatz von gasförmigen Brennstoffen. (1) Bei Einsatz von gasförmigen Brennstoffen in Feuerungsanlagen, die selektive katalytische Reduktion oder selektive nichtkatalytische Reduktion einsetzen, hat der Betreiber Nachweise über den kontinuierlichen effektiven Betrieb der Abgasreinigungseinrichtung zur Minderung der Emissionen an Stickstoffoxiden zu führen.

(2) Der Betreiber hat bei Feuerungsanlagen mit einer Feuerungswärmeleistung von 20 Megawatt oder mehr die Emissionen an Stickstoffmonoxid und Stickstoffdioxid, anzugeben als Stickstoffdioxid, und Kohlenmonoxid jährlich zu ermitteln.

(3) Der Betreiber hat bei Feuerungsanlagen mit einer Feuerungswärmeleistung von weniger als 20 Megawatt die Emissionen an Stickstoffmonoxid und Stickstoffdioxid, anzugeben als Stickstoffdioxid, und Kohlenmonoxid alle drei Jahre zu ermitteln.

(4) Der Betreiber hat bei Feuerungsanlagen für Brennstoffe außer Flüssiggas, Wasserstoffgas und Gasen der öffentlichen Gasversorgung mit einer Feuerungswärmeleistung von 20 Megawatt oder mehr die Emissionen an Schwefeloxiden und Gesamtstaub jährlich zu ermitteln.

(5) Der Betreiber hat bei Feuerungsanlagen für Brennstoffe außer Flüssiggas, Wasserstoffgas und Gasen der öffentlichen Gasversorgung mit einer Feuerungswärmeleistung von weniger als 20 Megawatt die Emissionen an Schwefeloxiden und Gesamtstaub alle drei Jahre zu ermitteln.

(6) [1] Der Betreiber hat bei nicht genehmigungsbedürftigen Feuerungsanlagen den Abgasverlust alle drei Jahre nach der Anlage 2 Nummer 3.4 zur Verordnung über kleine und mittlere Feuerungsanlagen[1)] vom 26. Januar 2010 (BGBl. I S. 38), die zuletzt durch Artikel 16 Absatz 4 des Gesetzes vom 10. März 2017 (BGBl. I S. 420) geändert worden ist, zu ermitteln. [2] Satz 1 gilt nicht für Brennwertgeräte.

§ 23 Messungen an mittelgroßen Feuerungsanlagen bei Einsatz von flüssigen Brennstoffen. (1) Der Betreiber hat bei Einsatz von flüssigen Brennstoffen in Feuerungsanlagen mit einer Feuerungswärmeleistung von 20 Megawatt oder mehr die Emissionen an Stickstoffmonoxid und Stickstoffdioxid, anzugeben als Stickstoffdioxid, jährlich zu ermitteln.

(2) Der Betreiber hat bei Einsatz von flüssigen Brennstoffen in Feuerungsanlagen mit einer Feuerungswärmeleistung von weniger als 20 Megawatt die Emissionen an Stickstoffmonoxid und Stickstoffdioxid, anzugeben als Stickstoffdioxid, alle drei Jahre zu ermitteln.

---

1) Nr. **2.1**.

(3) Der Betreiber hat bei Einzelfeuerungen mit einer Feuerungswärmeleistung von 10 Megawatt oder mehr für den Einsatz von Heizölen nach DIN 51603 Teil 1, Ausgabe März 2017, von Heizölen nach DIN SPEC 51603 Teil 6, Ausgabe März 2017, von Methanol, Ethanol, naturbelassenen Pflanzenölen oder Pflanzenölmethylestern, die Bestandteil einer Feuerungsanlage mit einer Feuerungswärmeleistung von 20 Megawatt oder mehr sind, die Rußzahl nach DIN 51402 Teil 1, Ausgabe Oktober 1986, und die Massenkonzentration der Emissionen an Kohlenmonoxid im Abgas kontinuierlich zu ermitteln.

(4) Der Betreiber hat bei Einsatz von Heizölen nach DIN 51603 Teil 1, Ausgabe März 2017, von Heizölen nach DIN SPEC 51603 Teil 6, Ausgabe März 2017, von Methanol, Ethanol, naturbelassenen Pflanzenölen oder Pflanzenölmethylestern in Feuerungsanlagen, die nicht in Absatz 3 genannt sind, die Emissionen an Kohlenmonoxid sowie die Rußzahl

1. an Feuerungsanlagen mit einer Feuerungswärmeleistung von 20 Megawatt oder mehr jährlich zu ermitteln;
2. an Feuerungsanlagen mit einer Feuerungswärmeleistung von weniger als 20 Megawatt alle drei Jahre zu ermitteln.

(5) Der Betreiber hat bei Feuerungsanlagen, die emulgiertes Naturbitumen oder Heizöle, ausgenommen Heizöle nach DIN 51603 Teil 1, Ausgabe März 2017, und Heizöle nach DIN SPEC 51603 Teil 6, Ausgabe März 2017, einsetzen, die Emissionen an Schwefeloxiden

1. an Feuerungsanlagen mit einer Feuerungswärmeleistung von 20 Megawatt oder mehr jährlich zu ermitteln;
2. an Feuerungsanlagen mit einer Feuerungswärmeleistung von weniger als 20 Megawatt alle drei Jahre zu ermitteln.

(6) Bei Feuerungsanlagen, die Methanol, Ethanol, naturbelassenes Pflanzenöl oder Pflanzenölmethylester einsetzen, hat der Betreiber den Schwefelgehalt und den unteren Heizwert des verwendeten Brennstoffs regelmäßig zu überprüfen, einen Nachweis zu führen und den Nachweis

1. bei Anlagen mit einer Feuerungswärmeleistung von 20 Megawatt oder mehr jährlich der zuständigen Behörde vorzulegen;
2. bei Anlagen mit einer Feuerungswärmeleistung von weniger als 20 Megawatt alle drei Jahre der zuständigen Behörde vorzulegen.

(7) Der Betreiber hat bei Einzelfeuerungen mit einer Feuerungswärmeleistung von 20 Megawatt oder mehr, die emulgiertes Naturbitumen oder Heizöle, ausgenommen Heizöle nach DIN 51603 Teil 1, Ausgabe März 2017, und Heizöle nach DIN SPEC 51603 Teil 6, Ausgabe März 2017, einsetzen, die Massenkonzentrationen der Emissionen an Gesamtstaub und Kohlenmonoxid im Abgas kontinuierlich zu ermitteln.

(8) Der Betreiber hat bei Einzelfeuerungen mit einer Feuerungswärmeleistung von weniger als 20 Megawatt, die emulgiertes Naturbitumen oder Heizöle, ausgenommen Heizöle nach DIN 51603 Teil 1, Ausgabe März 2017, und Heizöle nach DIN SPEC 51603 Teil 6, Ausgabe März 2017, einsetzen, die Massenkonzentration der Gesamtstaubemissionen im Abgas qualitativ kontinuierlich zu ermitteln.

(9) Der Betreiber hat bei nicht in Absatz 7 genannten Feuerungsanlagen, die emulgiertes Naturbitumen oder Heizöle, ausgenommen Heizöle nach DIN

51603 Teil 1, Ausgabe März 2017, und Heizöle nach DIN SPEC 51603 Teil 6, Ausgabe März 2017, einsetzen, die Emissionen an Kohlenmonoxid und Gesamtstaub

1. bei Feuerungsanlagen mit einer Feuerungswärmeleistung von 20 Megawatt oder mehr jährlich zu ermitteln;
2. bei Feuerungsanlagen mit einer Feuerungswärmeleistung von weniger als 20 Megawatt alle drei Jahre zu ermitteln.

(10) [1]Der Betreiber hat bei nicht genehmigungsbedürftigen Feuerungsanlagen den Abgasverlust alle drei Jahre nach der Anlage 2 Nummer 3.4 zur Verordnung über kleine und mittlere Feuerungsanlagen[1)] zu ermitteln. [2]Satz 1 gilt nicht für Brennwertgeräte.

§ 24 Messungen an Verbrennungsmotoranlagen. (1) Der Betreiber hat bei einer Feuerungswärmeleistung von 1 Megawatt oder mehr bei Verbrennungsmotoranlagen, die mit flüssigen Brennstoffen betrieben werden, sowie bei Zündstrahlmotoren die Emissionen an Gesamtstaub jährlich zu ermitteln.

(2) Der Betreiber hat bei nicht in Absatz 1 genannten Verbrennungsmotoranlagen die Emissionen an Gesamtstaub alle drei Jahre zu ermitteln, sofern die Staubemissionen in § 16 begrenzt sind.

(3) Bei Verbrennungsmotoranlagen, die mit Rußfiltern ausgerüstet sind, hat der Betreiber Nachweise über den kontinuierlichen effektiven Betrieb des Rußfilters zu führen.

(4) [1]Der Betreiber hat bei Verbrennungsmotoranlagen mit einer Feuerungswärmeleistung von 1 Megawatt oder mehr die Emissionen an Kohlenmonoxid jährlich zu ermitteln. [2]Abweichend von Satz 1 sind bei Verbrennungsmotoranlagen mit einer Feuerungswärmeleistung von weniger als 20 Megawatt, die mit thermischer Nachverbrennung ausgestattet sind, die Emissionen an Kohlenmonoxid alle drei Jahre zu messen.

(5) Der Betreiber hat bei Verbrennungsmotoranlagen, die mit thermischer Nachverbrennung ausgestattet sind, die Temperatur der Nachverbrennung kontinuierlich zu ermitteln.

(6) Bei Verbrennungsmotoranlagen, die mit Oxidationskatalysatoren ausgestattet sind, hat der Betreiber Nachweise über den kontinuierlichen effektiven Betrieb des Katalysators zu führen.

(7) [1]Der Betreiber einer Verbrennungsmotoranlage hat Nachweise über die dauerhafte Einhaltung der Emissionsgrenzwerte für Stickstoffoxide, zum Beispiel über den kontinuierlichen effektiven Betrieb der Abgasreinigungseinrichtung, zu führen. [2]Der Betreiber einer Gasmotoranlage nach dem Magergasprinzip hat die Emissionen an Stickstoffoxiden im Abgas jedes Motors mit geeigneten qualitativen Messeinrichtungen wie beispielsweise NO_x-Sensoren als Tagesmittelwert zu überwachen.

(8) Der Betreiber hat bei Verbrennungsmotoranlagen mit einer Feuerungswärmeleistung von 1 Megawatt oder mehr die Emissionen an Stickstoffmonoxid und Stickstoffdioxid, anzugeben als Stickstoffdioxid, jährlich zu ermitteln.

[1)] Nr. **2.1**.

(9) Der Betreiber hat abweichend von Absatz 8 bei Verbrennungsmotoranlagen, die weniger als 300 Stunden pro Jahr betrieben werden oder ausschließlich dem Notbetrieb dienen, die Emissionen an Stickstoffmonoxid und Stickstoffdioxid, anzugeben als Stickstoffdioxid, alle drei Jahre zu ermitteln.

(10) Für die Messung von Schwefeloxiden gelten für Verbrennungsmotoranlagen mit einer Feuerungswärmeleistung von 1 Megawatt oder mehr die Vorgaben des § 22 Absatz 4 und 5 entsprechend.

(11) Der Betreiber hat bei Verbrennungsmotoranlagen mit einer Feuerungswärmeleistung von 1 Megawatt oder mehr, die gasförmige Brennstoffe einsetzen, die Emissionen an organischen Stoffen, anzugeben als Gesamtkohlenstoff, jährlich zu ermitteln.

(12) [1]Der Betreiber hat bei Verbrennungsmotoranlagen zur Verbrennung von Biogas, Erdgas, Grubengas oder Klärgas die Emissionen an Formaldehyd jährlich zu ermitteln. [2]Bei sonstigen Verbrennungsmotoranlagen mit einer Feuerungswärmeleistung von 1 Megawatt oder mehr sind die Emissionen an Formaldehyd alle drei Jahre zu ermitteln. [3]Für nicht genehmigungsbedürftige Verbrennungsmotoranlagen, die ausschließlich dem Notbetrieb dienen, ist ein Nachweis der Einhaltung des Emissionsgrenzwerts einmalig binnen drei Monaten nach der Inbetriebnahme oder der Registrierung als bestehende Anlage zu erbringen.

(13) Der Betreiber hat bei Verbrennungsmotoranlagen, die mit Gasen aus der thermochemischen Vergasung von Holz betrieben werden, die Emissionen an Benzol jährlich zu ermitteln.

(14) Der Betreiber hat bei Verbrennungsmotoranlagen zur Verbrennung von Deponiegas mit einer Feuerungswärmeleistung von weniger als 1 Megawatt die Emissionen an Gesamtstaub, Kohlenmonoxid, Stickstoffmonoxid und Stickstoffdioxid, anzugeben als Stickstoffdioxid, an Schwefeloxiden, an organischen Stoffen, anzugeben als Gesamtkohlenstoff, und an Formaldehyd alle drei Jahre zu ermitteln.

§ 25 Messungen an Gasturbinenanlagen. (1) Der Betreiber hat bei Gasturbinenanlagen mit einer Feuerungswärmeleistung von 20 Megawatt oder mehr die Emissionen an Kohlenmonoxid sowie an Stickstoffmonoxid und Stickstoffdioxid, anzugeben als Stickstoffdioxid, jährlich zu ermitteln.

(2) Der Betreiber hat bei Gasturbinenanlagen mit einer Feuerungswärmeleistung von weniger als 20 Megawatt die Emissionen an Kohlenmonoxid sowie an Stickstoffmonoxid und Stickstoffdioxid, anzugeben als Stickstoffdioxid, alle drei Jahre zu ermitteln.

(3) Die Anforderungen der Absätze 1 und 2 an die Überwachung der Emissionen an Stickstoffoxiden gelten nicht für die Fälle, in denen die Massenkonzentration an Stickstoffmonoxid und Stickstoffdioxid, anzugeben als Stickstoffdioxid, kontinuierlich gemessen wird.

(4) Für die Messung von Schwefeloxiden gelten für Gasturbinenanlagen die Vorgaben von § 22 Absatz 4 und 5 bezogen auf den verwendeten Brennstoff entsprechend.

(5) Der Betreiber hat bei Einsatz flüssiger Brennstoffe in Gasturbinenanlagen mit einer Feuerungswärmeleistung von 20 Megawatt oder mehr die Rußzahl jährlich zu ermitteln.

(6) Der Betreiber hat bei Einsatz flüssiger Brennstoffe in Gasturbinenanlagen mit einer Feuerungswärmeleistung von weniger als 20 Megawatt die Rußzahl alle drei Jahre zu ermitteln.

(7) Der Betreiber hat bei Gasturbinen die Emissionen an Formaldehyd alle drei Jahre zu ermitteln.

§ 26 Messungen an Feuerungsanlagen mit Abgasreinigungseinrichtung für Stickstoffoxide. [1]Der Betreiber hat bei Feuerungsanlagen, die selektive katalytische Reduktion oder selektive nichtkatalytische Reduktion einsetzen, die Emissionen an Ammoniak gleichzeitig mit den Emissionen an Stickstoffmonoxid und Stickstoffdioxid zu ermitteln. [2]Diese Anforderung gilt nicht für

1. Anlagen, die über eine nasse Rauchgaswäsche verfügen, die der selektiven katalytischen Reduktion oder selektiven nichtkatalytischen Reduktion nachgeschaltet ist,
2. Anlagen, die über einen der selektiven katalytischen Reduktion nachgeschalteten Oxidationskatalysator verfügen.

§ 27 Messplätze. [1]Der Betreiber hat vor Inbetriebnahme einer Anlage für die Messungen zur Feststellung der Emissionen sowie zur Ermittlung der Bezugs- oder Betriebsgrößen Messplätze einzurichten. [2]Die Messplätze sollen ausreichend groß, leicht begehbar und so beschaffen sein, dass repräsentative und einwandfreie Messungen gewährleistet sind.

§ 28 Messverfahren und Messeinrichtungen. (1) Der Betreiber hat sicherzustellen, dass für Messungen die dem Stand der Messtechnik entsprechenden Messverfahren, die den Anforderungen der Anlage 2 Nummer 3 entsprechen, und Mess- und Auswerteeinrichtungen, die den Anforderungen der Anlage 2 Nummer 1 und 2 entsprechen, verwendet werden.

(2) [1]Der Betreiber hat Feuerungsanlagen vor Inbetriebnahme mit geeigneten Mess- und Auswerteeinrichtungen auszurüsten. [2]Der Betreiber hat vor der Inbetriebnahme der Feuerungsanlage der zuständigen Behörde den ordnungsgemäßen Einbau von Mess- und Auswerteeinrichtungen zur kontinuierlichen Überwachung durch die Vorlage der Bescheinigung einer Stelle für Kalibrierungen nachzuweisen. [3]Diese Stelle für Kalibrierungen muss von der zuständigen Landesbehörde oder von der nach Landesrecht bestimmten Behörde nach § 29b Absatz 2 des Bundes-Immissionsschutzgesetzes[1)] in Verbindung mit der Bekanntgabeverordnung[2)] vom 2. Mai 2013 (BGBl. I S. 973, 1001, 3756), die zuletzt durch Artikel 60 des Gesetzes vom 29. März 2017 (BGBl. I S. 626) geändert worden ist, in der jeweils geltenden Fassung, für den Tätigkeitsbereich der Gruppe II Nummer 1 und für die jeweiligen Stoffbereiche gemäß der Anlage 1 zur Bekanntgabeverordnung bekannt gegeben worden sein.

(3) Der Betreiber hat Messeinrichtungen, die zur kontinuierlichen Feststellung der Emissionen oder der Betriebsgrößen eingesetzt werden, durch eine Stelle, die bekannt gegeben wurde von der zuständigen Landesbehörde oder der nach Landesrecht bestimmten Behörde nach § 29b Absatz 2 des Bundes-

---

[1)] Nr. **1**.
[2)] Nr. **2.41**.

Immissionsschutzgesetzes in Verbindung mit der Bekanntgabeverordnung, in der jeweils geltenden Fassung, für den Tätigkeitsbereich der Gruppe II Nummer 1 und für die jeweiligen Stoffbereiche gemäß der Anlage 1 zur Bekanntgabeverordnung, gemäß Absatz 4

1. kalibrieren zu lassen und
2. auf Funktionsfähigkeit prüfen zu lassen.

(4) [1] Die Prüfung auf Funktionsfähigkeit ist jährlich, die Kalibrierung jeweils nach der Errichtung und nach jeder wesentlichen Änderung einer Feuerungsanlage durchführen zu lassen, sobald der ungestörte Betrieb erreicht ist, jedoch spätestens vier Monate nach Inbetriebnahme oder der wesentlichen Änderung. [2] Die Kalibrierung ist mindestens alle drei Jahre zu wiederholen.

(5) Der Betreiber hat die Berichte über das Ergebnis der Kalibrierung und der Prüfung der Funktionsfähigkeit der zuständigen Behörde innerhalb von zwölf Wochen nach Kalibrierung und Prüfung vorzulegen.

§ 29 Kontinuierliche Messungen. (1) [1] Abweichend von § 21 Absatz 8, § 22 Absatz 2 und 3, § 23 Absatz 3 und 4 und § 25 Absatz 1 und 2 hat der Betreiber die Emissionen von Kohlenmonoxid durch kontinuierliche Messungen zu ermitteln, sofern ein Massenstrom von 5 Kilogramm Kohlenmonoxid pro Stunde überschritten wird. [2] Satz 1 gilt nicht für Verbrennungsmotoranlagen, die mit thermischer Nachverbrennung ausgestattet sind. [3] Der Betreiber hat Feuerungsanlagen, die den Massenstrom nach Satz 1 überschreiten, vor Inbetriebnahme mit entsprechenden Messeinrichtungen auszurüsten. [4] Für die Bestimmung des Massenstroms ist die Festlegung im Genehmigungsbescheid maßgeblich.

(2) Auf die kontinuierliche Überwachung einer Quelle einer Anlage nach § 21 Absatz 1 Satz 1, Absatz 4 Satz 1 und Absatz 5, § 23 Absatz 3 und 7 und § 24 Absatz 5 wird verzichtet, wenn diese weniger als 500 Stunden im Jahr emittiert oder weniger als 10 Prozent zur Jahresemission der Anlage beiträgt.

(3) Der Betreiber hat folgende Parameter kontinuierlich zu ermitteln, aufzuzeichnen und gemäß § 30 Absatz 1 Satz 1 bis 3 auszuwerten:

1. die Massenkonzentrationen der kontinuierlich zu messenden Emissionen nach Absatz 1, § 21 Absatz 1 Satz 1, Absatz 4 und 5, § 23 Absatz 3 und 7 und § 24 Absatz 5;
2. den Volumengehalt an Sauerstoff im Abgas und
3. die zur Beurteilung des ordnungsgemäßen Betriebs erforderlichen Betriebsgrößen, insbesondere Leistung, Abgastemperatur, Abgasvolumenstrom, Feuchtegehalt und Druck.

(4) [1] Messeinrichtungen für den Feuchtegehalt sind nicht notwendig, sofern das Abgas vor der Ermittlung der Massenkonzentration der Emissionen getrocknet wird. [2] Ergibt sich auf Grund der Bauart und Betriebsweise von Nass-Abgasentschwefelungsanlagen infolge des Sättigungszustands des Abgases und der konstanten Abgastemperatur, dass der Feuchtegehalt im Abgas an der Messstelle einen konstanten Wert annimmt, soll die zuständige Behörde auf die kontinuierliche Messung des Feuchtegehalts verzichten und die Verwendung des in Einzelmessungen ermittelten Wertes zulassen. [3] In diesem Fall hat der Betreiber Nachweise über das Vorliegen der vorgenannten Voraussetzungen bei der Kalibrierung der Messeinrichtungen zu führen und der zuständigen Behör-

de auf Verlangen vorzulegen. [4]Der Betreiber hat die Nachweise sechs Jahre nach der Kalibrierung aufzubewahren.

(5) [1]Ergibt sich auf Grund der Einsatzstoffe, der Bauart, der Betriebsweise oder auf Grund von Einzelmessungen, dass der Anteil des Stickstoffdioxids an den Stickstoffoxidemissionen unter 5 Prozent liegt, soll die zuständige Behörde auf die kontinuierliche Messung des Stickstoffdioxids verzichten und die Bestimmung des Anteils durch Berechnung zulassen. [2]In diesem Fall ist ein Nachweis über den Anteil des Stickstoffdioxids bei der Kalibrierung zu führen.

(6) Wird die Massenkonzentration an Schwefeldioxid kontinuierlich gemessen, kann die Massenkonzentration an Schwefeltrioxid bei der Kalibrierung ermittelt und durch Berechnung berücksichtigt werden.

(7) Abweichend von den Absätzen 1 und 3 kann die zuständige Behörde auf die kontinuierliche Messung der Emissionen verzichten, wenn durch andere Prüfungen, insbesondere durch fortlaufende Feststellung der Wirksamkeit von Einrichtungen zur Emissionsminderung, der Zusammensetzung von Brenn- und Einsatzstoffen oder der Prozessbedingungen, sichergestellt ist, dass die Emissionsgrenzwerte eingehalten werden.

(8) [1]Abweichend von den §§ 21 bis 26 kann der Betreiber die Emissionen der dort genannten Schadstoffe auch kontinuierlich nach den Vorgaben der Absätze 3, 4 und 6 ermitteln. [2]In diesem Fall entfällt die Pflicht zur Einzelmessung der betreffenden Luftschadstoffe nach § 31. [3]Für die kontinuierlichen Messungen nach Satz 1 gilt § 30 entsprechend.

§ 30 Auswertung und Beurteilung von kontinuierlichen Messungen, Messbericht. (1) [1]Während des Betriebs der Anlage ist aus den nach § 29 Absatz 1 Satz 1, Absatz 3 und 6 ermittelten Messwerten aus kontinuierlichen Messungen für jede aufeinanderfolgende halbe Stunde jeweils der Halbstundenmittelwert zu bilden und nach der Anlage 3 auf den Bezugssauerstoffgehalt umzurechnen. [2]Aus den Halbstundenmittelwerten ist für jeden Tag der Tagesmittelwert, bezogen auf die tägliche Betriebszeit, zu bilden. [3]Für Tage, an denen mehr als sechs Halbstundenmittelwerte wegen Störung oder Wartung des Messsystems für kontinuierliche Messungen ungültig sind, können keine gültigen Tagesmittelwerte gebildet werden. [4]Für An- und Abfahrvorgänge, bei denen ein Überschreiten des Zweifachen der festgelegten Emissionsbegrenzungen nicht verhindert werden kann, sind durch die zuständige Behörde Sonderregelungen zu treffen. [5]Sind die Tagesmittelwerte für mehr als zehn Tage im Jahr wegen Störung oder Wartung des Messsystems für kontinuierliche Messungen ungültig, hat die zuständige Behörde den Betreiber zu verpflichten, geeignete Maßnahmen einzuleiten, um die Zuverlässigkeit des Messsystems für kontinuierliche Messungen zu verbessern.

(2) [1]Über die Ergebnisse der kontinuierlichen Messungen hat der Betreiber für jedes Kalenderjahr einen Messbericht zu erstellen und der zuständigen Behörde bis zum 31. März des Folgejahres vorzulegen. [2]Der Betreiber hat den Messbericht sowie die zugrunde liegenden Aufzeichnungen der Messgeräte sechs Jahre nach Ende des Berichtszeitraums nach Satz 1 aufzubewahren. [3]Messergebnisse, die der zuständigen Behörde durch geeignete telemetrische Übermittlung vorliegen, müssen nicht im Messbericht enthalten sein.

(3) Die Emissionsgrenzwerte sind eingehalten, wenn

1. kein Ergebnis eines nach der Anlage 2 validierten Tagesmittelwerts den jeweils maßgebenden Emissionsgrenzwert nach den §§ 9 bis 11 Absatz 2, 4 bis 6, 8 und 9, den §§ 12 bis 15 Absatz 2 bis 5 und 8 bis 10, § 16 Absatz 2 Satz 1, Absatz 3 und 4 Satz 1, Absatz 5 Satz 6, Absatz 6 Satz 1, Absatz 7 Satz 1 und 3 und Absatz 9 Satz 1 und 2, Absatz 10, 11 Satz 1, Absatz 12 bis 15 oder § 18 überschreitet und
2. kein Ergebnis eines nach der Anlage 2 validierten Halbstundenmittelwerts das Doppelte der in Nummer 1 genannten Emissionsgrenzwerte überschreitet.

§ 31 Einzelmessungen. (1) [1]Der Betreiber hat innerhalb von vier Monaten nach der Inbetriebnahme der Feuerungsanlage folgende erste Messung nach den Vorgaben der Absätze 3 bis 6 und 9 vornehmen zu lassen:
1. der Emissionen an Stickstoffoxiden nach § 21 Absatz 6 Nummer 1, § 22 Absatz 2 und 3, § 23 Absatz 1 und 2, § 24 Absatz 8, 9 und 14, § 25 Absatz 1 und 2;
2. der Emissionen an Schwefeloxiden nach § 21 Absatz 6 Nummer 2, § 22 Absatz 4 und 5, § 23 Absatz 5, § 24 Absatz 10 und 14, § 25 Absatz 4;
3. der Emissionen an Gesamtstaub beziehungsweise der Rußzahl nach § 21 Absatz 7 Nummer 1, § 22 Absatz 4 und 5, § 23 Absatz 4 und 9, § 24 Absatz 1, 2 und 14, § 25 Absatz 5 und 6;
4. der Emissionen an Kohlenmonoxid nach § 21 Absatz 8, § 22 Absatz 2 und 3, § 23 Absatz 4 und 9, § 24 Absatz 4 und 14, § 25 Absatz 1 und 2;
5. der Emissionen an chlorhaltigen anorganischen Stoffen sowie Quecksilber und seinen Verbindungen nach § 21 Absatz 9;
6. der Emissionen an organischen Stoffen nach § 21 Absatz 9, § 24 Absatz 11 und 14;
7. der Emissionen an Formaldehyd nach § 24 Absatz 12 und 14;
8. der Emissionen an Benzol nach § 24 Absatz 13;
9. des Abgasverlustes nach § 22 Absatz 6 Satz 1.

[2]Der Betreiber hat zudem Messungen nach Satz 1 spätestens vier Monate nach einer emissionsrelevanten Änderung der Feuerungsanlage vornehmen zu lassen.

(2) Der Betreiber einer bestehenden Anlage, für die bei Inkrafttreten dieser Verordnung noch keine Messung nach Absatz 1 durchgeführt wurde, hat die erste regelmäßige Messung nach § 21 Absatz 6, § 22 Absatz 2 und 4, § 23 Absatz 1, 4 Nummer 1, Absatz 5 Nummer 1 und Absatz 9 Nummer 1, § 24 Absatz 1, 4 Satz 1, Absatz 8, 10 bis 13, § 25 Absatz 1, 4 und 5 bis zum 20. Juni 2020 und nach § 21 Absatz 7 bis 9, § 22 Absatz 3, 5 und 6, § 23 Absatz 2, 4 Nummer 2, Absatz 5 Nummer 2, Absatz 9 Nummer 2 und Absatz 10, § 24 Absatz 2, 4 Satz 2, Absatz 9, 10, 12 und 14, § 25 Absatz 2, 4 und 6 bis zum 20. Juni 2022 nach den Vorgaben der Absätze 3 bis 6 und 9 vornehmen zu lassen.

(3) [1]Während jeder Einzelmessung muss die Anlage unter stabilen Bedingungen und bei einer repräsentativen gleichmäßigen Last laufen. [2]Insbesondere An- und Abfahrzeiten sind in diesem Zusammenhang auszunehmen. [3]Abweichend von Satz 1 hat die Einzelmessung zur Überprüfung der Einhaltung der

Anforderungen nach § 16 Absatz 11 bei Volllast zu erfolgen, soweit dies bei Einsatz von Biogas, Grubengas, Klärgas oder Deponiegas möglich ist.

(4) Der Betreiber hat Einzelmessungen zur Feststellung, ob die Emissionsgrenzwerte nach den §§ 9 bis 11 Absatz 1, 2, 4 bis 6, 8 und 9, den §§ 12 bis 15 Absatz 2 bis 5 und 8 bis 10, § 16 Absatz 2 bis 7 und 9 bis 15 und § 18 und die Anforderungen zu den Abgasverlusten nach § 17 erfüllt werden, durch Stellen durchführen zu lassen, die nach § 29b des Bundes-Immissionsschutzgesetzes[1] in Verbindung mit der Bekanntgabeverordnung[2] in der jeweils geltenden Fassung, für den Tätigkeitsbereich der Gruppe I Nummer 1 und für die jeweiligen Stoffbereiche gemäß der Anlage 1 zur Bekanntgabeverordnung bekannt gegeben worden sind.

(5) Die Dauer der Einzelmessung soll eine halbe Stunde betragen; das Ergebnis der Einzelmessung ist als Halbstundenmittelwert zu ermitteln und anzugeben.

(6) [1]Der Betreiber hat über die Ergebnisse der Einzelmessungen einen Messbericht zu erstellen und der zuständigen Behörde unverzüglich vorzulegen. [2]Der Messbericht muss Folgendes enthalten:

1. Angaben über die Messplanung;
2. das Ergebnis jeder Einzelmessung nach Absatz 1;
3. das verwendete Messverfahren und
4. die Betriebsbedingungen, die für die Beurteilung der Messergebnisse von Bedeutung sind.

(7) [1]Die Emissionsgrenzwerte gelten als eingehalten, wenn kein Ergebnis einer Einzelmessung zuzüglich der Messunsicherheit einen Emissionsgrenzwert nach den §§ 9 bis 11 Absatz 1, 2, 4 bis 6, 8 und 9, den §§ 12 bis 15 Absatz 2 bis 5 und 8 bis 10, § 16 Absatz 2 bis 7 und 9 bis 15 oder § 18 überschreitet. [2]Sollten durch nachträgliche Anordnungen, die auf der Ermittlung von Emissionen beruhen, zusätzliche Emissionsminderungsmaßnahmen gefordert werden, ist die Messunsicherheit zugunsten des Betreibers zu berücksichtigen.

(8) Die Anforderungen an den Abgasverlust gelten als eingehalten, wenn kein Ergebnis einer Einzelmessung einen in § 17 genannten Wert für den zulässigen Abgasverlust überschreitet.

(9) [1]Abweichend von den Absätzen 4 bis 6 kann der Betreiber die Einzelmessungen bei nicht genehmigungsbedürftigen mittelgroßen Feuerungsanlagen mit einer Feuerungswärmeleistung von weniger als 10 Megawatt zur Feststellung, ob die Anforderungen nach § 12 Absatz 1 und 2, § 14 Absatz 1 und 2, den §§ 17 und 18 erfüllt werden, von einem Schornsteinfeger oder einer Schornsteinfegerin vornehmen lassen. [2]Die Messungen sind während der üblichen Betriebszeit einer Feuerungsanlage gemäß den Nummern 1 und 3 der Anlage 2 zur Verordnung über kleine und mittlere Feuerungsanlagen[3] in der jeweils geltenden Fassung durchzuführen. [3]Über das Ergebnis der Messungen hat die Schornsteinfegerin oder der Schornsteinfeger dem Betreiber der Feuerungsanlage eine Bescheinigung auszustellen, die mindestens die in Absatz 6 Satz 2 Nummer 2 bis 4 genannten Angaben enthält. [4]Der Betreiber hat die

[1] Nr. **1**.
[2] Nr. **2.41**.
[3] Nr. **2.1**.

Bescheinigung der zuständigen Überwachungsbehörde unverzüglich vorzulegen. [5] § 13 der Verordnung über kleine und mittlere Feuerungsanlagen ist zu beachten.

Abschnitt 4. Gemeinsame Vorschriften

§ 32 Zulassung von Ausnahmen. (1) Die zuständige Behörde kann auf Antrag des Betreibers Ausnahmen von den Anforderungen nach den §§ 9 bis 17 sowie 21 bis 29 zulassen, falls unter Berücksichtigung der besonderen Umstände des Einzelfalls

1. einzelne Anforderungen nicht oder nur mit unverhältnismäßigem Aufwand erfüllbar sind;
2. im Übrigen die dem Stand der Technik entsprechenden Maßnahmen zur Emissionsbegrenzung ausgeschöpft werden;
3. die Schornsteinhöhe auch für einen als Ausnahme zugelassenen Emissionsgrenzwert ausgelegt ist und
4. die Ausnahmen den Anforderungen aus dem Recht der Europäischen Union nicht entgegenstehen, insbesondere nicht
   a) der Richtlinie 2010/75/EU des Europäischen Parlaments und des Rates vom 24. November 2010 über Industrieemissionen (integrierte Vermeidung und Verminderung der Umweltverschmutzung) (ABl. L 334 vom 17.12.2010, S. 17; L 158 vom 19.6.2012, S. 25),
   b) der Richtlinie (EU) 2015/2193 des Europäischen Parlaments und des Rates vom 25. November 2015 zur Begrenzung der Emissionen bestimmter Schadstoffe aus mittelgroßen Feuerungsanlagen in die Luft (ABl. L 313 vom 28.11.2015, S. 1) und
   c) der Richtlinie 2009/125/EG des Europäischen Parlaments und des Rates vom 21. Oktober 2009 zur Schaffung eines Rahmens für die Festlegung von Anforderungen an die umweltgerechte Gestaltung energieverbrauchsrelevanter Produkte (ABl. L 285 vom 31.10.2009, S. 10).

(2) [1] Die zuständige Behörde kann eine Abweichung von der Verpflichtung zur Einhaltung der in den §§ 13, 14 und 16 vorgesehenen Emissionsgrenzwerte in den Fällen gewähren, in denen eine mittelgroße Feuerungs- oder Verbrennungsmotoranlage, in der regelmäßig gasförmiger Brennstoff eingesetzt wird, wegen einer plötzlichen Unterbrechung der Gasversorgung ausnahmsweise auf andere Brennstoffe ausweichen muss und aus diesem Grund mit einer sekundären Emissionsminderungsvorrichtung ausgestattet werden müsste. [2] Eine solche Abweichung wird für einen Zeitraum von nicht mehr als zehn Tagen gewährt, es sei denn, der Betreiber weist der zuständigen Behörde nach, dass ein längerer Zeitraum gerechtfertigt ist.

§ 33 Weitergehende Anforderungen. (1) Die Befugnis der zuständigen Behörde, andere oder weitergehende Anforderungen, insbesondere zur Vermeidung schädlicher Umwelteinwirkungen nach § 5 Absatz 1 Nummer 1 oder nach § 22 Absatz 1 Nummer 1 und 2 des Bundes-Immissionsschutzgesetzes[1)], zu stellen, bleibt unberührt.

[1)] Nr. **1**.

(2) Hat die zuständige Behörde bei einer Anlage im Einzelfall bereits Anforderungen zur Vorsorge gegen schädliche Umwelteinwirkungen durch Luftverunreinigungen nach § 5 Absatz 1 Nummer 2 oder nach § 23 Absatz 1 des Bundes-Immissionsschutzgesetzes gestellt, die über die Anforderungen dieser Verordnung hinausgehen, sind die bereits gestellten Anforderungen weiterhin maßgeblich.

§ 34 Verhältnis zu anderen Vorschriften. [1] Andere oder weitergehende Anforderungen nach anderen Gesetzen oder Rechtsverordnungen bleiben unberührt, insbesondere die Anforderungen

1. der Verordnung über die Verbrennung und die Mitverbrennung von Abfällen[1)],
2. der Tierische Nebenprodukte-Beseitigungsverordnung vom 27. Juli 2006 (BGBl. I S. 1735), die zuletzt durch Artikel 3 des Gesetzes vom 4. Dezember 2018 (BGBl. I S. 2254) geändert worden ist, und
3. der Verordnung über Großfeuerungs-, Gasturbinen- und Verbrennungsmotoranlagen[2)].

[2] Satz 1 gilt entsprechend für Anforderungen nach der Technischen Anleitung zur Reinhaltung der Luft[3)].

§ 35 Ordnungswidrigkeiten. (1) Ordnungswidrig im Sinne des § 62 Absatz 1 Nummer 2 des Bundes-Immissionsschutzgesetzes[4)] handelt, wer vorsätzlich oder fahrlässig

1. entgegen § 7 Absatz 1, § 20 Absatz 2, § 22 Absatz 1 oder § 24 Absatz 3, 6 oder 7 Satz 1 eine Aufzeichnung oder einen Nachweis nicht, nicht richtig oder nicht vollständig führt,
2. entgegen § 7 Absatz 2 Satz 2 eine Genehmigung oder einen Nachweis nicht oder nicht mindestens ein Jahr aufbewahrt,
3. entgegen § 7 Absatz 2 Satz 3, § 29 Absatz 4 Satz 4 oder Absatz 5 Satz 2 oder § 30 Absatz 2 Satz 2 eine Unterlage, einen Nachweis oder einen Bericht nicht oder nicht mindestens sechs Jahre aufbewahrt,
4. entgegen § 7 Absatz 3 Satz 1, § 28 Absatz 5, § 30 Absatz 2 Satz 1 oder § 31 Absatz 6 Satz 1 eine Unterlage oder einen Bericht nicht, nicht richtig, nicht vollständig oder nicht rechtzeitig vorlegt,
5. entgegen § 10 Absatz 1, § 11 Absatz 1, § 13 Absatz 1, § 15 Absatz 1, § 16 Absatz 1 oder § 18 Absatz 1 Satz 1 oder Absatz 2 eine dort genannte Anlage oder eine Misch- oder Mehrstofffeuerung nicht richtig errichtet oder nicht richtig betreibt,
6. einer vollziehbaren Anordnung nach § 15 Absatz 3 Satz 2 oder Absatz 4 Satz 2 zuwiderhandelt,
7. entgegen § 16 Absatz 5 Satz 3, § 28 Absatz 2 Satz 2 oder Absatz 5, § 29 Absatz 4 Satz 3 oder Absatz 5 Satz 2 oder § 31 Absatz 6 Satz 1 eine

---

1) Nr. **2.17**.
2) Nr. **2.13**.
3) Nr. **5.1**.
4) Nr. **1**.

Prüfbescheinigung, einen Nachweis oder einen Bericht nicht, nicht richtig, nicht vollständig oder nicht rechtzeitig vorlegt,
8. entgegen § 19 Absatz 1 Abgase nicht richtig ableitet,
9. entgegen § 20 Absatz 3 Satz 1 eine dort genannte Maßnahme nicht, nicht richtig oder nicht rechtzeitig ergreift,
10. entgegen § 20 Absatz 3 Satz 2 den Betrieb einer Anlage nicht, nicht richtig oder nicht rechtzeitig einschränkt oder die Anlage nicht, nicht richtig oder nicht rechtzeitig außer Betrieb nimmt,
11. entgegen § 20 Absatz 3 Satz 3 eine Unterrichtung nicht, nicht richtig, nicht vollständig oder nicht rechtzeitig vornimmt,
12. entgegen § 20 Absatz 4 eine dort genannte Anlage betreibt,
13. entgegen § 23 Absatz 6 einen Nachweis nicht, nicht richtig oder nicht vollständig führt oder nicht, nicht richtig, nicht vollständig oder nicht rechtzeitig vorlegt,
14. entgegen § 27 Satz 1 einen Messplatz nicht oder nicht rechtzeitig einrichtet,
15. entgegen § 28 Absatz 1 nicht sicherstellt, dass eine Mess- oder Auswerteeinrichtung nach der Anlage 2 Nummer 1 oder 2 verwendet wird,
16. entgegen § 28 Absatz 3 eine Messeinrichtung nicht, nicht richtig oder nicht rechtzeitig kalibrieren oder nicht, nicht richtig oder nicht rechtzeitig auf Funktionsfähigkeit prüfen lässt oder
17. entgegen § 29 Absatz 1 Satz 3 eine Anlage nicht, nicht richtig oder nicht rechtzeitig ausrüstet.

(2) Ordnungswidrig im Sinne des § 62 Absatz 1 Nummer 7 des Bundes-Immissionsschutzgesetzes handelt, wer vorsätzlich oder fahrlässig
1. entgegen § 6 Absatz 1, 2 oder 5 Satz 1 eine Anzeige nicht, nicht richtig, nicht vollständig, nicht in der vorgeschriebenen Weise oder nicht rechtzeitig erstattet,
2. entgegen § 12 Absatz 1 Satz 1 oder § 14 Absatz 1 Satz 1 eine dort genannte Anlage nicht richtig errichtet oder nicht richtig betreibt oder
3. eine in Absatz 1 Nummer 1 bis 5, 8, 9, 11 bis 15 oder 17 bezeichnete Handlung in Bezug auf eine nicht genehmigungsbedürftige Anlage begeht, die Teil eines Betriebsbereichs ist.

Abschnitt 5. Anlagenregister, Informationsformate und Übermittlungswege

§ 36 Anlagenregister. (1) Die zuständige Behörde führt ein Register mit Informationen über jede gemäß § 6 zu registrierende Feuerungsanlage (Anlagenregister).

(2) Im Anlagenregister werden folgende Informationen aufgezeichnet:
1. die nach der Anlage 1 für jede Anlage mitzuteilenden Informationen und
2. die Informationen, die bei emissionsrelevanten Änderungen einer Anlage mitzuteilen sind.

(3) Bestehende Anlagen werden spätestens bis zum 30. September 2024 in das Anlagenregister aufgenommen.

(4) Die zuständige Behörde macht die im Anlagenregister enthaltenen Informationen nach den Bestimmungen über den Zugang zu Umweltinformationen öffentlich zugänglich, unter anderem auch über das Internet.

(5) [1] Sofern beim Einsatz eines EDV-Systems vom Betreiber gemäß § 30 Absatz 2 und § 31 Absatz 6 über Absatz 2 hinausgehende Angaben elektronisch zu übermitteln sind, gelten diese nicht als Bestandteil des Anlagenregisters. [2] Absatz 4 findet insoweit keine Anwendung.

§ 37 Informationsformate und Übermittlungswege. [1] Die zuständige oberste Landesbehörde oder die nach Landesrecht bestimmte Behörde kann verlangen, dass der Betreiber zur Erfüllung der Anzeigepflichten nach § 6 Absatz 1, 2, 4 oder 5 sowie zur Erfüllung der Vorlagepflichten von Messberichten nach § 30 Absatz 2 oder § 31 Absatz 6 das von ihr festgelegte Format und den elektronischen Weg zu nutzen hat. [2] Die zuständige oberste Landesbehörde oder die nach Landesrecht bestimmte Behörde kann auch verlangen, dass der Betreiber die in § 30 Absatz 2 Satz 1 genannten Ergebnisse der kontinuierlichen Messungen oder die in § 31 Absatz 6 Satz 2 Nummer 2 genannten Ergebnisse der Einzelmessungen im von ihr festgelegten Format vorzulegen und auf elektronischem Weg zu übermitteln hat.

Abschnitt 6. Schlussvorschriften

§ 38 Zugänglichkeit und Gleichwertigkeit von Normen. (1) Die genannten DIN-, DIN-EN- und DIN-SPEC-Normen sind bei der Beuth Verlag GmbH, Berlin, zu beziehen und sind in der Deutschen Nationalbibliothek archivmäßig gesichert niedergelegt.

(2) Den genannten DIN-, DIN-EN- und DIN-SPEC-Normen stehen entsprechende einschlägige CEN-Normen und, sofern keine solchen CEN-Normen verfügbar sind, ISO-Normen oder sonstige internationale Normen, die den nationalen Normen nachgewiesenermaßen gleichwertige Anforderungen stellen, gleich.

(3) Das DVGW-Arbeitsblatt G 260 vom März 2013 ist bei der Wirtschafts- und Verlagsgesellschaft Gas und Wasser mbH, Bonn, zu beziehen.

§ 39 Übergangsregelungen. (1) Für bestehende Anlagen gelten

1. die Anforderungen dieser Verordnung, ausgenommen die §§ 9 bis 17, ab dem 20. Juni 2019;
2. die Anforderungen nach den §§ 9 bis 17 ab dem 1. Januar 2025.

(2) Bis zum 31. Dezember 2024 gelten für bestehende genehmigungsbedürftige Anlagen die Anforderungen der Technischen Anleitung zur Reinhaltung der Luft[1)] in der Fassung vom 24. Juli 2002 (GMBl S. 511) fort.

[1)] Nr. **5.1**.

(3) Bis zum 31. Dezember 2024 gelten für bestehende nicht genehmigungsbedürftige Anlagen die Vorschriften der Verordnung über kleine und mittlere Feuerungsanlagen[1] in der vor dem 20. Juni 2019 geltenden Fassung.

(4) Abweichend von Absatz 1 Nummer 2 gilt, dass

1. bestehende Anlagen mit einer Feuerungswärmeleistung von weniger als 5 Megawatt, die feste Biobrennstoffe einsetzen, die Anforderungen nach den §§ 9 und 10 ab dem 1. Januar 2028 einhalten müssen; abweichend von Absatz 2 gilt für diese Anlagen die Technische Anleitung zur Reinhaltung der Luft in der Fassung vom 24. Juli 2002 (GMBl S. 511) bis zum 31. Dezember 2027 fort;
2. bei Anlagen mit Zerstäubungsbrennern, die bis zum 1. Oktober 1988 sowie in dem in Artikel 3 des Einigungsvertrages genannten Gebiet bis zum 3. Oktober 1990 errichtet worden sind, abweichend von § 12 Absatz 1 Satz 2 Nummer 1 bis zum 31. Dezember 2024 die Rußzahl den Wert 2 nicht überschreiten darf; dies gilt nicht für Anlagen, bei denen seit den dort genannten Zeitpunkten eine emissionsrelevante Änderung vorgenommen worden ist oder bei denen eine emissionsrelevante Änderung vorgenommen wird;
3. bei bestehenden Anlagen zur Verbrennung von Prozessgasen, die Stickstoffverbindungen enthalten, abweichend von § 13 Absatz 4 Nummer 2 und § 14 Absatz 1 Satz 2 Nummer 2 die Emissionen an Stickstoffmonoxid und Stickstoffdioxid im Abgas eine Massenkonzentration von 0,25 g/m^3, angegeben als Stickstoffdioxid, nicht überschreiten dürfen; dies gilt für
   a) Anlagen mit einer Feuerungswärmeleistung von 5 Megawatt oder mehr ab dem 1. Januar 2025 und
   b) Anlagen mit einer Feuerungswärmeleistung von weniger als 5 Megawatt ab dem 1. Januar 2030;

   bis zu den genannten Zeitpunkten sind die Emissionen durch Maßnahmen nach dem Stand der Technik zu begrenzen;
4. bei bestehenden mittelgroßen Feuerungsanlagen mit einer Feuerungswärmeleistung von weniger als 5 Megawatt bei Einsatz von Erdölgas, das als Brennstoff zur Dampferzeugung bei Tertiärmaßnahmen zur Erdölförderung verwendet wird, § 13 Absatz 5 Nummer 4 und 6 ab dem 1. Januar 2030 gilt; bei diesen Anlagen dürfen bis zum 31. Dezember 2029 die Emissionen an Schwefeldioxid und Schwefeltrioxid einen Emissionsgrenzwert von 1,7 g/m^3, angegeben als Schwefeldioxid, nicht überschreiten;
5. bei bestehenden Gasturbinen- und Verbrennungsmotoranlagen mit einer Feuerungswärmeleistung von weniger als 5 Megawatt bei Einsatz von Erdölgas, das als Brennstoff zur Dampferzeugung bei Tertiärmaßnahmen zur Erdölförderung verwendet wird, § 15 Absatz 10 und § 16 Absatz 9 ab dem 1. Januar 2030 gelten; Nummer 4 zweiter Halbsatz gilt entsprechend; der Emissionsgrenzwert nach Nummer 4 zweiter Halbsatz ist für Gasturbinenanlagen auf einen Sauerstoffbezugswert von 15 Prozent und für Verbrennungsmotoranlagen auf einen Sauerstoffbezugswert von 5 Prozent umzurechnen;
6. bestehende Anlagen zur Verbrennung von Deponiegas

[1] Nr. **2.1**.

a) mit einer Feuerungswärmeleistung von 5 Megawatt oder mehr die Anforderungen des § 16 Absatz 15 an die Emissionen an Schwefeloxiden ab dem 1. Januar 2025 erfüllen müssen und

b) mit einer Feuerungswärmeleistung von mindestens 1 Megawatt bis weniger als 5 Megawatt die Anforderungen des § 16 Absatz 15 an die Emissionen an Schwefeloxiden ab dem 1. Januar 2030 erfüllen müssen;

bis zu den genannten Zeitpunkten dürfen die Emissionen an Schwefeldioxid und Schwefeltrioxid im Abgas eine Massenkonzentration, angegeben als Schwefeldioxid, von 0,31 g/m³ nicht überschreiten;

7. bestehende Zündstrahl- und Magergasmotoren, die mit Biogas, Erdgas, Grubengas oder Klärgas betrieben werden, die Anforderungen des § 16 Absatz 13 ab dem 20. Juni 2019 einhalten müssen. Abweichend gelten für bestehende Zündstrahl- und Magergasmotoren, die mit Biogas, Erdgas, Grubengas oder Klärgas betrieben werden und bei denen bei der letzten Emissionsmessung vor dem 5. Dezember 2016 Emissionen an Formaldehyd im Abgas von bis zu 40 mg/m³ gemessen wurden, die Anforderungen des § 16 Absatz 13 ab dem 5. Februar 2019.

(5) [1] Abweichend von § 16 Absatz 7 Satz 1 Nummer 4 dürfen bei Motoren, die mit Gasen der öffentlichen Gasversorgung oder mit Flüssiggas betrieben werden, die Emissionen an Stickstoffmonoxid und Stickstoffdioxid im Abgas bis zum 31. Dezember 2024 die Massenkonzentration, angegeben als Stickstoffdioxid, von 0,25 g/m³ nicht überschreiten. [2] Abweichend von § 16 Absatz 7 Satz 1 Nummer 3 dürfen bei Motoren, die mit Biogas betrieben werden, die Emissionen an Stickstoffmonoxid und Stickstoffdioxid im Abgas bis zum 31. Dezember 2022 die Massenkonzentration, angegeben als Stickstoffdioxid, von 0,50 g/m³ nicht überschreiten. [3] Abweichend von den Sätzen 1 und 2 sowie von § 16 Absatz 7 Satz 1 gelten bei bestehenden Motoren, die mit Biogas oder mit anderen als den in § 16 Absatz 7 Satz 1 Nummer 1 bis 3 genannten Brennstoffen, insbesondere mit Gasen der öffentlichen Gasversorgung oder Flüssiggas, betrieben werden, die Anforderungen der Technischen Anleitung zur Reinhaltung der Luft in der Fassung vom 24. Juli 2002 (GMBl S. 511) bis zum 31. Dezember 2028 fort.

(6) Abweichend von § 16 Absatz 10 Nummer 1 dürfen die Emissionen an Formaldehyd in Zündstrahl- oder Magermotoren, die mit Biogas, Erdgas, Klärgas oder Grubengas betrieben werden, bis zum 31. Dezember 2019 im Abgas eine Massenkonzentration von 30 mg/m³ nicht überschreiten.

(7) [1] Abweichend von § 16 Absatz 11.Satz 1 dürfen bei Einsatz von Biogas die Emissionen an organischen Stoffen im Abgas die Massenkonzentration, angegeben als Gesamtkohlenstoff, von 1,3 g/m³ ab dem 1. Januar 2023 nicht überschreiten. [2] Abweichend von Satz 1 dürfen die Emissionen an organischen Stoffen im Abgas bestehender Motoren die Massenkonzentration, angegeben als Gesamtkohlenstoff, von 1,3 g/m³ ab dem 1. Januar 2029 nicht überschreiten. [3] Bis zu den in den Sätzen 1 und 2 genannten Zeitpunkten gelten die Anforderungen der Technischen Anleitung zur Reinhaltung der Luft in der Fassung vom 24. Juli 2002 (GMBl S. 511) fort.

(8) Abweichend von § 16 Absatz 13 dürfen die Emissionen an Formaldehyd in Zündstrahl- oder Magermotoren, die mit Deponiegas betrieben werden, bis

zum 31. Dezember 2024 eine Massenkonzentration im Abgas von 60 mg/m³ nicht überschreiten.

(9) Die in den §§ 21 bis 26 genannten Messungen haben nur ab dem Zeitpunkt zu erfolgen, ab dem Emissionsgrenzwerte für die Anlagen gelten.

Anlage 1
(zu § 6)

Informationen, die der Betreiber der zuständigen Behörde vorzulegen hat

1. Feuerungswärmeleistung der Feuerungsanlage (in Megawatt);
2. Art der Feuerungsanlage (Dieselmotoranlage, Gasturbine, Zweistoffmotoranlage, sonstige Motoranlage, sonstige Feuerungsanlage);
3. Art der verwendeten Brennstoffe und jeweiliger Anteil am gesamten Energieeinsatz gemäß den in § 2 Absatz 9 genannten Brennstofftypen;
4. Datum der Inbetriebnahme der Feuerungsanlage;
5. der NACE-Code, dem die weitere Tätigkeit zuzuordnen ist, nach dem Anhang I zur Verordnung (EG) Nr. 1893/2006 des Europäischen Parlaments und des Rates vom 20. Dezember 2006 zur Aufstellung der statistischen Systematik der Wirtschaftszweige NACE Revision 2 und zur Änderung der Verordnung (EWG) Nr. 3037/90 des Rates sowie einiger Verordnungen der EG über bestimmte Bereiche der Statistik (ABl. L 393 vom 30.12.2006, S. 1);
6. voraussichtliche Zahl der jährlichen Betriebsstunden der Feuerungsanlage und durchschnittliche Betriebslast;
7. wenn von einer Regelung für Anlagen mit wenigen Betriebsstunden gemäß § 15 Absatz 9, § 16 Absatz 7 Satz 2 und 3 oder § 29 Absatz 2 Gebrauch gemacht wird: eine vom Betreiber unterzeichnete Erklärung, der zufolge die Feuerungsanlage nicht mehr als die Zahl der in jenen Absätzen genannten Stunden in Betrieb sein wird;
8. wenn von einer Regelung für den Notbetrieb gemäß § 15 Absatz 6, § 16 Absatz 5, 6 oder Absatz 10 Nummer 4 Gebrauch gemacht wird: eine vom Betreiber unterzeichnete Erklärung, der zufolge die Feuerungsanlage nur im Notfall in Betrieb sein wird;
9. Name und Geschäftssitz des Betreibers sowie Standort der Anlage mit Anschrift;
10. Geokoordinaten des Schornsteins und Höhe über Gelände.

Anlage 2
(zu § 28)

Anforderungen an die Probenahme und Analyse, an die kontinuierlichen Messeinrichtungen und an die Validierung der Messergebnisse

1. Der Wert des Konfidenzintervalls von 95 Prozent eines einzelnen Messergebnisses darf an der für den Tagesmittelwert festgelegten Emissionsbegrenzung die folgenden Prozentsätze dieser Emissionsbegrenzung nicht überschreiten:
   a) Kohlenmonoxid: 10 Prozent;
   b) Schwefeldioxid: 20 Prozent;
   c) Stickstoffoxide: 20 Prozent;
   d) Gesamtstaub: 30 Prozent;
   e) Ammoniak: 40 Prozent.
2. Die validierten Halbstunden- und Tagesmittelwerte werden auf Grund der gemessenen Halbstundenmittelwerte und nach Abzug der in der Kalibrierung ermittelten Messunsicherheit bestimmt.
3. Die Probenahme und die Analyse aller Schadstoffe sowie die Referenzmessverfahren zur Kalibrierung automatischer Messsysteme sind nach CEN-Normen des Europäischen Komitees für Nor-

mung durchzuführen. Sind keine CEN-Normen verfügbar, so werden ISO-Normen, nationale Normen oder sonstige internationale Normen angewandt, die sicherstellen, dass Daten von gleichwertiger wissenschaftlicher Qualität ermittelt werden.

Anlage 3
(zu § 30)

Umrechnungsformel

Die gemessenen Emissionen sind nach folgender Gleichung auf den Bezugssauerstoffgehalt umzurechnen:

$$E_B = \frac{21 - O_{2,B}}{21 - O_{2,M}} \cdot E_M$$

Es bedeuten:

E_B = Emissionen, bezogen auf den Bezugssauerstoffgehalt
E_M = gemessene Emissionen
$O_{2,B}$ = Bezugssauerstoffgehalt in Volumenprozent
$O_{2,M}$ = gemessener Sauerstoffgehalt in Volumenprozent.

3.1. Verordnung über immissionsschutz- und abfallrechtliche Überwachungserleichterungen für nach der Verordnung (EG) Nr. 761/2001 registrierte Standorte und Organisationen (EMAS-Privilegierungs-Verordnung – EMASPrivilegV)[1]

Vom 24. Juni 2002
(BGBl. I S. 2247)

FNA 2129-27-2-16

zuletzt geänd. durch Art. 5 Zweite VO zur Fortentwicklung der abfallrechtlichen Überwachung v. 2.12.2016 (BGBl. I S. 2770)

§ 1 Begriffsbestimmung. Im Sinne dieser Verordnung ist eine EMAS-Anlage eine Anlage, die Bestandteil einer Organisation oder eines Standorts ist, die oder der nach den Artikeln 13 bis 15 in Verbindung mit Artikel 2 Nummer 22 der Verordnung (EG) Nr. 1221/2009 des Europäischen Parlaments und des Rates vom 25. November 2009 über die freiwillige Teilnahme von Organisationen an einem Gemeinschaftssystem für Umweltmanagement und Umweltbetriebsprüfung und zur Aufhebung der Verordnung (EG) Nr. 761/2001, sowie der Beschlüsse der Kommission 2001/681/EG und 2006/193/EG (ABl. L 342 vom 22.12.2009, S. 1) registriert ist.

§ 2 Betriebsorganisation. [1]Die Anzeige- und Mitteilungspflichten zur Betriebsorganisation nach § 52b des Bundes-Immissionsschutzgesetzes[2] und § 58 des Kreislaufwirtschaftsgesetzes werden bezüglich EMAS-Anlagen durch die Bereitstellung des Bescheides zur Standort- oder Organisationseintragung erfüllt. [2]Gleiches gilt für Abfälle, die der Verpflichtete im Rahmen der Tätigkeiten einer Organisation oder eines Standorts, die oder der nach den Artikeln 13 bis 15 in Verbindung mit Artikel 2 Nummer 22 der Verordnung (EG) Nr. 1221/2009 registriert ist, nach § 27 des Kreislaufwirtschaftsgesetzes in Besitz genommen hat. [3]Die Behörde kann im Einzelfall die Vorlage weitergehender Unterlagen verlangen.

§ 3 Betriebsbeauftragte. (1) [1]Auf die Anordnung der Bestellung eines oder mehrerer Betriebsbeauftragten nach § 53 Abs. 2 des Bundes-Immissionsschutzgesetzes[2] oder § 59 Absatz 2 des Kreislaufwirtschaftsgesetzes soll bei einer EMAS-Anlage oder bei einem Entsorgungsfachbetrieb im Sinne des § 56 Absatz 2 des Kreislaufwirtschaftsgesetzes verzichtet werden. [2]Satz 1 gilt entsprechend für eine Anordnung nach § 58a Abs. 2 des Bundes-Immissionsschutzgesetzes. [3]Im Rahmen der Entscheidung über eine Befreiung nach § 6 der Verordnung über Immissionsschutz- und Störfallbeauftragte[3] vom 30. Juli 1993 (BGBl. I S. 1433), die zuletzt durch Artikel 2 des Gesetzes vom 9. September

[1] Verkündet als Art. 1 EMAS-Privileg-EinführungsVO v. 24.6.2002 (BGBl. I S. 2247); Inkrafttreten gem. Art. 7 dieser VO am 29.6.2002. Diese VO wurde erlassen aufgrund von § 58e BImSchG (Nr. **1**) sowie § 55a und § 19 Abs. 4 KrW-/AbfG.
[2] Nr. **1**.
[3] Nr. **2.5**.

2001 (BGBl. I S. 2331) geändert worden ist, in der jeweils geltenden Fassung, oder nach § 7 der Verordnung über Betriebsbeauftragte für Abfall vom 2. Dezember 2016, in der jeweils geltenden Fassung, hat die zuständige Behörde zu berücksichtigen, dass es sich um eine EMAS-Anlage handelt.

(2) Jährliche Berichte nach § 54 Abs. 2, § 58b Abs. 2 Satz 1 des Bundes-Immissionsschutzgesetzes und nach § 60 Absatz 2 des Kreislaufwirtschaftsgesetzes sind nicht erforderlich, sofern sich gleichwertige Angaben aus dem Bericht über die Umweltbetriebsprüfung ergeben und der Betriebsbeauftragte für Immissionsschutz oder für Abfall oder der Störfallbeauftragte den Bericht mitgezeichnet hat und mit dem Verzicht auf die Erstellung eines gesonderten jährlichen Berichts einverstanden ist.

(3) Die Pflichten zur Anzeige nach § 55 Abs. 1 Satz 2, § 58c Abs. 1 des Bundes-Immissionsschutzgesetzes und § 60 Absatz 3 des Kreislaufwirtschaftsgesetzes in Verbindung mit § 55 Abs. 1 Satz 2 des Bundes-Immissionsschutzgesetzes werden seitens des Betreibers einer EMAS-Anlage auch dadurch erfüllt, dass er der zuständigen Behörde im Rahmen des Umwelt-Audits erarbeitete Unterlagen zugeleitet hat, die gleichwertige Angaben enthalten.

§ 4 Ermittlungen von Emissionen. [1]Die zuständige Behörde soll bei EMAS-Anlagen Messungen nach § 28 Satz 1 Nr. 2 des Bundes-Immissionsschutzgesetzes[1)] erst nach Ablauf eines längeren Zeitraums als drei Jahren anordnen. [2]Darüber hinaus soll die zuständige Behörde dem Betreiber einer EMAS-Anlage gestatten, Messungen nach § 28 Satz 1 Nr. 2 des Bundes-Immissionsschutzgesetzes mit eigenem Personal durchzuführen, wenn der Betreiber, Immissionsschutzbeauftragte oder ein sonstiger geeigneter Betriebsangehöriger die hierfür erforderliche Fachkunde und Zuverlässigkeit besitzt und sichergestellt ist, dass geeignete Geräte und Einrichtungen eingesetzt werden.

§ 5 Wiederkehrende Messungen, Funktionsprüfungen. (1) Die zuständige Behörde soll dem Betreiber einer EMAS-Anlage auf Antrag gestatten, für diese Anlage wiederkehrende

1. Messungen nach § 12 Absatz 3 der Verordnung zur Emissionsbegrenzung von leichtflüchtigen halogenierten organischen Verbindungen[2)] vom 10. Dezember 1990 (BGBl. I S. 2694), die zuletzt durch Artikel 1 der Verordnung vom 2. Mai 2013 (BGBl. I S. 1021) geändert worden ist, in der jeweils geltenden Fassung,
2. Wiederholungsmessungen nach § 23 Absatz 2 der Verordnung über Großfeuerungs-, Gasturbinen- und Verbrennungsmotoranlagen[3)] vom 2. Mai 2013 (BGBl. I S. 1021, 1023), in der jeweils geltenden Fassung,
3. Wiederholungsmessungen nach § 18 Absatz 3 der Verordnung über die Verbrennung und die Mitverbrennung von Abfällen[4)] vom 2. Mai 2013 (BGBl. I S. 1021, 1044), in der jeweils geltenden Fassung,

---

[1)] Nr. **1**.
[2)] Nr. **2.2**.
[3)] Nr. **2.13**.
[4)] Nr. **2.17**.

4. Messungen nach § 8 Absatz 3 der Verordnung zur Begrenzung der Emissionen flüchtiger organischer Verbindungen beim Umfüllen oder Lagern von Ottokraftstoffen, Kraftstoffgemischen oder Rohbenzin[1] vom 27. Mai 1998 (BGBl. I S. 1174), die zuletzt durch Artikel 7 der Verordnung vom 2. Mai 2013 (BGBl. I S. 1021) geändert worden ist, in der jeweils geltenden Fassung

mit eigenem Personal durchzuführen, wenn der Betreiber, Immissionsschutzbeauftragte oder ein sonstiger geeigneter Betriebsangehöriger die hierfür erforderliche Fachkunde und Zuverlässigkeit besitzt und sichergestellt ist, dass geeignete Geräte und Einrichtungen eingesetzt werden.

(2) [1]Unter den gleichen Voraussetzungen soll die zuständige Behörde dem Betreiber einer EMAS-Anlage auf Antrag gestatten, für diese Anlage Funktionsprüfungen nach

1. § 12 Absatz 7 Satz 2 der Verordnung zur Emissionsbegrenzung von leichtflüchtigen halogenierten organischen Verbindungen,
2. § 19 Absatz 4 Nummer 2 der Verordnung über Großfeuerungs-, Gasturbinen- und Verbrennungsmotoranlagen,
3. § 15 Absatz 4 Nummer 2 der Verordnung über die Verbrennung und die Mitverbrennung von Abfällen,
4. § 7 Absatz 3 der Verordnung über Anlagen zur Feuerbestattung[2] vom 19. März 1997 (BGBl. I S. 545), die durch Artikel 11 des Gesetzes vom 3. Mai 2000 (BGBl. I S. 632) geändert worden ist, in der jeweils geltenden Fassung

mit eigenem Personal durchzuführen. [2]Satz 1 gilt nicht für die erstmalige Funktionsprüfung.

§ 6 Sicherheitstechnische Prüfungen. [1]Die zuständige Behörde soll dem Betreiber einer EMAS-Anlage auf Antrag gestatten, sicherheitstechnische Prüfungen nach § 29a Abs. 2 Nr. 1 bis 4 des Bundes-Immissionsschutzgesetzes[3] mit eigenem Personal durchzuführen, wenn die Belange der Anlagensicherheit Gegenstand des Audits und der Prüfung durch einen dafür fachkundigen Umweltgutachter gewesen sind und sichergestellt ist, dass der Betreiber, Störfallbeauftragte oder ein sonstiger geeigneter Betriebsangehöriger die hierfür erforderliche Fachkunde und Zuverlässigkeit besitzt und geeignete Geräte und Einrichtungen eingesetzt werden. [2]Die Ergebnisse der Prüfungen sind der Behörde auf deren Verlangen vorzulegen.

§ 7 Berichte. (1) [1]Betreiber von EMAS-Anlagen können der zuständigen Behörde anstelle einer Emissionserklärung gemäß der Verordnung über Emissionserklärungen eine vom Umweltgutachter validierte Umwelterklärung vorlegen, die den Anforderungen des § 27 Abs. 1 des Bundes-Immissionsschutzgesetzes[3] sowie der Verordnung über Emissionserklärungen[4] genügt. [2]In der Umwelterklärung ist zu erklären, dass die Voraussetzungen nach Satz 1 eingehalten sind.

---

[1] Nr. **2.20**.
[2] Nr. **2.27**.
[3] Nr. **1**.
[4] Nr. **2.11**.

(2) [1] Der Betreiber einer EMAS-Anlage hat

1. eine Durchschrift des Berichts nach § 12 Abs. 6 der Verordnung zur Emissionsbegrenzung von leichtflüchtigen halogenierten organischen Verbindungen[1)] in der jeweils geltenden Fassung,
2. eine Durchschrift des Berichts nach § 8 Abs. 5 Satz 3 der Verordnung zur Begrenzung der Emissionen flüchtiger organischer Verbindungen beim Umfüllen oder Lagern von Ottokraftstoffen, Kraftstoffgemischen oder Rohbenzin[2)] in der jeweils geltenden Fassung,
3. eine Durchschrift des Berichts nach § 5 Absatz 5 Satz 3 der Verordnung zur Begrenzung der Kohlenwasserstoffemissionen bei der Betankung von Kraftfahrzeugen[3)] vom 7. Oktober 1992 (BGBl. I S. 1730) in der jeweils geltenden Fassung,
4. die Bescheinigung und die Berichte nach § 7 Abs. 3 Satz 3, § 8 Abs. 2, § 10 Abs. 1 der Verordnung über Anlagen zur Feuerbestattung[4)] in der jeweils geltenden Fassung

der zuständigen Behörde nur auf deren Verlangen vorzulegen; sind nach den Berichten die zu erfüllenden Anforderungen nicht eingehalten, so sind die Berichte unaufgefordert der zuständigen Behörde vorzulegen. [2] Satz 1 gilt nicht für Anlagen, die dem Anwendungsbereich der Verordnung zur Emissionsbegrenzung von leichtflüchtigen halogenierten organischen Verbindungen unterliegen und der Genehmigung in einem Verfahren nach § 4 Abs. 1 des Bundes-Immissionsschutzgesetzes unter Einbeziehung der Öffentlichkeit bedürfen.

§ 8 Verlängerung von Messintervallen. Die zuständige Behörde soll die Messintervalle von Messungen an EMAS-Anlagen nach § 12 Abs. 3 der Verordnung zur Emissionsbegrenzung von leichtflüchtigen halogenierten organischen Verbindungen[1)] in der jeweils geltenden Fassung um jeweils ein Jahr verlängern.

§ 9 Unterrichtung der Öffentlichkeit. Der Verpflichtete nach *§ 18 der Verordnung über Verbrennungsanlagen für Abfälle und ähnliche brennbare Stoffe*[5)] in der jeweils geltenden Fassung kann nach Anzeige gegenüber der zuständigen Behörde die jährliche Unterrichtung der Öffentlichkeit mittels der jeweils aktualisierten Umwelterklärung vornehmen, sofern diese die erforderlichen Angaben enthält.

§ 10 Widerruf. (1) Die zuständige Behörde kann die nach dieser Verordnung von ihr gestatteten Überwachungserleichterungen auch dann ganz oder teilweise widerrufen, wenn

1. der Betreiber Rechts- oder Strafvorschriften zum Schutz der Umwelt, einer genehmigungsrechtlichen Auflage oder einer nachträglichen Anordnung zuwiderhandelt oder

---

[1)] Nr. **2.2**.
[2)] Nr. **2.20**.
[3)] Nr. **2.21**.
[4)] Nr. **2.27**.
[5)] Siehe jetzt § 23 VO über die Verbrennung und die Mitverbrennung von Abfällen (Nr. **2.17**).

2. nachträglich Tatsachen bekannt werden, die geeignet sind, die Eintragung einer Organisation in das EMAS-Register zu verweigern, zu streichen oder auszusetzen.

(2) Soweit die zuständige Behörde von der Möglichkeit des Widerrufs gemäß Absatz 1 Gebrauch macht, hat sie die zuständige Register führende Stelle gemäß § 34 des Umweltauditgesetzes darüber zu unterrichten.

3.2. Verordnung über Anforderungen an eine nachhaltige Herstellung von Biokraftstoffen (Biokraftstoff-Nachhaltigkeitsverordnung – Biokraft-NachV)[1]

Vom 30. September 2009

(BGBl. I S. 3182)

FNA 754-22-4

zuletzt geänd. durch Art. 2 VO zur Änd. der Biomassestrom-NachhaltigkeitsVO, der Biokraftstoff-NachhaltigkeitsVO und der EmissionshandelsVO 2020 sowie zur Umsetzung europarechtlicher Vorgaben v. 26.6.2018 (BGBl. I S. 872)

Es verordnen

- die Bundesregierung nach Anhörung der beteiligten Kreise auf Grund des § 37d Absatz 2 Nummer 3 und 4 des Bundes-Immissionsschutzgesetzes[2], der durch Artikel 3 Nummer 4 des Gesetzes vom 18. Dezember 2006 (BGBl. I S. 3180) eingefügt und von denen § 37d Absatz 2 Nummer 3 durch Artikel 1 Nummer 6 Buchstabe a des Gesetzes zur Änderung der Förderung von Biokraftstoffen vom 15. Juli 2009 (BGBl. I S. 1804) geändert worden ist,
- das Bundesministerium der Finanzen im Einvernehmen mit dem Bundesministerium für Ernährung, Landwirtschaft und Verbraucherschutz, dem Bundesministerium für Umwelt, Naturschutz und Reaktorsicherheit, dem Bundesministerium für Verkehr, Bau und Stadtentwicklung und dem Bundesministerium für Wirtschaft und Technologie auf Grund des § 66 Absatz 1 Nummer 11a Buchstabe a und b des Energiesteuergesetzes, der durch Artikel 1 Nummer 11 des Gesetzes vom 18. Dezember 2006 (BGBl. I S. 3180) eingefügt und von denen § 66 Absatz 1 Nummer 11a Buchstabe a durch Artikel 2 Nummer 4 des Gesetzes zur Änderung der Förderung von Biokraftstoffen vom 15. Juli 2009 (BGBl. I S. 1804) geändert worden ist,
- das Bundesministerium der Finanzen im Einvernehmen mit dem Bundesministerium für Umwelt, Naturschutz und Reaktorsicherheit auf Grund des § 66 Absatz 1 Nummer 11b des Energiesteuergesetzes und des § 37d Absatz 3 Nummer 2 des Bundes-Immissionsschutzgesetzes[2], von denen § 66 Absatz 1

[1] **Amtl. Anm.:** Diese Verordnung dient der Umsetzung der Richtlinie 2009/28/EG des Europäischen Parlaments und des Rates vom 23. April 2009 zur Förderung der Nutzung von Energie aus erneuerbaren Quellen und zur Änderung und anschließenden Aufhebung der Richtlinien 2001/77/EG und 2003/30/EG (ABl. L 140 vom 5.6.2009, S. 16) sowie der Umsetzung der Richtlinie 2009/30/EG des Europäischen Parlaments und des Rates vom 23. April 2009 zur Änderung der Richtlinie 98/70/EG im Hinblick auf die Spezifikationen für Otto-, Diesel- und Gasölkraftstoffe und die Einführung eines Systems zur Überwachung und Verringerung der Treibhausgasemissionen sowie zur Änderung der Richtlinie 1999/32/EG des Rates im Hinblick auf die Spezifikationen für von Binnenschiffen gebrauchte Kraftstoffe und zur Aufhebung der Richtlinie 93/12/EWG (ABl. L 140 vom 5.6.2009, S. 88). Die Verpflichtungen aus der Richtlinie 98/34/EG des Europäischen Parlaments und des Rates vom 22. Juni 1998 über ein Informationsverfahren auf dem Gebiet der Normen und technischen Vorschriften und der Vorschriften für die Dienste der Informationsgesellschaft (ABl. L 204 vom 21.7.1998, S. 37), die zuletzt durch die Richtlinie 2006/96/EG (ABl. L 363 vom 20.12.2006, S. 81) geändert worden ist, sind beachtet worden.

[2] Nr. **1**.

Nummer 11b des Energiesteuergesetzes durch Artikel 1 Nummer 12 und § 37d des Bundes-Immissionsschutzgesetzes[1] durch Artikel 3 Nummer 4 des Gesetzes vom 18. Dezember 2006 (BGBl. I S. 3180) eingefügt worden sind, sowie – das Bundesministerium der Finanzen im Einvernehmen mit dem Bundesministerium für Umwelt, Naturschutz und Reaktorsicherheit und dem Bundesministerium für Ernährung, Landwirtschaft und Verbraucherschutz auf Grund des § 66a des Energiesteuergesetzes und des § 37e des Bundes-Immissionsschutzgesetzes, von denen § 66a des Energiesteuergesetzes durch Artikel 2 Nummer 5 und § 37e des Bundes-Immissionsschutzgesetzes durch Artikel 1 Nummer 7 des Gesetzes zur Änderung der Förderung von Biokraftstoffen vom 15. Juli 2009 (BGBl. I S. 1804) eingefügt worden sind:

Inhaltsübersicht

---

[1] Nr. **1**.

Anlage 2a (zu § 18 Absatz 1 Nummer 8 Buchstabe f): Vorläufige geschätzte Emissionen infolge von indirekten Landnutzungsänderungen durch Biokraftstoffe (in g CO_{2eq}/MJ)
Anlage 3 (zu § 33 Absatz 1, § 43 Absatz 1): Inhaltliche Anforderungen an Zertifizierungssysteme

Teil 1. Allgemeine Bestimmungen

§ 1 Anwendungsbereich. Diese Verordnung ist für die Erfüllung der Verpflichtung nach § 37a Absatz 1 Satz 1 und 2 in Verbindung mit § 37a Absatz 3 und 4 des Bundes-Immissionsschutzgesetzes[1] anzuwenden.

§ 2 Begriffsbestimmungen. (1) Biokraftstoffe im Sinne dieser Verordnung sind Biokraftstoffe im Sinne des § 37b Absatz 1 des Bundes-Immissionsschutzgesetzes[1] in Verbindung mit § 4 der Verordnung zur Festlegung weiterer Bestimmungen zur Treibhausgasminderung bei Kraftstoffen[2].

(2) Herstellung im Sinne dieser Verordnung umfasst alle Arbeitsschritte von dem Anbau der erforderlichen Biomasse, insbesondere der Pflanzen, bis zur Aufbereitung der flüssigen oder gasförmigen Biomasse auf die Qualitätsstufe, die für den Einsatz als Kraftstoff erforderlich ist.

(3) Schnittstellen im Sinne dieser Verordnung sind

1. Betriebe und Betriebsstätten (Betriebe), die die für die Herstellung der Biokraftstoffe erforderliche Biomasse zum Zweck des Weiterhandelns erstmals aufnehmen
   a) von den Betrieben, die diese Biomasse anbauen und ernten, oder
   b) im Fall von Abfällen und Reststoffen von den Betrieben oder Privathaushalten, bei denen die Abfälle und Reststoffe anfallen,
2. Ölmühlen, Biogasanlagen und Fettaufbereitungsanlagen sowie
3. Betriebe, die flüssige oder gasförmige Biomasse auf die erforderliche Qualitätsstufe für den Einsatz als Biokraftstoff aufbereiten oder die aus der eingesetzten Biomasse Biokraftstoffe herstellen.

(4) Letzte Schnittstelle ist die Schnittstelle, nach der keine weitere Konversion stattfindet.

(5) Zertifikate im Sinne dieser Verordnung sind Konformitätsbescheinigungen darüber, dass Schnittstellen einschließlich aller von ihnen mit der Herstellung oder dem Transport und Vertrieb (Lieferung) der Biomasse unmittelbar oder mittelbar befassten Betriebe die Anforderungen nach dieser Verordnung erfüllen.

(6) Zertifizierungsstellen im Sinne dieser Verordnung sind unabhängige natürliche oder juristische Personen, die in einem anerkannten Zertifizierungssystem

1. Zertifikate für Schnittstellen ausstellen, wenn diese die Anforderungen nach dieser Verordnung erfüllen, und
2. die Erfüllung der Anforderungen nach dieser Verordnung durch Betriebe, Schnittstellen und Lieferanten kontrollieren.

---

[1] Nr. **1**.
[2] Nr. **2.38**.

(7) Zertifizierungssysteme im Sinne dieser Verordnung sind Systeme, die die Erfüllung der Anforderungen nach dieser Verordnung für die Herstellung und Lieferung der Biomasse sowie der Biokraftstoffe organisatorisch sicherstellen und insbesondere Standards zur näheren Bestimmung der Anforderungen nach dieser Verordnung, zum Nachweis ihrer Erfüllung sowie zur Kontrolle dieses Nachweises enthalten.

(8) Biokraftstoffquotenstelle im Sinne dieser Verordnung ist die zuständige Stelle im Sinne des § 37d Absatz 1 Satz 1 des Bundes-Immissionsschutzgesetzes.

(9) Nachweispflichtige oder Nachweispflichtiger im Sinne dieser Verordnung sind

1. Verpflichtete nach § 37a Absatz 3 und 4 des Bundes-Immissionsschutzgesetzes oder
2. Dritte nach § 37a Absatz 6 oder Absatz 7 des Bundes-Immissionsschutzgesetzes.

(10) [1] Abfälle im Sinne dieser Verordnung sind Stoffe oder Gegenstände gemäß § 3 Absatz 1 des Kreislaufwirtschaftsgesetzes. [2] Für die Zwecke dieser Verordnung gelten Stoffe nicht als Abfall, die

1. absichtlich erzeugt, verändert oder kontaminiert wurden, um in den Anwendungsbereich dieser Verordnung zu fallen,
2. nur deshalb Abfälle sind, weil
   a) sie gemäß § 37b Absatz 1 bis 7 des Bundes-Immissionsschutzgesetzes keine Biokraftstoffe sind,
   b) sie gemäß § 37b Absatz 8 des Bundes-Immissionsschutzgesetzes nicht auf die Verpflichtungen nach § 37a Absatz 1 Satz 1 und 2 in Verbindung mit § 37a Absatz 3 und 4 des Bundes-Immissionsschutzgesetzes anrechenbar sind oder
   c) sie nicht der Verordnung über die Beschaffenheit und die Auszeichnung der Qualitäten von Kraft- und Brennstoffen entsprechen.

[3] Satz 2 ist auch für Gemische anzuwenden, die entsprechende Abfälle enthalten. [4] Die Sätze 1 bis 3 sind für Biokraftstoffe, die aus im Ausland angefallenen Abfällen hergestellt wurden, entsprechend anzuwenden.

(11) [1] Reststoffe im Sinne dieser Verordnung sind

1. Rohglycerin,
2. Tallölpech,
3. Gülle und Stallmist,
4. Stroh oder
5. Altspeisefette und Altspeiseöle.

[2] Absatz 7 Satz 2 bis 4 ist entsprechend anzuwenden. [3] Altspeisefette und -öle im Sinne des Satzes 1 Nummer 5 sind pflanzliche Fette oder Öle, die zum Braten oder Frittieren von Speisen verwendet worden sind und deren Nutzung im üblichen Rahmen erfolgt ist. [4] Die nach § 66 Absatz 1 zuständige Behörde macht im Bundesanzeiger bekannt, welche Mengen oder Nutzungsdauern einer Nutzung im üblichen Rahmen im Sinne des Satzes 2 entsprechen.

(12) Reststoffe aus der Verarbeitung im Sinne dieser Verordnung sind Stoffe, die keine Endprodukte sind, deren Herstellung durch den Produktionsprozess

unmittelbar angestrebt wird; sie stellen nicht das primäre Ziel des Produktionsprozesses dar, und der Prozess wurde nicht absichtlich geändert, um sie zu produzieren.

(13) Reststoffe aus Landwirtschaft, Aquakultur, Forst- oder Fischwirtschaft im Sinne dieser Verordnung sind Reststoffe, die unmittelbar in der Landwirtschaft, Aquakultur, Forst- oder Fischwirtschaft entstanden sind; sie umfassen keine Reststoffe aus damit verbundenen Wirtschaftszweigen und keine Reststoffe aus der Verarbeitung.

(14) [1] Kulturflächen im Sinne dieser Verordnung sind

1. Flächen mit einjährigen Pflanzen und Pflanzen mit einem Wachstumszyklus von unter einem Jahr, die für eine weitere Ernte erneut gesät oder gepflanzt werden müssen; dazu gehören auch Flächen mit mehrjährigen Pflanzen, die jährlich geerntet und bei der Ernte zerstört werden, wie zum Beispiel Maniok, Yams und Zuckerrohr; Bananen gelten als Übergang zur Kategorie der Dauerkulturen,
2. Flächen, die weniger als fünf Jahre brach liegen, bevor sie erneut mit einjährigen Pflanzen bebaut werden.

[2] Flächen mit Dauerkulturen, Waldflächen und Grünlandflächen sind keine Kulturflächen im Sinne dieser Verordnung.

(15) [1] Dauerkulturen sind mehrjährige Kulturpflanzen, deren Stiel normalerweise nicht jährlich geerntet wird. [2] Darunter fallen zum Beispiel Niederwald mit Kurzumtrieb und Ölpalmen. [3] Dauergrünland ist keine Dauerkultur im Sinne dieser Verordnung.

Teil 2. Nachhaltigkeitsanforderungen

§ 3 Anerkennung von Biokraftstoffen. (1) Biokraftstoffe werden auf die Erfüllung von Verpflichtungen nach § 37a Absatz 1 Satz 1 und 2 in Verbindung mit § 37a Absatz 3 und 4 des Bundes-Immissionsschutzgesetzes[1)] nur dann angerechnet, wenn

1. sie die zum Zeitpunkt des Inverkehrbringens geltenden Anforderungen erfüllen an
   a) den Schutz natürlicher Lebensräume nach den §§ 4 bis 6 und
   b) eine nachhaltige landwirtschaftliche Bewirtschaftung nach § 7 und
2. sie die zum Zeitpunkt des Inverkehrbringens geltenden Mindestanforderungen an die Treibhausgasminderung nach § 8 Absatz 1 erfüllen.

(2) [1] Für die Beurteilung der Anforderungen an den Schutz natürlicher Lebensräume nach den §§ 4 bis 6 ist Referenzzeitpunkt der 1. Januar 2008. [2] Sofern keine hinreichenden Daten vorliegen, mit denen die Erfüllung der Anforderungen für diesen Tag nachgewiesen werden kann, kann als Referenzzeitpunkt ein anderer Tag im Januar 2008 gewählt werden.

(3) Absatz 1 gilt sowohl für Biokraftstoffe, die in den Mitgliedstaaten der Europäischen Union hergestellt werden, als auch für Biokraftstoffe, die aus Staaten, die nicht Mitgliedstaaten der Europäischen Union sind (Drittstaaten),

---

[1)] Nr. **1**.

importiert werden, soweit sich aus den folgenden Bestimmungen nichts anderes ergibt.

(4) Absatz 1 Satz 1 Nummer 1 gilt nicht für Biokraftstoffe, die aus Abfall oder aus Reststoffen hergestellt worden sind, es sei denn, die Reststoffe stammen aus der Land-, Forst- und Fischwirtschaft oder aus Aquakulturen.

§ 4 Schutz von Flächen mit hohem Naturschutzwert. (1) Biomasse, die zur Herstellung von Biokraftstoffen verwendet wird, darf nicht von Flächen mit einem hohen Wert für die biologische Vielfalt stammen.

(2) Als Flächen mit einem hohen Wert für die biologische Vielfalt gelten alle Flächen, die zum Referenzzeitpunkt oder später folgenden Status hatten, unabhängig davon, ob die Flächen diesen Status noch haben:
1. bewaldete Flächen nach Absatz 3,
2. Naturschutzzwecken dienende Flächen nach Absatz 4 oder
3. Grünland mit großer biologischer Vielfalt nach Absatz 5.

(3) Bewaldete Flächen sind
1. Primärwälder und
2. sonstige naturbelassene Flächen,
   a) die mit einheimischen Baumarten bewachsen sind,
   b) in denen es kein deutlich sichtbares Anzeichen für menschliche Aktivität gibt und
   c) in denen die ökologischen Prozesse nicht wesentlich gestört sind.

(4) [1] Naturschutzzwecken dienende Flächen sind Flächen, die durch Gesetz oder von der zuständigen Behörde für Naturschutzzwecke ausgewiesen worden sind. [2] Sofern die Europäische Kommission auf Grund des Artikels 18 Absatz 4 Unterabsatz 2 Satz 3 der Richtlinie 2009/28/EG des Europäischen Parlaments und des Rates vom 23. April 2009 zur Förderung der Nutzung von Energie aus erneuerbaren Quellen und zur Änderung und anschließenden Aufhebung der Richtlinien 2001/77/EG und 2003/30/EG (ABl. L 140 vom 5.6.2009, S. 16) oder auf Grund des Artikels 7c Absatz 4 Unterabsatz 2 Satz 3 der Richtlinie 2009/30/EG des Europäischen Parlaments und des Rates vom 23. April 2009 zur Änderung der Richtlinie 98/70/EG im Hinblick auf die Spezifikationen für Otto-, Diesel- und Gasölkraftstoffe und die Einführung eines Systems zur Überwachung und Verringerung der Treibhausgasemissionen sowie zur Änderung der Richtlinie 1999/32/EG des Rates im Hinblick auf die Spezifikationen für von Binnenschiffen gebrauchte Kraftstoffe und zur Aufhebung der Richtlinie 93/12/EWG (ABl. L 140 vom 5.6.2009, S. 88) Flächen für den Schutz seltener, bedrohter oder gefährdeter Ökosysteme oder Arten, die
1. in internationalen Übereinkünften anerkannt werden oder
2. in den Verzeichnissen zwischenstaatlicher Organisationen oder der Internationalen Union für die Erhaltung der Natur aufgeführt sind,

für die Zwecke des Artikels 17 Absatz 3 Buchstabe b Nummer ii der Richtlinie 2009/28/EG oder für die Zwecke des Artikels 7b Absatz 3 Buchstabe b Nummer ii der Richtlinie 2009/30/EG anerkennt, gelten diese Flächen auch als Naturschutzzwecken dienende Flächen. [3] Absatz 1 gilt nicht, sofern Anbau und Ernte der Biomasse den genannten Naturschutzzwecken nicht zuwiderlaufen.

(5) [1] Grünland mit großer biologischer Vielfalt ist Grünland, das ohne Eingriffe von Menschenhand

1. Grünland bleiben würde und dessen natürliche Artenzusammensetzung sowie ökologische Merkmale und Prozesse intakt sind (natürliches Grünland), oder
2. kein Grünland bleiben würde und das artenreich und nicht degradiert ist (künstlich geschaffenes Grünland), es sei denn, dass die Ernte der Biomasse zur Erhaltung des Grünlandstatus erforderlich ist.

[2] Im Übrigen gilt die Verordnung (EU) Nr. 1307/2014 der Kommission vom 8. Dezember 2014 zur Festlegung der Kriterien und geografischen Verbreitungsgebiete zur Bestimmung von Grünland mit großer biologischer Vielfalt für die Zwecke des Artikels 7b Absatz 3 Buchstabe c der Richtlinie 98/70/EG des Europäischen Parlaments und des Rates über die Qualität von Otto- und Dieselkraftstoffen und des Artikels 17 Absatz 3 Buchstabe c der Richtlinie 2009/28/EG des Europäischen Parlaments und des Rates zur Förderung der Nutzung von Energie aus erneuerbaren Quellen (ABl. L 351 vom 9.12.2014, S. 3) in der jeweils geltenden Fassung.

§ 5 Schutz von Flächen mit hohem Kohlenstoffbestand. (1) Biomasse, die zur Herstellung von Biokraftstoffen verwendet wird, darf nicht von Flächen mit einem hohen oberirdischen oder unterirdischen Kohlenstoffbestand stammen.

(2) Als Flächen mit einem hohen oberirdischen oder unterirdischen Kohlenstoffbestand gelten alle Flächen, die zum Referenzzeitpunkt oder später folgenden Status hatten und diesen Status zum Zeitpunkt von Anbau und Ernte der Biomasse nicht mehr haben:

1. Feuchtgebiete nach Absatz 3 oder
2. kontinuierlich bewaldete Gebiete nach Absatz 4.

(3) [1] Feuchtgebiete sind Flächen, die ständig oder für einen beträchtlichen Teil des Jahres von Wasser bedeckt oder durchtränkt sind. [2] Als Feuchtgebiete gelten insbesondere alle Feuchtgebiete, die in die Liste international bedeutender Feuchtgebiete nach Artikel 2 Absatz 1 des Übereinkommens vom 2. Februar 1971 über Feuchtgebiete, insbesondere als Lebensraum für Wasser- und Watvögel von internationaler Bedeutung (BGBl. 1976 II S. 1265) aufgenommen worden sind.

(4) Kontinuierlich bewaldete Gebiete sind Flächen von mehr als 1 Hektar mit über 5 Meter hohen Bäumen und

1. mit einem Überschirmungsgrad von mehr als 30 Prozent oder mit Bäumen, die auf dem jeweiligen Standort diese Werte erreichen können, oder
2. mit einem Überschirmungsgrad von 10 bis 30 Prozent oder mit Bäumen, die auf dem jeweiligen Standort diese Werte erreichen können, es sei denn, dass die Fläche vor und nach der Umwandlung einen solchen Kohlenstoffbestand hat, dass der Biokraftstoff die Mindestanforderungen an die Treibhausgasminderung nach § 8 Absatz 1 auch bei einer Berechnung nach § 8 Absatz 3 erfüllt das Treibhausgas-Minderungspotenzial nach § 8 Absatz 1 auch bei einer Berechnung nach § 8 Absatz 3 aufweist.

§ 6 Schutz von Torfmoor. (1) Biomasse, die zur Herstellung von Biokraftstoffen verwendet wird, darf nicht von Flächen stammen, die zum Referenzzeitpunkt oder später Torfmoor waren.

(2) Absatz 1 gilt nicht, wenn Anbau und Ernte der Biomasse keine Entwässerung von Flächen erfordert haben.

§ 7 Nachhaltige landwirtschaftliche Bewirtschaftung. Der Anbau von Biomasse zum Zweck der Herstellung von Biokraftstoffen muss bei landwirtschaftlichen Tätigkeiten in einem Mitgliedstaat der Europäischen Union

1. gemäß den Bestimmungen, die in Anhang II Nummer 1 bis 5 und 9 der Verordnung (EG) Nr. 73/2009 des Rates vom 19. Januar 2009 mit gemeinsamen Regeln für Direktzahlungen im Rahmen der Gemeinsamen Agrarpolitik und mit bestimmten Stützungsregelungen für Inhaber landwirtschaftlicher Betriebe (ABl. L 30 vom 31.1.2009, S. 16) aufgeführt sind, und
2. im Einklang mit den Mindestanforderungen an den guten landwirtschaftlichen und ökologischen Zustand im Sinne von Artikel 6 Absatz 1 der Verordnung (EG) Nr. 73/2009

erfolgen.

§ 8 Treibhausgasminderung. (1) [1]Die in Verkehr gebrachten Biokraftstoffe müssen eine Treibhausgasminderung von

1. mindestens 50 Prozent erzielen, sofern die letzte Schnittstelle, die den Biokraftstoff produziert hat, vor dem oder am 5. Oktober 2015 in Betrieb genommen worden ist, oder
2. mindestens 60 Prozent erzielen, sofern die letzte Schnittstelle, die den Biokraftstoff produziert hat, nach dem 5. Oktober 2015 in Betrieb genommen worden ist.

[2]Der Zeitpunkt der Inbetriebnahme der letzten Schnittstelle ist der Zeitpunkt der erstmaligen Produktion von Biokraftstoffen.

(2) [1]Die Berechnung der Treibhausgasminderung nach Absatz 1 erfolgt nach der in der Anlage 1 festgelegten Methodik. [2]Die tatsächlichen Werte der Treibhausgasemissionen sind anhand genau zu messender Daten zu bestimmen. [3]Messungen von Daten werden als genau anerkannt, wenn sie folgende Vorgaben erfüllen:

1. Messung nach Maßgabe eines nach dieser Verordnung anerkannten Zertifizierungssystems oder
2. Messung nach Maßgabe eines Systems, das als Grundlage für die genaue Messung von Daten anerkannt ist von
   a) der Europäischen Kommission auf Grund des Artikels 18 Absatz 4 Unterabsatz 2 Satz 1 oder Unterabsatz 3 der Richtlinie 2009/28/EG oder
   b) der zuständigen Behörde.

[4]Die zuständige Behörde macht die Regelungen nach Satz 3 Nummer 2 im Bundesanzeiger bekannt.

(3) [1]Bei der Berechnung der durch die Verwendung von Biokraftstoffen erzielten Minderungen der Treibhausgasemissionen nach Absatz 2 können die in der Anlage 2 aufgeführten Standardwerte ganz oder teilweise für die Formel in der Anlage 1 Nummer 1 herangezogen werden. [2]Standardwerte gemäß der

Anlage 2 Nummer 1 Buchstabe e und Nummer 2 Buchstabe e können nur dann herangezogen werden, wenn der gemäß der Anlage 1 Nummer 7 berechnete Wert der Jahresbasis umgerechneten Emissionen aus Kohlenstoffbestandsänderungen infolge von Landnutzungsänderungen kleiner oder gleich Null ist.

§ 9 (weggefallen)

§ 10 (weggefallen)

Teil 3. Nachweis

Abschnitt 1. Allgemeine Bestimmungen

§ 11 Nachweis über die Erfüllung der Anforderungen. [1] Der Nachweis, dass die Anforderungen nach § 3 Absatz 1 erfüllt sind, erfolgt durch die Vorlage der in § 14 aufgeführten Dokumente. [2] Der Nachweispflichtige hat die Dokumente der Biokraftstoffquotenstelle vorzulegen.

§§ 12, 13 *(aufgehoben)*

Abschnitt 2. Nachhaltigkeitsnachweise

§ 14 Anerkannte Nachweise. [1] Anerkannte Nachweise über die Einhaltung der Anforderungen nach den §§ 4 bis 8 sind:

1. Nachhaltigkeitsnachweise, solange und soweit sie nach § 15 oder § 24 ausgestellt worden sind,
2. Nachhaltigkeitsnachweise nach § 22 und
3. Nachhaltigkeitsnachweise nach § 23.

[2] Die Ausstellung der Nachhaltigkeitsnachweise erfolgt in der Datenbank der zuständigen Behörde.

§ 15 Ausstellung von Nachhaltigkeitsnachweisen. (1) Schnittstellen können für Biokraftstoffe, die sie hergestellt haben, einen Nachhaltigkeitsnachweis ausstellen, wenn

1. sie ein Zertifikat haben, das nach dieser Verordnung anerkannt ist und das zu dem Zeitpunkt der Ausstellung des Nachhaltigkeitsnachweises gültig ist,
2. ihnen ihre vorgelagerten Schnittstellen
   a) jeweils eine Kopie ihrer Zertifikate vorlegen, die nach dieser Verordnung anerkannt sind und die zu dem Zeitpunkt des in der Schnittstelle vorgenommenen Herstellungs-, Verarbeitungs- oder sonstigen Arbeitsschrittes der Biomasse gültig waren,
   b) bestätigen, dass die Anforderungen nach den §§ 4 bis 7 bei der Herstellung der Biomasse erfüllt worden sind, und
   c) jeweils in Gramm Kohlendioxid-Äquivalent je Megajoule Biomasse oder Biokraftstoff (g CO_{2eq}/MJ) oder in Gramm Kohlendioxid-Äquivalent je Kilogramm Biomasse (g CO_{2eq}/kg) die Treibhausgasemissionen angeben, die durch sie und durch alle Betriebe verursacht worden sind, die von ihnen mit der Herstellung oder Lieferung der Biomasse unmittelbar oder mittelbar befasst worden sind und die nicht selbst eine Schnittstelle sind,

3. die Herkunft der Biomasse von ihrem Anbau bis zu der Schnittstelle mindestens mit einem Massenbilanzsystem nachgewiesen ist, das die Anforderungen nach § 16 erfüllt, und
4. der Biokraftstoff die Mindestanforderungen an die Minderung der Treibhausgasemissionen nach § 8 erfüllt.

(2) Zur Ausstellung von Nachhaltigkeitsnachweisen sind nur letzte Schnittstellen berechtigt.

§ 16 Ausstellung auf Grund von Massenbilanzsystemen. (1) Um die Herkunft der Biomasse lückenlos für die Herstellung nachzuweisen, müssen Massenbilanzsysteme verwendet werden, die mindestens die Anforderungen nach Absatz 2 erfüllen.

(2) Massenbilanzsysteme müssen sicherstellen, dass
1. im Fall einer Vermischung der Biomasse mit anderer Biomasse, die nicht die Anforderungen dieser Verordnung erfüllt,
   a) die Menge der Biomasse, die die Anforderungen nach dieser Verordnung erfüllt und diesem Gemisch beigefügt wird, vorab erfasst wird und
   b) die Menge der Biomasse, die dem Gemisch entnommen wird und als Biomasse nach dieser Verordnung dienen soll, nicht höher ist als die Menge nach Buchstabe a, und
2. im Fall einer Vermischung verschiedener Mengen von
   a) Biokraftstoffen, die von einer oder mehreren Schnittstellen nach § 15 Absatz 2 hergestellt worden sind und die unterschiedliche Treibhausgasemissionen aufweisen, diese Treibhausgasemissionen nur saldiert werden, wenn alle Mengen, die dem Gemisch beigefügt werden, vor der Vermischung die Mindestanforderungen an die Treibhausgasminderung nach § 8 Absatz 1 erfüllt haben, oder
   b) Biomasse, die zur Herstellung von Biokraftstoffen nach dieser Verordnung verwendet wird und für die noch keine Nachhaltigkeitsnachweise ausgestellt worden sind und die unterschiedliche Treibhausgasemissionen aufweisen, diese Treibhausgasemissionen nur saldiert werden, wenn alle Mengen, die dem Gemisch beigefügt werden, vor der Vermischung den Wert aufgewiesen haben, der für diesen Arbeitsschritt der Herstellung festgelegt worden ist
      aa) von der Europäischen Kommission oder
      bb) von dem Bundesministerium für Umwelt, Naturschutz, Bau und Reaktorsicherheit.

(3) [1] Die Werte nach Absatz 2 Nummer 2 Buchstabe b Doppelbuchstabe bb sind aus den Standardwerten nach Anlage 2 abzuleiten und durch gesondertes Schreiben im Bundesanzeiger bekannt zu machen. [2] Sie gelten nur, sofern nicht die Europäischen Kommission Werte für den jeweiligen Arbeitsschritt der Herstellung im Amtsblatt der Europäischen Union veröffentlicht hat.

(4) Weiter gehende Anforderungen in Zertifizierungssystemen, die die Vermischung der Biokraftstoffe mit anderer Biomasse ganz oder teilweise ausschließen, bleiben unberührt.

§ 17 Lieferung auf Grund von Massenbilanzsystemen. (1) Um die Herkunft der Biokraftstoffe von der Schnittstelle, die den Nachhaltigkeitsnachweis ausgestellt hat, nachzuweisen, müssen

1. die Biokraftstoffe von dieser Schnittstelle bis zu den Nachweispflichtigen ausschließlich durch Lieferanten geliefert werden, die die Lieferung der Biokraftstoffe in einem Massenbilanzsystem dokumentieren, das die Anforderungen nach § 16 Absatz 2 erfüllt, und
2. die Kontrolle der Erfüllung der Anforderung nach Nummer 1 sichergestellt sein.

(2) [1] Die Anforderungen nach Absatz 1 gelten als erfüllt, wenn

1. sich alle Lieferanten verpflichtet haben, die Anforderungen eines nach dieser Verordnung anerkannten Zertifizierungssystems zu erfüllen, sofern dieses auch Anforderungen an die Lieferung von Biokraftstoffen enthält, und
2. alle Lieferanten in der elektronischen Datenbank der zuständigen Behörde, die als Nachweis der Erfüllung der Anforderungen nach Absatz 1 dient, Folgendes dokumentieren:
   a) den Erhalt und die Weitergabe der Biokraftstoffe einschließlich der Angaben des Nachhaltigkeitsnachweises sowie
   b) den Ort und das Datum, an dem sie diese Biokraftstoffe erhalten oder weitergegeben haben.

[2] Bei der Dokumentationspflicht nach Satz 1 Nummer 2 sind die berechtigten Interessen der Wirtschaftsteilnehmer, insbesondere ihre Geschäfts- und Betriebsgeheimnisse, zu wahren.

(3) Die Anforderungen nach Absatz 1 gelten ebenfalls für solche Lieferanten als erfüllt,

1. die in der elektronischen Datenbank der zuständigen Behörde Folgendes dokumentieren:
   a) den Erhalt und die Weitergabe der Biokraftstoffe einschließlich der Angaben des Nachhaltigkeitsnachweises sowie
   b) den Ort und das Datum, an dem sie diese Biokraftstoffe erhalten oder weitergegeben haben, und
2. die ihre Lieferungen in einem Massenbilanzsystem erfassen, das regelmäßigen Prüfungen durch die Hauptzollämter aus Gründen der steuerlichen Überwachung nach dem Energiesteuergesetz oder aus Gründen der Überwachung der Verpflichtung nach § 37a Absatz 1 Satz 1 und 2 in Verbindung mit § 37a Absatz 3 und 4 des Bundes-Immissionsschutzgesetzes[1] unterliegt.

(4) Die Hauptzollämter unterrichten die zuständige Behörde über im Rahmen ihrer Prüfungen gemäß Absatz 3 Nummer 2 festgestellte Unregelmäßigkeiten bezüglich der Überwachung der Verpflichtung nach § 37a Absatz 1 Satz 1 und 2 in Verbindung mit § 37a Absatz 3 und 4 des Bundes-Immissionsschutzgesetzes.

(5) Die Erfüllung der Anforderungen nach Absatz 1 ist von dem Lieferanten, der den Biokraftstoff an den Nachweispflichtigen liefert, in dem Nachhaltigkeitsnachweis zu bestätigen.

---

[1] Nr. 1.

§ 18 Inhalt und Form der Nachhaltigkeitsnachweise. (1) Nachhaltigkeitsnachweise müssen mindestens die folgenden Angaben enthalten:

1. den Namen und die Anschrift der ausstellenden Schnittstelle,
2. das Datum der Ausstellung,
3. eine einmalige Nachweisnummer, die sich mindestens aus der Zertifikatsnummer der ausstellenden Schnittstelle und einer von dieser Schnittstelle einmalig zu vergebenden Nummer zusammensetzt,
4. den Namen des Zertifizierungssystems, in dem der Nachhaltigkeitsnachweis ausgestellt worden ist,
5. die Menge und die Art der Biokraftstoffe, auf die sich der Nachhaltigkeitsnachweis bezieht,
6. die Art der Biomasse, die zur Herstellung des Biokraftstoffes eingesetzt wurde,
7. das Land, in dem die Biomasse, aus der der Biokraftstoff hergestellt wurde, angebaut wurde oder angefallen ist,
8. die Bestätigung,
   a) dass die Biokraftstoffe, auf die sich der Nachhaltigkeitsnachweis bezieht, die Anforderungen nach den §§ 4 bis 8 erfüllen,
   b) des Energiegehalts der Biokraftstoffe in Megajoule,
   c) der Treibhausgasemissionen der Herstellung und Lieferung der Biokraftstoffe in Gramm Kohlendioxid-Äquivalent pro Megajoule flüssiger Biomasse,
   d) des Vergleichswerts für fossile Kraftstoffe, der für die Berechnung der Treibhausgasminderung nach Anlage 1 verwendet worden ist,
   e) der Länder oder Regionen, in denen die Biokraftstoffe eingesetzt werden können; diese Angabe kann das gesamte Gebiet umfassen, in das die Biokraftstoffe geliefert und in dem sie eingesetzt werden können, ohne dass die Treibhausgasemissionen der Herstellung und Lieferung die nach § 8 vorgeschriebenen Werte der Treibhausgasminderung unterschreiten würden, und
   f) der Summe aus den Treibhausgasemissionen nach Buchstabe c und der Mittelwert der vorläufigen geschätzten Emissionen infolge von indirekten Landnutzungsänderungen durch Biokraftstoffe in Gramm Kohlendioxid-Äquivalent pro Megajoule flüssiger Biomasse entsprechend der Anlage 2a,
9. den Namen und die Anschrift des Lieferanten, an den die Biokraftstoffe weitergegeben werden,
10. die Bestätigung des letzten Lieferanten nach § 17 Absatz 5,
11. die Angabe „konventioneller Biokraftstoff", soweit es sich um einen konventionellen Biokraftstoff im Sinne des § 2 Absatz 4 der Verordnung zur Festlegung weiterer Bestimmungen zur Treibhausgasminderung bei Kraftstoffen[1] handelt und
12. die Angabe „fortschrittlicher Kraftstoff", soweit es sich um einen fortschrittlichen Kraftstoff im Sinne des § 2 Absatz 6 der Verordnung zur

[1] Nr. **2.38**.

Festlegung weiterer Bestimmungen zur Treibhausgasminderung bei Kraftstoffen handelt.

(2) Nachhaltigkeitsnachweise müssen in schriftlicher Form ausgestellt werden.

(3) Nachhaltigkeitsnachweise müssen der Biokraftstoffquotenstelle oder dem Hauptzollamt in deutscher Sprache vorgelegt werden.

(4) Die Angaben nach Absatz 1 Nummer 8 Buchstabe f müssen Nachhaltigkeitsnachweise, die ab dem 15. Mai 2018 ausgestellt werden, enthalten.

§ 19 Nachtrag fehlender Angaben. Angaben, die entgegen § 18 Absatz 1 nicht in einem Nachhaltigkeitsnachweis enthalten sind, können nur nachgetragen werden

1. durch die Schnittstelle, die den Nachhaltigkeitsnachweis ausgestellt hat, oder
2. durch eine Zertifizierungsstelle, die nach dieser Verordnung anerkannt ist.

§ 20 Unwirksamkeit von Nachhaltigkeitsnachweisen. (1) Nachhaltigkeitsnachweise sind unwirksam, wenn

1. sie eine oder mehrere Angaben nach § 18 Absatz 1 nicht enthalten,
2. sie gefälscht sind oder eine unrichtige Angabe enthalten,
3. das Zertifikat der ausstellenden Schnittstelle zum Zeitpunkt der Ausstellung des Nachhaltigkeitsnachweises nicht oder nicht mehr gültig war,
4. der Nachhaltigkeitsnachweis oder das Zertifikat der ausstellenden Schnittstelle in einem Zertifizierungssystem ausgestellt worden ist, das zum Zeitpunkt der Ausstellung des Nachhaltigkeitsnachweises oder des Zertifikates nicht oder nicht mehr nach dieser Verordnung anerkannt war, oder
5. das Zertifikat der ausstellenden Schnittstelle von einer Zertifizierungsstelle ausgestellt worden ist, die zum Zeitpunkt der Ausstellung des Zertifikates nicht oder nicht mehr nach dieser Verordnung anerkannt war.

(2) Im Fall von Absatz 1 Nummer 2 sind die Biokraftstoffe gemäß § 3 anzuerkennen, wenn

1. dem Nachweispflichtigen die Unrichtigkeit der Angaben nicht bekannt waren und er auch bei Anwendung der im Verkehr üblichen Sorgfalt die Unrichtigkeit nicht hätte erkennen können, und
2. das Zertifikat der ausstellenden Schnittstelle zum Zeitpunkt der Ausstellung des Nachhaltigkeitsnachweises gültig war.

§ 21 Weitere Folgen fehlender oder nicht ausreichender Angaben.

(1) [1] Enthält ein Nachhaltigkeitsnachweis bei den Angaben zur Treibhausgasminderung nicht den Vergleichswert für die Verwendung, zu deren Zweck die Biokraftstoffe eingesetzt werden, so muss die oder der Nachweispflichtige zur Erfüllung der Verpflichtungen nach § 37a Absatz 1 Satz 1 und 2 in Verbindung mit § 37a Absatz 3 und 4 des Bundes-Immissionsschutzgesetzes[1)] gegenüber der Biokraftstoffquotenstelle nachweisen, dass die Biokraftstoffe die Mindestanforderungen an die Treibhausgasminderung nach § 8 Absatz 1 auch

---

[1)] Nr. **1**.

bei dieser Verwendung erfüllen. [2]Die zuständige Behörde kann eine Methode zur Umrechnung der Treibhausgasminderung für unterschiedliche Verwendungen im Bundesanzeiger bekannt machen.

(2) Wird der Biokraftstoff nicht in dem Land oder in der Region, das oder die auf dem Nachhaltigkeitsnachweis angegeben wurde, in Verkehr gebracht, so muss die oder der Nachweispflichtige gegenüber der Biokraftstoffquotenstelle nachweisen, dass der Biokraftstoff die Mindestanforderungen an die Treibhausgasminderung nach § 8 Absatz 1 auch in diesem Land oder in dieser Region erfüllt.

§ 22 Anerkannte Nachhaltigkeitsnachweise auf Grund der Biomassestrom-Nachhaltigkeitsverordnung. (1) Nachhaltigkeitsnachweise gelten auch als anerkannt, solange und soweit sie auf Grund der Verordnung über Anforderungen an eine nachhaltige Herstellung von flüssiger Biomasse zur Stromerzeugung vom 23. Juli 2009 (BGBl. I S. 2174) in der jeweils geltenden Fassung anerkannt sind.

(2) Abweichend von Absatz 1 gelten Nachhaltigkeitsnachweise nicht als anerkannt, sobald eine Vorlage nach den Bestimmungen der in Absatz 1 genannten Verordnung bei dem Netzbetreiber erfolgt ist, es sei denn, dass für die flüssige Biomasse beziehungsweise für die Biokraftstoffe, auf die sich der Nachhaltigkeitsnachweis bezieht, eine gleichzeitige Förderung nach dem Erneuerbare-Energien-Gesetz und dem Energiesteuergesetz möglich ist.

(3) Die §§ 20 und 21 sind entsprechend anzuwenden.

§ 23 Weitere anerkannte Nachhaltigkeitsnachweise. (1) Nachhaltigkeitsnachweise gelten auch als anerkannt, solange und soweit sie nach dem Recht der Europäischen Union oder eines anderen Mitgliedstaates der Europäischen Union oder eines anderen Vertragsstaats des Abkommens über den Europäischen Wirtschaftsraum als Nachweis darüber anerkannt werden, dass die Anforderungen nach Artikel 17 Absatz 2 bis 6 der Richtlinie 2009/28/EG oder nach Artikel 7b Absatz 2 bis 6 der Richtlinie 2009/30/EG erfüllt wurden, und wenn sie ausgestellt worden sind

1. von der Behörde, die in diesem Mitgliedstaat für die Nachweisführung zuständig ist,
2. von der Stelle, die von der nach Nummer 1 zuständigen Behörde für die Nachweisführung anerkannt worden ist, oder
3. von einer sonstigen Stelle, die bei der nationalen Akkreditierungsstelle des Mitgliedstaates auf Grund allgemeiner Kriterien für Stellen, die Produkte zertifizieren, für die Nachweisführung akkreditiert ist.

(2) [1]Soweit die Europäische Kommission auf Grund des Artikels 18 Absatz 4 Unterabsatz 1 Satz 2 der Richtlinie 2009/28/EG oder auf Grund des Artikels 7c Absatz 4 Unterabsatz 1 Satz 2 der Richtlinie 2009/30/EG beschließt, dass die Nachhaltigkeitsanforderungen an die Herstellung von Biomasse in einem bilateralen oder multilateralen Vertrag, den die Europäische Gemeinschaft mit einem Drittstaat geschlossen hat, den Nachhaltigkeitsanforderungen nach Artikel 17 Absatz 2 bis 5 der Richtlinie 2009/28/EG oder nach Artikel 7b Absatz 2 bis 5 der Richtlinie 2009/30/EG entsprechen, kann die Erfüllung der Anforderungen nach den §§ 4 bis 8 auch durch einen Nachhaltigkeitsnachweis

nachgewiesen werden, der belegt, dass die Biomasse in diesem Drittstaat hergestellt worden ist. [2] Im Übrigen sind die Bestimmungen des bilateralen oder multilateralen Vertrags für den Nachweis zu beachten.

(3) [1] Unabhängig von Absatz 2 kann bei der Herstellung der Biomasse in einem Drittstaat, der mit der Europäischen Gemeinschaft einen bilateralen oder multilateralen Vertrag über die nachhaltige Erzeugung von Biomasse abgeschlossen hat, die Erfüllung der Anforderungen nach den §§ 4 bis 8 auch durch Nachhaltigkeitsnachweise der in dem Vertrag benannten Stelle nachgewiesen werden, wenn und soweit der Vertrag die Erfüllung der Anforderungen des Artikels 17 Absatz 2 bis 5 der Richtlinie 2009/28/EG oder nach Artikel 7b Absatz 2 bis 5 der Richtlinie 2009/30/EG feststellt oder eine solche Feststellung ermöglicht. [2] Sofern in diesem Vertrag keine Stelle benannt ist, werden als Nachweis Bescheinigungen anerkannt, die von den Stellen des Drittstaates entsprechend Absatz 1 Nummer 1 bis 3 ausgestellt worden sind.

(4) § 21 ist entsprechend anzuwenden.

§ 24 Nachhaltigkeits-Teilnachweise. (1) [1] Die zuständige Behörde stellt für Mengen von Biokraftstoffen, für die bereits ein Nachhaltigkeitsnachweis ausgestellt worden ist, auf Antrag der Inhaberin oder des Inhabers des Nachhaltigkeitsnachweises Nachhaltigkeits-Teilnachweise aus. [2] Der Antrag ist elektronisch zu stellen. [3] Die Nachhaltigkeits-Teilnachweise werden unverzüglich und elektronisch ausgestellt. [4] § 18 Absatz 1 ist entsprechend anzuwenden.

(2) Absatz 1 ist für Mengen von Biokraftstoffen, für die bereits ein Nachhaltigkeits-Teilnachweis ausgestellt worden ist, entsprechend anzuwenden.

(3) [1] Werden Treibhausgasminderungen oder Werte für Treibhausgasemissionen verschiedener Mengen von Biokraftstoffen, für die Nachhaltigkeitsnachweise oder Nachhaltigkeits-Teilnachweise ausgestellt worden sind, nach Maßgabe des § 16 Absatz 2 Nummer 2 Buchstabe a saldiert, stellt die zuständige Behörde auf Antrag der Inhaberin oder des Inhabers der Nachhaltigkeitsnachweise oder Nachhaltigkeits-Teilnachweise einen Nachhaltigkeits-Teilnachweis aus, der die Werte enthält, die sich aus der Saldierung ergeben. [2] Absatz 1 Satz 2 bis 4 ist entsprechend anzuwenden.

(4) Für die nach den Absätzen 1 bis 3 ausgestellten Nachhaltigkeits-Teilnachweise sind die Bestimmungen dieses Abschnitts entsprechend anzuwenden, soweit sich aus den Absätzen 1 bis 3 nichts anderes ergibt.

Abschnitt 3. Zertifikate für Schnittstellen

§ 25 Anerkannte Zertifikate. Anerkannte Zertifikate im Sinne dieser Verordnung sind:

1. Zertifikate, solange und soweit sie nach § 26 ausgestellt worden sind,
2. Zertifikate nach § 30 und
3. Zertifikate nach § 31.

§ 26 Ausstellung von Zertifikaten. (1) Schnittstellen kann auf Antrag ein Zertifikat ausgestellt werden, wenn

1. sie sich dazu verpflichtet haben, bei der Herstellung von Biomasse oder Biokraftstoff im Anwendungsbereich dieser Verordnung mindestens die An-

forderungen eines Zertifizierungssystems zu erfüllen, das nach dieser Verordnung anerkannt ist,

2. sie sich im Fall von Schnittstellen nach § 15 Absatz 3 dazu verpflichtet haben,
   a) bei der Ausstellung von Nachhaltigkeitsnachweisen die Anforderungen nach den §§ 15 und 18 Absatz 1 und 2 zu erfüllen,
   b) Kopien aller Nachhaltigkeitsnachweise, die sie auf Grund dieser Verordnung ausgestellt haben, unverzüglich der Zertifizierungsstelle zu übermitteln, die das Zertifikat ausgestellt hat, und
   c) diese Nachhaltigkeitsnachweise sowie alle für ihre Ausstellung erforderlichen Dokumente mindestens zehn Jahre aufzubewahren,
3. sie sicherstellen, dass sich alle von ihnen mit der Herstellung oder Lieferung der Biomasse beziehungsweise des Biokraftstoffs unmittelbar oder mittelbar befassten Betriebe, die nicht selbst eine Schnittstelle sind, verpflichtet haben, bei der Herstellung von Biomasse oder Biokraftstoff im Anwendungsbereich dieser Verordnung mindestens die Anforderungen eines nach dieser Verordnung anerkannten Zertifizierungssystems zu erfüllen, und diese Anforderungen auch tatsächlich erfüllen,
4. sie sich verpflichtet haben, Folgendes zu dokumentieren:
   a) die Erfüllung der Anforderungen nach den §§ 4 bis 7 durch die Schnittstellen und alle von ihnen mit der Herstellung oder Lieferung der Biomasse beziehungsweise des Biokraftstoffs unmittelbar oder mittelbar befassten Betriebe, die nicht selbst eine Schnittstelle sind, in dem Zertifizierungssystem,
   b) die Menge und die Art der zur Herstellung eingesetzten Biomasse,
   c) im Fall der Schnittstellen nach § 2 Absatz 3 Nummer 1 den Ort des Anbaus der Biomasse, als Polygonzug in geografischen Koordinaten mit einer Genauigkeit von 20 Metern für jeden Einzelpunkt, und
   d) jeweils in Gramm Kohlendioxid-Äquivalent je Megajoule Biomasse oder Biokraftstoff (g CO_{2eq}/MJ) oder in Gramm Kohlendioxid-Äquivalent je Kilogramm Biomasse (g CO_{2eq}/kg) die Treibhausgasemissionen, die durch sie und durch alle Betriebe verursacht worden sind, die von ihnen mit der Herstellung oder Lieferung der Biomasse unmittelbar oder mittelbar befasst worden sind und die nicht selbst eine Schnittstelle sind, *und*[1)]

   und
5. die Erfüllung der Anforderungen nach den Nummern 1 bis 4 von der Zertifizierungsstelle kontrolliert worden ist.

(2) [1]Nach Ablauf der Gültigkeit eines Zertifikates kann Schnittstellen auf Antrag ein neues Zertifikat nur ausgestellt werden, wenn

1. sie die Anforderungen nach Absatz 1 Nummer 1 bis 4 während der Dauer der Gültigkeit des vorherigen Zertifikates erfüllt haben,
2. die Dokumentation nach Absatz 1 Nummer 4 nachvollziehbar ist und
3. die Kontrollen nach § 49 keine anders lautenden Erkenntnisse erbracht haben.

---

1) Wortlaut amtlich.

[2]Wenn eine Schnittstelle die Anforderungen nach Absatz 1 Nummer 1 bis 4 während der Dauer der Gültigkeit des vorherigen Zertifikats nicht erfüllt hat und der Umfang der Unregelmäßigkeiten und Verstöße nicht erheblich ist, kann abweichend von Satz 1 Nummer 1 ein neues Zertifikat auch ausgestellt werden, wenn die Schnittstelle die Anforderungen weder vorsätzlich noch grob fahrlässig nicht erfüllt hat und die Erfüllung der Anforderungen für die Dauer der Gültigkeit des neuen Zertifikats sichergestellt ist.

(3) Die Absätze 1 und 2 berühren nicht das Recht der Schnittstelle, auch Roh-, Brenn- oder Kraftstoffe herzustellen, die nicht als Biokraftstoffe nach dieser Verordnung gelten.

(4) Zur Ausstellung von Zertifikaten nach den Absätzen 1 und 2 sind nur Zertifizierungsstellen berechtigt, die nach dieser Verordnung anerkannt sind und die von dem Zertifizierungssystem nach Absatz 1 Nummer 1 benannt worden sind; die Zertifikate müssen in diesem Zertifizierungssystem ausgestellt werden.

§ 27 Inhalt der Zertifikate. Zertifikate müssen folgende Angaben enthalten:

1. eine einmalige Zertifikatsnummer, die sich mindestens aus der Registriernummer des Zertifizierungssystems, der Registriernummer der Zertifizierungsstelle sowie einer von der Zertifizierungsstelle einmalig zu vergebenden Nummer zusammensetzt,
2. das Datum der Ausstellung und
3. den Namen des Zertifizierungssystems, in dem das Zertifikat ausgestellt worden ist.

§ 28 Folgen fehlender Angaben. Zertifikate sind unwirksam, wenn sie eine oder mehrere Angaben nach § 27 nicht enthalten.

§ 29 Gültigkeit der Zertifikate. Zertifikate sind für einen Zeitraum von zwölf Monaten ab dem Datum der Ausstellung des Zertifikats gültig.

§ 30 Anerkannte Zertifikate auf Grund der Biomassestrom-Nachhaltigkeitsverordnung. (1) Zertifikate gelten auch als anerkannt, solange und soweit sie auf Grund der Verordnung über Anforderungen an eine nachhaltige Herstellung von flüssiger Biomasse zur Stromerzeugung vom 23. Juli 2009 (BGBl. I S. 2174) in der jeweils geltenden Fassung anerkannt sind.

(2) § 28 ist entsprechend anzuwenden.

§ 31 Weitere anerkannte Zertifikate. (1) Zertifikate gelten auch als anerkannt, solange und soweit sie nach dem Recht der Europäischen Union oder eines anderen Mitgliedstaates der Europäischen Union oder eines anderen Vertragsstaats des Abkommens über den Europäischen Wirtschaftsraum als Nachweis darüber anerkannt werden, dass eine oder mehrere Schnittstellen die Anforderungen nach Artikel 17 Absatz 2 bis 6 der Richtlinie 2009/28/EG oder nach Artikel 7b Absatz 2 bis 6 der Richtlinie 2009/30/EG erfüllen, und wenn sie in dem anderen Mitgliedstaat ausgestellt worden sind

1. von der Behörde, die in diesem Mitgliedstaat für die Nachweisführung zuständig ist,
2. von der Stelle, die von der nach Nummer 1 zuständigen Behörde für die Nachweisführung anerkannt worden ist, oder
3. von einer sonstigen Stelle, die bei der nationalen Akkreditierungsstelle des Mitgliedstaates auf Grund allgemeiner Kriterien für Stellen, die Produkte zertifizieren, für die Nachweisführung akkreditiert ist.

(2) § 23 Absatz 2 und 3 ist entsprechend anzuwenden.

Abschnitt 4. Zertifizierungssysteme

§ 32 Anerkannte Zertifizierungssysteme. Anerkannte Zertifizierungssysteme im Sinne dieser Verordnung sind:

1. Zertifizierungssysteme, solange und soweit sie nach § 33 oder § 59 Absatz 1 anerkannt sind,
2. Zertifizierungssysteme nach § 40 und
3. Zertifizierungssysteme nach § 41.

§ 33 Anerkennung von Zertifizierungssystemen. (1) Zertifizierungssysteme werden auf Antrag anerkannt, wenn

1. für sie folgende Angaben benannt sind:
   a) eine natürliche oder juristische Person, die organisatorisch verantwortlich ist,
   b) eine zustellungsfähige Anschrift in einem Mitgliedstaat der Europäischen Union oder in einem anderen Vertragsstaat des Abkommens über den Europäischen Wirtschaftsraum,
   c) Zertifizierungsstellen, die nach dieser Verordnung anerkannt sind und die das jeweilige Zertifizierungssystem verwenden, und
   d) die Länder oder Staaten, auf die sie sich beziehen,
2. sie geeignet sind sicherzustellen, dass die Anforderungen nach den Artikeln 17 bis 19 der Richtlinie 2009/28/EG oder nach den Artikeln 7b bis 7d der Richtlinie 2009/30/EG, wie sie in dieser Verordnung näher bestimmt werden, erfüllt werden,
3. sie genau, verlässlich und vor Missbrauch geschützt sind und die Häufigkeit und Methode der Probenahme sowie die Zuverlässigkeit der Daten bewerten,
4. sie eine angemessene und unabhängige Überprüfung der Daten sicherstellen und nachweisen, dass eine solche Überprüfung erfolgt ist, und
5. sie zu diesem Zweck Standards enthalten, die mindestens den Anforderungen nach Anhang III zu dem Übereinkommen über technische Handelshemmnisse (ABl. L 336 vom 23.12.1994, S. 86) und den Anforderungen nach Anlage 3 entsprechen.

(2) Sofern das Zertifizierungssystem eine elektronische Datenbank zum Zweck des Nachweises darüber betreibt oder nutzt, dass bei der Lieferung der Biokraftstoffe die Anforderungen nach § 17 Absatz 1 erfüllt werden, kann sich die Anerkennung auch hierauf beziehen.

(3) [1]Der Nachweis darüber, dass die in Absatz 1 genannten Anforderungen erfüllt werden, ist durch Vorlage geeigneter Unterlagen zu führen. [2]Die zuständige Behörde kann über die vorgelegten Unterlagen hinaus weitere Unterlagen anfordern und im Rahmen des Anerkennungsverfahrens bei den Zertifizierungssystemen Prüfungen vor Ort vornehmen, soweit dies zur Entscheidung über den Antrag nach Absatz 1 erforderlich ist. [3]Eine Prüfung vor Ort in einem anderen Mitgliedstaat der Europäischen Union oder einem Drittstaat wird nur durchgeführt, wenn der andere Staat dieser Prüfung zustimmt.

(4) Die Anerkennung kann Änderungen oder Ergänzungen des Zertifizierungssystems, insbesondere der Standards zur näheren Bestimmung der Anforderungen nach den §§ 4 bis 8 enthalten oder auch nachträglich mit Auflagen versehen werden, wenn dies erforderlich ist, um die Anforderungen nach Absatz 1 zu erfüllen.

(5) Die Anerkennung kann mit einer Anerkennung nach der Verordnung über Anforderungen an eine nachhaltige Herstellung von flüssiger Biomasse zur Stromerzeugung vom 23. Juli 2009 (BGBl. I S. 2174) in der jeweils geltenden Fassung kombiniert werden.

(6) [1]Die Anerkennung kann beschränkt werden auf

1. einzelne Arten von Biomasse,
2. einzelne Länder oder Staaten,
3. einzelne Anforderungen nach den §§ 4 bis 8 oder
4. den Betrieb einer elektronischen Datenbank zum Zweck des Nachweises darüber, dass bei der Lieferung des Biokraftstoffs die Anforderungen nach § 17 Absatz 1 erfüllt werden.

[2]Im Fall einer Beschränkung nach Satz 1 Nummer 3 oder 4 kann die zuständige Behörde bestimmen, dass das Zertifizierungssystem nur in Kombination mit einem anderen Zertifizierungssystem als anerkannt gilt.

§ 34 Verfahren zur Anerkennung. (1) [1]Bei der Anerkennung von Zertifizierungssystemen ist die Öffentlichkeit durch die zuständige Behörde zu beteiligen. [2]Der Entwurf des Zertifizierungssystems sowie Informationen über das Anerkennungsverfahren sind im Bundesanzeiger zu veröffentlichen. [3]Natürliche und juristische Personen sowie sonstige Vereinigungen, insbesondere Vereinigungen zur Förderung des Umweltschutzes, haben innerhalb einer Frist von sechs Wochen ab Veröffentlichung Gelegenheit zur schriftlichen Stellungnahme gegenüber der zuständigen Behörde. [4]Der Zeitpunkt des Fristablaufs ist bei der Veröffentlichung nach Satz 2 mitzuteilen. [5]Fristgemäß eingegangene Stellungnahmen der Öffentlichkeit werden von der zuständigen Behörde bei der Entscheidung über die Anerkennung des Zertifizierungssystems angemessen berücksichtigt.

(2) Das Anerkennungsverfahren kann über eine einheitliche Stelle nach den Vorschriften des Verwaltungsverfahrensgesetzes abgewickelt werden.

(3) Hat die zuständige Behörde nicht innerhalb einer Frist von sechs Monaten entschieden, gilt die Anerkennung als erteilt.

(4) [1]Unbeschadet der Bekanntgabe gegenüber dem Antragsteller ist die Anerkennung im Bundesanzeiger bekannt zu machen. [2]Bei der Bekanntmachung ist in zusammengefasster Form über den Ablauf des Anerkennungsverfahrens und über die Gründe und Erwägungen zu unterrichten, auf denen die An-

erkennung beruht. [3]Die berechtigten Interessen des Antragstellers sind zu wahren.

§ 35 Inhalt der Anerkennung. Die Anerkennung eines Zertifizierungssystems muss die folgenden Angaben enthalten:

1. eine einmalige Registriernummer,
2. das Datum der Anerkennung,
3. im Fall des § 33 Absatz 2 den Namen der elektronischen Datenbank, die zum Zweck des Nachweises darüber, dass die Anforderungen nach § 17 Absatz 1 erfüllt werden, genutzt werden muss, und
4. Beschränkungen nach § 33 Absatz 6.

§ 36 Nachträgliche Änderungen der Anerkennung. [1]Änderungen eines anerkannten Zertifizierungssystems sind der zuständigen Behörde anzuzeigen. [2]Wesentliche Änderungen eines anerkannten Zertifizierungssystems bedürfen der Anerkennung; die §§ 33 und 34 sind entsprechend anzuwenden.

§ 37 Erlöschen der Anerkennung. (1) Die Anerkennung eines Zertifizierungssystems erlischt, wenn sie zurückgenommen, widerrufen, anderweitig aufgehoben oder durch Zeitablauf oder auf andere Weise erledigt ist.

(2) Das Erlöschen der Anerkennung und der Grund für das Erlöschen nach Absatz 1 sind von der zuständigen Behörde im Bundesanzeiger bekannt zu machen.

§ 38 Widerruf der Anerkennung. [1]Die Anerkennung eines Zertifizierungssystems soll widerrufen werden, wenn die Gewähr für eine ordnungsgemäße Durchführung der Aufgaben nach dieser Verordnung nicht mehr gegeben ist. [2]Die Anerkennung soll insbesondere widerrufen werden, wenn

1. eine Voraussetzung nach § 33 Absatz 1 nicht oder nicht mehr erfüllt ist oder
2. das Zertifizierungssystem seine Pflichten nach § 39 nicht, nicht richtig, nicht vollständig oder nicht rechtzeitig erfüllt.

[3]Die Anerkennung kann auch widerrufen werden, wenn eine Kontrolle vor Ort nicht sichergestellt ist. [4]Bei der Prüfung nach Satz 2 Nummer 1 können insbesondere die Erfahrungen der Zertifizierungsstellen und Schnittstellen mit dem Zertifizierungssystem und die Berichte nach § 52 und § 53 Absatz 2 Nummer 3 berücksichtigt werden. [5]Die Vorschriften des Verwaltungsverfahrensgesetzes über die Rücknahme und den Widerruf von Verwaltungsakten bleiben im Übrigen unberührt.

§ 39 Berichte und Mitteilungen. (1) Zertifizierungssysteme müssen der zuständigen Behörde für jedes Kalenderjahr bis zum 28. Februar des folgenden Kalenderjahres und im Übrigen auf Verlangen folgende Informationen elektronisch übermitteln:

1. eine Liste aller Schnittstellen, Betriebe und Lieferanten, die bei der Herstellung oder Lieferung von Biomasse nach dieser Verordnung dieses Zertifizierungssystem verwenden, einschließlich der Angabe, von welcher Zertifizierungsstelle sie kontrolliert werden, und

2. eine Liste aller Maßnahmen, die gegenüber Schnittstellen, Betrieben oder Lieferanten ergriffen worden sind, die die Anforderungen nach dieser Verordnung oder nach dem Zertifizierungssystem nicht oder nicht mehr erfüllt haben.

(2) Zertifizierungssysteme müssen Veränderungen der Listen nach Absatz 1 der zuständigen Behörde monatlich elektronisch mitteilen.

(3) Zertifizierungssysteme müssen alle Zertifikate von Schnittstellen, die ihre Vorgaben verwenden, auf ihren Internetseiten veröffentlichen.

§ 40 Anerkannte Zertifizierungssysteme auf Grund der Biomassestrom-Nachhaltigkeitsverordnung. Zertifizierungssysteme gelten auch als anerkannt, solange und soweit sie auf Grund der Verordnung über Anforderungen an eine nachhaltige Herstellung von flüssiger Biomasse zur Stromerzeugung vom 23. Juli 2009 (BGBl. I S. 2174) in der jeweils geltenden Fassung anerkannt sind.

§ 41 Weitere anerkannte Zertifizierungssysteme. Zertifizierungssysteme gelten auch als anerkannt, solange und soweit sie

1. von der Europäischen Kommission auf Grund des Artikels 18 Absatz 4 Unterabsatz 2 Satz 1 der Richtlinie 2009/28/EG oder auf Grund des Artikels 7c Absatz 4 Unterabsatz 2 Satz 1 der Richtlinie 2009/30/EG oder
2. in einem bilateralen oder multilateralen Vertrag, den die Europäische Union mit einem Drittstaat abgeschlossen hat,

als Zertifizierungssystem zur näheren Bestimmung der Anforderungen nach Artikel 17 Absatz 2 bis 6 der Richtlinie 2009/28/EG oder nach Artikel 7b Absatz 2 bis 6 der Richtlinie 2009/30/EG anerkannt sind.

Abschnitt 5. Zertifizierungsstellen

Unterabschnitt 1. Anerkennung von Zertifizierungsstellen

§ 42 Anerkannte Zertifizierungsstellen. Anerkannte Zertifizierungsstellen im Sinne dieser Verordnung sind:

1. Zertifizierungsstellen, solange und soweit sie nach § 43 Absatz 1 oder § 59 Absatz 1 anerkannt sind,
2. Zertifizierungsstellen nach § 56 und
3. Zertifizierungsstellen nach § 57.

§ 43 Anerkennung von Zertifizierungsstellen. (1) Zertifizierungsstellen werden auf Antrag anerkannt, wenn sie

1. folgende Angaben benennen:
   a) die Namen und Anschriften der verantwortlichen Personen sowie
   b) die Länder oder Staaten, in denen sie Aufgaben nach dieser Verordnung wahrnehmen,
2. nachweisen, dass sie
   a) über die Fachkunde, Ausrüstung und Infrastruktur verfügen, die zur Wahrnehmung ihrer Tätigkeiten erforderlich sind,

b) über eine ausreichende Zahl entsprechend qualifizierter und erfahrener Mitarbeiterinnen und Mitarbeiter verfügen und

c) im Hinblick auf die Durchführung der ihnen übertragenen Aufgaben unabhängig von den Zertifizierungssystemen, Schnittstellen, Betrieben und Lieferanten sowie frei von jeglichem Interessenkonflikt sind,

3. die Anforderungen der DIN EN/IEC 17065, Ausgabe Januar 2013, erfüllen und ihre Kontrollen den Anforderungen der DIN EN ISO 19011, Ausgabe Dezember 2011, genügen,[1)]
4. sich entsprechend der Anlage 3 Nummer 1 Buchstabe e schriftlich verpflichtet haben und
5. eine zustellungsfähige Anschrift in einem Mitgliedstaat der Europäischen Union oder in einem anderen Vertragsstaat des Abkommens über den Europäischen Wirtschaftsraum haben.

(2) [1] Der Nachweis darüber, dass die in Absatz 1 genannten Anforderungen erfüllt werden, ist durch Vorlage geeigneter Unterlagen über die betriebliche Ausstattung der jeweiligen Zertifizierungsstelle, ihren Aufbau und ihre Mitarbeiterinnen und Mitarbeiter zu führen. [2] Bei Zertifizierungsstellen, die von mindestens zwei Umweltgutachterinnen oder Umweltgutachtern betrieben werden, gelten die Anforderungen des Absatzes 1 Nummer 3 als erfüllt. [3] Die zuständige Behörde kann über die vorgelegten Unterlagen hinaus weitere Unterlagen anfordern und im Rahmen des Anerkennungsverfahrens bei den Zertifizierungsstellen Prüfungen vor Ort vornehmen, soweit dies zur Entscheidung über den Antrag nach Absatz 1 erforderlich ist. [4] § 33 Absatz 3 Satz 3 ist entsprechend anzuwenden.

(3) Die Anerkennung kann auch nachträglich mit Auflagen versehen werden, wenn dies zur ordnungsgemäßen Durchführung der Tätigkeiten einer Zertifizierungsstelle erforderlich ist.

(4) Die Anerkennung kann mit einer Anerkennung nach der Verordnung über Anforderungen an eine nachhaltige Herstellung von flüssiger Biomasse zur Stromerzeugung vom 23. Juli 2009 (BGBl. I S. 2174) in der jeweils geltenden Fassung kombiniert werden.

(5) Die Anerkennung kann beschränkt werden auf

1. einzelne Arten von Biomasse oder Biokraftstoff oder
2. einzelne Länder oder Staaten.

§ 44 Verfahren zur Anerkennung. [1] Auf das Anerkennungsverfahren ist § 34 Absatz 2 und 3 entsprechend anzuwenden. [2] Die Anerkennung ist von der zuständigen Behörde im Bundesanzeiger bekannt zu machen.

§ 45 Inhalt der Anerkennung. Die Anerkennung einer Zertifizierungsstelle muss die folgenden Angaben enthalten:

1. eine einmalige Registriernummer,
2. das Datum der Anerkennung und

[1)] **Amtl. Anm.:** Sämtliche DIN-, ISO/IEC- und DIN EN ISO-Normen, auf die in dieser Verordnung verwiesen wird, sind bei der Beuth-Verlag GmbH, Berlin, zu beziehen und beim Deutschen Patent- und Markenamt in München archivmäßig gesichert niedergelegt.

3. Beschränkungen nach § 43 Absatz 5.

§ 46 Erlöschen der Anerkennung. (1) [1] Die Anerkennung einer Zertifizierungsstelle erlischt, wenn sie zurückgenommen, widerrufen, anderweitig aufgehoben oder durch Zeitablauf oder auf andere Weise erledigt ist. [2] Sie erlischt auch, wenn die Zertifizierungsstelle ihre Tätigkeit nicht innerhalb eines Jahres nach Erteilung der ersten Anerkennung aufgenommen oder seit Aufnahme der Tätigkeit mehr als ein Jahr nicht mehr ausgeübt hat.

(2) Das Erlöschen der Anerkennung und der Grund für das Erlöschen nach Absatz 1 sind von der zuständigen Behörde im Bundesanzeiger bekannt zu machen.

§ 47 Widerruf der Anerkennung. [1] Die Anerkennung einer Zertifizierungsstelle soll widerrufen werden, wenn die Gewähr für eine ordnungsgemäße Durchführung der Aufgaben nach dieser Verordnung nicht mehr gegeben ist. [2] Die Anerkennung soll insbesondere widerrufen werden, wenn

1. eine Voraussetzung nach § 43 Absatz 1 nicht oder nicht mehr erfüllt ist oder
2. die Zertifizierungsstelle ihre Pflichten nach den §§ 48 bis 54 nicht, nicht richtig, nicht vollständig oder nicht rechtzeitig erfüllt.

[3] Die Anerkennung kann auch widerrufen werden, wenn eine Kontrolle vor Ort nicht sichergestellt ist. [4] Die Vorschriften des Verwaltungsverfahrensgesetzes über die Rücknahme und den Widerruf von Verwaltungsakten bleiben im Übrigen unberührt.

Unterabschnitt 2. Aufgaben von Zertifizierungsstellen

§ 48 Führen von Schnittstellenverzeichnissen. [1] Die Zertifizierungsstellen müssen ein Verzeichnis aller Schnittstellen, denen sie Zertifikate ausgestellt haben, führen. [2] Das Verzeichnis muss mindestens den Namen, die Anschrift und die Registriernummer der Schnittstellen enthalten. [3] Die Zertifizierungsstellen müssen das Verzeichnis laufend aktualisieren.

§ 49 Kontrolle der Schnittstellen. [1] Die Zertifizierungsstellen kontrollieren spätestens sechs Monate nach Ausstellung des ersten Zertifikates und im Übrigen mindestens einmal im Jahr, ob die Schnittstellen die Voraussetzungen für die Ausstellung eines Zertifikates nach § 26 weiterhin erfüllen. [2] Die zuständige Behörde kann bei begründetem Verdacht, insbesondere auf Grund der Berichte nach § 52, bestimmen, dass eine Schnittstelle in kürzeren Zeitabschnitten kontrolliert werden muss; dies gilt auch in den Fällen des § 26 Absatz 2 Satz 2.

§ 50 Kontrolle des Anbaus. [1] Die Zertifizierungsstellen, die Schnittstellen nach § 2 Absatz 3 Nummer 1 ein Zertifikat ausstellen, kontrollieren auf Grund geeigneter Kriterien, ob die von den Schnittstellen benannten Betriebe, in denen die Biomasse zum Zweck der Herstellung von Biokraftstoffen angebaut oder geerntet wird, die Anforderungen nach den §§ 4 bis 7 erfüllen. [2] Art und Häufigkeit der Kontrollen nach Satz 1 müssen sich insbesondere auf der Grundlage einer Bewertung des Risikos bestimmen, ob in Bezug auf die Erfüllung dieser Anforderungen Unregelmäßigkeiten und Verstöße auftreten. [3] Es sind mindestens 5 Prozent der Betriebe jährlich zu kontrollieren.

§ 51 Kontrolle des Anbaus bei nachhaltiger landwirtschaftlicher Bewirtschaftung. [1] Wird Biomasse zum Zweck der Herstellung von Biokraftstoffen im Rahmen von landwirtschaftlichen Tätigkeiten in einem Mitgliedstaat der Europäischen Union angebaut, gilt die Erfüllung der Anforderungen nach § 7 als nachgewiesen, wenn Betriebe

1. Direktzahlungen nach der Verordnung (EG) Nr. 73/2009 oder Beihilfen für flächenbezogene Maßnahmen nach Artikel 36 Buchstabe a Nummer i bis v und Buchstabe b Nummer i, iv und v der Verordnung (EG) Nr. 1698/2005 des Rates vom 20. September 2005 über die Förderung der Entwicklung des ländlichen Raums durch den Europäischen Landwirtschaftsfonds für die Entwicklung des ländlichen Raums (ELER) (ABl. L 277 vom 21.10.2005, S. 1) erhalten, die zur Erfüllung der Anforderungen der Cross Compliance verpflichten, oder
2. als Organisation nach der Verordnung (EG) Nr. 761/2001 des Europäischen Parlaments und des Rates vom 19. März 2001 über die freiwillige Beteiligung von Organisationen an einem Gemeinschaftssystem für das Umweltmanagement und die Umweltbetriebsprüfung (EMAS) (ABl. L 114 vom 24.4.2001, S. 1) in der jeweiligen Fassung registriert sind.

[2] Von diesen Betrieben müssen nur 3 Prozent jährlich nach § 50 kontrolliert werden; die Kontrolle beschränkt sich darauf, ob diese Betriebe die Anforderungen nach den §§ 4 bis 6 erfüllen.

§ 52 Mitteilungen und Berichte über Kontrollen. [1] Zertifizierungsstellen müssen der zuständigen Behörde jede Vor-Ort-Kontrolle so rechtzeitig ankündigen, dass eine Begleitung durch die zuständige Behörde möglich ist. [2] Nach Abschluss jeder Kontrolle müssen die Zertifizierungsstellen einen Bericht erstellen, der insbesondere das Ergebnis der Kontrolle enthält; der Bericht ist der zuständigen Behörde elektronisch zu übermitteln.

§ 53 Weitere Berichte und Mitteilungen. (1) [1] Zertifizierungsstellen müssen der zuständigen Behörde unverzüglich und elektronisch Kopien von allen folgenden Nachweisen übermitteln:

1. Nachhaltigkeitsnachweise aller von ihnen zertifizierten Schnittstellen,
2. Nachträge nach § 19,
3. Zertifikate nach § 26 Absatz 1 und 2.

[2] Zertifizierungsstellen können die Pflicht, Kopien der Nachhaltigkeitsnachweise nach Satz 1 Nummer 1 der zuständigen Behörde zu übermitteln, auf die Schnittstelle übertragen.

(2) Zertifizierungsstellen müssen der zuständigen Behörde für jedes Kalenderjahr bis zum 28. Februar des folgenden Kalenderjahres und im Übrigen auf Verlangen folgende Berichte und Informationen elektronisch übermitteln:

1. einen Auszug aus dem Schnittstellenverzeichnis nach § 48 sowie eine Liste aller weiteren Betriebe und Lieferanten, die sie kontrollieren, aufgeschlüsselt nach Zertifizierungssystemen,
2. eine Liste aller Kontrollen, die sie in dem Kalenderjahr bei Schnittstellen, Betrieben und Lieferanten vorgenommen haben, aufgeschlüsselt nach Zertifizierungssystemen, und

3. einen Bericht über ihre Erfahrungen mit den von ihnen angewendeten Zertifizierungssystemen; dieser Bericht muss alle Tatsachen umfassen, die für die Beurteilung wesentlich sein könnten, ob die Zertifizierungssysteme die Voraussetzungen für die Anerkennung nach § 33 weiterhin erfüllen.

§ 54 Aufbewahrung, Umgang mit Informationen. (1) Zertifizierungsstellen müssen die Kontrollergebnisse und Kopien aller Zertifikate, die sie auf Grund dieser Verordnung ausstellen, mindestens zehn Jahre aufbewahren.

(2) Soweit Zertifizierungsstellen Aufgaben nach dieser Verordnung wahrnehmen, gelten sie als informationspflichtige Stellen nach § 2 Absatz 1 Nummer 2 des Umweltinformationsgesetzes vom 22. Dezember 2004 (BGBl. I S. 3704) im Geltungsbereich des Umweltinformationsgesetzes.

Unterabschnitt 3. Überwachung von Zertifizierungsstellen

§ 55 Kontrollen und Maßnahmen. (1) [1]Die zuständige Behörde überwacht die nach dieser Verordnung anerkannten Zertifizierungsstellen. [2]§ 33 Absatz 3 Satz 3 ist entsprechend anzuwenden.

(2) [1]Die zuständige Behörde kann gegenüber Zertifizierungsstellen die Anordnungen treffen, die notwendig sind, um festgestellte Mängel zu beseitigen und künftige Mängel zu verhüten. [2]Insbesondere kann sie anordnen, dass eine Mitarbeiterin oder ein Mitarbeiter einer Zertifizierungsstelle wegen fehlender Unabhängigkeit, Fachkunde oder Zuverlässigkeit nicht mehr kontrollieren darf, ob die Anforderungen nach dieser Verordnung erfüllt werden.

Unterabschnitt 4. Weitere anerkannte Zertifizierungsstellen

§ 56 Anerkannte Zertifizierungsstellen auf Grund der Biomassestrom-Nachhaltigkeitsverordnung. (1) Zertifizierungsstellen gelten auch als anerkannt, solange und soweit sie auf Grund der Verordnung über Anforderungen an eine nachhaltige Herstellung von flüssiger Biomasse zur Stromerzeugung vom 23. Juli 2009 (BGBl. I S. 2174) in der jeweils geltenden Fassung anerkannt sind.

(2) Die Unterabschnitte 2 und 3 dieses Abschnitts sind entsprechend anzuwenden, soweit sich aus der in Absatz 1 genannten Verordnung nichts anderes ergibt.

§ 57 Weitere anerkannte Zertifizierungsstellen. (1) Zertifizierungsstellen gelten auch als anerkannt, solange und soweit sie

1. von der Europäischen Kommission,
2. von einem anderen Mitgliedstaat der Europäischen Union oder
3. in einem bilateralen oder multilateralen Vertrag, den die Europäische Union mit einem Drittstaat abgeschlossen hat,

als Zertifizierungsstellen zur verbindlichen Überwachung der Erfüllung der Anforderungen nach Artikel 17 Absatz 2 bis 6 der Richtlinie 2009/28/EG oder nach Artikel 7b Absatz 2 bis 5 der Richtlinie 2009/30/EG anerkannt sind und sie Aufgaben nach dieser Verordnung auch in einem Zertifizierungssystem wahrnehmen, das nach dieser Verordnung anerkannt ist.

(2) Die Unterabschnitte 2 und 3 dieses Abschnitts sind nur entsprechend anzuwenden, soweit dies mit den Bestimmungen der Europäischen Kommission oder des jeweiligen bilateralen oder multilateralen Vertrages vereinbar ist.

Abschnitt 6. Vorläufige Anerkennungen

§ 58 *(aufgehoben)*

§ 59 Nachweis durch vorläufige Anerkennungen. (1) [1]Die zuständige Behörde kann Zertifizierungssysteme und Zertifizierungsstellen vorläufig anerkennen, wenn eine abschließende Prüfung der Voraussetzungen nach § 33 Absatz 1 und § 43 Absatz 1 nicht möglich ist, die Voraussetzungen jedoch mit hinreichender Wahrscheinlichkeit erfüllt sein werden. [2]Bei der vorläufigen Anerkennung von Zertifizierungssystemen bleibt § 33 Absatz 1 Nummer 1 unberührt, § 34 Absatz 1 ist nicht anzuwenden und § 34 Absatz 3 ist mit der Maßgabe anzuwenden, dass die Frist drei Monate beträgt. [3]Bei der vorläufigen Anerkennung von Zertifizierungsstellen bleibt § 43 Absatz 1 Nummer 1, 4 und 5 unberührt.

(2) Die vorläufige Anerkennung ist auf zwölf Monate befristet.

(3) Ein Rechtsanspruch auf vorläufige Anerkennung besteht nicht.

(4) Zertifizierungssysteme und Zertifizierungsstellen können aus einer vorläufigen Anerkennung keine Rechtsansprüche ableiten.

Teil 4. Datenerhebung und -verarbeitung, Berichtspflichten, behördliches Verfahren

§ 60 Informationsregister. (1) Die zuständige Behörde führt ein zentrales Register über alle Zertifizierungssysteme, Zertifizierungsstellen, Zertifikate, Nachweise, Bescheinigungen und Berichte im Zusammenhang mit der Nachweisführung nach dieser Verordnung (Informationsregister).

(2) Die zuständige Behörde hat der Biokraftstoffquotenstelle die erforderlichen Auskünfte zur Überwachung der Verpflichtungen der Nachweispflichtigen nach § 37a Absatz 1 Satz 1 und 2 in Verbindung mit § 37a Absatz 3 und 4 des Bundes-Immissionsschutzgesetzes[1)] auf Verlangen zu erteilen.

§ 61 Datenabgleich. (1) Die zuständige Behörde gleicht die Daten im Informationsregister mit allen Daten ab, die der Biokraftstoffquotenstelle und den Hauptzollämtern vorliegen, sowie mit dem Informationsregister nach §§ 66 ff. der Verordnung über Anforderungen an eine nachhaltige Herstellung von flüssiger Biomasse zur Stromerzeugung vom 23. Juli 2009 (BGBl. I S. 2174) in der jeweils geltenden Fassung.

(2) [1]Bei Nachhaltigkeitsnachweisen nach § 23 kann die zuständige Behörde Daten mit der Behörde oder Stelle, die diese Nachweise ausgestellt hat, abgleichen. [2]§ 69 Satz 2 bleibt davon unberührt.

§ 62 Auskunftsrecht der zuständigen Behörde. Die zuständige Behörde kann von Nachweispflichtigen, Zertifizierungsstellen, Schnittstellen, Lieferanten, Hauptzollämtern, der Biokraftstoffquotenstelle, im Fall von Zertifizie-

---

1) Nr. 1.

rungssystemen von den Personen nach § 33 Absatz 1 Nummer 1 Buchstabe a weitere Informationen verlangen, soweit dies erforderlich ist, um

1. die Aufgaben nach dieser Verordnung zu erfüllen,
2. zu überwachen, ob die Anforderungen nach dieser Verordnung erfüllt werden,
3. die Berichtspflichten der Bundesregierung gegenüber dem Deutschen Bundestag und dem Bundesrat, insbesondere nach § 37f des Bundes-Immissionsschutzgesetzes[1)] zu erfüllen, oder
4. die Berichtspflichten der Bundesrepublik Deutschland gegenüber den Organen der Europäischen Union zu erfüllen.

§ 63 Berichtspflicht der zuständigen Behörde. Die zuständige Behörde evaluiert diese Verordnung regelmäßig und legt der Bundesregierung erstmals zum 31. Dezember 2010 und sodann jedes Jahr einen Erfahrungsbericht vor.

§ 64 Berichtspflicht des Bundesministeriums für Umwelt, Naturschutz, Bau und Reaktorsicherheit. [1] Auf der Grundlage der Berichte nach § 63 berichtet das Bundesministerium für Umwelt, Naturschutz, Bau und Reaktorsicherheit der Europäischen Kommission im Rahmen der Berichte nach Artikel 22 der Richtlinie 2009/28/EG über

1. die Erfüllung der Anforderungen nach dieser Verordnung sowie
2. die Auswirkungen der Herstellung der in der Bundesrepublik Deutschland in den Verkehr gebrachten Biokraftstoffe auf die Nachhaltigkeit.

[2] Im Bericht muss bewertet werden, ob die Verwendung von Biokraftstoffen sozial zu vertreten ist.

§ 65 Datenübermittlung. Soweit dies zur Durchführung der Verordnung oder zur Erfüllung von Berichtspflichten der Bundesregierung erforderlich ist, darf die zuständige Behörde Informationen übermitteln an

1. folgende Bundesbehörden:
   a) das Bundesministerium der Finanzen,
   b) das Bundesministerium für Ernährung und Landwirtschaft,
   c) das Bundesministerium für Umwelt, Naturschutz, Bau und Reaktorsicherheit und
   d) die nachgeordneten Behörden dieser Ministerien, insbesondere an die Biokraftstoffquotenstelle und die Hauptzollämter,
2. Behörden von anderen Mitgliedstaaten der Europäischen Union sowie von Drittstaaten und ihre sonstigen Stellen nach § 23 Absatz 1 Nummer 1 bis 3,
3. Organe der Europäischen Union,
4. anerkannte Zertifizierungssysteme und
5. anerkannte Zertifizierungsstellen.

§ 66 Zuständigkeit. (1) Die Bundesanstalt für Landwirtschaft und Ernährung ist zuständig für

---

[1)] Nr. **1**.

1. die Bekanntmachung nach § 2 Absatz 11 Satz 3,
2. die Anerkennung von Regelungen nach § 8 Absatz 3 Satz 3 Nummer 2 Buchstabe b, ihre Bekanntmachung nach § 8 Absatz 3 Satz 4 und die Bekanntmachung nach Anlage 1 Nummer 10 Satz 2,
3. die Entgegennahme von Nachweisen nach § 13,
4. den Betrieb der elektronischen Datenbank nach § 14 Satz 2,
5. die Bekanntmachung nach § 21 Absatz 1 Satz 2,
6. die Ausstellung von Nachhaltigkeits-Teilnachweisen nach § 24,
7. die Anerkennung und Überwachung von Zertifizierungssystemen nach Teil 3 Abschnitt 4 und nach § 59,
8. die Anerkennung und Überwachung von Zertifizierungsstellen nach Teil 3 Abschnitt 5 Unterabschnitt 1 bis 3 und § 59,
9. das Führen eines zentralen Informationsregisters nach Teil 4,
10. das Einholen von Auskünften nach § 62,
11. die Berichte nach § 63,
12. die Übermittlung von Daten nach § 65,
13. die Veröffentlichung von Mustern und Vordrucken nach § 68 Absatz 2 und
14. den Vollzug dieser Verordnung im Übrigen mit Ausnahme von § 4 Absatz 4 Satz 1 Variante 2.

(2) [1] Die Rechts- und Fachaufsicht über die Bundesanstalt für Landwirtschaft und Ernährung obliegt dem Bundesministerium für Ernährung und Landwirtschaft. [2] Rechts- und Fachfragen von grundsätzlicher Bedeutung werden vom Bundesministerium für Ernährung und Landwirtschaft, nachdem das Einvernehmen mit dem Bundesministerium für Umwelt, Naturschutz, Bau und Reaktorsicherheit hergestellt wurde, mit dem Bundesministerium der Finanzen abgestimmt.

§ 67 Verfahren vor der zuständigen Behörde. [1] Die Amtssprache ist deutsch. [2] Alle Anträge, die bei der zuständigen Behörde gestellt werden, und alle Nachweise, Bescheinigungen, Berichte und sonstigen Unterlagen, die der zuständigen Behörde übermittelt werden, müssen in deutscher Sprache verfasst oder mit einer Übersetzung in die deutsche Sprache versehen sein. [3] § 23 Absatz 2 Satz 2 bis 4 des Verwaltungsverfahrensgesetzes ist entsprechend anzuwenden.

§ 68 Muster und Vordrucke. (1) Für die folgenden Dokumente sind Vordrucke und Muster zu verwenden:
1. für die Zertifikate nach § 26,
2. für die Berichte und Mitteilungen nach den §§ 52 und 53,
3. für die Bescheinigungen nach § 58 Absatz 1 sowie
4. für die Nachhaltigkeitsnachweise nach § 18 und die Nachhaltigkeits-Teilnachweise nach § 24.

(2) [1] Die zuständige Behörde veröffentlicht die Vordrucke und Muster zu den Dokumenten und Unterlagen nach Absatz 1 sowie das Format einer

elektronischen Datenübermittlung im Bundesanzeiger sowie auf ihrer Internetseite[1]. [2]Sie kann für Nachhaltigkeitsnachweise und Nachhaltigkeits-Teilnachweise, die in englischer oder einer anderen Sprache ausgestellt worden sind, eine Übersetzung im Bundesanzeiger sowie auf ihrer Internetseite veröffentlichen.

§ 69 Außenverkehr. [1]Der Verkehr mit den Behörden anderer Mitgliedstaaten der Europäischen Union und Drittstaaten sowie mit den Organen der Europäischen Union obliegt dem Bundesministerium für Umwelt, Naturschutz, Bau und Reaktorsicherheit. [2]Es kann den Verkehr mit den zuständigen Ministerien und Behörden anderer Mitgliedstaaten der Europäischen Union und Drittstaaten sowie den Organen der Europäischen Union im Einvernehmen mit dem Bundesministerium für Ernährung und Landwirtschaft auf die Bundesanstalt für Landwirtschaft und Ernährung übertragen.

Teil 5. *(aufgehoben)*

§§ 70, 71 *(aufgehoben)*

Anlage 1
(zu § 8 Absatz 2)

Methode zur Berechnung der durch die Verwendung von Biokraftstoffen erzielten Treibhausgasminderung anhand tatsächlicher Werte

1. Die Treibhausgasemissionen bei der Herstellung, Lieferung und Verwendung von Kraftstoffen (Biokraftstoffe und fossile Kraftstoffe) werden wie folgt berechnet:

   $E = e_{ec} + e_l + e_p + e_{td} + e_u - e_{sca} - e_{ccs} - e_{ccr} - e_{ee}$

   Dabei sind:

   E = Gesamtemissionen bei der Verwendung des Kraftstoffs,
   e_{ec} = Emissionen bei der Gewinnung der Rohstoffe, insbesondere bei Anbau und Ernte der Biomasse, aus der die Biokraftstoffe hergestellt werden,
   e_l = auf das Jahr umgerechnete Emissionen auf Grund von Kohlenstoffbestandsänderungen infolge von Landnutzungsänderungen,
   e_p = Emissionen bei der Verarbeitung,
   e_{td} = Emissionen bei der Lieferung,
   e_u = Emissionen bei der Nutzung des Kraftstoffs,
   e_{sca} = Emissionseinsparungen durch Ansammlung von Kohlenstoff im Boden infolge besserer landwirtschaftlicher Bewirtschaftungspraktiken,
   e_{ccs} = Emissionseinsparungen durch Abscheidung und geologische Speicherung von Kohlendioxid,
   e_{ccr} = Emissionseinsparungen durch Abscheidung und Ersetzung von Kohlendioxid,
   e_{ee} = Emissionseinsparungen durch überschüssigen Strom aus Kraft-Wärme-Kopplung.

   Die mit der Herstellung der Anlagen und Ausrüstungen verbundenen Emissionen werden nicht berücksichtigt.

2. Die durch Kraftstoffe verursachten Treibhausgasemissionen (E) werden in Gramm Kohlendioxid-Äquivalent je Megajoule Kraftstoff (g CO_{2eq}/MJ) angegeben.

---

[1] **Amtl. Anm.:** www.ble.de

3. Abweichend von Nummer 2 können für Kraftstoffe die in g CO_{2eq}/MJ berechneten Werte so angepasst werden, dass Unterschiede zwischen Kraftstoffen bei der in km/MJ ausgedrückten geleisteten Nutzarbeit berücksichtigt werden. Derartige Anpassungen sind nur zulässig, wenn Belege für die Unterschiede bei der geleisteten Nutzarbeit angeführt werden.
4. Die durch die Verwendung von Biokraftstoffen erzielten Einsparungen bei den Treibhausgasemissionen werden wie folgt berechnet:

   $EINSPARUNG = (E_F - E_B)/E_F$

   Dabei sind:

   E_B = Gesamtemissionen bei der Verwendung der Biokraftstoffe,

   E_F = Gesamtemissionen des Vergleichswertes für fossile Kraftstoffe.
5. Die für die in Nummer 1 genannten Zwecke berücksichtigten Treibhausgase sind Kohlendioxid (CO_2), Distickstoffoxid (N_2O) und Methan (CH_4). Zur Berechnung der CO_2-Äquivalenz werden diese Gase wie folgt gewichtet:

   CO_2: 1

   N_2O: 296

   CH_4: 23
6. Die Emissionen bei der Gewinnung oder beim Anbau der Biomasse (e_{ec}) schließen die Emissionen des Gewinnungs- oder Anbauprozesses selbst, beim Sammeln der Rohstoffe, aus Abfällen und Leckagen sowie bei der Herstellung der zur Gewinnung oder zum Anbau verwendeten Chemikalien ein. Die Kohlendioxid-Bindung beim Anbau der Biomasse wird nicht berücksichtigt. Zertifizierte Reduktionen der Treibhausgasemissionen aus dem Abfackeln an Ölförderstätten in allen Teilen der Welt werden abgezogen. Alternativ zu den tatsächlichen Werten können für die Emissionen beim Anbau Schätzungen aus den Durchschnittswerten abgeleitet werden, die für kleinere als die bei der Berechnung der Standardwerte herangezogenen geografischen Gebiete berechnet wurden.
7. Die auf Jahresbasis umgerechneten Emissionen aus Kohlenstoffbestandsänderungen infolge von Landnutzungsänderungen (e_l) werden durch gleichmäßige Verteilung der Gesamtemissionen über 20 Jahre berechnet. Diese Emissionen werden wie folgt berechnet:

   $e_l = (CS_R - CS_A) \times 3\,664 \times 1/20 \times 1/P - e_B$

   Dabei sind:

   e_l = auf das Jahr umgerechnete Treibhausgasemissionen aus Kohlenstoffbestandsänderungen infolge von Landnutzungsänderungen (gemessen als Masse an Kohlendioxid-Äquivalent je Energieeinheit des Biokraftstoffs),

   CS_R = der mit der Bezugsfläche verbundene Kohlenstoffbestand je Flächeneinheit (gemessen als Masse an Kohlenstoff je Flächeneinheit einschließlich Boden und Vegetation). Die Landnutzung der Bezugsflächen ist die Landnutzung zum Referenzzeitpunkt oder 20 Jahre vor der Gewinnung des Rohstoffes, je nachdem, welcher Zeitpunkt der spätere ist,

   CS_A = der mit der tatsächlichen Landnutzung verbundene Kohlenstoffbestand je Flächeneinheit (gemessen als Masse an Kohlenstoff je Flächeneinheit einschließlich Boden und Vegetation). Wenn sich der Kohlenstoffbestand über mehr als ein Jahr anreichert, gilt als CS_A-Wert der geschätzte Kohlenstoffbestand je Flächeneinheit nach 20 Jahren oder zum Zeitpunkt der Reife der Pflanzen, je nachdem, welcher Zeitpunkt der frühere ist,

   P = die Pflanzenproduktivität (gemessen als Energie der Biokraftstoffe je Flächeneinheit je Jahr) und

   e_B = Bonus von 29 g CO_{2eq}/MJ Biokraftstoff, wenn die Biomasse nach Maßgabe der Nummer 8 auf wiederhergestellten degradierten Flächen angebaut wird.

   Kulturflächen und Dauerkulturen sind als eine Landnutzung zu betrachten.
8. Der Bonus von 29 g CO_{2eq}/MJ wird gewährt, wenn der Nachweis erbracht wird, dass die betreffende Fläche

   a) zum Referenzzeitpunkt nicht landwirtschaftlich oder zu einem anderen Zweck genutzt wurde und

b) unter eine der folgenden zwei Kategorien fällt:

aa) stark degradierte Flächen einschließlich früherer landwirtschaftlicher Flächen oder

bb) stark verschmutzte Flächen.

Der Bonus von 29 g CO_{2eq}/MJ gilt für einen Zeitraum von bis zu zehn Jahren ab dem Zeitpunkt der Umwandlung der Fläche in eine landwirtschaftliche Nutzfläche, sofern ein kontinuierlicher Anstieg des Kohlenstoffbestands und ein nennenswerter Rückgang der Erosion auf Flächen nach Satz 1 Buchstabe b Doppelbuchstabe aa gewährleistet werden und die Bodenverschmutzung auf Flächen nach Doppelbuchstabe bb gesenkt wird.

9. Die Kategorien nach Nummer 8 Satz 1 Buchstabe b werden wie folgt definiert:

a) stark degradierte Flächen sind Flächen,

aa) die während eines längeren Zeitraums versalzt wurden oder

bb) denen sehr wenige organische Substanzen zugeführt wurden

und die stark erodiert sind, und

b) stark verschmutzte Flächen sind Flächen, die auf Grund der Bodenverschmutzung ungeeignet für den Anbau von Lebens- und Futtermitteln sind.

Als Flächen nach Nummer 8 Satz 1 Buchstabe b gelten auch alle Flächen, die durch eine Entscheidung der Europäischen Kommission auf Grund des Artikels 18 Absatz 4 Unterabsatz 4 der Richtlinie 2009/28/EG oder des Artikels 7c Absatz 4 Unterabsatz 4 der Richtlinie 2009/30/EG als stark geschädigte oder stark verschmutzte Flächen anerkannt worden sind.

10. Sobald die Europäischen Kommission auf Grund des Anhangs V Teil C Nummer 10 Satz 1 der Richtlinie 2009/28/EG oder auf Grund des Anhangs IV Teil C Nummer 10 Satz 1 der Richtlinie 2009/30/EG Leitlinien für die Berechnung des Bodenkohlenstoffbestands erstellt hat, sind diese der Berechnung des Bodenkohlenstoffbestands nach dieser Anlage zugrunde zu legen. Die zuständige Behörde macht den Inhalt dieser Leitlinien im Bundesanzeiger bekannt.

11. Die Emissionen bei der Verarbeitung (e_p) schließen die Emissionen bei der Verarbeitung selbst, aus Abfällen und Leckagen sowie bei der Herstellung der zur Verarbeitung verwendeten Chemikalien oder sonstigen Produkte ein. Bei der Berücksichtigung des Verbrauchs an Strom, der nicht in der Anlage zur Herstellung des Kraftstoffs erzeugt wurde, wird angenommen, dass die Treibhausgasemissionsintensität bei Erzeugung und Verteilung dieses Stroms der durchschnittlichen Emissionsintensität bei Erzeugung und Verteilung von Strom in einer bestimmten Region entspricht. Abweichend von Satz 2 können die Hersteller für den von einer einzelnen Stromerzeugungsanlage erzeugten Strom einen Durchschnittswert verwenden, sofern diese Anlage nicht an das Stromnetz angeschlossen ist.

12. Die Emissionen bei der Lieferung (e_{td}) schließen die beim Transport und der Lagerung von Rohstoffen und Halbfertigerzeugnissen sowie bei der Lagerung und dem Vertrieb von Fertigerzeugnissen anfallenden Emissionen ein. Satz 1 gilt nicht für die Emissionen beim Transport und Vertrieb, die nach Nummer 6 berücksichtigt werden.

13. Die Emissionen bei der Nutzung des Kraftstoffs (e_u) werden für Biokraftstoffe auf null festgesetzt.

14. Die Emissionseinsparungen durch Abscheidung und geologische Speicherung von Kohlendioxid (e_{ccs}), die noch nicht in e_p berücksichtigt wurden, werden begrenzt auf die Emissionen, die durch Abscheidung und Sequestrierung von emittiertem Kohlendioxid vermieden wurden und die unmittelbar mit der Gewinnung, dem Transport, der Verarbeitung und dem Vertrieb des Kraftstoffs verbunden sind.

15. Die Emissionseinsparungen durch Abscheidung und Ersetzung von Kohlendioxid (e_{ccr}) werden begrenzt auf die durch Abscheidung von Kohlendioxid vermiedenen Emissionen, bei denen der Kohlenstoff aus Biomasse stammt und anstelle des auf fossile Kraftstoffe zurückgehenden Kohlendioxids für gewerbliche Erzeugnisse und Dienstleistungen verwendet wird.

16. Die Emissionseinsparung durch überschüssige Elektrizität aus Kraft-Wärme-Kopplung (e_{ee}) wird im Verhältnis zu dem Elektrizitätsüberschuss berücksichtigt, der von Kraftstoffherstellungssystemen mit Kraft-Wärme-Kopplung erzeugt wird, außer in Fällen, in denen als Brennstoff andere Nebenerzeugnisse als Ernterückstände eingesetzt werden. Für die Berücksichtigung dieses Stromüberschusses wird davon ausgegangen, dass die Größe der Kraft-Wärme-Kopplungs-(KWK-)Anlage der Mindestgröße entspricht, die erforderlich ist, um die für die Herstellung des Kraftstoffs benötigte Wärme zu liefern. Die mit diesem Stromüberschuss verbundenen Minderungen an Treibhausgasemissionen werden der Treibhausgasmenge gleichgesetzt, die bei der Erzeugung einer

entsprechenden Strommenge in einem Kraftwerk emittiert würde, das den gleichen Brennstoff einsetzt wie die KWK-Anlage.

17. Werden bei einem Verfahren zur Herstellung von Kraftstoffen neben dem Kraftstoff, für den die Emissionen berechnet werden, weitere Erzeugnisse (Nebenerzeugnisse) hergestellt, so werden die anfallenden Treibhausgasemissionen zwischen dem Kraftstoff oder dessen Zwischenerzeugnis und den Nebenerzeugnissen nach Maßgabe ihres Energiegehalts aufgeteilt. Der Energiegehalt wird bei anderen Nebenerzeugnissen als Strom durch den unteren Heizwert bestimmt.

18. Für die Zwecke der Berechnung nach Nummer 17 sind die aufzuteilenden Emissionen e_{ec} + e_l, + die Anteile von e_p, e_{td} und e_{ee}, die bis einschließlich zu dem Verfahrensschritt anfallen, bei dem ein Nebenerzeugnis erzeugt wird. Wurden Emissionen in einem früheren Verfahrensschritt Nebenerzeugnissen zugewiesen, so wird für diesen Zweck anstelle der Gesamtemissionen der Bruchteil dieser Emissionen verwendet, der im letzten Verfahrensschritt dem Zwischenerzeugnis zugeordnet wird.
Im Fall von Biokraftstoffen werden sämtliche Nebenerzeugnisse einschließlich des Stroms, der nicht unter Nummer 16 fällt, für die Zwecke der Berechnung berücksichtigt, mit Ausnahme von Ernterückständen wie Stroh, Bagasse, Hülsen, Maiskolben und Nussschalen. Für die Zwecke der Berechnung wird der Energiegehalt von Nebenerzeugnissen mit negativem Energiegehalt mit null angesetzt.
Die Lebenszyklus-Treibhausgasemissionen von Abfällen, Ernterückständen wie Stroh, Bagasse, Hülsen, Maiskolben und Nussschalen sowie Reststoffen aus der Verarbeitung einschließlich Rohglycerin (nicht raffiniertes Glycerin) werden bis zur Sammlung dieser Materialien mit null festgesetzt.
Bei Kraftstoffen, die in Raffinerien hergestellt werden, ist die Analyseeinheit für die Zwecke der Berechnung nach Nummer 17 die Raffinerie.

19. Für die Zwecke der Berechnung nach Nummer 4 ist der Vergleichswert für fossile Kraftstoffe E_F der gemäß der Richtlinie 98/70/EG aktuell verfügbare tatsächliche Durchschnitt der Treibhausgasemissionen von fossilen Otto- und Dieselkraftstoffen der Europäischen Gemeinschaften. Solange dieser Wert noch nicht vorliegt, ist für die Zwecke der Berechnung nach Nummer 4 der Vergleichswert für Fossilbrennstoffe E_F 83,8 g CO_{2eq}/MJ.
Richtlinie 98/70/EG bezeichnet die Richtlinie 98/70/EG des Europäischen Parlaments und des Rates vom 13. Oktober 1998 über die Qualität von Otto- und Dieselkraftstoffen und zur Änderung der Richtlinie 93/12/EWG des Rates (ABl. L 350 vom 28.12.1998, S. 86, L 124 vom 25.5.2000, S. 66), die zuletzt durch die Richtlinie 2009/30/EG (ABl. L 140 vom 5.6.2009, S. 88) geändert worden ist, in der jeweils geltenden Fassung.

Anlage 2
(zu § 8 Absatz 3)

Standardwerte zur Berechnung der durch die Verwendung von Biokraftstoffen erzielten Treibhausgasminderung

1. Standardwerte für Biokraftstoffe

a) Teilstandardwerte für den Anbau (e_{ec} gemäß Definition in Anlage 1):

	Herstellungsweg der Biokraftstoffe	Standardtreibhausgasemissionen (g CO_{2eq}/MJ)
aa)	Ethanol aus Zuckerrüben	12
bb)	Ethanol aus Weizen	23
cc)	Ethanol aus Mais, in einem Mitgliedstaat der Europäischen Union hergestellt	20
dd)	Ethanol aus Zuckerrohr	14
ee)	Biodiesel aus Raps	29
ff)	Biodiesel aus Sonnenblumen	18

	Herstellungsweg der Biokraftstoffe	Standardtreibhausgasemissionen (g CO_{2eq}/MJ)
gg)	ETBE, Anteil aus erneuerbaren Quellen	Wie beim Herstellungsweg für Ethanol
hh)	TAEE, Anteil aus erneuerbaren Quellen	Wie beim Herstellungsweg für Ethanol
ii)	Biodiesel aus Sojabohnen	19
jj)	Biodiesel aus Palmöl	14
kk)	Biodiesel aus pflanzlichem oder tierischem Abfallöl mit Ausnahme von tierischen Ölen aus tierischen Nebenprodukten, die in der Verordnung (EG) Nr. 1774/2002 des Europäischen Parlaments und des Rates vom 3. Oktober 2002 mit Hygienevorschriften für nicht für den menschlichen Verzehr bestimmte tierische Nebenprodukte (ABl. L 273 vom 10.10.2002, S. 1) als Material der Kategorie 3 eingestuft werden.	0
ll)	hydriertes Rapsöl	30
mm)	hydriertes Sonnenblumenöl	18
nn)	hydriertes Palmöl	15
oo)	reines Rapsöl	30
pp)	*(aufgehoben)*	
qq)	*(aufgehoben)*	
rr)	Biogas aus organischen Siedlungsabfällen als komprimiertes Erdgas	0
ss)	Biogas aus Gülle als komprimiertes Erdgas	0
tt)	Biogas aus Trockenmist als komprimiertes Erdgas	0

b) Teilstandardwerte für die Verarbeitung einschließlich Stromüberschuss ($e_p - e_{ee}$ gemäß Definition in Anlage 1):

	Herstellungsweg der Biokraftstoffe	Standardtreibhausgasemissionen (g CO_{2eq}/MJ)
aa)	Ethanol aus Zuckerrüben	26
bb)	Ethanol aus Weizen (Prozessbrennstoff nicht spezifiziert)	45
cc)	Ethanol aus Weizen (Braunkohle als Prozessbrennstoff in KWK-Anlage)	45
dd)	Ethanol aus Weizen (Erdgas als Prozessbrennstoff in konventioneller Anlage)	30
ee)	Ethanol aus Weizen (Erdgas als Prozessbrennstoff in KWK-Anlage)	19
ff)	Ethanol aus Weizen (Stroh als Prozessbrennstoff in KWK-Anlage)	1
gg)	Ethanol aus Mais, in einem Mitgliedstaat der Europäischen Union hergestellt (Erdgas als Prozessbrennstoff in KWK-Anlage)	21
hh)	Ethanol aus Zuckerrohr	1

	Herstellungsweg der Biokraftstoffe	Standardtreibhausgasemissionen (g CO_{2eq}/MJ)
ii)	ETBE, Anteil aus erneuerbaren Quellen	Wie beim Herstellungsweg für Ethanol
jj)	TAEE, Anteil aus erneuerbaren Quellen	Wie beim Herstellungsweg für Ethanol
kk)	Biodiesel aus Raps	22
ll)	Biodiesel aus Sonnenblumen	22
mm)	Biodiesel aus Sojabohnen	26
nn)	Biodiesel aus Palmöl (Prozessbrennstoff nicht spezifiziert)	49
oo)	Biodiesel aus Palmöl (Verarbeitung mit Methanbindung an der Ölmühle)	18
pp)	Biodiesel aus pflanzlichem oder tierischem Abfallöl	13
qq)	hydriertes Rapsöl	13
rr)	hydriertes Sonnenblumenöl	13
ss)	hydriertes Palmöl (Prozess nicht spezifiziert)	42
tt)	hydriertes Palmöl (Verarbeitung mit Methanbindung an der Ölmühle)	9
uu)	reines Rapsöl	5
vv)	*(aufgehoben)*	
ww)	*(aufgehoben)*	
xx)	Biogas aus organischen Siedlungsabfällen als komprimiertes Erdgas	20
yy)	Biogas aus Gülle als komprimiertes Erdgas	11
zz)	Biogas aus Trockenmist als komprimiertes Erdgas	11

c) Teilstandardwerte für die Lieferung (e_{td} gemäß Definition in Anlage 1):

	Herstellungsweg der Biokraftstoffe	Standardtreibhausgasemissionen (g CO_{2eq}/MJ)
aa)	Ethanol aus Zuckerrüben	2
bb)	Ethanol aus Weizen	2
cc)	Ethanol aus Mais, in einem Mitgliedstaat der Europäischen Union hergestellt	2
dd)	Ethanol aus Zuckerrohr	9
ee)	Biodiesel aus Raps	1
ff)	Biodiesel aus Sonnenblumen	1
gg)	ETBE, Anteil aus erneuerbaren Quellen	Wie beim Herstellungsweg für Ethanol
hh)	TAEE, Anteil aus erneuerbaren Quellen	Wie beim Herstellungsweg für Ethanol
ii)	Biodiesel aus Sojabohnen	13
jj)	Biodiesel aus Palmöl	5
kk)	Biodiesel aus pflanzlichem oder tierischem Abfallöl	1

	Herstellungsweg der Biokraftstoffe	Standardtreibhausgasemissionen (g CO_{2eq}/MJ)
ll)	hydriertes Rapsöl	1
mm)	hydriertes Sonnenblumenöl	1
nn)	hydriertes Palmöl	5
oo)	reines Rapsöl	1
pp)	*(aufgehoben)*	
qq)	*(aufgehoben)*	
rr)	Biogas aus organischen Siedlungsabfällen als komprimiertes Erdgas	3
ss)	Biogas aus Gülle als komprimiertes Erdgas	5
tt)	Biogas aus Trockenmist als komprimiertes Erdgas	4

d) Gesamtstandardwerte für Herstellung und Lieferung:

	Herstellungsweg der Biokraftstoffe	Standardtreibhausgasemissionen (g CO_{2eq}/MJ)
aa)	Ethanol aus Zuckerrüben	40
bb)	Ethanol aus Weizen (Prozessbrennstoff nicht spezifiziert)	70
cc)	Ethanol aus Weizen (Braunkohle als Prozessbrennstoff in KWK-Anlage)	70
dd)	Ethanol aus Weizen (Erdgas als Prozessbrennstoff in konventioneller Anlage)	55
ee)	Ethanol aus Weizen (Erdgas als Prozessbrennstoff in KWK-Anlage)	44
ff)	Ethanol aus Weizen (Stroh als Prozessbrennstoff in KWK-Anlage)	26
gg)	Ethanol aus Mais, in einem Mitgliedstaat der Europäischen Union hergestellt (Erdgas als Prozessbrennstoff in KWK-Anlage)	43
hh)	Ethanol aus Zuckerrohr	24
ii)	Biodiesel aus Raps	52
jj)	ETBE, Anteil aus erneuerbaren Quellen	Wie beim Herstellungsweg für Ethanol
kk)	TAEE, Anteil aus erneuerbaren Quellen	Wie beim Herstellungsweg für Ethanol
ll)	Biodiesel aus Sonnenblumen	41
mm)	Biodiesel aus Sojabohnen	58
nn)	Biodiesel aus Palmöl (Prozessbrennstoff nicht spezifiziert)	68
oo)	Biodiesel aus Palmöl (Verarbeitung mit Methanbindung an der Ölmühle)	37
pp)	Biodiesel aus pflanzlichem oder tierischem Abfallöl	14
qq)	hydriertes Rapsöl	44
rr)	hydriertes Sonnenblumenöl	32

	Herstellungsweg der Biokraftstoffe	Standardtreibhausgasemissionen (g CO_{2eq}/MJ)
ss)	hydriertes Palmöl (Prozess nicht spezifiziert)	62
tt)	hydriertes Palmöl (Verarbeitung mit Methanbindung an der Ölmühle)	29
uu)	reines Rapsöl	36
vv)	*(aufgehoben)*	
ww)	*(aufgehoben)*	
xx)	Biogas aus organischen Siedlungsabfällen als komprimiertes Erdgas	23
yy)	Biogas aus Gülle als komprimiertes Erdgas	16
zz)	Biogas aus Trockenmist als komprimiertes Erdgas	15

e) Treibhausgasminderung gegenüber dem fossilem Referenzkraftstoff:

	Herstellungsweg der Biokraftstoffe	Standardwert für die Treibhausgasminderung
aa)	Ethanol aus Zuckerrüben	52 %
bb)	Ethanol aus Weizen (Prozessbrennstoff nicht spezifiziert)	16 %
cc)	Ethanol aus Weizen (Braunkohle als Prozessbrennstoff in KWK-Anlage)	16 %
dd)	Ethanol aus Weizen (Erdgas als Prozessbrennstoff in konventioneller Anlage)	34 %
ee)	Ethanol aus Weizen (Erdgas als Prozessbrennstoff in KWK-Anlage)	47 %
ff)	Ethanol aus Weizen (Stroh als Prozessbrennstoff in KWK-Anlage)	69 %
gg)	Ethanol aus Mais, in einem Mitgliedstaat der Europäischen Union hergestellt (Erdgas als Prozessbrennstoff in KWK-Anlage)	49 %
hh)	Ethanol aus Zuckerrohr	71 %
ii)	ETBE, Anteil aus erneuerbaren Quellen	Wie beim Herstellungsweg für Ethanol
jj)	TAEE, Anteil aus erneuerbaren Quellen	Wie beim Herstellungsweg für Ethanol
kk)	Biodiesel aus Raps	38 %
ll)	Biodiesel aus Sonnenblumen	51 %
mm)	Biodiesel aus Sojabohnen	31 %
nn)	Biodiesel aus Palmöl (Prozessbrennstoff nicht spezifiziert)	19 %
oo)	Biodiesel aus Palmöl (Verarbeitung mit Methanbindung an der Ölmühle)	56 %
pp)	Biodiesel aus pflanzlichem oder tierischem Abfallöl	83 %
qq)	hydriertes Rapsöl	47 %
rr)	hydriertes Sonnenblumenöl	62 %
ss)	hydriertes Palmöl (Prozess nicht spezifiziert)	26 %

	Herstellungsweg der Biokraftstoffe	Standardwert für die Treibhausgasminderung
tt)	hydriertes Palmöl (Verarbeitung mit Methanbindung an der Ölmühle)	65 %
uu)	reines Rapsöl	57 %
vv)	Biogas aus organischen Siedlungsabfällen als komprimiertes Erdgas	73 %
ww)	Biogas aus Gülle als komprimiertes Erdgas	81 %
xx)	Biogas aus Trockenmist als komprimiertes Erdgas	82 %

2. Geschätzte Standardwerte für künftige Biokraftstoffe, die zum Referenzzeitpunkt nicht oder nur in vernachlässigbaren Mengen auf dem Markt waren

a) Teilstandardwerte für den Anbau (e_{ec} gemäß Definition in Anlage 1):

	Herstellungsweg der Biokraftstoffe	Standardtreibhausgasemissionen (g CO_{2eq}/MJ)
aa)	Ethanol aus Weizenstroh	3
bb)	Ethanol aus Abfallholz	1
cc)	Ethanol aus Kulturholz	6
dd)	Fischer-Tropsch-Diesel aus Abfallholz	1
ee)	Fischer-Tropsch-Diesel aus Kulturholz	4
ff)	Dimethylether (DME) aus Abfallholz	1
gg)	DME aus Kulturholz	5
hh)	Methanol aus Abfallholz	1
ii)	Methanol aus Kulturholz	5
jj)	MTBE, Anteil aus erneuerbaren Quellen	Wie beim Herstellungsweg für Methanol

b) Teilstandardwerte für die Verarbeitung einschließlich Stromüberschuss (e_p - e_{ee} gemäß Anlage 1):

	Herstellungsweg der Biokraftstoffe	Standardtreibhausgasemissionen (g CO_{2eq}/MJ)
aa)	Ethanol aus Weizenstroh	7
bb)	Ethanol aus Holz	17
cc)	Fischer-Tropsch-Diesel aus Holz	0
dd)	DME aus Holz	0
ee)	Methanol aus Holz	0
ff)	MTBE, Anteil aus erneuerbaren Quellen	Wie beim Herstellungsweg für Methanol

c) Teilstandardwerte für die Lieferung (e_{td} gemäß Definition in Anlage 1):

	Herstellungsweg der Biokraftstoffe	Standardtreibhausgasemissionen (g CO_{2eq}/MJ)
aa)	Ethanol aus Weizenstroh	2
bb)	Ethanol aus Abfallholz	4

	Herstellungsweg der Biokraftstoffe	Standardtreibhausgasemissionen (g CO_{2eq}/MJ)
cc)	Ethanol aus Kulturholz	2
dd)	Fischer-Tropsch-Diesel aus Abfallholz	3
ee)	Fischer-Tropsch-Diesel aus Kulturholz	2
ff)	DME aus Abfallholz	4
gg)	DME aus Kulturholz	2
hh)	Methanol aus Abfallholz	4
ii)	Methanol aus Kulturholz	2
jj)	MTBE, Anteil aus erneuerbaren Quellen	Wie beim Herstellungsweg für Methanol

d) Gesamtstandardwerte für Herstellung und Lieferung:

	Herstellungsweg der Biokraftstoffe	Standardtreibhausgasemissionen (g CO_{2eq}/MJ)
aa)	Ethanol aus Weizenstroh	13
bb)	Ethanol aus Abfallholz	22
cc)	Ethanol aus Kulturholz	25
dd)	Fischer-Tropsch-Diesel aus Abfallholz	4
ee)	Fischer-Tropsch-Diesel aus Kulturholz	6
ff)	DME aus Abfallholz	5
gg)	DME aus Kulturholz	7
hh)	Methanol aus Abfallholz	5
ii)	Methanol aus Kulturholz	7
jj)	MTBE, Anteil aus erneuerbaren Quellen	Wie beim Herstellungsweg für Methanol

e) Treibhausgasminderung gegenüber dem fossilem Referenzkraftstoff:

	Herstellungsweg der Biokraftstoffe	Standardwert für die Treibhausgasminderung
aa)	Ethanol aus Weizenstroh	85 %
bb)	Ethanol aus Abfallholz	74 %
cc)	Ethanol aus Kulturholz	70 %
dd)	Fischer-Tropsch-Diesel aus Abfallholz	95 %
ee)	Fischer-Tropsch-Diesel aus Kulturholz	93 %
ff)	DME aus Abfallholz	95 %
gg)	DME aus Kulturholz	92 %
hh)	Methanol aus Abfallholz	94 %
ii)	Methanol aus Kulturholz	91 %
jj)	MTBE, Anteil aus erneuerbaren Quellen	Wie beim Herstellungsweg für Methanol

Anlage 2a
(zu § 18 Absatz 1 Nummer 8 Buchstabe f)

Vorläufige geschätzte Emissionen infolge von indirekten Landnutzungsänderungen durch Biokraftstoffe (in g CO_{2eq}/MJ)

Rohstoffgruppe	Mittelwert*)	Aus der Sensitivitätsanalyse abgeleitete Bandbreite zwischen den Perzentilen**)
Getreide und sonstige Kulturpflanzen mit hohem Stärkegehalt	12	8 bis 16
Zuckerpflanzen	13	4 bis 17
Ölpflanzen	55	33 bis 66

*) **Amtl. Anm.:** Die hier aufgenommenen Mittelwerte stellen einen gewichteten Durchschnitt der individuell dargestellten Rohstoffwerte dar.

) **Amtl. Anm.: Die hier berücksichtigte Bandbreite entspricht 90 Prozent der Ergebnisse unter Verwendung des aus der Analyse resultierenden fünften und fünfundneunzigsten Perzentilwerts. Das fünfte Perzentil deutet auf einen Wert hin, unter dem 5 Prozent der Beobachtungen angesiedelt waren (das heißt: 5 Prozent der verwendeten Gesamtdaten zeigten Ergebnisse unter 8, 4 und 33 g CO_{2eq}/MJ). Das fünfundneunzigste Perzentil deutet auf einen Wert hin, unter dem 95 Prozent der Beobachtungen angesiedelt waren (das heißt: 5 Prozent der verwendeten Gesamtdaten zeigten Ergebnisse über 16, 17 und 66 g CO_{2eq}/MJ).

Anlage 3
(zu § 33 Absatz 1, § 43 Absatz 1)

Inhaltliche Anforderungen an Zertifizierungssysteme

1. Zertifizierungssysteme enthalten mindestens Regelungen dazu,
   a) wie die Anforderungen nach den §§ 4 bis 8 für die Herstellung und Lieferung der Biokraftstoffe unter Berücksichtigung eines Massenbilanzsystems nach Maßgabe des § 16 näher bestimmt, umgesetzt und bei den Schnittstellen, den Anbau- und sonstigen Betrieben sowie den Lieferanten kontrolliert werden;
   b) welche Anforderungen die Schnittstellen einschließlich aller von ihnen mit der Herstellung oder Lieferung von Biomasse oder von Biokraftstoffen unmittelbar oder mittelbar befassten Betriebe, die nicht selbst eine Schnittstelle sind, für die Erfüllung der Anforderungen der Verordnung erfüllen müssen, insbesondere
      aa) welche Unterlagen sie der Zertifizierungsstelle zum Nachweis darüber vorlegen müssen, dass sie die Anforderungen nach den §§ 4 bis 8 erfüllen,
      bb) welchen Inhalt und Umfang die Dokumentation nach § 26 Absatz 1 Nummer 4 haben muss, wie das Risiko einer fehlerhaften Dokumentation in den Stufen „hoch“, „mittel“ und „niedrig“ bewertet wird und wie die Schnittstellen und sonstigen Betriebe unabhängig von § 39 Absatz 3 dazu verpflichtet werden, die Dokumentation vertraulich zu behandeln und Dritten nicht zugänglich zu machen,
      cc) welche Daten für die Berechnung der Treibhausgasminderung nach § 8 gemessen werden müssen und wie genau diese Daten sein müssen,
      dd) wie in dem Fall, dass eine Zertifizierungsstelle feststellt, dass ein Betrieb oder eine Schnittstelle die Anforderungen nach dieser Verordnung nicht oder nicht mehr erfüllt, gewährleistet wird, dass der Betrieb oder die Schnittstelle durch geeignete Maßnahmen sanktioniert wird; als geeignete Sanktion kann insbesondere die Informierung aller weiteren Zertifizierungsstellen und Schnittstellen, für die diese Information wesentlich ist, vorgesehen werden, und
      ee) welches Verfahren Schnittstellen nach § 15 Absatz 3 zur Ausstellung von Nachhaltigkeitsnachweisen anwenden müssen;

c) welche Anforderungen die Zertifizierungsstellen, die zur Kontrolle der Anforderungen dieses Zertifizierungssystems benannt worden sind, erfüllen müssen, insbesondere

aa) wie sie die Erfüllung der Anforderungen nach § 43 Absatz 1 Nummer 2 nachweisen müssen,

bb) welches Verfahren sie zur Ausstellung von Zertifikaten anwenden müssen und

cc) wie sie die Schnittstellen, die Betriebe, in denen die Biomasse angebaut oder geerntet wird, und die Lieferanten nach den §§ 49 bis 51 kontrollieren müssen;

d) welche weiteren Maßnahmen zur Transparenz und zur Vorsorge gegen Missbrauch und Betrug vorgesehen sind;

e) dass sich die Zertifizierungsstellen und die Schnittstellen, die sich zur Erfüllung der Anforderungen dieses Zertifizierungssystems verpflichtet haben, einschließlich aller von ihnen mit der Herstellung oder Lieferung der Biokraftstoffe unmittelbar oder mittelbar befassten Betriebe, die nicht selbst eine Schnittstelle sind, schriftlich verpflichten,

aa) die Anforderungen dieses Zertifizierungssystems und im Fall einer Schnittstelle die Anforderungen nach § 26 Absatz 1 zu erfüllen,

bb) im Fall einer Zertifizierungsstelle Mitarbeiterinnen und Mitarbeitern der zuständigen Behörde sowie ihren Beauftragten und im Fall einer Schnittstelle und aller von ihr mit der Herstellung oder Lieferung der Biokraftstoffe unmittelbar oder mittelbar befassten Betriebe Mitarbeiterinnen und Mitarbeitern einer von diesem Zertifizierungssystem benannten Zertifizierungsstelle das Recht einzuräumen,

aaa) während der Geschäfts- oder Betriebszeit Grundstücke, Geschäfts-, Betriebs- und Lagerräume sowie Transportmittel zu betreten,

bbb) Besichtigungen vorzunehmen,

ccc) alle schriftlich und elektronisch vorliegenden Geschäftsunterlagen einzusehen, zu prüfen und hieraus Kopien anzufertigen,

ddd) die erforderlichen Auskünfte zu verlangen und

eee) Proben zu ziehen;

dieses Recht bezieht sich auf alle Orte, an denen die Zertifizierungsstelle oder die Schnittstelle im Zusammenhang mit der Herstellung oder Lieferung von Biokraftstoffen, für die ein Nachhaltigkeitsnachweis nach dieser Verordnung ausgestellt wird, eine Tätigkeit ausüben, und

f) auf welche Länder oder Staaten sich die in den Buchstaben a bis e genannten Anforderungen beziehen.

2. Zertifizierungssysteme müssen sicherstellen, dass die Erfüllung der Anforderungen nach dieser Verordnung keine unverhältnismäßigen Kosten für kleinbäuerliche Betriebe, Produzentenorganisationen und Genossenschaften verursacht. Sie können zu diesem Zweck in begründeten Fällen von den Anforderungen nach Teil 3 dieser Verordnung abweichen.

3. Zertifizierungssysteme können Regelungen über die Verwendung einer elektronischen Datenbank für den Nachweis der Erfüllung der Anforderungen nach den §§ 16 und 17 enthalten.

4. Das Bundesministerium der Finanzen kann die in den Nummern 1 bis 3 genannten Anforderungen im Einvernehmen mit dem Bundesministerium für Ernährung und Landwirtschaft und dem Bundesministerium für Umwelt, Naturschutz, Bau und Reaktorsicherheit durch ein Referenzsystem näher bestimmen und als Verwaltungsvorschrift im Bundesanzeiger bekannt machen. Satz 1 gilt nicht für die Angaben, die von der Europäischen Kommission auf Grund des Artikels 18 Absatz 3 Unterabsatz 3 der Richtlinie 2009/28/EG sowie Artikels 7 Absatz 3 Unterabsatz 3 der Richtlinie 2009/30/EG zu dem Zweck festgelegt werden, dass die Wirtschaftsteilnehmer diese Angaben an die Mitgliedstaaten der Europäischen Union übermitteln sollen.

Anlage 4 *(aufgehoben)*

3.3. Verordnung über den Vergleich von Kosten und Nutzen der Kraft-Wärme-Kopplung und der Rückführung industrieller Abwärme bei der Wärme- und Kälteversorgung (KWK-Kosten-Nutzen-Vergleich-Verordnung – KNV-V)[1]

Vom 28. April 2015
(BGBl. I S. 670)

FNA 2129-20-2

geänd. durch Art. 2 Abs. 1 G zur Neuregelung des Kraft-Wärme-KopplungsG v. 21.12.2015 (BGBl. I S. 2498)

Abschnitt 1. Allgemeine Vorschriften

§ 1 Anwendungsbereich. Diese Verordnung gilt für

1. die Genehmigung der Errichtung oder erheblichen Modernisierung
   a) einer Feuerungsanlage zur Erzeugung von Strom mit einer Feuerungswärmeleistung von mehr als 20 MW,
   b) einer sonstigen Anlage, bei der Abwärme mit einem nutzbaren Temperaturniveau entsteht, mit einer Feuerungswärmeleistung von mehr als 20 MW,
   c) einer Feuerungsanlage zur Erzeugung von Wärme mit einer Feuerungswärmeleistung von mehr als 20 MW in einem bestehenden Fernwärme- oder Fernkältenetz,
2. die Planfeststellung für ein neues Fernwärme- oder Fernkältenetz.

§ 2 Begriffsbestimmungen. Im Sinne dieser Verordnung sind:

1. „Kraft-Wärme-Kopplung“:
   Kraft-Wärme-Kopplung im Sinne des § 2 Nummer 13 des Kraft-Wärme-Kopplungsgesetzes;
2. „wirtschaftlich vertretbarer Bedarf“:
   Bedarf, der die benötigte Wärme- oder Kühlungsleistung nicht überschreitet und der sonst durch andere Energieerzeugungsprozesse als Kraft-Wärme-Kopplung zu Marktbedingungen gedeckt würde;
3. „hocheffiziente Kraft-Wärme-Kopplung“:
   Kraft-Wärme-Kopplung, die den in Anhang II der Richtlinie 2012/27/EU des Europäischen Parlaments und des Rates vom 25. Oktober 2012 zur Energieeffizienz, zur Änderung der Richtlinien 2009/125/EG und 2010/30/EU und zur Aufhebung der Richtlinien 2004/8/EG und 2006/32/EG (ABl. L 315 vom 14.11.2012, S. 1) festgelegten Kriterien entspricht;

---

[1] Verkündet als Art. 1 VO v. 28.4.2015 (BGBl. I S. 670); Inkrafttreten gem. Art. 12 dieser VO am 1.5.2015. Die VO wurde ua erlassen aufgrund von § 4 Abs. 1 Satz 3, § 7 Abs. 1 Satz 1 Nr. 1, 3 und 4, § 23 Abs. 1 Satz 1 Nr. 3 und 5, § 29b Abs. 3 und § 58a Abs. 1 Satz 2 BImSchG (Nr. **1**) sowie von § 21 Abs. 4 Satz 1 Nr. 1 UVPG.

4. „Fernwärmenetz":
   Wärmenetz im Sinne des § 2 Nummer 32 des Kraft-Wärme-Kopplungsgesetzes;
5. „Fernkältenetz":
   Kältenetz im Sinne des § 2 Nummer 10 des Kraft-Wärme-Kopplungsgesetzes;
6. „Trasse":
   Trasse im Sinne des § 2 Nummer 29 des Kraft-Wärme-Kopplungsgesetzes;
7. „erhebliche Modernisierung":
   wesentliche Änderung, deren Kosten mehr als 50 Prozent der Investitionskosten für eine neue vergleichbare Anlage betragen; der Einbau von Ausrüstungen für die Abscheidung des von einer Anlage gemäß § 1 Nummer 1 erzeugten Kohlendioxid im Hinblick auf seine geologische Speicherung gemäß des Kohlendioxid-Speicherungsgesetzes gilt nicht als erhebliche Modernisierung;
8. „effiziente Fernwärme- oder Fernkälteversorgung":
   Versorgung über ein Fernwärme- oder Fernkältesystem mit einer Nutzung von mindestens
   a) 50 Prozent erneuerbare Energien,
   b) 50 Prozent Abwärme,
   c) 75 Prozent Wärme aus Kraft-Wärme-Kopplung oder
   d) 50 Prozent einer Kombination dieser Energien und dieser Wärme.

Abschnitt 2. Kosten-Nutzen-Vergleich

§ 3 Vorlagepflicht. (1) Für die Errichtung oder erhebliche Modernisierung einer Anlage gemäß § 1 Nummer 1 sind im Rahmen der Antragsunterlagen nach § 4 Absatz 1 Satz 1 der Verordnung über das Genehmigungsverfahren[1] eine Wirtschaftlichkeitsanalyse einschließlich des Kosten-Nutzen-Vergleichs nach § 6 oder eine Darlegung nach § 5 Absatz 4 vorzulegen, es sei denn, die Abwärme soll im Sinne des Vergleichsgegenstandes nach § 4 Absatz 1, 2 oder 3 verwendet werden.

(2) Für die Errichtung eines Fernwärme- oder Fernkältenetzes gemäß § 1 Nummer 2 sind eine Wirtschaftlichkeitsanalyse einschließlich des Kosten-Nutzen-Vergleichs nach § 6 oder eine Darlegung nach § 5 Absatz 4 mit dem Plan gemäß § 22 Satz 1 des Gesetzes über die Umweltverträglichkeitsprüfung in Verbindung mit § 73 Absatz 1 Satz 1 des Verwaltungsverfahrensgesetzes vorzulegen, es sei denn, Abwärme soll im Sinne des Vergleichsgegenstandes nach § 4 Absatz 3 verwendet werden.

(3) [1] Die nach den Absätzen 1 und 2 vorzulegenden Unterlagen müssen die Anforderungen der §§ 4 bis 6 erfüllen. [2] Wurde die Wirtschaftlichkeitsanalyse einschließlich des Kosten-Nutzen-Vergleichs von einer nach gesetzlichen Vorschriften dafür zuständigen Bundesbehörde testiert, ist auch das Testat im Rahmen der Antragsunterlagen vorzulegen.

---

[1] Nr. **2.9**.

(4) [1]Die Vorlage der in den Absätzen 1 bis 3 genannten Unterlagen entfällt bei

1. Anlagen, die in der Nähe einer nach § 11 des Kohlendioxid-Speicherungsgesetzes zugelassenen geologischen Speicherstätte angesiedelt werden müssen und
2. Feuerungsanlagen zur Erzeugung von Strom, die im gleitenden Durchschnitt über einen Zeitraum von fünf Jahren unter 1 500 Betriebsstunden jährlich in Betrieb sind.

[2]Die zuständige Behörde prüft bei der Genehmigung der Errichtung oder erheblichen Modernisierung einer Anlage nach Satz 1, ob die in Satz 1 genannten Voraussetzungen vorliegen. [3]Bei Anlagen nach Satz 1 Nummer 2 ist bei der Genehmigung durch den Anlagenbetreiber ein geeigneter Nachweis insbesondere in Form eines Sachverständigengutachtens oder eines Testats eines Wirtschaftsprüfers darüber zu erbringen, dass die betriebswirtschaftliche Kalkulation der Anlage im Hinblick auf die Betriebsstunden auf Szenarien basiert, die unter der genannten Schwelle liegen. [4]Der Anlagenbetreiber muss der zuständigen Behörde auf Verlangen Belege darüber vorlegen, dass die Grenze von 1 500 Betriebsstunden jährlich im gleitenden Durchschnitt über einen Zeitraum von fünf Jahren unterschritten wird.

(5) Die Vorlage der in den Absätzen 1 bis 3 genannten Unterlagen entfällt bei Anlagen nach § 1 Nummer 1 Buchstabe b und c, wenn

1. die zur Verfügung stehende nutzbare Abwärme weniger als 10 MW beträgt oder
2. die Wärmenachfrage weniger als 10 MW beträgt.

(6) [1]Die Vorlage der in den Absätzen 1 bis 3 genannten Unterlagen entfällt bei Fernwärme- und Fernkältenetzen nach § 1 Nummer 2, wenn ein Trassenausbau zwischen dem nächstmöglichen Einspeisepunkt des Fernwärme- oder Fernkältenetzes und der Anlage unzumutbar ist. [2]Ein Trassenausbau ist unzumutbar, wenn die Versorgung des bestehenden Fernwärme- oder Fernkältenetzes bereits effizient im Sinne von § 2 Nummer 8 ist oder die für die Anbindung erforderliche Trasse zu lang würde. [3]Im Übrigen sind bei der Entscheidung über die Zumutbarkeit durch die zuständige Behörde gemäß Satz 1 folgende Kriterien zu berücksichtigen:

1. Umfang des verfügbaren Wärmeangebots der Anlage und Umfang der bestehenden Wärmenachfrage des Netzes,
2. kontinuierliche oder diskontinuierliche Verfügbarkeit des Wärmeangebotes, zu beurteilen anhand der Jahresganglinie und
3. verfügbare Volllastbenutzungsstunden der Wärmeübernahme, zu beurteilen anhand der Jahresganglinie.

(7) Die Antragsteller müssen bei der Planfeststellung für ein neues Fernwärme- oder Fernkältenetz im Sinne des § 1 Nummer 2 gegenüber der zuständigen Behörde die Berechnungsgrundlagen nach § 7 Nummer 3 offenlegen und auf Anfrage begründen.

§ 4 Gegenstand des Kosten-Nutzen-Vergleichs. (1) [1]Vor der Errichtung einer Anlage im Sinne des § 1 Nummer 1 Buchstabe a sind die Kosten und der Nutzen von Vorkehrungen für den Betrieb der Anlage als hocheffiziente Kraft-

Wärme-Kopplungsanlage zu bewerten. [2] Im Falle einer erheblichen Modernisierung einer Anlage nach Satz 1 sind die Kosten und der Nutzen der Umrüstung zu einer hocheffizienten Kraft-Wärme-Kopplungsanlage zu bewerten.

(2) Vor der Errichtung oder der erheblichen Modernisierung einer Anlage im Sinne des § 1 Nummer 1 Buchstabe b sind die Kosten und der Nutzen der Verwendung der Abwärme zur Deckung eines wirtschaftlich vertretbaren Bedarfs, auch durch Kraft-Wärme-Kopplung, und der Anbindung an ein Fernwärme- oder Fernkältenetz zu bewerten.

(3) Vor der Errichtung oder erheblichen Modernisierung einer Anlage im Sinne des § 1 Nummer 1 Buchstabe c sowie vor der Errichtung eines neuen Fernwärme- oder Fernkältenetzes im Sinne des § 1 Nummer 2 sind die Kosten und der Nutzen der Verwendung der Abwärme von nahegelegenen Anlagen im Sinne von § 1 Nummer 1 Buchstabe b zu bewerten.

§ 5 Ermittlung zu berücksichtigender Wärme- oder Kältebedarfspunkte und Anlagen. (1) [1] Für den Kosten-Nutzen-Vergleich für Vorhaben gemäß § 1 Nummer 1 Buchstabe a und b sind zunächst geeignete bestehende oder mögliche Wärme- oder Kältebedarfspunkte, die über die Anlage versorgt werden könnten, zu ermitteln. [2] Wärme- oder Kältebedarfspunkte sind insbesondere

1. bestehende Anlagen mit Wärme- oder Kältebedarf,
2. vorhandene Fernwärme- oder Fernkältenetze oder
3. in städtischen Gebieten Gebäudegruppen oder Stadtteile, die ein neues Fernwärme- oder Fernkältenetz erhalten oder an ein solches angeschlossen werden könnten.

(2) Für den Kosten-Nutzen-Vergleich für Vorhaben gemäß § 1 Nummer 1 Buchstabe c und Nummer 2 sind zunächst die zur Anbindung geeigneten Anlagen zu ermitteln.

(3) Die Geeignetheit ist insbesondere nicht gegeben, wenn:

1. die Bereitschaft Dritter zur Abnahme oder Abgabe von Wärme oder Kälte nicht besteht oder eine vertragliche Verpflichtung Dritter zur anderweitigen Nutzung der Wärme oder Kälte besteht,
2. es technisch oder wirtschaftlich nicht möglich ist, das Wärme- oder Kälteangebot der Anlage und die Nachfrage des Fernwärme- oder Fernkältenetzes in Übereinstimmung zu bringen,
3. eine durchgängige Bedarfsdeckung nicht möglich ist und auch Ausgleichsregelungsmechanismen technisch nicht möglich oder wirtschaftlich unzumutbar sind,
4. eine hydraulische Anbindung der Anlage nicht möglich ist oder
5. zwischen dem Fernwärme- oder Fernkältenetz und der Anlage kein miteinander zu vereinbarendes Temperaturniveau sichergestellt werden kann.

(4) Lassen sich keine geeigneten bestehenden oder möglichen Wärme- oder Kältebedarfspunkte oder keine zur Anbindung geeigneten Anlagen ermitteln, ist eine Wirtschaftlichkeitsanalyse nach § 6 nicht erforderlich; der Antragsteller hat der zuständigen Behörde diesen Umstand darzulegen.

§ 6 Wirtschaftlichkeitsanalyse. (1) Vor der Wirtschaftlichkeitsanalyse sind folgende umfassende Beschreibungen vorzunehmen:

1. Vorhaben gemäß § 1 sowie
2. vergleichbare Anlage mit Nutzung der Abwärme unter Berücksichtigung der nach § 5 einzubeziehenden Anlagen und der bestehenden und möglichen Wärme- oder Kältebedarfspunkte.

(2) [1] Die umfassenden Beschreibungen der Anlagen nach Absatz 1 enthalten insbesondere Angaben zur elektrischen und thermischen Kapazität, zum Brennstofftyp, zur geplanten Verwendung, zur geplanten Anzahl der Betriebsstunden pro Jahr, zum Standort und zum Strom- und Wärmeenergiebedarf. [2] Zudem sind Angaben zu den Arten der Wärme- oder Kälteversorgung, die von den nahegelegenen Wärme- oder Kältebedarfspunkten genutzt werden, erforderlich. [3] Die umfassenden Beschreibungen gemäß Absatz 1 enthalten in Bezug auf die Nutzung vorhandener Netze insbesondere die Wärmekapazität und das bereits erreichte Effizienzniveau.

(3) Auf der Grundlage der umfassenden Beschreibungen gemäß Absatz 1 ist eine Wirtschaftlichkeitsanalyse zu erstellen, die insbesondere den folgenden Kriterien Rechnung trägt:

1. Investitionskosten für die Auskopplung, den Transport und die Einspeisung der Wärme,
2. Betriebskosten für die Anbindung von Anlage und Netz,
3. Finanzierungskosten unter Berücksichtigung eines Amortisationszeitraums von mindestens fünf Jahren und einer angemessenen Rendite,
4. sonstige Kosten, insbesondere für Betriebsführung und Ausfallsicherung,
5. Ermittlung des Nutzens, insbesondere der Brennstoffersparnis, und
6. Kosten-Nutzen-Vergleich.

§ 7 Ergebnis des Kosten-Nutzen-Vergleichs. Das Ergebnis des Kosten-Nutzen-Vergleichs der Wirtschaftlichkeitsanalyse gemäß § 6 Absatz 3 Nummer 6 ist positiv, wenn

1. bei Anlagen gemäß § 1 Nummer 1 Buchstabe a die ermittelten Gesamtkosten, die bei der Deckung des Strom- und Wärmebedarfs durch eine hocheffiziente Kraft-Wärme-Kopplung entstünden, niedriger sind als die Kosten zur Deckung desselben Bedarfs ohne Nutzung einer hocheffizienten Kraft-Wärme-Kopplung,
2. bei Anlagen gemäß § 1 Nummer 1 Buchstabe b die ermittelten Gesamtkosten, die zur Deckung des Wärme- und Kältebedarfs mit Anbindung der Anlage an ein Fernwärme- oder Fernkältenetz entstünden, niedriger sind als die Kosten zur Deckung desselben Bedarfs ohne Anbindung der Anlage an ein Fernwärme- oder Fernkältenetz,
3. bei Anlagen gemäß § 1 Nummer 1 Buchstabe c und bei Fernwärme- oder Fernkältenetzen gemäß § 1 Nummer 2 die ermittelten Gesamtkosten, die zur Deckung des Wärme- und Kältebedarfs unter Nutzung der Abwärme von nahegelegenen Anlagen entstünden, niedriger sind als die Kosten zur Deckung desselben Bedarfs aus eigenen Anlagen.

Abschnitt 3. Zulassungsentscheidung der zuständigen Behörde

§ 8 Berücksichtigung des Kosten-Nutzen-Vergleichs. (1) [1] Die zuständige Behörde berücksichtigt bei der Entscheidung über die Zulässigkeit des Vorhabens das Ergebnis des Kosten-Nutzen-Vergleichs. [2] Zur Feststellung des Ergebnisses des Kosten-Nutzen-Vergleichs berücksichtigt sie ein Testat nach § 3 Absatz 3.

(2) [1] Die zuständige Behörde darf die Zulassung auch bei einem positiven Ergebnis des Kosten-Nutzen-Vergleichs nicht versagen, wenn Maßnahmen auf Grund von Rechtsvorschriften, bestehenden Eigentumsverhältnissen oder der Finanzlage nicht möglich sind. [2] In diesen Fällen muss die Entscheidung zusammen mit einer Begründung durch die zuständige oberste Landesbehörde oder die von ihr bestimmte Behörde über die Bundesregierung an die Europäische Kommission übermittelt werden.

Abschnitt 4. Schlussvorschriften

§ 9 Verhältnis zu anderen Vorschriften. § 12 der Verordnung über Großfeuerungs-, Gasturbinen- und Verbrennungsmotoranlagen[1)] vom 2. Mai 2013 (BGBl. I S. 1021, 1023, 3754) sowie § 13 der Verordnung über die Verbrennung und die Mitverbrennung von Abfällen[2)] vom 2. Mai 2013 (BGBl. I S. 1021, 1044, 3754) bleiben unberührt.

§ 10 Erstmalige Anwendung. Die Vorschriften dieser Verordnung gelten nicht für Vorhaben, bei denen die Vollständigkeit der Antragunterlagen vor dem 1. Mai 2015 von der zuständigen Behörde festgestellt worden ist.

[1)] Nr. **2.13**.
[2)] Nr. **2.17**.

3.4. Verordnung zur Anrechnung von Upstream-Emissionsminderungen auf die Treibhausgasquote (Upstream-Emissionsminderungs-Verordnung – UERV) [1)2)]

Vom 22. Januar 2018

(BGBl. I S. 169)

FNA 2129-8-44

Es verordnen auf Grund

– des § 37d Absatz 1 und 2 Satz 1 Nummer 13 und Satz 2 und Absatz 3 des Bundes-Immissionsschutzgesetzes[3)], von denen Absatz 1 zuletzt durch Artikel 3 Nummer 2 des Gesetzes vom 26. Juli 2016 (BGBl. I S. 1839), Absatz 2 Satz 1 Nummer 13 durch Artikel 3 Nummer 2 des Gesetzes vom 18. Juli 2017 (BGBl. I S. 2771) und Absatz 3 durch Artikel 1 Nummer 7 des Gesetzes vom 20. November 2014 (BGBl. I S. 1740) geändert worden sind, die Bundesregierung nach Anhörung der beteiligten Kreise sowie

– des § 37e Absatz 3 in Verbindung mit Absatz 1 Nummer 2 des Bundes-Immissionsschutzgesetzes[3)], der durch Artikel 3 Nummer 3 des Gesetzes vom 26. Juli 2016 (BGBl. I S. 1839) neu gefasst worden ist, das Bundesministerium für Umwelt, Naturschutz, Bau und Reaktorsicherheit:

Inhaltsübersicht

[1)] **Amtl. Anm.:** Diese Verordnung dient der Umsetzung der Richtlinie (EU) 2015/652 des Rates vom 20. April 2015 zur Festlegung von Berechnungsverfahren und Berichterstattungspflichten gemäß der Richtlinie 98/70/EG des Europäischen Parlaments und des Rates über die Qualität von Otto- und Dieselkraftstoffen (ABl. L 107 vom 25.4.2015, S. 26).

[2)] **Amtl. Anm.:** Notifiziert gemäß der Richtlinie (EU) 2015/1535 des Europäischen Parlaments und des Rates vom 9. September 2015 über ein Informationsverfahren auf dem Gebiet der technischen Vorschriften und der Vorschriften für die Dienste der Informationsgesellschaft (ABl. L 241 vom 17.9.2015, S. 1).

[3)] Nr. **1**.

Teil 1. Allgemeine Bestimmungen

§ 1 Anwendungsbereich. (1) Diese Verordnung regelt die Anrechnung von Upstream-Emissionsminderungen zur Erfüllung der gesetzlichen Verpflichtung zur Minderung von Treibhausgasemissionen nach § 37a Absatz 1 Satz 1 und 2 in Verbindung mit § 37a Absatz 4 des Bundes-Immissionsschutzgesetzes[1].

(2) Die Verordnung ist nicht anwendbar auf

1. Emissionsminderungen durch Projekttätigkeiten, die zu einer unmittelbaren oder mittelbaren Verringerung der Emissionen einer Anlage führen, die dem Anwendungsbereich der Richtlinie 2003/87/EG des Europäischen Parlaments und des Rates vom 13. Oktober 2003 über ein System für den Handel mit Treibhausgasemissionszertifikaten in der Gemeinschaft und zur Änderung der Richtlinie 96/61/EG des Rates (ABl. L 275 vom 25.10.2003, S. 32), die zuletzt durch Artikel 2 des Beschlusses (EU) 2015/1814 (ABl. L 264 vom 9.10.2015, S. 1) geändert worden ist, unterliegt, oder
2. den Anteil an Emissionsminderungen durch Projekttätigkeiten im Inland, der durch öffentliche Fördermittel finanziert wird; dies gilt nicht, wenn die öffentlichen Fördermittel der Absicherung von Investitionen dienen.

§ 2 Begriffsbestimmungen. (1) Treibhausgase im Sinne dieser Verordnung sind Kohlenstoffdioxid (CO_2), Stickoxid (N_2O) und Methan (CH_4).

(2) Upstream-Emissionen sind sämtliche Treibhausgasemissionen, die entstehen, bevor der Raffinerierohstoff in die Raffinerie oder Verarbeitungsanlage gelangt, in der die in Anhang I der Richtlinie (EU) 2015/652 des Rates vom 20. April 2015 zur Festlegung von Berechnungsverfahren und Berichterstattungspflichten gemäß der Richtlinie 98/70/EG des Europäischen Parlaments und des Rates über die Qualität von Otto- und Dieselkraftstoffen (ABl. L 107 vom 25.4.2015, S. 26) genannten Kraftstoffe hergestellt werden.

(3) Upstream-Emissionsminderung ist die Differenz zwischen den Referenzfallemissionen und den Upstream-Emissionen, die durch eine Projekttätigkeit tatsächlich entstehen.

(4) Referenzfallemissionen sind die hypothetische Menge der Upstream-Emissionen, die ohne die Projekttätigkeit entstanden wäre.

(5) Raffinerierohstoffe, aus denen Otto-, Diesel- und Flüssiggaskraftstoff hergestellt wird, sind konventionelles Rohöl, Naturbitumen und Ölschiefer im Sinne der Verordnung zur Festlegung weiterer Bestimmungen zur Treibhausgasminderung bei Kraftstoffen[2] vom 8. Dezember 2017 (BGBl. I S. 3892).

(6) Projekttätigkeit ist die Entwicklung und Durchführung eines Projektes zur Minderung von Upstream-Emissionen.

(7) Kyoto-Projekttätigkeit ist eine Projekttätigkeit nach § 2 Nummer 12 des Projekt-Mechanismen-Gesetzes vom 22. September 2005 (BGBl. I S. 2826), das zuletzt durch Artikel 67 des Gesetzes vom 29. März 2017 (BGBl. I S. 626) geändert worden ist.

---

[1] Nr. **1**.
[2] Nr. **2.38**.

(8) Projektträger ist eine natürliche oder juristische Person, die die Entscheidungsgewalt über eine Projekttätigkeit oder eine Kyoto-Projekttätigkeit innehat; Projektträger können auch mehrere Personen gemeinschaftlich sein.

(9) Projektgrenze ist die Projektgrenze nach Ziffer 52 des Abschnitts G der Anlage „Modalitäten und Verfahren für einen Mechanismus für umweltverträgliche Entwicklung" des in dem Anhang zum Projekt-Mechanismen-Gesetz abgedruckten Beschlusses 17/CP.7, Modalitäten und Verfahren für einen Mechanismus für umweltverträgliche Entwicklung im Sinne des Artikels 12 des Protokolls von Kyoto.

(10) Gastgeberstaat ist der Staat, auf dessen Staatsgebiet oder in dessen ausschließlicher Wirtschaftszone die Projekttätigkeit durchgeführt werden soll.

(11) Verpflichtete sind die im Sinne des § 37a Absatz 2 des Bundes-Immissionsschutzgesetzes[1] Verpflichteten.

(12) Verpflichtungsjahr ist der in § 37a Absatz 1 Satz 1 des Bundes-Immissionsschutzgesetzes genannte Zeitraum.

(13) Biokraftstoffquotenstelle ist die zuständige Stelle nach § 8 der Verordnung zur Durchführung der Regelungen der Biokraftstoffquote[2] vom 29. Januar 2007 (BGBl. I S. 60), die zuletzt durch Artikel 1 der Verordnung vom 4. April 2016 (BGBl. I S. 590, 1318) geändert worden ist, in der jeweils geltenden Fassung.

Teil 2. Anrechnung und Ermittlung von Upstream-Emissionsminderungen

§ 3 Anrechenbarkeit von Upstream-Emissionsminderungen. (1) Ab dem Verpflichtungsjahr 2020 können Upstream-Emissionsminderungen, die in einem Verpflichtungsjahr erreicht worden sind, zur Erfüllung der gesetzlichen Verpflichtung zur Minderung der Treibhausgasemissionen angerechnet werden.

(2) Die Anrechenbarkeit ist begrenzt auf 1,2 Prozent bezogen auf den Referenzwert nach § 37a Absatz 4 Satz 3 des Bundes-Immissionsschutzgesetzes[1] in Verbindung mit der Verordnung zur Festlegung weiterer Bestimmungen zur Treibhausgasminderung von Kraftstoffen sowie der Verordnung zur Anrechnung von strombasierten Kraftstoffen und mitverarbeiteten biogenen Ölen auf die Treibhausgasquote vom 15. Mai 2017 (BGBl. I S. 1195).

§ 4 Nachweis durch den Verpflichteten. Zur Anrechnung von Upstream-Emissionsminderungen zur Erfüllung der gesetzlichen Verpflichtung zur Minderung der Treibhausgasemissionen muss der Verpflichtete

1. der Biokraftstoffquotenstelle im Rahmen der Mitteilung nach § 37c des Bundes-Immissionsschutzgesetzes[1] UER-Nachweise für die im Verpflichtungsjahr erreichten Upstream-Emissionsminderungen vorlegen und
2. diese UER-Nachweise bis zum 15. April des auf das Verpflichtungsjahr folgenden Kalenderjahres auf das Entwertungskonto des UER-Registers übertragen.

---

[1] Nr. **1**.
[2] Nr. **2.36**.

§ 5 Anrechnungszeitraum. (1) Anrechnungszeitraum ist der Zeitraum, für den für in einer Projekttätigkeit erreichte Upstream-Emissionsminderungen, die zur Erfüllung der gesetzlichen Verpflichtung zur Minderung von Treibhausgasemissionen angerechnet werden, UER-Nachweise ausgestellt werden sollen.

(2) [1] Der Anrechnungszeitraum beträgt ein Jahr. [2] Er ist nicht auf das Kalenderjahr beschränkt.

§ 6 Ermittlung der Upstream-Emissionsminderung. (1) Upstream-Emissionsminderungen werden nach den Grundsätzen und Normen der DIN EN ISO 14064, Ausgabe Mai 2012, DIN EN ISO 14065, Ausgabe Juli 2013, und ISO 14066, Ausgabe April 2011, ermittelt.

(2) Die Ermittlung der Höhe der Upstream-Emissionsminderungen erfolgt nach der Anlage „Modalitäten und Verfahren für einen Mechanismus für umweltverträgliche Entwicklung" des im Anhang zum Projekt-Mechanismen-Gesetzes abgedruckten Beschlusses „17/CP.7 Modalitäten und Verfahren für einen Mechanismus für umweltverträgliche Entwicklung im Sinne des Artikels 12 des Protokolls von Kyoto", und zwar entsprechend

1. den Berechnungsverfahren, die *die*[1] Exekutivrat nach Nummer 5 Buchstabe d des Abschnitts C dieser Anlage genehmigt hat,
2. den Nummern 44, 45, 47, 48 und 50 bis 52 des Abschnitts G dieser Anlage und
3. den Maßgaben, die nach Anhang C Buchstabe a Nummer v dieser Anlage verabschiedet worden sind.

Teil 3. Projekttätigkeiten, Nachweise

Abschnitt 1. Antragsstellung, Zustimmung, Sicherheitsleistung

§ 7 Antrag auf Zustimmung. (1) [1] Vor Beginn einer Projekttätigkeit stellt der Projektträger einen Antrag auf Erteilung der Zustimmung zu der Projekttätigkeit beim Umweltbundesamt. [2] Der Antrag wird schriftlich oder in elektronischer Form gestellt.

(2) Der Antrag auf Zustimmung enthält folgende Angaben und Unterlagen:

1. den Namen und die Anschrift des Projektträgers,
2. die Erklärung, dass
   a) die Projekttätigkeit weder unmittelbar noch mittelbar zu einer Minderung von Treibhausgasemissionen aus einer Anlage führt, die der Richtlinie 2003/87/EG unterliegt, und
   b) für Upstream-Emissionsminderungen durch die Projekttätigkeit in keinem anderen Mitgliedstaat ein Antrag mit dem Ziel der Anrechnung zur Erfüllung von Verpflichtungen gestellt worden ist, die der Umsetzung von Artikel 7a der Richtlinie 98/70/EG des Europäischen Parlaments und des Rates vom 13. Oktober 1998 über die Qualität von Otto- und Dieselkraftstoffen und zur Änderung der Richtlinie 93/12/EWG des Rates

[1] Richtig wohl: „der".

(ABl. L 350 vom 28.12.1998, S. 58), die zuletzt durch die Richtlinie (EU) 2015/1513 (ABl. L 239 vom 15.9.2015, S. 1) geändert worden ist, dienen,

3. eine Erklärung, in der sich der Projektträger verpflichtet, dass mit der Projekttätigkeit nicht zugleich Strom erzeugt wird, für den
   a) Zahlungen nach § 19 Absatz 1 des Erneuerbare-Energien-Gesetzes vom 21. Juli 2014 (BGBl. I S. 1066), das zuletzt durch Artikel 1 des Gesetzes vom 17. Juli 2017 (BGBl. I S. 2532) geändert worden ist, oder
   b) Zuschlagszahlungen nach den §§ 6 bis 13 sowie 35 des Kraft-Wärme-Kopplungsgesetzes vom 21. Dezember 2015 (BGBl. I S. 2498), das zuletzt durch Artikel 3 des Gesetzes vom 17. Juli 2017 (BGBl. I S. 2532) geändert worden ist,

   in Anspruch genommen werden sollen,
4. eine Erklärung, in der sich der Projektträger verpflichtet,
   a) die Kontrollen und Anordnungen nach dieser Verordnung zu dulden und dabei mitzuwirken, insbesondere
      aa) auf Verlangen Räume zu bezeichnen und zu öffnen,
      bb) Geschäftsunterlagen vorzulegen,
      cc) Abschriften, Auszüge, Ausdrucke oder Kopien der Geschäftsunterlagen auf eigene Kosten anzufertigen und
      dd) die erforderlichen Auskünfte zu erteilen,
   b) für Upstream-Emissionsminderungen, die durch die Projekttätigkeit vor, während oder nach Ablauf des Anrechnungszeitraums erreicht worden sind, unbeschadet des § 29 Absatz 2 in keinem anderen Mitgliedstaat einen Antrag auf Anrechnung zur Erfüllung von Verpflichtungen zu stellen, die der Umsetzung von Artikel 7a der Richtlinie 98/70/EG dienen, und
   c) dem Umweltbundesamt vor Beginn des Anrechnungszeitraums die von ihm beauftragte Verifizierungsstelle zu benennen,
5. die Projektdokumentation,
6. den Namen und die Anschrift der vom Projektträger beauftragten Validierungsstelle und
7. den Validierungsbericht.

(3) Ist der Antrag unvollständig, so teilt das Umweltbundesamt dem Projektträger innerhalb von vier Wochen nach Eingang des Antrags mit, welche Unterlagen und Angaben fehlen.

§ 8 Projektdokumentation. Die Projektdokumentation enthält folgende Angaben und Unterlagen:

1. das angewendete Berechnungsverfahren nach § 6,
2. eine Beschreibung
   a) der Projekttätigkeit,
   b) des Projektziels,
   c) der Projektgrenze, einschließlich einer Begründung für die Wahl der Projektgrenze,

d) der Art und Weise, wie die durch die Projekttätigkeit erreichten Upstream-Emissionsminderungen nach § 6 ermittelt werden,

e) dessen, was getan wurde, um die Referenzfallemissionen konservativ zu bestimmen,

f) sonstiger Umweltauswirkungen der Projekttätigkeit,

3. das Datum, an dem die ersten Upstream-Emissionsminderungen durch die Projekttätigkeit erreicht werden sollen,
4. die auf Basis des Berechnungsverfahrens ermittelte jährliche Upstream-Emissionsminderung in Kilogramm Kohlenstoffdioxid-Äquivalent,
5. den Projektort, der der Emissionsquelle am nächsten gelegen ist, unter Angabe der Koordinaten in Längen- und Breitengraden bis zur vierten Dezimalstelle,
6. die jährlichen Referenzfallemissionen und die voraussichtlichen jährlichen Emissionen nach der Umsetzung der Projekttätigkeit, jeweils bezogen auf den Brennwert des produzierten Rohstoffs in Kilogramm Kohlenstoffdioxid-Äquivalent pro Gigajoule,
7. bei Projekttätigkeiten in Zusammenhang mit der Erdölförderung je Ölquelle

   a) das Gas-Öl-Verhältnis im Durchschnitt der vergangenen fünf Kalenderjahre,

   b) den Lagerstättendruck,

   c) die Tiefe,

   d) die Rohölproduktionsrate,
8. alle relevanten Quellen, Senken und Reservoire für Treibhausgasemissionen, die in Zusammenhang mit dieser Projekttätigkeit stehen,
9. Unterlagen der Umweltbehörde des Gastgeberstaates über die Beurteilung der Umweltauswirkungen der Projekttätigkeit einschließlich grenzüberschreitender Auswirkungen, soweit solche Unterlagen nach dem im Gastgeberstaat geltenden Recht angefertigt wurden und dem Projektträger zugänglich sind,
10. die Ergebnisse einer Umweltverträglichkeitsprüfung, falls eine solche Prüfung im Gastgeberstaat durchgeführt worden ist, und sämtliche Verweise auf die Belegunterlagen,
11. die Angabe des Anteils an Emissionsminderungen durch Projekttätigkeiten im Inland, die durch öffentliche Fördermittel finanziert wurden, und des Umfangs, in dem die öffentlichen Fördermittel der Absicherung von Investitionen dienten, und
12. wenn eine Beteiligung der Öffentlichkeit nach dem Recht des Gastgeberstaates verpflichtend vorgesehen oder vom Projektträger nach der DIN EN ISO 14064, Ausgabe Mai 2012, durchgeführt wurde,

    a) eine Beschreibung des Beteiligungsverfahrens,

    b) eine Zusammenfassung der eingegangenen Stellungnahmen,

    c) ein Bericht darüber, wie die eingegangenen Stellungnahmen berücksichtigt worden sind, und
13. den Überwachungsplan.

§ 9 Überwachungsplan. Der Überwachungsplan enthält folgende Angaben und Unterlagen:

1. alle gemäß dem angewendeten Berechnungsverfahren zu überwachenden Parameter und erforderlichen Informationen,
2. Vorgaben zur Erfassung und Archivierung aller Daten, die zur Abschätzung oder Messung sämtlicher Treibhausgasemissionen benötigt werden, die während des Überwachungszeitraums innerhalb der Projektgrenze entstehen,
3. Vorgaben zur Erfassung und Archivierung aller Daten, die zur Bestimmung der Referenzfallemissionen während des Überwachungszeitraums innerhalb der Projektgrenze benötigt werden,
4. die Feststellung möglicher Quellen von erhöhten Treibhausgasemissionen außerhalb der Projektgrenze, die nach vernünftigem Ermessen der Projekttätigkeit zuzurechnen sind, sowie Vorgaben zur Erfassung und Archivierung von Daten über diese Treibhausgasemissionen,
5. die betrieblichen Strukturen, die zur Umsetzung des Überwachungsplans einzuführen sind,
6. Verfahren zur Qualitätssicherung und Qualitätskontrolle der Überwachung und
7. die Dokumentation aller Berechnungsschritte.

§ 10 Erteilung der Zustimmung. (1) Mit der Erteilung der Zustimmung erklärt das Umweltbundesamt, dass für Upstream-Emissionsminderungen vorbehaltlich ihrer Verifizierung UER-Nachweise ausgestellt werden können.

(2) Das Umweltbundesamt erteilt innerhalb von zwei Monaten nach Eingang des Antrags nach § 7 die Zustimmung, sofern

1. der Antrag die Anforderungen der §§ 7 bis 9 erfüllt,
2. die Ermittlung der Upstream-Emissionsminderungen entsprechend den Anforderungen nach § 6 erfolgt,
3. die vom Projektträger beauftragte Validierungsstelle zum Zeitpunkt der Validierung nach § 33 registriert war,
4. die Projekttätigkeit keine schwerwiegenden nachteiligen Auswirkungen auf die Umwelt oder das Klima hat und
5. für die Projekttätigkeit nicht schon zu einem früheren Zeitpunkt eine Zustimmung nach dieser Verordnung erteilt worden ist.

(3) Für Kyoto-Projekttätigkeiten kann das Umweltbundesamt auf Antrag des Projektträgers Ausnahmen von den Anforderungen nach Absatz 2 gewähren, sofern auf andere Weise nachgewiesen wurde, dass die Anforderungen erfüllt sind.

(4) Das Umweltbundesamt kann den Projektträger zum Nachweis, dass die Anforderung von Absatz 2 Nummer 4 erfüllt ist, auffordern, Unterlagen vorzulegen, die jenen einer Umweltverträglichkeitsprüfung nach dem Gesetz über die Umweltverträglichkeitsprüfung in der Fassung der Bekanntmachung vom 24. Februar 2010 (BGBl. I S. 94), das zuletzt durch Artikel 2 des Gesetzes vom 8. September 2017 (BGBl. I S. 3370) geändert worden ist, in der jeweils geltenden Fassung, entsprechen, sofern es insbesondere auf Grund der in der validierten Projektdokumentation beschriebenen Projekttätigkeit und der dort

dargestellten Umweltauswirkungen zu der Einschätzung gelangt, dass nach Umfang, Standort und Folgen der Projekttätigkeit erhebliche nachteilige Umweltauswirkungen wahrscheinlich sind.

§ 11 Versagung der Zustimmung. Die Zustimmung ist zu versagen, wenn Tatsachen die Annahme rechtfertigen, dass der Projektträger nicht die notwendige Gewähr für die ordnungsgemäße Durchführung der Projekttätigkeit, insbesondere für die Erfüllung der Pflichten nach dieser Verordnung, bietet.

§ 12 Inhalt der Zustimmung. Die Zustimmung enthält folgende Angaben:

1. die Projektnummer,
2. das Datum der Ausstellung,
3. den Namen und die Anschrift des Projektträgers,
4. den Namen und die Anschrift der Validierungsstelle,
5. die Angaben nach § 8 Nummer 3 bis 7,
6. die Höhe der Sicherheitsleistung und
7. eine Nummer, mit der das Berechnungsverfahren eindeutig identifiziert wird.

§ 13 Veröffentlichung nach Erteilung der Zustimmung. (1) Das Umweltbundesamt veröffentlicht unverzüglich auf seiner Internetseite

1. das Datum der Ausstellung des Zustimmungsbescheids und
2. die auf Basis des Berechnungsverfahrens ermittelte jährliche Upstream-Emissionsminderung in Kilogramm Kohlenstoffdioxid-Äquivalent.

(2) Wenn der Projektträger zustimmt, veröffentlicht das Umweltbundesamt auf seiner Internetseite

1. den Namen und die Anschrift des Projektträgers und
2. die Nummer, mit der das Berechnungsverfahren eindeutig identifiziert wird.

§ 14 Sicherheitsleistung. (1) [1] Die Sicherheitsleistung dient dazu, die Erfüllung der Verpflichtung nach § 24 Absatz 3 Satz 1 sicherzustellen. [2] Die Höhe der Sicherheitsleistung legt das Umweltbundesamt im Rahmen der Zustimmung fest. [3] Dabei berücksichtigt es insbesondere die Art der Projekttätigkeit, die geschätzte Höhe der Upstream-Emissionsminderungen und den zu erwartenden Marktwert der UER-Nachweise.

(2) Die Sicherheitsleistung ist in Form einer selbstschuldnerischen Bankbürgschaft eines Kreditinstituts mit Sitz in der Europäischen Union oder in einem Vertragsstaat des Abkommens über den Europäischen Wirtschaftsraum zu erbringen.

Abschnitt 2. Durchführung, Überwachung

§ 15 Mitteilung und Veröffentlichung des Anrechnungszeitraums.

(1) Wurde einer Projekttätigkeit die Zustimmung erteilt, so teilt der Projektträger dem Umweltbundesamt den Beginn des Anrechnungszeitraums für diese Projekttätigkeit mit.

(2) Der Anrechnungszeitraum beginnt frühestens am Tag nach der Mitteilung an das Umweltbundesamt.

(3) Das Umweltbundesamt veröffentlicht den Beginn des Anrechnungszeitraums unverzüglich auf seiner Internetseite.

§ 16 Überwachung, Berichterstattung. (1) [1]Der Projektträger ist verpflichtet,

1. die tatsächlichen Treibhausgasemissionen durch die Projekttätigkeit entsprechend dem Überwachungsplan zu überwachen und
2. Berichte über die nach den Vorgaben des Überwachungsplans ermittelten Daten (Überwachungsberichte) zu erstellen und den Verifizierungsstellen zu übermitteln.

[2]Für die Überwachung der Upstream-Emissionsminderungen und der Referenzfallemissionen sowie für die Berichterstattung gelten die Vorgaben der Berechnungsverfahren nach § 6 sowie der DIN EN ISO 14064, Ausgabe Mai 2012, entsprechend.

(2) [1]Die Ergebnisse der Überwachung und die Berichterstattung müssen verlässlich und belastbar sein. [2]Für die Verlässlichkeit und Belastbarkeit gelten die Anforderungen

1. der Verordnung (EU) Nr. 600/2012 der Kommission vom 21. Juni 2012 über die Prüfung von Treibhausgasemissionsberichten und Tonnenkilometerberichten sowie die Akkreditierung von Prüfstellen gemäß der Richtlinie 2003/87/EG des Europäischen Parlaments und des Rates (ABl. L 181 vom 12.7.2012, S. 1), entsprechend und
2. der Verordnung (EU) Nr. 601/2012 der Kommission vom 21. Juni 2012 über die Überwachung von und die Berichterstattung über Treibhausgasemissionen gemäß der Richtlinie 2003/87/EG des Europäischen Parlaments und des Rates (ABl. L 181 vom 12.7.2012, S. 30; L 347 vom 15.12.2012, S. 43) entsprechend.

§ 17 Abweichungen von der Projektdokumentation. (1) [1]Ergibt sich bei der Projekttätigkeit oder beim Überwachungssystem eine Abweichung von den der Zustimmung zugrunde liegenden Unterlagen, so hat der Projektträger dies dem Umweltbundesamt und der Verifizierungsstelle unverzüglich anzuzeigen. [2]Hierbei sind alle für die Beurteilung der Abweichungen erforderlichen Unterlagen vorzulegen.

(2) Die Verifizierungsstelle prüft anhand der Unterlagen und soweit erforderlich vor Ort, welchen Einfluss die Abweichungen auf die Höhe der Upstream-Emissionsminderungen haben können, und teilt das Ergebnis der Prüfung dem Umweltbundesamt mit.

(3) [1]Das Umweltbundesamt entscheidet innerhalb von zwei Monaten nach der Mitteilung des Ergebnisses der Prüfung der Verifizierungsstelle, ob die Voraussetzungen für die Erteilung der Zustimmung weiterhin vorliegen. [2]Das Umweltbundesamt widerruft die Zustimmung zur Projekttätigkeit ganz oder teilweise, soweit die Voraussetzungen für die Zustimmung nicht mehr vorliegen.

§ 18 Überwachungsbericht, Überwachungszeitraum. (1) Der Überwachungsbericht muss auf einen Zeitraum bezogen sein, der sowohl innerhalb des Anrechnungszeitraums als auch innerhalb eines Verpflichtungsjahres liegt (Überwachungszeitraum).

(2) Der Überwachungsbericht enthält folgende Angaben und Unterlagen:

1. die Projektnummer,
2. den Namen und die Anschrift des Projektträgers,
3. das Datum, an dem die ersten Upstream-Emissionsminderungen durch die Projekttätigkeit erreicht wurden,
4. eine zusammenfassende Darstellung der Projekttätigkeit mit
   a) einer kurzen Beschreibung der Maßnahmen zur Upstream-Emissionsminderung,
   b) einer Beschreibung der installierten Technologie und Geräte, relevanter Zeitpunkte für die Projekttätigkeit einschließlich Informationen zur Errichtung und Inbetriebnahme sowie zu den Betriebszeiträumen,
5. den Überwachungszeitraum,
6. die Höhe der Upstream-Emissionsminderungen, die im Überwachungszeitraum erreicht wurden, in Kilogramm Kohlenstoffdioxid-Äquivalent sowie ihre Ermittlung,
7. bei Projekttätigkeiten in Zusammenhang mit der Erdölförderung je Ölquelle das Gas-Öl-Verhältnis im Überwachungszeitraum,
8. Angaben zur Umsetzung der Projekttätigkeit im Überwachungszeitraum,
9. die feststehenden verwendeten Werte der Parameter, die in der Projektdokumentation vorgegeben sind, jeweils mit
   a) der Maßeinheit,
   b) der Quelle und
   c) einer Beschreibung des Wertes,
10. die zu überwachenden Werte der Parameter, die in der Projektdokumentation vorgegeben sind, jeweils mit
    a) der Maßeinheit,
    b) der Quelle,
    c) der Aufzeichnungsfrequenz,
    d) einer Beschreibung des Wertes und
    e) einer Beschreibung der Verfahren zur Qualitätskontrolle.

Abschnitt 3. UER-Nachweise, UER-Register

Unterabschnitt 1. UER-Nachweise

§ 19 Ausstellung von UER-Nachweisen. (1) UER-Nachweise werden im UER-Register des Umweltbundesamtes ausgestellt.

(2) Der Projektträger kann für eine Projekttätigkeit zur Minderung von Upstream-Emissionen UER-Nachweise bis zu der im Verifizierungsbericht angegebenen Höhe ausstellen, wenn

1. für die Projekttätigkeit eine Zustimmung erteilt worden ist,
2. der Verifizierungszeitraum innerhalb des Anrechnungszeitraums der Projekttätigkeit liegt,
3. die vom Projektträger beauftragte Verifizierungsstelle zum Zeitpunkt der Verifizierung nach § 33 registriert war,
4. der Verifizierungsbericht dem Umweltbundesamt vorgelegt wurde und den Anforderungen des § 41 entspricht,
5. die Verifizierungsstelle für Upstream-Emissionsminderungen, die ab dem Jahr 2021 erfolgt sind, gegenüber dem Umweltbundesamt bestätigt hat, dass diese Upstream-Emissionsminderungen nicht gleichzeitig auf die vom Gastgeberstaat oder von Drittstaaten übernommenen national festgelegten Beiträge nach dem Übereinkommen vom 12. Dezember 2015 (BGBl. 2016 II S. 1082, 1083) angerechnet werden,
6. der Projektträger erklärt, dass mit der Projekttätigkeit nicht zugleich Strom erzeugt wurde, für den
   a) Zahlungen nach § 19 Absatz 1 des Erneuerbare-Energien-Gesetzes oder
   b) Zuschlagszahlungen nach den §§ 6 bis 13 sowie 35 des Kraft-Wärme-Kopplungsgesetzes,

   in Anspruch genommen worden sind,
7. Upstream-Emissionsminderungen durch die Projekttätigkeit nicht bereits in einem anderen Mitgliedstaat zur Erfüllung von Verpflichtungen, die der Umsetzung von Artikel 7a der Richtlinie 98/70/EG dienen, angerechnet worden sind und
8. der Projektträger die festgelegte Sicherheitsleistung erbracht hat.

(3) Das Umweltbundesamt stellt vorbehaltlich der Kontrollen nach § 44 Absatz 2 innerhalb von vier Wochen nach Eingang des Verifizierungsberichts, der Bestätigung nach Absatz 2 Nummer 5, der Erklärung nach Absatz 2 Nummer 6 und der Erbringung der Sicherheitsleistung technisch sicher, dass der Projektträger die UER-Nachweise ausstellen kann.

§ 20 Inhalt von UER-Nachweisen. Ein UER-Nachweis muss folgende Angaben enthalten:

1. eine eindeutige Nachweisnummer,
2. die Projektnummer,
3. den Namen und die Anschrift des ausstellenden Projektträgers und des aktuellen Inhabers des UER-Nachweises,
4. das Datum der Ausstellung,
5. das Datum, an dem die ersten Upstream-Emissionsminderungen durch die Projekttätigkeit erreicht worden sind,
6. die Höhe der Upstream-Emissionsminderungen in Kilogramm Kohlenstoffdioxid-Äquivalent,
7. bei Projekttätigkeiten in Zusammenhang mit der Erdölförderung je Ölquelle das Gas-Öl-Verhältnis im Verifizierungszeitraum,

8. das Verpflichtungsjahr, in dem die Upstream-Emissionsminderungen anrechenbar sind,
9. den Zeitraum, in dem die Upstream-Emissionsminderungen erbracht wurden, und
10. eine Erklärung des Projektträgers, dass die Upstream-Emissionsminderungen durch die Projekttätigkeit unbeschadet des § 29 Absatz 2 nicht als Upstream-Emissionsminderungen in einem anderen Mitgliedstaat der Europäischen Union geltend gemacht wurden.

§ 21 UER-Nachweise für Kyoto-Projekttätigkeiten. (1) Für Upstream-Emissionsminderungen durch Kyoto-Projekttätigkeiten können im Verpflichtungsjahr 2020 zertifizierte Emissionsreduktionen nach § 2 Nummer 21 des Projekt-Mechanismen-Gesetzes in UER-Nachweise umgewandelt werden.

(2) Voraussetzung für die Umwandlung ist, dass
1. für die Kyoto-Projekttätigkeit eine Zustimmung nach dieser Verordnung erteilt wurde,
2. ein Nachweis erbracht wurde, dass die Upstream-Emissionsminderungen im Verpflichtungsjahr 2020 erbracht wurden,
3. die zertifizierten Emissionsreduktionen für diese Upstream-Emissionsminderungen erzeugt und anschließend auf einem Konto im Kyoto-Register Deutschlands gelöscht worden sind, um UER-Nachweise auszustellen, und
4. die Upstream-Emissionsminderungen durch die Kyoto-Projekttätigkeit nicht durch eine Maßnahme nach Artikel 11a Absatz 9 der Richtlinie 2003/87/EG von der Anrechnung auf den europäischen Emissionshandel ausgeschlossen sind.

§ 22 Stückelung und Verbindung von UER-Nachweisen. (1) [1]UER-Nachweise können im UER-Register gestückelt werden. [2]Dies gilt auch für UER-Nachweise, die bereits aus einer Stückelung hervorgegangen sind.

(2) [1]Das Umweltbundesamt kann im UER-Register eine Verbindung von UER-Nachweisen ermöglichen, die auf dasselbe Verpflichtungsjahr bezogen sind. [2]Es stellt hierbei eine eindeutige Rückverfolgbarkeit zu den ursprünglichen UER-Nachweisen sicher.

§ 23 Übertragung von UER-Nachweisen. (1) [1]UER-Nachweise können im UER-Register auf andere Kontoinhaber übertragen werden. [2]Die Übertragung muss von einem Kontobevollmächtigten veranlasst werden. [3]Der Kontoinhaber kann bestimmen, dass die Übertragung eines UER-Nachweises von einem weiteren Kontobevollmächtigten bestätigt werden muss.

(2) [1]Die Übertragung erfolgt spätestens zum nächsten Werktag nach der Veranlassung. [2]Sie kann durch einen Kontobevollmächtigten abgebrochen werden, solange sie noch nicht abgeschlossen ist.

(3) Das Umweltbundesamt stellt im Rahmen des Betriebs des UER-Registers sicher, dass Inhaber von UER-Nachweisen festlegen können, dass bestimmte UER-Nachweise dieser Inhaber und deren Kontaktinformationen für andere Kontoinhaber im UER-Register sichtbar sind.

§ 24 Unrichtige UER-Nachweise. (1) Das Umweltbundesamt stellt gegenüber dem Projektträger fest, in welchem Umfang die Angaben zur Höhe der Upstream-Emissionsminderung unrichtig sind, wenn

1. die im UER-Nachweis enthaltene Angabe zur Höhe der Upstream-Emissionsminderung nicht mit der tatsächlich erreichten Höhe übereinstimmt oder
2. entgegen der Erklärung des Projektträgers die Upstream-Emissionsminderung bereits in einem anderen Mitgliedstaat der Europäischen Union geltend gemacht worden ist.

(2) Das Umweltbundesamt

1. berichtigt die Angabe zur Höhe der Upstream-Emissionsminderung im UER-Nachweis, sofern sich der UER-Nachweis im UER-Register noch auf dem Konto des Projektträgers befindet, oder
2. löscht in entsprechendem Umfang gültige UER-Nachweise, die sich auf dem Konto des Projektträgers befinden, sofern sich der UER-Nachweis im UER-Register nicht mehr auf dem Konto des Projektträgers befindet.

(3) [1] Sind im Fall von Absatz 2 Nummer 2 nicht in ausreichendem Umfang gültige UER-Nachweise auf dem Konto des Projektträgers vorhanden, verpflichtet das Umweltbundesamt den Projektträger, innerhalb einer angemessenen Frist UER-Nachweise in entsprechendem Umfang auf sein Konto zur anschließenden Löschung zu übertragen. [2] Erst wenn der Projektträger dieser Verpflichtung nachgekommen ist, können von seinem Konto wieder UER-Nachweise zur Erfüllung der gesetzlichen Verpflichtung zur Minderung der Treibhausgasemissionen angerechnet oder auf andere Kontoinhaber übertragen werden.

§ 25 Freigabe der Sicherheitsleistung. (1) [1] Die Sicherheitsleistung wird vom Umweltbundesamt nach Abschluss der Kontrolle nach § 44 Absatz 2 freigegeben. [2] Bei einer festgestellten Unrichtigkeit wird die Sicherheitsleistung nach der Löschung der UER-Nachweise freigegeben.

(2) Sicherheitsleistungen, die nicht nach Absatz 1 freigegeben werden können, werden durch das Umweltbundesamt zugunsten der Staatskasse vereinnahmt.

Unterabschnitt 2. UER-Register, Konten

§ 26 Zugang zum UER-Register, Kontoeröffnung. (1) [1] Projektträger und Verpflichtete erhalten auf Antrag beim Umweltbundesamt ein Konto für den Zugang zum UER-Register. [2] Projektträger erhalten Zugang zum UER-Register ab dem Zeitpunkt, an dem die Zustimmung zu einer Projekttätigkeit erteilt wird, bis 18 Monate nach Ablauf des Anrechnungszeitraums der Projekttätigkeit. [3] Bei mehreren Projekttätigkeiten erhält der Projektträger den Zugang für den Zeitraum, in dem er für mindestens eine Projekttätigkeit einen Anspruch auf einen Zugang nach Satz 2 hat.

(2) [1] Ist der Kontoinhaber eine juristische Person, so enthält der Antrag folgende Angaben:

1. den Namen und die Anschrift des Unternehmens oder der Institution,

2. eine Telefonnummer und eine E-Mail-Adresse, unter denen der Kontoinhaber erreichbar ist,
3. von jedem Geschäftsführer den Namen und die Anschrift, das Geburtsdatum, den Geburtsort, das Geburtsland und die Nationalität,
4. die Umsatzsteuer-Identifikationsnummer und
5. die Handelsregisternummer.

[2] Ist der Kontoinhaber eine natürliche Person, gilt Satz 1 entsprechend. [3] Das Umweltbundesamt soll im Fall von Satz 1 die Vorlage der Führungszeugnisse (§§ 30, 31 des Bundeszentralregistergesetzes) der Geschäftsführer und im Fall von Satz 2 die Vorlage des Führungszeugnisses des Kontoinhabers verlangen.

(3) Die Eröffnung eines Kontos kann vom Umweltbundesamt abgelehnt werden aus den in Artikel 22 Absatz 2 der Verordnung (EU) Nr. 389/2013 der Kommission vom 2. Mai 2013 zur Festlegung eines Unionsregisters gemäß der Richtlinie 2003/87/EG des Europäischen Parlaments und des Rates und den Entscheidungen Nr. 280/2004/EG und Nr. 406/2009/EG des Europäischen Parlaments und des Rates sowie zur Aufhebung der Verordnungen (EU) Nr. 920/2010 und (EU) Nr. 1193/2011 der Kommission (ABl. L 122 vom 3.5. 2013, S. 1) genannten Gründen.

(4) Der Kontoinhaber bestätigt gegenüber dem Umweltbundesamt bis zum 31. Dezember jeden Jahres, dass die Angaben zu seinem Konto vollständig, aktuell und richtig sind.

(5) [1] Der Kontoinhaber teilt dem Umweltbundesamt innerhalb von zehn Arbeitstagen Änderungen der Angaben zu seinem Konto mit. [2] Der Kontoinhaber legt auf Anforderung des Umweltbundesamtes innerhalb von vier Wochen Belege für die Angaben in der Änderungsmitteilung vor.

§ 27 Nutzungsbedingungen. (1) Das Umweltbundesamt kann Nutzungsbedingungen für die Kontoeröffnung und Kontoführung erlassen.

(2) Die Nutzungsbedingungen enthalten Ausführungen
1. zur Kontoeröffnung,
2. zur Kontoführung für Nutzer,
3. zu Kontobevollmächtigten,
4. zur Authentifizierung,
5. zu Transaktionen,
6. zu Mitwirkungspflichten der Nutzer zur Mitteilung von Änderungen,
7. zum Erlöschen der Eintragungsvollmacht,
8. zur Richtigkeit von Anweisungen,
9. zur Einhaltung von IT-Sicherheitsstandards durch Nutzer,
10. zu technischen Störungen und
11. zur Verfügbarkeit des Registerbetriebs.

(3) Das Umweltbundesamt gibt die Nutzungsbedingungen im Bundesanzeiger bekannt.

(4) Der Kontoinhaber hat die Nutzungsbedingungen einzuhalten.

§ 28 Entwertungskonto. (1) [1]Das Umweltbundesamt richtet im UER-Register ein Entwertungskonto ein. [2]Kontoinhaber übertragen alle zur Anrechnung vorgesehenen UER-Nachweise auf das Entwertungskonto. [3]Die UER-Nachweise werden dauerhaft auf dem Entwertungskonto gespeichert.

(2) Die Biokraftstoffquotenstelle erhält Zugriff auf das Entwertungskonto zur Prüfung der UER-Nachweise, die ihr zur Anrechnung vorgelegt werden.

§ 29 Ausbuchungskonto. (1) [1]Das Umweltbundesamt erstellt auf Antrag der zuständigen Behörde eines anderen Mitgliedstaats der Europäischen Union im UER-Register ein Ausbuchungskonto. [2]Es stellt sicher, dass die zuständige Behörde des anderen Mitgliedstaats der Europäischen Union die UER-Nachweise auf dem Ausbuchungskonto einsehen und kennzeichnen kann.

(2) [1]Kontoinhaber, die UER-Nachweise in einem anderen Mitgliedstaat einsetzen wollen, übertragen diese UER-Nachweise auf das entsprechende Ausbuchungskonto der Behörde dieses Mitgliedstaats. [2]Die UER-Nachweise werden dauerhaft auf dem Ausbuchungskonto gespeichert.

§ 30 Kontobevollmächtigte. (1) [1]Der Kontoinhaber benennt mindestens einen Kontobevollmächtigten, der in seinem Auftrag Transaktionen im UER-Register durchführt. [2]Kontobevollmächtigte sind natürliche Personen im Alter von mindestens 18 Jahren. [3]Mindestens einer der Kontobevollmächtigten muss seinen ständigen Wohnsitz in der Bundesrepublik Deutschland haben.

(2) Nur Kontobevollmächtigte sind berechtigt,

1. UER-Nachweise auszustellen,
2. UER-Nachweise zu stückeln oder zu verbinden,
3. Übertragungen zu veranlassen, zu bestätigen und abzubrechen und
4. UER-Nachweise und Kontaktinformationen der von ihnen vertretenen Kontoinhaber für andere Kontoinhaber sichtbar zu machen.

(3) Hat ein Kontobevollmächtigter aus technischen oder sonstigen Gründen keinen Zugang zum UER-Register, so kann das Umweltbundesamt auf seine Veranlassung Handlungen nach Absatz 2 im UER-Register ausführen, sofern er zu diesen Handlungen zum Zeitpunkt der Veranlassung befugt ist.

(4) Bei der Benennung eines Kontobevollmächtigten übermittelt der Kontoinhaber dem Umweltbundesamt folgende Angaben:

1. den Namen und die Anschrift,
2. die Telefonnummer, die E-Mail-Adresse, das Geburtsdatum, den Geburtsort, das Geburtsland und die Nationalität,
3. den Namen und die Anschrift des Unternehmens oder der Institution, für die der Kontobevollmächtigte tätig ist,
4. die Funktion des Kontobevollmächtigten innerhalb des Unternehmens oder der Institution,
5. die Art des Ausweisdokuments des Kontobevollmächtigten,
6. die Nummer des Ausweisdokuments und
7. die Gültigkeitsdauer des Ausweisdokuments.

(5) [1]Änderungen der Angaben zu einem Kontobevollmächtigten teilt der Kontoinhaber dem Umweltbundesamt innerhalb von zehn Arbeitstagen mit.

[2]Der Kontoinhaber legt auf Anforderung des Umweltbundesamtes innerhalb von vier Wochen Belege für die Angaben in der Änderungsmitteilung vor.

(6) Auf die Benennung und Zulassung von Kontobevollmächtigten ist Artikel 24 Absatz 4 und 5 der Verordnung (EU) Nr. 389/2013 entsprechend anzuwenden.

§ 31 Kontosperrung. (1) [1]Das Umweltbundesamt kann den Zugang eines Kontobevollmächtigten zum UER-Register sperren, wenn Tatsachen die Annahme rechtfertigen, dass der Kontobevollmächtigte

1. versucht hat, Zugang zu Konten oder Vorgängen zu erhalten, für die er nicht zugangsberechtigt ist,
2. wiederholt versucht hat, sich mit falschen Zugangsdaten Zugang zu einem Konto oder zu einem Vorgang zu verschaffen,
3. versucht hat, die Sicherheit, die Zugänglichkeit, die Integrität oder die Vertraulichkeit des UER-Registers oder der darin gespeicherten Daten zu kompromittieren.

[2]Die Sperrung des Zugangs wird unverzüglich aufgehoben, wenn sich die Annahmen, die zur Sperrung des Zugangs geführt haben, als unbegründet erweisen.

(2) [1]Das Umweltbundesamt kann den Zugang zu einem Konto für alle Kontobevollmächtigten sperren, wenn

1. der Kontoinhaber ohne gesetzlichen Nachfolger verstorben ist oder keine Rechtspersönlichkeit mehr hat,
2. der Kontoinhaber fällige Gebühren nach dieser Verordnung nicht oder nicht vollständig bezahlt hat,
3. der Kontoinhaber gegen die Nutzungsbedingungen für die Kontoeröffnung und Kontoführung verstoßen hat,
4. der Kontoinhaber Änderungen der Nutzungsbedingungen für die Kontoeröffnung und Kontoführung nicht zugestimmt hat,
5. der Kontoinhaber Änderungen der Kontoangaben nicht, nicht vollständig oder nicht rechtzeitig mitgeteilt hat,
6. der Kontoinhaber im Zusammenhang mit der Änderung von Kontoangaben oder mit neuen Kontoangaben trotz Anforderung des Umweltbundesamtes Belege nicht oder nicht rechtzeitig beigebracht hat,
7. gegen den Kontoinhaber oder, bei einer juristischen Person, gegen einen der Geschäftsführer des Kontoinhabers wegen folgender Straftaten ermittelt wird oder wegen folgender Straftaten in den vorangegangenen fünf Jahren ein rechtskräftiges Urteil ergangen ist:
   a) Betrug und Untreue nach den §§ 263 bis 265, 265b und 266 des Strafgesetzbuchs oder
   b) Geldwäsche oder Terrorismusfinanzierung nach den §§ 261 und 89c des Strafgesetzbuchs.

[2]Die Sperrung des Zugangs wird unverzüglich aufgehoben, wenn der Grund für die Sperrung nicht mehr besteht oder wenn der Kontoinhaber im Fall von Satz 1 Nummer 3 nachweislich hinreichende Vorkehrungen getroffen hat, damit sich die Ursache für die Sperrung nicht wiederholt.

Abschnitt 4. Validierungs- und Verifizierungsstellen

Unterabschnitt 1. Registrierung

§ 32 Antrag auf Registrierung. (1) [1] Validierungs- und Verifizierungsstellen, die in einem Mitgliedstaat der Europäischen Union gemäß DIN EN ISO 14065, Ausgabe Juli 2013, für die Bereiche der DIN EN ISO 14064-2, Ausgabe Mai 2012, und der DIN ISO 14064-3, Ausgabe Mai 2012, akkreditiert sind, werden auf Antrag beim Umweltbundesamt für Tätigkeiten nach dieser Verordnung registriert. [2] Der Antrag wird schriftlich oder in elektronischer Form gestellt.

(2) Der Antrag auf Registrierung enthält folgende Angaben und Unterlagen:
1. die Bezeichnung und die Anschrift der Validierungs- oder Verifizierungsstelle,
2. die Regionen und Staaten, in denen sie beabsichtigen, Tätigkeiten nach dieser Verordnung wahrzunehmen,
3. eine Erklärung, in der sich die Validierungs- oder Verifizierungsstelle verpflichtet, die Vorgaben dieser Verordnung einzuhalten, und
4. eine Kopie der Akkreditierungsurkunde sowie gegebenenfalls weitere geeignete Unterlagen zum Nachweis, dass die Anforderung an die Akkreditierung nach Absatz 1 erfüllt ist.

(3) Änderungen der Angaben und Unterlagen sind dem Umweltbundesamt unverzüglich mitzuteilen.

§ 33 Vornahme der Registrierung. (1) Das Umweltbundesamt nimmt die Registrierung vor, wenn der Antrag vollständig ist und der Nachweis erbracht wurde, dass die Validierungs- oder Verifizierungsstelle in einem Mitgliedstaat der Europäischen Union gemäß DIN EN ISO 14065, Ausgabe Juli 2013, für die Bereiche der DIN EN ISO 14064-2, Ausgabe Mai 2012, und der DIN ISO 14064-3, Ausgabe Mai 2012, akkreditiert ist.

(2) Die Registrierung kann befristet werden, insbesondere in den Fällen, in denen die Akkreditierung befristet ist.

(3) Die Registrierung kann beschränkt werden auf
1. bestimmte Berechnungsverfahren und
2. einzelne Regionen oder Staaten.

(4) [1] Die Registrierung kann Auflagen enthalten, wenn dies zur ordnungsgemäßen Durchführung der Tätigkeiten nach dieser Verordnung erforderlich ist. [2] Eine Registrierung kann auch nachträglich mit Auflagen versehen werden.

(5) [1] Das Umweltbundesamt gibt die Registrierung im Bundesanzeiger bekannt, einschließlich der Auflagen, Befristungen und Beschränkungen.[1)] [2] Wird eine Registrierung nachträglich mit Auflagen versehen, gibt das Umweltbundesamt dies gesondert im Bundesanzeiger bekannt.

§ 34 Inhalt der Registrierung. Die Registrierung einer Validierungs- oder Verifizierungsstelle muss folgende Angaben enthalten:
1. eine Registriernummer,

---

1) Siehe hierzu ua Bek. v. 13.3.2018 (BAnz AT 27.03.2018 B7).

2. das Datum der Registrierung,
3. erteilte zeitliche Befristungen und Beschränkungen und
4. erteilte Auflagen.

§ 35 Erlöschen der Registrierung. (1) Die Registrierung einer Validierungs- oder Verifizierungsstelle erlischt, wenn die Validierungs- oder Verifizierungsstelle ihre Tätigkeit nicht innerhalb eines Jahres nach der Registrierung aufgenommen oder seit Aufnahme der Tätigkeit mehr als ein Jahr nicht mehr ausgeübt hat.

(2) Die Validierungs- oder Verifizierungsstelle teilt dem Umweltbundesamt die Aufnahme ihrer Tätigkeit sowie die Einstellung der Ausübung ihrer Tätigkeit unverzüglich mit.

(3) Das Umweltbundesamt gibt das Erlöschen der Registrierung und den Grund für das Erlöschen im Bundesanzeiger bekannt.

§ 36 Widerruf und Rücknahme der Registrierung. (1) Das Umweltbundesamt kann die Registrierung einer Validierungs- oder Verifizierungsstelle widerrufen, wenn Tatsachen die Annahme rechtfertigen, dass eine ordnungsgemäße Durchführung der Aufgaben nicht mehr gegeben ist.

(2) [1] Die Registrierung soll insbesondere widerrufen werden, wenn
1. eine Voraussetzung für die Erteilung der Registrierung nicht oder nicht mehr erfüllt ist oder
2. die Validierungs- oder Verifizierungsstelle ihre Pflichten nicht, nicht richtig, nicht vollständig oder nicht rechtzeitig erfüllt.

[2] Die Registrierung kann auch widerrufen werden, wenn eine Kontrolle der Projekttätigkeiten vor Ort nicht sichergestellt ist.

(3) Die Vorschriften des Verwaltungsverfahrensgesetzes über die Rücknahme und den Widerruf von Verwaltungsakten bleiben unberührt.

Unterabschnitt 2. Aufgaben

§ 37 Allgemeine Anforderungen an Validierungs- und Verifizierungsstellen. (1) Validierungs- und Verifizierungsstellen sind verpflichtet,
1. die Angaben des Projektträgers auf Richtigkeit und Vollständigkeit zu überprüfen,
2. Prüfberichte (den Validierungsbericht und den Verifizierungsbericht) anzufertigen und
3. im Validierungsbericht und im Verifizierungsbericht richtige und vollständige Angaben zu machen.

(2) Betragen die geschätzten Upstream-Emissionsminderungen der Projekttätigkeit mehr als 60 Kilotonnen Kohlenstoffdioxid-Äquivalent pro Jahr, so müssen die Aufgaben der Validierungsstelle und der Verifizierungsstelle von zwei verschiedenen Stellen wahrgenommen werden.

§ 38 Spezifische Aufgaben der Validierungsstellen. (1) Die Validierungsstelle prüft, ob die Projekttätigkeit eines Projektträgers die Voraussetzungen für die Zustimmung erfüllt, (Validierung) und erstellt den Validierungsbericht.

(2) [1] Die Validierung erfolgt anhand der Projektdokumentation und weiterer Unterlagen sowie vor Ort. [2] Upstream-Emissionsminderungen werden nach den Grundsätzen und Normen der mit DIN EN ISO 14064, Ausgabe Mai 2012, DIN EN ISO 14065, Ausgabe Juli 2013, und ISO 14066, Ausgabe April 2011, validiert.

§ 39 Spezifische Aufgaben der Verifizierungsstellen. (1) Die Verifizierungsstelle prüft, ob

1. für die Projekttätigkeit im Verifizierungszeitraum die Voraussetzungen für die Zustimmung vorgelegen haben,
2. die Projekttätigkeit entsprechend der Projektdokumentation oder, bei Abweichungen, im Einklang mit der Entscheidung nach § 17 Absatz 3 durchgeführt worden ist,
3. der Überwachungsbericht den Anforderungen nach § 18 genügt und
4. der Projektträger die Upstream-Emissionsminderungen im Verifizierungszeitraum zutreffend ermittelt hat.

(2) [1] Die Verifizierung nach Absatz 1 erfolgt anhand des Überwachungsberichts und aller weiteren relevanten Daten sowie vor Ort. [2] Die Vorgaben der Verordnung (EU) Nr. 600/2012 sind für die Tätigkeiten nach Absatz 1 entsprechend anzuwenden. [3] Für die Verifizierung der Upstream-Emissionsminderungen und der Referenzfallemissionen gilt DIN EN ISO 14064, Ausgabe Mai 2012, entsprechend.

(3) [1] Die Ergebnisse der Verifizierung müssen verlässlich und belastbar sein. [2] Für die Verlässlichkeit und Belastbarkeit gelten die Anforderungen der Verordnung (EU) Nr. 600/2012 und der Verordnung (EU) Nr. 601/2012 entsprechend.

(4) [1] Die Verifizierungsstelle legt dem Umweltbundesamt und dem Projektträger den Verifizierungsbericht einschließlich des dem Verifizierungsbericht zugrundeliegenden Überwachungsberichts vor. [2] Sie bestätigt zudem schriftlich, dass die Projekttätigkeit innerhalb des Verifizierungszeitraums zu der verifizierten Upstream-Emissionsminderung geführt hat.

§ 40 Validierungsbericht. Der Validierungsbericht enthält folgende Angaben und Unterlagen:

1. eine zusammenfassende Darstellung des Validierungsprozesses,
2. den Namen und die Anschrift des Projektträgers,
3. den Zeitraum, in dem die Validierung durchgeführt worden ist,
4. eine Beschreibung der Projekttätigkeit,
5. den Projektort, der der Emissionsquelle am nächsten gelegen ist, unter Angabe der Koordinaten in Längen- und Breitengraden bis zur vierten Dezimalstelle,
6. eine Darstellung der Nachfragen der Validierungsstelle beim Projektträger und dessen Antworten,
7. soweit eine Beteiligung der Öffentlichkeit nach dem Recht des Gastgeberstaates oder der DIN EN ISO 14064, Ausgabe Mai 2012, durchgeführt wurde, eine Liste der Änderungen der geplanten Projekttätigkeit, die auf-

grund der Stellungnahmen der Beteiligung der Öffentlichkeit vorgenommen worden sind,
8. das Verfahren, das zur Validierung der geplanten Projekttätigkeit angewendet worden ist, und die Ergebnisse der Validierung,
9. die Feststellung, dass für die geplante Projekttätigkeit ein zugelassenes Berechnungsverfahren gewählt worden ist und dass dieses Berechnungsverfahren entsprechend § 6 angewendet worden ist,
10. die Projektgrenze der Projekttätigkeit,
11. das Verfahren zur Ermittlung der Referenzfallemissionen und der Höhe der zu erwartenden Upstream-Emissionsminderungen sowie die Ergebnisse der Berechnungen,
12. Angaben zur sachgerechten Ausgestaltung des Überwachungsplans,
13. die Darstellung der Umweltauswirkungen,
14. eine Liste mit den im Rahmen der Validierung durchgeführten Vor-Ort-Untersuchungen, befragten Personen und überprüften Dokumenten,
15. die unterzeichnete Bestätigung der Validierungsstelle, dass die Projekttätigkeit alle Anforderungen dieser Verordnung einhält, mit Angabe der Höhe der zu erwartenden Upstream-Emissionsminderungen,
16. die Namen und Kontaktdaten der Mitglieder des Validierungsteams, jeweils unter Angabe ihrer Aufgaben im Rahmen der Validierung,
17. Zertifikate der Mitglieder des Validierungsteams,
18. Informationen zur Qualitätskontrolle innerhalb des Validierungsteams und des Validierungsprozesses.

§ 41 Verifizierungsbericht. Der Verifizierungsbericht enthält folgende Angaben und Unterlagen:
1. die Projektnummer,
2. den Namen und die Anschrift des Projektträgers,
3. den Verifizierungszeitraum,
4. den Zeitraum, in dem die Verifizierung durchgeführt worden ist,
5. die Angabe, ob für die Projekttätigkeit im Verifizierungszeitraum die Voraussetzungen für die Zustimmung vorgelegen haben,
6. die Höhe der Upstream-Emissionsminderung in Kilogramm Kohlenstoffdioxid-Äquivalent, die im Verifizierungszeitraum erreicht worden ist,
7. bei Projekttätigkeiten in Zusammenhang mit der Erdölförderung je Ölquelle das Gas-Öl-Verhältnis im Verifizierungszeitraum,
8. eine zusammenfassende Darstellung des Verifizierungsprozesses, des Umfangs und der Ergebnisse der Verifizierung,
9. eine Liste mit den im Rahmen der Verifizierung durchgeführten Vor-Ort-Untersuchungen, befragten Personen und überprüften Dokumenten,
10. die Namen und Kontaktdaten der Mitglieder des Verifizierungsteams, jeweils unter Angabe ihrer Aufgaben im Rahmen der Verifizierung,
11. Zertifikate der Mitglieder des Verifizierungsteams,
12. die Ergebnisse der Überprüfungen,

13. die Feststellung, dass
    a) die Projekttätigkeit entsprechend der Projektdokumentation oder bei Abweichungen im Einklang mit der Entscheidung nach § 17 Absatz 3 durchgeführt worden ist,
    b) die Überwachungsaktivitäten mit dem Überwachungsplan übereinstimmen,
    c) der Überwachungsbericht den Vorgaben des § 18 entspricht,
    d) die Kalibrierungsfrequenz der jeweiligen Messinstrumente mit Auswirkungen auf die ermittelten Upstream-Emissionsminderungen den Vorgaben der Berechnungsverfahren und des Überwachungsplans oder bei Abweichungen der Entscheidung nach § 17 Absatz 3 entspricht,
14. eine Bewertung der Daten und Berechnung der durch die Projekttätigkeit erreichten Upstream-Emissionsminderungen,
15. eine Liste der im Überwachungsplan spezifizierten Parameter mit Angaben dazu, wie die im Überwachungsbericht dargestellten Werte von der Verifizierungsstelle verifiziert worden sind,
16. eine Darstellung der Nachfragen der Verifizierungsstelle beim Projektträger und dessen Antworten sowie die Bewertung dieser Antworten und
17. Informationen zur Qualitätskontrolle innerhalb des Verifizierungsteams und des Verifizierungsprozesses.

§ 42 Verifizierungszeitraum. [1] Der Verifizierungszeitraum ist der Zeitraum, den der Verifizierungsbericht umfasst. [2] Er hat den gesamten Überwachungszeitraum zu umfassen, auf den sich der Überwachungsbericht bezieht.

§ 43 Veröffentlichung des Verifizierungsberichtes. Das Umweltbundesamt veröffentlicht den Verifizierungsbericht unverzüglich auf seiner Internetseite.

Abschnitt 5. Kontrollen und Anordnungen

§ 44 Kontrollen. (1) Das Umweltbundesamt kann bis zur Vorlage der Verifizierungsberichte das Fortbestehen der Voraussetzungen für die Zustimmung anhand der ihm vorgelegten Unterlagen und soweit erforderlich vor Ort jederzeit überprüfen.

(2) Das Umweltbundesamt überprüft innerhalb eines Jahres nach Ablauf des Anrechnungszeitraums anhand der ihm vorgelegten Unterlagen und soweit erforderlich vor Ort die Verifizierungsberichte auf ihre Richtigkeit und Vollständigkeit.

(3) Das Umweltbundesamt ist befugt, soweit es zur Durchführung der Aufgaben nach den Absätzen 1 und 2 erforderlich ist, bei Projektträgern

1. während der Geschäfts- oder Betriebszeit Grundstücke sowie Geschäfts-, Betriebs- und Lagerräume sowie Transportmittel zu betreten,
2. Besichtigungen vorzunehmen,
3. alle die Projekttätigkeit betreffenden Geschäftsunterlagen einzusehen, zu prüfen, auszudrucken, zu kopieren und Abschriften anzufertigen und
4. die erforderlichen Auskünfte zu verlangen.

§ 45 Anordnungen. (1) [1] Das Umweltbundesamt kann gegenüber den Validierungs- und Verifizierungsstellen sowie den Projektträgern die erforderlichen Anordnungen treffen, um Mängel zu beseitigen, die im Rahmen der Kontrollen nach § 44 festgestellt worden sind. [2] Insbesondere kann das Umweltbundesamt anordnen, dass eine Mitarbeiterin oder ein Mitarbeiter einer Validierungs- oder Verifizierungsstelle wegen fehlender Unabhängigkeit, Fachkunde oder Zuverlässigkeit keine Tätigkeiten nach dieser Verordnung durchführen darf.

(2) Ordnet das Umweltbundesamt die Vorlage eines geänderten Validierungs- oder Verifizierungsberichts oder die erneute Überprüfung der Projekttätigkeit in Bezug auf die betroffenen Upstream-Emissionsminderungen an, so kann es zusätzlich festlegen, dass bis zur Vorlage des geänderten Validierungs- oder Verifizierungsberichts oder bis zum Abschluss der erneuten Überprüfung vom Projektträger UER-Nachweise nicht oder nur in begrenztem Umfang ausgestellt oder übertragen werden können.

(3) Werden in Berichten einer Validierungs- oder Verifizierungsstelle wiederholt Unrichtigkeiten festgestellt, so stellt das Umweltbundesamt bei der Behörde, die die Validierungs- oder Verifizierungsstelle akkreditiert hat, ein Gesuch um Überprüfung der Akkreditierung.

Teil 4. DIN-Normen, behördliches Verfahren, Datenübermittlung, Berichtspflichten

§ 46 Zugänglichkeit der DIN-Normen. DIN-Normen, auf die in dieser Verordnung verwiesen wird, sind im Beuth Verlag GmbH, Berlin, erschienen und in der Deutschen Nationalbibliothek archivmäßig gesichert hinterlegt.

§ 47 Behördliches Verfahren. Ausnahmen von § 23 Absatz 1 des Verwaltungsverfahrensgesetzes, insbesondere bei Kyoto-Projekttätigkeiten, kann das Umweltbundesamt auf Antrag des Projektträgers, der Validierungsstelle oder der Verifizierungsstelle gewähren.

§ 48 Erhebung von Gebühren und Auslagen. (1) Das Umweltbundesamt erhebt für Amtshandlungen nach dieser Verordnung Gebühren nach dem Gebührenverzeichnis in Anlage 1.

(2) § 10 Absatz 2 bis 5 des Bundesgebührengesetzes ist anzuwenden.

§ 49 Aufbewahrung von Unterlagen, Umgang mit Informationen.

(1) [1] Projektträger müssen alle Unterlagen und Daten der Überwachung, auf deren Basis ein Verifizierungsbericht erstellt wurde, für einen Zeitraum von fünf Jahren aufbewahren. [2] Die Aufbewahrungsfrist beginnt mit der Vorlage des Verifizierungsberichts beim Umweltbundesamt.

(2) [1] Validierungs- und Verifizierungsstellen müssen die Unterlagen zur Validierung und Verifizierung der von ihnen geprüften Projekttätigkeiten für einen Zeitraum von fünf Jahren aufbewahren. [2] Die Aufbewahrungsfrist beginnt mit der Vorlage des Validierungs- und Verifizierungsberichts beim Umweltbundesamt.

(3) Soweit Validierungsstellen und Verifizierungsstellen Aufgaben nach dieser Verordnung wahrnehmen, gelten sie als informationspflichtige Stellen nach § 2 Absatz 1 Nummer 2 des Umweltinformationsgesetzes in der Fassung der

Bekanntmachung vom 27. Oktober 2014 (BGBl. I S. 1643) in der jeweils geltenden Fassung.

(4) [1] Das Umweltbundesamt bewahrt folgende Angaben und Unterlagen für einen Zeitraum von fünf Jahren auf:

1. die Anträge auf Zustimmung,
2. die Verifizierungsberichte,
3. die Anträge zur Kontoeröffnung,
4. die Angaben zur Benennung eines Kontobevollmächtigten und
5. die UER-Nachweise einschließlich der Transaktionsdaten.

[2] Die Aufbewahrungsfrist beginnt mit der Vorlage der Angaben und Unterlagen beim Umweltbundesamt.

(5) Sollte ein Rechtsmittelverfahren anhängig sein, verlängern sich die Aufbewahrungsfristen bis zu dessen Abschluss.

§ 50 Datenübermittlung. (1) Soweit es zur Durchführung dieser Verordnung oder zur Erfüllung von Berichtspflichten der Bundesregierung erforderlich ist, dürfen das Umweltbundesamt und die Biokraftstoffquotenstelle UER-Nachweise, Berichte über die durchgeführten Kontrollen sowie Informationen über die Höhe der zur Erfüllung der Verpflichtung zur Treibhausgasminderung angerechneten Upstream-Emissionsminderungen übermitteln, und zwar an

1. folgende Bundesbehörden:
   a) das Bundesministerium für Umwelt, Naturschutz, Bau und Reaktorsicherheit,
   b) das Bundesministerium der Finanzen und die ihm nachgeordneten Behörden,
   c) die Biokraftstoffquotenstelle,
   d) das Umweltbundesamt,
2. Behörden von anderen Mitgliedstaaten der Europäischen Union sowie von Drittstaaten und die von ihnen jeweils mit der Nachweisführung beauftragten Stellen,
3. Organe der Europäischen Union und
4. die in den nicht-legislativen Leitlinien[1)] der Europäischen Kommission genannte zentrale Datenbank.

(2) Die Übermittlung von Daten nach Absatz 1 Nummer 2 und 3 erfolgt in Abstimmung mit dem Bundesministerium für Umwelt, Naturschutz, Bau und Reaktorsicherheit.

§ 51 Bericht. Das Umweltbundesamt evaluiert diese Verordnung regelmäßig und legt der Bundesregierung ab dem Jahr 2021 jährlich zum 31. Juli einen Erfahrungsbericht vor.

[1)] **Amtl. Anm.:** Die nicht-legislativen Leitlinien können unter dem folgenden Link abgerufen werden:
https://ec.europa.eu/clima/sites/clima/files/guidance_note_on_uer_en.pdf

Teil 5. Schlussbestimmungen

§ 52 Inkrafttreten. Diese Verordnung tritt am Tag nach der Verkündung[1] in Kraft.

Anlage 1
(zu § 48)

Gebührenverzeichnis

Nr.	Gebührentatbestand	Gebührenrahmen in Euro
1	UER-Registerkonto	
1.1	Eröffnung eines Kontos für den Zugang zum UER-Register	170
1.2	Änderung des Projektträgers	100
1.3	Bearbeitung von Umfirmierungen	55
1.4	Änderung von Kontobevollmächtigten	65
2	Erteilung der Zustimmung	900 bis 2 000
3	Registrierung von Validierungs- und Verifizierungsstellen	160
4	Überprüfung des Verifizierungsberichts für Projekttätigkeiten	250 bis 1 900
5	Kontrollen nach § 44	250 bis 1 600

[1] Verkündet am 29.1.2018.

4.1. Gesetz über den Handel mit Berechtigungen zur Emission von Treibhausgasen (Treibhausgas-Emissionshandelsgesetz – TEHG) [1)2)]

Vom 21. Juli 2011

(BGBl. I S. 1475)

FNA 2129-55

zuletzt geänd. durch Art. 1 G zur Anpassung der Rechtsgrundlagen für die Fortentwicklung des Europäischen Emissionshandels v. 18.1.2019 (BGBl. I S. 37)

Inhaltsübersicht

[1)] **Amtl. Anm.:** Dieses Gesetz dient der Umsetzung der Richtlinie 2003/87/EG des Europäischen Parlaments und des Rates vom 13. Oktober 2003 über ein System für den Handel mit Treibhausgasemissionszertifikaten in der Gemeinschaft und zur Änderung der Richtlinie 96/61/EG des Rates (ABl. L 275 vom 25.10.2003, S. 32), die zuletzt durch die Richtlinie 2009/29/EG (ABl. L 140 vom 5.6.2009, S. 63) geändert worden ist, und der Richtlinie 2006/123/EG des Europäischen Parlaments und des Rates vom 12. Dezember 2006 über Dienstleistungen im Binnenmarkt (ABl. L 376 vom 27.12.2006, S. 36).

[2)] Verkündet als Art. 1 G v. 21.7.2011 (BGBl. I S. 1475); Inkrafttreten gem. Art. 15 Abs. 2 Satz 1 dieses G am 28.7.2011.

Abschnitt 1. Allgemeine Vorschriften

§ 1 Zweck des Gesetzes [1] Zweck dieses Gesetzes ist es, für die in Anhang 1 Teil 2 genannten Tätigkeiten, durch die in besonderem Maße Treibhausgase emittiert werden, die Grundlagen für den Handel mit Berechtigungen zur Emission von Treibhausgasen in einem gemeinschaftsweiten Emissionshandelssystem zu schaffen, um damit durch eine kosteneffiziente Verringerung von Treibhausgasen zum weltweiten Klimaschutz beizutragen. [2] Das Gesetz dient auch der Umsetzung der europäischen und internationalen Vorgaben zur Einbeziehung des Luftverkehrs in Maßnahmen zur Erfassung, Reduktion und Kompensation von Treibhausgasen und zur Umsetzung der europäischen Vorgaben zur Erfassung von Treibhausgasen im Seeverkehr.

§ 2 Anwendungsbereich. (1) [1] Dieses Gesetz gilt für die Emission der in Anhang 1 Teil 2 genannten Treibhausgase durch die dort genannten Tätigkeiten. [2] Für die in Anhang 1 Teil 2 genannten Anlagen gilt dieses Gesetz auch dann, wenn sie Teile oder Nebeneinrichtungen einer Anlage sind, die nicht in Anhang 1 Teil 2 aufgeführt ist.

(2) [1] Der Anwendungsbereich dieses Gesetzes erstreckt sich bei den in Anhang 1 Teil 2 Nummer 2 bis 31 genannten Anlagen auf alle

1. Anlagenteile und Verfahrensschritte, die zum Betrieb notwendig sind, und
2. Nebeneinrichtungen, die mit den Anlagenteilen und Verfahrensschritten nach Nummer 1 in einem räumlichen und betriebstechnischen Zusammenhang stehen und die für das Entstehen von den in Anhang 1 Teil 2 genannten Treibhausgasen von Bedeutung sein können.

[2] Satz 1 gilt für Verbrennungseinheiten nach Anhang 1 Teil 2 Nummer 1 entsprechend.

(3) [1] Die in Anhang 1 bestimmten Voraussetzungen liegen auch vor, wenn mehrere Anlagen derselben Art in einem engen räumlichen und betrieblichen Zusammenhang stehen und zusammen die nach Anhang 1 maßgeblichen Leistungsgrenzen oder Anlagengrößen erreichen oder überschreiten werden. [2] Ein enger räumlicher und betrieblicher Zusammenhang ist gegeben, wenn die Anlagen

1. auf demselben Betriebsgelände liegen,
2. mit gemeinsamen Betriebseinrichtungen verbunden sind und
3. einem vergleichbaren technischen Zweck dienen.

(4) [1] Bedürfen Anlagen nach Anhang 1 Teil 2 Nummer 2 bis 30 einer Genehmigung nach § 4 Absatz 1 Satz 3 des Bundes-Immissionsschutzgesetzes[1)], so sind hinsichtlich der Abgrenzung der Anlagen nach den Absätzen 2 und 3 die Festlegungen in der immissionsschutzrechtlichen Genehmigung für die Anlage maßgeblich. [2] Satz 1 gilt für Verbrennungseinheiten nach Anhang 1 Teil 2 Nummer 1 entsprechend. [3] In den Fällen des Absatzes 1 Satz 2 gilt Satz 1 hinsichtlich der Festlegungen in der immissionsschutzrechtlichen Genehmigung zu den Anlagenteilen oder Nebeneinrichtungen entsprechend.

(5) Dieses Gesetz gilt nicht für:

1. Anlagen oder Anlagenteile, soweit sie der Forschung oder der Entwicklung oder Erprobung neuer Einsatzstoffe, Brennstoffe, Erzeugnisse oder Verfahren im Labor- oder Technikumsmaßstab dienen; hierunter fallen auch solche Anlagen im Labor- oder Technikumsmaßstab, in denen neue Erzeugnisse in der für die Erprobung ihrer Eigenschaften durch Dritte erforderlichen Menge vor der Markteinführung hergestellt werden, soweit die neuen Erzeugnisse noch weiter erforscht oder entwickelt werden,
2. Anlagen, die nach § 4 Absatz 1 Satz 3 des Bundes-Immissionsschutzgesetzes genehmigungsbedürftig sind und bei denen nach ihrer immissionsschutzrechtlichen Genehmigung außer für Zwecke der Zünd- und Stützfeuerung als Brennstoff nur Klärgas, Deponiegas, Biogas oder Biomasse im Sinne des Artikels 2 Absatz 2 Satz 2 Buchstabe a und e der Richtlinie 2009/28/EG des Europäischen Parlaments und des Rates vom 23. April 2009 zur Förderung der Nutzung von Energie aus erneuerbaren Quellen und zur Änderung und anschließenden Aufhebung der Richtlinien 2001/77/EG und 2003/30/EG (ABl. L 140 vom 5.6.2009, S. 16) in der jeweils geltenden Fassung eingesetzt werden darf und
3. Anlagen oder Verbrennungseinheiten nach Anhang 1 Teil 2 Nummer 1 bis 6 zur Verbrennung von gefährlichen Abfällen oder Siedlungsabfällen, die nach Nummer 8.1 des Anhangs zur Verordnung über genehmigungsbedürftige Anlagen[2)] genehmigungsbedürftig sind.

(6) [1] Bei Luftverkehrstätigkeiten erstreckt sich der Anwendungsbereich dieses Gesetzes auf alle Emissionen eines Luftfahrzeugs, die durch den Verbrauch von Treibstoffen entstehen. [2] Zum Treibstoffverbrauch eines Luftfahrzeugs zählt auch der Treibstoffverbrauch von Hilfsmotoren. [3] Dieses Gesetz gilt nur für Luftverkehrstätigkeiten, die von Luftfahrzeugbetreibern durchgeführt werden,

---

[1)] Nr. **1**.
[2)] Nr. **2.4**.

1. die eine gültige deutsche Betriebsgenehmigung im Sinne des Artikels 3 der Verordnung (EG) Nr. 1008/2008 des Europäischen Parlaments und des Rates vom 24. September 2008 über gemeinsame Vorschriften für die Durchführung von Luftverkehrsdiensten in der Gemeinschaft (ABl. L 293 vom 31.10. 2008, S. 3) in der jeweils geltenden Fassung besitzen oder
2. die der Bundesrepublik Deutschland als zuständigem Verwaltungsmitgliedstaat zugewiesen sind nach der Verordnung (EG) Nr. 748/2009 der Kommission vom 5. August 2009 über die Liste der Luftfahrzeugbetreiber, die am oder nach dem 1. Januar 2006 einer Luftverkehrstätigkeit im Sinne von Anhang I der Richtlinie 2003/87/EG nachgekommen sind, mit Angabe des für die einzelnen Luftfahrzeugbetreiber zuständigen Verwaltungsmitgliedstaats (ABl. L 219 vom 22.8.2009, S. 1), die durch die Verordnung (EU) Nr. 82/2010 (ABl. L 25 vom 29.1.2010, S. 12) geändert worden ist, in der jeweils geltenden Fassung, und keine gültige Betriebsgenehmigung eines anderen Vertragsstaats des Abkommens über den Europäischen Wirtschaftsraum besitzen.

[4] Alle Luftverkehrstätigkeiten, die der Luftfahrzeugbetreiber ab Beginn des Kalenderjahres durchführt, in dem die Voraussetzungen nach Satz 3 erstmals erfüllt sind, fallen in den Anwendungsbereich dieses Gesetzes.

(7) Dieses Gesetz gilt auch für Aufgaben im Zusammenhang mit der Bewilligung von Beihilfen zur Kompensation indirekter CO_2-Kosten, soweit solche Beihilfen nach einer Förderrichtlinie nach Artikel 10a Absatz 6 der Richtlinie 2003/87/EG vorgesehen sind.

(8) Dieses Gesetz gilt auch für Aufgaben im Zusammenhang mit der Überwachung und der Ahndung von Verstößen gegen die Überwachungs- und Berichterstattungspflichten der MRV-Seeverkehrsverordnung.

(9) Für Luftfahrzeugbetreiber nach Absatz 6 Satz 3 Nummer 1 gelten im Hinblick auf ihre Verpflichtungen nach dem globalen marktbasierten Mechanismus der Internationalen Zivilluftfahrt-Organisation gemäß einer nach Artikel 28c der Richtlinie 2003/87/EG erlassenen Verordnung zur Überwachung, Berichterstattung oder Prüfung von Treibhausgasemissionen nach dem globalen marktbasierten Mechanismus Abschnitt 4 sowie § 32 Absatz 3 Nummer 6 dieses Gesetzes.

§ 3 Begriffsbestimmungen. Für dieses Gesetz gelten die folgenden Begriffsbestimmungen:

1. Anlage
   eine Betriebsstätte oder sonstige ortsfeste Einrichtung;
2. Anlagenbetreiber
   eine natürliche oder juristische Person oder Personengesellschaft, die die unmittelbare Entscheidungsgewalt über eine Anlage innehat, in der eine Tätigkeit nach Anhang 1 Teil 2 Nummer 1 bis 32 durchgeführt wird, und die dabei die wirtschaftlichen Risiken trägt; wer im Sinne des Bundes-Immissionsschutzgesetzes eine genehmigungsbedürftige Anlage betreibt, in der eine Tätigkeit nach Anhang 1 Teil 2 Nummer 1 bis 30 durchgeführt wird, ist Anlagenbetreiber nach Halbsatz 1;

3. Berechtigung
die Befugnis zur Emission von einer Tonne Kohlendioxidäquivalent in einem bestimmten Zeitraum; eine Tonne Kohlendioxidäquivalent ist eine Tonne Kohlendioxid oder die Menge eines anderen Treibhausgases, die in ihrem Potenzial zur Erwärmung der Atmosphäre einer Tonne Kohlendioxid entspricht;
4. Betreiber
ein Anlagenbetreiber oder Luftfahrzeugbetreiber;
5. Emission
die Freisetzung von Treibhausgasen durch eine Tätigkeit nach Anhang 1 Teil 2; die Weiterleitung von Treibhausgasen steht nach Maßgabe der Monitoring-Verordnung der Freisetzung gleich;
6. *(aufgehoben)*
7. Luftfahrzeugbetreiber
eine natürliche oder juristische Person oder Personengesellschaft, die die unmittelbare Entscheidungsgewalt über ein Luftfahrzeug zu dem Zeitpunkt innehat, zu dem mit diesem eine Luftverkehrstätigkeit durchgeführt wird, und die dabei die wirtschaftlichen Risiken der Luftverkehrstätigkeit trägt, oder, wenn die Identität dieser Person nicht bekannt ist oder vom Luftfahrzeugeigentümer nicht angegeben wird, der Eigentümer des Luftfahrzeugs;
8. Luftverkehrsberechtigung
eine Berechtigung, die für Emissionen des Luftverkehrs vergeben wird;
9. Luftverkehrstätigkeit
eine Tätigkeit nach Anhang 1 Teil 2 Nummer 33;
10. Monitoring-Verordnung
die Verordnung (EU) Nr. 601/2012 der Kommission vom 21. Juni 2012 über die Überwachung von und die Berichterstattung über Treibhausgasemissionen gemäß der Richtlinie 2003/87/EG des Europäischen Parlaments und des Rates (ABl. L 181 vom 12.7.2012, S. 30) in der jeweils geltenden Fassung;
11. MRV-Seeverkehrsverordnung
die Verordnung (EU) 2015/757 des Europäischen Parlaments und des Rates vom 29. April 2015 über die Überwachung von Kohlendioxidemissionen aus dem Seeverkehr, die Berichterstattung darüber und die Prüfung dieser Emissionen und zur Änderung der Richtlinie 2009/16/EG (ABl. L 123 vom 19.5.2015, S. 55);
12. *(aufgehoben)*
13. Produktionsleistung
die tatsächlich und rechtlich maximal mögliche Produktionsmenge pro Jahr;
14. Tätigkeit
eine in Anhang 1 Teil 2 genannte Tätigkeit;
15. Transportleistung
das Produkt aus Flugstrecke und Nutzlast;

16. Treibhausgase
Kohlendioxid (CO_2), Methan (CH_4), Distickstoffoxid (N_2O), teilfluorierte Kohlenwasserstoffe (HFKW), perfluorierte Kohlenwasserstoffe (PFC) und Schwefelhexafluorid (SF_6);
17. Überwachungsplan
eine Darstellung der Methode, die ein Betreiber anwendet, um seine Emissionen zu ermitteln und darüber Bericht zu erstatten;
18. *(aufgehoben)*

Abschnitt 2. Genehmigung und Überwachung von Emissionen

§ 4 Emissionsgenehmigung. (1) [1]Der Anlagenbetreiber bedarf zur Freisetzung von Treibhausgasen durch eine Tätigkeit nach Anhang 1 Teil 2 Nummer 1 bis 32 einer Genehmigung. [2]Die Genehmigung ist auf Antrag des Anlagenbetreibers von der zuständigen Behörde zu erteilen, wenn die zuständige Behörde auf der Grundlage der vorgelegten Antragsunterlagen die Angaben nach Absatz 3 feststellen kann.

(2) Der Antragsteller hat dem Genehmigungsantrag insbesondere folgende Angaben beizufügen:
1. Name und Anschrift des Anlagenbetreibers,
2. eine Beschreibung der Tätigkeit, des Standorts und der Art und des Umfangs der dort durchgeführten Verrichtungen und der verwendeten Technologien,
3. in den Fällen des § 2 Absatz 1 Satz 2 eine Beschreibung der räumlichen Abgrenzung der Anlagenteile, Verfahrensschritte und Nebeneinrichtungen nach § 2 Absatz 2,
4. die Quellen von Emissionen und
5. den Zeitpunkt, zu dem die Anlage in Betrieb genommen worden ist oder werden soll.

(3) Die Genehmigung enthält folgende Angaben:
1. Name und Anschrift des Anlagenbetreibers,
2. eine Beschreibung der Tätigkeit und des Standorts, an dem die Tätigkeit durchgeführt wird,
3. in den Fällen des § 2 Absatz 1 Satz 2 eine Beschreibung der räumlichen Abgrenzung der einbezogenen Anlagenteile, Verfahrensschritte und Nebeneinrichtungen nach § 2 Absatz 2 und
4. eine Auflistung der einbezogenen Quellen von Emissionen.

(4) [1]Bei Anlagen, die vor dem 1. Januar 2013 nach den Vorschriften des Bundes-Immissionsschutzgesetzes[1)] genehmigt worden sind, ist die immissionsschutzrechtliche Genehmigung die Genehmigung nach Absatz 1. [2]Der Anlagenbetreiber kann aber auch im Fall des Satzes 1 eine gesonderte Genehmigung nach Absatz 1 beantragen. [3]In diesem Fall ist Satz 1 nur bis zur Erteilung der gesonderten Genehmigung anwendbar.

[1)] Nr. **1**.

(5) [1]Der Anlagenbetreiber ist verpflichtet, der zuständigen Behörde eine geplante Änderung der Tätigkeit in Bezug auf die Angaben nach Absatz 3 mindestens einen Monat vor ihrer Verwirklichung vollständig und richtig anzuzeigen, soweit diese Änderung Auswirkungen auf die Emissionen haben kann. [2]Die zuständige Behörde ändert die Genehmigung entsprechend. [3]Die zuständige Behörde überprüft unabhängig von Satz 2 mindestens alle fünf Jahre die Angaben nach Absatz 3 und ändert die Genehmigung im Bedarfsfall entsprechend. [4]Für die genannten Änderungen der Genehmigung gilt Absatz 4 Satz 3 entsprechend.

(6) In den Verfahren zur Erteilung oder Änderung der Emissionsgenehmigung nach den Absätzen 1, 4 Satz 2 und Absatz 5 ist der nach § 19 Absatz 1 Nummer 3 zuständigen Behörde Gelegenheit zur Stellungnahme in angemessener Frist zu geben.

§ 5 Ermittlung von Emissionen und Emissionsbericht. (1) Der Betreiber hat die durch seine Tätigkeit in einem Kalenderjahr verursachten Emissionen nach Maßgabe des Anhangs 2 Teil 2 zu ermitteln und der zuständigen Behörde bis zum 31. März des Folgejahres über die Emissionen zu berichten.

(2) Die Angaben im Emissionsbericht nach Absatz 1 müssen von einer Prüfstelle nach § 21 verifiziert worden sein.

§ 6 Überwachungsplan. (1) [1]Der Betreiber ist verpflichtet, bei der zuständigen Behörde für jede Handelsperiode einen Überwachungsplan für die Emissionsermittlung und Berichterstattung nach § 5 Absatz 1 einzureichen. [2]Dabei hat er die in Anhang 2 Teil 1 Nummer 1 genannten Fristen einzuhalten.

(2) [1]Die Genehmigung ist zu erteilen, wenn der Überwachungsplan den Vorgaben der Monitoring-Verordnung, der Rechtsverordnung nach § 28 Absatz 2 Nummer 1 und, soweit diese keine Regelungen treffen, des Anhangs 2 Teil 2 Satz 3 entspricht. [2]Entspricht ein vorgelegter Überwachungsplan nicht diesen Vorgaben, ist der Betreiber verpflichtet, die festgestellten Mängel innerhalb einer von der zuständigen Behörde festzusetzenden Frist zu beseitigen und den geänderten Überwachungsplan vorzulegen. [3]Im Verfahren zur Genehmigung des Überwachungsplans ist in den Fällen des § 19 Absatz 1 Nummer 1 der danach zuständigen Behörde Gelegenheit zur Stellungnahme zu geben. [4]Die zuständige Behörde kann die Genehmigung mit Auflagen für die Überwachung von und Berichterstattung über Emissionen verbinden.

(3) [1]Der Betreiber ist verpflichtet, den Überwachungsplan innerhalb einer Handelsperiode unverzüglich anzupassen und bei der zuständigen Behörde einzureichen, soweit sich folgende Änderungen bezüglich der Anforderungen an die Emissionsermittlung oder an ihre Berichterstattung ergeben:

1. Änderung der Vorgaben nach Absatz 2 Satz 2,
2. Änderung seiner Emissionsgenehmigung oder
3. eine erhebliche Änderung der Überwachung nach Artikel 15 Absatz 3 und 4 der Monitoring-Verordnung.

[2]Für den angepassten Überwachungsplan gilt Absatz 2 entsprechend.

Abschnitt 3. Berechtigungen und Zuteilung

§ 7 Berechtigungen. (1) Der Betreiber hat jährlich bis zum 30. April an die zuständige Behörde eine Anzahl von Berechtigungen abzugeben, die den durch seine Tätigkeit im vorangegangenen Kalenderjahr verursachten Emissionen entspricht.

(2) [1]Berechtigungen, die ab dem 1. Januar 2013 ausgegeben werden, sind unbegrenzt gültig. [2]Beginnend mit der Ausgabe für die am 1. Januar 2021 beginnende Handelsperiode ist auf den Berechtigungen die Zuordnung zu einer jeweils zehnjährigen Handelsperiode erkennbar; diese Berechtigungen sind für Emissionen ab dem ersten Jahr der jeweiligen Handelsperiode gültig. [3]Der Inhaber von Berechtigungen kann jederzeit auf sie verzichten und ihre Löschung verlangen.

(3) [1]Berechtigungen sind übertragbar. [2]Die Übertragung von Berechtigungen erfolgt durch Einigung und Eintragung auf dem Konto des Erwerbers im Emissionshandelsregister nach § 17. [3]Die Eintragung erfolgt auf Anweisung des Veräußerers an die kontoführende Stelle, Berechtigungen von seinem Konto auf das Konto des Erwerbers zu übertragen.

(4) [1]Soweit für jemanden eine Berechtigung in das Emissionshandelsregister eingetragen ist, gilt der Inhalt des Registers als richtig. [2]Dies gilt nicht für den Empfänger ausgegebener Berechtigungen, wenn ihm die Unrichtigkeit bei Ausgabe bekannt ist.

§ 8 Versteigerung von Berechtigungen. (1) [1]Die Versteigerung von Berechtigungen erfolgt nach den Regeln der Verordnung (EU) Nr. 1031/2010 der Kommission vom 12. November 2010 über den zeitlichen und administrativen Ablauf sowie sonstige Aspekte der Versteigerung von Treibhausgasemissionszertifikaten gemäß der Richtlinie 2003/87/EG des Europäischen Parlaments und des Rates über ein System für den Handel mit Treibhausgasemissionszertifikaten in der Gemeinschaft (ABl. L 302 vom 18.11.2010, S. 1) in der jeweils geltenden Fassung. [2]Im Fall der Stilllegung von Stromerzeugungskapazitäten aufgrund zusätzlicher nationaler Maßnahmen kann die Bundesregierung festlegen, dass Berechtigungen aus der zu versteigernden Menge an Berechtigungen gelöscht werden, soweit dies den Vorgaben nach Artikel 12 Absatz 4 der Richtlinie 2003/87/EG entspricht.

(2) Das Bundesministerium für Umwelt, Naturschutz, Bau und Reaktorsicherheit beauftragt im Einvernehmen mit dem Bundesministerium der Finanzen und dem Bundesministerium für Wirtschaft und Energie eine geeignete Stelle mit der Durchführung der Versteigerung.

(3) [1]Die Erlöse aus der Versteigerung der Berechtigungen nach Absatz 1 stehen dem Bund zu. [2]Die Kosten, die dem Bund durch die Wahrnehmung der ihm im Rahmen des Emissionshandels zugewiesenen Aufgaben entstehen und nicht durch ***[bis 30.9.2021:*** Gebühren nach § 22***]*** ***[ab 1.10.2021:*** *Gebühren nach dem Bundesgebührengesetz und der Besonderen Gebührenverordnung des Bundesministeriums für Umwelt, Naturschutz, Bau und Reaktorsicherheit nach § 22 Absatz 4 des Bundesgebührengesetzes****]*** gedeckt sind, werden aus den Erlösen nach Satz 1 gedeckt.

(4) [1] Zur Gebotseinstellung auf eigene Rechnung oder im Namen der Kunden ihres Hauptgeschäftes bedürfen die in § 3 Absatz 1 Nummer 8 des Wertpapierhandelsgesetzes genannten Unternehmen einer Erlaubnis der Bundesanstalt für Finanzdienstleistungsaufsicht (Bundesanstalt). [2] Die Erlaubnis wird erteilt, sofern das Unternehmen die Bedingungen des Artikels 59 Absatz 5 der Verordnung (EU) Nr. 1031/2010 erfüllt. [3] Die Bundesanstalt kann die Erlaubnis außer nach den Vorschriften des Verwaltungsverfahrensgesetzes aufheben, wenn ihr Tatsachen bekannt werden, welche eine Erteilung der Erlaubnis nach Satz 2 ausschließen würden.

§ 9 Zuteilung von kostenlosen Berechtigungen an Anlagenbetreiber.

(1) Anlagenbetreiber erhalten eine Zuteilung von kostenlosen Berechtigungen nach Maßgabe einer nach Artikel 10a Absatz 1 Satz 1 der Richtlinie 2003/87/EG erlassenen Verordnung der Kommission.

(2) [1] Die Zuteilung von kostenlosen Berechtigungen setzt einen Antrag bei der zuständigen Behörde voraus. [2] Der Antrag auf Zuteilung ist innerhalb einer Frist zu stellen, die von der zuständigen Behörde mindestens drei Monate vor Fristablauf im Bundesanzeiger bekannt gegeben wird. [3] Dem Antrag sind die zur Prüfung des Anspruchs erforderlichen Unterlagen beizufügen. [4] Die tatsächlichen Angaben im Zuteilungsantrag müssen von einer Prüfstelle nach § 21 verifiziert worden sein. Bei verspätetem Antrag besteht kein Anspruch auf kostenlose Zuteilung.

(3) [1] Die zuständige Behörde berechnet die vorläufigen Zuteilungsmengen, veröffentlicht eine Liste aller unter den Anwendungsbereich dieses Gesetzes fallenden Anlagen und der vorläufigen Zuteilungsmengen im Bundesanzeiger und meldet die Liste der Europäischen Kommission. [2] Bei der Berechnung der vorläufigen Zuteilungsmengen werden nur solche Angaben des Betreibers berücksichtigt, deren Richtigkeit ausreichend gesichert ist. [3] Rechtsbehelfe im Hinblick auf die Meldung der Zuteilungsmengen können nur gleichzeitig mit den gegen die Zuteilungsentscheidung zulässigen Rechtsbehelfen geltend gemacht werden.

(4) [1] Die zuständige Behörde entscheidet vor Beginn der Handelsperiode über die Zuteilung von kostenlosen Berechtigungen für eine Anlage an Anlagenbetreiber, die innerhalb der nach Absatz 2 Satz 2 bekannt gegebenen Frist einen Antrag gestellt haben. [2] Im Übrigen gelten für das Zuteilungsverfahren die Vorschriften des Verwaltungsverfahrensgesetzes.

(5) [1] Die Zuteilungsentscheidung ist aufzuheben, soweit sie auf Grund eines Rechtsakts der Europäischen Union nachträglich geändert werden muss. [2] Die §§ 48 und 49 des Verwaltungsverfahrensgesetzes bleiben im Übrigen unberührt.

§ 10 *(aufgehoben)*

§ 11 Zuteilung von kostenlosen Berechtigungen an Luftfahrzeugbetreiber. (1) [1] Für Luftfahrzeugbetreiber, die nach § 11 oder § 12 in der bis zum 24. Januar 2019 geltenden Fassung eine Zuteilung von kostenlosen Berechtigungen für die Handelsperiode 2013 bis 2020 erhalten haben, gilt die Zuteilung in Höhe der für das Jahr 2020 zugeteilten Anzahl an Berechtigungen für die Jahre 2021 bis 2023 nach Artikel 28a Absatz 2 der Richtlinie 2003/87/

EG fort. [2] Auf die Zuteilung ist der für die Jahre ab 2021 geltende lineare Reduktionsfaktor nach Artikel 9 der Richtlinie 2003/87/EG anzuwenden.

(2) [1] Die Zuteilung für die nachfolgende Zuteilungsperiode setzt einen Antrag bei der zuständigen Behörde voraus, der spätestens zwölf Monate vor Beginn der Zuteilungsperiode gestellt werden muss. [2] Bei einem verspäteten Antrag besteht kein Anspruch mehr auf Zuteilung kostenloser Luftverkehrsberechtigungen.

(3) [1] In dem Antrag muss der Antragsteller die nach Artikel 56 der Monitoring-Verordnung ermittelte Transportleistung angeben, die er im Basisjahr durch seine Luftverkehrstätigkeit erbracht hat. [2] Die Angaben zur Transportleistung müssen von einer Prüfstelle nach § 21 verifiziert worden sein.

(4) [1] Die zuständige Behörde überprüft die Angaben des Antragstellers zur Transportleistung und übermittelt nur solche Angaben an die Europäische Kommission, deren Richtigkeit ausreichend gesichert ist. [2] Der Luftfahrzeugbetreiber ist verpflichtet, auf Verlangen der zuständigen Behörde zur Prüfung des Antrags zusätzliche Angaben oder Nachweise zu übermitteln.

(5) Die zuständige Behörde veröffentlicht im Bundesanzeiger eine Liste mit den Namen der Luftfahrzeugbetreiber und der Höhe der zugeteilten Berechtigungen.

(6) [1] Die Zuteilungsentscheidung ist aufzuheben, soweit sie auf Grund eines Rechtsakts der Europäischen Union, insbesondere auch in Folge der Überprüfung nach Artikel 28b der Richtlinie 2003/87/EG, nachträglich geändert werden muss oder wenn ein Luftfahrzeugbetreiber keine Luftverkehrstätigkeit mehr ausübt. [2] Die §§ 48 und 49 des Verwaltungsverfahrensgesetzes bleiben im Übrigen unberührt.

§§ 12, 13 *(aufgehoben)*

§ 14 Ausgabe von Berechtigungen. (1) Die zuständige Behörde gibt die nach § 9 Absatz 4 zugeteilten Berechtigungen nach Maßgabe der Zuteilungsentscheidung bis zum 28. Februar eines Jahres, für das Berechtigungen abzugeben sind, aus.

(2) [1] Abweichend von Absatz 1 werden für Anlagen, die nach Beginn der Handelsperiode in Betrieb genommen wurden, für das erste Betriebsjahr zugeteilte Berechtigungen unverzüglich nach der Zuteilungsentscheidung ausgegeben. [2] Ergeht die Zuteilungsentscheidung vor dem 28. Februar eines Kalenderjahres, so werden Berechtigungen nach Satz 1 erstmals zum 28. Februar desselben Jahres ausgegeben.

(3) Bei der Zuteilung für Luftfahrzeugbetreiber nach § 11 gibt die zuständige Behörde die Luftverkehrsberechtigungen jeweils bis zum 28. Februar eines Jahres aus.

§ 15 Durchsetzung von Rückgabeverpflichtungen. [1] Soweit der Betreiber im Fall der Aufhebung der Zuteilungsentscheidung zur Rückgabe zu viel ausgegebener Berechtigungen verpflichtet ist, kann die zuständige Behörde diese Verpflichtung nach den Vorschriften des Verwaltungs-Vollstreckungsgesetzes durchsetzen. [2] Die Höhe des Zwangsgeldes beträgt bis zu 500 000 Euro.

§ 16 Anerkennung von Emissionsberechtigungen. Emissionsberechtigungen, die von Drittländern ausgegeben werden, mit denen Abkommen über die gegenseitige Anerkennung von Berechtigungen gemäß Artikel 25 Absatz 1 der Richtlinie 2003/87/EG geschlossen wurden, stehen nach Maßgabe der Vorgaben einer nach Artikel 19 Absatz 3 und 4 der Richtlinie 2003/87/EG erlassenen Verordnung der Kommission Berechtigungen gleich.

§ 17 Emissionshandelsregister. Berechtigungen werden in einem Emissionshandelsregister nach der Verordnung gemäß Artikel 19 Absatz 3 der Richtlinie 2003/87/EG gehalten und übertragen.

Abschnitt 4. Globaler marktbasierter Mechanismus für den internationalen Luftverkehr

§ 18 Überwachung, Berichterstattung und Prüfung. (1) Die Verpflichtungen für Luftfahrzeugbetreiber zur Überwachung, Berichterstattung und Prüfung der von ihnen bei internationalen Flügen freigesetzten Treibhausgase nach dem globalen marktbasierten Mechanismus der Internationalen Zivilluftfahrt-Organisation bestimmen sich nach einer nach Artikel 28c der Richtlinie 2003/87/EG erlassenen Verordnung und der Rechtsverordnung nach Absatz 4.

(2) [1] Das Umweltbundesamt ist die zuständige Behörde für den Vollzug des globalen marktbasierten Mechanismus. [2] § 19 Absatz 2 gilt entsprechend.

(3) Die §§ 3, 20 und 22 Absatz 3 sowie § 23 gelten entsprechend.

(4) Die Bundesregierung wird ermächtigt, durch Rechtsverordnung, die nicht der Zustimmung des Bundesrates bedarf, Einzelheiten zur Ermittlung von und Berichterstattung über Emissionen nach dem globalen marktbasierten Mechanismus sowie zur Verifizierung der berichteten Angaben zu regeln, soweit diese Sachverhalte in einer nach Artikel 28c der Richtlinie 2003/87/EG erlassenen Verordnung nicht abschließend geregelt sind.

Abschnitt 5. Gemeinsame Vorschriften

§ 19 Zuständigkeiten. (1) Zuständige Behörde ist

1. für den Vollzug des § 4 bei genehmigungsbedürftigen Anlagen nach § 4 Absatz 1 Satz 3 des Bundes-Immissionsschutzgesetzes[1] die nach Landesrecht für den Vollzug des § 4 zuständige Behörde,

1a. für den Vollzug des § 2 Absatz 8 im Rahmen der Hafenstaatkontrolle die Berufsgenossenschaft Verkehrswirtschaft Post-Logistik Telekommunikation; hiervon ausgenommen sind die Aufgaben der Bußgeldbehörde,

2. für den Vollzug des § 31 Absatz 2 im Fall eines gewerblichen Luftfahrzeugbetreibers das Luftfahrt-Bundesamt,

3. im Übrigen das Umweltbundesamt.

(2) Ist für Streitigkeiten nach diesem Gesetz der Verwaltungsrechtsweg gegeben, ist für Klagen, die sich gegen eine Handlung oder Unterlassung des Umweltbundesamtes richten, das Verwaltungsgericht am Sitz der Deutschen Emissionshandelsstelle im Umweltbundesamt örtlich zuständig.

---

[1] Nr. **1**.

(3) Soweit die nach Absatz 1 Nummer 3 zuständige Behörde Aufgaben nach § 2 Absatz 7 wahrnimmt, unterliegt sie der gemeinsamen Fachaufsicht durch das Bundesministerium für Wirtschaft und Energie und das Bundesministerium für Umwelt, Naturschutz und nukleare Sicherheit.

(4) [1]Die Berufsgenossenschaft Verkehrswirtschaft Post-Logistik Telekommunikation überprüft im Rahmen der Hafenstaatkontrolle nach § 6 Absatz 1 des Seeaufgabengesetzes in der Fassung der Bekanntmachung vom 17. Juni 2016 (BGBl. I S. 1489), das zuletzt durch Artikel 21 des Gesetzes vom 13. Oktober 2016 (BGBl. I S. 2258) geändert worden ist, in Verbindung mit § 12 der Schiffssicherheitsverordnung vom 18. September 1998 (BGBl. I S. 3013, 3023), die zuletzt durch Artikel 177 des Gesetzes vom 29. März 2017 (BGBl. I S. 626) geändert worden ist, auch, ob eine gültige Konformitätsbescheinigung nach Artikel 18 der MRV-Seeverkehrsverordnung an Bord mitgeführt wird. [2]Zu diesem Zweck kann sie in den Betriebsräumen des Schiffes zu den üblichen Betriebs- und Geschäftszeiten Kontrollen durchführen. [3]Stellt die Berufsgenossenschaft Verkehrswirtschaft Post-Logistik Telekommunikation fest, dass eine gültige Konformitätsbescheinigung nach Satz 1 fehlt, meldet sie dies an die nach Nummer 3 zuständige Behörde zur Prüfung, ob ein Verstoß gegen § 32 Absatz 3a vorliegt. [4]§ 9e des Seeaufgabengesetzes ist in diesem Fall entsprechend anzuwenden.

§ 20 Überwachung, Datenübermittlung. (1) Die nach § 19 jeweils zuständige Behörde hat die Durchführung dieses Gesetzes und der auf dieses Gesetz gestützten Rechtsverordnungen zu überwachen.

(2) [1]Betreiber sowie Eigentümer und Besitzer von Luftfahrzeugen oder von Grundstücken, auf denen sich Luftfahrzeuge befinden oder auf denen Anlagen betrieben werden, sind verpflichtet, den Angehörigen der zuständigen Behörde und deren Beauftragten unverzüglich

1. den Zutritt zu den Anlagen, Luftfahrzeugen oder Grundstücken zu den Geschäftszeiten zu gestatten,
2. die Vornahme von Prüfungen einschließlich der Ermittlung von Emissionen zu den Geschäftszeiten zu gestatten sowie
3. auf Anforderung die Auskünfte zu erteilen und die Unterlagen vorzulegen, die zur Erfüllung ihrer Aufgaben erforderlich sind.

[2]Im Rahmen der Pflichten nach Satz 1 haben die Betreiber Arbeitskräfte sowie Hilfsmittel bereitzustellen.

(3) Für die zur Auskunft verpflichtete Person gilt § 55 der Strafprozessordnung entsprechend.

(4) [1]Auf Ersuchen einer nach § 19 Absatz 1 Nummer 1 zuständigen Behörde kann das Umweltbundesamt nach § 5 übermittelte Daten von Anlagen aus dem betroffenen Land an die ersuchende Behörde übermitteln, soweit diese Daten zur Erfüllung der Aufgaben der ersuchenden Behörde erforderlich sind. [2]Die ersuchende Behörde hat darzulegen, für welche Zwecke und in welchem Umfang sie die Daten benötigt. [3]Enthalten die Daten Betriebs- und Geschäftsgeheimnisse, weist das Umweltbundesamt die ersuchende Behörde ausdrücklich darauf hin. [4]Die ersuchende Behörde ist für den Schutz der Vertraulichkeit der übermittelten Daten verantwortlich.

§ 21 Prüfstellen. (1) Zur Prüfung von Emissionsberichten nach § 5 Absatz 2 und zur Prüfung von Zuteilungsanträgen nach § 9 Absatz 2 Satz 4, § 11 Absatz 3 Satz 2 sind berechtigt:

1. akkreditierte Prüfstellen nach der Verordnung (EU) Nr. 600/2012 der Kommission vom 21. Juni 2012 über die Prüfung von Treibhausgasemissionsberichten und Tonnenkilometerberichten sowie die Akkreditierung von Prüfstellen gemäß der Richtlinie 2003/87/EG des Europäischen Parlaments und des Rates (ABl. L 181 vom 12.7.2012, S. 1) in der jeweils geltenden Fassung,
2. zertifizierte Prüfstellen, die durch die auf Grundlage des § 28 Absatz 4 Satz 1 Nummer 1 beliehene Zulassungsstelle oder durch die entsprechende nationale Behörde eines anderen Mitgliedstaates nach Artikel 54 Absatz 2 der Verordnung (EU) Nr. 600/2012 zertifiziert sind.

(2) Die Prüfstelle hat die Emissionsberichte, die Zuteilungsanträge und die Datenmitteilungen nach den Vorgaben der Verordnung (EU) Nr. 600/2012 in der jeweils geltenden Fassung, einer nach Artikel 10a Absatz 1 Satz 1 der Richtlinie 2003/87/EG erlassenen Verordnung sowie den nach § 28 Absatz 1 Nummer 3 und Absatz 2 Nummer 1 erlassenen Rechtsverordnungen zu prüfen.

(3) Die Prüfstelle nimmt die ihr nach Absatz 2 zugewiesenen Aufgaben nur im öffentlichen Interesse wahr.

[§ 22 bis 30.9.2021:]
§ 22 Gebühren für individuell zurechenbare öffentliche Leistungen von Bundesbehörden. (1) Für die Eröffnung eines Personen- oder Händlerkontos im Emissionshandelsregister erhebt die zuständige Behörde von dem Kontoinhaber eine Gebühr von 170 Euro, für die Verwaltung eines Personen- oder Händlerkontos eine Gebühr von 600 Euro pro Handelsperiode sowie für die Umfirmierung eines Kontos oder für die Änderung eines Kontobevollmächtigten eine Gebühr von jeweils 60 Euro.

(2) Für Amtshandlungen der Zulassungsstelle nach § 28 Absatz 4 Satz 1 Nummer 1 werden Gebühren und Auslagen erhoben.

(3) [1] Wird ein Widerspruch gegen Entscheidungen nach diesem Gesetz vollständig oder teilweise zurückgewiesen, mit Ausnahme des Widerspruchs gegen Entscheidungen nach § 4, beträgt die Gebühr entsprechend dem entstandenen Verwaltungsaufwand 50 bis 4 000 Euro. [2] Dies gilt nicht, wenn der Widerspruch nur deshalb keinen Erfolg hat, weil die Verletzung einer Verfahrens- oder Formvorschrift nach § 45 des Verwaltungsverfahrensgesetzes unbeachtlich ist. [3] Wird der Widerspruch nach Beginn der sachlichen Bearbeitung jedoch vor deren Beendigung zurückgenommen, ermäßigt sich die Gebühr um mindestens 25 Prozent.

(4) Die Befugnis der Länder zur Erhebung von Gebühren und Auslagen für Amtshandlungen nach § 4 bleibt unberührt.

[§ 22 ab 1.10.2021:]
§ 22 *(aufgehoben)*

§ 23 Elektronische Kommunikation. (1) [1] Die zuständige Behörde kann für die in Satz 3 genannten Dokumente, für die Bekanntgabe von Entscheidungen und für die sonstige Kommunikation die Verwendung der Schriftform oder der elektronischen Form vorschreiben. [2] Wird die elektronische Form vorgeschrieben, kann die zuständige Behörde eine bestimmte Verschlüsselung sowie die Eröffnung eines Zugangs für die Übermittlung elektronischer Dokumente vorschreiben. [3] Die zuständige Behörde kann auch vorschreiben, dass Betreiber oder Prüfstellen zur Erstellung von Überwachungsplänen oder Berichten oder zur Stellung von Anträgen nur die auf ihrer Internetseite zur Verfügung gestellten elektronischen Formularvorlagen zu benutzen und die ausgefüllten Formularvorlagen in elektronischer Form sowie unter Verwendung einer qualifizierten Signatur zu übermitteln haben. [4] Wenn die Benutzung elektronischer Formatvorlagen vorgeschrieben ist, ist die Übermittlung zusätzlicher Dokumente als Ergänzung der Formatvorlagen unter Beachtung der Formvorschriften des Satzes 3 möglich. [5] Soweit das Umweltbundesamt zuständige Behörde ist, werden Anordnungen nach den Sätzen 1 bis 3 im Bundesanzeiger bekannt gemacht; im Übrigen werden sie im amtlichen Veröffentlichungsblatt der zuständigen Behörde bekannt gemacht.

(2) Für Verfahren zur Bewilligung von Beihilfen im Sinne von § 2 Absatz 7 gilt Absatz 1 entsprechend.

§ 24 Einheitliche Anlage. Auf Antrag stellt die zuständige Behörde fest, dass das Betreiben mehrerer Anlagen im Sinne von Anhang 1 Teil 2 Nummer 7 sowie Nummer 8 bis 11, die von demselben Betreiber an demselben Standort in einem technischen Verbund betrieben werden, zur Anwendung der §§ 5 bis 7 und 9 als Betrieb einer einheitlichen Anlage gilt, wenn die erforderliche Genauigkeit bei der Ermittlung der Emissionen gewährleistet ist.

§ 25 Änderung der Identität oder Rechtsform des Betreibers.

(1) [1] Ändert sich die Identität oder die Rechtsform eines Betreibers, so hat der neue Betreiber dies unverzüglich nach der Änderung der Behörde anzuzeigen, die für den Vollzug von § 6 Absatz 3 Satz 1 zuständig ist, und bei immissionsschutzrechtlich genehmigten Anlagen der Behörde, die für den Vollzug von § 4 Absatz 5 Satz 1 zuständig ist. [2] Der neue Betreiber übernimmt die noch nicht erfüllten Pflichten des ursprünglichen Betreibers nach den §§ 5 und 7.

(2) [1] Ein Wechsel des Betreibers im Verlauf der Handelsperiode lässt die Zuteilungsentscheidung unberührt. [2] Noch nicht ausgegebene Berechtigungen werden ab dem Nachweis des Betreiberwechsels an den neuen Betreiber ausgegeben, soweit er die Tätigkeit übernommen hat.

(3) [1] Wird über das Vermögen eines Betreibers das Insolvenzverfahren eröffnet, hat der Insolvenzverwalter die zuständige Behörde unverzüglich darüber zu unterrichten. [2] Soweit der Betrieb im Rahmen eines Insolvenzverfahrens fortgeführt wird, bestehen die Verpflichtungen des Betreibers aus diesem Gesetz fort. [3] Der Insolvenzverwalter teilt der zuständigen Behörde die natürlichen Personen mit, die während des Insolvenzverfahrens berechtigt sind, Übertragungen nach § 7 Absatz 3 vorzunehmen. [4] Die Sätze 1 bis 3 gelten entsprechend für den vorläufigen Insolvenzverwalter mit Verfügungsbefugnis über das Vermögen des Betreibers sowie für den Betreiber als eigenverwaltenden Schuldner.

§ 26 Ausschluss der aufschiebenden Wirkung. Widerspruch und Anfechtungsklage gegen Zuteilungsentscheidungen oder Entscheidungen nach § 29 Satz 1 oder § 31 Absatz 2 Satz 1 haben keine aufschiebende Wirkung.

§ 27 Kleinemittenten, Verordnungsermächtigung. Die Bundesregierung wird ermächtigt, durch Rechtsverordnung[1)], die nicht der Zustimmung des Bundesrates bedarf, im Rahmen der Vorgaben der Artikel 27 und 27a der Richtlinie 2003/87/EG den Ausschluss von Kleinemittenten aus dem europäischen Emissionshandelssystem auf Antrag des Anlagenbetreibers sowie weitere Erleichterungen für Kleinemittenten zu regeln, insbesondere

1. Erleichterungen bei der Emissionsberichterstattung für Anlagen mit jährlichen Emissionen von bis zu 5 000 Tonnen Kohlendioxid,
2. vereinfachte Emissionsnachweise für Anlagen mit jährlichen Emissionen von bis zu 2 500 Tonnen Kohlendioxid,
3. Vereinfachungen für die Verifizierung von Emissionsberichten,
4. Ausnahmen für die Verifizierung von Emissionsberichten,
5. im Rahmen der Umsetzung des Artikels 27 der Richtlinie 2003/87/EG die Festlegung gleichwertiger Maßnahmen, insbesondere die Zahlung eines Ausgleichsbetrages als Kompensation für die wirtschaftlichen Vorteile aus der Freistellung von der Pflicht nach § 7, einschließlich Regelungen zur Erhöhung dieses Ausgleichsbetrages im Falle nicht rechtzeitiger Zahlung; die Höhe des Ausgleichsbetrages orientiert sich am Zukaufbedarf von Berechtigungen für die Anlage,
6. den Ausschluss von Kleinemittenten auf einzelne Zuteilungsperioden zu begrenzen.

§ 28 Verordnungsermächtigungen. (1) Die Bundesregierung wird ermächtigt, durch Rechtsverordnung[2)], die nicht der Zustimmung des Bundesrates bedarf,

1. die Kohlendioxidäquivalente im Sinne des § 3 Absatz 1 Nummer 3 für die einzelnen Treibhausgase nach Maßgabe internationaler Standards zu bestimmen;
2. Einzelheiten für die Versteigerung nach § 8 vorzusehen; dabei kann die Bundesregierung insbesondere Vorschriften erlassen über die Zulassung von Stellen, die Versteigerungen durchführen, über die Aufsicht über diese Stellen sowie über die Zulassung von weiteren Bietern;
3. Einzelheiten zu regeln für die Zuteilung von kostenlosen Berechtigungen an Anlagenbetreiber nach § 9 Absatz 1, soweit diese Sachverhalte nicht in einer nach Artikel 10a Absatz 1 Satz 1 der Richtlinie 2003/87/EG erlassenen Verordnung abschließend geregelt sind, sowie weiterhin Einzelheiten zu regeln für die Anpassung der Zuteilung zur Umsetzung des Durchführungsrechtsakts nach Artikel 10a Absatz 21 der Richtlinie 2003/87/EG; insbesondere:

---

1) Siehe die EmissionshandelsVO 2030 v. 29.4.2019 (BGBl. I S. 538).

2) Siehe die ZuteilungsVO 2020 v. 26.9.2011 (BGBl. I S. 1921), geänd. durch G v. 13.7.2017 (BGBl. I S. 2354), die EmissionshandelsVO 2020 v. 20.8.2013 (BGBl. I S. 3295), zuletzt geänd. durch VO v. 26.6.2018 (BGBl. I S. 872) und die EmissionshandelsVO 2030 v. 29.4.2019 (BGBl. I S. 538).

a) die Erhebung von Daten über die Emissionen und die Produktion von Anlagen und sonstiger für das Zuteilungsverfahren relevanter Daten,
b) die Bestimmung der Produktionsmenge oder sonstiger Größen, die zur Berechnung der Zuteilungsmenge und ihrer dynamischen Anpassung während der Handelsperiode erforderlich sind,
c) die Zuteilung für Neuanlagen, einschließlich der Bestimmung der Auslastung dieser Anlagen,
d) die Bestimmung der jährlich auszugebenden Mengen von kostenlosen Berechtigungen in der Zuteilungsentscheidung sowie den Übergang der Zuteilung im Falle der Teilung oder Zusammenlegung von Anlagen,
e) die im Antrag nach § 9 Absatz 2 Satz 1
 aa) erforderlichen Angaben und
 bb) erforderlichen Unterlagen sowie die Art der beizubringenden Nachweise und
f) die Anforderungen an die Verifizierung von Zuteilungsanträgen und Datenmitteilungen im Zusammenhang mit der Zuteilung sowie Ausnahmen von der Verifizierungspflicht;

4. Einzelheiten zur Anwendung des § 24 für Anlagen, die von demselben Betreiber am gleichen Standort in einem technischen Verbund betrieben werden, zu regeln; dies umfasst insbesondere Regelungen, dass
 a) der Antrag nach § 24 auch zulässig ist für einheitliche Anlagen aus Anlagen nach Anhang 1 Teil 2 Nummer 1 bis 6 und anderen Anlagen nach Anhang 1 Teil 2,
 b) bei Anlagen nach Anhang 1 Teil 2 Nummer 8 bis 11 die Produktionsmengen der in den einbezogenen Anlagen hergestellten Produkte anzugeben sind,
 c) Anlagen nach Anhang 1 Teil 2 Nummer 7 mit sonstigen in Anhang 1 Teil 2 aufgeführten Anlagen als einheitliche Anlage gelten;
5. Einzelheiten zur Erstellung und Änderung des Überwachungsplans nach § 6 zu regeln, soweit diese Sachverhalte nicht in der Monitoring-Verordnung abschließend geregelt sind; abweichend von § 6 Absatz 3 Satz 1 können dabei auch für bestimmte Fallgruppen von Änderungen der Überwachung verlängerte Fristen für die Vorlage des geänderten Überwachungsplans festgelegt werden.

(2) Das Bundesministerium für Umwelt, Naturschutz und nukleare Sicherheit wird ermächtigt, durch Rechtsverordnung[1]), die nicht der Zustimmung des Bundesrates bedarf, zu regeln:

1. Einzelheiten zur Ermittlung von und Berichterstattung über Emissionen nach § 5 Absatz 1, zur Verifizierung der Angaben in Emissionsberichten nach § 5 Absatz 2 und zur Verifizierung der Angaben zur Transportleistung in Anträgen nach § 11 Absatz 3 Satz 2, soweit diese Sachverhalte nicht den Vollzug des § 4 betreffen und nicht in der Monitoring-Verordnung oder in

[1]) Siehe die EmissionshandelsVO 2020 v. 20.8.2013 (BGBl. I S. 3295), zuletzt geänd. durch VO v. 26.6.2018 (BGBl. I S. 872) und die EmissionshandelsVO 2030 v. 29.4.2019 (BGBl. I S. 538).

der Verordnung (EU) Nr. 600/2012 in ihrer jeweils geltenden Fassung abschließend geregelt sind;
2. im Einvernehmen mit dem Bundesministerium für Wirtschaft und Energie Einzelheiten zur Überführung von Emissionsberechtigungen, die von Drittländern ausgegeben werden, nach § 16 und
3. Einzelheiten zur Einrichtung und Führung eines Emissionshandelsregisters nach § 17, insbesondere die in der Verordnung nach Artikel 19 Absatz 3 der Richtlinie 2003/87/EG aufgeführten Sachverhalte zur ergänzenden Regelung durch die Mitgliedstaaten.

(3) [1] Das Bundesministerium für Umwelt, Naturschutz und nukleare Sicherheit wird ermächtigt, durch Rechtsverordnung, die nicht der Zustimmung des Bundesrates bedarf, eine juristische Person des Privatrechts mit der Wahrnehmung aller oder eines Teils der Aufgaben des Umweltbundesamtes nach diesem Gesetz und den hierfür erforderlichen hoheitlichen Befugnissen zu beleihen, wenn diese Gewähr dafür bietet, dass die übertragenen Aufgaben ordnungsgemäß und zentral für das Bundesgebiet erfüllt werden. [2] Dies gilt nicht für Befugnisse nach § 20 Absatz 2 Nummer 1 und 2 und Abschnitt 6 dieses Gesetzes sowie für Maßnahmen nach dem Verwaltungs-Vollstreckungsgesetz. [3] Eine juristische Person bietet Gewähr im Sinne des Satzes 1, wenn
1. diejenigen, die die Geschäftsführung oder die Vertretung der juristischen Person wahrnehmen, zuverlässig und fachlich geeignet sind,
2. die juristische Person über die zur Erfüllung ihrer Aufgaben notwendige Ausstattung und Organisation verfügt und ein ausreichendes Anfangskapital hat und
3. eine wirtschaftliche oder organisatorische Nähe zu Personen ausgeschlossen ist, die dem Anwendungsbereich dieses Gesetzes unterfallen.

[4] Die Beliehene untersteht der Aufsicht des Umweltbundesamtes.

(4) [1] Das Bundesministerium für Umwelt, Naturschutz und nukleare Sicherheit wird ermächtigt, durch Rechtsverordnung[1)], die nicht der Zustimmung des Bundesrates bedarf,
1. eine juristische Person mit den Aufgaben und Befugnissen einer Zulassungsstelle für Prüfstellen zu beleihen;
2. Anforderungen an die Zulassungsstelle und den Informationsaustausch mit der zuständigen Behörde nach § 19 Absatz 1 Nummer 3 sowie mit den für den Emissionshandel zuständigen Behörden anderer Mitgliedstaaten zu regeln;
3. Einzelheiten zum Zertifizierungsverfahren, insbesondere zu Anforderungen an die zu zertifizierenden Prüfstellen nach § 21 und zu deren Aufgaben und Pflichten, sowie zur Aufsicht über die Prüfstellen zu regeln;
4. die Erhebung von Gebühren und Auslagen für Amtshandlungen der Zulassungsstelle zu regeln.

[2] Die Beleihung nach Satz 1 Nummer 1 ist nur zulässig, wenn die zu beleihende juristische Person die Gewähr für die ordnungsgemäße Erfüllung der Aufgaben

---

[1)] Siehe die EmissionshandelsVO 2020 v. 20.8.2013 (BGBl. I S. 3295), zuletzt geänd. durch VO v. 26.6.2018 (BGBl. I S. 872) und die EmissionshandelsVO 2030 v. 29.4.2019 (BGBl. I S. 538).

der Zulassungsstelle im Einklang mit den Anforderungen der Verordnung (EU) Nr. 600/2012 in ihrer jeweils geltenden Fassung bietet; die Beliehene untersteht der Aufsicht des Bundesministeriums für Umwelt, Naturschutz und nukleare Sicherheit.

Abschnitt 6. Sanktionen

§ 29 Durchsetzung der Berichtspflicht. [1] Kommt ein Betreiber seiner Berichtspflicht nach § 5 Absatz 1 nicht nach, so verfügt die zuständige Behörde die Sperrung seines Kontos. [2] Die Sperrung ist unverzüglich aufzuheben, sobald der Betreiber der zuständigen Behörde einen den Anforderungen nach § 5 entsprechenden Bericht vorlegt oder eine Schätzung der Emissionen nach § 30 Absatz 2 Satz 1 erfolgt.

§ 30 Durchsetzung der Abgabepflicht. (1) [1] Kommt ein Betreiber seiner Pflicht nach § 7 Absatz 1 nicht nach, so setzt die zuständige Behörde für jede emittierte Tonne Kohlendioxidäquivalent, für die der Betreiber keine Berechtigungen abgegeben hat, eine Zahlungspflicht von 100 Euro fest. [2] Die Zahlungspflicht erhöht sich entsprechend dem Anstieg des Europäischen Verbraucherpreisindex für das Berichtsjahr gegenüber dem Bezugsjahr 2012; diese Jahresindizes werden vom Statistischen Amt der Europäischen Union (Eurostat) veröffentlicht. [3] Von der Festsetzung einer Zahlungspflicht kann abgesehen werden, wenn der Betreiber seiner Pflicht nach § 7 Absatz 1 auf Grund höherer Gewalt nicht nachkommen konnte.

(2) [1] Soweit ein Betreiber nicht ordnungsgemäß über die durch seine Tätigkeit verursachten Emissionen berichtet hat, schätzt die zuständige Behörde die durch die Tätigkeit verursachten Emissionen entsprechend den Vorgaben des Anhangs 2 Teil 2. [2] Die Schätzung ist Basis für die Verpflichtung nach § 7 Absatz 1. [3] Die Schätzung unterbleibt, wenn der Betreiber im Rahmen der Anhörung zum Festsetzungsbescheid nach Absatz 1 seiner Berichtspflicht ordnungsgemäß nachkommt.

(3) [1] Der Betreiber bleibt verpflichtet, die fehlenden Berechtigungen bis zum 31. Januar des Folgejahres abzugeben; sind die Emissionen nach Absatz 2 geschätzt worden, so sind die Berechtigungen nach Maßgabe der erfolgten Schätzung abzugeben. [2] Gibt der Betreiber die fehlenden Berechtigungen nicht bis zum 31. Januar des Folgejahres ab, so werden Berechtigungen, auf deren Zuteilung oder Ausgabe der Betreiber einen Anspruch hat, auf seine Verpflichtung nach Satz 1 angerechnet.

(4) [1] Die Namen der Betreiber, die gegen ihre Verpflichtung nach § 7 Absatz 1 verstoßen, werden im Bundesanzeiger veröffentlicht. [2] Die Veröffentlichung setzt einen bestandskräftigen Zahlungsbescheid voraus.

§ 31 Betriebsuntersagung gegen Luftfahrzeugbetreiber. (1) [1] Erfüllt ein Luftfahrzeugbetreiber seine Pflichten aus diesem Gesetz nicht und konnte die Einhaltung der Vorschriften nicht durch andere Durchsetzungsmaßnahmen gewährleistet werden, so kann die zuständige Behörde die Europäische Kommission ersuchen, eine Betriebsuntersagung für den betreffenden Luftfahrzeugbetreiber zu beschließen. [2] Die zuständige Behörde hat dabei eine Empfehlung für den Geltungsbereich der Betriebsuntersagung und für Auflagen, die zu erfüllen sind, abzugeben. [3] Die zuständige Behörde hat bei dem Ersuchen im Fall eines gewerblichen Luftfahrzeugbetreibers Einvernehmen mit dem Luftfahrt-Bundesamt herzustellen.

(2) [1] Hat die Europäische Kommission gemäß Artikel 16 Absatz 10 der Richtlinie 2003/87/EG die Verhängung einer Betriebsuntersagung gegen einen Luftfahrzeugbetreiber beschlossen, so ergreift im Fall eines gewerblichen Luftfahrzeugbetreibers das Luftfahrt-Bundesamt und im Fall eines nichtgewerblichen Luftfahrzeugbetreibers das Umweltbundesamt die zur Durchsetzung dieses Beschlusses erforderlichen Maßnahmen. [2] Dazu können sie insbesondere

1. ein Startverbot verhängen,
2. ein Einflugverbot verhängen und
3. die Erlaubnis nach § 2 Absatz 7 des Luftverkehrsgesetzes oder die Betriebsgenehmigung nach § 20 Absatz 4 oder § 21a des Luftverkehrsgesetzes, soweit vorhanden, widerrufen.

§ 32 Bußgeldvorschriften. (1) Ordnungswidrig handelt, wer

1. entgegen § 5 Absatz 1 in Verbindung mit Anhang 2 Teil 2 Satz 1 einen Bericht nicht, nicht richtig, nicht vollständig oder nicht rechtzeitig erstattet,
2. entgegen § 11 Absatz 3 Satz 1 eine Angabe nicht richtig macht,
3. entgegen § 11 Absatz 4 Satz 2 eine Angabe oder einen Nachweis nicht, nicht richtig, nicht vollständig oder nicht rechtzeitig übermittelt oder
4. einer Rechtsverordnung nach § 28 Absatz 1 Nummer 3 Buchstabe e Doppelbuchstabe aa oder einer vollziehbaren Anordnung auf Grund einer solchen Rechtsverordnung zuwiderhandelt, soweit die Rechtsverordnung für einen bestimmten Tatbestand auf diese Bußgeldvorschrift verweist.

(2) Ordnungswidrig handelt, wer eine in Absatz 1 bezeichnete Handlung fahrlässig begeht.

(3) Ordnungswidrig handelt, wer vorsätzlich oder fahrlässig

1. ohne Genehmigung nach § 4 Absatz 1 Satz 1 Treibhausgase freisetzt,
2. entgegen § 4 Absatz 2 eine Angabe nicht richtig oder nicht vollständig beifügt,
3. entgegen § 4 Absatz 5 Satz 1 oder § 25 Absatz 1 Satz 1 eine Anzeige nicht, nicht richtig, nicht vollständig oder nicht rechtzeitig erstattet,
4. entgegen § 6 Absatz 1 oder 3 Satz 1 einen Überwachungsplan nicht, nicht richtig, nicht vollständig oder nicht rechtzeitig einreicht,
5. *(aufgehoben)*
6. einer Rechtsverordnung nach § 18 Absatz 4, § 27 Nummer 1 bis 3 oder § 28 Absatz 1 Nummer 3 Buchstabe a oder Buchstabe e Doppelbuchstabe bb oder einer vollziehbaren Anordnung auf Grund einer solchen Rechtsverordnung zuwiderhandelt, soweit die Rechtsverordnung für einen bestimmten Tatbestand auf diese Bußgeldvorschrift verweist, oder
7. entgegen § 20 Absatz 2 eine dort genannte Handlung nicht gestattet, eine Auskunft nicht, nicht richtig, nicht vollständig oder nicht rechtzeitig erteilt, eine Unterlage nicht, nicht richtig oder nicht rechtzeitig vorlegt oder eine Arbeitskraft oder ein Hilfsmittel nicht oder nicht rechtzeitig bereitstellt.

(3a) Ordnungswidrig handelt, wer vorsätzlich oder fahrlässig entgegen Artikel 11 Absatz 1 der Verordnung (EU) 2015/757 des Europäischen Parlaments und des Rates vom 29. April 2015 über die Überwachung von Kohlendioxidemissionen aus dem Seeverkehr, die Berichterstattung darüber und die Prüfung dieser Emissionen und zur Änderung der Richtlinie 2009/16/EG (ABl. L 123 vom 19.5.2015, S. 55) einen Emissionsbericht zu den CO_2-Emissionen nicht oder nicht rechtzeitig vorlegt.

(4) Die Ordnungswidrigkeit kann in den Fällen des Absatzes 1 mit einer Geldbuße bis zu fünfhunderttausend Euro und in den Fällen der Absätze 2 bis 3a mit einer Geldbuße bis zu fünfzigtausend Euro geahndet werden.

Abschnitt 7. Übergangsregelungen

§ 33 Übergangsregelung zur Gebührenerhebung. [1] § 22 Absatz 1 ist für die Erhebung von Gebühren für die Eröffnung und Verwaltung von Konten erst ab der Handelsperiode 2021 bis 2030 anzuwenden. [2] § 22 Absatz 1 in der bis zum Ablauf des 24. Januar 2019 geltenden Fassung, ist für die Verwaltung von Konten für die Handelsperiode 2013 bis 2020 weiter anzuwenden.

§ 34 Übergangsregelung für Anlagenbetreiber. (1) [1] Für die Freisetzung von Treibhausgasen durch Tätigkeiten im Sinne des Anhangs 1 sind in Bezug auf die Handelsperiode 2013 bis 2020 die §§ 1 bis 36 in der bis zum Ablauf des 24. Januar 2019 geltenden Fassung weiter anzuwenden. [2] Dies gilt auch, wenn die Anlage, in der die Tätigkeit ausgeübt wird, erst zwischen dem 25. Januar 2019 und dem 31. Dezember 2020 in Betrieb genommen wird.

(2) [1] Für Anlagenbetreiber gelten die Pflichten nach den §§ 4, 5 und 7 erst ab dem 1. Januar 2021. [2] Soweit sich diese Vorschriften auf Emissionen beziehen, sind sie für Treibhausgase, die ab dem 1. Januar 2021 freigesetzt werden, anzuwenden. [3] Die §§ 9 und 14 sind erst auf die Zuteilung und die Ausgabe von Berechtigungen für die Handelsperiode 2021 bis 2030 anzuwenden. [4] § 24 ist auf die Feststellung einheitlicher Anlagen ab der Handelsperiode 2021 bis 2030 anzuwenden. [5] Die zuständige Behörde kann Feststellungen nach § 24 in der bis zum Ablauf des 24. Januar 2019 geltenden Fassung mit Wirkung ab der Handelsperiode 2021 bis 2030 widerrufen, sofern diese Feststellungen nach § 24 oder nach der Rechtsverordnung nach § 28 Absatz 1 Nummer 4 nicht getroffen werden durften.

§ 35 Übergangsregelung für Luftfahrzeugbetreiber. (1) [1] Für die Freisetzung von Treibhausgasen durch Luftverkehrstätigkeiten im Sinne des Anhangs 1 Teil 2 Nummer 33 sind in Bezug auf die Handelsperiode 2013 bis 2020 die §§ 1 bis 36 in der bis zum Ablauf des 24. Januar 2019 geltenden Fassung weiter anzuwenden. [2] Dies gilt auch, wenn die Luftverkehrstätigkeit erst zwischen dem 25. Januar 2019 und dem 31. Dezember 2020 aufgenommen wird.

(2) Abweichend von § 6 Absatz 1 und 2 gilt der für das Jahr 2020 genehmigte Überwachungsplan für die Jahre 2021 bis 2023 fort.

§ 36 *(aufgehoben)*

Anhang 1
(zu § 1, § 2 Absatz 1 bis 3 Satz 1, Absatz 4 Satz 1, Absatz 5 Nummer 3, § 3 Nummer 2, 5 und 9, § 4 Absatz 1 Satz 1, § 7 Absatz 2 Satz 1 Nummer 1, § 24 und § 28 Absatz 1 Nummer 4)

Einbezogene Tätigkeiten und Treibhausgase

Teil 1. Grundsätze

1. Zur Berechnung der Gesamtfeuerungswärmeleistung einer in Teil 2 Nummer 2 bis 6, 11, 13, 19 und 22 genannten Anlage oder der Gesamtfeuerungswärmeleistung der Verbrennungseinheiten einer Anlage nach Teil 2 Nummer 1 werden die Feuerungswärmeleistungen aller technischen Einheiten addiert, die Bestandteil der Anlage sind und in denen Brennstoffe verbrannt werden. Bei diesen Einheiten handelt es sich insbesondere um alle Arten von Heizkesseln, Turbinen, Erhitzern, Industrieöfen, Verbrennungsöfen, Kalzinierungsöfen, Brennöfen, sonstigen Öfen, Trocknern, Motoren, Brennstoffzellen, Fackeln und thermischen oder katalytischen Nachbrennern. Einheiten mit einer Feuerungswärmeleistung von weniger als 3 Megawatt (MW), Notfackeln zur Anlagenentlastung bei Betriebsstörungen, Notstromaggregate und Einheiten, die ausschließlich Biomasse nutzen, werden bei dieser Berechnung nicht berücksichtigt. Ist der Schwellenwert für die Gesamtfeuerungswärmeleistung überschritten, sind alle Einheiten erfasst, in denen Brennstoffe verbrannt werden.
2. Für die Zuordnung einer Anlage, die sowohl einer Tätigkeit mit einem als Produktionsleistung angegebenen Schwellenwert als auch einer Tätigkeit mit einem als Gesamtfeuerungswärmeleistung angegebenen Schwellenwert zugeordnet werden kann, gilt Folgendes:
   a) Wenn die Anlage sowohl den Schwellenwert der Produktionsleistung als auch den Schwellenwert der Gesamtfeuerungswärmeleistung erreicht oder überschreitet, so ist die Anlage derjenigen Tätigkeit zuzuordnen, für die der Schwellenwert als Produktionsleistung angegeben ist.
   b) Wenn die Anlage entweder nur den Schwellenwert der Gesamtfeuerungswärmeleistung oder nur den Schwellenwert der Produktionsleistung erreicht oder überschreitet, ist sie derjenigen Tätigkeit zuzuordnen, deren Schwellenwert sie erreicht.

Teil 2. Tätigkeiten

Nr.	Tätigkeiten	Treibhausgas
1	Verbrennungseinheiten zur Verbrennung von Brennstoffen mit einer Gesamtfeuerungswärmeleistung von insgesamt 20 MW oder mehr in einer Anlage, soweit nicht von einer der nachfolgenden Nummern erfasst	CO_2
2	Anlagen zur Erzeugung von Strom, Dampf, Warmwasser, Prozesswärme oder erhitztem Abgas durch den Einsatz von Brennstoffen in einer Verbrennungseinrichtung (wie Kraftwerk, Heizkraftwerk, Heizwerk, Gasturbinenanlage, Verbrennungsmotoranlage, sonstige Feuerungsanlage), einschließlich zugehöriger Dampfkessel, mit einer Feuerungswärmeleistung von 50 MW oder mehr	CO_2
3	Anlagen zur Erzeugung von Strom, Dampf, Warmwasser, Prozesswärme oder erhitztem Abgas durch den Einsatz von Kohle, Koks, einschließlich Petrolkoks, Kohlebriketts, Torfbriketts, Brenntorf, naturbelassenem Holz, emulgiertem Naturbitumen, Heizölen, gasförmigen Brennstoffen (insbesondere Koksofengas, Grubengas, Stahlgas, Raffineriegas, Synthesegas, Erdölgas aus der Tertiärförderung von Erdöl, Klärgas, Biogas), Methanol, Ethanol, naturbelassenen Pflanzenölen, Pflanzenölmethylestern, naturbelassenem Erdgas, Flüssiggas, Gasen der öffentlichen Gasversorgung oder Wasserstoff mit einer Feuerungswärmeleistung von mehr als 20 MW bis weniger als 50 MW in einer Verbrennungseinrichtung (wie Kraftwerk, Heizkraftwerk, Heizwerk, Gasturbinenanlage, Verbrennungsmotoranlage, sonstige Feuerungsanlage), einschließlich zugehöriger Dampfkessel	CO_2
4	Anlagen zur Erzeugung von Strom, Dampf, Warmwasser, Prozesswärme oder erhitztem Abgas durch den Einsatz anderer als in Nummer 3 genannter fester oder flüssiger Brennstoffe in einer Verbrennungseinrichtung (wie Kraftwerk, Heizkraftwerk, Heizwerk, Gasturbinenanlage, Verbrennungsmotoranlage, sonstige Feue-	CO_2

Nr.	Tätigkeiten	Treibhausgas
	rungsanlage), einschließlich zugehöriger Dampfkessel, mit einer Feuerungswärmeleistung von mehr als 20 MW bis weniger als 50 MW	
5	Verbrennungsmotoranlagen zum Antrieb von Arbeitsmaschinen für den Einsatz von Heizöl EL, Dieselkraftstoff, Methanol, Ethanol, naturbelassenen Pflanzenölen, Pflanzenölmethylestern oder gasförmigen Brennstoffen (insbesondere Koksofengas, Grubengas, Stahlgas, Raffineriegas, Synthesegas, Erdölgas aus der Tertiärförderung von Erdöl, Klärgas, Biogas, naturbelassenem Erdgas, Flüssiggas, Gasen der öffentlichen Gasversorgung, Wasserstoff) mit einer Feuerungswärmeleistung von 20 MW oder mehr	CO_2
6	Gasturbinenanlagen zum Antrieb von Arbeitsmaschinen für den Einsatz von Heizöl EL, Dieselkraftstoff, Methanol, Ethanol, naturbelassenen Pflanzenölen, Pflanzenölmethylestern oder gasförmigen Brennstoffen (insbesondere Koksofengas, Grubengas, Stahlgas, Raffineriegas, Synthesegas, Erdölgas aus der Tertiärförderung von Erdöl, Klärgas, Biogas, naturbelassenem Erdgas, Flüssiggas, Gasen der öffentlichen Gasversorgung, Wasserstoff) mit einer Feuerungswärmeleistung von mehr als 20 MW	CO_2
7	Anlagen zur Destillation oder Raffination oder sonstigen Weiterverarbeitung von Erdöl oder Erdölerzeugnissen in Mineralöl- oder Schmierstoffraffinerien	CO_2
8	Anlagen zur Trockendestillation von Steinkohle oder Braunkohle (Kokereien)	CO_2
9	Anlagen zum Rösten, Schmelzen, Sintern oder Pelletieren von Metallerzen	CO_2
10	Anlagen zur Herstellung oder zum Erschmelzen von Roheisen oder Stahl einschließlich Stranggießen, auch soweit Konzentrate oder sekundäre Rohstoffe eingesetzt werden, mit einer Schmelzleistung von 2,5 Tonnen oder mehr je Stunde, auch soweit in integrierten Hüttenwerken betrieben	CO_2
11	Anlagen zur Herstellung oder Verarbeitung von Eisenmetallen (einschließlich Eisenlegierung) bei Betrieb von Verbrennungseinheiten mit einer Gesamtfeuerungswärmeleistung von 20 MW oder mehr, soweit nicht von Nummer 10 erfasst; die Verarbeitung umfasst insbesondere Walzwerke, Öfen zum Wiederaufheizen, Glühöfen, Schmiedewerke, Gießereien, Beschichtungs- und Beizanlagen	CO_2
12	Anlagen zur Herstellung von Primäraluminium	CO_2, PFC
13	Anlagen zum Schmelzen, zum Legieren oder zur Raffination von Nichteisenmetallen bei Betrieb von Verbrennungseinheiten mit einer Gesamtfeuerungswärmeleistung (einschließlich der als Reduktionsmittel verwendeten Brennstoffe) von 20 MW oder mehr	CO_2
14	Anlagen zur Herstellung von Zementklinker mit einer Produktionsleistung von mehr als 500 Tonnen je Tag in Drehrohröfen oder mehr als 50 Tonnen je Tag in anderen Öfen	CO_2
15	Anlagen zum Brennen von Kalkstein, Magnesit oder Dolomit mit einer Produktionsleistung von mehr als 50 Tonnen Branntkalk, gebranntem Magnesit oder gebranntem Dolomit je Tag	CO_2
16	Anlagen zur Herstellung von Glas, auch soweit es aus Altglas hergestellt wird, einschließlich Anlagen zur Herstellung von Glasfasern, mit einer Schmelzleistung von mehr als 20 Tonnen je Tag	CO_2
17	Anlagen zum Brennen keramischer Erzeugnisse mit einer Produktionsleistung von mehr als 75 Tonnen je Tag	CO_2
18	Anlagen zum Schmelzen mineralischer Stoffe, einschließlich Anlagen zur Herstellung von Mineralfasern, mit einer Schmelzleistung von mehr als 20 Tonnen je Tag	CO_2

Nr.	Tätigkeiten	Treibhausgas
19	Anlagen zum Trocknen oder Brennen von Gips oder zur Herstellung von Gipskartonplatten und sonstigen Gipserzeugnissen bei Betrieb von Verbrennungseinheiten mit einer Gesamtfeuerungswärmeleistung von 20 MW oder mehr	CO_2
20	Anlagen zur Gewinnung von Zellstoff aus Holz, Stroh oder ähnlichen Faserstoffen	CO_2
21	Anlagen zur Herstellung von Papier, Karton oder Pappe mit einer Produktionsleistung von mehr als 20 Tonnen je Tag	CO_2
22	Anlagen zur Herstellung von Industrieruß bei Betrieb von Verbrennungseinheiten mit einer Gesamtfeuerungswärmeleistung von 20 MW oder mehr	CO_2
23	Anlagen zur Herstellung von Salpetersäure	CO_2, N_2O
24	Anlagen zur Herstellung von Adipinsäure	CO_2, N_2O
25	Anlagen zur Herstellung von Glyoxal oder Glyoxylsäure	CO_2, N_2O
26	Anlagen zur Herstellung von Ammoniak	CO_2
27	Anlagen zur Herstellung von a) organischen Grundchemikalien (Alkene und chlorierte Alkene; Alkine; Aromaten und alkylierte Aromaten; Phenole, Alkohole; Aldehyde, Ketone; Carbonsäuren, Dicarbonsäuren, Carbonsäureanhydride und Dimethylterephthalat; Epoxide; Vinylacetat, Acrylnitril; Caprolactam und Melamin) oder b) Polymeren (Polyethylen, Polypropylen, Polystyrol, Polyvinylchlorid, Polycarbonate, Polyamide, Polyurethane, Silikone) mit einer Produktionsleistung von mehr als 100 Tonnen je Tag	CO_2
28	Anlagen zur Herstellung von Wasserstoff oder Synthesegas durch Reformieren, partielle Oxidation, Wassergas-Shiftreaktion oder ähnliche Verfahren mit einer Produktionsleistung von mehr als 25 Tonnen je Tag	CO_2
29	Anlagen zur Herstellung von Natriumkarbonat und Natriumhydrogenkarbonat	CO_2
30	Anlagen zur Abscheidung von Treibhausgasen aus Anlagen nach den Nummern 1 bis 29 zum Zwecke der Beförderung und geologischen Speicherung in einer in Übereinstimmung mit der Richtlinie 2009/31/EG des Europäischen Parlaments und des Rates vom 23. April 2009 über die geologische Speicherung von Kohlendioxid und zur Änderung der Richtlinie 85/337/EWG des Rates sowie der Richtlinien 2000/60/EG, 2001/80/EG, 2004/35/EG, 2006/12/EG und 2008/1/EG des Europäischen Parlaments und des Rates sowie der Verordnung (EG) Nr. 1013/2006 (ABl. L 140 vom 5.6.2009, S. 114) zugelassenen Speicherstätte	CO_2
31	Rohrleitungsanlagen zur Beförderung von Treibhausgasen zum Zwecke der geologischen Speicherung in einer in Übereinstimmung mit der Richtlinie 2009/31/EG zugelassenen Speicherstätte	CO_2
32	Speicherstätte zur geologischen Speicherung von Treibhausgasen, die in Übereinstimmung mit der Richtlinie 2009/31/EG zugelassen ist	CO_2
33	Flüge, die von einem Flugplatz abgehen oder auf einem Flugplatz enden, der sich in einem Hoheitsgebiet eines Vertragsstaats des Abkommens über den Europäischen Wirtschaftsraum befindet, bei Mitgliedstaaten der Europäischen Union jedoch nur, soweit der Vertrag über die Europäische Union in dem Gebiet Anwendung findet. Nicht unter diese Tätigkeit fallen: a) Flüge, die ausschließlich durchgeführt werden, um aa) regierende Monarchinnen und Monarchen und ihre unmittelbaren Familienangehörigen,	CO_2

Nr.	Tätigkeiten	Treibhausgas
	bb) Staatschefinnen und Staatschefs, Regierungschefinnen und Regierungschefs und zur Regierung gehörende Ministerinnen und Minister eines Nichtmitgliedstaats des Abkommens über den Europäischen Wirtschaftsraum in offizieller Mission zu befördern, soweit dies durch einen entsprechenden Statusindikator im Flugplan vermerkt ist; b) Militärflüge in Militärluftfahrzeugen sowie Zoll- und Polizeiflüge; c) Flüge im Zusammenhang mit Such- und Rettungseinsätzen, Löschflüge, Flüge im humanitären Einsatz sowie Ambulanzflüge in medizinischen Notfällen, soweit eine Genehmigung der jeweils zuständigen Behörde vorliegt; d) Flüge, die ausschließlich nach Sichtflugregeln im Sinne der §§ 28 und 31 bis 34 der Luftverkehrs-Ordnung durchgeführt werden; e) Flüge, bei denen das Luftfahrzeug ohne Zwischenlandung wieder zum Ausgangsflugplatz zurückkehrt; f) Übungsflüge, die ausschließlich zum Erwerb eines Pilotenscheins oder einer Berechtigung für die Cockpit-Besatzung durchgeführt werden, sofern dies im Flugplan vermerkt ist; diese Flüge dürfen nicht zur Beförderung von Fluggästen oder Fracht oder zur Positionierung oder Überführung von Luftfahrzeugen dienen; g) Flüge, die ausschließlich der wissenschaftlichen Forschung oder der Kontrolle, Erprobung oder Zulassung von Luftfahrzeugen oder Ausrüstung dienen, unabhängig davon, ob es sich um Bord- oder Bodenausrüstung handelt; h) Flüge von Luftfahrzeugen mit einer höchstzulässigen Startmasse von weniger als 5 700 Kilogramm; i) Flüge im Rahmen von gemeinwirtschaftlichen Verpflichtungen nach Maßgabe des Artikels 16 der Verordnung (EG) Nr. 1008/2008 auf Routen innerhalb von Gebieten in äußerster Randlage im Sinne des Artikels 349 des Vertrags über die Arbeitsweise in der Europäischen Union oder auf Routen mit einer angebotenen Kapazität von höchstens 30 000 Sitzplätzen pro Jahr, j) Flüge, die nicht bereits von den Buchstaben a bis i erfasst sind und von einem Luftfahrzeugbetreiber durchgeführt werden, der gegen Entgelt Linien- oder Bedarfsflugverkehrsleistungen für die Öffentlichkeit erbringt, bei denen er Fluggäste, Fracht oder Post befördert (gewerblicher Luftfahrzeugbetreiber), sofern aa) dieser Luftfahrzeugbetreiber innerhalb eines Kalenderjahres jeweils weniger als 243 solcher Flüge in den Zeiträumen Januar bis April, Mai bis August und September bis Dezember durchführt oder bb) die jährlichen Gesamtemissionen solcher Flüge dieses Luftfahrzeugbetreibers weniger als 10 000 Tonnen betragen; diese Ausnahme gilt nicht für Flüge, die ausschließlich zur Beförderung von regierenden Monarchinnen und Monarchen und ihren unmittelbaren Familienangehörigen sowie von Staatschefinnen und Staatschefs, Regierungschefinnen und Regierungschefs und zur Regierung gehörenden Ministerinnen und Ministern eines Mitgliedstaats des Abkommens über den Europäischen Wirtschaftsraum in Ausübung ihres Amtes durchgeführt werden, sowie k) bis zum 31. Dezember 2030 Flüge, die nicht unter die Buchstaben a bis j fallen und von einem nichtgewerblichen Luftfahrzeugbetreiber durchgeführt werden, dessen Flüge jährliche Gesamtemissionen von weniger als 1 000 Tonnen aufweisen.	

Anhang 2
(zu § 5 Absatz 1, § 6 Absatz 1 Satz 2, Absatz 2 Satz 2, § 30 Absatz 2 Satz 1 und § 32 Absatz 1 Nummer 1)

Anforderungen an die Vorlage und Genehmigung von Überwachungsplänen nach § 6 sowie an die Ermittlung von Emissionen und die Berichterstattung nach § 5

Teil 1. Fristen für die Vorlage eines Überwachungsplans

Für die Einreichung eines Überwachungsplans nach § 6 Absatz 1 Satz 1 gelten folgende Fristen:

a) Für Betreiber von Anlagen, die spätestens zehn Monate vor Beginn einer Handelsperiode in Betrieb genommen wurden, endet die Frist fünf Monate vor Beginn der Handelsperiode;

b) Betreiber von Anlagen, die später als zehn Monate vor Beginn einer Handelsperiode erstmalig den Pflichten nach § 5 unterliegen, müssen den Überwachungsplan vor dem Zeitpunkt, zu dem sie erstmals den Pflichten nach § 5 unterliegen, vorlegen;

c) Luftfahrzeugbetreiber, die ihre Luftverkehrstätigkeit in einer laufenden Handelsperiode aufnehmen, müssen unverzüglich nach Aufnahme der Luftverkehrstätigkeit einen Überwachungsplan über die Emissionsberichterstattung für diese Handelsperiode vorlegen.

Teil 2. Anforderungen an die Ermittlung von Emissionen und an die Emissionsberichterstattung

Der Betreiber hat seine Emissionen nach seinem genehmigten Überwachungsplan zu ermitteln. Soweit dieser Überwachungsplan keine Regelungen trifft, hat er die Emissionen nach der Monitoring-Verordnung und nach einer nach § 28 Absatz 2 Nummer 1 erlassenen Rechtsverordnung zu ermitteln und darüber zu berichten. Soweit diese Verordnungen keine Regelungen treffen, ist bei Oxidationsprozessen ein Oxidationsfaktor von 1 zugrunde zu legen; eine unvollständige Verbrennung bleibt auch bei der Bestimmung des Emissionsfaktors unberücksichtigt.

Die CO_2-Emissionen von Anlagen im Sinne des Anhangs 1 Teil 2 Nummer 8 bis 10 sind über die Bilanzierung und Saldierung der Kohlenstoffgehalte der CO_2-relevanten Inputs und Outputs zu erfassen, soweit diese Anlagen nach § 24 als einheitliche Anlage gelten; Verbundkraftwerke am Standort von Anlagen zur Eisen- und Stahlerzeugung dürfen nicht gemeinsam mit den übrigen Anlagen bilanziert werden.

Anhang 3 bis 5 *(aufgehoben)*

4.2. Gesetz über einen nationalen Zertifikatehandel für Brennstoffemissionen (Brennstoffemissionshandelsgesetz – BEHG)

Vom 12. Dezember 2019

(BGBl. I S. 2728)

FNA 2129-63

Der Bundestag hat das folgende Gesetz beschlossen:

Inhaltsübersicht

Abschnitt 1. Allgemeine Vorschriften

§ 1 Zweck des Gesetzes. [1]Zweck dieses Gesetzes ist es, die Grundlagen für den Handel mit Zertifikaten für Emissionen aus Brennstoffen zu schaffen und für eine Bepreisung dieser Emissionen zu sorgen, soweit diese Emissionen nicht vom EU-Emissionshandel erfasst sind, um damit zur Erreichung der nationalen Klimaschutzziele, einschließlich des langfristigen Ziels der Treibhausgasneutralität bis 2050, und zur Erreichung der Minderungsziele nach der EU-Klimaschutzverordnung sowie zur Verbesserung der Energieeffizienz beizutragen. [2]Zweck des nationalen Emissionshandelssystems ist die Bepreisung fossiler Treibhausgasemissionen.

§ 2 Anwendungsbereich. (1) Dieses Gesetz gilt für die Emission von Treibhausgasen aus den in Anlage 1 genannten Brennstoffen, die gemäß Absatz 2 in Verkehr gebracht werden.

(2) [1]Brennstoffe gelten mit dem Entstehen der Energiesteuer nach § 8 Absatz 1, § 9 Absatz 1, § 9a Absatz 4, § 14 Absatz 2, § 15 Absatz 1 oder Absatz 2, § 18 Absatz 2, § 18a Absatz 1, § 19b Absatz 1, § 22 Absatz 1, § 23 Absatz 1 und 1a, § 30 Absatz 1, § 32 Absatz 1, den §§ 34, 35, 36 Absatz 1, § 37 Absatz 2 Satz 5 und 6, Absatz 3 Satz 2, Absatz 4 Satz 1, § 38 Absatz 1, § 41 Absatz 1, § 43 Absatz 1 oder § 44 Absatz 4 Satz 2 des Energiesteuergesetzes als in Verkehr gebracht. [2]Brennstoffe gelten ebenfalls als in Verkehr gebracht, wenn sich an das Entstehen der Energiesteuer ein Verfahren der Steuerbefreiung nach § 37 Absatz 2 Nummer 3 oder Nummer 4 des Energiesteuergesetzes anschließt.

(3) Dieses Gesetz gilt auch für Aufgaben im Zusammenhang mit Maßnahmen nach diesem Gesetz zur Kompensation der Doppelerfassung von Emissionen im EU-Emissionshandel und mit Maßnahmen zum Erhalt der internationalen Wettbewerbsfähigkeit sowie zum Ausgleich unzumutbarer Härten.

§ 3 Begriffsbestimmungen. Im Sinne dieses Gesetzes ist oder sind:

1. Brennstoffemission:
   die Menge Kohlendioxid in Tonnen, die bei einer Verbrennung von Brennstoffen nach Anlage 1 freigesetzt werden kann und dem Verantwortlichen infolge des Inverkehrbringens nach § 2 Absatz 2 zugerechnet wird;
2. Emissionszertifikat:
   das Zertifikat, das zur Emission einer Tonne Treibhausgase in Tonnen Kohlendioxidäquivalent in einem bestimmten Zeitraum berechtigt;
3. Verantwortlicher:
   die natürliche oder juristische Person oder Personengesellschaft, die für die Tatbestände nach § 2 Absatz 2 als Steuerschuldner definiert ist, auch wenn sich ein Verfahren der Steuerbefreiung anschließt;
4. EU-Emissionshandel:
   das unionsweite System zur Erfassung und Begrenzung von Treibhausgasemissionen, geregelt durch die Richtlinie 2003/87/EG des Europäischen Parlaments und des Rates vom 13. Oktober 2003 über ein System für den Handel mit Treibhausgasemissionszertifikaten in der Gemeinschaft und zur Änderung der Richtlinie 96/61/EG des Rates (ABl. L 275 vom 25.10. 2003, S. 32; L 140 vom 14.5.2014, S. 177), die zuletzt durch die Richtlinie

(EU) 2018/410 (ABl. L 76 vom 19.3.2018, S. 3) geändert worden ist, in der jeweils geltenden Fassung;

5. EU-Klimaschutzverordnung:
die Verordnung (EU) 2018/842 des Europäischen Parlaments und des Rates vom 30. Mai 2018 zur Festlegung verbindlicher nationaler Jahresziele für die Reduzierung der Treibhausgasemissionen im Zeitraum 2021 bis 2030 als Beitrag zu Klimaschutzmaßnahmen zwecks Erfüllung der Verpflichtungen aus dem Übereinkommen von Paris sowie zur Änderung der Verordnung (EU) Nr. 525/2013 (ABl. L 156 vom 19.6.2018, S. 26) in der jeweils geltenden Fassung;
6. Handelsperiode:
der Zeitraum, der dem in der EU-Klimaschutzverordnung festgelegten Zeitraum entspricht;
7. Kombinierte Nomenklatur:
die Warennomenklatur nach Artikel 1 in Verbindung mit Anhang I der Verordnung (EWG) Nr. 2658/87 des Rates vom 23. Juli 1987 über die zolltarifliche und statistische Nomenklatur sowie den Gemeinsamen Zolltarif (ABl. L 256 vom 7.9.1987, S. 1), die zuletzt durch die Durchführungsverordnung (EU) 2019/13 (ABl. L 3 vom 7.1.2019, S. 1) geändert worden ist;
8. Überwachungsplan:
eine Darstellung der Methode, die ein Verantwortlicher anwendet, um seine Brennstoffemissionen zu ermitteln und darüber Bericht zu erstatten;
9. Treibhausgase:
die in § 3 Nummer 16 des Treibhausgas-Emissionshandelsgesetzes[1)] aufgeführten Treibhausgase;
10. Energiesteuergesetz:
das Energiesteuergesetz vom 15. Juli 2006 (BGBl. I S. 1534; 2008 I S. 660, 1007), das zuletzt durch Artikel 3 des Gesetzes vom 22. Juni 2019 (BGBl. I S. 856, 908) geändert worden ist.

Abschnitt 2. Mengenplanung

§ 4 Jährliche Emissionsmengen. (1) [1] Für jedes Kalenderjahr innerhalb einer Handelsperiode wird eine Menge an Brennstoffemissionen in Deutschland festgelegt, welche hinsichtlich der Brennstoffemissionen die Einhaltung der Minderungsverpflichtung der Bundesrepublik Deutschland nach Artikel 4 Absatz 1 in Verbindung mit Anhang 1 der EU-Klimaschutzverordnung gewährleistet (jährliche Emissionsmenge). [2] Die jährliche Emissionsmenge wird aus den jährlichen Emissionszuweisungen für die Bundesrepublik Deutschland nach Artikel 4 Absatz 3 der EU-Klimaschutzverordnung, multipliziert mit dem prozentualen Anteil der nicht vom EU-Emissionshandel erfassten Brennstoffemissionen an den nicht vom EU-Emissionshandel erfassten gesamten Treibhausgasemissionen in Deutschland im Durchschnitt des fünften bis dritten Jahres vor Beginn der jeweiligen Handelsperiode, gebildet.

[1)] Nr. **4.1**.

(2) Die Bundesregierung wird ermächtigt, durch Rechtsverordnung, die nicht der Zustimmung des Bundesrates bedarf, die jährlichen Emissionsmengen nach Maßgabe des Absatzes 1 festzulegen.

(3) [1]Die jährliche Emissionsmenge nach Absatz 1 ist jeweils um die Menge an Brennstoffemissionen zu erhöhen, für die sowohl nach diesem Gesetz Emissionszertifikate als auch nach dem Treibhausgas-Emissionshandelsgesetz[1)] Berechtigungen für direkte Emissionen abgegeben werden müssen. [2]Sofern sich nachträglich Abweichungen des geschätzten vom tatsächlichen Umfang der Brennstoffemissionen ergeben, für die sowohl nach diesem Gesetz Zertifikate als auch nach dem Treibhausgas-Emissionshandelsgesetz Berechtigungen abgegeben werden müssen, ist dies bei der Erhöhung der Menge in den Folgejahren zu berücksichtigen.

(4) Die Bundesregierung wird ermächtigt, durch Rechtsverordnung, die nicht der Zustimmung des Bundesrates bedarf, Einzelheiten zur Berechnung der jährlichen Erhöhung nach Absatz 3 festzulegen.

(5) Die zuständige Behörde bestimmt die jährliche Erhöhungsmenge nach den Vorgaben des Absatzes 3 sowie nach den Vorgaben der Rechtsverordnung nach Absatz 4 und macht diese im Bundesanzeiger bekannt.

§ 5 Flexibilisierungsinstrumente nach der EU-Klimaschutzverordnung. (1) Soweit während der Einführungsphase nach § 10 Absatz 2 Satz 1 und 2 und für die Dauer der Anwendung eines Preiskorridors die jährliche Emissionsmenge nach § 4 Absatz 1 und 3 für ein Kalenderjahr innerhalb der Handelsperiode überschritten wird und die Jahresmengen der EU-Klimaschutzverordnung nicht eingehalten werden, wird der darüber hinausgehende Bedarf an Emissionszertifikaten durch Nutzung von Flexibilisierungsmöglichkeiten nach der EU-Klimaschutzverordnung, einschließlich des Zukaufs einer entsprechenden Menge an Emissionszuweisungen aus anderen Mitgliedstaaten, gedeckt.

(2) Die Bundesregierung wird ermächtigt, durch Rechtsverordnung, die nicht der Zustimmung des Bundesrates bedarf, Einzelheiten zur Berechnung des zusätzlichen Bedarfs nach Absatz 1 zu regeln, insbesondere zur Berücksichtigung

1. der Anrechnung möglicher Überschüsse an Emissionszuweisungen durch Minderungen in anderen Sektoren,
2. der Menge der ausgegebenen, aber nicht abgegebenen Emissionszertifikate in einem Jahr und
3. der tatsächlichen Schnittmenge, die sich nach § 4 Absatz 3 ergibt.

Abschnitt 3. Grundpflichten der Verantwortlichen

§ 6 Überwachungsplan, vereinfachter Überwachungsplan. (1) [1]Der Verantwortliche ist verpflichtet, bei der zuständigen Behörde für jede Handelsperiode einen Überwachungsplan für die Ermittlung von Brennstoffemissionen und die Berichterstattung nach § 7 Absatz 1 einzureichen. [2]Soweit der Verantwortliche die Brennstoffemissionen ausschließlich unter Anwendung von

---

[1)] Nr. **4.1**.

Standardemissionsfaktoren für die in Verkehr gebrachten Brennstoffe ermittelt, ist es ausreichend, wenn der Verantwortliche einen vereinfachten Überwachungsplan einreicht. [3]Der Überwachungsplan und der vereinfachte Überwachungsplan bedürfen einer Genehmigung der zuständigen Behörde.

(2) [1]Die Genehmigung für den Überwachungsplan ist zu erteilen, wenn der Überwachungsplan den Vorgaben der Rechtsverordnung nach Absatz 5 entspricht. [2]Entspricht ein vorgelegter Überwachungsplan nicht diesen Vorgaben, ist der Verantwortliche verpflichtet, die von der zuständigen Behörde festgestellten Mängel innerhalb einer von der zuständigen Behörde festzusetzenden Frist zu beseitigen und den geänderten Überwachungsplan vorzulegen. [3]Die zuständige Behörde kann die Genehmigung mit Auflagen für die Überwachung von und Berichterstattung über Brennstoffemissionen verbinden.

(3) [1]Die Genehmigung für den vereinfachten Überwachungsplan ist zu erteilen, wenn der Verantwortliche erklärt, die Brennstoffemissionen nur unter Anwendung von Standardemissionsfaktoren zu ermitteln und die vom Verantwortlichen vorgesehene Methodik zur Erfassung von Art und Menge der in Verkehr gebrachten Brennstoffe den Vorgaben der Rechtsverordnung nach Absatz 5 entspricht. [2]Absatz 2 Satz 2 und 3 gilt entsprechend. [3]Die Genehmigung für den vereinfachten Überwachungsplan gilt als erteilt, wenn die zuständige Behörde den Verantwortlichen nicht innerhalb von zwei Monaten nach Einreichung des vereinfachten Überwachungsplans auffordert, festgestellte Mängel zu beseitigen oder fehlende Erläuterungen nachzureichen.

(4) [1]Der Verantwortliche ist verpflichtet, den Überwachungsplan oder den vereinfachten Überwachungsplan innerhalb einer Handelsperiode unverzüglich anzupassen und bei der zuständigen Behörde einzureichen, wenn

1. sich die Vorgaben in der Rechtsverordnung nach Absatz 5 ändern,
2. der Verantwortliche plant, andere Arten von Brennstoffen in Verkehr zu bringen, die eine Änderung der Überwachungsmethodik erfordern, oder
3. ein Verantwortlicher mit vereinfachtem Überwachungsplan entscheidet, seine Brennstoffemissionen im Folgejahr nicht mehr ausschließlich durch Anwendung von Standardemissionsfaktoren zu ermitteln.

[2]Für den angepassten Überwachungsplan nach Satz 1 gelten die Absätze 1 bis 3 entsprechend.

(5) Die Bundesregierung wird ermächtigt, durch Rechtsverordnung, die nicht der Zustimmung des Bundesrates bedarf, Fristen zur Einreichung des Überwachungsplans oder des vereinfachten Überwachungsplans festzulegen sowie Anforderungen an den Mindestinhalt des Überwachungsplans oder des vereinfachten Überwachungsplans zu bestimmen, insbesondere an

1. die Dokumentation der Methodik zur Ermittlung der Brennstoffemissionen sowie von Art und Menge der vom Verantwortlichen in Verkehr gebrachten Brennstoffe sowie
2. Einzelheiten zur Methodik der Berichterstattung über Brennstoffemissionen der Verantwortlichen.

§ 7 Ermittlung und Bericht über Brennstoffemissionen. (1) Der Verantwortliche hat die Brennstoffemissionen für die in einem Kalenderjahr in Verkehr gebrachten Brennstoffe auf Grundlage des Überwachungsplans zu ermitteln und der zuständigen Behörde bis zum 31. Juli des Folgejahres über die Brennstoffemissionen zu berichten.

(2) [1]Die Berichtspflicht nach Absatz 1 gilt erstmals für das Kalenderjahr 2021. [2]Für die Kalenderjahre 2021 und 2022 ist die Berichtspflicht nach Absatz 1 auf die Brennstoffe nach Anlage 2 beschränkt.

(3) Die Angaben im Emissionsbericht nach Absatz 1 müssen von einer Prüfstelle nach § 15 verifiziert worden sein.

(4) Die Bundesregierung wird ermächtigt, durch Rechtsverordnung, die nicht der Zustimmung des Bundesrates bedarf, die Anforderungen an die Ermittlung der Brennstoffemissionen und die Berichterstattung zu regeln, insbesondere kann sie

1. Vorgaben an die Emissionsermittlung, die Berichterstattung und die Verifizierung machen,
2. Standardwerte für Emissionsfaktoren von Brennstoffen festlegen; dabei sollen die biogenen Brennstoffemissionen bei entsprechendem Nachhaltigkeitsnachweis mit dem Emissionsfaktor Null belegt werden,
3. Erleichterungen für die Berichterstattung und für die Verifizierung bei ausschließlicher Ermittlung und Berichterstattung nach Standardemissionsfaktoren vorsehen,
4. für die ersten beiden Berichtsjahre anordnen, dass die Ermittlung der Brennstoffemissionen ausschließlich unter Anwendung der Standardemissionsfaktoren vorgenommen wird,
5. Einzelheiten regeln zur Vermeidung von Doppelerfassungen durch Freistellung von der Berichtspflicht für Brennstoffemissionen, die bereits nachweislich Gegenstand der Emissionsberichterstattung waren.

(5) [1]Doppelbelastungen infolge des Einsatzes von Brennstoffen in einer dem EU-Emissionshandel unterliegenden Anlage sind möglichst vorab zu vermeiden. [2]Die Bundesregierung wird bis zum 31. Dezember 2020 durch Rechtsverordnung, die nicht der Zustimmung des Bundesrates bedarf, Anforderungen und Verfahren festlegen, wie der Verantwortliche insbesondere im Falle einer Direktlieferung von Brennstoffen an ein Unternehmen und deren Einsatzes in einer dem EU-Emissionshandel unterliegenden Anlage eine entsprechende Menge an Brennstoffemissionen von den nach Absatz 1 zu berichtenden Brennstoffemissionen abziehen kann, soweit durch den Emissionsbericht nach § 5 des Treibhausgas-Emissionshandelsgesetzes[1)] der Einsatz dieser Brennstoffe nachgewiesen ist.

§ 8 Abgabe von Emissionszertifikaten. Der Verantwortliche hat jährlich bis zum 30. September an die zuständige Behörde eine Anzahl von Emissionszertifikaten abzugeben, die der nach § 7 berichteten Gesamtmenge an Brennstoffemissionen im vorangegangenen Kalenderjahr entspricht.

Abschnitt 4. Emissionszertifikate, Veräußerung und Register

§ 9 Emissionszertifikate. (1) [1]Auf den Emissionszertifikaten ist die Zuordnung zu einer Handelsperiode sowie zu einem Kalenderjahr innerhalb dieser

[1)] Nr. **4.1**.

Handelsperiode erkennbar. [2]Die Emissionszertifikate für Brennstoffemissionen sind ab dem ersten Jahr der jeweiligen Handelsperiode gültig. [3]Abweichend von den Sätzen 1 und 2 sind Emissionszertifikate, die während der Einführungsphase nach § 10 Absatz 2 Satz 2 veräußert werden, nur für das auf dem Emissionszertifikat erkennbare Kalenderjahr für die Abdeckung der Brennstoffemissionen dieses Kalenderjahres oder des Vorjahres gültig. [4]Die Bundesregierung wird ermächtigt, durch Rechtsverordnung, die nicht der Zustimmung des Bundesrates bedarf, für die Dauer der Anwendung des Preiskorridors nach § 10 Absatz 2 Satz 4 die Gültigkeit der Emissionszertifikate abweichend von Satz 2 zu beschränken. [5]Der Inhaber von Emissionszertifikaten kann jederzeit auf sie verzichten und ihre Löschung verlangen.

(2) [1]Emissionszertifikate sind übertragbar. [2]Die Übertragung von Emissionszertifikaten erfolgt durch Einigung und Eintragung auf dem Konto des Erwerbers im nationalen Emissionshandelsregister nach § 12. [3]Die Eintragung erfolgt auf Anweisung des Veräußerers an die zuständige Behörde, Emissionszertifikate von seinem Konto auf das Konto des Erwerbers zu übertragen.

(3) [1]Soweit für jemanden ein Emissionszertifikat auf seinem Konto im nationalen Emissionshandelsregister eingetragen ist, gilt der Inhalt des Emissionshandelsregisters als richtig. [2]Dies gilt nicht, wenn die Unrichtigkeit dem Empfänger von Emissionszertifikaten bei der Übertragung im Zeitpunkt der Eintragung auf dem Konto bekannt ist.

§ 10 Veräußerung von Emissionszertifikaten. (1) [1]Die nach § 4 Absatz 1 und 3 festgelegte Menge an Emissionszertifikaten sowie der zusätzliche Bedarf, der sich in der Einführungsphase nach Absatz 2 ergeben kann, werden durch die zuständige Behörde veräußert. [2]Die Emissionszertifikate werden zum Festpreis verkauft und ab 2026 versteigert. [3]Im Falle der Versteigerung wird die in einem Kalenderjahr zur Verfügung stehende Versteigerungsmenge in regelmäßigen Abständen in gleichen Teilmengen angeboten. [4]Die zuständige Behörde stellt sicher, dass die Versteigerungstermine nach Absatz 3 spätestens zwei Monate im Voraus bekannt gemacht werden.

(2) [1]In der Einführungsphase werden die Emissionszertifikate zunächst zum Festpreis verkauft. [2]Für die Dauer des Verkaufs beträgt der Festpreis pro Emissionszertifikat

1. im Zeitraum vom 1. Januar 2021 bis zum 31. Dezember 2021: 10 Euro,
2. im Zeitraum vom 1. Januar 2022 bis zum 31. Dezember 2022: 20 Euro,
3. im Zeitraum vom 1. Januar 2023 bis zum 31. Dezember 2023: 25 Euro,
4. im Zeitraum vom 1. Januar 2024 bis zum 31. Dezember 2024: 30 Euro,
5. im Zeitraum vom 1. Januar 2025 bis zum 31. Dezember 2025: 35 Euro.

[3]Verantwortliche können bis zu 10 Prozent der in einem der Jahre 2021 bis 2025 erworbenen Emissionszertifikate bis zum 28. Februar des jeweiligen Folgejahres zur Erfüllung der Abgabepflicht nach § 8 für das Vorjahr zu dem für dieses Jahr festgelegten Festpreis erwerben. [4]Für das Jahr 2026 wird ein Preiskorridor mit einem Mindestpreis von 35 Euro pro Emissionszertifikat und einem Höchstpreis von 60 Euro pro Emissionszertifikat festgelegt.

(3) [1]Die Bundesregierung wird ermächtigt, durch Rechtsverordnung, die nicht der Zustimmung des Bundesrates bedarf, das Versteigerungsverfahren

sowie Einzelheiten zum Verkauf zum Festpreis zu regeln. [2] In der Rechtsverordnung sind insbesondere

1. die zuständige Stelle festzulegen und
2. die Regeln für die Durchführung des Versteigerungsverfahrens festzulegen; diese müssen objektiv, nachvollziehbar und diskriminierungsfrei sein und Vorkehrungen gegen die Beeinflussung der Preisbildung durch das Verhalten einzelner Bieter treffen.

[3] Im Falle des Verkaufs zum Festpreis kann in der Rechtsverordnung die Beauftragung einer anderen Stelle durch die zuständige Behörde vorgesehen werden.

(4) [1] Die Erlöse aus der Veräußerung stehen dem Bund zu. [2] Die Kosten, die dem Bund durch die Wahrnehmung der ihm im Rahmen dieses Gesetzes zugewiesenen Aufgaben, einschließlich der gemäß § 11 entstehenden Ausgaben, entstehen und nicht durch Gebühren nach § 16 gedeckt sind, werden aus den Erlösen nach Satz 1 gedeckt, mit Ausnahme der Kosten nach § 5.

§ 11 Ausgleich indirekter Belastungen. (1) [1] Entsteht durch die Einführung des Brennstoffemissionshandels nach diesem Gesetz eine unzumutbare Härte für ein betroffenes Unternehmen und ein mit diesem verbundenes Unternehmen, das mit seinem Kapital aus handels- oder gesellschaftsrechtlichem Rechtsgrund für die Risiken des Geschäftsbetriebes des betroffenen Unternehmens einstehen muss, gewährt die zuständige Behörde auf Antrag eine finanzielle Kompensation in der zur Vermeidung der unzumutbaren Härte erforderlichen Höhe. [2] Dies gilt nicht für Verantwortliche im Sinne des § 3 Nummer 3. [3] Von einer unzumutbaren Härte ist in der Regel nicht auszugehen, sofern die Brennstoffkosten eines Unternehmens, auch unter Berücksichtigung der durch die Einführung des Brennstoffemissionshandels verursachten direkten und indirekten zusätzlichen Kosten, nicht mehr als 20 Prozent der betriebswirtschaftlichen Gesamtkosten ausmachen oder wenn der Anteil der Zusatzkosten durch die Einführung des Brennstoffemissionshandels an der Bruttowertschöpfung nicht mehr als 20 Prozent beträgt. [4] Die Bundesregierung wird ermächtigt, durch Rechtsverordnung, die nicht der Zustimmung des Bundesrates bedarf,

1. Einzelheiten zur Antragstellung und zu erbringenden Nachweisen zu regeln und
2. die in den Sätzen 2 und 3 genannten Schwellenwerte anzupassen.

(2) [1] Die Bundesregierung wird durch Rechtsverordnung, die nicht der Zustimmung des Bundesrates bedarf, Einzelheiten regeln über die vollständige finanzielle Kompensation für Anlagenbetreiber im Sinne des § 3 Nummer 2 des Treibhausgas-Emissionshandelsgesetzes[1)], die Brennstoffe nach Anlage 1 einsetzen, für die nach diesem Gesetz Emissionszertifikate abgegeben wurden und aufgrund deren Einsatz in der emissionshandelspflichtigen Anlage auch nach dem Treibhausgas-Emissionshandelsgesetz Berechtigungen abgegeben werden müssen. [2] Die Rechtsverordnung bedarf der Zustimmung des Deutschen Bundestages. [3] Hat sich der Deutsche Bundestag nach Ablauf von drei Sitzungswochen seit Eingang der Rechtsverordnung nicht mit ihr befasst, gilt seine Zustimmung zu der unveränderten Rechtsverordnung als erteilt.

[1)] Nr. **4.1**.

(3) [1] Die Bundesregierung wird ermächtigt, für die Zeit ab dem 1. Januar 2022 durch Rechtsverordnung, die nicht der Zustimmung des Bundesrates bedarf, die erforderlichen Maßnahmen zur Vermeidung von Carbon-Leakage und zum Erhalt der EU-weiten und internationalen Wettbewerbsfähigkeit betroffener Unternehmen zu regeln. [2] Die Maßnahmen sollen vorrangig durch finanzielle Unterstützung für klimafreundliche Investitionen erfolgen. [3] Die Rechtsverordnung bedarf der Zustimmung des Deutschen Bundestages. [4] Hat sich der Deutsche Bundestag nach Ablauf von sechs Sitzungswochen seit Eingang der Rechtsverordnung nicht mit ihr befasst, gilt seine Zustimmung zu der unveränderten Rechtsverordnung als erteilt.

§ 12 Nationales Emissionshandelsregister. (1) [1] Die zuständige Behörde führt ein nationales Emissionshandelsregister in der Form einer elektronischen Datenbank. [2] Das Emissionshandelsregister enthält Konten für Emissionszertifikate und weist Verfügungsbeschränkungen aus. [3] Es enthält ein Verzeichnis der berichteten und geprüften Brennstoffemissionen der Verantwortlichen. [4] Bei der Einrichtung und beim Betrieb des Emissionshandelsregisters sind dem jeweiligen Stand der Technik entsprechende Maßnahmen zur Sicherstellung von Datenschutz und Datensicherheit zu treffen.

(2) [1] Jeder Verantwortliche erhält ein Konto, in dem die Ausgabe, der Besitz, die Übertragung, die Löschung und die Abgabe von Emissionszertifikaten verzeichnet werden. [2] Abgegebene Emissionszertifikate werden von der zuständigen Behörde gelöscht. [3] Jede Person erhält auf Antrag ein Konto, in dem der Besitz, die Löschung und die Übertragung von Emissionszertifikaten verzeichnet werden.

(3) Jeder Kontoinhaber hat freien Zugang zu den auf seinen Konten gespeicherten Informationen.

(4) [1] Die im Emissionshandelsregister verfügbaren Daten über die berichteten und geprüften Brennstoffemissionen der Verantwortlichen sowie über die von den Verantwortlichen zur Erfüllung der Abgabepflicht nach § 8 abgegebenen Mengen an Emissionszertifikaten werden von der zuständigen Behörde öffentlich zugänglich gemacht. [2] Die zuständige Behörde macht die Daten zu den von den Verantwortlichen vorgenommenen Übertragungen von Emissionszertifikaten nach Ablauf von fünf Jahren nach der Übertragung öffentlich zugänglich.

(5) Das Bundesministerium für Umwelt, Naturschutz und nukleare Sicherheit wird ermächtigt, durch Rechtsverordnung, die nicht der Zustimmung des Bundesrates bedarf, Einzelheiten zur Einrichtung, zum Betrieb und zur Führung des Emissionshandelsregisters zu regeln.

Abschnitt 5. Gemeinsame Vorschriften

§ 13 Zuständigkeiten. (1) Zuständige Behörde ist das Umweltbundesamt.

(2) Ist für Streitigkeiten nach diesem Gesetz der Verwaltungsrechtsweg gegeben, ist für Klagen, die sich gegen eine Handlung oder Unterlassung des Umweltbundesamtes richten, das Verwaltungsgericht örtlich zuständig, in dessen Bezirk die Deutsche Emissionshandelsstelle im Umweltbundesamt ihren Sitz hat.

§ 14 Überwachung, Datenübermittlung. (1) Die zuständige Behörde hat die Durchführung dieses Gesetzes und der auf dieses Gesetz gestützten Rechtsverordnungen zu überwachen.

(2) [1] Die Verantwortlichen sind verpflichtet, den Angehörigen der zuständigen Behörde und deren Beauftragten unverzüglich

1. den Zutritt zu den Betriebsräumen oder Grundstücken zu den Geschäftszeiten zu gestatten,
2. die Vornahme von Prüfungen zu den Geschäftszeiten zu gestatten sowie
3. auf Anforderung die Auskünfte zu erteilen und die Unterlagen vorzulegen, die zur Erfüllung ihrer Aufgaben erforderlich sind.

[2] Im Rahmen der Pflichten nach Satz 1 haben die Verantwortlichen Arbeitskräfte sowie Hilfsmittel bereitzustellen.

(3) Für die zur Auskunft verpflichtete Person gilt § 55 der Strafprozessordnung entsprechend.

(4) [1] Im Rahmen der Überprüfung der von Verantwortlichen nach § 7 übermittelten Daten durch die zuständige Behörde übermittelt die Generalzolldirektion auf Ersuchen der zuständigen Behörde die im Rahmen des Besteuerungsverfahrens nach dem Energiesteuergesetz gemachten Angaben der Verantwortlichen, soweit diese Daten und Angaben für die Prüfung der Emissionsberichterstattung dieser Verantwortlichen von Bedeutung sind. [2] Die Bundesregierung wird ermächtigt, durch Rechtsverordnung, die nicht der Zustimmung des Bundesrates bedarf, Einzelheiten zur Datenübermittlung zu regeln, insbesondere das Nähere über den Umfang und die Form der erforderlichen Daten, die Festlegungen zur Auskunftsfrequenz und zur Bearbeitungsfrist, die Anforderung an das Verfahren zur Datenübermittlung einschließlich der Art und Weise der Übermittlung der Daten. [3] Im Falle eines automatisierten Abrufverfahrens oder eines automatisierten Anfrage- und Auskunftsverfahrens haben die beteiligten Stellen zu gewährleisten, dass dem jeweiligen Stand der Technik entsprechende Maßnahmen zur Sicherstellung von Datenschutz und Datensicherheit getroffen werden, die insbesondere die Vertraulichkeit und Integrität der Daten gewährleisten; im Falle der Nutzung allgemein zugänglicher Netze sind dem jeweiligen Stand der Technik entsprechende Verschlüsselungsverfahren anzuwenden.

§ 15 Prüfstellen. (1) [1] Zur Prüfung von Emissionsberichten nach § 7 Absatz 1 sind berechtigt:

1. die für die Tätigkeitsgruppen nach den Nummern 1a bis 2 des Anhangs I der Durchführungsverordnung (EU) 2018/2067 der Kommission vom 19. Dezember 2018 über die Prüfung von Daten und die Akkreditierung von Prüfstellen gemäß der Richtlinie 2003/87/EG des Europäischen Parlaments und des Rates (ABl. L 334 vom 31.12.2018, S. 94) akkreditierten Prüfstellen für Berichte über Brennstoffemissionen in ihrem jeweiligen Tätigkeitsbereich,
2. die nach dem Umweltauditgesetz in der Fassung der Bekanntmachung vom 4. September 2002 (BGBl. I S. 3490), das zuletzt durch Artikel 13 des Gesetzes vom 27. Juni 2017 (BGBl. I S. 1966) geändert worden ist, in der jeweiligen Fassung zugelassenen Umweltgutachter für Berichte über Brenn-

stoffemissionen von Verantwortlichen in dem Bereich, für den die Umweltgutachter zugelassen sind, sowie

3. weitere Prüfstellen nach Maßgabe einer Rechtsverordnung nach Absatz 2.

[2]Die Prüfstelle nimmt die ihr zugewiesenen Aufgaben nur im öffentlichen Interesse wahr.

(2) [1]Die Bundesregierung wird ermächtigt, durch Rechtsverordnung, die nicht der Zustimmung des Bundesrates bedarf, weiteren sachverständigen Stellen oder Berufsgruppen die Berechtigung zur Prüfung von Emissionsberichten nach Absatz 1 zu erteilen. [2]In der Rechtsverordnung kann diese Berechtigung von einer vorherigen Bekanntgabe durch die zuständige Behörde abhängig gemacht werden; in diesem Falle regelt die Verordnung auch Voraussetzungen und das Verfahren der Zulassungsprüfung sowie die Voraussetzungen und das Verfahren der Bekanntgabe von Prüfstellen.

§ 16 Gebühren für individuell zurechenbare öffentliche Leistungen.

(1) Für die Eröffnung eines Personen- oder Händlerkontos im nationalen Emissionshandelsregister erhebt die zuständige Behörde von dem Kontoinhaber eine Gebühr von 170 Euro, für die Verwaltung eines Personen- oder Händlerkontos eine Gebühr von 600 Euro pro Handelsperiode sowie für die Umfirmierung eines Kontos oder für die Änderung eines Kontobevollmächtigten eine Gebühr von jeweils 60 Euro.

(2) [1]Wird ein Widerspruch gegen Entscheidungen nach diesem Gesetz vollständig oder teilweise zurückgewiesen, beträgt die Gebühr entsprechend dem entstandenen Verwaltungsaufwand 50 bis 4 000 Euro. [2]Dies gilt nicht, wenn der Widerspruch nur deshalb keinen Erfolg hat, weil die Verletzung einer Verfahrens- oder Formvorschrift nach § 45 des Verwaltungsverfahrensgesetzes unbeachtlich ist. [3]Wird der Widerspruch nach Beginn der sachlichen Bearbeitung jedoch vor deren Beendigung zurückgenommen, ermäßigt sich die Gebühr um mindestens 25 Prozent.

§ 17 Elektronische Kommunikation. (1) [1]Die zuständige Behörde kann für Überwachungspläne, Berichte und Anträge, für die Bekanntgabe von Entscheidungen und für die sonstige Kommunikation die Verwendung der Schriftform oder der elektronischen Form vorschreiben. [2]Wird die elektronische Form vorgeschrieben, kann die zuständige Behörde eine bestimmte Verschlüsselung sowie die Eröffnung eines Zugangs für die Übermittlung elektronischer Dokumente vorschreiben. [3]Die zuständige Behörde kann auch vorschreiben, dass Verantwortliche oder Prüfstellen zur Erstellung von Überwachungsplänen oder Berichten oder zur Stellung von Anträgen nur die auf ihrer Internetseite zur Verfügung gestellten elektronischen Formularvorlagen zu benutzen und die ausgefüllten Formularvorlagen in elektronischer Form sowie unter Verwendung einer qualifizierten Signatur zu übermitteln haben. [4]Wenn die Benutzung elektronischer Formatvorlagen vorgeschrieben ist, ist die Übermittlung zusätzlicher Dokumente als Ergänzung der Formatvorlagen unter Beachtung der Formvorschriften des Satzes 3 möglich. [5]Anordnungen nach den Sätzen 1 bis 3 werden im Bundesanzeiger bekannt gemacht.

(2) Für Verfahren für Maßnahmen im Sinne von § 2 Absatz 3 gilt Absatz 1 entsprechend.

§ 18 Änderung der Identität oder Rechtsform des Verantwortlichen.

(1) [1] Ändert sich die Identität oder die Rechtsform eines Verantwortlichen, so hat der neue Verantwortliche dies unverzüglich nach der Änderung der zuständigen Behörde anzuzeigen. [2] Der neue Verantwortliche übernimmt die noch nicht erfüllten Pflichten des ursprünglichen Verantwortlichen nach den §§ 6 bis 8.

(2) [1] Wird über das Vermögen eines Verantwortlichen das Insolvenzverfahren eröffnet, hat der Insolvenzverwalter die zuständige Behörde unverzüglich darüber zu unterrichten. [2] Alle Verpflichtungen des Verantwortlichen aus diesem Gesetz bestehen während des Insolvenzverfahrens fort. [3] Der Insolvenzverwalter teilt der zuständigen Behörde die natürlichen Personen mit, die während des Insolvenzverfahrens berechtigt sind, Übertragungen nach § 9 Absatz 2 vorzunehmen. [4] Die Sätze 1 bis 3 gelten entsprechend für den vorläufigen Insolvenzverwalter mit Verfügungsbefugnis über das Vermögen des Verantwortlichen sowie für den Verantwortlichen als eigenverwaltenden Schuldner.

§ 19 Ausschluss der aufschiebenden Wirkung. Widerspruch und Anfechtungsklage gegen Entscheidungen nach § 6 Absatz 2 Satz 3, § 20 Satz 1 oder § 21 Absatz 2 Satz 1 haben keine aufschiebende Wirkung.

Abschnitt 6. Sanktionen

§ 20 Durchsetzung der Berichtspflicht. [1] Kommt ein Verantwortlicher nach Ende der Einführungsphase nach § 10 Absatz 2 Satz 1 und 2 seiner Berichtspflicht nach § 7 Absatz 1 nicht nach, so verfügt die zuständige Behörde die Sperrung seines Kontos im nationalen Emissionshandelsregister. [2] Die Sperrung ist aufzuheben, sobald der Verantwortliche der zuständigen Behörde einen Emissionsbericht vorlegt und die zuständige Behörde diesen Bericht als den Anforderungen nach § 7 genügend anerkennt oder eine Schätzung der Emissionen nach § 21 Absatz 2 Satz 1 erfolgt.

§ 21 Durchsetzung der Abgabepflicht. (1) [1] Kommt ein Verantwortlicher seiner Abgabepflicht nach § 8 nicht nach, so setzt die zuständige Behörde für jede Tonne Kohlendioxidäquivalent, für die der Verantwortliche kein Emissionszertifikat abgegeben hat, eine Zahlungspflicht fest. [2] Die Höhe der Zahlungspflicht entspricht

1. in der Einführungsphase nach § 10 Absatz 2 Satz 1 und 2 für die Jahre mit einem Verkauf zum Festpreis für jedes nicht abgegebene Emissionszertifikat dem Doppelten des jeweiligen Festpreises,
2. ansonsten der Höhe der für das entsprechende Jahr festzusetzenden Zahlungspflicht nach § 30 Absatz 1 Satz 1 und 2 des Treibhausgas-Emissionshandelsgesetzes[1].

[3] Von einem Leistungsbescheid nach Satz 1 kann abgesehen werden, wenn der Verantwortliche seiner Abgabepflicht nach § 8 aufgrund höherer Gewalt nicht nachkommen konnte. [4] Hat der Verantwortliche über die Brennstoffemissionen nach § 7 berichtet, ist die Festsetzung der Zahlungspflicht nur zulässig, soweit

[1] Nr. **4.1**.

die Menge der abgegebenen Emissionszertifikate geringer ist als die Höhe der verifizierten Brennstoffemissionen im Emissionsbericht.

(2) [1] Soweit ein Verantwortlicher nicht ordnungsgemäß über die Brennstoffemissionen berichtet hat, schätzt die zuständige Behörde die dem Verantwortlichen zuzurechnenden Brennstoffemissionen. [2] Die Schätzung ist Basis für die Abgabepflicht nach § 8. [3] Die Schätzung unterbleibt, wenn der Verantwortliche im Rahmen der Anhörung zum Leistungsbescheid nach Absatz 1 seiner Berichtspflicht ordnungsgemäß nachkommt.

(3) Der Verantwortliche bleibt ungeachtet geleisteter Zahlungen nach Absatz 1 verpflichtet, die fehlenden Emissionszertifikate bis zum 30. September des Jahres abzugeben, das dem Verstoß gegen die Abgabe- oder Berichtspflicht folgt; sind die Brennstoffemissionen nach Absatz 2 geschätzt worden, so sind die Emissionszertifikate nach Maßgabe der erfolgten Schätzung abzugeben.

§ 22 Bußgeldvorschriften. (1) Ordnungswidrig handelt, wer entgegen § 7 Absatz 1 einen Bericht nicht, nicht richtig, nicht vollständig oder nicht rechtzeitig erstattet.

(2) Ordnungswidrig handelt, wer eine in Absatz 1 bezeichnete Handlung fahrlässig begeht.

(3) Ordnungswidrig handelt, wer vorsätzlich oder fahrlässig

1. entgegen § 6 Absatz 1 Satz 1 oder Absatz 4 Satz 1 einen Überwachungsplan nicht, nicht richtig, nicht vollständig oder nicht rechtzeitig einreicht,
2. entgegen § 14 Absatz 2 eine dort genannte Handlung nicht gestattet, eine Auskunft nicht, nicht richtig, nicht vollständig oder nicht rechtzeitig erteilt, eine Unterlage nicht, nicht richtig oder nicht rechtzeitig vorlegt oder eine Arbeitskraft oder ein Hilfsmittel nicht oder nicht rechtzeitig bereitstellt,
3. einer Rechtsverordnung nach § 11 Absatz 1 Satz 3 oder einer vollziehbaren Anordnung aufgrund einer solchen Rechtsverordnung zuwiderhandelt, soweit die Rechtsverordnung für einen bestimmten Tatbestand auf diese Bußgeldvorschrift verweist,
4. entgegen § 18 Absatz 1 Satz 1 eine Anzeige nicht, nicht richtig, nicht vollständig oder nicht rechtzeitig erstattet.

(4) Die Ordnungswidrigkeit kann in den Fällen des Absatzes 1 mit einer Geldbuße bis zu fünfhunderttausend Euro und in den Fällen der Absätze 2 und 3 mit einer Geldbuße bis zu fünfzigtausend Euro geahndet werden.

Abschnitt 7. Evaluierung

§ 23 Erfahrungsbericht. (1) [1] Die Bundesregierung evaluiert dieses Gesetz und legt dem Bundestag bis zum 30. November 2022 sowie bis zum 30. November 2024 und dann alle vier Jahre einen Erfahrungsbericht vor. [2] In dem Bericht berichtet sie insbesondere über den Stand der Implementierung und die Wirksamkeit des nationalen Emissionshandelssystems, über Auswirkungen der Festpreise und Preiskorridore nach § 10 Absatz 2 und macht auf dieser Basis erforderlichenfalls Vorschläge für gesetzliche Änderungen zur Anpassung und Fortentwicklung des Emissionshandelssystems. [3] Dabei berücksichtigt sie die jährlichen Klimaschutzberichte nach § 10 des Bundes-Klimaschutzgesetzes. [4] Die Möglichkeit zur gesetzlichen Anpassung der Festpreise und Preiskorridore bleibt unberührt. [5] Sofern die Bundesregierung auf Grundlage des bis zum 30. November 2024 vorzulegenden Berichts eine Fortführung des Preiskorridors bei der Versteigerung für sinnvoll und erforderlich erachtet, macht sie im Jahr 2025 einen Vorschlag für die rechtliche Umsetzung.

(2) [1] Das Umweltbundesamt unterstützt das Bundesministerium für Umwelt, Naturschutz und nukleare Sicherheit bei der Erstellung des Erfahrungsberichts. [2] Die betroffenen Bundesministerien werden durch das Bundesministerium für Umwelt, Naturschutz und nukleare Sicherheit frühzeitig beteiligt und unterstützen das Bundesministerium für Umwelt, Naturschutz und nukleare Sicherheit bei der Erarbeitung des Erfahrungsberichts.

Abschnitt 8. Schlussvorschriften

§ 24 Inkrafttreten. (1) Dieses Gesetz tritt vorbehaltlich des Absatzes 2 am Tag nach der Verkündung[1)] in Kraft.

(2) [1] § 11 Absatz 1 und 2 tritt

1. am ersten Tag des Monats in Kraft, der auf den Tag folgt, an dem die Europäische Kommission die zu § 11 Absatz 1 und 2 erforderliche beihilferechtliche Genehmigung erteilt hat,
2. frühestens jedoch am Tag nach der Verkündung dieses Gesetzes.

[2] Der Tag des Inkrafttretens ist vom Bundesministerium für Umwelt, Naturschutz und nukleare Sicherheit im Bundesgesetzblatt gesondert bekannt zu geben.

Die verfassungsmäßigen Rechte des Bundesrates sind gewahrt.

Anlage 1
(zu § 2 Absatz 1)

Brennstoffe

Brennstoffe im Sinne dieses Gesetzes sind:

1. Waren der Positionen 1507 bis 1518 der Kombinierten Nomenklatur, die dazu bestimmt sind, als Kraft- oder Heizstoff verwendet zu werden,
2. Waren der Positionen 2701, 2702 und 2704 bis 2715 der Kombinierten Nomenklatur,
3. Waren der Positionen 2901 und 2902 der Kombinierten Nomenklatur,
4. Waren der Unterposition 2905 11 00 der Kombinierten Nomenklatur, die nicht von synthetischer Herkunft sind und die dazu bestimmt sind, als Kraft- oder Heizstoff verwendet zu werden,
5. Waren der Positionen 3403, 3811 und 3817 der Kombinierten Nomenklatur,
6. Waren der Unterpositionen
   a) 3824 99 86, 3824 99 93,
   b) 3824 99 92 und 3824 99 96 (jeweils ausgenommen zubereitete Rostschutzmittel, Amine als wirksame Bestandteile enthaltend, sowie zusammengesetzte anorganische Löse- und Verdünnungsmittel für Lacke und ähnliche Erzeugnisse),
   c) 3826 00 10 und 3826 00 90 der Kombinierten Nomenklatur,

   die dazu bestimmt sind, als Kraft- oder Heizstoff verwendet zu werden.

---

1) Verkündet am 19.12.2019.

Als Brennstoffe im Sinne dieses Gesetzes gelten mit Ausnahme von Torf und Waren der Positionen 4401 und 4402 der Kombinierten Nomenklatur auch

1. andere als die in Satz 1 genannten Waren, die zur Verwendung als Kraftstoff oder als Zusatz oder Verlängerungsmittel von Kraftstoffen bestimmt sind oder als solche zum Verkauf angeboten oder verwendet werden,
2. andere als die in Satz 1 genannten Waren, ganz oder teilweise aus Kohlenwasserstoffen, die zur Verwendung als Heizstoff bestimmt sind oder als solche zum Verkauf angeboten oder verwendet werden.

Satz 2 gilt nicht für Waren, die sich in einem Steueraussetzungsverfahren nach den Vorschriften des Alkoholsteuergesetzes befinden.

Anlage 2
(zu § 7 Absatz 2)

Brennstoffe für die Emissionsberichterstattung in den Jahren 2021 und 2022

Für die Emissionsberichterstattung für die Kalenderjahre 2021 und 2022 sind Brennstoffe im Sinne dieses Gesetzes:

1. Benzin der Unterpositionen 2710 12 41, 2710 12 45 und 2710 12 49 und der Unterpositionen 2710 12 31, 2710 12 51 und 2710 12 59 der Kombinierten Nomenklatur;
2. Gasöle der Unterpositionen 2710 19 43 bis 2710 19 48 und der Unterpositionen 2710 20 11 bis 2710 20 19 der Kombinierten Nomenklatur;
3. Heizöle der Unterpositionen 2710 19 62 bis 2710 19 68 und der Unterpositionen 2710 20 31 bis 2710 20 39 der Kombinierten Nomenklatur;
4. Erdgas: Waren der Unterpositionen 2711 11 (verflüssigtes Erdgas) und 2711 21 der Kombinierten Nomenklatur und gasförmige Energieerzeugnisse, die beim Kohleabbau aufgefangen werden, ohne gasförmige Biokraft- und Bioheizstoffe;
5. Flüssiggase: Waren der Unterpositionen 2711 12 bis 2711 19 der Kombinierten Nomenklatur.

4.3. Verordnung über die Zuteilung von Treibhausgas-Emissionsberechtigungen in der Handelsperiode 2013 bis 2020 (Zuteilungsverordnung 2020 – ZuV 2020)

Vom 26. September 2011

(BGBl. I S. 1921)

FNA 2129-55-1

geänd. durch Art. 2 G zur Einbeziehung von Polymerisationsanlagen in den Anwendungsbereich des Emissionshandels v. 13.7.2017 (BGBl. I S. 2354)

Auf Grund der §§ 10 und 28 Absatz 1 Nummer 2, 4 und 5 des Treibhausgas-Emissionshandelsgesetzes[1] vom 21. Juli 2011 (BGBl. I S. 1475), hinsichtlich des § 10 nach Anhörung der beteiligten Kreise und unter Wahrung der Rechte des Bundestages, verordnet die Bundesregierung:

Inhaltsübersicht

---

[1] Nr. **4.1**.

Abschnitt 1. Allgemeine Vorschriften

§ 1 Anwendungsbereich und Zweck. [1] Diese Verordnung gilt im Anwendungsbereich des Treibhausgas-Emissionshandelsgesetzes[1)]. [2] Sie dient

1. der nationalen Umsetzung des Beschlusses 2011/278/EU der Kommission vom 27. April 2011 zur Festlegung EU-weiter Übergangsvorschriften zur Harmonisierung der kostenlosen Zuteilung von Emissionszertifikaten gemäß Artikel 10a der Richtlinie 2003/87/EG des Europäischen Parlaments und des Rates (ABl. L 130 vom 17.5.2011, S. 1) sowie der Festlegung der Angaben, die im Zuteilungsverfahren nach § 9 des Treibhausgas-Emissionshandelsgesetzes zu fordern sind, und
2. der Konkretisierung der Anforderungen nach den §§ 8, 24 und 27 des Treibhausgas-Emissionshandelsgesetzes.

§ 2 Begriffsbestimmungen. [1] Für diese Verordnung gelten neben den Begriffsbestimmungen des § 3 des Treibhausgas-Emissionshandelsgesetzes[1)] die folgenden Begriffsbestimmungen:

1. Aufnahme des geänderten Betriebs
   der erste Tag eines durchgängigen 90-Tage-Zeitraums oder, falls der übliche Produktionszyklus in dem betreffenden Sektor keine durchgängige Produktion vorsieht, der erste Tag eines in sektorspezifische Produktionszyklen unterteilten 90-Tage-Zeitraums, in dem im Fall einer Kapazitätserweiterung die zusätzliche Produktionsleistung oder im Fall einer Kapazitätsverringerung die verbleibende verringerte Produktionsleistung des geänderten Zuteilungselements mit durchschnittlich mindestens 40 Prozent arbeitet, gegebenenfalls unter Berücksichtigung der für das geänderte Zuteilungselement spezifischen Betriebsbedingungen;
2. Aufnahme des Regelbetriebs
   der erste Tag eines durchgängigen 90-Tage-Zeitraums oder, falls der übliche Produktionszyklus in dem betreffenden Sektor keine durchgängige Produktion vorsieht, der erste Tag eines in sektorspezifische Produktionszyklen unterteilten 90-Tage-Zeitraums, in dem die Anlage mit durchschnittlich mindestens 40 Prozent der Produktionsleistung arbeitet, für die sie ausgelegt ist, gegebenenfalls unter Berücksichtigung der anlagenspezifischen Betriebsbedingungen;

[1)] Nr. **4.1**.

3. Bestandsanlage
eine Anlage, die eine oder mehrere der in Anhang 1 des Treibhausgas-Emissionshandelsgesetzes aufgeführten Tätigkeiten durchführt und der vor dem 1. Juli 2011 eine Genehmigung zur Emission von Treibhausgasen erteilt wurde;
4. einheitliche EU-Zuteilungsregeln
Beschluss 2011/278/EU der Kommission vom 27. April 2011 zur Festlegung EU-weiter Übergangsvorschriften zur Harmonisierung der kostenlosen Zuteilung von Emissionszertifikaten gemäß Artikel 10a der Richtlinie 2003/87/EG des Europäischen Parlaments und des Rates (ABl. L 130 vom 17.5.2011, S. 1);
5. installierte Kapazität nach einer wesentlichen Kapazitätsänderung
der Durchschnitt der zwei höchsten Monatsproduktionsmengen innerhalb der ersten sechs Monate nach Aufnahme des geänderten Betriebs, hochgerechnet auf ein Kalenderjahr;
6. messbare Wärme
ein über einen Wärmeträger, beispielsweise Dampf, Heißluft, Wasser, Öl, Flüssigmetalle oder Salze, durch Rohre oder Leitungen transportierter Nettowärmefluss, für den ein Wärmezähler installiert wurde oder installiert werden könnte;
7. Monitoring-Leitlinien
die Entscheidung 2007/589/EG der Kommission vom 18. Juli 2007 zur Festlegung von Leitlinien für die Überwachung und Berichterstattung betreffend Treibhausgasemissionen im Sinne der Richtlinie 2003/87/EG des Europäischen Parlaments und des Rates (Monitoring-Leitlinien) (ABl. L 229 vom 31.8.2007, S. 1), die zuletzt durch den Beschluss 2010/345/EU (ABl. L 155 vom 22.6.2010, S. 34) geändert worden ist;
8. NACE-Code Rev 1.1
statistische Systematik der Wirtschaftszweige in der Europäischen Gemeinschaft „NACE Rev 1.1" nach Anhang I der Verordnung (EWG) Nr. 3037/90 des Rates vom 9. Oktober 1990 betreffend die statistische Systematik der Wirtschaftszweige in der Europäischen Gemeinschaft (ABl. L 293 vom 24.10.1990, S. 1), die zuletzt durch die Verordnung (EG) Nr. 1893/2006 (ABl. L 393 vom 30.12.2006, S. 1) geändert worden ist;
9. NACE-Code Rev 2
statistische Systematik der Wirtschaftszweige in der Europäischen Gemeinschaft „NACE Rev 2" nach Anhang I der Verordnung (EG) Nr. 1893/2006 des Europäischen Parlaments und des Rates vom 20. Dezember 2006 zur Aufstellung der statistischen Systematik der Wirtschaftszweige NACE Revision 2 und zur Änderung der Verordnung (EWG) Nr. 3037/90 des Rates sowie einiger Verordnungen der EG über bestimmte Bereiche der Statistik (ABl. L 393 vom 30.12.2006, S. 1), die durch die Verordnung (EG) Nr. 295/2008 (ABl. L 97 vom 9.4.2008, S. 13) geändert worden ist;
10. Neuanlagen
alle neuen Marktteilnehmer gemäß Artikel 3 Buchstabe h erster Gedankenstrich der Richtlinie 2003/87/EG;
11. nicht messbare Wärme
jede Wärme mit Ausnahme messbarer Wärme;

12. Privathaushalt
    Gebäude, die überwiegend zu Wohnzwecken genutzt werden, oder anteilig andere Gebäude, soweit sie zu Wohnzwecken genutzt werden;
13. Prodcom-Code 2007
    Code gemäß Anhang der Verordnung (EG) Nr. 1165/2007 der Kommission vom 3. September 2007 zur Erstellung der „Prodcom-Liste" der Industrieprodukte für 2007 gemäß der Verordnung (EWG) Nr. 3924/91 des Rates (ABl. L 268 vom 12.10.2007, S. 1);
14. Prodcom-Code 2010
    Code gemäß Anhang der Verordnung (EU) Nr. 860/2010 der Kommission vom 10. September 2010 zur Erstellung der „Prodcom-Liste" der Industrieprodukte für 2010 gemäß der Verordnung (EWG) Nr. 3924/91 des Rates (ABl. L 262 vom 5.10.2010, S. 1);
15. Produkt-Emissionswert
    in Anhang I Nummer 1 Spalte 5 und Nummer 2 Spalte 5 der einheitlichen EU-Zuteilungsregeln unter der Bezeichnung „Benchmarkwert" angegebene Anzahl Berechtigungen pro Produkteinheit;
16. Produktionsmenge
    die Menge erzeugter Produkteinheiten je Jahr, bei den in Anhang I oder Anhang II der einheitlichen EU-Zuteilungsregeln genannten Produkten bezogen auf die dort angegebenen Produktspezifikationen, im Übrigen bezogen auf die jährliche Nettomenge marktfähiger Produkteinheiten;
17. Restgas
    eine Mischung von Gasen, die unvollständig oxidierten Kohlenstoff als Nebenprodukt aus Prozessen gemäß Nummer 29 Buchstabe b enthält, so dass der chemische Energieinhalt ausreicht, um eigenständig ohne zusätzliche Brennstoffzufuhr zu verbrennen oder im Fall der Vermischung mit Brennstoffen mit höherem Heizwert signifikant zu der gesamten Energiezufuhr beizutragen;
18. Richtlinie 2003/87/EG
    Richtlinie 2003/87/EG des Europäischen Parlaments und des Rates vom 13. Oktober 2003 über ein System für den Handel mit Treibhausgasemissionszertifikaten in der Gemeinschaft und zur Änderung der Richtlinie 96/61/EG des Rates (ABl. L 275 vom 25.10.2003, S. 32), die zuletzt durch die Richtlinie 2009/29/EG (ABl. L 140 vom 5.6.2009, S. 63) geändert worden ist, in der jeweils geltenden Fassung;
19. Sektor mit Verlagerungsrisiko
    Sektor oder Teilsektor, der einem erheblichen Risiko der Verlagerung von Kohlendioxid-Emissionen ausgesetzt ist, entsprechend den Festlegungen im Anhang des Beschlusses 2010/2/EU der Kommission vom 24. Dezember 2009 zur Festlegung eines Verzeichnisses der Sektoren und Teilsektoren, von denen angenommen wird, dass sie einem erheblichen Risiko einer Verlagerung von CO_2-Emissionen ausgesetzt sind, gemäß der Richtlinie 2003/87/EG des Europäischen Parlaments und des Rates (ABl. L 1 vom 5.1.2010, S. 10) in der jeweils geltenden Fassung;

20. stillgelegte Kapazität
die Differenz zwischen der installierten Anfangskapazität eines Zuteilungselements und der installierten Kapazität dieses Elements nach einer wesentlichen Kapazitätsverringerung;
21. Stromerzeuger
Anlage, die nach dem 31. Dezember 2004 Strom erzeugt und an Dritte verkauft hat und in der ausschließlich eine Tätigkeit gemäß Anhang 1 Teil 2 Nummer 1 bis 4 des Treibhausgas-Emissionshandelsgesetzes durchgeführt wird;
22. Wärmezähler
ein Gerät zur Messung und Aufzeichnung der erzeugten Wärmemenge auf der Basis des Durchflusses und der Temperaturen, insbesondere Wärmezähler im Sinne des Anhangs MI-004 der Richtlinie 2004/22/EG des Europäischen Parlaments und des Rates vom 31. März 2004 über Messgeräte (ABl. L 135 vom 30.4.2004, S. 1), die zuletzt durch die Richtlinie 2009/137/EG (ABl. L 294 vom 11.11.2009, S. 7) geändert worden ist;
23. wesentliche Kapazitätsänderung
wesentliche Kapazitätserweiterung oder wesentliche Kapazitätsverringerung;
24. wesentliche Kapazitätserweiterung
wesentliche Erhöhung der installierten Anfangskapazität eines Zuteilungselements, bei der folgende Merkmale vorliegen:
   a) eine oder mehrere bestimmbare physische Änderungen der technischen Konfiguration des Zuteilungselements und seines Betriebs, ausgenommen der bloße Ersatz einer existierenden Produktionslinie, und
   b) eine Erhöhung
      aa) der Kapazität des Zuteilungselements um mindestens 10 Prozent gegenüber seiner installierten Anfangskapazität vor der Änderung oder
      bb) der Aktivitätsrate des von der physischen Änderung im Sinne des Buchstaben a betroffenen Zuteilungselements in erheblichem Maß, die bei entsprechender Anwendung der für neue Marktteilnehmer geltenden Zuteilungsregel zu einer zusätzlichen Zuteilung von mehr als 50 000 Berechtigungen pro Jahr führen würde, sofern diese Anzahl Berechtigungen mindestens 5 Prozent der vorläufigen jährlichen Anzahl zuzuteilender Berechtigungen für dieses Zuteilungselement vor der Änderung entspricht;
25. wesentliche Kapazitätsverringerung
eine oder mehrere bestimmbare physische Änderungen, die eine wesentliche Verringerung der installierten Anfangskapazität eines Zuteilungselements oder seiner Aktivitätsrate in derselben Größenordnung wie eine wesentliche Kapazitätserweiterung bewirken;
26. zusätzliche Kapazität
die Differenz zwischen der installierten Kapazität nach einer wesentlichen Kapazitätserweiterung und der installierten Anfangskapazität eines Zuteilungselements;

27. Zuteilungselement mit Brennstoff-Emissionswert
Zusammenfassung von nicht von einem Zuteilungselement nach Nummer 28 oder Nummer 30 umfassten Eingangsströmen, Ausgangsströmen und diesbezüglichen Emissionen für Fälle der Erzeugung von nicht messbarer Wärme durch Brennstoffverbrennung, soweit die nicht messbare Wärme
   a) zur Herstellung von Produkten, zur Erzeugung mechanischer Energie, zur Heizung oder zur Kühlung verbraucht wird oder
   b) durch Sicherheitsfackeln erzeugt wird, soweit die damit verbundene Verbrennung von Pilotbrennstoffen und sehr variablen Mengen an Prozess- oder Restgasen genehmigungsrechtlich zur ausschließlichen Anlagenentlastung bei Betriebsstörungen oder anderen außergewöhnlichen Betriebszuständen vorgesehen ist;

   hiervon jeweils ausgenommen ist nicht messbare Wärme, die zur Stromerzeugung verbraucht oder für die Stromerzeugung exportiert wird;
28. Zuteilungselement mit Produkt-Emissionswert
Zusammenfassung von Eingangsströmen, Ausgangsströmen und diesbezüglichen Emissionen im Zusammenhang mit der Herstellung eines Produktes, für das in Anhang I der einheitlichen EU-Zuteilungsregeln ein Emissionswert festgesetzt ist;
29. Zuteilungselement mit Prozessemissionen
Zusammenfassung von
   a) Emissionen anderer Treibhausgase als Kohlendioxid, die außerhalb der Systemgrenzen eines Zuteilungselements mit Produkt-Emissionswert auftreten;
   b) Kohlendioxid-Emissionen, die außerhalb der Systemgrenzen eines Zuteilungselements mit Produkt-Emissionswert auftreten, die aus einem der nachstehenden Prozesse resultieren:
      aa) chemische oder elektrolytische Reduktion von Metallverbindungen in Erzen, Konzentraten und Sekundärstoffen;
      bb) Entfernung von Unreinheiten aus Metallen und Metallverbindungen;
      cc) Zersetzung von Karbonaten, ausgenommen Karbonate für die Abgasreinigung;
      dd) chemische Synthesen, bei denen das kohlenstoffhaltige Material an der Reaktion teilnimmt und deren Hauptzweck nicht die Wärmeerzeugung ist;
      ee) Verwendung kohlenstoffhaltiger Zusatzstoffe oder Rohstoffe, deren Hauptzweck nicht die Wärmeerzeugung ist;
      ff) chemische oder elektrolytische Reduktion von Halbmetalloxiden oder Nichtmetalloxiden wie Siliziumoxiden und Phosphaten;
   c) Emissionen aus der Verbrennung von unvollständig oxidiertem Kohlenstoff, der im Rahmen der unter Buchstabe b genannten Prozesse entsteht und zur Erzeugung von messbarer Wärme, nicht messbarer Wärme oder Strom genutzt wird, sofern Emissionen abgezogen werden, die bei der Verbrennung einer Menge Erdgas entstanden wären, die dem technisch nutzbaren Energiegehalt des unvollständig oxidierten Kohlenstoffs entspricht,

30. Zuteilungselement mit Wärme-Emissionswert
Zusammenfassung von nicht von einem Zuteilungselement nach Nummer 28 umfassten Eingangsströmen, Ausgangsströmen und diesbezüglichen Emissionen im Zusammenhang mit der Erzeugung messbarer Wärme oder deren Import aus einer unter den Anwendungsbereich des Treibhausgas-Emissionshandelsgesetzes fallenden Anlage, soweit die Wärme nicht aus Strom erzeugt oder bei der Herstellung von Salpetersäure angefallen ist und nicht zur Stromerzeugung verbraucht oder für die Stromerzeugung exportiert wird und die Wärme
a) in der Anlage außerhalb eines Zuteilungselements nach Nummer 28 zur Herstellung von Produkten, zur Erzeugung mechanischer Energie, zur Heizung oder Kühlung verbraucht wird oder
b) an Anlagen und andere Einrichtungen, die nicht unter den Anwendungsbereich des Treibhausgas-Emissionshandelsgesetzes fallen, abgegeben wird.

Abschnitt 2. Zuteilungsregeln für Bestandsanlagen

Unterabschnitt 1. Allgemeine Zuteilungsregeln

§ 3 Bildung von Zuteilungselementen. (1) Im Antrag auf kostenlose Zuteilung von Berechtigungen für eine Anlage ist die Gesamtheit der für die Zuteilung relevanten Eingangsströme, Ausgangsströme und diesbezüglichen Emissionen in dem nach § 8 Absatz 1 festgelegten Bezugszeitraum folgenden Zuteilungselementen zuzuordnen:
1. einem Zuteilungselement oder mehreren Zuteilungselementen mit Produkt-Emissionswert nach § 2 Nummer 28,
2. einem Zuteilungselement mit Wärme-Emissionswert nach § 2 Nummer 30, soweit nicht von Zuteilungselementen nach Nummer 1 umfasst,
3. einem Zuteilungselement mit Brennstoff-Emissionswert nach § 2 Nummer 27, soweit nicht von Zuteilungselementen nach den Nummern 1 und 2 umfasst, und
4. einem Zuteilungselement mit Prozessemissionen nach § 2 Nummer 29, soweit nicht von Zuteilungselementen nach den Nummern 1 bis 3 umfasst.

(2) [1] Für die Bestimmung des Zuteilungselements nach Absatz 1 Nummer 2 gilt die Abgabe von messbarer Wärme an ein Wärmeverteilnetz als Abgabe an eine andere Einrichtung nach § 2 Nummer 30 Buchstabe b. [2] Abweichend von Satz 1 gilt die an ein Wärmeverteilnetz abgegebene Wärme als an einen an das Wärmeverteilnetz angeschlossenen Wärmeverbraucher abgegeben, soweit dieser Wärmeverbraucher nachweist, dass die Wärme auf Grundlage eines direkten Versorgungsvertrages mit dem Wärmeerzeuger in das Wärmeverteilnetz abgegeben wurde.

(3) [1] Bei Zuteilungselementen nach Absatz 1 Nummer 2 bis 4 hat der Antragsteller getrennte Zuteilungselemente zu bilden für Prozesse zur Herstellung von Produkten, die Sektoren mit Verlagerungsrisiko betreffen, und solchen Prozessen, auf die dieses nicht zutrifft. [2] Abweichend von Satz 1 ist die Bildung getrennter Zuteilungselemente ausgeschlossen, soweit der Antragsteller

1. den Nachweis erbringt, dass mindestens 95 Prozent der Aktivitätsrate dieses Zuteilungselements Sektoren mit Verlagerungsrisiko betreffen, oder
2. nicht den Nachweis erbringt, dass mindestens 5 Prozent der Aktivitätsrate des Zuteilungselements Sektoren mit Verlagerungsrisiko betreffen.

(4) [1] Bei Zuteilungselementen mit Wärme-Emissionswert gilt für die Zuordnung zu den getrennten Zuteilungselementen nach Absatz 3 Folgendes:

1. Bei der direkten Abgabe von Wärme an einen Abnehmer, der nicht unter den Anwendungsbereich des Treibhausgas-Emissionshandelsgesetzes fällt, ist diese Wärme den Sektoren mit Verlagerungsrisiko zuzurechnen, soweit der Betreiber nachweist, dass der Abnehmer einem Sektor mit Verlagerungsrisiko angehört; im Übrigen ist diese Wärme den Sektoren ohne Verlagerungsrisiko zuzuordnen;
2. Bei Abgabe der Wärme an Wärmeverteilnetze ist der Anteil an der insgesamt abgegebenen Wärmemenge den Sektoren mit Verlagerungsrisiko zuzurechnen, der dem Verhältnis der vom Wärmenetzbetreiber an Abnehmer in Sektoren mit Verlagerungsrisiko zur insgesamt von ihm abgegebenen Wärmemenge in dem nach § 8 Absatz 1 maßgeblichen Bezugszeitraum entspricht; im Übrigen ist diese Wärme den Sektoren ohne Verlagerungsrisiko zuzuordnen.

[2] Für die Zuordnung nach Satz 1 Nummer 1 hat der Antragsteller im Antrag zusätzlich den jeweiligen Prodcom-Code 2007 und 2010 sowie den jeweiligen NACE-Code Rev 1.1 und Rev 2 der abnehmenden Anlagen oder Einrichtungen und die zugehörigen Wärmemengen anzugeben. [3] Bei Abgabe der Wärme an ein Wärmeverteilnetz hat der Antragsteller die Gesamtmenge an Wärme anzugeben, die der Wärmenetzbetreiber innerhalb des nach § 8 Absatz 1 gewählten Bezugszeitraums abgegeben hat, sowie die Menge an Wärme, die der Wärmenetzbetreiber in diesem Zeitraum an Sektoren mit Verlagerungsrisiko abgegeben hat. [4] Die Daten des Wärmenetzbetreibers sind zu verifizieren.

§ 4 Bestimmung der installierten Anfangskapazität von Bestandsanlagen. (1) Zur Bestimmung der installierten Anfangskapazität eines Zuteilungselements mit Produkt-Emissionswert ist der Durchschnitt der zwei höchsten Monatsproduktionsmengen in den Kalendermonaten im Zeitraum vom 1. Januar 2005 bis 31. Dezember 2008 auf ein Kalenderjahr hochzurechnen; dabei wird davon ausgegangen, dass das Zuteilungselement mit dieser Auslastung 720 Stunden pro Monat und zwölf Monate pro Jahr in Betrieb war.

(2) [1] Soweit der Antragsteller belegt, dass die installierte Anfangskapazität für Zuteilungselemente mit Produkt-Emissionswert mangels vorhandener Daten oder bei einem Betrieb des Zuteilungselements von weniger als zwei Monaten in dem Zeitraum nach Absatz 1 nicht bestimmt werden kann, wird als Anfangskapazität die Produktionsmenge des Zuteilungselements unter Aufsicht und nach Prüfung durch eine sachverständige Stelle nach Maßgabe folgender Merkmale experimentell bestimmt:

1. Ermittlung der Menge verkaufsfertiger Produkte anhand eines ununterbrochenen, für den bestimmungsgemäßen stationären Betrieb repräsentativen Testlaufs von 48 Stunden,
2. Ermittlung der Produktionsmenge anhand eines ununterbrochenen Testlaufs über 48 Stunden,

3. Berücksichtigung früherer Produktionsmengen des Zuteilungselements,
4. Berücksichtigung sektortypischer Werte und Normen,
5. Berücksichtigung der Produktqualität der tatsächlich verkauften Produkte.

[2] Die durchschnittliche monatliche Kapazität des Zuteilungselements errechnet sich aus der nach vorstehenden Merkmalen bestimmten durchschnittlichen täglichen Produktionsmenge multipliziert mit 30, die installierte Anfangskapazität durch eine Multiplikation dieses Wertes mit zwölf.

(3) [1] Für ein Zuteilungselement mit einer wesentlichen Kapazitätsänderung im Zeitraum vom 1. Januar 2005 bis zum 30. Juni 2011 ist abweichend von Absatz 1 der Zeitraum vom 1. Januar 2005 bis zum Zeitpunkt der Aufnahme des geänderten Betriebs maßgeblich. [2] Bei Kapazitätserweiterungen im Jahr 2005 gilt Absatz 1 im Fall eines Antrags nach § 8 Absatz 8 Satz 3 erster Halbsatz. [3] Für Anlagen mit Aufnahme des Regelbetriebs nach dem 1. Januar 2007 ist abweichend von Absatz 1 der Zeitraum von der Aufnahme des Regelbetriebs bis zum 30. Juni 2011 maßgeblich.

(4) Zur Bestimmung der installierten Anfangskapazität für ein Zuteilungselement gemäß § 2 Nummer 27, 29 oder Nummer 30 gelten die Absätze 1 bis 3 entsprechend.

(5) [1] Für Zuteilungselemente von Bestandsanlagen, die bis zum 30. Juni 2011 ihren Regelbetrieb noch nicht aufgenommen haben, beträgt die installierte Anfangskapazität null. [2] Dies gilt bei wesentlichen Kapazitätserweiterungen mit Aufnahme des geänderten Betriebs nach dem 30. Juni 2011 auch für die zusätzliche Kapazität.

§ 5 Erhebung von Bezugsdaten. (1) Der Anlagenbetreiber ist verpflichtet, im Antrag auf kostenlose Zuteilung für Bestandsanlagen insbesondere folgende Angaben zu machen:

1. Allgemeine Angaben zu der Anlage:
   a) die Bezeichnung der Tätigkeit nach Anhang 1 Teil 2 des Treibhausgas-Emissionshandelsgesetzes[1)],
   b) die NACE-Codes Rev 2 und Rev 1.1 der Anlage,
   c) eine Beschreibung der Anlage, ihrer wesentlichen Anlagenteile und Nebeneinrichtungen sowie der Betriebsart,
   d) eine Beschreibung der angewandten Erhebungsmethodik, der verschiedenen Datenquellen und der angewandten Berechnungsschritte,
   e) die Gesamtfeuerungswärmeleistung, soweit für die Tätigkeit in Anhang 1 Teil 2 des Treibhausgas-Emissionshandelsgesetzes ein Schwellenwert als Feuerungswärmeleistung angegeben ist,
   f) sofern es sich um einen Stromerzeuger handelt, eine Bezeichnung als solcher,
   g) die Bezeichnung der für die Genehmigung nach § 4 Absatz 1 Satz 1 des Treibhausgas-Emissionshandelsgesetzes zuständigen Behörde, deren Genehmigungsaktenzeichen, das Datum der Genehmigung, die zu dem Zeitpunkt gegolten hat, zu dem die Anlage erstmals unter den Anwendungs-

1) Nr. **4.1**.

bereich des Treibhausgas-Emissionshandelsgesetzes gefallen ist, und das Datum der letztmaligen Änderung der Genehmigung,

h) die für die Zuteilung maßgeblichen Zuteilungselemente,

i) Veränderungen der Angaben zu den Buchstaben a bis h in den Kalenderjahren 2005 bis 2010;

2. Zusätzliche Angaben zu der Anlage:

a) sämtliche zuteilungsrelevanten Ein- und Ausgangsströme,

b) im Fall des Austausches von messbarer Wärme, Restgasen oder Treibhausgasen mit anderen Anlagen oder Einrichtungen auch die Angabe, in welcher Menge und mit welchen Anlagen oder Einrichtungen dieser Austausch stattfand, im Fall von Anlagen nach Anhang 1 Teil 2 des Treibhausgas-Emissionshandelsgesetzes zusätzlich die Genehmigungskennungen dieser Anlagen aus dem Emissionshandelsregister,

c) im Fall von Anlagen, die Strom erzeugen, eine Bilanz der elektrischen Energie der Anlage und die Mengen an Emissionen und Wärme sowie die Energien der Brennstoffe, die der Stromerzeugung zuzuordnen sind;

3. Allgemeine Angaben zu jedem Zuteilungselement:

a) die installierte Anfangskapazität nach § 4; für Zuteilungselemente mit Produkt-Emissionswert zusätzlich der Durchschnitt der zwei höchsten Monatsproduktionsmengen in den Kalendermonaten im Zeitraum vom 1. Januar 2005 bis 31. Dezember 2008,

b) die anteilig zuzuordnenden Emissionen und Energien der eingesetzten Brennstoffe,

c) die anteilig zuzuordnenden Eingangs- und Ausgangsströme nach Nummer 2 Buchstabe a, sofern für die Anlage mindestens zwei Zuteilungselemente gebildet wurden und davon mindestens ein Zuteilungselement dem § 3 Absatz 1 Nummer 2 bis 4 unterfällt,

d) die maßgebliche Aktivitätsrate nach § 8,

e) bei Produkten, die in Anhang I Nummer 2 Spalte 2 der einheitlichen EU-Zuteilungsregeln aufgeführt sind, den maßgeblichen Stromverbrauch für die Herstellung des betreffenden Produktes innerhalb der Systemgrenzen nach Anhang I Nummer 2 Spalte 3 der einheitlichen EU-Zuteilungsregeln,

f) die Bezeichnung der hergestellten Produkte mit deren Prodcom-Codes 2007 und 2010 und NACE-Codes Rev 1.1 und Rev 2 und die produzierten Mengen;

4. Zusätzliche Angaben zu Zuteilungselementen in Sonderfällen:

a) bei Aufnahme des Regelbetriebs zwischen dem 1. Januar 2005 und dem 30. Juni 2011 das Datum der Aufnahme des Regelbetriebs,

b) bei Zuteilungselementen, deren Kapazität zwischen dem 1. Januar 2005 und dem 30. Juni 2011 wesentlich geändert wurde, zusätzlich zu der installierten Anfangskapazität die installierte Kapazität nach jeder wesentlichen Kapazitätsänderung und das Datum der Aufnahme des geänderten Betriebs,

c) bei Zuteilungselementen, die in den Jahren 2005 bis 2010 messbare Wärme bezogen haben, die Menge an messbarer Wärme sowie die Menge, die von nicht dem Emissionshandel unterliegenden Anlagen oder anderen Einrichtungen bezogen wurde,

d) bei Zuteilungselementen, die in den Jahren 2005 bis 2010 messbare Wärme abgegeben haben, die Bezeichnung der Anlagen oder anderen Einrichtungen, an die die messbare Wärme abgegeben wurde, bei Anlagen nach Anhang 1 Teil 2 des Treibhausgas-Emissionshandelsgesetzes mit Angabe der Genehmigungskennung des Emissionshandelsregisters sowie Angaben über die an die einzelnen Anlagen oder andere Einrichtungen abgegebene Menge an Wärme,

e) bei Zuteilungselementen mit Wärme-Emissionswert für die in gekoppelter Produktion erzeugte Wärme eine Zuordnung der Eingangsströme und der diesbezüglichen Emissionen zu den in gekoppelter Produktion hergestellten Produkten nach Maßgabe von Anhang 1 Teil 3 sowie die hierfür zusätzlich erforderlichen Angaben nach Anhang 1 Teil 3 Nummer 4,

f) bei Produkten nach Anhang III der einheitlichen EU-Zuteilungsregeln die dort genannten Daten,

g) bei Prozessen zur Herstellung von Synthesegas und Wasserstoff in Anlagen im Sinne des Anhangs 1 Teil 2 Nummer 7 des Treibhausgas-Emissionshandelsgesetzes die Daten entsprechend Anhang III Nummer 6 und 7 der einheitlichen EU-Zuteilungsregeln,

h) bei der Herstellung von Produkten nach Anhang I der einheitlichen EU-Zuteilungsregeln die Menge der eingesetzten Zwischenprodukte im Sinne des § 9 Absatz 5 Satz 2 und aus dem Emissionshandelsregister die Genehmigungskennung der Anlage, von der das Zwischenprodukt bezogen wird,

i) bei Abgabe eines Zwischenproduktes im Sinne des § 9 Absatz 5 Satz 2 an eine andere Anlage im Anwendungsbereich des Treibhausgas-Emissionshandelsgesetzes die Menge der abgegebenen Zwischenprodukte und aus dem Emissionshandelsregister die Genehmigungskennung der Anlage, an die das Produkt oder Zwischenprodukt abgegeben wird,

j) bei Anlagen, die durch den Einsatz von Biomasse messbare Wärme in gekoppelter Produktion mit einer nach dem Erneuerbare-Energien-Gesetz vergüteten Strommenge erzeugt haben, die Angabe dieser in gekoppelter Produktion erzeugten Wärmemenge.

(2) [1] Angaben zu Absatz 1 Nummer 2 bis 4 sind mit Ausnahme der Angaben zu Absatz 1 Nummer 3 Buchstabe a und Nummer 4 Buchstabe a und b erforderlich für jedes der Kalenderjahre in dem vom Antragsteller nach § 8 Absatz 1 gewählten Bezugszeitraum. [2] Von Satz 1 erfasst sind alle Kalenderjahre, in denen die Anlage in Betrieb war, auch wenn sie nur gelegentlich oder saisonal betrieben oder in Reserve oder in Bereitschaft gehalten wurde. [3] Im Fall des Austausches von messbarer Wärme, Zwischenprodukten, Restgasen oder Treibhausgasen zwischen Anlagen nach Anhang 1 Teil 2 des Treibhausgas-Emissionshandelsgesetzes sind die Angaben für jedes der Kalenderjahre 2005 bis 2010 erforderlich. [4] Bei Anlagen mit mindestens einem Zuteilungselement mit Produkt-Emissionswert, für die als maßgeblicher Bezugszeitraum die Jahre 2009 und 2010 gewählt wurden, sind die Angaben auch für jedes der Kalenderjahre 2005 bis 2008 erforderlich.

(3) [1] Der Antragsteller kann auf Angaben zu den Eingangs- und Ausgangsströmen der Anlage nach Absatz 1 Nummer 2 Buchstabe a verzichten, soweit er diese Angaben für die gesamte Anlage, wie sie zum Zeitpunkt der Antragstellung der Emissionshandelspflicht unterliegt, bereits im Rahmen der Emissionsberichterstattung oder im Rahmen der Datenerhebung auf Grund der Datenerhebungsverordnung 2020 für die Jahre 2005 bis 2010 mitgeteilt hat. [2] Verzichtet der Antragsteller auf die Angaben im Zuteilungsantrag, werden auch die auf der Basis einheitlicher Stoffwerte mitgeteilten Emissionsdaten übernommen.

§ 6 Bestimmung von Bezugsdaten. (1) [1] Aktivitätsraten, Eingangs- und Ausgangsströme, zu denen nur für die Gesamtanlage Daten vorliegen, werden den jeweiligen Zuteilungselementen auf Basis der nachstehenden Methoden anteilig durch den Antragsteller zugeordnet:

1. soweit an derselben Produktionslinie nacheinander unterschiedliche Produkte hergestellt werden, werden Aktivitätsraten, Eingangs- und Ausgangsströme auf Basis der Nutzungszeit pro Jahr und Zuteilungselement zugeordnet;
2. soweit Aktivitätsraten, Eingangs- und Ausgangsströme nicht gemäß Nummer 1 zugeordnet werden können, erfolgt die Zuordnung auf Basis
   a) der Masse oder des Volumens der jeweils hergestellten Produkte,
   b) von Schätzungen, die sich auf die freien Reaktionsenthalpien der betreffenden chemischen Reaktionen stützen, oder
   c) eines anderen geeigneten wissenschaftlich fundierten Verteilungsschlüssels.

[2] Bei dieser Zuordnung darf die Summe der Emissionen aller Zuteilungselemente die Gesamtemissionen der Gesamtanlage nicht überschreiten. [3] Die Annahmen und Methoden, die der Zuordnung der Emissionen zu den jeweiligen Zuteilungselementen zugrunde gelegt worden sind, sind in der in § 5 Absatz 1 Nummer 1 Buchstabe c und d genannten Beschreibung der Anlage darzustellen.

(2) [1] Soweit die Angaben im Zuteilungsantrag die Durchführung von Berechnungen voraussetzen, ist neben den geforderten Angaben jeweils auch die angewandte Berechnungsmethode zu erläutern und die Ableitung der Angaben in der Beschreibung der Anlage nach § 5 Absatz 1 Nummer 1 Buchstabe c und d darzustellen. [2] Soweit die zuständige Behörde für die Berechnungen Formulare vorgibt, sind diese zu verwenden. [3] Der Betreiber ist verpflichtet, die den Angaben zugrunde liegenden Einzelnachweise auf Verlangen der zuständigen Behörde vorzuweisen.

(3) [1] Soweit diese Verordnung keine abweichenden Regelungen enthält, sind die im Zuteilungsantrag anzugebenden Daten und Informationen im Einklang mit den Monitoring-Leitlinien zu erheben und anzugeben. [2] Soweit die Anforderungen der Monitoring-Leitlinien nicht eingehalten werden können oder keine Regelungen enthalten, sind Daten und Informationen mit dem im Einzelfall höchsten erreichbaren Grad an Genauigkeit und Vollständigkeit zu erheben und anzugeben. [3] Dabei darf es weder zu Überschneidungen noch zu Doppelzählungen zwischen den Zuteilungselementen kommen.

(4) [1] Wenn Daten fehlen, ist der Grund dafür anzugeben. [2] Fehlende Daten sind durch konservative Schätzungen zu ersetzen, die insbesondere auf bewährter Industriepraxis und auf aktuellen wissenschaftlichen und technischen Infor-

mationen beruhen. [3]Liegen Daten teilweise vor, so bedeutet konservative Schätzung, dass der zur Füllung von Datenlücken geschätzte Wert maximal 90 Prozent des Wertes beträgt, der bei Verwendung der verfügbaren Daten erzielt wurde. [4]Liegen für ein Zuteilungselement mit Wärme-Emissionswert keine Daten über messbare Wärmeflüsse vor, so kann ein Ersatzwert abgeleitet werden. [5]Dieser errechnet sich durch Multiplikation des entsprechenden Energieeinsatzes mit dem Nutzungsgrad der Anlage zur Wärmeerzeugung, der von einer sachverständigen Stelle geprüft wurde. [6]Liegen keine Daten zur Bestimmung des Nutzungsgrades vor, so wird auf den entsprechenden Energieeinsatz für die Erzeugung messbarer Wärme als Bezugseffizienzwert ein Nutzungsgrad von 70 Prozent angewendet.

(5) Soweit im Rahmen der Berechnung der vorläufigen Zuteilungsmenge die Verwendung eines Oxidationsfaktors von Bedeutung ist, wird generell ein Oxidationsfaktor von 1 angewendet.

(6) Soweit bei einem Zuteilungselement mit Wärme-Emissionswert die Wärme in gekoppelter Produktion erzeugt wurde, sind die Eingangsströme und die diesbezüglichen Emissionen den in gekoppelter Produktion hergestellten Produkten nach Maßgabe von Anhang 1 Teil 3 zuzuordnen.

§ 7 Anforderungen an die Verifizierung von Zuteilungsanträgen.

(1) [1]Die tatsachenbezogenen Angaben im Zuteilungsantrag sowie die Erhebungsmethodik sind von einer sachverständigen Stelle im Sinne des § 21 des Treibhausgas-Emissionshandelsgesetzes[1)] im Rahmen der Verifizierung des Zuteilungsantrags nach § 9 Absatz 2 Satz 6 des Treibhausgas-Emissionshandelsgesetzes zu überprüfen. [2]Die Prüfung betrifft insbesondere die Zuverlässigkeit, Glaubhaftigkeit und Genauigkeit der von den Anlagenbetreibern übermittelten Daten. [3]Dabei ist die Aufteilung der Anlage in Zuteilungselemente gesondert zu bestätigen.

(2) Die sachverständige Stelle muss im Prüfbericht darlegen, ob der Antrag und die darin enthaltenen Daten mit hinreichender Sicherheit frei von wesentlichen Falschangaben und Abweichungen von den Anforderungen des Treibhausgas-Emissionshandelsgesetzes und dieser Verordnung sind.

(3) [1]Die sachverständige Stelle muss die in Anhang 2 Teil 1 geregelten Anforderungen erfüllen. [2]Unbeschadet der Anforderungen der Monitoring-Leitlinien gelten für die sachverständige Stelle im Rahmen der Prüfung nach Absatz 1 die in Anhang 2 Teil 2 näher geregelten Anforderungen.

(4) [1]Die sachverständige Stelle hat in ihrem externen Prüfbericht an Eides statt zu versichern, dass

1. bei der Verifizierung des Zuteilungsantrags die Unabhängigkeit und Unparteilichkeit ihrer Tätigkeit nach den jeweiligen Regelungen ihrer Zulassung als Umweltgutachter oder ihrer Bestellung als Sachverständiger gemäß § 36 der Gewerbeordnung gewahrt war und
2. sie bei der Erstellung des Zuteilungsantrags oder der Entwicklung der Erhebungsmethodik nicht mitgewirkt hat.

[1)] Nr. **4.1**.

[2] Für Sachverständige, die auf Grund der Gleichwertigkeit ihrer Akkreditierung in einem anderen Mitgliedstaat nach § 21 Absatz 3 Satz 1 des Treibhausgas-Emissionshandelsgesetzes bekannt gegeben wurden, gilt Satz 1 entsprechend.

(5) Die sachverständige Stelle hat im externen Prüfbericht zu bestätigen, dass der geprüfte Antrag weder Überschneidungen zwischen Zuteilungselementen noch Doppelzählungen enthält.

§ 8 Maßgebliche Aktivitätsrate. (1) Für Bestandsanlagen bestimmt sich die maßgebliche Aktivitätsrate auf Basis der gemäß § 5 erhobenen Daten nach Wahl des Antragstellers einheitlich für alle Zuteilungselemente der Anlage entweder nach dem Bezugszeitraum vom 1. Januar 2005 bis einschließlich 31. Dezember 2008 oder nach dem Bezugszeitraum vom 1. Januar 2009 bis einschließlich 31. Dezember 2010.

(2) [1] Die maßgebliche Aktivitätsrate ist für jedes Produkt der Anlage, für das ein Zuteilungselement im Sinne des § 3 Absatz 1 Nummer 1 zu bilden ist, der Medianwert aller Jahresmengen dieses Produktes in dem nach Absatz 1 gewählten Bezugszeitraum. [2] Abweichend von Satz 1 bestimmt sich die Aktivitätsrate für die in Anhang III der einheitlichen EU-Zuteilungsregeln genannten Produkte nach den dort für diese Produkte festgelegten Formeln.

(3) Die maßgebliche Aktivitätsrate für ein Zuteilungselement mit Wärme-Emissionswert ist der in Gigawattstunden pro Jahr angegebene Medianwert aller Jahresmengen der nach § 2 Nummer 30 einbezogenen Wärme in dem nach Absatz 1 gewählten Bezugszeitraum.

(4) Die maßgebliche Aktivitätsrate für ein Zuteilungselement mit Brennstoff-Emissionswert ist der in Gigajoule pro Jahr angegebene Medianwert aller Jahresenergiemengen der für die Zwecke nach § 2 Nummer 27 verbrauchten Brennstoffe als Produkt von Brennstoffmenge und unterem Heizwert in dem nach Absatz 1 gewählten Bezugszeitraum.

(5) Die maßgebliche Aktivitätsrate für ein Zuteilungselement mit Prozessemissionen ist der Medianwert der in Tonnen Kohlendioxid-Äquivalent angegebenen Jahreswerte der nach § 2 Nummer 29 einbezogenen Prozessemissionen in dem nach Absatz 1 gewählten Bezugszeitraum.

(6) [1] Zur Bestimmung der Medianwerte nach den Absätzen 2 bis 5 werden nur die Kalenderjahre berücksichtigt, in denen die Anlage an mindestens einem Tag in Betrieb war. [2] Abweichend hiervon werden für die Bestimmung der Medianwerte bei Anlagen auch die Kalenderjahre berücksichtigt, in denen die Anlage während des Bezugszeitraums nicht an mindestens einem Tag in Betrieb war, soweit

1. die Anlage gelegentlich genutzt wird, insbesondere als Bereitschafts- oder Reservekapazität, oder als Anlage mit saisonalem Betrieb regelmäßig in Betrieb ist,
2. die Anlage über eine Genehmigung zur Emission von Treibhausgasen sowie über alle anderen vorgeschriebenen Betriebsgenehmigungen verfügt und regelmäßig gewartet wird und
3. es technisch möglich ist, die Anlage kurzfristig in Betrieb zu nehmen.

(7) Abweichend von den Absätzen 2 bis 5 werden die Aktivitätsraten berechnet auf der Basis der installierten Anfangskapazität jedes Zuteilungsele-

ments, multipliziert mit dem gemäß § 17 Absatz 2 bestimmten, maßgeblichen Auslastungsfaktor, sofern

1. der Zeitraum von der Inbetriebnahme einer Anlage bis zum Ende des nach Absatz 1 gewählten Bezugszeitraums weniger als zwei volle Kalenderjahre beträgt,
2. auf Grund von Absatz 6 Satz 1 die Aktivitätsraten der Zuteilungselemente von weniger als zwei Kalenderjahren des Bezugszeitraums zu berücksichtigen sind oder
3. der Betrieb einer Anlage nach Anhang 1 Teil 2 Nummer 7 bis 29 des Treibhausgas-Emissionshandelsgesetzes[1)] in dem nach Absatz 1 gewählten Bezugszeitraum länger als ein Kalenderjahr unterbrochen war und die Anlage nicht als Bereitschafts- oder Reservekapazität vorgehalten oder saisonal betrieben wird.

(8) [1] Bei wesentlichen Kapazitätserweiterungen zwischen dem 1. Januar 2005 und dem 30. Juni 2011 entspricht die maßgebliche Aktivitätsrate des Zuteilungselements der Summe des nach den Absätzen 2 bis 5 bestimmten Medianwertes ohne die wesentliche Kapazitätserweiterung und der Aktivitätsrate der zusätzlichen Kapazität. [2] Die Aktivitätsrate der zusätzlichen Kapazität entspricht dabei der Differenz zwischen der installierten Kapazität des Zuteilungselements nach der Kapazitätserweiterung und der installierten Anfangskapazität des geänderten Zuteilungselements bis zur Aufnahme des geänderten Betriebs, multipliziert mit der durchschnittlichen Kapazitätsauslastung des betreffenden Zuteilungselements im Zeitraum vom 1. Januar 2005 bis zum Ende des Kalenderjahres vor Aufnahme des geänderten Betriebs. [3] Bei wesentlichen Kapazitätserweiterungen im Jahr 2005 werden diese auf Antrag des Betreibers als nicht wesentliche Kapazitätserweiterungen behandelt; ansonsten ist in diesen Fällen für die Bestimmung der durchschnittlichen Kapazitätsauslastung des betreffenden Zuteilungselements die durchschnittliche monatliche Kapazitätsauslastung im Jahr 2005 bis zum Kalendermonat vor Aufnahme des geänderten Betriebs maßgeblich. [4] Bei mehreren Kapazitätserweiterungen ist die durchschnittliche Kapazitätsauslastung des betreffenden Zuteilungselements vor der Aufnahme des Betriebs der ersten Änderung maßgeblich.

(9) [1] Bei wesentlichen Kapazitätsverringerungen zwischen dem 1. Januar 2005 und dem 30. Juni 2011 entspricht die maßgebliche Aktivitätsrate des Zuteilungselements der Differenz des gemäß den Absätzen 2 bis 5 bestimmten Medianwertes ohne die wesentliche Kapazitätsverringerung und der Aktivitätsrate der stillgelegten Kapazität. [2] Die Aktivitätsrate der stillgelegten Kapazität entspricht dabei der Differenz zwischen der installierten Anfangskapazität des geänderten Zuteilungselements bis zum Kalenderjahr vor Aufnahme des geänderten Betriebs und der installierten Kapazität des Zuteilungselements nach der Kapazitätsverringerung, multipliziert mit der durchschnittlichen Kapazitätsauslastung des betreffenden Zuteilungselements im Zeitraum vom 1. Januar 2005 bis zum Ende des Kalenderjahres vor Aufnahme des geänderten Betriebs. [3] Bei mehreren Kapazitätsverringerungen ist die durchschnittliche Kapazitätsauslastung des betreffenden Zuteilungselements vor der Aufnahme des Betriebs der ersten Kapazitätsverringerung maßgeblich. [4] Bei wesentlichen Kapazitätsverringerungen im Jahr 2005 gilt Absatz 8 Satz 3 zweiter Halbsatz entsprechend.

[1)] Nr. **4.1**.

§ 9 Zuteilung für Bestandsanlagen. (1) [1]Zur Ermittlung der kostenlosen Zuteilungsmenge für Bestandsanlagen wird zunächst für jedes Zuteilungselement die vorläufige jährliche Anzahl Berechtigungen nach Maßgabe der Absätze 2 bis 4 errechnet. [2]Die Summe der vorläufigen jährlichen Anzahl Berechtigungen, die allen Zuteilungselementen kostenlos zuzuteilen sind, bildet die vorläufige Zuteilungsmenge für die Anlage. [3]Die zuständige Behörde meldet die vorläufigen Zuteilungsmengen für alle Anlagen nach § 9 Absatz 3 des Treibhausgas-Emissionshandelsgesetzes[1)] an die Europäische Kommission.

(2) Die vorläufige jährliche Anzahl Berechtigungen für ein Zuteilungselement ergibt sich

1. für jedes Zuteilungselement mit Produkt-Emissionswert aus dem Produkt-Emissionswert multipliziert mit der maßgeblichen produktbezogenen Aktivitätsrate nach § 8 Absatz 2,
2. für
   a) Zuteilungselemente mit Wärme-Emissionswert aus dem Emissionswert für messbare Wärme gemäß Anhang I der einheitlichen EU-Zuteilungsregeln multipliziert mit der wärmebezogenen Aktivitätsrate nach § 8 Absatz 3,
   b) Zuteilungselemente mit Brennstoff-Emissionswert aus dem Brennstoff-Emissionswert gemäß Anhang I der einheitlichen EU-Zuteilungsregeln multipliziert mit der brennstoffbezogenen Aktivitätsrate nach § 8 Absatz 4,
   c) Zuteilungselemente mit Prozessemissionen aus der prozessbezogenen Aktivitätsrate nach § 8 Absatz 5 multipliziert mit dem Faktor 0,97.

(3) [1]Auf die nach den Regeln dieser Verordnung für jedes Zuteilungselement für das betreffende Jahr ermittelte vorläufige jährliche Anzahl kostenlos zuzuteilender Berechtigungen werden die jeweiligen jährlichen Faktoren gemäß Anhang VI der einheitlichen EU-Zuteilungsregeln angewandt. [2]Betreffen die in diesen Zuteilungselementen hergestellten Produkte Sektoren mit Verlagerungsrisiko, so ist für die Jahre 2013 und 2014 sowie für die Jahre 2015 bis 2020 der Faktor 1 anzuwenden. [3]Bei Änderungen der gemäß Artikel 10a Absatz 13 der Richtlinie 2003/87/EG durch die Europäische Kommission festgelegten Sektoren oder Teilsektoren für die Jahre 2013 und 2014 oder für die Jahre 2015 bis 2020 ist die Zuteilungsentscheidung insoweit von Amts wegen zu widerrufen und anzupassen.

(4) Die vorläufige jährliche Anzahl Berechtigungen für Zuteilungselemente mit Produkt-Emissionswert, welche messbare Wärme aus Zuteilungselementen bezogen haben, die Produkte herstellen, welche unter die Salpetersäure-Emissionswerte gemäß Anhang I der einheitlichen EU-Zuteilungsregeln fallen, wird um die Anzahl Berechtigungen gekürzt, die dem Produkt aus dem Jahresverbrauch dieser Wärme während der Jahre, die den Medianwert für die Zuteilung nach dem Salpetersäure-Emissionswert bilden, und dem Wert des Wärme-Emissionswertes für diese messbare Wärme gemäß Anhang I der einheitlichen EU-Zuteilungsregeln entspricht.

(5) [1]Bei der Berechnung der vorläufigen Zuteilungsmenge für die Anlage dürfen Eingangs- und Ausgangsströme sowie Emissionen nicht doppelt gezählt werden. [2]Stellt eine Anlage Zwischenprodukte her, die von dem Produkt-Emissionswert eines Produktes gemäß den jeweiligen Systemgrenzen nach

---

[1)] Nr. **4.1**.

Spalte 3 des Anhangs I der einheitlichen EU-Zuteilungsregeln umfasst sind, erhält die Anlage für die Zwischenprodukte keine Zuteilung, soweit diese Zwischenprodukte von einer Anlage aufgenommen werden und dort bei der Zuteilung berücksichtigt sind.

(6) [1] Die endgültige Zuteilungsmenge für die Anlage entspricht dem Produkt aus der nach den Absätzen 1 bis 5 berechneten vorläufigen Zuteilungsmenge für die Anlage und dem von der Europäischen Kommission gemäß Artikel 15 Absatz 3 der einheitlichen EU-Zuteilungsregeln festgesetzten sektorübergreifenden Korrekturfaktor. [2] Bei der Zuteilung für die Wärmeerzeugung bei Stromerzeugern wird statt des in Satz 1 genannten Korrekturfaktors der lineare Faktor gemäß Artikel 10a Absatz 4 der Richtlinie 2003/87/EG angewandt, ausgehend von der vorläufigen jährlichen Anzahl Berechtigungen, die dem betreffenden Stromerzeuger für das Jahr 2013 kostenlos zuzuteilen sind.

(7) Soweit die Europäische Kommission die vorläufige Zuteilungsmenge für eine Anlage ablehnt, lehnt die zuständige Behörde die beantragte Zuteilung ab.

Unterabschnitt 2. Besondere Zuteilungsregeln

§ 10 Zuteilungsregel für die Wärmeversorgung von Privathaushalten.

(1) Soweit messbare Wärme an Privathaushalte abgegeben wird und sofern der auf die Produktion dieser Wärme entfallende Teil der nach § 9 Absatz 2 Nummer 2 Buchstabe a bestimmten vorläufigen jährlichen Anzahl Berechtigungen für 2013 niedriger ist als der für den Zeitraum vom 1. Januar 2005 bis zum 31. Dezember 2008 berechnete Medianwert der jährlichen Emissionen des Zuteilungselements, die aus der Produktion messbarer Wärme resultieren, die an Privathaushalte abgegeben worden ist, wird auf Antrag die vorläufige jährliche Anzahl Berechtigungen für 2013 um die Differenz erhöht.

(2) [1] In jedem der Jahre 2014 bis 2020 wird die nach Absatz 1 festgestellte vorläufige jährliche Anzahl Berechtigungen so angepasst, dass sie für das betreffende Jahr einem Prozentsatz des Medianwertes der jährlichen Emissionen nach Absatz 1 entspricht. [2] Dieser Prozentsatz beträgt 90 Prozent im Jahr 2014 und verringert sich in jedem der Folgejahre um 10 Prozentpunkte. [3] Die Anpassung nach den Sätzen 1 und 2 unterbleibt, sobald der auf die Produktion dieser Wärme entfallende Teil der nach § 9 Absatz 2 Nummer 2 Buchstabe a bestimmten vorläufigen jährlichen Anzahl Berechtigungen für das betreffende Jahr unterschritten würde.

(3) [1] Im Antrag nach Absatz 1 hat der Antragsteller zusätzlich die anteiligen Treibhausgasemissionen anzugeben, die der Produktion von messbarer Wärme in den Jahren 2005 bis 2008, die an Privathaushalte abgegeben worden ist, zuzurechnen sind; bei gekoppelter Wärmeproduktion sind die anteiligen Treibhausgasemissionen nach Maßgabe von Anhang 1 Teil 3 zu ermitteln und anzugeben. [2] Weiterhin anzugeben sind:

1. der Anteil der an Privathaushalte abgegebenen Wärmemenge an der Wärmemenge, die jährlich insgesamt an Anlagen und Einrichtungen abgegeben wird, die nicht dem Anwendungsbereich des Treibhausgas-Emissionshandelsgesetzes unterliegen, jeweils gesondert für die Jahre 2005 bis 2008, oder
2. die Menge der abgegebenen Wärme mit einer Vorlauftemperatur von weniger als 130 Grad Celsius im Auslegungszustand.

(4) [1] Im Fall von Absatz 3 Satz 2 Nummer 1 und der Wärmeabgabe an ein Wärmeverteilnetz hat der Antragsteller die Gesamtmenge an Wärme anzugeben, die der Wärmenetzbetreiber abgegeben hat, sowie die Menge an Wärme, die der Wärmenetzbetreiber an Privathaushalte abgegeben hat. [2] Die Daten des Wärmenetzbetreibers sind zu verifizieren. [3] Für den Antragsteller bestimmt sich die an Privathaushalte abgegebene Wärmemenge anhand des Verhältnisses der vom Wärmenetzbetreiber an Privathaushalte abgegebenen Wärmemenge zur insgesamt von ihm abgegebenen Wärmemenge.

(5) Im Fall von Absatz 3 Satz 2 Nummer 2 und der Wärmeabgabe an ein Wärmeverteilnetz gelten 39 Prozent dieser Wärme als an Privathaushalte abgegeben.

§ 11 Zuteilungsregel für die Herstellung von Zellstoff. Besteht eine Anlage aus Zuteilungselementen, in denen Zellstoff hergestellt wird, unabhängig davon, ob dieser Zellstoff unter einen Produkt-Emissionswert fällt, und wird aus diesen Zuteilungselementen messbare Wärme an andere Zuteilungselemente abgegeben, so wird für die Berechnung der vorläufigen Zuteilungsmenge dieser Anlage gemäß § 9 Absatz 1 Satz 2 die vorläufige jährliche Anzahl Berechtigungen für das Zellstoff herstellende Zuteilungselement nur berücksichtigt, soweit die von diesem Zuteilungselement hergestellten Zellstoffprodukte in den Verkehr gebracht und nicht in derselben Anlage oder in anderen, technisch angeschlossenen Anlagen zu Papier verarbeitet werden.

§ 12 Zuteilungsregel für Steamcracking-Prozesse. Abweichend von § 9 Absatz 2 Nummer 1 berechnet sich die vorläufige jährliche Anzahl Berechtigungen, die einem Zuteilungselement mit Produkt-Emissionswert für die Herstellung chemischer Wertprodukte zuzuteilen sind, nach Maßgabe von Anhang 1 Teil 1.

§ 13 Zuteilungsregel für Vinylchlorid-Monomer. [1] Abweichend von § 9 Absatz 2 Nummer 1 berechnet sich die vorläufige jährliche Anzahl der einem Zuteilungselement für die Herstellung von Vinylchlorid-Monomer zuzuteilenden Berechtigungen nach Anhang 1 Teil 2. [2] Bei diesen Zuteilungselementen muss der Zuteilungsantrag ergänzend zu den sonstigen Bestimmungen dieser Verordnung Angaben enthalten über den Wasserstoff, der für die Herstellung von Vinylchlorid-Monomer als Brennstoff verwendet wurde.

§ 14 Wärmeflüsse zwischen Anlagen. Soweit in einem Zuteilungselement mit Produkt-Emissionswert messbare Wärme aus einer nicht unter den Anwendungsbereich des Treibhausgas-Emissionshandelsgesetzes fallenden Anlage oder anderen Einrichtung bezogen wurde, wird die nach § 9 Absatz 2 Nummer 1 berechnete vorläufige jährliche Anzahl der dem betreffenden Zuteilungselement mit Produkt-Emissionswert zuzuteilenden Berechtigungen gekürzt um die Anzahl Berechtigungen, die dem Produkt entspricht aus

1. der Wärmemenge, die in den die Aktivitätsrate des Zuteilungselements bestimmenden Jahren des nach § 8 Absatz 1 gewählten Bezugszeitraums bezogen wurde, und
2. dem Wärme-Emissionswert für messbare Wärme gemäß Anhang I der einheitlichen EU-Zuteilungsregeln.

§ 15 Austauschbarkeit von Brennstoff und Strom. (1) Für jedes Zuteilungselement mit Produkt-Emissionswert, bei dem die Austauschbarkeit von Brennstoff und Strom nach Anhang I Nummer 2 der einheitlichen EU-Zuteilungsregeln berücksichtigt wird, entspricht die vorläufige jährliche Anzahl Berechtigungen nach § 9 Absatz 2 Nummer 1 dem mit der produktbezogenen Aktivitätsrate multiplizierten Wert des maßgeblichen Produkt-Emissionswertes, multipliziert mit dem Quotienten aus den in Tonnen Kohlendioxid-Äquivalent angegebenen gesamten direkten Emissionen nach Absatz 4 und der in Tonnen Kohlendioxid-Äquivalent angegebenen Summe der direkten Emissionen und der nach Absatz 2 zu berechnenden indirekten Emissionen während des Bezugszeitraums.

(2) Für die Berechnung nach Absatz 1 beziehen sich die maßgeblichen indirekten Emissionen auf den in Megawattstunden angegebenen maßgeblichen Stromverbrauch im Sinne der Definition der Prozesse und Emissionen der in Anhang I Nummer 2 der einheitlichen EU-Zuteilungsregeln aufgeführten Produkte für die Herstellung des betreffenden Produktes während des Bezugszeitraums gemäß § 8 Absatz 1, multipliziert mit 0,465 Tonnen Kohlendioxid pro Megawattstunde Strom und ausgedrückt als Tonnen Kohlendioxid.

(3) Für die Berechnung nach Absatz 1 beziehen sich die Emissionen aus dem Nettowärmebezug auf die für die Herstellung des betreffenden Produktes benötigte Menge an messbarer Wärme, die während des nach § 8 Absatz 1 gewählten Bezugszeitraums bezogen wurde, multipliziert mit dem Wärme-Emissionswert gemäß Anhang I Nummer 3 der einheitlichen EU-Zuteilungsregeln.

(4) [1] Die direkten Emissionen beinhalten die nach Absatz 3 zu berechnenden Emissionen aus der bezogenen Nettowärme während des nach § 8 Absatz 1 gewählten Bezugszeitraums. [2] Nicht enthalten sind die Emissionen aus der Stromproduktion sowie aus messbarer Wärme, die über die Systemgrenzen des Zuteilungselements hinaus abgegeben wurde. [3] Die Emissionen aus der gekoppelten Erzeugung von Strom und Wärme werden nach Maßgabe von Anhang 1 Teil 3 aufgeteilt.

Abschnitt 3. Neue Marktteilnehmer

§ 16 Antrag auf kostenlose Zuteilung von Berechtigungen. (1) Anträge auf kostenlose Zuteilung für neue Marktteilnehmer sind innerhalb eines Jahres nach Aufnahme des Regelbetriebs der Anlage zu stellen, bei wesentlichen Kapazitätserweiterungen innerhalb eines Jahres nach Aufnahme des geänderten Betriebs.

(2) Der Anlagenbetreiber ist verpflichtet, im Antrag folgende Angaben zu machen:

1. Allgemeine Angaben zu der Anlage:
   a) die Bezeichnung der Tätigkeit im Sinne des Anhangs 1 Teil 2 des Treibhausgas-Emissionshandelsgesetzes[1)],
   b) die NACE-Codes Rev 2 und Rev 1.1 der Anlage, dem die Tätigkeit zuzuordnen ist,

[1)] Nr. **4.1**.

c) eine Beschreibung der Anlage, ihrer wesentlichen Anlagenteile und Nebeneinrichtungen sowie der Betriebsart,

d) eine Beschreibung der angewandten Erhebungsmethodik, der verschiedenen Datenquellen und der angewandten Berechnungsschritte,

e) die Gesamtfeuerungswärmeleistung, soweit für die Tätigkeit in Anhang 1 Teil 2 des Treibhausgas-Emissionshandelsgesetzes ein Schwellenwert als Feuerungswärmeleistung angegeben ist,

f) sofern es sich um einen Stromerzeuger handelt, eine Bezeichnung als solcher,

g) die Bezeichnung der für die Genehmigung nach § 4 Absatz 1 Satz 1 des Treibhausgas-Emissionshandelsgesetzes zuständigen Behörde, deren Genehmigungsaktenzeichen, das Datum der Genehmigung zu dem Zeitpunkt, zu dem die Anlage erstmals unter den Anwendungsbereich des Treibhausgas-Emissionshandelsgesetzes gefallen ist, und gegebenenfalls das Datum der letzten Änderung der Genehmigung,

h) bei Neuanlagen das Datum der Aufnahme des Regelbetriebs sowie die Emissionen der Anlage bis zu diesem Zeitpunkt,

i) die für die Zuteilung maßgeblichen Zuteilungselemente;

2. Angaben für die Anlage bis einschließlich des vorletzten Kalendermonats vor der Antragstellung:

a) sämtliche zuteilungsrelevanten Eingangs- und Ausgangsströme,

b) im Fall des Austausches von messbarer Wärme, Restgasen oder Treibhausgasen mit anderen Anlagen oder Einrichtungen Angaben, in welcher Menge und mit welchen Anlagen oder Einrichtungen dieser Austausch stattfand; bei einem Austausch mit Anlagen nach Anhang 1 Teil 2 des Treibhausgas-Emissionshandelsgesetzes zusätzlich die Angabe der Genehmigungskennungen dieser Anlagen aus dem Emissionshandelsregister,

c) im Fall von Anlagen, die Strom erzeugen, eine Bilanz der elektrischen Energie der Anlage und die Mengen an Emissionen und Wärme sowie die Energie der Brennstoffe, die der Stromerzeugung zuzuordnen sind;

3. Angaben zu jedem Zuteilungselement:

a) die installierte Anfangskapazität,

b) bei einer wesentlichen Kapazitätserweiterung eines Zuteilungselements nach dem 30. Juni 2011 das Datum der Aufnahme des geänderten Betriebs, die zusätzliche Kapazität und die installierte Kapazität nach der wesentlichen Kapazitätserweiterung sowie die Nachweise, dass die Kriterien für eine wesentliche Kapazitätserweiterung nach § 2 Nummer 24 erfüllt sind,

c) zusätzliche Angaben nach § 17 Absatz 2;

4. Angaben zu jedem Zuteilungselement bis einschließlich des vorletzten Kalendermonats vor der Antragstellung:

a) die anteilig zuzuordnenden Emissionen und Energien der eingesetzten Brennstoffe,

b) die anteilig zuzuordnenden Eingangs- und Ausgangsströme nach Nummer 2 Buchstabe a, sofern für die Anlage mindestens zwei Zuteilungselemente gebildet wurden und davon mindestens ein Zuteilungselement unter § 3 Absatz 1 Nummer 2 bis 4 fällt,

c) die durchschnittliche Kapazitätsauslastung des Zuteilungselements,

d) bei Produkten, die in Anhang I Nummer 2 der einheitlichen EU-Zuteilungsregeln aufgeführt sind, den maßgeblichen Stromverbrauch für die Herstellung des betreffenden Produktes im Sinne der Definition der Prozesse und Emissionen der in Anhang I Nummer 2 der einheitlichen EU-Zuteilungsregeln aufgeführten Produkte,

e) die Bezeichnung der hergestellten Produkte mit deren Prodcom-Code 2007 und 2010 und NACE-Code Rev 1.1 und Rev 2 und den produzierten Mengen;

5. Zusätzliche Angaben zu Zuteilungselementen in Sonderfällen bis einschließlich des vorletzten Kalendermonats vor der Antragstellung:

a) bei Zuteilungselementen, die messbare Wärme beziehen, die Menge an messbarer Wärme sowie die Menge, die von nicht dem Emissionshandel unterliegenden Anlagen oder Einrichtungen bezogen wird,

b) bei Zuteilungselementen, die messbare Wärme abgeben, die Bezeichnung der Anlagen oder anderen Einrichtungen, an die die messbare Wärme abgegeben wird; wird die Wärme an Anlagen nach Anhang 1 Teil 2 des Treibhausgas-Emissionshandelsgesetzes abgegeben, so sind zusätzlich die Genehmigungskennungen dieser Anlagen aus dem Emissionshandelsregister sowie die Wärmemengen anzugeben, die an die einzelnen Anlagen oder Einrichtungen abgegeben werden,

c) bei Zuteilungselementen mit Wärme-Emissionswert für die in gekoppelter Produktion erzeugte Wärme eine Zuordnung der Eingangsströme und der diesbezüglichen Emissionen zu den in gekoppelter Produktion hergestellten Produkten nach Maßgabe von Anhang 1 Teil 3 sowie die hierfür zusätzlich erforderlichen Angaben nach Anhang 1 Teil 3 Nummer 4,

d) bei Produkten nach Anhang III der einheitlichen EU-Zuteilungsregeln die nach den dort angegebenen Formeln zu ermittelnden Daten,

e) bei Prozessen zur Herstellung von Synthesegas und Wasserstoff in Anlagen im Sinne des Anhangs 1 Teil 2 Nummer 7 des Treibhausgas-Emissionshandelsgesetzes die entsprechend den in Anhang III Nummer 6 und 7 der einheitlichen EU-Zuteilungsregeln angegebenen Formeln zu ermittelnden Daten,

f) bei der Herstellung von Produkten nach Anhang I der einheitlichen EU-Zuteilungsregeln die Menge der eingesetzten Zwischenprodukte im Sinne des § 9 Absatz 5 Satz 2 und aus dem Emissionshandelsregister die Genehmigungskennung der Anlage, von der das Zwischenprodukt bezogen wird,

g) bei Abgabe eines Zwischenproduktes im Sinne des § 9 Absatz 5 Satz 2 an eine andere Anlage im Anwendungsbereich des Treibhausgas-Emissionshandelsgesetzes die jeweilige Menge der abgegebenen Zwischenprodukte und aus dem Emissionshandelsregister die Genehmigungskennung der Anlage, an die das Produkt oder Zwischenprodukt abgegeben wird.

(3) § 6 gilt entsprechend.

(4) Die installierte Anfangskapazität für Neuanlagen entspricht für jedes Zuteilungselement abweichend von § 4 dem Durchschnitt der zwei höchsten Monatsproduktionsmengen innerhalb des durchgängigen 90-Tage-Zeitraums, auf dessen Grundlage die Aufnahme des Regelbetriebs bestimmt wird, hochgerechnet auf ein Kalenderjahr.

(5) [1] Die zuständige Behörde bestätigt unverzüglich den Eingang des Antrags und der beigefügten Unterlagen und Nachweise. [2] Im Fall einer durch die zuständige Behörde vorgeschriebenen elektronischen Übermittlung des Antrags genügt die automatisch erzeugte Eingangsbestätigung. [3] Die zuständige Behörde teilt dem Antragsteller innerhalb von sechs Wochen mit, welche zusätzlichen Angaben, Unterlagen und Nachweise für die Berechnung der vorläufigen Jahresgesamtzuteilungsmenge benötigt werden.

(6) Die zuständige Behörde soll innerhalb von drei Monaten nach Eingang der vollständigen Antragsunterlagen die vorläufige Jahresgesamtzuteilungsmenge ermitteln und an die Europäische Kommission melden.

§ 17 Aktivitätsraten neuer Marktteilnehmer. (1) Für die nach § 3 zu bestimmenden Zuteilungselemente von Neuanlagen bestimmen sich die für die Zuteilung von Berechtigungen maßgeblichen Aktivitätsraten wie folgt:

1. die produktbezogene Aktivitätsrate für ein Zuteilungselement mit Produkt-Emissionswert entspricht der installierten Anfangskapazität des betreffenden Zuteilungselements für die Herstellung dieses Produktes multipliziert mit dem von der Kommission hierfür nach Artikel 18 Absatz 2 Satz 1 der einheitlichen EU-Zuteilungsregeln veröffentlichten Standardauslastungsfaktor;
2. die wärmebezogene Aktivitätsrate für ein Zuteilungselement mit Wärme-Emissionswert entspricht der installierten Anfangskapazität des betreffenden Zuteilungselements multipliziert mit dem maßgeblichen Auslastungsfaktor;
3. die brennstoffbezogene Aktivitätsrate für ein Zuteilungselement mit Brennstoff-Emissionswert entspricht der installierten Anfangskapazität des betreffenden Zuteilungselements multipliziert mit dem maßgeblichen Auslastungsfaktor;
4. die auf Prozessemissionen bezogene Aktivitätsrate für ein Zuteilungselement mit Prozessemissionen entspricht der installierten Anfangskapazität des betreffenden Zuteilungselements multipliziert mit dem maßgeblichen Auslastungsfaktor.

(2) Der maßgebliche Auslastungsfaktor gemäß Absatz 1 Nummer 2 bis 4 wird bestimmt auf der Grundlage der Angaben des Antragstellers über

1. den tatsächlichen Betrieb des Zuteilungselements bis zur Antragstellung und den geplanten Betrieb der Anlage oder des Zuteilungselements, ihrer geplanten Wartungszeiträume und Produktionszyklen,
2. den Einsatz energie- und treibhausgaseffizienter Techniken, die den maßgeblichen Auslastungsfaktor der Anlage beeinflussen können,
3. die typische Auslastung innerhalb der betreffenden Sektoren.

(3) Für Zuteilungselemente, deren Kapazität nach dem 30. Juni 2011 wesentlich erweitert wurde, sind die Aktivitätsraten nach Absatz 1 nur für die

zusätzliche Kapazität der Zuteilungselemente zu bestimmen, auf die sich die wesentliche Kapazitätserweiterung bezieht.

§ 18 Zuteilung für neue Marktteilnehmer. (1) Für die Zuteilung von Berechtigungen für Neuanlagen berechnet die zuständige Behörde die vorläufige jährliche Anzahl der bei Aufnahme des Regelbetriebs der Anlage für die verbleibenden Jahre der Handelsperiode 2013 bis 2020 kostenlos zuzuteilenden Berechtigungen wie folgt und für jedes Zuteilungselement separat:

1. für jedes Zuteilungselement mit Produkt-Emissionswert entspricht die vorläufige jährliche Anzahl der kostenlos zuzuteilenden Berechtigungen dem Produkt aus dem jeweiligen Produkt-Emissionswert und der produktbezogenen Aktivitätsrate;
2. für jedes Zuteilungselement mit Wärme-Emissionswert entspricht die vorläufige jährliche Anzahl der kostenlos zuzuteilenden Berechtigungen dem Produkt aus dem Emissionswert für messbare Wärme und der wärmebezogenen Aktivitätsrate;
3. für jedes Zuteilungselement mit Brennstoff-Emissionswert entspricht die vorläufige jährliche Anzahl der kostenlos zuzuteilenden Berechtigungen dem Produkt aus dem Brennstoff-Emissionswert und der brennstoffbezogenen Aktivitätsrate;
4. für jedes Zuteilungselement mit Prozessemissionen entspricht die vorläufige jährliche Anzahl der kostenlos zuzuteilenden Berechtigungen der prozessbezogenen Aktivitätsrate multipliziert mit dem Faktor 0,97.

(2) [1] Für die Berechnung der vorläufigen jährlichen Anzahl Berechtigungen gemäß Absatz 1 gelten § 3 Absatz 3, § 9 Absatz 3 bis 5 sowie die §§ 11 bis 15 entsprechend. [2] Dabei ist der in den §§ 11 bis 15 maßgebliche Zeitraum derjenige, welcher zur Bestimmung der installierten Anfangskapazität für Neuanlagen oder zur Bestimmung der installierten Kapazität nach einer wesentlichen Kapazitätsänderung herangezogen wurde. [3] Für das Kalenderjahr, in dem die Neuanlage ihren Regelbetrieb aufgenommen hat, ist die Zuteilungsmenge taganteilig zu kürzen.

(3) Wurde die Kapazität eines Zuteilungselements nach dem 30. Juni 2011 wesentlich erweitert, so berechnet die zuständige Behörde auf Antrag des Anlagenbetreibers und unbeschadet der Zuteilung für die Anlage gemäß § 9 die Anzahl der für die zusätzliche Kapazität kostenlos zuzuteilenden Berechtigungen entsprechend den Zuteilungsregeln nach Absatz 1.

(4) Für Emissionen der Zuteilungselemente, die vor Aufnahme des Regelbetriebs erfolgt sind, werden für die Neuanlage auf Basis dieser in Tonnen Kohlendioxid-Äquivalent angegebenen Emissionen zusätzliche Berechtigungen zugeteilt.

(5) Die vorläufige Jahresgesamtmenge der kostenlos zuzuteilenden Berechtigungen entspricht der Summe der nach den Absätzen 1 und 2 oder nach Absatz 3 berechneten vorläufigen jährlichen Anzahl der allen Zuteilungselementen kostenlos zuzuteilenden Berechtigungen und der zusätzlichen Berechtigungen gemäß Absatz 4.

(6) [1] Die vorläufige Jahresgesamtmenge wird ab 2014 jährlich um den Kürzungsfaktor nach Artikel 10a Absatz 7 der Richtlinie 2003/87/EG gekürzt.

[2] Daraus ergibt sich die endgültige Jahresgesamtmenge. [3] § 9 Absatz 7 gilt entsprechend.

(7) Zur Bewertung weiterer Kapazitätsänderungen legt die zuständige Behörde nach einer wesentlichen Kapazitätsänderung die installierte Kapazität des Zuteilungselements nach dieser wesentlichen Kapazitätsänderung gemäß § 2 Nummer 5 als installierte Anfangskapazität des Zuteilungselements zugrunde.

Abschnitt 4. Kapazitätsverringerungen und Betriebseinstellungen

§ 19 Wesentliche Kapazitätsverringerung. (1) [1] Im Fall einer wesentlichen Kapazitätsverringerung eines Zuteilungselements ab dem 30. Juni 2011 ist die Anzahl der für eine Anlage kostenlos zugeteilten Berechtigungen um die der Kapazitätsverringerung entsprechenden Menge zu kürzen. [2] Für die Berechnung der zu kürzenden Menge an Berechtigungen gilt § 18 Absatz 3 entsprechend. [3] Dabei sind in entsprechender Anwendung von § 17 Absatz 1 die Aktivitätsraten für die stillgelegte Kapazität der Zuteilungselemente zu bestimmen, auf die sich die wesentliche Kapazitätsverringerung bezieht.

(2) [1] Die Zuteilungsentscheidung für die Anlage ist ab dem Jahr, das auf das Jahr der Kapazitätsverringerung folgt, von Amts wegen aufzuheben und anzupassen, bei wesentlichen Kapazitätsverringerungen vor dem 1. Januar 2013 ab dem Jahr 2013. [2] Die Aufhebung der Zuteilungsentscheidung steht unter der auflösenden Bedingung einer Ablehnung durch die Europäische Kommission.

(3) Zur Bewertung anschließender wesentlicher Kapazitätsänderungen legt die zuständige Behörde die installierte Kapazität des Zuteilungselements nach der wesentlichen Kapazitätsverringerung als installierte Anfangskapazität des Zuteilungselements zugrunde.

§ 20 Betriebseinstellungen. (1) Der Betrieb einer Anlage gilt als eingestellt, wenn eine oder mehrere der folgenden Bedingungen gegeben sind:

1. die Genehmigung zur Emission von Treibhausgasen ist erloschen;
2. die Genehmigung zur Emission von Treibhausgasen wurde aufgehoben;
3. der Betrieb der Anlage ist aus technischer Sicht unmöglich;
4. die Anlage ist nicht in Betrieb, war jedoch zuvor in Betrieb, und der Betrieb kann aus technischen Gründen nicht wieder aufgenommen werden;
5. die Anlage ist nicht in Betrieb, war jedoch zuvor in Betrieb, und der Anlagenbetreiber kann nicht garantieren, dass diese Anlage ihren Betrieb innerhalb von maximal sechs Monaten nach der Betriebseinstellung wieder aufnehmen wird; die zuständige Behörde kann auf Antrag diese Frist auf bis zu 18 Monate verlängern, wenn der Anlagenbetreiber nachweisen kann, dass die Anlage den Betrieb innerhalb von sechs Monaten nicht wieder aufnehmen kann auf Grund außergewöhnlicher und unvorhersehbarer Umstände, die selbst bei aller gebührenden Sorgfalt nicht hätten verhindert werden können und die außerhalb der Kontrolle des Betreibers der betreffenden Anlage liegen, insbesondere auf Grund von Umständen wie Naturkatastrophen, Krieg, Kriegsdrohungen, Terroranschlägen, Revolutionen, Unruhen, Sabotageakten oder Sachbeschädigungen.

(2) Absatz 1 Nummer 5 gilt weder für Anlagen, die in Reserve oder Bereitschaft gehalten werden, noch für Saisonanlagen, soweit die Anlage über

eine Genehmigung zur Emission von Treibhausgasen sowie über alle anderen vorgeschriebenen Betriebsgenehmigungen verfügt, regelmäßig gewartet wird und es technisch möglich ist, die Anlage kurzfristig in Betrieb zu nehmen, ohne dass hierzu physische Änderungen erforderlich sind.

(3) [1] Im Fall der Betriebseinstellung nach Absatz 1 hebt die zuständige Behörde ab dem Jahr, das auf das Jahr der Betriebseinstellung folgt, die Zuteilungsentscheidung von Amts wegen auf und stellt die Ausgabe von Berechtigungen an diese Anlage ein. [2] Die Aufhebung der Zuteilungsentscheidung steht unter der auflösenden Bedingung einer Ablehnung durch die Europäische Kommission.

§ 21 Teilweise Betriebseinstellungen. (1) Es wird davon ausgegangen, dass eine Anlage ihren Betrieb teilweise eingestellt hat, wenn ein Zuteilungselement, auf das mindestens 30 Prozent der der Anlage endgültig jährlich kostenlos zugeteilten Berechtigungen entfallen oder für das jährlich mehr als 50 000 Berechtigungen zugeteilt wurden, seine Aktivitätsrate in einem Kalenderjahr gegenüber der in der Zuteilung nach den §§ 9, 18 oder 19 zugrunde gelegten Aktivitätsrate (Anfangsaktivitätsrate) um mindestens 50 Prozent verringert.

(2) [1] Die zuständige Behörde hebt die Zuteilungsentscheidung von Berechtigungen an eine Anlage, die ihren Betrieb teilweise einstellt, ab dem auf die teilweise Betriebseinstellung folgenden Kalenderjahr, bei teilweiser Betriebseinstellung vor dem 1. Januar 2013 ab dem Jahr 2013, von Amts wegen auf und passt die Zuteilungsentscheidung wie folgt an:

1. verringert sich die Aktivitätsrate des Zuteilungselements gegenüber der Anfangsaktivitätsrate um 50 bis 75 Prozent, so erhält das Zuteilungselement die Hälfte der zugeteilten Berechtigungen;
2. verringert sich die Aktivitätsrate des Zuteilungselements gegenüber der Anfangsaktivitätsrate um 75 bis 90 Prozent, so erhält das Zuteilungselement 25 Prozent der zugeteilten Berechtigungen;
3. verringert sich die Aktivitätsrate des Zuteilungselements gegenüber der Anfangsaktivitätsrate um 90 Prozent oder mehr, so werden diesem Zuteilungselement keine Berechtigungen zugeteilt.

[2] Die zuständige Behörde kann bei Zuteilungselementen mit Produkt-Emissionswert im Rahmen der Berechnung der prozentualen Verringerung nach Satz 1 eine Verringerung der Aktivitätsrate unberücksichtigt lassen, soweit diese Verringerung durch eine Mehrproduktion eines vergleichbaren Produktes mit Produkt-Emissionswert in derselben Produktionslinie der Anlage kompensiert wird.

(3) Erreicht das Zuteilungselement nach einer Anpassung der Zuteilung nach Absatz 2 in einem der auf die teilweise Betriebseinstellung folgenden Kalenderjahre eine Aktivitätsrate von über 50 Prozent der Anfangsaktivitätsrate, so teilt die zuständige Behörde der betreffenden Anlage ab dem Jahr, das auf das Kalenderjahr folgt, in dem die Aktivitätsrate des Zuteilungselements den Schwellenwert von 50 Prozent überschritten hat, die ihr vor der Anpassung der Zuteilung nach Absatz 2 zugeteilten Berechtigungen von Amts wegen zu.

(4) Erreicht das Zuteilungselement nach einer Anpassung der Zuteilung nach Absatz 2 Nummer 2 oder Nummer 3 in einem der auf die teilweise Betriebseinstellung folgenden Kalenderjahre eine Aktivitätsrate von über

25 Prozent der Anfangsaktivitätsrate, so teilt die zuständige Behörde der betreffenden Anlage ab dem Jahr, das auf das Kalenderjahr folgt, in dem die Aktivitätsrate des Zuteilungselements den Schwellenwert von 25 Prozent überschritten hat, die Hälfte der ihr vor der Anpassung der Zuteilung nach Absatz 2 zugeteilten Berechtigungen von Amts wegen zu.

(5) Die Anpassungen von Zuteilungsentscheidungen nach den Absätzen 2 bis 4 stehen unter der auflösenden Bedingung einer Ablehnung durch die Europäische Kommission.

(6) Bei Zuteilungselementen mit Wärme-Emissionswert bleibt bei der Bestimmung der Aktivitätsraten nach den vorstehenden Absätzen unberücksichtigt:

1. die an andere Anlagen im Anwendungsbereich des Treibhausgas-Emissionshandelsgesetzes[1)] abgegebene Wärme und
2. die aufgenommene Wärme von anderen Anlagen, die nicht dem Anwendungsbereich des Treibhausgas-Emissionshandelsgesetzes unterliegen.

§ 22 Änderungen des Betriebs einer Anlage. (1) Der Anlagenbetreiber hat der zuständigen Behörde alle relevanten Informationen über geplante oder tatsächliche Änderungen der Kapazität, der Aktivitätsraten und des Betriebs der Anlage bis zum 31. Januar des Folgejahres, erstmals zum 31. Januar 2013, mitzuteilen.

(2) [1]Im Fall einer wesentlichen Kapazitätsverringerung nach § 19 ist der Anlagenbetreiber verpflichtet, der zuständigen Behörde die stillgelegte Kapazität und die installierte Kapazität des Zuteilungselements nach der wesentlichen Kapazitätsverringerung unverzüglich mitzuteilen. [2]Im Fall einer Betriebseinstellung nach § 20 Absatz 1 ist der Anlagenbetreiber verpflichtet, der zuständigen Behörde das Datum der Betriebseinstellung unverzüglich mitzuteilen.

Abschnitt 5. Befreiung von Kleinemittenten

§ 23 Angaben im Antrag auf Befreiung für Kleinemittenten. (1) Im Rahmen der Antragstellung nach § 27 Absatz 2 Satz 1 des Treibhausgas-Emissionshandelsgesetzes[1)] kann der Anlagenbetreiber im Fall der Auswahl des Ausgleichsbetrages als gleichwertige Maßnahme auf die Anrechnung des Kürzungsfaktors nach § 27 Absatz 3 Satz 2 des Treibhausgas-Emissionshandelsgesetzes verzichten; in diesem Fall sind die zusätzlich erforderlichen Angaben nach den Absätzen 3 und 4 sowie § 25 entbehrlich.

(2) Der Antrag muss folgende Angaben enthalten:

1. die jährlichen Emissionen der Anlage in den Kalenderjahren 2008 bis 2010 und
2. bei Anlagen nach Anhang 1 Teil 2 Nummer 1 bis 6 des Treibhausgas-Emissionshandelsgesetzes die Feuerungswärmeleistung der Anlage.

(3) Zusätzlich sind als Grundlage für den Nachweis spezifischer Emissionsminderungen folgende Angaben erforderlich:

1. die Produktionsmenge der Anlage nach § 24 in der Basisperiode;

---

1) Nr. **4.1**.

2. die durch die Produktion nach Nummer 1 verursachten Emissionen in der Basisperiode;
3. für Anlagen nach Anhang 1 Teil 2 Nummer 7 bis 29 des Treibhausgas-Emissionshandelsgesetzes die Mengen an Strom und messbarer Wärme, die in der Basisperiode von anderen Anlagen bezogen oder an andere Anlagen abgegeben wurden, und
4. im Fall des gemeinsamen Minderungsnachweises nach Anhang 5 Teil 1 Nummer 1 Buchstabe b des Treibhausgas-Emissionshandelsgesetzes die Bezeichnung der einbezogenen Anlagen sowie der Name für den gemeinsamen Anlagenverbund.

(4) [1] Für Anlagen nach Anhang 1 Teil 2 Nummer 1 bis 6 des Treibhausgas-Emissionshandelsgesetzes sind die auf die Erzeugung von Strom, Wärme und mechanische Arbeit entfallenden Emissionen getrennt anzugeben. [2] Für die Zuordnung der Emissionen zu den in gekoppelter Produktion hergestellten Produkten Strom und Wärme gilt Anhang 1 Teil 3; im Fall gekoppelter Produktion von mechanischer Arbeit und Wärme gilt Anhang 1 Teil 3 entsprechend.

(5) [1] Bei der Bestimmung von Emissionen nach den Absätzen 2 bis 4 sind die Vorgaben der Datenerhebungsverordnung 2020[1)] zu beachten. [2] § 5 Absatz 3 gilt entsprechend. [3] Produktionsmengen sind bezogen auf die jährliche Nettomenge marktfähiger Produkteinheiten anzugeben, für Anlagen nach Anhang 1 Teil 2 Nummer 1 bis 6 des Treibhausgas-Emissionshandelsgesetzes in Megawattstunden und für andere Anlagen bezogen auf die Gesamtheit der unter der jeweiligen Tätigkeit hergestellten Produkte in Tonnen.

(6) [1] Basisperiode ist der nach § 8 Absatz 1 gewählte Bezugszeitraum. [2] Für Anlagen, die im Jahr 2007 oder 2008 in Betrieb genommen wurden und als Bezugszeitraum nach § 8 Absatz 1 nicht die Jahre 2009 und 2010 gewählt haben, besteht die Basisperiode aus den zwei auf das Jahr der Inbetriebnahme folgenden Jahren.

§ 24 Bestimmung des Emissionswertes der Anlage in der Basisperiode. (1) [1] Der Emissionswert der Anlage bezieht sich

1. bei Anlagen nach Anhang 1 Teil 2 Nummer 1 bis 6 des Treibhausgas-Emissionshandelsgesetzes[2)] auf die Emissionsmenge je Produkteinheit für die Produkte Strom, Wärme oder mechanische Arbeit, jeweils getrennt nach gekoppelter und nicht gekoppelter Produktion;
2. bei Anlagen nach Anhang 1 Teil 2 Nummer 7 bis 29 des Treibhausgas-Emissionshandelsgesetzes auf die Emissionsmenge je Produkteinheit für die Gesamtheit der unter der jeweiligen Tätigkeit hergestellten Produkte.

[2] Der Emissionswert der Anlage je Produkteinheit in der Basisperiode ergibt sich nach Maßgabe der nachfolgenden Absätze aus der Division der jahresdurchschnittlichen Emissionen der Anlage in der Basisperiode durch die jahresdurchschnittliche Produktionsmenge der Anlage in der Basisperiode.

---

1) Nr. **4.4.**
2) Nr. **4.1.**

(2) [1] Stellt eine Anlage nach Absatz 1 Satz 1 Nummer 1 mehrere der dort genannten Produkte her, so werden zur Bestimmung des Emissionswertes der Anlage in der Basisperiode die Emissionswerte der einzelnen Produkte entsprechend dem jahresdurchschnittlichen Anteil der dem jeweiligen Produkt zuzuordnenden Emissionsmenge an den jahresdurchschnittlichen Gesamtemissionen der Anlage in der Basisperiode gewichtet. [2] § 23 Absatz 4 Satz 2 gilt entsprechend. [3] Werden in einer unter Absatz 1 Satz 1 Nummer 2 fallenden Anlage mehrere der in Anhang 1 Teil 2 Nummer 7 bis 29 des Treibhausgas-Emissionshandelsgesetzes genannten Tätigkeiten durchgeführt, gilt Satz 1 entsprechend.

(3) [1] Soweit eine Anlage in der Basisperiode Strom oder messbare Wärme von anderen Anlagen bezogen hat, sind die auf diese Mengen entfallenden Emissionen bei der Bestimmung des Emissionswertes der Anlage hinzuzurechnen. [2] Die Emissionen, die auf den aus einer anderen Anlage bezogenen Strom entfallen, werden bestimmt, indem die jahresdurchschnittlich bezogene Strommenge mit einem Emissionswert von 0,465 Tonnen Kohlendioxid pro Megawattstunde multipliziert wird. [3] Die auf den Bezug messbarer Wärme entfallenden Emissionen werden bestimmt, indem die jahresdurchschnittlich bezogene Wärmemenge mit einem Emissionswert von 62,3 Tonnen Kohlendioxid pro Terajoule multipliziert wird.

(4) Soweit eine Anlage nach Anhang 1 Teil 2 Nummer 7 bis 29 des Treibhausgas-Emissionshandelsgesetzes in der Basisperiode Strom oder messbare Wärme an eine andere Anlage abgegeben hat, werden die jahresdurchschnittlichen Emissionen, die der Produktion des abgegebenen Stroms oder der abgegebenen Wärme nach Absatz 3 Satz 2 und 3 zuzurechnen sind, bei der Bestimmung des Emissionswertes der Anlage von der Emissionsmenge abgezogen.

(5) Im Fall des gemeinsamen Minderungsnachweises nach Anhang 5 Teil 1 Nummer 1 Buchstabe b des Treibhausgas-Emissionshandelsgesetzes werden zur Bestimmung des Emissionswertes des Verbundes in der Basisperiode die Emissionswerte aller einbezogenen Anlagen in entsprechender Anwendung von Absatz 2 Satz 1 gewichtet.

§ 25 Nachweis anlagenspezifischer Emissionsminderungen. (1) Für die anlagenspezifische Emissionsminderung ist die Reduzierung des Emissionswertes der Anlage in einem Berichtsjahr der Handelsperiode 2013 bis 2020 gegenüber dem nach § 24 bestimmten Emissionswert der Anlage in der Basisperiode maßgeblich.

(2) [1] Der Emissionswert der Anlage je Produkteinheit in einem Berichtsjahr der Handelsperiode 2013 bis 2020 ergibt sich aus der Division der Emissionen der Anlage in diesem Berichtsjahr und der Produktionsmenge der Anlage in diesem Berichtsjahr. [2] § 24 Absatz 2 bis 5 gilt entsprechend.

(3) Der Anlagenbetreiber muss für jedes Berichtsjahr der Handelsperiode 2013 bis 2020 berichten über

1. die Produktionsmenge der nach § 24 bestimmten Produkte der Anlage und
2. die Mengen an Strom und messbarer Wärme, die von anderen Anlagen bezogen oder an andere Anlagen abgegeben wurden.

(4) [1]Die Mengen, über die nach Absatz 3 zu berichten ist, sind durch die kaufmännische Buchführung nachzuweisen. [2]Die Nachweise sind zehn Jahre aufzubewahren.

(5) Wird in einem Berichtsjahr eines der Produkte nicht hergestellt, bleibt es bei der Bestimmung der anlagenspezifischen Emissionsminderung in diesem Jahr unberücksichtigt.

(6) [1]Bei gemeinsamer Nachweisführung nach Anhang 5 Teil 1 Nummer 1 Buchstabe b des Treibhausgas-Emissionshandelsgesetzes[1)] sind die Überwachungs- und Berichtspflichten nach dem Treibhausgas-Emissionshandelsgesetz und dieser Verordnung für jede Anlage gesondert zu erfüllen. [2]In den Überwachungsplänen und Berichten sind der Name des Verbunds und die gemeinsamen Ansprechpersonen zu benennen. [3]Anlagen, die in einem Jahr keine Produktionsleistung erbracht haben, bleiben bei der Bestimmung der Emissionsminderung unberücksichtigt.

§ 26 Ausgleichszahlungs- und Abgabepflicht. (1) [1]Bei Ermittlung des Ausgleichsbetrages nach § 27 Absatz 3 des Treibhausgas-Emissionshandelsgesetzes[1)] für ein Berichtsjahr der Handelsperiode 2013 bis 2020 ist eine Anzahl kostenloser Berechtigungen zugrunde zu legen, die sich für die Anlage ohne eine Befreiung aus der Anwendung von § 9 Absatz 1 des Treibhausgas-Emissionshandelsgesetzes und den Zuteilungsregeln dieser Verordnung für dieses Berichtsjahr ergeben würde. [2]Dies gilt auch für Änderungen der Anlage oder ihrer Betriebsweise.

(2) [1]In den Fällen nach § 27 Absatz 6 des Treibhausgas-Emissionshandelsgesetzes ist es dem Anlagenbetreiber gestattet, Berechtigungen für das Kalenderjahr, in dem er erstmals die dort genannte Emissionsschwelle erreicht hat, bis zum 30. April des übernächsten Jahres abzugeben. [2]Abweichend davon muss der Anlagenbetreiber für das Kalenderjahr 2020 Berechtigungen bis zum 30. April 2021 abgeben.

§ 27 Öffentlichkeitsbeteiligung. (1) Die zuständige Behörde gibt auf ihrer Internetseite folgende Informationen bekannt:

1. die Namen der Anlagen, für die eine Befreiung nach § 27 des Treibhausgas-Emissionshandelsgesetzes[1)] beantragt wurde;
2. für jede dieser Anlagen die festgelegte gleichwertige Maßnahme nach § 27 Absatz 2 des Treibhausgas-Emissionshandelsgesetzes und
3. für jede dieser Anlagen die jährlich zwischen 2008 und 2010 verursachten Treibhausgasemissionen.

(2) [1]Nach Bekanntgabe hat die Öffentlichkeit vier Wochen Gelegenheit, zu den beabsichtigten Befreiungen Stellung zu nehmen. [2]Nach Ablauf der Frist teilt die zuständige Behörde der Europäischen Kommission das Ergebnis der Öffentlichkeitsbeteiligung mit. [3]Diese Mitteilung macht die zuständige Behörde auf ihrer Internetseite bekannt.

§ 28 Erleichterungen bei der Emissionsberichterstattung von Kleinemittenten. (1) Für Betreiber von Anlagen, die in den Jahren 2008 bis 2010

[1)] Nr. **4.1**.

oder in den drei Kalenderjahren vor dem Berichtsjahr jeweils weniger als 5 000 Tonnen Kohlendioxid-Äquivalent emittiert haben, gelten bei der Ermittlung von Emissionen und der Emissionsberichterstattung nach § 5 des Treibhausgas-Emissionshandelsgesetzes[1] folgende Erleichterungen:

1. Emissionsfaktoren, Heizwerte und Kohlenstoffgehalte von Brennstoffen und Materialien können durch Lieferantenangaben bestimmt werden, soweit für die betreffenden Brennstoffe keine entsprechenden standardisierten Parameter durch Rechtsvorschrift bestimmt sind; eines Nachweises der Unsicherheit, mit der die einzelnen Parameter ermittelt wurden, bedarf es nicht.
2. Bestimmt der Betreiber die Parameter in eigener Verantwortung oder durch Beauftragung eines Dritten, genügt der Nachweis, dass normierte Verfahren zur Beprobung und Analyse der einzelnen Stoffparameter angewendet und Herstellerhinweise zum Betrieb der verwendeten Messgeräte beachtet wurden; die in Anspruch genommenen Laboratorien müssen nicht akkreditiert sein; Vergleichsuntersuchungen sind entbehrlich.
3. Für die Überwachung von und die Berichterstattung über Aktivitätsdaten gelten die Nummern 1 und 2 entsprechend.
4. Die fossilen Anteile von Stoffen gleicher Herkunft mit überwiegend biogenem Kohlenstoffanteil müssen vierteljährlich nur einmal durch repräsentative Probenahme und Analyse ermittelt werden; von gleicher Herkunft kann ausgegangen werden, wenn auf Grund des Ursprungs der Stoffe nur eine unwesentlich verschiedene Zusammensetzung anzunehmen ist.
5. Im Überwachungsplan ist eine Beschreibung der Verfahren zur Festlegung von Verantwortlichkeiten und Kompetenzen entbehrlich.
6. Eine Beschreibung des Verfahrens zur regelmäßigen Revision des Überwachungsplans ist entbehrlich.
7. In den Überwachungsplan ist ein nachvollziehbares Datenflussdiagramm aufzunehmen; eine verbale Beschreibung der Datenerhebung und -verwaltung ist daneben entbehrlich.
8. Informationen zu anderen in der Anlage angewandten Umweltmanagementsystemen sind nicht erforderlich.
9. Im Rahmen der Verifizierung des Emissionsberichts ist es ausreichend, wenn die sachverständige Stelle die berichteten Sachverhalte alle vier Jahre mit den Verhältnissen vor Ort abgleicht, soweit die Methode zur Überwachung der Aktivitätsdaten oder Stoffparameter nicht geändert wurde.

(2) Für andere Anlagen nach § 27 Absatz 5 Satz 1 des Treibhausgas-Emissionshandelsgesetzes gilt bei der Ermittlung von Emissionen und der Emissionsberichterstattung Absatz 1 Nummer 1 bis 6 und 8 entsprechend.

Abschnitt 6. Sonstige Regelungen

§ 29 Einheitliche Anlagen. (1) Auf Antrag des Betreibers stellt die zuständige Behörde fest, dass Anlagen nach Anhang 1 Teil 2 Nummer 1 bis 6 des Treibhausgas-Emissionshandelsgesetzes[1] gemeinsam mit anderen Anlagen nach Anhang 1 Teil 2 Nummer 12 bis 22 des Treibhausgas-Emissionshandelsgesetzes

[1] Nr. **4.1**.

eine einheitliche Anlage bilden, sofern die Voraussetzungen des § 24 des Treibhausgas-Emissionshandelsgesetzes erfüllt sind.

(2) Betreiber von Anlagen im Sinne des Anhangs 1 Teil 2 Nummer 8 bis 11 des Treibhausgas-Emissionshandelsgesetzes, die nach § 24 des Treibhausgas-Emissionshandelsgesetzes als einheitliche Anlage gelten, sind verpflichtet, im Rahmen der Emissionsberichterstattung auch die Produktionsmengen der in den einbezogenen Anlagen hergestellten Produkte anzugeben.

(3) Anlagen nach Anhang 1 Teil 2 Nummer 7 des Treibhausgas-Emissionshandelsgesetzes gelten gemeinsam mit sonstigen in Anhang 1 Teil 2 des Treibhausgas-Emissionshandelsgesetzes aufgeführten Anlagen als einheitliche Anlage, sofern sie von demselben Anlagenbetreiber an demselben Standort in einem technischen Verbund betrieben werden.

(4) Die zuständige Behörde hat Feststellungen nach § 24 des Treibhausgas-Emissionshandelsgesetzes zu widerrufen, soweit nachträglich unmittelbar geltende Rechtsakte der Europäischen Union der Bildung einer solchen einheitlichen Anlage entgegenstehen.

§ 30 Auktionierung. (1) Anbieter der gemäß § 8 Absatz 1 Satz 1 des Treibhausgas-Emissionshandelsgesetzes[1)] zu versteigernden Berechtigungen ist das Umweltbundesamt oder ein von ihm beauftragter Dritter.

(2) [1] Erlöse gemäß § 8 Absatz 3 Satz 1 des Treibhausgas-Emissionshandelsgesetzes sind die Einnahmen nach Abzug der Umsatzsteuer (Nettoerlöse). [2] Im Rahmen des § 8 Absatz 3 Satz 2 des Treibhausgas-Emissionshandelsgesetzes sind Überdeckungen und Unterdeckungen der entstandenen Kosten der Deutschen Emissionshandelsstelle im Umweltbundesamt auf den Refinanzierungsbedarf des darauffolgenden Jahres anzurechnen.

§ 31 Ordnungswidrigkeiten. (1) Ordnungswidrig im Sinne des § 32 Absatz 1 Nummer 2 und Absatz 2 des Treibhausgas-Emissionshandelsgesetzes[1)] handelt, wer vorsätzlich oder fahrlässig entgegen § 5 Absatz 1, § 6 Absatz 4 Satz 1, § 10 Absatz 3 Satz 1 erster Halbsatz oder Satz 2 oder § 16 Absatz 2 eine Angabe nicht richtig macht.

(2) Ordnungswidrig im Sinne des § 32 Absatz 3 Nummer 6 des Treibhausgas-Emissionshandelsgesetzes handelt, wer vorsätzlich oder fahrlässig

1. entgegen § 6 Absatz 2 Satz 3 einen Einzelnachweis nicht, nicht richtig oder nicht rechtzeitig vorweist,
2. entgegen § 22 Absatz 1 eine Mitteilung über Aktivitätsraten der Anlage nicht, nicht richtig, nicht vollständig oder nicht rechtzeitig macht,
3. entgegen § 22 Absatz 2 eine Mitteilung nicht, nicht richtig, nicht vollständig oder nicht rechtzeitig macht oder
4. entgegen § 29 Absatz 2 eine Angabe nicht, nicht richtig oder nicht vollständig macht.

§ 32 Übergangsregelung zur Einbeziehung von Polymerisationsanlagen. Für Polymerisationsanlagen gelten für die Jahre 2018 bis 2020 folgende Übergangsregelungen:

---

1) Nr. **4.1**.

1. Als Bestandsanlage gelten alle Anlagen, denen vor dem 1. Juli 2011 eine Genehmigung zur Emission von Treibhausgasen erteilt wurde; als Neuanlage gelten alle Anlagen, denen zum ersten Mal nach dem 30. Juni 2011 eine Genehmigung zur Emission von Treibhausgasen erteilt wurde.
2. Abweichend von § 16 Absatz 1 sind Anträge auf kostenlose Zuteilung von Berechtigungen für neue Marktteilnehmer, die ihren Regelbetrieb oder ihren geänderten Betrieb in dem Zeitraum vom 1. Juli 2011 bis zum 30. September 2016 aufgenommen haben, bis zum Ablauf der Frist nach § 36 Absatz 3 des Treibhausgas-Emissionshandelsgesetzes[1] zu stellen.
3. Abweichend von § 18 Absatz 4 werden für Emissionen der Zuteilungselemente, die vor Aufnahme des Regelbetriebs erfolgt sind, zusätzliche Berechtigungen nur zugeteilt, wenn die Emissionen nach dem 31. Dezember 2017 erfolgt sind.
4. Abweichend von § 21 Absatz 2 Satz 1 hebt die zuständige Behörde die Entscheidung über die Zuteilung von Berechtigungen an eine Anlage, die ihren Betrieb teilweise einstellt, ab dem auf die teilweise Betriebseinstellung folgenden Kalenderjahr, bei teilweisen Betriebseinstellungen vor dem 1. Januar 2017 ab dem Jahr 2018, von Amts wegen auf und passt die Zuteilung nach den Vorgaben nach § 21 an.
5. Abweichend von § 22 Absatz 1 hat der Anlagenbetreiber der zuständigen Behörde alle relevanten Informationen über geplante oder tatsächliche Änderungen der Kapazität, der Aktivitätsraten und des Betriebs der Anlage bis zum 31. Januar des Folgejahres, erstmals zum 31. Januar 2018, mitzuteilen.

§ 33 Inkrafttreten. Diese Verordnung tritt am Tag nach der Verkündung[2] in Kraft.

Anhang 1
(zu § 5 Absatz 1 Nummer 4 Buchstabe e, § 6 Absatz 6, § 10 Absatz 3 Satz 1, §§ 12, 13 Satz 1, § 15 Absatz 4 Satz 3, § 16 Absatz 2 Nummer 5 Buchstabe c, § 23 Absatz 4 Satz 2)

Anwendung besonderer Zuteilungsregeln

Teil 1. Zuteilung für Steamcracking-Prozesse nach § 12

Die vorläufige jährliche Anzahl Berechtigungen, die einem Zuteilungselement mit Produkt-Emissionswert für die Herstellung chemischer Wertprodukte zuzuteilen sind, berechnet sich nach folgender Formel:

$$F_{cWP} = \frac{Em_{direkt}}{Em_{direkt} + Em_{indirekt}} \cdot BM_{Steamcracken} \cdot MEDIAN\,(HAR_{cWP,\,insg.,k} - HZE_{H,k} - HZE_{E,k} - HZE_{O,k}) + 1{,}78 \cdot MEDIAN\,(HZE_{H,k}) + 0{,}24 \cdot MEDIAN\,(HZE_{E,k}) + 0{,}16 \cdot MEDIAN\,(HZE_{O,k})$$

Erläuterung der Abkürzungen

F_{cWP} vorläufige jährliche Zuteilung für ein Zuteilungselement, das die Produktion von chemischen Wertprodukten durch Steamcracken abbildet, in Anzahl Berechtigungen;

---

[1] Nr. **4.1**.
[2] Verkündet am 29.9.2011.

$BM_{Steamcracken}$	Produkt-Emissionswert für Steamcracken;
Em_{direkt}	direkte Emissionen nach Maßgabe von § 15 Absatz 4. Die in den direkten Emissionen enthaltenen Emissionen aus allen Nettoimporten messbarer Wärme werden nach § 15 Absatz 3 berechnet;
$Em_{indirekt}$	indirekte Emissionen aus dem Verbrauch von Strom innerhalb der Systemgrenzen des Steamcrackens während des gewählten Bezugszeitraums, berechnet anhand des Emissionsfaktors nach § 15 Absatz 2;
$HAR_{cWP,insg.,k}$	historische Aktivitätsrate für die Gesamtproduktion an chemischen Wertprodukten im Jahr *k* des gewählten Bezugszeitraums, ausgedrückt in Tonnen chemische Wertprodukte;
$HZE_{H,k}$	historische Wasserstoff-Produktion aus zusätzlichen Einsatzstoffen im Jahr *k* des gewählten Bezugszeitraums, ausgedrückt in Tonnen Wasserstoff;
$HZE_{E,k}$	historische Ethen-Produktion aus zusätzlichen Einsatzstoffen im Jahr *k* des gewählten Bezugszeitraums, ausgedrückt in Tonnen Ethen;
$HZE_{O,k}$	historische Produktion anderer chemischer Wertprodukte aus zusätzlichen Einsatzstoffen im Jahr *k* des gewählten Bezugszeitraums, ausgedrückt in Tonnen anderer chemischer Wertprodukte, hier als Summe der Massen von Ethin, Propen, Butadien und Benzol.

Teil 2. Zuteilung für Vinylchlorid-Monomer nach § 13

Die vorläufige jährliche Anzahl Berechtigungen, die einem Zuteilungselement mit Produkt-Emissionswert für die Herstellung von Vinylchlorid-Monomer zuzuteilen sind, berechnet sich nach folgender Formel:

$$F_{VCM} = \frac{Em_{direkt}}{Em_{direkt} + Em_{Wasserstoff}} \cdot BM_{VCM} \cdot HAR_{VCM}$$

Erläuterung der Abkürzungen

F_{VCM}	vorläufige jährliche Zuteilung für die Produktion von Vinylchlorid-Monomer, in Anzahl Berechtigungen;
BM_{VCM}	Produkt-Emissionswert für Vinylchlorid-Monomer;
HAR_{VCM}	historische Aktivitätsrate für die Produktion von Vinylchlorid-Monomer als Median der jährlichen Produktionsmengen während des jeweiligen Bezugszeitraums, ausgedrückt in Tonnen Vinylchlorid (Chlorethylen);
Em_{direkt}	historische direkte Emissionen nach Maßgabe von § 15 Absatz 4 aus der Produktion von Vinylchlorid-Monomer, einschließlich Emissionen aus dem Nettowärmeimport während des jeweiligen Bezugszeitraums, ausgedrückt in Tonnen Kohlendioxid-Äquivalent; die in den direkten Emissionen enthaltenen Emissionen aus allen Nettoimporten messbarer Wärme berechnen sich nach § 15 Absatz 3;
$Em_{Wasserstoff}$	historische virtuelle Emissionen aus der Verbrennung von Wasserstoff zur Produktion von Vinylchlorid-Monomer während des jeweiligen Bezugszeitraums, berechnet als historischer Wasserstoffverbrauch multipliziert mit 56,1 Tonnen Kohlendioxid pro Terajoule, ausgedrückt in Tonnen Kohlendioxid-Äquivalent.

Teil 3. Zuordnung der Eingangsströme und Emissionen bei der Erzeugung von Wärme in Kraft-Wärme-Kopplung

1. Für die Zuordnung der Eingangsströme und Emissionen bei der Erzeugung von Wärme in Kraft-Wärme-Kopplung auf die in gekoppelter Produktion hergestellten Produkte ist folgende Formel maßgeblich:

$$E_Q = E_{KWK} \cdot \frac{\frac{\eta_Q}{\eta_{Q,ref}}}{\frac{\eta_{el}}{\eta_{el,ref}} + \frac{\eta_Q}{\eta_{Q,ref}}}$$

Erläuterung der Abkürzungen

E_Q die auf die in gekoppelter Erzeugung von Wärme entfallende Emissionsmenge in Tonnen Kohlendioxid-Äquivalente oder die auf die in gekoppelter Erzeugung von Wärme entfallenden Stoffströme, bezogen auf ein Zuteilungselement;

η_Q Wirkungsgrad der Wärmeerzeugung in gekoppelter Wärmeproduktion;

$\eta_{Q,ref}$ Referenzwirkungsgrad der Wärmeerzeugung in gekoppelter Wärmeproduktion;

η_{el} Wirkungsgrad der Stromproduktion in gekoppelter Stromerzeugung;

$\eta_{el,ref}$ Referenzwirkungsgrad der Stromproduktion in gekoppelter Stromerzeugung;

E_{KWK} die auf die in gekoppelter Erzeugung von elektrischer und thermischer Energie entfallende Emissionsmenge in Tonnen Kohlendioxid-Äquivalente oder die auf die in gekoppelter Erzeugung von elektrischer und thermischer Energie entfallenden Stoffströme.

2. Zur Anwendung der Formel nach Nummer 1 sind die Wirkungsgrade für die Strom- und Wärmeproduktion entweder aus den Auslegungsparametern der Anlage anzugeben oder durch verifizierte Messungen zu ermitteln; alternativ zur Angabe der Wirkungsgrade können auch die Nutzungsgrade angegeben werden.
Für die Ermittlung der Wirkungsgrade durch verifizierte Messungen sind folgende Formeln maßgeblich:

$$\eta_Q = \frac{Q_W}{Q_{Br}} \text{ bzw. } \eta_{el} = \frac{Q_{el}}{Q_{Br}}$$

Erläuterung der Abkürzungen

Q_W die auf die in gekoppelter Erzeugung von elektrischer und thermischer Energie entfallende Wärmemenge, ausgedrückt in Gigajoule;

Q_{Br} die für die gekoppelte Erzeugung von elektrischer und thermischer Energie benötigte Brennstoffmenge, ausgedrückt in Gigajoule;

Q_{el} die auf die in gekoppelter Erzeugung von elektrischer und thermischer Energie entfallende Strommenge, ausgedrückt in Gigajoule.

Sofern diese Angaben nicht vorliegen oder nicht ermittelt werden können, ist für η_Q ein Wert von 0,7, für η_{el} ein Wert von 0,525 anzunehmen.

3. Zur Anwendung der Formel nach Nummer 1 gelten für $\eta_{Q,ref}$ und $\eta_{el,ref}$ die folgenden Referenzwirkungsgrad-Werte der getrennten Strom- und Wärmeerzeugung:

	Steinkohle, Koks und sonstige feste Brennstoffe	Braunkohle, Braunkohlebriketts	Gasöl, Heizöl, Flüssiggas und sonstige flüssige Brennstoffe	Erdgas und weitere gasförmige Brennstoffe
Strom	44,2 %	41,8 %	44,2 %	52,5 %
Wärme	88 %	86 %	89 %	90 %

Werden in einem Zuteilungselement mehrere Brennstoffe eingesetzt, so ist ein Mischwert für den Referenzwirkungsgrad auf Basis einer Gewichtung nach Brennstoffenergie zu bilden.

4. Zusätzliche Angaben im Zuteilungsantrag
Soweit Regelungen dieser Verordnung auf diesen Teil des Anhangs 1 verweisen, sind im Zuteilungsantrag folgende Angaben zu den Verbrennungseinheiten der Anlage zusätzlich erforderlich:

a) die Bezeichnung der Verbrennungseinheit,

b) die Feuerungswärmeleistung zum Zeitpunkt der Antragstellung,

c) die zugehörigen Zuteilungselemente,

d) Veränderungen der Angaben zu den Buchstaben a bis c in den Kalenderjahren 2005 bis 2010.

Anhang 2
(zu § 7 Absatz 3)

Anforderungen an die sachverständigen Stellen und die Prüfung

Teil 1. Anforderungen an die sachverständigen Stellen

Die sachverständige Stelle muss vom Anlagenbetreiber unabhängig sein, ihre Aufgabe objektiv und unparteiisch ausführen und vertraut sein mit

1. den für die zu prüfenden Tätigkeiten relevanten Rechts- und Verwaltungsvorschriften, insbesondere mit der Richtlinie 2003/87/EG, den Monitoring-Leitlinien, den einheitlichen EU-Zuteilungsregeln, dem Treibhausgas-Emissionshandelsgesetz[1], der Datenerhebungsverordnung 2020[2] sowie dieser Verordnung und den einschlägigen Normen;
2. dem Zustandekommen aller Informationen über die einzelnen Parameter und Emissionsquellen in der Anlage, insbesondere im Hinblick auf Erfassung, messtechnische Erhebung, Berechnung und Übermittlung von Daten.

Teil 2. Anforderungen an die Prüfung

I. Allgemeine Grundsätze

1. Planung und Durchführung der Prüfung müssen unter Beachtung professioneller Skepsis erfolgen und insbesondere solche Umstände berücksichtigen, die zu wesentlichen Fehlern und Falschangaben der vorgelegten Informationen und Daten führen könnten.
2. Im Rahmen des Verifizierungsverfahrens dürfen vom Anlagenbetreiber mitgeteilte Parameter und Daten nur validiert werden, wenn sie mit einem hohen Grad an Sicherheit bestimmt werden konnten. Zur Gewährleistung eines hohen Grades an Sicherheit muss die sachverständige Stelle bei der Prüfung der vom Anlagenbetreiber vorgelegten Nachweise zur Überzeugung gelangen, dass
   a) die mitgeteilten Parameter und Daten zuverlässig und schlüssig sind,
   b) die Daten in Übereinstimmung mit den geltenden Normen, Leitlinien und wissenschaftlichen Standards erhoben worden sind und
   c) die einschlägigen Aufzeichnungen und Dokumentationen der Anlage vollständig und schlüssig sind.
3. Die sachverständige Stelle erhält Zugang zu allen Standorten und zu allen Informationen, die mit dem Gegenstand der Prüfung in Zusammenhang stehen.

II. Methodik

1. Die Prüfung basiert auf einer strategischen Analyse aller Tätigkeiten, die in der Anlage durchgeführt werden. Dazu verschafft sich die sachverständige Stelle insbesondere ein vollständiges und detailliertes Verständnis sämtlicher relevanter Tätigkeiten und ihrer Bedeutung für die Zuteilung.
2. Bei der Prüfung sind sämtliche relevanten Informationen der Emissionsgenehmigung, der immissionsschutzrechtlichen Genehmigung oder sonstiger Betriebsgenehmigungen zu berücksichtigen. Dies gilt insbesondere auch hinsichtlich der Bewertung der installierten Anfangskapazität von Zuteilungselementen.
3. Im Rahmen einer Risikoanalyse sind die inhärenten Risiken und die Kontrollrisiken, die sich jeweils aus dem Umfang und der Komplexität der Tätigkeiten des Anlagenbetreibers und den Zuteilungsparametern ergeben und zu wesentlichen Falschangaben führen könnten, sowie die Entdeckungsrisiken zu untersuchen und zu bewerten. Basierend auf den Ergebnissen der strategischen Analyse und der Risikoanalyse ist der Prüfplan aufzustellen.
4. Für die Prüfung ist sowohl eine technische Vor-Ort-Besichtigung der Anlage als auch eine Vor-Ort-Einsichtnahme in Nachweise und Belege erforderlich, um das Funktionieren von Zählern und Überwachungssystemen zu kontrollieren, Interviews durchzuführen, Stichproben und hinreichende Informationen zu erheben sowie Belege zu überprüfen. Die sachverständige Stelle kann auf eine Vor-Ort-Besichtigung verzichten, soweit die in Satz 1 genannten Umstände bereits Gegenstand

[1] Nr. **4.1**.
[2] Nr. **4.4**.

einer nicht länger als zwei Jahre zurückliegenden Vor-Ort-Überprüfung durch die sachverständige Stelle waren.

5. Bei der Umsetzung des Prüfplans sind anhand der vorgesehenen Probenahmeverfahren, Durchgangstests, Dokumentenprüfungen, Analyseverfahren und Datenprüfungen sämtliche Daten zu erheben und Informationen einzuholen, auf die das spätere Prüfgutachten gestützt wird.
6. Die sachverständige Stelle fordert den Anlagenbetreiber auf, alle fehlenden Daten oder fehlende Teile des Prüfpfads zu vervollständigen, Abweichungen bei den Parametern oder Emissionsdaten zu erklären sowie Berechnungen erneut durchzuführen oder mitgeteilte Daten anzupassen.
7. Der Sachverständige hat wesentliche Prüftätigkeiten selbst auszuführen. Soweit er Hilfstätigkeiten delegiert, hat er dies in seinem externen Prüfbericht zu vermerken.

III. Bericht

1. Die sachverständige Stelle erstellt einen internen Prüfbericht, in dem dokumentiert und nachgewiesen wird, dass die strategische Analyse, die Risikoanalyse und der Prüfplan vollständig durchgeführt und umgesetzt wurden. Der interne Prüfbericht muss hinreichende Informationen zu den tragenden Erwägungen des Prüfgutachtens enthalten. Der interne Prüfbericht dient auch dazu, der zuständigen Behörde und der Aufsichtsbehörde eine etwaige Bewertung der Prüfung zu erleichtern.
2. Die Entscheidung, ob die mitgeteilten Parameter wesentliche Falschangaben enthalten oder irgendwelche anderen Fragen offengeblieben sind, die für das Prüfgutachten von Belang sind, ist auf der Grundlage der Ergebnisse und Feststellungen des internen Prüfberichts zu treffen.
3. Prüfmethode, Feststellungen und Prüfgutachten sind in einem externen Prüfbericht zusammenzufassen, welcher durch den Betreiber zusammen mit dem Zuteilungsantrag an die zuständige Behörde übermittelt wird. Der externe Prüfbericht muss in nachvollziehbarer Weise Inhalt und Ergebnis der Prüfung erkennen lassen. Er muss Angaben zu sämtlichen Feldern enthalten, die in der elektronischen Formatvorlage zur Ausfüllung durch die sachverständige Stelle vorgesehen sind. Im elektronischen Format sind die jeweils zutreffenden Prüfvermerke auszuwählen. Hat die sachverständige Stelle in den Antragsangaben Fehler oder Abweichungen von den rechtlichen Anforderungen festgestellt, so muss sie im externen Prüfbericht darauf hinweisen und erläutern, warum sie das Testat trotzdem erteilen konnte. Soweit eine Überprüfung nicht oder nur bedingt möglich ist, ist im externen Prüfbericht zu vermerken, inwieweit der Nachweis geführt werden konnte. Es ist zu begründen, warum die eingeschränkte Prüfbarkeit der Erteilung des Testats nicht entgegenstand.

4.4. Verordnung über die Erhebung von Daten zur Einbeziehung des Luftverkehrs sowie weiterer Tätigkeiten in den Emissionshandel (Datenerhebungsverordnung 2020 – DEV 2020)[1)]

Vom 22. Juli 2009
(BGBl. I S. 2118)

FNA 2129-40-3

zuletzt geänd. durch Art. 106 Zehnte ZuständigkeitsanpassungsVO v. 31.8.2015 (BGBl. I S. 1474)

Auf Grund des § 27 Absatz 2, 3 und 6 Satz 2 des Treibhausgas-Emissionshandelsgesetzes, der durch Artikel 1 Nummer 4 des Gesetzes vom 16. Juli 2009 (BGBl. I S. 1954) eingefügt worden ist, verordnet die Bundesregierung:

Abschnitt 1. Allgemeine Vorschriften

§ 1 Anwendungsbereich. (1) Diese Verordnung gilt für Tätigkeiten innerhalb des sachlichen Anwendungsbereichs des Anhangs I der Richtlinie 2003/87/EG des Europäischen Parlaments und des Rates vom 13. Oktober 2003 über ein System für den Handel mit Treibhausgasemissionszertifikaten in der Gemeinschaft und zur Änderung der Richtlinie 96/61/EG des Rates (ABl. L 275 vom 25.10.2003, S. 32), die zuletzt durch die Richtlinie 2009/29/EG (ABl. L 140 vom 5.6.2009, S. 63) geändert worden ist, soweit diese Tätigkeiten nicht von Anhang 1 des Treibhausgas-Emissionshandelsgesetzes vom 8. Juli 2004 (BGBl. I S. 1578), das zuletzt durch Artikel 9 des Gesetzes vom 11. August 2010 (BGBl. I S. 1163) geändert worden ist, erfasst sind.

(2) [1] Diese Verordnung gilt abweichend von Absatz 1 für Flüge, die von einem Flugplatz abgehen oder auf einem Flugplatz enden, der sich in dem Hoheitsgebiet eines Mitgliedstaats der Europäischen Union befindet, auf das der Vertrag zur Gründung der Europäischen Gemeinschaft Anwendung findet, und die von Luftfahrzeugbetreibern durchgeführt werden, die

1. durch die nach § 27 Absatz 3 Satz 1 zweiter Halbsatz des Treibhausgas-Emissionshandelsgesetzes vom 8. Juli 2004 (BGBl. I S. 1578), das zuletzt durch Artikel 9 des Gesetzes vom 11. August 2010 (BGBl. I S. 1163) geändert worden ist, im Bundesanzeiger bekannt gemachte Liste der Kommission nach Artikel 18a Absatz 3 der Richtlinie 2003/87/EG der Bundesrepublik Deutschland als zuständigem Verwaltungsmitgliedstaat zugewiesen sind oder
2. auf dieser Liste keinem Verwaltungsmitgliedstaat zugewiesen sind, sofern sie eine gültige deutsche Betriebsgenehmigung im Sinne des Artikels 3 der Verordnung (EG) Nr. 1008/2008 des Europäischen Parlaments und des Rates

---

[1)] **Amtl. Anm.:** Diese Verordnung dient der Umsetzung der Richtlinie 2003/87/EG des Europäischen Parlaments und des Rates vom 13. Oktober 2003 über ein System für den Handel mit Treibhausgasemissionszertifikaten in der Gemeinschaft und zur Änderung der Richtlinie 96/61/EG des Rates (ABl. L 275 vom 25.10.2003, S. 32), die zuletzt durch die Richtlinie 2009/29/EG (ABl. L 140 vom 5.6.2009, S. 63) geändert worden ist.

vom 24. September 2008 über gemeinsame Vorschriften für die Durchführung von Luftverkehrsdiensten in der Gemeinschaft (ABl. L 293 vom 31.10. 2008, S. 3) besitzen und nicht nur privilegierte Flüge nach Anlage 1 durchführen.

[2] Ist ein Luftfahrzeugbetreiber nach Satz 1 Nummer 1 der Bundesrepublik Deutschland als zuständigem Verwaltungsmitgliedstaat zugewiesen nach der Liste der Kommission nach Artikel 18a Absatz 3 der Richtlinie 2003/87/EG in der Fassung der Verordnung (EG) Nr. 748/2009 (ABl. L 219 vom 22.8.2009, S. 1), die durch die Verordnung (EU) Nr. 82/2010 (ABl. L 25 vom 29.1.2010, S. 12) geändert worden ist, und wird dieser Luftfahrzeugbetreiber durch eine neue Fassung der Verordnung (EG) Nr. 748/2009 einem anderen Verwaltungsmitgliedstaat zugewiesen, so bleibt die vorliegende Verordnung auf ihn anwendbar, bis er seine Pflichten nach § 4 hinsichtlich der Emissionen des Jahres 2010 und seine Pflichten nach § 5 erfüllt hat.

§ 2 Begriffsbestimmungen. (1) Für diese Verordnung gelten folgende Begriffsbestimmungen:

1. Inbetriebnahme: die erstmalige Aufnahme des Regelbetriebes nach Abschluss des Probebetriebes;
2. Kapazität: die tatsächlich und rechtlich maximal mögliche Produktionsmenge pro Jahr;
3. Luftfahrzeugbetreiber: natürliche oder juristische Person, die ein Luftfahrzeug zu dem Zeitpunkt betreibt, zu dem eine Luftverkehrstätigkeit durchgeführt wird, oder, wenn die Identität dieser Person unbekannt ist oder vom Luftfahrzeugeigentümer nicht angegeben wird, der Eigentümer des Luftfahrzeugs;
4. Luftverkehrstätigkeit: dem Anwendungsbereich dieser Verordnung unterfallende Flüge;
5. Monitoring-Leitlinien: die Entscheidung 2007/589/EG der Kommission vom 18. Juli 2007 zur Festlegung von Leitlinien für die Überwachung und Berichterstattung betreffend Treibhausgasemissionen im Sinne der Richtlinie 2003/87/EG des Europäischen Parlaments und des Rates (Monitoring-Leitlinien) (ABl. L 229 vom 31.8.2007, S. 1), die zuletzt durch die Entscheidung 2009/399/EG (ABl. L 103 vom 23.4.2009, S. 10) geändert worden ist;
6. Probebetrieb: der zeitweilige Betrieb einer Anlage zur Prüfung ihrer Betriebstüchtigkeit entsprechend dem vorgesehenen Ablauf der Inbetriebsetzung;
7. Produktionsmenge: die Menge der pro Jahr in einer Anlage erzeugten Produkteinheiten, bezogen auf die jährliche Nettomenge verkaufsfertiger Produkte;
8. Überwachungsplan: ein Monitoringkonzept nach Anhang I Abschnitt 4.3. der Monitoring-Leitlinien;
9. Verantwortlicher für eine weitere Tätigkeit: natürliche oder juristische Person, die die unmittelbare Entscheidungsgewalt über eine weitere Tätigkeit innehat und dabei die wirtschaftlichen Risiken der Tätigkeit trägt; bei

genehmigungsbedürftigen Anlagen im Sinne von § 4 Absatz 1 Satz 3 des Bundes-Immissionsschutzgesetzes[1] ist Verantwortlicher für eine weitere Tätigkeit der Betreiber der Anlage;

10. weitere Tätigkeit: Tätigkeit im Sinne des Anhangs I der Richtlinie 2003/87/EG in ortsfesten Anlagen, soweit die Tätigkeit nicht oder nicht in diesem Umfang in Anhang 1 des Treibhausgas-Emissionshandelsgesetzes vom 8. Juli 2004 (BGBl. I S. 1578), das zuletzt durch Artikel 9 des Gesetzes vom 11. August 2010 (BGBl. I S. 1163) geändert worden ist, aufgeführt ist und soweit es sich nicht um eine Luftverkehrstätigkeit handelt.

(2) Im Übrigen gelten die Begriffsbestimmungen aus Anhang I Abschnitt 2 Nummer 1 bis 5 der Monitoring-Leitlinien.

§ 3 Allgemeine Anforderungen an die Ermittlung von Daten und deren Berichterstattung. (1) [1] Luftfahrzeugbetreiber sowie Verantwortliche für eine weitere Tätigkeit sind verpflichtet, Daten und Informationen nach Maßgabe der Vorschriften dieser Verordnung zu ermitteln und mitzuteilen. [2] Soweit die Vorschriften dieser Verordnung keine abweichenden Regelungen enthalten, müssen die Daten entsprechend den Anforderungen der Monitoring-Leitlinien ermittelt und berichtet werden.

(2) [1] Soweit Angaben die Durchführung von Berechnungen oder von Messungen voraussetzen, sind der Luftfahrzeugbetreiber sowie der Verantwortliche für eine weitere Tätigkeit verpflichtet, die angewandte Berechnungs- und Messmethode zu erläutern und die Ableitung der Angaben nachvollziehbar darzustellen. [2] Die zugrunde liegenden Einzelnachweise sind auf Verlangen der zuständigen Behörde unverzüglich vorzulegen.

Abschnitt 2. Berichtspflichten für Luftfahrzeugbetreiber

§ 4 Ermittlung von Emissionsdaten, Berichterstattung sowie Erstellung des Überwachungsplans. (1) [1] Der Luftfahrzeugbetreiber hat einen Überwachungsplan zur Überwachung und Berichterstattung der durch seine Luftverkehrstätigkeit ab dem 1. Januar 2010 verursachten Kohlendioxid-Emissionen, über die er nach Absatz 5 zu berichten hat, nach Anhang I und XIV der Monitoring-Leitlinien zu erstellen und bei der zuständigen Behörde zur Genehmigung einzureichen. [2] Sofern die in § 1 Absatz 2 Nummer 1 genannte Liste bis zum 25. Juli 2009 im Bundesanzeiger bekannt gemacht ist, ist der späteste Zeitpunkt für die Einreichung des Überwachungsplans nach Anhang XIV Abschnitt 6 Absatz 1 der Monitoring-Leitlinien der 31. August 2009; ansonsten endet die Frist zur Einreichung des Überwachungsplans sechs Wochen nach der Bekanntmachung dieser Liste.

(2) Stellt der Luftfahrzeugbetreiber bis zu dem nach Absatz 1 Satz 2 maßgeblichen Zeitpunkt einen Antrag nach § 6 Absatz 1 und wird dieser Antrag abgelehnt, beträgt die Frist zur Einreichung des Überwachungsplans sechs Wochen, beginnend ab der Bekanntgabe der Entscheidung.

(3) [1] Hat der Luftfahrzeugbetreiber bis zu dem nach Absatz 1 Satz 2 maßgeblichen Zeitpunkt keinen Überwachungsplan eingereicht und keinen Antrag

[1] Nr. 1.

nach § 6 Absatz 1 gestellt, ist er verpflichtet, den Überwachungsplan innerhalb einer von der zuständigen Behörde festzusetzenden Frist nachzureichen. [2] Sofern die zuständige Behörde zur Prüfung des eingereichten Überwachungsplans zusätzliche Angaben benötigt, ist der Luftfahrzeugbetreiber verpflichtet, diese Angaben auf Verlangen der zuständigen Behörde innerhalb einer von der zuständigen Behörde festzusetzenden Frist zu übermitteln. [3] Genügt ein Überwachungsplan den Anforderungen dieser Verordnung nicht, ist der Luftfahrzeugbetreiber verpflichtet, die festgestellten Mängel innerhalb einer von der zuständigen Behörde festzusetzenden Frist zu beseitigen und einen Überwachungsplan vorzulegen, der den Anforderungen dieser Verordnung entspricht.

(4) [1] Soweit ein Luftfahrzeugbetreiber erst nach dem 25. Juli 2009 eine Luftverkehrstätigkeit aufnimmt oder nicht mehr nach § 6 befreit ist, ist er verpflichtet, den Überwachungsplan nach Absatz 1 Satz 1 unverzüglich bei der zuständigen Behörde einzureichen. [2] Absatz 3 gilt entsprechend.

(5) [1] Der Luftfahrzeugbetreiber hat ab dem 1. Januar 2010 die durch seine Luftverkehrstätigkeit in den Kalenderjahren 2010 und 2011 verursachten Kohlendioxid-Emissionen nach Maßgabe der Anhänge I und XIV der Monitoring-Leitlinien auf der Grundlage eines genehmigten Überwachungsplans für jedes der beiden Kalenderjahre zu ermitteln und der zuständigen Behörde jeweils bis zum 31. März des Folgejahres über die Emissionen zu berichten. [2] Die Pflicht nach Satz 1 umfasst nicht die Emissionen privilegierter Flüge nach Anlage 1.

(6) Sofern ein Luftfahrzeugbetreiber erst nach dem 25. Juli 2009 dem Anwendungsbereich dieser Verordnung unterfällt, beziehen sich die Ermittlungs- und Berichtspflichten nach Absatz 5 jeweils auf das gesamte Kalenderjahr, in dem dieses Ereignis eintritt.

(7) [1] Werden die Monitoring-Leitlinien nach dem 25. Juli 2009 geändert und bestimmt die Kommission hierbei für die Einreichung des Überwachungsplans einen späteren als den nach Absatz 1 Satz 2 maßgeblichen Zeitpunkt, so ist dieser Termin der nach Absatz 1 Satz 2 maßgebliche Zeitpunkt. [2] Soweit die Monitoring-Leitlinien nach dem 25. Juli 2009 geändert werden und sich diese Änderungen auf die Ermittlung der in Absatz 1 Satz 1 und Absatz 5 Satz 1 genannten Emissionen beziehen, hat der Luftfahrzeugbetreiber nach Maßgabe der geänderten Monitoring-Leitlinien den Überwachungsplan zu erstellen sowie die Emissionen zu ermitteln und über sie zu berichten. [3] Das Bundesministerium für Umwelt, Naturschutz, Bau und Reaktorsicherheit gibt die für den Luftfahrzeugbetreiber maßgeblichen Änderungen nach Satz 1 und 2 im Bundesanzeiger bekannt.

§ 5 Ermittlung von Flugstrecke und Nutzlast, Berichterstattung sowie Erstellung des Überwachungsplans. (1) [1] Der Luftfahrzeugbetreiber hat die durch seine Luftverkehrstätigkeit, soweit sie nicht unter die privilegierten Flüge nach Anlage 1 fällt, in dem Kalenderjahr 2010 zurückgelegte Flugstrecke und die in diesem Jahr transportierte Nutzlast nach den Anhängen I und XV der Monitoring-Leitlinien zu ermitteln und der zuständigen Behörde bis zum 31. März 2011 darüber zu berichten. [2] Sofern die zuständige Behörde zur Prüfung des Berichts nach Satz 1 zusätzliche Angaben benötigt, ist der Luftfahrzeugbetreiber verpflichtet, diese Angaben auf Verlangen der zuständigen Behörde innerhalb einer von der zuständigen Behörde festzusetzenden Frist zu übermitteln.

(2) [1]Zum Zweck der Ermittlung und Berichterstattung nach Absatz 1 Satz 1 hat der Luftfahrzeugbetreiber nach Anhang I und XV der Monitoring-Leitlinien einen Überwachungsplan zu erstellen und bei der zuständigen Behörde zur Genehmigung einzureichen. [2]Sofern die in § 1 Absatz 2 Nummer 1 genannte Liste bis zum 25. Juli 2009 im Bundesanzeiger bekannt gemacht ist, ist der späteste Zeitpunkt für die Einreichung des Überwachungsplans nach Anhang XV Abschnitt 3 Absatz 2 der Monitoring-Leitlinien der 31. August 2009; ansonsten endet die Frist zur Einreichung des Überwachungsplans sechs Wochen nach der Bekanntmachung dieser Liste.

(3) [1]§ 4 Absatz 2 bis 4 und 6 gilt entsprechend. [2]§ 4 Absatz 7 gilt entsprechend mit der Maßgabe, dass sich die Änderungen der Monitoring-Leitlinien auf den nach Absatz 2 Satz 2 maßgeblichen Zeitpunkt sowie auf die zurückgelegte Flugstrecke und die transportierte Nutzlast beziehen.

(4) Die Pflichten nach den Absätzen 1 und 2 entfallen, wenn der Luftfahrzeugbetreiber gegenüber der zuständigen Behörde in einer unwiderruflichen, schriftlichen Erklärung auf seinen künftigen Anspruch auf kostenlose Zuteilung von Berechtigungen für die Zuteilungsperiode 2012 und für die Zuteilungsperiode 2013 bis 2020 verzichtet.

§ 6 Befreiung für gelistete Luftfahrzeugbetreiber mit privilegierten Flügen. (1) Auf Antrag eines Luftfahrzeugbetreibers, der durch die Liste der Kommission nach Artikel 18a Absatz 3 der Richtlinie 2003/87/EG der Bundesrepublik Deutschland als zuständigem Verwaltungsmitgliedstaat zugewiesen ist, befreit die zuständige Behörde diesen Luftfahrzeugbetreiber von den Pflichten nach den §§ 4 und 5, sofern

1. der Luftfahrzeugbetreiber im Kalenderjahr 2008 nur privilegierte Flüge nach Anlage 1 durchgeführt hat oder
2. zu erwarten ist, dass der Luftfahrzeugbetreiber in den Kalenderjahren 2010 oder 2011 nur privilegierte Flüge nach Anlage 1 durchführen wird; die Befreiung gilt für das Kalenderjahr, für das zu erwarten ist, dass der Luftfahrzeugbetreiber die Voraussetzung erfüllt.

(2) Im Fall des Absatzes 1 Nummer 2 hat der Antragsteller die Veränderungen gegenüber dem bisher ausgeübten Umfang oder der Art der Luftverkehrstätigkeit anzugeben, auf deren Grundlage zu erwarten ist, dass er nur privilegierte Flüge nach Anlage 1 durchführen wird.

(3) [1]Die Befreiung erlischt, wenn der Luftfahrzeugbetreiber in einem Kalenderjahr, für das die Befreiung erteilt wurde, auch Flüge durchführt, die nicht nach Anlage 1 privilegiert sind. [2]In diesem Fall beziehen sich die Ermittlungs- und Berichtspflichten nach § 4 Absatz 5 und § 5 Absatz 1 Satz 1 jeweils auf das gesamte Kalenderjahr, in dem die Befreiung nach Satz 1 erloschen ist.

Abschnitt 3. Mitteilungspflichten für die Verantwortlichen weiterer Tätigkeiten

§ 7 Ermittlung und Mitteilung von Daten. (1) [1]Der Verantwortliche für eine weitere Tätigkeit hat die durch seine Tätigkeit in den Kalenderjahren 2005 bis 2008 verursachten jährlichen Emissionen zu ermitteln und der zuständigen Behörde bis zum 31. März 2010 mitzuteilen. [2] Bei Inbetriebnahme einer neuen Anlage im Zeitraum 2005 bis 2008 gilt die Verpflichtung nach Satz 1 ab dem Zeitpunkt der Inbetriebnahme.

(2) Die Ermittlungs- und Mitteilungspflicht bezieht sich bei der jeweiligen weiteren Tätigkeit auf diejenigen Treibhausgase, die in Spalte 2 der Tabelle in Anhang I der Richtlinie 2003/87/EG aufgeführt sind.

(3) [1] Entstehen bei einer weiteren Tätigkeit Emissionen aus der Verbrennung, so sind diese nach Anhang II der Monitoring-Leitlinien zu ermitteln und mitzuteilen. [2] Bei denjenigen weiteren Tätigkeiten, bezüglich derer die Anhänge III bis XI und XIII der Monitoring-Leitlinien oder diese Verordnung in den §§ 8 und 9 tätigkeitsspezifische Regelungen vorsehen, sind diese Regelungen neben den allgemeinen Regelungen des Anhangs I der Monitoring-Leitlinien bei der Ermittlung und Mitteilung der Emissionen zugrunde zu legen. [3] Bei denjenigen weiteren Tätigkeiten, bezüglich derer die Monitoring-Leitlinien in den Anhängen oder diese Verordnung keine tätigkeitsspezifischen Regelungen vorsehen, sind die allgemeinen Regelungen des Anhangs I der Monitoring-Leitlinien bei der Ermittlung und Mitteilung der Emissionen zugrunde zu legen. [4] Anhang 2 Teil I Nummer 2 des Treibhausgas-Emissionshandelsgesetzes vom 8. Juli 2004 (BGBl. I S. 1578), das zuletzt durch Artikel 9 des Gesetzes vom 11. August 2010 (BGBl. I S. 1163) geändert worden ist, gilt entsprechend.

(4) [1] Soweit in den Monitoring-Leitlinien oder in dieser Verordnung keine tätigkeitsspezifischen Anforderungen festgelegt sind oder der Verantwortliche für die weitere Tätigkeit die dort festgelegten Anforderungen nicht einhalten kann, sind die Daten mit dem im Einzelfall höchsten erreichbaren Grad an Genauigkeit und Vollständigkeit zu ermitteln und mitzuteilen. [2] Der Verantwortliche für die weitere Tätigkeit hat in diesem Fall darzulegen, auf welcher Grundlage die Angaben beruhen und welcher Grad an Genauigkeit insofern erzielt worden ist.

(5) Der Verantwortliche für eine weitere Tätigkeit ist verpflichtet, folgende Daten anzugeben:

1. die Bezeichnung der weiteren Tätigkeit;
2. eine textliche und, soweit vorhanden, bildliche Beschreibung der zu überwachenden Anlage, der dort durchgeführten Tätigkeiten und der in der Anlage erzeugten Produkte;
3. die Kapazität der Anlage für den jeweiligen Erhebungszeitraum;
4. das Datum der Inbetriebnahme der Anlage;
5. die Gesamtfeuerungswärmeleistung, unterteilt nach den einzelnen Einheiten der Anlage, soweit für die Tätigkeit in Anhang I der Richtlinie 2003/87/EG ein Schwellenwert als Feuerungswärmeleistung angegeben ist;
6. die Einstufung der weiteren Tätigkeit entsprechend der für die Anlage maßgeblichen Nummerierung im Anhang zur Verordnung über genehmigungsbedürftige Anlagen, bei abweichender Nummerierung in der immissionsschutzrechtlichen Genehmigung auch diese;
7. der NACE-Code, dem die weitere Tätigkeit zuzuordnen ist, nach Anhang I der Verordnung (EG) Nr. 1893/2006 des Europäischen Parlaments und des Rates vom 20. Dezember 2006 zur Aufstellung der statistischen Systematik der Wirtschaftszweige NACE Revision 2 und zur Änderung der Verordnung

(EWG) Nr. 3037/90 des Rates sowie einiger Verordnungen der EG über bestimmte Bereiche der Statistik (ABl. Nr. L 393 vom 30.12.2006, S. 1);

8. die in den Monitoring-Leitlinien genannten Daten unter Anhang I Abschnitt 8 – mit Ausnahme der Absätze vor Nummer 1 – sowie Abschnitt 14 und
9. im Fall der Weiterleitung von Kuppelgasen, Synthesegasen oder Treibhausgasen an andere Anlagen Angaben, in welcher Menge und an welche Anlagen diese Gase weitergeleitet wurden; im Fall des Bezugs weitergeleiteter Kuppelgase, Synthesegase oder Treibhausgase die Angaben über Menge und Herkunft der Gase.

§ 8 Besondere Anforderungen an die Ermittlung und Mitteilung von perfluorierten Kohlenwasserstoffen (PFC) (1) [1]Unter den perfluorierten Kohlenwasserstoffen sind Tetrafluormethan und Hexafluorethan nach Anlage 2 zu ermitteln und die Emissionsmengen für jedes Jahr der Kalenderjahre 2005 bis 2008 mitzuteilen. [2]Die Emissionsmengen von Tetrafluormethan und Hexafluorethan sind getrennt anzugeben. [3]Dabei kann die Emissionsmenge von Hexafluorethan rechnerisch aus der Emissionsmenge von Tetrafluormethan ermittelt werden. [4]Bei der Mitteilung von Tetrafluormethan und Hexafluorethan ist keine Umrechnung in Kohlenstoffdioxid-Äquivalente vorzunehmen.

(2) Der Verantwortliche für eine weitere Tätigkeit ist verpflichtet, zusätzlich zu den Daten nach § 7 folgende Daten mitzuteilen:

1. die jährliche Produktionsmenge Aluminium je Zelltyp;
2. die Angabe der Zelltypen;
3. die für jede Anlage zelltypspezifisch ermittelten Steigungskoeffizienten sowie das Datum der Bestimmung bei Erfassung nach Formel 2 gemäß Anlage 2;
4. die Dauer des Anodeneffekts bei Erfassung nach Formel 2 gemäß Anlage 2; die Methode der Erfassung der Anodeneffekt-Dauer ist zu beschreiben;
5. die Überspannungskoeffizienten sowie das Datum der Bestimmung bei Erfassung nach Formel 3 gemäß Anlage 2;
6. die Werte der Anodeneffekt-Überspannung bei Erfassung nach Formel 3 gemäß Anlage 2; die Methode der Erfassung der Überspannung ist zu beschreiben;
7. die Stromeffizienz bei der Aluminiumproduktion bei Erfassung nach Formel 3 gemäß Anlage 2; die Methode der Erfassung der Stromeffizienz ist zu beschreiben;
8. die bei der Ermittlung der Emissionsmenge von Hexafluorethan nach Formel 5 verwendeten Gewichtungsfaktoren.

§ 9 Besondere Anforderungen an die Ermittlung und Mitteilung von Distickstoffoxid (N_2O). (1) [1]Bei der Ermittlung und Mitteilung von Distickstoffoxid gilt bezüglich der einzuhaltenden Mindestgenauigkeit Ebene 2 des Anhangs XIII Abschnitt 2.2. der Monitoring-Leitlinien. [2]Für die im Rahmen der Ermittlung der Emissionsmengen notwendigen Angaben zur Produktionsmenge gilt § 10 Absatz 1 und 2 der Zuteilungsverordnung 2012 entsprechend.

(2) Der Verantwortliche für die weitere Tätigkeit ist verpflichtet, zusätzlich zu den Daten nach § 7 die in Anhang XIII Abschnitt 9 Buchstabe a bis g der Monitoring-Leitlinien genannten Daten anzugeben.

(3) Werden Daten zu Distickstoffoxid nach Anhang XIII Abschnitt 2.6. oder Abschnitt 6.3. der Monitoring-Leitlinien ermittelt und mitgeteilt, so hat der Verantwortliche für die weitere Tätigkeit darzulegen, auf welcher Grundlage die Ermittlung beruht und welcher Grad an Genauigkeit erzielt worden ist.

Abschnitt 4. Verfahren

§ 10 Elektronische Kommunikation. [1] Die zuständige Behörde kann vorschreiben, dass Luftfahrzeugbetreiber sowie Verantwortliche für eine weitere Tätigkeit die auf der Internetseite der zuständigen Behörde zur Verfügung gestellten elektronischen Formularvorlagen zu benutzen haben und die ausgefüllten Formularvorlagen in elektronischer Form zu übermitteln sind. [2] Sie gibt Anordnungen nach Satz 1 mindestens einen Monat vor Ablauf der festgelegten Übermittlungsfrist im Bundesanzeiger bekannt.

§ 11 Prüfung. (1) [1] Die Berichte nach den §§ 4 und 5 sowie die Datenmitteilungen nach den §§ 7 bis 9 müssen vor ihrer Abgabe von einer durch die zuständige Behörde bekannt gegebenen sachverständigen Stelle geprüft werden. [2] Die Anforderungen nach Anhang V der Richtlinie 2003/87/EG gelten entsprechend.

(2) Bei der Prüfung der Datenmitteilungen von Verantwortlichen für eine weitere Tätigkeit bei Anlagen mit Kohlendioxid-Emissionen von durchschnittlich weniger als 25 000 Tonnen pro Jahr in den Kalenderjahren 2005 bis 2008 kann die sachverständige Stelle auf eine Besichtigung der Anlage vor Ort verzichten.

(3) Die zuständige Behörde macht die sachverständigen Stellen entsprechend den Vorgaben des § 5 Absatz 3 Satz 2 bis 9 des Treibhausgas-Emissionshandelsgesetzes vom 8. Juli 2004 (BGBl. I S. 1578), das zuletzt durch Artikel 9 des Gesetzes vom 11. August 2010 (BGBl. I S. 1163) geändert worden ist, bekannt.

Abschnitt 5. Sanktionen und Inkrafttreten

§ 12 Ordnungswidrigkeiten. Ordnungswidrig im Sinne des § 19 Absatz 1 Nummer 4 des Treibhausgas-Emissionshandelsgesetzes vom 8. Juli 2004 (BGBl. I S. 1578), das zuletzt durch Artikel 9 des Gesetzes vom 11. August 2010 (BGBl. I S. 1163) geändert worden ist, handelt, wer vorsätzlich oder fahrlässig

1. entgegen § 4 Absatz 3 Satz 1, auch in Verbindung mit Absatz 4 Satz 2, einen Überwachungsplan nicht oder nicht rechtzeitig nachreicht,
2. entgegen § 4 Absatz 3 Satz 2, auch in Verbindung mit Absatz 4 Satz 2, eine Angabe nicht, nicht richtig, nicht vollständig oder nicht rechtzeitig übermittelt,
3. entgegen § 4 Absatz 5 Satz 1 der zuständigen Behörde nicht oder nicht rechtzeitig berichtet,
4. entgegen § 5 Absatz 1 Satz 2 eine Angabe nicht richtig oder nicht vollständig übermittelt oder

5. entgegen § 7 Absatz 1 Satz 1 in Verbindung mit § 7 Absatz 5, § 8 Absatz 2 oder § 9 Absatz 2 eine Mitteilung nicht, nicht richtig, nicht vollständig oder nicht rechtzeitig macht.

§ 13 Zuständige Behörde. Zuständige Behörde im Sinne dieser Verordnung ist das Umweltbundesamt.

§ 14 Inkrafttreten. Diese Verordnung tritt am Tag nach der Verkündung[1)] in Kraft.

Anlage 1
(zu § 1 Absatz 2 Nummer 2, § 4 Absatz 5 Satz 2, § 5 Absatz 1 Satz 1 und § 6)

Privilegierte Flüge

1. Flüge, die ausschließlich durchgeführt werden, um folgende Personen in offizieller Mission zu befördern:
   a) regierende Monarchinnen und Monarchen und ihre unmittelbaren Familienangehörigen,
   b) Staatschefinnen und Staatschefs, Regierungschefinnen und Regierungschefs und zur Regierung gehörende Ministerinnen und Minister

   eines Nichtmitgliedstaats der Europäischen Union, soweit dies durch einen entsprechenden Statusindikator im Flugplan vermerkt ist;
2. Militärflüge in Militärluftfahrzeugen sowie Zoll- und Polizeiflüge;
3. Flüge im Zusammenhang mit Such- und Rettungseinsätzen, Löschflüge, Flüge im humanitären Einsatz sowie Ambulanzflüge in medizinischen Notfällen, soweit eine Genehmigung der jeweils zuständigen Behörde vorliegt;
4. Flüge, die ausschließlich nach Sichtflugregeln im Sinne der §§ 28 und 31 bis 34 der Luftverkehrs-Ordnung durchgeführt werden;
5. Flüge, bei denen das Luftfahrzeug ohne Zwischenlandung wieder zum Ausgangsflugplatz zurückkehrt;
6. Übungsflüge, die ausschließlich zum Erwerb eines Pilotenscheins oder einer Berechtigung für die Cockpit-Besatzung durchgeführt werden, sofern dies im Flugplan vermerkt ist; diese Flüge dürfen nicht zur Beförderung von Fluggästen oder Fracht oder zur Positionierung oder Überführung von Luftfahrzeugen dienen;
7. Flüge, die ausschließlich der wissenschaftlichen Forschung oder der Kontrolle, Erprobung oder Zulassung von Luftfahrzeugen oder Ausrüstung dienen, unabhängig davon, ob es sich um Bord- oder Bodenausrüstung handelt;
8. Flüge von Luftfahrzeugen mit einer höchstzulässigen Startmasse von weniger als 5 700 Kilogramm;
9. Flüge im Rahmen von gemeinwirtschaftlichen Verpflichtungen nach Maßgabe des Artikels 16 der Verordnung (EG) Nr. 1008/2008 auf Routen innerhalb von Gebieten in äußerster Randlage im Sinne von Artikel 299 Absatz 2 des Vertrags zur Gründung der Europäischen Gemeinschaft oder auf Routen mit einer angebotenen Kapazität von höchstens 30 000 Sitzplätzen pro Jahr sowie
10. Flüge nach § 1 Absatz 2, die nicht bereits von den Nummern 1 bis 9 erfasst sind und von einem Luftfahrzeugbetreiber durchgeführt werden, der gegen Entgelt Linien- oder Bedarfsflugverkehrsleistungen für die Öffentlichkeit erbringt, bei denen er Fluggäste, Fracht oder Post befördert (gewerblicher Luftfahrzeugbetreiber), sofern dieser Betreiber entweder
    a) weniger als 243 solcher Flüge in jedem von drei aufeinander folgenden Viermonatszeiträumen durchführt oder
    b) die jährlichen Gesamtemissionen solcher Flüge dieses Luftfahrzeugbetreibers weniger als 10 000 Tonnen betragen;

---

1) Verkündet am 24.7.2009.

diese Privilegierung gilt nicht für Flüge, die ausschließlich zur Beförderung von regierenden Monarchinnen und Monarchen und ihren unmittelbaren Familienangehörigen, sowie von Staatschefinnen und Staatschefs, Regierungschefinnen und Regierungschefs und zur Regierung gehörenden Ministerinnen und Ministern eines Mitgliedstaats der Europäischen Union in Ausübung ihres Amtes durchgeführt werden.

Anlage 2
(zu § 8 Absatz 1 Satz 1 und Absatz 2 Nummer 3 bis 8)

Ermittlung und Berichterstattung von perfluorierten Kohlenwasserstoffen (PFC)

Teil 1. Bestimmung der Emissionen von Tetrafluormethan (CF_4)

1. Die Gesamtemissionen von Tetrafluormethan sind nach Formel 1 zu bestimmen. Dabei sind die für jede Anlage zelltypspezifisch ermittelten Emissionsmengen $E_{CF4,\,i}$ in Abhängigkeit von der Prozessführung entweder nach Formel 2 oder nach Formel 3 zu bestimmen. Für die im Rahmen der Ermittlung der Emissionsmengen notwendigen Angaben zur Produktionsmenge in Tonnen Aluminium gilt § 10 Absatz 1 und 2 der Zuteilungsverordnung 2012 entsprechend.
2. Wurde in einem Berichtsjahr nach einem anerkannten Messverfahren ein Steigungskoeffizient für einen Zelltyp ermittelt, der höchstens eine Ungenauigkeit von 15 Prozent aufweist, ist dieser Steigungskoeffizient in Formel 2 für das betreffende Berichtsjahr und den betreffenden Zelltyp zu verwenden. Sofern nicht in jedem Jahr des Zeitraums 2005 bis 2008 eine solche Ermittlung stattfand, kann für einen Zelltyp ein Steigungskoeffizient aus einem anderen Berichtsjahr angesetzt werden, vorausgesetzt es liegt höchstens eine Ungenauigkeit von 15 Prozent vor. Sofern bei einer Ermittlung nach Satz 1 und 2 die Ungenauigkeit eines ermittelten Steigungskoeffizienten höher ist als 15 Prozent oder sofern in keinem Jahr des Zeitraums 2005 bis 2008 ein Steigungskoeffizient nach einem anerkannten Messverfahren für einen betreffenden Zelltyp ermittelt wurde, ist für das Jahr 2009 ein Steigungskoeffizient nach einem anerkannten Messverfahren für jeden Zelltyp zu bestimmen und auf alle Jahre der Datenmitteilung anzuwenden. Wenn infolge von Betriebsunterbrechungen, Prozessstörungen oder aus anderen technischen Gründen im Jahr 2009 bei der Bestimmung eines Steigungskoeffizienten die Ungenauigkeit von 15 Prozent überschritten wird, ist der jeweilige Standardfaktor aus der Tabelle in Teil 3 zu verwenden. Die Anwendung eines Standardfaktors ist zu begründen.
3. Für die in Formel 3 anzusetzenden Überspannungskoeffizienten gelten die Anforderungen nach Nummer 2 entsprechend.

Teil 2. Bestimmung der Emissionen von Hexafluorethan (C_2F_6)

1. Die Gesamtemissionen von Hexafluorethan sind nach Formel 4 zu bestimmen. Dabei sind die zelltypbezogenen Emissionsmengen von C_2F_6 anhand von Formel 5 zu bestimmen.
2. Für den Gewichtungsfaktor können die Standardfaktoren aus Spalte 4 der Tabelle in Teil 3 verwendet werden. Im Fall einer Messung gelten die Anforderungen unter Teil 1 Nummer 2 entsprechend.

Teil 3. Formeln und Tabelle

Formel 1. (Gesamtemissionen von CF_4)

$$EMIS_{CF4} = \sum_i E_{CF4,\,i}$$

mit	i	Index für den Zelltyp
	$EMIS_{CF4}$	Gesamtemissionsmenge von CF_4 in kg CF_4
	$E_{CF4,\,i}$	Emissionsmenge von CF_4 in kg CF_4 je Zelltyp i

Formel 2. (Emissionsmengen von CF_4 je Zelltyp über die Dauer der Anodeneffekte)

$$E_{CF4,\,i} = S_{CF4,\,i} \star AEM_i \star MP_i$$

mit $E_{CF4,\,i}$ Emissionsmenge CF_4 für Zelltyp i in kg CF_4
$S_{CF4,\,i}$ Steigungskoeffizient für Zelltyp i in (kg CF_4/Tonne Al)/(AE-Min/Zelltag)
AEM_i Dauer des Anodeneffekts für Zelltyp i je Zelltag in AE-Min/Zelltag
MP_i Produktionsmenge in Tonnen Al für Zelltyp i

Formel 3. (Emissionsmengen von CF_4 je Zelltyp über die Höhe der Überspannungseffekte)

$E_{CF4,\,i} = OVC_i \star AEO_i \star MP_i/CE_i \star 100\,\%$

mit $E_{CF4,\,i}$ Emissionsmenge CF_4 für Zelltyp i in kg CF_4
OVC_i Überspannungskoeffizient für Zelltyp i in (kg CF_4/Tonne Al)/mV
AEO_i Anodeneffekt-Überspannung von Zelltyp i in mV
CE_i Stromeffizienz je Zelltyp der Aluminiumproduktion in Prozent (z.B. 95 %)
MP_i Produktionsmenge in Tonnen Al für Zelltyp i

Formel 4. (Berechnung der Gesamtemissionen von C_2F_6)

$$EMIS_{C2F6} = \sum_i E_{C2F6,\,i}$$

mit i Index für den Zelltyp
$EMIS_{C2F6}$ Gesamtemissionsmenge von C_2F_6 in kg C_2F_6
$E_{C2F6,\,i}$ Emissionsmenge von C_2F_6 je Zelltyp i

Formel 5. (Berechnung der Emissionsmengen von C_2F_6 je Zelltyp

$E_{C2F6,\,i} = E_{CF4,\,i} \star F_{C2F6/CF4,\,i}$

mit $E_{C2F6,\,i}$ Emissionsmenge C_2F_6 für Zelltyp i gemessen in kg C_2F_6
$E_{CF4,\,i}$ Emissionsmenge CF_4 für Zelltyp i gemessen in kg CF_4
$F_{C2F6/CF4,\,i}$ Gewichtungsfaktor, welcher das Verhältnis von E_{C2F6} zu E_{CF4} in kg C_2F_6/kg CF_4 für Zelltyp i angibt

Tabelle

Zelltyp	Standardfaktor Steigungskoeffizient ($S_{CF4,\,i}$)	Standardfaktor Überspannungskoeffizient (OVC_i)	Standardfaktor Gewichtungsfaktor ($F_{C2F6/CF4,i}$)
Mittenbedienter Ofen mit vorgebrannten Anoden	0,143	1,16	0,121
Seitenbedienter Ofen mit vorgebrannten Anoden	0,272	3,65	0,252
Søderberg-Zelle mit vertikaler Anodenanordnung	0,092	n.r.*)	0,053
Søderberg-Zelle mit horizontaler Anodenanordnung	0,099	n.r.*)	0,085

*) **Amtl. Anm.:** n.r. = nicht relevant

4.5. Verordnung zur Durchführung des Treibhausgas-Emissionshandelsgesetzes in der Handelsperiode 2013 bis 2020 (Emissionshandelsverordnung 2020 – EHV 2020)[1]

Vom 20. August 2013

(BGBl. I S. 3295)

FNA 2129-55-2

zuletzt geänd. durch Art. 3 VO zur Änd. der Biomassestrom-NachhaltigkeitsVO, der Biokraftstoff-NachhaltigkeitsVO und der EmissionshandelsVO 2020 sowie zur Umsetzung europarechtlicher Vorgaben v. 26.6.2018 (BGBl. I S. 872)

Es verordnen auf Grund

– des § 28 Absatz 1 Nummer 3 Buchstabe b und c des Treibhausgas-Emissionshandelsgesetzes[2] vom 21. Juli 2011 (BGBl. I S. 1475) die Bundesregierung sowie

– des § 28 Absatz 2 Nummer 1 und Absatz 4 Satz 1 Nummer 1 bis 3 des Treibhausgas-Emissionshandelsgesetzes[2] vom 21. Juli 2011 (BGBl. I S. 1475), von denen Absatz 2 Nummer 1 durch Artikel 1 Nummer 13 Buchstabe a des Gesetzes vom 15. Juli 2013 (BGBl. I S. 2431) neu gefasst und Absatz 4 Satz 1 Nummer 1 bis 3 durch Artikel 1 Nummer 13 Buchstabe b des vorgenannten Gesetzes eingefügt worden ist, das Bundesministerium für Umwelt, Naturschutz und Reaktorsicherheit:

Inhaltsübersicht

---

[1] **Amtl. Anm.:** Diese Verordnung dient der Umsetzung der Richtlinie 2009/28/EG des Europäischen Parlaments und des Rates vom 23. April 2009 zur Förderung der Nutzung von Energie aus erneuerbaren Quellen und zur Änderung und anschließenden Aufhebung der Richtlinien 2001/77/EG und 2003/30/EG (ABl. L 140 vom 5.6.2009, S. 16).

[2] Nr. **4.1**.

Abschnitt 1. Allgemeine Vorschriften

§ 1 Anwendungsbereich und Zweck. [1] Diese Verordnung gilt innerhalb des Anwendungsbereichs des Treibhausgas-Emissionshandelsgesetzes[1)]. [2] Sie dient der Konkretisierung der Anforderungen der §§ 5, 18 und 21 des Treibhausgas-Emissionshandelsgesetzes.

§ 2 Begriffsbestimmungen. Für diese Verordnung gelten die folgenden Begriffsbestimmungen:

1. am wenigsten entwickelte Länder: Staaten, die auf der Liste der am wenigsten entwickelten Länder aufgeführt sind, die vom Wirtschafts- und Sozialrat der Vereinten Nationen beschlossen wurde;
2. flüssige Biobrennstoffe: Brennstoffe im Sinne von Artikel 3 Nummer 21 der Monitoring-Verordnung (§ 3 Nummer 10 des Gesetzes), die zum Zeitpunkt des Eintritts in den Brenn- oder Feuerraum flüssig sind;
3. Biokraftstoffe: Biokraftstoffe im Sinne von Artikel 3 Nummer 22 der Monitoring-Verordnung;
4. Verifizierungs-Verordnung: die Verordnung (EU) Nr. 600/2012 der Kommission vom 21. Juni 2012 über die Prüfung von Treibhausgasemissionsberichten und Tonnenkilometerberichten sowie die Akkreditierung von Prüfstellen gemäß der Richtlinie 2003/87/EG des Europäischen Parlaments und des Rates (ABl. L 181 vom 12.7.2012, S. 1), in der jeweils geltenden Fassung.

Abschnitt 2. Emissionsberichterstattung (Zu § 5 des Gesetzes)

§ 3 Emissionsfaktor beim Einsatz flüssiger Biobrennstoffe. (1) [1] Für den Einsatz flüssiger Biobrennstoffe zur Stromproduktion gilt Artikel 38 Absatz 2 Satz 1 der Monitoring-Verordnung, soweit die eingesetzten flüssigen Biobrennstoffe die Nachhaltigkeitsanforderungen der §§ 4 bis 8 der Biomassestrom-Nachhaltigkeitsverordnung vom 23. Juli 2009 (BGBl. I S. 2174) erfüllen, die zuletzt durch Artikel 2 Absatz 70 des Gesetzes vom 22. Dezember 2011 (BGBl. I S. 3044) geändert worden ist, in der jeweils geltenden Fassung. [2] § 3 Absatz 2 und 3 der Biomassestrom-Nachhaltigkeitsverordnung gilt entsprechend, zu Absatz 3 mit der Maßgabe, dass anstelle des § 3 Absatz 1 der Biomassestrom-Nachhaltigkeitsverordnung auf Satz 1 abzustellen ist. [3] Für flüssige Biomasse, die aus Abfall oder aus Reststoffen hergestellt worden ist, ist Satz 1 mit der Maßgabe anzuwenden, dass lediglich die Nachhaltigkeitsanforde-

---

[1)] Nr. **4.1**.

rungen nach § 8 der Biomassestrom-Nachhaltigkeitsverordnung erfüllt sein müssen; diese Einschränkung gilt nicht für flüssige Biomasse aus Reststoffen der Land-, Forst- oder Fischwirtschaft oder aus Aquakulturen.

(2) Beim Einsatz flüssiger Biobrennstoffe zur Wärmeerzeugung gilt Absatz 1 mit der Maßgabe, dass zur Berechnung des Treibhausgas-Minderungspotenzials anstelle des Vergleichswertes für Fossilbrennstoffe nach Nummer 4 der Anlage 1 zur Biomassestrom-Nachhaltigkeitsverordnung folgende Vergleichswerte gelten:

1. für flüssige Biomasse, die zur Wärmeerzeugung verwendet wird, 77 g CO_2eq/MJ und
2. für flüssige Biomasse, die zur Wärmeerzeugungin' Kraft-Wärme-Kopplung verwendet wird, 85 g CO_2eq/MJ.

(3) Die Einhaltung der Anforderungen nach den Absätzen 1 und 2 für die eingesetzten flüssigen Biobrennstoffe ist nachzuweisen durch einen anerkannten Nachhaltigkeitsnachweis nach § 14 Nummer 1, 2 oder 3 der Biomassestrom-Nachhaltigkeitsverordnung oder durch einen Nachhaltigkeits-Teilnachweis nach § 24 der Biomassestrom-Nachhaltigkeitsverordnung, der in der Datenbank der nach § 74 Absatz 1 Nummer 4 der Biomassestrom-Nachhaltigkeitsverordnung zuständigen Behörde auf das Konto der nach § 19 Absatz 1 Nummer 3 des Treibhausgas-Emissionshandelsgesetzes[1)] zuständigen Behörde überwiesen wird.

(4) [1] Für den Einsatz flüssiger Biobrennstoffe in Anlagen, die keine Schnittstelle nach § 2 Absatz 3 der Biomassestrom-Nachhaltigkeitsverordnung sind und denen keine solche Schnittstelle vorgelagert ist, ist der Nachweis über die Einhaltung der Nachhaltigkeitsanforderungen abweichend von Absatz 3 durch eine Prüfbescheinigung einer nach § 42 Nummer 1 oder 2 der Biomassestrom-Nachhaltigkeitsverordnung anerkannten Zertifizierungsstelle zu erbringen. [2] Die §§ 48, 49, 52 bis 55 der Biomassestrom-Nachhaltigkeitsverordnung gelten entsprechend.

(5) Für flüssige Biobrennstoffe als Bestandteil eines Brennstoffgemischs sowie für die Bestimmung des Kohlenstoffgehalts bei Anwendung einer Massenbilanz gelten die Absätze 1 bis 4 entsprechend.

(6) Die Absätze 1 bis 5 gelten nicht für den Einsatz von Ablauge, die bei der Herstellung von Zellstoff angefallen ist.

(7) Soweit die Anforderungen nach den Absätzen 1 bis 5 nicht erfüllt sind, ist der Emissionsfaktor beim Einsatz flüssiger Biobrennstoffe nach den Vorgaben der Monitoring-Verordnung zur Ermittlung des Emissionsfaktors für fossile Brennstoffe zu bestimmen.

§ 4 Emissionsfaktor beim Einsatz von Biokraftstoffen im Luftverkehr.

(1) [1] Beim Einsatz von Biokraftstoffen im Luftverkehr beträgt der Emissionsfaktor Null, soweit die eingesetzten Biokraftstoffe die Nachhaltigkeitsanforderungen der §§ 4 bis 8 der Biokraftstoff-Nachhaltigkeitsverordnung[2)] vom 30. September 2009 (BGBl. I S. 3182) erfüllen, die zuletzt durch Artikel 2 der Verordnung vom 26. November 2012 (BGBl. I S. 2363) geändert worden ist,

---

[1)] Nr. **4.1**.
[2)] Nr. **3.2**.

in der jeweils geltenden Fassung. [2] § 3 Absatz 2 und 3 der Biokraftstoff-Nachhaltigkeitsverordnung gilt entsprechend, zu Absatz 3 mit der Maßgabe, dass anstelle des § 3 Absatz 1 der Biokraftstoff-Nachhaltigkeitsverordnung auf Satz 1 abzustellen ist. [3] Für Biokraftstoffe, die aus Abfall oder aus Reststoffen hergestellt worden sind, ist Satz 1 mit der Maßgabe anzuwenden, dass lediglich die Nachhaltigkeitsanforderungen nach § 8 der Biokraftstoff-Nachhaltigkeitsverordnung erfüllt sein müssen; diese Einschränkung gilt nicht für Biokraftstoffe aus Reststoffen der Land-, Forst- oder Fischwirtschaft oder aus Aquakulturen.

(2) Die Einhaltung der Anforderungen nach Absatz 1 ist nachzuweisen durch einen anerkannten Nachhaltigkeitsnachweis nach § 14 Nummer 1, 2 oder 3 der Biokraftstoff-Nachhaltigkeitsverordnung oder durch einen Nachhaltigkeits-Teilnachweis nach § 24 der Biokraftstoff-Nachhaltigkeitsverordnung, der in der Datenbank der nach § 66 Absatz 1 Nummer 3 dritter Halbsatz der Biokraftstoff-Nachhaltigkeitsverordnung zuständigen Behörde auf das Konto der nach § 19 Absatz 1 Nummer 3 des Treibhausgas-Emissionshandelsgesetzes[1)] zuständigen Behörde überwiesen wird.

(3) Für Biokraftstoffe als Bestandteil eines Treibstoffgemischs gelten die Absätze 1 und 2 entsprechend.

(4) Soweit die Anforderungen nach den Absätzen 1 bis 3 nicht erfüllt sind, ist der Emissionsfaktor beim Einsatz von Biokraftstoffen nach den Vorgaben der Monitoring-Verordnung zur Ermittlung des Emissionsfaktors für fossile Treibstoffe zu bestimmen.

§ 5 Nachweisanforderungen für angewendete Analysemethoden. Soweit zur Bestimmung der Emissionen Berechnungsfaktoren verwendet werden, die auf Analysen basieren, gelten die Nachweisanforderungen in den Artikeln 32 bis 35 der Monitoring-Verordnung für alle angewendeten Analysemethoden.

Abschnitt 3. Umtausch von Emissionsgutschriften (Zu § 18 des Gesetzes)

§ 6 Umtauschbarkeit von Emissionsgutschriften. Neben den Emissionsgutschriften nach § 18 Absatz 3 des Gesetzes sind auch zertifizierte Emissionsreduktionen im Sinne des § 2 Nummer 21 des Projekt-Mechanismen-Gesetzes aus Projekten umtauschbar, die

1. von dem Exekutivrat im Sinne des § 2 Nummer 22 des Projekt-Mechanismen-Gesetzes nach dem 31. Dezember 2012 registriert wurden und
2. in einem Staat durchgeführt werden, der zum Zeitpunkt der Registrierung zu den am wenigsten entwickelten Ländern zählt.

§ 7 Umtauschverfahren. [1] Für den Umtausch von Emissionsgutschriften in Berechtigungen der Handelsperiode 2013 bis 2020 sind die Vorgaben der Register-Verordnung gemäß Artikel 19 der Richtlinie 2003/87/EG maßgeblich. [2] Bei Emissionsgutschriften für Emissionsminderungen, die vor dem Jahr 2013 erbracht wurden, muss der Betreiber die für den Umtausch erforderliche

---

1) Nr. **4.1**.

Mitwirkungshandlung im Emissionshandelsregister vor dem 1. April 2015 vorgenommen haben. [3] Bei verspätet vorgenommener Mitwirkungshandlung besteht kein Anspruch auf Umtausch.

Abschnitt 4. Zertifizierung von Prüfstellen (Zu § 21 des Gesetzes)

§ 8 Beleihung. (1) [1] Die im Handelsregister, Abteilung B des Amtsgerichts Bonn unter der Nummer 6946 eingetragene DAU-Deutsche Akkreditierungs- und Zulassungsgesellschaft für Umweltgutachter mbH wird mit den Aufgaben der Zulassungsstelle nach Artikel 54 Absatz 2 der Verifizierungs-Verordnung beliehen (Beliehene). [2] Die Beleihung nach Satz 1 wird wirksam am 17. Dezember 2013.

(2) Die Beliehene und das Bundesministerium für Umwelt, Naturschutz, Bau und Reaktorsicherheit vereinbaren in einem öffentlich-rechtlichen Vertrag, wie die nach dieser Verordnung übertragenen Aufgaben im Einzelnen auszuführen sind.

(3) [1] Die Beliehene ist verpflichtet, alle personellen, organisatorischen und finanziellen Voraussetzungen zur ordnungsgemäßen Erfüllung der ihr übertragenen Aufgaben fortlaufend sicherzustellen. [2] Hierzu gehört auch, dass bei ihr keine Personen angestellt sind, die gleichzeitig auch als zertifizierte Prüfstelle oder bei einer akkreditierten Prüfstelle tätig sind.

(4) Im Widerspruchsverfahren gegen einen von der Zulassungsstelle erlassenen Verwaltungsakt ist die Zulassungsstelle für die Entscheidung über den Widerspruch zuständig.

§ 9 Anwendbare Vorschriften. (1) Hinsichtlich der Anforderungen an die zu zertifizierenden Prüfstellen, die Zulassungsstelle und das Zertifizierungsverfahren gilt die Verifizierungs-Verordnung entsprechend mit der Maßgabe, dass anstelle der Akkreditierung auf die Zertifizierung abzustellen ist.

(2) [1] Unbeschadet des Absatzes 1 gilt Artikel 35 Absatz 6 der Verifizierungs-Verordnung mit der weiteren Maßgabe, dass die Aufgaben des kompetenten Bewerters von einem Dritten wahrgenommen werden, der nicht bei der zertifizierten Prüfstelle tätig ist. [2] Dies gilt auch für die Aufgaben des unabhängigen Überprüfers nach Artikel 36 Absatz 3 der Verifizierungs-Verordnung.

§ 10 Ausschluss von der Zertifizierung. (1) Von der Zertifizierung als Prüfstelle sind natürliche Personen ausgeschlossen, die

1. in einem Beschäftigungsverhältnis mit einer juristischen Person oder einer Personengesellschaft stehen, die nach der Verifizierungs-Verordnung als Prüfstelle akkreditiert ist oder einen Antrag auf eine solche Akkreditierung gestellt hat,
2. einem Organ einer juristischen Person oder einer Personengesellschaft nach Nummer 1 angehören oder
3. Gesellschafter einer juristischen Person oder einer Personengesellschaft nach Nummer 1 sind; im Fall der Beteiligung an einer Kapitalgesellschaft gilt dies nur, sofern die Beteiligung insgesamt den fünften Teil des Nennkapitals dieser Gesellschaft überschreitet.

(2) [1] Im Fall des Absatzes 1 Nummer 1 kann bei einem laufenden Akkreditierungsverfahren über den Antrag auf Zertifizierung als Prüfstelle erst nach der Entscheidung über den Akkreditierungsantrag entschieden werden. [2] Tritt einer der Ausschlussgründe nach Absatz 1 Nummer 1 bis 3 nachträglich ein, hebt die Beliehene die Zertifizierung als Prüfstelle auf.

§ 11 Aufsicht über die Tätigkeit der Beliehenen. (1) Die Aufsicht über die Beliehene erstreckt sich auf die Rechtmäßigkeit der Zertifizierungs- und Aufsichtstätigkeit und auf die Entscheidungen der Beliehenen über Aufsichtsmaßnahmen nach Artikel 53 der Verifizierungs-Verordnung.

(2) Die Beliehene hat jährlich bis zum 1. Juni in einem Bericht an das Bundesministerium für Umwelt, Naturschutz, Bau und Reaktorsicherheit nachzuweisen, dass die in der Verifizierungs-Verordnung genannten Anforderungen an die Zulassungsstelle und an das Zertifizierungsverfahren eingehalten werden.

§ 12 Beendigung der Beleihung. (1) Die Beleihung endet mit dem Inkrafttreten einer Verordnung, durch die die Beleihung aufgehoben wird.

(2) [1] Die Beliehene kann die Beendigung der Beleihung jederzeit in schriftlicher oder elektronischer Form verlangen. [2] Das Bundesministerium für Umwelt, Naturschutz, Bau und Reaktorsicherheit hat diesem Verlangen innerhalb einer Frist von drei Jahren zu entsprechen.

(3) Die Beliehene ist zur ordnungsgemäßen Wahrnehmung der ihr übertragenen Aufgaben bis zur Beendigung der Beleihung oder bis zum Ablauf der in Absatz 2 genannten Frist verpflichtet.

Abschnitt 5. Gebühren und Auslagen für Amtshandlungen der Zulassungsstelle (Zu § 22 Absatz 2 des Gesetzes)

[§ 13 bis 30.9.2021:]
§ 13 Gebühren und Auslagen. (1) Die Gebühren für Amtshandlungen der nach § 8 Absatz 1 Beliehenen in Zusammenhang mit der Zertifizierung als Prüfstelle und der Überwachung der zertifizierten Prüfstellen bestimmen sich nach dem anliegenden Gebührenverzeichnis.

(2) [1] Die Erhebung von Auslagen richtet sich nach § 23 Absatz 6 des Bundesgebührengesetzes. [2] Aufwendungen für Telekommunikationsdienstleistungen der nach § 8 Absatz 1 Beliehenen sind mit der Gebühr abgegolten; dies gilt auch für die Reisekosten externer Gutachter, die diesen im Rahmen der vorgesehenen Heranziehung zu den Amtshandlungen entstanden sind, soweit diese Reisekosten den Betrag von 300 Euro je Begutachtungstag nicht übersteigen.

(3) Den Gebühren und Auslagen ist die gesetzliche Umsatzsteuer hinzuzurechnen.

[§ 13 ab 1.10.2021:]
§ 13 *(aufgehoben)*

Abschnitt 6. Übergangs- und Schlussbestimmungen

§ 14 Übergangsbestimmung. Die §§ 3 und 4 gelten nicht für flüssige Biobrennstoffe oder Biokraftstoffe, die vor dem 1. Januar 2014 eingesetzt werden.

§ 15 Inkrafttreten; Außerkrafttreten. (1) Diese Verordnung tritt am Tag nach der Verkündung[1] in Kraft.

(2) § 13 und die Anlage (zu § 13) treten am 1. Oktober 2021 außer Kraft.

[Anlage bis 30.9.2021:]

Anlage
(zu § 13)

Gebührenverzeichnis

Tarif-stelle	Amtshandlungen der Zulassungsstelle	Gebührensatz (Nettobetrag zuzüglich Umsatzsteuer) Angaben in Euro
1	**Erstzertifizierung**	
1.1	**Antragsprüfung und Bescheid**	
1.1.1	nach Aktenlage für bis zu drei Tätigkeitsgruppen gemäß Anhang I der Verifizierungsverordnung	945
1.1.1.1	– je weitere drei beantragte Tätigkeitsgruppen gemäß Anhang I der Verifizierungsverordnung zusätzlich zu 1.1.1	315
1.1.2	mit Gespräch in den Räumen der Zulassungsstelle für bis zu drei Tätigkeitsgruppen gemäß Anhang I der Verifizierungsverordnung	1 260
1.1.2.1	– je weitere drei beantragte Tätigkeitsgruppen gemäß Anhang I der Verifizierungsverordnung zusätzlich zu 1.1.2	315
1.1.2.2	– Hinzuziehung externer Gutachter, je Gutachter und jeweils bis zu drei beantragten Tätigkeitsgruppen zusätzlich zu 1.1.2	250 – 335
1.2	**Durchführung der Begutachtung (je Office-Audit oder je Witness-Audit)**	840
1.2.1	zuzüglich Personal der Zulassungsstelle vor Ort, je Person und Tag	840
1.2.2	zuzüglich externer Begutachter vor Ort, je Begutachter und je Tag	750 – 1 000
2	**Rezertifizierung**	
2.1	**Antragsprüfung und Bescheid nach Aktenlage**	Kosten entsprechend Tarifstellen 1.1.1 und 1.1.1.1
2.2	**Begutachtung im Rahmen der Rezertifizierung**	Kosten entsprechend Tarifstellen 1.2 bis 1.2.2

[1] Verkündet am 28.8.2013.

Tarif-stelle	Amtshandlungen der Zulassungsstelle	Gebührensatz (Nettobetrag zuzüglich Umsatzsteuer) Angaben in Euro
3	**Begutachtung nach Artikel 49 der Verifizierungsverordnung im Zeitraum zwischen Zertifizierung und Rezertifizierung**	Kosten entsprechend Tarifstellen 1.2 bis 1.2.2
4	**Anlassabhängige Überprüfung auf Basis der Artikel 51, 61 und 72 der Verifizierungsverordnung im Zeitraum zwischen Zertifizierung und Rezertifizierung**	
4.1	**Dokumentenprüfung und Bescheid, ohne Begutachtung**	1 000 – 5 000
4.2	**Anlassabhängige Begutachtung**	Kosten entsprechend Tarifstellen 1.2 bis 1.2.2
5	**Änderung des Zertifizierungsbereichs**	
5.1	**Antragsprüfung und Bescheid**	
5.1.1	nach Aktenlage für bis zu drei Tätigkeitsgruppen gemäß Anhang I der Verifizierungsverordnung	525
5.1.1.1	– je weitere drei beantragte Tätigkeitsgruppen gemäß Anhang I der Verifizierungsverordnung zusätzlich zu 5.1.1	525
5.1.2	mit Gespräch in den Räumen der Zulassungsstelle für bis zu drei Tätigkeitsgruppen gemäß Anhang I der Verifizierungsverordnung	840
5.1.2.1	– je weitere drei beantragte Tätigkeitsgruppen gemäß Anhang I der Verifizierungsverordnung zusätzlich zu 5.1.2	315
5.1.2.2	– Hinzuziehung externer Gutachter, je Gutachter und jeweils bis zu drei beantragten Tätigkeitsgruppen zusätzlich zu 5.1.2	250 – 335
5.2	**Begutachtung im Rahmen der Änderung des Zertifizierungsbereichs**	Kosten entsprechend Tarifstellen 1.2 bis 1.2.2

4.6. Verordnung zur Durchführung des Treibhausgas-Emissionshandelsgesetzes in der Handelsperiode 2021 bis 2030 (Emissionshandelsverordnung 2030 – EHV 2030)[1]

Vom 29. April 2019

(BGBl. I S. 538)

FNA 2129-55-3

Es verordnen auf Grund

– des § 27 Nummer 1 bis 6 des Treibhausgas-Emissionshandelsgesetzes[2], der durch Artikel 1 Nummer 23 des Gesetzes vom 18. Januar 2019 (BGBl. I S. 37) neu gefasst worden ist, die Bundesregierung,

– des § 28 Absatz 1 Nummer 2 bis 5 des Treibhausgas-Emissionshandelsgesetzes[2], von denen Absatz 1 Nummer 3 durch Artikel 1 Nummer 24 Buchstabe a Doppelbuchstabe aa und Absatz 1 Nummer 5 durch Artikel 1 Nummer 24 Buchstabe a Doppelbuchstabe bb des Gesetzes vom 18. Januar 2019 (BGBl. I S. 37) geändert worden ist, die Bundesregierung sowie

– des § 28 Absatz 2 Nummer 1 und Absatz 4 Satz 1 Nummer 1 bis 4 des Treibhausgas-Emissionshandelsgesetzes[2], von denen Absatz 2 Nummer 1 durch Artikel 1 Nummer 24 Buchstabe b Doppelbuchstabe aa und Buchstabe d sowie Absatz 4 Satz 1 durch Artikel 1 Nummer 24 Buchstabe d des Gesetzes vom 18. Januar 2019 (BGBl. I S. 37) geändert worden ist, das Bundesministerium für Umwelt, Naturschutz und nukleare Sicherheit:

Inhaltsübersicht

---

[1] **Amtl. Anm.:** Diese Verordnung dient der Umsetzung der Richtlinie (EU) 2018/410 des Europäischen Parlaments und des Rates vom 14. März 2018 zur Änderung der Richtlinie 2003/87/EG zwecks Unterstützung kosteneffizienter Emissionsreduktionen und zur Förderung von Investitionen mit geringem CO_2-Ausstoß und des Beschlusses (EU) 2015/1814 (ABl. L 76 vom 19.3.2018, S. 3).

[2] Nr. **4.1**.

Abschnitt 1. Allgemeine Vorschriften

§ 1 Anwendungsbereich und Zweck. [1] Diese Verordnung gilt innerhalb des Anwendungsbereichs des Treibhausgas-Emissionshandelsgesetzes. [2] Sie dient der Konkretisierung der Anforderungen der §§ 5, 6, 8, 9, 21, 22 und 24 des Treibhausgas-Emissionshandelsgesetzes[1)] und der Umsetzung eines Systems zur Privilegierung von Kleinemittenten für die Handelsperiode 2021 bis 2030.

§ 2 Begriffsbestimmungen. Für diese Verordnung gelten die folgenden Begriffsbestimmungen:

1. Flüssige Biobrennstoffe:
   Brennstoffe im Sinne von Artikel 3 Nummer 21 der Monitoring-Verordnung, die zum Zeitpunkt des Eintritts in den Brenn- oder Feuerraum flüssig sind;
2. Biokraftstoffe:
   Biokraftstoffe im Sinne von Artikel 3 Nummer 22 der Monitoring-Verordnung;
3. EU-Zuteilungsverordnung:
   Delegierte Verordnung (EU) 2019/331 der Kommission vom 19. Dezember 2018 zur Festlegung EU-weiter Übergangsvorschriften zur Harmonisierung der kostenlosen Zuteilung von Emissionszertifikaten gemäß Artikel 10a der Richtlinie 2003/87/EG des Europäischen Parlaments und des Rates (ABl. L 59 vom 27.2.2019, S. 8);

---

1) Nr. **4.1**.

4. Akkreditierungs- und Verifizierungsverordnung:
   Durchführungsverordnung (EU) 2018/2067 der Kommission vom 19. Dezember 2018 über die Prüfung von Daten und die Akkreditierung von Prüfstellen gemäß der Richtlinie 2003/87/EG des Europäischen Parlaments und des Rates (ABl. L 334 vom 31.12.2018, S. 94), in der jeweils geltenden Fassung.

Abschnitt 2. Emissionsberichterstattung

(Zu § 5 des Gesetzes)

§ 3 Emissionsfaktor beim Einsatz flüssiger Biobrennstoffe. (1) [1] Für den Einsatz flüssiger Biobrennstoffe zur Stromproduktion gilt Artikel 38 Absatz 2 Satz 1 der Monitoring-Verordnung, soweit die eingesetzten flüssigen Biobrennstoffe die Nachhaltigkeitsanforderungen der §§ 4 bis 8 der Biomassestrom-Nachhaltigkeitsverordnung vom 23. Juli 2009 (BGBl. I S. 2174) erfüllen, die zuletzt durch Artikel 1 der Verordnung vom 26. Juni 2018 (BGBl. I S. 872) geändert worden ist, in der jeweils geltenden Fassung. [2] § 3 Absatz 2 und 3 der Biomassestrom-Nachhaltigkeitsverordnung gilt entsprechend, zu Absatz 3 mit der Maßgabe, dass anstelle des § 3 Absatz 1 der Biomassestrom-Nachhaltigkeitsverordnung auf Satz 1 abzustellen ist. [3] Für flüssige Biomasse, die aus Abfall oder aus Reststoffen hergestellt worden ist, ist Satz 1 mit der Maßgabe anzuwenden, dass lediglich die Nachhaltigkeitsanforderungen nach § 8 der Biomassestrom-Nachhaltigkeitsverordnung erfüllt sein müssen; diese Einschränkung gilt nicht für flüssige Biomasse aus Reststoffen der Land-, Forst- oder Fischwirtschaft oder aus Aquakulturen.

(2) Beim Einsatz flüssiger Biobrennstoffe zur Wärmeerzeugung gilt Absatz 1 mit der Maßgabe, dass zur Berechnung des Treibhausgas-Minderungspotenzials anstelle des Vergleichswertes für Fossilbrennstoffe nach Nummer 4 der Anlage 1 zur Biomassestrom-Nachhaltigkeitsverordnung folgende Vergleichswerte gelten:

1. für flüssige Biomasse, die zur Wärmeerzeugung verwendet wird, 77 Gramm CO_2eq/MJ und
2. für flüssige Biomasse, die zur Wärmeerzeugung in Kraft-Wärme-Kopplung verwendet wird, 85 Gramm CO_2eq/MJ.

(3) Die Einhaltung der Anforderungen nach den Absätzen 1 und 2 für die eingesetzten flüssigen Biobrennstoffe ist nachzuweisen durch einen anerkannten Nachhaltigkeitsnachweis nach § 14 Nummer 1, 2 oder 3 der Biomassestrom-Nachhaltigkeitsverordnung oder durch einen Nachhaltigkeits-Teilnachweis nach § 24 der Biomassestrom-Nachhaltigkeitsverordnung, der in der Datenbank der nach § 74 Absatz 1 Nummer 4 der Biomassestrom-Nachhaltigkeitsverordnung zuständigen Behörde auf das Konto der nach § 19 Absatz 1 Nummer 3 des Treibhausgas-Emissionshandelsgesetzes[1)] zuständigen Behörde überwiesen wird.

(4) [1] Für den Einsatz flüssiger Biobrennstoffe in Anlagen, die keine Schnittstelle nach § 2 Absatz 3 der Biomassestrom-Nachhaltigkeitsverordnung sind und denen keine solche Schnittstelle vorgelagert ist, ist der Nachweis über die

---

[1)] Nr. **4.1**.

Einhaltung der Nachhaltigkeitsanforderungen abweichend von Absatz 3 durch eine Prüfbescheinigung einer nach § 42 Nummer 1 oder 2 der Biomassestrom-Nachhaltigkeitsverordnung anerkannten Zertifizierungsstelle zu erbringen. [2]Die §§ 48, 49, 52 bis 55 der Biomassestrom-Nachhaltigkeitsverordnung gelten entsprechend.

(5) Für flüssige Biobrennstoffe als Bestandteil eines Brennstoffgemischs sowie für die Bestimmung des Kohlenstoffgehalts bei Anwendung einer Massenbilanz gelten die Absätze 1 bis 4 entsprechend.

(6) Die Absätze 1 bis 5 gelten nicht für den Einsatz von Ablauge, die bei der Herstellung von Zellstoff angefallen ist.

(7) Soweit die Anforderungen nach den Absätzen 1 bis 5 nicht erfüllt sind, ist der Emissionsfaktor beim Einsatz flüssiger Biobrennstoffe nach den Vorgaben der Monitoring-Verordnung zur Ermittlung des Emissionsfaktors für fossile Brennstoffe zu bestimmen.

§ 4 Emissionsfaktor beim Einsatz von Biokraftstoffen im Luftverkehr.

(1) [1]Beim Einsatz von Biokraftstoffen im Luftverkehr beträgt der Emissionsfaktor Null, soweit die eingesetzten Biokraftstoffe die Nachhaltigkeitsanforderungen der §§ 4 bis 8 der Biokraftstoff-Nachhaltigkeitsverordnung[1)] vom 30. September 2009 (BGBl. I S. 3182) erfüllen, die zuletzt durch Artikel 2 der Verordnung vom 26. Juni 2018 (BGBl. I S. 872) geändert worden ist, in der jeweils geltenden Fassung. [2]§ 3 Absatz 2 und 3 der Biokraftstoff-Nachhaltigkeitsverordnung gilt entsprechend, zu Absatz 3 mit der Maßgabe, dass anstelle des § 3 Absatz 1 der Biokraftstoff-Nachhaltigkeitsverordnung auf Satz 1 abzustellen ist. [3]Für Biokraftstoffe, die aus Abfall oder aus Reststoffen hergestellt worden sind, ist Satz 1 mit der Maßgabe anzuwenden, dass lediglich die Nachhaltigkeitsanforderungen nach § 8 der Biokraftstoff-Nachhaltigkeitsverordnung erfüllt sein müssen; diese Einschränkung gilt nicht für Biokraftstoffe aus Reststoffen der Land-, Forst- oder Fischwirtschaft oder aus Aquakulturen.

(2) Die Einhaltung der Anforderungen nach Absatz 1 ist nachzuweisen durch einen anerkannten Nachhaltigkeitsnachweis nach § 14 Nummer 1, 2 oder 3 der Biokraftstoff-Nachhaltigkeitsverordnung oder durch einen Nachhaltigkeits-Teilnachweis nach § 24 der Biokraftstoff-Nachhaltigkeitsverordnung, der in der Datenbank der nach § 66 Absatz 1 Nummer 3 dritter Halbsatz der Biokraftstoff-Nachhaltigkeitsverordnung zuständigen Behörde auf das Konto der nach § 19 Absatz 1 Nummer 3 des Treibhausgas-Emissionshandelsgesetzes[2)] zuständigen Behörde überwiesen wird.

(3) Für Biokraftstoffe als Bestandteil eines Treibstoffgemischs gelten die Absätze 1 und 2 entsprechend.

(4) Soweit die Anforderungen nach den Absätzen 1 bis 3 nicht erfüllt sind, ist der Emissionsfaktor beim Einsatz von Biokraftstoffen nach den Vorgaben der Monitoring-Verordnung zur Ermittlung des Emissionsfaktors für fossile Treibstoffe zu bestimmen.

---

1) Nr. **3.2**.
2) Nr. **4.1**.

§ 5 Nachweisanforderungen für angewendete Analysemethoden. Soweit zur Bestimmung der Emissionen Berechnungsfaktoren verwendet werden, die auf Analysen basieren, gelten die Nachweisanforderungen in den Artikeln 32 bis 35 der Monitoring-Verordnung für alle angewendeten Analysemethoden.

Abschnitt 3. Überwachung
(Zu § 6 des Gesetzes)

§ 6 Anpassung des Überwachungsplans bei nicht erheblichen Änderungen der Überwachung. (1) [1] Abweichend von § 6 Absatz 3 Satz 1 des Treibhausgas-Emissionshandelsgesetzes[1)] ist ein Betreiber bei folgenden nicht erheblichen Änderungen der Überwachung verpflichtet, den Überwachungsplan anzupassen und innerhalb der bis zum 31. Dezember desselben Kalenderjahres verlängerten Vorlagefrist bei der zuständigen Behörde einzureichen:

1. Kapazitätsänderung einer Anlage ohne Änderung der Emissionsgenehmigung und ohne Aufnahme neuer Emissionsquellen oder Stoffströme;
2. Austausch eines Messgeräts gegen ein geeichtes Messgerät;
3. Wechsel des beauftragten Labors, sofern ein akkreditiertes Labor im Sinne von Artikel 34 Absatz 1 der Monitoring-Verordnung beauftragt wird;
4. Wechsel des Ansprechpartners für die Anlage oder Änderung von Zuständigkeiten innerhalb der Anlage.

[2] Satz 1 Nummer 2 und 3 gilt auch im Fall der Datenerhebung durch einen Lieferanten.

(2) Die zuständige Behörde kann Betreibern in weiteren Fällen nicht erheblicher Änderungen der Überwachung gestatten, den geänderten Überwachungsplan bis spätestens zum 31. Dezember des Kalenderjahres, in dem die Überwachung geändert wurde, zu übermitteln.

Abschnitt 4. Versteigerung von Berechtigungen
(Zu § 8 des Gesetzes)

§ 7 Versteigerung. (1) Anbieter der gemäß § 8 Absatz 1 Satz 1 des Treibhausgas-Emissionshandelsgesetzes[1)] zu versteigernden Berechtigungen ist das Umweltbundesamt oder ein von ihm beauftragter Dritter.

(2) [1] Erlöse gemäß § 8 Absatz 3 Satz 1 des Treibhausgas-Emissionshandelsgesetzes sind die Einnahmen nach Abzug der Umsatzsteuer (Nettoerlöse). [2] Im Rahmen des § 8 Absatz 3 Satz 2 des Treibhausgas-Emissionshandelsgesetzes sind Überdeckungen und Unterdeckungen der entstandenen Kosten der Deutschen Emissionshandelsstelle im Umweltbundesamt auf den Refinanzierungsbedarf des darauffolgenden Jahres anzurechnen.

[1)] Nr. **4.1**.

Abschnitt 5. Zuteilung von Berechtigungen
(Zu § 9 des Gesetzes)

§ 8 Erhebung von Bezugsdaten. Der Anlagenbetreiber ist verpflichtet, im Antrag auf kostenlose Zuteilung für Bestandsanlagen zusätzlich zu den Angaben, die nach der EU-Zuteilungsverordnung gefordert sind, folgende Angaben zu machen:

1. allgemeine Angaben zu jedem Zuteilungselement:
   a) die anteilig zuzuordnenden Eingangs- und Ausgangsströme,
   b) im Fall eines Zuteilungselements mit Wärme-Emissionswert, bei dem Wärme zur Herstellung von Produkten in der Anlage verbraucht wird: für jedes der nach Anhang IV Nummer 2.6 Buchstabe b der EU-Zuteilungsverordnung anzugebenden Produkte die Menge an messbarer Wärme, die zu seiner Herstellung aufgewendet wurde,
   c) im Fall des Exports von messbarer Wärme an Anlagen oder Einrichtungen, die nicht in den Anwendungsbereich des Treibhausgas-Emissionshandelsgesetzes[1] fallen: die Wärmemenge in Verbindung mit den Prodcom-Codes 2010 und NACE-Codes Rev 2 der Produkte dieser Anlagen oder Einrichtungen;
2. zusätzliche Angaben zu Zuteilungselementen in Sonderfällen:
   bei Anlagen, die durch den Einsatz von Biomasse messbare Wärme in gekoppelter Produktion mit einer nach dem Erneuerbare-Energien-Gesetz vergüteten Strommenge erzeugt haben, die Angabe dieser in gekoppelter Produktion erzeugten Wärmemenge.

Abschnitt 6. Zertifizierung von Prüfstellen
(Zu § 21 des Gesetzes)

§ 9 Beleihung. (1) Die im Handelsregister, Abteilung B des Amtsgerichts Bonn unter der Nummer 6946 eingetragene DAU-Deutsche Akkreditierungs- und Zulassungsgesellschaft für Umweltgutachter mbH wird mit den Aufgaben der Zulassungsstelle nach Artikel 55 Absatz 2 der Akkreditierungs- und Verifizierungsverordnung beliehen (Beliehene).

(2) Die Beliehene und das Bundesministerium für Umwelt, Naturschutz und nukleare Sicherheit vereinbaren in einem öffentlich-rechtlichen Vertrag, wie die nach dieser Verordnung übertragenen Aufgaben im Einzelnen auszuführen sind.

(3) [1]Die Beliehene ist verpflichtet, alle personellen, organisatorischen und finanziellen Voraussetzungen zur ordnungsgemäßen Erfüllung der ihr übertragenen Aufgaben fortlaufend sicherzustellen. [2]Hierzu gehört auch, dass bei ihr keine Personen angestellt sind, die gleichzeitig auch als zertifizierte Prüfstelle oder bei einer akkreditierten Prüfstelle tätig sind.

(4) Im Widerspruchsverfahren gegen einen von der Zulassungsstelle erlassenen Verwaltungsakt ist die Zulassungsstelle für die Entscheidung über den Widerspruch zuständig.

---

[1] Nr. **4.1**.

§ 10 Anwendbare Vorschriften. (1) Hinsichtlich der Anforderungen an die zu zertifizierenden Prüfstellen, die Zulassungsstelle und das Zertifizierungsverfahren gilt die Akkreditierungs- und Verifizierungsverordnung entsprechend mit der Maßgabe, dass anstelle der Akkreditierung auf die Zertifizierung abzustellen ist.

(2) [1] Unbeschadet des Absatzes 1 gilt Artikel 37 Absatz 6 der Akkreditierungs- und Verifizierungsverordnung mit der weiteren Maßgabe, dass die Aufgaben des kompetenten Bewerters von einem Dritten wahrgenommen werden, der nicht bei der zertifizierten Prüfstelle tätig ist. [2] Dies gilt auch für die Aufgaben des unabhängigen Überprüfers nach Artikel 37 Absatz 3 der Akkreditierungs- und Verifizierungsverordnung.

§ 11 Ausschluss von der Zertifizierung. (1) Von der Zertifizierung als Prüfstelle sind natürliche Personen ausgeschlossen, die

1. in einem Beschäftigungsverhältnis mit einer juristischen Person oder einer Personengesellschaft stehen, die nach der Akkreditierungs- und Verifizierungsverordnung in der gültigen Fassung als Prüfstelle akkreditiert ist oder einen Antrag auf eine solche Akkreditierung gestellt hat,
2. einem Organ einer juristischen Person oder einer Personengesellschaft nach Nummer 1 angehören oder
3. Gesellschafter einer juristischen Person oder einer Personengesellschaft nach Nummer 1 sind; im Fall der Beteiligung an einer Kapitalgesellschaft gilt dies nur, sofern die Beteiligung insgesamt den fünften Teil des Nennkapitals dieser Gesellschaft überschreitet.

(2) [1] Im Fall des Absatzes 1 Nummer 1 kann bei einem laufenden Akkreditierungsverfahren über den Antrag auf Zertifizierung als Prüfstelle erst nach der Entscheidung über den Akkreditierungsantrag entschieden werden. [2] Tritt einer der Ausschlussgründe nach Absatz 1 Nummer 1 bis 3 nachträglich ein, hebt die Beliehene die Zertifizierung als Prüfstelle auf.

§ 12 Aufsicht über die Tätigkeit der Beliehenen. (1) Die Aufsicht über die Beliehene erstreckt sich auf die Rechtmäßigkeit der Zertifizierungs- und Aufsichtstätigkeit und auf die Entscheidungen der Beliehenen über Aufsichtsmaßnahmen nach Artikel 54 der Akkreditierungs- und Verifizierungsverordnung.

(2) Die Beliehene hat jährlich bis zum 1. Juni in einem Bericht an das Bundesministerium für Umwelt, Naturschutz und nukleare Sicherheit nachzuweisen, dass die in der Akkreditierungs- und Verifizierungsverordnung genannten Anforderungen an die Zulassungsstelle und an das Zertifizierungsverfahren eingehalten werden.

§ 13 Beendigung der Beleihung. (1) Die Beleihung endet mit dem Inkrafttreten einer Verordnung, durch die die Beleihung aufgehoben wird.

(2) [1] Die Beliehene kann die Beendigung der Beleihung jederzeit in schriftlicher oder elektronischer Form verlangen. [2] Das Bundesministerium für Umwelt, Naturschutz und nukleare Sicherheit hat diesem Verlangen innerhalb einer Frist von drei Jahren zu entsprechen.

(3) Die Beliehene ist zur ordnungsgemäßen Wahrnehmung der ihr übertragenen Aufgaben bis zur Beendigung der Beleihung oder bis zum Ablauf der in Absatz 2 genannten Frist verpflichtet.

Abschnitt 7. Gebühren und Auslagen für Amtshandlungen der Zulassungsstelle

(Zu § 22 des Gesetzes)

§ 14 Gebühren und Auslagen. (1) Die Gebühren für Amtshandlungen der nach § 9 Absatz 1 Beliehenen in Zusammenhang mit der Zertifizierung als Prüfstelle und der Überwachung der zertifizierten Prüfstellen bestimmen sich nach dem anliegenden Gebührenverzeichnis.

(2) [1] Die Erhebung von Auslagen richtet sich nach § 23 Absatz 6 des Bundesgebührengesetzes. [2] Aufwendungen für Telekommunikationsdienstleistungen der nach § 9 Absatz 1 Beliehenen sind mit der Gebühr abgegolten; dies gilt auch für die Reisekosten externer Gutachter, die diesen im Rahmen der vorgesehenen Heranziehung zu den Amtshandlungen entstanden sind, soweit diese Reisekosten den Betrag von 300 Euro je Begutachtungstag nicht übersteigen.

(3) Den Gebühren und Auslagen ist die gesetzliche Umsatzsteuer hinzuzurechnen.

Abschnitt 8. Verfahren zur Feststellung einheitlicher Anlagen

(Zu § 24 des Gesetzes)

§ 15 Einheitliche Anlage. (1) Auf Antrag des Betreibers stellt die zuständige Behörde fest, dass Anlagen nach Anhang 1 Teil 2 Nummer 1 bis 6 des Treibhausgas-Emissionshandelsgesetzes[1)] gemeinsam mit anderen Anlagen nach Anhang 1 Teil 2 Nummer 12 bis 22 des Treibhausgas-Emissionshandelsgesetzes eine einheitliche Anlage bilden, sofern die Voraussetzungen des § 24 des Treibhausgas-Emissionshandelsgesetzes erfüllt sind.

(2) Betreiber von Anlagen im Sinne des Anhangs 1 Teil 2 Nummer 8 bis 11 des Treibhausgas-Emissionshandelsgesetzes, die nach § 24 des Treibhausgas-Emissionshandelsgesetzes als einheitliche Anlage gelten, sind verpflichtet, im Rahmen der Emissionsberichterstattung auch die Produktionsmengen der in den einbezogenen Anlagen hergestellten Produkte anzugeben.

(3) Anlagen nach Anhang 1 Teil 2 Nummer 7 des Treibhausgas-Emissionshandelsgesetzes gelten gemeinsam mit sonstigen in Anhang 1 Teil 2 des Treibhausgas-Emissionshandelsgesetzes aufgeführten Anlagen als einheitliche Anlage, sofern sie von demselben Anlagenbetreiber an demselben Standort in einem technischen Verbund betrieben werden.

(4) Die zuständige Behörde hat Feststellungen nach § 24 des Treibhausgas-Emissionshandelsgesetzes zu widerrufen, soweit nachträglich unmittelbar geltende Rechtsakte der Europäischen Union der Bildung einer solchen einheitlichen Anlage entgegenstehen.

[1)] Nr. **4.1**.

Abschnitt 9. Kleinemittenten
(Zu § 27 des Gesetzes)

§ 16 Befreiung von Kleinemittenten. (1) Die zuständige Behörde befreit den Betreiber einer Anlage auf Antrag jeweils für die Dauer eines Zuteilungszeitraums nach Artikel 2 Absatz 15 der EU-Zuteilungsverordnung von der Pflicht nach § 7 Absatz 1 des Treibhausgas-Emissionshandelsgesetzes[1], sofern

1. die Anlage in jedem Jahr des Bezugszeitraums des jeweiligen Zuteilungszeitraums weniger als 15 000 Tonnen Kohlendioxidäquivalent emittiert hat,
2. der Betreiber sich für den jeweiligen Zuteilungszeitraum zur Durchführung einer gleichwertigen Maßnahme nach § 18 verpflichtet und
3. die Europäische Kommission keine Einwände nach Artikel 27 Absatz 2 Satz 1 der Richtlinie 2003/87/EG des Europäischen Parlaments und des Rates vom 13. Oktober 2003 über ein System für den Handel mit Treibhausgasemissionszertifikaten in der Gemeinschaft und zur Änderung der Richtlinie 96/61/EG des Rates (ABl. L 275 vom 25.10.2003, S. 32), die zuletzt durch die Richtlinie (EU) 2018/410 (ABl. L 76 vom 19.3.2018, S. 3) geändert worden ist, gegen die Befreiung erhebt.

(2) Der Bezugszeitraum für den Zuteilungszeitraum 2021 bis 2025 sind die Jahre 2016 bis 2018; der Bezugszeitraum für den Zuteilungszeitraum 2026 bis 2030 sind die Jahre 2021 bis 2023.

(3) Bei Anlagen der in Anhang 1 Teil 2 Nummer 2 bis 6 des Treibhausgas-Emissionshandelsgesetzes genannten Tätigkeiten ist eine Befreiung nach Absatz 1 ausgeschlossen, sofern die Feuerungswärmeleistung der Anlage 35 Megawatt oder mehr beträgt; dies gilt für die Gesamtfeuerungswärmeleistung von Verbrennungseinheiten nach Anhang 1 Teil 2 Nummer 1 des Treibhausgas-Emissionshandelsgesetzes in einer Anlage entsprechend.

(4) Für die Dauer der Befreiung besteht kein Anspruch auf eine Zuteilung von kostenlosen Berechtigungen nach § 9 Absatz 1 des Treibhausgas-Emissionshandelsgesetzes.

§ 17 Form und Inhalt des Antrags. (1) [1]Die Befreiung nach § 16 Absatz 1 setzt einen Antrag des Betreibers bei der zuständigen Behörde auf Befreiung für den jeweiligen Zuteilungszeitraum voraus. [2]Der Antrag auf Befreiung ist innerhalb einer Frist, die von der zuständigen Behörde mindestens einen Monat vor ihrem Ablauf im Bundesanzeiger bekannt gegeben wird, zu stellen. [3]Bei verspätetem Antrag besteht kein Anspruch auf Befreiung.

(2) Der Antrag muss folgende Angaben enthalten:

1. bei Anlagen nach Anhang 1 Teil 2 Nummer 1 bis 6 des Treibhausgas-Emissionshandelsgesetzes[1] die Feuerungswärmeleistung der Anlage und
2. die Festlegung auf eine der gleichwertigen Maßnahmen nach § 18.

§ 18 Gleichwertige Maßnahme. (1) Während der Dauer der Befreiung nach § 16 Absatz 1 unterliegt der Betreiber entsprechend seiner nach § 16

[1] Nr. **4.1**.

Absatz 1 Nummer 2 getroffenen Auswahl einer der nachfolgenden gleichwertigen Maßnahmen:

1. Zahlung eines Ausgleichsbetrages für ersparte Kosten des Erwerbs von Emissionsberechtigungen nach § 19 oder
2. Selbstverpflichtung zu Emissionsminderungen der Anlage nach § 20.

(2) Betreiber von Anlagen, die Stromerzeuger im Sinne von Artikel 10a Absatz 4 der Richtlinie 2003/87/EG sind, und Betreiber von Anlagen, die Restgase oder Wärme mit anderen Anlagen austauschen, dürfen die gleichwertige Maßnahme nach Absatz 1 Nummer 2 nicht wählen.

§ 19 Ausgleichsbetrag. (1) Während der Dauer der Befreiung nach § 16 Absatz 1 hat der Betreiber für jedes Berichtsjahr einen Ausgleichsbetrag für ersparte Kosten des Erwerbs von Berechtigungen zu leisten.

(2) Der zu zahlende Ausgleichsbetrag ist das Produkt aus

1. der anzusetzenden Menge an Berechtigungen, die dem Zukaufbedarf einer Anlage für das jeweilige Berichtsjahr entspricht, und
2. dem durchschnittlichen, volumengewichteten Zuschlagspreis der Versteigerungen nach § 8 des Treibhausgas-Emissionshandelsgesetzes[1] im Berichtsjahr oder in dem Kalenderjahr vor dem Berichtsjahr, je nachdem, welcher der beiden Zuschlagspreise der niedrigere ist; die zuständige Behörde gibt den maßgeblichen Zuschlagspreis für das jeweilige Berichtsjahr bis zum 31. März des auf das Berichtsjahr folgenden Kalenderjahres auf ihrer Internetseite bekannt.

(3) [1]Die anzusetzende Menge an Berechtigungen nach Absatz 2 Nummer 1 entspricht der Differenz zwischen der Emissionsmenge der Anlage im Berichtsjahr und der Menge an Berechtigungen, die dem Betreiber anstelle der Befreiung für das Berichtsjahr nach den Vorgaben des § 9 des Treibhausgas-Emissionshandelsgesetzes zugeteilt worden wäre. [2]Sofern der Wert der anzusetzenden Menge an Berechtigungen einen negativen Wert erreicht, entfällt die Pflicht nach Absatz 1 für dieses Berichtsjahr und der Betreiber kann im Folgejahr desselben Zuteilungszeitraums bei der Differenzbildung nach Satz 1 den negativen Wert des Vorjahres anrechnen. [3]Sofern sich durch diese Anrechnung auch für das Folgejahr ein negativer Wert ergibt, gilt Satz 2 für das Folgejahr entsprechend.

(4) [1]Die zuständige Behörde setzt die Menge an Berechtigungen, die dem Betreiber anstelle der Befreiung für die einzelnen Jahre des jeweiligen Zuteilungszeitraums zugeteilt worden wäre, mit der Befreiung nach § 16 Absatz 1 fest. [2]Veränderungen der Produktionsmenge gegenüber dem für die Festsetzung nach Satz 1 maßgeblichen Zeitraum bleiben unberücksichtigt.

(5) [1]Der Ausgleichsbetrag ist für jedes Berichtsjahr bis zum 30. April des auf das Berichtsjahr folgenden Kalenderjahres als Schickschuld an die zuständige Behörde zu leisten. [2]Soweit der Ausgleichsbetrag nicht rechtzeitig geleistet wurde, setzt die zuständige Behörde den rückständigen Ausgleichsbetrag fest. [3]Für die Berechnung des rückständigen Ausgleichsbetrages gilt abweichend von Absatz 2 Nummer 2 als maßgeblicher Zuschlagspreis der durchschnittliche volumengewichtete Zuschlagspreis der Versteigerungen nach § 8 des Treib-

[1] Nr. **4.1**.

hausgas-Emissionshandelsgesetzes im Berichtsjahr oder in dem Kalenderjahr vor dem Berichtsjahr, je nachdem, welcher der beiden Zuschlagspreise der höhere ist.

(6) [1] Soweit ein Ausgleichsbetrag ohne rechtlichen Grund entrichtet wurde, kann derjenige, auf dessen Rechnung die Zahlung bewirkt worden ist, von der zuständigen Behörde die Erstattung des entrichteten Betrages fordern. [2] Ansprüche des Bundes auf Zahlung des Ausgleichsbetrages sowie Erstattungsansprüche nach Satz 1 verjähren nach den Vorschriften des Bürgerlichen Gesetzbuches über die regelmäßige Verjährung.

(7) Die Einnahmen aus dem Ausgleichsbetrag stehen dem Bund zu und fließen in das Sondervermögen „Energie- und Klimafonds".

§ 20 Selbstverpflichtung zu Emissionsminderungen. (1) Gegenstand der Selbstverpflichtung des Betreibers zu Emissionsminderungen der Anlage ist die Reduzierung der Gesamtemissionen der Anlage gegenüber dem Basiswert beginnend ab dem Jahr 2021 um jährlich 2,2 Prozent.

(2) Der Basiswert ist der Median der Emissionen der Anlage in den Jahren 2014 bis 2018, in denen die Anlage vom Anwendungsbereich des Treibhausgas-Emissionshandelsgesetzes[1)] erfasst war, reduziert um den Prozentsatz, der der prozentualen Minderung der gemeinschaftsweiten Menge der vergebenen Zertifikate nach den Artikeln 9 und 9a der Richtlinie 2003/87/EG von der Mitte des Zeitraums der Kalenderjahre 2014 bis 2018 bis zum Ende der Handelsperiode 2013 bis 2020 entspricht.

(3) Die zuständige Behörde setzt mit der Befreiung nach § 16 Absatz 1 den Basiswert nach Absatz 2 sowie den jeweiligen Zielwert für jedes Kalenderjahr des Zuteilungszeitraums fest.

(4) [1] Erfüllt ein Betreiber die Selbstverpflichtung nach Absatz 1 in einem Berichtsjahr nicht, so hat er für dieses Berichtsjahr einen Überschreitungsbetrag zu zahlen. [2] Der zu zahlende Überschreitungsbetrag ist das Produkt aus

1. der Differenz zwischen der tatsächlichen Emissionsmenge der Anlage im Berichtsjahr und dem sich aus Absatz 1 ergebenden Zielwert für dieses Berichtsjahr und
2. dem durchschnittlichen, volumengewichteten Zuschlagspreis der Versteigerungen nach § 8 des Treibhausgas-Emissionshandelsgesetzes im Berichtsjahr oder in dem Kalenderjahr vor dem Berichtsjahr, je nachdem, welcher der beiden Zuschlagspreise der niedrigere ist; die zuständige Behörde gibt den maßgeblichen Zuschlagspreis für das jeweilige Berichtsjahr bis zum 31. März des auf das Berichtsjahr folgenden Kalenderjahres auf ihrer Internetseite bekannt.

(5) [1] Sofern die Emissionsmenge der Anlage geringer ist als der sich aus Absatz 1 ergebende Zielwert für das jeweilige Berichtsjahr, kann der Betreiber die Differenzmenge bei der Differenzbildung nach Absatz 4 Satz 2 Nummer 1 im Folgejahr desselben Zuteilungszeitraums anrechnen. [2] Sofern sich durch diese Anrechnung auch für das Folgejahr ein negativer Wert ergibt, gilt Satz 1 für das Folgejahr entsprechend.

[1)] Nr. **4.1**.

(6) Für die Leistung des Überschreitungsbetrags gilt § 19 Absatz 5 bis 7 entsprechend.

§ 21 Erlöschen der Befreiung. [1] Die Befreiung nach § 16 Absatz 1 erlischt, wenn die Anlage in einem Berichtsjahr 25 000 Tonnen Kohlendioxidäquivalent oder mehr emittiert. [2] In diesem Fall unterliegt der Betreiber ab dem Kalenderjahr der Überschreitung der Emissionsgrenze der Pflicht nach § 7 Absatz 1 des Treibhausgas-Emissionshandelsgesetzes[1)].

§ 22 Öffentlichkeitsbeteiligung. (1) Die zuständige Behörde gibt im Rahmen des Antragsverfahrens folgende Informationen auf ihrer Internetseite bekannt:
1. die Namen der Anlagen, für die eine Befreiung nach § 16 beantragt wurde,
2. für jede dieser Anlagen die gleichwertige Maßnahme nach § 18 und
3. für jede dieser Anlagen die in den Jahren des jeweiligen Bezugszeitraums verursachten Treibhausgasemissionen.

(2) [1] Nach der Bekanntgabe hat die Öffentlichkeit vier Wochen Gelegenheit, zu den beabsichtigten Befreiungen Stellung zu nehmen. [2] Nach Ablauf der Frist zur Stellungnahme teilt die zuständige Behörde der Europäischen Kommission das Ergebnis der Öffentlichkeitsbeteiligung mit. [3] Diese Mitteilung gibt die zuständige Behörde auf ihrer Internetseite bekannt.

§ 23 Erleichterungen bei Überwachung und Berichterstattung. (1) [1] Für die Dauer der Befreiung nach § 16 gilt die Pflicht zur Emissionsberichterstattung nach § 5 des Treibhausgas-Emissionshandelsgesetzes[1)] mit der Maßgabe, dass die Pflicht zur Verifizierung des Emissionsberichts jeweils nur für das dritte Jahr des jeweiligen Zuteilungszeitraums gilt. [2] Abweichend von Satz 1 sind Anlagen, die in jedem Jahr des Bezugszeitraums nach § 16 Absatz 2 weniger als 5 000 Tonnen Kohlendioxidäquivalent emittiert haben, von der Pflicht zur Verifizierung des Emissionsberichts befreit, solange die Anlagen in jedem Berichtsjahr des Zuteilungszeitraums weniger als 5 000 Tonnen Kohlendioxidäquivalent emittieren.

(2) Für die Dauer der Befreiung nach § 16 gilt die Pflicht nach § 6 des Treibhausgas-Emissionshandelsgesetzes mit den Maßgaben, dass
1. der nach § 6 Absatz 1 des Treibhausgas-Emissionshandelsgesetzes zur Genehmigung vorzulegende Überwachungsplan keine Angaben nach Artikel 12 Absatz 2 Buchstabe c bis g der Monitoring-Verordnung zu den innerbetrieblichen Verfahren zur Überwachung und Berichterstattung nach Anhang I Teil 1 der Monitoring-Verordnung enthalten muss;
2. eine Anpassung des Überwachungsplans nach § 6 Absatz 3 des Treibhausgas-Emissionshandelsgesetzes nur bei Änderungen des Anlagenumfangs oder der Emissionsquellen oder bei der Aufnahme zusätzlicher Stoffströme erforderlich ist.

(3) [1] Bestimmt der Betreiber einer Anlage, die in jedem Jahr des Bezugszeitraums nach § 16 Absatz 2 weniger als 5 000 Tonnen Kohlendioxidäquivalent emittiert hat, Berechnungsfaktoren eines Stoffstroms mittels Analysen, so ist er

---

[1)] Nr. **4.1**.

von der Pflicht nach Artikel 33 der Monitoring-Verordnung zur Übermittlung eines Probenahmeplans befreit. [2]Nimmt der Betreiber zur Durchführung der Analysen sein betriebseigenes Labor in Anspruch, ist er von der Pflicht nach Artikel 34 Absatz 3 der Monitoring-Verordnung zur Vorlage eines Gleichwertigkeitsnachweises befreit.

(4) Für die Dauer der Befreiung nach § 16 ist der Betreiber einer Anlage, die in jedem Jahr des Bezugszeitraums nach § 16 Absatz 2 weniger als 5 000 Tonnen Kohlendioxidäquivalent emittiert hat, von der Pflicht zur Übermittlung eines Verbesserungsberichtes nach Artikel 69 Absatz 4 der Monitoring-Verordnung befreit.

(5) Für die Dauer der Befreiung nach § 16 ist der Betreiber der Anlage von der Pflicht zur Mitteilung der Aktivitätsraten nach dem Durchführungsrechtsakt nach Artikel 10a Absatz 21 der Richtlinie 2003/87/EG befreit.

Abschnitt 10. Schlussvorschriften

§ 24 Inkrafttreten, Außerkrafttreten. (1) Diese Verordnung tritt am Tag nach der Verkündung[1)] in Kraft.

(2) § 14 und die Anlage treten am 1. Oktober 2021 außer Kraft.

Anlage
(zu § 14)

Gebührenverzeichnis

Tarif-stelle	Amtshandlungen der Zulassungsstelle	Gebührensatz (Nettobetrag zuzüglich Umsatzsteuer) Angaben in Euro
1	**Erstzertifizierung**	
1.1	**Antragsprüfung und Bescheid**	
1.1.1	nach Aktenlage für bis zu drei Tätigkeitsgruppen gemäß Anhang I der Akkreditierungs- und Verifizierungsverordnung	945
1.1.1.1	– je weitere drei beantragte Tätigkeitsgruppen gemäß Anhang I der Akkreditierungs- und Verifizierungsverordnung zusätzlich zu 1.1.1	315
1.1.2	mit Gespräch in den Räumen der Zulassungsstelle für bis zu drei Tätigkeitsgruppen gemäß Anhang I der Akkreditierungs- und Verifizierungsverordnung	1 260
1.1.2.1	– je weitere drei beantragte Tätigkeitsgruppen gemäß Anhang I der Akkreditierungs- und Verifizierungsverordnung zusätzlich zu 1.1.2	315
1.1.2.2	– Hinzuziehung externer Gutachter, je Gutachter und jeweils bis zu drei beantragten Tätigkeitsgruppen zusätzlich zu 1.1.2	250–335

[1)] Verkündet am 3.5.2019.

Tarif-stelle	Amtshandlungen der Zulassungsstelle	Gebührensatz (Nettobetrag zuzüglich Umsatzsteuer) Angaben in Euro
1.2	**Durchführung der Begutachtung (je Office-Audit oder je Witness-Audit)**	840
1.2.1	zuzüglich Personal der Zulassungsstelle vor Ort, je Person und Tag	840
1.2.2	zuzüglich externer Begutachter vor Ort, je Begutachter und je Tag	750–1 000
2	**Rezertifizierung**	
2.1	**Antragsprüfung und Bescheid nach Aktenlage**	Kosten entsprechend Tarifstellen 1.1.1 und 1.1.1.1
2.2	**Begutachtung im Rahmen der Rezertifizierung**	Kosten entsprechend Tarifstellen 1.2 bis 1.2.2
3	**Begutachtung nach Artikel 50 der Akkreditierungs- und Verifizierungsverordnung im Zeitraum zwischen Zertifizierung und Rezertifizierung**	Kosten entsprechend Tarifstellen 1.2 bis 1.2.2
4	**Anlassabhängige Überprüfung auf Basis der Artikel 52, 62 und 73 der Akkreditierungs- und Verifizierungsverordnung im Zeitraum zwischen Zertifizierung und Rezertifizierung**	
4.1	**Dokumentenprüfung und Bescheid, ohne Begutachtung**	1 000–5 000
4.2	**Anlassabhängige Begutachtung**	Kosten entsprechend Tarifstellen 1.2 bis 1.2.2
5	**Änderung des Zertifizierungsbereichs**	
5.1	**Antragsprüfung und Bescheid**	
5.1.1	nach Aktenlage für bis zu drei Tätigkeitsgruppen gemäß Anhang I der Akkreditierungs- und Verifizierungsverordnung	525
5.1.1.1	– je weitere drei beantragte Tätigkeitsgruppen gemäß Anhang I der Akkreditierungs- und Verifizierungsverordnung zusätzlich zu Tarifstelle 5.1.1	525
5.1.2	mit Gespräch in den Räumen der Zulassungsstelle für bis zu drei Tätigkeitsgruppen gemäß Anhang I der Akkreditierungs- und Verifizierungsverordnung	840
5.1.2.1	– je weitere drei beantragte Tätigkeitsgruppen gemäß Anhang I der Akkreditierungs- und Verifizierungsverordnung zusätzlich zu Tarifstelle 5.1.2	315
5.1.2.2	– Hinzuziehung externer Gutachter, je Gutachter und jeweils bis zu drei beantragten Tätigkeitsgruppen zusätzlich zu Tarifstelle 5.1.2	250–335
5.2	**Begutachtung im Rahmen der Änderung des Zertifizierungsbereichs**	Kosten entsprechend Tarifstellen 1.2 bis 1.2.2

5.1. Erste Allgemeine Verwaltungsvorschrift zum Bundes-Immissionsschutzgesetz (Technische Anleitung zur Reinhaltung der Luft – TA Luft)

Vom 24. Juli 2002

(GMBl S. 511)

Nach § 48 des Bundes-Immissionsschutzgesetzes[1)] in der Fassung der Bekanntmachung vom 14. Mai 1990 (BGBl. I S. 880), der durch Artikel 2 des Gesetzes vom 27. Juli 2001 (BGBl. I S. 1950) geändert worden ist, wird nach Anhörung der beteiligten Kreise folgende Allgemeine Verwaltungsvorschrift erlassen:

Inhaltsübersicht:

---

1) Nr. 1.

Abbildungsübersicht:

Tabellenübersicht:

1 Anwendungsbereich

Diese Technische Anleitung dient dem Schutz der Allgemeinheit und der Nachbarschaft vor schädlichen Umwelteinwirkungen durch Luftverunreinigungen und der Vorsorge gegen schädliche Umwelteinwirkungen durch Luftverunreinigungen, um ein hohes Schutzniveau für die Umwelt insgesamt zu erreichen.

Die Vorschriften dieser Technischen Anleitung sind zu beachten bei der

a) Prüfung der Anträge auf Erteilung einer Genehmigung zur Errichtung und zum Betrieb einer neuen Anlage (§ 6 Abs. 1 BImSchG[1]) sowie zur Änderung der Lage, der Beschaffenheit oder des Betriebs einer bestehenden Anlage (§ 16 Abs. 1, auch in Verbindung mit Abs. 4 BImSchG),

b) Prüfung der Anträge auf Erteilung einer Teilgenehmigung, eines Vorbescheids oder der Zulassung des vorzeitigen Beginns (§§ 8, 8a und 9 BImSchG),

c) Prüfung der Genehmigungsbedürftigkeit einer Änderung (§ 15 Abs. 2 BImSchG),

d) Entscheidung über nachträgliche Anordnungen (§ 17 BImSchG) und

e) Entscheidung zu Anordnungen über die Ermittlung von Art und Ausmaß der von einer Anlage ausgehenden Emissionen sowie der Immissionen im Einwirkungsbereich der Anlage (§ 26, auch in Verbindung mit § 28 BImSchG).

Der Schutz vor schädlichen Umwelteinwirkungen durch Geruchsimmissionen wird in dieser Verwaltungsvorschrift nicht geregelt; dagegen wird die Vorsorge gegen schädliche Umwelteinwirkungen durch Geruchsemissionen in dieser Verwaltungsvorschrift geregelt.

Die Anforderungen der Nummern 5.1 bis 5.4 gelten nicht für genehmigungsbedürftige Anlagen, soweit in Rechtsverordnungen der Bundesregierung Anforderungen zur Vorsorge und zur Ermittlung von Emissionen an luftverunreinigenden Stoffen getroffen werden.

Soweit im Hinblick auf die Pflichten der Betreiber von nicht genehmigungsbedürftigen Anlagen nach § 22 Abs. 1 Nrn. 1 und 2 BImSchG zu beurteilen ist, ob schädliche Umwelteinwirkungen durch Luftverunreinigungen vorliegen, sollen die in Nummer 4

[1] Nr. **1**.

festgelegten Grundsätze zur Ermittlung und Maßstäbe zur Beurteilung von schädlichen Umwelteinwirkungen herangezogen werden. Die Ermittlung von Immissionskenngrößen nach Nummer 4.6 unterbleibt, soweit eine Prüfung im Einzelfall ergibt, dass der damit verbundene Aufwand unverhältnismäßig wäre. Tragen nicht genehmigungsbedürftige Anlagen zum Entstehen schädlicher Umwelteinwirkungen in relevanter Weise bei, ist zu prüfen, ob die nach dem Stand der Technik gegebenen Möglichkeiten zu ihrer Vermeidung ausgeschöpft sind. Nach dem Stand der Technik unvermeidbare schädliche Umwelteinwirkungen sind auf ein Mindestmaß zu beschränken. Soweit zur Erfüllung der Pflichten nach § 22 Abs. 1 Nrn. 1 und 2 BImSchG Anforderungen für nicht genehmigungsbedürftige Anlagen festgelegt werden können, können auch die in Nummer 5 für genehmigungsbedürftige Anlagen festgelegten Vorsorgeanforderungen als Erkenntnisquelle herangezogen werden. Luftreinhaltepläne sind bei Anordnungen nach §§ 24 und 25 BImSchG zu beachten.

2 Begriffsbestimmungen und Einheiten im Messwesen

2.1 Immissionen

Immissionen im Sinne dieser Verwaltungsvorschrift sind auf Menschen, Tiere, Pflanzen, den Boden, das Wasser, die Atmosphäre oder Kultur- und Sachgüter einwirkende Luftverunreinigungen.

Immissionen werden wie folgt angegeben:

a) Massenkonzentration als Masse der luftverunreinigenden Stoffe bezogen auf das Volumen der verunreinigten Luft; bei gasförmigen Stoffen ist die Massenkonzentration auf 293,15 K und 101,3 kPa zu beziehen.

b) Deposition als zeitbezogene Flächenbedeckung durch die Masse der luftverunreinigenden Stoffe.

2.2 Immissionskenngrößen, Beurteilungspunkte, Aufpunkte

Immissionskenngrößen kennzeichnen die Höhe der Vorbelastung, der Zusatzbelastung oder der Gesamtbelastung für den jeweiligen luftverunreinigenden Stoff. Die Kenngröße für die Vorbelastung ist die vorhandene Belastung durch einen Schadstoff. Die Kenngröße für die Zusatzbelastung ist der Immissionsbeitrag, der durch das beantragte Vorhaben voraussichtlich (bei geplanten Anlagen) oder tatsächlich (bei bestehenden Anlagen) hervorgerufen wird. Die Kenngröße für die Gesamtbelastung ist bei geplanten Anlagen aus den Kenngrößen für die Vorbelastung und die Zusatzbelastung zu bilden; bei bestehenden Anlagen entspricht sie der vorhandenen Belastung.

Beurteilungspunkte sind diejenigen Punkte in der Umgebung der Anlage, für die die Immissionskenngrößen für die Gesamtbelastung ermittelt werden. Aufpunkte sind diejenigen Punkte in der Umgebung der Anlage, für die eine rechnerische Ermittlung der Zusatzbelastung (Immissionsprognose) vorgenommen wird.

2.3 **Immissionswerte**

Der Immissions-Jahreswert ist der Konzentrations- oder Depositionswert eines Stoffes gemittelt über ein Jahr.

Der Immissions-Tageswert ist der Konzentrationswert eines Stoffes gemittelt über einen Kalendertag mit der zugehörigen zulässigen Überschreitungshäufigkeit (Anzahl der Tage) während eines Jahres.

Der Immissions-Stundenwert ist der Konzentrationswert eines Stoffes gemittelt über eine volle Stunde (z.B. 8.00 bis 9.00 Uhr) mit der zugehörigen zulässigen Überschreitungshäufigkeit (Anzahl der Stunden) während eines Jahres.

2.4 **Abgasvolumen und Abgasvolumenstrom**

Abgase im Sinne dieser Verwaltungsvorschrift sind die Trägergase mit den festen, flüssigen oder gasförmigen Emissionen.

Angaben des Abgasvolumens und des Abgasvolumenstroms sind in dieser Verwaltungsvorschrift auf den Normzustand (273,15 K; 101,3 kPa) nach Abzug des Feuchtegehaltes an Wasserdampf bezogen, soweit nicht ausdrücklich etwas anderes angegeben wird.

2.5 **Emissionen**

Emissionen im Sinne dieser Verwaltungsvorschrift sind die von einer Anlage ausgehenden Luftverunreinigungen.

Emissionen werden wie folgt angegeben:

a) Masse der emittierten Stoffe oder Stoffgruppen bezogen auf das Volumen (Massenkonzentration)
   - aa) von Abgas im Normzustand (273,15 K; 101,3 kPa) nach Abzug des Feuchtegehaltes an Wasserdampf,
   - bb) von Abgas (f) im Normzustand (273,15 K; 101,3 kPa) vor Abzug des Feuchtegehaltes an Wasserdampf;

b) Masse der emittierten Stoffe oder Stoffgruppen bezogen auf die Zeit als Massenstrom (Emissionsmassenstrom);
der Massenstrom ist die während einer Betriebsstunde bei bestimmungsgemäßem Betrieb einer Anlage unter den für die Luftreinhaltung ungünstigsten Betriebsbedingungen auftretende Emission der gesamten Anlage;

c) Anzahl der emittierten Fasern bezogen auf das Volumen (Faserstaubkonzentration) von Abgas im Normzustand (273,15 K; 101,3 kPa) nach Abzug des Feuchtegehaltes an Wasserdampf;

d) Verhältnis der Masse der emittierten Stoffe oder Stoffgruppen zu der Masse der erzeugten oder verarbeiteten Produkte oder zur Tierplatzzahl (Emissionsfaktor);
in das Massenverhältnis geht die während eines Tages bei bestimmungsgemäßem Betrieb einer Anlage unter den für die Luftreinhaltung ungünstigsten Betriebsbedingungen auftretende Emission der gesamten Anlage ein;

e) Anzahl der Geruchseinheiten der emittierten Geruchsstoffe bezogen auf das Volumen (Geruchsstoffkonzentration) von Abgas

bei 293,15 K und 101,3 kPa vor Abzug des Feuchtegehaltes an Wasserdampf;
die Geruchsstoffkonzentration ist das olfaktometrisch gemessene Verhältnis der Volumenströme bei Verdünnung einer Abgasprobe mit Neutralluft bis zur Geruchsschwelle, angegeben als Vielfaches der Geruchsschwelle.

2.6 Emissionsgrad und Emissionsminderungsgrad

Emissionsgrad ist das Verhältnis der im Abgas emittierten Masse eines luftverunreinigenden Stoffes zu der mit den Brenn- oder Einsatzstoffen zugeführten Masse; er wird angegeben als Vomhundertsatz.

Emissionsminderungsgrad ist das Verhältnis der im Abgas emittierten Masse eines luftverunreinigenden Stoffes zu seiner zugeführten Masse im Rohgas; er wird angegeben als Vomhundertsatz. Der Geruchsminderungsgrad ist ein Emissionsminderungsgrad.

2.7 Emissionswerte und Emissionsbegrenzungen

Emissionswerte sind Grundlagen für Emissionsbegrenzungen.

Emissionsbegrenzungen sind die im Genehmigungsbescheid oder in einer nachträglichen Anordnung festzulegenden

a) zulässigen Faserstaub-, Geruchsstoff- oder Massenkonzentrationen von Luftverunreinigungen im Abgas mit der Maßgabe, dass
   aa) sämtliche Tagesmittelwerte die festgelegte Konzentration und
   bb) sämtliche Halbstundenmittelwerte das 2fache der festgelegten Konzentration

   nicht überschreiten,
b) zulässigen Massenströme, bezogen auf eine Betriebsstunde,
c) zulässigen Massenverhältnisse, bezogen auf einen Tag (Tagesmittelwerte),
d) zulässigen Emissionsgrade, bezogen auf einen Tag (Tagesmittelwerte),
e) zulässigen Emissionsminderungsgrade, bezogen auf einen Tag (Tagesmittelwerte) oder
f) sonstigen Anforderungen zur Vorsorge gegen schädliche Umwelteinwirkungen durch Luftverunreinigungen.

2.8 Einheiten und Abkürzungen

µm	Mikrometer:	1 µm	= 0,001 mm
mm	Millimeter:	1 mm	= 0,001 m
m	Meter:	1 m	= 0,001 km
km	Kilometer		
m^2	Quadratmeter		
ha	Hektar:	1 ha	= 10 000 m^2
l	Liter:	1 l	= 0,001 m^3
m^3	Kubikmeter		

ng	Nanogramm:	1 ng	= 0,001 µg
µg	Mikrogramm:	1 µg	= 0,001 mg
mg	Milligramm:	1 mg	= 0,001 g
g	Gramm:	1 g	= 0,001 kg
kg	Kilogramm:	1 kg	= 0,001 Mg (t)
Mg	Megagramm (entspricht t: Tonne)		
s	Sekunde		
h	Stunde		
d	Tag (Kalendertag)		
a	Jahr		
°C	Grad Celsius		
K	Kelvin		
Pa	Pascal:	1 Pa	= 0,01 mbar (Millibar)
kPa	Kilopascal:	1 kPa	= 1 000 Pa
MPa	Megapascal:	1 MPa	= 1 000 000 Pa
kJ	Kilojoule		
kWh	Kilowattstunde:	1 kWh	= 3 600 kJ
MW	Megawatt		
GE	Geruchseinheit		
GE/m³	Geruchsstoffkonzentration		
GV	Großvieheinheit (1 Großvieheinheit entsprechen 500 kg Tierlebendmasse)		

2.9 Rundung

Soweit Zahlenwerte zur Beurteilung von Immissionen oder Emissionen (z.B. Immissionswerte, Zusatzbelastungswerte, Irrelevanzwerte, Emissionswerte) zu überprüfen sind, sind die entsprechenden Mess- und Rechengrößen mit einer Dezimalstelle mehr als der Zahlenwert zur Beurteilung zu ermitteln. Das Endergebnis ist in der letzten Dezimalstelle nach Nummer 4.5.1 der DIN 1333 (Ausgabe Februar 1992) zu runden sowie in der gleichen Einheit und mit der gleichen Stellenzahl wie der Zahlenwert anzugeben.

2.10 Altanlagen

Altanlagen (bestehende Anlagen) im Sinne dieser Verwaltungsvorschrift sind

1. Anlagen, für die am 1. Oktober 2002

   a) eine Genehmigung zur Errichtung und zum Betrieb nach § 6 oder § 16 BImSchG[1] oder eine Zulassung vorzeitigen Beginns nach § 8a BImSchG erteilt ist und in dieser Zulassung Anforderungen nach § 5 Abs. 1 Nrn. 1 oder 2 BImSchG festgelegt sind,

---

[1] Nr. 1.

b) eine Teilgenehmigung nach § 8 BImSchG oder ein Vorbescheid nach § 9 BImSchG erteilt ist, soweit darin Anforderungen nach § 5 Abs. 1 Nrn. 1 oder 2 BImSchG festgelegt sind,

2. Anlagen, die nach § 67 Abs. 2 BImSchG anzuzeigen sind oder die entweder nach § 67a Abs. 1 BImSchG oder vor Inkrafttreten des Bundes-Immissionsschutzgesetzes nach § 16 Abs. 4 der Gewerbeordnung anzuzeigen waren.

3 Rechtliche Grundsätze für Genehmigung, Vorbescheid und Zulassung des vorzeitigen Beginns

3.1 Prüfung der Anträge auf Erteilung einer Genehmigung zur Errichtung und zum Betrieb neuer Anlagen

Eine Genehmigung zur Errichtung und zum Betrieb einer genehmigungsbedürftigen Anlage ist nach § 6 Abs. 1 Nr. 1 in Verbindung mit § 5 Abs. 1 Nrn. 1 und 2 BImSchG[1)] nur zu erteilen, wenn sichergestellt ist, dass die Anlage so errichtet und betrieben wird, dass

a) die von der Anlage ausgehenden Luftverunreinigungen keine schädlichen Umwelteinwirkungen für die Allgemeinheit und die Nachbarschaft hervorrufen können und

b) Vorsorge gegen schädliche Umwelteinwirkungen durch Luftverunreinigungen dieser Anlage getroffen ist.

Für die Prüfung der Genehmigungsvoraussetzungen gelten Nummern 4 und 5 dieser Verwaltungsvorschrift.

3.2 Prüfung der Anträge auf Erteilung einer Teilgenehmigung (§ 8 BImSchG) oder eines Vorbescheids (§ 9 BImSchG)

Soweit sich die Prüfung auf den Gegenstand einer Teilgenehmigung oder im Vorbescheidsverfahren auf das Vorliegen bestimmter Genehmigungsvoraussetzungen bezieht, ist Nummer 3.1 anzuwenden.

Bei einem Standortvorbescheid ist nach Nummer 3.1 zu prüfen, ob an dem angegebenen Standort Gründe der Luftreinhaltung der Errichtung und dem Betrieb einer Anlage der vorgesehenen Art entgegenstehen.

Bei der durch §§ 8 und 9 BImSchG[1)] weiter geforderten Beurteilung der gesamten Anlage ist die Prüfung darauf zu beschränken, ob dem Vorhaben aus Gründen der Luftreinhaltung unüberwindliche Hindernisse entgegenstehen. Zur Beurteilung der grundsätzlichen Genehmigungsfähigkeit genügt die Feststellung, dass den Anforderungen nach Nummer 3.1 durch technische oder betriebliche Maßnahmen Rechnung getragen werden kann; durch derartige Maßnahmen darf die Art des Vorhabens jedoch nicht verändert werden.

[1)] Nr. **1**.

3.3 Prüfung der Anträge auf Zulassung des vorzeitigen Beginns (§ 8a BImSchG)

Die Zulassung des vorzeitigen Beginns der Errichtung einer Anlage setzt die Feststellung voraus, dass mit einer Entscheidung zu Gunsten des Antragstellers zu rechnen ist. Dabei ist die Einhaltung der Nummern 4 und 5 summarisch zu überprüfen.

Eine positive Feststellung kann auch dann getroffen werden, wenn den Anforderungen zur Luftreinhaltung nur bei Beachtung noch festzulegender Auflagen entsprochen werden kann; es muss dann aber ausgeschlossen sein, dass sich die Auflagen auf die nach § 8a BImSchG[1] zugelassenen Errichtungsarbeiten in einem solchen Maße auswirken können, dass deren Durchführung in Frage gestellt wird.

3.4 Prüfung der Genehmigungsbedürftigkeit einer Änderung (§ 15 Abs. 2 BImSchG)

Wird die beabsichtigte Änderung der Lage, der Beschaffenheit oder des Betriebs einer genehmigungsbedürftigen Anlage angezeigt, ist zu prüfen, ob die Änderung einer Genehmigung bedarf. Das ist der Fall, wenn durch die Änderung nachteilige Auswirkungen auf die Schutzgüter des § 1 BImSchG[1] hervorgerufen werden können, die für die Prüfung nach § 6 Abs. 1 Nr. 1 BImSchG erheblich sein können, es sei denn, die nachteiligen Auswirkungen sind offensichtlich gering und die Erfüllung der sich aus § 6 Abs. 1 Nr. 1 BImSchG ergebenden Anforderungen ist sichergestellt (§ 16 Abs. 1 BImSchG).

Bei der Prüfung, ob durch angezeigte Änderungen nachteilige Auswirkungen für die Luftreinhaltung hervorgerufen werden können, ist Nummer 3.1 nicht anwendbar. Bei dieser Prüfung kommt es nämlich nicht darauf an, ob die Genehmigungsvoraussetzungen eingehalten worden sind; das ist erst Gegenstand eines eventuellen Genehmigungsverfahrens.

Zusätzliche Luftverunreinigungen erfordern – außer in den Fällen des § 16 Abs. 1 Satz 2 BImSchG – eine Änderungsgenehmigung.

3.5 Prüfung der Anträge auf Erteilung einer Änderungsgenehmigung

3.5.1 Begriff der Änderung

Nach § 16 Abs. 1 Satz 1 BImSchG[1] bedarf die wesentliche Änderung der Lage, der Beschaffenheit oder des Betriebes einer genehmigungsbedürftigen Anlage der Genehmigung. Als Änderung ist dabei nur eine Abweichung von dem genehmigten Zustand, nicht eine weitergehende Ausnutzung der vorliegenden Genehmigung anzusehen.

3.5.2 Angeordnete Änderung

Eine wesentliche Änderung bedarf nicht der Genehmigung, wenn sie der Erfüllung einer nachträglichen Anordnung nach § 17

[1] Nr. 1.

BImSchG[1] dient, die abschließend bestimmt, in welcher Weise die Lage, die Beschaffenheit oder der Betrieb der Anlage zu ändern sind.

3.5.3 Prüfungsumfang

Bei der Entscheidung über die Erteilung einer Änderungsgenehmigung ist Nummer 3.1 entsprechend anzuwenden. Zu prüfen sind die Anlagenteile und Verfahrensschritte, die geändert werden sollen, sowie die Anlagenteile und Verfahrensschritte, auf die sich die Änderung auswirken wird. Bei anderen Anlagenteilen und Verfahrensschritten soll geprüft werden, ob Anforderungen nach dieser Verwaltungsvorschrift, die der Vorsorge dienen, mit Zustimmung des Anlagenbetreibers aus Anlass der vorgesehenen Änderung erfüllt werden können. Durch die gleichzeitige Durchführung der Maßnahmen kann u.U. der Aufwand vermindert und eine frühere Anpassung an die Anforderungen dieser Verwaltungsvorschrift erreicht werden.

3.5.4 Verbesserungsmaßnahmen

Eine beantragte Änderungsgenehmigung darf auch dann nicht versagt werden, wenn zwar nach ihrer Durchführung nicht alle Immissionswerte eingehalten werden, wenn aber

a) die Änderung ausschließlich oder weit überwiegend der Verminderung der Immissionen dient,

b) eine spätere Einhaltung der Immissionswerte nicht verhindert wird und

c) die konkreten Umstände einen Widerruf der Genehmigung nicht erfordern.

4 Anforderungen zum Schutz vor schädlichen Umwelteinwirkungen

4.1 Prüfung der Schutzpflicht

Die Vorschriften in Nummer 4 enthalten

- Immissionswerte zum Schutz der menschlichen Gesundheit, zum Schutz vor erheblichen Belästigungen oder erheblichen Nachteilen und Immissionswerte zum Schutz vor schädlichen Umwelteinwirkungen durch Deposition,
- Anforderungen zur Ermittlung von Vor-, Zusatz- und Gesamtbelastung,
- Festlegungen zur Bewertung von Immissionen durch Vergleich mit den Immissionswerten und
- Anforderungen für die Durchführung der Sonderfallprüfung.

Sie dienen der Prüfung, ob der Schutz vor schädlichen Umwelteinwirkungen durch luftverunreinigende Stoffe durch den Betrieb einer Anlage sichergestellt ist.

---

[1] Nr. 1.

Bei der Prüfung, ob der Schutz vor schädlichen Umwelteinwirkungen durch Luftverunreinigungen sichergestellt ist (Nummer 3.1 Absatz 1 Buchstabe a)), hat die zuständige Behörde zunächst den Umfang der Ermittlungspflichten festzustellen.

Bei Schadstoffen, für die Immissionswerte in den Nummern 4.2 bis 4.5 festgelegt sind, soll die Bestimmung von Immissionskenngrößen

a) wegen geringer Emissionsmassenströme (s. Nummer 4.6.1.1),

b) wegen einer geringen Vorbelastung (s. Nummer 4.6.2.1) oder

c) wegen einer irrelevanten Zusatzbelastung (s. Nummern 4.2.2 Buchstabe a), 4.3.2 Buchstabe a), 4.4.1 Satz 3, 4.4.3 Buchstabe a) und 4.5.2 Buchstabe a))

entfallen. In diesen Fällen kann davon ausgegangen werden, dass schädliche Umwelteinwirkungen durch die Anlage nicht hervorgerufen werden können, es sei denn, trotz geringer Massenströme nach Buchstabe a) oder geringer Vorbelastung nach Buchstabe b) liegen hinreichende Anhaltspunkte für eine Sonderfallprüfung nach Nummer 4.8 vor.

Die Festlegung der Immissionswerte berücksichtigt einen Unsicherheitsbereich bei der Ermittlung der Kenngrößen. Die Immissionswerte gelten auch bei gleichzeitigem Auftreten sowie chemischer oder physikalischer Umwandlung der Schadstoffe.

Bei Schadstoffen, für die Immissionswerte nicht festgelegt sind, sind weitere Ermittlungen nur geboten, wenn die Voraussetzungen nach Nummer 4.8 vorliegen.

4.2 Schutz der menschlichen Gesundheit

4.2.1 Immissionswerte

Der Schutz vor Gefahren für die menschliche Gesundheit durch die in Tabelle 1 bezeichneten luftverunreinigenden Stoffe ist sichergestellt, wenn die nach Nummer 4.7 ermittelte Gesamtbelastung die nachstehenden Immissionswerte an keinem Beurteilungspunkt überschreitet.

Tabelle 1: Immissionswerte für Stoffe zum Schutz der menschlichen Gesundheit

Stoff/Stoffgruppe	Konzentration µg/m³	Mittelungszeitraum	Zulässige Überschreitungshäufigkeit im Jahr
Benzol	5	Jahr	–
Blei und seine anorganischen Verbindungen als Bestandteile des Schwebstaubes (PM-10), angegeben als Pb	0,5	Jahr	–
Schwebstaub	40	Jahr	–
(PM-10)	50	24 Stunden	35
Schwefeldioxid	50	Jahr	–

Stoff/Stoffgruppe	Konzentration µg/m³	Mittelungszeitraum	Zulässige Überschreitungshäufigkeit im Jahr
	125	24 Stunden	3
	350	1 Stunde	24
Stickstoffdioxid	40	Jahr	–
	200	1 Stunde	18
Tetrachlorethen	10	Jahr	–

Werden in Richtlinien der Europäischen Gemeinschaften Grenzwerte zum Schutz der menschlichen Gesundheit für Polyzyklische Aromatische Kohlenwasserstoffe, Arsen, Cadmium, Nickel oder Quecksilber bestimmt, gelten diese als Immissionswerte im Sinne dieser Nummer ab dem Zeitpunkt, in dem die zugehörige nationale Umsetzungsvorschrift in Kraft tritt. Für Cadmium und anorganische Cadmiumverbindungen als Bestandteile des Schwebstaubes (PM-10), angegeben als Cd, gilt bis zu diesem Zeitpunkt ein Immissionswert von 0,02 µg/m³ bei einem Mittelungszeitraum von einem Jahr.

4.2.2 Genehmigung bei Überschreiten der Immissionswerte

Überschreitet die nach Nummer 4.7 ermittelte Gesamtbelastung eines in Nummer 4.2.1 genannten luftverunreinigenden Stoffs an einem Beurteilungspunkt einen Immissionswert, darf die Genehmigung wegen dieser Überschreitung nicht versagt werden, wenn hinsichtlich des jeweiligen Schadstoffes

a) die Kenngröße für die Zusatzbelastung durch die Emissionen der Anlage an diesem Beurteilungspunkt 3,0 vom Hundert des Immissions-Jahreswertes nicht überschreitet und durch eine Auflage sichergestellt ist, dass weitere Maßnahmen zur Luftreinhaltung, insbesondere Maßnahmen, die über den Stand der Technik hinausgehen, durchgeführt werden, oder

b) durch eine Bedingung sichergestellt ist, dass in der Regel spätestens 12 Monate nach Inbetriebnahme der Anlage solche Sanierungsmaßnahmen (Beseitigung, Stillegung oder Änderung) an bestehenden Anlagen des Antragstellers oder Dritter oder sonstige Maßnahmen durchgeführt sind, die die Einhaltung der Immissionswerte in Nummer 4.2.1 gewährleisten.

Verbesserungen der Ableitbedingungen sind bei der Beurteilung der Genehmigungsfähigkeit nur dann zu berücksichtigen, wenn bei den betroffenen Anlagen hinsichtlich des jeweiligen Schadstoffes die Maßnahmen zur Begrenzung der Emissionen dem Stand der Technik entsprechen.

4.2.3 Genehmigung bei künftiger Einhaltung der Immissionswerte

Überschreitet die nach Nummer 4.7 ermittelte Gesamtbelastung eines in Nummer 4.2.1 genannten luftverunreinigenden Stoffes an einem Beurteilungspunkt einen Immissionswert, darf die Genehmigung wegen dieser Überschreitung auch dann nicht versagt werden, wenn hinsichtlich des jeweiligen Schadstoffes

a) in Rechtsvorschriften nach Artikel 4 Abs. 5 der Richtlinie 96/62/EG über die Beurteilung und Kontrolle der Luftqualität vom 27. September 1996 (ABl. L 296 vom 21. Oktober 1996, S. 55) ein entsprechender Grenzwert festgelegt und dessen Einhaltung für einen in der Zukunft liegenden Zeitpunkt vorgeschrieben ist und
b) sichergestellt ist, dass die Anlage ab dem genannten Zeitpunkt nicht maßgeblich zu einer Überschreitung des Immissionswertes beiträgt.

Die Voraussetzung nach Absatz 1 Buchstabe b) ist erfüllt, wenn

a) durch zusätzliche Emissionsminderungsmaßnahmen an der Anlage, durch den Einsatz anderer Rohstoffe, Brennstoffe oder Hilfsstoffe, durch Änderungen im Verfahrensablauf oder durch eine Verbesserung der Ableitbedingungen die in Nummer 4.2.2 genannten Voraussetzungen geschaffen werden können und durch Nebenbestimmungen zur Genehmigung (§ 12 BImSchG[1]) vorgeschrieben wird, dass die zur Erfüllung dieser Voraussetzungen erforderlichen Maßnahmen bis zu dem in der EG-Richtlinie genannten Zeitpunkt abgeschlossen sind oder
b) auf Grund eines Luftreinhalteplans, der Stilllegung von Anlagen oder von Änderungen an anderen Quellen, Quellengruppen oder sonstigen Erkenntnissen die Einhaltung des Immissionswertes gesichert erscheint.

In den Fällen des Absatzes 2 gilt Nummer 4.2.2 Satz 2 sinngemäß.

4.3 Schutz vor erheblichen Belästigungen oder erheblichen Nachteilen durch Staubniederschlag

4.3.1 Immissionswert für Staubniederschlag

Der Schutz vor erheblichen Belästigungen oder erheblichen Nachteilen durch Staubniederschlag ist sichergestellt, wenn die nach Nummer 4.7 ermittelte Gesamtbelastung den in Tabelle 2 bezeichneten Immissionswert an keinem Beurteilungspunkt überschreitet.

Tabelle 2: Immissionswert für Staubniederschlag zum Schutz vor erheblichen Belästigungen oder erheblichen Nachteilen

Stoffgruppe	Deposition $g/(m^2 \cdot d)$	Mittelungszeitraum
Staubniederschlag (nicht gefährdender Staub)	0,35	Jahr

4.3.2 Genehmigung bei Überschreiten des Immissionswertes

Überschreitet die nach Nummer 4.7 ermittelte Gesamtbelastung für Staubniederschlag an einem Beurteilungspunkt den Immissions-

[1] Nr. 1.

wert, darf die Genehmigung wegen dieser Überschreitung nicht versagt werden, wenn

a) die Kenngröße für die Zusatzbelastung durch die Emissionen der Anlage an diesem Beurteilungspunkt einen Wert von 10,5 mg/($m^2 \cdot d$) – gerechnet als Mittelwert für das Jahr – nicht überschreitet,

b) durch eine Bedingung sichergestellt ist, dass in der Regel spätestens 6 Monate nach Inbetriebnahme der Anlage solche Sanierungsmaßnahmen (Beseitigung, Stilllegung oder Änderung) an bestehenden Anlagen des Betreibers oder Dritter durchgeführt sind, die die Einhaltung des Immissionswertes gewährleisten,

c) durch Maßnahmen im Rahmen eines Luftreinhalteplanes die Einhaltung des Immissionswertes nach einer Übergangsfrist zu erwarten ist oder

d) eine Sonderfallprüfung nach Nummer 4.8 ergibt, dass wegen besonderer Umstände des Einzelfalls keine erheblichen Nachteile hervorgerufen werden können.

4.4 Schutz vor erheblichen Nachteilen, insbesondere Schutz der Vegetation und von Ökosystemen

4.4.1 Immissionswerte für Schwefeldioxid und Stickstoffoxide

Der Schutz vor Gefahren für Ökosysteme durch Schwefeldioxid oder für die Vegetation durch Stickstoffoxide ist an den relevanten Beurteilungspunkten der Nummer 4.6.2.6 Absatz 6 sichergestellt, wenn die nach Nummer 4.7 ermittelte Gesamtbelastung die in Tabelle 3 bezeichneten Immissionswerte nicht überschreitet.

Tabelle 3: Immissionswerte für Schwefeldioxid und Stickstoffoxide zum Schutz von Ökosystemen und der Vegetation

Stoff	Konzentration µg/m³	Mittelungszeitraum	Schutzgut
Schwefeldioxid	20	Jahr und Winter (1. Oktober bis 31. März)	Ökosysteme
Stickstoffoxide, angegeben als Stickstoffdioxid	30	Jahr	Vegetation

Ob der Schutz vor sonstigen erheblichen Nachteilen durch Schwefeldioxid oder Stickstoffoxide sichergestellt ist, ist nach Nummer 4.8 zu prüfen. Eine solche Prüfung ist nicht erforderlich, wenn die in Nummer 4.4.3 festgelegten Zusatzbelastungswerte für Schwefeldioxid und Stickstoffoxide an keinem Beurteilungspunkt überschritten werden.

4.4.2 Immissionswert für Fluorwasserstoff; Ammoniak

Der Schutz vor erheblichen Nachteilen durch Fluorwasserstoff ist vorbehaltlich des Absatzes 2 sichergestellt, wenn die nach Nummer 4.7 ermittelte Gesamtbelastung den in Tabelle 4 bezeichneten Immissionswert an keinem Beurteilungspunkt überschreitet.

Tabelle 4: Immissionswert für Fluorwasserstoff zum Schutz vor erheblichen Nachteilen

Stoff/Stoffgruppe	Konzentration µg/m³	Mittelungszeitraum
Fluorwasserstoff und gasförmige anorganische Fluorverbindungen, angegeben als Fluor	0,4	Jahr

Der Schutz vor erheblichen Nachteilen durch Schädigung sehr empfindlicher Tiere, Pflanzen und Sachgüter ist gewährleistet, wenn für Fluorwasserstoff und gasförmige anorganische Fluorverbindungen, angegeben als Fluor, gemittelt über ein Jahr, ein Immissionswert von 0,3 µg/m³ eingehalten wird.

Ob der Schutz vor erheblichen Nachteilen durch Schädigung empfindlicher Pflanzen (z.B. Baumschulen, Kulturpflanzen) und Ökosysteme durch die Einwirkung von Ammoniak gewährleistet ist, ist nach Nummer 4.8 zu prüfen.

4.4.3 Genehmigung bei Überschreitung der Immissionswerte

Überschreitet die nach Nummer 4.7 ermittelte Gesamtbelastung für einen der in den Nummern 4.4.1 und 4.4.2 genannten luftverunreinigenden Stoffe an einem Beurteilungspunkt einen Immissionswert in Tabelle 3, in Tabelle 4 oder in Nummer 4.4.2 Absatz 2, darf die Genehmigung wegen dieser Überschreitung nicht versagt werden, wenn hinsichtlich des jeweiligen Schadstoffes

a) die Kenngröße für die Zusatzbelastung durch die Emissionen der Anlage an diesem Beurteilungspunkt die in Tabelle 5 bezeichneten Werte – gerechnet als Mittelwert für das Jahr – nicht überschreitet,

b) durch eine Bedingung sichergestellt ist, dass in der Regel spätestens 6 Monate nach Inbetriebnahme der Anlage solche Sanierungsmaßnahmen (Beseitigung, Stilllegung oder Änderung) an bestehenden Anlagen des Betreibers oder Dritter durchgeführt sind, die die Einhaltung der in den Nummern 4.4.1 oder 4.4.2 genannten Immissionswerte gewährleisten,

c) durch Maßnahmen im Rahmen eines Luftreinhalteplanes die Einhaltung der Immissionswerte nach einer Übergangsfrist zu erwarten ist oder

d) eine Sonderfallprüfung nach Nummer 4.8 ergibt, dass wegen besonderer Umstände des Einzelfalls keine erheblichen Nachteile hervorgerufen werden können.

Tabelle 5: Irrelevante Zusatzbelastungswerte für Immissionswerte zum Schutz vor erheblichen Nachteilen

Stoff/Stoffgruppe	Zusatzbelastung µg/m³
Fluorwasserstoff und gasförmige anorganische Fluorverbindungen, angegeben als Fluor	0,04
Schwefeldioxid	2
Stickstoffoxide, angegeben als Stickstoffdioxid	3

4.5 Schutz vor schädlichen Umwelteinwirkungen durch Schadstoffdepositionen

4.5.1 Immissionswerte für Schadstoffdepositionen

Der Schutz vor schädlichen Umwelteinwirkungen durch die Deposition luftverunreinigender Stoffe, einschließlich der Schutz vor schädlichen Bodenveränderungen, ist sichergestellt, soweit

a) die nach Nummer 4.7 ermittelte Gesamtbelastung an keinem Beurteilungspunkt die in Tabelle 6 bezeichneten Immissionswerte überschreitet und

b) keine hinreichenden Anhaltspunkte dafür bestehen, dass an einem Beurteilungspunkt die maßgebenden Prüf- und Maßnahmenwerte nach Anhang 2 der Bundes-Bodenschutz- und Altlastenverordnung vom 12. Juli 1999 (BGBl. I S. 1554) auf Grund von Luftverunreinigungen überschritten sind.

Tabelle 6: Immissionswerte für Schadstoffdepositionen

Stoff/Stoffgruppe	Deposition µg/(m² · d)	Mittelungszeitraum
Arsen und seine anorganischen Verbindungen, angegeben als Arsen	4	Jahr
Blei und seine anorganischen Verbindungen, angegeben als Blei	100	Jahr
Cadmium und seine anorganischen Verbindungen, angegeben als Cadmium	2	Jahr
Nickel und seine anorganischen Verbindungen, angegeben als Nickel	15	Jahr
Quecksilber und seine anorganischen Verbindungen, angegeben als Quecksilber	1	Jahr
Thallium und seine anorganischen Verbindungen, angegeben als Thallium	2	Jahr

4.5.2 Genehmigung bei Überschreitung der Immissionswerte für Schadstoffdepositionen oder der Prüf- und Maßnahmenwerte

Überschreitet die nach Nummer 4.7 ermittelte Gesamtbelastung für einen der in der Tabelle 6 genannten luftverunreinigenden

Stoffe an einem Beurteilungspunkt einen Immissionswert oder sind die in Nummer 4.5.1 genannten Prüf- und Maßnahmenwerte überschritten, darf die Genehmigung wegen dieser Überschreitung nicht versagt werden, wenn hinsichtlich des jeweiligen Schadstoffes

a) aa) die Kenngröße für die Zusatzbelastung für die Deposition durch die Emissionen der Anlage an keinem Beurteilungspunkt mehr als 5 vom Hundert des jeweiligen Immissionswertes in Tabelle 6 beträgt oder

bb) die Emissionen aus den gefassten Quellen der Anlage in Abhängigkeit von den jeweiligen Schornsteinhöhen die im Anhang 2 dargestellten Massenströme bei 8 760 Betriebsstunden oder bei davon abweichenden Betriebsstunden entsprechend umgerechneten äquivalenten Massenströmen nicht überschreiten,

b) durch eine Bedingung sichergestellt ist, dass in der Regel spätestens 6 Monate nach Inbetriebnahme der Anlage solche Sanierungsmaßnahmen (Beseitigung, Stilllegung oder Änderung) an bestehenden Anlagen des Betreibers oder Dritter durchgeführt sind, die die Einhaltung der in der Nummer 4.5.1 genannten Immissionswerte oder der Prüf- und Maßnahmenwerte gewährleisten,

c) durch Maßnahmen im Rahmen eines Luftreinhalteplanes ihre Einhaltung nach einer Übergangsfrist zu erwarten ist oder

d) eine Sonderfallprüfung nach Nummer 4.8 ergibt, dass wegen besonderer Umstände des Einzelfalls keine schädlichen Umwelteinwirkungen einschließlich schädlicher Bodenveränderungen hervorgerufen werden können.

4.5.3 Sonderfälle bei Überschreitung von Prüf- und Maßnahmenwerten

Sind die Prüf- und Maßnahmenwerte nach Nummer 4.5.1 Buchstabe b), die Zusatzbelastungswerte nach Nummer 4.5.2 Buchstabe a) aa) und die Bagatellemissionsmassenströme nach Nummer 4.5.2 Buchstabe a) bb) überschritten, ist durch eine Sonderfallprüfung nach Nummer 4.8 zu untersuchen, ob und inwieweit auf Grund der Überschreitung der Prüf- und Maßnahmenwerte schädliche Bodenveränderungen vorliegen können, die durch Luftverunreinigungen verursacht werden. Werden schädliche Bodenveränderungen durch die natürliche Beschaffenheit des Bodens oder durch andere Einwirkungen als Luftverunreinigungen, z.B. Düngung, verursacht, sind bodenschutzrechtliche Maßnahmen zur Vermeidung oder Verringerung schädlicher Bodenveränderungen in Betracht zu ziehen.

4.6 Ermittlung der Immissionskenngrößen

4.6.1 Allgemeines

4.6.1.1 Ermittlung im Genehmigungsverfahren

Die Bestimmung der Immissions-Kenngrößen ist im Genehmigungsverfahren für den jeweils emittierten Schadstoff nicht erforderlich, wenn

a) die nach Nummer 5.5 abgeleiteten Emissionen (Massenströme) die in Tabelle 7 festgelegten Bagatellmassenströme nicht überschreiten und

b) die nicht nach Nummer 5.5 abgeleiteten Emissionen (diffuse Emissionen) 10 vom Hundert der in Tabelle 7 festgelegten Bagatellmassenströme nicht überschreiten,

soweit sich nicht wegen der besonderen örtlichen Lage oder besonderer Umstände etwas anderes ergibt. Der Massenstrom nach Buchstabe a) ergibt sich aus der Mittelung über die Betriebsstunden einer Kalenderwoche mit dem bei bestimmungsgemäßem Betrieb für die Luftreinhaltung ungünstigsten Betriebsbedingungen.

In die Ermittlung des Massenstroms sind die Emissionen im Abgas der gesamten Anlage einzubeziehen; bei der wesentlichen Änderung sind die Emissionen der zu ändernden sowie derjenigen Anlagenteile zu berücksichtigen, auf die sich die Änderung auswirken wird, es sei denn, durch diese zusätzlichen Emissionen werden die in Tabelle 7 angegebenen Bagatellmassenströme erstmalig überschritten. Dann sind die Emissionen der gesamten Anlagen einzubeziehen.

Tabelle 7: Bagatellmassenströme

Schadstoffe	**Bagatellmassenstrom kg/h**
Arsen und seine Verbindungen, angegeben als As	0,0025
Benzo(a)pyren[1] (als Leitkomponente für Polyzyklische Aromatische Kohlenwasserstoffe)	0,0025
Benzol	0,05
Blei und seine Verbindungen, angegeben als Pb	0,025
Cadmium und seine Verbindungen, angegeben als Cd	0,0025
Fluorwasserstoff und gasförmige anorganische Fluorverbindungen, angegeben als F	0,15
Nickel und seine Verbindungen, angegeben als Ni	0,025
Quecksilber und seine Verbindungen, angegeben als Hg	0,0025
Schwefeloxide (Schwefeldioxid und Schwefeltrioxid), angegeben als SO_2	20
Staub (ohne Berücksichtigung der Staubinhaltsstoffe)	1

[1] **Amtl. Anm.:** Der Bagatellmassenstrom für diesen Schadstoff kommt erst zur Anwendung, wenn in Nummer 4 ein Immissionswert für Polyzyklische Aromatische Kohlenwasserstoffe festgelegt wird. Dies ist spätestens dann der Fall, wenn nach Nummer 4.2.1 Absatz 2 ein entsprechender Immissionswert gilt.

Schadstoffe	Bagatellmassenstrom kg/h
Stickstoffoxide (Stickstoffmonoxid und Stickstoffdioxid), angegeben als NO_2	20
Tetrachlorethen	2,5
Thallium und seine Verbindungen, angegeben als Tl	0,0025

4.6.1.2 Ermittlung im Überwachungsverfahren

Zur Ermittlung der Gesamtbelastung im Überwachungsverfahren ist wie bei der Ermittlung der Vorbelastung im Genehmigungsverfahren (s. Nummer 4.6.2) vorzugehen. Kommen Anordnungen gegenüber mehreren Emittenten in Betracht, sind die von diesen verursachten Anteile an den Immissionen zu ermitteln, soweit dies zur sachgerechten Ermessensausübung erforderlich ist. Dabei sind neben der Messung der Immissionen auch die für die Ausbreitung bedeutsamen meteorologischen Faktoren gleichzeitig zu ermitteln. Die Sektoren der Windrichtung sowie die Lage der Messstellen und der Aufpunkte sind so zu wählen, dass die gemessenen bzw. gerechneten Immissionen den einzelnen Emittenten zugeordnet werden können.

4.6.2 Ermittlung der Vorbelastung

4.6.2.1 Kriterien für die Notwendigkeit der Ermittlung der Vorbelastung

Die Ermittlung der Vorbelastung durch gesonderte Messungen ist mit Zustimmung der zuständigen Behörde nicht erforderlich, wenn nach Auswertung der Ergebnisse von Messstationen aus den Immissionsmessnetzen der Länder und nach Abschätzung oder Ermittlung der Zusatzbelastung oder auf Grund sonstiger Erkenntnisse festgestellt wird, dass die Immissionswerte für den jeweiligen Schadstoff am Ort der höchsten Belastung nach Inbetriebnahme der Anlage eingehalten sein werden.

Ferner ist die Ermittlung vorbehaltlich des Absatzes 3 nicht erforderlich, wenn auf Grund sonstigen Vorwissens, z.B. ältere Messungen, Messergebnisse aus vergleichbaren Gebieten, Ergebnisse orientierender Messungen oder Ergebnisse von Ausbreitungsrechnungen oder -schätzungen, festgestellt werden kann, dass für den jeweiligen Schadstoff am Ort der höchsten Vorbelastung

- der Jahresmittelwert weniger als 85 vom Hundert des Konzentrationswertes,
- der höchste 24-Stunden-Wert weniger als 95 vom Hundert des 24-Stunden-Konzentrationswertes (außer Schwebstaub (PM-10)) und
- der höchste 1-Stunden-Wert weniger als 95 vom Hundert des 1-Stunden-Konzentrationswertes

beträgt,

- für Schwebstaub (PM-10) eine Überschreitungshäufigkeit des 24-Stunden-Konzentrationswertes von 50 $\mu g/m^3$ Luft als Mittelwert der zurückliegenden drei Jahre mit nicht mehr als 15 Überschreitungen pro Jahr verzeichnet wird.

Absatz 2 gilt nicht, wenn wegen erheblicher Emissionen aus diffusen Quellen oder besonderer betrieblicher, topographischer oder meteorologischer Verhältnisse eine Überschreitung von Immissionswerten nicht ausgeschlossen werden kann.

4.6.2.2 Messplanung

Die Messungen sind nach einem mit der zuständigen Behörde abgestimmten Messplan durchzuführen, in dem die Beurteilungspunkte, die Messobjekte, der Messzeitraum, die Messverfahren, die Messhäufigkeit, die Messdauer von Einzelmessungen in Abhängigkeit von den jeweiligen Quellen bzw. Quellhöhen unter Berücksichtigung der meteorologischen Situation festgelegt werden.

4.6.2.3 Messhöhe

Die Immissionen sind in der Regel in 1,5 m bis 4 m Höhe über Flur sowie in mehr als 1,5 m seitlichem Abstand von Bauwerken zu messen. In Waldbeständen kann es erforderlich sein, höhere Messpunkte entsprechend der Höhe der Bestockung festzulegen.

4.6.2.4 Messzeitraum

Der Messzeitraum beträgt in der Regel 1 Jahr. Der Messzeitraum kann auf bis zu 6 Monate verkürzt werden, wenn die Jahreszeit mit den zu erwartenden höchsten Immissionen erfasst wird. Im Übrigen ist ein kürzerer Messzeitraum möglich, wenn auf Grund der laufenden Messungen klar wird, dass der Antragsteller von Immissionsmessungen entsprechend Nummer 4.6.2.1 freigestellt werden kann.

4.6.2.5 Beurteilungsgebiet

Beurteilungsgebiet ist die Fläche, die sich vollständig innerhalb eines Kreises um den Emissionsschwerpunkt mit einem Radius befindet, der dem 50fachen der tatsächlichen Schornsteinhöhe entspricht und in der die Zusatzbelastung im Aufpunkt mehr als 3,0 vom Hundert des Langzeitkonzentrationswertes beträgt.

Absatz 1 gilt bei einer Austrittshöhe der Emissionen von weniger als 20 m über Flur mit der Maßgabe, dass der Radius mindestens 1 km beträgt.

4.6.2.6 Festlegung der Beurteilungspunkte

Innerhalb des Beurteilungsgebietes sind die Beurteilungspunkte nach Maßgabe der folgenden Absätze so festzulegen, dass eine Beurteilung der Gesamtbelastung an den Punkten mit mutmaßlich höchster relevanter Belastung für dort nicht nur vorübergehend exponierte Schutzgüter auch nach Einschätzung der zuständigen Behörde ermöglicht wird. Messungen, die nur für einen sehr kleinen Bereich repräsentativ sind, sollen vermieden werden. Bei der Auswahl der Beurteilungspunkte sind somit die Belastungshöhe, ihre Relevanz für die Beurteilung der Genehmigungsfähigkeit und die Exposition zu prüfen.

Zunächst werden der nach Anhang 3 durchgeführten Ausbreitungsrechnung im Genehmigungsverfahren bzw. einer entsprechenden Ausbreitungsrechnung im Überwachungsverfahren die Aufpunkte mit maximaler berechneter Zusatzbelastung entnommen. Für Schadstoffe, für die nur ein Immissionswert als Jahresmittelwert festgesetzt worden ist, ist nur der berechnete Jahresmittelwert zu berücksichtigen, für Schadstoffe mit maximalen Tages- oder Stundenwerten sind auch diese zu berücksichtigen.

In einem zweiten Schritt ist die im Beurteilungsgebiet vorhandene Vorbelastung durch andere Quellen (einschließlich Hausbrand und Verkehr) unter Berücksichtigung der Belastungsstruktur abzuschätzen. Insbesondere ist der mögliche Einfluss vorhandener niedriger Quellen einschließlich Straßen abzuschätzen. Dabei ist das Vorwissen heranzuziehen. Zusätzliche Ermittlungen zur Abschätzung der Vorbelastung sind nur durchzuführen, soweit dies mit verhältnismäßigem Aufwand möglich ist.

In einem dritten Schritt sind auf Grund der Ermittlungen nach den Absätzen 2 und 3 die Punkte mit der zu erwartenden höchsten Gesamtbelastung festzulegen. Daraus sind in der Regel zwei Beurteilungspunkte auszuwählen, so dass sowohl eine Beurteilung des vermutlich höchsten Risikos durch langfristige Exposition als auch durch eine Exposition gegenüber Spitzenbelastungen ermöglicht wird. Falls es sich um einen Schadstoff handelt, für den nur ein Immissionswert für jährliche Einwirkung festgelegt ist, genügt im Regelfall 1 Beurteilungspunkt.

Bei sehr inhomogener Struktur der Vorbelastung (z.B. bei stark gegliedertem Gelände, besonderen meteorologischen Verhältnissen, Einfluss mehrerer niedriger Emittenten im Beurteilungsgebiet) können mehr als zwei Beurteilungspunkte erforderlich sein. Wenn sich zeigt, dass die Immissionsstruktur bezüglich kurzfristiger Spitzenbelastungen und langzeitiger Belastungen gleichartig ist, kann auch 1 Beurteilungspunkt genügen.

Beurteilungspunkte zur Überprüfung der Immissionswerte nach Nummer 4.4.1 sind so festzulegen, dass sie mehr als 20 km von Ballungsräumen oder 5 km von anderen bebauten Gebieten, Industrieanlagen oder Straßen entfernt sind.

Die Festlegung der Beurteilungspunkte ist im Messplan zu begründen.

4.6.2.7 Messverfahren

In der Regel ist die Vorbelastung kontinuierlich zu bestimmen, da mit diskontinuierlichen Messmethoden nur die Jahresmittelwerte mit ausreichender Genauigkeit abgeleitet werden können. Insoweit kommen diskontinuierliche Messungen nur dann in Betracht, wenn für den jeweiligen Schadstoff nur ein Immissionswert für jährliche Einwirkung festgelegt ist oder wenn eine Bestimmung kurzzeitiger Spitzenbelastungen entbehrlich ist.

Neben den Verfahren, die in Verordnungen oder Verwaltungsvorschriften zum Bundes-Immissionsschutzgesetz[1)], in VDI-Richtlinien, DIN-, CEN- oder ISO-Normen beschrieben sind, können auch andere, nachgewiesen gleichwertige Verfahren angewandt werden.

4.6.2.8 Messhäufigkeit

Bei kontinuierlicher Messung muss bezogen auf die Stundenmittelwerte eine Mindestverfügbarkeit von 75 vom Hundert gewährleistet sein. Sind weniger als 90 vom Hundert der Stundenmittelwerte verfügbar, ist die Zahl der Überschreitungen des Grenzwertes (gemäß den Nummern 4.7.2 Buchstabe b) und 4.7.3. Buchstabe b) ermittelt) auf 100 vom Hundert hochzurechnen. Diese Anforderungen an die Verfügbarkeit gelten auch für Tagesmittelwerte der Schwebstaubbelastungsmessung.

Bei diskontinuierlicher Messung beträgt die Zahl der Messwerte pro Messpunkt mindestens 52. Sofern die Anforderung einer EG-Richtlinie an die Datenqualität des Jahresmittelwertes durch 52 Messwerte erfahrungsgemäß nicht erfüllt wird, ist die Zahl der Messwerte entsprechend zu erhöhen. Zur Ermittlung der Datenqualität eines Jahresmittelwertes ist DIN ISO 11222 (Entwurf, Ausgabe April 2001) in Verbindung mit DIN V ENV 13005 (Ausgabe Juni 1999) heranzuziehen. Die Probenahmezeiten sind gleichmäßig über den Messzeitraum zu verteilen, um eine zeitlich repräsentative Probenahme sicherzustellen.

4.6.2.9 Messwerte

Die Messwerte sind entsprechend den Zeitbezügen der Immissionswerte als Jahresmittelwert, Tagesmittelwert und Stundenmittelwert festzustellen. Bei diskontinuierlichen Messungen soll die Probenahmezeit in der Regel 1 Stunde betragen.

4.6.2.10 Orientierende Messungen

Eine Verminderung des Messaufwands nach den Nummern 4.6.2.7 und 4.6.2.8 kommt in Betracht, um

- bei vorhandenem Vorwissen einen von der Größenordnung her bekannten Jahresmittelwert abzusichern oder
- an Standorten mit vermuteter Unter- oder Überschreitung der Belastungskriterien gemäß Nummer 4.6.2.1 diese durch orientierende Messung nachzuweisen. Je nach Ergebnis sind dann ggf. Messungen nach Nummer 4.6.2.7 vorzunehmen.

4.6.3 Kenngrößen für die Vorbelastung

4.6.3.1 Allgemeines

Immissionsmessungen oder vergleichbare Feststellungen über die Immissionsbelastung dürfen herangezogen werden, wenn sie nicht länger als 5 Jahre zurückliegen und sich die für die Beurteilung

[1)] Nr. 1.

maßgeblichen Umstände in diesem Zeitraum nicht wesentlich geändert haben.

Die Kenngrößen für die Vorbelastung sind aus den Stundenmittelwerten der kontinuierlichen Messungen bzw. diskontinuierlichen Messungen für jeden Beurteilungspunkt zu bilden.

4.6.3.2 Ermittlung der Kenngrößen für die Vorbelastung

Die Kenngröße für die Immissions-Jahres-Vorbelastung (IJV) ist der Jahresmittelwert, der aus allen Stundenmittelwerten gebildet wird.

Die Kenngröße für die Immissions-Tages-Vorbelastung (ITV) ist die Überschreitungshäufigkeit (Zahl der Tage) des Konzentrationswertes für 24-stündige Immissionseinwirkung.

Die Kenngröße für die Immissions-Stunden-Vorbelastung (ISV) ist die Überschreitungshäufigkeit (Zahl der Stunden) des Konzentrationswertes für 1-stündige Immissionseinwirkung.

4.6.3.3 Auswertung der Messungen

Aus den Messwerten sind die Kenngrößen IJV, ITV, ISV zu bilden, soweit für die jeweiligen Schadstoffe Immissionswerte für jährliche, tägliche und stündliche Einwirkung festgelegt sind.

Bei der Angabe von ITV und ISV ist gleichzeitig der jeweils höchste gemessene Tagesmittelwert bzw. Stundenmittelwert anzugeben.

4.6.4 Kenngrößen für die Zusatzbelastung

4.6.4.1 Allgemeines

Die Kenngrößen für die Zusatzbelastung sind durch rechnerische Immissionsprognose auf der Basis einer mittleren jährlichen Häufigkeitsverteilung oder einer repräsentativen Jahreszeitreihe von Windrichtung, Windgeschwindigkeit und Ausbreitungsklasse zu bilden. Dabei ist das im Anhang 3 angegebene Berechnungsverfahren anzuwenden.

4.6.4.2 Ermittlung der Kenngrößen für die Zusatzbelastung

Die Kenngröße für die Immissions-Jahres-Zusatzbelastung (IJZ) ist der arithmetische Mittelwert aller berechneten Einzelbeiträge an jedem Aufpunkt.

Die Kenngröße für die Immissions-Tages-Zusatzbelastung (ITZ) ist

- bei Verwendung einer mittleren jährlichen Häufigkeitsverteilung der meteorologischen Parameter das 10fache der für jeden Aufpunkt berechneten arithmetischen Mittelwerte IJZ oder
- bei Verwendung einer repräsentativen meteorologischen Zeitreihe der für jeden Aufpunkt berechnete höchste Tagesmittelwert.

Die Kenngröße für die Immissions-Stunden-Zusatzbelastung (ISZ) ist der berechnete höchste Stundenmittelwert für jeden Aufpunkt.

4.7 Einhaltung der Immissionswerte

4.7.1 Immissions-Jahreswert

Der für den jeweiligen Schadstoff angegebene Immissions-Jahreswert ist eingehalten, wenn die Summe aus Vorbelastung und Zusatzbelastung an den jeweiligen Beurteilungspunkten kleiner oder gleich dem Immissions-Jahreswert ist.

4.7.2 Immissions-Tageswert

a) Der Immissions-Tageswert ist auf jeden Fall eingehalten,
   - wenn die Kenngröße für die Vorbelastung IJV nicht höher ist als 90 vom Hundert des Immissions-Jahreswertes und
   - wenn die Kenngröße ITV die zulässige Überschreitungshäufigkeit des Immissions-Tageswertes zu maximal 80 vom Hundert erreicht und
   - wenn sämtliche für alle Aufpunkte berechneten Tageswerte ITZ nicht größer sind, als es der Differenz zwischen dem Immissions-Tageswert (Konzentration) und dem Immissions-Jahreswert entspricht.

b) Im Übrigen ist der Immissions-Tageswert eingehalten, wenn die Gesamtbelastung – ermittelt durch die Addition der Zusatzbelastung für das Jahr zu den Vorbelastungskonzentrationswerten für den Tag – an den jeweiligen Beurteilungspunkten kleiner oder gleich dem Immissionskonzentrationswert für 24 Stunden ist oder eine Auswertung ergibt, dass die zulässige Überschreitungshäufigkeit eingehalten ist, es sei denn, dass durch besondere Umstände des Einzelfalls, z.B. selten auftretende hohe Emissionen, eine abweichende Beurteilung geboten ist.

4.7.3 Immissions-Stundenwert

a) Der Immissions-Stundenwert ist auf jeden Fall eingehalten,
   - wenn die Kenngröße für die Vorbelastung IJV nicht höher ist als 90 vom Hundert des Immissions-Jahreswertes und
   - wenn die Kenngröße ISV die zulässige Überschreitungshäufigkeit des Immissions-Stundenwertes zu maximal 80 vom Hundert erreicht und
   - wenn sämtliche für alle Aufpunkte berechneten Stundenwerte ISZ nicht größer sind, als es der Differenz zwischen dem Immissions-Stundenwert (Konzentration) und dem Immissions-Jahreswert entspricht.

b) Im Übrigen ist der Immissions-Stundenwert eingehalten, wenn die Gesamtbelastung – ermittelt durch die Addition der Zusatzbelastung für das Jahr zu den Vorbelastungskonzentrationswerten für die Stunde – an den jeweiligen Beurteilungspunkten kleiner oder gleich dem Immissionskonzentrationswert für 1 Stunde ist oder eine Auswertung ergibt, dass die zulässige Überschreitungshäufigkeit eingehalten ist, es sei denn, dass durch besondere Umstände des Einzelfalls, z.B. selten auftretende hohe Emissionen, eine abweichende Beurteilung geboten ist.

4.8 Prüfung, soweit Immissionswerte nicht festgelegt sind, und in Sonderfällen

Bei luftverunreinigenden Stoffen, für die Immissionswerte in den Nummern 4.2 bis 4.5 nicht festgelegt sind, und in den Fällen, in denen auf Nummer 4.8 verwiesen wird, ist eine Prüfung, ob schädliche Umwelteinwirkungen hervorgerufen werden können, erforderlich, wenn hierfür hinreichende Anhaltspunkte bestehen.

Die Prüfung dient

a) der Feststellung, zu welchen Einwirkungen die von der Anlage ausgehenden Luftverunreinigungen im Beurteilungsgebiet führen; Art und Umfang der Feststellung bestimmen sich nach dem Grundsatz der Verhältnismäßigkeit;

und

b) der Beurteilung, ob diese Einwirkungen als Gefahren, erhebliche Nachteile oder erhebliche Belästigungen für die Allgemeinheit oder die Nachbarschaft anzusehen sind; die Beurteilung richtet sich nach dem Stand der Wissenschaft und der allgemeinen Lebenserfahrung.

Für die Beurteilung, ob Gefahren, Nachteile oder Belästigungen erheblich sind, gilt:

a) Gefahren für die menschliche Gesundheit sind stets erheblich. Ob Gefahren für Tiere und Pflanzen, den Boden, das Wasser, die Atmosphäre sowie Kultur- und sonstige Sachgüter erheblich sind, ist nach den folgenden Buchstaben b) und c) zu beurteilen.

b) Nachteile oder Belästigungen sind für die Allgemeinheit erheblich, wenn sie nach Art, Ausmaß oder Dauer das Gemeinwohl beeinträchtigen.

c) Nachteile oder Belästigungen sind für die Nachbarschaft erheblich, wenn sie nach Art, Ausmaß oder Dauer unzumutbar sind.

Bei der Beurteilung nach den Buchstaben b) und c) sind insbesondere zu berücksichtigen:

- die in Bebauungsplänen festgelegte Nutzung der Grundstücke,
- landes- oder fachplanerische Ausweisungen,
- Festlegungen in Luftreinhalteplänen,
- eine etwaige Prägung durch die jeweilige Luftverunreinigung,
- die Nutzung der Grundstücke unter Beachtung des Gebots zur gegenseitigen Rücksichtnahme im Nachbarschaftsverhältnis,
- vereinbarte oder angeordnete Nutzungsbeschränkungen und
- im Zusammenhang mit dem Vorhaben stehende Sanierungsmaßnahmen an Anlagen des Antragstellers oder Dritter.

Bei der Prüfung, ob der Schutz vor erheblichen Nachteilen durch Schädigung empfindlicher Pflanzen (z.B. Baumschulen, Kulturpflanzen) und Ökosysteme durch die Einwirkung von Ammoniak gewährleistet ist, ist Anhang 1 Abbildung 4 heranzuziehen. Dabei gibt die Unterschreitung der Mindestabstände einen Anhaltspunkt für das Vorliegen erheblicher Nachteile.

Liegen ferner Anhaltspunkte dafür vor, dass der Schutz vor erheblichen Nachteilen durch Schädigung empfindlicher Pflanzen (z.B. Baumschulen, Kulturpflanzen) und Ökosysteme (z.B. Heide, Moor, Wald) durch Stickstoffdeposition nicht gewährleistet ist, soll dies ergänzend geprüft werden. Dabei ist unter Berücksichtigung der Belastungsstruktur abzuschätzen, ob die Anlage maßgeblich zur Stickstoffdeposition beiträgt. Als ein Anhaltspunkt gilt die Überschreitung einer Viehdichte von 2 Großvieheinheiten je Hektar Landkreisfläche. Bei dieser Prüfung sind insbesondere die Art des Bodens, die Art der vorhandenen Vegetation und der Grad der Versorgung mit Stickstoff zu berücksichtigen.

Ergeben sich Anhaltspunkte für das Vorliegen erheblicher Nachteile durch Schädigung empfindlicher Pflanzen (z.B. Baumschulen, Kulturpflanzen) und Ökosysteme auf Grund der Einwirkung von Ammoniak oder wegen Stickstoffdeposition, soll der Einzelfall geprüft werden.

Ist eine Sonderfallprüfung auf Grund der Nummer 4.5.2 Buchstabe d) durchzuführen, ist insbesondere zu untersuchen, ob und inwieweit die Depositionen bei der derzeitigen oder geplanten Nutzung (z.B. als Kinderspielfläche, Wohngebiet, Park- oder Freizeitanlage, Industrie- oder Gewerbefläche sowie als Ackerboden oder Grünland) zu schädlichen Umwelteinwirkungen durch eine mittelbare Wirkung auf Menschen, Tiere, Pflanzen, Lebens- und Futtermittel führen können. Die Depositionswerte stellen im Regelfall den Schutz von Kinderspielflächen und Wohngebieten sicher. Für die übrigen Flächen können höhere Depositionswerte herangezogen werden. Dabei geben die in Tabelle 8 bezeichneten Depositionswerte Anhaltspunkte für das Vorliegen schädlicher Umwelteinwirkungen bei Ackerboden oder Grünland.

Tabelle 8: Depositionswerte als Anhaltspunkte für die Sonderfallprüfung

Stoff/Stoffgruppe	Ackerböden µg/(m² · d)	Grünland µg/(m² · d)
Arsen	1 170	60
Blei	185	1 900
Cadmium	2,5	32
Quecksilber	30	3
Thallium	7	25

5 Anforderungen zur Vorsorge gegen schädliche Umwelteinwirkungen

5.1 Allgemeines

5.1.1 Inhalt und Bedeutung

Die folgenden Vorschriften enthalten

- Emissionswerte, deren Überschreiten nach dem Stand der Technik vermeidbar ist,

- emissionsbegrenzende Anforderungen, die dem Stand der Technik entsprechen,
- sonstige Anforderungen zur Vorsorge gegen schädliche Umwelteinwirkungen durch Luftverunreinigungen,
- Verfahren zur Ermittlung der Emissionen und
- Anforderungen zur Ableitung von Abgasen.

Die Regelungen in Nummer 5.2 in Verbindung mit Nummer 5.3 gelten für alle Anlagen. Soweit davon abweichende Regelungen in Nummer 5.4 festgelegt sind, gehen diese den jeweils betroffenen Regelungen in den Nummern 5.2, 5.3 oder 6.2 vor. Soweit in Nummer 5.4 Rußzahlen, Massenverhältnisse, Emissionsgrade, Emissionsminderungsgrade oder Umsatzgrade für bestimmte Stoffe oder Stoffgruppen festgelegt sind, finden die Anforderungen für Massenkonzentrationen für diese Stoffe oder Stoffgruppen in Nummer 5.2 keine Anwendung. Im Übrigen bleiben die in den Nummern 5.2, 5.3 oder 6.2 festgelegten Anforderungen unberührt. Das Emissionsminimierungsgebot nach Nummer 5.2.7 ist ergänzend zu beachten.

Die Vorschriften berücksichtigen mögliche Verlagerungen von nachteiligen Auswirkungen von einem Schutzgut auf ein anderes; sie sollen ein hohes Schutzniveau für die Umwelt insgesamt gewährleisten.

Soweit bei Erlass dieser Verwaltungsvorschrift Merkblätter über die Besten Verfügbaren Techniken (BVT-Merkblätter) der Europäischen Kommission, die im Rahmen des Informationsaustausches nach Art. 16 Abs. 2 der Richtlinie des Rates vom 24. September 1996 über die integrierte Vermeidung und Verminderung der Umweltverschmutzung (IVU-Richtlinie, 96/61/EG, ABl. L 257 vom 10. Oktober 1996, S. 26) veröffentlicht werden, vorlagen, sind die darin enthaltenen Informationen in den Anforderungen der Nummern 5.2, 5.3, 5.4 und 6.2 berücksichtigt.

Soweit nach Erlass dieser Verwaltungsvorschrift neue oder überarbeitete BVT-Merkblätter von der Europäischen Kommission veröffentlicht werden, werden die Anforderungen dieser Verwaltungsvorschrift dadurch nicht außer Kraft gesetzt. Ein vom Bundesministerium für Umwelt, Naturschutz und Reaktorsicherheit (BMU) eingerichteter beratender Ausschuss, der sich aus sachkundigen Vertretern der beteiligten Kreise im Sinne von § 51 BImSchG[1)] zusammensetzt, prüft, inwieweit sich aus den Informationen der BVT-Merkblätter weitergehende oder ergänzende emissionsbegrenzende Anforderungen ergeben, als sie diese Verwaltungsvorschrift enthält. Der Ausschuss soll sich dazu äußern, inwieweit sich der Stand der Technik gegenüber den Festlegungen dieser Verwaltungsvorschrift fortentwickelt hat oder die Festlegungen dieser Verwaltungsvorschrift ergänzungsbedürftig sind. Soweit das BMU das Fortschreiten des Standes der Technik oder eine notwendige Ergän-

[1)] Nr. **1**.

zung in einem dem § 31a Abs. 4 BImSchG entsprechenden Verfahren bekannt gemacht hat, sind die Genehmigungs- und Überwachungsbehörden an die der Bekanntmachung widersprechenden Anforderungen dieser Verwaltungsvorschrift nicht mehr gebunden. In diesen Fällen haben die zuständigen Behörden bei ihren Entscheidungen die Fortentwicklung des Standes der Technik zu berücksichtigen.

Für Anlagen, die nur einmal in Deutschland vorkommen, werden keine Regelungen in Nummer 5.4 festgelegt; in einem solchen Fall hat die zuständige Behörde die technischen Besonderheiten in eigener Verantwortung zu beurteilen.

Wurden bei einer genehmigungsbedürftigen Anlage im Einzelfall bereits Anforderungen zur Vorsorge gegen schädliche Umwelteinwirkungen durch Luftverunreinigungen getroffen, die über die Anforderungen der Nummern 5.1 bis 5.4 hinausgehen, sind diese im Hinblick auf § 5 Abs. 1 Nr. 2 BImSchG weiterhin maßgeblich.

Soweit die Nummern 5.2 oder 5.4 keine oder keine vollständigen Regelungen zur Begrenzung der Emissionen enthalten, sollen bei der Ermittlung des Standes der Technik im Einzelfall BVT-Merkblätter oder Richtlinien oder Normen des VDI/DIN-Handbuches Reinhaltung der Luft als Erkenntnisquelle herangezogen werden.

5.1.2 Berücksichtigung der Anforderungen im Genehmigungsverfahren

Die den Vorschriften der Nummer 5 entsprechenden Anforderungen sollen im Genehmigungsbescheid für jede einzelne Emissionsquelle und für jeden luftverunreinigenden Stoff oder jede Stoffgruppe festgelegt werden, soweit die Stoffe oder Stoffgruppen in relevantem Umfang im Rohgas enthalten sind. Werden die Abgase von verschiedenen Anlagenteilen zusammengeführt (Sammelleitung oder Sammelschornstein), sind die emissionsbegrenzenden Anforderungen so festzulegen, dass keine höheren Emissionen als bei einer Ableitung der jeweiligen Abgase ohne Zusammenführung entstehen. Der relevante Umfang eines Stoffes im Rohgas einer Anlage ist gegeben, wenn auf Grund der Rohgaszusammensetzung die Überschreitung einer in Nummer 5 festgelegten Anforderung nicht ausgeschlossen werden kann.

Wird in Nummer 5 die Einhaltung eines bestimmten Massenstroms oder einer bestimmten Massenkonzentration vorgeschrieben, ist im Genehmigungsbescheid entweder der Massenstrom oder – bei Überschreiten des zulässigen Massenstroms – die Massenkonzentration zu begrenzen, es sei denn, dass in den Nummern 5.2 oder 5.4 ausdrücklich bestimmt ist, dass sowohl der Massenstrom als auch die Massenkonzentration zu begrenzen sind.

Von Emissionsbegrenzungen entsprechend den in Nummer 5.2 oder Nummer 5.4 enthaltenen zulässigen Massenkonzentrationen oder Massenströmen kann abgesehen werden, wenn stattdessen zulässige Massenverhältnisse (z.B. g/Mg erzeugtes Produkt, g/kWh eingesetzter Brennstoffenergie) festgelegt werden und wenn durch Vergleichsbetrachtungen mit Prozess- und Abgasreinigungstechniken, die dem Stand der Technik entsprechen, nachgewiesen wird, dass keine höheren Emissionsmassenströme auftreten.

Für Anfahr- oder Abstellvorgänge, bei denen ein Überschreiten des 2fachen der festgelegten Emissionsbegrenzung nicht verhindert werden kann, sind Sonderregelungen zu treffen. Hierzu gehören insbesondere Vorgänge, bei denen

- eine Abgasreinigungseinrichtung aus Sicherheitsgründen (Verpuffungs-, Verstopfungs- oder Korrosionsgefahr) umfahren werden muss,
- eine Abgasreinigungseinrichtung wegen zu geringen Abgasdurchsatzes noch nicht voll wirksam ist oder
- eine Abgaserfassung und -reinigung während der Beschickung oder Entleerung von Behältern bei diskontinuierlichen Produktionsprozessen nicht oder nur unzureichend möglich ist.

Soweit aus betrieblichen oder messtechnischen Gründen (z.B. Chargenbetrieb, längere Kalibrierzeit) für Emissionsbegrenzungen andere als die nach Nummer 2.7 bestimmten Mittelungszeiten erforderlich sind, sind diese entsprechend festzulegen.

Wird Abgas einer Anlage als Verbrennungsluft oder Einsatzstoff für eine weitere Anlage verwendet, sind Sonderregelungen zu treffen.

Die Luftmengen, die einer Einrichtung der Anlage zugeführt werden, um das Abgas zu verdünnen oder zu kühlen, bleiben bei der Bestimmung der Massenkonzentration unberücksichtigt. Soweit Emissionswerte auf Sauerstoffgehalte im Abgas bezogen sind, sind die im Abgas gemessenen Massenkonzentrationen nach folgender Gleichung umzurechnen:

$$E_B = \frac{21 - O_B}{21 - O_M} \times E_M$$

Darin bedeuten:

E_M gemessene Massenkonzentration,

E_B Massenkonzentration, bezogen auf den Bezugssauerstoffgehalt,

O_M gemessener Sauerstoffgehalt,

O_B Bezugssauerstoffgehalt.

Werden zur Emissionsminderung nachgeschaltete Abgasreinigungseinrichtungen eingesetzt, so darf für die Stoffe, für die die Abgasreinigungseinrichtung betrieben wird, die Umrechnung nur für die Zeiten erfolgen, in denen der gemessene Sauerstoffgehalt über dem Bezugssauerstoffgehalt liegt. Bei Verbrennungsprozessen mit reinem Sauerstoff oder sauerstoffangereicherter Luft sind Sonderregelungen zu treffen.

5.1.3 Grundsätzliche Anforderungen zur integrierten Vermeidung und Verminderung von Umweltverschmutzungen

Zur integrierten Emissionsvermeidung oder -minimierung sind Techniken und Maßnahmen anzuwenden, mit denen die Emissionen in die Luft, das Wasser und den Boden vermieden oder begrenzt werden und dabei ein hohes Schutzniveau für die Umwelt insgesamt erreicht wird; die Anlagensicherheit, die umweltverträgliche Abfallentsorgung sowie die sparsame und effiziente Verwendung von Energie sind zu beachten.

Nicht vermeidbare Abgase sind an ihrer Entstehungsstelle zu erfassen, soweit dies mit verhältnismäßigem Aufwand möglich ist. Die emissionsbegrenzenden Maßnahmen müssen dem Stand der Technik entsprechen. Die Anforderungen dieser Verwaltungsvorschrift dürfen nicht durch Maßnahmen erfüllt werden, bei denen Umweltbelastungen in andere Medien wie Wasser oder Boden entgegen dem Stand der Technik verlagert werden. Diese Maßnahmen sollen sowohl auf eine Verminderung der Massenkonzentrationen als auch der Massenströme oder Massenverhältnisse der von einer Anlage ausgehenden Luftverunreinigungen ausgerichtet sein. Sie müssen während des Betriebs der Anlage bestimmungsgemäß eingesetzt werden.

Bei der Festlegung der Anforderungen sind insbesondere zu berücksichtigen:

- Wahl von integrierten Prozesstechniken mit möglichst hoher Produktausbeute und minimalen Emissionen in die Umwelt insgesamt,
- Verfahrensoptimierung, z.B. durch weitgehende Ausnutzung von Einsatzstoffen und Gewinnung von Koppelprodukten,
- Substitution von krebserzeugenden, erbgutverändernden oder reproduktionstoxischen Einsatzstoffen,
- Verminderung der Abgasmenge, z.B. durch Anwendung der Umluftführung, unter Berücksichtigung arbeitsschutzrechtlicher Anforderungen,
- Einsparung von Energie und Verminderung der Emissionen an klimawirksamen Gasen, z.B. durch energetische Optimierung bei Planung, Errichtung und Betrieb der Anlagen, anlageninterne Energieverwertung, Anwendung von Wärmedämmungsmaßnahmen,
- Vermeidung oder Verminderung der Emissionen von Stoffen, die zu einem Abbau der Ozonschicht führen, ergänzend zu den in der Verordnung (EG) Nr. 2037/2000 des Europäischen Parlaments und des Rates vom 29. Juni 2000 (ABl. L 244/1 vom 29. September 2000) genannten Maßnahmen, z.B. durch Substitution dieser Stoffe, durch Einhausen von Anlagen, Kapseln von Anlageteilen, Erzeugen eines Unterdrucks im gekapselten Raum und Verhinderung von Undichtigkeiten der Anlagen, durch Erfassung der Stoffe bei der Abfallbehandlung, durch Anwendung optimierter Abgasreinigungstechniken und durch ordnungsgemäße Entsorgung der rückgewonnenen Stoffe sowie der Abfälle,
- Optimierung von An- und Abfahrvorgängen und sonstigen besonderen Betriebszuständen,

– die Anforderungen des Tierschutzes und der physiologischen Gegebenheiten beim Tier.

Wenn Stoffe nach Nummer 5.2.2 Klasse I oder II, Nummer 5.2.4 Klasse I oder II, Nummer 5.2.5 Klasse I oder Nummer 5.2.7 emittiert werden können, sollen die Einsatzstoffe (Roh- und Hilfsstoffe) möglichst so gewählt werden, dass nur geringe Emissionen entstehen.

Verfahrenskreisläufe, die durch Anreicherung zu erhöhten Emissionen an Stoffen nach Nummer 5.2.2 Klasse I oder II oder nach Nummer 5.2.7 führen können, sind durch technische oder betriebliche Maßnahmen möglichst zu vermeiden. Soweit diese Verfahrenskreisläufe betriebsnotwendig sind, z.B. bei der Aufarbeitung von Produktionsrückständen zur Rückgewinnung von Metallen, müssen Maßnahmen zur Vermeidung erhöhter Emissionen getroffen werden, z.B. durch gezielte Stoffausschleusung oder den Einbau besonders wirksamer Abgasreinigungseinrichtungen.

Betriebsvorgänge, die mit Abschaltungen oder Umgehungen der Abgasreinigungseinrichtungen verbunden sind, müssen im Hinblick auf geringe Emissionen ausgelegt und betrieben sowie durch Aufzeichnung geeigneter Prozessgrößen besonders überwacht werden. Für den Ausfall von Einrichtungen zur Emissionsminderung sind Maßnahmen vorzusehen, um die Emissionen unverzüglich so weit wie möglich und unter Beachtung des Grundsatzes der Verhältnismäßigkeit zu vermindern.

5.2 Allgemeine Anforderungen zur Emissionsbegrenzung

5.2.1 Gesamtstaub, einschließlich Feinstaub

Die im Abgas enthaltenen staubförmigen Emissionen dürfen

den Massenstrom	0,20 kg/h
oder	
die Massenkonzentration	20 mg/m³

nicht überschreiten. Auch bei Einhaltung oder Unterschreitung eines Massenstroms von 0,20 kg/h darf im Abgas die Massenkonzentration 0,15 g/m³ nicht überschritten werden.

Auf Nummer 5.2.5 Absatz 3 wird hingewiesen.

5.2.2 Staubförmige anorganische Stoffe

Die nachstehend genannten staubförmigen anorganischen Stoffe dürfen, auch beim Vorhandensein mehrerer Stoffe derselben Klasse, insgesamt folgende Massenkonzentrationen oder Massenströme im Abgas nicht überschreiten; davon abweichend gelten für Stoffe der Klasse I die Anforderungen jeweils für den Einzelstoff:

Klasse I

– Quecksilber und seine Verbindungen, angegeben als Hg
– Thallium und seine Verbindungen,

angegeben als Tl
jeweils den Massenstrom 0,25 g/h
oder
jeweils die Massenkonzentration 0,05 mg/m³;

Klasse II

- Blei und seine Verbindungen, angegeben als Pb
- Cobalt und seine Verbindungen, angegeben als Co
- Nickel und seine Verbindungen, angegeben als Ni
- Selen und seine Verbindungen, angegeben als Se
- Tellur und seine Verbindungen, angegeben als Te

den Massenstrom 2,5 g/h
oder
die Massenkonzentration 0,5 mg/m³;

Klasse III

- Antimon und seine Verbindungen, angegeben als Sb
- Chrom und seine Verbindungen, angegeben als Cr
- Cyanide leicht löslich (z.B. NaCN), angegeben als CN
- Fluoride leicht löslich (z.B. NaF), angegeben als F
- Kupfer und seine Verbindungen, angegeben als Cu
- Mangan und seine Verbindungen, angegeben als Mn
- Vanadium und seine Verbindungen, angegeben als V
- Zinn und seine Verbindungen, angegeben als Sn

den Massenstrom 5 g/h
oder
die Massenkonzentration 1 mg/m³.

Beim Vorhandensein von Stoffen mehrerer Klassen dürfen unbeschadet des Absatzes 1 beim Zusammentreffen von Stoffen der Klassen I und II im Abgas insgesamt die Emissionswerte der Klasse II sowie beim Zusammentreffen von Stoffen der Klassen I und III, der Klassen II und III oder der Klassen I bis III im Abgas insgesamt die Emissionswerte der Klasse III nicht überschritten werden.

Die nicht namentlich aufgeführten staubförmigen anorganischen Stoffe mit begründetem Verdacht auf krebserzeugendes, erbgutveränderndes oder reproduktionstoxisches Potenzial (Stoffe der Kategorien K3, M3, RE3 oder RF3 mit der Kennzeichnung R 40, R 62 oder R 63) sind der Klasse III zuzuordnen. Dabei sind

- das „Verzeichnis krebserzeugender, erbgutverändernder oder fortpflanzungsgefährdender Stoffe" (TRGS 905) und
- der Anhang I der Richtlinie 67/548/EWG entsprechend der Liste gefährlicher Stoffe nach § 4a Abs. 1 der Verordnung zum Schutz vor gefährlichen Stoffen (GefStoffV)

zu berücksichtigen. Bei unterschiedlichen Einstufungen innerhalb der Kategorien K, M oder R ist die strengere Einstufung der TRGS oder der GefStoffV zugrunde zu legen.

Solange Einstufungen oder Bewertungen in der TRGS oder der GefStoffV nicht vorliegen, können Bewertungen anerkannter wissenschaftlicher Gremien herangezogen werden, z.B. die Einstufungen der Senatskommission zur Prüfung gesundheitsgefährlicher Arbeitsstoffe der Deutschen Forschungsgemeinschaft. Darüber hinaus wird auf Einstufungen nach § 4a Abs. 3 der GefStoffV hingewiesen.

Soweit Zubereitungen nach § 4b der GefStoffV einzustufen sind, sollen ihre Inhaltsstoffe und ihre Anteile ermittelt und bei der Festlegung der emissionsbegrenzenden Anforderungen berücksichtigt werden.

Sind bei der Ableitung von Abgasen physikalische Bedingungen (Druck, Temperatur) gegeben, bei denen die Stoffe in flüssiger oder gasförmiger Form vorliegen können, sollen die in Absatz 1 genannten Massenkonzentrationen oder Massenströme für die Summe der festen, flüssigen und gasförmigen Emissionen eingehalten werden.

5.2.3 Staubförmige Emissionen bei Umschlag, Lagerung oder Bearbeitung von festen Stoffen

5.2.3.1 Allgemeines

An Anlagen, in denen feste Stoffe be- oder entladen, gefördert, transportiert, bearbeitet, aufbereitet oder gelagert werden, sollen geeignete Anforderungen zur Emissionsminderung gestellt werden, wenn diese Stoffe auf Grund ihrer Dichte, Korngrößenverteilung, Kornform, Oberflächenbeschaffenheit, Abriebfestigkeit, Scher- und Bruchfestigkeit, Zusammensetzung oder ihres geringen Feuchtegehaltes zu staubförmigen Emissionen führen können.

Bei der Festlegung dieser Anforderungen sind unter Beachtung des Grundsatzes der Verhältnismäßigkeit insbesondere

- die Art und Eigenschaften der festen Stoffe und ihrer Inhaltsstoffe (z.B. Gefährlichkeit und Toxizität im Sinne von § 4 GefStoffV, mögliche Wirkungen auf Böden und Gewässer, mögliche Bildung explosionsfähiger Staub-/Luftgemische, Staubungsneigung, Feuchte),

- das Umschlaggerät oder das Umschlagverfahren,
- der Massenstrom und die Zeitdauer der Emissionen,
- die meteorologischen Bedingungen,
- die Lage des Umschlagortes (z.B. Abstand zur Wohnbebauung)

zu berücksichtigen.

Die Maßnahmen sind auch unter Beachtung ihrer möglichen Einwirkungen auf Wasser und Boden festzulegen.

5.2.3.2 Be- oder Entladung

Bei der Festlegung von Anforderungen an die Be- oder Entladung kommen folgende Maßnahmen in Betracht:

Maßnahmen, bezogen auf das Umschlagverfahren

- Minimierung der Fallstrecke beim Abwerfen (z.B. bei Schüttgossen durch Leitbleche oder Lamellen),
- selbsttätige Anpassung der Abwurfhöhe bei wechselnder Höhe der Schüttungen,
- Anpassung von Geräten an das jeweilige Schüttgut (z.B. bei Greifern Vermeidung von Überladung und Zwischenabwurf),
- sanftes Anfahren von Greifern nach der Befüllung,
- Rückführung von leeren Greifern in geschlossenem Zustand,
- Minimierung von Zutrimmarbeiten und Reinigungsarbeiten,
- Automatisierung des Umschlagbetriebes;

Maßnahmen, bezogen auf das Umschlaggerät

- regelmäßige Wartung der Geräte (z.B. bei Greifern Prüfung der Schließkanten auf Dichtheit zur Verminderung von Rieselverlusten),
- vollständig oder weitgehend geschlossene Greifer zur Vermeidung oder Verminderung von Abwehungen von der Schüttgutoberfläche,
- Minimierung von Anhaftungen (insbesondere bei Greifern oder z.B. Einsatz straffbarer Verladebälge bei Senkrechtbeladern/Teleskoprohren),
- Schüttrohr mit Beladekopf und Absaugung,
- Konusaufsatz mit Absaugung bei Senkrechtbeladern,
- Reduzierung der Austrittsgeschwindigkeit bei Fallrohren durch Einbauten oder durch Einsatz von Kaskadenschurren,
- weitgehender Verzicht auf den Einsatz von Schleuderbändern außerhalb geschlossener Räume,
- Radlader möglichst nur bei befeuchteten oder nicht staubenden Gütern;

Maßnahmen, bezogen auf den Umschlagort

- vollständige oder weitgehend vollständige Einhausung (z.B. Tore oder Streifenvorhänge bei Ein- und Ausfahrten) von Einrichtungen zur Be- und Entladung von Fahrzeugen (z.B. von Füllstatio-

nen, Schüttgossen, Grabenbunkern und sonstigen Abwurfplätzen),
- Absaugung von Trichtern, Übergabestellen, Schüttgossen, Beladerohren (ausreichende Dimensionierung der Saugleistung),
- Verbesserung der Wirkung von Absaugungen (z.B. durch Leitbleche),
- Anwendung von Trichtern (z.B. mit Lamellenverschluss, Klappenboden, Pendelklappen, Deckel),
- Anwendung einer Wasservernebelung vor Austrittsöffnungen und Aufgabetrichtern,
- Windschutz bei Be- und Entladevorgängen im Freien,
- Verlängerung der Verweilzeit des Greifers nach Abwurf am Abwurfort,
- Umschlagbeschränkungen bei hohen Windgeschwindigkeiten,
- Planung der Lage des Umschlagortes auf dem Betriebsgelände;

Maßnahmen, bezogen auf feste Stoffe
- Erhöhung der Materialfeuchte, ggf. unter Zusatz von Oberflächenentspannungsmitteln, soweit die Befeuchtung einer anschließenden Weiterbe- oder -verarbeitung, der Lagerfähigkeit oder der Produktqualität der umgeschlagenen Stoffe nicht entgegensteht,
- Einsatz von Staubbindemitteln,
- Pelletierung,
- Vereinheitlichung der Korngröße (Abtrennung des Feinstkornanteils),
- Verhinderung sperriger Verunreinigungen,
- Reduktion der Umschlagvorgänge.

5.2.3.3 Förderung oder Transport

Bei Transport mit Fahrzeugen sollen geschlossene Behältnisse (Silofahrzeuge, Container, Abdeckplanen) eingesetzt werden. Ansonsten sind bei Förderung und Transport auf dem Betriebsgelände geschlossene oder weitgehend geschlossene Einrichtungen (z.B. eingehauste Förderbänder, Becherwerke, Schnecken-, Schrauben- oder pneumatische Förderer) zu verwenden. Bei pneumatischer Förderung ist die staubhaltige Förderluft einer Entstaubungseinrichtung zuzuführen oder im Kreislauf zu fahren. Offene kontinuierliche Förder-/Transporteinrichtungen (z.B. Förderbänder) sind soweit wie möglich zu kapseln oder einzuhausen.

Bei Befüllung von geschlossenen Transportbehältern mit festen Stoffen ist die Verdrängungsluft zu erfassen und einer Entstaubungseinrichtung zuzuführen.

Offene Übergabestellen sind zu befeuchten, soweit die Befeuchtung einer anschließenden Weiterbe- oder -verarbeitung, der Lagerfähigkeit oder der Produktqualität der umgeschlagenen Stoffe nicht entgegensteht. Alternativ sind die Übergabestellen zu kapseln; staubhaltige Luft ist einer Entstaubungseinrichtung zuzuführen.

Öffnungen von Räumen (z.B. Tore, Fenster), in denen feste Stoffe offen transportiert oder gehandhabt werden, sind möglichst geschlossen zu halten. Tore dürfen nur für notwendige Fahrzeugein- und -ausfahrten geöffnet werden.

Können durch die Benutzung von Fahrwegen staubförmige Emissionen entstehen, sind diese im Anlagenbereich mit einer Decke aus Asphaltbeton, aus Beton oder gleichwertigem Material zu befestigen, in ordnungsgemäßem Zustand zu halten und entsprechend dem Verschmutzungsgrad zu säubern. Es ist sicherzustellen, dass Verschmutzungen der Fahrwege durch Fahrzeuge nach Verlassen des Anlagenbereichs vermieden oder beseitigt werden. Dazu sind z.B. Reifenwaschanlagen, Kehrmaschinen, Überfahrroste oder sonstige geeignete Einrichtungen einzusetzen. Satz 1 findet regelmäßig keine Anwendung auf Fahrwege innerhalb von Steinbrüchen und Gewinnungsstätten für Bodenschätze.

5.2.3.4 Bearbeitung oder Aufbereitung

Maschinen, Geräte oder sonstige Einrichtungen zur Bearbeitung (z.B. zum Brechen, Mahlen, Sieben, Sichten, Mischen, Pelletieren, Brikettieren, Erwärmen, Trocknen, Abkühlen) von festen Stoffen sind zu kapseln oder mit in der Wirkung vergleichbaren Emissionsminderungstechniken auszurüsten.

Aufgabestellen und Abwurfstellen sind zu kapseln; staubhaltige Luft ist einer Entstaubungseinrichtung zuzuführen. Alternativ sind Aufgabestellen und Abwurfstellen zu befeuchten, soweit die Befeuchtung einer anschließenden Weiterbe- oder -verarbeitung, der Lagerfähigkeit oder der Produktqualität der umgeschlagenen Stoffe nicht entgegensteht.

Staubhaltiges Abgas aus den Bearbeitungsaggregaten ist zu erfassen und zu reinigen.

5.2.3.5 Lagerung

5.2.3.5.1 Geschlossene Lagerung

Bei der Festlegung von Anforderungen an die Lagerung ist grundsätzlich eine geschlossene Bauweise (z.B. als Silo, Bunker, Speicher, Halle, Container) zu bevorzugen. Sofern die Lagerung nicht vollständig geschlossen erfolgt, soll durch entsprechende Gestaltung der Geometrie der Lagerbehälter oder Lagerstätten sowie der Einrichtungen zur Zuführung oder Entnahme des Lagergutes die Staubentwicklung – insbesondere bei begehbaren Lagern – minimiert werden. Abgase aus Füll- oder Abzugsaggregaten sowie Verdrängungsluft aus Behältern sind zu erfassen und einer Entstaubungseinrichtung zuzuführen. Bei allen Füllvorrichtungen ist eine Sicherung gegen Überfüllen vorzusehen. Silo- und Containeraustragsöffnungen können z.B. über Faltenbälge mit kombinierter Absaugung und Kegelverschluss entleert oder staubdicht verschlossen werden; ebenso ist der Einsatz von Zellenradschleusen in Verbindung mit Bandabzug oder pneumatischem Transport möglich.

5.2.3.5.2 Freilagerung

Bei der Festlegung von Anforderungen an die Errichtung oder den Abbau von Halden oder den Betrieb von Vergleichmäßigungsanlagen im Freien kommen folgende Maßnahmen in Betracht:
- Abdeckung der Oberfläche (z.B. mit Matten),
- Begrünung der Oberfläche,
- Besprühung mit staubbindenden Mitteln bei Anlegung der Halde,
- Verfestigung der Oberfläche,
- ausreichende Befeuchtung der Halden und der Übergabe- und Abwurfstellen, ggf. unter Zusatz von Oberflächenentspannungsmitteln, soweit die Befeuchtung einer anschließenden Weiterbe- oder -verarbeitung, der Lagerfähigkeit oder der Produktqualität der gelagerten Stoffe nicht entgegensteht,
- Schüttung oder Abbau hinter Wällen,
- höhenverstellbare Förderbänder,
- Windschutzbepflanzungen,
- Ausrichtung der Haldenlängsachse in Hauptwindrichtung,
- Begrenzung der Höhe von Halden,
- weitgehender Verzicht auf Errichtungs- oder Abbauarbeiten bei Wetterlagen, die Emissionen besonders begünstigen (z.B. langanhaltende Trockenheit, Frostperioden, hohe Windgeschwindigkeiten).

Durch Überdachung, Umschließung oder Kombination beider Maßnahmen kann eine derartige Lagerung einschließlich der Nebeneinrichtungen – unter Berücksichtigung von Nummer 5.2.3.1 Absatz 2 – in eine teilweise oder vollständig geschlossene Lagerung überführt werden.

5.2.3.6 Besondere Inhaltsstoffe

Bei festen Stoffen, die Stoffe nach Nummer 5.2.2 Klasse I oder II, nach Nummer 5.2.5 Klasse I oder nach Nummer 5.2.7 enthalten oder an denen diese Stoffe angelagert sind, sind die wirksamsten Maßnahmen anzuwenden, die sich aus den Nummern 5.2.3.2 bis 5.2.3.5 ergeben; die Lagerung soll entsprechend Nummer 5.2.3.5.1 erfolgen. Satz 1 findet regelmäßig keine Anwendung, wenn die Gehalte der besonderen Inhaltsstoffe in einer durch Siebung mit einer Maschenweite von 5 mm von den Gütern abtrennbaren Feinfraktion jeweils folgende Werte, bezogen auf die Trockenmasse, nicht überschreiten:

– Stoffe nach Nummer 5.2.2 Klasse I, Nummer 5.2.7.1.1 Klasse I oder Nummer 5.2.7.1.2	50 mg/kg,
– Stoffe nach Nummer 5.2.2 Klasse II, Nummer 5.2.7.1.1 Klasse II oder Nummer 5.2.7.1.3	0,50 g/kg,

– Stoffe nach Nummer 5.2.7.1.1 Klasse III 5,0 g/kg.

5.2.4 Gasförmige anorganische Stoffe

Die nachstehend genannten gasförmigen anorganischen Stoffe dürfen jeweils die angegebenen Massenkonzentrationen oder Massenströme im Abgas nicht überschreiten:

Klasse I

– Arsenwasserstoff
– Chlorcyan
– Phosgen
– Phosphorwasserstoff

den Massenstrom je Stoff 2,5 g/h
oder
die Massenkonzentration je Stoff 0,5 mg/m³;

Klasse II

– Brom und seine gasförmigen Verbindungen, angegeben als Bromwasserstoff
– Chlor
– Cyanwasserstoff
– Fluor und seine gasförmigen Verbindungen, angegeben als Fluorwasserstoff
– Schwefelwasserstoff

den Massenstrom je Stoff 15 g/h
oder
die Massenkonzentration je Stoff 3 mg/m³;

Klasse III

– Ammoniak
– gasförmige anorganische Chlorverbindungen, soweit nicht in Klasse I oder Klasse II enthalten, angegeben als Chlorwasserstoff

den Massenstrom je Stoff 0,15 kg/h
oder
die Massenkonzentration je Stoff 30 mg/m³;

Klasse IV

– Schwefeloxide (Schwefeldioxid und Schwefeltrioxid), angegeben als Schwefeldioxid
– Stickstoffoxide (Stickstoffmonoxid und Stickstoffdioxid), angegeben als Stickstoffdioxid

den Massenstrom je Stoff 1,8 kg/h
oder
die Massenkonzentration je Stoff 0,35 g/m³.

Im Abgas von thermischen oder katalytischen Nachverbrennungseinrichtungen dürfen die Emissionen an Stickstoffmonoxid und Stickstoffdioxid, angegeben als Stickstoffdioxid, die Massenkonzentration 0,10 g/m³ nicht überschreiten; gleichzeitig dürfen die Emissionen an Kohlenmonoxid die Massenkonzentration 0,10 g/m³ nicht überschreiten. Soweit die der Nachverbrennung zugeführten Gase nicht geringe Konzentrationen an Stickstoffoxiden oder sonstigen Stickstoffverbindungen enthalten, sind Festlegungen im Einzelfall zu treffen; dabei dürfen die Emissionen an Stickstoffmonoxid und Stickstoffdioxid, angegeben als Stickstoffdioxid, den Massenstrom 1,8 kg/h oder die Massenkonzentration 0,35 g/m³ nicht überschreiten.

5.2.5 Organische Stoffe

Organische Stoffe im Abgas, ausgenommen staubförmige organische Stoffe, dürfen

den Massenstrom	0,50 kg/h
oder	
die Massenkonzentration	50 mg/m³,
	jeweils angegeben als Gesamtkohlenstoff,

insgesamt nicht überschreiten.

Bei **Altanlagen** mit einem jährlichen Massenstrom an organischen Stoffen von bis zu 1,5 Mg/a, angegeben als Gesamtkohlenstoff, dürfen abweichend von Absatz 1 die Emissionen an organischen Stoffen im Abgas den Massenstrom 1,5 kg/h, angegeben als Gesamtkohlenstoff, nicht überschreiten. Die Anzahl der Betriebsstunden, in denen Massenströme von über 0,5 kg/h bis zu 1,5 kg/h auftreten, soll 8 Betriebsstunden während eines Tages unterschreiten.

Für staubförmige organische Stoffe, ausgenommen für Stoffe der Klasse I, gelten die Anforderungen nach Nummer 5.2.1.

Innerhalb des Massenstroms oder der Massenkonzentration für Gesamtkohlenstoff dürfen die nach den Klassen I (Stoffe nach Anhang 4) oder II eingeteilten organischen Stoffe, auch bei dem Vorhandensein mehrerer Stoffe derselben Klasse, insgesamt folgende Massenkonzentrationen oder Massenströme im Abgas, jeweils angegeben als Masse der organischen Stoffe, nicht überschreiten:

	Klasse I
den Massenstrom	0,10 kg/h
oder	
die Massenkonzentration	20 mg/m³;
	Klasse II

- 1-Brom-3-Chlorpropan
- 1,1-Dichlorethan
- 1,2-Dichlorethylen, cis und trans

- Essigsäure
- Methylformiat
- Nitroethan
- Nitromethan
- Octamethylcyclotetrasiloxan
- 1,1,1-Trichlorethan
- 1,3,5-Trioxan

den Massenstrom 0,50 kg/h
oder
die Massenkonzentration 0,10 g/m³.

Beim Vorhandensein von Stoffen mehrerer Klassen dürfen zusätzlich zu den Anforderungen von Absatz 4 Satz 1 beim Zusammentreffen von Stoffen der Klassen I und II im Abgas insgesamt die Emissionswerte der Klasse II nicht überschritten werden.

Die nicht namentlich im Anhang 4 genannten organischen Stoffe oder deren Folgeprodukte, die mindestens eine der folgenden Einstufungen oder Kriterien erfüllen:

- Verdacht auf krebserzeugende oder erbgutverändernde Wirkungen (Kategorien K3 oder M3 mit der Kennzeichnung R 40),
- Verdacht auf reproduktionstoxische Wirkung (Kategorien RE3 oder RF3 mit der Kennzeichnung R 62 oder R 63) unter Berücksichtigung der Wirkungsstärke,
- Grenzwert für die Luft am Arbeitsplatz kleiner als 25 mg/m³,
- giftig oder sehr giftig,
- mögliche Verursachung von irreversiblen Schäden,
- mögliche Sensibilisierung beim Einatmen,
- hohe Geruchsintensität,
- geringe Abbaubarkeit und hohe Anreicherbarkeit,

sind grundsätzlich der Klasse I zuzuordnen. Dabei sind

- das „Verzeichnis von Grenzwerten in der Luft am Arbeitsplatz" (TRGS 900), das „Verzeichnis krebserzeugender, erbgutverändernder oder fortpflanzungsgefährdender Stoffe" (TRGS 905) und
- der Anhang I der Richtlinie 67/548/EWG entsprechend der Liste gefährlicher Stoffe nach § 4a Abs. 1 der Verordnung zum Schutz vor gefährlichen Stoffen (GefStoffV)

zu berücksichtigen. Bei unterschiedlichen Einstufungen innerhalb der Kategorien K, M oder R ist die strengere Einstufung der TRGS oder der GefStoffV zugrunde zu legen. Soweit für organische Stoffe, die auf Grund dieser Kriterien der Klasse I zugeordnet werden, die Emissionswerte der Klasse I nicht mit verhältnismäßigem Aufwand eingehalten werden können, ist die Emissionsbegrenzung im Einzelfall festzulegen.

Solange Einstufungen oder Bewertungen in der TRGS oder der GefStoffV nicht vorliegen, können Bewertungen anerkannter wissenschaftlicher Gremien herangezogen werden, z.B. die Einstufungen der Senatskommission zur Prüfung gesundheitsgefährlicher Arbeitsstoffe der Deutschen Forschungsgemeinschaft. Darüber hinaus wird auf Einstufungen nach § 4a Abs. 3 der GefStoffV hingewiesen.

Soweit Zubereitungen nach § 4b der GefStoffV einzustufen sind, sollen die Inhaltsstoffe der Zubereitungen und deren Anteile ermittelt und bei der Festlegung der emissionsbegrenzenden Anforderungen berücksichtigt werden.

5.2.6 Gasförmige Emissionen beim Verarbeiten, Fördern, Umfüllen oder Lagern von flüssigen organischen Stoffen

Beim Verarbeiten, Fördern, Umfüllen oder Lagern von flüssigen organischen Stoffen, die

a) bei einer Temperatur von 293,15 K einen Dampfdruck von 1,3 kPa oder mehr haben,

b) einen Massengehalt von mehr als 1 vom Hundert an Stoffen nach Nummer 5.2.5 Klasse I, Nummer 5.2.7.1.1 Klasse II oder III oder Nummer 5.2.7.1.3 enthalten,

c) einen Massengehalt von mehr als 10 mg je kg an Stoffen nach Nummer 5.2.7.1.1 Klasse I oder Nummer 5.2.7.1.2 enthalten oder

d) Stoffe nach Nummer 5.2.7.2 enthalten,

sind die unter den Nummern 5.2.6.1 bis 5.2.6.7 genannten Maßnahmen zur Vermeidung und Verminderung der Emissionen anzuwenden.

5.2.6.1 Pumpen

Es sind technisch dichte Pumpen wie Spaltrohrmotorpumpen, Pumpen mit Magnetkupplung, Pumpen mit Mehrfach-Gleitringdichtung und Vorlage- oder Sperrmedium, Pumpen mit Mehrfach-Gleitringdichtung und atmosphärenseitig trockenlaufender Dichtung, Membranpumpen oder Faltenbalgpumpen zu verwenden.

Bestehende Pumpen für flüssige organische Stoffe nach Nummer 5.2.6 Buchstabe a), die nicht eines der in den Buchstaben b) bis d) genannten Merkmale erfüllen und die die Anforderungen nach Absatz 1 nicht einhalten, dürfen bis zum Ersatz durch neue Pumpen weiterbetrieben werden. Die zuständige Behörde soll nach Inkrafttreten dieser Verwaltungsvorschrift eine Bestandsaufnahme fordern und den kontinuierlichen Ersatz der Pumpen sowie die Wartungsarbeiten bis zu ihrem Ersatz im Rahmen der Betriebsüberwachung verfolgen.

5.2.6.2 Verdichter

Bei der Verdichtung von Gasen oder Dämpfen, die einem der Merkmale der Nummer 5.2.6 Buchstaben b) bis d) entsprechen, sind Mehrfach-Dichtsysteme zu verwenden. Beim Einsatz von nassen Dichtsystemen darf die Sperrflüssigkeit der Verdichter nicht ins Freie entgast werden. Beim Einsatz von trockenen Dichtsystemen, z.B. einer Inertgasvorlage oder Absaugung der Fördergutleckage, sind austretende Abgase zu erfassen und einem Gassammelsystem zuzuführen.

5.2.6.3 Flanschverbindungen

Flanschverbindungen sollen in der Regel nur verwendet werden, wenn sie verfahrenstechnisch, sicherheitstechnisch oder für die Instandhaltung notwendig sind. Für diesen Fall sind technisch dichte Flanschverbindungen entsprechend der Richtlinie VDI 2440 (Ausgabe November 2000) zu verwenden.

Für Dichtungsauswahl und Auslegung der Flanschverbindungen sind Dichtungskennwerte nach *DIN 28090-1 (Ausgabe September 1995)*[1] oder DIN V ENV 1591-2 (Ausgabe Oktober 2001) zugrunde zu legen.

Die Einhaltung einer spezifischen Leckagerate von 10^{-5} kPa · l/(s · m) ist durch eine Bauartprüfung entsprechend Richtlinie VDI 2440 (Ausgabe November 2000) nachzuweisen.

Für **bestehende Flanschverbindungen** findet Nummer 5.2.6.1 Absatz 2 in Bezug auf den Ersatz von Dichtungen entsprechende Anwendung. Eine Bestandsaufnahme kann bei bestehenden Flanschverbindungen entfallen.

5.2.6.4 Absperrorgane

Zur Abdichtung von Spindeldurchführungen von Absperr- oder Regelorganen, wie Ventile oder Schieber, sind

- hochwertig abgedichtete metallische Faltenbälge mit nachgeschalteter Sicherheitsstopfbuchse oder
- gleichwertige Dichtsysteme

zu verwenden.

Dichtsysteme sind als gleichwertig anzusehen, wenn im Nachweisverfahren entsprechend Richtlinie VDI 2440 (Ausgabe November 2000) die temperaturspezifischen Leckageraten eingehalten werden.

Für **bestehende Absperrorgane** ist Nummer 5.2.6.1 Absatz 2 entsprechend anzuwenden.

5.2.6.5 Probenahmestellen

Probenahmestellen sind so zu kapseln oder mit solchen Absperrorganen zu versehen, dass außer bei der Probenahme keine Emissionen auftreten; bei der Probenahme muss der Vorlauf entweder zurückgeführt oder vollständig aufgefangen werden.

5.2.6.6 Umfüllung

Beim Umfüllen sind vorrangig Maßnahmen zur Vermeidung der Emissionen zu treffen, z.B. Gaspendelung in Verbindung mit Untenbefüllung oder Unterspiegelbefüllung. Die Absaugung und Zuführung des Abgases zu einer Abgasreinigungseinrichtung kann

[1] Zwischenzeitlich ersetzt durch die DIN EN 13555 (Ausgabe Februar 2005).

zugelassen werden, wenn die Gaspendelung technisch nicht durchführbar oder unverhältnismäßig ist.

Gaspendelsysteme sind so zu betreiben, dass der Fluss an organischen Stoffen nur bei Anschluss des Gaspendelsystems freigegeben wird und dass das Gaspendelsystem und die angeschlossenen Einrichtungen während des Gaspendelns betriebsmäßig, abgesehen von sicherheitstechnisch bedingten Freisetzungen, keine Gase in die Atmosphäre abgeben.

5.2.6.7 Lagerung

Zur Lagerung von flüssigen organischen Stoffen sind Festdachtanks mit Anschluss an eine Gassammelleitung oder mit Anschluss an eine Abgasreinigungseinrichtung zu verwenden.

Abweichend von Satz 1 kann die Lagerung von Rohöl in Lagertanks mit einem Volumen von mehr als 20 000 m^3 auch in Schwimmdachtanks mit wirksamer Randabdichtung oder in Festdachtanks mit innerer Schwimmdecke erfolgen, wenn eine Emissionsminderung um mindestens 97 vom Hundert gegenüber Festdachtanks ohne innere Schwimmdecke erreicht wird.

Ferner kann abweichend von Satz 1 für flüssige organische Stoffe nach Nummer 5.2.6 Buchstabe a), die nicht eines der in den Buchstaben b) bis d) genannten Merkmale erfüllen und die in Festdachtanks mit einem Volumen von weniger als 300 m^3 gelagert werden, auf einen Anschluss des Tanks an eine Gassammelleitung oder an eine Abgasreinigungseinrichtung verzichtet werden.

Soweit Lagertanks oberirdisch errichtet sind und betrieben werden, ist die Außenwand und das Dach mit geeigneten Farbanstrichen zu versehen, die dauerhaft einen Gesamtwärme-Remissionsgrad von mindestens 70 vom Hundert aufweisen.

Soweit sicherheitstechnische Aspekte nicht entgegenstehen, sind Gase und Dämpfe, die aus Druckentlastungsarmaturen und Entleerungseinrichtungen austreten, in das Gassammelsystem einzuleiten oder einer Abgasreinigungseinrichtung zuzuführen.

Abgase, die bei Inspektionen oder bei Reinigungsarbeiten der Lagertanks auftreten, sind einer Nachverbrennung zuzuführen oder es sind gleichwertige Maßnahmen zur Emissionsminderung anzuwenden.

5.2.7 Krebserzeugende, erbgutverändernde oder reproduktionstoxische Stoffe sowie schwer abbaubare, leicht anreicherbare und hochtoxische organische Stoffe

Die im Abgas enthaltenen Emissionen krebserzeugender, erbgutverändernder oder reproduktionstoxischer Stoffe oder Emissionen schwer abbaubarer, leicht anreicherbarer und hochtoxischer organischer Stoffe sind unter Beachtung des Grundsatzes der Verhältnismäßigkeit so weit wie möglich zu begrenzen (Emissionsminimierungsgebot).

5.2.7.1 Krebserzeugende, erbgutverändernde oder reproduktionstoxische Stoffe

Stoffe gelten als krebserzeugend, erbgutverändernd oder reproduktionstoxisch, wenn sie in eine der Kategorien K1, K2, M1, M2, RE1, RE2, RF1 oder RF2 (mit der Kennzeichnung R 45, R 46, R 49, R 60 oder R 61)

- im „Verzeichnis krebserzeugender, erbgutverändernder oder fortpflanzungsgefährdender Stoffe" (TRGS 905) oder
- im Anhang I der Richtlinie 67/548/EWG entsprechend der Liste gefährlicher Stoffe nach § 4a Abs. 1 der Verordnung zum Schutz vor gefährlichen Stoffen (GefStoffV)

eingestuft sind. Bei unterschiedlichen Einstufungen innerhalb der Kategorien K, M oder R wird die strengere Einstufung der TRGS oder der GefStoffV zugrundegelegt.

Solange Einstufungen oder Bewertungen in der TRGS oder der GefStoffV nicht vorliegen, können Bewertungen anerkannter wissenschaftlicher Gremien herangezogen werden, z.B. die Einstufungen der Senatskommission zur Prüfung gesundheitsgefährlicher Arbeitsstoffe der Deutschen Forschungsgemeinschaft. Darüber hinaus wird auf Einstufungen nach § 4a Abs. 3 der GefStoffV hingewiesen.

Soweit Zubereitungen nach § 4b der GefStoffV einzustufen sind, sollen die Inhaltsstoffe der Zubereitungen und deren Anteile ermittelt und bei der Festlegung der emissionsbegrenzenden Anforderungen berücksichtigt werden.

5.2.7.1.1 Krebserzeugende Stoffe

Die nachstehend genannten Stoffe dürfen, auch bei dem Vorhandensein mehrerer Stoffe derselben Klasse, als Mindestanforderung insgesamt folgende Massenkonzentrationen oder Massenströme im Abgas nicht überschreiten:

Klasse I

- Arsen und seine Verbindungen (außer Arsenwasserstoff), angegeben als As
- Benzo(a)pyren
- Cadmium und seine Verbindungen, angegeben als Cd
- Wasserlösliche Cobaltverbindungen, angegeben als Co
- Chrom(VI)verbindungen (außer Bariumchromat und Bleichromat), angegeben als Cr

den Massenstrom 0,15 g/h

oder

die Massenkonzentration 0,05 mg/m^3;

Klasse II

- Acrylamid

- Acrylnitril
- Dinitrotoluole
- Ethylenoxid
- Nickel und seine Verbindungen (außer Nickelmetall, Nickellegierungen, Nickelcarbonat, Nickelhydroxid, Nickeltetracarbonyl), angegeben als Ni
- 4-Vinyl-1,2-cyclohexen-diepoxid

den Massenstrom 1,5 g/h

oder

die Massenkonzentration 0,5 mg/m³;

Klasse III

- Benzol
- Bromethan
- 1,3-Butadien
- 1,2-Dichlorethan
- 1,2-Propylenoxid (1,2-Epoxypropan)
- Styroloxid
- o-Toluidin
- Trichlorethen
- Vinylchlorid

den Massenstrom 2,5 g/h

oder

die Massenkonzentration 1 mg/m³.

Beim Vorhandensein von Stoffen mehrerer Klassen dürfen unbeschadet des Absatzes 1 beim Zusammentreffen von Stoffen der Klassen I und II im Abgas insgesamt die Emissionswerte der Klasse II sowie beim Zusammentreffen von Stoffen der Klassen I und III, der Klassen II und III oder der Klassen I bis III im Abgas insgesamt die Emissionswerte der Klasse III nicht überschritten werden.

Die nicht namentlich aufgeführten krebserzeugenden Stoffe sind den Klassen zuzuordnen, deren Stoffen sie in ihrer Wirkungsstärke am nächsten stehen; dabei ist eine Bewertung der Wirkungsstärke auf der Grundlage des kalkulatorischen Risikos, z.B. nach dem Unit-Risk-Verfahren, vorzunehmen. Soweit für krebserzeugende Stoffe, die auf Grund dieser Zuordnung klassiert werden, die Emissionswerte der ermittelten Klasse nicht mit verhältnismäßigem Aufwand eingehalten werden können, sind die Emissionen im Einzelfall unter Beachtung des Emissionsminimierungsgebotes zu begrenzen.

Fasern

Die Emissionen der nachstehend genannten krebserzeugenden faserförmigen Stoffe im Abgas dürfen die nachfolgend angegebenen Faserstaubkonzentrationen nicht überschreiten:

- Asbestfasern (z.B. Chrysotil, Krokydolith, Amosit), $1 \cdot 10^4$ Fasern/m³
- biopersistente Keramikfasern (z.B. aus Aluminiumsilicat, Aluminiumoxid, Siliciumcarbid, Kaliumtitanat), soweit sie unter „künstliche kristalline Keramikfasern" gemäß Nummer 2.3 der TRGS 905 oder unter den Eintrag „keramische Mineralfasern" des Anhangs I der Richtlinie 67/548/EWG (entsprechend § 4a Abs. 1 GefStoffV) fallen, $1{,}5 \cdot 10^4$ Fasern/m³
- biopersistente Mineralfasern $5 \cdot 10^4$ Fasern/m³,

soweit sie den Kriterien für „anorganische Faserstäube (außer Asbest)" der Nummer 2.3 der TRGS 905 oder für „biopersistente Fasern" nach Anhang IV Nummer 22 der GefStoffV entsprechen.

Bei unterschiedlichen Kriterien von TRGS und GefStoffV sind die strengeren Kriterien zugrunde zu legen.

Die Emissionen krebserzeugender faserförmiger Stoffe können im Einzelfall unter Beachtung des Emissionsminimierungsgebotes auch durch Festlegung eines Emissionswertes für Gesamtstaub begrenzt werden.

5.2.7.1.2 Erbgutverändernde Stoffe

Soweit erbgutverändernde Stoffe oder Zubereitungen nicht von den Anforderungen für krebserzeugende Stoffe erfasst sind, ist für die Emissionen erbgutverändernder Stoffe im Abgas die Unterschreitung des Massenstroms von 0,15 g/h oder der Massenkonzentration 0,05 mg/m³ anzustreben. Soweit diese Emissionswerte nicht mit verhältnismäßigem Aufwand eingehalten werden können, sind die Emissionen im Abgas unter Beachtung des Emissionsminimierungsgebotes zu begrenzen.

5.2.7.1.3 Reproduktionstoxische Stoffe

Soweit reproduktionstoxische Stoffe oder Zubereitungen nicht von den Anforderungen für krebserzeugende oder erbgutverändernde Stoffe erfasst sind, sind die Emissionen reproduktionstoxischer Stoffe im Abgas unter Beachtung des Emissionsminimierungsgebotes unter Berücksichtigung der Wirkungsstärke der Stoffe zu begrenzen.

5.2.7.2 Schwer abbaubare, leicht anreicherbare und hochtoxische organische Stoffe

Die im Anhang 5 genannten Dioxine und Furane, angegeben als Summenwert nach dem dort festgelegten Verfahren, dürfen als Mindestanforderung

den Massenstrom im Abgas	0,25 µg/h
oder	
die Massenkonzentration im Abgas	0,1 ng/m³

nicht überschreiten. Die Probenahmezeit beträgt mindestens 6 Stunden; sie soll 8 Stunden nicht überschreiten.

Bei weiteren organischen Stoffen, die sowohl schwer abbaubar und leicht anreicherbar als auch von hoher Toxizität sind oder die auf Grund sonstiger besonders schädlicher Umwelteinwirkungen nicht der Klasse I in Nummer 5.2.5 zugeordnet werden können (z.B. polybromierte Dibenzodioxine, polybromierte Dibenzofurane oder polyhalogenierte Biphenyle) sind die Emissionen unter Beachtung des Emissionsminimierungsgebotes zu begrenzen.

5.2.8 Geruchsintensive Stoffe

Bei Anlagen, die bei bestimmungsgemäßem Betrieb oder wegen betrieblich bedingter Störanfälligkeit geruchsintensive Stoffe emittieren können, sind Anforderungen zur Emissionsminderung zu treffen, z.B. Einhausen der Anlagen, Kapseln von Anlageteilen, Erzeugen eines Unterdrucks im gekapselten Raum, geeignete Lagerung von Einsatzstoffen, Erzeugnissen und Abfällen, Steuerung des Prozesses.

Geruchsintensive Abgase sind in der Regel Abgasreinigungseinrichtungen zuzuführen oder es sind gleichwertige Maßnahmen zu treffen. Abgase sind nach Nummer 5.5 abzuleiten.

Bei der Festlegung des Umfanges der Anforderungen im Einzelfall sind insbesondere der Abgasvolumenstrom, der Massenstrom geruchsintensiver Stoffe, die örtlichen Ausbreitungsbedingungen, die Dauer der Emissionen und der Abstand der Anlage zur nächsten vorhandenen oder in einem Bebauungsplan festgesetzten schützenswerten Nutzung (z.B. Wohnbebauung) zu berücksichtigen. Soweit in der Umgebung einer Anlage Geruchseinwirkungen zu erwarten sind, sind die Möglichkeiten, die Emissionen durch dem Stand der Technik entsprechende Maßnahmen weiter zu vermindern, auszuschöpfen.

Sofern eine Emissionsbegrenzung für einzelne Stoffe oder Stoffgruppen, z.B. für Amine, oder als Gesamtkohlenstoff nicht möglich ist oder nicht ausreicht, soll bei Anlagen mit einer Abgasreinigungseinrichtung die emissionsbegrenzende Anforderung in Form eines olfaktometrisch zu bestimmenden Geruchsminderungsgrades oder einer Geruchsstoffkonzentration festgelegt werden.

5.2.9 Bodenbelastende Stoffe

Bei Überschreitung der Boden-Vorsorgewerte für Blei, Cadmium, Nickel oder Quecksilber nach Nummer 4.1 des Anhangs 2 der Bundes-Bodenschutz- und Altlastenverordnung, der Massenströme nach Anhang 2 und der Zusatzbelastungswerte nach Nummer 4.5.2 Buchstabe a) aa) sind zur näheren Bestimmung der immissionsschutzrechtlichen Vorsorgepflichten in Übereinstimmung mit § 3 Abs. 3 Satz 2 des Bundes-Bodenschutzgesetzes über die in Nummer 5 dieser Verwaltungsvorschrift festgelegten Anforderungen hinaus weitergehende Maßnahmen zur Vorsorge anzustreben, wenn die in Nummer 5 von Anhang 2 der Bundes-Bodenschutz- und Altlastenverordnung festgelegten jährlichen Frachten durch den Betrieb der Anlage überschritten werden.

5.3 Messung und Überwachung der Emissionen

5.3.1 Messplätze

Bei der Genehmigung von Anlagen soll die Einrichtung von Messplätzen oder Probenahmestellen gefordert und näher bestimmt werden. Die Messplätze sollen ausreichend groß, leicht begehbar, so beschaffen sein und so ausgewählt werden, dass eine für die Emissionen der Anlage repräsentative und messtechnisch einwandfreie Emissionsmessung ermöglicht wird. Die Empfehlungen der *Richtlinie VDI 4200 (Ausgabe Dezember 2000)*[1] sollen beachtet werden.

5.3.2 Einzelmessungen

5.3.2.1 Erstmalige und wiederkehrende Messungen

Es soll gefordert werden, dass nach Errichtung, wesentlicher Änderung und anschließend wiederkehrend durch Messungen einer nach § 26 BImSchG bekannt gegebenen Stelle die Emissionen aller luftverunreinigenden Stoffe, für die im Genehmigungsbescheid nach Nummer 5.1.2 Emissionsbegrenzungen festzulegen sind, festgestellt werden.

Die erstmaligen Messungen nach Errichtung oder wesentlicher Änderung sollen nach Erreichen des ungestörten Betriebes, jedoch frühestens nach dreimonatigem Betrieb und spätestens sechs Monate nach Inbetriebnahme vorgenommen werden.

Von der Forderung nach erstmaligen oder wiederkehrenden Messungen ist abzusehen, wenn die Feststellung der Emissionen nach Nummer 5.3.3 oder Nummer 5.3.4 erfolgt.

Auf Einzelmessungen nach Absatz 1 kann verzichtet werden, wenn durch andere Prüfungen, z.B. durch einen Nachweis über die Wirksamkeit von Einrichtungen zur Emissionsminderung, die Zusammensetzung von Brenn- oder Einsatzstoffen oder die Prozessbedingungen, mit ausreichender Sicherheit festgestellt werden kann, dass die Emissionsbegrenzungen nicht überschritten werden.

Wiederkehrende Messungen sollen jeweils nach Ablauf von drei Jahren gefordert werden. Bei Anlagen, für die die Emissionen durch

[1] Zwischenzeitlich ersetzt durch die DIN EN 15259 (Ausgabe Januar 2008) .

einen Massenstrom begrenzt sind, kann die Frist auf fünf Jahre verlängert werden.

5.3.2.2 Messplanung

Messungen zur Feststellung der Emissionen sollen so durchgeführt werden, dass die Ergebnisse für die Emissionen der Anlage repräsentativ und bei vergleichbaren Anlagen und Betriebsbedingungen miteinander vergleichbar sind. Die Messplanung soll der *Richtlinie VDI 4200 (Ausgabe Dezember 2000)*[1] und der Richtlinie VDI 2448 Blatt 1 (Ausgabe April 1992) entsprechen. Die zuständige Behörde kann fordern, dass die Messplanung vorher mit ihr abzustimmen ist.

Bei Anlagen mit überwiegend zeitlich unveränderlichen Betriebsbedingungen sollen mindestens 3 Einzelmessungen bei ungestörter Betriebsweise mit höchster Emission und mindestens jeweils eine weitere Messung bei regelmäßig auftretenden Betriebszuständen mit schwankendem Emissionsverhalten, z.B. bei Reinigungs- oder Regenerierungsarbeiten oder bei längeren An- oder Abfahrvorgängen, durchgeführt werden. Bei Anlagen mit überwiegend zeitlich veränderlichen Betriebsbedingungen sollen Messungen in ausreichender Zahl, jedoch mindestens sechs bei Betriebsbedingungen, die erfahrungsgemäß zu den höchsten Emissionen führen können, durchgeführt werden.

Die Dauer der Einzelmessung beträgt in der Regel eine halbe Stunde; das Ergebnis der Einzelmessung ist als Halbstundenmittelwert zu ermitteln und anzugeben. In besonderen Fällen, z.B. bei Chargenbetrieb oder niedrigen Massenkonzentrationen im Abgas, ist die Mittelungszeit entsprechend anzupassen.

Bei Stoffen, die in verschiedenen Aggregatzuständen vorliegen, sind bei der Messung besondere Vorkehrungen zur Erfassung aller Anteile zu treffen (z.B. entsprechend der Richtlinie VDI 3868 Blatt 1, Ausgabe Dezember 1994).

5.3.2.3 Auswahl von Messverfahren

Messungen zur Feststellung der Emissionen sollen unter Einsatz von Messverfahren und Messeinrichtungen durchgeführt werden, die dem Stand der Messtechnik entsprechen. Die Nachweisgrenze des Messverfahrens sollte kleiner als ein Zehntel der zu überwachenden Emissionsbegrenzung sein. Die Emissionsmessungen sollen unter Beachtung der in Anhang 6 aufgeführten Richtlinien und Normen des VDI/DIN-Handbuches „Reinhaltung der Luft" beschriebenen Messverfahren durchgeführt werden. Die Probenahme soll der *Richtlinie VDI 4200 (Ausgabe Dezember 2000)*[1] entsprechen. Darüber hinaus sollen Messverfahren von Richtlinien zur Emissionsminderung im VDI/DIN-Handbuch „Reinhaltung der Luft" berücksichtigt werden.

Die Bestimmung von Gesamtkohlenstoff ist mit geeigneten kontinuierlichen Messeinrichtungen (z.B. nach dem Messprinzip eines Flammenionisationsdetektors) durchzuführen. Die Kalibrierung der

[1] Zwischenzeitlich ersetzt durch die DIN EN 15259 (Ausgabe Januar 2008) .

eingesetzten Messeinrichtungen ist bei Emissionen von definierten Stoffen oder Stoffgemischen mit diesen Stoffen oder Stoffgemischen durchzuführen oder auf Grund zu bestimmender Responsefaktoren auf der Grundlage einer Kalibrierung mit Propan rechnerisch vorzunehmen. Bei komplexen Stoffgemischen ist ein repräsentativer Responsefaktor heranzuziehen. In begründeten Ausnahmefällen kann die Bestimmung des Gesamtkohlenstoffes durch die Bestimmung des durch Adsorption an Kieselgel erfassbaren Kohlenstoffs durchgeführt werden.

5.3.2.4 Auswertung und Beurteilung der Messergebnisse

Es soll gefordert werden, dass über das Ergebnis der Messungen ein Messbericht erstellt und unverzüglich vorgelegt wird. Der Messbericht soll Angaben über die Messplanung, das Ergebnis jeder Einzelmessung, das verwendete Messverfahren und die Betriebsbedingungen, die für die Beurteilung der Einzelwerte und der Messergebnisse von Bedeutung sind, enthalten. Hierzu gehören auch Angaben über Brenn- und Einsatzstoffe sowie über den Betriebszustand der Anlage und der Einrichtungen zur Emissionsminderung; er soll dem Anhang B der Richtlinie VDI 4220 (Ausgabe September 1999) entsprechen.

Im Falle von erstmaligen Messungen nach Errichtung, von Messungen nach wesentlicher Änderung oder von wiederkehrenden Messungen sind die Anforderungen jedenfalls dann eingehalten, wenn das Ergebnis jeder Einzelmessung zuzüglich der Messunsicherheit die im Genehmigungsbescheid festgelegte Emissionsbegrenzung nicht überschreitet.

Sollten durch nachträgliche Anordnungen, die auf der Ermittlung von Emissionen beruhen, zusätzliche Emissionsminderungsmaßnahmen gefordert werden, ist die Messunsicherheit zugunsten des Betreibers zu berücksichtigen.

Eine Überprüfung, ob das Messverfahren, besonders im Hinblick auf seine Messunsicherheit, dem Stand der Messtechnik entspricht, ist für den Fall notwendig, dass das Messergebnis zuzüglich der Messunsicherheit die festgelegte Emissionsbegrenzung nicht einhält. Im Falle einer Überschreitung werden weitere Ermittlungen (z.B. Prüfung der anlagenspezifischen Ursachen) notwendig.

5.3.2.5 Messungen geruchsintensiver Stoffe

Werden bei der Genehmigung einer Anlage die Emissionen geruchsintensiver Stoffe durch Festlegung des Geruchsminderungsgrades einer Abgasreinigungseinrichtung oder als Geruchsstoffkonzentration begrenzt, sollen diese durch olfaktometrische Messungen überprüft werden.

5.3.3 Kontinuierliche Messungen

5.3.3.1 Messprogramm

Eine Überwachung der Emissionen relevanter Quellen durch kontinuierliche Messungen soll, unter Berücksichtigung des Absatzes 4, gefordert werden, soweit die in Nummer 5.3.3.2 festgelegten Massenströme überschritten und Emissionsbegrenzungen festgelegt werden. Eine Quelle ist in der Regel dann als relevant zu betrachten, wenn ihre Emission mehr als 20 vom Hundert des gesamten Massenstroms der Anlage beträgt. Für die Bestimmung der Massenströme sind die Festlegungen des Genehmigungsbescheides maßgebend.

Wenn zu erwarten ist, dass bei einer Anlage die im Genehmigungsbescheid festgelegten zulässigen Massenkonzentrationen wiederholt überschritten werden, z.B. bei wechselnder Betriebsweise einer Anlage oder bei Störanfälligkeit einer Einrichtung zur Emissionsminderung, kann die kontinuierliche Messung der Emissionen auch bei geringeren als den in Nummer 5.3.3.2 angegebenen Massenströmen gefordert werden. Bei Anlagen, bei denen im ungestörten Betrieb die Emissionsminderungseinrichtungen aus sicherheitstechnischen Gründen wiederholt außer Betrieb gesetzt oder deren Wirkung erheblich vermindert werden müssen, ist von den Massenströmen auszugehen, die sich unter Berücksichtigung der verbleibenden Abscheideleistung ergeben.

Auf die Forderung nach kontinuierlicher Überwachung einer Quelle soll verzichtet werden, wenn diese weniger als 500 Stunden im Jahr emittiert oder weniger als 10 vom Hundert zur Jahresemission der Anlage beiträgt.

Soweit die luftverunreinigenden Stoffe im Abgas in einem festen Verhältnis zueinander stehen, kann die kontinuierliche Messung auf eine Leitkomponente beschränkt werden. Im Übrigen kann auf die kontinuierliche Messung der Emissionen verzichtet werden, wenn durch andere Prüfungen, z.B. durch fortlaufende Feststellung der Wirksamkeit von Einrichtungen zur Emissionsminderung (z.B. durch Messung der Brennkammertemperatur bei einer thermischen Nachverbrennung anstelle der Messung der Massenkonzentration der organischen Stoffe oder durch Bestimmung des Differenzdruckes bei filternden Abscheidern anstelle der Messung der Massenkonzentration der staubförmigen Stoffe im Abgas), der Zusammensetzung von Brenn- oder Einsatzstoffen oder der Prozessbedingungen, mit ausreichender Sicherheit festgestellt werden kann, dass die Emissionsbegrenzungen eingehalten werden.

5.3.3.2 Massenstromschwellen für die kontinuierliche Überwachung

Bei Anlagen mit einem Massenstrom an staubförmigen Stoffen von 1 kg/h bis 3 kg/h sollen die relevanten Quellen mit Messeinrichtungen ausgerüstet werden, die in der Lage sind, die Funktionsfähigkeit der Abgasreinigungseinrichtung und die festgelegte Emissionsbegrenzung kontinuierlich zu überwachen (qualitative Messeinrichtungen).

Bei Anlagen mit einem Massenstrom an staubförmigen Stoffen von mehr als 3 kg/h sollen die relevanten Quellen mit Messeinrichtungen ausgerüstet werden, die die Massenkonzentration der staubförmigen Emissionen kontinuierlich ermitteln.

Bei Anlagen mit staubförmigen Emissionen an Stoffen nach Nummer 5.2.2 oder Nummer 5.2.5 Klasse I oder Nummer 5.2.7 sollen die relevanten Quellen mit Messeinrichtungen ausgerüstet werden, die die Gesamtstaubkonzentration kontinuierlich ermitteln, wenn der Massenstrom das 5fache eines der dort genannten Massenströme überschreitet.

Bei Anlagen, deren Emissionen an gasförmigen Stoffen einen oder mehrere der folgenden Massenströme überschreiten, sollen die relevanten Quellen mit Messeinrichtungen ausgerüstet werden, die die Massenkonzentration der betroffenen Stoffe kontinuierlich ermitteln:

– Schwefeldioxid	30 kg/h,
– Stickstoffmonoxid und Stickstoffdioxid, angegeben als Stickstoffdioxid	30 kg/h,
– Kohlenmonoxid als Leitsubstanz zur Beurteilung des Ausbrandes bei Verbrennungsprozessen	5 kg/h,
– Kohlenmonoxid in allen anderen Fällen	100 kg/h,
– Fluor und gasförmige anorganische Fluorverbindungen, angegeben als Fluorwasserstoff	0,3 kg/h,
– Gasförmige anorganische Chlorverbindungen, angegeben als Chlorwasserstoff	1,5 kg/h,
– Chlor	0,3 kg/h,
– Schwefelwasserstoff	0,3 kg/h.

Ist die Massenkonzentration an Schwefeldioxid kontinuierlich zu messen, soll die Massenkonzentration an Schwefeltrioxid bei der Kalibrierung ermittelt und durch Berechnung berücksichtigt werden. Ergibt sich auf Grund von Einzelmessungen, dass der Anteil des Stickstoffdioxids an den Stickstoffoxidemissionen unter 10 vom Hundert liegt, soll auf die kontinuierliche Messung des Stickstoffdioxids verzichtet und dessen Anteil durch Berechnung berücksichtigt werden.

Bei Anlagen, bei denen der Massenstrom organischer Stoffe, angegeben als Gesamtkohlenstoff, für

– Stoffe nach Nummer 5.2.5 Klasse I	1 kg/h,
– Stoffe nach Nummer 5.2.5	2,5 kg/h

überschreitet, sollen die relevanten Quellen mit Messeinrichtungen ausgerüstet werden, die den Gesamtkohlenstoffgehalt kontinuierlich ermitteln.

Bei Anlagen mit einem Massenstrom an Quecksilber und seinen Verbindungen von mehr als 2,5 g/h, angegeben als Hg, sollen die relevanten Quellen mit Messeinrichtungen ausgerüstet werden, die die Massenkonzentration an Quecksilber kontinuierlich ermitteln, es sei denn, es ist zuverlässig nachgewiesen, dass die in Nummer 5.2.2 Klasse I genannte Massenkonzentration nur zu weniger als 20 vom Hundert in Anspruch genommen wird.

Die zuständige Behörde soll fordern, Anlagen mit Emissionen an Stoffen der Nummer 5.2.2 Klasse I und II oder Stoffen der Nummer 5.2.7 mit kontinuierlichen Messeinrichtungen zur Ermittlung der Massenkonzentrationen auszurüsten, wenn der Massenstrom das 5fache eines der dort genannten Massenströme überschreitet und geeignete Messeinrichtungen zur Verfügung stehen.

5.3.3.3 Bezugsgrößen

Anlagen, bei denen die Massenkonzentrationen der Emissionen kontinuierlich zu überwachen sind, sollen mit Mess- und Auswerteeinrichtungen ausgerüstet werden, die die zur Auswertung und Beurteilung der kontinuierlichen Messungen erforderlichen Betriebsparameter, z.B. Abgastemperatur, Abgasvolumenstrom, Feuchtegehalt, Druck, Sauerstoffgehalt, jeweils einschließlich relevanter Statussignale, kontinuierlich ermitteln und registrieren.

Auf die kontinuierliche Messung der Betriebsparameter kann verzichtet werden, wenn die Parameter erfahrungsgemäß nur eine geringe Schwankungsbreite haben, für die Beurteilung der Emissionen unbedeutend sind oder mit ausreichender Sicherheit auf andere Weise ermittelt werden können.

5.3.3.4 Auswahl von Einrichtungen zur Feststellung der Emissionen

Für die kontinuierlichen Messungen sollen geeignete Mess- und Auswerteeinrichtungen eingesetzt werden, die die Werte der nach Nummer 5.3.3.2, Nummer 5.3.3.3 oder Nummer 5.3.4 zu überwachenden Größen kontinuierlich ermitteln, registrieren und nach Nummer 5.3.3.5 auswerten.

Es soll gefordert werden, dass eine von der nach Landesrecht zuständigen Behörde bekannt gegebene Stelle über den ordnungsgemäßen Einbau der kontinuierlichen Messeinrichtungen eine Bescheinigung ausstellt.

Das Bundesministerium für Umwelt, Naturschutz und Reaktorsicherheit veröffentlicht nach Abstimmung mit den zuständigen obersten Landesbehörden im Gemeinsamen Ministerialblatt Richtlinien über die Eignungsprüfung, den Einbau, die Kalibrierung und die Wartung von Messeinrichtungen. Von den Ländern als geeignet anerkannte Messeinrichtungen werden vom Bundesministerium für Umwelt, Naturschutz und Reaktorsicherheit im Bundesanzeiger bekannt gegeben.

5.3.3.5 Auswertung und Beurteilung der Messergebnisse

Aus den Messwerten soll grundsätzlich für jede aufeinanderfolgende halbe Stunde der Halbstundenmittelwert gebildet werden. Die Halbstundenmittelwerte sollen gegebenenfalls auf die jeweiligen Bezugsgrößen umgerechnet und mit den dazugehörigen Statussignalen gespeichert werden. Die Auswertung ist durch geeignete Emissionsrechner, deren Einbau und Parametrierung von einer bekannt gegebenen Stelle überprüft wurde, vorzunehmen. Die Übermittlung der Daten an die Behörde soll auf deren Verlangen telemetrisch erfolgen.

Aus den Halbstundenmittelwerten soll für jeden Kalendertag der Tagesmittelwert, bezogen auf die tägliche Betriebszeit, gebildet und gespeichert werden.

Die Anlage entspricht den Anforderungen, wenn die im Genehmigungsbescheid oder in einer nachträglichen Anordnung festgelegten Emissionsbegrenzungen nicht überschritten werden; Überschreitungen sind gesondert auszuweisen und der zuständigen Behörde unverzüglich mitzuteilen.

Es soll gefordert werden, dass der Betreiber über die Ergebnisse der kontinuierlichen Messungen eines Kalenderjahres Auswertungen erstellt und innerhalb von 3 Monaten nach Ablauf eines jeden Kalenderjahres der zuständigen Behörde vorlegt. Der Betreiber muss die Messergebnisse 5 Jahre lang aufbewahren. Die Forderung zur Abgabe der Auswertung entfällt, wenn die Daten der zuständigen Behörde telemetrisch übermittelt werden.

5.3.3.6 Kalibrierung und Funktionsprüfung der Einrichtungen zur kontinuierlichen Feststellung der Emissionen

Es soll gefordert werden, dass die Einrichtungen zur kontinuierlichen Feststellung der Emissionen durch eine von der nach Landesrecht zuständigen Behörde für Kalibrierungen bekannt gegebenen Stelle kalibriert und auf Funktionsfähigkeit geprüft werden. Die Kalibrierung soll nach der Richtlinie VDI 3950 Blatt 1 (Ausgabe Dezember 1994) durchgeführt werden. In besonderen Fällen, z.B. bei Chargenbetrieb, bei einer längeren Kalibrierzeit als einer halben Stunde oder anderen Mittelungszeiten, ist die Mittelungszeit entsprechend anzupassen.

Die Kalibrierung der Messeinrichtungen soll nach einer wesentlichen Änderung, im Übrigen im Abstand von drei Jahren wiederholt werden. Die Berichte über das Ergebnis der Kalibrierung und der Prüfung der Funktionsfähigkeit sollen der zuständigen Behörde innerhalb von 8 Wochen vorgelegt werden.

Die Funktionsüberprüfung der Einrichtungen zur kontinuierlichen Feststellung der Emissionen ist jährlich zu wiederholen.

Es soll gefordert werden, dass der Betreiber für eine regelmäßige Wartung und Prüfung der Funktionsfähigkeit der Messeinrichtungen sorgt.

5.3.4 Fortlaufende Ermittlung besonderer Stoffe

Bei Anlagen mit Emissionen an Stoffen nach Nummer 5.2.2, Nummer 5.2.5 Klasse I oder Nummer 5.2.7 soll gefordert werden, dass täglich die Massenkonzentration dieser Stoffe im Abgas als Tagesmittelwert, bezogen auf die tägliche Betriebszeit, ermittelt wird, wenn das 10fache der dort festgelegten Massenströme überschritten wird.

Unterliegen die Tagesmittelwerte nur geringen Schwankungen, kann die Ermittlung der Massenkonzentration dieser Stoffe im Abgas als Tagesmittelwert auch in größeren Zeitabständen, z.B. wöchentlich, monatlich oder jährlich, erfolgen. Auf die Ermittlung der Emissionen besonderer Stoffe kann verzichtet werden, wenn durch andere Prüfungen, z.B. durch kontinuierliche Funktionskontrolle der Abgasreinigungseinrichtungen, mit ausreichender Sicherheit festgestellt werden kann, dass die Emissionsbegrenzungen nicht überschritten werden.

Die Einhaltung der Anforderungen nach Nummer 5.2.7.2 ist durch fortlaufende Aufzeichnung oder Ermittlung geeigneter Betriebsgrößen oder Abgasparameter nachzuweisen, soweit wegen fehlender messtechnischer Voraussetzungen eine kontinuierliche Emissionsüberwachung nicht gefordert werden kann.

Es soll gefordert werden, dass der Betreiber über die Ergebnisse der fortlaufenden Überwachung der Emissionen besonderer Stoffe Auswertungen erstellt und innerhalb von 3 Monaten nach Ablauf eines jeden Kalenderjahres der zuständigen Behörde vorlegt. Der Betreiber muss die Messergebnisse 5 Jahre lang aufbewahren.

5.3.5 Gleichwertigkeit zu VDI-Richtlinien

Neben den Verfahren, die in den in Nummer 5.3 in Bezug genommenen VDI-Richtlinien beschrieben sind, können auch andere, nachgewiesen gleichwertige Verfahren angewandt werden.

5.4 Besondere Regelungen für bestimmte Anlagenarten

Die in Nummer 5.4 enthaltenen besonderen Anforderungen für bestimmte Anlagenarten sind entsprechend dem Anhang der Verordnung über genehmigungsbedürftige Anlagen (4. BImSchV)[1] in der Fassung der Bekanntmachung vom 14. März 1997 (BGBl. I S. 504), zuletzt geändert durch Artikel 4 des Gesetzes vom 27. Juli 2001 (BGBl. I S. 1950), geordnet und gelten nur für die jeweils genannten Anlagenarten. Auf Nummer 5.1.1 Absatz 2 wird hingewiesen.

5.4.1 Wärmeerzeugung, Bergbau, Energie

5.4.1.2 Anlagen der Nummer 1.2: Feuerungsanlagen

5.4.1.2.1 Anlagen zur Erzeugung von Strom, Dampf, Warmwasser, Prozesswärme oder erhitztem Abgas in Feuerungsanlagen durch den Einsatz von Kohle, Koks einschließlich Petrolkoks, Kohlebriketts, Torfbriketts, Brenntorf oder naturbelassenem Holz mit einer Feuerungswärmeleistung von weniger als 50 MW

Bezugsgröße

Die Emissionswerte beziehen sich bei Feuerungen für den Einsatz von Kohle, Koks, einschließlich Petrolkoks, oder Kohlebriketts auf einen Volumengehalt an Sauerstoff im Abgas von 7 vom Hundert und bei Feuerungen für den Einsatz von Torfbriketts, Brenntorf oder naturbelassenem Holz auf einen Volumengehalt an Sauerstoff im Abgas von 11 vom Hundert.

---

[1] Nr. **2.4**.

Massenströme

Die in Nummer 5.2 festgelegten Massenströme finden keine Anwendung.

Gesamtstaub

Die staubförmigen Emissionen im Abgas dürfen folgende Massenkonzentrationen nicht überschreiten:

a) bei Anlagen mit einer Feuerungswärmeleistung von 5 MW oder mehr	20 mg/m³,
b) bei Anlagen mit einer Feuerungswärmeleistung von weniger als 5 MW	50 mg/m³,
c) bei Anlagen mit einer Feuerungswärmeleistung von weniger als 2,5 MW, die ausschließlich naturbelassenes Holz einsetzen,	100 mg/m³.

Staubförmige anorganische Stoffe
Nummer 5.2.2 findet mit Ausnahme von Feuerungen für den Einsatz von Petrolkoks keine Anwendung.

Kohlenmonoxid
Die Emissionen an Kohlenmonoxid im Abgas dürfen die Massenkonzentration 0,15 g/m³ nicht überschreiten.

Bei Einzelfeuerungen mit einer Feuerungswärmeleistung von weniger als 2,5 MW gilt der Emissionswert nur bei Betrieb mit Nennlast.

Stickstoffoxide
Die Emissionen an Stickstoffmonoxid und Stickstoffdioxid im Abgas dürfen folgende Massenkonzentrationen, angegeben als Stickstoffdioxid, nicht überschreiten:

a) bei Einsatz von naturbelassenem Holz	0,25 g/m³,
b) bei Einsatz von sonstigen Brennstoffen	
aa) bei Wirbelschichtfeuerungen	0,30 g/m³,
bb) bei sonstigen Feuerungen in Anlagen mit einer Feuerwärmeleistung	
– von 10 MW oder mehr	0,40 g/m³,
– von weniger als 10 MW	0,50 g/m³.

Die Emissionen an Distickstoffoxid im Abgas dürfen bei Wirbelschichtfeuerungen für den Einsatz von Kohle die Massenkonzentration 0,15 g/m³ nicht überschreiten.

Schwefeloxide
Bei Einsatz von fossilen Brennstoffen dürfen die Emissionen an Schwefeldioxid und Schwefeltrioxid im Abgas folgende Massenkonzentrationen, angegeben als Schwefeldioxid, nicht überschreiten:

a) bei Wirbelschichtfeuerungen	0,35 g/m³

oder, soweit diese Massenkonzentration mit verhältnismäßigem Aufwand nicht eingehalten werden kann, einen Schwefelemissionsgrad von	25 vom Hundert,
b) bei sonstigen Feuerungen	
aa) bei Einsatz von Steinkohle	1,3 g/m³,
bb) bei Einsatz von sonstigen Brennstoffen	1,0 g/m³.

Bei Einsatz von naturbelassenem Holz findet Nummer 5.2.4 keine Anwendung.

Halogenverbindungen
Nummer 5.2.4 findet keine Anwendung.

Organische Stoffe
Bei Einsatz von naturbelassenem Holz dürfen die Emissionen an organischen Stoffen im Abgas die Massenkonzentration 10 mg/m³, angegeben als Gesamtkohlenstoff, nicht überschreiten. Die Anforderungen der Nummer 5.2.5 für die Emissionen an organischen Stoffen der Klassen I und II finden keine Anwendung.

Kontinuierliche Messungen
Einzelfeuerungen mit einer Feuerungswärmeleistung von 5 MW bis 25 MW sollen mit einer Messeinrichtung ausgerüstet werden, die die Massenkonzentration der staubförmigen Emissionen qualitativ kontinuierlich ermittelt.

Einzelfeuerungen mit einer Feuerungswärmeleistung von mehr als 25 MW sollen mit einer Messeinrichtung ausgerüstet werden, die die Massenkonzentration der staubförmigen Emissionen kontinuierlich ermittelt.

Einzelfeuerungen mit einer Feuerungswärmeleistung von 2,5 MW oder mehr sollen mit einer Messeinrichtung ausgerüstet werden, die die Massenkonzentration der Emissionen an Kohlenmonoxid kontinuierlich ermittelt.

Nummer 5.3.3.1 Absatz 4 Satz 2 findet im Hinblick auf die Emissionen an Schwefeloxiden Anwendung, soweit der Betreiber einen Nachweis über den Schwefelgehalt und den unteren Heizwert des verwendeten Brennstoffs sowie die Sorbentienzugabe führt, den Nachweis 5 Jahre lang aufbewahrt und auf Verlangen der zuständigen Behörde vorlegt.

ALTANLAGEN
Altanlagen sollen die Anforderungen zur Begrenzung der staubförmigen Emissionen sowie der Emissionen an Kohlenmonoxid und an Schwefeloxiden spätestens acht Jahre nach Inkrafttreten dieser Verwaltungsvorschrift einhalten.

Bei Einzelfeuerungen mit einer Feuerungswärmeleistung von weniger als 2,5 MW dürfen die Emissionen an Kohlenmonoxid im Abgas die Massenkonzentration 0,25 g/m³ nicht überschreiten; der Emissionswert gilt nur bei Betrieb mit Nennlast.

Kontinuierliche Messungen
Bei bestehenden Einzelfeuerungen mit einer Feuerungswärmeleistung von 2,5 MW bis 25 MW findet die Anforderung zur Ausrüstung mit einer Messeinrichtung, die die Massenkonzentration der Emissionen an Kohlenmonoxid kontinuierlich ermittelt, keine Anwendung.

5.4.1.2.2 Anlagen zur Erzeugung von Strom, Dampf, Warmwasser, Prozesswärme oder erhitztem Abgas in Feuerungsanlagen durch den Einsatz von Heizölen, emulgiertem Naturbitumen, Methanol, Ethanol, naturbelassenen Pflanzenölen oder Pflanzenölmethylestern mit einer Feuerungswärmeleistung von weniger als 50 MW

Bezugsgröße
Die Emissionswerte beziehen sich auf einen Volumengehalt an Sauerstoff im Abgas von 3 vom Hundert.

Massenströme
Die in Nummer 5.2 festgelegten Massenströme finden keine Anwendung.

Gesamtstaub
Bei Einsatz von Heizölen nach DIN 51603 Teil 1 (Ausgabe März 1998), von Methanol, Ethanol, naturbelassenen Pflanzenölen oder Pflanzenölmethylestern findet Nummer 5.2.1 keine Anwendung. Bei Einsatz dieser Stoffe darf die Rußzahl den Wert 1 nicht überschreiten. Die Abgase müssen soweit frei von Ölderivaten sein, dass das für die Rußmessung verwendete Filterpapier keine sichtbaren Spuren von Ölderivaten aufweist.

Bei Einsatz von sonstigen flüssigen Brennstoffen darf abweichend von Nummer 5.2.1 ein höherer Staubemissionswert bis zu höchstens 50 mg/m³ zugelassen werden, soweit die Emissionswerte der Nummern 5.2.2 und 5.2.7.1.1 nicht überschritten werden.

Kohlenmonoxid
Die Emissionen an Kohlenmonoxid im Abgas dürfen die Massenkonzentration 80 mg/m³ nicht überschreiten.

Stickstoffoxide
Die Emissionen an Stickstoffmonoxid und Stickstoffdioxid im Abgas dürfen folgende Massenkonzentrationen, angegeben als Stickstoffdioxid, nicht überschreiten:

a) bei Einsatz von Heizölen nach DIN 51603 Teil 1 (Ausgabe März 1998) bei Kesseln mit einem Einstellwert der Sicherheitseinrichtung (z.B. Sicherheitstemperaturbegrenzer, Sicherheitsdruckventil) gegen Überschreitung
   aa) einer Temperatur von weniger als 110 °C oder eines Überdrucks von weniger als 0,05 MPa — 0,18 g/m³,
   bb) einer Temperatur von 110 °C bis 210 °C oder eines Überdrucks von 0,05 MPa bis 1,8 MPa — 0,20 g/m³,

cc) einer Temperatur von mehr als 210 °C oder eines Überdrucks von mehr als 1,8 MPa 0,25 g/m³,

bezogen auf den Referenzwert an organisch gebundenem Stickstoff von 140 mg/kg nach Anhang B der DIN EN 267 (Ausgabe November 1999),

b) bei Einsatz von sonstigen flüssigen Brennstoffen 0,35 g/m³.

Bei Einsatz von Heizölen nach DIN 51603 Teil 1 (Ausgabe März 1998) ist der organisch gebundene Stickstoffgehalt des Brennstoffes nach ASTM 4629-91 (Ausgabe 1991) zu bestimmen. Die gemessenen Massenkonzentrationen an Stickstoffmonoxid und Stickstoffdioxid, angegeben als Stickstoffdioxid, sind auf den Referenzwert an organisch gebundenem Stickstoff sowie auf die Bezugsbedingungen 10 g/kg Luftfeuchte und 20 °C Verbrennungslufttemperatur umzurechnen.

Schwefeloxide
Bei Einsatz von flüssigen Brennstoffen mit einem höheren Massengehalt an Schwefel als leichtes Heizöl nach der Verordnung über Schwefelgehalt von leichtem Heizöl und Dieselkraftstoff (3. BImSchV) vom 15. Januar 1975 (BGBl. I S. 264), zuletzt geändert am 21. Dezember 2000 (BGBl. I S. 1956), in der jeweils gültigen Fassung, dürfen die Emissionen an Schwefeldioxid und Schwefeltrioxid im Abgas die Massenkonzentration 0,85 g/m³, angegeben als Schwefeldioxid, nicht überschreiten.

Abweichend von Satz 1 dürfen bei Einzelfeuerungen mit einer Feuerungswärmeleistung bis 5 MW andere flüssige Brennstoffe als Heizöle mit einem Massengehalt an Schwefel für leichtes Heizöl nach der 3. BImSchV, in der jeweils gültigen Fassung, nur eingesetzt werden, wenn sichergestellt wird (z.B. durch den Schwefelgehalt im Brennstoff oder durch Entschwefelungseinrichtungen), dass keine höheren Emissionen an Schwefeloxiden als bei Einsatz von leichtem Heizöl mit einem Massengehalt an Schwefel nach der 3. BImSchV, in der jeweils gültigen Fassung, entstehen.

Einzelmessungen
Bei Einsatz von Heizölen nach DIN 51603 Teil 1 (Ausgabe März 1998), die den zulässigen Massengehalt an Schwefel der 3. BImSchV, in der jeweils gültigen Fassung, für leichtes Heizöl nicht überschreiten, von Methanol, Ethanol, naturbelassenen Pflanzenölen oder Pflanzenölmethylestern findet Nummer 5.3.2.1 für Gesamtstaub und Schwefeloxide keine Anwendung.

Kontinuierliche Messungen
Einzelfeuerungen mit einer Feuerungswärmeleistung von 10 MW oder mehr für den Einsatz von Heizölen nach DIN 51603 Teil 1 (Ausgabe März 1998), von Methanol, Ethanol, naturbelassenen Pflanzenölen oder Pflanzenölmethylestern, die Bestandteil einer gemeinsamen Anlage mit einer Feuerungswärmeleistung von 20 MW oder mehr sind, sollen mit Messeinrichtungen ausgerüstet werden, die die Rußzahl nach DIN 51402 Teil 1 (Ausgabe Okto-

ber 1986) und die Massenkonzentration der Emissionen an Kohlenmonoxid im Abgas kontinuierlich ermitteln.

Einzelfeuerungen mit einer Feuerungswärmeleistung von 20 MW oder mehr für den Einsatz von Methanol oder Ethanol sollen mit einer Messeinrichtung ausgerüstet werden, die die Massenkonzentration der Emissionen an Kohlenmonoxid im Abgas kontinuierlich ermittelt.

Einzelfeuerungen mit einer Feuerungswärmeleistung von weniger als 20 MW für den Einsatz von Heizölen, ausgenommen Heizöle nach DIN 51603 Teil 1 (Ausgabe März 1998), oder emulgiertem Naturbitumen sollen mit einer Messeinrichtung ausgerüstet werden, die die Massenkonzentration an staubförmigen Emissionen qualitativ kontinuierlich ermittelt; Einzelfeuerungen mit einer Feuerungswärmeleistung von 20 MW oder mehr sollen mit Messeinrichtungen ausgerüstet werden, die die Massenkonzentrationen der Emissionen an Staub und an Kohlenmonoxid im Abgas kontinuierlich ermitteln.

ALTANLAGEN
Altanlagen für den Einsatz von Heizölen – ausgenommen Heizöle nach DIN 51603 Teil 1 (Ausgabe März 1998), die den zulässigen Massengehalt an Schwefel der 3. BImSchV, in der jeweils gültigen Fassung, für leichtes Heizöl nicht überschreiten – sollen die Anforderungen zur Begrenzung der staubförmigen Emissionen sowie der Emissionen an Schwefeloxiden spätestens zehn Jahre nach Inkrafttreten dieser Verwaltungsvorschrift einhalten.

5.4.1.2.3 Anlagen zur Erzeugung von Strom, Dampf, Warmwasser, Prozesswärme oder erhitztem Abgas in Feuerungsanlagen durch den Einsatz von gasförmigen Brennstoffen, insbesondere Koksofengas, Grubengas, Stahlgas, Raffineriegas, Synthesegas, Erdölgas aus der Tertiärförderung von Erdöl, Klärgas, Biogas, naturbelassenem Erdgas, Flüssiggas, Gasen der öffentlichen Gasversorgung oder Wasserstoff, mit einer Feuerungswärmeleistung von weniger als 50 MW

Bezugsgröße
Die Emissionswerte beziehen sich auf einen Volumengehalt an Sauerstoff im Abgas von 3 vom Hundert.

Massenströme
Die in Nummer 5.2 festgelegten Massenströme finden keine Anwendung.

Gesamtstaub
Die staubförmigen Emissionen im Abgas dürfen folgende Massenkonzentrationen nicht überschreiten:

a) bei Einsatz von Gasen der öffentlichen Gasversorgung, Flüssiggas, Wasserstoff, Raffineriegas, Klärgas oder Biogas — 5 mg/m³,
b) bei Einsatz sonstiger Gase — 10 mg/m³.

Kohlenmonoxid
Die Emissionen an Kohlenmonoxid im Abgas dürfen beim Einsatz von Gasen der öffentlichen Gasversorgung die Massenkonzentration 50 mg/m³ und beim Einsatz von sonstigen Gasen 80 mg/m³ nicht überschreiten.

Stickstoffoxide
Die Emissionen an Stickstoffmonoxid und Stickstoffdioxid im Abgas dürfen folgende Massenkonzentrationen, angegeben als Stickstoffdioxid, nicht überschreiten:

a) bei Einsatz von Gasen der öffentlichen Gasversorgung bei Kesseln mit einem Einstellwert der Sicherheitseinrichtung (z.B. Sicherheitstemperaturbegrenzer, Sicherheitsdruckventil) gegen Überschreitung
   aa) einer Temperatur von weniger als 110 °C oder eines Überdrucks von weniger als 0,05 MPa — 0,10 g/m³,
   bb) einer Temperatur von 110 °C bis 210 °C oder eines Überdrucks von 0,05 MPa bis 1,8 MPa — 0,11 g/m³,
   cc) einer Temperatur von mehr als 210 °C oder eines Überdrucks von mehr als 1,8 MPa — 0,15 g/m³,
b) bei Einsatz sonstiger Gase, ausgenommen Prozessgase, die Stickstoffverbindungen enthalten, — 0,20 g/m³;
c) bei Einsatz von Prozessgasen, die Stickstoffverbindungen enthalten, sind die Emissionen an Stickstoffoxiden im Abgas durch Maßnahmen nach dem Stand der Technik zu begrenzen.

Schwefeloxide
Die Emissionen an Schwefeldioxid und Schwefeltrioxid im Abgas dürfen folgende Massenkonzentrationen, angegeben als Schwefeldioxid, nicht überschreiten:

a) bei Einsatz von Flüssiggas — 5 mg/m³,
b) bei Einsatz von Gasen der öffentlichen Gasversorgung — 10 mg/m³,
c) bei Einsatz von Kokereigas oder Raffineriegas — 50 mg/m³,
d) bei Einsatz von Biogas oder Klärgas — 0,35 g/m³,
e) bei Einsatz von Erdölgas, das als Brennstoff zur Dampferzeugung bei Tertiärmaßnahmen zur Erdölförderung verwendet wird, — 1,7 g/m³,
f) bei Einsatz von Brenngasen, die im Verbund zwischen Eisenhüttenwerk und Kokerei verwendet werden,
   aa) bei Einsatz von Hochofengas — 0,20 g/m³,
   bb) bei Einsatz von Koksofengas — 0,35 g/m³,

g) bei Einsatz von sonstigen Gasen 35 mg/m³.

5.4.1.2.4 Mischfeuerungen und Mehrstofffeuerungen mit einer Feuerungswärmeleistung von weniger als 50 MW

Mischfeuerungen
Bei Mischfeuerungen sind die für den jeweiligen Brennstoff festgelegten Emissionswerte nach dem Verhältnis der mit diesem Brennstoff zugeführten Energie zur insgesamt zugeführten Energie zu ermitteln. Die für die Feuerungsanlage maßgeblichen Emissionswerte ergeben sich durch Addition der so ermittelten Werte.

Abweichend von Absatz 1 finden die Vorschriften für den Brennstoff Anwendung, für den der höchste Emissionswert gilt, wenn während des Betriebes der Anlage der Anteil dieses Brennstoffs an der insgesamt zugeführten Energie mindestens 70 vom Hundert, bei Anlagen in Mineralölraffinerien mindestens 50 vom Hundert beträgt. Der Anteil des maßgeblichen Brennstoffs darf bei Anlagen, die Destillations- und Konversionsrückstände der Erdölverarbeitung im Eigenverbrauch einsetzen, unterschritten werden, wenn die Emissionskonzentration im Abgas, das dem maßgeblichen Brennstoff zuzurechnen ist, den für diesen Brennstoff sich aus Satz 1 ergebenden Wert nicht überschreitet.

Mehrstofffeuerungen
Bei Mehrstofffeuerungen gelten die Anforderungen für den jeweils verwendeten Brennstoff; davon abweichend gelten bei der Umstellung von festen Brennstoffen auf gasförmige Brennstoffe oder auf Heizöle nach DIN 51603 Teil 1 (Ausgabe März 1998) für eine Zeit von vier Stunden nach der Umstellung hinsichtlich der Begrenzung staubförmiger Emissionen die Anforderungen für feste Brennstoffe.

Wirbelschichtfeuerungen
Bei Wirbelschichtfeuerungen, die als Mischfeuerungen oder Mehrstofffeuerungen betrieben werden, gelten für Gesamtstaub die Emissionswerte der Nummer 5.4.1.2.1.

5.4.1.2.5 Feuerungsanlagen von Trocknungsanlagen

Bei Feuerungsanlagen, mit deren Abgasen oder Flammen Güter nicht in unmittelbarer Berührung getrocknet werden, gelten die Anforderungen der Nummern 5.4.1.2.1, 5.4.1.2.2 oder 5.4.1.2.3. Die nachfolgenden Anforderungen gelten für Feuerungsanlagen, mit deren Abgasen oder Flammen Güter in unmittelbarer Berührung getrocknet werden.

Bezugsgröße
Die Emissionswerte beziehen sich auf einen Volumengehalt an Sauerstoff im Abgas von 17 vom Hundert; soweit aus verfahrenstechnischen Gründen oder aus Gründen der Produktqualität ein anderer Volumengehalt an Sauerstoff im Abgas erforderlich ist, ist der Bezugssauerstoffgehalt im Einzelfall festzulegen.

Brennstoffe
Die Feuerungsanlagen sollen mit folgenden Brennstoffen betrieben werden:

a) gasförmige Brennstoffe,
b) flüssige Brennstoffe, die keine höheren Emissionen an Schwefeloxiden verursachen als Heizöle nach DIN 51603 Teil 1 (Ausgabe März 1998) mit einem Massengehalt an Schwefel für leichtes Heizöl nach der 3. BImSchV, in der jeweils gültigen Fassung, oder
c) Kohlen, die keine höheren Emissionen an Schwefeloxiden verursachen als Steinkohle mit einem Massengehalt an Schwefel von weniger als 1 vom Hundert, bezogen auf einen unteren Heizwert von 29,3 MJ/kg; soweit im Einzelfall andere feste Brennstoffe verwendet werden, sind Sonderregelungen zu treffen.

5.4.1.3 Anlagen der Nummer 1.3: Anlagen zur Erzeugung von Strom, Dampf, Warmwasser, Prozesswärme oder erhitztem Abgas in Feuerungsanlagen durch den Einsatz anderer als in Nummer 1.2 genannter fester oder flüssiger Brennstoffe

Bei Einsatz von Stroh oder ähnlichen pflanzlichen Stoffen (z.B. Getreidepflanzen, Gräser, Miscanthus) gelten in Feuerungsanlagen mit einer Feuerungswärmeleistung von weniger als 50 MW folgende Anforderungen:

Bezugsgröße

Die Emissionswerte beziehen sich auf einen Volumengehalt an Sauerstoff im Abgas von 11 vom Hundert.

Massenströme

Die in Nummer 5.2 festgelegten Massenströme finden keine Anwendung.

Gesamtstaub

Die staubförmigen Emissionen im Abgas dürfen folgende Massenkonzentrationen nicht überschreiten:

a) bei Anlagen mit einer Feuerungswärmeleistung von 1 MW oder mehr 20 mg/m³,
b) bei Anlagen mit einer Feuerungswärmeleistung von weniger als 1 MW 50 mg/m³.

Staubförmige anorganische Stoffe

Nummer 5.2.2 findet keine Anwendung.

Kohlenmonoxid

Die Emissionen an Kohlenmonoxid im Abgas dürfen die Massenkonzentration 0,25 g/m³ nicht überschreiten.

Bei Einzelfeuerungen mit einer Feuerungswärmeleistung von weniger als 2,5 MW gilt der Emissionswert nur bei Betrieb mit Nennlast.

Stickstoffoxide

Die Emissionen an Stickstoffmonoxid und Stickstoffdioxid im Abgas dürfen folgende Massenkonzentrationen, angegeben als Stickstoffdioxid, nicht überschreiten:

a) bei Anlagen mit einer Feuerungswärmeleistung von 1 MW oder mehr 0,40 g/m³,

b) bei Anlagen mit einer Feuerungswärmeleistung von weniger als 1 MW 0,50 g/m³.

Organische Stoffe
Nummer 5.2.5 gilt mit der Maßgabe, dass die Anforderungen für die Emissionen an organische Stoffe der Klassen I und II keine Anwendung finden.

Kontinuierliche Messungen
Einzelfeuerungen mit einer Feuerungswärmeleistung von 5 MW bis 25 MW sollen mit einer Messeinrichtung ausgerüstet werden, die die Massenkonzentration der staubförmigen Emissionen qualitativ kontinuierlich ermittelt.

Einzelfeuerungen mit einer Feuerungswärmeleistung von mehr als 25 MW sollen mit einer Messeinrichtung ausgerüstet werden, die die Massenkonzentration der staubförmigen Emissionen kontinuierlich ermittelt.

Einzelfeuerungen mit einer Feuerungswärmeleistung von 2,5 MW oder mehr sollen mit einer Messeinrichtung ausgerüstet werden, die die Massenkonzentration der Emissionen an Kohlenmonoxid kontinuierlich ermittelt.

ALTANLAGEN
Gesamtstaub
Altanlagen sollen die Anforderungen zur Begrenzung der staubförmigen Emissionen spätestens acht Jahre nach Inkrafttreten dieser Verwaltungsvorschrift einhalten.

Kontinuierliche Messungen
Bei bestehenden Einzelfeuerungen mit einer Feuerungswärmeleistung von 2,5 MW bis 25 MW findet die Anforderung zur Ausrüstung mit einer Messeinrichtung, die die Massenkonzentration der Emissionen an Kohlenmonoxid kontinuierlich ermittelt, keine Anwendung.

5.4.1.4 Anlagen der Nummer 1.4: Verbrennungsmotoranlagen (einschließlich Verbrennungsmotoranlagen der Nummern 1.1 und 1.2)

Bezugsgröße
Die Emissionswerte beziehen sich auf einen Volumengehalt an Sauerstoff im Abgas von 5 vom Hundert.

Massenströme
Die in Nummer 5.2 festgelegten Massenströme finden keine Anwendung.

Gesamtstaub, einschließlich der Anteile an krebserzeugenden, erbgutverändernden oder reproduktionstoxischen Stoffen
Die staubförmigen Emissionen im Abgas von Selbstzündungsmotoren, die mit flüssigen Brennstoffen betrieben werden, dürfen als Mindestanforderung die Massenkonzentration 20 mg/m³ nicht überschreiten.

Die staubförmigen Emissionen im Abgas dürfen bei Verbrennungsmotoranlagen, die ausschließlich dem Notantrieb dienen oder bis zu 300 Stunden je Jahr zur Abdeckung der Spitzenlast (z.B. bei der Stromerzeugung, der Gas- oder Wasserversorgung) betrieben werden, als Mindestanforderung die Massenkonzentration 80 mg/m³ nicht überschreiten.

Die Möglichkeiten, die Emissionen durch motorische und andere dem Stand der Technik entsprechende Maßnahmen weiter zu vermindern, sind auszuschöpfen.

Kohlenmonoxid

Die Emissionen an Kohlenmonoxid im Abgas dürfen folgende Massenkonzentrationen nicht überschreiten:

a) bei Selbstzündungsmotoren und Fremdzündungsmotoren, die mit flüssigen Brennstoffen betrieben werden, sowie bei Selbstzündungsmotoren (Zündstrahlmotoren) und Fremdzündungsmotoren, die mit gasförmigen Brennstoffen, ausgenommen Biogas, Klärgas oder Grubengas, betrieben werden, 0,30 g/m³,

b) bei Fremdzündungsmotoren, die mit Biogas oder Klärgas betrieben werden, mit einer Feuerungswärmeleistung von
   aa) 3 MW oder mehr 0,65 g/m³,
   bb) weniger als 3 MW 1,0 g/m³,

c) bei Fremdzündungsmotoren, die mit Grubengas betrieben werden, 0,65 g/m³,

d) bei Zündstrahlmotoren, die mit Biogas oder Klärgas betrieben werden, mit einer Feuerungswärmeleistung von
   aa) 3 MW oder mehr 0,65 g/m³,
   bb) weniger als 3 MW 2,0 g/m³;

bei Einsatz von Biogas, Klärgas oder Grubengas sind die Möglichkeiten, die Emissionen an Kohlenmonoxid durch motorische und andere dem Stand der Technik entsprechende Maßnahmen weiter zu vermindern, auszuschöpfen.

Die Emissionswerte für Kohlenmonoxid finden keine Anwendung bei Verbrennungsmotoranlagen, die ausschließlich dem Notantrieb dienen oder bis zu 300 Stunden je Jahr zur Abdeckung der Spitzenlast (z.B. bei der Stromerzeugung, der Gas- oder Wasserversorgung) betrieben werden; die Möglichkeiten der Emissionsminderung durch motorische Maßnahmen sind auszuschöpfen.

Stickstoffoxide

Die Emissionen an Stickstoffmonoxid und Stickstoffdioxid im Abgas dürfen folgende Massenkonzentrationen, angegeben als Stickstoffdioxid, nicht überschreiten:

a) bei Selbstzündungsmotoren, die mit flüssigen Brennstoffen betrieben werden, mit einer Feuerungswärmeleistung von

aa) 3 MW oder mehr 0,50 g/m³,
bb) weniger als 3 MW 1,0 g/m³,

b) bei gasbetriebenen Selbstzündungsmotoren (Zündstrahlmotoren) und Fremdzündungsmotoren
   aa) bei Zündstrahlmotoren, die mit Biogas oder Klärgas betrieben werden, mit einer Feuerungswärmeleistung von
   - 3 MW oder mehr 0,50 g/m³,
   - weniger als 3 MW 1,0 g/m³,

   bb) bei Magergasmotoren und anderen Viertakt-Otto-Motoren, die mit Biogas oder Klärgas betrieben werden, 0,50 g/m³,
   cc) bei Zündstrahlmotoren und Magergasmotoren, die mit sonstigen gasförmigen Brennstoffen betrieben werden, 0,50 g/m³,

c) bei sonstigen Viertakt-Otto-Motoren 0,25 g/m³,
d) bei Zweitaktmotoren 0,80 g/m³;

bei Einsatz von Biogas oder Klärgas in Zündstrahlmotoren mit einer Feuerungswärmeleistung von weniger als 3 MW sind die Möglichkeiten, die Emissionen an Stickstoffoxiden durch motorische Maßnahmen weiter zu vermindern, auszuschöpfen.

Die Emissionswerte für Stickstoffoxide finden keine Anwendung bei Verbrennungsmotoranlagen, die ausschließlich dem Notantrieb dienen oder bis zu 300 Stunden je Jahr zur Abdeckung der Spitzenlast (z.B. bei der Stromerzeugung, der Gas- oder Wasserversorgung) betrieben werden.

Schwefeloxide
Bei Einsatz flüssiger mineralischer Brennstoffe dürfen nur Heizöle nach DIN 51603 Teil 1 (Ausgabe März 1998) mit einem Massengehalt an Schwefel für leichtes Heizöl nach der 3. BImSchV, in der jeweils gültigen Fassung, oder Dieselkraftstoffe mit einem Massengehalt an Schwefel nach der 3. BImSchV, in der jeweils gültigen Fassung, verwendet werden oder es sind gleichwertige Maßnahmen zur Emissionsminderung anzuwenden.

Bei Einsatz gasförmiger Brennstoffe gelten die Anforderungen der Nummer 5.4.1.2.3 mit der Maßgabe, dass auf einen Bezugssauerstoffgehalt im Abgas von 5 vom Hundert umzurechnen ist.

Bei Einsatz von Biogas oder Klärgas sind die Möglichkeiten, die Emissionen an Schwefeloxiden durch primärseitige Maßnahmen nach dem Stand der Technik (Gasreinigung) weiter zu vermindern, auszuschöpfen.

Organische Stoffe
Die Emissionen an Formaldehyd im Abgas dürfen die Massenkonzentration 60 mg/m³ nicht überschreiten. Für die Emissionen an

sonstigen organischen Stoffen finden die Anforderungen der Nummer 5.2.5 keine Anwendung.

Die Möglichkeiten, die Emissionen an organischen Stoffen durch motorische und andere dem Stand der Technik entsprechende Maßnahmen, weiter zu vermindern, sind auszuschöpfen.

5.4.1.5 Anlagen der Nummer 1.5: Gasturbinenanlagen mit einer Feuerungswärmeleistung von weniger als 50 MW (einschließlich Gasturbinenanlagen der Nummer 1.2)

Bezugsgröße
Die Emissionswerte beziehen sich auf einen Volumengehalt an Sauerstoff im Abgas von 15 vom Hundert.

Massenströme
Die in Nummer 5.2 festgelegten Massenströme finden keine Anwendung.

Gesamtstaub
Nummer 5.2.1 findet keine Anwendung.

Bei Einsatz flüssiger Brennstoffe darf im Dauerbetrieb die Rußzahl den Wert 2 und beim Anfahren die Rußzahl den Wert 4 nicht überschreiten.

Kohlenmonoxid
Die Emissionen an Kohlenmonoxid im Abgas dürfen bei Betrieb mit einer Last von 70 vom Hundert oder mehr die Massenkonzentration 0,10 g/m^3 nicht überschreiten.

Stickstoffoxide
Bei Einsatz von Erdgas dürfen die Emissionen an Stickstoffmonoxid und Stickstoffdioxid im Abgas bei Betrieb mit einer Last von 70 vom Hundert oder mehr die Massenkonzentration 75 mg/m^3, angegeben als Stickstoffdioxid, nicht überschreiten. Bei Gasturbinen im Solobetrieb, deren Wirkungsgrad bei 15 °C, 101,3 kPa und einer relativen Luftfeuchte von 60 vom Hundert (ISO-Bedingungen) mehr als 32 vom Hundert beträgt, ist der Emissionswert 75 mg/m^3 entsprechend der prozentualen Wirkungsgraderhöhung heraufzusetzen.

Bei Einsatz von sonstigen gasförmigen oder von flüssigen Brennstoffen dürfen die Emissionen an Stickstoffmonoxid und Stickstoffdioxid im Abgas von Gasturbinen die Massenkonzentration 0,15 g/m^3, angegeben als Stickstoffdioxid, nicht überschreiten.

Bei Gasturbinen, die ausschließlich dem Notantrieb oder bis zu 300 Stunden je Jahr zur Abdeckung der Spitzenlast bei der Gasversorgung dienen, finden die Emissionswerte für Stickstoffoxide keine Anwendung.

Schwefeloxide
Bei Einsatz flüssiger Brennstoffe dürfen nur Heizöle nach DIN 51603 Teil 1 (Ausgabe März 1998) mit einem Massengehalt an Schwefel für leichtes Heizöl nach der 3. BImSchV, in der jeweils gültigen Fassung, oder Dieselkraftstoffe mit einem Massengehalt an Schwefel nach der 3. BImSchV, in der jeweils gültigen Fassung,

verwendet werden oder es sind gleichwertige Maßnahmen zur Emissionsminderung anzuwenden.

ALTANLAGEN

Stickstoffoxide

Altanlagen sollen die Anforderungen zur Begrenzung der Emissionen an Stickstoffoxiden spätestens zehn Jahre nach Inkrafttreten dieser Verwaltungsvorschrift einhalten; für bestehende Einzelaggregate mit einem Massenstrom an Stickstoffoxiden von bis zu 20 Mg/a, angegeben als Stickstoffdioxid, finden die Anforderungen für Neuanlagen zur Begrenzung der Emissionen an Stickstoffoxiden keine Anwendung.

5.4.1.9/10 Anlagen der Nummern 1.9 und 1.10:

5.4.1.9.1 Anlagen zum Mahlen oder Trocknen von Kohle

5.4.1.10.1 Anlagen zum Brikettieren von Braun- oder Steinkohle

Gesamtstaub

a) Steinkohle
Die staubförmigen Emissionen in den Schwaden und Brüden dürfen die Massenkonzentration 75 mg/m³ (f) nicht überschreiten.

b) Braunkohle
Die staubförmigen Emissionen im Abgas der Brüdenentstaubung, Stempelentstaubung und Pressenmaulentnebelung dürfen die Massenkonzentration 75 mg/m³ (f) nicht überschreiten.

ALTANLAGEN

Gesamtstaub

Braunkohle

Bei Altanlagen dürfen die staubförmigen Emissionen im Abgas der Innenentstaubung, soweit aus Gründen der Explosionsgefahr nasse Abgasreinigungsverfahren eingesetzt werden müssen, die Massenkonzentration 75 mg/m³ nicht überschreiten.

5.4.1.11 Anlagen der Nummer 1.11: Anlagen zur Trockendestillation von Steinkohle (Kokereien)

Unterfeuerung

a) Bezugsgröße
Die Emissionswerte beziehen sich bei Feuerungsabgasen auf einen Volumengehalt an Sauerstoff im Abgas von 5 vom Hundert.

b) Staub
Die staubförmigen Emissionen im Abgas dürfen die Massenkonzentration 10 mg/m³ nicht überschreiten.

c) Stickstoffoxide
Bei der erstmaligen Messung dürfen die Emissionen an Stickstoffmonoxid und Stickstoffdioxid im Abgas 0,50 g/m³, angegeben als Stickstoffdioxid, nicht überschreiten; die Möglichkeiten, ein alterungsbedingtes Ansteigen der Emissionen durch feuerungstechnische oder andere dem Stand der Technik entsprechende Maßnahmen zu vermindern, sind auszuschöpfen.

d) Brennstoff
Die Massenkonzentration an Schwefelverbindungen im Unterfeuerungsgas darf 0,80 g/m³, angegeben als Schwefel, nicht überschreiten.

Füllen der Koksöfen
Beim Abziehen der Kohle aus dem Kohlebunker in den Füllwagen sind Staubemissionen zu vermeiden.

Die Füllgase sind zu erfassen. Beim Schüttbetrieb sind die Füllgase in das Rohgas überzuleiten. Beim Stampfbetrieb sind die Füllgase so weit wie möglich in das Rohgas oder in den Nachbarofen überzuleiten. Füllgase, die nicht übergeleitet werden können, sind einer Verbrennung zuzuführen. Die staubförmigen Emissionen im Verbrennungsabgas dürfen die Massenkonzentration 10 mg/m³ nicht überschreiten.

Beim Planieren der Kohleschüttung sind Emissionen an Füllgasen durch Abdichten der Planieröffnung zu vermindern und möglichst zu vermeiden.

Fülllochdeckel
Emissionen an Fülllochdeckeln sind so weit wie möglich zu vermeiden, z.B. durch Verwendung von Fülllochdeckeln mit großen Dichtflächen, Vergießen der Fülllochdeckel nach jeder Beschickung der Öfen und regelmäßige Reinigung der Fülllochrahmen und Fülllochdeckel vor dem Verschließen der Fülllöcher. Die Ofendecke ist regelmäßig von Kohleresten zu reinigen.

Steigrohrdeckel
Steigrohrdeckel sind zur Vermeidung von Emissionen mit Wassertauchungen oder gleichwertigen Einrichtungen auszurüsten; die Steigrohre sind regelmäßig zu reinigen.

Koksofenbedienungsmaschinen
Die Koksofenbedienungsmaschinen sind mit Einrichtungen zum Reinigen der Dichtflächen an den Ofentürrahmen auszurüsten.

Koksofentüren
Es sind Koksofentüren mit technisch gasdichtem Abschluss zu verwenden. Die Dichtleisten sind mit Federkraft oder mit technischen Einrichtungen, die eine gleiche Dichtwirkung erreichen, gegen den Kammerrahmen zu drücken. Die Dichtflächen der Koksofentüren sind regelmäßig zu reinigen. Die Möglichkeiten, die Emissionen durch eine Einzelkammerdruckregelung, Absaugung oder andere dem Stand der Technik entsprechende Maßnahmen weiter zu vermindern, sind auszuschöpfen.

Koksdrücken
Beim Koksdrücken sind die Abgase zu erfassen und einer Entstaubungseinrichtung zuzuführen; die staubförmigen Emissionen dürfen die Massenkonzentration 5 mg/m³ oder das Massenverhältnis 5 g je Mg Koks nicht überschreiten.

Kokskühlung
Es sind Verfahren zur emissionsarmen Kühlung des Kokses einzusetzen, wie z.B. die trockene Kokskühlung; die staubförmigen

Emissionen im Abgas der trockenen Kokskühlung dürfen die Massenkonzentration 15 mg/m³ und die staubförmigen Emissionen der nassen Kokskühlung das Massenverhältnis 10 g je Mg Koks nicht überschreiten.

Betriebsanleitung
In einer Betriebsanleitung sind Maßnahmen zur Emissionsminderung beim Koksofenbetrieb festzulegen, insbesondere zur Dichtung der Öffnungen, zur Sicherstellung, dass nur ausgegarte Brände gedrückt werden, und zur Vermeidung des Austritts unverbrannter Gase in die Atmosphäre.

Kohlewertstoffbetriebe
Für Anlagen im Bereich der Kohlewertstoffbetriebe gelten die Anforderungen der Nummern 5.4.4.1m.2, 5.4.4.1p.1 und 5.4.4.4 entsprechend. Ist im Prozessgas neben Ammoniak auch Schwefelwasserstoff vorhanden, so ist bei Anwendung der Nachverbrennung das Abgas einer Schwefelsäure- oder Schwefelgewinnungsanlage zuzuführen.

ALTANLAGEN
Kokskühlung
Bei Altanlagen mit einer Nasslöscheinrichtung zur Kokskühlung dürfen die staubförmigen Emissionen des Löschturms das Massenverhältnis 25 g je Mg Koks nicht überschreiten. Bei einer Grunderneuerung der Kokskühlung sind die Anforderungen für Neuanlagen einzuhalten.

5.4.2 Steine und Erden, Glas, Keramik, Baustoffe

5.4.2.3 Anlagen der Nummer 2.3: Anlagen zur Herstellung von Zementklinker oder Zementen, soweit ausschließlich Brennstoffe der Nummer 1.2 verwendet werden

Lagerung
Das Klinkermaterial ist in Silos oder in geschlossenen Räumen mit Absaugung und Entstaubung zu lagern.

Bezugsgröße
Die Emissionswerte beziehen sich auf einen Volumengehalt an Sauerstoff im Abgas von 10 vom Hundert.

Ammoniak
Die Anforderungen der Nummer 5.2.4 finden keine Anwendung für die Emissionen an Ammoniak. Soweit Abfälle mit relevanten Gehalten an ammoniumhaltigen Inhaltsstoffen als Rohstoffe eingesetzt werden, deren Einsatz nicht in der *Verordnung über Verbrennungsanlagen für Abfälle und ähnliche brennbare Stoffe (17. BImSchV)*[1] vom 23. November 1990 (BGBl. I S. 2545), zuletzt geändert durch Verordnung vom 23. Februar 1999 (BGBl. I S. 186), in der jeweils gültigen Fassung, geregelt ist, soll eine Zugabe über den Ofeneinlauf oder den Calcinator erfolgen.

---

[1] Jetzt: „Verordnung über die Verbrennung und die Mitverbrennung von Abfällen" v. 2.5.2013 (BGBl. I S. 1021, 1044, ber. S. 3754).

Stickstoffoxide
Die Emissionen an Stickstoffmonoxid und Stickstoffdioxid im Abgas von Zementöfen dürfen die Massenkonzentration 0,50 g/m³, angegeben als Stickstoffdioxid, nicht überschreiten. Die Möglichkeiten, die Emissionen durch feuerungstechnische und andere dem Stand der Technik entsprechende Maßnahmen weiter zu vermindern, sind auszuschöpfen.

Organische Stoffe
Die Anforderungen der Nummer 5.2.5 finden keine Anwendung. Soweit Abfälle mit relevanten Gehalten an organischen Inhaltsstoffen als Rohstoffe eingesetzt werden, deren Einsatz nicht in der 17. BImSchV, in der jeweils gültigen Fassung, geregelt ist, soll eine Zugabe über den Ofeneinlauf oder den Calcinator erfolgen.

Krebserzeugende Stoffe
Nummer 5.2.7.1.1 gilt mit der Maßgabe, dass für die Emissionen an Benzol im Abgas von Zementöfen die Massenkonzentration 1 mg/m³ anzustreben ist und die Massenkonzentration 5 mg/m³ nicht überschritten werden darf.

Kontinuierliche Messungen
Nummer 5.3.3.2 findet keine Anwendung für die Emissionen an Kohlenmonoxid, Fluor und gasförmigen anorganischen Fluorverbindungen sowie gasförmigen anorganischen Chlorverbindungen.

5.4.2.4 Anlagen der Nummer 2.4: Anlagen zum Brennen von Kalkstein, Bauxit, Dolomit, Gips, Kieselgur, Magnesit, Quarzit oder Ton zu Schamotte

Bezugsgröße
Die Emissionswerte beziehen sich bei Anlagen zur Herstellung von Kalk- oder Dolomithydrat auf feuchtes Abgas.

Gesamtstaub
Bei Einsatz von elektrischen Abscheidern gilt abweichend von Nummer 2.7 Buchstabe a) bb), dass sämtliche Halbstundenmittelwerte das 2,5fache der Massenkonzentration 20 mg/m³ nicht überschreiten dürfen.

Stickstoffoxide
Die Emissionen an Stickstoffdioxid und Stickstoffmonoxid dürfen im Abgas die Massenkonzentration 0,50 g/m³, angegeben als Stickstoffdioxid, nicht überschreiten. Für die Herstellung von Hartbranntkalk oder Sinterdolomit in Drehrohröfen gilt abweichend von Satz 1, dass die Emissionen an Stickstoffdioxid und Stickstoffmonoxid im Abgas die Massenkonzentration 1,5 g/m³, angegeben als Stickstoffdioxid, nicht überschreiten dürfen; die Möglichkeiten, die Emissionen durch feuerungstechnische und andere dem Stand der Technik entsprechende Maßnahmen zu vermindern, sind auszuschöpfen.

Abgasrückführung
Bei Drehrohröfen zum Brennen von Gips ist bei Betrieb mit Abgasrückführung die ermittelte Massenkonzentration an Schwefeldioxid und Schwefeltrioxid, angegeben als Schwefeldioxid, sowie

an Stickstoffdioxid und Stickstoffmonoxid, angegeben als Stickstoffdioxid, auf den Abgasvolumenstrom bei Betrieb ohne Abgasrückführung umzurechnen.

ALTANLAGEN

Gesamtstaub

Altanlagen zum Brennen von Gips, die mit Elektrofiltern ausgerüstet sind und als Brennstoff Braunkohlenstaub einsetzen, sollen die Anforderungen zur Begrenzung der staubförmigen Emissionen spätestens acht Jahre nach Inkrafttreten dieser Verwaltungsvorschrift einhalten.

Schwefelwasserstoff

Bei Kalkschachtöfen mit Mischfeuerung ist für die Emissionen an Schwefelwasserstoff im Abgas die Massenkonzentration 3 mg/m³ anzustreben; die Möglichkeiten, die Emissionen an Schwefelwasserstoff durch primärseitige und andere dem Stand der Technik entsprechende Maßnahmen zu vermindern, sind auszuschöpfen.

5.4.2.7 Anlagen der Nummer 2.7: Anlagen zum Blähen von Perlite, Schiefer oder Ton

Bezugsgröße

Die Emissionswerte beziehen sich auf feuchtes Abgas und einen Volumengehalt an Sauerstoff im Abgas von 14 vom Hundert.

Schwefeloxide

Bei Anlagen zum Blähen von Ton oder Schiefer gilt Nummer 5.2.4 mit der Maßgabe, dass die Emissionen an Schwefeldioxid und Schwefeltrioxid im Abgas die Massenkonzentration 0,75 g/m³, angegeben als Schwefeldioxid, nicht überschreiten dürfen.

Krebserzeugende Stoffe

Bei Anlagen zum Blähen von Ton oder Schiefer gilt Nummer 5.2.7.1.1 mit der Maßgabe, dass für die Emissionen an Stoffen der Klasse III im Abgas die Massenkonzentration 1 mg/m³ anzustreben ist und die Massenkonzentration 3 mg/m³ nicht überschritten werden darf.

5.4.2.8 Anlagen der Nummer 2.8: Anlagen zur Herstellung von Glas, auch soweit es aus Altglas hergestellt wird, einschließlich Anlagen zur Herstellung von Glasfasern

Bezugsgröße

Die Emissionswerte beziehen sich bei flammenbeheizten Glasschmelzöfen auf einen Volumengehalt an Sauerstoff im Abgas von 8 vom Hundert sowie bei flammenbeheizten Hafenöfen und Tageswannen auf einen Volumengehalt an Sauerstoff im Abgas von 13 vom Hundert.

Staubförmige anorganische Stoffe

Soweit aus Gründen der Produktqualität der Einsatz von Blei oder Selen erforderlich ist, gilt Nummer 5.2.2 mit der Maßgabe, dass die Emissionen an Stoffen der Klasse II im Abgas die Massenkonzentration 3 mg/m³ nicht überschreiten dürfen; beim Vorhandensein von Stoffen mehrerer Klassen darf unbeschadet der Nummer 5.2.2 Absatz 1 beim Zusammentreffen von Stoffen der Klassen II und III oder der Klassen I bis III die Massenkonzentration 4 mg/m³ nicht überschritten werden. Der Einsatz von Blei oder Selen ist zu dokumentieren.

Soweit Fremdscherben zur Produktion von Behälterglas eingesetzt werden, gilt Nummer 5.2.2 mit der Maßgabe, dass die Emissionen an Blei und seinen Verbindungen im Abgas die Massenkonzentration 0,8 mg/m³, angegeben als Pb, nicht überschreiten dürfen; beim Vorhandensein von mehreren Stoffen der Klasse II dürfen die Emissionen an Stoffen dieser Klasse insgesamt die Massenkonzentration 1,3 mg/m³ nicht überschreiten. Beim Vorhandensein von Stoffen mehrerer Klassen darf unbeschadet der Nummer 5.2.2 Absatz 1 beim Zusammentreffen von Stoffen der Klassen II und III oder der Klassen I bis III die Massenkonzentration 2,3 mg/m³ nicht überschritten werden. Der Einsatz von Fremdscherben ist zu dokumentieren.

Fluor und seine gasförmigen anorganischen Verbindungen
Nummer 5.2.4 gilt mit der Maßgabe, dass die Emissionen an Fluor und seinen gasförmigen anorganischen Verbindungen im Abgas die Massenkonzentration 5 mg/m³, angegeben als Fluorwasserstoff, nicht überschreiten dürfen. Die Möglichkeiten, die Emissionen an Fluor und seinen gasförmigen anorganischen Verbindungen durch die Auswahl von Rohstoffen mit geringen Gehalten an Fluorverbindungen zu mindern, sind auszuschöpfen; soweit aus Gründen der Produktqualität der Einsatz von Fluoriden erforderlich ist, ist die Einsatzmenge auf das notwendige Maß zu beschränken und zu dokumentieren.

Schwefeloxide
Die Emissionen an Schwefeldioxid und Schwefeltrioxid im Abgas, angegeben als Schwefeldioxid, dürfen die in der Tabelle 9 angegebenen Massenkonzentrationen nicht überschreiten.

Bei anderen Betriebsbedingungen, als sie in der Tabelle 9 für die maximal zulässigen Emissionswerte bei einem Glasprodukt angegeben sind, sind niedrigere Emissionswerte im Einzelfall festzulegen, wenn diese Betriebsbedingungen mit einem geringeren Schwefeleintrag in das Gemenge oder mit geringeren Massenkonzentrationen an Schwefeloxiden im Rohgas verbunden sind.

Bei Mischfeuerungen oder Mehrstofffeuerungen ist die Emissionsbegrenzung im Einzelfall festzulegen.

Die Rückführung von Filterstäuben, der Einsatz von Fremdscherben sowie der Sulfatgehalt im Gemenge sind zu dokumentieren.

Tabelle 9: Emissionswerte für Schwefeldioxid und Schwefeltrioxid, angegeben als Schwefeldioxid, für Anlagen der Nummer 2.8

Anlagen zur Herstellung von Glas	gasbeheizt (g/m^3)	ölbeheizt (g/m^3)	Betriebsbedingungen
Behälterglas oder Flachglas	0,40	0,80	
Behälterglas	0,80	1,5	Nahstöchiometrische Fahrweise zur primären NO_X-Minderung, vollständige Filterstaubrückführung, Sulfatläuterung sowie Eigen- und Fremdscherbenanteil von mehr als 40 Massenprozent, bezogen auf das Gemenge
Flachglas	0,80	1,5	Nahstöchiometrische Fahrweise zur primären NO_X-Minderung, vollständige Filterstaubrückführung und bei einem für die Glasqualität notwendigen Gehalt an Sulfat von mehr als 0,45 Massenprozent, bezogen auf das Gemenge
Haushaltswarenglas	0,20	0,50	
Haushaltswarenglas	0,50	1,4	Nahstöchiometrische Fahrweise zur primären NO_X-Minderung, vollständige Filterstaubrückführung und bei einem für die Glasqualität notwendigen Gehalt an Sulfat von mehr als 0,45 Massenprozent, bezogen auf das Gemenge
Glasfasern	0,20	0,80	
Glasfasern	0,80	1,4	Vollständige Filterstaubrückführung; bei einem für die Glasqualität notwendigen Gehalt an Sulfat von mehr als 0,40 Massenprozent, bezogen auf das Gemenge
Glaswolle	0,050	0,80	
Glaswolle	0,10	1,4	Eigen- und Fremdscherbenanteil von mehr als 40 Massenprozent, bezogen auf das Gemenge
Spezialglas	0,20	0,50	
Spezialglas	0,40	1,0	Vollständige Filterstaubrückführung
Wasserglas	0,20	1,2	
Fritten	0,20	0,50	

Stickstoffoxide

Die Emissionen an Stickstoffmonoxid und Stickstoffdioxid im Abgas dürfen die Massenkonzentration 0,50 g/m^3, angegeben als Stickstoffdioxid, nicht überschreiten. Für U-Flammenwannen oder Querbrennerwannen mit einem Abgasvolumenstrom von weniger als 50 000 m³/h gilt abweichend von Satz 1, dass für die Emissionen an Stickstoffmonoxid und Stickstoffdioxid im Abgas, angegeben als Stickstoffdioxid, die Massenkonzentration 0,50 g/m³ anzustreben ist und die Massenkonzentration 0,80 g/m³ nicht überschritten werden darf; die Möglichkeiten, die Emissionen durch feuerungstechnische und andere dem Stand der Technik entsprechende Maßnahmen zu vermindern, sind auszuschöpfen.

Soweit aus Gründen der Produktqualität eine Nitratläuterung erforderlich ist, dürfen für die Zeit der Nitratläuterung die Emissionen an Stickstoffmonoxid und Stickstoffdioxid im Abgas die Massenkonzentration 1,0 g/m³, angegeben als Stickstoffdioxid, nicht überschreiten. Der Nitrateinsatz ist zu dokumentieren.

Krebserzeugende Stoffe

Bei der Herstellung von Behälterglas gilt Nummer 5.2.7.1.1 mit der Maßgabe, dass die Emissionen an Stoffen der Klasse I als Mindestanforderung die Massenkonzentration 0,5 mg/m³ im Abgas nicht überschreiten dürfen.

Soweit aus Gründen der Produktqualität der Einsatz von Arsenverbindungen als Läutermittel erforderlich ist, gilt Nummer 5.2.7.1.1 mit der Maßgabe, dass die Emissionswerte für Stoffe der Klasse I, ausgenommen Arsen und seine Verbindungen, gelten; in diesem Fall dürfen die Emissionen an Arsen und seinen Verbindungen im Abgas, angegeben als As, als Mindestanforderung den Massenstrom 1,8 g/h oder die Massenkonzentration 0,7 mg/m³ nicht überschreiten; die Möglichkeiten, die Emissionen an Arsen z.B. durch Einsatz von arsen- und antimonfreien Läuterverfahren weiter zu vermindern, sind auszuschöpfen.

Soweit aus Gründen der Produktqualität der Einsatz von Cadmiumverbindungen zur Glasfärbung erforderlich ist, gilt Nummer 5.2.7.1.1 mit der Maßgabe, dass die Emissionswerte für Stoffe der Klasse I, ausgenommen Cadmium und seine Verbindungen, gelten; in diesem Fall dürfen die Emissionen an Cadmium und seinen Verbindungen im Abgas, angegeben als Cd, als Mindestanforderung den Massenstrom 0,5 g/h oder die Massenkonzentration 0,2 mg/m³ nicht überschreiten.

Der Einsatz von Arsen- sowie von Cadmiumverbindungen ist zu dokumentieren.

Sonderregelung

Bei Brennstoff-Sauerstoff-beheizten und bei elektrisch beheizten Glasschmelzwannen sind Sonderregelungen zu treffen. Als Beurteilungsmaßstab sind der spezifische Energieverbrauch moderner vergleichbarer Brennstoff-Luft-beheizter Glasschmelzwannen und die Leistungsfähigkeit von Abgasreinigungseinrichtungen zu berücksichtigen. Auf die Richtlinie VDI 2578 (Ausgabe November 1999) wird hingewiesen.

ALTANLAGEN

Gesamtstaub

Bei Altanlagen, die mit elektrischen Abscheidern ausgerüstet sind und die den Anforderungen der Nummer 6.2.3.3 entsprechen, dürfen die staubförmigen Emissionen im Abgas die Massenkonzentration 30 mg/m³ nicht überschreiten.

Stickstoffoxide
Bei Altanlagen mit U-Flammenwannen oder Querbrennerwannen dürfen die Emissionen an Stickstoffmonoxid und Stickstoffdioxid im Abgas die Massenkonzentration 0,80 g/m³, angegeben als Stickstoffdioxid, nicht überschreiten; darüber hinaus ist zu prüfen, inwieweit einschließlich zusätzlicher abgasseitiger Minderungsmaßnahmen ein Emissionswert von 0,50 g/m³ gefordert werden kann.

Diese Anforderungen zur Begrenzung der Emissionen an Stickstoffdioxiden sind spätestens acht Jahre nach Inkrafttreten dieser Verwaltungsvorschrift einzuhalten; während der genannten Frist sind nach Ablauf jeder Wannenreise die dem Stand der Technik entsprechenden baulichen Veränderungen an der Schmelzwanne zur Senkung der Emissionen an Stickstoffoxiden vorzunehmen.

Soweit aus Gründen der Produktqualität eine Nitratläuterung erforderlich ist, dürfen für die Zeit der Nitratläuterung die Emissionen an Stickstoffmonoxid und Stickstoffdioxid im Abgas folgende Massenkonzentrationen, angegeben als Stickstoffdioxid, nicht überschreiten:

a) bei einem Abgasvolumenstrom von 5 000 m³/h oder mehr	1,0 g/m³,
b) bei einem Abgasvolumenstrom von weniger als 5 000 m³/h	1,2 g/m³.

Der Nitrateinsatz ist zu dokumentieren.

5.4.2.10 Anlagen der Nummer 2.10: Anlagen zum Brennen keramischer Erzeugnisse

Bezugsgröße
Die Emissionswerte beziehen sich auf einen Volumengehalt an Sauerstoff im Abgas von 17 vom Hundert.

Gesamtstaub
Bei Einsatz von Schüttschichtfiltern gilt Nummer 5.2.1 mit der Maßgabe, dass während der diskontinuierlichen Dosierung oder diskontinuierlichen Umwälzung des Sorptionsmittels die staubförmigen Emissionen im Abgas die Massenkonzentration 40 mg/m³ nicht überschreiten dürfen.

Staubförmige anorganische Stoffe
Beim Einsatz bleihaltiger Glasuren oder Massen gilt Nummer 5.2.2 mit der Maßgabe, dass die Emissionswerte für Stoffe der Klasse II, ausgenommen Blei und seine Verbindungen, gelten. Für die Emissionen an Blei und seinen Verbindungen im Abgas, angegeben als Pb, ist der Massenstrom 2,5 g/h oder die Massenkonzentration 0,5 mg/m³ anzustreben und darf die Massenkonzentration 3 mg/m³ nicht überschritten werden. Die Möglichkeiten, die Emissionen an Blei und seinen Verbindungen durch Einsatz bleifreier Glasuren und Massen weiter zu vermindern, sind auszuschöpfen.

Fluor und seine gasförmigen anorganischen Verbindungen
Nummer 5.2.4 gilt mit der Maßgabe, dass die Emissionen an Fluor und seinen gasförmigen anorganischen Verbindungen im Abgas die Massenkonzentration 5 mg/m³, angegeben als Fluorwasserstoff, nicht überschreiten dürfen. Bei diskontinuierlich betriebenen Öfen dürfen abweichend von Satz 1 die Emissionen an Fluor und seinen gasförmigen anorganischen Verbindungen im Abgas, angegeben als Fluorwasserstoff, den Massenstrom 30 g/h oder die Massenkonzentration 10 mg/m³ nicht überschreiten.

Die Möglichkeiten, die Emissionen an Fluor und seinen gasförmigen anorganischen Verbindungen durch die Auswahl von Rohstoffen mit geringen Gehalten an Fluorverbindungen und andere dem Stand der Technik entsprechende primäre und sekundäre Maßnahmen weiter zu vermindern, sind auszuschöpfen.

Schwefeloxide
Die Emissionen an Schwefeldioxid und Schwefeltrioxid im Abgas dürfen die Massenkonzentration 0,50 g/m³, angegeben als Schwefeldioxid, nicht überschreiten.

Stickstoffoxide
Die Emissionen an Stickstoffdioxid und Stickstoffmonoxid im Abgas dürfen die Massenkonzentration 0,50 g/m³, angegeben als Stickstoffdioxid, nicht überschreiten.

Organische Stoffe
Bei Einsatz einer ofenexternen Nachverbrennung dürfen die Emissionen an organischen Stoffen im Abgas die Massenkonzentration 20 mg/m³, angegeben als Gesamtkohlenstoff, nicht überschreiten; die Anforderungen der Nummer 5.2.5 für die Emissionen an organischen Stoffen der Klassen I und II finden keine Anwendung.

Krebserzeugende Stoffe
Bei Ofenanlagen ohne externe Nachverbrennung gilt Nummer 5.2.7.1.1 mit der Maßgabe, dass für die Emissionen an Benzol im Abgas die Massenkonzentration 1 mg/m³ anzustreben ist und die Massenkonzentration 3 mg/m³ nicht überschritten werden darf.

ALTANLAGEN

Gesamtstaub
Bei bestehenden Ofenanlagen, die mit einem Schüttschichtfilter oder ohne Entstaubungseinrichtung betrieben werden, dürfen die staubförmigen Emissionen im Abgas die Massenkonzentration 40 mg/m³ nicht überschreiten; die Möglichkeiten, die staubförmigen Emissionen durch Maßnahmen nach dem Stand der Technik weiter zu vermindern, sind auszuschöpfen.

Schwefeloxide
Bei bestehenden Anlagen dürfen die Emissionen an Schwefeldioxid und Schwefeltrioxid im Abgas die Massenkonzentration 750 mg/m³, angegeben als Schwefeldioxid, nicht überschreiten.

5.4.2.11 Anlagen der Nummer 2.11: Anlagen zum Schmelzen mineralischer Stoffe einschließlich Anlagen zur Herstellung von Mineralfasern

Bezugsgröße
Die Emissionswerte beziehen sich bei Anlagen, die mit fossilen Brennstoffen beheizt werden, auf einen Volumengehalt an Sauerstoff im Abgas von 8 vom Hundert.

Fluor und seine gasförmigen anorganischen Verbindungen
Nummer 5.2.4 gilt mit der Maßgabe, dass die Emissionen an Fluor und seinen gasförmigen anorganischen Verbindungen im Abgas die Massenkonzentration 5 mg/m³, angegeben als Fluorwasserstoff, nicht überschreiten dürfen. Die Möglichkeiten, die Emissionen an Fluor und seinen gasförmigen anorganischen Verbindungen durch die Auswahl von Rohstoffen mit geringen Gehalten an Fluorverbindungen weiter zu mindern, sind auszuschöpfen; soweit aus Gründen der Produktqualität der Einsatz von Fluoriden erforderlich ist, ist die Einsatzmenge auf das notwendige Maß zu beschränken und zu dokumentieren.

Schwefeloxide
Bei der Herstellung von Steinwolle dürfen die Emissionen an Schwefeldioxid und Schwefeltrioxid im Abgas, angegeben als Schwefeldioxid, die folgenden Massenkonzentrationen nicht überschreiten:

a) bei Einsatz ausschließlich von Naturstein oder Gemenge	0,60 g/m³,
b) bei Einsatz von weniger als 45 Massenprozent an mineralisch gebundenen Formsteinen, bezogen auf das Gemenge,	1,1 g/m³,
c) bei Einsatz von 45 Massenprozent oder mehr an mineralisch gebundenen Formsteinen, bezogen auf das Gemenge, und bei vollständiger Filterstaubrückführung	1,5 g/m³.

Bei anderen Anteilen an mineralisch gebundenen Formsteinen oder nicht vollständiger Filterstaubrückführung ist die Emissionsbegrenzung im Einzelfall festzulegen.

Stickstoffoxide
Die Emissionen an Stickstoffmonoxid und Stickstoffdioxid im Abgas dürfen die Massenkonzentration 0,50 g/m³, angegeben als Stickstoffdioxid, nicht überschreiten. Für U-Flammenwannen oder Querbrennerwannen mit einem Abgasvolumenstrom von weniger als 50 000 m³/h gilt abweichend von Satz 1, dass für die Emissionen an Stickstoffmonoxid und Stickstoffdioxid im Abgas, angegeben als Stickstoffdioxid, die Massenkonzentration 0,50 g/m³ anzustreben ist und die Massenkonzentration 0,80 g/m³ nicht überschritten werden darf; die Möglichkeiten, die Emissionen durch feuerungstechnische und andere dem Stand der Technik entsprechende Maßnahmen zu vermindern, sind auszuschöpfen.

Bei Kupolöfen mit einer thermischen Nachverbrennung dürfen abweichend von Nummer 5.2.4 die Emissionen an Stickstoffmonoxid und Stickstoffdioxid im Abgas die Massenkonzentration 0,35 g/m³, angegeben als Stickstoffdioxid, nicht überschreiten.

ALTANLAGEN

Gesamtstaub

Bei Altanlagen, die mit elektrischen Abscheidern ausgerüstet sind und die den Anforderungen der Nummer 6.2.3.3 entsprechen, dürfen die staubförmigen Emissionen im Abgas die Massenkonzentration 30 mg/m³ nicht überschreiten.

Stickstoffoxide

Bei Altanlagen mit U-Flammenwannen oder Querbrennerwannen dürfen die Emissionen an Stickstoffmonoxid und Stickstoffdioxid im Abgas die Massenkonzentration 0,80 g/m³, angegeben als Stickstoffdioxid, nicht überschreiten; darüber hinaus ist zu prüfen, inwieweit einschließlich zusätzlicher abgasseitiger Minderungsmaßnahmen ein Emissionswert von 0,50 g/m³ gefordert werden kann.

Diese Anforderungen zur Begrenzung der Emissionen an Stickstoffoxiden sind spätestens acht Jahre nach Inkrafttreten dieser Verwaltungsvorschrift einzuhalten; während der genannten Frist sind nach Ablauf jeder Wannenreise die dem Stand der Technik entsprechenden baulichen Veränderungen an der Schmelzwanne zur Senkung der Emissionen an Stickstoffoxiden vorzunehmen.

Soweit aus Gründen der Produktqualität eine Nitratläuterung erforderlich ist, dürfen für die Zeit der Nitratläuterung die Emissionen an Stickstoffmonoxid und Stickstoffdioxid im Abgas folgende Massenkonzentrationen, angegeben als Stickstoffdioxid, nicht überschreiten:

a) bei einem Abgasvolumenstrom von 5 000 m³/h oder mehr 1,0 g/m³,

b) bei einem Abgasvolumenstrom von weniger als 5 000 m³/h 1,2 g/m³.

Der Nitrateinsatz ist zu dokumentieren.

5.4.2.15 Anlagen der Nummer 2.15: Asphaltmischanlagen

Bezugsgröße

Die Emissionswerte beziehen sich auf einen Volumengehalt an Sauerstoff im Abgas von 17 vom Hundert, abweichend davon für Thermalölheizaggregate auf einen Volumengehalt an Sauerstoff im Abgas von 3 vom Hundert.

Bauliche und betriebliche Maßnahmen

Die staubhaltigen Abgase der Mineralstoff-Trockentrommel, der Asphaltgranulat-Trommel (Paralleltrommel), der Transporteinrichtungen für das Heißmineral, der Siebmaschine sowie des Mischers sind zu erfassen und einer Entstaubungseinrichtung zuzuführen.

Brecher für Ausbauasphalt sind zu kapseln und mit wirksamen Einrichtungen zur Minderung der Staubemissionen, z.B. Bedüsung mit Wasser, auszurüsten.

Die Möglichkeiten zur Absenkung der Herstellungstemperatur für Asphalt durch dem Stand der Technik entsprechende Maßnahmen, z.B. durch Zusätze oder verfahrenstechnische Maßnahmen, sind auszuschöpfen.

Kohlenmonoxid

Beim Einsatz gasförmiger oder flüssiger Brennstoffe dürfen die Emissionen an Kohlenmonoxid im Abgas die Massenkonzentration 0,50 g/m³ nicht überschreiten. Beim Einsatz fester Brennstoffe ist für die Emissionen an Kohlenmonoxid im Abgas die Massenkonzentration 0,50 g/m³ anzustreben und darf die Massenkonzentration 1,0 g/m³ nicht überschritten werden.

Organische Stoffe

Abgase aus dem Bereich des Mischerauslaufes, der Übergabestellen nach dem Mischer, der Transporteinrichtungen für das Mischgut sowie der Übergabestellen in die Verladesilos, die organische Stoffe enthalten, sind zu erfassen und einer geeigneten Abgasreinigungseinrichtung (z.B. durch Einleiten als Verbrennungsluft in die Mineralstoff-Trockentrommel) zuzuführen.

Die Emissionen an organischen Stoffen beim Befüllen der Bitumenlagertanks sind bevorzugt durch Einsatz des Gaspendelverfahrens zu vermeiden.

Die Anforderungen der Nummer 5.2.5 für die Emissionen an organischen Stoffen der Klassen I und II finden keine Anwendung.

Krebserzeugende Stoffe

Nummer 5.2.7.1.1 gilt mit der Maßgabe, dass für die Emissionen von Stoffen der Klasse III im Abgas die Massenkonzentration 1 mg/m³ anzustreben ist und die Massenkonzentration 5 mg/m³ nicht überschritten werden darf.

ALTANLAGEN

Organische Stoffe

Bei Altanlagen ist während des Betriebs einer Asphaltgranulat-Trommel (Paralleltrommel) für die Emissionen an organischen Stoffen im Abgas, angegeben als Gesamtkohlenstoff, die Massenkonzentration 50 mg/m³ anzustreben und darf die Massenkonzentration 0,10 g/m³ nicht überschritten werden; die Anforderungen der Nummer 5.2.5 für die Emissionen an organischen Stoffen der Klassen I und II finden keine Anwendung.

Bei Altanlagen sind die Abgase aus dem Bereich des Mischerauslaufes, der Übergabestellen nach dem Mischer, der Transporteinrichtungen für das Mischgut sowie der Übergabestellen in die Verladesilos, die organische Stoffe enthalten, zu erfassen und in den Abgaskamin der Entstaubungseinrichtung einzuleiten; darüber hinaus ist zu prüfen, ob zusätzliche Emissionsminderungsmaßnahmen, z.B. das Einleiten als Verbrennungsluft in die Mineralstoff-Trockentrommel, gefordert werden können.

Beim Befüllen der Bitumenlagertanks können bei Altanlagen weniger aufwendige Maßnahmen als bei Neuanlagen zur Anwendung kommen, z.B. das Einleiten der Abgase mit organischen Stoffen in die Transporteinrichtungen für das Heißmineral.

Auf das Erfassen der Abgase aus dem Bereich des Mischerauslaufes, der Übergabestellen nach dem Mischer, der Transporteinrichtungen für das Mischgut und der Übergabestellen in die Verladesilos sowie den Einsatz des Gaspendelverfahrens oder einer vergleichbaren Abgasreinigungseinrichtung kann verzichtet werden, wenn bei Anlagen mit einer Produktionsleistung von

a) 200 Mg je Stunde oder mehr ein Mindestabstand von 500 m,
b) weniger als 200 Mg je Stunde ein Mindestabstand von 300 m

zur nächsten vorhandenen oder in einem Bebauungsplan festgesetzten Wohnbebauung nicht unterschritten wird.

5.4.3 Stahl, Eisen und sonstige Metalle einschließlich Verarbeitung

5.4.3.1 Anlagen der Nummer 3.1: Anlagen zum Rösten, Schmelzen oder Sintern von Erzen

5.4.3.1.1 Eisenerz-Sinteranlagen

Bauliche und betriebliche Anforderungen
Abgase sind an der Entstehungsstelle, z.B. Sinterband, Koksmahleinrichtung, Mischbunker, Bereich Sinterbandabwurf, Sinterkühlung und Sintersiebung warm, zu erfassen und einer Abgasreinigungseinrichtung zuzuführen.

Filterstaub ist soweit wie möglich einer Verwertung zuzuführen.

Staubförmige anorganische Stoffe
Nummer 5.2.2 gilt mit der Maßgabe, dass die Emissionen an Blei im Abgas des Sinterbandes die Massenkonzentration 1 mg/m^3 nicht überschreiten dürfen.

Störungsbedingte Stillstände
Bei störungsbedingten Stillständen des Sinterbandes finden die Anforderungen für Gesamtstaub und für staubförmige anorganische Stoffe bis zum Erreichen des normalen Betriebszustandes keine Anwendung; die Entstaubungseinrichtung ist jedoch mit der höchstmöglichen Abscheideleistung zu betreiben.

Schwefeloxide
Die Emissionen an Schwefeldioxid und Schwefeltrioxid im Abgas des Sinterbandes dürfen die Massenkonzentration 0,50 g/m^3, angegeben als Schwefeldioxid, nicht überschreiten.

Stickstoffoxide
Die Emissionen an Stickstoffmonoxid und Stickstoffdioxid im Abgas des Sinterbandes dürfen die Massenkonzentration 0,40 g/m^3, angegeben als Stickstoffdioxid, nicht überschreiten.

Organische Stoffe
Nummer 5.2.5 gilt mit der Maßgabe, dass die Emissionen an organischen Stoffen im Abgas des Sinterbandes die Massenkonzentration 75 mg/m^3, angegeben als Gesamtkohlenstoff, nicht überschreiten dürfen.

Dioxine und Furane
Nummer 5.2.7.2 gilt mit der Maßgabe, dass für die Emissionen an Dioxinen und Furanen im Abgas die Massenkonzentration 0,1 ng/m³ anzustreben ist und die Massenkonzentration 0,4 ng/m³ nicht überschritten werden darf.

ALTANLAGEN
Gesamtstaub
Bei Altanlagen, die mit elektrischen Abscheidern ausgerüstet sind, dürfen die staubförmigen Emissionen im Abgas des Sinterbandes sowie aus dem Bereich Sinterbandabwurf, Sinterkühlung und Sintersiebung warm (Raumentstaubung) die Massenkonzentration 50 mg/m³ nicht überschreiten.

Staubförmige anorganische Stoffe
Bei Altanlagen, die mit elektrischen Abscheidern ausgerüstet sind, gilt Nummer 5.2.2 mit der Maßgabe, dass die Emissionen an Blei im Abgas des Sinterbandes die Massenkonzentration 2 mg/m³ nicht überschreiten dürfen.

5.4.3.1.2 Anlagen zum Rösten, Schmelzen oder Sintern von Nichteisen-Metallerzen

Nummer 5.4.3.1.1 gilt entsprechend.

5.4.3.2 Anlagen der Nummer 3.2: Anlagen zur Gewinnung, Herstellung oder zum Erschmelzen von Roheisen oder Stahl

5.4.3.2a Integrierte Hüttenwerke

5.4.3.2a.1 Hochofenbetriebe

Bauliche und betriebliche Anforderungen
Staubhaltige Abgase sind an der Entstehungsstelle, z.B. in der Hochofengießhalle, an der Hochofenmöllerung, an der Hochofenbeschickung, zu erfassen und einer Entstaubungseinrichtung zuzuführen; davon abweichend kann beim Hochofenabstich ihre Entstehung auch durch weitgehende Inertisierung, z.B. durch eine Stickstoffatmosphäre, vermieden werden.

Hochofengichtgas
Hochofengichtgas ist energetisch zu verwerten; soweit Hochofengichtgas aus sicherheitstechnischen Gründen oder in Notfällen nicht verwertet werden kann, ist es einer Fackel zuzuführen.

WINDERHITZER
Bezugsgröße
Die Emissionswerte beziehen sich auf einen Volumengehalt an Sauerstoff im Abgas von 3 vom Hundert.

Gesamtstaub
Die staubförmigen Emissionen im Abgas dürfen die Massenkonzentration 10 mg/m³ nicht überschreiten.

5.4.3.2a.2 Oxygenstahlwerke

Bauliche und betriebliche Anforderungen
Staubhaltige Abgase sind an der Entstehungsstelle, z.B. beim Roheisenumfüllen, Abschlacken, Entschwefeln, Konverterbeschicken und -ausleeren, Rohstahlbehandeln, zu erfassen und einer Entstau-

bungseinrichtung zuzuführen; davon abweichend kann z.B. beim Umfüllen von flüssigem Roheisen ihre Entstehung auch durch weitgehende Inertisierung, z.B. durch eine Kohlendioxidatmosphäre, vermieden werden.

Filterstaub ist soweit wie möglich einer Verwertung zuzuführen.

Konvertergas
Konvertergas ist energetisch zu verwerten. Soweit Konvertergas aus sicherheitstechnischen Gründen oder in Notfällen nicht verwertet werden kann, ist es einer Fackel zuzuführen.

ALTANLAGEN
Gesamtstaub
Bestehende Sekundärentstaubungen, die mit elektrischen Abscheidern ausgerüstet sind, sollen die Anforderungen zur Begrenzung der staubförmigen Emissionen spätestens acht Jahre nach Inkrafttreten dieser Verwaltungsvorschrift einhalten.

Konvertergas
Bei Altanlagen ist das Konvertergas möglichst energetisch zu verwerten. Soweit Konvertergas nicht verwertet werden kann, ist es einer Fackel zuzuführen; in diesem Fall darf der Gehalt an Staub im Fackelgas nach der Entstaubungseinrichtung die Massenkonzentration 50 mg/m³ nicht überschreiten.

5.4.3.2b Anlagen zur Herstellung oder zum Erschmelzen von Roheisen oder Stahl einschließlich Stranggießen

5.4.3.2b.1 Elektrostahlwerke

Bauliche und betriebliche Anforderungen
Abgase sind an der Entstehungsstelle, z.B. bei Elektrolichtbogenöfen primärseitig über eine Deckellochabsaugung und sekundärseitig über eine Hallenabsaugung oder Einhausung für die Prozessschritte Chargieren, Schmelzen, Abstich, zu erfassen und einer Abgasreinigungseinrichtung zuzuführen.

Filterstaub ist soweit wie möglich einer Verwertung zuzuführen.

Gesamtstaub
Die staubförmigen Emissionen im Abgas von Stahlwerken mit Elektrolichtbogenöfen dürfen die Massenkonzentration 5 mg/m³ nicht überschreiten; abweichend von Nummer 2.7 Buchstabe a) bb) gilt, dass sämtliche Halbstundenmittelwerte das 3fache dieser Massenkonzentration nicht überschreiten dürfen.

ALTANLAGEN
Gesamtstaub
Die staubförmigen Emissionen im Abgas von Elektrolichtbogenöfen dürfen, angegeben als Tagesmittelwert, die Massenkonzentration 10 mg/m³ nicht überschreiten.

5.4.3.2b.2 Elektro-Schlacke-Umschmelzanlagen

Fluor und seine gasförmigen anorganischen Verbindungen
Die Emissionen an Fluor und seinen gasförmigen anorganischen Verbindungen im Abgas dürfen die Massenkonzentration 1 mg/m³, angegeben als Fluorwasserstoff, nicht überschreiten.

5.4.3.3 Anlagen der Nummer 3.3: Anlagen zur Herstellung von Nichteisenrohmetallen

5.4.3.3.1 Anlagen zur Herstellung von Nichteisenrohmetallen, ausgenommen Aluminium und Ferrolegierungen

Bauliche und betriebliche Anforderungen

Abgase sind an der Entstehungsstelle, z.B. beim Chargieren, Schmelzen, Raffinieren und Gießen, zu erfassen und einer Abgasreinigungseinrichtung zuzuführen.

Gesamtstaub

Die staubförmigen Emissionen im Abgas dürfen die Massenkonzentration 5 mg/m³ nicht überschreiten.

Staubförmige anorganische Stoffe

Nummer 5.2.2 gilt mit der Maßgabe, dass die Emissionen an staubförmigen anorganischen Stoffen im Abgas folgende Massenkonzentrationen nicht überschreiten dürfen:

a) Stoffe der Klasse II insgesamt die Massenkonzentration 1 mg/m³, in Bleihütten die Massenkonzentration 2 mg/m³,

b) Stoffe der Klasse III insgesamt die Massenkonzentration 2 mg/m³.

Schwefeloxide

Für stark schwefeldioxidhaltige Abgase gilt Nummer 5.4.4.1m.2 entsprechend.

Messung und Überwachung der Emissionen an Schwefeloxiden

Bei Anlagen mit überwiegend veränderlichen Betriebsbedingungen soll bei Einzelmessungen die Dauer der Mittelungszeit der Chargendauer entsprechen, jedoch 24 Stunden nicht überschreiten; bei kontinuierlichen Messungen gilt abweichend von Nummer 2.7 Buchstabe a) bb), dass sämtliche Halbstundenmittelwerte das 3fache der festgelegten Massenkonzentrationen nicht überschreiten dürfen.

Brennstoffe

Bei Einsatz von flüssigen oder festen Brennstoffen darf der Massengehalt an Schwefel im Brennstoff 1 vom Hundert, bei festen Brennstoffen bezogen auf einen unteren Heizwert vom 29,3 MJ/kg, nicht überschreiten, soweit nicht durch den Einsatz einer Abgasreinigungseinrichtung ein äquivalenter Emissionswert für Schwefeloxide erreicht wird; beim Einsatz von Kohlen dürfen nur Kohlen verwendet werden, die keine höheren Emissionen an Schwefeloxiden verursachen als Steinkohle mit einem Massengehalt an Schwefel von weniger als 1 vom Hundert, bezogen auf einen unteren Heizwert von 29,3 MJ/kg.

Krebserzeugende Stoffe

In Kupferhütten gilt Nummer 5.2.7.1.1 mit der Maßgabe, dass die Emissionswerte für Stoffe der Klasse I, ausgenommen Arsen und seine Verbindungen, gelten. Die Emissionen an Arsen und seinen Verbindungen (außer Arsenwasserstoff), angegeben als As, im Abgas dürfen als Mindestanforderung den Massenstrom 0,4 g/h oder die Massenkonzentration 0,15 mg/m³ nicht überschreiten; abweichend davon dürfen im Abgas von Anodenöfen diese Emissionen als

Mindestanforderung die Massenkonzentration 0,4 mg/m³ nicht überschreiten.

Dioxine und Furane
Nummer 5.2.7.2 gilt mit der Maßgabe, dass für die Emissionen an Dioxinen und Furanen im Abgas die Massenkonzentration 0,1 ng/m³ anzustreben ist und die Massenkonzentration 0,4 ng/m³ nicht überschritten werden darf.

ALTANLAGEN
Schwefeloxide
Bei Altanlagen dürfen die Emissionen an Schwefeldioxid und Schwefeltrioxid im Abgas – ausgenommen Prozessabgase, die Anlagen nach 5.4.4.1m.2 zugeleitet werden – die Massenkonzentration 0,50 g/m³, angegeben als Schwefeldioxid, nicht überschreiten.

5.4.3.3.2 Anlagen zur Erzeugung von Ferrolegierungen nach elektrothermischen oder metallothermischen Verfahren

Gesamtstaub
Die staubförmigen Emissionen im Abgas dürfen die Massenkonzentration 5 mg/m³ nicht überschreiten.

5.4.3.3.3 Anlagen zur Herstellung von Aluminium aus Erzen durch elektrolytische Verfahren mit vorgebrannten diskontinuierlichen Anoden

Bauliche und betriebliche Anforderungen
Elektrolyseöfen sind in geschlossener Bauweise auszuführen. Das Öffnen der Öfen sowie die Häufigkeit der Anodeneffekte sind auf das betrieblich unvermeidbare Maß zu beschränken; dabei soll die Betriebsweise der Elektrolyseöfen soweit wie möglich automatisiert werden.

Filterstaub ist soweit wie möglich einer Verwertung zuzuführen.

Gesamtstaub
Die staubförmigen Emissionen dürfen im Abgas

a) der Elektrolyseöfen und	10 mg/m³
b) der Elektrolyseöfen einschließlich der Abgase, die aus dem Ofenhaus abgeleitet werden, das Massenverhältnis	2 kg je Mg Aluminium

nicht überschreiten.

Fluor und seine gasförmigen anorganischen Verbindungen
Die Emissionen an Fluor und seinen gasförmigen anorganischen Fluorverbindungen, angegeben als Fluorwasserstoff, dürfen im Abgas

a) der Elektrolyseöfen und	1 mg/m³
b) der Elektrolyseöfen einschließlich der Abgase, die aus dem Ofenhaus abgeleitet werden, das Massenverhältnis	0,5 kg je Mg Aluminium

nicht überschreiten.

5.4.3.3.4 Anlagen zur Herstellung von Aluminium aus sekundären Rohstoffen

Bauliche und betriebliche Anforderungen
Abgase sind an der Entstehungsstelle, z.B. beim Chargieren, Schmelzen, Raffinieren, Legieren und Gießen, zu erfassen.

Hexachlorethan darf nicht zur Schmelzebehandlung verwendet werden.

Gesamtstaub
Die staubförmigen Emissionen im Abgas dürfen die Massenkonzentration 10 mg/m^3 nicht überschreiten.

Stickstoffoxide
Die Emissionen an Stickstoffmonoxid und Stickstoffdioxid, angegeben als Stickstoffdioxid, im Abgas von Drehtrommelöfen, die mit Brennstoff-Sauerstoff-Brennern betrieben werden, dürfen die Massenkonzentration 0,50 g/m^3 nicht überschreiten.

Brennstoffe
Bei Einsatz flüssiger Brennstoffe dürfen nur flüssige Brennstoffe verwendet werden, die keine höheren Emissionen an Schwefeloxiden verursachen als Heizöle nach DIN 51603 Teil 1 (Ausgabe März 1998) mit einem Massengehalt an Schwefel für leichtes Heizöl nach der 3. BImSchV, in der jeweils gültigen Fassung.

5.4.3.4 Anlagen der Nummer 3.4: Anlagen zum Schmelzen, zum Legieren oder zur Raffination von Nichteisenmetallen

5.4.3.4.1 Anlagen zum Schmelzen, zum Legieren oder zur Raffination von Nichteisenmetallen, ausgenommen Aluminium

Bauliche und betriebliche Anforderungen
Abgase sind an der Entstehungsstelle, z.B. beim Chargieren, Schmelzen, Raffinieren, Legieren und Gießen, zu erfassen.

Hexachlorethan darf nicht zur Schmelzebehandlung verwendet werden.

Gesamtstaub
Die staubförmigen Emissionen im Abgas dürfen den Massenstrom 50 g/h oder die Massenkonzentration 5 mg/m^3 nicht überschreiten.

Staubförmige anorganische Stoffe
Nummer 5.2.2 gilt mit der Maßgabe, dass die Emissionen an staubförmigen anorganischen Stoffen der Klasse II im Abgas von Bleiraffinationsanlagen insgesamt die Massenkonzentrationen 1 mg/m^3 nicht überschreiten dürfen.

Brennstoffe
Bei Einsatz flüssiger Brennstoffe dürfen nur flüssige Brennstoffe verwendet werden, die keine höheren Emissionen an Schwefeloxiden verursachen als Heizöle nach DIN 51603 Teil 1 (Ausgabe März 1998) mit einem Massengehalt an Schwefel für leichtes Heizöl nach der 3. BImSchV, in der jeweils gültigen Fassung.

Dioxine und Furane
Nummer 5.2.7.2 gilt mit der Maßgabe, dass für die Emissionen an Dioxinen und Furanen im Abgas von Kupferschachtöfen die Massenkonzentration 0,1 ng/m³ anzustreben ist und die Massenkonzentration 0,4 ng/m³ nicht überschritten werden darf.

5.4.3.4.2 Schmelzanlagen für Aluminium

Bauliche und betriebliche Anforderungen
Abgase sind an der Entstehungsstelle, z.B. beim Chargieren, Schmelzen, Raffinieren, Legieren und Gießen, zu erfassen.

Hexachlorethan darf nicht zur Schmelzebehandlung verwendet werden.

Gesamtstaub
Die staubförmigen Emissionen im Abgas dürfen die Massenkonzentration 10 mg/m³ nicht überschreiten.

Stickstoffoxide
Die Emissionen an Stickstoffmonoxid und Stickstoffdioxid, angegeben als Stickstoffdioxid, im Abgas von Drehtrommelöfen, die mit Brennstoff-Sauerstoff-Brennern betrieben werden, dürfen die Massenkonzentration 0,50 g/m³ nicht überschreiten.

Brennstoffe
Bei Einsatz flüssiger Brennstoffe dürfen nur flüssige Brennstoffe verwendet werden, die keine höheren Emissionen an Schwefeloxiden verursachen als Heizöle nach DIN 51603 Teil 1 (Ausgabe März 1998) mit einem Massengehalt an Schwefel für leichtes Heizöl nach der 3. BImSchV, in der jeweils gültigen Fassung.

5.4.3.6 Anlagen der Nummer 3.6: Walzanlagen

5.4.3.6.1 Wärme- und Wärmebehandlungsöfen

Bezugsgröße
Die Emissionswerte beziehen sich auf einen Volumengehalt an Sauerstoff im Abgas von 5 vom Hundert.

Stickstoffoxide
Bei Wärmeöfen, z.B. Stoßöfen und Hubbalkenöfen, dürfen die Emissionen an Stickstoffmonoxid und Stickstoffdioxid im Abgas die Massenkonzentration 0,50 g/m³, angegeben als Stickstoffdioxid, nicht überschreiten.

Organische Stoffe
Bei Wärmebehandlungsöfen für Aluminiumfolien finden die Anforderungen der Nummer 5.2.5 für die Emissionen an organischen Stoffen keine Anwendung. Die Möglichkeiten, die Emissionen an organischen Stoffen durch prozesstechnische oder andere dem Stand der Technik entsprechende Maßnahmen zu vermindern, sind auszuschöpfen.

5.4.3.7/8 Anlagen der Nummern 3.7 und 3.8: Gießereien

5.4.3.7.1 Eisen-, Temper- und Stahlgießereien

5.4.3.8.1 Gießereien für Nichteisenmetalle

Bauliche und betriebliche Anforderungen
Abgase sind an der Entstehungsstelle, z.B. in den Bereichen Sandaufbereitung, Formerei, Gießen, Kühlen, Ausleeren, Kermacherei und Gussputzen, soweit wie möglich zu erfassen, ausgenommen Eisen-, Temper- und Stahlgießereien mit einer Produktionsleistung von weniger als 20 Mg Gussteile je Tag sowie Gießereien für Nichteisenmetalle von weniger als 4 Mg je Tag bei Blei und Cadmium oder von weniger als 20 Mg je Tag bei sonstigen Nichteisenmetallen; diese Ausnahme gilt auch für Anlagen zum Schmelzen von Nichteisenmetallen. Abgase von Schmelzeinrichtungen in Eisen-, Temper- und Stahlgießereien sind unabhängig von der Produktionsleistung zu erfassen.

Hexachlorethan darf grundsätzlich nicht zur Schmelzebehandlung verwendet werden. Soweit zur Herstellung von Gussprodukten aus Aluminiumlegierungen mit einem hohen Qualitäts- und Sicherheitsstandard und zum Kornfeinen der Magnesiumlegierungen AZ81, AZ91 und AZ92 der Einsatz von Hexachlorethan zur Schmelzebehandlung erforderlich ist, darf der Verbrauch von Hexachlorethan 1,5 kg je Tag nicht überschreiten. Der Einsatz von Hexachlorethan ist zu dokumentieren.

Kohlenmonoxid
Kohlenmonoxidhaltige Abgase bei Kupolöfen mit Untergichtabsaugung sind zu erfassen und nachzuverbrennen. Die Emissionen an Kohlenmonoxid im Abgas dürfen 0,15 g/m³ nicht überschreiten.

Schwefeloxide
Die Emissionen an Schwefeldioxid und Schwefeltrioxid im Abgas dürfen die Massenkonzentration 0,50 g/m³, angegeben als Schwefeldioxid, nicht überschreiten.

Organische Stoffe
Nummer 5.2.5 gilt mit der Maßgabe, dass die Emissionen an Aminen im Abgas den Massenstrom 25 g/h oder die Massenkonzentration 5 mg/m³ nicht überschreiten dürfen. Die Anforderungen der Nummer 5.2.5 Absatz 1 für Gesamtkohlenstoff finden keine Anwendung.

Benzol
Nummer 5.2.7.1.1 gilt mit der Maßgabe, dass die Emissionen an Benzol im Abgas den Massenstrom 5 g/h oder die Massenkonzentration 5 mg/m³ nicht überschreiten dürfen. Die Möglichkeiten, die Emissionen an Benzol durch prozesstechnische und andere dem Stand der Technik entsprechende Maßnahmen weiter zu vermindern, z.B. durch Veränderungen bei den Einsatzstoffen zur Kern- und Formherstellung, Einblasen von Luft bei Maskengießanlagen,

Verwendung von benzolhaltigen Abgasen als Verbrennungsluft bei Kupolöfen, sind auszuschöpfen.

ALTANLAGEN

Gesamtstaub

Bestehende Anlagen, die mit Nassabscheidern ausgerüstet sind, sollen die Anforderungen zur Begrenzung der staubförmigen Emissionen spätestens acht Jahre nach Inkrafttreten dieser Verwaltungsvorschrift einhalten.

Kohlenmonoxid

Bestehende Kupolöfen mit Untergichtabsaugung sollen die Anforderungen zur Begrenzung der Emissionen an Kohlenmonoxid spätestens acht Jahre nach Inkrafttreten dieser Verwaltungsvorschrift einhalten.

Organische Stoffe

Altanlagen sollen die Anforderungen zur Begrenzung der Emissionen an Aminen spätestens acht Jahre nach Inkrafttreten dieser Verwaltungsvorschrift einhalten.

5.4.3.9 Anlagen der Nummer 3.9: Anlagen zum Aufbringen von metallischen Schutzschichten

5.4.3.9.1 Anlagen zum Aufbringen von metallischen Schutzschichten auf Metalloberflächen mit Hilfe von schmelzflüssigen Bädern, in denen Flussmittel eingesetzt werden

Bauliche und betriebliche Anforderungen

Bei Anlagen zum Feuerverzinken sind die Abgase des Verzinkungskessels, z.B. durch Einhausung oder Abzugshauben, zu erfassen und einer Abgasreinigungseinrichtung zuzuführen.

Gesamtstaub

Die staubförmigen Emissionen im Abgas des Verzinkungskessels dürfen die Massenkonzentration 5 mg/m³ nicht überschreiten.

Das Ergebnis der Einzelmessung ist über mehrere Tauchvorgänge zu ermitteln; die Messzeit entspricht der Summe der Einzeltauchzeiten und soll in der Regel eine halbe Stunde betragen; die Tauchzeit ist der Zeitraum zwischen dem ersten und letzten Kontakt des Verzinkungsgutes mit dem Verzinkungsbad.

Anorganische Chlorverbindungen

Anlagen zum Feuerverzinken sind so zu errichten und zu betreiben, dass durch Vorhaltung ausreichender Beizkapazitäten und Einhaltung der Beizparameter Temperatur und Säurekonzentration die Emissionen an gasförmigen anorganischen Chlorverbindungen aus dem Beizbad im Abgas minimiert werden und die Massenkonzentration 10 mg/m³, angegeben als Chlorwasserstoff, nicht überschritten wird. Die Vorhaltung ausreichender Beizkapazitäten und die Einhaltung der Beizparameter sind zu dokumentieren.

Soweit auf Grund der Beizparameter Temperatur und Säurekonzentration eine Chlorwasserstoffkonzentration im Abgas von 10 mg/m³ überschritten werden kann, sind die Abgase zu erfassen und einer Abgasreinigungseinrichtung zuzuführen. Die Emissionen an gasförmigen anorganischen Chlorverbindungen im Abgas dürfen die Massenkonzentration 10 mg/m³, angegeben als Chlorwasserstoff, nicht überschreiten.

5.4.3.10 Anlagen der Nummer 3.10: Anlagen zur Oberflächenbehandlung von Metallen durch Beizen oder Brennen unter Verwendung von Fluss- oder Salpetersäure

ALTANLAGEN

Stickstoffoxide

Bei Altanlagen zum kontinuierlichen Beizen von Edelstählen mit salpetersäurehaltigen Mischbeizen ist für die Emissionen an Stickstoffmonoxid und Stickstoffdioxid, angegeben als Stickstoffdioxid, im Abgas die Massenkonzentration 0,35 g/m³ anzustreben und darf die Massenkonzentration 0,70 g/m³ nicht überschritten werden.

5.4.3.21 Anlagen der Nummer 3.21: Anlagen zur Herstellung von Bleiakkumulatoren

Schwefelsäuredämpfe

Die bei der Formierung auftretenden Schwefelsäuredämpfe sind zu erfassen und einer Abgasreinigungseinrichtung zuzuführen; die Emissionen an Schwefelsäure im Abgas dürfen die Massenkonzentration 1 mg/m³ nicht überschreiten.

5.4.4 Chemische Erzeugnisse, Arzneimittel, Mineralölraffination und Weiterverarbeitung

5.4.4.1 Anlagen der Nummer 4.1: Anlagen zur Herstellung von Stoffen oder Stoffgruppen durch chemische Umwandlung

ALTANLAGEN

Gesamtstaub

Nummer 5.2.1 gilt mit der Maßgabe, dass die staubförmigen Emissionen im Abgas von Altanlagen, die bei diskontinuierlicher oder quasikontinuierlicher Betriebsweise jährlich nicht mehr emittieren als Anlagen mit einem Massenstrom von 0,20 kg/h bei kontinuierlicher Betriebsweise, die Massenkonzentration 50 mg/m³ nicht überschreiten dürfen.

5.4.4.1b Anlagen zur Herstellung von sauerstoffhaltigen Kohlenwasserstoffen

5.4.4.1b.1 Anlagen zur Cyclohexanoxidation

Benzol

Die Emissionen an Benzol im Abgas dürfen als Mindestanforderung die Massenkonzentration 3 mg/m³ nicht überschreiten.

5.4.4.1d Anlagen zur Herstellung von stickstoffhaltigen Kohlenwasserstoffen

5.4.4.1d.1 Anlagen zur Herstellung von Acrylnitril

Bauliche und betriebliche Anforderungen

Die aus dem Reaktionssystem und dem Absorber anfallenden Abgase sind einer Verbrennungseinrichtung zuzuführen. Die bei der Reinigung der Reaktionsprodukte (Destillation) sowie bei Umfüllvorgängen anfallenden Abgase sind einer Abgaswäsche zuzuführen.

Acrylnitril
Die Emissionen an Acrylnitril im Abgas der Verbrennungseinrichtung dürfen als Mindestanforderung die Massenkonzentration 0,2 mg/m³ nicht überschreiten.

5.4.4.1d.2 Anlagen zur Herstellung von Caprolactam

Caprolactam
Die Emissionen an Caprolactam im Abgas dürfen die Massenkonzentration 0,10 g/m³ nicht überschreiten.

5.4.4.1h Anlagen zur Herstellung von Basiskunststoffen

5.4.4.1h.1 Anlagen zur Herstellung von Polyvinylchlorid (PVC)

Bauliche und betriebliche Anforderungen
Trocknerabgas ist möglichst als Verbrennungsluft in Feuerungsanlagen einzusetzen.

Restmonomergehalt
An der Übergangsstelle vom geschlossenen System zur Aufbereitung oder Trocknung im offenen System sind die Restgehalte an Vinylchlorid (VC) im Polymerisat so gering wie möglich zu halten; dabei dürfen als Mindestanforderung folgende Höchstwerte im Monatsmittel nicht überschritten werden:

a) Suspensions-PVC — 80 mg VC je kg PVC,
b) Emulsions-PVC und Mikrosuspensions-PVC — 0,50 g VC je kg PVC.

Die Möglichkeiten, die Restgehalte an Vinylchlorid (VC) durch primärseitige Maßnahmen (z.B. mehrstufige Entgasung) oder durch andere dem Stand der Technik entsprechende Maßnahmen weiter zu vermindern, sind auszuschöpfen.

5.4.4.1h.2 Anlagen zur Herstellung von Viskoseprodukten

Schwefelwasserstoff und Kohlenstoffdisulfid
Im Gesamtabgas, einschließlich Raumluftabsaugung und Maschinenzusatzabsaugung, dürfen

a) bei der Herstellung von textilem Rayon
   aa) die Emissionen an Schwefelwasserstoff die Massenkonzentration — 50 mg/m³
   bb) und die Emissionen an Kohlenstoffdisulfid die Massenkonzentration — 0,15 g/m³,
b) bei der Herstellung von Kunstdarm und Schwammtuch
   aa) die Emissionen an Schwefelwasserstoff die Massenkonzentration — 50 mg/m³
   bb) und die Emissionen an Kohlenstoffdisulfid die Massenkonzentration — 0,40 g/m³

nicht überschreiten. Nummer 2.7 Buchstabe a) bb) findet keine Anwendung.

Die Möglichkeiten, die Emissionen an Schwefelwasserstoff und Kohlenstoffdisulfid durch Kapselung der Maschinen mit Abgaserfassung und Abgasreinigung oder durch andere dem Stand der Technik entsprechende Maßnahmen weiter zu vermindern, sind auszuschöpfen.

5.4.4.1h.3 Anlagen zur Herstellung von Polyurethanschäumen, ausgenommen Anlagen nach Nummer 5.11

Bauliche und betriebliche Anforderungen
Abgase sind möglichst an der Entstehungsstelle zu erfassen.

Organische Stoffe
Für Anlagen zur Herstellung von wärmeisolierenden Polyurethanschäumen, die mit reinen Kohlenwasserstoffen (z.B. Pentan) als Treibgas betrieben werden, finden die Anforderungen der Nummer 5.2.5 keine Anwendung.

5.4.4.1h.4 Anlagen zur Herstellung von Polyacrylnitrilfasern

ALTANLAGEN
Bauliche und betriebliche Anforderungen
Bei Altanlagen ist Trocknerabgas möglichst als Verbrennungsluft in Feuerungsanlagen einzusetzen.

Acrylnitril
Bei Altanlagen dürfen die Emissionen an Acrylnitril im Abgas der Trockner als Mindestanforderung die Massenkonzentration 15 mg/m^3 nicht überschreiten. Die aus den Reaktionskesseln, der Intensivausgasung, den Suspensionssammelbehältern und den Waschfiltern stammenden acrylnitrilhaltigen Abgase sind einer Abgaswäsche oder einer Adsorption zuzuführen; die Emissionen an Acrylnitril im Abgas dürfen als Mindestanforderung die Massenkonzentration 5 mg/m^3 nicht überschreiten.

Bei Altanlagen sind bei der Verspinnung des Polymeren zu Fasern Abgase mit einem Acrylnitrilgehalt von mehr als 5 mg/m^3 einer Abgasreinigungseinrichtung zuzuführen. Die Emissionen an Acrylnitril im Abgas der Wäscher des Nassspinnverfahrens dürfen als Mindestanforderung 5 mg/m^3 nicht überschreiten.

Die Möglichkeiten, die Emissionen an Acrylnitril durch primärseitige Maßnahmen (z.B. Verminderung des Restmonomerengehalts) oder durch andere dem Stand der Technik entsprechende Maßnahmen weiter zu vermindern, sind auszuschöpfen.

5.4.4.1h.5 Anlagen zur Herstellung von Polyethylen durch Hochdruckpolymerisation

ALTANLAGEN
Organische Stoffe
Bei Altanlagen dürfen die Emissionen an organischen Stoffen im Abgas der Granulatentgasung die Massenkonzentration 80 mg/m^3, angegeben als Gesamtkohlenstoff, nicht überschreiten. Die Anforderungen der Nummer 5.2.5 für Emissionen an organischen Stoffen der Klasse I und II finden keine Anwendung.

5.4.4.1l Anlagen zur Herstellung von Gasen

5.4.4.1n Anlagen zur Herstellung von Basen

5.4.4.1l.1/ 5.4.4.1n.1 Anlagen zur Herstellung von Chlor oder Alkalilauge

Bauliche und betriebliche Anforderungen
Anlagen zur Herstellung von Chlor oder Alkalilauge dürfen nicht nach dem Diaphragmaverfahren auf Asbestbasis oder nach dem Amalgamverfahren errichtet werden.

Chlor
Die Emissionen an Chlor im Abgas dürfen die Massenkonzentration 1 mg/m^3 nicht überschreiten; abweichend davon dürfen bei Anlagen zur Herstellung von Chlor mit vollständiger Verflüssigung die Emissionen an Chlor im Abgas die Massenkonzentration 3 mg/m^3 nicht überschreiten.

ALTANLAGEN
Quecksilber
Bei Altanlagen der Alkalichloridelektrolyse nach dem Amalgamverfahren dürfen die Emissionen an Quecksilber in der Zellensaalabluft im Jahresmittel das Massenverhältnis 1,0 g je Mg genehmigter Chlorproduktion nicht überschreiten.

Bei gleichzeitiger Herstellung von Alkalilauge und Dithionit oder Alkoholaten in einer Anlage dürfen die Emissionen an Quecksilber in der Zellensaalabluft im Jahresmittel das Massenverhältnis 1,2 g je Mg genehmigter Chlorproduktion nicht überschreiten.

Die Möglichkeiten, die Emissionen an Quecksilber aus der Alkalichloridelektrolyse nach dem Amalgamverfahren durch Maßnahmen nach dem Stand der Technik weiter zu vermindern, sind auszuschöpfen.

5.4.4.1m Anlagen zur Herstellung von Säuren

5.4.4.1m.1 Anlagen zur Herstellung von Salpetersäure

Stickstoffoxide
Die Emissionen an Stickstoffmonoxid und Stickstoffdioxid im Abgas dürfen die Massenkonzentration 0,20 g/m^3, angegeben als Stickstoffdioxid, nicht überschreiten.

Die Emissionen an Distickstoffoxid im Abgas dürfen die Massenkonzentration 0,80 g/m^3 nicht überschreiten.

ALTANLAGEN
Stickstoffoxide
Altanlagen sollen die Anforderungen zur Begrenzung der Emissionen an Stickstoffmonoxid, Stickstoffdioxid und Distickstoffoxid spätestens acht Jahre nach Inkrafttreten dieser Verwaltungsvorschrift einhalten.

5.4.4.1m.2 Anlagen zur Herstellung von Schwefeldioxid, Schwefeltrioxid, Schwefelsäure und Oleum

Schwefelsäure

Die Bildung von Schwefelsäureaerosolen ist insbesondere bei der Handhabung von Schwefelsäure oder Oleum so weit wie möglich zu begrenzen.

Schwefeldioxid

a) Abgasführung
Bei Anlagen zur Herstellung von reinem Schwefeldioxid durch Verflüssigung ist das Abgas einer Schwefelsäureanlage oder einer anderen Aufarbeitungsanlage zuzuführen.

b) Umsatzgrade

aa) Bei Anwendung des Doppelkontaktverfahrens ist ein Umsatzgrad von mindestens 99,8 vom Hundert einzuhalten oder, soweit nur ein Umsatzgrad von mindestens 99,6 vom Hundert eingehalten wird, sind die Emissionen an Schwefeldioxid und Schwefeltrioxid durch Einsatz einer nachgeschalteten Minderungstechnik, einer fünften Horde oder gleichwertiger Maßnahmen weiter zu vermindern.
Abweichend von diesen Anforderungen gilt bei einem mittleren SO_2-Volumengehalt von weniger als 8 vom Hundert, bei schwankenden SO_2-Eingangskonzentrationen und schwankenden Volumenströmen des Einsatzgases, dass ein Umsatzgrad von mindestens 99,5 vom Hundert einzuhalten ist.

bb) Bei Anwendung des Kontaktverfahrens ohne Zwischenabsorption und

(i) bei einem Volumengehalt an Schwefeldioxid im Einsatzgas von 6 vom Hundert oder mehr ist ein Umsatzgrad von mindestens 98,5 vom Hundert oder

(ii) bei einem Volumengehalt an Schwefeldioxid von weniger als 6 vom Hundert im Einsatzgas ist ein Umsatzgrad von mindestens 97,5 vom Hundert

einzuhalten.
Die Emissionen an Schwefeldioxid und Schwefeltrioxid im Abgas sind bei diesen Verfahrenstypen durch Einsatz nachgeschalteter Minderungsmaßnahmen weiter zu vermindern.

cc) Bei Anwendung der Nasskatalyse ist ein Umsatzgrad von mindestens 98 vom Hundert einzuhalten.

Schwefeltrioxid

Die Emissionen an Schwefeltrioxid im Abgas dürfen die Massenkonzentration 60 mg/m³ nicht überschreiten.

5.4.4.1o Anlagen zur Herstellung von Salzen wie Ammoniumchlorid, Kaliumchlorat, Kaliumkarbonat, Natriumkarbonat, Perborat, Silbernitrat

5.4.4.1o.1 Anlagen zur Herstellung von Natriumkarbonat

ALTANLAGEN

Ammoniak

Bei Altanlagen dürfen die Emissionen an Ammoniak im Abgas die Massenkonzentration 50 mg/m³ nicht überschreiten.

5.4.4.1p Anlagen zur Herstellung von anorganischen Verbindungen

5.4.4.1p.1 Anlagen zur Herstellung von Schwefel

Schwefelemissionsgrad

a) Bei Clausanlagen mit einer Kapazität bis einschließlich 20 Mg Schwefel je Tag darf ein Schwefelemissionsgrad von 3 vom Hundert nicht überschritten werden.

b) Bei Clausanlagen mit einer Kapazität von mehr als 20 Mg Schwefel je Tag bis einschließlich 50 Mg Schwefel je Tag darf ein Schwefelemissionsgrad von 2 vom Hundert nicht überschritten werden.

c) Bei Clausanlagen mit einer Kapazität von mehr als 50 Mg Schwefel je Tag darf ein Schwefelemissionsgrad von 0,2 vom Hundert nicht überschritten werden.

Schwefeloxide

Die Anforderungen der Nummer 5.2.4 für die Emissionen an Schwefeloxiden finden keine Anwendung.

Kohlenoxidsulfid und Kohlenstoffdisulfid

Die Abgase sind einer Nachverbrennung zuzuführen; die Emissionen an Kohlenoxidsulfid (COS) und Kohlenstoffdisulfid (CS_2) im Abgas dürfen insgesamt die Massenkonzentration 3 mg/m³, angegeben als Schwefel, nicht überschreiten.

Bei Clausanlagen der Erdgasaufbereitung findet Satz 1 keine Anwendung.

Schwefelwasserstoff

Bei Clausanlagen der Erdgasaufbereitung gilt abweichend von Nummer 5.2.4, dass die Emissionen an Schwefelwasserstoff die Massenkonzentration 10 mg/m³ nicht überschreiten dürfen.

ALTANLAGEN

Schwefelemissionsgrad

Bei Altanlagen dürfen folgende Schwefelemissionsgrade nicht überschritten werden:

a) bei Clausanlagen mit einer Kapazität bis einschließlich 20 Mg Schwefel je Tag	3 vom Hundert,
b) bei Clausanlagen mit einer Kapazität von mehr als 20 Mg Schwefel je Tag bis einschließlich 50 Mg Schwefel je Tag	2 vom Hundert,
c) bei Clausanlagen mit einer Kapazität von mehr als 50 Mg Schwefel je Tag	

aa)	bei Clausanlagen, die mit integriertem MODOP-Verfahren betrieben werden,	0,6 vom Hundert,
bb)	bei Clausanlagen, die mit integriertem Sulfreen-Verfahren betrieben werden,	0,5 vom Hundert,
cc)	bei Clausanlagen, die mit integriertem Scott-Verfahren betrieben werden,	0,2 vom Hundert.

5.4.4.1q Anlagen zur Herstellung von phosphor-, stickstoff- oder kaliumhaltigen Düngemitteln (Einnährstoff- oder Mehrnährstoffdünger) einschließlich Ammoniumnitrat und Harnstoff

ALTANLAGEN

Gesamtstaub

Bei Altanlagen dürfen bei der Prillung, Granulation und Trocknung die staubförmigen Emissionen im Abgas die Massenkonzentration 50 mg/m³ nicht überschreiten.

Ammoniak

Bei Altanlagen dürfen bei der Prillung die Emissionen an Ammoniak im Abgas die Massenkonzentration 60 mg/m³ nicht überschreiten.

Bei Altanlagen dürfen bei der Granulierung und Trocknung die Emissionen an Ammoniak im Abgas die Massenkonzentration 50 mg/m³ nicht überschreiten.

5.4.4.1r Anlagen zur Herstellung von Ausgangsstoffen für Pflanzenschutzmittel und von Bioziden

Gesamtstaub, einschließlich schwer abbaubarer, leicht anreicherbarer und hochtoxischer organischer Stoffe

Die staubförmigen Emissionen im Abgas dürfen als Mindestanforderung den Massenstrom 5 g/h oder die Massenkonzentration 2 mg/m³ nicht überschreiten.

5.4.4.2 Anlagen der Nummer 4.2: Anlagen, in denen Pflanzenschutz- oder Schädlingsbekämpfungsmittel oder ihre Wirkstoffe gemahlen oder maschinell gemischt, abgepackt oder umgefüllt werden

Gesamtstaub, einschließlich schwer abbaubarer, leicht anreicherbarer und hochtoxischer organischer Stoffe

Staubhaltige Abgase sind an der Entstehungsstelle zu erfassen und einer Entstaubungseinrichtung zuzuführen. Die staubförmigen Emissionen im Abgas dürfen als Mindestanforderung den Massenstrom 5 g/h oder die Massenkonzentration 5 mg/m³ nicht überschreiten. Bei staubförmigen Emissionen, die zu 10 vom Hundert oder mehr aus sehr giftigen Stoffen oder Zubereitungen bestehen, darf die Massenkonzentration im Abgas 2 mg/m³ nicht überschreiten.

5.4.4.4 Anlagen der Nummer 4.4: Mineralölraffinerien

Druckentlastungsarmaturen und Entleerungseinrichtungen

Gase und Dämpfe organischer Stoffe sowie Wasserstoff und Schwefelwasserstoff, die aus Druckentlastungsarmaturen und Entleerungseinrichtungen austreten, sind in ein Gassammelsystem einzuleiten. Die erfassten Gase sind soweit wie möglich in Prozessfeuerungen zu verbrennen. Sofern dies nicht möglich ist, sind die Gase einer Fackel zuzuführen.

Abgasführung

Abgase, die aus Prozessanlagen laufend anfallen, sowie Abgase, die beim Regenerieren von Katalysatoren, bei Inspektionen und bei Reinigungsarbeiten auftreten, sind einer Nachverbrennung zuzuführen oder es sind gleichwertige Maßnahmen zur Emissionsminderung anzuwenden.

Anfahr- und Abstellvorgänge

Gase, die beim Anfahren oder Abstellen der Anlage anfallen, sind soweit wie möglich über ein Gassammelsystem in den Prozess zurückzuführen oder in Prozessfeuerungen zu verbrennen. Sofern dies nicht möglich ist, sind die Gase einer Fackel zuzuführen. Die Fackeln sollen mindestens die Anforderungen an Fackeln zur Verbrennung von Gasen aus Betriebsstörungen und Sicherheitsventilen erfüllen.

Schwefelwasserstoff

Gase aus Entschwefelungsanlagen oder anderen Quellen mit einem Volumengehalt an Schwefelwasserstoff von mehr als 0,4 vom Hundert und mit einem Massenstrom an Schwefelwasserstoff von mehr als 2 Mg/d sind weiterzuverarbeiten. Gase, die nicht weiterverarbeitet werden, sind einer Nachverbrennung zuzuführen. Schwefelwasserstoffhaltiges Wasser darf nur so geführt werden, dass ein Ausgasen in die Atmosphäre vermieden wird.

Prozesswasser und Ballastwasser

Prozesswasser und überschüssiges Ballastwasser dürfen erst nach Entgasung in ein offenes System eingeleitet werden; die Gase sind einer Abgasreinigungseinrichtung zuzuführen.

Katalytisches Spalten

Die staubförmigen Emissionen und die Emissionen an Schwefeloxiden im Abgas von Anlagen zum katalytischen Spalten im Fließbett-Verfahren dürfen beim Regenerieren des Katalysators folgende Massenkonzentrationen nicht überschreiten:

a) Staub 30 mg/m³,

b) Schwefeldioxid und Schwefeltrioxid, angegeben als Schwefeldioxid, 1,2 g/m³.

Die Möglichkeiten, die Emissionen an Schwefeloxiden durch prozesstechnische Maßnahmen weiter zu vermindern, sind auszuschöpfen.

Kalzinieren
Die staubförmigen Emissionen im Abgas von Anlagen zum Kalzinieren dürfen die Massenkonzentration 30 mg/m³ nicht überschreiten.

Organische Stoffe
Die Anforderungen für organische Stoffe der Nummer 5.4.9.2 gelten für die Lagerung von brennbaren Flüssigkeiten entsprechend.

Gasförmige Emissionen
Die Anforderungen für gasförmige Emissionen der Nummer 5.4.9.2 für Neu- und Altanlagen gelten beim Verarbeiten, Fördern, Umfüllen oder Lagern entsprechend.

ALTANLAGEN
Katalytisches Spalten
Die staubförmigen Emissionen im Abgas von Altanlagen zum katalytischen Spalten im Fließbett-Verfahren dürfen beim Regenerieren des Katalysators die Massenkonzentration 40 mg/m³ nicht überschreiten.

Kalzinieren
Die staubförmigen Emissionen im Abgas von Anlagen zum Kalzinieren dürfen die Massenkonzentration 40 mg/m³ nicht überschreiten.

Die Anforderungen der Nummer 5.2.4 Klasse IV erster Spiegelstrich (Schwefeloxide) sind spätestens zehn Jahre nach Inkrafttreten dieser Verwaltungsvorschrift einzuhalten.

5.4.4.6 Anlagen der Nummer 4.6: Anlagen zur Herstellung von Ruß

5.4.4.6.1 Anlagen zur Herstellung von Industrieruß

Bauliche und betriebliche Anforderungen
Prozessgase aus Furnace- und Flammrußanlagen sind einer Nachverbrennung zuzuführen und energetisch zu verwerten.

Bezugsgröße
Die Emissionswerte beziehen sich in den Abgasen der dampf- oder stromerzeugenden Nachverbrennungseinrichtungen von Furnace- und Flammrußanlagen auf einen Volumengehalt an Sauerstoff im Abgas von 3 vom Hundert.

Kohlenmonoxid
Bei Gasrußanlagen dürfen die Emissionen an Kohlenmonoxid im Abgas die Massenkonzentration 0,50 g/m³ nicht überschreiten.

Stickstoffoxide
Bei Furnace- und Flammrußanlagen dürfen im Abgas der Nachverbrennungseinrichtung abweichend von Nummer 5.2.4 die Emissionen an Stickstoffmonoxid und Stickstoffdioxid die Massenkonzentration 0,6 g/m³, angegeben als Stickstoffdioxid, nicht überschreiten. Die Möglichkeiten, die Emissionen durch verbrennungstechnische Maßnahmen weiter zu vermindern, sind auszuschöpfen.

Schwefeloxide
Bei Furnace- und Flammrußanlagen dürfen im Abgas der Nachverbrennungseinrichtung die Emissionen an Schwefeldioxid und Schwefeltrioxid die Massenkonzentration 0,85 g/m³, angegeben als Schwefeldioxid, nicht überschreiten.

Organische Stoffe
Bei Anlagen für die Herstellung von Gasruß dürfen die Emissionen an gasförmigen organischen Stoffen die Massenkonzentration 0,10 g/m³, angegeben als Gesamtkohlenstoff, nicht überschreiten.

Benzol
Bei Anlagen für die Herstellung von Gasruß dürfen die Emissionen an Benzol als Mindestanforderung die Massenkonzentration 5 mg/m³ nicht überschreiten.

5.4.4.7 Anlagen der Nummer 4.7: Anlagen zur Herstellung von Kohlenstoff (Hartbrandkohle) oder Elektrographit durch Brennen oder Graphitieren

ALTANLAGEN
Brennen
Bei Altanlagen für die Herstellung von Kohlenstoffformkörpern dürfen im Abgas von Ringöfen mit elektrischen Abscheidern, Trockensorptionseinrichtungen oder einer Kombination beider Abgasreinigungseinrichtungen die Emissionen an gasförmigen organischen Stoffen die Massenkonzentration 0,15 g/m³, angegeben als Gesamtkohlenstoff, und die Emissionen an Benzol als Mindestanforderung die Massenkonzentration 3 mg/m³ nicht überschreiten.

5.4.4.10 Anlagen der Nummer 4.10: Anlagen zur Herstellung von Anstrich- oder Beschichtungsstoffen (Lasuren, Firnis, Lacke, Dispersionsfarben) oder Druckfarben

Gesamtstaub
Die staubförmigen Emissionen im Abgas dürfen die Massenkonzentration 10 mg/m³ nicht überschreiten.

5.4.5 Oberflächenbehandlung mit organischen Stoffen, Herstellung von bahnenförmigen Materialien aus Kunststoffen, sonstige Verarbeitung von Harzen und Kunststoffen

5.4.5.1 Anlagen der Nummer 5.1: Anlagen zur Behandlung von Oberflächen von Stoffen, Gegenständen oder Erzeugnissen einschließlich der zugehörigen Trocknungsanlagen unter Verwendung von organischen Lösungsmitteln

Gesamtstaub
Die staubförmigen Emissionen im Abgas (Lackpartikel) dürfen den Massenstrom 15 g/h oder die Massenkonzentration 3 mg/m³ nicht überschreiten.

5.4.5.2 Anlagen der Nummer 5.2: Anlagen zum Beschichten, Imprägnieren, Kaschieren, Lackieren oder Tränken von Gegenständen, Glas- oder Mineralfasern oder bahnen- oder tafelförmigen Materialien einschließlich der zugehörigen Trocknungsanlagen mit Kunstharzen

5.4.5.2.1 Anlagen zum Beschichten, Imprägnieren, Kaschieren, Lackieren oder Tränken von Glas- oder Mineralfasern

Bauliche und betriebliche Anforderungen
Abgase sind an der Entstehungsstelle, z.B. bei Schmelzwannen, Kupolöfen, Sammelkammern, Härteöfen, Säge- und Konfektionierungsstationen, zu erfassen und einer Abgasreinigungseinrichtung zuzuführen.

Ammoniak
Bei der Imprägnierung und Trocknung von Glaswolle oder Steinwolle gilt Nummer 5.2.4 mit der Maßgabe, dass die Emissionen an Ammoniak im Abgas die Massenkonzentration 65 mg/m³ nicht überschreiten dürfen. Soweit die Minderung organischer Emissionen durch eine thermische Nachverbrennung erfolgt, dürfen die Emissionen an Ammoniak im Abgas die Massenkonzentration 0,10 g/m³ nicht überschreiten.

Beim Beschichten von Glasfaser- oder Mineralfaservlies gilt Nummer 5.2.4 mit der Maßgabe, dass die Emissionen an Ammoniak im Abgas die Massenkonzentration 80 mg/m³ nicht überschreiten dürfen.

Stickstoffoxide
Bei Einsatz einer thermischen Nachverbrennung dürfen abweichend von Nummer 5.2.4 die Emissionen an Stickstoffmonoxid und Stickstoffdioxid im Abgas die Massenkonzentration 0,35 g/m³, angegeben als Stickstoffdioxid, nicht überschreiten.

ALTANLAGEN
Gesamtstaub
Bei Altanlagen, ausgenommen Konfektionierung und Härteöfen – soweit bei Härteöfen die Abgase getrennt erfasst und behandelt werden, dürfen die staubförmigen Emissionen im Abgas die Massenkonzentration 80 mg/m³, nicht überschreiten; darüber hinaus ist zu prüfen, inwieweit einschließlich zusätzlicher abgasseitiger Minderungsmaßnahmen ein Emissionswert von 50 mg/m³ gefordert werden kann.

Die Anforderungen zur Begrenzung der staubförmigen Emissionen für Neuanlagen sind spätestens acht Jahre nach Inkrafttreten dieser Verwaltungsvorschrift einzuhalten.

Phenol und Formaldehyd
Beim Imprägnieren und Trocknen von Mineralfasern dürfen die Emissionen an Phenol und Formaldehyd im Abgas insgesamt die Massenkonzentration 30 mg/m³ nicht überschreiten.

5.4.5.4 Anlagen der Nummern 5.4: Anlagen zum Tränken oder Überziehen von Stoffen oder Gegenständen mit Teer, Teeröl oder heißem Bitumen

Bauliche und betriebliche Anforderungen
Die Anlagen sind so zu errichten und zu betreiben, dass Schadstoffe nicht in den Boden und das Grundwasser eindringen können. Der Zutritt von Wasser ist zur Verhinderung der Auswaschung von Schadstoffen oder der Entstehung von organischen Emissionen durch Umsetzungsprozesse zu minimieren (z.B. durch Abdeckung oder Überdachung).

Organische Stoffe
Die Emissionen an organischen Stoffen im Abgas dürfen die Massenkonzentration 20 mg/m^3, angegeben als Gesamtkohlenstoff, nicht überschreiten. Die Anforderungen der Nummer 5.2.5 für die Emissionen an organischen Stoffen der Klassen I und II finden keine Anwendung.

5.4.5.5 Anlagen der Nummer 5.5: Anlagen zum Isolieren von Drähten unter Verwendung von phenol- und kresolhaltigen Drahtlacken

ALTANLAGEN
Kohlenmonoxid
Nummer 5.2.4 gilt mit der Maßgabe, dass für die Emissionen an Kohlenmonoxid im Abgas die Massenkonzentration 0,50 g/m^3 nicht überschritten werden darf; die Möglichkeiten, die Emissionen an Kohlenmonoxid durch primärseitige Maßnahmen oder durch andere dem Stand der Technik entsprechende Maßnahmen weiter zu vermindern, sind auszuschöpfen.

5.4.5.7 Anlagen der Nummer 5.7: Anlagen zur Verarbeitung von flüssigen ungesättigten Polyesterharzen mit Styrol-Zusatz oder flüssigen Epoxidharzen mit Aminen

Organische Stoffe
Nummer 5.2.5 gilt mit der Maßgabe, dass die Emissionen an organischen Stoffen im Abgas die Massenkonzentration 85 mg/m^3, angegeben als Gesamtkohlenstoff, nicht überschreiten dürfen. Die Möglichkeiten, die Emissionen an Styrol durch primärseitige Maßnahmen, z.B. durch Einsatz styrolarmer oder styrolfreier Harze, weiter zu vermindern, sind auszuschöpfen.

5.4.5.8 Anlagen der Nummer 5.8: Anlagen zur Herstellung von Gegenständen unter Verwendung von Amino- oder Phenoplasten, wie Furan-, Harnstoff-, Phenol- oder Xylolharzen mittels Wärmebehandlung

Ammoniak
Die Emissionen an Ammoniak im Abgas dürfen die Massenkonzentration 50 mg/m^3 nicht überschreiten.

5.4.5.11 Anlagen der Nummer 5.11: Anlagen zur Herstellung von Polyurethanformteilen, Bauteilen unter Verwendung von Polyurethan, Polyurethanblöcken in Kastenformen oder zum Ausschäumen von Hohlräumen mit Polyurethan

Organische Stoffe
Für Anlagen zur Herstellung von wärmeisolierenden Polyurethanschäumen, die mit reinen Kohlenwasserstoffen (z.B. Pentan) als Treibgas betrieben werden, finden die Anforderungen der Nummer 5.2.5 keine Anwendung.

5.4.6 Holz, Zellstoff

5.4.6.1 Anlagen der Nummer 6.1: Anlagen zur Gewinnung von Zellstoff aus Holz, Stroh oder ähnlichen Faserstoffen

Lagerplätze
Bei der Lagerung von Stammholz oder stückigem Holz finden die Anforderungen der Nummern 5.2.3.5 und 5.2.3.6 keine Anwendung.

5.4.6.2 Anlagen der Nummer 6.2: Anlagen zur Herstellung von Papier, Karton oder Pappe

Bauliche und betriebliche Anforderungen
Abgase aus Behältern und Silos, bei denen beim Befüllvorgang staubförmige Emissionen auftreten können, sind zu erfassen und einer Entstaubungseinrichtung zuzuführen.

Abgase aus der Holzschliffherstellung und aus TMP-(Thermo-Mechanical-Pulp-)Anlagen sind zu erfassen und möglichst als Verbrennungsluft einer Feuerungsanlage zuzuführen.

Organische Stoffe
Durch Einsatz emissionsarmer Einsatzstoffe, z.B. Kunstharze oder Elastomerverbindungen mit niedrigem Restmonomergehalt, sind die Emissionen an organischen Stoffen im Abgas zu minimieren.

Bei Anlagen mit direkt beheizten Trocknungsaggregaten sind die Emissionen an organischen Stoffen im Abgas zu minimieren, z.B. durch emissionsbezogene Optimierung der Verbrennung der erdgasbefeuerten Trocknungsaggregate und Anpassung an wechselnde Lastzustände; die Anforderung der Nummer 5.4.1.2.5 hinsichtlich der Bezugsgröße für den Volumengehalt an Sauerstoff im Abgas findet keine Anwendung.

An- und Abfahrvorgänge sind im Hinblick auf geringe Emissionen zu optimieren.

Bei der Holzschliffherstellung und bei TMP-Anlagen finden die Anforderungen der Nummer 5.2.5 keine Anwendung.

Die Möglichkeiten, die Emissionen an organischen Stoffen durch primärseitige oder andere dem Stand der Technik entsprechende Maßnahmen weiter zu vermindern, z.B. bei TMP-Anlagen durch Kondensation in Wärmerückgewinnungseinrichtungen, sind auszuschöpfen.

Geruchsintensive Stoffe

Durch Planung und Konstruktion sowie prozesstechnische Optimierung und Betriebsführung sind die Emissionen an geruchsintensiven Stoffen, z.B. aus dem Altpapierlager, der Altpapieraufbereitung, der Zwischenlagerung und dem Abtransport der Abfälle aus der Altpapieraufbereitung, den Prozesswasserkreisläufen, der Kläranlage und der Schlammentwässerung, soweit wie möglich zu vermeiden. Soweit in der Umgebung einer Anlage Geruchseinwirkungen zu erwarten sind, sind weitergehende, dem Stand der Technik entsprechende Maßnahmen der Geruchsminderung, z.B. Kapselung der Anlagenteile, Erfassung der Abgase und Zuführung zu einer Abgasreinigungseinrichtung, durchzuführen.

5.4.6.3 Anlagen der Nummer 6.3: Anlagen zur Herstellung von Holzspanplatten, Holzfaserplatten oder Holzfasermatten

Lagerplätze

Bei der Lagerung von Stammholz oder stückigem Holz finden die Anforderungen der Nummern 5.2.3.5 und 5.2.3.6 keine Anwendung.

Für Industrieresthölzer, die in trockenem Zustand stauben können (z.B. Frässpäne, Hobelspäne, Sägespäne, Sägemehl), oder Hölzer, bei denen die abtrennbare Fraktion bei Siebung mit einer maximalen Maschenweite von 5 mm den Wert von 5,0 g/kg (bezogen auf die Trockenmasse) überschreitet, ist durch betriebliche und technische Maßnahmen sicherzustellen, dass das Entladen ausschließlich in geschlossenen Materialannahmestationen sowie den zugehörigen Siloanlagen erfolgen kann; die Abgase sind zu erfassen und einer Entstaubungseinrichtung zuzuführen.

Gesamtstaub, einschließlich der Anteile an krebserzeugenden, erbgutverändernden oder reproduktionstoxischen Stoffen

Die staubförmigen Emissionen im Abgas dürfen als Mindestanforderung folgende Massenkonzentrationen nicht überschreiten:

a) bei Schleifmaschinen 5 mg/m³,

b) bei indirekt beheizten Spänetrocknern 10 mg/m³ (f),

c) bei sonstigen Trocknern 15 mg/m³ (f).

Brennstoffe

Bei Einsatz von flüssigen oder festen Brennstoffen in Späne- oder Fasertrocknern darf der Massengehalt an Schwefel im Brennstoff 1 vom Hundert, bei festen Brennstoffen bezogen auf einen unteren Heizwert von 29,3 MJ/kg, nicht überschreiten, soweit nicht durch den Einsatz einer Abgasreinigungseinrichtung ein äquivalenter Emissionswert für Schwefeloxide erreicht wird; beim Einsatz von Kohlen dürfen nur Kohlen verwendet werden, die keine höheren Emissionen an Schwefeloxiden verursachen als Steinkohle mit einem Massengehalt an Schwefel von weniger als 1 vom Hundert, bezogen auf einen unteren Heizwert von 29,3 MJ/kg.

Organische Stoffe

Bei Trocknern dürfen die Emissionen an organischen Stoffen im Abgas die Massenkonzentration 300 mg/m³ (f), angegeben als Gesamtkohlenstoff, nicht überschreiten. Bei Fasertrocknern im Umluftbetrieb dürfen die Emissionen an organischen Stoffen der Nummer 5.2.5 Klasse I im Abgas die Massenkonzentration nach Nummer 5.2.5 überschreiten, wenn dabei der stündliche Massenstrom unterschritten wird, der bei Einhaltung der Massenkonzentration nach Nummer 5.2.5 ohne Umluftbetrieb erreicht würde.

Bei Pressen dürfen die Emissionen an organischen Stoffen der Nummer 5.2.5 Klasse I im Abgas das Massenverhältnis 0,06 kg je Kubikmeter hergestellter Platten nicht überschreiten.

Die Möglichkeiten, die Emissionen an organischen Stoffen durch primärseitige Maßnahmen, z.B. durch Verwendung emissionsarmer Bindemittel, insbesondere durch den Einsatz formaldehydarmer oder formaldehydfreier Bindemittel, oder andere dem Stand der Technik entsprechende Maßnahmen weiter zu vermindern, sind auszuschöpfen.

5.4.7 Nahrungs-, Genuss- und Futtermittel, landwirtschaftliche Erzeugnisse

5.4.7.1 Anlagen der Nummer 7.1: Anlagen zum Halten oder zur Aufzucht von Nutztieren

Mindestabstand

Bei der Errichtung der Anlagen sollen die sich aus der Abbildung 1 ergebenden Mindestabstände zur nächsten vorhandenen oder in einem Bebauungsplan festgesetzten Wohnbebauung und unter Berücksichtigung der Einzeltiermasse gemäß Tabelle 10 nicht unterschritten werden.

Der Mindestabstand kann unterschritten werden, wenn die Emissionen an Geruchsstoffen durch primärseitige Maßnahmen gemindert werden oder das geruchsbeladene Abgas in einer Abgasreinigungseinrichtung behandelt wird. Die durch die Minderung der Emissionen an Geruchsstoffen mögliche Verringerung des Mindestabstandes ist mit Hilfe eines geeigneten Modells zur Geruchsausbreitungsrechnung festzustellen, dessen Eignung der zuständigen Fachbehörde nachzuweisen ist.

Für Anlagen zum Halten oder zur Aufzucht von anderen als in der Tabelle 10 genannten Tierarten oder Haltungsbedingungen ist der Abstand im Einzelfall festzulegen.

Abbildung 1: Mindestabstandskurve

(Die obere Kurve stellt die Mindestabstandskurve für Geflügel, die untere die Mindestabstandskurve für Schweine dar.)

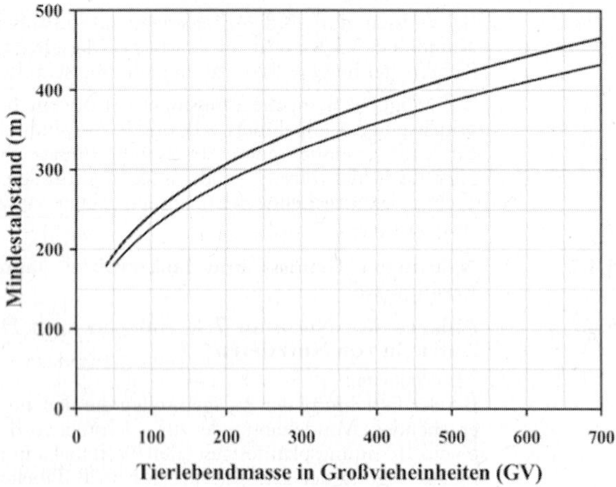

Tabelle 10: Faktoren zur Umrechnung von Tierplatzzahlen in Tierlebendmasse, angegeben in Großvieheinheiten[1)]

(1 Großvieheinheit (GV) = 500 kg Tierlebendmasse)

Tierart	Mittlere Einzeltiermasse (GV/Tier)
Schweine	
Niedertragende und leere Sauen, Eber	0,30
Sauen mit Ferkeln bis 10 kg	0,40
Ferkelaufzucht (bis 25 kg)	0,03
Jungsauen (bis 90 kg)	0,12
Mastschweine (bis 110 kg)	0,13
Mastschweine (bis 120 kg)	0,15

1) **Amtl. Anm.:** Für Produktionsverfahren, die wesentlich von den in dieser Tabelle genannten Haltungsverfahren abweichen, kann die mittlere Einzeltiermasse (in GV/Tier) im Einzelfall festgelegt werden.

Tierart	Mittlere Einzeltiermasse (GV/Tier)
Geflügel	
Legehennen	0,0034
Junghennen (bis 18. Woche)	0,0014
Masthähnchen bis 35 Tage	0,0015
Masthähnchen bis 49 Tage	0,0024
Pekingentenaufzucht (bis 3. Woche)	0,0013
Pekingentenmast (bis 7. Woche)	0,0038
Flugentenaufzucht (bis 3. Woche)	0,0012
Flugentenmast (bis 10. Woche)	0,0050
Truthühneraufzucht (bis 6. Woche)	0,0022
Truthühnermast, Hennen (bis 16. Woche)	0,0125
Truthühnermast, Hähne (bis 21. Woche)	0,0222

Bei der Errichtung der Anlagen soll gegenüber stickstoffempfindlichen Pflanzen (z.B. Baumschulen, Kulturpflanzen) und Ökosystemen (z.B. Heide, Moor, Wald) in der Regel ein Mindestabstand von 150 m nicht unterschritten werden.

Bauliche und betriebliche Anforderungen
Folgende bauliche und betriebliche Maßnahmen sind in der Regel anzuwenden:

a) Größtmögliche Sauberkeit und Trockenheit im Stall
Hierzu gehören das Trocken- und Sauberhalten der Futtervorlage-, der Kot-, Lauf- und Liegeflächen, der Stallgänge, der Stalleinrichtungen und der Außenbereiche um den Stall. Tränkwasserverluste sind durch eine verlustarme Tränktechnik zu vermeiden.

b) Die vorgelegte Futtermenge ist so zu bemessen, dass möglichst wenig Futterreste entstehen; Futterreste sind regelmäßig aus dem Stall zu entfernen. Verdorbenes oder nicht mehr verwendbares Futter oder Futterreste dürfen nicht offen gelagert werden. Werden geruchsintensive Futtermittel (z.B. Speiseabfälle, Molke) verfüttert, sind diese in geschlossenen Behältern oder abgedeckt zu lagern.

c) Eine an den Nährstoffbedarf der Tiere angepasste Fütterung ist sicherzustellen.

d) Optimales Stallklima
Bei zwangsbelüfteten Ställen ist DIN 18910 (Ausgabe 1992) zu beachten. Die Art und Weise der Abluftführung ist im Einzelfall an den Bedingungen des Standortes auszurichten.
Frei gelüftete Ställe sollen möglichst mit der Firstachse quer zur Hauptwindrichtung ausgerichtet und frei anströmbar sein sowie zusätzliche Lüftungsöffnungen in den Giebelseiten aufweisen.

e) Beim Festmistverfahren ist eine ausreichende Einstreumenge zur Minderung der Geruchsemissionen einzusetzen. Die Einstreu muss trocken und sauber sein.
Dungstätten zur Lagerung von Festmist mit einem Trockenmassegehalt von weniger als 25 vom Hundert sind auf einer wasserundurchlässigen Betonplatte nach DIN 1045 (Ausgabe 1988) oder auf vergleichbar geeignetem Abdichtmaterial zu errichten. Die anfallende Jauche ist in einen abflusslosen Behälter einzuleiten. Zur Verringerung der windinduzierten Emissionen ist eine dreiseitige Umwandung des Lagerplatzes sowie eine möglichst kleine Oberfläche zu gewährleisten.

f) Zur Verringerung der Geruchsemissionen aus dem Stall sind anfallende Kot- und Harnmengen bei Flüssigmistsystemen kontinuierlich oder in kurzen Zeitabständen zum Güllelager zu überführen. Zwischen Stallraum und außen liegenden Flüssigmistkanälen und Flüssigmistbehältern ist ein Geruchsverschluss einzubauen.

g) Anlagen zum Lagern und Umschlagen von flüssigem Wirtschaftsdünger sind entsprechend DIN 11622 (Ausgabe 1994) und DIN 1045 (Ausgabe 1988) zu errichten.
Bei der Güllezwischenlagerung im Stall (Güllekeller) ist die Kapazität so zu bemessen, dass bei Unterflurabsaugung der maximale Füllstand höchstens bis 50 cm unterhalb der Betonroste ansteigt; ansonsten sind 10 cm ausreichend.
Bei Unterflurabsaugung soll die Stallluft mit niedriger Geschwindigkeit (maximal 3 m/s) direkt unter dem Spaltenboden abgesaugt werden.

h) Die Lagerung von Flüssigmist (außerhalb des Stalles) soll in geschlossenen Behältern erfolgen oder es sind gleichwertige Maßnahmen zur Emissionsminderung anzuwenden, die einen Emissionsminderungsgrad bezogen auf den offenen Behälter ohne Abdeckung von mindestens 80 vom Hundert der Emissionen an geruchsintensiven Stoffen und an Ammoniak erreicht.
Künstliche Schwimmschichten sind nach etwaiger Zerstörung durch Aufrühren oder Ausbringungsarbeiten nach Abschluss der Arbeiten unverzüglich wieder funktionstüchtig herzustellen.
Bei der Lagerung von Rinderflüssigmist ist keine zusätzliche Abdeckung erforderlich, wenn sich eine natürliche Schwimmdecke bildet.

i) Die Lagerkapazität für flüssigen Wirtschaftsdünger zur Verwendung als Düngemittel im eigenen Betrieb ist so zu bemessen, dass sie für mindestens 6 Monate ausreicht, zuzüglich eines Zuschlages für das anfallende Niederschlags- und Reinigungswasser; der Zuschlag für Niederschlagswasser kann entfallen, wenn durch eine geeignete Abdeckung sichergestellt ist, dass kein Regenwasser in den Behälter gelangen kann. Für flüssigen Wirtschaftsdünger, der an Dritte zur weiteren Verwertung abgegeben wird, ist die ordnungsgemäße Lagerung und Verwertung vertraglich abzusichern.

Bei Anlagen zum Halten oder zur Aufzucht von Geflügel sind folgende Anforderungen ergänzend anzuwenden:

j) In der Käfighaltung ist eine Kotbandtrocknung oder Kotbandbelüftung vorzusehen (Trocknungsgrad mindestens 60 vom Hundert). Getrockneter Geflügelkot ist so zu lagern, dass eine Wiederbefeuchtung (z.B. durch Regenwasser) im Anlagenbereich ausgeschlossen ist.
Bei der Auslaufhaltung sind die Anlage und die dazugehörigen Auslaufflächen so zu bemessen und zu gestalten, dass die Nährstoffeinträge durch Kotablagerung nicht zu schädlichen Umwelteinwirkungen, insbesondere hinsichtlich des Boden- und Gewässerschutzes, führen.

Bei Anlagen zum Halten oder zur Aufzucht von Pelztieren sind folgende Anforderungen ergänzend anzuwenden:

k) Bei fleischfressenden Pelztieren soll Frischfutter in den Sommermonaten täglich, im Winter mindestens dreimal wöchentlich angeliefert werden. Das Futter soll in geschlossenen Thermobehältern (Lagertemperatur des Futters 4 °C oder weniger) gelagert werden. Sofern abweichend eine längere Lagerzeit oder eine Futteranlieferung in größeren Zeitabständen erforderlich ist, soll das Futter geschlossen und tiefgekühlt gelagert werden.

l) Zur Verringerung der Emissionen an geruchsintensiven Stoffen ist unter den Käfigen ausreichend einzustreuen.

m) Dung unter den Käfigen ist mindestens einmal wöchentlich zu entfernen.

n) Die Lagerung der Exkremente ist nur in geschlossen Räumen oder Behältern zulässig.

Die baulichen und betrieblichen Anforderungen sind mit den Erfordernissen einer artgerechten Tierhaltung abzuwägen, soweit diese Form der Tierhaltung zu höheren Emissionen führt.

Keime
Die Möglichkeiten, die Emissionen an Keimen und Endotoxinen durch dem Stand der Technik entsprechende Maßnahmen zu vermindern, sind zu prüfen.

5.4.7.2 Anlagen der Nummer 7.2: Anlagen zum Schlachten von Tieren

Mindestabstand
Bei der Errichtung der Anlagen soll möglichst ein Mindestabstand von 350 m zur nächsten vorhandenen oder in einem Bebauungsplan festgesetzten Wohnbebauung nicht unterschritten werden. Der Mindestabstand kann unterschritten werden, wenn die Emissionen an Geruchsstoffen durch primärseitige Maßnahmen gemindert werden oder das geruchsbeladene Abgas in einer Abgasreinigungseinrichtung behandelt wird. Die durch die Minderung der Emissionen an Geruchsstoffen mögliche Verringerung des Mindestabstandes ist mit Hilfe eines geeigneten Modells zur Geruchsausbreitungsrechnung festzustellen, dessen Eignung der zuständigen Fachbehörde

nachzuweisen ist. Der Mindestabstand kann auch unterschritten werden, wenn die Auslastung der Schlachtanlage 250 h/a nicht überschreitet; in diesem Fall ist eine Sonderbeurteilung erforderlich.

Bauliche und betriebliche Anforderungen

Folgende bauliche und betriebliche Maßnahmen sind anzuwenden:

a) Entladungen sind grundsätzlich bei geschlossenen Hallentoren vorzunehmen.
Die Aufstallung, die Schlachtstraßen, die Einrichtungen zur Aufarbeitung der Nebenprodukte und der Abfälle sind grundsätzlich in geschlossenen Räumen vorzusehen. Offene Zwischenlagerungen sind zu vermeiden.

b) Leckblut von Rindern und Schweinen ist bei Temperaturen von weniger als 10 °C zu lagern. Das Koagulieren des Blutes ist durch Umpumpen zu verhindern. Für die Bluttankentleerung ist das Gaspendelverfahren anzuwenden. Der Bluttank ist regelmäßig zu reinigen.

c) Schlachtabfälle und Schlachtnebenprodukte sind in geschlossenen Behältern oder Räumen zu lagern. Die Temperatur der Schlachtabfälle und Schlachtnebenprodukte soll weniger als 10 °C betragen oder diese sind grundsätzlich in Räumen mit einer Raumtemperatur von weniger als 5 °C zu lagern oder täglich abzufahren. Ihr Umfüllen zum Abtransport zur Tierkörperbeseitigungsanlage muss in abgedeckte Behälter erfolgen.

d) Abgase aus Produktionsanlagen, Einrichtungen zur Aufarbeitung und Lagerung von Schlachtnebenprodukten oder Abfällen sind zu erfassen und einer Abgasreinigungseinrichtung zuzuführen oder es sind gleichwertige Maßnahmen zur Emissionsminderung anzuwenden.

Für Anlagen zum Schlachten von Geflügel sowie zum Schlachten sonstiger Tiere von mehr als 10 Mg Lebendgewicht je Tag sind zusätzlich folgende Anforderungen anzuwenden:

e) Unmittelbar nach dem Leeren der Fahrzeuge ist das darin liegende Stroh zusammen mit dem Kot auf der Dunglage zu lagern. Die Lieferfahrzeuge sind an einem festen, nahe an der Dunglage befindlichen Waschplatz mit Druckwassergeräten zu reinigen. Boxen sind sofort nach der Leerung auszuschieben und sauber zu spritzen. Es sind Einrichtungen vorzusehen, um Schweine bei der Aufstallung mit Wasser berieseln zu können.

f) Die Verdrängungsluft beim Befüllen der Bluttanks ist zu erfassen und einer Abgasreinigungseinrichtung (z.B. Aktivkohlefilter) zuzuführen.

g) Flämmöfen bei der Schweineschlachtung sind so auszulegen, dass die Verweilzeit der Abgase in der Reaktionszone möglichst 1 Sekunde, mindestens aber 0,5 Sekunden beträgt. Die Temperatur in der Reaktionszone soll zwischen 600 °C und 700 °C liegen. Durch sorgfältige Einstellung des Gas-Luft-Gemisches ist ein geruchsarmer Betrieb der Flämmöfen zu gewährleisten. Flämmöfen dürfen nur mit Erdgas betrieben werden.

h) Ergänzend zu Buchstabe c) soll die Temperatur der Schlachtabfälle und Schlachtnebenprodukte weniger als 10 °C betragen oder diese sind grundsätzlich in Räumen mit einer Raumtemperatur von weniger als 5 °C zu lagern; Schlachtabfälle und Schlachtnebenprodukte sind am Schlachttag zur Tierkörperbeseitigungsanlage oder zu einer anderen dafür zugelassenen Anlage zu transportieren.

5.4.7.3/4 Anlagen der Nummern 7.3 und 7.4:

5.4.7.3.1 Anlagen zur Erzeugung von Speisefetten aus tierischen Rohstoffen oder zum Schmelzen von tierischen Fetten

5.4.7.4.1 Anlagen zur Herstellung von Fleisch- oder Gemüsekonserven oder Anlagen zur fabrikmäßigen Herstellung von Tierfutter durch Erwärmen der Bestandteile tierischer Herkunft

Bauliche und betriebliche Anforderungen

Folgende bauliche und betriebliche Maßnahmen sind anzuwenden:

a) Bei Anlagen zur Erzeugung von Speisefetten aus tierischen Rohstoffen oder zum Schmelzen von tierischen Fetten soll als Prozesstechnik vorzugsweise das Trockenschmelzverfahren eingesetzt werden.

b) Entladungen sind grundsätzlich bei geschlossenen Hallentoren vorzunehmen. Prozessanlagen, einschließlich der Lager, sind in geschlossenen Räumen unterzubringen.

c) Abgase der Prozessanlagen sowie der Lager sind zu erfassen; Abgase mit geruchsintensiven Stoffen sind einer Abgasreinigungseinrichtung zuzuführen oder es sind gleichwertige Maßnahmen zur Emissionsminderung anzuwenden.

d) Roh- und Zwischenprodukte sind in geschlossenen Behältern oder Räumen und bei Temperaturen von weniger als 10 °C zu lagern. Offene Zwischenlagerungen sind zu vermeiden.

5.4.7.5 Anlagen der Nummer 7.5: Anlagen zum Räuchern von Fleisch- oder Fischwaren

Bauliche und betriebliche Anforderungen

Folgende bauliche und betriebliche Maßnahmen sind anzuwenden:

a) Räucheranlagen sind so zu errichten und zu betreiben,

- dass die Abgabe von Räuchergas aus der Räucherkammer nur möglich ist, wenn die Abgasreinigungseinrichtung ihre Wirksamkeit zur Einhaltung der Emissionswerte erreicht hat,
- dass die entstehenden Abfälle in geschlossenen Behältern gelagert werden.

Ferner dürfen während des Räuchervorganges die Räucherkammern nicht geöffnet werden; dies gilt nicht für Kalträucheranlagen sowie für Anlagen, in denen ein Unterdruck besteht und bei denen bei geöffneter Räucherkammertür Rauchgase nicht nach außen gelangen können.

b) Abgase sind an der Entstehungsstelle (z.B. Räucherkammer) zu erfassen und einer Abgasreinigungseinrichtung zuzuführen oder es sind gleichwertige Maßnahmen zur Emissionsminderung anzuwenden.

c) Produktionsabfälle sind in geschlossenen Behältern bei einer Temperatur von weniger als 10 °C zu lagern.

d) Fischwaren sollen in geschlossenen Räumen mit einer Entlüftung aufbewahrt werden.

5.4.7.8–12 Anlagen der Nummern 7.8 bis 7.12:

5.4.7.8.1 Anlagen zur Herstellung von Gelatine, Hautleim, Lederleim oder Knochenleim

5.4.7.9.1 Anlagen zur Herstellung von Futter- oder Düngemitteln oder technischen Fetten aus den Schlachtnebenprodukten Knochen, Tierhaare, Federn, Hörner, Klauen oder Blut

5.4.7.10.1 Anlagen zum Lagern oder Aufarbeiten unbehandelter Tierhaare

5.4.7.11.1 Anlagen zum Lagern unbehandelter Knochen

5.4.7.12.1 Anlagen zur Beseitigung oder Verwertung von Tierkörpern oder tierischen Abfällen sowie Anlagen, in denen Tierkörper, Tierkörperteile oder Abfälle tierischer Herkunft zum Einsatz in diesen Anlagen gesammelt oder gelagert werden

Bauliche und betriebliche Anforderungen

Folgende bauliche und betriebliche Maßnahmen sind anzuwenden:

a) Entladungen sind grundsätzlich bei geschlossenen Hallentoren vorzunehmen.
Prozessanlagen, einschließlich der Lager, sind in geschlossenen Räumen unterzubringen.

b) Abgase der Prozessanlagen sowie der Lager sind zu erfassen; Abgase mit geruchsintensiven Stoffen sind einer Abgasreinigungseinrichtung zuzuführen oder es sind gleichwertige Maßnahmen zur Emissionsminderung anzuwenden.

c) Roh- und Zwischenprodukte sind in geschlossenen Behältern oder Räumen und grundsätzlich gekühlt zu lagern. Offene Zwischenlagerungen sind zu vermeiden.

d) Verunreinigte Transportbehälter dürfen nur in geschlossenen Räumen abgestellt und gereinigt werden.

5.4.7.15 Anlagen der Nummer 7.15: Kottrocknungsanlagen

Mindestabstand

Bei der Errichtung der Anlagen soll ein Mindestabstand von 500 m zur nächsten vorhandenen oder in einem Bebauungsplan festgesetzten Wohnbebauung nicht unterschritten werden.

Bauliche und betriebliche Anforderungen

Prozessanlagen, einschließlich Lager, sind in geschlossenen Räumen unterzubringen. Die Abgase der Prozessanlagen sowie der Lager sind zu erfassen und einer Abgasreinigungseinrichtung zuzuführen.

Keime

Die Möglichkeiten, die Emissionen an Keimen und Endotoxinen durch dem Stand der Technik entsprechende Maßnahmen zu vermindern, sind zu prüfen.

5.4.7.21 Anlagen der Nummer 7.21: Mühlen für Nahrungs- oder Futtermittel

Bauliche und betriebliche Anforderungen

Staubhaltige Abgase sind an der Entstehungsstelle, z.B. in der Getreideannahme, im Absackbereich, zu erfassen und einer Entstaubungseinrichtung zuzuführen.

5.4.7.22 Anlagen der Nummer 7.22: Anlagen zur Herstellung von Hefe oder Stärkemehlen

5.4.7.22.1 Anlagen zur Herstellung von Hefe

Organische Stoffe

Nummer 5.2.5 gilt mit der Maßgabe, dass die Emissionen an organischen Stoffen im Abgas die Massenkonzentration 80 mg/m^3, angegeben als Gesamtkohlenstoff, nicht überschreiten dürfen. Die Möglichkeiten, die Emissionen an organischen Stoffen durch primärseitige und andere dem Stand der Technik entsprechende Maßnahmen weiter zu vermindern, sind auszuschöpfen.

5.4.7.23 Anlagen der Nummer 7.23: Anlagen zur Erzeugung von Ölen oder Fetten aus pflanzlichen Rohstoffen

Bauliche und betriebliche Anforderungen

Abgase sind an der Entstehungsstelle, z.B. Saatensilo, Saatenaufbereitung, Toastung, Trocknung, Kühlung, Schrotsilo, Pelletierung, Schrotverladung, zu erfassen und einer Abgasreinigungseinrichtung zuzuführen oder es sind gleichwertige Maßnahmen zur Emissionsminderung anzuwenden.

Schwefelwasserstoff

Soweit Biofilter zur Geruchsminderung eingesetzt werden, gilt Nummer 5.2.4 mit der Maßgabe, dass die Anforderungen für die Emissionen an Schwefelwasserstoff keine Anwendung finden.

ALTANLAGEN

Gesamtstaub

Soweit Emissionen an feuchten Stäuben auftreten, z.B. bei der Saatenkonditionierung, bei der Saatenaufbereitung, in den Trocknersektionen von Toastern und Kühlern, bei der Schrottrocknung und -kühlung, in der Pelletierung, sollen Altanlagen die Anforderung zur Begrenzung der staubförmigen Emissionen spätestens acht Jahre nach Inkrafttreten dieser Verwaltungsvorschrift einhalten.

5.4.7.24 Anlagen der Nummer 7.24: Anlagen zur Herstellung oder Raffination von Zucker

5.4.7.24.1 Zuckerrübenschnitzeltrocknungsanlagen

Bauliche und betriebliche Anforderungen

Anlagen zur Zuckerrübenschnitzeltrocknung sind nach der Technik der Indirekttrocknung (Dampftrocknung) zu errichten oder es sind gleichwertige Maßnahmen zur Emissionsminderung anzuwenden.

Bei einer wesentlichen Änderung der Anlage im Bereich der Trocknung oder der Energiezentrale ist zu prüfen, ob unter Beachtung des Grundsatzes der Verhältnismäßigkeit die Indirekttrocknung (Dampftrocknung) gefordert werden kann.

Organische Stoffe
Nummer 5.2.5 gilt mit der Maßgabe, dass die Emissionen an organischen Stoffen im Abgas den Massenstrom 0,65 kg/h, angegeben als Gesamtkohlenstoff, nicht überschreiten dürfen. Die Anforderungen der Nummer 5.2.5 für die Emissionen an organischen Stoffen der Klassen I und II finden keine Anwendung.

Die Möglichkeiten, die Emissionen an organischen Stoffen durch primärseitige oder andere dem Stand der Technik entsprechende Maßnahmen weiter zu vermindern, sind auszuschöpfen.

ALTANLAGEN
Die nachfolgenden Anforderungen beziehen sich auf Altanlagen nach dem Direkttrocknungsverfahren.

Bauliche und betriebliche Anforderungen
Zur Verminderung der Geruchsemissionen darf die Trommeleintritttemperatur 750 °C nicht überschreiten.

ALTANLAGEN
Bezugsgröße
Nummer 5.4.1.2.5 gilt mit der Maßgabe, dass sich die Emissionswerte auf einen Volumengehalt an Sauerstoff im Abgas von 12 vom Hundert beziehen.

Gesamtstaub
Die staubförmigen Emissionen im Abgas dürfen die Massenkonzentration 60 mg/m^3 (f) nicht überschreiten.

Brennstoffe
Nummer 5.4.1.2.5 gilt mit der Maßgabe, dass auch andere als in Buchstabe b) genannte flüssige Brennstoffe eingesetzt werden dürfen.

Schwefeloxide
Bei Einsatz von anderen flüssigen Brennstoffen als Heizöle mit einem Massengehalt an Schwefel für leichtes Heizöl nach der 3. BImSchV, in der jeweils gültigen Fassung, dürfen die Emissionen an Schwefeldioxid und Schwefeltrioxid im Abgas die Massenkonzentration 0,85 g/m^3, angegeben als Schwefeldioxid, nicht überschreiten; dabei gilt Nummer 5.1.2 Absatz 8 mit der Maßgabe, dass unabhängig vom Einsatz einer nachgeschalteten Abgasreinigungseinrichtung die Umrechnung nur für die Zeiten erfolgen darf, in denen der gemessene Sauerstoffgehalt über dem Bezugssauerstoffgehalt liegt.

Abweichend von Nummer 6.2.3.3 sollen die Anlagen diese Anforderungen zur Begrenzung der Emissionen an Schwefeloxiden spätestens acht Jahre nach Inkrafttreten dieser Verwaltungsvorschrift einhalten.

Stickstoffoxide
Die Emissionen an Stickstoffmonoxid und Stickstoffdioxid im Abgas dürfen die Massenkonzentration 0,40 g/m³, angegeben als Stickstoffdioxid, nicht überschreiten; dabei gilt Nummer 5.1.2 Absatz 8 mit der Maßgabe, dass unabhängig vom Einsatz einer nachgeschalteten Abgasreinigungseinrichtung die Umrechnung nur für die Zeiten erfolgen darf, in denen der gemessene Sauerstoffgehalt über dem Bezugssauerstoffgehalt liegt.

Organische Stoffe
Die Emissionen an organischen Stoffen, angegeben als Gesamtkohlenstoff, dürfen das Massenverhältnis 0,08 kg je Mg verarbeiteter Rübenmenge nicht überschreiten. Dieser Emissionswert bezieht sich auf die durch Adsorption an Kieselgel erfassbaren organischen Stoffe, angegeben als Gesamtkohlenstoff; wenn die Messung nach dem FID-Verfahren durchgeführt wird, ist eine entsprechende Umrechnung vorzunehmen.

Die Möglichkeiten, die Emissionen an organischen Stoffen durch primärseitige oder andere dem Stand der Technik entsprechende Maßnahmen weiter zu vermindern, sind auszuschöpfen; soweit technisch möglich, sind Altanlagen unter Beachtung des Grundsatzes der Verhältnismäßigkeit auf die Technik der Indirekttrocknung (Dampftrocknung) umzustellen. Die Anforderungen der Nummer 5.2.5 für die Emissionen an organischen Stoffen der Klassen I und II finden keine Anwendung.

Die Anlagen sollen diese Anforderungen zur Begrenzung der Emissionen an organischen Stoffen spätestens acht Jahre nach Inkrafttreten dieser Verwaltungsvorschrift einhalten.

5.4.7.25 Anlagen der Nummer 7.25: Anlagen zur Trocknung von Grünfutter

Mindestabstand
Bei der Errichtung der Anlagen soll ein Mindestabstand von 500 m zur nächsten vorhandenen oder in einem Bebauungsplan festgesetzten Wohnbebauung nicht unterschritten werden. Der Mindestabstand kann unterschritten werden, wenn die Emissionen an Geruchsstoffen durch primärseitige Maßnahmen gemindert werden oder das geruchsbeladene Abgas in einer Abgasreinigungseinrichtung behandelt wird. Die durch die Minderung der Emissionen an Geruchsstoffen mögliche Verringerung des Mindestabstandes ist mit Hilfe eines geeigneten Modells zur Geruchsausbreitungsrechnung festzustellen, dessen Eignung der zuständigen Fachbehörde nachzuweisen ist.

Bauliche und betriebliche Anforderungen
Die Möglichkeit, Anlagen mit mindestens einer Stufe nach der Technik der Indirekttrocknung zu errichten, ist zu prüfen.

Der Trockner ist, z.B. durch Anpassung der Trocknereintritttemperatur, so zu steuern, dass der CO-Betriebsleitwert nicht überschritten wird.

Gesamtstaub
Die staubförmigen Emissionen im Abgas dürfen die Massenkonzentration 75 mg/m³ (f) nicht überschreiten.

Organische Stoffe
Die Anforderungen der Nummer 5.2.5 finden keine Anwendung. Die spezifischen Emissionen an organischen Stoffen, angegeben als Gesamtkohlenstoff, dürfen 0,25 kg je Mg Wasserverdampfung und an Formaldehyd, Acetaldehyd, Acrolein und Furfural dürfen in der Summe 0,10 kg je Mg Wasserverdampfung nicht überschreiten.

Kontinuierliche Messungen von Kohlenmonoxid
Anlagen sind mit einer Messeinrichtung auszurüsten, die die Massenkonzentration der Emissionen an Kohlenmonoxid kontinuierlich ermittelt.

auf Grund von Emissionsmessungen ist die maximale Kohlenmonoxidkonzentration im Abgas so festzulegen, dass die spezifischen Emissionen an organischen Stoffen und an Aldehyden im Abgas nicht überschritten werden (CO-Betriebsleitwert).

5.4.7.29/30 Anlagen der Nummern 7.29 und 7.30:

5.4.7.29.1 Anlagen zum Rösten oder Mahlen von Kaffee oder Abpacken von gemahlenem Kaffee

5.4.7.30.1 Anlagen zum Rösten von Kaffee-Ersatzprodukten, Getreide, Kakaobohnen oder Nüssen

Bauliche und betriebliche Anforderungen
Folgende bauliche und betriebliche Maßnahmen sind anzuwenden:

a) Entladungen sind grundsätzlich bei geschlossenen Hallentoren vorzunehmen.
Prozessanlagen, einschließlich der Lager, sind in geschlossenen Räumen unterzubringen. Offene Zwischenlagerungen sind zu vermeiden.

b) Abgase sind an der Entstehungsstelle, z.B. der Röstanlagen einschließlich der Kühlluft, der Vakuumanlage, der Zentralaspiration Mahlkaffe, der Siloanlage, zu erfassen; Abgase mit geruchsintensiven Stoffen sind einer Abgasreinigungseinrichtung zuzuführen oder es sind gleichwertige Maßnahmen zur Emissionsminderung anzuwenden.
Die Rückführung der Rösterabgase in die Brennkammer ist anzustreben, soweit sicherheitstechnische Aspekte dem nicht entgegenstehen.

Stickstoffoxide
Nummer 5.2.4 gilt mit der Maßgabe, dass für die Emissionen an Stickstoffmonoxid und Stickstoffdioxid im Abgas, angegeben als Stickstoffdioxid, der Massenstrom 1,8 kg/h oder die Massenkonzentration 0,35 g/m³ anzustreben sind; die Möglichkeiten, die Emissionen an Stickstoffoxiden durch primärseitige und andere dem Stand der Technik entsprechende Maßnahmen zu vermindern, sind auszuschöpfen.

ALTANLAGEN

Stickstoffoxide

Bei Altanlagen mit einer Produktionsleistung von weniger als 250 kg geröstetem Kaffee je Stunde finden die Anforderungen für Neuanlagen zur Begrenzung der Emissionen an Stickstoffoxiden keine Anwendung.

5.4.8 Verwertung und Beseitigung von Abfällen und sonstigen Stoffen

5.4.8.1 Anlagen der Nummer 8.1: Anlagen zur Beseitigung oder Verwertung von festen, flüssigen oder in Behältern gefassten gasförmigen Abfällen oder Deponiegas mit brennbaren Bestandteilen durch thermische Verfahren

5.4.8.1a Anlagen der Nummer 8.1a: Anlagen zur Beseitigung oder Verwertung von festen, flüssigen oder in Behältern gefassten gasförmigen Abfällen oder Deponiegas mit brennbaren Bestandteilen durch thermische Verfahren und Anlagen zum Abfackeln von Deponiegas oder anderen brennbaren gasförmigen Stoffen

5.4.8.1a.1 Anlagen zur Beseitigung oder Verwertung von Deponiegas mit brennbaren Bestandteilen durch thermische Verfahren

Bei Einsatz von Deponiegas in Feuerungsanlagen finden die Anforderungen der Nummer 5.4.1.2.3 für Biogas oder Klärgas Anwendung.

5.4.8.1a.2 Anlagen zum Abfackeln von Deponiegas oder anderen brennbaren gasförmigen Stoffen

Die Regelungen in Nummer 5.4.8.1a.2 finden bei Fackeln zur Verbrennung von Gasen aus Betriebsstörungen und Sicherheitsventilen keine Anwendung; emissionsbegrenzende Anforderungen sind im Einzelfall festzulegen.

5.4.8.1a.2.1 Anlagen zum Abfackeln von Deponiegas oder anderen brennbaren gasförmigen Stoffen aus Abfallbehandlungsanlagen

Bauliche und betriebliche Anforderungen

Sollen gefasste Deponiegase oder andere brennbare gasförmige Stoffe (z.B. Klärgas, Biogas) nicht in Feuerungs- oder Verbrennungsmotoranlagen mit Energienutzung, sondern wegen schlechter Gasqualität, geringer Gasmenge oder unvermeidbarem Stillstand der Energienutzungsanlage ohne Energienutzung verbrannt werden, sind die Gase einer Bodenfackel (isolierte Hochtemperaturfackel oder Muffel) zuzuführen.

Die Abgastemperatur ab Flammenspitze soll mindestens 1 000 °C und die Verweilzeit der heißen Abgase im Verbrennungsraum ab Flammenspitze mindestens 0,3 Sekunden betragen.

Bezugsgröße

Die Emissionswerte beziehen sich auf einen Volumengehalt an Sauerstoff im Abgas von 3 vom Hundert.

Massenströme
Die in Nummer 5.2 festgelegten Massenströme finden keine Anwendung.

Organische Stoffe
Die Anforderungen der Nummer 5.2.5 finden keine Anwendung.

Messungen
Zur Überwachung des Ausbrandes sollen die Anlagen mit Messeinrichtungen ausgerüstet werden, die die Temperatur im Verbrennungsraum kontinuierlich ermitteln und aufzeichnen; dabei sollen die Messpunkte am Ende der Verweilstrecke positioniert werden.

5.4.8.1a.2.2 Anlagen zum Abfackeln von brennbaren gasförmigen Stoffen, die nicht aus Abfallbehandlungsanlagen stammen

Bauliche und betriebliche Anforderungen
Brennbare gasförmige Stoffe, die nicht in Feuerungs- oder Verbrennungsmotoranlagen mit Energienutzung verbrannt werden, sondern aus sicherheitstechnischen Gründen oder besonderen betrieblichen Erfordernissen ohne Energienutzung verbrannt werden sollen, sind möglichst einer Abgasreinigungseinrichtung mit thermischer oder katalytischer Nachverbrennung zuzuführen; soweit dies nicht möglich ist (z.B. weil infolge diskontinuierlich anfallender, stark schwankender oder nur in kurzen Zeitspannen anfallender Gasmengen eine Abgasreinigungseinrichtung auch bei Einsatz eines Gaspuffers nicht wirksam oder auch unter Berücksichtigung der Gefährlichkeit der Gase nicht mit verhältnismäßigem Aufwand betrieben werden kann), sind diese brennbaren gasförmigen Stoffe einer Fackel zuzuführen. Halogenierte brennbare gasförmige Stoffe sollen diesen Fackeln nicht zugeführt werden.

Bei Fackeln soll die Mindesttemperatur in der Flamme 850 °C betragen.

Schwefeloxide, Stickstoffoxide und Kohlenmonoxid
Die Anforderungen der Nummer 5.2.4 finden keine Anwendung.

Organische Stoffe
Die Anforderungen der Nummer 5.2.5 finden keine Anwendung. Für organische Stoffe darf ein Emissionsminderungsgrad von 99,9 vom Hundert, bezogen auf Gesamtkohlenstoff, nicht unterschritten oder die Massenkonzentration 20 mg/m^3, bezogen auf Gesamtkohlenstoff, nicht überschritten werden; davon abweichend darf bei Fackeln zur Verbrennung von Gasen aus Betriebsstörungen und Sicherheitsventilen ein Emissionsminderungsgrad von 99 vom Hundert, bezogen auf Gesamtkohlenstoff, nicht unterschritten werden.

Messungen
Zur Überwachung der Ausbrandtemperatur sollen die Anlagen mit Messeinrichtungen ausgerüstet werden, die an geeigneter Stelle im Verbrennungsraum die Temperatur kontinuierlich ermitteln und aufzeichnen; sofern dies nicht möglich ist, ist der zuständigen Behörde in geeigneter Weise die Einhaltung der Anforderungen für den Ausbrand nachzuweisen.

Die Einhaltung des Emissionsminderungsgrades für organische Stoffe ist der zuständigen Behörde nachzuweisen; dazu sind Sonderregelungen zu treffen.

5.4.8.1b Anlagen der Nummer 8.1b: Verbrennungsmotoranlagen für den Einsatz von Altöl oder Deponiegas

5.4.8.1b.1 Verbrennungsmotoranlagen für den Einsatz von Deponiegas

Bei Einsatz von Deponiegas finden die Anforderungen der Nummer 5.4.1.4 für Biogas oder Klärgas Anwendung; abweichend davon dürfen die Emissionen an Kohlenmonoxid im Abgas die Massenkonzentration 0,65 g/m³ und die Emissionen an Stickstoffoxiden im Abgas die Massenkonzentration 0,50 g/m³, angegeben als Stickstoffdioxid, nicht überschreiten. Bei Einsatz von Deponiegas sind die Möglichkeiten, die Emissionen an Kohlenmonoxid durch motorische und andere dem Stand der Technik entsprechende Maßnahmen weiter zu vermindern, auszuschöpfen.

5.4.8.2 Anlagen der Nummer 8.2:

Anlagen zur Erzeugung von Strom, Dampf, Warmwasser, Prozesswärme oder erhitztem Abgas durch den Einsatz von

a) gestrichenem, lackiertem oder beschichtetem Holz sowie daraus anfallenden Resten, soweit keine Holzschutzmittel aufgetragen oder infolge einer Behandlung enthalten sind oder Beschichtungen nicht aus halogenorganischen Verbindungen bestehen,

b) Sperrholz, Spanplatten, Faserplatten oder sonst verleimtem Holz sowie daraus anfallenden Resten, soweit keine Holzschutzmittel aufgetragen oder infolge einer Behandlung enthalten sind oder Beschichtungen nicht aus halogenorganischen Verbindungen bestehen,

mit einer Feuerungswärmeleistung von weniger als 50 MW

Die Anforderungen der Nummer 5.4.1.2.1 für den Einsatz von naturbelassenem Holz, einschließlich der Anforderungen für Altanlagen, finden mit folgenden Abweichungen Anwendung:

Gesamtstaub
Die staubförmigen Emissionen im Abgas dürfen bei Anlagen mit einer Feuerungswärmeleistung von weniger als 2,5 MW die Massenkonzentration 50 mg/m³ nicht überschreiten.

Stickstoffoxide
Die Emissionen an Stickstoffmonoxid und Stickstoffdioxid im Abgas dürfen die Massenkonzentration 0,40 g/m³, angegeben als Stickstoffdioxid, nicht überschreiten.

ALTANLAGEN
Stickstoffoxide
Bei Altanlagen dürfen die Emissionen an Stickstoffmonoxid und Stickstoffdioxid im Abgas die Massenkonzentration 0,50 g/m³, angegeben als Stickstoffdioxid, nicht überschreiten.

5.4.8.4 Anlagen der Nummer 8.4: Anlagen, in denen Stoffe aus in Haushaltungen anfallenden oder aus hausmüllähnlichen Abfällen, auf die die Vorschriften des Kreislaufwirtschafts- und Abfallgesetzes Anwendung finden, durch Sortieren für den Wirtschaftskreislauf zurückgewonnen werden

Bauliche und betriebliche Anforderungen

Anlagen sind so zu errichten und zu betreiben, dass während des gesamten Behandlungsvorgangs, einschließlich Anlieferung und Abtransport, staubförmige Emissionen möglichst vermieden werden.

Abgase sind an der Entstehungsstelle zu erfassen und insbesondere zur Geruchsminderung einer Abgasreinigungseinrichtung zuzuführen.

Gesamtstaub

Die staubförmigen Emissionen im Abgas dürfen die Massenkonzentration 10 mg/m³ nicht überschreiten.

5.4.8.5 Anlagen der Nummer 8.5: Anlagen zur Erzeugung von Kompost aus organischen Abfällen

Mindestabstand

Bei Anlagen mit einer Durchsatzleistung von 3 000 Mg je Jahr oder mehr soll bei der Errichtung ein Mindestabstand

a) bei geschlossenen Anlagen (Bunker, Haupt- und Nachrotte) von 300 m,
b) bei offenen Anlagen (Mietenkompostierung) von 500 m

zur nächsten vorhandenen oder in einem Bebauungsplan festgesetzten Wohnbebauung nicht unterschritten werden. Der Mindestabstand kann unterschritten werden, wenn die Emissionen an Geruchsstoffen durch primärseitige Maßnahmen gemindert werden oder das geruchsbeladene Abgas in einer Abgasreinigungseinrichtung behandelt wird. Die durch die Minderung der Emissionen an Geruchsstoffen mögliche Verringerung des Mindestabstandes ist mit Hilfe eines geeigneten Modells zur Geruchsausbreitungsrechnung festzustellen, dessen Eignung der zuständigen Fachbehörde nachzuweisen ist.

Bauliche und betriebliche Anforderungen

Folgende bauliche und betriebliche Maßnahmen sind anzuwenden:

a) Auf der Grundlage der prognostizierten monatlichen Auslastung ist eine ausreichende Dimensionierung insbesondere der Lagerkapazität vorzusehen.
   Anlagen sind so zu errichten und zu betreiben, dass ein Eindringen von Sickerwässern in den Boden vermieden wird.
b) Aufgabebunker sind geschlossen mit einer Fahrzeugschleuse zu errichten; bei geöffneter Halle und beim Entladen der Müllfahrzeuge sind die Bunkerabgase abzusaugen und einer Abgasreinigungseinrichtung zuzuführen.
c) Anlagen sollen möglichst geschlossen ausgeführt werden. Dies gilt insbesondere für solche Anlagen, die geruchsintensive nasse

oder strukturarme Bioabfälle (z.B. Küchen- oder Kantinenabfälle) oder Schlämme verarbeiten. Bei einer Durchsatzleistung der Anlagen von 10 000 Mg je Jahr oder mehr sind die Anlagen (Bunker, Hauptrotte) geschlossen auszuführen.

d) Die bei der Belüftung der Mieten auskondensierten Brüden und die anfallenden Sickerwasser dürfen bei offener Kompostierung nur dann zum Befeuchten des Kompostes verwendet werden, wenn Geruchsbelästigungen vermieden werden und der Hygienisierungsablauf nicht beeinträchtigt wird.

e) In geschlossenen Anlagen oder offenen Anlagen mit einer Absaugeinrichtung sind staubhaltige Abgase an der Entstehungsstelle, z.B. beim Zerkleinern, Absieben oder Umsetzen, soweit wie möglich zu erfassen.
Abgase aus Reaktoren und belüfteten Mieten sind einem Biofilter oder einer gleichwertigen Abgasreinigungseinrichtung zuzuführen. Biofilter sind einer regelmäßigen Leistungsüberprüfung zu unterziehen, um ihre bestimmungsgemäße Reinigungsleistung zu gewährleisten; dies kann z.B. durch eine mindestens jährliche Prüfung der Einhaltung der Geruchsstoffkonzentration von 500 GE/m³ im Abgas erfolgen.

Gesamtstaub
Die staubförmigen Emissionen im Abgas dürfen die Massenkonzentration 10 mg/m³ nicht überschreiten.

Geruchsintensive Stoffe
Bei Anlagen mit einer Durchsatzleistung von 10 000 Mg je Jahr oder mehr dürfen die Emissionen an geruchsintensiven Stoffen im Abgas die Geruchsstoffkonzentration 500 GE/m³ nicht überschreiten.

Keime
Die Möglichkeiten, die Emissionen an Keimen und Endotoxinen durch dem Stand der Technik entsprechende Maßnahmen zu vermindern, sind zu prüfen.

5.4.8.6 Anlagen der Nummer 8.6: Anlagen zur biologischen Behandlung von Abfällen

5.4.8.6.1 Anlagen zur Vergärung von Bioabfällen und Anlagen, die Bioabfälle in Kofermentationsanlagen mitverarbeiten

Mindestabstand
Bei Anlagen mit einer Durchsatzleistung von 10 Mg Abfällen je Tag oder mehr soll bei der Errichtung ein Mindestabstand

a) bei geschlossenen Anlagen (Bunker, Vergärung, Nachrotte) von 300 m,
b) bei offenen Anlagen von 500 m

zur nächsten vorhandenen oder in einem Bebauungsplan festgesetzten Wohnbebauung nicht unterschritten werden. Der Mindestabstand kann unterschritten werden, wenn die Emissionen an Geruchsstoffen durch primärseitige Maßnahmen gemindert werden oder das geruchsbeladene Abgas in einer Abgasreinigungseinrichtung behandelt wird. Die durch die Minderung der Emissionen an Geruchsstoffen mögliche Verringerung des Mindestabstandes ist mit Hilfe eines geeigneten Modells zur Geruchsausbreitungsrechnung festzustellen, dessen Eignung der zuständigen Fachbehörde nachzuweisen ist.

Bauliche und betriebliche Anforderungen

Folgende bauliche und betriebliche Maßnahmen sind anzuwenden:

a) Auf der Grundlage der prognostizierten monatlichen Auslastung ist eine ausreichende Dimensionierung insbesondere der Lagerkapazität vorzusehen; ggf. ist eine Nachrotte vorzusehen.
Anlagen sind so zu errichten und zu betreiben, dass ein Eindringen von Sickerwässern in den Boden vermieden wird.

b) Aufgabebunker sind geschlossen mit einer Fahrzeugschleuse zu errichten; bei geöffneter Halle und beim Entladen der Müllfahrzeuge sind die Bunkerabgase abzusaugen und einer Abgasreinigungseinrichtung zuzuführen.

c) Prozesswasser ist sicher aufzufangen und soll prozessintern verwendet werden.

d) Die bei der Belüftung der Mieten (Nachrotte) auskondensierten Brüden und die anfallenden Sickerwasser dürfen bei nicht umhauster Kompostierung nur dann zum Befeuchten des Kompostes verwendet werden, wenn Geruchsbelästigungen vermieden werden.

e) In geschlossenen Anlagen oder offenen Anlagen mit einer Absaugeinrichtung sind staubhaltige Abgase an der Entstehungsstelle, z.B. beim Zerkleinern, Absieben oder Umsetzen, soweit wie möglich zu erfassen.

f) Abgase aus der Nachrotte von belüfteten Mieten sind einem Biofilter oder einer gleichwertigen Abgasreinigungseinrichtung zuzuführen. Biofilter sind einer regelmäßigen Leistungsüberprüfung zu unterziehen, um ihre bestimmungsgemäße Reinigungsleistung zu gewährleisten; dies kann z.B. durch eine mindestens jährliche Prüfung der Einhaltung der Geruchsstoffkonzentration von 500 GE/m^3 im Abgas erfolgen.

Gesamtstaub

Die staubförmigen Emissionen im Abgas dürfen die Massenkonzentration 10 mg/m^3 nicht überschreiten.

Geruchsintensive Stoffe

Bei Anlagen mit einer Durchsatzleistung von 30 Mg Abfällen je Tag oder mehr dürfen die Emissionen an geruchsintensiven Stoffen im Abgas die Geruchsstoffkonzentration 500 GE/m^3 nicht überschreiten.

Keime

Die Möglichkeiten, die Emissionen an Keimen und Endotoxinen durch dem Stand der Technik entsprechende Maßnahmen zu vermindern, sind zu prüfen.

5.4.8.10/11 Anlagen der Nummer 8.10 und 8.11: Abfallbehandlungsanlagen

5.4.8.10 Anlagen der Nummer 8.10: Anlagen zur physikalisch-chemischen Behandlung von Abfällen

5.4.8.11 Anlagen der Nummer 8.11: Anlagen zur sonstigen Behandlung von Abfällen

5.4.8.10.1 Anlagen zum Trocknen von Abfällen

Mindestabstand
Bei der Errichtung der Anlagen soll ein Mindestabstand von 300 m zur nächsten vorhandenen oder in einem Bebauungsplan festgesetzten Wohnbebauung nicht unterschritten werden.

Bauliche und betriebliche Anforderungen
Folgende bauliche und betriebliche Maßnahmen sind anzuwenden:

a) Für Entladestellen, Aufgabe- oder Aufnahmebunker sowie andere Einrichtungen für Anlieferung, Transport und Lagerung der Einsatzstoffe sind geschlossene Räume mit Schleusen zu errichten, in denen der Luftdruck durch Absaugung im Schleusenbereich oder im Bereich der Be- und Entladung sowie der Lagerung kleiner als der Atmosphärendruck zu halten ist. Das Abgas ist einer Abgasreinigungseinrichtung zuzuführen.

b) Abgase sind an der Entstehungsstelle, z.B. direkt am Trockner oder bei Ableitung aus der Einhausung, zu erfassen und einer Abgasreinigungseinrichtung zuzuführen.

c) Abgase aus Anlagen zum Trocknen von Abfällen sind über Schornsteine so abzuleiten, dass eine ausreichende Verdünnung und ein ungestörter Abtransport mit der freien Luftströmung erfolgt; dies ist in der Regel erfüllt, wenn bei der Bestimmung der Schornsteinhöhe die Anforderungen der Nummer 5.5.2 Absatz 1 eingehalten werden.

d) Die Möglichkeiten, die Emissionen durch den Einsatz emissionsarmer Verfahren und Technologien, z.B. durch Minimierung der Abgasmengen und Mehrfachnutzung von Abgas (ggf. nach Reduktion des Feuchtegehaltes) als Prozessluft in der Trocknung, oder andere dem Stand der Technik entsprechende Maßnahmen zu vermindern, sind auszuschöpfen.

Gesamtstaub
Die staubförmigen Emissionen im Abgas dürfen die Massenkonzentration 10 mg/m^3 nicht überschreiten.

Ammoniak
Die Emissionen an Ammoniak im Abgas dürfen den Massenstrom 0,10 kg/h oder die Massenkonzentration 20 mg/m^3 nicht überschreiten.

Gasförmige anorganische Chlorverbindungen
Die Emissionen an gasförmigen anorganischen Chlorverbindungen der Nummer 5.2.4 Klasse III, angegeben als Chlorwasserstoff, dürfen im Abgas den Massenstrom 0,10 kg/h oder die Massenkonzentration 20 mg/m^3 nicht überschreiten.

Organische Stoffe
Für die Emissionen an organischen Stoffen im Abgas darf ein Emissionsminderungsgrad von 90 vom Hundert, bezogen auf Gesamtkohlenstoff, nicht unterschritten werden; auch bei Einhalten oder Überschreiten eines Emissionsminderungsgrades von 90 vom Hundert dürfen die Emissionen an organischen Stoffen im Abgas die Massenkonzentration 20 mg/m^3, angegeben als Gesamtkohlenstoff, nicht überschreiten.

Die Anforderungen der Nummer 5.2.5 für die Emissionen an organischen Stoffe der Klassen I und II finden keine Anwendung.

Geruchsintensive Stoffe
Die Emissionen an geruchsintensiven Stoffen im Abgas dürfen die Geruchsstoffkonzentration 500 GE/m^3 nicht überschreiten.

5.4.8.10.2 Anlagen zum Trocknen von Klärschlamm

Bauliche und betriebliche Anforderungen
Abgase sind an der Entstehungsstelle, z.B. direkt am Trockner oder bei Ableitung aus der Einhausung, zu erfassen und einer Abgasreinigungseinrichtung zuzuführen.

Gesamtstaub
Die staubförmigen Emissionen im Abgas dürfen die Massenkonzentration 10 mg/m^3 nicht überschreiten.

Ammoniak
Die Emissionen an Ammoniak im Abgas dürfen den Massenstrom 0,10 kg/h oder die Massenkonzentration 20 mg/m^3 nicht überschreiten.

Gasförmige anorganische Chlorverbindungen
Die Emissionen an gasförmigen anorganischen Chlorverbindungen der Nummer 5.2.4 Klasse III, angegeben als Chlorwasserstoff, dürfen im Abgas den Massenstrom 0,10 kg/h oder die Massenkonzentration 20 mg/m^3 nicht überschreiten.

Organische Stoffe
Die Emissionen an organischen Stoffen im Abgas dürfen die Massenkonzentration 20 mg/m^3, angegeben als Gesamtkohlenstoff, nicht überschreiten.

Die Anforderungen der Nummer 5.2.5 für die Emissionen an organischen Stoffe der Klassen I und II finden keine Anwendung.

Geruchsintensive Stoffe
Die Emissionen an geruchsintensiven Stoffe im Abgas dürfen die Geruchsstoffkonzentration 500 GE/m^3 nicht überschreiten.

5.4.8.11.1 Anlagen zur mechanischen Behandlung von gemischten Siedlungsabfällen und ähnlich zusammengesetzten Abfällen

Bauliche und betriebliche Anforderungen
Folgende bauliche und betriebliche Maßnahmen sind anzuwenden:

a) Für Entladestellen, Aufgabe- oder Aufnahmebunker sowie andere Einrichtungen für Anlieferung, Transport und Lagerung der Einsatzstoffe sind geschlossene Räume mit Schleusen zu errichten, in denen der Luftdruck durch Absaugung im Schleusenbereich oder im Bereich der Be- und Entladung sowie der Lagerung kleiner als der Atmosphärendruck zu halten ist. Das Abgas ist einer Abgasreinigungseinrichtung zuzuführen.

b) Maschinen, Geräte oder sonstige Einrichtungen zur mechanischen Aufbereitung zur physikalischen Trennung der Einsatzstoffe oder der anfallenden Abfälle (z.B. durch Zerkleinern, Klassieren, Sortieren, Mischen, Homogenisieren, Entwässern, Trocknen, Pelletieren, Verpressen) sind in geschlossenen Räumen zu errichten. Die Abgasströme dieser Einrichtungen sind zu erfassen und einer Abgasreinigungseinrichtung zuzuführen.

c) Abgase aus Anlagen zur mechanischen Behandlung von Abfällen sind über Schornsteine so abzuleiten, dass eine ausreichende Verdünnung und ein ungestörter Abtransport mit der freien Luftströmung erfolgt; dies ist in der Regel erfüllt, wenn bei der Bestimmung der Schornsteinhöhe die Anforderungen der Nummer 5.5.2 Absatz 1 eingehalten werden.

d) Die Möglichkeiten, die Emissionen durch den Einsatz emissionsarmer Verfahren und Technologien, z.B. durch direkte Fassung relevanter Emissionsquellen, separate Behandlung stark belasteter Abluftströme, oder andere dem Stand der Technik entsprechende Maßnahmen zu vermindern, sind auszuschöpfen.

Gesamtstaub
Die staubförmigen Emissionen im Abgas dürfen die Massenkonzentration 10 mg/m^3 nicht überschreiten.

Gasförmige anorganische Chlorverbindungen
Die Emissionen an gasförmigen anorganischen Chlorverbindungen der Nummer 5.2.4 Klasse III, angegeben als Chlorwasserstoff, dürfen im Abgas den Massenstrom 0,10 kg/h oder die Massenkonzentration 20 mg/m^3 nicht überschreiten.

Organische Stoffe
Die Emissionen an organischen Stoffen im Abgas dürfen die Massenkonzentration 20 mg/m^3, angegeben als Gesamtkohlenstoff, nicht überschreiten.

Die Anforderungen der Nummer 5.2.5 für die Emissionen an organischen Stoffen der Klassen I und II finden keine Anwendung.

Geruchsintensive Stoffe
Die Emissionen an geruchsintensiven Stoffen im Abgas dürfen die Geruchsstoffkonzentration 500 GE/m^3 nicht überschreiten.

5.4.8.11.2 Anlagen zur sonstigen Behandlung von Abfällen

Bauliche und betriebliche Anforderungen
Anlagen sind so zu errichten und zu betreiben, dass während des gesamten Behandlungsvorgangs, einschließlich Anlieferung und Abtransport, staubförmige Emissionen möglichst vermieden werden.

Gesamtstaub
Die staubförmigen Emissionen im Abgas dürfen die Massenkonzentration 10 mg/m^3 nicht überschreiten.

Organische Stoffe
Die Emissionen an organischen Stoffen im Abgas dürfen die Massenkonzentration 20 mg/m^3, angegeben als Gesamtkohlenstoff, nicht überschreiten.

Bei Anlagen zur sonstigen Behandlung von nicht besonders überwachungsbedürftigen Abfällen finden die Anforderungen der Nummer 5.2.5 für die Emissionen an organischen Stoffen der Klassen I und II keine Anwendung.

5.4.8.10.3/ 5.4.8.11.3 Anlagen zur Entsorgung von Kühlgeräten oder -einrichtungen, die Fluorchlorkohlenwasserstoffe (FCKW) enthalten

Bauliche und betriebliche Anforderungen
Bei Anlagen, in denen Kühlgeräte oder -einrichtungen entsorgt werden, die FCKW nach Anhang I der Verordnung (EG) Nr. 2037/2000 des Europäischen Parlaments und des Rates vom 29. Juni 2000 über Stoffe, die zu einem Abbau der Ozonschicht führen (ABl. L 244/1 vom 29. September 2000), enthalten, sind folgende bauliche und betriebliche Maßnahmen anzuwenden:

a) Anlagen sind so zu errichten und zu betreiben, dass die Emissionen dieser Stoffe weitgehend vermieden oder so weit wie möglich vermindert werden.

b) Geräte oder Einrichtungen mit FCKW- oder ammoniakhaltigen Kältemitteln sind so zu behandeln, dass Kältemittel und Kältemaschinenöl aus dem Kältekreislauf weitgehend verlustfrei und vollständig dem geschlossenen System entnommen und rückgewonnen werden (Trockenlegung). FCKW aus dem Kältemaschinenöl sind weitgehend vollständig zu entfernen. Die Kältemittel sind weitgehend vollständig zu erfassen und einer ordnungsgemäßen Entsorgung zuzuführen.

c) Bei der Behandlung von Geräten und Einrichtungen mit anderen Kältemitteln, z.B. Kohlenwasserstoffen wie Butan oder Pentan, oder von mit derartigen Kohlenwasserstoffen geschäumtem Isoliermaterial sind geeignete Maßnahmen gegen Verpuffungen, z.B. durch Inertisierung der Zerkleinerungsstufe, zu treffen.

d) Die Zuverlässigkeit der Trockenlegung ist jährlich durch eine von der zuständigen Landesbehörde zugelassene Stelle zu prüfen; aus mindestens 100 Geräten oder Einrichtungen mit intaktem Kältekreislauf sind die FCKW-Kältemittel-Mengen zu entnehmen und zu sammeln. Die Summe der gesammelten FCKW-Kältemittel-Mengen soll 90 Gew.-% der Summe der FCKW-Kältemittel-Mengen gemäß den Angaben auf den Typenschildern der Geräte oder Einrichtungen nicht unterschreiten. Die FCKW-Gehalte in den entgasten Kältemaschinenölen dürfen 2 g Gesamthalogen/kg nicht überschreiten.

e) Bei der Freisetzung von FCKW aus Isoliermaterial sind Emissionen an FCKW so weit wie möglich zu vermeiden, z.B. durch folgende Maßnahmen:

- Die trockengelegten Geräte oder Einrichtungen sind in einer gekapselten Anlage zu behandeln, die z.B. über Schleusensysteme auf der Eingangs- und der Austragsseite gegen FCKW-Verluste gesichert ist.
- Übergabestellen für FCKW-haltige Isoliermaterialfraktionen sollen technisch gasdicht sein.
- FCKW-haltige Abgase sind an der Entstehungsstelle (z.B. bei der Konfektionierung von Isoliermaterial durch Pressen) zu erfassen und einer Abgasreinigungseinrichtung zuzuführen; rückgewonnene FCKW sind ordnungsgemäß zu entsorgen.

f) Durch geeignete Überwachungsmaßnahmen, z.B. Rauchkerzen, ist regelmäßig zu prüfen und sicherzustellen, dass die Anlagen keine Undichtigkeiten aufweisen; das Ergebnis ist zu dokumentieren. Die Dichtigkeit und die Dokumentation der Eigenüberwachung sind einmal jährlich durch eine von der zuständigen Landesbehörde zugelassene Stelle zu prüfen.

g) In Anlagenbereichen zur Freisetzung der FCKW aus Isoliermaterial sollen die Isoliermaterialanhaftungen an den ausgetragenen Fraktionen (z.B. Metalle, Kunststoffe) soweit technisch möglich vermieden werden; bei den ausgetragenen Metall- und Kunststofffraktionen dürfen diese Anhaftungen jeweils 0,5 Gew.-% nicht überschreiten.
Isoliermaterialfraktionen zur stofflichen Verwertung dürfen einen FCKW-Gehalt von 0,2 Gew.-% nicht überschreiten. Isoliermaterialfraktionen mit einem höheren FCKW-Gehalt sind einer thermischen Abfallbehandlungsanlage (Verbrennungsanlage für Abfälle) oder einer anderen Abfallbehandlungsanlage mit einer gleichwertigen Zerstörungseffizienz für FCKW zuzuführen; im zuletzt genannten Fall ist die gleichwertige Zerstörungseffizienz der zuständigen Fachbehörde nachzuweisen.

Fluorchlorkohlenwasserstoffe
Die Emissionen an FCKW im Abgas der FCKW-Rückgewinnung dürfen den Massenstrom 10 g/h und die Massenkonzentration 20 mg/m³ nicht überschreiten; die Möglichkeiten, die Emissionen durch dem Stand der Technik entsprechende Maßnahmen weiter zu vermindern, sind auszuschöpfen.

Kontinuierliche Messungen
Die Massenkonzentration der Emissionen an FCKW im Abgas ist kontinuierlich zu ermitteln oder es ist durch andere, fortlaufende Prüfungen der Wirksamkeit der Abgasreinigungseinrichtung nachzuweisen, dass die festgelegte Emissionsbegrenzung nicht überschritten wird.

ALTANLAGEN
Fluorchlorkohlenwasserstoffe
Bei Altanlagen dürfen die Emissionen an FCKW im Abgas der FCKW-Rückgewinnung den Massenstrom 25 g/h und die Massenkonzentration 50 mg/m³ nicht überschreiten; die Möglichkei-

ten, die Emissionen durch dem Stand der Technik entsprechende Maßnahmen weiter zu vermindern, sind auszuschöpfen.

5.4.8.12–14 Anlagen der Nummer 8.12 bis 8.14: Abfallläger

5.4.8.12.1 Anlagen zur zeitweiligen Lagerung von Abfällen, auf die die Vorschriften des Kreislaufwirtschafts- und Abfallgesetzes Anwendung finden

5.4.8.13.1 Anlagen zur zeitweiligen Lagerung von Schlämmen

5.4.8.14.1 Anlagen zur Lagerung von Abfällen, auf die die Vorschriften des Kreislaufwirtschafts- und Abfallgesetzes Anwendung finden und in diesen Anlagen Abfälle vor deren Beseitigung oder Verwertung jeweils über einen Zeitraum von mehr als einem Jahr gelagert werden

Bauliche und betriebliche Anforderungen

Anlagen sind so zu errichten und zu betreiben, dass Schadstoffe nicht in den Boden und das Grundwasser eindringen können. Der Zutritt von Wasser ist zur Verhinderung von Auswaschungen von Schadstoffen oder der Entstehung von organischen Emissionen durch Umsetzungsprozesse zu minimieren (z.B. durch Abdeckung oder Überdachung).

5.4.9 Lagerung, Be- und Entladung von Stoffen und Zubereitungen

5.4.9.2 Anlagen der Nummer 9.2: Anlagen zur Lagerung von brennbaren Flüssigkeiten

Organische Stoffe

Bei mineralölhaltigen Produkten mit einem Dampfdruck von weniger als 1,3 kPa bei 293,15 K gilt für organische Stoffe in Nummer 5.2.5 Satz 1 der Massenstrom 3 kg/h und für kontinuierliche Messungen nach Nummer 5.3.3.2 Absatz 6 im 2. Spiegelstrich der Massenstrom 3 kg/h. Für Gasöle mit der Kennzeichnung R 40 sowie für Dieselkraftstoff nach DIN EN 590 (Ausgabe Februar 2000), Heizöle nach DIN 51603 Teil 1 (Ausgabe März 1998) und gleichartige Produkte finden die Anforderungen der Nummer 5.2.5 für die Emissionen an organischen Stoffen der Klasse I keine Anwendung.

Gasförmige Emissionen

Sofern sicherheitstechnische Aspekte nicht entgegenstehen und die brennbaren Flüssigkeiten nicht die in Nummer 5.2.6 Buchstaben b) bis d) genannten Merkmale sowie nicht ein Siedeende von 150 °C oder weniger aufweisen, können abweichend von Nummer 5.2.6.3 bei Flanschen mit Dichtleiste bis zu einem maximalen Nenndruck von 2,5 MPa auch nicht technisch dichte Weichstoffdichtungen entsprechend Richtlinie VDI 2440 (Ausgabe November 2000) eingesetzt werden.

Für Gasöle mit der Kennzeichnung R 40 sowie für Dieselkraftstoff nach DIN EN 590 (Ausgabe Februar 2000), Heizöle nach DIN 51603 Teil 1 (Ausgabe März 1998) und gleichartige Produkte finden die Anforderungen der Nummern 5.2.6.6 und 5.2.6.7 keine Anwendung.

ALTANLAGEN

Gasförmige Emissionen

Altanlagen, in denen Gasöle mit der Kennzeichnung R 40 sowie Dieselkraftstoff nach DIN EN 590 (Ausgabe Februar 2000), Heizöle nach DIN 51603 Teil 1 (Ausgabe März 1998) oder gleichartige Produkte gefördert, umgefüllt oder gelagert werden, die die Anforderungen der Nummern 5.2.6.1, 5.2.6.3 oder 5.2.6.4 nicht einhalten, dürfen bis zum Ersatz durch neue Dichtsysteme oder Aggregate weiterbetrieben werden. Die zuständige Behörde soll nach Inkrafttreten dieser Verwaltungsvorschrift eine Bestandsaufnahme für Pumpen und Absperrorgane fordern und den kontinuierlichen Ersatz der Dichtsysteme oder Aggregate sowie die durchgeführten Wartungsarbeiten bis zu ihrem Ersatz im Rahmen der Betriebsüberwachung verfolgen.

Nummer 5.2.6.7 Satz 1 gilt für Altanlagen zur Lagerung von brennbaren Flüssigkeiten nach Nummer 5.2.6 Buchstabe a), die nicht eines der in den Buchstaben b) bis d) genannten Merkmale erfüllen, mit der Maßgabe, dass die flüssigen organischen Produkte auch in Schwimmdachtanks mit wirksamer Randabdichtung oder in Festdachtanks mit innerer Schwimmdecke gelagert werden dürfen, wenn eine Emissionsminderung um mindestens 97 vom Hundert gegenüber Festdachtanks ohne innere Schwimmdecke erreicht wird. Dies gilt entsprechend für die Lagerung mineralölhaltiger Produkte, die einen Gehalt an Benzol von weniger als 1 vom Hundert aufweisen.

Die Anforderungen der Nummer 5.2.6 sind bei Altanlagen,

a) in denen brennbare Flüssigkeiten, die eines der Merkmale nach Nummer 5.2.6 Buchstaben a) bis d) erfüllen, gefördert oder umgefüllt werden oder

b) in denen brennbare Flüssigkeiten, die eines der Merkmale nach Nummer 5.2.6 Buchstaben b) bis d) erfüllen, gelagert werden,

spätestens zwölf Jahre nach Inkrafttreten dieser Verwaltungsvorschrift einzuhalten.

5.4.9.36 Anlagen der Nummer 9.36: Anlagen zur Lagerung von Gülle, die unabhängig von Anlagen der Nummer 7.1 betrieben werden

Mindestabstand

Bei der Errichtung der Anlagen ist ein Mindestabstand von 300 m zur nächsten vorhandenen oder in einem Bebauungsplan festgesetzten Wohnbebauung einzuhalten. Der Mindestabstand kann unterschritten werden, wenn die Emissionen an Geruchsstoffen durch primärseitige Maßnahmen gemindert werden oder das geruchsbeladene Abgas in einer Abgasreinigungseinrichtung behandelt wird. Die durch die Minderung der Emissionen an Geruchsstoffen mögliche Verringerung des Mindestabstandes ist mit Hilfe eines geeigneten Modells zur Geruchsausbreitungsrechnung festzustellen, dessen Eignung der zuständigen Fachbehörde nachzuweisen ist.

Bauliche und betriebliche Anforderungen
Folgende bauliche und betriebliche Maßnahmen sind anzuwenden:

a) Anlagen zum Lagern und Umschlagen von flüssigem Wirtschaftsdünger sind entsprechend DIN 11622 (Ausgabe 1994) und DIN 1045 (Ausgabe 1988) zu errichten.

b) Die Lagerung von Flüssigmist (außerhalb des Stalles) soll in geschlossenen Behältern erfolgen oder es sind gleichwertige Maßnahmen zur Emissionsminderung anzuwenden, die einen Emissionsminderungsgrad bezogen auf den offenen Behälter ohne Abdeckung von mindestens 80 vom Hundert der Emissionen an geruchsintensiven Stoffen und an Ammoniak erreicht.
Künstliche Schwimmschichten sind nach etwaiger Zerstörung durch Aufrühren oder Ausbringungsarbeiten nach Abschluss der Arbeiten unverzüglich wieder funktionstüchtig herzustellen.

c) Für flüssigen Wirtschaftsdünger, der an Dritte zur weiteren Verwertung abgegeben wird, ist ein Nachweis der ordnungsgemäßen Lagerung und Verwertung des Wirtschaftsdüngers zu führen.

5.4.10 Sonstiges

5.4.10.7 Anlagen der Nummer 10.7: Anlagen zum Vulkanisieren von Natur- oder Synthesekautschuk

Bauliche und betriebliche Anforderungen
Abgase sind möglichst an der Entstehungsstelle zu erfassen und einer Abgasreinigungseinrichtung zuzuführen.

Organische Stoffe
Nummer 5.2.5 gilt mit der Maßgabe, dass die Emissionen an organischen Stoffen im Abgas die Massenkonzentration 80 mg/m³, angegeben als Gesamtkohlenstoff, nicht überschreiten dürfen.

5.4.10.8 Anlagen der Nummer 10.8: Anlagen zur Herstellung von Bautenschutz-, Reinigungs- oder Holzschutzmitteln sowie Anlagen zur Herstellung von Klebemitteln

Gesamtstaub
Bei der Herstellung von Bautenschutz-, Reinigungs- oder Holzschutzmitteln dürfen die staubförmigen Emissionen im Abgas die Massenkonzentration 5 mg/m³ nicht überschreiten.

Bei der Herstellung von Klebemitteln dürfen die staubförmigen Emissionen im Abgas die Massenkonzentration 10 mg/m³ nicht überschreiten.

5.4.10.15 Anlagen der Nummer 10.15: Prüfstände

5.4.10.15.1 Prüfstände für oder mit Verbrennungsmotoren

Gesamtstaub, einschließlich der Anteile an krebserzeugenden, erbgutverändernden oder reproduktionstoxischen Stoffen, und Schwefeloxide
Bei Prüfständen für oder mit in Serie hergestellten Motoren mit einer Feuerungswärmeleistung von weniger als 2 MW des Einzelaggregats, das mit Dieselkraftstoff betrieben wird, der den zulässigen Massengehalt an Schwefel nach der 3. BImSchV, in der jeweils gültigen Fassung, nicht überschreitet, sind die Abgase einem Ruß-

filter zuzuführen oder die Emissionen sind gleichwertig zu vermindern.

Bei Prüfständen für oder mit sonstigen Motoren, die mit Dieselkraftstoff betrieben werden, der den zulässigen Massengehalt an Schwefel nach der 3. BImSchV, in der jeweils gültigen Fassung, nicht überschreitet, sind Sonderregelungen zur Begrenzung der staubförmigen Emissionen zu treffen. Die Möglichkeiten, die staubförmigen Emissionen durch motorische und andere dem Stand der Technik entsprechende Maßnahmen zu vermindern, sind auszuschöpfen.

Werden Motoren im bestimmungsgemäßen Betrieb mit Rückstandsölen oder vergleichbaren Treibstoffen betrieben, sind Sonderregelungen zur Begrenzung der staubförmigen Emissionen und der Emissionen an Schwefeloxiden zu treffen. Die Möglichkeiten, die staubförmigen Emissionen durch motorische und andere dem Stand der Technik entsprechende Maßnahmen zu vermindern, sind auszuschöpfen.

Stickstoffoxide
Nummer 5.2.4 findet keine Anwendung. Bei Prüfständen mit oder für Selbstzündungsmotoren, die mit flüssigen Brennstoffen betrieben werden, sind die Emissionen durch motorische oder andere dem Stand der Technik entsprechende Maßnahmen zu begrenzen.

Organische Stoffe
Nummer 5.2.5 findet keine Anwendung. Die Emissionen an organischen Stoffen sind durch motorische oder andere dem Stand der Technik entsprechende Maßnahmen zu begrenzen.

5.4.10.20 Anlagen der Nummer 10.20: Anlagen zum Reinigen von Werkzeugen, Vorrichtungen oder sonstigen metallischen Gegenständen durch thermische Verfahren

Bezugsgröße
Die Emissionswerte beziehen sich auf einen Volumengehalt an Sauerstoff im Abgas von 11 vom Hundert, ausgenommen bei katalytischen Nachverbrennungseinrichtungen.

Organische Stoffe
Nummer 5.2.5 gilt mit der Maßgabe, dass die Emissionen an organischen Stoffen im Abgas den Massenstrom 0,10 kg/h oder die Massenkonzentration 20 mg/m^3, angegeben als Gesamtkohlenstoff, nicht überschreiten dürfen. Die Anforderungen der Nummer 5.2.5 für die Emissionen an organischen Stoffen der Klassen I und II finden keine Anwendung.

5.4.10.21 Anlagen der Nummer 10.21: Anlagen zur Innenreinigung von Eisenbahnkesselwagen, Straßentankfahrzeugen, Tankschiffen oder Tankcontainern sowie Anlagen zur automatischen Reinigung von Fässern, soweit die Behälter von organischen Stoffen gereinigt werden

5.4.10.21.1 Anlagen zur Innenreinigung von Eisenbahnkesselwagen, Straßentankfahrzeugen, Tankschiffen oder Tankcontainern

Bauliche und betriebliche Anforderungen
Die Anlagen sind mit Abgaserfassung und -reinigung, Abwassererfassung und -behandlung und ausreichenden Lagerflächen für Abfälle zu errichten und zu betreiben. Zur Abwasserbehandlung kann auch eine vorhandene geeignete Behandlungsanlage genutzt werden.

Zu den Behandlungsschritten, z.B. Restentleerung, Entgasung, Reinigung, Abgaserfassung und -reinigung, Abwassererfassung und -reinigung, Abfallerfassung und -zuordnung, sind stoffgruppenbezogene Betriebsanweisungen festzulegen. Die Behandlungsschritte sind so auszuführen, dass möglichst geringe Emissionen entstehen. Zur Verminderung der Entstehung von Emissionen sollte bei Stoffen, die bei einer Temperatur von 293,15 K einen Dampfdruck von 10 Pa oder mehr aufweisen, vor dem Waschgang mit kalter Waschlösung vorgespült werden. Nicht zulässig ist eine direkte Behandlung leichtflüchtiger Stoffe mit Dampf oder Heißwasser.

Organische Stoffe
Die Emissionen an organischen Stoffen im Abgas, angegeben als Gesamtkohlenstoff, dürfen insgesamt den Massenstrom 0,10 kg/h oder die Massenkonzentration 20 mg/m^3 nicht überschreiten. Die Anforderungen der Nummer 5.2.5 für die Emissionen an organischen Stoffen der Klassen I und II finden keine Anwendung.

Krebserzeugende, erbgutverändernde oder reproduktionstoxische Stoffe
Die Emissionen an organischen Stoffen der Nummer 5.2.7.1 dürfen als Mindestanforderung insgesamt den Massenstrom 2,5 g/h oder die Massenkonzentration 5 mg/m^3 nicht überschreiten.

5.4.10.21.2 Anlagen zur automatischen Reinigung von Fässern oder vergleichbaren Behältern (z.B. Tankpaletten) einschließlich zugehöriger Aufarbeitungsanlagen

Bauliche und betriebliche Anforderungen
Der Waschbereich ist einzuhausen. Abgase, die z.B. beim Öffnen der Behälter, bei der Restentleerung der Behälter, beim pneumatischen Ausbeulen der Behälter, beim Verschrotten (z.B. Pressen) nicht recyclingfähiger Fässer oder beim Transport der geöffneten, ungereinigten Fässer oder Behälter entstehen, sind zu erfassen. Lagerbehälter für Restinhaltsstoffe aus der Restentleerung, die Waschwasseraufbereitung, Abwasserbehandlung sowie die zugehörigen Lagerbehälter sind soweit wie möglich als geschlossenes System auszulegen und zu betreiben.

Vor dem Waschprozess sind die Behälter soweit wie möglich zu entleeren (Restentleerung).

Beim Betrieb der Fass- oder Behälterreinigungsanlagen ist darauf zu achten, dass Fässer oder Behälter, die mit Stoffen der Nummer 5.2.5 Klasse I oder Stoffen der Nummer 5.2.7.1 verunreinigt sind, im Wechsel mit Fässern oder Behältern, die mit weniger gefährlichen Stoffen verunreinigt sind, aufgegeben werden. Hierzu ist eine Betriebsanweisung zu erstellen und ein Betriebsbuch zu führen.

Organische Stoffe und Krebserzeugende, erbgutverändernde oder reproduktionstoxische Stoffe
Bei Anlagen, in denen auch Fässer oder Behälter gereinigt werden, die mit Stoffen der Nummer 5.2.5 Klasse I oder Stoffen der Nummer 5.2.7.1 verunreinigt sind, dürfen die Emissionen an organischen Stoffen der Nummer 5.2.5 im Abgas, angegeben als Gesamtkohlenstoff, insgesamt den Massenstrom 0,10 kg/h oder die Massenkonzentration 20 mg/m^3 nicht überschreiten.

Bei Anlagen, in denen schwerpunktmäßig Fässer oder Behälter gereinigt werden, die mit organischen Stoffen der Nummer 5.2.7.1 verunreinigt sind, sind im Einzelfall weitergehende Anforderungen festzulegen. Bei Anlagen, in denen Fässer oder Behälter gereinigt werden, die nicht mit organischen Stoffen der Nummer 5.2.5 Klasse I oder der Nummer 5.2.7.1 verunreinigt sind, ist für die Emissionen an organischen Stoffen der Nummer 5.2.5 im Abgas insgesamt die Massenkonzentration 75 mg/m^3, angegeben als Gesamtkohlenstoff, anzustreben.

Die Anforderungen der Nummer 5.2.5 für die Emissionen an organischen Stoffen der Klassen I und II finden keine Anwendung.

5.4.10.23 Anlagen der Nummer 10.23: Anlagen zur Textilveredlung

5.4.10.23.1 Anlagen zur Textilveredlung durch Thermofixieren, Thermosolieren, Beschichten, Imprägnieren oder Appretieren, einschließlich der zugehörigen Trocknungsanlagen

Soweit Anlagen Anforderungen zur Begrenzung der Emissionen an flüchtigen organischen Stoffen nach der Verordnung zur Begrenzung der Emissionen flüchtiger organischer Verbindungen bei der Verwendung organischer Lösemittel in bestimmten Anlagen (31. BImSchV)[1] vom 21. August 2001 (BGBl. I S. 2180), in der jeweils gültigen Fassung, zu erfüllen haben, sind die nachfolgenden Anforderungen für organische Stoffe eine Konkretisierung und Ergänzung der Vorschriften des Anhangs IV Buchstabe C Nr. 5 dieser Verordnung.

Bauliche und betriebliche Anforderungen
Der Gehalt an emissionsrelevanten Stoffen in oder auf der zu veredelnden Ware (z.B. Restmonomergehalte, Präparationen wie Spinnöle, Avivagen, Schlichten) ist so weit wie möglich zu vermindern. Hierzu sind insbesondere eine oder mehrere der folgenden Maßnahmen durchzuführen:

---

[1] Nr. **2.31**.

a) Einsatz thermostabiler Präparationen,
b) Reduzierung der Auftragsmenge,
c) Vorbehandlung der zur Veredlung vorgesehenen Ware z.B. durch eine Wäsche,
d) Optimierung der Vorreinigung (z.B. Steigerung der Wascheffizienz).

Bezugsgröße
Die Massenkonzentrationen beziehen sich auf ein Luft-Waren-Verhältnis von 20 m^3/kg; das Luft-Waren-Verhältnis ist der Quotient aus Gesamtabgasvolumenstrom (in m^3/h) eines thermischen Behandlungsaggregats während eines Prozesses (Veredelungsschrittes) und dem Warendurchsatz des zu veredelnden Textils (in kg/h). Durch Multiplikation der zulässigen Massenkonzentration der emittierten Stoffe mit dem Bezugs-Luft-Waren-Verhältnis von 20 m^3/kg ergibt sich der jeweils zulässige spezifische Emissionsfaktor (Massen der emittierten Stoffe (in g) pro Massen des zu veredelnden Textils (in kg)).

Organische Stoffe
Nummer 5.2.5 gilt mit der Maßgabe, dass

a) die Emissionen an organischen Stoffen im Abgas, angegeben als Gesamtkohlenstoff, den Massenstrom 0,80 kg/h oder die Massenkonzentration 40 mg/m^3 nicht überschreiten dürfen;
b) aus Verschleppung und Restgehalten an Präparationen darf zusätzlich eine Massenkonzentration von nicht mehr als 20 mg/m^3, angegeben als Gesamtkohlenstoff, emittiert werden;
c) soweit aus verfahrenstechnischen Gründen ein oder mehrere von in Nummer 10.23 des Anhangs der 4. BImSchV[1)] erfassten Veredelungsschritten gleichzeitig mit einem dort nicht erfassten Veredelungsschritt in einem Behandlungsaggregat durchgeführt werden, ist insgesamt für die Emissionen an organischen Stoffen im Abgas durch eine Optimierung des Prozesses die Massenkonzentration 40 mg/m^3, angegeben als Gesamtkohlenstoff, anzustreben. Soweit Anlagen, die die Anforderungen der 31. BImSchV, in der jeweils gültigen Fassung, zu erfüllen haben, gleichzeitig beschichten und bedrucken, dürfen entsprechend dieser Verordnung die Emissionen an organischen Stoffen im Abgas die Massenkonzentration 40 mg/m^3, angegeben als Gesamtkohlenstoff, nicht überschreiten.

Auch wenn die Voraussetzungen der Buchstaben a) bis c) gegeben sind, dürfen die Gesamtemissionen an organischen Stoffen im Abgas insgesamt 80 mg/m^3, angegeben als Gesamtkohlenstoff, nicht überschreiten; soweit Anlagen, die die Anforderungen der 31. BImSchV, in der jeweils gültigen Fassung, zu erfüllen haben, gleichzeitig beschichten und bedrucken, dürfen – abweichend vom Teilsatz 1 und entsprechend dieser Verordnung – die Emissionen an

[1)] Nr. **2.4**.

organischen Stoffen im Abgas insgesamt die Massenkonzentration 60 mg/m³, angegeben als Gesamtkohlenstoff, nicht überschreiten.

Die Anforderungen für die Emissionen an organischen Stoffen der Klasse II finden keine Anwendung.

In begründeten Ausnahmefällen, z.B. bei Beschichtungen und technischen Textilien, kann von diesen Regelungen abgesehen werden; in diesen Fällen gilt Nummer 5.2.5 unverändert.

Krebserzeugende, erbgutverändernde oder reproduktionstoxische Stoffe
Ergänzend zu Nummer 5.2.7.1 gilt, dass Stoffe und Zubereitungen nach Nummer 5.2.7.1 unverzüglich durch weniger schädliche Stoffe und Zubereitungen zu ersetzen sind.

Messungen
Zur Ermittlung der Betriebsbedingungen (Rezepturen), die zu den höchsten Emissionen führen, können Berechnungen der Emissionen auf der Basis von Substanzemissionsfaktoren herangezogen werden, sofern die Substanzemissionsfaktoren nach einer wissenschaftlich anerkannten Methode ermittelt wurden.

Abweichend von Nummer 5.3.2.2 Absatz 2 Satz 2 können bis zu drei Einzelmessungen durch Berechnung der Emissionen auf der Basis von Substanzemissionsfaktoren ersetzt werden, sofern im Rahmen der erstmaligen sowie wiederkehrenden Emissionsmessungen die Substanzemissionsfaktoren der Komponenten von mindestens drei Rezepturen messtechnisch durch eine nach § 26 anerkannte Messstelle ermittelt werden.

Beurteilung von Messwerten
Das tatsächliche Luft-Waren-Verhältnis ist jeweils zu bestimmen und zu dokumentieren.

Die Emissionswerte gelten auch dann als eingehalten, wenn die über das bestimmte Luft-Waren-Verhältnis und die gemessenen Massenkonzentrationen ermittelten spezifischen Emissionsfaktoren die zulässigen spezifischen Emissionsfaktoren nicht überschreiten.

ALTANLAGEN
Organische Stoffe
Bei Altanlagen gilt ergänzend, dass bei direkt beheizten Behandlungsaggregaten die Emissionen an organischen Stoffen aus der Verbrennung bis zu einer maximalen Massenkonzentration von 20 mg/m³, angegeben als Gesamtkohlenstoff, unberücksichtigt bleiben; die Möglichkeiten, die Emissionen durch feuerungstechnische und andere dem Stand der Technik entsprechende Maßnahmen, z.B. durch Optimierung der Verbrennung, mindestens jährliche Wartung, weiter zu vermindern, sind auszuschöpfen. Soweit der Betreiber, z.B. durch eine fachliche Stellungnahme des Brenner- oder des Spannrahmenherstellers, nachweist, dass für die Emissionen an organischen Stoffen aus der Verbrennung die Massenkonzentration 20 mg/m³, angegeben als Gesamtkohlenstoff, nicht eingehalten werden kann und diese Emissionen durch primärseitige Maßnahmen nicht weiter vermindert werden können, ist die Emissionsbegrenzung im Einzelfall festzulegen.

5.5 Ableitung von Abgasen

5.5.1 Allgemeines

Abgase sind so abzuleiten, dass ein ungestörter Abtransport mit der freien Luftströmung ermöglicht wird. In der Regel ist eine Ableitung über Schornsteine erforderlich, *dessen*[1] Höhe vorbehaltlich besserer Erkenntnisse nach den Nummern 5.5.2 bis 5.5.4 zu bestimmen ist.

5.5.2 Ableitung über Schornsteine

Der Schornstein soll mindestens eine Höhe von 10 m über der Flur und eine den Dachfirst um 3 m überragende Höhe haben. Bei einer Dachneigung von weniger als 20° ist die Höhe des Dachfirstes unter Zugrundelegen einer Neigung von 20° zu berechnen; die Schornsteinhöhe soll jedoch das 2fache der Gebäudehöhe nicht übersteigen.

Ergeben sich mehrere etwa gleich hohe Schornsteine mit gleichartigen Emissionen, so ist zu prüfen, inwieweit diese Emissionen bei der Bestimmung der Schornsteinhöhe zusammenzufassen sind. Dies gilt insbesondere, wenn der horizontale Abstand zwischen den einzelnen Schornsteinen nicht mehr als das 1,4fache der Schornsteinhöhe beträgt oder soweit zur Vermeidung von Überlagerungen der Abgasfahnen verschieden hohe Schornsteine erforderlich sind.

Wenn bei einer nach Absatz 1 bestimmten Schornsteinhöhe die nach dem Mess- und Beurteilungsverfahren (Nummer 4.6) zu ermittelnde Kenngröße für die Gesamtbelastung (Nummer 4.7) den Immissionswert für das Kalenderjahr (Nummern 4.2 bis 4.5) überschreitet, ist zunächst eine Verminderung der Emissionen anzustreben. Ist dies nicht möglich, muss die Schornsteinhöhe so weit erhöht werden, dass dadurch ein Überschreiten des Immissionswertes für das Kalenderjahr verhindert wird.

Die Schornsteinhöhe nach Nummer 5.5.3 soll vorbehaltlich abweichender Regelungen 250 m nicht überschreiten; ergibt sich eine größere Schornsteinhöhe als 200 m, sollen weitergehende Maßnahmen zur Emissionsbegrenzung angestrebt werden.

Absatz 1 findet bei anderen als Feuerungsanlagen keine Anwendung bei geringen Emissionsmassenströmen sowie in den Fällen, in denen nur innerhalb weniger Stunden des Jahres aus Sicherheitsgründen Abgase emittiert werden; in diesen Fällen sind die in der Richtlinie VDI 3781 Blatt 4 (Ausgabe November 1980) oder in der Richtlinie VDI 2280 Abschnitt 3 (Ausgabe August 1977) angegebenen Anforderungen sinngemäß so anzuwenden, dass eine ausreichende Verdünnung und ein ungestörter Abtransport der Abgase mit der freien Luftströmung sichergestellt sind.

5.5.3 Nomogramm zur Bestimmung der Schornsteinhöhe

Die Schornsteinhöhe ist nach der Abbildung 2 zu bestimmen.

---

[1] Richtig wohl: „deren".

Es bedeuten:

H′ in m	Schornsteinhöhe aus Nomogramm;
d in m	Innendurchmesser des Schornsteins oder äquivalenter Innendurchmesser der Querschnittfläche;
t in °C	Temperatur des Abgases an der Schornsteinmündung;
R in m^3/h	Volumenstrom des Abgases im Normzustand nach Abzug des Feuchtgehaltes an Wasserdampf;
Q in kg/h	Emissionsmassenstrom des emittierten luftverunreinigenden Stoffes aus der Emissionsquelle; für Fasern ist die je Zeiteinheit emittierte Faserzahl in einen Massenstrom umzurechnen;
S	Faktor für die Schornsteinhöhenbestimmung; für S sind in der Regel die in Anhang 7 festgelegten Werte einzusetzen.

Für t, R und Q sind jeweils die Werte einzusetzen, die sich beim bestimmungsgemäßen Betrieb unter den für die Luftreinhaltung ungünstigsten Betriebsbedingungen ergeben, insbesondere hinsichtlich des Einsatzes der Brenn- bzw. Rohstoffe. Bei der Emission von Stickstoffmonoxid ist ein Umwandlungsgrad von 60 vom Hundert zu Stickstoffdioxid zugrunde zu legen; dies bedeutet, dass der Emissionsmassenstrom von Stickstoffmonoxid mit dem Faktor 0,92 zu multiplizieren und als Emissionsmassenstrom Q von Stickstoffdioxid im Nomogramm einzusetzen ist.

Für S kann die zuständige oberste Landesbehörde in nach § 44 Abs. 3 BImSchG[1] festgesetzten Untersuchungsgebieten und in den Fällen nach Nummer 4.8 kleinere Werte vorschreiben. Sie sollen 75 vom Hundert der in Anhang 7 festgelegten S-Werte nicht unterschreiten.

[1] Nr. **1**.

Abbildung 2: Nomogramm zur Ermittlung der Schornsteinhöhe

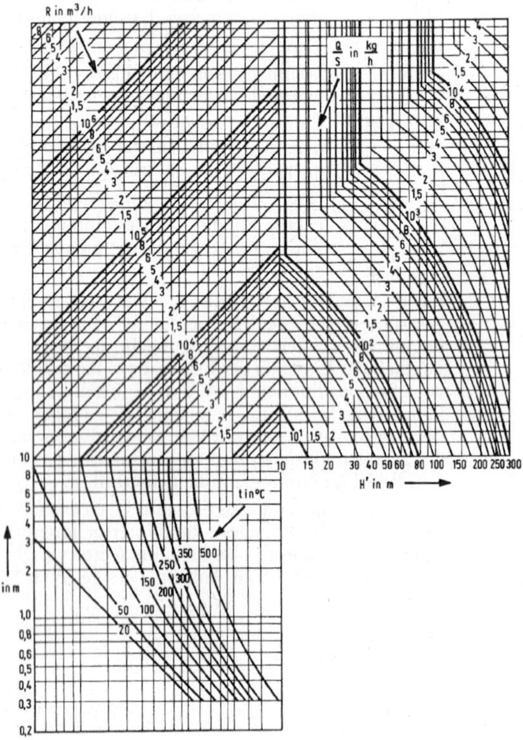

5.5.4 Ermittlung der Schornsteinhöhe unter Berücksichtigung der Bebauung und des Bewuchses sowie in unebenem Gelände

In den Fällen, in denen die geschlossene, vorhandene oder nach einem Bebauungsplan zulässige Bebauung oder der geschlossene Bewuchs mehr als 5 vom Hundert der Fläche des Beurteilungsgebietes beträgt, wird die nach Nummer 5.5.3 bestimmte Schornsteinhöhe H′ um den Zusatzbetrag J erhöht. Der Wert J in m ist aus Abbildung 3 zu ermitteln.

Es bedeuten:

H in m Schornsteinbauhöhe ($H = H' + J$);

J′ in m Mittlere Höhe der geschlossenen vorhandenen oder nach einem Bebauungsplan zulässigen Bebauung oder des geschlossenen Bewuchses über Flur.

Abbildung 3: Diagramm zur Ermittlung des Wertes J

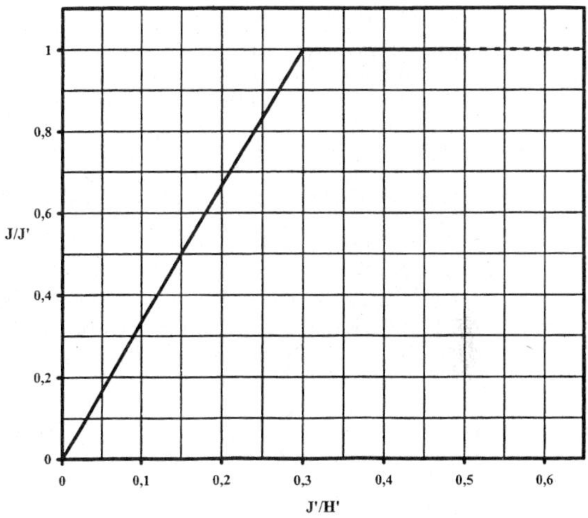

Bei der Bestimmung der Schornsteinhöhe ist eine unebene Geländeform zu berücksichtigen, wenn die Anlage in einem Tal liegt oder die Ausbreitung der Emissionen durch Geländeerhebungen gestört wird. In den Fällen, in denen die Voraussetzungen für eine Anwendung der Richtlinie VDI 3781 Blatt 2 (Ausgabe August 1981) vorliegen, ist die nach den Nummern 5.5.3 und 5.5.4 Absatz 1 bestimmte Schornsteinhöhe entsprechend zu korrigieren.

5.5.5 Bestehende Anlagen

Für bestehende Anlagen, die die Anforderungen der Technischen Anleitung zur Reinhaltung der Luft (TA Luft) vom 27. Februar 1986 (GMBl S. 95) einhalten, finden die Anforderungen der Nummern 5.5.2 bis 5.5.4 keine Anwendung.

6 Nachträgliche Anordnungen

Soweit bestehende Anlagen nicht den in den Nummern 4 und 5 festgelegten Anforderungen entsprechen, sollen die zuständigen Behörden unter Beachtung der nachstehenden Regelungen die erforderlichen Anordnungen zur Erfüllung der Pflichten aus § 5 Abs. 1 Nrn. 1 und 2 BImSchG[1] treffen. Die in den Nummern 5.4

[1] Nr. **1**.

und 6 festgelegten Fristen zur Erfüllung der Anforderungen beginnen mit dem Inkrafttreten dieser Verwaltungsvorschrift.

6.1 Nachträgliche Anordnungen zum Schutz vor schädlichen Umwelteinwirkungen

6.1.1 Ermessenseinschränkung

Nach § 17 Abs. 1 Satz 2 BImSchG[1] sollen nachträgliche Anordnungen getroffen werden, wenn die Allgemeinheit oder die Nachbarschaft nicht ausreichend vor schädlichen Umwelteinwirkungen oder sonstigen Gefahren, erheblichen Nachteilen oder erheblichen Belästigungen geschützt ist. In diesen Fällen darf von einer Anordnung nur abgesehen werden, wenn besondere Umstände vorliegen, die eine abweichende Beurteilung rechtfertigen. Bei konkreten Gesundheitsgefahren ist ein Einschreiten der Behörde stets geboten.

6.1.2 Eingriffsvoraussetzung

Der Schutz vor schädlichen Umwelteinwirkungen durch Luftverunreinigungen ist nicht ausreichend gewährleistet, wenn

a) die Immissionswerte zum Schutz der menschlichen Gesundheit nach Nummer 4.2.1 an einem für Menschen dauerhaft zugänglichen Ort im Einwirkungsbereich der Anlage überschritten sind,

b) die Immissionswerte zum Schutz vor erheblichen Belästigungen nach Nummer 4.3.1 im Einwirkungsbereich der Anlage überschritten sind und nicht ausgeschlossen ist, dass unzumutbare Belästigungen in dem betroffenen Bereich tatsächlich auftreten,

c) die Immissionswerte zum Schutz vor erheblichen Nachteilen, insbesondere zum Schutz der Vegetation und von Ökosystemen, nach den Nummern 4.4.1 oder 4.4.2 im Einwirkungsbereich der Anlage überschritten sind und in dem betroffenen Bereich schutzbedürftige Ökosysteme bestehen oder

d) eine Sonderfallprüfung nach Nummer 4.8 durchzuführen ist und ergeben hat, dass luftverunreinigende Immissionen zu Gefahren, erheblichen Nachteilen oder erheblichen Belästigungen für die Allgemeinheit oder die Nachbarschaft führen,

und der Betrieb der Anlage relevant zu den schädlichen Umwelteinwirkungen beiträgt.

6.1.3 Maßnahmen

Kann ein ausreichender Schutz vor schädlichen Umwelteinwirkungen nicht durch Maßnahmen zur Einhaltung des Standes der Technik sichergestellt werden, sollen weitergehende Maßnahmen zur Emissionsminderung angeordnet werden. Reichen auch derartige Maßnahmen nicht aus, soll eine Verbesserung der Ableitbedingungen gefordert werden. In den Fällen des § 17 Abs. 1 Satz 2 BImSchG[1] ist ein vollständiger oder teilweiser Widerruf der Genehmigung zu prüfen.

[1] Nr. **1**.

6.1.4 Fristen

Nachträgliche Anordnungen zum Schutz vor schädlichen Umwelteinwirkungen sollen unverzüglich nach Klärung der Eingriffsvoraussetzungen getroffen werden. Tragen mehrere Verursacher relevant zu schädlichen Umwelteinwirkungen bei, sind die Eingriffsvoraussetzungen gegenüber allen beteiligten Emittenten zu klären und ggf. mehrere Anordnungen zu treffen. Für die Durchführung der Maßnahmen kann unter Berücksichtigung des Verhältnismäßigkeitsgrundsatzes eine Frist eingeräumt werden. Satz 3 gilt nur, wenn in der Übergangszeit keine konkreten Gesundheitsgefahren auftreten können und zeitlich begrenzte Belästigungen oder Nachteile den Betroffenen zumutbar sind.

6.1.5 Luftqualitätswerte der EG

Sind Immissionswerte nach Nummer 4 überschritten, deren Einhaltung nach den Tochterrichtlinien zur Richtlinie 96/62/EG des Rates vom 27. September 1996 über die Beurteilung und Kontrolle der Luftqualität („Luftqualitäts-Rahmenrichtlinie") erst zu einem in der Zukunft liegenden Zeitpunkt gefordert wird, kann ein Beitrag der Anlage zur Überschreitung der Immissionswerte bis zum Ablauf der Übergangszeit zugelassen werden. Die zur künftigen Einhaltung der Immissionswerte erforderlichen Maßnahmen sind spätestens im Rahmen der Luftreinhalteplanung anzuordnen.

6.2 Nachträgliche Anordnungen zur Vorsorge gegen schädliche Umwelteinwirkungen

6.2.1 Grundsatz

Entspricht eine Anlage nicht den in dieser Verwaltungsvorschrift konkretisierten Anforderungen zur Vorsorge gegen schädliche Umwelteinwirkungen, soll die zuständige Behörde die erforderlichen Anordnungen treffen, um die Anlage an den in Nummer 5 beschriebenen Stand der Technik und die dort angegebenen sonstigen Vorsorgeanforderungen anzupassen. Werden die in Nummer 5 festgelegten Emissionswerte nur geringfügig überschritten, kann die Anordnung aufwendiger Abhilfemaßnahmen unverhältnismäßig sein. Im Übrigen wird der Grundsatz der Verhältnismäßigkeit (§ 17 Abs. 2 BImSchG[1]) in der Regel durch Einräumung einer der in den Nummern 5.4 und 6 festgelegten Erfüllungsfristen gewahrt.

6.2.2 Unverzügliche Sanierung

Entspricht eine Anlage nicht den in der Technischen Anleitung zur Reinhaltung der Luft (TA Luft) vom 27. Februar 1986 (GMBl S. 95) festgelegten Anforderungen zur Vorsorge gegen schädliche Umwelteinwirkungen, soll in der nachträglichen Anordnung eine Frist nur eingeräumt werden, soweit das zur Durchführung der Maßnahmen zwingend erforderlich ist. Sind die Anforderungen im Einzelfall durch eine Auflage oder eine nachträgliche Anordnung konkretisiert worden, sollen sie unverzüglich durchgesetzt werden.

---

[1] Nr. **1**.

6.2.3 Einräumung von Sanierungsfristen

Soweit in dieser Verwaltungsvorschrift neue Anforderungen festgelegt werden, sollen zu ihrer Erfüllung Fristen eingeräumt werden, bei deren Festlegung

- der erforderliche technische Aufwand,
- das Ausmaß der Abweichungen von den Anforderungen und
- die Bedeutung für die Allgemeinheit und die Nachbarschaft

zu berücksichtigen sind.

6.2.3.1 Sanierungsfristen für Maßnahmen, deren Erfüllung lediglich organisatorische Änderungen oder einen geringen technischen Aufwand erfordert

In nachträglichen Anordnungen, deren Erfüllung lediglich organisatorische Änderungen oder einen geringen technischen Aufwand erfordert, insbesondere bei Umstellungen auf emissionsärmere Brenn- oder Einsatzstoffe sowie bei einfachen Änderungen der Prozessführung oder Verbesserungen der Wirksamkeit vorhandener Abgasreinigungseinrichtungen, soll festgelegt werden, dass die Durchführung der Maßnahmen innerhalb von drei Jahren nach Inkrafttreten der neuen Anforderungen abgeschlossen ist.

6.2.3.2 Sanierungsfristen für Maßnahmen zur zeitgleichen Erfüllung der bisherigen und der neuen Anforderungen

Bei Anlagen, die weder die Anforderungen der Technischen Anleitung zur Reinhaltung der Luft von 1986 noch die neuen Anforderungen einhalten, soll angestrebt werden, die Maßnahmen zur Erfüllung der bisherigen und der neuen Anforderungen zeitgleich durchzuführen. Die Frist zur Erfüllung aller Anforderungen soll drei Jahre nicht überschreiten.

Bei Anlagen nach Nummer 7.1 Buchstabe b) des Anhangs der 4. BImSchV[1], die ab dem 3. August 2001 nach § 67 Abs. 2 BlmSchG[2] anzuzeigen sind, sind alle Anforderungen spätestens bis zum 30. Oktober 2007 zu erfüllen.

6.2.3.3 Allgemeine Sanierungsfrist

Bei Anlagen, die bisher dem Stand der Technik entsprachen, soll – soweit in den Nummern 6.2.3.1, 6.2.3.4 und 6.2.3.5 nichts anderes bestimmt ist – verlangt werden, dass alle Anforderungen spätestens bis zum 30. Oktober 2007 erfüllt werden.

6.2.3.4 Besondere Sanierungsfristen nach Nummer 5.4 dieser Verwaltungsvorschrift

Soweit in Nummer 5.4 für bestimmte Anlagenarten besondere Sanierungsfristen festgelegt werden, sind diese vorrangig zu beachten.

---

[1] Nr. **2.4**.
[2] Nr. **1**.

6.2.3.5 Sanierungsfristen in Luftreinhalteplänen nach § 47 BImSchG[1]

Soweit in Luftreinhalteplänen nach § 47 BImSchG Sanierungsfristen enthalten sind, gehen diese den in den Nummern 5.4 und 6.2.3.1 bis 6.2.3.3 bestimmten Fristen vor.

6.2.4 Verzicht auf die Genehmigung

Eine nachträgliche Anordnung ist nicht zu erlassen, wenn der Betreiber durch schriftliche Erklärung gegenüber *den*[2] Genehmigungsbehörde darauf verzichtet hat, die Anlage länger als bis zu den in den Nummern 6.2.3.2 bis 6.2.3.4 genannten Fristen zu betreiben. Satz 1 gilt nicht für nachträgliche Anordnungen im Sinne von Nummer 6.2.3.1 und Nummer 6.2.3.5.

6.2.5 Kompensation

In den Fällen des § 17 Abs. 3a BImSchG[1] soll die zuständige Behörde von nachträglichen Anordnungen absehen.

7 Aufhebung von Vorschriften

Die Technische Anleitung zur Reinhaltung der Luft (TA Luft) vom 27. Februar 1986 (GMBl S. 95) wird mit Inkrafttreten dieser Allgemeinen Verwaltungsvorschrift aufgehoben.

8 Inkrafttreten

Diese Allgemeine Verwaltungsvorschrift tritt am ersten Tage des dritten auf die Veröffentlichung[3] folgenden Kalendermonats in Kraft.

Anhang 1

Ermittlung des Mindestabstandes zu empfindlichen Pflanzen (z.B. Baumschulen, Kulturpflanzen) und Ökosystemen im Hinblick auf die Anforderungen der Nummer 4.8

Prüfung nach Nummer 4.8, ob der Schutz vor erheblichen Nachteilen durch Schädigung empfindlicher Pflanzen (z.B. Baumschulen, Kulturpflanzen) und Ökosysteme durch Einwirkung von Ammoniak gewährleistet ist

Nummer 4.8 bestimmt, dass die Unterschreitung der Mindestabstände in Abbildung 4 einen Anhaltspunkt für das Vorliegen erheblicher Nachteile durch die Schädigung empfindlicher Pflanzen (z.B. Baumschulen, Kulturpflanzen) und Ökosysteme durch die Einwirkung von Ammoniak gibt.

Bei Anlagen zum Halten oder zur Aufzucht von Nutztieren wird mit Hilfe der Emissionsfaktoren der Tabelle 11 für Tierart, Nutzungsrichtung, Aufstallung und Wirtschaftsdüngerlagerung und für die jeweiligen Tierplatzzahlen die unter ungünstigen Bedingungen zu erwartende Ammoniakemission der Anlage je Jahr ermittelt. Bei unterschiedlichen Tierarten, Haltungsarten und Nutzungsarten sind die jeweiligen jährlichen Ammoniakemissionen zu addieren. Mit dieser jährlichen Ammoniakemission kann aus der Abbildung 4 der Mindestabstand entnommen werden, dessen Unterschreiten einen Anhaltspunkt für das Vorliegen erheblicher Nachteile gibt.

---

[1] Nr. **1**.
[2] Richtig wohl: „der".
[3] Veröffentlicht am 30.7.2002.

Tabelle 11: **Ammoniakemissionsfaktoren für Anlagen zum Halten oder zur Aufzucht von Nutztieren**[1)]

Tierart, Nutzungsrichtung, Aufstallung, Wirtschaftsdüngerlagerung	**Ammoniakemissionsfaktor (kg/(Tierplatz · a))**
Mastschweine	
Zwangslüftung, Flüssigmistverfahren (Teil- oder Vollspaltenböden)	3,64
Zwangslüftung, Festmistverfahren	4,86
Außenklimastall, Kistenstall (Flüssig- oder Festmistverfahren)	2,43
Außenklimastall, Tiefstreu- oder Kompostverfahren	4,86
Ferkelerzeugung (Zuchtsauenhaltung)	
Alle Bereiche und Aufstallungsformen (Zuchtsauen inkl. Ferkel bis 25 kg)	7,29
Legehennen	
Käfighaltung mit belüftetem Kotband	0,0389
Volierenhaltung mit belüftetem Kotband	0,0911
Bodenhaltung/Auslauf (Entmistung 1 mal je Durchgang)	0,3157
Mastgeflügel	
Masthähnchen, Bodenhaltung	0,0486
Enten	0,1457
Puten	0,7286
Milchvieh	
Anbindehaltung, Fest- oder Flüssigmistverfahren	4,86
Liegeboxenlaufstall, Fest- oder Flüssigmistverfahren	14,57
Laufstall, Tiefstreuverfahren	14,57
Laufstall, Tretmistverfahren	15,79
Mastbullen, Jungvieh inkl. Aufzucht (0,5 bis 2 Jahre)	
Anbindehaltung, Fest- oder Flüssigmistverfahren	2,43
Laufstall, Flüssigmistverfahren	3,04
Laufstall, Tretmistverfahren	3,64

Für die Berechnung des Mindestabstandes entsprechend Abbildung 4 gilt die Gleichung

$$X_{\min} = \sqrt{F \cdot Q},$$

wobei F den Wert 41 668 $m^2 \cdot a/Mg$ einnimmt und Q die jährliche Ammoniakemission in Mg/a angibt. Diese Gleichung kann auch bei höheren jährlichen Ammoniakemissionen als den in der Abbildung 4 dargestellten 22 Mg/a angewendet werden.

[1)] **Amtl. Anm.:** Weichen Anlagen zum Halten oder zur Aufzucht von Nutztieren wesentlich in Bezug auf Tierart, Nutzungsrichtung, Aufstallung, Fütterung oder Wirtschaftsdüngerlagerung von den in Tabelle 11 genannten Verfahren ab, können auf der Grundlage plausibler Begründungen (z.B. Messberichte, Praxisuntersuchungen) abweichende Emissionsfaktoren zur Berechnung herangezogen werden.

Abbildung 4: **Mindestabstand von Anlagen zu empfindlichen Pflanzen (z.B. Baumschulen, Kulturpflanzen) und Ökosystemen, bei dessen Unterschreiten sich Anhaltspunkte für das Vorliegen erheblicher Nachteile durch Schädigung dieser Schutzgüter auf Grund der Einwirkung von Ammoniak ergeben**

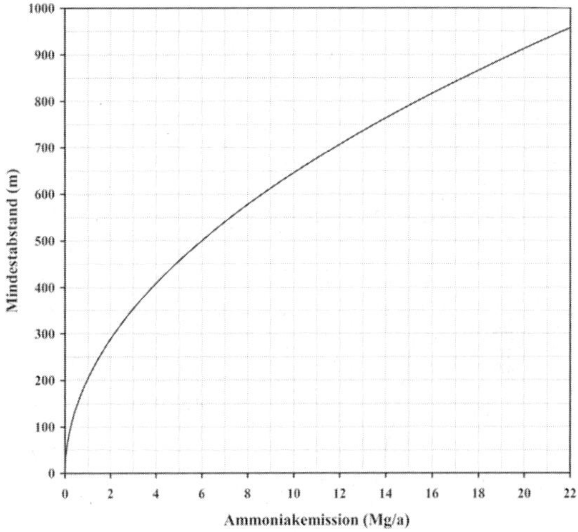

Wenn über eine Ausbreitungsrechnung nach Anhang 3 unter Berücksichtigung der Haltungsbedingungen nachgewiesen wird, dass bei einem geringeren als nach Abbildung 4 zu ermittelnden Abstand eine Zusatzbelastung für Ammoniak von 3 µg/m³ an keinem maßgeblichen Beurteilungspunkt überschritten wird, gibt erst das Unterschreiten dieses neu ermittelten geringeren Abstandes einen Anhaltspunkt auf das Vorliegen erheblicher Nachteile durch Schädigung empfindlicher Pflanzen (z.B. Baumschulen, Kulturpflanzen) und Ökosysteme auf Grund der Einwirkung von Ammoniak.
Anhaltspunkte für das Vorliegen erheblicher Nachteile sind dann nicht gegeben, wenn die Gesamtbelastung an Ammoniak an keinem Beurteilungspunkt 10 µg/m³ überschreitet.
Die Mindestabstandskurve ist für bodennahe Quellen abgeleitet und berücksichtigt eine mögliche Verminderung der Immissionskonzentration durch Ableitung der Abgase über Schornsteine entsprechend Nummer 5.5 nicht. Gegebenenfalls ist zur Berücksichtigung dieser Ableitungsbedingungen eine Ausbreitungsrechnung nach Anhang 3 durchzuführen.

Anhang 2

Kurven zur Ableitung von Massenströmen aus Immissionsprognosen

Abbildung 5: Arsen und anorganische Arsenverbindungen

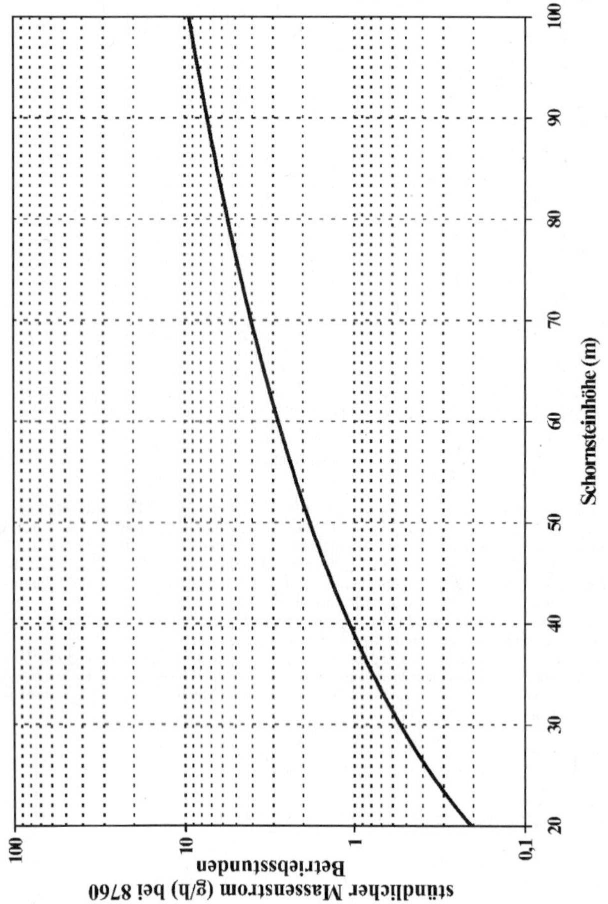

Abbildung 6: Blei und anorganische Bleiverbindungen

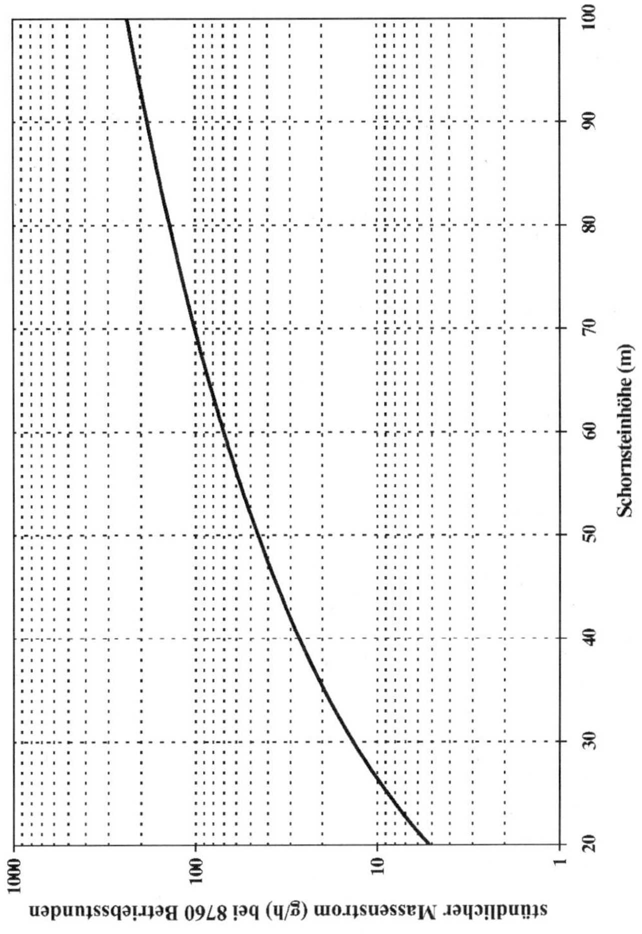

Abbildung 7: Cadmium und anorganische Cadmiumverbindungen sowie Thallium und anorganische Thalliumverbindungen

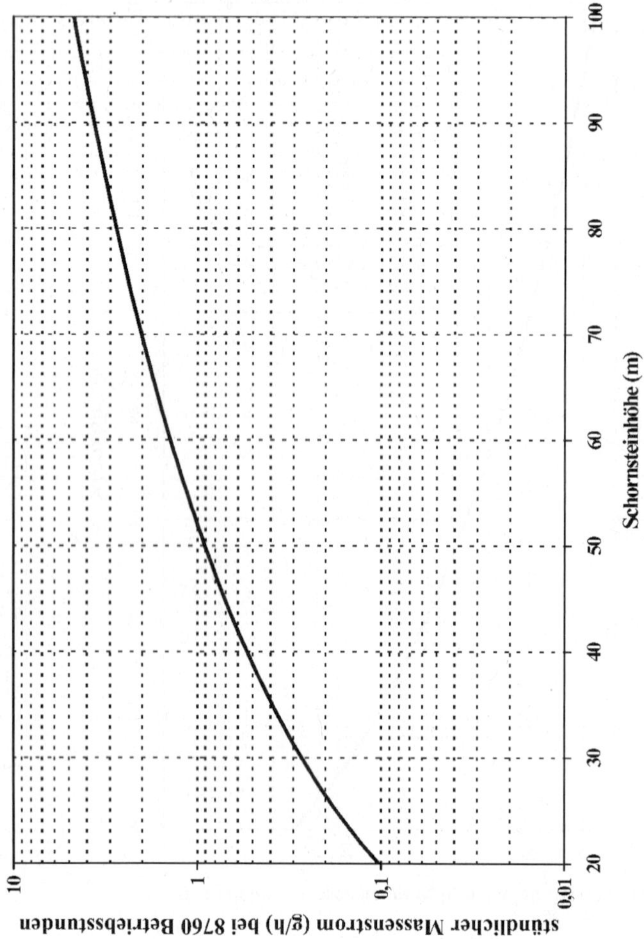

Abbildung 8: Nickel und anorganische Nickelverbindungen

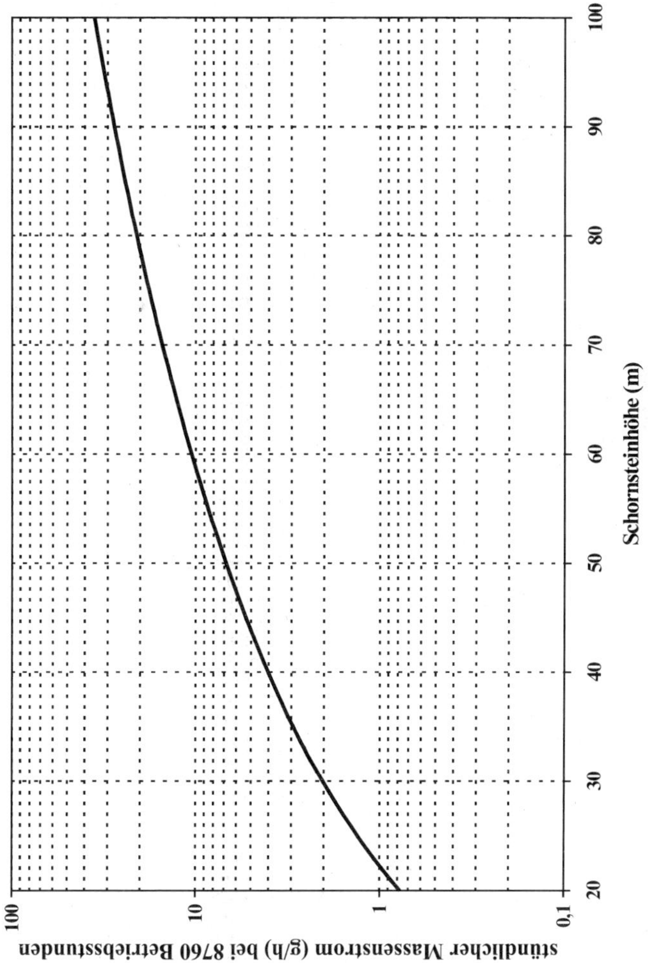

Abbildung 9: Quecksilber und anorganische Quecksilberverbindungen

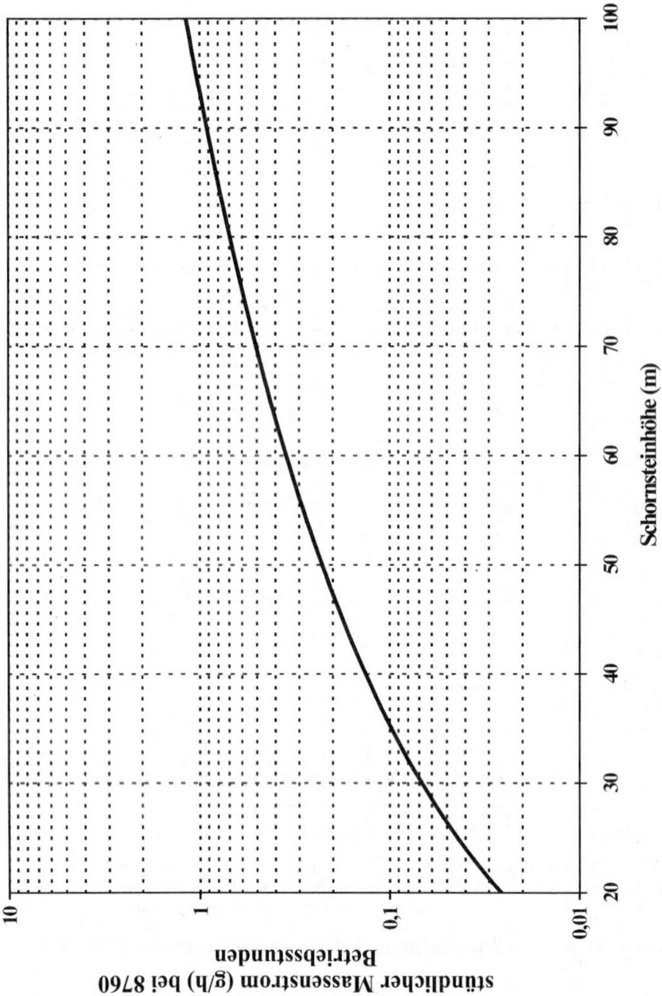

Anhang 3

Ausbreitungsrechnung

1 Allgemeines

Die Ausbreitungsrechnung für Gase und Stäube ist als Zeitreihenrechnung über jeweils ein Jahr oder auf der Basis einer mehrjährigen Häufigkeitsverteilung von Ausbreitungssituationen nach dem hier beschriebenen Verfahren unter Verwendung des Partikelmodells der Richtlinie VDI 3945 Blatt 3 (Ausgabe September 2000) und unter Berücksichtigung weiterer im folgenden aufgeführter Richtlinien durchzuführen.

Das Ausbreitungsmodell liefert bei einer Zeitreihenrechnung für jede Stunde des Jahres an den vorgegebenen Aufpunkten die Konzentration eines Stoffes (als Masse/Volumen) und die Deposition (als Masse/(Fläche · Zeit)). Bei Verwendung einer Häufigkeitsverteilung gemäß Kapitel 12 dieses Anhangs liefert das Ausbreitungsmodell die entsprechenden Jahresmittelwerte.

Die Ergebnisse einer Rechnung für ein Raster von Aufpunkten dienen der Auswahl der Beurteilungspunkte gemäß Nummer 4.6.2.5.

Die Ergebnisse an den Beurteilungspunkten repräsentieren die Zusatzbelastung und dienen, zusammen mit der Zeitreihe der gemessenen Vorbelastungswerte, der Bestimmung der Gesamtbelastung.

2 Festlegung der Emissionen

Emissionsquellen sind die festzulegenden Stellen des Übertritts von Luftverunreinigungen aus der Anlage in die Atmosphäre. Die bei der Ableitung der Emissionen vorliegenden Freisetzungsbedingungen sind zu berücksichtigen.

Die Emissionsparameter der Emissionsquelle (Emissionsmassenstrom, Abgastemperatur, Abgasvolumenstrom) sind als Stundenmittelwerte anzugeben. Bei zeitlichen Schwankungen der Emissionsparameter, z.B. bei Chargenbetrieb, sind diese als Zeitreihe anzugeben. Ist eine solche Zeitreihe nicht verfügbar oder verwendbar, sind die beim bestimmungsgemäßen Betrieb für die Luftreinhaltung ungünstigsten Betriebsbedingungen einzusetzen. Hängt die Quellstärke von der Windgeschwindigkeit ab (windinduzierte Quellen), so ist dies entsprechend zu berücksichtigen.

3 Ausbreitungsrechnung für Gase

Bei Gasen, für die keine Immissionswerte für Deposition festgelegt sind, ist die Ausbreitungsrechnung ohne Berücksichtigung von Deposition durchzuführen. Für Ammoniak und gasförmiges Quecksilber sind die in Tabelle 12 angegebenen Werte der Depositionsgeschwindigkeit v_d zu verwenden.

Tabelle 12: Depositionsgeschwindigkeiten für Gase

Stoff	v_d in m/s
Ammoniak	0,010
Quecksilber	0,005

Für die Berechnung der Umwandlung von NO nach NO_2 sind die in Richtlinie VDI 3782 Blatt 1 (Ausgabe Dezember 2001) angegebenen Umwandlungszeiten zu verwenden.

4 Ausbreitungsrechnung für Stäube

Bei der Ausbreitungsrechnung für Stäube sind trockene Deposition und Sedimentation zu berücksichtigen. Die Berechnung ist für folgende Größenklassen der Korngrößenverteilung, angegeben als aerodynamischer Durchmesser d_a, des Emissionsmassenstromes durchzuführen, wobei jeweils die angegebenen Werte von Depositionsgeschwindigkeit v_d und Sedimentationsgeschwindigkeit v_s zu verwenden sind:

Tabelle 13: Depositions- und Sedimentationsgeschwindigkeiten für Stäube

Klasse	d_a in µm	v_d in m/s	v_s in m/s
1	kleiner 2,5	0,001	0,00
2	2,5 bis 10	0,01	0,00

Klasse	d_a in µm	v_d in m/s	v_s in m/s
3	10 bis 50	0,05	0,04
4	größer 50	0,20	0,15

Die Ausbreitungsrechnung für eine Korngrößenklasse ist mit dem Emissionsmassenstrom der betreffenden Korngrößenklasse durchzuführen. Für die Berechnung der Deposition des gesamten Staubes sind die Depositionswerte der Korngrößenklassen zu addieren. Die Einzelwerte der Konzentration für PM-10 (aerodynamischer Durchmesser kleiner als 10 µm) bestehen aus der Summe der Einzelwerte der Konzentration der Korngrößenklassen 1 und 2.

Ist die Korngrößenverteilung nicht im einzelnen bekannt, dann ist PM-10 wie Staub der Klasse 2 zu behandeln. Für Staub mit einem aerodynamischen Durchmesser größer als 10 µm ist für v_d der Wert 0,07 m/s und für v_s der Wert 0,06 m/s zu verwenden.

5 Bodenrauhigkeit

Die Bodenrauhigkeit des Geländes wird durch eine mittlere Rauhigkeitslänge z_0 beschrieben. Sie ist nach Tabelle 14 aus den Landnutzungsklassen des CORINE-Katasters[1] zu bestimmen (die angegebenen Nummern sind die Kennzahlen des CORINE-Katasters).

Tabelle 14: Mittlere Rauhigkeitslänge in Abhängigkeit von den Landnutzungsklassen des CORINE-Katasters

z_0 in m	**CORINE-Klasse**
0,01	Strände, Dünen und Sandflächen (331); Wasserflächen (512)
0,02	Deponien und Abraumhalden (132); Wiesen und Weiden (231); Natürliches Grünland (321); Flächen mit spärlicher Vegetation (333); Salzwiesen (421); In der Gezeitenzone liegende Flächen (423); Gewässerläufe (511); Mündungsgebiete (522)
0,05	Abbauflächen (131); Sport- und Freizeitanlagen (142); Nicht bewässertes Ackerland (211); Gletscher und Dauerschneegebiete (335); Lagunen (521)
0,10	Flughäfen (124); Sümpfe (411); Torfmoore (412); Meere und Ozeane (523)
0,20	Straßen, Eisenbahn (122); Städtische Grünflächen (141); Weinbauflächen (221); Komplexe Parzellenstrukturen (242); Landwirtschaft und natürliche Bodenbedeckung (243); Heiden und Moorheiden (322); Felsflächen ohne Vegetation (332)
0,50	Hafengebiete (123); Obst- und Beerenobstbestände (222); Wald-Strauch-Übergangsstadien (324)
1,00	Nicht durchgängig städtische Prägung (112); Industrie- und Gewerbeflächen (121); Baustellen (133); Nadelwälder (312)
1,50	Laubwälder (311); Mischwälder (313)
2,00	Durchgängig städtische Prägung (111)

Die Rauhigkeitslänge ist für ein kreisförmiges Gebiet um den Schornstein festzulegen, dessen Radius das 10fache der Bauhöhe des Schornsteins beträgt. Setzt sich dieses Gebiet aus Flächenstücken mit unterschiedlicher Bodenrauhigkeit zusammen, so ist eine mittlere Rauhigkeitslänge durch arithmetische Mittelung mit Wichtung entsprechend dem jeweiligen Flächenanteil zu bestimmen und anschließend auf den nächstgelegenen Tabellenwert zu runden. Es ist zu prüfen, ob sich die Landnutzung seit Erhebung des Katasters wesentlich geändert hat oder eine für die Immissionsprognose wesentliche Änderung zu erwarten ist.

Variiert die Bodenrauhigkeit innerhalb des zu betrachtenden Gebietes sehr stark, ist der Einfluss des verwendeten Wertes der Rauhigkeitslänge auf die berechneten Immissionsbeiträge zu prüfen.

---

[1] **Amtl. Anm.:** „Daten zur Bodenbedeckung der Bundesrepublik Deutschland" des Statistischen Bundesamtes, Wiesbaden

6 Effektive Quellhöhe

Die effektive Quellhöhe ist gemäß Richtlinie VDI 3782 Blatt 3 (Ausgabe Juni 1985) zu bestimmen. Der emittierte Wärmestrom M in MW wird nach folgender Formel berechnet:

$$M = 1{,}36 \cdot 10^{-3} \cdot R' \, (T - 283{,}15 \, K) \qquad (1)$$

Hierbei ist M der Wärmestrom in MW, R′ der Volumenstrom des Abgases (f) im Normzustand in m^3/s und T die Abgastemperatur in K.

Bei der Ableitung der Abgase über Kühltürme ist nach Richtlinie VDI 3784 Blatt 2 (Ausgabe März 1990) entsprechend zu verfahren.

7 Rechengebiet und Aufpunkte

Das Rechengebiet für eine einzelne Emissionsquelle ist das Innere eines Kreises um den Ort der Quelle, dessen Radius das 50fache der Schornsteinbauhöhe ist. Tragen mehrere Quellen zur Zusatzbelastung bei, dann besteht das Rechengebiet aus der Vereinigung der Rechengebiete der einzelnen Quellen. Bei besonderen Geländebedingungen kann es erforderlich sein, das Rechengebiet größer zu wählen.

Das Raster zur Berechnung von Konzentration und Deposition ist so zu wählen, dass Ort und Betrag der Immissionsmaxima mit hinreichender Sicherheit bestimmt werden können. Dies ist in der Regel der Fall, wenn die horizontale Maschenweite die Schornsteinbauhöhe nicht überschreitet. In Quellentfernungen größer als das 10fache der Schornsteinbauhöhe kann die horizontale Maschenweite proportional größer gewählt werden.

Die Konzentration an den Aufpunkten ist als Mittelwert über ein vertikales Intervall vom Erdboden bis 3 m Höhe über dem Erdboden zu berechnen und ist damit repräsentativ für eine Aufpunkthöhe von 1,5 m über Flur. Die so für ein Volumen oder eine Fläche des Rechengitters berechneten Mittelwerte gelten als Punktwerte für die darin enthaltenen Aufpunkte.

8 Meteorologische Daten

8.1 Allgemeines

Meteorologische Daten sind als Stundenmittel anzugeben, wobei die Windgeschwindigkeit vektoriell zu mitteln ist. Die verwendeten Werte sollen für den Standort der Anlage charakteristisch sein. Liegen keine Messungen am Standort der Anlage vor, sind Daten einer geeigneten Station des Deutschen Wetterdienstes oder einer anderen entsprechend ausgerüsteten Station zu verwenden. Die Übertragbarkeit dieser Daten auf den Standort der Anlage ist zu prüfen; dies kann z.B. durch Vergleich mit Daten durchgeführt werden, die im Rahmen eines Standortgutachtens ermittelt werden. Messlücken, die nicht mehr als 2 Stundenwerte umfassen, können durch Interpolation geschlossen werden. Die Verfügbarkeit der Daten soll mindestens 90 vom Hundert der Jahresstunden betragen.

Die vom Partikelmodell benötigten meteorologischen Grenzschichtprofile sind gemäß Richtlinie VDI 3783 Blatt 8 zu bestimmen.[1)] Hierzu werden folgende Größen benötigt:

Tabelle 15: Größen für meteorologische Grenzschichtprofile

r_a	Windrichtung in Anemometerhöhe h_a
u_a	Windgeschwindigkeit in Anemometerhöhe h_a
L_M	Monin-Obukhov-Länge
h_m	Mischungsschichthöhe
z_0	Rauhigkeitslänge
d_0	Verdrängungshöhe

[1)] **Amtl. Anm.:** Bis zur Einführung der Richtlinie VDI 3783 Blatt 8 sind die in folgender Veröffentlichung angegebenen Profile zu verwenden: L. Janicke, U. Janicke: „Vorschlag eines meteorologischen Grenzschichtmodells für Lagrangesche Ausbreitungsmodelle". Berichte zur Umweltphysik 2, Ingenieurbüro Janicke, ISSN 1439-8222, September 2000.

8.2 Windrichtung

Die Windrichtung ist die Richtung, aus der der Wind weht, und ist in Anemometerhöhe als Winkel gegen die Nordrichtung im Uhrzeigersinn gradgenau anzugeben. Enthält die für die Ausbreitungsrechnung verwendete meteorologische Zeitreihe nur gerundete Werte der Windrichtung (Sektorangaben), dann ist hilfsweise in der Ausbreitungsrechnung eine gleichverteilt zufällige Windrichtung aus dem betreffenden Sektor zu verwenden.

Bei umlaufenden Winden ist eine gleichverteilt zufällige Windrichtung aus dem Bereich 1° bis 360° zu wählen. Für Intervalle mit Windstille bis zu 2 Stunden Dauer ist die Windrichtung durch lineare Interpolation zwischen dem letzten Wert vor Beginn der Windstille und dem ersten Wert nach Ende der Windstille zu bestimmen. Für Intervalle größer als zwei Stunden ist die Windrichtung entsprechend der Windrichtungsverteilung für Windgeschwindigkeiten bis zu 1,2 m/s zufällig zu wählen.

Es ist eine Drehung D der Windrichtung r in der Mischungsschicht in Abhängigkeit von der Höhe z über dem Erdboden gemäß der Formeln 2 und 3 zu berücksichtigen:

$$r(z) = r_a + D(z) - D(h_a) \qquad (2)$$

$$D(z) = 1{,}23\ D_h[1\text{-}\exp(-\ 1{,}75\ z/h_m)] \qquad (3)$$

Der Wert von D_h ist in Abhängigkeit von der Monin-Obukhov-Länge L_M (Kapitel 8.4 dieses Anhangs) und der Mischungsschichthöhe h_m (Kapitel 8.5 dieses Anhangs) der Tabelle 16 zu entnehmen.

Tabelle 16: Bestimmung von D_h

D_h in Grad	**Stabilitätsbereich**
0	$h_m/L_M < -10$
$45 + 4{,}5\ h_m/L_M$	$-10 \le h_m/L_M < 0$
45	$L_M > 0$

Für Höhen oberhalb der Mischungsschichthöhe ist die Windrichtung in Mischungsschichthöhe zu verwenden.

8.3 Windgeschwindigkeit

Die Windgeschwindigkeit in Anemometerhöhe ist in m/s mit einer Nachkommastelle anzugeben. Ist in der meteorologischen Zeitreihe die Windgeschwindigkeit in Stufen größer als 0,1 m/s angegeben, dann ist hilfsweise für die Ausbreitungsrechnung eine gleichverteilt zufällige Geschwindigkeit aus dem Stufenbereich auszuwählen.

Bei Windstille und bei Windgeschwindigkeiten unter 0,8 m/s in Anemometerhöhe ist für die Windgeschwindigkeit in Anemometerhöhe ein rechnerischer Wert von 0,7 m/s zu verwenden.

8.4 Monin-Obukhov-Länge

Die Stabilität der atmosphärischen Schichtung wird durch Angabe der Monin-Obukhov-Länge L_M festgelegt. Ist der Wert der Monin-Obukhov-Länge nicht bekannt, dann ist eine Ausbreitungsklasse nach Klug/Manier nach Richtlinie VDI 3782 Blatt 1 (Ausgabe Dezember 2001) zu bestimmen und die Monin-Obukhov-Länge in Meter ist gemäß Tabelle 17 zu setzen.

Tabelle 17: Bestimmung der Monin-Obukhov-Länge L_M

Ausbreitungsklasse nach Klug/Manier		**Rauhigkeitslänge z_0 in m**								
		0,01	**0,02**	**0,05**	**0,10**	**0,20**	**0,50**	**1,00**	**1,50**	**2,00**
I	(sehr stabil)	7	9	13	17	24	40	65	90	118
II	(stabil)	25	31	44	60	83	139	223	310	406
III/1	(indifferent)	99999	99999	99999	99999	99999	99999	99999	99999	99999
III/2	(indifferent)	–25	–32	–45	–60	–81	–130	–196	–260	–326
IV	(labil)	–10	–13	–19	–25	–34	– 55	– 83	–110	–137
V	(sehr labil)	– 4	– 5	– 7	–10	–14	– 22	– 34	– 45	– 56

Der Wert der Monin-Obukhov-Länge an der Grenze zwischen zwei Ausbreitungsklassen ist das harmonische Mittel der Werte in den benachbarten Ausbreitungsklassen, d.h. der reziproke Wert wird durch arithmetische Mittelung der reziproken Werte bestimmt. Diese Klassengrenzen sind zu verwenden, wenn auf Ausbreitungsklassen nach Klug/Manier explizit Bezug genommen wird.

8.5 Mischungsschichthöhe

Ist die Mischungsschichthöhe nicht bekannt, ist sie nach folgendem Verfahren festzulegen. Für Werte der Monin-Obukhov-Länge aus dem Bereich der Ausbreitungsklassen IV und V ist mit einem Wert der Mischungsschichthöhe h_m von 1 100 m zu rechnen. Sonst ist mit einem Wert von 800 m zu rechnen, es sei denn, Formel 4 ergibt einen kleineren Wert:

$$h_m = \begin{cases} \alpha \dfrac{u_*}{f_c} & \text{für } L_M \geq \dfrac{u_*}{f_c} \\ \alpha \dfrac{u_*}{f_c} \left(\dfrac{f_c L_M}{u_*} \right)^{1/2} & \text{für } 0 < L_M < \dfrac{u_*}{f_c} \end{cases}$$

Hierbei ist α gleich 0,3 und der Coriolis-Parameter f_c gleich 10^{-4} s^{-1}. Die Schubspannungsgeschwindigkeit u_* ist aus dem Windprofil des meteorologischen Grenzschichtmodells zu bestimmen.

8.6 Verdrängungshöhe

Die Verdrängungshöhe d_0 gibt an, wie weit die theoretischen meteorologischen Profile auf Grund von Bewuchs oder Bebauung in der Vertikalen zu verschieben sind. Die Verdrängungshöhe ist als das 6fache der Rauhigkeitslänge z_0 (Kapitel 5 dieses Anhangs) anzusetzen, bei dichter Bebauung als das 0,8fache der mittleren Bebauungshöhe. Unterhalb der Höhe $6z_0 + d_0$ ist die Windgeschwindigkeit bis zum Wert Null bei z gleich Null linear zu interpolieren; alle anderen meteorologischen Parameter sind konstant zu halten.

9 Berücksichtigung der statistischen Unsicherheit

Die mit dem hier beschriebenen Verfahren berechneten Immissionskenngrößen besitzen auf Grund der statistischen Natur des in der Richtlinie VDI 3945 Blatt 3 (Ausgabe September 2000) angegebenen Verfahrens eine statistische Unsicherheit. Es ist darauf zu achten, dass die modellbedingte statistische Unsicherheit, berechnet als statistische Streuung des berechneten Wertes, beim Jahres-Immissionskennwert 3 vom Hundert des Jahres-Immissionswertes und beim Tages-Immissionskennwert 30 vom Hundert des Tages-Immissionswertes nicht überschreitet. Gegebenenfalls ist die statistische Unsicherheit durch eine Erhöhung der Partikelzahl zu reduzieren.

Liegen die Beurteilungspunkte an den Orten der maximalen Zusatzbelastung, braucht die statistische Unsicherheit nicht gesondert berücksichtigt zu werden. Andernfalls sind die berechneten Jahres-, Tages- und Stunden-Immissionskennwerte um die jeweilige statistische Unsicherheit zu erhöhen. Die relative statistische Unsicherheit des Stunden-Immissionskennwertes ist dabei der relativen statistischen Unsicherheit des Tages-Immissionskennwertes gleichzusetzen.

10 Berücksichtigung von Bebauung

Einflüsse von Bebauung auf die Immission im Rechengebiet sind zu berücksichtigen. Beträgt die Schornsteinbauhöhe mehr als das 1,2fache der Gebäudehöhen oder haben Gebäude, für die diese Bedingung nicht erfüllt ist, einen Abstand von mehr als dem 6fachen ihrer Höhe von der Emissionsquelle, kann in der Regel folgendermaßen verfahren werden:

a) Beträgt die Schornsteinbauhöhe mehr als das 1,7fache der Gebäudehöhen, ist die Berücksichtigung der Bebauung durch Rauhigkeitslänge (Kapitel 5 dieses Anhangs) und Verdrängungshöhe (Kapitel 8.6 dieses Anhangs) ausreichend.

b) Beträgt die Schornsteinbauhöhe weniger als das 1,7fache der Gebäudehöhen und ist eine freie Abströmung gewährleistet, können die Einflüsse mit Hilfe eines diagnostischen Windfeldmodells für Gebäudeumströmung berücksichtigt werden. Bis zur Einführung einer geeigneten VDI-Richtlinie sind Windfeldmodelle zu verwenden, deren Eignung der zuständigen obersten Landesbehörde nachgewiesen wurde.

Maßgeblich für die Beurteilung der Gebäudehöhen nach Buchstabe a) oder b) sind alle Gebäude, deren Abstand von der Emissisonsquelle geringer ist als das 6fache der Schornsteinbauhöhe.

11 Berücksichtigung von Geländeunebenheiten

Unebenheiten des Geländes sind in der Regel nur zu berücksichtigen, falls innerhalb des Rechengebietes Höhendifferenzen zum Emissionsort von mehr als dem 0,7fachen der Schornsteinbauhöhe und Steigungen von mehr als 1 : 20 auftreten. Die Steigung ist dabei aus der Höhendifferenz über eine Strecke zu bestimmen, die dem 2fachen der Schornsteinbauhöhe entspricht.

Geländeunebenheiten können in der Regel mit Hilfe eines mesoskaligen diagnostischen Windfeldmodells berücksichtigt werden, wenn die Steigung des Geländes den Wert 1 : 5 nicht überschreitet und wesentliche Einflüsse von lokalen Windsystemen oder anderen meteorologischen Besonderheiten ausgeschlossen werden können.

Bis zur Einführung einer geeigneten VDI-Richtlinie sind Windfeldmodelle zu verwenden, deren Eignung der zuständigen obersten Landesbehörde nachgewiesen wurde.

12 Verwendung einer Häufigkeitsverteilung der stündlichen Ausbreitungssituationen

Eine Häufigkeitsverteilung der stündlichen Ausbreitungssituationen kann verwendet werden, sofern mittlere Windgeschwindigkeiten von weniger als 1 m/s im Stundenmittel am Standort der Anlage in weniger als 20 vom Hundert der Jahresstunden auftreten. Eine Ausbreitungssituation ist durch Windgeschwindigkeitsklasse, Windrichtungssektor und Ausbreitungsklasse bestimmt.

Die Windgeschwindigkeiten u_a in Anemometerhöhe h_a sind wie folgt zu klassieren:

Tabelle 18: Klassierung der Windgeschwindigkeiten

Windgeschwindigkeits-klasse	Windgeschwindigkeit u_a in ms^{-1}	Rechenwert u_R in ms^{-1}
1	< 1,4	1
2	1,4 bis 1,8	1,5
3	1,9 bis 2,3	2
4	2,4 bis 3,8	3
5	3,9 bis 5,4	4,5
6	5,5 bis 6,9	6
7	7,0 bis 8,4	7,5
8	8,5 bis 10,0	9
9	> 10,0	12

Die Windrichtung ist in 36 Sektoren zu je 10° zu klassieren. Der erste Sektor umfasst die Windrichtungen 6° bis 15°, die weiteren Sektoren folgen im Uhrzeigersinn. Bei der Windgeschwindigkeitsklasse 1 ist die Verteilung auf die Windrichtungssektoren wie bei der Windgeschwindigkeitsklasse 2 maßgebend.

Die Fälle mit umlaufenden Winden werden der entsprechenden Ausbreitungs- und Windgeschwindigkeitsklasse zugeordnet; die Verteilung auf die Windrichtungssektoren ist entsprechend der Windrichtungsverteilung in der jeweiligen Windgeschwindigkeitsklasse vorzunehmen.

Die Ausbreitungsklasse ist gemäß Richtlinie VDI 3782 Blatt 1 Anhang A (Ausgabe Dezember 2001) zu bestimmen.

Für jede in der Häufigkeitsverteilung mit einer Eintrittswahrscheinlichkeit größer Null aufgeführte Ausbreitungssituation ist nach dem für die Zeitreihenrechnung angegebenen Verfahren eine zeitunabhängige Ausbreitungsrechnung durchzuführen. Dabei ist als Windgeschwindigkeit u_a der Rechenwert u_R zu verwenden. Die Ausbreitungsrechnung für einen Windrichtungssektor von 10° ist in Form von Rechnungen über 5 Windrichtungen im Abstand von jeweils 2° durchzuführen mit arithmetischer Mittelung der Ergebnisse. Für den ersten Sektor sind dies die Windrichtungen 6°, 8°, 10°, 12°, 14° und entsprechend bei den folgenden Sektoren.

Der Jahresmittelwert von Konzentration oder Deposition ist der Mittelwert der mit den Eintrittswahrscheinlichkeiten gewichteten Konzentrations- bzw. Depositionswerte, die für die einzelnen Ausbreitungssituationen berechnet werden.

Anhang 4

Organische Stoffe der Klasse I nach Nummer 5.2.5

Tabelle 19: Organische Stoffe der Klasse I nach Nummer 5.2.5

Stoff	CAS-Nummer
Acetaldehyd	75–07–0
Acetamid	60–35–5
Acrylsäure	79–10–7
Alkylbleiverbindungen	
Ameisensäure	64–18–6
Amino-4-nitrotoluol,2-	99–55–8
Aminoethanol,2-	141–43–5
Anilin	62–53–3
Benzochinon,p-	106–51–4
Benzolsulfonylchlorid	98–09–9
Benzoltricarbonsäure,1,2,4-	528–44–9
Benzoltricarbonsäureanhydrid,1,2,4-	552–30–7
Benzoylchlorid	98–88–4
Bis(3-aminopropyl)-methylamin,N,N-	105–83–9
Bleiacetat (basisch)	1335–32–6
Brommethan	74–83–9
Brompropan,1-	106–94–5
Butanthiol	109–79–5
Butenal,2- (Crotonaldehyd)	123–73–9
Butin-1,4-diol-2	110–65–6
Butylacrylat,n-	141–32–2
Butylamin,iso-	78–81–9
Butylamin,n-	109–73–9
Butylphenol,4-tert-	98–54–4
Butyltoluol	98–51–1
Caprolactam	105–60–2
Chlor-1,3-butadien,2- (Chloropropen)	126–99–8
Chlor-2-methylpropen,3-	563–47–3
Chlor-2-nitrobenzol,1-	88–73–3
Chlor-4-nitrobenzol,1-	100–00–5
Chlor-o-toluidin,5-	95–79–4
Chloressigsäure	79–11–8
Chlorethan	75–00–3

Stoff	CAS-Nummer
Chlorethanol,2-	107–07–3
Chlormethan	74–87–3
Chlorpropen,3-	107–05–1
Cyanacrylsäuremethylester	137–05–3
Cyclohexandicarbonsäureanhydrid,1,2-	85–42–7
Di-(2-ethylhexyl)-phthalat	117–81–7
Di-n-butylzinnchlorid	683–18–1
Diaminobenzidin,3,3′-	91–95–2
Diaminoethan,1,2- (Ethylendiamin)	107–15–3
Dibenzoylperoxid	94–36–0
Dichlorethylen,1,1-	75–35–4
Dichlormethan	75–09–2
Dichlornitroethan,1,1-	594–72–9
Dichlorphenole	
Dichlorpropan,1,2-	78–87–5
Dichlorpropionsäure,2,2-	75–99–0
Dichlortoluol,2,4-	95–73–8
Dichlortoluol,a,a-	98–87–3
Diethylamin	109–89–7
Diethylcarbamidsäurechlorid	88–10–8
Diethylentriamin (3-Azapentan-1,5-diamin)	111–40–0
Difluorethen,1,1- (R1132a)	75–38–7
Diglycidylether	2238–07–5
Dihydroxybenzol,1,2- (Brenzcatechin)	120–80–9
Dihydroxybenzol,1,4- (Hydrochinon)	123–31–9
Diisocyanattoluol,2,4-	584–84–9
Diisocyanattoluol,2,6-	91–08–7
Dimethylamin	124–40–3
Dimethylamino-N,N′,N′-trimethyl-1,2-diaminoethan,N-2-	3030–47–5
Dimethylanilin,N,N-	121–69–7
Dimethylethylamin,1,1-	75–64–9
Dinitronaphthaline (alle Isomere)	27478–34–8
Dioxan,1,4-	123–91–1
Diphenyl (Biphenyl)	92–52–4
Diphenylamin	122–39–4
Diphenylether	101–84–8
Diphenylmethan-2,4′-diisocyanat	5873–54–1

Stoff	**CAS-Nummer**
Diphenylmethan-4,4′-diisocyanat	101–68–8
Essigsäure-(2-ethoxyethyl)-ester	111–15–9
Essigsäureanhydrid	108–24–7
Ethandial (Glyoxal)	107–22–2
Ethanthiol (Ethylmercaptan)	75–08–1
Ethen	74–85–1
Ethylacrylat	140–88–5
Ethylamin	75–04–7
Ethylenglycoldinitrat	628–96–6
Ethylenthioharnstoff	96–45–7
Ethylhexansäure,2-	149–57–5
Formaldehyd	50–00–0
Formamid	75–12–7
Furaldehyd,2- (Furfuraldehyd)	98–01–1
Furanmethanamin,2-	617–89–0
Glutardialdehyd	111–30–8
Glycerintrinitrat	55–63–0
Hexachlor-1,3-butadien,1,1,2,3,4,4-	87–68–3
Hexachlorethan	67–72–1
Hexamethylendiamin	124–09–4
Hexamethylendiisocyanat	822–06–0
Hexanon,2-	591–78–6
Isocyanatmethyl-3,5,5-trimethylcyclohexylisocyanat,3-	4098–71–9
Isopropoxy-ethanol,2-	109–59–1
Kampfer	76–22–2
Keten	463–51–4
Kohlenoxidsulfid	463–58–1
Kresole	1319–77–3
Maleinsäureanhydrid	108–31–6
Methanthiol (Methylmercaptan)	74–93–1
Methoxyanilin,4-	104–94–9
Methoxyessigsäure	625–45–6
Methyl-2,4,6-N-tetranitroanilin,N-	479–45–8
Methylacrylat	96–33–3
Methylamin	74–89–5
Methylanilin,N-	100–61–8
Methylenbis(2-methylcyclohexylamin),4′,4′-	6864–37–5

Stoff	CAS-Nummer
Methylisocyanat	624–83–9
Methyljodid	74–88–4
Methylphenylendiamin,2-	823–40–5
Monochloressigsäure, Na-Salz	3926–62–3
Monochloressigsäure-1-methylethylester	105–48–6
Monochloressigsäureethylester	105–39–5
Monochloressigsäuremethylester	96–34–4
Montanwachssäuren, Zn-Salze	73138–49–5
Morpholin	110–91–8
Naphthylamin,1-	134–32–7
Naphthylen-1,5-diisocyanat	3173–72–6
Naphthylendiamin,1,5-	2243–62–1
Natriumtrichloracetat	650–51–1
Nitro-4-aminophenol,2-	119–34–6
Nitro-p-phenylendiamin,2-	5307–14–2
Nitroanilin,2-	88–74–4
Nitroanilin,m-	99–09–2
Nitroanilin,p-	100–01–6
Nitrobenzol	98–95–3
Nitrokresole	
Nitrophenole	
Nitropyrene	5522–43–0
Nitrotoluol,3-	99–08–1
Nitrotoluol,4-	99–99–0
Nitrotoluole (alle Isomere)	1321–12–6
Oxalsäure	144–62–7
Pentachlorethan	76–01–7
Pentachlornaphthalin	1321–64–8
Phenol	108–95–2
Phenyl-1-(p-tolyl)-3-dimethylaminopropan,1-	5632–44–0
Phenyl-2-naphthylamin,N-	135–88–6
Phenyl-acetamid,N-	103–84–4
Phenylhydrazin	100–63–0
Phthalonitril	91–15–6
Phthalsäureanhydrid	85–44–9
Piperazin	110–85–0
Prop-2-in-1-ol	107–19–7

Stoff	**CAS-Nummer**
Propenal,2- (Acrolein, Acrylaldehyd)	107–02–8
Propylenglycoldinitrat	6423–43–4
Pyridin	110–86–1
Tetrabromethan,1,1,2,2-	79–27–6
Tetrachlorbenzol,1,2,4,5-	95–94–3
Tetrachlorethan,1,1,2,2-	79–34–5
Tetrachlorethylen	127–18–4
Tetrachlormethan	56–23–5
Thioalkohole	
Thioether	
Thioharnstoff	62–56–6
Toluidin,p-	106–49–0
Tribrommethan	75–25–2
Trichlorbenzole (alle Isomere)	12002–48–1
Trichloressigsäure	76–03–9
Trichlorethan,1,1,2-	79–00–5
Trichlorethen	79–01–6
Trichlormethan (Chloroform)	67–66–3
Trichlornaphthalin	1321–65–9
Trichlornitromethan	76–06–2
Trichlorphenol,2,4,5-	95–95–4
Trichlorphenole	
Triethylamin	121–44–8
Trikresylphosphat,(ooo,oom,oop,omm,omp,opp)	78–30–8
Tri-N-butylphosphat	126–73–8
Trimethyl-2-cyclohexen-1-on,3,5,5-	78–59–1
Trinitrofluoren-9-on,2,4,7-	129–79–3
Trinitrotoluol,2,4,6- (TNT)	118–96–7
Vinyl-2-pyrrolidon,N-	88–12–0
Vinylacetat	108–05–4
Xylenole (ausgenommen 2,4-Xylenol)	1300–71–6
Xylidin,2,4-	95–68–1

Anhang 5

Äquivalenzfaktoren für Dioxine und Furane

Für den nach Nr. 5.2.7.2 zu bildenden Summenwert oder für die entsprechenden Anforderungen der Nummern 5.3 oder 5.4 sind die im Abgas ermittelten Konzentrationen der nachstehend genannten Dioxine und Furane mit den angegebenen Äquivalenzfaktoren zu multiplizieren und zu summieren.

Tabelle 20: Äquivalenzfaktoren für Dioxine und Furane

Stoff	Äquivalenzfaktor
2,3,7,8-Tetrachlordibenzodioxin (TCDD)	1
1,2,3,7,8-Pentachlordibenzodioxin (PeCDD)	0,5
1,2,3,4,7,8-Hexachlordibenzodioxin (HxCDD)	0,1
1,2,3,7,8,9-Hexachlordibenzodioxin (HxCDD)	0,1
1,2,3,6,7,8-Hexachlordibenzodioxin (HxCDD)	0,1
1,2,3,4,6,7,8-Heptachlordibenzodioxin (HpCDD)	0,01
Octachlordibenzodioxin (OCDD)	0,001
2,3,7,8-Tetrachlordibenzofuran (TCDF)	0,1
2,3,4,7,8-Pentachlordibenzofuran (PeCDF)	0,5
1,2,3,7,8-Pentachlordibenzofuran (PeCDF)	0,05
1,2,3,4,7,8-Hexachlordibenzofuran (HxCDF)	0,1
1,2,3,7,8,9-Hexachlordibenzofuran (HxCDF)	0,1
1,2,3,6,7,8-Hexachlordibenzofuran (HxCDF)	0,1
2,3,4,6,7,8-Hexachlordibenzofuran (HxCDF)	0,1
1,2,3,4,6,7,8-Heptachlordibenzofuran (HpCDF)	0,01
1,2,3,4,7,8,9-Heptachlordibenzofuran (HpCDF)	0,01
Octachlordibenzofuran (OCDF)	0,001

Anhang 6

VDI-Richtlinien und Normen zur Emissionsmesstechnik

Tabelle 21: VDI-Richtlinien und Normen zur Emissionsmesstechnik

Messobjekt	Verfahren		VDI-Richtlinie		DIN/EN-Norm	
	kontinuierlich	diskontinuierlich	Richtlinie/Norm	Ausgabe	Richtlinie/Norm	Ausgabe
Allgemeine Richtlinien						
Kalibrierung			3950 Bl. 1	Jul. 94		
Messplanung			2448 Bl. 1	Apr. 92		

Messobjekt	Verfahren		VDI-Richtlinie		DIN/EN-Norm	
	kontinuierlich	**diskontinuierlich**	**Richtlinie/ Norm**	**Ausgabe**	**Richtlinie/Norm**	**Ausgabe**
Durchführung von Emissionsmessungen			*4200*[1]	Dez. 00		
Anforderungen an Prüfstellen			4220	Sep. 99		
Staub						
Staub (allgemein)		X	2066 Bl. 1	Okt. 75		
Staub	X		2066 Bl. 4	Jan. 89		
	X		2066 Bl. 6	Jan. 89		
Staub (niedrige Konzentrationen)		X	2066 Bl. 7	Aug. 93	EN 13284–1	Nov. 01
Staub (höhere Konzentrationen)		X	2066 Bl. 2	Aug. 93		
Fraktionierende Staubmessung		X	2066 Bl. 5	Nov. 94		
Rußzahl		X	2066 Bl. 8	Sep. 95		
Staubinhaltsstoffe						
Schwermetalle (Probenahme)		X	3868 Bl. 1	Dez. 94		
Schwermetalle (Analytik)		X	2268 Bl. 1	Apr. 87		
		X	2268 Bl. 2	Feb. 90		
		X	2268 Bl. 3	Dez. 88		
		X	2268 Bl. 4	Mai 90		
Quecksilber		X			13211	Jun. 01
Asbest		X	3861 Bl. 2	Sep. 96		
Schwefelverbindungen						
Schwefeldioxid		X	2462 Bl. 8	Mrz. 85		
Schwefeltrioxid		X	2462 Bl. 7	Mrz. 85		
Schwefelwasserstoff		X	3486 Bl. 1	Apr. 79		
		X	3486 Bl. 2	Apr. 79		
Schwefelkohlenstoff		X	3487 Bl. 1	Nov. 78		
Stickstoffverbindungen						
Stickstoffmonoxid/ -dioxid		X	2456 Bl. 8	Jan. 86		
Basische Stickstoffverbindungen		X	3496 Bl. 1	Apr. 82		

[1] Zwischenzeitlich ersetzt durch die DIN EN 15259 (Ausgabe Januar 2008) .

Messobjekt	Verfahren		VDI-Richtlinie		DIN/EN-Norm	
	kontinuierlich	diskontinuierlich	Richtlinie/Norm	Ausgabe	Richtlinie/Norm	Ausgabe
Kohlenmonoxid						
		X	2459 Bl. 1	Dez. 00		
		X	2459 Bl. 7	Feb. 94		
Chlorverbindungen						
Chlorwasserstoff		X			1911–1 1911–2 1911–3	Jul. 98
Chlor		X	3488 Bl. 1	Dez. 79		
		X	3488 Bl. 2	Nov. 80		
Fluorverbindungen						
Fluorwasserstoff		X	2470 Bl. 1	Okt. 75		
Organische Stoffe						
Kohlenwasserstoffe (allgemein)			3481 Bl. 6	Dez. 94		
Kohlenwasserstoffe		X	3481 Bl. 2	Sep. 98		
Kohlenwasserstoffe (FID)	X		3481 Bl. 1	Aug. 75	12619	Sept. 99
	X		3481 Bl. 3	Okt. 95		
Kohlenwasserstoffe (IR)			2460 Bl. 1	Jul. 96		
		X	2460 Bl. 2	Jul. 74		
		X	2460 Bl. 3	Jun. 81		
GC-Bestimmung organischer Verbindungen		X	2457 Bl. 1	Nov. 97	13649 (prEN)	
		X	2457 Bl. 2	Dez. 96		
		X	2457 Bl. 3	Dez. 96		
		X	2457 Bl. 4	Dez. 00		
		X	2457 Bl. 6	Jun. 81		
		X	2457 Bl. 7	Jun. 81		
Aliphatische Aldehyde (C_1 bis C_3)		X	3862 Bl. 1	Dez. 90		
		X	3862 Bl. 2	Dez. 00		
		X	3862 Bl. 3	Dez. 00		
		X	3862 Bl. 4	Mai 01		
Acrylnitril		X	3863 Bl. 1	Apr. 87		
		X	3863 Bl. 2	Febr. 91		
PAH (allgemein)		X	3873 Bl. 1	Nov. 92		
PAH (anlagenbezogen in der Kohlenstoffindustrie)		X	3467	Mrz. 98		
Vinylchlorid		X	3493 Bl. 1	Nov. 82		

Messobjekt	Verfahren		VDI-Richtlinie		DIN/EN-Norm	
	kontinuierlich	diskontinuierlich	Richtlinie/Norm	Ausgabe	Richtlinie/Norm	Ausgabe
Dioxine und Furane		X			1948–1 1948–2 1948–3	Mai 97
Geruchsstoffe						
		X	3881 Bl. 1	Mai 86		
		X	3881 Bl. 2	Jun. 87		
		X	3881 Bl. 3	Nov. 86		

Anhang 7

S-Werte

Tabelle 22: S-Werte

Stoff	S-Wert
Schwebstaub	0,08
Blei und seine anorganischen Verbindungen, angegeben als Pb	0,0025
Cadmium und seine anorganischen Verbindungen, angegeben als Cd	0,00013
Quecksilber und seine anorganischen Verbindungen, angegeben als Hg	0,00013
Chlor	0,09
gasförmige anorganische Chlorverbindungen, angegeben als Chlorwasserstoff	0,1
Fluor und seine gasförmigen anorganischen Verbindungen, angegeben als Fluorwasserstoff	0,0018
Kohlenmonoxid	7,5
Schwefeloxide (Schwefeldioxid und Schwefeltrioxid), angegeben als Schwefeldioxid	0,14
Schwefelwasserstoff	0,003
Stickstoffoxide, angegeben als Stickstoffdioxid	0,1
Für Stoffe der Nummer 5.2.2 • Klasse I • Klasse II • Klasse III	 0,005 0,05 0,1
Für Stoffe der Nummer 5.2.5 • Gesamtkohlenstoff • Klasse I • Klasse II	 0,1 0,05 0,1
Für Stoffe der Nummer 5.2.7 • Nummer 5.2.7.1.1 Klasse I • Nummer 5.2.7.1.1 Klasse II • Nummer 5.2.7.1.1 Klasse III	 0,00005 0,0005 0,005

5.2. Sechste Allgemeine Verwaltungsvorschrift zum Bundes-Immissionsschutzgesetz (Technische Anleitung zum Schutz gegen Lärm – TA Lärm)

Vom 26. August 1998

(GMBl S. 503)

geänd. durch ÄndVwV v. 1.6.2017 (BAnz AT 08.06.2017 B5)

Nach § 48 des Bundes-Immissionsschutzgesetzes (BImSchG)[1] vom 15. März 1974 (BGBl. I S. 721) in der Fassung der Bekanntmachung vom 14. Mai 1990 (BGBl. I S. 880) wird nach Anhörung der beteiligten Kreise folgende Allgemeine Verwaltungsvorschrift erlassen:

Inhaltsübersicht

---

[1] Nr. **1**.

1. Anwendungsbereich

Diese Technische Anleitung dient dem Schutz der Allgemeinheit und der Nachbarschaft vor schädlichen Umwelteinwirkungen durch Geräusche sowie der Vorsorge gegen schädliche Umwelteinwirkungen durch Geräusche.

Sie gilt für Anlagen, die als genehmigungsbedürftige oder nicht genehmigungsbedürftige Anlagen den Anforderungen des Zweiten Teils des Bundes-Immissionsschutzgesetzes (BImSchG)[1] unterliegen, mit Ausnahme folgender Anlagen:

a) Sportanlagen, die der Sportanlagenlärmschutzverordnung (18. BImSchV)[2] unterliegen,
b) sonstige nicht genehmigungsbedürftige Freizeitanlagen sowie Freiluftgaststätten,
c) nicht genehmigungsbedürftige landwirtschaftliche Anlagen,
d) Schießplätze, auf denen mit Waffen ab Kaliber 20 mm geschossen wird,
e) Tagebaue und die zum Betrieb eines Tagebaus erforderlichen Anlagen,
f) Baustellen,
g) Seehafenumschlagsanlagen,
h) Anlagen für soziale Zwecke.

Die Vorschriften dieser Technischen Anleitung sind zu beachten

a) für genehmigungsbedürftige Anlagen bei
   aa) der Prüfung der Anträge auf Erteilung einer Genehmigung zur Errichtung und zum Betrieb einer Anlage (§ 6 Abs. 1 BImSchG) sowie zur Änderung der Lage, der Beschaffenheit oder des Betriebs einer Anlage (§ 16 Abs. 1, auch in Verbindung mit Abs. 4 BImSchG),
   bb) der Prüfung der Anträge auf Erteilung einer Teilgenehmigung oder eines Vorbescheids (§§ 8 und 9 BImSchG),
   cc) der Entscheidung über nachträgliche Anordnungen (§ 17 BImSchG) und
   dd) der Entscheidung über die Anordnung erstmaliger oder wiederkehrender Messungen (§ 28 BImSchG);

---

[1] Nr. **1**.
[2] Nr. **2.18**.

b) für nicht genehmigungsbedürftige Anlagen bei
   aa) der Prüfung der Einhaltung des § 22 BImSchG im Rahmen der Prüfung von Anträgen auf öffentlich-rechtliche Zulassungen nach anderen Vorschriften, insbesondere von Anträgen in Baugenehmigungsverfahren,
   bb) Entscheidungen über Anordnungen und Untersagungen im Einzelfall (§§ 24 und 25 BImSchG);

c) für genehmigungsbedürftige und nicht genehmigungsbedürftige Anlagen bei der Entscheidung über Anordnungen zur Ermittlung von Art und Ausmaß der von einer Anlage ausgehenden Emissionen sowie der Immissionen im Einwirkungsbereich der Anlage (§ 26 BImSchG).

Ist für eine nicht genehmigungsbedürftige Anlage aufgrund einer Rechtsverordnung nach § 23 Abs. 1a BImSchG antragsgemäß ein Verfahren zur Erteilung einer Genehmigung nach § 4 Abs. 1 Satz 1 in Verbindung mit § 6 BImSchG durchzuführen, so sind die Vorschriften dieser Technischen Anleitung für genehmigungsbedürftige Anlagen anzuwenden.

2. Begriffsbestimmungen

2.1 Schädliche Umwelteinwirkungen durch Geräusche

Schädliche Umwelteinwirkungen im Sinne dieser Technischen Anleitung sind Geräuschimmissionen, die nach Art, Ausmaß oder Dauer geeignet sind, Gefahren, erhebliche Nachteile oder erhebliche Belästigungen für die Allgemeinheit oder die Nachbarschaft herbeizuführen.

2.2 Einwirkungsbereich einer Anlage

Einwirkungsbereich einer Anlage sind die Flächen, in denen die von der Anlage ausgehenden Geräusche

a) einen Beurteilungspegel verursachen, der weniger als 10 dB(A) unter dem für diese Fläche maßgebenden Immissionsrichtwert liegt, oder

b) Geräuschspitzen verursachen, die den für deren Beurteilung maßgebenden Immissionsrichtwert erreichen.

2.3 Maßgeblicher Immissionsort

Maßgeblicher Immissionsort ist der nach Nummer A.1.3 des Anhangs zu ermittelnde Ort im Einwirkungsbereich der Anlage, an dem eine Überschreitung der Immissionsrichtwerte am ehesten zu erwarten ist. Es ist derjenige Ort, für den die Geräuschbeurteilung nach dieser Technischen Anleitung vorgenommen wird.

Wenn im Einwirkungsbereich der Anlage aufgrund der Vorbelastung zu erwarten ist, daß die Immissionsrichtwerte nach Nummer 6 an einem anderen Ort durch die Zusatzbelastung überschritten werden, so ist auch der Ort, an dem die Gesamtbelastung den maßgebenden Immissionsrichtwert nach Nummer 6 am höchsten übersteigt, als zusätzlicher maßgeblicher Immissionsort festzulegen.

2.4 Vor-, Zusatz- und Gesamtbelastung; Fremdgeräusche

Vorbelastung ist die Belastung eines Ortes mit Geräuschimmissionen von allen Anlagen, für die diese Technische Anleitung gilt, ohne den Immissionsbeitrag der zu beurteilenden Anlage.

Zusatzbelastung ist der Immissionsbeitrag, der an einem Immissionsort durch die zu beurteilende Anlage voraussichtlich (bei geplanten Anlagen) oder tatsächlich (bei bestehenden Anlagen) hervorgerufen wird.

Gesamtbelastung im Sinne dieser Technischen Anleitung ist die Belastung eines Immissionsortes, die von allen Anlagen hervorgerufen wird, für die diese Technische Anleitung gilt.

Fremdgeräusche sind alle Geräusche, die nicht von der zu beurteilenden Anlage ausgehen.

2.5 Stand der Technik zur Lärmminderung

Stand der Technik zur Lärmminderung im Sinne dieser Technischen Anleitung ist der auf die Lärmminderung bezogene Stand der Technik nach § 3 Abs. 6 BImSchG[1]. Er schließt sowohl Maßnahmen an der Schallquelle als auch solche auf dem Ausbreitungsweg ein, soweit diese in engem räumlichen und betrieblichen Zusammenhang mit der Schallquelle stehen. Seine Anwendung dient dem Zweck, Geräuschimmissionen zu mindern.

2.6 Schalldruckpegel $L_{AF}(t)$

Der Schalldruckpegel $L_{AF}(t)$ ist der mit der Frequenzbewertung A und der Zeitbewertung F nach DIN EN 60651, Ausgabe Mai 1994, gebildete momentane Wert des Schalldruckpegels. Er ist die wesentliche Grundgröße für die Pegelbestimmungen nach dieser Technischen Anleitung.

2.7 Mittelungspegel L_{Aeq}

Der Mittelungspegel L_{Aeq} ist der nach DIN 45641, Ausgabe Juni 1990, aus dem zeitlichen Verlauf des Schalldruckpegels oder mit Hilfe von Schallpegelmessern nach DIN EN 60804, Ausgabe Mai 1994, gebildete zeitliche Mittelwert des Schalldruckpegels.

2.8 Kurzzeitige Geräuschspitzen

Kurzzeitige Geräuschspitzen im Sinne dieser Technischen Anleitung sind durch Einzelereignisse hervorgerufene Maximalwerte des Schalldruckpegels, die im bestimmungsgemäßen Betriebsablauf auftreten. Kurzzeitige Geräuschspitzen werden durch den Maximalpegel L_{AFmax} des Schalldruckpegels $L_{AF}(t)$ beschrieben.

2.9 Taktmaximalpegel $L_{AFT}(t)$, Taktmaximal-Mittelungspegel L_{AFTeq}

Der Taktmaximalpegel $L_{AFT}(t)$ ist der Maximalwert des Schalldruckpegels $L_{AF}(t)$ während der zugehörigen Taktzeit T; die Taktzeit beträgt 5 Sekunden.

[1] Nr. **1**.

Der Taktmaximal-Mittelungspegel L_{AFTeq} ist der nach DIN 45641, Ausgabe Juni 1990, aus den Taktmaximalpegeln gebildete Mittelungspegel. Er wird zur Beurteilung impulshaltiger Geräusche verwendet. Zu diesem Zweck wird die Differenz $L_{AFTeq}-L_{Aeq}$ als Zuschlag für Impulshaltigkeit definiert.

2.10 Beurteilungspegel L_r

Der Beurteilungspegel L_r ist der aus dem Mittelungspegel L_{Aeq} des zu beurteilenden Geräusches und gegebenenfalls aus Zuschlägen gemäß dem Anhang für Ton- und Informationshaltigkeit, Impulshaltigkeit und für Tageszeiten mit erhöhter Empfindlichkeit gebildete Wert zur Kennzeichnung der mittleren Geräuschbelastung während jeder Beurteilungszeit. Der Beurteilungspegel L_r ist diejenige Größe, auf die sich die Immissionsrichtwerte nach Nummer 6 beziehen.

3. Allgemeine Grundsätze für genehmigungsbedürftige Anlagen

3.1 Grundpflichten des Betreibers

Eine Genehmigung zur Errichtung und zum Betrieb einer genehmigungsbedürftigen Anlage ist nach § 6 Abs. 1 Nr. 1 in Verbindung mit § 5 Abs. 1 Nr. 1 und 2 BImSchG[1)] nur zu erteilen, wenn sichergestellt ist, daß

a) die von der Anlage ausgehenden Geräusche keine schädlichen Umwelteinwirkungen hervorrufen können und

b) Vorsorge gegen schädliche Umwelteinwirkungen durch Geräusche getroffen wird, insbesondere durch die dem Stand der Technik zur Lärmminderung entsprechenden Maßnahmen zur Emissionsbegrenzung.

3.2 Prüfung der Einhaltung der Schutzpflicht

3.2.1 Prüfung im Regelfall

Der Schutz vor schädlichen Umwelteinwirkungen durch Geräusche (§ 5 Abs. 1 Nr. 1 BImSchG[1)]) ist vorbehaltlich der Regelungen in den Absätzen 2 bis 5 sichergestellt, wenn die Gesamtbelastung am maßgeblichen Immissionsort die Immissionsrichtwerte nach Nummer 6 nicht überschreitet.

Die Genehmigung für die zu beurteilende Anlage darf auch bei einer Überschreitung der Immissionsrichtwerte aufgrund der Vorbelastung aus Gründen des Lärmschutzes nicht versagt werden, wenn der von der Anlage verursachte Immissionsbeitrag im Hinblick auf den Gesetzeszweck als nicht relevant anzusehen ist. Das ist in der Regel der Fall, wenn die von der zu beurteilenden Anlage ausgehende Zusatzbelastung die Immissionsrichtwerte nach Nummer 6 am maßgeblichen Immissionsort um mindestens 6 dB(A) unterschreitet.

Unbeschadet der Regelung in Absatz 2 soll für die zu beurteilende Anlage die Genehmigung wegen einer Überschreitung der Immissionsrichtwerte nach Nummer 6 aufgrund der Vorbelastung auch dann nicht versagt werden, wenn dauerhaft sichergestellt ist, daß diese Über-

---

[1)] Nr. 1.

schreitung nicht mehr als 1 dB(A) beträgt. Dies kann auch durch einen öffentlich-rechtlichen Vertrag der beteiligten Anlagenbetreiber mit der Überwachungsbehörde erreicht werden.

Unbeschadet der Regelungen in den Absätzen 2 und 3 soll die Genehmigung für die zu beurteilende Anlage wegen einer Überschreitung der Immissionsrichtwerte nach Nummer 6 aufgrund der Vorbelastung auch dann nicht versagt werden, wenn durch eine Auflage sichergestellt ist, daß in der Regel spätestens drei Jahre nach Inbetriebnahme der Anlage Sanierungsmaßnahmen (Stillegung, Beseitigung oder Änderung) an bestehenden Anlagen des Antragstellers durchgeführt sind, welche die Einhaltung der Immissionsrichtwerte nach Nummer 6 gewährleisten.

Die Genehmigung darf wegen einer Überschreitung der Immissionsrichtwerte nicht versagt werden, wenn infolge ständig vorherrschender Fremdgeräusche keine zusätzlichen schädlichen Umwelteinwirkungen durch die zu beurteilende Anlage zu befürchten sind. Dies ist insbesondere dann der Fall, wenn für die Beurteilung der Geräuschimmissionen der Anlage weder Zuschläge gemäß dem Anhang für Ton- und Informationshaltigkeit oder Impulshaltigkeit noch eine Berücksichtigung tieffrequenter Geräusche nach Nummer 7.3 erforderlich sind und der Schalldruckpegel $L_{AF}(t)$ der Fremdgeräusche in mehr als 95 % der Betriebszeit der Anlage in der jeweiligen Beurteilungszeit nach Nummer 6.4 höher als der Mittelungspegel L_{Aeq} der Anlage ist. Durch Nebenbestimmungen zum Genehmigungsbescheid oder durch nachträgliche Anordnung ist sicherzustellen, daß die zu beurteilende Anlage im Falle einer späteren Verminderung der Fremdgeräusche nicht relevant zu schädlichen Umwelteinwirkungen beiträgt.

Die Prüfung der Genehmigungsvoraussetzungen setzt in der Regel eine Prognose der Geräuschimmissionen der zu beurteilenden Anlage und – sofern im Einwirkungsbereich der Anlage andere Anlagengeräusche auftreten – die Bestimmung der Vorbelastung sowie der Gesamtbelastung nach Nummer A.1.2 des Anhangs voraus. Die Bestimmung der Vorbelastung kann im Hinblick auf Absatz 2 entfallen, wenn die Geräuschimmissionen der Anlage die Immissionsrichtwerte nach Nummer 6 um mindestens 6 dB(A) unterschreiten.

3.2.2 Ergänzende Prüfung im Sonderfall

Liegen im Einzelfall besondere Umstände vor, die bei der Regelfallprüfung keine Berücksichtigung finden, nach Art und Gewicht jedoch wesentlichen Einfluß auf die Beurteilung haben können, ob die Anlage zum Entstehen schädlicher Umwelteinwirkungen relevant beiträgt, so ist ergänzend zu prüfen, ob sich unter Berücksichtigung dieser Umstände des Einzelfalls eine vom Ergebnis der Regelfallprüfung abweichende Beurteilung ergibt. Als Umstände, die eine Sonderfallprüfung erforderlich machen können, kommen insbesondere in Betracht:

a) Umstände, z.B. besondere unterschiedliche Geräuschcharakteristiken verschiedener gemeinsam einwirkender Anlagen, die eine Summenpegelbildung zur Ermittlung der Gesamtbelastung nicht sinnvoll erscheinen lassen,

b) Umstände, z.B. besondere betriebstechnische Erfordernisse, Einschränkungen der zeitlichen Nutzung oder eine besondere Standortbindung der zu beurteilenden Anlage, die sich auf die Akzeptanz einer Geräuschimmission auswirken können,

c) sicher absehbare Verbesserungen der Emissions- oder Immissionssituation durch andere als die in Nummer 3.2.1 Abs. 4 genannten Maßnahmen,

d) besondere Gesichtspunkte der Herkömmlichkeit und der sozialen Adäquanz der Geräuschimmission.

3.3 Prüfung der Einhaltung der Vorsorgepflicht

Das Maß der Vorsorgepflicht gegen schädliche Umwelteinwirkungen durch Geräusche bestimmt sich einzelfallbezogen unter Berücksichtigung der Verhältnismäßigkeit von Aufwand und erreichbarer Lärmminderung nach der zu erwartenden Immissionssituation des Einwirkungsbereichs insbesondere unter Berücksichtigung der Bauleitplanung. Die Geräuschemissionen der Anlage müssen so niedrig sein, wie dies zur Erfüllung der Vorsorgepflicht nach Satz 1 nötig und nach dem Stand der Technik zur Lärmminderung möglich ist.

4. Allgemeine Grundsätze für die Prüfung nicht genehmigungsbedürftiger Anlagen

4.1 Grundpflichten des Betreibers

Nicht genehmigungsbedürftige Anlagen sind nach § 22 Abs. 1 Nr. 1 und 2 BImSchG[1] so zu errichten und zu betreiben, daß

a) schädliche Umwelteinwirkungen durch Geräusche verhindert werden, die nach dem Stand der Technik zur Lärmminderung vermeidbar sind, und

b) nach dem Stand der Technik zur Lärmminderung unvermeidbare schädliche Umwelteinwirkungen durch Geräusche auf ein Mindestmaß beschränkt werden.

4.2 Vereinfachte Regelfallprüfung

Bei der immissionsschutzrechtlichen Prüfung im Rahmen der öffentlich-rechtlichen Zulassung einer nicht genehmigungsbedürftigen Anlage ist folgendes vereinfachtes Beurteilungsverfahren anzuwenden:

a) Vorbehaltlich der Regelungen in Nummer 4.3 ist sicherzustellen, daß die Geräuschimmissionen der zu beurteilenden Anlage die Immissionsrichtwerte nach Nummer 6 nicht überschreiten; gegebenenfalls sind entsprechende Auflagen zu erteilen.

b) Eine Prognose der Geräuschimmissionen der zu beurteilenden Anlage nach Nummer A.2 des Anhangs ist erforderlich, soweit nicht aufgrund von Erfahrungswerten an vergleichbaren Anlagen zu erwarten ist, daß der Schutz vor schädlichen Umwelteinwirkungen durch Geräusche der zu beurteilenden Anlage sichergestellt ist. Dabei sind insbesondere zu berücksichtigen:

[1] Nr. **1**.

– emissionsrelevante Konstruktionsmerkmale,
– Schalleistungspegel,
– Betriebszeiten,
– Abschirmung,
– Abstand zum Immissionsort und Gebietsart.

c) Eine Berücksichtigung der Vorbelastung ist nur erforderlich, wenn aufgrund konkreter Anhaltspunkte absehbar ist, daß die zu beurteilende Anlage im Falle ihrer Inbetriebnahme relevant im Sinne von Nummer 3.2.1 Abs. 2 zu einer Überschreitung der Immissionsrichtwerte nach Nummer 6 beitragen wird und Abhilfemaßnahmen nach Nummer 5 bei den anderen zur Gesamtbelastung beitragenden Anlagen aus tatsächlichen oder rechtlichen Gründen offensichtlich nicht in Betracht kommen.

4.3 Anforderungen bei unvermeidbaren schädlichen Umwelteinwirkungen

Anforderungen nach Nummer 4.1 Buchstabe a bestehen für nicht genehmigungsbedürftige Anlagen nur insoweit, als sie mit Maßnahmen nach dem Stand der Technik zur Lärmminderung eingehalten werden können. Danach unvermeidbare schädliche Umwelteinwirkungen sind auf ein Mindestmaß zu beschränken. Als Maßnahmen kommen hierfür insbesondere in Betracht:

– organisatorische Maßnahmen im Betriebsablauf (z.B. keine lauten Arbeiten in den Tageszeiten mit erhöhter Empfindlichkeit),
– zeitliche Beschränkungen des Betriebs, etwa zur Sicherung der Erholungsruhe am Abend und in der Nacht,
– Einhaltung ausreichender Schutzabstände zu benachbarten Wohnhäusern oder anderen schutzbedürftigen Einrichtungen,
– Ausnutzen natürlicher oder künstlicher Hindernisse zur Lärmminderung,
– Wahl des Aufstellungsortes von Maschinen oder Anlagenteilen.

§ 25 Abs. 2 BImSchG[1] ist zu beachten.

5. Anforderungen an bestehende Anlagen

5.1 Nachträgliche Anordnungen bei genehmigungsbedürftigen Anlagen

Bei der Prüfung der Verhältnismäßigkeit nach § 17 BImSchG[1] hat die zuständige Behörde von den geeigneten Maßnahmen diejenige zu wählen, die den Betreiber am wenigsten belastet. Die zu erwartenden positiven und negativen Auswirkungen für den Anlagenbetreiber, für die Nachbarschaft und die Allgemeinheit sowie das öffentliche Interesse an der Durchführung der Maßnahme oder ihrem Unterbleiben sind zu ermitteln und zu bewerten.

Dabei sind insbesondere zu berücksichtigen:

---

[1] Nr. **1**.

- Ausmaß der von der Anlage ausgehenden Emissionen und Immissionen,
- vorhandene Fremdgeräusche,
- Ausmaß der Überschreitungen der Immissionsrichtwerte durch die zu beurteilende Anlage,
- Ausmaß der Überschreitungen der Immissionsrichtwerte durch die Gesamtbelastung,
- Gebot zur gegenseitigen Rücksichtnahme,
- Anzahl der betroffenen Personen,
- Auffälligkeit der Geräusche,
- Stand der Technik zur Lärmminderung,
- Aufwand im Verhältnis zur Verbesserung der Immissionssituation im Einwirkungsbereich der Anlage,
- Betriebsdauer der Anlage seit der Neu- oder Änderungsgenehmigung der Anlage,
- technische Besonderheiten der Anlage,
- Platzverhältnisse am Standort.

Eine nachträgliche Anordnung darf nicht getroffen werden, wenn sich eine Überschreitung der Immissionsrichtwerte nach Nummer 6 aus einer Erhöhung oder erstmaligen Berücksichtigung der Vorbelastung ergibt, die Zusatzbelastung weniger als 3 dB(A) beträgt und die Immissionsrichtwerte um nicht mehr als 5 dB(A) überschritten sind.

5.2 Anordnungen im Einzelfall bei nicht genehmigungsbedürftigen Anlagen

Bei der Ermessensausübung im Rahmen der Anwendung des § 24 BImSchG[1] können die unter Nummer 5.1 genannten Grundsätze mit Ausnahme der in Nummer 5.1 Abs. 3 getroffenen Regelung, die der Berücksichtigung der Vorbelastung im Genehmigungsverfahren Rechnung trägt, unter Beachtung der Unterschiede der maßgeblichen Grundpflichten nach den Nummern 3.1 und 4.1 entsprechend herangezogen werden.

Die Prüfung einer Anordnung im Einzelfall kommt insbesondere in Betracht, wenn

a) bereits eine Beurteilung nach den Nummern 4.2 und 4.3 ergibt, daß der Anlagenbetreiber die Grundpflichten nach Nummer 4.1 nicht erfüllt oder

b) konkrete Anhaltspunkte dafür vorliegen, daß vermeidbare Geräuschemissionen der Anlage einen relevanten Beitrag zu einer durch die Geräusche mehrerer Anlagen hervorgerufenen schädlichen Umwelteinwirkung leisten.

Kommen im Falle des Satzes 1 Buchstabe b Abhilfemaßnahmen auch gegenüber anderen Anlagenbetreibern in Betracht, ist zusätzlich Nummer 5.3 zu beachten.

---

[1] Nr. **1**.

5.3 Mehrere zu einer schädlichen Umwelteinwirkung beitragende Anlagen unterschiedlicher Betreiber

Tragen mehrere Anlagen unterschiedlicher Betreiber relevant zum Entstehen schädlicher Umwelteinwirkungen bei, so hat die Behörde die Entscheidung über die Auswahl der zu ergreifenden Abhilfemaßnahmen und der Adressaten entsprechender Anordnungen nach den Nummern 5.1 oder 5.2 nach pflichtgemäßem Ermessen unter Beachtung des Verhältnismäßigkeitsgrundsatzes zu treffen.

Als dabei zu berücksichtigende Gesichtspunkte kommen insbesondere in Betracht:

a) der Inhalt eines bestehenden oder speziell zur Lösung der Konfliktsituation erstellten Lärmminderungsplans nach § 47a BImSchG[1],

b) die Wirksamkeit der Minderungsmaßnahmen,

c) der für die jeweilige Minderungsmaßnahme notwendige Aufwand,

d) die Höhe der Verursachungsbeiträge,

e) Vorliegen und Grad eines etwaigen Verschuldens.

Ist mit der alsbaldigen Fertigstellung eines Lärmminderungsplans nach § 47a BImSchG zu rechnen, der für die Entscheidung nach Absatz 1 von maßgebender Bedeutung sein könnte, und erfordern Art und Umfang der schädlichen Umwelteinwirkungen nicht sofortige Abhilfemaßnahmen, so kann die Behörde die Entscheidung nach Absatz 1 im Hinblick auf die Erstellung des Lärmminderungsplans für eine angemessene Zeit aussetzen.

6. Immissionsrichtwerte

6.1 Immissionsrichtwerte für Immissionsorte außerhalb von Gebäuden

Die Immissionsrichtwerte für den Beurteilungspegel betragen für Immissionsorte außerhalb von Gebäuden

a) in Industriegebieten		70 dB(A)
b) in Gewerbegebieten		
	tags	65 dB(A)
	nachts	50 dB(A)
c) in urbanen Gebieten		
	tags	63 dB(A)
	nachts	45 dB(A)
d) in Kerngebieten, Dorfgebieten und Mischgebieten		
	tags	60 dB(A)
	nachts	45 dB(A)
e) in allgemeinen Wohngebieten und Kleinsiedlungsgebieten		
	tags	55 dB(A)
	nachts	40 dB(A)

[1] Nr. 1.

f) in reinen Wohngebieten

	tags	50 dB(A)
	nachts	35 dB(A)

g) in Kurgebieten, für Krankenhäuser und Pflegeanstalten

	tags	45 dB(A)
	nachts	35 dB(A).

Einzelne kurzzeitige Geräuschspitzen dürfen die Immissionsrichtwerte am Tage um nicht mehr als 30 dB(A) und in der Nacht um nicht mehr als 20 dB(A) überschreiten.

6.2 Immissionsrichtwerte für Immissionsorte innerhalb von Gebäuden

Bei Geräuschübertragungen innerhalb von Gebäuden oder bei Körperschallübertragung betragen die Immissionsrichtwerte für den Beurteilungspegel für betriebsfremde schutzbedürftige Räume nach DIN 4109, Ausgabe November 1989, unabhängig von der Lage des Gebäudes in einem der in Nummer 6.1 unter Buchstaben a bis g genannten Gebiete

	tags	35 dB(A)
	nachts	25 dB(A).

Einzelne kurzzeitige Geräuschspitzen dürfen die Immissionsrichtwerte um nicht mehr als 10 dB(A) überschreiten.

Weitergehende baurechtliche Anforderungen bleiben unberührt.

6.3 Immissionsrichtwerte für seltene Ereignisse

Bei seltenen Ereignissen nach Nummer 7.2 betragen die Immissionsrichtwerte für den Beurteilungspegel für Immissionsorte außerhalb von Gebäuden in Gebieten nach Nummer 6.1 Buchstaben b bis g

	tags	70 dB(A)
	nachts	55 dB(A).

Einzelne kurzzeitige Geräuschspitzen dürfen diese Werte

- in Gebieten nach Nummer 6.1 Buchstabe b am Tag um nicht mehr als 25 dB(A) und in der Nacht um nicht mehr als 15 dB(A),
- in Gebieten nach Nummer 6.1 Buchstaben c bis g am Tag um nicht mehr als 20 dB(A) und in der Nacht um nicht mehr als 10 dB(A)

überschreiten.

6.4 Beurteilungszeiten

Die Immissionsrichtwerte nach den Nummern 6.1 bis 6.3 beziehen sich auf folgende Zeiten:

1. tags	06.00 – 22.00 Uhr
2. nachts	22.00 – 06.00 Uhr.

Die Nachtzeit kann bis zu einer Stunde hinausgeschoben oder vorverlegt werden, soweit dies wegen der besonderen örtlichen oder wegen zwingender betrieblicher Verhältnisse unter Berücksichtigung des Schutzes vor schädlichen Umwelteinwirkungen erforderlich ist. Eine achtstündige Nachtruhe der Nachbarschaft im Einwirkungsbereich der Anlage ist sicherzustellen.

Die Immissionsrichtwerte nach den Nummern 6.1 bis 6.3 gelten während des Tages für eine Beurteilungszeit von 16 Stunden. Maßgebend für die Beurteilung der Nacht ist die volle Nachtstunde (z.B. 1.00 bis 2.00 Uhr) mit dem höchsten Beurteilungspegel, zu dem die zu beurteilende Anlage relevant beiträgt.

6.5 Zuschlag für Tageszeiten mit erhöhter Empfindlichkeit

Für folgende Zeiten ist in Gebieten nach Nummer 6.1 Buchstaben d bis f bei der Ermittlung des Beurteilungspegels die erhöhte Störwirkung von Geräuschen durch einen Zuschlag zu berücksichtigen:

1. an Werktagen	06.00 – 07.00 Uhr, 20.00 – 22.00 Uhr
2. an Sonn- und Feiertagen	06.00 – 09.00 Uhr, 13.00 – 15.00 Uhr, 20.00 – 22.00 Uhr.

Der Zuschlag beträgt 6 dB.

Von der Berücksichtigung des Zuschlags kann abgesehen werden, soweit dies wegen der besonderen örtlichen Verhältnisse unter Berücksichtigung des Schutzes vor schädlichen Umwelteinwirkungen erforderlich ist.

6.6 Zuordnung des Immissionsortes

Die Art der in Nummer 6.1 bezeichneten Gebiete und Einrichtungen ergibt sich aus den Festlegungen in den Bebauungsplänen.

Sonstige in Bebauungsplänen festgesetzte Flächen für Gebiete und Einrichtungen sowie Gebiete und Einrichtungen, für die keine Festsetzungen bestehen, sind nach Nummer 6.1 entsprechend der Schutzbedürftigkeit zu beurteilen.

6.7 Gemengelagen

Wenn gewerblich, industriell oder hinsichtlich ihrer Geräuschauswirkungen vergleichbar genutzte und zum Wohnen dienende Gebiete aneinandergrenzen (Gemengelage), können die für die zum Wohnen dienenden Gebiete geltenden Immissionsrichtwerte auf einen geeigneten Zwischenwert der für die aneinandergrenzenden Gebietskategorien geltenden Werte erhöht werden, soweit dies nach der gegenseitigen Pflicht zur Rücksichtnahme erforderlich ist. Die Immissionsrichtwerte für Kern-, Dorf- und Mischgebiete sollen dabei nicht überschritten werden. Es ist vorauszusetzen, daß der Stand der Lärmminderungstechnik eingehalten wird.

Für die Höhe des Zwischenwerts nach Absatz 1 ist die konkrete Schutzwürdigkeit des betroffenen Gebietes maßgeblich. Wesentliche Kriterien sind die Prägung des Einwirkungsgebiets durch den Umfang der Wohnbebauung einerseits und durch Gewerbe- und Industriebetriebe andererseits, die Ortsüblichkeit eines Geräusches und die

Frage, welche der unverträglichen Nutzungen zuerst verwirklicht wurde. Liegt ein Gebiet mit erhöhter Schutzwürdigkeit nur in einer Richtung zur Anlage, so ist dem durch die Anordnung der Anlage auf dem Betriebsgrundstück und die Nutzung von Abschirmungsmöglichkeiten Rechnung zu tragen.

6.8 Ermittlung der Geräuschimmissionen

Die Ermittlung der Geräuschimmissionen erfolgt nach den Vorschriften des Anhangs.

6.9 Meßabschlag bei Überwachungsmessungen

Wird bei der Überwachung der Einhaltung der maßgeblichen Immissionsrichtwerte der Beurteilungspegel durch Messung nach den Nummern A.1.6 oder A.3 des Anhangs ermittelt, so ist zum Vergleich mit den Immissionsrichtwerten nach Nummer 6 ein um 3 dB(A) verminderter Beurteilungspegel heranzuziehen.

7. Besondere Regelungen

7.1 Ausnahmeregelung für Notsituationen

Soweit es zur Abwehr von Gefahren für die öffentliche Sicherheit und Ordnung oder zur Abwehr eines betrieblichen Notstandes erforderlich ist, dürfen die Immissionsrichtwerte nach Nummer 6 überschritten werden. Ein betrieblicher Notstand ist ein ungewöhnliches, nicht voraussehbares, vom Willen des Betreibers unabhängiges und plötzlich eintretendes Ereignis, das die Gefahr eines unverhältnismäßigen Schadens mit sich bringt.

7.2 Bestimmungen für seltene Ereignisse

Ist wegen voraussehbarer Besonderheiten beim Betrieb einer Anlage zu erwarten, daß in seltenen Fällen oder über eine begrenzte Zeitdauer, aber an nicht mehr als zehn Tagen oder Nächten eines Kalenderjahres und nicht an mehr als an jeweils zwei aufeinander folgenden Wochenenden, die Immissionsrichtwerte nach den Nummern 6.1 und 6.2 auch bei Einhaltung des Standes der Technik zur Lärmminderung nicht eingehalten werden können, kann eine Überschreitung im Rahmen des Genehmigungsverfahrens für genehmigungsbedürftige Anlagen zugelassen werden. Bei bestehenden genehmigungsbedürftigen oder nicht genehmigungsbedürftigen Anlagen kann unter den genannten Voraussetzungen von einer Anordnung abgesehen werden.

Dabei ist im Einzelfall unter Berücksichtigung der Dauer und der Zeiten der Überschreitungen, der Häufigkeit der Überschreitungen durch verschiedene Betreiber insgesamt sowie von Minderungsmöglichkeiten durch organisatorische und betriebliche Maßnahmen zu prüfen, ob und in welchem Umfang der Nachbarschaft eine höhere als die nach den Nummern 6.1 und 6.2 zulässige Belastung zugemutet werden kann. Die in Nummer 6.3 genannten Werte dürfen nicht überschritten werden. In der Regel sind jedoch unzumutbare Geräuschbelästigungen anzunehmen, wenn auch durch seltene Ereignisse bei anderen Anlagen Überschreitungen der Immissionsrichtwerte nach den Nummern 6.1 und 6.2 verursacht werden können und am selben

Einwirkungsort Überschreitungen an insgesamt mehr als 14 Kalendertagen eines Jahres auftreten.

Nummer 4.3 bleibt unberührt.

7.3 Berücksichtigung tieffrequenter Geräusche

Für Geräusche, die vorherrschende Energieanteile im Frequenzbereich unter 90 Hz besitzen (tieffrequente Geräusche), ist die Frage, ob von ihnen schädliche Umwelteinwirkungen ausgehen, im Einzelfall nach den örtlichen Verhältnissen zu beurteilen. Schädliche Umwelteinwirkungen können insbesondere auftreten, wenn bei deutlich wahrnehmbaren tieffrequenten Geräuschen in schutzbedürftigen Räumen bei geschlossenen Fenstern die nach Nummer A.1.5 des Anhangs ermittelte Differenz L_{Ceq}–L_{Aeq} den Wert 20 dB überschreitet. Hinweise zur Ermittlung und Bewertung tieffrequenter Geräusche enthält Nummer A.1.5 des Anhangs.

Wenn unter Berücksichtigung von Nummer A.1.5 des Anhangs schädliche Umwelteinwirkungen durch tieffrequente Geräusche zu erwarten sind, so sind geeignete Minderungsmaßnahmen zu prüfen. Ihre Durchführung soll ausgesetzt werden, wenn nach Inbetriebnahme der Anlage auch ohne die Realisierung der Minderungsmaßnahmen keine tieffrequenten Geräusche auftreten.

7.4 Berücksichtigung von Verkehrsgeräuschen

Fahrzeuggeräusche auf dem Betriebsgrundstück sowie bei der Ein- und Ausfahrt, die in Zusammenhang mit dem Betrieb der Anlage entstehen, sind der zu beurteilenden Anlage zuzurechnen und zusammen mit den übrigen zu berücksichtigenden Anlagengeräuschen bei der Ermittlung der Zusatzbelastung zu erfassen und zu beurteilen. Sonstige Fahrzeuggeräusche auf dem Betriebsgrundstück sind bei der Ermittlung der Vorbelastung zu erfassen und zu beurteilen. Für Verkehrsgeräusche auf öffentlichen Verkehrsflächen gelten die Absätze 2 bis 4.

Geräusche des An- und Abfahrtverkehrs auf öffentlichen Verkehrsflächen in einem Abstand von bis zu 500 Metern von dem Betriebsgrundstück in Gebieten nach Nummer 6.1 Buchstaben c bis f sollen durch Maßnahmen organisatorischer Art soweit wie möglich vermindert werden, soweit

- sie den Beurteilungspegel der Verkehrsgeräusche für den Tag oder die Nacht rechnerisch um mindestens 3 dB(A) erhöhen,
- keine Vermischung mit dem übrigen Verkehr erfolgt ist und
- die Immissionsgrenzwerte der Verkehrslärmschutzverordnung (16. BImSchV)[1] erstmals oder weitergehend überschritten werden.

Der Beurteilungspegel für den Straßenverkehr auf öffentlichen Verkehrsflächen ist zu berechnen nach den Richtlinien für den Lärmschutz an Straßen – Ausgabe 1990 – RLS-90, bekanntgemacht im Verkehrsblatt, Amtsblatt des Bundesministeriums für Verkehr der Bundesrepublik Deutschland (VkBl.) Nr. 7 vom 14. April 1990 unter lfd.

[1] Nr. **2.16**.

Nr. 79. Die Richtlinien sind zu beziehen von der Forschungsgesellschaft für Straßen- und Verkehrswesen, Alfred-Schütte-Allee 10, 50679 Köln.

Der Beurteilungspegel für Schienenwege ist zu ermitteln nach der Richtlinie zur Berechnung der Schallimmissionen von Schienenwegen – Ausgabe 1990 – Schall 03, bekanntgemacht im Amtsblatt der Deutschen Bundesbahn Nr. 14 vom 04. April 1990 unter lfd. Nr. 133. Die Richtlinie ist zu beziehen von der Deutschen Bahn AG, Drucksachenzentrale, Stuttgarter Straße 61a, 76137 Karlsruhe.

8. Zugänglichkeit der Norm- und Richtlinienblätter

Die in dieser Technischen Anleitung genannten DIN-Normblätter, ISO-Normen und VDI-Richtlinien sind bei der Beuth Verlag GmbH, 10772 Berlin, zu beziehen. Die genannten Normen und Richtlinien sind bei dem Deutschen Patentamt archivmäßig gesichert niedergelegt.

9. Aufhebung von Vorschriften

Die Technische Anleitung zum Schutz gegen Lärm vom 16. Juli 1968 (Beilage zum BAnz. Nr. 137 vom 26. Juli 1968) wird mit Inkrafttreten dieser Allgemeinen Verwaltungsvorschrift aufgehoben.

10. Inkrafttreten

Diese Allgemeine Verwaltungsvorschrift tritt am ersten Tage des dritten auf die Veröffentlichung[1] folgenden Kalendermonats in Kraft.

Der Bundesrat hat zugestimmt.

Anhang: Ermittlung der Geräuschimmissionen

Inhaltsübersicht

[1] Veröffentlicht am 28.8.1998.

A.1 Allgemeine Vorschriften für die Ermittlung der Geräuschimmissionen

A.1.1 Begriffsbestimmungen und Erläuterungen

A.1.1.1 Mittlerer Schalleistungspegel

Der mittlere Schalleistungspegel L_{Weq} ist der Pegel der über die Einwirkzeit gemittelten Schalleistung. Die Frequenzbewertung bzw. das Frequenzband, für die der mittlere Schalleistungspegel gilt, werden durch Indizes, z.B. L_{WA}, L_{WOkt}, gekennzeichnet.

A.1.1.2 Immissionswirksamer Schalleistungspegel

Der immissionswirksame Schalleistungspegel einer Anlage ist der Schalleistungspegel, der sich aus der Summe der Schalleistungen aller Schallquellen der Anlage ergibt, abzüglich der Verluste auf dem Ausbreitungsweg innerhalb der Anlage und unter Berücksichtigung der Richtwirkungsmaße der Schallquellen. Er kann z.B. durch eine Rundum-Messung nach ISO 8297, Ausgabe Dezember 1994, bestimmt werden.

A.1.1.3 Einwirkzeit T_E

Die Einwirkzeit T_E einer Schallquelle oder einer Anlage ist die Zeit innerhalb der Beurteilungszeit oder der Teilzeit, während der die Schallquelle oder Anlage in Betrieb ist.

A.1.1.4 Körperschallübertragung

Bei Körperschallübertragung wird Schall von der Quelle über den Boden und/oder Bauteile zu den Begrenzungsflächen der schutzbedürftigen Räume übertragen.

A.1.2 Ermittlung der Vor-, Zusatz- und Gesamtbelastung

Die Geräuschimmissionen sind für die von den zuständigen Behörden vorgegebenen maßgeblichen Immissionsorte nach Nummer A.1.3 zu ermitteln.

Wird die Zusatzbelastung ermittelt, so sind

a) diejenige bestimmungsgemäße Betriebsart der Anlage – gegebenenfalls getrennt für Betriebsphasen mit unterschiedlichen Emissionen –, die in ihrem Einwirkungsbereich die höchsten Beurteilungspegel erzeugt, zugrunde zu legen und

b) die verschiedenen Witterungsbedingungen gemäß DIN ISO 9613-2, Entwurf Ausgabe September 1997, Gleichung (6) zu berücksichtigen.

Der Beurteilungspegel L_G der Gesamtbelastung, die nach der Inbetriebnahme einer genehmigungsbedürftigen Anlage zu erwarten ist, wird nach Gleichung (G1) aus der nach Nummer A.3 ermittelten Vorbelastung L_V und der nach Nummer A.2 ermittelten Zusatzbelastung L_Z bestimmt.

$$L_G = 10 \lg (10^{0,1 L_V} + 10^{0,1 L_Z}) \qquad \text{(G1)}$$

A.1.3 Maßgeblicher Immissionsort

Die maßgeblichen Immissionsorte nach Nummer 2.3 liegen

a) bei bebauten Flächen 0,5 m außerhalb vor der Mitte des geöffneten Fensters des vom Geräusch am stärksten betroffenen schutzbedürftigen Raumes nach DIN 4109, Ausgabe November 1989;

b) bei unbebauten Flächen oder bebauten Flächen, die keine Gebäude mit schutzbedürftigen Räumen enthalten, an dem am stärksten betroffenen Rand der Fläche, wo nach dem Bau- und Planungsrecht Gebäude mit schutzbedürftigen Räumen erstellt werden dürfen;

c) bei mit der zu beurteilenden Anlage baulich verbundenen schutzbedürftigen Räumen, bei Körperschallübertragung sowie bei der Einwirkung tieffrequenter Geräusche in dem am stärksten betroffenen schutzbedürftigen Raum.

Ergänzend gelten die Bestimmungen nach DIN 45645-1, Ausgabe Juli 1996, Abschnitt 6.1 zu Ersatzmeßorten sowie zur Mikrofonaufstellung und Meßdurchführung.

A.1.4 Beurteilungspegel L_r

Der Beurteilungspegel wird in Anlehnung an DIN 45645-1, Ausgabe Juli 1996, Gleichung (1) gebildet. Der Zu- oder Abschlag für bestimmte Geräusche und Situationen entfällt. Zusätzlich ist die meteorologische Korrektur nach DIN ISO 9613-2, Entwurf Ausgabe September 1997, Gleichung (6) zu berücksichtigen.

Treten während einer Beurteilungszeit unterschiedliche Emissionen auf oder sind unterschiedliche Zuschläge für Ton- und Informationshaltigkeit, Impulshaltigkeit oder Tageszeiten mit erhöhter Empfindlichkeit erforderlich, so ist zur Ermittlung der Geräuschimmission während der gesamten Beurteilungszeit diese in geeigneter Weise in Teilzeiten T_j aufzuteilen, in denen die Emissionen im wesentlichen gleichartig und die Zuschläge konstant sind. Eine solche Unterteilung ist z.B. bei zeitlich abgrenzbarem unterschiedlichem Betrieb der Anlage erforderlich.

Der Beurteilungspegel wird dann nach Gleichung (G2) berechnet.

$$L_r = 10 \lg \left[\frac{1}{T_r} \sum_{j=1}^{N} T_j \cdot 10^{0,1 (L_{Aeq,j} - C_{met} + K_{Tj} + K_{rI,j} + K_{R,j})} \right] \qquad \text{(G2)}$$

mit

$$T_r = \sum_{j=1}^{N} T_j = 16 h$$

		tags
	= 1 h oder 8 h	nachts nach Maßgabe von Nummer 6.4
T_j	Teilzeit j	
N	Zahl der gewählten Teilzeiten	
$L_{Aeq,j}$	Mittelungspegel während der Teilzeit T_j	
C_{met}	meteorologische Korrektur nach DIN ISO 9613-2, Entwurf Ausgabe September 1997, Gleichung (6)	
$K_{T,j}$	Zuschlag für Ton- und Informationshaltigkeit nach den Nummern A.2.5.2 (Prognose) oder A.3.3.5 (Messung) in der Teilzeit T_j	

$K_{I,j}$ Zuschlag für Impulshaltigkeit nach den Nummern A.2.5.3 (Prognose) oder A.3.3.6 (Messung) in der Teilzeit T_j

$K_{R,j}$ Zuschlag für Tageszeiten mit erhöhter Empfindlichkeit nach Nummer 6.5 in der Teilzeit T_j

Der Beurteilungspegel wird für die Beurteilungszeiten tags und nachts getrennt ermittelt.

A.1.5 Hinweise zur Berücksichtigung tieffrequenter Geräusche

Tieffrequente Geräusche können z.B. durch folgende Schallquellen verursacht werden:

- langsam laufende Ventilatoren (z.B. bei Kühltürmen),
- Auspuffanlagen langsam laufender Verbrennungsmotoren,
- Brenner in Verbindung mit Feuerungsanlagen,
- Motorenprüfstände,
- Vakuumpumpen,
- Rootsgebläse,
- langsam laufende Siebe, Mühlen und Rinnen,
- Kolbenkompressoren,
- Auspacktrommeln.

Bestimmte Anlagen leiten auch tieffrequente Wechselkräfte in den Baugrund ein. Die dadurch erzeugten Schwingungen können als Körperschall in schutzbedürftige Räume übertragen werden und dort tieffrequente Geräusche verursachen.

Hinweise zur Ermittlung und Bewertung tieffrequenter Geräusche enthält DIN 45680, Ausgabe März 1997, und das zugehörige Beiblatt 1. Danach sind schädliche Umwelteinwirkungen nicht zu erwarten, wenn die in Beiblatt 1 genannten Anhaltswerte nicht überschritten werden.

A.1.6 Ermittlung von Schießgeräuschimmissionen

Die Schießgeräuschimmissionen werden nach der Richtlinie VDI 3745 Blatt 1, Ausgabe Mai 1993, ermittelt. Hierbei sind in der Regel die Bestimmungen für gesteuerte Messungen anzuwenden. Weiterhin ist zu beachten:

a) abweichend von VDI 3745 Blatt 1 gelten die Immissionsrichtwerte, Beurteilungszeiten und der Zuschlag für Tageszeiten mit erhöhter Empfindlichkeit nach Nummer 6;

b) ergänzend zu VDI 3745 Blatt 1 sind die Kriterien für einzelne kurzzeitige Geräuschspitzen nach Nummer 6 auf die Einzelschußpegel nach Abschnitt 4.4 der VDI-Richtlinie anzuwenden;

c) weiterhin ist die meteorologische Korrektur nach DIN ISO 9613-2, Entwurf Ausgabe September 1997, Gleichung (6) zu berücksichtigen;

d) bezüglich der Zahl der Stichprobenmessungen ist Nummer A.3.3.7 unter Berücksichtigung von Abschnitt 4.3 der VDI-Richtlinie entsprechend anzuwenden.

A.2 Ermittlung der Geräuschimmissionen durch Prognose

A.2.1 Prognoseverfahren

Für die Prognose der Geräuschimmissionen sind zwei Verfahren angegeben:

a) die detaillierte Prognose (DP),

b) die überschlägige Prognose (ÜP).

Die ÜP ist für die Vorplanung und in Fällen ausreichend, in denen die nach ihr berechneten Beurteilungspegel zu keiner Überschreitung der Immissionsrichtwerte führen. In allen anderen Fällen ist eine DP durchzuführen.

Für die Berechnung von Körperschallübertragungen und für Geräuschübertragungen innerhalb von Gebäuden werden keine Vorschriften angegeben.

A.2.2 Grundsätze

Bei einer Immissionsprognose sind alle Schallquellen der Anlage einschließlich der in Nummer 7.4 Abs. 1 Satz 1 genannten Transport- und Verkehrsvorgänge auf dem Betriebsgrundstück der Anlage zu berücksichtigen.

Wenn zu erwarten ist, daß kurzzeitige Geräuschspitzen von der Anlage die nach Nummer 6 zulässigen Höchstwerte überschreiten können, sind auch deren Pegel zu berechnen.

Die Genauigkeit der Immissionsprognose hängt wesentlich von der Zuverlässigkeit der Eingabedaten ab. Diese sind deshalb stets kritisch zu prüfen. Schalleistungspegel sollen möglichst nach einem Meßverfahren der Genauigkeitsklasse 2 oder 1 bestimmt worden sein, wie sie in DIN 45635-1, in der Normenreihe ISO 3740 bis ISO 3747 (für Maschinen) oder in ISO 8297 (für Industrieanlagen) beschrieben sind. Falls die Umrechnung in Schalleistungspegel möglich ist, können auch Schalldruckpegel in bestimmten Abständen, insbesondere nach der Normenreihe DIN EN ISO 11200 ermittelte Daten, herangezogen werden.

Für die Ermittlung der von Teilflächen der Außenhaut eines Gebäudes abgestrahlten Schalleistungen wird auf die Richtlinie VDI 2571 verwiesen.

Für Verkehrsvorgänge auf dem Betriebsgrundstück nach Nummer 7.4 Abs. 1 Satz 1 können insbesondere die in Nummer 7.4 Abs. 3 und 4 genannten Vorschriften sowie die Berechnungsverfahren nach DIN 18005 Teil 1, Ausgabe Mai 1987, herangezogen werden.

Für die Schallausbreitungsrechnung wird auf die Regelungen der DIN ISO 9613-2, Entwurf Ausgabe September 1997, für die Schallabstrahlung auf VDI 2714, Ausgabe Januar 1988, Abschnitt 5 verwiesen.

A.2.3 Detaillierte Prognose

A.2.3.1 Allgemeines

Bei der Prognose ist von den mittleren Schalleistungspegeln der nach Nummer A.2.2 zu berücksichtigenden Schallquellen, gegebenenfalls getrennt nach Teilzeiten (vgl. Nummer A.1.4) auszugehen.

Die Berechnung der Immissionspegel soll in Oktaven, in der Regel für die Mittenfrequenzen 63 bis 4 000 Hz erfolgen. Dabei wird mit den für Oktavbänder ermittelten Schalleistungspegeln und Einflüssen auf dem Schallausbreitungsweg gerechnet. Anteile des Spektrums in der Oktave 8 000 Hz sind nur in Ausnahmefällen zu berücksichtigen (z.B. bei geringem Abstand eines Immissionsortes oder Ersatzimmissionsortes von einer Gasreduzierstation im Freien).

Liegen die Emissionsdaten nur als A-bewertete Schallpegel vor, kann die Prognose mit diesen Werten entsprechend DIN ISO 9613-2, Entwurf Ausgabe September 1997, Abschnitt 1 durchgeführt werden.

A.2.3.2 Eingangsdaten für die Berechnung

Für die Berechnung werden für jede zu berücksichtigende Schallquelle der mittlere Schalleistungspegel, die Einwirkzeit T_E gegebenenfalls getrennt nach Teilzeiten, die Richtwirkungskorrektur sowie Angaben zur Ton-, Informations- und Impulshaltigkeit der Geräusche und zur Lage und Höhe der Schallquellen benötigt.

Als Eingangsdaten für die Berechnung können Meßwerte, Erfahrungswerte oder Herstellerangaben verwendet werden, soweit sie den Anforderungen nach Nummer A.2.2 Abs. 3 entsprechen. Wenn aufgrund besonderer Vorkehrungen eine im Vergleich zu den Erfahrungswerten weitergehende dauerhafte Lärmminderung nachgewiesen ist, können die der Lärmminderung entsprechenden Korrekturwerte bei den Eingangsdaten berücksichtigt werden.

Außerdem werden benötigt:

- die Lage und Abmessung relevanter Hindernisse (Bebauung, Bewuchs, Schallschirme) und
- die Lage und Höhe der maßgeblichen Immissionsorte.

Für die Berechnung der Mittelungspegel der Geräusche, die von dem nach Nummer 7.4 Abs. 1 Satz 1 der Anlage zuzurechnenden Kraftfahrzeugverkehr auf Parkflächen ausgehen, ist bei der Bestimmung der Anzahl der Fahrzeugbewegungen je Stellplatz und Stunde, sofern keine genaueren Zahlen vorliegen, von bei vergleichbaren Anlagen gewonnenen Erfahrungswerten auszugehen.

A.2.3.3 Von Teilflächen der Außenhaut eines Gebäudes abgestrahlte Schalleistungen

Die von Teilflächen der Außenhaut eines Gebäudes abgestrahlten Schalleistungen sind nach der Richtlinie VDI 2571, Abschnitt 3 möglichst in Oktavbändern zu ermitteln.

Die in der Richtlinie angegebene Formel zur Berechnung der Innenschallpegel setzt ein diffuses Schallfeld im Raum voraus und ergibt in Fabrikhallen in der Regel zu hohe und nur für nahe an Außenhautelementen gelegene laute Schallquellen etwas zu niedrige Werte. Wenn genauere Berechnungsgrundlagen, z.B. nach VDI 3760, Ausgabe Februar 1996, vorliegen, kann von den damit berechneten Innenschallpegeln ausgegangen werden.

A.2.3.4 Schallausbreitungsrechnung

Die Rechnung ist für jede Schallquelle und jede Oktave entsprechend DIN ISO 9613-2, Entwurf Ausgabe September 1997, Abschnitt 6 durchzuführen. Dabei werden die Schalldämpfung aufgrund von Schallausbreitung durch Bewuchs, Industriegelände und Bebauungsflächen nach Anhang A, Abschirmungen und Reflexionen nach den Abschnitten 7.4 und 7.5 der DIN ISO 9613-2, Entwurf Ausgabe September 1997, berücksichtigt.

Der Mittelungspegel L_{Aeq} am maßgeblichen Immissionsort ergibt sich für jede Schallquelle nach Gleichung (5) der DIN ISO 9613-2, Entwurf Ausgabe September 1997.

A.2.3.5 Berechnung der Pegel kurzzeitiger Geräuschspitzen

Unter den Voraussetzungen von Nummer A.2.2 Abs. 2 ist die Berechnung nach Nummer A.2.3.4 statt mit den mittleren Schalleistungspegeln aller Schallquellen mit den maximalen Schalleistungspegeln der Schallquellen mit kurzzeitigen Geräuschspitzen zu wiederholen. Treten bei mehreren Schallquellen der Anlage derartige Geräuschspitzen gleichzeitig auf, so ist für die gesamte Anlage der Pegel der kurzzeitigen Geräuschspitzen am Immissionsort aus den nach Nummer A.2.3.4 bestimmten Beiträgen $L_{AFmax,\,i}$ der einzelnen Schallquellen (Index i) entsprechend Gleichung (G3) aufzusummieren.

$$L_{AF\max} = 10 \lg \sum_i 10^{0,1 L_{AF\max,i}} \qquad \text{(G3)}$$

A.2.4 Überschlägige Prognose

A.2.4.1 Allgemeines

Bei der überschlägigen Prognose werden die Mittelungspegel am maßgeblichen Immissionsort mit Hilfe der mittleren A-bewerteten Schalleistungspegel, der Einwirkzeiten und der Richtwirkungskorrekturen der Schallquellen sowie einer vereinfachten Schallausbreitungsrechnung ermittelt, bei der eine schallausbreitungsgünstige Wetterlage zugrundegelegt und nur die geometrische Schallausbreitungsdämpfung berücksichtigt wird.

Die Festlegungen zu den Eingangsdaten und zur Einbeziehung der von Parkplätzen ausgehenden Geräusche nach Nummer A.2.3.2 gelten entsprechend.

A.2.4.2 Von Teilflächen der Außenhaut eines Gebäudes abgestrahlte Schalleistungen

Die von Teilflächen der Außenhaut eines Gebäudes abgestrahlten Schalleistungen sind nach der Richtlinie VDI 2571, Abschnitt 3, Gleichung (9b) zu ermitteln.

Bei Räumen, in denen der Innenpegel durch Schall mit starken tieffrequenten Komponenten bestimmt wird, ergibt die genannte Gleichung zu niedrige Schalleistungspegel. In solchen Fällen muß für die ins Freie abgestrahlte Schalleistung mit einem Sicherheitszuschlag von 5 dB(A) gerechnet oder eine DP durchgeführt werden.

A.2.4.3 Überschlägige Schallausbreitungsrechnung

Für jede Schallquelle ist der Mittelungspegel L_{Aeq} (s_m) am Immissionsort für ihre Einwirkzeit T_E nach Gleichung (G4) zu berechnen.

$$L_{Aeq}(s_m) = L_{WAeq} + DI + K_O - 20 \lg (s_m) - 11 \text{ dB} \qquad \text{(G4)}$$

Darin bedeutet

L_{WAeq}	der mittlere A-bewertete Schalleistungspegel der Schallquelle
DI	das Richtwirkungsmaß nach VDI 2714, Abschnitt 5.1, Bild 2 (nur bei Eigenabschirmung durch das Gebäude)
K_o	das Raumwinkelmaß nach VDI 2714, Abschnitt 5.2, Tabelle 2
s_m	der Abstand des Immissionsortes in m vom Zentrum der Quelle. Wenn der Abstand des Immissionsortes vom Mittelpunkt der Anlage mehr als das

Zweifache ihrer größten Ausdehnung beträgt, kann für alle Schallquellen einheitlich statt s_m der Abstand des Immissionsortes vom Mittelpunkt der Anlage eingesetzt werden.

Außer der Eigenabschirmung von schallabstrahlenden Gebäuden sind keine Abschirmungen zu berücksichtigen. Mit DI ≤ – 10 dB für die dem Immissionsort abgewandte Seite des Gebäudes darf nur gerechnet werden, wenn sich ihr gegenüber keine reflektierende Fläche (z.B. Wand eines Gebäudes) befindet.

Reflexionen, die nicht im Raumwinkelmaß enthalten sind, sind nach VDI 2714 Abschnitt 7.1 durch die Annahme von Spiegelschallquellen zu berücksichtigen.

A.2.4.4 Berechnung der Pegel kurzzeitiger Geräuschspitzen

Sofern nach Nummer A.2.2 Abs. 2 erforderlich, ist die Berechnung nach Nummer A.2.4.3 entsprechend Nummer A.2.3.5 mit den maximalen A-bewerteten Schalleistungspegeln der Schallquellen mit kurzzeitigen Geräuschspitzen zu wiederholen.

A.2.5 Berechnung des Beurteilungspegels

A.2.5.1 Berechnung des Mittelungspegels der Anlage in den Teilzeiten

Für jeden maßgeblichen Immissionsort und jeden Ersatzimmissionsort ist der Beurteilungspegel nach Gleichung (G2) zu berechnen. Der Mitteilungspegel $L_{Aeq,\,j}$ der Anlage für die Teilzeit T_j wird aus den Mittelungspegeln $L_{Aeq,\,k,\,j}$ und den Einwirkzeiten $T_{E,k,j}$ aller Schallquellen k nach Gleichung (G5) berechnet.

$$L_{Aeq,j} = 10 \lg \left[\frac{1}{T_j} \sum_k T_{E,k,j} \, 10^{0,1 \, L_{Aeq,k,j}} \right] \qquad \text{(G5)}$$

A.2.5.2 Zuschlag für Ton- und Informationshaltigkeit K_T

Für die Teilzeiten, in denen in den zu beurteilenden Geräuschimmissionen ein oder mehrere Töne hervortreten oder in denen das Geräusch informationshaltig ist, ist für den Zuschlag K_T je nach Auffälligkeit der Wert 3 oder 6 dB anzusetzen.

Bei Anlagen, deren Geräusche nicht ton- oder informationshaltig sind, ist K_T = 0 dB.

Falls Erfahrungswerte von vergleichbaren Anlagen und Anlagenteilen vorliegen, ist von diesen auszugehen.

A.2.5.3 Zuschlag für Impulshaltigkeit K_I

Für die Teilzeiten, in denen das zu beurteilende Geräusch Impulse enthält, ist für den Zuschlag K_I je nach Störwirkung der Wert 3 oder 6 dB anzusetzen.

Bei Anlagen, deren Geräusche keine Impulse enthalten, ist K_I = 0 dB.

Falls Erfahrungswerte von vergleichbaren Anlagen und Anlagenteilen vorliegen, ist von diesen auszugehen.

A.2.6 Darstellung der Ergebnisse

Die Geräuschimmissionsprognose ist in einem Bericht darzustellen, der die erforderlichen Angaben enthält, um die Datengrundlagen bewerten, das Prognoseverfahren nachvollziehen und die Qualität der Ergebnisse einschätzen zu können. In der Regel sind anzugeben:

- Bezeichnung der Anlage,
- Antragsteller,
- Auftraggeber,
- Name der Institution und des verantwortlichen Bearbeiters,
- Aufgabenstellung,
- verwendetes Verfahren,
- Beschreibung des Betriebsablaufs der Anlage, soweit er schalltechnisch relevant ist,
- Lageplan, aus dem die Anordnung (gegebenenfalls Koordinaten mit Bezugsgrößen) der Anlage, der relevanten Schallquellen, der maßgeblichen Immissionsorte und gegebenenfalls der Ersatzimmissionsorte zu ersehen ist,

- Liste der relevanten Schallquellen mit technischen Daten und Betriebszeiten, bei Gebäuden als Schallquellen die Berechnungsgrundlagen der Schalleistungspegel,
- Angaben über die geplanten Schallschutzmaßnahmen,
- bei der DP Angaben über die relevanten Hindernisse (Schallschirme, Bebauung, Bewuchs),
- Angaben für jeden maßgeblichen Immissionsort:
  - Lage und Höhe,
  - berücksichtigte Einzelschallquellen, einschließlich Ausbreitungsdämpfung (bei der DP),
  - A-bewerteter Mittelungspegel dieser Schallquellen für jede Teilzeit,
  - Zuschlag für Ton- und Informationshaltigkeit,
  - Zuschlag für Impulshaltigkeit,
  - Beurteilungspegel,
  - gegebenenfalls Pegel der kurzzeitigen Geräuschspitzen;
- Qualität der Prognose.

A.3 Ermittlung der Geräuschimmissionen durch Messung

A.3.1 Grundsätze

Geräuschimmissionen sind je nach Aufgabenstellung für die Vorbelastung, die Zusatzbelastung, die Gesamtbelastung oder die Belastung durch Fremdgeräusche an den maßgeblichen Immissionsorten zu ermitteln.

Wenn Messungen an den maßgeblichen Immissionsorten nach Nummer A.1.3 nicht möglich sind, z.B. bei Fremdgeräuscheinfluß oder bei Seltenheit von Mitwindwetterlagen (siehe Verweise in Nummer A.3.3.3), kann die zuständige Behörde festlegen, daß die Geräuschimmissionen an den maßgeblichen Immissionsorten aus Ersatzmessungen nach einem der in Nummer A.3.4 beschriebenen Verfahren ermittelt werden. Hierbei werden Meßergebnisse (Geräuschimmissionen an Ersatzimmissionsorten bzw. Schalleistungspegel) mit Schallausbreitungsrechnungen verknüpft.

Für die einzusetzenden Meßgeräte, die Meßverfahren sowie die Bestimmung des maßgeblichen Beurteilungspegels gilt DIN 45645-1, Ausgabe Juli 1996, soweit dieser Anhang nicht abweichende, eingrenzende oder ergänzende Regelungen trifft.

Hinweise zur Ermittlung tieffrequenter Geräusche enthält Nummer A.1.5.

A.3.2 Meßgeräte

Für die bei den Schallmessungen eingesetzten Meßgeräte gelten die Anforderungen nach DIN 45645-1, Ausgabe Juli 1996. Ergänzend ist zu beachten:

Als Schallpegelmeßgeräte dürfen verwendet werden:

a) geeichte Schallpegelmesser der Klasse 1 nach DIN EN 60651, Ausgabe Mai 1994, oder DIN EN 60804, Ausgabe Mai 1994,

b) geeichte Schallpegelmeßeinrichtungen im Sinne des Abschnitts 3 der Anlage 21 zur Eichordnung.

Können wegen Erschwernissen, die in der Immissionssituation begründet sind, die Messungen nicht mit geeichten Meßeinrichtungen durchgeführt werden (z.B. bei Einsatz von Richtmikrofonen wegen hoher Belastung durch Fremdgeräusche), so dürfen in begründeten Einzelfällen nicht geeichte Meßeinrichtungen verwendet werden, sofern die dabei entstehenden Abweichungen nachvollziehbar quantifiziert und bei der Beurteilung berücksichtigt werden.

A.3.3 Meßverfahren und Auswertung

A.3.3.1 Meßwertarten

Bei Schallmessungen nach dieser Technischen Anleitung wird in der Regel die Frequenzbewertung A und die Zeitbewertung F nach DIN EN 60651, Ausgabe Mai 1994, benutzt.

Für die Beurteilung der Geräuschimmissionen werden in dieser Technischen Anleitung die in Tabelle 1 aufgeführten Meßwertarten verwendet. Welche Meßwertarten zusätzlich zum Mittelungspegel L_{Aeq} zu erfassen sind, hängt vom Einzelfall ab.

Tabelle 1: Meßwertarten und ihre Anwendung

Meßwertart	Anwendung	Fundstelle
L_{Aeq}	Beurteilung der Geräuschimmissionen	Nummer 2.7 Nummer A.1.4
L_{AFmax}	Beurteilung von Geräuschspitzen	Nummer 2.8
L_{AFTeq}	Zuschlag für Impulshaltigkeit	Nummer A.3.3.6
L_{AF95}	Prüfung auf ständig vorherrschende Fremdgeräusche	Nummer 3.2.1

A.3.3.2 Meßorte

Die Messungen werden in der Regel an den maßgeblichen Immissionsorten nach Nummer A.1.3 durchgeführt. Zu den Meßorten bei Ersatzmessungen nach Nummer A.3.1 Abs. 2 siehe Nummer A.3.4.

A.3.3.3 Durchführung der Messungen

Für die Durchführung der Messungen sind die Bestimmungen der DIN 45645-1, Ausgabe Juli 1996, Abschnitte 6.2 bis 6.5 zu beachten. Ergänzend wird festgelegt:

Ist die Vorbelastung oder die Gesamtbelastung (Nummer 2.4) zu ermitteln, ist bei der Festlegung von Zeit und Dauer der Messung auf die Anlagen abzustellen, die wesentliche Beiträge liefern. Bei Abständen zwischen maßgeblichem Immissionsort und diesen Anlagen ab 200 m sind die Messungen in der Regel bei Mitwind durchzuführen. Für die Ermittlung der Zusatzbelastung durch Messung gilt Satz 2 entsprechend. Bei der Bestimmung des Beurteilungspegels ist die meteorologische Korrektur nach DIN ISO 9613-2, Entwurf Ausgabe September 1997, Gleichung (6) zu berücksichtigen.

A.3.3.4 Bestimmung des Beurteilungspegels

Der Beurteilungspegel ist nach Gleichung (G2) zu bestimmen.

A.3.3.5 Zuschlag für Ton- und Informationshaltigkeit

Treten in einem Geräusch während bestimmter Teilzeiten T_j ein oder mehrere Töne hörbar hervor oder ist das Geräusch informationshaltig, so beträgt der Zuschlag für Ton- und Informationshaltigkeit $K_{T,j}$ für diese Teilzeiten je nach Auffälligkeit 3 oder 6 dB.

Die Tonhaltigkeit eines Geräusches kann auch meßtechnisch bestimmt werden (DIN 45681, Entwurf Ausgabe Mai 1992).

A.3.3.6 Zuschlag für Impulshaltigkeit

Enthält das zu beurteilende Geräusch während bestimmter Teilzeiten T_j Impulse, so beträgt der Zuschlag $K_{I,j}$ für Impulshaltigkeit für diese Teilzeiten:

$$K_{I,j} = L_{AFTeq,j} - L_{Aeq,j} \qquad \text{(G6)}$$

$L_{AFTeq,j}$ ist der Taktmaximal-Mittelungspegel nach Nummer 2.9.

A.3.3.7 Maßgeblicher Wert des Beurteilungspegels

Der maßgebliche Wert des Beurteilungspegels wird nach DIN 45645-1, Ausgabe Juli 1996, Abschnitt 7.2 bestimmt. Bei der Festlegung von Zahl und Umfang der Messungen sind die Vereinfachungen nach DIN 45645-1, Ausgabe Juli 1996, Abschnitt 6.5.1 zu berücksichtigen.

A.3.4 Ersatzmessungen

A.3.4.1 Allgemeines

Die Geräuschimmissionen an den maßgeblichen Immissionsorten können nach einem der folgenden Verfahren aus Ersatzmessungen ermittelt werden:

a) Messungen an Ersatzimmissionsorten,

b) Rundum-Messung,

c) Schalleistungsmessungen von Einzelanlagen oder Anlagengruppen.

Die Verfahren nach den Buchstaben b oder c sollen nur eingesetzt werden, wenn wegen der örtlichen Gegebenheiten das Verfahren nach Buchstabe a nicht angewandt werden kann.

A.3.4.2 Vorgehensweise bei Messungen an Ersatzimmissionsorten

Es werden ein oder mehrere in der Regel näher zur Anlage gelegene Ersatzimmissionsorte festgesetzt, an denen die für den maßgeblichen Immissionsort kennzeichnende Geräuschsituation ermittelt werden kann und an denen der Pegel des Anlagengeräusches ausreichend weit über dem Fremdgeräuschpegel liegt.

Für jeden Ersatzimmissionsort ist bei der Prognose nach Nummer A.2 der Beurteilungspegel mit den gleichen Anlagendaten zu berechnen wie für die maßgeblichen Immissionsorte. Im Genehmigungsbescheid ist für alle festgelegten Ersatzimmissionsorte anzugeben, bei welchen (höchsten) Beurteilungspegeln die Einhaltung der Immissionsrichtwerte an den maßgeblichen Immissionsorten sichergestellt ist.

A.3.4.3 Vorgehensweise bei der Rundum-Messung

Es wird eine Rundum-Messung, z.B. nach ISO 8297, Ausgabe Dezember 1994, festgesetzt. Als Meßergebnis wird der immissionswirksame Schalleistungspegel der Anlage bestimmt. Daraus sind nach dem unter Nummer A.2 angegebenen Prognoseverfahren die Beurteilungspegel für die maßgeblichen Immissionsorte zu berechnen, wobei die Anlage als eine Schallquelle zu betrachten ist.

A.3.4.4 Vorgehensweise bei Schalleistungsmessungen

Es wird festgesetzt, daß die Schalleistungspegel der Anlage einzeln oder in Gruppen zu messen sind. Die Schalleistungspegel aller relevanten Quellen der Anlage sind in der Regel nach einem der in Nummer A.2.2 genannten Verfahren zu bestimmen. Ansonsten ist in möglichst enger Anlehnung an die dort genannten Normen zu messen. Aus den Schalleistungspegeln aller relevanten Quellen der Anlage sind die Beurteilungspegel an den maßgeblichen Immissionsorten zu berechnen.

A.3.5 Meßbericht

Die Geräuschimmissionsmessungen sind in einem Bericht darzustellen, der die erforderlichen Angaben enthält, um die Durchführung der Ermittlungen und die Darstellung der Ergebnisse nachvollziehen sowie die Qualität der Ergebnisse einschätzen zu können. Im Bericht ist insbesondere anzugeben:

- Bezeichnung der Anlage,
- Antragsteller,
- Auftraggeber,
- Name der Institution und des verantwortlichen Bearbeiters,
- Aufgabenstellung,
- verwendetes Verfahren,
- Lageplan, aus dem die Anordnung (gegebenenfalls Koordinaten mit Bezugsgrößen) der Anlage, der relevanten Schallquellen, der maßgeblichen Immissionsorte und gegebenenfalls der Ersatzimmissionsorte zu ersehen ist,
- Ort und Zeit der Messungen,
- Schallausbreitungsbedingungen,
- Meßgeräte sowie Maßnahmen zur Sicherung einer ausreichenden Meßsicherheit,
- Betriebsweise und Auslastung der Anlage(n) während der Messungen,
- Fremdgeräuschsituation während der Messungen, gegebenenfalls Schallpegelkorrekturen,
- Beurteilungspegel, Maximalpegel sowie die zugehörigen Bestimmungsgrößen,
- Qualität der Ergebnisse,
- gegebenenfalls erforderliche Angaben nach Nummer A.3.4 bei Ersatzmessungen.

Sachverzeichnis

Die fetten Zahlen bezeichnen die laufende Nummer eines Textes in dieser Ausgabe; die mageren Zahlen bezeichnen die jeweiligen Paragraphen bzw. Gliederungsziffern.